Kohte/Ahrens/Grote
Verfahrenskostenstundung, Restschuldbefreiung
und Verbraucherinsolvenzverfahren

Kohte/Ahrens/Grote

Verfahrenskostenstundung, Restschuldbefreiung und Verbraucherinsolvenzverfahren
Kommentar

bearbeitet von:

Dr. Wolfhard Kohte
Professor an der Universität Halle-Wittenberg

Dr. Martin Ahrens
Professor an der Universität Göttingen

Dr. Hugo Grote
Professor am RheinAhrCampus in Remagen

4., vollständig überarbeitete Auflage

Luchterhand 2009

Bibliografische Information der Deutschen Nationalbibliothek
Die Deutsche Nationalbibliothek verzeichnet diese Publikation in der Deutschen Nationalbibliografie; detaillierte bibliografische Daten sind im Internet über http://dnb.d-nb.de abrufbar.

ISBN 978-3-472-07436-6

www.wolterskluwer.de
www.luchterhand-fachverlag.de

Alle Rechte vorbehalten.
Luchterhand – eine Marke von Wolters Kluwer Deutschland.
© 2009 Wolters Kluwer Deutschland GmbH, Luxemburger Str. 449, 50939 Köln.

Das Werk einschließlich aller seiner Teile ist urheberrechtlich geschützt.
Jede Verwertung außerhalb der engen Grenzen des Urheberrechtsgesetzes ist ohne Zustimmung des Verlages unzulässig und strafbar. Das gilt insbesondere für Vervielfältigungen, Übersetzungen, Mikroverfilmungen und die Einspeicherung und Verarbeitung in elektronischen Systemen.

Umschlagkonzeption: Martina Busch, Grafikdesign, Fürstenfeldbruck
Satz: Satz-Offizin Hümmer GmbH, Waldbüttelbrunn
Druck: Wilhelm & Adam OHG, Heusenstamm

∞ Gedruckt auf säurefreiem, alterungsbeständigem und chlorfreiem Papier.

Vorwort

Als im Dezember 2001 durch das Insolvenzrechtsänderungsgesetz die Regeln zur Verfahrenskostenstundung eingeführt und damit die früheren finanziellen Zugangshürden verringert wurden, hatten wir die sachlich zusammengehörenden Teile aus unserer Kommentierung der §§ 4a bis 4d, 286–314 InsO in dem von Dr. Klaus Wimmer herausgegebenen Frankfurter Kommentars zur Insolvenzordnung als gesondertes, im Umfang und Preis handliches Werk veröffentlicht. Diese Kombination von Verfahrenskostenstundung, Restschuldbefreiung und Verbraucherinsolvenzverfahren hat sich insgesamt bewährt und fand ebenso wie der Frankfurter Kommentar insgesamt eine sehr positive Aufnahme auf dem Markt, so dass wir uns entschieden haben, die im Rahmen der inzwischen 5. Auflage des Frankfurter Kommentars aktualisierten Texte wiederum als gesondertes Handbuch – jetzt in der 4. Auflage – herauszugeben.

Wir sind von Anfang an von der Prognose ausgegangen, dass das neue Insolvenzrecht Gläubiger und Schuldner, Gerichte und Treuhänder, Beratungsstellen und Anwaltschaft mit neuen Anforderungen konfrontiert, so dass in diesem Prozess neue praktische Lösungen entwickelt werden müssen, damit die hohen Erwartungen vieler Betroffener nicht enttäuscht werden. Die letzten Jahre haben diese Prognosen bestätigt, sie haben aber auch gezeigt, dass nach Senkung der finanziellen Zugangshürden die Aufmerksamkeit vorrangig nicht mehr dem Zugang zum Verfahren, sondern der Ausgestaltung des Verfahrens zugewandt werden konnte. Vor allem durch die Judikatur des IX. Senats des Bundesgerichtshofs sind in der Zwischenzeit zahlreiche Fragen geklärt bzw. in einen systematischen Zusammenhang gestellt worden, der die weitere – natürlich auch kontroverse – Diskussion, aber auch die praktische Konsolidierung des Verfahrens fördert.

Die kontraproduktive Debatte aus den Reihen einiger Justizministerien der Länder, mit der ein Entschuldungsverfahren propagiert worden war, das für die Gruppe der mittellosen Schuldner eine längere Dauer und fehlenden Vollstreckungsschutz vorsah, hat in die Sackgasse geführt. Auch der 2007 vorgelegte Regierungsentwurf zur Änderung des Insolvenzrechts hatte sich im parlamentarischen Verfahren nicht als mehrheitsfähig erwiesen. Wir hatten bereits die 3. Auflage genutzt, um geeignete Modelle für eine Vereinfachung und Verbesserung der Insolvenzverfahren zu dokumentieren und zu entwerfen. Wir haben diese Arbeit auch in der Neuauflage fortgesetzt; sie soll daher auch der weiteren rechtspolitischen Diskussion dienen.

Im Übrigen haben wir die Schwerpunkte der bisherigen Kommentierungen weiter vertieft und verdeutlicht und uns nicht auf die Darstellung der verfahrensrechtlichen Regelungen beschränkt. So findet sich z. B. in der Einleitung vor § 286 InsO eine Darstellung der Rechtstatsachen und der bisherigen empirischen Studien zur Verschuldung vor allem von Verbrauchern. Wir haben diese Einleitung ergänzt um einen aktualisierten und erweiterten Überblick über die Rechtsentwicklung in unseren Nachbarländern, die sämtlich vor ähnlichen Problemen stehen. Gerade angesichts der weiteren europarechtlichen Durchdringung unserer Rechts- und Wirtschaftsordnung halten wir es für außerordentlich wichtig, diese Dimension im Auge zu halten und die Erfahrungen unserer Nachbarstaaten zu berücksichtigen.

Im weiteren Verlauf der Kommentierung gehen wir auch weiterhin auf Fragen ein, die in der Beratungspraxis eine große Rolle spielen: Dazu gehören die durch SGB II und XII neu formulierte Sicherung des Existenzminimums der Schuldner während des Verfahrens, die praktische und rechtliche Bewertung von Abtretungsklauseln, mit denen laufendes Arbeitseinkommen sowie Sozialleistungen an einzelne Gläubiger übertragen werden sowie das in dieser Auflage eingehender dargestellte Schicksal vor allem von Lebensversicherungsverträgen, deren Beständigkeit durch ein Insolvenzverfahren in Frage gestellt werden kann. Die Möglichkeiten der Rückschlagsperre und der Anfechtung bei Vollstreckungsmaßnahmen haben wir weiter verdeutlicht, die neue Gestaltung des Schuldenbereinigungsverfahrens und die Bedeutung von Erwerbsobliegenheiten in der Treuhandperiode – nicht jedoch während des Insolvenzverfahrens – ausführlich erläutert. Die Rechtsprechung zur Versagung der Restschuldbefreiung, die mit der Ausgestaltung der Verfahrensregeln und der Differenzierung der Versagungsgründe zu einer gewissen Entemotionalisierung dieses Themas beigetragen hat, haben wir umfassend dokumentiert, aktualisiert und mit eigenständigen Positionen kommentiert. Angesichts der langen Dauer der Treuhandperiode sind die Möglichkeiten einer vorzeitigen Beendigung eingehend erläutert worden. Ebenso sind die Kommentierungen zur Vergütung des Treuhänders aktualisiert worden.

Vorwort

Gerade nach den Erfahrungen der letzten Jahre halten wir die Suche nach Vergleichslösungen im außergerichtlichen sowie im gerichtlichen Verfahren für unverzichtbar, aber auch in konkreten Fällen aussichtsreich. Die Kommentierung setzt hier Schwerpunkte, die sich sowohl auf die mögliche Gestaltung von Schuldenbereinigungsplänen als auch auf das weitere Gesetzgebungsverfahren beziehen; die noch unzulängliche Integration der öffentlichen Gläubiger in den Entschuldungsprozess wollen wir mit unseren Beiträgen fördern. Auf der Suche nach effektiven Lösungen der Schuldenbereinigung halten wir es angesichts des komplementären Modells der Verfahrenskostenstundung, das bei der überwiegenden Zahl der Schuldner in den ersten Jahren kaum zu einer Ausschüttung an die Gläubiger, sondern allenfalls zur vorrangigen Tragung der Kosten nach § 53 InsO führen wird, für umso wichtiger, dass auch weiterhin außergerichtliche und gerichtliche Schuldenbereinigungsverfahren eine wesentliche Rolle spielen. Die Kommentierung zielt darauf ab, sowohl für die Aufstellung und Ausnahmen von Schuldenbereinigungsplanverfahren als auch für die jeweiligen Zustimmungsersetzungsverfahren nach § 309 InsO praktikable Wege zu beschreiben und auszuprobieren, die allen Beteiligten zur Verfügung gestellt werden.

Unser Dank gilt denen, die uns in vielfältigen Diskussionen sowie durch konkrete Fragen und Hinweise ermutigt und motiviert haben. Die Beschäftigten der Gründungsprofessur Zivilrecht II an der Juristischen Fakultät der Martin-Luther-Universität Halle-Wittenberg haben auch diese Auflage der Kommentierung nachhaltig gefördert. Auch die Mitarbeiter der Professur für Bürgerliches Recht, Anwaltsrecht und Zivilprozessrecht an der Juristischen Fakultät der Georg-August-Universität Göttingen haben die Erstellung des Werks unterstützt. Bei ihnen bedanken wir uns. Wir hoffen auch weiterhin auf Kritik und Anregungen aus dem Leserkreis, die wir gern in den nächsten Auflagen berücksichtigen wollen.

Halle, Göttingen, Köln im Mai 2009

Prof. Dr. Wolfhard Kohte
Prof. Dr. Martin Ahrens
Prof. Dr. Hugo Grote

Formulare, Gesetze und Entscheidungen zum Insolvenzrecht

über den FK-InsO Materialien-Download

Nutzen Sie die umfangreiche Datenbank im Internet unter www.fk-inso.de! Dort haben Sie Zugriff auf Formulare zum Insolvenzverfahren (z. B. Vordrucke für das Verbraucherinsolvenzverfahren, Antrag auf Verfahrenskostenstundung, Antrag auf Erteilung der Restschuldbefreiung etc.), über 4.000 Gerichtsentscheidungen sowie wesentliche Rechtsvorschriften zum Insolvenzrecht.

Zugangscode für die Registrierung:

JC94581S

Inhaltsverzeichnis

	Seite
Vorwort	V
Literaturverzeichnis	XIX
Abkürzungsverzeichnis	XXVII

Erster Teil
Allgemeine Vorschriften

		Seite
Vorbemerkungen vor §§ 4 a ff. InsO		1
§ 4 a	**Stundung der Kosten des Insolvenzverfahrens**	5
	A. Normzweck	5
	B. Gesetzliche Systematik	6
	C. Voraussetzungen der Verfahrenskostenstundung im Eröffnungsverfahren	6
	I. Subjektive Voraussetzungen	6
	1. Antrag auf Restschuldbefreiung	6
	2. Wirtschaftliche Voraussetzungen	7
	II. Objektive Voraussetzungen	9
	D. Die Rechtsfolgen der Verfahrenskostenstundung im Eröffnungsverfahren	11
	E. Verfahrenskostenstundung in weiteren Verfahrensabschnitten	12
	I. Verfahrenskostenstundung im eröffneten Verfahren	13
	II. Verfahrenskostenstundung in der Treuhandperiode	13
	III. Verfahrenskostenstundung im Schuldenbereinigungs- und Insolvenzplanverfahren	14
	F. Anwaltliche Beiordnung	15
	G. Verfahrensrechtliches	16
§ 4 b	**Rückzahlung und Anpassung der gestundeten Beträge**	18
	A. Normzweck	18
	B. Nachhaftung des Schuldners	19
	C. Voraussetzungen und Verfahren der weiteren Stundung	19
	D. Nachhaftung und Schuldenbereinigungsplan/Insolvenzplan	20
	E. Veränderungen der Verhältnisse	21
	F. Verfahrensrechtliches	23
§ 4 c	**Aufhebung der Stundung**	24
	A. Normzweck	25
	B. Gesetzliche Systematik	25
	C. Die einzelnen Aufhebungsgründe	26
	I. Verletzung von Mitteilungspflichten	26
	1. Unrichtige Angaben	26
	2. Fehlende Angaben	27
	II. Fehlende Voraussetzungen	28
	III. Schuldhafter Zahlungsrückstand	29
	IV. Angemessene Erwerbstätigkeit	30
	V. Versagung der Restschuldbefreiung	31
	D. Verfahrensrechtliches	32

§ 4 d	**Rechtsmittel**	33
	A. Normzweck	34
	B. Gesetzliche Systematik	34
	C. Beschwerdemöglichkeiten des Schuldners	35
	I. Ablehnung der Stundung	35
	II. Aufhebung der Stundung	36
	III. Ablehnung der Beiordnung eines Rechtsanwaltes	36
	D. Beschwerden der Staatskasse	36
	E. Sonstige Rechtsbehelfe	37
	I. Außerordentliche Beschwerde/Gegenvorstellung	37
	II. Erinnerung	38
	F. Verfahrensrechtliches	38

Achter Teil
Restschuldbefreiung

Vorbemerkungen vor §§ 286 ff. InsO: Rechtstatsächlicher Hintergrund der Reform Internationale Erfahrungen und Konsequenzen		41
	A. Vorbemerkung	42
	B. Konsumentenkredite	42
	C. Überschuldung	43
	D. Folgen der Überschuldung	44
	E. Materiellrechtliche Konsequenzen der Überschuldung	45
	F. Internationale Erfahrungen	48
	I. USA	48
	II. Großbritannien und Frankreich	48
	III. Skandinavien und Niederlande	49
	IV. Mitteleuropa	50
	V. Fazit	50
	G. Insolvenzrechtliche Konsequenzen	51

§ 286	**Grundsatz**	53
	A. Normzweck	57
	B. Verfassungsmäßigkeit der Restschuldbefreiung	59
	C. Gesetzliche Systematik	62
	I. Restschuldbefreiung als Ziel des Insolvenzverfahrens	62
	II. Restschuldbefreiung im Insolvenzverfahren	63
	III. Schuldbefreiung auf anderer Grundlage	66
	D. Konzept des Restschuldbefreiungsverfahrens	67
	I. Eigenständiges Verfahren	67
	II. Zweistufiges Verfahren	68
	III. Dynamisches und dauerhaftes Verfahren	69
	IV. Restschuldbefreiung im System von Schuld und Haftung	70
	E. Voraussetzungen und Einzelfragen des Verfahrens	72
	I. Persönlicher Anwendungsbereich	72
	1. Natürliche Person	72
	2. Tod des Schuldners	74
	II. Sachlicher Anwendungsbereich	76
	III. Antragsgrundsatz	76
	IV. Streitgenossenschaft	77
	V. Verfahrenskostenstundung im Restschuldbefreiungsverfahren	77
	VI. Massearme Verfahren	78
	VII. Unterhalt im Restschuldbefreiungsverfahren	78
	VIII. Kosten	79
	IX. Zuständigkeit	79

	F.	Folgen	80
	G.	Restschuldbefreiung im Konkurs- und Gesamtvollstreckungsverfahren	81
	H.	Auslandsbezug	81

§ 287 Antrag des Schuldners ... 81
A. Normzweck ... 83
B. Gesetzliche Systematik ... 84
C. Antragsvoraussetzungen ... 84
    I. Grundsätze ... 84
    II. Eigener Insolvenzantrag ... 85
    III. Restschuldbefreiungsantrag ... 86
        1. Form ... 86
        2. Antragsfrist und Belehrung ... 87
    IV. Obliegenheit zur Einleitung eines Insolvenz- und Restschuldbefreiungsverfahrens ... 90
    V. Rechtsschutzbedürfnis ... 91
    VI. Rücknahme des Antrags ... 92
    VII. Verzicht auf den Antrag ... 93
    VIII. Zweiter Antrag auf Erteilung der Restschuldbefreiung ... 93
D. Forderungsabtretung ... 95
    I. Abtretungserklärung ... 95
        1. Abtretungserklärung als besondere Prozessvoraussetzung ... 95
        2. Geltungsgrund der Abtretung ... 96
            a) Materiellrechtliche Theorie der Abtretung ... 96
            b) Abtretungserklärung als Prozesshandlung ... 97
        3. Form, Frist und Inhalt der Erklärung ... 99
    II. Abzutretende Forderungen ... 100
        1. Grundzüge ... 100
        2. Forderungen auf Bezüge aus einem Dienstverhältnis ... 101
            a) Abzutretende Forderungen ... 101
            b) Abtretungsschutz ... 105
            c) Verfahren ... 108
        3. Gleichgestellte Forderungen ... 109
            a) Abzutretende Forderungen ... 109
            b) Abtretungsschutz ... 111
    III. Dauer der Abtretung ... 113
        1. Altfälle, Art. 107 EGInsO ... 113
        2. Fristbestimmung ... 114
    IV. Wirkung der Abtretungserklärung ... 116
E. Vorherige Abtretungen oder Verpfändungen ... 118
F. Unwirksamkeit vereinbarter Abtretungsverbote ... 119

§ 288 Vorschlagsrecht ... 120
A. Normzweck ... 120
B. Gesetzliche Systematik ... 120
C. Vorschlagsrecht ... 121

§ 289 Entscheidung des Insolvenzgerichts ... 123
A. Normzweck ... 124
B. Gesetzliche Systematik ... 124
C. Der Abschluss des Zulassungsverfahrens ... 125
    I. Anhörung ... 125
    II. Entscheidung über das weitere Restschuldbefreiungsverfahren ... 126
        1. Verwerfung des Antrags auf Erteilung der Restschuldbefreiung ... 126
        2. Versagung der Restschuldbefreiung ... 127

			3. Ankündigung der Restschuldbefreiung	128
			4. Zustellung	129
			5. Zuständigkeit	129
	III.	Aufhebung des Insolvenzverfahrens		129
	IV.	Rechtsmittel		130
	V.	Bekanntmachung		131
	VI.	Kosten		131
D.	Masseunzulängliches Insolvenzverfahren			131

§ 290 Versagung der Restschuldbefreiung — 133
- A. Normzweck — 134
- B. Gesetzliche Systematik — 135
  - I. Konzeption der Versagungsregeln — 135
  - II. Vorwirkung — 137
- C. Versagungsgründe nach Abs. 1 — 139
  - I. Insolvenzstraftaten (§ 290 Abs. 1 Nr. 1 InsO) — 139
  - II. Unzutreffende Angaben bei Kreditantrag oder Leistungsbezug (§ 290 Abs. 1 Nr. 2 InsO) — 141
  - III. Frühere Restschuldbefreiungsverfahren (§ 290 Abs. 1 Nr. 3 InsO) — 147
  - IV. Verringerung der Insolvenzmasse (§ 290 Abs. 1 Nr. 4 InsO) — 149
  - V. Verletzung von Auskunfts- und Mitwirkungspflichten (§ 290 Abs. 1 Nr. 5 InsO) — 153
  - VI. Unzutreffende Verzeichnisse (§ 290 Abs. 1 Nr. 6 InsO) — 157
- D. Versagungsantrag — 162
  - I. Antragsteller — 163
  - II. Schlusstermin, schriftliches Verfahren — 164
  - III. Glaubhaftmachung — 166
  - IV. Begründetheit — 168
- E. Entscheidung — 168
- F. Wirkungen — 169

§ 291 Ankündigung der Restschuldbefreiung — 170
- A. Normzweck — 170
- B. Gesetzliche Systematik — 170
- C. Die gerichtliche Entscheidung — 171
  - I. Voraussetzungen — 171
  - II. Ankündigung der Restschuldbefreiung — 172
  - III. Ernennung des Treuhänders — 172
  - IV. Übertragung der Bezüge und der gleichgestellten Forderungen — 174
  - V. Weitere Anforderungen — 175
  - VI. Erteilung der Restschuldbefreiung — 175
  - VII. Rechtsmittel — 175
- D. Aufhebung des Insolvenzverfahrens — 176

§ 292 Rechtsstellung des Treuhänders — 176
- A. Normzweck — 177
- B. Gesetzliche Systematik — 177
- C. Abs. 1 Verwaltung in der Treuhandphase — 178
  - I. Einziehung der Abtretungsbeträge beim Entgeltschuldner — 178
  - II. Überprüfung bevorrechtigter Abtretungen — 179
  - III. Verteilung der Beträge — 180
  - IV. Motivationsrabatt — 182
- D. Abs. 2 Überwachung des Schuldners — 184
- E. Abs. 3 Rechnungslegung und Aufsicht — 186
- F. Haftung des Treuhänders — 187
  - I. Die Haftung des Treuhänders als Verwalter nach Abs. 1 — 187

	II.	Die Haftung des Treuhänders als Überwacher gem. Abs. 2	189
	G.	Verfahrensrechtliches	189

§ 293 Vergütung des Treuhänders ... 189
    A. Normzweck ... 190
    B. Gesetzliche Systematik ... 190
    C. Vergütung für die Verwaltung ... 191
    D. Vergütung für die Überwachung ... 193
    E. Auslagenerstattung ... 194
    F. Sekundäranspruch gegen die Staatskasse ... 195
    G. Verfahrensrechtliches ... 196

§ 294 Gleichbehandlung der Gläubiger ... 196
    A. Normzweck ... 197
    B. Gesetzliche Systematik ... 198
    C. Zwangsvollstreckungsverbot ... 198
        I. Forderungen der Insolvenzgläubiger ... 198
        II. Forderungen anderer Gläubiger ... 201
        III. Zeitlicher Anwendungsbereich ... 203
        IV. Zwangsvollstreckungsmaßnahmen ... 204
        V. Verfahren und Rechtsbehelfe ... 205
    D. Sonderabkommen ... 206
        I. Abschluss ... 206
        II. Sondervorteil ... 207
        III. Rechtsfolge ... 208
    E. Aufrechnungsbefugnis ... 209
        I. Grundsätze ... 209
        II. Aufrechnungslage ... 210
        III. Aufrechnungsverbote ... 210
        IV. Frist ... 211

§ 295 Obliegenheiten des Schuldners ... 212
    A. Normzweck ... 213
    B. Gesetzliche Systematik ... 214
        I. Konzeption der Versagungsregeln ... 214
        II. Vorwirkung vor Ankündigung der Restschuldbefreiung ... 215
    C. Obliegenheiten nach Abs. 1 ... 216
        I. Erwerbstätigkeit (§ 295 Abs. 1 Nr. 1 InsO) ... 217
            1. Ausübung einer angemessenen Erwerbstätigkeit ... 217
                a) Angemessenheit ... 217
                b) Beendigung oder Einschränkung der Erwerbstätigkeit ... 220
                c) Übernahme einer anderen Erwerbstätigkeit ... 223
            2. Bemühungen bei Beschäftigungslosigkeit ... 224
            3. Nichtablehnung zumutbarer Tätigkeit ... 225
        II. Herauszugebender Vermögenserwerb im Erbfall (§ 295 Abs. 1 Nr. 2 InsO) ... 228
        III. Unterrichtungen (§ 295 Abs. 1 Nr. 3 InsO) ... 231
        IV. Verbotene Sondervorteile (§ 295 Abs. 1 Nr. 4 InsO) ... 235
    D. Selbstständige Tätigkeit (§ 295 Abs. 2 InsO) ... 237

§ 296 Verstoß gegen Obliegenheiten ... 242
    A. Normzweck ... 242
    B. Gesetzliche Systematik ... 243
    C. Versagungsgrund ... 244
        I. Obliegenheitsverletzung ... 244
        II. Verschulden ... 245

	III.	Beeinträchtigte Befriedigung	246
D.	Versagungsverfahren		248
	I.	Antragstellung	248
	II.	Antragsfrist	249
	III.	Glaubhaftmachung	251
	IV.	Anhörung	253
E.	Verfahrensobliegenheiten: Erscheinen, Auskunftserteilung, eidesstattliche Versicherung		253
F.	Weiteres Verfahren und gerichtliche Entscheidung		255

§ 297 Insolvenzstraftaten … 256
  A. Normzweck … 257
  B. Gesetzliche Systematik … 257
   I. Einordnung in die Versagungsregeln … 257
   II. Vorwirkung vor Ankündigung der Restschuldbefreiung … 258
  C. Versagungsgrund … 258
  D. Versagungsverfahren … 259

§ 298 Deckung der Mindestvergütung des Treuhänders … 261
  A. Normzweck … 261
  B. Gesetzliche Systematik … 261
  C. Abs. 1 Antrag des Treuhänders … 262
  D. Abs. 2 Anhörung des Schuldners … 263
  E. Verfahrensrechtliches … 264

§ 299 Vorzeitige Beendigung … 264
  A. Normzweck … 264
  B. Gesetzliche Systematik … 265
  C. Vorzeitige Beendigung … 265
   I. Gesetzliche Beendigungsgründe … 265
   II. Analoge Anwendung auf andere Beendigungsgründe … 266
   III. Rechtsfolgen … 267

§ 300 Entscheidung über die Restschuldbefreiung … 269
  A. Normzweck … 270
  B. Gesetzliche Systematik … 270
  C. Verfahren nach Ende der Laufzeit der Abtretungserklärung … 270
   I. Fristablauf … 270
   II. Weiteres Verfahren … 271
  D. Entscheidung über die Restschuldbefreiung … 272
   I. Versagung der Restschuldbefreiung … 272
   II. Erteilung der Restschuldbefreiung … 273
   III. Rechtsmittel … 274
   IV. Bekanntmachung … 274
   V. Kosten … 274

§ 301 Wirkung der Restschuldbefreiung … 275
  A. Normzweck … 275
  B. Gesetzliche Systematik … 276
  C. Schuldbefreiung … 276
   I. Betroffene Verbindlichkeiten … 276
   II. Die Restschuld als unvollkommene Verbindlichkeit … 278
  D. Personal- und Sachsicherungen … 281
   I. Bestand der Sicherungsrechte … 281
   II. Ausschluss von Rückgriffsansprüchen … 282

		E. Leistung trotz Restschuldbefreiung	283
		F. Nachhaftung	284
		G. Weitere Gläubigerrechte	284
		I. Insolvenzrechtliche Stellung	284
		II. Haftung aus § 826 BGB wegen vorsätzlicher sittenwidriger Schädigung	285

§ 302 Ausgenommene Forderungen 286
A. Normzweck 286
B. Gesetzliche Systematik 287
C. Bereichsausnahmen 288
    I. Vorsätzlich begangene unerlaubte Handlung 288
        1. Tatbestand 288
        2. Anmeldung 291
    II. Geldstrafen und gleichgestellte Verbindlichkeiten 296
    III. Zinslose Darlehen 297
D. Wirkungen 298

§ 303 Widerruf der Restschuldbefreiung 299
A. Normzweck 300
B. Gesetzliche Systematik 301
C. Widerrufsgrund 302
    I. Vorsätzliche Obliegenheitsverletzung 302
    II. Erheblich beeinträchtigte Gläubigerbefriedigung 303
    III. Nachträgliches Herausstellen 303
D. Widerrufsverfahren 304
    I. Grundsätze 304
    II. Zulässigkeit 304
    III. Widerrufsentscheidung 306
    IV. Entscheidungswirkungen 306
    V. Rechtsmittel sowie Kosten und Gebühren 307

Neunter Teil
Verbraucherinsolvenzverfahren und sonstige Kleinverfahren

Vorbemerkungen vor §§ 304 ff. 309
A. Allgemeines 309
B. Verfahrensrechtliche Maßnahmen 311
C. Öffentliche Gläubiger und Erlass 312
D. Typische Regelungen 313

Erster Abschnitt. Anwendungsbereich

§ 304 Grundsatz 315
A. Normzweck 316
B. Gesetzliche Systematik 316
C. Persönlicher Anwendungsbereich des Verbraucherinsolvenzverfahrens 317
    I. Schuldner 317
    II. Fehlende selbstständige wirtschaftliche Tätigkeit 318
    III. Beginn und Ende selbstständiger wirtschaftlicher Tätigkeit 319
    IV. Zurechnung selbstständiger wirtschaftlicher Tätigkeit? 320
        1. Personengesellschaftsrecht 320
        2. Kapitalgesellschaftsrecht 321
D. Eingeschränkter Zugang früher selbstständiger Personen 322
    I. Systematik 322
    II. Geringfügige Selbstständigkeit 322

	III. Überschaubare Vermögensverhältnisse	323
	IV. Keine Forderungen aus Arbeitsverhältnissen	325
E.	Verfahrensrechtliches	328

Zweiter Abschnitt. Schuldenbereinigungsplan

§ 305 Eröffnungsantrag des Schuldners … 331
- A. Normzweck … 332
- B. Gesetzliche Systematik … 332
- C. Pflicht zur Vorlage von Unterlagen (Abs. 1) … 334
  - I. Bescheinigung über das Scheitern eines außergerichtlichen Einigungsversuchs … 334
  - II. Antrag auf Erteilung der Restschuldbefreiung … 338
  - III. Anforderungen an Verzeichnisse … 338
  - IV. Schuldenbereinigungsplan … 340
- D. Erstellung der Forderungsverzeichnisse (Abs. 2) … 342
- E. Unvollständige Antragsunterlagen (Abs. 3) … 344
- F. Gerichtliche Vertretung durch geeignete Stelle (Abs. 4) … 347
- G. Formularzwang (Abs. 5) … 347

§ 305 a Scheitern der außergerichtlichen Schuldenbereinigung … 348
- A. Normzweck … 348
- B. Gesetzliche Systematik … 348
- C. Fiktion des Scheiterns … 348

§ 306 Ruhen des Verfahrens … 349
- A. Normzweck … 350
- B. Gesetzliche Systematik … 350
- C. Ruhen des Verfahrens (Abs. 1) … 351
- D. Entscheidung über das Schuldenbereinigungsplanverfahren … 352
- E. Anordnung von Sicherungsmaßnahmen (Abs. 2) … 354
- F. Abschriften für die Zustellung … 357
- G. Verfahren bei Gläubigerantrag (Abs. 3) … 358
- H. Verfahrensrechtliches … 359

§ 307 Zustellung an die Gläubiger … 359
- A. Normzweck … 360
- B. Gesetzliche Systematik … 360
- C. Zustellung des Schuldenbereinigungsplans (Abs. 1) … 360
- D. Schweigen als Zustimmung (Abs. 2) … 363
- E. Änderungen und Ergänzungen des Plans (Abs. 3) … 363

§ 308 Annahme des Schuldenbereinigungsplans … 366
- A. Normzweck … 367
- B. Der Schuldenbereinigungsplan als Prozessvergleich … 367
  - I. Die Titelfunktion des Schuldenbereinigungsplans … 368
  - II. Schuldenbereinigungsplan und Drittbeteiligung … 368
  - III. Die Unwirksamkeit des Schuldenbereinigungsplans … 369
  - IV. Die Unwirksamkeit einzelner Bestimmungen … 369
    1. Gesetz- und sittenwidrige Forderungen … 369
    2. Verfall- und Kündigungsklauseln … 370
- C. Die Rolle der außenstehenden Gläubiger … 371
- D. Verfahrensrechtliches … 371
  - I. Gerichtliche Feststellung … 371
  - II. Die Geltendmachung der Unwirksamkeit eines Schuldenbereinigungsplans oder einzelner Forderungen … 372

	III. Die Anpassung des Schuldenbereinigungsplans	373
§ 309	**Ersetzung der Zustimmung**	373
	A. Normzweck	374
	B. Gesetzliche Systematik	375
	C. Ersetzung der Zustimmung (Abs. 1)	375
	I. Struktur der Zustimmungsersetzung	375
	II. Mehrheitliche Zustimmung	376
	III. Unangemessene Beteiligung im Verhältnis zu den übrigen Gläubigern (Nr. 1)	378
	IV. Wirtschaftliche Schlechterstellung gegenüber Verbraucherinsolvenz- und Restschuldbefreiungsverfahren (Nr. 2)	381
	1. Hypothetische Berechnung der im Verfahren zu zahlenden Beträge	381
	2. Berücksichtigung von Zugangshürden zum Verfahren und zur Erlangung der Restschuldbefreiung	386
	3. Zustimmungsersetzung bei Nullplänen	388
	D. Verfahren bei der Zustimmungsersetzung (Abs. 2)	388
	E. Streit über die Höhe der Forderungen (Abs. 3)	389
	F. Verfahrensrechtliches	390
§ 310	**Kosten**	390
	A. Normzweck	390
	B. Erstattungsansprüche von Gläubigern	391
	C. Kostenschutz und Verfahrenskosten	392
	I. Kostenrechtliche Regelungen	392
	II. Prozesskostenhilfe und Schuldenbereinigungsplanverfahren	393
	D. Verfahrensrechtliches	395

Dritter Abschnitt. Vereinfachtes Insolvenzverfahren

§ 311	**Aufnahme des Verfahrens über den Eröffnungsantrag**	397
	A. Normzweck	397
	B. Gesetzliche Systematik	398
	C. Vorbereitende Maßnahmen	398
	I. Beschlussfassung über einen Antrag auf Prozesskostenhilfe	400
	1. Bedeutung der Entstehungsgeschichte	400
	2. Prozesskostenhilfe und die Systematik der Verbraucherinsolvenz	401
	3. Prozesskostenhilfe und verfassungskonforme Auslegung	403
	II. Beschlussfassung zum Kostenvorschuss	405
	D. Verfahrensrechtliches	407
§ 312	**Allgemeine Verfahrensvereinfachungen**	407
	A. Normzweck	408
	B. Systematik	409
	C. Der Eröffnungsbeschluss	409
	I. Der Eröffnungsgrund	410
	II. Die Kostendeckung	412
	III. Probleme des Gläubigerantrags	413
	D. Die Bestimmung der Insolvenzmasse	413
	I. Der Insolvenzbeschlag von Sachen des Schuldners	414
	1. Aussonderungsrechte	414
	a) Der Eigentumsvorbehalt	414
	b) Aussonderungsrechte von Haushaltsangehörigen	414
	2. Hausrat	415
	3. Zur Erwerbstätigkeit erforderliche Gegenstände	415
	II. Unterhaltsforderungen	416

		III.	Forderungen aus Erwerbs- und Erwerbsersatzeinkommen	417

- III. Forderungen aus Erwerbs- und Erwerbsersatzeinkommen 417
  - 1. Forderungen aus Arbeitsverträgen und gleichgestellten Beschäftigungsverhältnissen 417
  - 2. Forderungen aus Sozialleistungsverhältnissen 419
  - 3. Die Sicherung des Existenzminimums 421
  - 4. Arbeitsentgelt und Eigengeld von Strafgefangenen 423
- IV. Forderungen mit Versorgungscharakter 424
  - 1. Forderungen aus Versicherungsverträgen 424
  - 2. Forderungen aus Sparverträgen 427
- E. Die Durchführung des vereinfachten Insolvenzverfahrens 428
- F. Verfahrensrechtliches 429

§ 313 Treuhänder 431
- A. Normzweck 432
- B. Rechtsstellung und Aufgaben des Treuhänders 433
  - I. Die Bestellung des Treuhänders 433
  - II. Inbesitznahme der Insolvenzmasse 434
  - III. Vorbereitung des Prüfungstermins 435
  - IV. Prozessführung 435
  - V. Unterhaltsgewährung an den Schuldner 436
- C. Die Verwertung der Masse und Abwicklung der Schuldverträge im Verbraucherinsolvenzverfahren 436
  - I. Allgemeine Grundsätze 436
  - II. Arbeitsverträge in der Verbraucherinsolvenz 438
  - III. Mietverträge in der Verbraucherinsolvenz 439
  - IV. Bankverträge in der Verbraucherinsolvenz 442
- D. Absonderungsrechte im Verbraucherinsolvenzverfahren 443
  - I. Die Abtretung von Ansprüchen auf Arbeitsentgelt und Sozialleistungen 444
    - 1. Die Abtretung von Ansprüchen auf Arbeitsentgelt 444
    - 2. Die Abtretung von Ansprüchen auf Sozialleistungen 446
    - 3. Die Abtretung von Ansprüchen aus Versicherungsverträgen 447
  - II. Pfandrechte 448
  - III. Grundpfandrechte 449
- E. Anfechtung im Verbraucherinsolvenzverfahren 450
  - I. Anfechtbare Zwangsvollstreckung 451
  - II. Anfechtbare Sicherungen 453
  - III. Anfechtbare Verrechnungen 453
  - IV. Anfechtung und Versicherung 454
  - V. Anfechtung und personenbezogene Rechtshandlungen 455
- F. Verfahrensrechtliches 456

§ 314 Vereinfachte Verteilung 457
- A. Normzweck 458
- B. Systematik 459
- C. Einfache Freigabevereinbarungen 459
  - I. Eintritt in Lebensversicherungsverträge 459
  - II. Fiduziarische Freigabevereinbarungen 460
  - III. Erkaufte Freigabe 461
- D. Qualifizierte Freigabe 462
- E. Das Schlussverfahren 463
  - I. Das Schlussverzeichnis 463
  - II. Der Schlusstermin 465
  - III. Schlussverteilung und Aufhebung des Insolvenzverfahrens 467
- F. Verfahrensrechtliches 468

Anhang I
Insolvenzordnung – Gesetzestext 471

Anhang II
Zivilprozessordnung (Auszug) 529

Anhang III
Pfändungsfreigrenzen 535

Stichwortverzeichnis 541

Literaturverzeichnis

Aderhold	Auslandskonkurs im Inland, 1992
App	Die Insolvenzordnung, 1995
Andres / Leithaus	Insolvenzordnung (InsO), Kommentar, München 2006
	(zit.: *Andres / Leithaus* InsO, § . . . Rz. . . .)
Arbeitskreis für Insolvenz- und Schiedsgerichtswesen (Hrsg.)	Kölner Schrift zur Insolvenzordnung, 2. Aufl. 2000
	(zit.: KS-InsO / *Bearbeiter* Jahr, Seite, Rz.)
Ascheid / Preis / Schmidt	Kündigungsrecht, Kommentar, 3. Aufl. 2007
Baetke / Bitz	Vahlens Kompendium der Betriebswirtschaftslehre, 4. Aufl. 1998
Balz / Landfermann	Die neuen Insolvenzgesetze, 2. Aufl. 1999
Bamberger / Roth	Kommentar zum Bürgerlichen Gesetzbuch, Band 3, §§ 1297–2385, EGBGB, 2. Aufl. 2008
Bassenge / Roth	Gesetz über die Angelegenheiten der freiwilligen Gerichtsbarkeit – Rechtspflegergesetz, 11. Aufl. 2007
Baumbach / Hefermehl / Casper	Wechselgesetz, Scheckgesetz, Recht der kartengestützten Zahlungen: WG, ScheckG, Kartengestützte Zahlungen, 23. Aufl. 2008
Baumbach / Hopt	Handelsgesetzbuch, 33. Aufl. 2008
Baumbach / Hueck	GmbH-Gesetz, 18. Aufl. 2006
Baumbach / Lauterbach / Albers / Hartmann	Zivilprozessordnung, Kommentar, 66. Aufl. 2008
	(zit.: *Baumbach / Bearbeiter* ZPO, § . . . Rz. . . .)
Baur	Die Bewältigung von Masseschäden nach U. S.-amerikanischem und deutschem Insolvenzrecht, 2007
Baur / Baur / Stürner	Lehrbuch des Sachenrechts, 18. Aufl. 2008
Baur / Stürner	Insolvenzrecht, 12. Aufl. 1990
Beck / Depré	Praxis der Insolvenzbewältigung, 2003
Becker	Insolvenzrecht, 2. Aufl. 2008
Bergerfurth	Das Eherecht, 10. Aufl. 1993
Bichlmeier / Engberding / Oberhofer	Insolvenzhandbuch, 2. Aufl. 2003
Biethahn / Huch (Hrsg.)	Informationssysteme für das Controlling, 1994
Bindemann	Handbuch Verbraucherkonkurs, 3. Aufl. 2005
Binz / Hess	Der Insolvenzverwalter, Rechtsstellung, Aufgabe, Haftung, 2004
Blersch	Insolvenzrechtliche Vergütungsverordnung, Kommentar, 2000
ders.	Insolvenzrechtliche Vergütungstabellen 1999
Blersch / Goetsch / Haas	Berliner Kommentar Insolvenzrecht, Loseblatt, Stand September 2008
	(zit.: BK-InsO / *Bearbeiter*)
Bley / Mohrbutter	Vergleichsordnung VerglO, 4. Aufl., Bd. 1: 1979, Bd. 2: 1981
Bloching	Pluralität und Partikularinsolvenz, 1. Aufl. 2000
Böckenförde	Unternehmenssanierung, 2. Aufl. 1996
Böhle-Stammschräder / Kilger	Vergleichsordnung, VerglO, Kommentar, 11. Aufl. 1986
Boochs / Dauernheim	Steuerrecht in der Insolvenz, 3. Aufl. 2007
Bork	Einführung in das neue Insolvenzrecht, 4. Aufl. 2005
Bork / Kübler	Insolvenzrecht 2000, 2001
BPP Publishing Ltd	Financial Management and Control, ACCA Study Text June 2002, London 2002
Braun	Insolvenzordnung, Kommentar, 3. Aufl. 2007
	(zit.: *Braun / Bearbeiter* InsO)
Braun / Riggert / Kind	Schwerpunkte des Insolvenzverfahrens, 3. Aufl. 2006
Braun / Uhlenbruck	Muster eines Insolvenzplans, 1998
dies.	Unternehmensinsolvenz: Grundlagen, Gestaltungen, Sanierung mit der Insolvenzordnung, 1997
Breuer	Das neue Insolvenzrecht, 1998

Literaturverzeichnis

ders.	Insolvenzrecht, 2. Aufl. 2003
ders.	Insolvenzrechts-Formularhandbuch mit Erläuterungen, 3. Aufl. 2007
Breutigam / Blersch / Goetsch	Insolvenzrecht, Kommentierung der Insolvenzordnung und der insolvenzrechtlichen Vergütungsverordnung mit Schriftsätzen und Mustern für die Insolvenzrechtspraxis, Loseblatt (s. jetzt: *Blersch / Goetsch / Haas*)
Brox	Erbrecht, 22. Aufl. 2007
Brox / Walker	Zwangsvollstreckungsrecht, 8. Aufl. 2008
Bruckmann	Verbraucherinsolvenz in der Praxis, 1. Aufl. 1999
Brüning	Die berufsrechtliche Stellung des Rechtsanwalts als Insolvenzverwalter, 1998
Bühner	Betriebswirtschaftliche Organisationslehre, 10. Aufl. 2004
Canaris	Bankvertragsrecht, 3. Aufl. 1988
Caspers	Personalabbau und Betriebsänderung im Insolvenzverfahren, Beiträge zum Insolvenzrecht, Bd. 18, 1998
Däubler / Kittner / Klebe	BetrVG Betriebsverfassungsgesetz, Kommentar für die Praxis, 11. Aufl. 2008 (zit.: DKK / *Bearbeiter* § ... Rz. ...)
Dallmayer / Eickmann	Rechtspflegergesetz, Kommentar, 1996
Dassler / Schiffhauer / Hintzen	Gesetz über die Zwangsversteigerung und Zwangsverwaltung – einschließlich EGZVG und ZwVwV – Kommentar, 13. Aufl. 2008
Dauernheim	Das Anfechtungsrecht in der Insolvenz, 2. Aufl. 2002
Demharter	Grundbuchordnung, Kommentar, 25. Aufl. 2005
Deutsch / Ahrens	Deliktsrecht, 4. Aufl. 2001
Döbereiner	Die Restschuldbefreiung nach der Insolvenzordnung, 1997
Dorndorf / Weller / Hauck / Kriebel / Höland / Neef	Heidelberger Kommentar zum Kündigungsschutzgesetz, 4. Aufl. 2001
Drukarczyk	Unternehmen und Insolvenz, 1987
ders.	Insolvenzplan und Obstruktionsverbot, Regensburger Diskussionsbeiträge zur Wirtschaftswissenschaft, Nr. 315, 1998
ders.	Finanzierung, 10. Aufl. 2008
Duursma-Kepplinger / Duursma / Chalupsky	Europäische Insolvenzordnung, Kommentar, 2002
Ehlers / Drieling	Unternehmenssanierung nach dem neuen Insolvenzrecht, 1998
dies.	Unternehmenssanierung nach der Insolvenzordnung, 2. Aufl. 2000
Eicher / Schlegel (Hrsg.)	Sozialgesetzbuch III – Arbeitsförderung, Loseblatt
Eickmann	Konkurs und Vergleichsrecht, 2. Aufl. 1980
ders.	Aktuelle Probleme des Insolvenzverfahrens aus Verwalter- und Gläubigersicht, RWS-Skript Nr. 88, 3. Aufl. 1995
ders.	InsO, Vergütungsrecht, Kommentar zur InsVV, 2. Aufl. 2001
ders.	VergVO, Kommentar zur Vergütung im Insolvenzverfahren, 2. Aufl. 1997
Eickmann / Flessner / Irschlinger / Kirchhof / Kreft / Landfermann / Marotzke / Stephan	Heidelberger Kommentar zur Insolvenzordnung, 4. Aufl. 2006 (zit.: HK-InsO / *Bearbeiter* § ... Rz. ...)
Eickmann / Mohn	Handbuch für das Konkursgericht, 5. Aufl. 1976
Eidenmüller	Der Insolvenzplan als Vertrag, Jahrbuch für Neue Politische Ökonomie 15 (1996), 164
ders.	Unternehmenssanierung zwischen Markt und Gesetz, 1999
Eisenbeis / Mues	Arbeitsrecht in der Insolvenz, 2000
Ellrott / Förschle / Hoyos / Winkeljohann	Beck'scher Bilanz-Kommentar, 6. Aufl. 2006
Ensthaler	Gemeinschaftskommentar zum Handelsgesetzbuch, 7. Aufl. 2007 (zit.: GK-HGB / *Bearbeiter* § ... Rz. ...)
Erman / Westermann	BGB, Handkommentar, 2 Bde., 12. Aufl. 2008 (zit.: *Erman / Bearbeiter*)

Etzel / Bader / Fischermeier / Friedrich / Griebeling / Lipke / Pfeiffer / Rost / Spilger / Vogt / Weigand / Wolff	Gemeinschaftskommentar zum Kündigungsschutzgesetz und zu sonstigen kündigungsschutzrechtlichen Vorschriften, 8. Aufl. 2007 (zit.: KR-*Bearbeiter*)
Fechner / Kober	Praxis der Unternehmenssanierung, 2. Aufl. 2005
Feuerich / Weyland	Bundesrechtsanwaltsordnung, 7. Aufl. 2008
Fink	Maßnahmen des Verwalters zur Finanzierung in der Unternehmensinsolvenz, 1998
Fischer / Schwarz / Dreher	Strafgesetzbuch, Kommentar, 56. Aufl. 2008
Fitting / Engels / Schmidt / Trebinger / Linsenmaier	Betriebsverfassungsgesetz mit Wahlordnung, Handkommentar, 24. Aufl. 2008 (zit.: *Fitting / Bearbeiter* § … Rz. …)
Foerste	Insolvenzrecht, 4. Aufl. 2006
Forsblad	Restschuldbefreiung und Verbraucherinsolvenz im künftigen deutschen Insolvenzrecht, 1997
Frege / Keller / Riedel	Insolvenzrecht, 7. Aufl. 2008
Frese	Grundlagen der Organisation, 9. Aufl. 2006
Frotscher	Steuern im Konkurs, 4. Aufl. 1997
ders.	Besteuerung bei Insolvenz, 6. Aufl. 2005
Gabler	Wirtschafts-Lexikon, 16. Aufl. 2005
Geimer	Internationales Zivilprozessrecht, 5. Aufl. 2005
Gerhardt	Grundpfandrechte im Insolvenzverfahren, RWS-Skript Bd. 35, 11. Aufl. 2005
ders.	Die systematische Einordnung der Gläubigeranfechtung, Göttinger Rechtswissenschaftliche Studien, Bd. 75, 1969
Gerhardt / Kreft	Aktuelle Probleme der Insolvenzanfechtung – KO, GesO, AnfG –, RWS-Skript Bd. 82, 10. Aufl. 2006
Gerkan von / Hommelhoff	Handbuch des Kapitalersatzrechts, 3. Aufl. 2008
Germelmann / Matthes / Prütting / Müller-Glöge	Kommentar zum Arbeitsgerichtsgesetz, 6. Aufl. 2008
Gernhuber / Coester-Waltjen	Familienrecht, 5. Aufl. 2006
Gerold / Schmidt	Rechtsanwaltsvergütungsgesetz, 18. Aufl. 2008
Gless	Unternehmenssanierung; Grundlagen, Strategien, Maßnahmen, 1996
Gottwald (Hrsg.)	Insolvenzrechts-Handbuch, 3. Aufl. 2006 (zit.: *Gottwald / Bearbeiter* HdbInsR, § … Rz. …)
Graeber	Die Vergütung des vorläufigen Insolvenzverwalters gem. § 11 InsVV – Eine Analyse der für die Vergütung des vorläufigen Insolvenzverwalters geltenden Regelungen und der Ausfüllung, 2003
ders.	Vergütung in Insolvenzverfahren von A-Z, 2005
Graf-Schlicker	Kommentar zur Insolvenzordnung, 2007
Groß	Sanierung durch Fortführungsgesellschaften, 2. Aufl. 1988
Grunsky	Kommentar zum Arbeitsgerichtsgesetz, 7. Aufl. 1995
Haarmeyer / Wutzke / Förster	Insolvenzordnung, InsO / EGInsO, Kommentierte Textausgabe, 3. Aufl. 1995
dies.	Handbuch zur Insolvenzordnung, InsO / EGInsO, 3. Aufl. 2001
dies.	Gesamtvollstreckungsordnung, Kommentar zur Gesamtvollstreckungsordnung (GesO) und zum Gesetz über die Unterbrechung von Gesamtvollstreckungsverfahren (GUG), 4. Aufl. 1998
dies.	Insolvenzrechtliche Vergütung (InsVV), Kommentar, 4. Aufl. 2007
dies.	Zwangsverwaltung, 4. Aufl. 2007
dies. (Hrsg.)	PräsenzKommentar zur InsO (zit.: *Haarmeyer / Wutzke / Förster-Bearbeiter* Präsenzkommentar, § … Rz. …)
Häsemeyer	Insolvenzrecht, 4. Aufl. 2007 (zit.: *Häsemeyer* InsR)
Hauck / Helml	Arbeitsgerichtsgesetz, Kommentar, 3. Aufl. 2006
Hefermehl / Köhler / Bornkamm	Gesetz gegen den unlauteren Wettbewerb, 26. Aufl. 2008 (zit.: *Hefermehl / Bearbeiter* UWG, § … Rz. …)

Literaturverzeichnis

Heiermann / Riedl / Rusam	Handkommentar zur VOB, Teile A und B, 11. Aufl. 2007
Helwich	Pfändung des Arbeitseinkommens und Verbraucherinsolvenz, 5. Aufl. 2007
Henckel	Pflichten des Konkursverwalters gegenüber Aus- und Absonderungsberechtigten, RWS-Skript Nr. 25, 2. Aufl. 1979
Henssler	Das Berufsbild des Insolvenzverwalters, in: Aktuelle Probleme des neuen Insolvenzrechts, 2000
Henssler / Willemsen / Kalb	Arbeitsrechtskommentar, 3. Aufl. 2008
Hess	Kommentar zur Konkursordnung (KO), 6. Aufl. 1998
ders.	Kommentar zur Insolvenzordnung mit EGInsO, 1999
ders.	Insolvenzrecht Großkommentar, 3 Bände, 2007
Hess / Binz / Wienberg	Gesamtvollstreckungsordnung (GesO), Kommentar, 4. Aufl. 1998
Hess / Fechner / Freund / Körner	Sanierungshandbuch, 3. Aufl. 1998
Hess	Sanierungshandbuch, 4. Aufl. 2009 (zit.: *Hess* Sanierungshandbuch, Kap. . . . Rz. . . .)
Hess / Kranemann / Pink	InsO 99 – Das neue Insolvenzrecht, 1998
Hess / Obermüller	Die Rechtsstellung der Verfahrensbeteiligten nach der Insolvenzordnung, 3. Aufl. 2002
dies.	Insolvenzplan, Restschuldbefreiung und Verbraucherinsolvenz, 3. Aufl. 2003
Hess / Pape, G.	InsO und EGInsO, Grundzüge des neuen Insolvenzrechts, RWS-Skript Nr. 278, 1995
Hess / Weis	Anfechtungsrecht, 2. Aufl. 2000
dies.	Liquidation und Sanierung nach der Insolvenzordnung, 1999
Hess / Weis / Wienberg	Insolvenzordnung, Kommentar, 2. Aufl. 2001
Heymann / Bearbeiter	Handelsgesetzbuch, Kommentar, 2. Aufl. 1995 ff.
Hinterhuber	Strategische Unternehmensführung, 7. Aufl. 2004
Hoffmann	Verbraucherinsolvenz und Restschuldbefreiung, 2. Aufl. 2002
Holzer	Entscheidungsträger im Insolvenzverfahren, 3. Aufl. 2004
v. Hoyningen-Huene / Linck	Kommentar zum Kündigungsschutzgesetz, 14. Aufl. 2007
Huber	Anfechtungsgesetz, 10. Aufl. 2006
Hübschmann / Hepp / Spitaler	Kommentar zur Abgabenordnung und Finanzgerichtsordnung, Loseblattausgabe
Jaeger	Lehrbuch des Deutschen Konkursrechts, 8. Aufl. 1973
Jaeger / Henckel	Konkursordnung (KO), Großkommentar, 9. Aufl. 1997
Jaeger / Henkel / Gerhardt	Insolvenzordnung, Großkommentar, 2004 ff.
Jähnke / Laufhütte / Odersky (Hrsg.)	Leipziger Kommentar, Strafgesetzbuch, Großkommentar, Sechster Band, §§ 223 bis 263 a, 11. Aufl. 2005
Jarass / Pieroth	Grundgesetz für die Bundesrepublik Deutschland, Kommentar, 9. Aufl. 2007
Jauernig / Berger	Zwangsvollstreckungs- und Insolvenzrecht, 22. Aufl. 2007
Jauernig / Bearbeiter	Bürgerliches Gesetzbuch, 12. Aufl. 2007
Kalthoener / Büttner / Niepmann	Die Rechtsprechung zur Höhe des Unterhalts, 10. Aufl. 2008
Kayser	Höchstrichterliche Rechtsprechung zum Insolvenzrecht, 3. Aufl. 2009
Keller	Vergütung und Kosten im Insolvenzverfahren, 2. Aufl. 2007
Kilger / Schmidt, K.	Konkursordnung (KO), Kurzkommentar, 16. Aufl. 1993
dies.	Insolvenzgesetze, KO / VglO / GesO, 17. Aufl. 1997 (zit.: *Schmidt* InsG)
Kirchhof / Lwowski / Stürner (Hrsg.)	Münchener Kommentar zur Insolvenzordnung, 2. Aufl. 2007 (zit.: MünchKomm-InsO / *Bearbeiter* § . . . Rz. . . .)
Kittner / Däubler / Zwanziger	Kündigungsschutzrecht, Kommentar, 7. Aufl. 2008 (zit.: KDZ-*Bearbeiter* § . . . Rz. . . .)
Klein	Abgabenordnung, 9. Aufl. 2006
Koch, A.	Die Eigenverwaltung nach der Insolvenzordnung, 1998

Kohte / Ahrens / Grote	Verfahrenskostenstundung, Restschuldbefreiung und Verbraucherinsolvenzverfahren, 4. Aufl. 2009
Kommission für Insolvenzrecht	Erster Bericht 1985 und Zweiter Bericht 1986, Hrsg. Bundesministerium der Justiz
Kraemer	Das neue Insolvenzrecht – Gesetze, Begründungen, Materialien, 1995
Kraft / Wiese / Kreutz / Oetker / Raab / Weber / Franzen	Betriebsverfassungsgesetz, Gemeinschaftskommentar, 8. Aufl. 2005 (zit.: GK-BetrVG / *Bearbeiter* § . . . Rz. . . .)
Kruschwitz / Heintzen (Hrsg.)	Unternehmen in der Krise, 2004
Krystek / Moldenbauer	Handbuch Krisen- und Restrukturierungsmanagement, 2007
Kübler	Neuordnung des Insolvenzrechts, 1989
Kübler / Prütting	Das neue Insolvenzrecht, Bd. 1: InsO, Bd. II: EGInsO, RWS-Dok. Bd. 18, 2. Aufl. 2000
dies. (Hrsg.)	InsO, Kommentar zur Insolvenzordnung, Loseblatt, Stand April 2008 (zit.: *Kübler / Prütting-Bearbeiter* InsO, § . . . Rz. . . .)
Kühn / Wedelstädt (Hrsg.)	Abgabenordnung und Finanzgerichtsordnung: Kommentar, 19. Aufl. 2008
Kuhn / Uhlenbruck	Konkursordnung, Kommentar, 11. Aufl. 1994
Larenz	Lehrbuch des Schuldrechts, Bd. I: Allgemeiner Teil, 14. Aufl. 1987
Leimböck	Bilanzen und Besteuerung von Bauunternehmen, 1997
Leipold (Hrsg.)	Insolvenzrecht im Umbruch, Analysen und Alternativen, 1991
Lutter / Hommelhoff	GmbH-Gesetz, 16. Aufl. 2004
Mansel / Budzikiewicz	Das neue Verjährungsrecht in der anwaltlichen Praxis, 2002
Marotzke	Gegenseitige Verträge im neuen Insolvenzrecht, 3. Aufl. 2001
ders.	Das Unternehmen in der Insolvenz, 2000
Meyer-Cording	Das Recht der Banküberweisung, 1951
Meyer-Goßner	Kommentar zur StPO, 51. Aufl. 2008
Mohrbutter / Drischler / Radtke	Die Zwangsversteigerungs- und Zwangsverwaltungspraxis, Bd. 1: 7. Aufl. 1986, Bd. 2: 7. Aufl. 1990
Mohrbutter / Ringstmeier (Hrsg.)	Handbuch der Insolvenzverwaltung, 8. Aufl. 2007 (zit.: *Mohrbutter / Ringstmeier-Bearbeiter*)
Mrozynski (Hrsg.)	Sozialgesetzbuch Allgemeiner Teil, 3. Aufl. 2003
Musielak	Zivilprozessordnung, Kommentar, 6. Aufl. 2008
Müller-Glöge / Preis / Schmidt	Erfurter Kommentar zum Arbeitsrecht, 8. Aufl. 2008 (zit.: ErfK-*Bearbeiter*)
Müller-Gugenberger / Bieneck (Hrsg.)	Wirtschaftsstrafrecht, 2006
Münder / Armborst / Berlit / Bieritz-Harder / Birk / Brühl / ConradisHofmann / Krahmer / Roscher / Schoch	Sozialgesetzbuch XII, Kommentar, 8. Aufl. 2008 (zit.: LPK-BSHG / Bearbeiter)
Nerlich / Römermann	Insolvenzordnung InsO, Kommentar, Loseblatt, Stand April 2008
Neumann	Die Gläubigerautonomie in einem künftigen Insolvenzverfahren, Schriften zum Deutschen und Europäischen Zivil-, Handels- und Prozessrecht, Bd. 153, 1995
Niesel	SGB III, Sozialgesetzbuch Arbeitsförderung, Kommentar, 4. Aufl. 2007
Noack / Zöllner	Kölner Kommentar zum Aktiengesetz, 3. Aufl. 2004 (zit.: KölnKomm-AktG / *Bearbeiter* § . . . Rz. . . .)
Obermüller	Handbuch des Insolvenzrechts für die Kreditwirtschaft – HdbInsR, 4. Aufl. 1991 (zit.: *Obermüller* HdbInsR)
ders.	Insolvenzrecht in der Bankpraxis, 7. Aufl. 2007
Obermüller / Hess	InsO, Eine systematische Darstellung der Insolvenzordnung unter Berücksichtigung kreditwirtschaftlicher und arbeitsrechtlicher Aspekte, 4. Aufl. 2003
Oechsler	Personal und Arbeit, 8. Aufl. 2006

Literaturverzeichnis

Onusseit	Umsatzsteuer im Konkurs, 1988
Onusseit / Kunz	Steuern in der Insolvenz, RWS-Skript Nr. 271, 2. Aufl. 1997
Palandt	Bürgerliches Gesetzbuch, Kurzkommentar, 67. Aufl. 2008 (zit.: *Palandt/Bearbeiter* § ... Rz. ...)
Pape / Uhlenbruck	Insolvenzrecht, 2002
Petersen / Kleinfeller	Konkursordnung für das Deutsche Reich, 3. Aufl. 1892
Pohlmann	Befugnisse und Funktionen des vorläufigen Insolvenzverwalters, 1998
Porter	Wettbewerbsstrategie, 2008
Preuß	Verbraucherinsolvenzverfahren und Restschuldbefreiung, 2. Aufl. 2003
Prölss / Martin	Versicherungsvertragsgesetz, 27. Aufl. 2004
Prütting (Hrsg.)	Insolvenzrecht 1996, RWS-Forum 9, 1997
Prütting / Wegen / Weinreich (Hrsg.)	BGB, Kommentar, 3. Aufl. 2008 (zit.: *PWW / Bearbeiter* § ... Rz. ...)
Rauscher / Wax / Wendel (Hrsg.)	Münchener Kommentar zur Zivilprozessordnung, 3. Aufl. 2007 (zit.: *MünchKomm-ZPO / Bearbeiter* § ... Rz. ...)
Rauscher / Wax / Wenzel (Hrsg.)	Münchener Kommentar zur Zivilprozessordnung, Band 1, §§ 1–510 c, 3. Aufl. 2008, Band 2, §§ 511–945, 3. Aufl. 2007 (zit.: *MünchKomm-ZPO / Bearbeiter* § ... Rz. ...)
Rebmann (Hrsg.)	Münchener Kommentar zum Bürgerlichen Gesetzbuch, 5. Aufl. 2006 ff. (zit.: *MünchKomm-BGB / Bearbeiter* § ... Rz. ...)
Reinhart	Sanierungsverfahren im internationalen Insolvenzrecht, 1995
Richardi / Thüsing / Annuß	Betriebsverfassungsgesetz, mit Wahlordnungen, Kommentar, 11. Aufl. 2008
Richardi / Wlotzke	Münchener Handbuch zum Arbeitsrecht, 2. Aufl. 2000 ff. (zit.: *Bearbeiter* MünchArbR)
Rosenberg / Gaul / Schilken	Zwangsvollstreckungsrecht, 11. Aufl. 1997
Rosenberg / Schwab / Gottwald	Zivilprozessrecht, 16. Aufl. 2004
Rückert	Einwirkung des Insolvenzverfahrens auf schwebende Prozesse, 2007
Runkel (Hrsg.)	Anwalts-Handbuch Insolvenzrecht, 2. Aufl. 2008
Säcker / Rixecker (Hrsg.)	Münchener Kommentar zum Bürgerlichen Gesetzbuch, Band 1: Allgemeiner Teil, 1. Halbband: §§ 1–240, ProstG, 5. Aufl. 2006. Band 2: Schuldrecht, Allgemeiner Teil §§ 241–432, 5. Aufl. 2007 Band 7: Familienrecht I, §§ 1297–1588, VAHRG, VAÜG, HausratsV, 4. Aufl. 2000 (zit.: *MünchKomm-BGB / Bearbeiter* § ... Rz. ...)
Schack	Internationales Zivilverfahrensrecht, 4. Aufl. 2006
Schaub	Arbeitsrechts-Handbuch, 12. Aufl. 2007
Schilken	Zivilprozessrecht, 5. Aufl. 2006
Schimansky / Bunte / Lwowski	Bankrechtshandbuch, 3. Aufl. 2007
Schlegelberger	Handelsgesetzbuch, Kommentar von Geßler/Hefermehl/Hildebrand/Martens/Schröder/K. Schmidt, 5. Aufl. 1973 ff. (zit.: *Schlegelberger / Bearbeiter* § ... Rz. ...)
Schlüter	BGB-Familienrecht, 12. Aufl. 2006
Schmidt, A. (Hrsg.)	Hamburger Kommentar zum Insolvenzrecht, 2. Aufl. 2007 (zit.: *HambK-InsO / Bearbeiter* § ... Rz. ...)
Schmidt, K.	Wege zum Insolvenzrecht der Unternehmen, 1990
Schmidt, K. (Hrsg.)	Münchener Kommentar zum Handelsgesetzbuch, Band 1, Erstes Buch, Handelsstand, §§ 1–104, 2. Aufl. 2005 (zit.: *MünchKomm-HGB / Bearbeiter* § ... Rz. ...)
Schmidt, L.	Einkommensteuergesetz (EStG), Kommentar, 27. Aufl. 2008
Schmidt-Bleibtreu / Klein / Hofmann / Hopfauf	Kommentar zum Grundgesetz, 11. Aufl. 2008
Schmidt-Räntsch	Insolvenzordnung mit Einführungsgesetz, 1995
Schmidt / Uhlenbruck	Die GmbH in Krise, Sanierung und Insolvenz, 3. Aufl. 2003

Schmitz	Bauinsolvenz, 2007
Scholz / Bearbeiter	Kommentar zum GmbH-Gesetz, 9. Aufl. 2000/2002
Schönke / Schröder (Hrsg.)	Strafgesetzbuch, Kommentar, 27. Aufl. 2006
Schrader / Uhlenbruck	Konkurs- und Vergleichsverfahren, 4. Aufl. 1977
Schwarz / Dumke / Frotscher / Schultz	Kommentar zur Abgabenordnung (AO) 1977, Loseblattausgabe 1976 ff.
Serick	Eigentumsvorbehalt und Sicherungsübertragung, 2. Aufl. 1993
Smid	Grundzüge des neuen Insolvenzrechts, 4. Aufl. 2002
ders.	Praxishandbuch Insolvenzrecht, 5. Aufl. 2007 (zit.: *Smid* Praxishandbuch)
ders. (Hrsg.)	Insolvenzordnung, Kommentar, 2. Aufl. 2001 (zit.: *Smid* InsO)
Smid (Hrsg.)	Gesamtvollstreckungsordnung, Kommentar, Das Insolvenzrecht der fünf neuen Bundesländer und Ostberlins, 3. Aufl. 1997 (zit.: *Smid* GesO)
Smid / Rattunde	Der Insolvenzplan, Handbuch für das Sanierungsverfahren gemäß §§ 217 bis 269 InsO mit praktischen Beispielen und Musterverfügungen., 2. Aufl. 2005 (zit.: *Smid / Rattunde* Insolvenzplan)
Soergel / Siebert (Hrsg.)	Bürgerliches Gesetzbuch mit Einführungsgesetz und Nebengesetzen, 13. Aufl. 1999 ff. (zit.: *Soergel / Bearbeiter* § . . . Rz. . . .)
Spahlinger	Sekundäre Insolvenzverfahren bei grenzüberschreitenden Insolvenzen, 1998
Stahlhacke / Preis / Vossen	Kündigung und Kündigungsschutz im Arbeitsverhältnis, 9. Aufl. 2005
Staub	Großkommentar zum HGB, 5. Aufl. (zit.: *Staub / Bearbeiter* § . . . Rz. . . .)
Staudinger	Bürgerliches Gesetzbuch mit Einführungsgesetzen und Nebengesetzen, Großkommentar, 15. Aufl. 2008 (zit.: Staudinger / Bearbeiter § . . . Rz. . . .)
Stein / Jonas	Kommentar zur Zivilprozessordnung, 22. Aufl. 2007 (zit.: *Stein / Jonas-Bearbeiter* ZPO, § . . . Rz. . . .)
Stöber	Forderungspfändung, 14. Aufl. 2005
ders.	Zwangsversteigerungsgesetz (ZVG), 18. Aufl. 2006
Stoll	Stellungnahmen und Gutachten zur Reform des deutschen Internationalen Insolvenzrechts, 1992
ders.	Vorschläge und Gutachten zur Umsetzung des EU-Übereinkommens über Insolvenzverfahren im deutschen Recht, 1997
Strehle	Die Stellung des Vollstreckungsgläubigers bei grenzüberschreitenden Insolvenzen in der EU, 2007
Tiedemann	GmbH-Strafrecht, 4. Aufl. 2002
ders.	Insolvenz-Strafrecht, 2. Aufl. 1996
Thomas / Putzo	Zivilprozessordnung, Kommentar, 29. Aufl. 2008
Tipke / Kruse	Abgabenordnung / Finanzgerichtsordnung, Kommentar zur AO 1977 und FGO ohne Strafrecht, Loseblatt
Tröndle / Fischer	Strafgesetzbuch und Nebengesetze, Kommentar, 55. Aufl. 2008
Trunk	Internationales Insolvenzrecht, 1998
Uhlenbruck	Die GmbH & Co. KG in Krise, Konkurs und Vergleich, 2. Aufl. 1988
ders.	Das neue Insolvenzrecht, Insolvenzordnung und Einführungsgesetz nebst Materialien, 1994
ders.	Insolvenzordnung, Kommentar, 12. Aufl. 2003 (zit.: *Uhlenbruck / Bearbeiter* InsO, § . . . Rz. . . .)
Uhlenbruck / Delhaes	Konkurs und Vergleichsverfahren, Handbuch der Rechtspraxis, 5. Aufl. 1990
Ulmer / Habersack / Winter	GmbHG – Gesetz betreffend die Gesellschaften mit beschränkter Haftung, Großkommentar, 2008
von Münch / Kunig	Grundgesetz-Kommentar, Band 3, Art. 70–149 und Gesamtregister, 5. Aufl. 2003

Literaturverzeichnis

Waza / Uhländer / Schmittmann	Insolvenzen und Steuern, 7. Aufl. 2007
Weidekind	Betriebswirtschaftliche Grundlagen der Insolvenzrechtsreform, Seminar-Skript SUITKAT-THIES + Partner Karlsruhe, 1998/2
dies.	Der Insolvenzplan, Seminarskript SUITKAT-THIES + Partner Karlsruhe 1998/3
Weidekind / Rödl	Der Steuerberater als Insolvenzberater, 1999
Weinbörner	Das neue Insolvenzrecht mit EU-Übereinkommen, 1997
Weisemann / Smid	Handbuch Unternehmensinsolvenz, 1999
Werner / Pastor	Der Bauprozess, 12. Aufl. 2008
Westermann, H. P. (Hrsg.)	Erman, Bürgerliches Gesetzbuch, Kommentar, 12. Aufl. 2008 (zit.: *Erman / Bearbeiter*)
Weyand / Diversy	Insolvenzdelikte, 7. Aufl. 2006
Wimmer / Dauernheim / Wagner / Weidekind (Hrsg.)	Handbuch des Fachanwalts Insolvenzrecht, 3. Aufl. 2008 (zit.: FA-InsR / *Bearbeiter* Kap. ... Rz. ...)
Wimmer / Stenner	Lexikon des Insolvenzrechts, 2. Aufl. 1999
Wöhe / Bilstein	Grundzüge der Unternehmensfinanzierung, 9. Aufl. 2002
WP-Handbuch	Wirtschaftsprüfer-Handbuch, Band 2, 12. Aufl. 2002
Zöller	Zivilprozessordnung, Kommentar, 26. Aufl. 2006 (zit.: *Zöller / Bearbeiter* BGB, § ... Rz. ...)
Zwanziger	Das Arbeitsrecht der Insolvenzordnung, 3. Aufl. 2006

Abkürzungsverzeichnis

a. A.	anderer Ansicht, anderer Auffassung
a. a. O.	am angegebenen Ort
AB	Ausführungsbestimmung
ABA	Zeitschrift »Arbeit, Beruf und Arbeitslosenhilfe«
AbgG	Gesetz über die Rechtsverhältnisse der Mitglieder des Deutschen Bundestages, Abgeordnetengesetz
ABl.	Amtsblatt
abl.	ablehnend
ABlEG	Amtsblatt der Europäischen Gemeinschaften
Abs.	Absatz
Abschn.	Abschnitt
abw.	abweichend
AcP	Archiv für die civilistische Praxis
a. E.	am Ende
a. F.	alte Fassung
AfA	Absetzung für Abnutzung
AFG	Arbeitsförderungsgesetz
AFKG	Arbeitsförderungs-Konsolidierungsgesetz
AFRG	Arbeitsförderungs-Reformgesetz
AG	Amtsgericht, Aktiengesellschaft, Die Aktiengesellschaft (Zeitschrift)
AGB	Allgemeine Geschäftsbedingungen
AGBE	Entscheidungssammlung zum AGB-Gesetz
AGBG	Gesetz zur Regelung des Rechts der Allgemeinen Geschäftsbedingungen
AGH	Anwaltsgerichtshof
AgrarR	Zeitschrift »Agrarrecht«
AIB	Allgemeine Versicherungsbedingungen für die Insolvenzsicherung der betrieblichen Altersversorgung
AktG	Aktiengesetz
Alg	Arbeitslosengeld
Alt.	Alternative
a. M.	anderer Meinung
amtl.	amtlich
amtl. Begr.	amtliche Begründung
ANBA	Amtliche Nachrichten der Bundesagentur für Arbeit
ÄndG	Änderungsgesetz
AnfG	Gesetz betr. die Anfechtung von Rechtshandlungen eines Schuldners außerhalb des Insolvenzverfahrens, Anfechtungsgesetz
AnfR	Anfechtungsrecht
AngKSchG	Gesetz über die Fristen für die Kündigung von Angestellten, Angestelltenkündigungsschutzgesetz
Anh.	Anhang
Anl.	Anlage
Anm.	Anmerkung
AnwBl.	Anwaltsblatt
AO	Abgabenordnung
AOK	Allgemeine Ortskrankenkasse
AP	Arbeitsrechtliche Praxis, Nachschlagewerk des Bundesarbeitsgerichts
ArbG	Arbeitsgericht
ArbGG	Arbeitsgerichtsgesetz
ArbnErfG	Gesetz über Arbeitnehmererfindungen
AR-Blattei	Arbeitsrecht-Blattei

Abkürzungsverzeichnis

ArbPlSchG	Gesetz über den Schutz des Arbeitsplatzes bei Einberufung zum Wehrdienst, Arbeitsplatzschutzgesetz
ArbRdG	Zeitschrift »Das Arbeitsrecht der Gegenwart«
ArbSG	Gesetz zur Sicherstellung von Arbeitsleistungen zum Zwecke der Verteidigung einschließlich des Schutzes der Zivilbevölkerung, Arbeitssicherstellungsgesetz
ArchBürgR	Archiv für bürgerliches Recht
ARGE	Arbeitsgemeinschaft
Art.	Artikel
ASiG	Gesetz über Betriebsärzte, Sicherheitsingenieure und andere Fachkräfte für Arbeitssicherheit, Arbeitssicherheitsgesetz
AT	Allgemeiner Teil
AuA	Zeitschrift »Arbeit und Arbeitsrecht«
AuB	Zeitschrift »Arbeit und Beruf«
AÜG	Gesetz zur Regelung der gewerbsmäßigen Arbeitnehmerüberlassung, Arbeitnehmerüberlassungsgesetz
Aufl.	Auflage
AuR	Zeitschrift »Arbeit und Recht«
ausf.	ausführlich
AVG	Angestelltenversicherungsgesetz
AVO	Ausführungsverordnung
AWD	Außenwirtschaftsdienst des Betriebs-Beraters
Az.	Aktenzeichen
BA	Bundesagentur für Arbeit
BAG	Bundesarbeitsgericht
BAGE	Entscheidungen des Bundesarbeitsgerichts
BAnz.	Bundesanzeiger
BABl.	Bundesarbeitsblatt
BÄO	Bundesärzteordnung
BauFdgG	Gesetz über die Sicherung der Bauforderungen
BauR	Zeitschrift »Baurecht«
Ba-Wü.	Baden-Württemberg
BayNotV	Mitteilungen des Bayerischen Notarvereins
BayObLG	Bayerisches Oberstes Landesgericht
BayObLGZ	Entscheidungen des Bayerischen Obersten Landesgerichts in Zivilsachen
BB	Zeitschrift »Der Betriebs-Berater«
BBiG	Berufsbildungsgesetz
BC	Zeitschrift »Bilanzbuchhalter und Controller«
Bd.	Band
Bde.	Bände
BDSG	Bundesdatenschutzgesetz
BEEG	Gesetz zum Elterngeld und zur Elternzeit (Bundeselterngeld- und Elternzeitgesetz)
Begr.	Begründung
Beil.	Beilage
Bek.	Bekanntmachung
BerHG	Beratungshilfegesetz
BErzGG	Gesetz über die Gewährung von Erziehungsgeld und Erziehungsurlaub, Bundeserziehungsgeldgesetz
Beschl.	Beschluss
BetrAV	Zeitschrift »Betriebliche Altersversorgung«
BetrAVG	Gesetz zur Verbesserung der betrieblichen Altersversorgung
BetrVG	Betriebsverfassungsgesetz
BeurkG	Beurkungsgesetz
BewG	Bewertungsgesetz
BewHi	Bewährungshilfe

BezG	Bezirksgericht
BfA	Deutsche Rentenversicherung
BFH	Bundesfinanzhof
BFHE	Entscheidungen des Bundesfinanzhofs
BFH/NV	Sammlung nicht veröffentlichter Entscheidungen des Bundesfinanzhofs
BFuP	Zeitschrift »Betriebswirtschaftliche Forschung und Praxis«
BGB	Bürgerliches Gesetzbuch
BGBl.	Bundesgesetzblatt
BGB-RGRK	BGB Kommentar, (Hrsg.) von Reichsgerichtsräten und Bundesrichtern
BGE	Amtl. Sammlung der Entscheidungen des Schweizerischen Bundesgerichts
BGH	Bundesgerichtshof
BGHSt	Entscheidungen des Bundesgerichtshofs in Strafsachen
BGHZ	Entscheidungen des Bundesgerichtshofs in Zivilsachen
BHO	Bundeshaushaltsordnung
BK-InsO	*Breutigam / Blersch / Goetsch* Berliner Praxiskommentar Insolvenzrecht
BKK	Zeitschrift »Die Betriebskrankenkasse«
BlPMZ	Blätter für Patent-, Muster- und Zeichenwesen
BlSchKG	Blätter für Schuldbetreibung und Konkurs Schweiz
BMF	Bundesminister(ium) für Finanzen
BMJ	Bundesminister(ium) der Justiz
BNotO	Bundesnotarordnung
BörsG	Börsengesetz
BR	Bundesrat
BRAGO	Bundesrechtsanwaltsgebührenordnung
BRAO	Bundesrechtsanwaltsordnung
BR-Drucks.	Bundesratsdrucksache
Breg.	Bundesregierung
Breith.	Sammlung von Entscheidungen aus dem Sozialrecht Breithaupt
BR-Prot.	Ständige Berichte des Bundesrates (zitiert nach Jahr, Seite)
BRRG	Beamtenrechtsrahmengesetz
BRTV-Bau	Bundesrahmentarifvertrag für das Baugewerbe
BSG	Bundessozialgericht
BSGE	Entscheidungen des Bundessozialgerichts
BSHG	Bundessozialhilfegesetz
Bsp.	Beispiel
BStBl.	Bundessteuerblatt
BT	Bundestag
BT-Drucks.	Bundestagsdrucksache
BtPrax	Betreuungsrechtliche Praxis (Zeitschrift)
Buchst.	Buchstabe
BurlG	Bundesurlaubsgesetz
BuW	Zeitschrift »Betrieb und Wirtschaft«
BVerfG	Bundesverfassungsgericht
BVerfGE	Entscheidungen des Bundesverfassungsgerichts
BVerfGG	Gesetz über das Bundesverfassungsgericht, Bundesverfassungsgerichtsgesetz
BVerwG	Bundesverwaltungsgericht
BVerwGE	Entscheidungen des Bundesverwaltungsgerichts
BWNotZ	Zeitschrift für das Notariat in Baden-Württemberg
bzgl.	bezüglich
bzw.	beziehungsweise
ca.	circa
cic	culpa in contrahendo
COMI	centre of main interests
DA	Durchführungsanweisungen der Bundesagentur für Arbeit
DAV	Deutscher Anwaltverein

Abkürzungsverzeichnis

DB	Zeitschrift »Der Betrieb«
DBW	Zeitschrift »Die Betriebswirtschaft«
ders.	derselbe
dgl.	dergleichen
DGO	Deutsche Gemeindeordnung
DGVZ	Deutsche Gerichtsvollzieher-Zeitung
d. h.	das heißt
Die Beiträge	Zeitschrift »Die Beiträge zur Sozial- und Arbeitslosenversicherung«
Die Justiz	Amtsblatt des Ministeriums für Justiz, Bundes- und Europaangelegenheiten Baden-Württemberg
dies.	dieselbe(n)
diff.	differenzierend
Diss.	Dissertation
DKK	*Däubler/Kittner/Klebe* BetrVG Betriebsverfassungsgesetz, Kommentar für die Praxis
DNotZ	Deutsche Notar-Zeitschrift
DöKV	Deutsch-österreichischer Konkursvertrag
DöKVAG	Ausführungsgesetz zum Deutsch-österreichischen Konkursvertrag
Dok.	Dokumentation
DOK	Zeitschrift »Die Ortskrankenkasse«
DR	Zeitschrift »Deutsches Recht«
DRiZ	Deutsche Richterzeitung
Drucks.	Drucksache
DRZ	Deutsche Rechts-Zeitschrift
DStR	1. Deutsche Steuer-Rundschau bis 1961
	2. Deutsches Steuerrecht ab 1962
DStZ	Deutsche Steuer-Zeitung
DSWR	Zeitschrift »Datenverarbeitung, Steuer, Wirtschaft, Recht«
DtZ	Deutsch-Deutsche Rechts-Zeitschrift
DÜVO	Datenübermittlungs-Verordnung
DuR	Demokratie und Recht
DVO	Durchführungsverordnung
DVR	Deutsche Verkehrssteuer-Rundschau
DZWiR	Deutsche Zeitschrift für Wirtschaftsrecht (bis 1999)
DZWIR	Deutsche Zeitschrift für Wirtschafts- und Insolvenzrecht (ab 1999)
ECU	European Currency Unit
EFG	Entscheidungen der Finanzgerichte
EG	1. Einführungsgesetz
	2. Europäische Gemeinschaft
EGBGB	Einführungsgesetz zum Bürgerlichen Gesetzbuch
EGHGB	Einführungsgesetz zum Handelsgesetzbuch
EGInsO	Einführungsgesetz zur Insolvenzordnung
EGKO	Einführungsgesetz zur Konkursordnung
EGStGB	Einführungsgesetz zum Strafgesetzbuch
EheG	Ehegesetz
Einf.	Einführung
Einl.	Einleitung
einschl.	einschließlich
EInsO	Entwurf einer Insolvenzordnung
EKH	Eigenkapitalhilfeprogramm
ErbbauVO	Verordnung über das Erbbaurecht
ErbStG	Erbschaft- und Schenkungsteuergesetz
ErfK	*Müller-Glöge/Preis/Schmidt* Erfurter Kommentar zum Arbeitsrecht
ERP	European Recovery Program
ErsK	Zeitschrift »Die Ersatzkasse«

EStG	Einkommensteuergesetz
EstH	Einkommensteuerhandbuch/Einkommensteuerhinweise
EstR	Einkommensteuerrichtlinien
EstRG	Einkommensteuerreformgesetz
etc.	et cetera
EU	Europäische Union
EuGH	Europäischer Gerichtshof
EuGHE	Entscheidungen des Europäischen Gerichtshofes
EuGVÜ	Europäisches Übereinkommen über die gerichtliche Zuständigkeit und die Vollstreckung gerichtlicher Entscheidungen in Zivil- und Handelssachen
EuInsVO	Europäische Verordnung über Insolvenzverfahren
EuIÜ	Europäisches Übereinkommen über Insolvenzverfahren
EuZW	Europäische Zeitschrift für Wirtschaftsrecht
EV	Einigungsvertrag, Einführungsverordnung
e. V.	eingetragener Verein
evtl.	eventuell
EwiR	Zeitschrift »Entscheidungen zum Wirtschaftsrecht« ab 1985
EWIV	Europäische Wirtschaftliche Interessenvereinigung
EWIV-AG	EWIV-Ausführungsgesetz
EzA	Entscheidungssammlung zum Arbeitsrecht
EzAÜG	Entscheidungssammlung zum Arbeitnehmerüberlassungsgesetz
f./ff.	folgend/fortfolgende
FA-InsR	*Wimmer/Dauernheim/Wagner/Weidekind* (Hrsg.), Handbuch Fachanwalt Insolvenzrecht
FamRZ	Zeitschrift für das gesamte Familienrecht
FAZ	Frankfurter Allgemeine Zeitung
FEVS	Fürsorgerechtliche Entscheidungen der Verwaltungs- und Sozialgerichte
FG	Finanzgericht
FGG	Gesetz über die Angelegenheiten der freiwilligen Gerichtsbarkeit
FGO	Finanzgerichtsordnung
FK-InsO	Frankfurter Kommentar zur Insolvenzordnung
FLF	Zeitschrift »Finanzierung, Leasing, Factoring«, vorher »Teilzahlungswirtschaft«
Fn.	Fußnote
FN-IDW	Fachnachrichten des Instituts der Wirtschaftsprüfer
FR	Finanz-Rundschau
FS	Festschrift
G	Gesetz
GAVI	Gesetz zur Vereinfachung der Aufsicht in Insolvenzverfahren
GBl.	Gesetzblatt
GBO	Grundbuchordnung
GbR	Gesellschaft bürgerlichen Rechts
GebrMG	Gebrauchsmustergesetz
gem.	gemäß
GenG	Gesetz betr. die Erwerbs- und Wirtschaftsgenossenschaften, Genossenschaftsgesetz
GeschmMG	Gesetz betr. das Urheberrecht an Mustern und Modellen, Geschmacksmustergesetz
GesO	Gesamtvollstreckungsordnung
GesRZ	Zeitschrift »Der Gesellschafter«
GewO	Gewerbeordnung
GewStDV	Gewerbesteuer-Durchführungsverordnung
GewStG	Gewerbesteuergesetz
GG	Grundgesetz
ggf.	gegebenenfalls
GK	Gemeinschaftskommentar

Abkürzungsverzeichnis

GK-BetrVG	*Kraft / Wiese / Kreutz / Oetker / Raab / Weber / Franzen* Betriebsverfassungsgesetz, Gemeinschaftskommentar
GK-AFG	Gemeinschaftskommentar zum Arbeitsförderungsgesetz, Loseblatt
GK-HGB	*Ensthaler* Gemeinschaftskommentar zum Handelsgesetzbuch
GK-SGB III	Gemeinschaftskommentar zum Arbeitsförderungsrecht, Loseblatt
GKG	Gerichtskostengesetz
GMBl.	Gemeinsames Ministerialblatt
GmbH	Gesellschaft mit beschränkter Haftung
GmbHG	Gesetz betr. die Gesellschaften mit beschränkter Haftung
GmbHR	Zeitschrift »GmbH-Rundschau« ab 1984
GmbH-Rdsch.	Zeitschrift »GmbH-Rundschau« bis 1983
grds.	grundsätzlich
Grdz.	Grundzüge
GrS	Großer Senat
GrEStG	Grunderwerbsteuergesetz
GrStG	Grundsteuergesetz
GRUR	Zeitschrift »Gewerblicher Rechtsschutz und Urheberrecht«
GS	Gedächtnisschrift
GuG	Zeitschrift »Grundstücksmarkt und Grundstückswert«
GVG	Gerichtsverfassungsgesetz
GVBl.	Gesetz und Verordnungsblatt
HAG	Heimarbeitsgesetz
HambK-InsO	*Schmidt, A.* (Hrsg.), Hamburger Kommentar zum Insolvenzrecht
hans.	hanseatisches
Hdb.	Handbuch
HdbInsR	Handbuch des Insolvenzrechts für die Kreditwirtschaft
HFR	Höchstrichterliche Finanzrechtsprechung
HK-InsO	*Eickmann / Flessner / Irschlinger / Kirchhof / Kreft / Landfermann / Marotzke / Stephan* Heidelberger Kommentar zur Insolvenzordnung
h. M.	herrschende Meinung
HGB	Handelsgesetzbuch
HöfeO	Höfeordnung
HOLG	Hanseatisches Oberlandesgericht
HRR	Zeitschrift »Höchstrichterliche Rechtsprechung«
(hrsg.) / (Hrsg.)	herausgegeben / Herausgeber
HS	Halbsatz
i. d. F.	in der Fassung
i. d. R.	in der Regel
IDW	Institut der Wirtschaftsprüfer
i. E.	im Einzelnen
i. e. S.	im engeren Sinne
i. H. v.	in Höhe von
IHK	Industrie- und Handelskammer
IIR	Internationales Insolvenzrecht
INF	Zeitschrift »Die Information über Steuer und Wirtschaft«
InsbürO	Zeitschrift für das Insolvenzbüro
InsO	Insolvenzordnung
HdbInsR	*Gottwald* Insolvenzrechts-Handbuch
InsVO	Verordnung über Insolvenzverfahren
InsVV	Insolvenzrechtliche Vergütungsverordnung
InVo	Zeitschrift »Insolvenz & Vollstreckung«
InvZulG	Investitionszulagengesetz
IPRax	Zeitschrift »Praxis des Internationalen Privat- und Verfahrensrechts«
IPRG	Gesetz zur Neuregelung des Internationalen Privatrechts
i. S.	im Sinne

i. S. d.	im Sinne des/der
i. S. v.	im Sinne von
i. V. m.	in Verbindung mit
i. w. S.	im weiteren Sinne
IZPR	Internationales Zivilprozessrecht
JA	Zeitschrift »Juristische Arbeitsblätter«
JFG	Jahrbuch für Entscheidungen in Angelegenheiten der freiwilligen Gerichtsbarkeit und des Grundbuchrechts
Jg.	Jahrgang
JMBl.	Justizministerialblatt
Jprax.	Zeitschrift »Juristische Praxis«
JR	Juristische Rundschau
JurBüro	Zeitschrift »Das juristische Büro«
JURA	Zeitschrift »Juristische Ausbildung«
JuS	Zeitschrift »Juristische Schulung«
JVEG	Justizvergütungs- und Entschädigungsgesetz
JW	Juristische Wochenschrift
JZ	Juristenzeitung
KAGG	Gesetz über Kapitalanlagegesellschaften
Kap.	Kapitel
KapAEG	Kapitalaufnahmeerleichterungsgesetz
KassArbR	Kasseler Handbuch zum Arbeitsrecht
KDZ	*Kittner/Däubler/Zwanziger* Kündigungsschutzrecht
KfzStG	Kraftfahrzeugsteuergesetz
KG	1. Kommanditgesellschaft 2. Kammergericht
KgaA	Kommanditgesellschaft auf Aktien
KKZ	Kommunal-Kassen-Zeitschrift
KO	Konkursordnung
KölnKomm-AktG	*Noack/Zöllner* Kölner Kommentar zum Aktiengesetz
Komm.	1. Kommission 2. Kommentar
KostO	Kostenordnung
KR	*Etzel/Bader/Fischermeier/Friedrich/Griebeling/Lipke/Pfeiffer/Rost/Spilger/Vogt/Weigand/Wolff* Gemeinschaftskommentar zum Kündigungsschutzgesetz und sonstigen kündigungsschutzrechtlichen Vorschriften
krit.	kritisch
KS-InsO	Kölner Schrift zur Insolvenzordnung
KSchG	Kündigungsschutzgesetz
KStG	Körperschaftsteuergesetz
KStZ	Kommunale Steuer-Zeitschrift
KTS	Zeitschrift für Insolvenzrecht
KündFG	Kündigungsfristengesetz
KuT	Zeitschrift »Konkurs- und Treuhandwesen«
KV	Kostenverzeichnis
KVStG	Kapitalverkehrsteuergesetz
KWG	Gesetz über das Kreditwesen, Kreditwesengesetz
LAG	Landesarbeitsgericht
LAGE	Entscheidungen der Landesarbeitsgerichte
LFZG	Lohnfortzahlungsgesetz
LG	Landgericht
lfd.	laufend
lit.	litera
LM	*Lindenmaier/Möhring* Nachschlagewerk des Bundesgerichtshofs

Abkürzungsverzeichnis

LohnFG	Gesetz über die Fortzahlung des Arbeitsentgelts im Krankheitsfall, Lohnfortzahlungsgesetz
LPK-BSHG	*Münder / Armborst / Berlit / Bieritz-Harder / Birk / Brühl / ConradisHofmann / Krahmer / Roscher / Schoch* Sozialgesetzbuch XII
LS	Leitsatz
LSG	Landessozialgericht
LStDV	Lohnsteuer-Durchführungsverordnung
LuftfzRG	Gesetz über Rechte an Luftfahrzeugen
LuftVG	Luftverkehrsgesetz
LZ	Leipziger Zeitschrift für Deutsches Recht
m.	mit
m. E.	meines Erachtens
MDR	Monatszeitschrift für Deutsches Recht
MHbeG	Gesetz zur Beschränkung der Haftung Minderjähriger
MinBlFin.	Ministerialblatt des Bundesministers der Finanzen
MitbestG	Gesetz über die Mitbestimmung der Arbeitnehmer, Mitbestimmungsgesetz
Mitt.	Mitteilungen
MiZi	Allgemeine Verfügung über Mitteilungen in Zivilsachen
MoMiG	Gesetz zur Modernisierung des GmbH-Rechts und zur Bekämpfung von Missbräuchen
MontanMitbestG	Gesetz über die Mitbestimmung der Arbeitnehmer in den Aufsichtsräten und Vorständen der Unternehmen des Bergbaus und der Eisen und Stahl erzeugenden Industrie
MS	Mitgliedstaat(en)
MünchArbR	*Richardi / Wlotzke* Münchener Handbuch zum Arbeitsrecht
MünchKomm-BGB	*Rebmann* (Hrsg.), Münchener Kommentar zum Bürgerlichen Gesetzbuch
MünchKomm-InsO	*Kirchhof / Lwowski / Stürner* (Hrsg.), Münchener Kommentar zur Insolvenzordnung
MünchKomm-ZPO	*Rauscher / Wax / Wendel* (Hrsg.), Münchener Kommentar zur Zivilprozessordnung
MuSchG	Gesetz zum Schutz der erwerbstätigen Mutter, Mutterschutzgesetz
m. w. H.	mit weiteren Hinweisen
m. w. N.	mit weiteren Nachweisen
Nachw.	Nachweise
NdsRpfl.	Niedersächsische Rechtspflege
n. F.	neue Fassung
NJW	Neue Juristische Wochenschrift
NJW-RR	NJW-Rechtsprechungs-Report
n. r.	nicht rechtskräftig
Nr. / Nrn.	Nummer / Nummern
NRW	Nordrhein-Westfalen
NStZ	Neue Zeitschrift für Strafrecht
NVwZ	Neue Zeitschrift für Verwaltungsrecht
NWB	Neue Wirtschaftsbriefe
NZA	Neue Zeitschrift für Arbeits- und Sozialrecht
NZI	Neue Zeitschrift für das Recht der Insolvenz und Sanierung
NZM	Neue Zeitschrift für Mietrecht
NZS	Neue Zeitschrift für Sozialrecht
o.	oben
o. Ä.	oder Ähnliches
ÖBGBl.	Österreichisches Bundesgesetzblatt
OFD	Oberfinanzdirektion
OGH	Oberster Gerichtshof Österreich
OHG	Offene Handelsgesellschaft
OLG	Oberlandesgericht

OLGE	Entscheidungen der Oberlandesgerichte	
OLGZ	Entscheidungen der Oberlandesgerichte in Zivilsachen	
OVG	Oberverwaltungsgericht	
OWiG	Gesetz über Ordnungswidrigkeiten	
PatG	Patentgesetz	
PersV	Personalvertretung	
PersVG	Personalvertretungsgesetz	
PKH	Prozesskostenhilfe	
PWW	*Prütting / Wegen / Weinreich* BGB, Kommentar	
pp.	per prokura	
Prot.	Protokoll	
PSVaG	Pensions-Sicherungs-Verein auf Gegenseitigkeit	
PublG	Gesetz über die Rechnungslegung von bestimmten Unternehmen und Konzernen	
RabelsZ	Rabels Zeitschrift für ausländisches und internationales Privatrecht	
RAG	Reichsarbeitsgericht	
RAGE	Entscheidungen des Reichsarbeitsgerichts	
RAO	Reichsabgabenordnung	
rd.	rund	
RdA	Zeitschrift »Recht der Arbeit«	
RdErl.	Runderlass	
RegE	Regierungsentwurf	
RFH	Reichsfinanzhof	
RFHE	Sammlung der Entscheidungen und Gutachten des Reichsfinanzhofs	
RG	Reichsgericht	
RGBl.	Reichsgesetzblatt	
RGRK	Reichsgerichtsrätekommentar	
RGSt	Entscheidungen des Reichsgerichts in Strafsachen	
RGZ	Entscheidungen des Reichsgerichts in Zivilsachen	
RiLi	Richtlinie	
RIW	Recht der Internationalen Wirtschaft	
RKG	Reichsknappschaftsgesetz	
ROHG	Reichsoberhandelsgericht	
Rpfleger	Zeitschrift »Der Deutsche Rechtspfleger«	
RPflG	Rechtspflegergesetz	
RRG	Rentenreformgesetz	
RsDE	Beiträge zum Recht der sozialen Dienste und Einrichtungen	
rsp.	respektive	
Rspr.	Rechtsprechung	
Rspr.-Dienst	Rechtsprechungsdienst der Sozialgerichtsbarkeit	
RStBl.	Reichssteuerblatt	
RTV	Rahmentarifvertrag	
RV	Zeitschrift »Die Rentenversicherung«	
RVG	Rechtsanwaltsvergütungsgesetz	
RVO	Reichsversicherungsordnung	
Rz.	Randziffer	
s.	siehe	
S.	Seite	
s. a.	siehe auch	
SAE	Sammlung arbeitsrechtlicher Entscheidungen	
ScheckG	Scheckgesetz	
SchiffsRG	Gesetz über Rechte an eingetragenen Schiffen und Schiffsbauwerken	
SchiffsRO	Schiffsregisterordnung	
SchlHAnz.	Schleswig-Holsteinische Anzeigen	
SchKG	Bundesgesetz über Schuldbetreibung und Konkurs Schweiz	

Abkürzungsverzeichnis

SdL	Zeitschrift »Soziale Sicherheit in der Landwirtschaft«
SeemG	Seemannsgesetz
Sen.	Senat
SeuffArch	Seufferts Archiv für Entscheidungen der obersten Gerichte
SG	Sozialgericht
SGb	Zeitschrift »Die Sozialgerichtsbarkeit«
SGB	Sozialgesetzbuch
SGG	Sozialgerichtsgesetz
SJZ	1. Schweizerische Juristen-Zeitung
	2. Süddeutsche Juristenzeitung
s. o.	siehe oben
sog.	so genannte
SozR	Sozialrecht – Entscheidungssammlung, bearbeitet von den Richtern des BSG, Loseblatt
SozSich.	Zeitschrift »Soziale Sicherheit«
Sp.	Spalte
SR	Systematische Sammlung des Bundesrechts Schweiz
st.	ständig (e/er)
StAnpG	Steueranpassungsgesetz
StBerG	Steuerberatungsgesetz
StBGebV	Steuerberatergebührenverordnung
StbJb	Steuerberater-Jahrbuch
StGB	Strafgesetzbuch
StPO	Strafprozessordnung
str.	streitig
StrÄndG	Strafrechtsänderungsgesetz
StrEG	Gesetz über die Entschädigung für Strafverfolgungsmaßnahmen
StRK	Höchstgerichtliche Entscheidungen in Steuersachen (Steuerrechtsprechung in Karteiform)
st.Rspr.	ständige Rechtsprechung
StuB	Zeitschrift »Steuern und Bilanzen«
StudKomm	Studienkommentar
StuW	Steuer und Wirtschaft
StVollzG	Strafvollzugsgesetz
StWa	Zeitschrift »Steuer-Warte«
s. u.	siehe unten
teilw.	teilweise
TVG	Tarifvertragsgesetz
TzBfG	Gesetz über Teilzeitarbeit und befristete Arbeitsverträge
u.	unten/und
u. a.	unter anderem
u. Ä.	und Ähnliches
UBGG	Unternehmensbeteiligungsgesetz
UmwG	Umwandlungsgesetz
UrhG, UrhRG	Gesetz über Urheberrecht und verwandte Schutzrechte, Urheberrechtsgesetz
UR	Umsatzsteuer-Rundschau
Urt.	Urteil
USK	Urteilssammlung für die gesetzliche Krankenversicherung
UStDV	Umsatzsteuer-Durchführungsverordnung
UStG	Umsatzsteuergesetz
usw.	und so weiter
u. U.	unter Umständen
UWG	Gesetz gegen den unlauteren Wettbewerb
v.	vom, von

VAG	Gesetz über die Beaufsichtigung der privaten Versicherungsunternehmungen und Bausparkassen, Versicherungsaufsichtsgesetz
VerbrKrG	Verbraucherkreditgesetz
VerglO	Vergleichsordnung
VergütVO/VergVO	Vergütungsverordnung
VerlG	Gesetz über das Verlagsrecht
VermBG	Gesetz zur Förderung der Vermögensbildung der Arbeitnehmer
VermG	Gesetz zur Regelung offener Vermögensfragen
VersR	Zeitschrift »Versicherungsrecht«
Vfg.	Verfügung
VG	Verwaltungsgericht
VGH	Verwaltungsgerichtshof
vgl.	vergleiche
VglO	Vergleichsordnung
v. H.	von Hundert
VIZ	Zeitschrift für Vermögens- und Investitionsrecht
VO	Verordnung
VOB	Verdingungsordnung für Bauleistungen
VRG	Vorruhestandsgesetz
VRTV	Vorruhestandtarifvertrag
VStG	Vermögensteuergesetz
VuR	Zeitschrift »Verbraucher und Recht«
VVaG	Versicherungsverein auf Gegenseitigkeit
VVG	Gesetz über den Versicherungsvertrag, Versicherungsvertragsgesetz
VW	Zeitschrift »Versicherungswirtschaft«
VwGO	Verwaltungsgerichtsordnung
VwVfG	Verwaltungsverfahrensgesetz
VwVG	Verwaltungsvollstreckungsgesetz
VZS	Vereinigte Zivilsenate
WahlO	Wahlordnung
WEG	Gesetz über das Wohnungseigentum und das Dauerwohnrecht, Wohnungseigentumsgesetz
WarnRspr.	Sammlung zivilrechtlicher Entscheidungen des Reichsgerichts, Warneyer-Rechtsprechung
WG	Wechselgesetz
WiB	Zeitschrift »Wirtschaftsrechtliche Beratung«
WiKG	Gesetz zur Bekämpfung der Wirtschaftskriminalität
WiSt	Zeitschrift »Wirtschaftswissenschaftliches Studium«
WiStG	Gesetz zur Vereinfachung des Wirtschaftsstrafrechts, Wirtschaftsstrafgesetz
WiStra	Zeitschrift für Wirtschaft, Steuer und Strafrecht
WM	Zeitschrift »Wertpapier-Mitteilungen«
WpflG	Wehrpflichtgesetz
WPg.	Zeitschrift »Die Wirtschaftsprüfung«
WPO	Wirtschaftsprüfungsordnung
WPrax	Wirtschaftsrecht und Praxis (Zeitschrift)
WRV	Weimarer Reichsverfassung
WuB	Entscheidungssammlung zum Wirtschafts- und Bankrecht
WuM	Zeitschrift »Wohnungswirtschaft und Mietrecht«
WuW	Zeitschrift »Wirtschaft und Wettbewerb«
WZG	Warenzeichengesetz
WzS	Zeitschrift »Wege zur Sozialversicherung«
ZAkDR	Zeitschrift der Akademie für Deutsches Recht
ZAP	Zeitschrift für die Anwaltspraxis
z. B.	zum Beispiel
ZBB	Zeitschrift für Bankrecht und Bankwirtschaft

Abkürzungsverzeichnis

ZBR	Zeitschrift für Beamtenrecht
ZB Reform	Zweitbericht der Kommission für Insolvenzrecht
ZDG	Gesetz über den Zivildienst der Kriegsdienstverweigerer, Zivildienstgesetz
ZEuP	Zeitschrift für Europäisches Privatrecht
ZEV	Zeitschrift für Erbrecht und Vermögensnachfolge
ZfA	Zeitschrift für Arbeitsrecht
ZfB	Zeitschrift für Betriebswirtschaft
zfbf	Zeitschrift für betriebswirtschaftliche Forschung
ZfG	Zeitschrift für das gesamte Genossenschaftswesen
zfo	Zeitschrift »Führung und Organisation«
ZfS	Zentralblatt für Sozialversicherung, Sozialhilfe und Versorgung
ZfSH	Zeitschrift für Sozialhilfe
ZfZ	Zeitschrift für Zölle und Verbrauchsteuern
ZGR	Zeitschrift für Unternehmens- und Gesellschaftsrecht
ZgS	Zeitschrift für die gesamte Staatswissenschaft
ZHR	Zeitschrift für das gesamte Handelsrecht und Wirtschaftsrecht
Ziff.	Ziffer
ZIP	Zeitschrift für Wirtschaftsrecht und Insolvenzpraxis
zit.	zitiert
ZInsO	Zeitschrift für das gesamte Insolvenzrecht
ZivildienstG	Zivildienstgesetz
ZKF	Zeitschrift für Kommunalfinanzen
ZKredW	Zeitschrift für das gesamte Kreditwesen
ZKW	Zeitschrift für Kreditwesen
ZMR	Zeitschrift für Miet- und Raumrecht
ZPO	Zivilprozessordnung
ZRP	Zeitschrift für Rechtspolitik
ZSHG	Zeugenschutzharmonisierungsgesetz
ZStW	Zeitschrift für die gesamte Strafrechtswissenschaft
z. T.	zum Teil
ZUR	Zeitschrift für Umweltrecht
ZuSEG	Gesetz über die Entschädigung von Zeugen und Sachverständigen
zust.	zustimmend
ZVersWiss	Zeitschrift für die gesamte Versicherungswissenschaft
ZVG	Gesetz über die Zwangsversteigerung und die Zwangsverwaltung, Zwangsversteigerungsgesetz
ZVglRWiss	Zeitschrift für vergleichende Rechtswissenschaft
ZVI	Zeitschrift für Verbraucher- und Privat-Insolvenzrecht
ZwVerwVO	Zwangsverwalterverordnung
ZZP	Zeitschrift für Zivilprozess

Erster Teil
Allgemeine Vorschriften

Vorbemerkungen vor §§ 4 a ff. InsO

Literatur:

Bruns Die geplante Novellierung der Restschuldbefreiung mittelloser Personen – ein geglückter fresh start?, KTS 2008, 41 ff.; *Göbel* Bericht der Bund-Länder-Arbeitsgruppe – Anmerkungen aus der Sicht der Schuldnerberatung, ZInsO 2000, 383 ff.; *Graf-Schlicker* Analysen und Änderungsvorschläge zum neuen Insolvenzrecht, WM 2000, 1984 ff.; *dies.* Die Kostenhürde im Verbraucherinsolvenzverfahren, Festschrift für Uhlenbruck, 2000, S. 573 ff.; *Graf-Schlicker/Remmert* Das neue Insolvenzrecht auf dem Prüfstand, ZInsO 2000, 321 ff.; *Grote* Reform des Verbraucherinsolvenzverfahrens, Rpfleger 2000, 521 ff.; *ders.* Fresh start für natürliche Personen – materiellrechtliche oder insolvenzrechtliche Lösung, Festschrift für Kirchhof, 2003, S. 149 ff.; *Hergenröder/Alsmann* Das Privatinsolvenzrecht auf der britischen Insel, ZVI 2007, 337 ff.; *Heyer/Grote* Alternativmodell zum Entschuldungsmodell bei Masselosigkeit, ZInsO 2006, 1160 f.; *Kemper/Kohte* Kein Ausweg aus dem Schuldenturm, Blätter der Wohlfahrtspflege, 1993, S. 81 ff; *Kohte* Schuldenbereinigungsverfahren – ein untauglicher Versuch, ZIP 1994, 184 ff.; *Limpert* Prozesskostenhilfe im Verbraucherinsolvenzverfahren, 2000; *Pape, G.* Zur Prozesskostenhilfebewilligung im Verbraucherinsolvenzverfahren, VuR 2000, 13 ff.; *ders.* Altbekanntes und Neues zur Entschuldung mittelloser Personen, NZI 2007, 681 ff.; *Pape, I./Pape, G.* Vorschläge zur Reform des Insolvenzverfahrens, insbesondere des Verbraucherinsolvenzverfahrens, ZIP 2000, 1553 ff.; *Reifner* Grundsätze zur Bewertung des Verbraucherkonkurses, VuR 1990, 132 ff.; *Rüntz/Heßler/Wiedemann/Schwörer* Die Kosten des Stundungsmodells, ZVI 2006, 185 ff.; *Schmerbach/Stephan* Der Diskussionsentwurf zur Änderung der Insolvenzordnung und anderer Gesetze – Anmerkungen aus insolvenzrichterlicher Sicht, ZInsO 2000, 541 ff.; *Scholz* Schwerpunkte einer Verbraucherinsolvenz-Regelung, ZIP 1988, 1157 ff.; *Springeneer* Nachbesserungsbedarf bei der Konzeption eines Entschuldungsverfahrens, ZVI 2008, 106 ff.; *Vallender* Das Verbraucherinsolvenzverfahren in der außergerichtlichen und gerichtlichen Praxis – eine erste Bestandsaufnahme, DGVZ 2000, 97 ff.; *Wiedemann* Brauchen wir eine Reform der Verbraucherentschuldung? ZVI 2004, 645 ff.; *Wimmer* Die Reform der Insolvenzordnung, in Bork/Kübler (Hrsg.), Insolvenzrecht 2000, S. 181 ff.

Die Notwendigkeit einer Prozess- bzw. Insolvenzkostenhilfe ist bereits in den ersten Entwürfen zur Ausgestaltung eines Restschuldbefreiungsverfahrens hervorgehoben worden (*Scholz* ZIP 1988, 1157 [1164]; *Reifner* VuR 1990, 132 [134]; *Leipold* in: Leipold (Hrsg.) Insolvenzrecht im Umbruch, 1991, S. 165, [180]). Gleichwohl enthielten weder der Diskussions- noch der Regierungsentwurf zur InsO eine ausdrückliche Regelung dieser Frage. Die Verweisung in § 4 InsO auf die Vorschriften der ZPO – und damit möglicherweise auch auf §§ 114 ff. ZPO – enthielt keine Präzisierung, ob damit die frühere Judikatur zu § 72 KO, die Prozesskostenhilfe für den Gemeinschuldner abgelehnt hatte (*LG Traunstein* NJW 1963, 959) bestätigt oder angesichts des neuen Zielsetzung des Insolvenzverfahrens abgeändert werden sollte (dazu *Kemper/Kohte* Blätter der Wohlfahrtspflege 1993, 81 [83]). Zur Forderung des Bundesrates nach der Möglichkeit einer Prozesskostenhilfe (BT-Drucks. 12/2443, S. 255) vertrat die damalige Bundesregierung 1992 die Ansicht, dass wegen der geringen Kosten des verwalterlosen Verfahrens eine ausdrückliche Regelung der Prozesskostenhilfe im Insolvenzrecht nicht erforderlich sei (BT-Drucks. 12/2443, S. 266). Dieses als kostengünstig qualifizierte verwalterlose Verfahren wurde in den Vorschlägen des Rechtsausschusses, die der endgültigen Gesetzesfassung zugrunde lagen, aufgegeben. Gleichwohl wurde eine ausdrückliche Kodifizierung der Prozesskostenhilfe bzw. eine Klarstellung, dass § 4 InsO auch auf §§ 114 ff. ZPO verweisen, nicht vorgenommen (zur Kritik *Kohte* ZIP 1994, 184 [186 f.]). Trotz dieser deutlichen Divergenzen unterblieb eine ausdrückliche gesetzliche Regelung, so dass von Anfang an eine divergente und lebhafte Gerichtspraxis zu erwarten war.

Obgleich die Insolvenzordnung bereits 1994 verabschiedet worden war, sollte sie erst 1999 in Kraft treten. In der Zwischenzeit sollten organisatorische und konzeptionelle Fragen geklärt werden. Folgerichtig gehörte das Problem der Prozesskostenhilfe zu den zentralen Fragen, die in der Bund-Länder-Arbeitsgruppe, die nach 1994 tätig war, erörtert wurden. Erwogen wurde ein ausdrücklicher Ausschluss der Prozesskostenhilfe, den man jedoch wegen verfassungsrechtlicher Bedenken nicht empfahl (*Beule* InVo 1997, 197 [203]). Daher ging man auch im politischen Raum davon aus, dass diese Frage von den Gerichten zu beantworten sei (anschaulich *Leeb* WM 1998, 1575; ähnlich bereits *Schumacher* ZEuP 1995, 576 [587]). Erwartungsgemäß entwickelte sich vom ersten Tag an eine vielfältige und mehrfach divergierende Gerichtspraxis (Überblick bei *König* NJW 2000, 2487). In den Zwischenbilanzen über die Erfahrungen der Verbraucherinsolvenzverfahren wurde regelmäßig hervorgehoben, dass die nicht explizit gelöste Frage der Prozesskostenhilfe und der Tragung der Prozesskosten zu den zentralen Problemen des Verbraucherinsolvenzverfahrens gehöre (*Pape* ZIP 1999, 2037 [2039] und VuR 2000, 13; *Vallender* DGVZ 2000, 97 [100]).

3 Im Juni 1999 beauftragte daher die 70. Konferenz der Justizminister eine Bund-Länder-Arbeitsgruppe, »die Probleme der praktischen Anwendungen und Schwachstellen des Insolvenzrechts, besonders des Verbraucherinsolvenzverfahrens« zu untersuchen und Änderungsmöglichkeiten aufzuzeigen. Dabei solle vor allem die Frage geklärt werden, ob und in welchem Umfang Insolvenzkostenhilfe gewährt werden könne. Die Arbeitsgruppe legte der 71. Justizministerkonferenz im Mai 2000 in Potsdam einen Zwischenbericht vor, der das Kostenproblem als zentrales Problem identifizierte und »dringenden gesetzgeberischen Handlungsbedarf« bejahte (dazu nur *Graf-Schlicker/Remmert* ZInsO 2000, 321 ff.). Für eine gesetzgeberische Lösung sei jedoch nicht die globale Übernahme der §§ 114 ff. ZPO, sondern ein eigenständiges Modell, das auf einer Verfahrenskostenstundung beruhe, vorzuziehen. Dieses Modell orientierte sich in erster Linie am österreichischen Recht, das in §§ 183 ff. KO eine vergleichbare Regelung seit mehreren Jahren kennt (dazu *Mohr* ZInsO 1998, 311 ff.; vgl. *Kohte* vor § 286 Rz. 28).

4 Dieses Modell solle geeignet sein, einen »dogmatischen Bruch« zu vermeiden, der dadurch entstehe, dass die Erfolgsaussicht des Verfahrens, die Voraussetzung der Prozesskostenhilfe sei, erst durch die Bewilligung der Kostenhilfe ermöglicht werde (dazu *Graf-Schlicker/Remmert* a. a. O.). Diese aus der Literatur bekannte Argumentation war in Judikatur und Literatur auf nachhaltigen Widerspruch gestoßen, weil diese die Erfolgsaussicht am Maßstab plausibler Antragstellung beurteilten. Danach sei jeder Schritt förderungsfähig, der den Antragsteller der Möglichkeit der Restschuldbefreiung näher bringt (dazu nur *LG Trier* VuR 2000, 133 mit Anm. *Kohte*; *LG Koblenz* ZInsO 2000, 457; *Bruns* NJW 1999, 3445 [3449]). Dieser Teil der Argumentation der Arbeitsgruppe fand daher auch im Gesetzgebungsverfahren bei den Befürwortern der gesetzlichen Regelung keine ungeteilte Zustimmung (BT-Drucks. 11/6468 S. 16).

5 Im Wesentlichen berief sich die Arbeitsgruppe jedoch auf fiskalische Argumente; diese wurden im Gesetzgebungsverfahren teilweise harsch kritisiert (z. B. *v. Stetten* BT-Protokolle 14/17680: »Kostenlamentiererei der Länder«), fanden im Ergebnis jedoch auch im Bundestag die Zustimmung der Mehrheit. Als wesentlichen Vorteil qualifizierte die Arbeitsgruppe den Effekt, dass die pfändbaren Bezüge des Schuldners während des Insolvenzverfahrens und vor allem während der Treuhandperiode vorrangig der Staatskasse zur Deckung der Verfahrenskosten und erst danach den Gläubigern zufließen würde. Durch die Pflicht des Treuhänders/Insolvenzverwalters, die Verfahrenskosten vorweg zu befriedigen, käme eine etwaige Besserung der wirtschaftlichen Lage der Schuldner der Staatskasse unmittelbar zugute. Dies habe justizentlastende Wirkung, da die aufwendigen und wenig erfolgreichen Abänderungsverfahren nach § 120 ZPO in dieser Phase vermieden würden. Damit sei auch gegenüber den Schuldnern ein Signal gesetzt, dass in aller Regel die Restschuldbefreiung nicht ohne eigene Kostenbeteiligung erlangt werden könne. Dies habe eine zusätzliche justizentlastende Wirkung, da auf diese Weise Schuldneranträge ausgeschlossen werden könnten, die nicht von einer ernsthaften Absicht zu eigener Mitwirkung und einem eigenen Verfahrens- und Kostenbeitrag getragen würden (dazu *Graf-Schlicker* WM 2000, 1984 [1991 f.]; vgl. *Wimmer* Insolvenzrecht 2000, S. 181 [185]; BT-Drucks 14/5680, S. 20 f. und *Pick* BT-Prot. 14/16094 D).

6 Dieser Bericht wurde von der 71. Konferenz der Justizministerinnen und -minister im Mai 2000 in Potsdam zustimmend zur Kenntnis genommen. Sie baten die Bundesministerin der Justiz darum, auf dieser Grundlage einen Gesetzentwurf zu erstellen. Noch im Sommer 2000 wurde vom Bundesministerium der Justiz ein entsprechender Diskussionsentwurf erarbeitet, der dieses Modell aufnahm und in die bisherige Insolvenzordnung einpasste (dokumentiert in ZIP 2000, 1688 ff.). Nach kurzer literarischer Diskussion, die dieses Modell trotz einzelner Kritikpunkte überwiegend positiv aufnahm, wurde bereits im Winter 2000 mit dem Entwurf der Bundesregierung (BR-Drucks. 14/01) das Gesetzgebungsverfahren eingeleitet. Dieser Entwurf wurde im Bundesrat überwiegend zustimmend aufgenommen und im März 2001 in das parlamentarische Verfahren eingebracht (BT-Drucks. 14/5680) und bereits im April 2001 in erster Lesung beraten (BT-Prot. 14/16090 ff.). In den Beratungen des Rechtsausschusses wurden zwar beachtliche Änderungen beschlossen; das Modell der Verfahrenskostenstundung wurde jedoch unverändert übernommen (BT-Drucks. 14/6468 S. 16 ff.) und in der abschließenden Beratung trotz deutlicher Kritik letztlich akzeptiert (BT-Prot. 14/17678 ff.). Schließlich stimmte auch der Bundesrat diesem Modell am 27. 09. 2001 zu.

Auch wenn es sich bei der Verfahrenskostenstundung um ein eigenständiges insolvenzrechtliches Modell   7
handelt, so ist doch in systematischer Perspektive zu konstatieren, dass es sich in seiner Struktur und vor
allem seinem Zweck an die Regeln der Prozesskostenhilfe anlehnt (so auch *Pape* ZInsO 2001, 587 [590]);
es kann daher als modifizierende Sonderregelung gegenüber den §§ 114 ff ZPO eingestuft werden (BT-
Drucks. 14/5680, S. 12). Es soll der mittellosen Partei die Möglichkeit geben, mit geldwerter staatlicher
Hilfe ein staatlich vorgesehenes justizförmiges Verfahren erfolgreich absolvieren zu können. Insoweit
dient es denselben Zwecken, wie die allgemeine Prozesskostenhilfe und ist auch als eine Antwort der Gesetzgebung auf die Vorlageverfahren des *AG Duisburg* (ZIP 2000, 1399 ff.) und des *AG Bonn* (ZIP 2000,
367) zu verstehen, die nachhaltig die Verfassungswidrigkeit des 1994 geschaffenen Rechtes reklamiert hatten.

Daher lassen sich bei der Analyse des Modells der Verfahrenskostenstundung die allgemeinen Elemente   8
des Rechts der Prozesskostenhilfe gut nachweisen, die jeweils in spezifischer Weise an die Situation der
Insolvenz angepasst worden sind. Dies betrifft:
– eine spezielle Ausgestaltung der wirtschaftlichen Voraussetzungen der Verfahrenskostenstundung (s.
  Kohte § 4 a Rz. 7 ff.),
– eine eigenständige Definition der hinreichenden Erfolgsaussicht (s. *Kohte* § 4 a Rz. 12 ff.),
– eine insolvenzspezifische Ausgestaltung der Kosten, auf die sich die staatliche Hilfe erstreckt (s. *Kohte*
  § 4 a Rz. 18 f.),
– eine spezielle Entscheidung nach Verfahrensabschnitten, mit der der Grundsatz des § 119 ZPO insol-
  venzspezifisch konkretisiert wird (s. *Kohte* § 4 a Rz. 22 ff.) und
– einen Sekundäranspruch von Treuhänder und Insolvenzverwalter gegen die Staatskasse bei mangelnder
  Kostendeckung durch die Insolvenzmasse (s. *Kohte* § 4 a Rz. 20).

Weniger intensiv ist im Gesetzgebungsverfahren diskutiert worden, dass dieses Modell der Verfahrenskos-   9
tenstundung in § 4 b InsO mit einem klassischen Baustein aus der Prozesskostenhilfe kombiniert worden
ist, mit dem die staatliche Kostendeckung zusätzlich gesichert werden soll (dazu BT-Drucks. 14/5680,
S. 22). Diese weitere Stundungsstufe führt zu einer problematischen Verlängerung des gesamten Entschuldungsverfahrens (dazu nur *Grote* Rpfleger 2000, 521 [522]; *Schmerbach/Stephan* ZInsO 2000, 541 [544])
und ist in rechtsvergleichender Perspektive insoweit ein Spezifikum des deutschen Insolvenzrechts (zutr.
Kritik bei *Hergenröder/Alsmann* ZVI 2007, 337 [347]).

Da im Stundungsverfahren systematisch zutreffend die Prüfung der Erfolgsaussicht auf Evidenzfälle be-   10
schränkt worden ist, hat man als weiteres Element des Modells ein Verfahren zum Widerruf der Stundung
nach § 4 c InsO installiert, das sich in wesentlichen Grundzügen an der Norm des § 124 ZPO orientiert.
Ebenso ist im Lauf des Gesetzgebungsverfahrens ein Beschwerdeverfahren in § 4 d InsO eingeführt worden, das sich grds. an § 127 ZPO orientiert. Damit ist anerkannt worden, dass die Entscheidung über eine
Verfahrenskostenstundung der gerichtlichen Kontrolle bedarf, weil sie für den Schuldner typischerweise
von »existentieller Bedeutung« ist (so *BGH* NZI 2008, 47 = VuR 2008, 154 m. Anm. *Kohte*).

Das Stundungsverfahren hat sich inzwischen etabliert; nach der Klärung des Normzwecks und wesent-   11
licher Rechtsfragen durch den BGH (grundlegend BGHZ 156, 92) stellt es zumindest in den Verbraucherinsolvenzverfahren den Regelfall dar und wird ohne größere rechtliche Probleme realisiert. Aus der Sicht
der Administration der Bundesländer wurden die Zahlen der Stundungsverfahren als zu hoch kritisiert
(*Wiedemann* ZVI 2004, 645 [647]; diff. dagegen *Rüntz/Heßler/Wiedemann/Schwörer* ZVI 2006, 185 ff.).
Die differenzierten Zahlen zeigen nicht nur, wie groß und wie umfangreich die Kostenbarrieren waren,
die bis 2001 einen problemadäquaten Zugang zum Restschuldbefreiungsverfahren verhindert haben, son-
dern auch, welche Kosten im gerichtlichen Verfahren generiert wurden. Will man – wofür vieles spricht –
Kosten reduzieren, dann muss man die Problematik in größere Zusammenhänge stellen (dazu bereits
Graf-Schlicker FS Uhlenbruck, S. 573 [577]).

Die Bundesregierung hat mit dem Entwurf eines Gesetzes zur Entschuldung mittelloser Personen vom   12
22. 08. 2007 (BT-Drucks. 16/7416; dazu *Pape* NZI 2007, 681; vgl. VuR 2007, 456 und FK-InsO/*Schmerbach* vor § 1 Rz. 61) eingeräumt, dass es für eine Entlastung der öffentlichen Haushalte von Stundungskos-
ten vorrangig geboten ist, das Verbraucherinsolvenzverfahren und das Restschuldverfahren zu vereinfachen. Sie konnte dazu auf Vorschläge zur Vereinfachung des Insolvenzverfahrens (*Heyer* ZInsO 2003,
201; *Kohte* ZVI 2005, 9; *Hofmeister/Jaeger* ZVI 2005, 180; *Schmerbach* ZInsO 2005, 77; zusammenfassend
Heyer/Grote ZInsO 2006, 1121) sowie zur Kostenkontrolle gegenüber Vergütungsentscheidungen der Insolvenzgerichte (dazu *I. Pape* NZI 2004, 601 [602]) zurückgreifen. Zutreffend hat sie an einer insolvenzrechtlichen Lösung festgehalten und Vorstellungen zurückgewiesen, das Phänomen der Entschuldung

ausschließlich in das materielle Recht und in die Einzelzwangsvollstreckung zurückzuverlagern (dazu bereits zutr. *Ahrens* ZVI 2005, 1 [7]). Statt dessen sollen den Schuldnern eine einmalige Gerichtsgebühr sowie die reduzierten Treuhänderkosten auferlegt werden. Man glaubte, dass auf dieser Basis die Verfahrenskostenstundung ersatzlos ausgehoben werden könne. Diese Eigenbeteiligung der Schuldner sei zumutbar, weil es sich um einen »sehr geringen« und »symbolischen Betrag« handle, der die Eigenverantwortung des Schuldners verdeutliche (BT-Drucks. 16/7416, S. 20). In der weiteren politischen Diskussion waren im Bundesrat Forderungen zur deutlichen Erhöhung des Schuldnerbeitrags formuliert worden, die von der Bundesregierung abgelehnt worden sind (BT-Drucks. 16/7416 S. 58 f, 68; vgl. VuR 2008, 17).

13 In einer im April 2008 vom Rechtsausschuss des Bundestags durchgeführten Anhörung überwog insgesamt die Skepsis, ob die ersatzlose Abschaffung der Verfahrenskostenstundung sachgerecht sei (VuR 2008, 221). Auch in den Verbandsstellungnahmen dokumentierte sich diese Skepsis (z. B. Bundesarbeitskreis der Insolvenzgerichte NZI 6/2008, S. X und AK InsO der AG Schuldnerberatung VuR 2008, 222). In der fachwissenschaftlichen Diskussion wird diese Skepsis durch zwei sich ergänzende Argumentationslinien dokumentiert. Wenn eine wirkungsvolle Vereinfachung und Kostenentlastung normiert wird, werden rechtsstaatliche Verfahrensdefizite moniert, so dass aus dieser Perspektive das Stundungsmodell präferiert wird (z. B. *Bruns* KTS 2008, 41 [56]). Zum andern wird kritisiert, dass für Schuldner, denen kein pfändbares Einkommen und Vermögen zur Verfügung steht, auch die vorgesehenen Beträge eine unzulässige Kostenbarriere darstellen, so dass die ersatzlose Aufhebung der Verfahrenskostenstundung nicht akzeptabel sei (*Pape* NZI 2007, 681 [682 f.]; *Springeneer* ZVI 2008, 106 [109 f.]). Beide Kritiklinien sind im Ansatz berechtigt, so dass die Lösung in einer praktischen Konkordanz von möglicher Kostenentlastung und Vermeidung von Kostenbarrieren zu finden ist (dazu *Kohte* ZVI 2005, 9); als dritter Faktor ist dabei die Verfahrensdauer einzubeziehen (*Hergenröder/Alsmann* ZVI 2007, 337 [347]). Wird auf eine Eigenfinanzierung durch die verschuldeten Schuldner gesetzt, dann können bereits aus verfassungsrechtlichen Gründen Kostenbarrieren nicht die entscheidende Regulierung für den Zugang markieren (dazu *Kohte* § 311 Rz. 21 ff.). Die vom *AG Duisburg* (VuR 1999, 345 m. Anm. *Springeneer*) und vom *LG Bonn* (ZIP 2000, 367) aufgeworfenen Fragen müssten vom Bundesverfassungsgericht beantwortet werden. Angesichts der bisherigen verfassungsrechtlichen Judikatur zur Bedeutung effektiven Rechtsschutzes gerade für Personen mit geringem Einkommen, auf die das *BVerfG* (NJW 2003, 2668) bereits in einem stundungsrechtlichen Fall verwiesen hat, würden Kostenbarrieren, die sich aus einer Abschaffung bzw. Einschränkung der §§ 4 a ff. InsO ergeben würden, schwer begründbar sein, wenn das mildere Mittel der Vereinfachung der Verfahren und der Verbesserung der Kostenkontrolle ignoriert oder nicht hinreichend genutzt würde.

14 Bei einer Abschaffung der Verfahrenskostenstundung und der Einführung einer fühlbaren Selbstbeteiligung der Schuldner würde sich wieder die vor 2001 diskutierte und überwiegend befürwortete Beteiligung der Träger der Sozialhilfe (zur damaligen Praxis *Grote* VuR 2000, 3 [6]; *Berlit* info also 2000, 109 [110]) stellen, die jetzt nicht mehr auf § 27 BSHG (dazu damals *Grote* FK-InsO, 2. Aufl., § 298 Rz. 7; zust. HK-InsO/*Landfermann* § 298 Rz. 1; vgl. *G. Pape* VuR 2000, 13 [22]), sondern auf § 73 SGB XII zu stützen wäre. Prozesskosten werden von dieser Norm grds. erfasst, doch gehen die Bestimmungen der Prozesskostenhilfe regelmäßig vor (*OVG Hamburg* NJW 1995, 2309; LPK-*Berlit* SGB XII, § 73 Rz. 4). Werden aber Prozesskostenhilfe und Verfahrenskostenstundung umfassend zurückgenommen, dann kann § 73 SGB XII als lückenschließende Norm eingreifen, so dass wieder die Bedeutung des Gesetzes der kommunizierenden Röhren für das Kostenrecht beobachtet werden könnte (zur Bedeutung von § 73 SGB XII bei der Leistungsrücknahme durch das SGB II: *BSG* FamRZ 2007, 465; LPK-*Berlit* SGB XII, § 73 Rz. 9 m. w. N.). Die Reduzierung der Kosten durch Vereinfachung der Verfahren ist auch aus dieser Perspektive ein besser geeignetes Mittel als die Verlagerung der Kosten (dazu auch *Grote* FS Kirchhof, S. 149, 162 mit Hinweisen zu Möglichkeiten und Grenzen der Selbstbeteiligung der Schuldner). Die Einbeziehung des Sozialrechts fördert auch die Genauigkeit im Umgang mit dem Existenzminimum der Schuldner, für die im SGB II-Bereich auch 13 oder 19 € im Monat nicht nur »symbolisch« (so aber BT-Drucks. 16/7416, S. 20) sind (dazu anschaulich die Auseinandersetzung des BSG mit der Praxis der BA, welche »Bagatellbeträge« aus dem Existenzminimum zu tragen sind: *BSG* 06. 12. 2007 – B 14/7 b AS 50/06 R – SozR 4–4200 § 59 Nr. 1).

§ 4 a
Stundung der Kosten des Insolvenzverfahrens

(1) ¹Ist der Schuldner eine natürliche Person und hat er einen Antrag auf Restschuldbefreiung gestellt, so werden ihm auf Antrag die Kosten des Insolvenzverfahrens bis zur Erteilung der Restschuldbefreiung gestundet, soweit sein Vermögen voraussichtlich nicht ausreichen wird, um diese Kosten zu decken. ²Die Stundung nach Satz 1 umfasst auch die Kosten des Verfahrens über den Schuldenbereinigungsplan und des Verfahrens zur Restschuldbefreiung. ³Der Schuldner hat dem Antrag eine Erklärung beizufügen, ob einer der Versagungsgründe des § 290 Absatz 1 Nr. 1 und 3 vorliegt. ⁴Liegt ein solcher Grund vor, ist eine Stundung ausgeschlossen.

(2) ¹Werden dem Schuldner die Verfahrenskosten gestundet, so wird ihm auf Antrag ein zur Vertretung bereiter Rechtsanwalt seiner Wahl beigeordnet, wenn die Vertretung durch einen Rechtsanwalt trotz der dem Gericht obliegenden Fürsorge erforderlich erscheint. ²§ 121 Absatz 3 bis 5 der Zivilprozessordnung gilt entsprechend.

(3) ¹Die Stundung bewirkt, dass
1. die Bundes- oder Landeskasse
   a) die rückständigen und die entstehenden Gerichtskosten,
   b) die auf sie übergegangenen Ansprüche des beigeordneten Rechtsanwalts
   nur nach den Bestimmungen, die das Gericht trifft, gegen den Schuldner geltend machen kann,
2. der beigeordnete Rechtsanwalt Ansprüche auf Vergütung gegen den Schuldner nicht geltend machen kann.

²Die Stundung erfolgt für jeden Verfahrensabschnitt besonders. ³Bis zur Entscheidung über die Stundung treten die in Satz 1 genannten Wirkungen einstweilig ein. ⁴§ 4 b Absatz 2 gilt entsprechend.

Inhaltsübersicht

		Rz.
A.	Normzweck	1
B.	Gesetzliche Systematik	2– 5
C.	Voraussetzungen der Verfahrenskostenstundung im Eröffnungsverfahren	6–17
	I. Subjektive Voraussetzungen	6–11
	1. Antrag auf Restschuldbefreiung	6
	2. Wirtschaftliche Voraussetzungen	7–11
	II. Objektive Voraussetzungen	12–17 b
D.	Die Rechtsfolgen der Verfahrenskostenstundung im Eröffnungsverfahren	18–21
E.	Verfahrenskostenstundung in weiteren Verfahrensabschnitten	22–34
	I. Verfahrenskostenstundung im eröffneten Verfahren	25–27
	II. Verfahrenskostenstundung in der Treuhandperiode	28–30
	III. Verfahrenskostenstundung im Schuldenbereinigungs- und Insolvenzplanverfahren	31–35
F.	Anwaltliche Beiordnung	36–40 a
G.	Verfahrensrechtliches	41–45

A. Normzweck

§ 4 a InsO enthält die zentrale Vorschrift der neuen Bestimmungen zur Verfahrenskostenstundung. Sowohl die tatbestandlichen Voraussetzungen, als auch die Rechtsfolgen dieser Stundung werden hier geregelt. Ebenso werden die weiteren zentralen Fragen wie zum Beispiel die Beiordnung von Rechtsanwälten, der Grundsatz der Bewilligung nach Verfahrenskostenabschnitten und die Verweisung der Anwälte auf einen Sekundäranspruch nach dem Vorbild des § 122 ZPO aufgenommen. Damit verdeutlicht diese Norm das zentrale Anliegen des Änderungsgesetzes, durch eine eigenständige Regelung die bis 2001 bestehenden Unklarheiten zu beseitigen und öffentliche Gelder für die Durchführung eines Insolvenzverfahrens bereit zu stellen, damit auf diesem Weg völlig mittellosen Schuldnern der Weg zu einem wirt-

1

schaftlichen Neuanfang geebnet werden kann (BT-Drucks. 14/5680 S. 12). Zutreffend orientiert sich der BGH bei der Auslegung der Norm an dem Ziel, mittellosen Personen den raschen und unkomplizierten Zugang zum Insolvenzverfahren unter zumutbaren Bedingungen zu ermöglichen (*BGH* NJW 2003, 3780; ZVI 2005, 120 [121] = VuR 2005, 269 [270] m. Anm. *Kohte*).

B. Gesetzliche Systematik

2   Die Möglichkeit der Verfahrenskostenstundung steht allen Schuldnern zu, die eine natürliche Person sind und einen Antrag auf Restschuldbefreiung gestellt haben. Mit diesem umfassenden Ansatz wird verdeutlicht, dass § 4a InsO keine spezielle Norm des Verbraucherinsolvenzverfahrens ist, sondern zum Allgemeinen Teil des heutigen Insolvenzrechts zählt. Obgleich in der Öffentlichkeit das Problem der fehlenden Prozesskostenhilfe bisher überwiegend als ein Problem der Verbraucherinsolvenzverfahren wahrgenommen worden ist, hat sich der Gesetzentwurf nicht an dieser vordergründigen Einordnung orientiert. Er folgte vielmehr der Judikatur, die den Schuldnern auch im Regelinsolvenzverfahren Prozesskostenhilfe gewährt hat (dazu nur *AG Göttingen* ZInsO 2000, 342 [344]). Sie beschränkt den Anwendungsbereich jedoch auf diejenigen Schuldner, die einen Antrag auf Restschuldbefreiung gestellt haben, da nur in einem solchen Fall die Kosten mit Hilfe öffentlicher Mittel vorfinanziert werden sollen. Zugleich wird damit verdeutlicht, dass der in § 1 Satz 2 InsO genannte Zweck der Restschuldbefreiung ein grundlegender Zweck im Insolvenzverfahren ist (jetzt auch *BGH* ZInsO 2001, 1009; ZInsO 2004, 976 [977] = NJW 2004, 3260 [3261 f.] mit Anerkennung der Restschuldbefreiung als Verfahrensziel) und nicht, wie manche Autoren meinen, als Neben- oder Sekundärzweck einzustufen ist (ausführlich s. *Ahrens* § 286 Rz. 6; vgl. auch MünchKomm-InsO/*Ganter* Einl. Rz. 106 und *Ahrens* VuR 2000, 8 [12]).

3   Natürlichen Personen steht ein Rechtsanspruch auf Verfahrenskostenstundung zu, wenn diese sowohl die subjektiven (dazu u. Rz. 6 ff.) als auch die objektiven (dazu u. Rz. 12 ff.) Voraussetzungen für eine solche Stundung erfüllen und einen entsprechenden Antrag gestellt haben. Die tatbestandlichen Voraussetzungen für eine solche Stundung werden damit abschließend durch § 4a InsO definiert. Konsequent wird der Rechtsanspruch verneint, wenn das Insolvenzverfahren bereits vor dem 01.12.2001 eröffnet worden ist (*BGH* ZVI 2004, 753).

4   Weiter regelt § 4a InsO auch die Rechtsfolgen einer solchen Verfahrenskostenstundung. Zu diesem Zweck werden die verschiedenen Kostenarten, auf die sich diese Stundung bezieht, definiert (dazu u. Rz. 18 ff.). Ebenso wird geregelt, wann und unter welchen Umständen den Schuldnern eine anwaltliche Beiordnung zu bewilligen ist (dazu u. Rz. 35 ff.). Schließlich werden die flankierenden Maßnahmen zur Beschränkung der Forderungen der Rechtsanwälte und Treuhänder auf einen zeitweiligen Sekundäranspruch gegen die Staatskasse (dazu u. Rz. 20 f.) durch diese Norm bestimmt.

5   Schließlich wird die gesetzliche Systematik der Verfahrenskostenstundung dadurch geprägt, dass nunmehr im § 4a Abs. 3 Satz 2 InsO gesetzlich definiert wird, dass die Stundung für jeden Verfahrensabschnitt besonders erfolgt. Damit ist die frühere Diskussion (s. *Kohte* § 310 Rz. 13), ob der allgemein in § 119 ZPO normierte Grundsatz der instanzbezogenen Bewilligung auch im Insolvenzverfahren Geltung beansprucht, nunmehr eindeutig entschieden. Dieser allgemeine Grundsatz wirft allerdings neue Fragen auf, auf die unten einzugehen ist (s. u. Rz. 25 ff.).

C. Voraussetzungen der Verfahrenskostenstundung im Eröffnungsverfahren

I. Subjektive Voraussetzungen

1. Antrag auf Restschuldbefreiung

6   Die Verfahrenskostenstundung kann von jeder verschuldeten natürlichen Person in Anspruch genommen werden. Damit wird in Übereinstimmung mit der neueren Judikatur (s. o. Rz. 2) klargestellt, dass diese Stundung einheitlich sowohl im Regel- als auch im Verbraucherinsolvenzverfahren anwendbar ist. Da die Stundung den Weg zum wirtschaftlichen Neuanfang öffnen soll, ist jedoch als weitere Voraussetzung normiert worden, dass der Schuldner bereits einen Antrag auf Restschuldbefreiung gestellt hat. Damit war es als Folgeänderung geboten, den bisherigen gerichtlichen Hinweis auf die Möglichkeit einer Rest-

schuldbefreiung, der nach § 30 InsO zusammen mit dem Eröffnungsbeschluss zu geben war, vorzuziehen. Nunmehr wird in § 20 Abs. 2 InsO eine solche Information bereits als Antwort auf den Schuldnerantrag vorgeschrieben (s. FK-InsO/*Schmerbach* § 20 Rz. 35 ff. sowie *Ahrens* § 287 Rz. 6; zu den Rechtsfolgen unterlassener bzw. unvollständiger gerichtlicher Hinweise: *BGH* NZI 2004, 593 = DZWIR 2005, 71 m. Anm. *Kohte/Busch*; NJW 2005, 1433 [1434]).

2. Wirtschaftliche Voraussetzungen

Als wirtschaftliche Voraussetzung der Verfahrenskostenstundung wird verlangt, dass das Vermögen des Schuldners voraussichtlich nicht ausreichen wird, um die Kosten des Insolvenzverfahrens zu decken. Diese Begriffsbildung lehnt sich – anders als in § 4 b Abs. 1 InsO – bewusst nicht an die in § 115 ZPO normierten wirtschaftlichen Voraussetzungen der Prozesskostenhilfe an, sondern orientiert sich an der insolvenzrechtlichen Vermögensprüfung in § 26 InsO (so auch *BGH* ZInsO 2004, 1307 [1308] = ZVI 2004, 745 [746]). Dies zeigt, dass sowohl die Bund-Länder-Arbeitsgruppe als auch der Regierungsentwurf als vorrangige Aufgabe der Verfahrenskostenstundung die Überwindung der Kostenhürde in § 26 InsO angesehen haben (dazu nur *Graf-Schlicker/Remmert* ZInsO 2000, 321 [326]; BT-Drucks. 14/5680 S. 20). In der Kommentierung werden daher zunächst die Voraussetzungen und Folgen der Verfahrenskostenstundung für das Eröffnungsverfahren erörtert, bevor die jeweiligen Modifizierungen für die anderen Verfahrensabschnitte dargestellt werden. 7

Methodisch besteht die Vermögensprüfung in § 26 Abs. 1 InsO, die im wesentlichen (*BGH* NJW 2003, 3780; ZVI 2005, 120 [121] = VuR 2005, 269 [270] m. Anm. *Kohte*; *Ahrens* NZI 2003, 558 [559]; dazu *Kohte* § 311 Rz. 30) für § 4 a Abs. 1 Satz 1 InsO übernommen worden ist, in einer Differenzbewertung. Es sind sowohl die voraussichtlichen Kosten des Verfahrens als auch das Vermögen des Schuldners zu ermitteln; wenn die Kosten das Vermögen übersteigen, dann war bisher der Antrag mangels Masse abzuweisen. Solche Abweisungen unterbleiben nach § 26 Abs. 1 Satz 2 InsO, wenn eine Verfahrenskostenstundung bewilligt ist. Weiter ergibt sich aus der Formulierung des § 26 Abs. 1 Satz 2 InsO, dass die Verfahrenskostenstundung gegenüber einer Deckung der Kosten aus dem Vermögen des Schuldners bzw. durch dritte Personen nachrangig ist und jeweils nur subsidiär als »ultima ratio« eingreifen soll (dazu BT-Drucks. 14/5680 S. 20). Schließlich ist zu beachten, dass die in diesem Zusammenhang vorzunehmenden Berechnungen jeweils auf Prognosen beruhen und durch typisierende Schätzungen zu konkretisieren sind (vgl. auch *Nerlich/Römermann-Mönning* InsO, § 26 Rz. 29; *Jaeger/Eckardt* InsO, § 4 a Rz. 21; *LG Berlin* ZInsO 2001, 718). 8

Bei der Bestimmung der Kosten ist das Grundprinzip des neuen Insolvenzrechts zu beachten, dass weniger Abweisungen mangels Masse erfolgen und mehr Insolvenzverfahren eröffnet werden sollen. Daher ist bereits 1994 durch § 54 InsO der Begriff der Verfahrenskosten gegenüber dem früheren Konkursrecht eingeschränkt worden. Gegen hinhaltenden Widerstand einzelner Gerichte und verschiedener Stimmen in der Literatur hat sich inzwischen diese Beschränkung der Verfahrenskosten auf die in § 54 InsO genannten Kategorien durchgesetzt (s. FK-InsO/*Schmerbach* § 26 Rz. 6 b; *Jaeger/Schilken* InsO, § 26 Rz. 19; *Kübler/Prütting-Pape* InsO, § 26 Rz. 9 d). Das InsOÄndG hat weitere Kostensenkungen durch verschiedene Verfahrens- und Zustellungsvereinfachungen vorgenommen (BT-Drucks. 14/5680 S. 17; *Graf-Schlicker* WM 2000, 1984 [1988 ff.]); gleichwohl kann wegen der Wertbestimmung in § 58 GKG n. F. der Umfang der Kosten im Eröffnungsverfahren nur geschätzt werden (u. FK-InsO/*Schmerbach* § 26 Rz. 14; *Jaeger/Schilken* InsO, § 26 Rz. 27). In der gerichtlichen Praxis hatten sich weiterhin – vor allem im Verbraucherinsolvenzverfahren (ausführlich *Kohte* § 311 Rz. 31) – Tendenzen durchgehalten, durch hohe bzw. überhöhte Kostenansätze prohibitiv Verfahren abzuwehren (*Kübler/Prütting-Pape* InsO, § 26 Rz. 14). Dies ist teilweise in den Beschwerdeverfahren korrigiert worden (dazu nur *LG Traunstein* NZI 2000, 439; *LG Berlin* ZInsO 2001, 718). Nach der Einführung der Verfahrenskostenstundung führen solche Praktiken i. d. R. nicht mehr zur Verfahrensabweisung, sondern zur Verbesserung der Chancen der Bewilligung einer Verfahrenskostenstundung. Folgerichtig sind sie kaum noch zu beobachten, doch kann sich dies bei einer Gesetzesänderung und Abschaffung der Verfahrenskostenstundung wieder ändern, so dass auch weiterhin darauf zu achten ist, dass die Höhe des Vorschusses nicht der Zugangsverhinderung dient (dazu *Jaeger/Schilken* InsO, § 26 Rz. 63). 9

Den so **durch eine summarische Schätzung ermittelten Kosten** sind etwaige Vermögenswerte des Schuldners gegenüberzustellen. Als Vermögen anzusetzen sind zunächst die Forderungen des Schuldners und sonstige Vermögenswerte, die durch den Insolvenzverwalter/Treuhänder zügig verwertet werden 10 können. Da beim heutigen Insolvenzrecht im Unterschied zum früheren Konkursrecht auch der Neuerwerb zur Masse gezogen wird, sind bei dieser Prüfung auch Vermögenswerte zu berücksichtigen, die erst nach der Eröffnung des Verfahrens realisiert werden können. Hier ist allerdings zu differenzieren: für die Prüfung nach § 26 InsO ist auch künftiges Vermögen heranzuziehen, wenn es in absehbarer Zeit realisiert werden kann (HK-InsO/*Kirchhof* § 26 Rz. 8). Dies betrifft z. B. die für das Verbraucherinsolvenzverfahren wichtigen Fälle des laufenden Arbeitseinkommens, das zumindest für ein halbes Jahr in die Prognose aufzunehmen ist (so *LG Kaiserslautern* ZInsO 2001, 628 = VuR 2001, 327 mit Anm. *Kohte*; *Köhler* ZInsO 2001, 747; *Küble/Prütting-Pape* InsO, § 26 Rz. 9 e; vgl. *OLG Köln* ZInsO 2001, 606). Bei der Verwertung von Immobilien oder der Realisierung von Ersatzansprüchen gegen bisherige Gesellschafter bzw. Organmitglieder kann diese Frist noch deutlich überschritten werden, da in solchen Fällen auch ein zügig organisiertes Insolvenzverfahren einen längeren Zeitraum einnehmen kann (s. FK-InsO/*Schmerbach* § 26 Rz. 15; *Haarmeyer* ZInsO 2001, 306; *AG Hamburg* NZI 2000, 140). Dagegen kann der Stundungsantrag nicht mit dieser Begründung zurückgewiesen werden. Die **Stundung soll kurzfristig nach summarischer Prüfung** den Zugang vermitteln, so dass Ratenzahlungen erst in der zweiten Stufe nach § 4 b InsO vorgesehen sind. Wenn der Schuldner die Kosten nicht in einer kurzfristigen Einmalzahlung, sondern nur in Raten aufbringen kann, ist ihm die Stundung zu gewähren (*BGH* NJW 2003, 3780; ZVI 2006, 285 = VuR 2006, 405; NZI 2006, 712 = VuR 2007, 34; NZI 2007, 298 = VuR 2007, 155; *LG Erfurt* ZInsO 2003, 40; *LG Essen* ZVI 2003, 132; *LG Krefeld* ZVI 2002, 161; HK-InsO/*Kirchhof* § 4 a Rz. 20; **a. A.** *Jaeger/Eckardt* InsO, § 4 a Rz. 25). Wird der Antrag auf Verfahrenskostenstundung wegen liquiden bzw. realisierbaren Vermögens zurückgewiesen, so kann eine Abweisung des Eröffnungsantrags nach § 26 Abs. 1 Satz 1 InsO nicht erfolgen; vielmehr ist das Insolvenzverfahren unverzüglich zu eröffnen.

10 a Ebenso wie im Recht der Prozesskostenhilfe (*Jaeger/Eckardt* InsO, § 4 a Rz. 28 m. w. N.; *OLG Bremen* FamRZ 1984, 919; *Stein/Jonas-Bork* ZPO, 22. Aufl., § 115 Rz. 143 ff.; *Kohte* DB 1981, 1174 [1178]) hat ein Anspruch auf Prozesskostenvorschuss Vorrang vor der Stundung der Verfahrenskosten (*BGH* NJW 2003, 2910 = ZVI 2003, 405 = NZI 2003, 556 m. Anm. *Ahrens*; dazu ausführlich *Vallender* ZVI 2003, 505; *AG Hamburg* ZVI 2002, 211 [212]; *AG Koblenz* NZI 2003, 509; FamRZ 2003, 1486 [1487]; *Jaeger/Eckardt* InsO, § 4 a Rz. 28). Er schließt den Anspruch auf Verfahrenskostenstundung gem. § 4 a InsO jedoch nur aus, wenn der Unterhaltsverpflichtete leistungsfähig ist und der Anspruch zeitnah realisiert werden kann (*BGH* NZI 2007, 298 = VuR 2007, 155 m. Anm. *Kohte*; *Jaeger/Eckardt* InsO, § 4 a Rz. 29 ff.; *Vallender* ZVI 2003, 505 [506]).

10 b Die Verpflichtung, dem anderen Ehegatten gem. **§ 1360 a Abs. 4 BGB einen Prozesskostenvorschuss** für Rechtsstreitigkeiten in persönlichen Angelegenheiten zu leisten, wird als spezielle familiäre Solidaritätspflicht qualifiziert und enthält daher eine abschließende Regelung (*BGHZ* 41, 104 [110] = NJW 1964, 1129 [1131]; *Palandt/Brudermüller* BGB, 64. Aufl., § 1360 a Rz. 7). Ausdrücklich sind auch getrennt lebende Ehegatten zur Vorschussleistung verpflichtet (§ 1361 Abs. 4 Satz 4 BGB; *AG Hamburg* ZVI 2002, 211) sowie Partner einer eingetragenen Lebenspartnerschaft nach §§ 5 Satz 2, 12 Abs. 2 LPartG, dagegen **nicht** nichteheliche Partner oder geschiedene Ehegatten (*BGH* NJW 1984, 291; FamRZ 1990, 280 [282]). Das Insolvenzverfahren mit dem Ziel der Restschuldbefreiung wird von der Judikatur als ein Rechtsstreit i. S. d. § 1360 a Abs. 4 BGB qualifiziert (*BGH* NJW 2003, 2910 [2912] = ZVI 2003, 405 [407]; *AG Koblenz* FamRZ 2003, 1486; *LG Düsseldorf* ZVI 2002, 321 [322]; *AG Kaiserslautern* ZVI 2002, 378 [379]). Eine persönliche Angelegenheit liegt jedoch nur dann vor, wenn das **Insolvenzverfahren** mit den aus der **Ehe** erwachsenen persönlichen oder wirtschaftlichen Bindungen und Beziehungen **im hinreichenden Zusammenhang** steht (*BGH* NJW 2003, 2910 [2912] = ZVI 2003, 405 [407]; MünchKomm-InsO/*Ganter* § 4 a Rz. 13). Verbindlichkeiten weisen dann keinen familienrechtlich relevanten Bezug auf, wenn sie im Wesentlichen vom Schuldner vor der Ehe begründet worden sind und wenn sie weder zum Aufbau oder zur Erhaltung einer wirtschaftlichen Existenz der Eheleute eingegangen wurden noch aus sonstigen Gründen mit der gemeinsamen Lebensführung im hinreichenden Zusammenhang stehen (vgl. auch *LG Gera* ZInsO 2005, 385; *LG Düsseldorf* ZVI 2002, 321 [322]; *LG Köln* NZI 2002, 504; *Vallender* ZVI 2003, 505 [506]; *Grote* ZInsO 2002, 179 [180 f.]; *Kübler/Prütting-Wenzel* InsO, § 4 a Rz. 33).

10 c Der Unterhaltsverpflichtete ist nur zur Vorschussleistung verpflichtet, wenn sie ihm zumutbar (zur Zumutbarkeit bei getrennt lebenden Ehepartnern *AG Duisburg* 14. 08. 2008 – 64 IK 75/08) und er leistungsfähig ist (*AG Koblenz* NZI 2003, 509; *LG Düsseldorf* ZVI 2002, 321 [322]; *Bayer* Stundungsmodell, S. 52). Ebenso wie im Recht der Prozesskostenhilfe (dazu *Zöller/Philippi* ZPO, § 115 Rz. 69; *OLG Köln* FamRZ 1999, 792; *Kohte* DB 1981, 1174 [1178]) entfällt die Leistungsfähigkeit bereits dann, wenn der eigene angemessene – nicht nur der notwendige – Unterhalt des Ehegatten/Lebenspartners durch den Vorschuss gefährdet wird (*LG Bochum* ZVI 2003, 33, 34; *Vallender* ZVI 2003, 505 [506]) oder der Vorschussverpflichtete seinerseits Anspruch auf Prozesskostenhilfe – hier Stundung bei eigenem Antrag – hätte (*OLG Brandenburg* FamRZ 2002, 1414 [1415] m. w. N.). Der Vorschussanspruch muss alsbald realisiert werden können. Dies folgt aus dem Zweck der Verfahrenskostenstundung, die dem Schuldner den Zugang zum Insolvenzverfahren mit anschließender Restschuldbefreiung ermöglichen soll (*AG Hamburg* ZVI 2002, 211 [212]). Der Zweck wird verfehlt, wenn der Anspruch zweifelhaft und in der Zwangsvollstreckung nicht durchsetzbar ist (*Zöller/Philippi* ZPO, § 115 Rz. 71; vgl. auch *OLG Brandenburg* FamRZ 2002, 1414 [1415]; *OLG München* FamRZ 1994, 1126; *OLG Düsseldorf* FamRZ 1990, 420; *BGH* NZI 2007, 298 = VuR 2007, 155 stimmt diesen Grundsätzen zu, erwartet aber im Regelfall vom Schuldner einen Antrag nach § 621 ZPO). Während der Prozesskostenvorschuss grds. auch in Raten geleistet werden kann (*Palandt/Brudermüller* BGB, § 1360 a Rz. 12), kann im Stundungsverfahren eine solche Verweisung nicht erfolgen, da im Rahmen des § 4 a eine Verweisung auf Ratenzahlungen nicht statthaft ist (s. o. Rz. 10; *BGH* NJW 2003, 3780), so dass letztlich feststehen muss, ob der Ehepartner den Vorschuss kurzfristig in einer Summe zahlen kann (*BGH* NZI 2007, 298 = VuR 2007, 155 m. Anm. *Kohte*).

In der neueren Judikatur wird eine Kostenvorschusspflicht im Verhältnis der Eltern zu ihren Kindern im Rahmen einer analogen Anwendung von § 1360 a Abs. 4 BGB nur in speziellen Konstellationen bejaht. Dies gilt zum einen für die selten im Insolvenzverfahren als Antragsteller beteiligten minderjährigen unverheirateten Kinder (*BGH* FamRZ 2004, 1633), zum anderen für diejenigen volljährigen Kinder, die sich noch in der Ausbildung befinden und keine wirtschaftlich selbstständige Lebensstellung erreicht haben (*BGH* NJW 2005, 1722 [1723]). Wenn jedoch eine solche Stellung einmal erreicht ist, scheidet ein Prozesskostenvorschuss aus. Ebenso kann von Kindern kein Vorschuss gegenüber den Eltern verlangt werden. Besteht ein Anspruch auf Prozesskostenvorschuss auch nach Billigkeitsprüfung dem Grunde nach, dann kann der Stundungsantrag ebenso wie der Antrag auf Prozesskostenhilfe nur zurückgewiesen werden, wenn der Vorschussanspruch kurzfristig »zweifelsfrei« realisiert werden kann (*BGH* NJW 2005, 1722 [1723]). Die Verweisung auf Leistungen der Eltern kommt daher im Stundungsverfahren in aller Regel nicht in Betracht (vgl. *LG Duisburg* NJW 2004, 299). **10 d**

Bei Massearmut ist dem Schuldner durch § 26 Abs. 1 Satz 2 InsO ausdrücklich die Möglichkeit eingeräumt worden, die Eröffnung des Verfahrens durch einen **Kostenvorschuss einer dritten Person** zu ermöglichen. Solche Vorschussleistungen können sowohl durch Familienangehörige als auch durch karitative Organisationen, wie z. B. Bürgschaftsfonds, ermöglicht werden. Die ausdrückliche Hervorhebung solcher Möglichkeiten in § 302 InsO dokumentiert die wichtige Rolle, die nach dem InsOÄndG solchen Möglichkeiten eingeräumt wird (BT-Drucks. 14/5680 S. 29; s. *Ahrens* § 302 Rz. 16 a; *Vallender* NZI 2001, 561 [568]). Damit ist es sachlich geboten, dass dem Schuldner in jedem Fall mit einer insolvenztypisch knappen Frist, die auf Verlangen des Schuldners verlängert werden kann, die Gelegenheit gegeben wird, einen solchen Vorschuss realisieren zu können (s. u. Rz. 42 sowie *Kohte* § 311 Rz. 32; MünchKomm-InsO/*Haarmeyer* § 26 Rz. 26; *Vallender* InVo 1998, 169 [175]). **11**

II. Objektive Voraussetzungen

Nach § 4 a Abs. 1 Satz 4 ist die **Stundung ausgeschlossen**, wenn einer der beiden **Versagungsgründe des § 290 Abs. 1 Nr. 1 oder Nr. 3 InsO** vorliegt. Die Materialien weisen aus, dass diese Anforderungen der Prüfung der hinreichenden Erfolgsaussicht bei der klassischen Prozesskostenhilfe nach § 114 ZPO entsprechen sollen (BT-Drucks. 14/5680 S. 20). Die Frage, wie die hinreichende Erfolgsaussicht eines Schuldners zu bestimmen ist, der einen Antrag auf Restschuldbefreiung gestellt hat, war in der bisherigen instanzgerichtlichen Judikatur nachhaltig umstritten (s. *Kohte* § 310 Rz. 13 ff.). Während ein kleinerer Teil der Gerichte z. B. im Schuldenbereinigungsplanverfahren eine solche Erfolgsaussicht nur bejahen wollte, wenn die Zustimmung der Gläubiger bzw. die Zustimmungsersetzung wahrscheinlich war (so z. B. *LG Lüneburg* NJW 1999, 2287), setzte sich mehrheitlich die in diesem Kommentar von Anfang an vertretene Position durch, dass die Möglichkeit der Restschuldbefreiung für die Erfolgsaussicht ausreiche (dazu nur *LG Trier* JurBüro 2000, 380 [381] = VuR 2000, 133 [135] m. Anm. *Kohte*; *Bruns* NJW 1999, 3445 [3449]). Konsequent wurde Prozesskostenhilfe nicht mehr bewilligt, wenn ein Versagungsgrund nach § 290 InsO wahrscheinlich war (dazu *AG Göttingen* ZInsO 2000, 342). Mit der Norm des § 4 Abs. 1 Satz 4 ist jetzt anerkannt worden, dass die Aussicht auf Restschuldbefreiung nicht nur ein Nebenzweck, **12** sondern ein eindeutiges »Verfahrensziel« sein kann (*BGH* NJW 2004, 3260 [3261 f.]; vgl. bereits *Kocher* DZWIR 2002, 45 [47]).

13 Die Bund-Länder-Arbeitsgruppe Insolvenzrecht hatte erwogen, ob die Stundung von einer Prüfung des »Wohlverhaltens« des Schuldners abhängig gemacht werden sollte. Man diskutierte, ob der Schuldner glaubhaft machen solle, dass er eine angemessene Erwerbstätigkeit ausübe oder sich um eine solche bemühe. Stattdessen sollte ein Widerruf der Stundung angeordnet werden, wenn die Voraussetzungen für eine Versagung der Restschuldbefreiung nach §§ 295, 296 InsO vorliegen. In der Literatur stießen diese Überlegungen auf nachhaltige Kritik, da eine allgemeine Überprüfung von »Wohlverhalten« nicht akzeptabel sei und im Übrigen die Versagungsgründe in §§ 290, 296 InsO nicht von Amts wegen, sondern ausschließlich auf substantiierten Antrag eines Gläubigers zu prüfen seien (dazu *Göbel* ZInsO 2000, 383 [385]). Letztlich nahm man aus pragmatischen Gründen davon Abstand, da nicht erkennbar war, wie eine solche Prüfung ohne erhebliche Verfahrensverzögerungen mit vertretbarem Arbeitsaufwand von den Gerichten bewältigt werden könnte (dazu *Graf-Schlicker* WM 2000, 1974 [1981]; *dies*. FS für Uhlenbruck, 2000, S. 573, 582).

14 Im Gesetzentwurf der Bundesregierung wurde dann die jetzt geltende Lösung gefunden, die die Prüfung der Erfolgsaussicht auf die beiden Versagungsgründe in § 290 Abs. 1 Nr. 1 und 3 InsO beschränkt, die urkundlich belegt und i. d. R. ohne größeren Wertungsspielraum feststellbar sind, nämlich die frühere Verurteilung wegen einer Insolvenzstraftat (dazu *Ahrens* § 290 Rz. 15; *OLG Celle* NZI 2001, 314; *Hergenröder* DZWIR 2001, 338 [344]) sowie die Bewilligung einer Restschuldbefreiung in den letzten zehn Jahren. Die anderen Versagungsgründe wurden als ungeeignet für ein Stundungsverfahren qualifiziert; zum einen sind die Versagungsgründe in § 290 Abs. 1 Nr. 5 und 6 sowie in § 296 InsO auf verfahrensbegleitende Mitwirkungspflichten zentriert, so dass sie im Eröffnungsverfahren keine Rolle spielen können. Zum anderen gilt vor allem für die wichtigen Versagungsgründe in § 290 Abs. 1 Nr. 2 und 4 InsO, dass deren Feststellung i. d. R. schwierige Abwägungen voraussetzt, über die nicht selten nachhaltiger Streit bestehen dürfte (BT-Drucks. 14/5680 S. 20). Daher seien sie für ein summarisches Stundungsverfahren ungeeignet und sollten erst und nur dann berücksichtigt werden, wenn ein entsprechender gerichtlicher Versagungsbeschluss vorliegt.

15 Diese Einordnung wird sowohl der Rechtsnatur des Bewilligungsverfahrens als auch dem doppelten Beschleunigungsgebot, das hier zu beachten ist, gerecht. Das Bewilligungsverfahren nach § 4 a InsO ist infolge seiner parallelen Ausgestaltung zum Bewilligungsverfahren nach § 118 ZPO (zu diesem nur *Kalthoener/Büttner/Wrobel-Sachs* Prozesskostenhilfe und Beratungshilfe, 4. Aufl., Rz. 151 ff.) ebenso wie dieses als ein summarisches und kursorisches Verfahren ausgestaltet, in dem ein spezifisches Beschleunigungsgebot zu beachten ist und das den zügigen Zugang zum gerichtlichen Verfahren sichern soll. Dementsprechend ist anerkannt, dass schwierige rechtliche und tatsächliche Fragen in diesem Verfahren nicht zu klären sind (dazu nur *BVerfG* NJW 1991, 413; NJW 1992, 889; Rpfleger 2001, 554; NJW 2003, 1857; *BGH* NJW 1998, 82; FamRZ 2003, 671). Eine Vernehmung von Zeugen ist nach § 118 Abs. 2 Satz 3 ZPO i. d. R. ausgeschlossen, so dass auch eine vorweggenommene Beweiswürdigung solcher Beweisangebote im Regelfall nicht in Betracht kommt. Soweit Beweismittel im Bewilligungsverfahren zu erörtern sind, ist eine Beschränkung auf Urkunden geboten (vgl. dazu *BGH* NJW 1988, 266 [267]; *Stein/Jonas-Bork* ZPO, § 114 Rz. 22; anschaulich *OLG Hamm* VersR 1990, 1393 [1394] und VersR 1991, 219 [220]). Insoweit ist die Konzentration auf die urkundlich dokumentierten Versagungsgründe in § 290 Abs. 1 Nr. 1 und Nr. 3 InsO sachgerecht.

16 Weiter darf nicht verkannt werden, dass das Stundungsverfahren Teil des Insolvenzverfahrens ist; für Insolvenzverfahren gilt wiederum ein spezifisches Beschleunigungsgebot, wie sich aus § 5 Abs. 2 Satz 2 InsO deutlich ergibt. Die Verfahrenskostenstundung erstreckt sich nicht nur auf das Verbraucher-, sondern auch auf das Regelinsolvenzverfahren, in dem z. B. Sanierungsentscheidungen in großer Zügigkeit zu treffen sind. Ungeachtet der spezifischen Stundungsregelung für die Vergütung der Treuhänder in § 4 a Abs. 3 Satz 3 InsO ergibt sich hier regelmäßig ein beachtlicher Zeitdruck, so dass die Konzentration auf die beiden in § 4 a Abs. 1 Satz 4 InsO genannten Ablehnungsgründe auch aus diesem Grund geboten ist. Dabei darf vor allem nicht übersehen werden, dass im weiteren Verlauf des Verfahrens die Versagungsgründe aufgrund der 1994 nachhaltig diskutierten Entscheidung als Einwendungen ausgestaltet worden sind, die von zumindest einem Gläubiger im Schlusstermin (dazu anschaulich *LG Krefeld* ZInsO 2001, 767) in substantiierter Weise geltend zu machen sind (s. *Ahrens* § 290 Rz. 57 m. Hinw. auf *BGH* NZI 2008, 48). Die bisherigen Erfahrungen zeigen, dass Gläubiger – und mitunter auch Gerichte – nicht selten diesen Anforderungen nicht gewachsen sind (dazu anschaulich die Monita des *OLG Celle* ZInsO 2001, 757).

Es ist daher zutreffend, dass auch für die späteren Verfahrensabschnitte kein anderer Maßstab für die hin- 17
reichende Erfolgsaussicht bestimmt worden ist. Ein erfolgreicher Versagungsantrag nach § 290 Abs. 1
Nr. 2 oder 4–6 InsO ist allerdings für das weitere Verfahren nicht ohne Bedeutung, denn er legitimiert
einen möglichen Widerruf der Stundung nach § 4 c Nr. 5 InsO (s. *Kohte* § 4 c Rz. 28 ff.). Diese Konstruktion vermeidet aufwendige Doppelprüfungen (dazu *Graf-Schlicker* FS für Uhlenbruck, S. 573, 582) und
verdeutlicht die Bedeutung des Gläubigerantrags im Versagungsverfahren (dazu BT-Drucks. 14/5680
S. 23; *Göbel* ZInsO 2000, 383 [385]). Damit ist auch unter systematischen Aspekten der Prüfungsmaßstab
der Erfolgsaussicht in § 4 a Abs. 1 Satz 4 InsO zutreffend.

Eine im Dezember 2004 ergangene Entscheidung des BGH (*BGH* ZVI 2005, 124) erweckte in der Li- 17 a
teratur den Eindruck, dass der Senat von dieser Struktur abrücken und eine generelle Redlichkeitsprüfung
in analoger Anwendung von § 290 InsO in das Stundungsverfahren verlagern wolle (*Pape* EWiR § 4 a
InsO 1/2005, 491; *Fischer/Hempler* ZInsO 2005, 351). Zwei weitere Beschlüsse, die wenige Wochen später ergangen sind (*BGH* ZVI 2005, 119 und 2005, 120 = VuR 2005, 269 m. Anm. *Kohte*) haben diesen
Eindruck jedoch modifiziert. Danach hat der Schuldner in seinem Antrag alle Angaben zu machen, die
das Gericht für die Beurteilung benötigt, ob das Schuldnervermögen zur Kostendeckung nicht ausreicht.
Wenn trotz präziser gerichtlicher Hinweise der Antrag lückenhaft bleibt, ist er nicht in analoger Anwendung von § 290 Abs. 1 Nr. 6 InsO, sondern wegen mangelnder Begründung abzuweisen (dazu bereits *Jaeger/Eckardt* InsO, § 4 a Rz. 37; s. u. Rz. 41). Daneben verbleibt eine kleine Anzahl von Fällen, in denen
das Gericht nach dem Vorbild der teleologischen Reduktion des § 119 Abs. 1 Satz 2 ZPO den Antrag
ablehnen kann, wenn zum Zeitpunkt der Entscheidung die weitere Rechtsverfolgung eindeutig aussichtslos ist (dazu *Ganter* NZI 2005, 241 [250]; *Pape* ZInsO 2005, 617 [619]). Mit dieser Orientierung an einer
bekannten Rechtsfigur aus dem Recht der Prozesskostenhilfe ist zugleich eine klare Grenze für diese teleologische Reduktion gesetzt (*Kohte* VuR 2005, 271 mit Hinweis auf *BVerfG* NJW 1987, 1619 und NJW
2005, 409).

In der Zwischenzeit hat der IX. Senat diese Judikatur fortgesetzt und präzisiert. Danach sind die nicht in 17 b
§ 4 a Abs. 1 Satz 3 genannten Versagungsgründe nur dann beachtlich, wenn sie bei der ohne weitere Ermittlungen zu treffenden Stundungsentscheidung zweifelsfrei vorliegen (*BGH* NZI 2006, 712 = VuR
2007, 34 m. Anm. *Kohte* ZVI 2008, 185 = VuR 2008, 195 m. Anm. *Kohte*; ZInsO 2008, 860; ebenso
MünchKomm-InsO/*Ganter* § 4 a Rz. 16). In der Literatur wird betont, dass diese Judikatur allenfalls Evidenzfälle erfassen kann (*Graf-Schlicker/Kexel* § 4 a Rz. 18; *Kübler/Prütting-Wenzel* InsO, § 4 a Rz. 38 a;
Kohte VuR 2007, 36). Gleichwohl ist festzustellen, dass in der instanzgerichtlichen Praxis diese zutreffend
engen Grenzen immer wieder in methodisch und sachlich fehlerhafter Weise überspielt werden (dazu
Kohte VuR 2008, 198), so dass auch weiterhin Vorsicht geboten ist. Zu dem in § 290 Abs. 1 Nr. 3
InsO genannten Versagungsgrund aus einem früheren Verfahren liegen inzwischen die ersten Entscheidungen vor, die zutreffend eine eng am Wortlaut orientierte Auslegung vertreten (*BGH* ZVI 2008,
185 = VuR 2008, 195; *AG Göttingen* Rpfleger 2008, 527).

D. Die Rechtsfolgen der Verfahrenskostenstundung im Eröffnungsverfahren

Liegen die Voraussetzungen des § 4 a Abs. 1 Satz 1 InsO vor, so hat das Gericht die beantragte Verfahrens- 18
kostenstundung zumindest für das Eröffnungsverfahren durch Beschluss auszusprechen. Insoweit besteht –
ebenso wie bei § 119 ZPO – kein Ermessensspielraum. Für den Schuldner hat dieser Beschluss weiter den
Effekt, dass nunmehr eine Abweisung seines Antrages mangels Masse nach § 26 Abs. 1 Satz 2 InsO nicht
erfolgen darf. Damit wird gesichert, dass dem Schuldner das eröffnete Insolvenzverfahren als notwendiger
Teilschritt auf dem Weg zum wirtschaftlichen Neuanfang zur Verfügung gestellt wird, so dass i. d. R. die
Bewilligung der Verfahrenskostenstundung und die Eröffnung des Insolvenzverfahrens zeitnah erfolgen
werden.

Kostenrechtlich bedeutet diese Entscheidung weiter, dass die Staatskasse die Gerichtskosten und Auslagen 19
nur nach den vom Insolvenzgericht festgesetzten Bestimmungen geltend machen kann. Die Norm des
§ 4 a Abs. 3 Satz 1 InsO orientiert sich hierzu am Vorbild des § 122 ZPO. Diese Kosten sind allerdings
nicht erlassen, sondern ausschließlich gestundet. Die Begründung des Entwurfs geht davon aus, dass
die Staatskasse – aufmerksam ist hier bereits auf die künftige Rolle des BGH im Beschwerderecht hingewiesen worden – von einer Geltendmachung dieser Kosten bis zur Erteilung der Restschuldbefreiung abzusehen hat (BT-Drucks. 14/5680 S. 21). Da diese Kosten jedoch andererseits erfüllbar sind und zu den

Verbindlichkeiten des Schuldners gehören, sind sie nach § 53 InsO vom Insolvenzverwalter bzw. nach § 292 InsO vom Treuhänder vorab zu befriedigen. Gerade in diesem vor allem vom Bundesrat geforderten Mechanismus liegt ein wichtiges Strukturelement der neuen Verfahrenskostenstundung (*Wimmer* Insolvenzrecht 2000, S. 181, 185; *Graf-Schlicker* FS für Uhlenbruck, S. 573, 582; bemerkenswert jetzt die Gegenposition bei *Wiedemann* ZVI 2004, 645 [648]).

20 Die Verfahrenskostenstundung bewirkt weiter, dass dem Insolvenzverwalter nach § 63 Abs. 2 InsO ein Anspruch auf Zahlung seiner Vergütung und seiner Auslagen (zur Einbeziehung erforderlicher Kosten für die Beauftragung eines Steuerberaters *BGH* NJW 2004, 2976 [2978]; dazu *Pape* ZInsO 2004, 1049) gegen die Staatskasse zusteht. Dieser Anspruch ist wiederum davon abhängig, dass die Insolvenzmasse zur Zahlung dieser Vergütung nicht ausreicht; wiederum ist damit ein Element der Subsidiarität in diese Konstruktion eingebaut worden. Ein direkter Anspruch des Insolvenzverwalters/Treuhänders gegen den Schuldner, dass dieser aus seinem massefreien Vermögen Zahlungen erbringt, besteht nicht. Stattdessen geht der Anspruch des Treuhänders gegen die Insolvenzmasse auf die Staatskasse über. Diese kann ihn wiederum nach der Anlage KV 9018 als Auslagenanspruch gegen den Schuldner geltend machen. Dieser Auslagenanspruch gehört jedoch zu den nach § 4 a Abs. 3 Satz 1 InsO gestundeten Gerichtskosten, so dass ein direkter Zugriff gegen den Schuldner nicht möglich ist. Der Zugriff wird nach § 4 a Abs. 3 Satz 3 InsO bereits kurzfristig allein durch die Stellung eines Antrags zumindest einstweilen gehindert, so dass selbst ein spät gestellter Antrag auf Verfahrenskostenstundung die Belastung des Schuldners mit Vorschussanforderungen vorerst bremst (BT-Drucks. 14/5680 S. 21).

21 Eine vergleichbare Regelung, die sich wiederum an § 122 ZPO anlehnt, betrifft die Ansprüche nach § 4 a Abs. 2 InsO beigeordneter Rechtsanwälte. Diesen ist es nicht gestattet, ihre Ansprüche gegen ihren Mandanten geltend zu machen. Sie erhalten stattdessen mit der Bewilligung der Verfahrenskostenstundung einen Sekundäranspruch gegen die Staatskasse auf Zahlung der entsprechenden Vergütung. Mit der Zahlung dieser Vergütung geht nach § 59 RVG der Vergütungsanspruch auf die Staatskasse über und kann von dieser wiederum nur nach den Bestimmungen, die das Insolvenzgericht festgelegt hat, realisiert werden. Genau wie bei § 122 ZPO (vgl. dazu *Stein/Jonas-Bork* ZPO, 22. Aufl., § 121 Rz. 31) sind von der Forderungssperre nur diejenigen Zahlungen der Mandanten nicht erfasst, die in Kenntnis der Rechtslage freiwillig und ohne Vorbehalt nach § 4 Abs. 5 RVG (dazu *Hartmann* Kostengesetze, 34. Aufl., § 4 RVG Rz. 87 ff.) erbracht worden sind. Eine solche Situation dürfte im Insolvenzrecht jedoch selten sein. Auch Zahlungen Dritter zugunsten des Schuldners an den Rechtsanwalt sind nur unter den Voraussetzungen des § 4 Abs. 5 RVG von einer Rückforderung ausgeschlossen.

E. Verfahrenskostenstundung in weiteren Verfahrensabschnitten

22 § 4 a Abs. 3 Satz 2 InsO ordnet ausdrücklich an, dass für jeden Verfahrensabschnitt gesondert über die Verfahrenskostenstundung zu entscheiden ist. Damit wird der Rechtsgrundsatz des § 119 Abs. 1 ZPO aufgenommen und für das Insolvenzverfahren konkretisiert. Der Diskussionsentwurf knüpfte an die Gerichtspraxis der letzten Jahre an, die mehrheitlich eine abschnittsbezogene Entscheidung über Prozesskostenhilfe im Insolvenzverfahren vorgenommen hatte (s. *Kohte* § 310 Rz. 13 ff.). Wegen der in der Literatur zutreffend gerügten Missverständlichkeit des noch im Diskussionsentwurfs verwandten Begriffs des »Rechtszugs« (dazu *Schmerbach/Stephan* ZInsO 2000, 541 [543]) ist im Regierungsentwurf der neutrale Begriff des »Verfahrensabschnitts« gewählt worden, mit dem eine gewisse Abkehr von einer rein kostenrechtlichen Betrachtungsweise markiert worden ist.

23 In Anlehnung an die frühere Judikatur (s. *Kohte* § 310 Rz. 15; *LG Düsseldorf* NZI 1999, 237) und die Gesetzesbegründung wurden hier von Anfang an als eigenständige Verfahrensabschnitte das Schuldenreinigungsplanverfahren, das Eröffnungsverfahren, das eröffnete Verfahren und das Restschuldbefreiungsverfahren qualifiziert (ebenso MünchKomm-InsO/*Ganter* § 4 a Rz. 13). Judikatur (*BGH* NJW 2003, 3780 [3781]) und Literatur (*Uhlenbruck* InsO, § 4 a Rz. 13; *Jaeger/Eckardt* InsO, § 4 a Rz. 65) haben dieser Position zugestimmt. Trotz dieser Differenzierung ist es dem Schuldner unbenommen, den Antrag bereits für mehrere Verfahrensabschnitte in dem ersten Antrag zu stellen. Dagegen ist ein Antrag auf anwaltliche Beiordnung zweckmäßig nur für den jeweiligen Verfahrensabschnitt zu stellen (*BGH* NJW 2004, 3260 [3261]).

24 Trotz der jeweils **abschnittsbezogenen Bewilligung** ist die »hinreichende Erfolgsaussicht« nicht abschnittsweise zu beurteilen. In der anfänglichen Judikatur hatte ein Teil der Gerichte die hinreichende Er-

folgsaussicht im Schuldenbereinigungsplanverfahren nur bejahen wollen, wenn eine Annahme des Plans bzw. Zustimmungsersetzung wahrscheinlich sei (so z. B. *LG Lüneburg* NJW 1999, 2287). Diese Judikatur war von Anfang an verfehlt, da es nach den eindeutigen Maßstäben des Verfassungsgerichts nur darauf ankommt, dass ein vernünftig abwägender Antragsteller ein solches Verfahren betreibt (dazu *BVerfG* NJW 1992, 889; *Kohte* VuR 2000, 139; *Bruns* NJW 1999, 3445 [3449]). Daher war es bereits nach dem bisherigen Recht im Schuldenbereinigungsplanverfahren ausreichend, dass das angestrebte Ziel der Restschuldbefreiung möglich erschien (dazu s. *Kohte* § 310 Rz. 20; *LG Mühlhausen* ZInsO 1999, 649 [651]). Mit der Präzisierung der Erfolgsaussicht in § 4 a Abs. 1 Satz 4 InsO (dazu o. Rz. 12 ff.) ist diese Position aufgenommen und bestätigt worden. Eine weitergehende Prüfung der Erfolgsaussicht ist daneben ausgeschlossen.

I. Verfahrenskostenstundung im eröffneten Verfahren

Im eröffneten Verfahren zielt die Verfahrenskostenstundung aus der Sicht des Antragstellers vor allem darauf ab, eine Einstellung des Verfahrens mangels Masse nach § 207 InsO zu vermeiden, denn eine solche Einstellung würde dem Schuldner den Weg zum Restschuldbefreiungsverfahren versperren. Nach § 289 Abs. 3 InsO ist eine Einstellung nach § 207 InsO abschließend, während eine Einstellung wegen Masseunzulänglichkeit nach §§ 208, 211 InsO den weiteren Weg zur Restschuldbefreiung nicht blockiert. Dies beruht auf der Wertung, dass zumindest die Verfahrenskosten gedeckt sein müssen, während die Masseverbindlichkeiten, die auch nach neuem Recht einen beachtlichen Umfang einnehmen können, die Restschuldbefreiung nicht blockieren dürfen (s. *Ahrens* § 289 Rz. 20; *OLG Köln* NZI 2000, 217 [218]). 25

Sofern die Kosten auch des eröffneten Verfahrens nicht bereits durch einen Beschluss im Eröffnungsverfahren gestundet sind, dürfte regelmäßig bei den ersten Anzeichen für fehlende Massekostendeckung ein Hinweis des Insolvenzverwalters/Treuhänders geboten sein, so dass vom Schuldner Verfahrenskostenstundung beantragt und eine Einstellung nach § 207 InsO vermieden werden kann. In der Praxis dürfte es sich dabei in erster Linie um Verfahren handeln, in denen im Eröffnungsverfahren der Umfang der Masse als ausreichend eingestuft worden war (dazu o. Rz. 10) und später nach der Eröffnung diese Prognose korrigiert werden muss, weil z. B. ein Vermögenswert nicht in der geschätzten Weise verwertbar ist bzw. ein Anfechtungsverfahren nicht den erwarteten Erfolg erbracht hat. Ebenso können auch Prognosekorrekturen bei den Kosten des Insolvenzverwalters eintreten, die sich anders als erwartet entwickelt haben. Diese können z. B. im Insolvenzplanverfahren ins Gewicht fallen, wenn eine anwaltliche Beiordnung nach § 4 a Abs. 2 InsO geboten ist. 26

Dagegen ist bei Bewilligung der Verfahrenskostenstundung im Eröffnungsverfahren eine umgekehrte Prognosekorrektur im eröffneten Verfahren in aller Regel systemwidrig. War bereits im Eröffnungsverfahren eine Verfahrenskostenstundung beschlossen worden, dann würde selbst bei einer günstigeren Entwicklung der Insolvenzmasse bzw. bei einer Verringerung der Verfahrenskosten kein Grund bestehen, von der Stundung abzuweichen, da in einem solchen Fall bereits das Befriedigungsgebot nach § 53 InsO die vorrangige Deckung der Verfahrenskosten sicherstellt und eine vorzeitige Ausschüttung der Masse an die Gläubiger bzw. den Schuldner untersagt. Wenn dagegen sämtliche Gläubigerforderungen befriedigt sind, ist das Insolvenzverfahren nach § 212 InsO einzustellen; damit entfällt auch die Notwendigkeit gerichtlicher Restschuldbefreiung (*Küble/Prüttin-Pape* InsO, § 212 Rz. 8 a, 20), so dass aus diesem Grund die Verfahrenskostenstundung hinfällig wäre. 27

II. Verfahrenskostenstundung in der Treuhandperiode

Die Treuhandperiode wird nach allgemeiner Ansicht als ein eigenständiger Verfahrensabschnitt i. S. d. § 4 a Abs. 3 Satz 2 InsO eingestuft. Nach § 4 a Abs. 1 Satz 2 InsO wird nunmehr auch eindeutig die Treuhändervergütung zu den Kosten des Verfahrens i. S. d. § 4 a Abs. 1 Satz 1 InsO gerechnet. Damit hat das InsOÄndG die auch in diesem Kommentar geübte Kritik an der bisherigen Sanktionsmöglichkeit des § 298 InsO aufgenommen (s. *Grote* § 298 Rz. 3 ff.). Mit der zutreffenden Begründung, dass es wenig Sinn mache, durch den Einsatz öffentlicher Mittel ein aufwendiges Verfahren zur Erlangung der Restschuldbefreiung zu finanzieren, um dann kurz vor der Erreichung dieses Ziels das Verfahren an der vergleichsweise unbedeutenden Mindestvergütung scheitern zu lassen (BT-Drucks. 14/5680 S. 12; so auch *Graf-Schlicker* FS für Uhlenbruck, S. 573, 576 f.) ist die Treuhändervergütung richtigerweise in das System der Verfahrenskostenstundung integriert worden (s. *Grote* § 298 Rz. 5–7). 28

29 Die Regierungsbegründung geht davon aus, dass sich im Regelfall die im Eröffnungsverfahren bewilligte Stundung bis zur Erteilung der Restschuldbefreiung erstreckt (BT-Drucks. 14/5680 S. 20; zur vorzeitigen Erteilung zutr. *BGH* NZI 2005, 399 m. Anm. *Ahrens* = VuR 2005, 310 m. Anm. *Kohte*; *Ahrens* § 299 Rz. 9 b), so dass die nunmehr in § 298 Abs. 2 Satz 2 InsO eröffnete Möglichkeit, erstmals in der Treuhandperiode einen Antrag auf Verfahrenskostenstundung zu stellen, offenkundig auf – wahrscheinlich seltene – Fallgestaltungen abzielt, in denen eine zusätzliche Verschlechterung der wirtschaftlichen Lage des Schuldners eingetreten ist. Die Regierungsbegründung nennt dazu den Fall, dass der Schuldner zwar die in § 54 InsO genannten Kosten berichtigen konnte, jedoch wegen eines Arbeitsplatzverlustes in der Treuhandperiode die Mindestvergütung nach §§ 298 Abs. 1 InsO, 13 ff. InsVV nicht mehr aufbringen konnte (BT-Drucks. 14/5680 S. 29; ebenso *Jaeger/Eckardt* InsO, § 4 a Rz. 72).

30 In einem solchen Fall wird das Insolvenzgericht zu prüfen haben, ob aus dem Vermögen des Schuldners, soweit dieses nach § 292 InsO der Deckung der Verfahrenskosten dient, sowie aus dem sonstigen pfändbaren und verwertbaren Vermögen des Schuldners die Verfahrenskosten aufgebracht werden können. Neben der Fallgruppe der wirtschaftlichen Verschlechterung der Lage des Schuldners wird diese Möglichkeit vor allem relevant sein, wenn zusätzliche Verfahrenskosten durch Beiordnung eines Rechtsanwaltes in der Treuhandphase entstehen. In solchen Fällen trifft sowohl den Treuhänder als auch das Insolvenzgericht eine Hinweispflicht an den Schuldner, dass die Rechtsfolge der Versagung durch einen vor Rechtskraft der Versagungsentscheidung gestellten Stundungsantrag vermieden werden kann (*Uhlenbruck/Vallender* InsO, § 298 Rz. 3; s. *Grote* § 298 Rz. 13 a).

III. Verfahrenskostenstundung im Schuldenbereinigungs- und Insolvenzplanverfahren

31 In den Beratungen der Bund-Länder-Arbeitsgruppe war die Diskussion um die Verfahrenskostenstundung auf die Entscheidung um die Eröffnung des Insolvenzverfahrens und das Problem der Kostenhürde nach § 26 InsO zentriert worden. Daher standen die Fragen einer Stundung im Schuldenbereinigungsplanverfahren nicht im Vordergrund des Interesses. Man ging vielmehr davon aus, dass der wichtigste Schritt zur Problemlösung in der Streichung des Auslagenvorschusses nach § 68 GKG a. F. (jetzt § 17 Abs. 4 Satz 3 GKG n. F.) für das Schuldenbereinigungsplanverfahren liege. Der Diskussionsentwurf des BMJ übernahm diese Sichtweise und ordnete daher eine entsprechende Anwendung von § 4 a Abs. 2 InsO im Zustimmungsersetzungsverfahren nach § 309 InsO mit der Begründung an, dass im Schuldenbereinigungsplanverfahren wegen der Stundung der Auslagen, die sich nunmehr aus dem GKG ergebe, eine Entscheidung über eine Verfahrenskostenstundung ohne anwaltliche Beiordnung nicht erforderlich sei (ZIP 2000, 1688 [1705]). Andererseits wurde in der Begründung zur abschnittsbezogenen Bewilligung das Schuldenbereinigungsplanverfahren als ein gesonderter Abschnitt für eine Entscheidung zur Verfahrenskostenstundung aufgeführt (ZIP 2000, 1688 [1696]).

32 In der Literatur wurde diese geringe Aufmerksamkeit, die dem Schuldenbereinigungsplanverfahren gewidmet worden war, zutreffend kritisiert. Es wurde darauf hingewiesen, dass bei einem Erfolg des Schuldenbereinigungsplanverfahrens die Gerichtskosten und Auslagen sofort fällig würden, da mangels Verfahrenskostenstundung auch die Norm des § 4 b InsO nicht eingreife. Dies könne jedoch für den Schuldner und die Realisierbarkeit des Schuldenbereinigungsplans erhebliche Auswirkungen haben (so *Schmerbach/Stephan* ZInsO 2000, 541 [543]). Diese Kritik wurde aufgenommen, denn im Regierungsentwurf wurden nunmehr in § 4 a Abs. 1 Satz 2 InsO die Kosten des Schuldenbereinigungsplanverfahrens ausdrücklich den Kosten des Insolvenzverfahrens gleichgestellt. In der Begründung wurde darauf hingewiesen, dass damit auch die im Schuldenbereinigungsplanverfahren entstandenen Auslagen von der Verfahrenskostenstundung erfasst seien (BT-Drucks. 14/5680 S. 12). Eine umfassende Klärung der Bedeutung des § 4 a Abs. 1 Satz 2 InsO erfolgte jedoch nicht, denn in der Begründung zu § 309 InsO wurde weiterhin die Ansicht vertreten, dass im Schuldenbereinigungsplanverfahren eine Entscheidung über die Stundung nicht erfolge (BT-Drucks. 14/5680 S. 32). Hier handelt es sich offenkundig um ein Redaktionsversehen, denn die Einfügung des § 4 a Abs. 1 Satz 2 InsO sowie die Erwähnung des Schuldenbereinigungsplanverfahrens als eines möglicherweise eigenständigen Verfahrensabschnitts i. S. d. § 4 a Abs. 3 Satz 2 InsO zeigen, dass im Schuldenbereinigungsplanverfahren eine eigenständige Entscheidung über die Verfahrenskostenstundung möglich ist.

33 Eine solche Entscheidung entspricht dem Zweck der Verfahrenskostenstundung, völlig mittellosen Schuldnern den Weg zu einem wirtschaftlichen Neuanfang zu ebnen. Im erfolgreichen Schuldenbereinigungsplanverfahren bestünde ohne eine solche Entscheidung die Gefahr, dass der erfolgreiche Verfahrens-

abschluss die wirtschaftliche Bedrängnis der Schuldner nicht löst, wenn zu diesem Zeitpunkt die Gerichtskosten und Auslagen fällig würden und der sorgsam ausbalancierte Schuldenbereinigungsplan durch das Auftreten eines neuen, nicht in den Plan einbezogenen Gläubigers nachträglich scheitern könnte. Dies wäre zweckwidrig; eine Einbeziehung der Staatskasse in den Kreis der Gläubiger, die im Schuldenbereinigungsplan zu berücksichtigen sind, wäre systemwidrig, da das Schuldenbereinigungsplanverfahren – auch im Interesse der Abstimmung mit der Zugangsnorm des § 304 InsO – nur diejenigen Gläubiger einbeziehen kann, die bei Antragstellung eine bereits entstandene Forderung gegen den Schuldner aufweisen können. Damit kann der Erfolg des Schuldenbereinigungsplanverfahrens ausschließlich dadurch gesichert werden, dass die Schuldner auch in den Geltungsbereich des § 4 b InsO einbezogen werden. Dies ist jedoch nur für den Fall vorgesehen, dass ihnen bereits eine Verfahrenskostenstundung bewilligt worden war (dazu s. *Kohte* § 4 b Rz. 20), so dass notwendigerweise eine Entscheidung über die Verfahrenskostenstundung auch im Schuldenbereinigungsplanverfahren zu treffen ist, falls diese vom Schuldner beantragt wird (ebenso *Jaeger/Eckardt* InsO, § 4 a Rz. 69; vgl. *Kübler/Prütting-Wenzel* InsO, § 4 a Rz. 46 a). Angesichts der in bestimmten Konstellationen relativ geringen Kosten dieses Verfahrens ist es im Einzelfall denkbar, dass Schuldner im Interesse einer zügigen Durchführung des Schuldenbereinigungsplanverfahrens auf einen solchen Antrag verzichten.

Wenn ein solcher Antrag gestellt wird, dann ist der Entscheidungsmaßstab der Grundnorm des § 4 a Abs. 1 **34** Satz 1 InsO zu entnehmen. Angesichts der Möglichkeit, dass das Schuldenbereinigungsplanverfahren scheitert, ist keine gesonderte, auf das Schuldenbereinigungsplanverfahren beschränkte Vermögensprüfung durchzuführen; vielmehr ist bereits im Schuldenbereinigungsplanverfahren nach dem allgemeinen Maßstab zu entscheiden, ob die wirtschaftlichen Voraussetzungen für eine Verfahrenskostenstundung vorliegen. Da zu diesem Zeitpunkt möglicherweise noch nicht alle Informationen vorliegen, kann das Gericht die Stundung bis zum Abschluss des Schuldenbereinigungsplanverfahrens befristen.

Eine vergleichbare Konstellation wie im Schuldenbereinigungsplanverfahren kann sich im Insolvenzplan- **35** verfahren ergeben, so dass, wenn im Eröffnungsverfahren eine Stundung unterblieben ist, in diesem Verfahrensabschnitt eine Stundung geboten sein kann.

F. Anwaltliche Beiordnung

§ 4 a Abs. 2 InsO ordnet als weitere Rechtsfolge der Verfahrenskostenstundung die Möglichkeit einer **36** **Beiordnung eines Rechtsanwalts** an. Im Unterschied zur allgemeinen Formulierung in § 121 ZPO, wonach eine solche Beiordnung zu erfolgen hat, wenn sie erforderlich ist und diese Erforderlichkeit regelmäßig vermutet wird, wenn der Gegner durch einen Rechtsanwalt vertreten wird (dazu MünchKomm-ZPO/*Wax* § 121 Rz. 27), wird in § 4 a Abs. 2 eine individuelle Prüfung der Erforderlichkeit verlangt. Dabei soll der Charakter des Insolvenzverfahrens als eines Offizialverfahrens mit gerichtlicher Fürsorge berücksichtigt werden (BT-Drucks. 14/5680 S. 21). In der insolvenzrechtlichen Diskussion vor 2001 war teilweise aus dem Charakter des Insolvenzverfahrens als eines Offizialverfahrens der weitergehende Schluss gezogen worden, dass Prozesskostenhilfe und anwaltliche Vertretung systemwidrig seien (dazu nur *Busch/Graf-Schlicker* InVo 1998, 269 [272] sowie *LG Köln* NZI 1999, 158). Diese strenge Position ist der Norm des § 4 a Abs. 2 InsO nicht zugrunde gelegt worden. Damit folgt das InsOÄndG der **verfassungsgerichtlichen Judikatur**, die mit großem Nachdruck hervorgehoben hat, dass aus dem Charakter der Offizialmaxime nicht abgeleitet werden dürfe, dass einem Verfahrensbeteiligten bei Vorliegen der sonstigen Voraussetzungen Prozesskostenhilfe und anwaltliche Beiordnung nicht bewilligt werden könnten (*BVerfG* NJW 1997, 2103; FamRZ 2002, 531; vgl. *Zöller/Philippi* § 114 Rz. 18; *Heinze* DZWIR 2000, 183 [187]; ebenso die familienrechtliche Judikatur: z. B. *OLG Hamm* FamRZ 1995, 747 Nr. 460; *OLG Nürnberg* FamRZ 1997, 215). Es ist daher in Übereinstimmung mit *BVerfG* (NJW 2003, 2668) in jedem Einzelfall zu prüfen, inwieweit eine anwaltliche Beiordnung erforderlich ist. Nach der Struktur des Stundungsverfahrens ist auch die Frage der Beiordnung für jeden Verfahrensabschnitt gesondert zu entscheiden (*BGH* NJW 2004, 3260 [3261]).

Die Gesetzesbegründung nennt als **typische Beispiele** der Erforderlichkeit die Beiordnung in den quasi- **37** kontradiktorischen Verfahren, in denen der Schuldner nach § 290 InsO oder § 296 InsO für seine Restschuldbefreiung kämpft (BT-Drucks. 14/5680 S. 21; zustimmend MünchKomm-InsO/*Ganter* § 4 a Rz. 22; *Uhlenbruck* InsO, § 4 a Rz. 11). In vergleichbarer Weise hat die Judikatur in den letzten beiden Jahren vor allem im Zusammenhang mit den Zustimmungsersetzungsverfahren nach § 309 InsO die Notwendigkeit anwaltlicher Beiordnung betont (*LG Konstanz* ZIP 1999, 1643 [1646]; dazu auch der Hinweis in *BVerfG* NJW 2003, 2668 sowie *AG Göttingen* ZVI 2003, 132 [133]; *LG Göttingen* ZVI 2003, 226 [227]; *LG Leipzig* ZVI 2003, 474 [475]; *Uhlenbruck/Vallender* InsO, § 309 Rz. 113; enger *Bayer* Stundungsmodell, S. 70 ff.). Daraus ergibt sich eine erste Fallgruppe, in der die anwaltliche Beiordnung eng an die allgemeinen Grundlagen des Zivilprozessrechts angelehnt ist. In diesen Fällen wird sie regelmäßig in Betracht kommen, wenn der Gläubiger, der einen entsprechenden Versagungsantrag stellt, anwaltlich vertreten ist.

38 Als eine zweite Fallgruppe lassen sich diejenigen Verfahren bestimmen, in denen vom Schuldner zusätzliche Mitwirkungshandlungen erwartet werden. Dazu können z. B. diejenigen Schuldenbereinigungsplanverfahren gehören, in denen vom Schuldner nach § 307 InsO eine weitere Ergänzung oder/und Nachbesserung seines Schuldenbereinigungsplanes verlangt wird (dazu *LG Göttingen* ZIP 1999, 1017 [1018]; *LG Göttingen* ZInsO 2001, 627; *Kohte* § 310 Rz. 21). Dasselbe gilt im Insolvenzplanverfahren; hier wird angesichts der Komplexität dieser Verfahren regelmäßig eine anwaltliche Beiordnung geboten sein, wenn nach der Vorlage des Plans zusätzliche Gestaltungsfragen zu beantworten sind (vgl. *Jaeger/Eckardt* InsO, § 4 a Rz. 90; enger *LG Bochum* ZVI 2003, 23 [25]).

39 Im Übrigen ist eine anwaltliche Beiordnung weiter geboten, wenn die Rechtslage schwierig durchschaubar ist und dem Schuldner die Möglichkeit entsprechender Stellungnahmen eröffnet werden soll, für die er ohne anwaltliche Hilfe konkret überfordert ist (so grds. *AG Mannheim* NZI 2004, 46). Dazu gehören z. B. die Fälle, in denen deliktische Ansprüche nach §§ 174, 302 InsO geltend gemacht bzw. erörtert werden (*BGH* NZI 2004, 39 [40]; *Kübler/Prütting-Wenzel* InsO, § 4 a Rz. 47 b; MünchKomm-InsO/*Ganter* § 4 a Rz. 22). Ebenso wird eine anwaltliche Vertretung geboten sein, wenn sich die Frage nach der Wirksamkeit von Entgeltabtretungen (*Graf-Schlicker/Kexel* § 4 a Rz. 50) oder der Möglichkeit zusätzlicher Anfechtungsverfahren gegenüber Gläubigern, die durch Zwangsvollstreckung bzw. Verrechnung vorgehen, stellt. In jedem Fall ist zu beachten, dass die Gerichtspraxis eine konkrete Darlegung der individuellen Erforderlichkeit der Beiordnung verlangt (*BGH* NZI 2004, 39 [40] = ZVI 2003, 601 m. Anm. *Mäusezahl*).

40 Die Gesetzesbegründung geht davon aus, dass im Eröffnungsverfahren regelmäßig eine anwaltliche Beiordnung nicht geboten ist (so auch *BGH* ZVI 2003, 225). Dieser Aussage ist allenfalls dann zuzustimmen, wenn das Verfahren zügig und ohne zusätzliche Kostenhürden vorbereitet und betrieben wird, da nur in einer solchen Fallgestaltung eine kostengünstige Eröffnung in zumutbarer Weise und Zeit möglich ist. Wenn dagegen nachhaltiger Streit um den Eröffnungsgrund oder die Auslegung des § 26 InsO besteht, kann sich auch hier die Notwendigkeit einer Beiordnung ergeben. Dagegen richtet sich im Beschwerde- oder Rechtsbeschwerdeverfahren die Beiordnung nach § 121 ZPO, weil nicht die Regeln der Verfahrenskostenstundung, sondern der Prozesskostenhilfe eingreifen (*BGH* NJW 2003, 3780; *Jaeger/Eckardt* InsO, § 4 a Rz. 94; s. u. Rz. 45).

40 a Sprachliche Schwierigkeiten werden von der insolvenzrechtlichen Judikatur als kein hinreichender Grund für die Beiordnung eines Anwalts angesehen; erforderlich, aber auch ausreichend sei es, in solchen Fällen einen Dolmetscher zur Verfügung zu stellen (*BGH* NJW 2003, 2910 [2912]). Auch bei Sprachschwierigkeiten kommt die anwaltliche Beiordnung nur bei zusätzlicher Schwierigkeit der Sach- oder Rechtslage in Betracht (*BVerfG* NJW 2003, 2668), doch darf nicht übersehen werden, dass die typisch anwaltliche Aufgabe einer Beratung über die Nutzung prozessualer Möglichkeiten (*BGH* ZVI 2003, 601 m. Anm. *Mäusezahl*) in solchen Fällen einen größeren Raum einnehmen kann. Die Beratung bei der Stellung eines Insolvenz- und Stundungsantrags wird nach der Judikatur dem Recht der Beratungshilfe zugeordnet (*BGH* VuR 2007, 273 m. Anm. *Kohte*).

G. Verfahrensrechtliches

41 Die Verfahrenskostenstundung kann nur bewilligt werden, wenn der Schuldner einen entsprechenden Antrag gestellt hat. Für diesen Antrag sind keine Formvorschriften normiert worden. Insbesondere sind die in § 117 Abs. 2 ZPO vorgeschriebene Erklärung und der entsprechende Vordruck nach § 117 Abs. 4 ZPO nicht übernommen worden (*BGH* NJW 2002, 2793 [2794]; 2003, 2910; *Bruckmann* InVo 2001, 41 [43]). Dies ist konsequent, denn der Maßstab in § 4 a Abs. 1 Satz 1 InsO ist mit dem Maßstab des § 115 ZPO nicht identisch; im Übrigen ergeben sich in aller Regel die Daten für die wirtschaftlichen Voraussetzungen des Antrages bereits aus dem Insolvenzantrag bzw. den nach § 305 Abs. 1 Nr. 3 InsO beigefügten Verzeichnissen, so dass gesonderte Formulare verfehlt wären und dem Ziel der Verfahrensverein-

fachung entgegenwirken würden. Obgleich über den Antrag nach Maßgabe der Verfahrensabschnitte i. S. d. § 4 a Abs. 3 Satz 2 InsO zu entscheiden ist, kann der Schuldner von Anfang an eine umfassende Stundung beantragen.

Der Antrag muss dem Insolvenzgericht in substantiierter, nachvollziehbarer Form darlegen, dass das **41 a** schuldnerische Vermögen voraussichtlich zur Deckung der anfallenden Kosten nicht ausreicht (*BGH* ZVI 2005, 119 = ZInsO 2005, 264). Dazu ist es möglich, auf gerichtsbekannte bzw. mit dem Antrag vorgelegte Urkunden, z. B. Sachverständigengutachten, Bezug zu nehmen (*BGH* ZVI 2004, 745 = ZInsO 2004, 1307). Kommt bei bestehender Ehe ein Prozesskostenvorschuss in Betracht, dann hat der Schuldner von sich aus bzw. auf Anforderung durch das Gericht Auskunft zu erteilen über die Leistungsfähigkeit des Ehegatten oder über den fehlenden Zusammenhang der Schulden zu den ehelichen Lebensverhältnissen (*BGH* NJW 2003, 2910 [2912]; vgl. *BGH* VuR 2007, 155 m. Anm. *Kohte*; *Jaeger/Eckardt* InsO, § 4 a Rz. 32); im übrigen hat der Schuldner keine Auskünfte über die Ursachen der Verschuldung zu erteilen (*BGH* VuR 2005, 269 m. Anm. *Kohte* = ZInsO 2005, 265 m. Anm. *Grote*). Wenn die Masse für die Kosten nicht ausreicht, dann sind präzise Angaben über die Höhe aller Schulden i. d. R. nicht erforderlich (*BGH* ZInsO 2008, 860). Ist der Antrag lückenhaft, dann hat das Gericht den Schuldner auf die Mängel konkret aufmerksam zu machen und ihm eine angemessene Frist zur Behebung der Mängel zu setzen. Erst nach konkretem Hinweis und erfolglosem Verstreichen einer angemessenen Frist kann der Antrag als unzulässig zurückgewiesen werden (zum Eröffnungsantrag *BGH* NJW 2003, 1187 = ZVI 2003, 64; zum Stundungsantrag *BGH* ZVI 2005, 119 = ZInsO 2005, 264).

Ist ein zulässiger Antrag gestellt, hat das Insolvenzgericht nach § 5 InsO den Sachverhalt von Amts wegen **42** zu ermitteln, wobei der Schuldner nach § 20 InsO der wichtigste Adressat für weitere Auskunftspflichten ist. Die Berechnung der Verfahrenskosten ist Sache des Gerichts (*Jaeger/Eckardt* InsO, § 4 a Rz. 55). Eine Anhörung der Gläubiger erfolgt bei einem Eigenantrag des Schuldners und fehlender Durchführung eines Schuldenbereinigungsplanverfahrens vor der Bewilligung der Verfahrenskostenstundung und der Eröffnung des Insolvenzverfahrens i. d. R. nicht. Dagegen bedarf es der speziellen Anhörung des Schuldners, wenn der Antrag abgewiesen werden soll; ebenfalls ist ihm Gelegenheit zu geben, den vom Gericht bezifferten Prozesskostenvorschuss durch Dritte zu realisieren (o. Rz. 11; so auch *Kübler/Prütting-Pape* InsO, § 26 Rz. 11; *Nerlich/Römermann-Mönning* InsO, § 26 Rz. 35, 47; MünchKomm-InsO/*Haarmeyer* § 26 Rz. 27).

Für die Entscheidung über den Antrag ist zumindest im Schuldenbereinigungsplanverfahren und Eröff- **43** nungsverfahren der Richter nach § 18 Abs. 1 Nr. 1 RPflG zuständig. Wird dem Antrag stattgegeben, dann kann im Schuldenbereinigungsplanverfahren angesichts der summarischen Prüfung ohne umfassende Informationen möglicherweise die Stundung auf den ersten Abschnitt befristet werden. Dagegen ist bei einer Bewilligung im Eröffnungsverfahren i. d. R. auszusprechen, dass sich die Stundung der Verfahrenskosten bis zur Erteilung der Restschuldbefreiung erstreckt (so BT-Drucks. 14/5680 S. 20; ebenso im Ergebnis MünchKomm-InsO/*Ganter* § 4 a Rz. 11). Die oben (Rz. 25 ff.) erläuterten Fallgestaltungen haben demonstriert, dass bei nicht ausreichendem Schuldnervermögen im Eröffnungsverfahren eine günstigere Prognose, die eine Beschränkung der Bewilligung legitimieren kann, in aller Regel ausgeschlossen ist. Wird der Antrag für das Eröffnungsverfahren abgewiesen, kann gleichwohl der Antrag für das eröffnete Verfahren begründet sein (z. B. *BGH* NJW 2003, 3780 [3781]). Dagegen ist die anwaltliche Beiordnung nach § 4 a Abs. 2 InsO typischerweise auf den jeweiligen Verfahrensabschnitt zu beschränken (*BGH* NJW 2004, 3260 [3261]).

Der Grundsatz der Bewilligung nach Verfahrensabschnitten erleichtert spätere Anträge, die ausschließlich **44** im eröffneten Verfahren – einschließlich des Insolvenzplanverfahrens – oder gar erst in der Treuhandperiode gestellt werden. In diesen Fällen ist nach § 3 Nr. 2 e RPflG der Rechtspfleger zuständig. Im Interesse einer effektiven Koordinierung zwischen den Abschnitten kann sich der Richter nach § 18 Abs. 2 RPflG diese Entscheidung vorbehalten bzw. an sich ziehen. Die Rechtsmittel gegen die Entscheidung ergeben sich einheitlich aus § 4 d InsO und sind nicht davon abhängig, ob der Richter oder der Rechtspfleger den Beschluss erlassen hat (s. *Kohte* § 4 d Rz. 11).

Ein Teil der Judikatur (*LG Bochum* ZVI 2002, 470; 2003, 23) sowie der Literatur (*Kübler/Prütting-Wenzel* **45** InsO, § 4 a Rz. 22 a. E.) haben den Anwendungsbereich der §§ 4 a ff. InsO auch auf etwaige Beschwerdeverfahren erstreckt, die als gesonderte Verfahrensabschnitte qualifiziert wurden. Dies ist systematisch verfehlt, denn die besonderen Mechanismen der Verfahrenskostenstundung passen nicht für klassische kontradiktorische Beschwerdeverfahren, in denen keine Massemehrung und Kostenbefriedigung nach § 53 InsO erfolgen kann. Zutreffend wird daher inzwischen von der Judikatur (*BGH* NJW 2003, 2910 [2911]) und Literatur (HK-InsO/*Kirchhof* § 4 a Rz. 15; *Jaeger/Eckardt* InsO, § 4 a Rz. 74 ff; FK-InsO/*Schmerbach* § 13 Rz. 78; MünchKomm-InsO/*Ganter* § 4 d Rz. 13) für die Beschwerde- und Rechtsbeschwerdeverfahren auf die allgemeine Regelung der §§ 4 InsO, 114 ZPO zurückgegriffen (s. *Kohte* § 4 d Rz. 30).

§ 4 b
Rückzahlung und Anpassung der gestundeten Beträge

(1) ¹Ist der Schuldner nach Erteilung der Restschuldbefreiung nicht in der Lage, den gestundeten Betrag aus seinem Einkommen und seinem Vermögen zu zahlen, so kann das Gericht die Stundung verlängern und die zu zahlenden Monatsraten festsetzen. ²§ 115 Abs. 1 und 2 sowie § 120 Abs. 2 der Zivilprozessordnung gelten entsprechend.
(2) ¹Das Gericht kann die Entscheidung über die Stundung und die Monatsraten jederzeit ändern, soweit sich die für sie maßgebenden persönlichen oder wirtschaftlichen Verhältnisse wesentlich geändert haben. ²Der Schuldner ist verpflichtet, dem Gericht eine wesentliche Änderung dieser Verhältnisse unverzüglich anzuzeigen. ³§ 120 Abs. 4 Satz 1 und 2 der Zivilprozessordnung gilt entsprechend. ⁴Eine Änderung zum Nachteil des Schuldners ist ausgeschlossen, wenn seit der Beendigung des Verfahrens vier Jahre vergangen sind.

Inhaltsübersicht:	Rz.
A. Normzweck	1
B. Nachhaftung des Schuldners	2– 4
C. Voraussetzungen und Verfahren der weiteren Stundung	5– 8
D. Nachhaftung und Schuldenbereinigungsplan/Insolvenzplan	9–11
E. Veränderungen der Verhältnisse	12–17
F. Verfahrensrechtliches	18–27

Literatur:

Bayer Stundungsmodell der Insolvenzordnung und die Regelungen der Prozesskostenhilfe, 2005; *Büttner* Änderungen der Prozesskostenhilfeentscheidung, Rpfleger 1997, 347 ff.; *Huhnstock* Abänderung und Aufhebung der Prozesskostenhilfebewilligung, 1995; *Hulsmann* Die Rückzahlung gestundeter Beträge nach Erteilung der Restschuldbefreiung, ZVI 2006, 198 ff.; *Kalthoener/Büttner/Wrobel-Sachs* Prozesskostenhilfe und Beratungshilfe, 4. Aufl. 2005; *Mäusezahl* Aufhebung der Verfahrenskostenstundung im eröffneten Verfahren, ZVI 2006, 105; *Zimmermann* Zur Aufhebung der Prozesskostenhilfebewilligung bei unterlassener Abgabe einer Erklärung nach § 120 Abs. 4 Satz 2 ZPO, JurBüro 1993, 646 f.; *ders.* Neue Einkommensgrenzen für die Beratungs- und Prozesskostenhilfe, ZVI 2005, 63 ff.; *ders.* Verschärfte Einkommensgrenzen für die Beratungs- und Prozesskostenhilfe, ZVI 2005, 168 ff.; *Zimmermann/Freeman* Die Gewährleistung des Existenzminimums bei der Forderungspfändung, ZVI 2008, 374 ff.

A. Normzweck

1 Nach Erteilung der Restschuldbefreiung endet nach § 4 a InsO die Stundung der Verfahrenskosten. Damit würde der wirtschaftliche Neuanfang des ehemaligen Schuldners (zur Bedeutung dieses Ziels BT-Drucks. 14/5680 S. 21) direkt mit einer neuen Schuldenlast, nämlich den im Lauf des Verfahrens möglicherweise nicht vollständig gedeckten Verfahrenskosten, beginnen. Um diese paradoxe Folge einzuschränken, ist in § 4 b InsO eine **zweite Stundungsstufe** eingeführt worden, **die sich am Vorbild der Prozesskostenhilfe orientiert** und zu einer weiteren Stundung oder einer Ratenzahlung führen kann, die noch bis zu 48 Monate dauern kann. Die Ausgestaltung dieser weiteren Stundungsstufe erfolgt in § 4 b InsO.

B. Nachhaftung des Schuldners

Im früheren Konkursrecht war die Haftung des Gemeinschuldners für die Kosten des Insolvenzverfahrens gegenständlich begrenzt auf den Umfang der Insolvenzmasse. War diese Insolvenzmasse verteilt, dann war zugleich die Haftung des Schuldners für die Verfahrenskosten und vor allem für die im Verfahren begründeten Masseverbindlichkeiten erledigt, so dass eine kostenrechtliche Nachhaftung nicht in Betracht kam (dazu *Kübler/Prütting-Pape* InsO, § 53 Rz. 32 m. w. N.). Die Haftung des Gemeinschuldners beschränkte sich nach § 164 KO auf die noch nicht erledigten Schulden gegenüber den Konkursgläubigern. In der Literatur sind daher Bedenken geäußert worden, ob für eine solche Nachhaftung, die § 4 b InsO notwendigerweise voraussetzt, hinreichende rechtliche Grundlagen vorliegen (*Pape/Pape* ZIP 2000, 1553 [1560]; *Jaeger/Eckardt* InsO, § 4 b Rz. 14).

Im Gesetzgebungsverfahren ist als Anspruchsgrundlage für die Nachhaftung des Schuldners auf die damalige Fassung des § 50 GKG verwiesen worden, wonach der Schuldner regelmäßig die Kosten des Insolvenzverfahrens trägt (BT-Drucks. 14/5680 S. 20). Hinsichtlich der Auslagen ist zusätzlich die Anlage 1 zum GKG geändert worden. In der damaligen Nummer 9017 – jetzt 9018 – sind die Beträge zusammengefasst worden, die die Staatskasse an den vorläufigen Insolvenzverwalter, den Insolvenzverwalter oder den Treuhänder aufgrund einer Stundung nach § 4 a InsO zu zahlen hat. In Zusammenhang mit der geänderten Fassung des § 50 Abs. 1 Satz 2 GKG a. F. – jetzt § 23 Abs. 1 Satz 3 GKG n. F. – bildet dieser neue Auslagentatbestand nunmehr nach Ansicht der Bundesregierung die Anspruchsgrundlage für die Erhebung dieser Aufwendungen als Auslagen des gerichtlichen Verfahrens und soll gerade nach Beendigung des Insolvenzverfahrens zur Geltung kommen (BT-Drucks. 14/5680 S. 34). Zu beachten ist vor allem, dass diese Haftung ausschließlich als Kostenhaftung ausgestaltet ist und die in der bisherigen Judikatur und Literatur (MünchKomm-InsO/*Ott/Vuia* InsO, § 80 Rz. 9) intensiv diskutierten Masseverbindlichkeiten nicht umfasst.

Mit diesen deutlicher gefassten kostenrechtlichen Vorschriften soll der Korrektur der bisherigen Rollenverteilung in der Insolvenz Rechnung getragen werden. Die bisherige Beschränkung der Kostenhaftung des Schuldners auf den Bestand der Masse ging davon aus, dass das Insolvenzverfahren regelmäßig von einem Gläubiger beantragt und zur Eröffnung gebracht wurde. Die Durchführung des Verfahrens lag ebenfalls im Interesse der Gläubiger, so dass eine Beschränkung der Kostenhaftung des Schuldners auf den Bestand der Masse folgerichtig war. Nunmehr ist in den Insolvenzverfahren, in denen der Schuldner einen Antrag auf Restschuldbefreiung gestellt hat und daher notwendigerweise nach § 306 InsO auch einen Insolvenzantrag stellen muss, der Schuldner bereits in der Rolle als aktiver Antragsteller Kostenschuldner. Dies ist jedoch die typische Legitimation einer Kostenschuld in Verfahren, in denen eine Kostenentscheidung nicht erfolgt. Damit ist diese Haftung systematisch plausibel, wenn in der gesamten Verfahrensgestaltung diese Zäsur der Rollenverteilung im Insolvenzrecht akzeptiert und realisiert wird. Das **soziale Problem** liegt daher **nicht in der Nachhaftung an sich**, sondern in der **Addition der Sechs-Jahres-Frist** nach § 287 Abs. 2 InsO **und der zusätzlichen Vier-Jahres-Frist** nach § 4 b Abs. 2 Satz 4 InsO, die **weiterhin unzumutbar lang** sind (so schon zum bisherigen Recht *Kohte* ZIP 1994, 184 [186] und *Grote* Rpfleger 2000, 521 [524]; ebenso *Hergenröder* DZWIR 2001, 397 [408]) und im internationalen Vergleich deutlich aus dem Rahmen fallen (s. u. *Kohte* vor § 286 Rz. 30; *Hergenröder/Alsmann* ZVI 2007, 337 [347]). Eine Beschränkung auf die Frist des § 287 Abs. 2 InsO ohne Nachhaftung kann in der Praxis in einer Reihe von Verfahren Erfolg haben, wenn von den **Möglichkeiten der Kostenreduktion**, die das InsOÄndG und das Vereinfachungsgesetz eröffnet haben, nachhaltig Gebrauch gemacht wird.

C. Voraussetzungen und Verfahren der weiteren Stundung

Die weitere Stundung setzt voraus, dass der Schuldner nicht in der Lage ist, den geschuldeten Betrag aus seinem Einkommen und seinem Vermögen zu zahlen. Diese Wortwahl und die weitere Verweisung auf § 115 Abs. 1 und Abs. 2 ZPO zeigen, dass das Gericht sich nunmehr an den **wirtschaftlichen Voraussetzungen der allgemeinen Prozesskostenhilfe** zu orientieren hat und dass – anders als bei § 4 a InsO (s. o. *Kohte* § 4 a Rz. 7) – sowohl die **Einsetzbarkeit von Einkommen** als auch die Verwertbarkeit von Vermögen zu klären ist. Es ist daher die übliche Prüfung erforderlich, die aus den PKH-Verfahren bekannt ist. Danach ist zunächst das jeweilige Bruttoeinkommen zu ermitteln (vgl. bereits *Kohte* DB 1981,

1173 ff.); weiter sind die in § 115 Abs. 1 ZPO vorgeschriebenen Abzüge der in § 82 Abs. 2 und 3 SGB XII genannten Beträge sowie der Kosten der Unterkunft und der besonderen Belastungen vorzunehmen (Einzelheiten bei *Kalthoener/Büttner/Wrobel-Sachs* Rz. 213 ff., 252 ff.; *Zimmermann* ZVI 2005, 63 ff und 168 ff.; zu den besonderen Belastungen ist auch auf das Formular ZVI 2008, 408 und die Ausführungen von *Zimmermann/Freeman* ZVI 2008, 374 ff. zu verweisen). Schließlich sind die in der **Prozesskostenhilfebekanntmachung** (zuletzt BGBl. I 2008 S. 1025) publizierten Beträge – zurzeit 386 Euro für die nicht erwerbstätige Partei sowie den Ehegatten/Lebenspartner, 176 Euro bei Erwerbstätigkeit und schließlich 270 Euro für jede weitere Person, der die Partei auf Grund gesetzlicher Pflicht Unterhalt leistet, abzusetzen. Der sich daraus ergebende Nettobetrag ist anhand der durch das Zivilprozessreformgesetz neu gefassten PKH-Tabelle (BGBl. I 2001 S. 1887 [1889]) darauf zu überprüfen, ob bzw. in welcher Höhe Raten einzusetzen sind. § 115 ZPO wurde mehrfach geändert, ohne dass jedoch die Tabellenwerte korrigiert wurden. Zum aktuellen Stand der Einkommensberechnung wird auf den zutreffenden Überblick von *Zimmermann* ZVI 2005, 168 ff. und das Rechenbeispiel bei HK-ZPO/*Pukall* 2. Aufl., § 115 Rz. 28 verwiesen.

6 Neben dem Einkommen ist auch **Vermögen gem. § 115 Abs. 2 ZPO zu verwerten**. Maßgeblich sind hier die Grenzen für das Schonvermögen, die sich aus § 90 SGB XII ergeben; allerdings darf nicht unberücksichtigt bleiben, dass diese Grenzen nicht identisch sind mit dem nach § 295 InsO während der Treuhandperiode einsetzbaren Vermögen, so dass in Einzelfällen nach der Beendigung der Verfahrens ein höherer Einsatz des Vermögens erfolgen kann als während des Verfahrens. In aller Regel wird es jedoch dem Schuldner nicht möglich gewesen sein, nach Abschluss des Insolvenzverfahrens während der Treuhandperiode neues Vermögen zu erwerben (ebenso MünchKomm-InsO/*Ganter* § 4 b Rz. 4). Denkbar sind allerdings etwaige zum Vermögen rechnende Abfindungsforderungen bei Beendigung eines Arbeitsverhältnisses (zur Berechnung des Schonvermögens bei Abfindungen BAG NZA 2006, 251).

7 Nach dem Normtext »kann« das Insolvenzgericht die Stundung verlängern und die zu zahlenden Monatsraten festsetzen. Damit ist bewusst die **Parallele zu § 120 Abs. 4 ZPO** gewählt worden. Die hier zu treffende Entscheidung ist keine Erstbewilligung von Prozesskostenhilfe, so dass **weder der Vordruckzwang nach § 117 ZPO** (so auch *Jaeger/Eckardt* InsO, § 4 b Rz. 24; zu § 120 ZPO: OLG *Zweibrücken* JurBüro 1995, 310; OLG *Naumburg* FamRZ 2000, 761; LG *Mainz* FamRZ 2001, 1157 [1158]; *Stein/Jonas-Bork* ZPO, § 120 Rz. 34) **noch das strikte Erfordernis eines formellen Antrags** wie in § 114 ZPO oder § 4 a InsO gelten (ebenso HK-InsO/*Kirchhof* § 4 b Rz. 8). Falls dem Gericht aus der Schlussabrechnung des Treuhänders (s. u. *Grote* § 292 Rz. 24) bekannt ist, dass der Schuldner zu Ratenzahlungen nicht in der Lage ist, hat es diesen von sich aus zur beabsichtigten Verlängerung der Stundung anzuhören (vgl. *Graf-Schlicker/Kexel* InsO, § 4 b Rz. 2). In der Regel dürfte allerdings der Schuldner die Initiative ergreifen und ausdrücklich eine Verlängerung der Stundung beantragen. Für diesen Antrag gibt es keine förmliche Frist; er kann sowohl kurz vor der förmlichen Erteilung der Restschuldbefreiung als auch mit größerem Abstand nach diesem Beschluss gestellt werden. Einer Anhörung der bisherigen Insolvenzgläubiger bedarf es nach der Beendigung des Insolvenzverfahrens nicht mehr; eine vorherige **Anhörung der Staatskasse** (Bezirksrevisor) ist – ebenso wie im Verfahren nach § 120 Abs. 4 ZPO (vgl. MünchKomm-ZPO/*Motzer* § 120 Rz. 12; *Stein/Jonas-Bork* a. a. O.) – **nicht geboten** (ebenso HK-InsO/*Kirchhof* § 4 b Rz. 8; *Jaeger/Eckardt* InsO, § 4 b Rz. 28).

8 Zuständig für das gesamte Abänderungsverfahren ist nach §§ 3 Abs. 2 e, 18 RPflG der Rechtspfleger des Insolvenzgerichts. Die früheren Kontroversen im Recht der Prozesskostenhilfe über eine mögliche Zuständigkeit der Justizverwaltung sind inzwischen ausgeräumt, so dass auch unter diesem Gesichtspunkt die Rechtspflegerzuständigkeit für diese Entscheidung über die Verlängerung der Stundung sowie eine mögliche Ratenfestsetzung eindeutig ist (MünchKomm-ZPO/*Motzer* § 120 Rz. 13). Während des Verfahrens ist § 4 a Abs. 3 Satz 3 InsO entsprechend anzuwenden (*Jaeger/Eckardt* InsO, § 4 b Rz. 26).

D. Nachhaftung und Schuldenbereinigungsplan/Insolvenzplan

9 Grundsätzlich endet die Stundung mit der Erteilung der Restschuldbefreiung (zur Anwendbarkeit von § 4 b InsO bei vorzeitiger Erteilung der Restschuldbefreiung AG *Göttingen* ZVI 2008, 358 [359]). Mit der Erteilung nach § 300 InsO ist jedoch nur der aus der Sicht der Gesetzgebung typisierte Normalfall umschrieben; ebenso wie für den Fristbeginn nach § 5 GKG der Abschluss eines Vergleichs dem Eintritt der Rechtskraft gleichgesetzt wird (dazu MünchKomm-ZPO/*Motzer* § 120 Rz. 21) kann ein Schuldner

das Ziel der Restschuldbefreiung auch erlangen, wenn der **Schuldenbereinigungsplan** von den Gläubigern angenommen und vom Gericht nach § 308 InsO bestätigt wird. Da diese Bestätigung funktional der Erteilung der Restschuldbefreiung entspricht, stellt sich mit dem Beschluss des Insolvenzgerichts auch hier die Frage, ob die bisherige Stundung nach § 4 a InsO zu verlängern ist (s. u. *Kohte* § 308 Rz. 19). Das Insolvenzgericht hat daher auch bei dieser Konstellation nach § 4 b InsO in entsprechender Anwendung von § 115 Abs. 1 ZPO über die Verlängerung der Stundung zu entscheiden (ebenso *Nerlich/Römermann-Becker* InsO, § 4 b Rz. 4; *Jaeger/Eckardt* InsO, § 4 b Rz. 16; HambK-InsO/*Nies* § 4 b Rz. 6). Dabei ist wiederum das Einkommen und Vermögen des Schuldners zu berücksichtigen. Für die Bestimmung des Vermögens gelten gegenüber § 115 Abs. 2 ZPO keine wesentlichen Besonderheiten; in aller Regel dürfte ein Schuldenbereinigungsplan von den Gläubigern nur dann angenommen sein, wenn der Schuldner sein Vermögen zur Schuldentilgung einsetzt, so dass eine Vermögensverwertung zugunsten der Staatskasse in aller Regel nicht in Betracht kommen wird.

Beim Einsatz des Einkommens wird in einem solchen Fall regelmäßig der Abzug besonderer Belastungen nach § 115 Abs. 1 Satz 3 ZPO eine besondere Rolle spielen. Nach der ständigen Rechtsprechung zu § 115 ZPO sind auch Schuldverbindlichkeiten als besondere Belastungen abzuziehen. Dabei hat sich überwiegend die Ansicht durchgesetzt, dass es – mit Ausnahme von Missbrauchsfällen – entscheidend ist, dass das verfügbare Einkommen tatsächlich und dauerhaft vermindert wird; eine Prüfung der Angemessenheit der Schuldaufnahme ist im Rahmen von § 115 ZPO nicht geboten, sondern zweckwidrig (dazu *OLG Köln* MDR 1983, 635; *OLG Hamm* MDR 1987, 1031; *OLG Jena* FamRZ 1997, 622; *Thomas/Putzo* § 115 Rz 14; *Stein/Jonas-Bork* ZPO, § 115 Rz. 70; *Musielak/Fischer* § 115 ZPO Rz. 29; MünchKomm-ZPO/*Motzer* § 115 Rz. 39). Nach diesen Kriterien sind Raten, die zur Erfüllung des Schuldenbereinigungsplans zu zahlen sind, als besondere Belastungen abzuziehen (ebenso *Kübler/Prütting-Wenzel* InsO, § 4 b Rz. 10 a). Dies Ergebnis entspricht der Systematik des Verbraucherinsolvenzrechts, denn der erfolgreiche und vom Gericht bestätigte Schuldenbereinigungsplan soll nicht durch gerichtliche Kostenforderungen aus dem Schuldenbereinigungsplanverfahren in Frage gestellt werden. Nach der Logik des InsOÄndG liegt für die Gläubiger der wesentliche Anreiz in der Zustimmung zu einem Schuldenbereinigungsplan nunmehr in der Aussicht, dass ihnen bei vertraglicher Einigung Raten aus dem Einkommen und Vermögen des Schuldners zufließen können, die bei fehlender Einigung in erster Linie durch die Erstattungsansprüche der Staatskasse absorbiert werden (dazu *Kirchhof* ZInsO 2001, 1 [13]). Im Ergebnis ist daher bei einem gerichtlich bestätigten Schuldenbereinigungsplan, der in Ratenzahlungen erfüllt werden soll, regelmäßig eine Stundung der Kosten des Schuldenbereinigungsplanverfahrens nach § 4 b InsO zu verlängern.

Ebenso ist i. d. R. zu entscheiden, wenn das eröffnete Insolvenzverfahren durch die **Bestätigung eines Insolvenzplans** beendet wird. Auch in diesem Fall schließt sich keine Treuhandperiode an, so dass eine Kostenregulierung nach § 292 InsO nicht erfolgt. Im Interesse einer gesicherten Erfüllung des Insolvenzplans ist auch in diesem Fall eine Stundung nach § 4 b InsO geboten (ebenso HambK-InsO/*Nies* § 4 b Rz. 6; **a. A.** MünchKomm-InsO/*Ganter* § 4 b Rz. 3; HK-InsO/*Kirchhof* § 4 b Rz. 3, die den Schuldner nach dem Grundsatz des § 258 Abs. 2 InsO auf ein neues Insolvenzverfahren verweisen).

E. Veränderungen der Verhältnisse

Die Stundung der Verfahrenskosten basiert auf einer Prognoseentscheidung über die vermutete Entwicklung der Einkommens- und Vermögensverhältnisse des Schuldners. Da diese sich ändern können, ist nach dem Vorbild der Regelungen zur Prozesskostenhilfe ein **Verfahren der Prognosekorrektur** (dazu *Büttner* Rpfleger 1997, 347) installiert worden. Dies enthält eigenständige Regelungen zum gerichtlichen Verfahren; im Übrigen wird eine **entsprechende Geltung von § 120 Abs. 4 Satz 1 und 2 ZPO** angeordnet. In Übereinstimmung mit den allgemeinen Grundsätzen der Methodenlehre verlangt eine solche Verweisungsnorm keine schematische Übernahme der verwiesenen Norm – hier § 120 Abs. 4 ZPO –, sondern ordnet die entsprechende Anwendung an, so dass jeweils Systematik und Zweck des heutigen Insolvenzverfahrens bei der Übernahme der jeweiligen PKH-Vorschrift zu beachten sind (dazu allgemein *Larenz/Canaris* Methodenlehre der Rechtswissenschaft, 3. Aufl. 1995, S. 81 f.).

Voraussetzung einer neuen gerichtlichen Entscheidung ist die **Änderung der maßgebenden Verhältnisse**. Damit wird – ebenso wie in der Judikatur zu § 120 Abs. 4 ZPO (*OLG Hamm* FamRZ 1994, 1268) – eine tatsächliche Änderung vorausgesetzt; Änderungen der rechtlichen Beurteilung werden zumindest in den Fällen, die zu einer Anordnung beziehungsweise Erhöhung von Zahlungen des Schuldners führen können, nicht zu berücksichtigen sein. Dagegen ist eine Berücksichtigung von Tatsachen, die zu einer Verminderung beziehungsweise Befreiung von Zahlungsverpflichtungen des Schuldners führen, auch dann geboten, wenn sie im bisherigen Gerichtsbeschluss nicht beachtet worden sind (*OLG Köln* MDR 1994, 1045).

14 Nach überwiegender Ansicht ist die **Wesentlichkeit der Änderung der Verhältnisse differenziert zu beurteilen**: Während bei der Verbesserung der wirtschaftlichen Verhältnisse des Schuldners eine den Lebensstandard prägende Änderung verlangt wird, ist bei der Verschlechterung der wirtschaftlichen Verhältnisse jede Änderung wesentlich, die zu einer Verminderung der Ratenhöhe anhand des Maßstabes der Tabelle zu § 115 ZPO führt (vgl. dazu nur MünchKomm-InsO/*Ganter* § 4 b Rz. 9; *Kübler/Prütting-Wenzel* InsO, § 4 b Rz. 23; ebenso im PKH-Recht *Zöller/Philippi* ZPO, § 120 Rz. 31; MünchKomm-ZPO/*Motzer* § 120 Rz. 14, 18).

15 **Verschlechterungen der wirtschaftlichen Lage der Schuldner** nach Abschluss eines Insolvenzverfahrens werden in aller Regel das Arbeitseinkommen betreffen. Nach den bisherigen Erfahrungen dominieren Fälle des Arbeitsplatzverlustes (z. B. *OLG Köln* FamRZ 1987, 1167) beziehungsweise der Einkommensminderung durch Kurzarbeit. Verschlechterungen der Vermögensverhältnisse können beachtlich sein, wenn das Gericht in der Entscheidung nach § 4 b Abs. 1 InsO eine einzuziehende Forderung als werthaltig qualifiziert hat, die sich nachträglich als nicht beziehungsweise nicht vollständig durchsetzbar erwies. Insgesamt dürfte diese Fallgruppe nach Beendigung des Insolvenzverfahrens jedoch von geringer Bedeutung sein.

16 **Verbesserungen der Einkommensverhältnisse des Schuldners** sind »wesentlich«, wenn sie den Lebensstandard des Schuldners nachhaltig prägen (so *Zöller/Philippi* ZPO, § 120 Rz. 21). Die Gerichtspraxis hat sich in der Rechtsprechung zu § 120 ZPO zutreffend nicht allein an der geänderten Einstufung in der Tabelle orientiert, sondern diejenigen Fälle ausgenommen, mit denen das Einkommen der Schuldner an die allgemeine Einkommensentwicklung angepasst worden ist. Daher werden in aller Regel die üblichen Änderungen von Sozialleistungen, insbes. von Renten, mit denen die jeweiligen Preissteigerungen ausgeglichen werden sollen, nicht als wesentliche Änderungen, die zu einer Neufestsetzung der Raten führen können (vgl. dazu *OLG Nürnberg* JurBüro 1993, 434) zu qualifizieren sein. Dies gilt erst recht bei Änderungen der Pfändungsfreigrenzen, die wiederum nicht das Ziel haben, den Zugriff der Staatskasse zu erleichtern (dazu *LAG Bremen* MDR 1993, 695 = Rpfleger 1993, 453; *ArbG Bremen* FamRZ 1993, 79; vgl. *Uhlenbruck* InsO, § 4 b Rz. 8). Ebenso führen Erhöhungen der Sozialhilfesätze nicht dazu, dass Schuldner aus Mitteln der allgemeinen Sozialhilfe Zahlungen an die Gerichtskasse zu leisten haben (*OLG München* FamRZ 1996, 42). In der gerichtlichen Praxis hat man sich daher für eine wesentliche Änderung der Einkommensverhältnisse in Übereinstimmung mit der Judikatur zu § 323 ZPO, die ebenfalls der Prognosekorrektur dient, an einer **Verbesserung des Nettoeinkommens um wenigstens 10%** orientiert (dazu *LAG Düsseldorf* JurBüro 1989, 1446; *Schoreit/Groß* § 120 ZPO Rz. 25), ohne dass damit jedoch eine schematische Grenze verbunden wäre (so auch *Kübler/Prütting-Wenzel* InsO, § 4 b Rz. 23; HK-InsO/*Kirchhof* § 4 b Rz. 18; zur generellen Orientierung an der Tabelle *Jaeger/Eckardt* InsO, § 4 b Rz. 44; ähnlich *Bayer* Stundungsmodell, S. 87 ff.). Eine wichtige Fallgruppe der Verbesserung der wirtschaftlichen Verhältnisse besteht in der Beendigung der Arbeitslosigkeit und der Aufnahme einer neuen Arbeit. Dabei können besondere Kosten der Arbeitsaufnahme entstehen, so dass in der Gerichtspraxis mehrmals §§ 36, 292 InsO i. V. m. § 850 f Abs. 1 ZPO angewandt worden ist (*AG Braunschweig* VuR 2007, 353 m. Anm. *Kohte*; *AG Wiesbaden* ZVI 2008, 122).

17 **Verbesserungen des Vermögens** betreffen i. d. R. den Erwerb neuer Vermögenswerte. In der Judikatur zu § 120 ZPO bezieht sich diese Möglichkeit auch auf Sachverhalte, in denen Schonvermögen, das bisher die Grenzen nach § 90 SGB XII nicht überschritten hatte oder dessen Verwertung unzumutbar war, nunmehr verwertbar geworden ist (z. B. Bauspargutbhaben nach Verbesserung der Zuteilungsmöglichkeiten: *OLG Koblenz* JurBüro 1999, 253). Solche Sachverhalte werden nach dem Abschluss eines Insolvenzverfahrens relativ selten sein, so dass in erster Linie der Erwerb neuen Vermögens, zum Beispiel durch arbeitsrechtliche Abfindungen (*BAG* NZA 2006, 251) oder einen Erbfall, in Betracht kommen wird. Auch die in der Judikatur zu § 120 ZPO intensiv diskutierten Fragen des Vermögenserwerbs durch Veräußerung von Grundeigentum (z. B. *OLG Bamberg* FamRZ 1995, 374) oder durch den Erhalt namhafter Summen zum Ausgleich des Zugewinns (*OLG Köln* Rpfleger 1999, 402) werden nach Abschluss eines Insolvenzverfahrens wohl nur selten realisierbar sein.

F. Verfahrensrechtliches

Im Unterschied zur Rechtslage bei § 120 ZPO ist den Schuldner in § 4 b Abs. 2 Satz 2 InsO eine **ausdrückliche Auskunftspflicht** auferlegt worden, wonach dem Gericht eine wesentliche Änderung der maßgebenden Einkommens- und Vermögensverhältnisse unverzüglich anzuzeigen ist. Nach den Gesetzesmaterialien soll auf diese Weise die Beteiligung der Schuldner am Entschuldungsverfahren und an der Kostentragung verdeutlicht werden (BT-Drucks. 14/5680 S. 22); eine unmittelbare Sanktion bei Verletzungen dieser Mitteilungspflicht ist nicht vorgesehen. Gleichwohl bleibt die Pflichtverletzung nicht folgenlos, denn sie kann sowohl bei Änderungsbeschlüssen nach § 4 b Abs. 2 (dazu u. Rz. 24) als auch bei einer Aufhebung der Stundung nach § 4 c (s. u. *Kohte* § 4 c Rz. 12) von Bedeutung sein. 18

Ein Abänderungsverfahren kann, sofern keine ausdrückliche Änderungsmitteilung der Partei ergangen ist, eingeleitet werden durch eine Aufforderung des Gerichts an den Schuldner, seine Einkommens- und Vermögensverhältnisse mitzuteilen. Solche Aufforderungen können vor allem erfolgen, wenn sich für das Gericht ein konkreter Anlass für eine Nachfrage ergeben hat. Bei gleichbleibenden Einkommensverhältnissen – z. B. bei Renteneinkommen – wird angesichts der geringen Wahrscheinlichkeit eines kurzfristigen Erwerbs neuen Vermögens eine rein schematische Anfrage nach Wiedervorlage kaum in Betracht kommen (vgl. zu § 120 ZPO *Stein/Jonas-Bork* ZPO, § 120 Rz. 34; anschaulich die Aufforderung eines Bezirksrevisors in *OLG Köln* Rpfleger 2000, 398). 19

In diesem Auskunftsverfahren kann – ebenso wie im allgemeinen PKH-Recht – eine Ausfüllung des amtlichen Vordrucks nach § 117 ZPO nicht verlangt werden (dazu MünchKomm-ZPO/*Motzer* § 120 Rz. 19; *OLG Naumburg* FamRZ 2000, 761; *LG Mainz* FamRZ 2001, 1157). Stattdessen hat das Gericht ein **hinreichend konkretisiertes Auskunftsverlangen** zu stellen, das der Partei die zu leistenden Angaben verdeutlicht (*OLG Nürnberg* FamRZ 1995, 750; *OLG Karlsruhe* FamRZ 2005, 48). Auf der anderen Seite ist es ausreichend, wenn die Partei dem Gericht zum Beispiel einen aktuellen Bescheid über die Zahlung von Arbeitslosengeld oder Sozialhilfe zuleitet (*LG Mühlhausen* 12. 10. 2007 – 2 T 256/07; zu § 120 ZPO *OLG Dresden* FamRZ 1998, 250; *OLG Koblenz* FamRZ 2000, 104). 20

Beabsichtigt das Insolvenzgericht eine Abänderung, so ist der Schuldner dazu anzuhören, während eine Anhörung der Staatskasse nicht vorgesehen ist (vgl. die parallele Wertung zu § 120 ZPO bei *Huhnstock* Rz. 10). In den Entscheidungen zum allgemeinen PKH-Recht ist umstritten, ob bei der Anhörung des Schuldners der Prozessbevollmächtigte zu informieren ist (so z. B. *LAG Niedersachsen* JurBüro 1998, 593; **a. A.** *OLG München* FamRZ 1993, 580; *LAG Düsseldorf* Rpfleger 2003, 138). Überwiegend ging die Literatur davon aus, dass sich in solchen Fällen die für die Auslegung des damaligen § 176 ZPO maßgeblichen Prozessvollmacht nicht auf das nachinstanzliche PKH-Verfahren beziehe; doch ist zu beachten, dass nunmehr in § 172 Abs. 1 Satz 2 und 3 ZPO der Begriff des Rechtszugs weiter gefasst ist. In Insolvenzverfahren mit Restschuldbefreiung ist die Verfahrenskostenstundung jeweils ein integraler Teil des Verfahrens, so dass sich typischerweise auch die Vollmacht auf dieses Verfahren erstrecken wird. Im Zweifel sollte das Gericht daher sowohl den Schuldner als auch dessen Prozessbevollmächtigte anhören. Dies gilt erst recht, wenn ein Schuldner das Verfahren im Beistand einer Schuldnerberatungsstelle geführt hat, da auch das Schicksal der Ratenzahlungen zum typischen Aufgabenbereich einer Schuldnerberatung rechnet (vgl. u. *Kohte* § 4 c Rz. 13; HambK-InsO/*Nies* § 4 c Rz. 3). 21

Der Beschluss des Insolvenzgerichts nach § 4 b Abs. 2 Satz 3 InsO i. V. m. § 120 Abs. 4 Satz 1 ZPO ist vom **Rechtspfleger** zu erlassen. Er bedarf der Schriftform und einer kurzen Begründung und ist der Partei – ggf. im Wege des § 172 ZPO – zuzustellen. Sein wesentlicher Inhalt besteht in der Änderung der Zahlungspflichten; Ratenzahlungen können erhöht, herabgesetzt oder ausgesetzt werden. Aus dem Vermögen können Zahlungspflichten angeordnet werden; dagegen ist eine **Aufhebung der Stundung im Verfahren nach § 4 b InsO** – ebenso wie im Verfahren nach § 120 ZPO (dazu *OLG Nürnberg* Rpfleger 1994, 421) – **ausgeschlossen**. 22

Die gesetzliche Regelung billigt – wie bei § 120 ZPO (dazu *Zimmermann* JurBüro 1993, 646 [647]) – dem Gericht einen eigenständigen **Ermessensspielraum** zu, so dass der Beschluss erkennen lassen muss, dass das Gericht sein Ermessen ausgeübt hat und von welchen Kriterien es sich dabei hat leiten lassen (vgl. *OLG Brandenburg* Rpfleger 2001, 503). Bei der Konkretisierung sind in Anlehnung an die Judikatur zu § 120 ZPO die Fallgruppen der Verschlechterung und Verbesserung der wirtschaftlichen Lage des Schuldners zu unterscheiden. Bei einer Verschlechterung der Einkommensverhältnisse des Schuldners sind in aller Regel die Ratenzahlungen mit Rückwirkung (vgl. *OLG Köln* FamRZ 1987, 1167) herabzusetzen (ebenso HK-InsO/*Kirchhof* § 4 b Rz. 21). Solche Entscheidungen können vor allem im Rahmen eines 23

Aufhebungsverfahrens nach § 4 c Nr. 3 InsO ergehen, wenn sich z. B. im Rahmen der Anhörung herausstellt, dass sich die Einkommensverhältnisse des Schuldners in tabellenwirksamer Weise verschlechtert haben (s. u. *Kohte* § 4 c Rz. 22; vgl. zu § 124 ZPO *OLG Brandenburg* FamRZ 2001, 633).

24 Bei einer Verbesserung der wirtschaftlichen Lage des Schuldners wird zu differenzieren sein. Bei einer Verbesserung der Einkommensverhältnisse wird die Auferlegung bzw. Erhöhung von Ratenzahlungen in der Regel für die Zukunft angeordnet werden. Bei der Anordnung von Zahlungen aus dem Vermögen wird sich der Schuldner nicht ohne weiteres auf den Verbrauch des Vermögens berufen können. Während in der Judikatur zu § 120 ZPO das Fehlen einer Auskunftspflicht des Schuldners als wichtiges Argument zu dessen Gunsten herangezogen worden ist (z. B. *OLG Bamberg* FamRZ 1995, 374), wird bei Entscheidungen nach § 4 b InsO eine schuldhafte Verletzung der Auskunftspflicht zum Nachteil des Schuldners berücksichtigt werden können.

25 Bei der Ermessensausübung nach § 4 b InsO ist auch der Zweck des § 1 Satz 2 InsO als allgemeiner Grundsatz zu beachten. Bereits in der Judikatur zu § 120 Abs. 4 ZPO sind **Grundsätze des »fresh start« berücksichtigt** worden. So sind besondere Belastungen beim Erhalt eines neuen Arbeitsplatzes und beim Aufbau einer neuen beruflichen oder persönlichen Existenz berücksichtigt worden (dazu nur *OLG Düsseldorf* JurBüro 1993, 233 [234]; *OLG Brandenburg* FamRZ 1997, 1543, [1544]). Solche Gesichtspunkte können z. B. in der Weise Berücksichtigung finden, dass der Beginn von Ratenzahlungen zeitlich verschoben bzw. die ersten Raten niedriger angesetzt werden. Insoweit ist zu beachten, dass diese Entscheidung keine allgemeine PKH-Entscheidung, sondern eine Nebenentscheidung in einem Insolvenz- und Restschuldbefreiungsverfahren darstellt, das einen wirtschaftlichen Neuanfang ermöglichen soll (BT-Drucks. 14/5680 S. 21 f.).

26 § 4 b Abs. 2 Satz 4 InsO ordnet als strikte Grenze die **Vierjahresfrist** seit der Beendigung des Insolvenzverfahrens an. Damit ist zugleich für die Stundungsstufe, die mit der Entscheidung nach § 4 b Abs. 1 InsO eröffnet wird, eine **klare zeitliche Grenze** bestimmt, so dass die Judikatur zu § 115 ZPO, wonach Nullraten in die Obergrenze der 48-Monatsraten nicht eingerechnet werden können und die auf die typische zeitliche Divergenz zwischen PKH-Bewilligung und Beendigung des Verfahrens gestützt wird (*Huhnstock* Rz. 13; *Zöller/Philippi* ZPO, § 115 Rz. 46; *OLG Karlsruhe* FamRZ 1995, 1505), wegen der eigenständigen insolvenzrechtlichen Konstruktion hier nicht übernommen werden kann (so auch *Uhlenbruck* § 4 b Rz. 4; HK-InsO/*Kirchhof* § 4 b Rz. 10; *Jaeger/Eckardt* InsO, § 4 b Rz. 32; *Graf-Schlicker* WM 2000, 1984 [1991]; *Grote* Rpfleger 2000, 521 [522]; *Pape* ZInsO 2001, 587 [588]; *Hulsmann* ZVI 2006, 198 [201]; **a. A.** *Kübler/Prütting-Wenzel* InsO, § 4 b Rz. 14; *Bayer* Stundungsmodell, S. 97 ff., der jedoch Zahlungen im Verfahren anrechnen will).

27 Mit der Vier-Jahres-Frist ist eine **Ausschlussfrist** normiert, so dass die Änderungsentscheidung des Insolvenzgerichts vor Fristablauf ergehen muss (vgl. zu § 120 ZPO *OLG Naumburg* FamRZ 1996, 1425; *Stein/Jonas-Bork* ZPO, § 120 Rz. 30; MünchKomm-ZPO/*Motzer* § 120 Rz. 21; *Baumbach/Hartmann* ZPO, § 120 Rz. 30). Für das Insolvenzverfahren ist keine abweichende Auslegung geboten (so auch HK-InsO/*Kirchhof* § 4 b Rz. 22). In Einzelfällen kann die Berufung des Schuldners auf die Ausschlussfrist missbräuchlich sein, wenn dieser ein Verfahren in unzulässiger Weise verzögert hat (vgl. *OLG Naumburg* a. a. O.; *OLG Koblenz* FamRZ 2002, 692).

§ 4 c
Aufhebung der Stundung

Das Gericht kann die Stundung aufheben, wenn
1. **der Schuldner vorsätzlich oder grob fahrlässig unrichtige Angaben über Umstände gemacht hat, die für die Eröffnung des Insolvenzverfahrens oder die Stundung maßgebend sind, oder eine vom Gericht verlangte Erklärung über seine Verhältnisse nicht abgegeben hat;**
2. **die persönlichen oder wirtschaftlichen Voraussetzungen für die Stundung nicht vorgelegen haben; in diesem Fall ist die Aufhebung ausgeschlossen, wenn seit der Beendigung des Verfahrens vier Jahre vergangen sind;**
3. **der Schuldner länger als drei Monate mit der Zahlung einer Monatsrate oder mit der Zahlung eines sonstigen Betrages schuldhaft in Rückstand ist;**

Aufhebung der Stundung § 4 c

4. der Schuldner keine angemessene Erwerbstätigkeit ausübt und, wenn er ohne Beschäftigung ist, sich nicht um eine solche bemüht oder eine zumutbare Tätigkeit ablehnt; § 296 Abs. 2 Satz 2 und 3 gilt entsprechend;
5. die Restschuldbefreiung versagt oder widerrufen wird.

Inhaltsübersicht: Rz.

A. Normzweck 1– 2
B. Gesetzliche Systematik 3– 4
C. Die einzelnen Aufhebungsgründe 5–30
    I. Verletzung von Mitteilungspflichten 5–15
        1. Unrichtige Angaben 5–11
        2. Fehlende Angaben 12–15
    II. Fehlende Voraussetzungen 16–19
    III. Schuldhafter Zahlungsrückstand 20–23
    IV. Angemessene Erwerbstätigkeit 24–27
    V. Versagung der Restschuldbefreiung 28–30 a
D. Verfahrensrechtliches 31–36

A. Normzweck

Die Verfahrenskostenstundung nach § 4 a InsO wird auf der Basis prognostischer Schätzungen in einem notwendigerweise summarischen Verfahren beschlossen. Deshalb dürfen dem Schuldner keine übersteigerten Informationsauflagen zur Ermittlung der Stundungsvoraussetzungen erteilt werden. Der Aufklärungsbedarf im Stundungsverfahren ist mithin geringer als im Insolvenzantragsverfahren zur Ermittlung der Verfahrenseröffnungsvoraussetzungen. Angaben des Schuldners können für die Verfahrenskostenstundung ausreichen, während sie für eine Verfahrenseröffnung noch zu ergänzen sind (*BGH* NZI 2005, 273 [274]). Damit ist es zugleich erforderlich, **Korrekturmöglichkeiten** zu schaffen, wenn sich die **Prognosen als fehlerhaft erwiesen** haben. Dieser Korrekturbedarf kann z. B. für Umstände in Betracht kommen, die in der summarischen Prüfung nach § 4 a InsO nicht aufzuklären waren, die aber den Anspruch des Schuldners auf Verfahrenskostenstundung ausschließen (*BGH* a. a. O.). Ebenso bedarf es einer gerichtlichen Reaktionsmöglichkeit, wenn Mitwirkungspflichten durch den Schuldner in nachhaltiger und schwerwiegender Weise verletzt werden. Diesem Ziel dient die Möglichkeit der Aufhebung der Stundung nach § 4 c InsO, die sich an das **Vorbild des § 124 ZPO** anlehnt (BT-Drucks. 14/5680, S. 22). Diese Norm bewirkt zugleich einen gewissen **Bestandsschutz**, da das Gericht die einmal bewilligte Hilfe nicht ohne weiteres, sondern nur unter den in dieser Norm genannten Voraussetzungen entziehen kann (*Jaeger/ Eckardt* InsO, § 4 c Rz. 1; dazu auch *Musielak/Fischer* § 124 ZPO Rz. 1; *OLG Bamberg* FamRZ 1989, 884). 1

Dieser **Zweck des Bestandsschutzes** ist im Insolvenzverfahren von besonderer Bedeutung (vgl. *Jaeger/ Eckardt* InsO, § 4 c Rz. 1; *Graf-Schlicker/Kexel* InsO, § 4 c Rz. 1). Zutreffend ist in der Regierungsbegründung hervorgehoben worden, dass die Stundung existentielle Bedeutung für einen Schuldner haben kann, so dass aus diesem Grund gravierende Unsicherheiten über den Bestand der Stundung nicht akzeptabel sind (so BT-Drucks. 14/5680, S. 23). Dies ist bei der Formulierung der Versagungsgründe in Nr. 1 und Nr. 3 ausdrücklich berücksichtigt worden, prägt jedoch als generelle Maxime die Auslegung von § 4 c InsO. 2

B. Gesetzliche Systematik

Die Norm des § 4 c InsO definiert **fünf Fallgruppen**, die das Insolvenzgericht zur Aufhebung der Stundung berechtigen. Diese betreffen einerseits die Korrektur von Prognosefehlern (Nr. 2 und Nr. 5) sowie zum anderen die Reaktion auf schwerwiegende und nachhaltige Verletzungen der verfahrensbezogenen Mitwirkungspflichten (Nr. 1, 3 und 4). Dieser Katalog ist – ebenso wie im Vorbild des § 124 ZPO (MünchKomm-ZPO/*Motzer* § 124 Rz. 1; *OLG Düsseldorf* FamRZ 1998, 837) – **abschließend konzi-** 3

piert (BT-Drucks. 14/5680, S. 22; *Kübler/Prütting-Wenzel* InsO, § 4 c Rz. 3; *Jaeger/Eckardt* InsO, § 4 c Rz. 1, 71; *Mäusezahl* ZVI 2006, 105 [106]). Zwischen Bestandsschutz und Aufhebung besteht daher ein **Regel-Ausnahme-Verhältnis**, so dass die Norm des § 4 c InsO wiederum in Anlehnung an § 124 ZPO (*Stein/Jonas-Bork* § 124 Rz. 1; *Baumbach/Lauterbach/Albers/Hartmann* ZPO, § 124 Rz. 2; *OLG Frankfurt* Rpfleger 1991, 65) **eng auszulegen** ist. Dies schließt eine Aufhebung für nicht im Gesetz berücksichtigte Fälle, wie z. B. die Rücknahme des Restschuldbefreiungsantrags, nicht aus (vgl. *Jaeger/ Eckardt* InsO, § 4 c Rz. 75).

4 Wiederum in Anlehnung an das Vorbild des § 124 ZPO ist die **Aufhebung in das Ermessen des Gerichts** gestellt. Prognosefehler bzw. Pflichtverletzungen des Schuldners führen nicht automatisch zur Aufhebung der Stundung, sondern bedürfen jeweils einer **Ermessensausübung im Einzelfall**, bei der der Grad der Pflichtverletzung, die jeweilige Risikosphäre, der Vertrauensschutz des Schuldners sowie die möglichen wirtschaftlichen Folgen der Entscheidung abgewogen werden (ausführlich s. u. Rz. 34 ff.).

C. Die einzelnen Aufhebungsgründe

I. Verletzung von Mitteilungspflichten

1. Unrichtige Angaben

5 Unrichtige Angaben stellen nach § 124 Nr. 2 ZPO eine wichtige Fallgruppe möglicher Aufhebungsgründe dar. Bei der Umsetzung dieser Fallgruppe in das Insolvenzrecht in § 4 c Abs. 1 Nr. 1 InsO ist zunächst der mögliche Inhalt solcher Angaben konkretisiert worden: zu dieser Fallgruppe rechnen Angaben, die für die Eröffnung des Insolvenzverfahrens oder die Stundung maßgebend sind. Damit ist dieser Aufhebungsgrund wesentlich präziser gefasst als im Prozesskostenhilferecht, in dem er wesentlich umfangreicher formuliert ist (*Zöller/Philippi* ZPO, 26. Aufl., § 124 Rz. 6 ff.). Vor allem wird nunmehr im Insolvenzrecht verlangt, dass es sich um Angaben handelt, die für die Eröffnung des Insolvenzverfahrens bzw. die Stundung maßgebend sind. Damit ist eine Kontroverse zur Auslegung des § 124 ZPO in bemerkenswerter Weise entschieden worden. Im Prozesskostenhilferecht sieht ein kleinerer Teil der Gerichte als maßgeblichen Aufhebungsgrund allein die Unrichtigkeit der Angaben an und verwirft mit der Begründung, § 124 ZPO stelle eine Sanktionsnorm dar, die **Frage nach der Kausalität der Falschangabe** für die PKH-Entscheidung (so z. B. *OLG Köln* FamRZ 1987, 1169). Dagegen wird inzwischen mehrheitlich diese Sichtweise abgelehnt und in jedem Einzelfall eine eindeutige Kausalitätsprüfung gefordert, da § 124 Nr. 2 ZPO keine Sanktionsnorm sei (so z. B. *OLG Bamberg* FamRZ 1987, 1170; *LAG Düsseldorf* JurBüro 1986, 1097; *OLG Düsseldorf* MDR 1991, 791; MünchKomm-ZPO/*Motzer* § 124 Rz. 2; *Zimmermann* PKH Rz. 452). Indem im Gesetzgebungsverfahren nunmehr in § 4 c Abs. 1 Nr. 1 InsO eine solche Kausalitätsprüfung angeordnet wird, da eine Aufhebung nicht auf unrichtige Angaben gestützt werden könne, die für die Eröffnung des Insolvenzverfahrens und Fortschritt des Restschuldbefreiungsverfahrens nicht »maßgebend« waren (ausführlich *Jaeger/Eckardt* InsO, § 4 c Rz. 17; MünchKomm-InsO/*Ganter* § 4 c Rz. 7; *Braun/Buck* InsO, § 4 c Rz. 3; *Graf-Schlicker/Kexel* InsO, § 4 c Rz. 4; HambK-InsO/*Nies* § 4 c Rz. 2; **a.A.** *AG Göttingen* ZVI 2003, 672; *Bayer* Stundungsmodell der Insolvenzordnung, 2005, S. 115 ff.; *Kübler/Prütting-Wenzel* InsO, § 4 c Rz. 19; HK-InsO/*Kirchhof* § 4 c Rz. 12; *Nerlich/Römermann-Becker* InsO, § 4 c Rz. 18, die die fehlende Ursächlichkeit nur bei der Ausübung des pflichtgemäßen Ermessens berücksichtigen wollen), wird nunmehr diese Frage nachhaltig entschieden und zugleich verdeutlicht, dass § 4 c InsO keine Sanktionsnorm enthält.

6 Zunächst handelt es sich um Angaben, die für die Eröffnung des Insolvenzverfahrens maßgebend sind. Hierzu gehören vor allem unzutreffende Angaben über den Eröffnungsgrund, also über Zahlungsunfähigkeit bzw. drohende Zahlungsunfähigkeit (BT-Drucks. 14/5680, S. 22). Diese sind allerdings nur dann kausal für die Eröffnung, wenn ein zahlungsfähiger Schuldner sich als zahlungsunfähig dargestellt hat, um auf diese Weise ein Insolvenzverfahren mit Restschuldbefreiung erlangen zu können.

7 Angaben zur Abgrenzung des Regel- oder Verbraucherinsolvenzverfahrens rechnen dagegen nicht zu den Angaben, die für die Eröffnung maßgebend sind. Für die Eröffnung ist letztlich der Eröffnungsgrund nach §§ 17, 18 InsO maßgeblich; diese Kategorie gilt jedoch in gleicher Weise für beide Verfahrensarten (s. *Kohte* § 312 Rz. 5 ff.), so dass diese schwierige Abgrenzung für die Eröffnung nicht kausal ist.

Angaben, die für die Stundung von Bedeutung sind, betreffen in erster Linie die hinreichende Erfolgsaus- 8
sicht des Insolvenzverfahrens und damit den Ausschluss von Versagungsgründen nach § 290 Abs. 1 Nr. 1
und 3 InsO. Es geht damit um die relativ einfach überprüfbaren Angaben, ob in den letzten 10 Jahren bereits Restschuldbefreiung bewilligt worden ist oder ob in nicht verjährter Zeit eine Verurteilung wegen
eines Bankrottdelikts erfolgt ist.

Zu den weiteren Angaben, die für die Stundung von Bedeutung sind, gehören die Tatsachen zu den wirt- 9
schaftlichen Voraussetzungen der Verfahrenskostenstundung. Danach ist es erforderlich, dass das Vermögen des Schuldners voraussichtlich nicht ausreichen wird, um die Verfahrenskosten zu decken (s. *Kohte*
§ 4 a Rz. 6 ff.). Wiederum ist es erforderlich, dass Falschangaben ein solches Gewicht hatten, dass sie
sich auf die Entscheidung des Gerichts ausgewirkt hätten. Falsche Angaben haben sich auf das weitere Verfahren auch dann nicht ausgewirkt, wenn etwaiges Vermögen des Schuldners zur Insolvenzmasse gezogen
und nach § 53 InsO an die Staatskasse übertragen worden ist.

Zu den Angaben, die für die Stundung von Bedeutung sind, gehören auch die Angaben, die für die Fort- 10
setzung der Stundung nach § 4 b InsO verlangt worden sind. Auch hier ist zu prüfen, ob bei zutreffender
Information ebenfalls eine Fortsetzung der Stundung – gegebenenfalls unter Zahlung von Raten – hätte
erfolgen müssen. Bei entsprechendem Vortrag des Schuldners ist es auch geboten, zu prüfen, ob sich nach
dieser Entscheidung die wirtschaftlichen Verhältnisse verschlechtert haben, so dass nunmehr der Schuldner nicht mehr im Stande ist, die Prozesskosten zu zahlen (*OLG Düsseldorf* Rpfleger 1987, 35 [36]).

Verlangt wird weiter, dass die Angaben nicht nur unrichtig, sondern dass sie in qualifizierter Weise, näm- 11
lich **vorsätzlich oder grob fahrlässig**, erfolgt sind. Während im PKH-Recht die Kategorie der »groben
Nachlässigkeit« verwandt wird, nimmt § 4 c InsO einen Rückbezug zu den klassischen Kategorien des
Vorsatzes und der groben Fahrlässigkeit vor, die auch in § 290 InsO verwandt werden. Zur näheren Bestimmung kann daher auf die dort herausgearbeiteten Definitionen verwiesen werden (s. *Ahrens* § 290
Rz. 26; *Dick* VuR 2007, 473 [475]). Danach wird verlangt, dass der Schuldner die erforderliche Sorgfalt
in ungewöhnlich hohem Maß verletzt hat und dass sein Verhalten subjektiv schlechthin unentschuldbar
gewesen sei (*BGH* NZI 2007, 733 = VuR 2008, 193 m. Anm. *Kohte*; *BGH* ZVI 2008, 395 [396]). Bei
Angaben zum Vermögen wird auch bei § 4 c InsO berücksichtigt werden müssen, dass nicht wenige in-
solvente Schuldner den Überblick über ihre Vermögenslage verloren haben (dazu auch *LG Hamburg*
NZI 2001, 46 [47]; HambK-InsO/*Nies* § 4 c Rz. 3; *Hess* InsO, § 4 c Rz. 7). Ebenso muss beachtet werden, dass ein Rechtsirrtum sowohl Vorsatz als auch grobe Fahrlässigkeit ausschließen kann (zu § 290 InsO:
BGH ZVI 2008, 83 [84] = VuR 2008, 194 [195] m. Anm. *Kohte*; zu § 124 ZPO: *OLG Köln* FamRZ 1988,
740; *LAG Hamburg* Rpfleger 1997, 442 [443]). Bei den Voraussetzungen der Stundung wird ein solcher
Rechtsirrtum nur selten eingreifen können; denkbar sind die Berechnungen nach §§ 46, 51 BZRG zur
Verwertbarkeit von Bankrottdelikten (vgl. zur Berechnung *OLG Celle* NZI 2001, 314 [316] = ZInsO
2001, 757; *Ahrens* § 290 Rz. 15). Eine Zurechnung des Verschuldens eines Vertreters nach § 85 Abs. 2
ZPO wird überwiegend abgelehnt (HK-InsO/*Kirchhof* § 4 c Rz. 11; MünchKomm-InsO/*Ganter* § 4 c
Rz. 6; *Jaeger/Eckardt* InsO, § 4 c Rz. 22).

2. Fehlende Angaben

Als weitere Fallgruppe wird in § 4 c Nr. 1 InsO die **fehlende Abgabe einer Erklärung** des Schuldners 12
über seine Verhältnisse als Grund für eine Aufhebung qualifiziert. Wiederum ist die bisherige Formulierung für das Insolvenzrecht konkretisiert worden. Im Rahmen von § 124 ZPO wurde ausschließlich davon ausgegangen, dass eine Erklärung nach § 120 Abs. 4 Satz 2 ZPO nicht abgegeben worden ist. Eine
solche Erklärung setzt ein Verlangen des Gerichts voraus, das nach der neueren Judikatur mit einem besonderen Hinweis an den Schuldner zu verbinden ist, damit den Betroffenen diese Erklärungslast hinreichend verdeutlicht wird (*OLG Zweibrücken* JurBüro 1999, 198 [199]). Nunmehr ist bereits das Verlangen
des Gerichts ausdrücklich als unverzichtbares Tatbestandsmerkmal in § 4 c Abs. 1 Nr. 1–2. Alt. – herausgestellt worden. Damit wird hier die Bedeutung der Verletzung einer Mitwirkungspflicht im Dialog mit
dem Gericht verdeutlicht. Zugleich ist mit dieser Konkretisierung wiederum verdeutlicht, dass es nicht
um eine allgemeine Sanktion geht. Daher gilt auch für diese Alternative, dass es um Angaben gehen muss,
die für die Stundung von unmittelbarer Bedeutung sind; Defizite bei der Erfüllung der allgemeinen Mitwirkungspflichten nach §§ 20, 97 InsO reichen nicht aus (*LG München I* ZVI 2006, 505 [506]). In der
Praxis wird es hier vor allem um die nach § 4 b Abs. 2 Satz 2 InsO geforderte Erklärung gehen (*Kübler/
Prütting-Wenzel* § 4 c Rz. 18; *Mäusezahl* ZVI 2006, 105 [106]).

13 Obgleich nach § 4 b Abs. 2 InsO Schuldner Änderungen von sich aus anzuzeigen haben, kann eine Aufhebung nach § 4 c Nr. 1, 2. Alt. nur erfolgen, wenn ein **ausdrückliches Verlangen des Gerichts** zur Abgabe einer Erklärung erfolgt ist (so auch *Smid* InsO, § 4 c Rz. 3). Wegen der Schlüsselrolle dieser gerichtlichen Aufforderung sind auch für § 4 c die Anforderungen zu übernehmen, die im Prozesskostenhilferecht entwickelt worden sind. Danach ist es erforderlich, dass **das Verlangen hinreichend konkret ist und auch auf die Rechtsfolgen einer Fristversäumung hinweist** (ebenso *AG Göttingen* ZVI 2003, 672 [673]; *Jaeger/Eckardt* InsO, § 4 c Rz. 26; *Mäusezahl* ZVI 2006, 105 [106]; *OLG Zweibrücken* JurBüro 1999, 198 [199]). Da für die Änderungen nach § 4 b Abs. 2 InsO das Formular nach § 117 ZPO nicht in Bezug genommen worden ist, bedarf es eines konkretisierten Verlangens, welche Daten von den Schuldnern erwartet werden (so auch zu § 120 ZPO: *OLG Nürnberg* FamRZ 1995, 750; vgl. *OLG Karlsruhe* FamRZ 2005, 48). Im Rahmen der Antragstellung nach § 4 a InsO verlangt der BGH eine konkrete Aufforderung zur Mängelbeseitigung (*BGH* ZInsO 2004, 1307 [1308]; ZVI 2005, 119 [120]); im Rahmen des Aufhebungsverfahrens können daher keine geringeren Anforderungen gestellt werden. Im Prozesskostenhilferecht wird überwiegend die Ansicht vertreten, dass dieses Verlangen direkt an die Partei zu richten ist (*OLG München* FamRZ 1993, 580), soweit die Instanz abgeschlossen ist. Andererseits wird darauf hingewiesen, dass ein Mandat zur Beantragung von Prozesskostenhilfe auch die Verteidigung der einmal bewilligten Prozesskostenhilfe einschließe, so dass auch der jeweilige Prozessbevollmächtigte zu beteiligen sei (*LAG Niedersachsen* JurBüro 1998, 593 = Rpfleger 1998, 527; vgl. *Kalthoener/Büttner/Wrobel-Sachs* Prozesskostenhilfe und Beratungshilfe, 4. Aufl., Rz. 400 sowie *Kohte* § 4 b Rz. 20). Angesichts der existenziellen Bedeutung, die die Verfahrenskostenstundung für Schuldner haben kann (dazu BT-Drucks. 14/5680, S. 23; *BGH* NZI 2008, 47 = VuR 2008, 154 m. Anm. *Kohte*) wird sich ein anwaltliches Mandat regelmäßig auch auf Verfahren nach § 4 c InsO beziehen; dies wird man erst recht annehmen können, wenn Verbraucher nach § 305 Abs. 4 InsO im Beistand einer Schuldnerberatungsstelle tätig werden. Es ist daher regelmäßig geboten, das Verlangen sowohl an die Partei als auch an die Schuldnerberatungsstelle bzw. den Prozessbevollmächtigten zu richten (vgl. *LG München I* ZVI 2006, 505; HambK-InsO/*Nies* § 4 c Rz. 3; diff. *Jaeger/Eckardt* InsO, § 4 c Rz. 26). Das Aufhebungsverfahren kann erst durchgeführt werden, wenn der Zugang dieses Verlangens und der Ablauf der dem Schuldner gesetzten Frist festgestellt worden sind (so auch für § 124 *Kalthoener/Büttner/Wrobel-Sachs* Prozesskostenhilfe und Beratungshilfe, 4. Aufl., Rz. 842).

14 Damit ist auch eine weitere Streitfrage bei der Auslegung des § 124 ZPO eindeutig zu beantworten. Im Prozesskostenhilferecht ist umstritten, ob die fehlende Abgabe der Erklärung bis zu dem vom Gericht gesetzten Termin direkt zur Aufhebung der Prozesskostenhilfeentscheidung führt oder ob es für den Schuldner möglich ist, diese Erklärung noch während des Beschwerdeverfahrens abzugeben. Die überwiegende Meinung bejaht eine solche **Nachholmöglichkeit** (dazu nur *OLG Zweibrücken* a. a. O.; *OLG Nürnberg* Rpfleger 2005, 268; *OLG Düsseldorf* FamRZ 1999, 1357; *OLG Stuttgart* FamRZ 1997, 1089). Dem gegenüber wird von einer Mindermeinung eine solche verspätete Erklärung bzw. Erklärungsergänzung als nicht qualifiziert bzw. eine besondere Rechtfertigung verlangt, dass die Verspätung weder auf Absicht noch auf grober Fahrlässigkeit beruhe (z. B. *OLG Koblenz* FamRZ 1996, 1425; *OLG Brandenburg* FamRZ 1998, 837).

15 Diese Position ist wiederum systematisch nicht gerechtfertigt, da die Aufhebung der Verfahrenskostenstundung nicht eine Bestrafung des Schuldners darstellen, sondern funktionswidriges Verhalten beantworten soll. Maßgeblich für die Aufhebung ist die Einschränkung im Tatbestand der Norm, dass nämlich nicht jede Nichterklärung nach § 4 b InsO ausreicht, obgleich nach dieser Norm Schuldner ohne weiteres zur Abgabe von Erklärungen verpflichtet sind, sondern nur die Fälle, in denen ein ausdrückliches und konkretes Verlangen des Gerichts vorliegt. Damit ist in dieser Fallgruppe die **Aufhebung der Stundung eine Reaktion auf fehlende Kommunikation**. Es ist daher davon auszugehen, dass diese **Erklärung noch im Beschwerdeverfahren nachgeholt werden kann** (so jetzt *LG Mühlhausen* 12. 10. 2007 – 2 T 256/07; ebenso *Jaeger/Eckardt* InsO, § 4 c Rz. 28; *Uhlenbruck* InsO, § 4 c Rz. 2; HK-InsO/*Kirchhof* § 4 c Rz. 10). Zu berücksichtigen ist allerdings, dass nach dem neuen Zivilprozessrecht im Beschwerdeverfahren nach § 571 ZPO n. F. den Beteiligten Ausschlussfristen gesetzt werden können.

II. Fehlende Voraussetzungen

16 In Anlehnung an den Aufhebungsgrund nach § 124 Nr. 3 ZPO gestattet § 4 c Nr. 2 InsO die Aufhebung der Stundung, wenn die persönlichen oder wirtschaftlichen Voraussetzungen für die Stundung nicht vor-

gelegen haben. Diese Aufhebungsmöglichkeit soll daher fehlerhafte Entscheidungen korrigieren; nachträgliche Entwicklungen, wie z. B. eine Verbesserung der wirtschaftlichen Verhältnisse im Nachhaftungszeitraum des § 4 b Abs. 2 InsO, sind ebenso wie bei § 124 Nr. 3 ZPO (dazu nur *OLG Köln* und *OLG Stuttgart* FamRZ 1986, 1124) nach dieser Norm nicht abänderbar. Maßgeblich ist daher, ob zum Zeitpunkt der letzten Tatsachenentscheidung über die Stundung deren Voraussetzungen nicht vorgelegen haben (*BGH* NZI 2008, 46 = VuR 2008, 117).

Nach dem Wortlaut des § 4 c Nr. 2 InsO wäre es denkbar, dass Fallgestaltungen erfasst werden, in denen das Gericht die vom Schuldner beigebrachten Tatsachen nachträglich anders würdigt. Sowohl eine rechtliche Fehlbeurteilung als auch eine Änderung der Rechtspositionen des Gerichts fallen jedoch nicht in die Risikosphäre des Schuldners (so jetzt auch *Jaeger/Eckardt* InsO, § 4 c Rz. 35; *Uhlenbruck* InsO, § 4 c Rz. 3; **a. A.** *Bayer* Stundungsmodell, S. 123). Es wäre mit der in der Regierungsbegründung hervorgehobenen existenziellen Bedeutung der Verfahrenskostenstundung nicht vereinbar, wenn diese dem Schuldner aus Gründen entzogen werden könnte, die in der Risikosphäre des Gerichts liegen. Daher ist die herrschende Meinung in Judikatur und Literatur zu § 124 Nr. 3 ZPO zu übernehmen, wonach ein Rechtsirrtum oder Versehen des Gerichts oder eine andere rechtliche Würdigung nicht zur Aufhebung der Prozesskostenhilfe nach § 124 Nr. 3 ZPO berechtigt (dazu nur *OLG Hamm* NJW 1984, 2837; *OLG Brandenburg* FamRZ 2000, 1229; *OLG Köln* FamRZ 2001, 1534; *OLG Frankfurt* MDR 2002, 785 [786]; *LAG Düsseldorf* Jur-Büro 1988, 1224; *Stein/Jonas-Bork* ZPO, § 124 Rz. 20; *Musielak/Fischer* ZPO, § 124 Rz. 7).

Damit betrifft § 4 c Nr. 2 InsO ausschließlich Fälle, in denen Angaben des Schuldners, die dem Gericht im Zeitpunkt der Bewilligung vorlagen, objektiv unzutreffend waren. Ebenso wie bei § 124 Nr. 3 ZPO ergibt sich aus der systematischen Auslegung, dass ein solcher Fehler für die Entscheidung des Gerichts kausal gewesen sein muss. Wenn auch bei zutreffenden Angaben eine Verfahrenskostenstundung hätte erfolgen müssen, kann § 4 c Nr. 2 InsO nicht eingreifen (s. nur *Jaeger/Eckardt* InsO, § 4 c Rz. 41; vgl. Münch-Komm-ZPO/*Wax* § 124 Rz. 12).

Selbst wenn die persönlichen und wirtschaftlichen Voraussetzungen für die Verfahrenskostenstundung nicht vorgelegen haben, ist die Aufhebung nach § 4 c Nr. 2 InsO gleichwohl ausgeschlossen, wenn seit der Beendigung des Verfahrens vier Jahre vergangen sind. Da § 4 c Nr. 2 InsO auch Sachverhalte erfasst, in denen die Schuldner – anders als bei § 4 c Nr. 1 InsO – kein qualifiziertes Verschulden trifft, bedarf es einer weitergehenden Begrenzung dieser Aufhebungsmöglichkeit. Die Regierungsbegründung hat insoweit auf die Frist des damaligen § 10 GKG verwiesen, die bereits Vorbild für die Begrenzungen in § 124 Nr. 3 ZPO sowie in § 4 b Abs. 2 Satz 4 InsO war (BT-Drucks. 14/5680, S. 23). Für die Berechnung der Frist gelten daher die selben Grundsätze wie bei § 4 b Abs. 2 Satz 4 InsO (dazu *Kohte* § 4 b Rz. 26 f.; so jetzt auch *Jaeger/Eckardt* InsO, § 4 c Rz. 39; *Nerlich/Römermann-Becker* InsO, § 4 c Rz. 22; **a. A.** *Uhlenbruck* InsO, § 4 c Rz. 3; *Kübler/Prütting-Wenzel* InsO, § 4 c Rz. 26, wonach die Frist jeweils mit der Beendigung jedes einzelnen Verfahrensabschnittes beginnt, für den die Verfahrenkostenstundung bewilligt wurde).

III. Schuldhafter Zahlungsrückstand

Nach § 4 c Nr. 3 InsO kann die Verfahrenskostenstundung aufgehoben werden, wenn der Schuldner länger als drei Monate mit der Zahlung einer Monatsrate **schuldhaft im Rückstand** ist (*LG Berlin* VuR 2007, 394). Damit wird typischerweise die Situation im Nachhaftungszeitraum nach § 4 b Abs. 1 InsO erfasst, in dem eine Anordnung von Ratenzahlung regelmäßig erfolgen kann. Eine Aufhebung ist ebenfalls möglich, wenn der Schuldner mit der Zahlung eines »sonstigen Betrages« schuldhaft im Rückstand ist. Dieser auch in § 124 Nr. 4 ZPO verwandte Begriff bezieht sich auf Zahlungen aus dem Vermögen, die im Prozesskostenhilferecht nach § 115 (dazu MünchKomm-ZPO/*Wax* § 124 Rz. 14) und dem Insolvenzrecht nach § 4 b Abs. 1 InsO angeordnet werden können.

Im PKH-Recht ist in § 124 Nr. 4 ZPO als Aufhebungsgrund der schlichte Zahlungsrückstand genannt worden. Gleichwohl ist die überwiegende Literatur und Judikatur vom BGH 1997 in der Weise zusammengefasst worden, dass ein Widerruf nach § 124 Nr. 4 ZPO auf jeden Fall unzulässig ist, wenn die Nichtzahlung der Raten nicht auf einem Verschulden des Bedürftigen beruht (*BGH* NJW 1997, 1077 = LM Nr. 2 zu § 124 ZPO m. Anm. *Wax*; MünchKomm-ZPO/*Motzer* § 124 Rz. 18). Diese Auslegung entspricht der systematischen Interpretation, wonach auch § 124 ZPO sicherstellen soll, dass Prozesskostenhilfe nur den wirtschaftlich Bedürftigen zukommt. Damit ist zugleich verdeutlicht worden, dass dieser Norm kein Straf- oder Sanktionscharakter für verspätete Erklärungen zukommen könne (so auch *Wax*

LM Nr. 2 zu § 124 ZPO). Der Wortlaut des § 4 c Nr. 3 InsO, der von vornherein nur den schuldhaften Rückstand einbezieht, bestätigt auch hier, dass § 4 c InsO nicht als Sanktionsnorm ausgelegt werden darf.

22 Das Verschulden der Partei bestimmt sich nach allgemeinen schuldrechtlichen Grundsätzen, so dass §§ 276, 286 Abs. 4 BGB heranzuziehen sind (so *Stein/Jonas-Bork* ZPO, 22. Aufl., § 124 Rz. 25). Die wichtigste Fallgruppe fehlenden Verschuldens ist in diesem Zusammenhang die fehlende wirtschaftliche Leistungsfähigkeit. Zutreffend wird ein Verschulden i. S. d. § 124 Nr. 4 ZPO verneint, wenn die Partei hilfsbedürftig ist und Raten nicht bzw. nicht in dieser Höhe verlangt werden dürfen (dazu nur *OLG Koblenz* JurBüro 1990, 171; *OLG Düsseldorf* JurBüro 1987, 914; *OLG Karlsruhe* FamRZ 1999, 1145; allgemein: *Ahrens* Der mittellose Geldschuldner, 1994, S. 228 ff.). Ergeben sich daher im Aufhebungsverfahren Anhaltspunkte dafür, dass Hilfsbedürftigkeit vorliegt und die Raten niedriger festgesetzt werden müssten, so ist das Insolvenzgericht nach dem Vorbild der Auslegung des § 124 ZPO (MünchKomm-ZPO/*Wax* § 124 Rz. 14; *OLG Bremen* FamRZ 1984, 411; *OLG Hamm* FamRZ 1986, 1127; *OLG Koblenz* FamRZ 2001, 635) gehalten, eine – möglicherweise auch rückwirkende – Anpassung der Ratenzahlungen i. S. d. § 4 b Abs. 2 InsO vorzunehmen (so BT-Drucks. 14/5680, S. 23; *Jaeger/Eckardt* InsO, § 4 c Rz. 46; *Smid* InsO, § 4 c Rz. 4; vgl. aus dem PKH-Recht *LAG Bremen* FamRZ 1984, 411; *OLG Celle* NdsRpfl. 1983, 31; *OLG Nürnberg* Rpfleger 2005, 268).

23 Stellt sich im Anhörungs- und Aufhebungsverfahren heraus, dass die Raten- oder Zahlungsanordnung von Anfang an zu hoch festgesetzt war, so ist wiederum diese Anordnung zu korrigieren (so *BGH* NJW 1997, 1077 [1078]), so dass sich regelmäßig kein schuldhafter Zahlungsrückstand ergeben wird. In jedem Fall bedarf es daher bei Aufhebungsverfahren nach § 4 c Nr. 3 InsO sowohl einer sorgfältigen Verschuldens- als auch einer eingehenden Kausalitätsprüfung. Hinweise einer Partei auf die Verschlechterung ihrer wirtschaftlichen Verhältnisse sind als Antrag auf Neufestsetzung der Raten zu verstehen (so auch die überwiegende PKH-Judikatur, vgl. nur *LAG Bremen* MDR 1988, 81). Eine ungeschriebene Präklusion der Schuldner mit neuem Vortrag zu ihrer wirtschaftlichen Lage wäre auch unter verfassungsrechtlichen Aspekten nicht akzeptabel (dazu nur *LAG Köln* MDR 2001, 236 mit Hinweis auf *BVerfG* NJW 1982, 1635).

IV. Angemessene Erwerbstätigkeit

24 Als neues Element, das in § 124 ZPO nicht vorgesehen ist, übernimmt § 4 c Nr. 4 InsO als weiteren Aufhebungsgrund die Verletzung der Anforderungen an die Ausübung einer angemessenen Erwerbstätigkeit. Während im Konkursrecht generell eine Erwerbspflicht des Gemeinschuldners verneint worden war (*RGZ* 70, 226 [230]; *Ahrens* § 290 Rz. 46 a), wurde erstmals für die Treuhandphase eine solche Obliegenheit in § 295 InsO kodifiziert. Mit § 4 c Nr. 4 InsO wird nunmehr erstmals eine solche Obliegenheit des Schuldners im laufenden Insolvenzverfahren vorausgesetzt; eine weitergehende ausdrückliche Anordnung fehlt jedoch (MünchKomm-InsO/*Ganter* §§ 4 a – 4 d Rz. 18). Die Begründung dieser weitreichenden Entscheidung wird darauf gestützt, dass das ernsthafte Bemühen des Schuldners um eine angemessene Erwerbstätigkeit ein wesentliches Indiz für seine Motivation sei, das mehrjährige Verfahren auch durchzustehen (BT-Drucks. 14/5680, S. 23). Diese Ausführungen markieren zugleich Grund und Grenze dieser Obliegenheit; damit sperrt § 4 c Nr. 4 InsO zugleich eine teleologische Extension des § 295 InsO (dazu u. *Ahrens* § 287 Rz. 89 o). Die Erwerbsobliegenheit des § 4 c Nr. 4 InsO wird damit für den Schuldner frühestens mit der Stundung der Verfahrenskosten begründet (*LG Berlin* ZInsO 2002, 680 [681]; vgl. auch *BGH* NZI 2004, 635 [636]; *Kübler/Prütting-Wenzel* InsO, § 4 c Rz. 36; *Uhlenbruck* InsO, § 4 c Rz. 5). In der Rechtsprechung wird auch bei einer Verletzung der Obliegenheit nach § 296 Abs. 2 Satz 3 InsO von der Widerrufsmöglichkeit nach § 4 c Nr. 4 InsO Gebrauch gemacht (*BGH* NZI 2008, 507).

25 Die bisherige Literatur zu § 295 Abs. 1 Nr. 1 InsO hat eine hinreichende Klarheit des unbestimmten Rechtsbegriffes »angemessene Erwerbstätigkeit« nicht vermitteln können. Deutlich sind die verschiedenen Fallgruppen der Ausübung einer angemessenen Erwerbstätigkeit, der zulässigen Fälle der Beendigung einer solchen Erwerbstätigkeit und der Bemühungen um die Übernahme einer anderen Erwerbstätigkeit (vgl. *Ahrens* § 295 Rz. 10 ff.). In historischer Perspektive ist zunächst zu beachten, dass sich dieser Begriff anlehnt an den Begriff des »angemessenen Einkommens« in § 18 Abs. 2 Satz 3 GesO, der in Anlehnung an das Schweizer Insolvenzrecht dem Schuldner einen wirtschaftlichen Neubeginn ermöglichen soll, der über dem Existenzminimum liegt, wenn der Schuldner in seiner bisherigen Erwerbstätigkeit ein solches Einkommen erzielt hat (dazu *Smid* GesO, 3. Aufl., § 18 Rz. 38). Zutreffend ist daher in der Literatur als Bezugspunkt nicht in erster Linie die zumutbare Beschäftigung nach §§ 121, 144 SGB III, sondern die

angemessene Erwerbsobliegenheit nach § 1574 BGB hergezogen worden (vgl. *Ahrens* § 295 Rz. 12 ff.; *Kübler/Prütting-Wenzel* InsO, § 295 Rz. 3; HK-InsO/*Landfermann* § 295 Rz. 2). Die fehlende Eignung der sozialrechtlichen Kategorien hat sich jetzt durch die Norm des § 10 SGB II (krit. dazu *Kohte* SozSich 2005, 146) bestätigt, weil hier der fiskalische Ansatz noch stärker zum Ausdruck kommt, so dass für das Insolvenzrecht erst recht auf die privatrechtlichen Wertungen des Familienrechts zurückzugreifen ist. Für die bisherige Judikatur und Literatur und Judikatur zu § 1574 BGB ist jedoch kennzeichnend, dass diese Pauschalierungen vermeidet und eine Einzelfallprüfung anhand der Situation des jeweiligen Arbeitsmarktes und des Profils der jeweiligen Person vornimmt (dazu nur *BGH* FamRZ 1986, 244 [246]). Sie gibt damit auch die Möglichkeit, die im obiter dictum *BGH* ZVI 2004, 735 [738] verlangte Beteiligung von Strafgefangenen am Restschuldbefreiungsverfahren zu realisieren (dazu *Zimmermann* ZVI 2004, 740; *Kohte* EWiR 2002, 491; vgl. ebenso jetzt *LG Koblenz* VuR 2008, 348; *BGH* NJW 2002, 1799; anders *AG Hannover* ZVI 2004, 501).

Angesichts dieser notwendigen Unschärfe des Rechtsbegriffs der angemessenen Erwerbstätigkeit kann der mit § 4 c InsO verfolgte Zweck des Bestandsschutzes (o. Rz. 2) nur erreicht werden, wenn die in § 296 InsO angeordnete Verschuldensprüfung hier ebenfalls vorgenommen wird. Dies entspricht auch der systematischen Auslegung, denn nach der Judikatur des BGH ist der Grundsatz des Verschuldens bei Obliegenheitsverletzungen ein allgemeiner Grundsatz, der die gesamte Rechtsordnung durchzieht und daher auch in Fällen Anwendung findet, in denen eine Verschuldensprüfung nicht ausdrücklich angeordnet ist (dazu *BGH* NJW-RR 1993, 590; ebenso *Larenz/Wolf* Allgemeiner Teil des Bürgerlichen Rechts, 8. Aufl. 1997, § 13 Rz. 48). Ebenso ist zu beachten, dass in Judikatur und Literatur die Verletzung der Obliegenheit nach § 1574 Abs. 3 BGB nach allgemeiner Ansicht Rechtsnachteile nur bewirkt, wenn ein Verschulden festgestellt wird (dazu *Gernhuber/Coester-Waltjen* Familienrecht, 4. Aufl., § 30 VI 2; MünchKomm-BGB/*Maurer* 4. Aufl., § 1574 Rz. 33). Für eine Abweichung von diesem Grundsatz finden sich keine Anhaltspunkte, so dass auch im Rahmen des § 4 c InsO eine Verletzung der Erwerbsobliegenheit nur dann von Bedeutung ist, wenn ein Verschulden festgestellt worden ist (so auch *Jaeger/Eckardt* InsO, § 4 c Rz. 54). Folgerichtig hat der BGH bei der Anwendung von § 4 c Nr. 4 InsO verlangt, dass dem Schuldner ein hinreichend deutlicher Hinweis auf seine Mitwirkungspflichten gegeben worden ist (*BGH* NZI 2008, 507). 26

Angesichts dieser Offenheit dieses Rechtsbegriffs ist das Gericht nicht von sich aus verpflichtet, die Erwerbstätigkeit des Schuldners zu überwachen (so BT-Drucks. 14/5680, S. 23); das Gericht hat allerdings tätig zu werden, wenn tatsächliche Anhaltspunkte, etwa der Hinweis eines Gläubigers, eine Obliegenheitsverletzung seitens des Schuldners nahe legen (BT-Drucks. 14/5680, S. 23; auch HK-InsO/*Kirchhof* § 4 c Rz. 24; MünchKomm-InsO/*Ganter* § 4 c Rz. 18; *Uhlenbruck* InsO, § 4 c Rz. 6; *Nerlich/Römermann-Becker* InsO, § 4 c Rz. 37; *Hess* InsO, § 4 c Rz. 16; *Mäusezahl* ZVI 2006, 105 [107]; **a. A.** *Kübler/Prütting-Wenzel* InsO, § 4 c Rz. 38; diff. *Jaeger/Eckardt* InsO, § 4 c Rz. 62; offen gelassen in *BGH* NZI 2008, 507 [508]). In Anlehnung an das bisherige Verfahren zu § 124 ZPO ist zunächst eine Anhörung des Schuldners erforderlich, dem das Gericht zu verdeutlichen hat, wie es die angemessene Erwerbstätigkeit bestimmt und welche konkreten Anforderungen es an einen Schuldner stellt. Dementsprechend kann auch hier keine Präklusion eintreten, so dass ein Schuldner – hinreichend gewarnt durch eine Aufhebungsentscheidung – auch im Beschwerdeverfahren noch Tatsachen einbringen kann, dass er sich hinreichend um eine angemessene Erwerbstätigkeit bemüht (zu diesen Anforderungen s. *Ahrens* § 295 Rz. 26 ff.). 27

V. Versagung der Restschuldbefreiung

Als weiteren insolvenzspezifischen Aufhebungsgrund nennt § 4 c Nr. 5 InsO die Versagung oder den Widerruf der Restschuldbefreiung. Sowohl in der bisherigen Judikatur zur Prozesskostenhilfe im Verbraucherinsolvenzverfahren als auch in den Beratungen der Bund-Länder-Kommission war nachhaltig diskutiert worden, ob die Möglichkeit einer Versagung einer Restschuldbefreiung als Beispiel für eine fehlende Erfolgsaussicht einer Bewilligung der Verfahrenskostenstundung entgegenstehen. Dies ist aus sachlichen und prozessrechtlichen Erwägungen zutreffend abgelehnt worden; die Prüfung der Erfolgsaussicht ist ausschließlich auf die summarisch prüfbaren und urkundlich i. d. R. belegbaren Versagungsgründe der §§ 290 Nr. 1 und 3 InsO beschränkt worden. Falsche Angaben, die sich auf diese Prüfung beziehen, können unter den weiteren Voraussetzungen des § 4 c Nr. 1 InsO zur Aufhebung der Verfahrenskostenstun- 28 dung führen. Dagegen ist eine umfassende Ermittlung der anderen Versagungsgründe nicht dem summarischen Verfahren der Verfahrenskostenstundung, sondern dem umfassenden Versagungsverfahren nach §§ 290, 296 InsO zugeordnet worden (dazu BT-Drucks. 14/5680 S. 23; ebenso *BGH* VuR 2005, Heft 7 m. Anm. *Kohte*).

29 Eine Aufhebungsentscheidung kann bei den Versagungsgründen nach § 290 Abs. 1 Nr. 2, 4–6 danach nur dann zur Aufhebung führen, wenn im Versagungsverfahren nach § 290 InsO ein Versagungsgrund festgestellt worden ist (*AG Göttingen* ZVI 2004, 424 [426], bestätigt durch *LG Göttingen* ZVI 2005, 48 [49]). Zutreffend hebt die Gesetzesbegründung hervor, dass diese Versagungsgründe regelmäßig von den sachnäheren Gläubigern darzulegen und in das Insolvenzverfahren einzuführen sind. Nur wenn ein formell zulässiger und materiell begründeter Antrag eines Gläubigers gestellt worden ist (dazu i. E. *Ahrens* § 290 Rz. 57 ff.), kann eine Versagung erfolgen und dementsprechend eine darauf gestützte Aufhebung beschlossen werden.

30 Damit ist zugleich verdeutlicht worden, dass dem **Insolvenzgericht keine allgemeine Überwachungspflicht** hinsichtlich der verschiedenen Versagungsgründe zukommt. Die bereits im Gesetzgebungsverfahren 1994 hervorgehobene Bedeutung der Gläubigerautonomie führt damit systematisch folgerichtig dazu, dass die Aufhebungsmöglichkeiten im § 4 c Nr. 5 als Annex zum Versagungs- bzw. Widerrufsverfahren ausgestaltet ist. Sie kommt daher auch erst in Betracht, wenn dieses Verfahren rechtskräftig abgeschlossen ist.

30 a In Anlehnung an die Judikatur zu § 4 a InsO (s. o. *Kohte* § 4 a Rz. 17 a) wird von der Aufhebung der Stundung nach § 4 c Nr. 5 InsO auch vor einem rechtskräftigen Versagungsbeschluss Gebrauch gemacht, wenn ein Versagungsgrund zweifelsfrei feststeht (*BGH* ZInsO 2008, 111 [112]; dazu auch *Pape* ZInsO 2008, 143). Diese Maßnahme kann – wie auch bei § 4 a InsO – nur erfolgen, wenn die tatbestandlichen Voraussetzungen evident sind. Angesichts des durch § 4 c InsO vermittelten Bestandsschutzes (s. o. Rz. 2) bedarf es in diesen Fällen einer besonders sorgfältigen Ermessensausübung und -begründung (nicht unproblematisch daher *BGH* ZInsO 2008, 976). Solange nicht ohne jede gerichtliche Ermittlung zweifelsfrei feststeht, dass es zu einer Versagung kommen wird, kann vor einem Versagungsbeschluss keine Aufhebung der Stundung nach § 4 c Nr. 5 InsO erfolgen (*LG Mönchengladbach* ZVI 2006, 521 [522] = ZInsO 2006, 781 [782]).

D. Verfahrensrechtliches

31 Zuständig für die Aufhebungsentscheidung ist in aller Regel nach § 3 Abs. 2 e RPflG **der Rechtspfleger des Insolvenzgerichts**; eine unmittelbare Zuständigkeit des Richters kann sich allenfalls bei einer Aufhebung im Schuldenbereinigungsplanverfahren vor Eröffnung des Insolvenzverfahrens ergeben. Gleichwohl kann sich **der Richter nach § 18 Abs. 2 RPflG bestimmte Entscheidungen vorbehalten**. Dies wird vor allem nahe liegen bei Aufhebungsentscheidungen nach § 4 c Nr. 4 oder 5 InsO, die nicht selten akzessorisch zu Versagungsverfahren nach §§ 290, 296 InsO sein können, die dem Richter nach § 18 Abs. 1 Nr. 2 RPflG vorbehalten sind. Hier kann es sachgerecht sein, beide Entscheidungen von derselben Person treffen zu lassen (so auch *Jaeger/Eckardt* InsO, § 4 c Rz. 84; *Nerlich/Römermann-Becker* InsO, § 4 c Rz. 9; *AG Göttingen* ZVI 2003, 295 [297]; FK-InsO/*Schmerbach* § 2 Rz. 24).

32 Angesichts der unbestimmten Rechtsbegriffe, die bei dieser Norm zur Anwendung kommen, ist die Gestaltung des Verfahrens von besonderer Bedeutung. In Anlehnung an die Judikatur zu § 124 ZPO wird es bei mehreren Fallgruppen – z. B. fehlende Angaben oder schuldhafter Ratenrückstand – zunächst erforderlich sein, durch ein **konkretes Verlangen des Gerichts** den Schuldner präzise auf die Situation hinzuweisen und die Möglichkeit zur Verhaltenskorrektur zu geben (*Mäusezahl* ZVI 2006, 105 [107]; vgl. die Parallelwertung aus dem PKH-Recht *OLG Nürnberg* FamRZ 1995, 750; *OLG Karlsruhe* FamRZ 2005, 48).

33 Für sämtliche Fallgruppen schließt sich danach obligatorisch **das Erfordernis einer Anhörung** an, mit der sowohl dem Schuldner als auch in den meisten Fällen den Anwälten (*OLG Bamberg* JurBüro 1992, 251; *Zöller/Philippi* ZPO, § 124 Rz. 21; **a. A.** *Huhnstock* Abänderung und Aufhebung der Prozesskostenhilfebewilligung, Rz. 205) bzw. der Schuldnerberatungsstelle – nicht jedoch der Staatskasse (zu § 124 ZPO *Musielak/Fischer* ZPO, § 124 Rz. 3) – die Möglichkeit gegeben wird, auf eine mögliche Aufhebungsentscheidung Einfluss zu nehmen (*LG Marburg* Rpfleger 1994, 469). Diese Anhörung wird in aller Regel im schriftlichen Verfahren stattfinden. Ergeben sich aus den Informationen im Anhörungsverfah-

ren Anhaltspunkte für eine Verschlechterung der wirtschaftlichen Lage des Schuldners, dann ist eine Abänderung der zu zahlenden Beträge – z. B. nach § 4b Abs. 2 InsO – geboten (vgl. zu § 124 ZPO *LAG Bremen* MDR 1988, 81; *Zöller/Philippi* ZPO, § 124 Rz. 19 a).

Die vom Insolvenzgericht zu treffende Entscheidung ist – ebenso wie bei § 124 ZPO (dazu nur *Stein/Jonas-Bork* ZPO, § 124 Rz. 5) – eine **Ermessensentscheidung**, so dass aus der Existenz eines Aufhebungsgrunds nicht automatisch die Aufhebung folgt (so auch *Jaeger/Eckardt* InsO, § 4c Rz. 78). Dies macht es erforderlich, dass in einem solchen Beschluss in der gebotenen Kürze zunächst die tatbestandlichen Voraussetzungen der Aufhebung ausdrücklich festgestellt werden. Zu diesem obligatorischen Teil der Entscheidungsbegründung gehört in aller Regel die Prüfung, ob das Verhalten der Partei für die Stundung kausal ist (vgl. zu § 124 ZPO *OLG Düsseldorf* MDR 1991, 791), weil diese Kausalität typische Voraussetzung einer Aufhebungsentscheidung ist. **34**

In Übereinstimmung mit der Judikatur zu § 124 ZPO als auch den allgemeinen Lehren zu Ermessensentscheidungen ist es weiter geboten, dass eine Ermessensabwägung folgt; in der Begründung des Beschlusses muss erkennbar sein, dass und wie das eingeräumte Ermessen ausgeübt worden ist (*LG Mühlhausen* 12. 10. 2007 – 2 T 256/07; zu § 124 ZPO nur MünchKomm-ZPO/*Motzer* § 124 Rz. 22; *Huhnstock* a. a. O., Rz. 202). In der Regel wird sich die Frage stellen, wie schwer ein Fehlverhalten des Schuldners wiegt (dazu besonders deutlich *OLG Brandenburg* Rpfleger 2001, 503; *Jaeger/Eckardt* InsO, § 4c Rz. 79); weiter sind die existentiellen Folgen der Aufhebungsentscheidung (dazu BT-Drucks. 14/5680, S. 22) und die seit Bewilligung verstrichene Zeit zu beachten (*LG Berlin* VuR 2007, 394; HK-InsO/*Kirchhof* § 4c Rz. 26), so dass bei weniger schwer wiegendem Zahlungsrückstand eine Aufhebungsentscheidung sich als unverhältnismäßig erweisen kann (*OLG Hamm* FamRZ 1986, 1015). Indem nunmehr nach § 4d InsO auch im Insolvenzverfahren sämtliche Aufhebungsentscheidungen rechtsmittelfähig sind, ist eine so dokumentierte Entscheidungsbegründung (dazu nur *AG Göttingen* ZVI 2003, 672 [673]) unverzichtbar. **35**

Wird die Verfahrenskostenstundung aufgehoben, so entfallen damit die Wirkungen der Stundung nach § 4a Abs. 3 InsO, so dass die Staatskasse die bisher gestundeten Kostenforderungen gegen den Schuldner geltend machen kann. Dasselbe gilt für beigeordnete Anwälte, die ihre Vergütungsansprüche nunmehr geltend machen können, soweit diese noch nicht auf die Staatskasse übergegangen sind. Reicht die Masse zur Tilgung der Vergütung und Auslagen des Insolvenzverwalters/Treuhänders nicht aus, steht diesem in entsprechender Anwendung von § 63 Abs. 2 InsO ein Anspruch gegen die Staatskasse zu (*BGH* ZInsO 2008, 111 [112]). Dagegen erlischt das anwaltliche Mandat nicht automatisch mit der Aufhebung der Beiordnung (*Zöller/Philippi* ZPO, § 124 Rz. 25, so auch *Nerlich/Römermann-Becker* InsO, § 4c Rz. 6). Die Auswirkungen einer Aufhebung treffen die Partei im Eröffnungsverfahren besonders hart, weil dann regelmäßig die Abweisung mangels Masse droht (BT-Drucks. 14/5680, S. 22), so dass hier die Verhältnismäßigkeit einer Aufhebung besonders eingehend zu prüfen ist (vgl. zu § 124 ZPO *OLG Bamberg* FamRZ 1989, 1204). **36**

§ 4d
Rechtsmittel

(1) Gegen die Ablehnung der Stundung oder deren Aufhebung sowie gegen die Ablehnung der Beiordnung eines Rechtsanwalts steht dem Schuldner die sofortige Beschwerde zu.
(2) ¹Wird die Stundung bewilligt, so steht der Staatskasse die sofortige Beschwerde zu. ²Diese kann nur darauf gestützt werden, dass nach den persönlichen oder wirtschaftlichen Verhältnissen des Schuldners die Stundung hätte abgelehnt werden müssen.

Inhaltsübersicht:

	Rz.
A. Normzweck	1– 2
B. Gesetzliche Systematik	3– 5
C. Beschwerdemöglichkeiten des Schuldners	6–13
I. Ablehnung der Stundung	6– 9
II. Aufhebung der Stundung	10–11
III. Ablehnung der Beiordnung eines Rechtsanwalts	12–13

D. Beschwerden der Staatskasse	14–16
E. Sonstige Rechtsbehelfe	17–22
I. Außerordentliche Beschwerde/Gegenvorstellung	17–20
II. Erinnerung	21–22
F. Verfahrensrechtliches	23–30

A. Normzweck

1 Mit der Zusicherung eigenständiger Rechtsschutzmöglichkeiten bei Versagung der Verfahrenskostenstundung und vergleichbar gewichtigen Entscheidungen ist noch einmal bekräftigt worden, dass die Verfahrenskostenstundung für Schuldner typischerweise von existenzieller Bedeutung ist (zust. *BGH* NZI 2008, 47 [48] = VuR 2008, 154 m. Anm. *Kohte*), so dass eine Versagung dieser Stundung unbedingt einer effektiven gerichtlichen Kontrolle bedarf (BT-Drucks. 14/5680, S. 13). Diese Kontrolle wird durch § 4 d InsO strukturiert; diese Norm ermöglicht einerseits Rechtsbehelfe, kanalisiert sie jedoch in insolvenzspezifischer Weise, wie ein Vergleich mit der Norm des § 127 ZPO zeigt (u. Rz. 3).

2 Im Diskussionsentwurf des Justizministeriums war die Möglichkeit einer eigenständigen Beschwerde bei ablehnenden Entscheidungen zur Verfahrenskostenstundung noch verworfen worden. Man hielt es für ausreichend, dass die Ablehnung der Stundung als Vorfrage im Rahmen von Beschwerden nach § 34 InsO gegen die Abweisung des Eröffnungsantrages geprüft werden sollten (ZIP 2000, 1688 [1689]). Eine solche Verfahrensgestaltung, bei der wichtige Fragen erst im Rahmen der Beschwerde nach § 34 InsO überprüft werden können, ist bereits aus allgemeinen Erwägungen wenig überzeugend (vgl. zu einem ähnlichen Rechtsschutzproblem *Kohte* § 311 Rz. 34 f.); sie konnte für Beschwerden im Bereich der Verfahrenskostenstundung auf keinen Fall ausreichen, da das Eröffnungsverfahren zwar ein zentrales Entscheidungsfeld für die Verfahrenskostenstundung darstellt, diese jedoch auch in den anderen Verfahrensabschnitten ebenfalls von wesentlicher Bedeutung ist. In Übereinstimmung mit der Einfügung des im Diskussionsentwurf ebenfalls noch nicht enthaltenen § 4 a Abs. 1 Satz 2 InsO zur Bedeutung der Verfahrenskostenstundung im Schuldenbereinigungsplanverfahren und in der Treuhandphase war es daher auch für die Beschwerdemöglichkeiten erforderlich, sich vom Modell des § 34 InsO zu lösen und eine eigenständige, an § 127 ZPO angelehnte Rechtsbehelfsmöglichkeit zu schaffen.

B. Gesetzliche Systematik

3 § 4 d Abs. 1 InsO bestimmt die **drei Entscheidungstypen**, die den Weg zur sofortigen Beschwerde eröffnen. Dies sind die **Ablehnung der Stundung**, die **Aufhebung der Stundung** sowie die **Ablehnung der Beiordnung eines Rechtsanwaltes**. Im Vergleich zu § 127 Abs. 2 Satz 2 ZPO, der die Beschwerde gegen alle dem jeweiligen Antragsteller ungünstigen Beschlüsse eröffnet (vgl. nur *OLG Hamm* FamRZ 1989, 412; *Thomas/Putzo-Reichold* ZPO, § 127 Rz. 2), ist hier die Beschwerdemöglichkeit sichtbar eingeschränkt. Dies wird legitimiert mit der Einbindung der Verfahrenskostenstundung in das Insolvenzverfahren, das – wie die Grundnorm des § 6 InsO zeigt – als Gesamtverfahren zügig durchgeführt und nur in schwerwiegenden Fällen mit zusätzlichen Beschwerdeverfahren ergänzt werden soll. Außerdem darf bei der Bewertung nicht übersehen werden, dass neben der Beschwerde nach § 4 d InsO in Einzelfällen noch andere Rechtsbehelfe (dazu u. Rz. 17 ff.) zur Verfügung stehen.

4 Der Staatskasse ist in Anlehnung an § 127 Abs. 3 ZPO (so auch *Nerlich/Römermann-Becker* InsO, § 4 d Rz. 6) nur für eine mögliche Konstellation der Beschwerdeweg eröffnet worden. Wenn die Verfahrenskostenstundung bewilligt worden ist, kann die Staatskasse geltend machen, dass nach den persönlichen oder wirtschaftlichen Verhältnissen des Schuldners die Stundung hätte abgelehnt werden müssen. Damit ist eine **bewusste Asymmetrie bei den Rechtsbehelfen**, die den Beteiligten zur Verfügung stehen, gewählt worden (so auch *Jaeger/Eckardt* InsO, § 4 d Rz. 5). Die Materialien weisen zutreffend auf den **eingeschränkten Anwendungsbereich der sofortigen Beschwerde der Staatskasse** hin (BT-Drucks. 14/5680, S. 24).

5 **Weiteren Beteiligten** wird der Rechtsbehelf der **Beschwerde nicht zur Verfügung gestellt**. Weder der Insolvenzverwalter/Treuhänder noch Rechtsanwälte, die beigeordnet wurden bzw. deren Beiordnung abgelehnt wurde, können sich auf die in § 4 d InsO statuierten Rechtsbehelfe stützen (*Kübler/Prüt-*

ting-Wenzel InsO, § 4 d Rz. 5). Insoweit lehnt sich die Norm wiederum an § 127 ZPO an; die dort in Judikatur und Literatur anerkannte Beschränkung der Beschwerdeberechtigten (*Zöller/Philippi* ZPO, § 127 Rz. 15; MünchKomm-ZPO/*Motzer* § 127 Rz. 40) gilt erst recht im Insolvenzrecht. Die im PKH-Recht den Rechtsanwälten eröffneten Beschwerdemöglichkeiten zur Sicherung der Deckung der Differenzgebühr (vgl. *OLG Düsseldorf* MDR 1993, 90) können im Insolvenzverfahren nicht eingreifen, weil die Kostenhaftung der Schuldner nur die nach §§ 4 a Abs. 3 Nr. 1 b InsO, 59 RVG übergegangenen Beträge erfasst und eine § 120 Abs. 3 ZPO entsprechende Norm fehlt (*Kohte* § 4 b Rz. 3). Als außerinsolvenzrechtliche Beschwerde verbleibt damit allein die berufsrechtlich begründete analoge Anwendung der Beschwerde nach § 78 c Abs. 3 ZPO, wenn ein Entpflichtungsantrag des Rechtsanwalts nach § 48 Abs. 2 BRAO abgelehnt worden ist (so auch *Jaeger/Eckardt* InsO, § 4 d Rz. 23; vgl. *OLG Köln* JurBüro 1995, 534; *Zöller/Vollkommer* ZPO, § 78 c Rz. 9; *Stein/Jonas-Bork* ZPO, § 78 c Rz. 20; zum Rechtsschutz des Schuldners s. u. Rz. 13).

C. Beschwerdemöglichkeiten des Schuldners

I. Ablehnung der Stundung

Die zentrale Beschwerdemöglichkeit betrifft die Ablehnung eines Stundungsantrages nach § 4 a Abs. 1 **6** Satz 1 InsO. Eine Stundung wird abgelehnt, wenn das Gericht einen entsprechenden Antrag des Schuldners vollständig oder teilweise abgelehnt hat (*LG Kleve* ZVI 2006, 286; zur weitergehenden Rechtslage *BGH* ZVI 2006, 285 = VuR 2006, 405). Für die Beschwerdemöglichkeit des Schuldners ist es – anders als bei der Staatskasse – unerheblich, mit welcher Begründung das Gericht die Stundung abgelehnt hat. Die Beschwerde ist sowohl in den Fällen eröffnet, in denen das Gericht die objektiven oder subjektiven Voraussetzungen der Verfahrenskostenstundung verneint hat, als auch in den Fällen, in denen das Gericht aus verfahrensrechtlichen Erwägungen einen Stundungsantrag zurückweist. Ebenfalls ist es nicht von Bedeutung, in welchem Verfahrensabschnitt der Antrag gestellt worden ist, denn die Gesetzesbegründung geht zutreffend davon aus, dass die Ablehnung einer Stundung in jedem Fall für den Schuldner gravierende Auswirkungen haben kann (BT-Drucks. 14/5680, S. 24; MünchKomm-InsO/*Ganter* § 4 d Rz. 2).
In der Judikatur zu § 127 ZPO wird der ausdrücklichen Ablehnung der Bewilligung der Fall gleichgestellt, **7** in dem eine **Entscheidung so verzögert wird, dass dies der Ablehnung gleichkommt** (dazu nur *OLG Stuttgart* AnwBl 1993, 299; *OLG Nürnberg* FamRZ 2003, 1020; *OLG Zweibrücken* NJW-RR 2003, 1653; *Zöller/Philippi* ZPO, § 127 Rz. 11; *Schoreit/Groß* BerH/PKH, 2008, § 127 ZPO Rz. 4; *E. Schneider* MDR 1998, 252 [255] und MDR 2005, 430). Obgleich durch die stundungsähnliche Wirkung des Antrages nach § 4 a Abs. 3 Satz 3 InsO dem Schuldner ein gewisser vorläufiger Rechtsschutz garantiert ist, ist doch im zügig abzuwickelnden Insolvenzverfahren die Interessenlage mit derjenigen im allgemeinen PKH-Verfahren vergleichbar. Daher ist auch bei verfahrenswidriger Verzögerung der Anträge nach § 4 a InsO der Rechtsbehelf der sofortigen Beschwerde gegeben (zurückhaltend *Jaeger/Eckardt* InsO, § 4 d Rz. 16; a. A. HK-InsO/*Kirchhof* § 4 d Rz. 4). Diese Beschwerdemöglichkeit darf nicht mit der im Insolvenzrecht überwiegend abgelehnten allgemeinen Untätigkeitsbeschwerde (dazu FK-InsO/*Schmerbach* § 6 Rz. 95; *OLG Zweibrücken* NZI 2001, 475) verwechselt werden, denn hier geht es darum, dass das Gericht verpflichtet ist, einen Antrag auf Verfahrenskostenstundung zügig zu bescheiden, so dass die verfahrenswidrige Verzögerung einer Ablehnung gleichzustellen ist (so deutlich *OLG Köln* NJW-RR 1999, 580) und nur durch eine entsprechende Beschwerde effektiver Rechtsschutz gewährt wird (*OLG Jena* FamRZ 2003, 1673).
Entscheidungen zur Verlängerung der Stundung nach § 4 b Abs. 1 oder zur Abänderung nach § 4 b Abs. 2 **8** InsO können als Ablehnung einer Stundung verstanden werden, wenn sie zur Fälligkeit des gesamten Betrags der gestundeten Beträge führen und insoweit mit der aus dem PKH-Recht bekannten Anordnung der sofortigen Zahlung aller angefallenen Kosten (s. *Kohte* § 4 b Rz. 6, 17) vergleichbar sind (vgl. *Jaeger/Eckardt* § 4 d Rz. 14; *Graf-Schlicker/Kexel* § 4 d Rz. 2; HambK-InsO/*Nies* § 4 d Rz. 2).
Entscheidungen nach § 4 b Abs. 1 InsO zur Auferlegung von Ratenzahlungen sowie Entscheidungen **9** nach § 4 b Abs. 2 InsO zur Abänderung von Stundungsbeschlüssen stehen der Ablehnung einer Bewilligung nicht gleich. Angesichts des strikten Rechtsmittelsystems im Insolvenzrechts sind solche Entscheidungen nicht der Beschwerde nach § 4 d InsO unterworfen. Dagegen kann hier die Möglichkeit einer Erinnerung in Betracht kommen (dazu u. Rz. 21).

II. Aufhebung der Stundung

10 Entscheidungen nach § 4 c InsO, mit denen eine Aufhebung der Stundung angeordnet wird, sind ebenfalls mit der sofortigen Beschwerde angreifbar, weil eine Aufhebung so nachhaltig die Lage des Schuldners verändert, dass ihm ein Rechtsmittel eröffnet werden muss (BT-Drucks. 14/5680, S. 13). Wiederum ist es für den Rechtsbehelf des Schuldners ohne weitere Bedeutung, wie die Aufhebung begründet worden ist; sämtliche Aufhebungsmöglichkeiten nach § 4 c Nr. 1–5 InsO eröffnen den Weg zur sofortigen Beschwerde.

11 Für die Beschwerdemöglichkeit ist es nicht von Bedeutung, ob ein solcher Beschluss vom Richter oder vom Rechtspfleger erlassen worden ist (so auch *Jaeger/Eckardt* InsO, § 4 d Rz. 7). Nachdem durch das 3. RPflG generell für den Rechtsschutz gegen Entscheidungen des Rechtspflegers zwischen der Möglichkeit der Erinnerung und der Möglichkeit der Beschwerde differenziert worden ist (s. FK-InsO/*Schmerbach* § 6 Rz. 37 ff.), ist auch im Insolvenzrecht bei existenziell wichtigen Entscheidungen des Rechtspflegers die sofortige Beschwerde der gesetzlich vorgesehene Rechtsbehelf.

III. Ablehnung der Beiordnung eines Rechtsanwaltes

12 Als dritte bedeutsame Fallgruppe, die dem Schuldner eine Beschwerdemöglichkeit eröffnet, ist die Ablehnung der Beiordnung eines Rechtsanwaltes statuiert worden. Diese Entscheidung ist zutreffend, denn die komplexe Gestaltung des heutigen Insolvenzverfahrens kann dazu führen, dass gerade rechtsunkundige Schuldner im Verfahren ihre Rechte nicht mehr hinreichend geltend machen können (so BT-Drucks. 14/5680, S. 24). Gerade angesichts der immer noch auffindbaren Tendenzen, aus dem Charakter des Offizialverfahrens ableiten zu wollen, dass generell Kostenhilfe und anwaltliche Beiordnung nicht geboten seien (zur Kritik zutreffend *Bruns* NJW 1999, 3445 [3449]) ist diese gesetzgeberische Entscheidung, die sich im Einklang mit der verfassungsgerichtlichen Judikatur (*BVerfG* NJW 1997, 2103 [2104]; ebenso *BSG* MDR 1998, 1367 [1368]), der überwiegenden insolvenzgerichtlichen Praxis (s. *Kohte* § 310 Rz. 21) und der prozessrechtlichen Literatur (*Zöller/Philippi* ZPO, § 121 Rz. 4 m. w. N.) befindet, zu begrüßen.

13 Als Ablehnung eines Rechtsanwalts sind zunächst die Fälle einzustufen, in denen ein Gericht eine anwaltliche Beiordnung als nicht erforderlich gem. § 4 a Abs. 2 InsO qualifiziert. Diesen gleichzustellen sind in Übereinstimmung mit der Judikatur zu § 127 ZPO die Sachverhalte, in denen ein Gericht trotz eines konkreten Schuldnerantrages einen anderen Rechtsanwalt beiordnet (*OLG Celle* Nds. Rpfl. 1995, 46), da mit einer solchen Entscheidung die Ablehnung der Beiordnung des beantragten Rechtsanwalts verbunden ist. Hat dagegen der Schuldner keinen konkreten Antrag gestellt, dann kann nachträglich keine Beschwerde erhoben werden, dass dieser Anwalt nicht beigeordnet werden solle, es sei denn, dass ein wichtiger Grund zur Aufhebung vorliegt. Ein solcher Sachverhalt steht wiederum der Ablehnung einer Beiordnung gleich, so dass der Schuldner auch beschwerdeberechtigt ist, wenn die von ihm beantragte Entpflichtung des beigeordneten Rechtsanwalts nach § 48 Abs. 2 BRAO abgelehnt worden ist (so auch *Jaeger/Eckardt* InsO, § 4 d Rz. 12; vgl. *OLG Köln* FamRZ 1992, 966; *OLG Düsseldorf* FamRZ 1995, 241; *Zöller/Vollkommer* ZPO, § 78 c Rz. 9; **a. A.** jedoch MünchKomm-ZPO/*Motzer* § 127 Rz. 25; zum Rechtsschutz des Rechtsanwalts s. o. Rz. 5).

D. Beschwerden der Staatskasse

14 Der Staatskasse wird nach § 4 d Abs. 2 InsO ein Beschwerderecht gegen die Bewilligung der Stundung eingeräumt. Allerdings ist die Staatskasse nur beschwerdeberechtigt, wenn das Insolvenzgericht bei der Gewährung der Stundung von unzutreffenden persönlichen und wirtschaftlichen Verhältnissen des Schuldners ausgegangen ist und bei richtiger Ermittlung die Stundung hätte abgelehnt werden müssen (BT-Drucks. 14/5680, S. 24; vgl. *LG Berlin* ZInsO 2003, 130 f.; *Jaeger/Eckardt* InsO, § 4 d Rz. 21; *Kübler/Prütting-Wenzel* InsO, § 4 d Rz. 4). Damit wird noch deutlicher als bei dem legislativen Vorbild des § 127 Abs. 3 ZPO der **Ausnahmecharakter dieser Beschwerdebefugnis** betont (zu § 127 ZPO *OLG Düsseldorf* MDR 1989, 827). Der Staatskasse soll nicht die Befugnis zur umfassenden Überprüfung der gerichtlichen Entscheidungen zukommen; die Beschwerdemöglichkeit soll ausschließlich im haushaltsrechtlichen Interesse die nachträgliche Durchsetzung einer zu Unrecht unterbliebenen Zahlungsan-

ordnung ermöglichen (vgl. *BGH* NJW 1993, 135 = BGHZ 119, 372 [375]; dazu auch *Uhlenbruck* InsO, § 4 d Rz. 3).

Damit steht der Staatskasse kein Beschwerderecht zu hinsichtlich der sachlichen Voraussetzungen der Verfahrenskostenstundung. Ebenso wie es ihr in den Verfahren nach § 127 ZPO (dazu nur *OLG Oldenburg* FamRZ 1996, 1428) verwehrt ist, hinreichende Erfolgsaussicht oder Mutwilligkeit der Rechtsverfolgung zu überprüfen, kann sie die nach § 4 a Abs. 1 Satz 3 InsO relevante Existenz von Versagungsgründen nach § 290 InsO kontrollieren bzw. das Fehlen (*Kübler/Prütting-Wenzel* InsO, § 4 d Rz. 4) oder die Mangelhaftigkeit dieser Erklärung geltend machen (*Jaeger/Eckardt* InsO, § 4 d Rz. 22). Genauso ist die Staatskasse nicht befugt, gegen die Beiordnung eines Rechtsanwalts und die Bedingungen der Beiordnung – ungeachtet der finanziellen Auswirkungen auf die Staatskasse – Beschwerde zu erheben (*Kübler/Prütting-Wenzel* InsO, § 4 d Rz. 4; vgl. zu § 127 ZPO *OLG Düsseldorf* MDR 1989, 827; *Zöller/Philippi* ZPO, § 127 Rz. 17). 15

Die Beschwerdebefugnis der Staatskasse beschränkt sich ausschließlich auf die Fälle, in denen eine Stundung bewilligt worden ist und die Staatskasse geltend macht, dass wegen vorhandenen Vermögens des Antragstellers eine solche Bewilligung nach § 4 a Abs. 1 Satz 1 InsO hätte unterbleiben müssen (dazu s. *Kohte* § 4 a Rz. 7 ff.). Damit sind – ähnlich wie bei § 127 ZPO – Streitigkeiten um die richtige Ermittlung und Berechnung der Kosten (*LG Berlin* ZInsO 2003, 130 [131]) sowie um die Höhe möglicher Zahlungen, die ein Schuldner aus seinem Vermögen leisten müsste, nicht erfasst (vgl. dazu nur *OLG Bamberg* JurBüro 1990, 1642). Vor allem aber sind damit die **Entscheidungen nach § 4 b InsO**, die die Höhe von Ratenzahlungen und die Abänderungen von Ratenzahlungsanordnungen betreffend, im Regelfall nicht erfasst (zur Problematik einer Anordnung der sofortigen Zahlung aller gestundeten Beträge s. Rz. 8 und Rz. 22). Die kontroverse Diskussion im PKH-Recht, ob sich das Beschwerderecht der Staatskasse auch auf Nachzahlungsanordnungen nach § 120 Abs. 4 ZPO beziehen kann, kann angesichts der restriktiveren Normstruktur nicht auf § 4 d InsO übertragen werden. Ein Beschwerderecht steht der Staatskasse auch im **Aufhebungsverfahren nach § 4 c InsO** nicht zu (*Uhlenbruck* InsO, § 4 d Rz. 3). 16

E. Sonstige Rechtsbehelfe

I. Außerordentliche Beschwerde/Gegenvorstellung

In der gerichtlichen Praxis zu § 127 ZPO war nicht selten festzustellen, dass die Vertreter der Staatskasse in Fällen, die einer Beschwerde nach § 127 Abs. 3 ZPO nicht zugänglich waren, sich darauf berufen hatten, dass die gerichtliche Entscheidung »greifbar gesetzwidrig« sei und aus diesem Grund eine außerordentliche Beschwerde statthaft sein müsse (dazu die Übersicht bei *Wax* FS Lüke, S. 941, 950 ff.). In der instanzgerichtlichen Praxis waren solche Beschwerden zunächst in bedenklichem Umfang akzeptiert worden (dazu nur *OLG Hamm* JurBüro 1993, 28), während sie später entweder grds. als unzulässig zurückgewiesen (dazu nur *OLG Oldenburg* RPfl 1994, 116) oder zumindest mangels evidenter Greifbarkeit der Gesetzwidrigkeit abgelehnt wurden (*OLG Düsseldorf* Rpfleger 1993, 251; *KG* FamRZ 2000, 838). In der Judikatur des BGH war zunächst in einem Einzelfall dieser außerordentliche Rechtsbehelf akzeptiert worden, um umgekehrt die Begrenzungen des § 127 Abs. 3 ZPO sicherzustellen, die ein Oberlandesgericht in evident gesetzwidriger Weise verkannt hatte (dazu *BGH* BGHZ 119, 372 [374] = NJW 1993, 135; vgl. *Pape* KTS 1993, 179 [183]). Später ist dieser Rechtsbehelf auf Fallgestaltungen beschränkt worden, in denen entweder das Verfahren Grundrechte der Beteiligten verletzt hatte oder die Entscheidung in ihrem sachlichen Gehalt gegen das Grundrecht auf ein objektiv willkürfreies Verfahren und damit gegen Art. 3 I GG i. V. m. dem Rechtsstaatsprinzip verstieß (*BGH* NJW 1998, 82; 2000, 590; NJW 2002, 754; *Kreft* FS Graßhof, S. 185, 189 ff.). Nachdem durch das ZPO-RG mit § 321 a ZPO ein spezifisches Instrument der Selbstkorrektur eingeführt worden war, wurde die bisherige Praxis durch den *BGH* (NJW 2002, 1577) und das *BVerfG* (NJW 2003, 1924) als unvereinbar mit dem Prinzip der Rechtsmittelklarheit kritisiert. 17

Aufgrund der Beschränkung der Beschwerdemöglichkeiten durch § 6 InsO hatte die neuere insolvenzgerichtliche Judikatur die **Möglichkeit einer Gegenvorstellung zur Selbstkorrektur** des Insolvenzgerichts akzeptiert (*OLG Karlsruhe* ZInsO 2000, 171; *OLG Celle* NZI 2001, 147 [148]; ausführlich *Pape* NZI 2003, 12 ff.; vgl. MünchKomm-InsO/*Ganter* § 6 Rz. 89). Für eine solche Gegenvorstellung wurde die Bindung an die Frist des ansonsten in Betracht kommenden Rechtsbehelfs verlangt (so HK-InsO/ 18

Kirchhof § 6 Rz. 16), doch war insgesamt keine umfassende Klarheit über Möglichkeiten und Grenzen einer analogen Anwendung von § 321 a ZPO erreicht worden (*Jaeger/Gerhardt* InsO, § 6 Rz. 27).

19 Nachdem das Bundesverfassungsgericht mit dem Plenarbeschluss vom 30. 04. 2003 eine weiterführende Korrektur zum 31. 12. 2004 verlangt hatte, ist am 14. 12. 2004 das Anhörungsrügengesetz (BGBl. I 2004 S. 3220) verkündet worden. Mit diesem Gesetz ist die **Gehörsrüge nach § 321 a ZPO** in umfassender Weise als eigenständige Selbstkorrektur des Ausgangsgerichts bei Verletzungen des rechtlichen Gehörs ausgestaltet worden. Die 2002 vorgenommene Beschränkung auf erstinstanzliche Endurteile ist aufgehoben worden. Damit ist die Gegenvorstellung auch gegenüber unanfechtbaren Beschlüssen eröffnet; durch die Verweisung in § 4 InsO ist die Gegenvorstellung nunmehr auch für das Insolvenzverfahren eindeutig anwendbar (dazu *Stephan* NZI 2004, 521 [522]; u. FK-InsO/*Schmerbach* § 6 Rz. 90). Damit ist die Gegenvorstellung nach Maßgabe von § 321 a ZPO jetzt auch bei Gehörsverletzungen im Stundungsverfahren anwendbar (vgl. zum PKH-Verfahren *OLG Naumburg* FamRZ 2007, 917).

20 Diese Gegenvorstellung ist allerdings beschränkt auf Verletzungen des rechtlichen Gehörs (dazu *Treber* NJW 2005, 97 [100]); eine umfassende Rüge anderer Gesetzwidrigkeiten bzw. von Grundrechtsverletzungen wird überwiegend abgelehnt (dazu nur *Rensen* MDR 2005, 181 [183]). Dies kann gleichwohl nicht den Weg zur früheren außerordentlichen Beschwerde wegen »greifbarer Gesetzwidrigkeit« eröffnen. In der insolvenzrechtlichen Judikatur des BGH wird angesichts des Enumerationsprinzips in § 6 InsO eine außerordentliche Beschwerde nur für solche gerichtlichen Maßnahmen eröffnet, die von vornherein außerhalb der Befugnisse liegen, die dem Insolvenzgericht von Gesetzes wegen verliehen sind (*BGH* ZInsO 2004, 550 [551]; vgl. FK-InsO/*Schmerbach* § 6 Rz. 91 f.). Für eine außerordentliche Beschwerde der Staatskasse jenseits der Grenzen des § 4 d Abs. 2 InsO besteht angesichts der jüngsten Gesetzgebung und Judikatur kein Raum (vgl. zum PKH-Recht *Zimmermann* Prozesskostenhilfe, 3. Aufl., Rz. 699).

II. Erinnerung

21 Soweit Rechtspfleger Entscheidungen treffen, gegen die der Rechtsbehelf der Beschwerde nicht gegeben ist, ist nach § 11 Abs. 2 RPflG die Erinnerung zum Insolvenzgericht eröffnet, da auf jeden Fall eine richterliche Entscheidung ermöglicht werden soll (dazu bereits BR-Drucks. 1/92, S. 110). Diese Rechtsschutzmöglichkeit ist inzwischen in der insolvenzgerichtlichen Praxis aufgenommen und präzisiert worden (dazu z. B. *AG Göttingen* ZInsO 2001, 275; 2001, 815). Im Zusammenhang mit der Verfahrenskostenstundung betrifft dieser Rechtsbehelf vor allem **die in dem Verfahren nach § 4 b InsO zu treffenden Entscheidungen** über die Verlängerung der Stundung, die Anordnung von Ratenzahlungen sowie über die Abänderung entsprechender Beschlüsse (MünchKomm-InsO/*Ganter* § 4 d Rz. 4). Damit ist der **Schuldner** in jedem Fall beteiligt und ist befugt, **Erinnerung** einzulegen und auf diese Weise eine richterliche Entscheidung zu erreichen.

22 Eine **Erinnerungsbefugnis der Staatskasse** kann sich ebenfalls aus § 11 Abs. 2 RPflG ergeben. Wegen der Verweisung auf das Beschwerdeverfahren in § 11 Abs. 2 Satz 4 RPflG gilt hier auch die Begrenzung des § 127 Abs. 3 ZPO (dazu auch *Huhnstock* Abänderung und Aufhebung der Prozesskostenbewilligung, Rz. 16 m. w. N.; vgl. HK-InsO/*Kirchhof* § 4 d Rz. 5), zumal die Staatskasse nicht von Amts wegen am Änderungsverfahren beteiligt und damit nicht bereits in dieser Funktion erinnerungsbefugt ist. Daher steht der Staatskasse die Möglichkeit der sofortigen Erinnerung bei Abänderungsentscheidungen nur dann zu, wenn sie mit der Erinnerung die Befugnis geltend macht, dass eine **Anordnung der gesamten Restzahlung** (vgl. im PKH-Recht *OLG Nürnberg* Rpfleger 1994, 421) – z. B. wegen durch einen Erbfall neu erlangten Vermögens – nach § 4 b zu erfolgen habe (generell gegen die Erinnerungsbefugnis der Staatskasse *Jaeger/Eckardt* InsO, § 4 d Rz. 38; ähnlich *Nerlich/Römermann-Becker* InsO, § 4 c Rz. 51).

F. Verfahrensrechtliches

23 Die **Einzelheiten des Beschwerdeverfahrens** ergeben sich neben den speziellen Voraussetzungen der §§ 4 d, 6 InsO vor allem gem. § 4 InsO aus den **allgemeinen Regelungen der §§ 567 ff. ZPO** (so FK-InsO/*Schmerbach* § 6 Rz. 11 ff.), wobei die Änderungen des Zivilprozessreformgesetzes vom 27. 07. 2001 (BGBl. I S. 1887 ff.) zu beachten sind.

Die Beschwerde wird nach § 569 Abs. 2 Satz 1 ZPO durch Einreichung einer Beschwerdeschrift eingelegt; nach § 569 Abs. 3 Nr. 2 ZPO kann sie hier auch durch Erklärung zu Protokoll der Geschäftsstelle eingelegt werden, da insoweit die Verfahrenskostenstundung der Prozesskostenhilfe gleichzustellen ist. 24

Die **maßgebliche Beschwerdefrist** ergibt sich hier nicht aus § 127 Abs. 2 Satz 3 ZPO, sondern aus **§ 569 Abs. 1 Satz 1 ZPO** (*Jaeger/Eckardt* InsO, § 4 d Rz. 26; HK-InsO/*Kirchhof* § 4 d Rz. 8), denn die durch das ZPO-RG vorgenommene Anpassung des § 127 ZPO an die Berufungsfrist (BT-Drucks. 14/4722, S. 76) kann nicht in das Insolvenzrecht transferiert werden. Der 2003 veröffentlichte Diskussionsentwurf des BMJ zur Änderung der InsO machte deutlich, dass auch für die Staatskasse die Frist des § 569 Abs. 1 Satz 1 ZPO gilt (*Jaeger/Eckardt* InsO, § 4 d Rz. 27). Da die damals geplanten Ergänzungen (dazu *Stephan* ZVI 2003, 145 [152]) nicht kodifiziert wurden, ergibt sich bei fehlender Zustellung des Beschlusses an die Staatskasse eine Fristbegrenzung nur aus § 569 Abs. 1 Satz 2 ZPO (so HK-InsO/*Kirchhof* § 4 d Rz. 7). 25

Die Beschwerde soll nach § 571 Abs. 1 ZPO begründet werden. Fehlt eine Begründung, ergibt sich daraus allerdings keine Unzulässigkeit der Beschwerde; der Vorsitzende oder das Beschwerdegericht können dem Beschwerdeführer jedoch nach § 571 Abs. 3 Satz 1 für das Vorbringen von Angriffs- und Verteidigungsmitteln eine Frist setzen. Wird diese schuldhaft versäumt, kann eine Präklusion der Partei eintreten. Damit hat die Gesetzgebung auf die bisherige verfassungsgerichtliche Judikatur (*BVerfG* NJW 1982, 1635), wonach eine **allgemeine Präklusion im Beschwerdeverfahren unzulässig** ist, geantwortet und einen Rahmen für eine mögliche Präklusion gesetzt (BT-Drucks. 14/4722, S. 113). Zugleich ist damit noch einmal verdeutlicht worden, dass bei Beschwerden gegen die Aufhebung einer Stundung nach § 4 c InsO dem Beschwerdeführer im Rahmen der Fristen nach § 571 ZPO neues Vorbringen gestattet ist und damit auch z. B. die fehlende Erklärung nach § 4 c Nr. 1, 2. Alt. InsO abgegeben bzw. die verschlechterte wirtschaftliche Lage bei Widerruf wegen Zahlungsrückstand nach § 4 c Nr. 3 InsO eingebracht werden kann (vgl. *LG Mühlhausen* 12. 10. 2007 – 2 T 256/07 – juris). Dies bestätigt diejenigen Entscheidungen, die bereits bisher die verfassungsgerichtliche Judikatur zur fehlenden Präklusion im Beschwerdeverfahren beachtet hatten (z. B. *LAG Köln* MDR 2001, 236; vgl. *Kohte* § 4 c Rz. 23) und setzt nunmehr für die zügige Erledigung des Verfahrens einen klaren verfahrensrechtlichen Rahmen. 26

Auf den Eingang einer Beschwerde hat das Insolvenzgericht nach § 572 Abs. 1 Satz 1 ZPO zu überprüfen, ob der Beschwerde abzuhelfen ist. Falls eine Abhilfe nicht erfolgt, so ist diese Entscheidung regelmäßig zu begründen (vgl. nur *Zöller/Gummer* ZPO, § 572 Rz. 11; *OLG München* MDR 2004, 291); die Beschwerde ist danach unverzüglich dem Beschwerdegericht vorzulegen. Diese Möglichkeit der Selbstkontrolle ist sowohl dem Richter als auch dem Rechtspfleger eröffnet, so dass sie in den verschiedenen Verfahren nach § 4 d InsO eingreift. 27

Das Beschwerdegericht entscheidet in den hier genannten Verfahren nach § 568 Abs. 1 Satz 1 ZPO regelmäßig durch eines seiner Mitglieder als Einzelrichter. Angesichts der neuen Fragen, die das Recht der Verfahrenskostenstundung aufweist, wird es sich jedoch anbieten, dass regelmäßig die Möglichkeit der Übertragung an das Beschwerdegericht nach § 568 Abs. 1 Satz 2 ZPO geprüft wird. Wenn das Beschwerdegericht die Beschwerde für begründet hält, so wird es vor allem bei den komplexen Aufhebungsverfahren nach § 4 c InsO nicht selten geboten sein, nach § 572 Abs. 3 ZPO von der Möglichkeit der Zurückverweisung Gebrauch zu machen. Die Entscheidung über die Beschwerde erfolgt durch Beschluss. 28

Mit der Einfügung der Beschwerdemöglichkeit in das Rechtsmittelsystem der InsO ist die vor 2001 umstrittene (zum damaligen Streitstand *Kohte* § 310 Rz. 22) und vom *BGH* (NJW 2000, 1869) verneinte Frage nach der Möglichkeit einer weiteren Beschwerde ebenfalls entschieden worden. Unter den Voraussetzungen des § 7 InsO ist die **Rechtsbeschwerde gegen Entscheidungen der Beschwerdegerichte** zulässig, so dass zentrale Fragen der Verfahrenskostenstundung zügig einer umfassenden höchstrichterlichen Klärung zugeführt werden können. Die entsprechenden Erwartungen (vgl. dazu *Pape* ZInsO 2001, 587 [589]) sind in der Praxis des BGH nachhaltig aufgegriffen worden (z. B. *BGH* ZInsO 2005, 265 m. Anm. *Grote* = VuR 2005, 269 m. Anm. *Kohte*; *BGH* NZI 2006, 712 = VuR 2007, 34 m. Anm. *Kohte*). 29

Im Übrigen gelten für das Beschwerdeverfahren gem. § 4 InsO die allgemeinen zivilprozessrechtlichen Regeln. Dem Schuldner ist daher, sofern die persönlichen Voraussetzungen vorliegen, **für das Beschwerdeverfahren bzw. das Rechtsbeschwerdeverfahren Prozesskostenhilfe** nach §§ 114 ff. ZPO zu bewilligen (*BGH* NJW 2002, 2793 [2794]; 2003, 2910 [2911]; FK-InsO/*Schmerbach* § 13 Rz. 78; MünchKomm-InsO/*Ganter* § 4 d Rz. 14). Damit ist sichergestellt, dass der Rechtsschutz des Schuldners in den existenziellen Fragen, ob ihm Verfahrenskostenstundung bewilligt bzw. die Bewilligung aufrechterhalten wird, nicht an fehlenden finanziellen Mitteln scheitert. 30

Achter Teil
Restschuldbefreiung

Vorbemerkungen vor §§ 286 ff. InsO
Rechtstatsächlicher Hintergrund der Reform
Internationale Erfahrungen und Konsequenzen

Inhaltsübersicht:

	Rz.
A. Vorbemerkung	1
B. Konsumentenkredite	2
C. Überschuldung	3– 6
D. Folgen der Überschuldung	7– 8
E. Materiellrechtliche Konsequenzen der Überschuldung	9–17
F. Internationale Erfahrungen	18–29
I. USA	19–21
II. Großbritannien und Frankreich	22–24
III. Skandinavien und Niederlande	25–26
IV. Mitteleuropa	27–28 a
V. Fazit	29–30
G. Insolvenzrechtliche Konsequenzen	31–38

Literatur:

Ahrens Entschuldungsverfahren und Restschuldbefreiung, NZI 2007, 193; *Arbeitsgemeinschaft der Verbraucherverbände u.a.* Schuldenreport 1999; *Backert* Soziale Ungleichheit und Sozialstrukturanalyse, Tagungsvortrag auf der Frühjahrstagung der DGS-Sektion in Hamburg am 21. 03. 1997; *ders.* Leben im modernen Schuldturm, Überschuldung von Privathaushalten und sozialen Milieus in den neuen und alten Bundesländern, 2003; *Bundesministerium für Familie, Senioren, Frauen und Jugend* (Hrsg.), Lebenslagen von Familien und Kindern – Überschuldung privater Haushalte, in: Materialien zur Familienpolitik Nr. 19, 2004; *Deutscher Bundestag* Lebenslagen in Deutschland, Erster Armuts- und Reichtumsbericht BT-Drucks. 14/5990; *Diakonisches Werk der evangelischen Kirche in Deutschland* Menschen im Schatten, 1997; *Dieterich* Bundesverfassungsgericht und Bürgschaftsrecht, WM 2000, 11 ff.; *Fischer* Aktuelle höchstrichterliche Rspr. zur Bürgschaft und zum Schuldbeitritt WM 2001, 1049 ff.; *Fischer/Ganter/Kirchhof* Schutz des Bürgen, in: Geiß u. a. (Hrsg.), Festschrift 50 Jahre Bundesgerichtshof, 2000, S. 33 ff.; *Hasse* Der neue Pfändungsschutz der Altersvorsorge und Hinterbliebenenabsicherung, VersR 2007, 870; *ders.* Zwangsvollstreckung in Kapitallebensversicherungen – Eine kritische Bestandsaufnahme de lege lata, VersR 2005, 15; *Hergenröder* Schulden ohne Ende oder Ende ohne Schulden?, DZWIR 2001, 397 ff.; *ders.* Verbraucherinsolvenz und Restschuldbefreiung – Auslaufmodell oder Zukunftskonzept?, Festschrift für Konzen zum siebzigsten Geburtstag, 2006, S. 287 ff.; *Kirchhof* Das Verbraucherinsolvenzverfahren aus Gläubigersicht, ZInsO 1998, 54 ff.; *Kohte* Vertragsfreiheit und gestörte Vertragsparität, ZBB 1994, 172 ff.; *Korczak* Überschuldung in Deutschland zwischen 1998 und 1999, Gutachten der GP Forschungsgruppe 2001; *ders.* Überschuldungssituation in Deutschland im Jahr 1997, Expertise der GP-Forschungsgruppe, Weiler 1998; *ders.* Marktverhalten, Verschuldung und Überschuldung privater Haushalte in den neuen Bundesländern, 1997; *Korczak/Pfefferkorn* Überschuldungssituation und Schuldnerberatung in der Bundesrepublik Deutschland, 1992; *Krüger* Alternative Konfliktregelung und Verbraucherinsolvenzverfahren, NZI 2000, 151 ff.; *ders.* Angehörigenbürgschaften – keine Sittenwidrigkeit bei Möglichkeit der Restschuldbefreiung?, MDR 2002, 855 ff.; *Landesarbeitsamt Nordrhein-Westfalen* (Hrsg.) Zur Überschuldung von Arbeitslosen, 1996; *Ministerium für Arbeit, Gesundheit und Soziales NRW* Landessozialbericht, Verschuldung, Überschuldung und Schuldnerberatung, 1993; *Möller* Schulden der Verbraucher, 1994; *Nobbe/Kirchhof* Bürgschaft und Mithaftungsübernahme finanziell überforderter Personen, BKR 2001, 5 ff.; *Pfab* Die Sittenwidrigkeit von Arbeitnehmerbürgschaften, Jura 2005, 737 ff.; *Oberhammer* Sittenwidrigkeit und Haftungszweck von Ehegattenbürgschaften, DZWIR 2000, 45 ff.; *Raab/Neuner* (Hrsg.) Verbraucherinsolvenz und Restschuldbefreiung, 2001; *Reifner* in: Der neue Schuldenreport, Arbeitsgemeinschaft der Verbraucherverbände e. V. (Hrsg.), 1995; *Römer* Die kapitalbildende Lebensversicherung nach dem neuen Versicherungsvertragsgesetz, DB 2007, 2523 ff.; *Schnabl* Kehrtwende in der Rechtsprechung zu sittenwidrigen Bürgschaftsverträgen, WM 2006, 706 ff.; *Tiedtke* Die Rechtsprechung des BGH auf dem Gebiet des Bürgschaftsrechts seit 2003, NJW 2005, 2498; *Verbraucherzentrale Bundesverband* (Hrsg.), Schuldenreport 2006; *Wagner* Die Sittenwidrigkeit von Angehörigenbürgschaften nach Einführung der Restschuldbefreiung und Kodifizierung der c. i. c., NJW 2005, 2956 ff.; *Wimmer* Das Gesetz zum Pfändungsschutz der Altersvorsorge unter besonderer Berücksichtigung der Hinterbliebenenversorgung, ZInsO 2007, 281; *Zimmermann/Freeman* Die Gewährleistung des Existenzminimums bei der Forderungspfändung, ZVI 2008, 374 ff.; *Zöllner* Die Bürgschaft des Nichtunternehmers, WM 2000, 1 ff.

Literatur zum internationalen Recht:

Ackmann Schuldbefreiung durch Konkurs?, 1983; *ders.* Neue Wege zur Bereinigung von Verbraucherinsolvenzen, KTS 1986, 555 ff.; *App* Zur Restschuldbefreiung im französischen Recht, DGVZ 1991, 180; *Balz* Insolvenzverfahren für Verbraucher, ZRP 1986, 12 ff.; *Bogdan* Das neue schwedische Schuldensanierungsgesetz, ZEuP 1995, 617 ff.; *Brönnimann* Zur Revision des Schweizer Schuldbeitreibungs- und Konkursrechts, ZZPInt 2 (1997), 199 ff.; *Dellinger/Oberhammer* Insolvenzrecht, 2. Aufl., Wien 2004; *Ehricke* Verbraucherinsolvenz und Restschuldbefreiung in den Mitgliedstaaten der EU, S. 285 ff.; *Exner* Schuldbefreiung in Norwegen, KTS 1992, 547 ff.; *Ferrand* Das französische Schuldensanierungsgesetz vom 31. Dezember 1989 und seine Anwendung durch die Zivilgerichte, ZEuP 1995, 600 ff.; *Forsblad* Restschuldbefreiung und Verbraucherinsolvenz im künftigen deutschen Insolvenzrecht, 1997; *Graeber* Das private Entschuldungsverfahren in Frankreich, ZInsO 2002, 920; *Giese/Krüger* Das Insolvenzrecht in der Tschechischen Republik – Ein Überblick, NZI 2008, 12 ff.; *Hergenröder* Internationales Verbraucherinsolvenzrecht, ZVI 2005, 233; *Hergenröder/Alsmann* Das Privatinsolvenzrecht auf der britischen Insel, ZVI 2007, 337 ff.; *Hölzle* Wege in die Restschuldbefreiung und Schuldenerlass im Exil – Oder: Lohnt die Flucht nach Frankreich wirklich?, ZVI 2007, 1 ff.; *Hugger* Neuer Überschuldungsschutz privater Darlehensnehmer in Frankreich, RIW 1990, 527 ff.; *Huls* Overindebtedness and Overlegalization, JCP 1997, 143; *Jahn/Sahm* Insolvenzen in Europa, 4. Aufl. 2004; *Klopp* Restschuldbefreiung und Schuldenregulierung nach französischem und deutschem Recht, KTS 1992, 347 ff.; *Köhler* Reform des Verbrauchersanierungsverfahrens in Frankreich – der lange Weg zur Restschuldbefreiung, ZVI 2003, 626 ff.; *Konecny* Insolvenzverfahren bei natürlichen Personen in Österreich, ZEuP 1995, 589 ff.; *Koskelo* Schuldensanierung für Privatpersonen in Finnland, ZEuP 1995, 622 ff.; *Laroche* Entschuldung natürlicher Personen und Restschuldbefreiung nach deutschem und niederländischem Recht, 2003; *Mikami* Konsumentenkonkurs und Restschuldbefreiung in Japan, DGVZ 1995, 17 ff.; *Mohr* Der Privatkonkurs in Österreich, ZInsO 1998, 311; *Springeneer* Das österreichische Abschöpfungsverfahren: Brauchbare Vorlage für die Reform des deutschen Verbraucherinsolvenzrechts?, VuR 2005, 411 ff.; *dies.* Der insolvenzrechtliche Umgang mit »Masselosen«: Die US-amerikanische »Straight liquidation«, die französische »Retailblissement personnelle« und die britische »Debt relief order«, VuR 2005, 441 ff.; *Reifner/Springeneer* Das niederländische Gesetz über die Schuldensanierung natürlicher Personen: Evaluation der Praxis, VuR 2001, 319 ff.; *Schulte* Die europäische Restschuldbefreiung, 2001; *Trendelenburg* Restschuldbefreiung, 2000; *Wenzel* Die Restschuldbefreiung in der deutschen und österreichischen Insolvenzrechtsreform, KTS 1993, 187; *Wimmer* Die Verordnung (EG) Nr. 1346/2000 über Insolvenzverfahren, ZInsO 2001, 97.

A. Vorbemerkung

1 Die drastisch gestiegene Überschuldungsquote privater Haushalte hat den Gesetzgeber dazu veranlasst, ein Instrumentarium zur Restschuldbefreiung einzuführen. Das Ausmaß der Überschuldungssituation und die Folgen für den Betroffenen sollen nachfolgend dargestellt werden.

B. Konsumentenkredite

2 Die **Verschuldung privater Verbraucher** ist in der Bundesrepublik Deutschland in den letzten Jahrzehnten ständig gestiegen. Betrug die Verschuldung für nicht grundpfandrechtlich gesicherte Kredite 1950 noch DM 3,60 pro Kopf, so stieg sie bis zum Jahr 2003 auf durchschnittlich 8.800 € pro Haushalt (*VZBV* Schuldenreport 2006, S. 80), was bei einer durchschnittlichen Haushaltsgröße von 2,1 in etwa einer pro-Kopf-Verschuldung von 4.200 € entspricht. Die Verlockung zum Konsum ist durch großzügig eingeräumte Kreditierungsmöglichkeiten der Kreditinstitute und Anbieter stetig größer geworden. Die bargeldlose Zahlung insbesondere durch den Einsatz von EC- und Kreditkarten verringert dabei die Hemmschwelle zum Konsum. In der Bundesrepublik gab es 2001 ca. 72 Mio. EC-Karten (Maestro Bankkundenkarten) und ca. 22 Mio. Kreditkarten (Bundesverband Deutscher Banken/Statistik). Verschuldung für Konsumgüter ist in der modernen Industriegesellschaft selbstverständlich geworden; Doku-

Soaps über Schuldnerkarrieren laufen im Fernsehen zur besten Sendezeit. Die Strukturveränderungen im Konsumentenverhalten und steigende Ansprüche im Konsumgüterbereich tragen maßgeblich zur Verbraucherverschuldung bei (*Forsblad* S. 27).

Auch in den **neuen Bundesländern** hat sich die Situation nach dem Fall der Mauer entscheidend verändert. Während in der DDR der Konsumentenkredit kaum von Bedeutung war, ist die Bereitschaft zur Kreditaufnahme in den neuen Ländern explosionsartig gestiegen. Grund dafür war nach einer Studie im Auftrag des Bundesministeriums für Familie, Senioren, Frauen und Jugend vor allem die Deckung des konsumtiven Nachholbedarfs (*Korczak* a. a. O., S. 13). Im Jahre 1991 hatten bereits 29% der befragten Haushalte in den neuen Bundesländern seit 1989 einen oder mehrere Kredite aufgenommen, 1995 waren es sogar 67% (*Korczak* a. a. O., S. 156). Mittlerweile unterscheiden sich die Verschuldungsraten in den neuen und alten Bundesländern nur noch marginal (Schuldenreport 2006, S. 80 m. w. N.). Das Konsumentenkreditvolumen ist in Ostdeutschland von DM 556 (1990) auf € 3.560 (2003) pro Kopf gestiegen (Schuldenreport 2006, S. 80). Nicht erfasst hiervon ist die nicht unerhebliche Verschuldung bei Versandhäusern und Warenlieferanten und Dienstleistungsanbietern. Ein Großteil der Kredite wird zur Finanzierung gehobener Konsumgüter aufgenommen, am häufigsten für Autos und Möbel (*Korczak / Pfefferkorn* a. a. O., S. 106). In fortgeschrittenen Stadien der Verschuldung ist immer häufiger zu beobachten, dass insbesondere Ratenkredite zur Ablösung überzogener Girokonten aufgenommen werden und somit indirekt der Finanzierung des allgemeinen Lebensbedarfes dienen (vgl. *Reifner* a. a. O., S. 11). Auch **Jugendliche** und junge Erwachsene sind bereits häufig verschuldet. Nach der Einkommens- und Verbrauchsstichprobe 2003 hatten bereits 12,8% dieser Altersgruppe Schulden, nach der Jugendstudie des DGB sogar 34,6% (beide zitiert nach Schuldenreport 2006, S. 101 ff. m. w. N.).

C. Überschuldung

Während die Verschuldung für die Anschaffung von Konsumgütern gesellschaftlich erwünscht ist, ist die **Überschuldung** die zwingende, aber problematische Schattenseite der modernen Konsumgesellschaft. Überschuldung liegt vor, wenn nach Abzug der notwendigen Lebenshaltungskosten der verbleibende Einkommensrest nicht mehr zur Erfüllung der Zahlungsverpflichtungen reicht. Sie führt nicht nur zu einer ökonomischen, sondern auch psychosozialen **Destabilisierung von Schuldnern** (*Korczak / Pfefferkorn* a. a. O., S. XXI). Nach neueren Untersuchungen ist die Quote der überschuldeten Haushalte in der Bundesrepublik auf 7% gestiegen (Armutsbericht der Bundesregierung BT-Drucks. 14/5990 S. 14). Insgesamt gab es 1994 rund 1,96 Millionen überschuldete Haushalte (*Korczak* a. a. O., S. 205). Mittlerweile ist die Zahl auf 3,13 Millionen gestiegen (Schuldenreport 2006, S. 17; Armutsbericht der Bundesregierung BT-Drucks. 14/5990 S. 63 ff.). Die Inkassobranche geht für das Jahr 2007 sogar von 3, 5 Mio. überschuldeten Haushalten aus, was einer Zahl von 7,34 Mio. betroffenen Schuldnern entspricht (Schuldenatlas 2007, S. 4, www.creditreform.de). 3

Als Grund für den **Übergang von der Ver- in die Überschuldung** werden meist drei Ursachen ausgemacht: Arbeitslosigkeit, Scheidung und unökonomische Haushaltsführung (*Landessozialbericht NRW* S. 99 f.). Die Begriffe sind dabei weit zu fassen, auch der Wegfall eines Nebenverdienstes, der Wegfall von Überstunden oder die Reduzierung der Stelle wegen Kinderbetreuung sind oft mit empfindlichen Einschnitten in das Familienbudget verbunden, die zur Zahlungsunfähigkeit führen.

Aber nicht nur die Aufnahme von Konsumentenkrediten kann zur Überschuldung führen, auch gescheiterte Baufinanzierungen oder Gewerbetätigkeiten führen oft zu ausweglos hohen Schuldverpflichtungen. Die Zahl der Zwangsversteigerungen von Immobilien ist in den letzten Jahren von 20.824 in 1992 auf 91.800 in 2007 gestiegen (Süddeutsche Zeitung vom 31. 12. 2007). **Gescheiterte Baufinanzierungen** führen nicht nur zu einem Verlust des Objektes, sondern hinterlassen häufig erhebliche Restverpflichtungen, für die die Kreditnehmer persönlich haften. 4

Im **gewerblichen Bereich** ist die Zahl der Unternehmensinsolvenzen nach zwischenzeitlichen Steigerungen mittlerweile in etwa konstant. Im Jahr 1995 betrug die Zahl der angemeldeten Konkurse 29.000, im Jahr 2007 betrug die Zahl der Unternehmensinsolvenzen 27.490 (creditreform.de). Die Zahl der Verbraucherinsolvenzen hat dagegen mittlerweile die Marke der 100.000 gesprengt. 109.330 Personen beantragten in 2007 bei den Insolvenzgerichten in Deutschland die Restschuldbefreiung. 5

Auch die Zahl der **Zwangsvollstreckungsmaßnahmen** und der damit verbundenen unmittelbaren und mittelbaren Folgen für die Schuldner ist in den letzten Jahren deutlich gestiegen. Dies gilt insbesondere für 6 die Verfahren zur Abgabe der Eidesstattlichen Versicherung, die als wesentlicher Indikator für das Vorliegen von Überschuldung angesehen werden. Die Zahl der abgegebenen Eidesstattlichen Versicherungen stieg von 751.030 in 1999 auf 1.083.332 in 2004 (Quelle: *Bürgel* zitiert nach Schuldenreport 2006, S. 29). Die Zahl der beantragten Eidesstattlichen Versicherungen liegt deutlich höher. Bzgl. der Häufigkeit von Lohn und Gehaltspfändungen gibt es keinerlei offizielle Statistiken. Die GP-Studie geht davon aus, dass etwa 2% der Erwerbstätigen von Lohn- und Gehaltspfändungen betroffen sind (*Korczak* a. a. O., S. 184). In einer Untersuchung der Landesarbeitsämter Nordrhein-Westfalen und Baden-Württemberg ist bei der Auswertung der Unterlagen von zwölf Arbeitsämtern ermittelt worden, dass durchschnittlich 7,9% der Leistungsempfänger von Pfändungen ihrer Ansprüche betroffen waren (*Landesarbeitsamt NRW* a. a. O., S. 33).

Das Risiko der Überschuldung ist in den unteren Segmenten der Sozialstruktur besonders hoch. Aber nicht nur einkommensschwache Haushalte sind von Überschuldung betroffen, die Welle der Überschuldung hat mittlerweile auch den **Mittelstand** erreicht (vgl. »Da komme ich nie mehr raus«, Spiegel Nr. 14/1998, S. 58 f.). Allerdings befinden sich Menschen am unteren Ende der sozialstrukturellen Skala in einem doppelten Dilemma: Einerseits sind sie aufgrund ihres Einkommens auf Kredite angewiesen, um an den konsumtorischen Möglichkeiten der modernen Gesellschaft teilzunehmen, andererseits wird hierdurch für sie das Risiko besonders hoch, statt der gewünschten Inklusion in die moderne Konsumwelt dauerhafte Exklusion am Rande der Pfändungsfreigrenzen zu erfahren (*Backert* a. a. O., [1997] S. 5 f.).

D. Folgen der Überschuldung

7 **Lohnpfändungen** führen wegen der hiermit verbundenen befürchteten Unzuverlässigkeit der Arbeitnehmer, aber auch wegen des mit Pfändungen verbundenen Bearbeitungsaufwandes der Personalabteilungen häufig zu einer **Beendigung von Arbeitsverhältnissen oder Nichteinstellung** (*Landesarbeitsamt NRW* a. a. O., S. IX), obgleich eine Kündigung des Arbeitsverhältnisses beim Vorliegen von Pfändungen nur in seltenen Ausnahmefällen sozial gerechtfertigt ist (*BAG NJW* 1982, 1062; KR-*Etzel* 5. Aufl., § 1 KSchG Rz. 482; *Stöber* Forderungspfändung, 2005, Rz. 934 m. w. N.). Aber nicht nur das Arbeitsverhältnis ist – vor allem während der Probezeit – gefährdet, Überschuldung führt häufig zu Eheproblemen (*Möller* a. a. O., S. 17), Kriminalität, Ausgrenzung, Gewalt, Obdachlosigkeit, Verwahrlosung, Sucht, chronischer Krankheit und Sozialhilfebezug (*Korczak* a. a. O., S. 161). **Schulden bedrohen die Existenz**, wenn Mietrückstände zu einer Wohnraumkündigung führen, und Energierückstände zur Regelfolge der Stromsperre. In den neuen Bundesländern ist bei jeder dritte Haushalt Miet- oder Energieschulden (*Korczak* a. a. O., S. 230). In Bayern haben 80.000 Haushalte Energieschulden, die in Zusammenhang mit Überschuldung stehen (*Bayerischer Armutsbericht* a. a. O., S. 97). Neben den individuellen, sozialen und gesellschaftspolitischen Folgen zieht die Überschuldung immer größerer Bevölkerungsteile aber auch volkswirtschaftliche Konsequenzen nach sich, da sie zum Ausfall von Steuern und Sozialabgaben führt. Die praktisch lebenslange Nachhaftung drängt Menschen in die Schattenwirtschaft und in die Schwarzarbeit ab, wenn nicht ihre Fähigkeiten der Volkswirtschaft ganz verloren gehen (BT-Drucks. 12/1443 S. 81).

8 **Überschuldung und Arbeitslosigkeit** stehen in engem Zusammenhang. Jeder zweite Schuldner ist arbeitslos (*Landessozialbericht NRW* S. 110; *Korczak* a. a. O., S. 232). Einerseits gilt Arbeitslosigkeit als Auslöser für Überschuldung, andererseits führt Überschuldung zum Verlust des Arbeitsplatzes (*Landesarbeitsamt NRW* a. a. O., S. IX; *Hergenröder* S. 397 [400]). Darüber hinaus verfügen Arbeitslose nur über geringe Einkünfte, so dass Schuldensanierungen oft unmöglich sind, wenn den Gläubigern keine oder nur geringe Beträge zur Schuldrückführung angeboten werden können.

Schulden können zu erheblichen **gesundheitlichen Problemen** führen. Nach einer Untersuchung der Uni Mainz besteht bei überschuldeten Personen ein zwei- bis dreifach erhöhtes Risiko, an bestimmten Krankheiten zu erkranken. In mehr als der Hälfte der Fälle begünstigt die Überschuldung psychische Erkrankungen (ASG Studie der Uni Mainz, s. dazu den Entwurf des Armuts- und Reichtumsbericht, S. 96, download:www.sozialpolitik-aktuell.de).

Besonders von Überschuldung betroffen sind aus demselben Grund auch allein erziehende **Mütter und Familien** mit mehreren minderjährigen Kindern (*Landesarbeitsamt NRW* a. a. O., S. 17). Oft haften insbesondere geschiedene Ehefrauen gesamtschuldnerisch für die gesamten Schulden aus der Ehezeit, können aber wegen der Kinderbetreuung lange Zeit kein pfändbares Einkommen erwirtschaften und keine Tilgungsbeträge leisten. Sind die Kinder dann erwachsen, ist der Schuldenberg so hoch, dass er nicht mehr abtragbar ist. Aber auch die **Kinder** selbst sind durch die Belastung ihrer Eltern und die Stigmatisierung durch die Ausgrenzung vom Konsum psychisch und gesundheitlich betroffen und diskriminiert (*Walper* Auswirkungen von Armut auf die betroffenen Kinder und Jugendlichen, in: Expertise zur Lebenslage von Familien und Kindern – Überschuldung privater Haushalte, Bundesministerium FSFJ, Materialien zur Familienpolitik Nr. 19/2004). Unter den überschuldeten Haushalten befanden sich 1999 rund 1,2 Mio. Familien mit 2 Mio. Kindern. Armut beschädigt ihr Selbstwertgefühl und kann sie nachhaltig entmutigen. Den Betroffenen fällt es im späteren Leben schwerer, sich einen befriedigenden Platz im beruflichen, privaten und sozialen Leben zu sichern (ausführlich hierzu Erster Armutsbericht BT-Drucks. 14/5990 S. 11).

Überschuldung führt zur Notwendigkeit eines sorgfältigen Management des Mangels, zu dem allerdings nur die wenigsten der Betroffenen selbstständig in der Lage sind (vgl. *Backert* a. a. O., [1997] S. 9). Geringste Zahlungsverzögerungen z. B. bei Sozialleistungen führen zu existentiellen Nöten, möglicherweise getroffene Zahlungsvereinbarungen mit den Gläubigern können nicht mehr eingehalten werden (*Backert* a. a. O.).

Überschuldete geraten in einen **Teufelskreis von Armut**, wobei die Handlungsfreiheit der Betroffenen in noch stärkerem Maße eingeschränkt ist, als dies in anderen Armutslagen der Fall ist (*Backert* a. a. O., [1997] S. 14). Ohne ein korrektives Reglement gibt es für die meisten Betroffenen keinen Ausweg aus dieser Situation. Überschuldung ist mit eine Ursache der **steigenden Zahl von Sozialhilfeempfängern und Langzeitarbeitslosen** und hindert diese an einer Reintegration in die Gesellschaft. Dabei sind, wie eine Studie zeigt, längst nicht alle in Armut lebenden Menschen von den offiziellen Statistiken erfasst. Hiernach kommen auf 10 Bezieher von Hilfe zum Lebensunterhalt nach dem Bundessozialhilfegesetz fast 17 verdeckt arme Personen, die faktisch unter dem gesetzlich fixierten Existenzminimum leben (*Diakonisches Werk der evangelischen Kirche in Deutschland* a. a. O., S. 13 f.). Will man diesen Menschen eine Chance geben, so geht das nur, wenn auch die Schuldenbarriere überwunden werden kann. Da dies mit dem Instrumentarium nicht möglich ist, sind grundlegende Lösungen dringend erforderlich.

E. Materiellrechtliche Konsequenzen der Überschuldung

Im **klassischen Zivilrecht** wurde Überschuldung materiellrechtlich eingedämmt durch **Ausgrenzung des Schuldners**, denn bei schwerwiegender Überschuldung, die zur Gefährdung der wirtschaftlichen Existenz des Schuldners und möglicherweise seiner Familie führte (dazu *OLG Zweibrücken* FamRZ 1967, 55; MünchKomm-BGB/*Gitter* 2. Aufl., § 6 Rz. 20 ff.), erfolgte die **Entmündigung nach § 6 Abs. 1 Nr. 2 BGB** wegen Verschwendung. Dieser Versuch, Stadien der Überschuldung durch Pathologisierung des Schuldners zu erfassen, musste sowohl fachlich als auch praktisch scheitern (dazu rechtstatsächlich *in der Beeck/Wuttke* NJW 1969, 2286), so dass Überschuldung im heutigen Privatrecht i. d. R. nicht mehr die Geschäftsfähigkeit des Schuldners in Frage stellt. Wie die wertungsparallele Aufhebung der früheren strikten Ausgrenzung des Gemeinschuldners vom Recht der elterlichen Sorge in § 1670 BGB zeigt (vgl. zur Neuregelung der elterlichen Sorge in der Insolvenz BT-Drucks. 12/3803 S. 79; *Staudinger/Coester* 14. Aufl., § 1666 BGB Rz. 174), soll im heutigen Zivilrecht Überschuldung nur zu differenzierten und abgestuften materiellrechtlichen Konsequenzen führen. Nur wenn eine **Betreuung** mit **konkretem Einwilligungsvorbehalt** (dazu *BayObLG* FamRZ 1997, 902 [904] sowie 2001, 1245 m. Anm. *Bienwald*) angeordnet ist, sind ohne Zustimmung des Betreuers (s. *Kohte* § 304 Rz. 5) begründete Verbindlichkeiten unwirksam.

Ergänzend wird in der zivilrechtlichen Judikatur seit längerer Zeit thematisiert, ob und wann **wirtschaftliche Überforderung** zur **Nichtigkeit** eines Kreditvertrages **nach § 138 BGB** führen kann. Vereinzelt waren in der instanzgerichtlichen Praxis Entscheidungen ergangen, die mit Hilfe der §§ 850 c ff. ZPO bzw. § 138 BGB einfache und rigorose Lösungen getroffen hatten (dazu nur *LG Lübeck* NJW 1987, 959; *OLG Stuttgart* NJW 1988, 833). Diese Lösungen sind vor allem in der Judikatur des BGH verworfen worden (dazu nur *BGH* NJW 1989, 1665 [1666]; ausführlich *Wenzel* Die Restschuldbefreiung in den neuen Bundesländern, 1994, S. 12 ff.). Damit ist jedoch die wirtschaftliche Überforderung nicht vollständig als Kriterium bei der Bewertung von Schuldverträgen verabschiedet worden. Die Bedeutung dieser Kategorie zeigt sich bei einer näheren Untersuchung verschiedener Fallgruppen.

11 Eine breit angelegte und differenzierte Judikatur zur materiellrechtlichen Bedeutung der wirtschaftlichen Überforderung ist in den letzten acht Jahren für die **Fallgruppe der Mithaftung** – vor allem **Bürgschaft oder Schuldbeitritt** – naher Angehöriger entwickelt worden. Ausgangspunkt waren mehrere Entscheidungen des Bundesverfassungsgerichts (*BVerfG* NJW 1994, 36; 1994, 2749; authentische Interpretation bei *Dieterich* WM 2000, 11; zum verfassungsrechtlichen Vollstreckungsschutz von Altfällen *BVerfG* ZVI 2006, 566 ff.; dazu *Ernst* ZVI 2006, 558 ff.), in denen von den Zivilgerichten die Anwendung der Generalklauseln zur Sicherung der grundrechtlichen Gewährleistung der Privatautonomie verlangt wird, wenn bei einem Vertrag **eine der beiden Vertragsparteien infolge strukturell ungleicher Verhandlungsstärke ungewöhnlich stark belastet wird** (zu den zivilrechtlichen Konsequenzen *Wiedemann* JZ 1994, 411 ff.; *Grün* WM 1994, 713 ff.; *Kohte* ZBB 1994, 172 ff.). In der folgenden Rspr. haben der IX. und der XI. Zivilsenat des BGH in einem mitunter spannungsreichen Dialog diese Grundsätze schrittweise konkretisiert. Inzwischen ist eine gewisse Konsolidierung dieser Judikatur zu verzeichnen (dazu vor allem *Nobbe/Kirchhof* BKR 2001, 5 ff.; *Fischer* WM 2001, 1049 [1056]; *Krüger* MDR 2002, 855 [856]; *Wagner* NJW 2005, 2956; MünchKomm-BGB/*Armbrüster* 5. Aufl., § 138 Rz. 92; *Prütting/Wegen/Weinreich-Ahrens* BGB, 3. Aufl., § 138 Rz. 81 f.).

12 Danach ist davon auszugehen, dass Sittenwidrigkeit einer Bürgschaft bzw. eines Schuldbeitritts nach § 138 Abs. 1 BGB vor allem anzunehmen ist, wenn der Bürge durch die Abgabe der Bürgschaftserklärung krass finanziell überfordert ist und diese Überforderung auf der emotionalen Verbindung zum Hauptschuldner beruht (dazu zuletzt vor allem *BGH* FamRZ 2006, 1024 [1025]; NJW 2005, 971 [972]; NJW 2005, 973 [975]; NJW 2002, 2228 [2229]; NJW 2001, 815 und 2466; NJW 2000, 1182). Diese Überforderung muss dem Bürgschaftsgläubiger erkennbar gewesen sein; hat eine Bank in unprofessioneller Weise von einer ordnungsgemäßen Bewertung der Sicherheit abgesehen, dann war ihr entweder die wirtschaftliche Situation des Bürgen bekannt oder sie hat sich dieser bewusst verschlossen und kann sich auf ihre Unkenntnis nicht berufen (*BGH* NJW 2000, 1182 [1184]; NJW 2001, 815 [816]). Eine krasse finanzielle Überforderung liegt insbesondere vor, wenn der Bürge, auf dessen Verhältnisse es allein ankommt, selbst die laufenden Zinsen der Verbindlichkeit des Hauptschuldners nicht aufbringen kann (*BGH* NJW 2005, 971 [972]; NJW 2005, 973 [975]; NJW 2004, 161; NJW 2002, 2228 [2229]; NJW 2002, 2940 [2941]; *Ernst* ZVI 2006, 558 [559]; *Seifert* NJW 2004, 1707 [1708]; *Palandt/Heinrichs* § 138 Rz. 38 b; *Fischer* WM 2001, 1049 [1057]; *Fischer/Ganter/Kirchhof* FS 50 Jahre BGH, S. 33, 39 ff.). In einem solchen Fall wird vermutet, dass eine wirtschaftlich unvernünftige und belastende Entscheidung auf der emotionalen Verbundenheit zum Hauptschuldner beruht (zur Differenzierung der Darlegungslast zwischen Verbrauchern und selbstständig tätigen Bürgen: *BGH* ZIP 2001, 1954).

13 Ohne eine krasse finanzielle Überforderung kann die Sittenwidrigkeit einer Bürgschafts- oder Schuldbeitrittserklärung unter besonders belastenden Bedingungen zu bejahen sein. Die höchstrichterliche Judikatur hat als solche Bedingungen zum Beispiel die Beeinträchtigung der Entscheidungsfreiheit des Bürgen (dazu nur *BGH* NJW 1994, 1341 [1343]) und die spezifische Ausnutzung emotionaler Bindungen des Bürgen anerkannt (*Staudinger/Sack* 13. Aufl., § 138 BGB Rz. 318). Ein besonders anschauliches Beispiel für diese Fallgruppen sind Bürgschafts- und Mithaftungserklärungen junger Erwachsener zugunsten ihrer Eltern. In diesen Fällen besonders schwerwiegender Rücksichtslosigkeit des Bürgschaftsgläubigers (so zutreffend *Nobbe/Kirchhof* BKR 2001, 5 [7]) reicht für die Bejahung der Sittenwidrigkeit bereits eine die Leistungsfähigkeit des Bürgen deutlich übersteigende Bindung (*BGH* NJW 1997, 52 [53]; zustimmend *Singer* ZBB 1998, 141 [146 f.]; *Döbereiner* KTS 1995, 31 [52]; *Palandt/Heinrichs* § 138 Rz. 38; *Erman/Palm* § 138 BGB Rz. 93). Ebenfalls als erschwerender Umstand kann die Ausnutzung der geschäftlichen Unerfahrenheit von Bürgen in Betracht kommen (dazu nur *BGH* NJW 1995, 1886 [1888]). Zu dieser Fallgruppe rechnen auch i. d. R. wirtschaftlich belastende **Bürgschaftserklärungen von Arbeitnehmern zugunsten ihrer Arbeitgeber** (dazu nur *BGH* NJW 2004, 161 [162]; OLG *Zweibrücken* NJW-RR 2005, 1652; *Pfab* Jura 2005, 737 [741 ff.]; *Seifert* NJW 2004, 1707 [1708 f.]; KG MDR 1998, 234; *Pape* NJW 1997, 980 [984]; *Erman/Palm* § 138 Rz. 94; *Palandt/Heinrichs* § 138 Rz. 38 g; *Kohte* JR 2001, 352).

14 Anfänglich waren in der Judikatur überfordernde Bürgschaften teilweise mit der generellen Möglichkeit gerechtfertigt worden, dass zwischen emotional verbundenen Personen die generelle **Gefahr von Vermögensverschiebungen** bestehe. Diesem Zweck dient jedoch das Rechtsinstitut der Insolvenzanfechtung; in der neueren Judikatur wird – zumindest für Bürgschaftsverträge, die nach Inkrafttreten der InsO abgeschlossen worden sind (*BGH* NJW 1999, 58) – daher zutreffend eine pauschale Rechtfertigung von überfordernden Bürgschaften mit dieser **Argumentationsfigur nicht mehr akzeptiert** (*Tiedtke* NJW

2005, 2498 [2499]; Hk-BGB/*Staudinger* § 765 Rz. 11; *Nobbe/Kirchhof* BKR 2001, 5 [11]; vgl. *Tiedtke* JZ 2000, 677).

Vereinzelt war erwogen worden, dass diese Rspr. durch die Einführung der Restschuldbefreiung nach § 286 ff. InsO verdrängt worden sei (so z. B. *Kapitza* ZGS 2005, 133 [135]); *ders.* NZI 2004, 14 [16]; *Aden* NJW 1999, 3763; *Zöllner* WM 2000, 1 [5]; ähnlich *Schnabl* WM 2006, 706 [710]). Gewichtige Stimmen in der Literatur verneinten von Anfang an eine solche methodisch ungewöhnliche Absorption der als Auffangnorm bewährten Generalklausel des § 138 BGB durch das Insolvenzrecht (so nur *Gernhuber* JZ 1995, 1086 [1094]; *Odersky* ZGR 1998, 169 [184]; vorsichtig *Nobbe/Kirchhof* BKR 2001, 5 [9]). Inzwischen hat sich deutlich die Meinung durchgesetzt, dass die **Möglichkeit gesetzlich geordneter Restschuldbefreiung keine Korrektur der Rspr. zu den Angehörigenbürgschaften rechtfertigt** (*Tiedtke* NJW 2005, 2498; *Krüger* MDR 2002, 855 [857]; *Palandt/Heinrichs* § 138 Rz. 37; *Prütting/Wegen/Weinreich-Brödermann* BGB, § 765 Rz. 22; *Canaris* AcP 2000, 273 [298]; *Oberhammer* DZWIR 2000, 45 [53]; *Kohler* FS für A. Wacke, 2001, S. 229, 244; *Döbereiner* KTS 1998, 31 [53 ff.]; ähnlich zur Begrenzung der Haftung Minderjähriger *Simon* AcP 2004, 264 [278]). Diese Ansicht hat zutreffend Zustimmung in der Judikatur gefunden (*OLG Frankfurt* NJW 2004, 2392 [2394]; *OLG Celle* NJW-RR 2006, 131 [132]; *OLG Dresden* OLG-NL 2006, 265 [267]; *LG Mönchengladbach* NJW 2006, 67 [68] = VuR 2006, 112 [113]), denn die verfassungsgerichtlich verdeutlichte Pflicht zur Inhaltskontrolle nach § 138 BGB dient nicht fürsorglichem Sozialschutz, sondern materialer Vertragsfreiheit (*Canaris* a. a. O.; *Kohte* ZBB 1994, 172 [175]). Die Einrichtung der Restschuldbefreiung kann daher materiell rechtsmissbräuchliches Verhalten nicht legitimieren; gerade der Umstand, dass einem strukturell unterlegenen Bürgen eine Verpflichtung auferlegt wird, von der er sich nur durch ein Insolvenzverfahren befreien kann, ist Ausdruck der krassen finanziellen Überforderung (*Oberhammer* a. a. O.). Im übrigen ist bei Hinnahme solcher ruinöser Bürgschaften nicht erklärbar, warum die anderen Gläubiger eine Verkürzung ihrer Quote akzeptieren sollen, nachdem das rücksichtlose Verhalten des Bürgschaftsgläubigers bereits deren Befriedigungschancen gegenüber dem Schuldner verschlechtert oder gar ruiniert hat. Damit kann die Einführung der §§ 286 ff. InsO nicht zu einer Korrektur der inzwischen konsolidierten Judikatur zu sittenwidrigen Verpflichtungen von Bürgen und mithaftenden Personen herangezogen werden.

Die Sittenwidrigkeit von Kredit- oder anderen Schuldverträgen wegen **wirtschaftlicher Überforderung der Hauptschuldner** wird dagegen in der Judikatur nur bejaht, wenn infolge einer **Störung der Vertragsparität** weitere Elemente zu Lasten der Gläubiger zu berücksichtigen sind (dazu ausführlich *Hoes* Die Überschuldung Privater als Problem von Ungleichgewichten, 1997, S. 78 ff.) In der Judikatur ist dies vor allem am **Beispiel junger Erwachsener** entwickelt worden, die durch entsprechende Verträge gehindert worden waren, eine akzeptable wirtschaftliche Existenz begründen zu können (dazu nur *BGH* NJW 1966, 1451; NJW 1982, 1457 [1458]; *OLG Düsseldorf* ZIP 1984, 166; ausführlich *Kohte* ZBB 1989, 130 [140]; *ders.* ZBB 1994, 172 [175]; *Singer* ZBB 1998, 141 [144]). Ebenso können Darlehen, die im Zusammenhang mit Spielzwecken gegeben werden, entweder in direkter oder entsprechender Anwendung von § 762 BGB (dazu nur *OLG Düsseldorf* MDR 1984, 757; *AG Rendsburg* NJW 1990, 916; *Palandt/Sprau* § 762 Rz. 8) oder nach § 138 Abs. 1 BGB unwirksam sein, wenn dieses Darlehen in dem Gläubiger erkennbarer Weise bewirkt, dass sich der Spieler immer tiefer in **Spielschulden** verstricken wird (*BGH* NJW 1992, 316; Hk-BGB/*Schulze* § 762 Rz. 6; *Staudinger/Engel* 13. Aufl., § 762 Rz. 42; *Henssler* Risiko als Vertragsgegenstand, 1994, S. 477 ff.). Es ist zu erwarten, dass im Rahmen der Verbraucherinsolvenzverfahren zahlreiche weitere Fälle und Fallgruppen, die bisher in der Gerichtspraxis kaum erörtert worden sind, bekannt werden.

Schließlich kann die wirtschaftliche Überforderung des Schuldners einer weiteren Geltendmachung der Forderung unter dem Gesichtspunkt von **Treu und Glauben** entgegenstehen. Der Vermeidung ruinöser Bindungen dient auch die **Inhaltskontrolle** von Interzessionserklärungen nach § 307 i. V. m. § 309 Nr. 11 BGB – bisher § 11 Nr. 14 a AGBG (dazu *BGH* BB 2001, 2021; *Kohte* JZ 1990, 997 [1003]) – sowie von vorformulierten weiten Zweckerklärungen bei Bürgschaften nach § 307 BGB – bisher § 9 AGBG –, die inzwischen zutreffend wegen der Unkalkulierbarkeit und Gefährlichkeit des Risikos für den Schuldner typischerweise als unwirksam qualifiziert wird (*BGH* NJW 1995, 2553 [2556]; 1998, 2815 [2816]; 1999, 3195; 2003, 1521 [1522]; *Fischer/Ganter/Kirchhof* FS 50 Jahre BGH, S. 33, 44 ff.; *BAG* NZA 2000, 940 [943]; dazu *Kohte* JR 2001, 352). Weiter kann sich die vollständige Beitreibung einer Forderung als **rechtsmissbräuchlich** erweisen, wenn sie eine **wirtschaftliche Existenzgefährdung** des Schuldners bewirken kann, ohne dass der Gläubiger in vergleichbarer Weise auf diese Beitreibung angewiesen ist (dazu vor allem *BVerfG* NJW 1998, 3557; vgl. bereits die Entscheidungen aus dem Bürgschaftsrecht

BGH NJW 1997, 1003 [1004], aus dem Arbeitsrecht *BAG* NZA 1993, 547 [549] und BB 1999, 534 [535] – dazu auch *Ahrens* DB 1996, 934 [936] – und aus dem Recht der unerlaubten Handlungen *LG Bremen* NJW-RR 1991, 1432; zu weiteren Einzelheiten *Rolfs* JZ 1999, 233 [237 ff.]; *Goeke* NJW 1999, 2305 ff.; *Stürner* GS Lüderitz, S. 789 ff.; *Simon* AcP 2004, 264 [281 ff.] sowie *Ahrens* § 286 Rz. 31 und § 302 Rz. 6).

F. Internationale Erfahrungen

18 Sowohl die wissenschaftliche als auch die politische Diskussion zur Einführung einer Restschuldbefreiung und eines Verbraucherinsolvenzverfahrens in Deutschland ist auch durch **internationale Erfahrungen** geprägt worden. Nachdem 1978 das amerikanische Recht nachhaltig modernisiert worden war, wurde bereits wenige Jahre später in Deutschland die Frage gestellt, ob diese Erfahrungen Anstöße zur Reform des deutschen Rechts der freien Nachforderung nach § 164 KO geben können (*Ackmann* ZIP 1982, 1266 ff.; *ders.* Schuldbefreiung durch Konkurs?, 1983, S. 66 ff.). Bereits bei den Vorarbeiten im Bundesjustizministerium spielte dann das amerikanische Modell eine besondere Rolle (*Balz* ZRP 1986, 12 ff.), die sich im parlamentarischen Beratungsprozess durch eine Informationsreise der zuständigen Berichterstatter in die USA noch deutlicher herauskristallisiert hat. Aus diesem Grund ist das **amerikanische Modell** an die Spitze dieses kurzen Überblickes zu setzen.

I. USA

19 Der amerikanische **bankruptcy code** stellt **zwei Verfahrenswege** zur Verfügung, die jeweils eine Restschuldbefreiung (**discharge**) für die Schuldner ermöglichen. Der Weg des **Chapter VII** führt in ein **Liquidationsverfahren**, indem die zu einem bestimmten Zeitpunkt vorhandene verwertbare Masse liquidiert und den Gläubigern zur Verfügung gestellt wird. Dieses Verfahren, das bis heute von der Mehrzahl der amerikanischen Verbraucher gewählt wird, ermöglicht eine relativ kurzfristige Lösung, die jedoch nicht zu einer vollständigen Restschuldbefreiung führt, weil einige Forderungsarten von der Restschuldbefreiung ausgenommen sind (zur Entwicklung des Chapters VII seit Oktober 2005 *Springeneer* VuR 2005, 441 [442 f.]).

20 Dagegen ist das Sanierungsverfahren nach **Chapter XIII** als ein **Schuldenregulierungsverfahren** ausgestaltet, in dem der Schuldner sein pfändbares Einkommen – für eine bestimmte Zeit – i. d. R. drei Jahre, die im Einzelfall auf fünf Jahre verlängert werden können – seinen Gläubigern nach einem vorhandenen und vom Gericht bestätigten Schuldenbereinigungsplan zur Verfügung stellt (dazu ausführlich *Moltrecht* Schuldenregulierungsverfahren nach Kapitel 13, Diss., Bonn 1987; *Ackmann* KTS 1986, 555 ff.; mit Wirkung vom 17. 10. 2005 beträgt die Frist fünf Jahre nach dem Bankruptcy Abuse Prevention and Consumer Protection Act of 2005). Dieses stärker regulierte Verfahren war das wichtigste Vorbild für den Rechtsausschuss bei der Ausgestaltung der Insolvenzordnung im Jahr 1994.

21 Die jeweiligen gesetzlichen Regelungen befinden sich auch in den USA regelmäßig in einem intensiven **Beratungs- und Umgestaltungsprozess**, mit dem vor allem reale bzw. angenommene Missbräuche abgewehrt oder eingedämmt werden sollen. Zu diesem Zweck werden gerichtliche Zugangs- und Überprüfungskontrollen statuiert, die den Zugang bestimmter Schuldner zu dem Verfahren ausschließen bzw. einschränken und andererseits die befreiungsfähigen Verbindlichkeiten beschränken sollen (jüngst Bankruptcy Abuse Prevention and Consumer Protection Act of 2005; *Springeneer* VuR 2001, 207 ff.). Gleichwohl ist für die bisherige Situation festzuhalten, dass diese Verfahren für zahlreiche Schuldner – im Durchschnitt der letzten Jahre jeweils ca. **800.000 Personen** – eingreifen, damit dem redlichen, aber wirtschaftlich glücklosen Schuldner (**honest but unfortunate debtor**) ein »**fresh start**« mit Hilfe einer discharge ermöglicht werden soll (weitere Darstellungen bei *Krug* Der Verbraucherkonkurs, S. 80 ff.; *Forsblad* Restschuldbefreiung und Verbraucherinsolvenz im künftigen deutschen Insolvenzrecht, S. 128 ff.; *Trendelenburg* Restschuldbefreiung, S. 109 ff.; MünchKomm-InsO/*Ehricke* 2008 vor §§ 286 bis 303 Rz. 37).

II. Großbritannien und Frankreich

22 Im britischen Recht gehört das Ziel der Discharge ebenfalls seit langem zu den anerkannten Zielen von Insolvenzverfahren. Seit 1986 finden sich dazu im englischen Recht ausgeprägte Regelungen im **Insolvency Act**. Dieses Gesetz stellt verschiedene Verfahren zur Verfügung, nämlich einmal das **gerichtliche**

Konkursverfahren, in dem seit dem 01. 04. 2004 die Discharge nach maximal zwölf Monaten erteilt wird (www.insolvency.gov.uk; MünchKomm-InsO/*Ehricke* 2008 vor §§ 286 bis 303 Rz. 78 ff.). Von besonders großer praktischer Bedeutung ist die Möglichkeit einer Discharge nach Abschluss eines »individual **voluntary arrangement**«. Solche Vereinbarungen werden im Wege von Vergleichsverhandlungen mit den Gläubigern getroffen; eingeleitet werden sie durch einen Antrag des Schuldners beim Gericht, das eine einstweilige Anordnung, die »**interim order**«, erlassen kann, so dass während der Vergleichsverhandlungen ein effektives Vollstreckungsverbot besteht. Ähnliche Regelungen sind auch in Irland getroffen worden (*Ehricke* ZVI 2005, 285 [288 f.]; *Hergenröder* FS Konzen, S. 287 [296 f.]). Auch im schottischen Insolvenzrecht sind nach 1980 die Möglichkeiten einer auch für Verbraucher nutzbaren Discharge kodifiziert worden (*Schulte* Die europäische Restschuldbefreiung, S. 36 ff.). Die aktuelle Rechtsentwicklung auf den britischen Inseln hat große Aufmerksamkeit in der aktuellen Reformdiskussion gefunden, weil vor allem in England ein neues vereinfachtes Verfahren (Debt relief order) für arme Schuldner diskutiert wird, das innerhalb von zwölf Monaten zu einer Restschuldbefreiung führen kann (*Springeneer* VuR 2005, 441 [444 f.]; *Hergenröder/Alsmann* ZVI 2007, 337 [338 ff.]).

Im französischen Recht ist – wie in romanisch geprägten Rechtsordnungen allgemein üblich – das Konkursverfahren Kaufleuten und ihnen gleichgestellten natürlichen und juristischen Personen vorbehalten, während ein »Zivilkonkurs« für Privatpersonen außerhalb von Elsass-Lothringen (dazu der bemerkenswerte Sachverhalt in *BGH* WM 2001, 2177 [2178]) in Frankreich nicht möglich ist. Seit 1985 ist im französischen Konkursrecht das Recht der freien Nachforderung beschränkt worden. Der **verfahrensrechtliche Vollstreckungsschutz** wirkt auch nach der Aufhebung des Verfahrens fort, so dass die Forderungen zwar rechtlich noch bestehen, jedoch nicht mehr durchsetzbar sind. 23

Für Privatpersonen ist seit 1989 ein – 1995 nachhaltig novelliertes – Schuldensanierungsverfahren (dazu ausführlich *Lutz* Verbraucherüberschuldung, 1992, S. 95 ff.; vgl. *Trendelenburg* Restschuldbefreiung, S. 115 ff.; zur jüngsten Reform *Köhler* ZVI 2003, 626 ff.) eingeführt worden, das von einer **verwaltungsrechtlich organisierten Schlichtungskommission** geleitet wird. Die Kommission wirkt in einer ersten Phase des Verfahrens auf einen gerichtlich vermittelten Vergleich mit den Insolvenzgläubigern hin; in einer weiteren Phase findet dann unter gerichtlicher Leitung und weiterhin begleitet durch die Regulierungskommission eine förmliche Schuldensanierung statt, die sich als ein begrenztes **Vertragshilfeverfahren** darstellt (so *App* DGVZ 1991, 180; zustimmend *Forsblad* Restschuldbefreiung und Verbraucherinsolvenz im künftigen deutschen Insolvenzrecht, S. 183), denn das Gericht kann zwar eine Stundung und einen Zinserlass, jedoch keine effektive Restschuldbefreiung anordnen. Damit fehlt es jedoch an Lösungen für besonders arme Verbraucher (vgl. *Klopp* KTS 1992, 347 [366]; MünchKomm-InsO/*Ehricke* 2008 vor §§ 286 bis 303 Rz. 67). Seit der Reform im Jahre 2003 können Verbraucher, für die mangels finanzieller Mittel eine Schuldsanierung über den Sanierungsplan nicht in Betracht kommt, eine Schuldregulierung in einem gesonderten gerichtlichen Verfahrensabschnitt herbeiführen (*Köhler* ZVI 2003, 626 [637 ff.]; *Hölzle* ZVI 2007, 1 [3 ff.]). Vergleichbare Regelungen finden sich auch in Belgien (*Trendelenburg* Restschuldbefreiung, S. 118 f.; *Ehricke* ZVI 2005, 285 [286]).). 24

III. Skandinavien und Niederlande

Diese Trennung von formalem **Konkursverfahren** für **unternehmerisch tätige Personen** und der **Schuldensanierung** für **Privatpersonen** kennzeichnet auch das skandinavische Modell. In Dänemark war bereits 1984 als einem der ersten Länder Westeuropas ein besonderes Schuldbefreiungsverfahren mit anschließender Restschuldbefreiung eingeführt worden (*App* DGVZ 1990, 69; *Forsblad* Restschuldbefreiung und Verbraucherinsolvenz im künftigen deutschen Insolvenzrecht, S. 184; *Ehricke* ZVI 2005, 285 [286 f.]). Die anderen skandinavischen Staaten zogen 1993/94 in schneller Folge nach. Kennzeichnend für sämtliche Regelungen in den skandinavischen Staaten ist wiederum die deutliche Trennung zwischen formalem Konkursverfahren und vorherigem Schuldenbereinigungsverfahren. 25

Dabei sehen die skandinavischen Modelle regelmäßig vor, dass ein ausgeprägtes außergerichtliches Verfahren stattfindet (dazu nur *Bogdan* ZEuP 1995, S. 617 ff.). Große Ähnlichkeiten zum skandinavischen Modell weist auch das Verfahren in den Niederlanden auf, in denen die Suche nach privatautonomen Lösungen (dazu das Modell eines Schuldenbereinigungsplanes in *Trendelenburg* Restschuldbefreiung, S. 121). Zu den ausgeprägten Besonderheiten des skandinavischen und niederländischen Modells gehört eine starke **Aufwertung des außergerichtlichen Verfahrens** einer freiwilligen Schuldensanierung, die nicht ohne Erfolg ist (zu weiteren Einzelheiten *Laroche* Entschuldung natürlicher Personen und Restschuldbefreiung 26 nach deutschem und niederländischem Recht, S. 157 ff.; *Koskelo* ZEuP 1995, 622 ff.; *Exner* KTS 1992, 547) sowie wiederum eine relativ starke Stellung des Insolvenzgerichts, das auch in Haupt- und Nebenforderungen eingreifen kann (weitere Informationen zum niederländischen und skandinavischen Recht *Hergenröder* FS Konzen, S. 287 [295 f.].

IV. Mitteleuropa

27 Auf dem Kontinent hatte die **Schweiz** als eines der ersten Länder das Insolvenzrecht als Mittel gegen langdauernde Überschuldung eingesetzt. Die bereits früh geschaffene Norm des Art. 265 SchKG (dazu auch *BGH* BGHZ 122, 373 = NJW 1993, 2312) gewährleistete jedoch keine Restschuldbefreiung, sondern **einen erweiterten Vollstreckungsschutz** nach Ende des Insolvenzverfahrens, mit dem die Beteiligten die Möglichkeit einer Ansammlung von neuem Vermögen gegeben werden sollte (*Trendelenburg* Restschuldbefreiung, S. 121 f.). In den letzten Jahren sind die bisherigen Regeln der Schweiz ausgebaut und flankiert, jedoch nicht grundlegend korrigiert worden. Nach dem seit 1997 revidiertem Schweizer Insolvenzrecht sind allerdings auch in der Schweiz neue Verfahrensregelungen zur einvernehmlichen Schuldenbereinigung ausgebaut worden (*Brönnimann* ZZPInt 1997, 199 [224]). Die bisherige Struktur wurde jedoch im Kern beibehalten.

28 Durch relativ enge Verbindungen zur deutschen Diskussion ist die Rechtslage in **Österreich** geprägt (*Koneczny* ZEuP 1995, 589 ff.). Auch hier findet sich – ähnlich wie in Deutschland – eine enge Verbindung zwischen allgemeinem Insolvenzverfahren und einem auf Verbraucher zugeschnittenem Schuldenbereinigungsverfahren. Ähnlich wie in Deutschland standen anfangs **Kostenhürden** einer praktikablen Situation im Weg. Inzwischen ist jedoch dafür eine Lösung gefunden worden, die als Vorbild der durch das InsOÄndG eingeführten Verfahrenskostenstundung gilt (dazu *Mohr* ZInsO 1998, 311 ff.). Im Jahre 2002 wurde der Zugang zu dem Entschuldungsverfahren erleichtert (*Ehricke* ZVI 2005, 285 [289]). Zugleich zeigt das weitgehende Beharren auf einer **Mindestquote** im österreichischen Modell, dass damit gerade für die Gruppen der besonders armen Verbraucher, die vor allem durch nachhaltige Arbeitslosigkeit geprägt sind, deutliche und schwer zu bewältigende Hürden aufgebaut werden (vgl. *Springeneer* VuR 2001, 370 ff.; *Dellinger/Oberhammer* Insolvenzrecht, Rz. 656 ff.; zum österreichischen Abschöpfungsverfahren *Springeneer* VuR 2005, 411 ff.).

28a In **Tschechien** ist zum 01. 01. 2008 ein neues Insolvenzgesetz in Kraft getreten. Dieses Gesetz sieht ebenfalls die Möglichkeit der Restschuldbefreiung vor (*Giese/Krüger* NZI 2008, 12 ff. [17]). Diese Restschuldbefreiung können Schuldner einerseits kurzfristig erlangen, wenn nach einem vereinfachten Insolvenzverfahren das Vermögen des Schuldners verwertet und wenigstens 30 % der Forderungen gedeckt werden. In der anderen Variante tritt der Schuldner ähnlich wie im deutschen Recht für fünf Jahre das pfändbare Arbeitseinkommen ab; bei entsprechender Redlichkeit erfolgt dann nach fünf Jahren die Restschuldbefreiung.

V. Fazit

29 Der kursorische Überblick zeigt, dass in den meisten europäischen Rechtsordnungen – ebenso in den USA und Japan (dazu *Mikami* DGVZ 1995, 17) – die **Restschuldbefreiung** inzwischen als ein **eigenständiges und legitimes Ziel von Insolvenzverfahren** angesehen wird. Daher setzt die **EG-Verordnung Nr. 1346/2000** über das Insolvenzverfahren vom 29. 05. 2000 implizit diese Möglichkeiten ebenfalls voraus, ohne sie jedoch bisher auf supranationaler Ebene vereinheitlichen zu wollen (vgl. *Wimmer* ZInsO 2001, 97 [100]; *Taupitz* ZZP 1998, 315 [347]). Für die verschiedenen Staaten ist jedoch die Restschuldbefreiung des jeweils nach internationalem Insolvenzrecht zuständigen Staates als grds. legitimes Ziel zu respektieren; auch bei **Wahl einer ausländischen Rechtsordnung durch Umzug** ist die jeweilige nationale Restschuldbefreiung für Beteiligte in Deutschland verbindlich und mit dem **deutschen ordre public vereinbar** (dazu bereits *BGH* NJW 1993, 2312; bestätigt durch *BGH* BGHZ 134, 79 sowie *BGH* WM 2001, 2177 = ZInsO 2001, 1009 m. Anm. *Vallender*; zu aktuellen Problemen des »Restschuldbefreiungstourismus«: *Hölzle* ZVI 2007, 1).

30 Zu den weiteren Gemeinsamkeiten zwischen den europäischen Staaten gehört ein weitgehender Konsens, dass es auch bei der Überschuldung spezifischer Regelungen für Verbraucher bedarf. Diese Regelungen zeichnen sich in den meisten Staaten aus durch relativ einfache und weniger formalisierte mündliche Erörterungsverfahren, die zunächst außergerichtliche und erst in zweiter Linie gerichtliche Verständigun-

gen ermöglichen sollen (dazu *Huls* JCP 1997, 143 ff.). Typischerweise sehen sich die Mitgliedsstaaten gleichzeitig in einer fördernden Funktion, so dass diese Verfahren – anders als nach dem bisherigen deutschen Insolvenzrecht – in aller Regel nicht an Kostenhürden scheitern. Die zu treffenden Vereinbarungen werden durch **Schuldenbereinigungspläne** charakterisiert, die im Schnitt der verschiedenen Staaten eine Laufzeit zwischen **drei und fünf Jahren** haben, so dass in einem überschaubaren Zeitraum eine Entschuldung erreicht werden soll. Das **deutsche Verfahren**, das in Kombination mit der Verfahrenskostenstundung auch eine Dauer von zehn Jahren einkalkuliert, ist damit eindeutig in der Spitzengruppe der zeitlichen Ausdehnung (zur Kritik zuletzt *Hergenröder* DZWIR 2001, 397 [408]).

G. Insolvenzrechtliche Konsequenzen

Nach 1980 ist auch in der deutschen Diskussion die privatrechtliche Bedeutung der wirtschaftlichen und persönlichen Überforderung von Verbrauchern immer deutlicher geworden. Einfache materiellrechtliche Lösungen waren nicht konsensfähig. Auch die Einführung einer verjährungsrechtlichen Lösung – z. B. Verkürzung der Verjährungsfristen auf maximal zehn Jahre – erwies sich als nicht hinreichend praktikabel (dazu nur *Ruby* Schuldbefreiung durch absolute Anspruchsverjährung, 1997, S. 69 ff.). Deswegen nahmen ab 1985 die Stimmen zu, die eine **verfahrensrechtliche Lösung** bevorzugten. Die wissenschaftliche Diskussion wurde vor allem durch mehrere Dissertationen forciert, die fast zeitgleich – jedoch unabhängig voneinander – die einschlägigen Regelungen und Erfahrungen der Restschuldbefreiung (Discharge) im Recht der USA untersucht und daraus erste Vorschläge für das deutsche Recht entwickelt hatten (dazu nur *Ackmann* Schuldbefreiung durch Konkurs?, 1983, S. 52 ff.; *Menzinger* Das freie Nachforderungsrecht der Konkursgläubiger, 1982, S. 140 ff. *Knüllig-Dingeldey* Nachforderungsrecht oder Schuldbefreiung, 1984, S. 37 ff.). Auf einer Fachtagung der Verbraucherverbände wurde 1985 erstmals eine insolvenzrechtliche Lösung in die rechtspolitische Diskussion eingeführt (*Hörmann* [Hrsg.], Verbraucherrecht und Verbraucherinsolvenz, 1986); dieser Vorschlag fand schnell eine gewisse Resonanz in der Kreditwirtschaft (dazu *Scholz* ZIP 1988, 1157) und erfuhr seinen Durchbruch 1990, als beschlossen wurde, die Perspektive der Restschuldbefreiung in die Neugestaltung des Insolvenzrechts zu integrieren. 31

Die damit angestrebte Lösung wurde von Anfang an **doppelspurig** begründet: Einerseits sollte die Restschuldbefreiung dem persönlichen Schutz und vor allem dem **Persönlichkeitsrecht der Schuldner** dienen, denen eine neue Perspektive ermöglicht werden sollte (dazu nur *Häsemeyer* InsR, 3. Aufl., Rz. 26.02). Auf der anderen Seite wurde das Ziel verfolgt, die betroffenen **Schuldner wieder in den Markt zu integrieren**, ein Abdriften in graue Kredit- und Arbeitsmärkte zu verhindern und den Verbraucherkredit zu fördern und zu stabilisieren (dazu nur *Haarmeyer* in Smid, InsO, 2. Aufl., § 286 Rz. 18, 19). Diese **doppelte Zielrichtung persönlichen Schutzes und wirtschaftlicher (Re)integration** entspricht auch der Zielsetzung des Pfändungsschutzes nach § 811 ff. ZPO, der ebenso beide Elemente enthält (dazu *BFH* NJW 1990, 1871; *BGH* NJW 1993, 921 [922]; *Stein/Jonas-Münzberg* ZPO, § 811 Rz. 2 ff.). Bei der Konzeption des Restschuldbefreiungsverfahrens kam hinzu, dass diese Möglichkeit auf die Änderung der Markt- und Kreditverhältnisse abzielte und eine Änderung sowohl des Schuldnerverhaltens als auch der bisherigen Praxis der Kreditvergabe erreichen soll (dazu *Wimmer* BB 1998, 386 [387]). Insoweit liegt der Gesetzgebung sowohl eine sozial- als auch eine wirtschaftsrechtliche Zielsetzung zugrunde. 32

Diese Elemente knüpfen schließlich an **neuere verfassungsgerichtliche Entscheidungen** an, die eine lang dauernde wirtschaftliche Überschuldung als eine Beeinträchtigung bzw. Verletzung der Grundrechte aus Art. 1 bzw. Art. 2 Abs. 1 GG qualifiziert haben. Für die Gruppe der jungen Erwachsenen hatte das BVerfG bereits 1986 entsprechende Schutzpflichten formuliert, die verhindern sollen, dass Minderjährige bereits beim Weg in die Volljährigkeit mit einer kaum noch lösbaren Überschuldung belastet sind (*BVerfG* NJW 1996, 1859; zwölf Jahre später umgesetzt durch das Gesetz zur Beschränkung der Haftung Minderjähriger, dazu s. *Ahrens* § 286 Rz. 31). Weiter ist inzwischen die Bedeutung des Rechtsmissbrauchsverbots zur Begrenzung langdauernder Haftung hervorgehoben worden (*BVerfG* NJW 1998, 3557 [3558]). Schließlich hatte das BVerfG in seinen Entscheidungen zur Mithaftung naher Angehöriger (*BVerfG* NJW 1994, 36 u. 2749) in einer solchen Überschuldung eine Verletzung der Vertragsfreiheit der Schuldner gesehen, wenn diese auf einer Störung der Vertragsparität beruhte. Gerade diese Entscheidungen haben das wirtschaftsrechtliche Element der Ausgestaltung fairer Bedingungen am Markt besonders betont 33 und damit einen breiten Spielraum für kohärente gesetzgeberische Konzeptionen eröffnet (dazu nur *Kohte* ZBB 1994, 172 [177]; *Grün* WM 1994, 713 [724 f.]).

34 Die 1994 gefundene Lösung hat das Restschuldbefreiungsverfahren sehr eng mit dem Insolvenzverfahren verknüpft (zur partiell anderen Konzeption des Verbraucherinsolvenzverfahrens s. *Kohte* vor § 304 Rz. 1 ff.). Es ist gerade wegen dieser Verknüpfung in der Literatur nachhaltig kritisiert worden (dazu nur *Smid* ZIP 1993, 1037 ff.; *Kohte/Kemper* Blätter für Wohlfahrtspflege 1993, S. 81 ff.). Diese Defizite tragen in sich aber die Gefahr, dass eine Restschuldbefreiung nur für einzelne Gruppen von Schuldnern erreichbar sein wird und damit die Ziele des Gesetzgebungsverfahrens teilweise verfehlt werden. Andererseits sind vor allem durch das InsOÄndG die Chancen erhöht worden, dass in einer relevanten Zahl von Einzelfällen eine reale Restschuldbefreiung erfolgen wird. Soweit damit das Verfahren Erfolg hat, werden die Schuldner von der Leistungspflicht befreit.

35 In der Literatur wird überwiegend das neue Verfahren als eine **zulässige Inhaltsbestimmung** der Forderungsrechte der Gläubiger qualifiziert, die **mit Art. 14 GG vereinbar** ist (ebenso *Kübler/Prütting-Wenzel* InsO, § 286 Rz. 69; HK-InsO/*Landfermann* vor § 286 Rz. 8 a; MünchKomm-InsO/*Stephan* 2008 § 286 Rz. 13), zumal bei den Beteiligten typischerweise das bisherige Konkursrecht sein Regelungsziel verfehlte und einer nachhaltigen Realisierung der Forderungen im Weg stand (dazu nur *Döbereiner* S. 28 ff.; *Forsblad* S. 277 ff.). In der Literatur konnte daher *Uhlenbruck* sehr früh resümieren, dass an der **Notwendigkeit der Restschuldbefreiung heute kein Zweifel mehr bestehen könne** (NZI 1998, 1 [7]), so dass die weiterhin bestehenden Probleme nicht das Ziel, sondern den Weg betreffen. Aus dieser Problemlage wird weiter zutreffend der Schluss gezogen, dass eine **insolvenzrechtliche Restschuldbefreiung** nur ein Element zur Problemlösung ist und dass die oben erläuterten **Instrumente des materiellen Rechts** ebenso zu beachten und zu entwickeln sind (*Döbereiner* KTS 1998, 31 [60]).

36 In letzter Zeit ist vereinzelt die These vertreten worden, dass eine rein **materiellrechtliche Verjährungslösung** besser geeignet sei und vor allem die Justiz von weiteren Kosten entlasten könne (so vor allem *Wiedemann* ZVI 2004, 645). Dies ist überraschend, nachdem im Rahmen der Schuldrechtsreform ein Konsens erzielt worden war, dass die Probleme der Überschuldung mit dem Mittel des Verjährungsrechts nicht adäquat erreicht werden könne (BT-Drucks. 14/6040 S. 106). Überschuldung ist regelmäßig durch eine Vielzahl von Gläubigern gekennzeichnet; die Situation des Mangelfalls kann nicht nach dem Prioritätsprinzip geordnet werden, so dass in jedem Fall ein Gesamtverfahren erforderlich ist (*Kohte* ZVI 2005, 9 [10]; vgl. aus dem Anfechtungsrecht BGH NJW 1997, 3445; NJW 2004, 1385; ZVI 2008, 392 und *Kirchhof* ZInsO 2004, 1168). Werden rechtsstaatliche Grundsätze beachtet, dann führen die Einzelverfahren des materiellen Verjährungsrechts nicht zur Vereinfachung, sondern zu einer weiteren Komplizierung (dazu anschaulich *Ruby* Schuldbefreiung durch absolute Anspruchsverjährung, 1997, S. 87 ff.). Im Übrigen würde auf diese Weise der Unterschied zwischen Forderungs- und Titelverjährung missachtet werden (*Ahrens* ZVI 2005, 1 [2]). Es ist daher an der Notwendigkeit einer Verknüpfung von Verfahrensrecht und Restschuldbefreiung festzuhalten (*Ahrens* NZI 2007, 193 [194]).

37 In der Bund-Länder-AG ist zeitweise eine Zweiteilung des Insolvenzverfahrens diskutiert worden, die ein Insolvenzverfahren mit Mindestquote und ein deutlich länger dauerndes Verfahren ohne Vollstreckungsschutz kombinieren will. Das zweite Verfahren soll einen deutlichen Lästigkeitswert haben und die Schuldner schlechter stellen, die die Mindestquote nicht aufbringen können. Dies widerspricht eindeutig dem verfassungsrechtlichen Gebot, den Rechtsschutz nicht nach dem Einkommen zu differenzieren (*BVerfG* NZI 2003, 448 f.). Im Übrigen ist die Vorstellung, dass ein Verfahren ohne Vollstreckungsschutz für die staatlichen Kassen sparsam sei, evident realitätsfremd (zuletzt *Pape* ZInsO 2005, 842 [843]). Zutreffend hat daher der **Regierungsentwurf zur Entschuldung mittelloser Personen** vom 22. 08. 2007 (*Holzer* ZVI 2007, 393) diese Modelle verlassen und sich darauf konzentriert, am Rahmen der Insolvenzordnung festzuhalten und diese durch ein System immanentes Entschuldungsverfahren zu ergänzen.

38 In den letzten Jahren sind hinreichend praktikable Modelle erarbeitet worden, wie das **bisherige Restschuldbefreiungsverfahren** unter Wahrung rechtsstaatlicher Anforderungen und vollstreckungsrechtlicher Sicherungen wesentlich **vereinfacht und transparenter gestaltet werden kann** (dazu nur *Heyer* Restschuldbefreiung, 2004, S. 24 ff.; *Schmerbach* ZInsO 2005, 77; *Kohte* ZVI 2005, 9; *Hofmeister/Jaeger* ZVI 2005, 180; *Heyer/Grote* ZInsO 2006, 1121). Auf dieser Basis kann das bisherige Recht der Restschuldbefreiung im Einklang mit der europäischen Rechtsentwicklung präzisiert und vereinfacht werden. Die 1994 und 2001 gefundenen Grundwertungen sind belastbar; die bisherigen Defizite beruhen nicht selten auf Anschauungslücken (dazu *Kohte/Busch* DZWIR 2005, 71 [74]), die am ehesten durch die fallnahe Gerichtspraxis geschlossen werden kann (dazu *Kohte* VuR 2005, 312 [314]).

§ 286
Grundsatz

Ist der Schuldner eine natürliche Person, so wird er nach Maßgabe der §§ 287 bis 303 von den im Insolvenzverfahren nicht erfüllten Verbindlichkeiten gegenüber den Insolvenzgläubigern befreit.

Inhaltsübersicht: Rz.

- A. Normzweck — 1– 5
- B. Verfassungsmäßigkeit der Restschuldbefreiung — 5a– 5 f
- C. Gesetzliche Systematik — 6–17
  - I. Restschuldbefreiung als Ziel des Insolvenzverfahrens — 6– 7
  - II. Restschuldbefreiung im Insolvenzverfahren — 8–15 d
  - III. Schuldbefreiung auf anderer Grundlage — 16–17
- D. Konzept des Restschuldbefreiungsverfahrens — 18–28 a
  - I. Eigenständiges Verfahren — 18–19 a
  - II. Zweistufiges Verfahren — 20–21
  - III. Dynamisches und dauerhaftes Verfahren — 22–24
  - IV. Restschuldbefreiung im System von Schuld und Haftung — 25–28 a
- E. Voraussetzungen und Einzelfragen des Verfahrens — 29–52
  - I. Persönlicher Anwendungsbereich — 29–41
    1. Natürliche Person — 29–33
    2. Tod des Schuldners — 34–41
  - II. Sachlicher Anwendungsbereich — 41 a
  - III. Antragsgrundsatz — 42
  - IV. Streitgenossenschaft — 43–44
  - V. Verfahrenskostenstundung im Restschuldbefreiungsverfahren — 45–47
  - VI. Massearme Verfahren — 48
  - VII. Unterhalt im Restschuldbefreiungsverfahren — 49–49 b
  - VIII. Kosten — 50–51
  - IX. Zuständigkeit — 52
- F. Folgen — 53–54 a
- G. Restschuldbefreiung im Konkurs- und Gesamtvollstreckungsverfahren — 55–56
- H. Auslandsbezug — 57

Literatur:

Verbraucher- und Privatinsolvenz:
Ackmann Schuldbefreiung durch Konkurs?, 1983; *Ahnert* Verbraucherinsolvenz- und Restschuldbefreiung, 2. Aufl. 2003; *Ahrens* Der mittellose Geldschuldner, 1994; *Balz* Aufgaben und Struktur des künftigen einheitlichen Insolvenzverfahrens, ZIP 1988, 293; *Bayer* Stundungsmodell der Insolvenzordnung und die Regelungen der Prozesskostenhilfe, 2005; *Bayer/Schützeberg* Die unterhaltsrechtliche Obliegenheit zur Einleitung eines Insolvenzverfahrens, ZVI 2005, 393; *Becker* Ausführung der Reform des Insolvenzrechts durch die Länder, KTS 2000, 157; *Behr* Verbraucherinsolvenz und Restschuldbefreiung, JurBüro 1998, 513; *ders.* Versagung oder Aufhebung der Kostenstundung, ZVI 2003, 268 ff.; *Bindemann* Handbuch Verbraucherkonkurs, 3. Aufl. 2002; *Bork* Prozesskostenhilfe für den Schuldner des Insolvenzverfahrens?, ZIP 1998, 1209; *Brei* Entschuldung Straffälliger durch Verbraucherinsolvenz und Restschuldbefreiung, 2005; *Bruckmann* Verbraucherinsolvenz in der Praxis, 1999; *ders.* Eine geplante Reform der Verbraucherinsolvenz, InVo 2001, 41; *Burger/Schellberg* Die Auslösetatbestände im neuen Insolvenzrecht, BB 1995, 261 ff.; *Delhaes* Kosten im Konkursantragsverfahren, KTS 1987, 597 ff.; *Erhardt* Regel- und Verbraucherinsolvenz: Prozessuale Probleme der Zweigleisigkeit des Insolvenzverfahrens, 2003; *Fluhr* Die Pfändbarkeit der Forderungen eines zum Freigang zugelassenen Strafgefangenen, NStZ 1994, 115 ff.; *Forsblad* Restschuldbefreiung und Verbraucherinsolvenz im künftigen deutschen Insolvenzrecht, 1997; *Fuchs* Verbraucherinsolvenzverfahren und Restschuldbefreiung, Kölner Schrift zur Insolvenzordnung, 2. Aufl. 2000, S. 1679; *ders.* Entwurf eines Gesetzes zur Änderung der InsO und anderer Gesetze – Anmerkungen zu ausgewählten Einzelfragen, NZI 2001, 15; *ders.* Die Änderungen im Verbraucherinsolvenzverfahren – Problemlösung oder neue Fragen?, NZI 2002, 239; *ders.* Die Änderungen im Restschuldbefreiungsverfahren – Problem-

lösung oder neue Fragen?, NZI 2002, 298; *ders.* Erste Erfahrungen mit dem InsO-Änderungsgesetz 2001, ZInsO 2002, 298; *Gerhardt* Insolvenzverfahren für Verbraucher aus der Sicht der Wissenschaft, FLF 1989, 99; *ders.* Verfügungsbeschränkungen in der Eröffnungsphase und nach Verfahrenseröffnung, in Kölner Schrift zur Insolvenzordnung, 1998, 159; *Göbel* Bericht der Bund-Länder-Arbeitsgruppe – Anmerkungen aus der Sicht der Schuldnerberatung, ZInsO 2000, 383; *Gold* Verbraucherinsolvenz- und Restschuldbefreiungsverfahren versus pacta sunt servanda. Solidarität versus Subsidiarität und Eigenverantwortung, 2006; *Grote/Weinhold* Arbeitshilfe InsO, 2001; *Gounalakis* Auswirkungen des neuen Insolvenzrechts für den Verbraucher, BB 1999, 224; *Graf-Schlicker* Analysen und Änderungsvorschläge zum neuen Insolvenzrecht – Eine zusammenfassende Darstellung des Berichtes der Bund-Länder-Arbeitsgruppe zur 71. Konferenz der Justizministerinnen und -minister in Potsdam, WM 2000, 1984; *Graf-Schlicker/Livonius* Restschuldbefreiung und Verbraucherinsolvenz nach der InsO, 1999; *Graf-Schlicker/Remmert* Das neue Insolvenzrecht auf dem Prüfstand. Zum Bericht der Bund-Länder-Arbeitsgruppe »Insolvenzrecht«, ZInsO 2000, 321; *Grote* Der 1. 7. 1998 – Startschuss für das Verbraucherinsolvenzverfahren?, ZInsO 1998, 107 ff.; *ders.* Die Berücksichtigung von Entgeltabtretungen im Verbraucherinsolvenzverfahren ZInsO 1999, 31 ff.; *ders.* Plädoyer für die Abschaffung des Schuldenbereinigungsverfahrens, ZInsO 1999, 383 ff.; *ders.* Ein Jahr Verbraucherinsolvenz und Restschuldbefreiung – Chance oder Farce für überschuldete Verbraucher, VuR 2000, 3; *ders.* Einkommensverwertung und Existenzminimum des Schuldners in der Verbraucherinsolvenz, 2000; *ders.* Reform des Verbraucherinsolvenzverfahrens, Rpfleger 2000, 521; *ders.* Paradox: Der Zwang des Verbraucherschuldners zu Verhandlungen mit den Gläubigern verhindert außergerichtliche Einigungen, ZInsO 2001, 17; *ders.* Die Änderung des Insolvenzrechts durch das Insolvenzänderungsgesetz, NJW 2001, 3665; *Häsemeyer* Schuldbefreiung und Vollstreckungsschutz, in Festschrift für Henckel 1995, S. 353; *Henckel* Verbraucherinsolvenzverfahren, in Festschrift für Gaul, 1997, S. 199 ff.; *Henning* Aktuelles zu den Insolvenzverfahren natürlicher Personen 2007, ZInsO 2007, 1253; *Hergenröder* Schulden ohne Ende oder Ende ohne Schulden – Verbraucherinsolvenzverfahren und Restschuldbefreiung im Zeichen der Reform, DZWIR 2001, 397; *Hess/Obermüller* Insolvenzplan, Restschuldbefreiung und Verbraucherinsolvenz, 3. Aufl. 2003; *Hess/Wienberg/Titze-Fischer* Zur Notwendigkeit einer Reform des Verbraucherinsolvenzverfahrens, NZI 2000, 97; *Heyer* Der »Null-Plan« im Verbraucherinsolvenzverfahren, JR 1996, 314; *ders.* Verbraucherinsolvenzverfahren und Restschuldbefreiung, 1997; *Hoffmann* Verbraucherinsolvenz und Restschuldbefreiung, 2. Aufl. 2002; *Jäger* Der Regierungsentwurf eines Gesetzes zur Entschuldung völlig mittelloser Personen – mehr als nur ein Silberstreif am Horizont, ZVI 2007, 507; *Jurisch* Verbraucherinsolvenzrecht nach deutschem und U. S.-amerikanischem Insolvenzrecht, 2002; *Kirchhof* Das Verbraucherinsolvenzverfahren aus Gläubigersicht, ZInsO 1998, 54; *Klasmeyer/Elsner* Zur Behandlung von Ausfallforderungen im Konkurs, in Festschrift für Merz, 1992, S. 303 ff.; *Knees* Das Girokonto im Verbraucherinsolvenz- und Restschuldbefreiungsverfahren, ZVI 2002, 89; *Kniesch* Praktische Probleme des Verbraucherinsolvenzverfahrens gem. §§ 304 ff. InsO, 2000; *Köhler* Entschuldung und Rehabilitierung vermögensloser Personen im Verbraucherinsolvenzverfahren, 2003; *Kohte* Schuldenbereinigungsverfahren – ein untauglicher Versuch, ZIP 1994, 184; *Kohte/Kemper* Kein Ausweg aus dem Schuldenturm, Blätter für Wohlfahrtspflege 1993, 81; *Krüger/Reifner/Jung* Die Barwertmethode – Perspektiven der Plangestaltung im Verbraucherinsolvenzverfahren, ZInsO 2000, 12; *Krug* Der Verbraucherkonkurs, 1998; *Laroche* Entschuldung natürlicher Personen im Verbraucherinsolvenz- und Restschuldbefreiungsverfahren nach deutschem und niederländischem Recht, 2002; *Leibner* Die Änderungen des Insolvenzrechts aus anwaltlicher Sicht, NZI 2001, 574; *Ley* Verbraucherinsolvenzverfahren für unter Vormundschaft der Betreuung stehende Personen, ZVI 2003, 101; *Maier/Krafft* Verbraucherinsolvenzen und Restschuldbefreiung nach der Insolvenzordnung, BB 1997, 2173; *Martini* Die Totgeburt des außergerichtlichen Einigungsversuchs, ZInsO 2001, 249; *Melchers/Hauß* Unterhalt und Verbraucherinsolvenz, 2003; *Neuner/Raab* Verbraucherinsolvenz und Restschuldbefreiung, 2001; *Nobbe* Das Girokonto in der Insolvenz, in Prütting (Hrsg.), Insolvenzrecht 1996, 1997, 99 ff.; *Pape, G.* Zur Regelung der Insolvenz privater Verbraucher nach der Insolvenzordnung (InsO), Rpfleger 1995, 133; *ders.* Fallbeispiele zur Schuldenbereinigung und Restschuldbefreiung, ZInsO 1998, 126; *ders.* Ein Jahr Verbraucherinsolvenz eine Zwischenbilanz, ZIP 1999, 2037; *ders.* Bevorstehende Änderungen der InsO nach dem InsOÄndG 2001, ZInsO 2001, 587; *ders.* Aktuelle Entwicklungen im Verbraucherinsolvenzverfahren und Erfahrungen mit den Neuerungen des InsO-Änderungsgesetzes 2001, ZVI 2002, 225; *ders.* Zulässigkeit von Insolvenzverfahren mit nur einem Gläubiger, ZVI 2003, 624; *ders.* Rücknahmefiktion als Erschwerungs- und Disziplinierungsinstrument, ZInsO 2003, 61; *Pape, I.* Zur Finanzierung der Verfahrenskosten im Verbraucherinsolvenzverfahren, NZI 1999, 89; *Pape, I./Pape, G.* Vorschläge zur Reform des Insolvenzverfahrens, insbesondere des Verbraucherinsolvenzverfahrens, ZIP 2000, 1553; *Pick* Die (neue) Insolvenzordnung – ein Überblick, NJW 1995, 992; *Piekenbrock* Die Überschuldung Minderjähriger als insolvenzrechtliches Problem, KTS 2008, 307; *Preis* Der persönliche Anwendungsbereich der Sonderprivatrechte, ZHR 158 (1994), 567; *Preuß* Verbraucherinsolvenzverfahren und Restschuldbefreiung, 2. Aufl. 2003; *Prziklang* Verbraucherinsolvenz und Restschuldbefreiung, 2000; *Rohleder* Unterhaltsansprüche in der Insolvenz, 2005; *Schmerbach* Der Tod des Schuldners im Verbraucherinsolvenzverfahren, NZI 2008, 353; *Schmerbach/Stephan* Der Diskussionsentwurf zur Änderung der Insolvenzordnung und anderer Gesetze, ZInsO 2000, 541; *Schmidt* BRAGO – RVG/Auswirkungen in der Verbraucherinsolvenz, ZInsO 2004, 302; *Schmidt-Räntsch* Das neue Verbraucherinsolvenzverfahren, MDR 1994, 321; *dies.* Verbraucherinsolvenzverfahren und Restschuldbefreiung, Kölner Schrift zur Insolvenzordnung, 1. Aufl. 1997, S. 1177; *dies.* Restschuldbefreiung, Verbraucherinsolvenzverfahren und sonstige Kleinverfahren, Insolvenzrechts-Handbuch, 3. Aufl. 2006, §§ 76–85; *Schulte* Vorsätzliche Insolvenz und Flucht in das Verbraucherinsolvenzverfahren mit dem Ziel der Restschuldbefreiung, ZInsO 2002, 265; *Scholz* Verbraucherkonkurs und Restschuldbefreiung nach der neuen Insolvenzordnung, DB 1996, 765; *ders.* Verbraucherinsolvenz und Restschuldbefreiung, ORDO 47 (1996), 263; *Sinz / Wegener / Hefermehl* Verbraucherinsolvenz und Insolvenz von Kleinunternehmern, 2. Aufl. 2008; *Späth* Ausgesuchte Probleme im Verbraucherinsolvenzverfahren, ZInsO 2000, 483; *Steder* Behandlung des Arbeitseinkommens und sonstiger laufender Bezüge im eröffneten Insolvenzverfahren, ZIP 1999, 1874; *Stephan* Erste Erfahrungen nach der Insolvenzordnung beim AG Darmstadt, ZInsO 1999, 78; *ders.* § 850 f. Abs. 1 ZPO im Verbraucherinsolvenz- und Restschuldbefreiungsverfahren – Kein gesetzgeberischer Handlungsbedarf?, ZInsO 2000, 376; *Stephan / Schmerbach* Der Diskussionsentwurf zur Änderung der Insolvenzordnung, ZInsO 2000, 541; *Uhlenbruck* Die Stellung des vorläufigen Insolvenzverwalters, Kölner Schrift zur Insolvenzordnung, 2. Aufl. 2000, S. 325; *Vallender* Schuldenregulierung in der Verbraucherinsolvenz, DGVZ 1997, 97; *ders.* Das Verbraucherinsolvenz- und Restschuldbefreiungsverfahren – Eine wirkliche Chance für überschuldete Verbraucher?, InVo 1998, 269; *ders.* Das Verbraucherinsolvenzverfahren in der außergerichtlichen und gerichtlichen Praxis, DGVZ 2000, 97; *ders.* Verbraucherinsolvenz – Gefahrenquelle Planbestätigung, ZInsO 2000, 441; *ders.* Das Schicksal nicht berücksichtigter Forderungen im Verbraucherinsolvenz- und Restschuldbefreiungsverfahren, ZIP 2000, 1288; *ders.* Die bevorstehenden Änderungen des Verbraucherinsolvenz- und Restschuldbefreiungsverfahrens auf Grund des InsOÄndG 2001 und ihre Auswirkungen auf die Praxis, NZI 2001, 561; *ders.* Die Reform der Reform, KTS 2001, 519; *Viertelhausen* Eidesstattliche Versicherungen im Insolvenzverfahren, DGVZ 2001, 36; *Wimmer* Verbraucherinsolvenzen und Restschuldbefreiung nach der Insolvenzordnung, BB 1998, 386; *ders.* Erste Erfahrungen mit der Insolvenzordnung, ZInsO 1999, 556; *Winter* Außergerichtliche Einigungsversuche durch Anwälte unter Berücksichtigung neuer Gerichtsbeschlüsse und der künftigen Verbraucherinsolvenzreform, ZVI 2008, 200; *Wittig* Insolvenzordnung und Konsumentenkredit, WM 1998, 157 ff. (Teil I) und 209 ff. (Teil II); *Zilkens* Die discharge in der englischen Privatinsolvenz, 2006.

Restschuldbefreiung:
Adam Grundfragen der Restschuldbefreiung, DZWIR 2006, 495; *Ahrens* Das Restschuldbefreiungsverfahren – Systematisierende Vorüberlegungen, Jahrbuch Junger Zivilrechtswissenschaftler, 1999, S. 189; *ders.* Zur Funktion von § 1 Satz 2 InsO, VuR 2000, 8; *ders.* Innenbeziehungen der Gläubiger bei Versagungsanträgen nach §§ 290, 295 ff. InsO, NZI 2001, 113; *ders.* Kein Licht am Ende des Tunnels? Verfahrensrechtliche Überlegungen zur konkreten Normenkontrolle über die Restschuldbefreiung, ZInsO 2002, 1010; *ders.* Konkrete Normenkontrollverfahren zur Restschuldbefreiung unzulässig, ZInsO 2003, 197; *ders.* Verfassungsgerichtliche Kontrolle und insolvenzrechtliches Redlichkeitspostulat, ZVI 2003, 509; *ders.* Gestaltungsspielräume im Insolvenzrecht, ZVI 2004, 69; *Anlauf* Vorgänger der Restschuldbefreiung nach heutigem Insolvenzrecht, 2006; *ders.* Die Restschuldbefreiung – ein Novum im deutschen Recht?, DZWIR 2007, 146; *Arnold* Die Restschuldbefreiung nach der Insolvenzordnung, DGVZ 1996, 65; *Balz* Schuldbefreiung durch Insolvenzverfahren, BewHi 1989, 103; *Busch / Graf-Schlicker* Restschuldbefreiung mit Prozesskostenhilfe?, InVo 1998, 269; *Büttner* Der Schutz des unredlichen Schuldners im Restschuldbefreiungsverfahren, ZVI 2007, 116; *Döbereiner* Die Restschuldbefreiung nach der Insolvenzordnung, 1997; *ders.* Die Restschuldbefreiung nach der neuen Insolvenzordnung, JA 1996, 724; *Eckhardt* Die Restschuldbefreiung. Probleme der Voraussetzungen und Rechtsfolgen der Restschuldbefreiung unter vergleichender Berücksichtigung des US-amerikanischen Rechts, 2006; *Fischer* Die Wirkungen der Restschuldbefreiung nach der Insolvenzordnung, Rpfleger 2007, 173; *Fuchs* Die Änderungen im Restschuldbefreiungsverfahren – Problemlösung oder neue Fragen?, NZI 2002, 298; *Funke* Restschuldbefreiung und Prozesskostenhilfe, ZIP 1998, 1708; *Gerigk* Die Berücksichtigung der Schuldnerinteressen an einer zügigen Aufhebung des Insolvenzverfahrens und die Aufgabe des Treuhänders in der Wohlverhaltensperiode, ZInsO 2001, 931; *Grote* Zur Abführungspflicht des Selbstständigen i.S. § 295 Abs. 2 InsO in der Wohlverhaltensperiode, ZInsO 2004, 1105; *Heyer* Restschuldbefreiung im Insolvenzverfahren, 2004; *Heyrath / Jahnke / Kühn* Der Tod des Schuldners im Insolvenz- und Restschuldbefreiungsverfahren, ZInsO 2007, 1202; *Hoes / Peters* Verbraucherinsolvenz: Restschuldbefreiung ohne Schuldenbereinigungsverfahren?, WM 2000, 901; *Kalter* Die nachkonkursliche Vermögens- und Schuldenmasse, KTS 1975, 215; *Knüllig-Dingeldey* Nachforderungsrecht oder Schuldbefreiung, 1984; *Kocher* Die Restschuldbefreiung vor dem Bundesverfassungsgericht, DZWIR 2004, 187; *Köke / Schmerbach* Tod des Schuldners in der Insolvenz, ZVI 2007, 497; *Kraemer* Die Restschuldbefreiung im Spannungsfeld zwischen Steuerrecht und Insolvenzordnung (InsO), DStZ 1995, 399; *Lösch* Die Restschuldbefreiung nach der neuen Insolvenzordnung – ein »Freifahrtschein zum Schuldenmachen«?, JA 1994, 44; *Medicus* Schulden und Verschulden, DZWIR 2007, 221; *Menzinger* Das freie Nachforderungsrecht der Konkursgläubiger, 1982; *Moch* Die Quotenbestimmung des Treuhänders während der Wohlverhaltensperiode, NZI 1999, 68; *Mrozynski* Wertungsfragen bei der Abtretung von Ansprüchen auf Sozialleistungen, SGB 1989, 374; *Müller, H.-F.* Restschuldbefreiung und materielles Recht, KTS 2000, 57; *Müller, W.* Die Aufgaben des Insolvenztreuhänders bei der vom Schuldner beantragten Restschuldbefreiung, ZInsO 1999, 335; *Muth* Zur Pfändbarkeit vermögenswirksamer Leistungen nach dem 3. Vermögensbildungsgesetz, DB 1979, 1118; *Pape, G.* Muss es eine

Restschuldbefreiung im Insolvenzverfahren geben?, ZRP 1993, 285; *ders.* Restschuldbefreiung und Masselosigkeit, Rpfleger 1997, 237; *ders.* Keine Prozesskostenhilfe für den Gesamtvollstreckungsschuldner zwecks Restschuldbefreiung, ZIP 1997, 190; *ders.* Restschuldbefreiungsexorzismus durch konkrete Normenkontrolle, ZInsO 2002, 951 ff.; *Pape/Wenzel* Das Zweitinsolvenzverfahren als Weg von der Vollstreckungsbeschränkung zur Restschuldbefreiung, ZInsO 2008, 287; *Preuß* Durchsetzung und Verwertung von Insolvenzforderungen nach Ankündigung der Restschuldbefreiung, NJW 1999, 3450; *Prütting/Stickelbrock* Ist die Restschuldbefreiung verfassungswidrig?, ZVI 2002, 305 ff.; *Riedel* Pfändung von Sozialleistungen nach dem 2. SGBÄndG, NJW 1994, 2812; *Rothammer* Die insolvenzrechtliche Restschuldbefreiung – Probleme und Lösungen, 2008; *Schmidt-Räntsch* Die Restschuldbefreiung im Regierungsentwurf einer Insolvenzordnung, in Festschrift für Hanisch, 1994, S. 217; *Schilz* Bis auf weiteres (teilweise) geschlossen!, ZVI 2002, 447; *Scholz* Restschuldbefreiung für Verbraucher, MDR 1992, 817; *ders.* Hauptstreitpunkte bei der »Restschuldbefreiung«, BB 1992, 2233; *Schulte* Die europäische Restschuldbefreiung, 2001; *Schumacher* Restschuldbefreiung für natürliche Personen nach dem künftigen deutschen Insolvenzrecht, ZEuP 1995, 576; *Schwede* Restschuldbefreiung für Verbraucher – Eine Untersuchung der Zugangshürden und Versagungsgründe nach der Insolvenzordnung, 2006; *Sesemann* Restschuldbefreiung – verfassungswidrig oder nicht? NZI 2002, 655; *Smid* Restschuldbefreiung, in: Leipold (Hrsg.), Insolvenzrecht im Umbruch, S. 139; *ders.* Die Aufgaben des neuen Insolvenzverfahrens, DZWiR 1997, 309; *Trendelenburg* Restschuldbefreiung, 2000; *dies.* Discharge in Germany from an International Point of View, Int. Insolv. Rev., 9, 111; *Uhlenbruck* Die Restschuldbefreiung nach dem Regierungsentwurf einer Insolvenzordnung (InsO), DGVZ 1992, 33; *Vallender* Die bevorzugte Behandlung von »Altfall-Schuldnern« bei der Restschuldbefreiung, ZIP 1996, 2058; *ders.* Ausweg aus dem »modernen Schuldturm«? – Das gesetzliche Restschuldbefreiungsverfahren nach der künftigen Insolvenzordnung, VuR 1997, 155; *ders.* Ein redlicher Schuldner, ZVI 2003, 253; *ders.* Restschuldbefreiung JuS 2004, 665; *Wenzel* Restschuldbefreiung bei Insolvenz natürlicher Personen, DB 1990, 975.

Reform der Verbraucherinsolvenz und Restschuldbefreiung seit 2002:
Ahrens Schuldbefreiung durch absolute Anspruchsverjährung – 12 Antithesen, ZVI 2005, 1; *ders.* Entschuldungsverfahren und Restschuldbefreiung, NZI 2007, 193; *ders.* Zwei Schritte vor, ein Schritt zurück – die geplante Reform des Insolvenzrechts natürlicher Personen, ZRP 2007, 84; *ders.* Versagung contra Restschuldbefreiung, ZInsO 2007, 673; *ders.* Die Entschuldung mittelloser Personen im parlamentarischen Verfahren, NZI 2008, 86; *Bruns* Die gesetzliche Novellierung der Restschuldbefreiung mittelloser Personen – ein geglückter fresh start?, KTS 2008, 41; *Bundesministerium der Justiz* Reform der Verbraucherinsolvenz – Eckpunkte eines vereinfachten Entschuldungsverfahrens; ZVI 2006, 526; *Busch/Mäusezahl* Restschuldbefreiungsverfahren – was kostet es wirklich?, ZVI 2005, 398; *Dick* Versagungsgründe – aktuelle Rechtslage und Neuregelung durch den Referentenentwurf 2007, ZVI 2007, 123; *Ehricke* Die geplante Verteilung aufgrund des besonderen Feststellungsverfahrens nach § 292a InsO RegE, ZVI 2008, 193; *Förster* Restschuldbefreiung – das geht auch anders!, ZInsO 2002, 1105 ff.; *Frind* Sicherstellung von Effizienz und Gerechtigkeit der InsO – Notwendige Korrekturen der InsO unter Berücksichtigung der Erkenntnisse aus den Massenverfahren natürlicher Personen aus Sicht der Praxis, ZInsO 2003, 341; *ders.* Verbraucherinsolvenzverfahren: Dauerbaustelle?, ZInsO 2003, 549; *ders.* InsO-Reform – mit der Praxis und für die Praxis?, ZInsO 2004, 1064; *ders.* Entschuldung light – auf dem Rücken der Schuldner und Insolvenzgerichte?, ZInsO 2006, 342; *ders.* Preiswert ist nicht immer gerecht – Anmerkungen zum RefE-BMJ betreffend die Reform des Verbraucherinsolvenzverfahrens, ZInsO 2007, 473; *ders.* Preiswert ist immer noch nicht gerecht, ZInsO 2007, 1097; *Grote* Insolvenzverfahren und Restschuldbefreiung: Nulllösungen von unnötigen Verfahrensaufwänden befreien, ZInsO 2003, 207; *ders.* Fresh start für natürliche Personen – materiellrechtliche oder insolvenzrechtliche Lösung, Festschrift für Kirchhof, S. 149; *ders.* Baukasten Restschuldbefreiung und das Licht am Ende des Tunnels, ZInsO 2006, 119; *ders.* Verbraucherinsolvenz und Entschuldungsverfahren: Neuer Regierungsentwurf – Eine erste Einschätzung der wichtigsten Änderungen, ZInsO 2007, 918; *Grote/Heyer* Alternativmodell zur Änderung der Insolvenzordnung zur Regelung der Entschuldung mittelloser Personen, ZInsO 2006, 1138 = ZVI 2006, 528; *Grote/Müller* Rückflüsse an die Staatskasse bei der Kostenstundung in Insolvenz- und Restschuldbefreiungsverfahren, ZInsO 2006, 187; *Grote/Pape* Stellungnahme zum Referentenentwurf eines Gesetzes zur Änderung der Insolvenzordnung, des Kreditwesengesetzes und anderer Gesetze, ZInsO 2004, 993; *Hartenbach* Verbraucherinsolvenz und Restschuldbefreiung, ZVI 2003, 62; *Heinze* Die Finanzierung des neuen Entschuldungsverfahrens, DZWIR 2007, 283; *Hellmich* Die Entschuldung mittelloser Personen und die Änderung des Verbraucherinsolvenzverfahrens – Stand der Diskussion, ZInsO 2007, 739; *Henning* Nachtreffen 16./17. 3. 2003 zur Veranstaltung Berlin v. 31. 1. 2003, ZInsO 2003, 787; *ders.* Aktuelles zu Überschuldung und Insolvenzen natürlicher Personen, ZInsO 2004, 585; *Hergenröder* Entschuldungsmodell statt Verbraucherinsolvenz bei Masselosigkeit, DZWIR 2006, 265; *ders.* Modifizierte Verbraucherinsolvenz bei Massehaltigkeit, DZWIR 2006, 441; *Heyer* Reform des Restschuldbefreiungssystems nach §§ 286 ff. InsO – Restschuldbefreiung bei Masselosigkeit ohne Eröffnung des Insolvenzverfahrens, ZInsO 2003, 201; *ders.* Reform des Restschuldbefreiungssystems, ZInsO 2005, 1009; *ders.* 3. Deutscher Insolvenzrechtstag: Widerstand gegen den Gesetzentwurf zum Entschuldungsverfahren, ZVI 2006, 169; *ders.* Der vorläufige Treuhänder – ein notwendiges Element im neuen Entschuldungsverfahren?, ZVI 2008, 98; *Heyer/Grote* Alternativmodell zum Ent-

schuldungsmodell bei Masselosigkeit, ZInsO 2006, 1121; *Heyrath* Änderung der Insolvenzordnung, ZInsO 2004, 135; *Hofmeister/Jäger* Kleintransporter statt Sattelschlepper, ZVI 2005, 180; *Holzer* Regierungsentwurf zur Entschuldung mitteloser Personen, zur Stärkung der Gläubigerrechte sowie zur Regelung der Insolvenzfestigkeit von Lizenzen, ZVI 2007, 393; *Jäger* Gläubigerbeteiligung und Gläubigerinteressen im Insolvenzverfahren natürlicher Personen, ZVI 2003, 55; *ders.* Masselose Verbraucherinsolvenzverfahren ohne Verfahrenseröffnung – eine Neubelebung einer »alten« Idee, ZVI 2005, 15; *Kemper* Keine Entschuldung für unbenannte Gläubiger nach dem geplanten Entschuldungsverfahren, ZVI 2006, 434; *Klaas* Fünf Jahre Verbraucherinsolvenz – fünf Jahre sind genug, ZInsO 2004, 577; *Kohte* Forderungen und Anforderungen an ein vereinfachtes Restschuldbefreiungsverfahren, ZVI 2005, 9; *Löffler* Entwicklung der Verfahrenszahlen und Kosten in Stundungsfällen beim AG Göttingen, ZVI 2006, 385; *Lunkenheimer/Zimmermann* Reformbedarf zur Stärkung der außergerichtlichen Einigung, ZVI 2004, 317; *Mattern* Die Reformierung des Restschuldbefreiungsverfahrens unter Einbeziehung des Stundungsverfahrens: Erörterung von Problemfeldern und Reformüberlegungen im Restschuldbefreiungsverfahren, 2006; *Mäusezahl* DAV-Workshop zu Verfahrensvereinfachungen in den Insolvenzverfahren natürlicher Personen, ZVI 2003, 49; *ders.* Schriftliches Verfahren und Ausschlussfristen nach dem Diskussionsentwurf zur Änderung der Insolvenzordnung, ZVI 2003, 202; *ders.* Alltag am Insolvenzgericht – Auswirkungen des InsOÄndG 2004 und des Pensenschlüssels auf die Arbeitsbelastung, ZVI 2004, 577; *Ohle/Schatz/Jäger* Zur Reform des Verbraucherinsolvenzverfahrens – ein schlechtes Entschuldungsmodell und eine gute Alternative, ZVI 2006, 480; *Pape, G.* Entwurf eines Gesetzes zur Änderung der Insolvenzordnung, ZInsO 2003, 389; *ders.* Zulässigkeit von Restschuldbefreiungsversagungsanträgen vor Durchführung des Schlusstermins nach DiskE InsO-ÄndG April 2003, ZVI 2003, 377; *ders.* Von der »Perle der Reichsjustizgesetze« zur Abbruchhalde, ZInsO 2005, 842; *ders.* Ende der Restschuldbefreiung für alle?, ZInsO 2006, 897; *ders.* Neue Wege zur Entschuldung völlig mittelloser Personen, ZVI 2007, 239; *ders.* Altbekanntes und Neues zur Entschuldung mitteloser Personen, NZI 2007, 681; *Pape, I.* Referentenentwurf eines Gesetzes zur Änderung der InsO – Anmerkungen zu den geplanten Neuregelungen, NZI 2004, 601; *Pianowski* Ein Hilferuf aus der Praxis, ZInsO 2008, 308; *Pluta* Insolvenzverfahren ohne sinnlosen Arbeitsaufwand, ZVI 2005, 20; *Pfeffer* Restschuldbefreiungsantrag und Amtsermittlungspflicht des Insolvenzgerichts, ZVI 2004, 232; *Ohle/Jäger* Der Referentenentwurf zur Änderung der InsO aus Gläubigersicht, ZVI 2004, 714; *Ohle/Schatz/Jäger* Zur Reform des Verbraucherinsolvenzverfahrens – ein schlechtes Entschuldungsverfahren und eine gute Alternative, ZVI 2006, 480; *Rüntz/Heßler/Wiedemann/Schwörer* Die Kosten des Stundungsmodells, ZVI 2006, 185; *Schmerbach* Änderungsbedarf im Regel- und Verbraucherinsolvenzverfahren, ZInsO 2003, 253; *ders.* InsO-Änderungsgesetz 2005 – ein Ausblick, ZInsO 2004, 697; *ders.* Strukturreform InsO, ZInsO 2005, 77; *ders.* Die geplante Entschuldung völlig mitteloser Personen, NZI 2007, 198; *ders.* Konkrete Änderungsvorschläge zum Entwurf eines Gesetzes zur Entschuldung mitteloser Personen, zur Stärkung der Gläubigerrechte sowie zur Regelung der Insolvenzfestigkeit von Lizenzen, NZI 2007, 710; *Schmidt* Null-Plan und die Versagung der Restschuldbefreiung vor dem Aus – eine Lösungsmöglichkeit? ZInsO 2003, 64; *Springeneer* Reform des Verbraucherinsolvenzrechts: Das schwierige Unterfangen, Null-Masse-Fälle ohne Systembrüche neu zu regeln, ZVI 2006, 1; *dies.* Nachbesserungsbedarf bei der Konzeption des Entschuldungsverfahrens, ZVI 2008, 106; *Stellungnahme des Deutschen Anwaltvereins* durch den DAV-Insolvenzrechtsausschuss zum Referentenentwurf eines Gesetzes zur Änderung der Insolvenzordnung, des Kreditwesengesetzes und anderer Gesetze, ZInsO 2005, 32; *Stephan* Die Umgestaltung des Einigungsversuchs und weitere Änderungen im Insolvenzverfahren natürlicher Personen durch den Diskussionsentwurf InsO-Änderung, ZVI 2003, 145; *ders.* Das InsO-Änderungsgesetz 2005, NZI 2004, 521; *ders.* InsO-Änderungsgesetz 2005, ZVI 2004, 505; *ders.* Die Reform des Verbraucherinsolvenz- und Restschuldbefreiungsverfahrens, NZI 2006, 671; *ders.* Der vorläufige Treuhänder im Regierungsentwurf zur Entschuldung mitteloser Personen, ZVI 2007, 441; *ders.* Die Neufassung des § 303 InsO – ein gefährlicher Kampf des Don Quijote gegen die Windmühlen, ZVI 2008, 141; *Vallender* Brauchen wir ein Entschuldungsverfahren?, NZI 2006, 279; *ders.* Die Richtung stimmt – Anmerkungen zum Entwurf eines Gesetzes zur Entschuldung völlig mitteloser Personen und zur Änderung des Verbraucherinsolvenzverfahrens, InVo 2007, 219; *ders.* Erfolg beim dritten Anlauf?, NZI 2007, 617; *Vallender/Fuchs* Ein großer Wurf? Anmerkungen zum Diskussionsentwurf des BMJ, NZI 2003, 292; *Wagner* Überlegungen zur Struktur eines Entschuldungsverfahrens, ZVI 2005, 173; *ders.* Die natürliche Person mit beschränkter Haftung, ZIP 2008, 630; *Wiedemann* Brauchen wir eine Reform der Verbraucherentschuldung?, ZVI 2004, 645; Zwischenbericht der Bund-Länder-Arbeitsgruppe zur Restschuldbefreiung, ZVI 2005, 445; *Zurlinden* Reform der Restschuldbefreiung, 2007; *Zypries* Aktuelles Insolvenzrecht, ZVI 2005, 157.

A. Normzweck

Als **prinzipiengestaltende Grundlagenbestimmung** des Achten Teils weist § 286 InsO eine mehrfach gestufte Struktur auf. Die Vorschrift kleidet zunächst die **programmatische Aussage** von § 1 Satz 2 InsO aus, wonach im Insolvenzverfahren dem redlichen Schuldner Gelegenheit gegeben wird, sich

1

von seinen restlichen Verbindlichkeiten zu befreien (*Ahrens* VuR 2000, 8 ff.). Dazu gewährleistet sie zusätzlich die eigenständigen Funktionen der gesetzlichen Schuldbefreiung. Über die Verweisung auf die §§ 287–303 InsO bestimmt sie weiter die Restschuldbefreiung als **materiell- und verfahrensrechtliches Institut** und grenzt schließlich dessen Anwendungsbereich ab.

2 Mit dem Institut der Restschuldbefreiung wird das seit langem kritisierte **freie Nachforderungsrecht** der Konkursgläubiger aus § 164 Abs. 1 KO (*Heilmann* KTS 1975, 18; *Menzinger* Das freie Nachforderungsrecht der Konkursgläubiger, insbes. S. 15 ff., 133 ff.; *Ackmann* Schuldbefreiung durch Konkurs?, S. 114 ff., aber 140; *Knüllig-Dingeldey* Nachforderungsrecht oder Schuldbefreiung, S. 57 ff., 114, 216; *Uhlenbruck* FLF 1989, 11) eingeschränkt, wenn auch nicht aufgehoben, vgl. § 201 Abs. 1 und 3 InsO (*Jauernig* Zwangsvollstreckungs- und Insolvenzrecht, § 95 I, sieht das Nachforderungsrecht beseitigt). Erstmals im jüngeren deutschen Recht (entwicklungsgeschichtliche Hinweise bei *Hahn* Die gesammten Materialien zu den Reichsjustizgesetzen, Bd. IV, S. 342 f.; *Ackmann* Schuldbefreiung durch Konkurs?, S. 9 ff.) ist damit eine gesetzliche Schuldbefreiung für natürliche Personen verwirklicht.

3 Auf diese Weise wird die frühere Ungleichbehandlung bei der nachkonkurslichen Haftung natürlicher Personen und Personengesellschaften gegenüber Kapitalgesellschaften beseitigt (*Arnold* DGVZ 1996, 65 [66]). Als weiteres Regelungsziel der Restschuldbefreiung wird dem Schuldner zudem die Chance eröffnet, sich wirtschaftlich zu erholen und eine **neue Existenz** aufzubauen. Dieser umfassende Ansatz wird verkannt, wenn die Legitimation der Schuldbefreiung einseitig auf den Unternehmer zugeschnitten wird (so aber *Medicus* DZWIR 2007, 221 [224]). Neben der sozialen und einzelwirtschaftlichen Aufgabe, dem Schuldner einen **Neubeginn** (fresh start) zu ermöglichen (*Smid* Grundzüge des neuen Insolvenzrechts, 3. Aufl., Vor § 26 Rz. 2; für den Zwangsvergleich bereits *RG* RGZ 150, 163 [170]), wird damit auch das gesamtwirtschaftliche Ziel verfolgt, den Schuldner als Marktteilnehmer zu reintegrieren. Über das Insolvenzverfahren soll nicht nur der Marktaustritt, sondern auch die Chance auf einen erneuten Marktzutritt gesteuert werden. Zusätzlich trägt eine Restschuldbefreiung auch der **Achtung vor der Person** des Schuldners Rechnung (*Häsemeyer* Insolvenzrecht, Rz. 26.02; MünchKomm-InsO/*Stürner* 2. Aufl., Einl. Rz. 70, 93; *Mohrbutter/Ringstmeier-Pape* 8. Aufl., § 17 Rz. 5) und schließt deshalb ebenfalls die Personen ein, die etwa aus Altersgründen oder krankheitshalber nicht mehr in der aktiven Wertschöpfungskette stehen. Aufgrund dieser Achtung vor der Persönlichkeit des Schuldners ist auch den Personen die Chance auf eine Schuldbefreiung zu geben, die derzeit über kein pfändbares Einkommen verfügen. Obwohl diese genannten Zielsetzungen die §§ 286 bis 303 InsO dominieren, wird die gesetzliche Schuldbefreiung doch nicht einseitig zu Lasten der Gläubiger durchgesetzt (vgl. auch BGHZ 144, 78 [83]). Ihre berechtigten Interessen werden in dem ausbalancierten Regelungskanon insbesondere durch die §§ 290 Abs. 1, 295 und 303 InsO mit in das Schuldbefreiungsverfahren einbezogen, das den höchstrichterlichen und verfassungsrechtlichen (dazu Rz. 5 a ff.) Anforderungen entspricht (BGHZ 122, 373 [379]; BGHZ 134, 79 [92]). Letztlich soll die Schuldbefreiung auf diese Weise nicht nur dem Schuldner, sondern auch den Gläubigern Vorteile bringen und einen Interessenausgleich zwischen Schuldner und Gläubigern ermöglichen (Begr. RegE BR-Drucks. 1/92 S. 100; *Ahrens* VuR 2000, 8 [11]).

4 Über diese den Insolvenzzweck aus § 1 Satz 2 InsO konkretisierende Wirkung hinaus erhält § 286 InsO durch die Verweisung auf die §§ 287 bis 303 InsO eine eigene gestaltende Aussage. § 286 InsO verweist nicht allein deklaratorisch auf die nachfolgenden Vorschriften, sondern ordnet die **materiellrechtliche Folge** einer Befreiung von den im Insolvenzverfahren nicht erfüllten Verbindlichkeiten systematisch in das verfahrensrechtliche Programm der Schuldbefreiung ein. Restschuldbefreiung ist damit ein durch Prozesshandlungen, wie die Antragstellung und die Abtretungserklärung (s. *Ahrens* § 287 Rz. 27 ff.), sowie durch Verfahrensformen, von der Glaubhaftmachung der Versagungsgründe bis hin zur rechtsmittelfähigen Erteilung von Restschuldbefreiung, geprägtes insolvenzverfahrensrechtliches Institut. Damit ist eine allein von den tatbestandsmäßigen Voraussetzungen und Einwendungen abhängige gesetzliche Schuldbefreiung als **subjektives Recht** eines jeden insolventen Schuldners geschaffen. Dieses subjektive Recht wird aufgrund eines gerichtlichen Verfahrens durch die richterliche Entscheidung begründet (*Ahrens* Jahrbuch Junger Zivilrechtswissenschaftler, 1999, S. 189 [199]; *Braun/Buck* InsO, 3. Aufl., § 286 Rz. 3; HambK-InsO/*Streck* § 291 Rz. 2; *Graf-Schlicker/Kexel* InsO, § 286 Rz. 1; MünchKomm-InsO/*Stephan* 2. Aufl., § 286 Rz. 58, Rechtsanspruch; **a. A.** *Kübler/Prütting-Wenzel* InsO, § 286 Rz. 93). Die Bezeichnung durch den *BGH* als Privileg (*BGH* ZInsO 2006, 265 [266]) steht dem nicht entgegen, doch ist die Rede von einer Rechtswohltat verfehlt (vgl. *Hergenröder* DZWIR 2006, 265 [274 f.]). Aus dem subjektiven Recht sind konkrete materiellrechtliche Wirkungen abzuleiten, etwa als Grundlage möglicher Ansprüche des Schuldners gegen den Insolvenzverwalter bzw. Treuhänder bei einer verspäte-

ten Schlussrechnungslegung oder das Gericht bei einem Verstoß gegen die Hinweispflichten aus den §§ 20 Abs. 2, 175 Abs. 2 InsO. Infolge des Individualschutzes muss es auch einen Rechtsschutz geben, Art. 19 Abs. 4 GG, wenn der Zugang zur Restschuldbefreiung verhindert wird. Als Mittel einer Gesamtbereinigung der Schulden durch eine gleichmäßige quotenmäßige Befriedigung aller Gläubiger trägt diese Restschuldbefreiung die charakteristischen Merkmale des Insolvenzrechts (*Schmidt-Räntsch* FS Hanisch, S. 217 [227 f.]; *Häsemeyer* FS Henckel, S. 353 [357]; *Pape* ZRP 1993, 285 [289]; krit. zur Einordnung in das Insolvenzverfahren etwa *Gerhardt* FLF 1989, 99, [105]; *Smid* in: Insolvenzrecht im Umbruch, S. 139 [148 ff., 162 f.]; *Prütting* ZIP 1992, 882 [883]). Ausgestaltet wird dieses Konzept insbesondere durch die in den §§ 290 Abs. 1, 295 InsO präzisierten Anforderungen und die materiellrechtliche Konsequenz der Schuldbefreiung gem. § 301 InsO. § 286 InsO erklärt damit die Entschuldung als verfahrensrechtliches Institut mit materiellen Wirkungen.

Neben seinem programmatischen Gehalt erfüllt § 286 InsO auch **positive** dogmatische **Aufgaben**, denn die Vorschrift bestimmt den personalen Anwendungsbereich der Restschuldbefreiung und konturiert den Umfang der Befreiungswirkung. Allein **natürliche Personen** können nach Maßgabe der §§ 287 bis 303 InsO von ihren im Insolvenzverfahren **nicht erfüllten Verbindlichkeiten** gegenüber den Insolvenzgläubigern befreit werden. Unerheblich für die Befreiung ist, ob die Insolvenzgläubiger teilweise oder gar nicht befriedigt worden sind (*BGH* NJW 2002, 960 [961]); *Hess* InsO, 2007, § 286 Rz. 24; *Graf-Schlicker/Kexel* InsO, § 286 Rz. 4), solange der Schuldner die verfahrensrechtlichen Anforderungen erfüllt. 5

B. Verfassungsmäßigkeit der Restschuldbefreiung

Unzweifelhaft greift die Befreiung des Schuldners von seinen nicht erfüllten Verbindlichkeiten nach den §§ 286, 301 Abs. 1 Satz 1 InsO in das Forderungsrecht des Gläubigers ein. Aus verfassungsrechtlicher Perspektive ist vorrangig zu prüfen, ob es sich hierbei um eine als Inhalts- und Schrankenbestimmung zu rechtfertigende **Eigentumsbeeinträchtigung** i. S. v. **Art. 14 Abs. 1 GG** handelt. Zudem können auch andere Grundrechte, wie der allgemeine Gleichheitssatz aus Art. 3 Abs. 1 GG, oder grundrechtsgleiche Rechte, etwa der Anspruch auf rechtliches Gehör gem. Art. 103 Abs. 1 GG, im Verfahren und durch die Restschuldbefreiung beeinträchtigt werden. Bereits vor dem In-Kraft-Treten der Insolvenzordnung wurde die verfassungsrechtliche Zulässigkeit der Restschuldbefreiung eingehend erörtert, wobei die Verfassungskonformität zumeist bejaht (*Ackmann* Schuldbefreiung durch Konkurs?, S. 93 ff., 107; *ders.* ZIP 1982, 1266 [1271]; *Forsblad* Restschuldbefreiung und Verbraucherinsolvenz, S. 275 ff.; *Ruby* Schuldbefreiung durch absolute Anspruchsverjährung, S. 116 ff.; *Döbereiner* Restschuldbefreiung nach der Insolvenzordnung, S. 28 ff.; *Gerhardt* ZZP 95 (1982), 467 [492]; *Seuffert* ZIP 1986, 1157 [1158 ff.]; *Pape* ZRP 1993, 285 [288]; *Wenzel* DGVZ 1993, 81 [82 ff.]; *Arnold* DGVZ 1996, 129 [130 Fn. 5 a. E.]; s. a. *Balz* ZRP 1986, 12 [16]; *Wöchner* BB 1989, 1065 [1067]) und nur vereinzelt aus unterschiedlichen Gründen verneint wurde (*Gerhardt* FLF 1989, 99, [104]; *Smid* in: Leipold (Hrsg.), Insolvenzrecht im Umbruch, S. 139 [149 ff.]; *Christmann* DGVZ 1992, 177 [178 f.]). Im allgemeinen Konsens über die rechts-, wirtschafts- und sozialpolitische Notwendigkeit einer gesetzlich normierten Schuldbefreiung ist die verfassungsrechtlich determinierte Kritik alsbald verstummt. 5 a

Erst mehrere **Richtervorlagen** des *AG München* nach Art. 100 Abs. 1 GG, § 80 Abs. 2 Satz 1 BVerfGG haben die Diskussion von neuem entfacht. In einem – soweit ersichtlich – in der bundesrepublikanischen Rechtsprechung einmaligen Vorgang mit bislang vier alljährlichen Anläufen aus den Jahren 2002 bis 2005, wollte bzw. will das Münchener Insolvenzgericht die Restschuldbefreiung insgesamt oder jedenfalls mit ihren wesentlichen Regelungen im Wege der konkreten Normenkontrolle durch das BVerfG für verfassungswidrig erklären lassen. Bislang waren allerdings sämtliche vom BVerfG entschiedenen Vorlageverfahren zur Restschuldbefreiung **unzulässig**, weshalb sich das Verfassungsgericht in der Sache nicht äußern konnte. In seiner Auftaktserie aus dem Jahr 2002 legte das Insolvenzgericht insgesamt fünf Verfahren dem BVerfG zur Entscheidung vor, um die Verfassungswidrigkeit des gesamten Achten Teils der InsO feststellen zu lassen (*AG München* Beschl. v. 30. 08. 2002–1506 IN 656/02, NZI 2002, 676; 1506 IN 953/02, ZVI 2002, 330; 1506 IN 1343/02; v. 24. 09. 2002–1506 IN 748/02; v. 20. 11. 2002–1502 IN 1944/00, ZVI 2003, 39; abl. *Prütting/Stickelbrock* ZVI 2002, 305 ff.; *G. Pape* ZInsO 2002, 951 ff.; *I. Pape* NZI aktuell 12/2002, V; *Ahrens* ZInsO 2002, 1010 ff.; *Sesemann* NZI 2002, 655 ff.). Am Ausgangspunkt der Richtervorlagen standen entweder Entscheidungen über die Kostenstundung gem. § 4 a Abs. 1 Satz 1 InsO oder über die Ankündigung der Restschuldbefreiung nach § 291 InsO. Stets wurden die inzidenten Normen- 5 b kontrollverfahren über das gesamte Rechtsinstitut der Restschuldbefreiung aus Anlass von Zwischenentscheidungen eingeleitet. Allen Vorlagen fehlte deswegen die verfassungsrechtlich erforderliche **Entscheidungserheblichkeit** der gerügten Vorschriften (*Ahrens* ZInsO 2002, 1010 [1011 ff.]; *Hess* InsO, 2007, § 286 Rz. 28), weswegen sie durch Beschluss des *BVerfG* v. 03. 02. 2003 als unzulässig verworfen wurden (*BVerfG* NZI 2003, 162; zust. *Ahrens* ZInsO 2003, 197; *G. Pape* ZVI 2003, 97; *Kocher* DZWIR 2004, 187; *Kohte/Busch* EWiR 2003, 591). Im zweiten Anlauf wollte das *AG München* die Verfassungswidrigkeit der §§ 289 Abs. 1, 290, 292 Abs. 1 Satz 2 und 4, Abs. 2, 294, 295, 296 Abs. 1, 297, 301 Abs. 1 sowie 302 Nr. 1 InsO feststellen lassen (*AG München* ZVI 2003, 546; dazu *Ahrens* ZVI 2003, 509), doch scheiterte dieses Normenkontrollverfahren an der unzureichenden Darlegung zur Verfassungswidrigkeit der zur Überprüfung gestellten Normen sowie ihrer mangelnden Entscheidungserheblichkeit (*BVerfG* Beschl. v. 14. 01. 2004 NJW 2004, 1233; *Ahrens* ZVI 2004, 69; *Pape* ZInsO 2004, 314; *ders.* ZInsO 2005, 682 [686]; *Vallender* WuB VI C § 286 InsO 1.04). Auch in der dritten Runde der Richtervorlagen (*AG München* NZI 2004, 456, m. Anm. *Sesemann*) konnte das Insolvenzgericht die Zulässigkeitshürden nicht überwinden (*BVerfG* Beschl. v. 07. 07. 2004 – 1 BvL 3/04). Schließlich ist der vierte Versuch (*AG München* Beschl. v. 06. 07. 2005 – 1506 IN 2348/03) ebenfalls erfolglos geblieben (*BVerfG* ZInsO 2006, 317, m. Anm. *Grote*).

5 c Weitere Richtervorlagen sind nicht ausgeschlossen, indessen für den zeitlichen Abschnitt vor einer Entscheidung über die Ankündigung der Restschuldbefreiung kaum mehr zu erwarten. Wird ein Normenkontrollverfahren eingeleitet, nachdem die Laufzeit der Abtretungserklärung beendet ist, wiegen die Hinweise des BVerfG auf eine sorgfältige Prüfung der Voraussetzungen einer Richtervorlage besonders schwer. Mit der Aussetzung des Verfahrens verweigert der Richter den Beteiligten zunächst eine Entscheidung in der Sache und verzögert die Erledigung des Rechtsstreits (*BVerfG* NZI 2003, 162; NJW 2004, 1233 [1234]; *Kohte/Busch* EWiR, 2003, 591 [592]). Eine weitere Konsequenz besteht darin, dass unzulässige Normenkontrollverfahren nicht – insbesondere auch über eine Aussetzung anderer Restschuldbefreiungsverfahren, im Verfahren *AG München* 1506 IK 2350/03 nunmehr zum dritten Mal – dazu führen dürfen, den Schuldnern die Aussicht auf Erteilung der Restschuldbefreiung zu nehmen (*Pape* ZInsO 2005, 682 [686]). Eine verfassungsgerichtliche Überprüfung der Restschuldbefreiung ist auch aufgrund einer Verfassungsbeschwerde nach Art. 93 Nr. 4 a GG möglich, etwa wenn ein Insolvenz- oder Neugläubiger die Verletzung seiner Grundrechte bzw. grundrechtsgleichen Rechte geltend macht. Die Rüge des Konzepts der Restschuldbefreiung als verfassungswidrig durch die Finanzverwaltung des Landes Hessen in einem Rechtsbeschwerdeverfahren ohne konkreten Bezug zur angegriffenen Entscheidung hat der *BGH* als unzulässig verworfen (*BGH* NZI 2004, 510).

5 d Im Zentrum der verfassungsrechtlichen Diskussion steht die mögliche Verletzung des **Eigentumsrechts** der Insolvenzgläubiger aus **Art. 14 Abs. 1 GG** durch die Restschuldbefreiung. Insolvenzforderungen können vom Garantiebereich des Art. 14. Abs. 1 Satz 1 GG erfasst werden und damit zu den als Eigentum i. S. d. Grundrechts schutzfähigen Positionen gehören (*BVerfGE* 92, 263 [271]; *Ahrens* ZInsO 2002, 1010 [1015]). Bereits eine beschränkte oder erheblich erschwerte Forderungsdurchsetzung kann zu einer Eigentumsverletzung führen (*BVerfG* NJW 2004, 1233). Bei der Eröffnung des Insolvenzverfahrens sind freilich die Forderungen oftmals nicht mehr werthaltig und abgeschichtet, denn der Übergang in die Gesamtvollstreckung dokumentiert, dass mit einzelvollstreckungsrechtlichen Instrumenten keine hinreichende Befriedigung aller Gläubiger zu bewirken ist. Zudem ist es nur wenig wahrscheinlich, dass der Schuldner nach Abschluss des gesamtvollstreckungsrechtlichen Verfahrens erneut zu Vermögen gelangt (*BVerfGE* 92, 263 [271]; MünchKomm-InsO/*Stephan* 2. Aufl., § 286 Rz. 8). In der Entscheidung über den Ausschluss verspätet angemeldeter Forderungen vom **Gesamtvollstreckungsverfahren** gem. § 14 Abs. 1 Satz GesO hat das BVerfG deswegen mit großer Deutlichkeit die Verfassungskonformität dieser Regelung bejaht (*BVerfGE* 92, 263 [272 ff.]). Die Befreiung des Schuldners von seinen nicht erfüllten Verbindlichkeiten greift also nur in eine bereits geschwächte Rechtsposition der Gläubiger ein. Insgesamt wirkt die Beschränkung der Gläubigerrechte durch die gesetzliche Schuldbefreiung nicht außergewöhnlich, denn die Entwertung von Rechtspositionen gehört zu den typischen Folgen des Insolvenzverfahrens. Zumeist werden die haftungsrechtlichen Folgen wie im Anfechtungsrecht wahrgenommen, während der Blick auf die Durchsetzbarkeit subjektiver Rechte in diesem Zusammenhang ungewohnt, aber aus dem Verjährungsrecht geläufig ist. So bleiben allein begrenzte zusätzliche Lasten der Insolvenzgläubiger.

5 e Ganz einhellig wird von der jüngeren insolvenzrechtlichen Literatur in der Restschuldbefreiung eine **verfassungskonforme Inhalts- und Schrankenbestimmung** des Eigentums gesehen (*Kübler/Prütting*-

Wenzel InsO, § 286 Rz. 56 ff., 69; MünchKomm-InsO/*Stephan* 2. Aufl., § 286 Rz. 13; *Uhlenbruck/Vallender* InsO, 12. Aufl., Vor § 286 Rz. 54; HK-InsO/*Landfermann* 4. Aufl., Vor §§ 286 ff. Rz. 10 ff.; *Nerlich/Römermann* vor § 286 Rdnr. 35; *Haarmeyer/Wutzke/Förster-Schmerbach* Präsenzkommentar, § 286 Rz. 14; *Hess* InsO, 2007, § 286 Rz. 23; *Foerste* Insolvenzrecht, 2. Aufl., Rz. 529; *Frege/Keller/Riedel* Insolvenzrecht, 7. Aufl., Rz. 2054; *Mohrbutter/Ringstmeier-Pape* 8. Aufl., § 17 Rz. 4; *Forsblad* Restschuldbefreiung und Verbraucherinsolvenz, S. 275 ff.; *Ruby* Schuldbefreiung durch absolute Anspruchsverjährung, S. 116 ff.; *Döbereiner* Restschuldbefreiung nach der Insolvenzordnung, S. 28 ff.; *Rothammer* Die insolvenzrechtliche Restschuldbefreiung S. 20 ff., 27; *Brei* Entschuldung Straffälliger, S. 276 ff.; *G. Pape* ZInsO 2002, 951 ff.; *Prütting/Stickelbrock* ZVI 2002, 305 [308]; *Sesemann* NZI 2002, 655 ff.; *Ahrens* ZInsO 2002, 1010 [1015 f.]; *ders.* ZVI 2004, 69 [73 ff.]; *Vallender* WuB VI C § 286 InsO 1.04; *Adam* DZWIR 2006, 495 [496]; grds. auch *Trendelenburg* Restschuldbefreiung, S. 219 ff.). Gegen den Eingriff in die Rechte der Gläubiger sind in erster Linie ihre Befriedigungsaussichten, ihre Beteiligungsrechte und die Elemente des sozialen Schuldnerschutzes abzuwägen. Die zentrale Bedeutung der **Gläubigerbefriedigung** auch nach der wirtschaftlichen Krise des Schuldners wird durch das Liquidationsverfahren, den weitgehenden Bestand von Sicherungsrechten, die in einem Vollstreckungsverfahren ganz singuläre Erwerbsobliegenheit gem. § 295 Abs. 1 Nr. 1, Abs. 2 InsO, das auf eine ganz erhebliche Dauer angelegte Restschuldbefreiungsverfahren sowie die Bereichsausnahmen von der Restschuldbefreiung nach § 302 InsO dokumentiert. In einer scharfen, noch über das Einzelvollstreckungsrecht hinausgehenden Ausprägung des Prioritätsprinzips, ist der **Neuerwerb** während der Treuhandperiode nahezu vollständig den Insolvenzgläubigern zugewiesen und damit dem konkurrierenden Zugriff der Neugläubiger entzogen. Verglichen mit der nachinsolvenzlichen Haftung juristischer Personen ist hier die Rechtsstellung der Insolvenzgläubiger natürlicher Personen entscheidend verbessert. Zur Kompensation wird den Neugläubigern eine klare zeitliche Perspektive auf das nach Abschluss des Restschuldbefreiungsverfahrens gebildete Vermögen eröffnet (*Ahrens* ZVI 2004, 69 [75]) und eine zehnjährige Schutzfrist gewährt, § 290 Abs. 1 Nr. 3 Alt. 2 InsO. Rechtlich und wirtschaftlich sind einerseits für die Insolvenzgläubiger während und andererseits für die Neugläubiger nach Ende des Restschuldbefreiungsverfahrens umfassende **Vorbehaltzonen** gebildet, die einen sachgerechten Interessenausgleich schaffen (**a. A.** *Jaeger/Henckel* InsO, § 35 Rz. 123, der die verfassungsrechtlichen Grenzen für überschritten hält; ohne Begründung ebenfalls ablehnend *Runkel/Ley* Anwaltshandbuch Insolvenzrecht § 15 Rz. 386). Verfahrensbezogene Rechte zur Verfolgung und Verteidigung ihrer Forderungen stehen den Insolvenzgläubigern während der ersten Phase des Restschuldbefreiungsverfahrens in den Gläubigerversammlungen und im Gläubigerausschuss sowie anschließend bei den Versagungs- oder Widerrufsanträgen, der Überwachung des Schuldners (§ 292 Abs. 2 Satz 1 InsO), und ggf. bei der Anfechtung von Rechtshandlungen des Schuldners nach § 313 Abs. 2 InsO zu. Geschützt und verstärkt werden diese Positionen durch die Gebote des rechtlichen Gehörs, vgl. etwa §§ 289 Abs. 1 Satz 1, 296 Abs. 2 Satz 1, 300 Abs. 1 InsO, und die Amtsermittlungspflicht des Gerichts. Zur verfassungskonformen Inhalts- und Schrankenbestimmung tragen schließlich auch der soziale Pfändungsschutz sowie die **Achtung vor der Person des Schuldners** als Ausdruck seiner menschlichen Würde bei (*Ahrens* ZVI 2004, 69 [75 f.]; s. a. Rz. 3). Langjährige Einzelvollstreckungen, die nur ihre eigen Kosten erwirtschaften und damit lediglich ihren eigenen Bestand sichern, verwirklichen nicht das Eigentumsrecht der Gläubiger, beeinträchtigen aber in einer unverhältnismäßigen Weise die Freiheit und Autonomie des Schuldners. Demgegenüber eröffnet die Restschuldbefreiung einen den Interessen auch der Gläubiger angemessen berücksichtigenden Ausweg. Angesichts der erweiterten gesetzgeberischen Gestaltungskompetenzen im Vollstreckungsverfahren (vgl. *Kübler/Prütting-Wenzel* InsO, § 286 Rz. 58 a), der bis zum Eintritt in ein Gesamtvollstreckungsverfahren bereits eingetretenen Entwertung der Forderungen, den Verfahrensrechten der Insolvenzgläubiger, den Anforderungen an den Schuldner sowie seinen schützenswerten Rechten und schließlich den Rechtspositionen der Neugläubiger ist eine komplexe Abwägung erforderlich, die der Gesetzgeber in einer verfassungskonformen Weise vorgenommen hat.

5 f Eine gewisse Relevanz kommt möglichen Verstößen gegen **Art. 6 Abs. 1 und 3 Abs. 1 GG** zu, etwa bei der Diskussion darüber, ob eine Ausnahme von der Schuldbefreiung zugunsten (minderjähriger) Unterhaltsgläubiger geboten ist (vgl. *Trendelenburg* Restschuldbefreiung, S. 223 ff.). Ein **Gleichbehandlungsproblem** ergibt sich aus den unterschiedlichen Anknüpfungspunkten der §§ 287 Abs. 2 Satz 1 und § 292 Abs. 1 Satz 4 InsO. Während die Laufzeit der Abtretungserklärung von der Eröffnung des Insolvenzverfahrens an berechnet wird, stellt der Motivationsrabatt auf die Aufhebung des Insolvenzverfahrens ab. Bei einem langwierigen Insolvenzverfahren kann die Zeitspanne für den Motivationsrabatt ganz oder teilweise nach dem Ende der Laufzeit der Abtretungserklärung liegen. Eine hiergegen gerichtete Verfassungsbeschwerde hat das *BVerfG* nicht zur Entscheidung angenommen (Beschl. v. 25. 10. 2006 – 1 BvR 2637/06). Durch die Obliegenheit zur Ausübung einer zumutbaren Erwerbstätigkeit nach § 295 Abs. 1 Nr. 1 InsO wird nicht in die Freiheiten aus **Art. 12 GG** eingegriffen (s. *Ahrens* § 295 Rz. 30). Bedenken wegen einer **Verletzung des rechtlichen Gehörs gem. Art. 103 Abs. 1 Satz 2 GG** aufgrund einer öffentlichen Bekanntmachung gem. §§ 30 i. V. m. 9 InsO (*Prütting/Stickelbrock* ZVI 2002, 305 [307 f.]; *Wagner* ZVI 2007, 9, der sich aber nicht mit der einschlägigen verfassungsgerichtlichen Judikatur auseinandersetzt) sind im Allgemeinen nicht zu teilen (*Ahrens* ZInsO 2002, 1010 [1016]). Ausdrücklich hat das *BVerfG* im Vergleichsverfahren die öffentliche Bekanntgabe einer Entscheidung mit der Wirkung einer Zustellung gebilligt. In Massenverfahren, so das Gericht, in denen der Kreis der Betroffenen groß ist und sich nicht von vornherein übersehen lässt, ist diese Art der Zustellung sachgerecht und verfassungsrechtlich legitimiert (BVerfGE 77, 275 [285]; s. a. *Nolte* in: v. Mangoldt/Klein/Starck, GG, 4. Aufl., Art. 103 Rz. 31; *Schmidt-Aßmann in:* Maunz/Dürig/Herzog, GG, Art. 103 Rz. 72). Die Kenntnisnahme muss möglich, nicht üblich sein.

C. Gesetzliche Systematik

I. Restschuldbefreiung als Ziel des Insolvenzverfahrens

6   **Ziele** des Insolvenzverfahrens sind nach § 1 InsO gleichermaßen, eine gemeinschaftliche Haftungsverwirklichung der Insolvenzgläubiger durch eine Liquidierung des Schuldnervermögens oder eine Unternehmenssanierung herbeizuführen, wie dem Schuldner die Möglichkeit zur Restschuldbefreiung zu eröffnen (vgl. auch FK-InsO/*Schmerbach* vor § 1 Rz. 27 ff.; *Pape/Uhlenbruck* Insolvenzrecht, Rz. 933). Dadurch wird das Insolvenzverfahren auf **konkrete Zielsetzungen** festgelegt, zu der auch die Schuldbefreiung gehört (BGHZ 144, 78 [83 f.]; außerdem BGHZ 122, 373 [379]; BGHZ 134, 79 [84]). In erster Linie ist die unter den gesetzlichen Voraussetzungen eintretene, also nicht konsensuale, und erst sekundär die durch Insolvenz- oder Schuldenbereinigungspläne begründete Schuldbefreiung gemeint. Welche vordringliche Bedeutung die Restschuldbefreiung besitzt, ist bereits an ihrer Erwähnung in der ersten Vorschrift der InsO abzulesen (*Jaeger/Henckel* InsO, § 1 Rz. 22). Nach dem Programmsatz des § 1 Satz 2 InsO tritt das Ziel der Restschuldbefreiung neben die Gläubigerbefriedigung (MünchKomm-InsO/*Stürner* 2. Aufl., Einl. Rz. 5, Entschuldung als selbstständiger Verfahrenszweck). Auch ein gesplitteter und damit sachlich reduzierter Zielgehalt, nach dem die Restschuldbefreiung kein unmittelbares Ziel des Insolvenzverfahrens ist, sondern erst in einem weiteren Verfahren erreicht werden kann (so aber MünchKomm-InsO/*Ganter* 2. Aufl., § 1 Rz. 98), vermag nicht zu überzeugen. Diese Interpretation begründet eine in der gesetzlichen Aufgabenbestimmung nicht angelegte Differenzierung zwischen den insolvenzrechtlichen Verfahren, die auch in ihrer Umkehrung, nach der die Gläubigerbefriedigung im Restschuldbefreiungsverfahren ausscheiden müsste, kaum plausibel erscheint. Im Übrigen lässt auch das Normenprogramm eine solche Splitting nicht zu, denn etwa die §§ 4 a ff., 20 Abs. 2, 27 Abs. 2 Nr. 4, 174 Abs. 2 InsO und dass Konzept des Schuldenbereinigungsplans richten das Insolvenzverfahren auf die Restschuldbefreiung aus. Wenn im Gesetz die Schuldbefriedigung vor der Schuldbefreiung genannt ist, wird damit nicht zuletzt die temporäre Abfolge und damit eine praktische Reihung ausgedrückt (*Ahrens* VuR 2000, 8 [9 ff.]). Diese verschiedenen Zwecke sind nach Maßgabe des Möglichen zu einer praktischen Konkordanz zu führen. Gegenüber diesen Aufgaben des Insolvenzverfahrens verhält sich § 1 InsO selbst also inhaltlich neutral und ordnet **keine Hierarchie der Ziele** an (sehr str. *AG München* NZI 1999, 32 [33]; *Uhlenbruck/Vallender* InsO, 12. Aufl., Vor § 286 Rz. 21; *Mohrbutter/Ringstmeier-Pape* 8. Aufl., § 17 Rz. 1; *Pape* Rpfleger 1997, 237 [241]; *Kohte* FS Remmers, S. 479 [484 f.]; *Gerlinger* ZInsO 2000; 25 [31]; nach *Gerhardt* in: Leipold (Hrsg.), Insolvenzrecht im Umbruch, S. 1 [2], werden sich die Gewichte hin zu dem Verfahrenszweck der Schuldbefreiung verschieben; ähnlich *LG Konstanz* NZI 2000, 29 [31]; **a. A.** MünchKomm-InsO/*Ganter* 2. Aufl., § 1 Rz. 20, 101, zur geplanten Regelung Rz. 106; *Jaeger/Henckel* InsO, § 1 Rz. 20, denn das Insolvenzverfahren diene der Gläubigerbefriedigung, nicht der Restschuldbefreiung; *Smid* DZWiR 1997, 309 [312]; *Häsemeyer* Insolvenzrecht, Rz. 1.12; KS-InsO/*Thomas* 2000, S. 1763 Rz. 6 f.; *Kirchhof* ZInsO 2001, 1 [12]; *Bruns* KTS 2008, 41 [42]; *Onciul* Rechtzeitige Auslösung des Insolvenzverfahrens, S. 2; krit. zur Einordnung der Restschuldbefreiung unter die Ziele des Insolvenzverfahrens, KS-InsO/*Prütting* 2000, Rz. 75; s. a. *Dorndorf* FS Merz, S. 31 [38]; *Balz* FLF 1989, 16 [18]). Es existieren hier keine für die gesamte Insolvenzordnung gültige Rollenverteilung in primäre und sekundäre

Funktionen des Insolvenzverfahrens. Vielmehr ist das Verhältnis zwischen den einzelnen Maximen aus der konkreten Normierung der jeweiligen Institute zu entwickeln, damit jede Wirklichkeit gewinnt. Kollidieren die Zwecke miteinander, darf nicht einer vorschnell auf Kosten des anderen realisiert werden. Dabei sind jeder Zielsetzung Grenzen zu ziehen, damit alle zu einer optimalen Wirksamkeit gelangen können.

In sämtlichen Bereichen der Insolvenzordnung ist deswegen eine **optimierende Abstimmung** aller Aufgaben zu erreichen. Die Vorschriften des Achten Teils über die Restschuldbefreiung sind deswegen auch mit der allgemeinen Zielsetzung der Gläubigerbefriedigung zu verbinden, weshalb etwa die Bezügeabtretung gem. § 287 Abs. 2 Satz 1 InsO sowie die Obliegenheiten aus § 295 InsO ebenfalls einer Haftungsrealisierung dienen. Zugleich dokumentieren diese Obliegenheiten die veränderte Reichweite der Gläubigerbefriedigung nach Ankündigung der Restschuldbefreiung. Anschaulich wird diese eigene Ausformung der Haftungsverwirklichung durch § 295 Abs. 1 Nr. 2 InsO belegt, weil der Schuldner nur die Hälfte des von Todes wegen oder mit Rücksicht auf ein zukünftiges Erbrecht erworbenen Vermögens herauszugeben hat. Auch die beschränkten Zahlungsanforderungen bei Ausübung einer selbstständigen Tätigkeit nach Ankündigung der Restschuldbefreiung gem. § 295 Abs. 2 InsO fügen sich in dieses eigenständige Bild ein. Gesetzlich hat die **Gläubigerbefriedigung** eine vom Insolvenzverfahren **abweichende Gestalt** gewonnen, die bereits dem Gedanken der späteren Schuldbefreiung Rechnung trägt. Dabei darf eine Konkordanz nur in dem durch die positiven Normen des Gesetzes vorgegebenen Rahmen hergestellt werden. Hier gewährleistet § 286 InsO die als interpretatorische Leitlinie maßgebende vorrangige Ausrichtung des Achten Teils an der gesetzlichen Schuldbefreiung. Nach der zuzustimmenden Ansicht des *BGH* (BGHZ 144, 78 [83]) liegt das Ziel der Restschuldbefreiung in erster Linie im Interesse des Schuldners. Durch diese Regelung wird dem eigenständigen Institut der Restschuldbefreiung eine gegenüber der ebenfalls zu realisierenden Gläubigerbefriedigung dominierende Gestalt verliehen. Dem offen Programmsatz der Restschuldbefreiung wird dabei ein fester Normenkatalog beigelegt, der die notwendigen Voraussetzungen und Schranken der schuldbefreienden Wirkung fixiert. Dazu formuliert § 1 Satz 2 InsO eine Auslegungsregel (*AG Offenbach* ZInsO 1999, 296 [297]; *AG Dortmund* ZInsO 1999, 417 [418]; *Ahrens* VuR 2000, 8 [11]).

II. Restschuldbefreiung im Insolvenzverfahren

Mit der Entscheidung für eine gesetzliche Schuldbefreiung ist in der InsO ein grundlegender **Richtungswechsel** gegenüber der KO vollzogen worden. Dementsprechend gehört das Restschuldbefreiungsverfahren zu den am intensivsten diskutierten Neuerungen der Insolvenzordnung (z. B. Zweiter Bericht der Kommission für Insolvenzrecht, Leitsatz 6.3, 162 ff.; *Balz* ZRP 1986, 12 [19]; *ders.* BewHi 1989, 103 [112 ff.]; *Bruchner* WM 1992, 1268; *Gerhardt* FLF 1989, 99; *Gravenbrucher Kreis* ZIP 1990, 476 [478]; *ders.* ZIP 1993, 625 [627]; *Kohte* ZIP 1994, 184; *Pape* ZRP 1993, 285; *Schmidt-Räntsch* FS Hanisch, S. 217; *Scholz* ZIP 1988, 1157 [1159 ff.]; *ders.* BB 1992, 2233; *Uhlenbruck* MDR 1990, 4; *ders.* DGVZ 1992, 33; *Wacket* FLF 1989, 65; *Wenzel* DB 1990, 975; *ders.* DGVZ 1993, 81; *Wochner* BB 1989, 1065). Nahezu einhellig erfuhr das rechtspolitische Anliegen einer Restschuldbefreiung überschuldeter Personen Zustimmung, doch wurde ihre konkrete Gestaltung vielfach auch grds. kritisiert.

Als Ausgangspunkt dieser Kritik an der Schuldbefreiung auf Grundlage der §§ 286 bis 303 InsO wurden immer wieder Bedenken gegen ihre **systemfremde Regelung** in der Insolvenzordnung erhoben (*Uhlenbruck* FLF 1989, 11 [14]; *Gerhardt* FLF 1989, 99 [105]; *Gravenbrucher Kreis* ZIP 1990, 476 [478]; 1993, 625 [627]; *Prütting* ZIP 1992, 882 [883]; *Henckel* FS Gaul, S. 199; *Ruby* Schuldbefreiung durch absolute Anspruchsverjährung, S. 37 ff., 57). Materiell reichen die Positionen von der Einschätzung als ein verfehlt geregeltes Verfahren der Individualvollstreckung bis hin zu der Forderung nach einer eigenständigen Vertragshilfeprozedur. Bei allem Gewicht dieser Bedenken im Einzelnen legt bereits ihre divergierende inhaltliche Ausrichtung nahe, dass es keinen dogmatisch allein folgerichtigen Entwurf gibt. Zudem spiegeln sich in diesen Überlegungen die allgemeinen Auseinandersetzungen über die Wesensverwandtschaften des Insolvenzverfahrens und die Unterschiede zu anderen Verfahrenstypen mit (dazu *Jaeger/Henckel* InsO, § 2 Rz. 8 ff., 19 ff.). Eine leichtere Antwort als auf die allgemeinen Fragen ist deswegen nicht zu erwarten. In der jüngsten rechtspolitischen Diskussion wird nicht so sehr auf die systematischen Aspekte abgestellt. Aus primär fiskalischen Gründen wird überlegt, ob einzelne Teile des Insolvenzverfahrens auf dem Weg zur Restschuldbefreiung verzichtbar sind (z. B. *Kohte* ZVI 2005, 9 ff.; *Grote* FS Kirchhof, S. 149 ff.; *Jaeger*

ZVI 2005, 15 ff.; *Hofmeister/Jaeger* ZVI 2005, 180) oder ein Schuldbefreiungsverfahren weitgehend ohne die Instrumente des Insolvenzrechts auskommen kann (*Sternal* NZI aktuell 8/2005, V.)

10 An der prinzipiellen **Abgrenzung** zwischen **Individual- und Gesamtvollstreckung** rühren die Einwände, die in der Restschuldbefreiung ein an falscher Stelle geregeltes Verfahren der Einzelzwangsvollstreckung sehen (*Gravenbrucher Kreis* ZIP 1993, 625 [627]; *Uhlenbruck* FLF 1989, 11 [14]; *ders.* MDR 1990, 4 [8 f.]; *Nerlich/Römermann* InsO, vor § 286 Rz. 25, gehen immer noch von einer Form des Vollstreckungsschutzes aus), bei dem das formale Prioritätsprinzip durch eine Gleichbehandlung der Gläubiger ersetzt ist (*Henckel* FS Gaul, S. 199, jedenfalls für das Verfahren zur Restschuldbefreiung von Verbrauchern). Auch das Plädoyer für einen § 18 Abs. 2 Satz 3 GesO entsprechenden Vollstreckungsschutz (*Smid* BB 1992, 501 [511]) bleibt an die Vorstellung des Individualvollstreckungsrechts gebunden. Als **dauerhaft angelegtes Gemeinschaftsverfahren** ist jedoch die Schuldbefreiung in andere Prinzipien eingebettet als die Individualvollstreckung. Der durch das Prioritätsprinzip gekennzeichneten Durchsetzung eines einzelnen Rechts in der Zwangsvollstreckung stehen im Restschuldbefreiungsverfahren nicht allein vergemeinschaftlichte Handlungen und Wirkung entgegen, wie etwa die Einsetzung des Treuhänders. Auch das bewusst geschaffene dynamische Konzept der Restschuldbefreiung in einem zukunftgerichteten Verfahren (vgl. Rz. 22 ff.) ist mit einem momentbezogenen Vollstreckungsschutz nicht zu vereinbaren. Aus dieser dem Schuldner eröffneten Zukunftsperspektive resultieren konkrete verfahrensrechtliche Folgen. Deshalb darf das Rechtsschutzbedürfnis für den Antrag auf Restschuldbefreiung nicht schon verneint werden, weil der Schuldner gegenwärtig und in absehbarer Zukunft über kein pfändbares Einkommen oder sonstiges Vermögen verfügt (**a. A.** *Henckel* FS Gaul, S. 199 [204]; dazu außerdem *Ahrens* § 287 Rz. 14).

11 Für ein selbstständiges Gesetz außerhalb der Insolvenzordnung, das dem Verfahren der **freiwilligen Gerichtsbarkeit** unterstellt werden soll, hat sich nicht zuletzt der Bundesrat ausgesprochen (ZIP 1992, 882 [885]; zustimmend *Prütting* ZIP 1992, 882 [883]; krit. *Häsemeyer* FS Henckel, S. 353 [358]). Abgesehen von einer gewissen Verfahrenspragmatik beruht dies auch auf der Einschätzung, dass es sich bei der Restschuldbefreiung um keine richterliche Streitentscheidung, sondern um eine verwaltungsmäßige Tätigkeit handele (vgl. *Smid* Restschuldbefreiung, in: Insolvenzrecht im Umbruch, S. 139 [153 ff.]). Gegen ein Verfahren der administrativen Rechtsfürsorge spricht jedoch bereits der Stufenaufbau von Insolvenz- und Restschuldbefreiungsverfahren mit dem gerade in der Verbraucherinsolvenz deutlichen Vorrang vertraglicher Lösungen. Außerdem trägt ein verwaltungsverfahrensrechtlicher Ansatz den Strukturmerkmalen des gesetzlichen Schuldbefreiungsverfahrens nicht hinreichend Rechnung (dazu Rz. 18 ff.). Geprägt wird das Schuldbefreiungsverfahren durch die echten Streitsachen, die nach zivilprozessualen Regeln beurteilt werden. Eigenständige normative Zwecke, wie in einem administrativen Verfahren, verfolgt das Gericht dabei nicht, weshalb der Richter bei seiner Entscheidung kein Ermessen besitzt. Das Restschuldbefreiungsverfahren ist kein Verfahren der freiwilligen Gerichtsbarkeit (so allgemein zum Insolvenzverfahren *Kübler/Prütting* InsO, § 5 Rz. 4; KS-InsO/*Prütting* 2000, S. 221, Rz. 1; **a. A.** *Smid* InsO, § 4 Rz. 2 ff.; nach *Nerlich/Römermann-Becker* InsO, § 5 Rz. 1, ist das Insolvenzverfahren eher der freiwilligen Gerichtsbarkeit zuzuordnen).

12 Auch eine gesetzliche Konzeption als **Vertragshilfeverfahren** muss ausscheiden (**a. A.** *Heilmann/Smid* Grundzüge des Insolvenzrechts, § 17 Rz. 5; *Smid* Restschuldbefreiung, in: Insolvenzrecht im Umbruch, S. 139 [162 f.]; *ders.* DtZ 1993, 98 [100]; *Dieckmann* in: Insolvenzrecht im Umbruch, S. 127 [130 f.]; eine Nähe dazu sieht auch *Uhlenbruck* FLF 1989, 11 [14]). Ein Vertragshilfeverfahren sieht ein einzelfallbezogen an der Zumutbarkeit der Rechtsfolgen orientiertes flexibles Instrumentarium vor (vgl. etwa *Staudinger/Weber* BGB, 11. Aufl., § 242 Rz. G 204 ff., G 232 ff., außerdem krit. zum Verhältnis der Vertragshilfe gegenüber dem Insolvenzrecht Rz. G 120 ff.; *Häsemeyer* FS Henckel, S. 353 [357]; ablehnend auch *Forsblad* Restschuldbefreiung, S. 319 f.; *Jauernig* Zwangsvollstreckungs- und Insolvenzrecht, § 66 Rz. 4). Es kann deswegen allein einzelne Forderungen umgestalten und gerade nicht die erforderliche Gesamtbereinigung gewährleisten.

13 Um die Gläubigerautonomie zu wahren, wird die Konzeption der Restschuldbefreiung nicht selten aus den Prinzipien des **Zwangsvergleichs** entwickelt oder zumindest daran angelehnt (insb. *Balz* BewHi 1989, 103; *ders.* ZRP 1986, 12 [19]; *ders.* FLF 1989, 16 [18]; *Scholz* FLF 1992, 115 [120]; *ders.* ORDO 47, 263 [272]; vgl. zu diesem Verhältnis auch *Knüllig-Dingeldey* Nachforderungsrecht oder Schuldbefreiung, S. 63 ff., 115; *Ackmann* KTS 1984, 743 [749]). Das Grundkonzept der Restschuldbefreiung bildet jedoch kein funktionales Äquivalent des Vergleichs. Entscheidendes Merkmal des Zwangsvergleichs ist sein Zustandekommen aufgrund der Zustimmung einer qualifizierten Gläubigermehrheit, §§ 182 KO, 74 VglO (*Jaeger/Weber* KO, § 173 Rz. 1; *Bork* Der Vergleich, S. 306 f.). Dies gilt jedenfalls nach der Ver-

Grundsatz § 286

tragstheorie und den vermittelnden Theorien (vgl. *RG* RGZ 77, 403 [404]; RGZ 119, 391 [395]; RGZ 127, 372 [375]; *Kuhn/Uhlenbruck* KO, § 173 Rz. 1 a ff.; *Jaeger/Weber* KO, § 173 Rz. 9 ff.; *Hess* KO, § 173 Rz. 10 ff.; *Kilger/Karsten Schmidt* KO, § 173 Anm. 1, VglO, § 1 Anm. 1; *Bley/Mohrbutter* VglO, § 8 Rz. 1 f.; *Kohler* Lehrbuch des Konkursrechts, S. 452 ff.). Damit stellt der Zwangsvergleich ein vom Mehrheitswillen der Gläubiger getragenes Werkzeug der Gläubigermacht dar. Diese Gläubigerautonomie wird von sämtlichen Modellen überbetont, welche die Restschuldbefreiung aus dem Vergleichsrecht entwickeln.

Im Gegensatz dazu schafft die Restschuldbefreiung ein Instrument der **Schuldnerautonomie**, denn ihr Eintritt hängt allein von dem Antrag des Schuldners und seinem Verhalten ab. Hat der Schuldner seine Anforderungen erfüllt, ist ihm die Restschuldbefreiung selbst gegen den einhelligen Willen sämtlicher Gläubiger zu erteilen (*Häsemeyer* Insolvenzrecht, Rz. 2.37; *Gerhardt* FLF 1989, 99 [100]; *Jauernig* Zwangsvollstreckungs- und Insolvenzrecht, § 66 Rz. 1; s. a. *App* Die Insolvenzordnung, Rz. 538). Von dem vergleichsrechtlich erforderlichen Mehrheitskonsens der Gläubiger sowie einer Vereinbarung mit dem Schuldner als privatautonomer Grundlage ist die gesetzliche Schuldbefreiung gelöst. Trotzdem wird auch die Gläubigerautonomie berücksichtigt, denn die Gläubiger dürfen im Verbraucherinsolvenzverfahren anstelle der gesetzlichen Schuldenbereinigung eine zumindest auf einem Mehrheitskonsens beruhende Schuldbefreiung mit dem Schuldner vereinbaren, vgl. §§ 254 Abs. 1, 305 Abs. 1 Nr. 1, 308 Abs. 1, 309 Abs. 1 InsO (vgl. *Wenzel* ZRP 1993, 161 [162]). Mit dem Schuldner kann dabei auch eine über den gesetzlichen Umfang hinausgehende Erfüllungsleistung vereinbart werden. Den Gläubigern wird lediglich die Möglichkeit genommen, gegen den Willen des Schuldners eine Regelung durchzusetzen, die für ihn nachteiliger als die gesetzlichen Anforderungen ist. **14**

Als rechtspolitischer **Kompromiss** ist die Restschuldbefreiung nicht aus einer einheitlich durchgeführten Konzeption entstanden. Gegen sämtliche Versuche, die Restschuldbefreiung aus hergebrachten systematischen Vorstellungen zu erklären, bestehen wegen des Monismus ihrer Ansätze erhebliche Bedenken, von denen stets nur einzelne Aspekte hervorgehoben, aber keine umfassenden Erklärungen des gesamten Instituts der Restschuldbefreiung geleistet werden. Weder das Vollstreckungsziel noch die richterlichen Kompetenzen oder die Gläubigerautonomie sind allein zur Erklärung der Restschuldbefreiung tauglich. Entworfen wurde vielmehr ein neues insolvenzverfahrensrechtliches Institut mit materiellen Wirkungen (zustimmend *LG Bochum* ZInsO 2001, 564 [566]). Das Verfahren zur Restschuldbefreiung ist Insolvenzrecht (*Gottwald/Schmidt-Räntsch* InsolvenzRHdb, 3. Aufl., § 76 Rz. 19 f.). **15**

Das unbestreitbare **Optimierungspotenzial** des Verbraucherinsolvenz- und Restschuldbefreiungsverfahrens hat seit 2002 zu einer vielgestaltigen Reformdebatte geführt (ausf. *Springeneer* ZVI 2006, 1 ff.; *Kohte* vor § 286 Rz. 36 ff.). Das Insolvenzrecht bietet den geeigneten Rahmen für die organisatorischen und funktionellen Anforderungen an eine gesetzliche Schuldbefreiung. Es stellt ebenso einen verlässlichen Auslösetatbestand wie einen klaren Rahmen der erfassten Ansprüche zur Verfügung. Vor allem aber erfordert eine materielle Insolvenz eine kollektive Haftungsordnung. Es ist anerkanntermaßen ungerecht, im Fall der Insolvenz den zufälligen Zeitpunkt einer Pfändung über die vorrangige und möglicherweise vollständige Befriedigung des ersten Gläubigers entscheiden zu lassen und den Ausfall anderer Gläubiger mit ihren Forderungen in Kauf zu nehmen (*Gerhardt* Vollstreckungsrecht, 2. Aufl., S. 77). Einzelzwangsvollstreckung und privatautonome Gläubigerbefriedigung führen gegenüber dem nicht mehr leistungsfähigen Schuldner zu willkürlichen Ergebnissen (*Häsemeyer* Insolvenzrecht, 3. Aufl., Rdn. 2.02). Eine materiell- und einzelzwangsvollstreckungsrechtliche Konzeption, wie eine Schuldbefreiung durch absolute Anspruchsverjährung, vermag die notwendigen Verfahrenssicherungen nicht zu gewährleisten (*Ahrens* ZVI 2005, 1 ff.; **a. A.** *Sternal* NZI aktuell 8/2005, V f.). Ohne ein normatives Haftungskonzept, wie es die InsO bietet, verstößt eine Schuldbefreiung gegen prinzipielle Gerechtigkeitsvorstellungen. Unverzichtbar ist aber nur ein Kern- und nicht der Gesamtbestand insolvenzrechtlicher Regeln. Existiert ein tragfähiges insolvenzrechtliches Gerüst, so kann, wie es für die masselosen Insolvenzen diskutiert wird, eine Verfahrenseröffnung entbehrlich sein (*Heyer* Restschuldbefreiung, S. 24 ff., 35 ff.; *ders.* ZInsO 2005, 1009 ff.; *Kohte* ZVI 2005, 9 ff.; *Grote* FS Kirchhof, S. 149 ff.; *Jaeger* ZVI 2005, 15 ff.; *Hofmeister/Jaeger* ZVI 2005, 180). **15 a**

Im Restschuldbefreiungsverfahren gelten die Vorschriften der Teile 1 bis 7, 9 bis 11 **Insolvenzordnung**, soweit die Vorschriften der §§ 286 bis 303 InsO keine besondere Regelung enthalten. **Unanwendbar** ist
– § 89 Abs. 3 Satz 1 InsO für Entscheidungen über das Vollstreckungsverbot nach § 294 Abs. 1 InsO (s. *Ahrens* § 294 Rz. 25). **15 b**

15 c Über § 4 InsO gelten die Vorschriften der **ZPO** entsprechend im Restschuldbefreiungsverfahren. **Anwendbar** sind insbesondere
- § 139 InsO über die Berechnung der Anfechtungsfristen auf die allgemeinen Fristbestimmungen im Restschuldbefreiungsverfahren.
- §§ 59 f. ZPO über die Streitgenossenschaft (Rz. 43 f.)
- §§ 91 ff. ZPO auf die Kostenerstattungspflicht in den Versagungs- und Widerrufsverfahren nach den §§ 295 ff., 303 InsO (*Nerlich/Römermann* InsO, vor § 286 Rz. 58 ff.)
- § 91 a ZPO und die Grundsätze über die Erledigung (*BGH* NZI 2005, 399 [400], m. Anm. *Ahrens*)
- § 222 ZPO über die Fristberechnung
- § 269 ZPO auf die Rücknahme des Antrags auf Erteilung von Restschuldbefreiung (*BGH* NZI 2005, 399 [400], m. Anm. *Ahrens*; *LG Freiburg* NZI 2004, 98 [99]; s. *Ahrens* § 287 Rz. 15)
- § 294 ZPO über die Glaubhaftmachung (*BGHZ* 156, 139 [142]; s. *Ahrens* § 290 Rz. 61).
- §§ 578 ff. ZPO über die Wiederaufnahme des Verfahrens (vgl. *LG Göttingen* ZVI 2007, 85, zu § 298 InsO).

Unanwendbar ist
- § 148 ZPO im Insolvenzverfahren. Dies hat der *BGH* für das eilbedürftige Insolvenzverfahren entschieden (NZI 2006, 642; 2007, 408 [409]). Eine Aussetzung vor Eröffnung oder während des Insolvenzverfahrens ist daher ausgeschlossen. Wegen der gesetzlich in § 287 Abs. 2 Satz 1 InsO fixierten Verfahrensdauer und der darin angelegten Verteilungsentscheidung scheidet eine Aussetzung auch während der Treuhandperiode aus.
- Die Aussetzung des Verfahrens analog § 148 ZPO bei Durchführung eines konkreten Normenkontrollverfahrens in einem anderen Verfahren scheitert an dem Eilcharakter des Verfahrens (*Ahrens* ZInsO 2002, 1010 [1016]; **a. A.** *AG München* Beschl. v. 15. 10. 2002–1507 IK 2235/02).
- § 233 ZPO über die Wiedereinsetzung in den vorigen Stand bei den Fristen aus §§ 287 Abs. 2 Satz 1 (s. *Ahrens* § 287 Rz. 12), 290 Abs. 1 (s. *Ahrens* § 290 Rz. 58), 296 Abs. 1 Satz (s. *Ahrens* § 296 Rz. 23) und 303 Abs. 2 InsO (s. *Ahrens* § 303 Rz. 15) sowie
- das ZSHG mit den §§ 4, 9, 10 (*LG Hamburg* ZInsO 2005, 1000) können nicht herangezogen werden.

15 d Nach § 204 Abs. 1 Nr. 10 BGB wird die **Verjährung** durch Anmeldung des Anspruchs im Insolvenzverfahren gehemmt. Die **Hemmung** endet gem. § 204 Abs. 2 BGB sechs Monate nach Beendigung bzw. Stillstand des Verfahrens. Ein Stillstand des Verfahrens tritt ein, wenn die angemeldete Forderung bestritten wird (*Staudinger/ Peters* BGB, 2003, § 204 Rz. 140). Ob die Verjährung während der Treuhandperiode des Restschuldbefreiungsverfahrens gehemmt wird, kann so noch nicht beantwortet werden. § 204 Abs. 1 Nr. 10 BGB spricht von der Anmeldung der Forderung im Insolvenzverfahren und § 204 Abs. 2 BGB von der Beendigung des eingeleiteten Verfahrens. Aufgrund der gebotenen sachlichen Unterscheidung zwischen Insolvenz- und Restschuldbefreiungsverfahren wird damit nur auf das Insolvenzverfahren abgestellt. Im Restschuldbefreiungsverfahren wäre die Verjährung demgemäß nicht mehr gehemmt. Dies wird auch vom *OLG Stuttgart* (NZI 2007, 527 f.) vorausgesetzt. Zwar ist während der Treuhandperiode eine Zwangsvollstreckung durch die Insolvenzgläubiger nach § 294 Abs. 1 InsO unzulässig, doch genügt dies noch nicht, um eine Verjährungshemmung zu begründen. Da aber die Forderung in der Insolvenztabelle tituliert, besteht kein Grund, um eine weitere Hemmung zu rechtfertigen.

III. Schuldbefreiung auf anderer Grundlage

16 Mit der Restschuldbefreiung nach den §§ 286 bis 303 InsO ist ein durch die positivierten Voraussetzungen und Einwendungen konturiertes Instrumentarium zur Schuldenbereinigung geschaffen. Als Alternative zu dieser gesetzlichen Regelung können Schuldner und Gläubiger aber auch eine **privatautonom** determinierte Schuldbefreiung mit einer Bereinigung sämtlicher Verbindlichkeiten vereinbaren. Dabei setzt die Insolvenzordnung die konkurs- und vergleichsrechtliche Tradition fort und lässt eine Schuldenbereinigung auf Grundlage eines Mehrheitswillens zu. Ohne ein zusätzliches Verfahren kann damit im Insolvenzplan eine Restschuldbefreiung vereinbart werden, §§ 227, 254 InsO (KS-InsO/ *Grub* 2000, S. 671 Rz. 89). Nach *Bork* (Einführung in das neue Insolvenzrecht, Rz. 328 Fn. 21) muss sie sogar herbeigeführt werden, falls der Schuldner ohne Plan Anspruch auf die gesetzliche Schuldbefreiung hätte, da auch er durch den Plan nicht schlechter gestellt werden darf, als er ohne Plan stünde, argumentum § 247 Abs. 2 Nr. 1 InsO. Im Verbraucherinsolvenzverfahren kann eine privatautonome Schuldbefreiung aufgrund

Grundsatz § 286

eines Schuldenbereinigungsplans nach den §§ 308, 309 InsO erfolgen (zu dessen Inhalt s. *Grote* § 305 Rz. 27 ff.).

Keine Schuldbefreiung begründet dagegen der Vollstreckungsschutz nach **§ 18 Abs. 2 Satz 3 GesO** **17** (*Wenzel* Die »Restschuldbefreiung« in den neuen Bundesländern, S. 126, 181; *Smid* GesO, § 18 Rz. 34; *Uhlenbruck* BB 1990, Beil. 26, 1 [5]; *Schmidt-Räntsch* FS Hanisch, S. 217 [219 f.]; *Pape* ZIP 1997, 190). Durch einen bürgerlichrechtlichen Erlass wird ebenfalls keine Restschuldbefreiung erreicht, denn es erlischt lediglich ein Schuldverhältnis i. S. d. § 379 Abs. 1 BGB, also jeweils nur eine Forderung (Münch-Komm-BGB/*Schlüter* § 397 Rz. 7; *Soergel/Zeiss* BGB, § 397 Rz. 7). Eine Gesamtbereinigung ist deshalb nur über eine Vielzahl einzelner Vereinbarungen zu erlangen. Bei einer gescheiterten außergerichtlichen Einigung ist allerdings zu prüfen, ob die einzelne Forderung unabhängig von dem Akkord erlassen werden sollte. Vollstreckungsbeschränkende Parteivereinbarungen dürfen ebenfalls getroffen werden (*BGH* NJW 1968, 700; 1991, 2295 [2296]; *Stein/Jonas-Münzberg* ZPO, 22. Aufl., vor § 704 Rz. 99; MünchKomm-ZPO/*Rauscher* Einl. Rz. 405; *Zöller/Stöber* ZPO, Vor § 704 Rz. 25; *Rosenberg/Gaul/Schilken* Zwangsvollstreckungsrecht § 33 IV 2), doch schaffen auch sie keine Gesamtbereinigung.

D. Konzept des Restschuldbefreiungsverfahrens

I. Eigenständiges Verfahren

Das Restschuldbefreiungsverfahren bildet ein in der Insolvenzordnung geregeltes **selbstständiges Ver- 18 fahren**. Neben dem als Regelinsolvenzverfahren oder als Verbraucherinsolvenz- oder sonstiges Kleinverfahren ausgestalteten insolvenzrechtlichen Liquidationsverfahren kann damit für natürliche Personen noch ein anderes **insolvenzrechtliches Verfahren** durchgeführt werden. Durch das Erfordernis eines zusätzlichen, allein vom Schuldner zu stellenden Antrags, der mit dem Antrag auf Eröffnung des Insolvenzverfahrens verbunden werden soll, § 287 Abs. 1 Satz 1 InsO, und das besondere Rechtsschutzziel der Schuldenbefreiung wird ein eigenständiges Verfahren konstituiert (*Uhlenbruck/Vallender* InsO, 12. Aufl., Vor § 286 Rz. 44; MünchKomm-InsO/*Stephan* 2.Aufl., § 286 Rz. 28; *Braun/Buck* InsO, 3. Aufl., § 286 Rz. 9), das mit dem Insolvenzverfahren eine Mehrheit von Verfahrensgegenständen bildet. Insolvenz- und Schuldbefreiungsverfahren sind dabei eng (ebenso BT-Drucks. 14/5680 S. 28), aber nicht notwendig miteinander verbunden. Ein Insolvenzverfahren über das Vermögen einer natürlichen Person kann, muss jedoch nicht mit einem Schuldbefreiungsverfahren gekoppelt sein. Das Insolvenzverfahren kann auch dann durchgeführt werden, wenn das Schuldbefreiungsverfahren unzulässig oder gem. § 290 Abs. 1 InsO die Restschuldbefreiung zu versagen ist. Umgekehrt ist zwar der Zugang zur Restschuldbefreiung nur in einem Insolvenzverfahren eröffnet. Wie aber § 289 Abs. 3 Satz 1 InsO belegt, muss das Insolvenzverfahren nur eröffnet, jedoch nicht durchgeführt worden sein, denn das Restschuldbefreiungsverfahren ist auch bei einer Masseunzulänglichkeit zulässig. Ein bis zur Schlussverteilung absolviertes Insolvenzverfahren bildet daher keine Voraussetzung des Restschuldbefreiungsverfahrens.

Trotz dieser Verselbstständigung in zwei Verfahren bestehen zwischen dem Insolvenz- und dem Schuld- **19** befreiungsverfahren zahlreiche **Verbindungen**. Verlangt wird ein Antrag des Schuldners auf Eröffnung des Insolvenzverfahrens, § 287 Abs. 1 InsO n. F. Ist sein **Insolvenzantrag** unzulässig, muss der Antrag auf Erteilung von Restschuldbefreiung ebenfalls verworfen werden (*AG Dresden* ZVI 2005, 384; dazu u. Rz. 42 a; *Ahrens* § 287 Rz. 6 a f., 18 a ff.). So strahlt der Eröffnungsgrund für die Insolvenzeröffnung nach den §§ 16 ff. InsO auf das Restschuldbefreiungsverfahren aus (vgl. *Ahrens* § 287 Rz. 5). Funktionale Voraussetzung der Restschuldbefreiung ist das am Ende eines Insolvenzverfahrens stehende unbeschränkte Nachforderungsrecht aus § 201 Abs. 1 InsO. Ohne dieses Nachforderungsrecht wäre ein Schuldbefreiungsverfahren entbehrlich. Auch sind die Versagungsregeln etwa der §§ 295 ff. InsO nur dann sinnvoll, wenn der Schuldner im Anschluss an eine versagte Restschuldbefreiung erneut dem Nachforderungsrecht ausgesetzt ist. Nach der gesetzlichen Regelung scheidet eine Restschuldbefreiung außerdem aus, wenn es ohne Kostenvorschuss oder Verfahrenskostenstundung mangels Masse nicht zu einer Eröffnung des Insolvenzverfahrens kommt, § 26 Abs. 1 InsO n. F., oder das Verfahren nach § 207 InsO mangels Masse ohne Kostenvorschuss oder Verfahrenskostenstundung eingestellt wird (s. u. Rz. 48; Münch-Komm-InsO/*Stephan* 2. Aufl., § 286 Rz. 18; *Ahrens* § 289 Rz. 20).

Als ein im Achten Teil der Insolvenzordnung geregeltes Verfahren gelten für die Restschuldbefreiung grds. **19 a** die allgemeinen **insolvenzrechtlichen Regelungen**, soweit nicht die besondere Gestaltung und die speziellen Regelungen der §§ 286 ff. InsO eine Abweichung verlangen. Dabei liegt die Schwierigkeit nicht so sehr in der zumeist verfahrensrechtlichen Konzeption der Restschuldbefreiung. Vielmehr zeichnen sich die Parallelen und die Kreuzungspunkte zwischen Insolvenz- und Restschuldbefreiungsverfahren erst ansatzweise ab. In den Umrissen sind drei Schwerpunktthemen zu erkennen: Erstens das durch die §§ 287 Abs. 2 Satz 1, 295 Abs. 1 Nr. 1 und 2, Abs. 2, 294 InsO ausgestaltete Haftungskonzept der Restschuldbefreiung. Zweitens die Rechtsstellung der Gläubiger (*Ahrens* NZI 2001, 113), deren individuelle Rechte auch während des parallel zum Insolvenzverfahren verlaufenden Zulassungsverfahrens zur Restschuldbefreiung unabhängig von der Gläubigerorganisation ausgeübt werden dürfen. Drittens die im Kontrast zum Insolvenzverwalter und Treuhänder im vereinfachten Insolvenzverfahren zu entwickelnde Rechtstellung des Treuhänders nach Ankündigung der Restschuldbefreiung.

II. Zweistufiges Verfahren

20 Das gesetzliche Schuldbefreiungsverfahren ist in **zwei Verfahrensteile** untergliedert (MünchKomm-InsO/*Stephan* 2. Aufl., § 286 Rz. 31; *Hess* InsO, 2007, § 286 Rz. 41; *Haarmeyer/Wutzke/Förster* Handbuch, 3. Aufl., Rz. 8/183; *Andres/Leithaus* InsO, vor § 286 Rz. 2; *Häsemeyer* Insolvenzrecht, Rz. 26.10, spricht von drei Abschnitten, ebenso *Braun/Buck* InsO, 3. Aufl., § 286 Rz. 11; *Preuß* Verbraucherinsolvenzverfahren und Restschuldbefreiung, 2. Aufl., Rz. 246; *Uhlenbruck/Vallender* InsO, 12. Aufl., Vor § 286 Rz. 40 ff., gehen von vier Schritten aus). Während des Insolvenzverfahrens bildet die Restschuldbefreiung für den Schuldner eine Möglichkeit, die sich mit der Ankündigung der Restschuldbefreiung durch Beschluss des Insolvenzgerichts gem. § 291 InsO zu einer konkreten Aussicht verdichtet (BGH NJW 2005, 1271). Im **ersten**, als **Zulassungs- oder Vorverfahren** konzipierten Abschnitt wird darüber befunden, ob der Schuldner Zugang zu dem eigentlichen Schuldbefreiungsverfahren erhalten soll. Dieser erste Verfahrensteil beginnt mit der Antragstellung des Schuldners gem. den §§ 287 Abs. 1 Satz 1, 305 Abs. 1 InsO. Er endet mit der Entscheidung des Insolvenzgerichts nach § 289 Abs. 1 Satz 2 InsO, durch die eine Restschuldbefreiung auf Grundlage von § 290 InsO versagt oder eine Schuldbefreiung nach Maßgabe von § 291 InsO angekündigt wird, und der Aufhebung des Insolvenzverfahrens gem. § 289 Abs. 2 Satz 2 InsO (*Hess* InsO, 2007, § 286 Rz. 41). Abgesehen von dem Fall des § 289 Abs. 3 Satz 1 InsO verläuft dieser erste Verfahrensabschnitt weitgehend **parallel** zu einem **Insolvenzverfahren**, das als Regel- oder Verbraucherinsolvenzverfahren ausgestaltet ist. Erst nach Rechtskraft des Beschlusses über die Versagung oder Ankündigung der Schuldbefreiung ist das Insolvenzverfahren aufzuheben, § 289 Abs. 2 Satz 2 InsO. Obwohl es dafür keine ausdrückliche Anordnung gibt, wird der zeitliche Rhythmus trotzdem durch das Insolvenzverfahren bestimmt sein, dessen Feststellungen vielfach das Schuldbefreiungsverfahren binden. Der erste Abschnitt des Schuldbefreiungsverfahrens wird deshalb regelmäßig zeitgleich mit dem inhaltlichen Abschluss des Insolvenzverfahrens beendet werden. Betont wird das Zulassungsverfahren und seine Parallelität zu dem Insolvenzverfahren durch § 287 Abs. 2 Satz 1 InsO n. F., der die Frist der Abtretungserklärung bereits nach Eröffnung des Insolvenzverfahrens beginnen lässt (dazu *Ahrens* § 287 Rz. 89 a ff.). Das Zulassungsverfahren erhält dadurch ein zusätzliches Gewicht, weil während seiner Dauer bereits die Frist für die Abtretungserklärung zu laufen beginnt.

21 Mit der gerichtlichen Ankündigung der Restschuldbefreiung wird der Schuldner zu dem eigentlichen **Schuldbefreiungs- oder Hauptverfahren** als **zweitem** Verfahrensteil zugelassen. Dieser zweite Abschnitt bildet das eigentliche Schuldbefreiungsverfahren und wird vielfach mit dem Restschuldbefreiungsverfahren gleichgesetzt. Das OLG Celle bezeichnete diese Etappe als das förmliche Restschuldbefreiungsverfahren (OLG Celle ZInsO 2001, 852). Dabei wird der zweite Verfahrensabschnitt von der auch als Wohlverhaltensphase oder **Wohlverhaltensperiode** (z. B. BGH NZI 2005, 399 [400]) bezeichneten **Treuhandphase** geprägt. Beide Termini werden in den Gesetzesmaterialien verwendet (BT-Drucks. 14/5680, S. 22; 14/6468 S. 28). Die Bezeichnung als Treuhandzeit ist aber vorzugswürdig, weil sie den Akzent auf die für dieses Gesamtvollstreckungsverfahren kennzeichnende besondere Form der Vermögensverwertung und Haftungsverwirklichung legt (s. a. *Bindemann* ZVI 2002, 248; *Preuß* Verbraucherinsolvenzverfahren und Restschuldbefreiung, 2. Aufl., Rz. 262; MünchKomm-InsO/*Stephan* 2. Aufl., § 300 Rz. 4; MünchKomm-InsO/*Ehricke* 2. Aufl., § 295 Rz. 2). Nach § 287 Abs. 2 Satz 1 InsO n. F. ist die Dauer dieses Hauptverfahrens lediglich relativ bestimmt. Entsprechend der Laufzeit der Abtretungserklärung beträgt diese Phase grds. **sechs Jahre abzüglich** der Dauer des eröffneten **Insolvenzverfahrens**, § 287 Abs. 2 Satz 1 InsO, für das Übergangsrecht gem. Art. 107 EGInsO fünf Jahre, nach deren Ablauf das Gericht über die Erteilung der Restschuldbefreiung entscheidet. Da nach der Ankündigung der

Restschuldbefreiung das Insolvenzverfahren aufgehoben wird, enden damit die Wirkungen des Insolvenzverfahrens. Entsprechendes gilt nach Einstellung wegen Masseunzulänglichkeit, §§ 211, 215 Abs. 2 InsO. Insbesondere werden die Verwaltungs- und Verfügungsbeschränkungen des Schuldners nach den §§ 80 ff. aufgehoben. Aus diesem Grund setzen die anderen Wirkungen der Laufzeit der Abtretungserklärung aus den §§ 294 bis 297 InsO erst mit diesem Hauptverfahren in der Treuhandzeit ein (s. *Ahrens* § 287 Rz. 89 1 ff.). In dieser Treuhandperiode trifft den Schuldner ein umfassendes Programm von Obliegenheiten und Anforderungen, das ihn dazu veranlassen soll, seine noch bestehenden Verbindlichkeiten nach Kräften zu erfüllen. Mit der Aufhebung oder Einstellung des Insolvenzverfahrens **endet** die **kollektive Haftungsordnung** mit seinem normative Haftungskonzept. An seine Stelle tritt im zweiten Abschnitt des Restschuldbefreiungsverfahrens eine zwar ebenfalls kollektiv geordnete, aber spezifische Form der Haftungsverwirklichung. Die haftungsrechtliche Funktion des Restschuldbefreiungsverfahrens in einer durch die Vorschriften der §§ 286 ff. InsO geschaffenen besonderen Gestalt, von der Bezügeabtretung über die Beschränkungen beim erbrechtlichen und sonstigen Erwerb bis hin zu den Vollstreckungsmöglichkeiten der Neugläubiger, prägen das Verfahren nach Ankündigung der Restschuldbefreiung. Obwohl die Entscheidung über die Restschuldbefreiung erst im Anschluss an die Treuhandzeit getroffen wird, ist sie doch integraler Bestandteil dieses zweiten Abschnitts, da für diese Entscheidung ein eigenes Verfahrensprogramm fehlt.

III. Dynamisches und dauerhaftes Verfahren

Wegen dieser Ergänzung um ein Schuldbefreiungsverfahren bildet das Insolvenzverfahren nicht mehr den juristischen Endpunkt einer Insolvenz, der lediglich durch das Nachforderungsrecht hinausgeschoben wird, sondern vielfach nur noch eine **Zwischenstation** auf dem Weg zu einer Gesamtbereinigung der Schulden. Deshalb erscheint es auch sachgerecht, den **Neuerwerb** mit zur Insolvenzmasse zu ziehen, § 35 InsO. Aufgrund dieser legislativen Entscheidung entsteht insbesondere aus den laufenden Einkünften eines Arbeitnehmers immer neue Masse, die es zu verteilen gilt. Auf die aus der Vorstellungswelt eines statischen Insolvenzverfahrens resultierenden Befürchtungen, während der Dauer dieser Einkommenserzielung die Verwertung der Insolvenzmasse nicht beenden zu können (*Grub/Smid* DZWIR 1999, 1 [7]; *Smid* FS Rolland, S. 355 [369 f.]; *AG Düsseldorf* ZInsO 2001, 572, m. krit. Anm. *Haarmeyer* und Entgegnung *Erdmann* ZInsO 2001, 742; s. a. *AG Duisburg* NZI 2001, 106 [107], wenn ein Restschuldbefreiungsverfahren ausscheidet, sollte danach das Einkommen sieben Jahre zur Masse gezogen werden), hat der Gesetzgeber mit der Neufassung von § 196 Abs. 1 InsO reagiert. Sobald die Gegenstände außerhalb des laufenden Einkommens erfasst und die Verteilungsquoten bestimmt sind, weil feststeht, mit welchem Betrag die absonderungsberechtigten Gläubiger gegebenenfalls ausgefallen sind, hat der Treuhänder die Schlussverteilung durchzuführen. Diese Novelle entspricht der an dieser Stelle bereits früher vertretenen Auffassung über das **dynamische Verfahren** zur **Restschuldbefreiung,** mit dem auch der fortwährende Zuwachs der Masse zu erklären ist (außerdem *Ahrens* Jahrbuch Junger Zivilrechtswissenschaftler 1999, S. 189 [206]). Bereits die Regeln über die Restschuldbefreiung zeigen, dass eine Verewigung des Insolvenzverfahrens unterbleiben muss, um dem Schuldner nicht den Zugang zum Schuldbefreiungsverfahren zu versperren (*BGH* ZInsO 2001, 1009 [1111] m. Anm. *Vallender*). Falls der Schuldner den an ihn gestellten Anforderungen entspricht und neue Masse schafft, darf dies nicht zu seinem Nachteil den Beginn der Treuhandzeit verzögern. Da § 1 Satz 2 InsO auch Pflichten des Insolvenzverwalters bzw. Treuhänders konstituiert, muss dieser dem Schuldner den Zugang zur Restschuldbefreiung ermöglichen. Unterbleibt ihre Anordnung, so liegt eine Pflichtverletzung vor, gegen die das Insolvenzgericht aufgrund seiner Aufsichtspflicht nach § 58 InsO einzuschreiten hat (**a. A.** zur früheren Rechtslage *Smid* FS Rolland, S. 355 [367]). Der Treuhänder muss also die Schlussverteilung gem. § 196 InsO durchführen und das Gericht den Schlusstermin nach § 197 Abs. 1 InsO bestimmen. 22

Verfassungsrechtlich muss dem Schuldner zudem ein **effektiver Zugang** zum Restschuldbefreiungsverfahren eröffnet werden, der es ihm ermöglicht, sein subjektives Recht auf die gesetzliche Schuldbefreiung zu verwirklichen. Als Folge des Justizgewährungsanspruchs (vgl. *Stein/Jonas-Brehm* ZPO, 22. Aufl., vor § 1 Rz. 284 ff.; *Rosenberg/Schwab/Gottwald* Zivilprozessrecht, 16. Aufl., § 3 Rz. 1 ff.) ist dem Schuldner auch ein effektives Verfahren über die Restschuldbefreiung zu gewähren. Verweigert oder verzögert das Gericht entgegen dieser Verpflichtung den Rechtsschutz, so kann es im Wege einer Verfassungsbeschwerde vom BVerfG gezwungen werden, den gesetzlichen Verpflichtungen nachzukommen (*BVerfG* BVerfGE 78, 165 [178]; BVerfGE 86, 71 [76 f.]). 23

§ 286　　Restschuldbefreiung

24　Aus der sechsjährigen Treuhandzeit gewinnt das Schuldbefreiungsverfahren schließlich den Charakter eines **Dauerrechtsverhältnisses**, wie gerade auch die Möglichkeit einer vorzeitigen Beendigung (dazu *Ahrens* § 299 Rz. 6, 9 ff.) bestätigt. An diese zeitliche Dimension des Verfahrens müssen die Anforderungen im Schuldbefreiungsverfahren angepasst werden. Deswegen sieht die Insolvenzordnung ein gestaffeltes Konzept von enumerierten Versagungs- und Widerrufsgründen vor. Im ersten Verfahrensabschnitt ist die Versagung gem. § 290 InsO noch am relativ einfachsten zu erreichen. Für eine Versagung im zweiten Teil des Schuldbefreiungsverfahrens bestehen bereits strengere Voraussetzungen, weil etwa jede Obliegenheitsverletzung nach § 295 InsO zusätzlich die Befriedigung der Insolvenzgläubiger beeinträchtigt haben muss. Ein Widerruf der erteilten Restschuldbefreiung nach dem Ende des zweiten Abschnitts ist sogar nur bei einer vorsätzlichen Obliegenheitsverletzung zulässig, die eine Befriedigung der Insolvenzgläubiger erheblich beeinträchtigt hat. Mit jeder Stufe sind die Hürden gegenüber einer Versagung oder einem Widerruf der Restschuldbefreiung höher. Nach dem Abschluss eines Verfahrensabschnitts sind die dort geltenden Versagungsgründe für die anschließende Etappe des Verfahrens präkludiert. Ebenso ist aber eine Vorwirkung der für einen späteren Verfahrensteil geltenden Regeln auf eine frühere Phase ausgeschlossen, also § 295 InsO im Zulassungsverfahren unanwendbar (s. *Ahrens* § 287 Rz. 89 n f.). Durch den **prozesshaften Charakter** werden jedoch nicht allein die Erfordernisse zwischen den einzelnen Verfahrensabschnitten verändert, denn der zeitliche Verlauf wirkt sich ebenfalls auf die Anforderungen in dem zweiten Verfahrensabschnitt aus, der nach Ankündigung der Restschuldbefreiung laufenden Treuhandperiode. Mit der Bonusregelung des § 292 Abs. 1 Satz 3 InsO wird deshalb ein erfolgreiches Vorankommen des Schuldners honoriert. Außerdem ist das Verbot einer missbräuchlichen Rechtsausübung vor allem gegenüber Versagungsanträgen zum Ende der Treuhandphase zu berücksichtigen, die auf geringfügige Obliegenheitsverletzungen gestützt werden. Aus dem Verhältnismäßigkeitsgrundsatz kann möglicherweise zusätzlich zum Ende der Treuhandzeit eine Hinweis- und Warnpflicht auf die Folgen einer Obliegenheitsverletzung zu entwickeln sein. Modelle dafür bieten die §§ 255 Abs. 1 Satz 2, 298 Abs. 1 HS 2, 314 Abs. 3 Satz 2 InsO. Allerdings kann daraus keine der Abmahnung generell vergleichbare Anforderung abgeleitet werden, denn dafür fehlt eine dem § 314 Abs. 2 Satz 1 BGB für Dauerschuldverhältnisse entsprechende verfahrensbezogene Rechtsgrundlage (s. *Ahrens* § 295 Rz. 4).

IV. Restschuldbefreiung im System von Schuld und Haftung

25　Ein Fundamentalsatz des Privatrechts verlangt die **vermögensrechtliche Haftung** des Individuums für seine privatautonom begründeten Schulden (*Häsemeyer* FS Henckel, S. 353 [355]; *Gernhuber* Das Schuldverhältnis, § 4 I 2; MünchKomm-BGB/*Kramer* Einl. vor § 241 Rz. 46; zur rechtsethischen Legitimierung *Menzinger* Das freie Nachforderungsrecht der Konkursgläubiger, S. 91 ff.). Als Folge seines privatautonomen Handelns hat der Schuldner seine selbstbestimmten Entscheidungen mit dem Vermögen zu verantworten. Die Vermögenshaftung bildet damit das haftungsrechtliche Korrelat der Privatautonomie. Trotz der vielspurigen Wege, auf denen die Haftung begrenzt werden kann, gehört die Vermögenshaftung als objektivrechtliches Prinzip zu den beständigen Grundlagen der Privatrechtsgesellschaft. Da den Gläubigern das Schuldnervermögen als Haftungsmasse zugewiesen ist, wird in der Einzelzwangsvollstreckung und in der Insolvenz das Prinzip der Vermögenshaftung realisiert, die Haftungsfunktion des Vermögens in Anspruch genommen (*Rosenberg/Gaul/Schilken* Zwangsvollstreckungsrecht, § 3 III 3; *Gerhardt* FS Gaul, S. 139; *Gernhuber* Das Schuldverhältnis, § 4 II; Staudinger/*Olzen* BGB, § 242 Rz. 237 f.). Zusätzlich sichert das freie Nachforderungsrecht der Gläubiger gem. § 201 Abs. 1 InsO, früher § 164 Abs. 1 KO, diese Haftungsfunktion auch nach einer Liquidation des vorhandenen Vermögens (*Ackmann* Schuldbefreiung durch Konkurs?, S. 111 ff.; s. a. *Ahrens* Der mittellose Geldschuldner, S. 160 f.). Zwangsvollstreckung und Insolvenzverfahren begründen also nicht die Haftung des Schuldnervermögens für die Verbindlichkeiten, sondern setzen sie vielmehr voraus (*Gerhardt* FS Gaul, S. 139 [151]).

26　In dieser Funktion einer Haftungsverwirklichung ist das Insolvenzrecht **abhängig vom materiellen Recht** (Grenzen nennt *Dorndorf* FS Merz, S. 31 [35 ff.]; *Lippross* Grundlagen und System des Vollstreckungsschutzes, S. 87 ff., 94, geht von einem übergreifenden Prinzip des materiellen und des Vollstreckungsrechts aus; zur Kritik an einer umgekehrten Bestimmung des materiellen Rechts aus haftungsrechtlichen Grundsätzen, *Ahrens* Der mittellose Geldschuldner, S. 153 ff.). Aus dem persönlichen Leistungsanspruch gegen den Schuldner entspringt ein subjektives Haftungsrecht, das zur Grundlage der Rechtsstellung der Gläubiger im Insolvenzverfahren wird (KS-InsO/*Eckardt* 2000, S. 743 Rz. 1). In der haftungsrechtlichen Teilhabe und der Haftungsverwirklichung für die Gläubiger erschöpft sich jedoch nicht die Aufgabe des Insolvenzrechts. Mit § 1 Satz 2 InsO und dem Institut der Restschuldbefreiung wird der aus dem materiellen Recht abzuleitenden Haftungsstrenge die eigenständige Zielsetzung einer Schuldbefreiung entgegengesetzt (*Ahrens* VuR 2000, 8 ff.). Dabei schafft dieses Institut jedoch keine Haftungsbeschränkung, die den Grundsatz der Vermögenshaftung infrage stellt. Wie die Bezeichnung als Schuldbefreiung zutreffend signalisiert, wird als Folge der Restschuldbefreiung die Schuld modifiziert, §§ 286, 301 InsO. Durch die Restschuldbefreiung wird der Schuldner von den rechtsverbindlichen Folgen seiner Entscheidungen befreit (*Häsemeyer* FS Henckel, S. 353 [361]; *Smid* BB 1992, 501 [511]; *Forsblad* Restschuldbefreiung, S. 316). Die gesetzliche Schuldbefreiung gestaltet daher das materielle Recht aus, ohne die Haftungsregeln zu verändern (anders *Forsblad* Restschuldbefreiung, S. 317; *Nerlich/Römermann* InsO, vor § 286 Rz. 25). Die Funktion des Restschuldbefreiungsverfahrens besteht deswegen darin, haftungsrechtliche, organisatorische, dokumentatorische und legitimatorische Anforderungen mit der materiellrechtlichen Wirkung der Schuldbefreiung auszusöhnen. Bei der Restschuldbefreiung handelt es sich deshalb um ein im Insolvenzrecht geregeltes Institut mit genuin materiellrechtlichen Wirkungen (ebenso *LG Bochum* ZInsO 2001, 564 [566]).

Die Schuldbefreiung führt also zu einer **materiellen Veränderung der Schuld** (a. A. *Smid* Restschuld- **27** befreiung, in: Insolvenzrecht im Umbruch, S. 139 [151]). Dies unterscheidet die Restschuldbefreiung vom Zwangsvergleich, der die ursprüngliche Forderung ihrem Wesen nach nicht verändern und nur den Umfang des Anspruchs begrenzen soll (*RG* RGZ 92, 181 [187]; RGZ 119, 391 [396]). Trotz dieser inhaltlichen Veränderung der Schuld bleibt jedoch auch nach einer Restschuldbefreiung der Rechtsgrund der Verbindlichkeit etwa aus Kaufvertrag oder Delikt bestehen. Aus einer erzwingbaren Verbindlichkeit entsteht freilich eine Schuld, die zwar immer noch einen Grund für das Behaltendürfen der Leistung bildet, aber für Haupt- und Nebenleistungen nicht mehr durchsetzbar ist. Mit dieser Umwandlung der Schuld in eine unvollkommene Verbindlichkeit (dazu s. *Ahrens* § 301 Rz. 8 ff.) modifiziert die Restschuldbefreiung den Charakter der Leistungspflicht. Systematisch ist diese Umwandlung an der Veränderung der Leistungspflicht ausgerichtet, die bislang das Recht der nachträglichen Unmöglichkeit der §§ 275, 280 BGB gekennzeichnet hat. Nicht zufällig lehnt sich deshalb die von § 286 InsO formulierte Befreiung von der Verbindlichkeit an die **Leistungsfreiheit** i. S. v. § 275 Abs. 1 BGB an. Im Unterschied zu § 275 Abs. 1 BGB entfällt jedoch nicht die gesamte Pflicht, denn der Verbindlichkeit wird allein die Haftungswirkung genommen. Funktional wird dadurch eine nicht auf die einzelne Verbindlichkeit bezogene, für alle Schulden bestehende und damit insolvenzrechtlich zu interpretierende Leistungsgrenze des Schuldners festgestellt und über die Dauer des Schuldbefreiungsverfahrens hinweg fixiert. Die Treuhandzeit dient also nicht allein der Gläubigerbefriedigung und der Erprobung des Schuldners, sondern konserviert dauerhaft die äußerste Leistungsanstrengung des Schuldners. Auf insolvenzrechtlichem Weg wird damit eine Leistungsgrenze des Schuldners bestimmt, die am Ende der ordnungsgemäß erfüllten Treuhandzeit zu einer Umwandlung seiner Verpflichtungen in unvollkommene Verbindlichkeiten führt.

Durch diese insolvenzrechtlich veranlasste Veränderung wird den Schulden mit Ausnahme der in § 302 **28** InsO bestimmten Verbindlichkeiten, der gestundeten Verfahrenskosten gem. § 4 b InsO sowie den Fällen der Nachhaftung (s. *Ahrens* § 301 Rz. 25 ff.) die Haftungswirkung genommen. Äußerlich bleibt zwar diese Konzeption in das bestehende System von Schuld und Haftung eingebunden. Da aber der Gleichlauf von Schuld und Haftung auf breiter Front durch ein Gegenrecht des Schuldners durchbrochen wird, ist mit der Restschuldbefreiung ein Intermedium zwischen der vermögensrechtlichen Haftung für die privatautonom begründeten Schulden geschaffen.

Über die Befreiung des Schuldners von seinen im Insolvenzverfahren nicht erfüllten Verbindlichkeiten **28 a** hinaus nach den §§ 286 ff. InsO sind neue **Interdependenzen** zwischen **insolvenzrechtlichen Haftungs- und materiellen Leistungsgrenzen** zu bedenken. Einfallstore hierfür bieten insbesondere die zivilrechtlichen Generalklauseln. Erste Ansätze dazu finden sich bereits in der Literatur, in der vor allem eine Korrektur der Rechtsprechung zur sittenwidrigen Angehörigenbürgschaft diskutiert wird (*Trendelenburg* Restschuldbefreiung, S. 83 ff.; *Kapitza* NZI 2004, 14; *Foerste* JZ 2002, 562 [564]; *Müller* KTS 2000, 57 ff.; *Aden* NJW 1999, 3763; *Roth* JZ 1999, 1119 [1120]), doch hat sich die Rechtsprechung dem mit überzeugenden Gründen nicht angeschlossen (*OLG Frankfurt* NJW 2004, 2392 [2393 f.]; *LG Mönchengladbach* NJW 2006, 67 [69]; s. a. *OLG Celle* NJW-RR 2006, 132; ebenso PWW/*Ahrens* BGB, § 138 Rz. 81; *Wagner* NJW 2005, 2956 [2957]; *Krüger* MDR 2002, 855 [857]; grds. auch *Thoß* KTS 2003, 187 [191 ff.]). Ziel müsste sein, aus dem Modell der Restschuldbefreiung genauere Maßstäbe zur Bestimmung von Verpflichtungen zu entwickeln. Dabei erweisen sich die von dem Institut der Restschuldbefreiung ausgehenden Entwicklungsimpulse als sehr komplex. Deswegen darf nicht unter Berufung auf die durch die Restschuldbefreiung ermöglichte Haftungsfreiheit der im materiellen Recht zu verlangende Schutz des Schuldners reduziert werden. Die **Leistungsgrenzen** einer gesamtvollstreckungsrechtlichen und damit verfahrensrechtlichen Konzeption der Schuldbefreiung lassen dies unabdingbar erscheinen. Das materielle Recht ist und bleibt der Ort, an dem die Verpflichtungsgrenzen zu bestimmen und der Schuldnerschutz zu verwirklichen ist und zwar nicht nur, wenn ein Vertragsteil strukturell unterlegen ist und sich die Vertragsfolgen für ihn als ungewöhnlich belastend erweisen (vgl. *BVerfG* NJW 1994, 36 [38]). Ein Beispiel für die Fortentwicklung des materiellen Rechts bieten die Regeln über die beschränkte Haftung des Arbeitnehmers. Als Richtgröße für diese Haftungsbegrenzung können die Regeln des Restschuldbefreiungsverfahrens allenfalls eine äußerste Leitlinie bilden (*BAG* NJW 2003, 377 [381]; AP Nr. 117 zu § 611 BGB Haftung des Arbeitnehmers, m. Anm. *Ahrens*).

E. Voraussetzungen und Einzelfragen des Verfahrens

I. Persönlicher Anwendungsbereich

1. Natürliche Person

29 Für die Durchführung des Restschuldbefreiungsverfahrens ist die Insolvenzfähigkeit eine notwendige, aber keine hinreichende Voraussetzung. Nur eine **natürliche Person** kann auf Grundlage eines Insolvenzverfahrens über ihr eigenes Vermögen eine Restschuldbefreiung nach Maßgabe der §§ 286 ff. InsO erlangen (Begr. RegE BR-Drucks. 1/92 S. 189). Mit dieser Beschränkung der gesetzlichen Schuldbefreiung auf natürliche Personen wird die frühere Ungleichheit ihrer nachkonkurslichen Haftung vor allem gegenüber juristischen Personen ausgeglichen. Teilweise wird das Restschuldbefreiungsverfahren immer noch für komplizierter, aufwändiger und langwieriger gehalten, als das Liquidationsverfahren für juristische Personen (*Mohrbutter/Ringstmeier-Pape* 8. Aufl., § 17 Rz. 2). Nur für die Personen, gegenüber denen das freie Nachforderungsrecht aus § 201 Abs. 1 InsO bestehen kann und die selbst die Voraussetzungen der §§ 287 ff. InsO erfüllt, kommt eine Restschuldbefreiung in Betracht (*Kübler/Prütting-Wenzel* InsO, § 286 Rz. 72). Bei **juristischen Personen**, insbesondere Aktiengesellschaften und Gesellschaften mit beschränkter Haftung, führt dagegen die Eröffnung des Insolvenzverfahrens über das Vermögen der Gesellschaft zur Auflösung, §§ 42 Abs. 1 Satz 1 BGB, 262 Abs. 1 Nr. 3 AktG, 60 Abs. 1 Nr. 4 GmbHG, 101 GenG, und regelmäßig auch Löschung in dem Handelsregister. Z. T. führt auch die Ablehnung der Eröffnung mangels Masse zur Auflösung, §§ 262 Abs. 1 Nr. 4 AktG, 60 Abs. 1 Nr. 5 GmbHG. Entsprechendes gilt für Gesellschaften ohne Rechtspersönlichkeit, § 131 Abs. 1 Nr. 3, Abs. 2 Nr. 1 HGB. Zu sonstigen Vermögensmassen vgl. FK-InsO/*Schmerbach* § 11 Rz. 3 ff. Bedeutung gewinnt das Nachforderungsrecht gem. § 201 Abs. 1 InsO daher überhaupt nur, wenn aus dem Insolvenzverfahren eine natürliche Person betrifft oder wenn nach einem Insolvenzverfahren über eine Gesellschaft natürliche Personen weiter haften (Begr. RegE BR-Drucks. 1/92 S. 188; *Uhlenbruck/Vallender* InsO, 12. Aufl., § 286 Rz. 2; MünchKomm-InsO/*Stephan* 2. Aufl., § 286 Rz. 70).

30 Jede natürliche Person kann unabhängig von ihrer sozialen Rolle die Restschuldbefreiung erreichen. Unterschiedlich ausgestaltet sind lediglich die **Zugangswege** zu diesem Schuldbefreiungsverfahren entweder über ein **Verbraucher-** oder ein **Regelinsolvenzverfahren** (*Uhlenbruck/Vallender* InsO, 12. Aufl., § 286 Rz. 5; *Nerlich/Römermann* InsO, § 286 Rz. 6; KS-InsO/*Schmidt-Räntsch* 1997, S. 1177 Rz. 8). Dieses zweigleisig angelegte Insolvenzverfahren leitet in ein eingleisiges Restschuldbefreiungsverfahren über, denn es besteht nur ein einheitliches und für alle Schuldner gleiches gesetzliches Schuldbefreiungsverfahren, weswegen die Einschränkung aus § 304 InsO für die Restschuldbefreiung nicht gilt. Mit dieser Einheitslösung ist die Restschuldbefreiung Bestandteil des allgemeinen Privatrechts, sie schafft also kein Sonderprivatrecht einer bestimmten Personengruppe (*Häsemeyer* FS Henckel, S. 353 [358]). Deswegen können **nicht erwerbstätige Personen**, wie Auszubildende, Studierende, Hausfrauen (oder -männer), Arbeitslose, Sozialleistungsempfänger oder Rentner, als Arbeitnehmer **nicht selbständig** tätige sowie arbeitnehmerähnliche Personen, aber auch **selbstständig tätige Personen** wie Freiberufler, Landwirte, Einzelkaufleute, persönlich haftende Gesellschafter oder Geschäftsführer einer Gesellschaft durch das Schuldbefreiungsverfahren von ihren im Insolvenzverfahren nicht erfüllten Verbindlichkeiten befreit werden (*Hess* InsO, 2007, § 286 Rz. 56). Unter der Voraussetzung eines Insolvenzverfahrens über sein eigenes Vermögen kann ein persönlich haftender Gesellschafter auch von der Mithaftung für die Gesellschafts-

schulden befreit werden. Unzulässig ist daher ein Antrag auf Erteilung von Restschuldbefreiung durch einen Gesellschafter, z. B. einer GbR, im Insolvenzverfahren allein über das Vermögen der Gesellschaft (*AG Aachen* 16. 08. 2001–19 IN 677/00). Ein Restschuldbefreiungsverfahren kann auch für einen Ausländer, für den ein deutsches Insolvenzgericht zuständig ist, durchgeführt werden (*Uhlenbruck/Vallender* InsO, 12. Aufl., § 286 Rz. 6; außerdem u. Rz. 57).

Geschäftsunfähige und **beschränkt Geschäftsfähige**, also vor allem Minderjährige, sind insolvenzfähig (*Häsemeyer* Insolvenzrecht, Rz. 6.18; zur rechtspolitischen Diskussion *Piekenbrock* KTS 2008, 307 [334 ff.]). Da sie nicht prozessfähig sind, § 51 f. ZPO, müssen sie im Verfahren vertreten werden. Ggf. ist ein Prozesspfleger, § 57 ZPO, zu bestellen (vgl. *AG München* ZVI 2008, 211 [212]). Dies gilt ebenfalls für **rechtlich Betreute**, bei denen insbesondere wegen ihrer Überschuldung eine Betreuung angeordnet wurde, für die regelmäßig ein Zustimmungsvorbehalt geboten ist, §§ 1896, 1902, 1903 BGB (vgl. u. *Kohte* § 304 Rz. 5; s. a. *Ley* ZVI 2003, 101). Institutionelle Gründe stehen ihrer Schuldbefreiung nicht entgegen. Auch ein Rechtsschutzbedürfnis wird im Allgemeinen vorhanden sein. Diese Personen können deshalb bei einer wirksamen Vertretung ein Insolvenzverfahren sowie die Erteilung von Restschuldbefreiung beantragen (*MünchKomm-InsO/Stephan* 2. Aufl., § 286 Rz. 62; *Uhlenbruck/Vallender* InsO, 12. Aufl., § 286 Rz. 6). Ob eine **Vorsorgevollmacht** (vgl. *Palandt/Diederichsen* BGB, Einf. v. § 1896 Rz. 7) zu einem Restschuldbefreiungsantrag berechtigt, hängt von der Reichweite der rechtsgeschäftlich erteilten Vertretungsmacht ab. Allerdings darf die Vorsorgevollmacht nicht gegen das Rechtsberatungsgesetz verstoßen. Auch die regelmäßig unselbstständige Lage von **Minderjährigen** hindert die ohne Mindestquote (BGHZ 134, 79 [92]; *Hess* InsO, 2007, § 286 Rz. 42) zu erteilende Restschuldbefreiung nicht, sofern nur die allgemeinen Anforderungen und Obliegenheiten erfüllt werden. Durch die Regelungen zur Haftungsbeschränkung Minderjähriger in § 1629 a BGB (dazu *Schwartze* FS Pieper, S. 527; *Laum/Dylla-Krebs* FS Vieregge, S. 513; *Dauner-Lieb* ZIP 1996, 1818; *Nicolai* DB 1997, 514; *Muscheler* WM 1998, 2271) – wird allerdings die wirtschaftliche und soziale Notwendigkeit eines Restschuldbefreiungsverfahrens Minderjähriger teilweise entfallen. Nach § 1629 a Abs. 1 BGB wird die Haftung eines Minderjährigen wegen der rechtsgeschäftlich als Folge der gesetzlichen Vertretung begründeten Verbindlichkeiten beschränkt. Trotzdem bleibt wegen der Bereichsausnahmen in § 1629 a Abs. 2 BGB sowie wegen der Haftung für deliktisch begründete Verbindlichkeiten der Haftungsschutz Minderjähriger lückenhaft (*Palandt/Diederichsen* § 1629 a Rz. 3 ff.) und das Bedürfnis für ein Restschuldbefreiungsverfahren Minderjähriger bestehen (vgl. *Stürner* GS Lüderitz, S. 789 [790 f.]; *Goecke* NJW 1999, 2305 [2308], sieht dafür auch das Restschuldbefreiungsverfahren als unzureichend an). Auf diese Weise kann den Zweifeln an der verfassungsrechtlichen Zulässigkeit der vollen Haftung Jugendlicher bei leicht fahrlässig begangenen unerlaubten Handlungen Rechnung getragen werden (*BVerfG* NJW 1998, 3557 [3558]; außerdem die Vorlagebeschlüsse *OLG Celle* 1989, 709; *LG Dessau* NJW-RR 1997, 214; *Rolfs* JZ 1999, 233 [236]; rechtspolitisch zu einer Minderjährigeninsolvenz *Schwartze* FS Pieper, S. 527 [546 ff.]; andererseits MünchKomm-BGB/*Mertens* § 828 Rz. 14; *Medicus* AcP 192 (1992), 35 [66]; s. a. *Erman/Schiemann* 12. Aufl., § 828 BGB Rz. 7; *Ahrens* § 302 Rz. 6).

Straf- oder Untersuchungshäftlingen kann eine Restschuldbefreiung ebenfalls erteilt werden (*Hess* InsO, 2007, § 286 Rz. 57; ausf. *Brei* Entschuldung Straffälliger, S. 511 ff.). Bedenken bestehen nur dagegen, ob sie die Treuhandzeit während der Straf- oder Untersuchungshaft absolvieren dürfen. Da durch eine solche Haft nicht per se gegen die Erwerbsobliegenheit aus § 295 Abs. 1 Nr. 1 InsO verstoßen wird (s. u. *Ahrens* § 295 Rz. 14; MünchKomm-InsO/*Ehricke* 2. Aufl., § 295 Rz. 16; *Brei* Entschuldung Straffälliger, S. 590 ff.; **a. A.** *LG Hannover* ZInsO 2002, 449 m. Anm. *Wilhelm* = ZVI 2002, 130 m. Anm. *Riedel* = EWiR 2002, 491 [*Kohte*]), sind prinzipielle Zweifel nicht berechtigt. Von den Verbindlichkeiten aus vorsätzlich begangenen unerlaubten Handlungen sowie Geldstrafen und den gleichgestellten Verbindlichkeiten werden sie aber nach § 302 InsO nicht befreit. Bei der Inlandsinsolvenz eines ausländischen Schuldners steht das Schuldbefreiungsverfahren ebenfalls offen. Für einen **Erben**, der seine Möglichkeiten zur Haftungsbeschränkung verloren hat, steht das Restschuldbefreiungsverfahren ebenfalls offen (*Krug* ZERB 1999, 7 [10]).

Angehörige aus dem Haushalt des Schuldners und insbesondere **Ehepartner** nehmen an seinem Schuldbefreiungsverfahren nicht teil (Begr. RegE BR-Drucks. 1/92 S. 189; *Rohleder* Unterhaltsansprüche in der Insolvenz, Rz. 730 ff.; krit. *Forsblad* Restschuldbefreiung, S. 266 f.; *Scholz* BB 1992, 2233 [2236 f.]; *ders.* FLF 1995, 145 [148]; s. a. *Jauernig* Zwangsvollstreckungs- und Insolvenzrecht, § 66 Rz. 9). Sie müssen deswegen auch dann ein eigenes Insolvenz- und Restschuldbefreiungsverfahren absolvieren, wenn sie eine Mithaftung für die Verbindlichkeiten des insolventen Partners übernommen haben und davon befreit werden wollen. Unter den gegebenen gesetzlichen Rahmenbedingungen, mit ihren gesamten persönlichen Anforderungen und Risiken, vgl. nur § 295 InsO, erscheint ein Verbund zweier Befreiungsverfahren kaum zweckmäßig (*Uhlenbruck/Vallender* InsO, 12. Aufl., § 286 Rz. 11). Zur Zulässigkeit einer Streitgenossenschaft u. Rz. 43 f.

2. Tod des Schuldners

34 Verstirbt der Schuldner während des Restschuldbefreiungsverfahrens ist **zusammenfassend** von folgenden Konsequenzen für die Restschuldbefreiung auszugehen: Im ersten Verfahrensabschnitt vor Ankündigung der Restschuldbefreiung wird das parallel durchgeführte Insolvenzverfahren in ein Nachlassinsolvenzverfahren übergeleitet. Dies gilt sowohl im Regelinsolvenzverfahren (BGHZ 157, 350 [354]) als auch im Verbraucherinsolvenzverfahren (*BGH* NZI 2008, 382 Tz. 5; **a. A.** *Schmerbach* NZI 2008, 353 [354]). Außerdem ist grds. der Antrag auf Erteilung der Restschuldbefreiung für erledigt zu erklären. Stirbt der Schuldner im zweiten Abschnitt des Schuldbefreiungsverfahrens, so ist – mit aller Vorsicht – eine Fortsetzung des Schuldbefreiungsverfahrens einschließlich der Möglichkeit einer Erteilung der Restschuldbefreiung anzunehmen.

35 I. E.: Beim Tod des Schuldners müssen **prozessuale und materiellrechtliche** Folgen für die Restschuldbefreiung unterschieden werden. Verfahrensrechtlich sind die Wirkungen aus den Vorschriften über das zivilprozessuale Erkenntnisverfahren und nicht aus der vollstreckungsrechtlichen Regelung des § 779 ZPO abzuleiten, weil die Konzeption des Schuldbefreiungsverfahrens an ein Streitverfahren angelehnt ist. Mit dem Tod des Schuldners findet deshalb ein gesetzlicher Parteiwechsel statt (*Stein/Jonas-Roth* ZPO, 22. Aufl., § 239 Rz. 2), denn eine Rechtsnachfolge in die prozessuale Stellung scheidet nur dort ausnahmsweise aus, wo das Verfahren wegen seiner Zielrichtung sinnvoll allein mit dem Erblasser geführt werden kann, wie etwa in Straf- oder Disziplinarsachen (*Soergel/Stein* BGB, § 1922 Rz. 105). Bei einem Restschuldbefreiungsverfahren ist ein Parteiwechsel dagegen nicht ausgeschlossen, beendet doch selbst das Erlöschen eines Anspruchs noch nicht den Prozess (*Stein/Jonas-Roth* ZPO, 22. Aufl., § 239 Rz. 4; *Soergel/Stein* BGB, § 1922 Rz. 105 f.).

36 Ein Restschuldbefreiungsverfahren darf freilich nur zusammen mit einem **Insolvenzverfahren** beantragt werden (s. o. Rz. 18), weswegen die Auswirkungen eines Todesfalls auf beide Verfahren beachtet werden müssen. Stirbt der Schuldner, so kann das Insolvenzverfahren in ein Nachlassinsolvenzverfahren gem. den §§ 315 ff. InsO überzuleiten sein. Bereits nach der früheren Rechtslage ging der Regelkonkurs in einen Nachlasskonkurs über, wenn der Gemeinschuldner im Verlauf eines Konkursverfahrens über sein Vermögen verstorben ist (*Jaeger/Weber* KO, § 214 Rz. 21; *Hess* KO, § 214 Rz. 19; *Kuhn/Uhlenbruck* KO, § 214 Rz. 13; *Kilger/Karsten Schmidt* KO, § 214 Anm. 7), und das Regelvergleichsverfahren wurde in ein Nachlassvergleichsverfahren überführt (*Bley/Mohrbutter* VglO, § 113 Rz. 69). Auch das **Regelinsolvenzverfahren** wird mit dem Tod des Schuldners in ein Nachlassinsolvenzverfahren übergeleitet (BGHZ 157, 350 [354]; *Kübler/Prütting-Kemper* InsO, § 315 Rz. 31; *Nerlich/Römermann-Riering* InsO, § 315 Rz. 54; *Haarmeyer/Wutzke/Förster* Handbuch, 2. Aufl., Rz. 3/101). Ein **Verbraucherinsolvenzverfahren** ist im Allgemeinen ebenfalls in ein Nachlassinsolvenzverfahren zu überführen (*BGH* NZI 2008, 382 Tz. 12; *Nerlich/Römermann-Becker* InsO, § 1 Rz. 11; **a. A.** *Siegmann* ZEV 2000, 345 [347]; *Schmerbach* NZI 2008, 352 [354]). Nach Abschluss des Verbraucherinsolvenzverfahrens können die Erben jedoch einen bereits vereinbarten Schuldenbereinigungsplan erfüllen.

37 Auf diese Folgen für das Insolvenzverfahren sind nun die Auswirkung des Todesfalls im Restschuldbefreiungsverfahren abzustimmen, wobei zwischen dessen zwei Abschnitten zu trennen ist. In dem ersten, als **Zugangsverfahren** ausgestalteten Teil verläuft das Restschuldbefreiungsverfahren neben einem Regel- oder einem Verbraucherinsolvenzverfahren (dazu o. Rz. 20). Da diese Verfahren eng miteinander verbunden, aber doch eigenständig sind, müssen die Folgen durch den Todesfall für beide Verfahren selbstständig bestimmt werden. Das Insolvenzverfahren wird dann also in ein Nachlassinsolvenzverfahren überführt. Im Restschuldbefreiungsverfahren ist dagegen eine solche Überleitung weder zulässig noch erforderlich, denn es ist nicht auf eine Verwertung der Insolvenzmasse angelegt und den Haftungsinteressen der Gläubiger wird bereits in dem Nachlassinsolvenzverfahren hinreichend Rechnung getragen. Da eine Überführung des Schuldbefreiungsverfahrens ausscheidet, muss es auf andere Weise abgeschlossen werden. Vor Ankündigung der Restschuldbefreiung existiert im Schuldbefreiungsverfahren dafür jedoch keine auf die Erben übertragbare Position. Da die Restschuldbefreiung nicht mehr von dem Schuldner als natürliche Person beantragt wird, ist das Schuldbefreiungsverfahren für erledigt zu erklären oder der Antrag

Grundsatz § 286

als unzulässig abzuweisen (*Hess* InsO, 2007, § 286 Rz. 59; *Nöll* Tod des Schuldners in der Insolvenz, Rz. 213, 478; *Köke/Schmerbach* ZVI 2007, 497 [505]; *Heyrath/Jahnke/Kühn* ZInsO 2007, 1202 [1206]; s. a. das obiter dictum *BGH* NZI 2005, 399 [400], m. Anm. *Ahrens*). Eine Versagung nach § 240 InsO kommt aus systematischen Gründen nicht in Betracht.

Mit dem Eintritt in den von der Treuhandzeit geprägten **zweiten Abschnitt** des Restschuldbefreiungs- **38** verfahrens (hierzu o. Rz. 21) ist der zuvor bestehende Zusammenhang von Schuldbefreiungs- und Insolvenzverfahren beendet. Durch den Tod des Schuldners nach Ankündigung der Restschuldbefreiung wird deshalb eine andere verfahrensrechtliche Beurteilung gefordert. In diesem zweiten Abschnitt ist das Insolvenzverfahren nach Maßgabe von § 289 Abs. 2 Satz 2 InsO aufgehoben, weshalb es nicht mehr in ein Nachlassinsolvenzverfahren übergehen kann. Ebensowenig kann aber im zweiten Verfahrensabschnitt das Restschuldbefreiungsverfahren in ein Nachlassinsolvenzverfahren übergeleitet werden, weil das insolvenzrechtliche Liquidationsverfahren abgeschlossen ist und die Verfahrensvoraussetzungen einer Nachlassinsolvenz nicht ohne weiteres bestehen, denn die Vorschriften der Nachlassinsolvenz sind nur anzuwenden, soweit es die Lage des Falls gestattet (vgl. *Jaeger/Weber* KO, § 214 Rz. 21). Schließlich hat das Insolvenzgericht auch die Restschuldbefreiung nach § 289 Abs. 1 Satz 2 InsO angekündigt, also die Zulässigkeit des Schuldbefreiungsverfahrens rechtskräftig festgestellt. Eine erneute Zulässigkeitsprüfung ist dann nicht mehr vorgesehen. Beim Tod des Schuldners in dem zweiten Verfahrensabschnitt ist daher entweder die Restschuldbefreiung zu versagen (*AG Bielefeld* ZVI 2005, 505) und das Verfahren vorzeitig zu beenden oder das Verfahren durch den Erben fortzuführen und eine Restschuldbefreiung zu erteilen (*Hess* InsO, 2007, § 286 Rz. 59; *Winter* ZVI 2003, 211 [212]). Ein Interesse an der Fortführung des Restschuldbefreiungsverfahrens kann für die Erben vor allem dann bestehen, wenn der Schuldner in der Treuhandperiode Vermögen erworben hat, das in diesem Verfahren etwa gem. § 295 Abs. 1 Nr. 2 InsO nicht an die Gläubiger abzuführen ist.

Gegen eine Versagung der Restschuldbefreiung sowie gegen eine vorzeitige Beendigung des Verfahrens **39** spricht allerdings der **Wortlaut von § 299 InsO**, denn diese Vorschrift lässt den angesichts der langen Dauer der Treuhandperiode nicht unwahrscheinlichen Todesfall unerwähnt. Allerdings betrifft die Regelung in § 299 InsO doch wohl nur die auf einem Verstoß gegen die Anforderungen beruhenden Versagungsgründe. Auch ein abgeschlossener außergerichtlicher oder gerichtlicher Vergleich ist aber nach dem Tod des Schuldners zu erfüllen (*Bley/Mohrbutter* VglO, § 8 Rz. 7) und nicht vorzeitig zu beenden. Es erscheint hier jedoch fraglich, ob die Ankündigung der Restschuldbefreiung mit der im Vergleich für eine weitere Erfüllung geschaffenen Rechtsgrundlage gleichzusetzen ist. Auch die Obliegenheiten aus § 295 InsO passen nicht unmittelbar auf den Todesfall. Eine Versagung kommt deswegen nicht ohne weiteres in Betracht. Da aus diesen Regelungen keine eindeutigen Aussagen zu gewinnen sind, kommt es also darauf an, ob umgekehrt eine Fortführung des Schuldbefreiungsverfahrens ausgeschlossen ist.

Das Verfahren über die Restschuldbefreiung darf nach dem Tod des Schuldners nur dann mit dem Erben **40** fortgesetzt werden, wenn die in den §§ 286 bis 303 InsO geschaffene **materielle Rechtsposition** auf den Erben **übergegangen** ist. Vermögensrechtliche Positionen sind zwar im Grundsatz vererblich, doch kann sich vor allem aus den für sie maßgebenden Sondervorschriften des positiven Rechts auch etwas anderes ergeben (MünchKomm-BGB/*Leipold* § 1922 Rz. 17; *Staudinger/Marotzke* BGB, § 1922 Rz. 113, 115). Gegen eine Vererblichkeit selbst einer vermögenswerten Rechtsposition spricht, wenn das betreffende Recht höchstpersönlichen Zwecken dient (was *Döbereiner* Restschuldbefreiung, S. 219, für die Schuldbefreiung annimmt) oder untrennbar mit der Person des Schuldners verknüpft ist (*Staudinger/Marotzke* BGB, § 1922 Rz. 115). Ein Anhaltspunkt für ein unvererbliches Recht ist deshalb aus dem Ziel der Restschuldbefreiung zu entwickeln, dem verschuldeten Individuum einen wirtschaftlichen Neubeginn zu ermöglichen. Ob sich dieser Zweck auf den Erben erweitern lässt, selbst wenn er im Haushaltsverbund mit dem Schuldner steht und ebenfalls verschuldet ist, erscheint angesichts der im Schuldbefreiungsverfahren getrennten Vermögenssphären eher fraglich. Schließlich gehört es auch nicht ohne weiteres zu den rechtlich legitimen Interessen, das vom Schuldner in der Treuhandzeit angesammelte Vermögen weiterhin dem Vollstreckungsverbot des § 294 Abs. 1 InsO zu unterwerfen und eine Schuldbefreiung zuzulassen.

Zudem indizieren die während der Treuhandzeit an den Schuldner gestellten **Obliegenheiten** insbeson- **41** dere aus § 295 InsO mit ihrem individuellen Charakter möglicherweise das Regelungskonzept. Ob die Erwerbsobliegenheiten und die Unterrichtungen durch den Erben erfüllt werden können, erscheint problematisch (*Hess* InsO, 2007, § 286 Rz. 59; *Messner* ZVI 2004, 433 [440]; *Heyrath/Jahnke/Kühn* ZInsO 2007, 1202 [1206]; abl. *Siegmann* ZEV 2000, 345 [348]). Sobald allerdings die Obliegenheiten als verfahrensrechtliches Mittel in den Hintergrund treten und ihr wirtschaftlicher Zweck in den Vordergrund rückt, ändert sich die Perspektive. Angestrebt wird mit diesen Anforderungen eine bestmögliche Befriedigung der Insolvenzgläubiger, die auch der Erbe leisten kann. Offen bleibt allein der Maßstab, an dem seine Leistungen zu orientieren sind. Falls jedoch diese Richtgröße feststeht, etwa weil die Treuhandzeit bis auf wenige Monate absolviert ist, in denen kein Zweifel an dem hypothetischen Leistungsumfang des Schuldners auftreten, erscheint eine aus ihrer Individualität abzuleitende Unübertragbarkeit der Anforderungen nicht mehr selbstverständlich. Nun kann zwar die allgemeine Regelung nicht danach differenziert werden, ob im Einzelfall mögliche Zweifel an dem Leistungsinhalt auszuräumen sind, denn sie muss sich gleichermaßen zu Beginn wie zum Ende der Treuhandzeit als tragfähig erweisen. Die Überlegungen zeigen aber, dass die persönlichen Obliegenheiten keine stets verbindliche Bewertung gestatten. Aufgrund dieser insgesamt nicht eindeutigen Situation ist infolge der für den Rechtsverkehr wünschenswerten Kontinuität im Zweifel eher von einem Übergang als einem Untergang bestehender Rechtsverhältnisse und damit von einer Vererblichkeit der vermögensrechtlichen Beziehungen auszugehen (vgl. *Staudinger/Marotzke* BGB, § 1922 Rz. 115). Beachtliche Gründe sprechen damit für wie auch gegen eine Fortführung des Schuldbefreiungsverfahrens. Bei allen Einwänden auch gegen eine Fortsetzung des Verfahrens bleiben jedoch erhebliche Bedenken gegen eine vorzeitige Beendigung bestehen, über die nicht hinwegzusehen ist. Deshalb ist letztlich wohl von einem Fortgang des Schuldbefreiungsverfahrens und von der Möglichkeit der Erteilung einer Restschuldbefreiung auszugehen (*Hess* InsO, 2007, § 286 Rz. 59; *Smid/Krug/Haarmeyer* InsO, § 286 Rz. 23; **a. A.** *Uhlenbruck/Vallender* InsO, 12. Aufl., § 299 Rz. 9; *Andres/Leithaus* InsO, § 286 Rz. 2; *Nöll* Tod des Schuldners in der Insolvenz, Rz. 488 ff., 504 f.; *Preuß* Verbraucherinsolvenzverfahren und Restschuldbefreiung, 2. Aufl., Rz. 295; *Mohrbutter/Ringstmeier-Pape* 8. Aufl., § 17 Rz. 98; *Siegmann* ZEV 2000, 345 [348]; *Köke/Schmerbach* ZVI 2007, 497 [505]; nicht entschieden durch das obiter dictum des *BGH* NZI 2005, 399 [400], m. Anm. *Ahrens*). Allerdings muss der Erbe dann die Anforderungen während der Treuhandzeit bestmöglich erfüllen, die sich entsprechend dem Grundgedanken aus § 309 Abs. 1 Nr. 2 HS 2 InsO nach den bislang bestehenden Verhältnissen des Schuldners richten. Im Verfahren über die Erteilung der Restschuldbefreiung nach § 300 InsO bestehen nicht länger die Obliegenheiten aus den §§ 295 f. InsO. Bei einem Tod des Schuldners in diesem Verfahrensstadium kann der persönliche Charakter der Obliegenheiten nicht mehr eingewendet werden, weshalb die Rechtsposition auf den Erben übergeht (*Messner* ZVI 2004, 433 [440]). Verstirbt der Schuldner nach Erteilung der Restschuldbefreiung, kann ein Widerrufsverfahren gegenüber dem Erben durchgeführt werden (*Uhlenbruck/Vallender* InsO, 12. Aufl., § 303 Rz. 3; HK-InsO/*Landfermann* 4. Aufl., § 303 Rz. 4; *Siegmann* ZEV 2000, 345 [348]; *Messner* ZVI 2004, 433 [440]).

II. Sachlicher Anwendungsbereich

41a Zugang zur Restschuldbefreiung ist auf Grund eines Regelinsolvenz- sowie eines Verbraucherinsolvenzverfahrens gem. den §§ 304 ff. InsO, aber auch aufgrund einer nach den §§ 270 ff. InsO zulässig. Ausgeschlossen ist die Restschuldbefreiung in den Insolvenzverfahren über eine Vermögensmasse, wie bei der Nachlassinsolvenz, §§ 315 ff. InsO, oder das Gesamtgut einer fortgesetzten Gütergemeinschaft bzw. das gemeinschaftlich verwaltete Gesamtgut einer Gütergemeinschaft (*Mohrbutter/Ringstmeier-Pape* 8. Aufl., § 17 Rz. 14).

III. Antragsgrundsatz

42 Ein Restschuldbefreiungsverfahren wird allein auf **Antrag** des Schuldners durchgeführt, § 287 Abs. 1 Satz 1 InsO. Zu den Form- und Fristerfordernissen für einen Restschuldbefreiungsantrag vgl. *Ahrens* § 287 Rz. 7 ff. Der Antrag auf Erteilung von Restschuldbefreiung soll nach § 287 Abs. 1 InsO n. F. mit dem Antrag auf Eröffnung des Insolvenzverfahrens verbunden werden. Obwohl das Restschuldbefreiungsverfahren nach den §§ 286 ff. InsO als eigenständiges, antragsabhängiges Verfahren ausgestaltet ist, setzt es ein Insolvenzverfahren voraus (*Uhlenbruck/Vallender* InsO, 12. Aufl., § 286 Rz. 8). Gemäß § 287 Abs. 1 Satz 1 InsO ist ein eigener Insolvenzeröffnungsantrag des Schuldners Sachentscheidungsvoraussetzung des Restschuldbefreiungsverfahrens und nur ausnahmsweise entbehrlich (s. *Ahrens* § 287 Rz. 6a, 12a). Wird der Insolvenzantrag als unzulässig verworfen, ist auch der Restschuldbefreiungsantrag unzulässig (*AG Dresden* ZVI 2005, 50; ZVI 2005, 384). Die **Verbindung** von **Insolvenz- und Restschuldbefreiungsverfahren** ist nicht in jeder Hinsicht widerspruchsfrei. Insbesondere erscheint in mas-

selosen Privatinsolvenzen nicht in jeder Hinsicht eine Verfahrenseröffnung erfoderlich. Die Verbindung sichert aber eine Anwendung grundlegender insolvenzrechtlicher Prinzipien und wichtiger Regelungsmuster, wie der kollektiven Haftungsordnung und mit ihrem normative Haftungskonzept. Diese verkörpern wesentliche Gerechtigkeitselemente und nicht nur Zweckmäßigkeitserwägungen. Zum wiederholten Antrag auf Erteilung von Restschuldbefreiung s. *Ahrens* § 287 Rz. 18 a ff. Unschädlich ist dabei gem. § 289 Abs. 3 Satz 1 InsO, wenn das Insolvenzverfahren nach den §§ 209, 211 InsO wegen Masseunzulänglichkeit eingestellt wurde. Zum Verzicht auf den Antrag bzw. die Einleitung des Restschuldbefreiungsverfahrens (s. *Ahrens* § 287 Rz. 18), zum Verzicht auf die Wirkungen des Restschuldbefreiungsverfahrens (s. *Ahrens* § 301 Rz. 11).

IV. Streitgenossenschaft

Obwohl die **Partner** einer **Lebensgemeinschaft** häufig gemeinsam überschuldet sind, verlangt die Insolvenzordnung von ihnen jeweils eigene Insolvenz- und Schuldbefreiungsverfahren (Begr. RegE BR-Drucks. 1/92 S. 189; *Schmidt-Räntsch* FS Hanisch, S. 217 [226]; *Hergenröder* DZWIR 2001, 397 [407]). Nach den Regeln über die **Streitgenossenschaft** der §§ 59 f. ZPO ist allerdings eine Zusammenfassung mehrerer Insolvenz- und Schuldbefreiungsverfahren zulässig. Vielfach werden auch zwischen den Partnern Rechtsgemeinschaften i. S. v. § 59 1. Alt. ZPO bestehen, die eine Streitgenossenschaft eröffnen. Dies gilt etwa bei einer Gesamtschuldnerschaft z. B. gegenüber Vermietern oder Versicherern, für das Verhältnis zwischen Hauptschuldner und Schuldmitübernehmer bspw. bei einem Darlehen (vgl. Münch-Komm-ZPO/*Schilken* § 59 Rz. 8), aber auch zwischen Hauptschuldner und Bürgen (*Baumbach/Lauterbach/Albers/Hartmann* ZPO, § 59 Rz. 6; *Fenge* NJW 1971, 1920 [1921]). Von dieser Rechtsstellung sind allerdings die Rechte des Mitschuldners oder Bürgen im Insolvenz- und Restschuldbefreiungsverfahren des Schuldners zu unterscheiden, dazu *Ahrens* § 301 Rz. 20 ff. 43

In einem Schuldbefreiungsverfahren ist jedoch ebenso wie in einem Insolvenzverfahren eine **Vielzahl von Ansprüchen** betroffen, von denen nur einzelne in einer Rechtsgemeinschaft oder in einem anderen die Streitgenossenschaft begründenden Verhältnis stehen werden. Da der Verfahrensstoff durch diese Vielzahl von einzelnen Verbindlichkeiten unnötig belastet wird, kann kaum von einer verfahrensökonomischen Zusammenfassung zur Vermeidung von Wiederholungen gesprochen werden, die zur Begründung der Streitgenossenschaft angeführt wird (*BGH* NJW 1992, 981 [982]; MünchKomm-ZPO/*Schultes* § 59 Rz. 1; *Rosenberg/Schwab/Gottwald* 16. Aufl., Zivilprozessrecht, § 48 Rz. 8). Im Insolvenzverfahren sollte deshalb aufgrund seiner Eilbedürftigkeit keine Streitgenossenschaft begründet werden. Im Schuldbefreiungsverfahren erscheint darüber hinaus eine Zusammenfassung wegen der zahlreichen persönlichen Anforderungen und Risiken kaum zweckmäßig, vgl. nur § 295 InsO. 44

V. Verfahrenskostenstundung im Restschuldbefreiungsverfahren

Für die Funktionsfähigkeit des neuen Insolvenzrechts und der Restschuldbefreiung stellt die Kostentragung eine Grundsatzentscheidung ersten Ranges dar, weil ein mittelloser Schuldner die Verfahrenskosten kaum aufbringen kann, bislang aber die Verfahrenseröffnung bei fehlender Kostendeckung abgelehnt wurde, § 26 Abs. 1 InsO a. F. Die Gewährung von **Prozesskostenhilfe** für den Schuldner allgemein im Insolvenzverfahren und speziell im Restschuldbefreiungsverfahren gehört damit zu den wichtigsten, nach Inkrafttreten der InsO aber auch umstrittensten Fragen des neuen Insolvenzrechts. Während die Gerichte überwiegend und mit ihnen auch der BGH in einem obiter dictum (BGHZ 144, 78 [85 f.]) die Gewährung von Prozesskostenhilfe abgelehnt haben, ist hier in der Vorauflage wie zumeist in der Literatur die Gewährung von Prozesskostenhilfe bejaht worden. Bereits frühzeitig hat die Bundesregierung diese Position übernommen (vgl. BMJ *Däubler-Gmelin* VuR 2000, 1 f.). Im Gesetzgebungsverfahren ist dafür ein spezielles **Kostenstundungsmodell**, §§ 4 a ff. InsO, geschaffen worden. 45

Nach § 4 a Abs. 1 Satz 2 InsO können dem Schuldner auch die **Kosten** für das **Verfahren zur Restschuldbefreiung g**estundet werden. Mit dieser Regelung werden die Konsequenzen aus dem Grundsatz gezogen, dass für jeden kostenrechtlich selbstständigen Verfahrensabschnitt eigenständig über die Prozesskostenhilfe bzw. hier über die Verfahrenskostenstundung zu entscheiden ist (Einzelheiten dazu bei *Kohte* § 4 a Rz. 28 f.). Die Kostenstundung gilt ebenfalls für die Versagungsverfahren nach den §§ 290, 296 ff. InsO. 46

47 Auf **Altfälle** i. S. d. Art. 103 a EGInsO, also auf Insolvenzverfahren, die vor dem Inkrafttreten des InsO-ÄndG vom 26. 10. 2001 am 01. 12. 2001 eröffnet worden sind, können infolge der eindeutigen Übergangsregelung die neuen Vorschriften über die Verfahrenskostenstundung nicht angewendet werden. Ihre direkte Voranwendung scheidet aus (vgl. die ähnliche Situation bei Rz. 57). Aus diesem Grund ist für die Altfälle weiterhin über die Gewährung von Prozesskostenhilfe gem. §§ 4 InsO, 114 ff. ZPO auch während der Treuhandperiode zu entscheiden. Nach den verfassungsrechtlichen Anforderungen und den kostenrechtlichen Voraussetzungen ist hier grds. Prozesskostenhilfe zu gewähren (ausf. 2. Aufl., *Ahrens* § 286 InsO Rz. 45 ff.). Unterstützend ist auf den jetzt im InsOÄndG aktualisierten Willen des Gesetzgebers zu verweisen, der über das kostenrechtliche Instrumentarium einen Zugang des mittellosen Schuldners zum Insolvenz- und Restschuldbefreiungsverfahren eröffnen will. Seine Entscheidung eröffnet in den Altfällen zwar nicht den Zugang zum speziellen Stundungsmodell. Sie bestärkt für diese Fälle aber die Anwendbarkeit der allgemeinen Prozesskostenhilferegeln.

VI. Massearme Verfahren

48 Durch die Verbindung von Restschuldbefreiungs- und Insolvenzverfahren scheitert eine Restschuldbefreiung, falls der Antrag auf **Eröffnung** des Insolvenzverfahrens **mangels Masse abgewiesen** wird, § 26 Abs. 1 Satz 2 InsO. Aus der daraus resultierenden Entwertung des Restschuldbefreiungsverfahrens hat der Gesetzgeber mit der Kostenstundung die Konsequenz gezogen, denn die Abweisung unterbleibt nach § 26 Abs. 1 Satz 2 InsO, wenn die Kosten gestundet sind. Darüber hinaus ermöglicht § 289 Abs. 3 Satz 1 InsO auch in massearmen Verfahren den Weg in die Restschuldbefreiung. Sind die Verfahrenskosten gedeckt, § 208 Abs. 1 InsO, reicht die Masse jedoch nicht aus, um die fälligen sonstigen Masseverbindlichkeiten zu erfüllen, kann nach Anzeige der Masseunzulänglichkeit und Verteilung der Masse das Verfahren eingestellt und die Restschuldbefreiung angekündigt werden, §§ 289 Abs. 3 Satz 1, 209, 211 InsO.

VII. Unterhalt im Restschuldbefreiungsverfahren

49 **Ansprüche des Schuldners** auf Unterhalt in der Zulassungsphase bis zur Ankündigung der Restschuldbefreiung betreffen den Unterhaltsanspruch während des Insolvenzverfahrens. Diese Unterhaltsansprüche sind grds. Teil der Insolvenzmasse, aus der dem Schuldner Unterhalt zu gewähren ist (ausf. KS-InsO/*Kohte* 2000, S. 781 Rz. 73 ff.). Unterhaltsansprüche des Schuldners während der Treuhandperiode werden weder von der Bezügeabtretung erfasst noch sind sie als sonstiger Vermögenserwerb herauszugeben.

49 a **Unterhaltsansprüche gegen den Schuldner** aus der Zeit nach Eröffnung des Insolvenzverfahrens sind nach § 40 InsO keine Insolvenzforderungen und werden nicht von der Restschuldbefreiung erfasst. Unterhaltsansprüche aus dem Zeitraum vor Eröffnung des Insolvenzverfahrens unterliegen als Insolvenzforderung den allgemeinen Regeln (*Keller* NZI 2007, 143). Während des Insolvenzverfahrens besteht für sie auch im Hinblick auf das Vollstreckungsprivileg aus § 850 d ZPO das Vollstreckungsverbot aus § 89 Abs. 1 ZPO (*AG Dortmund* ZInsO 2005, 836). In der Treuhandphase gilt das Vollstreckungsverbot aus § 294 Abs. 1 InsO. Grundsätzlich werden die Unterhaltsansprüche von der Restschuldbefreiung erfasst (*Rohleder* Unterhaltsansprüche in der Insolvenz, Rz. 680 ff.; s. a. KS-InsO/*Kohte* 2000, S. 781 Rz. 97 ff.; *Trendelenburg* Restschuldbefreiung, S. 223 ff., 275 ff.). Hat der Schuldner jedoch seine Unterhaltspflicht gem. § 170 StGB vorsätzlich verletzt, sind die Unterhaltsansprüche gem. § 302 Nr. 1 StGB von der Restschuldbefreiung ausgenommen (s. *Ahrens* § 302 Rz. 5). Im Mangelfall kann bei einer gesteigerten Unterhaltspflicht des Schuldners nach der familiengerichtlichen Rechtsprechung (*BGH* NJW 2005, 1279) eine Obliegenheit bestehen, einen Antrag auf Eröffnung eines Verbraucherinsolvenzverfahrens und – wie zu ergänzen ist – auf Durchführung eines Restschuldbefreiungsverfahrens zu stellen (s. *Ahrens* § 287 Rz. 13 a).

49 b **Nach der Eröffnung des Insolvenzverfahrens entstandene Unterhaltsforderungen** gegen den Schuldner sind Neuforderungen (*BGH* DZWIR 2008, 150, zum unterhaltsrechtlich relevanten Einkommen eines Selbstständigen nach Eröffnung des Verbraucherinsolvenzverfahrens). Bei der Bemessung des Unterhalts sind die erheblichen Verbindlichkeiten nicht mehr unterhaltsmindernd zu berücksichtigen (*BGH* NZI 2008, 114 Tz. 23). Bei einem nicht selbstständig tätigen Schuldner gelten die §§ 850 c, 850 d ZPO (*BGH* NZI 2008, 114 Tz. 25; *Rohleder* Unterhaltsansprüche in der Insolvenz, Rz. 741 ff.). Das Einkommen eines selbstständig tätigen Schuldners fällt hingegen in die Insolvenzmasse. Er kann aber nach § 850 i ZPO beantragen, ihm so viel als Einkommen zu belassen, wie er für den eigenen not-

VIII. Kosten

Mit den allgemeinen **Gebühren** für die Durchführung des Insolvenzverfahrens soll grds. auch das Verfahren über die Restschuldbefreiung abgegolten sein, um die gesetzliche Schuldbefreiung mit der Schuldbefreiung aufgrund eines Plans gleichzustellen. Wegen der zusätzlichen Belastung des Gerichts durch Gläubigeranträge auf Versagung oder Widerruf der Restschuldbefreiung nach den §§ 296, 297, 300, 303 InsO wird dafür aber eine Gebühr in Rechnung gestellt (Begr. zum RegE EGInsO, BT-Drucks. 12/3803 S. 72), die gem. KV Nr. 2350 EUR 30,– beträgt (zu den neuen Kostenregelungen *Schmerbach* ZInsO 2003, 882 ff.). Kostenschuldner ist der antragstellende Insolvenzgläubiger, § 23 Abs. 2 GKG, s. a. § 29 Nr. 1 GKG. Wie der Umkehrschluss aus KV Nr. 2350 belegt, entsteht bei einem Versagungsantrag nach § 290 InsO keine zusätzliche Gebühr. Ebensowenig wird ein Gebührentatbestand verwirklicht, wenn der Treuhänder nach § 298 InsO die Versagung der Restschuldbefreiung beantragt. Im Beschwerdeverfahren entsteht eine Gebühr in Höhe von EUR 50,– gem. KV Nr. 2361, falls die Beschwerde verworfen oder zurückgewiesen wird. Im Verfahren über eine Rechtsbeschwerde, die verworfen oder zurückgewiesen wird, entstehen zwei Gebühren, KV 2362. Der **Gegenstandswert** für das Rechtsbeschwerdeverfahren war früher mangels anderweitiger Anhaltspunkte mit EUR 1200,– zu bemessen (*BGH* ZVI 2003, 91). Nunmehr ist gem. KV 2364 eine Gebühr von EUR 100,– zu erheben, falls die Rechtsbeschwerde verworfen oder zurückgewiesen wird. Zusätzlich sind die Kosten der Veröffentlichung nach den §§ 289 Abs. 2 Satz 3, 296 Abs. 3 Satz 2, 297 Abs. 2 und 298 Abs. 3 i. V. m. 296 Abs. 3 Satz 2, 300 Abs. 3 Satz 1 sowie 303 Abs. 3 Satz 3 InsO gem. KV Nr. 9004 zu entrichten. Zusätzlich entstehen im Restschuldbefreiungsverfahren Kosten durch die Tätigkeit des Treuhänders. Die Mindestvergütung des Treuhänders in der Treuhandperiode beträgt nach den §§ 293 Abs. 2 InsO, 14 Abs. 3 InsVV EUR 100,– jährlich. Für die Überwachung des Schuldners nach § 292 Abs. 2 InsO erhält der Treuhänder eine zusätzliche Vergütung von regelmäßig EUR 15,– je Stunde, § 15 Abs. 1 InsVV.

Ein **Rechtsanwalt** erhält im Verfahren über einen Antrag auf Restschuldbefreiung abweichend von der früheren Rechtslage nach § 74 Abs. 1 Satz 1 BRAGO keine besondere Gebühr (*Schmidt* ZInsO 2004, 302 [308]). Wird ein Antrag auf Versagung oder Widerruf der Restschuldbefreiung gestellt, §§ 290, 296, 297, 300, 303 InsO, so erhält der Rechtsanwalt in dem Verfahren die Hälfte der vollen Gebühr, Nr. 3321 VV RVG. Mehrere gleichzeitig anhängige Anträge gelten als eine Angelegenheit. Die Gebühr entsteht auch, wenn der Antrag auf Versagung bereits vor Aufhebung des Insolvenzverfahrens gestellt wird, d. h. auch im Versagungsverfahren gem. § 290 InsO. Im Beschwerdeverfahren entsteht eine halbe Gebühr, Nr. 3500 und 3513 VV RVG. Der Gegenstandswert der Gebühr ist gem. den §§ 28 Abs. 3, 23 Abs. 3 Satz 2 RVG nach billigem Ermessen aufgrund des wirtschaftlichen Interesses des Gläubigers zu bestimmen. Mangels greifbarer Schätzungsgrundlagen soll der Wert des Beschwerdeverfahrens EUR 4.000,– (DM 8.000,–) betragen (*BGH* ZVI 2003, 91 [92]; *OLG Celle* InsO 2002, 32 [33]; *LG Mainz* ZVI 2003, 362 [363]), bzw. mit dem hälftigen Wert der angemeldeten Forderung festgesetzt werden (*LG Bochum* ZInsO 2001, 564 [566]; *LG Göttingen* ZInsO 2005, 154 [155]).

IX. Zuständigkeit

Für die Durchführung des gesetzlichen Schuldbefreiungsverfahrens ist das Insolvenzgericht **sachlich** zuständig. **Örtlich** zuständig ist das Insolvenzgericht, in dessen Bezirk der Schuldner seinen allgemeinen Gerichtsstand hat, § 3 InsO (*Nerlich/Römermann* InsO, vor § 286 Rz. 43 f.; *Uhlenbruck/Vallender* InsO, 12. Aufl., Vor § 286 Rz. 45 f.). **Funktionell** ist für das Restschuldbefreiungsverfahren grds. der **Rechtspfleger** zuständig, § 3 Nr. 2 e RPflG (*LG Göttingen* ZInsO 2001, 90 [91]). Zur Zuständigkeit des Rechtspflegers im Schuldbefreiungsverfahren gehört deswegen zunächst die Verwerfung des Antrags auf Restschuldbefreiung als unzulässig (*OLG Köln* ZInsO 2000, 608 f.; *OLG Zweibrücken* ZInsO 2002, 287 [288]; *LG Memmingen* ZVI 2004, 496 [497]; *LG Göttingen* ZInsO 2001, 90 [91]; *Kübler/Prütting-Pape* InsO, § 30 Rz. 6 c; *Haarmeyer/Wutzke/Förster* Handbuch, 3. Aufl., Rz. 8/195; *Lücke/Schmittmann* ZInsO 2000, 87 [88]; **a. A.** *LG Münster* NZI 2000, 551 [552]). In seinen Aufgabenbereich fällt auch der Beschluss über die Ankündigung der Restschuldbefreiung gem. § 291 InsO, falls nicht ihre Versagung beantragt wurde (dazu *Helwich* MDR 1997, 13 [14]), ebenso die Erteilung von Restschuldbefreiung, falls keine Versagung beantragt wurde, die Entscheidung über die Versagung der Restschuldbefreiung nach § 298 InsO sowie alle Entscheidungen über die Belange des Treuhänders einschließlich seiner Vergütung (*Uhlenbruck/Vallender* InsO, 12. Aufl., Vor § 286 Rz. 50; *Haarmeyer/Wutzke/Förster* Handbuch, 3. Aufl., Rz. 8/186 f.). Nach § 25 RPflG kann der Rechtspfleger außerdem mit vorbereitenden Tätigkeiten beauftragt werden. Der Richter entscheidet gem. § 18 Abs. 1 Nr. 2 RPflG in den Fällen, in denen ein Gläubiger die Versagung beantragt hat, über die Ankündigung, Erteilung oder Versagung der Restschuldbefreiung nach den §§ 289, 296, 297 und 300 InsO. Dem **Richter** ist ebenfalls die Entscheidung über einen Widerruf der Restschuldbefreiung gem. § 303 InsO vorbehalten. Auch die Entscheidung nach § 314 Abs. 3 Satz 2 InsO, falls ein Gläubiger die Versagung der Restschuldbefreiung beantragt hat, weil der Ablösungsbetrag nicht gezahlt wurde, ist dem Richter vorbehalten (s. *Kohte* § 314 Rz. 37; *Kübler/Prütting-Wenzel* InsO, § 286 Rz. 99; *Braun/Buck* InsO, 3. Aufl., § 314 Rz. 17; *Bruckmann* Verbraucherinsolvenz § 3 Rz. 148; **a. A.** *Uhlenbruck/Vallender* InsO, 12. Aufl., Vor § 286 Rz. 50; HK-InsO/*Landfermann* 4. Aufl., § 314 Rz. 7). Dieser Beschluss wird zwar in § 18 Abs. 1 Nr. 2 RPflG nicht aufgeführt, doch ist die Zuständigkeitsregelung insoweit ergänzungsbedürftig und ergänzungsfähig. Die Entscheidung nach § 314 Abs. 3 Satz 2 InsO kommt der rechtsprechenden Tätigkeit so nahe, dass sie gem. Art. 92 GG dem Richter vorbehalten bleiben muss. Die Sachverhaltsfeststellung ist hier zwar einfacher und die Normanwendung nicht durch komplexe Abwägungsvorgänge geprägt, doch kommt es darauf allein nicht an, wie der ähnlich gelagerte, aber dem Richter vorbehaltene Versagungsgrund aus § 290 Abs. 1 Nr. 3 InsO belegt. Zusätzlich zu berücksichtigen sind auch die weit reichenden Konsequenzen einer Versagung, die eine Gleichstellung mit der Kompetenzregelung in § 18 Abs. 1 Nr. 2 RPflG erfordern. Darüber hinaus kann sich der Richter nach § 18 Abs. 2 RPflG das Insolvenzverfahren und entsprechend auch das Restschuldbefreiungsverfahren ganz oder teilweise vorbehalten oder an sich ziehen (*AG Köln* DZWIR 2000, 170 [171]; *AG Duisburg* ZInsO 2002, 736 [737]), aber auch dem Rechtspfleger übertragen, falls er den Vorbehalt nicht mehr für erforderlich hält. Die Entscheidung kann der Richter auch nach Eröffnung des Insolvenzverfahrens treffen (*AG Göttingen* ZInsO 2002, 887).

F. Folgen

53 Durch die Restschuldbefreiung wird der Schuldner von den im Insolvenz- und, wie über den Wortlaut des § 286 InsO hinaus zu ergänzen ist, von den im Schuldbefreiungsverfahren nicht erfüllten Verbindlichkeiten (*Jauernig* Zwangsvollstreckungs- und Insolvenzrecht, § 66 Rz. 37) gegenüber den Insolvenzgläubigern befreit (*Uhlenbruck/Vallender* InsO, 12. Aufl., § 286 Rz. 18). Der Begriff des **Insolvenzgläubigers** gem. § 38 InsO ist in doppelter Weise konturiert, denn er bestimmt, welche Gläubiger sich im Verfahren als forderungsberechtigt erweisen und deswegen an der gemeinschaftlichen Befriedigung teilhaben. Zugleich weist er aus, welche nicht am Verfahren teilnehmenden Gläubiger den Verfahrensbeschränkungen unterliegen. Da sich Insolvenzgläubiger nicht den ihm nachteiligen Verfahrenswirkungen entziehen dürfen, unterliegen Gläubiger, welche die Merkmale von § 38 InsO erfüllen, auch dann den insolvenzrechtlichen Beschränkungen, wenn sie nicht am Verfahren teilnehmen (MünchKomm-InsO/*Ehricke* 2. Aufl., § 38 Rz. 7 f.; *Jaeger/Henkel* InsO, § 38 Rz. 18). Wie § 301 Abs. 1 Satz 2 InsO klarstellt, kommt es daher für die Wirkung der Restschuldbefreiung nicht auf eine Forderungsanmeldung zur Tabelle an. Ist dagegen eine Verbindlichkeit etwa in der Treuhandzeit erfüllt worden, entfällt das Forderungsrecht und insoweit auch eine Restschuldbefreiung (vgl. *Jaeger/Weber* KO § 193 Rz. 1).

54 Die Vorschrift ordnet also **nicht** schon **selbst** die **Befreiung** des Schuldners von seinen Verbindlichkeiten an, denn die Auswirkungen auf die von der gesetzlichen Schuldbefreiung betroffenen Gläubiger und die Restschuld sind in § 301 InsO normiert. § 286 InsO bestimmt aber, für welche **Verbindlichkeiten** die Restschuldbefreiung erfolgt. Die Regelung bezeichnet damit den gegenständlichen Umfang der von ihr als subjektives Recht des Schuldners konstituierten Restschuldbefreiung (*Uhlenbruck/Vallender* InsO, 12. Aufl., § 286 Rz. 1), die als ein jeder natürlichen Person zustehendes Recht Bestandteil des allgemeinen Privatrechts ist. Wegen der engen und unmittelbaren Verbindung dieser gegenständlichen Abgrenzung aus § 286 InsO mit den Rechtsfolgen der Restschuldbefreiung gem. § 301 InsO werden die Wirkungen insgesamt bei § 301 InsO erläutert.

54 a Keine Befreiung erfolgt gegenüber den Massegläubigern, den Neugläubigern, den bevorrechtigten Gläubigern nach § 302 InsO sowie der Staatskasse gem. § 4 b InsO. Das Recht zur abgesonderten Befriedigung wird durch die Restschuldbefreiung nicht berührt (HK-InsO/*Landfermann* 3. Aufl., § 286 Rz. 3).

G. Restschuldbefreiung im Konkurs- und Gesamtvollstreckungsverfahren

Ein bis zum 31. 12. 1998 rechtskräftig abgeschlossenes Konkurs-, Vergleichs- oder Gesamtvollstreckungsverfahren **hindert** den Schuldner **nicht**, nach dem 31. 12. 1998 ein Insolvenzverfahren sowie die Erteilung der Restschuldbefreiung zu beantragen. Hat der Schuldner neue Verbindlichkeiten, ist bereits der Streitgegenstand nicht identisch. Selbst wenn ausnahmsweise keine neuen Schulden bestehen, ist der Schuldner doch weiteren Vollstreckungsversuchen ausgesetzt, die sein Rechtsschutzbedürfnis begründen. Da über einen Antrag auf Restschuldbefreiung noch nicht entschieden wurde, kann ihm die Rechtskraft eines Konkurs- oder anderen Verfahrens nicht entgegengehalten werden (*Vallender/Rey* NZI 1999, 1 [3]). 55

Für die nach altem Recht beantragten, aber bis zum 31. 12. 1998 nicht abgeschlossenen Konkurs-, Vergleichs- oder Gesamtvollstreckungsverfahren ist die Diskussion durch Zeitablauf praktisch erledigt (vgl. zum früheren Streitstand die 3. Auflage an dieser Stelle). In einem anhängigen Konkursverfahren ist ein Antrag auf Erteilung der Restschuldbefreiung unzulässig. Mit den Übergangsregelungen der Art. 103 und 108 Abs. 1 EGInsO ist eine Entscheidung gegen eine frühere Anwendung der Restschuldbefreiung getroffen worden (*LG Duisburg* NZI 2000, 29; *Uhlenbruck/Vallender* InsO, 12. Aufl., § 286 Rz. 3; *Schulze* NJW 1998, 2100 [2101]; *Vallender/Rey* NZI 1999, 1 [3]; **a. A.** *Bruckmann* Verbraucherinsolvenz, § 4 Rz. 14). 56

H. Auslandsbezug

Wird im **Geltungsbereich** der **EuInsVO** ein Hauptinsolvenzverfahren durchgeführt, gilt für das Verfahren grds. das Recht des Eröffnungsstaats. Damit sind auch die Regeln über das Restschuldbefreiungsverfahren (zur Begriffsbildung im kollisionsrechtlichen Kontext MünchKomm-InsO/*Ehricke* 2. Aufl., vor §§ 286 bis 303 Rz. 95 ff.) anwendbar, soweit sie das in diesem Staat belegene Vermögen betreffen (*Wimmer* NJW 2002, 2427 [2428]; *ders.* ZInsO 2001, 97 [100]). Im Übrigen war früher internationalrechtlich umstritten, ob auf eine Schuldbefreiung die lex fori concursus oder die lex causae anzuwenden ist. Wie im europäischen Insolvenzrecht wird auch hier inzwischen ganz überwiegend von einer Anwendung der lex fori concursus ausgegangen, also auf ein vor deutschen Gerichten durchgeführtes Hauptinsolvenz- und Restschuldbefreiungsverfahren deutsches Recht angewendet. In einem inländischen Partikularinsolvenzverfahren ist dagegen eine Restschuldbefreiung wohl nicht möglich. Schuldbefreiungen, die im Geltungsbereich der EuInsVO in einem anderen europäischen Staat erteilt werden, sind in Deutschland weitestgehend anzuerkennen. 57

§ 287
Antrag des Schuldners

(1) ¹Die Restschuldbefreiung setzt einen Antrag des Schuldners voraus, der mit seinem Antrag auf Eröffnung des Insolvenzverfahrens verbunden werden soll. ²Wird er nicht mit diesem verbunden, so ist er innerhalb von zwei Wochen nach dem Hinweis gemäß § 20 Abs. 2 zu stellen.
(2) ¹Dem Antrag ist die Erklärung beizufügen, dass der Schuldner seine pfändbaren Forderungen auf Bezüge aus einem Dienstverhältnis oder an deren Stelle tretende laufende Bezüge für die Zeit von sechs Jahren nach der Eröffnung des Insolvenzverfahrens an einen vom Gericht zu bestimmenden Treuhänder abtritt. ²Hatte der Schuldner diese Forderungen bereits vorher an einen Dritten abgetreten oder verpfändet, so ist in der Erklärung darauf hinzuweisen.
(3) Vereinbarungen, die eine Abtretung der Forderungen des Schuldners auf Bezüge aus einem Dienstverhältnis oder an deren Stelle tretende laufende Bezüge ausschließen, von einer Bedingung abhängig machen oder sonst einschränken, sind insoweit unwirksam, als sie die Abtretungserklärung nach Absatz 2 Satz 1 vereiteln oder beeinträchtigen würden.

Inhaltsübersicht: Rz.

A. Normzweck   1– 4
B. Gesetzliche Systematik   5
C. Antragsvoraussetzungen   6–18 c
    I. Grundsätze   6
    II. Eigener Insolvenzantrag   6 a– 6 c
    III. Restschuldbefreiungsantrag   7–13
        1. Form   7– 9
        2. Antragsfrist und Belehrung 10–13
    IV. Obliegenheit zur Einleitung eines Insolvenz- und Restschuldbefreiungsverfahrens   13 a –13 f
    V. Rechtsschutzbedürfnis   14
    VI. Rücknahme des Antrags   15–17
    VII. Verzicht auf den Antrag   18
    VIII. Zweiter Antrag auf Erteilung der Restschuldbefreiung   18 a–18 d
D. Forderungsabtretung   19–89 o
    I. Abtretungserklärung   19–33
        1. Abtretungserklärung als besondere Prozessvoraussetzung   19–21
        2. Geltungsgrund der Abtretung 22–31
            a) Materiellrechtliche Theorie der Abtretung   23–26
            b) Abtretungserklärung als Prozesshandlung   27–31
        3. Form, Frist und Inhalt der Erklärung   32–33
    II. Abzutretende Forderungen   34–86
        1. Grundzüge   34–38
        2. Forderungen auf Bezüge aus einem Dienstverhältnis   39–67
            a) Abzutretende Forderungen   39–51
            b) Abtretungsschutz   52–66
            c) Verfahren   67–67 a
        3. Gleichgestellte Forderungen 68–86
            a) Abzutretende Forderungen   68–80
            b) Abtretungsschutz   81–86
    III. Dauer der Abtretung   87–89 h
        1. Altfälle, Art. 107 EGInsO   87–89
        2. Fristbestimmung   89 a–89 h
    IV. Wirkung der Abtretungserklärung   89 i–89 p
E. Vorherige Abtretungen oder Verpfändungen   90–93
F. Unwirksamkeit vereinbarter Abtretungsverbote   94–95

Literatur:

Adam Die Klage des Treuhänders im RSB-Verfahren, ZInsO 2007. 198; *Ahrens* Prozessabtretung im Restschuldbefreiungsverfahren – Anmerkungen zur Konzeption von § 287 Abs. 2 Satz 1 InsO, DZWIR 1999, 45; *ders.* Antragsobliegenheit und Unterhalt in der Insolvenz, NZI 2008, 159; *Bindemann* Verkürzte fünfjährige Treuhandphase auch nach In-Kraft-Treten des InsO-Änderungsgesetzes seit dem 1. 12. 2001, ZVI 2002, 248; *ders.* Fortgeltung der Altfallregelung des Art. 107 EGInsO!, ZInsO 2002, 1070; *Büttner* Zulässigkeit eines erneuten Insolvenzantrags zur Erlangung der Restschuldbefreiung, ZVI 2007, 229; *Delhaes* Zur Zulässigkeit des Restschuldbefreiungsantrags in einem durch Gläubigerantrag eingeleiteten Verbraucherinsolvenzverfahren, ZInsO 2000, 358; *Grote* Restschuldbefreiungsantrag des Verbraucherschuldners im Insolvenzverfahren, das auf Gläubigerantrag eröffnet wurde, ZInsO 2000, 146; *ders.* Erhöhung der Pfändungsgrenzen nach § 850 f ZPO im Insolvenzverfahren, ZInsO 2000, 490; *Gundlach / Frenzel / Schmidt* Fünf Jahre Wohlverhaltensperiode auch noch nach der InsO-Änderung 2001?, ZVI 2002, 141; *Hackenberg* Rechtsschutzbedürfnis für weiteren Insolvenzantrag mit Restschuldbefreiung, ZVI 2005, 468; *Heyer* Restschuldbefreiung im Eigen- und Fremdantragsverfahren nach dem InsOÄndG 2001, ZInsO 2002, 59; *Hintzen* Zuständigkeitsfragen im Verbraucherinsolvenzverfahren – Anträge auf Erhöhung oder Ermäßigung der pfandfreien Beträge des Arbeitseinkommens, Rpfleger 2000, 312; *Jauernig* Versuch, einige Dunkelheiten der Insolvenzordnung aufzuhellen, Festschrift für Uhlenbruck, S. 3; *Pape* Erforderlichkeit eines Eigenantrags des Schuldners im Fall des Antrags auf Restschuldbefreiung bei Anschließung an einen Gläubigerantrag?, NZI 2002, 186; *ders.* Zulässigkeit von Insolvenzverfahren mit nur einem Gläubiger, ZVI 2003, 624; *ders.* Eröffnungsantrag des Schuldners als Voraussetzung für die Restschuldbefreiung, NZI 2004, 543; *Schäferhoff* Die Frist des § 287 Abs. 1 Satz 2 InsO zur Stellung eines Restschuldbefreiungsantrags: Ohne Bedeutung, ZInsO 2002, 962; *Schmahl* Keine Restschuldbefreiung ohne Eigenantrag, ZInsO 2002, 212; *Stephan* § 850f Abs. 1 ZPO im Verbraucherinsolvenz- und Restschuldbefreiungsverfahren – Kein gesetzgeberischer Handlungsbedarf?, ZInsO 2000, 376; *Thomsen* Zur Anwendbarkeit des Art. 107 EGInsO, ZInsO 2002, 813; *Winter* Die Anwendbarkeit der Altfallregelung nach Verkürzung der Abtretungslaufzeit im Rahmen des Insolvenzrechtsänderungsgesetzes (InsOÄndG), ZVI 2002, 239; s. a. § 286.

A. Normzweck

Die Regelung erfüllt **zwei** unterschiedliche **Aufgaben**. Zunächst konstituiert § 287 Abs. 1 InsO die **1** Restschuldbefreiung als **antragsabhängiges** Verfahren. Daneben schafft § 287 Abs. 2 InsO die Voraussetzungen für eine weitere **Befriedigung** der Insolvenzgläubiger nach Beendigung oder Aufhebung des Insolvenzverfahrens. Die Norm bildet damit einen zentralen Baustein des eigenständigen Haftungsmodells für das Restschuldbefreiungsverfahren. Im Gesetzgebungsverfahren hat die Bestimmung zahlreiche Änderungen erfahren. An dem Grundkonzept eines antragsabhängigen Verfahrens, in dem der Schuldner seine pfändbaren Bezüge aus Arbeitseinkommen abzutreten hat, sind zwar keine Veränderungen erfolgt. Aber vor allem die Form der Antragstellung nach Abs. 1 Satz 2, die Hinweispflicht in Abs. 2 Satz 2 und die Unwirksamkeitserklärung in Abs. 3 sind sukzessive modifiziert oder eingefügt worden. Die Bestimmung ist dabei weniger aus einem rechtspolitischen Ziel gewachsen, als einzelnen Notwendigkeiten folgend ergänzt worden. Durch das InsOÄndG vom 26. 10. 2001 (BGBl. I S. 2710), ist Abs. 1 und Abs. 2 Satz 1 nochmals tiefgreifend umgestaltet worden. Aufgrund der Novellierung muss der Antrag des Schuldners auf Erteilung von Restschuldbefreiung mit einem eigenen Insolvenzeröffnungsantrag verbunden werden. Eine in der Verbraucherinsolvenz umstrittene Streitfrage ist damit entschieden (vgl. Rz. 6 a). Ergänzend ist in Abs. 1 Satz 2 eine gestraffte Antragsfrist vorgesehen. Als praktisch wichtigste, aber auch systematisch am schwierigsten einzuordnende Neuregelung beginnt die Frist der Abtretungserklärung bereits nach der Eröffnung des Insolvenzverfahrens und ist auf insgesamt sechs Jahre begrenzt (Rz. 89 a ff.). Die bislang bestehenden Ungewissheiten über die Verfahrensdauer und den Zeitpunkt einer möglichen Restschuldbefreiung, die aus unvorhersehbaren Verzögerungen im Insolvenzverfahren resultierte, sind beseitigt, dafür aber neue Unklarheiten über den Anwendungsbereich der §§ 294 bis 297 InsO entstanden

Als erste Regelungsaufgabe gestaltet § 287 Abs. 1 InsO die Restschuldbefreiung als **antragsabhängiges** **2** **Verfahren** aus (*Uhlenbruck/Vallender* InsO, 12. Aufl., § 287 Rz. 1). Die gesetzliche Schuldbefreiung ist also dem Schuldner nicht von Amts wegen zu erteilen, sondern nur aufgrund eines der Dispositionsmaxime unterliegenden Verfahrens. Zugleich sichert Abs. 1 Satz 2 eine zügige Einleitung durch den Schuldner sowie eine ausreichende Prüfungsfrist für die Gläubiger. Der Antrag auf Erteilung von Restschuldbefreiung ist nunmehr mit dem Antrag auf Eröffnung eines Insolvenzverfahrens zu verbinden oder binnen zwei Wochen nach dem gerichtlichen Hinweis gem. § 20 Abs. 2 InsO zu stellen.

Als weitere Verfahrensvoraussetzung verlangt § 287 Abs. 2 Satz 1 InsO vom Schuldner die **Abtretung der** **3** **pfändbaren Bezüge**. Nach der Gesetzesbegründung besitzt diese Abtretungserklärung bereits bei Antragstellung eine Warnfunktion, weil sie zu einer Selbstbeschränkung wie durch Titel oder andere Abtretungen führt. Sie soll einen Schuldner, der sich nicht freiwillig für geraume Periode der Treuhandzeit mit dem pfändungsfreien Arbeitseinkommen begnügen will, von einem Antrag auf Restschuldbefreiung abhalten und so das Gericht vor leichtfertigen Anträgen schützen (Begründung RegE BR-Drucks. 1/92 S. 189; außerdem *Hess* InsO, 2007, § 287 Rz. 20; *Hess/Weis/Wienberg* InsO, 2. Aufl., § 287 Rz. 3; *Haarmeyer/Wutzke/Förster* Handbuch, 3. Aufl., Rz. 8/198; *Arnold* DGVZ 1996, 65 [67]; *Vallender* VuR 1997, 155; *App* Die Insolvenzordnung, Rz. 540). An einem selbständig tätigen Schuldner, der über keine abtretbaren Bezüge verfügt, geht diese Warnfunktion freilich vorbei.

Wichtiger ist deswegen die andere Funktion der Abtretungsregelung, auch nach dem Ende des Insolvenz- **4** beschlags, vgl. die §§ 80 Abs. 1, 200 Abs. 1 InsO, während des Restschuldbefreiungsverfahrens einen wesentlichen Teil des Neuerwerbs für die Tilgungsleistungen zu sichern. Mit dieser zentralen Bestimmung wird das pfändbare künftige Einkommen dem Verfügungsrecht des Schuldners entzogen und soweit möglich eine **Gläubigerbefriedigung** gewährleistet. Vor allem durch die Untersagung entgegenstehender

Abtretungsverbote in Abs. 3 wird diese Haftungsverwirklichung umfassend geschützt. Schließlich muss der Schuldner auch nach Abs. 2 Satz 2 auf vorherige Abtretungen hinweisen, um den Gläubigern eine bessere Kalkulationsgrundlage über die zu erwartenden Leistungen zu eröffnen. Durch diese haftungsrechtliche Zuweisung des Einkommens wird massiv in die Befriedigungsaussichten der **Neugläubiger** eingegriffen. In einer scharfen, noch über das Einzelvollstreckungsrecht hinausgehenden Ausprägung des Prioritätsprinzips ist neues Einkommen nahezu vollständig den Insolvenzgläubigern zugewiesen und damit dem konkurrierenden Zugriff der Neugläubiger entzogen. Zur Kompensation wird den Neugläubigern eine klare zeitliche Perspektive auf das nach Abschluss des Restschuldbefreiungsverfahrens gebildete Vermögen eröffnet (*Ahrens* ZVI 2004, 69 [75]) und eine zehnjährige Schutzfrist gewährt, § 290 Abs. 1 Nr. 3 Alt. 2 InsO.

B. Gesetzliche Systematik

5   Es werden mit dem Insolvenz- und dem Restschuldbefreiungsverfahren **zwei** selbstständige, zumindest anfangs nebeneinander bestehende **Verfahren** durchgeführt (s. *Ahrens* § 286 Rz. 18, 42). Dadurch kann die Zahlungsunfähigkeit bzw. drohende Zahlungsunfähigkeit des Schuldners festgestellt, haftendes Vermögen in Beschlag genommen und ein unberechtigter Antrag auf Erteilung der Restschuldbefreiung verhindert werden (*Häsemeyer* Insolvenzrecht, Rz. 26.13). Da der Eröffnungsgrund einer drohenden Zahlungsunfähigkeit, §§ 17, 18 InsO, für das Insolvenzverfahren vorliegen muss, ist er nicht noch zusätzlich für das Restschuldbefreiungsverfahren zu prüfen. Das gesetzliche Restschuldbefreiungsverfahren ist in die beiden Abschnitte des Zulassungs- oder Vorverfahrens sowie des Schuldbefreiungs- oder Hauptverfahrens untergliedert (s. *Ahrens* § 286 Rz. 20 f.). Im Zulassungsverfahren müssen neben den allgemeinen Sachentscheidungsvoraussetzungen eines gerichtlichen Verfahrens auch die besonderen Voraussetzungen des Restschuldbefreiungsverfahrens erfüllt sein. Zwei besondere Verfahrensvoraussetzungen sind hervorzuheben. Die Restschuldbefreiung ist i. V. m. einem Insolvenzverfahren zu beantragen (Rz. 6 a). Außerdem muss dem Antrag auf Erteilung von Restschuldbefreiung die Abtretungserklärung nach Abs. 2 Satz 1 beigefügt werden. Ohne diese Abtretungserklärung ist der Restschuldbefreiungsantrag als unzulässig zu verwerfen (s. *Ahrens* § 289 Rz. 6).

C. Antragsvoraussetzungen

I. Grundsätze

6   Die Durchführung des Restschuldbefreiungsverfahrens erfordert **zwei Anträge** des Schuldners, einen eigenen **Insolvenzantrag** (zu den Voraussetzungen und Ausnahmen sogleich Rz. 6 a ff., 12 a) sowie einen **Restschuldbefreiungsantrag** (dazu Rz. 7 ff.), und zusätzlich die **Abtretungserklärung** des Schuldners (u. Rz. 19 ff.). Insgesamt sind also drei Prozesshandlungen des Schuldners notwendig. Ohne eigenen Insolvenzantrag des Schuldners ist dein Restschuldbefreiungsantrag unzulässig. Bei einem Insolvenzantrag eines Gläubigers erhält der Schuldner deswegen Gelegenheit, einen eigenen Insolvenzantrag zu stellen und daneben die Erteilung der Restschuldbefreiung zu beantragen. Mit dem Antrag auf Erteilung der Restschuldbefreiung wird das gesetzliche Restschuldbefreiungsverfahren eingeleitet, § 287 Abs. 1 Satz 1 InsO. Für das Restschuldbefreiungsverfahren ist allein der **Schuldner antragsberechtigt**, denn im Gegensatz zum Insolvenzverfahren erscheint wegen der umfassenden persönlichen Anforderungen – vor allem aus § 295 Abs. 1 Nr. 1, 3 und 4 sowie Abs. 2 InsO – ein nicht aktiv vom Schuldner getragenes Verfahren von vornherein zum Scheitern verurteilt (*Forsblad* Restschuldbefreiung, S. 213; *Balz* BewHi 1989, 103 [114]). Der Antrag auf Erteilung der Restschuldbefreiung ist nicht höchstpersönlich, darf also von einem Vertreter gestellt werden. Für die Vertretung durch eine als **geeignet anerkannte Stelle** ist zu unterscheiden. Im gerichtlichen Schuldenbereinigungsplanverfahren ist eine Vertretung durch diese Stellen nach Art. 1 § 3 Nr. 9 RBerG zulässig (*BGH* ZVI 2004, 337). Da der Insolvenzeröffnungsantrag gem. § 305 Abs. 1 Einleitungssatz InsO Bestandteil dieses Verfahrens ist, kann sich der Schuldner hierbei durch eine anerkannte Stelle vertreten lassen. Andererseits ist eine solche Vertretung im vereinfachten Insolvenzverfahren unzulässig (*BGH* ZVI 2004, 337). Offen ist, ob eine Vertretung durch diese Stellen beim Restschuldbefreiungsantrag zulässig ist. Da der Antrag auf Erteilung von Restschuld-

befreiung nach § 305 Abs. 1 Nr. 1 InsO zum Schuldenbereinigungsplanverfahren gehört, ist eine Vertretung jedenfalls dann unproblematisch zulässig, wenn der Restschuldbefreiungsantrag mit dem Insolvenzantrag verbunden wird. Auch bei einem nachgeholten Restschuldbefreiungsantrag kann der Schuldner durch die Stellen vertreten werden, solange das Schuldenbereinigungsplanverfahren nicht abgeschlossen ist. Wird kein Schuldenbereinigungsplanverfahren durchgeführt, etwa weil das Insolvenzverfahren auf Gläubigerantrag hin eröffnet wurde, ist eine solche Vertretung unzulässig. Zur erneuten Durchführung eines Restschuldbefreiungsverfahrens u. Rz. 18 a ff.

II. Eigener Insolvenzantrag

Durch die Neuregelung von Abs. 1 ist nunmehr entschieden, dass der Restschuldbefreiungsantrag i. V. m. einem **Schuldnerantrag** auf Eröffnung eines Insolvenzverfahrens gestellt werden muss (*Kübler/Prütting-Wenzel* InsO, § 287 Rz. 2 a; *Vallender* NZI 2001, 561 [566]). Ist der Insolvenzantrag unzulässig, ist auch der Restschuldbefreiungsantrag unzulässig (*AG Dresden* ZVI 2005, 50; ZVI 2005, 384). Anstelle der bisher lediglich als eine Möglichkeit ausgestalteten Regelung, den Restschuldbefreiungsantrag mit einem Insolvenzeröffnungsantrag verbinden zu können, § 287 Abs. 1 Satz 3 InsO a. F., soll jetzt der Restschuldbefreiungsantrag mit einem **eigenen Insolvenzeröffnungsantrag** verbunden werden (zu den verschiedenen Konstellationen, wenn ein Gläubigerantrag gestellt wurde, s. u. Rz. 10 a ff.). Dieser eigene Insolvenzantrag ist grds. **Sachentscheidungsvoraussetzung** bzw. Prozessvoraussetzung des Restschuldbefreiungsverfahrens. Aufgrund der bis zum 30. 11. 2001 geltenden Rechtslage war im Verbraucherinsolvenzverfahren das Erfordernis eines Eigenantrags sehr umstritten (für die Zulässigkeit eines Restschuldbefreiungsantrags auch bei einem Gläubigerantrag auf Eröffnung des Insolvenzverfahrens *AG Bielefeld* ZIP 1999, 1180 = EWiR 2000, 133 (*Holzer*); *Grote* ZInsO 2000, 146; *Delhaes* ZInsO 2000, 358; *Kirchhof* ZInsO 1998, 54 [60]; *Wittig* WM 1998, 157 [163]; *Bindemann* Handbuch Verbraucherkonkurs, 3. Aufl., Rz. 46; *Preuß* Verbraucherinsolvenzverfahren und Restschuldbefreiung, 2. Aufl., Rz. 247; *Hess/Obermüller* Insolvenzplan, Restschuldbefreiung und Verbraucherinsolvenz, 3. Aufl., Rz. 1083; *Smid/Krug/Haarmeyer* InsO, § 306 Rz. 8; FK-InsO/*Ahrens*, 2. Aufl., § 287 Rz. 5; für das Erfordernis eines Eigenantrags *OLG Köln* ZInsO 2000, 334 = VuR 2000, 243 m. Anm. *Grote*; *LG Dresden* ZVI 2003, 82 [83]; *AG Köln* DZWIR 2000, 170 m. krit. Anm. *Holzer*; *AG Düsseldorf* ZInsO 2000, 111 [112]; *Hoes/Peters* WM 2000, 901 [904]; KS-InsO/*Fuchs* 2000, S. 1679 Rz. 163; *Haarmeyer/Wutzke/Förster* Handbuch, 2. Aufl., Nachtrag Rz. 10/28; HK-InsO/*Landfermann* 4. Aufl., § 306 Rz. 12; *Nerlich/Römermann* InsO, § 287 Rz. 11; *Pape* ZInsO 1998, 353 [355]; vgl. außerdem *Grote* § 306 Rz. 23).

Nach der Begründung des InsOÄndG sollte mit der neuen Regelung die in der Verbraucherinsolvenz bestehende Streitfrage entschieden werden (RegE BT-Drucks. 14/5680 S. 28). Für das **Verbraucherinsolvenzverfahren** ergibt sich das Erfordernis eines eigenen Insolvenzantrags bereits aus dem Gesetz, §§ 305 Abs. 1, 306 InsO (*BGH* ZInsO 2005, 310). Weniger selbstverständlich ist den Materialien zu entnehmen, ob die Prozessvoraussetzung eines Eigenantrags auch für die Regelinsolvenz zu gelten hat. Mit der Gesetzesänderung sollten die Verfahrensformen in der Regelinsolvenz und im Verbraucherinsolvenzverfahren aneinander angeglichen werden, weshalb auch die bislang bestehende zeitliche Differenzierung für den Restschuldbefreiungsantrag aufgehoben wurde. »Der Gesetzentwurf schlägt deshalb vor, eine Restschuldbefreiung nur aufgrund eines eigenen Insolvenzantrags des Schuldners zu ermöglichen« (RegE BT-Drucks. 14/5680 S. 28, s. a. 24). Neben dem umfassenden Wortlaut von § 287 Abs. 1 Satz 1 InsO und der Motivation der Gesetzesänderung spricht die gesetzliche Systematik für einen Eigenantrag auch in der Regelinsolvenz, denn als Teil des allgemeinen Insolvenzverfahrensrechts ist dem Restschuldbefreiungsverfahren eine Differenzierung zwischen regel- und verbraucherinsolvenztypischen Vorschriften fremd. Ein **eigener Insolvenzantrag** des Schuldners ist i. d. R. ebenso im Verbraucher- wie im Regelinsolvenzverfahren, **Sachentscheidungsvoraussetzung** des Restschuldbefreiungsverfahrens (*BGH* NZI 2004, 511; 2004, 593 = DZWIR 2005, 71, m. Anm. *Kohte/Busch*; NZI 2005, 271 [272]; *LG Köln* NZI 2004, 159 [160]; MünchKomm-InsO/*Stephan* 2. Aufl., § 287 Rz. 13; Uhlenbruck/*Vallender* InsO, 12. Aufl., § 287 Rz. 10; *Braun/Buck* InsO, 3. Aufl., § 287 Rz. 7, 9; *Schmahl* ZInsO 2002, 212 [213]; a. A. *AG Hamburg* ZVI 2002, 475; HK-InsO/*Landfermann* 4. Aufl., § 287 Rz. 7, 11; *Kübler/Prütting-Wenzel* InsO, § 287 Rz. 3 a; *Pape/Uhlenbruck* Insolvenzrecht, Rz. 943 f.; *Heyer* ZInsO 2002, 59 [61]; *Pape* NZI 2002, 186 [187]; *ders.* ZVI 2002, 225 [231]; *Fuchs* NZI 2002, 298 [300]). Diese Verbindung ist sowohl aus gerichtsorganisatorischen Gründen (dazu Uhlenbruck/*Vallender* InsO, 12. Aufl., § 287 Rz. 10) also auch im Interesse einer aktiven Einbindung des Schuldners in das Verfahren zweckmäßig. Wird auf den Gläubigerantrag das Insolvenzverfahren eröffnet, ist grds. bis zum Abschluss des Verfahrens ein Eigenantrag des Schuldners unzulässig.

6 c Hat das Gericht den Schuldner nicht ausreichend über die Möglichkeit belehrt, Restschuldbefreiung zu beantragen, kann die **Restschuldbefreiung** ausnahmsweise **ohne** eigenen **Insolvenzantrag** beantragt werden (*BGH* BGHZ 162, 181 [186]; ZInsO 2008, 924 Tz. 20; *Haarmeyer/Wutzke/Förster-Schmerbach* Präsenzkommentar § 287 Rz. 18). Dafür ist zu unterscheiden. Wurde weder über die Insolvenz- noch Restschuldbefreiungsantragspflicht ordnungsgemäß belehrt, kann der Restschuldbefreiungsantrag auch noch im auf Gläubigerantrag eröffneten Insolvenzverfahren gestellt werden. Wurde nur über den Restschuldbefreiungsantrag ordnunggemäß belehrt, ist dieser Antrag in einer ordnungsgemäß gesetzten richterlichen Frist zu stellen. Die gesetzliche Frist aus § 287 Abs. 1 Satz 2 InsO gilt dafür nicht, sondern nur in der hier nicht einschlägigen Fallgestaltung, dass ein eigener Insolvenzantrag des Schuldners ohne Restschuldbefreiungsantrag gestellt wurde. Mit Ablauf der gesetzlichen Frist ist der Restschuldbefreiungsantrag des Schuldners bis zur Eröffnung des Insolvenzverfahrens nicht ausgeschlossen. Zu den unterschiedlichen Antragsgestaltungen und der Belehrung vgl. Rz. 10 ff.

III. Restschuldbefreiungsantrag

1. Form

7 Seinen Antrag auf Erteilung von Restschuldbefreiung hat der Schuldner **schriftlich** beim Insolvenzgericht einzureichen **oder** zu **Protokoll** der Geschäftsstelle zu erklären (zur davon zu unterscheidenden Abtretungserklärung s. u. Rz. 32). Bislang war dies ausdrücklich in § 287 Abs. 1 Satz 2 InsO a. F. bestimmt. In der geänderten Fassung fehlt ein Hinweis auf diese Berechtigung, doch ist damit für das Regelinsolvenzverfahren keine sachliche Änderung verbunden, vgl. §§ 4 InsO, 496 ZPO (MünchKomm-InsO/*Stephan* 2. Aufl., § 287 Rz. 22; *Nerlich/Römermann* InsO, § 287 Rz. 18). Künftig soll der Restschuldbefreiungsantrag mit dem Antrag auf Eröffnung des Insolvenzverfahrens verbunden werden. Liegt kein zulässiger Insolvenzantrag vor, ist auch der Restschuldbefreiungsantrag unzulässig (*AG Dresden* ZVI 2005, 50; ZVI 2005, 384). Da der Insolvenzantrag in der Regelinsolvenz nach §§ 4 InsO, 496 ZPO sowohl schriftlich als auch zu Protokoll der Geschäftsstelle erklärt werden kann (*Nerlich/Römermann-Mönning* InsO, § 13 Rz. 22), hat dort für den Antrag auf Erteilung von Restschuldbefreiung Gleiches zu gelten (*Haarmeyer/Wutzke/Förster* Handbuch 3. Aufl., § 8 Rz. 190). Im Verbraucherinsolvenzverfahren muss der Insolvenzeröffnungsantrag des Schuldners gem. § 305 Abs. 1 Einleitungssatz, Abs. 5 InsO schriftlich gestellt werden (HK-InsO/*Landfermann* 4. Aufl., § 287 Rz. 11). Diesem Antrag ist nach § 305 Abs. 1 Nr. 2 InsO die Erklärung über die Restschuldbefreiung beizufügen. Durch die Angleichung der Formvoraussetzungen an die des Insolvenzeröffnungsantrags wird hier künftig die Schriftform zu verlangen sein. An den Inhalt der Erklärung sind jedoch keine besonderen Anforderungen zu stellen (s. *Grote* § 305 Rz. 19). Da der Antrag als Prozesshandlung auszulegen ist, muss der Schuldner die Restschuldbefreiung nicht ausdrücklich beantragen. Es genügt, wenn eine Auslegung nach den recht verstandenen Interessen des Schuldners dieses Begehren ergibt (st. Rspr. *BGH* NJW 1992, 243; 1993, 1925; 1994, 1537 [1538]; 2003, 665 [666]; NJW-RR 1995, 1183 [1184]; *Uhlenbruck/Vallender* InsO, 12. Aufl., § 287 Rz. 8; MünchKomm-InsO/*Stephan* 2. Aufl., § 287 Rz. 27 f.).

8 Der Sachantrag auf Erteilung der Restschuldbefreiung muss von einer **natürlichen Person** gestellt werden, § 286 InsO. Er verlangt die **Parteifähigkeit** und die **Prozessfähigkeit** des Schuldners als Sachentscheidungs- und Prozesshandlungsvoraussetzung. Die Insolvenzfähigkeit ist nur bei dem Antrag auf Eröffnung des Insolvenzverfahrens zu prüfen, mit dem der Restschuldbefreiungsantrag zu verbinden ist. Außerdem ist ein unter einer außerprozessualen Bedingung stehender Antrag unzulässig (*Hess/Weis/Wienberg* InsO, 2. Aufl., § 287 Rz. 11; vgl. *Stein/Jonas-Leipold* ZPO, 22. Aufl., vor § 128 Rz. 264, 268 ff.; MünchKomm-ZPO/*Becker-Eberhard* 3. Aufl., § 253 Rz. 17; *Zöller/Greger* ZPO, Vor § 128 Rz. 20; *Rosenberg/Schwab/Gottwald* Zivilprozessrecht, 16. Aufl., § 65 Rz. 24). Infolge der Verselbstständigung des Restschuldbefreiungsverfahrens gegenüber dem Insolvenzverfahren (s. *Ahrens* § 286 Rz. 18) ist auch eine aus dem Insolvenzverfahren abgeleitete Bedingung nicht zulässig. Wird der Antrag schriftlich gestellt, so unterliegt er den Regeln über bestimmende Schriftsätze (*Uhlenbruck/Vallender* InsO, 12. Aufl., § 287 Rz. 11; allg. MünchKomm-ZPO/*Wagner* 3. Aufl., § 129 Rz. 12 ff.). Der Antrag muss deswegen vom Antragsteller oder seinem Vertreter unterschrieben sein (*Smid/Krug/Haarmeyer* InsO, § 287 Rz. 4). Der bislang über die elektronischen Übermittlungsformen bestehende Streit ist durch das Gesetz zur Anpassung der Formvorschriften des Privatrechts und anderer Vorschriften an den modernen Rechtsgeschäftsverkehr vom 13. 07. 2001 (BGBl. I S. 1542) entschärft worden. Wie andere bestimmende Schriftsätze darf der Antrag durch Telefax übermittelt werden, vorausgesetzt die Kopiervorlage wurde entsprechend der Neuregelung gem. § 130 Nr. 6 ZPO ordnungsgemäß unterschrieben und die Unterschrift in Kopie wiedergegeben. Der Antrag darf auch durch ein Computerfax mit eingescannter Unterschrift erfolgen (*GemS OGB* NJW 2000, 2340). § 130 a ZPO regelt nunmehr die Übermittlung als elektronisches Dokument.

Durch die Regelung des § 305 Abs. 5 InsO (vom 19.12. 1998 BGBl. I S. 3836) ist eine Verordnungsermächtigung geschaffen, die es gestattet, im Verbraucherinsolvenzverfahren vom Schuldner zwingend zu verwendende **Vordrucke** einzuführen. Aufgrund dieser Ermächtigung können ebenfalls für den in einem solchen Verbraucherinsolvenzverfahren nach § 305 Abs. 1 Nr. 2 InsO gestellten Antrag auf Erteilung der Restschuldbefreiung Vordrucke vorgeschrieben werden. Um dem Gleichbehandlungsgrundsatz zu genügen, wird über den Wortlaut der Ermächtigungsgrundlage hinaus auch für einen Restschuldbefreiungsantrag in dem Regelinsolvenzverfahren ein Vordruckzwang eingeführt werden dürfen, denn nach dem weiten Verständnis des BVerfG zum Bestimmtheitsgebot aus Art. 80 Abs. 1 Satz 2 GG müssen sich die Vorgaben nicht unmittelbar aus dem Text der Ermächtigungsnorm ergeben (*BVerfG* BVerfGE 62, 203 [208 f.]; BVerfGE 80, 1 [20 f.]; BVerGE 85, 97 [105], *Jarass/Pieroth* GG, 9. Aufl., Art. 80 Rz. 11 ff.; *v. Münch/Kunig/Bryde* 5. Aufl., Art. 80 Rz. 20 ff.). Allerdings wird die Erklärung über die Abtretung der laufenden Bezüge nicht von der Aufzählung des § 305 Abs. 5 Satz 1 InsO über die vorzulegenden Bescheinigungen, Anträge, Verzeichnisse und Pläne erfasst. Auch gehört sie nicht zum Regelungsbereich von § 305 Abs. 1 Nr. 2 InsO, sondern zu dem des § 287 Abs. 2 Satz 1 InsO. Aufgrund der weiten Interpretation des Bestimmtheitsgebots kann die Abtretungserklärung trotzdem in ein bindendes Formular aufgenommen werden. Zugleich muss einem vor dem 01. 01. 1997 zahlungsunfähigen Schuldner die Gelegenheit gegeben werden, seine pfändbaren Bezüge gem. Art. 107 EGInsO allein für einen Zeitraum von fünf Jahren abzutreten. Gesetzlich wird nicht verlangt, die Voraussetzungen für eine nach Art. 107 EGInsO verkürzte Treuhandzeit glaubhaft zu machen, weshalb eine solche Anforderung nicht in einem verbindlichen Vordruck enthalten sein darf (anders im Muster von *Hess/Obermüller* Insolvenzplan, Restschuldbefreiung und Verbraucherinsolvenz, 3. Aufl., S. 392). **9**

2. Antragsfrist und Belehrung

Durch die §§ 20 Abs. 2, 287 InsO in der Fassung des InsOÄndG vom 26. 10. 2001 (BGBl. I S. 2710) wird bezweckt, die **Antragsfrist** für ein Restschuldbefreiungsverfahren zu vereinheitlichen und die Einleitung dieses Verfahrens zu beschleunigen. Nach § 287 Abs. 1 InsO soll der Restschuldbefreiungsantrag mit einem eigenen Insolvenzeröffnungsantrag verbunden werden und, falls er nicht mit ihm verbunden ist, innerhalb von zwei Wochen nach dem gerichtlichen Hinweis gem. § 20 Abs. 2 InsO gestellt werden. Die **gesetzliche Frist** gilt also nur dann, wenn der Insolvenzantrag des Schuldners nicht mit einem Restschuldbefreiungsantrag verbunden ist (*Hess* InsO, 2007, § 287 Rz. 2; s. o. Rz. 6 c). § 20 Abs. 2 InsO verlangt, dass im Zulassungs- oder Insolvenzeröffnungsverfahren eine natürliche Person als Schuldner auf die Möglichkeit zur Restschuldbefreiung hingewiesen werden soll. Beide Vorschriften greifen jedoch nur teilweise ineinander und führen deshalb zu einer differenzierten Rechtslage. Den Ausgangspunkt für die mehrstufige Prüfung bilden die unterschiedlichen Ansatzpunkte der Regelungen. Während § 287 Abs. 1 InsO an einen eigenen Insolvenzantrag des Schuldners ohne Restschuldbefreiungsantrag anknüpft, und dann die zweiwöchige Frist nach der gerichtlichen Belehrung läuft, gilt § 20 Abs. 2 InsO auch dann, wenn der Schuldner keinen eigenen Insolvenzantrag gestellt hat. Inhalt und Folgen der Belehrung können deswegen nicht einheitlich bestimmt werden. Ein nach Ablauf der Antragsfrist gestellter Restschuldbefreiungsantrag ist unzulässig (*Uhlenbruck/Vallender* InsO, 12. Aufl., § 287 Rz. 16). In Betracht kommt nur eine Wiederholung in den dafür bestehenden Grenzen (u. Rz. 18 a). **10**

Der einfachste Fall liegt vor, wenn der **Schuldner** einen eigenen **Insolvenzeröffnungs- sowie** einen vollständigen **Restschuldbefreiungsantrag** stellt. Hier ist ein Hinweis nach § 20 Abs. 2 InsO entbehrlich (*MünchKomm-InsO/Schmahl* 2. Aufl., § 20 Rz. 95). Fehlt lediglich die Abtretungserklärung, hat der Richter nach den §§ 5, 4 InsO, 139 Abs. 1 Satz 1 ZPO und nicht gem. § 20 Abs. 2 InsO auf die Notwendigkeit der Abtretungserklärung hinzuweisen. **10 a**

Dem gesetzlichen Plan liegt die Gestaltung zugrunde, dass der **Schuldner** einen eigenen **Insolvenzeröffnungsantrag ohne Restschuldbefreiungsantrag** stellt. Wird der Restschuldbefreiungsantrag nicht **11** gemeinsam mit dem Insolvenzeröffnungsantrag gestellt, führt dies als Verstoß gegen eine Sollvorschrift über die Antragstellung nicht zur Unzulässigkeit des Restschuldbefreiungsantrags. Der Schuldner ist dann nach § 20 Abs. 2 InsO auf dieses Recht hinzuweisen und gem. § 287 Abs. 1 Satz 2 InsO berechtigt, innerhalb von zwei Wochen nach dem Hinweis den Restschuldbefreiungsantrag zu stellen. Mit dieser Neuregelung wird eine bislang bestehende Ungleichbehandlung bei der Antragstellung beseitigt. Nach der früheren Rechtslage musste ein überschuldeter Verbraucher die Restschuldbefreiung mit dem Insolvenzeröffnungsantrag beantragen, § 305 Abs. 1 Nr. 2 InsO, während im Regelinsolvenzverfahren der Restschuldbefreiungsantrag bis zum Berichtstermin gestellt werden konnte, § 287 Abs. 1 Satz 2 InsO a. F. Nunmehr gilt einheitlich, dass der Restschuldbefreiungsantrag mit dem Insolvenzantrag verbunden werden soll. Zu den Folgen einer Verletzung dieser Hinweispflicht u. Rz. 11 b ff. Ist ein eigener Insolvenzeröffnungsantrag des Schuldners gestellt, aber der Restschuldbefreiungsantrag unterblieben, muss der gerichtliche **Hinweis** erfolgen, nach dem die zweiwöchige Antragsfrist aus § 287 Abs. 1 Satz 2 InsO läuft. Trotzdem ist damit nur eine partielle Vereinheitlichung erreicht. Im Verbraucherinsolvenzverfahren gilt weiter die speziellere Regelung des § 305 Abs. 3 InsO. Gibt der Schuldner keine Erklärung gem. § 305 Abs. 1 Nr. 2 InsO darüber ab, ob die Restschuldbefreiung beantragt oder ob sie nicht beantragt werden soll, hat ihn das Gericht nach § 305 Abs. 3 Satz 1 InsO zur Ergänzung seiner Unterlagen und Erklärungen aufzufordern. Dabei ist die Ergänzungsaufforderung gem. § 305 Abs. 3 Satz 1 InsO mit dem Hinweis nach § 20 Abs. 2 InsO zu verbinden. Kommt der Schuldner dieser Aufforderung nicht binnen der Monatsfrist aus § 305 Abs. 3 Satz 2 oder der dreimonatigen Frist gem. Satz 3 der Vorschrift nach, gilt sein Antrag auf Erteilung von Restschuldbefreiung als zurückgenommen. Als speziellere Vorschrift für das Verbraucherinsolvenzverfahren verdrängt diese Regelung die abweichenden Wirkungen des § 287 Abs. 1 Satz 2 InsO (MünchKomm-InsO/*Schmahl* 2. Aufl., § 20 Rz. 93; MünchKomm-InsO/*Stephan* 2. Aufl., § 287 Rz. 19; s. a. Rz. 11 a). Im Regelinsolvenzverfahren läuft allerdings die zweiwöchige Antragsfrist, weshalb eine verspätete Antragstellung zur Unzulässigkeit des Restschuldbefreiungsantrags führt. Zur Ergänzung der Abtretungserklärung u. Rz. 19, 21. Zum wiederholten Restschuldbefreiungsantrag s. u. Rz. 18 a ff.

11 a Stellt ein **Gläubiger** einen **Insolvenzeröffnungsantrag**, ergibt sich folgendes Bild: In aller Regel ist zusätzlich ein eigener Insolvenzeröffnungsantrag des Schuldners erforderlich (o. Rz. 6 b f.). Über die gesetzliche Belehrungspflicht zur Restschuldbefreiung in § 20 Abs. 2 InsO hinaus, muss der Schuldner deswegen zusätzlich auf seine Obliegenheit hingewiesen werden, einen eigenen Insolvenzantrag zu stellen. Regelmäßig erforderlich sind also **zwei Anträge des Schuldners**, der Insolvenz- und der Restschuldbefreiungsantrag, grds. **zwei Hinweise**, über den Insolvenzantrag nach allgemeinen Vorschriften für das Regel- bzw. Verbraucherinsolvenzverfahren und über den Restschuldbefreiungsantrag gem. § 20 Abs. 2 InsO (*Uhlenbruck/Vallender* InsO, 12. Aufl., § 287 Rz. 14; *Graf-Schlicker/Kexel* InsO, § 287 Rz. 3). Ggf. ist sogar eine dritte Belehrung über die Abtretungserklärung erforderlich (vgl. Rz. 21). In Betracht kommen außerdem **zwei Fristen**, eine richterliche für den Insolvenzantrag und ggf. die gesetzliche aus § 287 Abs. 2 Satz 1 InsO, falls der Restschuldbefreiungsantrag nicht mit dem Insolvenzantrag verbunden wurde. Hat aber bereits der Gläubigerantrag zur Eröffnung des Insolvenzverfahrens geführt, ist grds. bis zum Abschluss des Insolvenzverfahrens ein Eigenantrag des Schuldners nicht mehr zulässig. In dieser Konstellation kann aber ein Restschuldbefreiungsantrag ohne eigenen Insolvenzantrag des Schuldners zulässig sein (s. o. Rz. 6 c). Im Einzelnen ist weiter zu unterscheiden.

11 b Im **Verbraucherinsolvenzverfahren** auf den Insolvenzantrag eines Gläubigers hat das Gericht dem Schuldner nach § 306 Abs. 3 InsO Gelegenheit zu einem eigenen Insolvenzeröffnungsantrag zu geben. Hierfür ist eine Frist von drei Monaten zu setzen, § 305 Abs. 3 Satz 3 i. V. m. § 306 Abs. 3 Satz 3 InsO. Die einmonatige Frist nach § 305 Abs. 1 Nr. 2 Abs. 3 InsO gilt nur, wenn der Schuldner seinen Eigenantrag ergänzen soll. Die zweiwöchige Antragsfrist aus § 287 Abs. 1 Satz 2 InsO wird dabei durch die speziellere dreimonatige Frist aus § 305 Abs. 3 Satz 3 InsO kompensiert (*Andres/Leithaus* InsO, § 287 Rz. 2; vgl. auch Rz. 11). Im **Regelinsolvenzverfahren** ist der Schuldner gem. den §§ 20 Abs. 2, 287 Abs. 2 Satz 1 InsO darauf hinzuweisen, dass er innerhalb von zwei Wochen nach dem Hinweis Restschuldbefreiung beantragen kann. Selbst wenn der Schuldner nach § 20 Abs. 2 auf die Möglichkeit zur Restschuldbefreiung hingewiesen wurde, läuft die Antragsfrist nach § 287 Abs. 2 Satz 1 InsO solange nicht, wie der Schuldner keinen eigenen Insolvenzantrag gestellt hat (*BGH* NZI 2004, 593 [594]; MünchKomm-InsO/*Schmahl* 1. Aufl., § 20 Rz. 102; **a. A.** *Uhlenbruck/Vallender* InsO, 12. Aufl., § 287 Rz. 14; *Jaeger/Gerhardt* InsO, § 20 Rz. 13, ab Belehrung mit der äußersten Grenze des Berichtstermins). Der Hin-

weis ist nicht formgebunden (MünchKomm-InsO/*Schmahl* 2. Aufl., § 20 Rz. 98), sollte aber aus praktischen Gründen schriftlich erfolgen.

Aus systematischen Gründen und um dem Schuldner rechtliches Gehör zu gewähren, ist ein gerichtlicher **11 c** **Hinweis** auf den eigenen **Insolvenzeröffnungs-** sowie **Restschuldbefreiungsantrag** erforderlich (*BGH* BGHZ 162, 181 [186]; NZI 2006, 181 [182]; ZInsO 2008, 924 Tz. 20; die Entscheidung *BGH* NZI 2004, 511, ist insoweit überholt; *Uhlenbruck/Vallender* InsO, 12. Aufl., § 287 Rz. 14). Für diesen **Eigenantrag** ist dem Schuldner eine **richterliche Frist** zu setzen (*BGH* BGHZ 162, 181 [186]; ZInsO 2008, 1138 Tz. 6). Die gesetzliche Frist aus § 287 Abs. 1 Satz 2 InsO gilt dafür nicht, sondern nur, wenn der Antrag auf Restschuldbefreiung nicht mit dem Eigenantrg verbunden ist (*BGH* ZInsO 2008, 924 Tz. 15; *Mohrbutter/Ringstmeier-Pape* 8. Aufl., § 17 Rz. 28). Eine entsprechende Anwendung der Frist aus § 287 Abs. 2 Satz 1 InsO auf den vom Schuldner ggf. nachzuholenden Eigenantrag scheidet allerdings wegen der unterschiedlichen Schwierigkeiten bei einem Insolvenz- und Restschuldbefreiungsantrag aus (*BGH* NZI 2004, 593 = DZWIR 2005, 71, m. Anm. *Kohte/Busch*; ZInsO 2005, 310). Die richterliche Frist soll nach Ansicht des *BGH* regelmäßig nicht mehr als vier Wochen ab Zugang der Verfügung betragen und kann bei Bedarf gem. den §§ 4 InsO, 224 Abs. 2 ZPO verlängert werden (BGHZ 162, 181 [186]). Bei der richterlichen Frist handelt es sich um keine Ausschlussfrist, auf die § 230 ZPO anzuwenden wäre. Die Versäumung der Frist allein führt deswegen auch nicht zur Unzulässigkeit des Eigenantrags und des Antrags auf Erteilung von Restschuldbefreiung. Vielmehr soll der Schuldner lediglich zu einer zügigen Entscheidung über einen Eigenantrag angehalten werden, ohne dass sein Rechtsschutz unangemessen verkürzt wird (*BGH* ZInsO 2008, 924 Tz. 18; 1138 Tz. 7). Durch den Fristablauf wird der Eigenantrag auch nicht entsprechend § 296 ZPO präkludiert, da es sich nach der rechtlichen Struktur des Eigenantrags um kein Angriffsmittel etc. i. S. d. Vorschrift handelt. Erst nach **Ablauf der richterlichen Frist** darf das Insolvenzverfahren auf den Gläubigerantrag eröffnet werden. Geht der Eigenantrag nach Ablauf der richterlichen Frist, aber vor Eröffnung des Insolvenzverfahrens ein, kann ihm das **Rechtsschutzbedürfnis** grds. nicht abgesprochen werden. Ein erst nach Eröffnung des Insolvenzverfahrens gestellter Eigenantrag ist dagegen grds. unzulässig (*BGH* ZInsO 2008, 924 Tz. 12; 1138 Tz. 8; s. a. *AG Leipzig* ZVI 2007, 282 [283]).

Außerdem ist der Schuldner nach § 20 Abs. 2 InsO über sein Recht zu belehren, einen **Restschuldbe-** **11 d** **freiungsantrag** zu stellen. Regelmäßig sollte die **Belehrung** unmittelbar nach der Zulässigkeitsprüfung des Gläubigerantrags erfolgen. Da für diesen Hinweis keine bestimmte Form vorgeschrieben ist, kann er auch mündlich im Termin erfolgen (vgl. *OLG Köln* ZInsO 2000, 608 [610]; MünchKomm-InsO/*Schmahl* 2. Aufl., § 20 Rz. 98). Stets muss aber die Belehrung den Hinweis darauf erhalten, dass der Schuldner nach Maßgabe der §§ 286 bis 303 InsO Restschuldbefreiung erlangen kann. In der Rechtsprechung wird ein ausdrücklicher Hinweis auf die Frist des § 287 Abs. 1 Satz 2 InsO (*AG Hamburg* ZVI 2002, 475 [476]) bzw. weitergehend über die Notwendigkeit eines schriftlichen Antrags beim Insolvenzgericht, den Beginn und die Länge der Frist für den Antrag und Abtretungserklärung sowie die Folgen einer Fristversäumung verlangt (*LG Memmingen* ZVI 2004, 496 [497]; s. a. MünchKomm-InsO/*Stephan* 2. Aufl., § 287 Rz. 16). Zum Hinweis auf den Insolvenzantrag zuvor Rz. 11 c. Darüber hinaus soll auch über die Versagungsmöglichkeiten nach § 290 InsO, die Obliegenheiten aus § 295 InsO sowie die Wirkungen der Restschuldbefreiung gem. den §§ 300, 301 InsO informiert werden (*Uhlenbruck/Vallender* InsO, 12. Aufl., § 287 Rz. 14; enger *AG Duisburg* NZI 2000, 184). Da durch die Belehrung eine gesetzliche Frist in Gang gesetzt werden kann, empfiehlt es sich, eine schriftliche Belehrung dem Schuldner zuzustellen (*Vallender* NZI 2001, 561 [566]). Die zweiwöchige Frist ist gem. §§ 187 Abs. 1, 188 Abs. 2 BGB zu berechnen. Sie kann nicht verlängert werden (HambK-InsO/*Streck* 2. Aufl., § 287 Rz. 10).

Solange das Gericht die erforderlichen **Hinweise** auf den Eigenantrag oder den Restschuldbefreiungsan- **12** trag **unterlässt** oder nicht ordnungsgemäß erteilt, beginnen die Fristen für die Anträge nicht zu laufen (*BGH* NZI 2006, 181 [182]; *Uhlenbruck/Vallender* InsO, 12. Aufl., § 287 Rz. 17; *Kübler/Prütting-Wenzel* InsO, § 287 Rz. 2a; *Haarmeyer/Wutzke/Förster-Schmerbach* Präsenzkommentar, § 287 Rz. 10; *Mohrbutter/Ringstmeier-Pape* 8. Aufl., § 17 Rz. 29). Eine Präklusion ist mit der gesetzlichen Regelung und dem Anspruch auf rechtliches Gehör gem. Art. 103 Abs. 1 GG nicht vereinbar, wenn ein richterliches Fehlverhalten die verspätete Handlung mit verursacht hat (*BVerfG* NJW 1987, 2003; *BGH* NJW 1989, 717 [718]; *Kübler/Prütting-Pape* InsO, § 30 Rz. 6 a). Eine Wiedereinsetzung in den vorigen Stand ist allerdings unzulässig, weil keine Notfrist oder andere Frist i. S. d. § 233 ZPO bestimmt ist. Auch eine entsprechende Anwendung der Wiedereinsetzungsregeln scheidet aus (vgl. *OLG Köln* ZInsO 2000, 608 [610]; *Uhlenbruck/Vallender* InsO, 12. Aufl., § 287 Rz. 19; HK-InsO/*Landfermann* 4. Aufl., § 287 Rz. 5; *Nerlich/Rö-*

mermann InsO, § 287 Rz. 22; **a. A.** *LG Göttingen* NZI 2001, 220 [221]; *LG Dresden* ZInsO 2008, 48; *Smid/Krug/Haarmeyer* InsO, § 287 Rz. 2; *Kübler/Prütting-Pape* InsO, 8. EL, § 30 Rz. 6 a; *Haarmeyer/Wutzke/Förster-Schmerbach* Präsenzkommentar, § 287 Rz. 22, Analogie; *Pape* EWiR 2001, 127 [128]; offen gelassen *LG Duisburg* NZI 2000, 184; s. a. *OLG Zweibrücken* ZInsO 2001, 811).

12 a Wurde dann bereits auf den **Gläubigerantrag** hin das Insolvenzverfahren **eröffnet**, ist bis zum Abschluss des Insolvenzverfahrens ein weiteres Insolvenzverfahren grds. unzulässig (*BGH* ZInsO 2008, 924 Tz. 12; 1138 Tz. 8; s. a. *AG Leipzig* ZVI 2007, 282 [283]; *Hess* InsO, 2007, § 287 Rz. 5; s. u. Rz. 18 a ff.). Auch ein Eigenantrag des Schuldners ist dann nicht mehr zulässig. Da der Schuldner jedoch nicht aus Rechtsunkenntnis die Chance auf die Restschuldbefreiung verlieren darf (*Uhlenbruck* InsO, 12. Aufl., § 20 Rz. 26; *Uhlenbruck/Vallender* InsO, 12. Aufl., § 287 Rz. 14), muss es in diesem Fall genügen, wenn der Schuldner in diesem Fall einen isolierten Restschuldbefreiungsantrag stellt (*BGH* ZInsO 2005, 310 [311]). Ist das Insolvenzverfahren eröffnet worden, obwohl ordnungsgemäße Belehrungen fehlen und deswegen die Fristen aus den §§ 306 Abs. 3 oder 287 Abs. 2 Satz 1 InsO nicht abgelaufen sind, kann der Schuldner ausnahmsweise einen Restschuldbefreiungsantrag ohne eigenen Insolvenzantrag stellen.

12 b Ist auf den **Gläubigerantrag** das Insolvenzverfahren **nicht eröffnet** worden, etwa weil der Insolvenzeröffnungsantrag mangels Masse rechtskräftig abgewiesen wurde, ist ein späterer eigener Insolvenzeröffnungs- sowie ein Restschuldbefreiungsantrag des Schuldners grds. nicht ausgeschlossen. Hat der Schuldner in dem Verfahren auf Antrag des Gläubigers keinen eigenen Insolvenzantrag gestellt, wird die Frist aus § 20 Abs. 2 InsO nicht in Lauf gesetzt. Der Restschuldbefreiungsantrag ist dann weder präkludiert noch fehlt ihm das Rechtsschutzbedürfnis (*BGH* ZInsO 2006, 99; *LG München I* NZI 2006, 49; vgl. u. Rz. 18 b).

13 Zu den Kostenfolgen und der Gewährung der Kostenstundung im Restschuldbefreiungsverfahren vgl. *Ahrens* § 286 Rz. 45 ff.; *Kohte* § 4 a Rz. 28 ff.

IV. Obliegenheit zur Einleitung eines Insolvenz- und Restschuldbefreiungsverfahrens

13 a Nach der familiengerichtlichen Rechtsprechung (*BGH* NJW 2005, 1279; NZI 2008, 114 Tz. 115; *OLG Hamm* FamRZ 2001, 441, m. krit. Anm. *Born*; *OLG Stuttgart* ZInsO 2003, 622 [624]; *OLG Koblenz* NJW 2004, 1256; *OLG Dresden* ZVI 2003, 113 [114]; *Keller* NZI 2007, 143 [147]; außerdem *Melchers/Hauß* Unterhalt und Verbraucherinsolvenz, Rz. 260 ff.; **a. A.** *OLG Naumburg* NZI 2003, 615) kann für einen Schuldner bei einem Mangelfall im Rahmen der gesteigerten **Unterhaltspflicht gegenüber** seinen **minderjährigen Kindern** sowie den ihnen gleichgestellten Kindern gem. § 1603 Abs. 2 BGB die **Obliegenheit** bestehen, einen Antrag auf Eröffnung eines Verbraucherinsolvenzverfahrens und – wie zu ergänzen ist – auf **Durchführung eines Restschuldbefreiungsverfahrens** zu stellen. Das Insolvenzverfahren muss zulässig und geeignet sein, den laufenden Unterhalt der minderjährigen unverheirateten bzw. ihnen gleichgestellten Kinder des Schuldners dadurch sicherzustellen, dass ihnen Vorrang vor sonstigen Verbindlichkeiten eingeräumt wird (*Sternal* NZI 2006, 129 f.). Voraussetzung dieser Obliegenheit ist außerdem eine umfassende Würdigung aller vom Unterhaltsschuldner darzulegenden Umstände, zu denen auch die Interessen des Schuldners sowie der Unterhaltsgläubiger zählen. Der mit dem Insolvenzeröffnungsantrag verbundene erhebliche Eingriff in die verfassungsrechtlich geschützte Handlungsfreiheit des Unterhaltsschuldners ist nur aus besonders wichtigen Gründen zu rechtfertigen, wie dem verfassungsrechtlichen Gebot zur Pflege und Erziehung der Kinder aus Art. 6 Abs. 2, 5 GG. Im Rahmen des **Trennungsunterhalts** nach § 1361 Abs. 1, 2 BGB trifft deswegen den Unterhaltsschuldner grds. keine Obliegenheit zur Einleitung eines Verbraucherinsolvenzverfahrens (*BGH* NZI 2008, 193 Tz. 19 f.; *Ahrens* NZI 2008, 159). Auch bei einem Anspruch aus § 1615 l Abs. 3 Satz 1 BGB besteht keine Antragsobliegenheit (*OLG Koblenz* NZI 2005, 637 [638]). Obwohl der BGH in seiner Leitentscheidung nur auf den Antrag auf Eröffnung des Insolvenzverfahrens abstellt, besteht die Antragsobliegenheit auch im Hinblick auf ein Regelinsolvenzverfahren. Dabei ist der Insolvenzeröffnungsantrag nur das Mittel zum Zweck der **Restschuldbefreiung**, weshalb die Obliegenheit auf einen Insolvenzeröffnungs- sowie einen Restschuldbefreiungsantrag gerichtet ist.

13 b Liegen die unterhaltsrechtlichen Voraussetzungen eines Mangelfalls bei gesteigerter Unterhaltspflicht vor, hat die insolvenzrechtliche **Prüfung zweistufig** zu erfolgen (*BGH* NJW 2005, 1279 [1281]; *Bayer/Schützeberg* ZVI 2005, 393). Auf der **ersten Stufe** ist zu prüfen, ob ein Insolvenzverfahren zulässig, insbesondere ein Insolvenzgrund gegeben ist, und das Verfahren zu eröffnen ist. Außerdem dürfen keine Gründe gegenüber dem Restschuldbefreiungsantrag durchgreifen. Hierbei ist zeitlich zu differenzieren. Der

Schuldner wird sich nur auf Umstände berufen können, die vor dem Entstehen der erhöhten Unterhaltspflicht begründet waren. Deswegen werden in aller Regel nur die Versagungsgründe aus § 290 InsO sowie ggf. § 297 InsO in Betracht zu ziehen sein. An die Darlegungslast sind verringerte Anforderungen zu stellen, die der summarischen Prüfung im Kostenstundungsverfahren entsprechen (*BGH* NJW 2005, 1279 [1281]). Erscheint danach eine Versagung der Restschuldbefreiung überwiegend wahrscheinlich, muss eine Antragsobliegenheit verneint werden.

Besteht eine Antragsobliegenheit, kann der Schuldner auf der **zweiten Stufe** Einwände vortragen, welche den Antrag auf Eröffnung eines Insolvenzverfahrens im Einzelfall als **unzumutbar** erscheinen lassen. Diese Prüfungsstufe weist die Bedenklichkeit der Antragsobliegenheit besonders deutlich aus. Ausdifferenzierte insolvenzrechtliche Zulässigkeitsanforderungen und Verfahrensregeln werden in dem unbestimmten Rechtsbegriff der Unzumutbarkeit aufgelöst (*Ahrens* NZI 2008, 159; s. a. *Niepmann* FPR 2006, 91 [93]). Nach der Rechtsprechung ist zunächst die voraussichtliche Dauer der Unterhaltpflicht mit dem wahrscheinlichen Zeitpunkt der Erteilung von Restschuldbefreiung zu vergleichen (*BGH* NJW 2005, 1279 [1281]; *Bayer/Schützeberg* ZVI 2005, 393), denn die Obliegenheit kann nur bestehen, wenn sie sich für den Unterhaltsgläubiger finanziell auswirkt. Zu berücksichtigen ist allerdings auch, dass der Schuldner im Fall einer Kostenstundung nach Erteilung der Restschuldbefreiung gem. § 4b InsO zu Rückzahlung verpflichtet ist. Nicht übersehen werden darf, ob ein Insolvenzeröffnungsantrag die Grundlage einer Erwerbstätigkeit entzieht. Soweit das Berufsrecht etwa der rechts- und steuerberatenden Berufe zum Widerruf einer Berufszulassung bei einem Vermögensverfall führen kann, vgl. exemplarisch § 14 Abs. 2 Nr. 7 BRAO, wird ein Insolvenzantrag unzumutbar sein. 13 c

Zahlreiche **Einzelfragen** der Antragsobliegenheit sind freilich noch nicht geklärt. Als Zeitpunkt, von dem an eine Obliegenheit besteht, ist von der Geltendmachung der Unterhaltsforderung durch den Unterhaltsgläubiger in einer auch für die Klageerhebung geeigneten Form auszugehen. Bei der Geltendmachung der Antragsobliegenheit wird der Unterhaltsgläubiger zu berücksichtigen haben, dass während des Insolvenz- und Restschuldbefreiungsverfahrens eine Vollstreckungssperre besteht, die auch den Vorrechtsbereich erfasst (§§ 89 Abs. 1, 294 Abs. 1 InsO), und die vor der Eröffnung des Insolvenzverfahrens entstandenen Forderungen lediglich Insolvenzforderungen bilden. Nach Erteilung der Restschuldbefreiung konkurrieren die neuen Unterhaltsforderungen mit den Forderungen der Neugläubiger. Forderungen aus vorsätzlich begangener unerlaubter Handlung sind nach § 302 Nr. 1 InsO von der Restschuldbefreiung ausgenommen und konkurrieren aufgrund ihres Vollstreckungsprivilegs nach § 850 f Abs. 2 ZPO auch im Vorrechtsbereich mit den Unterhaltsforderungen. Soweit im erheblichen Umfang solche von der Restschuldbefreiung ausgenommenen Forderungen bestehen, ist zu fragen, ob eine Antragsobliegenheit zweckmäßig ist. Einerseits muss sich der Schuldner den besonderen Grad des Vorwurfs entgegenhalten lassen, andererseits wird dann ein Restschuldbefreiungsverfahren im Ergebnis vielfach erfolglos bleiben. 13 d

Leitet der Unterhaltsschuldner seiner Obliegenheit zuwider kein Insolvenz- und Restschuldbefreiungsverfahren ein, sind seine Unterhaltsleistungen im Ausgangspunkt nach den Grundsätzen über eine **fiktive Unterhaltsberechnung** zu bestimmen. Vom hypothetischen Zeitpunkt der Restschuldbefreiung an ist der Unterhalt nach der neu zu bemessenden Leistungsfähigkeit zu berechnen. Umgekehrt könnten während eines Insolvenzverfahrens die Zahlungen des Schuldners an den Unterhaltsgläubiger sinken (vgl. *Bayer/Schützeberg* ZVI 2005, 393). Eine Reduzierung des Unterhalts um diesen fiktiven Betrag bis zur anzunehmenden Restschuldbefreiung ist zwar nicht berechtigt. Nach diesem Zeitpunkt kann er aber im Weg der Vorteilsausgleichung auf den Erhöhungsbetrag anzurechnen zu sein. 13 e

Die Entscheidung des Familiengerichts über die insolvenzrechtlichen Voraussetzungen einer Antragsobliegenheit wird zumeist im Rahmen eines Unterhaltsrechtsstreits ergehen und deswegen in aller Regel **keine Rechtskraftwirkung** für den anderen Streitgegenstand im Insolvenzverfahren entfalten. Das Insolvenzgericht kann daher eine abweichende Entscheidung treffen. In diesem Fall kommt eine Abänderungsklage in Betracht. 13 f

V. Rechtsschutzbedürfnis

Ein **Rechtsschutzbedürfnis** für den **Antrag auf Restschuldbefreiung** besteht auch dann, wenn der Schuldner augenblicklich über **kein pfändbares Einkommen** verfügt (*AG Dortmund* ZInsO 1999, 118 [119]; *Hess/Obermüller* Insolvenzplan, Restschuldbefreiung und Verbraucherinsolvenz, 2. Aufl., Rz. 1086; **a. A.** *Henckel* FS Gaul, S. 199 [204]; *Kübler/Prütting-Wenzel* InsO, § 286 Rz. 79; s. a. KS-InsO/ 14

Thomas 2000, S. 1763 Rz. 35). Aufgrund der Schutzvorschriften des Einzelzwangsvollstreckungsrechts ist zwar ein solcher Schuldner momentan bei Individualvollstreckungsmaßnahmen geschützt, doch fordert die Achtung vor der Persönlichkeit eines jeden Schuldners (s. *Ahrens* § 286 Rz. 3), auch ihm die Chance einer Befreiung von seinen Verbindlichkeiten einzuräumen (zu deren Bedeutung auch *Henning* InVo 1996, 288). Sein Persönlichkeitsrecht überwiegt die derzeit wirtschaftlich nicht realisierbaren Forderungen. An dieser Schnittstelle werden die Unterschiede zwischen dem momentbezogenen Vollstreckungsschutz und der dauerhaften Zukunftsperspektive einer Schuldbefreiung deutlich. Gerade weil die Restschuldbefreiung den weitergreifenden Zielsetzungen eines wirtschaftlichen Neubeginns sowie einer Achtung der Schuldnerpersönlichkeit aufgrund einer endgültigen Schuldenbereinigung verpflichtet ist, kann sie mit den Kategorien des Einzelzwangsvollstreckungsrechts nicht vollständig erfasst werden. Wegen dieser zukunftswirkenden Zwecke ist ein Rechtsschutzbedürfnis auch für den Antrag des einkommens- und vermögenslosen Schuldners zu bejahen, ohne dass eine Mindestquote für die Gläubigerbefriedigung erforderlich ist. Eine Mindestquote wird im deutschen Recht gerade nicht verlangt (ausdrücklich *BGH* ZInsO 2001, 1009 [1010] m. Anm. *Vallender*). Diese Ansicht wird durch die grammatikalische und teleologische Auslegung von § 286 InsO gestützt, wonach der Schuldner von den im Insolvenz- und Restschuldbefreiungsverfahren nicht erfüllten Verbindlichkeiten gegenüber den Insolvenzgläubigern befreit wird, unabhängig davon, ob und welche Tilgungsleistungen erbracht werden. Auch bei einem Restschuldbefreiungsverfahren mit nur einem einzigen Gläubiger ist grds. das Rechtsschutzbedürfnis zu bejahen (vgl. *LG Koblenz* ZInsO 2004, 101 [102]; *AG Köln* ZInsO 2003, 912 [913]; *Uhlenbruck / Vallender* InsO, 12. Aufl., § 286 Rz. 19; *Kübler / Prütting-Wenzel* InsO, § 287 Rz. 3 b; *Pape* ZVI 2004, 624 f.). Ein Rechtsschutzbedürfnis für ein auf Antrag des Schuldners eingeleitetes Insolvenz- und Restschuldbefreiungsverfahren besteht auch, wenn ein früherer Fremdantrag mangels Masse eingestellt wurde (*BGH* NZI 2006, 181 [182]; zum Zweitantrag allg. s. u. Rz. 18 a ff.). Ausnahmsweise kann bei einer ganz unerheblichen Verbindlichkeit das Rechtsschutzbedürfnis fehlen, wenn etwa die Verbindlichkeiten niedriger als die Verfahrenskosten sind (**a. A.** *LG Dresden* ZVI 2005, 553 [554]).

VI. Rücknahme des Antrags

15 Mit der Annahme des Schuldenbereinigungsplans gilt gem. § 308 Abs. 2 InsO der Antrag auf Erteilung von Restschuldbefreiung als zurückgenommen. Dagegen ist die parteiautonome Rücknahme des Antrag auf Erteilung der Restschuldbefreiung zwar nicht ausdrücklich geregelt, doch ist grds. von der **Rücknehmbarkeit** einer solchen **Prozesshandlung** auszugehen (*BGH* NZI 2005, 399 [400], m. Anm. *Ahrens*; *LG Freiburg* NZI 2004, 98 [99]; *Uhlenbruck / Vallender* InsO, 12. Aufl., § 287 Rz. 20; *KS-InsO / Delhaes* 2000, S. 151 Rz. 44; außerdem *Häsemeyer* Insolvenzrecht, Rz. 26.16). Angelehnt an den Grundgedanken aus § 13 Abs. 2 InsO (dazu *OLG Celle* NZI 2000, 265; *Gottwald / Uhlenbruck* HdbInsR, 3. Aufl., § 10 Rz. 1 ff.; *FK-InsO / Schmerbach* § 13 Rz. 16) wird daher danach zu differenzieren sein, ob bereits durch die zu erwirkende gerichtliche Handlung eine neue Verfahrenslage entstanden ist (vgl. zur konkursrechtlichen Beurteilung *OLG Hamm* NJW 1976, 758 [759]; *Kuhn / Uhlenbruck* KO, § 103 Rz. 3 f.; *Kilger / Karsten Schmidt* KO, § 103 Anm. 1). Im ersten Verfahrensabschnitt bis zur Ankündigung der Restschuldbefreiung kann der Schuldner seinen Antrag uneingeschränkt zurücknehmen (vgl. *Häsemeyer* Insolvenzrecht, Rz. 26.16). Ein dem Gedanken aus § 269 Abs. 1 ZPO entsprechendes Recht der Gläubiger, nach Beginn des Schlusstermins eine Sachentscheidung erzwingen und eine endgültige Befriedung des Streitverhältnisses erreichen zu können (dazu MünchKomm-ZPO / *Becker-Eberhard* § 269 Rz. 1), liegt dem Schuldbefreiungsverfahren fern und passt nicht im schriftlichen Verfahren (HK-InsO / *Landfermann* 4. Aufl., § 287 Rz. 10; **a. A.** *LG Freiburg* NZI 2004, 98 [99]; HambK-InsO / *Streck* 2. Aufl., § 287 Rz. 6). Der Antrag darf deshalb auch dann zurückgenommen werden, wenn ein Gläubiger nach § 290 InsO beantragt hat, die Restschuldbefreiung zu versagen. Da mit einer Versagung nach § 290 InsO ein erneuter Antrag auf Erteilung der Restschuldbefreiung nicht verhindert wird (vgl. *Ahrens* § 290 Rz. 31), besteht kein schützenswertes Interesse des Gläubigers an einer Versagung in dem ersten Verfahrensabschnitt.

16 Auch in der **Treuhandperiode** wird der Schuldner seinen Antrag zurücknehmen dürfen, weil § 269 Abs. 1 ZPO unanwendbar ist (*AG Göttingen* NZI 2008, 447 [448]; ZVI 2008, 430 [431]). Dabei schafft nicht schon die Ankündigung der Restschuldbefreiung gem. § 291 Abs. 1 InsO eine für den Schuldner unabänderliche neue verfahrensrechtliche Situation. Allerdings besteht nunmehr die Gefahr, dass der Schuldner die mit der zehnjährigen Sperre nach § 290 Abs. 1 Nr. 3 InsO bewehrten Versagungsregelungen der §§ 296 und 297 InsO umgeht. Ist ein Versagungsverfahren nach den §§ 296 f. InsO eingeleitet,

besteht deswegen ein schützenswertes Interesse des Gläubigers, das eine Rücknahme des Antrags ausschließt (MünchKomm-InsO/*Stephan* 2. Aufl., § 287 Rz. 33 a). Solange jedoch **kein Versagungsverfahren** durchgeführt wird, darf der Schuldner seinen Antrag zurücknehmen, ohne eine Anwendung von § 290 Abs. 1 Nr. 3 InsO befürchten zu müssen (HK-InsO/*Landfermann* 4. Aufl., § 287 Rz. 10; *Uhlenbruck/Vallender* InsO, 12. Aufl., § 287 Rz. 20; *Braun/Buck* InsO, 3. Aufl., § 287 Rz. 11; *Henning*, in: Handbuch Fachanwalt Insolvenzrecht, Kap. 15 Rz. 13). Als Konsequenz einer solchen Antragsrücknahme sind dann die Folgen von § 299 InsO gerichtlich auszusprechen (vgl. *Ahrens* § 299 Rz. 8). *Häsemeyer* (Insolvenzrecht, Rz. 26.16) will dagegen bei einer Rücknahme des Antrags im zweiten Verfahrensabschnitt die Restschuldbefreiung entsprechend § 296 InsO versagen, doch kann die Antragsrücknahme weder mit einer die Gläubigerbefriedigung beeinträchtigenden Obliegenheitsverletzung i. S. v. § 296 Abs. 1 Satz 1 InsO noch der Verletzung einer Verfahrensobliegenheit i. S. v. § 296 Abs. 2 Satz 2 und 3 InsO gleichgestellt werden.

Von den verfahrensrechtlichen Konsequenzen einer Rücknahme für den Antrag auf Erteilung der Restschuldbefreiung sind die Auswirkungen auf die Abtretung der **pfändbaren Bezüge** gem. § 287 Abs. 2 Satz 1 InsO zu unterscheiden. Als Prozesshandlung ist die Abtretungserklärung nicht nur bis zur Überleitung der Bezüge auf den Treuhänder gem. § 291 InsO, sondern auch noch danach in der Treuhandzeit widerruflich (*Ahrens* DZWIR 1999, 45 [51]; s. u. Rz. 30). Nimmt der Schuldner seinen Antrag auf Erteilung der Restschuldbefreiung zurück, so widerruft er deshalb zugleich auch seine Abtretungserklärung (*Uhlenbruck/Vallender* InsO, 12. Aufl., § 287 Rz. 20). 17

VII. Verzicht auf den Antrag

Ein **Verzicht** auf die **Einleitung** des Restschuldbefreiungsverfahrens ist unzulässig (*Hess* InsO, 2007, § 287 Rz. 37; zum Verzicht auf die **Wirkungen** der Restschuldbefreiung s. *Ahrens* § 301 Rz. 11). An einem solchen Verzicht werden unabhängig von einem konkreten Insolvenzverfahren Darlehensgeber interessiert sein, die sich eine langfristige Rückzahlungsoption sichern wollen. Ein entsprechendes Interesse können die Gläubiger bei den Verhandlungen über einen Schuldenbereinigungsplan artikulieren. Die Verfügungsbefugnis des Schuldners, durch eine einzelvertragliche Vereinbarung wirksam auf die Durchführung eines Restschuldbefreiungsverfahrens verzichten zu können, ist jedoch durch materielle und durch verfahrensrechtliche Regelungen eingeschränkt. Als letztes verfahrensrechtliches Instrument zum Schutz insolventer Schuldner ist das Restschuldbefreiungsverfahren Bestandteil des ius strictum (jetzt auch *Gottwald/Schmidt-Räntsch* InsolvenzRHdb, 3. Aufl., § 77 Rz. 6). Ein Verzicht auf die Restschuldbefreiung ist wegen der auch vollstreckungserweiternden Vereinbarungen entgegenstehenden Bedenken unwirksam. Nach allgemeiner Ansicht ist ein vorheriger Verzicht auf den Vollstreckungsschutz unzulässig (*Stein/Jonas-Münzberg* ZPO, 22. Aufl., vor § 704 Rz. 100; MünchKomm-ZPO/*Rauscher* 3. Aufl., Einl. Rz. 404; MünchKomm-ZPO/*Schilken* 2. Aufl., § 811 Rz. 7 ff.; *Zöller/Stöber* ZPO, vor § 704 Rz. 26; *Musielak/Lackmann* ZPO, vor § 704 Rz. 17; *Musielak/Becker* ZPO, § 811 Rz. 8 f., § 850 Rz. 1; *Rosenberg/Gaul/Schilken* Zwangsvollstreckungsrecht, § 33 IV 1). Deswegen enthält auch die Erklärung nach § 305 Abs. 1 Nr. 2 InsO, keine Restschuldbefreiung beantragen zu wollen, keinen Prozessverzicht i. S. v. § 306 ZPO (dazu *Grote* § 305 Rz. 20). Als Prozesshandlung besitzt diese Erklärung auch keine über das konkrete Verfahren hinausreichende Wirkung. 18

VIII. Zweiter Antrag auf Erteilung der Restschuldbefreiung

Verschiedene Gründe, von der **Nachholung** eines unzulässigen Restschuldbefreiungsantrags bis zu neuen Verbindlichkeiten, können den Schuldner veranlassen, ein erneutes Restschuldbefreiungsverfahren zu beantragen. Wegen des doppelten Antragserfordernisses eines Insolvenz- und eines Restschuldbefreiungsverfahrens (s. o. Rz. 6) sind die Konsequenzen einer Wiederholung für beide Verfahren grds. selbstständig zu beurteilen. 18 a

In einem ersten Schritt ist zu bestimmen, ob ein **zweites Insolvenzverfahren während** oder nach einem Erstverfahren zulässig ist. Dafür ist nach dem **Antragsteller** zu unterscheiden. Bereits bei Anhängigkeit eines vom Schuldner gestellten Eigenantrags ist ein weiterer Insolvenzantrag unzulässig (*BGH* ZInsO 2008, 924 Tz. 8; *AG Potsdam* ZInsO 2002, 340 [341]; *AG Göttingen* ZVI 2005, 278 [279]). Nach einem Gläubigerantrag ist bis zur Eröffnung des Insolvenzverfahrens ein Eigenantrag des Schuldners zulässig, da das Gesetz die Restschuldbefreiung u. a. an einen eigenen Insolvenzantrag des Schuldners 18 b knüpft (*BGH* ZInsO 2008, 1138). Nach Eröffnung des Insolvenzverfahrens ist ein Eigenantrag grds. unzulässig (*BGH* BGHZ 162 181 [183]; ZInsO 2008, 924 Tz. 8; *LG Berlin* NZI 2008, 43). Der Insolvenzantrag eines anderen Insolvenzgläubigers oder Neugläubigers ist zwischen der Anhängigkeit des Erstantrags und Beendigung des Insolvenzverfahrens mangels Rechtsschutzbedürfnis grds. unzulässig denn das gesamte vom Schuldner nach Eröffnung des Insolvenzverfahrens erworbene Vermögen gehört zur Insolvenzmasse (*BGH* ZInsO 2004, 739, dazu *Hölzle* EWiR 2004, 987; *BGH* ZInsO 2008, 924 Tz. 8; *OLG Köln* NZI 2003, 99 [100]). Bereits konkursrechtlich wurde aber, sobald Neuvermögen vorhanden war, ein Antrag auf Eröffnung eines zweiten Konkursverfahrens auch durch die Konkursgläubiger für zulässig gehalten (*Jaeger* Lehrbuch des Konkursrechts, 8. Aufl. 1932, S. 91 Fn. 20; **a. A.** *Kuhn/Uhlenbruck* KO, 11. Aufl. 1994, § 1 Rz. 108). Unter der Geltung der Konkursordnung wurde zwar der Neuerwerb nicht zur Masse gezogen, doch trägt die Parallele, soweit insolvenzfreies Vermögen und neue Forderungen vorhanden sind. Ein Zweitverfahren ist daher auf Antrag des Schuldners, eines Insolvenz- oder eines Neugläubigers zulässig, wenn eine neue Forderung bzw. ein Insolvenzgrund (*LG Koblenz* ZVI 2005, 91; s. a. *AG Duisburg* ZVI 2008, 306 [308]; **a. A.** neuer Gläubiger: *BGH* NZI 2008, 45 Tz. 10; auch ohne neue Forderung: *AG Göttingen* NZI 2005, 398; *Haarmeyer/Wutzke/Förster-Schmerbach* Präsenzkommentar, § 287 Rz. 26; *Büttner* ZVI 2007, 229 [232]) und nicht massezugehöriges Vermögen existieren, insbesondere weil das zu einer selbstständigen Tätigkeit gehörende Vermögen durch Negativerklärung des Insolvenzverwalters gem. § 35 Abs. 2 InsO aus der Insolvenzmasse ausgeschieden oder eine Freigabe erfolgt ist (vgl. *Zipperer* ZVI 2007, 541; *Pape/Wenzel* ZInsO 2008, 287 [288]; **a. A.** *AG Oldenburg* ZVI 2005, 44). Zur Erfüllung der Darlegungslast reicht es, wenn der Antragsteller die Negativerklärung bzw. Freigabe darlegt. Er muss das massefreie Vermögen nicht spezifizieren (*AG Göttingen* NZI 2008, 314; **a. A.** *AG Köln* NZI 2008, 315). **Nach Beendigung des Insolvenzverfahrens** ist ein erneuter Insolvenzantrag grds. zulässig (*AG Göttingen* NZI 2008, 56 [57]; *AG Leipzig* ZVI 2007, 280; MünchKomm-InsO/*Schmahl* 2. Aufl., § 13 Rz. 91; *Büttner* ZVI 2007, 229 [232]), wenn ein Insolvenzgrund vorliegt. Ein Insolvenzeröffnungsantrag und in der Folge auch der damit verbundene Restschuldbefreiungsantrag des Schuldners ist daher nicht bereits deswegen unzulässig, weil ein früher gestellter Fremdantrag mangels Masse abgewiesen wurde (*BGH* NZI 2006, 181 Tz. 14; *Hess* InsO, 2007, § 287 Rz. 46; s. a. Rz. 12 b).

18 c Kann ein erneutes Insolvenzverfahren durchgeführt werden, liegt also insbesondere ein neuer Insolvenzgrund vor, ist in einem weiteren Schritt zu entscheiden, ob ein **zweiter Restschuldbefreiungsantrag** zulässig ist (s. *Ahrens* § 289 Rz. 6). Wird in der Frist des § 290 Abs. 1 Nr. 3 Alt. 1 InsO erneut eine Restschuldbefreiung beantragt, ist das Verfahren allein deswegen nicht unzulässig, da der Versagungsgrund weithin sonst obsolet wäre. Die Restschuldbefreiung kann aber auf Antrag versagt werden (s. *Ahrens* § 290 Rz. 28 ff.). Wird **während der Treuhandperiode** im Anschluss an das erste Insolvenzverfahren ein zulässiges zweites Insolvenzverfahren beantragt, besteht auch für einen erneuten Restschuldbefreiungsantrag ein Rechtsschutzbedürfnis. Auch die Rechtskraft der Ankündigungsentscheidung steht bei einer neuen Forderung und neuem Vermögen dem zweiten Verfahren nicht entgegen. Solange im ersten Restschuldbefreiungsverfahren noch keine Entscheidung über die Erteilung oder Versagung der Restschuldbefreiung getroffen ist, passt § 290 Abs. 1 Nr. 3 InsO nach seinem Wortlaut nicht auf diese Fälle. Aufgrund der vergleichbaren Interessenlage, denn die Sperre ist in diesem Fall ebenso wie während des ersten Restschuldbefreiungsverfahrens angebracht, ist § 290 Abs. 1 Nr. 3 InsO in einer teleologischen Extension auf diese Fälle anzuwenden und die Restschuldbefreiung ggf. auf Antrag zu versagen (*AG Göttingen* NZI 2008, 447 [448]; ZVI 2008, 341 [342]; **a. A.** MünchKomm-InsO/*Stephan* 2. Aufl., § 290 Rz. 53 a).

18 d **Läuft kein Restschuldbefreiungsverfahren**, ist – i. V.m einem Insolvenzantrag – ein zweiter Restschuldbefreiungsantrag des Schuldners zulässig. Dies gilt, wenn zuvor kein Restschuldbefreiungsantrag gestellt wurde (HK-InsO/*Kirchhof* 4. Aufl., § 13 Rz. 22), wenn ein erster Antrag versagt (vgl. *LG Potsdam* ZInsO 2006, 1287 [1288]), wenn er in den Grenzen insbesondere des § 290 Abs. 1 Nr. 3 InsO, zurückgenommen (*AG Göttingen* NZI 2008, 447 [448]) oder wenn er – insbesondere wegen einer Verspätung – als unzulässig verworfen wurde (*Hackenberg* ZVI 2005, 468 [470]). Der BGH nimmt zwar an, die Rechtskraft der Verwerfungsentscheidung stünde dem zweiten Restschuldbefreiungsverfahren entgegen (*BGH* NZI 2006, 601 Tz. 8, bei identischen Gläubigern; 2008, 45 Tz. 11), doch kann dem nicht gefolgt werden. Bei solchen Prozessentscheidungen ist für den Wiederholungsschutz die materielle Rechtskraft maßgeblich, die nach den generellen verfahrensrechtlichen Grundsätzen auf die entschiedene Prozessfrage bezogen ist (RGZ 159, 173 [176]; MünchKomm-ZPO/*Gottwald* 3. Aufl., § 322 Rz. 27). Die materielle Rechtskraft ist darauf beschränkt, dass das Verfahren mit dem anhängigen Streitgegenstand unter den damals gegebenen prozessualen Umständen aus den in der Entscheidung genannten Gründen unzulässig war. Ein erneutes Verfahren über den gleichen Streitgegenstand ist also zulässig, wenn sich die prozessualen Umstände in dem fraglichen Punkt gegenüber dem vorherigen Verfahren geändert haben (*Zöller/Vollkommer* ZPO, 26. Aufl., § 322 Rz. 1 a). Danach ist allerdings ein erneuter, insbesondere fristgerechter Restschuldbefreiungsantrag zulässig.

D. Forderungsabtretung

I. Abtretungserklärung

1. Abtretungserklärung als besondere Prozessvoraussetzung

Mit dem Antrag auf Erteilung der Restschuldbefreiung hat der Schuldner nach § 287 Abs. 2 Satz 1 InsO   19
eine Erklärung abzugeben, dass er seine pfändbaren Forderungen auf Bezüge aus einem Dienstverhältnis oder an deren Stelle tretende laufende Bezüge für die Zeit von sechs Jahren nach Eröffnung des Insolvenzverfahrens an einen vom Gericht zu bestimmenden Treuhänder abtritt. Bei dieser **Abtretungserklärung** handelt es sich um eine besondere **Voraussetzung** des Verfahrens auf Erteilung der Restschuldbefreiung. Wird die Abtretungserklärung nicht rechtzeitig vorgelegt, ist der Antrag auf Erteilung von Restschuldbefreiung im Regelinsolvenzverfahren als unzulässig zu verwerfen (*OLG Köln* ZInsO 2000, 608 [609] = EWiR 2001, 127 (*Pape*); *OLG Celle* ZVI 2002, 29 [30]; *AG Bielefeld* ZIP 1999, 1180 [1182]). Im Verbraucherinsolvenzverfahren gilt der Insolvenzeröffnungsantrag nach § 305 Abs. 3 Satz 2 InsO als zurückgenommen. Nach dem Wortlaut von § 287 Abs. 2 Satz 1 InsO ist die Abtretungserklärung dem Restschuldbefreiungsantrag beizufügen. Zur Belehrung sogleich Rz. 21. Jeder Schuldner, der eine Restschuldbefreiung beantragt, muss die Erklärung unabhängig davon abgeben, ob er über derartige Bezüge verfügt oder im Abtretungszeitraum zu erwarten hat, wodurch das Prognoserisiko über die zukünftigen Bezüge ausgeschaltet wird. Der Antrag auf Erteilung der Restschuldbefreiung ist also nicht schon deswegen unzulässig, weil ein einkommensloser Schuldner über keine abtretbaren künftigen Bezüge verfügt (*AG Hamburg* ZInsO 1999, 236 [237]; *Hess/Obermüller* Insolvenzplan, Restschuldbefreiung und Verbraucherinsolvenz, 3. Aufl., Rz. 1087 a; *Nerlich/Römermann* InsO, § 287 Rz. 28; *Pech* Die Einbeziehung des Neuerwerbs in die Insolvenzmasse, S. 194 ff.; **a. A.** KS-InsO/*Thomas* 2000, S. 1205 Rz. 7), ist doch nach der Rspr. des *BGH* (ZInsO 2001, 1009 [1010], m. Anm. *Vallender*) keine Mindestquote als Ergebnis der insolvenzrechtlichen Befriedigung erforderlich. Gesetzlich verlangt wird die Abtretungserklärung, nicht ihr wirtschaftlicher Erfolg.

Ebenso muss ein **selbstständiger Schuldner** ohne Bezüge aus einem Dienstverhältnis oder gleich-   20
gestellte Einkünfte die Abtretung erklären, denn auch ein selbstständiger Schuldner kann grds. über abtretbare Forderungen verfügen (dazu u. Rz. 50 f.). Außerdem ist nicht auszuschließen, dass er in der siebenjährigen Treuhandzeit eine nicht selbstständige Beschäftigung aufnimmt (MünchKomm-InsO/*Stephan* 2. Aufl., § 287 Rz. 33; MünchKomm-InsO/*Ehricke* 2. Aufl., § 295 Rz. 103; *Nerlich/Römermann* InsO, § 295 Rz. 44; *Uhlenbruck/Vallender* InsO, 12. Aufl., § 287 Rz. 23, § 295 Rz. 65; *Braun/Buck* InsO, 3. Aufl., § 287 Rz. 15; *Kübler/Prütting-Wenzel* InsO, § 287 Rz. 4; *Andres/Leithaus* InsO, § 287 Rz. 9). Unerheblich ist dafür die im Verfahren nicht verifizierbare Willensrichtung des Schuldners (**a. A.** *Bruckmann* Verbraucherinsolvenz, § 4 Rz. 8). Soweit von ihm in der Literatur zusätzlich ein Hinweis darauf verlangt wird, welche Beträge er an die Gläubiger auszahlen kann (*Smid/Krug/Haarmeyer* InsO, § 287 Rz. 7; *Haarmeyer/Wutzke/Förster* Handbuch, 2. Aufl., Rz. 10/62; einschränkend 3. Aufl., Rz. 8/197: der Schuldner sollte mitteilen), besteht für eine solche Verpflichtung keine rechtliche Grundlage (MünchKomm-InsO/*Stephan* 2. Aufl., § 287 Rz. 33). Zudem widerspricht eine solche ergänzende Informationspflicht der gesetzlichen Systematik des § 295 Abs. 2 InsO, die dem selbstständigen Schuldner bis zum Ende der Treuhandzeit weitgehende Freiheit lässt (s. *Ahrens* § 295 Rz. 64).

Über die Erforderlichkeit der **Abtretungserklärung** ist der Schuldner grds. entsprechend § 287 Abs. 1   21
InsO i. V. m. § 20 Abs. 2 InsO zu **belehren** (*Mohrbutter/Ringstmeier-Pape* 8. Aufl., § 17 Rz. 36, *Graf-Schlicker/Kexel* InsO, § 287 Rz. 5; vgl. Rz. 10 ff.). In der gesetzlichen Regelung ist zwar ausdrücklich nur ein Hinweis darauf vorgeschrieben, dass der Schuldner nach Maßgabe der §§ 286 bis 303 InsO Restschuldbefreiung erlangen kann. Wegen der herausragenden Bedeutung der Abtretungserklärung für das Restschuldbefreiungsverfahren sollte sich der Hinweis ebenfalls auf die Abtretungserklärung beziehen. Gegen

eine Fristverlängerung hat das *OLG Köln* (ZInsO 2000, 608 [609 f.]) nach der früheren Fassung von § 287 Abs. 1 und 2 InsO gewichtige Bedenken erhoben, weil dort eine Verlängerung der Frist nicht ausdrücklich vorgesehen war. Aufgrund der Neufassung von § 287 Abs. 1 InsO mit dem nunmehr ausdrücklich vorgeschriebenen Hinweis auf § 20 Abs. 2 InsO hat sich dieser Einwand erledigt. Mit der neuen Konzentration des Restschuldbefreiungsantrags auf das Insolvenzeröffnungsverfahren, § 287 Abs. 1 InsO n. F., ist eine Beschleunigungswirkung geschaffen, die eine Anknüpfung an § 296 ZPO ermöglicht. Fehlt der gebotene Hinweis, darf der Schuldner die Abtretungserklärung nachholen, denn auch hier ist eine Präklusion mit dem Anspruch auf rechtliches Gehör gem. Art. 103 Abs. 1 GG nur vereinbar, wenn kein richterliches Fehlverhalten die verspätete Handlung mit verursacht hat (*BVerfG* NJW 1987, 2003; *BGH* NJW 1989, 717 [718]; *Kübler/Prütting-Pape* InsO, 8. EL, § 30 Rz. 6 a; *Haarmeyer/Wutzke/Förster* Handbuch, 3. Aufl., Rz. 8/197). Hat der Schuldner die Abtretungserklärung auch nach einem ggf. wiederholten gerichtlichen Hinweis nicht abgegeben, so gilt im Verbraucherinsolvenzverfahren der Antrag auf Eröffnung des Insolvenzverfahrens analog § 305 Abs. 3 Satz 2 InsO als zurückgenommen (*OLG Celle* ZVI 2002, 29 [30]). Erklärt der Schuldner im Regelinsolvenzverfahren trotz eines gerichtlichen Hinweises nicht die Abtretung und wird deswegen sein Antrag auf Erteilung der Restschuldbefreiung als unzulässig zurückgewiesen, kann es für den Schuldner zweckmäßig sein, den Antrag auf Eröffnung des Insolvenzverfahrens zurückzunehmen und einen neuen Insolvenzeröffnungsantrag mitsamt einem vollständigen Antrag auf Eröffnung des Restschuldbefreiungsverfahrens zu stellen. Aus Kostengesichtspunkten bedarf dies einer genauen Prüfung. Mit der Abtretung hat der Schuldner die erforderliche Leistungshandlung vorgenommen. Nach dem Gedanken aus § 270 Abs. 1 BGB hat der Schuldner das Verlust- und Verspätungsrisiko bis zum Eingang beim Treuhänder zu tragen (*Preuß* Verbraucherinsolvenzverfahren und Restschuldbefreiung, Rz. 266).

2. Geltungsgrund der Abtretung

22 Vom Schuldner wird die Abtretung seiner pfändbaren Forderungen auf Bezüge aus einem Dienstverhältnis oder an deren Stelle tretender laufender Bezüge verlangt. Als bürgerlichrechtlicher Abtretungsvertrag i. S. v. § 398 Satz 1 BGB kann diese Abtretung nicht ohne weiteres gedeutet werden. Näher liegt deswegen eine Interpretation der Abtretung als prozessuale Erklärung des Schuldners. Wegen der weitreichenden Unterschiede zwischen einem konsensualen materiellrechtlichen Abtretungsvertrag und einer einseitigen Prozesshandlung des Schuldners kommt dieser Differenzierung entscheidende Bedeutung zu.

a) Materiellrechtliche Theorie der Abtretung

23 Durch die Abtretungserklärung soll eine zivilrechtliche, den rechtsgeschäftlichen Regeln unterliegende Forderungsübertragung begründet werden (*Balz* BewHi 1989, 103 [113]; *Wenzel* VuR 1990, 121 [124 f.]; *Döbereiner* Restschuldbefreiung, S. 175 f.). In der Erklärung des Schuldners wird deshalb ein Angebot auf Abschluss eines **Abtretungsvertrags** gem. § 398 Satz 1 BGB gesehen. Das Vertragsmodell lässt nicht schon eine einseitige Erklärung des Schuldners genügen, sondern erfordert eine korrespondierende Willenserklärung des Treuhänders. Die Angebotserklärung müsste dem Treuhänder, vermittelt durch das mit Vertretungs- oder Botenmacht handelnde Gericht, zugegangen sein und von ihm zumindest gem. § 151 Satz 1 BGB angenommen sein. Der Abtretungsvertrag wird danach wirksam, wenn das Gericht einen Treuhänder benennt und dieser durch die Übernahme des Amts konkludent sein Einverständnis erklärt hat (Begründung RegE BR-Drucks. 1/92 S. 189; HK-InsO/*Landfermann* 4. Aufl., § 287 Rz. 16; *Braun/Uhlenbruck* Unternehmensinsolvenz, S. 698 f.; *Forsblad* Restschuldbefreiung, S. 213; *Preuß* Verbraucherinsolvenzverfahren und Restschuldbefreiung, 2. Aufl., Rz. 275; *Nerlich/Römermann* InsO, § 287 Rz. 29; *Uhlenbruck/Vallender* InsO, 12. Aufl., § 287 Rz. 38; *Hess* InsO, 2007, § 287 Rz. 54; *Hess/Obermüller* Insolvenzplan, Restschuldbefreiung und Verbraucherinsolvenz, 3. Aufl., Rz. 1087 b; *Scholz* DB 1996, 765 [767]; *Vallender* VuR 1997, 155 [156]; *Maier/Krafft* BB 1997, 2173 [2176]; *Wittig*, WM 1998, 157, 209 [213]; s. a. *Häsemeyer* Insolvenzrecht, Rz. 26.15; *Becker* Insolvenzrecht, 2. Aufl., Rz. 1548).

24 Gegen einen Forderungsübergang durch einen Abtretungsvertrag und damit gegen die materiellrechtliche Theorie bestehen jedoch grundlegende Einwände, worauf bereits *Jauernig* (Zwangsvollstreckungs- und Insolvenzrecht, § 66 III 3 a) aufmerksam gemacht hat (*Ahrens* DZWIR 1999, 45 [47]; *Jauernig* FS Uhlenbruck, S. 3, 15 ff.). Unklar bleibt zunächst, worin der notwendige **Zugang** der **Abtretungserklärung** (zur Terminologie vgl. §§ 1154 f. BGB) als Vertragsangebot an den Treuhänder liegen soll, da die

Abtretung an das Gericht gerichtet ist. Außerdem ist der Zessionar in der Abtretungserklärung nicht benannt. Eine solche Abtretung könnte zwar als **Blankozession** gedeutet werden, doch ist die Benennung des Treuhänders mit rechtsgeschäftlichen Kriterien nicht hinreichend zu erklären (*Ahrens* DZWIR 1999, 45 [47 f.]; *Jauernig* FS Uhlenbruck, S. 3, 16). Das Gericht kann auch nicht als Erklärungsbote (so aber *Döbereiner* Restschuldbefreiung, S. 177, Fn. 204) und damit als eine dem Bereich des Erklärenden zuzurechnende Institution angesehen werden (vgl. *BGH* NZI 2006, 599 Tz. 15). Außerdem müsste dann der hoheitliche Beschluss des Insolvenzgerichts, mit dem der Treuhänder ernannt wird, zugleich auch einen rechtsgeschäftlichen Vorgang beinhalten. Schließlich führt nach der materiell-rechtlichen Konzeption nicht bereits die gerichtliche Entscheidung nach § 291 Abs. 2 InsO, sondern erst die Annahme des zugegangenen Abtretungsangebots durch den Treuhänder zur Forderungsübertragung. Deswegen heißt es, die Abtretung wird erst in diesem Zeitpunkt wirksam (*Pape/Uhlenbruck* Insolvenzrecht, Rz. 947).

Auch die **Annahmeerklärung** des Treuhänders wird in Ermangelung eines Erklärungsbewusstseins häufig nicht konkludent zu begründen, sondern allein zu fingieren sein (*BGH* NZI 2006, 599 Tz. 15; MünchKomm-InsO/*Stephan* 2. Aufl., § 287 Rz. 34). Außerdem sind nach § 287 Abs. 3 InsO Vereinbarungen insoweit unwirksam, wie sie die Abtretungserklärung vereiteln oder beeinträchtigen. Falls sich jedoch die Vereinbarungen gegen eine schuldrechtliche Verfügung richten, müssten sie nicht die Angebotserklärung, sondern die Wirkung des Abtretungsvertrags betreffen. Darüber hinaus knüpft die Dauer des Forderungsübergangs an die Laufzeit der Abtretungserklärung an, §§ 299, 300 InsO (vgl. zur Frist der Abtretungserklärung Rz. 89 a ff.), obwohl rechtsgeschäftliche Angebote keine Laufzeit haben, weshalb auf den Inhalt des Abtretungsvertrags abzustellen wäre (*Jauernig* Zwangsvollstreckungs- und Insolvenzrecht, § 66 III 3 a). Ferner ist der Schuldner bei einer rechtsgeschäftlichen Abtretung berechtigt, seine Abtretungserklärung wegen eines **Willensmangels anzufechten** und damit der Zession die Grundlage zu entziehen. Zivilrechtlichen Vorstellungen widerspricht auch, dass der Treuhänder Beträge durch die Abtretung erlangt, wie aber § 292 Abs. 1 Satz 2 InsO formuliert (*Rother* ZRP 1998, 205 [208]).

Außerdem ist ein **Wechsel** in der Person **des Treuhänders** mit einem bürgerlichrechtlich gedeuteten Abtretungsvertrag kaum angemessen zu erfassen. Grds. bleibt der materiellrechtliche Verfügungsvertrag auch dann wirksam, wenn der Treuhänder gem. den §§ 292 Abs. 3 Satz 2, 59 InsO aus seinem Amt entlassen wird oder während der Treuhandzeit stirbt, so dass beim Tod des Treuhänders das Treuhandvermögen mit den bestehenden Beschränkungen auf den Erben übergeht (*Staudinger/Marotzke* BGB, § 1922 Rz. 160). In derartigen Fallgestaltungen müsste deswegen der Abtretungsvertrag, ohne die Treuhandzeit zu beeinträchtigen, außerordentlich zu beenden sein und dies, obwohl doch nach § 299 InsO Abtretungswirkung und Treuhandzeit grds. nur gemeinschaftlich vorzeitig beendet werden. Zusätzlich hat dann eine Forderungsübertragung auf einen anderen Treuhänder zu erfolgen, die eine weitere Abtretungserklärung erfordert, zu der aber ein Schuldner nach den Regelungen des Restschuldbefreiungsverfahrens nicht mehr verpflichtet ist. Die Abtretungserklärung müsste deswegen als Angebot zum Abschluss einer unbestimmten Anzahl von Verträgen ausgelegt werden (*BGH* NZI 2006, 599 Tz. 15). Die Abtretungserklärung vermag auch nicht befriedigend zu erklären, warum der Schuldner nach dem Beschluss gem. § 291 InsO während der Laufzeit der Abtretungserklärung jederzeit einseitig von der Abtretung Abstand nehmen kann, wenn er nicht länger die Restschuldbefreiung anstrebt (*BGH* NZI 2006, 599 Tz. 16). Aufgrund dieser zahlreichen prinzipiellen Einwände ist die Abtretungserklärung des Schuldners gem. § 287 Abs. 2 Satz 1 InsO nicht als bürgerlichrechtliches Angebot zum Abschluss eines Abtretungsvertrags nach § 398 Satz 1 BGB zu erklären (*Smid/Krug/Haarmeyer* InsO, § 287 Rz. 10, sprechen deswegen von einer Erklärung sui generis).

b) Abtretungserklärung als Prozesshandlung

Primär bezweckt die Abtretungserklärung des Schuldners prozessuale Wirkungen. Die Abtretungserklärung des Schuldners im Restschuldbefreiungsverfahren stellt eine **Prozesshandlung** dar (*Ahrens* DZWIR 1999, 45 [50]; zust. *BGH* NZI 2006, 599 Tz. 15 ff., *AG Hamburg* ZInsO 2001, 768 [769]; *Grote* Einkommensverwertung und Existenzminimum, Rz. 139 f.; MünchKomm-InsO/*Stephan* 2. Aufl., § 287 Rz. 34; *Haarmeyer/Wutzke/Förster-Schmerbach* Präsenzkommentar, § 287 Rz. 20 a; *Stephan* ZInsO 2000, 376 [380]; *Kohte* Anm. zu OLG Frankfurt, DZWIR 2001, 34 [36]). Als charakteristische prozessrechtliche Folge bildet die Abtretungserklärung eine besondere Prozessvoraussetzung des Restschuldbefreiungsverfahrens und ist mit dem Antrag auf Erteilung der Restschuldbefreiung zu verbinden. Schon dadurch wird der Abtretungserklärung der Wesenszug einer privatautonom gestalteten Mobilisierung

§ 287   Restschuldbefreiung

von Forderungen genommen, der einer bürgerlichrechtlichen Abtretung eigentümlich ist (vgl. *Nörr/ Scheyhing* Sukzessionen, S. 6). Eine mehrfache Bestätigung findet die **prozessuale Theorie** in dem InsO-ÄndG vom 26. 10. 2001 (BGBl. I S. 2710). Eindeutig belegt sie § 292 Abs. 1 Satz 3 InsO n. F. i. V. m. **den §§ 36 Abs. 1 Satz 2, Abs. 4 InsO, 850, 850 a, 850 c, 850 e, 850 f Abs. 1, 850 g bis 850 i ZPO.** Mit dieser Regelung wird auf die Abtretungserklärung Insolvenzverfahrensrecht angewendet. Diese gesetzlich angeordnete Geltung der vollstreckungsschutzrechtlichen Regelungen für die Abtretung ist folgerichtig aus der prozessualen Theorie zu entwickeln und setzt ihren Erklärungsansatz konsequent um. Mit der materiellrechtlichen Theorie ist diese Vorschrift dagegen nur unter Schwierigkeiten zu vereinbaren. Ebenso baut die neue Fassung von § 287 Abs. 2 Satz 1 InsO auf der prozessualen Theorie auf. Nach dieser Bestimmung hat der Schuldner seine Forderungen auf Bezüge und die gleichgestellten Forderungen für die Dauer von sechs Jahren nach Eröffnung des Insolvenzverfahrens abzutreten. Eine sachgerechte Abgrenzung gegenüber dem Insolvenzbeschlag setzt eine Trennung zwischen der Frist der Abtretungserklärung und ihren Wirkung voraus, die gerade aus der prozessualen Theorie zu erklären ist (Rz. 89 k). Aufgrund dieser verfahrensrechtlichen Qualität der Forderungsübertragung werden die Tilgungsleistungen für die Gläubiger gesichert und es wird dem Treuhänder ermöglicht, die Beträge in einem gesamtvollstreckungsrechtlichen Verfahren an die Gläubiger zu verteilen. Außerdem bestimmt die Laufzeit der Abtretung von sechs – bzw. gem. Art. 107 EGInsO fünf – Jahren darüber, wann das Verfahren über die gesetzliche Schuldbefreiung endet. Funktional ist also die Abtretungserklärung Bestandteil des Haftungsrechts, mit dem in den Verfahrensformen der Restschuldbefreiung die gemeinschaftliche Gläubigerbefriedigung verwirklicht wird. Mit der Abtretungserklärung aus § 287 Abs. 2 Satz 1 InsO nimmt der Schuldner eine Prozesshandlung vor. Eine Prozesshandlung der Beteiligten wird gegenüber dem Gericht erklärt, unterliegt nicht der Anfechtung wegen eines Willensmangels (*BGH* JR 1994, 21 m. Anm. *Zeiss*) und zielt nach ihrem erkennbaren Sinn darauf ab, eine charkteristische prozessrechtliche Folge herbeizuführen (*Stein/ Jonas- Leipold* ZPO, 22. Aufl., vor § 128 Rz. 211). Auch eine Prozesshandlung kann sachlichrechtliche Folgen entfalten (BGHZ 88, 174 [176]; *Zöller/Greger* ZPO, Vor § 128 Rz. 14; *Baumbach/Lauterbach/Albers/Hartmann* ZPO, Grdz. § 128 Rz. 61). Die **materiellrechtlichen Konsequenzen** treten jedoch, wie bei der Abtretungserklärung nach § 287 Abs. 2 Satz 1 InsO, gegenüber den verfahrensrechtlichen Wirkungen in den Hintergrund (*BGH* NZI 2006, 599 Tz. 17; s. a. Rz. 31). Frühere Abtretungen genießen aber im Umfang des § 114 Abs. 1 InsO Vorrang (*BGH* NZI 2006, 599 Tz. 17).

28   Als Prozesshandlung bildet die Abtretungserklärung eine **Sachentscheidungsvoraussetzung** des Antrags auf Erteilung der Restschuldbefreiung, ist also Voraussetzung einer Erwirkungshandlung (zum Begriff *Rosenberg/Schwab/Gottwald* Zivilprozessrecht, 16. Aufl., § 64 Rz. 1), und stellt damit selbst ebenfalls eine Erwirkungshandlung dar, mit der die Ankündigung der Restschuldbefreiung gem. § 291 Abs. 1 InsO erreicht werden soll. Entsprechend dieser Zielsetzung ist das Insolvenzgericht Adressat der Handlung (*MünchKomm-ZPO/Rauscher* 3. Aufl., Einl. Rz. 376), so dass die Abtretungserklärung mit dem Zugang beim Gericht wirksam wird. Zugleich ist der erforderliche Umfang der Abtretung durch § 287 Abs. 2 Satz 1 InsO gesetzlich bestimmt. Als prozessuale Erklärung ist sie so **auszulegen** (zur Auslegung s. u. Rz. 33), dass der Schuldner seine pfändbaren Bezüge nicht nur an einen, sondern an jeden durch das Gericht bestimmten Treuhänder zu übertragen bereit ist. Die Abtretungserklärung beinhaltet keine Verfügung und verstößt auch nicht gegen das Verfügungsverbot aus § 81 Abs. 1 InsO, wie § 81 Abs. 2 Satz 2 InsO zusätzlich klarstellt.

29   Im Wege einer **gestaltenden Gerichtsentscheidung** überträgt sodann das Gericht durch den Beschluss gem. § 291 Abs. 2 InsO mit der Bestimmung des Treuhänders die Forderung (*Ahrens* Anm. zu LG Offenburg und AG Aachen, VuR 2001, 30 [31]; *MünchKomm-InsO/Stephan* 2. Aufl., § 287 Rz. 54; ähnlich *Smid/Krug/Haarmeyer* InsO, § 287 Rz. 10). Die Wirkungen treten mit der gerichtlichen Entscheidung und nicht erst, wie nach der materiellrechtlichen Theorie, mit der Annahme der Abtretung durch den Treuhänder ein (vgl. oben Rz. 24). Bedeutsam kann dies etwa im Fall einer Zwischenverfügung werden. Es handelt sich um eine Forderungsübertragung auf der Grundlage eines staatlichen Einzelakts, die eine gewisse Ähnlichkeit mit einer Legalzession aufweist. Eine Parallele zu dieser Übertragung enthält die Überweisung nach § 835 Abs. 1 ZPO. Wie die Überweisung nach § 835 Abs. 1 ZPO das vollstreckungsrechtliche Gegenstück zur materiellrechtlichen Abtretung darstellt (*MünchKomm-ZPO/Smid* § 829 Rz. 2, § 835 Rz. 2), bildet die Übertragung der Forderung auf den Treuhänder nach § 291 Abs. 2 InsO die gesamtvollstreckungsrechtliche Entsprechung zur individualvollstreckungsrechtlichen Überweisung. Eine Überweisung zur Einziehung gem. § 835 Abs. 1 ZPO berechtigt allerdings den Gläubiger dazu, die Forderung im eigenen Namen geltend zu machen, doch entfernt sie die Forderung nicht aus

dem Vermögen des Schuldners (MünchKomm-ZPO/*Smid* § 835 Rz. 12, 17; *Boewer/Bommermann* Lohnpfändung und Lohnabtretung, Rz. 150). Dagegen überführt die Übertragung gem. § 291 Abs. 2 InsO die Forderung sogar in das Vermögen des Treuhänders, wodurch sie noch stärker an die Abtretung angenähert ist. Ernennt das Gericht einen anderen Treuhänder, leitet es die pfändbaren Bezüge auf ihn über. Versagt das Insolvenzgericht nach § 290 InsO die Restschuldbefreiung oder weist es aus anderen Gründen den Antrag auf Erteilung der Restschuldbefreiung ab, wird die Forderung nicht auf den Treuhänder übertragen. Unterbleibt diese Entscheidung, so ist die Wirkung der Abtretungserklärung als Verfahrenshandlung beendet (vgl. BGHZ 84, 202 [208]). Wird die Restschuldbefreiung nach den §§ 296 bis 298 InsO versagt, endet mit der gerichtlichen Entscheidung die Abtretung (vgl. *Ahrens* § 299 Rz. 11). Solange die zu erwirkende gerichtliche Handlung noch nicht erfolgt und damit noch keine neue Verfahrenssituation eingetreten ist, können Erwirkungshandlungen **widerrufen** werden (BGHZ 22, 267 [270]; MünchKomm-ZPO/*Rauscher* 3. Aufl., Einl. Rz. 388; *Zöller/Greger* ZPO, Vor § 128 Rz. 18, 23; *Baumbach/Lauterbach/Albers/Hartmann* ZPO, Grdz. § 128 Rz. 58). In dem ersten Verfahrensabschnitt bis zur Ankündigung der Restschuldbefreiung ist die Abtretungserklärung deshalb frei widerruflich. Widerruft der Schuldner allein die Abtretungserklärung, wird das Gericht regelmäßig davon ausgehen können, dass damit auch der Antrag auf Erteilung der Restschuldbefreiung zurückgenommen wird. Ist der Antrag auf Erteilung der Restschuldbefreiung ausnahmsweise nicht zurückgenommen, wird er dann unzulässig. Zusammen mit dem Antrag auf Restschuldbefreiung kann die Abtretungserklärung auch im zweiten Verfahrensabschnitt zurückgenommen bzw. widerrufen werden (vgl. *BGH* NZI 2006, 599 [600]). Wie § 299 InsO zeigt, der bei einer versagten Restschuldbefreiung die Laufzeit der Abtretungserklärung beendet, ist die Abtretungswirkung auch im zweiten Verfahrensabschnitt unabhängig von bürgerlichrechtlichen Grundsätzen aufzuheben. Falls der Schuldner seinen Antrag auf Erteilung der Restschuldbefreiung zurücknimmt, widerruft er damit zugleich auch seine Abtretungserklärung nach § 287 Abs. 2 Satz 1 InsO. 30

Auf die Abtretung sind, wie auch § 412 BGB zum Ausdruck bringt, die Regeln der §§ 399 ff. BGB insoweit anzuwenden, wie aus der Konzeption als Prozesshandlung keine Besonderheiten folgen. An die Stelle von § 402 BGB treten etwa die §§ 290 Abs. 1 Nr. 5 und 6, 295 Abs. 1 Nr. 3, 296 Abs. 2 Satz 2 InsO. 31

3. Form, Frist und Inhalt der Erklärung

Die Abtretungserklärung ist dem Antrag auf Erteilung der Restschuldbefreiung beizufügen. Im Allgemeinen wird die Abtretung deshalb **schriftlich** erklärt werden, doch kann die Erklärung ebenso wie der Antrag auch zu Protokoll abgegeben werden. Da es sich bei der Abtretung um keine höchstpersönliche Erklärung handelt, kann sie von einem Vertreter abgegeben werden (*OLG Zweibrücken* ZInsO 2002, 287 [288]). Die Abtretungserklärung kann innerhalb der Frist aus § 287 Abs. 1 Satz 2 InsO nachgereicht werden (*OLG Zweibrücken* ZInsO 2002, 287 [288]; HK-InsO/*Landfermann* 4. Aufl., § 287 Rz. 15). Im Verbraucherinsolvenzverfahren gilt allerdings das Schriftformerfordernis aus § 305 Abs. 1, 5 InsO (zum Antrag auf Erteilung von Restschuldbefreiung o. Rz. 7). Eine bestimmte Formulierung ist für die Abtretungserklärung nicht vorgeschrieben. Unabhängig vom Theorienstreit um den Geltungsgrund der Abtretungserklärung verlangt § 287 Abs. 2 Satz 1 InsO nur einen bestimmten Umfang, nicht aber einen genauen Wortlaut der Abtretungserklärung. Als Formulierungsvorschlag ist auf den Vordruck für das Verbraucherinsolvenzverfahren zu verweisen: »Für den Fall der gerichtlichen Ankündigung der Restschuldbefreiung trete ich hiermit meine pfändbaren Forderungen auf Bezüge aus einem Dienstverhältnis oder an deren Stelle tretende laufende Bezüge für die Zeit von sechs Jahren nach Eröffnung des Insolvenzverfahrens an einen vom Gericht zu bestimmenden Treuhänder ab.« Bei Unklarheiten besteht eine gerichtliche Hinweispflicht, §§ 4 InsO, 139 ZPO (*Uhlenbruck/Vallender* InsO, 12. Aufl., § 287 Rz. 24). 32

Für die Abtretungserklärung existiert **keine gesetzliche Frist**. Um die Warnfunktion der Abtretungserklärung nicht ins Leere gehen zu lassen, ist aber ein zeitlicher Zusammenhang mit dem Restschuldbefreiungsantrag erforderlich. Jedenfalls kann die Abtretungserklärung bis zum Ende der Antragsfrist aus § 287 Abs. 1 Satz 2 InsO abgegeben werden (MünchKomm-InsO/*Schmahl* 2. Aufl., § 20 Rz. 102; *Uhlenbruck/Vallender* InsO, 12. Aufl., § 287 Rz. 35), denn ggf. ist von einer Wiederholung des Restschuldbefreiungsantrags auszugehen. Allerdings bezieht sich die Frist aus § 287 Abs. 1 Satz 2 InsO nur auf den Restschuldbefreiungsantrag, weshalb eine fehlende Abtretungserklärung nicht von dieser – auch nicht analog anzuwendenden – Vorschrift präkludiert wird (**a. A.** *OLG Zweibrücken* ZInsO 2002, 287 [288]; *Kübler/Prütting-Wenzel* InsO, § 287 Rz. 7 b; HambK-InsO/*Streck* 2. Aufl., § 287 Rz. 22). Dies folgt aus dem Wortlaut, der Systematik, sind doch die Antragsanforderungen in § 287 Abs. 1 InsO vor den Abtretungs- 32 a anforderungen in Abs. 2 geregelt, und der Teleologie, die – nur – für die Einleitung des Verfahrens eine hinreichend schnelle Klarheit verlangt. Maßgebend sind vielmehr die Grundsätze über das Vorhandensein der Sachentscheidungsvoraussetzungen.

33 Der **Inhalt** der Abtretungserklärung ist gesetzlich vorgeschrieben. Bei einer nicht den gesetzlichen Anforderungen entsprechenden, unvollständigen oder unklaren Erklärung hat eine **Auslegung** der Prozesshandlung zu erfolgen. Deshalb wird es auch genügen, wenn der Schuldner explizit etwa die pfändbaren Forderungen auf Arbeitseinkommen (dazu Rz. 39 ff.) oder an deren Stelle tretende laufende Bezüge für sechs Jahre abtritt (MünchKomm-InsO/*Stephan* 2. Aufl., § 287 Rz. 28; vgl. auch u. Rz. 89 a ff.). Noch weitergehend wird die Abtretungserklärung regelmäßig dahingehend zu verstehen sein, dass der Schuldner seine Bezüge in dem geforderten Umfang abtritt (*BGH* NZI 2006, 599 Tz. 19; *Graf-Schlicker/Kexel* InsO, § 287 Rz. 5, wohlverstandenes Interesse; enger HambK-InsO/*Streck* 2. Aufl., § 287 Rz. 17, der die Eindeutigkeit stärker betont), denn die Auslegung seiner Prozesshandlung ist daran auszurichten, was nach den Maßstäben der Rechtsordnung vernünftig ist und der recht verstandenen Interessenlage entspricht (*BGH* NJW 1994, 1537 [1538]; 2003, 665 [666]; NJW-RR 2000, 1446). An dieser Auslegungsregel wird man sich bei einem Unter- wie Überschreiten der verlangten Abtretung zu orientieren haben: Zum einen gilt dies, wenn der Schuldner mit dem jeweils pfändbaren Teil seines Einkommens oder bei einer längeren Abtretungsdauer (*BGH* NZI 2006, 599 Tz. 19) mehr abtritt, als erforderlich (wovon *Nerlich/Römermann* InsO, § 287 Rz. 18 ausgehen). Zum anderen genügt es aber auch, wenn der Schuldner die für eine Restschuldbefreiung erforderliche Erklärung abgeben will, ohne die Art der Forderungen, die Laufzeit der Abtretung oder ihren Empfänger anzugeben (*AG Duisburg* NZI 2002, 216).

II. Abzutretende Forderungen

1. Grundzüge

34 Vom Schuldner wird in § 287 Abs. 2 Satz 1 InsO verlangt, seine pfändbaren Forderungen auf Bezüge aus einem Dienstverhältnis oder an deren Stelle tretende laufende Bezüge abzutreten, eine Formulierung, die entsprechend auch in anderen Vorschriften des Gesetzes verwendet wird, vgl. §§ 81 Abs. 2 Satz 1, 89 Abs. 2 Satz 1, 114 Abs. 1, 287 Abs. 3 InsO. Mit dieser Abtretung soll der **Neuerwerb** aus **Arbeitseinkommen** oder **Erwerbsersatzeinkommen**, zu diesem Begriff § 18 Abs. 3 SGB IV, zu dem zu verteilenden Treuhandvermögen gezogen werden. Abzutreten sind dabei zwei Gruppen von Forderungen, zunächst die pfändbaren Forderungen auf Bezüge aus einem Dienstverhältnis und als weiteres die pfändbaren Ansprüche auf laufende Bezüge, die an die Stelle von Dienstbezügen treten. Den bislang bestehenden Streit über die Geltung der Pfändungsschutzbestimmungen für die abgetretenen Forderungen hat der Gesetzgeber zu Gunsten einer detaillierten Anwendungsregel entschieden, §§ 292 Abs. 1 Satz 3, 36 Abs. 1 Satz 2 InsO i. V. m. den §§ 850, 850 a, 850 c, 850 e, 850 f Abs. 1, 850 g bis i ZPO (s. a. FK-InsO/*Schumacher* § 36 Rz. 12 ff.).

35 Die erste Gruppe der abzutretenden Forderungen erfasst **Dienstbezüge** privat- und öffentlichrechtlicher Natur, die allerdings nur insoweit abgetreten werden können, wie sie der Pfändung unterworfen sind, §§ 292 Abs. 1 Satz 3, 36 Abs. 1 Satz 2 InsO. Nach Maßgabe des im Restschuldbefreiungsverfahren ebenfalls geltenden Vollstreckungszwecks (s. *Ahrens* § 286 Rz. 3 f.) ist auch für die Abtretbarkeit von der Beschlagsfähigkeit der Forderungen gem. den §§ 850 ff. ZPO auszugehen (MünchKomm-InsO/*Stephan* 2. Aufl., § 287 Rz. 36; s. a. BGHZ 92, 339 [341 ff.]; *Jaeger/Henckel* KO, § 1 Rz. 62), die im Rahmen einer gesamtvollstreckungsrechtlichen Beurteilung auf einer individualvollstreckungsrechtlichen Grundlage zu bestimmen ist.

36 Mit der zweiten Forderungsgruppe der **an die Stelle der Dienstbezüge tretenden laufenden Bezüge** hat der Schuldner die übertragbaren Sozialleistungen wie etwa Renten der Sozialversicherungsträger abzutreten. Für diese Ansprüche ist aufgrund ihrer sozialrechtlichen Herkunft und der für sie geltenden speziellen Abtretungsregelung eine eigenständige Beurteilung erforderlich, denn die Abtretbarkeit von Sozialleistungen ist nach § 53 SGB I und nicht nach § 400 BGB zu bemessen (*BSG* NZS 1996, 142 [144]; *LSG Niedersachsen* info also 1991, 77 [78] m. Anm. *Hullerum*). Auch bei ihnen muss aber die Abtretungsregelung in eine insolvenzrechtliche Zwecksetzung eingebunden werden können.

37 Ansprüche, die weder Bezüge aus einem Dienstverhältnis noch an deren Stelle tretende laufende Bezüge betreffen, also zu keiner der beiden Forderungsgruppen gehören, können zwar im **Einzelzwangsvollstreckungsverfahren** nach den § 829 ff. ZPO pfändbar sein. Von der Abtretungserklärung und der For-

derungsübertragung werden sie dagegen nicht erfasst und deshalb auch nicht zu den Tilgungsleistungen des Schuldners gezogen. Nicht von der Abtretung erfasst wird das dem Schuldner aus sonstigen Gründen, wie Schenkungen, Lotteriegewinne oder von Todes wegen zufließende Vermögen (*Kübler/Prütting-Wenzel* InsO, § 287 Rz. 10 f.), das allein nach Maßgabe von § 295 Abs. 1 Nr. 2 InsO herauszugeben ist (s. *Ahrens* § 295 Rz. 36 ff.). Ansprüche des Schuldners auf Unterhalt gehören ebenfalls nicht zu den abzutretenden Forderungen. Durch diese Haftungsbegrenzungen erhält das Restschuldbefreiungsverfahren ein klar vom Insolvenzverfahren zu unterscheidendes Haftungskonzept.

Der Schuldner hat eine **Vorausabtretung** seiner künftigen Bezüge zu erklären. Eine solche Vorausabtretung ist nach zivilrechtlichen Maßstäben nur wirksam, wenn die abzutretende Forderung bestimmt oder zumindest bestimmbar, also hinreichend individualisierbar ist (*BGH* BGHZ 53, 60 [63 f.]; BGHZ 108, 98 [105]; WM 1976, 151; NJW 1995, 1668 [1669]; *BAG* DB 1968, 1862; MünchKomm-*Roth* 5. Aufl., § 398 Rz. 79; *Kohte* ZIP 1988, 1225 [1227, 1234]). Auch eine noch nicht bestehende Forderung kann bestimmbar sein. Eine Abtretung künftiger Forderungen ist also nicht ausgeschlossen, weil der Schuldner gegenwärtig über keine abtretbaren Bezüge verfügt. Außerdem darf der Zedent durch eine formularmäßige Vorausabtretung nicht unangemessen benachteiligt werden (*BGH* BGHZ 109, 240 [245 ff.]; BGHZ 125, 83 [87]; NJW 1991, 2768 [2769]). An diesen bürgerlichrechtlichen Maßstäben ist zwar eine rechtsgeschäftliche Abtretung, nicht ohne weiteres aber die gesetzlich vorgeschriebene Abtretungserklärung zu messen, denn als dem materiellen Zivilrecht gleichrangige positivrechtliche Vorschrift definiert § 287 Abs. 2 Satz 1 InsO eigene Wirksamkeitserfordernisse der Abtretungserklärung. Auch diese Konsequenz bestätigt den prozessrechtlichen Charakter der Abtretungserklärung gegenüber rechtsgeschäftlichen Deutungsversuchen. 38

2. Forderungen auf Bezüge aus einem Dienstverhältnis

a) Abzutretende Forderungen

Entsprechend der vollstreckungsrechtlichen Grundlegung und der gesetzlichen Verweisung in den §§ 292 Abs. 1 Satz 3, 36 Abs. 1 Satz 2 InsO auf die §§ 850, 850 a, 850 c, 850 e, 850 f Abs. 1, 850 g bis i ZPO sind zu den Bezügen aus einem Dienstverhältnis sämtliche Arten von **Arbeitseinkommen i. S. d. § 850 ZPO** zu rechnen (*Uhlenbruck/Vallender* InsO, 12. Aufl., § 287 Rz. 29; *Wittig* WM 1998, 157, 209 [213]). Was als Arbeitseinkommen gepfändet werden kann, ist wegen des generellen Gleichlaufs von Abtretbarkeit und Pfändbarkeit (BGHZ 92, 339 [343 f.]; *OLG Celle* NJW 1977, 1641; *Graf-Schlicker/Kexel* InsO, § 287 Rz. 9; *Kohte* NJW 1992, 393 [396]) prinzipiell auch abzutreten, soweit nicht die ausdrückliche insolvenzrechtliche Regelung eine besondere Beurteilung fordert. 39

Arbeitseinkommen im vollstreckungsrechtlichen Sinn sind, unabhängig von Benennung oder Berechnungsart, alle **in Geld zahlbaren Vergütungen**, die dem Schuldner aus seiner Arbeits- oder Dienstleistung zustehen, § 850 Abs. 4 ZPO, gleichgültig, ob es sich um ein Dienstverhältnis des öffentlichen oder des privaten Rechts handelt. Der Begriff ist weit zu verstehen (*Kübler/Prütting-Wenzel* InsO, § 287 Rz. 9; *BAG* NJW 1977, 75 [76]) und umfasst im Allgemeinen die von § 19 Abs. 1 EStG aufgeführten Einkünfte (*Zöller/Stöber* ZPO, § 850 Rz. 2; *Baumbach/Lauterbach/Albers/Hartmann* ZPO, § 850 Rz. 2; Aufzählung bei *Boewer/Bommermann* Lohnpfändung und Lohnabtretung, Rz. 373), s. ergänzend § 14 Abs. 1 SGB IV. Ob die Zahlungen einmalig oder wiederkehrend geleistet werden, ist im Zwangsvollstreckungsrecht für den Begriff des Arbeitseinkommens unerheblich (*BAG* DB 1980, 358 [359]; *LAG Frankfurt* DB 1988, 1456; *Brox/Walker* Zwangsvollstreckungsrecht, 8. Aufl., Rz. 541, verlangen allerdings eine stetig fließende Einnahmequelle, die aus der Arbeitsleistung herrührt) und nur dafür maßgebend, welche Pfändungsschutzvorschrift zu beachten ist (*Stein/Jonas-Brehm* ZPO, 22. Aufl., § 850 Rz. 19; MünchArbR/*Hanau* 2. Aufl., § 74 Rz. 116). Auch einmalige Einkünfte, etwa aus einer Aushilfstätigkeit, sind Arbeitseinkommen. Als Arbeitseinkommen sind einmalige oder wiederkehrende Zahlungen anzusehen, die aus einer Arbeitstätigkeit des Schuldners resultieren (weiter *AG Gifhorn* ZInsO 2001, 630; *Kübler/Prütting-Wenzel* InsO, § 287 Rz. 9). 40

Aus der systematischen Verwendung des Begriffs der Bezüge aus einem Dienstverhältnis etwa in den §§ 81 Abs. 2 Satz 1, 89 Abs. 2 Satz 1 InsO, der Gleichstellung mit den an ihre Stelle tretenden laufenden Bezügen und der gebotenen Rechtssicherheit ist deshalb abzuleiten, dass jedenfalls andere Einkünfte als das nach vollstreckungsrechtlichen Kriterien bestimmte Arbeitseinkommen **keine Bezüge** aus einem Dienstverhältnis gem. § 287 Abs. 2 Satz 1 InsO bilden. Durch diese Fixierung auf den vollstreckungs- 41 rechtlichen Begriff des Arbeitseinkommens werden die von der Abtretung erfassten Bezüge aus einem Dienstverhältnis auch eingegrenzt. Einkünfte des Schuldners, die kein solches Arbeitseinkommen darstellen und deshalb nicht dem Pfändungsschutz der §§ 850 ff. ZPO unterliegen (vgl. *Schubert* in Kasseler Handbuch, 2. Aufl., 2.11 Rz. 23), sind nicht an den Treuhänder abzutreten. Der nach den §§ 846, 847 ZPO zu pfändende Anspruch auf eine an eine Naturalleistung nicht in Geld zahlbare Vergütung unterfällt deshalb auch nicht § 850 ZPO. Die Naturalbezüge sind aber bei der Berechnung der Pfändungsgrenzen mit einzusetzen, §§ 292 Abs. 1 Satz 3, 36 Abs. 1 Satz 2 InsO, 850 Nr. 3 ZPO (*Stein/Jonas-Brehm* ZPO, 22. Aufl., § 850 Rz. 58, § 850e Rz. 61).

42 Arbeits- und Dienstlöhne sind die Einkünfte aus **unselbstständiger Tätigkeit**, die bei bestehender persönlicher oder wirtschaftlicher Abhängigkeit aufgrund eines privatrechtlichen Rechtsverhältnisses erbracht wird (*Stein/Jonas-Brehm* ZPO, 22. Aufl., § 850 Rz. 23). Derartige Einkünfte beziehen Arbeitnehmer, Heimarbeiter und andere arbeitnehmerähnliche Personen. Ohne Rücksicht auf die Berechnung als Zeit- bzw. Leistungslohn, Tariflohn respektive übertarifliche Vergütung oder die Bezeichnung als Gehalt, Provision bzw. Zulage wird die Vergütung wie auch ein an ihre Stelle getretener Ersatzanspruch erfasst (*Hess* InsO, 2007, § 287 Rz. 63; ausf. *Stöber* Forderungspfändung, 14. Aufl., Rz. 881; MünchArbR/*Hanau* 2. Aufl., § 74 Rz. 123 ff.). Zum Arbeitslohn gehört die Entgeltfortzahlung an Feiertagen wie im Krankheitsfall, das Urlaubsentgelt, nicht aber ein zusätzliches Urlaubsgeld gem. § 850a Nr. 2 ZPO (*BAG* NJW 1966, 222 f.; *Leinemann/Linck* Urlaubsrecht, § 11 BUrlG Rz. 102 f.). Mehrarbeitsvergütungen gehören zu den Bezügen, sind aber nach § 850a Nr. 1 ZPO zur Hälfte unpfändbar und insoweit nicht abzutreten (*Warrikoff* ZInsO 2004, 1331; vgl. *Schaub* Arbeitsrechts-Handbuch, § 92 II 16). Weihnachtsvergütungen sind Bestandteil der Bezüge, soweit sie gem. § 850a Nr. 4 ZPO die Hälfte des monatlichen Arbeitseinkommens übersteigen bzw. mehr als EUR 500,– betragen. Maßgebend sind die Brutto-Beträge (*LG Mönchengladbach* ZVI 2005, 326). Auch das nach dem Altersteilzeitgesetz (vom 23. 07. 1996, BGBl. I S. 1078) gezahlte Arbeitsentgelt ist Arbeitseinkommen (*Zöller/Stöber* ZPO, § 850 Rz. 6).

43 Als Arbeitseinkommen nennt § 850 Abs. 2 ZPO außerdem die Dienst- und Versorgungsbezüge der **Beamten** (s. *Kohte* § 312 Rz. 33 f.). Zu ihnen zählen die Bezüge, die Beamte nach den Besoldungs- und Versorgungsgesetzen erhalten, wie Grundgehalt und Zulagen, die Dienstbezüge der Berufssoldaten und Soldaten auf Zeit nach § 30 SoldatenG, die Bezüge der Zivildienstleistenden und die Bezüge Wehrpflichtiger nach den §§ 12a, 13, 13a USG (*Uhlenbruck/Vallender* InsO, 12. Aufl., § 287 Rz. 29; s. a. OLG Braunschweig NJW 1955, 1599; MünchKomm-ZPO/*Smid* 3. Aufl., § 850 Rz. 26; *Stöber* Forderungspfändung, 14. Aufl., Rz. 904 ff.). Zweckgebundene Ansprüche der Beamten aus den §§ 18, 33, 34, 35 und 43 BeamtVG, etwa über die Erstattung der Kosten eines Heilverfahrens, unterliegen nach den §§ 51 BeamtVG, 51 BRRG nicht der Pfändung und sind nicht abtretbar (*Stöber* Forderungspfändung, 14. Aufl., Rz. 880 f.). Pfändbar und damit abzutreten sind auch die Bezüge von Vorstandsmitgliedern einer AG oder Geschäftsführern einer GmbH (*BGH* NJW 1978, 756; *Stöber* Forderungspfändung, 14. Aufl., Rz. 886).

44 Keine Forderungen auf Bezüge aus einem Dienstverhältnis stellen **Lohn- oder Einkommensteuererstattungsansprüche** dar. Der Anspruch auf Erstattung hat zwar seinen Ursprung im Arbeitsverhältnis. Die Rechtsnatur des als Lohnsteuer einbehaltenen Teils wandelt sich jedoch aufgrund des entstehenden Lohnsteueranspruchs des Staats. Bei einer Rückerstattung nach § 37 Abs. 2 Satz 1 AO wird aus aus dem Steueranspruch des Staats ein Erstattungsanspruch des Steuerpflichtigen, ohne seinen öffentlich-rechtlichen Charakter zu verlieren. Steuererstattungsansprüche unterfallen deswegen grds. nicht der Abtretungserklärung (*BGH* BGHZ 163, 391 [393]; ZInsO 2006, 139 [140]; *BFH* ZVI 2007, 137 [138]; *LG Koblenz* ZInsO 2000, 507 [508]; *LG Duisburg* ZVI 2004, 399 [400]; *LG Hildesheim* ZVI 2005, 96; *FG Kassel* ZVI 2005, 222 [223]; *AG Göttingen* NZI 2004, 332 f.; MünchKomm-InsO/*Stephan* 2. Aufl., § 287 Rz. 40; *Hess/Weis/Wienberg* InsO, 2. Aufl., § 287 Rz. 22; Haarmeyer/Wutzke/Förster-Schmerbach Präsenzkommentar, § 287 Rz. 13; *Graf-Schlicker/Kexel* InsO, § 287 Rz. 10; *Mohrbutter/Ringstmeier-Pape* 8. Aufl., § 17 Rz. 41; FA-InsR/*Henning* Kap. 15 Rz. 60; *Stahlschmidt* ZInsO 2006, 629 [630]; **a. A.** *LAG Hamm* NZA 1989, 529 [530]; *LAG Frankfurt* BB 1989, 295 [296]; *AG Gifhorn* NZI 2001, 491; *Uhlenbruck/Vallender* InsO, 12. Aufl., § 287 Rz. 31; *Kübler/Prütting-Wenzel* InsO, § 287 Rz. 9; *Braun/Buck* InsO, 3. Aufl., § 287 Rz. 13; *Farr* BB 2003, 2324 [2327]). Außerdem ist ihre Verkehrsfähigkeit nach § 46 AO beschränkt, denn gegenüber dem Finanzamt sind solche Abtretungen nur wirksam, wenn die Abtretungsanzeige nach Entstehung am Ende des Ausgleichsjahres vorgelegt wird (*Klein/Brockmeyer* AO, 6. Aufl., Anm. 3; *Kühn/v. Wedelstädt* AO, 19. Aufl., Anm. 2). Demgegenüber hält das *AG Gifhorn* (NZI 2001, 491) § 46 AO auf die Abtretungserklärung nach § 287 Abs. 2 InsO nicht für anwendbar. So-

Antrag des Schuldners § 287

weit der den Steuererstattungsanspruch begründende **Sachverhalt vor Eröffnung des Insolvenzverfahrens** oder während dessen Dauer verwirklicht ist, fällt der Steuererstattungsanspruch in die **Insolvenzmasse** (*BGH* ZInsO 2006, 139 [140]; krit. *v. Gleichenstein* NZI 2006, 624 [626 f.]). Nach Aufhebung des Insolvenzverfahrens ist die Anordnung einer Nachtragsverteilung möglich (*BGH* ZInsO 2006, 139 [140]; s. a. *Ahrens* § 294 Rz. 8). Ist der Steuersachverhalt erst während der Treuhandperiode verwirklicht, wird der Steuererstattungsanspruch weder von der Abtretungserklärung erfasst noch ist insoweit eine Nachtragsverteilung zulässig. Zur Abtretung der Steuererstattungsansprüche an Gläubiger (*Hackenberg* ZVI 2006, 49). Zur **Wahl der Steuerklasse** gelten die bei *Ahrens* § 295 Rz. 14 c dargestellten Grundsätze; zur Aufrechnung mit Steuererstattungsansprüchen s. *Ahrens* § 294 Rz. 35 a.

Nicht zum Arbeitseinkommen gehört nach § 13 Abs. 3 5. VermBG auch die **Arbeitnehmer-Sparzulage** (*Hess* InsO, 2007, § 287 Rz. 70; *Baumbach / Lauterbach / Albers / Hartmann* ZPO, Grdz. § 704 Rz. 64; anders noch die Rechtslage nach § 12 Abs. 3 des 3. VermBG, *BAG* NJW 1977, 75 [76]), die nicht übertragbar ist. Vermögenswirksame Leistungen sind zwar Bestandteil des Arbeitseinkommens, doch ist der Anspruch auf die vermögenswirksame Leistung nach § 2 Abs. 7 Satz 2 5. VermBG nicht übertragbar (*Stöber* Forderungspfändung, 14. Aufl., Rz. 921 ff.; *Baumbach / Lauterbach / Albers / Hartmann* ZPO, Grdz. § 704 Rz. 111; s. a.; MünchArbR / *Hanau* 2. Aufl., § 74 Rz. 146; MünchKomm-ZPO / *Smid* 3. Aufl., § 850 Rz. 31). Das vom Arbeitgeber ausgezahlte staatliche **Kindergeld** ist kein Teil des Arbeitseinkommens (*LG Würzburg* Rpfleger 1979, 225; *Stein / Jonas-Brehm* ZPO, 22. Aufl., § 850 Rz. 22; *Schubert* in Kasseler Handbuch, 2. Aufl., 2.11 Rz. 29), seine Pfändbarkeit ist nach § 54 SGB I zu bestimmen. Ebenfalls kein Arbeitseinkommen bildet die von einer Gewerkschaft gezahlte **Arbeitskampfunterstützung**, also die Zuwendung eines Dritten (*Boewer / Bommermann* Lohnpfändung und Lohnabtretung, Rz. 444; *Graf-Schlicker / Kexel* InsO, § 287 Rz. 10; **a. A.** MünchArbR / *Hanau* 2. Aufl., § 74 Rz. 144; s. a. *Stöber* Forderungspfändung, 14. Aufl., Rz. 883), denn jedenfalls die Parallele zur steuerrechtlichen Beurteilung spricht nach der neueren Rspr. des BFH gegen die Beurteilung als Arbeitslohn (*BFH* NJW 1991, 1007; anders noch *BFH* BFHE 135, 488). Von Gästen freiwillig gezahlte **Trinkgelder** gehören im Allgemeinen nicht zu den Arbeits- oder Dienstlöhnen bzw. gleichgestellten Einkünften (*Hess* InsO, 2007, § 287 Rz. 70; *BAG* NJW 1996, 1012; *Schubert* in Kasseler Handbuch, 2. Aufl., 2.11 Rz. 39; **a. A.** *Helwich* Pfändung des Arbeitseinkommens, 2. Aufl., S. 28). Vereinbaren die Arbeitsvertragsparteien eine **Gehaltsumwandelung**, nach der ein Teil des monatlichen Barlohns vom Arbeitgeber auf eine Lebensversicherung zu Gunsten des Arbeitnehmers (Direktversicherung) gezahlt werden soll, entstehen insoweit keine pfändbaren Ansprüche auf Arbeitseinkommen mehr (*BAG* BB 1998, 1009 = EWiR 1998, 575 m. Anm. *Hintzen*). Eine solche generell unbedenkliche Abrede darf der Schuldner während der Treuhandphase nur in den Grenzen von § 295 Abs. 1 Nr. 1 InsO treffen (s. *Ahrens* § 295 Rz. 19 ff.). Der Taschengeldanspruch gegen den Ehepartner gehört nicht zu den Bezügen aus einem Dienstverhältnis oder den gleichgestellten Bezügen (FA-InsR / *Henning* Kap. 15 Rz. 62).

Ausdrücklich zählt die Begründung zum Regierungsentwurf das Arbeitsentgelt eines **Strafgefangenen** nach § 43 StVollzG zu den Bezügen i. S. d. § 287 Abs. 2 Satz 1 InsO (Begr. zu § 92 RegE BR-Drucks. 1/92 S. 136). Soweit dieses Arbeitsentgelt gepfändet werden kann, wird es auch von der Abtretungserklärung umfasst (*Hess* InsO, 2007, § 287 Rz. 63), doch war bislang vollstreckungsrechtlich außerordentlich umstritten, inwieweit das Entgelt eines Straf- oder Untersuchungsgefangenen pfändbar ist (ausf. s. *Kohte* § 312 Rz. 51 ff.). Durch die Entscheidung des *BGH* (NJW 2004, 3714 [3715]) ist inzwischen eine höchstrichterliche Klärung erreicht. Aus den Bezügen des Strafgefangenen ist zunächst ein Überbrückungsgeld zu bilden, das nur nach § 51 Abs. 1, 4 und 5 StVollzG für Unterhaltsgläubiger pfändbar ist und deswegen nicht der Verwertung durch den Treuhänder unterliegt (*OLG Karlsruhe* Rpfleger 1994, 370). Darüber hinausgehende nicht verbrauchte Beträge sind dem Eigengeld des Strafgefangenen nach § 52 StVollzG gutzuschreiben. Der Anspruch auf Eigengeld ist gem. § 829 ZPO pfändbar, mit Ausnahme des nach § 51 Abs. 4 Satz 2 StVollzG unpfändbaren Teils in Höhe des Unterschiedsbetrags zwischen dem gem. § 51 Abs. 1 StVollzG zu bildenden und dem tatsächlich vorhandenen Überbrückungsgeld (*BGH* NJW 2004, 3714 [3715]; s. a. *BFH* NJW 2004, 1344 [LS]). Auf das durch Gutschriften von Arbeitsentgelt gebildete Eigengeld finden weder die Pfändungsgrenzen des § 850 c ZPO noch der Pfändungsschutz aus § 850 k ZPO unmittelbare oder analoge Anwendung (*BGH* NJW 2004, 3714 [3715 f.] = ZVI 2004, 735, m. Anm. *Zimmermann*; *AG Brandenburg* ZVI 2005, 31 f.; ausf. *Stöber* Forderungspfändung, 14. Aufl., Rz. 134 ff.; zum bisherigen Streitstand vgl. die 3. Aufl. an dieser Stelle; s. a. *Jung* ZVI 2004, 77). Zu dem pfändbaren Eigengeld gehört entsprechend auch ein Guthaben aus Zahlung einer Sozialrente. In einem angemessenen Umfang muss dem Gefangenen Hausgeld nach § 47 StVollzG zustehen (*Zimmermann* ZVI 2004, 738 f.).

47 Auch Ansprüche, die erst **nach** dem **Ende des Dienstverhältnisses** entstehen, werden im Zwangsvollstreckungsrecht dem Arbeitseinkommen zugerechnet. Zu nennen sind die **Ruhegelder** und **Hinterbliebenenbezüge** nach § 850 Abs. 2 ZPO, die insbesondere als betriebliche Altersversorgung für einen Arbeitnehmer von seinem früheren Arbeitgeber oder aus einer Pensions- bzw. Unterstützungskasse aufgrund Tarifvertrag, Betriebsvereinbarung, einzelvertraglicher Vereinbarung oder betrieblicher Übung gezahlt werden (*BGH* NJW-RR 1989, 286 [287]; *Stöber* Forderungspfändung, 14. Aufl., Rz. 884; *Stein / Jonas-Brehm* ZPO, 22. Aufl., § 850 Rz. 32 ff.; *Zöller / Stöber* ZPO, § 850 Rz. 7). Dieser individualvollstreckungsrechtlichen Lesart ist durch die gesetzliche Klarstellung in den §§ 292 Abs. 1 Satz 3, 36 Abs. 1 Satz 2 InsO mit der umfassenden Verweisung auf § 850 ZPO auch im Insolvenzrecht zu folgen, weshalb derartige nach dem Ende des Dienstverhältnisses begründete Ansprüche insolvenzrechtlich Forderungen auf Bezüge aus einem Dienstverhältnis darstellen. Zu den Forderungen auf die an ihre Stelle tretenden Bezüge, also zu der anderen Forderungsgruppe des § 287 Abs. 2 Satz 1 InsO, gehören dagegen die laufenden Geldleistungen der Sozialversicherungsträger (dazu u. Rz. 68 ff.).

48 **Karenzzahlungen**, die einem Arbeitnehmer zum Ausgleich von Wettbewerbsbeschränkungen für die Zeit nach Beendigung des Arbeitsverhältnisses gezahlt werden, sind nach § 850 Abs. 3 a) ZPO dem Arbeitseinkommen gleichgestellt (*Boewer / Bommermann* Lohnpfändung und Lohnabtretung, Rz. 388 ff.). Dies gilt für Zahlungen, die nach den §§ 74 ff. HGB kaufmännischen Angestellten, gem. den §§ 133 f. GewO, 74 ff. HGB technischen Angestellten (*BAG* NJW 1970, 443 [444]) und in entsprechender Anwendung der §§ 74 ff. HGB ebenfalls sonstigen Arbeitnehmern (*BAG* DB 1970, 63), aber auch einem GmbH-Geschäftsführer geleistet werden (*OLG Rostock* NJW-RR 1995, 173 [174]). Insolvenzrechtlich können auch die nach den §§ 87, 89 b, 90 a HGB einem Ein-Firmen-Vertreter (*Stein / Jonas-Brehm* ZPO, 22. Aufl., § 850 Rz. 45; *MünchArbR / Hanau* 2. Aufl., § 74 Rz. 135) erbrachten Leistungen den Karenzzahlungen an Arbeitnehmer gleichgestellt werden (s. u. Rz. 51).

49 Entsprechendes gilt nach § 850 Abs. 3 b ZPO auch für **Versorgungsrenten** der Lebens- oder Unfallversicherung, wenn sie auf einem Vertrag beruhen, der zur Versorgung des Versicherungsnehmers oder seiner unterhaltsberechtigten Angehörigen eingegangen ist (s. *Kohte* § 312 Rz. 55 ff.). Hierzu gehören Tagegelder aus privaten Krankenversicherungen (*Stein / Jonas-Brehm* ZPO, § 850 Rz. 47), Leistungen aus einer Direktversicherung im Rahmen der betrieblichen Altersversorgung (*Stöber* Forderungspfändung, 14. Aufl., Rz. 892 a), Leistungen der Versorgungswerke für Freiberufler, die Rente der Versorgungsanstalt des Bundes und der Länder (BGHZ 111, 248 [253]; *Stöber* Forderungspfändung, 14. Aufl., Rz. 894, dort auch zum Abtretungsverbot) sowie Berufsunfähigkeitsrenten (*OLG München* VersR 1996, 318 [319]; *MünchKomm-ZPO / Smid* 3. Aufl., § 850 Rz. 42; *Baumbach / Lauterbach / Albers / Hartmann* ZPO, § 850 Rz. 14). Aus der Unabtretbarkeit landesrechtlich begründeter Ansprüche des öffentlichen Rechts, hier: anwaltliche Versorgungsansprüche, soll jedoch nicht unbedingt ihre Unpfändbarkeit folgen (*BGH* NJW 2004, 3770). Dieser Gedanke wird auch im Rahmen von § 287 Abs. 2 Satz 1 InsO zu berücksichtigen sein.

50 Zwangsvollstreckungsrechtlich werden auch manche **Einkünfte selbstständig tätiger Schuldner** dem Arbeitseinkommen i. S. v. § 850 ZPO gleichgestellt. Ob diese Einkommen aber zu den gem. § 287 Abs. 2 Satz 1 InsO abzutretenden Bezügen gehören, erscheint nach der Regelung in § 295 Abs. 2 InsO nicht selbstverständlich. § 295 Abs. 2 InsO verlangt von einem selbstständig tätigen Schuldner, eigenständig Zahlungen an den Treuhänder zu leisten, und setzt damit offenbar voraus, dass eine Abtretung seiner Einkünfte nicht erfolgt ist. Für eine Abtretung der dem Arbeitseinkommen gleichgestellten Einkünfte auch aus selbstständiger Tätigkeit spricht allerdings die angestrebte Parallele mit den individualvollstreckungsrechtlichen Pfändungsregeln und dem gesamtvollstreckungsrechtlichen Beschlagsrecht. Als besondere Voraussetzung des Restschuldbefreiungsverfahrens muss außerdem jeder und damit auch der selbstständige Schuldner die Abtretung erklären. Dieser sonst bei selbstständigen Schuldnern vielfach inhaltsleeren Verpflichtung wird ein zusätzlicher Sinn gegeben, wenn selbstständig tätige Schuldner ihre dem Arbeitseinkommen gleichzustellenden Einkünfte abzutreten haben (*MünchKomm-InsO / Stephan* 2. Aufl., § 287 Rz. 38; *Arnold* DGVZ 1996, 65 [69]; **a. A.** *Uhlenbruck / Vallender* InsO, 12. Aufl., § 287 Rz. 23, § 295 Rz. 65; *Kübler / Prütting-Wenzel* InsO, § 287 Rz. 9 a; HambK-InsO / *Streck* 2. Aufl., § 287 Rz. 18; *Trendelenburg* ZInsO 2000, 437 [438]). Vor allem steht aber § 295 Abs. 2 InsO einer Abtretung nicht entgegen, weil die Vorschrift nicht selbst die Unabtretbarkeit von Einnahmen anordnet, sondern nur die Konsequenzen zieht, falls Einkünfte nicht abtretbar sind (vgl. Begr. RegE BR-Drucks. 1/92 S. 192).

§ 295 Abs. 2 InsO füllt daher gerade die Lücke, soweit die Forderungen nicht abtretbar sind. Im Rahmen der gesetzlich vorgeschriebenen Abtretungserklärung ist schließlich auch die Individualisierbarkeit der abzutretenden Forderungen nicht zu bezweifeln (dazu o. Rz. 38), deren Umfang nach den Pfändungsregeln abzugrenzen ist. Sind die Forderungen nach § 850 Abs. 2 ZPO pfändbar, können sie nach § 287 Abs. 2 Satz 1 InsO abgetreten werden (**a. A.** *Haarmeyer/Wutzke/Förster* Handbuch, 3. Aufl., Rz. 8/270). Entscheidend dafür ist eine Einzelbeurteilung (Rz. 51). Honorarforderungen der Rechtsanwälte, Steuerberater und Wirtschaftsprüfer sind zwar pfändbar (*BGH* NJW 1999, 1544 [1546 f.]; *Meller-Hanich* KTS 2000, 37 [42 f.]), dies gilt ungeachtet der Abtretungsverbote aus den §§ 49 b BRAO, 64 Abs. 2 Satz 2 StBerG, 55 a WPO, aber sie sind damit nicht allgemein dem Arbeitseinkommen gleichgestellt. **Nicht wiederkehrend** gezahlte Vergütungen Selbstständiger unterliegen der Pfändbarkeit gem. § 850 i ZPO (*BGH* NJW 2003, 2167 [2170] = ZInsO 2003, 413, m. Anm. *Grote* = NZI 2003, 390 m. Anm. *Kohte*), auf den die §§ 292 Abs. 1 Satz 3, 36 Abs. 1 Satz 2 InsO verweisen, doch werden sie nicht von der Abtretungserklärung erfasst.

Die Einkünfte **arbeitnehmerähnlicher Personen** wie der Ein-Firmen-Handelsvertreter gem. § 92 a **51** HGB sowie mancher freier Mitarbeiter der Medienunternehmen werden individualvollstreckungsrechtlich als Arbeits- und Dienstlöhne behandelt (*Kniebes/Holdt/Voß* Die Pfändung von Arbeitseinkommen, S. 62; *Boewer/Bommermann* Lohnpfändung und Lohnabtretung, Rz. 374; *Stein/Jonas-Brehm* ZPO, 22. Aufl., § 850 Rz. 23, 37). Sonstige Vergütungen für Dienstleistungen aller Art, die die Erwerbstätigkeit des Schuldners vollständig oder zu einem wesentlichen Teil in Anspruch nehmen, etwa aus freien Dienstverträgen, sind in § 850 Abs. 2 ZPO ebenfalls dem Arbeitseinkommen gleichgestellt. Es wird also nicht darauf abgestellt, ob das Entgelt aufgrund eines freien oder eines abhängigen Dienstvertrags erbracht wird. Wesentlich ist vielmehr, dass es sich um wiederkehrend zahlbare Vergütungen für Dienste handelt, welche die Existenzgrundlage des Dienstpflichtigen bilden, weil sie die Erwerbstätigkeit des Schuldners jedenfalls zu einem wesentlichen Teil in Anspruch nehmen (*BAG* NJW 1962, 1221 [1222]; *BGH* NJW 1978, 756; *Zöller/Stöber* ZPO, § 850 Rz. 9). Wird ein (Zahn)Arzt zum wesentlichen Teil durch seine kassen(zahn)ärztliche Tätigkeit in Anspruch genommen, gehört auch sein Entgeltanspruch gegen die kassen(zahn)ärztliche Vereinigung zu den von § 287 Abs. 2 Satz 1 InsO erfassten Vergütungen (BGHZ 96, 324 [327 f.]; *Uhlenbruck* ZVI 2002, 49 [50]). Die Ansprüche sind abtretbar (BGHZ 130, 59 [68 f.]). Unter den vorgenannten Voraussetzungen können einzelvollstreckungsrechtlich die Einkünfte von Angehörigen der freien Berufe oder anderer Selbstständiger als sonstige Vergütung nach § 850 Abs. 2 ZPO zu beurteilen sein (*Schubert* in Kasseler Handbuch, 2. Aufl., 2.11 Rz. 48).

b) Abtretungsschutz

Abtretbar sind grds. nur die Forderungen, die auch pfändbar sind, weswegen auch von einem Gleichlauf **52** zwischen Abtretbarkeit und Pfändbarkeit nach den §§ 400 BGB, 851 ZPO gesprochen wird (BGHZ 92, 339 [343 f.]; *OLG Celle* NJW 1977, 1641; *Kohte* NJW 1992, 393 [396]; *Meller-Hanich* KTS 2000, 37 [38 ff.]). Der Pfändungsschutz für das Arbeitseinkommen besteht dabei insbesondere neben den allgemeinen Pfändungsgrenzen des § 850 c ZPO aus zahlreichen Sonderregeln, mit denen diese Pfändungsgrenzen teils erweitert, teils eingeschränkt werden. Da der Schuldner nach § 287 Abs. 2 Satz 1 InsO seine pfändbaren Forderungen auf Bezüge aus einem Dienstverhältnis abzutreten hat, begründet der Pfändungsschutz grds. auch einen Abtretungsschutz.

Früher war umstritten, ob die **Pfändungsschutzvorschriften für das Arbeitseinkommen** und insbe- **53** sondere § 850 f Abs. 1 ZPO auch im Insolvenzverfahren gelten (vgl. nur *OLG Frankfurt* NZI 2000, 531; *OLG Celle* ZInsO 2001, 713; *OLG Köln* ZInsO 2000, 499; *Grote* ZInsO 2000, 490; *Steder* ZIP 1999, 1874; *Ott/Zimmermann* ZInsO 2000, 421; *Kohte* FK-InsO, 2. Aufl., § 312 Rz. 31 ff.). Dieser Streit ist nunmehr zu Gunsten einer Anwendungsbestimmung geklärt. Dabei hat der Gesetzgeber von einer pauschalen Verweisung auf die Pfändungsschutzvorschriften für das Arbeitseinkommen abgesehen und sich für eine differenzierte Anwendung entschieden, §§ 36 Abs. 1 Satz 2 InsO i. V. m. den §§ 850, 850 a, 850 c, 850 e, 850 f Abs. 1, 850 g bis i ZPO. Eine entsprechende Anwendung dieser Vorschriften beruht auf der Überlegung, dass die Zwecke der genannten zwangsvollstreckungsrechtlichen Regelung mit dem Ziel der Gesamtvollstreckung in Einklang stehen (Rechtsausschuss, BT-Drucks. 14/6468 S. 17; ähnlich *Ahrens* FK-InsO, 2. Aufl., § 287 Rz. 55). Anwendbar sind die Bestimmungen, welche die Pfändbarkeit für alle Gläubiger modifizieren, wie etwa die §§ 850 c, 850 e Nr. 2, 2 a, 850 f Abs. 1 ZPO (s. *Kohte* § 312 Rz. 31). Unschädlich ist, dass § 850 c Abs. 4 ZPO eine Einzelfallabwägung erfordert (s. u. Rz. 57), weil die Abwägung durch die Verhältnisse des Unterhaltsberechtigten als Dritten und nicht durch die des antragstellenden Gläubigers bestimmt wird. Unanwendbar ist § 850 b ZPO über bedingt pfändbare Bezüge, § 850 d ZPO zur erweiterten Pfändung wegen Unterhaltsforderungen sowie § 850 f Abs. 2 und 3 ZPO zur erweiterten Pfändung bei Forderungen aus vorsätzlich unerlaubten Handlungen bzw. Pfändung höherer Bezüge, da sie in der Auflistung des § 36 Abs. 1 Satz 2 InsO nicht angeführt werden. Insbesondere die §§ 850 d, 850 f Abs. 2 ZPO modifizieren die Pfändbarkeit zu Gunsten bestimmter Gläubiger und Gläubigergruppen und lassen sich deshalb nicht in das gesamtvollstreckungsrechtliche Konzept einbinden (vgl. Rechtsausschuss, BT-Drucks. 14/6468 S. 17).

54 Die in § 36 Abs. 1 Satz 2 InsO aufgeführten Vorschriften der **§§ 850, 850 a, 850 c, 850 e, 850 f Abs. 1, 850 g bis i ZPO** sind ebenfalls auf die Forderungsabtretung des Schuldners nach § 287 Abs. 2 Satz 1 InsO anzuwenden. Durch die Verweisung in § 292 Abs. 1 Satz 3 InsO auf § 36 Abs. 1 Satz 2 InsO und die Pfändungsschutzvorschriften für das Arbeitseinkommen wird dies ausdrücklich klargestellt. Das Verbot einer freiwilligen Übertragung unpfändbarer Forderungen rechtfertigt keine Einschränkungen für Abtretungen besonderer Art, selbst wenn sie in guter Absicht für den Gläubiger konzipiert sind (*Nörr/Scheyhing/Pöggeler* Sukzessionen, 2. Aufl., S. 26). Deshalb kommt es nicht darauf an, ob die Abtretungserklärung gem. § 287 Abs. 2 Satz 1 InsO nach ihrem materiellen Gehalt freiwillig abgegeben wird (so noch zur alten Rechtslage KS-InsO/*Schmidt-Räntsch* 1997, S. 1177 Rz. 29; *Smid/Krug/Haarmeyer* InsO, § 287 Rz. 17; *Braun/Riggert/Kind* Neuregelungen der Insolvenzordnung in der Praxis, 2. Aufl., S. 194 f.), denn die Freiwilligkeit ist bei einer zwingenden Verfahrensvoraussetzung nicht zu begründen. Eine Einschränkung des Abtretungsverbots aus § 400 BGB, weil der Zessionar dem Zedenten die Leistung erbringt, deren Erhalt gerade das Pfändungsverbot schützen soll (MünchKomm-BGB/*Roth* § 400 Rz. 4), kommt aufgrund des gesetzlich bestimmten Umfangs der Abtretung nicht in Betracht.

55 Seine **beschränkt und bedingt pfändbaren Forderungen** auf Bezüge aus einem Dienstverhältnis kann der Schuldner deshalb nach § 287 Abs. 2 InsO nicht abtreten, wenn sie unpfändbar sind. Dieser gegenüber einer vertraglichen Abtretung geltende Grundsatz wird durch die §§ 292 Abs. 1 Satz 3, 36 Abs. 1 Satz 2 InsO für die durch einen staatlichen Hoheitsakt nach § 291 Abs. 2 InsO herbeigeführte Forderungsübertragung bestätigt.

56 Unpfändbare Bezüge gem. **§ 850 a ZPO** sind nach §§ 287 Abs. 2 Satz 1, 292 Abs. 1 Satz 3, 36 Abs. 1 Satz 2 InsO nicht abtretbar. Unpfändbar ist etwa die Hälfte der für die Leistung von Mehrarbeitsstunden gezahlten Teile des Arbeitsentgelts, § 850 a Nr. 1 ZPO. Gemeint ist damit die Hälfte der Gesamtvergütung, nicht nur der Zuschläge (*Baumbach/Lauterbach/Albers/Hartmann* ZPO, § 850 a Rz. 3), für die über die Normalarbeitsleistung hinausgehend geleistete Arbeitszeit. Auf das Entgelt eines (Zahn)Arztes gegen die kassen(zahn)ärztliche Vereinigung ist § 850 Nr. 3 ZPO unanwendbar (BGHZ 96, 324 [328 ff.].

57 Für die Pfändungsgrenzen gem. **§ 850 c Abs. 1 bis 3 ZPO** ist bei der Festsetzung des pfändbaren Teils des Einkommens ein Freibetrag anzusetzen, falls den Schuldner eine Unterhaltpflicht trifft und er tatsächlich eigene Unterhaltsleistungen erbringt (*BAG* NJW 1966, 903). Handelt es sich bei dem ersten Unterhaltsberechtigten um ein Kind, ist umstritten, ob eine Erhöhung nach der ersten oder zweiten Stufe der Tabelle zu erfolgen hat (einerseits LG Heilbronn ZVI 2004, 341 f.; andererseits LG Augsburg ZVI 2004, 342, m. Anm. *Zimmermann*). Unterhaltsansprüche der Kinder richten sich gegen beide Eltern. Verdienen beide Eltern und gewähren sie jeweils auch tatsächlich den Unterhalt, so stehen beiden die Freibeträge des § 850 c ZPO zu (*BAG* BB 1975, 703; *Stein/Jonas-Brehm* 22. Aufl., § 850 c Rz. 18). Eigene Einkünfte eines Unterhaltsberechtigten vermindern dabei nicht automatisch den zu gewährenden Freibetrag. Solange noch kein Antrag nach **§ 850 c Abs. 4 ZPO** gestellt und beschieden wurde, ist im Einzelzwangsvollstreckungsverfahren trotz eigener Einkünfte des Unterhaltsberechtigten der volle Freibetrag zu gewähren (*BAG* AP Nr. 4 zu § 850 c ZPO; *Stein/Jonas-Brehm* ZPO, 22. Aufl., § 850 c Rz. 17). Anstelle eines Gläubigers ist gem. §§ 292 Abs. 1 Satz 3, 36 Abs. 4 InsO der Treuhänder antragsberechtigt. Das Gericht bestimmt bei einem Antrag nach § 850 c Abs. 4 ZPO nach billigem Ermessen, dass der Unterhaltsberechtigte mit eigenen Einkünften ganz oder teilweise unberücksichtigt bleibt. Eine schematische Betrachtung ist dabei ausgeschlossen. Die Anwägung hat unter Einbeziehung aller wesentlichen Umstände des Einzelfalls und nicht lediglich nach festen Bezugsgrößen zu erfolgen (*BGH* NJW-RR 2005, 795 [797] = ZVI 2005, 194 [196]; NJW-RR 2005, 1239 [1240] = ZVI 2005, 254 [255], m. Anm. *Zimmermann*; NJW-RR 2006, 569 [570]; *Stöber* Forderungspfändung, 14. Aufl., Rz. 1062 ff.). Als Orientierungsgröße kann für einen mit dem Schuldner in einem Haushalt wohnenden Unterhaltsberechtigten vom sozialhilferechtlichen Existenzminimum nebst einem Zuschlag von 30 bis 50% ausgegangen werden. Führt der Unterhaltberechtigte einen eigenen Hausstand, bietet der Grundfreibetrag nach § 850 c Abs. 1 ZPO einen Anhaltspunkt (*BGH* NJW-RR 2005, 1239 [1240] = ZVI 2005, 254 [255 f.], m. Anm. *Zimmermann*; *LG Ellwangen* Rpfleger 2006, 88; *AG Göttingen* ZInsO 2006, 952). Gegen die vom Rechtspfleger zu treffende Entscheidung steht dem nicht gehörten Schuldner die Erinnerung gem. § 766 ZPO, dem gehörten Schuldner sowie dem Gläubiger die Erinnerung gem. § 11 Abs. 1 Satz 2 RPflG zu (vgl. *Stein/Jonas-Brehm* ZPO, 22, Aufl., § 850 c Rz. 41).

Da die §§ 292 Abs. 1 Satz 3, 36 Abs. 1 Satz 2 InsO nicht auf eine entsprechende Anwendung von **§ 850 b** **58** **ZPO** verweist, ist die Vorschrift im Insolvenzverfahren und für die Forderungsabtretung unanwendbar. § 850 b Abs. 2 ZPO verlangt eine Billigkeitsentscheidung, die in einem Gesamtvollstreckungsverfahren nicht getroffen werden kann. Die in § 850 b Abs. 1 ZPO aufgeführten Bezüge sind nicht abzutreten, wie bereits bislang ihre Massezugehörigkeit im Konkursverfahren abgelehnt wurde (*LG Hamburg* VersR 1957, 366; *Jaeger/Henckel* KO, § 1 Rz. 73). Hierzu gehören insbesondere Verletzungsrenten (BGHZ 70, 206 [212]; *OLG Oldenburg* MDR 1994, 257, m. Anm. *Hülsmann* MDR 1994, 537) und gesetzliche Unterhaltsrenten sowie der Taschengeldanspruch gegen den Ehegatten (*BGH* ZVI 2004, 338 f.).

Auf eine entsprechende Anwendung von **§ 850 d ZPO** verweisen die §§ 292 Abs. 1 Satz 3, 36 Abs. 1 **59** Satz 2 InsO nicht. Dieses allein für eine bestimmte Gläubigergruppe bestehende Zugriffsvorrecht ist im Gesamtvollstreckungsverfahren unanwendbar. Es kann auch nicht auf die nach § 287 Abs. 2 Satz 1 InsO abzutretenden Forderungen angewendet werden.

Bezieht ein Schuldner mehrere Arbeitseinkommen, sind sie im Zwangsvollstreckungsverfahren auf An- **60** trag durch das Gericht (vgl. Rz. 67) zusammenzurechnen, **§ 850 e Nr. 2 ZPO** i. V. m. den §§ 292 Abs. 1 Satz 3, 36 Abs. 1 Satz 2 InsO (MünchKomm-InsO/*Stephan* 2. Auf., § 287 Rz. 45; *Warrikoff* ZInsO 2004, 1331 [1332]). Andere Einkünfte als Arbeitseinkommen werden von dieser Zusammenrechnungsbefugnis nicht erfasst (*Grunsky* ZIP 1983, 908 [909]). Auf den Streit darüber, ob § 850 e Nr. 2 ZPO auf mehrere abgetretene Forderungen anwendbar ist (*BAG* DB 1997, 784 = AR-Blattei ES 1130 Nr. 76, m. Anm. *Kohte*; *LG Flensburg* MDR 1968, 58; *Stein/Jonas-Brehm* ZPO, 22. Aufl., § 850 e Rz. 75; MünchKomm-ZPO/*Smid* § 850 e Rz. 18; *Stöber* Forderungspfändung, 14. Aufl., Rz. 1149; **a. A.** *AG Leck* MDR 1968, 57; *Grunsky* ZIP 1983, 908 [910]), kommt es insoweit nicht mehr an. Anstelle eines Gläubigers ist gem. §§ 292 Abs. 1 Satz 3, 36 Abs. 4 InsO der Treuhänder antragsberechtigt (nach **a. A.** die Insolvenzgläubiger *Warrikoff* ZInsO 2004, 1331 [1332]).

Ausdrücklich verweisen die §§ 292 Abs. 1 Satz 3, 36 Abs. 1 Satz 2 InsO auch auf **§ 850 f Abs. 1 ZPO**. **61** Dies entspricht dem bislang umstrittenen, aber gerade von der obergerichtlichen Judikatur betonten Grundsatz, dass der Schutz des **Existenzminimums** auch im Insolvenzverfahren zu beachten ist (vgl. *Kohte* § 312 InsO Rz. 45 ff.; *OLG Frankfurt* NZI 2000, 531; *OLG Celle* ZInsO 2001, 713; *OLG Köln* ZInsO 2000, 499; *Grote* ZInsO 2000, 490; s. a. *Winter* ZVI 2004, 322). Der Gesetzgeber hat den Schutz des Existenzminimums auch für die Bezügeabtretung angeordnet (*Hergenröder* ZVI 2006, 173 [182, 183]). Antragsberechtigt ist der Schuldner. Die §§ 292 Abs. 1 Satz 3, 36 Abs. 4 InsO, nach denen anstelle eines Gläubigers der Treuhänder antragsberechtigt ist, lassen das Antragsrecht des Schuldners unberührt (*Vallender* NZI 2001, 561 [562]). Auf einen Antrag des Schuldners kann das Gericht nach § 850 f Abs. 1 a) ZPO den pfändungsfreien Teil seines Einkommens erweitern, wenn der notwendige Lebensunterhalt i. S. d. SGB XII (vgl. auch *Stöber* Forderungspfändung, 14. Aufl., Rz. 1176 ff.) für ihn und die Personen, denen er Unterhalt gewährt, nicht mehr gedeckt ist.

Zu berücksichtigen ist der **sozialrechtliche Maßstab**, der zwischen der Gewährleistung des Existenzmi- **62** nimums für nicht erwerbsfähige Personen nach dem SGB XII und der für erwerbsfähige Personen und deren Haushaltsangehörige nach dem **SGB II** unterscheidet (*Zimmermann/Fremann* ZVI 2008, 374 [375]). Die Regelleistung für erwerbsfähige Schuldner nach § 20 SGB II beträgt für Alleinstehende oder Alleinerziehende EUR 351,–. Mehrbedarfe sind zu berücksichtigen gem. § 21 SGB II bei Schwangerschaft, bei Alleinerziehenden, bei Behinderung und bei kostenaufwändiger Ernährung sowie nach § 23 Abs. 3 SGB II bei der Erstausstattung der Wohnung, der Erstausstattung für Bekleidung und schulrechtlich veranlassten mehrtägigen Klassenfahrten. Leistungen für Unterkunft und Heizung werden nach § 22 Abs. 1 Satz 1 SGB II in Höhe der angemessenen tatsächlichen Aufwendungen erbracht. Vom Einkommen des Schuldners sind gem. § 11 Abs. 2 SGB II abzusetzen die darauf entrichteten Steuern und Sozialversicherungsbeiträge, angemessene Privatversicherungen, notwendige Fahrtkosten (aufgrund der Subsidiarität grds. nur die preiswerten Kosten des öffentlichen Verkehrsmittels: *Eicher/Spellbrink/Mecke* SGB II § 11 Rz. 72; bei zu erstattenden Kfz-Fahrtkosten EUR 0,20 je Entfernungskilometer: *Zimmermann/Fremann* ZVI 2008, 374 [377]) und die sonstigen mit der Erzielung des Einkommens verbundenen notwendigen Ausgaben sowie der Betrag nach § 30 SGB II. Zusätzlich zu einem Grundfreibetrag von

EUR 100,– ist für Einkünfte zwischen EUR 101,– und EUR 800,– grds. ein Betrag von 20 % abziehbar (*Zimmermann/Fremann* ZVI 2008, 374 [378]; zu eheähnlichen Gemeinschaften und Stiefkindern *OLG Frankfurt/M.* ZVI 2008, 384).

63 Die Härteklausel zu Gunsten der Gläubiger von Forderungen aus vorsätzlicher unerlaubter Handlung, **§ 850 f Abs. 2 ZPO**, ist unanwendbar. Der Gesetzgeber hat ausdrücklich von einer Verweisung auf diese Vorschrift abgesehen, weil sie die Pfändbarkeit lediglich für bestimmte Gläubiger erweitert (Rechtsausschuss, BT-Drucks. 14/6468 S. 17). Im Übrigen wird den Interessen der Gläubiger durch die Privilegierung nach § 302 Nr. 2 InsO angemessen Rechnung getragen (ebenso *AG Göttingen* ZInsO 2005, 668).

64 **§ 850 h ZPO** ist entsprechend anwendbar, §§ 292 Abs. 1 Satz 3, 36 Abs. 1 Satz 2 InsO. Die Vorschrift über die Lohnverschleierung (dazu *OLG Köln* WM 2000, 2114; *Ott/Zimmermann* ZInsO 2000, 421 [425]) bildet eine Verfahrensregel und soll daneben auch Normen des materiellen Haftungsrechts enthalten, deren Geltung nicht auf das Einzelzwangsvollstreckungsrecht beschränkt ist (*Jaeger/Henckel* KO, § 1 Rz. 72; *Kuhn/Uhlenbruck* KO, § 1 Rz. 29). Damit formuliert § 850 h ZPO einen Verantwortungsgedanken, der im Restschuldbefreiungsverfahren speziell durch § 295 Abs. 1 Nr. 1 InsO ausgedrückt wird.

65 **§ 850 i ZPO** betrifft nicht wiederkehrend zahlbare Vergütungen und ist nach den §§ 292 Abs. 1 Satz 3, 36 Abs. 1 Satz 2 InsO ebenfalls auf Forderungsabtretung entsprechend anzuwenden (*Hergenröder* ZVI 2006, 173 [182, 183]). In erster Linie sind die Tilgungsleistungen des Schuldners aus seinem laufenden Einkommen zu erbringen, doch werden auch die nicht wiederkehrend zahlbaren Vergütungen erfasst. Als nicht wiederkehrend zahlbare Vergütung werden u. a. Abfindungsansprüche angesehen, die an die Stelle laufender Bezüge treten (*Stein/Jonas-Brehm* ZPO, 22. Aufl., § 850 i Rz. 7; *Stöber* Forderungspfändung, 14. Aufl., Rz. 1234), wie etwa Abfindungen nach den §§ 9, 10 KSchG (*BAG* DB 1959, 1007; *BAG* DB 1980, 358 [360]; *LAG Hamm* ZVI 2002, 124 [125 f.]), der aufgrund einer Betriebsvereinbarung zu zahlende Einkommensausgleich bei einem vorzeitigen Ausscheiden aus dem Arbeitsverhältnis (*LAG Düsseldorf* DB 1988, 1456) sowie eine Sozialplanabfindung nach § 112 BetrVG (*BAG* NZA 1992, 384 = ARBlattei ES 1130 Nr. 70 m. Anm. *Kohte*; *OLG Düsseldorf* NJW 1979, 2520). Soweit die Abtretung der Bezüge aus einem Arbeitsverhältnis umfassend an dem Begriff des Arbeitseinkommens zu orientieren ist (o. Rz. 39 ff.), sind auch derartige Abfindungen abgetreten (*Hergenröder* ZVI 2006, 173 [183 f.]), doch kann hier die Abtretungsregel auch eigenen Prinzipien folgen. Auf diese Auslegung hat der sprachliche Gegensatz zwischen den Bezügen aus einem Dienstverhältnis und den an ihre Stelle tretenden laufenden Bezügen keinen Einfluss, da dieser Begriff der laufenden Bezüge dem Sozialrecht entstammt. Als begrenztes Äquivalent des Pfändungsschutzes aus § 850 c ZPO gilt der antragsabhängige Schutz des § 850 i Abs. 1 ZPO auch für Abtretungen. Zu erwägen ist außerdem, inwieweit eine Hinweispflicht des Arbeitgebers auf dieses Antragsrecht besteht (*Kohte* Anm. zu *BAG* ARBlattei ES 1130 Nr. 70).

66 Ändern sich die Voraussetzungen für die Bemessung des unpfändbaren Teils des Arbeitseinkommens, so ist auf Antrag der Beschluss zu ändern, **§ 850 g Satz 1 ZPO**. Diese Vorschrift ist im Insolvenzverfahren entsprechend anzuwenden (*OLG Köln* ZInsO 2000, 603) und nach der gesetzlichen Entscheidung auch für die Forderungsabtretung heranzuziehen, §§ 292 Abs. 1 Satz 3, 36 Abs. 1 Satz 2 InsO.

c) Verfahren

67 Die **Antragsrechte** der Gläubiger werden nach § 36 Abs. 4 Satz 2 InsO vom Treuhänder, die des Schuldners von ihm selbst wahrgenommen (*Graf-Schlicker/Kexel* InsO, § 287 Rz. 16). Die für das vor dem 01. 12. 2001 geltende Recht umstrittene Frage der Zuständigkeit für die gerichtlichen Entscheidung nach den § 850 ff. ZPO (dazu die 3. Aufl. an dieser Stelle) hat der Gesetzgeber entschieden. Aufgrund des Sachzusammenhangs ist die zweckmäßige **Zuständigkeit des Insolvenzgerichts** begründet, §§ 292 Abs. 1 Satz 3, 36 Abs. 4 Satz 1 InsO (MünchKomm-InsO/*Stephan* 2. Aufl., § 287 Rz. 48; *Andres/Leithaus* InsO, § 287 Rz. 24). Die Entscheidung trifft der Rechtspfleger (*OLG Stuttgart* NZI 2002, 52 [53]). Antragsberechtigt ist der Treuhänder §§ 292 Abs. 1 Satz 2, 36 Abs. 4 InsO, aber auch der Schuldner, der wieder verwaltungsberechtigt ist.

67 a Weist der Rechtspfleger nach neuem Recht den Antrag gem. den §§ 292 Abs. 1 Satz 3, 36 Abs. 1 Satz 2 InsO zurück, ist dagegen die befristete Erinnerung gem. § 11 Abs. 2 RPflG statthaft (MünchKomm-InsO/*Stephan* 2. Aufl., § 287 Rz. 49; s. a. *Vallender* NZI 2001, 561 [562]). Dies entspricht der überwiegend zum früheren Recht vertretenen Ansicht, die als **Rechtsbehelf** gegen die Entscheidung des Rechtspfleger die Erinnerung gem. § 11 Abs. 2 RPflG zugelassen hat (*OLG Köln* ZInsO 2000, 499 [501]; *OLG Köln* ZInsO 603 [604]; *OLG Frankfurt* NZI 2000, 531 [533] = DZWIR 2001, 32 m. Anm. *Kohte*; *OLG*

Hamburg ZInsO 2001, 807 = EWiR 2001, 647 (Pape); *LG München I* ZInsO 2000, 410 [LS];). Zum Teil wurde aber auch eine sofortige Beschwerde analog § 793 ZPO (*Grote* ZInsO 2000, 490 [491]; *Stephan* ZInsO 2000, 376 [381]), bzw. eine sofortige Beschwerde analog §§ 296 Abs. 3, 300 Abs. 3 InsO angenommen (*LG Offenburg* NZI 2000, 277 = VuR 2001, 27 m. Anm. *Ahrens*) oder die Entscheidung offengelassen (*OLG Celle* ZInsO 2001, 713).

3. Gleichgestellte Forderungen

a) Abzutretende Forderungen

Nach § 287 Abs. 2 Satz 1 InsO hat der Schuldner außerdem die **pfändbaren Forderungen auf laufende Bezüge** zu übertragen, die **an die Stelle der Bezüge aus einem Dienstverhältnis** treten. Diese Forderungen werden durch ihren Zusammenhang mit einer Arbeitsleistung konturiert. Die Begründung zum Regierungsentwurf zählt hierzu Renten und die sonstigen laufenden Geldleistungen der Sozialversicherungsträger sowie der Bundesanstalt für Arbeit im Fall des Ruhestands, der Erwerbsunfähigkeit oder der Arbeitslosigkeit (BR-Drucks. 1/92 S. 136). Zur Auslegung kann dabei auch auf die Definition des Erwerbsersatzeinkommens gem. § 18 a Abs. 1 Nr. 2, Abs. 3 SGB IV abgestellt werden (Übersicht bei MünchKomm-InsO/*Stephan* 2. Aufl., § 287 Rz. 50 Fn. 94; *Brachmann* in Jahn SGB, § 18 a SGB IV Rz. 11 ff.). Für die Abgrenzung der **Abtretbarkeit** wird auch auf die Parallelnormen zur Pfändbarkeit in § 54 SGB I verwiesen (zur Unterscheidung etwa *BSG* BSGE 53, 201 ff.). Abtretbar wären danach die Sozialleistungen gem. § 53 SGB I soweit sie nach den §§ 54 SGB I, 850 ff. ZPO pfändbar sind, wobei freilich nicht die Entscheidung der § 850 ff. ZPO übernommen wird, welche Einkünfte als Arbeitseinkommen gelten (*Burdenski/v. Maydell/Schellhorn* GK-SGB I, 2. Aufl., § 53 Rz. 25; BochKomm-*Heinze* SGB-AT, § 53 Rz. 31). Generell unpfändbare Ansprüche, wie etwa das Erziehungsgeld nach § 54 Abs. 3 Nr. 1 SGB I, können nach § 53 Abs. 3 SGB I nicht übertragen werden. Grds. unpfändbare Ansprüche, z. B. auf Kindergeld, können nur in dem Rahmen übertragen werden, in dem eine Pfändung zulässig ist (*Hauck/Haines* SGB I § 53 Rz. 9). 68

Stets sind damit aber nur **Geldleistungen** abzutreten. Kostenerstattungsansprüche wegen einer selbst beschafften Sach- oder Dienstleistung sind als Surrogate ebenso wie die Ansprüche auf diese Sozialleistungen nach § 53 Abs. 1 SGB I unabtretbar (KassKomm-*Seewald* SGB I, § 53 Rz. 4; diff. *Mrozynski* SGB I, 3. Aufl., § 53 Rz. 3), auch betreffen sie keine laufenden Leistungen. Zugleich wird die sozialrechtliche Unterscheidung zwischen der Übertragung und Pfändung von Ansprüchen auf einmalige Geldleistungen und von Ansprüchen auf laufende Geldleistungen in die insolvenzrechtliche Regelung übertragen, denn nur Forderungen auf laufende Bezüge, die an die Stelle der Dienstbezüge treten, werden von der Abtretungserklärung erfasst. Laufende Geldleistungen betreffen alle Ansprüche, die auf wiederkehrende Zahlungen gerichtet sind und regelmäßig durch einen begünstigenden Verwaltungsakt mit Dauerwirkung gewährt werden (*Giese/Krahmer* SGB I und X, § 54 SGB I Rz. 8). Ihren Charakter als wiederkehrende Leistungen verlieren auch nicht verspätete oder zusammengefasste Zahlungen, weshalb etwa Rentennachzahlungen als wiederkehrende Leistung erbracht werden (MünchArbR/*Hanau* § 72 Rz. 164). 69

Auch die **Vorausabtretung** künftiger Sozialleistungsansprüche ist grds. zulässig (*Uhlenbruck/Vallender* InsO, 12. Aufl., § 287 Rz. 32; s. a. *BGH* NJW 1989, 2383 [2384]; KassKomm-*Seewald* SGB I, § 53 Rz. 8; *Hauck/Haines* SGB I § 53 Rz. 3; *Stein/Jonas-Brehm* ZPO, 22. Aufl., § 850 i Rz. 71 m. w. N.). Eine Pfändung von Sozialleistungsansprüchen soll möglich sein, falls nach den tatsächlichen Verhältnissen der künftige Eintritt der Anspruchsvoraussetzungen i. S. d. §§ 2 Abs. 1 Satz 2, 40 Abs. 1 SGB I möglich und bereits bestimmbar ist. Nicht gepfändet werden können dagegen Leistungen, deren gesetzliche Anspruchsvoraussetzungen noch durch ein künftiges ungewisses Ereignis bedingt sind (*Zöller/Stöber* ZPO, § 850 i Rz. 27). Die bloße Erwartung, dass eine solche Forderung entstehen könnte, genügt nicht (*LG Koblenz* JurBüro 1998, 161). Deshalb scheidet etwa die Pfändung von Krankengeld jedenfalls vor Arbeitsaufnahme aus (*Stein/Jonas-Brehm* ZPO, 22. Aufl., § 850 i Rz. 71; *Stöber* Forderungspfändung, 14. Aufl., Rz. 1369 a) und eine Rente wegen Erwerbs- oder Berufsunfähigkeit ist nicht pfändbar, solange nicht zu erwarten ist, dass die Voraussetzungen der Erwerbs- oder Berufsunfähigkeit eintreten (*LG Koblenz* JurBüro 1998, 161). Vor dem Tod des versicherten Angehörigen ist deswegen auch die Pfändung einer Rente wegen Todes gem. den §§ 46 ff. SGB VI ausgeschlossen (*Zöller/Stöber* ZPO, § 850 i Rz. 27), weshalb auch eine Abtretung grds. nicht in Betracht kommt. Ob derartige künftige Forderungen trotzdem gem. § 287 Abs. 2 70

§ 287   *Restschuldbefreiung*

Satz 1 InsO übertragen werden können, um auch diese Ansprüche für die Tilgungsleistung zu erfassen, erscheint sehr zweifelhaft (**a. A.** MünchKomm-InsO/*Stephan* 2. Aufl., § 287 Rz. 50).

71 Im Bereich der **Ausbildungsförderung** werden Sozialleistungen gem. §§ 3 Abs. 1, 18 SGB I als Zuschüsse und Darlehen für den Lebensunterhalt und die Ausbildung nach BAFöG und als Stipendien nach den Graduiertenförderungsgesetzen der Länder gezahlt (*Stein/Jonas-Brehm* ZPO, 22. Aufl., § 850 i Rz. 46). Diese Leistungen sind jedoch nach § 850 a Nr. 3 und 6 ZPO unpfändbar, soweit sie sich etwa auf Fahrtkosten, Lern- und Arbeitsmittel und die Kosten einer auswärtigen Unterkunft beziehen (*Stein/Jonas-Brehm* ZPO, 22. Aufl., § 850 i Rz. 74).

72 Zur **Arbeitsförderung** werden diese Sozialleistungen nach den §§ 3 Abs. 2, 19 ff. SGB I insbesondere durch Kurzarbeitergeld nach § 3 Abs. 1 Nr. 9 i. V. m. §§ 169 ff. SGB III, Arbeitslosengeld gem. § 3 Abs. 1 Nr. 8 i. V. m. §§ 117 ff. SGB III und Insolvenzgeld gem. § 3 Abs. 1 Nr. 10 i. V. m. §§ 183 ff. SGB III erbracht, wobei die Übertragbarkeit des Insolvenzgeldes in § 188 SGB III angelehnt an die allgemeine Rechtslage geregelt ist (vgl. GK-SGB III/*Hess* § 188 Rz. 3 ff.). Es werden aber auch Leistungen zur beruflichen Ausbildung, Fortbildung und Umschulung erbracht, doch sind die durch eine Fortbildungsmaßnahme unmittelbar entstehenden Kosten gem. § 850 a Nr. 3 ZPO unpfändbar.

73 Zusätzliche Leistungen für **behinderte Menschen** sehen die §§ 4, 26 Abs. 2, 33 Abs. 3 bis 8, 44 ff., 55 Abs. 2 SGB IX (*Schubert* in Kasseler Handbuch, 2. Aufl., 2.11 Rz. 80), doch sind nach § 54 Abs. 3 Nr. 3 SGB I diese Geldleistungen unpfändbar, soweit sie den durch einen Körper- oder Gesundheitsschaden bedingten Mehraufwand ausgleichen sollen (*Hess* InsO, 2007, § 287 Rz. 88; BT-Drucks. 12/5187 S. 29). Sozialleistungen an Schwerbehinderte, die dem Ausgleich von Einkommensverlusten dienen, sind dagegen pfändbar (*Stöber* Forderungspfändung, 14. Aufl., Rz. 1359). Zum Arbeitseinkommen und nicht zu den hier zu behandelnden gleichgestellten Bezügen zählt das nach dem Altersteilzeitgesetz (vom 23. 07. 1996, BGBl. I S. 1078) gezahlte Arbeitsentgelt.

74 Soziale Entschädigungen wegen **Gesundheitsschäden** stellen nach den §§ 5, 24 SGB I ebenfalls Sozialleistungen dar (Übersicht bei *Schubert* in Kasseler Handbuch, 2. Aufl., 2.11 Rz. 85 f.). Neben den Leistungen nach dem SGB IX sind auch diese Zahlungen wegen Gesundheitsschäden gem. den §§ 14, 15, 31, 35 BVG nach § 54 Abs. 3 Nr. 3 SGB I unpfändbar (BT-Drucks. 12/5187 S. 29; *Zöller/Stöber* ZPO, § 850 i Rz. 24; *Hornung* Rpfleger 1994, 442 [443]).

75 Leistungen der Sozialversicherung werden nach den §§ 4, 21 bis 23 SGB I durch die **gesetzliche Kranken-, Pflege-, Unfall- und Rentenversicherung** sowie als Altershilfe für Landwirte erbracht. Zu den Leistungen der Krankenversicherung gehören insbesondere Krankengeld nach §§ 44 ff. SGB V, Sterbegeld gem. den §§ 58 f. SGB V, das jedoch keine laufende Leistung darstellt, und das nach Maßgabe von § 54 Abs. 3 Nr. 2 SGB I bis zur Höhe des Erziehungsgeldes bzw. des anrechnungsfreien Betrages des Elterngeldes unpfändbare Mutterschaftsgeld (*Hess* InsO, 2007, § 287 Rz. 88; BT-Drucks. 12/5187 S. 29; *Grüner/Dalichau* SGB, § 54 SGB I Anm. V 2; *Hornung* Rpfleger 1994, 442 [443]), vor allem gem. § 200 RVO. Von der Pflegeversicherung werden insbesondere Pflegegeld, §§ 28 Abs. 1 Nr. 2, 37 SGB XI, Pflegehilfsmittel und technische Hilfen, §§ 28 Abs. 1 Nr. 5, 40 SGB XI, sowie weitere Leistungen nach §§ 28, 39, 41 ff. SGB XI erbracht. Ihre Leistungen dienen dazu, den durch einen Körper- oder Gesundheitsschaden bedingten Mehraufwand auszugleichen und sind deshalb nach § 54 Abs. 3 Nr. 3 SGB I unpfändbar (*Hess* InsO, 2007, § 287 Rz. 88; *Stöber* Forderungspfändung, 12. Aufl., Rz. 1358). Die Unfallversicherung zahlt etwa Leistungen zur Rehabilitation, § 35 SGB VII, Verletztenrenten, § 56 ff. SGB VII, und Renten an Hinterbliebene nach § 63 ff. SGB VII.

76 Unter die Leistungen der **gesetzlichen Rentenversicherung** fallen insbesondere Leistungen zur Rehabilitation, §§ 9 ff. SGB VI, Altersrenten nach den §§ 35 SGB VI (vgl. BGHZ 92, 339 [345]), Renten wegen Erwerbsminderung, sowie Renten wegen Todes an Hinterbliebene und Witwen, §§ 46 ff. SGB VI (*Stein/Jonas-Brehm* ZPO, 22. Aufl., § 850 i Rz. 39 ff.). Soweit Geldleistungen für Kinder, wie etwa der Kinderzuschuss gem. § 270 SGB VI, einen Rentenbestandteil bilden, können sie nach § 54 Abs. 5 SGB I nur wegen der gesetzlichen Unterhaltsansprüche eines berücksichtigten Kindes gepfändet werden und sind deshalb im Restschuldbefreiungsverfahren unabtretbar, wie dies auch für das Kindergeld gilt. Außerordentlich umstritten ist aber, ob auch eine Pfändung erst künftig entstehender oder fällig werdender Rentenansprüche zulässig ist (unpfändbar: *LG Wiesbaden* Rpfleger 1984, 242; *LG Berlin* NJW 1989, 1738; *LG Düsseldorf* JurBüro 1990, 266; *LG Köln* JurBüro 1990, 401; *LG München* I Rpfleger 1990, 375; *LG Ulm* Rpfleger 1990, 375; *LG Frankenthal* Rpfleger 1991, 164 [165]; *LG Aurich* Rpfleger 1991, 165 [166]; MDR 1991, 2615; *LG Heidelberg* NJW 1992, 2774; *Kohte* NJW 1992, 393 [398]; pfändbar: *BFH* NJW 1992, 855; *OLG Schleswig* JurBüro 1988, 540 [541]; *LG Hamburg* NJW 1988, 2675; *LG Lübeck*

JurBüro 1989, 550 [551]; *LG Göttingen* JurBüro 1989, 1468; *LG Aachen* Rpfleger 1990, 376; *LG Heilbronn* Rpfleger 1995, 510 [511]; *Hornung* Rpfleger 1994, 442 [446]; *OLG Frankfurt* Rpfleger 1989, 115, wenn das sechzigste Lebensjahr erreicht ist; *LG Münster* JurBüro 1990, 119, nach sechzig Beitragsmonaten). Den Leistungen der gesetzlichen Rentenversicherung sind wohl auch die Leistungen der berufsständischen Versorgungswerke der kammerfähigen freien Berufe gleichzustellen.

Die früher umstrittene Frage, ob Wohngeld pfändbar ist (vgl. dazu *Ahrens* FK-InsO, 3. Aufl., § 287 Rz. 77), hat der Gesetzgeber inzwischen i. S. d. hier vertretenen Ansicht entschieden. Nach der Neufassung von § 54 Abs. 3 Nr. 2 a SGB I ist das Wohngeld aufgrund seiner Zwecksetzung prinzipiell nicht mehr pfändbar. Gepfändet werden kann es nur noch wegen der in den §§ 5, 6 WoGG bezeichneten Ansprüche, insbesondere der Miete. Da Wohngeld jedoch nicht im Hinblick etwa auf die Kosten zentraler Heizungs- und Warmwasserversorgungsanlagen, für Untermietzuschläge und die Überlassung bestimmter Einrichtungsgegenstände gezahlt wird, dazu i. E. § 5 Abs. 2 WoGG, ist insoweit eine Pfändung ausgeschlossen (*Stöber* Forderungspfändung, 14. Aufl., Rz. 1358). Als zweckgebundene Leistungen sind die Forderungen zivilrechtlich entsprechend § 399 BGB nur mit den aus ihrer Zweckgebundenheit resultierenden Beschränkungen abtretbar (*BGH* WM 1970, 253 [254]; DB 1970, 1327; MünchKomm-BGB/*Roth* § 399 Rz. 12), doch gilt im Sozialrecht wegen des dort ebenfalls in Bezug genommenen § 851 ZPO entsprechendes. Von der Abtretung nach § 287 Abs. 2 Satz InsO im gesamtvollstreckungsrechtlichen Verfahren der Restschuldbefreiung wird das Wohngeld daher nicht erfasst. **77**

Auch das **Erziehungsgeld** bildet eine Sozialleistung, die aber ebenso wie vergleichbare Leistungen der Länder (vgl. *Grüner/Dalichau* SGB, § 54 SGB I Anm. V 1) nach § 54 Abs. 3 Nr. 1 SGB I unpfändbar ist. Generell unpfändbare Ansprüche können nach § 53 Abs. 3 SGB I nicht übertragen werden. Dies betrifft etwa das Elterngeld bis zur Höhe der nach § 10 BEEG anrechnungsfreien Beträge. **78**

Für die Pfändbarkeit von **Kindergeld** als einer Leistung zur Minderung des Familienaufwands nach § 6 SGB I schafft § 54 Abs. 5 SGB I eine abschließende Regelung (*Müller/Wolf* NJW 1979, 299). Nach § 54 Abs. 5 Satz 1 SGB I kann Kindergeld allein wegen gesetzlicher Unterhaltsansprüche eines Kindes gepfändet werden (*OLG Hamm* Rpfleger 1980, 73; *Baumbach/Lauterbach/Albers/Hartmann* ZPO, Grdz. § 704 Rz. 83; *Kohte* NJW 1992, 393 [394 f.]; *Hornung* Rpfleger 1988, 213 [347], s. a. Rpfleger 1989, 1). Dieses Pfändungsprivileg kommt nicht einmal solchen Gläubigern zugute, auf die der Unterhaltsanspruch nach den §§ 94 SGB XII, 94 Abs. 3 SGB VIII, 7 UVG oder 37 BAföG übergeleitet ist, weil sie anstelle des Schuldners den Unterhalt an das Kind geleistet haben (MünchKomm-ZPO/*Smid* 3. Aufl., § 850 i Rz. 43). Ein Gemeinschaftsverfahren, in dem die Leistungen des Schuldners gleichmäßig und unterschiedslos an sämtliche Gläubiger zu verteilen sind, kann aber den durch § 54 Abs. 5 SGB I zu Gunsten unterhaltsberechtigter Kinder geforderten Schutz nicht ermöglichen. Ansprüche auf Kindergeld sind deshalb im Rahmen der §§ 53 Abs. 3 SGB I, 287 Abs. 2 Satz 1 InsO nicht von der Abtretung erfasst. **79**

Ansprüche auf **Sozialhilfe** sind nach den §§ 17 Abs. 1 Satz 2 SGB XII, 37 SGB I weder abtretbar noch pfändbar, weshalb § 54 SGB I für Leistungen nach dem SGB XII unanwendbar ist (*Grube/Wahrendorf* SGB XII, § 17 Rz. 17 ff.). **80**

b) Abtretungsschutz

Durch die Verweisung in den §§ 292 Abs. 1 Satz 3, 36 Abs. 1 Satz 2 InsO auf eine entsprechende Anwendung auch von § 850 i Abs. 4 ZPO gelten die gesetzlichen Bestimmungen über die Pfändung von Ansprüchen bestimmter Art ebenfalls für die nach § 287 Abs. 2 Satz 1 InsO abgetretenen Bezüge (s. *Kohte* § 312 InsO Rz. 39). Ansprüche auf **Sozialleistungen** können mit den von **§ 53 SBG I** aufgestellten Beschränkungen übertragen werden. U. a. wird dabei zwischen der Übertragung einmaliger wie laufender Geldleistungen aus besonderen Gründen nach § 53 Abs. 2 SGB I und der allgemeinen Übertragung laufender Geldleistungen gem. § 53 Abs. 3 SGB I unterschieden. **81**

Unter Verzicht auf eine Untergrenze (*Mrozynski* SGB I, 3. Aufl., § 53 Rz. 23) sind Ansprüche auf Geldleistungen nach § 53 Abs. 2 Nr. 1 SGB I auf einen Dritten übertragbar, der eine fällige Sozialleistung vorgeleistet hat. Diese Regelung ist mit dem Schutzgedanken des Übertragungsverbots vereinbar, weil bereits durch die Leistung des Dritten der Schutz erreicht wird (*Hauck/Haines* SGB I § 53 Rz. 6; *Burdenski/v. Maydell/Schellhorn* GK-SGB I, 2. Aufl., § 53 Rz. 13; BochKomm-H*einze* SGB-AT, § 53 Rz. 13). Der Dritte muss dabei erkennbar den Willen gehabt haben, für eine fällige Sozialleistung vorzuleisten (KassKomm-*Seewald* § 53 Rz. 15; *Hauck/Haines* SGB I, § 53 Rz. 7; *Mrozynski* SGB I, 3. Aufl., § 53 Rz. 24). Erforderlich ist ebenso eine individuelle Feststellung mit einer Einzelfallprüfung der zu Gunsten **82**

§ 287 *Restschuldbefreiung*

des Dritten abtretbaren Leistungen (vgl. KassKomm-*Seewald* § 53 SGB I Rz. 17). In dem Gemeinschaftsverfahren zur Restschuldbefreiung, in dem die abgetretenen Tilgungsleistungen des Schuldners gleichmäßig und unterschiedslos an sämtliche Gläubiger verteilt werden, können deshalb keine Tilgungsleistungen nach § 53 Abs. 2 Nr. 1 SGB I abgetreten werden. Eine im wohlverstandenen Interesse des Berechtigenden liegende Abtretung kann zwar auch nach § 53 Abs. 2 Nr. 2 SGB I ohne Rücksicht auf eine Untergrenze erfolgen (*Mrozynski* SGB I, 2. Aufl., § 53 Rz. 28), doch fordert auch diese Übertragungsvorschrift eine umfassende Einzelfallabwägung, die einem Gemeinschaftsverfahren nicht zugänglich ist.

83 Laufende Geldleistungen, die der **Sicherung des Lebensunterhalts** dienen (dazu BochKomm-*Heinze* SGB-AT, § 53 Rz. 13), sind nach § 53 Abs. 3 SGB I abtretbar, soweit sie den für Arbeitseinkommen geltenden unpfändbaren Betrag übersteigen. Abfindungen und Beitragsrückerstattungen scheiden aus, weil sie nicht der Unterhaltssicherung dienen. Nach der Rspr. des BSG verweist § 53 Abs. 3 SGB I direkt auf die Pfändungsschutzbestimmungen der §§ 850 c ff. ZPO (*BSG* NZS 1996, 142 [144]; *LSG Niedersachsen* info also 1991, 77 [78], m. Anm. *Hullerum*; s. a. BGHZ 92, 339 [343 f.]). Der Kreis der anzuwendenden Pfändungsschutzbestimmungen ist aus der Zielsetzung des § 53 Abs. 3 SGB I zu bestimmen. Einmalige Rentennachzahlungen für mehrere Monate sind als wiederkehrende, wenn auch in einem Betrag ausgezahlte Leistungen behandelt worden, die in Höhe der Summe aller monatlichen Freibeträge unpfändbar sind (*LG Bielefeld* ZVI 2005, 138).

84 Soweit Sozialleistungsansprüche nach § 54 Abs. 4 SGB I wie Arbeitseinkommen pfändbar sind, ist der pfändbare Betrag grds. nach **§ 850 c Abs. 1 bis 3 ZPO** zu ermitteln. Ein Abschlag von den Tabellensätzen ist auch dann nicht berechtigt, wenn der Schuldner keine Erwerbstätigkeit ausübt (*BGH* ZVI 2004, 44). Ob im Rahmen einer Abtretung von Sozialleistungen **§ 850 c Abs. 4 ZPO** berücksichtigt werden darf, ist immer noch umstritten (*BSG* SozR 3–1200 § 53 Nr. 2; **a. A.** *Mrozynski* SGB I, 2. Aufl., § 53 Rz. 38). Zu Gunsten von Unterhaltsberechtigten sind auch Sozialleistungen erweitert pfändbar gem. § 850 d ZPO (*Hauck/Haines* SGB I, § 53 Rz. 9 a; *Burdenski/v. Maydell/Schellhorn* GK-SGB I, 2. Aufl., § 53 Rz. 29 f.), doch kann diese Regelung zum Vorteil der Gläubiger eines Gesamtverfahrens nicht angewendet werden (s. o. Rz. 59).

85 Ebenfalls noch bestritten ist, ob mit dem Einverständnis der Sozialleistungsberechtigten eine Zusammenrechnung laufender Geldleistungen gem. **§ 850 e Nr. 2 a ZPO** auch bei der Festsetzung der abzutretenden Leistungen zulässig ist (bejahend: *BSG* SozR 1200 § 53 Nr. 7; *AG Leck* MDR 1968, 57; *Grüner/Dalichau* SGB, § 54 SGB I Anm. VII; ablehnend weil die vollstreckungsrechtliche Kompetenznorm des § 850 e Nr. 2 a ZPO nicht auf die Abtretung anwendbar sei *Mrozynski* SGB I, 3. Aufl., § 53 Rz. 37; außerdem *Burdenski/v. Maydell/Schellhorn* GK-SGB I, § 53 Rz. 32; BochKomm-*Heinze* SGB-AT, § 53 Rz. 31; offen gelassen von *BGH* WM 1997, 1243 [1244]). Soweit von einer Zusammenrechenbarkeit der Forderungen ausgegangen wird, besteht keine Einigkeit darüber, wer die Forderungen zusammenzurechnen hat. In der sozialrechtlich orientierten Judikatur und Literatur wird hierin eine Aufgabe des Sozialleistungsträgers gesehen, der den Betrag zu berechnen und durch Verwaltungsakt festzusetzen habe (*BSG* SozR 1200 § 53 Nr. 7; s. a. *BSG* NZS 1996, 142 f.; KassKomm-*Seewald*, § 53 Rz. 19; *Mrozynski* SGB I, 3. Aufl., § 53 Rz. 8 ff.), während der *BGH* (WM 1997, 1243 [1245]) jedenfalls dann, wenn noch keine Entscheidung des Leistungsträgers ergangen ist, von einer Pfändung und Zusammenrechnung durch das Vollstreckungsgericht ausgeht. Seit der Neufassung von § 850 e Nr. 2 a ZPO, die keine durch die besondere Sachkunde des Sozialleistungsträgers geprägte Billigkeitsentscheidung mehr fordert, ist die Berechnung gegebenenfalls durch das Vollstreckungsgericht zu treffen (vgl. *Stöber* Forderungspfändung, 14. Aufl., Rz. 1160), an dessen Stelle im Restschuldbefreiungsverfahren das Insolvenzgericht tritt.

86 Als Grenze für die Übertragbarkeit laufender Sozialleistungen ist aber **§ 850 f Abs. 1 a) ZPO** zu berücksichtigen. Eine Abtretung ist deshalb gem. § 53 Abs. 3 SGB I ausgeschlossen, wenn dadurch der notwendige Lebensunterhalt des Schuldners nicht mehr gesichert ist. Nach Wortlaut und Sinn der Vorschrift, eine Übertragung nicht zu Lasten der Sozialhilfeträger zu ermöglichen, ist die in § 850 f Abs. 1 verankerte Sicherung des Existenzminimums bei der Forderungsabtretung gem. § 53 Abs. 3 SGB III anzuwenden (*BSG* NZS 1996, 142 [143]; HK-InsO/*Landfermann* 4. Aufl., § 291 Rz. 10).

III. Dauer der Abtretung

1. Altfälle, Art. 107 EGInsO

Im Regelfall hat der Schuldner die Bezüge für die Zeit von sechs Jahren an einen vom Gericht zu bestimmenden Treuhänder abzutreten. War der Schuldner bereits vor dem 01. 01. 1997 zahlungsunfähig, so verkürzt sich nach **Art. 107 EGInsO** die Dauer auf fünf Jahre (*Uhlenbruck/Vallender* InsO, 12. Aufl., § 287 Rz. 51). Durch die Rechtsprechung des BGH ist der Anwendungsbereich dieser Übergangsregelung drastisch reduziert. Auf **Insolvenzverfahren**, die **ab dem 01. 12. 2005 eröffnet** worden sind, soll die Altfallregelung des Art. 107 EGInsO nicht mehr anwendbar sein. Unabhängig vom Eintritt der Zahlungsunfähigkeit gilt für diese neuen Fälle einheitlich die sechsjährige Laufzeit der Abtretungserklärung aus § 287 Abs. Satz 1 InsO. Das Ziel der intertemporalen Vorschrift, den restschuldbefreiungswilligen Schuldnern für das spätere Inkrafttreten der InsO eine Kompensation zu gewähren, sei von vornherein nur vorübergehende Zeit gedacht worden. Durch das InsOÄndG 2001 sei der Grund für die verkürzte Abtretungsdauer entfallen (*BGH* NZI 2004, 452, mit krit. Anm. *Ahrens*, m. w. N. zur ganz überwiegend ablehnenden bisherigen Kommentarliteratur; *BGH* ZVI 2005, 47; 2005, 466). Zwischen den beiden Zeitkollisionsregeln aus Art. 103 a EGInsO und Art. 107 EGInsO wird vom BGH trotz ihrer ganz unterschiedlichen Aufgabenstellungen eine Konkurrenzsituation angenommen und zu Lasten der letztgenannten Vorschrift aufgelöst. Nachträglich ist Art. 107 EGInsO mit einem Verfalldatum versehen worden. Da die Übergangsregelung nach dieser Rechtsprechung nur für eine Übergangszeit anwendbar war, wird sie sich in absehbarer Zeit erledigt haben. Für **verbleibende Altfälle** gilt: Nach dem Wortlaut des Gesetzes muss der Schuldner vor dem 01. 01. 1997, also nicht notwendig am 31. 12. 1996 zahlungsunfähig gewesen sein. Aus diesem Grund soll sich der Schuldner auf die verkürzte Frist auch berufen dürfen, wenn er zwar irgendwann vor dem 01. 01. 1997 zahlungsunfähig war, aber am 31. 12. 1996 seine Zahlungsfähigkeit – vorübergehend – wieder hergestellt war (*Vallender* ZIP 1996, 2058 [2061]). Diese grammatikalische Auslegung entspricht jedoch nicht dem Sinn der Übergangsregelung, mit der ein Ausgleich für das zweijährige Hinausschieben des Inkrafttretens der Reform, aber auch ein verlässlicher Fixpunkt für die Entscheidung über die verkürzte Treuhandzeit geschaffen werden sollte (*Wittig* WM 1998, 157, 209 [224]; *Uhlenbruck/Vallender* InsO, 12. Aufl., § 287 Rz. 54; *Smid/Krug/Haarmeyer* InsO, § 287 Rz. 19; *Haarmeyer/Wutzke/Förster* Handbuch, 3. Aufl., Rz. 8/207 f.; *Preuß* Verbraucherinsolvenzverfahren und Restschuldbefreiung, 2. Aufl., Rz. 277). Muss der Schuldner damit am 31. 12. 1996 zahlungsunfähig gewesen sein, so wird doch nicht eine fortwährende Zahlungsunfähigkeit bis zum 01. 01. 1999 verlangt. (a. A. *LG Stuttgart* ZInsO 2002, 296 (LS); *Uhlenbruck/Vallender* InsO, 12. Aufl., § 287 Rz. 54; *Kübler/Prütting-Wenzel* InsO, § 287 Rz. 23; *Behr* JurBüro 1998, 513 [521]). Kein Hinderungsgrund für die Altfallregelung besteht deswegen, wenn die Zahlungsfähigkeit etwa durch eine Ratenzahlungsvereinbarung nach dem 31. 12. 1996 vorübergehend wieder hergestellt wird (*Kohte/Ahrens/Grote* Restschuldbefreiung und Verbraucherinsolvenzverfahren, S. 371). Anders verhält es sich aber, wenn der Schuldner etwa von 1983–1986, also elf Jahre vor dem Stichtag zahlungsunfähig war (vgl. im Fall *LG Göttingen* NZI 2001, 327 [328]). Dies bestätigt ebenfalls der Vergleich mit dem Inkrafttreten der Reform am 01. 01. 1997, denn es ist ebenfalls unschädlich, wenn der Schuldner im Restschuldbefreiungsverfahren zahlungsfähig wird, arg. § 295 Abs. 1 Nr. 2 InsO (i. E. ebenso *Heyer* Verbraucherinsolvenzverfahren und Restschuldbefreiung, S. 60; *Hoffmann* Verbraucherinsolvenz und Restschuldbefreiung, 2. Aufl., S. 126 f.; **a. A.** *Hess/Obermüller* Insolvenzplan, Restschuldbefreiung und Verbraucherinsolvenz, 3. Aufl., Rz. 1223). Über diese Terminierungen hinaus bestehen für die Altfallregelung keine anderen zeitlichen Beschränkungen. Die Abtretungsdauer beträgt also fünf Jahre, falls der Schuldner am 31. 12. 1996 zahlungsunfähig war und zu irgendeinem Zeitpunkt nach dem 31. 12. 1998 Restschuldbefreiung beantragt. In einem vor dem 01. 12. 2001 eröffneten Insolvenzverfahren dauert die Treuhandperiode sieben Jahre nach Aufhebung des Insolvenzverfahrens, § 287 Abs. 2 Satz 1 InsO a. F. Das Gericht muss durch Beschluss die Dauer der Treuhandperiode feststellen (*BGH* NZI 2008, 49 Tz. 6 f.). Der Übergang der Forderungen nach § 291 Abs. 2 InsO findet aber auch dann nur im gesetzlichen Umfang statt, wenn der Schuldner in seiner Abtretungserklärung eine längere Laufzeit angegeben hat (*BGH* NZI 2006, 599 Tz. 19; s. o. Rz. 33). Demzufolge ist eine nachträgliche Änderung der gerichtlichen Entscheidung zulässig (**a. A.** *LG Dresden* ZVI 2007, 436; *AG Göttingen* ZVI 2006, 597 [598]).

Über die Anwendbarkeit der Altfallregelung auf die Laufzeit der Abtretungserklärung und damit auch über die verkürzte Dauer hat das Gericht gem. § 5 Abs. 1 Satz 1 InsO **von Amts wegen** zu entscheiden

(*Uhlenbruck/Vallender* InsO, 12. Aufl., § 287 Rz. 51; *Kübler/Prütting-Wenzel* InsO, § 287 Rz. 20 a). Ein Antrag des Schuldners auf eine verkürzte die Laufzeit der Abtretungserklärung ist deshalb nicht erforderlich, doch hat der Schuldner die Tatsachen vorzutragen, die auf eine Zahlungsunfähigkeit schließen lassen. Eine Erklärung des Schuldners, mit der er die Erteilung der Restschuldbefreiung bei einer Abtretung der pfändbaren Bezüge für eine Frist von fünf Jahren gem. § 287 Abs. 2 Satz 1 i. V. m. Art. 107 EGInsO begehrt, kann ohne weiteres mit einer Eventualerklärung auf Erteilung der Restschuldbefreiung bei einer Abtretung dieser Bezüge für sechs Jahre als zulässiger innerprozessualer Bedingung verbunden werden (*Kohte* VuR 2001, 59). Für den Schuldner, der die Altfallregelung in Anspruch nehmen will, ist es empfehlenswert, die Bezüge für die Dauer von fünf Jahren hilfsweise sechs Jahren abzutreten. Selbst wenn der Schuldner die Bezüge ausdrücklich über einen Zeitraum von sechs Jahren abtritt, wird seine Erklärung als Prozesshandlung dahin auszulegen sein (zur Auslegung von Anträgen *BGH* NJW 1988, 128; 2003, 665 [666]; NJW-RR 1994, 568; NJW-RR 1995, 1183 f.), dass bei einer Erfüllung der gesetzlichen Voraussetzungen vorrangig die verkürzte Treuhandzeit angestrebt wird, denn die Auslegung ist daran auszurichten, was nach den Maßstäben der Rechtsordnung vernünftig ist und der recht verstandenen Interessenlage entspricht (*BGH* NJW 1994, 1537 [1538]).

89 Die Entscheidung über Anwendbarkeit der Altfallregelung ist im Gesetz nicht ausdrücklich normiert. Um die erforderliche Rechtssicherheit zu gewährleisten, ist sie mit dem **Ankündigungsbeschluss** nach den §§ 289, 291 InsO zu treffen (vgl. *Ahrens* § 289 Rz. 15; HK-InsO/*Landfermann* 4. Aufl., Art. 107 EGInsO Rz. 6). Nach der Auffassung des *AG Duisburg* (NZI 2000, 607 = VuR 2001, 59, m. Anm. *Kohte*) kann die Entscheidung bereits zuvor getroffen werden, etwa in der ersten Gläubigerversammlung nach Eröffnung des Insolvenzverfahrens. Wegen des auch auf Beschlüsse anzuwendenden Gedanken aus § 301 ZPO (*Musielak* ZPO, § 301 Rz. 2), erscheint es nicht selbstverständlich, ob vor Ankündigung der Restschuldbefreiung über eine verkürzte Laufzeit der Abtretungserklärung entschieden werden darf. Nach der alten Rechtslage, die für die vor dem Inkrafttreten des InsOÄndG (vom 26. 10. 2001 BGBl. I S. 2710) am 01. 12. 2001 eröffneten Insolvenzverfahren gilt, steht einer Vorabentscheidung die Möglichkeit einer späteren Versagung der Restschuldbefreiung entgegen. Die erst mit der Aufhebung des Insolvenzverfahrens beginnende Laufzeit der Abtretungserklärung durfte nicht verkürzt werden, solange offen ist, ob überhaupt ein Hauptverfahren über die Restschuldbefreiung durchgeführt wird. Durch die Neufassung von § 287 Abs. 2 Satz 1 InsO ist aber die Laufzeit der Abtretungserklärung auf die Eröffnung des Insolvenzverfahrens vorverlagert worden. Der nach altem Recht bestehende Einwand ist nicht mehr aufrecht zu erhalten.

2. Fristbestimmung

89 a Zu den wichtigsten Maßnahmen des InsOÄndG vom 26. 10. 2001 (BGBl. I S. 2710) gehört die vom Rechtsausschuss entworfene neue Fassung des Abs. 2 Satz 1, wonach der Schuldner seine pfändbaren Forderungen auf Bezüge aus einem Dienstverhältnis und die gleichgestellten Bezüge für die **Dauer von sechs Jahren nach Eröffnung des Insolvenzverfahrens** an den Treuhänder abtreten muss. Die frühere Regelung sah eine Abtretung für die Dauer von sieben Jahren nach Aufhebung des Insolvenzverfahrens vor. An der alten Fassung ist die überlange Verfahrensdauer (exemplarisch dafür *AG Hamburg* NZI 2000, 140 [141]) kritisiert worden. Ihr sollte durch eine Verkürzung der Dauer der Abtretungserklärung und ein Anrechnungsmodell auf die Verfahrensdauer begegnet werden (*Grote* Rpfleger 2000, 521 [524]). Beide Vorschläge sind vom Rechtsausschuss aufgegriffen und in dem InsOÄndG umgesetzt worden. Die auch als Wohlverhaltensperiode bezeichnete Treuhandzeit wird von sieben auf sechs Jahre abgekürzt und die Dauer der Abtretungserklärung beginnt bereits nach der Eröffnung des Insolvenzverfahrens (Begr. Rechtsausschuss, BT-Drucks. 14/6468 S. 18). Diese Neuregelung normiert exakt die Gesamtdauer des eröffneten Insolvenz- und Restschuldbefreiungsverfahrens und ist bereits deswegen zu begrüßen. Parallel dazu ist die Zeitspanne einer wirksamen Bezügeabtretung (§ 114 Abs. 1 Satz 1 InsO) von drei auf zwei Jahre verkürzt. Unzureichend auf die neue Frist abgestimmt ist die Dauer des Motivationsrabatts gem. § 294 Abs. 1 Satz 4 InsO, die an die Aufhebung des Insolvenzverfahrens anknüpft. Bei einem langwierigen Insolvenzverfahren kann daher die Zeitspanne für den Motivationsrabatt ganz oder teilweise nach dem Ende der Laufzeit der Abtretungserklärung liegen.

89 b Für die Dauer der Abtretungserklärung ist eine Frist von sechs Jahren **nach Eröffnung** des Insolvenzverfahrens bestimmt, doch ist damit nicht gesagt, wann die Wirkungen der Abtretungserklärung eintreten (dazu u. Rz. 89 i). Nach Ablauf dieser Zeit ist unter den Voraussetzungen der §§ 300, 301 InsO die Rest-

schuldbefreiung zu erteilen. Zunächst wird mit der neuen Fristbestimmung ein von der Dauer des eröffneten Insolvenzverfahrens unabhängiger Anfangstermin bestimmt, auf den sechs Jahre später das Restschuldbefreiungsverfahren beendet wird. Als weiteres soll die Regelung die gesamte Periode des eröffneten Insolvenz- und des Restschuldbefreiungsverfahrens auf zusammen sechs Jahre begrenzen, unabhängig davon, wie der Zeitraum auf die einzelnen Verfahren verteilt ist. Gemeint ist damit, dass die gemeinsame Dauer des aus Zulassungs- und Hauptverfahren bestehenden zweiteiligen Restschuldbefreiungsverfahrens (s. *Ahrens* § 286 Rz. 20 f.) nach sechs Jahren endet. Diese Aussage ist nicht unmittelbar aus der Regelung zu entnehmen, weil die Insolvenzordnung den Begriff des Zulassungsverfahrens nicht verwendet. Die Zeitspanne nach Eröffnung des Insolvenzverfahrens bis zur Ankündigung der Restschuldbefreiung bezeichnet im Wesentlichen die Dauer des Zulassungsverfahrens und ist in § 287 Abs. 2 Satz 1 InsO n. F. als Synonym für den ersten Verfahrensabschnitt der Restschuldbefreiung anzusehen. Eine geringfügige Abweichung besteht, weil das Zulassungsverfahren mit der Antragstellung eingeleitet wird, die Laufzeit der Abtretungserklärung indessen erst nach Eröffnung des Insolvenzverfahrens beginnt. Für die zweite Stufe des Restschuldbefreiungsverfahrens, also für das Hauptverfahren mit der Treuhandzeit nach Ankündigung der Restschuldbefreiung, ist damit nur noch eine relative Zeitspanne nach Aufhebung des Insolvenzverfahrens vorgesehen (*Uhlenbruck/Vallender* InsO, 12. Aufl., § 295 Rz. 1). Das Insolvenzverfahren und die Treuhandperiode überlappen sich nicht (*AG Oldenburg* ZInsO 2002, 389, zum Altverfahren; *AG Mönchengladbach* ZInsO 2005, 330). Entsprechendes gilt nach Einstellung eines masseunzulänglichen Insolvenzverfahrens, §§ 289 Abs. 3 Satz 2, 211 Abs. 1 InsO.

Mit der Dauer ist für die Abtretungserklärung eine **Befristung** entsprechend §§ 163, 158 Abs. 2 BGB bestimmt. Eine Befristung entspricht dem gesetzlich vorgestellten Regelfall, nach dem bei einem Antrag auf Erteilung von Restschuldbefreiung und der Eröffnung des Insolvenzverfahrens grds. von einer ordnungsgemäßen Durchführung des Restschuldbefreiungsverfahrens auszugehen ist (s. *Ahrens* § 290 Rz. 4). Obwohl auch ein anderer Verlauf eintreten kann, weil die Restschuldbefreiung versagt wird, ist keine Bedingung entsprechend den rechtsgeschäftlichen Regeln geschaffen. **89 c**

Die Dauer der Abtretungserklärung **beginnt** mit der **Eröffnung des Insolvenzverfahrens** (HK-InsO/ *Landfermann* 4. Aufl., § 287 Rz. 17; **a. A.** *Uhlenbruck/Vallender* InsO, 12. Aufl., § 287 Rz. 43), also mit dem Zeitpunkt, der gem. § 27 Abs. 2 Nr. 3 InsO in dem Insolvenzbeschluss benannt ist, nicht mit der Rechtskraft des Beschlusses. Fehlt eine exakte Angabe, gilt nach § 27 Abs. 3 InsO als Eröffnungszeitpunkt unwiderleglich die Mittagsstunde, 12 Uhr, des Tags, an dem der Eröffnungsbeschluss unterschrieben worden ist (s. FK-InsO/*Schmerbach* § 27 Rz. 23; MünchKomm-InsO/*Stephan* 2. Aufl., § 287 Rz. 59 f.). Durch diese Regelung wird die parallel zum eröffneten Insolvenzverfahren durchgeführte erste Stufe des Zulassungsverfahrens zur Restschuldbefreiung in die Fristberechnung einbezogen. Erklärt der Schuldner die Abtretung zulässigerweise erst nach Eröffnung des Insolvenzverfahrens, etwa weil er verspätet gem. § 20 Abs. 2 InsO belehrt wurde und den Restschuldbefreiungsantrag gestellt hat, beginnt die Frist für die Abtretungserklärung mit ihrem Eingang bei Gericht zu laufen (*Kübler/Prütting-Wenzel* InsO, § 287 Rz. 17). **89 d**

Regelmäßig **endet** die Frist der Abtretungserklärung **sechs Jahre** nach der Eröffnung des Insolvenzverfahrens. Gem. §§ 4 InsO, 221 ZPO, 187 Abs. 1, 188 Abs. 2 ist dies der Tag, der durch seine Zahl dem Tag entspricht, an dem der Eröffnungsbeschluss erlassen wurde. Ist bspw. das Insolvenzverfahren am 15. 05. 2002 eröffnet worden, endet die Geltungsdauer der Abtretungserklärung am 15. 05. 2008. Die Wirkungen der Abtretungserklärung enden aufgrund der befristeten Forderungsübertragung durch das Gericht mit diesem Termin. Zumeist wird die Abrechnungsperiode für die Bezüge aus einem Dienstverhältnis oder die gleichgestellten Bezüge von diesem Termin abweichen, weil die Fälligkeit etwa gem. § 614 BGB nachträglich oder weil sie im Vorhinein erfolgt. Wegen der vielfältigen Einzelfragen ist deswegen eine taggenaue Abrechnung der abgetretenen Forderungen zu empfehlen. **89 e**

Ist die sechsjährige Dauer der Abtretungserklärung **ohne eine vorzeitige Beendigung** verstrichen, hat das Gericht nach § 300 InsO über die Erteilung der Restschuldbefreiung zu entscheiden. Diese von dem eindeutigen gesetzgeberischen Willen bei der Novellierung und dem gesetzlichen Wortlaut begründete Konsequenz gilt aufgrund der relativen Zeitspanne der Treuhandphase auch dann, wenn sie nur sehr kurz gedauert hat. Im äußersten Fall kann die Frist der Abtretungserklärung noch vor Ankündigung der Restschuldbefreiung abgelaufen sein (*Vallender* NZI 9/2001, VII). Dadurch wird der Schuldner zwar belastet, weil der Neuerwerb vollständig in die Insolvenzmasse fällt (*Uhlenbruck/Vallender* InsO, 12. Aufl., § 287 Rz. 48). Allerdings besteht für den Schuldner nicht die Erwerbsobliegenheit aus § 295 Abs. 1 Nr. 1, Abs. 2 InsO, anders aber bei einer Kostenstundung, § 4 c Nr. 4 InsO, und auch die anderen Obliegenhei- **89 f** ten aus § 295 InsO gelten für ihn noch nicht (*BGH* NZI 2004, 635 [636]; u. Rz. 89 n). Da die Ankündigung der Restschuldbefreiung insoweit keine konstitutive Bedeutung besitzt, kann die Restschuldbefreiung nach § 300 InsO zu erteilen sein, ohne dass ein Ankündigungsbeschluss nach § 291 InsO erfolgt ist. Am Ende der Laufzeit der Abtretungserklärung ist das Insolvenzverfahren noch nicht aufgehoben. In diesem Fall ist im Regelinsolvenzverfahren eine Gläubigerversammlung anzuberaumen (*LG Dresden* NZI 2008, 508) und im Verbraucherinsolvenzverfahren eine schriftliche Anhörung zulässig, um ausnahmsweise eine Entscheidung über die Versagungsgründe nach § 290 InsO vor den Schlusstermin zu ermöglichen. Wegen der Wirkung der Restschuldbefreiung hat nach der letzten Abtretungsperiode die insoweit letzte Verteilung des Insolvenzverwalters zu erfolgen. Nach dem ggf. noch später nach Verwertung der letzten Masse anzuberaumenden Schlusstermin ist das Insolvenzverfahren aufzuheben (*Uhlenbruck / Vallender* InsO, 12. Aufl., § 287 Rz. 49 f.)

89 g **Vor** Erreichen dieses **Zeitpunkts** endet die Abtretungserklärung gem. § 299 InsO, wenn die Restschuldbefreiung nach den §§ 296–298 versagt wird (vgl. u. *Ahrens* § 299 Rz. 5 a). Bei einer vorzeitigen Beendigung des Restschuldbefreiungsverfahrens aus einem anderen Grund oder einer Versagung der Restschuldbefreiung nach § 290 InsO endet die Laufzeit der Abtretungserklärung ebenfalls vorzeitig (s. *Ahrens* § 299 Rz. 5 b, 9 ff.).

89 h Auf Insolvenzverfahren, die vor dem Inkrafttreten des InsOÄndG am 01. 12. 2001 eröffnet worden sind, finden nach Art. 103 a EGInsO die bis dahin geltenden Vorschriften weiter Anwendung. Die Laufzeit der Abtretungserklärung beträgt bei ihnen sieben Jahre nach Aufhebung des Insolvenzverfahrens (*Uhlenbruck / Vallender* InsO, 12. Aufl., § 287 Rz. 42).

IV. Wirkung der Abtretungserklärung

89 i Von der **Dauer** der Abtretungserklärung sind die **Wirkungen** dieser Erklärung zu unterscheiden. Drei Themenkomplexe sind dabei zu behandeln:
- 1. Wann beginnt die Forderungsübertragung auf den Treuhänder? (s. u. Rz. 89 k);
- 2. Wann setzen die Wirkungen der §§ 294 bis 297 InsO ein? (s. u. Rz. 89 l);
- 3. Welche Folgen hat die Abtretung? (s. u. Rz. 89 p).

89 k Zu 1: Die **abgetretenen Bezüge** gehen erst nach der Ankündigung der Restschuldbefreiung auf den Treuhänder über. Aufgrund der Neufassung von § 287 Abs. 2 Satz 1 InsO hat der Schuldner allerdings seine pfändbaren Forderungen auf Bezüge aus einem Dienstverhältnis und die gleichgestellten Bezüge für die Dauer von sechs Jahren nach Eröffnung des Insolvenzverfahrens an den Treuhänder abzutreten. In dieser Abtretungserklärung wird eine Verfügung gesehen, die mit dem Übergang des Verwaltungs- und Verfügungsrechts auf den Insolvenzverwalter bzw. den Treuhänder gem. § 80 Abs. 1 Satz 1 InsO und dementsprechend auch mit dem Verfügungsverbot aus § 81 Abs. 1 Satz 1 InsO kollidiert (*Vallender* NZI 2001, 561 [566 f.]; *ders.* NZI 9/2001, VII; s. a. *Gerigk* ZInsO 2001, 931 [937]). Es kann offen bleiben, ob dafür § 81 Abs. 2 Satz 2 InsO eine Lösungsofferte bietet. Mit der prozessualen Theorie der Bezügeabtretung (o. Rz. 27 ff.) ist zu zeigen, dass es zu keiner Kollision mit dem Verwaltungs- und Verfügungsrechts kommt. Allein durch die Erklärung des Schuldners, die pfändbaren Forderungen auf Bezüge aus einem Dienstverhältnis und die gleichgestellten Bezüge gem. § 287 Abs. 2 Satz 1 InsO abzutreten, wird die Inhaberschaft an den Forderungen noch nicht verändert. Erst durch die gerichtliche Entscheidung nach § 291 InsO gehen die Forderungen auf den Treuhänder über (s. o. Rz. 29 ff.; *Ahrens* DZWIR 1999, 45 [52]). Auf Grundlage der materiellrechtlichen Theorie der Abtretung wird das gleiche Ergebnis mit der Begründung erreicht, dass die Wirkungen der Abtretung während des eröffneten Verfahrens suspendiert sind (*Uhlenbruck / Vallender* InsO, 12. Aufl., § 287 Rz. 44; *Kübler / Prütting-Wenzel* InsO, § 287 Rz. 17).

89 l Zu 2: Wie die abgetretenen Forderungen auf die Bezüge erst nach der gerichtlichen Entscheidung einer Ankündung der Restschuldbefreiung auf den Treuhänder übergehen, setzen die **Wirkungen der §§ 294–297 InsO** erst nach Ankündigung der Restschuldbefreiung ein (*LG Göttingen* NZI 2004, 678 [679]; *AG Köln* NZI 2004, 331 [332]; *AG Oldenburg* ZInsO 2002, 389 [390]; *AG Mönchengladbach* ZVI 2005, 330 [331]; HK-InsO / *Landfermann* 4. Aufl., § 295 Rz. 2; MünchKomm-InsO / *Ehricke* 2. Aufl., § 295 Rz. 12; *Hess* InsO, 2007, § 287 Rz. 11, aber Rz. 15; *Kübler / Prütting-Wenzel* InsO, § 287 Rz. 17 a; FA-InsR / *Henning* Kap. 15 Rz. 110; *Heyer* Restschuldbefreiung, S. 88 f.; *Frege / Keller / Riedel* Insolvenzrecht, 7. Aufl., Rz. 2155; *Pape* Beilage ZInsO 4/2003, 6, 31 Fn. 117; *Pape / Uhlenbruck* Insolvenzrecht, Rz. 967 Fn. 134). Auf die Zeit vor Eröffnung des Insolvenzverfahrens sind die Vorschriften schon nach

Antrag des Schuldners **§ 287**

dem eindeutigen Wortlaut unanwendbar. Teilweise werden die §§ 294–297 InsO für das eröffnete Insolvenzverfahren herangezogen (*LG Hannover* ZInsO 2002, 449 [450] m. Anm. *Wilhelm*; *AG Göttingen* NZI 2003, 217 m. Anm. *Ahrens*; *Kübler/Prütting-Wenzel* InsO, § 295 Rz. 1 c, für § 295 Abs. 1 Nr. 1, 3 und 4, Abs. 2 InsO; *Foerste* Insolvenzrecht, 2. Aufl., Rz. 551, für § 295 InsO). Allerdings stellen die §§ 294–297 InsO ohne weitere Einschränkungen auf die Laufzeit der Abtretungserklärung, also auf ihre gesamte Dauer vom Beginn bis zum Ablauf der Sechs-Jahres-Frist ab. Bestätigt wird diese grammatikalische Interpretation durch die Begründung des Rechtsausschusses, wonach »die Wohlverhaltensperiode von sieben auf sechs Jahre abgekürzt werden« sollte (Begr. Rechtsausschuss, BT-Drucks. 14/6468 S. 18). Sie widerspricht allerdings grundlegenden systematischen und teleologischen Erfordernissen.

Bislang betrafen die §§ 294–297 InsO Anforderungen, die während der Treuhandphase, also im Verlauf **89 m** des **Hauptverfahrens** über die Restschuldbefreiung bestanden. Der Begriff der Laufzeit der Abtretungserklärung ist deshalb bisher in den §§ 294–297 als Bezeichnung für das eigentliche Restschuldbefreiungsverfahren verwendet worden. In § 287 Abs. 2 Satz 1 InsO hat der Gesetzgeber eine neue Fristbestimmung für die Abtretungserklärung geschaffen, ohne dort den Terminus der Laufzeit der Abtretungserklärung ausdrücklich zu verwenden. Wenn dann im Gesetzgebungsverfahren der Wortlaut der §§ 294 ff. unverändert gelassen wurde, spricht diese historisch-systematische Interpretation dagegen, dass diesen Vorschriften eine veränderte Bedeutung gegeben werden sollte. Funktional ersetzen die §§ 294–297 InsO die Wirkungen des Insolvenzverfahrens. In den §§ 294 ff. InsO ist ein eigenständiges Modell der Haftungsverwirklichung geschaffen, dass nach Ankündigung der Restschuldbefreiung an die Stelle der Haftungsverwirklichung im Insolvenzverfahren tritt (vgl. *Ahrens* § 295 Rz. 1). Sie füllen damit das Vakuum, das durch die Aufhebung oder Einstellung des Insolvenzverfahrens entsteht. Bei einer Anwendung der §§ 294 ff. InsO auf das eröffnete Insolvenzverfahren kollidieren diese beiden Haftungsmodelle und müssen damit zwangsläufig Normwidersprüche hervorrufen. Deswegen führt eine dem Wortlaut entsprechende Anwendung der §§ 294–297 InsO im eröffneten Insolvenzverfahren und damit auf das Zulassungsverfahren bis zur Ankündigung der Restschuldbefreiung oft zu wenig zweckmäßigen, in Einzelfällen sogar zu **sinnwidrigen** Ergebnissen.

Praktisch **keine Regelung der** §§ **294–297** InsO könnte deswegen ohne substanzielle inhaltliche Kor- **89 n** rekturen auf den Zeitraum von der Eröffnung des Insolvenzverfahren bis zur Ankündigung der Restschuldbefreiung übertragen werden (vgl. *Ahrens* NZI 2003, 219 f.). Das Zwangsvollstreckungsverbot des § 294 Abs. 1 InsO kollidiert mit § 89 InsO (s. *Ahrens* § 294 Rz. 4 a). Unter Hinweis auf die gesetzliche Regelung hat es der *BGH* abgelehnt, die nach § 296 InsO zu berücksichtigenden Obliegenheiten auf die Zeit vor Ankündigung der Restschuldbefreiung anzuwenden (*BGH* NZI 2004, 635 [636]). Obliegenheitsverletzungen nach § 295 InsO sind im Schlusstermin noch nicht zu prüfen (*BGH* ZInsO 2006, 647 [648]). Eine Anwendung von § 295 Abs. 1 Nr. 2 InsO wird zweifellos zu einem Streit darüber führen, ob der Schuldner die andere Hälfte des dort angeführten Vermögens der Insolvenzmasse vorenthalten darf, obwohl der gesamte Neuerwerb während des Insolvenzverfahrens nach § 35 InsO zur Masse gehört (s. a. *Ahrens* § 295 Rz. 7 a). Außerdem wird bei dieser Obliegenheit auf einen Treuhänder abgestellt, den es im Regelinsolvenzverfahren über das Vermögen einer Privatperson nicht gibt. Zudem kollidieren die §§ 295 Abs. 1 Nr. 3, 4 InsO mit den §§ 290 Nr. 5, 97 InsO, wobei in § 295 Abs. 1 Nr. 4 InsO wieder auf den Treuhänder abgestellt wird. Auch die erste Regelungsalternative von § 297 Abs. 1 InsO würde obsolet, in der auf eine strafrechtliche Verurteilung zwischen dem Haupttermin und der Aufhebung des Schlussverfahrens abgestellt wird, weil sie durch die zweite Regelungsalternative von § 297 Abs. 1 InsO, einer Verurteilung während der Laufzeit der Abtretungserklärung, erfasst wird (s. *Ahrens* § 297 Rz. 3 a f.). Die bisherige Trennung zwischen Pflichten und Obliegenheiten des Schuldners einschließlich ihrer verfahrensrechtlichen Wirkungen wäre durchbrochen. Es existierten dann zwei Verfahrensmodelle, einerseits aus § 289 InsO anderseits gem. § 296 InsO, in denen die Versagungsgründe geltend gemacht werden könnten. Aufgrund der Überschneidung der Versagungsregeln ließen sich die Verfahrensvorschriften nicht zweifelsfrei zuordnen. Völlig ungeklärt ist, inwieweit die Beweislastumkehr für das Verschulden aus § 296 Abs. 1 Satz 1 letzter HS und die Verfahrensobliegenheiten gem. § 296 Abs. 2 Satz 2 und 3 InsO anwendbar wären. Das System der enumerierten gestuften Versagungsgründe darf nicht durchbrochen und keine Vorwirkung auf eine frühere Verfahrensphase wie das Zulassungsverfahren angeordnet werden (s. *Ahrens* § 286 Rz. 24). Eine Gesamtanwendung der §§ 294–297 InsO auf das Zulassungsverfahren und die Zeit nach Eröffnung des Insolvenzverfahrens scheidet deshalb aus.

Allein eine **teleologische Extension** von § 295 Abs. 1 Nr. 1, Abs. 2 InsO mit dem Ziel einer Einzelan- **89 o** wendung erscheint daher überhaupt vorstellbar. Sie kann mit der Überlegung zu rechtfertigen sein, dass der Schuldner durch § 287 Abs. 2 Satz 1 InsO n. F. in einer Weise bevorteilt wird, die eine Erwebsobliegenheit bereits ab Eröffnung des Insolvenzverfahrens rechtfertigt (*Kübler/Prütting-Wenzel* InsO, § 295 Rz. 1 c; s. a. HK-InsO/*Landfermann* 4. Aufl., § 295 Rz. 2, im Ergebnis wie hier). Eine Anwendung von § 295 Abs. 1 Nr. 1, Abs. 2 InsO auf das Zulassungsverfahren widerspricht allerdings der Vorstellung des Rechtsausschusses, dem Schuldner mit der neuen Vorschrift zu helfen und zu einer deutlichen Erleichterung für ihn beizutragen (Begr. Rechtsausschuss, BT-Drucks. 14/6468 S. 18; *Vallender* NZI 2001, 561 [567]; *ders.* NZI 9/2001, VIIf.), wie dies auch durch die neue Fassung von § 196 Abs. 1 InsO bestätigt wird. Funktional ist die Erwerbsobliegenheit Ausdruck eines vom Insolvenzverfahren abweichenden eigenständigen Haftungsregimes. Die haftungsrechtlichen Regeln des Insolvenzverfahrens dienen vorrangig dem Schutz und der Feststellung der Teilungsmasse und kennen deswegen keine auf eine Erwerbstätigkeit des Schuldners zu Gunsten der Masse gerichtete Anforderungen (*BGH* NJW 2002, 3326 [3328]; *Uhlenbruck/Vallender* InsO, 12. Aufl., § 287 Rz. 45; *Ahrens* § 290 Rz. 46 a; **a. A.** *Gerigk* ZInsO 2001, 931 [937]). Erst der Wechsel zu den nicht mehr vorrangig auf eine Verwertung des vorhandenen Vermögens gerichteten Haftungsregeln der Treuhandzeit einschließlich einer Begrenzung des zu verteilenden Neuerwerbs (§ 295 Abs. 1 Nr. 2 InsO) sowie des Motivationsrabatts, gestatten es, nach Ankündigung der Restschuldbefreiung eine Erwerbsobliegenheit aufzustellen. Auf das andere Haftungskonzept während des eröffneten Insolvenzverfahrens ist § 295 Abs. 1 Nr. 1, Abs. 2 InsO nicht anwendbar (MünchKomm-InsO/*Ehricke* 2. Aufl., § 295 Rz. 12; *Heyer* Restschuldbefreiung, S. 89). Außerdem lässt eine Erwerbsobliegenheit aus § 295 Abs. 1 Nr. 1, Abs. 2 InsO im Zulassungsverfahren die kostenrechtliche Erwerbsobliegenheit aus § 4 c Nr. 4 InsO praktisch gegenstandslos werden. Der Gesetzgeber hat jedoch eine Erwerbsobliegenheit im Rahmen der Kostenstundung für erforderlich gehalten, weil er gerade nicht von einer Anwendbarkeit des § 295 Abs. 1 Nr. 1 InsO vor Ankündigung der Restschuldbefreiung ausgegangen ist. Eine teleologische Extension von § 295 Abs. 1 Nr. 1, Abs. 2 InsO auf die Zeit vor Ankündigung der Restschuldbefreiung scheidet aus.

89 p Zu 3: Die pfändbaren Forderungen auf Bezüge und die gleichgestellten Forderungen gehen auf den Treuhänder über. Leistet der Drittschuldner nicht, kann der Treuhänder Klage gegen den Drittschuldner erheben (*Adam* ZInsO 2007, 198).

E. Vorherige Abtretungen oder Verpfändungen

90 Zu den Modellvorstellungen der Insolvenzordnung gehört, Absonderungsrechte in ihrem Bestand im Wesentlichen unberührt zu lassen (*Häsemeyer* Insolvenzrecht, Rz. 18.07). Da aber **Zessionen** und **Verpfändungen künftiger Forderungen** auf Bezüge aus einem Dienstverhältnis oder an ihre Stelle tretende laufende Bezüge den Wert der Masse und den Betrag der Tilgungsleistungen verringern, begrenzt § 114 Abs. 1 InsO ihre Wirkungen auf zwei Jahre. Erfasst werden Bezüge nicht selbstständig tätiger wie selbstständig erwerbstätiger Schuldner (**a. A.** *Trendelenburg* ZInsO 2000, 437 [440]). Diese Frist beginnt mit dem Ende des zur Zeit der Eröffnung des Insolvenzverfahrens laufenden Kalendermonats, weshalb die Sicherungen, abhängig von der Dauer des Insolvenzverfahrens, unterschiedlich lange in das Restschuldbefreiungsverfahren hinein wirken. Die Abtretung nach § 287 Abs. 2 Satz 1 InsO wirkt sich erst nach diesem Zeitpunkt aus. Frühere Abtretungen bleiben allerdings nur insoweit bestehen, wie sie nach materiellem Recht berechtigt sind (vgl. etwa BGHZ 108, 98 [104 ff.]; *Kohte* ZIP 1988, 1225 ff.). Auch bei ihnen ist freilich der Abtretungsschutz aus § 400 BGB über die Pfändungsgrenzen nach der Tabelle nach § 850 c Abs. 1 bis 3 ZPO hinaus auf die der besonderen Schutzvorschriften der §§ 850 c Abs. 4, 850 d ZPO zu erstrecken. Zur Zuständigkeit für diese Entscheidung bei bürgerlichrechtlichen Abtretungen s. o. Rz. 67. Die Notwendigkeit einer Bezügeabtretung nach § 287 Abs. 2 Satz 1 InsO begründet das rechtliche Interesse nach § 256 ZPO einer auf Feststellung der Unwirksamkeit einer früheren Abtretung gerichteten Klage (*LG Düsseldorf* ZInsO 2000, 339).

91 Von den eingenommenen Beträgen muss der Sicherungsinhaber im Insolvenzverfahren gem. den §§ 170, 171 InsO einen **Kostenbeitrag** leisten. Für das Restschuldbefreiungsverfahren besteht eine vergleichbare ausdrückliche Regelung nicht (vgl. *Obermüller/Hess* InsO, 2. Aufl., Rz. 703; *Haarmeyer/Wutzke/Förster* Handbuch, 3. Aufl., Rz. 8/202, 206). Gerade wenn auf diese Weise eine Kostenkompensation für die Verwaltertätigkeit erfolgen soll (Begr. RegE BR-Drucks. 1/92 S. 180; krit. allerdings *Häsemeyer* Insolvenzrecht, Rz. 18.07), erscheint eine entsprechende Regelung auch zu Gunsten des Treuhänders sinnvoll (**a. A.** *Uhlenbruck / Vallender* InsO, 12. Aufl., § 287 Rz. 61; *Hess / Kranemann / Pink* InsO '99. Das neue Insolvenzrecht, Rz. 387).

Auf diese **Zessionen und Verpfändungen** hat der Schuldner nach § 287 Abs. 2 Satz 2 InsO zusammen mit der Abtretungserklärung – nicht, wie gesetzlich formuliert, in der Erklärung – **hinzuweisen**. Dies soll den Insolvenzgläubigern eine sichere Informationsgrundlage über die zu erwartenden Leistungen verschaffen. Weitere Angaben über den Umfang der noch zu befriedigenden Schuld und schriftliche Belege können nach § 287 Abs. 2 Satz 2 InsO nicht verlangt werden, weil sie den Zusammenhang mit der Abtretungserklärung überfrachten würden. Deswegen genügt es, wenn der Schuldner den Zessionar und den Umfang der Abtretung bzw. Verpfändung benennt. Erklärt sich der Schuldner nicht, löst dies im Verbraucherinsolvenzverfahren die Rücknahmefiktion des § 305 Abs. 3 Satz 2 InsO aus. Gibt der Schuldner vorsätzlich oder grob fahrlässig eine unzutreffende Erklärung ab, verwirklicht er den Versagungsgrund aus § 290 Abs. 1 Nr. 5 InsO (vgl. u. *Ahrens* § 290 Rz. 44). 92

Für die Geltendmachung der Ausfallforderungen gem. § 52 InsO hat diese Regelung keine Bedeutung, denn absonderungsberechtigte Gläubiger, die auch persönliche Gläubiger des Schuldners sind, dürfen nach den allgemeinen Regeln eine anteilsmäßige Befriedigung beanspruchen, soweit sie bei der abgesonderten Befriedigung ausgefallen sind. Um eine sichere Grundlage für die Verteilungsquoten zu besitzen, muss der Ausfall in der Schlussverteilung feststehen. Ein absonderungsberechtigter Gläubiger hat deshalb seinen Ausfall zu schätzen, wobei sich eine fehlerhafte Schätzung zu seinem Nachteil auswirkt (*Klasmeyer / Elsner* FS Merz, S. 303 [306 f.]; außerdem u. *Grote* § 292 Rz. 13, sowie *Kohte* § 313 Rz. 43 ff.). 93

F. Unwirksamkeit vereinbarter Abtretungsverbote

Abtretungsverbote für künftige Gehaltsforderungen können einzelvertraglich gem. § 399 BGB, aber auch kollektivrechtlich durch Tarifvertrag oder Betriebsvereinbarung vereinbart werden (*Uhlenbruck / Vallender* InsO, 12. Aufl., § 287 Rz. 63; s. a. *BAG* DB 1958, 489; *LAG Frankfurt* DB 1972, 243; *LAG Düsseldorf* DB 1976, 440; *MünchArbR / Hanau* 2. Aufl., § 73 Rz. 9 ff.; *Schubert* in Kasseler Handbuch, 2. Aufl., 2.11 Rz. 399; *Schaub* Arbeitsrechts-Handbuch, 12. Aufl., § 87 Rz. 4; *Gamillscheg* Kollektives Arbeitsrecht, Bd. I, § 7 III 10 d; zu den Ausnahmen gegenüber Sozialversicherungsträgern *BAG* NJW 1966, 1727). Ebenso sind auch Abtretungsbeschränkungen etwa durch Anzeigeerfordernisse (BGHZ 112, 387 [389]) oder eine Zustimmungsbedürftigkeit (BGHZ 102, 293 [300]) grds. wirksam. Die Vereinbarung einer Unabtretbarkeit bewirkt, dass eine gleichwohl erfolgte Abtretung absolut unwirksam ist (BGHZ 40, 156 [159 ff.]; BGHZ 70, 299 [301]; BGHZ 102, 293 [301]; *Soergel / Zeiss* BGB, § 399 Rz. 8; MünchKomm-BGB/ *Roth* § 399 Rz. 36). 94

Damit stehen Abtretungsverbote oder Beschränkungen grds. auch der **Abtretungsregelung aus § 287 Abs. 2 Satz 1 InsO** entgegen. Die Aufbringung der Tilgungsmittel stellt jedoch eine entscheidende Voraussetzung für das Gelingen der Restschuldbefreiung dar. Um eine erfolgreiche Abtretung zu gewährleisten, werden vereinbarte Abtretungsverbote oder Hindernisse durch § 287 Abs. 3 InsO insoweit für unwirksam erklärt, wie sie die Abtretungserklärung des Schuldners vereiteln oder beeinträchtigen. Dadurch wird eine relative Unwirksamkeit dieser Einschränkungen i. S. v. §§ 135, 136 BGB geschaffen. Gegenüber dem Treuhänder kann sich der Verpflichtete nicht auf das Abtretungsverbot berufen, doch bleibt es im Übrigen wirksam, insbesondere gegenüber den nach § 114 Abs. 1 InsO privilegierten Gläubigern (*Uhlenbruck / Vallender* InsO, 12. Aufl., § 287 Rz. 64; MünchKomm-InsO/ *Stephan* 2. Aufl., § 287 Rz. 66; *Braun / Buck* InsO, 3. Aufl., § 287 Rz. 23; *Nerlich / Römermann* InsO, § 287 Rz. 62; *Hess / Obermüller* Insolvenzplan, Restschuldbefreiung und Verbraucherinsolvenz, 3. Aufl., Rz. 1096; **a. A.** HK-InsO/ *Landfermann* 4. Aufl., § 287 Rz. 19). 95

§ 288
Vorschlagsrecht

Der Schuldner und die Gläubiger können dem Insolvenzgericht als Treuhänder eine für den jeweiligen Einzelfall geeignete natürliche Person vorschlagen.

Inhaltsübersicht: Rz.

A. Normzweck 1
B. Gesetzliche Systematik 2– 5
C. Vorschlagsrecht 6–13

Literatur:

Siehe vor § 286.

A. Normzweck

1 Das Vorschlagsrecht soll in erster Linie dazu beitragen, die Kosten des Verfahrens möglichst gering zu halten. Dies kann nach der Gesetzesbegründung insbes. dann erreicht werden, wenn ein Treuhänder vorgeschlagen wird, der bereit ist sein Amt unentgeltlich auszuüben (BT-Drucks. 12/7302 S. 187). Ob dieses Ziel angesichts der erforderlichen Qualifikationen die an den Treuhänder zu stellen sind (vgl. *Grote* § 292 Rz. 4 ff.), erreicht werden kann, erscheint zweifelhaft. In der Praxis wurde bislang vom Vorschlagsrecht kaum Gebrauch gemacht, als Treuhänder werden nahezu ausschließlich Rechtsanwälte eingesetzt, die auch als Insolvenzverwalter tätig sind; das vom Gesetzgeber protegierte Modell des **unentgeltlichen Treuhänders** ist jedenfalls faktisch nicht vorhanden, so dass die Norm insoweit als verfehlt angesehen werden muss.

B. Gesetzliche Systematik

2 Das Vorschlagsrecht nach § 288 InsO betrifft nur den Treuhänder im Restschuldbefreiungsverfahren mit dem Aufgabenbereich, der sich aus § 292 InsO ergibt. Für den Treuhänder der im vereinfachten Insolvenzverfahren tätig wird, besteht kein Vorschlagsrecht, § 313 Abs. 3 InsO verweist insoweit auf § 56 ff. InsO. Allerdings besteht dort die Möglichkeit, dass die Gläubigerversammlung einen anderen Treuhänder wählt (§ 57 InsO). Zu Wertungskollisionen vgl. Rz. 5.

2a Auch nach dem durch das InsOÄndG 2001 eingeführten frühen Beginn der Laufzeit der Abtretung werden nach wie vor der Treuhänder nach § 313 InsO und der Treuhänder nach § 292 InsO weder zeitgleich noch parallel eingesetzt (s. hierzu *Ahrens* § 287 Rz. 89 a ff. und *Grote* § 292 Rz. 3 a). Das Vorschlagsrecht des Schuldners bezieht sich damit nach wie vor lediglich auf den **Treuhänder im Restschuldbefreiungsverfahren**.

3 Im bisherigen Vergleichsrecht war die Funktion des gerichtlich eingesetzten Treuhänders unbekannt. Zum Teil beauftragte der Schuldner selbst einen Treuhänder zur Herbeiführung einer außergerichtlichen Schuldenbereinigung, dessen Amt allerdings mit Konkurseröffnung beendet war (*Kuhn/Uhlenbruck* KO, § 23 Rz. 16). Beim Liquidationsvergleich nach § 7 Abs. 4 VglO wurde regelmäßig ein Treuhänder eingesetzt, aber auch hier nicht durch das Gericht, sondern durch Vertrag mit dem Schuldner (*Mohrbutter/Mohrbutter* Rz. III 214). Auch der Sachwalter nach §§ 91 ff. VglO, dessen Aufgabenbereich am ehesten dem des Treuhänders entspricht, leitete seinen Auftrag vom Schuldner her (*Kilger/Karsten Schmidt* § 92 VglO Rz. 1, § 292 Rz. 3).

4 Das Vorschlagsrecht (insbes. des Schuldners) und die Einsetzung des Treuhänders durch das Gericht unter gleichzeitigem Ausschluss der Abwahlmöglichkeit durch die Gläubigerversammlung nach § 57 InsO wird der besonderen Situation des Restschuldbefreiungsverfahrens gerecht. Zum einen hofft der Gesetzgeber insbes. auf den Einsatz unentgeltlich arbeitender Treuhänder (BT-Drucks. 12/7302 S. 187), zum anderen

ist der Erfolg des Restschuldbefreiungsverfahrens davon abhängig, dass **dem Schuldner ein Ansprechpartner zur Seite** steht, der ihn in den vielfältigen lebenspraktischen Situationen während der Treuhandphase berät und unterstützt, damit das vom Gesetzgeber gewünschte Ziel der Restschuldbefreiung im konkreten Fall erreicht werden kann (vgl. insoweit auch den Vergleichsverwalter »**Kölner Prägung**« bei dem bereits eine Unterstützung des Vergleichsschuldners im Vordergrund stand, *Gottwald/Uhlenbruck* HdbInsR, 1990, § 72 Rz. 80). Die Bestimmung des Treuhänders wurde daher – nicht wie beim Insolvenzverwalter gem. § 57 InsO – der Autonomie der Gläubigerversammlung übertragen, sondern den Gerichten auferlegt, die bei der Bestimmung die Ziele der **Kostenminimierung**, die Unterstützung des Schuldners, die Forderungsverwirklichung der Gläubiger und die Neutralität der Person des Treuhänders in Einklang zu bringen haben.

Die Regelung des § 288 InsO scheint in einem **gewissen Widerspruch zu § 313 Abs. 3 InsO zu stehen.** 5
Erst in der letzten Phase des Gesetzgebungsverfahrens wurde bestimmt, dass der Treuhänder nicht nur die Betreuung des Schuldners während der Laufzeit der Abtretungserklärung, sondern darüber hinaus auch die Aufgabe der Insolvenzverwaltung im Verbraucherinsolvenzverfahren übernehmen soll. Ursprünglich war auch für Kleininsolvenzen ein verwalterloses Verfahren vorgesehen, erst auf die Kritik des Bundesrates (BT-Drucks. 12/2443 S. 259 f.) hin wurde hiervon abgesehen (KS-InsO/*Schmidt-Räntsch* 1997, S. 1200). § 313 Abs. 3 InsO verweist aber auf die §§ 56 bis 66 InsO, die für die Einsetzung des Insolvenzverwalters kein Vorschlagsrecht, dafür aber die Abwahlmöglichkeit durch die Gläubigerversammlung vorsehen. Eine Wertungskollision dieser Normen ist in den Fällen ausgeschlossen, in denen sich die Treuhandphase im Anschluss an ein **Regelinsolvenzverfahren anschließt**, oder Insolvenzverwaltung und Verwaltung in der Treuhandphase nicht von ein und derselben Person durchgeführt werden (zur Möglichkeit des Wechsels in der Person des Treuhänders s. *Kohte* § 313 Rz. 5 und *Ahrens* § 291 Rz. 10). Im Regelfall wird aber der Treuhandphase ein Verbraucherinsolvenzverfahren vorausgehen und der Gesetzgeber hatte bei seiner Entscheidung die Konstellation vor Augen, dass bei Kleininsolvenzen nur eine Person als Treuhänder für das Verbraucherinsolvenz- und Restschuldbefreiungsverfahren bestimmt wird (dazu auch *BGH* ZInsO 2003, 750 und ZVI 2004, 544; BT-Drucks. 12/7302 S. 193; *Vallender* DGVZ 1997, 53 [56]; *Wittig* WM 1998, 157 [168]). Die Bestellung des Treuhänders im Verbraucherinsolvenzverfahren soll sogar für die Treuhandperiode mit den veränderten Aufgaben des § 292 InsO fortwirken, wenn keine Entlassung des Treuhänders erfolgt (*BGH* ZVI 2004, 544; ZInsO 2007, 1348). Daher darf bei einer Einsetzung des Treuhänders nach § 313 Abs. 1 InsO die Wertung des § 288 InsO aber nicht unberücksichtigt bleiben (zust. HK-InsO/*Landfermann* § 288 Rz. 1; **a. A.** *Uhlenbruck/Vallender* InsO, § 288 Rz. 6 mit dem Hinweis auf den Leerlauf des Kosteneinspareffektes). Der Richter hat bei der Einsetzung eine **Einzelfallentscheidung** vorzunehmen, im Rahmen derer er darauf zu achten hat, dass die einzusetzende Person sowohl für die Verwalter- als auch für die Treuhändertätigkeiten geeignet ist und bei der auch die Vorschläge des Schuldners und der Gläubiger berücksichtigt werden müssen, insbesondere, wenn hierdurch die Verfahrenskosten verringert werden können. Wird der vom Gericht im vereinfachten Insolvenzverfahren nach § 313 InsO eingesetzte Treuhänder von der Gläubigerversammlung abgewählt und durch einen anderen ersetzt, so hat das Gericht mit der Ankündigung der Restschuldbefreiung nach § 291 Abs. 2 InsO auf jeden Fall eine **erneute Entscheidung** über den Einsatz des Treuhänders für das Restschuldbefreiungsverfahren zu treffen, bei der Vorschläge des Schuldners und der Gläubiger zu berücksichtigen sind. Wird in der Treuhandperiode ein neuer Treuhänder bestellt, so beinhaltet der Beschluss über die Neubestellung – soweit er dem bisherigen Treuhänder zugestellt wird – konkludent die Entlassung des alten Treuhänders (*BGH* ZInsO 2007, 1348).

C. Vorschlagsrecht

Vorgeschlagen werden kann aufgrund des klaren Wortlauts des § 288 InsO nur eine **natürliche Person** 6
(h. M. HK-InsO/*Landfermann* § 291 Rz. 5; *Nerlich/Römermann* InsO, § 288 Rz. 13; *Hess* InsO, 2. Aufl., § 288 Rz. 2; MünchKomm-InsO/*Ehricke* § 288 Rz. 22; **a. A.** *Döbereiner* S. 336, ihm folgend *Kübler/Prütting-Wenzel* InsO, § 288 Rz. 2). Auch als Insolvenzverwalter können gem. § 56 InsO (zur Diskussion im Gesetzgebungsverfahren um die Zulassung **juristischer Personen** als Insolvenzverwalter vgl. *Balz/Landfermann* S. 134 f.), ebenso wie bisher Konkursverwalter nach § 78 KO, nur natürliche Personen benannt werden (*Jaeger/Weber* KO, § 78 Rz. 7; *Kuhn/Uhlenbruck* KO, § 78 Rz. 4). Das Vorschlagsrecht steht nach dem Wortlaut dem Schuldner und Gläubiger zu, aber auch eine Schuldnerberatungsstelle, die den

§ 288 *Restschuldbefreiung*

Schuldner im außergerichtlichen Einigungsversuch betreut hat, kann als Vertreter des Schuldners einen Vorschlag machen der für das Gericht aufgrund der Vertrautheit der Berater mit den Verhältnissen des Schuldners durchaus von Interesse sein dürfte (zur Frage der Eignung dieser Berater als Treuhänder s. u. Rz. 9).

7 Die Person muss geeignet sein, die jeweilige Verwaltung im konkreten Fall durchzuführen (zu Art und Umfang der Tätigkeiten s. *Grote* § 292 Rz. 4 ff.). Das Gesetz knüpft die Eignung weder an eine bestimmte berufliche Qualifikation, noch an bestimmte Fähigkeiten (vgl. *Vallender* VuR 1997, 155 [157]). Der Bundesrat hatte vorgeschlagen, gesetzliche Regelungen über die Auswahl, Qualifikation und Tätigkeit des Treuhänders gesetzlich festzulegen (BT-Drucks. 12/2443 S. 255). Die Bundesregierung hatte eine weitere Spezifizierung (insbesondere durch die Voraussetzung einer bestimmten Berufsausbildung) im Gesetz jedoch abgelehnt, um dem Gericht die Freiheit zu lassen, eine für das jeweilige Amt geeignete Person auszuwählen (BT-Drucks. 12/2443 S. 266). Dies entspricht den Regeln bei der Auswahl des Insolvenzverwalters (vgl. auch FK-InsO/*Kind* § 56 Rz. 40 ff.). Sowohl in der InsO als auch in der KO wird die – im Vergleich zu der Bedeutung des Treuhänders oft viel weitreichendere Entscheidung über die Bestellung des Konkurs- oder Insolvenzverwalters – in das **freie Ermessen des Gerichts** gestellt damit dieses bei seiner Entscheidung den jeweiligen Anforderungen des Einzelfalls gerecht werden kann (vgl. *Kuhn/Uhlenbruck* KO, § 78 Rz. 2). Zur aktuellen Diskussion um eine Veränderung der Bestellungspraxis vgl. *BVerfG* ZInsO 2004, 913.

8 Die im Einzelfall einzusetzende Person muss geeignet sein, die konkrete Aufgabe zu erfüllen (vgl. hierzu auch *Haarmeyer* InVo 1997, 57). Die Geeignetheit für die Treuhänderschaft ergibt sich aus verschiedenen Faktoren, die je nach Einzelfall unterschiedlich zu gewichten sind. Für die Überprüfung der Forderungen und die Überwachung des Schuldners ist eine gewisse **juristische Kompetenz** erforderlich. Daneben muss der Treuhänder eine gewisse Neutralität haben, wobei auch hieran im Einzelfall unterschiedliche Anforderungen zu stellen sind. Insbesondere dann, wenn die Gläubigerversammlung den Treuhänder mit der Überwachung des Schuldners beauftragt, muss die Unabhängigkeit der Person von Schuldner und Gläubigern in besonderem Maße gewährleistet sein (so auch *Kübler/Prütting-Wenzel* InsO, § 288 Rz. 2). Auch die Kosten des Treuhänders können eine Rolle für den Einsatz spielen, dies kann jedoch nicht das allein entscheidende Kriterium sein. Das Gericht muss bei seiner Ermessensentscheidung beachten, dass das Verfahren nicht mehr allein der bloßen Haftungsverwirklichung der Gläubiger dient, sondern dass nunmehr auch die **Reintegration des Schuldners** wesentliches Ziel des Verfahrens ist. Der Treuhänder muss daher auch in der Lage sein, als Ansprechpartner für den Schuldner zur Verfügung zu stehen, d. h. eine gewisse Ortsnähe und Ansprechbarkeit des Treuhänders durch Sprechstunden und telefonischer Erreichbarkeit muss gewährleistet sein (so auch *Nerlich/Römermann* InsO, § 288 Rz. 16; *Döbereiner* S. 337).

9 Wegen der fachlichen Kompetenz und der Erfahrung in der Betreuung von Schuldnern dürften die Mitarbeiter der **Beratungsstellen der Wohlfahrts- und Verbraucherverbände** durchaus als Treuhänder für das Restschuldbefreiungsverfahren geeignet sein (so auch *Uhlenbruck/Vallender* InsO, § 288 Rz. 10; krit. hierzu *Wittig* WM 1998, 209 [213]). Bedenken gegen die Neutralität der Person könnten aber zumindest dann bestehen, wenn dieselbe Person, die als Treuhänder eingesetzt wird, den Schuldner bereits im außergerichtlichen Verfahren vertreten hat (vgl. zur fehlenden **Unabhängigkeit** beim Einsatz eines Vergleichsberaters als späterem Vergleichsverwalter *Bley/Mohrbutter* VglO, § 38 Rz. 12 und *Kilger/Karsten Schmidt* VglO, § 38 Rz. 3). Ähnliche **Interessenkollisionen** sind zu befürchten, wenn der Rechtsanwalt zum Treuhänder bestimmt wird, der den Schuldner gerichtlich oder außergerichtlich vertreten hat. In diesem Fall könnte die Übernahme des Amtes für den Rechtsanwalt auch berufsrechtliche Folgen haben, da insoweit ein Tätigkeitsverbot bestehen kann (hierzu *Pape* ZInsO 2001, 1025 [1026]). Aber auch die Schuldnerberater befürchten wohl Interessenkollisionen wenn sie gleichzeitig den Schuldner betreuen und mit seiner Überwachung beauftragt sind (*Hupe* Erkennbare Probleme mit dem neuen Insolvenzrecht, BAG-SB Info 1995, 22 [26]). Es wird befürchtet, dass die Vertrauensbasis, die als unabdingbare Voraussetzung für eine erfolgreiche Schuldensanierung des Klienten angesehen wird (*Berner* Schuldnerhilfe, 1995, S. 69; *Just* Sozialberatung für SchuldnerInnen, 1990, S. 42 ff.), mit einer Überwachung des Klienten nicht in Einklang zu bringen ist.

10 Gläubiger, deren Mitarbeiter, Gläubigervertreter und **Mitarbeiter von Inkassobüros** kommen als Treuhänder aufgrund ihrer Eigeninteressen wegen der fehlenden Neutralität für diese Tätigkeit nicht in Betracht. Wegen der doch erheblichen Eingriffsmöglichkeiten in die Intimsphäre des Schuldners (vgl. § 293 Abs. 3 InsO) ist eine solche Interessenkollision nicht zuzulassen (*AG Göttingen* ZInsO 2004, 1323;

so auch MünchKomm-InsO/*Ehricke* § 288 Rz. 23; zur Unabhängigkeit des Insolvenzverwalters vgl. *Kohte* § 313 Rz. 7 ff.; *Hess* FLF 1994, 203 [206]; *Mohrbutter/Mohrbutter* XIII. 12; *Haarmeyer/Wutzke/Förster* GesO, § 5 Rz. 16; s. o. Rz. 9). Nicht von der Gesetzeslage gedeckt ist auch die Forderung von *Wittig* der verlangt, dass den Gläubigern ein Bestimmungsrecht des Treuhänders aufgrund der Tatsache zustehen müsse, da sie ja im Regelfall den Treuhänder bezahlen (*Wittig* WM 1998, 209 [213]).

In der Literatur wurde vorgeschlagen, die **Gerichtsvollzieher** mit der Aufgabe der Treuhänderschaft zu betrauen (*Uhlenbruck* DGVZ 1992, 33 [38]; *Vallender* DGVZ 1997, 53 [56]; *Wittig* WM 1998, 209 [213]). Für die Tätigkeit des Gerichtsvollziehers als Treuhänder spricht seine juristische Vorbildung und seine **öffentlich-rechtliche Stellung**. Als Beamter ist er der Dienstaufsicht des Amtsgerichts unterstellt. Er ist zudem nicht Vertreter des Gläubigers, sondern handelt im Rahmen seiner Amtspflicht, auch wenn seine Amtshandlungen unmittelbar Rechtswirkungen für den Gläubiger auslösen (*Jauernig* § 8 II 1. C; *Baur/Stürner* Rz. 8.5; zur sozialen Kompetenz des Gerichtsvollziehers als Vermittler zwischen den wirtschaftlichen Belangen der Gläubiger und den wirtschaftlichen und sozialen Belangen des Schuldners ausführlich *Pawlowski* DGVZ 1991, 177 [180]). 11

Eine Aufgabenübertragung kommt aber wohl nur durch eine Änderung der GVGA in Betracht, da die Tätigkeit des Gerichtsvollziehers als Treuhänder in der bisherigen Aufgabenschreibung nach der Geschäftsanordnung für Gerichtsvollzieher nicht enthalten ist (*Vallender* DGVZ 1997, 54 [56]; *Uhlenbruck* a. a. O.).

In der Praxis agieren als Treuhänder überwiegend **Insolvenzverwalter bzw. Rechtsanwälte** (*Maier/Krafft* BB 1997, 2173 [2176]); so auch *Uhlenbruck/Vallender* InsO, § 288 Rz. 10). Für diese Berufsgruppen spricht, dass sie sowohl über die notwendige juristische Fachkompetenz verfügen, als auch als Organe der Rechtspflege ein gewisses Maß an Neutralität gewährleisten. Bis zur Änderung des Vergütungsrechts im Dezember 2004 (dazu *Grote* § 293 Rz. 6 ff.) waren trotz der geringen Mindestvergütungen die meisten Insolvenzverwalter bereit, die Tätigkeit des Treuhänders im Rahmen von **Mischkalkulationen** unter der Prämisse höherer Vergütungen bei der Durchführung von Insolvenzverwaltungen zu übernehmen, so dass in der Praxis kein Mangel an übernahmebereiten Personen bestand. Nach der deutlichen Anhebung der Mindestvergütungen dürfte die Vergütung kostendeckend sein, so dass i. d. R. allein aus der Übernahme der Treuhändertätigkeit auch Gewinne zu erzielen sind. 12

Das Gericht ist nicht an den Vorschlag von Schuldner oder Gläubiger gebunden (*Häsemeyer* Insolvenzrecht, 1998, 26.30; *Smid/Haarmeyer* InsO, § 288 Rz. 4). Es hat ihn aber bei seiner **Ermessensentscheidung** zu berücksichtigen. Folgt das Gericht dem Vorschlag nicht, so muss es diese Entscheidung aber nicht besonders begründen (**a. A.** MünchKomm-InsO/*Ehricke* § 288 Rz. 13). Machen Schuldner und Gläubiger einen gemeinsamen Vorschlag, wird allerdings ein triftiger Grund für die Ablehnung und eine Begründung erforderlich sein (*Hess/Obermüller* Insolvenzplan, 1998, Rz. 961; **a. A.** *Kübler/Prütting-Wenzel* InsO, § 288 Rz. 3; *Nerlich/Römermann* InsO, § 288 Rz. 9). 13

§ 289
Entscheidung des Insolvenzgerichts

(1) ¹Die Insolvenzgläubiger und der Insolvenzverwalter sind im Schlusstermin zu dem Antrag des Schuldners zu hören. ²Das Insolvenzgericht entscheidet über den Antrag des Schuldners durch Beschluss.

(2) ¹Gegen den Beschluss steht dem Schuldner und jedem Insolvenzgläubiger, der im Schlusstermin die Versagung der Restschuldbefreiung beantragt hat, die sofortige Beschwerde zu. ²Das Insolvenzverfahren wird erst nach Rechtskraft des Beschlusses aufgehoben. ³Der rechtskräftige Beschluss ist zusammen mit dem Beschluss über die Aufhebung des Insolvenzverfahrens öffentlich bekanntzumachen.

(3) ¹Im Falle der Einstellung des Insolvenzverfahrens kann Restschuldbefreiung nur erteilt werden, wenn nach Anzeige der Masseunzulänglichkeit die Insolvenzmasse nach § 209 verteilt worden ist und die Einstellung nach § 211 erfolgt. ²Absatz 2 gilt mit der Maßgabe, dass an die Stelle der Aufhebung des Verfahrens die Einstellung tritt.

§ 289

Inhaltsübersicht: Rz.

A. Normzweck	1
B. Gesetzliche Systematik	2– 3
C. Der Abschluss des Zulassungsverfahrens	4–19
I. Anhörung	4– 5
II. Entscheidung über das weitere Restschuldbefreiungsverfahren	6–15 c
1. Verwerfung des Antrags auf Erteilung der Restschuldbefreiung	6– 6 a
2. Versagung der Restschuldbefreiung	7– 9
3. Ankündigung der Restschuldbefreiung	10–15 b
4. Zustellung	15 c
5. Zuständigkeit	15 d
III. Aufhebung des Insolvenzverfahrens	16
IV. Rechtsmittel	17–17 b
V. Bekanntmachung	18
VI. Kosten	19
D. Masseunzulängliches Insolvenzverfahren	20–24

Literatur:

Lücke / Schmittmann Zur Unzulässigkeit eines Restschuldbefreiungsantrags, ZInsO 2000, 87; s. a. § 286.

A. Normzweck

1 Das Restschuldbefreiungsverfahren ist zweistufig in ein Zulassungs- und ein Hauptverfahren aufgebaut (s. *Ahrens* § 286 Rz. 20 f.). Mit dem Beschluss nach § 289 Abs. 1 Satz 2 InsO beendet das Gericht das bis zu diesem Zeitpunkt neben dem Insolvenzverfahren verlaufende Zulassungsverfahren. Es entscheidet, ob der Antrag auf Erteilung von Restschuldbefreiung als unzulässig verworfen, ob die Restschuldbefreiung versagt oder ob die Restschuldbefreiung angekündigt und damit das Hauptverfahren eingeleitet wird. Bevor das Gericht die Restschuldbefreiung ankündigt, hat es die Insolvenzgläubiger sowie den Insolvenzverwalter nochmals anzuhören und ihnen **Gelegenheit zur Stellungnahme** unter Berücksichtigung des gesamten Insolvenzverfahrens zu geben. In dieser Anhörung können die Gläubiger eine Versagung der Restschuldbefreiung nach § 290 InsO beantragen (s. *Ahrens* § 290 Rz. 57 ff.; *Kohte* § 314 Rz. 29). Zur redaktionellen Straffung wurde vom Rechtsausschuss des Deutschen Bundestags die selbstständige Vorschrift des § 237 RegE mit § 238 RegE zur Regelung des § 289 InsO zusammengefasst (Begr. des Rechtsausschusses BT-Drucks. 12/7302 S. 187, zu § 346 d). Wird kein zulässiger sowie begründeter Versagungsantrag gestellt, ist grds. die Restschuldbefreiung anzukündigen. Bei dieser Entscheidung besitzt das Gericht keinen Ermessensspielraum. Sobald die gesetzlichen Voraussetzungen erfüllt sind, muss es die Restschuldbefreiung entsprechend § 291 InsO ankündigen.

B. Gesetzliche Systematik

2 § 289 InsO stellt die Verfahrensregeln für die Entscheidung des Insolvenzgerichts auf, die den **ersten Abschnitt** des Restschuldbefreiungsverfahrens **beendet** (HK-InsO / *Landfermann* 4. Aufl., § 289 Rz. 2; *Nerlich / Römermann* InsO, § 289 Rz. 3). Die beiden wichtigsten Inhalte werden durch die §§ 290, 291 InsO bestimmt. Während § 290 InsO die Voraussetzungen einer Versagung der Restschuldbefreiung normiert, beinhaltet § 291 InsO den Gegenstand des Beschlusses bei Ankündigung der Restschuldbefreiung. Möglich sind aber auch andere, nicht in diesen beiden Alternativen enthaltene Entscheidungen, wie die Verwerfung des Antrags auf Erteilung von Restschuldbefreiung als unzulässig. In manchem stimmt das Verfahren aus § 289 InsO mit dem der Entscheidung nach § 300 InsO überein, welche den zweiten Abschnitt des Schuldbefreiungsverfahrens abschließt. Beide Verfahrenskonzepte entsprechen sich bei den Anhörungspflichten. Parallelen bestehen auch bei der Anfechtung und Bekanntmachung der Beschlüsse. Obwohl die Entscheidungen durch ihren Gegenstand getrennt werden, bestehen sogar vergleichbare Alternativen, zwischen einer Versagung der Restschuldbefreiung und ihrer Ankündigung bzw. Erteilung. Auch wenn die Entscheidung nach § 289 Abs. 1 Satz 2 InsO eine Zäsur schafft und die Versagungsgründe aus § 290 Abs. 1 InsO für den späteren Verfahrensverlauf präkludiert, stellt sie aber doch nur einen Zwischenschritt dar, da sie das Restschuldbefreiungsverfahren in die Treuhandphase überleitet.

Die **Entscheidung** über eine Ankündigung der Restschuldbefreiung wird noch **während** des **Insolvenzverfahrens** getroffen, der erste Abschnitt des Restschuldbefreiungsverfahrens wird also parallel zum Insolvenzverfahren durchgeführt. Beide Verfahren sind selbstständig, mögen sie auch in mancher Hinsicht miteinander verzahnt sein (s. *Ahrens* § 286 Rz. 18 f.). In seinem ersten Verfahrensabschnitt soll das gesetzliche Schuldbefreiungsverfahren in enger Verbindung mit dem insolvenzrechtlichen Liquidationsverfahren durchgeführt werden. Ein zentrales Bindeglied zwischen beiden Verfahren schafft § 290 Abs. 1 Nr. 5 InsO, denn eine Verletzung der insolvenzrechtlichen Auskunfts- und Mitwirkungspflichten rechtfertigt es, die Restschuldbefreiung zu versagen. Soweit nicht ausnahmsweise der Restschuldbefreiungsantrag schon zuvor als unzulässig verworfen wurde (u. Rz. 6 a), entscheidet das Insolvenzgericht im Schlusstermin. In diesem Termin sind nach § 289 Abs. 1 Satz 1 InsO die Insolvenzgläubiger und der Insolvenzverwalter zum Antrag auf Erteilung von Restschuldbefreiung anzuhören. Um eine gewisse Übersicht über das Vermögen und die Forderungen zu erhalten, muss bislang das Insolvenzverfahren zumindest eröffnet sein. Unschädlich für das Restschuldbefreiungsverfahren ist dann nach § 289 Abs. 3 Satz 1 InsO, wenn das Insolvenzverfahren wegen Masseunzulänglichkeit gem. § 211 InsO eingestellt wird. Eine wichtige Klammer zwischen beiden Verfahren schafft außerdem § 289 Abs. 2 Satz 2 InsO, denn das Insolvenzverfahren darf erst nach der Rechtskraft der Entscheidung über die Ankündigung bzw. Versagung der Restschuldbefreiung aufgehoben werden. Aus dieser Parallelität resultieren aber auch manche Zweifelsfragen, weil offen bleibt, wie eng der Zusammenhang zwischen beiden Verfahren gestaltet ist. Nicht auszuschließen ist, dass durch einen verzögerten Abschluss des Insolvenzverfahrens der Beginn der Treuhandzeit hinausgeschoben wird.

C. Der Abschluss des Zulassungsverfahrens

I. Anhörung

Sobald das Insolvenzgericht der Schlussverteilung zugestimmt hat, bestimmt es gem. § 197 Abs. 1 Satz 2 InsO den **Schlusstermin** als abschließende Gläubigerversammlung. Neben den anderen in § 197 Abs. 1 Satz 2 InsO genannten Aufgaben, dient dieser Termin dazu, soweit erforderlich die Entscheidung über die Restschuldbefreiung vorzubereiten. Dabei hat das Insolvenzgericht die Insolvenzgläubiger und den Insolvenzverwalter bzw. Treuhänder anzuhören, § 289 Abs. 1 Satz 1 InsO. Da in die Rechte der Insolvenzgläubiger eingegriffen wird, ist den am Verfahren beteiligten Gläubigern (vgl. *BGH* NZI 2005, 399 m. Anm. *Ahrens*) **rechtliches Gehör** i. S. v. Art. 103 Abs. 1 GG zu gewähren (*Uhlenbruck/Vallender* InsO, 12. Aufl., § 289 Rz. 5; s. a. HambK-InsO/*Streck* 2. Aufl., § 289 Rz. 2). Da der Termin gem. § 74 Abs. 2 InsO öffentlich bekannt gemacht wird und damit die wichtigste Voraussetzung einer Gewährung des rechtlichen Gehörs erfüllt ist, kann die weitere Konkretisierung analog § 10 InsO erfolgen (*Nerlich/Römermann* InsO, § 289 Rz. 14). Insolvenzgläubiger, die ihre Forderungen nicht angemeldet haben, müssen nicht angehört werden. Die Anhörung des Insolvenzverwalters oder Treuhänders dient dagegen der Sachverhaltsfeststellung (*Nerlich/Römermann* InsO, § 289 Rz. 7). Diese Anhörung soll erst im Schlusstermin des Insolvenzverfahrens, § 197 InsO, erfolgen, um für die gesamte Verfahrensdauer feststellen zu können, ob der Schuldner seinen Auskunfts- und Mitwirkungspflichten genügt hat (Begr. RegE BR-Drucks. 1/92 S. 189; *Uhlenbruck/Vallender* InsO, 12. Aufl., § 289 Rz. 1, 3). Zumeist wird es zweckmäßig sein, den **Schuldner** vorsorglich zu diesem Termin zur Erfüllung seiner Auskunftspflichten nach § 97 Abs. 1 Satz 1 InsO zu laden (HK-InsO/*Landfermann* 4. Aufl., § 289 Rz. 4). Der Schuldner ist dann nach § 97 Abs. 3 Satz 1 InsO zum Erscheinen verpflichtet und kann, falls etwa ein Versagungsantrag gestellt wird, sofort die erforderlichen Auskünfte erteilen. Eine Anhörung des Schuldners ist in § 289 Abs. 1 Satz 1 InsO nicht vorgeschrieben, doch ist sie bei einer ablehnenden Entscheidung über den Restschuldbefreiungsantrag oder bei einem im Schlusstermin gestellten Versagungsantrag nach Art. 103 Abs. 1 GG erforderlich (MünchKomm-InsO/*Stephan* 2. Aufl., § 289 Rz. 17; *Nerlich/Römermann* InsO, § 289 Rz. 6; HK-InsO/*Landfermann* 4. Aufl., § 289 Rz. 5; *Graf-Schlicker/Kexel* InsO, § 289 Rz. 4). Unter den Voraussetzungen des § 10 InsO kann die Anhörung des Schuldners unterbleiben (*Uhlenbruck/Vallender* InsO, 12. Aufl., § 289 Rz. 7).

5 Die Anhörung der Insolvenzgläubiger hat grds. **mündlich** zu erfolgen, um ihnen Gelegenheit zu geben, die Versagung der Restschuldbefreiung zu beantragen, denn dieser Antrag muss entsprechend den §§ 4 InsO, 137 Abs. 1 ZPO mündlich im Schlusstermin gestellt werden (*LG Nürnberg-Fürth* ZVI 2002, 287 f. = VuR 2002, 31 m. Anm. *Kohte*; *Ahrens* § 290 Rz. 58). Bei überschaubaren Vermögensverhältnissen und einer geringen Zahl der Gläubiger oder einer geringen Höhe der Verbindlichkeiten kann das Insolvenzgericht nach § 5 Abs. 2 InsO ein **schriftliches Verfahren** anordnen. Diese für alle Insolvenzverfahren geltende Regelung ersetzt die bislang auf Verbraucherinsolvenzverfahren beschränkte Vorschrift des § 312 Abs. 2 InsO (dazu *BGH* NJW 2003, 2167 [2169]; NZI 2006, 481). Praktisch wird die Regelung vor allem in den masselosen Insolvenzen große Bedeutung erlangen. Sie ermöglicht es, auch den Schlusstermin im schriftlichen Verfahren durchzuführen (MünchKomm-InsO/*Stephan* 2. Aufl., § 289 Rz. 26 a) und den Versagungsantrag schriftlich zu stellen. Die Anordnung des schriftlichen Verfahrens muss grds. in einem den Beteiligten bekannt zu gebenden **Beschluss** erfolgen (*BGH* NZI 2006, 481). Zweckmäßig ist, für die Anhörung eine Frist zu setzen. Ist ein solches schriftliches Verfahren angeordnet, aber verfahrensfehlerhaft ein (fiktiver) Schlusstermin anberaumt, wird der Eindruck erweckt, als könnten die Gläubigerrechte bis zu diesem Termin geltend gemacht werden. Läuft eine Frist zur Stellung des Versagungsantrags zuvor ab, ist die Fristsetzung unwirksam (*LG Göttingen* ZInsO 2002, 682 [683]). Wurde ein Schlusstermin durchgeführt, ist nach seinem Ende eine Anhörung im schriftlichen Verfahren unzulässig (*OLG Celle* ZInsO 2002, 230 [231]). Wird das Insolvenzverfahren wegen **Masseunzulänglichkeit** gem. § 211 InsO eingestellt, kann kein Schlusstermin durchgeführt werden. Es hat dann eine gesonderte Anhörung zu erfolgen, zu der eine Gläubigerversammlung einzuberufen ist (MünchKomm-InsO/*Stephan* 2. Aufl., § 289 Rz. 26; *Uhlenbruck/Vallender* InsO, 12. Aufl., § 289 Rz. 34, 290 Rz. 5; HK-InsO/*Landfermann* 4. Aufl., § 289 Rz. 10; *Häsemeyer* Insolvenzrecht, 4. Aufl., Rz. 26.26; KS-InsO/InsO/*Fuchs* 2000, S. 1679 Rz. 172; *Braun/Buck* InsO, 3. Aufl., § 289 Rz. 14, anders Rz. 2; **a. A.** *OLG Celle* ZInsO 2002, 230 [231]; die abw. Ansicht der 3. Auflage wird aufgegeben). Im Verbraucherinsolvenzverfahren kann auch bei Masseunzulänglichkeit auf der Grundlage von § 312 Abs. 2 InsO eine schriftliche Anhörung erfolgen.

II. Entscheidung über das weitere Restschuldbefreiungsverfahren

1. Verwerfung des Antrags auf Erteilung der Restschuldbefreiung

6 Das Insolvenzgericht entscheidet im Schlusstermin oder nach diesem Termin über den Antrag des Schuldners auf Erteilung der Restschuldbefreiung (*Uhlenbruck/Vallender* InsO, 12. Aufl., § 289 Rz. 16). Ist der **Antrag** des Schuldners auf Erteilung der Restschuldbefreiung **unzulässig**, muss ihn das Insolvenzgericht verwerfen (*AG Bielefeld* ZIP 1999, 1180 [1181] = EWiR 2000, 133 [*Holzer*]). Unzulässig sei sein Antrag, wenn die allgemeinen Sachentscheidungsvoraussetzungen oder die besonderen Voraussetzungen eines Restschuldbefreiungsverfahrens fehlen (s. o. *Ahrens* § 287 Rz. 6 ff., 30; MünchKomm-InsO/*Stephan* 2. Aufl., § 289 Rz. 28; *Lücke/Schmittmann* ZInsO 2000, 87 [88]). Dies gilt ebenso, falls die Abtretungserklärung nicht rechtzeitig vorgelegt wird (*OLG Köln* ZInsO 2000, 608 [609] = EWiR 2001, 127 (*Pape*); *AG Bielefeld* ZIP 1999, 1180 [1182]; vgl. *Ahrens* § 287 Rz. 19). Die örtliche Zuständigkeit des Insolvenzgerichts ist nach § 3 InsO zu bestimmen. Bei einem unzulässigen Insolvenzantrag kann es zweckmäßig sein, den Antrag auf Erteilung von Restschuldbefreiung durch einen deklaratorischen Beschluss als unzulässig zu verwerfen. Wird der Antrag des Schuldners auf Erteilung von Restschuldbefreiung verworfen, ist der Antrag eines Insolvenzgläubigers auf Versagung der Restschuldbefreiung ebenfalls abzuweisen. Unterbleibt die Entscheidung über den Versagungsantrag, ist die Wirkung dieses Antrags als Verfahrenshandlung beendet (*BGH* BGHZ 84, 202 [208]). Wird in der Frist des § 290 Abs. 1 Nr. 3 Alt. 1 InsO erneut eine Restschuldbefreiung beantragt, ist das Verfahren allein deswegen nicht unzulässig, doch kann die Restschuldbefreiung auf Antrag versagt werden (s. *Ahrens* § 290 Rz. 28 ff.).

6 a Über die Zulässigkeit des Antrags auf Erteilung von Restschuldbefreiung ist nach allgemeinen Regeln und nicht aufgrund des § 289 InsO zu entscheiden, der auf den Schlusstermin abstellt. Als Sachentscheidungsvoraussetzung ist die Zulässigkeit in jeder Lage des Verfahrens festzustellen (*BGH* BGHZ 86, 184 [188 f.]; *BGH* NJW 1996, 1059; MünchKomm-ZPO/*Becker-Eberhard* 3. Aufl., Vor § 253 Rz. 16; *Musielak/Foerste* ZPO, vor § 253 Rz. 12). Die Entscheidung kann deswegen nach der inzwischen nahezu ein-

helligen Auffassung bereits **vor dem Schlusstermin** ergehen. Auch nach dem Zweck des § 289 Abs. 1 Satz 1 InsO, eine Anhörung darüber zu ermöglichen, ob der Schuldner seine Auskunfts- und Mitwirkungspflichten im Insolvenzverfahren erfüllt hat und ob ein Versagungsgrund vorliegt, ist ein Abwarten bis zum Schlusstermin nicht erforderlich (*OLG Köln* ZInsO 2000, 334 [335], mit insoweit zust. Anm. *Ahrens* EWiR 2000, 737; *OLG Köln* ZInsO 2000, 608; *LG Göttingen* NZI 2001, 220 [221]; *AG Köln* DZWIR 2000, 170 [171]; *Kübler/Prütting-Pape* InsO, § 30 Rz. 6 c; *Kübler/Prütting-Wenzel* InsO, § 289 Rz. 3 a; *Uhlenbruck/Vallender* InsO, 12. Aufl., § 289 Rz. 17; *HK-InsO/Landfermann* 4. Aufl., § 289 Rz. 5; *Hess* InsO, 2007, § 289 Rz. 9; *Andres/Leithaus* InsO, § 289 Rz. 3; *Lücke/Schmittmann* ZInsO 2000, 87 [88]; **a. A.** *LG Münster* NZI 2000, 551 [552] = EWiR 2000, 449 (*Sabel*); *Braun/Riggert/Kind* Schwerpunkte des Insolvenzverfahrens, 3. Aufl., 216). Die Entscheidung ist durch den Rechtspfleger zu treffen (*OLG Köln* ZInsO 2000, 608 f.; *LG Göttingen* NZI 2001, 220; *Kübler/Prütting-Pape* InsO, § 30 Rz. 6 c; *MünchKomm-InsO/Stephan* 2. Aufl., § 289 Rz. 10; *HK-InsO/Landfermann* 4. Aufl., § 289 Rz. 5; *Nerlich/Römermann* InsO, § 289 Rz. 15; *Haarmeyer/Wutzke/Förster* Handbuch, 3. Aufl., Rz. 8/195; *Lücke/Schmittmann* ZInsO 2000, 87 [88]; **a. A.** *LG Münster* NZI 2000, 551 [552]), doch kann sich der Richter die Entscheidung nach § 18 Abs. 2 Satz 1 RPflG vorbehalten.

2. Versagung der Restschuldbefreiung

Bei der im **Schlusstermin** von § 289 Abs. 1 Satz 1 InsO vorgeschriebenen Anhörung kann jeder antragsbefugte Insolvenzgläubiger aus den Gründen der §§ 290 Abs. 1, 314 Abs. 1 Satz 2 i. V. m. Abs. 3 Satz 2 InsO die Versagung der Restschuldbefreiung beantragen. Der Antrag auf Versagung der Restschuldbefreiung muss **im** Schlusstermin gestellt werden (s. u. *Ahrens* § 290 InsO Rz. 58). Voraussetzung eines Versagungsverfahrens ist zunächst, dass vom Schuldner ein zulässiger Antrag auf Erteilung der Restschuldbefreiung gestellt wurde und ein Antrag auf Versagung der Restschuldbefreiung eingebracht wird. Die Restschuldbefreiung darf nur auf den zulässigen und begründeten Antrag eines Gläubigers (dazu *Ahrens* § 290 Rz. 57 ff.), also nicht von Amts wegen versagt werden (*BGH* NJW 2003, 2167 [2169] = ZInsO 2003, 413, m. Anm. *Grote*; *Vallender* InVo 1998, 169 [177]). Mit dem Ende des Schlusstermins sind die **Versagungsgründe präkludiert** (*LG München I* ZInsO 2001, 767; *AG Mönchengladbach* NZI 2001, 492; *MünchKomm-InsO/Stephan* 2. Aufl., § 289 Rz. 1; *Uhlenbruck/Vallender* InsO, 12. Aufl., § 290 Rz. 5; **a. A.** *HK-InsO/Landfermann* 4. Aufl., § 289 Rz. 7, Rechtskraft der Ankündigungsentscheidung; *Bruckmann* Verbraucherinsolvenz § 4 Rz. 24, ein Jahr nach Kenntnis analog 296 Abs. 1 Satz 2 InsO). Auch wenn der Schuldner in einem ganz erheblichen Umfang gegen die Anforderungen aus § 290 Abs. 1 Nr. 6 InsO verstößt, etwa indem er eine Erbschaft von DM 280.000,– verschweigt, ist der Versagungsgrund nach Ankündigung der Restschuldbefreiung ausgeschlossen (*AG Mönchengladbach* ZVI 2002, 86). Selbstverständlich ist aber eine Verteilung möglich und erforderlich (*Ahrens* § 295 Rz. 5, 36). Das Versagungsverfahren ist ein echtes Streitverfahren zwischen dem Antragsteller und dem Schuldner (*OLG Celle* ZInsO 2001, 757 [759]). Die Entscheidung des Insolvenzgerichts ergeht durch Beschluss gem. § 289 Abs. 1 Satz 2 InsO und ist gem. § 18 Abs. 1 Nr. 2 RPflG vom Richter zu fällen. Grundsätzlich hat das Gericht über den Antrag auf Erteilung der Restschuldbefreiung und alle Versagungsanträge nach § 289 Abs. 1 Satz 2, Abs. 2 InsO in einem Beschluss zu entscheiden (*LG Göttingen* ZInsO 2002, 682 [683]; *Pape/Uhlenbruck* Insolvenzrecht Rz. 967). Ein unzulässiger Versagungsantrag kann aber vorab als verspätet verworfen werden, falls ein weiterer Versagungsantrag vorliegt (*AG Mönchengladbach* ZInsO 2001, 631).

Wird die **Restschuldbefreiung versagt**, so endet das Restschuldbefreiungsverfahren mit diesem negativen Ausgang seines ersten Verfahrensabschnitts. Das Hauptverfahren über die Restschuldbefreiung wird nicht eröffnet, so dass auch die für diesen zweiten Abschnitt vorgesehenen Wirkungen nicht eintreten. Es ist kein Treuhänder gem. § 291 Abs. 2 InsO zu bestimmen. Der Zeitraum der Abtretungserklärung nach § 287 Abs. 2 Satz 1 InsO n. F. endet vorzeitig. Die pfändbaren Bezüge, über die der Schuldner eine Abtretungserklärung abgegeben hat, werden demzufolge vom Gericht nicht übertragen. Auch die Rechtsfolgen aus § 294 InsO treten nicht ein. Die Beschränkung der Gläubigerrechte endet deswegen mit der Aufhebung des Insolvenzverfahrens gem. § 201 Abs. 1 InsO, so dass die Gläubiger anschließend ihr freies **Nachforderungsrecht** geltend machen können. Vollstreckungstitel für die Forderungen der Insolvenzgläubiger ist die Tabelle, § 201 Abs. 2 InsO. Auf einen früher erwirkten, sich mit der Eintragung in der Tabelle deckenden Titel darf daneben grds. nicht mehr zurückgegriffen werden. Durch den Auszug aus der Tabelle, aus dem gem. § 201 Abs. 2 InsO die Zwangsvollstreckung betrieben werden kann, wird der frühere Titel aufgezehrt (*BGH* NJW 1998, 2364 [2365]; ZInsO 2006, 704 = EWiR 2006, 539 [*Ah-*

rens]; s. a. *RG* RGZ 112, 297 [300]; MünchKomm-InsO/*Stephan* 2. Aufl., § 289 Rz. 51; *Fischer* ZInsO 2005, 69; **a. A.** *Gaul* FS Weber, 155 [177 f.]; *Pape* KTS 1992, 185 [188 ff.]; auch *Stein/Jonas/Münzberg* ZPO, 22. Aufl., vor § 704 Rz. 20, die sich für eine Titelwahl aussprechen). Soweit der Schuldner der Feststellung zur Tabelle widersprochen hat und der Widerspruch noch nicht beseitigt ist, kann nicht aus dem Tabellenauszug die Zwangsvollstreckung betrieben werden, §§ 201 Abs. 2 Satz 1 und 2 InsO. Deswegen darf der Gläubiger weiter auf den vorab erwirkten Titel vollstrecken (*BGH* NJW 1998, 2364 [2365]; ZInsO 2006, 704 = EWiR 2006, 539 [*Ahrens*]). Zur privilegierten Vollstreckung aus einem Vollstreckungsbescheid *Ahrens* § 302 Rz. 10 c. Regelmäßig wird das Gericht eine bewilligte Kostenstundung gem. § 4 c Nr. 5 InsO aufheben (*Haarmeyer/Wutzke/Förster-Schmerbach* Präsenzkommentar, § 289 Rz. 12).

9 Pfändungen, Sicherungsabtretungen und Verpfändung, die bereits vor der Eröffnung des Insolvenzverfahrens vorgenommen wurden, werden gem. § 114 Abs. 1 und 3 InsO n. F. mit der Eröffnung des Insolvenzverfahrens unwirksam oder sind in ihrer Wirkung auf zwei Jahre beschränkt. Da diese Konsequenz an die Eröffnung des Insolvenzverfahrens geknüpft ist, endet sie nicht durch eine Versagung der Restschuldbefreiung. Die Zwei-Jahres-Frist läuft deshalb weiter.

3. Ankündigung der Restschuldbefreiung

10 Wird vom Schuldner ein zulässiger Antrag auf Erteilung der Restschuldbefreiung gestellt und ist das Insolvenzverfahren eröffnet worden, ohne dass ein Insolvenzgläubiger zulässig und begründet die Versagung der Restschuldbefreiung beantragt hat, kündigt das Insolvenzgericht die Restschuldbefreiung an. Die **Ankündigung der Restschuldbefreiung** trifft das Gericht mit der Entscheidung nach § 291 Abs. 1 InsO, wonach der Schuldner unter Beachtung der §§ 296 bis 298 InsO die Restschuldbefreiung erlangt. Zugleich bestellt es den Treuhänder, auf den die pfändbaren Bezüge des Schuldners nach Maßgabe der Abtretungserklärung übergehen, § 291 Abs. 1 InsO. Einen Ermessensspielraum besitzt das Gericht bei seiner Entscheidung nach § 291 Abs. 1 InsO nicht (*Braun/Buck* InsO, 3. Aufl., § 289 Rz. 3). Solange kein Antrag auf Versagung der Restschuldbefreiung gestellt wurde, ist es bedeutungslos, ob der Schuldner die Anforderungen aus § 290 Abs. 1 InsO erfüllt hat. Die Ankündigung der Restschuldbefreiung ergeht durch Beschluss des Insolvenzgerichts, §§ 289 Abs. 1 Satz 2, 291 InsO. Hat kein Insolvenzgläubiger einen Versagungsantrag gestellt, gehört die Entscheidung zur Zuständigkeit des Rechtspflegers, sonst des Richters, § 18 Abs. 1 Nr. 2 RPflG (HK-InsO/*Landfermann* 4. Aufl., § 289 Rz. 5; *Andres/Leithaus* InsO, § 289 Rz. 3; **a. A.** *Kübler/Prütting-Wenzel* InsO, § 289 Rz. 2, richterliche Entscheidung). Bei Anzeige der Masseunzulänglichkeit kann die Ankündigung erst nach Verteilung der Insolvenzmasse, § 209 InsO, und Einstellung des Insolvenzverfahrens, § 211 InsO, erfolgen (*Uhlenbruck/Vallender* InsO, 12. Aufl., § 289 Rz. 21).

11 In einem **Verbraucherinsolvenzverfahren** kann das Insolvenzgericht gem. § 314 Abs. 1 Satz 1 InsO von einer Verwertung der Masse absehen und dem Schuldner aufgeben, binnen einer festgesetzten Frist einen entsprechenden Betrag zu zahlen. Dann darf gem. § 314 Abs. 3 Satz 1 InsO die Entscheidung über die Ankündigung erst nach Ablauf dieser Frist gefällt werden. Zahlt der Schuldner nach Fristablauf aber vor der gerichtlichen Entscheidung, entfällt das Rechtsschutzinteresse für den Versagungsantrag.

12 Vorgesehen ist der Beschluss zur Ankündigung der Restschuldbefreiung, nachdem die Insolvenzgläubiger und der Insolvenzverwalter im Schlusstermin angehört worden sind. Nach der dafür maßgeblichen Vorstellung verläuft der erste Abschnitt des Restschuldbefreiungsverfahrens neben dem Insolvenzverfahren. Erst mit dem Abschluss des Insolvenzverfahrens wird auch das Schuldbefreiungsverfahren in den zweiten Abschnitt übergeleitet, das durch die Treuhandzeit gekennzeichnete Hauptverfahren.

13 **Unzulässig** ist gerade umgekehrt, das Insolvenzverfahren vor einer rechtskräftigen Entscheidung über die Restschuldbefreiung aufzuheben, wie § 289 Abs. 2 Satz 2 InsO ausdrücklich bestimmt. Auch setzen die Verfahrensregeln über den zweiten Abschnitt des Restschuldbefreiungsverfahrens nicht voraus, dass das Insolvenzverfahren zuvor abgeschlossen ist. Seit der Änderung von § 196 Abs. 1 InsO, wonach die Schlussverteilung zu erfolgen hat, soweit die Verwertung der Insolvenzmasse mit Ausnahme eines laufenden Einkommens abgeschlossen ist, kommt dieser Überlegung allerdings kein großes Gewicht mehr zu.

14 Insbesondere geht der Wortlaut des § 289 Abs. 1 Satz 1 InsO von einer Anhörung zum Antrag auf Erteilung der Restschuldbefreiung im Schlusstermin aus. Außerdem setzt § 290 Abs. 1 InsO voraus, dass die Insolvenzgläubiger im Schlusstermin die Versagung der Restschuldbefreiung beantragen können und die

absonderungsberechtigten Gläubiger haben in diesem Termin ihren Ausfall zu schätzen. Deswegen wird die Restschuldbefreiung erst nach dem Schlusstermin anzukündigen sein.

Mit dem Beschluss des Insolvenzgerichts **endet das Zulassungsverfahren** und damit der erste Abschnitt über das gesetzliche Schuldbefreiungsverfahren. In seinem Beschluss stellt das Gericht nach § 291 Abs. 1 InsO fest, dass der Schuldner Restschuldbefreiung erlangt, falls sie nicht nach §§ 296 bis 298 InsO versagt wird. Erforderlichenfalls entscheidet das Gericht auch über die Anwendbarkeit der Altfallregelung gem. Art. 107 EGInsO (s. o. *Ahrens* § 287 InsO Rz. 89; *AG Duisburg* NZI 2000, 607 = VuR 2001, 59, m. Anm. *Kohte*; *Vallender* ZIP 1996, 2058 [2059 f.]; *Wittig* WM 1998, 209 [224]). Zugleich bestimmt das Gericht den Treuhänder und leitet auf ihn die pfändbaren Bezüge des Schuldners über, § 291 Abs. 2 InsO. Damit eröffnet das Gericht den zweiten Abschnitt des Schuldbefreiungsverfahrens mit dem Hauptverfahren.   15

Die Rechtslage ist auch durch § 287 Abs. 2 Satz 1 InsO n. F. nicht verändert. Allein die **Frist der Abtretungserklärung** hat bereits nach Eröffnung des Insolvenzverfahrens, also mit dem Zulassungsverfahren zur Restschuldbefreiung begonnen. Dies betrifft nur die verbleibende Verfahrensdauer, die aus der Laufzeit der Abtretungserklärung von sechs Jahren abzüglich der Dauer des Zulassungsverfahrens zur Restschuldbefreiung zu berechnen ist (s. *Ahrens* § 287 Rz. 89 a ff.). Davon unberührt bleibt die Forderungsübertragung, die erst durch den gerichtlichen Ankündigungsbeschluss erfolgt (s. *Ahrens* § 287 Rz. 89 i).   15 a

Ausnahmsweise ist eine Ankündigung der Restschuldbefreiung entbehrlich, falls die sechsjährige Laufzeit der Abtretungserklärung zuvor abgelaufen ist. In diesem Fall ist sogleich über Erteilung der Restschuldbefreiung zu entscheiden (s. *Ahrens* § 287 Rz. 89 f und § 300 Rz. 5 a).   15 b

4. Zustellung

Wird der Antrag auf Erteilung von Restschuldbefreiung als unzulässig verworfen oder versagt, ist die Entscheidung dem Schuldner zuzustellen. Ist ein Antrag auf Versagung der Restschuldbefreiung als unzulässig verworfen oder als unbegründet abgewiesen worden, ist der Beschluss auch dem Antragstellenden Gläubiger zuzustellen, §§ 289 Abs. 2 Satz 1, 4 InsO, 329 Abs. 3 ZPO (MünchKomm-InsO/*Stephan* 2. Aufl., § 289 Rz. 32).   15 c

5. Zuständigkeit

Die Durchführung des Schlusstermins gehört zur funktionellen Zuständigkeit des Rechtspflegers (*Graf-Schlicker/Kexel* InsO, § 289 Rz. 7). Über zulässige Versagungsanträge entscheidet gem. § 18 Abs. 1 Nr. 2 RPflG der Richter.   15 d

III. Aufhebung des Insolvenzverfahrens

Erst nachdem die Entscheidung über die Restschuldbefreiung in **Rechtskraft** erwachsen ist, wird das Insolvenzverfahren aufgehoben, § 289 Abs. 2 Satz 2 InsO. Diese Vorschrift modifiziert § 200 Abs. 1 InsO, wonach die Aufhebung des Insolvenzverfahrens zu beschließen ist, sobald die Schlussverteilung vollzogen ist. Der Schuldner erhält die Verwaltungs- und Verfügungsbefugnis über sein Vermögen zurück, vgl. § 80 InsO. Bei einer Ankündigung der Restschuldbefreiung ist für das Einkommen des Schuldners zu unterscheiden. Da das unpfändbare Arbeitseinkommen nicht in die Insolvenzmasse fiel und der Insolvenzverwalter bzw. Treuhänder nicht einziehungsberechtigt war (*LAG Düsseldorf* ZInsO 2005, 391 [392]), tritt insoweit keine Rechtsänderung ein. Für den pfändbaren Teil erhält der Schuldner zwar grds. die Verfügungsbefugnis zurück, aber mit der Abtretungserklärung nach § 287 Abs. 2 Satz 1 InsO und der Treuhänderbestellung ist dieser Teil der Einkünfte auf den Treuhänder übergegangen. Zusätzlich wird sichergestellt, dass die Beschränkung der Gläubigerrechte während des Insolvenzverfahrens gem. den §§ 89 ff. InsO ohne Unterbrechung in die während der Treuhandzeit nach § 294 InsO bestehende Beschränkung übergeht. Das freie Nachforderungsrecht der Gläubiger gem. § 201 Abs. 1 InsO wird dadurch suspendiert. Zwischen der Aufhebung des Insolvenzverfahrens und dem Beginn der Treuhandperiode dürfen deswegen keine Zwangsvollstreckungsmaßnahmen eingeleitet werden. Wird der Antrag auf Erteilung der Restschuldbefreiung verworfen oder versagt, erhält der Schuldner die Verwaltungs- und Verfügungsbefugnis über sein Vermögen zurück. Zusätzlich endet die Beschränkung der Gläubigerrechte (dazu oben Rz. 8).   16

IV. Rechtsmittel

17 Wird der Antrag auf Erteilung der Restschuldbefreiung als unzulässig verworfen, die Restschuldbefreiung versagt oder die Restschuldbefreiung mit einer sechsjährigen Laufzeit der Abtretungserklärung angekündigt, obwohl sämtliche im Verfahren zu befriedigenden Forderungen erfüllt sind, steht dem **Schuldner** gegen diese Entscheidung die **sofortige Beschwerde** zu, §§ 6, 289 Abs. 2 Satz 1 InsO, 567 ff. ZPO n. F. Unter den Voraussetzungen der §§ 7 InsO, 574 ff. ZPO n. F. ist die Rechtsbeschwerde zugelassen. Die zweiwöchige Beschwerdefrist aus den §§ 4 InsO, 569 Abs. 1 Satz 1 ZPO ist bei einer Verkündung im Schlusstermin ab diesem Zeitpunkt zu berechnen, § 6 Abs. 2 InsO (*LG Frankfurt* ZVI 2003, 427). Mit der sofortigen Beschwerde kann der Schuldner daher jede Versagung der Restschuldbefreiung anfechten, welche auf die Gründe der §§ 290 Abs. 1, 314 Abs. 1 Satz 2 InsO gestützt wird. Außerdem kann er die sofortige Beschwerde einlegen, wenn er eine gem. Art. 107 EGInsO auf fünf Jahre verkürzte Dauer der Abtretungserklärung beansprucht, aber von Gericht gem. § 287 Abs. 2 Satz 1 InsO n. F. eine sechsjährige Frist der Abtretungserklärung bestimmt wurde (MünchKomm-InsO/*Stephan* 2. Aufl., § 289 Rz. 35 ff.; *Braun/Buck* InsO, 3. Aufl., § 289 Rz. 7). Erteilt das Insolvenzgericht im Schlusstermin nicht die Restschuldbefreiung, obwohl sämtliche angemeldeten Insolvenzforderungen und die Masseverbindlichkeiten befriedigt sind, beschwert die Entscheidung den Schuldner (*Graf-Schlicker/Kexel* InsO, § 289 Rz. 8). Abweichend vom Antrag auf Erteilung der Restschuldbefreiung wird die Restschuldbefreiung lediglich angekündigt, weshalb die sofortige Beschwerde statthaft ist (i. E. übereinstimmend *BGH* NZI 2005, 399 m. Anm. *Ahrens*). Eine sofortige Beschwerde des Schuldners gegen die Wertfestsetzung im Versagungsverfahren ist unzulässig, wenn er damit die Heraufsetzung des Werts anstrebt (*LG Verden* ZInsO 2007, 224).

17 a Jedem **Insolvenzgläubiger**, der im Schlusstermin erfolglos die Versagung der Restschuldbefreiung beantragt hat, ist gegen die Entscheidung des Richters die **sofortige Beschwerde** eröffnet (HK-InsO/*Landfermann* 4. Aufl., § 289 Rz. 6). Unter den Voraussetzungen der §§ 7 InsO, 574 ff. ZPO n. F. ist die Rechtsbeschwerde zugelassen. Verwirft der funktionell unzuständige Rechtspfleger einen Antrag auf Versagung der Restschuldbefreiung als unzulässig und kündigt er die Restschuldbefreiung an, ist dagegen die sofortige Erinnerung gem. § 11 Abs. 2 RPflG statthaft (*LG München I* ZInsO 2000, 519[LS]; *AG Göttingen* ZVI 2003, 88 [89]; *Uhlenbruck/Vallender* InsO, 12. Aufl., § 289 Rz. 27; MünchKomm-InsO/*Stephan* 2. Aufl., § 289 Rz. 35; nach **a. A.** die sofortige Beschwerde *LG Berlin* ZInsO 2004, 987 [988], *LG Frankfurt* ZVI 2003, 427; *AG Düsseldorf* NZI 2000, 553 [554]). Ein Insolvenzgläubiger, der im Schlusstermin nicht die Versagung der Restschuldbefreiung beantragt hat, kann nach dem eindeutigen Wortlaut von § 289 Abs. 2 Satz 1 InsO keine sofortige Beschwerde einlegen (*Nerlich/Römermann* InsO, § 289 Rz. 23). Seine sofortige Beschwerde ist als unzulässig zu verwerfen (*LG München I* ZInsO 2000, 519 (LS), insoweit nicht veröffentlicht; *LG Nürnberg-Fürth* v. 11. 06. 2001–11 T 4455/01; HambK-InsO/*Streck* 2. Aufl., § 289 Rz. 7). Auch ein am Verfahren nicht teilnehmender und deswegen nicht angehörter Gläubiger ist nicht beschwerdebefugt (*Uhlenbruck/Vallender* InsO, 12. Aufl., § 289 Rz. 26). Einem am Verfahren beteiligten, aber entgegen § 289 Abs. 1 Satz 1 InsO nicht angehörten Gläubiger ist die Gehörsrüge entsprechend den §§ 4 InsO, 321 a ZPO eröffnet. Musste in einem Versagungsverfahren der Versagungsgrund nicht glaubhaft gemacht werden, weil der Schuldner im Schlusstermin nicht erschienen ist und deswegen den Sachvortrag nicht bestritten hat, können das Bestreiten und das Glaubhaftmachen im Rechtsmittelverfahren nachgeholt werden. Hat das Gericht die Altfallregelung und die Geltung der verkürzten Zeitspanne der Abtretungserklärung gem. Art. 107 EGInsO angeordnet, steht den **Gläubigern** die sofortige Beschwerde zu, die dem im Termin widersprochen haben (*AG Duisburg* NZI 2000, 607 [608]).

17 b Dem **Treuhänder** steht gegen seine Ernennung kein Rechtsmittel zu, doch kann er entsprechend den konkursrechtlichen Grundsätzen (*Kuhn/Uhlenbruck* KO, § 78 Rz. 5) die Übernahme des Amts ablehnen. Die Ernennung des Treuhänders ist auch von den Gläubigern nicht selbstständig anfechtbar (MünchKomm-InsO/*Stephan* 2. Aufl., § 289 Rz. 38; *Uhlenbruck/Vallender* InsO, 12. Aufl., § 289 Rz. 28; *Kübler/Prütting-Wenzel* InsO, § 289 Rz. 2; vgl. *AG Göttingen* NZI 2005, 117 [118]) und kann nur im Zusammenhang mit einer sofortigen Beschwerde gegen die Entscheidung nach § 289 Abs. 2 Satz 1 InsO gerügt werden. Damit ist jedoch noch nicht geklärt, ob sich die Verfahrensbeteiligten auf andere Weise gegen die Treuhänderbestellung wenden können (dazu *Ahrens* § 291 Rz. 14).

V. Bekanntmachung

Der rechtskräftige Beschluss über die Ankündigung bzw. Versagung der Restschuldbefreiung ist zusammen mit dem Beschluss über die Aufhebung des Insolvenzverfahrens öffentlich bekanntzumachen, § 289 Abs. 2 Satz 3 InsO. Die Bekanntmachung erfolgt durch eine zentrale und länderübergreifende Veröffentlichung im Internet, § 9 Abs. 1 Satz 1 InsO.

18

VI. Kosten

Mit den allgemeinen Gebühren für die Durchführung des Insolvenzverfahrens soll grds. auch die Durchführung der Restschuldbefreiung abgegolten sein (vgl. *Ahrens* § 286 InsO Rz. 50 f.). Ein Rechtsanwalt erhält im Verfahren über einen **Antrag auf Restschuldbefreiung** keine besondere Gebühr (*Schmidt* ZInsO 2004, 302 [308]). Auch bei einem **Antrag auf Versagung** der Restschuldbefreiung nach § 290 InsO entsteht keine besondere **Gerichtsgebühr**, weil diese Entscheidung nicht in KV Nr. 2350 aufgeführt ist. Nur für die Gläubigeranträge auf Versagung der Restschuldbefreiung im zweiten Abschnitt des Verfahrens nach den §§ 296 ff. InsO wird wegen der zusätzlichen Belastung des Gerichts durch Gläubigeranträge eine Gebühr in Rechnung gestellt. Der Schuldner muss allerdings die gerichtlichen Auslagen tragen, KV Nr. 9004. Im Verfahren über die Beschwerde gegen die Entscheidung über die Versagung der Restschuldbefreiung entsteht eine Gebühr in Höhe von EUR 50,–, KV Nr. 2361, falls die Beschwerde verworfen oder zurückgewiesen wird. Der Gegenstandswert für das Rechtsbeschwerdeverfahren war früher mangels anderweitiger Anhaltspunkte mit EUR 1.200,– zu bemessen (*BGH* ZVI 2003, 91). Nunmehr ist gem. KV 2364 eine Gebühr von EUR 100,– zu erheben, wenn die Rechtsbeschwerde verworfen oder zurückgewiesen wird. Wird ein Antrag auf Versagung Restschuldbefreiung gestellt, so erhält der **Rechtsanwalt** im Verfahren die Hälfte der vollen Gebühr, Nr. 3321 VV RVG. Mehrere gleichzeitig anhängige Anträge gelten als eine Angelegenheit. Die Gebühr entsteht auch, wenn der Antrag auf Versagung bereits vor Aufhebung des Insolvenzverfahrens gestellt wird, d. h. auch im Versagungsverfahren gem. § 290 InsO. Im Beschwerdeverfahren entsteht eine halbe Gebühr, Nr. 3500 und 3513 VV RVG. Der Gegenstandswert der Gebühr ist gem. den §§ 28 Abs. 3, 23 Abs. 3 Satz 2 RVG nach billigem Ermessen aufgrund des wirtschaftlichen Interesses des Gläubigers zu bestimmen. Mangels greifbarer Schätzungsgrundlagen soll der Wert des Beschwerdeverfahrens EUR 4.000,– betragen (*BGH* ZVI 2003, 91 [92]; *OLG Celle* InsO 2002, 32 [33]; *OLG Düsseldorf* NZI 2008, 252; *LG Mainz* ZVI 2003, 362 [363]; *Graf-Schlicker/Kexel* InsO, § 289 Rz. 13), bzw. mit dem hälftigen Wert der angemeldeten Forderung festgesetzt werden (*LG Bochum* ZInsO 2001, 564 [566]; *LG Göttingen* ZInsO 2005, 154 [155]). Zu berücksichtigen sind auch die Erfolgsaussichten einer möglichen Beitreibung (*OLG Düsseldorf* NZI 2008, 252 [253]).

19

D. Masseunzulängliches Insolvenzverfahren

Auch bei einem massearmen Insolvenzverfahren kann der Antrag auf Erteilung von Restschuldbefreiung verworfen oder versagt bzw. die Restschuldbefreiung angekündigt werden. Zu unterscheiden ist aber, ob das Verfahren nach § 207 InsO mangels Masse oder gem. den §§ 208, 209, 211 InsO nach Anzeige der Masseunzulänglichkeit eingestellt wird. Sind die Kosten des Verfahrens nicht gedeckt, wird das Insolvenzverfahren mangels Masse gem. § 207 InsO eingestellt. Bei einem vorzeitigen Abbruch des Verfahrens nach § 207 InsO ist nicht gewährleistet, dass eine Übersicht über die Verbindlichkeiten des Schuldners besteht und das Vermögen des Schuldners zur Gläubigerbefriedigung herangezogen wird. Deswegen ist bei einer **Einstellung mangels Masse** die **Restschuldbefreiung ausgeschlossen**. Früher war dies eine häufige Konstellation, denn die Eröffnung des Insolvenzverfahrens und dann auch die daran angeknüpfte Durchführung eines Restschuldbefreiungsverfahrens scheiterte oft, weil der Schuldner den verlangten Massekostenvorschuss nicht aufbringen konnte (*OLG Köln* NZI 2000, 217; *BayObLG* NZI 2000, 434; *OLG Celle* ZInsO 2001, 799). Seit der Einführung der Verfahrenskostenstundung sind diese Fälle seltener geworden, da bei einer Kostenstundung eine Einstellung mangels Masse ausgeschlossen ist, §§ 26 Abs. 1 Satz 2, 207 Abs. 1 Satz 2 InsO (dazu und zu dem Folgeproblem der Behandlung der Masseverbindlichkeiten *Pape* ZInsO 2001, 587 [589 f.]). Diese positive Entwicklung wird allerdings durch die Aufwertung der Verwaltervergütung und die Tendenzen zur Beschränkung der Kostenstundung gefährdet. Sind die Verfahrenskosten gedeckt, aber reicht die Masse nicht aus, um die fälligen sonstigen Masseverbindlichkei-

20

ten zu erfüllen, hat der Insolvenzverwalter die **Masseunzulänglichkeit** anzuzeigen, § 208 InsO. Nach Verteilung der Masse ist dann das Verfahren einzustellen, §§ 209, 211 InsO. In diesen Fällen kann nach § 289 Abs. 3 Satz 1 InsO die **Restschuldbefreiung angekündigt** werden, obwohl die Forderungen der nachrangigen Massegläubiger nicht erfüllt sind (*OLG Stuttgart* ZInsO 2002, 836 [837]; *Uhlenbruck/ Vallender* InsO, 12. Aufl., § 289 Rz. 31).

21 Mit einem Insolvenzverfahren wird eine **Übersicht** über das Vermögen und die Verbindlichkeiten des Schuldners geschaffen. Zudem werden die Vermögenswerte des Schuldners liquidiert sowie verteilt und damit die Grundlage für eine Schuldbefreiung gelegt. Diese Leistungen rechtfertigen es, die Restschuldbefreiung grds. an ein Insolvenzverfahren zu binden (*Braun/Buck* InsO, 3. Aufl., § 289 Rz. 12; krit. *Kübler/Prütting-Pape* InsO, § 210 Rz. 16). Auch wenn nach gegenwärtiger Rechtslage die Eröffnung des Insolvenzverfahrens zu verlangen ist, handelt es sich hierbei um keine systematisch zwingende Anforderung, soweit ihre Leistungen ersetzt werden können. Existiert keine Teilungsmasse und liegen verlässliche Übersichten über das Vermögen, die Gläubiger sowie die Verbindlichkeiten vor, ist die Eröffnung eines Insolvenzverfahrens rechtspolitisch entbehrlich (vgl. nur *Kohte* ZVI 2005, 9 [11 ff.]; *Jäger* ZVI 2005, 15 [17 ff.]; *Heyer* Restschuldbefreiung, S. 29 ff.). Im Allgemeinen wird die gewünschte Übersicht bestehen, soweit das Insolvenzverfahren eröffnet ist (Begr. zu § 329 RegE BR-Drucks. 1/92 S. 222; HK-InsO/ *Landfermann* 4. Aufl., § 289 Rz. 3). Dann kann nach § 289 Abs. 3 Satz 1 InsO ein Restschuldbefreiungsverfahren auch durchgeführt werden, wenn nach Anzeige der Masseunzulänglichkeit die Insolvenzmasse nach § 209 InsO verteilt und anschließend das Insolvenzverfahren gem. § 211 InsO wegen Masseunzulänglichkeit eingestellt wurde. Haben bereits Berichts- und Prüfungstermin oder im Verbraucherinsolvenzverfahren allein der Prüfungstermin stattgefunden, liegt eine Insolvenztabelle mit Prüfungsergebnissen vor, nach der die Verteilung erfolgen kann. Erfolgt die Anzeige bereits vor diesen Terminen, liegt noch keine Tabelle vor (*Uhlenbruck* NZI 2001, 408 [410]). Im Verbraucherinsolvenzverfahren hat das Gericht deshalb einen Verteilungsschlüssel festzulegen (s. u. *Grote* § 292 InsO Rz. 10; *Kübler/Prütting-Pape* InsO, § 210 Rz. 16; *Kübler/Prütting-Wenzel* InsO, § 292 Rz. 9). Im Regelinsolvenzverfahren soll der Schuldner ein Gläubigerverzeichnis selbst erstellen (*Uhlenbruck* NZI 2001, 408 [410]; krit. *Uhlenbruck/Vallender* InsO, 12. Aufl., § 289 Rz. 39).

22 Auf die Einstellung des Verfahrens wegen Masseunzulänglichkeit ist nach § 289 Abs. 3 Satz 2 InsO die Regelung aus Abs. 2 entsprechend anzuwenden. Das Insolvenzverfahren ist deswegen erst nach Rechtskraft des Beschlusses über die Restschuldbefreiung einzustellen und diese Einstellung sodann öffentlich bekanntzumachen. Bei der Einstellung des Insolvenzverfahrens ist das Restschuldbefreiungsverfahren deshalb bereits in den zweiten Verfahrensabschnitt übergeleitet worden. Mit seinem erfolgreichen Abschluss muss die Restschuldbefreiung erteilt werden. Folgerichtig ordnet § 289 Abs. 3 Satz 1 InsO daher an, dass eine Einstellung des Insolvenzverfahrens nicht an einer Erteilung der Restschuldbefreiung hindert.

23 Wird das Insolvenzverfahren wegen Masseunzulänglichkeit eingestellt, kann kein Schlusstermin durchgeführt werden, weshalb § 289 Abs. 3 Satz 2 InsO nicht auf Abs. 1 Satz 1 verweist. Es hat dann eine gesonderte Anhörung der Insolvenzgläubiger zu erfolgen, zu der eine **Gläubigerversammlung** einzuberufen ist (s. o. Rz. 5; MünchKomm-InsO/*Stephan* 2. Aufl., § 289 Rz. 56; HambK-InsO/*Streck* 2. Aufl., § 289 Rz. 10). Teilweise wird angenommen, dass das Gericht zuvor eine besondere Frist zu setzen hat, in der die Versagungsanträge zu stellen sind (*LG Kassel* ZInsO 2004, 160 [161]). Die Versagungsanträge müssen jedoch entsprechend dem Gedanken aus § 290 Abs. 1 InsO in der Gläubigerversammlung gestellt werden, worauf das Gericht hinzuweisen hat (s. *Ahrens* § 290 Rz. 60). Für die Entscheidungswirkungen tritt an die Stelle des Schlusstermins der Zeitpunkt des Einstellungsbeschlusses (*Nerlich/Römermann* InsO, § 289 Rz. 36).

24 Unklar war bislang, wie die **Befriedigung der Massegläubiger** nach Ankündigung der Restschuldbefreiung zu erfolgen hat (vgl. nur *Uhlenbruck/Vallender* InsO, 12. Aufl., § 289 Rz. 40). Durch die Entscheidung des *BGH* (NZI 2005, 399 m. Anm. *Ahrens* = ZInsO 2005, 597 m. Anm. *Pape*) ist dieser Problemkreis dahingehend geklärt, als der Treuhänder zunächst die noch offenen Masseverbindlichkeiten zu befriedigen hat, bevor er Ausschüttungen an die Insolvenzgläubiger vornimmt.

§ 290
Versagung der Restschuldbefreiung

(1) In dem Beschluss ist die Restschuldbefreiung zu versagen, wenn dies im Schlusstermin von einem Insolvenzgläubiger beantragt worden ist und wenn
1. der Schuldner wegen einer Straftat nach den §§ 283 bis 283 c des Strafgesetzbuchs rechtskräftig verurteilt worden ist,
2. der Schuldner in den letzten drei Jahren vor dem Antrag auf Eröffnung des Insolvenzverfahrens oder nach diesem Antrag vorsätzlich oder grob fahrlässig schriftlich unrichtige oder unvollständige Angaben über seine wirtschaftlichen Verhältnisse gemacht hat, um einen Kredit zu erhalten, Leistungen aus öffentlichen Mitteln zu beziehen oder Leistungen an öffentliche Kassen zu vermeiden,
3. in den letzten zehn Jahren vor dem Antrag auf Eröffnung des Insolvenzverfahrens oder nach diesem Antrag dem Schuldner Restschuldbefreiung erteilt oder nach § 296 oder § 297 versagt worden ist,
4. der Schuldner im letzten Jahr vor dem Antrag auf Eröffnung des Insolvenzverfahrens oder nach diesem Antrag vorsätzlich oder grob fahrlässig die Befriedigung der Insolvenzgläubiger dadurch beeinträchtigt hat, dass er unangemessene Verbindlichkeiten begründet oder Vermögen verschwendet oder ohne Aussicht auf eine Besserung seiner wirtschaftlichen Lage die Eröffnung des Insolvenzverfahrens verzögert hat,
5. der Schuldner während des Insolvenzverfahrens Auskunfts- oder Mitwirkungspflichten nach diesem Gesetz vorsätzlich oder grob fahrlässig verletzt hat oder
6. der Schuldner in den nach § 305 Abs. 1 Nr. 3 vorzulegenden Verzeichnissen seines Vermögens und seines Einkommens, seiner Gläubiger und der gegen ihn gerichteten Forderungen vorsätzlich oder grob fahrlässig unrichtige oder unvollständige Angaben gemacht hat.

(2) Der Antrag des Gläubigers ist nur zulässig, wenn ein Versagungsgrund glaubhaft gemacht wird.

Inhaltsübersicht:	Rz.
A. Normzweck	1– 3
B. Gesetzliche Systematik	4– 9 b
I. Konzeption der Versagungsregeln	4– 9
II. Vorwirkung	9 a– 9 b
C. Versagungsgründe nach Abs. 1	10–56
I. Insolvenzstraftaten (§ 290 Abs. 1 Nr. 1 InsO)	10–15
II. Unzutreffende Angaben bei Kreditantrag oder Leistungsbezug (§ 290 Abs. 1 Nr. 2 InsO)	16–27 b
III. Frühere Restschuldbefreiungsverfahren (§ 290 Abs. 1 Nr. 3 InsO)	28–32
IV. Verringerung der Insolvenzmasse (§ 290 Abs. 1 Nr. 4 InsO)	33–41 b
V. Verletzung von Auskunfts- und Mitwirkungspflichten (§ 290 Abs. 1 Nr. 5 InsO)	42–48 b
VI. Unzutreffende Verzeichnisse (§ 290 Abs. 1 Nr. 6 InsO)	49–56 b
D. Versagungsantrag	57–64
I. Antragsteller	57 a–57 e
II. Schlusstermin, schriftliches Verfahren	58–60
III. Glaubhaftmachung	61–63 d
IV. Begründetheit	64
E. Entscheidung	65–66
F. Wirkungen	67–68

Literatur:

Ahrens Innenbeziehungen der Gläubiger bei Versagungsanträgen nach §§ 290, 295 ff. InsO, NZI 2001, 113; *ders.* Versagung contra Restschuldbefreiung, ZInsO 2007, 673; *Fischer/Hempler* Kampf dem unredlichen Schuldner oder Versagung der Kostenstundung analog § 290 Abs. 1 InsO, ZInsO 2005, 351; *Holzer* Beschränkte Schuldbefreiung und »Würdigkeit« des Schuldners, WIB 1997, 1278; *Hackenberg/Hohler* Der Begriff der Vermögensverschwendung im

Sinne des § 290 Abs. 1 Nr. 4 InsO als Einfallstor für die Versagung der Verfahrenskostenstundung, ZVI 2008, 229; *Homann* Rückforderung sozialrechtlicher Leistungen und Versagung der Restschuldbefreiung, ZVI 2006, 425; *Röhm* Die Versagung der Restschuldbefreiung wegen einer Insolvenzstraftat nach § 290 Abs. 1 Nr. 1 InsO, DZWIR 2004, 143; *Schmerbach* Die Versagung der Restschuldbefreiung nach §§ 290 und 295 InsO, NZI 2005, 521; *Schulte* Vorsätzliche Insolvenz und Flucht in das Verbraucherinsolvenzverfahren mit dem Ziel der Restschuldbefreiung, ZInsO 2002, 265; *Urban* Versagung der Restschuldbefreiung bei unredlichem Steuerverhalten, ZVI 2003, 386; s. a. § 286.

A. Normzweck

1 Neben dem Interesse des Schuldners dient die gesetzliche Schuldbefreiung auch dem Vorteil der Insolvenzgläubiger, denn der Schuldner erwirbt das subjektive Recht auf Restschuldbefreiung erst nach der Liquidation seines Vermögens und nach erfolgreicher Beendigung der sechsjährigen Frist der Abtretungserklärung. Die **dominierende Zielsetzung** der **Schuldbefreiung** (*BGH* BGHZ 144, 78 [83 f.]) wird so auf die haftungsrechtlichen Interessen der Gläubiger abgestimmt. Als Aufgabe des Restschuldbefreiungsverfahrens steht zwar für die Insolvenzgläubiger ein auf der Chance zur gemeinschaftlichen Befriedigung ihrer Forderungen beruhender wirtschaftlicher Interessenausgleich ganz im Vordergrund. Die gesetzliche Regelung erkennt aber u. a. in Gestalt der Versagungsgründe aus § 290 Abs. 1 InsO zusätzliche, ebenfalls zu schützende, **typisierte Gläubigerinteressen** an. Ihre Interessen können die Gläubiger über den besonderen Rechtsbehelf des Versagungsantrags geltend machen, der ihrer Dispositionsfreiheit und damit der Autonomie des einzelnen Gläubigers unterliegt. Über § 4 a Abs. 1 Satz 3 und 4 InsO wirken diese Anforderungen partiell auf das Verfahren zur Kostenstundung ein. Mit dieser Abwägung der zu berücksichtigenden Gläubigerinteressen bildet § 290 Abs. 1 InsO eine der zentralen Vorschriften des gesetzlichen Restschuldbefreiungsverfahrens. An den Schuldner werden mit dieser Vorschrift vorinsolvenzliche Verantwortlichkeiten, aber auch verfahrensrechtliche Verhaltensanforderungen gerichtet. Zusammenfassend formuliert dazu § 1 Satz 2 InsO, dass dem redlichen Schuldner Gelegenheit zur Schuldbefreiung gegeben wird.

2 Nach dieser grundlegenden Zweckbestimmung eröffnet das Insolvenzverfahren einem **redlichen**, also einem ehrlichen, zuverlässigen, pflichtbewussten (*Wahrig* Deutsches Wörterbuch, 2. Aufl.; s. a. *Rother* ZRP 1998, 205 [208]) **Schuldner** die Möglichkeit, sich von der Haftung für seine Verbindlichkeiten zu befreien. Gleichrangig mit den anderen Zielsetzungen, wie der einer gemeinschaftlichen Haftungsverwirklichung, wird die insolvenzrechtliche Schuldbefreiung zur Aufgabe des Insolvenzverfahrens und damit zum Regelfall des gesetzlichen Modells erhoben (*Ahrens* VuR 2000, 8 ff.; a. A. *Smid* DZWiR 1997, 309 [312]). Im Unterschied zu diesem Normalfall der Restschuldbefreiung bezeichnet § 290 Abs. 1 InsO die Tatbestände, bei deren Vorliegen einem Schuldner ausnahmsweise die Schuldbefreiung versagt werden kann, weil er an den erforderlichen Anforderungen hat fehlen lassen. Der Schuldner wird nicht allgemein auf gesetzeskonformes Verhalten überprüft (*AG Oldenburg* ZVI 2007, 328 [329]). Dieses von Systematik und Teleologie der Bestimmungen begründete Resultat, wird durch die wenig geglückte Formulierung des § 291 Abs. 1 InsO nicht widerlegt (*Smid* BB 1992, 501 [512]).

3 Trotz der terminologischen Nähe zum Merkmal der Unredlichkeit in den §§ 18 Nr. 1 VglO, 187 Satz 1 KO **löst sich § 290 Abs. 1 InsO von** der insbesondere für Unternehmensinsolvenzen kritisierten vergleichsrechtlichen **Würdigkeitsprüfung** (*Uhlenbruck* KTS 1975, 166 [170 ff.]; *Karsten Schmidt* Gutachten 54. DJT, D 43, D 76; s. a. *Wenzel* ZRP 1993, 161 [162]). Ihre nicht mehr zeitgemäße Aufgabenstellung einer Gläubigerfürsorge hat bereits in der Vergangenheit praeter legem zu einer vielfach restriktiven Interpretation der vergleichsrechtlichen Ablehnungs- bzw. Verwerfungsgründe geführt. Abweichend vom Wortlaut der §§ 17, 18 VglO wird den Ablehnungsgründen kein zwingender Charakter beigemessen (*Bley/Mohrbutter* VglO, § 17 Rz. 1; *Baur/Stürner* Zwangsvollstreckungs-, Konkurs- und Vergleichsrecht, Bd. II, Rz. 26.9; vorsichtig *Kilger/Karsten Schmidt* VglO, §§ 17 Anm. 1, 18 Anm. 1). Ebenso wird auch § 175 KO teleologisch reduziert, wenn Nr. 3 auf Bankrottstraftaten zu beschränken ist, die im Zusammenhang mit dem Konkurs stehen, und das Verhalten von Gesellschaftern bzw. organschaftlichen Vertretern nur begrenzt zugerechnet werden soll (*Hess* KO, § 175 Rz. 14; *Kuhn/Uhlenbruck* KO, § 175 Rz. 5 f.). Noch weiter ist diese Erosion der Würdigkeitskriterien in der GesO vorangeschritten. Jedenfalls die in § 18 Abs. 2 Satz 3 HS 2 GesO ausgesprochene Ausnahme von der Vollstreckungsbeschränkung bei Handlungen zum Nachteil der Gläubiger kann nicht mehr mit einer Würdigkeitsprüfung gleichgesetzt werden

(vgl. *Wenzel* Restschuldbefreiung, S. 115 ff.; **a. A.** *Holzer* WiB 1997, 1278 [1279 ff.]; s. a. *Zeuner* BB 1991, Beil. 14, 10 [11]). Beim Insolvenzplan sind die Würdigkeitsvoraussetzungen der §§ 17 f. VglO, 175 KO entfallen (KS-InsO/*Grub* 2000, S. 671 Rz. 74, der sie aber im Rahmen von § 290 InsO fortbestehen lassen will). Unter das Kapitel der vergleichsrechtlichen Würdigkeitsprüfung mit einem den Schuldner bestrafenden Charakter wird nunmehr von § 290 Abs. 1 InsO endgültig ein Schlussstrich gezogen (*Uhlenbruck/Vallender* InsO, 12. Aufl., § 290 Rz. 2). *Haarmeyer/Wutzke/Förster* (Handbuch, 3. Aufl., Rz. 8/182) titulieren die Redlichkeit deshalb zu Recht als eine irreführende Bezeichnung. An die Stelle einer durch die unbestimmten Kriterien von Unredlichkeit und Leichtsinn sanktionierten Sozialmoral treten in § 290 Abs. 1 InsO einzelne funktional gestaltete Ausnahmeregeln.

B. Gesetzliche Systematik

I. Konzeption der Versagungsregeln

Gegenüber dem von der Redlichkeitsvermutung gestützten **Regelfall** einer anzukündigenden Restschuldbefreiung normiert § 290 Abs. 1 InsO Umstände, die im Insolvenzverfahren ausnahmsweise zu einer Versagung der Restschuldbefreiung führen können. Zur Regel der gesetzlichen Schuldbefreiung bildet ihre Versagung die **Ausnahme** (*Hess* InsO, 2007, § 290 Rz. 1; *Braun/Buck* InsO, 3. Aufl., § 290 Rz. 5). Bestätigt wird dieses Regel-Ausnahme-Verhältnis durch den Wertungsakkord mit den Obliegenheitsverletzungen im Versicherungsvertragsrecht. Dort kann nach § 6 VVG im Fall einer Obliegenheitsverletzung die Leistungsfreiheit des Versicherers und damit eine der versagten Restschuldbefreiung vergleichbare Folge eintreten. In st. Rspr. nimmt der BGH für derartige Fälle des Versicherungsvertragsrechts eine **Redlichkeitsvermutung** an, weil nicht der unredliche, sondern der redliche Versicherungsnehmer den Regelfall bildet (*BGH* VersR 1984, 29 [30]; NJW 1996, 1348 [1349]; NJW 1997, 1988; NJW-RR 1997, 598 [599]). Aus der Parallelwirkung des Versicherungsrechts ist deswegen eine bei der Interpretation der §§ 1 Satz 2, 290 Abs. 1 InsO maßgebende Wertung für das Insolvenzverfahren abzuleiten. Auch im Restschuldbefreiungsverfahren ist von einer Redlichkeitsvermutung auszugehen, denn jeder Schuldner gilt selbstverständlich als redlich, solange nicht das Gegenteil behauptet und erforderlichenfalls bewiesen ist (*BGH* BGHZ 156, 139 [147]; ZInsO 2005, 926 [927]; 2006, 265 [266]; *LG Hamburg* ZVI 2002, 33; *Uhlenbruck/Vallender* InsO, 12. Aufl., § 286 Rz. 17; *Haarmeyer/Wutzke/Förster-Schmerbach* Präsenzkommentar, § 290 Rz. 6; *Kohte* VuR 2005, 279 [272]; *Häsemeyer* Insolvenzrecht, 4. Aufl., Rz. 26.17; zur Ausstrahlung auf die Kostenstundung Rz. 9 b). Ausgehend von dem Regelfall eines redlichen Schuldners legt § 290 Abs. 1 InsO fest, wann ausnahmsweise einem nicht redlichen Schuldner die Schuldbefreiung zu versagen ist (*LG Hamburg* ZVI 2002, 33). Dieser Grundsatz zeigt auch die Grenzen für eine strenge Interpretation der Redlichkeit als einem ungeschriebenem Tatbestandsmerkmal auf (*Uhlenbruck/Vallender* InsO, 12. Aufl., § 286 Rz. 17). Nach Ende des Schlusstermins sind die Versagungsgründe präkludiert (Rz. 57 ff.). Die Versagungsgründe aus den §§ 290, 295 InsO beziehen sich damit auf unterschiedliche Zeiträume. § 290 InsO gilt bis zum Schlusstermin, § 295 InsO nach Ankündigung der Restschuldbefreiung (*AG Oldenburg* NZI 2002, 327; *Ahrens* § 286 Rz. 24, § 287 Rz. 89 ff. und § 295 Rz. 3).

Im Interesse der Rechtssicherheit zählt § 290 Abs. 1 InsO die Gründe abschließend auf, die im Zulassungsverfahren zur Restschuldbefreiung und damit noch während des Insolvenzverfahrens eine Versagung der Restschuldbefreiung rechtfertigen. Ausdrücklich wurde für diese Versagungsregelung eine Generalklausel verworfen (RegE BR-Drucks. 1/92 S. 190; gegen die sich bereits *Knüllig-Dingeldey* Nachforderungsrecht, S. 179, ausgesprochen hat), die sämtliche unredlichen Verhaltensweisen des Schuldners erfasst. Ebenso wenig wurden Regelbeispiele bestimmt, die gesetzestechnisch durch ein »insbesondere« gekennzeichnet werden und Raum für eine Erweiterung des Anwendungsbereichs lassen. Nach Wortlaut und Zielsetzung der Vorschrift ist mit den im Einzelnen **enumerierten Tatbeständen** eine abschließende Regelung erfolgt (*BGH* NZI 2003, 449 [450]; *BFH* DB 2008, 2345 [2346]; MünchKomm-InsO/*Stephan* 2. Aufl., § 290 Rz. 3; *Kübler/Prütting-Wenzel* InsO, § 290 Rz. 2; *Smid/Krug/Haarmeyer* InsO, § 290 Rz. 2; *Uhlenbruck/Vallender* InsO, 12. Aufl., § 290 Rz. 14; HK-InsO/*Landfermann* 4. Aufl., § 290 Rz. 1; *Haarmeyer/Wutzke/Förster-Schmerbach* Präsenzkommentar, § 290 Rz. 5; **a. A.** *AG München* ZVI 2003, 481; krit. *Rothammer* Die insolvenzrechtliche Restschuldbefreiung, S. 115 ff.). Auf andere, von den angeführten Tatbeständen nicht erfasste Umstände, kann eine Versagung nicht gestützt werden (*BGH* ZInsO 2006, 265 [266]; *OLG Köln* NZI 2001, 205 [206]; *Pape* Gläubigerbeteiligung, Rz. 434). Deswe-

§ 290 *Restschuldbefreiung*

gen kann ein Versagungsantrag nach § 290 Abs. 1 InsO nicht auf die Obliegenheiten aus § 295 InsO gestützt werden (*BGH* ZVI 2006, 596). Ein unzulässiges Sonderabkommen mit einem Gläubiger rechtfertigt ebenso wenig einen Versagungsgrund nach § 290 Abs. 1 InsO (*AG Potsdam* ZInsO 2003, 96) wie eine Forderung aus einer vorsätzlich begangenen unerlaubten Handlung (*LG Oldenburg* ZInsO 2002, 1095 [1096]). Auch mit einer verletzten Erwerbsobliegenheit kann eine Versagung nicht begründet werden (*LG Göttingen* ZInsO 2002, 682 [684]). Der Streit über die Wirksamkeit einer Abtretung begründet keinen Versagungsgrund (*AG Göttingen* NZI 2002, 61 f.). Eine unzureichende Quote im Schuldenbereinigungsplanverfahren erfüllt keinen Versagungsgrund (*AG Hamburg* NZI 2000, 336). Diese abschließende Normierung wird auch von denjenigen anerkannt, die sich rechtspolitisch für eine Generalklausel aussprechen (*Döbereiner* Restschuldbefreiung, S. 118 f.; *Trendelenburg* Restschuldbefreiung, S. 230 f.; *Nerlich / Römermann* InsO, § 290 Rz. 12 f., 27). Einen zusätzlichen Versagungsgrund bestimmt allerdings § 314 Abs. 1 Satz 2, Abs. 3 Satz 2 InsO. Von dem Enumerationsprinzip des § 290 Abs. 1 InsO werden insgesamt zahlreiche Anforderungen an den Schuldner benannt, doch bleiben ebenso selbstverständlich manche Verhaltensweisen folgenlos. Diese Regelungstechnik wurde wegen der damit verbundenen größeren **Rechtssicherheit** und einer gerechten, gerade nicht ins weite Ermessen des Insolvenzgerichts gestellten Entscheidung über die Schuldbefreiung gewählt (so der RegE BR-Drucks. 1/92 S. 190; *Häsemeyer* Insolvenzrecht, 4. Aufl., Rz. 26.18; *Arnold* DGVZ 1996, 65 [68]; *Wittig* WM 1998, 157, 209 [211]). Im Ergebnis gestalten aber zahlreiche unbestimmte Rechtsbegriffe die enumerierten Versagungsgründe aus, weshalb der Gesetzgeber sein hohes Ziel nur teilweise verwirklicht hat. Insgesamt besitzen die Insolvenzgläubiger dadurch ein effektives Instrument, um den Zugang zur Restschuldbefreiung zu steuern. Einzelne vom Gesetz nicht gedeckte Versuche, § 290 Abs. 1 InsO über die konturierten Tatbestände hinaus in eine unbestimmte und in ihrem Anwendungsbereich nicht vorhersehbare Redlichkeitsnorm umzuinterpretieren (z. B. *AG München* ZVI 2003, 481), belegen die regelungstechnische und praktische Notwendigkeit einer Absage an eine Generalklausel.

6   Mit den normierten Versagungsgründen übersetzt § 290 Abs. 1 InsO **verschiedenartige Verhaltensanforderungen** in ein prozessuales Gegenrecht der Insolvenzgläubiger. Dadurch ist die inhaltliche Struktur der enumerierten Tatbestände nicht ohne weiteres zu erfassen. Teilweise handelt es sich um die Gefährdung der Schuldererfüllung, so die Straftatbestände in Nr. 1 und die Regelungen in Nr. 4, oder um Risikoerhöhungen, wie in der 1. Alt. von Nr. 2. Aber auch ein Missbrauchstatbestand in Nr. 3 sowie die Einhaltung insolvenzrechtlicher Anforderungen durch Nr. 5, 6 sind geregelt. Während die beiden letztgenannten Vorschriften verfahrensrechtliche Verstöße sanktionieren, wird jedenfalls bei dem Versagungsgrund aus Nr. 2 zumindest auch auf materiellrechtliche Pflichtverletzungen abgestellt. Ein rein prozessuales oder ein rein materielles Verständnis der Versagungsgründe wird dadurch verhindert (zur Unterscheidung im französischen Recht *Lutz* Verbraucherüberschuldung, S. 103 ff.). Infolgedessen muss jede Auslegung streng an dem jeweiligen Normzweck ausgerichtet sein. Die veröffentlichte Spruchpraxis der Insolvenzgerichte zu den Versagungsgründen bezieht sich überwiegend auf die insolvenzverfahrensrechtlichen Vorschriften des § 290 Abs. 1 Nr. 5 und 6 InsO (vgl. *Schmerbach* NZI 2005, 521 [522]). Hierin ist ein eindeutiges Signal zu sehen, dass die Effektivität der Versagungsregeln nicht von weit gefassten Redlichkeitsanforderungen an den Schuldner, sondern klaren verfahrensrechtlichen Anforderungen an ihn abhängt.

7   Da die Versagungsgründe des § 290 Abs. 1 InsO **keine Bestrafung** des Schuldners bezwecken, bedarf es einer speziellen insolvenzrechtlichen Legitimation der Versagungsgründe namentlich durch eine konkrete Beeinträchtigung der wirtschaftlichen Interessen der Gläubiger (**a. A.** *Andres / Leithaus* InsO, § 290 Rz. 23). Ohne eine kausal auf das Verhalten des Schuldners zurückzuführende Gefährdung der Gläubigerinteressen kann ihm grds. die Restschuldbefreiung nicht versagt werden (*AG Memmingen* ZVI 2004, 630 [631]). Anders als von § 296 Abs. 1 Satz 1 InsO wird aber bei § 290 InsO gesetzlich nicht in jeder Fallgruppe als notwendig vorausgesetzt, dass die **Befriedigungsaussichten** der Gläubiger behindert worden sind. Ausdrücklich verlangt nur § 290 Abs. 1 Nr. 4 InsO eine solche Beeinträchtigung. Da das Treuhandverfahren nach Ankündigung der Restschuldbefreiung auf die weitere Haftungsverwirklichung gerichtet ist, begründen Obliegenheitsverletzungen nach den §§ 295, 296 Abs. 1 Satz 1 InsO dann einen Versagungsgrund, wenn die Gläubigerbefriedigung beeinträchtigt wird. In der Zulassungsphase vor Ankündigung der Restschuldbefreiung besitzen beeinträchtigte Befriedigungsaussichten noch nicht das gleiche Gewicht, denn die Haftung wird hier durch das parallel verlaufende Zulassungsverfahren gesichert. Allerdings belegt § 290 Abs. 1 Nr. 4 InsO, dass es auch im Zulassungsverfahren auf die haftungsrechtliche Wirkung ankommen kann. Nach der Rechtsprechung des BGH wird im Rahmen von § 290 Abs. 1 Nr. 6 InsO einerseits keine beeinträchtigte Gläubigerbefriedigung verlangt (*BGH* NZI

2004, 633 [634]; 2005, 461). Andererseits rechtfertigt die unterlassene Angabe wirtschaftlich wertloser Ansprüche im Vermögensverzeichnis keine Versagung (*BGH* ZVI 2004, 696). Der Verhältnismäßigkeitsgrundsatz gebietet, dass nicht jede noch so geringfügige Verletzung von Pflichten eine Versagung der Restschuldbefreiung zur Folge haben kann (*BGH* NJW 2003, 2167 [2168]; *Braun / Buck* InsO, 3. Aufl., § 290 Rz. 6).

Ein Versagungsgrund gem. § 290 Abs. 1 InsO liegt allerdings nicht schon dann vor, wenn der objektive Tatbestand eines dem Schuldner zurechenbaren Verhaltens erfüllt ist, denn regelmäßig muss das Verhalten des Schuldners auch **missbilligt** werden (*LG Hamburg* ZVI 2002, 32). Bei den Fallgruppen der Nr. 2 sowie 4 bis 6 wird deswegen explizit ein vorsätzliches oder grob fahrlässiges Verhalten verlangt. Für den bei einer groben Fahrlässigkeit geforderten schweren Vorwurf sind die individuellen Kenntnisse sowie Unerfahrenheit und die Unbeholfenheit des Schuldners zu berücksichtigen (*Palandt / Heinrich* BGB, 67. Aufl., § 277 Rz. 5). Unzureichende Fähigkeiten des Schuldners können gerade bei Verbraucherinsolvenzverfahren eine erhebliche Rolle spielen. Selbstverständlich ist aber für die strafrechtlichen Verfehlungen gem. Nr. 1 ebenfalls ein Verschulden erforderlich. Einzig die erste Alternative der Nr. 3, für die anderen Alternativen wird ein Verschulden vorausgesetzt, fügt sich nicht unmittelbar in diese Systematik ein. Doch ist auch für diesen gesetzlich normierten Missbrauchstatbestand ein subjektives Element zu verlangen (unten Rz. 29). Neben der objektiven Verletzung der Anforderungen muss für die Versagungsgründe aus § 290 Abs. 1 InsO stets auch die subjektive Missbilligung festzustellen sein. 8

Unbeantwortet lässt § 290 Abs. 1 InsO, welcher Insolvenzgläubiger einen Versagungsgrund erheben kann. Dies ist im Rahmen der Antragsbefugnis bei der Zulässigkeit des Versagungsantrags zu prüfen (Rz. 57). Die Versagungsgründe aus § 290 Abs. 1 Nr. 5 und 6 InsO sind auf das von der Pflichtverletzung betroffene Verfahren beschränkt. In einem späteren Verfahren können sie nicht angeführt werden. Dagegen ist es – innerhalb der jeweiligen Fristen – nicht ausgeschlossen, die anderen Versagungsgründe aus § 290 Abs. 1 Nr. 1 bis 4 InsO in einem weiteren Restschuldbefreiungsverfahren erneut geltend zu machen. 9

II. Vorwirkung

Über das Zulassungsverfahren zur Restschuldbefreiung hinaus ist § 290 InsO bei der **Ersetzung der Zustimmung** zu einem Schuldenbereinigungsplan nach § 309 Abs. 1 Nr. 2 InsO zu berücksichtigen. Eine Zustimmungsersetzung scheidet aus, wenn eine Versagung der Restschuldbefreiung nach § 290 InsO erfolgen müsste (s. *Grote* § 309 Rz. 31; *BGH* ZVI 2004, 756; *LG Saarbrücken* NZI 2000, 380 [381]; *AG Göttingen* NZI 2000, 92 [93]; ZInsO 2001, 768; *Pape* Gläubigerbeteiligung, Rz. 434). Von dem widersprechenden Gläubiger muss dazu konkret dargelegt und glaubhaft gemacht werden, welcher Versagungsgrund vorliegt (*OLG Köln* ZInsO 2001, 807 [809]). Zu den Anforderungen an die einzelnen Versagungstatbestände im Rahmen der Prüfung des § 309 Abs. 1 Satz 2 InsO: Eine abstrakte Benennung von Straftatbeständen, die der Schuldner begangen haben soll, genügt bei § 290 Abs. 1 Nr. 1 InsO nicht (*OLG Celle* NZI 2001, 369 [370]). Zu den Anforderungen an § 290 Abs. 1 Nr. 2 InsO (*AG Mönchengladbach* ZInsO 2001, 186; ZInsO 2001, 674 [675]). Zu § 290 Abs. 1 Nr. 4 InsO (*AG Mönchengladbach* ZInsO 2001, 674 [675]). Zu § 290 Abs. 1 Nr. 6 InsO (*BGH* ZVI 2004, 756 [757]; *AG Mönchengladbach* ZInsO 2001, 674 [676]). Weitergehend soll eine wirtschaftliche Schlechterstellung vorliegen, die eine Zustimmungsersetzung nach § 309 Abs. 1 Satz 2 Nr. 1 InsO ausschließt, wenn der Schuldenbereinigungsplan keine Verfall- oder Wiederauflebensklausel für Fälle enthält, in denen die Restschuldbefreiung nach den §§ 289, 290 InsO zu versagen wäre (*LG Memmingen* NZI 2000, 233; *LG Lübeck* ZVI 2002, 10; *LG Köln* NZI 2003, 559 [560]). Nach der Gegenansicht ist eine Zustimmungsersetzung auch ohne eine solche Verfallklausel zulässig, da sonst eine kaum zu bewältigende Prognoseentscheidung erforderlich ist (*LG Dortmund* ZVI 2002, 32). Zu weit geht eine Anwendung von § 290 Abs. 1 Nr. 6 InsO auf den **Insolvenzeröffnungsantrag** (a. A. *AG Siegen* NZI 2000, 285 [286]). 9 a

Aus dem Grundanliegen und den Aussagen von § 290 Abs. 1 InsO sind wesentliche Maßstäbe für das Kostenstundungsverfahren nach den §§ 4 a ff. InsO zu gewinnen. Auch im Stundungsverfahren hat das Insolvenzgericht mangels gegenteiliger Anhaltspunkte davon auszugehen, dass der Schuldner redlich ist und seine Aussagen wahrheitsgemäß und vollständig erfolgt sind (*BGH* ZInsO 2005, 264; 2005, 265 [266]). Liegen die Versagungsgründe aus § 290 Abs. 1 Nr. 1 oder 3 InsO vor, ist nach § 4 a Abs. 1 Satz 3 und 4 InsO eine **Bewilligung der Kostenstundung ausgeschlossen** (s. *Kohte* § 4 a Rz. 12 ff.). Zutreffend stellt die Regelung ausschließlich auf die beiden Versagungsgründe ab, die in der bei der Kostenstundung 9 b durchzuführenden kursorischen Prüfung leicht feststellbar sind (Begr. RegE, BT-Drucks. 14/5680, S. 20 f.; s. *Kohte* § 4 a Rz. 14 f.; *LG Berlin* ZInsO 2002, 680 [681]; *Kübler/Prütting-Wenzel* InsO, § 4 a Rz. 34, 38; *Braun/Buck* InsO, 3. Aufl., § 4 a Rz. 22; *Ahrens* ZVI 2003, 268 [269]). Demgegenüber kann nach der Rechtsprechung des *BGH* eine Kostenstundung auch **nach** den anderen Gründen des § 290 Abs. 1 InsO ausgeschlossen sein, denn das Insolvenzgericht soll die Kostenstundung nicht erst gewähren und dann wieder aufheben müssen (*BGH* ZInsO 2005, 207 [208]; s. a. *BGH* ZInsO 2005, 264; ZInsO 2005, 265 m. Anm. *Grote* = VuR 2005, 269 m. Anm. *Kohte*; *BGH* NZI 2006, 712 Tz. 7; 2008, 318 Tz. 9; ebenso *LG München* ZVI 2003, 301 [302]; MünchKomm-InsO/*Ganter* 2. Aufl., 4 a Rz. 16; *Nerlich/Römermann-Becker* InsO, § 4 a Rz. 32 ff.; *Uhlenbruck* InsO, 12. Aufl., § 4 a Rz. 10; *Fischer/Hempler* ZInsO 2005, 351 [352]; enger *Jaeger/Eckardt* InsO, § 4 a Rz. 37; **a. A.** noch *Ahrens* ZVI 2003, 269). Da eine Kostenstundung nur bei eindeutig und einfach feststellbaren Versagungsgründen ausgeschlossen sein soll, kommt eine Erweiterung der Ausschlusstatbestände über die gesetzlichen Fälle des § 290 Abs. 1 Nr. 1 und 3 InsO hinaus nur in Betracht, wenn – wie der BGH ausdrücklich hervorhebt – von Anfang an **zweifelsfrei feststeht**, dass die Restschuldbefreiung versagt werden müsste (*BGH* ZInsO 2005, 207 [208]; ZInsO 2006, 99; NZI 2006, 712 Tz. 5). Weder dürfen besondere Ermittlungen erforderlich sein, die dem summarischen Charakter des Kostenstundungsverfahrens widersprechen, noch restliche Bedenken gegenüber einer Versagung bestehen (vgl. *Kohte* § 4 a Rz. 17 b). Auch wenn die Maßstäbe nicht deckungsgleich sind, werden die Anforderungen i. d. R. an § 20 Abs. 1 Satz 1 InsO auszurichten sein (*BGH* ZInsO 2005, 265 m. Anm. *Grote* = VuR 2005, 269 m. Anm. *Kohte*). Undifferenzierte Auskunftsverlangen nach dem vorinsolvenzlichen Geschehen werden davon jedoch nicht gedeckt (vgl. *Pape,* ZInsO 2005, 617 [618 f.]). Ausdrücklich hat der BGH eine **Anwendung** von **§ 290 Abs. 1 Nr. 2 InsO** (*BGH* NJW-RR 2005, 697), **§ 290 Abs. 1 Nr. 4 InsO** (*BGH* NZI 2006, 712 Tz. 8) und **§ 290 Abs. 1 Nr. 5 InsO** (*BGH* ZInsO 2005, 264; ZInsO 2005, 265 m. Anm. *Grote* = VuR 2005, 269 m. Anm. *Kohte*; *LG Göttingen* ZInsO 2005, 1340 [1341]) bejaht. Aber auch im Rahmen von § 290 Abs. 1 Nr. 5 InsO ist etwa zwischen der beachtlichen Verletzung der Bereitschaftspflicht und unbeachtlichen Erklärungen über die wirtschaftlichen Verhältnisse zu unterscheiden (*BGH* ZInsO 2005, 207 [208]). Auf § 290 Abs. 1 Nr. 5 InsO kann der Ausschluss auch dann nicht gestützt werden, wenn die angeblich mangelhafte Mitwirkung den Stundungsantrag selbst betraf (*BGH* ZInsO 2005, 207 [208]). Das Handeln seines Betreuers kann dem Schuldner zuzurechnen sein (*AG Duisburg* NZI 2006, 182 [183]). Prinzipiell abzulehnen ist die Auffassung, wonach bereits eine unterlassene **Rücklagenbildung** entsprechend § 290 Abs. 1 Nr. 4 InsO einen Ausschlussgrund für die Kostenstundung begründe (*BGH* NZI 2006, 712 Tz. 11; *LG Duisburg* ZVI 2004, 534 [535]; *Fischer/Hempler* ZInsO 2005, 351 [353]; dagegen auch *Schmerbach* NZI 2005, 521 [523 f.]). Diese Anforderung entstammt dem Bereich der Prozesskostenhilfe und kann auch wegen der regelmäßig erforderlichen aufwändigen Aufklärungsversuche des Insolvenzgerichts nicht auf die Kostenstundung übertragen werden. Ein der Zwangsvollstreckung unterworfener Schuldner wird i. d. R. keine Rücklagen bilden können und selbst die Befriedigung einzelner Gläubiger ist nicht als Vermögensverschwendung anzusehen, sondern ggf. anfechtbar. Wenn der Schuldner im Monat, in dem er den Insolvenzeröffnungsantrag gestellt hat, eine Abfindung von € 5000,– erhält und diesen Betrag verschenkt (*AG Duisburg* ZVI 2005, 309; 2006, 34 [35]), liegt nicht ein Verstoß gegen die unterlassene Rücklagenbildung, sondern ggf. eine Vermögensverschwendung i. S. v. § 290 Abs. 1 Nr. 4 InsO vor, die eine Ablehnung der Kostenstundung rechtfertigen kann. Ohne das positiv festgestellte Vorliegen eines konkreten Versagungsgrunds, also allein wegen einer generalklauselartig interpretierten, fehlenden Redlichkeit des Schuldners, darf die Kostenstundung nicht entsprechend § 290 Abs. 1 InsO ausgeschlossen werden (unzutreffend *AG München* ZVI 2003, 292 [293]). Ausgeschlossen sein kann die Kostenstundung auch, wenn die Restschuldbefreiung nicht erreicht werden kann, wie bei einem unzulässigen Restschuldbefreiungsantrag (*BGH* NZI 2006, 712 Tz. 10), oder, wenn die wesentlichen am Verfahren teilnehmenden Forderungen gem. § 302 InsO von der Restschuldbefreiung ausgenommen sind (*BGH* ZInsO 2005, 207 [208]; vgl. *Ahrens* § 302 Rz. 3 b). Eine **Aufhebung** der **Kostenstundung** gem. § 4 c Nr. 5 InsO **vor Versagung** der Restschuldbefreiung ist nach Ansicht der Rechtsprechung statthaft (*BGH* ZInsO 2008, 111 Tz. 7, m. Anm. *Pape* ZInsO 2008, 143 [144 f.]; *LG Göttingen* ZInsO 2005, 1340 [1341]; ZInsO 2007, 276; s. a. *Ahrens* § 295 Rz. 7 c; **a. A.** *LG Mönchengladbach* NZI 2006, 539; *LG München* ZVI 2006, 505, zur Verletzung insolvenzrechtlicher Auskunfts- und Mitwirkungspflichten).

C. Versagungsgründe nach Abs. 1

I. Insolvenzstraftaten (§ 290 Abs. 1 Nr. 1 InsO)

Im Gesetzgebungsverfahren hat der auf die Insolvenzstraftaten gem. §§ 283 bis 283 c StGB gestützte Versagungsgrund aus § 290 Abs. 1 Nr. 1 InsO mehrfache Änderungen erfahren. Von der weiten Fassung des Versagungsgrunds in § 239 Abs. 1 Nr. 1 RegE, wonach bereits eine gerichtliche Untersuchung wegen einer dieser Straftaten genügen sollte, ist aufgrund der Stellungnahme des Bundesrats abgesehen worden, weil allein der Verdacht entsprechender Taten unzureichend sei. Mit dem Erfordernis einer rechtskräftigen Verurteilung wurde eine auch weit über die Fassung von § 229 Abs. 1 Nr. 1 DiskE hinausgehende Präzisierung erreicht. Unter Verzicht auf eine den §§ 175 Nr. 2 KO, 17 Nr. 3, 79 Nr. 2 VglO entsprechende Anhängigkeit eines gerichtlichen Verfahrens lehnt sich die gesetzliche Vorschrift des § 290 Abs. 1 Nr. 1 InsO eng an § 175 Nr. 3 KO an. 10

Ein Versagungsgrund gem. Nr. 1 liegt nur vor, wenn der Schuldner wegen einer Insolvenzstraftat nach den **§§ 283 bis 283 c StGB** rechtskräftig verurteilt wurde. Erheblich sind nur diese Insolvenzdelikte i. e. S., **nicht** aber **andere insolvenzbezogene Straftaten** (*Hess* InsO, 2007, § 290 Rz. 31). Durch diese Straftatbestände soll das Vermögen des Schuldners und damit die spätere Insolvenzmasse vor einer Verringerung, Verheimlichung oder ungerechtfertigten Verteilung zum Nachteil der Gesamtgläubigerschaft geschützt werden. Erforderlich ist eine strafgerichtliche Verurteilung wegen Bankrotts oder versuchten Bankrotts gem. § 283 StGB (dazu *BGH* NZI 2001, 496 [497]), wobei über das Vorbild der §§ 175 Nr. 3 KO, 17 Nr. 3, 79 Nr. 2 VglO hinaus auch die fahrlässigen Begehungsformen (*Schönke/Schröder/Stree/Heine* StGB, 27. Aufl., § 283 Rz. 58; *Hess* KO, Anh. III § 283 StGB Rz. 47 f.) als Versagungsgrund genügen. Ebenso kommt eine Verurteilung wegen eines besonders schweren Falls des Bankrotts nach § 283 a StGB, wegen Verletzung der Buchführungspflicht gem. § 283 b StGB sowie wegen Gläubigerbegünstigung nach § 283 c StGB in Betracht. Infolge der Gesamtverweisung auf die §§ 283 bis 283 c StGB ist die Verurteilung wegen eines Versuchs nach den §§ 283 Abs. 3, 283 a, 283 c Abs. 2 StGB ausreichend (*Nerlich/Römermann* InsO, 290 Rz. 29; *Kübler/Prütting-Wenzel* InsO, § 290 Rz. 8; MünchKomm-InsO/*Stephan* 2. Aufl., § 290 Rz. 24; *Graf-Schlicker/Kexel* InsO, § 290 Rz. 6). Grundsätzlich kann dafür **jeder Schuldner** Täter sein, soweit sich nicht aus einzelnen Tatbestandsvarianten etwas anderes ergibt (*BGH* NJW 2001, 1874 [1875]). Deshalb sind die §§ 283 Abs. 1 Nr. 5 und 7, 283 b Abs. 1 Nr. 1 und 3 StGB ausschließlich auf kaufmännisch tätige Schuldner anzuwenden (*BGH* NJW 2001, 1874 [1875]; *Hess* KO, Anh. III § 283 StGB Rz. 27 ff., 34, § 283 b Rz. 3, 5), für welche die Buchführungspflichten der §§ 238 ff. HGB bestehen. Außerdem gelten die §§ 283 Abs. 1 Nr. 6, 283 b Abs. 1 Nr. 2 StGB für Kaufleute, die ein Kleinunternehmen i. S. v. § 1 Abs. 2 HGB betreiben, und die Tatbestände des § 283 a StGB werden regelmäßig nur auf gewerblich tätige Schuldner zutreffen, wodurch der Anwendungsbereich der Straftatbestände im Bereich der Verbraucherinsolvenz eingeengt wird (ausf. *Trendelenburg* Restschuldbefreiung, S. 201 ff.). Eine analoge Anwendung von § 290 Abs. 1 Nr. 1 InsO auf eine Verurteilung wegen anderer Straftaten ist ausgeschlossen (*Uhlenbruck/Vallender* InsO, 12. Aufl., § 290 Rz. 18), mögen diese auch, wie das Vorenthalten oder Veruntreuen von Sozialversicherungsbeiträgen gem. § 266 a Abs. 1 Nr. 1 und 2 StGB (dazu *BGH* NJW 2003, 3787; *Jakobi/Reufels* BB 2000, 771; *Rönnau* NJW 2004, 876; *Laitenberger* NJW 2004, 2703), im Zusammenhang mit Insolvenzstraftaten häufig vorgekommen sein (*Kübler/Prütting-Wenzel* InsO, § 290 Rz. 9; *Haarmeyer/Wutzke/Förster* Handbuch, 3. Aufl., Rz. 8/223). 11

Es muss eine **rechtskräftige strafgerichtliche Verurteilung** erfolgt sein. Die Rechtskraft muss bei der Geltendmachung des Versagungsgrunds im Schlusstermin eingetreten sein. Für spätere rechtskräftige Verurteilungen, auch in der Periode zwischen Schlusstermin und Aufhebung des Insolvenzverfahrens, schafft § 297 InsO einen Versagungsgrund. Dadurch wird das Insolvenzgericht von der Aufgabe entlastet, selbst die objektiven und subjektiven Voraussetzungen einer solchen Straftat nachzuprüfen (*Kübler/Prütting-Wenzel* InsO, § 290 Rz. 8 a). Mit der rechtskräftigen Verurteilung wird die formelle Rechtskraft einer Entscheidung bezeichnet, die eintritt, wenn die Entscheidung nicht anfechtbar oder gegen sie ein befristetes Rechtsmittel nicht mehr zulässig ist. Verfahrenseinstellungen schaffen keinen Versagungsgrund. Eine Aussetzung des Insolvenzverfahrens bis zum rechtskräftigen Abschluss des Strafverfahrens gem. § 148 ZPO muss schon wegen der Eilbedürftigkeit des Insolvenzverfahrens ausscheiden (vgl. *BGH* NZI 2006, 642; 2007, 408, 409; außerdem *Nerlich/Römermann* InsO, § 290 Rz. 32; *Uhlenbruck/Vallender* InsO, 12. Aufl., § 290 Rz. 22; *Graf-Schlicker/Livonius* Restschuldbefreiung und Verbraucherinsolvenz, Rz. 266; **a. A.** *Dö-* 12 *bereiner* Restschuldbefreiung, S. 125; MünchKomm-InsO/*Stephan* 2. Aufl., § 290 Rz. 30). Auch verfahrensökonomische Erwägungen können keine andere Entscheidung begründen. Wie vom BGH zur Kostenstundung ausgeführt, können allenfalls zweifelsfrei vorliegende Versagungsgründe ergänzend herangezogen werden (*BGH* ZInsO 2005, 207 [208]), was bei einer noch ausstehenden Verurteilung gerade fehlt (**a. A.** *AG Lüneburg* ZInsO 2003, 1108, bei mit Sicherheit zu erwartender Verurteilung). Im Übrigen besteht für eine Aussetzung des Insolvenzverfahrens weder der Raum noch ein Bedürfnis. Sie ist aus systematischen und teleologischen Gründen ausgeschlossen, weil auf Vorschlag des Bundesrats (BT-Drucks. 12/2443 S. 257, 267 zu § 245 a; Rechtsausschuss des Bundestags BT-Drucks. 12/7302 S. 188, zu § 346 l) der spezielle Versagungsgrund des § 297 Abs. 1 InsO geschaffen wurde. Falls im Zeitpunkt des Schlusstermins noch keine Verurteilung ergangen ist, kommt allein eine spätere Versagung gem. § 297 Abs. 1 InsO in Betracht. Gegen eine Aussetzung ist die sofortige Beschwerde nach den §§ 4 InsO, 252 ZPO eröffnet.

13 Nach dem Wortlaut des § 290 Abs. 1 Nr. 1 InsO bewirkt **jede strafrechtliche Verurteilung** nach den §§ 283 bis 283 c StGB einen Versagungsgrund. Keine Verurteilung stellt die Verwarnung unter Strafvorbehalt dar. Die Aussetzung einer Freiheitsstrafe zur Bewährung genügt (*AG Duisburg* ZInsO 2001, 1020). Auch ein Strafbefehl ist ausreichend (*AG Duisburg* ZInsO 2001, 1020). Für die frühere Regelung in § 175 Nr. 3 KO wurde allerdings verlangt, dass sich die **Verurteilungen** auf das konkrete Konkursverfahren beziehen müssen oder **mit diesem Verfahren zusammenhängen** (*Hess* KO, § 175 Rz. 14; *Kuhn/Uhlenbruck* KO, § 175 Rz. 5; *Jaeger/Weber* KO, § 175 Rz. 10). Für die Anwendung von § 290 Abs. 1 Nr. 1 InsO ist durch die Entscheidung des *BGH* vom 18. 12. 2002 inzwischen klargestellt, dass jede Verurteilung nach den genannten Vorschriften, unabhängig von einem Zusammenhang mit dem Insolvenzverfahren, den Versagungsgrund erfüllt (*BGH* NJW 2003, 974 [975]; *OLG Celle* NZI 2001, 314 [315] = DZWIR 2001, 338 m. zust. Anm. *Hergenröder* = EWiR 2001, 735 (*Fuchs*); *OLG Celle* NZI 2001, 155; *BayObLG* NZI 2002, 110; *AG Duisburg* ZInsO 2001, 1020 [1021]; *Kübler/Prütting-Wenzel* InsO, § 290 Rz. 8 a; MünchKomm-InsO/*Stephan* 2. Aufl., § 290 Rz. 26; *Uhlenbruck/Vallender* InsO, 12. Aufl., § 290 Rz. 16; *Röhm* DZWIR 2004, 143 [145 f.]; HK-InsO/*Landfermann* 4. Aufl., § 290 Rz. 3, anders bis zur 2. Aufl.; **a. A.** *AG Göttingen* NZI 2002, 446 [447]; dieser Kommentar bis zur 3. Aufl.). Vor allem die Schutzrichtung der Insolvenzstraftaten und die praktische Handhabung für den Insolvenzrichter sprechen für das vom BGH gefundene Ergebnis. Einen gewissen Ausgleich dafür schaffen die auch nach der Ansicht des BGH zu berücksichtigenden zeitlichen Begrenzungen (s. u. Rz. 15).

14 Soweit die Straftatbestände als abstrakte Gefährdungsdelikte die Gesamtheit der Gläubiger schützen (*Schönke/Schröder/Stree/Heine* StGB, 27. Aufl., § 283 Rz. 1, § 283 b Rz. 1), kann jeder Insolvenzgläubiger einen Versagungsantrag auf eine strafrechtliche Verurteilung stützen.

15 Eine **zeitliche Grenze** ist von § 290 Abs. 1 Nr. 1 InsO nicht vorgeschrieben, doch darf eine strafrechtliche Verurteilung keinen dauernden Versagungsgrund herbeiführen, wie auch der BGH bestätigt hat (*BGH* NJW 2003, 974 [975]; **a. A.** *Kübler/Prütting-Wenzel* InsO, § 290 Rz. 8). Auf jeden Fall stellt das absolute Verwertungsverbot für den gesamten Rechtsverkehr aus § 51 Abs. 1 BZRG (*Hess* InsO, 2007, § 290 Rz. 33; dazu *Rebmann/Uhlig* BZRG, § 51 Rz. 26) eine äußerste zeitliche Begrenzung dar. Grds. ist aber von den **Tilgungsfristen** des § 46 Abs. 1 BZRG auszugehen. Bei einer Verurteilung zu einer Geldstrafe von nicht mehr als neunzig Tagessätzen beträgt die Tilgungsfrist im Allgemeinen fünf Jahre und bei einer Verurteilung zu einer Freiheitsstrafe von nicht mehr als drei Monaten zehn Jahre, § 46 Abs. 1 Nr. 1 und 2 BZRG. Spätestens nach Ablauf der fünfzehnjährigen Tilgungsfrist gem. § 46 Abs. 1 Nr. 4 BZRG darf die Verurteilung nicht mehr zum Nachteil des Schuldners verwertet werden (*OLG Celle* NZI 2001, 314 [316]; MünchKomm-InsO/*Stephan* 2. Aufl., § 290 Rz. 27; *Uhlenbruck/Vallender* InsO, 12. Aufl., § 290 Rz. 25; *Nerlich/Römermann* InsO, § 290 Rz. 34; *Andres/Leithaus* InsO, § 290 Rz. 12; *Häsemeyer* Insolvenzrecht, 4. Aufl., Rz. 26.19; *Döbereiner* Restschuldbefreiung, S. 121 f.; *Hoffmann* Verbraucherinsolvenz und Restschuldbefreiung, 2. Aufl., S. 16; *Smid* Grundzüge des neuen Insolvenzrechts, 4. Aufl., § 31 Rz. 7; *Graf-Schlicker/Livonius* Restschuldbefreiung und Verbraucherinsolvenz, Rz. 267; **a.A.** *Kübler/Prütting-Wenzel* InsO, § 290 Rz. 8). Entscheidend darf nicht allein die gesetzliche Tilgungsfrist sein. Bei einer Gesamtstrafenbildung für Insolvenz- und andere Delikte könnte sonst eine längere Tilgungsfrist maßgebend sein, als bei einer Verurteilung allein aufgrund eines Insolvenzdelikts. Entscheidend ist die von der Verurteilung wegen eines Insolvenzdelikts abhängige Länge der Tilgungsfristen nach § 46 Abs. 1 BZRG (*OLG Celle* NZI 2001, 314 [316] = DZWIR 2001, 338 m. Anm. *Hergenröder*; **a. A.** *AG München* ZVI 2004, 129 [130]). Bei einer Gesamtstrafe ist trotz der damit einhergehenden Belastung eine fiktive Strafe zu bilden und die darauf entfallende Tilgungsfrist zu bestimmen (*OLG Celle* DZWIR 2001, 338 [344] m. Anm. *Hergenröder* = NZI 2001, 314 = EWiR 2001, 735 [*Fuchs*]; *LG Düsseldorf* ZInsO

2002, 1194 [1195]; *Uhlenbruck/Vallender* InsO, 12. Aufl., § 290 Rz. 25 f.; MünchKomm-InsO/*Stephan* 2. Aufl., § 290 Rz. 27; **a. A.** *AG Duisburg* ZInsO 2001, 1020 [1021]). Der Antragsteller muss glaubhaft machen, wann welches Gericht den Schuldner wegen einer Insolvenzstraftat verurteilt hat. Die Angabe des Aktenzeichens aus einem Strafverfahren genügt dafür nicht und berechtigt den Insolvenzrichter keinesfalls, im Wege der Amtsermittlung die Strafakten beizuziehen (*AG Hamburg* ZInsO 2007, 559 [560]).

II. Unzutreffende Angaben bei Kreditantrag oder Leistungsbezug (§ 290 Abs. 1 Nr. 2 InsO)

Die Vorschrift des § 290 Abs. 1 Nr. 2 InsO konstituiert einen Versagungsgrund, falls der Schuldner im Vorfeld eines Insolvenzverfahrens schuldhaft Auskunfts- oder Offenbarungspflichten verletzt, um dadurch Leistungen zu erlangen oder zu vermeiden. Erst § 239 Abs. 1 Nr. 2 RegE hat diesen Versagungsgrund geschaffen. In dem Tatbestand sind einige typisierte, die Gläubiger besonders gefährdende Verhaltensweisen ausgeformt. Eine strafrechtliche Verurteilung ist nicht erforderlich, kann aber den Versagungsgrund belegen.   16

Von dem Schuldner müssen **unrichtige oder unvollständige**, d. h. **unzutreffende**, schriftliche Angaben über seine wirtschaftlichen Verhältnisse gemacht worden sein. Angaben sind Erklärungen über das Vorliegen oder Nichtvorliegen eines Sachverhalts (*Uhlenbruck/Vallender* InsO, 12. Aufl., § 290 Rz. 29). Der Versagungsgrund fordert einen materiellen Verstoß des Schuldners gegen eine Erklärungspflicht, den er bei einer schriftlichen Angabe begeht, die sich auf die Pfändbarkeit des Einkommens oder des Vermögens bezieht. Eine vollständig **unterlassene Angabe** genügt nicht (s. u. Rz. 19). Im Einzelfall kann die Abgrenzung zwischen der unvollständigen und der unterbliebenen Angabe schwierig sein, wenn sich die Erklärung auf zwei unterschiedliche Gegenstände bezieht.   17

Unrichtig ist eine Angabe, wenn sie von der Wirklichkeit abweicht (*BGH* BGHSt 34, 111 [115]), und **unvollständig**, wenn die im Rahmen einer den Anschein der Vollständigkeit erweckenden Erklärung enthaltenen Angaben als solches zwar richtig sind, durch Weglassen wesentlicher Umstände aber ein falsches Gesamtbild vermitteln (*OLG Köln* NZI 2001, 205 [206] = DZWIR 2001, 333 m. Anm. *Becker*; *LG Potsdam* ZInsO 2005, 664 [665]; *AG Alsfeld* NJW 1981, 2588; *Kübler/Prütting-Wenzel* InsO, § 290 Rz. 10 a; MünchKomm-InsO/*Stephan* 2. Aufl., § 290 Rz. 34). Beide Alternativen werden durch die Anforderungen bestimmt, die an den Schuldner aufgrund seiner materiellrechtlichen Erklärungspflichten zu richten sind. Ohne Pflichtverletzung ist weder eine unvollständige Information feststellbar noch eine unrichtige Angabe beachtlich, weshalb eine unzutreffende Erklärung insbesondere zu verneinen ist, wenn der Schuldner eine unwahre Antwort auf eine unzulässige Frage gibt (*Kübler/Prütting-Wenzel* InsO § 290 Rz. 10 a). Ungefragt muss sich der Schuldner nur über solche Umstände äußern, über die für ihn eine Offenbarungspflicht besteht. Bringt ein Kreditinstitut vor der Vertragsanbahnung zum Ausdruck, dass eine Schufa-Auskunft nicht eingeholt werde und Kredite auch bei bereits bestehenden Verbindlichkeiten bewilligt werden, ist vom Schuldner nicht zu verlangen, dass er von sich aus eine Vorverschuldung offen legt (*AG Berlin-Lichtenberg* NZI 2004, 390 [391] = VuR 2005, 227 m. Anm. *Busch*; **a. A.** HambK-InsO/*Streck* 2. Aufl., § 290 Rz. 15). Befindet sich die Kreditantragstellerin in einer der Bank bekannten finanziellen Zwangslage, ist dieser also der Vorverschuldung bekannt, und füllt der Sachbearbeiter der Bank den von der Schuldnerin unterschriebenen Kreditantrag unrichtig aus, liegt kein Verstoß gegen § 290 Abs. 1 Nr. 2 InsO vor (*LG Hamburg* ZVI 2002, 382 [383]). Entsprechendes gilt, wenn ein Kreditvermittler so handelt (*BGH* ZInsO 2005, 926; *AG Wuppertal* ZVI 2005, 505). Welche Mitteilungen der Schuldner zu machen hat, folgt aus den konkreten Rechtsverhältnissen (*Uhlenbruck/Vallender* InsO, 12. Aufl., § 290 Rz. 30). Die **bürgerlichrechtlichen Auskunfts- oder Offenbarungspflichten** bestimmen deshalb über die Anforderungen bei Erlangung eines Kredits, etwa wenn der Schuldner eine Selbstauskunft erteilt. Auf die ausdrückliche Frage nach einer eidesstattlichen Versicherung gem. § 807 ZPO besteht im Rahmen einer Kreditwürdigkeitsprüfung eine Auskunftspflicht. Auf die Frage nach den Schulden begründet bei einer Darlehensaufnahme die unterlassene Angabe von zwei Sicherungsabtretungen über EUR 23.000,– und EUR 13.000,– unzutreffende Angaben (*AG Landau* ZVI 2004, 629 [630]). Wird dagegen nach dem Einkommen gefragt, ist eine Offenbarungspflicht über eine eidesstattliche Versicherung nicht ohne weiteres anzunehmen. Auf die Frage nach anderen Krediten und deren monatliche Rate begründet die unterlassene Angabe von Kreditkartenverbindlichkeiten nicht den Versagungsgrund (*AG Hannover* ZVI 2007, 535). Bei Fragen nach dem monatlichen Nettoeinkommen und den Belastungen sind auch die Einkünfte aus Nebentätigkeiten sowie die Belastungen durch Miete und andere Kreditverpflichtungen anzugeben. Zum Umfang einer zulässigen Weitergabe von Daten an die Schufa vgl. BGHZ   18

95, 362 [367 f.]. Für den Bezug von Leistungen aus öffentlichen Mitteln oder die Vermeidung von Leistungen an öffentliche Kassen gelten die entsprechenden öffentlich-rechtlichen Verpflichtungen etwa aus den §§ 60 Abs. 1 SGB I, 38 Abs. 1 SGB III, 28 o Abs. 2, 105 Abs. 1 SGB IV, 206 Abs. 1 SGB V, 196 SGB VI, 50 Abs. 3 SGB XI, 117 SGB XII, 90 AO, 3 SubvG. Die auf einer Steuerschätzung des Schuldners beruhende Einkommensteuererklärung ist nur dann unrichtig i. S. d. Norm, wenn die Unrichtigkeit von in ihr enthaltenen Angaben feststeht. Durch Vorlage eines Steuerbescheids wird nicht der Beweis über die Grundlagen der Besteuerung geführt, da sich die Tatbestandswirkung eines Steuerbescheids nicht darauf erstreckt (*BGH* ZInsO 2006, 265 [266]). Eine **Berichtigung** der unrichtigen Angaben im Insolvenzverfahren schließt § 290 Abs. 1. Nr. 2 InsO nicht aus (*BGH* ZInsO 2008, 753).

19 Nur **schriftliche Angaben** rechtfertigen einen Versagungsantrag. Die Entstehungsgeschichte sowie Sinn und Zweck der Norm verbieten eine zu weitgehende Interpretation dieses Begriffs (*BGH* ZInsO 2006, 265 [266]). Um das Verfahren von unter Umständen langwierigen und aufwendigen Beweiserhebungen zu entlasten und eine höhere Rechtssicherheit zu gewährleisten, hat der Gesetzgeber von mündlichen Angaben abgesehen (*BGH* NZI 2003, 449 [450]; ZInsO 2006, 601 [602]). Nach der Zielsetzung der Bestimmung, eine einfache und schnelle Entscheidung durch das Insolvenzgericht zu ermöglichen, wird in Nr. 2 mit der Schriftlichkeit eine beweisrechtliche Anforderung aufgestellt, welche die Regelungen zur Glaubhaftmachung des Versagungsantrags präzisiert. Zur Begründung seines Antrags muss sich der Insolvenzgläubiger, über die §§ 290 Abs. 2 InsO, 294 Abs. 1 ZPO hinaus, auf schriftliche Erklärungen des Schuldners stützen. Allein ein auf unrichtige oder unvollständige Angaben gestützter Rückforderungsbescheid eines öffentlichen Leistungsträgers, etwa zum Bezug von Arbeitslosen- oder Sozialhilfe, genügt deswegen noch nicht. Legt der Schuldner fremde Erklärungen vor, so handelt es sich nicht um seine Angaben, sondern um Unterlagen. Ein Versagungsgrund kann aber auf die im Zusammenhang damit vom Schuldner abgegebenen Erklärungen gestützt werden. Das Attribut schriftlich bezieht sich sowohl auf die unrichtigen als auch die unvollständigen Angaben (*OLG Köln* NZI 2001, 205 [206]). Erfolgt keine Erklärung, wie bei **unterlassenen Angaben**, insbes. bei einer unterlassenen **Steuererklärung**, liegt mangels Schriftlichkeit kein Verstoß gegen § 290 Abs. 1 Nr. 2 InsO vor (*BGH* NZI 2003, 449 [450]; *OLG Köln* NZI 2001, 205 [206] = DZWIR 2001, 333 m. Anm. *Becker*; **a. A.** *LG Traunstein* ZVI 2002, 473 [474]). Zur Unrichtigkeit der auf einer Schätzung beruhenden Erklärung s. o. Rz. 18. Die unterlassene Berichtigung einer Angabe erfüllt nicht das Merkmal der schriftlichen Angaben (*BGH* NZI 2003, 449 [450]). Gibt der Schuldner eine unzutreffende Umsatzsteuer-Voranmeldung ab, ist der objektive Versagungstatbestand auch bei einer Selbstanzeige erfüllt (*AG Celle* ZVI 2003, 367). In Betracht kommen **eigene** schriftliche Erklärungen des Schuldners, die nicht notwendig in einer von ihm unterschriebenen Urkunde enthalten sein müssen, sofern erkennbar ist, dass die Angaben von dem Schuldner stammen. Ausreichend ist ein vom Schuldner abgezeichneter Aktenvermerk (*LG Stuttgart* ZInsO 2001, 134 f.). Für unzutreffende Angaben in einem Kreditantrag übernimmt der Schuldner mit seiner Unterschrift auch dann die Verantwortung, wenn die Anregung dazu von dritter Seite stammt (*LG Mönchengladbach* ZInsO 2004, 515), anders aber bei einer vom Schuldner im Rahmen von Kreditverhandlungen überreichten BWA, die ein Steuerberater gefertigt hat (*AG Göttingen* ZInsO 2002, 784 [785]; *Braun / Buck* InsO, 3. Aufl., § 290 Rz. 10). § 290 Abs. 1 Nr. 2 InsO setzt **kein** vom Schuldner unterzeichnetes **eigenhändiges Schriftstück** voraus (*BGH* ZInsO 2006, 601 [602]; *Mohrbutter / Ringstmeier-Pape* 8. Aufl., § 17 Rz. 60). Schriftform i. S. d. § 126 Abs. 1 BGB mit dem Erfordernis einer eigenhändigen Namensunterschrift wird nicht verlangt (*Uhlenbruck / Vallender* InsO, 12. Aufl., § 290 Rz. 33; *Kübler / Prütting-Wenzel* InsO, § 290 Rz. 11). Der Schuldner hat daher auch dann schriftlich unrichtige Angaben gemacht, wenn er die entsprechenden Angaben nicht selbst formuliert, sondern durch einen **Dritten** hat abfassen lassen. Unrichtige schriftliche Angaben, die der Schuldner zwar nicht persönlich niedergelegt hat, die jedoch mit seinem Wissen und seiner Billigung an den Empfänger weitergeleitet worden sind, werden von der Norm erfasst (*BGH* BGHZ 156, 139 [144] = NJW 2003, 3558 [3559]; ZInsO 2006, 601 [602]). Bei dieser Erweiterung des Verantwortungskreises über die eigenhändig niedergelegten Erklärungen ist stets mit besonderer Sorgfalt festzustellen, ob die subjektiven Anforderungen seitens des Schuldners vorliegen (vgl. *BGH* ZInsO 2006, 601 [603]). Ob der Schuldner seine Angaben nochmals durchgelesen hat, bevor sie an den Gläubiger weitergeleitet werden, kommt es nicht an (ZInsO 2006, 601 [602]). Gibt der Schuldner gegenüber dem Vollstreckungsbeamten eine Erklärung ab, die von diesem mit Kenntnis und Billigung des Schuldners in einer öffentlichen Urkunde niedergelegt wird, handelt es sich um eine eigene schriftliche Erklärung des Schuldners (*BGH* ZInsO 2006, 601 [602]). Lässt der Schuldner die Angaben zur Vorverschuldung aus und wird vom Kreditvermittler ein fiktiver Betrag eingesetzt, fehlt ein Verstoß (*AG Berlin-Lichtenberg* NZI

2004, 390 [391] = VuR 2005, 227 m. Anm. *Busch*), ebenso wenn der Kreditvermittler den Schuldner auffordert, den Kreditvertrag blanko zu unterschreiben, weil der Vermittler die Daten aus den ihm bekannten Verträgen einsetzen will (*BGH* ZInsO 2005, 926, gegen *LG Mönchengladbach* ZVI 2004, 358). Zudem kann es dann am qualifizierten Verschulden fehlen (*BGH* ZInsO 2005, 926). Werden außerhalb der dreijährigen **Frist** unrichtige oder unvollständige schriftliche Angaben gemacht und diese in der Frist nicht berichtigt, so erfüllt dieses Verhalten selbst dann nicht das Schriftlichkeitserfordernis, wenn das Unterlassen den Betrugstatbestand verwirklicht (*BGH* NZI 2003, 449 [450]; dazu *Urban* ZVI 2003, 386).
Als eigenständige aus dem Schuldbefreiungsverfahren resultierende Verpflichtung müssen die unzutreffenden Angaben die **wirtschaftlichen Verhältnisse** des Schuldners betreffen. Da der Schuldner bereits mit unrichtigen oder unvollständigen Angaben gegen seine materiellrechtlichen Verpflichtungen verstößt, führt dieses zusätzliche Merkmal einer unzutreffenden Erklärung der wirtschaftlichen Verhältnisse über die materiellrechtlichen Anforderungen hinaus. Mit diesem Erfordernis gewinnen die **bürgerlich-** oder **öffentlich-rechtlichen Auskunfts- bzw. Offenbarungspflichten** einen insolvenzrechtlichen Charakter und werden in verfahrensrechtliche Anforderungen transponiert. Der Begriff umfasst das Einkommen und Vermögen des Schuldners. Umstände, die sich auf das Vermögen einer Personengesellschaft auswirken, betreffen zugleich die wirtschaftlichen Verhältnisse des einzelnen Gesellschafters, der dafür haftet (*BGH* BGHZ 156, 139 [145]). Erklärt der Schuldner in einem Kreditvertrag, die vereinbarten monatlichen Raten planmäßig zurückzahlen zu wollen, macht er keine konkreten Angaben zu seinen wirtschaftlichen Verhältnissen (*LG Göttingen* ZInsO 2001, 379 [380]). Ein terminologisch und in seinem verfahrensrechtlichen Gehalt übereinstimmender Begriff der wirtschaftlichen Verhältnisse wird insbesondere in den §§ 114 Abs. 1 Satz 1, 124 Nr. 2 ZPO, 1 Abs. 1 Nr. 1, 4 Abs. 2 Satz 3 BerHG verwendet. Zu § 4 c Nr. 2 InsO (s. *Kohte* § 4 c Rz. 16 ff.). Dagegen kann § 265 b Abs. 1 Nr. 1 lit. b) StGB nicht zur Auslegung herangezogen werden (*Uhlenbruck/Vallender* InsO, 12. Aufl., § 290 Rz. 231; a. A. *Nerlich/Römermann* InsO, § 290 Rz. 38). Während § 290 Abs. 1 Nr. 1 InsO eine Subjektbeziehung kennzeichnet, denn der Schuldner muss Angaben über seine wirtschaftlichen Verhältnisse gemacht haben, fehlt bei § 265 b StGB eine vergleichbare persönliche Zuordnung (*Schönke/Schröder/Lencker/Perron* StGB, 27. Aufl., § 265 b Rz. 30 f.; *Tröndle* StGB, 55. Aufl., § 265 b Rz. 23). Erfasst werden nur Angaben zu den **eigenen wirtschaftlichen Verhältnissen** des Schuldners und nicht Umstände, die sich allein auf Dritte beziehen, wie die Bonität eines Bürgen (*BGH* BGHZ 156, 139 [145]; MünchKomm-InsO/*Stephan* 2. Aufl., § 290 Rz. 37; *Uhlenbruck/Vallender* InsO, 12. Aufl., § 290 Rz. 31; *Kübler/Prütting-Wenzel*, § 290 Rz. 10 b). Nach der Abgrenzung, die in den verfahrensrechtlichen Vorschriften getroffen wird, sind von den wirtschaftlichen Verhältnissen, über die der Schuldner erklärungspflichtig ist, die persönlichen und deswegen für den insolvenzrechtlichen Zweck des § 290 Abs. 1 Nr. 2 InsO nicht anzugebenden Verhältnisse zu unterscheiden (die Abgrenzungsschwierigkeiten betonend *Stein/Jonas-Bork* ZPO, 22. Aufl., § 114 Rz. 18; *Baumbach/Lauterbach/Albers/Hartmann* ZPO, § 114 Rz. 64). Diese wirtschaftlichen Verhältnisse des Schuldners werden durch sein Einkommen und sein Vermögen geprägt, vgl. § 115 Abs. 1, 2 ZPO (MünchKomm-ZPO/*Motzer* 3. Aufl., § 114 Rz. 57; *Stein/Jonas-Bork* ZPO, 22. Aufl., § 114 Rz. 18). Wegen der unterschiedlichen Einkommens- und Vermögensbegriffe in den einzelnen Rechtsgebieten verweist § 115 Abs. 1, 2 ZPO insbesondere auf die sozialhilferechtlichen Vorschriften über das Einkommen und das Vermögen in den §§ 82 Abs. 2 und 3, 85 f. SGB XII. In dem insolvenzrechtlichen Zusammenhang des § 290 Abs. 1 Nr. 2 InsO wird eine sozialhilferechtliche Interpretation des Einkommens- und Vermögensbegriffs durch die vollstreckungsrechtlichen Bestimmungen vor allem der §§ 811 ff., 850 ff. ZPO überlagert. Zu den persönlichen Verhältnissen, über die selbst in ihren wirtschaftlichen Auswirkungen keine Erklärung geschuldet wird und deren unzutreffende Darstellung dem Schuldner nicht vorgeworfen werden kann, gehört neben den Familienverhältnissen, vgl. § 117 Abs. 2 Satz 1 ZPO, auch der tatsächliche Lebensaufwand des Schuldners (MünchKomm-ZPO/*Motzer* 3. Aufl., § 114 Rz. 59). Der unterlassene Einsatz der eigenen Arbeitskraft zählt deswegen nicht zu dem Einkommen oder Vermögen, sondern ist den persönlichen Verhältnissen zuzurechnen (*OLG Karlsruhe* NJW 1985, 1787; *Zöller/Philippi* ZPO, 26. Aufl., § 115 Rz. 6; *Biebrach* NJW 1988, 1769).
Der Schuldner muss seine unzutreffenden Angaben gemacht haben, um einen Kredit zu erhalten, um Leistungen aus öffentlichen Mitteln zu beziehen oder um Leistungen an öffentliche Kassen zu vermeiden. Für den **Kreditbegriff** in § 290 Abs. 1 Nr. 2 InsO kann nicht auf ein einheitliches Verständnis zurückgegriffen werden. Zu unterschiedlich wird dieser Begriff etwa in den §§ 778, 824 BGB, 349 HGB, 43 a GmbHG, 89, 115 AktG, 1 Abs. 1 Nr. 2, 19 Abs. 1 KWG verwendet. Kredit ist ein Darlehen i. S. v. § 488 BGB, aber auch ein anderes Rechtsgeschäft, durch das dem Kreditnehmer Geld oder geldwerte

Mittel zeitweise zur Verfügung gestellt werden (*Hess* InsO, 2007, § 290 Rz. 39; *Schönke/Schröder/Lenckner/Perron* StGB, 27. Aufl., § 265 b Rz. 11 ff.). Auf die umfassende Bestimmung in § 1 Abs. 2 VerbrKrG kann für die Interpretation von § 290 Abs. 1 Nr. 2 InsO nicht unmittelbar zurückgegriffen werden. Entsprechend den Regelungen der §§ 499 ff. BGB werden neben Darlehen auch Zahlungsaufschübe und sonstige Finanzierungshilfen erfasst (*Kübler/Prütting-Wenzel* InsO, § 290 Rz. 13; HK-InsO/*Landfermann* 4. Aufl., § 290 Rz. 4; MünchKomm-InsO/*Stephan* 2. Aufl., § 290 Rz. 38). Unzutreffende Angaben bei einer Kreditgewährung können etwa in einer Selbstauskunft erfolgen oder ggf. die vorgelegten Bilanzen betreffen. Ebenso wenig wie die Gebrauchsüberlassung durch Miete oder Pacht begründet die dem gesetzlichen Modell entsprechende Vorleistungspflicht eines Dienstverpflichteten oder eines Werkunternehmers, §§ 614, 641 Abs. 1 Satz 1 BGB, einen Kredit. Sind die Tarife von Versicherungsverträgen nach den Zahlungsmodalitäten gestaffelt, mit geringerer Prämie bei jährlicher Zahlung, so wird – jedenfalls nach der insolvenzrechtlichen Funktion – kein Kredit, sondern im Gegenteil ein Rabatt gewährt (vgl. *Bülow* VerbrKrG, 2. Aufl., § 1 Rz. 39; **a. A.** MünchKomm-BGB/*Ulmer* § 1 VerbrKrG Rz. 70). Für Leasingverträge wird beim Operating-Leasing wohl keine Kreditierung anzunehmen sein (MünchKomm-BGB/*Ulmer* § 1 VerbrKrG Rz. 85, 87; *Bruchner/Ott/Wagner-Wieduwilt* VerbrKrG, 2. Aufl., § 1 Rz. 98 ff.). Franchiseverträge sind nicht schon deshalb Kreditverträge, weil auf sie gem. § 2 Nr. 3 VerbrKrG Regelungen des VerbrKrG anzuwenden sein können (vgl. *BGH* BGHZ 97, 351; zur Kritik etwa *Martinek* Moderne Vertragstypen, Bd. II, S. 97 ff.). Vorverhandlungen ohne Kreditvergabe oder Maßnahmen zur Ablösung eines Kredits sind unerheblich (*Nerlich/Römermann* § 290 Rz. 55).

22 **Leistungen aus öffentlichen Mitteln** bezieht der Schuldner unabhängig davon, wer die Zahlstellenfunktion ausübt, wenn die Mittel öffentlichen Haushalten entstammen. Dies gilt ebenso für Sozialleistungen, §§ 18 bis 29 SGB I, z. B. Arbeitslosengeld, bis 31. 12. 2004 Arbeitslosenhilfe (*LG Stuttgart* ZInsO 2001, 134 [135]), ab 01. 01. 2005 Arbeitslosengeld II, wie für Subventionen (s. a. *Homann* ZVI 2006, 425 [426 ff.]). Eine **Leistung an eine öffentliche Kasse** kann der Schuldner bei der Erstattung von Sozialleistungen, bei der Zahlung einer Fehlbelegungsabgabe oder von Kindergarten- bzw. anderen Gebühren, aber auch bei einer Steuerzahlung und zwar bei ihrer Vollstreckung (*BGH* NZI 2008, 195 Tz. 6), aber auch bereits bei einer Stundung, einem Erlass oder einer Einstellung der Vollstreckung, §§ 222, 227, 258, s. a. 284 AO, vermeiden (MünchKomm-InsO/*Stephan* 2. Aufl., § 290 Rz. 39; *Kraemer* DStZ 1995, 399 [400 f.]). Öffentliche Kassen sind staatliche Einrichtungen, wie das Finanz-, Sozial- oder Arbeitsamt, aber auch die gesetzlichen Krankenkassen sowie die Ersatzkassen. Eine wichtige Fallgruppe bildet die unzutreffende **Steuererklärung**. Unzutreffende Angaben über Warenumsätze, um eine Zahlung von Steuern zu vermeiden, erfüllen den objektiven Tatbestand des § 290 Abs. 1 Nr. 2 InsO (*LG Lüneburg* ZVI 2005, 614 [615]). Die unterlassene Abgabe steuerlicher Erklärungen genügt nicht, da dann das Schrifterfordernis nicht erfüllt ist (*BGH* NZI 2003, 449 [450]; *OLG Köln* NZI 2001, 205). Den Tatbestand erfüllen auch unzutreffende Stundungs- oder Erlassanträge. Eine schuldhafte Nichtzahlung des Gesamtsozialversicherungsbeitrags (§ 28 d SGB IV) allein begründet den Versagungstatbestand noch nicht. Auch hier muss ein Verstoß gegen das Schrifterfordernis hinzukommen, der etwa bei einer Verletzung der Meldepflicht aus § 28 a SGB IV durch unrichtige oder unvollständige Angaben vorliegen kann.

23 Wird eine unzutreffende Erklärung aus anderen als den drei genannten Gründen einer Kredit- oder Leistungsbewilligung bzw. zur Vermeidung von Leistungen abgegeben, etwa im Rahmen einer Zwangsvollstreckung, bleibt sie unbeachtlich (*Kübler/Prütting-Wenzel* InsO, § 290 Rz. 10 a; *Uhlenbruck/Vallender* InsO, 12. Aufl., § 290 Rz. 30).

24 Mit den unzutreffenden Angaben muss der Schuldner die **Zielsetzung** verbunden haben, einen Kredit oder Leistungen aus öffentlichen Mitteln zu erhalten bzw. Leistungen an öffentliche Kassen zu vermeiden. Neben vorsätzlich oder grob fahrlässig gemachten Angaben verlangt die Vorschrift, wie der Wortlaut »um … zu« verdeutlicht, ein finales Handeln zur Verwirklichung der Zielsetzung (*BGH* NZI 2008, 195 Tz. 10; *AG Duisburg* ZVI 2008, 452 [455]). Damit liegt ein zweigliedriger subjektiver Tatbestand vor. Die Absicht des Schuldners allein genügt nicht, denn dann könnte die Restschuldbefreiung versagt werden, ohne dass ein Kredit, eine Leistung etc. beantragt wurde. Über die voluntativen Anforderungen hinaus ist ein **finaler Zusammenhang** mit einer Kreditaufnahme, mit Leistungen aus öffentlichen Mitteln oder an öffentliche Kassen erforderlich (*Uhlenbruck/Vallender* InsO, 12. Aufl., § 290 Rz. 37; HK-InsO/*Landfermann* 4. Aufl., § 290 Rz. 6; *Graf-Schlicker/Livonius* Restschuldbefreiung und Verbraucherinsolvenz, Rz. 270; *Andres/Leithaus* InsO, § 290 Rz. 14; enger *Kübler/Prütting-Wenzel* InsO, § 290 Rz. 13). Mit den schriftlichen Angaben muss der Schuldner versucht haben, finanzielle Leistungen zu erhalten oder zu vermeiden. Hat der Schuldner die Angaben zu einem anderen Zweck gemacht, ist der erforderliche Zusammen-

hang nicht herzustellen. Ein Ursachenzusammenhang zwischen den Angaben und Leistungen ist nicht erforderlich (*BGH* NZI 2008, 195 Tz. 10; *Kübler/Prütting-Wenzel* InsO, § 290 Rz. 13; *Uhlenbruck/Vallender* InsO, 12. Aufl., § 290 Rz. 37; MünchKomm-InsO/*Stephan* 2. Aufl., § 290 Rz. 41; HK-InsO/*Landfermann* 3. Aufl., § 290 Rz. 6; **a. A.** *LG Stuttgart* ZInsO 2001, 134 f.). Obwohl eine verfahrensrechtlich fremde pönale Wirkung der Regelung nicht auszuschließen ist, überwiegen die Gründe für eine am Wortlaut ausgerichtete Interpretation. Es ist also unerheblich, ob der Schuldner durch die Falschangaben sein Ziel erreicht hat (*BGH* NZI 2008, 195 Tz. 10; *Graf-Schlicker/Kexel* InsO, § 290 Rz. 10), d. h. der Schuldner muss nicht den Kredit etc. erlangt haben. Es besteht deswegen ein Versagungsgrund, wenn eine unzutreffende Angabe vom Erklärungsempfänger erkannt und deswegen die Leistung abgelehnt wird. Bei Abgabe einer Steuererklärung ist dies wahrscheinlich (enger *AG Duisburg* ZVI 2008, 452 [455]). Korrigiert der Schuldner seine unzutreffenden Angaben vor einer Leistungsentscheidung, ist zu bestimmen, ob nach dem Schutzbereich der Norm eine Versagung der Restschuldbefreiung zu rechtfertigen ist. Jedenfalls kann eine korrigierte Angabe auf ein fehlendes qualifiziertes Verschulden schließen lassen. Dies gilt etwa bei einer Selbstanzeige gem. § 371 AO (**a. A.** *AG Duisburg* ZVI 2008, 452 [453 f.]).

Eine **dreijährige Frist** beschränkt den Versagungsgrund auf unzutreffende Angaben im Vorfeld einer Insolvenz. Die unzutreffenden Erklärungen gegenüber einem Insolvenzgläubiger (s. u. Rz. 27) müssen in den letzten drei Jahren vor dem Antrag auf Eröffnung des Insolvenzverfahrens oder nach diesem Antrag abgegeben worden und dem Empfänger zugegangen sein. Die Frist ist bindend und darf nicht überschritten werden, weil nach der Entscheidung des Gesetzgebers länger zurückliegende Angaben für die Beurteilung der Redlichkeit des Schuldners nicht berücksichtigt werden dürfen (*BGH* NZI 2003, 449 [450]; *Kübler/Prütting-Wenzel* InsO, § 290 Rz. 10 a). Abzustellen ist auf den Zugang der Erklärung beim Empfänger (*Uhlenbruck/Vallender* InsO, 12. Aufl., § 290 Rz. 38; *Graf-Schlicker/Kexel* InsO, § 290 Rz. 12), also nicht darauf, wann die Leistungen etc. erbracht wurden. Da nach § 287 Abs. 1 InsO n. F. der Restschuldbefreiungsantrag einen Eigenantrag des Schuldners auf Eröffnung des Insolvenzverfahrens voraussetzt, wird auch für die Fristberechnung bei dem Versagungsgrund aus § 290 Abs. 1 Nr. 2 InsO dieser Antrag des Schuldners maßgeblich sein (**a. A.** MünchKomm-InsO/*Stephan* 2. Aufl., § 290 Rz. 43). Unerheblich ist, ob der Antrag unvollständig war oder ob das Verfahren nach § 306 InsO geruht hat. Die Fristberechnung erfolgt gem. §§ 4 InsO, 222 Abs. 1 ZPO sowie – als Rückwärtsfrist – analog § 187 f. BGB (dazu lesenswert *Krause* NJW 1999, 1448), also nicht nach § 139 Abs. 1 InsO. Bei der Steuererklärung ist auf den Zeitpunkt der tatsächlichen Abgabe und nicht auf den Veranlagungszeitraum abzustellen (*AG Düsseldorf* ZVI 2007, 283 [284]). Über die Angaben vor dem Eröffnungsantrag hinaus erstreckt § 290 Abs. 1 Nr. 2 InsO den Versagungsgrund auf unzutreffende Erklärungen, die während der Dauer des Insolvenzverfahrens **bis zum Schlusstermin** abgegeben wurden (*Kübler/Prütting-Wenzel* InsO, § 290 Rz. 13 a; MünchKomm-InsO/*Stephan* 2. Aufl., § 290 Rz. 42; *Uhlenbruck/Vallender* InsO, 12. Aufl., § 290 Rz. 39; **a. A.** HK-InsO/*Landfermann* 4. Aufl., § 290 Rz. 7: Eröffnung des Insolvenzverfahrens). Eine Kollision mit § 290 Abs. 1 Nr. 5 und 6 InsO besteht wegen der unterschiedlichen Antragsvoraussetzungen nicht. Nach dessen Ende, also insbesondere im Verlauf der Treuhandperiode, kann ein Versagungsantrag nicht mehr auf § 290 InsO gestützt werden.

Subjektiv fordert § 290 Abs. 1 Nr. 2 InsO vorsätzlich oder grob fahrlässig getätigte unzutreffende Angaben. Der Schuldner kann sich mit einer **Schuldunfähigkeit** entsprechend § 827 BGB entlasten, wofür er die Beweislast trägt (*AG Duisburg* ZVI 2008, 452 [454]). **Vorsatz** bedeutet auch hier Wissen und Wollen der objektiven Tatbestandselemente (zur vorsätzlichen Begehung *LG Stuttgart* ZInsO 2001, 134 [135]; allgemein MünchKomm-BGB/*Hanau* § 276 Rz. 49). Da der Schuldner die Angaben gemacht haben muss, um einen Kredit etc. zu erhalten, muss sich das kognitive Vorsatzelement nicht allein auf die unzutreffende Angabe, sondern auch auf die Folge einer dadurch herbeigeführten Kredit- oder Leistungsgewährung bzw. Leistungsvermeidung beziehen. **Grob fahrlässig** handelt der Schuldner, wenn ihm ein besonders schwerer Verstoß gegen die objektiv erforderliche Sorgfalt zur Last fällt. Ganz nahe liegende Überlegungen dürfen nicht angestellt oder müssen beiseite geschoben worden sein und es muss dasjenige unbeachtet geblieben sein, was im gegebenen Fall sich jedem aufgedrängt hätte. Bei der groben Fahrlässigkeit handelt es sich um eine auch subjektiv schlechthin unentschuldbare Pflichtverletzung (*BGH* ZInsO 2006, 370 [371]; ZInsO 2007, 1150 Tz. 9, m. Anm. *Rauschenbusch*). Es muss dasjenige unterblieben sein, was im gegebenen Fall jedem einzuleuchten hat (*BGH* BGHZ 89, 153 [161]; *BGH* NJW 1994, 2022 [2023]; *BGH* NJW 1997, 1012 [1013]; *LG Potsdam* ZInsO 2005, 664 [666]; *AG Göttingen* ZVI 2006, 219 [220]; Übersicht bei *König* Die grobe Fahrlässigkeit, S. 40 ff.). Einen Maßstab dafür kann das Verhalten der betroffenen Verkehrskreise überschuldeter Haushalte liefern (vgl. *Smid/Krug/Haarmeyer* InsO, § 290

Rz. 8). Zusätzlich ist ein auch in subjektiver Hinsicht gesteigerter Vorwurf erforderlich, weshalb die im Verkehr erforderliche Sorgfalt durch ein auch subjektiv unentschuldbares Verhalten in hohem Maß außer Acht gelassen worden sein muss (*BGH* VersR 1972, 144 [145]; VersR 1977, 465; NJW 1985, 2648; NJW 1986, 2838 [2839]; diff. *König* Die grobe Fahrlässigkeit, S. 163 ff.). Aus diesem Grund sind Umstände zu berücksichtigen, welche die **subjektive, personale Dimension** der Verantwortlichkeit betreffen (*BGH* BGHZ 119, 147 [149]), denn die Notwendigkeit eines schweren Vorwurfs verlangt, individuelle Kenntnisse zu beurteilen, wobei Unerfahrenheit und Unbeholfenheit die grobe Fahrlässigkeit ausschließen können (*Haarmeyer/Wutzke/Förster* Handbuch, 3. Aufl., Rz. 8/220; FA-InsR/*Henning* 3. Aufl., Kap. 15 Rz. 26; *Uhlenbruck/Vallender* InsO, 12. Aufl., § 290 Rz. 40). Auch die intellektuellen Fähigkeiten des Schuldners und die Umstände, unter denen es zu den Falschangaben gekommen ist, können zu berücksichtigen sein (*Graf-Schlicker/Livonius* Restschuldbefreiung und Verbraucherinsolvenz, Rz. 271). Als subjektives Entlastungsmoment hat die Rechtsprechung dann auch angesehen, wenn der Handelnde geistig einfach veranlagt (*BGH* VersR 1968, 385 [386]; s. a. *BGH* VersR 1977, 465 [466 a. E.]), ungeübt (*OLG Hamm* NJW-RR 1993, 536) oder in seiner Einsichtsfähigkeit vermindert war (*BGH* NJW 1985, 2648). Komplexe Anforderungen aus einem Kredit- oder Leistungsantrag können das Gewicht eines Sorgfaltsverstoßes reduzieren. Dementsprechend wird für die grobe Fahrlässigkeit nach § 45 Abs. 2 Satz 3 Nr. 2 SGB X verlangt, dass der Begünstigte weiß, welche Angaben für den Erlass eines Verwaltungsakts von wesentlicher Bedeutung sind, was erst dann der Fall ist, wenn auf Antragsformularen die einzelnen Voraussetzungen hinreichend und verständlich erläutert sind (*Pickel* SGB X, § 45 Rz. 32). Auf der subjektiven Seite der Verantwortlichkeit ist zu berücksichtigen, ob eine hochverschuldete Person den Überblick über ihre Verhältnisse verloren hat und ob sie in eine passive Lebenshaltung geraten ist (MünchKomm-InsO/*Stephan* 2. Aufl., § 290 Rz. 45; *Nerlich/Römermann* InsO, 290 Rz. 51; *Kübler/Prütting-Wenzel* InsO, § 290 Rz. 12; *Wenzel* Restschuldbefreiung, S. 123; *Döbereiner* Restschuldbefreiung, S. 127; *Graf-Schlicker/Livonius* Restschuldbefreiung und Verbraucherinsolvenz, Rz. 271). Eine grobe Fahrlässigkeit kann fehlen, wenn eine wirtschaftlich unsinnige Umschuldung unter dem Einfluss eines Kreditinstituts oder eines Kreditvermittlers erfolgt ist (vgl. *Uhlenbruck/Vallender* InsO, 12. Aufl., § 290 Rz. 40; *Kübler/Prütting-Wenzel* InsO, § 290 Rz. 12). Trägt ein Kreditvermittler unzutreffende Angaben in ein vom Schuldner unterzeichnetes Kreditantragsformular ein, ist dem Schuldner noch keine grobe Fahrlässigkeit vorzuwerfen (*BGH* ZInsO 2005, 926 [927]), denn bei einem von dritter Seite ausgefüllten Formular ist das qualifizierte Verschulden mit besonderer Sorgfalt zu prüfen (HK-InsO/*Landfermann* 4. Aufl., § 290 Rz. 4). Bei einer unklaren Fragestellung kann trotz objektiver Falschbeantwortung eine grobe Fahrlässigkeit fehlen (*AG Göttingen* ZVI 2006, 219 [220], monatliche Ratenhöhe gegenüber Gesamtbetrag der Schulden). Die unterlassene Angabe eines Hypothekenkredits in einem Verbraucherkreditantrag durch einen Schuldner, der beruflich als Verwaltungsbeamter tätig ist, wird grob fahrlässig sein (*LG Potsdam* ZInsO 2005, 664 [665]).

27 **Antragsberechtigt** ist der Insolvenzgläubiger, zu dessen Nachteil die unzutreffenden Angaben erfolgten. Grundsätzlich gilt dies auch für Inhaber von Forderungen, die nach § 302 InsO privilegiert sind. Beruft sich jedoch ein Insolvenzgläubiger nicht auf die ihm gegenüber abgegebenen unvollständigen oder unrichtigen Erklärungen, da er etwa die wirkliche Situation erkannt hat, darf ohne seine Ermächtigung ein anderer Gläubiger einen Versagungsantrag nicht auf diesen Umstand zu stützen (vgl. Rz. 57; *Ahrens* NZI 2001, 113 [116 f.]; s. a. *Häsemeyer* Insolvenzrecht, 4. Aufl., Rz. 26.20). Demgegenüber wird vielfach vertreten, dass jeder Insolvenzgläubiger für jeden Versagungsgrund antragsberechtigt ist, nicht nur der im Einzelfall Betroffene (*Uhlenbruck/Vallender* InsO, 12. Aufl., § 290 Rz. 15; HK-InsO/*Landfermann* 4. Aufl., § 290 Rz. 22; *Mohrbutter/Ringstmeier-Pape* 8. Aufl., § 17 Rz. 52; *Homann* ZVI 2006, 425), was mit der Überlegung gerechtfertigt wird, der Schuldner habe durch sein Verhalten das Risiko des wirtschaftlichen Scheiterns erhöht. Auf eine solche wirtschaftliche Betrachtung kann es nicht ankommen, da der Schuldner ebenso seinen wirtschaftlichen Erfolg gesteigert haben kann. Maßgebend ist vielmehr der Verstoß gegen eine Rechtspflicht, die auf einem bürgerlich-rechtlichen oder öffentlich-rechtlichen Grund beruht. Dieser ist nur im jeweiligen Rechtsverhältnis zu prüfen, auch weil Insolvenzgläubiger nicht zur Beurteilung des Verhaltens Einzelner gegenüber der öffentlichen Hand berufen sind. Letztlich wird die hier vertretene Position durch den systematischen Zusammenhang mit § 290 Abs. 1 Nr. 5 und 6 InsO bestätigt. Während diese Vorschriften gerade die verfahrensrechtlichen Auskunfts- und Mitwirkungspflichten erfassen, gestaltet § 290 Abs. 1 Nr. 2 InsO Verstöße gegen individuell-materiellrechtliche Anforderungen als Versagungsgrund aus. Unabhängig davon ist der Antrag eines anderen Insolvenzgläubigers vielfach zum Scheitern verurteilt, weil ihm nicht die erforderlichen schriftlichen Angaben vorliegen.

Versagungsgrund bejaht: Unzutreffende Angaben macht der Schuldner, wenn er in einem Darlehens- **27 a**
antrag seine Altschulden mit DM 4.500,– statt richtig mit nahezu DM 43.000,– beziffert (*AG Landau* ZVI 2004, 699 [700]). Bei einer Darlehnsaufnahme erfüllt auf die Frage nach den Schulden die unterlassene Angabe von zwei Sicherungsabtretungen über EUR 23.000,– und EUR 13.000,– den Versagungsgrund (*AG Landau* ZVI 2004, 629 [630]). Unzutreffende Angaben macht auch ein Schuldner, der sich unter Vorlage eines Widerrufsvergleichs von der Sozialagentur Gelder zur Begleichung von Mietrückständen auszahlen lässt, den Vergleich widerruft und die Gelder für sich verbraucht (*AG Göttingen* ZInsO 2007, 720). Unzutreffende Angaben in einer Steuererklärung werden nicht durch eine steuerstrafrechtlich wirksame Selbstanzeige kompensiert (*AG Celle* ZVI 2003, 367).

Versagungsgrund verneint: Werden außerhalb der dreijährigen Frist unrichtige oder unvollständige **27 b**
schriftliche Angaben gemacht und diese in der Frist nicht berichtigt, so erfüllt dieses Verhalten selbst dann nicht das Schriftlichkeitserfordernis, wenn das Unterlassen den Betrugstatbestand verwirklicht (*BGH* NZI 2003, 449 [450]). Wird keine Erklärung abgegeben, wie bei einer unterlassenen Steuererklärung, liegt mangels Schriftlichkeit kein Verstoß gegen § 290 Abs. 1 Nr. 2 InsO vor (*OLG Köln* NZI 2001, 205 [206] = DZWIR 2001, 333 m. Anm. *Becker*). Die auf einer Steuerschätzung des Schuldners beruhende Einkommensteuererklärung ist nur dann unrichtig, wenn die Unrichtigkeit von in ihr enthaltenen Angaben feststeht, die nicht schon mit Vorlage des Steuerbescheids bewiesen ist (*BGH* ZInsO 2006, 265 [266]). Bringt ein Kreditinstitut vor der Vertragsanbahnung zum Ausdruck, dass eine Schufa-Auskunft nicht eingeholt werde und Kredite auch bei bereits bestehenden Verbindlichkeiten bewilligt werden, ist vom Schuldner nicht zu verlangen, dass er von sich aus eine Vorverschuldung offen legt (*AG Berlin-Lichtenberg* NZI 2004, 390 [391] = VuR 2005, 227 m. Anm. *Busch*). Mündliche Angaben des Schuldners, die ein Mitarbeiter der Gläubigerin in ein Formular einträgt, erfüllen die Formanforderungen nicht (*AG Göttingen* ZVI 2002, 86). Trotz unrichtiger Angaben liegt ein Versagungsgrund noch nicht vor, wenn der Schuldner einen Kreditantrag blanko unterschreibt (*LG Düsseldorf* ZVI 2006, 470 [471]). Ein gegen den Schuldner ergangener Strafbefehl wegen Steuerhinterziehung bei einer Gesellschaft bürgerlichen Rechts genügt nicht, wenn sich aus diesem nicht ergibt, wer gegenüber dem Finanzamt die der Berechnung zugrunde liegenden Angaben gemacht hat (*LG Göttingen* NZI 2003, 453 [454]). Trägt ein Kreditvermittler unzutreffende Angaben in einen Kreditantrag ein, muss dem Schuldner eine grobe Fahrlässigkeit vorzuwerfen sein (*BGH* ZInsO 2005, 926 [927]). Die bei einer fruchtlosen Pfändung unterlassene Angabe eines im Zwangsversteigerungsverfahren befindlichen Hausgrundstücks muss nicht den zweigliedrigen subjektiven Tatbestand erfüllen (*BGH* NZI 2008, 195 Tz. 12).

III. Frühere Restschuldbefreiungsverfahren (§ 290 Abs. 1 Nr. 3 InsO)

Mit dem Versagungsgrund aus § 290 Abs. 1 Nr. 3 InsO wird eine Sperre gegenüber einem **missbräuch-** **28**
lich wiederholten Restschuldbefreiungsverfahren geschaffen. Zunächst knüpft die Regelung an eine erteilte Restschuldbefreiung an. Einen vergleichbaren Ablehnungsgrund bei früheren Konkurs- oder Vergleichsverfahren formulierte § 17 Nr. 4 VglO. Während die Sperrfrist dort fünf Jahre betrug, ist sie für das Restschuldbefreiungsverfahren auf das Doppelte verlängert worden. Durch diesen Zeitrahmen wird verhindert, dass der Schuldner häufiger als zwei- bis dreimal eine Schuldbefreiung erlangen kann (KS-InsO/*Schmidt-Räntsch* 1997, S. 1177, Rz. 16). Außerdem hat der Rechtsausschuss die Vorschrift auf die Versagung der Restschuldbefreiung wegen einer Obliegenheitsverletzung oder einer Verurteilung des Schuldners nach den §§ 296, 297 InsO erstreckt (BT-Drucks. 12/7302 S. 187, zu § 346 e). In der ersten Alternative konstituiert § 290 Abs. Nr. 3 InsO einen Versagungsgrund, wenn in der zehnjäh- **29**
rigen Frist eine **Restschuldbefreiung erteilt** wurde. Das subjektive Recht auf eine gesetzliche Schuldbefreiung soll als Hilfe für unverschuldet in Not geratene Personen dienen und nicht als Mittel zur wiederholten Reduzierung der Schuldenlast eingesetzt werden können (BR-Drucks. 1/92 S. 190; KS-InsO/ *Schmidt-Räntsch* 1997, S. 1177, Rz. 16). Nach dem Willen des Gesetzgebers zielt die Regelung darauf ab, eine missbräuchliche Inanspruchnahme des Restschuldbefreiungsverfahrens zu verhindern (s. a. *Arnold* DGVZ 1996, 65 [68]). Mit dem gesetzlichen Missbrauchstatbestand wird also eine Interessenabwägung darüber vorgenommen, wann die Ausübung eines bestehenden Rechts als missbräuchlich gilt. Aufgrund der gesetzlichen Wertung erscheint regelmäßig ein erneutes Schuldbefreiungsverfahren als vorwerfbar und damit missbräuchlich, weil den Schuldner die Erfahrung aus dem vorigen Verfahren zu einem vorsichtigen Wirtschaften veranlassen musste. Angesichts des eindeutigen Wortlauts von § 290 Abs. 1 Nr. 3 InsO wird für eine Beschränkung der Norm kein Raum bleiben (*Uhlenbruck/Vallender* InsO,

12. Aufl., § 290 Rz. 49). Nicht ausgeschlossen wird dadurch aber, ein fehlendes Verschulden in anderen Zusammenhängen zu berücksichtigen, etwa bei der Gewährung von Vollstreckungsschutz nach § 765 a ZPO.

29 a Nach dem eindeutigen Wortlaut und Zweck der Regelung sperrt nur die durch das Insolvenzgericht ausgesprochene gesetzliche Restschuldbefreiung nach den § 286 ff. InsO, die gem. den **§§ 300 Abs. 1, 301 Abs. 1 InsO** erteilt wird, ein späteres Schuldbefreiungsverfahren (*Kübler/Prütting-Wenzel* InsO, § 290 Rz. 15; *Uhlenbruck/Vallender* InsO, 12. Aufl., § 290 Rz. 44; HK-InsO/*Landfermann*. Aufl., § 290 Rz. 10; *Scholz* FLF 1995, 88 [92]; i. E. auch MünchKomm-InsO/*Stephan* 2. Aufl., § 290 Rz. 53). Ihr ist allerdings die vorzeitig erteilte Restschuldbefreiung (vgl. *Ahrens* § 299 Rz. 9 a ff.) gleichzustellen. Anknüpfungspunkt dafür ist nicht die vorhergehende Gläubigerbefriedigung, sondern die erteilte Schuldbefreiung zumal bei einer vorzeitig erteilten Restschuldbefreiung die Wirkungen des § 301 InsO mit ihrer Erstreckung auf die Gläubiger nicht angemeldeter Forderungen eintreten.

29 b Gesetzlich nicht geregelt ist eine während des ersten Restschuldbefreiungsverfahrens beantragte **zweite Restschuldbefreiung**. Ein zweites Insolvenzverfahren und damit auch ein wiederholtes Restschuldbefreiungsverfahren kann während der Treuhandperiode unzulässig sein (vgl. zum Zweitantrag *Ahrens* § 287 Rz. 18 a ff.). Wird jedoch, etwa nach Ankündigung der Restschuldbefreiung und Beendigung des Insolvenzverfahrens aufgrund neuer Verbindlichkeiten und neuen Vermögens ein zulässiges zweites Insolvenzverfahren beantragt, besteht für einen erneuten Restschuldbefreiungsantrag ein Rechtsschutzbedürfnis. Solange im ersten Verfahren noch keine Entscheidung über die Erteilung oder Versagung der Restschuldbefreiung getroffen ist, passt § 290 Abs. 1 Nr. 3 InsO nach seinem Wortlaut nicht auf diese Fälle. Aufgrund der vergleichbaren Interessenlage, denn die Sperre ist in diesem Fall ebenso wie während des ersten Restschuldbefreiungsverfahrens angebracht, ist § 290 Abs. 1 Nr. 3 InsO in einer teleologischen Extension auf diese Fälle anzuwenden und die Restschuldbefreiung ggf. auf Antrag zu versagen (*AG Göttingen* NZI 2008, 447 [448]; ZVI 2008, 341 [342]; **a. A.** MünchKomm-InsO/*Stephan* 2. Aufl., § 290 Rz. 53 a). Eine unzulässige Erstreckung des Versagungsgrunds auf andere Normen (dazu u. Rz. 31) liegt dabei nicht vor.

30 Die beiden anderen tatbestandlichen Alternativen ermöglichen einen Versagungsantrag, wenn dem Schuldner während der Treuhandperiode eines früheren Verfahrens die Schuldbefreiung nach den **§§ 296, 297 InsO versagt** wurde. Vom Wortlaut werden sowohl die allgemeinen, über § 296 Abs. 1 Satz 1 InsO einbezogenen, als auch die verfahrensbezogenen Obliegenheiten aus § 296 Abs. 2 Satz 2 und 3 InsO erfasst. Einschränkend wird hierzu vertreten, dass eine Versagung der Restschuldbefreiung nach § 296 InsO, bei der ein Verschulden des Schuldners nicht festgestellt worden ist, keine Sperrfrist zur Folge haben soll (HK-InsO/*Landfermann* 4. Aufl., § 290 Rz. 9; **a. A.** *Graf-Schlicker/Livonius* Restschuldbefreiung und Verbraucherinsolvenz, Rz. 278; MünchKomm-InsO/*Stephan* 2. Aufl., § 290 Rz. 56 a; *Andres/Leithaus* InsO, § 290 Rz. 8). Eine solche Restriktion führt jedoch zu praktisch kaum lösbaren Beweisschwierigkeiten.

31 Nach der im Rechtsausschuss getroffenen Entscheidung, die Versagungsregel auch auf die Gestaltungen der §§ 296 f. InsO zu erweitern, **andere Normen** aber **nicht** zu berücksichtigen, können sonstige vergleichbare Fälle keine Sperrwirkung begründen. Dies gilt zunächst bei der Durchführung eines Verbraucherinsolvenzverfahrens ohne anschließendes Restschuldbefreiungsverfahren, sei es, weil bewusst von einem Antrag abgesehen und etwa eine Negativerklärung nach § 305 Abs. 1 Nr. 2 InsO abgegeben wurde, sei es, weil die Frist aus § 287 Abs. 1 InsO nicht eingehalten wurde. Keine Sperrwirkung entfaltet die frühere Durchführung oder die **Einstellung eines Insolvenzverfahrens mangels Masse**, eine **außergerichtliche Einigung** (*Kübler/Prütting-Wenzel* InsO, § 290 Rz. 15; *Nerlich/Römermann* InsO, 290 Rz. 66) sowie die **Rücknahmefiktion** des § 305 Abs. 3 Satz 2 InsO. Eine Schuldbefreiung aufgrund eines außergerichtlichen bzw. gerichtlichen **Schuldenbereinigungsplans** nach den §§ 308, 309 InsO, eines Insolvenzplans oder einer sonstigen Vereinbarung beruht dagegen auf einem Akkord und kann nicht mit der Restschuldbefreiung gleichgesetzt werden (*Uhlenbruck/Vallender* InsO, 12. Aufl., § 290 Rz. 46; zweifelnd MünchKomm-InsO/*Stephan* 2. Aufl., § 290 Rz. 50). In diesen Konstellationen wird der Schuldner nicht durch eine gerichtlich erteilte Entscheidung, sondern mit der im Plan vorgesehenen Leistung von seinen nicht erfüllten Verbindlichkeiten befreit, wie § 227 Abs. 1 InsO exemplarisch belegt. Auch eine **Rücknahme** des Antrags auf Erteilung der Restschuldbefreiung oder eine **Erledigungserklärung** begründen grds. noch keine Sperre. Diese Prozesshandlungen führen zwar wie die Versagungsanträge nach den §§ 296, 297 InsO zu den Wirkungen einer vorzeitigen Beendigung des Restschuldbefreiungsverfahrens entsprechend § 299 InsO. Aus dieser übereinstimmenden Rechtsfolgenanordnung kann

aber nicht auf einen mit § 290 Abs. 1 Nr. 3 InsO funktionsgleichen Tatbestand geschlossen werden, wie auch die fehlende Gleichstellung des § 298 InsO belegt (vgl. *Ahrens* § 287 Rz. 15; HK-InsO / *Landfermann* 4. Aufl., § 290 Rz. 10; anders *Häsemeyer* Insolvenzrecht, 4. Aufl., Rz. 26.16). Entsprechendes gilt für die **Verwerfung** eines Antrags auf Erteilung der Restschuldbefreiung als unzulässig. Keine Sperre begründet eine Versagung nach **§ 290 InsO** (*BGH* NZI 2008, 318 Tz. 7; HK-InsO / *Landfermann* 4. Aufl., § 290 Rz. 10; *Uhlenbruck / Vallender* InsO, 12. Aufl., § 290 Rz. 47; *Haarmeyer / Wutzke / Förster-Schmerbach* Präsenzkommentar, § 290 Rz. 50; *Mohrbutter / Ringstmeier-Pape* 8. Aufl., § 17 Rz. 64; **a. A.** zu § 290 Abs. 1 Nr. 1 InsO *Kübler / Prütting-Wenzel* InsO, § 290 Rz. 14; *Graf-Schlicker / Livonius* Restschuldbefreiung und Verbraucherinsolvenz, Rz. 276). Einerseits betreffen § 290 Abs. 1 Nr. 1 bis 4 InsO Pflichtverletzungen, die erneut geltend gemacht werden können. Andererseits beziehen sich § 290 Abs. 1 Nr. 5 und 6 InsO auf Pflichtverletzungen aus einem früheren Insolvenzverfahren, die dort geltend gemacht wurden, für das neuerliche Verfahren indessen keine Bedeutung besitzen. Eine analoge Anwendung der Vorschrift auf die Versagungsgründe vor Ankündigung der Restschuldbefreiung ist ausgeschlossen (*BGH* NZI 2008, 318 Tz. 7). Eine Versagung gem. **§ 298 InsO** (*Kübler / Prütting-Wenzel* InsO, § 290 Rz. 14; *Uhlenbruck / Vallender* InsO, 12. Aufl., § 290 Rz. 47; MünchKomm-InsO / *Stephan* 2. Aufl., § 290 Rz. 54; *Mohrbutter / Ringstmeier-Pape* 8. Aufl., § 17 Rz. 64) und der Widerruf nach **§ 303 InsO** begründen keine Sperre (*Kübler / Prütting-Wenzel* InsO, § 290 Rz. 14; *Nerlich / Römermann* InsO, § 290 Rz. 70; MünchKomm-InsO / *Stephan* 2. Aufl., § 290 Rz. 54; *Andres / Leithaus* InsO, § 290 Rz. 8; **a. A.** HK-InsO / *Landfermann* 4. Aufl., § 290 Rz. 10; *Uhlenbruck / Vallender* InsO, 12. Aufl., § 290 Rz. 44; *Hess* InsO, 2007, § 290 Rz. 67; *Hoffmann* Verbraucherinsolvenz und Restschuldbefreiung, 2. Aufl., S. 144; *Becker* Insolvenzrecht, 2. Aufl., Rz. 1595). Soweit die Gegenansicht davon ausgeht, dass dem Widerruf eine Erteilung der Restschuldbefreiung vorauszugehen hat, wird deren Rechtswirkung gerade durch den Widerruf auch für § 290 Abs. 1 Nr. 3 InsO beseitigt (*Döbereiner* Restschuldbefreiung, S. 130). Die uneinheitliche Behandlung der Versagungsgründe spricht zudem eher gegen eine Berücksichtigung. Auch die Versagung gem. **§ 314 Abs. 3 Satz 2** InsO führt zu keiner Sperrwirkung (MünchKomm-InsO / *Stephan* 2. Aufl., § 290 Rz. 54; *Uhlenbruck / Vallender* InsO, 12. Aufl., § 290 Rz. 47). Der Vollstreckungsschutz nach **§ 18 Abs. 2 Satz 3 GesO** begründet keine Restschuldbefreiung (MünchKomm-InsO / *Stephan* 2. Aufl., § 290 Rz. 56; *Wenzel* Die »Restschuldbefreiung« in den neuen Bundesländern, S. 126, 181; *Blersch* Die Auslegung und Ergänzung der Gesamtvollstreckungsordnung, S. 152 f.; *Smid* GesO, § 18 Rz. 34; *Uhlenbruck* BB 1990, Beil. 26, 1 [5]; *Zeuner* BB 1991, Beil. 14, 10 [11]; *Schmidt-Räntsch* FS Hanisch, S. 217, 219 f.; *Pape* ZIP 1997, 190; *Holzer* WiB 1997, 1278) und kann schon deswegen nicht den Fallgestaltungen des § 290 Abs. 1 Nr. 3 InsO gleichgestellt werden.

Den Antrag auf Versagung der Restschuldbefreiung darf **jeder Insolvenzgläubiger** (zum Begriff Rz. 57) 32 stellen, da die Regelung sämtliche Insolvenzgläubiger schützt. Für den Versagungsgrund besteht eine zehnjährige **Frist**, die mit dem rechtskräftigen Beschluss über die Erteilung bzw. Versagung der Restschuldbefreiung in dem früheren Verfahren beginnt (HK-InsO / *Landfermann* 4. Aufl., § 290 Rz. 8; MünchKomm-InsO / *Stephan* 2. Aufl., § 290 Rz. 57; *Uhlenbruck / Vallender* InsO, 12. Aufl., § 290 Rz. 48; *Nerlich / Römermann* InsO, § 290 Rz. 71). Auch bei einer vorzeitigen Schuldbefreiung (oben Rz. 29 a) beginnt die Frist mit Erteilung der Restschuldbefreiung. Als Rückwärtsfrist ist die Frist nach den §§ 4 InsO, 222 Abs. 1 ZPO sowie analog den §§ 187 f. BGB (dazu *Krause* NJW 1999, 1448), und nicht nach § 139 Abs. 1 InsO zu berechnen. Die Frist beträgt zehn Jahre vor dem neuen Antrag auf Eröffnung des Insolvenzverfahrens oder nach diesem Antrag bis zum Schlusstermin.

IV. Verringerung der Insolvenzmasse (§ 290 Abs. 1 Nr. 4 InsO)

Einen **Missbrauchsgrund** in den drei tatbestandlichen Alternativen der Begründung unangemessener 33 Verbindlichkeiten, der Vermögensverschwendung und eines verzögerten Insolvenzverfahrens normiert § 290 Abs. 1 Nr. 4 InsO. Systematisch sind damit ganz unterschiedliche Verhaltensweisen zusammengeführt, denn es werden Verschlechterungen auf der Passiv- und Aktivseite der Vermögensbilanz, aber auch davon unabhängig ein hinausgezögerter Insolvenzantrag erfasst. Als gemeinsame Größe soll mit dieser Regelung das Schuldbefreiungsverfahren funktionsfähig gehalten, die Insolvenzmasse geschützt und dadurch verhindert werden, dass der Schuldner die Befriedigung seiner Gläubiger im Hinblick auf ein Insolvenzverfahren beeinträchtigt. Zur Auslegung der insolvenzrechtlichen Bestimmung kann nur eingeschränkt und nach genauer Abgrenzung auf die bisherigen Vorschriften der §§ 187 Satz 1 KO, 18 Nr. 1 VglO zurückgegriffen werden, denn in diesen Regelungen ist ein unredliches Verhalten positives

34 Die erste Alternative formuliert einen Versagungsgrund, wenn der Schuldner **unangemessene Verbindlichkeiten** begründet hat. Wie das Attribut unangemessen herausstellt, genügt allein die Eingehung von Verbindlichkeiten nicht. Unangemessen sind die eingegangenen Verbindlichkeiten erst dann, wenn sie in der konkreten Lebenssituation des Schuldners außerhalb einer nachvollziehbaren Nutzenentscheidung stehen (*Pape/Uhlenbruck* Insolvenzrecht, Rz. 961) und entgegen der wirtschaftlichen Vernunft eingegangen wurden. Auf das Leistungs-Gegenleistungs-Verhältnis ist nicht abzustellen, denn eine sofortige Erfüllung, ein Bargeschäft, wird sich häufig als günstiger erweisen, doch bleibt einem in der Krise befindlichen Schuldner häufig nur die Begründung von Verbindlichkeiten (*Smid* BB 1992, 501 [512]; *ders.* DZWiR 1994, 278 [285]; *Forsblad* Restschuldbefreiung, S. 216). Für die Bestimmung dessen, was als unangemessene Verbindlichkeit zu gelten hat, kann auch keine objektive Beurteilung vorgenommen werden (MünchKomm-InsO/*Stephan* 2. Aufl., § 290 Rz. 59), denn ein insolventer Schuldner hat Verpflichtungen, die seinen Vermögens- und Erwerbsverhältnissen nicht entsprechen, eben objektiv nicht angemessene Verbindlichkeiten. Deswegen ist dem Verhältnis zwischen Ausgaben und Einnahmen i. d. R. kein Anhaltspunkt zu entnehmen. Zudem sind die mit der Eingehung einer Verbindlichkeit getroffenen Nutzenentscheidungen einer objektiven Bewertung nicht zugänglich. Nach *Pape* (Gläubigerbeteiligung, Rz. 439) muss die Vorschrift aus ihrem Gesamtzusammenhang dahingehend verstanden werden, dass dem Schuldner der Vorwurf eines schwerwiegenden unerlaubten Verhaltens i. S. d. §§ 823 ff. BGB zu machen ist. Für unternehmerisches Handeln ist auf die Sicht eines wirtschaftlich vernünftig agierenden Unternehmers abzustellen, wobei die veränderten Rahmenbedingungen in der Krise zu berücksichtigen sind.

35 Ausgehend von einer auf die Bedürfnisse des Schuldners ausgerichteten Beurteilung sind einzelne Fallgruppen unangemessener Verbindlichkeiten zu entwickeln. Dabei ist nicht die **Lebensführung** des Schuldners objektiv zu bewerten, also insbesondere kein Maßstab für eine wirtschaftliche Haushaltsführung zu entwickeln (vgl. *Knüllig-Dingeldey* Nachforderungsrecht, S. 179 f.), sondern eine **subjektiv** aus seiner Sicht zu treffende Beurteilung zu fällen, um eine missbräuchliche Ausnutzung der Restschuldbefreiung zu verhindern. Maßgebend muss die wirtschaftliche Situation des Schuldners aus seiner Sicht im Zeitpunkt der Neu- oder Weiterverschuldung sein. Darzulegen und glaubhaft zu machen ist, wodurch der Schuldner die Befriedigung der Gläubiger verzögert haben soll (*AG Oldenburg* ZVI 2003, 483 [484]). Ergänzend können die früheren Verhaltensweisen und der bisherige **Lebenszuschnitt** des Schuldners einbezogen werden (HK-InsO/*Landfermann* 4. Aufl., § 290 Rz. 12; *Forsblad* Restschuldbefreiung, S. 216). Der Begriff der **Luxusausgaben** (auf den die Begründung RegE, BR-Drucks. 1/92 S. 190, abstellt) gibt hierüber **keinen** präzisen **Aufschluss** (a. A. *Hess* InsO, 2007, § 290 Rz. 70; *Andres/Leithaus* InsO, § 290 Rz. 17). Die Anmietung einer 114 qm großen Wohnung für einen Vier-Personen-Haushalt, deren Miete von DM 1850,– der Schuldner zur Hälfte trägt, und eine Flugreise für DM 590,– stellen keine unangemessenen Verbindlichkeiten dar (*AG Bonn* ZInsO 2001, 1070 [1071]; zum unterlassenen Umzug auch *BGH* ZInsO 2005, 146). Eine Kreditaufnahme von EUR 7.500,– stellt ein Indiz dar, doch können Umschuldungsmaßnahmen im Einzelfall sogar das Bemühen belegen, die finanziellen Schwierigkeiten zu bewältigen (*AG Hamburg* ZVI 2002, 34 [35]). Prinzipiell unerheblich ist, ob die Verbindlichkeit privat oder beruflich begründet ist. Es sind aber die aus der beruflichen Tätigkeit resultierenden Bedürfnisse, z. B. der Kauf eines PKW für den Arbeitsweg, und Anforderungen zu berücksichtigen (HK-InsO/*Landfermann* 4. Aufl., § 290 Rz. 12; *Braun/Buck* InsO, 3. Aufl., § 290 Rz. 19; *Heyer* Verbraucherinsolvenzverfahren, S. 45). Bei einem selbstständigen Schuldner soll darauf abgestellt werden, ob die zu beurteilende Verbindlichkeit zum Zeitpunkt ihrer Eingehung im Hinblick auf die Leistungsfähigkeit des Schuldners unter Berücksichtigung der bestehenden Verbindlichkeiten überhaupt noch erfüllbar erscheint (*AG Oldenburg* ZVI 2003, 367 [368]). Die Einstellung einer Arbeitnehmerin begründet i. d. R. keine unangemessenen Verbindlichkeiten (*LG Berlin* ZVI 2002, 288). Die eklatante Unterkapitalisierung eines Unternehmens, für dessen Verbindlichkeiten eine natürliche Person in Anspruch genommen wird, kann den Tatbestand ebenfalls verwirklichen (*Knüllig-Dingeldey* Nachforderungsrecht, S. 184 ff., 195; *Kuhn/Uhlenbruck* KO, § 187 Rz. 2 a; *Wenzel* Restschuldbefreiung, S. 121). Die Liquidität des Unternehmens darf in diesen Fällen selbst bei einem günstigen Geschäftsverlauf nicht genügt haben. Die Gesetzesbegründung führt außerdem Verbindlichkeiten aus vorsätzlicher unerlaubter Handlung an (Begründung RegE, BR-Drucks. 1/92 S. 190). Da § 302 Nr. 1 InsO impliziert, dass, auch abgesehen von Frist und Antrag nach § 290 Abs. 1 Nr. 4 InsO, nicht jede Verbindlichkeit aus einer vorsätzlichen unerlaubten Handlung zu einer Versagung der Restschuldbefreiung führt, muss der Vorsatz ebenfalls die Unangemessenheit einschließen. Jedenfalls kann ein nach § 811 Abs. 1 Nr. 1 ZPO angemessener Lebens- und Haushaltsbedarf den Maßstab von § 290 Abs. 1 Nr. 4 Alt. 1 InsO nicht erfüllen.

Auf der Aktivseite der Vermögensbilanz wird von der zweiten Tatbestandsalternative eine **Vermögens-** 36 **verschwendung** sanktioniert. Eine Verschwendung liegt nicht schon bei einem Vermögensverbrauch, sondern erst dann vor, wenn der Wertverzehr außerhalb einer nachvollziehbaren Verhaltensweise liegt (*BGH* NZI 2006, 712 Tz. 9). Eine unterlassene Erwerbstätigkeit erfüllt nicht den Tatbestand von § 290 Abs. 1 Nr. 4 InsO (*Uhlenbruck/Vallender* InsO, 12. Aufl., § 290 Rz. 52). Die getätigten Ausgaben müssen im Verhältnis zum Gesamtvermögen und dem Einkommen des Schuldners **grob unangemessen** und wirtschaftlich nicht mehr nachvollziehbar erscheinen (*BGH* NZI 2006, 712 Tz. 9; enger *AG Duisburg* NZI 2007, 473 [474]; nach *Hackenberg/Hohler* ZVI 2008, 229 [236]), muss dem Schuldner der Vorwurf eines sinnlosen, der wirtschaftlichen Vernunft zuwiderlaufenden Handelns gemacht werden können). Schenkungen, die sittlichen Anforderungen entsprechen, sind unbedenklich (vgl. *Graf-Schlicker/Kexel* InsO, § 290 Rz. 17), anders Luxusgeschenke. Eine nach § 134 Abs. 2 InsO unanfechtbare Leistung führt zu keiner Vermögensverschwendung, doch endet damit die Parallele. Da die Insolvenzanfechtung den Haftungszugriff erweitert, die Versagungsgründe aber die Schuldbefreiung steuern, begründet allein eine Schenkungsanfechtung keinen Versagungstatbestand. Soweit eine **Vorsatzanfechtung** in Betracht kommt, wird vielfach auch der Versagungsgrund erfüllt sein. Die Konkretisierung des unbestimmten Rechtsbegriffs der Vermögensverschwendung kann in **Fallgruppen** erfolgen. Die Fortsetzung eines der Situation des Schuldners unangemessenen luxuriösen Lebensstils kann als Vermögensverschwendung angesehen werden (*BGH* NZI 2005, 233 [234]). Vom Schuldner aufgewendete Mietkosten müssen unter Berücksichtigung der finanziellen und sonstigen Belastungen durch einen Umzug grob unangemessen sein. Nicht mehr nachvollziehbar ist auch, wenn Vermögen i. S. v. § 283 Abs. 1 Nr. 1 StGB zerstört, beschädigt oder unbrauchbar gemacht wird. Eine weitere Fallgruppe betrifft die kurzfristige, zum Nachteil der Gläubigerbefriedigung vorgenommene Liquiditätsbeschaffung. Namentlich sind hierfür die Fälle des § 283 Nr. 3 StGB und der Preisschleuderei gem. § 18 Nr. 1 VglO anzuführen, wenn der Schuldner Waren- oder Leistungen erheblich unter Einkaufs-, Gestehungs- oder einem darunterliegenden Marktpreis veräußert, ohne hierzu durch seine wirtschaftliche Situation zur Vermeidung größerer Verluste veranlasst zu sein (*Heidland* KTS 1968, 81 [90]; *Bley/Mohrbutter* VglO, § 18 Rz. 3). Eine Vermögensverschwendung kann auch bei den von § 283 Abs. 1 Nr. 2 StGB angeführten wirtschaftlich unvertretbaren Verlust-, Spekulations- oder Differenzgeschäften (*Tröndle* StGB, 55. Aufl., § 283 Rz. 7 ff.) sowie Spiel (*LG Hagen* ZVI 2007, 480; *AG Duisburg* JurBüro 2007, 329; *Hess* InsO, 2007, § 290 Rz. 84) oder Wette vorliegen (*Kuhn/Uhlenbruck* KO, § 187 Rz. 2 a; *Tröndle* StGB, 55. Aufl., § 283 Rz. 12 ff.). Zugleich ist das Bewusstsein der unerfüllbaren Verbindlichkeit zu berücksichtigen (*Pape* Gläubigerbeteiligung, Rz. 439). Bei einer Spielsucht kann allerdings die Steuerungsfähigkeit und damit die Vorwerfbarkeit eingeschränkt sein.

In der dritten Alternative besteht ein Versagungsgrund, falls der Schuldner ohne Aussicht auf eine Verbes- 37 serung seiner wirtschaftlichen Lage die **Eröffnung** des **Insolvenzverfahrens verzögert** hat. Dieser auf die Unternehmensinsolvenz zugeschnittene Tatbestand wird für die Verbraucherinsolvenz kaum eine Rolle spielen (*Pape* Gläubigerbeteiligung, Rz. 440). Ausdrücklich schränkt die Gesetzesbegründung dazu ein, dass mit dieser Bestimmung keine Verpflichtung des Schuldners zur Stellung eines Eröffnungsantrags statuiert wird (*Kübler/Prütting-Wenzel* InsO, § 290 Rz. 19; *Mohrbutter/Ringstmeier-Pape* 8. Aufl., § 17 Rz. 68), wie sie für die Vertretungsorgane juristischer Personen gilt, §§ 42 Abs. 2 BGB, 130 a, 177 a HGB, 64 Abs. 1 GmbHG, § 92 Abs. 2 AktG, 99 GenG, deren Verletzung auch zu einer Schadensersatzpflicht etwa nach § 823 Abs. 2 i. V. m. § 64 Abs. 1 GmbHG führen kann (*BGH* BGHZ 108, 134 [136 m. w. N.]). Vielmehr muss der Schuldner durch ein aktives Tun, eine Täuschung o. ä. die Gläubiger davon abgehalten haben, die Eröffnung eines Insolvenzverfahrens zu beantragen (Begr. RegE, BR-Drucks. 1/92 S. 190; MünchKomm-InsO/*Stephan* 2. Aufl., § 290 Rz. 61; **a. A.** *Kraemer* DStZ 1995, 399 [402]). Ein Insolvenzantrag eines Einzelunternehmers sechs Monate nach Geschäftseinstellung rechtfertigt allein noch keine Versagung (*AG Göttingen* ZVI 2005, 504). Stellt der Geschäftsführer einer GmbH verspätet den Antrag auf Eröffnung des Insolvenzverfahrens über das Vermögen der Gesellschaft, rechtfertigt dies im Insolvenz- und Restschuldbefreiungsverfahren über sein eigenes Vermögen keinen Versagungsgrund, da auf die Verhältnisse des Schuldners abgestellt wird (*AG Hamburg* ZInsO 2007, 559 [560]; *Uhlenbruck/Vallender* InsO, 12. Aufl., § 290 Rz. 60). Erfüllt der Schuldner nur seine eigene Anforderung nach § 305 Abs. 1 Nr. 1 InsO, eine außergerichtliche Einigung mit den Gläubigern zu versuchen, so kann schon deshalb von einer Täuschung und damit von einer verzögerten Eröffnung des Insolvenzverfahrens nicht die Rede sein.

38 Über diese Kriterien hinaus muss das Verhalten des Schuldners in allen Tatbestandsalternativen auch eine **Wesentlichkeitsgrenze** überschreiten, wie dies vom Rechtsausschuss für den Versagungsgrund aus § 296 InsO vorausgesetzt wurde (Begr. des Rechtsausschusses BT-Drucks. 12/7302 S. 188, zu § 346 k; Münch-Komm-InsO/*Stephan* 2. Aufl., § 290 Rz. 59, 60). Eine dem Außenstehenden sinnlos erscheinende, aber geringfügige Ausgabe schafft weder eine unangemessene Verbindlichkeit noch führt sie zu einer Vermögensverschwendung. Der Verlauf der Wesentlichkeitsgrenze hängt zwar auch von den Umständen des Einzelfalls ab (*BGH* ZVI 2005, 643 [644]; *Graf-Schlicker/Kexel* InsO, § 290 Rz. 15). Als Ausformung des Verhältnismäßigkeitsgrundsatzes muss diese Grenzziehung aber auch verallgemeinerbaren Maßstäben folgen, für die u. a. auf die Wertrelation, Auswirkungen auf die Gläubigerbefriedigung und den Grad der Vorwerfbarkeit abzustellen ist.

39 Durch seine Handlung muss der Schuldner die **Befriedigung der Insolvenzgläubiger beeinträchtigt** haben. Diese Anforderung entspricht der aus § 296 Abs. 1 Satz 1 InsO, setzt also keine erhebliche Beeinträchtigung voraus, wie sie § 303 Abs. 1 InsO verlangt. Eine beeinträchtigte Befriedigung der Massegläubiger genügt wegen ihrer abweichenden verfahrensrechtlichen Stellung und des eindeutigen Wortlauts nicht. Erforderlich ist eine konkret messbare Beeinträchtigung der Befriedigung der Insolvenzgläubiger im Zeitpunkt des Schlusstermins nach Maßgabe einer wirtschaftlichen Betrachtungsweise (vgl. *BGH* NJW-RR 2006, 1138 [1139], zu § 296 Abs. 1 InsO). Zwischen dem Verhalten des Schuldners und einer beeinträchtigten Befriedigung muss ein **kausaler Zusammenhang** bestehen (MünchKomm-InsO/*Stephan* 2. Aufl., § 290 Rz. 65; *Uhlenbruck/Vallender* InsO, 12. Aufl., § 290 Rz. 62; *Kübler/Prütting-Wenzel* InsO, § 290 Rz. 19 a; wie es auch für § 187 KO gefordert wurde *Kuhn/Uhlenbruck* KO, § 187 Rz. 2 b; *Kilger/Karsten Schmidt* KO, § 187 Anm. 1 a) cc)). Verlangt wird eine beeinträchtigte Befriedigung, also eine verringerte Quote (*Kübler/Prütting-Wenzel* InsO, § 290 Rz. 19 a), und nicht nur verschlechterte Befriedigungsaussichten. Eine solche Beeinträchtigung geht über eine gefährdete Vermögensposition hinaus und kann nicht schon dann angenommen werden, wenn sich allein die Befriedigungsaussichten der Gläubiger ohne konkreten Vermögensverlust verschlechtert haben. Verzögert der Schuldner die Eröffnung eines masseunzulänglichen Verfahrens, wird sich kaum eine beeinträchtigte Gläubigerbefriedigung feststellen lassen. Ein Versagungsgrund liegt nicht vor, wenn der Schuldner aus seinem **unpfändbaren Vermögen** zu erfüllende Verbindlichkeiten begründet hat (*AG Göttingen* ZInsO 2004, 1092 [1093]; Münch-Komm-InsO/*Stephan* 2. Aufl., § 290 Rz. 65; *Graf-Schlicker/Kexel* InsO, § 290 Rz. 18). Allein die Möglichkeit der Insolvenzanfechtung schließt eine Beeinträchtigung nicht aus (*Kübler/Prütting-Wenzel* InsO, § 290 Rz. 19 a). Zu weit geht es, bei einer unter die §§ 130 ff. InsO anfechtbaren Rechtshandlung des Schuldners bereits eine Beeinträchtigung zu verneinen, falls der Vermögensgegenstand nach § 143 InsO zur Masse zurückgewährt wurde (vgl. *Knüllig-Dingeldey* Nachforderungsrecht oder Schuldbefreiung, S. 202 ff.; abl. auch *Döbereiner* Restschuldbefreiung, S. 134 f.) oder die Gläubiger eine erfolgreiche Anfechtung behindert haben.

40 Der Schuldner muss vorsätzlich oder grob fahrlässig gehandelt haben (dazu o. Rz. 26). Dabei müssen sich die **Verschuldenselemente** auch auf die Konsequenz einer Gläubigerbeeinträchtigung beziehen.

41 Den Antrag auf Versagung der Restschuldbefreiung nach Nr. 4 darf jeder Insolvenzgläubiger stellen, da die Regelung sämtliche Insolvenzgläubiger schützt. Maßgeblich sind die Verhaltensweisen in der einjährigen **Schutzfrist** vor dem Antrag auf Eröffnung des Insolvenzverfahrens oder nach diesem Antrag. Ein abschließender Termin, bis zu dem der Versagungsgrund vom Schuldner verwirklicht worden sein muss, ist gesetzlich nicht bestimmt. In aller Regel wird der Tatbestand jedoch durch die Eröffnung des Insolvenzverfahrens begrenzt sein. Mit der Eröffnung des Insolvenzverfahrens geht die Verwaltungs- und Verfügungsbefugnis des Schuldners nach § 80 InsO auf den Insolvenzverwalter bzw. Treuhänder über. Außerdem werden nach der Eröffnung des Insolvenzverfahrens keine Insolvenzforderungen, sondern Neuforderungen begründet, die erst nach dem Ende des Insolvenz- und ggf. des Restschuldbefreiungsverfahrens zu erfüllen sind, also die Befriedigung der Insolvenzgläubiger nicht beeinträchtigen. Selbst die Eingehung unerfüllbarer Verbindlichkeiten nach der Eröffnung des Insolvenzverfahrens steht also der Erteilung der Restschuldbefreiung nicht entgegen (*AG Göttingen* ZInsO 2004, 1092 [1093]). Die Frist ist nach den §§ 4 InsO, 222 Abs. 1 ZPO, sowie – als Rückwärtsfrist – analog 187 f. BGB (dazu *Krause* NJW 1999, 1448), und nicht nach § 139 Abs. 1 InsO zu berechnen. Von der Frist des Versagungsgrunds ist der Zeitpunkt des Versagungsantrags zu unterscheiden, der im Schlusstermin gestellt werden muss.

Versagungsgrund bejaht: Veräußert der Schuldner seinen Geschäftsbetrieb und verwendet er die Einnahmen statt zur Schuldentilgung für eine Urlaubsreise im Wert von EUR 2.000 ist der Versagungsgrund zu bejahen (*LG Düsseldorf* NZI 2004, 390). Zahlt der Schuldner mit einer Versicherungsleistung den Teil der Schulden, die mit dem Versicherungsfall in Zusammenhang stehen, soll eine Vermögensverschwendung vorliegen (*AG Duisburg* NZI 2007, 473 [474]). Die Entscheidung ist jedoch abzulehnen, weil eine Gläubigerbefriedigung nicht als grob unangemessen und wirtschaftlich nicht mehr nachvollziehbar anzusehen ist. 41 a

Versagungsgrund verneint: Zahlungen aus dem unpfändbaren Einkommen an einen Gläubiger begründen keinen Verstoß gegen § 290 Abs. 1 Nr. 4 InsO (*AG Coburg* ZVI 2004, 313 f). Bei einer quartalsweise zu zahlenden Hundesteuerrate von EUR 9,75 nebst einer Mahngebühr von EUR 2,50 liegt keine Vermögensverschwendung vor (*AG Göttingen* ZInsO 2004, 1092). Eine Flugreise für DM 590,– begründet keine unangemessenen Verbindlichkeiten (*AG Bonn* ZInsO 2001, 1070 [1071]). Bei der verweigerten freihändigen Verwertung und befürworteten Zwangsversteigerung einer Immobilie liegt keine Vermögensverschwendung vor (*AG Köln* NZI 2007, 250). Im produzierenden Gewerbe sind Kreditaufnahmen zur Erfüllung von Aufträgen zu akzeptieren (*AG Oldenburg* ZVI 2003, 367 [368]). Die Ausschlagung einer Erbschaft stellt keine Vermögensverschwendung dar (*LG Mainz* ZVI 2003, 362 [363]). Die Nichtzahlung fälliger Verbindlichkeiten erfüllt nicht den Versagungsgrund (*AG Oldenburg* ZVI 2003, 483 [484]; *AG Göttingen* NZI 2006, 116, Miete). Wiederholte Geldbußen wegen Ordnungswidrigkeiten erfüllen nicht den Versagungsgrund (*AG Oldenburg* ZVI 2007, 328 [329]). Ein zwei Jahre vor Eröffnung des Insolvenzverfahrens geschlossener, nicht vollständig erfüllter Vergleich erfüllt nicht den Versagungsgrund (*LG Düsseldorf* ZVI 2007, 387). Der Insolvenzeröffnungsantrag eines Einzelunternehmers sechs Monate nach Geschäftseinstellung erfüllt keinen Versagungsgrund (*AG Göttingen* ZVI 2005, 504). Die Verzögerung muss das eigene Insolvenzverfahren des Schuldners betreffen, wozu sein Verhalten als Geschäftsführer einer GmbH nicht gehört (*AG Hamburg* ZInsO 2007, 559 [560]). 41 b

V. Verletzung von Auskunfts- und Mitwirkungspflichten (§ 290 Abs. 1 Nr. 5 InsO)

§ 290 Abs. 1 Nr. 5 InsO sanktioniert die **fehlende Kooperationsbereitschaft** des Schuldners. Hierbei handelt es sich um den praktisch bedeutsamsten Versagungsgrund des § 290 InsO. Dem Schuldner kann danach die gesetzliche Schuldbefreiung versagt werden, wenn er im Verlauf des Insolvenzverfahrens die insolvenzrechtlichen Auskunfts- und Mitwirkungspflichten §§ 20, 97, 98 und 101 InsO schuldhaft verletzt. Diese Pflichten sind wesentliche Faktoren, um die Ziele des Insolvenzverfahrens zu erreichen. Offenbart der Schuldner nicht seine Verhältnisse und wirkt er nicht an der Befriedigung der Gläubiger mit, kann er nicht erwarten, von seinen Verbindlichkeiten befreit zu werden (*AG Oldenburg* ZInsO 2001, 1170 [1171]). Den Versagungsgrund aus § 314 Abs. 3 Satz 2 InsO sehen *Graf-Schlicker/Livonius* (Restschuldbefreiung und Verbraucherinsolvenz, Rz. 260) als Konkretisierung des Rechtsbehelfs aus § 290 Abs. 1 Nr. 5 an. Da das Gesetz von einer Pflichtverletzung während des Insolvenzverfahrens spricht, ist der Versagungstatbestand sachlich auf die Verletzung von Auskunfts- und Mitwirkungspflichten im anhängigen **Insolvenzverfahren** sowie vorangegangenen **Insolvenzeröffnungsverfahren** (*BGH* ZVI 2005, 124 [125]; *Graf-Schlicker/Kexel* InsO, § 290 Rz. 121) beschränkt. In einem auf Antrag des Gläubigers eröffneten Insolvenzverfahren, in dem mangels einer ausreichenden Belehrung des Schuldners ausnahmsweise ein isolierter Restschuldbefreiungsantrag zulässig ist (*BGH* ZInsO 2005, 310 [311]; *Ahrens* § 287 Rz. 12 a), begründen Pflichtverletzungen des Schuldners vor seinem Restschuldbefreiungsantrag keinen Versagungsgrund, da er den Einfluss seiner Handlungen auf das Restschuldbefreiungsverfahren nicht erkennen konnte. Falsche Angaben über die Zahl der unterhaltsberechtigten Personen gegenüber dem Arbeitgeber verletzen keine Pflichten aus dem Insolvenzverfahren (*AG Karlsruhe* ZVI 2004, 551 [552]). Als spezielle Norm verdrängt § 290 Abs. 1 Nr. 5 InsO die Haftanordnung nach § 98 Abs. 2 und 3 InsO für die Zwecke des Restschuldbefreiungsverfahrens (zur eidesstattlichen Versicherung u. Rz. 46). Im Insolvenzverfahren bleibt dieses Zwangsmittel in den durch den Verhältnismäßigkeitsgrundsatz gezogenen Grenzen zulässig. Von dem Schuldner muss eine **Auskunfts- und Mitwirkungspflicht** aus der **Insolvenzordnung** verletzt worden sein. Eine Versagung kann daher nur mit einer Verletzung gesetzlicher Pflichten begründet werden. Entsprach eine gerichtliche Anordnung zur Auskunftserteilung nicht den Anforderungen der InsO ist ein Versagungsgrund ausgeschlossen. Ein Verstoß des Schuldners gegen eine **nicht rechtmäßige** gerichtliche **Anordnung** ist unbeachtlich (*BGH* NJW 2003, 2167 [2169]; *Kübler/Prütting-Wenzel* InsO, § 290 Rz. 20; *Uhlenbruck/Vallender* InsO, 12. Aufl., § 290 Rz. 69; MünchKomm-InsO/*Stephan* 2. Aufl., 42

43

§ 290 Rz. 73; HK-InsO/*Landfermann* 4. Aufl., § 290 Rz. 16; *Knüllig-Dingeldey* Nachforderungsrecht oder Schuldbefreiung, 125; *Döbereiner* Restschuldbefreiung, S. 138). Zeitlich erfasst die Sanktion sämtliche Auskunfts- und Mitwirkungspflichten des gesamten Insolvenzverfahrens bis zum Schlusstermin, also auch die im Eröffnungsverfahren nach §§ 20, 21 Abs. 2 Nr. 2, 22 Abs. 3 Satz 2, 3 InsO bestehenden Pflichten (*BGH* ZInsO 2005, 207 [208]; *AG Hamburg* NZI 2001, 46 [47]; *Kübler/Prütting-Wenzel* InsO, § 290 Rz. 20; HK-InsO/*Landfermann* 4. Aufl., § 290 Rz. 17; *Andres/Leithaus* InsO, § 290 Rz. 21; *Vallender* ZVI 2003, 253 [255]; *Schmerbach* NZI 2005, 521 [524]). Dagegen wird die unzureichende Erklärung über die wirtschaftlichen Verhältnisse im Stundungsantrag, auch wenn sie im Eröffnungsverfahren erfolgt, nicht von § 290 Abs. 1 Nr. 5 InsO erfasst (*BGH* NZI 2005, 232 [233]). Übereinstimmend mit der Rechtsprechung zu § 290 Abs. 1 Nr. 6 InsO (*BGH* NZI 2005, 461) lässt eine **rechtzeitige Berichtigung** den Versagungsgrund entfallen. Die nach dem Abschluss des Insolvenzverfahrens während der Treuhandperiode bestehenden Anforderungen werden von der Regelung nicht erfasst. Ein Verstoß gegen eine Auskunfts- oder Mitwirkungspflicht aus einer Vereinbarung mit dem Insolvenzverwalter oder Treuhänder stellt keine Verletzung gegen der in § 290 Abs. 1 Nr. 5 InsO vorausgesetzten gesetzlichen Pflichten dar (*BGH* NJW 2003, 2167 [2170]). Es genügt weder ein Verstoß gegen materiellrechtliche Pflichten, etwa aus einem Kreditvertrag, noch die Verletzung von derartigen zwangsvollstreckungsrechtlichen Pflichten. Ebenso wenig begründen aus einem Sicherungsvertrag resultierende Auskunftspflichten gegenüber dem Sicherungsgläubiger (vgl. *BGH* BGHZ 70, 86 [89 f.]) eine insolvenzrechtliche Verpflichtung. Gibt der Schuldner eine Adressenänderung nicht an, ist dies grds. unschädlich, falls er über seinen Verfahrensbevollmächtigten erreichbar ist (*AG Göttingen* ZVI 2005, 504 [505]). Berichtigt der Schuldner seine Angaben vor Eröffnung des Insolvenzverfahrens, entfällt der Verletzungstatbestand (*LG Kleve* ZVI 2007, 33).

44 **Auskunftspflichten** des Schuldners bestehen nach den §§ 97, 98, 101 InsO. Gem. § 97 Abs. 1 Satz 1 InsO ist der Schuldner verpflichtet, dem Insolvenzgericht, dem Insolvenzverwalter, dem Gläubigerausschuss und, auf Anordnung des Gerichts, der Gläubigerversammlung über alle das Verfahren betreffenden Verhältnisse Auskunft zu erteilen. Nach § 97 Abs. 3 InsO muss sich der Schuldner auf Anordnung des Gerichts jederzeit zur Verfügung stellen, um seine Auskunfts- und Mitwirkungspflichten zu erfüllen. Außerdem hat er alle Handlungen zu unterlassen, die der Erfüllung seiner Pflichten zuwiderlaufen. Der Schuldner hat auch Tatsachen zu offenbaren, die geeignet sind, eine Verfolgung wegen einer Straftat oder einer Ordnungswidrigkeit herbeizuführen, § 97 Abs. 1 Satz 2 InsO, doch besteht dann nach Satz 3 der Vorschrift ein straf- und ordnungswidrigkeitenrechtliches Verwertungsverbot (vgl. *BVerfG* NJW 1981, 1431 [1433]). Der **Umfang seiner Pflichten** erstreckt sich auf die Ursachen der Krise, auf Anfechtungslagen, auf Auslandsvermögen sowie auf Sachverhalte, welche die Insolvenzmasse betreffen. Anzugeben sind insbesondere die Einkommens-und Vermögensverhältnisse (*AG Wetzlar* NZI 2007, 57). Eine Forderung über EUR 116,– aus Weinkauf, die sechs Wochen nach Stellung des Eigenantrags begründet wurde, ist anzugeben (*AG Göttingen* ZVI 2006, 69). Der Schuldner ist verpflichtet, im Vermögensverzeichnis Angaben zu einer Forderung über DM 220.000,– zu machen, die er für weniger als DM 18.000,– verkauft hat (*AG Göttingen* ZInsO 2007, 1059). Auch schwierig beizutreibende Forderungen sind anzugeben, denn es ist nicht Aufgabe des Schuldners, seine Aktiva zu bewerten (*BGH* ZInsO 2007, 96 Tz. 8). Provisionen sind selbst bei einem Stornorisiko von 90 % anzugeben (*AG Offenburg* ZVI 2007, 34). Kann der Schuldner die Höhe der Forderung nicht bestimmen, kommt eine Bezifferung mit EUR 0,– in Betracht (*BGH* ZInsO 2008, 860 Tz. 6; *LG Kleve* ZVI 2007, 33, EUR 1,–). Verborgenes Vermögen erfüllt deswegen den Tatbestand. Ein Treuhandkonto ist auch gegenüber dem Sachverständigen anzugeben (*LG Aachen* ZVI 2005, 552 [553]; bestätigt durch *BGH* ZVI 2005 551 [552]). Hat ein selbstständiger Schuldner die Voraussetzungen nicht hinreichend dargelegt, nach denen ein Gegenstand als unpfändbar gem. § 36 InsO nicht zur Insolvenzmasse gehört, darf aber allein deswegen noch keine beachtliche Verletzung einer Auskunftspflicht angenommen werden (dazu *BGH* NJW 2003, 2167 [2169, 2170]). Nach § 20 InsO muss der Schuldner alle Auskünfte erteilen, die zur Entscheidung über seinen Insolvenzeröffnungsantrag erforderlich sind. Im Regelinsolvenzverfahren muss der Schuldner zwar nicht mehr ausdrücklich ein Gläubiger- und Schuldnerverzeichnis sowie eine Übersicht der Vermögensmasse vorlegen, doch hat er die notwendigen Unterlagen einzureichen, aus denen sich das Vorliegen eines Insolvenzgrunds ergibt (*Uhlenbruck* InsO, 12. Aufl., § 20 Rz. 11; s. a. FK-InsO/*Schmerbach* § 20 Rz. 4). Deswegen muss der Schuldner über die Vermögensverhältnisse und wohl auch zum Schuldner- und Gläubigerverzeichnis Auskunft erteilen (*Uhlenbruck* KTS 1997, 371 [386]; *Haarmeyer/Wutzke/Förster* Handbuch, 3. Aufl., Rz. 3/164). Erforderlich ist eine sachgerechte Unterscheidung zwischen Regel- und Verbraucherinsolvenzverfahren. Ein selbstständig tätiger Schuldner hat auch die Betriebsunterlagen vorzulegen. Ein Schuldner, der das vereinfachte Insolvenzverfahren absolviert, wird vielfach keine vergleichbare bzw. überhaupt keine geordnete Buchführung besitzen, woraus das Gesetz mit der Unterscheidung zwischen den Versagungsgründen nach § 290 Abs. 1 Nr. 5 und Nr. 6 InsO die Konsequenz zieht. Insofern begrenzt diese Regelung zugleich auch die allgemeine Pflicht des Schuldners zur Vorlage von Unterlagen. Diese – nicht aber andere Auskunfts- und Mitwirkungspflichten des Schuldners – sind im Hinblick auf § 290 Abs. 1 Nr. 6 InsO teleologisch zu reduzieren. Von der Vorlage der Verzeichnisse ist allerdings die Erklärung über ein Auskunfts- oder Ergänzungsverlangen gem. § 305 Abs. 3 Satz 1 InsO zu unterscheiden. Die §§ 20, 97 InsO gelten dafür nicht direkt. Trotzdem begründet eine solche unzureichende Auskunft oder Mitwirkung keinen Versagungsgrund nach § 290 Abs. 1 Nr. 5 InsO (so aber *AG Hamburg* NZI 2001, 46 [47]), sondern nach § 290 Abs. 1 Nr. 6 InsO (u. Rz. 52). Nicht unmittelbar zu den Pflichten aus einem Insolvenzverfahren gehört der nach § 287 Abs. 2 Satz 2 InsO im Restschuldbefreiungsverfahren erforderliche Hinweis auf abgetretene oder verpfändete Bezüge. Obwohl ein Verstoß gegen diese Hinweispflicht die Gläubigerbefriedigung kaum beeinträchtigt, wird er aber wohl der Verletzung von Auskunftspflichten gleichzustellen sein (s. *Ahrens* § 287 Rz. 92; HK-InsO/*Landfermann* 4. Aufl., § 290 Rz. 17; *Uhlenbruck/ Vallender* InsO, 12. Aufl., § 290 Rz. 67).

Können Umstände erkennbar nicht Gegenstand von Nachfragen sein, weil sie den übrigen Verfahrensbeteiligten nicht bekannt sind, besteht unabhängig von einem konkreten Auskunftsverlangen eine **Offenbarungspflicht**, etwa über eine ausgeübte Beschäftigung (*AG Bonn* ZInsO 2006, 49), über veränderte Einkünfte auch aus Nebentätigkeiten (*LG Mönchengladbach* ZInsO 2003, 955 [956]; *AG Oldenburg* ZInsO 2001, 1170 [1171]; *Uhlenbruck/Vallender* InsO, 12. Aufl., § 290 Rz. 67; MünchKomm-InsO/*Stephan* 2. Aufl., § 290 Rz. 72; HambK-InsO/*Streck* 2. Aufl., § 290 Rz. 32), Auszahlung aus einem Leasingvertrag (*AG Erfurt* ZInsO 2006, 1173 [1174]) oder über einen erheblichen Vermögenszuwachs durch eine Erbschaft (*AG Göttingen* ZVI 2004, 425 f.). 44 a

Auskunftspflichtig ist der Schuldner. Entsprechend den konkurs- und vergleichsrechtlichen Grundsätzen zu §§ 100 KO, 69 VglO (*Kuhn/Uhlenbruck* KO, § 100 Rz. 1; *Kilger/Karsten Schmidt* VglO § 69 Anm. 1 ff.) wird für das Insolvenzrecht eine persönliche und mündliche Auskunft selbst eines anwaltlich vertretenen Schuldners verlangt (*Uhlenbruck* KTS 1997, 371 [385 f.]), wie es der Regelung aus § 97 Abs. 3 Satz 1 InsO entspricht. 45

Mitwirkungspflichten können auf ein aktives Tun gerichtet sein. Von ihrem Begriff wird aber auch die Unterlassungspflicht aus § 97 Abs. 3 Satz 2 InsO sowie die Bereitschaftspflicht aus § 97 Abs. 3 Satz 1 InsO erfasst. Wegen der grundrechtlich geschützten Berufsfreiheit erscheint es fraglich, ob die Fortsetzung der Geschäftstätigkeit trotz eines Verbots des Treuhänders die Versagung rechtfertigen kann (so aber *LG Cottbus* ZVI 2002, 218; *Braun/Buck* InsO, 3. Aufl., § 290 Rz. 23). Ein umfassendes Mitwirkungsgebot ist mit der Pflicht zur Unterstützung des Insolvenzverwalters aus § 97 Abs. 2 InsO bestimmt. Der Schuldner hat auch den pfändbaren Betrag seines Arbeitseinkommens abzuführen (*AG Bonn* ZInsO 2006, 49). Einzelne Pflichtenkreise einer Mitwirkung betreffen die Erklärungspflicht aus § 176 InsO, die Pflichten zur Zusammenwirkung mit dem Sachwalter nach den §§ 275, 277 InsO sowie die Pflicht zur Erstellung von Verzeichnissen, zur Berichterstattung und zur Rechnungslegung nach § 281 InsO. Die Bereitschaftspflicht aus § 97 Abs. 3 Satz 1 InsO ist verletzt, wenn der Schuldner seine bisherige ladungsfähige Anschrift aufgibt, ohne eine neue Anschrift zu hinterlassen (*AG Königstein* ZVI 2003, 365; *AG Duisburg* NZI 2007, 596 [597]). Dem Behinderungsverbot aus § 97 Abs. 3 Satz 2 InsO handelt der Schuldner zuwider, wenn er Unterlagen beiseite schafft, vernichtet oder für eine spätere Anfechtung relevante Auskünfte verweigert (*BGH* ZInsO 2005, 207 [208]). Die Wahl einer für den Schuldner nachteiligen **Steuerklasse** nach dem Insolvenzantrag zum Vorteil seines Ehepartners verletzt seine Mitwirkungspflicht (*BGH* DZWIR 2008, 470). Die Abgabe der **Steuererklärung** ist während des Verbraucherinsolvenzverfahrens Aufgabe des Treuhänders, nicht des Schuldners, der allein die erforderlichen Unterlagen vorzulegen hat. Erklärt der Schuldner wahrheitswidrig, eine Steuererklärung abgegeben zu haben und hält er den Treuhänder deswegen davon ab, mögliche Steuererstattungsansprüche zu realisieren, ist § 290 Abs. 1 Nr. 5 InsO erfüllt (*LG Mönchengladbach* NZI 2005, 173 f.). Obwohl die Abgabe einer eidesstattlichen Versicherung als Zwangsmittel nach § 98 InsO der Durchsetzung der Pflichten dient, gehört sie ebenfalls zu den Mitwirkungspflichten. Die Vorlage eines angemessenen Schuldenbereinigungsplans gem. § 305 InsO bildet keine Mitwirkungspflicht des Schuldners (*AG Hamburg* NZI 2000, 336). Systematisch unterfällt dieser Plan der Schuldnerautonomie, weshalb keine inhaltliche Prüfungskompetenz des Insolvenzgerichts besteht (s. 46

46 a Eine **Mitarbeitspflicht** aus § 290 Abs. 1 Nr. 5 i. V. m. § 97 Abs. 2 InsO mit dem Ziel, der Masse neuen Erwerb zuzuführen, besteht nicht (*Uhlenbruck/Vallender* InsO, 12. Aufl., § 290 Rz. 68; *Runkel* FS Uhlenbruck, S. 315, 330 f.). Konkursrechtlich war der Gemeinschuldner nach allgemeiner Ansicht nicht verpflichtet, seine Arbeitskraft in den Dienst der Masse zu stellen (*RG* RGZ 70, 226 [230]; *Kuhn/Uhlenbruck* KO, 11. Aufl., § 1 Rz. 78, § 100 Rz. 6). An dieser grundsätzlichen Aussage hat auch die erweiterte Mitwirkungspflicht des Schuldners aus § 97 Abs. 2 InsO nichts geändert, die gerade keine Mitarbeitspflicht konstituiert (ausdrücklich *BGH* NJW 2002, 3326 [3328]; FK-InsO/*App* § 97 Rz. 16; *Kübler/Prütting-Lüke* InsO, § 97 Rz. 11; HK-InsO/*Eickmann* 3. Aufl., § 97 Rz. 6; *Gottwald/Uhlenbruck* InsolvenzRHdb, 3. Aufl., § 18 Rz. 10; gleiches gilt im Insolvenzeröffnungsverfahren MünchKomm-InsO/*Haarmeyer* 2. Aufl., § 22 Rz. 174; **a. A.** KS-InsO/*Grub* 2000, S. 671, Rz. 42, 99). Erforderlich ist eine Mitwirkung zur Sammlung und Sicherung der Masse, nicht aber eine Mitarbeit, mit der die Arbeitskraft zur Masse gezogen wird. Auch § 35 InsO über den Insolvenzbeschlag des Neuerwerbs begründet keine Arbeitspflicht (MünchKomm-InsO/*Lwowski* 2. Aufl., § 35 Rz. 436), denn die Bestimmung verpflichtet nicht zum Neuerwerb, sondern regelt die Wirkungen, falls er erfolgt. Eine allgemeine Arbeitspflicht des Schuldners widerspricht daher den Grundsätzen des Insolvenzrechts. Wo davon abweichend eine Erwerbsobliegenheit bestimmt ist, sind differenzierte Normen unabdingbar, um den Eingriff in die Rechtsstellung des Schuldners zu gestalten. Sie existieren für die Zeit nach Ankündigung der Restschuldbefreiung mit § 295 Abs. 1 Nr. 1 InsO und für die Verfahrenskostenstundung (s. *Kohte* § 4 c Rz. 24 ff.). Entsprechendes gilt auch für die unterhaltsrechtliche Erwerbsobliegenheit aus den §§ 1602 f. BGB. Aus der generalklauselartigen Unterstützungspflicht des § 97 Abs. 2 InsO ist die erforderliche Interessenabwägung nicht abzuleiten und eine Mitarbeitspflicht nicht zu begründen. Auch eine Erwerbsobliegenheit des Schuldners analog § 295 Abs. 1 Nr. 1 InsO ist vor Ankündigung der Restschuldbefreiung nicht zu rechtfertigen (*LG Göttingen* ZInsO 2002, 682 [684]; *AG Regensburg* ZInsO 2004, 1214 [1215]; **a. A.** *AG Duisburg* NZI 2004, 516 [517]). Wie aus Art. 12 Abs. 1 Satz 1 GG folgt, kann die Aufnahme einer **selbständigen Tätigkeit** nicht untersagt werden. Ein Verstoß gegen ein entsprechendes Verbot begründet keinen Versagungsgrund (HambK-InsO/*Streck* 2. Aufl., § 290 Rz. 33). Wird allerdings eine nicht selbständige oder selbständige Beschäftigung ausgeübt, ist darüber Auskunft zu erteilen (s. o. Rz. 44).

47 Eine ganz unerhebliche Pflichtverletzung genügt nicht, um das Recht des Schuldners auf Restschuldbefreiung auszuschließen. Wie der Rechtsausschuss für den Versagungsgrund aus § 296 InsO vorausgesetzt hat (Begr. des Rechtsausschusses BT-Drucks. 12/7302 S. 188, zu § 346 k), ist bei § 290 Abs. 1 Nr. 5 InsO ebenfalls zu verlangen, dass der Schuldner mit seinem Verhalten eine **Wesentlichkeitsgrenze** überschritten hat. Der **Verhältnismäßigkeitsgrundsatz** gebietet, dass nicht jede noch so geringfügige Verletzung von Auskunfts- und Mitwirkungspflichten eine Versagung der Restschuldbefreiung zur Folge haben kann (*BGH* NJW 2003, 2167 [2168]; *LG Saarbrücken* NZI 2000, 380 [381]; *AG Hamburg* NZI 2000, 46 [47]; *AG Göttingen* ZVI 2006, 69; 2007, 35; MünchKomm-InsO/*Stephan* 2. Aufl., § 290 Rz. 74; *Uhlenbruck/Vallender* InsO, 12. Aufl., § 290 Rz. 72; *Nerlich/Römermann* InsO, § 295 Rz. 95). Eine Verletzung der Mitwirkungspflicht liegt nicht schon dann vor, wenn der Schuldner zu einem bestimmten Zeitpunkt nicht für den Treuhänder erreichbar ist und zur Auskunftserteilung zur Verfügung steht, sondern nur dann, wenn sich seine fehlende Mitwirkung über einen längeren Zeitraum erstreckt und nennenswerte Auswirkungen auf das Verfahren hat (*BGH* ZInsO 2008, 975 Tz. 9). Eine alsbaldige **Berichtigung** kann den Verstoß gegen eine insolvenzrechtliche Verpflichtung heilen (vgl. *AG Duisburg* NZI 2008, 697 [699]).

47 a Den Antrag auf Versagung der Restschuldbefreiung darf jeder Insolvenzgläubiger stellen, da die Regelung sämtliche Insolvenzgläubiger schützt.

48 Der Schuldner muss **vorsätzlich oder grob fahrlässig** gehandelt haben (dazu o. Rz. 26). Unter einer groben Fahrlässigkeit ist ein Handeln zu verstehen, bei dem die im Verkehr erforderliche Sorgfalt in ungewöhnlich hohem Maß verletzt wird, wenn ganz naheliegende Überlegungen nicht angestellt oder beiseite geschoben wurden und dasjenige unbeachtet geblieben ist, was im gegebenen Fall sich jedem aufgedrängt hätte. Bei der groben Fahrlässigkeit handelt es sich um eine auch subjektiv schlechthin unentschuldbare Pflichtverletzung (*BGH* ZInsO 2006, 370 [371]). Erforderlich ist eine grobe Gleichgültigkeit gegenüber den Gläubigerinteressen und den eigenen Pflichten, wobei nach der Rechtsprechung ein großzügiger Maßstab anzulegen sein kann (*AG Hamburg* NZI 2001, 46 [47]; **a. A.** *Mohrbutter/Ringstmeier-Pape* 8. Aufl., § 17 Rz. 54). Erforderlich ist ein gesteigerter Vorwurf. Die Feststellung, dass ein Pflichtenverstoß im Zweifel grob fahrlässig ist (*LG Mönchengladbach* ZVI 2003, 675 [676]; *Kübler/Prütting-Wenzel* InsO,

§ 290 Rz. 20 a), widerspricht der eindeutigen Gesetzeslage. Zur Feststellung des Verschuldens ist auf die Höhe der Forderung, deren Anteil an der Gesamtverschuldung, die Anzahl der Gläubiger, den letzten Vollstreckungsversuch bzw. die Korrespondenz abzustellen (*AG Göttingen* ZVI 2005, 557). Vielfach wird die Anforderung erst dann erfüllt sein, wenn der Schuldner seine Pflichten trotz Aufforderung nicht erfüllt. Wird der Schuldner gezielt zur Auskunft aufgefordert, auf Widersprüche hingewiesen und werden ihm auch die Stellungnahmen anderer Beteiligter zugeleitet, ist eine Falschauskunft grob fahrlässig (*AG Hamburg* NZI 2001, 46 [47]). Ein unzutreffender Hinweis in einem Merkblatt des Insolvenzgerichts kann den Vorwurf der groben Fahrlässigkeit entfallen lassen (*BGH* ZInsO 2006, 370 [371]). Eine nicht angegebene Forderung über EUR 200,– in einem Verfahren mit mehr als 100 Gläubigern, einer Gesamtverschuldung von EUR 32.000,– und einem sieben Jahre zurückliegenden Vollstreckungsversuch ist nicht geeignet, den qualifizierten Verschuldensvorwurf zu begründen (*AG Göttingen* ZVI 2005, 557). Gleiches gilt bei einer fünf Jahre alten Forderung von EUR 512,45 mit einem Anteil von 0,19 % der Hauptforderungen (*AG Leipzig* ZVI 2007, 143 [146]). Die unterlassene Angabe einer Bürgschaft eines Geschäftsführers für eine GmbH über mehr als EUR 100.000,– ist nicht grob fahrlässig, wenn das Insolvenzgericht sich mit der Angabe der Gesamtverbindlichkeiten begnügt hat und die Bürgschaft erst drei Monate nach Verfahrenseröffnung fällig gestellt wird (*AG Göttingen* ZVI 2006, 163 [164]).

Versagungsgrund bejaht: Verschleiert der Schuldner seine Einkünfte, indem er sich hinter einer Scheinfirma versteckt (hier: nicht existierender englischer Limited), sind die Versagungsgründe aus § 290 Abs. 1 Nr. 5 und 6 InsO erfüllt (*BGH* ZVI 2005, 276). Der Tatbestand ist auch erfüllt, wenn zusätzliche Einkünfte aus selbstständiger Tätigkeit (*AG Oldenburg* ZInsO 2001, 1170 [1171]), auch aus Nebentätigkeit in Höhe von EUR 300,– jährlich (*LG Mönchengladbach* ZInsO 2003, 955 [956]) bzw. pfändungsfreie Einkünfte über einen Zeitraum von zwei Jahren (*AG Göttingen* ZVI 2007, 34 [35]) nicht angegeben werden. Hin- und Herzahlungen sind anzugeben, sonst ist der Versagungsgrund verwirklicht (*AG Hamburg* ZInsO 2007, 951 [952]), ebenso die Wahl einer für den Schuldner nachteiligen Steuerklasse (*BGH* DZWIR 2008, 470). Die Abgabe der Steuererklärung ist Aufgabe des Treuhänders, nicht des Schuldners. Erklärt aber der Schuldner wahrheitswidrig, eine Steuererklärung abgegeben zu haben und hält er den Treuhänder deswegen davon ab, mögliche Steuererstattungsansprüche zu realisieren, ist § 290 Abs. 1 Nr. 5 InsO erfüllt (*LG Mönchengladbach* NZI 2005, 173 f.). Auskunft ist über die – auch wertlose – Beteiligung an einer Gesellschaft und die Tätigkeit als Geschäftsführer zu erteilen (*AG Duisburg* NZI 2008, 697 [698 f.]). Die Fortsetzung der Geschäftstätigkeit trotz eines Verbots des Treuhänders soll die Versagung rechtfertigen (*LG Cottbus* ZVI 2002, 218, fraglich wegen Art. 12 Abs. 1 GG). Auch die Nichtabgabe eines eingetragenen Gebrauchsmusters (*AG Leipzig* ZVI 2005, 427) bzw. einer Marke (*AG Duisburg* NZI 2007, 596) erfüllt den Tatbestand, ebenso eine verzögerte Auskunftserteilung (*AG Göttingen* ZVI 2006, 473 [474]) bzw. unzutreffende Angaben über die Deliktseigenschaft einer Forderung (*AG Göttingen* ZVI 2008, 339 [340]).

48 a

Versagungsgrund verneint: Bei einem selbstständigen Schuldner ist nicht die Auskunft darüber erforderlich, welche Angaben berufsbedingt und welche privat veranlasst sind (*BGH* NJW 2003, 2167 [2170]). Die unterlassene Zahlung einer mit dem Treuhänder vereinbarten monatlichen Pauschale stellt keinen Verstoß gegen gesetzliche Mitwirkungspflichten dar (*AG Regensburg* ZInsO 2004, 1214 [1215]). Während des Insolvenzverfahrens stellt die Aufgabe der Arbeit keinen Verstoß gegen § 290 Abs. 1 Nr. 5 InsO dar, da insoweit keine Verpflichtung zur Erwerbstätigkeit besteht (*AG Regensburg* ZInsO 2004, 1214 [1215]). Unrichtige Angaben in einer eidesstattlichen Versicherung begründen nicht die Versagungstatbestände aus § 290 Abs. 1 Nr. 5 und 6 InsO (*AG Oldenburg* ZVI 2003, 367 [368]). Ist der Schuldner über die Höhe einer Forderung unsicher und gibt er diese deswegen mit EUR 0,– an, ist eine Versagung allein deswegen noch nicht berechtigt (*BGH* ZInsO 2008, 860 Tz. 6, 8). Ist der Schuldner allein zu einem begrenzten Zeitpunkt nicht erreichbar, begründet dies noch nicht den Versagungsgrund (*BGH* ZInsO 2008, 975 Tz. 9). Informiert ein Merkblatt des Insolvenzgerichts unzutreffend über den Insolvenzbeschlag und entnimmt der Schuldner einen weniger als 20 % betragenden Teil aus einer Erbmasse, ist der Vorwurf grober Fahrlässigkeit nicht berechtigt (*BGH* ZInsO 2006, 370 [371]). Mit der unterlassenen Angabe eines Wohnsitzwechsels verletzt der Schuldner noch nicht seine Mitwirkungspflichten (*AG Oldenburg* ZVI 2007, 328 [329 f.]; **a. A.** *LG Verden* ZVI 2006, 470).

48 b

VI. Unzutreffende Verzeichnisse (§ 290 Abs. 1 Nr. 6 InsO)

Von den Auskunfts- und Mitwirkungspflichten in einem Insolvenzverfahren i. S. d. Nr. 5 unterscheidet § 290 Abs. 1 Nr. 6 InsO den besonderen Fall der vom Schuldner in einem Verbraucherinsolvenzverfahren

49

nach § 305 Abs. 1 Nr. 3 InsO vorzulegenden **Verzeichnisse** (*Pape* Gläubigerbeteiligung, Rz. 442). Nach der vom Rechtsausschuss (BT-Drucks. 12/7302 S. 187 f.) eingefügten Vorschrift besteht ein Versagungsgrund, falls der Schuldner in den gem. § 305 Abs. 1 Nr. 3 InsO vorzulegenden Verzeichnissen seines Vermögens und seines Einkommens, seiner Gläubiger und der gegen ihn gerichteten Forderungen schuldhaft unzutreffende Angaben gemacht hat. Der Versagungsgrund schließt eine Lücke, weil § 290 Abs. 1 Nr. 5 InsO nach seinem Wortlaut das Insolvenzverfahren, nicht aber das vorgelagerte gerichtliche Schuldenbereinigungsplanverfahren erfasst (*LG Saarbrücken* NZI 2000, 380 [381]; *Uhlenbruck/Vallender* InsO, 12. Aufl., § 290 Rz. 75; *Graf-Schlicker/Livonius* Restschuldbefreiung und Verbraucherinsolvenz nach der InsO, Rz. 290). Unzutreffende Angaben im außergerichtlichen Verfahren erfüllen weder einen Versagungsgrund nach § 290 Abs. 1 Nr. 6 InsO noch den aus § 290 Abs. 1 Nr. 5 InsO. Ziel ist eine Entlastung des Insolvenzgerichts und Unterrichtung der Gläubiger über die Grundlagen der geplanten Schuldenbereinigung (*BGH* NZI 2005, 461). Der Schuldner soll dazu angehalten werden, wahrheitsgemäße und vollständige Angaben zu machen, die dem Gericht und den Gläubigern einen Überblick über die wirtschaftlichen Verhältnisse des Schuldners ermöglichen. Es darf nicht der Beurteilung des Schuldners unterliegen, Angaben zu unterlassen, weil sie vermeintlich uninteressant sind (*BGH* NZI 2004, 633 [634]). Auch wenn das Gericht von einem Planverfahren absieht, entfallen dadurch nicht die Anforderungen aus § 290 Abs. 1 Nr. 6 InsO, denn beim Entstehen der Informationspflichten kann nicht darauf abgestellt werden, ob sich im Einzelfall das Informationsbedürfnis auswirkt (**a. A.** *AG Dortmund* ZInsO 2006, 384). Neben § 308 Abs. 3 Satz 1 InsO bildet die Vorschrift eine wirksame Reaktion, um einen planvoll agierenden Schuldner zur vollständigen und richtigen Angabe seines Vermögens sowie seiner Verbindlichkeiten anzuhalten, doch wirft sie für andere Schuldner nicht geringe Anwendungsfragen auf.

50 Sachlich fordert § 290 Abs. 1 Nr. 6 InsO einen Verstoß gegen Anforderungen aus § 305 Abs. 1 Nr. 3 InsO in einem **Verbraucherinsolvenzverfahren**. Auf eine vermeintlich zu geringe Quote in einem Schuldenbereinigungsplan kann eine Versagung schon deshalb nicht gestützt werden, weil in § 290 Abs. 1 Nr. 6 InsO nicht auf § 305 Abs. 1 Nr. 4 InsO verwiesen wird (i. E. ebenso *AG Hamburg* NZI 2000, 336). Da ein Verbraucherinsolvenzverfahren notwendig durchgeführt worden sein muss, ist der persönliche Anwendungsbereich von § 290 Abs. 1 Nr. 6 InsO auf Schuldner i. S. d. § 304 Abs. 1 InsO (vgl. *Kohte* § 304 Rz. 3 ff.) beschränkt. Die Reichweite des Versagungsgrunds ergibt sich aus der Aufzählung in § 290 Abs. 1 Nr. 6 InsO. Der Schuldner muss in dem nach § 305 Abs. 1 Nr. 3 InsO vorzulegenden Verzeichnis seines Vermögens und seines Einkommens (Vermögensverzeichnis), dem Verzeichnis seiner Gläubiger oder in dem Verzeichnis der gegen ihn gerichteten Forderungen unrichtige oder unvollständige Angaben gemacht haben. Während § 305 Abs. 1 Nr. 3 InsO von einem Verzeichnis des vorhandenen Vermögens und des Einkommens spricht, fehlt dieses Attribut in § 290 Abs. 1 Nr. 6 InsO. Auf einen sachlichen Unterschied ist daraus nicht zu schließen, da die Versagungsvorschrift auf die nach § 305 Abs. 1 Nr. 3 InsO vorzulegenden Verzeichnisse abstellt.

50 a Gewichtiger ist allerdings eine andere **Abweichung** zwischen § 290 Abs. 1 Nr. 6 InsO und § 305 Abs. 1 Nr. 3 InsO, die aus der Novellierung der letzteren Vorschrift durch das InsOÄndG vom 26. 10. 2001 (BGBl I S. 2710), resultiert. Unverändert verweist der Versagungsgrund auf die Verzeichnispflichten nach § 305 Abs. 1 Nr. 3 InsO a. F. Durch die Insolvenzrechtsnovelle ist in § 305 Abs. 1 Nr. 3 InsO die zusätzliche Verpflichtung aufgenommen, eine Zusammenfassung der wesentlichen Inhalte des Vermögensverzeichnisses in Form einer Vermögensübersicht vorzulegen. Auf diese Verpflichtung bezieht sich § 290 Abs. 1 Nr. 6 InsO seinem Wortlaut nach nicht, weshalb fraglich ist, ob ein Verstoß gegen die neue Verpflichtung einen Versagungsgrund schafft. Auf diese Beurteilung kommt es dann an, wenn die Verzeichnisse zutreffend sind, die Übersicht aber als falsch angesehen wird. Mit dieser Vermögensübersicht soll eine Kostenersparnis bewirkt werden, da nur die Übersicht den Gläubigern zugestellt wird, § 307 Abs. 1 Satz 1 InsO (Begr. RegE BT-Drucks. 14/5680 S. 20). Unter Hinweis auf die beim Insolvenzgericht niedergelegten Verzeichnisse werden danach die Gläubiger aufgefordert, zu den Verzeichnissen – und dem Schuldenbereinigungsplan – Stellung zu nehmen. Aus dieser Regelung folgt, dass weiterhin die Verzeichnisse die maßgebende Informations- und Beurteilungsgrundlage für die Gläubiger bilden. Die Vermögensübersicht hat insoweit eine unselbstständige Funktion zur Erleichterung des Verfahrens für den Schuldner und das Gericht. Schon nach dieser Teleologie ist § 290 Abs. 1 Nr. 6 InsO nicht auf eine unzutreffende Übersicht zu beziehen. Im Übrigen bietet eine Übersicht gerade kein vollständiges Bild der Vermögenslage (s. *Grote* § 305 Rz. 24 a), dessen sachgerechte Vermittlung durch den Versagungsgrund gesichert werden soll (vgl. *BGH* NZI 2005, 461), weshalb der Versagungstatbestand auch systematisch nicht auf die Vermögensübersicht passt (*LG Memmingen* ZVI 2004, 627 [628]; **a. A.** *Kübler / Prütting-Wenzel* InsO, § 290 Rz. 21).

51 Einen Versagungsgrund schaffen nur **unrichtige oder unvollständige Angaben**, dazu oben Rz. 18, in den Verzeichnissen. Eine Versagung kommt beim Erfinden von Forderungen (*BGH* NZI 2004, 633 [634]) oder von Gläubigern in Betracht. Die unterlassene Angabe eines Insolvenzgläubigers erfüllt den objektiven Tatbestand (*AG Göttingen* ZInsO 2002, 1150 [1151]; *AG Frankfurt / M.* ZVI 2007, 211), doch kann der Versagungsgrund nicht von anderen Gläubigern geltend gemacht werden (*AG Bonn* ZInsO 2002, 245 [246]). In das Gläubigerverzeichnis sind alle persönlichen Gläubiger des Schuldners aufzunehmen, die im Zeitpunkt der angestrebten Eröffnung des Insolvenzverfahrens einen begründeten Vermögensanspruch gegen den Schuldner haben. Bei gestundeten oder aus anderen Gründen noch nicht fälligen Forderungen ist anzugeben, wann sie fällig werden (*BGH* ZInsO 2005, 537 [538]). Wird eine nachrangige Verbindlichkeit nicht angegeben, wie eine in Raten von DM 20,– zu tilgende Geldstrafe, ist der Versagungsgrund nicht erfüllt (*AG Münster* NZI 2000, 555 [556]; *Uhlenbruck / Vallender* InsO, 12. Aufl., § 290 Rz. 80; s. a. *Braun / Buck* InsO, 3. Aufl., § 290 Rz. 25). Gibt der Schuldner die Mitberechtigung an zwei Erbbaurechten nicht an, verwirklicht dies den Versagungsgrund (*AG Göttingen* ZInsO 1999, 724 [LS]). Die Nichtangabe der Forderung eines gesicherten Gläubigers, um diesen an der Verwertung zu hindern, erfüllt den Tatbestand des § 290 Abs. 1 Nr. 6 InsO (*OLG Celle* ZInsO 2001, 1106 [1108]), ebenso die unterlassene Angabe einer vom Schuldner gerichtlich geltend gemachten streitigen Forderung (*LG Krefeld* ZVI 2002, 132). Die Nichtangabe einer eigenen Forderung von EUR 6.000,– erfüllt § 290 Abs. 1 Nr. 6 InsO (*AG Göttingen* ZInsO 2004, 52). Ein Treuhandkonto ist auch gegenüber dem Sachverständigen anzugeben (*LG Aachen* ZVI 2005, 552 [553]; bestätigt durch *BGH* ZVI 2005 551 [552]). Ausländisches Grundvermögen ist auch anzugeben, wenn es wertausschöpfend belastet ist (*BGH* NZI 2005, 461). Setzt der Schuldner eine Forderung lediglich mit einem symbolischen Betrag an, muss er dies zum Ausdruck bringen (*AG Göttingen* ZInsO 2002, 544 [545]). Die unzutreffende Angabe muss ausdrücklich in einem Verzeichnis enthalten, folglich auch schriftlich gemacht worden sein (MünchKomm-InsO / *Stephan* 2. Aufl., § 290 Rz. 78). Eine unzutreffende Berufsangabe genügt nicht, wenn nicht dargelegt wird, dass aus der nicht angegebenen Berufstätigkeit Einkünfte erzielt werden (*AG Rosenheim* ZInsO 2003, 291 [292]); anders, wenn der Schuldner als Beruf unselbstständiger Bodenleger mit einem Gehalt von netto DM 1.650,– angibt, obwohl er alleiniger Geschäftsführer ist und seine im Unternehmen angestellte Ehefrau DM 6.500,– verdient (*LG Hamburg* ZInsO 2003, 433 f.). Der Versagungsgrund ist erfüllt, wenn ein geleastes Kraftfahrzeug und die damit erzielten Einnahmen nicht angegeben werden (*AG Göttingen* ZInsO 2002, 992). Mündliche oder schriftliche Angaben außerhalb der Verzeichnisse, etwa bei einer mündlichen Erläuterung, genügen nicht (*BGH* NZI 2004, 633 [634]). Die Verletzung einer Auskunftspflicht über die Verzeichnisse oder unzutreffende Angaben im Zusammenhang mit einem außergerichtlichen Schuldenbereinigungsplan schaffen keinen Versagungsgrund (*Uhlenbruck / Vallender* InsO, 12. Aufl., § 290 Rz. 76). Für den objektiven Tatbestand sind auch unzutreffende Angaben zu einem späteren Zeitpunkt unzureichend (*OLG Celle* NZI 2001, 599 [600 f.]). Aus dieser Konsequenz ist die Differenzierung zwischen § 290 Abs. 1 Nr. 5 und 6 InsO zusätzlich zu erklären. Während Nr. 5 eine umfassende Mitwirkungs- und ggf. auch mündliche Auskunftspflicht insbesondere des nur nicht geringfügig wirtschaftliche Tätigkeit ausübenden Schuldners bei der Erstellung der Verzeichnisse konstituiert, beschränkt Nr. 6 die umfassenden Anforderungen nach den §§ 311 ff. InsO an den Schuldner in einem Verbraucherinsolvenzverfahren auf zutreffende schriftliche Angaben in den Verzeichnissen. Für diese gegenüber § 290 Abs. 1 Nr. 5 InsO restriktive Aufgabenstellung ist zu bedenken, dass die Erstellung von Verzeichnissen gem. § 305 Abs. 1 Nr. 3 InsO der Vorstellungswelt einer durch § 104 KO geprägten unternehmerischen Insolvenz entstammt. Bei den nicht wenigen Schuldnern, die den Überblick über ihre Verschuldungssituation verloren haben und ohne qualifizierte rechtliche Hilfestellung das Verfahren betreiben, ergibt sich hieraus eine erhebliche Hürde (dazu *Kohte / Kemper* Blätter für Wohlfahrtspflege 1993, 81 [83]). Zusätzlich ist zu berücksichtigen, dass derartige Verzeichnisse in der unternehmerischen Insolvenz nach §§ 151 ff. InsO regelmäßig vom Insolvenzverwalter und nur gem. § 281 InsO vom Schuldner erstellt werden. Die Anforderungen an die zu erstellenden Verzeichnisse müssen deswegen die gegenüber dem allgemeinen Insolvenzverfahren unterschiedliche Qualifikation ihrer Autoren berücksichtigen.

52 Nicht zuletzt aus diesen Gründen normiert § 305 InsO ein differenziertes **Zusammenspiel** von Schuldnerpflichten, Gläubigerobliegenheiten und Hinweispflichten des Gerichts. Dann können die Verzeichnisse aber nicht allein danach bewertet werden, ob der Schuldner seine Pflichten eingehalten hat, denn es müssen ebenso die Anforderungen an die anderen Akteure berücksichtigt werden. Damit erweist es sich als notwendig, von der nach § 290 Abs. 1 Nr. 5 InsO zugrundezulegenden Verletzung der Aufklärungs- und Mitwirkungspflichten abzusehen. Mit § 290 Abs. 1 Nr. 6 InsO ist die Versagungsregel auf die Fälle zu beschränken, in denen trotz der kooperativen Erstellung die unzutreffenden Verzeichnisse dem Schuldner zurechenbar sind. Damit ergeben sich zwei Konsequenzen. Korrigiert der Schuldner nach Maßgabe der §§ 305 Abs. 3 Satz 1, 307 Abs. 3 Satz 1 InsO seine Verzeichnisse noch im Eröffnungsverfahren, ist der Versagungsgrund nicht erfüllt (*BGH* NZI 2005, 461; *BayObLG* NZI 2002, 392 [394]; HK-InsO/*Landfermann* 4. Aufl., § 290 Rz. 20; *Kübler/Prütting-Wenzel* InsO, § 290 Rz. 21). Unterlässt er dies, kann der Versagungstatbestand der Nr. 6 verwirklicht sein (**a. A.** *AG Hamburg* NZI 2001, 46 [47]: Versagungsgrund nach Nr. 5).

53 Zu den **inhaltlichen Anforderungen** an die vorzulegenden Verzeichnisse vgl. u. *Grote* § 305 Rz. 21 ff. Aus der eigenen Aufgabenstellung von § 305 Abs. 1 Nr. 3 und der beschränkten Funktion von § 290 Abs. 1 Nr. 6 InsO folgt, dass die Verzeichnisse nicht den Voraussetzungen der §§ 151 ff. InsO und den Regeln insbesondere der §§ 104 KO, 5 VglO oder des § 807 ZPO entsprechen müssen. Bereits der qualifizierte Wortlaut der §§ 151 ff. InsO weist deren höhere Anforderungen aus. Die Verzeichnisse aus § 305 Abs. 1 Nr. 3 bereiten nicht die Liquidation des Schuldnervermögens vor, sondern informieren primär über die Grundlagen des Schuldenbereinigungsplans gem. § 305 Abs. 1 Nr. 4 InsO. Außerdem soll das Gericht anhand des Verzeichnisses ohne weitere Ermittlungen über den Eröffnungsgrund und die Stundungsvoraussetzungen entscheiden können (*Mohrbutter/Ringstmeier-Pape/Sietz* 8. Aufl., § 16 Rz. 39). Beide Zielsetzungen sind auf die durch die pfändbaren Gegenstände konturierte Insolvenzmasse i. S. d. §§ 35 Abs. 1, 36 Abs. 1 Satz 1 InsO gerichtet. Unpfändbare Gegenstände müssen bei dieser Massebestimmung unberücksichtigt bleiben (offen gelassen von *BGH* NZI 2008, 506 [507] = VuR 2008, 434 m. Anm. *Ahrens*). Im Gläubiger- und Forderungsverzeichnis ist ein sofort fälliger Vorschuss auf den Gebührenanspruch des Verfahrensbevollmächtigten aufzunehmen. Wird der Anspruch gestundet, ist anzugeben, wann die Forderung fällig wird. Ist eine Abtretung erfolgt, muss erklärt werden, welche Forderungen der Abtretung zugrunde liegen (*BGH* ZInsO 2005, 484 [485]). Eine Berichtigung vor Eröffnung des Insolvenzverfahrens kann die falsche Angabe heilen (*LG Mönchengladbach* ZVI 2007, 483 [484]).

54 Nach der Rechtsprechung des *BGH* muss der Schuldner mit seinem Verhalten **nicht** die **Befriedigung der Gläubiger beeinträchtigt** haben (*BGH* NZI 2004, 633 [634] m. w. N.; *Kübler/Prütting-Wenzel* InsO, § 290 Rz. 22; **a. A.** *OLG Celle* ZVI 2002, 29 [31]; *LG Saarbrücken* NZI 2000, 380 [381]; *AG Münster* NZI 2000, 555 [556] = VuR 2000, 356 m. Anm. *Nebe* VuR 2000, 341). Es genügt danach, dass die falschen oder unvollständigen Angaben ihrer Art nach geeignet sind, die Befriedigung der Insolvenzgläubiger zu beeinträchtigen. Ganz **unwesentliche Verstöße** rechtfertigen jedoch auch im Rahmen von § 290 Abs. 1 Nr. 6 InsO keine Versagung, so die unterlassene Angabe eines Guthabens von EUR 409,– (*BGH* ZInsO 2005, 146; die Entscheidung des *LG Frankfurt* NZI 2002, 673, wonach die unterlassene Angabe eines Gesellschaftsanteils von DM 500,– nicht als unwesentlich gilt, ist damit überholt). Unter Berücksichtigung der besonderen Umstände des Einzelfalls wird eine Grenze bei einem Wert von EUR 500,– zu ziehen sein. Ob objektiv falsche oder unvollständige Schuldnerangaben unwesentlich sind, die von vornherein für die Befriedigung der Insolvenzgläubiger bedeutungslos erscheinen, hat der BGH offen gelassen (*BGH* NZI 2004, 633 [634]). Dies wird jedenfalls bei geringfügigen Abweichungen anzunehmen sein.

55 Außerdem muss der Schuldner die unzutreffenden Angaben **vorsätzlich** oder **grob fahrlässig** herbeigeführt haben (vgl. dazu Rz 26). Erforderlich ist eine **Gesamtwürdigung** des Verhaltens des Schuldners, welches das Insolvenzgericht gegebenenfalls aufzuklären hat (*OLG Celle* ZVI 2002, 29 [31]). Das Verschulden eines Vertreters ist zurechenbar (*AG Göttingen* ZVI 2003, 88 [89]). Hält der Schuldner nach anwaltlicher Rechtsberatung eine Forderung unbestritten für verjährt, fehlt ein qualifiziertes Verschulden (*AG Mönchengladbach* NZI 2003, 220 [221]). Die fehlende Erfahrung oder geschäftliche Gewandtheit eines Verbraucherschuldners darf nicht unberücksichtigt bleiben (*Uhlenbruck/Vallender* InsO, 12. Aufl., § 290 Rz. 80). Von einem Verbraucher ist keine kaufmännische Buchführung zu erwarten (*AG Dortmund* ZInsO 2006, 384). Deswegen kann im Einzelfall ein großzügiger Maßstab anzulegen sein (*AG Hamburg* NZI 2001, 46 [47]; **a. A.** *LG Göttingen* ZInsO 2002, 733 [734]; *Andres/Leithaus* InsO, § 290 Rz. 22). Im Einzelnen sollen folgende Umstände **für** eine **grobe Fahrlässigkeit** sprechen: Ein Indiz bei Beurteilung der subjektiven Voraussetzungen kann die spätere Angabe der Forderung durch den Schuldner sein, doch müssen die Gründe für die Nichtangabe berücksichtigt werden (*OLG Celle* NZI 2001, 599 [601]). Die vorgerichtliche Korrespondenz kann auf eine grobe Fahrlässigkeit hinweisen, wenn der Schuldner dort eindeutig zu einer von ihm später in den Verzeichnissen nicht aufgenommenen Forderung Stellung nimmt und ein enger zeitlicher Zusammenhang zu dem Verbraucherinsolvenzverfahren besteht, insbesondere wenn der Schuldner das Verfahren bereits vorbereitet (*Vallender* ZIP 2000, 1288 [1289]). Zu berücksichtigen sein können die frühere Stellung des Schuldners sowie eine die Gläubiger benachteiligende Benutzung eines hochwertigen und teueren PKW (*OLG Celle* ZVI 2002, 29 [31]). Erfundene Verbindlichkeiten begründen regelmäßig das qualifizierte Verschulden (*Uhlenbruck/Vallender* InsO, 12. Aufl., § 290 Rz. 82). Gibt der Schuldner einen Gläubiger nicht an, der in den beiden Monaten vor dem Antrag auf Eröffnung des Insolvenzverfahrens seine Forderung angemahnt hat, handelt er grds. grob fahrlässig (*LG Hildesheim* ZVI 2004, 545). **Gegen** eine **grobe Fahrlässigkeit** sprechen folgende Konstellationen: Eine unklare Fragestellung kann eine grobe Fahrlässigkeit ausschließen (*BGH* NZI 2008, 506 Tz. 11 = VuR 2008, 434, m. Anm. *Ahrens*, zur Frage nach dem Bestreiten des notwendigen Lebensunterhalts, die offen lässt, ob damit auch freiwillige Zuwendungen Dritter erfasst sind). Bei der unterlassenen Angabe einer Sicherungsabtretung von Gehaltsansprüchen als einer Nebenbestimmung zu Schuldvereinbarungen wird es häufig an einer groben Fahrlässigkeit fehlen, zumal wenn sich die Bestimmungen bislang nicht ausgewirkt haben (*AG Hamburg* NZI 2000, 46 [47]). Ob die unterlassene Angabe einer Mietsicherheit grobfahrlässig war, hängt von den Umständen ab (verneinend *BGH* ZInsO 2007, 1150 Tz. 8, 11, m. Anm. *Rauschenbusch*). Sofern die unzutreffenden Angaben den Insolvenzgläubigern mitgeteilt, von ihnen aber nicht beanstandet wurden, spricht trotz der durch § 305 Abs. 1 Nr. 3 HS 2 InsO vom Schuldner geforderten Erklärung über die Richtigkeit und Vollständigkeit der Angaben ein gewichtiges Indiz gegen eine grobe Fahrlässigkeit. Legt der Schuldner entgegen einer gerichtlichen Aufforderung nach § 305 Abs. 3 Satz 1 InsO kein ergänztes Verzeichnis vor, weil er der Ansicht ist, eine Forderung bestehe nicht, etwa da sie einem sittenwidrigen Geschäft entstamme oder gegen § 9 AGBG verstoße und deswegen nichtig sei, darf deswegen nicht schon auf den Versagungsgrund geschlossen werden. Selbst wenn sich die Ansicht des Schuldners als unzutreffend erweist und der objektive Tatbestand von § 290 Abs. 1 Nr. 6 InsO erfüllt ist, so kann das erforderliche qualifizierte Verschulden noch nicht angenommen werden. Da das Insolvenzgericht selbst eine bestrittene Forderung nicht feststellt, wie die §§ 179 f., 184 InsO für das allgemeine Insolvenzverfahren ausdrücklich bestimmen, kommt einer gerichtlichen Aufforderung keine für § 290 Abs. 1 Nr. 6 InsO bindende Wirkung zu (a. A. *AG Hamburg* NZI 2001, 46 [47]). Soweit sich der Schuldner für seine Auffassung auf nachvollziehbare Gründe stützt, wird die notwendige grobe Fahrlässigkeit fehlen. Hat der Schuldner aufgrund der Überschuldung den Überblick über seine Verhältnisse verloren, kann eine grobe Fahrlässigkeit fehlen (*AG Hamburg* NZI 2001, 46 [47]). Dies gilt auch, wenn der Schuldner aufgrund einer schweren Erkrankung den Überblick verloren hat (*LG Göttingen* NZI 2007, 121 [122 f.]). Eine pauschale Behauptung genügt jedoch nicht (HK-InsO/*Landfermann* 4. Aufl., § 290 Rz. 20). Die unterlassene Angabe einer acht Jahre alten, seit sieben Jahren nicht mehr geltend gemachten Forderung im Umfang von 2,3% der Gesamtforderungen ist nicht grob fahrlässig (*LG Berlin* ZVI 2005, 96 [97]; ähnlich *AG Göttingen* ZInsO 2007, 616). Ein Verbraucher soll nicht grob fahrlässig gehandelt haben, falls er eine deliktische Forderung nicht in sein Vermögensverzeichnis aufnimmt, von der er zuletzt zwei Jahre zuvor gehört hat (*AG Dortmund* ZVI 2006, 128 [129]). In gleicher Weise kann es bei einem Schuldner, der den Anwendungsbereich von § 304 InsO verkennt und deswegen meint, kein Verbraucherinsolvenzverfahren absolvieren und keine Verzeichnisse nach § 305 Abs. 1 Nr. 3 InsO vorlegen zu müssen, an dem qualifizierten Verschulden fehlen.

Antragsbefugt, d. h. berechtigt, den Versagungsgrund aus § 290 Abs. 1 Nr. 6 InsO geltend zu machen, ist nach Ansicht des *BGH* aufgrund der dem Tatbestand zugrunde liegenden typisierenden Betrachtungsweise jeder Gläubiger (NZI 2007, 357 Tz. 3; a. A. *Ahrens* NZI 2001, 113 [116 ff.]). Der höchstrichterlichen Rechtsprechung ist entgegenzuhalten, dass § 290 Abs. 1 Nr. 6 InsO nicht auf generalisierte, sondern auf individualisierte Pflichtverletzungen reagiert und dies die Antragsbefugnis prägen muss. Die unterlassene Angabe eines Insolvenzgläubigers erfüllt den Tatbestand, doch kann der Versagungsgrund nicht von anderen Gläubigern geltend gemacht werden (*AG Bonn* ZInsO 2002, 245 [246]). Vom Antragsteller würde sonst eine Rechtsposition beansprucht, die seine eigene Schlechterstellung beinhaltet. Es reicht aus, wenn die nicht angegebene Forderung dem Antragsteller vor dem Schlusstermin abgetreten worden ist (*LG Stuttgart* ZInsO 2002, 1097 [1098]).

56

Versagungsgrund bejaht: Gibt der Schuldner eine unterhaltsberechtigte Person nicht an, soll dies einen Versagungsgrund darstellen (*AG Frankfurt/M.* ZVI 2007, 211). Die unterlassene Angabe einer Sicherungsabtretung von Gehaltsansprüchen kann den objektiven Tatbestand von § 290 Abs. 1 Nr. 6 InsO verwirklichen (*LG Göttingen* ZInsO 2002, 733 f.), damit ist aber noch nicht automatisch der subjektive Tatbestand realisiert (*AG Hamburg* NZI 2000, 46 [47]). Wird ein Insolvenzgläubiger nicht angegeben, ist der objek-

56 a

tive Tatbestand erfüllt (*AG Göttingen* ZInsO 2002, 1150 [1151]). Da Einkünfte vollständig anzugeben sind, kann die fehlende Aufführung unpfändbarer Einkünfte einen Versagungsgrund bilden (*OLG Celle* ZVI 2002, 29 [30]). Verschleiert der Schuldner seine Einkünfte, indem er sich hinter einer Scheinfirma versteckt (hier: nicht existierende englische Limited), sind die Versagungsgründe aus § 290 Abs. 1 Nr. 5 und 6 InsO erfüllt (*BGH* ZVI 2005, 276). Wird eine Forderung mit einem überhöhten Betrag angegeben, stellt dies eine Pflichtverletzung i. S. v. § 290 Abs. 1 Nr. 6 InsO dar (*BGH* ZVI 2004, 756 [757]). Zur Nichtangabe einer Geldstrafe als nachrangiger Forderung (*AG Münster* NZI 2000, 555 [556] = VuR 2000, 356 m. Anm. *Nebe* VuR 2000, 341). Verschweigt der Schuldner eine beträchtliche Erbschaft, hier DM 280.000,–, ist der Versagungstatbestand objektiv erfüllt, aber nach Ankündigung der Restschuldbefreiung präkludiert (*AG Mönchengladbach* ZVI 2002, 86). Gibt der Schuldner Grundvermögen auch auf Nachfragen zunächst nicht an, liegt der Versagungstatbestand vor (*BGH* NZI 2005, 461), ebenso bei der unterlassenen Angabe von zwei Lebensversicherungen mit einem Rückkaufwert von EUR 1.475,– bzw. EUR 426,– (*AG Baden-Baden* ZVI 2005, 440) bzw. die unterlassene Angabe einer vereinnahmten Mietkaution durch den insolventen Vermieter (*BGH* WuM 2007, 469). Die unterlassene Aufnahme einer kurz zuvor in einem gerichtlichen Mahnverfahren bestrittenen Forderung erfüllt den Tatbestand des § 290 Abs. 1 Nr. 6 InsO (*AG Heidelberg* ZVI 2004, 630) ebenso die unterlassene Angabe eines gebrauchten Motorrollers (*AG Göttingen* ZVI 2006, 164). Die Nichtangabe einer Forderung über DM 240.000,– (*AG Göttingen* ZVI 2003, 88 [89]), bzw. über DM 49.000,– (*OLG Celle* ZVI 2002, 74 [76]) im Forderungsverzeichnis verstößt gegen § 290 Abs. 1 Nr. 6 InsO, ebenso die Nichtangabe eines gebrauchten Motorrollers im Vermögensverzeichnis (*AG Göttingen* ZVI 2006, 164).

56 b **Versagungsgrund verneint:** Bei der unterlassenen Angabe eines Gewerbes aus dem krankheitshalber keine Einkünfte erzielt werden können (*LG Hamburg* ZVI 2002, 33). Eine unzutreffende Berufsangabe genügt nicht, wenn nicht dargelegt wird, dass aus der nicht angegebenen Berufstätigkeit Einkünfte erzielt werden (*AG Rosenheim* ZInsO 2003, 291 [292]). Die unterlassene Angabe eines Gegenstands im Wert von DM 290,– genügt nicht (*AG Göttingen* VuR 2000, 358 [LS]). Spätere Angaben des Schuldners, die erst nach dem gem. § 305 Abs. 1 Nr. 3 InsO vorzulegenden Verzeichnissen erfolgen, sind für den Versagungsgrund des § 290 Abs. 1 Nr. 6 InsO unerheblich (*BGH* NZI 2005, 404 [405]). Zu erwägen ist aber ein Verstoß gegen § 290 Abs. 1 Nr. 5 InsO. Die Erzielung unzureichender Einkünfte, etwa durch Sicherungsabtretung zu Gunsten der Ehefrau, rechtfertigt keine Versagung gem. § 290 Abs. 1 Nr. 6 InsO (*BGH* NZI 2004, 635 [636]). Es liegt keine Pflichtverletzung vor, wenn der Schuldner im Vermögensverzeichnis einen wirtschaftlich wertlosen Ausgleichsanspruch gegen einen Gesamtschuldner nicht angibt, den er im Insolvenzverfahren ohnehin nicht zum Nachteil der Gläubiger gelten machen darf (*BGH* ZVI 2004, 696). Bloße Formalverstöße genügen nicht (*LG Saarbrücken* NZI 2000, 380 [381]). Die unterlassene Angabe einer acht Jahre alten, seit sieben Jahren nicht mehr geltend gemachten Forderung im Umfang von 2,3% der Gesamtforderungen rechtfertigt keinen Versagungsantrag (*LG Berlin* ZVI 2005, 96 [97]). Die Nichtangabe einer in Raten von DM 20,– erfüllten Geldstrafe führt als nachrangige Verbindlichkeit nicht zu einer Versagung, § 290 Abs. 1 Nr. 6 InsO (*AG Münster* NZI 2000, 555 [556]).

D. Versagungsantrag

57 Unter der Voraussetzung insbes. eines zulässigen Antrags des Schuldners auf Erteilung von Restschuldbefreiung sowie eines eröffneten Insolvenzverfahrens ist die Restschuldbefreiung anzukündigen. Durch einen **Versagungsantrag**, der rechtlich die Qualität eines auf Abweisung des Restschuldbefreiungsbegehrens gerichteten Antrags besitzt, können die Insolvenzgläubiger die Ankündigung der Restschuldbefreiung verhindern. Allein auf den zulässigen und begründeten Antrag eines Gläubigers, also nicht von Amts wegen, darf die Restschuldbefreiung versagt werden (*BGH* NJW 2003, 2167 [2169] = ZInsO 2003, 413 m. Anm. *Grote*; *Uhlenbruck/Vallender* InsO, 12. Aufl., § 290 Rz. 3; *Vallender* InVo 1998, 169 [177]). Dies gilt selbst wenn der Versagungsgrund erst nach dem Schlusstermin bekannt geworden ist (*BGH* NZI 2008, 48 m. Anm. *Gundlach/Frenzel*; *Haarmeyer/Wutzke/Förster-Schmerbach* Präsenzkommentar, § 290 Rz. 44). Aufgrund des streitigen Charakters des Versagungsverfahrens ist ein gerichtlicher Hinweis gem. §§ 4 InsO, 139 ZPO auf einen Versagungsgrund unzulässig (a. A. *Haarmeyer/Wutzke/Förster-Schmerbach* Präsenzkommentar, § 290 Rz. 15). Der Versagungsantrag unterliegt der Gläubigerautonomie, allein der Antragsteller kann ihn erweitern, für erledigt erklären oder bis zur rechtskräftigen Entscheidung zurücknehmen (*LG Dresden* ZInsO 2007, 557 [558]). Für ihn gelten die allgemeinen, wie Prozessfähigkeit des Antragstellers oder Zuständigkeit des Gerichts, sowie mehrere besondere Verfahrensvoraussetzungen. Als spezielle **Sachentscheidungsvoraussetzungen** muss der Versagungsantrag 1.) von einem Insolvenzgläubiger, 2.) im Schlusstermin gestellt und 3.) glaubhaft gemacht worden sein. Die Restschuldbefreiung ist dem Schuldner nur auf einen zulässigen und begründeten Antrag, also nicht von Amts wegen zu versagen. Zu einem ins Blaue hinein gestellten Antrag s. u. Rz. 61. Als bestimmender Schriftsatz muss der Versagungsantrag in aller Regel unterschrieben sein (*OLG Köln* NZI 2008, 627).

I. Antragsteller

Nach der Gesetzesfassung ist nur ein **Insolvenzgläubiger** antragsbefugt. Der Begriff des Insolvenzgläubigers gem. § 38 InsO bestimmt, welche Gläubiger sich im Verfahren als forderungsberechtigt erweisen und deswegen an der gemeinschaftlichen Befriedigung teilhaben. Zugleich weist er aus, welche nicht am Verfahren teilnehmenden Gläubiger den Verfahrensbeschränkungen unterliegen (insoweit *Ahrens* § 294 Rz. 6). Als unerlässliche Voraussetzung der Teilhabe am Liquidationserlös und der Ausübung der Gläubigerbefugnisse im Verfahren wird eine Forderungsanmeldung verlangt (*Jaeger/Henkel* InsO, § 38 Rz. 8, 18; *MünchKomm-InsO/Ehricke* 2. Aufl., § 38 Rz. 8; **a. A.** *Voigt* ZInsO 2002, 569 [572], der jedenfalls für die Interpretation der §§ 286, 301 InsO von einer materiellrechtlichen Auslegung ausgeht). Wer sich nicht durch eine Forderungsanmeldung in das Insolvenzverfahren integriert, besitzt keine verfahrensrechtlichen Befugnisse und kann deswegen auch keinen Versagungsantrag stellen (*BGH* NZI 2005, 399 m. Anm. *Ahrens*; *LG Göttingen* NZI 2007, 734; *MünchKomm-InsO/Stephan* 2. Aufl., § 290 Rz. 14; *Pape* NZI 2004, 1 [3 ff.]; **a. A.** *AG Köln* NZI 2002, 218 f.; *Kübler/Prütting-Wenzel* InsO, § 299 Rz. 3). Die Forderungsanmeldung muss spätestens im Schlusstermin erfolgt sein (vgl. *AG Hamburg* ZVI 2004, 260 [261]). Für die Inhaber aufschiebend bedingter Forderungen gelten einige verfahrensrechtliche Beschränkungen (*Uhlenbruck* InsO, 12. Aufl., § 42 Rz. 6), doch betreffen diese nicht das Restschuldbefreiungsverfahren, weswegen sie dort antragsberechtigt sind. Ein ausländisches Inkassounternehmen kann keinen wirksamen Versagungsantrag stellen (*LG Kiel* ZInsO 2007, 222 [223]).

Absonderungsberechtigte Gläubiger können als Insolvenzgläubiger einen Versagungsantrag stellen, soweit ihnen gem. § 52 InsO der Schuldner auch persönlich haftet. Hat ein absonderungsberechtigter Gläubiger seine persönliche Forderung zumindest in Höhe des Ausfalls nicht angemeldet, nimmt er am Insolvenzverfahren nicht teil und ist nicht berechtigt einen Versagungsantrag zu stellen (*BGH* NZI 2005, 399 m. Anm. *Ahrens*). Wird der Ausfall nicht nachgewiesen, ist der Versagungsantrag unzulässig (*HambK-InsO/Streck* 2. Aufl., § 290 Rz. 2; **a. A.** *AG Hamburg* ZInsO 2008, 983 [984]), doch kann der Verfahrensmangel geheilt werden. **Nachrangige Insolvenzgläubiger** sind antragsberechtigt, zumal ihnen ein Versagungsantrag die Chance auf eine Befriedigung eröffnet. Da **Neugläubiger** nicht an der Masse und den im Restschuldbefreiungsverfahren zu verteilenden Leistungen berechtigt sind, nehmen sie nicht am Restschuldbefreiungsverfahren teil und können keine Versagung der Restschuldbefreiung beantragen. Ebenso wenig sind **Massegläubiger** berechtigt, einen Versagungsantrag zu stellen.

Während in den vorstehenden Gestaltungen auf die systematische Einordnung der Gläubigerstellung abzustellen ist, kommt es bei der Antragsberechtigung von **Gläubigern bestrittener Forderungen** zusätzlich auf die strikt zu trennende Frage der Feststellungslast für das Forderungsrecht an (*Ahrens* NZI 2005, 401 [402]). Wurde eine Forderungsanmeldung bestritten und wird der Widerspruch nicht durch eine Feststellungsklage beseitigt, besitzt der Gläubiger insolvenzverfahrensrechtlich nur eine eingeschränkte Befugnis (*MünchKomm-InsO/Hintzen* 2. Aufl., § 201 Rz. 17 f.), die sich auch auf das Restschuldbefreiungsverfahren auswirkt. Ein nicht beseitigter Widerspruch des Insolvenzverwalters oder eines Insolvenzgläubigers steht einer Feststellung der Forderung entgegen, weswegen das Verfahrensrecht aus § 290 InsO nicht ausgeübt werden darf. Zudem würde der Streit über das Bestehen der Forderung mit seinem auf das Insolvenzverfahren bezogenen Regelungskonzept in das Restschuldbefreiungsverfahren verlagert. Mit einem Versagungsantrag kann ein einzelner Insolvenzgläubiger ohne an Mehrheiten oder Quoren gebunden zu sein, das Verfahrensziel der Restschuldbefreiung zum Scheitern bringen und das Nachforderungsrecht aus § 201 Abs. 1 InsO mit den weitestreichenden Konsequenzen für Insolvenzgläubiger, Neugläubiger und Schuldner eröffnen. Die aus einer nicht titulierten, von einem Insolvenzgläubiger bestrittenen Forderung resultierende beschränkte Rechtsstellung kann – bis zur Beseitigung des Widerspruchs – das einschneidende Versagungsrecht nicht legitimieren. Auch der Nachweis gemäß § 189 InsO über die Erhebung einer Feststellungsklage schafft noch nicht die Antragsberechtigung, denn die Ausnahmeregelung des § 189 InsO ist auf die Verteilung beschränkt und kann andere Verfahrensrechte nicht legitimieren

57 a

57 b

57 c

(**a. A.** *AG Hamburg* ZInsO 2005, 1060). Der Gläubiger einer titulierten, aber bestrittenen Forderung wird zwar im Verteilungsverfahren grds. berücksichtigt (zu den Grenzen MünchKomm-InsO/*Füchsl/Weishäupl* 2. Aufl., § 189 Rz. 10). Da aber ein Versagungsantrag final auf das Nachforderungsrecht und die Zwangsvollstreckungsbefugnis gerichtet ist, kann auch dieser Gläubiger keinen Versagungsantrag stellen. Demzufolge steht bereits ein Widerspruch des Schuldners einem Versagungsantrag entgegen. Sein Widerspruch hat zwar prinzipiell keinen Einfluss auf die Stellung der Gläubiger im Insolvenzverfahren, aber er schließt gerade eine nachinsolvenzliche Zwangsvollstreckung aus der Tabelle aus, §§ 201 Abs. 2 Satz 1, 215 Abs. 2 Satz 2, 257 Abs. 1 Satz 1 InsO. Er muss daher auch einen primär auf die nachinsolvenzliche Vollstreckung gerichteten Versagungsantrag verhindern.

57 d Ist die **Forderung** eines Insolvenzgläubigers nach § 302 InsO **von der Restschuldbefreiung ausgenommen**, fehlt ihm dennoch nicht das Rechtsschutzbedürfnis für einen Versagungsantrag, wie die geplante Einführung von § 290 Abs. 1 Nr. 1a InsO belegt (MünchKomm-InsO/*Stephan* 2. Aufl., § 290 Rz. 14). Im Übrigen sind nur die Insolvenzgläubiger antragsberechtigt, welche die Verletzung kollektiver oder eigener bzw. ihnen zur Ausübung übertragener fremder individueller Rechte geltend machen (*Ahrens* NZI 2001, 113 [116 ff.]; *AG Mönchengladbach* ZInsO 2001, 674 [676]; **a. A.** *Kübler/Prütting-Wenzel* InsO, § 290 Rz. 5; MünchKomm-InsO/*Stephan* 2. Aufl., § 290 Rz. 14; *Pape* Gläubigerbeteiligung, Rz. 435). Im Gegensatz zu § 203 KO besteht keine gesetzliche Ermächtigung, die Verletzung fremder individueller Rechte geltend zu machen (*Ahrens* NZI 2001, 113 [118]).

57 e Eine Pflicht des Insolvenzgerichts, die Gläubiger auf einen Versagungsgrund hinzuweisen, besteht nicht (*Uhlenbruck/Vallender* InsO, 12. Aufl., § 290 Rz. 3). Am Rande einer rechtlichen Grauzone liegt jedoch die Frage, ob das Insolvenzgericht oder der Insolvenzverwalter bzw. Treuhänder einen Versagungsantrag anregen dürfen. Da das Versagungsverfahren einem Streitverfahren angenähert ist, wird vom Insolvenzgericht eine überparteiliche Rolle verlangt, mit der es nicht im Einklang steht, unmittelbar bei einem Insolvenzgläubiger oder mittelbar über den Insolvenzverwalter bzw. den Treuhänder einen Versagungsantrag anzuregen. Der Insolvenzverwalter bzw. Treuhänder hat zwar den Schuldner zu kontrollieren und über die wirtschaftliche Lage des Schuldners sowie ihre Ursachen zu berichten, § 156 Abs. 1 Satz 1 InsO. Wie weit diese Aufgabe in den Bereich des § 290 InsO hineinreicht, ist noch nicht untersucht. Auf Anfrage eines Gläubigers darf er einerseits Auskunft erteilen. Sein neutrales Amt schließt es andererseits aus, einen Versagungsantrag zu initiieren (*AG Hamburg* ZInsO 2004, 1324; zust. *Pape* ZInsO 2005, 682 [687]). Es wird deswegen auf die Umstände des Einzelfalls ankommen.

II. Schlusstermin, schriftliches Verfahren

58 Eine Versagung der Restschuldbefreiung ist nach der durch den Referentenentwurf in § 229 RefE = § 290 Abs. 1 InsO eingefügten Klarstellung im **Schlusstermin** (§ 197 InsO) zu beantragen (*BGH* NJW 2003, 2167 [2168] = ZInsO 2003, 413 m. Anm. *Grote*; ZInsO 2006, 647 [648]; NZI 2006, 481; *LG Göttingen* ZInsO 2002, 733 [734]; s. u. *Kohte* § 314 Rz. 29; *Hess* InsO, 2007, § 290 Rz. 21). Hierbei handelt es sich um eine bewusste gesetzgeberische Entscheidung, mit der eine Zäsur bewirkt wird. Es soll für die gesamte Verfahrensdauer festgestellt werden können, ob der Schuldner seinen Auskunfts- und Mitwirkungspflichten genügt hat. Bekräftigt wird diese Voraussetzung durch § 289 Abs. 2 Satz 1 InsO, denn in dieser Vorschrift wird ebenfalls ein Versagungsantrag im Schlusstermin verlangt. Ein **vor** dem Schlusstermin (*LG Mönchengladbach* NZI 2004, 514; *LG Göttingen* NZI 2004, 596), etwa in einem früheren Termin gestellter Antrag oder in **vorbereitenden Schriftsätzen** enthaltene oder zu Protokoll der Geschäftsstelle erklärte Anträge stellen nur eine Ankündigung eines Versagungsantrags dar, die nicht zur Versagung führen darf, ist also als Versagungsantrag unzulässig (*BGH* NJW 2003, 2167 [2168]; MünchKomm-InsO/*Stephan* 2. Aufl., § 290 Rz. 17; *Uhlenbruck/Vallender* InsO, 12. Aufl., § 290 Rz. 5; *Graf-Schlicker/Kexel* InsO, § 290 Rz. 3; *Mohrbutter/Ringstmeier-Pape* 8. Aufl., § 17 Rz. 47; **a. A.** *LG Hannover* ZInsO 2003, 382; *AG Kleve* ZInsO 2003, 338 [339]; *Nerlich/Römermann* InsO, § 290 Rz. 19, spätestens im Schlusstermin). Ein allein schriftlich und nicht auch im Termin gestellter Versagungsantrag ist als unzulässig zu verwerfen (*LG Nürnberg-Fürth* ZVI 2002, 287 f. = VuR 2002, 31 m. Anm. *Kohte*). Im Termin ist der Antrag mündlich zu stellen, doch ist die Bezugnahme auf einen Schriftsatz zulässig, §§ 4 InsO, 137 Abs. 1, 297 ZPO (*LG Kleve* ZInsO 2003, 577). Für den Antragsteller resultiert daraus die Notwendigkeit, im Schlusstermin persönlich zu erscheinen oder sich vertreten zu lassen. Die persönliche Antragstellung im Termin ermöglicht, ihn mündlich zu erläutern und eventuelle Einwendungen sofort zu klären. Schließlich kann vielfach erst im Schlusstermin bestimmt werden, ob und inwieweit die Befriedigungsaussichten der Gläubiger beeinträchtigt sind (*BGH* NJW 2003, 2167 [2168]). Diese Position entspricht der Rechtslage zur Erhebung von Einwendungen gegen das Schlussverzeichnis gem. § 197 Abs. 1 Nr. 2 InsO (*Nerlich/Römermann-Westphal* InsO, § 197 Rz. 8) und früher zu § 162 Abs. 1 KO (*BGH* BGHZ 91, 198 [205]; *Kuhn/Uhlenbruck* KO, 11. Aufl., § 162 Rz. 4; *Jaeger/Weber* KO, 8. Aufl., § 162 Rz. 4). Zugleich wird dadurch das Gewicht der Glaubhaftmachung des Antrags bestärkt, die nur mit den im Termin präsenten Beweismitteln statthaft ist, §§ 4 InsO, 294 Abs. 2 ZPO.

Nach dem **Schlusstermin** ist ein auf § 290 Abs. 1 InsO gestützter Versagungsantrag **nicht** mehr **zulässig**. Die Versagungsgründe sind **präkludiert** (*BGH* NZI 2006, 538 Tz. 6; *LG München I* ZInsO 2001, 767; *LG München I* ZInsO 2000, 519 (LS); *LG Nürnberg-Fürth* v. 11. 6. 2001–11 T 4455/01; *AG Mönchengladbach* NZI 2001, 492; *Uhlenbruck/Vallender* InsO, 12. Aufl., § 290 Rz. 5; MünchKomm-InsO/*Stephan* 2. Aufl., § 289 Rz. 1; HK-InsO/*Landfermann* 4. Aufl., § 290 Rz. 24; **a. A.** HK-InsO/*Landfermann* 4. Aufl., § 289 Rz. 7, Rechtskraft der Ankündigungsentscheidung). Die Präklusion tritt auch dann ein, wenn sich das Verfahren nach dem Schlusstermin erheblich verzögert (*LG Göttingen* NZI 2007, 120 [121]). Ob der Schuldner den Gläubiger nicht benannt hat, ist dafür unerheblich, da der Gläubiger sich selbst über die insolvenzrechtlichen Veröffentlichungen informieren kann. Selbst wenn der Gläubiger erst nach dem Schlusstermin Kenntnis von dem Versagungsgrund erlangt, ist ein Nachschieben des Versagungsantrags unzulässig (*BGH* NZI 2008, 48 Tz. 3, m. Anm. *Gundlach/Frenzel*; HambK-InsO/*Streck* 2. Aufl., § 290 Rz. 5; **a. A.** *LG Hagen* ZVI 2007, 480; *AG Leipzig* ZVI 2007, 138 [139]; ZVI 2007, 141; *Bruckmann* Verbraucherinsolvenz, § 4 Rz. 24; *Büttner* ZVI 2007, 116 [118]). Eine Analogie zu § 296 Abs. 1 Satz 2 InsO ist ausgeschlossen, weil keine Gesetzeslücke besteht und die Interessenlage nicht vergleichbar ist. Die zeitliche Fixierung auf den Schlusstermin schließt es gerade aus, einen auf § 290 Abs. 1 InsO gestützten Antrag nach dem Schlusstermin oder der Aufhebung des Insolvenzverfahrens und Ankündigung der Restschuldbefreiung in der Treuhandperiode zu stellen, denn das vergangene Verhalten ist nach dem rechtskräftigen Beschluss über die Ankündigung der Restschuldbefreiung nicht mehr zu beurteilen (BR-Drucks. 1/92 S. 191). Für die einzelnen Abschnitte des Insolvenzverfahrens, der Treuhandperiode und nach erteilter Restschuldbefreiung besteht ein je gesteigertes Schutzbedürfnis des Schuldners, dem durch abgestufte und befristete Versagungs- sowie Widerrufsgründe Rechnung getragen wird. Ist allerdings ein **zulässiger Versagungsantrag** gestellt, können einzelne Verfahrenshandlungen zu einem späteren Zeitpunkt nachgeholt werden. Fehlt die erforderliche Glaubhaftmachung, kann sie nach dem Schlusstermin nicht nachgeholt werden (*LG Oldenburg* ZVI 2007, 384 [385]). Musste der Antrag nicht glaubhaft gemacht werden, etwa weil der Schuldner nicht im Schlusstermin erschienen ist und deswegen den Sachvortrag nicht bestritten hat, können das Bestreiten und das Glaubhaftmachen im Rechtsmittelverfahren erfolgen (s. u. Rz. 61 a ff.). Ein neuer Sachverhalt und ein neuer Versagungsgrund dürfen dort nicht vorgetragen werden (*LG Göttingen* ZInsO 2007, 386; *Haarmeyer/Wutzke/Förster-Schmerbach* Präsenzkommentar, § 290 Rz. 53; **a. A.** *LG Hagen* ZInsO 2007, 387 [388]).

Bei überschaubaren Vermögensverhältnissen und einer geringen Zahl der Gläubiger oder einer geringen Höhe der Verbindlichkeiten kann das Insolvenzgericht nach § 5 Abs. 2 InsO ein **schriftliches Verfahren** anordnen. Diese für alle Insolvenzverfahren geltende Regelung ersetzt die bislang auf Verbraucherinsolvenzverfahren beschränkte Vorschrift des § 312 Abs. 2 InsO (dazu *BGH* NJW 2003, 2167 [2169]; NZI 2006, 481). Praktisch wird die Regelung vor allem in den masselosen Insolvenzen große Bedeutung erlangen. Sie ermöglicht es, auch den Schlusstermin im schriftlichen Verfahren durchzuführen (MünchKomm-InsO/*Stephan* 2. Aufl., § 289 Rz. 26 a) und den Versagungsantrag schriftlich zu stellen. Die Anordnung des schriftlichen Verfahrens muss grds. in einem den Beteiligten bekannt zu gebenden **Beschluss** erfolgen (*BGH* NZI 2006, 481). Dann muss die Antragstellung zwingend im Rahmen der Schlussanhörung erfolgen (*OLG Celle* NZI 2001, 596 [597] = ZInsO 2001, 852 [853]). Der Versagungsantrag ist in diesem Fall schriftlich oder zu Protokoll der Geschäftsstelle eines jeden Amtsgerichts zu stellen, §§ 129 a Abs. 1, 496 ZPO. Für die Anhörung sowie die Versagungsanträge einschließlich Glaubhaftmachung ist eine Frist zu setzen (*LG Kassel* ZInsO 2004, 160 [161]; *Uhlenbruck/Vallender* InsO, 12. Aufl., § 290 Rz. 7). Der Versagungsantrag ist innerhalb der Anhörungsfrist zu stellen. Wird der Beschluss über die Anhörung aufgehoben und eine neue Frist gesetzt, ist der Antrag innerhalb der letzten Frist zu stellen (*LG Göttingen* NZI 2007, 121 [122]). Die unterlassene Anhörung eines Gläubigers rechtfertigt nicht, den von ihm vor Beginn der Frist gestellten Versagungsantrag zu berücksichtigen, sondern nur, eine neue Frist zu setzen (**a. A.** *LG Magdeburg* ZInsO 2007, 998, m. Anm. *Heinze*). Nach Fristablauf ist ein Versagungsantrag verspätet und damit unzulässig (*AG Mönchengladbach* ZInsO 2001, 631). Hat der Schuldner seinen Versagungsantrag vor der Forderungsanmeldung gestellt, soll im schriftlichen Verfahren eine Wiederholung des Antrags nach der Anmeldung nicht erforderlich sein (*LG Hildesheim* ZVI 2004, 545 [546]). Im **masseunzulänglichen Verfahren** ist eine besondere Gläubigerversammlung anzuberaumen (s. *Ahrens* § 289 Rz. 5), in der unter entsprechender Anwendung der für den Schlusstermin geltenden Grundsätze ein Versagungsantrag zu stellen ist. Nach Ende des Termins ist ein Versagungsantrag unzulässig (*Uhlenbruck / Vallender* InsO, 12. Aufl., § 290 Rz. 6; **a. A.** *Häsemeyer* Insolvenzrecht, Rz. 26.17, bis zur Einstellungsentscheidung; *Kübler/Prütting-Wenzel* InsO, § 290 Rz. 6, analog § 296 Abs. 1 Satz 2 InsO binnen eines Jahres nach Kenntnis). Gegen eine versäumte Antragsstellung ist eine **Wiedereinsetzung in den vorigen Stand** nach § 4 InsO i. V. m. § 233 ZPO nicht zulässig, da es sich bei der gesetzlichen Terminbestimmung um keine Notfrist handelt. Dies gilt ebenso für die Terminierung im masseunzulänglichen Verfahren und für die richterlichen Fristen im schriftlichen Verfahren, die nicht mit den sonstigen Fristen aus § 233 ZPO vergleichbar sind (*Uhlenbruck / Vallender* InsO, 12. Aufl., § 290 Rz. 7; *Büttner* ZVI 2007, 116 [117]).

III. Glaubhaftmachung

61 Mit dem **beweisrechtlichen Instrument** der Glaubhaftmachung wird die Amtsermittlungspflicht des Gerichts beschränkt. Erforderlich ist ein schlüssiger und glaubhaft gemachter Versagungsantrag. Durch das Erfordernis der Glaubhaftmachung sollen sowohl unsubstantiierte, als auch auf Vermutungen gestützte Versagungsanträge verhindert werden, die das Gericht mit aufwendigen Ermittlungen belasten. Bei einem **ins Blaue hinein** gestellten Antrag trifft das Gericht keine Aufklärungspflicht, ob ein Versagungsgrund vorliegt (*AG Memmingen* ZVI 2004, 630 [631]; *LG Aachen* ZVI 2004, 696 [697]; *Kübler/Prütting-Wenzel* InsO, § 290 Rz. 4 a). Aus dieser Funktionsbestimmung sind die Maßstäbe der Glaubhaftmachung zu gewinnen. Erst nach der substantiierten Darlegung und Glaubhaftmachung des Versagungsgrunds besteht eine Amtsermittlungspflicht.

61 a Als besondere **Zulässigkeitsvoraussetzung** für den schlüssig zu begründenden Antrag verlangt § 290 Abs. 2 InsO vom Insolvenzgläubiger, einen Versagungsgrund glaubhaft zu machen. Allein eine plausible Sachverhaltsdarstellung genügt grds. nicht (*AG Hamburg* ZInsO 2008, 983 [984] *Hess* InsO, 2007, § 290 Rz. 26). Eine Glaubhaftmachung ist ausnahmsweise dann entbehrlich, wenn der schlüssige Sachvortrag des Gläubigers **nicht** vom Schuldner **bestritten** wird (*BGH* BGHZ 156, 139 [141]; *AG Göttingen* NZI 2002, 61; *Uhlenbruck / Vallender* InsO, 12. Aufl., § 290 Rz. 9; *Kübler/Prütting-Wenzel* InsO, § 290 Rz. 4 a). Die Tatsachen können noch im Beschwerdeverfahren unstreitig werden (*BGH* ZVI 2006, 614). Sie muss sämtliche Elemente des Versagungsgrunds umfassen (*LG Göttingen* ZInsO 2005, 154 [155]), betrifft aber nicht die sonstigen Antragsvoraussetzungen. Glaubhaft zu machen sind daher auch die subjektiven Voraussetzungen des Versagungsgrunds (*LG Berlin* ZInsO 2004, 987 [988]; *AG Düsseldorf* ZVI 2007, 283 [284]; MünchKomm-InsO/*Stephan* 2. Aufl., § 290 Rz. 83; offen gelassen von *BGH* ZInsO 2005, 146). Die Vorlage eines Vollstreckungsbescheids belegt lediglich die Forderung, nicht aber einen Versagungsgrund nach § 290 Abs. 1 InsO (*LG München I* ZInsO 2001, 767).

61 b Der Begriff der Glaubhaftmachung ist wie im zivilprozessualen Sinn nach **§ 294 ZPO** zu verstehen (*BGH* BGHZ 156, 139 [142]; FK-InsO/*Schmerbach* § 4 Rz. 17; *Hess* InsO, 2007, § 290 Rz. 7; **a. A.** *Bruckmann* Verbraucherinsolvenz, § 4 Rz. 41, plausible Darstellung), der Insolvenzgläubiger darf sich also grds. der **präsenten Beweismittel** einschließlich einer eidesstattlichen Versicherung bedienen. Für eine von der allgemeinen zivilprozessualen und insolvenzrechtlichen Regelung abweichende Bedeutung gibt es keine Anhaltspunkte (*BGH* BGHZ 156, 139 [142]; *OLG Celle* NZI 2000, 214 [215]; MünchKomm-InsO/*Stephan* 2. Aufl., § 290 Rz. 19; *Nerlich/Römermann* InsO, § 290 Rz. 22; **a. A.** *Kübler/Prütting-Wenzel* InsO, § 290 Rz. 4 b; *Bruckmann* Verbraucherinsolvenz, § 4 Rz. 41). Eine Beweisaufnahme, die nicht sofort erfolgen kann, ist unzulässig. Als Mittel der Glaubhaftmachung sind eidesstattliche Versicherungen, vom Schuldner abgezeichnete Aktenvermerke (*LG Stuttgart* ZInsO 2001, 134 f.) oder Privatgutachten statthaft. Während einfache Abschriften von Urkunden oder unbeglaubigte Fotokopien früher nicht als Beweismittel, sondern allein dazu dienten, einen Tatsachenvortrag unstreitig zu stellen, hat der BGH jetzt auch diese Unterlagen als Beweismittel zugelassen (*BGH* BGHZ 156, 139 [143]; *LG Stuttgart* ZInsO 2001, 134). Eine fremdsprachige Urkunde ohne beglaubigte Übersetzung ist zwar grds. ein Beweismittel, aber nicht präsent i. S. v. § 294 ZPO (*AG Duisburg* NZI 2007, 596 [597]). Anderes kann nur bei hinreichenden Sprachkenntnissen des Gerichts und der Beteiligten gelten. Der Insolvenzverwalter bzw. Treuhänder ist ein präsenter Zeuge (*Nerlich/Römermann* InsO, § 290 Rz. 23). Zur Glaubhaftmachung bedarf es keines vollen Beweises. Als Beweismaß für die glaubhaft zu machende Zulässigkeitsvoraussetzung genügt die überwiegende Wahrscheinlichkeit, wofür zu verlangen ist, dass bei einer umfassen-

den Würdigung aller Umstände des Einzelfalls mehr für die Erfüllung eines Versagungstatbestands als dagegen spricht (*BGH* BGHZ 156, 139 [143]; *LG Berlin* ZInsO 2004, 987 [988]; *Kübler/Prütting-Wenzel* InsO, § 290 Rz. 4 a). Eine aufgrund richterlicher Prüfung ergangene rechtskräftige Entscheidung, wie ein Strafbefehl, soll i. d. R. zur Glaubhaftmachung des aus ihr ersichtlichen rechtserheblichen Sachverhalts genügen (*BGH* BGHZ 156, 139 [144]). Ein Bestreiten der glaubhaft gemachten Tatsachen erhöht nicht den gesetzlich vorgeschriebenen Grad der richterlichen Überzeugungsbildung. Allerdings kann eine **Gegenglaubhaftmachung** zur Unzulässigkeit des Antrags führen. Ist aufgrund der Gegenglaubhaftmachung die Tatsache nicht mehr überwiegend wahrscheinlich, fehlt eine Zulässigkeitsvoraussetzung des Antrags (*Vallender* InVo 1998, 169 [178]; s. a. *OLG Köln* ZIP 1988, 664 [665]; *Uhlenbruck/Vallender* InsO, 12. Aufl., § 290 Rz. 13; **a. A.** *Kübler/Prütting-Wenzel* InsO, § 290 Rz. 4 a). Der Hinweis auf einen anhängigen Rechtsstreit genügt nicht zur Gegenglaubhaftmachung (*LG Göttingen* ZInsO 2004, 1265 [1266]). Die Glaubhaftmachung muss bis zum **Ende** des **Schlusstermins**, der abschließenden Gläubigerversammlung bei einer Einstellung mangels Masse oder dem Fristablauf im schriftlichen Verfahren erfolgen. Eine spätere Nachholung der Glaubhaftmachung ist grds. nicht statthaft (*LG München I* ZInsO 2001, 767; *Haarmeyer/Wutzke/Förster* Handbuch, 3. Aufl., Rz. 8/215; *Uhlenbruck/Vallender* InsO, 12. Aufl., § 290 Rz. 11; HambK-InsO/*Streck* 2. Aufl., § 290 Rz. 6). Musste der Versagungsgrund ausnahmsweise nicht glaubhaft gemacht werden, etwa weil der Schuldner nicht im Schlusstermin erschienen ist und deswegen den Sachvortrag nicht bestritten hat (*AG Göttingen* NZI 2002, 61), können das Bestreiten und das Glaubhaftmachen im Rechtsmittelverfahren als Tatsacheninstanz nachgeholt werden (*Kübler/Prütting-Wenzel* InsO, § 290 Rz. 6; *Uhlenbruck/Vallender* InsO, 12. Aufl., § 290 Rz. 11; MünchKomm-InsO/*Stephan* 2. Aufl., § 290 Rz. 20; offen gelassen in *BGH* NZI 2003, 449 [450]). Wird der Versagungsgrund glaubhaft gemacht, ist eine Zulässigkeitsvoraussetzung erfüllt, aber der Antrag noch nicht begründet (*Trendelenburg* Restschuldbefreiung, S. 218).

61 c

Im Einzelnen gelten für die unterschiedlichen Versagungsgründe folgende Anforderungen. **§ 290 Abs. 1 Nr. 1 InsO**: Die Angabe des Aktenzeichens aus einem Strafverfahren genügt für die Glaubhaftmachung der Verurteilung nicht und berechtigt den Insolvenzrichter keinesfalls, im Wege der Amtsermittlung die Strafakten beizuziehen (*AG Hamburg* ZInsO 2007, 559 [560]). Es muss dargelegt glaubhaft gemacht werden, dass die Verurteilung wegen einer Insolvenzstraftat erfolgt ist (*Haarmeyer/Wutzke/Förster-Schmerbach* Präsenzkommentar, § 290 Rz. 12 b).

62

§ 290 Abs. 1 Nr. 2 InsO verlangt **schriftliche Angaben** (zu den Erfordernissen o. Rz. 19) über die wirtschaftlichen Verhältnisse des Schuldners. Die beweisrechtliche Funktion dieses Formerfordernisses bestimmt auch über die Mittel zur Glaubhaftmachung der entsprechenden Angaben, weshalb zwar Abschriften von Urkunden oder unbeglaubigte Fotokopien, nicht aber eidesstattliche Versicherungen des Gläubigers über schriftliche Erklärungen des Schuldners genügen. Ein gegen den Schuldner ergangener Strafbefehl wegen Steuerhinterziehung bei einer Gesellschaft bürgerlichen Rechts genügt nicht, wenn sich aus diesem nicht ergibt, wer gegenüber dem Finanzamt die der Berechnung zugrunde liegenden Angaben gemacht hat (*LG Göttingen* NZI 2003, 453 [454]). Die sonstigen Anforderungen des Versagungsgrunds, wie der Zusammenhang zwischen der Erklärung und einer Kredit- bzw. Leistungsbewilligung und das qualifizierte Verschulden, können nach den allgemeinen Grundsätzen glaubhaft gemacht werden. Meist führt die Vorlage eines Schreibens dazu, den Inhalt unstreitig zu stellen, doch ist der Schuldner befugt, mit allen ihm zur Verfügung stehenden Mitteln, also auch durch Zeugenaussagen über ergänzende mündliche Informationen, die Glaubhaftmachung und Beweisführung des Insolvenzgläubigers über die unzutreffenden schriftlichen Angaben zu erschüttern.

62 a

Ist der Inhalt der Urkunde eindeutig, so spricht für sie die vom Schuldner zu widerlegende Vermutung der Richtigkeit und Vollständigkeit (*RG* RGZ 52, 23 [26]; *BGH* NJW 1980, 1680 [1681]; NJW 1989, 898). Diese Vermutung beruht auf dem Erfahrungssatz, dass das, was die Parteien in eine Vertragsurkunde aufgenommen haben, ihre Vereinbarungen richtig und vollständig widerspiegelt (*Baumgärtel/Laumen* Handbuch der Beweislast, 2. Aufl., § 125 BGB Rz. 2). Eine solche Vermutungswirkung ist für die Abreden der Parteien berechtigt, doch kann sie für Informationen nicht begründet werden, welche die eine Partei der anderen gibt. Dementsprechend hat der BGH ausgesprochen, dass die Vermutungswirkung für Informationen im Rahmen einer notariellen Beurkundung nicht gilt (*BGH* DNotZ 1986, 78 f. m. Anm. *Reithmann*). Im Übrigen wird im Rahmen der Beweiswürdigung auf den Inhalt der Information, ihre praktische Bedeutung für den angestrebten Vertragszweck sowie auf den Bildungsgrad, die Geschäfts- und Lebenserfahrung der Beteiligten abzustellen sein (*Baumgärtel/Laumen* Handbuch der Beweislast, 2. Aufl., § 125 BGB Rz. 3).

63

63 a Allein der Hinweis auf eine beigefügte Strafanzeige wegen falscher Angaben zur Bonität genügt nicht (*LG Oldenburg* ZVI 2007, 384 [385]).
63 b **§ 290 Abs. 1 Nr. 4 InsO**: Mit der Angabe eines Aktenzeichens aus einem Anfechtungsprozess ist der Versagungsgrund noch nicht glaubhaft gemacht (*LG Stade* ZVI 2006, 352).
63 c **§ 290 Abs. 1 Nr. 5 InsO**: Hält der Schuldner einen Schriftverkehr für möglich, ist insoweit eine Glaubhaftmachung nicht erforderlich (*AG Leipzig* ZVI 2007, 143 [144]).
63 d Im Verfahrensstadium der Glaubhaftmachung greift die Amtsermittlungspflicht des Insolvenzgerichts nicht ein (*LG Berlin* ZInsO 2004, 987 [988]). Ist aber ein Versagungsgrund überwiegend wahrscheinlich, muss das Insolvenzgericht in eine sachliche Prüfung eintreten und Ermittlungen durchführen (*BGH* BGHZ 156, 139 [142 f.]; NZI 2005, 404). Die Feststellungslast trägt aber weiterhin der Antragsteller.

IV. Begründetheit

64 Mit dem Erfordernis der Glaubhaftmachung hat der Gesetzgeber eine Sonderregelung für die Zulässigkeit des Versagungsantrags getroffen. Erst wenn die Zulässigkeit des Antrags feststeht und damit auch die Glaubhaftmachung gelungen ist, wird seine sachliche Berechtigung geprüft (*Bindemann* Handbuch Verbraucherkonkurs, 3. Aufl., Rz. 207; zur konkursrechtlichen Lage *Kuhn/Uhlenbruck* KO, § 188 Rz. 5). Erst danach unterliegt das weitere Verfahren dem allgemeinen Grundsatz der **Amtsermittlungspflicht** des Insolvenzgerichts nach § 5 Abs. 1 Satz 1 InsO (*BGH* BGHZ 156, 139 [146 f.]; *LG Berlin* ZInsO 2004, 987 [988]; *Uhlenbruck/Vallender* InsO, 12. Aufl., § 290 Rz. 12; MünchKomm-InsO/*Stephan* InsO, 2. Aufl., § 290 Rz. 81; die in der Vorauflage unter § 290 Rz. 57 a vertretene Ansicht wird aufgegeben). Dargelegte und offenkundige Tatsachen sind mit allen Erkenntnis- und Beweismitteln festzustellen, doch ist das Gericht nicht verpflichtet, von sich aus zur Erforschung der Wahrheit tätig zu werden. Dabei erstreckt sich die Amtsermittlungspflicht und das Recht, ermittelte Tatsachen zu verwerten, allein auf den vom Gläubiger vorgetragenen Tatsachenkomplex (HambK-InsO/*Streck* 2. Aufl., § 290 Rz. 7). **Begründet** ist der Versagungsantrag nur, wenn der Insolvenzgläubiger über die vom Schuldner bestrittenen Tatsachen den vollen Beweis führt. Der vom Gläubiger behauptete Versagungsgrund muss zur vollen Überzeugung des Gerichts feststehen, § 286 Abs. 1 ZPO (*LG Kaiserslautern* ZInsO 2006, 1172 f.). Die Amtsermittlungspflicht ändert also nichts daran, dass der Gläubiger im Versagungsverfahren die **Feststellungslast** trägt. Ein non liquet geht zu seinen Lasten. Verbleiben Zweifel an dem Bestehen eines Versagungsgrunds, obwohl die nach § 5 Abs. 1 InsO gebotenen Maßnahmen ausgeschöpft sind, ist der Versagungsantrag zurückzuweisen (*BGH* BGHZ 156, 139 [147]; ZInsO 2005, 926 [927]; ZInsO 2006, 370 [371]; *Braun/Buck* InsO, 3. Aufl., § 290 Rz. 30). Durch Vorlage eines Steuerbescheids wird nicht der Beweis über die Grundlagen der Besteuerung geführt, da sich die Tatbestandswirkung eines Steuerbescheids nicht darauf erstreckt (*BGH* ZInsO 2006, 265 [266]). Die Bindung an den durch Antrag und Sachverhalt vom Gläubiger bestimmten Verfahrensgegenstand hindert das Gericht, die Versagung aus dem vom Gläubiger vorgetragenen Grund abzuweisen, aber die Restschuldbefreiung aus einem anderen, vom Gläubiger nicht vorgetragenen Grund zu versagen, denn die Versagungsgründe sind nicht von Amts wegen festzustellen (*BGH* BGHZ 156, 139 [141]; *OLG Celle* NZI 2001, 596 [597] = ZInsO 2001, 852 [853] = DZWIR 2001, 514 m. Anm. *Ahrens*; *Hess* InsO, 2007, § 290 Rz. 2; MünchKomm-InsO/*Stephan* 2. Aufl., § 290 Rz. 14, 82; *Haarmeyer/Wutzke/Förster* Handbuch, 3. Aufl., Rz. 8/213, aber 217; **a. A.** *Kübler/Prütting-Wenzel* InsO, § 290 Rz. 4 c). Dadurch ist das Gericht auf die Entscheidung über den im Versagungsantrag behaupteten und glaubhaft gemachten Versagungsgrund als den vom Antragsteller bestimmten Streitgegenstand beschränkt. Da keine § 296 Abs. 1 Satz 1 InsO entsprechende Beweislastumkehr für das Verschulden angeordnet ist, müssen auch die subjektiven Tatbestandsvoraussetzungen vom Insolvenzgläubiger dargelegt und bewiesen werden (*AG Göttingen* ZInsO 2007, 616). Ohne eine solche ausdrückliche Regelung darf die Versagungswirkung wegen ihres Gewichts bei einem vermuteten, aber nicht feststehenden Verschulden nicht angeordnet werden, wie es auch der Rspr. bei verschuldeten Obliegenheitsverletzungen im Versicherungsvertragsrecht entspricht (*BGH* BGHZ 52, 86 [90 f.]).

E. Entscheidung

65 Über den Versagungsantrag entscheidet das Insolvenzgericht durch Beschluss, §§ 289 Abs. 1 Satz 2, 290 Abs. 1 HS 1 InsO, wobei die **Entscheidung** dem Richter vorbehalten ist, § 18 Abs. 1 Nr. 2 RPflG. Bis

zur Entscheidung kann der Versagungsantrag zurückgenommen werden (*Kübler/Prütting-Wenzel* InsO, § 290 Rz. 5). Fehlen dem Antrag die allgemeinen oder die besonderen Sachentscheidungsvoraussetzungen (s. o. Rz. 57 a – 63), ist er als unzulässig zu verwerfen, erweist er sich als unbegründet (s. o. Rz. 64) ist er abzuweisen. In beiden Fällen ist die Restschuldbefreiung anzukündigen (s. *Ahrens* § 289 Rz. 10, § 291 Rz. 4 ff.), wogegen dem Antragsteller die sofortige Beschwerde zusteht, § 289 Abs. 2 Satz 1 InsO. Ist der Versagungsantrag zulässig und begründet (s. *Ahrens* § 289 Rz. 7), versagt das Insolvenzgericht die Restschuldbefreiung durch Beschluss. Damit ist zugleich, d. h. ohne besonderen Ausspruch, der Antrag des Schuldners auf Erteilung von Restschuldbefreiung abgewiesen. Liegen mehrere Versagungsanträge verschiedener Gläubiger vor, muss das Gericht gem. den §§ 4 InsO, 308 ZPO über sämtliche Versagungsanträge entscheiden. Nur wenn ein Gläubiger seinen Versagungsantrag auf mehrere Versagungsgründe gestützt hat, kann das Vorliegen der übrigen Versagungsgründe offen bleiben (vgl. *Haarmeyer/Wutzke/Förster-Schmerbach* Präsenzkommentar, § 290 Rz. 46). Dem Schuldner steht hiergegen die sofortige Beschwerde nach § 289 Abs. 2 Satz 1 InsO zu. Die rechtskräftige Entscheidung ist gem. § 289 Abs. 2 Satz 3 InsO zu veröffentlichen. Eine Wiederaufnahme des Verfahrens gem. den §§ 578 ff. ZPO ist grds. statthaft (vgl. *LG Göttingen* ZVI 2007, 85, zu § 298 InsO).

Bei einem Antrag auf Versagung der Restschuldbefreiung nach § 290 InsO entsteht keine besondere **Gerichtsgebühr**, weil diese Entscheidung nicht in KV Nr. 2350 aufgeführt ist. Der Schuldner muss allerdings die gerichtlichen Auslagen tragen, KV Nr. 9004. Im Verfahren über die Beschwerde gegen die Entscheidung über die Versagung der Restschuldbefreiung entsteht eine Gebühr in Höhe von EUR 50,–, KV Nr. 2361, falls die Beschwerde verworfen oder zurückgewiesen wird. Der Gegenstandswert für das Rechtsbeschwerdeverfahren war früher mangels anderweitiger Anhaltspunkte mit EUR 1.200,– zu bemessen (*BGH* ZVI 2003, 91). Nunmehr ist gem. KV 2364 eine Gebühr von EUR 100,– zu erheben, falls die Rechtsbeschwerde verworfen oder zurückgewiesen wird. Wird ein Antrag auf Versagung der Restschuldbefreiung gestellt, so erhält der **Rechtsanwalt** in dem Verfahren die Hälfte der vollen Gebühr, Nr. 3321 VV RVG. Mehrere gleichzeitig anhängige Anträge gelten als eine Angelegenheit. Die Gebühr entsteht auch, wenn der Antrag auf Versagung bereits vor Aufhebung des Insolvenzverfahrens gestellt wird, d. h. auch im Versagungsverfahren gem. § 290 InsO. Im Beschwerdeverfahren entsteht eine halbe Gebühr, Nr. 3500 und 3513 VV RVG. Der Gegenstandswert der Gebühr ist gem. den §§ 28 Abs. 3, 23 Abs. 3 Satz 2 RVG nach billigem Ermessen aufgrund des wirtschaftlichen Interesses des Gläubigers zu bestimmen. Mangels greifbarer Schätzungsgrundlagen soll der Wert des Beschwerdeverfahrens EUR 4.000,– betragen (*BGH* ZVI 2003, 91 [92]; *OLG Celle* InsO 2002, 32 [33]; *LG Mainz* ZVI 2003, 362 [363]), bzw. mit dem hälftigen Wert der angemeldeten Forderung festgesetzt werden (*LG Bochum* ZInsO 2001, 564 [566]; *LG Göttingen* ZInsO 2005, 154 [155]). Ein Antrag des Schuldners, mit dem angestrebt wird, den Streitwert für ein erfolgloses Versagungsverfahren heraufzusetzen, ist unzulässig (*OLG Celle* ZVI 2007, 84). 66

F. Wirkungen

Als unmittelbare Konsequenz endet das Zulassungsverfahren zur Restschuldbefreiung, weshalb dem Schuldner im anhängigen Verfahren keine Restschuldbefreiung erteilt werden kann. Bereits die Ankündigung der Restschuldbefreiung mit ihren Folgen einer Treuhänderbestellung und Übertragung der pfändbaren Forderungen auf Bezüge aus einem Dienstverhältnis oder den gleichgestellten Forderungen nach § 291 InsO scheidet aus. Die Versagung nach § 290 InsO löst zwar nicht die Sperre aus § 290 Abs. 1 InsO aus (s. o. Rz. 31). Allerdings ist der Insolvenzgläubiger prinzipiell nicht gehindert die gleichen Versagungsgründe erneut geltend zu machen, es sei denn die Fristen sind verstrichen oder die Versagungsgründe wie nach § 290 Abs. 1 Nr. 5 und 6 InsO allein auf ein bestimmtes Insolvenzverfahren bezogen. 67

Nach Rechtskraft der Entscheidung ist das Insolvenzverfahren aufzuheben, § 289 Abs. 2 Satz 2 InsO. Damit endet der Insolvenzbeschlag und der Schuldner erhält sein Verwaltungs- und Verfügungsrecht zurück. Zugleich endet die Beschränkung der Gläubigerrechte und das freie Nachforderungsrecht der Insolvenzgläubiger gem. § 201 Abs. 1 InsO entsteht. Die Gläubiger können die Zwangsvollstreckung aus der Tabelle betreiben. 68

§ 291
Ankündigung der Restschuldbefreiung

(1) Sind die Voraussetzungen des § 290 nicht gegeben, so stellt das Gericht in dem Beschluss fest, dass der Schuldner Restschuldbefreiung erlangt, wenn er den Obliegenheiten nach § 295 nachkommt und die Voraussetzungen für eine Versagung nach § 297 oder § 298 nicht vorliegen.
(2) Im gleichen Beschluss bestimmt das Gericht den Treuhänder, auf den die pfändbaren Bezüge des Schuldners nach Maßgabe der Abtretungserklärung (§ 287 Abs. 2) übergehen.

Inhaltsübersicht: Rz.

   A. Normzweck   1
   B. Gesetzliche Systematik   2– 3
   C. Die gerichtliche Entscheidung   4–13
      I. Voraussetzungen   4– 5
      II. Ankündigung der Restschuldbefreiung   6
      III. Ernennung des Treuhänders   7– 9
      IV. Übertragung der Bezüge und der gleichgestellten Forderungen   10–12
      V. Weitere Anforderungen   13
      VI. Erteilung der Restschuldbefreiung   14–15
      VII. Rechtsmittel   16
   D. Aufhebung des Insolvenzverfahrens   17

Literatur:

Siehe § 286.

A. Normzweck

1 § 291 InsO regelt den **Gegenstand der gerichtlichen Entscheidung**, die das Zulassungs- bzw. Vorverfahren beendet und in das Schuldbefreiungs- oder Hauptverfahren überleitet (zu diesem zweistufigen Verfahren bei der Restschuldbefreiung s. *Ahrens* § 286 Rz. 20 f.). In der Vorschrift werden deklaratorische und konstitutive Elemente der gerichtlichen Entscheidung angeführt. Mit dem Beschluss wird zunächst die Restschuldbefreiung angekündigt. Eine entsprechende Entscheidungsformel ist weder ausdrücklich vorgesehen noch erforderlich. Mittelbar folgt die Ankündigung aus der vom Gericht gem. § 291 Abs. 1 InsO zu treffenden Feststellung, dass der Schuldner die Restschuldbefreiung erlangt, wenn er den Obliegenheiten aus § 295 InsO nachkommt und die Voraussetzungen für eine Versagung nach den §§ 297, 298 InsO nicht vorliegen. Unter eindeutig definierten Anforderungen hat es der Schuldner in der Hand, die Restschuldbefreiung zu erreichen (*Nerlich/Römermann* InsO, § 291 Rz. 2). Außerdem ernennt das Gericht den Treuhänder und leitet rechtsgestaltend auf ihn die abgetretenen Forderungen aus einem Dienstverhältnis sowie die gleichgestellten Bezüge über, § 291 Abs. 2 InsO. Damit werden die wichtigsten organisatorischen Vorkehrungen und leistungsrechtlichen Bestimmungen getroffen, um eine weitere Befriedigung der Insolvenzgläubiger während der Treuhandperiode zu ermöglichen (MünchKomm-InsO/*Stephan* 2. Aufl., § 291 Rz. 2 f.; *Uhlenbruck/Vallender* InsO, 12. Aufl., § 291 Rz. 1).

B. Gesetzliche Systematik

2 Sobald das Insolvenzverfahren zu einem Abschluss gelangt ist, hat das Insolvenzgericht über den weiteren Verlauf der Restschuldbefreiung zu entscheiden. Das dabei vom Gericht zu beachtende Verfahren ist in § 289 InsO vorgeschrieben. **Drei Entscheidungen** sind möglich. Das Insolvenzgericht kann den Antrag auf Erteilung von Restschuldbefreiung als unzulässig verwerfen. Es kann nach Maßgabe von § 290 InsO

die Restschuldbefreiung versagen. Oder es kann gem. § 291 InsO die Restschuldbefreiung in Aussicht stellen, wenn der Schuldner die vorgeschriebenen Anforderungen erfüllt.

Mit seiner Ankündigung gem. § 291 InsO **beendet** das Gericht das **Zulassungsverfahren**. Für den weiteren Verfahrensablauf werden dadurch die Versagungsgründe aus § 290 Abs. 1 InsO präkludiert. Da nach der Rechtskraft der Entscheidung ebenfalls das Insolvenzverfahren aufzuheben ist (§ 289 Abs. 2 Satz 2 InsO), markiert der Beschluss auch den Übergang in einen von eigenen Grundsätzen geprägten eigenständigen Verfahrensabschnitt, die auch als Wohlverhaltensperiode bezeichnete Treuhandzeit. Eine zeitliche und damit äußere Verbindung schafft die mit der Eröffnung des Insolvenzverfahrens begonnene Dauer der Abtretungserklärung. Die Treuhandzeit wird indessen nicht mehr parallel zu einem Insolvenzverfahren geführt. So sind die Wirkungen des Insolvenzverfahrens beendet, wie etwa die Verwaltungs- und Verfügungsbeschränkungen, doch ist dies eine Konsequenz aus der Aufhebung des Insolvenzverfahrens und keine Folge des neuen Verfahrensabschnitts im Restschuldbefreiungsverfahren. An die Stelle des insolvenzrechtlichen Haftungskonzepts treten eigene Haftungsregeln, wie das Vollstreckungsverbot für Insolvenzgläubiger aus § 294 Abs. 1 InsO oder die Anforderung an den Schuldner, den hälftigen Erwerb von Todes wegen nach § 295 Abs. 1 Nr. 2 InsO herauszugeben. 3

C. Die gerichtliche Entscheidung

I. Voraussetzungen

Im gesetzlichen Regelfall kündigt das Insolvenzgericht die Restschuldbefreiung gem. § 291 Abs. 1 InsO an (ebenso *Braun/Buck* InsO, 3. Aufl., § 289 Rz. 1, § 291 Rz. 1). Der Ankündigungsbeschluss hat zu ergehen, wenn die allgemeinen **Sachentscheidungsvoraussetzungen** und besonderen Voraussetzungen des Restschuldbefreiungsverfahrens erfüllt sind. Fehlen diese Voraussetzungen, ist der Antrag auf Erteilung von Restschuldbefreiung unzulässig. In erster Linie muss der Schuldner einen zulässigen, d. h. fristgerechten, mit einem eigenen Insolvenzeröffnungsantrag und der Forderungsabtretung verbundenen Antrag auf Erteilung von Restschuldbefreiung gestellt haben (*Uhlenbruck/Vallender* InsO, 12. Aufl., § 291 Rz. 3 ff.; *Ahrens* § 287 Rz. 6 ff.). Außerdem darf das Insolvenzverfahren nicht mangels Masse gem. § 207 InsO eingestellt worden sein, vgl. § 289 Abs. 3 Satz 1 InsO. Ein ordnungsgemäßes Verfahren nach § 289 Abs. 1 Satz 1 InsO ist keine Sachentscheidungsvoraussetzung (**a. A.** MünchKomm-InsO/*Stephan* 2. Aufl., § 291 Rz. 6), die zur Unzulässigkeit einer Ankündigung der Restschuldbefreiung führt. Vielmehr handelt es sich um eine Rechtsverletzung, die grds. im Rechtsmittelverfahren, sonst mit der Gehörsrüge gem. §§ 4 InsO, 321 a ZPO zu beseitigen ist. Ebenso liegt allein ein Rechtsverstoß vor, wenn die Frist aus § 314 Abs. 1 Satz 1, Abs. 3 Satz 1 InsO nicht eingehalten wird. Hat der Schuldner seinen Antrag auf Erteilung von Restschuldbefreiung zurückgenommen, ist weder eine Entscheidung über die Ankündigung noch über die Versagung gem. § 291 InsO zu treffen (*Uhlenbruck/Vallender* InsO, 12. Aufl., § 291 Rz. 7). Eine Kostenentscheidung nach den §§ 4 InsO, 269 Abs. 3 Satz 2, Abs. 4 ZPO ist nicht erforderlich. Beim Tod des Schuldners vor Ankündigung der Restschuldbefreiung ist das Schuldbefreiungsverfahren für erledigt zu erklären oder der Antrag als unzulässig abzuweisen. Diese oder eine andere Erledigung ist durch Beschluss festzustellen. 4

Ein **Ankündigungsbeschluss** ist dagegen **ausgeschlossen**, wenn die Restschuldbefreiung versagt wird. In einer wenig glücklichen Formulierung stellt § 291 Abs. 1 InsO darauf ab, dass die Voraussetzungen des § 290 InsO nicht gegeben sind. Einerseits ist diese Regelung unvollständig, weil die Restschuldbefreiung auch dann nicht angekündigt werden kann, wenn diese nach § 314 Abs. 3 Satz 2 InsO zu versagen ist. Andererseits kommt es nicht auf die Voraussetzungen des § 290 InsO an, sondern darauf, ob das Insolvenzgericht die Restschuldbefreiung versagt. Ohne Bedeutung ist, ob kein Versagungsgrund besteht, ob ein Versagungsgrund besteht, aber nicht geltend gemacht wurde, ob ein Versagungsgrund nicht ordnungsgemäß in einem Verfahren nachgewiesen wurde oder ob das Gericht positive Kenntnis vom Versagungsgrund besitzt (*Uhlenbruck/Vallender* InsO, 12. Aufl., § 291 Rz. 9). Sachlich wird in jenem Fall der Antrag auf Erteilung von Restschuldbefreiung als unbegründet abgewiesen. Die Entscheidung ergeht jedoch nicht mit dieser Tenorierung, sondern als Versagung der Restschuldbefreiung. 5

II. Ankündigung der Restschuldbefreiung

6 Förmlich wird die Restschuldbefreiung nicht angekündigt, doch soll dem Schuldner sowie den anderen Beteiligten Gewissheit über die zu erwartende Restschuldbefreiung verschafft werden. Als Entscheidungsformel hat das Gericht im **Ankündigungsbeschluss** festzustellen, dass der Schuldner die Restschuldbefreiung erlangt, wenn er den Obliegenheiten aus § 295 InsO nachkommt und die Voraussetzungen für eine Versagung nach den §§ 297, 298 InsO nicht vorliegen (o. Rz. 1). Bei dieser Entscheidung über die Ankündigung besitzt das Gericht keinen Ermessensspielraum (*Uhlenbruck/Vallender* InsO, 12. Aufl., § 291 Rz. 2; *Graf-Schlicker/Kexel* InsO, § 291 Rz. 2). Eine Abwägung des Gerichts ist dafür nicht weiter erforderlich, denn dem Schuldner steht ein subjektives Recht (HambK-InsO/*Streck* 2. Aufl., § 291 Rz. 2; **a. A.** *Bork* ZIP 1998, 1209 [1210]) auf Erteilung der Restschuldbefreiung zu, falls er die Voraussetzungen dafür erfüllt. Die verfahrensbezogenen Obliegenheiten aus § 296 Abs. 2 InsO werden zwar in § 291 Abs. 1 InsO nicht erwähnt, doch stehen sie den angeführten Versagungsgründen gleich. Das Gericht sollte über sie ebenfalls informieren (vgl. MünchKomm-InsO/*Stephan* 2. Aufl., § 291 Rz. 13). Weist das Insolvenzgericht in seinem Ankündigungsbeschluss nicht auf die Folgen eines Verstoßes gegen §§ 295, 297, 298 InsO, aber auch § 296 Abs. 2 InsO hin, ist eine Versagung der Restschuldbefreiung nach diesen Vorschriften nicht ausgeschlossen (*Braun/Buck* InsO, 3. Aufl., § 291 Rz. 2). Der vorgeschriebene gerichtliche Hinweis besitzt für den begünstigten Schuldner eine deklaratorische, keine konstitutive Funktion. Unterbleibt die Information durch das Gericht, beeinträchtigt dies nicht das Recht des Schuldners auf Restschuldbefreiung. Eine fehlende Mitteilung kann bei den subjektiven Erfordernissen der Versagungsgründe zu berücksichtigen sein. Zur Angabe der Laufzeit der Abtretungserklärung s. u. Rz. 12. Als Mindestinhalt muss der Beschluss aber eine Feststellung darüber enthalten, dass dem Schuldner die Restschuldbefreiung erteilt wird, falls er die Voraussetzungen erfüllt (MünchKomm-InsO/*Stephan* 2. Aufl., § 291 Rz. 31).

III. Ernennung des Treuhänders

7 In seinem **Ankündigungsbeschluss** hat das Insolvenzgericht außerdem den Treuhänder zu bestimmen, § 291 Abs. 2 InsO. Diese Ernennung soll zugleich mit der Ankündigung erfolgen (Begr. RegE BR-Drucks. 1/92 S. 191). Für diese Entscheidung können der Schuldner und die Gläubiger gem. § 288 InsO geeignete Personen vorschlagen, doch ist das Insolvenzgericht bei seiner Entscheidung nicht an den Vorschlag gebunden (MünchKomm-InsO/*Stephan* 2. Aufl., § 291 Rz. 17; *Hess* InsO, 2007, § 291 Rz. 7; *Häsemeyer* Insolvenzrecht, 4. Aufl., Rz. 26.30). Auf die Auswahl des Treuhänders können die Verfahrensbeteiligten wegen des Vorschlagrechts aus § 288 InsO einen größeren Einfluss als auf die Bestellung eines Insolvenzverwalters nehmen, doch sind sie dafür an die gerichtliche Entscheidung weitgehend gebunden. Selbst bei einer übereinstimmenden Empfehlung von Schuldner und Gläubiger legt aber das Gericht nicht fest, doch wird es sich nur aus gewichtigen Gründen über diesen Vorschlag hinwegsetzen. Über die Person des Treuhänders trifft es eine Ermessensentscheidung, bei der es gleichermaßen die fachliche wie persönliche Eignung zu berücksichtigen hat. Eine formelle **Qualifikation** des Treuhänders ist nicht erforderlich, doch sollte er eine gewisse Geschäftskunde aufweisen (HK-InsO/*Landfermann* 4. Aufl., § 291 Rz. 3). Seine Unabhängigkeit darf nicht gefährdet sein, weswegen der Verfahrensvertreter eines Gläubigers nicht zum Treuhänder ernannt werden darf (*AG Göttingen* ZVI 2005, 53). Ein Verfahrensbevollmächtigter des Schuldners darf nicht zum Treuhänder im vereinfachten Insolvenzverfahren (*OLG Celle* ZInsO 2001, 1106 [1107 f.]) und ebenso wenig zum Treuhänder für die Treuhandperiode ernannt werden. Andererseits spricht ein verwandtschaftliches Vertrauensverhältnis zum Schuldner nicht gegen eine Einsetzung, da es gerade eine erfolgreiche Amtsausübung ermöglichen kann. Offen ist, ob der Treuhänder den Schuldner in der Treuhandphase beraten darf. Dem gesetzlichen Aufgabenprofil ist zu entnehmen, dass er den Schuldner nicht beraten muss. Andererseits wird der Schuldner für eine auch im Interesse der Gläubiger liegende erfolgreiche Durchführung des Restschuldbefreiungsverfahrens nicht selten auf eine Unterstützung angewiesen sein. Insoweit darf der Treuhänder den Schuldner beraten (s. *Grote* § 288 Rz. 4; *Braun/Buck* InsO, 3. Aufl., § 291 Rz. 5; *Döbereiner* Restschuldbefreiung, S. 338; **a. A.** HK-InsO/*Landfermann* 4. Aufl., § 291 Rz. 3). Aus diesem eigenständigen Aufgabenprofil folgt, dass jedenfalls im Regelinsolvenzverfahren eine andere Person als der Insolvenzverwalter zum Treuhänder bestellt werden kann (*BGH* NZI 2004, 156 [157]). Im Interesse einer kostengünstigen Verfahrensgestaltung hat das

Gericht auch zu berücksichtigen, in welcher Höhe Treuhändergebühren verlangt werden. Die Vergütung ist erst ab der Bestellung geschuldet (*BGH* NZI 2004, 156 [157] = *Vallender* WuB VI C § 293 InsO 1.04). Ist dem Restschuldbefreiungsverfahren ein **vereinfachtes Insolvenzverfahren** vorausgegangen, wird **8** das Insolvenzgericht regelmäßig keinen anderen Treuhänder bestellen. Das Amt des im vereinfachten Insolvenzverfahren bestellten Treuhänders wirkt dann für die Dauer der Treuhandperiode mit den in § 292 InsO bestimmten Aufgaben fort (*BGH* ZInsO, 2003, 750; NZI 2008, 114 Tz. 8; MünchKomm-InsO/ *Ott/Vuia* 2. Aufl., § 313 Rz. 4; *Kübler/Prütting-Wenzel* InsO, § 291 Rz. 3; HK-InsO/*Landfermann* 4. Aufl., § 291 Rz. 7, § 313 Rz. 2). Das Gericht ist jedoch ebenso berechtigt, einen **anderen Treuhänder** zu bestimmen, denn in dem eigenständigen Restschuldbefreiungsverfahren muss nicht die Entscheidung über die Treuhänderbestellung aus dem Verbraucherinsolvenzverfahren übernommen werden (*AG Göttingen* ZVI 2006, 523 [524], bei Verlegung des Kanzleisitzes um 50 km; *Kohte* § 313 Rz. 5; *Uhlenbruck/ Vallender* InsO, 12. Aufl., § 313 Rz. 3; *Haarmeyer/Wutzke/Förster-Schmerbach* Präsenzkommentar, § 291 Rz. 7; *Müller* ZInsO 1999, 335; **a. A.** *Smid/Krug/Haarmeyer* InsO, 2. Aufl., § 313 Rz. 1; *Hess/Obermüller* Insolvenzplan, Restschuldbefreiung und Verbraucherinsolvenz, 3. Aufl., Rz. 1050). An den Treuhänder im Restschuldbefreiungsverfahren sind zudem geringere Anforderungen als an den aus dem Verbraucherinsolvenzverfahren zu stellen, der nach den §§ 313 Abs. 1 Satz 3, 56 Abs. 1 InsO geschäftskundig sein muss, was § 288 InsO nicht verlangt. Wird für die Treuhandperiode ein neuer Treuhänder bestellt, enthält dieser Beschluss zugleich die Entlassung des zuvor für das vereinfachte Insolvenzverfahren bestellten Treuhänders (*BGH* NZI 2008, 114 Tz. 5). Auf die Befugnis des Insolvenzgerichts, den Treuhänder gem. den §§ 313 Abs. 1 Satz 3, 59 Abs. 1 InsO zu entlassen, kommt es dabei nicht an. Ein wichtiger Grund i. S. d. § 59 Abs. 1 Satz 1 InsO ist für den gesetzlich eröffneten Wechsel nicht erforderlich (**a. A.** *Becker* Insolvenzrecht, 2. Aufl., Rz. 1563). Das Gericht muss aber sein pflichtgemäßes Ermessen ausüben. Gegen den Beschluss steht dem entlassenen Treuhänder die sofortige Beschwerde analog § 59 Abs. 2 InsO zu (vgl. *BGH* NZI 2008, 114 Tz. 5). Selbst wenn die gleiche Person das Amt des Treuhänders im Restschuldbefreiungsverfahren inne hat, handelt es sich aber doch um zwei Ämter, um zwei verschiedenartige Funktionen, die sachlich zu trennen sind (MünchKomm-InsO/ *Stephan* 2. Aufl., § 291 Rz. 29; *Uhlenbruck/Vallender* InsO, 12. Aufl., § 291 Rz. 12; *Kübler/Prütting-Wenzel* InsO, § 291 Rz. 3). Haben die Insolvenzgläubiger im Verbraucherinsolvenzverfahren einen vom Gericht bestellten Treuhänder abgewählt und an dessen Stelle eine andere Person gewählt, §§ 313 Abs. 1 Satz 3, 57 InsO, wird das Gericht überprüfen müssen, ob dieser Treuhänder für das Restschuldbefreiungsverfahren geeignet ist. Bedenken können gegen einen einseitig den Interessen der Gläubiger verpflichteten Treuhänder bestehen. Den vom Insolvenzgericht für das Restschuldbefreiungsverfahren bestellten Treuhänder dürfen die Insolvenzgläubiger nicht abwählen. § 57 InsO gilt in diesem Verfahren nicht.

Das **Amt** des Treuhänders **beginnt** mit der auch konkludent erklärbaren **Übernahme** (*Uhlenbruck/Vallender* **9** InsO, 12. Aufl., § 291 Rz. 12; *Nerlich/Römermann* InsO, § 291 Rz. 8; **a. A.** *Kübler/Prütting-Wenzel* InsO, § 291 Rz. 2). Es endet gem. § 299 InsO, durch die Erteilung der Restschuldbefreiung sowie den Tod oder die Entlassung, § 59 InsO, des Treuhänders (*Uhlenbruck/Vallender* InsO, 12. Aufl., § 291 Rz. 15 f.). Will ein Treuhänder sein Amt nicht weiter ausüben, muss er die Entlassung nach § 313 Abs. 1 Satz 3 i. V. m. § 59 InsO betreiben, wofür ein wichtiger Grund erforderlich ist (*BGH* ZVI 2004, 544). Für die Anfechtbarkeit der Ernennung ist zu unterscheiden. Grundsätzlich gehört die Ernennung zur funktionellen Zuständigkeit des Rechtspflegers, gegen dessen Entscheidung die sofortige Erinnerung gem. § 11 Abs. 2 Satz 1 RPflG eröffnet ist (*Uhlenbruck/Vallender* InsO, 12. Aufl., § 291 Rz. 28). Erwogen wird, die Überprüfung auf einen Ermessensnicht- oder –fehlgebrauch zu beschränken (*AG Göttingen* ZVI 2005, 53; **a. A.** HK-InsO/*Landfermann* 3. Aufl., § 291 Rz. 6). Eine Ernennung durch den Richter ist dagegen nicht selbstständig anfechtbar (vgl. MünchKomm-InsO/*Stephan* 2. Aufl., § 289 Rz. 40; *Mohrbutter/Ringstmeier-Pape* 8. Aufl., § 17 Rz. 11). Im Zusammenhang mit einer sofortigen Beschwerde gegen die Entscheidung nach § 289 Abs. 2 Satz 1 InsO kann aber die Ernennung des Treuhänders gerügt werden. Da in der Treuhandperiode keine gemeinschaftliche Gläubigerorganisation existiert, ist die Wahl eines anderen Treuhänders entsprechend § 57 InsO ausgeschlossen. Folgerichtig verweist auch § 292 Abs. 3 Satz 2 InsO nur auf einen Entlassungsantrag, der nach § 59 InsO einen wichtigen Grund erfordert (HK-InsO/*Landfermann* 4. Aufl., § 291 Rz. 8), nicht aber die Abwahl des Treuhänders durch die Gläubiger. Ein Antrag des Schuldners auf Entlassung des Treuhänders nach den §§ 292 Abs. 3 Satz 2, 59 InsO ist nicht vorgesehen und deswegen als Anregung einer Entscheidung von Amts wegen zu verstehen. Entsprechend den allgemeinen Grundsätzen ist der Treuhänder berechtigt, die Übernahme des Amts abzulehnen. Soll der Treuhänder gem. § 292 Abs. 2 InsO die Erfüllung der Obliegenheiten durch den Schuldner überwachen, muss dies von den Gläubigern spätestens im Schlusstermin beschlossen worden sein. Da das Gericht den Stundensatz des Überwachungstreuhänders bereits im Beschluss über die Treuhänderbestellung festzusetzen hat, § 16 InsVV, wird in der Entscheidung zumindest ein deklaratorischer Hinweis auf den Überwachungsauftrag enthalten sein.

IV. Übertragung der Bezüge und der gleichgestellten Forderungen

10 Mit der Bestimmung des Treuhänders hat das Insolvenzgericht auch die von der Abtretungserklärung des Schuldners erfassten **Forderungen** auf den **Treuhänder zu übertragen**. An diesem Erfordernis hat auch die Neuregelung in § 287 Abs. 2 Satz 1 InsO nichts geändert, denn mit dieser Novelle ist die Zeitspanne der Abtretungserklärung auf sechs Jahre nach der Eröffnung des Insolvenzverfahrens festgesetzt, also lediglich eine Fristbestimmung getroffen worden. Auf die Wirkungen der Abtretungserklärung hat diese Gesetzesänderung keinen Einfluss. Wegen des Insolvenzbeschlags des Neuerwerbs ist eine solche Regelung für die Dauer des eröffneten Insolvenzverfahrens weder erforderlich noch zweckmäßig. Erst nach Aufhebung des Insolvenzverfahrens und des Beschlags muss die Forderung durch das Gericht auf den Treuhänder übertragen werden. Der Übergang der Forderungen nach § 291 Abs. 2 InsO findet auch dann nur im gesetzlichen Umfang statt, wenn der Schuldner in seiner Abtretungserklärung eine längere Laufzeit angegeben hat (*BGH* NZI 2006, 599 Tz. 19; *Ahrens* § 287 Rz. 33). Demzufolge ist eine nachträgliche Änderung der gerichtlichen Entscheidung zulässig (**a. A.** *AG Göttingen* ZVI 2006, 597 [598]).

11 Nach dem **prozessualen Verständnis** der **Abtretungserklärung** (*BGH* NZI 2006, 599 Tz. 15 ff.) handelt es sich dabei um eine rechtsgestaltende Entscheidung des Gerichts (MünchKomm-InsO/*Stephan* 2. Aufl., § 291 Rz. 34; *Ahrens* § 287 Rz. 29). Auch wenn der Treuhänder bereits im Verbraucherinsolvenzverfahren gem. § 313 Abs. 1 Satz 2 InsO eingesetzt worden ist, werden erst jetzt, durch diesen Beschluss, die Bezüge auf ihn übergeleitet. Auf Grundlage der materiellrechtlichen Theorie übermittelt dagegen das Gericht als Bote die Angebotserklärung des Schuldners. Der Übergang erfolgt dann erst durch die Annahmeerklärung des Treuhänders (*Uhlenbruck/Vallender* InsO, 12. Aufl., § 291 Rz. 18 f.). Dies kann auch in einem Verbraucherinsolvenzverfahren nicht zu einem früheren Zeitpunkt erfolgen (*Vallender* VuR 1997, 155 [156], stellt dafür auf die Eröffnung des Verbraucherinsolvenzverfahrens ab), weil bei der Bestimmung eines anderen Treuhänders für das Restschuldbefreiungsverfahren diesem die Abtretungserklärung nicht mehr zugehe.

12 Der Beschluss nach § 291 InsO muss keine **Aussage zur Laufzeit** der Bezügeabtretung enthalten. Regelmäßig wird die Angabe zur Laufzeit lediglich ein Hinweis auf die bestehende Rechtslage sein (*BGH* NZI 2006, 599 Tz. 12). Um Rechtsunsicherheiten zu vermeiden, kann das Gericht in seiner Entscheidung festlegen, wann die Laufzeit der Abtretungserklärung, d. h. auch die Treuhandzeit endet (HK-InsO/*Landfermann* 4. Aufl., § 291 Rz. 9). Die Bestimmung kann auch zuvor durch Zwischenentscheidung im vereinfachten Verfahren erfolgen (*AG Duisburg* NZI 2000, 607). Etwas anderes gilt jedoch bei den von § 287 Abs. 2 Satz 1 InsO **abweichenden Laufzeiten**. Eine nach Art. 107 EGInsO auf fünf Jahre verkürzte Laufzeit der Abtretungserklärung muss das Gericht von Amts wegen, also auch ohne Antrag des Schuldners prüfen, § 5 Abs. 1 Satz 1 InsO, und aussprechen, sofern der Schuldner vor dem 01. 01. 1997 zahlungsunfähig war. Hat der Schuldner einen Antrag auf eine verkürzte Laufzeit gestellt, sollte darüber vom Gericht durch einen feststellenden Beschluss auch dann entschieden werden, wenn es diesem Begehren nicht entsprechen will. Ebenso muss das Gericht in einem vor dem 01. 12. 2001 eröffneten Insolvenzverfahren bei der Ankündigung der Restschuldbefreiung die gem. § 287 Abs. 2 Satz 1 InsO a. F. sieben Jahre nach Aufhebung des Insolvenzverfahrens dauernde Laufzeit der Abtretungserklärung durch Beschluss feststellen (*BGH* NZI 2008, 49 Tz. 6 f.). Trifft das Insolvenzgericht keine ausdrückliche Entscheidung, dauert die Treuhandzeit gem. § 287 Abs. 2 Satz 1 InsO n. F. sechs Jahre nach der Eröffnung des Insolvenzverfahrens, für die vor dem 01. 12. 2001 eröffneten Verfahren sieben Jahre nach Aufhebung des Insolvenzverfahrens, § 287 Abs. 2 Satz 1 InsO a. F. (MünchKomm-InsO/*Stephan* 2. Aufl., § 291 Rz. 16). Bei einem kausal verursachten Schaden ist aber ein Anspruch aus Amtshaftung zu erwägen. Die Ankündigung der Restschuldbefreiung ist eine prozedurale und keine konstitutive Voraussetzung für die Erteilung der Restschuldbefreiung. Ist die Laufzeit der Abtretungserklärung vor der Ankündigung verstrichen, muss sogleich die Restschuldbefreiung erteilt werden (s. *Ahrens* § 287 Rz. 89 f, § 300 Rz. 5).

V. Weitere Anforderungen

Abgesehen von einer Verwerfung des Antrags auf Erteilung der Restschuldbefreiung als unzulässig, kann die Entscheidung erst nach Anhörung der Beteiligten gem. § 289 Abs. 1 Satz 1 InsO ergehen (*Uhlenbruck/Vallender* InsO, 12. Aufl., § 291 Rz. 21). Der Beschluss ist zu begründen (Einzelheiten bei MünchKomm-InsO/*Stephan* 2. Aufl., § 291 Rz. 24 f.). Zu den Kosten vgl. *Ahrens* § 289 Rz. 19. Hat ein Insolvenzgläubiger die Versagung der Restschuldbefreiung beantragt, ist die Entscheidung über die Ankündigung der Restschuldbefreiung dem Richter vorbehalten, sonst gehört sie zum Aufgabenkreis des Rechtspflegers, § 18 Abs. 1 Nr. 2 RPflG. Eine Trennung zwischen einer Entscheidung über den Versagungsantrag durch den Richter und den sonstigen Entscheidungen durch den Rechtspfleger ist unzulässig. § 291 Abs. 2 InsO verlangt ausdrücklich eine Entscheidung im gleichen Beschluss (*LG Göttingen* ZInsO 2002, 682 [683]; **a. A.** *AG Göttingen* ZInsO 2002, 784 [785]). Der Beschluss ist zu verkünden oder gem. §§ 4 InsO, 329 Abs. 2 Satz 2 ZPO den Beteiligten zuzustellen. Er ist nach § 289 Abs. 2 Satz 3 InsO öffentlich bekanntzumachen. 13

VI. Erteilung der Restschuldbefreiung

Ausnahmsweise kommt eine Erteilung der Restschuldbefreiung bereits am Ende des Zulassungsverfahrens, d. h. ohne eine Treuhandperiode in Betracht, falls **keine Insolvenzforderung** ordnungsgemäß **angemeldet** ist oder von keinem Absonderungsberechtigten die persönliche Forderung oder ihr Ausfall rechtzeitig angemeldet wurde (*BGH* NZI 2005, 399 m. Anm. *Ahrens* = VuR 2005, m. Anm. *Kohte* = ZInsO 2005, 597 m. Anm. *Pape*; *Ahrens* § 299 Rz. 9 ff.). Möglich sind auch Fallgestaltungen, in denen der Schuldner die Insolvenzgläubiger nach dem Antrag auf Erteilung der Restschuldbefreiung vollständig befriedigt, etwa aus einer Erbschaft, durch Unterstützung von Familienangehörigen oder auf kreditfinanzierter Basis (HK-InsO/*Landfermann* 4. Aufl., § 299 Rz. 4). Eine Ablösung des künftigen Pfändungsbetrags (ausf. dazu MünchKomm-InsO/*Ehricke* 2. Aufl., § 299 Rz. 14 f.) ist auch auf Basis einer Einigung mit den Gläubigern denkbar (*Uhlenbruck/Vallender* InsO, 12. Aufl., § 299 Rz. 11). Wie aus den allgemeinen Grundsätzen des Einzel- und Gesamtvollstreckungsrechts abzuleiten ist, müssen vor einer Restschuldbefreiung grds. die Verfahrenskosten erfüllt sein, vgl. nur §§ 817 Abs. 4 ZPO, 292 Abs. 1 Satz 2 InsO. Als wesentliche Maßgabe hat der BGH klargestellt, dass bei einer vorzeitigen Erteilung der Restschuldbefreiung die sonstigen **Masseverbindlichkeiten** erfüllt sein müssen, was er aus § 292 Abs. 1 InsO herleitet (*BGH* NZI 2005, 399 m. Anm. *Ahrens*). Nicht erforderlich ist die Begleichung der **gestundeten Verfahrenskosten**. Die Stundungsregelung der §§ 4 a Abs. 1 Satz 1, Abs. 3, 4 b Abs. 1 InsO zeigt, dass diese Kosten erst im Anschluss an das Restschuldbefreiungsverfahren zu entrichten sind (*AG Göttingen* ZVI 2008, 358; *Henning* ZInsO 2007, 1253 [1258]; *Pape* ZInsO 2007, 1289 [1305]). 14

In diesen Fällen kann der Schuldner zwischen einer **Erledigungserklärung** und einer **vorzeitigen Erteilung** der Restschuldbefreiung wählen. Eine Erledigungserklärung begründet zwar nicht die Wirkungen des § 301 InsO, lässt also insbesondere die unbekannten Forderungen unberührt, führt aber später zu keinem Versagungsgrund nach § 290 Abs. 1 Nr. 3 InsO (s. *Ahrens* § 290 Rz. 29, 31). Erklärt der Schuldner nicht ausdrücklich die Erledigung, enthält bereits sein ursprünglicher, den Anforderungen entsprechender Antrag regelmäßig das Begehren nach einer sofort erteilten Restschuldbefreiung. In aller Regel ist der Antrag auf eine unbedingte Restschuldbefreiung gerichtet, wie bspw. im Vordruck für das Verbraucherinsolvenzverfahren, und nicht vom Ablauf einer Frist abhängig. Da die Restschuldbefreiung nicht angekündigt worden ist, muss keine vorzeitige Beendigung der Treuhandphase mit Entscheidungswirkungen analog § 299 InsO erfolgen. Das Gericht hat aber analog den §§ 300 Abs. 1 und 3, 301 InsO die Wirkungen der vorzeitigen Beendigung durch Beschluss auszusprechen, der gegenüber den befriedigten Gläubigern deklaratorisch, sonst konstitutiv wirkt. Abschließend ist das Insolvenzverfahren aufzuheben. 15

VII. Rechtsmittel

Gegen diesen Beschluss kann jeder Gläubiger, der im Schlusstermin die Versagung beantragt hat, sowie ggf. auch der Schuldner die sofortige Beschwerde erheben, §§ 6, 289 Abs. 2 Satz 1 InsO. Wurde die Entscheidung vom Rechtspfleger getroffen, ist die sofortige Erinnerung gem. § 11 Abs. 1 Satz 2 RPflG einzulegen. Mit der sofortigen Beschwerde kann der Schuldner eine Verkürzung der Treuhandphase von 16 sechs auf fünf Jahre begehren, denn insoweit ist er auch durch einen Ankündigungsbeschluss beschwert. Der rechtskräftige Beschluss ist nach § 289 Abs. 2 Satz 3 InsO öffentlich bekanntzumachen.

D. Aufhebung des Insolvenzverfahrens

17 Nach Rechtskraft der Ankündigungsentscheidung ist das Insolvenzverfahren aufzuheben (§ 289 Abs. 2 Satz 2 InsO). Der Insolvenzbeschlag endet und der Schuldner erhält sein Verwaltungs- und Verfügungsrecht zurück (MünchKomm-InsO/*Stephan* 2. Aufl., § 291 Rz. 32). Zugleich wird ein nahtloser Übergang der haftungsrechtlichen Wirkungen des Insolvenzverfahrens in die – sachlich engeren – Wirkungen des Restschuldbefreiungsverfahrens gewährleistet. Insbesondere wird das freie Nachforderungsrecht der Insolvenzgläubiger suspendiert (*Uhlenbruck/Vallender* InsO, 12. Aufl., § 291 Rz. 35).

§ 292
Rechtsstellung des Treuhänders

(1) ¹Der Treuhänder hat den zur Zahlung der Bezüge Verpflichteten über die Abtretung zu unterrichten. ²Er hat die Beträge, die er durch die Abtretung erlangt, und sonstige Leistungen des Schuldners oder Dritter von seinem Vermögen getrennt zu halten und einmal jährlich auf Grund des Schlussverzeichnisses an die Insolvenzgläubiger zu verteilen, sofern die nach § 4 a gestundeten Verfahrenskosten abzüglich der Kosten für die Beiordnung eines Rechtsanwalts berichtigt sind. ³§ 36 Absatz 1 Satz 2, Absatz 4 gilt entsprechend. ⁴Von den Beträgen, die er durch die Abtretung erlangt, und den sonstigen Leistungen hat er an den Schuldner nach Ablauf von vier Jahren seit der Aufhebung des Insolvenzverfahrens zehn vom Hundert und nach Ablauf von fünf Jahren seit der Aufhebung fünfzehn vom Hundert abzuführen. ⁵Sind die nach § 4 a gestundeten Verfahrenskosten noch nicht berichtigt, werden Gelder an den Schuldner nur abgeführt, sofern sein Einkommen nicht den sich nach § 115 Abs. 1 der Zivilprozessordnung errechnenden Betrag übersteigt.

(2) ¹Die Gläubigerversammlung kann dem Treuhänder zusätzlich die Aufgabe übertragen, die Erfüllung der Obliegenheiten des Schuldners zu überwachen. ²In diesem Fall hat der Treuhänder die Gläubiger unverzüglich zu benachrichtigen, wenn er einen Verstoß gegen diese Obliegenheiten feststellt. ³Der Treuhänder ist nur zur Überwachung verpflichtet, soweit die ihm dafür zustehende zusätzliche Vergütung gedeckt ist oder vorgeschossen wird.

(3) ¹Der Treuhänder hat bei der Beendigung seines Amtes dem Insolvenzgericht Rechnung zu legen. ²Die §§ 58 und 59 geltend entsprechend, § 59 jedoch mit der Maßgabe, dass die Entlassung von jedem Insolvenzgläubiger beantragt werden kann und dass die sofortige Beschwerde jedem Insolvenzgläubiger zusteht.

Inhaltsübersicht:

	Rz.
A. Normzweck	1
B. Gesetzliche Systematik	2– 3 a
C. Abs. 1 Verwaltung in der Treuhandphase	4–16
I. Einziehung der Abtretungsbeträge beim Entgeltschuldner	4– 6 a
II. Überprüfung bevorrechtigter Abtretungen	7– 8
III. Verteilung der Beträge	9–14
IV. Motivationsrabatt	15–16
D. Abs. 2 Überwachung des Schuldners	17–23
E. Abs. 3 Rechnungslegung und Aufsicht	24–28
F. Haftung des Treuhänders	29–35
I. Die Haftung des Treuhänders als Verwalter nach Abs. 1	31–34
II. Die Haftung des Treuhänders als Überwacher gem. Abs. 2	35
G. Verfahrensrechtliches	36–37

Literatur:

Siehe § 286.

A. Normzweck

Der Treuhänder soll die Verwaltung der durch die Abtretung erlangten und vom Schuldner zu zahlenden Beträge während der Treuhandphase, sowie die Verteilung an die Gläubiger übernehmen. Durch den Einsatz eines Treuhänders während der sechsjährigen Treuhandphase (Verkürzung von sieben auf sechs Jahre durch das InsOÄndG 2001) soll vor allem die Einbeziehung des **pfändbaren Neuerwerbs des Schuldners** in die Haftungsmasse möglichst kostengünstig gewährleistet werden. Um den Verwaltungsaufwand gering zu halten, erfolgt eine Auskehrung der Beträge an die Gläubiger nur einmal pro Jahr. Durch die Gewährung eines »Motivationsrabatts« in Satz 3 soll es dem Schuldner erleichtert werden, die lange Durststrecke während des sechsjährigen Verfahrens durchzustehen (BT-Drucks. 12/7302 S. 153). Durch die Änderung des Abs. 1 durch das InsOÄndG 2001 soll die Anwendbarkeit der §§ 850 ff. ZPO zur individuellen Bemessung der Höhe der Abtretungsbeträge klargestellt werden. 1

Da es für die Gläubiger schwierig sein wird, die Einhaltung der Obliegenheiten durch den Schuldner zu überwachen (s. hierzu *Scholz* DB 1996, 765 [769]; *Maier/Krafft* BB 1997, 2173 [2176]), gibt Abs. 2 der Gläubigerversammlung die Möglichkeit, den Treuhänder mit der **Überwachung** zu beauftragen, um hiermit bei Bedarf die Einhaltung der Obliegenheiten durch eine neutrale »Überwachungsinstanz« mit Auskunftsermächtigung (§ 295 Abs. 1 Nr. 3 InsO) zu gewährleisten. Die Bezahlung der Aufgabe geht in jedem Fall zu Lasten der Gläubiger, deren Auszahlungsquote sich entweder entsprechend verringert oder die die Vergütung gesondert vorschießen müssen. Durch die kostenpflichtige Übertragung der Überwachung auf den Treuhänder soll gleichzeitig erreicht werden, dass der Schuldner nicht durch schikanöse Überwachungsmaßnahmen der Gläubiger an dem Erreichen der Restschuldbefreiung gehindert wird. Abs. 3 verweist auf die Vorschriften zur **Aufsicht des Insolvenzverwalters** im Regelinsolvenzverfahren (§§ 58, 59 InsO) und gibt dem Insolvenzgericht somit die Möglichkeit, den Treuhänder auch nach der Aufhebung des Insolvenzverfahren zu kontrollieren und ggf. auch zu entlassen. Da die Einberufung einer Gläubigerversammlung außerhalb des Insolvenzverfahrens nicht vorgesehen ist, wird das Recht zur Stellung der entsprechenden Anträge auf die Insolvenzgläubiger übertragen.

B. Gesetzliche Systematik

Die Rechtsstellung des Treuhänders ist in § 292 InsO nur rudimentär bestimmt (*Häsemeyer* Insolvenzrecht, 1998, Rz. 26.31). Die Funktion des gerichtlich eingesetzten Treuhänders ist im bisherigen Gesamtvollstreckungs- und Vergleichsrecht ohne Vorbild (vgl. hierzu auch *Grote* § 288 Rz. 3). Die verfahrensrechtliche Stellung des Treuhänders ist an die des Insolvenzverwalters angelehnt (*Haarmeyer/Wutzke/Förster* Hdb. zur InsO, Kap. 10 Rz. 69) und entspricht der eines Amtswalters (*Häsemeyer* a. a. O., Rz. 26.32), während der Aufgabenbereich des Treuhänders eher dem des Verwaltungstreuhänders entspricht, der zum Teil bei der Durchführung von Vergleichsverfahren eingesetzt wurde und bei dem die Gläubiger aus den Erträgnissen des Schuldnervermögens befriedigt werden sollten (*Bley/Mohrbutter* § 3 Rz. 10 c). Der Treuhänder erhält zwar nicht die Verfügungsbefugnis über das gesamte pfändbare Vermögen des Schuldners, materiell fließt ihm jedoch durch die Abtretung i. d. R. das gesamte Vermögen des Schuldners zu (*Hess/Obermüller* Insolvenzplan, 1998, Rz. 1010). Er ist, was seine Aufgaben aus Abs. 1 betrifft, weder Vertreter des Schuldners noch des Gläubigers (vgl. *Bley/Mohrbutter* § 92 Rz. 36) sondern nach allgemeiner Meinung **doppelseitiger Treuhänder** (*OLG Celle* OLGR 2007, 92 ff.; *Hess/Obermüller* a. a. O., Rz. 1014; so auch *Nerlich/Römermann* InsO, § 292 Rz. 13 m. w. N.; MünchKomm-InsO/*Ehricke* § 292 Rz. 4; HambK-InsO/*Streck* § 292 Rz. 4). 2

Die Übertragung der Überwachungsaufgaben auf den Treuhänder nach Abs. 2 entspricht am ehesten der Überwachungspflicht des Sachwalters nach §§ 91, 92 VglO (vgl. *Bley/Mohrbutter* § 92 Rz. 2). Auch wenn die Überwachungsaufgaben gegenüber denen des § 292 Abs. 2 InsO unterschiedlich sind, so gibt es hier doch einige Parallelen. Der Sachwalter muss gem. § 92 i. V. m. § 39 VglO die Geschäftsführung des 3

§ 292 *Restschuldbefreiung*

Schuldners überwachen. Nach §§ 92, 40 VglO hat er Tatsachen anzuzeigen, die ein Einschreiten des Gerichts erforderlich machen.

3 a Durch das InsOÄndG 2001 wurde der **Beginn der Laufzeit der Abtretung** zeitlich vorverlegt. Sie beginnt nunmehr bereits mit der Eröffnung des Verfahrens, so dass zunächst eine zeitliche Parallelität von Insolvenzverfahren und Laufzeit der Abtretung gegeben ist. Der frühe Beginn der Laufzeit der Abtretung ist allerdings nicht so zu verstehen, dass das Restschuldbefreiungsverfahren und damit die Tätigkeit des Treuhänders bereits mit der Eröffnung des Insolvenzverfahrens beginnt. Auch nach der Reform bleibt das Restschuldbefreiungsverfahren ein selbstständiger Verfahrensabschnitt, der mit der Aufhebung des Insolvenzverfahrens beginnt (s. hierzu auch *Ahrens* § 291 Rz. 2 f. und § 287 Rz. 89 a ff.; MünchKomm-InsO/*Ehricke* § 292 Rz. 11).

C. Abs. 1 Verwaltung in der Treuhandphase

I. Einziehung der Abtretungsbeträge beim Entgeltschuldner

4 Zu den in Abs. 1 geregelten Pflichten des Treuhänders gehören die Unterrichtung des Entgeltschuldners von der Abtretung, der Bildung eines Sondervermögens bzgl. der an ihn treuhänderisch geleisteten Beträge und die jährliche Verteilung dieser Beträge nach Maßgabe des Schlussverzeichnisses und Abs. 1 Satz 3 InsO.

5 Der **Treuhänder unterrichtet den Arbeitgeber oder Sozialleistungsträger** über die Abtretung nach § 287 Abs. 2 Satz 1 InsO. Dies geschieht durch die Übersendung einer Kopie der Abtretungserklärung und des Beschlusses über die vorläufige Erteilung der Restschuldbefreiung (*Smid/Haarmeyer* InsO, § 292 Rz. 4). Eine bestimmte Form ist für die Unterrichtung nicht vorgeschrieben. Nur für die Abtretung der Bezüge öffentlich Bediensteter muss der Treuhänder gem. 411 BGB eine öffentlich oder amtlich beglaubigte Abschrift der Abtretungsurkunde vorlegen (*Nerlich/Römermann* InsO, § 292 Rz. 27). Der Treuhänder hat den Abtretungsschuldner darauf hinzuweisen wann ggf. vorliegende vorrangige Abtretungen nach § 114 Abs. 1 InsO ihre Gültigkeit verlieren. Dagegen gehört es – nach der ersten Erfassung der Einkommenssituation – nicht zu den Aufgaben des Treuhänders, den Schuldner in regelmäßigen Abständen nach Veränderungen seiner Einkommenslage oder seines Wohnsitzes zu befragen. Der Gesetzgeber hat die Mitteilungspflicht des Schuldners über relevante Verhältnisse in § 295 Abs. 1 InsO bewusst als Obliegenheit des Schuldners konstruiert, deren Versäumnis zur Versagung der Restschuldbefreiung führt (dazu *Ahrens* § 295 Rz. 49 ff.). Solche Nachforschungen gehören nur dann zur Tätigkeit des Treuhänders, wenn er von der Gläubigerversammlung mit der Überwachung der Einhaltung der Obliegenheiten beauftragt wurde (*Uhlenbruck/Vallender* InsO, § 292 Rz. 15 und 59; MünchKomm-InsO/*Ehricke* § 292 Rz. 48 und 52). Der Pflichtenkreis des lediglich verwaltenden Treuhänders ist vom Gesetzgeber bewusst klein gehalten worden, nur so rechtfertigt sich auch die auffallend niedrige Mindestvergütung des Treuhänders für seine Tätigkeit.

6 Das Gesetz trifft keine ausdrückliche Bestimmung darüber, inwieweit der Treuhänder auch verpflichtet ist, die **eingehenden Beträge zu überprüfen** oder die von der Abtretung erfassten Bezüge klageweise im Wege der Drittschuldnerklage geltend zu machen. Zum Teil wird daraus abgeleitet, dass dem Treuhänder diese Aufgabe auch nicht zusteht (*Scholz* DB 1996, 765 [769]; zust. *Smid/Haarmeyer* InsO, § 288 Rz. 2). Zu Bedenken ist aber, dass mit der Abtretung nach § 287 Abs. 2 InsO die Verfügungsbefugnis über das pfändbare Einkommen des Schuldners auf den Treuhänder übergegangen ist (vgl. hierzu *Liebich/Mathews* Treuhand und Treuhänder in Recht und Wirtschaft, 1983, S. 46). Der Treuhänder erlangt damit die Stellung eines Amtswalters über zweckgebundenes, nämlich ausschließlich der Restschuldbefreiung dienendes **Sondervermögen** des Schuldners und damit insoweit die Gläubigerstellung (*Häsemeyer* a. a. O., Rz. 26.48 f.). Ihm allein steht eine entsprechende **Prozessführungsbefugnis** für das treuhänderisch gehaltene Sondervermögen zu, und nicht etwa den Insolvenzgläubigern, da zu ihren Gunsten kein Beschlagsrecht hieran begründet wird (*Häsemeyer* a. a. O., Rz. 26.33; zur Zuordnung des Treuguts zum Vermögen des Treuhänders ausf. MünchKomm-InsO/*Ehricke* § 292 Rz. 19).

Der Treuhänder muss daher darauf achten, dass der Arbeitgeber tatsächlich die pfändbaren Beträge abführt und die Vorschriften der **§§ 850 ff. ZPO** beachtet (vgl. zu der Anwendbarkeit der §§ 850 ff. ZPO u. Rz. 6 a). Unter Umständen hat der Treuhänder auch darauf zu achten, ob der Schuldner keine missbräuchliche Wahl der Steuerklasse getroffen hat (*Uhlenbruck/Vallender* InsO, § 292 Rz. 22 m. w. N.;

s. a. *AG Duisburg* ZInsO 2002, 383 [384]; zur missbräuchlichen Wahl der Steuerklasse im Rahmen der Kostenstundung *BGH* 03. 07. 2008 – IX ZB 65/07). Er ist allerdings nicht verpflichtet, immer die für die Gläubiger günstigste Steuerklasse zu wählen (unklar insoweit *Uhlenbruck/Vallender* InsO, a. a. O.). Die Wahl der Steuerklasse IV steht dem Schuldner zu und ist nicht rechtsmissbräuchlich (*AG Duisburg* a. a. O.) Damit kann in der Praxis nur die Wahl der Steuerklasse V rechtsmissbräuchlich sein, wenn der Schuldner geringere Einkünfte hat als sein Ehepartner (zum Verfahren *Uhlenbruck/Vallender* InsO, § 292 Rz. 22). Der Schuldner hat dem Treuhänder gem. § 295 Abs. 1 Nr. 3 InsO auf Verlangen die erforderlichen **Auskünfte** über die Höhe seiner Bezüge und die Anzahl der unterhaltsberechtigten Personen zu erteilen. Dies wird er z. B. dann tun, wenn aufgrund des Alters der Kinder mit einem Abschluss der Ausbildung gerechnet werden kann. Er ist aber ansonsten nicht verpflichtet, regelmäßig beim Schuldner nachzufragen ob sich dessen Situation verändert hat, wenn keine Anhaltspunkte dafür vorliegen. Der Treuhänder muss den Entgeltschuldner im Verzugsfall mahnen und die Beträge notfalls gerichtlich gegen ihn geltend machen (*Hess/Obermüller* a. a. O., Rz. 1011; wie hier HK-InsO/*Landfermann* § 292 Rz. 3; *Kübler/Prütting-Wenzel* InsO, § 292 Rz. 6; MünchKomm-InsO/*Ehricke* § 292 Rz. 19). Entsprechend hat der Gesetzgeber in dem neu eingefügten § 36 Abs. 4 InsO die **Antragsbefugnis** für die z. T. nach den §§ 850 ff. ZPO erforderlichen Anträge von den Gläubigern auf den Verwalter übertragen. Die für einen Rechtsstreit notwendigen Auslagen kann der Treuhänder dem Sondervermögen entnehmen (zust. HK-InsO/*Landfermann* § 292 Rz. 3). Anderenfalls muss er nur tätig werden, wenn die Gläubiger ihm die zur Rechtsverfolgung erforderlichen Kosten vorschießen. § 292 Abs. 2 Satz 3 InsO ist insoweit analog anzuwenden, da ebenso wenig, wie dem Treuhänder zuzumuten ist, die zusätzliche Tätigkeit der Überwachung ohne eine Vergütung durchzuführen, von ihm erwartet werden kann, bzgl. der von ihm für erforderlich erachteten Rechtsverfolgungskosten in die Vorlage zu treten (zur Frage der Prozesskostenhilfe s. Rz. 8; **a.A.** MünchKomm-InsO/*Ehricke* § 292 Rz. 21, der die Tätigkeit des Treuhänders in diesem Fall auch als im Interesse des Schuldners liegend sieht, wobei unklar bleibt, welches Interesse der Schuldner hieran haben könnte).

Der durch das **InsOÄndG 2001** neu gefasste Satz 3 stellt durch den Verweis auf § 36 Abs. 1 Satz 2 und Abs. 4 InsO klar, dass die Vorschriften der ZPO, die den Umfang der Pfändbarkeit des Arbeitseinkommens bestimmen, zum Teil auch in der Treuhandperiode Anwendung finden. Gleichzeitig wird bestimmt, dass die Insolvenzgerichte für die erforderlichen richterlichen Entscheidungen zuständig sind. Damit wurde der in Rspr. und Literatur bestehende Streit über die Anwendbarkeit der einzelnen Vorschriften und die Zuständigkeit der Gerichte (hierzu zuletzt *Fuchs/Vallender* ZInsO 2001, 681 mit zahlreichen Nachweisen; zur Problematik auch *Grote* Einkommensverwertung und Existenzminimum des Schuldners in der Verbraucherinsolvenz, S. 70 ff.) eindeutig geklärt, indem der Gesetzgeber der bereits überwiegend von den Gerichten vertretenen Auffassung folgt (u. a. *OLG Köln* ZInsO 2000, 499 m. Anm. *Grote*; *OLG Frankfurt* NZI 2000, 531; **a. A.** *AG Köln* ZInsO 2001, 139). § 36 InsO nimmt aber ausdrücklich nur auf einen Teil der §§ 850 ff. ZPO Bezug. Nicht anwendbar sind die **§§ 850 b, 850 d, 850 f Abs. 2 und 3 sowie 850 k ZPO**. Wegen der Einzelheiten des Pfändungsumfangs s. u. *Kohte* § 313 Rz. 64 ff.). Nicht geregelt wurde vom Gesetzgeber dagegen die Frage, inwieweit auch bei nach § 114 Abs. 1 InsO privilegierten Abtretungen die §§ 850 ff. ZPO Anwendung finden und wer für entsprechende gerichtliche Entscheidungen zuständig ist. Hier bleibt es bei der Situation, dass der Umfang der rein zivilrechtlichen Abtretung von Forderungen nur durch die Prozessgerichte zu klären sind (str. vgl. hierzu *Grote* Einkommensverwertung, S. 42 ff. m. w. N.; *Fuchs/Vallender* ZInsO 2001, 681 [686]).

6 a

II. Überprüfung bevorrechtigter Abtretungen

Ebenso hat der Treuhänder die Berechtigung von Absonderungsrechten zu überprüfen, die seiner Abtretung vorgehen. Insbesondere **Entgeltabtretungsklauseln in Allgemeinen Geschäftsbedingungen** sind nach der Rspr. des BGH häufig unwirksam (vgl. hierzu *Kohte* § 313 Rz. 46 ff.; *Grote* 309 Rz. 13; **a. A.** *Uhlenbruck/Vallender* InsO, § 292 Rz. 20; wie hier wohl MünchKomm-InsO/*Ehricke* § 292 Rz. 20). Es ist auch nicht lebensfremd anzunehmen, dass beim Entgeltschuldner rückdatierte oder anderweitig anfechtbare Abtretungen vorgelegt werden. Im Regelfall wird bereits der Treuhänder als Insolvenzverwalter im Verbraucherinsolvenzverfahren die Berechtigung der nach § 114 Abs. 1 InsO vorrangigen Abtretung überprüft haben (vgl. *Kohte* § 313 Rz. 7). Es ist aber nicht unwahrscheinlich, dass eine Abtretung erst später offen gelegt wird, oder beim Bestehen mehrerer Abtretungen, die erstrangige vollständig befriedigt wird, so dass die zweitrangige zum Zuge kommt. Hier gilt das gleiche wie bei der Geltendma-

7

chung des pfändbaren Sondervermögens: Der Treuhänder ist kraft seiner Rechtsstellung der einzige, der Ansprüche aus der Abtretung geltend machen kann. Ihm obliegt es, das Sondervermögen gegen rechtswidrige Zugriffe Dritter (etwa durch unberechtigte Absonderungsansprüche) zu schützen (so für den Insolvenzverwalter *Häsemeyer* a. a. O., Rz. 26.25). Aber auch diese Aufgabe ist von einem Kostenvorschuss der Gläubiger abhängig (s. o. Rz. 6).

8 Dem Treuhänder kann zur Verfolgung rechtlicher Interessen zum Schutz der Haftungsmasse auch ein **Anspruch auf Gewährung von Prozesskostenhilfe** zustehen. § 116 Satz 1 Nr. 1 ZPO sieht die Gewährung von Prozesskostenhilfe für eine Partei kraft Amtes vor, wenn die Kosten aus der verwalteten Vermögensmasse nicht aufgebracht werden können und den wirtschaftlich Beteiligten die Kostenaufbringung nicht zumutbar ist. Für den Konkursverwalter ist allgemein anerkannt, dass diesem grds. ein Anspruch auf Prozesskostenhilfe zusteht (zuletzt *BGH* NJW 1998, 1229 in Rechtsstreitigkeiten für die Konkursmasse; *OLG Schleswig* ZIP 1997, 1427 f.; *OLG Frankfurt/M.* ZIP 1997, 1600; *OLG Rostock* ZIP 1997, 1710; MünchKomm-ZPO/*Wax* 1992, § 116 Rz. 14; *Baumbach/Lauterbach/Hartmann* § 116 ZPO Rz. 6; *Zöller/Philippi* § 116 ZPO Rz. 2; *Pape* Wprax 8/94 S. 5; *Kilger* FS für Merz, 1992, S. 253, 275 ff.; *Haarmeyer/Wutzke/Förster* GesO, § 8 Rz. 29 m. zahlr. Nachw.).
Auch der Treuhänder im Restschuldbefreiungsverfahren wird aufgrund eines für die Anwendung des § 116 ZPO erforderlichen amtlichen Treuhandverhältnisses tätig (*Baumbach/Lauterbach/Hartmann* § 116 ZPO Rz. 6). Er ähnelt aufgrund seiner gerichtlichen Bestellung und als **uneigennütziger doppelseitiger Treuhänder** in seiner Rechtsstellung dem Insolvenzverwalter (zur Rechtsstellung des Konkursverwalters vgl. *Thomas/Putzo* § 51 ZPO Rz. 25 ff.; *Baumbach/Lauterbach/Hartmann* § 50 ZPO Rz. 610 f.). Auch der Treuhänder in der Wohlverhaltensperiode ist daher als Partei kraft Amtes i. S. d. § 116 Satz 1 Nr. 1 ZPO anzusehen, und ihm ist unter der Maßgabe der Erfüllung der weiteren Voraussetzungen der §§ 114 ff. ZPO Prozesskostenhilfe zu gewähren, wenn eine Prozessführung zur Verwirklichung der Haftungsmasse aussichtsreich erscheint (zust. MünchKomm-InsO/*Ehricke* § 292 Rz. 20; so auch *Uhlenbruck/Vallender* InsO, § 292 Rz. 24 mit dem zutreffenden Hinweis auf die Kostenvorschusspflicht wirtschaftlich Beteiligter gem. § 116 Nr. 1 ZPO mit weiteren Nachw.).

III. Verteilung der Beträge

9 Die Beträge, die der Treuhänder erlangt, hat er nur **einmal jährlich an die Insolvenzgläubiger auszuschütten** (zum genauen Zeitpunkt der Auszahlung *Nerlich/Römermann* InsO, § 292 Rz. 43 f.). Eine Verteilung an Neugläubiger und damit auch an Gläubiger nach Eröffnung entstandener Unterhaltsansprüche ist ausgeschlossen (ausf. MünchKomm-InsO/*Ehricke* § 292 Rz. 29 f.). Zur Verteilungsmasse gehören die Beträge, die er aufgrund der Abtretung erlangt, aber auch die Hälfte der Erbschaft nach § 295 Abs. 1 Satz 2 InsO, die Zahlungen des selbstständigen Schuldners nach § 295 Abs. 2 InsO sowie etwaige freiwillige Leistungen des Schuldners. Das erste Jahr beginnt mit dem Tag nach der Aufhebung des Insolvenzverfahrens (str., s. o. *Ahrens* § 287 Rz. 89; dazu auch *Grote* § 298 Rz. 10), zur Fristberechnung gelten die allgemeinen Regeln.

9a Durch die Einführung des **Stundungsmodells** durch das **InsOÄndG 2001** erfolgt eine Ausschüttung an die Gläubiger erst dann, wenn die gestundeten Verfahrenskosten durch die eingegangenen Beträge gedeckt sind (s. auch *Kohte* § 4a Rz. 6 ff.). Dies betrifft nicht nur die während der Treuhandperiode entstandenen Verfahrenskosten, insbesondere für die Treuhändervergütung, sondern alle gestundeten Beträge, also auch die, die im Insolvenzverfahren nicht aus der Masse zurückgeführt werden konnten. Erst wenn alle Kosten getilgt sind, erfolgen Ausschüttungen an die Gläubiger. Eine Ausnahme von diesem Grundsatz bilden aber **gestundete Rechtsanwaltskosten**, sofern dem Schuldner gem. § 4a Abs. 2 InsO ein Rechtsanwalt beigeordnet wurde. Diese Kosten sollen nicht einseitig dem Gläubiger auferlegt werden, da sie nicht zwingend durch die Abwicklung eines Insolvenzverfahrens veranlasst, sondern Ausdruck einer besonderen Fürsorge des Staates gegenüber dem rechtsunkundigen Bürger sind (BT-Drucks. 14/5680 S. 29 zu Nr. 16). Diese Rechtsanwaltskosten können daher während der Treuhandperiode nicht ausgeglichen werden. Sie werden also grds. bis zur Erteilung der Restschuldbefreiung gestundet und der Schuldner wird sie gem. § 4b InsO nach der Beendigung der Treuhandperiode in Raten berichtigen müssen, wenn sein Einkommen die dort bestimmten Einkommensgrenzen überschreitet. Da während des Restschuldbefreiungsverfahrens die übrigen Verfahrenskosten regelmäßig ausgeglichen werden dürften, die Rechtsanwaltskosten aber auf jeden Fall in voller Höhe stehen bleiben, dürfte die Konstellation, dass der Schuldner nach Erteilung der Restschuldbefreiung noch die Anwaltskosten auszugleichen hat, zum Standardfall des Anwendungsbereiches von § 4 b InsO werden.

Das **Schlussverzeichnis** bildet die Grundlage für die Verteilung. Allerdings ist nach § 289 Abs. 3 InsO **10** eine Restschuldbefreiung auch dann möglich, wenn das Verfahren nach § 211 i. V. m. § 208 InsO wegen **Masseunzulänglichkeit** eingestellt worden ist. In vielen Fällen wird dann das Verfahren noch nicht bis zum Schlussverzeichnis gediehen sein (vgl. *Häsemeyer* a. a. O., Rz. 26.32 und 26.56). In diesen Fällen muss das Gericht analog den Vorschriften über die Schlussverteilung einen Verteilungsschlüssel festlegen, der für den Treuhänder verbindlich ist und eine Verteilung während der Treuhandphase ermöglicht (so auch *Kübler/Prütting-Pape* InsO, § 208 Rz. 16 f.; zust. *Kübler/Prütting-Wenzel* InsO, § 292 Rz. 9; Münch-Komm-InsO/*Ehricke* § 292 Rz. 28). Dies würde aber zumindest ein verkürztes Anmeldeverfahren voraussetzen, währenddessen weitere Masseverbindlichkeiten auflaufen können, die dann letztlich durch die Stundungsregelung gedeckt werden müssten. Denn nach dem Konzept der InsO und des neu eingeführten Stundungsmodells darf das Erreichen des Restschuldbefreiungsverfahrens nicht an der Vermögenslosigkeit des Schuldners scheitern. Alle hierzu unabdingbar notwendigen Kosten werden durch das Stundungsmodell abgedeckt. In der Verbraucherinsolvenz sind Einstellungen nach §§ 208, 211 InsO bisher die Ausnahme gewesen, da in diesen Fällen regelmäßig keine Masseverbindlichkeiten vorhanden sind (zum Problem der Masseverbindlichkeiten durch die Mietwohnung des Schuldner vgl. *Kohte* FS für Uhlenbruck, S. 217 ff. m. w. N.; sowie zur Reform s. FK-InsO/*Wegener* § 109 Rz. 3 ff.).

Problematisch wird die Verteilung in der Treuhandphase aber auch dann, wenn sich nach der Aufhebung **11** des Insolvenzverfahrens eine **Veränderung der Forderungsanteile** der Gläubiger untereinander ergibt. Dies wird in der Verbraucherinsolvenz vor allem dann der Fall sein, wenn der nach § 114 Abs. 1 InsO vorrangig zu bedienende Abtretungsgläubiger volle oder teilweise Befriedigung erfährt, bevor es zu einer Verteilung an alle Insolvenzgläubiger kommt. Es stellt sich dann die Frage, mit welcher Quote der teilbefriedigte Gläubiger bei der weiteren Verteilung zu berücksichtigen ist. Für das Insolvenzverfahren trifft § 190 i. V. m. § 52 InsO diesbezüglich eine Regelung, indem der Insolvenzgläubiger, dem gleichzeitig ein Absonderungsrecht zusteht, bei der Schlussverteilung mit seiner Forderung nur in der Höhe berücksichtigt wird, in der er mit seinem Absonderungsrecht nachweislich ausgefallen ist oder auf eine Befriedigung verzichtet hat (vgl. FK-InsO/*Kießner* § 190 Rz. 20 f.; *Kohte* § 314 Rz. 21 f.).

Auch bei der Verteilung der vereinnahmten Beträge in der Treuhandphase darf es **keine Doppelberück-** **12** **sichtigung** in dem Sinne geben, dass der Gläubiger mit seiner vollen Forderung bei der Verteilung berücksichtigt wird und parallel dazu in vollem (oder nach § 114 Abs. 1 InsO nur zeitlich begrenztem) Umfang aus der Abtretung vorgehen kann. Auch in der Treuhandphase darf der Abtretungsgläubiger bei der Verteilung nur mit seinem **Ausfall** berücksichtigt werden (*Hess/Obermüller* a. a. O., Rz. 1033). Aufgrund des Vorranges der Abtretung ist aber bis zum Schlusstermin eine Bewertung des künftigen Ausfalles oft nicht möglich, da unklar ist, welche Beträge dem Abtretungsgläubiger aufgrund seines vorrangigen Anspruchs nach § 114 Abs. 1 InsO in den ersten Jahren der Treuhandphase noch zufließen werden. Für eine exakte und mathematisch genaue Berücksichtigung des Abtretungsrechts müsste daher nach dem Ablauf der Vorrangperiode des § 114 Abs. 1 InsO eine Anpassung des Verteilungsschlüssels vorgenommen werden. Eine Aktualisierung des Schlussverzeichnisses sieht das Gesetz nach Aufhebung des Insolvenzverfahrens nicht vor. Vom Gesetz her muss die Verwertung schon vor der Schlussverteilung abgeschlossen sein (so auch für die KO *Jaeger/Weber* § 153 Rz. 4). Dies war aber auch im bisherigen Konkursrecht nicht immer der Fall. War die Verwertung nicht abgeschlossen, so blieb dem absonderungsberechtigten Gläubiger nichts anderes übrig, als seinen Ausfall abzuschätzen und in Höhe des geschätzten Ausfalls auf abgesonderte Befriedigung zu verzichten (*Jaeger/Weber* § 153 Rz. 2; ausf. *Klasmeyer/Elsner* FS für Merz, 1992, S. 303, 307). Diese Lösung ist auch für die besondere Problematik opportun, die durch § 114 Abs. 1 InsO entsteht. Im Interesse der Rechtsklarheit für alle Beteiligten und der Verfahrensökonomie ist dem Absonderungsberechtigten zuzumuten, **den Restwert seiner Sicherheit abzuschätzen** (vgl. hierzu ausf. *Grote* ZInsO 1999, 31 [33 f.]; im Ergebnis auch *Moch* NZI 1998, 68; *Uhlenbruck/Vallender* InsO, § 292 Rz. 36; zust. auch HK-InsO/*Landfermann* § 292 Rz. 6; *Kübler/Prütting-Wenzel* InsO, § 292 Rz. 9 b; *Graf-Schlicker/Kexel* InsO, § 292 Rz. 4; *Hess* InsO 2007, § 292 Rz. 44).

Der absonderungsberechtigte Abtretungsgläubiger muss daher spätestens im Verteilungsverfahren bis zum **13** Schlusstermin nicht nur verbindlich erklären, inwieweit er bislang ausgefallen ist, (vgl. hierzu *Kohte* § 314 Rz. 22) sondern auch inwieweit er zur Befriedigung seiner Forderung auch nach Abschluss des Insolvenzverfahrens entweder aus der Sicherheit vorgehen will oder auf sein Absonderungsrecht verzichtet. Hierzu muss er den realisierbaren Wert der Sicherheit möglichst genau schätzen. Eine fehlerhafte Schätzung wirkt

sich dabei in jedem Fall zum Nachteil des Gläubigers aus (vgl. hierzu das anschauliche Berechnungsbeispiel bei *Klasmeyer/Elsner* a. a. O., S. 303 [307]).
Legt der Gläubiger weder eine Verzichtserklärung, noch einen ordnungsgemäßen Nachweis (zu den Anforderungen an den Nachweis *Klasmeyer/Elsner* a. a. O., S. 303 [306]) über seinen Ausfall vor, wird er bei der Schlussverteilung nicht berücksichtigt:
Verzichtet er auf einen Teil des Absonderungsrechts (zu den Voraussetzungen an die Verzichtserklärung vgl. *OLG Hamm* ZIP 1994, 1373 [1375]), so wird dieser Teil in der Tabelle rechtskräftig festgestellt und die Forderung nimmt in dieser Höhe an der Schlussverteilung und der Verteilung in der Treuhandphase teil (vgl. für den Konkurs *Kuhn/Uhlenbruck* § 64 Rz. 13). Für diesen Teil der Forderung kann der Gläubiger dann nicht mehr aus seiner Abtretung vorgehen (hierzu schon *RG* RGZ 64, 425 [428]).
Meldet der Abtretungsgläubiger in Kenntnis seines Absonderungsrechts seine Forderung im Insolvenzverfahren vorbehaltlos an und unterrichtet er den Treuhänder (als Verwalter im vereinfachten Insolvenzverfahren) auch nicht im Verteilungsverfahren über sein Absonderungsrecht, so **verwirkt er sein Recht auf abgesonderte Befriedigung** (*Kuhn/Uhlenbruck* § 64 Rz. 15; *OLG München* NJW 1959, 1542).

14 Der Treuhänder hat die eingehenden Gelder mündelsicher und nach Möglichkeit verzinslich anzulegen und **von seinem Vermögen getrennt zu halten** (HK-InsO/*Landfermann* § 292 Rz. 4 ff.; *Hess/Obermüller* a. a. O., Rz. 1020; zur Art der Kontoführung und Ansprüchen bei einem Insolvenzverfahren über das Vermögen des Treuhänders vgl. *ders.* a. a. O., Rz. 1021 ff.). Es entspricht der immanenten Pflicht eines jeden Treuhandverhältnisses, keine riskanten Geschäfte mit dem Treuhandvermögen einzugehen (*Hess/Obermüller* a. a. O., Rz. 716). Die Verteilung erfolgt einmal jährlich nach Abzug der Kosten des Treuhänders und des »Motivationsrabatts« (s. u. Rz. 15). Bei besonderen Bedürfnissen des Schuldners oder der Gläubiger, insbes. beim Eingang größerer Beträge, kann der Treuhänder auch Abschlagsausschüttungen vornehmen (so auch *Hess/Obermüller* Insolvenzplan, 1998 Rz. 1028 f.) Zu den Folgen einer möglichen Insolvenz des Treuhänders auf das Treuhandvermögen vgl. *Smid/Haarmeyer* InsO, § 292 Rz. 4; *Hess/Obermüller* a. a. O., Rz. 1022 m. w. N.

IV. Motivationsrabatt

15 Abs. 2 Satz 3 ist bei der Verabschiedung des Gesetzes erst durch den Rechtsausschuss als zusätzlicher Anreiz für den Schuldner, die siebenjährige Treuhandphase durchzustehen, eingeführt worden (BT-Drucks. 12/7302 S. 153). Die Treuhandperiode ist durch das InsOÄndG 2001 nunmehr auf sechs Jahre verkürzt worden, entsprechend ist der **»Motivationsrabatt«** (*Scholz* DB 1996, 765 [769]) für das siebte Jahr gestrichen worden. Dieser »Motivationsrabatt« gewährt dem Schuldner in den letzten zwei Jahren einen Anspruch auf Rückzahlung eines Teils der eingesammelten Beträge. Von den Beträgen, die während des fünften Jahres der Treuhandphase beim Treuhänder eingehen, hat er **10%** an den Schuldner auszukehren und für das sechste Jahr **15%**. Nach dem Wortlaut ist bei der Zählung der Jahre an die Aufhebung des Verfahrens anzuknüpfen. Dies ist offenbar ein Redaktionsversehen des Reformgesetzgebers, der bei der Änderung des § 292 zum 01. 12. 2001 offenbar übersehen hat, dass die Laufzeit der Abtretung nunmehr nicht mehr mit der Aufhebung, sondern bereits mit der Eröffnung des Insolvenzverfahrens beginnt. Richtigerweise muss daher an die Eröffnung angeknüpft werden, der Gesetzgeber wollte ganz offenbar dem Schuldner in den letzten beiden Jahren eine Motivation zukommen lassen. Bemessen wird der Betrag nach den beim Treuhänder eingegangenen Beträgen, nicht nach den nach Abzug der Kosten auszuschüttenden Beträgen (so auch HK-InsO/*Landfermann* § 292 Rz. 7; *Uhlenbruck/Vallender* InsO, § 292 Rz. 47). Die von *Wenzel* (*Kübler/Prütting-Wenzel* InsO, § 292 Rz. 9 e) vertretene Auffassung, wonach bei der Ermittlung des Rabatts zunächst die Treuhänderkosten in Abzug zu bringen seien, findet im Gesetz keinen Anhalt (diese Meinung wird allerdings neuerdings auch von *Ehricke* MünchKomm-InsO, § 292 Rz. 37 vertreten). Zahlt der Schuldner freiwillig die Mindestgebühr des Treuhänders zur Deckung der Kosten, so ist von diesem Betrag kein Rabatt zu ermitteln. Ob die Rückzahlungen tatsächlich dazu führen, dass viele Schuldner die lange Treuhandphase durchstehen, bleibt abzuwarten (krit. hierzu *Kohte* ZIP 1994, 184 [186]). Die Auszahlung wird zur Vereinfachung des Verwaltungsaufwandes **einmal jährlich** erfolgen (vgl. Rz. 9). Erfasst vom Motivationsrabatt sind nach dem eindeutigen Wortlaut und dem Normzweck von Satz 3 nicht nur die von der Abtretung erfassten Bezüge, sondern **auch sonstige Leistungen**, wie etwa die Hälfte der Erbschaft oder Zahlungen, die der Treuhänder nach § 295 Abs. 2 InsO erhält. Die von *Leipold* vertretene Ansicht, den an den Treuhänder gelangten erbrechtlichen Erwerb von der Rabattregelung auszunehmen (*Leipold* Erbrechtlicher Erwerb und Zugewinnausgleich im Insolvenzverfahren

und bei der Restschuldbefreiung, in FS für Gaul, 1997, S. 367, 377), ist abzulehnen (so auch Münch-Komm-InsO/*Ehricke* § 292 Rz. 36). Auch wenn der Gesetzgeber, wie *Leipold* vermutet, bei der Schaffung der Regelung in erster Linie den Neuerwerb des Schuldners im Auge gehabt haben mag, ist die Regelung auch für den erbrechtlichen Erwerb interessengerecht (so auch *Kübler/Prütting-Wenzel* InsO, § 292 Rz. 9 c). Denn mit zunehmender Dauer der Treuhandphase wird auch die Versuchung des Schuldner wachsen, eine möglicherweise anfallende Erbschaft durch Ausschlagung zu umgehen. Dies wollte der Gesetzgeber schon durch die »weiche« Regelung des § 295 Abs. 1 Nr. 2 InsO verhindern (BT-Drucks. 12/2443 S. 267 zu Nr. 33, s. u. *Ahrens* § 295 Rz. 36). Hierzu passt die Ausdehnung des Motivationsrabatts auch auf diese Beträge (so auch HK-InsO/*Landfermann* § 292 Rz. 7).

Durch den mit dem InsOÄndG 2001 eingefügten **Satz 5** wird die Ausschüttung des »Motivationsrabatts« für den Fall eingeschränkt, dass die dem Schuldner gestundeten Verfahrenskosten noch nicht durch die eingegangenen Beträge ausgeglichen sind. **15 a**

Aber auch für diesen Fall wird der »Motivationsrabatt« nicht ganz gestrichen, da er vom Gesetzgeber immer noch als hilfreiches Instrumentarium zur Erreichung der Restschuldbefreiung angesehen wird. Um den Schuldner aber in der Treuhandperiode **nicht besser zu stellen als** er in den Jahren **nach der Erlangung der Restschuldbefreiung** steht, wenn er die restlichen gestundeten Kosten in Raten zurückzahlen muss (BT-Drucks. 14/5680 S. 29 zu Nr. 16), soll der »Motivationsrabatt« nur dann ausgezahlt werden, wenn der Schuldner die Einkommensgrenze nach § 115 Abs. 1 ZPO nicht überschreitet.

Der neue Abs. 1 Satz 5 verweist allgemein auf die Kosten nach § 4 a InsO, von seinem Wortlaut her also **15 b** auch auf gestundete Kosten des beigeordneten Rechtsanwalts. Es stellt sich aber die Frage, ob Satz 5 nicht dahingehend einschränkend auszulegen ist, dass die Auszahlung des Motivationsrabatts uneingeschränkt zu erfolgen hat, wenn nur noch die Rechtsanwaltskosten gestundet sind und die übrigen Verfahrenskosten bereits ausgeglichen sind. Die Wertung des Gesetzgebers, der Schuldner solle während der Dauer Treuhandperiode nicht besser stehen als nach der Treuhandperiode, kann nicht allein auf die ihm verbleibenden Auszahlungsbeträge bezogen werden. Hintergrund für die eingeschränkte Ausschüttung ist nicht nur, den Schuldner nach Erlangung der Restschuldbefreiung vor unerwarteten Einkommenseinbußen zu schützen, vielmehr ist hierin die immanente Wertung enthalten, dass vor einer Ausschüttung des Motivationsrabatts zu Gunsten des Schuldners zunächst die Verfahrenskosten zu berichtigen sind. Von diesem Prinzip soll nur dann eine Ausnahme gemacht werden, wenn der Schuldner die festgelegten Mindesteinkommensgrenzen unterschreitet. Diese Folge tritt aber dann nicht ein, wenn **nur noch Rechtsanwaltskosten** gestundet sind. Denn der einbehaltene Motivationsrabatt kommt dann nicht dem Ausgleich der gestundeten Kosten zu Gute, sondern wird ausschließlich an die Gläubiger verteilt. Der Schuldner wäre im Fall der Stundung von Rechtsanwaltskosten doppelt gestraft: Zum einen werden die Kosten während der Treuhandperiode nicht getilgt und er muss sie nach der Erteilung der Restschuldbefreiung berichtigen, zum anderen würde ihm der Motivationsrabatt verwehrt. Der Gesetzgeber hat den Motivationsrabatt anlässlich der Einführung des Stundungsmodells bewusst nicht gestrichen, sondern trotz der Verfahrenskostenstundung durch die Installation einer komplizierten Regelung erhalten (hierzu unten Rz. 15 c). Damit hat er zum Ausdruck gebracht, wie wichtig aus seiner Sicht dieser zusätzliche Anreiz für den Schuldner ist. In der Begründung (BT-Drucks. 14/5680 S. 29 zu Nr. 16) weist der Gesetzgeber ausdrücklich darauf hin, dass die Auszahlung des Motivationsrabatts auch den Gläubigern zu Gute kommt, da der Schuldner hierdurch angehalten wird, seinen Obliegenheiten nachzukommen. Zu dieser Zielsetzung würde es nicht passen, dem Schuldner den Motivationsrabatt vorzuenthalten, ohne dass hiermit ein Ausgleich der Verfahrenskosten verbunden ist. Da die gestundeten Rechtsanwaltskosten die Auszahlungen an die Gläubiger nicht schmälern, ist auch kein Grund dafür ersichtlich, das sie den Motivationsrabatt des Schuldners verringern. Die Vorschrift ist daher insoweit ergänzend auszulegen, dass der Schuldner einen Anspruch auf Auszahlung eines ungekürzten Motivationsrabatts unabhängig von einer Einkommensprüfung nach § 115 Abs. 1 ZPO auch dann hat, wenn die Verfahrenskosten **mit Ausnahme der Rechtsanwaltskosten** auf dem Stundungskonto ausgeglichen sind (str., zust. MünchKomm-InsO/*Ehricke* § 292 Rz. 32; **a. A.** *Kübler/Prütting-Wenzel* InsO, § 292 Rz. 9 h; HambK-InsO/*Streck* § 292 Rz. 7).

In anderen Fällen kommt eine Ausschüttung nur nach einer **vorherigen Einkommensprüfung** des **15 c** Schuldners in Betracht. Mit dieser Regelung hat der Gesetzgeber allerdings einen komplizierten Weg gewählt, denn die Errechnung des Betrages ist nur durch die Ermittlung individueller Daten (z. B. Miethöhe) beim Schuldner möglich. Der Treuhänder hat den Schuldner daher aufzufordern, die erforderlichen Daten zu liefern und durch geeignete Unterlagen zu belegen. Bei der Berechnung ist vom Treuhänder festzustellen, wie viel dem Schuldner von seinem – nicht durch die Abtretung geschmälerten – Einkommen verbleiben würde, wenn er die Raten zu zahlen hätte (zur Berechnung i. E. *Zöller/Philippi* ZPO § 115 Rz. 20 ff.; zu den neuen Einkommensgrenzen *Zimmermann* ZVI 2005, 168). Von dem nach § 115 Abs. 1 ZPO einzusetzenden Einkommensbeträgen sind also die fiktiv zu zahlenden Raten abzuziehen. Dieser Wert ist mit dem aktuellen pfändungsfreien Einkommen des Schuldners zu vergleichen. Unterschreitet dies den ermittelten Vergleichsbetrag oder ist er gleich hoch, so ist ihm der volle »Motivationsrabatt« auszuzahlen. Bei einer Überschreitung seines Einkommens erhält der Schuldner dagegen keinen – auch keinen anteiligen – »Motivationsrabatt«. Die eingesparten Beträge werden vielmehr zum Ausgleich der gestundeten Kosten verwandt.

16 Für die Auskehrung des Rabatts spielt es keine Rolle, in welcher Höhe der Treuhänder in den vorangegangenen Jahren Zahlungen erhalten hat, ein **Mittelwert** wird grds. nicht gebildet (vgl. *Scholz* DB 1996, 765 [769]). Der Motivationsrabatt steht **auch dem selbstständigen Schuldner** zu, dem nach § 295 Abs. 2 InsO weitgehend freigestellt ist, wann er die ihm obliegenden Leistungen erbringt (vgl. *Ahrens* § 295 Rz. 64). Allerdings ist beim selbstständigen Schuldner bei der Ermittlung des Rabatts ein Mittelwert der zurückliegenden Jahre zu Grunde zu legen, um zu verhindern, dass bei Zahlung aller Beträge erst im letzten Jahr der Wohlverhaltensperiode ein unangemessener Rabatt an den Schuldner zurückfließt (zust. MünchKomm-InsO/*Ehricke* § 292 Rz. 38). Die **Berechnung** des Rabatts erfolgt **von dem gesamten an den Treuhänder geflossenen Betrag** und nicht von dem zuvor um die Treuhändervergütung gekürzten.

Der Anspruch des Schuldners auf den Motivationsrabatt ist für Neugläubiger, nicht aber für Insolvenzgläubiger grds. pfändbar (s. auch *Ahrens* § 294 Rz. 12; MünchKomm-InsO/*Ehricke* § 292 Rz. 39).

D. Abs. 2 Überwachung des Schuldners

17 Grds. obliegt dem Treuhänder nicht die Aufgabe, die Erfüllung der Obliegenheiten des Schuldners zu überwachen (*Häsemeyer* a. a. O., Rz. 26.34; *Wittig* WM 1998, 209 [212]). Abs. 2 gibt der **Gläubigerversammlung** aber die Möglichkeit, dem Treuhänder die Aufgabe der Überwachung des Schuldners zu übertragen. Da die Gläubigerversammlung kein Instrument der Treuhandphase ist und die Voraussetzungen für ihre Einberufung nach der Aufhebung des Insolvenzverfahrens nicht mehr vorliegen, muss die Übertragung der Überwachung damit **spätestens im Schlusstermin** erfolgen (HK-InsO/*Landfermann* § 292 Rz. 10; *Kübler/Prütting-Wenzel* InsO, § 292 Rz. 12; *Smid/Haarmeyer* InsO, § 292 Rz. 7; **a. A.** *Römermann*, der eine Beschlussfassung der Gläubigerversammlung auch in der Treuhandperiode für möglich hält.). Die Übertragung nach Abs. 2 kann nicht durch einzelne Gläubiger oder eine Mehrheit der Gläubiger nachträglich während der Treuhandphase erfolgen (so auch MünchKomm-InsO/*Ehricke* § 292 Rz. 42). Dies ergibt sich aus der Systematik des Gesetzes. Der Gesetzgeber hat in Abs. 3 im Bewusstsein der Tatsache, dass eine Gläubigerversammlung in der Treuhandphase nicht mehr einberufen wird, das Antragsrecht zur Entlassung des Treuhänders abweichend von § 59 InsO von der Gläubigerversammlung auf die einzelnen Insolvenzgläubiger übertragen. Für den Übertragung der Überwachungsaufgabe hat der Gesetzgeber eine solche Anpassung nicht vorgenommen. Durch die frühzeitige Klärung, ob eine Überwachung des Schuldners erfolgen soll, wird auch die Auswahl der Person des Treuhänders erleichtert, da schon vor der Bestimmung des Treuhänders nach § 291 Abs. 2 InsO klar ist, ob die einzusetzende Person auch Überwachungsaufgaben wahrzunehmen hat und insoweit höhere Anforderungen an die Unabhängigkeit an sie zu stellen sind (im Erg. auch HK-InsO/*Landfermann* § 292 Rz. 10).

18 Der Treuhänder muss die Überwachung mit übernehmen, wenn er die Verwaltungsaufgaben nach Abs. 1 übernimmt. Er hat **kein freies Ablehnungsrecht** bzgl. der Übernahme der Überwachungsaufgabe (so auch *Kübler/Prütting-Wenzel* InsO, § 292 Rz. 13).

Er muss aber nur zur Überwachung tätig werden, wenn die hierfür gesondert zu zahlende Vergütung entweder aus den Abtretungsbeträgen gedeckt ist oder von den Gläubigern vorgeschossen wird (*Häsemeyer* a. a. O., Rz. 26.34). Zur Höhe der hierfür nach dem Entwurf der Vergütungsverordnung vorgesehenen Vergütung s. u. *Grote* § 293 Rz. 11 ff. Das Überwachungsniveau wird sich hierbei auch nach der Vergütungsfestsetzung nach § 15 Abs. 2 InsVV richten. Auch die notwendigen Auslagen für die Überwachung müssen gedeckt sein, da vom Sinn der Vorschrift her der Treuhänder nur tätig werden soll, wenn die gesamten hiermit verbundenen Kosten gedeckt sind.

Nur wenn die Vergütung des Treuhänders für die Tätigkeit nach Abs. 1 und der dem Schuldner in den letzten Jahren der Treuhandphase zustehende Motivationsrabatt von den beim Treuhänder eingegangenen Beträgen gedeckt sind, können zusätzliche Beträge für die Überwachung des Schuldner verwendet werden. Ist dies nicht der Fall, so ist der Treuhänder nur so weit zur Überwachung verpflichtet, als von Gläubigerseite **Beträge für die Überwachung vorgeschossen** werden. Das Gesetz sieht keine Bestimmung dahingehend vor, wer von Seiten der Gläubiger die Vergütung vorzuschießen hat, und inwieweit den Gläubigern untereinander Ausgleichsansprüche zustehen. Dies zu regeln bleibt den Gläubigern überlassen, Ausgleichsansprüche können nach den allgemeinen Regeln des Zivilrechts bestehen (hierzu MünchKomm-InsO/*Ehricke* § 292 Rz. 47).

Aus dem Vorrang der Kostendeckung und dem Begriff des Vorschusses ergibt sich aber ein Anspruch des vorleistenden Gläubigers auf bevorzugte Befriedigung aus den Abtretungsbeträgen, wenn – unabhängig vom konkreten Erfolg der Überwachungsmaßnahmen – zu einem späteren Zeitpunkt wieder Beträge zur Verteilung an die Gläubiger anstehen. Denn seine Vorschussleistung ist durch den Beschluss der Gläubigerversammlung durch die Gemeinschaft der Gläubiger legitimiert.

Ist die Vergütung weder gedeckt noch vorgeschossen, **ruht der Überwachungsauftrag** des Treuhänders, bis die zur Überwachung notwendige zusätzliche Vergütung zu einem späteren Zeitpunkt wieder zur Verfügung steht (so auch MünchKomm-InsO/*Ehricke* § 292 Rz. 42).

Überträgt die Gläubigerversammlung dem Treuhänder die Überwachung des Schuldners, so hat das Gericht diese Tatsache im Beschluss nach § 291 Abs. 2 InsO festzustellen. Die **Rechtsgrundlage** für die Überwachungstätigkeit unterscheidet sich von der für die Verwaltungstreuhand nach Abs. 1. Diese wird als Treuhandschaft öffentlichen Rechts unmittelbar durch das Gesetz und den Beschluss nach § 291 Abs. 2 InsO begründet (vgl. zur Definition *Liebich/Mathews* a. a. O., S. 408), während sich der Überwachungsauftrag als eine gesetzlich geregelte rechtsgeschäftliche Treuhand gestaltet, da sie von einem freiwilligen Beschluss der Gläubigerversammlung abhängt. Rechtsgrundlage für die Überwachungstätigkeit sind zunächst die zwingenden Regelungen der §§ 292 Abs. 2 und 3 i. V. m. § 295 InsO, die den Beteiligten anstelle freier Vereinbarungen anheimgestellt werden (vgl. hierzu *Liebich/Mathews* a. a. O., S. 327 und zur ähnlichen Konstruktion des Gläubigerausschusses S. 337). Subsidiär kommen die allgemeinen rechtsgeschäftlichen Regelungen, insbes. die §§ 670, 675 BGB zur Anwendung (s. u. Rz. 35).

19

Zur Überwachung gehört nicht nur die regelmäßige Überprüfung des Wohnortes des Schuldners, sondern auch die Überprüfung der Einkommensverhältnisse (hinsichtlich des abgetretenen Einkommens bzw. evt. Erwerbs von Todes wegen). Dies kann je nach den Umständen durch schriftliche Nachfragen, aber auch durch persönliche Gespräche erfolgen (ähnlich MünchKomm-InsO/*Ehricke* § 292 Rz. 52). Darüber hinaus muss der Treuhänder auch die Bewerbungsbemühung des Schuldners überprüfen, wenn dieser erwerbslos ist. Der Umfang der Überprüfung ist aber immer eine Frage des Einzelfalls, wobei die Anforderungen an den Treuhänder nicht überspannt werden dürfen (HambK-InsO/*Streck* § 292 Rz. 11). Der Treuhänder muss **die Gläubiger unverzüglich benachrichtigen**, wenn er einen Verstoß gegen die Obliegenheiten feststellt. Diese Konstruktion des Gesetzes erfordert u. U. einen nicht unerheblichen Verwaltungsaufwand, da der Treuhänder, um eigenen Haftungsansprüchen zu entgehen, die Unterrichtung der Gläubiger durch Zustellung der Nachrichten betreiben muss (vgl. hierzu *Smid/Haarmeyer* InsO, § 292 Rz. 10, der auch eine Benachrichtigung durch öffentliche Bekanntmachung für möglich hält). Wie der Treuhänder die Überwachung vornimmt, liegt in seinem pflichtgemäßen Ermessen. Der Umfang der Tätigkeit ist einerseits abhängig von den Mitteln, die dem Treuhänder für die Überwachung zur Verfügung stehen (s. o. Rz. 18), aber auch von den konkreten Erfordernissen des Einzelfalls. Nachforschungen in Form von detektivischen Ermittlungen sind dabei nicht erforderlich (MünchKomm-InsO/*Ehricke* § 292 Rz. 52; *Nerlich/Römermann* InsO, § 292 Rz. 48). Hat der Schuldner einen Arbeitsplatz, so wird sich die Überwachungstätigkeit darauf beschränken können, einmal jährlich Auskünfte über die Situation des Schuldners einzuholen. Auch bei einem selbstständigen Schuldner ist die Überwachungspflicht begrenzt, da von ihm keine **Bewerbungsbemühungen** erwartet werden. Bei einem erwerbslosen Schuldner wird sich der Treuhänder dagegen je nach den konkreten Aussichten auf dem Arbeitsmarkt regelmäßiger Auskünfte über seine Bewerbungsbemühungen geben lassen (*Smid/Haarmeyer* InsO, § 292 Rz. 9 schlagen vierteljährliche Überprüfungen vor). Ob er dies schriftlich macht, oder Besuchstermine mit dem Schuldner vereinbart, bleibt ihm überlassen. Der Schuldner ist gem. § 295 Abs. 1 Nr. 3 InsO zur Auskunftserteilung verpflichtet (hierzu auch *Nerlich/Römermann* InsO, § 292 Rz. 48).

20

Auch bei einem selbstständigen Schuldner kann die Überwachung angeordnet werden (*Kübler/Prütting-Wenzel* InsO, § 292 Rz. 11; so wohl auch *Uhlenbruck/Vallender* InsO, § 292 Rz. 60, der auf die Notwendig-

21

keit einer betriebwirtschaftlichen Analyse hinweist). Diese bezieht sich aber gerade nicht auf die Informationen bzgl. der vom Schuldner tatsächlich ausgeübten selbstständigen Tätigkeit, sondern ausschließlich auf Informationen bzgl. der **Abführung des fiktiven Einkommensbetrages nach § 295 Abs. 2 InsO.** Denn allein das fiktive Einkommen eines nichtselbstständig Tätigen ist maßgeblich für die Abführungspflicht (ausf. hierzu *Grote* ZInsO 2004, 1105). Den Umfang und die Ergebnisse der Überwachungsmaßnahmen wird der Treuhänder im eigenen Interesse **dokumentieren** (*Smid/Haarmeyer* InsO, § 292 Rz. 9). Dies wird insbes. durch schriftliche Notizen von den Gesprächen mit dem Schuldner und Kopien der von ihm beigebrachten Unterlagen und Erklärungen erfolgen.

22 Werden dem Treuhänder Tatsachen bekannt, die einen **Verstoß gegen die Obliegenheiten** des Schuldners nach § 295 InsO darstellen, ist er zur unverzüglichen Unterrichtung der Gläubiger verpflichtet. Sein Tätigwerden setzt also eine gewisse rechtliche Wertung voraus. Dies bringt den Treuhänder in ein Dilemma. Einerseits kann er die Gläubiger wegen des damit verbundenen Verwaltungsaufwandes nicht wegen aller möglicherweise denkbaren Verstöße des Schuldners gegen seine Obliegenheitspflichten unterrichten, andererseits riskiert er einen Regress, wenn er schuldhaft seine Pflichten verletzt (s. u. Rz. 31 ff.). Eine Nachfrage beim Insolvenzgericht ist zwar erlaubt, die Möglichkeit für einen Klarstellungsbeschluss sieht das Gesetz aber nicht vor. Der **Treuhänder muss selbstständig entscheiden**, ob aufgrund der ihm vorliegenden Tatsachen einen Obliegenheitsverstoß für gegeben hält. Dabei hat er auch die Voraussetzungen des § 296 InsO zu berücksichtigen, insbesondere die Frage, ob der Verstoß zu einer **Beeinträchtigung der Befriedigung der Gläubiger** geführt hat und schuldhaft war (vgl. i. E. *Ahrens* § 296 Rz. 8 ff.). Im Zweifelsfall wird der Treuhänder die Gläubiger eher einmal zu oft als zu wenig unterrichten, wenn die notwendigen Auslagen hierfür gedeckt sind.

23 Die Gläubigerversammlung kann den Überwachungsauftrag spezifizieren, allerdings nur im Rahmen der gesetzlichen Bestimmungen. Der durch die gesetzlichen Vorgaben eingegrenzte Überwachungsauftrag kann nicht erweitert, wohl aber eingeschränkt werden. So wird der Umfang der Überwachungstätigkeit eingeschränkt werden können, etwa auf eine bestimmte Stundenzahl pro Jahr, oder die Pflicht zur Überwachungstätigkeit kann davon abhängig gemacht werden, ob Abtretungsbeträge aus dem Einkommen des Schuldners an den Treuhänder fließen oder nicht. Auch bzgl. der Art der Benachrichtigung können Vereinbarungen getroffen werden, so kann die Gläubigerversammlung auf eine förmliche Zustellung der Benachrichtigung verzichten und eine Benachrichtigung per Brief als ausreichend vereinbaren. Dann ist den Gläubigern in einem etwaigen **Regress gegen den Treuhänder** allerdings der Einwand abgeschnitten, der Treuhänder habe sie nicht unterrichtet, wenn der Brief den Gläubiger nicht erreicht hat.

E. Abs. 3 Rechnungslegung und Aufsicht

24 Nach Abschluss seiner Tätigkeit hat der Treuhänder dem Insolvenzgericht Rechnung zu legen. Die Vorschrift knüpft an die Rechnungslegungspflicht des Insolvenzverwalters nach § 66 InsO an, die dem bisherigen Recht in § 86 Abs. 1 Satz 1 KO entspricht. Ein Unterschied zur **Rechnungslegungspflicht** des Insolvenzverwalters besteht nur insoweit, als der Treuhänder wegen des Fehlens einer Gläubigerversammlung in der Treuhandphase nicht dieser, sondern dem Insolvenzgericht Rechnung zu legen hat. Zu den Einzelheiten der Rechnungslegung vgl. *Smid/Haarmeyer* InsO, § 292 Rz. 3; MünchKomm-InsO/*Ehricke* § 292 Rz. 60; zur Schlussrechnung des Treuhänders s. o. *Kohte* § 4 b Rz. 7.

25 Die Regelungen zur Aufsicht und Kontrolle des Treuhänders entsprechen nur teilweise denen, die für den Insolvenzverwalter (und auch für den Treuhänder der nach § 313 Abs. 1 Satz 2 InsO mit der Verwaltung im Insolvenzverfahren beauftragt ist) gelten. Hierdurch soll dem **reduzierten Aufgabenkreis** und den begrenzten Befugnissen des Treuhänders genüge getan werden (vgl. *Smid/Haarmeyer* InsO, § 292 Rz. 11). Das Gesetz nimmt ausdrücklich nur Bezug auf die Möglichkeit der Beaufsichtigung des Treuhänders durch das Insolvenzgericht nach § 58 InsO und die Möglichkeit der Entlassung des Treuhänders nach § 59 InsO. Das Antragsrecht für die **Entlassung** wird aufgrund des Fehlens der Gläubigerversammlung in der Treuhandphase den einzelnen Insolvenzgläubigern übertragen.

26 Der Verweis auf § 58 InsO gibt dem Gericht die Möglichkeit, die Tätigkeit des Treuhänders zu **überwachen** und auf sie Einfluss zu nehmen. Das Gericht hat jederzeit die Möglichkeit, Auskünfte und Sachstandsberichte vom Treuhänder zu verlangen und ihn durch Festsetzung von Zwangsgeldern zur Einhaltung seiner Pflichten zu bewegen. Zu den Einzelheiten der Aufsicht vgl. FK-InsO/*Kind* § 58 Rz. 5 ff.

Das Insolvenzgericht kann den Treuhänder nach § 59 InsO aus seinem **Amt entlassen**. Eine Abwahl ist 27 mangels Verweisung auf § 57 InsO nicht möglich (*Hess/Obermüller* a. a. O., Rz. 1006). Eine Entlassung wird nur bei einem wichtigen Grund zuzulassen sein, etwa bei wiederholten oder besonders schweren Pflichtverletzungen oder Amtsunfähigkeit infolge einer Krankheit (BT-Drucks. 12/2443 S. 170). Ein Entlassungsgrund ist aber auch gegeben, wenn der Treuhänder sich als ungeeignet herausstellt oder eine eventuell bestehende Interessenkollision dem Gericht nicht anzeigt (vgl. zu weiteren Entlassungsgründen *Hess/Obermüller* a. a. O., Rz. 1008). Vor der Entscheidung ist der Treuhänder zu hören. Zu den einzelnen Voraussetzungen der Entlassung (vgl. FK-InsO/*Kind* § 59 Rz. 13 f.). Eine Entlassung kommt grds. nur in Betracht, wenn ein **pflichtwidriges Verhalten** tatsächlich festgestellt werden kann. Allenfalls dann, wenn es sich um eine Verfehlung schwerster Art (etwa anlässlich der Verwaltung begangener Straftaten handelt, kann in Ausnahmefällen der böse Schein ausreichen, um eine Entlassung auch ohne den Nachweis der Verfehlung zu rechtfertigen; *LG Halle* ZIP 1993, 1739; so auch *Hess* InsO, § 292 Rz. 14; MünchKomm-InsO/*Ehricke* § 292 Rz. 67).

Der Schuldner hat keine direkte Möglichkeit, **Aufsichtsmaßnahmen** gegen den Treuhänder zu beantragen. Allerdings hat er die Möglichkeit, das Gericht auf mögliche Verfehlungen des Treuhänders hinzuweisen, die vom Gericht im Hinblick auf die wichtige Funktion des Treuhänders für den Schuldner ordnungsgemäß zu bescheiden hat. Denn die Aufsicht des Gerichts über den Treuhänder ist auch eine Maßnahme des Schuldnerschutzes (insoweit auch MünchKomm-InsO/*Ehricke* § 292 Rz. 69), so dass auch eine analoge Anwendung der §§ 1837 Abs. 2, 1886 BGB zu erwägen ist (KS-InsO/*Kohte* 1997, S. 640 Rz. 92; insoweit abl. MünchKomm-InsO/*Ehricke* § 292 Rz. 69). 28

F. Haftung des Treuhänders

Die Haftung des Treuhänders im Restschuldbefreiungsverfahren ist nicht ausdrücklich geregelt. § 292 29 Abs. 3 InsO verweist, anders als § 313 Abs. 1 Satz 2 InsO nur auf die §§ 58, 59 InsO und nicht auf die sonstigen Vorschriften die den Insolvenzverwalter betreffen. Eine **direkte Anwendung des § 60 InsO**, der die Haftung des Insolvenzverwalters regelt, **scheidet daher aus**.
In der Literatur wird zum Teil eine entsprechende Anwendung des § 60 InsO auf die Tätigkeit des Treuhänders in der Treuhandphase befürwortet (*Häsemeyer* a. a. O., Rz. 26.32; HK-InsO/*Landfermann* § 292 Rz. 14; wohl auch *Maier/Krafft* BB 1997, 2173 [2178]). Für eine analoge Anwendung spricht eine vergleichbare Interessenlage, da sowohl Insolvenzverwalter als auch Treuhänder ähnliche Aufgaben wahrnehmen und beide als Amtswalter gerichtlich bestellt sind. Bedenken bestehen allerdings bzgl. des Vorliegens einer unbewussten Regelungslücke. Der Gesetzgeber hat, anders als in § 313 Abs. 1 Satz 3 InsO nicht allgemein auf die §§ 56 bis 66 verwiesen, sondern ganz selektiv in § 292 Abs. 3 Satz 2 auf die §§ 58, 59 und in § 293 Abs. 2 auf die §§ 64, 65 InsO. Dies spricht dafür, dass der Gesetzgeber bewusst, wohl aufgrund des eingeschränkten Aufgaben- und Verantwortungsbereichs des Treuhänders die Haftungsregelung des § 60 InsO nicht für den Treuhänder in der Wohlverhaltensperiode übernehmen wollte. Insoweit verbietet sich nach allgemeiner Meinung eine entsprechende Anwendung des § 60 InsO (*OLG Celle* OLGR 2007, 925; so auch *Hess/Obermüller* a. a. O., Rz. 1013; *Hess* InsO, § 292 Rz. 18; *Nerlich/Römermann* InsO, § 292 Rz. 52; HambK-InsO/*Streck* § 292 Rz. 14; *Graf-Schlicker/Kexel* InsO, § 292 Rz. 13; *Kübler/Prütting-Wenzel* InsO, § 292 Rz. 16; a. A. HK-InsO/*Landfermann* § 292 Rz. 14).
Aber auch bei einer Unanwendbarkeit des § 60 InsO **haftet der Treuhänder nach allgemeinen** 30 **Grundsätzen**. Aufgrund des bestehenden gesetzlichen Schuldverhältnisses (*Kuhn/Uhlenbruck* § 78 Rz. 7; *Jaeger* InsO, § 60 Rz. 13) sind die Haftungsregelungen des bürgerlichen Rechts heranzuziehen, die subsidiär gelten (*Jaeger/Weber* KO, § 82 Rz. 1; *Hess/Obermüller* a. a. O., Rz. 1013). Das gesetzliche Schuldverhältnis ist jedoch nicht gleichförmig, sondern durch verschiedenartige Pflichten gekennzeichnet (so für den Konkursverwalter *Kuhn/Uhlenbruck* § 82 Rz. 1g). Wegen der unterschiedlichen Aufgabenbereiche des Treuhänders ist daher bei der Haftung zwischen der Verwaltungstätigkeit und der Überwachungstätigkeit zu unterscheiden:

I. Die Haftung des Treuhänders als Verwalter nach Abs. 1

Es ist ein Grundsatz des deutschen Rechts, dass ein durch Hoheitsakt bestellter Verwalter fremden Vermö- 31 gens zu einer ordentlichen Verwaltung verpflichtet ist und dem Inhaber des Vermögens haftet (*BGH*

§ 292   *Restschuldbefreiung*

BGHZ 24, 393 [395]; *Liebich/Mathews* a. a. O., S. 408). Der BGH hat in seiner Entscheidung, die einen ähnlich gelagerten Fall eines hoheitlich von der Militärregierung eingesetzten Treuhänders (Custodian) betraf, und in dem gesetzliche Regelungen zur Haftung des Verwalters fehlten, dennoch eine Haftung des Verwalters angenommen. Dies ergibt sich nach Ansicht des BGH aus allgemeinen Rechtsgrundsätzen, die die speziellen Regelungen der Insolvenzordnung ergänzen. Er hat die rechtsgeschäftlichen Grundsätze eines Geschäftsbesorgungsverhältnisses auch auf das gesetzliche Schuldverhältnis angewandt (*BGH* a. a. O., S. 369, krit. zur Anwendbarkeit der Regeln über die Geschäftsbesorgung *Jaeger/Weber* § 78 Rz. 5 b m. w. N.; *Hess/Obermüller* a. a. O., Rz. 1014; skeptisch auch MünchKomm-InsO/*Ehricke* § 282 Rz. 73).

Unabhängig von der Frage der Anwendbarkeit dieser Regeln ist jedoch weitgehend unstreitig, dass aus dem gesetzlichen Schuldverhältnis Pflichten erwachsen, deren Verletzung Schadensersatzansprüche auslöst.

So ist auch der Treuhänder unstreitig zur pfleglichen Behandlung des ihm anvertrauten Vermögens verpflichtet (zu den Verpflichtungen des Treuhänders bei einer **doppelseitigen Treuhand** vgl. *BGH* WM 1971, 969 und 1966, 445). Bei schuldhaften Pflichtverletzungen des Treuhänders steht den Gläubigern als potentiellen Empfängern des verwalteten Vermögens ein Anspruch auf **Schadensersatz**, insbes. aus § 280 Abs. 1 BGB, zu (so auch MünchKomm-InsO/*Ehricke* § 292 Rz. 73, *Uhlenbruck/Vallender* InsO, § 292 Rz. 12).

32 Auch **gegenüber dem Schuldner haftet der Treuhänder** bei schuldhaften Pflichtverletzungen nach § 280 Abs. 1 BGB (*OLG Celle* OLGR 2007, 925; *Hess* InsO 2007, § 292 Rz. 31 ff.; offen gelassen in *BGH* 10. 07. 2008 – IX ZR 118/07 – Rz. 20; zu dem Vorschlag der analogen Anwendung der Regeln zur Haftung des Betreuers s. Voraufl.). Pflichtverletzungen können sich etwa bei unzulässigen Zugriffen auf das freie Vermögen des Schuldners oder bei fehlerhaften Auskünften zu den Obliegenheiten eines Selbstständigen in der Treuhandphase ergeben, etwa wenn der Treuhänder unzulässig hohe Zahlungen von einem Selbstständigen einfordert. Die Pflichten des Treuhänders gehen aber nicht so weit, als dass der Treuhänder zu Gunsten des Schuldners die Richtigkeit der Pfändungsberechnung des Drittschuldners überprüfen müsste (*OLG Celle* OLGR 2007, 925). Dies liegt auch in der Treuhandperiode im Obligo des Schuldners, zumal der Drittschuldner bei einer Fehlberechnung zu Lasten des Schuldners diesem gegenüber nicht frei geworden ist (*OLG Celle* a. a. O.). Ebenso wenig ist der Treuhänder verpflichtet, zu Gunsten des Schuldners die Rechtmäßigkeit einer vom Sozialleistungsträger vorgenommenen Verrechnung nach § 52 SGB I zu überprüfen (so *BGH* InsBüro 2008, 398, allerdings für Situation des eröffneten Verfahrens). Zieht er allerdings unpfändbare Beträge ein und verteilt die an die Gläubiger, so macht er sich dem Schuldner gegenüber schadensersatzpflichtig (*BGH* a. a. O.).

33 Bzgl. des **Verschuldensmaßstabs**, der für die Pflichtverletzungen gilt, muss jedoch differenziert werden. Auch wenn der Treuhänder grds. nach § 276 BGB für Vorsatz und jegliche Fahrlässigkeit haftet, wurde dieser Maßstab im Vormundschaftsrecht zu Recht eingeschränkt. Der Sorgfaltsmaßstab ist hier ein subjektiver, der sich an den Lebenskreisen, den Lebensumständen und der Rechts- und Geschäftserfahrung des Vormundes bemisst (*BGH* FamRZ 1983, 1220 und 1964, 199; MünchKomm-BGB/*Schwab* § 1833 Rz. 5; *RG* JW 1911; 1061; *Palandt/Diederichsen* § 1833 BGB Rz. 3; *Staudinger/Engler* § 1833 BGB Rz. 13 m. w. N.). Dieser subjektive Haftungsmaßstab bietet sich auch für die Haftung des Treuhänders nach § 292 Abs. 1 InsO an. Wenn ein nicht professioneller Treuhänder aus dem Umfeld des Schuldners (Verwandter, Freund, Pfarrer) die Treuhandschaft **unentgeltlich** übernimmt, muss ein **eingeschränkter Haftungsmaßstab** Anwendung finden (so auch MünchKomm-InsO/*Ehricke* § 292 Rz. 79). Für eine – vom Gesetzgeber favorisierte – unentgeltlich ausgeübte Treuhänderschaft muss das Haftungsprivileg der §§ 521, 599 BGB gelten (str., wie hier *Döbereiner* a. a. O., S. 349; MünchKomm-InsO/*Ehricke* § 292 Rz. 80; *Graf-Schlicker/Kexel* InsO, § 292 Rz. 13; *Braun/Buck* InsO, § 292 Rz. 12; **a.A.** *Kübler/Prütting-Wenzel* InsO, § 292 Rz. 17; *Uhlenbruck/Vallender* InsO, § 292 Rz. 12), so dass dieser Treuhänder **bei einer unentgeltlichen Ausübung seines Amtes** grds. nur für grobe Fahrlässigkeit und Vorsatz haftet (zum Umfang des Haftungsprivilegs *Palandt/Putzo* § 599 BGB Rz. 2; kritisch MünchKomm-BGB/*Kollhosser* § 599 Rz. 5).

34 Darüber hinaus haftet der Treuhänder für schuldhafte Pflichtverstöße aus den §§ 823 ff. BGB. So kommt eine Haftung nach § 823 Abs. 2 BGB i. V. m. § 246 StGB sowie eine Haftung aus § 826 BGB in Betracht, wenn der Treuhänder einzelne Gläubiger zum Nachteil der anderen Gläubiger bevorzugt (*Hess/Obermüller* a. a. O., Rz. 1015; zu str. Frage ob bei einer unentgeltlichen Tätigkeit auch für die **deliktische Haftung** ein eingeschränkter Haftungsmaßstab gelten soll vgl. *Palandt/Putzo* § 599 BGB Rz. 2 m. w. N.).

II. Die Haftung des Treuhänders als Überwacher gem. Abs. 2

Die Rechtsnatur der Überwachungstätigkeit des Treuhänders unterscheidet sich dagegen von dem Verwaltungsauftrag nach Abs. 1. Hier liegt ein gesetzlich geregeltes rechtsgeschäftliches Treuhandverhältnis vor (vgl. *Liebich/Mathews* a. a. O., S. 227 Rz. 237), denn die Übertragung der Überwachungsaufgabe erfolgt durch eine entgeltliche Geschäftsbesorgung im Auftrag der Gläubiger, vertreten durch die Gläubigerversammlung. Für dieses Rechtsverhältnis gelten zunächst die zwingenden Bestimmungen der §§ 292 ff. InsO, subsidiär kommen die allgemeinen Grundsätze für Rechtsgeschäfte zur Anwendung. So lange die Vergütung für die Überwachung nicht gedeckt oder vorgeschossen ist ruht der Überwachungsauftrag, so dass insoweit auch keine Pflichtverletzung möglich ist (ähnlich *Graf-Schlicker/Kexel* InsO, § 292 Rz. 10 ff.; vgl. oben Rz. 12).

35

Da die InsO für eine fehlerhafte Überwachung des Treuhänders keine Haftungsregelungen getroffen hat, haftete der Treuhänder ebenfalls nach **allgemeinen zivilrechtlichen Grundsätzen**, insbes. aus § 280 Abs. 1 BGB, wenn er z. B. den Gläubigern einen Verstoß des Schuldners gegen dessen Obliegenheitspflichten nicht rechtzeitig mitteilt (insoweit auch *Kübler/Prütting-Wenzel* InsO, § 292 Rz. 17; *Breutigam/Blersch/Goetsch* § 292 Rz. 8). *Ehricke* (MünchKomm-InsO § 292 Rz. 75) weist zu Recht darauf hin, dass der Überwachungsvertrag bereits mit dem Auftrag durch die Gläubigerversammlung zu Stande kommt. Da die Pflicht zur Tätigkeit aber an die Deckung der besonderen Vergütung geknüpft ist, kann er sich ohne diese Deckung auch nicht wegen einer Pflichtverletzung nach § 280 Abs. 1 BGB schadensersatzpflichtig machen.

G. Verfahrensrechtliches

Gegen die Übertragung der Überwachungsaufgabe an den Treuhänder durch die Gläubigerversammlung steht dem Schuldner kein Rechtsmittel zu. Der Schuldner hat nach § 59 InsO auch kein eigenes Antragsrecht, um auf die Entlassung des Treuhänders hinzuwirken (so auch MünchKomm-InsO/*Ehricke* § 292 Rz. 82). Dies ist aufgrund der engen Verbindung zwischen Treuhänder und Schuldner und den erheblichen Einflussmöglichkeiten, die der Treuhänder auf das Erreichen der Restschuldbefreiung hat, bedauerlich. *Ehricke* (MünchKomm-InsO § 292 Rz. 82) hält diese Situation dagegen für interessengerecht. Seine Begründung, der Schuldner könnte ansonsten Druck auf den Treuhänder ausüben, erscheint allerdings nicht sehr lebensnah. Bei Pflichtverstößen des Treuhänders bleibt dem Schuldner nur die Möglichkeit, beim Insolvenzgericht eine Entlassung des Treuhänders anzuregen, das von Amts wegen entscheiden kann.

36

Beantragt ein Insolvenzgläubiger die **Entlassung des Treuhänders**, steht diesem gegen die ablehnende Entscheidung des Insolvenzgerichts die sofortige Beschwerde und nach Maßgabe des § 7 InsO die sofortige weitere Beschwerde zu (s. hierzu auch oben *Grote* § 288 Rz. 5).

37

§ 293
Vergütung des Treuhänders

(1) ¹Der Treuhänder hat Anspruch auf Vergütung für seine Tätigkeit und auf Erstattung angemessener Auslagen. ²Dabei ist dem Zeitaufwand des Treuhänders und dem Umfang seiner Tätigkeit Rechnung zu tragen.
(2) § 63 Abs. 2 sowie die §§ 64 und 65 gelten entsprechend.

Inhaltsübersicht:

	Rz.
A. Normzweck	1– 1 b
B. Gesetzliche Systematik	2– 5 a
C. Vergütung für die Verwaltung	6–10 b
D. Vergütung für die Überwachung	11–14
E. Auslagenerstattung	15–19
F. Sekundäranspruch gegen die Staatskasse	20
G. Verfahrensrechtliches	21

Literatur:

Graeber Die Vergütung des Treuhänders in der Wohlverhaltensperiode, ZInsO 2006, 585 ff.
Siehe auch vor § 286.

A. Normzweck

1 § 293 stellt klar, dass dem Treuhänder für seine Tätigkeit eine Vergütung zusteht. Der Gesetzgeber hat in der Begründung ausdrücklich auf die Möglichkeit hingewiesen, dass der Treuhänder auf seine Vergütung verzichten kann. Dies ergibt sich aus den allgemeinen Rechtsgrundsätzen, so dass es hierzu keiner ausdrücklichen Regelung bedarf (BT-Drucks. 12/7302 S. 188).
Durch Abs. 2 wird mit dem Verweis auf § 64 InsO erreicht, dass die Festsetzung der Vergütung durch das Insolvenzgericht erfolgt. Gleichzeitig wird auch für die Treuhändervergütung nach § 293 InsO durch den Verweis auf § 65 InsO eine **Verordnungsermächtigung** geschaffen. Das Bundesministerium der Justiz hat von der Verordnungsermächtigung Gebrauch gemacht (Rz. 3).

1a Der durch das InsOÄndG 2001 eingefügte Verweis auf den ebenfalls geänderten § 63 Abs. 2 soll in »masselosen« Verfahren gewährleisten, dass die Mindestvergütung des Treuhänders ebenfalls durch die Stundung der Staatskasse gedeckt ist.

1b Die InsVV ist zuletzt durch die 2. Verordnung zur Änderung der Insolvenzrechtlichen Vergütungsverordnung vom 21. 12. 2006 geändert worden (BGBl. I S. 3389). Für vor dem 01. 01. 2004 eröffnete Verfahren gilt gem. § 19 InsVV weiterhin das alte Recht.

B. Gesetzliche Systematik

2 Abs. 1 Satz 1 entspricht im Wesentlichen § 63 Abs. 1 Satz 1 InsO, der die Vergütung des Insolvenzverwalters regelt. Im bisherigen Recht war in der KO (§ 85) und der VglO (§ 42) in ähnlicher Weise der Vergütungsanspruch normiert. Damit unterscheiden sich die Regelungen zur Vergütung des Treuhänders von denen im Vormundschafts- und **Betreuungsrecht**, wo das gesetzliche System zunächst von einer unentgeltlichen Betreuung ausgeht (§ 1836 Abs. 1 BGB), von diesem Grundsatz aber zahlreiche Ausnahmen zulässt (vgl. §§ 1836 Abs. 1 Satz 2, 1836 Abs. 2, 1908 e, 1908 g BGB).
Satz 2 lässt (vorbehaltlich des Abs. 2) grds. eine Ermessensentscheidung des Gerichts zu, wobei für die Bemessung der Höhe der Vergütung nicht wie bei § 63 Satz 2 InsO an den Wert der Masse angeknüpft wird, sondern an den Zeitaufwand des Treuhänders und den Umfang seiner Tätigkeiten.

3 Die Verweisung in Abs. 2 auf § 65 InsO stellt klar, dass auch bzgl. der Vergütungsverordnung für die Tätigkeit des Treuhänders eine Verordnungsermächtigung des Bundesministeriums der Justiz besteht. Dieser hat von der Ermächtigung Gebrauch gemacht und nach mehreren Entwürfen, die gerade im Bereich der Treuhändervergütung immer wieder verändert wurden, die Vergütung durch Verordnung vom 19. 08. 1998 (BGBl. I S. 2205) festgelegt, (zur **InsVV** s. FK-InsO/*Lorenz* Anh. III; der 1. Entwurf vom 11. Januar 1994 ist abgedruckt im Anhang zu *Haarmeyer/Wutzke/Förster* VergVO/InsVV, der 2. Entwurf vom 29. 12. 1997 ist abgedruckt in ZInsO 1998, 19 ff.).

4 § 293 InsO betrifft ausschließlich die Vergütung des Treuhänders für seine Tätigkeit in der Treuhandphase. Die Vergütung des Treuhänders als Verwalter im vereinfachten Insolvenzverfahren nach § 313 InsO wird durch den Verweis auf § 63 InsO geregelt (vgl. hierzu § 13 InsVV sowie FK-InsO/*Lorenz* Anh. III). Durch das InsOÄndG 2001 wird allerdings der **Beginn der Laufzeit** der Abtretung auf den Zeitpunkt der Eröffnung des Insolvenzverfahrens vorverlegt, so dass zeitweise eine Parallelität von Abtretungsphase und Insolvenzverfahren besteht, die allerdings für die Aufgabenbereiche und die Vergütung des Treuhänders ohne Bedeutung ist (vgl. hierzu *Grote* § 292 Rz. 3 a und *Ahrens* § 287 Rz. 89 ff.; so auch MünchKomm-InsO/*Ehricke* § 292 Rz. 2).

5 Die Bemessung der Gebühren liegt im **Spannungsfeld** zwischen einer größtmöglichen Gläubigerbefriedigung, der Gewährleistung einer qualitativ ausreichenden Betreuung und der Bezahlbarkeit des Verfahrens auch für einkommensschwache oder mittellose Schuldner. In Anbetracht der Tatsache, dass in einer

Vergütung des Treuhänders § 293

großen Anzahl von Verbraucherinsolvenzverfahren keine besonders hohen Abtretungsbeträge zu erwarten sind und diese wegen der Regelung des § 114 Abs. 1 InsO obendrein noch in den ersten zwei Jahren nach Eröffnung des Verfahrens nicht an den Treuhänder fließen werden, erscheinen schon die **Staffelsätze** kaum als ausreichend, um die mit einer ordnungsgemäßen Betreuung verbundenen Kosten des Treuhänders zu decken (*Grote* ZInsO 1998, 107 [111]; *Bindemann* Handbuch Verbraucherkonkurs, 2. Aufl., Rz. 241; skeptisch bzgl. der niedrigen Bemessung der Vergütung auch MünchKomm-InsO/*Ehricke* § 293 Rz. 15).

Viele Schuldner werden aber den langen Zeitraum von **sechs** Jahren nur durchstehen können, wenn der Treuhänder als Ansprechpartner zur Verfügung steht und ihnen bei den vielfältigen Ereignissen und Unwägbarkeiten des täglichen Lebens (Arbeitsplatzverlust, Wegfall eines Nebenverdienstes, Geburt eines Kindes) Hinweise zu den Auswirkungen auf die Restschuldbefreiung und der Vermeidung der Versagung geben kann (s. hierzu auch *Döbereiner* Restschuldbefreiung nach der InsO, 1997, S. 335). Auch der Schuldner hat also ein Interesse daran, dass der Treuhänder für seine Tätigkeit angemessen vergütet wird. In der Praxis zeigt sich allerdings, dass der Treuhänder kaum als Berater des Schuldners agiert. Diese wichtige Aufgabe wird meist von den öffentlich geförderten Schuldnerberatungsstellen wahrgenommen.

Durch den Verweis auf § 63 Abs. 2 InsO wird die Vergütung des Treuhänders in das **Stundungsmodell** 5 a nach § 293 InsO einbezogen. Reichen die Abtretungsbeträge nicht aus, um den Anspruch des Treuhänders auf Zahlung der Mindestvergütung und Ersatz der Auslagen zu decken, muss der Schuldner diese zukünftig nicht mehr notwendiger Weise aus seinen unpfändbaren Einkommensanteilen decken, sondern bekommt auch die Kosten gestundet, wenn ihm für diesen Verfahrensabschnitt die Stundung nach §§ 4 a ff. InsO bewilligt wurde. Durch die Bewilligung entsteht ein selbstständiger Sekundäranspruch des Treuhänders gegen die Staatskasse (s. FK-InsO/*Kind* § 63 Rz. 19).

C. Vergütung für die Verwaltung

Die Vergütung des Treuhänders für die Verwaltungstätigkeit nach § 292 Abs. 1 InsO richtet sich gem. § 14 6 **Abs. 1 InsVV staffelmäßig** nach der Höhe der bei ihm eingegangenen Beträge. Hierbei lehnt sich der Verordnungsgeber an die Staffelsätze an, die für den Zwangsverwalter im Zwangsverwaltungsverfahren gelten (Begr. zu § 14 InsVV s. FK-InsO/*Lorenz* Anh. III). Darüber hinaus sieht § 14 Abs. 3 InsVV eine Mindestvergütung für den Fall vor, dass keine oder nur geringe Beträge beim Treuhänder eingehen. Damit entfernt sich der Inhalt der Verordnung von der im Gesetz vorgesehenen Anknüpfung der Höhe der Vergütung an den Umfang und Zeitaufwand der Tätigkeit. Denn die Höhe der vereinnahmten Beträge steht nicht notwendigerweise in Relation zu dem mit der Betreuung verbundenen Aufwand. Dennoch hat sich der Verordnungsgeber zugunsten einer einfacheren Handhabung für die Summe der beim Treuhänder eingegangenen Beträge als Bemessungsgrundlage für die Vergütung entschieden.

Für die Verwaltung nach § 293 Abs. 1 InsO sieht § 14 InsVV folgende Vergütungen vor: 7
§ 14 InsVV

von den ersten 25.000 €	5 v. H.
	von dem Mehrbetrag bis 50.000 € 3 v. H.
von dem darüber hinausgehenden Betrag	1 v. H.
Mindestvergütung pro Jahr	100 €

Die Höhe der Prozentsätze ist gegenüber denen im 1. Entwurf deutlich reduziert worden. Dieser sah für die ersten 50.000 DM (in diesem Staffelbereich dürfte der Großteil der Gebühren anfallen), noch den doppelten Satz von 10 % vor. Die Begründung des Verordnungsgebers für diesen niedrigen Satz, der sich an der Vergütung des Zwangsverwalters vom 06. 02. 1970 orientieren soll (BGBl. I S. 185, abgedruckt bei *Mohrbutter/Drischler/Radtke/Tiedemann* Die Zwangsversteigerungs- und Zwangsverwaltungspraxis, 1990, S. 810 f.) vermag indes nicht zu überzeugen. Die Staffelsätze des § 14 InsVV bleiben zum einen deutlich hinter dem Vorbild zurück und der Verordnungsgeber geht offenbar bei der Bemessung der Gebühr von einem sehr viel eingeschränkteren als dem unter § 292 InsO (s. o. FK-InsO/*Grote* § 292 Rz. 4 ff.) beschriebenen Tätigkeits- und Verantwortungsumfang des Treuhänder aus. Die Höhe der Mindestvergütung nach § 14 Abs. 2 InsVV in Höhe von € 100 ist auch nach der Änderung der InsVV zum

21. 12. 2006 unverändert geblieben. Konnte dieser Satz insbesondere auch mit der Hoffnung des Gesetzgebers auf auch ehrenamtliche Treuhänderschaften als ein tragfähiger Kompromiss zwischen den verschiedenen Interessen (Rz. 5) angesehen werden, so erscheint die Mindestvergütung mittlerweile als bedenklich niedrig und der Hinweis auf eine Mischkalkulation nur noch bedingt tragfähig. Der IX. Senat hat in der Entscheidung zur Verfassungswidrigkeit der Mindestvergütung im eröffneten Verfahren klargestellt, dass die Möglichkeit einer Querfinanzierung zum Erreichen einer auskömmlichen Vergütung angesichts des veränderten Verhältnisses zwischen massereichen und massearmen Verfahren nur noch eingeschränkt Berücksichtigung finden darf (*BGH* ZInsO 2004, 257 [259, 260]). Ein wirtschaftlicher Ausgleich müsse im Wesentlichen bereits innerhalb der massearmen Verfahren erfolgen (*BGH* a. a. O., S. 260). Dieser Grundsatz gilt auch für die Tätigkeit in der Wohlverhaltensperiode. In der Praxis existieren viele Treuhandbüros, die sich auf die Restschuldbefreiungsverfahren spezialisiert haben. Auch wenn dadurch eine kostengünstige professionelle Abwicklung möglich ist, muss innerhalb der zum Teil länger als fünf Jahre laufenden Restschuldbefreiungsverfahren eine Kostendeckung erfolgen, um den vom IX. Senat aufgestellten Anforderungen zur Querfinanzierung zu genügen. Zwar ist der Aufwand des Treuhänders wenn keinerlei Beträge zu verteilen sind, durchaus begrenzt; die seit nunmehr 10 Jahren konstante Mindestvergütung dürfte aber schon aufgrund der mittlerweile deutlich gestiegenen Kosten einer verfassungsrechtlichen Überprüfung kaum standhalten können.

8 Maßgebend für die Ermittlung der Bemessungsgrundlage der Vergütungssätze sind nicht nur die Beträge, die der Treuhänder aufgrund der Abtretung des Schuldners erhält, sondern auch die weiteren, etwa aufgrund einer Erbschaft des Schuldners oder nach § 295 Abs. 2 InsO bei ihm eingegangenen Beträge (*Haarmeyer/Wutzke/Förster* InsVV, 3. Aufl., § 14 Rz. 7; *Keller* Vergütung und Kosten S. 129 m. w. N.; MünchKomm-InsO/*Nowak* § 14 InsVV Rz. 27; *Blersch* InsVV, § 14 Rz. 12). Die Vergütung entsteht bereits mit der Tätigkeit des Treuhänders (für den Konkursverwalter *BGH* ZIP 1992, 120 [123]; *Pape* ZIP 1986, 756 [761]; *Kuhn/Uhlenbruck* KO, § 85 Rz. 1; *Nerlich/Römermann* InsO, § 63 Rz. 5; MünchKomm-InsO/*Nowak* § 14 InsVV Rz. 3). Die Berechnung der Vergütung erfolgt nach den **Gesamtbeträgen**, die der Treuhänder während der gesamten Dauer des Restschuldbefreiungsverfahrens erlangt und wird nicht nach Abschluss eines jeden Jahres berechnet (*LG Mönchengladbach* ZInsO 2007, 1044 = NZI 2007, 671 = ZVI 2007, 483; *Keller* Vergütung und Kosten, Rz. 229; *Blersch* InsVV, § 14 Rz. 24). Jährlich berechnet wird hingegen die Mindestvergütung nach § 14 Abs. 3 InsVV, deren Deckung im Hinblick auf die Sanktionsmöglichkeit des § 298 InsO auch regelmäßig überprüft werden wird (s. zur Berechnung unten Rz. 10 a).

9 Der Treuhänder kann auf seine Vergütung **verzichten**. Diese Möglichkeit hat der Gesetzgeber im Gesetzgebungsverfahren besonders betont, um das Verfahren möglichst kostengünstig gestalten zu können (BT-Drucks. 12/2443 S. 191). Auf eine ausdrückliche Regelung hat er jedoch verzichtet, da sich die Möglichkeit des Verzichts aus den allgemeinen Regelungen ergibt (BT-Drucks. 12/2443 a. a. O.). Der Treuhänder kann den Verzicht auf seine Vergütung jederzeit ganz oder teilweise erklären. Erklärt er den Verzicht bereits vor Beginn seines Amtes, so kann das Gericht die Unentgeltlichkeit der Verwaltung bereits im Ankündigungsbeschluss der Restschuldbefreiung nach § 291 InsO festsetzen. Hierdurch wird sowohl für die Gläubiger, als auch für den Schuldner Rechtsklarheit geschaffen und verhindert, dass sich der Schuldner bei einem Sinneswandel des Treuhänders einem Versagungsantrag aus § 298 InsO ausgesetzt sieht. Der Rechtsgedanke des § 16 Abs. 1 Satz 1 InsVV, der bezüglich der Höhe des Stundensatzes schon vor Beginn der Treuhandphase Rechtsklarheit schaffen soll (Begr. zu § 16 InsVV s. FK-InsO/*Lorenz* Anh. III) ist wegen der vergleichbaren Interessenlage insoweit entsprechend anzuwenden.

10 Die **Mindestvergütung** in Höhe von € 100 ist für jedes Jahr der Treuhandphase zu zahlen und zwar unabhängig davon, in welchem Umfang der Treuhänder während dieser Zeit tatsächlich Verwaltungsaufgaben wahrgenommen hat oder nicht (wie hier MünchKomm-InsO/*Nowak* § 14 InsVV Rz. 9; *Kübler/Prütting-Wenzel* InsO, § 293 Rz. 3; HK-InsO/*Landfermann* § 298 Rz. 1; ausf. *Blersch* InsVV, § 14 Rz. 25; *Eickmann* Vergütungsrecht, § 14 Rz. 8; **a. A.** *Krug* Verbraucherkonkurs, S. 138). Sie entsteht also auch dann, wenn keine Beträge eingehen, etwa weil der Schuldner kein pfändbares Einkommen hat oder eine vorrangige Abtretung besteht (*Haarmeyer/Wutzke/Förster* InsVV, 3. Aufl., § 14 Rz. 8). Die Mindestvergütung ist für **jedes angefangene Jahr** der Treuhandperiode zu zahlen. Da dies zukünftig regelmäßig sechs Jahre abzüglich der Dauer des Verbraucherinsolvenzverfahrens betragen wird, entspricht die Dauer des Restschuldbefreiungsverfahren nur noch ausnahmsweise vollen Jahren. Aber auch dann, wenn das letzte angefangene Jahr des Restschuldbefreiungsverfahrens nur wenige Wochen dauert, wird hierfür die volle Mindestgebühr fällig (so auch MünchKomm-InsO/*Nowak* § 14 InsVV Rz. 9; **a. A.** *Nerlich/Römermann* InsO, § 293 Rz. 6, der Mindestvergütung nur zeitanteilig gewähren will). Kommt es zu einer

Verteilung, so sieht der geänderte § 14 Abs. 3 InsVV nunmehr eine Erhöhung der Mindestvergütung von 50 € pro 5 Gläubiger vor (dazu *Graf-Schlicker/Mäusezahl* InsO, § 14 InsVV Rz. 14 ff.). Dann kann es aber gerade bei der Verteilung von geringen Beträgen (z. B. unter 250 €) dazu kommen, dass die vorhandene Masse nicht für eine Verteilung **und** die Deckung der durch die Verteilung entstehenden höheren Mindestvergütung ausreicht. *Graeber* schlägt in diesen Fällen eine Rechnungsstellung der erhöhten Mindestvergütung gem. § 14 Abs. 3 Satz 2 InsVV im Folgejahr vor, was dann unter Umständen wiederum die Verteilung ersparen könnte (ZInsO 2006, 585 [588]). In diesen Fällen dürfte es aber auch zulässig und interessengerecht sein, von einer Verteilung abzusehen und die Beträge zunächst zurück zu legen.

Für die Kontrolle des Treuhänders, ob die Mindestvergütung gedeckt ist, hat er die jeweils bis zum Ende eines Treuhandjahres entstandene **Gesamtvergütung** der vergangenen Jahre aufgrund der eingezogenen Beträge zu berechnen. Ist diese Summe niedriger, als die Summe der bis dahin fällig gewordenen Mindestvergütungen, so besteht ein Anspruch gegen den Schuldner, den Fehlbetrag zu zahlen, den er mit der Sanktionsdrohung des § 298 InsO gegen den Schuldner betreiben kann (*LG Mönchengladbach* ZInsO 2007, 1044; so auch MünchKomm-InsO/*Ehricke* § 293 Rz. 14). Spätere Eingänge gleichen das Defizit aus, so dass kein Anspruch des Treuhänders auf die Zahlung der Mindestvergütung besteht, wenn nur zeitweise eine Unterdeckung bestand. Hat der Schuldner die Verfahrenskostenstundung beantragt, besteht bezüglich der Mindestvergütung ein Sekundäranspruch des Treuhänders gegen die Staatskasse, der erst mit der Festsetzung nach dem Ende des Restschuldbefreiungsverfahrens fällig wird. 10 a

Da während des Restschuldbefreiungsverfahrens ständig ungewiss ist, ob der Schuldner zukünftig abtretbares Einkommen erwirtschaften wird, wird der Treuhänder von den eingegangenen Beträgen zunächst **Rückstellungen** für die Deckung zumindest seiner Mindestvergütung für die gesamte Verfahrensdauer bilden. Erst wenn diese gedeckt ist, wird er Ausschüttungen an die Gläubiger vornehmen (ähnlich *Keller* Vergütung und Kosten, Rz. 234, der darauf hinweist, dass dies dazu führen kann, dass bei geringen Beträgen in den ersten Jahren keine Ausschüttungen zu erwarten sind). 10 b

D. Vergütung für die Überwachung

Die Vergütung für die Überwachungstätigkeit des Treuhänders, die nur bei besonderem Auftrag der Gläubigerversammlung stattfindet, soll nach **Zeitaufwand** erfolgen. Die Festsetzung der Vergütung hierfür soll jedoch nicht der Parteiautonomie des rechtsgeschäftlich strukturierten Überwachungsauftrags (s. o. *Grote* § 292 Rz. 17) überlassen bleiben, sondern auch durch das Gericht festgesetzt werden (vgl. zur Unzulässigkeit privatrechtlicher Vergütungsvereinbarungen zwischen Treuhänder und Gläubigern *Döbereiner* a. a. O., S. 354). Hierbei will der Verordnungsgeber die Gebührenhöhe für den Regelfall auf zweifache Art begrenzen, zum einen durch die Festlegung eines Stundensatzes (§ 15 Abs. 1 InsVV), zum anderen durch die Deckelung des Gesamtbetrages der Überwachungsgebühren (§ 15 Abs. 2 InsVV). 11

Für die Überwachung des Schuldners nach § 292 Abs. 2 InsO sieht § 15 InsVV eine **Regelvergütung** vor, die mittlerweile für Verfahren die nach dem 01. 01. 2004 eröffnet wurden (§ 19 InsVV) von 15 € auf 35 € pro Stunde erhöht wurde. Der Stundensatz von 35 € für die Überwachungstätigkeit stellt bloß einen Richtwert dar, der den Umständen des Einzelfalls angepasst werden kann (Begr. zu § 15 InsVV s. FK-InsO/*Lorenz* Anh. III). Es besteht daher die Möglichkeit, dass das Gericht, das die Vergütung nach § 64 InsO festsetzt (s. hierzu FK-InsO/*Kind* § 64 Rz. 4 ff.), einen **abweichenden Stundensatz** bestimmt. Maßgebend für die Ermessensentscheidung des Gerichts dürfte aber nicht der im Einzelfall erforderliche Umfang der Überwachungstätigkeit sein, weil dies nur Auswirkungen auf die Anzahl der erforderlichen Überwachungsstunden und damit auf die Höhe der Gesamtvergütung haben kann (MünchKomm-InsO/*Ehricke* § 293 Rz. 18). Entsprechend der zu § 1836 BGB entwickelten Rspr. zur Höhe des Stundensatzes eines Berufsvormundes/Betreuers wird man vielmehr auf die Anforderungen abstellen, die an die Qualifikation des Treuhänders für die im konkreten Fall erforderliche Überwachungstätigkeit zu stellen sind (vgl. *Palandt/Diederichsen* § 1836 BGB Rz. 10 mit umfangreichen Nachw. aus der Rspr.). Ein Entscheidungskriterium des Richters wird neben der in der Verordnung vorgesehenen Regelvergütung aber auch vor allem das Votum der **Gläubigerversammlung** sein, da die Zahlung der Vergütung in jedem Fall zu Lasten der Gläubiger geht. 12

Insgesamt ist der Kostenumfang für die Überwachung durch § 15 Abs. 2 InsVV auf den Betrag begrenzt, der nach § 14 InsVV für die Verwaltung anfällt (zu den Auslagen für die Überwachungstätigkeit unten Rz. 15). Aus der Komplettverweisung ergibt sich, dass auch die Regelung für die Mindestvergütung 13 die Obergrenze für die Überwachungsvergütung darstellt. Wenn beim Treuhänder nur geringe oder keine Beträge eingehen dürfen die Überwachungskosten im Regelfall den Betrag von € 100 nicht überschreiten. Durch die **Deckelung** soll verhindert werden, dass die Vergütung für die Überwachung in eine Höhe steigt, die für den Gläubiger nicht vorhergesehen werden kann (Begr. zu § 15 InsVV s. FK-InsO/*Lorenz* Anh. III). Die Anknüpfung an § 14 InsVV erscheint indes kaum nachvollziehbar, da die Höchstgrenze ausgerechnet dann am niedrigsten ist, wenn eine Überwachung am ehesten erforderlich scheint, weil der Schuldner erwerbslos ist und sich um eine Erwerbstätigkeit bemühen muss. § 293 Abs. 2 Satz 2 InsO wird aber an dieser Stelle den privatautonomen Elementen des Überwachungsauftrags gerecht, in dem der Gläubigerversammlung gestattet wird, abweichend einen **anderen Höchstbetrag** festzulegen.

14 Die Entscheidung der Gläubigerversammlung, die Deckelungshöhe abweichend festzulegen oder auch ganz wegfallen zu lassen, unterliegt nicht der gerichtlichen Kontrolle. Das Gericht hat die Abweichung von der Regelvergütung in seinem **Ankündigungsbeschluss** nach § 291 InsO deklaratorisch festzustellen, damit auch der Treuhänder während seiner Tätigkeit in der Lage ist, festzustellen, ob die Höchstgrenze erreicht ist, um seine Überwachungstätigkeit rechtzeitig einschränken zu können (vgl. die Begr. zu § 16 InsVV bei FK-InsO/*Lorenz* Anh. III).

E. Auslagenerstattung

15 Der Treuhänder hat Anspruch auf Erstattung der ihm entstandenen Auslagen. Als Auslagen sind vor allem Kosten für **Porto, Telefon, Kopien, Zustell- und notwendige Reisekosten** anzusehen (vgl. § 4 Abs. 2 InsVV, dessen Wertung hier zur Abgrenzung heranzuziehen ist; *Smid/Haarmeyer* InsO, § 293 Rz. 5 m. w. N.; *Kilger/Karsten Schmidt* § 85 Rz. 1 g). Hiervon sind die nicht erstattungsfähigen allgemeinen Geschäftsunkosten zu unterscheiden. Dazu gehören der Büroaufwand des Treuhänders einschließlich der Gehälter seiner Angestellten (vgl. § 4 Abs. 1 Satz 1 InsVV, sowie die Kosten einer Haftpflichtversicherung § 4 Abs. 3 InsVV). *Uhlenbruck* (s. *Kuhn/Uhlenbruck* KO, § 85 Rz. 10) will Porto-, Telefon- und Kopierkosten regelmäßig unter den Begriff der allgemeinen Geschäftskosten subsumiert wissen und insoweit keine Erstattungsfähigkeit annehmen. Diese Auffassung lässt sich allerdings angesichts der geringen Sätze jedenfalls im Bereich der Treuhändervergütung nicht halten. Soweit der Treuhänder umsatzsteuerpflichtig ist, wird die anfallende Umsatzsteuer zusätzlich erstattet (§ 16 Abs. 1 Satz 4 i. V. m. § 7 InsVV). Die Auslagen sind zu erstatten, wenn sie **angemessen und nachgewiesen** sind (*Haarmeyer/Wutzke/Förster* VergVO/InsVV, § 5 Rz. 4). Als Angemessenheitskriterien können die von der Literatur und Rspr. zu den §§ 670, 675 BGB entwickelten Kriterien herangezogen werden, weil diese als allgemein gültiger Maßstab für die Kontrolle der Aufwendungen von Vermögensverwaltern anerkannt sind (*Eickmann* VergütVO, 1997, § 5 Rz. 4; vgl. insoweit *Palandt/Thomas* § 670 BGB Rz. 2 ff.).

16 Auch Aufwendungen, die der Treuhänder für eine notwendige Rechtsverfolgung aufzubringen hat, um den Anspruch aus der Abtretung gegen den Entgeltschuldner oder scheinbar bevorrechtigte Dritte durchzusetzen (vgl. *Grote* § 292 Rz. 6 ff.), sind als Auslagen erstattungsfähig (zust. HK-InsO/*Landfermann* § 293 Rz. 4). Zum Anspruch des Treuhänders auf Prozesskostenhilfe für die Rechtsverfolgung s. o. *Grote* § 292 Rz. 8). Im bisherigen Konkursrecht wurden Rechtsverfolgungskosten als Masseschulden angesehen, die nicht als Auslagen festsetzbar waren (*Kuhn/Uhlenbruck* § 85 Rz. 9 a, § 59 Rz. 5 a). Im Restschuldbefreiungsverfahren besteht jedoch keine Masse mehr, sondern nur das vom Treuhänder verwaltete Vermögen. Da § 293 InsO dem Treuhänder nur einen Anspruch auf Vergütung und Auslagenerstattung gewährt, muss der **Auslagenbegriff hier weiter gefasst werden**, so dass auch notwendige Rechtsverfolgungskosten als nach § 293 InsO erstattungsfähige Auslagen anzuerkennen sind.

17 Auslagen hat der Treuhänder gem. § 16 Abs. 1 Satz 3 InsVV i. E. nachzuweisen und zu belegen. Die Erleichterung nach § 8 Abs. 3 InsVV, die es dem Insolvenzverwalter neuerdings gestattet, Pauschsätze für seine Auslagen abzurechnen, ist für den Treuhänder nicht übernommen worden und damit im Restschuldbefreiungsverfahren unzulässig (so auch *Nerlich/Römermann* InsO, § 293 Rz. 14. Damit hat sich der Verordnungsgeber für ein **aufwändiges** und bürokratisches **Verfahren** entschieden, von dem der Gesetz- und Verordnungsgeber in anderen Bereichen gerade abgerückt war (vgl. die alte Fassung der Verordnung über die Vergütung des Konkursverwalters i. d. F. v. 11. 06. 1970; vgl. auch § 1836 a BGB, der dem ehrenamtlichen Betreuer einen pauschalierten Aufwendungsersatz gestattet). Für den Treuhänder bleibt insoweit die Rechtslage bestehen, die bisher für den Konkursverwalter galt. Aber auch nach bisherigem Recht schloss die Verpflichtung zum Einzelnachweis nicht aus, dass innerhalb einzelner Auslagen-

gruppen (z. B. Porti, Telefon, Kopien, etc.) dort ein pauschaler Erfahrungssatz anerkannt wurde, wo Einzelnachweise nur schwer oder besonders aufwendig beschafft werden konnten (*LG Mönchengladbach* ZIP 1986, 1588 [1590]; *Eickmann* VergVO, 1997, § 5 Rz. 3; **a. A.** MünchKomm-InsO/*Ehricke* § 292 Rz. 29).
Der Treuhänder darf die Vergütungsbeträge für den **bereits verdienten Teil** gem. § 16 Abs. 2 InsVV der **18** von ihm verwalteten Vermögensmasse als **Vorschuss** entnehmen. Dies ist schon deshalb gerechtfertigt, weil der Vergütungsanspruch bereits mit der Arbeitsleistung entsteht (*BGH* ZIP 1992, 120 [123], für den Vergütungsanspruch des Konkursverwalters s. auch oben Rz. 10). Da die Vergütung nach der gesamten Dauer der Tätigkeit des Treuhänders berechnet wird (wegen des frühzeitigen Beginns der Laufzeit der Abtretung ist dieser Zeitraum nicht mehr mit der Laufzeit der Abtretung identisch s. o. *Grote* § 292 Rz. 3), ist fiktiv die Vergütung zu ermitteln, die dem Treuhänder nach der Vergütungsverordnung zustünde, wenn das Verfahren zu diesem Zeitpunkt zu beendet wäre (ähnlich *Keller* Vergütung und Kosten, Rz. 242 der allerdings zunächst die künftig zu erwartenden Beträge prognostizieren will). Vor einem Missbrauch dieser Regelung schützt die Aufsicht des Treuhänders nach §§ 292 Abs. 3 Satz 2 i. V. m. §§ 58, 59 InsO (vgl. Begründung InsVV zu § 16 FK-InsO/*Lorenz* Anh. III). Auch für die entstandenen Auslagen kann ein Vorschuss entnommen werden (MünchKomm-InsO/*Nowak* § 16 InsVV Rz. 15; *Haarmeyer/Wutzke/Förster* InsVV, 3. Aufl., §§ 16 Rz. 3; *Eickmann* § 26 Rz. 11).
§ 16 Abs. 2 InsVV sieht – abw. von § 9 InsVV – allerdings nicht vor, dass der Treuhänder auch bzgl. seiner **19** **Auslagen Vorschüsse** aus den eingehenden Beträgen entnehmen darf. Dies ist misslich, da eine Festsetzung der Auslagen erst am Ende der Treuhändertätigkeit erfolgen soll und somit ein Zeitraum von bis zu sechs Jahren bis zur Auslagenerstattung vergehen kann. Da auch keine Rücklagenbildung vorgesehen ist, läuft der Treuhänder zudem Gefahr, dass die im letzten Jahr eingegangenen Beträge nicht ausreichend sind, um den aufgelaufenen Auslagenanspruch zu decken. In Anbetracht der Tatsache, dass durchaus in nicht unerheblichem Maße Auslagen anfallen können (z. B. für eine Rechtsverfolgung des Abtretungsanspruchs, vgl. *Grote* § 292 Rz. 6 ff.) und der Gesetzgeber gar von einem unentgeltlich arbeitenden Treuhänder ausgeht, ist diese Regelung lückenhaft (im Ergebnis ähnlich HK-InsO/*Landfermann* § 293 Rz. 4; *Uhlenbruck/Vallender* InsO, § 293 Rz. 11). Der Rechtsgedanke des § 9 Abs. 2 InsVV, der eine Sonderregelung für den Anfall besonders hoher Auslagen vorsieht, ist insoweit analog anzuwenden, mit der Maßgabe, dass das Gericht auf Antrag des Treuhänders die Zustimmung zur Entnahme eines Auslagenvorschusses erteilen soll, wenn – verhältnismäßig – besonders hohe Auslagen erforderlich werden (zust. MünchKomm-InsO/*Ehricke* § 293 Rz. 33, der de lege ferenda dafür plädiert, die Bildung von Rücklagen gesetzlich zuzulassen).

F. Sekundäranspruch gegen die Staatskasse

Durch die Einführung des Verweises auf den ebenfalls durch das **InsOÄndG 2001** geänderten § 63 Abs. 2 **20** InsO erhält der Treuhänder einen **Sekundäranspruch** auf Zahlung seiner Vergütung und Auslagen während der Treuhandperiode gegen die Staatskasse. Voraussetzung für das Entstehen dieses Anspruchs ist zum einen, dass die Kosten nicht durch die Beträge gedeckt sind, die der Treuhänder durch die Abtretung oder auf sonstige Weise vom Schuldner erlangt hat. Weitere Voraussetzung ist, dass dem Schuldner für den Verfahrensabschnitt der Restschuldbefreiung die Stundung der Kosten bewilligt wurde (vgl. § 4a Abs. 3 Satz 2 InsO). Diese Bewilligung setzt einen Antrag des Schuldners voraus, so dass der Sekundäranspruch des Treuhänders nicht ohne die Mitwirkung Schuldners entstehen kann. Fehlt es an der Bewilligung der Stundung, ist der Treuhänder im Mangelfall weiterhin gehalten, seine Beträge allein vom Schuldner zu bekommen, wobei ihm nach wie vor die Sanktionsdrohung des § 298 InsO zur Seite steht. Auch dieser Anspruch entsteht mit der Tätigkeit des Treuhänders, einen Anspruch auf Auszahlung der Vergütung hat der Treuhänder aber erst mit der Festsetzung durch das Gericht am Ende der Treuhandperiode (s. auch Rz. 18). Allerdings wird man dem Treuhänder auch wegen des Sekundäranspruches einen Vorschussanspruch auf die Mindestvergütung zubilligen müssen, da es ihm nicht zumutbar ist, seine Tätigkeit über einen solch langen Zeitraum unentgeltlich auszuüben (zust. MünchKomm-InsO/*Ehricke* § 293 Rz. 43; so auch *LG Essen* ZInsO 2002, 989; *LG Chemnitz* ZVI 2004, 558; *LG Köln* NZI 2004, 697 = ZVI 2005, 103). Der Sekundäranspruch des Treuhänders besteht auch dann, wenn die ursprünglich bewilligte **Kostenstundung später widerrufen wird** (für die Situation im eröffneten Verfahren *BGH* ZInsO 2008, 111 m. Anm. *Pape* ZInsO 2008, 143).

G. Verfahrensrechtliches

21 Das Gericht setzt die Vergütung für den Treuhänder durch Beschluss am Ende des Abtretungszeitraums fest (Abs. 2 i. V. m. § 64 Abs. 1 InsO). Die Festsetzung der Höhe des Stundensatzes soll abweichend hiervon nach § 16 InsVV bereits bei der Bestellung des Treuhänders stattfinden, wenn dieser den **Überwachungsauftrag** von der Gläubigerversammlung erhalten hat. Hierdurch soll erreicht werden, dass für alle Beteiligten Klarheit besteht, welche Aufwendungen durch die Überwachung verursacht werden (Begr. zu § 16 InsVV s. FK-InsO/*Lorenz* Anh. III; zur Festsetzung eines von § 15 Abs. 2 Satz 2 InsVV abweichenden Gebührensatzes vgl. MünchKomm-InsO/*Ehricke* § 293 Rz. 37). Zuständig für den Beschluss ist der Rechtspfleger (*Pape* Rpfleger 1995, 133 [138]). Der Beschluss ist öffentlich bekannt zu machen und dem Treuhänder, dem Schuldner und den Insolvenzgläubigern gesondert zuzustellen (Abs. 2 i. V. m. §§ 64, 65 InsO; *Döbereiner* a. a. O., S. 351). Gegen die Beschlüsse ist aufgrund des Verweises auf § 64 Abs. 3 InsO die **sofortige Beschwerde** nach §§ 6, 7 InsO zulässig (*Blersch* InsVV, § 16 Rz. 31, ausf. hierzu Uhlenbruck/*Vallender* InsO, § 293 Rz. 21). Beschwerdeberechtigt sind der Treuhänder, der Schuldner, dem die Entscheidung nach § 64 Abs. 2 InsO bekannt zu geben ist sowie die sich aus dem Schlussverzeichnis ergebenden Insolvenzgläubiger. Inwieweit die Beteiligten vor einer Entscheidung zu hören sind, ist streitig (vgl. zum Streitstand MünchKomm-InsO/*Nowak* § 16 InsVV Rz. 5 FN 5).

§ 294
Gleichbehandlung der Gläubiger

(1) Zwangsvollstreckungen für einzelne Insolvenzgläubiger in das Vermögen des Schuldners sind während der Laufzeit der Abtretungserklärung nicht zulässig.
(2) Jedes Abkommen des Schuldners oder anderer Personen mit einzelnen Insolvenzgläubigern, durch das diesen ein Sondervorteil verschafft wird, ist nichtig.
(3) Gegen die Forderung auf die Bezüge, die von der Abtretungserklärung erfasst werden, kann der Verpflichtete eine Forderung gegen den Schuldner nur aufrechnen, soweit er bei einer Fortdauer des Insolvenzverfahrens nach § 114 Abs. 2 zur Aufrechnung berechtigt wäre.

Inhaltsübersicht: Rz.

A. Normzweck	1– 3
B. Gesetzliche Systematik	4– 4a
C. Zwangsvollstreckungsverbot	5–25
I. Forderungen der Insolvenzgläubiger	5– 8
II. Forderungen anderer Gläubiger	9–15
III. Zeitlicher Anwendungsbereich	16–19
IV. Zwangsvollstreckungsmaßnahmen	20–22
V. Verfahren und Rechtsbehelfe	23–25
D. Sonderabkommen	26–34
I. Abschluss	26–30
II. Sondervorteil	31–33
III. Rechtsfolge	34
E. Aufrechnungsbefugnis	35–43
I. Grundsätze	35–35a
II. Aufrechnungslage	36–39
III. Aufrechnungsverbote	40–42
IV. Frist	43

Literatur:

Adam Sondervorteile und Restschuldbefreiung, ZInsO 2006, 1132; *Ahrens* Keine privilegierte Vollstreckung für Insolvenzgläubiger, NZI 2008, 24; *Grote* Aufrechnung des Finanzamtes mit Einkommensteuererstattungsansprüchen des Schuldners im Insolvenz- und Restschuldbefreiungsverfahren, ZInsO 2001, 452; *Häsemeyer* Die Aufrechnung nach der Insolvenzordnung, Kölner Schrift zur Insolvenzordnung, 2. Aufl. 2000, S. 645; *Jacobi* Das Grundpfandrecht der Bank bei fortlaufender Zahlung in der Insolvenz des Sicherungsgebers, ZVI 2008, 325; *Kohte* Die Behandlung von Unterhaltsansprüchen nach der Insolvenzordnung, Kölner Schrift zur Insolvenzordnung, 2. Aufl. 2000, S. 781; *Landfermann* Allgemeine Wirkungen der Insolvenzeröffnung, Kölner Schrift zur Insolvenzordnung, 2. Aufl. 2000, S. 159; *Onusseit* Aufrechnung des Finanzamts in der Insolvenz, ZInsO 2005, 638; *Uhlenbruck* Das Verbot der Einzelzwangsvollstreckung im Insolvenzverfahren, InVo 1996, 85; *Vallender* Einzelzwangsvollstreckung im neuen Insolvenzrecht, ZIP 1997, 1993; *Wenzel* Restschuldbefreiung bei Insolvenzen von Verbrauchern, VuR 1990, 121; *Wöchner* Gedanken zur Restschuldbefreiung nach dem Entwurf zum Gesetz zur Reform des Insolvenzrechts. BB 1989, 1065; s. a. § 286.

A. Normzweck

Als insolvenzrechtliches Verfahren setzt die Restschuldbefreiung eine gleichmäßige Befriedigung der Gläubiger voraus. Mit den Instrumenten des § 294 InsO soll diese **einheitliche Leistungsverwirklichung** geschützt werden. Das freie Nachforderungsrecht der Insolvenzgläubiger aus § 201 Abs. 1 InsO wird deswegen für die Dauer der Treuhandperiode suspendiert. Durch das Verbot von **Einzelzwangsvollstreckungen** sichert § 294 Abs. 1 InsO den Bestand des haftenden Vermögens und verhindert, dass sich einzelne Insolvenzgläubiger einen Sonderzugriff auf das Vermögen des Schuldners verschaffen und dadurch die Befriedigungsaussichten der Gläubiger untereinander verschoben werden (MünchKomm-InsO/*Ehricke* 2. Aufl., § 294 Rz. 1; *Preuß* Verbraucherinsolvenzverfahren und Restschuldbefreiung, 2. Aufl., Rz. 295; *Smid/Krug/Haarmeyer* InsO, 2. Aufl., § 294 Rz. 1). Als Ausdruck dieser allgemein bereits in § 89 InsO geregelten insolvenzrechtlichen Grundsätze und Fortsetzung der für das eröffnete Insolvenzverfahren bestimmten Wirkungen sollen während der auch als Wohlverhaltensperiode bezeichneten Treuhandperiode die Befriedigungsaussichten der Gläubiger untereinander nicht durch Individualvollstreckungen verschoben werden. § 294 Abs. 1 InsO führt damit den Schutz vor Individualvollstreckungen über das Insolvenzverfahren hinaus im Restschuldbefreiungsverfahren fort. Zugleich eröffnet die Vorschrift dem Schuldner die Chance auf einen gewissen wirtschaftlichen Neubeginn, indem der im Restschuldbefreiungsverfahren begrenzte haftungsrechtliche Zugriff der Insolvenzgläubiger durch das Vollstreckungsverbot gesichert wird. Einen weiteren Zweck bringt § 294 Abs. 1 InsO allerdings nur unzureichend zum Ausdruck. Durch das Vollstreckungsverbot – allein – für Insolvenzgläubiger werden zugleich auch die gesamtvollstreckungsrechtlichen Zugriffsrechte der Insolvenzgläubiger mit den einzelvollstreckungsrechtlichen Befugnissen der übrigen Gläubiger harmonisiert. An dieser Schnittstelle des Interessenausgleichs zwischen den Gläubigergruppen erweist sich § 294 Abs. 1 InsO vielfach als konkretisierungsbedürftig.

Verstärkt wird der Grundgedanke einer Gleichbehandlung der Gläubiger noch durch das von Abs. 2 ausgesprochene, den allgemeinen Wirkungen des Insolvenzverfahrens in § 89 InsO fremde Verbot, freiwillige Vereinbarungen über **Sonderleistungen** mit einzelnen Insolvenzgläubigern zu treffen, doch schöpft diese Erklärung den Gehalt von Abs. 2 ebenfalls nur zum Teil aus. Angelehnt an den Gedanken aus § 181 Satz 3 KO und § 8 Abs. 3 VglO untersagt § 294 Abs. 2 InsO – wie auch § 226 Abs. 3 InsO – Sonderabkommen mit den Insolvenzgläubigern. Eine vollkommene Übereinstimmung mit den konkurs- und vergleichsrechtlichen Vorschriften besteht zwar nicht, denn diese Bestimmungen zielen darauf ab, ein durch verdeckte Sonderzusagen befördertes wohlwollendes Abstimmungsverhalten einzelner Insolvenzgläubiger zu unterbinden, wofür im Restschuldbefreiungsverfahren keine Parallele existiert. In durchaus vergleichbarer Weise soll aber § 294 Abs. 2 InsO verhindern, dass ein Insolvenzgläubiger durch die Vereinbarung von Sonderleistungen davon abgehalten wird, seine Antragsrechte der §§ 290 Abs. 1, 296 Abs. 1, 297 Abs. 1, 303 Abs. 1 InsO zu gebrauchen oder Rechtsmittel gegen die Erteilung der Restschuldbefreiung einzulegen (Braun/*Buck* InsO, 3. Aufl., § 294 Rz. 6; *Adam* ZInsO 2006, 1132). Das Verbot von Sonderabkommen beschränkt deshalb Zahlungsvereinbarungen auf ein rechtlich geordnetes Verfahren und sichert die Einhaltung der an den Schuldner für eine Schuldbefreiung gestellten Anforderungen.

Grundsätzlich verdient im Insolvenz- wie im Restschuldbefreiungsverfahren das Vertrauen auf eine noch entstehende **Aufrechnungslage** Schutz. Um aber den Bestand der Haftungsmasse und eine gleichmäßigere Behandlung der Gläubiger zu sichern, erstreckt Abs. 3 die im Insolvenzverfahren geltenden Aufrechnungsbeschränkungen aus § 114 Abs. 2 InsO insbesondere für den Arbeitgeber des Schuldners auf die Treuhandperiode. Deswegen bleibt der Verpflichtete nur für einen Zeitraum von maximal zwei Jahren nach Eröffnung des Insolvenzverfahrens zur Aufrechnung berechtigt. Im Interesse einer gleichmäßigen Befriedigung und zum Schutz der zur Schuldtilgung zur Verfügung stehenden Mittel wird der Zugriff auf die pfändbaren Bezüge des Schuldners stark eingeschränkt (MünchKomm-InsO/*Ehricke* 2. Aufl., § 294 Rz. 2; *Preuß* Verbraucherinsolvenzverfahren und Restschuldbefreiung, 2. Aufl., Rz. 285). Nach Ablauf der zweijährigen Frist wird auch ein berechtigtes Vertrauen auf die Aufrechnungslage zugunsten der gleichmäßigen Gläubigerbefriedigung zurückgestellt (zur Interessenlage KS-InsO/*Schmidt-Räntsch* 1997, S. 1177 Rz. 21).

B. Gesetzliche Systematik

4 Nach der Ankündigung der Restschuldbefreiung hebt das Gericht das Insolvenzverfahren auf, § 289 Abs. 2 Satz 2 InsO. Damit enden die im Insolvenzverfahren bestehenden **Beschränkungen der Gläubigerrechte**, §§ 89 ff., 200 Abs. 1 InsO. Für die Treuhandzeit, den zweiten Abschnitt des Restschuldbefreiungsverfahrens, ist daher zur Sicherung eines erfolgreichen Restschuldbefreiungsverfahrens eine erneute Einschränkung der Gläubigerrechte erforderlich, die von § 294 Abs. 1 InsO angeordnet wird. § 294 Abs. 1 InsO führt damit den Gedanken aus § 89 InsO, nicht aber den aus § 210 InsO fort. Außerdem ordnet § 294 Abs. 2 InsO die Nichtigkeit von Sonderabkommen an und ergänzt damit die Obliegenheit aus § 295 Abs. 1 Nr. 4 InsO.

4a Explizit ist das Vollstreckungsverbot aus § 294 Abs. 1 InsO aber nicht für die Treuhandzeit, sondern für die **Laufzeit der Abtretungserklärung** bestimmt. Aufgrund von § 287 Abs. 2 Satz 1 InsO n. F. beginnt diese Laufzeit bereits nach Eröffnung des Insolvenzverfahrens. Im Unterschied zu der früheren Rechtslage müsste aufgrund dieser Gesetzesänderung das Zwangsvollstreckungsverbot aus § 294 Abs. 1 InsO entsprechend dem Wortlaut der Bestimmung bereits nach der Eröffnung des Insolvenzverfahrens einsetzen. Als weitere Konsequenz kollidierte dann das Vollstreckungsverbot aus § 294 Abs. 1 InsO mit dem aus § 89 InsO. Da der Schutz der Insolvenzmasse vor Einzelvollstreckungen in § 89 Abs. 1 InsO normiert ist, führt eine derartige Normenkonkurrenz zu systematischen Konflikten. Diesen Schwierigkeiten wird am besten dadurch Rechnung getragen, dass die Regelung des § 294 Abs. 1 InsO unverändert auf die Treuhandzeit, d. h. auf die Zeit nach Ankündigung der Restschuldbefreiung bis zum Ablauf der Frist für die Bezügeabtretung angewendet wird. Allein für diese Zeit besteht ein Regelungsbedarf. Abgesehen von der Terminologie ist kein Grund ersichtlich, § 294 InsO einen neuen Gegenstandsbereich zu geben. Als Konsequenz aus dieser Überlegung folgt für den Terminus der Laufzeit der Abtretungserklärung, dass er in den §§ 294 bis 297 InsO in einer anderen Bedeutung verwendet wird, als sie § 287 Abs. 2 Satz 1 InsO n. F. besitzt. In den §§ 287 Abs. 2 Satz 1 InsO n. F., 300 InsO ist die Frist des gesamten Restschuldbefreiungsverfahrens gemeint, bestehend aus Zulassungs- und Hauptverfahren. In § 294 InsO ebenso wie in den §§ 295 bis 297 InsO bezeichnet die Laufzeit der Abtretungserklärung die Treuhandphase, von der Ankündigung der Restschuldbefreiung bis zum Ende der Abtretungsdauer (s. *Ahrens* § 287 Rz. 891 ff.; MünchKomm-InsO/*Ehricke* 2. Aufl., § 294 Rz. 10; HK-InsO/*Landfermann* 4. Aufl., § 294 Rz. 2). Von dieser Auslegungsregel aus bereitet dann auch die Interpretation von § 294 Abs. 3 InsO keine weiteren Schwierigkeiten.

C. Zwangsvollstreckungsverbot

I. Forderungen der Insolvenzgläubiger

5 Während des Insolvenzverfahrens gewährleistet das **Vollstreckungsverbot** aus § 89 Abs. 1, 2 Satz 1 InsO, s. a. §§ 21 Abs. 2 Nr. 3, 88 InsO, den Bestand der Haftungsmasse und die gleichmäßigen Befriedigungsaussichten der Insolvenzgläubiger. Da dieses Verbot durch die Aufhebung des Insolvenzverfahrens nach einer Ankündigung der Restschuldbefreiung endet, §§ 289 Abs. 2 Satz 2, 201 Abs. 1 InsO, sichert § 294 Abs. 1 i. V. m. § 201 Abs. 3 InsO für die Treuhandzeit mit dem gleichen Ziel einen fortbestehenden Schutz vor Individualvollstreckungen (BGH ZInsO 2006, 872 Tz. 9). Um Wertungswidersprüche zu vermeiden, ist die Interpretation von § 294 Abs. 1 InsO grds. an § 89 Abs. 1 InsO zu orientieren, soweit nicht die besondere Gestaltung des Restschuldbefreiungsverfahrens eine abweichende Auslegung erfordert. Unanwendbar ist § 89 Abs. 2 InsO, da in der Treuhandphase kein Vollstreckungsverbot für Neugläubiger

besteht. Auch die Zuständigkeitsregelung aus § 89 Abs. 3 Satz 1 InsO wird für nicht übertragbar gehalten (s. u. Rz. 25). Nach dem beendeten Liquidationsverfahren verweist § 294 Abs. 1 InsO die Insolvenzgläubiger zur Befriedigung ihrer Interessen ausschließlich auf die Verteilungsregeln des Schuldbefreiungsverfahrens. Dennoch ist die Vorschrift nicht auf den bipolaren Interessenausgleich zwischen dem Schuldner und den Insolvenzgläubigern beschränkt. Da die Regelung eine Einzelzwangsvollstreckung der anderen Gläubiger nicht verwehrt, grenzt sie gleichermaßen die gemeinschaftlichen Befugnisse der Insolvenzgläubiger von den individualvollstreckungsrechtlichen Zugriffsmöglichkeiten der anderen Gläubiger und diese wieder von dem Schuldnerschutz ab. So tariert § 294 Abs. 1 InsO Universal- und Einzelexekution, Gläubigerinteressen und Schuldnerschutz aus, doch bleibt durch den begrenzten Regelungshaushalt manches unausgewogen.

Unzulässig ist die Zwangsvollstreckung eines **Insolvenzgläubigers.** Der Begriff des Insolvenzgläubigers gem. § 38 InsO ist in doppelter Weise konturiert, denn er bestimmt, welche Gläubiger sich im Verfahren als forderungsberechtigt erweisen und deswegen an der gemeinschaftlichen Befriedigung teilhaben. Zugleich weist er aus, welche nicht am Verfahren teilnehmenden Gläubiger den Verfahrensbeschränkungen unterliegen. Für die Teilhabe am Liquidationserlös und die Ausübung von Gläubigerbefugnissen im Verfahren, wie einem Versagungsantrag, wird einerseits als unerlässliche Voraussetzung eine Forderungsanmeldung verlangt (vgl. *Ahrens* § 290 Rz. 57 a). Andererseits darf sich ein Insolvenzgläubiger nicht den ihm nachteiligen Verfahrenswirkungen entziehen. Deshalb unterliegen Gläubiger, welche die Merkmale von § 38 InsO erfüllen, auch dann den insolvenzrechtlichen Beschränkungen, wenn sie **nicht am Verfahren teilnehmen** (MünchKomm-InsO/*Ehricke* 2. Aufl., § 38 Rz. 7 f.; *Jaeger/Henkel* InsO, § 38 Rz. 18; *Andres/Leithaus* InsO, § 294 Rz. 1). Das Vollstreckungsverbot aus § 294 I InsO besteht also auch dann, wenn Insolvenzgläubiger ihre Forderungen nicht zur Tabelle angemeldet haben, obwohl diese Gläubiger bei der Verteilung der eingegangenen Beträge durch den Treuhänder nicht berücksichtigt werden (*BGH* ZInsO 2006, 872 Tz. 7; *LG Erfurt* ZVI 2004, 549 [550]; HK-InsO/*Landfermann* 4. Aufl., § 294 Rz. 3; MünchKomm-InsO/*Ehricke*, 2. Aufl., § 294 Rz. 5; *Uhlenbruck/Vallender* InsO, 12. Aufl., § 294 Rz. 4; *Kübler/Prütting-Wenzel* InsO, § 294 Rz. 2 a; *Vallender* ZIP 2000, 1288 [1290];). Eine analoge Anwendung von § 308 Abs. 3 Satz 1 InsO (so *Bruckmann* Verbraucherinsolvenz, § 4 Rz. 90; *Schmidt* DGVZ 2004, 49 [50 f.]) ist ausgeschlossen (*BGH* ZInsO 2006, 872 Tz. 10). Weder besteht eine Regelungslücke noch eine vergleichbare Situation, da die unterlassene Anmeldung zur Tabelle vom Gläubiger zu verantworten ist, während in dem Forderungsverzeichnis nicht aufgenommene Forderungen dem Schuldner zugerechnet werden.

Das Vollstreckungsverbot betrifft **Insolvenzforderungen**, d. h. der zur Zeit der Eröffnung des Insolvenzverfahrens begründeten Vermögensansprüche gegen den Schuldner. Auch die nach § 302 InsO von der Restschuldbefreiung ausgenommenen Forderungen unterliegen dem Vollstreckungsverbot (HK-InsO/*Landfermann* 4. Aufl., § 294 Rz. 3; *Kübler/Prütting-Wenzel* InsO, § 294 Rz. 2 a). Eine Vollstreckung von Steuerforderungen und Forderungen der Sozialversicherungsträger, soweit sie Insolvenzforderungen sind, ist auch im Restschuldbefreiungsverfahren verboten. Von dem Vollstreckungsverbot werden ebenfalls die Forderungen der nachrangigen Insolvenzgläubiger erfasst, da ihre Forderungen nach § 39 InsO in das Insolvenzverfahren einbezogen werden (vgl. KS-InsO/*Landfermann* 2000, S. 159, Rz. 32; *Vallender* ZIP 1997, 1993 [1998]). Nach bisherigem Recht waren dagegen solche Forderungen, wie etwa die seit Konkursbeginn auf Konkursforderungen entfallenden Zinsen, gem. §§ 63 KO, 29 VglO, anders aber § 226 Abs. 2 KO, von der Teilnahme am Konkursverfahren ausgeschlossen. Während des Konkursverfahrens konnten sie jedoch eingeklagt werden (vgl. *Kuhn/Uhlenbruck* KO, § 12 Rz. 1 b) und es durfte ihretwegen auch die Zwangsvollstreckung in das konkursfreie Vermögen betrieben werden (*Hess* KO, § 63 Rz. 5; *Kilger/Karsten Schmidt* KO, § 63 Anm. 1). **Prozessuale Kostenerstattungsansprüche** auf Insolvenzforderung werden von der Restschuldbefreiung und damit auch dem Vollstreckungsverbot aus § 294 Abs. 1 InsO erfasst (*Fischer* ZInsO 2005, 69 [71]). Dies gilt auch für die Kostenerstattungsansprüche aus einem Prozess zur **Feststellung** einer Forderung aus vorsätzlich begangener unerlaubter Handlung (*AG Bremen* NZI 2008,55 [56]; s. a. *Ahrens* § 302 Rz. 9). Als nachrangige Forderungen gem. § 39 Abs. 1 Nr. 3 InsO unterliegen auch Geldbußen und Geldstrafen dem Vollstreckungsverbot (*Nerlich/Römermann* InsO, § 294 Rz. 7; *Heinze* ZVI 2006, 14 [15]). Daran schließt sich sogleich die Frage an, ob **Ersatzfreiheitsstrafen** vollstreckt werden dürfen (abl. *Fortmann* ZInsO 2005, 140), wofür ihr anderer Gegenstand spricht (*Vallender/Elschenbroich* NZI 2002, 130 [133 f.]). Auf der Grundlage der Rechtsprechung des BVerfG ist die Vollstreckung einer Geldstrafe durch Anordnung und Vollziehung einer Ersatzfreiheitsstrafe auch während der Treuhandperiode zulässig (*BVerfG* NZI 2006, 711, zum Insolvenzverfahren; zur Vollstreckung der Geld-

§ 294 *Restschuldbefreiung*

strafe im Insolvenzverfahren *LG Frankfurt/M.* NZI 2006, 714; *Pape* ZVI 2007, 7; *Petershagen* ZInsO 2007, 703 [704 f.], anders zur Erzwingungshaft; s. a. *Rönnau/Tachau* NZI 2007, 208; *Wieser* DZWIR 2007, 72; a. A. *Heinze* ZVI 2006, 14 [16]). Die gleichen Beschränkungen, die für die Insolvenzgläubiger bestehen, gelten gem. § 404 BGB für ihre **Rechtsnachfolger** durch rechtsgeschäftlichen und gesetzlichen, § 412 BGB, Forderungsübergang (*Andres/Leithaus* InsO, § 294 Rz. 1).

7 Erhebt ein Insolvenzgläubiger einen erst nach der Eröffnung des Insolvenzverfahrens entstandenen anderen Vermögensanspruch, macht etwa ein Unterhaltsgläubiger mit rückständigen Forderungen aus der Zeit vor der Eröffnung des Insolvenzverfahrens einen nach diesem Termin entstandenen zusätzlichen Anspruch geltend, so handelt er als **Neugläubiger**, vgl. § 40 InsO (KS-InsO/*Kohte* 2000, S. 781 Rz. 33 f.).

8 Während des Insolvenzverfahrens gehört das gesamte **pfändbare Vermögen** des Schuldners einschließlich des Neuerwerbs zur Insolvenzmasse, §§ 35, 36 InsO, in die Zwangsvollstreckungen einzelner Insolvenzgläubiger gem. § 89 Abs. 1 InsO unzulässig sind. Im Verlauf der Treuhandperiode, also für die Zeit nach der Aufhebung des Insolvenzverfahrens, verbietet § 294 Abs. 1 InsO Zwangsvollstreckungen zugunsten einzelner Insolvenzgläubiger in das pfändbare Vermögen des Schuldners. Dieses Vollstreckungsverbot erstreckt sich auf Alt- und Neuvermögen, also die Gegenstände aus der Insolvenzmasse, von deren Verwertung der Treuhänder gegen Zahlung eines entsprechenden Betrags nach § 314 Abs. 1 Satz 1, 2 InsO abgesehen hat, auf den gesamten Neuerwerb, auf das nach § 292 Abs. 1 InsO vom Treuhänder verwaltete Sondervermögen sowie auf nachträglich ermittelte Gegenstände aus der Masse, die von dem Treuhänder zu verteilen sind. Eine Sonderfrage ist, inwieweit dem Treuhänder auch eine Verwertung obliegt. Eine **Nachtragsverteilung** ist möglich und auf Antrag oder von Amts wegen entsprechend § 203 Abs. 1 Nr. 3, Abs. 2, 3 InsO durchzuführen (vgl. *BGH* NZI 2006, 180 [181], zum Verbraucherinsolvenzverfahren; außerdem *LG Koblenz* NZI 2004, 157 [158]; MünchKomm-InsO/*Ehricke* 2. Aufl., § 294 Rz. 9; *Uhlenbruck/Vallender* InsO, 12. Aufl., § 294 Rz. 4; *Nerlich/Römermann* InsO, § 294 Rz. 9 f.; HK-InsO/*Landfermann* 4. Aufl., § 289 Rz. 7; *Kübler/Prütting-Wenzel* InsO, § 286 Rz. 84; *Hess/Obermüller* Insolvenzplan, Restschuldbefreiung und Verbraucherinsolvenz, 3. Aufl., Rz. 1215; *Pape/Uhlenbruck* Insolvenzrecht, Rz. 987; *Pape* Gläubigerbeteiligung, Rz. 458; *Mohrbutter/Ringstmeier-Pape* 8. Aufl., § 17 Rz. 179; *Wittig* WM 1998, 157, 209 [223]; jetzt auch MünchKomm-InsO/*Hintzen* 2. Aufl., § 203 Rz. 2). Die Durchführung folgt weitgehend den §§ 203 ff. InsO, d. h. dem Treuhänder obliegt bspw. die Verwertung und er erhält eine besondere Vergütung gem. § 6 InsVV. Die Verteilung ist dagegen an § 292 Abs. 1 Satz 2 InsO zu orientieren. Zunächst sind die gestundeten Verfahrenskosten sowie Masseverbindlichkeiten zu befriedigen. Ob die Verteilung mit der jährlichen Zahlung an die Gläubiger zu erfolgen hat, ist entsprechend dem Gedanken aus § 187 Abs. 2 InsO zu bestimmen. Es gilt gleichermaßen für die laufenden Bezüge des Schuldners einschließlich der nach § 292 Abs. 1 Satz 3 InsO an ihn abzuführenden Beträge wie die Einkünfte aus selbstständiger Tätigkeit. Ebenso umfasst es auch das von Todes wegen oder mit Rücksicht auf ein künftiges Erbrecht bzw. in sonstiger Weise erworbenes Vermögen. Vollstreckungsmaßnahmen der Insolvenzgläubiger in das erbrechtlich erworbene Vermögen sind selbst zum Schutz des Herausgabeanspruchs nach § 294 Abs. 1 InsO unzulässig (**a. A.** *Uhlenbruck/Vallender* InsO, 12. Aufl., § 295 Rz. 41; *Preuß* NJW 1999, 3450 [3452]). Durch derartige Vollstreckungsmaßnahmen wird zwar bei einem entsprechenden Antrag nicht die gleichmäßige Befriedigung der Insolvenzgläubiger, wohl aber die Beschränkung ihres haftungsrechtlichen Zugriffs zugunsten der Neugläubiger und des Schuldners durchbrochen. Nach dem Wortlaut der Norm ist damit auch eine Pfändung der **Unterhalts- und Deliktsgläubiger** für ihre vor Eröffnung des Insolvenzverfahrens entstandenen Insolvenzforderungen, vgl. § 40 InsO, in den ihnen nach §§ 850 d, 850 f. Abs. 2 ZPO vorbehaltenen Bereich ausgeschlossen. Bis zum InsO-ÄndG 2001 war allerdings ihre Vollstreckung entsprechend dem Grundgedanken aus § 89 Abs. 2 Satz 2 InsO zu erwägen (vgl. KS-InsO/*Kohte* 2000, S. 781 Rz. 59 ff.; KS-InsO/*Hintzen* 2000, S. 1107 Rz. 42; RegE, BR-Drucks. 1/92 S. 137), § 294 Abs. 1 InsO konnte also teleologisch begrenzt werden. Seit der Gesetzesänderung ist dies ausgeschlossen. Für die Treuhandperiode verweist § 292 Abs. 1 Satz 3 InsO auf § 36 Abs. 1 Satz 2 InsO. Dort ist eine entsprechende Anwendung der §§ 850 d, 850 f Abs. 2 ZPO nicht angeordnet. In der Treuhandperiode muss deswegen eine privilegierte Vollstreckung zugunsten der Unterhaltsgläubiger und Gläubiger von Forderungen aus vorsätzlich begangenen unerlaubten Handlungen ausscheiden (überzeugend *AG Göttingen* ZInsO 2005, 668; i. E. auch MünchKomm-InsO/*Ehricke* § 294 Rz. 6; *Uhlenbruck/Vallender* InsO, 12. Aufl., § 294 Rz. 6; HambK-InsO/*Streck* 2. Aufl., § 294 Rz. 4; *Ahrens* NZI 2008, 24 [25], zu *BGH* NZI 2008, 50, betreffend § 89 Abs. 2 Satz 2 InsO; außerdem *Ahrens* § 287 Rz. 59, 63). § 294 Abs. 1 InsO kann insoweit nicht mehr teleologisch reduziert werden. Konkursrechtlich umstritten sind die Folgen einer Zwangsvollstreckung in das Auslandsvermögen des Schuldners

(vgl. *Kuhn/Uhlenbruck* KO, § 14 Rz. 1 a ff.), eine durch die zunehmende Verbreitung von Teilzeitwohnrechten selbst für Verbraucherinsolvenzen nicht auszuschließende Konstellation. Nach der Rspr. besteht hier eine Herausgabepflicht des durch die Zwangsvollstreckung Erlangten (BGHZ 88, 147 [150 ff.]). Andere als die in das Insolvenzverfahren einbezogenen Vermögensansprüche (zum Begriff der Insolvenzforderung *Haarmeyer/Wutzke/Förster* Handbuch, 2. Aufl., Rz. 7/9 ff.), wie etwa höchstpersönliche Ansprüche, werden nicht von dem Vollstreckungsverbot erfasst. Eine Vollstreckung von Unterlassungsansprüchen und dem dabei verhängten Ordnungsgeld bleibt zulässig (vgl. KG NZI 2000, 228 [229]). Von dem Zwangsvollstreckungsverbot gegen den Schuldner ist die Vollstreckung gegenüber dem Treuhänder zu unterscheiden (*Preuß* NJW 1999, 3450 [3452]).

II. Forderungen anderer Gläubiger

Neugläubiger können ihre Forderungen während des Insolvenzverfahrens einklagen, doch wird regelmäßig für die Dauer des Insolvenzverfahrens kein zur Vollstreckung geeignetes freies Vermögen vorhanden sein (KS-InsO/*Landfermann* 2000, S. 159 Rz. 41). Ausdrücklich sind ihnen während dieser Verfahrensdauer allerdings Zwangsvollstreckungen in künftige Bezüge aus einem Dienstverhältnis des Schuldners verwehrt, es sei denn es handelt sich um einen neuen Unterhaltsanspruch (*Uhlenbruck* FamRZ 1998, 1473) oder eine neue Forderung aus einer vorsätzlichen unerlaubten Handlung, § 89 Abs. 2 Satz 1, 2 InsO. Mit dem Insolvenzverfahren endet aber auch dieses Vollstreckungshindernis. § 294 Abs. 1 InsO stellt für Neugläubiger kein Vollstreckungsverbot auf, weshalb für sie während der Treuhandperiode **keine Vollstreckungsbeschränkungen** bestehen (vgl. OLG Zweibrücken ZInsO 2001, 625 f.). Sie dürfen deswegen in das freie, nicht auf den Treuhänder übertragene Vermögen des Schuldners vollstrecken (*Uhlenbruck/Vallender* InsO, 12. Aufl., § 294 Rz. 17). Der Gerichtsvollzieher muss deswegen sorgfältig prüfen, ob ein Vollstreckungsauftrag von einem Alt- oder Neugläubiger erteilt wird (*Harnacke* DGVZ 2003, 161 [166]). 9

Neugläubiger können deshalb in die **Gegenstände aus der Insolvenzmasse** vollstrecken, von deren Verwertung der Treuhänder gegen Zahlung eines entsprechenden Betrags nach § 314 Abs. 1 Satz 1, 2 InsO abgesehen hat. In diesen Fällen hat der Schuldner möglicherweise unabhängig von seinen eigenen Vorstellungen (vgl. aber *Kohte* § 314 Rz. 15) aus seinem unpfändbaren Einkommen oder mit der Hilfe Dritter einen dem Wert der Masse entsprechenden Betrag leisten müssen. Dann ist eine mit dem Zweck der insolvenzrechtlichen Vorschriften kollidierende und zugleich den Schutz des unpfändbaren Einkommens aushöhlende Vollstreckung der Neugläubiger während der Treuhandperiode in diese Gegenstände nicht auszuschließen. Wegen dieses Vollstreckungsrisikos sollte eine Entscheidung nach § 314 Abs. 1 Satz 1 InsO nicht gegen den Willen des Schuldners getroffen werden. 10

Außerdem sind die Neugläubiger auch während der Treuhandperiode befugt, die Zwangsvollstreckung in **künftige Lohnansprüche** des Schuldners zu betreiben. Während § 89 Abs. 2 Satz 1 InsO ein Zwangsvollstreckungsverbot auch für Nichtinsolvenzgläubiger bestimmt (*Gottwald/Gerhardt* InsolvenzRHdb, 3. Aufl., § 33 Rz. 15), sieht § 294 Abs. 1 InsO für sie kein Verbot vor. Abgesehen von einer Rangsicherung wird aber eine solche Maßnahme aufgrund der vorrangigen Abtretung an den Treuhänder zunächst keine Wirkung entfalten (*Vallender* ZIP 1997, 1993 [2000]). Ggf. kann der Treuhänder der Lohnpfändung eines Neugläubigers mittels der Drittwiderspruchsklage gem. § 771 ZPO entgegengetreten (*Wittig* WM 1998, 157, 209 [214]). Wegen neuer **Unterhaltsansprüche** oder einer neuen Forderung aus einer **vorsätzlich begangenen unerlaubten Handlung** ist aber gem. den §§ 850 d, 850 f Abs. 2 ZPO ein Zugriff auf den für andere Gläubiger unpfändbaren Teil der Einkünfte möglich (Begr. zu § 100 RegE, BR-Drucks. 1/92 S. 137 f.; MünchKomm-InsO/*Ehricke* 2. Aufl., § 294 Rz. 22; *Uhlenbruck/Vallender* InsO, 12. Aufl., § 294 Rz. 18; HK-InsO/*Landfermann* 4. Aufl., § 294 Rz. 7; *Kübler/Prütting-Wenzel* InsO, § 287 Rz. 16; *Haarmeyer/Wutzke/Förster-Schmerbach* Präsenzkommentar, § 294 Rz. 8; KS-InsO/*Landfermann* 2000, S. 159 Rz. 41; *Forsblad* Restschuldbefreiung, S. 261; *Riedel* KKZ 1999, 217 [224], auch zu den §§ 850 c IV, 850 e Nr. 2 ZPO). Die §§ 850 d, 850 f Abs. 2 ZPO sind zwar für die abgetretenen Bezüge unanwendbar, da die §§ 292 Abs. 1 Satz 3, 36 Abs. 1 Satz 2 InsO nicht auf sie verweisen. Davon unberührt bleibt aber die Individualvollstreckung der Neugläubiger. Geht der Anspruch, der eine solche Bevorrechtigung begründet, etwa nach den §§ 1607 Abs. 2 Satz 2, 1608 Satz 3, 1615 b BGB, 94 SGB XII, 94 Abs. 3 SGB VIII, 7 UVG oder 37 BAFöG auf einen Dritten über, so ist umstritten, ob das Pfändungsvorrecht nach § 850 d ZPO gem. §§ 412, 401 Abs. 2 BGB mit übergeht, was nach Fallgruppen und Normzweck zu bestimmen sein wird (*BAG* NJW 1971, 2094; MünchKomm-ZPO/*Smid* 3. Aufl., 11

§ 850 d Rz. 6 f.; *Stein/Jonas-Brehm* ZPO, 22. Aufl., § 850 d Rz. 11 ff.). Kein Vollstreckungsschutz besteht für die Einkünfte selbständig tätiger Schuldner und den Erwerb von Todes wegen (*Haarmeyer/Wutzke/Förster-Schmerbach* Präsenzkommentar, § 294 Rz. 8). Im Interesse einer Erfüllung seiner Obliegenheiten aus § 295 Abs. 1 Nr. 2, Abs. 2 InsO ist der Schuldner bei einem möglichen Vollstreckungsdruck gehalten, frühzeitig zu leisten.

12 Den nach § 292 Abs. 1 Satz 3 und 4 InsO nach Ablauf von vier und mehr Jahren vom Treuhänder an den Schuldner abzuführenden **Motivationsrabatt** können die Neugläubiger ebenfalls pfänden und sich überweisen lassen. Nicht selten werden dies Unterhaltsgläubiger wegen ihrer neuen Unterhaltsforderungen sein.

13 Vor allem bei dem Zugriff auf den sonstigen Neuerwerb ist es nur unvollständig gelungen, die **kollidierenden Befriedigungsinteressen** der Insolvenzgläubiger einerseits mit den Haftungsinteressen der Neugläubiger andererseits auszugleichen. Allein die dem Treuhänder nach § 287 Abs. 2 Satz 1 InsO abgetretenen Forderungen sind definitiv den Insolvenzgläubigern zugewiesen und einer Einzelvollstreckung der anderen Gläubiger entzogen. Umgekehrt ist der Motivationsrabatt ausschließlich den Neugläubigern zugewiesen. In das sonstige der Befriedigung der Insolvenzgläubiger dienende Vermögen können dagegen die Neu- und andere Gläubiger vollstrecken. Das nach § 295 Abs. 1 Nr. 2 InsO zur Hälfte des Werts an den Treuhänder herauszugebende von Todes wegen oder mit Rücksicht auf ein zukünftiges Erbrecht erworbene Vermögen ist ebenso wenig vor dem einzelvollstreckungsrechtlichen Zugriff der anderen Gläubiger geschützt wie die Einkünfte aus einer selbstständigen Tätigkeit, aus denen der Schuldner nach § 295 Abs. 2 InsO seine Zahlungen an den Treuhänder zu erbringen hat (dazu *Wenzel* NZI 1999, 15 [18]). Eine vollstreckungsrechtlich bindende Zuweisung dieses Vermögens an eine Gläubigergruppe erfolgt gerade nicht. Auch die Parallele zwischen § 771 Abs. 1 ZPO und § 47 InsO (*RG* RGZ 79, 121 [122], zu § 43 KO) bestätigt, dass noch keine Rechtsposition außerhalb des Schuldnervermögens geschaffen ist. In systematisch wenig befriedigender Weise entscheidet dann letztlich der Schuldner darüber, welcher Gläubigergruppe die Vermögensposition zufällt (**a. A.** MünchKomm-InsO/*Ehricke* 2.Aufl., § 294 Rz. 20). Unter dem Druck einer drohenden Obliegenheitsverletzung vermag der Schuldner aufgrund seiner Kenntnisse durch eine frühzeitige Übertragung auf den Treuhänder einer drohenden Zwangsvollstreckung häufig zu begegnen, doch ist dies keineswegs sichergestellt. Dem Neugläubiger muss zwar haftendes Vermögen zur Verfügung stehen. Er kann jedoch die Insolvenzgläubiger aus dem ihnen insolvenzrechtlich zugewiesenen Bereich verdrängen, ohne dass die Insolvenzgläubiger eigene Handlungsmöglichkeiten besitzen. Pfändet ein Neugläubiger beim Drittschuldner die an den Treuhänder abgetretenen pfändbaren Forderungen auf Bezüge, kann der Treuhänder die Drittwiderspruchsklage erheben. Vollstreckt ein Neugläubiger in das vom Treuhänder gehaltene Vermögen, steht dem Treuhänder die Erinnerung zu, § 766 ZPO (MünchKomm-InsO/*Ehricke* 2. Aufl., § 294 Rz. 21, 23; vgl. *BGH* NZI 2004, 447). Bei einem Streit darüber, ob der Vollstreckungsgegenstand zu dem treuhänderischen oder ob er zum freien Vermögen gehört, ist dem Treuhänder die Drittwiderspruchsklage gem. § 771 ZPO eröffnet (*Häsemeyer* Insolvenzrecht, 4. Aufl., Rz. 26.47, 26.54).

14 **Massegläubiger** gem. § 53 InsO werden im Insolvenzverfahren allein in engen Grenzen an einer Zwangsvollstreckung in die Insolvenzmasse gehindert, § 90 InsO. Im Restschuldbefreiungsverfahren kann wegen sog. gewillkürter Masseverbindlichkeiten uneingeschränkt vollstreckt werden. Auch wegen sog. oktroyierter Masseverbindlichkeiten ist eine Vollstreckung möglich, denn der auf sechs Monate befristete Vollstreckungsschutz wird abgelaufen sein (MünchKomm-InsO/*Ehricke* 2. Aufl., § 294 Rz. 24; *Helwich* DGVZ 1998, 50). Vor allem aber ist dieses Vollstreckungsverbot mit der Aufhebung des Insolvenzverfahrens, § 289 Abs. 2 Satz 2 InsO, beendet. Für die Zahlungsklage des Inhabers einer oktroyierten Masseforderung während der Treuhandperiode besteht ein Rechtsschutzbedürfnis (*BGH* NZI 2007, 670 Tz. 14).

15 **Aussonderungsberechtigte Gläubiger** sind hinsichtlich ihres Aussonderungsanspruchs keine Insolvenzgläubiger und deswegen nicht von dem Zwangsvollstreckungsverbot betroffen (*Hess* InsO, 2007, § 294 Rz. 16). Ihre Herausgabeansprüche können sie auch zwangsweise durchsetzen. Deswegen ist der Herausgabeanspruch des Vermieters gegen den Mieter aus den §§ 985, 546 Abs. 1 BGB weiterhin im Wege der Zwangsvollstreckung zu realisieren (*BGH* NJW 1994, 3232 [3233]; s. a. *LG Hannover* DGVZ 1990, 170; *Jaeger/Henckel* KO, § 19 Rz. 62). Die Zwangsvollstreckung absonderungsberechtigter Gläubiger ist allerdings nur eingeschränkt nach den §§ 50 ff., 166 ff. InsO bei Mobiliarsicherheiten bzw. den §§ 49, 165 InsO, 30 d ff., 153 b f. ZVG bei Immobiliarsicherheiten zulässig (*AG Rosenheim* ZInsO 2000, 291; *Vallender* ZIP 1997, 1993 [2001]; *Uhlenbruck* InVo 1996, 85 [90]; zu Zwangshypothek, Zwangs-

versteigerung und Zwangsverwaltung *Helwich* DGVZ 1998, 50 [52 ff.]; **a. A.** *Andres / Leithaus* InsO, § 294 Rz. 1). Da sich das Absonderungsrecht nach § 1120 BGB auf Erzeugnisse und Zubehör erstreckt, können Hypothekengläubiger in diese Gegenstände vollstrecken.

III. Zeitlicher Anwendungsbereich

Das Zwangsvollstreckungsverbot des § 294 Abs. 1 InsO besteht während der Laufzeit der Abtretungserklärung, beginnt seinem Wortlaut nach also zeitgleich mit der Wirkung der Abtretungserklärung. Da die Frist der Abtretungserklärung seit dem InsOÄndG vom 01. 12. 2001 von der Eröffnung des Insolvenzverfahrens an berechnet wird, ist der für das Zwangsvollstreckungsverbot aus § 294 Abs. 1 InsO zugrunde zu legende Zeitpunkt zweifelhaft geworden. Falls das Vollstreckungsverbot aus § 294 Abs. 1 InsO bereits ab Eröffnung des Insolvenzverfahrens gilt, müsste es zwangsläufig mit dem Vollstreckungsverbot aus § 89 InsO kollidieren. Da der Gesetzgeber diesen Widerspruch offenbar nicht gesehen hat und ein Grund für die zeitliche Vorverlagerung von § 294 Abs. 1 InsO nicht ersichtlich ist, bleibt der Geltungsbereich der Vorschrift auch nach neuem Recht auf die **Treuhandperiode** beschränkt (s. o. Rz. 4a; *Ahrens* § 287 Rz. 89 1ff.; MünchKomm-InsO/*Ehricke* 2. Aufl., § 294 Rz. 10). Zeitlich beginnt der Anwendungsbereich von § 294 Abs. 1 InsO mit der rechtskräftigen Aufhebung oder Einstellung des Insolvenzverfahrens, weshalb zwischenzeitlich keine Verstrickung und kein Pfändungspfandrecht entstehen können (MünchKomm-InsO/*Ehricke* 2. Aufl., § 294 Rz. 10; HambK-InsO/*Streck* 2. Aufl., § 294 Rz. 5; s. a. *AG Göttingen* ZInsO 2006, 1063 [1064]). Ein vor der Eröffnung des Insolvenzverfahrens und dem Eintritt der Rückschlagsperre gem. § 88 InsO durch Zwangsvollstreckung erworbenes Pfändungspfandrecht an einer beweglichen Sache oder eine Zwangshypothek an einem Grundstück wird durch das Vollstreckungsverbot nach § 294 Abs. 1 InsO nicht berührt.

Das **Ende des Vollstreckungsverbots** ist dagegen nur scheinbar eindeutig geregelt. Zwangsvollstreckungen während der Laufzeit der Abtretungserklärung erklärt § 294 Abs. 1 InsO für unzulässig. Der Schluss, dass mit dem Ablauf der für die Abtretungserklärung bestimmten sechsjährigen bzw. gem. Art. 107 EGInsO fünfjährigen Dauer auch das Vollstreckungsverbot endet, liegt zwar nahe, ist aber weder logisch zwingend noch ausdrücklich bestimmt und führt auch zu kaum sachgerechten Resultaten. Wenn das Vollstreckungsverbot mit der Laufzeit der Abtretungserklärung endet, aber die Durchsetzbarkeit der Forderung erst durch die anschließend erteilte Restschuldbefreiung aufgehoben wird, §§ 300 Abs. 1, 286 InsO, dann sind Zwangsvollstreckungen in der Zwischenzeit nicht untersagt. Für den Gläubiger einer nach § 302 InsO privilegierten Forderung mag dies berechtigt erscheinen, doch widerspricht es bei allen anderen Insolvenzgläubigern der klaren gesetzlichen Wertung. Nach der Liquidation des Schuldnervermögens soll ihnen nur noch der vom Treuhänder zu verteilende Betrag zufließen. Am Ende des von dem insolvenzrechtlichen Prinzip der gleichmäßigen Gläubigerbefriedigung geprägten Restschuldbefreiungsverfahrens stünde sonst wieder der einzelvollstreckungsrechtliche Zugriff. Zudem könnten die Gläubiger ihre Befriedigungschancen erhöhen, wenn sie über Versagungsanträge die Erteilung der Restschuldbefreiung verzögern. Abgesehen davon, dass mit den zivilprozessualen Vorschriften zur Einstellung der Zwangsvollstreckung die kollektiven Anforderungen nicht zu bewältigen sind, bieten etwa die §§ 707, 719, 732, 769 ZPO auch keine geeignete Grundlage zur Einstellung. Als Steuerungsinstrument der gesamtvollstreckungsrechtlichen Zugriffsbefugnisse bedarf es deshalb einer insolvenzrechtlichen Lösung. Nach der Wertung des § 89 Abs. 1 InsO, der ein Vollstreckungsverbot bis zur Aufhebung des Insolvenzverfahrens begründet, und der Zielsetzung des § 294 Abs. 1 InsO, der unter Wahrung der Gleichbehandlung der Insolvenzgläubiger die Universal- und Einzelexekution aufeinander abstimmen soll, endet regelmäßig das Vollstreckungsverbot erst mit **der rechtskräftigen Erteilung** der Restschuldbefreiung oder ihrer Versagung gem. § 300 Abs. 2 InsO (HK-InsO/*Landfermann* 4. Aufl., § 294 Rz. 5; *Kübler/Prütting-Wenzel* InsO, § 294 Rz. 2a; *Uhlenbruck / Vallender* InsO, 12. Aufl., § 294 Rz. 12, § 300 Rz. 23, 26; MünchKomm-InsO/*Stephan* 2. Aufl., § 300 Rz. 7; MünchKomm-InsO/*Ehricke* 2. Aufl., § 294 Rz. 12; *Braun / Buck* InsO, 3. Aufl., § 300 Rz. 5; *Graf-Schlicker/ Kexel* InsO, § 294 Rz. 2; KS-InsO/*Fuchs* 2000, S. 1679 Rz. 227).

Nach § 299 InsO endet bei einer **Versagung** der Restschuldbefreiung während der Treuhandperiode die Laufzeit der Abtretungserklärung. Außerdem wird die Beschränkung der Gläubigerrechte und damit auch das Vollstreckungsverbot aus § 294 Abs. 1 InsO vorzeitig aufgehoben, wenn durch Entscheidungen gem. den §§ 296 Abs. 1, 297 Abs. 1, 298 Abs. 1 InsO die Restschuldbefreiung versagt wird (s. *Ahrens*

§ 299 Rz. 13). Das Vollstreckungsverbot endet mit der bestandskräftigen Versagungsentscheidung. Ein Antrag auf Erteilung einer vollstreckbaren Ausfertigung wird bis zu diesem Zeitpunkt unzulässig sein.

19 Zur Zwangsvollstreckung nach Erteilung der Restschuldbefreiung s. *Ahrens* § 301 Rz. 12 und nach Widerruf der Restschuldbefreiung vgl. *Ahrens* § 303 Rz. 23.

IV. Zwangsvollstreckungsmaßnahmen

20 **Maßnahmen** der Zwangsvollstreckung sind für die Dauer des Vollstreckungsverbots unzulässig (zum Folgenden auch FK-InsO/*App* § 89 Rz. 9 ff.). Vor Eröffnung des Insolvenzverfahrens erfolgte Vorpfändungen sind wegen der Monatsfrist aus § 845 Abs. 2 Satz 1 ZPO bedeutungslos (vgl. dazu *Viertelhausen* Einzelzwangsvollstreckung während des Insolvenzverfahrens, S. 134). Eine **Klageerhebung** durch Insolvenzgläubiger ist nach Beendigung des Insolvenzverfahrens, also während der Treuhandphase zulässig. § 87 InsO hindert sie nur an einer Klage während des Insolvenzverfahrens (*Uhlenbruck* InsO, 12. Aufl., § 87 Rz. 3). Ist die Forderung nicht zur Tabelle angemeldet, wird grds. auch das Rechtsschutzbedürfnis für eine solche Klage zu bejahen sein, um die Verjährung zu unterbrechen und dem Gläubiger die gleichen Vollstreckungsperspektiven wie einem Gläubiger mit einem Titel zu eröffnen (*LG Arnsberg* NZI 2004, 515 [516]; *Fischer* ZInsO 2005, 69 [70 f.]). Mit einer solchen Klage geht der Gläubiger allerdings ein erhebliches Kostenrisiko ein. Bei einer Restschuldbefreiung werden die Kosten und Gebühren von der Schuldbefreiung erfasst (s. *Ahrens* § 301 Rz. 4). Ebenso gehören Umschreibungen von Vollstreckungstiteln und Zustellungen zu den zulässigen vorbereitenden Handlungen (*Fischer* ZInsO 2005, 69 [70]), sofern sie nicht wie die Zustellung eines Pfändungs- und Überweisungsbeschlusses an den Drittschuldner Vollstreckungswirkung entfalten (vgl. *Kuhn/Uhlenbruck* KO, § 14 Rz. 3; *Hess* KO, § 14 Rz. 8). Nach den einzelvollstreckungsrechtlichen Regeln setzt die Zwangsvollstreckung mit der **ersten Vollstreckungshandlung** eines Vollstreckungsorgans, z. B. der Verfügung des Gerichts, und nicht schon mit der Antragsstellung durch den Gläubiger ein (*RG* RGZ 53, 80 [82]; *Stein/Jonas-Münzberg* ZPO, 22. Aufl., vor § 704 Rz. 110 ff.; *Baumbach/Lauterbach/Albers/Hartmann* ZPO, 66. Aufl., Grundz. § 704 Rz. 51; *Kilger/Karsten Schmidt* KO, § 164 Anm. 3; **a. A.** *Rosenberg/Gaul/Schilken* Zwangsvollstreckungsrecht, 11. Aufl., § 44 I, mit Antragsstellung). An dieser Schnittstelle zwischen Einzel- und Gesamtvollstreckungsrecht ist aber sicherzustellen, dass nicht individualvollstreckungsrechtliche Wirkungen in das Insolvenzverfahren hineingetragen werden. Insbesondere darf durch eine verfrühte Antragsstellung nicht die Reihenfolge der Bearbeitung präjudiziert und damit die Priorität der folgenden Vollstreckungsmaßnahme vorher bestimmt werden. Diesen Bedenken trägt die Regelung des § 201 Abs. 2 Satz 3 InsO (vom 19. 12. 1998, BGBl. I S. 3836; dazu *Wimmer* DZWIR 1999, 62 [65]), teilweise Rechnung. Ein Antrag auf Erteilung einer **vollstreckbaren Ausfertigung der Tabelle** kann danach erst nach Aufhebung des Insolvenzverfahrens gestellt werden. Zulässig ist aber, dass solche Anträge nach der Aufhebung des Insolvenzverfahrens während der Treuhandzeit des Restschuldbefreiungsverfahrens gestellt werden, um sofort auf eine eventuelle Versagung der Restschuldbefreiung reagieren zu können (*LG Göttingen* NZI 2005, 689; *LG Leipzig* NZI 2006, 603; *LG Tübingen* NZI 2006, 647; MünchKomm-InsO/*Ehricke* 2. Aufl., § 294 Rz. 15; **a. A.** *AG Göttingen* ZInsO 2005, 668). Wegen der bestehenden Regelungslücke und den vergleichbaren Tatbeständen kommt hier eine Anwendung von § 201 Abs. 2 Satz 3 InsO über die Aufhebung des Insolvenzverfahrens bis zum Abschluss des Restschuldbefreiungsverfahrens in Betracht. Das zur Zuständigkeit des Insolvenzgerichts, § 202 Abs. 1 Nr. 1 InsO, gehörende Klauselerteilungsverfahren dient zur Vorbereitung, ist also noch kein Bestandteil des Vollstreckungsverfahrens (*LG Arnsberg* ZVI 2004, 699; *Uhlenbruck/Vallender* InsO, 12. Aufl., § 294 Rz. 10; *Rosenberg/Gaul/Schilken* Zwangsvollstreckungsrecht, 11. Aufl., § 8 I 4. Zur Heilung von Vollstreckungsmängeln im Insolvenzverfahren *Viertelhausen* Einzelzwangsvollstreckung während des Insolvenzverfahrens, S. 79 ff.). Auch im Restschuldbefreiungsverfahren wird eine rückwirkende Heilung von Verfahrensfehlern ausgeschlossen sein.

21 Das Vollstreckungsverbot erfasst unabhängig von der Form der Titulierung die **Vollstreckung** wegen einer **Geldforderung** in das bewegliche Vermögen des Schuldners, also die Pfändung einer beweglichen Sache, §§ 803 ff. ZPO, und einer Forderung, §§ 828 ff. ZPO, sowie den Zugriff auf das unbewegliche Vermögen, §§ 864 ff. ZPO. Das Verbot der Pfändung in künftige Forderungen besteht nach Aufhebung des Insolvenzverfahrens im Rahmen des § 294 Abs. 1 InsO fort (*AG Göttingen* NZI 2006, 714 [715]). Es gilt aber auch für die Vollstreckung wegen **anderer Ansprüche** als Geldforderungen, §§ 883 ff. ZPO, soweit es sich um eine Insolvenzforderung handelt (vgl. *Gottwald/Gerhardt* InsolvenzRHdb, 3. Aufl., § 33 Rz. 4). Unzulässige Zwangsvollstreckungsmaßnahmen bilden ebenfalls Arrest und einstweilige Verfü-

gung (s. FK-InsO/*App* § 89 Rz. 9; KS-InsO/*Landfermann* 2000, S. 127 Rz. 34; *Uhlenbruck* InVo 1996, 85 [89]). Eine § 124 VglO entsprechende Legaldefinition in § 12 RegE wurde vom Rechtsausschuss als selbstverständlich gestrichen (Beschlussempfehlung des Rechtsausschusses BT-Drucks. 12/7302 S. 156 zu § 12 RegE; zur Kritik *Uhlenbruck* InsO, 12. Aufl., § 89 Rz. 1). Verboten ist damit ebenso der Erlass eines Arrestbefehls wie die Eintragung einer Vormerkung aufgrund einer einstweiligen Verfügung. Maßnahmen der Verwaltungsvollstreckung unterliegen ebenfalls dem Vollstreckungsverbot (vgl. *Kuhn/Uhlenbruck* KO, § 14 Rz. 5 a). Unzulässig sind außerdem Vollstreckungsakte nach dem Zwangsversteigerungsgesetz. Verboten ist auch die Anfechtung eines Insolvenzgläubigers nach dem AnfG (*Uhlenbruck/Vallender* InsO, 12. Aufl., § 294 Rz. 9). Vollstreckungsmaßnahmen der Finanzbehörden wegen Insolvenzforderungen sind unzulässig, da § 251 Abs. 2 Satz 1 AO die Regelungen der InsO unberührt lässt. Umstritten ist, ob aus dem Zwangsvollstreckungsverbot nach § 294 Abs. 1 InsO ein Aufrechnungsverbot abzuleiten ist (dazu Rz. 35 a).

Die Abtretung einer nicht zur Insolvenzmasse, § 35 InsO, gehörenden, erst während der Treuhandperiode entstandenen Forderung des Schuldners an einen der Insolvenzgläubiger ist zwar nicht nach § 400 BGB i. V. m. § 294 Abs. 1 InsO unwirksam (*BGH* NJW 1994, 1057 [1058 f.] m. w. N.; *Hess* KO, § 14 Rz. 1, 8; **a. A.** *LAG Tübingen* NJW 1970, 349 [350]; *Jaeger/Henckel* § 14 KO, Rz. 33). Als unzulässiges Sonderabkommen wird eine Abtretung aber gegen § 294 Abs. 2 InsO verstoßen (s. u. Rz. 27). 22

V. Verfahren und Rechtsbehelfe

Eine unter Missachtung von § 294 Abs. 1 InsO beantragte Vollstreckungsmaßnahme muss vom **Vollstreckungsorgan** ohne weitere Prüfung von Amts wegen **abgelehnt** werden (vgl. *BGH* BGHZ 25, 395 [400]). Gegen Maßnahmen des Gerichtsvollziehers ist die Erinnerung gem. § 766 ZPO gegeben. Lehnt der Rechtspfleger im Rahmen der ihm nach § 20 Nr. 16, 17 RPflG übertragenen Entscheidungen die Zwangsvollstreckung ab oder gewährt er dem Schuldner bzw. Drittschuldner rechtliches Gehör, so trifft er eine Entscheidung, gegen die eine Rechtspflegererinnerung gem. § 11 Abs. 1 Satz 1 RPflG zulässig ist. Erlässt der Rechtspfleger antragsgemäß einen Pfändungs- und Überweisungsbeschluss so können nicht angehörte Schuldner und Drittschuldner Einwendungen gem. § 766 ZPO erheben. 23

Wird ein **Gegenstand** des Schuldnervermögens im Verlauf des Restschuldbefreiungsverfahrens gepfändet, tritt entsprechend den zu § 89 InsO entwickelten Auffassungen nach der gemischt privat- und öffentlich-rechtlichen Theorie (dazu *BGH* BGHZ 119, 75 [90 ff.], mit umfassenden Nachw.) nur die Verstrickung ein, ohne dass ein Pfändungspfandrecht entsteht (*Vallender* ZIP 1997, 1993 [2000]; MünchKomm-InsO/*Ehricke* 2. Aufl., § 294 Rz. 16; zur entsprechenden Konsequenz aus § 14 KO vgl. *Hess* KO, § 14 Rz. 16; *Kuhn/Uhlenbruck* KO, § 14 Rz. 17). Die Verstrickung bleibt zwar bestehen, bis sie im Rechtsbehelfsverfahren aufgehoben ist, materiellrechtlich entfaltet die Maßnahme jedoch keine Wirkung (MünchKomm-InsO/*Breuer* 2. Aufl., § 89 Rz. 33). Werden Vollstreckungsverbote nicht beachtet, so ist dagegen die **Erinnerung** gem. § 766 Abs. 1 Satz 1 ZPO gegeben (vgl. *BGH* NZI 2008, 50 Tz. 4; FK-InsO/*App* § 89 Rz. 3; *App* NZI 1999, 138 [139]). Soweit in die vom Schuldner nach § 287 Abs. 2 Satz 1 InsO abgetretene Forderung vollstreckt wird, ist der Treuhänder aktivlegitimiert, die Erinnerung einzulegen (*Braun/Buck* InsO, 3. Aufl., § 294 Rz. 4; nach *Uhlenbruck/Vallender* InsO, 12. Aufl., § 294 Rz. 14, auch die Insolvenzgläubiger, obwohl sie keine Forderungsinhaber sind). Wird in andere Gegenstände vollstreckt, ist es der Schuldner (vgl. *BGH* BGHZ 25, 395 [400]). Die Unzulässigkeit von Pfändungs- und Überweisungsbeschlüssen kann auch der Drittschuldner mit der Erinnerung geltend machen. Die Insolvenzgläubiger sind nicht berechtigt, eine Erinnerung einzulegen. 24

Die **Zuständigkeit** für **Rechtsbehelfe** ist im Restschuldbefreiungsverfahren eigenständig zu bestimmen. Über die Erinnerung entscheidet im eröffneten Insolvenzverfahren nach § 89 Abs. 3 Satz 1 InsO nicht das Vollstreckungsgericht, sondern das Insolvenzgericht (*BGH* NZI 2008, 50 Tz. 4; *Uhlenbruck* InVo 1996, 85 [90]). Im Restschuldbefreiungsverfahren fehlt dagegen eine dem § 89 Abs. 3 Satz 1 InsO entsprechende Zuständigkeitsregelung. Die Auslegung von § 294 Abs. 1 InsO wird zwar an § 89 Abs. 1 InsO orientiert, doch soll dies nicht für § 89 Abs. 3 Satz 1 InsO gelten. Trotz der Verweisung der §§ 292 Abs. 1 Satz 3, 36 Abs. 4 InsO auf die Zuständigkeit des Insolvenzgerichts, hat sich inzwischen allgemein die Ansicht durchgesetzt, dass in der Treuhandperiode das **Vollstreckungsgericht** für die Entscheidung zuständig ist (*LG Köln* NZI 2003, 669; *Uhlenbruck/Vallender* InsO, 12. Aufl., § 294 Rz. 15; HK-InsO/*Landfermann* 4. Aufl., § 294 Rz. 6; MünchKomm-InsO/*Ehricke* 2. Aufl., § 294 Rz. 18; *Häsemeyer* Insolvenzrecht, 4. Aufl., Rz. 26.44 Fn. 104; *Smid/Krug/Haarmeyer* 2. Aufl., § 294 Rz. 2; HambK- 25

InsO/*Streck* 2. Aufl., § 294 Rz. 7; *Haarmeyer/Wutzke/Förster* Handbuch, 3. Aufl., Rz. 8/260; *Schäferhoff* ZVI 2008, 331 [334]). Dies gilt sowohl, wenn Verstöße gegen eine tatsächlich durchgeführte Zwangsvollstreckungsmaßnahme gerügt werden, als auch wenn eine beantragte Zwangsvollstreckungsmaßnahme nicht erlassen wird. Das Rechtsbeschwerdegericht hat nach dem Regelungsgehalt der §§ 576 Abs. 2, 571 Abs. 2 Satz 2 ZPO die funktionelle Zuständigkeit des erstinstanzlichen Gerichts nicht zu prüfen (*BGH* NJW-RR 2007, 1498). Einwendungen gegenüber Zwangsvollstreckungsmaßnahmen in Grundstücke sollen weiterhin mit den grundbuchrechtlichen Rechtsbehelfen geltend gemacht werden (KS-InsO/*Landfermann* 2000, S. 159 Rz. 36; s. a. *Gottwald/Gerhardt* InsolvenzRHdb, 3. Aufl., § 33 Rz. 23).

D. Sonderabkommen

I. Abschluss

26 § 294 Abs. 2 InsO untersagt **Abkommen**, durch die einzelnen Insolvenzgläubigern **Sondervorteile** verschafft werden. Eine grds. vergleichbare, aber in ihrem Tatbestand enger gefasste Regelung enthält § 226 Abs. 3 InsO über die Gleichbehandlung beim Abschluss eines Insolvenzplans. Nach dem Wortlaut des § 294 Abs. 2 InsO muss ein Abkommen geschlossen worden sein, also eine **zweiseitige rechtsgeschäftliche Vereinbarung** zwischen Schuldner und Insolvenzgläubigern bzw. zwischen diesen und Dritten getroffen worden sein (*Nerlich/Römermann* InsO, § 294 Rz. 11; *Haarmeyer/Wutzke/Förster-Schmerbach* Präsenzkommentar, § 294 Rz. 19; **a. A.** *Smid/Krug/Haarmeyer* InsO § 294 Rz. 4; *Kübler/Prütting-Wenzel* InsO, § 294 Rz. 5; *Uhlenbruck/Vallender* InsO, 12. Aufl., § 294 Rz. 22; MünchKomm-InsO/*Ehricke* 2. Aufl., § 294 Rz. 27; *Andres/Leithaus* InsO, § 294 Rz. 4; *Graf-Schlicker/Kexel* InsO, § 294 Rz. 3; HambK-InsO/*Streck*, 2. Aufl., § 294 Rz. 8; *Mohrbutter/Ringstmeier-Pape* 8. Aufl., § 17 Rz. 174). Zum entsprechenden Begriff aus § 181 Satz 3 KO und § 8 Abs. 3 VglO wird vertreten, dass über die Verträge im rechtstechnischen Sinn hinaus auch einseitige Rechtsakte, wie z. B. Ermächtigungen, von dem Tatbestand erfasst werden (*Kuhn/Uhlenbruck* KO, § 181 Rz. 5; *Bley/Mohrbutter* VglO, § 8 Rz. 35; *Obermüller* DB 1976, 901 [902]). Diese Interpretation kann jedoch nicht auf § 294 Abs. 2 InsO übertragen werden, wie der eindeutige, von § 295 Abs. 1 Nr. 4 Alt. 2 InsO abweichende Wortlaut sowie der Zweck der Regelung und ihr systematischer Zusammenhang belegen. Die InsO unterscheidet die insolvenzrechtlichen Wirkungen einer einseitigen Leistung von Übereinkommen, mit denen Sondervorteile gewährt werden. Zahlungen und damit einseitige Rechtsakte des Schuldners, die einem Insolvenzgläubiger Sondervorteile verschaffen, werden dem Schuldner allein in Gestalt einer Obliegenheitsverletzung nach § 295 Abs. 1 Nr. 4 InsO angerechnet. Für die einverständliche Regelung mit dem Gläubiger durch Abkommen gilt hingegen die rechtsgeschäftliche Normierung und Nichtigkeitsfolge aus § 294 Abs. 2 InsO. Primäre Aufgabe von § 294 Abs. 2 InsO ist der Schutz der gerade durch Vereinbarungen besonders bedrohten Gleichbehandlung der Gläubiger. § 294 Abs. 2 InsO soll verhindern, dass ein Insolvenzgläubiger durch die besonders gefährliche Vereinbarung von Sonderleistungen davon abgehalten wird, seine Antragsrechte der §§ 290 Abs. 1, 296 Abs. 1, 297 Abs. 1, 303 Abs. 1 InsO zu gebrauchen oder Rechtsmittel gegen die Erteilung der Restschuldbefreiung einzulegen (s. o. Rz. 2). Aus diesem Grund kommt auch dem als Folge der Nichtigkeit bestehenden Konditionsanspruch kein ausschlaggebendes Gewicht zu. Eine Schutzlücke besteht nach der hier vertretenen Ansicht nicht. Auf andere Konstellationen als rechtsgeschäftliche Übereinkommen ist diese Bestimmung folglich nicht zu erweitern. Es existieren zwar Fallgestaltungen, in denen weder ein Abkommen i. S. v. § 294 Abs. 2 InsO geschlossen noch eine Obliegenheitsverletzung durch eine einseitige Zahlung seitens des Schuldners anzunehmen ist, wenn etwa eine andere Person leistet, ohne eine Übereinkunft getroffen zu haben, doch rechtfertigen es diese Fallgestaltungen nicht mehr, die gesetzliche Differenzierung aufzugeben. Ein Sonderabkommen kann nach § 283 c StGB als Gläubigerbegünstigung strafbar sein.

27 **Abtretungen** an die Insolvenzgläubiger sind auch nach der neuen Rechtslage nicht nach § 400 BGB i. V. m. § 294 Abs. 1 InsO unzulässig, doch werden sie regelmäßig als unzulässige Abkommen gem. § 294 Abs. 2 InsO zu beurteilen sein, die den betreffenden Insolvenzgläubigern Sondervorteile verschaffen.

28 Der **Zeitpunkt** für den Abschluss eines gem. § 294 Abs. 2 InsO nichtigen Sonderabkommens kann bereits vor der Eröffnung des Insolvenzverfahrens liegen. Allerdings müssen die Wirkungen nach Ankündigung der Restschuldbefreiung eintreten. Dies ist konsequent, weil im Insolvenzverfahren die Masse dem

Insolvenzbeschlag unterliegt. Erst in der Treuhandzeit nach Ankündigung der Restschuldbefreiung kann der Schuldner, abgesehen von den aus § 287 Abs. 2 Satz 1 InsO folgenden Restriktionen, frei über sein Vermögen verfügen. Systematisch ist zwar § 294 InsO bei den Vorschriften über die erst nach Aufhebung des Insolvenzverfahrens, § 289 Abs. 2 Satz 2 InsO, beginnende Treuhandperiode eingegliedert und die Regelungen in Abs. 1, 3 beziehen sich auch nur auf diese Treuhandphase. Für das Zwangsvollstreckungsverbot und die Aufrechnungsschranken ist jedoch keine Vorwirkung erforderlich, weil sie an die allgemeinen Regelungen der §§ 89, 114 Abs. 2 InsO aus dem Insolvenzverfahren anschließen. Sonderabkommen sind dagegen nicht allgemein im Insolvenzverfahren, sondern allein für das gerade nicht in ein Restschuldbefreiungsverfahren einmündende Planverfahren nach § 226 Abs. 3 InsO untersagt. Allerdings können die für das Konkurs- und Vergleichsverfahren aufgestellten Grundsätze (*RG* RGZ 78, 183 [186]; *Kuhn/Uhlenbruck* KO, § 181 Rz. 5; *Bley/Mohrbutter* VglO, § 8 Rz. 39; s. a. *Tintelnot* Vereinbarungen für den Konkursfall, S. 61 ff.), nach denen noch vor dem Eintritt in ein Kollektivverfahren ein Bedürfnis bestehen kann, Sonderabkommen zu verhindern, nicht ohne weiteres auf das Restschuldbefreiungsverfahren übertragen werden. Jedenfalls im Verbraucherinsolvenzverfahren mit seinen offenen Verhandlungslösungen über eine außergerichtliche Einigung oder einen Schuldenbereinigungsplan und den Sicherungen aus § 309 Abs. 1 Satz 2 InsO, dürfen die Einigungschancen nicht durch das Risiko eines unzulässigen Sonderabkommens beeinträchtigt werden. Eine Vorwirkung muss deshalb hier ausscheiden (*Uhlenbruck/Vallender* InsO, 12. Aufl., § 294 Rz. 25). Soweit sie dann überhaupt noch vorstellbar ist, muss das Abkommen in Beziehung zu einem geplanten Restschuldbefreiungsverfahren stehen (vgl. zum Zwangsvergleich *BGH* BGHZ 6, 232 [237 f.]).

Als **spätester Termin** des Abkommens kommt auch ein Zeitpunkt nach Erteilung der Restschuldbefreiung bis zum Ablauf der Frist bzw. des Rechtsmittelverfahrens aus § 303 Abs. 2, 3 InsO in Betracht (*MünchKomm-InsO/Ehricke* 2. Aufl., § 294 Rz. 28). Nach der Zielsetzung des § 294 Abs. 2 InsO sollen die Gläubiger nicht durch Sondervorteile von der Ausübung ihrer Antragsrechte, letztlich auch derjenigen aus § 303 InsO, abgehalten werden. Stets muss aber das Abkommen einen Sondervorteil des Gläubigers (sogleich unten Rz. 31) bewirken. 29

Als **Parteien** des Abkommens stehen sich auf der einen Seite der Schuldner oder andere Personen und auf der anderen Seite einzelne Insolvenzgläubiger gegenüber. Dies unterscheidet § 294 Abs. 2 InsO von § 295 Abs. 1 Nr. 4 InsO, der sich ausschließlich an den Schuldner richtet (s. *Ahrens* § 295 Rz. 56). Dem Schuldner selbst werden die von ihm zur Erfüllung seiner Schuld oder in Vertretung eingeschalteten Personen zugerechnet. Als eine dem Schuldner gleichgestellte andere Person gilt, wer ohne von dem Schuldner in den Erfüllungsvorgang einbezogen zu sein ebenfalls auf eine Insolvenzforderung leistet. Neben den Abkommen, die Zahlungen des Dritten auf eine Insolvenzforderung betreffen (vgl. *Kilger/Karsten Schmidt* KO, § 181 Anm. 3), werden hiervon auch andere Abreden erfasst, welche Einfluss auf den Gläubiger haben können, wie der Ankauf von Forderungen (*RG* RGZ 28, 96; RGZ 30, 22 [23]) oder die Übernahme einer Bürgschaft (*RG* RGZ 41, 14 [42]). Dieser Gedanke soll allgemein für die Bestellung von Kreditsicherheiten durch Dritte zu gelten haben (*Graf-Schlicker/Kexel* InsO, § 294 Rz. 4; **a. A.** *Kübler/Prütting-Wenzel* InsO, § 294 Rz. 6; einschränkend MünchKomm-InsO/*Ehricke* 2. Aufl., § 294 Rz. 31). Durch das Abkommen muss dem Insolvenzgläubiger ein unberechtigter Sondervorteil gewährt werden. Bei Abkommen zwischen Mitschuldnern oder Bürgen sowie Insolvenzgläubigern wird es nicht nur an einem nicht zu rechtfertigenden Sondervorteil fehlen. Mitschuldner oder Bürgen sind bereits aus dem Kreis der gleichgestellten anderen Personen auszuschließen, wenn sie, wie regelmäßig, zur Tilgung ihrer eigenen, ihnen dem Gläubiger gegenüber obliegenden Schuld leisten (vgl. *BGH* BGHZ 42, 53 [56]). Vereinbart ein Dritter mit dem Treuhänder, dessen Vergütung zu decken, liegt kein unzulässiges Abkommen mit einem einzelnen Insolvenzgläubiger vor (*Kübler/Prütting-Wenzel* InsO, § 294 Rz. 6). 30

II. Sondervorteil

Ein **Sondervorteil** liegt vor, wenn ein einzelner Gläubiger etwas erhält, was der Gesamtheit der Gläubiger zusteht. Generell wird ein Sondervorteil gewährt, wenn ein Insolvenzgläubiger gegenüber den allgemeinen Verteilungsregeln bevorzugt wird. Abweichend von der konkursrechtlichen Vorschrift des § 181 Satz 3 KO genügt die objektive Bevorteilung, es ist also kein subjektives Moment erforderlich. Auf ein entsprechendes Bewusstsein und einen Willen zur Bevorzugung kommt es nicht an (MünchKomm-InsO/*Ehricke* 2. Aufl., § 294 Rz. 26, 32). Der Vorteil kann bereits durch das Verpflichtungsgeschäft begründet, aber auch mit dem Erfüllungsgeschäft verschafft werden. Er kann in einer Geldzahlung, der 31

Übereignung von Gegenständen oder Diensten selbständiger wie nicht selbständiger Art begründet sein (*Adam* ZInsO 2006, 1132 [1133 f.]). Ausgehend von einer wirtschaftlichen Betrachtungsweise (so zur Rechtslage beim Zwangsvergleich *Kuhn/Uhlenbruck* KO, § 181 Rz. 5) können schon mittelbare Wirkungen der Vereinbarung einen Sondervorteil begründen. Um aber nicht jede ökonomische Betätigung des Schuldners oder etwa seiner Familienangehörigen mit einzelnen Insolvenzgläubigern zu verhindern, bedarf der offene Begriff des Sondervorteils einer Begrenzung als eine nicht gerechtfertigte Bevorzugung.

32 Ein unberechtigter Sondervorteil kann nur darin bestehen, dass die Leistungsmöglichkeit unter Missachtung der **Gläubigergleichbehandlung** verkürzt wird, also der Schuldner aus ihr leistet, oder aber ein Einfluss auf den Willensbildungs- und Entscheidungsprozess auf Seiten des Gläubigers zu befürchten ist. Erforderlich ist dann eine Beziehung zu einer solchen Entscheidungsbildung (so *BGH* BGHZ 6, 232 [237 f.], beim Zwangsvergleich; ebenso MünchKomm-InsO/*Ehricke* 2. Aufl., § 294 Rz. 32), ohne die einer missbilligten Vorteilsgewährung der Bewertungsmaßstab fehlt. Sofern ein Antrag nach den §§ 290 Abs. 1, 296 Abs. 1, 297 Abs. 1, 303 Abs. 1 InsO durch einen Insolvenzgläubiger gestellt ist oder aber die objektiven Voraussetzungen für einen solchen Antrag erfüllt sind, unterliegt jede Vorteilsgewährung dem Missbrauchsverdacht. Fehlt es an diesen Erfordernissen, weil ein Versagungsgrund nach § 290 Abs. 1 InsO nicht besteht bzw. weil der Schuldner bereits die Treuhandphase erreicht und keine sonstige beachtliche Obliegenheitsverletzung begangen hat, ist der Schuldner berechtigt, aus seinem **freien Vermögen** zusätzliche Leistungen an einen Insolvenzgläubiger zu erbringen (*AG Göttingen* ZInsO 2005, 1001 [1002]; MünchKomm-InsO/*Ehricke* 2. Aufl., § 294 Rz. 32; *Kübler/Prütting-Wenzel* InsO, § 294 Rz. 5; **a. A.** *Adam* ZInsO 2006, 1132). Dem Schuldner ist es damit etwa weiter möglich, die Tilgungsleistungen auf einen kreditfinanzierten und mit einem dinglichen Sicherungsrecht belasteten PKW zu erbringen, um mit diesem Fahrzeug zu seiner Arbeitsstätte zu fahren. Ebenso kann der Schuldner mit einem grundpfandrechtlich gesicherten Immobilienkreditgläubiger eine Vereinbarung treffen, die Sicherung nicht zu verwerten, solange das Darlehen aus dem unpfändbaren Teil des Einkommens getilgt wird (*Jacobi* ZVI 2008, 325 [326 ff.]). Unter den gleichen Voraussetzungen können auch andere Personen, etwa Familienangehörige, die Zahlungen übernehmen. Eine Obliegenheitsverletzung i. S. v. § 295 Abs. 1 Nr. 4 InsO ist auch dann nicht begründet, wenn der Schuldner auf Druck eines Gläubigers leistet (dazu *Ahrens* § 295 Rz. 58). Aus seinem freien Vermögen ist der Schuldner berechtigt, Zahlungen zu leisten (*AG Göttingen* ZInsO 2005, 1001 [1002]; HambK-InsO/*Streck*, 2. Aufl., § 294 Rz. 11). Dies gilt insbesondere auch bei einer Verurteilung zu einer Geldstrafe bzw. für die Erfüllung einer Bewährungsauflage (vgl. *AG Mannheim* ZVI 2005, 384 [385]; **a. A.** *Uhlenbruck/Vallender* InsO, 12. Aufl., § 294 Rz. 24).

33 Verlängern der Schuldner und sein Arbeitgeber einen befristeten Arbeitsvertrag, um die Aufrechnungsbefugnis nach Abs. 3 zu erhalten, begründet diese Vereinbarung schon wegen der Erwerbsobliegenheit des Schuldners regelmäßig keinen unberechtigten Sondervorteil des Arbeitgebers.

III. Rechtsfolge

34 Als Rechtsfolge ordnet § 294 Abs. 2 InsO die **Nichtigkeit** des Abkommens an, die nach der Zielsetzung der Vorschrift gleichermaßen das Verpflichtungs- wie das Erfüllungsgeschäft erfasst (*Uhlenbruck/Vallender* InsO, 12. Aufl., § 294 Rz. 26). Jedenfalls Sachleistungen können deshalb nach Ansicht der Rechtsprechung durch den Schuldner gem. § 985 BGB vindiziert werden (vgl. *BGH* NJW 1951, 643; *Gottwald/Eickmann* InsolvenzRHdb, 3. Aufl., § 66 Rz. 17; sehr str., **a. A.** etwa *Larenz/Canaris* Schuldrecht, 13. Aufl., Bd. II/2, § 68 III 3 e). Unbefriedigend ist, wenn aber gegenüber dem bei Zahlungen wichtigen Bereicherungsanspruch auf den Konditionsausschluss aus § 817 S. 2 BGB verwiesen wird (vgl. *Kilger/Karsten Schmidt* KO, § 181 Anm. 4). Im Ergebnis ist deshalb der Ansicht zuzustimmen, die für eine Rückforderung von Leistungen auf insolvenzrechtlich verbotene Sonderabkommen eine Anwendung des § 817 Satz 2 BGB ablehnt (MünchKomm-InsO/*Ehricke* 2. Aufl., § 294 Rz. 33; *Braun/Buck* InsO, 3. Aufl., § 294 Rz. 7; zum Konkursrecht *Jaeger/Weber* KO, § 181 Rz. 14; *Bley/Mohrbutter* VglO § 8 Rz. 46; *Schwark* NJW 1974, 1892 [1894]; **a. A.**, also den Konditionsausschluss befürwortend, *RG* RGZ 72, 46 [48 f.]; *Kuhn/Uhlenbruck* KO, § 181 Rz. 11; *Hess* KO, § 181 Rz. 29; *Gottwald/Eickmann* InsolvenzRHdb, 3. Aufl., § 66 Rz. 17). Zwischen § 294 Abs. 2 und § 295 Abs. 1 Nr. 4 InsO besteht ein abgestimmtes Verhältnis, wonach die unzulässige Zahlung mit der verfahrensrechtlichen Sanktion als Obliegenheitsverletzung und den Konsequenzen einer Versagung der Restschuldbefreiung bedacht ist, die rechtsgeschäftlichen Folgen aber in § 294 Abs. 2 InsO geregelt sind. Ein daneben tretender Konditionsausschluss sanktioniert einerseits die gegen das gesetzliche Verbot verstoßende Leistung doppelt und stellt

anderseits ein erfülltes Sonderabkommen folgenlos. Infolge der durch das Restschuldbefreiungsverfahren geschaffenen neuen verfahrensrechtlichen Situation ist die Kondiktion der unzulässig auf ein Sonderabkommen erbrachten Leistung möglich, der Kondiktionsausschluss des § 817 Satz 2 BGB unanwendbar (MünchKomm-InsO/*Ehricke* 2. Aufl., § 294 Rz. 33; *Uhlenbruck/Vallender* InsO, 12. Aufl., § 294 Rz. 29). Die Vindikation einer Sachleistung erweist sich aus diesem Grund als berechtigt und nicht weil § 817 Satz 2 BGB von den §§ 985 ff. BGB verdrängt wird.

E. Aufrechnungsbefugnis

I. Grundsätze

Nach den allgemeinen Regeln der §§ 94 ff. InsO bleibt eine bei der Eröffnung des Insolvenzverfahrens 35 begründete **Aufrechnungsbefugnis** grds. bestehen (dazu allgemein *Adam* WM 1998, 801). Die insolvenzrechtlichen Einschränkungen der Aufrechnungsbefugnis entfallen mit der Aufhebung des Insolvenzverfahrens (*BFH* ZInsO 2006, 875). Da aber das Einkommen des insolventen Schuldners die wesentliche Leistungsgrundlage bildet, gefährdet eine unbegrenzte Aufrechnungsbefugnis für den Schuldner von Bezügen aus einem Dienstverhältnis oder gleichgestellter Einkünfte den kollektiven Zugriff der Insolvenzgläubiger. Aus diesem Grund befristet § 114 Abs. 2 InsO die Aufrechnungsbefugnis für den Schuldner der Bezüge während des Insolvenzverfahrens. Auf die Kritik *Wochners* (BB 1989, 1065 [1066]) wurde diese in § 233 DiskE noch fehlende Einschränkung in § 233 RefE und damit in § 294 Abs. 3 InsO aufgenommen. Für den Zahlungsverpflichteten der von der Abtretungserklärung erfassten Bezüge, insbesondere also für den Arbeitgeber, aber auch für jeden anderen, der Bezüge aus einem Dienstverhältnis oder an deren Stelle tretende laufende Bezüge schuldet wird die Aufrechnungsbefugnis durch § 294 Abs. 3 InsO auch während der Dauer der Treuhandperiode auf insgesamt zwei Jahre befristet. Zum Begriff der Bezüge vgl. außerdem § 832 ZPO. Für die Aufrechnung anderer Gläubiger oder des Schuldners gelten die allgemeinen Regeln. Von der Aufrechnungsbefugnis erfasst werden die abgetretenen pfändbaren Bezüge aus einem Dienstverhältnis oder die diesen gleichgestellten Bezüge nach § 287 Abs. 2 Satz 1 InsO (ausf. dazu *Ahrens* § 287 Rz. 34 ff.).

Eine **Aufrechnung gegen andere Forderungen** des Schuldners als die von der Abtretung erfassten Be- 35 a züge wird durch § 294 Abs. 3 InsO grds. nicht verhindert. Ein allgemeines Aufrechnungsverbot besteht nicht (*BGH* BGHZ 163, 391 [394]; *Adam* DZWIR 2006, 495 [496]; *Haarmeyer/Wutzke/Förster-Schmerbach* Präsenzkommentar, § 294 Rz. 14; HambK-InsO/*Streck* 2. Aufl., § 294 Rz. 14). Der zur Zahlung der Bezüge Verpflichtete kann daher gegen Forderungen aufrechnen, die zum freien Vermögen des Schuldners gehören, etwa den Motivationsrabatt nach § 292 Abs. 1 Satz 4 InsO (*Häsemeyer* Insolvenzrecht, 4. Aufl., Rz. 26.46). Eine Aufrechnung des Finanzamts gegen einen **Steuererstattungsanspruch** des Schuldners, der auf zuviel einbehaltener Lohn- oder Einkommensteuer aus dem Zeitraum vor Eröffnung des Insolvenzverfahrens beruht, wird durch § 294 Abs. 3 InsO nicht ausgeschlossen (*BGH* BGHZ 163, 391 [398] = BGHReport 2005, 1475 m. Anm. *Grote*; *BFH* ZVI 2007, 137 [138]; ZVI 2007, 369; *FG Düsseldorf* ZInsO 2004, 1368 [1369]; *FG Kassel* ZVI 2005, 222 [223]; *LG Koblenz* ZInsO 2000, 507 f.; MünchKomm-InsO/*Ehricke* 2. Aufl., § 294 Rz. 39; *Hilbertz/Busch* ZInsO 2000, 491; *Stahlschmidt* ZInsO 2006, 629 [632]; *Ernst* ZVI 2007, 49 [412 f.]; a. A. *AG Göttingen* NZI 2001, 270 [271]). Erstattungszinsen aus Zeiträumen nach Eröffnung des Insolvenzverfahrens können nicht mit vorinsolvenzlichen Steuerforderungen verrechnet werden (*BFH* ZVI 2007, 420 [421]; zur Bestimmung des Zeitraums beim Anspruch auf Eigenheimzulage *BFH* ZVI 2007, 422). Ebenso wenig ist aus dem **Zwangsvollstreckungsverbot** des § 294 Abs. 1 InsO i. V. m. § 394 Satz 1 BGB ein Aufrechnungsausschluss abzuleiten (vor allem *Grote* ZInsO 2001, 452 [453]). § 294 Abs. 1 InsO enthält ein generelles Zwangsvollstreckungsverbot der Insolvenzgläubiger für die Treuhandphase, während § 294 Abs. 3 InsO ihre Aufrechnungsmöglichkeit nur für bestimmte Fallgestaltungen beschränkt. Nach der Gesetzgebungsgeschichte und Systematik lässt sich § 294 Abs. 3 InsO auch nicht als eine die Aufrechnung gegenüber einem sonst nach den §§ 294 Abs. 1 InsO, 394 Satz 1 BGB bestehenden Aufrechnungsverbot gestattende Ausnahmeregelung interpretieren (*BGH* ZInsO 2005, 873 = BGHReport 2005, 1475 m. Anm. *Grote*; NJW 1971, 1563; *FG Kassel* ZVI 2005, 222 [223]; *LG Hildesheim* ZInsO 2004, 1320 [1321]; MünchKomm-InsO/*Ehricke* 2. Aufl., § 294 Rz. 39; **a. A.** *AG Wittlich* ZInsO 2003, 577 [579]; mit zust. Anm. *Schmidt* ZInsO 2003, 547 f.; *Uhlenbruck/Vallender* InsO, 12. Aufl., § 294 Rz. 34; HK-InsO/*Landfermann* 4. Aufl., § 294

Rz. 12 f.; zu § 21 Abs. 2 Nr. 3 InsO *KG* NZI 2000, 221; zu § 2 Abs. 4 GesO *BGH* BGHZ 130, 76 [80 ff.]; zu § 14 KO *Jaeger/Henckel* KO, 9. Aufl., § 14 Rz. 12; s. a. *AG Neuwied* NZI 2000, 334 [335]). Ob ein steuerrechtlicher Anspruch zur Insolvenzmasse gehört, ist danach zu entscheiden, ob in diesem Zeitpunkt nach insolvenzrechtlichen Grundsätzen der Rechtsgrund für den Anspruch bereits gelegt war. Bei Steuervorauszahlungen erlangt der Steuerpflichtige bereits mit deren Entrichtung einen Erstattungsanspruch unter der aufschiebenden Bedingung, dass am Ende des Besteuerungszeitpunkts die geschuldete Steuer geringer ist als die Vorauszahlung (*BFH* ZInsO 2006, 875). Setzt das Finanzamt überhöhte Vorauszahlungen fest, um eine Aufrechnungslage zu schaffen, handelt es rechtsmissbräuchlich.

II. Aufrechnungslage

36 Die **Hauptforderung** des insolventen Schuldners, gegen die der Arbeitgeber bzw. Schuldner der Bezüge mit seiner Gegenforderung aufrechnet, muss bei Eröffnung des Insolvenzverfahrens noch nicht entstanden sein. Nach den §§ 294 Abs. 3, 114 Abs. 2, 1 InsO genügt es, wenn nur das der Hauptforderung zugrunde liegende Arbeits- bzw. Dauerschuldverhältnis begründet war. Abweichend von der früheren Rechtslage nach den §§ 54 KO, 54 VglO kann aber eine Aufrechnung gem. §§ 294 Abs. 3, 114 Abs. 2 Satz 2, 95 Abs. 1 Satz 1 InsO erst dann erfolgen, wenn die Voraussetzungen der Aufrechnung eingetreten sind (MünchKomm-InsO/*Ehricke* 2. Aufl., § 294 Rz. 41; *Adam* WM 1998, 801 [802]). Übereinstimmend mit § 387 BGB wird hierfür die Erfüllbarkeit der Hauptforderung genügen (KS-InsO/*Häsemeyer* 2000, S. 645 Rz. 7, 15), ihre Fälligkeit also nicht zu verlangen sein.

37 Eine vor der Abtretung erklärte Aufrechnung kann als Einwendung nach § 404 BGB dem Treuhänder entgegengehalten werden. Erklärt der Zahlungsverpflichtete die Aufrechnung aber erst nachdem er von der Abtretung Kenntnis erlangt hat, ist seine Aufrechnung nur unter den Voraussetzungen des § 406 BGB wirksam. Der Schuldner der Bezüge darf dann weiterhin aufrechnen, wenn er seine Gegenforderung vor der Abtretung an den Treuhänder erlangt hat (*BGH* NJW 1996, 1056 [1057]). Zur Aufrechnung mit einer noch nicht fälligen Gegenforderung unten Rz. 39.

38 Endet das Arbeitsverhältnis durch Kündigung, Fristablauf oder in sonstiger Weise vor Ablauf der Aufrechnungsfrist, so hört damit die Bevorrechtigung des Arbeitgebers auf, die auch bei Abschluss eines neuen Vertrags nicht wieder auflebt. Wird dagegen ein befristetes Arbeitsverhältnis verlängert, so bleibt – worauf entscheidend abzustellen ist – der ursprüngliche Rechtsgrund über die zunächst vorgesehene Dauer hinaus und damit auch die Aufrechnungsbefugnis bestehen, ohne dass darin ein unzulässiges Sonderabkommen zu erblicken ist (MünchKomm-InsO/*Ehricke* 2. Aufl., § 294 Rz. 42).

39 Die **Gegenforderung**, mit der der Schuldner der Bezüge aufrechnet, muss nach der allgemeinen Regel des § 387 BGB fällig sein. Darüber hinaus kann bei einer Gehaltsabtretung auch an den Treuhänder der Arbeitgeber mit einer Gegenforderung gegenüber dem Arbeitnehmer, mit der er vor der Abtretung mangels Fälligkeit noch nicht aufrechnen konnte, noch gegen die abgetretene Forderung aufrechnen. Der Sukzessionsschutz aus § 406 BGB wird also auch auf Gestaltungen erweitert, bei denen zum Zeitpunkt der Abtretung nur der Rechtsgrund der Gegenforderung, nicht aber ihre Fälligkeit bestand, etwa bei einem Arbeitgeberdarlehen (*BAG* NJW 1967, 751; MünchKomm-BGB/*Roth* 5. Aufl., § 406 Rz. 17). Begrenzt wird dieses Recht durch die Kenntniserlangung von der Vorausabtretung (*BGH* BGHZ 66, 384 [386]). Dieser Schutz muss auch in der Insolvenz bestehen (*Wenzel* VuR 1990, 121 [129]; KS-InsO/*Häsemeyer* 2000, S. 645 Rz. 5). Erwirbt der Schuldner der Bezüge die Gegenforderung erst nach der Eröffnung des Insolvenzverfahrens, ist die Aufrechnung ausgeschlossen.

III. Aufrechnungsverbote

40 **Grenzen der Aufrechnung** werden durch die Verweisung des § 294 Abs. 3 auf § 114 Abs. 2 Satz 2 i. V. m. § 96 Nr. 2 bis 4 InsO bestimmt. Von der Verweisung ausgenommen ist § 96 Nr. 1 InsO. Die Aufrechnung ist mangels eines spezifischen Schutzbedürfnisses für den Schuldner der Bezüge unzulässig, wenn er die Forderung erst nach der Eröffnung des Verfahrens von einem anderen Gläubiger, § 96 Nr. 2 InsO, erworben hat. Demgegenüber tritt auch die den Sozialleistungsträgern nach § 52 SGB I erteilte Ermächtigung zurück, eigene Leistungspflichten mit Erstattungsansprüchen anderer Leistungsträger zu verrechnen. Ihre Verrechnungsbefugnis wird nicht durch die §§ 114 Abs. 2, 294 Abs. 3 InsO für eine zweijährige Dauer geschützt (*BayObLG* NZI 2001, 361 = DZWIR 2001, 325, mit Anm. *Mohrbutter*; *LG Göttingen* ZInsO 2001, 324; *Nerlich/Römermann* InsO, § 294 Rz. 17; außerdem *LSG Niedersachsen*

NdsRpfl 1993, 22; *Kübler/Prütting-Lüke* InsO, § 96 Rz. 37; KS-InsO/*Häsemeyer* 2000, S. 645 Rz. 32; *Gottwald* InsolvenzRHdb, 3. Aufl., § 45 Rz. 90; i. E. offen gelassen *AG Hamburg* NZI 2000, 283 f.; **a. A.** *AG Bielefeld* NZI 2001, 268; *Nerlich/Römermann-Wittkowski* InsO, § 96 Rz. 15; *BSG* ZIP 1991, 384 [389 ff.], zum Konkursrecht). Unzulässig ist eine Aufrechnung auch, wenn der Schuldner der Bezüge die Aufrechnungsmöglichkeit durch eine anfechtbare Rechtshandlung erlangt, § 96 Nr. 3 InsO, oder er erst nach der Eröffnung des Insolvenzverfahrens eine Forderung gegen den insolventen Schuldner persönlich begründet hat, § 96 Nr. 4 InsO.

Aufrechenbar sind gem. § 394 BGB die pfändbaren Bezüge. Eine Aufrechnung gegen unpfändbare Be- **41** züge scheitert daher i. d. R. an dieser Vorschrift. Der Schuldner der Bezüge ist deshalb insbesondere an die Pfändungsschutzbestimmungen der §§ 850 ff. ZPO gebunden. Nicht wiederkehrend gezahlte Vergütungen gem. § 850 i ZPO (Einzelfälle bei MünchKomm-ZPO/*Smid* 3. Aufl., § 850 i Rz. 8; *Zöller/Stöber* ZPO, 26. Aufl., § 850 i Rz. 1) stellen keine laufenden Bezüge i. S. v. § 294 Abs. 3 und § 114 Abs. 2 Satz 2 InsO dar, weshalb ihre Unpfändbarkeit nicht eigens angeordnet werden muss. Bei einer nach § 850 b ZPO nur bedingt pfändbaren Forderung hängt die Pfänd- und damit auch Aufrechenbarkeit von der Entscheidung des Insolvenzgerichts ab. Dies bestätigt die Neuregelung in § 292 Abs. 1 Satz 3 i. V. m. § 36 Abs. 4 InsO. Als individualrechtliche Maßnahme steht ihr auch § 36 Abs. 1 Satz 2 InsO nicht entgegen, obwohl diese Vorschrift nicht auf § 850 b ZPO verweist. Eine insoweit zuvor erklärte Aufrechnung bleibt unwirksam. Die Aufrechnung als solche kann vom Gericht nicht zugelassen werden. Es kann lediglich eine Entscheidung nach § 850 b ZPO beantragt werden, was dann zur Aufrechenbarkeit führt (Münch-Komm-BGB/*Schlüter* 5. Aufl., § 394 Rz. 4; *Stein/Jonas-Brehm* ZPO, 22. Aufl., § 850 b Rz. 34). Das Aufrechnungsverbot greift nicht mehr ein, soweit Unterhaltsansprüche auf den Sozialhilfeträger übergegangen sind (MünchKomm-BGB/*Schlüter* 5. Aufl., § 394 Rz. 4). Abgeleitet aus dem Arglisteinwand wird das Aufrechnungsverbot des § 394 BGB gegenüber unpfändbaren Bezügen eingeschränkt, wenn die Gegenforderung aus einer vorsätzlichen unerlaubten, strafbaren oder sittenwidrigen Handlung (Münch-Komm-InsO/*Ehricke* 2. Aufl., § 294 Rz. 53; *RG* RGZ 85, 108 [117 ff.]; *BGH* BGHZ 30, 36 [38]) oder im Einzelfall auch aus einer vorsätzlichen Vertragsverletzung resultiert (*BAG* JZ 1960, 674 [675 f.]; NJW 1965, 70 [72]; *Wüst* JZ 1960, 656; *Staudinger/Gursky* BGB, § 394 Rz. 51 ff.; *Wenzel* VuR 1990, 121 [130]), wobei der Maßstab des § 850 f Abs. 2 ZPO zu berücksichtigen ist. Jedenfalls muss dem Arbeitnehmer so viel belassen werden, dass er nicht auf die Sozialhilfe angewiesen ist (*BAG* NZA 1997, 1108 = JR 1999, 263 f. mit Anm. *Grote*).

Das Aufrechnungsverbot aus § 390 BGB, eingeschränkt durch § 215 BGB, ist zu berücksichtigen. Andere **42** Rechtsgestaltungen, die den Aufrechnungsschutz unterlaufen können, wie ein Zurückbehaltungsrecht, sind nach den allgemeinen Vorschriften zu beurteilen.

IV. Frist

Die Aufrechnung ist nur begrenzte Zeit zulässig. Für den **Zeitraum,** in dem eine Aufrechnung erlaubt ist, **43** verweist **§ 294 Abs. 3 InsO auf § 114 Abs. 2 Satz 1 i. V. m. Abs. 1 InsO**. Eine Aufrechnung ist danach zulässig, soweit sie sich auf die Bezüge für die Zeit vor Ablauf von zwei Jahren – ein Unterschied zu den Altfällen besteht insoweit nicht mehr – nach dem Ende des zur Zeit der Eröffnung des Verfahrens laufenden Kalendermonats bezieht. Bei langwährenden Insolvenzverfahren kann u. U. diese Frist bereits vor Eintritt in die Treuhandphase abgelaufen sein. Die Zeitspanne ist durch das Entstehen der Gehaltsforderung bestimmt. Nach dem ausdrücklichen Wortlaut von § 139 Abs. 1 InsO kann die Fristberechnung nicht nach dieser Vorschrift erfolgen. Die Frist endet mit dem Ablauf desjenigen Tags des letzten Monats, welcher zwei Jahre später dem Tag vorhergeht, der durch seine Benennung dem Anfangstag der Frist entspricht, §§ 222 Abs. 1 ZPO, 188 Abs. 2 HS 2 i. v. m. § 187 Abs. 2 Satz 1 BGB. Entscheidend ist allein das Entstehen der Forderung für die Zeitabschnitte, nicht der Zahlungszeitpunkt. Auch eine während des zweijährigen Zeitraums entstandene, aber erst – etwa wegen einer gerichtlichen Entscheidung über die Leistungspflicht – längere Zeit danach erfüllte Forderung kann deshalb grds. noch aufgerechnet werden. Dabei ist allerdings zu berücksichtigen, dass das Insolvenz- und damit auch das Restschuldbefreiungsverfahren eine schnelle Klärung verlangt, weshalb vielfach materiell begründete Positionen durch Verfahrensfristen beschränkt werden. Nach dem Gedanken aus § 303 Abs. 2 InsO, wonach der Gläubiger nur binnen eines Jahres nach Rechtskraft der Entscheidung über die Restschuldbefreiung seine Rechte geltend machen kann, ist die Aufrechnung gegen Gehaltsforderungen, die während der zweijährigen Frist des § 114 Abs. 2, 1 InsO entstanden sind, nur noch binnen eines weiteren Jahres zulässig, § 390 Satz 1 BGB i. V. m.

einer entsprechenden Anwendung von § 303 Abs. 2 InsO (**a. A.** MünchKomm-InsO/*Ehricke* 2. Aufl., § 294 Rz. 54). § 303 InsO begründet eine der Gegenforderung entgegenstehende materiellrechtliche Wirkung, wie dies für § 390 Satz 1 BGB gefordert wird (*RG* RGZ 123, 348 [349 f.]). Die Aufrechnung eines Insolvenzgläubigers nach Erteilung der Restschuldbefreiung scheidet aus, weil keine Aufrechnungslage besteht (MünchKomm-InsO/*Ehricke* 2. Aufl., § 294 Rz. 57).

§ 295
Obliegenheiten des Schuldners

(1) Dem Schuldner obliegt es, während der Laufzeit der Abtretungserklärung
1. eine angemessene Erwerbstätigkeit auszuüben und, wenn er ohne Beschäftigung ist, sich um eine solche zu bemühen und keine zumutbare Tätigkeit abzulehnen;
2. Vermögen, das er von Todes wegen oder mit Rücksicht auf ein künftiges Erbrecht erwirbt, zur Hälfte des Wertes an den Treuhänder herauszugeben;
3. jeden Wechsel des Wohnsitzes oder der Beschäftigungsstelle unverzüglich dem Insolvenzgericht und dem Treuhänder anzuzeigen, keine von der Abtretungserklärung erfassten Bezüge und kein von Nummer 2 erfasstes Vermögen zu verheimlichen und dem Gericht und dem Treuhänder auf Verlangen Auskunft über seine Erwerbstätigkeit oder seine Bemühungen um eine solche sowie über seine Bezüge und sein Vermögen zu erteilen;
4. Zahlungen zur Befriedigung der Insolvenzgläubiger nur an den Treuhänder zu leisten und keinem Insolvenzgläubiger einen Sondervorteil zu verschaffen.

(2) Soweit der Schuldner eine selbstständige Tätigkeit ausübt, obliegt es ihm, die Insolvenzgläubiger durch Zahlungen an den Treuhänder so zu stellen, wie wenn er ein angemessenes Dienstverhältnis eingegangen wäre.

Inhaltsübersicht:

	Rz.
A. Normzweck	1– 2
B. Gesetzliche Systematik	3– 7 c
I. Konzeption der Versagungsregeln	3– 7
II. Vorwirkung vor Ankündigung der Restschuldbefreiung	7 a– 7 c
C. Obliegenheiten nach Abs. 1	8–60
I. Erwerbstätigkeit (§ 295 Abs. 1 Nr. 1 InsO)	10–35
1. Ausübung einer angemessenen Erwerbstätigkeit	11–25
a) Angemessenheit	11–14 d
b) Beendigung oder Einschränkung der Erwerbstätigkeit	15–21
c) Übernahme einer anderen Erwerbstätigkeit	22–25
2. Bemühungen bei Beschäftigungslosigkeit	26–29
3. Nichtablehnung zumutbarer Tätigkeit	30–35
II. Herauszugebender Vermögenserwerb im Erbfall (§ 295 Abs. 1 Nr. 2 InsO)	36–42
III. Unterrichtungen (§ 295 Abs. 1 Nr. 3 InsO)	43–52
IV. Verbotene Sondervorteile (§ 295 Abs. 1 Nr. 4 InsO)	53–60
D. Selbstständige Tätigkeit (§ 295 Abs. 2 InsO)	61–67

Literatur:

Adam Sondervorteile und Restschuldbefreiung, ZInsO 2006, 1132; *Ahrens* Erwerbsobliegenheit mal 2: Prozesskostenhilfe- und insolvenzrechtliche Anforderungen an den Schuldner, ZInsO 1999, 632; *ders.* Innenbeziehungen der Gläubiger bei Versagungsanträgen nach §§ 290, 295 ff. InsO, NZI 2001, 113; *Bartels* Der erbrechtliche Erwerb des Insolvenzschuldners, KTS 2003, 43; *Grote* Zur Abführungspflicht des Selbstständigen gem. § 295 Abs. 2 InsO in der Wohlverhaltensperiode, ZInsO 2004, 1105; *Hartmann* Verfügungen von Todes wegen zugunsten verschuldeter und insolventer Personen, ZNotP 2005, 82; *Leibner* Das Verhältnis des § 295 Abs. 2 InsO zu § 35 GewO, ZInsO 2002, 61; *Leipold* Erbrechtlicher Erwerb und Zugewinnausgleich im Insolvenzverfahren und bei der Restschuldbefreiung, FS Gaul, S. 367; *Messner* Dissonanzen zwischen Insolvenz- und Erbrecht, ZVI 2004, 433; *Schmerbach* Rechtliche

Aspekte der Selbstständigkeit natürlicher Personen im Insolvenzverfahren und in der Wohlverhaltensperiode, ZVI 2003, 256; *ders.* Die Versagung der Restschuldbefreiung nach §§ 290 und 295 InsO, NZI 2005, 521; *Thora* Die Obliegenheit der Erbschaftsannahme in der Wohlverhaltensperiode, ZInsO 2002, 176; *Trendelenburg* Die Abführung eines angemessenen Betrages durch Selbstständige gem. § 295 Abs. 2 InsO, ZInsO 2000, 437; *Warrikoff* Mehrfacheinkünfte während der Wohlverhaltensphase, ZInsO 2004, 1331; *Wenzel* Die Erwerbsobliegenheit des Schuldners während der Wohlverhaltensperiode, NZI 1999, 15; s. a. § 286.

A. Normzweck

Nach Ankündigung der Treuhandzeit muss der Schuldner die **Treuhandzeit** absolvieren. Für diesen Verfahrensabschnitt enthält § 295 InsO die zentrale Regelung. In der Vorschrift ist festgelegt, welche Anforderungen der Schuldner erfüllen muss, um die Restschuldbefreiung zu erreichen. Wie die gemeinsame Voraussetzung einer beeinträchtigten Gläubigerbefriedigung in § 296 Abs. 1 InsO ausweist, dienen die Obliegenheiten des § 295 InsO vorrangig der **Leistungsrealisierung** im Restschuldbefreiungsverfahren (MünchKomm-InsO/*Ehricke* 2. Aufl., § 295 Rz. 1). Der Schuldner soll sich weiter nach Kräften um eine Befriedigung der Gläubigerforderungen bemühen (Begr. RegE, BR-Drucks. 1/92 S. 192). Um dieses Ziel zu erreichen, sieht die Insolvenzordnung ein prozedurales Modell vor, das auf bindende Vorgaben in Gestalt von Mindestquoten verzichtet (*BGH* BGHZ 134, 79 [92]). Dabei sind die Aufgaben von Insolvenz- und Restschuldbefreiungsverfahren deutlich zu unterscheiden und selbst das Ziel der bestmöglichen Gläubigerbefriedigung wird mit unterschiedlichen Mitteln und verschiedener Stringenz verwirklicht. Allein einige Instrumente des Insolvenzverfahrens sind auf die Treuhandperiode übertragbar, vgl. § 294 InsO. Auch das Haftungskonzept hat eine selbstständige normative Ausgestaltung erfahren. Einerseits ist das haftende Vermögen enger begrenzt, andererseits wird eine aktive Mitwirkung des Schuldners eingefordert. Ohne die Kooperation des Schuldners ist ein solches Modell zum Scheitern verurteilt. Durch die Obliegenheiten nach § 295 InsO soll daher auch die Mitwirkung des Schuldners und damit letztlich die Haftungsverwirklichung gesichert werden. Zu diesem Zweck stellt § 295 InsO erhebliche, aber beherrschbare und durch die Aussicht auf Erteilung der Restschuldbefreiung gestützte und insoweit durch § 1 Satz 2 InsO begrenzte Anforderungen auf. Aus der haftungsrechtlichen Aufgabenstellung werden zugleich auch die funktionalen Schranken der Obliegenheiten deutlich, die weder edukatorischen Zielen (**a. A.** *Döbereiner* Restschuldbefreiung, S. 221; s. a. MünchKomm-InsO/*Ehricke* 2. Aufl., § 295 Rz. 2) noch Strafzwecken dienen (*AG Regensburg* ZVI 2004, 499 [500]). Solche Zwecke stehen nicht mit der in § 296 Abs. 1 Satz 1 InsO aufgestellten zusätzlichen Anforderung einer beeinträchtigten Gläubigerbefriedigung (s. *Ahrens* § 296 Rz. 10 ff.) in Einklang. 1

Als eine der zentralen Regelungen der Restschuldbefreiung besitzt § 295 InsO deswegen eine **vierfache Aufgabenstellung**. Als erste Aufgabe sollen die Obliegenheiten zu einer bestmöglichen Gläubigerbefriedigung beitragen (Befriedigungsfunktion). Sodann präzisiert und typisiert die Vorschrift die Anforderungen, die der Schuldner erfüllen muss, um eine Restschuldbefreiung zu erlangen. Dadurch schützt die Regelung den Schuldner vor überraschenden und unbeherrschbaren Erfordernissen (Typisierungsfunktion). Mit dem Eintritt in die Treuhandphase kommt es nur noch auf das gegenwärtige Verhalten des Schuldners, also nicht mehr auf frühere Umstände an, so dass er es prinzipiell selbst in der Hand hat, ob er die Restschuldbefreiung erreicht. Zugleich schafft die Bestimmung i. V. m. der Versagungsregelung aus § 296 Abs. 1 InsO die erforderlichen Anreize, um das künftige Einkommen des Schuldners für eine möglichst umfassende Befriedigung der Gläubiger zu erschließen (Anreizfunktion). Diese dritte Funktion kann die Norm freilich nur verwirklichen, wenn dem Schuldner ein erfolgreiches Bestehen der Treuhandperiode erstrebenswert erscheint. Das Anforderungsprofil des § 295 InsO muss deswegen von einer Balance zwischen den Gläubigerinteressen und den Bedürfnissen des Schuldners bestimmt sein (Ausgleichsfunktion; vgl. *Wimmer* BB 1998, 386 [387]). 2

B. Gesetzliche Systematik

I. Konzeption der Versagungsregeln

3   Gemeinsam mit den Bestimmungen der §§ 290, 297 f. und 303 InsO steht § 295 InsO in einem **abgestuften System** von Versagungs- und Widerrufsgründen, die den Weg zur Restschuldbefreiung begleiten. Durch diese differenzierten Regeln wird einem angemessenen Schutz der Gläubigerbefriedigung, aber auch dem berechtigten Vertrauen des Schuldners in den erfolgreichen Abschluss des Schuldbefreiungsverfahrens Rechnung getragen. Mit jeder Etappe (vgl. *Ahrens* § 286 Rz. 20 f.), von dem Zulassungsverfahren über die Treuhandperiode bis zur erteilten Schuldbefreiung, steigen deswegen die Anforderungen, die an eine Versagung bzw. den Widerruf der Restschuldbefreiung zu stellen sind. Für jeden Verfahrensabschnitt gelten daher eigene Ausschlussgründe mit speziellen Voraussetzungen. In der Treuhandphase bestehen dafür die Versagungsgründe aus § 290 Abs. 1 InsO, weshalb die Versagungsgründe aus § 290 Abs. 1 InsO präkludiert sind (*Kübler/Prütting-Wenzel* InsO, § 290 Rz. 6; *Braun/Buck* InsO, 3. Aufl., § 295 Rz. 1; **a. A.** *Bruckmann* Verbraucherinsolvenz, § 4 Rz. 24). Eine analoge Anwendung von § 290 InsO ist ausgeschlossen, weil keine planwidrige Unvollständigkeit des Gesetzes vorliegt (MünchKomm-InsO/*Ehricke* 2. Aufl., § 295 Rz. 6). Hat also der Schuldner in seinem nach § 305 Abs. 1 Nr. 3 InsO vorzulegenden Vermögensverzeichnis nicht sämtliche Vermögensgegenstände angegeben, so ist einerseits in der Treuhandzeit der Versagungsgrund aus § 290 Abs. 1 Nr. 6 InsO ausgeschlossen, während dafür andererseits in der Treuhandphase kein Versagungsgrund besteht (*AG Mönchengladbach* ZVI 2002, 86, sogar beim Verschweigen einer Erbschaft über DM 280.000,–), solange der Schuldner nicht gegen ein Auskunftsbegehren gem. § 295 Abs. 1 Nr. 3 InsO verstößt. Nachträglich festgestellte Massegegenstände rechtfertigen deswegen keine Versagung der Restschuldbefreiung, sondern führen zu einem Nachtragsverteilungsverfahren entsprechend § 203 Abs. 1 Nr. 3, Abs. 2, 3 InsO (*LG Koblenz* NZI 2004, 157 [158]; MünchKomm-InsO/*Ehricke* 2. Aufl., § 294 Rz. 9; *Uhlenbruck/Vallender* InsO, 12. Aufl., § 294 Rz. 4; *Nerlich/Römermann* InsO, § 294 Rz. 9 f.; *Kübler/Prütting-Wenzel* InsO, § 286 Rz. 83 f.; *Ahrens* § 294 Rz. 8). Geleitet wird diese Konzeption von der Vorstellung, dass mit dem Fortgang des Verfahrens steigende Anforderungen an einen Ausschluss der Restschuldbefreiung zu stellen sind. Als Ausdruck eines allgemeinen Vertrauensschutzprinzips gestaltet dieser Gedanke die gestaffelten Erfordernisse zwischen den einzelnen Verfahrensabschnitten (*Braun/Buck* InsO, 3. Aufl., § 295 Rz. 1).

4   Zusätzlich wird das **Vertrauensschutzprinzip** aber auch im Verlauf der mehrjährigen Treuhandzeit zu berücksichtigen sein. Zum Ende der bis zu sechsjährigen Treuhandperiode kann deswegen eine Versagung der Restschuldbefreiung wegen geringfügiger Obliegenheitsverletzungen ausgeschlossen sein. Daneben ist zu erwägen, ob analog den §§ 298 Abs. 1, 2 Satz 2, 305 Abs. 3, 314 Abs. 3 Satz 2 InsO eine Hinweispflicht zu entwickeln ist (abl. MünchKomm-InsO/*Ehricke* 2. Aufl., § 295 Rz. 8). Angesichts der einem Dauerschuldverhältnis vergleichbaren langen Zeitspanne der Treuhandphase kann eine der Abmahnung pflichtwidrigen Verhaltens vergleichbare Aufgabe, wenn auch nicht die gleiche Bedeutung einer solchen Hinweispflicht angenommen werden. Da während der Treuhandzeit die Leistungsbereitschaft des Schuldners im Interesse der Gläubiger aktiviert werden soll, wird sich ein Hinweis auf die Folgen eines Obliegenheitsverstoßes häufig als sinnvoll erweisen.

5   Mit seiner systematischen Stellung entspricht § 295 InsO der Vorschrift des § 290 Abs. 1 InsO (vgl. *Ahrens* § 290 Rz. 4 ff.). Wie § 290 InsO steht auch § 295 InsO in einem **Regel-Ausnahme-Verhältnis** zu dem Grundsatz der Restschuldbefreiung und bestimmt, wann ausnahmsweise von der Regel der gesetzlichen Schuldbefreiung abgewichen und wegen welcher Obliegenheitsverletzungen im Verlauf der Treuhandperiode die Restschuldbefreiung versagt werden kann (MünchKomm-InsO/*Ehricke* 2. Aufl., § 295 Rz. 5). Nach der Ankündigung der Restschuldbefreiung hat der Schuldner es dadurch weitgehend selbst in der Hand, ob ihm die gesetzliche Schuldbefreiung zuteil wird. Außerdem wird auch in § 295 InsO das Enumerationsprinzip verwendet, also auf eine Generalklausel oder eine Technik der Regelbeispiele verzichtet, die jeweils Raum für eine Erweiterung des gesetzlichen Tatbestands lassen. Diese Regelungstechnik dient auch hier einer größeren Rechtssicherheit und einer gerade nicht ins weite Ermessen des Insolvenzgerichts gestellten Entscheidung über die Schuldbefreiung (vgl. die Begr. zu § 239 RegE, BR-Drucks. 1/92 S. 190). In den einzeln **enumerierten Tatbeständen** sind – zusammen mit den §§ 296 Abs. 2 Satz 3, 297 Abs. 1, 298 Abs. 1 InsO – die während der Treuhandperiode bestehenden Versagungsgründe abschließend aufgeführt. Andere als die in den §§ 295 bis 298 InsO geregelten Tatbestände können deshalb für die Dauer der Treuhandzeit keine Versagung der Restschuldbefreiung rechtfertigen. Soweit die

Obliegenheiten durch unbestimmte Rechtsbegriffe bezeichnet werden, sind die Begriffe insbesondere aus dieser systematischen Einordnung und dem oben bestimmten Normzweck heraus zu interpretieren. Von § 295 InsO werden die während der Treuhandzeit bestehenden **Verhaltensanforderungen** geregelt. **6**
Der Aufbau der Vorschrift gibt allerdings zu Missverständnissen Anlass, legt er doch ein alternatives Verhältnis zwischen den Obliegenheiten in Abs. 1 und den bei einer selbstständigen Tätigkeit nach Abs. 2 bestehenden Anforderungen nahe. Sogar die Gesetzesbegründung spricht davon, dass Abs. 1 den Regelfall eines Dienstverhältnisses betrifft, bei dem die Bezüge des Schuldners von der Abtretungserklärung erfasst werden (Begr. RegE, BR-Drucks. 1/92 S. 192). Demgegenüber ist jedoch festzustellen, dass aus dem Wortlaut des § 295 InsO ein solcher Gegensatz nicht zu begründen ist (im Ergebnis wie hier *Kübler/Prütting-Wenzel* InsO, § 295 Rz. 1 a), denn die Einleitungssatz zu Abs. 1 stellt mit dem Bezug auf die Laufzeit der Abtretungserklärung eine Frist auf, die auch für den selbstständigen Schuldner gilt (dazu *Ahrens* § 287 Rz. 20). Ein Ausschließlichkeitsverhältnis besteht lediglich zwischen § 295 Abs. 1 Nr. 1 und Abs. 2 InsO und dann auch nur soweit gerade die eine oder andere Erwerbsform ausgeübt wird. Die Obliegenheiten aus § 295 Nr. 2 und 4 InsO gelten dagegen sowohl für den abhängig beschäftigten als auch den selbstständig tätigen Schuldner (*Andres/Leithaus* InsO, § 295 Rz. 9). Für die Obliegenheiten aus Nr. 3 wird zwischen den Anforderungen, die allein für unselbstständig beschäftigte oder eine nicht selbstständige Tätigkeit suchende Schuldner, wie der Anzeige eines Wechsels der Beschäftigungsstelle, sowie den für alle Schuldner bestehenden Obliegenheiten etwa zur Auskunft über das Vermögen nach Nr. 2 zu differenzieren sein.

Eine Obliegenheitsverletzung nach § 295 InsO rechtfertigt es nur dann, die Restschuldbefreiung zu ver- **7** sagen, wenn die weiteren Voraussetzungen nach § 296 InsO erfüllt sind. Mittels seiner zusätzlichen Anforderungen an das Versagungsverfahren schafft § 296 InsO auch ein Gegengewicht zu § 295 InsO. Dazu muss insbesondere die **Befriedigung** der Insolvenzgläubiger **beeinträchtigt** worden sein, wobei zwischen der Obliegenheitsverletzung und der beeinträchtigten Gläubigerbefriedigung ein **Kausalzusammenhang** zu bestehen hat (*Maier/Krafft* BB 1997, 2173 [2179]). Unerhebliche Beeinträchtigungen haben dabei unberücksichtigt zu bleiben, denn es ist eine **Wesentlichkeitsgrenze** zu überschreiten (Begr. des Rechtsausschusses BT-Drucks. 12/7302 S. 188, zu § 346 k; MünchKomm-InsO/*Ehricke* 2. Aufl., § 295 Rz. 7; *Haarmeyer/Wutzke/Förster* Handbuch, 3. Aufl., Rz. 8/277). Zu den weiteren Voraussetzungen vgl. *Ahrens* § 296 Rz. 5 ff. Insbesondere genügt eine objektive Obliegenheitsverletzung noch nicht, um den Rechtsnachteil einer Versagung zu rechtfertigen. Wie § 296 Abs. 1 Satz 1 HS 2 InsO belegt, muss zusätzlich ein subjektives Element erfüllt sein.

II. Vorwirkung vor Ankündigung der Restschuldbefreiung

Durch die neue Fassung von § 287 Abs. 2 Satz 1 InsO, wonach der Schuldner seine Bezüge für die Dauer **7 a** von sechs Jahren nach Eröffnung des Insolvenzverfahren abzutreten hat, ist der **zeitliche Anwendungsbereich** von § 295 InsO infrage gestellt. Das Restschuldbefreiungsverfahren verläuft in den beiden Abschnitten des Zulassungs- und des Hauptverfahrens. In dem bis zur Ankündigung der Restschuldbefreiung laufenden Zulassungsverfahren kann § 295 InsO nicht angewendet werden. Die Regelung schafft erst für die Zeit nach der **rechtskräftigen Ankündigung** der Restschuldbefreiung Versagungsgründe (*BGH* NZI 2004, 635 [636]; ZInsO 2006, 647 [648]; *LG Göttingen* NZI 2004, 678 [679]; *AG Köln* NZI 2004, 331 [332]; *AG Leipzig* ZVI 2004, 758 [759]; *AG Oldenburg* ZInsO 2002, 389 [390]; *Uhlenbruck/Vallender* InsO, 12. Aufl., § 295 Rz. 1; HK-InsO/*Landfermann* 4. Aufl., § 295 Rz. 2; MünchKomm-InsO/*Ehricke* 2. Aufl., § 295 Rz. 12; ausf. *Ahrens* § 287 Rz. 89 n f.; *Graf-Schlicker/Kexel* InsO, § 295 Rz. 2; **a. A.** *LG Hannover* ZInsO 2002, 449 [450]; *AG Göttingen* 2003, 217 mit Anm. *Ahrens*; *Kübler/Prütting-Wenzel* InsO, § 295 Rz. 1 c, ausgenommen § 295 Abs. 1 Nr. 2 InsO; *Haarmeyer/Wutzke/Förster-Schmerbach* Präsenzkommentar, § 295 Rz. 25 a, rechtskräftige Aufhebung). Ausgeschlossen ist aber nicht nur ein auf § 295 InsO gestütztes Versagungsverfahren vor Ankündigung der Restschuldbefreiung. Aufgrund des zeitlich gestuften Verfahrenskonzepts der Restschuldbefreiung kann ein Verhalten des Schuldners vor Ankündigung der Restschuldbefreiung nicht später zur Begründung eines Versagungstatbestands aus § 295 InsO herangezogen werden.

Bei der **Ersetzung der Zustimmung** zu einem Schuldenbereinigungsplan nach § 309 Abs. 1 Nr. 2 **7 b** InsO kann grds. die Einhaltung der Obliegenheiten aus § 295 InsO zu berücksichtigen sein und eine § 295 Abs. 1 Nr. 1 oder 2 InsO entsprechende Obliegenheit aufgenommen werden (*OLG Karlsruhe* ZInsO 2001, 913 [914], zukünftige Erbschaft; *LG Heilbronn* ZVI 2002, 409 [412], Erwerbsobliegenheit;

AG Göttingen DZWIR 2001, 42; aber *AG Mönchengladbach* ZInsO 2001, 773). Gefordert wird auch eine Verfall- bzw. Wiederauflebensklausel für den Eintritt eines Versagungsgrunds nach den §§ 295, 296 InsO (*LG Memmingen* NZI 2000, 233 [235]; *LG Lübeck* ZVI 2002, 10). Zu verlangen sind aber konkrete Anhaltspunkte für ein nach § 295 InsO zu würdigendes Geschehen. Eine § 295 Abs. 1 Nr. 2 InsO entsprechende Regelung ist nur aufzunehmen, falls solche klaren Indizien auf eine wesentliche Verbesserung der Vermögenslage des Schuldners durch die Wahrscheinlichkeit eines Erbfalls schließen lassen (*OLG Karlsruhe* ZInsO 2001, 913 [914]). Die Nichtaufnahme von Obliegenheiten in den Plan entsprechend § 295 InsO begründet deshalb für sich gesehen noch keine wirtschaftliche Schlechterstellung i. S. v. § 309 Abs. 1 Nr. 2 InsO, solange nur die theoretische Möglichkeit besteht, dass es zu künftigen Handlungen des Schuldners kommt, die im Restschuldbefreiungsverfahren zu einer Obliegenheitsverletzung führen würden (vgl. *AG Mönchengladbach* ZInsO 2001, 773). Nach § 309 Abs. 1 Nr. 2 2. HS InsO dürfen spätere Veränderungen i. d. R. nicht berücksichtigt werden. Trotzdem soll die Zustimmung ausnahmsweise dann nicht ersetzt werden, wenn konkrete Anhaltspunkte für eine künftige Verletzung von § 295 InsO vorliegen (*LG Heilbronn* NZI 2001, 434 [435]; *Schäferhoff* ZInsO 2001, 687 [691]). Dem wird zu Recht entgegengehalten, dass jedenfalls eine frühere Verletzung der Erwerbsobliegenheit nicht auf das künftige Verhalten schließen lasse, da die Aussicht auf Restschuldbefreiung eine neue Motivation für die Erwerbstätigkeit darstelle. Ein Schluss aus der Vergangenheit in die Zukunft ist dann nicht möglich (s. *Grote* § 309 Rz. 31 b; MünchKomm-InsO/*Ehricke* 2. Aufl., § 295 Rz. 6).

7 c Das Verhältnis der Versagungsgründe aus § 295 InsO zu den Vorschriften über die **Kostenstundung** ist weniger spannungsgeladen als die Vorwirkung der Versagungsregeln aus § 290 InsO auf die Kostenstundung (dazu *Ahrens* § 290 Rz. 9 b), denn § 295 InsO ist vor Ankündigung der Restschuldbefreiung unanwendbar. Eine mit der insolvenzrechtlichen Erwerbsobliegenheit aus § 295 Abs. 1 Nr. 1 InsO grds. übereinstimmende kostenrechtliche Erwerbsobliegenheit stellt § 4 c Nr. 4 InsO nach der Gewährung der Kostenstundung auf (s. *Kohte* § 4 c Rz. 24 ff.; *Heyer* Restschuldbefreiung im Insolvenzverfahren, S. 99; *AG Hannover* NZI 2004, 391 [392]). Obwohl die Formulierungen aneinander angeglichen sind, sind abweichende Resultate schon wegen der unterschiedlichen summarischen Verfahren nicht auszuschließen. Eine **Aufhebung** der Kostenstundung gem. § 4 c Nr. 5 InsO auf der tatbestandlichen Grundlage von § 295 Abs. 1 Nr. 3 InsO während der Laufzeit der Abtretungserklärung ist dagegen vor Versagung der Restschuldbefreiung nicht statthaft (**a. A.** *LG Göttingen* NZI 2008, 54 [55]; NZI 2008, 626 [627]; s. a. *Ahrens* § 290 Rz. 9 b). Die ausnahmsweise im Fall der Versagungsgründe des § 290 Abs. 1 InsO zulässige Aufhebung der Kostenstundung vor Entscheidung über einen Versagungsantrag lässt sich nicht auf die Situation in der Treuhandperiode übertragen, denn die Rechtsposition des Schuldners hat sich hier durch den Beschluss des Insolvenzgerichts über die Ankündigung verdichtet. Zudem ist das Versagungsverfahren gem. § 296 InsO nicht auf den einen Zeitpunkt des Schlusstermins bzw. des schriftlichen Verfahrens beschränkt.

C. Obliegenheiten nach Abs. 1

8 Mit den Verhaltensanforderungen des § 295 InsO werden materielle Obliegenheiten des Schuldners aufgestellt. Als Obliegenheiten werden **Rechtsgebote im eigenen Interesse** bzw. Verhaltensanforderungen in eigener Sache verstanden (*Larenz / Wolf* Allgemeiner Teil BGB, 9. Aufl., § 13 Rz. 36; *Gernhuber* Das Schuldverhältnis, § 2 III 1; *R. Schmidt* Die Obliegenheiten, S. 104). Trotz dieser Bindung an das eigene Interesse sind die Obliegenheiten dem Schuldner auch im Interesse seines Gegenüber auferlegt, doch sieht eine solche Regelung von einem schadensersatzbewehrten Erfüllungszwang ab und bewirkt stattdessen eine Minderung oder Vernichtung der Rechtsposition des Belasteten (vgl. *R. Schmidt* Die Obliegenheiten, S. 104; *Enneccerus / Nipperdey* Allgemeiner Teil BGB, 15. Aufl., § 74 IV). Aus dieser durch den Normzweck bestimmten zweifachen Anknüpfung an das eigene Interesse des Schuldners, aber auch das Interesse der Insolvenzgläubiger sind die für die Dauer der Treuhandzeit bestehenden Obliegenheiten zu entwickeln, deren Verletzung zu einer Versagung der Restschuldbefreiung führen kann. Auf den Tod des Schuldners können die Obliegenheiten nicht unmittelbar angewendet werden. Eine Obliegenheitsverletzung ist hier rechtsethisch abzulehnen (vgl. *Ahrens* § 286 Rz. 38 ff.).

9 Im Einleitungssatz von § 295 Abs. 1 InsO ist bestimmt, dass der Schuldner die Obliegenheiten während der Laufzeit der Abtretungserklärung zu beachten hat. Gemeint ist damit der Zeitraum **nach rechtskräftiger Ankündigung der Restschuldbefreiung** (**a. A.** *Haarmeyer / Wutzke / Förster-Schmerbach* Präsenz-

kommentar, § 295 Rz. 25 a), und nicht die in § 287 Abs. 2 Satz 1 InsO bestimmte Zeitspanne von sechs Jahren nach Eröffnung des Insolvenzverfahrens (ausf. *Ahrens* § 287 Rz. 891 ff.). Diese Frist gilt gleichermaßen für den selbstständig wie den nicht selbstständig tätigen Schuldner. Als Folge des abgestuften Verantwortungskonzepts (s. o. Rz. 3) kann weder das Verhalten des Schuldners vor der Ankündigung noch nach der Erteilung der Restschuldbefreiung, sondern allein während der Treuhandzeit eine Versagung der gesetzlichen Schuldbefreiung gem. § 295 InsO rechtfertigen. Vor Ankündigung der Restschuldbefreiung werden die Gläubiger durch § 290 Abs. 1 InsO geschützt. Nach dem Ende der Laufzeit der Abtretungserklärung kommt nur noch ein Widerruf der Restschuldbefreiung nach § 303 InsO in Betracht. Im Übrigen besteht selbst dann keine schützenswerte Position der Insolvenzgläubiger, wenn die Restschuldbefreiung nicht im unmittelbaren Anschluss daran erteilt wird. Schließlich haben die Insolvenzgläubiger im Verlauf der sechsjährigen Laufzeit der Abtretungserklärung alles erhalten, was ihnen insolvenzrechtlich gegen den Schuldner zusteht. Hält sich der Schuldner im Ausland auf oder will er dort hinziehen, wird er nicht von den Obliegenheiten entbunden.

I. Erwerbstätigkeit (§ 295 Abs. 1 Nr. 1 InsO)

Die Erwerbsobliegenheit nach § 295 Abs. 1 Nr. 1 InsO entsteht erst nach Ankündigung der Restschuldbefreiung (s. *Ahrens* § 287 Rz. 89 o). Nachdem das Vermögen im Verlauf des Insolvenzverfahrens liquidiert worden ist, besitzt das Arbeitseinkommen des unselbstständigen Schuldners für die weitere Befriedigung der Insolvenzgläubiger herausragende Bedeutung. In drei alternativen Tatbeständen regelt deshalb § 295 Abs. 1 Nr. 1 InsO die Erwerbsobliegenheit des nicht selbstständig tätigen Schuldners. Ihm obliegt es zunächst, eine **angemessene Erwerbstätigkeit** auszuüben. Ist er beschäftigungslos, muss er sich um eine solche Erwerbstätigkeit **bemühen** und darf, als dritte Anforderung, keine **zumutbare Tätigkeit** ablehnen. Mit diesen drei tatbestandlichen Alternativen ist für den Schuldner ein abgestuftes System von Belastungen geschaffen. Hierbei handelt es sich um eine eigenständige insolvenzrechtliche Anforderung, die von familienrechtlichen, sozialhilferechtlichen und kostenrechtlichen Erwerbsobliegenheiten zu unterscheiden ist (vgl. *Ahrens* ZInsO 1999, 632 [633 ff.]; die Unterschiede betont *Heyer* Restschuldbefreiung im Insolvenzverfahren, S. 100 ff.). Der Schuldner ist zunächst gehalten, einer angemessenen Erwerbstätigkeit nachzugehen (s. u. Rz. 11). Übt er eine Beschäftigung aus, die nicht angemessen ist, muss er zwar eine andere angemessene Tätigkeit übernehmen, sich aber nicht um eine solche Arbeit bemühen (s. u. Rz. 22). Übt er keine Beschäftigung aus, muss er sich um eine angemessene Beschäftigung, nicht aber um eine nur zumutbare Tätigkeit bemühen (s. u. Rz. 26). Ist er beschäftigungslos und kann er eine zumutbare Tätigkeit übernehmen, darf er sie nicht ablehnen (s. u. Rz. 30). Hat der Schuldner seinen Obliegenheiten entsprochen, so ist es unschädlich, wenn er wegen Krankheit, Arbeitslosigkeit, Kinderbetreuung oder aus anderen Gründen keine pfändbaren und an die Insolvenzgläubiger zu verteilenden Einkünfte erzielt (vgl. Begr. RegE, BR-Drucks. 1/92 S. 192). Wie üblich trifft das Risiko der Arbeitslosigkeit den Gläubiger (*Uhlenbruck/Vallender* InsO, 12. Aufl., § 295 Rz. 4; MünchKomm-InsO/*Ehricke* 2. Aufl., § 295 Rz. 14; *Nerlich/Römermann* InsO, § 295 Rz. 10), doch wird es durch die Obliegenheiten zur Übernahme zumutbarer Tätigkeiten und die Bemühungen um Beschäftigung gemildert. Zutreffend heißt es, dass den Schuldner nach § 295 Abs. 1 Nr. 1 InsO keine Erfolgsgarantie trifft (*Kirchhof* ZInsO 2001, 1 [12]). Eine Mindestzahlung gehört nach dem prozeduralen Konzept der Vorschrift gerade nicht zu den an den Schuldner gerichteten Anforderungen (vgl. BGH ZInsO 2001, 1009 [1010] m. Anm. *Vallender*).

1. Ausübung einer angemessenen Erwerbstätigkeit

a) Angemessenheit

Als erste und wichtigste Obliegenheit aus § 295 Abs. 1 Nr. 1 InsO muss der Schuldner eine **angemessene Erwerbstätigkeit** ausüben. Da sich die zweite und dritte Obliegenheit dieser Vorschrift ausdrücklich an den beschäftigungslosen Schuldner richten, wendet sich jene erste Anforderung allein an eine erwerbstätige Person. Nach der Vorschrift muss also der Schuldner einer Beschäftigung nachgehen, wobei der erwerbstätige Schuldner nicht irgendeine, sondern eine angemessene Beschäftigung auszuüben hat (HK-InsO/*Landfermann* 4. Aufl., § 295 Rz. 3). Dieser Terminus der angemessenen Erwerbstätigkeit ist von dem der zumutbaren Tätigkeit zu unterscheiden, wie er in der 3. Alternative der Obliegenheit und ähnlich in § 121 SGB III verwendet wird (dazu Rz. 31 ff.). Die unterschiedliche, auch in anderen gesetzlichen Zusammenhängen differenzierend verwendete Terminologie belegt, dass eine sachliche Unterscheidung erforderlich ist (a. A. *Heyer* Restschuldbefreiung im Insolvenzverfahren, S. 123, der nur einen semantischen Unterschied sieht).

12 Der unbestimmte Rechtsbegriff einer angemessenen Erwerbstätigkeit schafft eine **doppelte Bindung** an die bestehenden Lebensverhältnisse sowie die bestmögliche Gläubigerbefriedigung (MünchKomm-InsO/*Ehricke* 2. Aufl., § 295 Rz. 15 ff.; s. a. *Wenzel* VuR 1990, 121 [127]; a. A. *AG Hannover* NZI 2004, 391 [392], allein Gläubigerbefriedigung). Einerseits verknüpft er die Erwerbstätigkeit mit der gegenwärtigen Lage des Schuldners, so dass grds. eine dem **bisherigen Lebenszuschnitt** entsprechende Erwerbstätigkeit als angemessen zu gelten hat. Dabei werden die Lebensverhältnisse des Schuldners zunächst durch seine berufliche Ausbildung und die bisherige Berufstätigkeit, aber auch seine beruflichen Entwicklungschancen geprägt. Ebenso werden sie durch seine persönlichen Verhältnisse bestimmt. Dies betrifft etwa den Gesundheitszustand, der eine Erwerbstätigkeit teilweise oder, wie bei einer Erwerbsunfähigkeit bzw. Therapie, vollständig ausschließen kann, und das Lebensalter des Schuldners, weshalb mit Erreichen der Altersgrenzen aus den §§ 35 ff. SGB VI keine weitere Erwerbstätigkeit zu verlangen ist (für eine flexible Beurteilung *BGH* NJW 1999, 1547 [1549]). Außerdem beeinflusst die familiäre Situation die Lebensverhältnisse, bspw. bei der Möglichkeit zur Erwerbstätigkeit neben einer Kinderbetreuung oder der Übernahme von Wochenend- und Schichtarbeit, sowie seine sonstige soziale Lage. Diese konkrete Situation setzt gleichermaßen den Änderungsmöglichkeiten bei der Übernahme einer schlechter vergüteten Tätigkeit wie den Änderungserfordernissen durch Aufnahme einer besser bezahlten Beschäftigung Grenzen (vgl. *Graf-Schlicker/Kexel* InsO, § 295 Rz. 4). Andererseits bestimmt als zweiter Maßstab die vom Schuldner nach Kräften zu bewirkende **Gläubigerbefriedigung** über die Zulässigkeit oder die Notwendigkeit einer solchen Veränderung. Ein unbestimmter Auslegungsrahmen i. S. einer weitreichenden Obliegenheit (so aber HambK-InsO/*Streck* 2. Aufl., § 295 Rz. 4) widerspricht der mit dem Kriterium der Angemessenheit erreichten Konkretisierung. Eine adäquate Erwerbstätigkeit fordert deswegen insgesamt neben der gebührenden Arbeitsleistung auch eine **angemessene Bezahlung** (*AG Dortmund* NZI 1999, 420 [421]). Regelmäßig muss deswegen eine besser bezahlte zumutbare Tätigkeit übernommen werden. Ausnahmen bestehen etwa bei einer höheren Arbeitsplatzsicherheit (MünchKomm-InsO/*Ehricke* 2. Aufl., § 295 Rz. 17). Ein Anhaltspunkt für die Auslegung des Begriffs der angemessenen Tätigkeit ist deswegen auch aus dem Terminus des angemessenen Einkommens in § 18 Abs. 2 Satz 3 GesO abzuleiten (dazu *Hess/Binz/Wienberg* GesO, 4. Aufl., § 18 Rz. 101 ff.).

13 Für das damit konturierte Begriffsfeld einer angemessenen Erwerbstätigkeit sind weitere Auslegungshinweise aus der Interpretation zu **§ 1574 Abs. 2 HS 1 BGB** zu gewinnen (allg. Meinung, vgl. MünchKomm-InsO/*Ehricke* 2. Aufl., § 295 Rz. 18; *Kübler/Prütting-Wenzel* InsO, § 295 Rz. 3; *Braun/Buck* InsO, 5. Aufl., § 295 Rz. 5; *Hess* InsO, 2007, § 295 Rz. 27; *Mohrbutter/Ringstmeier-Pape* 8. Aufl., § 17 Rz. 134; *Ahrens* ZInsO 1999, 632 [634]). Bei dieser Normierung über eine angemessene Erwerbstätigkeit des Unterhaltsgläubigers im Ehegattenunterhaltsrecht handelt es sich zwar um keine Legaldefinition, wohl aber um eine Konkretisierungshilfe (*Palandt/Brudermüller* BGB, 67. Aufl., § 1574 Rz. 1). Unter Berücksichtigung der aus den familiären Bindungen resultierenden unterhaltsrechtlichen Besonderheiten kann § 1574 Abs. 2 HS 1 BGB als Auslegungsrichtlinie in das Konzept der Obliegenheiten nach § 295 Abs. 1 Nr. 1 InsO eingebettet werden (zu den Unterschieden *Heyer* Restschuldbefreiung im Insolvenzverfahren, S. 101 ff.). Angemessen ist nach der eherechtlichen Bestimmung eine Erwerbstätigkeit, die der Ausbildung, den Fähigkeiten, dem Lebensalter und dem Gesundheitszustand entspricht. Zu berücksichtigen sind ebenso die Freiheit der Berufswahl wie die realen Chancen am Arbeitsmarkt. Soweit die Angemessenheit in § 1574 Abs. 2 HS 1 BGB an die ehelichen Lebensverhältnisse gekoppelt wird, ist die darin enthaltene Berücksichtigung des bisherigen sozialen Status gerade nicht adaptierbar. Auch der fernere Gedanke einer Abwägung zwischen nachehelicher Selbstverantwortung und nachwirkender Solidarität ist nicht übertragbar. Übt der Schuldner eine Erwerbstätigkeit aus, besteht eine **Vermutung** dafür, dass die von ihm verrichtete Tätigkeit angemessen ist (MünchKomm-InsO/*Ehricke* 2. Aufl., § 295 Rz. 18; *Braun/Buck* InsO, 3. Aufl., § 295 Rz. 5; *Andres/Leithaus* InsO, § 295 Rz. 3; *Preuß* Verbraucherinsolvenzverfahren und Restschuldbefreiung, 2. Aufl., Rz. 288; *Bamberger/Roth/Beutler* BGB, § 1574 Rz. 5; s. a. *BGH* NJW 1981, 2804 [2805]). Bestreitet ein Insolvenzgläubiger eine angemessene Beschäftigung und behauptet damit eine Obliegenheitsverletzung, so muss der Gläubiger darlegen und beweisen, dass die vom Schuldner ausgeführte Tätigkeit nicht den an ihn zu stellenden Anforderungen entspricht. Die Vermutungswirkung ergänzt die Darlegungs- und Glaubhaftmachungslast und gewährleistet damit

zusätzlich, dass nicht schon geringfügige Diskrepanzen zu einer Versagung der Restschuldbefreiung führen.
Bleibt eine mehrjährig ausgeübte Tätigkeit hinter dem Ausbildungsstand des Schuldners zurück, kann die **14** angemessene Beschäftigung durch die tatsächliche Erwerbstätigkeit geprägt werden (*BGH* NJW 2005, 61 [62]). Regelmäßig ist im Interesse einer bestmöglichen Gläubigerbefriedigung eine Vollzeitbeschäftigung erforderlich (*Henning* in: Handbuch Fachanwalt Insolvenzrecht, 3. Aufl., Kap. 15, Rz. 88). Eine **Teilzeitbeschäftigung** muss durch besondere Gründe gerechtfertigt sein, z. B. Kinderbetreuung (vgl. jetzt *BGH* NJW 2008, 3125; **a. A.** *Mohrbutter/Ringstmeier-Pape* 8. Aufl., § 17 Rz. 135, ein arbeitsfähiger Schuldner müsse sich um eine Vollzeitbeschäftigung bemühen), Fortbildung etc. (nicht aber Hundebetreuung *AG München* ZVI 2003, 366). Bei einem dreißigjährigen, ledigen, kinderlosen Arbeitnehmer ist sie nicht hinreichend (*AG Hamburg* NZI 2001, 103 [104]). Stellt der Arbeitgeber eine andere Tätigkeit in Aussicht, darf der Arbeitnehmer zunächst abwarten.

Eine **Straf- oder sonstige Haft** setzt einer Erwerbstätigkeit Grenzen, steht also insoweit einer Schuld- **14 a** befreiung nicht entgegen, weswegen die Treuhandperiode während der Vollzugs absolviert werden kann (*LG Koblenz* VuR 2008, 348, bei lebenslanger Freiheitsstrafe; MünchKomm-InsO/*Stephan* § 286 Rz. 63; MünchKomm-InsO/*Ehricke* 2. Aufl., § 295 Rz. 16; *Braun/Buck* InsO, 3. Aufl., § 295 Rz. 6; *Ahrens* § 286 Rz. 32; HK-InsO/*Landfermann* 4. Aufl., § 290 Rz. 2, § 295 Rz. 6; *Heyer* Restschuldbefreiung im Insolvenzverfahren, S. 117; *Henning* in: Handbuch Fachanwalt Insolvenzrecht, 3. Aufl., Kap. 15, Rz. 93; **a. A.** *LG Hannover* ZInsO 2002, 449 mit Anm. *Wilhelm* = ZVI 2002, 130 mit Anm. *Riedel* = EWiR 2002, 491 [*Kohte*]; *AG Hannover* NZI 2004, 391 [392]; *Foerste* Insolvenzrecht, 4. Aufl., Rz. 552). Aus diesem Grund steht auch die Begehung von schweren Straftaten mit strafrechtlichem Freiheitsentzug nicht der Erfüllung der Erwerbsobliegenheit entgegen (**a. A.** *LG Dresden* ZVI 2008, 310 [311 f.]). Bestätigt wird diese Position durch die Entscheidung des BGH zur Pfändbarkeit der Ansprüche des Strafgefangenen auf Eigengeld (*BGH* NJW 2004, 3714 [3715 f.] = ZVI 2004, 735 mit Anm. *Zimmermann*), dessen umfassende Pfändbarkeit eine haftungsrechtliche Kompensation bietet. Deswegen hat der BGH in seiner Entscheidung (*BGH* NJW 2004, 3714 [3716] das Restschuldbefreiungsverfahren auch im Strafvollzug für prinzipiell eröffnet gehalten. Danach kann ein solcher Schuldner ggf. eine Schuldenregulierung erreichen, indem er die Eröffnung eines Insolvenzverfahrens und ein Restschuldbefreiungsverfahren beantragt. Im Vollzug hat der Schuldner eine angemessene Pflichtarbeit, § 41 Abs. 1 Satz 1 StVollzG, ein freies Beschäftigungsverhältnis bzw. eine Selbstbeschäftigung, § 39 StVollzG, zu übernehmen (Einzelheiten bei *Brei* Entschuldung Straffälliger, S. 593 ff.). Für deren Beschränkung bzw. Beendigung und die insolvenzrechtlichen Folgen gelten die allgemeinen Grundsätze, z. B. bei den Widerrufsgründen des für ein freies Beschäftigungsverhältnis erforderlichen Freigangs, §§ 11 Abs. 1, 14 Abs. 2 StVollzG. Demgemäß kann die Vollstreckung einer Ersatzfreiheitsstrafe nicht mit dem Argument verneint werden, der Schuldner verstoße dadurch gegen seine Erwerbsobliegenheit aus § 295 Abs. 1 Nr. 1 InsO (*LG Osnabrück* ZInsO 2007, 111 [112]). Es kommt nicht darauf an, ob die Straftat vor oder nach dem Beginn der Treuhandperiode begangen wurde (**a. A.** HK-InsO/*Landfermann* 4. Aufl., § 290 Rz. 2, § 295 Rz. 6; HambK-InsO/*Streck* 2. Aufl., § 295 Rz. 6), da der Referenzpunkt die Angemessenheit der Erwerbstätigkeit und kein Verschulden ist. Maßgebend muss vielmehr einheitlich sein, ob der Schuldner arbeitet und das ihm zustehende Eigengeld pfändbar ist (*Haarmeyer/Wutzke/Förster-Schmerbach* Präsenzkommentar, § 295 Rz. 26 a).

Ein Arbeitsverhältnis unter **Ehepartnern** oder Verwandten ist insolvenzrechtlich § grds. unbedenklich **14 b** (MünchKomm-InsO/*Ehricke* 2. Aufl., § 295 Rz. 33; **a. A.** *Kübler/Prütting-Wenzel* InsO, § 295 Rz. 6). Eine verwandtschaftliche Nähebeziehung darf jedoch nicht zu einem Unterlaufen der insolvenzrechtlichen Anforderungen führen. Einzelvollstreckungsrechtlich wird unter Berücksichtigung der verwandtschaftlichen Beziehungen und anderer Umstände des Einzelfalls sogar ein Abschlag von bis zu dreißig Prozent vorgenommen (MünchKomm-InsO/*Ehricke* 2. Aufl., § 295 Rz. 33; *LAG Düsseldorf* BB 1955, 1140; *LAG Hamm* ZIP 1993, 610 [611 f.]; abl. MünchKomm-ZPO/*Smid* 3. Aufl., § 850 h Rz. 14), doch muss im Einzelfall bestimmt werden, inwieweit dieser Gedanke auf die Erwerbsobliegenheit übertragbar ist. Gegebenenfalls muss der Schuldner eine Tätigkeit außerhalb der Familie ausüben. Verdient ein Zahntechnikermeister in dem Betrieb seiner Mutter lediglich EUR 650,– netto, legt dies allerdings einen Obliegenheitsverstoß nahe (*AG Dortmund* NZI 1999, 429 [421]). Vom Schuldner **verschleiertes Arbeitseinkommen**, der nur einen Teil der geleisteten und vergüteten Arbeitszeit angibt, kann mittelbar eine Obliegenheitsverletzung nach § 295 Abs. 1 Nr. 1 2. Alt InsO (*Uhlenbruck/Vallender* InsO, 12. Aufl., § 295 Rz. 12), eher aber gem. Nr. 3 der Vorschrift erfüllen. In Betracht kommen unzutreffende Bezügeabrechnungen, die unmittelbare oder mittelbare Auszahlung an einen Insolvenzgläubiger oder Dritten, die Verlagerung von Gehalt in Zeiten nach Erteilung der Restschuldbefreiung oder die Ersetzung von Gehalt durch anderweitige Vorteile (*Kübler/Prütting-Wenzel* InsO, § 295 Rz. 6). Einen übereinstimmenden Rechtsgedanken normiert § 850 h Abs. 2 ZPO, weshalb als Richtgröße für ein unangemessen niedriges Entgelt auf die Auslegung zu dieser Vorschrift zurückgegriffen werden kann (vgl. zu den entsprechenden Anforderungen aus § 850 h ZPO *BAG* RdA 1969, 64). Auszugehen ist von dem Wert der Arbeitsleistung, der im Allgemeinen an den tariflichen Mindestlöhnen oder nach der üblichen Vergütung i. S. v. § 612 Abs. 2 BGB zu orientieren ist (*Stein/Jonas/Brehm* ZPO, 22. Aufl., § 850 h Rz. 24; in MünchKomm-ZPO/*Smid* 3. Aufl., § 850 h Rz. 14).

14 c Die Entscheidung über eine **Zusammenveranlagung** von Ehegatten stellt ein vermögensbezogenes Verwaltungsrecht dar, das im Insolvenzverfahren vom Insolvenzverwalter bzw. Treuhänder auszuüben ist (*BGH* NJW 2007, 2556). Mit Beendigung des Insolvenzverfahrens endet auch das Verwaltungsrecht des Insolvenzverwalters, weshalb die Entscheidung während der Treuhandperiode gem. § 1353 BGB den Eheleuten zusteht, wobei dann die aus der Zusammenveranlagung resultierenden Nachteile grds. dem anderen Ehegatten zu ersetzen sind (*Kahlert* ZVI 2006, 230). Bei der **Wahl** der **Steuerklasse** gilt nach den übertragbaren zwangsvollstreckungsrechtlichen Grundsätzen, dass eine Wahl vor dem Erlass des Pfändungs- und Überweisungsbeschlusses für den laufenden Veranlagungszeitraum grds. beachtlich ist, es sei denn, der Schuldner hat die Wahl der ungünstigen Steuerklasse nachweislich in Gläubigerbenachteiligungsabsicht vorgenommen. Die Gläubigerbenachteiligungsabsicht ist nach allen Umständen des Einzelfalls festzustellen, wie der Höhe der Einkommen beider Ehegatten, Kenntnis des Schuldners von der Höhe seiner Verschuldung und einer drohenden Zwangsvollstreckung, die Abgabe einer eidesstattlichen Versicherung, wann die ungünstige Steuerklasse gewählt wurde und ob dies im Zusammenhang mit der Verschuldung und Vollstreckung geschehen ist (*BGH* NZI 2006, 114). Wählt der Schuldner nachträglich eine ungünstige Steuerklasse oder behält er diese für das folgende Kalenderjahr bei, ist der Nachweis einer Gläubigerbenachteiligung nicht erforderlich. Es genügt, wenn für die Wahl oder Beibehaltung der Steuerklasse objektiv kein sachlich rechtfertigender Grund gegeben ist (*BGH* NZI 2006, 114 [115]). Sachlich berechtigt ist die Übernahme der dem gesetzlichen Regelfall des § 38 b Abs. 1 Nr. 4 EStG entsprechende Steuerklasse IV für verheiratete, nicht dauernd getrennt lebende, unbeschränkt einkommensteuerpflichtige Ehegatten (*AG Duisburg* NZI 2002, 328; *Farr* BB 2003, 2324 [2326]) bzw. die Wahl der für das Familieneinkommen günstigeren Steuerklasse (*LG Osnabrück* DGVZ 1998, 190; **a. A.** *Uhlenbruck/Vallender* InsO, 12. Aufl., § 287 Rz. 30, stets die für die Gläubiger günstigste). Der andere Ehegatte ist zwar nicht verpflichtet, zu Gunsten der Gläubiger des anderen Ehegatten einer vom gesetzlichen Regelfall abweichenden Wahl der Steuerklassen zuzustimmen, die für ihn selbst nachteilig ist. Liegt aber kein sachlicher Grund bei der Entscheidung für eine ungünstige Steuerklasse vor, ist die durch die Bestimmung der Steuerklasse entstandene Verschiebung entsprechend § 850 h ZPO zu korrigieren (*OLG Köln* WM 2000, 2114 [2115]; *LG Stuttgart* JurBüro 2001, 111; *Stöber* Forderungspfändung, 14. Aufl., Rz. 1134 a) und ggf. als Obliegenheitsverletzung zu bewerten. Zur Ausübung einer selbstständigen **Nebentätigkeit** unten Rz. 62 a.

14 d Wegen der zahlreichen strittigen Einzelfragen ist es für den Schuldner oft nicht vorhersehbar, welche Anforderungen er für eine angemessene Tätigkeit zu erfüllen hat. Deswegen besteht für ihn ein Feststellungsinteresse, durch eine Zwischenentscheidung des Insolvenzgerichts Klarheit zu erreichen, ob die ausgeübte Beschäftigung angemessen ist (vgl. zu einer ähnlichen Problematik *LG Offenburg* ZInsO 2000, 277; s. a. unten Rz. 67 für den selbstständig tätigen Schuldner). Zur Verfahrensbeschleunigung kann der Antrag bereits im Zulassungsverfahren gestellt und über ihn zusammen mit der Ankündigung der Restschuldbefreiung entschieden werden. Hat ein Insolvenzgläubiger bereits die Versagung der Restschuldbefreiung aufgrund einer Verletzung der Erwerbsobliegenheit beantragt, fehlt das Feststellungsinteresse.

b) Beendigung oder Einschränkung der Erwerbstätigkeit

15 Eine mit dem Ziel der Einkommenssicherung ausgeübte Tätigkeit darf zwar nicht ohne weiteres aufgegeben werden, doch schafft nicht jeder Verlust der Beschäftigung ohne anschließende neue Beschäftigung einen Versagungsgrund. Um eine Obliegenheitsverletzung festzustellen, ist nach den **Gründen zu differenzieren**, die zu der Beendigung des Arbeitsverhältnisses geführt haben. Gegen die Obliegenheit wird deswegen nicht verstoßen, wenn ein wirksam befristetes Arbeitsverhältnis endet. Gleiches gilt mit Erreichen der Altersgrenzen für den Rentenbezug gem. den §§ 35 ff. SGB VI (*Warrikoff* ZInsO 2004, 1331

[1333], ab Vollendung des 65. Lebensjahrs). Soweit dies (von *Heyer* Restschuldbefreiung im Insolvenzverfahren, S. 119) abgelehnt wird, weil die rentenversicherungsrechtliche Altersgrenze nicht automatisch zum Entfallen der insolvenzrechtlichen Erwerbsobliegenheit führen dürfe, wird der hohe gesellschaftliche Wert der Altersgrenzen im Arbeitsverhältnis ohne Not infrage gestellt. Die praktischen Chancen einer solchen Erwerbstätigkeit mit einem unter Berücksichtigung von § 850 e ZPO pfändbaren Einkommen dürften minimal sein. Zudem fehlt eine Erklärung, warum und bis zu welcher Altersgrenze die Haftung des Schuldners eine solche Obliegenheit schafft. Ebenso wenig wird gegen die Obliegenheit verstoßen, wenn aufgrund eines Vermögensverfalls die Zulassung zum Beruf z. B. nach § 14 Abs. 2 Nr. 7 BRAO entzogen wird und der Schuldner deswegen seinen Beruf aufgeben muss. Mit dem Erreichen der Treuhandperiode nach der Ankündigung der Restschuldbefreiung gem. § 291 InsO können geordnete Vermögensverhältnisse wieder hergestellt sein, weshalb sich der Schuldner dann um eine erneute Zulassung zu seinem Beruf zu bemühen hat (vgl. Rz. 62 f.).

Hat der **Arbeitgeber** das Arbeitsverhältnis **beendet**, erfolgt regelmäßig kein Verstoß gegen die Erwerbsobliegenheit des Schuldners. Eine **Anfechtung** des Arbeitsverhältnisses, die auf einen vor Beginn der Treuhandperiode entstandenen Anfechtungsgrund gestützt wird, ist schon deshalb unbeachtlich. Später entstandene Anfechtungsgründe aus § 119 BGB begründen mangels eines vorwerfbaren Verhaltens des Schuldners ebenso wenig eine Obliegenheitsverletzung (MünchKomm-InsO/*Ehricke* 2. Aufl., § 295 Rz. 22). Eine auf § 123 Abs. 1 BGB gestützte Anfechtung kann allerdings dem Schuldner anzurechnen sein, wenn der Anfechtungsgrund als Obliegenheitsverletzung zu bewerten ist. Im Übrigen ist nach den Kündigungstatbeständen zu unterscheiden. Unterliegt der Schuldner nicht dem allgemeinen Kündigungsschutz aus dem KSchG, etwa weil er in einem Kleinbetrieb beschäftigt ist, § 23 Abs. 1 Satz 2 KSchG, muss eine ordentliche Kündigung durch den Arbeitgeber nicht sozial gerechtfertigt sein. Nutzt der Arbeitgeber diese vereinfachte Kündigungsmöglichkeit, scheidet bereits eine Obliegenheitsverletzung des Schuldners aus. Dabei ist zu berücksichtigen, dass eine Kündigung grds. auch ohne Angabe von Kündigungsgründen wirksam ist (*Schaub* Arbeitsrechts-Handbuch, 12. Aufl., § 123 Rz. 66). Über die Kündigungsgründe wird der Schuldner daher vielfach keine Mitteilung machen können, weshalb trotz seiner Auskunftspflicht nach § 296 Abs. 2 Satz 2 InsO eine Obliegenheitsverletzung oft schon deshalb nicht feststellbar sein wird.

Besteht der allgemeine Kündigungsschutz und muss folglich die **ordentliche Kündigung** des Arbeitgebers nach § 1 Abs. 2 KSchG sozial gerechtfertigt sein, fehlt es bei einer Kündigung aus dringenden betrieblichen Erfordernissen stets und bei einer personenbedingten Kündigung regelmäßig an einem zurechenbaren Verhalten des Schuldners. Eine Alkohol- oder Tablettenkrankheit kann zwar eine personenbedingte Kündigung rechtfertigen (*Dörner* in: Ascheid/Preis/Schmidt, Kündigungsrecht, 3. Aufl., § 1 KSchG Rz. 228), begründet dann aber keinen Verstoß gegen die Erwerbsobliegenheit, anders bei einer Kündigung wegen betrieblichen Alkoholkonsums (*Uhlenbruck/Vallender* InsO, 12. Aufl., § 295 Rz. 19; vgl. *Dörner* in: Ascheid/Preis/Schmidt, Kündigungsrecht, 3. Aufl., § 1 KSchG Rz. 305 ff.). Doch selbst eine **verhaltensbedingte Kündigung** führt nur ausnahmsweise zu einem Verstoß gegen die Obliegenheit aus § 295 Abs. 1 Nr. 1 InsO (weiter *Kübler/Prütting-Wenzel* InsO, § 295 Rz. 6 a), wie die auf vergleichbaren Wertungsgrundlagen beruhenden sozialversicherungs- und unterhaltsrechtlichen Erwerbsobliegenheiten belegen. Allein die Kausalität des Kündigungsgrundes für die Beendigung der Erwerbstätigkeit genügt nicht, um eine Obliegenheitsverletzung zu begründen. Nach § 144 Abs. 1 Nr. 1 SGB III ruht der Anspruch auf Arbeitslosengeld vorübergehend, wenn der Arbeitslose Anlass zur Lösung des Arbeitsverhältnisses gegeben und dadurch vorsätzlich oder grob fahrlässig ohne wichtigen Grund die Arbeitslosigkeit herbeigeführt hat. Jedes Glied der Kausalkette muss dabei durch **grob fahrlässiges Verhalten** herbeigeführt oder grob fahrlässig übersehen worden sein, wobei dieser Vorwurf schon dann entfällt, wenn für den Arbeitnehmer Anhaltspunkte dafür bestanden, anschließend schnell wieder einen Arbeitsplatz finden zu können (*Gagel/Winkler* SGB III, § 144 Rz. 87; *Niesel* SGB III, 4. Aufl., § 144 Rz. 53). Bereits für diese, gegenüber dem endgültigen insolvenzrechtlichen Versagungsgrund schwächere, weil nur zu einer befristeten Sperrzeit führende Wirkung wird also ein qualifiziertes Verschulden vorausgesetzt. Ebenso ist von der Rechtsprechung zum Unterhaltsrecht anerkannt, dass ein selbst verschuldeter, aber doch ungewollter Arbeitsplatzverlust nicht der freiwilligen Aufgabe einer Beschäftigung gleichzustellen ist. Für den unterhaltsrechtlichen Bezug einer Straftat reicht deswegen nicht aus, dass sie für den Arbeitsplatzverlust kausal geworden ist. Vielmehr bedarf es hier einer auf den Einzelfall bezogenen Wertung, ob die der Tat zugrunde liegenden Vorstellungen und Antriebe sich auch auf die Verminderung der unterhaltsrechtlichen Leistungsfähigkeit als Folge des strafbaren Verhaltens erstreckt haben (*BGH* NJW 1993,

1974 [1975]; NJW 1994, 258 f.). Der Schuldner muss sich deshalb durch die ihm zur Last gelegte Straftat seiner Schuld entziehen wollen oder es muss ihm zumindest bewusst gewesen sein, dass er infolge seines Verhaltens leistungsunfähig werden konnte (BGH NJW 1993, 1974 [1975]; NJW 2000, 2351). Diese auf vergleichbaren Wertungen beruhenden unterhaltsrechtlichen Maßstäbe sind auf das Schuldbefreiungsverfahren zu übertragen. Für die Kündigung wegen einer Straftat (dazu *AG Holzminden* ZVI 2006, 260; *Döbereiner* Restschuldbefreiung, S. 150 f.; **a. A.** *Uhlenbruck/Vallender* InsO, 12. Aufl., § 295 Rz. 20; *Trendelenburg* Restschuldbefreiung, S. 259), aber auch aus anderen Gründen, ist daraus abzuleiten, dass sich das kündigungsrechtlich relevante Verhalten gerade gegen die Befriedigung der Forderungen der Insolvenzgläubiger richtet (MünchKomm-InsO/*Ehricke* 2. Aufl., § 295 Rz. 27; stärker subjektiv akzentuiert *Brei* Entschuldung Straffälliger, S. 585, die Verringerung der Gläubigerbefriedigung müsse als bewusste Möglichkeit erkannt und in Rechnung gestellt sein; **a. A.** *Heyer* Restschuldbefreiung im Insolvenzverfahren, S. 121).

18 Bei einer auf Gründe im Verhalten des Arbeitnehmers gestützten **außerordentlichen Kündigung** durch den Arbeitgeber haben die gleichen Anforderungen zu gelten. Generell, also bei einer ordentlichen wie außerordentlichen Kündigung, ist vom Schuldner zu verlangen, dass er sich gegen eine Kündigung verteidigt, doch wird er nur eine erfolgversprechende **Kündigungsschutzklage** zu erheben haben. Unterlässt der Schuldner eine Klageerhebung, etwa aufgrund einer Verzichtserklärung, hat das Insolvenzgericht auf das mutmaßliche Resultat einer Kündigungsschutzklage abzustellen (MünchKomm-InsO/*Ehricke* 2. Aufl., § 295 Rz. 28).

19 Schließt der Schuldner einen **Aufhebungsvertrag**, so liegt jedenfalls dann keine Obliegenheitsverletzung vor, wenn er beachtliche Gründe für seine Entscheidung anführen kann. In Betracht kommen Vertragsverletzungen des Arbeitgebers, das Verhalten von Mitarbeitern oder ein Druck auf den Arbeitnehmer, das Arbeitsverhältnis zu lösen (vgl. zu den sozialversicherungsrechtlichen Anforderungen *Gagel/Winkler* SGB III, § 144 Rz. 97 ff.). Als beachtlicher Grund ist insbesondere auch eine sonst nicht zu erwartende Abfindungszahlung anzusehen. Abfindungsansprüche werden als nicht wiederkehrend zahlbare Vergütung angesehen, die gem. den §§ 292 Abs. 1 Satz 3, 36 Abs. 1 Satz 2 InsO, 850 i ZPO an die Stelle laufender Bezüge treten (s. *Ahrens* § 287 Rz. 65). Solange die Gläubiger aus der Abfindungszahlung so wie bei der Ausübung einer angemessenen Erwerbstätigkeit gestellt sind, fehlt die nach § 296 Abs. 1 Satz 1 InsO für eine Versagung erforderliche Beeinträchtigung der Gläubigerbefriedigung.

20 Eine **Eigenkündigung** des Schuldners führt zu keiner Obliegenheitsverletzung, wenn dafür anerkennenswerte Motive (*Nerlich/Römermann* InsO, § 295 Rz. 11; *Uhlenbruck/Vallender* InsO, 12. Aufl., § 295 Rz. 18; *Kübler/Prütting-Wenzel* InsO, § 295 Rz. 6a), wie etwa gesundheitliche Gründe vorliegen (*OLG Celle* FamRZ 1983, 717 ff.). Anerkennenswerte Gründe werden häufig auch bestehen, falls eine beispielsweise wegen der Kinderbetreuung unzumutbare Beschäftigung aufgegeben wird, selbst wenn das Kind erst während der Treuhandzeit geboren wird. Ebenso kann der Wechsel in eine geringer entlohnte Tätigkeit berechtigt sein, falls dadurch der Arbeitsplatz sicherer ist (*OLG Karlsruhe* FamRZ 1993, 836 f.). Um nicht entlassen zu werden, kann der Schuldner deshalb auch eine Lohnkürzung hinzunehmen haben (vgl. *OLG Celle* FamRZ 1983, 704). Eine seit längerem geplante Veränderung wird aber u. U. auch dann durchgeführt werden dürfen, wenn ihr, wie bei einem zwischen den Berechtigten wechselnden Erziehungsurlaub, die gemeinschaftliche Familienplanung zugrunde liegt und die Gläubigerinteressen Berücksichtigung finden können. Ein Wechsel von einer Vollzeitbeschäftigung zum Teilzeiterwerb, um eine Weiterbildung zu absolvieren, verstößt grds. gegen die Erwerbsobliegenheit (*AG Neu-Ulm* ZVI 2004, 131 [132]). Solange aus einer obliegenheitsgemäßen Erwerbstätigkeit nur ein unpfändbares Arbeitseinkommen zu erzielen ist, weil etwa aufgrund einer Kinderbetreuung allein eine Teilzeitbeschäftigung ausgeübt werden kann, darf die Beschäftigung folgenlos aufgegeben werden, da die Befriedigung der Insolvenzgläubiger gem. § 296 Abs. 1 Satz 1 InsO nicht beeinträchtigt wird (s. *Ahrens* § 296 Rz. 13). Unter Berücksichtigung der gesellschaftlichen Tendenz zum Abschluss befristeter oder kurzfristiger Arbeitsverhältnisse kann auch ein Wechsel aus einer unbefristeten in eine **befristete**, aber besser bezahlte und deswegen eine höhere Leistung des Schuldners ermöglichende **Beschäftigung** berechtigt sein. Erforderlich ist aber eine konkrete Aussicht, dass das befristete Arbeitsverhältnis nach Fristablauf in ein Dauerverhältnis umgewandelt wird (*BSG* NJW 2005, 381 [382]).

21 Eine **Einschränkung** der **Arbeitsleistung** setzt ebenso eine besondere Rechtfertigung voraus. Auch **Mehrarbeit** (Überstunden) kann deshalb weiterhin zu leisten sein (vgl. *BGH* NJW 1982, 2664 [2665]). Da jedoch nur die Hälfte des für die Leistung der Mehrarbeitsstunden gezahlten Entgelts nach § 850 a Nr. 1 ZPO pfändbar und damit abgetreten ist (vgl. *Ahrens* § 287 Rz. 56), wird eine Einschränkung der

Mehrarbeit eher als angemessen erscheinen. Als angemessen hat eine Erwerbstätigkeit mit der regelmäßigen Wochenarbeitszeit zu gelten, weshalb der Schuldner über eine darüber hinausgehende überobligationsmäßige Tätigkeit unter erleichterten Voraussetzungen disponieren darf (weiter MünchKomm-InsO/*Ehricke* 2. Aufl., § 295 Rz. 29). Etwas anderes hat etwa zu gelten, wenn kein Grund für die Einschränkung der Mehrarbeit ersichtlich ist, etwa weil sie bislang dauerhaft ausgeübt wurde und das Einkommen geprägt hat. Für kontinuierlich ausgeübte Nebentätigkeiten, deren Einnahmen gem. § 850a Nr. 1 ZPO ebenfalls nur zur Hälfte pfändbar sind, hat Entsprechendes zu gelten (*OLG Hamm* BB 1956, 209; *Stein/Jonas-Brehm* ZPO, 22. Aufl., § 850a Rz. 9). Unregelmäßige Nebentätigkeiten können ohne Verstoß gegen die Erwerbsobliegenheit aufgegeben werden, weil die daraus erzielten Einkünfte nicht pfändbar sind (*OLG Hamm* BB 1956, 209). Der gesetzliche Mutterschutz führt selbstverständlich zu keiner Obliegenheitsverletzung. Für die **Elternzeit** ist eine Einzelfallabwägung erforderlich, in welche etwa die Betreuungsmöglichkeiten des Kindes, die Übernahmemöglichkeit durch den Partner unter Berücksichtigung der Auswirkung auf das Familieneinkommen sowie die Dauer der Elternzeit einzubeziehen sind. Ein Übergang in **Altersteilzeit** kann allerdings nicht allein mit der klaren gesetzlichen Wertung des Altersteilzeitgesetzes legitimiert werden, da diese die Interessen der Gläubiger nicht einbeziehen (*OLG Saarbrücken* NJW 2007, 520 [521]). Zu berücksichtigen sind aber die Erfordernisse des Arbeitsverhältnisses. Wird die Vereinbarung von Altersteilzeitarbeit durch triftige Gründe gerechtfertigt, wie der Sicherung des Arbeitsplatzes, stellt sie keine Obliegenheitsverletzung dar (vgl. *OLG Hamm* NJW 2005, 161 [162]). **Fortbildungsmaßnahmen**, die zu einem reduzierten Einkommen führen, sind berechtigt, wenn sie vom Arbeitgeber verlangt werden, einer Sicherung des Arbeitsplatzes dienen oder eine Chance auf ein erhöhtes Einkommen während der Treuhandzeit eröffnen (*Kübler/Prütting-Wenzel* InsO, § 295 Rz. 5). Entsprechend der Wertung aus § 296 Abs. 1 Satz 1 InsO, wonach die Restschuldbefreiung nur bei einer beeinträchtigten Gläubigerbefriedigung zu versagen ist, liegt keine Obliegenheitsverletzung vor, wenn die eingetretene Verdienstminderung voraussichtlich kompensiert wird.

c) Übernahme einer anderen Erwerbstätigkeit

Mit der Obliegenheit aus § 295 Abs. 1 Nr. 1 InsO wird von dem berufstätigen Schuldner die Ausübung einer angemessenen Erwerbstätigkeit verlangt. Der Schuldner darf deswegen nicht irgendeiner beliebigen Beschäftigung nachgehen, sondern nur einer Tätigkeit, die ihm und dem Ziel der Gläubigerbefriedigung adäquat ist. Übt der Schuldner eine Erwerbstätigkeit aus, besteht zudem eine **Vermutung** dafür, dass die von ihm verrichtete Tätigkeit angemessen ist (Rz. 14). Dementsprechend größere Anforderungen sind an den Nachweis einer Obliegenheitsverletzung zu richten. Nach dem eindeutigen Wortlaut des § 295 Abs. 1 Nr. 1 InsO gebietet jedoch diese erste Obliegenheit dem Schuldner nicht, sich zusätzlich noch um eine gebührende Beschäftigung zu bemühen. Eine solche Forderung wird von der zweiten Obliegenheit ausschließlich für einen beschäftigungslosen Schuldner erhoben. Infolgedessen muss zwar der erwerbstätige Schuldner einer angemessenen, gegebenenfalls also einer anderen als der gegenwärtigen Erwerbstätigkeit nachgehen. Übt der Schuldner jedoch irgendeine Tätigkeit aus, so werden von ihm die Bemühungen um eine andere Tätigkeit nicht als selbstständige Obliegenheit gefordert. Unterlässt er also solche Bemühungen, schafft er dies nach dem eindeutigen, aber den Gläubigerinteressen nicht hinreichend genügenden Wortlaut des Gesetzes noch keinen Versagungsgrund (MünchKomm-InsO/*Ehricke* 2. Aufl., § 295 Rz. 30; krit. *Trendelenburg* Restschuldbefreiung, S. 250f.). Die Grenze wird aber in der rechtsmissbräuchlich unterlassenen Suche und Übernahme einer zumutbaren Tätigkeit zu sehen sein. Der berufstätige Schuldner begeht außerdem eine Obliegenheitsverletzung, wenn er eine andere Tätigkeit auszuüben hat und nachweislich übernehmen kann. Damit wird auch die Konsequenz aus § 45 SGB III gezogen, wonach grds. allein bei Arbeitslosen und bei von Arbeitslosigkeit bedrohten Arbeitsuchenden Bewerbungs- sowie Reisekosten durch die Bundesagentur für Arbeit übernommen werden können (zur Abgrenzung des Personenkreises *Niesel* SGB III, 4. Aufl., § 45 Rz. 6ff.). Für den erwerbstätigen aber insolventen Schuldner würden diese u.U. erheblichen Kosten eine zusätzliche Belastung bedingen. Obwohl unterlassene Bemühungen gegenüber dem berufstätigen Schuldner grds. keinen Versagungsgrund schaffen, kann es wegen des Versagungsgrundes aus einer nicht angemessenen Tätigkeit für ihn zweckmäßig sein, sich nachweisbar um andere Tätigkeiten zu bemühen, um gegebenenfalls ein mangelndes Verschulden an einem Verstoß gegen die Erwerbsobliegenheit gem. § 296 Abs. 1 Satz 1 HS 2 InsO nachweisen zu können.

23 Die Übernahme einer **angemessenen Erwerbstätigkeit** setzt der vom Schuldner geforderten inhaltlichen Flexibilität und räumlichen Mobilität engere Grenzen, als die Aufnahme einer **zumutbaren Beschäftigung**. Der Schuldner hat danach eine seinem bisherigen Lebenszuschnitt entsprechende Erwerbstätigkeit auszuüben, die zu einer nach seinen Kräften möglichen Gläubigerbefriedigung führt (s. o. Rz. 11 ff.). Trotzdem wird von ihm nicht die Übernahme einer unzumutbaren oder lediglich zumutbaren Beschäftigung verlangt (s. u. Rz. 30 ff.). Regelmäßig wird der Schuldner deswegen nicht auf eine minder qualifizierte Tätigkeit verwiesen werden können, wenn er eine seiner bisherigen Ausbildung oder langjährigen Berufstätigkeit entsprechende Erwerbstätigkeit ausübt, diese aber schlechter bezahlt wird als eine berufsfremde (MünchKomm-InsO/*Ehricke* 2. Aufl., § 295 Rz. 32; *Wenzel* VuR 1990, 121 [128]). Bei der Übernahme einer anderen angemessenen Erwerbstätigkeit muss ein höheres Einkommen sicher sein.

24 Die Obliegenheit zur Übernahme einer anderen angemessenen Tätigkeit kann für den Schuldner zunächst bedeuten, dass er seine bisherige Tätigkeit aufzugeben hat, um eine andere angemessene Tätigkeit auszuüben. Eine solche Anforderung besteht u. U., wenn für den Schuldner die konkrete Möglichkeit existiert, eine angemessene andere Beschäftigung zu übernehmen. Dazu wird der Schuldner vor allem bei einem großen Gefälle zwischen seiner Qualifikation und der ausgeübten Tätigkeit angehalten sein. Hiervon sind die Fälle zu unterscheiden, in denen der Schuldner eine seinen Fähigkeiten adäquate Beschäftigung ausübt, dafür jedoch keine angemessene Bezahlung erhält.

25 Außerdem wird ein Schuldner, der bislang nur eine **Teilzeitbeschäftigung** ausübt, dazu gehalten sein, eine andere Erwerbstätigkeit zusätzlich bzw. eine Vollzeitstelle zu übernehmen, denn der Schuldner hat seine ganze Arbeitskraft zur Gläubigerbefriedigung einzusetzen (*AG Hamburg* NZI 2001, 103 [104]; *Uhlenbruck/Vallender* InsO, 12. Aufl., § 295 Rz. 13; MünchKomm-InsO/*Ehricke* 2. Aufl., § 295 Rz. 34; *Kübler/Prütting-Wenzel* InsO, § 295 Rz. 5). Begrenzt werden diese Belastungen durch die nicht abänderbaren Pflichten aus dem eingegangenen Arbeitsverhältnis, falls beispielsweise ein Konkurrenzverbot besteht, durch organisatorische Einschränkungen, z. B. bei der Aufnahme einer weiteren auswärtigen Tätigkeit, und durch familiäre Pflichten.

2. Bemühungen bei Beschäftigungslosigkeit

26 § 295 Abs. 1 Nr. 1 InsO verlangt von dem Schuldner in der ersten Alternative, eine angemessene Erwerbstätigkeit auszuüben und als zweites, wenn er ohne Beschäftigung ist, sich um eine solche zu bemühen. Diese zweite tatbestandliche Alternative der Erwerbsobliegenheit bindet allerdings nur den **beschäftigungslosen Schuldner**. Übt der Schuldner eine Beschäftigung aus, die nicht den Erfordernissen einer angemessenen Erwerbstätigkeit entspricht, so richten sich die an ihn gestellten Anforderungen nach der ersten Tatbestandsalternative der Erwerbsobliegenheit aus § 295 Abs. 1 Nr. 1 InsO. Nur der erwerbslose Schuldner muss sich über die dort aufgestellten Anforderungen hinaus auch um eine Beschäftigung bemühen. Für die Art und Weise der Tätigkeit wird dabei durch das Demonstrativpronomen »solche« klargestellt, dass sich der Schuldner allein eine **angemessene Beschäftigung** (dazu oben Rz. 11 ff.) suchen muss. Um eine lediglich zumutbare Tätigkeit (dazu s. u. Rz. 30 ff.) hat sich also auch der beschäftigungslose Schuldner nicht zu bemühen (diese Differenzierung beachtet *Wittig* WM 1998, 157, 209 [215], nicht genügend). Falls ihm jedoch eine zumutbare Arbeit angeboten wird, muss er sie übernehmen, wie aus der dritten Tatbestandsalternative von § 295 Abs. 1 Nr. 1 InsO folgt (MünchKomm-InsO/*Ehricke* 2. Aufl., § 295 Rz. 35).

27 An den **Umfang** seiner **Bemühungen** werden erhebliche Anforderungen gestellt. Der Schuldner muss sich ernsthaft und stetig (*Scholz* DB 1996, 765 [768]) um eine Beschäftigung bemühen. Er muss insbesondere beim Arbeitsamt gemeldet sein, sich aber auch selbst um eine Arbeitsstelle bemühen (Begr. RegE, BR-Drucks. 1/92 S. 192; zum Sozialhilferecht *BVerwG* NJW 1995, 3200 [3201]), etwa durch regelmäßige Lektüre der einschlägigen örtlichen Tageszeitungen, durch Bewerbungen auf Anzeigen oder durch Vorstellungsbesuche (*BGH* NJW 1994, 1002 [1003]; *OLG Köln* FamRZ 1997, 1104; MünchKomm-InsO/*Ehricke* 2. Aufl., § 295 Rz. 36; *Nerlich/Römermann* InsO, § 295 Rz. 12; *Ahrens* ZInsO 1999, 632 [634]; zur nicht deckungsgleichen prozesskostenhilferechtlichen Erwerbsobliegenheit *LG Hamburg* ZInsO 1999, 649; *AG Hamburg* NZI 1999, 467). Eigene Stellenanzeigen sind nur zu verlangen, wenn sie Aussicht auf Erfolg bieten, was bei einer durchschnittlichen Qualifikation des Schuldners in der aktuellen konjunkturellen Situation kaum anzunehmen sein wird (vgl. *Uhlenbruck/Vallender* InsO, 12. Aufl., § 295 Rz. 23; **a. A.** *Trendelenburg* Restschuldbefreiung, S. 256). Erkundigungen im Verwandten- und Bekanntenkreis nach Arbeitsstellen sowie Recherchen im Internet können die Ernsthaftigkeit seiner Bemü-

hungen belegen. Als Richtgröße ist von zwei bis drei ernsthaften Bewerbungen je Woche auszugehen. Zwei Bewerbungen in einem Zeitraum von sieben Monaten sind unzureichend (*LG Kiel* ZVI 2002, 474 f.). Bei dem Umfang der Bewerbungen ist zu berücksichtigen, dass sie durch die Kosten für Passfotos, Kopien und Bewerbungsmappen, die Porti sowie Reisekosten zu erheblichen finanziellen Belastungen führen. Soweit der Schuldner nach den §§ 45 f. SGB III unterstützende Leistungen erhalten kann, die für Bewerbungskosten auf maximal EUR 260,– jährlich begrenzt sind, wird dafür kein Hindernis bestehen. Im Übrigen werden Art und Ausmaß der Bemühungen im Einzelfall durch zahlreiche objektive Bedingungen und subjektive Voraussetzungen beeinflusst. Zu berücksichtigen sind etwa der Beschäftigungsstand in der Region, die persönlichen Verhältnisse sowie die Arbeitsbiographie des Schuldners (*BGH* NJW 1996, 517 [518]; *BVerwG* NJW 1995, 3200 [3201]). Selbst wenn sich der Schuldner umfassend und nachweisbar um eine Arbeitsstelle bemüht, besteht für den Gläubiger eine weitere Schwierigkeit. Durch strategisches Verhalten im Bewerbungsgespräch, wie Verspätung, ungepflegtes Auftreten bzw. nachlässige Kleidung, durch eine Alkoholfahne, Hinweise auf Krankheiten o. ä., kann sich der Schuldner der Erwerbsobliegenheit entziehen. Auch mit der Auskunftsobliegenheit aus § 295 Abs. 1 Nr. 3 InsO (Rz. 51 f.) ist dem nicht zu begegnen.

Von dem Schuldner wird aber **nicht nur** die eigentliche **Arbeitssuche** verlangt. Ebenso kann er sich um 28 eine Wiederherstellung seiner Gesundheit, etwa durch Absolvierung einer Suchttherapie, und vor allem um eine Ausbildung, Fortbildung oder Umschulung zu bemühen haben. Durch solche Fort- und Weiterbildungsmaßnahmen kann auch die gegenwärtige Leistungsfähigkeit eingeschränkt werden, wenn dadurch die Chancen steigen, eine qualifizierte Tätigkeit zu erlangen und Aussicht auf bessere Einkünfte während der weiteren Laufzeit der Abtretungserklärung besteht (Begr. RegE, BR-Drucks. 1/92 S. 192; MünchKomm-InsO/*Ehricke* 2. Aufl., § 295 Rz. 37).

Voraussetzung für die Bemühungen des Schuldners um eine Beschäftigung ist freilich, dass er überhaupt 29 eine Erwerbstätigkeit auszuüben hat. Trotz hoher Anforderungen bilden seine Bemühungen um eine Erwerbstätigkeit **keinen Selbstzweck**, sondern ein Mittel, um das Arbeitseinkommen des Schuldners für eine Befriedigung der Gläubiger zu erschließen. Da von dem Schuldner keine sinnlosen Anstrengungen verlangt werden, muss er sich nicht für eine Beschäftigung einsetzen, wenn er keiner Erwerbstätigkeit nachzugehen hat. Dies gilt insbesondere, falls dem Schuldner eine Arbeit alters- oder krankheitsbedingt bzw. wegen einer Kinderbetreuung unzumutbar ist. Ist der Schuldner aufgrund einer Erkrankung berufsunfähig und bezieht er deswegen eine Rente, muss der Gläubiger substantiiert darlegen und glaubhaft machen, dass der Schuldner dem Arbeitsmarkt zur Verfügung stehen kann und trotz seiner Rentenberechtigung in der Lage ist, eine Erwerbstätigkeit auszuüben (*LG Göttingen* ZInsO 2005, 154 [155]). Schließlich wird der Schuldner seine Bemühungen auch einstellen dürfen, wenn er keine angemessene Erwerbstätigkeit zu finden vermag, weil selbst bei intensiven Bemühungen keine reale Beschäftigungschance besteht (*BGH* NJW 1987, 2739 [2740]; MünchKomm-InsO/*Ehricke* 2. Aufl., § 295 Rz. 38). Da es keine absolute Sicherheit gibt, dass bei weiterer Arbeitssuche keine angemessene Stelle zu finden ist, wird darüber stets ein Unsicherheitsmoment bestehen bleiben. Entsprechend der Judikatur zum Unterhaltsrecht wird der Schuldner einer nicht ganz von der Hand zu weisenden Beschäftigungschance nachzugehen, sich aber nicht um ganz unrealistische oder bloß theoretische Möglichkeiten zu bemühen haben (*BGH* NJW 1986, 3080 [3081 f.]).

3. Nichtablehnung zumutbarer Tätigkeit

Findet ein beschäftigungsloser Schuldner keine angemessene Arbeit, schreibt ihm § 295 Abs. 1 Nr. 1 30 InsO in der dritten Tatbestandsalternative vor, dass er **keine zumutbare Erwerbstätigkeit ablehnen** darf. Ein erwerbsloser Schuldner hat zwar die ihm zumutbaren Tätigkeiten zu übernehmen, doch schaffen unterlassene Bemühungen um eine solche Tätigkeit noch keinen Versagungsgrund. Verlangt werden Bemühungen um eine angemessene Erwerbstätigkeit. Auch hier kann es aber für den Schuldner zweckmäßig sein, sich nachweisbar um derartige zumutbare Tätigkeiten bemüht zu haben, um gegebenenfalls gem. § 296 Abs. 1 Satz 1 HS 2 InsO ein mangelndes Verschulden an einem Verstoß gegen die Erwerbsobliegenheit nachweisen zu können. Verfassungsrechtliche Bedenken gegen diese Regelung aus Art. 12 Abs. 2, 3 GG sind nicht begründet, denn für den Schuldner wird weder ein Zwang noch eine Verpflichtung zur Übernahme einer zumutbaren Tätigkeit begründet (vgl. dazu *Jarass/Pieroth* GG, 9. Aufl., Art. 12 Rz. 89). Nur wenn er sich die Chance auf eine Restschuldbefreiung erhalten will, muss er eine zumutbare Tätigkeit ausüben (MünchKomm-InsO/*Ehricke* 2. Aufl., § 295 Rz. 40). Denn auch in die Freiheit der Berufswahl aus Art. 12 Abs. 1 GG wird nicht unverhältnismäßig eingegriffen. Wie die Minderung der Arbeitslosigkeit stellt auch die Verringerung der durch Insolvenzen eingetretenen volkswirtschaftlichen Schäden ein überragend wichtiges Gemeinschaftsgut dar. Zur Abwehr höchst wahrscheinlich drohender Gefahren ist eine Obliegenheit zur Ausübung nicht jeder, aber doch der zumutbaren Beschäftigungen zwingend geboten (vgl. *Uhlenbruck/Vallender* InsO, 12. Aufl., § 295 Rz. 28 ff.; s. a. *Heyer* Restschuldbefreiung im Insolvenzverfahren, S. 110 ff.).

31 An eine zumutbare Tätigkeit will die Gesetzesbegründung strenge Anforderungen gerichtet wissen, so dass auch eine **berufsfremde** oder **auswärtige Tätigkeit**, notfalls auch eine Aushilfs- oder Gelegenheitstätigkeit zu übernehmen sei (Begr. RegE, BR-Drucks. 1/92 S. 192). Mit diesen Fallbeispielen sind allerdings noch keine Beurteilungsmaßstäbe gebildet, die eine Konkretisierung des unbestimmten Rechtsbegriffs der Zumutbarkeit ermöglichen. An einer dogmatisch geleiteten Ausformung von Regeln fehlt es, wenn lediglich die Wertung formuliert wird, die Zumutbarkeit müsse den Regelfall, die Unzumutbarkeit den absoluten Ausnahmefall darstellen (so *Ahnert* Verbraucherinsolvenz und Restschuldbefreiung, 2. Aufl., S. 193; *Przikliang* Verbraucherinsolvenz und Restschuldbefreiung, S. 69 f.; wohl auch *Hoffmann* Verbraucherinsolvenz und Restschuldbefreiung, 2. Aufl., S. 131), da keine Differenzierungskriterien genannt werden. Die grundrechtliche Gewährleistung aus Art. 12 Abs. 1 GG schafft die ersten Wertmaßstäbe. Danach sind die Zumutbarkeitsgrenzen so zu bestimmen, dass eine freie Wahl des Berufs möglichst umfassend gesichert ist. Für junge Erwachsene in einer **ersten Berufsausbildung**, deren Haftung nicht durch § 1629 a BGB beschränkt wird, ist dabei zu entscheiden, ob sie eine zukunftsorientierte Ausbildung zugunsten einer im kurzfristigen Gläubigerinteresse liegenden Berufstätigkeit nicht aufnehmen dürfen oder aufzugeben haben. Auch hier gilt die prinzipielle Feststellung des BVerfG, wonach dem Volljährigen Raum bleiben muss, sein Leben selbst und ohne unzumutbare Belastungen zu gestalten (*BVerfG* BVerfGE 72, 155 [173]). Selbst wenn den jungen Volljährigen die rechtliche Verantwortung für die Überschuldung trifft, so fordert die Gewährleistung einer möglichst freien Wahl des Berufs (zu den Forderungen insbesondere aus dem Verhältnismäßigkeitsprinzip *Schmidt-Bleibtreu/Klein* GG, 11. Aufl., Art. 12 Rz. 15 ff.) im Einklang mit der durch § 1 Satz 2 InsO anerkannten sozialpolitischen und volkswirtschaftlichen Funktion der gesetzlichen Schuldbefreiung, dem Schuldner auch die erwählte Berufsausbildung zu ermöglichen (MünchKomm-InsO/*Ehricke* 2. Aufl., § 295 Rz. 42; s. a. *Hoffmann* Verbraucherinsolvenz und Restschuldbefreiung, S. 37, 133). Dies gilt jedenfalls dann, wenn die Ausbildung dem Lebensplan des Schuldners entspricht, perspektivisch eine bessere Verdienstmöglichkeit verheißt und in der gebotenen Zeit abgeschlossen wird. Nach dem Schulabschluss darf ein **Studium** auch während der Treuhandperiode aufgenommen und ein zuvor begonnenes Studium fortgesetzt werden, sofern dafür ein zeitlich angemessener Rahmen eingehalten wird (*AG Göttingen* ZVI 2002, 81 [82]; HambK-InsO/ *Streck* 2. Aufl., § 295 Rz. 5; enger *Uhlenbruck/Vallender* InsO, 12. Aufl., § 295 Rz. 15 f.; HK-InsO/*Landfermann* 4. Aufl., § 295 Rz. 5; *Braun/Buck* InsO, 3. Aufl., § 295 Rz. 9; *Mohrbutter/Ringstmeier-Pape* 8. Aufl., § 17 Rz. 136; regelmäßig ablehnend *Graf-Schlicker/Kexel* InsO, § 295 Rz. 5). Ein Studienwechsel wird grds. ausgeschlossen sein. Ein bestehendes Arbeitsverhältnis oder die Bemühungen um ein Beschäftigungsverhältnis bei Erwerbslosigkeit dürfen jedoch nicht wegen eines Studiums aufgegeben werden. Der Studienwunsch ist in diesen Fällen bis nach dem Ende der Treuhandzeit zurückzustellen. Soweit nicht ausnahmsweise die Promotion den Studienabschluss bildet, gehört die Promotion nicht mehr zur insolvenzrechtlich zu beachtenden Ausbildung (*Uhlenbruck/Vallender* InsO, 12. Aufl., § 295 Rz. 17).

32 Über diese Fallgestaltungen hinaus muss die **Zumutbarkeitsregelung** noch einen angemessenen Freiraum für die Wahl des konkreten Arbeitsplatzes eröffnen und sichern, der dem grundlegenden Prinzip einer selbstverantwortlichen Gestaltung der eigenen Lebensverhältnisse durch eine freie Entfaltung der Persönlichkeit im Bereich der individuellen Leistung und Existenzerhaltung (*BVerfG* BVerfGE 75, 284 [292]) ebenfalls Rechnung trägt. Zu dieser verfassungsrechtlichen Gewährleistung besteht jedenfalls dann kein Widerspruch, wenn der Schuldner vor einer gesetzlichen Schuldbefreiung infolge der ihm als selbst zu verantwortend zugewiesenen Verbindlichkeiten auf eine zumutbare Arbeitsleistung verwiesen wird.

33 Zur **Konkretisierung** der zumutbaren Tätigkeit kann vor allem auf die in anderen einfachgesetzlichen Regelungen insbesondere **im Sozialrecht ausgebildeten Fallgruppen** abgestellt werden (MünchKomm-InsO/*Ehricke* 2. Aufl., § 295 Rz. 44; vgl. *Balz* BewHi 1989, 103 [118]; *Pape* Gläubigerbeteiligung, Rz. 450; *Braun/Buck* InsO, 3. Aufl., § 295 Rz. 10; *Preuß* Verbraucherinsolvenzverfahren und Restschuldbefreiung, 2. Aufl., Rz. 288; *Forsblad* Restschuldbefreiung, S. 219; FA-InsR/*Henning* 3. Aufl., Kap. 15 Rz. 98; *Messner/Hofmeister* Endlich schuldenfrei. Der Weg in die Restschuldbefreiung, 3. Aufl.,

S. 192 ff.; abl. *Heyer* Restschuldbefreiung im Insolvenzverfahren, S. 110, der einen eigenen insolvenzrechtlichen Maßstab fordert). Angesichts der mit den Gesetzen für moderne Dienstleistungen am Arbeitsmarkt verschärften sozialrechtlichen Zumutbarkeitsregeln kann die Unzumutbarkeitsschwelle nach § 295 Abs. 1 Nr. 1 InsO jedenfalls seit dem Jahresanfang 2003 nicht mehr allgemein höher als im Sozialrecht angesetzt werden (so aber *Uhlenbruck/Vallender* InsO, 12. Aufl., § 295 Rz. 25; *Nerlich/Römermann* InsO, § 295 Rz. 13; *Ahnert* Verbraucherinsolvenz und Restschuldbefreiung, 2. Aufl., S. 193; mit Distanz zu den sozialrechtlichen Regeln auch HK-InsO/*Landfermann* 4. Aufl., § 295 Rz. 3; HambK-InsO/*Streck* 2. Aufl., § 295 Rz. 9). Als Sozialleistung sind staatliche Transferleistungen grds. subsidiär. Gegenüber Unterhaltsgläubigern und den staatlichen Leistungsträgern sind Insolvenzgläubiger nicht prinzipiell zu privilegieren. In Betracht kommen insbesondere Parallelen zu den §§ 121 SGB III, 10 SGB II. Entsprechend dem in § 121 Abs. 3 SGB III sowie in der sachlich anschließenden strengeren Regelung des § 10 SGB II angelegten Gedanken, sind mit der Dauer der Beschäftigungslosigkeit die Anforderungen an den Schuldner zu steigern. Unzumutbar ist nach **§ 121 Abs. 2 SGB III** u. a. eine Beschäftigung, die gegen gesetzliche, tarifliche oder in Betriebsvereinbarungen festgelegte Bestimmungen über Arbeitsbedingungen oder gegen Bestimmungen des Arbeitsschutzes verstößt. Zusätzlich gibt § 121 Abs. 3 SGB III Orientierungen über zumutbare Einkommensminderungen sowie § 121 Abs. 4 SGB III über zumutbare Wegezeiten. Außerdem stellt § 121 Abs. 5 SGB III klar, dass eine Beschäftigung nicht schon deshalb als unzumutbar gilt, weil sie befristet ist, vorübergehend eine getrennte Haushaltsführung erfordert oder nicht zum Kreis der Beschäftigungen gehört, für die der Arbeitnehmer ausgebildet ist oder die er bisher ausgeübt hat. Nach diesen Maßstäben wird auch die Beschäftigung im Rahmen eines Leiharbeitsverhältnisses für den Schuldner zumutbar sein. Zu bedenken ist aber, dass die einfachgesetzlichen Regeln des Sozialversicherungsrechts keine bindenden Vorgaben enthalten, weshalb auch die Bundesagentur für Arbeit als Gläubigerin nicht von einer unmittelbaren Geltung dieser Vorschriften im Restschuldbefreiungsverfahren ausgehen darf. Es ist aber ebenso unzutreffend, in den Bestimmungen in jedem Fall einzuhaltende Mindestanforderung zu sehen (so wohl *Wenzel* NZI 1999, 15 [17]; *Kübler/Prütting-Wenzel* InsO, § 295 Rz. 10; wie hier MünchKomm-InsO/*Ehricke* 2. Aufl., § 295 Rz. 44). Sind aus einer Beschäftigung lediglich **unpfändbare Bezüge** zu erzielen, kann die Übernahme sozialrechtlich erforderlich sein. Auch eine insolvenzrechtliche Obliegenheit kann bestehen (vgl. *Kübler/Prütting-Wenzel* InsO, § 295 Rz. 7), doch scheidet eine Versagung der Restschuldbefreiung aus, weil die Gläubigerbefriedigung nicht beeinträchtigt ist (s. *Ahrens* § 296 Rz. 13). Übt der Schuldner nur eine Teilzeitbeschäftigung mit unpfändbaren Bezügen aus, ist maßgebend, ob die Übernahme einer Vollzeitbeschäftigung erforderlich ist.

Ergänzend konkretisiert **§ 10 Abs. 1 SGB II** vor allem die persönlichen Grenzen, die für den Bezug von **34** Arbeitslosengeld II gegenüber einer zumutbaren Tätigkeit bestehen, welche im Rahmen einer Prognose zu beurteilen sind (*Eicher/Spellbrink/Rixen* SGB II, 2. Aufl., § 10 Rz. 46; s. a. *Trendelenburg* Restschuldbefreiung, S. 252). Eine Arbeit darf danach in fünf Fällen nicht zugemutet werden: Bei einer mangelnden körperlichen oder geistigen Eignung, wenn die künftige Ausübung der bisherigen überwiegenden Tätigkeit wesentlich erschwert würde, falls die Erziehung sowie Betreuung eines Kindes gefährdet würde, wenn der Arbeit die Pflege eines Angehörigen oder falls ein sonstiger wichtiger Grund entgegensteht (dazu aus sozialrechtlicher Perspektive *Eicher/Spellbrink/Rixen* SGB II, 2. Aufl., § 10 Rz. 47 ff.; *Kohte* SozSich 2005, 146 [150 f.]). Umgekehrt nennt § 10 Abs. 2 SGB II vier Gründe, die allein nicht zur Unzumutbarkeit führen. Eine Arbeit ist nicht schon deshalb unzumutbar, weil sie einer früheren Tätigkeit nicht entspricht, weil sie im Hinblick auf die Ausbildung geringerwertig ist, weil sie vom Wohnort weiter als ein früherer Beschäftigungsort entfernt ist, also eine erhöhte Mobilität erfordert, oder schließlich weil die Arbeitsbedingungen ungünstiger als früher sind (vgl. dazu *Eicher/Spellbrink/Rixen* SGB II, 2. Aufl., § 10 Rz. 32 ff.).

Über die Zumutbarkeit einer Beschäftigung bestimmen auch das **Lebensalter** und der **Gesundheitszu-** **35** **stand** des Schuldners, weshalb für einen älteren Schuldner eine körperlich belastende Arbeit unzumutbar sein kann (*Uhlenbruck/Vallender* InsO, 12. Aufl., § 295 Rz. 26; HK-InsO/*Landfermann* 4. Aufl., § 295 Rz. 5). Für einen sechzigjährigen Koch bzw. Kellner ist eine Beschäftigung kaum mehr zu erwarten (vgl. *AG Göttingen* ZInsO 2001, 527). Bei einem berufsunfähigen Frührentner ist nicht ohne weiteres von einer Obliegenheitsverletzung auszugehen (*LG Göttingen* ZInsO 2005, 154 [155]). In welchem Umfang ein Schuldner oder eine Schuldnerin neben einer durch ihn oder sie übernommenen **Kinderbetreuung** erwerbstätig sein muss, wird primär nach den spezielleren familienrechtlichen Verpflichtungen zu bestimmen sein (vgl. jetzt *BGH* NJW 2008, 3125). Im Allgemeinen wird die familiäre Entscheidung für die Übernahme der Betreuung durch einen Partner beibehalten werden können, soweit nicht der andere

Partner erwerbslos ist (MünchKomm-InsO/*Ehricke* 2. Aufl., § 295 Rz. 46; einschränkend *Trendelenburg* Restschuldbefreiung, S. 254). Als Grundlage der Beurteilung sind die zu § 1570 BGB entwickelten familienrechtlichen Maßstäbe heranzuziehen. Danach besteht eine Erwerbsobliegenheit nicht: Bei der Betreuung eines Kindes, allgemein bis zum achten Lebensjahr (*BGH* NJW 1992, 2477 [2478]; MünchKomm-BGB/*Richter* § 1570 Rz. 10); im Einzelfall nach den konkreten Umständen auch bis zum elften Lebensjahr (*BGH* NJW 1989, 1083 [1084]); einem Schuldner, der mehr als ein Kind betreut, ist eine Erwerbstätigkeit nur in geringerem Maß zuzumuten (*BGH* NJW 1990, 3274 [3275]), weshalb bei der Betreuung von zwei elf- und dreizehnjährigen Kindern eine Erwerbsobliegenheit entfallen kann (*BGH* NJW 1984, 2385); da sämtliche Umstände des Einzelfalls zu würdigen sind, kann bei der Betreuung von weiteren Kindern (*BGH* NJW 1983, 933 [934]; NJW-RR 1990, 323 [325 f.]) und Problemkindern auch über diese Altersgrenze hinaus eine Erwerbstätigkeit ausscheiden (*BGH* NJW 1984, 2355 [2356]). Eine regelmäßig halbtags auszuübende Teilzeitbeschäftigung wird zu verlangen sein: Bei einem elf- bis fünfzehnjährigen Kind (*BGH* NJW 1981, 448 f.; NJW 1984, 2355 [2356]); bei zwei elf- und achtzehnjährigen Kindern (*BGH* NJW 1981, 2462 [2464]); ausnahmsweise auch bei zwei sieben- und elfjährigen Kindern (*BGH* NJW 1981, 2804 f.). Eine volle Erwerbstätigkeit wird bei einem fünfzehn- bzw. sechzehnjährigen Kind zu fordern sein (*BGH* NJW 1983, 1548 [1549]; NJW 1990, 2752 f.). Wird eine zumutbare Tätigkeit nicht übernommen, verletzt der Schuldner seine Obliegenheiten. Trotzdem wird dieser Verstoß nicht zu einer Versagung der Schuldbefreiung führen, wenn aus der zumutbaren Tätigkeit kein pfändbares Einkommen erzielt werden konnte und deswegen die Befriedigung der Gläubiger gem. § 296 Abs. 1 Satz 1 InsO nicht beeinträchtigt wurde.

II. Herauszugebender Vermögenserwerb im Erbfall (§ 295 Abs. 1 Nr. 2 InsO)

36 Eine weitere Obliegenheit des Schuldners besteht nach § 295 Abs. 1 Nr. 2 InsO darin, von Todes wegen oder mit Rücksicht auf ein künftiges Erbrecht erworbenes Vermögen zur Hälfte des Werts an den Treuhänder herauszugeben. Mit diesem im RegE eingefügten Halbteilungsgrundsatz ist das Haftungsmodell der Treuhandphase in einem zentralen Aspekt gegenüber dem Insolvenzbeschlag modifiziert. Abgesehen von den Einkünften ist nicht der gesamte, sondern nur ein bestimmter Vermögenserwerb und dann auch nur zur Hälfte des Werts herauszugeben. Das übrige Neuvermögen steht damit dem Schuldner und den sonstigen Gläubigern zu. Dabei sucht die Beschränkung auf den **halben Wert des Nettoerwerbs** einen Ausgleich zwischen den berechtigten Gläubiger- und Schuldnerinteressen herbeizuführen. Eine vollständige Herausgabe des Erwerbs ohne eine solche Aufteilung hätte wohl vielfach dazu geführt (wie der RegE, BR-Drucks. 1/92 S. 192, zu Recht annimmt), dass der Schuldner die Erbschaft ausschlägt, vgl. § 83 Abs. 1 Satz 1 InsO, oder in anderer Weise dafür sorgt, dass ihm das Vermögen nicht zufällt, ohne dadurch eine Obliegenheitsverletzung zu begehen (s. u. Rz. 42). Da ein erbrechtlicher Erwerb während des Insolvenzverfahrens vollständig in die Insolvenzmasse fällt, wird der Schuldner bestrebt sein, den Erwerb in die Treuhandzeit zu verlagern (zu den Handlungsmöglichkeiten, *Leipold* FS Gaul, S. 367 [371]). Fällt der Erwerb erst nach dem Ende der Treuhandzeit an, so besteht keine Obliegenheit zu Ablieferung mehr (*Leipold* FS Gaul, S. 367 [371 f.]; s. a. *Dieckmann* in: Leipold (Hrsg.), Insolvenzrecht im Umbruch, S. 127, 132 ff.). Um zu verhindern, dass der Schuldner den **maßgebenden Zeitpunkt** beeinflusst und dadurch die gesetzliche Intention unterläuft, wird zweistufig vorzugehen sein. Für den Zeitpunkt des Vermögenserwerbs ist gem. § 1922 Abs. 1 BGB vom Todesfall ausgehen (**a. A.** MünchKomm-InsO/*Ehricke* 2. Aufl., § 295 Rz. 51). Allerdings ist der Schuldner berechtigt, in der sechswöchigen Frist gem. § 1944 Abs. 1 BGB bzw. der sechsmonatigen Frist nach § 1944 Abs. 3 BGB die Erbschaft auszuschlagen, ohne dass ihm eine Obliegenheitsverletzung anzulasten oder das Vermögen zwischenzeitlich den Gläubigern zugewiesen ist. Erbt der Schuldner nach rechtskräftiger Ankündigung der Restschuldbefreiung aber vor rechtskräftiger Aufhebung des Insolvenzverfahrens, hat er nur den hälftigen Wert der Erbschaft herauszugeben (*LG Dortmund* ZVI 2008, 31 [33]). Bei der Entscheidung zwischen den konkurrierenden Anknüpfungspunkten ist auf die speziellere Regelung in § 295 Abs. 1 Nr. 2 InsO und dort auf die systematische Einheit beim zeitlichen Anknüpfungspunkt der Obliegenheiten aus § 295 InsO abzustellen.

37 An den Schuldner ist die Forderung gerichtet, das von Todes wegen oder das mit Rücksicht auf ein künftiges Erbrecht erworbene Vermögen zum hälftigen Wert herauszugeben. Beide Tatbestände sind aus § 1374 Abs. 2 BGB übernommen worden, dessen Auslegung damit als Richtlinie dienen kann.

38 Zu dem **Erwerb von Todes wegen** gehört der Erwerb des Erben aufgrund gesetzlicher, testamentarischer oder erbvertraglicher Erbfolge, also auch als Miterbe, Vorerbe oder Nacherbe, sowie der Erwerb

aus Vermächtnis oder Pflichtteil (*Staudinger/Thiele* BGB, § 1374 Rz. 23; MünchKomm-BGB/*Koch* 4. Aufl., § 1374, Rz. 17; *Andres/Leithaus* InsO, § 295 Rz. 5). Gegen die Einbeziehung des Pflichtteilanspruchs gem. § 2303 BGB sind Bedenken erhoben worden, weil dieser nicht auf dem Willen des Erblassers beruhe und seine Geltendmachung zu familiären Konflikten führen könne (*Nerlich/Römermann* InsO, § 295 Rz. 24; *Messner* ZVI 2004, 433 [439]). Da diese Überlegung von der familienrechtlichen Praxis abweicht und insolvenzrechtlich nicht zu legitimieren ist, besteht eine Obliegenheit des Schuldners, den entstandenen Pflichtteilsanspruch geltend zu machen (MünchKomm-InsO/*Ehricke* 2. Aufl., § 295 Rz. 57; *Uhlenbruck/Vallender* InsO, 12. Aufl., § 295 Rz. 32; s. aber Rz. 42). Der ebenfalls hierzu zählende Erbersatzanspruch gem. § 1934 a ff. BGB ist durch das Erbrechtsgleichstellungsgesetz vom 16. 12. 1997 (BGBl I S. 2968) zum 01. 04. 1998 gestrichen, mit einer Übergangsregelung in Art. 225 EGBGB. Ferner zählen Abfindungen und Entgelte für einen Verzicht auf ein Erbrecht oder einen Pflichtteilsanspruch bzw. für die Ausschlagung einer Erbschaft oder eines Vermächtnisses und das aus einer Erbauseinandersetzung bzw. aufgrund eines Vergleichs in einem Erbschaftsstreit Erlangte sowie der Abfindungsanspruch des weichenden Erben gem. §§ 12 ff. HöfeO dazu (*Palandt/Brudermüller* § 1374 Rz. 10). Nicht zum Erwerb von Todes wegen gehört der Erwerb unter Lebenden auf den Todesfall, wie die vollzogene Schenkung von Todes wegen gem. § 2301 BGB (MünchKomm-BGB/*Koch* 4. Aufl., § 1374 Rz. 18; ausf. *Leipold* FS Gaul, S. 367 [375]). Als auch güterrechtliche Regelung nicht erfasst wird der Zugewinnausgleich im Todesfall eines Ehegatten gem. § 1371 Abs. 1 BGB (s. u. Rz. 40; MünchKomm-InsO/*Ehricke* 2. Aufl., § 295 Rz. 54; HambK-InsO/*Streck* 2. Aufl., § 295 Rz. 10).

38 a Von der rechtsgestaltenden Praxis werden verschiedene Instrumente vorgeschlagen, um den durch § 295 Abs. 1 Nr. 2 InsO vermittelten **Zugriff** der Gläubiger während des Restschuldbefreiungsverfahrens zu **verhindern**, dem Schuldner aber den Wert weitestmöglich zu erhalten. Eine erste, allerdings starre Möglichkeit bietet die Einsetzung des Schuldners als Vorerben und anderer Angehöriger als Nacherben, kombiniert mit einer lebenslangen Verwaltungsvollstreckung. Als Vorerbe hätte der Schuldner vom Erbfall bis zum Ablauf der Treuhandperiode bzw. dem Nacherbfall, § 2139 BGB, die Hälfte der ihm zufließenden Nutzungen herauszugeben, abzüglich der gewöhnlichen Erhaltungskosten, § 2124 BGB. Durch die Verwaltungsvollstreckung ist jedoch der Nachlassgegenstand der Verfügung des Erben entzogen, § 2211 BGB (*Damrau* MDR 2000, 255; *Hartmann* ZNotP 2005, 82 [85]). Setzt der Erblasser den Schuldner als Vorerben zugleich durch den Fall der Restschuldbefreiung aufschiebend bedingt als Vollerben ein und ordnet der Erblasser dabei die Nichtübertragbarkeit des dem Schuldner als Vorerben zustehenden Nacherbenanwartschaftsrechts an, ist der Schuldner außerstande die Hälfte des Nachlasses an den Treuhänder herauszugeben, erhält aber im Nacherbfall die volle Erbschaft (*Messner* ZVI 2004, 433 [437]). Als problematisch wird dabei eine Miterbenstellung sowie das möglicherweise entstehende Anwartschaftsrecht angesehen (*Hartmann* ZNotP 2005, 82 [87 f.]).

39 Ein Erwerb mit Rücksicht auf ein **künftiges Erbrecht** liegt bei einer vorweggenommenen Erbfolge oder Erbteilung vor (krit. dazu, wenn der Erbfall erst nach Ablauf der siebenjährigen Treuhandperiode eintritt, *Leipold* FS Gaul, S. 367 [372]). Ob ein Vermögen mit Rücksicht auf ein künftiges Erbrecht übertragen wurde, richtet sich danach, ob die Vertragschließenden einen künftigen Erbgang vorwegnehmen wollten (*Staudinger/Thiele* BGB, § 1374 Rz. 25; *Hess/Obermüller* Insolvenzplan, Restschuldbefreiung und Verbraucherinsolvenz, 3. Aufl., Rz. 1146). Dies ist durch Auslegung des Vertrags unter Berücksichtigung aller Umstände einschließlich der Vorgeschichte und der Interessenlage der Parteien zu klären (*BGH* NJW 1995, 1349 [1350]; *LG Göttingen* NZI 2008, 53). Zu dieser Fallgruppe gehört alles, was in vorweggenommener Erbfolge anfällt, bislang aber auch der vorzeitige Erbausgleich gem. § 1934 d BGB oder ein Entgelt für einen Erbverzicht oder Verzicht auf den Pflichtteil (*Uhlenbruck/Vallender* InsO, 12. Aufl., § 295 Rz. 33; MünchKomm-BGB/*Koch* 4. Aufl., § 1374 Rz. 20). Ein Erwerb mit Rücksicht auf ein künftiges Erbrecht kann auch als Kauf erfolgen (*BGH* BGHZ 70, 291 [293 f.]), doch darf der Erwerber insbesondere keine vollwertige Gegenleistung erbringen (*Palandt/Brudermüller* BGB, § 1374 Rz. 11).

40 Jeder **andere Vermögenserwerb**, der nicht von den beiden Fallgruppen erfasst wird oder zum Arbeitseinkommen zählt, bleibt dagegen zugriffsfrei. § 295 Abs. 1 Nr. 2 InsO enthält insoweit ein abschließendes normatives Haftungskonzept, das der Haftungsverwirklichung der Gläubiger aus dem Vermögen des Schuldners klare Grenzen setzt. In seiner Stellungnahme zu dieser Regelung hatte der Bundesrat um Überprüfung gebeten, ob auch sonstiges Vermögen zur Hälfte herausgegeben werden soll, doch ist dies im weiteren Gesetzgebungsverfahren abgelehnt worden (BT-Drucks. 12/2443 zu § 244 RegE S. 257, 267). Wegen dieses ausdrücklichen gesetzgeberischen Willens scheidet eine analoge Anwendung auf andere Erwerbsvorgänge aus (MünchKomm-InsO/*Ehricke* 2. Aufl., 295 Rz. 60; *Uhlenbruck/Vallender*

InsO, 12. Aufl., § 295 Rz. 42; *Braun / Buck* InsO, 3. Aufl., § 295 Rz. 11; **a. A.** *Kübler / Prütting-Wenzel* InsO, § 287 Rz. 11, § 295 Rz. 20), wie dies auch für § 1374 Abs. 2 BGB gilt (dazu MünchKomm-BGB / *Koch* 4. Aufl., § 1374 Rz. 13). Der Umfang der vom Schuldner in der Treuhandzeit einzusetzenden Einkünfte und des Vermögens wird durch die §§ 287 Abs. 2 Satz 1, 295 Abs. 1 Nr. 1, 2, Abs. 2 InsO bestimmt und ist enger begrenzt als bei anderen Gesamt- oder Individualvollstreckungsmaßnahmen. Der Schuldner kann deswegen ebenso über Schenkungen wie einen wohl eher theoretischen Lottogewinn frei verfügen (KS-InsO / *Schmidt-Räntsch* 1997, S. 1177 Rz. 36). Ansprüche des Schuldners auf Unterhalt werden weder von der Bezügeabtretung erfasst noch sind sie als sonstiger Erwerb herauszugeben. Vor allem wird auch der **Zugewinnausgleichsanspruch** im Todesfall eines Ehegatten gem. § 1371 Abs. 1 BGB während der Treuhandzeit von der Regelung nicht erfasst, ist er doch wegen der güterrechtlichen Komponente nicht mit einem erbrechtlichen Erwerb gleichzusetzen (*Leipold* FS Gaul, S. 367 [373]; MünchKomm-InsO / *Ehricke* 2. Aufl., § 295 Rz. 54; HK-InsO / *Landfermann* 4. Aufl., § 295 Rz. 15; *Uhlenbruck / Vallender* InsO, 12. Aufl., § 295 Rz. 42; *Graf-Schlicker / Kexel* InsO, § 295 Rz. 9; *Messner* ZVI 2004, 433 [434]; zur Gütergemeinschaft *Dieckmann* in: Leipold (Hrsg.), Insolvenzrecht im Umbruch, S. 127 [136 f.]). Zeitlich nach dem Todesfall ist abzugrenzen, ob der Zugewinnanspruch während des Insolvenzverfahrens anfällt und dann zur Masse gehört oder ob er erst später entsteht und dann dem Schuldner zusteht, der den hälftigen Wert herauszugeben hat.

41 Für die **Wertberechnung** ist von § 2313 BGB auszugehen. Abweichend von der güterrechtlichen Regelung des § 1374 Abs. 2 BGB (dazu insbesondere *BGH* BGHZ 87, 367 [374]), ist die Nacherbschaft deswegen erst bei Eintritt des Nacherbfalls zu berücksichtigen. Als Wert ist der nach Abzug der Verbindlichkeiten festgestellte **Nettowert** des Vermögens anzusetzen, nach Abzug von Verbindlichkeiten und Verwertungskosten (MünchKomm-InsO / *Ehricke* 2. Aufl., § 295 Rz. 65; *Döbereiner* Restschuldbefreiung, S. 160 f.; *Preuß* Verbraucherinsolvenzverfahren und Restschuldbefreiung, 2. Aufl., Rz. 280; *Mohrbutter / Ringstmeier-Pape* 8. Aufl., § 17 Rz. 141; *Messner* ZVI 2004, 433 [435]).

42 Mit der Beendigung des Insolvenzverfahrens ist der Schuldner berechtigt über sein Vermögen einschließlich des erst in der Treuhandphase angefallenen erbrechtlichen Erwerbs zu verfügen. Deswegen ordnet § 295 Abs. 1 Nr. 2 InsO eine Obliegenheit zur **Herausgabe des hälftigen Nettowerts** des erbrechtlichen Erwerbs an. Verfügungen des Schuldners sind grds. wirksam. Eine Gläubigeranfechtung der Erbschaftsausschlagung nach dem AnfG ist als Zwangsvollstreckungsmaßnahme gem. § 294 InsO unzulässig (*Bartels* KTS 2003, 41 [62 f.]; **a. A.** *Uhlenbruck / Vallender* InsO, 12. Aufl., § 295 Rz. 31). Wegen der Unsicherheit über den Eintritt und die Gegenstände eines solchen Vermögenserwerbs wird von dem Schuldner keine Vorausübertragung gefordert. Dem Treuhänder stehen daher keine unmittelbaren Ansprüche gegen die Erbengemeinschaft zu (*Hess / Obermüller* Insolvenzplan, Restschuldbefreiung und Verbraucherinsolvenz, 3. Aufl., Rz. 1147), doch hat der Schuldner ggf. auf Begehren des Treuhänders die Auseinandersetzung gem. § 2042 BGB zu verlangen. Ein Ausschluss oder eine Beschränkung der Auseinandersetzung durch letztwillige Verfügung des Erblassers gem. § 2044 BGB ist nach dem Rechtsgedanken aus § 84 Abs. 2 Satz 2 InsO wirkungslos (*Nerlich / Römermann* InsO, § 295 Rz. 33; MünchKomm-InsO / *Ehricke* 2. Aufl., § 295 Rz. 68). Um den Interessen der Insolvenzgläubiger Rechnung zu tragen, ist der Schuldner den hälftigen Wert des erworbenen Vermögens herauszugeben. Eine **Herausgabepflicht** einzelner **Vermögensgegenstände** besteht **nicht** (*AG Neubrandenburg* NZI 2006, 647) und passt auch nicht in das System, da für den Treuhänder keine Verwertungsaufgabe besteht. Da der Wert herauszugeben ist, kann es nicht darauf ankommen, ob der Schuldner unpfändbares Vermögen erwirbt (**a. A.** *Hartmann* ZNotP 2005, 82 [83]). Erhält der Schuldner Sachwerte, muss er selbst für eine Verwertung sorgen (*Uhlenbruck / Vallender* InsO, 12. Aufl., § 295 Rz. 39; *Hoffmann* Verbraucherinsolvenz und Restschuldbefreiung, S. 134; *Preuß* NJW 1999, 3450 [3452]; **a. A.** *Döbereiner* Restschuldbefreiung, S. 160). Von der gesetzlichen Regelung wird allerdings nur verlangt, dass der Schuldner die ihm wirklich zugefallenen Vermögenswerte überträgt. Eine Mitwirkungsobliegenheit bei dem Erwerb des Vermögens ist dagegen nicht vorgesehen. Der Schuldner ist berechtigt, ohne Verwertung die Hälfte des hypothetischen Nettobetrags herauszugeben (*Uhlenbruck / Vallender* InsO, § 295 Rz. 39), vorausgesetzt, er erhält entsprechende Barbeträge. Diese gesetzliche Beschränkung auf eine Herausgabe des Erworbenen führt zu mannigfaltigen **Konsequenzen**. Zunächst bleibt der Schuldner deshalb zur **Ausschlagung der Erbschaft** berechtigt (*Graf-Schlicker / Kexel* InsO, § 295 Rz. 10), wie auch aus dem Rechtsgedanken des § 83 Abs. 1 Satz 1 InsO abzuleiten ist, bzw. befugt, auf die Erbschaft (§§ 2346, 2352 BGB), ein Vermächtnis (§ 2352 BGB), oder einen Pflichtteil (*LG Tübingen* ZVI 2008, 450 [451]; s. a. oben Rz. 38) zu verzichten (§ 2346 BGB), denn § 295 Abs. 1 Nr. 2 InsO stellt auf das tatsächlich erworbene Vermögen und nicht auf die Chance

des Vermögenserwerbs ab (*LG Mainz* ZVI 2003, 362 [363]; *Nerlich/Römermann* InsO, § 295 Rz. 27 f.; MünchKomm-InsO/*Ehricke* 2. Aufl., § 295 Rz. 49; *Uhlenbruck/Vallender* InsO, 12. Aufl., § 295 Rz. 34; *Kübler/Prütting-Wenzel* InsO, § 295 Rz. 19 b; HK-InsO/*Landfermann* 4. Aufl., § 295 Rz. 14.; *Schmerbach* NZI 2005, 521 [526]; ausf. *Preuß* Verbraucherinsolvenzverfahren und Restschuldbefreiung, 2. Aufl., Rz. 292; **a. A.** *Thora* ZInsO 2002, 176 [177 ff.]; *Bartels* KTS 2003, 41 [64 ff.]). Die Ausschlagung der oder ein Verzicht auf die Erbschaft ist auch nicht durch die vollstreckungsberechtigten Gläubiger nach § 1 AnfG anfechtbar (*Huber* AnfG, 10. Aufl., § 1 Rz. 26). Außerdem hat er das Erlangte erst nach Klärung etwaiger Erbschaftsauseinandersetzungen herauszugeben (MünchKomm-InsO/*Ehricke* 2. Aufl., § 295 Rz. 63). Folgerichtig ordnet § 295 Abs. 1 Nr. 2 InsO ebenso wenig eine unverzügliche Herausgabe an (*Uhlenbruck/Vallender* InsO, 12. Aufl., § 295 Rz. 38; **a. A.** *Döbereiner* Restschuldbefreiung, S. 160; *Preuß* Verbraucherinsolvenzverfahren und Restschuldbefreiung, Rz. 240; MünchKomm-InsO/*Ehricke* § 295 Rz. 62 f.; *Kübler/Prütting-Wenzel* InsO, § 295 Rz. 19 a), wie eine Obliegenheit zu einer notariell beurkundeten Übertragung des hälftigen Anteils am Nachlass gem. § 2033 Abs. 1 BGB besteht (**a. A.** MünchKomm-InsO/*Ehricke* 2. Aufl., § 295 Rz. 67; *Nerlich/Römermann* InsO, § 295 Rz. 32; auch *Messner* ZVI 2004, 433 [436], hält dies für sinnvoll). Eine Grenze wird erst dort zu ziehen sein, wo der Schuldner die Auflösung der Erbengemeinschaft oder die Durchführung eines Zwangsversteigerungsverfahrens ohne billigenswerte Gründe verzögert (anders *AG Neubrandenburg* NZI 2006, 647). Ein besonderes Problem schafft dabei der **Zugriff anderer** als der Insolvenzgläubiger auf den Vermögenserwerb, die nicht durch § 294 Abs. 1 InsO an einer **Pfändung** gehindert sind. Ein Interessenausgleich zwischen den beiden Gläubigergruppen in der Weise, dass jede Gruppe auf den hälftigen Erwerb zugreifen kann ist zwar gesetzlich angedeutet, aber nicht durch positive Regelungen abgesichert. Da es sich um einen Interessenausgleich zwischen den Gläubigergruppen handelt, ist es kaum möglich, aus ihnen konkrete Handlungsanweisungen an den Schuldner abzuleiten (vgl. *Messner* ZVI 2004, 433 [435]). Um einen Vollstreckungszugriff und damit eine Obliegenheitsverletzung auszuschließen, liegt es im eigenen Interesse des Schuldners, den hälftigen Erwerb schnell an den Treuhänder herauszugeben. Eine Drittwiderspruchsklage nach § 771 ZPO des Schuldners vor Übertragung ist unbegründet, eine Klage der Gläubiger erst nach Übertragung statthaft. Vollstreckungsmaßnahmen der Insolvenzgläubiger in das erbrechtlich erworbene Vermögen sind selbst zum Schutz des Herausgabeanspruchs nach § 294 Abs. 1 InsO unzulässig (s. *Ahrens* § 294 Rz. 8; **a. A.** *Uhlenbruck/Vallender* InsO, 12. Aufl., § 295 Rz. 41; *Preuß* NJW 1999, 3450 [3452]). Und schließlich ist auch fraglich, ob der Schuldner den Treuhänder über einen zu erwartenden Erwerb zu informieren hat. § 295 Abs. 1 Nr. 2 InsO ordnet eine solche Mitteilung nicht ausdrücklich an. Der Schuldner darf jedoch nach § 295 Abs. 1 Nr. 3 InsO angefallenes Vermögen nicht verheimlichen, weswegen sich die Anforderungen an seine Information ausschließlich nach dieser Vorschrift bestimmen (vgl. dazu Rz. 50). Eine aus § 295 Abs. 1 Nr. 2 InsO abzuleitende Obliegenheit zur unverzüglichen Anzeige des Erbfalls besteht nicht (*AG Neubrandenburg* NZI 2006, 647 [648]). Zur Frage, ob der Motivationsrabatt gem. § 292 Abs. 1 Satz 3 InsO auch auf den erbrechtlichen Erwerb zu erstrecken ist, vgl. *Grote* § 292 Rz. 15. Von der Wortauslegung des § 292 InsO scheint dieses systematisch nur wenig befriedigende Resultat gefordert zu sein (MünchKomm-InsO/*Ehricke* 2. Aufl., § 292 Rz. 36; **a. A.** *Messner* ZVI 2004, 433 [435 f.]).

III. Unterrichtungen (§ 295 Abs. 1 Nr. 3 InsO)

Auf der Grundlage des umfassenden Katalogs der in Nr. 3 aufgeführten Anforderungen soll vor allem das Verhalten des Schuldners während der Treuhandzeit überprüft werden können. Da die umfassende Auskunfts- und Mitwirkungspflicht des Schuldners aus § 97 InsO mit der Beendigung des Insolvenzverfahrens erlischt, schafft § 295 Abs. 1 Nr. 3 InsO eine Fortsetzung für das Restschuldbefreiungsverfahren. An die Stelle der umfassenden insolvenzrechtlichen Pflichten, treten die detailreichen, aber einzeln aufgeführten und deswegen notwendig begrenzten Obliegenheiten. Da der Haftungsumfang im Restschuldbefreiungsverfahren beschränkt ist, müssen die seiner Verwirklichung dienenden Anforderungen aus § 295 Abs. 1 Nr. 3 InsO ebenfalls limitiert sein. Deshalb schreibt die Bestimmung in **acht Alternativen** die Aufgaben des Schuldners vor. **43**

Im Einzelnen sind dies:
1. Unverzügliche Anzeige jeden Wohnsitzwechsels gegenüber dem Insolvenzgericht und dem Treuhänder,
2. unverzügliche Anzeige jeden Wechsels der Beschäftigungsstelle gegenüber dem Insolvenzgericht und dem Treuhänder,

3. Angabe der von der Abtretungserklärung erfassten Bezüge,
4. Angabe des von § 295 Abs. 1 Nr. 2 InsO erfassten, also von Todes wegen oder mit Rücksicht auf ein zukünftiges Erbrecht erworbenen Vermögens, sowie auf Verlangen dem Gericht und dem Treuhänder
5. Auskunft über seine Erwerbstätigkeit,
6. Auskunft über seine Bemühungen um eine Erwerbstätigkeit,
7. Auskunft über seine Bezüge und
8. Auskunft über sein Vermögen zu erteilen.

Abgesehen von dem 2., 3. und 7. Erfordernis, die allein für einen nicht selbstständigen Schuldner gelten, muss jeder Schuldner die Anforderungen erfüllen, unabhängig davon, ob er selbstständig oder nicht selbstständig tätig ist.

44 Seine Mitteilungen hat der Schuldner an das **Insolvenzgericht** und den **Treuhänder** zu richten, weshalb eine Mitteilung nur an das Insolvenzgericht bzw. allein den Treuhänder nicht zur Erfüllung der Obliegenheit genügt (*AG Göttingen* ZInsO 2008, 865 [866]; MünchKomm-InsO/*Ehricke* 2. Aufl., § 295 Rz. 73), doch wird bei einer Einzelmitteilung kaum eine Beeinträchtigung der Gläubigerbefriedigung festzustellen sein. Diese beiden sind auch berechtigt, von dem Schuldner Auskünfte zu verlangen. Im Gegensatz dazu muss der Schuldner die Insolvenzgläubiger nicht informieren, denn sie werden von der gesetzlichen Regelung nicht genannt (*AG Leipzig* ZVI 2004, 758 [759]), wodurch der Schuldner davor geschützt ist, von Mitteilungserfordernissen und Auskunftsbegehren überfordert zu werden. Mittelbar können allerdings die Insolvenzgläubiger die Informationen erlangen, indem sie den Treuhänder gem. § 292 Abs. 2 InsO mit der Überwachung beauftragen oder falls der Schuldner nach § 296 Abs. 2 Satz 2 InsO Auskunft zu erteilen hat. Ohne einen Überwachungsauftrag darf der Treuhänder die Gläubiger informieren, muss dies aber nicht.

45 Zunächst muss der Schuldner jeden **Wechsel des Wohnsitzes** (*AG Osnabrück* ZVI 2007, 89 [90] oder der Beschäftigungsstelle anzeigen, also von sich aus ohne eine Nachfrage über einen Wechsel informieren. Seine Anzeige hat **unverzüglich**, nach der Legaldefinition des § 121 Abs. 1 Satz 1 BGB ohne schuldhaftes Zögern, zu erfolgen. Als Obergrenze wird hiernach eine Frist von zwei Wochen zu gelten haben (*OLG Hamm* NJW-RR 1990, 523; HambK-InsO/*Streck* 2. Aufl., § 295 Rz. 14; *Graf-Schlicker/Kexel* InsO, § 295 Rz. 12; *Mohrbutter/Ringstmeier-Pape* 8. Aufl., § 17 Rz. 146), wobei entsprechend dem Rechtsgedanken aus § 121 Abs. 1 Satz 2 BGB auf die Leistungshandlung abzustellen ist, also eine unverzügliche Absendung genügt.

46 Der Begriff des **Wohnsitzes** ist weder in der InsO noch der ZPO definiert und muss deswegen aus den allgemeinen Regeln der §§ 7 bis 11 BGB entnommen werden (vgl. *RG* RGZ 67, 191 [193]; *BGH* NJW-RR 1988, 387). Trotz dieser Bezugnahme auf die materiellrechtlichen Normen bleibt er jedoch ein insolvenzrechtlicher Begriff. Den Wohnsitz bildet im Allgemeinen der räumliche Schwerpunkt der Lebensverhältnisse einer Person (*BVerfG* NJW 1990, 2193 [2194]; *Staudinger/Habermann/Weick* BGB, Vorbem. zu §§ 7–11 Rz. 7; MünchKomm-BGB/*Gitter* 5. Aufl., § 7 Rz. 9; es wird aber auch auf den etwas engeren Begriff des Mittelpunkts der Lebensverhältnisse abgestellt *RG* RGZ 67, 191 [193]; *Larenz/Wolf* Allgemeiner Teil BGB, 9. Aufl., § 7 Rz. 12). Als Wohnsitz wird danach die politische Gemeinde, nicht die Wohnung verstanden (*Palandt/Heinrichs/Ellenberger* § 7 Rz. 1). Nach der Teleologie der insolvenzrechtlichen Regelung ist allerdings auf die **Erreichbarkeit** des Schuldners abzustellen (MünchKomm-InsO/*Ehricke* 2. Aufl., § 295 Rz. 77; *Uhlenbruck/Vallender* InsO, 12. Aufl., § 295 Rz. 45; *Kübler/Prütting-Wenzel* InsO, § 295 Rz. 22). Insofern ist der Begriff des Wohnsitzes in § 295 Abs. 1 Nr. 3 InsO enger als nach den bürgerlichrechtlichen Bestimmungen gefasst und teilweise durch die Regelungen über die Zustellung in den §§ 177, 178 Abs. 1 ZPO konkretisierbar. Soweit dort auf die Wohnung abgestellt wird, sind die Räume gemeint, in denen der Zustellungsadressat lebt (*Zöller/Stöber* ZPO, 26. Aufl., § 178 Rz. 4). Da jedoch in § 295 Abs. 1 Nr. 3 InsO die Angabe des Wohnsitzes und nicht der Wohnung verlangt wird, ist zusätzlich eine Verstetigung zu verlangen. Ein Wohnsitz wird durch die tatsächliche Niederlassung und einen entsprechenden Willensentschluss begründet (*Nerlich/Römermann* InsO, § 295 Rz. 35). Dieser Domizilwille kann sich auch aus den Umständen ergeben (*BGH* BGHZ 7, 104 [109 f.]), wofür die polizeiliche Meldung ein Indiz bildet (*BGH* NJW-RR 1995, 507). Bei einem vorübergehenden Aufenthalt kann es hieran fehlen, etwa bei dem Aufenthalt am Studienort (*BVerfG* NJW 1990, 2193 [2194]; *BVerwG* NJW 1968, 1059 [1060], doch werden m. E. die Lebensverhältnisse vielfach dorthin verlegt sein), ebenso bei dem Einzug in ein Frauenhaus (*BGH* NJW-RR 1993, 4; NJW 1995, 1224; abw. *OLG Karlsruhe* NJW-RR 1995, 1220) oder bei einer vorübergehenden Beschäftigung (vgl. *Larenz/Wolf* Allgemeiner Teil BGB, 9. Aufl., § 7 Rz. 15). Bei der Unterbringung in einer Justizvollzugsanstalt fehlt

schon der erforderliche Willensentschluss (a. A. MünchKomm-InsO/*Ehricke* 2. Aufl., § 295 Rz. 77; HambK-InsO/*Streck* 2. Aufl., § 295 Rz. 15), bei einem Urlaub, Krankenhaus- oder Sanatoriumsaufenthalt die Verstetigung (MünchKomm-InsO/*Ehricke* 2. Aufl., § 295 Rz. 77).

Anzuzeigen hat der Schuldner den Wechsel seines Wohnsitzes, also die Aufhebung eines bisherigen unter Begründung eines neuen Wohnsitzes. Vom Wortlaut der gesetzlichen Regelung wird eine Anzeige weder bei der Aufgabe eines bisherigen ohne Begründung eines neuen Wohnsitzes noch bei Begründung eines neuen Wohnsitzes ohne Aufhebung eines bestehenden verlangt. Nach dem Normzweck ist eine Anzeige bei einem Adressenwechsel erforderlich, wenn die Erreichbarkeit unter der bisherigen Anschrift nicht mehr gewährleistet ist. Ein Verstoß gegen die Obliegenheit wird häufig folgenlos bleiben, weil er zu **keiner Beeinträchtigung** der **Gläubigerbefriedigung** gem. § 296 Abs. 1 Satz 1 InsO führt (*Maier/Krafft* BB 1997, 2173 [2179]; KS-InsO/*Fuchs* 2000, S. 1679 Rz. 198). Ausreichend ist eine mündliche Information. Organisationsmängel beim Treuhänder gehen nicht zu Lasten des Schuldners (*AG Hannover* ZInsO 2007, 48 [49]). **47**

Als zweite Anforderung hat der nicht selbstständige Schuldner dem Insolvenzgericht und dem Treuhänder jeden **Wechsel der Beschäftigungsstelle** unverzüglich anzuzeigen (vgl. Rz. 45). Auch hier ist der Geltungsbereich der Anzeigeobliegenheit beschränkt, denn der Schuldner wechselt seine Beschäftigungsstelle nur, wenn er seine bisherige Tätigkeit aufgibt und eine neue Arbeitsstelle übernimmt. Gibt er ohne neue Beschäftigung seine Arbeit auf, muss er dies nicht anzeigen, allerdings kann er damit die Erwerbsobliegenheit aus Nr. 1 verletzen (*Uhlenbruck/Vallender* InsO, 12. Aufl., § 295 Rz. 46). Übernimmt der Schuldner lediglich eine zusätzliche (Neben)Beschäftigung, ohne seine bestehende Erwerbstätigkeit aufzugeben, gilt zwar nach dieser Regelung keine Anzeigeobliegenheit (a. A. MünchKomm-InsO/*Ehricke* 2. Aufl., § 295 Rz. 80), doch verstößt er dann regelmäßig gegen seine Obliegenheit, keine Bezüge zu verheimlichen. War der Schuldner bislang arbeitslos und nimmt er nunmehr eine Arbeit auf, muss er dies nach dem Wortlaut sowie der Teleologie der Regelung nicht anzeigen, denn die Obliegenheit soll den Treuhänder und das Insolvenzgericht vom Nachforschungsaufwand bei einem Arbeitsplatzwechsel entlasten (a. A. *AG Kempten* ZVI 2006, 220). Der erforderliche Gläubigerschutz ist durch die Obliegenheiten aus § 295 Abs. 1 Nr. 1 InsO sowie das Verbot gewahrt, keine von der Abtretungserklärung erfassten Bezüge zu verheimlichen. **48**

Mit dieser dritten Obliegenheit wird von dem Schuldner verlangt, **keine** von der Abtretungserklärung erfassten **Bezüge** (dazu *Ahrens* § 287 Rz. 34 ff.) zu **verheimlichen**. Wie die Abtretungserklärung bezieht sich auch diese Obliegenheit allein auf die pfändbaren Bezüge. Ein Gewinn aus einer selbstständigen Tätigkeit wird von dieser Obliegenheit nicht erfasst (*BGH* ZInsO 2006, 547 [548]). Sind Bezüge unpfändbar, führt ihr Verheimlichen grds. zu keiner Obliegenheitsverletzung im Sinn dieser Regelung (MünchKomm-InsO/*Ehricke* 2. Aufl., § 295 Rz. 82), unbeschadet der Tatsache, dass die Gläubigerbefriedigung gem. § 296 Abs. 1 Satz 1 InsO nicht beeinträchtigt ist. Entsprechend den §§ 292 Abs. 1 Satz 3, 36 Abs. 1 Satz 2 InsO ist allerdings die Zusammenrechnungsregel in § 850 e Nr. 2 ZPO zu beachten. Obwohl es sich bei dieser Obliegenheit um keine strafrechtlich geprägte Bestimmung handelt, kann für die Auslegung des Begriffs eines Verheimlichens auf die im engen Zusammenhang stehenden Insolvenzstraftatbestände der §§ 283 Abs. 1 Nr. 1, 283 b Abs. 1 Nr. 2 und 283 d Abs. 1 StGB abgestellt werden (*Braun/Buck* InsO, 3. Aufl., § 295 Rz. 15; *Preuß* Verbraucherinsolvenzverfahren und Restschuldbefreiung, 2. Aufl., Rz. 289). Nach diesen Vorschriften verheimlicht der Schuldner einen Vermögensgegenstand wie die Bezüge, wenn er sie der Kenntnis des Treuhänders entzieht. Ein Verheimlichen ist in unrichtigen Angaben oder einer falschen Auskunft auf Fragen zu sehen. Auch ein bloßes Verschweigen reicht aus, soweit eine **Auskunftspflicht** besteht (*Graf-Schlicker/Kexel* InsO, § 295 Rz. 13; *Schönke/Schröder/Stree* StGB, 27. Aufl., § 283 Rz. 5; *Tröndle* StGB, 55. Aufl., § 283 Rz. 5; *Hess* KO, Anh. III § 283 StGB Rz. 13; a. A. *Kübler/Prütting-Wenzel* InsO, § 295 Rz. 24, die jedes Verschweigen genügen lassen). Zahlt der Arbeitgeber dem Schuldner unter Verstoß gegen die Abtretung den pfändbaren Teil der Bezüge aus, muss der Schuldner dies anzeigen. Eine Verpflichtung zur unverzüglichen Anzeige besteht nicht (a. A. HambK-InsO/*Streck* 2. Aufl., § 295 Rz. 17), denn dieses Attribut bezieht sich lediglich auf den Wechsel des Wohnsitzes und der Arbeitsstelle und ist bei einem Verheimlichen verfehlt. Während der Treuhandzeit existiert für den Schuldner jedoch keine Anforderung, alle Details unaufgefordert zu berichten (HK-InsO/*Landfermann* 4. Aufl., § 295 Rz. 17; a. A. *Uhlenbruck/Vallender* InsO, 12. Aufl., § 295 Rz. 48). Der Schuldner ist deswegen nicht gehalten, während der Treuhandzeit unaufgefordert über den Fortfall einer Unterhaltsverpflichtung zu informieren (a. A. *AG Holzminden* ZVI 2006, 260). Diese Konsequenz ergibt sich gerade auch aus dem Zusammenspiel mit der 5. und 7. Obliegenheit des § 295 Abs. 1 Nr. 3 InsO, wonach **49** den Schuldner auf eine entsprechende Aufforderung eine Auskunftsobliegenheit über seine Erwerbstätigkeit sowie seine Bezüge trifft. Wegen der sehr stark abgeschwächten Pflichtigkeit einer Obliegenheit (*R. Schmidt* Die Obliegenheiten, S. 104) kann sie einer Auskunftspflicht zwar nicht gleichgestellt werden, doch besteht dafür auch kein Bedürfnis, weil ihre Verletzung den eigenständigen siebten Versagungsgrund aus § 295 Abs. 1 Nr. 3 InsO schafft. Maßgebend ist die Kenntnis des Treuhänders und ggf. die des Gerichts, nicht jedoch die der Insolvenzgläubiger, denn der Treuhänder ist Inhaber der abgetretenen Forderung. Werden pfändbare Bezüge trotz Abtretung an den Schuldner ausgezahlt, so hat der Schuldner diese an den Treuhänder weiterzuleiten (*Nerlich/Römermann* InsO, § 295 Rz. 37).

50 Viertens darf der Schuldner **kein** von Nr. 2 erfasstes, also von Todes wegen oder mit Rücksicht auf ein künftiges Erbrecht erworbenes **Vermögen** (dazu Rz. 36 ff.) **verheimlichen** (zu diesem Begriff Rz. 49). Die unterlassene unverzügliche Anzeige einer Erbschaft stellt deswegen noch kein Verheimlichen i. S. d. § 295 Abs. 1 Nr. 3 InsO dar (*AG Neubrandenburg* NZI 2006, 647; **a. A.** *AG Göttingen* ZInsO 2008, 49 [50]).

51 Außerdem muss der Schuldner über seine **Erwerbstätigkeit** und seine **Bemühungen** um sie, seine **Bezüge** (*LG Hamburg* ZVI 2004, 259 [260]) sowie sein **Vermögen Auskunft** erteilen. Auf der Grundlage dieser gesetzlichen Anforderung hat der Schuldner auf Verlangen dem Insolvenzgericht und dem Treuhänder, nicht aber den Insolvenzgläubigern (*AG Leipzig* ZVI 2004, 758 [759]), Auskunft zu erteilen. Diese Auskunftsberechtigung des Treuhänders basiert auf einer originären Rechtsstellung, die nicht voraussetzt, dass er nach § 292 Abs. 2 Satz 1 InsO von den Insolvenzgläubigern mit der Überwachung des Schuldners beauftragt wurde, denn der Überwachungsauftrag gestaltet das Innenverhältnis zwischen Treuhänder und Insolvenzgläubigern (s. a. *Grote* § 292 Rz. 17 ff.; *Pape/Uhlenbruck* Insolvenzrecht, Rz. 979). Besondere Erfordernisse für dieses Auskunftsbegehren bestehen nicht, es muss also nicht begründet sein, doch wird ein mangelndes Informationsbedürfnis der zu kurzfristigen Wiederholung Grenzen setzen (*BGH* NJW 1983, 687 [688]; NJW-RR 1988, 1072 [1073]). Nach dem Maßstab von § 97 InsO besteht die Auskunftsobliegenheit auch für Angehörige verschwiegenheitspflichtiger Berufe. Für die Auskunftserteilung ist eine Frist nicht vorgesehen, weshalb insbesondere keine unverzügliche Auskunft gefordert wird (**a. A.** HambK-InsO/*Streck* 2. Aufl., § 295 Rz. 19). Um einen angemessenen Zeitraum zu bestimmen, sind ebenso der Umfang der Auskünfte wie die geschäftliche Erfahrung des Schuldners zu berücksichtigen (*Uhlenbruck/Vallender* InsO, 12. Aufl., § 295 Rz. 50; **a.A.** *Nerlich/Römermann* InsO, § 295 Rz. 38; MünchKomm-InsO/*Ehricke* 2. Aufl., § 295 Rz. 88). Nach dem Maßstab des § 305 Abs. 3 Satz 2 InsO sollte eine richterliche Frist nicht unter einem Monat betragen. Inhaltlich wird sich die Antwort des Schuldners an dem Verlangen zu orientieren haben. Je genauer die Anfrage ist, desto detaillierter muss die Auskunft des Schuldners ausfallen. Allerdings wird auch dies nicht schrankenlos gelten können, denn ihr Umfang wird durch den Zweck der Auskunft (*BGH* BGHZ 126, 109 [116 f.]) sowie den Grundsatz der Zumutbarkeit begrenzt (vgl. *BGH* BGHZ 81, 21 [25]; NJW 1982, 573 [574]; *Soergel/Wolf* BGB, § 260 Rz. 61, 68; MünchKomm-BGB/*Krüger* 5. Aufl., § 259 Rz. 28). Grds. hat der Schuldner seine Auskünfte schriftlich zu erteilen (*Soergel/Wolf* BGB, § 260 Rz. 51; MünchKomm-BGB/*Krüger* 5. Aufl., § 260 Rz. 42; *Palandt/Heinrichs* § 261 Rz. 20). Verlangt das Gericht oder der Treuhänder eine Auskunft, die nicht durch § 295 InsO gedeckt ist, begründet ein Verstoß des Schuldners keine Obliegenheitsverletzung, wie auch aus der Entscheidung des BGH zu § 290 Abs. 1 Nr. 5 InsO abzuleiten ist (*BGH* NJW 2003, 2167 [2169]). Eine Obliegenheit zur Vorlage der entsprechenden Unterlagen besteht daneben nach § 295 Abs. 1 Nr. 3 InsO in aller Regel nicht (vgl. dazu *BGH* LM § 810 Nr. 5; s. a. *BGH* BGHZ 14, 53 [56]), weshalb als Obliegenheit keine Einsicht in einzelne Bewerbungsschreiben oder die Bezügeabrechnung verlangt werden kann (*Uhlenbruck/Vallender* InsO, 12. Aufl., § 295 Rz. 51; **a.A.** *Nerlich/Römermann* InsO, § 295 Rz. 40; MünchKomm-InsO/*Ehricke* 2. Aufl., § 295 Rz. 89; HK-InsO/*Landfermann* 4. Aufl., § 295 Rz. 17; *Graf-Schlicker/Kexel* InsO, § 295 Rz. 14). Strikt von den Obliegenheiten, die zur Versagung der Restschuldbefreiung führen können, ist die Anforderung der Urkundenvorlegung gem. §§ 4 InsO, 141 ZPO zu unterscheiden. Das Insolvenzgericht hat insoweit die Möglichkeit, die Vorlage der Unterlagen anzuordnen. Zudem wird der Schuldner vielfach nur unter Vorlage der Unterlagen seinen eigenen Sachvortrag substantiieren und unstreitig stellen können.

52 Über seine **Erwerbstätigkeit** hat der nicht selbstständige Schuldner Ort, Art, Umfang und Dauer der Beschäftigung entsprechend § 2 Abs. 1 Nr. 1 bis 5, 7 NachweisG anzugeben. Gibt der Schuldner trotz Aufforderung über einen Zeitraum von zehn Monaten keine Auskunft über seine Erwerbstätigkeit, ist der Versagungstatbestand erfüllt (*AG Mannheim* ZVI 2005, 383 f.). Zur Auskunft über die Erwerbstätigkeit gehört auch die negative Antwort, dass einer solchen Tätigkeit nicht – mehr – nachgegangen wird. Da die

Obliegenheit nicht nach der Art der Erwerbstätigkeit unterscheidet, muss auch der selbstständige Schuldner hierüber Auskunft erteilen. Seine Angaben haben dabei so spezifiziert zu sein, dass die Art des angemessenen Dienstverhältnisses gem. Abs. 2 beurteilt werden kann. Seine **Bemühungen** um eine – selbstständige wie unselbstständige – Erwerbstätigkeit muss der Schuldner quantitativ und qualitativ erläutern, doch wird er konkrete Bewerbungen nicht ohne weiteres anzuführen haben. Außerdem muss der Schuldner seine **Bezüge** beziffern, wobei er nach Maßgabe von § 836 Abs. 3 Satz 1 Alt. 1 ZPO die Bezüge zu benennen hat, um über den Umfang der Pfändbarkeit zu informieren. Da der Schuldner häufig nicht wissen wird, welche Einkünfte er aufzuführen hat, ist zu empfehlen, dass ein Auskunftverlangen die anzugebenden Einkünfte einzeln benennt. Schließlich muss der Schuldner Auskunft über sein **Vermögen** erteilen. Da bereits die Vermögensverzeichnisse nach den §§ 151, 305 Abs. 1 Nr. 3 InsO erstellt sind, erstreckt sich diese Obliegenheit auf den Neuerwerb. Von diesem auskunftsbedürftigen Neuerwerb sind jedoch die laufenden Bezüge sowie der Erwerb nach Nr. 2 auszunehmen, denn für diese bestehen eigenständige Informationsobliegenheiten. Soweit dieses Neuvermögen jedoch dem Zugriff der Insolvenzgläubiger entzogen ist, wird eine Obliegenheitsverletzung mangels einer Beeinträchtigung der Insolvenzgläubiger nach § 296 Abs. 1 Satz 1 InsO folgenlos bleiben. Ein Wechsel zwischen unselbstständiger und selbstständiger Erwerbstätigkeit führt nicht zur Erledigung der Auskunftsobliegenheit.

IV. Verbotene Sondervorteile (§ 295 Abs. 1 Nr. 4 InsO)

§ 295 Abs. 1 Nr. 4 InsO regelt **zwei** alternative **Tatbestände**. Aufgrund des Zahlungsgebots als erster Obliegenheit dürfen Zahlungen zur Befriedigung der Insolvenzgläubiger nur an den Treuhänder geleistet werden. Eine davon zu unterscheidende zweite Obliegenheit besteht darin, keinem Insolvenzgläubiger einen Sondervorteil zu verschaffen. Beide Obliegenheiten gelten für selbstständige wie nicht selbstständige Schuldner. Sie bestehen erst nach Ankündigung der Restschuldbefreiung (*AG Göttingen* ZInsO 2005, 1001 [1002]). 53

Die erste Tatbestandsalternative stellt ein **Zahlungsgebot** auf. Geregelt wird damit der **Zahlungsweg**, nicht aber die Höhe der Zahlungen. Diese Anweisung, Zahlungen zur Befriedigung der Insolvenzgläubiger nur an den Treuhänder zu leisten, besitzt lediglich einen begrenzten Anwendungsbereich. Aus der Vorschrift ist nicht im Umkehrschluss abzuleiten, dass jegliche Zahlungen direkt an die Gläubiger unzulässig sind. Eine solche Interpretation kollidiert mit der zweiten Tatbestandsalternative, die als speziellere Vorschrift Sondervorteile für und damit Zahlungen an einzelne Insolvenzgläubiger untersagt. Eine Obliegenheitsverletzung wegen eines Verstoßes gegen das Zahlungsgebot an den Treuhänder liegt in den Fallgestaltungen vor, in denen der Schuldner an sämtliche Gläubiger den ihnen jeweils zustehenden Verteilungsbetrag leistet. Wegen der selbst mit derartigen gleichmäßigen Leistungen verbundenen erheblichen Unsicherheit und ihrer mangelnden Durchschaubarkeit für die anderen Gläubiger soll das Zahlungsgebot verhindern, dass der Treuhänder vom Schuldner umgangen wird (MünchKomm-InsO/*Ehricke* 2. Aufl., § 295 Rz. 94). Unabhängig von kollusiven oder anderen der Gleichbehandlung der Gläubiger zuwiderlaufenden Intentionen, soll mit dieser Regelung objektiv ein funktionsfähiges sowie unangefochtenes Verteilungsverfahren gesichert werden. Ausnahmsweise nur wird ein Schuldner in der Lage sein, die exakten Verteilungsquoten zu erfüllen, weshalb seine Leistung zu einem Sondervorteil für einzelne Gläubiger führen und deswegen bereits als Verstoß gegen die zweite Obliegenheit anzusehen sein kann. 54

Aus dieser engen Verbindung mit der zweiten Obliegenheit des § 295 Abs. 1 Nr. 4 InsO ist auch der sonstige **Anwendungsbereich** des Zahlungsgebots an den Treuhänder zu erklären. Denn diese erste Obliegenheit wirkt sich gerade dann aus, wenn eine Verschaffung von Sondervorteilen an einzelne Insolvenzgläubiger nicht zu beweisen ist. Da ein Insolvenzgläubiger, der eine Versagung der Restschuldbefreiung gem. § 296 Abs. 1 Satz 1 InsO beantragt, die dafür bestehenden Voraussetzungen nach § 296 Abs. 1 Satz 3 InsO glaubhaft zu machen und zusätzlich zu beweisen hat (s. *Ahrens* § 296 Rz. 24 ff.), kann er an dem Nachweis eines Sondervorteils scheitern, wenn sich der Schuldner darauf beruft, sämtliche Gläubiger entsprechend ihrer Quote berücksichtigt zu haben. Eine Obliegenheitsverletzung ist in diesem Fall jedoch bereits mit einem Verstoß gegen das Gebot nachzuweisen, allein an den Treuhänder zu leisten. Trotzdem wird die Vorschrift keinen weit gefassten Auffangcharakter einnehmen. An der in § 296 Abs. 1 Satz 1 1. HS InsO bestimmten weiteren Voraussetzung, wonach durch die Obliegenheitsverletzung die Befriedigung der Insolvenzgläubiger beeinträchtigt worden sein muss, wird eine Versagung vielfach scheitern (*Uhlenbruck/Vallender* InsO, 12. Aufl., § 295 Rz. 56; HambK-InsO/*Streck* 2. Aufl., § 295 Rz. 19). 55

56 Das Zahlungsgebot des ersten Tatbestands aus § 295 Abs. 1 Nr. 4 InsO richtet sich ausschließlich an den **Schuldner** (*Kübler/Prütting-Wenzel* InsO, § 295 Rz. 26; aber MünchKomm-InsO/*Ehricke* 2. Aufl., § 295 Rz. 95), wodurch sich die Regelung von § 294 Abs. 2 InsO unterscheidet (s. *Ahrens* § 294 Rz. 30). Sein Verhalten wird sanktioniert, wenn es dort heißt, dem Schuldner obliegt es, Zahlungen zur Befriedigung der Insolvenzgläubiger nur an den Treuhänder zu leisten. Obliegenheitsverletzungen stellen deswegen allein die von dem Schuldner oder in seinem Auftrag erbrachten Leistungen dar. Da sich die Obliegenheiten lediglich an den Schuldner richten und sein Verhalten steuern sollen, bleiben nach § 267 Abs. 1 BGB erbrachte Leistungen Dritter auf eine Insolvenzforderung zulässig. Zahlungen Dritter sind selbst dann ohne Verstoß gegen § 295 Abs. 1 Nr. 4 InsO gestattet, wenn sich der Dritte mit dem Schuldner abgesprochen hat, solange er nicht als Vertreter bzw. Erfüllungsgehilfe des Schuldners handelt.

57 Von der Obliegenheit, Zahlungen zur Befriedigung der Insolvenzgläubiger nur an den Treuhänder zu leisten, werden allein Leistungen auf Insolvenzforderungen erfasst. **Andere Forderungen** sind in das insolvenzrechtliche Gleichbehandlungs- und Verteilungssystem nicht einbezogen, weshalb kein Grund besteht, eine Leistung hierauf zu untersagen. Dem Schuldner steht es deshalb frei, neue Gläubiger aus seinem nicht in den Leistungsumfang einbezogenen, unpfändbaren Vermögen zu befriedigen (*Graf-Schlicker/Kexel* InsO, § 295 Rz. 16; vgl. *Ahrens* § 294 Rz. 26 ff.). Ebenso ist er berechtigt, Insolvenzgläubigern Leistungen zu erbringen, die nicht auf die Erfüllung einer Insolvenzforderung gerichtet sind, etwa Unterhaltsgläubigern, die Insolvenzgläubiger sind, ein Geschenk zu bereiten.

58 Die zweite Obliegenheit des Schuldners besteht darin, keinem Insolvenzgläubiger einen **Sondervorteil** zu verschaffen. Als Sondervorteil i. S. d. Vorschrift sind alle Formen der Leistungserbringung und nicht allein Zahlungen zu verstehen. Im Unterschied zu § 294 Abs. 2 InsO betrifft § 295 Abs. 1 Nr. 4 InsO keine rechtsgeschäftlichen Vereinbarungen, sondern die Leistungserbringung. Zur Begründung einer Obliegenheitsverletzung muss daher auch der **Leistungserfolg** eingetreten sein (*Uhlenbruck/Vallender* InsO, 12. Aufl., § 295 Rz. 58), die Vornahme der Leistungshandlung genügt also nicht, weshalb es noch keinen Obliegenheitsverstoß bedeutet, wenn etwa ein Überweisungsauftrag ausgefüllt, dieser aber wegen mangelnder Deckung nicht ausgeführt wird. Allein ein Versuch, mag er auch sehr weit gediehen sein, der aber den Leistungserfolg noch nicht herbeigeführt hat, ist unzureichend. Mit dieser objektiv gefassten Obliegenheit wird, wie auch bei § 294 Abs. 2 InsO, auf ein dem § 181 Satz 3 KO entsprechendes subjektives Merkmal verzichtet. Unerheblich ist daher, ob der Schuldner einem Insolvenzgläubiger einen Sondervorteil verschaffen will, so dass bereits der Eintritt eines solchen Vorteils genügt. Zu Schwierigkeiten führt dies vor allem, wenn ein Schuldner auf **Druck eines Insolvenzgläubigers**, etwa eines Inkassobüros, Zahlungen erbringt. Z. T. wird hierin eine Obliegenheitsverletzung gesehen (*Uhlenbruck/Vallender* InsO, 12. Aufl., § 295 Rz. 59), doch kommt es auf die Umstände des Einzelfalls an. Ggf. kann es dann an einem nach § 296 Abs. 1 Satz 2 HS 2 für die Versagung erforderlichen Verschulden fehlen, doch sind hinsichtlich des subjektiven Tatbestands keine Pauschalierungen möglich. Bei den Obliegenheiten handelt es sich aber auch dann, wenn ihre Tatbestandsverwirklichung von einem Erfolgseintritt abhängt, um Verhaltensanforderungen an den Schuldner. Jedenfalls in Fallgestaltungen, in denen der Schuldner einem Gläubiger erst auf dessen Einwirken hin einen Sondervorteil verschafft, verstößt er nicht gegen seine Obliegenheit aus § 295 Abs. 1 Nr. 4 InsO. Dies gilt gegenüber dem Gläubiger, der sich den Sondervorteil verschaffen will, weil niemand einem anderen zu einem Verfahrensverstoß veranlassen darf, um daraus selbst einen Vorteil zu erlangen, hier den aus einer Versagung der Restschuldbefreiung. Zahlungen aus dem **insolvenzfreien Vermögen** sind zulässig (*AG Göttingen* ZInsO 2005, 1001 [1002]; *Adam* ZInsO 2006, 1132; vgl. *Ahrens* § 294 Rz. 32).

59 Auch bei dieser Obliegenheit wird von dem Schuldner nur verlangt, **Insolvenzgläubigern** keine Sondervorteile zu verschaffen. Leistungen des Schuldners an andere Gläubiger oder auf andere als Insolvenzforderungen sind deshalb nicht von der Sanktion betroffen. Zahlt der Schuldner an einen absonderungsberechtigten Gläubiger aus seinem pfändungsfreien Vermögen, weil er etwa einen sicherungsübereigneten PKW weiter für die Fahrten zur Arbeitsstelle benötigt, so leistet er insoweit nicht an einen Insolvenzgläubiger. Ebenso wenig liegt bei Zahlungen Dritter ein Verstoß gegen die Obliegenheit vor, vgl. oben Rz. 56. Bei der Leistung eines Mitschuldners oder eines Bürgen fehlt es bereits an einer Zahlung durch den Schuldner, wenn der Mitschuldner oder der Bürge, wie meist, zur Tilgung seiner eigenen, ihm dem Gläubiger gegenüber obliegenden Schuld leistet (*BGH* BGHZ 42, 53 [56]). Eine Obliegenheitsverletzung scheidet damit aus. Leistet der Schuldner auf Forderungen, die nach Eröffnung des Insolvenzverfahrens begründet und deswegen keine Insolvenzforderungen sind, z. B. bei Mietzins-, Energieversorgungs-, Telekommunikations- oder Unterhaltsforderungen, verstößt er nicht gegen die Obliegenheit.

Bei der Erfüllung von **Geldstrafen** und den ihnen in § 39 Abs. 1 Nr. 3 InsO gleichgestellten Verbindlichkeiten scheidet eine Obliegenheitsverletzung aus, wenn die Strafe erst nach Eröffnung des Insolvenzverfahrens begründet und sie aus dem freien Vermögen erfüllt wurde. Zuvor begründete Strafen sind als nachrangige Insolvenzforderungen zu behandeln (zur Vollstreckung einer Geldstrafe durch Anordnung und Vollziehung einer Ersatzfreiheitsstrafe *BVerfG* NZI 2006, 711). Unabhängig von der Frage, ob der Schuldner verpflichtet ist, auf diese nachrangigen Insolvenzforderungen zu leisten, ist er jedenfalls berechtigt, aus seinem freien Vermögen Geldstrafen zu zahlen (*AG Mannheim* ZVI 2005, 384 [385]; *Rönnau/Tachau* NZI 2007, 208 [210]) oder Leistungen etwa zur Erfüllung einer Bewährungsauflage zu erbringen (zur Anwendbarkeit von § 39 Abs. 1 Nr. 3 InsO auf Bewährungsauflagen *Ahrens* NZI 2001, 456 [459]). Diese Sonderstellung von Geldstrafen und gleichgestellten Verbindlichkeiten belegt § 302 Nr. 2 InsO. Da diese Verbindlichkeiten von der Restschuldbefreiung nicht berührt werden und wegen der besonderen Strafzwecke begründet eine solche Leistung keine Obliegenheitsverletzung nach § 295 Abs. 1 Nr. 4 InsO (vgl. *Brei* Entschuldung Straffälliger, S. 647 ff.; **a. A.** *Vallender/Elschenbroich* NZI 2002, 130 [132]). Die Zahlung einer Geldstrafe aus den abgetretenen Bezügen begründet einen Versagungsgrund (*AG Mannheim* ZVI 2005, 383 f.). 59 a

Verschafft der Schuldner einem Gläubiger einen Sondervorteil, so verstößt er mit den Folgen aus §§ 296 Abs. 1, 303 Abs. 1 InsO gegen seine Obliegenheiten (vgl. *AG Göttingen* NZI 2003, 217 [218] mit Anm. *Ahrens*). Beruht seine Leistung auf einem Abkommen mit dem Gläubiger, sind die Wirkungen des § 294 Abs. 2 InsO zu beachten. Die auch von dem Erfüllungsgeschäft zu unterscheidende Leistungsbewirkung selbst bleibt von der Nichtigkeitsanordnung des § 134 BGB unberührt, da mit ihr kein Rechtsgeschäft vorgenommen wird (vgl. *Palandt/Grüneberg* § 362 Rz. 1 f., auch zum Streit um die Erfüllungstheorien). 60

Versagungsgrund bejaht: Die Zahlung einer Geldstrafe aus den abgetretenen Bezügen begründet den Versagungsgrund (*AG Mannheim* ZVI 2005, 383 f.). 60 a

Versagungsgrund verneint: Zahlungen aus dem insolvenzfreien Vermögen sollen zulässig sein (*AG Göttingen* ZInsO 2005, 1001 [1002]). 60 b

D. Selbstständige Tätigkeit (§ 295 Abs. 2 InsO)

Die Restschuldbefreiung steht gleichermaßen nicht selbstständig wie selbstständig tätigen Schuldnern offen (s. a. Rz. 62), mögen sich auch die Zugangswege unterscheiden. Entweder ist dies ein Regel- oder ein Verbraucherinsolvenzverfahren. Mit § 295 Abs. 2 InsO wird eine doppelte Zielsetzung verfolgt, die Freiheitsgewährleistung (ebenso *Hess* InsO, 2007, § 295 Rz. 35) und Bindung des Schuldners miteinander kombiniert. Zunächst verwirklicht sie ein grundlegendes Element der **Schuldnerautonomie**, weil der Schuldner berechtigt wird, einer selbstständigen Tätigkeit nachzugehen, wie dies schon Art. 12 Abs. 1 Satz 1 GG gebietet. Außerdem sichert die Regelung ein Mindestmaß der **Gläubigerbefriedigung**, denn der Schuldner hat die Gläubiger durch seine Zahlungen so zu stellen, wie sie bei der Eingehung eines angemessenen abhängigen Dienstverhältnisses stehen würden. Zugleich belegt die Regelung den fundamentalen Unterschied zwischen dem Insolvenzverfahren und der Treuhandperiode des Restschuldbefreiungsverfahrens. Im eröffneten Insolvenzverfahren unterliegen die gesamten Einkünfte eines selbstständig tätigen Schuldners dem Insolvenzbeschlag, von denen ihm nach § 850 i ZPO soviel belassen werden kann, wie ihm bei Einkünften aus unselbstständiger Tätigkeit zustünde (*BGH* NJW 2003, 2167 [2170] = ZInsO 2003, 413 mit Anm. *Grote* = NZI 2003, 390 mit Anm. *Kohte*; *Tetzlaff* ZInsO 2005, 393; krit. *Andres/Pape* ZInsO 2005, 141; *Ries* ZInsO 2005, 298). In der Treuhandperiode steht dem Schuldner das Verwaltungs- und Verfügungsrecht auch über die Einkünfte aus selbstständiger Tätigkeit zu, doch hat er die Gläubiger durch Zahlungen so wie bei einer Beschäftigung in einem angemessenen Dienstverhältnis zu stellen. Andere Anforderungen mögen sinnvoll sein, sind aber regelmäßig nicht aus dem Haftungskonzept und der Obliegenheit zu begründen. Ein detaillierter Geschäftsplan mindert Risiken, doch können ihn mangels entsprechender Organisationen oder Instrumente weder die Gläubiger noch der Treuhänder überprüfen. Ebenso wenig muss der Schuldner seinen Zahlungsverkehr über eine bestimmte Bank abwickeln (**a. A.** *Kübler/Prütting-Wenzel* InsO, § 295 Rz. 17). Bei einem selbstständigen Schuldner ohne laufende Einkünfte übernimmt § 295 Abs. 2 InsO die Funktion, welche die Abtretungserklärung nach § 287 Abs. 2 Satz 1 InsO für den nicht selbstständigen Schuldner besitzt. Damit ist allerdings nur ein Ausschnitt der dem selbstständigen Schuldner während der Treuhandzeit obliegenden Anforderungen abgebildet. Ihn treffen auch die anderen Obliegenheiten aus § 295 Abs. 1 InsO, soweit diese nicht allein auf den unselbstständig 61 tätigen Schuldner bezogen sind (dazu Rz. 6, 44). Diese Informationen sind auch nicht unerheblich, weil aus ihnen Anhaltspunkte für eine angemessene Tätigkeit zu gewinnen sind (vgl. *Grote* ZInsO 2004, 1105 [1110]).

62 Als Ausdruck seiner fortbestehenden Autonomie darf sich der Schuldner in der Treuhandperiode zwischen einer selbstständigen und einer unselbstständigen Erwerbstätigkeit entscheiden. Unabhängig von seiner vorigen Beschäftigung wird ihm auch nach seiner Insolvenz die **Wahl zwischen den Erwerbsformen** überlassen, denn § 295 Abs. 2 InsO differenziert bei dem Recht zur selbstständigen Erwerbstätigkeit nicht danach, welche Tätigkeit der Schuldner zuvor ausgeübt hat. Weiter noch ist ihm auch während der Treuhandzeit der **Wechsel** zwischen einer abhängigen und einer nicht abhängigen Erwerbstätigkeit sowie umgekehrt zu gestatten (MünchKomm-InsO/*Ehricke* 2. Aufl., § 295 Rz. 105; *Kübler/Prütting-Wenzel* InsO, § 295 Rz. 14; HambK-InsO/*Streck* 2. Aufl., § 295 Rz. 22; *Mohrbutter/Ringstmeier-Pape* 8. Aufl., § 17 Rz. 151; vgl. *Häsemeyer* Insolvenzrecht, 4. Aufl., Rz. 26.52; *Heyer* Restschuldbefreiung im Insolvenzverfahren, S. 125; *Trendelenburg* ZInsO 2000, 437 [440], für Wechsel von selbstständiger zu nicht selbstständiger Tätigkeit; *Grote* ZInsO 2004, 1105 [1107]; außerdem o. Rz. 15 ff.). Ggf. ist dies sogar geboten, um die geforderten Leistungen erbringen zu können. Diese Option wird etwa für den Fall erwogen, dass der Schuldner seine Forderungen aus der selbstständigen Tätigkeit im Voraus abgetreten hat, um durch den Wechsel in eine abhängige Beschäftigung seine Erwerbsobliegenheit erfüllen zu können (*Uhlenbruck/Vallender* InsO, 12. Aufl., § 295 Rz. 62). Versucht der Schuldner, sich durch wechselnde Erwerbsformen der Gläubigerbefriedigung zu entziehen, kann dem schon während der Treuhandzeit durch die Auskunftsobliegenheiten nach § 295 Abs. 1 Nr. 3 Alt. 5, 6 und 8 InsO begegnet werden. Rechtlich muss der Schuldner nicht die ökonomisch effizientere Wahl treffen, doch trägt er das Versagungsrisiko, falls er nicht die einem angemessenen Dienstverhältnis entsprechenden Beträge abführen kann (*Grote* ZInsO 2004, 1105 [1107]; i. E. wohl auch *Uhlenbruck/Vallender* InsO, 12. Aufl., § 295 Rz. 73). Eine ökonomisch sinnlose »Flucht in die Selbstständigkeit« steht unter dem Versagungsrisiko am Ende der Treuhandperiode.

62 a Zulässig ist auch eine **Kombination unterschiedlicher Erwerbsformen**. Übt der Schuldner sowohl eine selbstständige als auch eine nicht selbstständige Beschäftigung aus, ist als Bemessungsgrundlage von beiden Einkünften auszugehen (*Grote* ZInsO 2004, 1105 [1110]; **a. A.** *Warrikoff* ZInsO 2004, 1331 [1333]). Für das Ergebnis muss es unerheblich sein, ob der Schuldner überwiegend in selbstständiger oder unselbstständiger Weise arbeitet und wie hoch die jeweiligen Anteile sind. Die tatsächlichen Einkünfte aus nicht selbstständiger Tätigkeit sind um die fiktiven Einkünfte aus einem angemessenen Dienstverhältnis zu erhöhen. Der Schuldner muss die dem Treuhänder aufgrund der Abtretung zufließenden Einkünfte um den Betrag aufstocken, der den Gläubigern zugeflossen wäre, wenn der Schuldner anstelle der selbstständigen Tätigkeit auch insoweit abhängig beschäftigt gewesen wäre. Das anzunehmende fiktive Nettoeinkommen ist aus einem angemessenen Dienstverhältnis zu berechnen (BGH ZInsO 2006, 547 [548]; HK-InsO/*Landfermann*, 4. Aufl., § 295 Rz. 8; s. a. *Graf-Schlicker/Kexel* InsO, § 295 Rz. 19). Nach dem Muster des § 850 e Nr. 2 ZPO sind dazu die Einkommen – das reale und das hypothetische – zusammenzurechnen. Arbeitet der Schuldner über die regelmäßige Arbeitszeit hinaus, ist es fraglich, inwieweit der Mehrverdienst anzurechnen ist. Vorgeschlagen wird, entsprechend dem Grundgedanken aus § 850 a Nr. 1 ZPO dem Schuldner die Hälfte des Mehrverdienstes zu belassen (*Grote* ZInsO 2004, 1105 [1110]; HK-InsO/*Landfermann*, 4. Aufl., § 295 Rz. 8). Dieser Gedanke hat zwar im Fall einer nicht selbstständigen Vollzeitbeschäftigung den Charme einer leichten Bestimmbarkeit für sich, lässt sich aber auf andere Konstellationen nicht ohne Weiteres übertragen. Welche Erwerbsform soll etwa die Grundlage bilden, wenn der Schuldner für beide durchschnittlich 25 Stunden wöchentlich aufwendet, aber aus der einen Tätigkeit 60% aus der anderen 40% seiner Einkünfte bezieht? Ausschlaggebend muss deshalb die einheitliche Bezugsgröße der angemessenen Erwerbstätigkeit sein. Abhängig von den Umständen des Einzelfalls ist dann ein Teil der Einkünfte dem Schuldner zu belassen, der aus seiner über die regelmäßige Arbeitszeit hinausgehenden Tätigkeit stammt, wofür § 850 a Nr. 1 ZPO einen Anhaltspunkt liefert.

62 b Einer selbstständigen Tätigkeit kann allerdings die mangelnde wirtschaftliche Leistungsfähigkeit des Schuldners entgegenstehen, wenn sie im Einzelfall zu einer **Unzuverlässigkeit** als **Gewerbetreibender** nach § 35 Abs. 1 Satz 1, 2 GewO führt (vgl. *Heß* in *Fuhr/Friauf* GewO, § 35 Rz. 61 f.). Auch nicht ganz unerhebliche Steuerrückstände oder nicht abgeführte Sozialversicherungsbeiträge können eine Unzuverlässigkeit begründen (*Heß* in *Fuhr/Friauf* GewO, § 35 Rz. 63, 68). Während eines laufenden Insolvenzverfahrens ist ein Antrag auf Zulassung zur Rechtsanwaltschaft zurückzuweisen, weil ein Vermögensverfall nach § 7 Nr. 9 BRAO zu vermuten ist. Auch der Antrag auf Erteilung von Restschuldbefreiung ändert dies nicht (BGH NJW 2005, 1944). Die **Zulassung zur Anwaltschaft** ist bei einem

Vermögensverfall des Rechtsanwalts nach § 14 Abs. 2 Nr. 7 BRAO grds. zu widerrufen (krit. zur unzureichenden Abstimmung berufsregelnder Gesetze mit der InsO *Jaeger/Henckel* § 35 Rz. 17). Die Stellung des Insolvenzantrags bildet zwar ein wesentliches Indiz für den Vermögensverfall, nach der Rechtsprechung des *BGH* aber allein noch keinen Grund für einen automatischen Widerruf der Anwaltszulassung. Ausnahmsweise ist die Zulassung nicht zu entziehen, wenn eine Gefährdung der Interessen der Rechtsuchenden nicht gegeben ist, weil keine Beanstandungen erfolgt sind, der Anwalt nicht nach außen in Erscheinung tritt und die Mandate im Auftrag und für Rechnung der Sozietät abgeschlossen werden. Insbesondere müssen die arbeitsvertraglichen Beschränkungen und Sicherungsvorkehrungen die Annahme rechtfertigen, dass eine Gefährdung der Interessen der Rechtsuchenden durch den Vermögensverfall des Rechtsanwalts schon vor Abschluss des in die Wege geleiteten Insolvenzverfahrens nicht mehr zu befürchten ist (*BGH* NJW 2005, 511; NJW 2007, 2924 Tz. 12; *Janca* ZInsO 2005, 242; allgemein *Schmittmann* ZInsO 2004, 725). Eine Konsolidierung liegt noch nicht vor, wenn der Insolvenzverwalter die Kanzlei aus der Masse entlassen hat. Insbesondere muss ein Restschuldbefreiungsantrag gestellt sein (*BGH* ZVI 2007, 619 Tz. 9, 12). Parallel dazu bestimmt § 50 Abs. 1 Nr. 6 BNotO, dass im Vermögensverfall, der bei Eröffnung des Insolvenzverfahrens vermutet wird, der Notar seines Amtes zu entheben ist (*BGH* NJW 2004, 2018; NJW 2007, 1287 [1288]; zur Widerlegung der Vermutung *BGH* NJW 2007, 1289; *Schmittmann* ZInsO 2006, 419 [421]). Zu berücksichtigen ist aber, dass eine Amtsenthebung die bestmögliche Gläubigerbefriedigung beeinträchtigen kann (*BVerfG* NJW 2005, 3057 [3058]). Der Widerruf der Bestellung des Steuerberaters im Vermögensverfall ist in § 46 Abs. 2 Nr. 4 StBerG (dazu *BFH* DStR 2004, 974; *FG Kiel* ZVI 2004, 535) und der des Wirtschaftsprüfers in § 20 Abs. 2 Nr. 5 WPO geregelt (*Schmittmann* ZInsO 2006, 419 [420]).

Kann der Schuldner im Verfahren über die **Wiedergestattung** der persönlichen Ausübung eines Gewerbes die wirtschaftliche Leistungsfähigkeit nachweisen, ist ihm während der Treuhandperiode die gewerbliche Tätigkeit wieder zu gestatten (vgl. *OVG Bremen* GewArch 2004, 163; *Leibner* ZInsO 2002, 61 [62]). Hat ein Rechtsanwalt das Insolvenzverfahren durchlaufen und kündigt das Gericht die Restschuldbefreiung nach § 291 InsO an, erscheinen die Vermögensverhältnisse wieder als geordnet, weswegen bereits während der Treuhandperiode die **Zulassung zur Rechtsanwaltschaft** grds. wieder zu erteilen ist (*BGH* NJW 2005, 1272). Ein Steuerberater kann wieder bestellt werden (*Niedersächsisches FG* EFG 2004, 927). **62 c**

Ob eine Person eine **selbstständige Tätigkeit** ausübt, ist angelehnt an die Definition aus § 84 Abs. 1 Satz 2 HGB in der Weise zu bestimmen, ob sie ihre Chancen auf dem Markt selbstständig und im Wesentlichen weisungsfrei suchen kann (*BAG* NJW 1997, 2973 [2974]; MünchKomm-HGB/*v. Hoyningen-Huene* 2. Aufl., § 84 Rz. 26 ff.; *Baumbach/Hopt* HGB, 33. Aufl., § 84 Rz. 35 ff.). Nach anderer Ansicht ist auf die einkommensteuerrechtliche Bestimmung der Einkünfte aus selbstständiger Tätigkeit (*Uhlenbruck/Vallender* InsO, 12. Aufl., § 295 Rz. 64) bzw. auf die vollstreckungsrechtliche Ableitung aus § 850 ZPO abzustellen (*Schmerbach* ZVI 2003, 256 [261]). Auch ein Selbstständiger kann jedoch über pfändbare und damit abtretbare Einkünfte verfügen, vgl. *Ahrens* § 287 Rz. 20, 50 f. (unzutreffend insoweit die Begr. RegE, BR-Drucks. 1/92 S. 192, die davon ausgeht, dass eine Vorausabtretung seiner Einkünfte ausgeschlossen ist). Soweit der selbstständig tätige Schuldner seine Einkünfte wirksam übertragen hat, bedarf es nicht mehr der Regelung des § 295 Abs. 2 InsO. Die Regelung ist deswegen teleologisch auf die Fälle zu beschränken, in denen keine Forderungen übergegangen sind. **63**

Hat sich der Schuldner für eine selbstständige Tätigkeit entschieden, muss er die Insolvenzgläubiger durch Zahlungen an den Treuhänder so stellen, als wenn er ein **angemessenes Dienstverhältnis** eingegangen wäre, ohne diese Beträge bereits bei dem Antrag auf Erteilung der Restschuldbefreiung mitteilen zu müssen (MünchKomm-InsO/*Ehricke* 2. Aufl., § 295 Rz. 106; **a. A.** *Haarmeyer/Wutzke/Förster* Handbuch, 3. Aufl., Rz. 8/197, die dies empfehlen). Zweifelhaft erscheint, ob auch der Zinsverlust zu kompensieren ist (so MünchKomm-InsO/*Ehricke* 2. Aufl., § 295 Rz. 106). Da der Leistungszeitpunkt am Ende der Treuhandzeit liegt (s. u. Rz. 65), fehlt für eine Verzinsungspflicht die Rechtsgrundlage. Der Begriff des angemessenen Dienstverhältnisses ist nach den zu § 295 Abs. 1 Nr. 1 InsO entwickelten Kriterien zu bestimmen (*Schmerbach* ZVI 2003, 256 [262]; *Graf-Schlicker/Kexel* InsO, § 295 Rz. 18; o. Rz. 11 ff.). Dabei ist die **Zahlungshöhe** des Schuldners nicht nach dem wirtschaftlichen Erfolg seines Unternehmens (*BGH* ZInsO 2006, 547 [548]; ein Antrag des Bundesrats, diesen Erfolg zu berücksichtigen, ist abgelehnt worden, BT-Drucks. 12/2443 zu § 244 RegE, S. 257, 267; dies übergeht *Wenzel* NZI 1999, 15 [18]), sondern nach dem hypothetischen Einkommen aus einem angemessenen, nicht notwendig der selbstständigen Tätigkeit entsprechenden Dienstverhältnis festzusetzen (HK-InsO/*Landfermann* 4. Aufl., § 295 **64**

Rz. 7; *Graf-Schlicker/Kexel* InsO, § 295 Rz. 18; *Trendelenburg* ZInsO 2000, 437 [439]; *Grote* ZInsO 2004, 1105 [1106]; **a. A.** *Kübler/Prütting-Wenzel* InsO, § 295 Rz. 15 a). Ausgangspunkt ist eine eigenständige normatives Haftungsvorstellung, für das es im Insolvenzverfahren keine Vergleichgröße gibt, denn der abzuführende Betrag kann nicht mit dem Insolvenzbeschlag gleichgesetzt werden. Da in der Treuhandperiode weder die Gläubiger noch der Treuhänder Instrumente besitzen, um in diesen Erwerbprozess steuernd einzugreifen, ist ein den rechtlichen Möglichkeiten entsprechendes vereinfachtes Konzept geschaffen. Das Unternehmerrisiko, also das Risiko im Rahmen einer selbstständigen Tätigkeit nicht die gleichen Einkünfte wie bei einer unselbstständigen Beschäftigung zu erzielen, trägt der Schuldner. Er kann sich insoweit nicht auf fehlendes Verschulden berufen. Erzielt der Schuldner aus seiner selbstständigen Tätigkeit nur unpfändbare Beträge, sollte er sich parallel um eine nicht selbstständige Beschäftigung bemühen (*Grote* ZInsO 2004, 1105 [1110]). Bleiben seine Bewerbungen erfolglos, kann er im Versagungsverfahren die Behauptungen der Gläubiger substantiiert bestreiten, dass aus einem angemessenen Dienstverhältnis höhere Einkünfte zu erzielen wären. Korrespondierend mit seinem wirtschaftlichen Risiko darf der Schuldner höhere Einnahmen behalten, als er im Rahmen einer nicht selbstständigen Beschäftigung erzielt hätte (*Uhlenbruck/Vallender* InsO, 12. Aufl., § 295 Rz. 72, 76; HK-InsO/*Landfermann* 4. Aufl., § 295 Rz. 11; *Braun/Buck* InsO, 3. Aufl., § 295 Rz. 19 f.; *Schmerbach* ZVI 2003, 256 [263]; *Grote* ZInsO 2004, 1105 [1109 f.]; krit. *Trendelenburg* ZInsO 2000, 437 [439]; **a. A.** *AG München* ZVI 2005, 384 [385]). Die Referenz des angemessenen Dienstverhältnisses verhindert aufwendige Auseinandersetzungen über mögliche Entnahmen aus dem Unternehmen und stellt eine vergleichsweise einfachere Berechnungsgröße für die Höhe der Einkünfte auf. Dabei ist auch die Konkordanz mit § 4 c Nr. 4 InsO gesichert, der vom Schuldner eine angemessene Erwerbstätigkeit erfordert. Zugleich ist der Weg gewiesen, um den Unterhalt des selbstständig tätigen Schuldners und seiner Familie in der Treuhandperiode zu bestimmen. Nach Aufhebung oder Einstellung des Insolvenzverfahrens ist § 100 InsO unanwendbar. Deswegen sind die Beträge nach den für das Arbeitseinkommen geltenden Sätzen zu bemessen. Aus dem fiktiven Einkommen ist der nach den §§ 292 Abs. 1 Satz 3, 36 Abs. 1 Satz 2 InsO, 850 ff. ZPO pfändbare Betrag zu ermitteln (*Schmerbach* ZVI 2003, 256 [262]; *Grote* ZInsO 2004, 1105 [1107]). Auch wenn der selbstständige Schuldner nach Aufnahme der Tätigkeit Überbrückungsgeld erhält, das nach der Tabelle zu § 850 c ZPO pfändbar wäre, bestimmt sich seine Zahlungsobliegenheit allein nach § 295 Abs. 2 InsO (*AG Mönchengladbach* ZVI 2004, 550 [551]).

65 Einzelne Zahlungstermine sind für den Schuldner nicht vorgeschrieben. Er darf deswegen zeitweilig geringere oder auch keine Leistungen erbringen, doch muss er etwaige Minderleistungen einschließlich eines möglichen Zinsverlusts später insgesamt ausgleichen. Zum **Abrechnungs- und Zahlungstermin** am Ende der Treuhandzeit muss der Schuldner die gesamten ihm obliegenden Zahlungen erbracht haben (Begr. RegE, BR-Drucks. 1/92 S. 192 f., MünchKomm-InsO/*Ehricke* 2. Aufl., § 295 Rz. 108; *Uhlenbruck/Vallender* InsO, 12. Aufl., § 295 Rz. 67; *Nerlich/Römermann* InsO, § 295 Rz. 15; HK-InsO/*Landfermann* 4. Aufl., § 295 Rz. 10; *Braun/Buck* InsO, 3. Aufl., § 295 Rz. 18; *Andres/Leithaus* InsO, § 295 Rz. 8; HambK-InsO/*Streck* 2. Aufl., § 295 Rz. 23; *Preuß* Verbraucherinsolvenzverfahren und Restschuldbefreiung, 2. Aufl., Rz. 290; *Trendelenburg* ZInsO 2000, 437 [438]; *Schmerbach* ZVI 2003, 256 [262]; *Grote* ZInsO 2004, 1105 [1106]; **a. A.** *Mohrbutter/Ringstmeier-Pape* 8. Aufl., § 17 Rz. 152). Eine solche Prozedur bedingt erhebliche Risiken, denn für den Schuldner erweist sich erst zu diesem Termin, ob er seiner Zahlungsobliegenheit nachgekommen ist (*Hess/Obermüller* Insolvenzplan, Restschuldbefreiung und Verbraucherinsolvenz, 3. Aufl., Rz. 1145), u. a. ist zwischenzeitlich bei einer erneut verschlechterten Lage nicht vor Zwangsvollstreckungen der Neugläubiger geschützt (s. *Ahrens* § 294 Rz. 13). Erforderlich sind zumindest angemessene Abschlagszahlungen. Nicht mehr vom Sinn dieses Verfahrens wird es gedeckt, wenn der Schuldner erst am Ende der Treuhandzeit seine gesamten Leistungen erbringen will, obwohl er auch dann noch seiner Zahlungsobliegenheit nachkommt. Der mögliche Verwertungserlös des betriebenen Unternehmens kann das dadurch geschaffene Risiko wohl nur unzureichend kompensieren. Hierin liegt insbesondere dann eine erhebliche Missbrauchsgefahr, wenn der Schuldner im Verlauf des Insolvenzverfahrens von einer nicht selbstständigen zu einer selbstständigen Tätigkeit wechselt, um bis zum Ende der Treuhandzeit keine Leistungen abführen zu müssen. Während der Treuhandphase wird diesem Risiko allerdings durch § 295 Abs. 1 Nr. 1 Alt. 1 InsO begegnet. Vor dem Abrechnungstermin wird ein Gläubigerantrag auf Versagung der Restschuldbefreiung gem. den §§ 295 Abs. 2, 296 Abs. 1 Satz 1 InsO nur begrenzt Erfolg versprechend sein, anders aber, wenn der Schuldner für eine längere Zeit – d. h. zumindest sechs Monate – keine Leistungen erbringt, obwohl ihm dies aus einem angemessenen Dienstverhältnis möglich wäre (vgl. *AG Darmstadt* JurBüro 2006, 100). Auch ein selbstständig erwerbstätiger

Schuldner kann aber nach § 295 Abs. 1 Nr. 3 InsO aufgefordert werden, Auskunft über seine Erwerbstätigkeit zu erteilen (*Schmerbach* ZVI 2003, 256 [263]; o. Rz. 44). Von den damit gewonnenen Anhaltspunkten aus kann die Einhaltung der Obliegenheit aus § 295 Abs. 2 InsO beurteilt werden. Eine Verletzung der Mitteilungspflichten des selbstständigen Schuldners für eigene Arbeitnehmer gegenüber den Sozialversicherungsträgern begründet keine Obliegenheitsverletzung (*AG Leipzig* ZVI 2004, 758 [759]).

Die **Entscheidung** über die Zahlungshöhe wird grds. vom Insolvenzgericht **im Versagungsverfahren** 66 getroffen (*Grote* ZInsO 2004, 1105 [1106]). Während des Insolvenzverfahrens kann der Insolvenzverwalter oder Treuhänder mit dem Schuldner Vereinbarungen über die zu leistenden Zahlungen treffen (*BGH* NJW 2003, 2167 [2170]). Mit Aufhebung oder Einstellung des Insolvenzverfahrens entfällt jedoch diese Kompetenz. Aufgrund seiner beschränkten Befugnisse ist der Treuhänder in der Treuhandperiode gesetzlich nicht mehr befugt, mit dem Schuldner die Höhe der zu leistenden Zahlungen bindend zu vereinbaren (*Grote* ZInsO 2004, 1105 [1108]; vgl. MünchKomm-InsO/*Ehricke* § 295 2. Aufl., Rz. 110; **a. A.** *Tetzlaff* ZInsO 2005, 393 [394]). Die Gläubiger können den Treuhänder jedoch dazu ermächtigen, doch stehen dem meist erhebliche praktische Schwierigkeiten entgegen (vgl. *Kübler/Prütting-Wenzel* InsO, § 295 Rz. 17 a). Setzt der Treuhänder einen zu niedrigen Betrag fest, wird sich der Schuldner im Rahmen eines Versagungsverfahrens vielfach vom Verschuldensvorwurf nach § 296 Abs. 1 Satz 1 InsO entlasten können. Ein überhöhter Ansatz kann Haftungsansprüche gegen den Treuhänder auslösen (*Grote* ZInsO 2004, 1105 [1108]). Allerdings sollte das Gericht frühzeitig auf den Umfang der bei einem angemessenen Dienstverhältnis zu leistenden Zahlungen hinweisen (*Schmerbach* ZVI 2003, 256 [262], weist zutreffend auf die fehlende Bindungswirkung hin) und der Schuldner in kürzeren Zeitabständen Leistungen erbringen (ausf. *Preuß* Verbraucherinsolvenzverfahren und Restschuldbefreiung, 2. Aufl., Rz. 279; s. a. *Hoffmann* Verbraucherinsolvenz und Restschuldbefreiung, S. 136; *Kübler/Prütting-Wenzel* InsO, § 295 Rz. 17 a).

Ein eigenständiges **Verfahren zur Feststellung der** zu leistenden **Zahlung** ist in der Insolvenzordnung 67 nicht geregelt, weswegen eine gerichtliche Vorabentscheidung abgelehnt wird (*AG München* ZVI 2005, 384 [385]; *Uhlenbruck/Vallender* InsO, 12. Aufl., § 295 Rz. 70; *Kübler/Prütting-Wenzel* InsO, § 295 Rz. 17 a; HambK-InsO/*Streck* 2. Aufl., § 295 Rz. 25; *Grote* ZInsO 2004, 1105 [1108]; *Schmerbach* ZVI 2003, 256 [262 f.]). Dies ist allerdings die Konsequenz aus einem Insolvenzverfahren, das keine unmittelbar auf eine Gläubigerbefriedigung gerichtete Mitwirkung des Schuldners kennt. Unter den veränderten Vorzeichen der Erwerbsobliegenheit im Restschuldbefreiungsverfahren müssen Instrumente entwickelt werden, welche die Erwerbsobliegenheit zu einer im Interesse aller Beteiligten beherrschbaren Anforderung machen. Eine originäre Rechtsmacht des Treuhänders zur Festsetzung dieser Beträge besteht nicht. Der Schuldner kann dann faktisch einen bestimmten Betrag erbringen, nicht aber mit bindender Wirkung festsetzen. Deswegen wird vielfach nur eine nachträgliche Kontrolle im Rahmen eines Versagungsverfahrens möglich sein (*Haarmeyer/Wutzke/Förster-Schmerbach* Präsenzkommentar, § 295 Rz. 24; *Mohrbutter/Ringstmeier-Pape* 8. Aufl., § 17 Rz. 153). Hat der Treuhänder allerdings einen Betrag bestimmt, den der Schuldner leistet, wird regelmäßig das für einen begründeten Versagungsantrag nach § 296 Abs. 1 Satz 1 InsO erforderliche Verschulden fehlen. Eine im Interesse aller Beteiligten bestehende Möglichkeit bietet eine frühzeitige gerichtliche Feststellung der Leistungsanforderungen (MünchKomm-InsO/*Ehricke* 2. Aufl., § 295 Rz. 110; vgl. o. Rz. 14 d für den nicht selbstständigen Schuldner). Abzustellen ist auf die allgemeinen verfahrensrechtlichen Grundsätze. Für den Schuldner kann ein Feststellungsinteresse bestehen, durch eine Zwischenentscheidung des Insolvenzgerichts nach den §§ 4 InsO, 256 Abs. 2 ZPO über den Leistungsumfang Klarheit zu erreichen. Dies gilt jedenfalls, sobald ein Streit etwa mit dem Treuhänder über die Höhe der Bezüge aus einem angemessenen Dienstverhältnis besteht. Unzulässig ist eine **Zwischenfeststellung** allerdings, wenn nur die Vorfrage eines Rechtsverhältnisses geklärt werden soll (*BGH* BGHZ 68, 331 [332]). Ein Rechtsverhältnis liegt aber vor, falls es für den in der Hauptentscheidung enthaltenen Subsumtionsschluss ein notwendiges Element bildet (MünchKomm-ZPO/*Becker-Eberhard* 3. Aufl., § 256 Rz. 80). Dabei genügt die bloße Möglichkeit, dass das streitige Rechtsverhältnis zwischen den Beteiligten über den gegenwärtigen Verfahrensstand hinaus Bedeutung gewinnen kann (*BGH* BGHZ 83, 251 [255]). In der Kontroverse zwischen dem Grundsatz und der – fehlenden – Norm erscheint hier die grundsätzliche Orientierung an § 256 Abs. 2 ZPO rechtlich vorzugswürdig und ein Zwischenfeststellungsantrag demzufolge zulässig. Zur Verfahrensbeschleunigung kann der Antrag bereits im Zulassungsverfahren gestellt und über ihn zusammen mit der Ankündigung der Restschuldbefreiung entschieden werden. Hat ein Insolvenzgläubiger bereits die Versagung der Restschuldbefreiung aufgrund einer Verletzung der Erwerbsobliegenheit beantragt, fehlt das Feststellungsinteresse.

§ 296
Verstoß gegen Obliegenheiten

(1) ¹Das Insolvenzgericht versagt die Restschuldbefreiung auf Antrag eines Insolvenzgläubigers, wenn der Schuldner während der Laufzeit der Abtretungserklärung eine seiner Obliegenheiten verletzt und dadurch die Befriedigung der Insolvenzgläubiger beeinträchtigt; dies gilt nicht, wenn den Schuldner kein Verschulden trifft. ²Der Antrag kann nur binnen eines Jahres nach dem Zeitpunkt gestellt werden, in dem die Obliegenheitsverletzung dem Gläubiger bekanntgeworden ist. ³Er ist nur zulässig, wenn die Voraussetzungen der Sätze 1 und 2 glaubhaft gemacht werden.

(2) ¹Vor der Entscheidung über den Antrag sind der Treuhänder, der Schuldner und die Insolvenzgläubiger zu hören. ²Der Schuldner hat über die Erfüllung seiner Obliegenheiten Auskunft zu erteilen und, wenn es der Gläubiger beantragt, die Richtigkeit dieser Auskunft an Eides Statt zu versichern. ³Gibt er die Auskunft oder die eidesstattliche Versicherung ohne hinreichende Entschuldigung nicht innerhalb der ihm gesetzten Frist ab oder erscheint er trotz ordnungsgemäßer Ladung ohne hinreichende Entschuldigung nicht zu einem Termin, den das Gericht für die Erteilung der Auskunft oder die eidesstattliche Versicherung anberaumt hat, so ist die Restschuldbefreiung zu versagen.

(3) ¹Gegen die Entscheidung steht dem Antragsteller und dem Schuldner die sofortige Beschwerde zu. ²Die Versagung der Restschuldbefreiung ist öffentlich bekanntzumachen.

Inhaltsübersicht: Rz.

A. Normzweck	1
B. Gesetzliche Systematik	2– 4b
C. Versagungsgrund	5–15
I. Obliegenheitsverletzung	5– 7
II. Verschulden	8– 9
III. Beeinträchtigte Befriedigung	10–15
D. Versagungsverfahren	16–29
I. Antragstellung	16–17a
II. Antragsfrist	18–23
III. Glaubhaftmachung	24–28b
IV. Anhörung	29
E. Verfahrensobliegenheiten: Erscheinen, Auskunftserteilung, eidesstattliche Versicherung	30–36
F. Weiteres Verfahren und gerichtliche Entscheidung	37–41

Literatur:

Siehe § 286.

A. Normzweck

1 Verstößt ein Schuldner gegen eine Obliegenheit aus § 295 InsO, kann ihm nach Maßgabe des § 296 InsO die gesetzliche Schuldbefreiung versagt und damit die auch als Wohlverhaltensperiode bezeichnete Treuhandzeit gem. § 299 InsO vorzeitig beendet werden. Mit dem Instrumentarium aus § 296 InsO wird den Insolvenzgläubigern ein **besonderer Rechtsbehelf** eröffnet. Zunächst normiert § 296 Abs. 1 Satz 1, 2 InsO die materiellen Voraussetzungen, unter denen die Restschuldbefreiung wegen einer Obliegenheitsverletzung während der Treuhandzeit versagt werden kann. Dabei korrespondiert die Versagungsregelung unmittelbar mit den Anordnungen in § 295 InsO und begründet die erforderlichen Rechtsfolgen, um den Schuldner zur Einhaltung seiner Obliegenheiten zu veranlassen. Außerdem regelt die Vorschrift das gerichtliche Verfahren über einen Antrag auf Versagung der Schuldbefreiung. In einem ersten Schritt sichert § 296 InsO so zunächst die Mitwirkung des Schuldners an der Gläubigerbefriedigung während der Treuhandzeit. Darüber hinaus konstituiert § 296 Abs. 2 Satz 2 und 3 drei zusätzliche, auf das Versagungs-

verfahren bezogene Obliegenheiten, deren Verletzung ebenfalls zu einer Versagung der Restschuldbefreiung führen kann. Mit diesen eigenständigen verfahrensbezogenen Obliegenheiten soll im zweiten Schritt die Beteiligung des Schuldners an dem Versagungsverfahren gewährleistet werden.

B. Gesetzliche Systematik

Als Reaktion auf eine Verletzung von Obliegenheiten während der Treuhandperiode eröffnet § 296 InsO ein Verfahren zur Versagung der Schuldbefreiung. Mit seinen differenzierten Erfordernissen schafft das Versagungsverfahren zugleich ein **Gegengewicht** zu dem strengen Konzept der Schuldnerobliegenheiten aus § 295 InsO. Nicht jede Obliegenheitsverletzung führt deswegen zu einer Versagung der Restschuldbefreiung. An den Schuldner werden zwar nach § 295 InsO weit reichende Anforderungen gestellt, doch wirken sich seine Verstöße lediglich dann aus, wenn der antragstellende Insolvenzgläubiger selbst ähnlich umfassende Erfordernisse erfüllt (MünchKomm-InsO/*Stephan* 2. Aufl., § 296 Rz. 2). Obliegenheiten und Versagungsregeln stehen damit in einem austarierten Verhältnis und müssen aus diesem wechselseitigen Bezug verstanden werden. Deshalb dient § 296 InsO nur als begrenztes Verfahrensmuster, auf das die §§ 297 Abs. 2, 298 Abs. 3 InsO lediglich partiell verweisen. 2

Materiell setzt eine Versagung der Restschuldbefreiung nach § 296 InsO zunächst eine vom Schuldner **verschuldete** Verletzung einer Obliegenheit i. S. d. § 295 InsO voraus. Diese Obliegenheitsverletzung muss für eine nicht unwesentliche Beeinträchtigung der Gläubigerbefriedigung ursächlich gewesen sein. Dabei darf der Versagungsantrag nur binnen eines Jahres nach Kenntnis von der Obliegenheitsverletzung gestellt werden. 3

Die an den Versagungsgrund und insbesondere an eine Obliegenheitsverletzung zu stellenden Anforderungen sind dabei auch aus dem **Dauercharakter der Treuhandzeit** zu entwickeln. Deswegen kann ein Hinweis auf die möglichen Folgen eines obliegenheitswidrigen Verhaltens erforderlich oder eine Versagung der Restschuldbefreiung wegen geringfügiger Obliegenheitsverletzungen zum Ende der Treuhandzeit ausgeschlossen sein (vgl. *Ahrens* § 286 Rz. 24, § 295 Rz. 4). Mit diesen Einschränkungen werden allerdings nur die Konsequenzen aus dem Dauerrechtsverhältnis der Schuldbefreiungsprozedur gezogen. Ein weitergehendes bewegliches System der gesetzlichen Voraussetzungen bzw. ein an das zu § 138 Abs. 2 BGB vertretene Sandhaufentheorem (insbesondere *OLG Stuttgart* NJW 1979, 2409 [2412]; dagegen *BGH* NJW 1981, 1206 [1207]) angelehntes Konzept (in dessen Richtung weisen die Ausführungen von *Döbereiner* Restschuldbefreiung, S. 202 ff.) ist dagegen abzulehnen. Nach den gesetzlichen Regelungsvorstellungen können nicht mehrere unerhebliche Obliegenheitsverletzungen aufaddiert respektive unwesentliche Beeinträchtigungen der Gläubigerbefriedigung durch schwere subjektive Vorwürfe gesteigert oder umgekehrt Obliegenheitsverletzungen in einem Bereich durch überobligationsmäßige Anstrengungen auf einem anderen Gebiet kompensiert werden. Ein entsprechendes auch die Rechtsfolgen einbeziehendes flexibles Reaktionsmuster wurde im Gesetzgebungsverfahren ausdrücklich abgelehnt (Begr. des Rechtsausschusses BT-Drucks. 12/7302 S. 188, zu § 346 k). 4

Allein Obliegenheitsverletzungen nach Ankündigung der Restschuldbefreiung werden von § 296 Abs. 1 InsO erfasst (*LG Göttingen* NZI 2004, 678 [679]). Zeitlich ist der Anwendungsbereich von § 296 InsO unverändert auf Obliegenheitsverletzungen während der Treuhandperiode beschränkt (Rz. 7). Das InsO-ÄndG vom 26. 10. 2001, BGBl. I S. 2710, hat hierzu keine Änderung gebracht. Zulässig ist ein Versagungsantrag nur bis zur Erteilung der Restschuldbefreiung. Anschließend wird die Versagungsmöglichkeit durch das Widerrufsrecht nach § 303 InsO verdrängt (dazu u. Rz. 18). 4 a

Für die Kostenstundung hat der BGH eine Parallele zu § 296 Abs. 2 Satz 2 InsO gezogen. Gestützt auf den Gedanken des § 296 Abs. 2 Satz 2 InsO hält es das Gericht für zulässig, eine Kostenstundung aufzuheben, wenn der Schuldner seine Auskunftspflicht nach § 4 c Nr. 4 letzter HS InsO nicht erfüllt (*BGH* NZI 2008, 507 Tz. 3). 4 b

C. Versagungsgrund

I. Obliegenheitsverletzung

5 Unter dem Druck der Versagungsfolge soll der Schuldner zur Einhaltung seiner Obliegenheiten und damit zur aktiven Mitwirkung an der Gläubigerbefriedigung angehalten werden. Im Mittelpunkt der Versagungsregelung des § 296 Abs. 1 Satz 1 InsO stehen deswegen die in § 295 InsO normierten Obliegenheiten. Dem Schuldner kann die Restschuldbefreiung versagt werden, wenn er während der Laufzeit der Abtretungserklärung eine seiner Obliegenheiten verletzt. Mit dieser Anbindung an die Laufzeit der Abtretungserklärung wird der temporale und der sachliche Anwendungsbereich der Versagungsmöglichkeit beschränkt.

6 **Zeitlich** kommen nur Obliegenheitsverletzungen im Verlauf der **Treuhandzeit** in Betracht. Obwohl § 296 Abs. 1 Satz 1 InsO auf die Laufzeit der Abtretungserklärung abstellt und der Schuldner gem. § 287 Abs. 2 Satz 1 InsO n. F. seine Bezüge für die Dauer von sechs Jahren nach Aufhebung des Insolvenzverfahrens abtritt, ist der auf die Treuhandzeit beschränkte zeitliche Anwendungsbereich von § 296 Abs. 1 Satz 1 InsO unverändert geblieben (dazu sogleich Rz. 7). Dieser Zeitraum beginnt nach der Aufhebung des Insolvenzverfahrens im Anschluss an die Rechtskraft des Beschlusses über die Ankündigung der Restschuldbefreiung, §§ 287 Abs. 2 Satz 1, 289 Abs. 2 Satz 2 InsO, und endet mit der Laufzeit der Abtretungserklärung, wodurch der Schuldner von seinen Obliegenheiten entbunden wird. Obliegenheitsverletzungen im Vorfeld und während des Insolvenzverfahrens, die § 290 Abs. 1 InsO unterfallen, sind damit präkludiert (*Uhlenbruck/Vallender* InsO, 12. Aufl., § 296 Rz. 14). Ein Gläubiger, der sich erst im Verlauf der Treuhandperiode meldet und rügt, dass er bei der Verteilung der eingegangenen Beträge übergangen wird, kann unabhängig von der Frage, ob er Verfahrensrechte erheben darf (dazu u. Rz. 16) keinen Versagungsantrag stellen. Er müsste einen Verstoß gegen § 290 Abs. 1 Nr. 6 InsO vortragen, womit er ausgeschlossen ist (*Vallender* ZIP 2000, 1288 [1290]; **a. A.** *Kübler/Prütting-Wenzel* InsO, § 292 Rz. 19; *Bruckmann* Verbraucherinsolvenz, S. 216). Um diese exakte zeitliche Abgrenzung der Regelungsbereiche von § 290 InsO und § 296 InsO zu gewährleisten, ist auf die Vornahme der Verletzungshandlung abzustellen.

7 Die Verknüpfung der Versagungsregelung mit der Laufzeit der Abtretungserklärung in § 296 Abs. 1 Satz 1 InsO bestimmt zugleich über den **Gegenstandsbereich** dieser Vorschrift. Auch § 295 InsO regelt, wie sein Einleitungssatz ausdrücklich bestimmt, die vom Schuldner während der Laufzeit der Abtretungserklärung einzuhaltenden Obliegenheiten. Deswegen schaffen exklusiv Verstöße gegen die Obliegenheiten aus § 295 InsO einen Versagungsgrund nach § 296 Abs. 1 Satz 1 InsO. Diese bislang zweifelsfreie Aussage hat durch die neue Fassung von § 287 Abs. 2 Satz 1 InsO, wonach der Schuldner seine Bezüge für die Dauer von sechs Jahren nach Eröffnung des Insolvenzverfahrens abzutreten hat, einen Teil ihrer begrifflichen Selbstverständlichkeit verloren. Trotzdem bleibt der Anwendungsbereich von § 296 InsO auf Obliegenheitsverletzungen aus § 295 InsO nach Ankündigung der Restschuldbefreiung beschränkt (*LG Göttingen* NZI 2004, 678 [679]). Aus dem Gesetzgebungsverfahren ist kein Hinweis zu entnehmen, dass mit der Novellierung von § 287 Abs. 2 Satz 1 InsO der Geltungsbereich von § 296 InsO und entsprechend der aus den §§ 294, 295, 297 InsO betroffen sein sollte. Systematisch und teleologisch hätte dies unhaltbare Konsequenzen (s. *Ahrens* § 287 Rz. 89 I ff.; § 295 Rz. 7 a). Eine Gleichsetzung des Begriffs der Laufzeit der Abtretungserklärung in § 296 Abs. 1 Satz 1 InsO mit der Abtretungsfrist in § 287 Abs. 2 Satz 1 InsO, die nach der Aufhebung des Insolvenzverfahrens beginnt, hätte zudem unabsehbare Konsequenzen. Bei einer derartigen Gleichstellung wären die Verfahrensvorschriften des § 296 InsO bereits vor Ankündigung der Restschuldbefreiung und damit auf die Versagungsgründe aus § 290 Abs. 1 InsO anzuwenden. Es existierten dann **zwei Verfahrensmodelle**, einerseits aus § 289 InsO anderseits gem. § 296 InsO, in denen die Versagungsgründe geltend gemacht werden könnten. Aufgrund der Überschneidung der Versagungsregeln ließen sich die Verfahrensvorschriften nicht zweifelsfrei zuordnen. Völlig ungeklärt ist, inwieweit die Beweislastumkehr für das Verschulden aus § 296 Abs. 1 Satz 1 letzter HS und die Verfahrensobliegenheiten gem. § 296 Abs. 2 Satz 2 und 3 InsO anwendbar wären. Diese unstimmigen Konsequenzen belegen, dass § 296 InsO ebenso wie § 295 InsO vor Ankündigung der Restschuldbefreiung und Eintritt in die Treuhandperiode unanwendbar ist. Bestätigt wird dieses Ergebnis zusätzlich durch den Umkehrschluss aus den §§ 296 Abs. 2 Satz 3, 297 Abs. 1, 298 Abs. 1 InsO, mit denen für Verstöße des Schuldners gegen andere Anforderungen besondere Versagungsvorschriften geschaffen sind. Erfüllt der Schuldner jenseits dieser Bestimmungen sonstige Erwartungen nicht, hat er etwa den Insolvenzgläubigern Vermögen vorenthalten, ohne gegen § 295 Abs. 1 Nr. 2, 3 InsO zu verstoßen, begründet dies keine

Obliegenheitsverletzung i. S. v. § 296 Abs. 1 Satz 1 InsO (vgl. *Ahrens* § 295 Rz. 5; *Hess/Obermüller* Insolvenzplan, Restschuldbefreiung und Verbraucherinsolvenz, 3. Aufl., Rz. 1213, 1215; *dies.* Die Rechtsstellung der Verfahrensbeteiligten, Rz. 390, 392).

II. Verschulden

§ 296 Abs. 1 Satz 1 HS 2 InsO verlangt eine **verschuldete Obliegenheitsverletzung**. Den Schuldner **8** muss also nach dieser Vorschrift an der Verletzung des geltenden Gebots ein Verschulden treffen. Da die Obliegenheitsverletzung einen Verstoß gegen eine im eigenen Interesse des Schuldners bestehende Verhaltensanforderung markiert, ist der Verschuldensbegriff hier nicht in dem bei Pflichtverletzungen üblichen Sinn einer Vorwerfbarkeit gem. § 276 BGB zu interpretieren. Wie bei anderen schuldhaften Obliegenheitsverletzungen auch, etwa den §§ 16 Abs. 3, 17 Abs. 2 VVG, kann dieses Verschulden angelehnt an den Maßstab des § 254 Abs. 1 BGB als Verschulden gegen sich selbst beurteilt werden (MünchKomm-InsO/*Stephan* 2. Aufl., § 296 Rz. 16; *Braun/Buck* InsO, 3. Aufl., § 296 Rz. 4; vgl. BGH BGHZ 57, 137 [145]; *Deutsch* Allgemeines Haftungsrecht, 2. Aufl., Rz. 567; eingehend zur Terminologie und den Unterschieden zum Mitverschulden *Lange/Schiemann* Schadensersatz, 3. Aufl., § 10 VI 1; *R. Schmidt* Die Obliegenheiten, S. 144 f.; **a. A.** zu § 296 Abs. 1 Satz 1 InsO *Kübler/Prütting-Wenzel* InsO, § 296 Rz. 4; *Uhlenbruck/Vallender* InsO, 12. Aufl., § 296 Rz. 25; *Heyer* Restschuldbefreiung, S. 144 f.; *Maier/Krafft* BB 1997, 2173 [2179]). Deshalb ist zu prüfen, ob die Begriffe von Vorsatz und Fahrlässigkeit eine inhaltliche Veränderung erfahren (*R. Schmidt* Die Obliegenheiten, S. 116 f.). Grds. wird auch für die Verantwortlichkeit gegen sich selbst von einer gruppenspezifischen, nach objektiv-typischen Merkmalen geordneten Fahrlässigkeit auszugehen sein (*Lange/Schiemann* Schadensersatz, 3. Aufl., § 10 VI 2). Wie aber etwa die Abwägung der Sorgfaltswidrigkeiten nach § 254 BGB subjektiv-individuell erfolgt (*Larenz* Schuldrecht, Bd. I, 14. Aufl., § 20 III bei Fn. 31; *Deutsch* Allgemeines Haftungsrecht, 2. Aufl., Rz. 572), können in den Fahrlässigkeitsmaßstab nach § 296 Abs. 1 Satz 1 HS 2 InsO beispielsweise über eine Differenzierung nach Gruppen subjektive Wertungselemente einfließen. Jenseits dieser Unterscheidung von objektiven und subjektiven Fahrlässigkeitselementen bleibt es für den Grad der Verantwortlichkeit bei der durch § 276 Abs. 1 Satz 2 BGB vorgezeichneten generellen Einstandspflicht auch für einfaches Verschulden (krit. dazu *Döbereiner* Restschuldbefreiung, S. 203 f.). Damit zeichnet sich allerdings ein Bruch gegenüber § 290 Abs. 1 InsO, der regelmäßig ein qualifiziertes Verschulden verlangt, sowie § 303 Abs. 1 InsO ab, der sogar eine vorsätzliche Obliegenheitsverletzung erfordert.

Dieser fühlbare Kontrast wird noch weiter verstärkt, weil § 296 Abs. 1 Satz 1 HS 2 InsO im Unterschied **9** zu den anderen Versagungs- und Widerrufsgründen eine **Beweislastumkehr** anordnet. Der Schuldner muss sich für sein mangelndes Verschulden entlasten (*Forsblad* Restschuldbefreiung, S. 232). Kann nicht festgestellt werden, ob den Schuldner ein Verschulden trifft, geht dies zu seinen Lasten (Begr. RegE, BR-Drucks. 1/92 S. 193). Zur Rechtfertigung dieser Beweislastumkehr muss nicht primär auf die beweisrechtliche Nähe des Schuldners zu den maßgebenden Umständen abgestellt werden, wie dies etwa zum materiellen Recht vertreten wird (*Baumgärtel/Strieder* Handbuch der Beweislast, 2. Aufl., § 282 BGB Rz. 3, § 285 BGB Rz. 1), denn bei den anderen insolvenzrechtlichen Versagungs- und Widerrufsgründen besteht die gleiche Nähe des Schuldners zu den beweisenden Umständen, ohne dass dort eine Beweislastumkehr angeordnet ist. Die Erklärung liegt in der von den §§ 295 f. InsO vorgesehenen Verteilung der Verantwortlichkeiten zwischen Schuldner und Gläubigern, zu deren Bestandteilen auch der Entlastungsbeweis für das Verschulden zählt. Aufgrund dieses ausbalancierten Konzepts hat der Schuldner zunächst erhebliche Anstrengungen zu unternehmen, um seinen Obliegenheiten zu entsprechen. Seine umfassenden Aufgaben einschließlich der verfahrensrechtlichen Obliegenheiten erleichtern zwar die Einleitung eines Versagungsverfahrens, doch muss der Gläubiger im Verfahren durch die **Glaubhaftmachung** (Rz. 24 ff.) weit reichende Anforderungen erfüllen. Nach dem Wortlaut und Zweck von § 296 Abs. 1 Satz 3 InsO schließt dies auch das Verschuldenserfordernis ein. Erst wenn dieses Zulässigkeitserfordernis erfüllt ist, wird im Rahmen der Begründetheitsprüfung die Beweislastumkehr für das besonders schwer nachweisbare Verschulden angeordnet. In der Fortsetzung dieses Gedankens darf durch die Beweislastumkehr ein erfolgreicher Abschluss der Treuhandzeit nicht unangemessen behindert werden. Verbreitet heißt es zur vergleichbaren Beweislastumkehr in § 280 Abs. 1 Satz 2 BGB und § 282 BGB a. F., an den Entlastungsbeweis dürfen keine allzu strengen Anforderungen gestellt werden (*Braun/Buck* InsO, 3. Aufl., § 296 Rz. 4; vgl. BGH BGHZ 116, 334 [337]; *Erman/Westermann* 12. Aufl., § 280 Rz. 31). Außerdem können materiellrechtlich zugunsten des belasteten Schuldners die Grundsätze über den Beweis des ersten Anscheins Anwendung finden. Insbesondere werden aber Ausnahmen von der Beweislastregelung angenommen, wenn etwa der Schuldner durch langes Warten des Gläubigers in Beweisnot geraten ist (*Baumgärtel/Strieder* Handbuch der Beweislast, 2. Aufl., § 282 BGB Rz. 9–11). Nach den zu den §§ 16 f. VVG entwickelten Maßstäben (*Prölss/Martin* VVG, 27. Aufl., §§ 16, 17 Anm. 34) kann es an einem Verschulden fehlen, wenn der Schuldner bei unklaren oder schwer zu beantwortenden Fragen einer Belehrung vertraut hat (vgl. *OLG Hamm* VersR 1978, 31). Unter der abwägenden Zielsetzung von § 296 Abs. 1 Satz 1 InsO müssen solche Umstände ebenfalls berücksichtigt werden. Verlässt sich der Schuldner auf den Ratschlag des Treuhänders, wird ihm regelmäßig kein Vorwurf zu machen sein. Eine unzureichende Auskunft über seine Bezüge wird dem Schuldner dann nicht vorzuwerfen sein, wenn er von seinem Arbeitgeber keine ordnungsgemäße Entgeltabrechnung erhält. Erzielt der Schuldner im Rahmen einer selbstständigen Tätigkeit nicht die gleichen Einkünfte wie bei einer unselbstständigen Beschäftigung, kann sich der Schuldner nicht auf sein fehlendes Verschulden berufen, da er das wirtschaftliche Risiko trägt (*Uhlenbruck/Vallender* InsO, 12. Aufl., § 295 Rz. 72). Der Schuldner soll aber vorwerfbar handeln, wenn er auf eine Information des Treuhänders sechs Monate lang nicht nachfragt (*AG Göttingen* ZInsO 2008, 865 [866]).

III. Beeinträchtigte Befriedigung

10 Durch seine verschuldete Obliegenheitsverletzung muss der Schuldner außerdem die **Befriedigung der Insolvenzgläubiger** konkret messbar beeinträchtigt haben, die vom Gläubiger darzulegen und glaubhaft zu machen ist (*BGH* ZInsO 2006, 547 Tz. 5; NZI 2007, 297 Tz. 7; *LG Hamburg* ZVI 2004, 259 [260]; dazu s. u. Rz. 24 ff.). Als Insolvenzgläubiger kommen auch hier nur die am Restschuldbefreiungsverfahren beteiligten Gläubiger in Betracht (dazu u. Rz. 16). Eine beeinträchtigte Befriedigung der Massegläubiger genügt wegen ihrer abweichenden verfahrensrechtlichen Stellung nicht (**a. A.** HK-InsO/*Landfermann* 4. Aufl., § 296 Rz. 3). Die Formulierung entspricht der aus der Versagungsregelung in § 290 Abs. 1 Nr. 4 InsO (dazu *Ahrens* § 290 Rz. 39), die ebenfalls eine beeinträchtigte Gläubigerbefriedigung verlangt, während die strengere Widerrufsregelung aus § 303 Abs. 1 InsO eine erhebliche Beeinträchtigung voraussetzt (dazu *Ahrens* § 303 Rz. 10). Allein eine beeinträchtigte Gläubigerbefriedigung genügt für § 296 Abs. 1 Satz 1 InsO jedoch nicht. Zusätzlich muss zwischen der Obliegenheitsverletzung und der Gläubigerbeeinträchtigung auch ein **Kausalzusammenhang** bestehen. Dieser liegt vor, wenn die Insolvenzgläubiger ohne die Obliegenheitsverletzung eine bessere Befriedigung hätten erlangen können (*BGH* ZInsO 2006, 547 Tz. 4; NZI 2008, 623 Tz. 12; MünchKomm-InsO/*Stephan* 2. Aufl., § 296 Rz. 14; *Graf-Schlicker/Kexel* InsO, § 296 Rz. 2; *Haarmeyer/Wutzke/Förster* Handbuch, 3. Aufl., Rz. 8/279; *Wittig* WM 1998, 157 [209, 215]), wie er auch für § 187 KO gefordert wird (*Kuhn/Uhlenbruck* KO, § 187 Rz. 2 b; *Kilger/Karsten Schmidt* KO § 187 Anm. 1 a) cc)).

11 Funktional dokumentiert und sichert diese Voraussetzung die auf eine Haftungsverwirklichung gerichtete Aufgabe des Restschuldbefreiungsverfahrens. Mit der Aufhebung oder Einstellung des Insolvenzverfahrens enden die insolvenzverfahrensrechtlichen Wirkungen, §§ 200 Abs. 1, 201 Abs. 1, 215 Abs. 2 InsO. Nach der Ankündigung der Restschuldbefreiung soll durch die Obliegenheiten aus § 295 InsO die Mitwirkung des Schuldners an einer weiteren Erfüllung seiner Verbindlichkeiten gesichert werden. Ohne eine Verletzung der Befriedigungsaussichten der Gläubiger verstößt daher der Schuldner nicht gegen die Zielsetzungen des Treuhandverfahrens. Dessen Zweck besteht weder in einer Erziehungsfunktion (so aber *Döbereiner* Restschuldbefreiung, S. 221) noch Strafzwecken (zutreffend *AG Regensburg* ZVI 2004, 499 [500]) oder einer sittlichen Bewertung des Schuldners. Sachlich wird mit der beeinträchtigten Befriedigung die für eine Anfechtungsbefugnis erforderliche Beschwer konkretisiert und zugleich auf die Wirkungen des Schuldbefreiungsverfahrens beschränkt. Die Beschwer ist also nicht zu bestimmen, indem die für den Insolvenzgläubiger eintretenden Folgen bei einer Erteilung der Restschuldbefreiung mit der unbeschränkten Vermögenshaftung des Schuldners gem. § 201 Abs. 1 InsO bei einer antragsgemäßen Versagung der Restschuldbefreiung verglichen werden. Die Beeinträchtigung ist nur durch den Vergleich zwischen dem ordnungsgemäß durchgeführten und dem unter einer Obliegenheitsverletzung absolvierten Schuldbefreiungsverfahren zu bemessen (*Kübler/Prütting-Wenzel* InsO, § 296 Rz. 5). Die Beeinträchtigung liegt bereits mit der Obliegenheitsverletzung und nicht erst der jährlichen Auszahlung durch den Treuhänder vor, weil die Mittel bereits ab diesem Zeitpunkt dem Gläubiger zugewiesen sind (*Braun/Buck* InsO, 3. Aufl., § 296 Rz. 3).

Bereits **sprachlich** weist die beeinträchtigte Gläubigerbefriedigung über eine lediglich gefährdete Vermögensposition hinaus. Eine Beeinträchtigung kann deshalb nicht schon dann angenommen werden, wenn sich nur die Befriedigungsaussichten der Gläubiger ohne einen konkreten Vermögensverlust verschlechtern. Dazu reicht nicht aus, dass der Schuldner den Gläubigern nicht die Prüfung ermöglicht hat, ob er pfändbares Einkommen erzielt (**a. A.** *AG Kempten* ZVI 2006, 220). Auch eine bloße Verzögerung oder Erschwerung der Befriedigung genügt noch nicht. Vielmehr müssen die Insolvenzgläubiger aufgrund der Obliegenheitsverletzung Einbußen bei ihrer Forderungserfüllung erlitten haben. (*BGH* ZInsO 2006, 547 Tz. 5; MünchKomm-InsO/*Stephan* 2. Aufl., § 296 Rz. 14; *Uhlenbruck/Vallender* InsO, 12. Aufl., § 296 Rz. 18; **a. A.** *Kübler/Prütting-Wenzel* InsO, § 296 Rz. 5). Neben der grammatikalischen bestätigt dies auch die teleologische Interpretation der §§ 295, 296 InsO. Als Instrumente der Haftungsverwirklichung sollen diese Vorschriften einer bestmöglichen Forderungserfüllung, nicht aber Strafzwecken dienen. An die Stelle ihrer ökonomischen Zielsetzung träte eine moralisierende Ausrichtung, wenn auf eine Obliegenheitsverletzung ohne messbare Vermögenseinbuße eine Versagung ausgesprochen werden könnte. Obwohl der Treuhänder die erlangten Beträge nur einmal jährlich an die Gläubiger zu verteilen hat, kann eine Gläubigerbeeinträchtigung schon vor diesem Verteilungszeitpunkt eintreten, weil in den Grenzen der §§ 287 Abs. 2, 292 Abs. 1 InsO die Beträge wirtschaftlich bereits den Gläubigern zugewiesen sind. Vor allem wird diese Auslegung aber durch die Ausschlussfrist in Satz 2 gefordert, weil sonst diese Frist ab Kenntnis der Obliegenheitsverletzung laufen kann, ohne dass der Gläubiger mangels einer Beeinträchtigung bereits berechtigt wäre, den Versagungsantrag zu stellen.

Führt die Obliegenheitsverletzung des Schuldners zu **keinen konkret messbaren wirtschaftlichen Konsequenzen**, wird die Befriedigung der Insolvenzgläubiger nicht beeinträchtigt, so dass die Restschuldbefreiung nicht nach § 296 Abs. 1 Satz 1 InsO versagt werden darf. Ohne eine Beschwer ist der Versagungsantrag unzulässig. Abweichend von den in vermögensrechtlichen Streitigkeiten vielfach üblichen Wertsummen ist dabei kein bestimmter Betrag vorgeschrieben. Trotzdem muss ein konkreter Verlust messbar sein, denn eine bloße Gefährdung der Befriedigungsaussichten der Gläubiger genügt nicht (*BGH* ZInsO 2006, 547 Tz. 12; NZI 2007, 297 Tz. 5; NZI 2008, 623 Tz. 12; *Graf-Schlicker/Kexel* InsO, § 296 Rz. 2). Für die Vergleichsberechnung ist auf die Vermögensdifferenz zwischen der Tilgung der Verbindlichkeit mit und ohne Obliegenheitsverletzung abzustellen (*Kübler/Prütting-Wenzel* InsO, § 296 Rz. 5; *Uhlenbruck/Vallender* InsO, 12. Aufl., § 296 Rz. 18). Es muss nach Abzug aller vorrangig zu befriedigenden Verbindlichkeiten eine pfändbare Summe verbleiben und dieser an die Insolvenzgläubiger verteilbare Betrag verkürzt werden (*AG Göttingen* ZInsO 2006, 384 [385]). Ist nur die Tilgung der Verfahrenskosten (*AG Regensburg* ZVI 2004, 499 [500]) oder der Masseverbindlichkeiten betroffen, fehlt eine Beeinträchtigung der Insolvenzgläubiger, die § 296 Abs. 1 Satz 1 InsO ausdrücklich verlangt. Allerdings ist eine beeinträchtigte Gläubigerbefriedigung nicht schon deswegen ausgeschlossen, weil die Leistungen zunächst auf die Verfahrenskosten verrechnet werden müssen (*LG Göttingen* NZI 2008, 625), da hier nicht erst eine zukünftige mögliche, sondern eine bereits gegenwärtig eingetretene Veränderung der Befriedigungsaussichten vorliegt. Aus diesem Grund wird die unterlassene Anzeige eines Wohnsitzwechsels (HK-InsO/*Landfermann* 4. Aufl., § 296 Rz. 2; *Nerlich/Römermann* InsO, § 296 Rz. 11; *Braun/Riggert/Kind* Die Neuregelungen der Insolvenzordnung in der Praxis, 2. Aufl., S. 206) oder eine verspätete Auskunft über die Bemühungen um eine Erwerbstätigkeit (*LG Kiel* ZVI 2002, 474) vielfach folgenlos bleiben. Gibt der Schuldner eine Erwerbstätigkeit auf, die etwa aufgrund seiner Unterhaltspflichten **keine pfändbaren Beträge** erbracht hat oder lehnt der Schuldner bzw. die Schuldnerin eine (etwa neben der Kinderbetreuung zumutbare Teilzeit)Beschäftigung ab, die keine pfändbaren Bezüge ergeben hätte, oder zeigt der Schuldner die Aufnahme einer Erwerbstätigkeit nicht an, wenn er insgesamt nur unpfändbare Einkünfte erlangt, kann darin eine Obliegenheitsverletzung zu sehen sein, doch führt sie zu keiner Gläubigerbeeinträchtigung (s. *Ahrens* § 295 Rz. 20; FA-InsR/*Henning* 3. Aufl., Kap. 15 Rz. 116; *Bindemann* Handbuch Verbraucherkonkurs, 3. Aufl., Rz. 248; *Schmerbach* ZVI 2003, 256 [264]). Leistungen des Schuldners aus dem unpfändbaren Einkünften führen ebenfalls nicht zu einer beeinträchtigten Gläubigerbefriedigung (*Jacobi* ZVI 2008, 325 [328]; *Ahrens* § 295 Rz. 55). Auf **zukünftig mögliche Veränderungen** darf nicht abgestellt werden, weil eine beeinträchtigte und nicht eine gefährdete Gläubigerbefriedigung verlangt wird. Es genügt also nicht, wenn später mögliche Veränderungen wie Gehaltserhöhungen, eine Befriedigungschance begründen können (**a. A.** *Uhlenbruck/Vallender* InsO, 12. Aufl., § 296 Rz. 18; *Trendelenburg* Restschuldbefreiung, S. 266). Für eine solche Prognose fehlt jeder Maßstab. Zudem widerspricht sie auch dem Gedanken aus § 309 Abs. 1 Nr. 2 2. HS InsO. Erhält der Schuldner aufgrund der Beendigung seines

Arbeitsverhältnisses eine Abfindungszahlung, fehlt solange eine Beeinträchtigung der Befriedigungsaussichten, wie die Abfindung den Gläubigern zugute kommt (s. *Ahrens* § 295 Rz. 19).

14 Zumeist wirkt sich aber die Obliegenheitsverletzung nachteilig auf die Gläubiger aus. Dann ist zu bestimmen, ob der Schuldner nachträglich die Folgen seines Obliegenheitsverstoßes kompensieren darf, um zu verhindern, dass die Gläubigerbefriedigung beeinträchtigt wird. Aus der von den §§ 295, 296 InsO verfolgten Zielsetzung einer umfassenden Haftungsverwirklichung heraus, kann eine **Nachzahlung** nicht abgeführter Beträge sinnvoll sein, wenn zugleich gläubigergefährdende Manipulationen verhindert werden sollen (offen gelassen von *BGH* NZI 2008, 623 Tz. 13). Durch eine Nachentrichtung dokumentiert der Schuldner seinen Willen, die Obliegenheiten zu erfüllen. Außerdem trägt eine solche Befugnis dem wirtschaftlichen Begehren der Gläubiger möglicherweise besser als eine Versagung der Restschuldbefreiung Rechnung, durch die dem Schuldner seine Bereitschaft zur aktiven Forderungserfüllung genommen werden kann. Angelehnt an die Vorbilder der §§ 554 Abs. 2 Nr. 2 BGB, 371 AO kann deshalb ein solches befristetes Nachholungsrecht begründet werden, doch wird sein Geltungsbereich durch den Sinn und den Wortlaut von § 296 Abs. 1 Satz 1 InsO begrenzt. Ziel dessen ist, dass der Schuldner keine Gelder verschleiert, um sie nur im Fall eines Aufdeckens an die Gläubiger bzw. zunächst den Treuhänder auszuzahlen. Wie oben ausgeführt, wird die Gläubigerbefriedigung schon vor der Verteilung der Abtretungsbeträge beeinträchtigt. Diese Vorverlagerung des für eine Gläubigerbeeinträchtigung maßgebenden Zeitpunkts ist durch eine Nachentrichtungsbefugnis bis zu dem Auszahlungstermin auszugleichen (HK-InsO/*Landfermann* 4. Aufl., § 296 Rz. 2; *Heyer* Restschuldbefreiung, S. 144, bei engem zeitlichen Zusammenhang; a. A. *Kübler/Prütting/Wenzel* InsO, § 296 Rz. 5; HambK-InsO/*Streck* 2. Aufl., § 296 Rz. 11). Damit der Schuldner nicht abwartet, ob ein Versagungsverfahren durchgeführt wird, ist seine Zahlungsberechtigung zusätzlich nach Maßgabe von § 371 AO bis zur Einleitung eines gerichtlichen Versagungsverfahrens zu befristen. Das Nachholungsrecht ist deshalb doppelt durch den Verteilungszeitpunkt gem. § 292 Abs. 1 Satz 2 InsO sowie die Einleitung eines Versagungsverfahrens beschränkt.

15 Eine solche Berechtigung ist ebenso Ausdruck des Übermaßverbots als Konkretisierung des **Verhältnismäßigkeitsgrundsatzes**, wie die vom Rechtsausschuss des Bundestags geforderte **Wesentlichkeitsgrenze**. Hiernach soll bei ganz unwesentlichen Verstößen eine Versagung der Restschuldbefreiung ausscheiden (Begr. des Rechtsausschusses BT-Drucks. 12/7302 S. 188, zu § 346 k; *Uhlenbruck/Vallender* InsO, 12. Aufl., § 296 Rz. 15, 17; *Preuß* Verbraucherinsolvenzverfahren und Restschuldbefreiung, 2. Aufl., Rz. 297). Zwar gelten auch im Zivilverfahren die Grundsätze von Treu und Glauben (*Stein/Jonas-Brehm* 22. Aufl., vor § 1 Rz. 221 f.) mit denen auch die Wesentlichkeitsgrenze erklärt wird (Münch-Komm-InsO/*Stephan* 2. Aufl., § 296 Rz. 15; *Uhlenbruck/Vallender* InsO, 12. Aufl., § 296 Rz. 21; *Döbereiner* Restschuldbefreiung, S. 202). Überzeugender erscheint es aber hierin einen eigenständigen insolvenzrechtlichen Ausgleichsmechanismus zwischen den Schuldnerobliegenheiten und Gläubigerrechten zu sehen, mit dem auch dem Dauercharakter des Restschuldbefreiungsverfahrens Rechnung getragen werden kann. Je länger die Treuhandperiode bereits währt, desto höhere Anforderungen sind an eine Obliegenheitsverletzung zu stellen. Deswegen dient die Wesentlichkeitsgrenze als zusätzliches Korrektiv, um die Anforderungen auszubalancieren. Auf eine absolute finanzielle Obergrenze ist dabei nicht abzustellen.

D. Versagungsverfahren

I. Antragstellung

16 Das Insolvenzgericht kann die Restschuldbefreiung nur auf Antrag eines Insolvenzgläubigers versagen. Dazu muss der Insolvenzgläubiger einen statthaften **Versagungsantrag** gestellt und die weiteren **Zulässigkeitsvoraussetzungen** erfüllt haben. Dazu gehört auch, die Anforderungen von § 296 Abs. 1 Satz 1 und 2 InsO **glaubhaft zu machen** (*BGH* ZInsO 2006, 546 Tz. 5; NZI 2007, 297 Tz. 7). Außerdem muss der Versagungsantrag **begründet** sein. Der Antrag kann schriftlich gestellt werden. Unklare Erklärungen sind unter den für erwirkende Prozesshandlungen geltenden Grundsätzen auslegungsfähig. Das Versagungsverfahren unterliegt der Autonomie der Insolvenzgläubiger, also einer einseitigen Parteidisposition. Diese Freiheit der Insolvenzgläubiger erstreckt sich auf die Einleitung und die vorzeitige Beendigung des Versagungsverfahrens sowie den Umfang der richterlichen Prüfung. Das Insolvenzgericht darf auf dieses Antragsrecht nicht hinweisen (vgl. *Ahrens* § 290 Rz. 57 d). Ohne den Antrag eines **Insolvenzgläubigers** darf ein Versagungsverfahren nicht durchgeführt werden, wie § 296 Abs. 1 Satz 1 InsO aus-

drücklich bestimmt. Der Begriff des Insolvenzgläubigers aus § 296 Abs. 1 Satz 1 InsO stimmt mit dem Begriff aus § 290 Abs. 1 InsO überein (dazu sowie zu den Gläubigern bestrittener Forderungen *Ahrens* § 290 Rz. 57 a f.). Nur ein am Verfahren teilnehmender Gläubiger ist befugt, Verfahrensrechte auszuüben und im Restschuldbefreiungsverfahren einen Versagungsantrag zu stellen (*AG Bremen* ZVI 2003, 609 f.; MünchKomm-InsO/*Stephan* 2. Aufl., § 296 Rz. 5; HK-InsO/*Landfermann* 4. Aufl., § 296 Rz. 6; *Haarmeyer/Wutzke/Förster-Schmerbach* Präsenzkommentar, § 296 Rz. 9; **a. A.** *Uhlenbruck/Vallender* InsO, 12. Aufl., § 296 Rz. 3; *Braun/Buck* InsO, 3. Aufl., § 296 Rz. 5; *Büttner* ZVI 2007, 116 [117]). Ein Rechtsschutzbedürfnis für den Versagungsantrag besteht auch, wenn die Forderung nach § 302 InsO von der Schuldbefreiung ausgenommen ist (MünchKomm-InsO/*Stephan* 296 Rz. 5; **a. A.** *Döbereiner* Restschuldbefreiung, S. 321 f.). Zugleich entscheidet der antragstellende Gläubiger auch über den Verfahrensgegenstand. Andere Insolvenzgläubiger können auf den Verfahrensgegenstand allenfalls mittelbar einwirken, indem sie ebenfalls einen Antrag stellen. Der einen Versagungsantrag stellende Gläubiger muss antragsbefugt sein, weswegen der Antragsteller die Verletzung kollektiver oder eigener bzw. ihm zur Ausübung übertragener fremder individueller Rechte geltend machen muss (*Ahrens* NZI 2001, 113 [116 ff.]). **Massegläubiger** sind nicht antragsberechtigt (*Ahrens* NZI 2005, 401 [403]; **a. A.** HK-InsO/*Landfermann* 4. Aufl., § 296 Rz. 6; *Haarmeyer/Wutzke/Förster-Schmerbach* Präsenzkommentar, § 296 Rz. 20). Gegen ihr Antragsrecht sprechen Wortlaut und Teleologie der Regelung, denn in der Treuhandphase müssen deren Rechte nicht zusätzlich verstärkt werden. Der Versagungsantrag eines **Neugläubigers** ist unzulässig (*AG Hannover* ZInsO 2007, 50). Als bestimmender Schriftsatz muss der Versagungsantrag in aller Regel unterschrieben sein (*OLG Köln* NZI 2008, 627).

Eine **Prüfung der Versagungsgründe von Amts** wegen findet **nicht** statt. Ausdrücklich wird in der Begr. zum RegE EGInsO (BT-Drucks. 12/3803 S. 65) von einem **kontradiktorischen Verfahren** über den Versagungsantrag gesprochen. Von dem Gericht darf von Amts wegen ein Versagungsverfahren weder eingeleitet noch auf andere Versagungsgründe erstreckt werden (*BGH* NZI 2007, 297 Tz. 8; MünchKomm-InsO/*Stephan* 2. Aufl., § 296 Rz. 4; *Uhlenbruck/Vallender* InsO, 12. Aufl., § 296 Rz. 3, 48; HK-InsO/*Landfermann* 4. Aufl., § 296 Rz. 8; **a. A.** *Kübler/Prütting-Wenzel* InsO, § 296 Rz. 7; *LG Kiel* ZVI 2002, 474). Ist ein Versagungsantrag noch nicht gestellt, darf das Gericht aufgrund der kontradiktorischen Gestaltung des Verfahrens keine Antragstellung anregen. Auch wird es in einem Versagungsverfahren sehr genau abzuwägen haben, ob eine mit einem richterlichen Hinweis nach § 139 Abs. 1 ZPO verbundene Hilfestellung an die Gläubiger erforderlich sein kann, um eine Waffengleichheit mit dem Schuldner herzustellen (vgl. MünchKomm-ZPO/*Wagner* 3. Aufl., § 139 Rz. 1). 17

Der Antrag ist schriftlich, in elektronischer Form oder zu Protokoll der Geschäftsstelle eines jeden Amtsgerichts zu stellen, §§ 4 InsO, 129 a Abs. 1, 130 a, 496 ZPO. Er muss die allgemeinen Anforderungen einer erwirkenden Prozesshandlung erfüllen. In ihm sind die Obliegenheitsverletzung, die beeinträchtigten Befriedigungsaussichten und die Einhaltung der Jahresfrist darzulegen und glaubhaft zu machen. 17 a

II. Antragsfrist

Den Antrag auf Versagung der Restschuldbefreiung kann ein Gläubiger nur **binnen eines Jahres** stellen, nachdem ihm die Obliegenheitsverletzung bekannt geworden ist, § 296 Abs. 1 Satz 2 InsO (*AG Göttingen* ZInsO 2006, 384 [385]). Diese Ausschlussfrist dient ebenso der Rechtssicherheit wie dem Schutz des Schuldners. Frühestens ist der Antrag zulässig, nachdem das Insolvenzverfahren aufgehoben und die Treuhandzeit eingeleitet worden ist (Rz. 7). Letztmalig darf der Antrag in dem Termin zur Entscheidung über die Restschuldbefreiung gem. § 300 Abs. 2 InsO gestellt werden (MünchKomm-InsO/*Stephan* 2. Aufl., § 296 Rz. 11). Dies folgt allerdings nicht aus § 296 Abs. 1 Satz 1 InsO, denn ein Antrag auf Versagung der Restschuldbefreiung kann nach dieser Vorschrift mit Obliegenheitsverletzungen begründet werden, die während der Laufzeit der Abtretungserklärung erfolgt sind. Geregelt ist damit jedoch nur, welche Obliegenheitsverletzungen einen Versagungsantrag stützen können, nicht jedoch bis zu welchem Zeitpunkt der Antrag gestellt werden muss. Auch die Grundsätze über die materielle Rechtskraft allein schließen nach Erteilung der Restschuldbefreiung einen Versagungsantrag noch nicht aus. Als konkurrierende Regelung schließt aber das Widerrufsrecht aus § 303 Abs. 1 InsO nach Erteilung der Restschuldbefreiung einen Versagungsantrag aus. Wird die Antragsfrist nicht eingehalten, ist der Versagungsantrag unzulässig (*Nerlich/Römermann* InsO, § 296 Rz. 28; *Kübler/Prütting-Wenzel* InsO, § 296 Rz. 2; *Döbereiner* Restschuldbefreiung, S. 324 f.). 18

19 Die Antragstellung muss in einer **Ausschlussfrist** erfolgen, wie sie ähnlich in § 586 Abs. 2 Satz 1 ZPO formuliert ist. Für den Fristbeginn ist dabei auf das subjektive Element einer Kenntniserlangung von der Obliegenheitsverletzung abzustellen, also nicht auf objektive Merkmale, wie sie etwa die §§ 290 Abs. 1, 303 Abs. 2 InsO vorsehen. Merkliche Schwierigkeiten ergeben sich freilich, weil für den Fristenlauf eine innere Tatsache zugrundegelegt wird. Diese Schwierigkeiten können möglicherweise in Anlehnung an die zu § 586 Abs. 2 Satz 1 ZPO entwickelten Maßstäbe über eine Kenntnisnahme bewältigt werden. Nach dem verfahrensrechtlichen Muster des § 586 Abs. 2 Satz 1 ZPO beginnt die Frist für die Wiederaufnahmeklage mit der sicheren Kenntnis sämtlicher Tatsachen, die vorhanden sein müssen, um erfolgreich Klage erheben zu können, wozu über alle Tatsachen ein auf sicherer Grundlage beruhendes Wissen erforderlich ist. Kennenmüssen genügt, wenn sich der Gläubiger bewusst der Kenntnisnahme verschließt (*BGH* NJW 1993, 1596 f.; NJW 1995, 332 [333]). Gegen eine Adaption dieser Grundsätze für § 296 Abs. 1 Satz 2 InsO spricht allerdings die bei der Wiederaufnahmeklage einfacher strukturierte und deshalb leichter zu erkennende tatsächliche Sachlage. Aus diesem Grund erweist sich vor allem die Konzeption von § 197 Abs. 3 Nr. 1 Alt. 1 BGB als angemessener, doch kann die Auslegung zu § 1944 Abs. 2 Satz 1 BGB ebenfalls ergänzend herangezogen werden.

20 Nach den allgemeinen verjährungsrechtlichen Grundsätzen ist die **Kenntnis** der rechtsbegründenden Tatsachen genügend, deren zutreffende rechtliche Würdigung nicht gefordert wird (vgl. *BGH* NJW 1993, 648 [653]; *BGH* NJW 1996, 117 [118]; *Graf-Schlicker/Kexel* InsO, § 296 Rz. 6). Eine Kenntnis aller Einzelheiten wird dafür nicht verlangt (*BGH* NJW 1994, 3092 [3093]). Es genügt, wenn ein Versagungsantrag mit einigermaßen sicherer Aussicht auf Erfolg gestellt werden kann (*Nerlich/Römermann* InsO, § 296 Rz. 24; *Kübler/Prütting-Wenzel* InsO, § 296 Rz. 2; vgl. *BGH* NJW 1993, 648 [653]). Ein Kennenkönnen oder -müssen wird dafür einer Kenntnis nicht gleichgestellt (HambK-InsO/*Streck* 2. Aufl., § 296 Rz. 5; **a. A.** MünchKomm-InsO/*Stephan* 2. Aufl., § 296 Rz. 11). Der den Fristenlauf auslösende Kenntnisstand wird aber auch dann angenommen, wenn der Gläubiger die Kenntnis zwar nicht positiv besaß, wohl aber die Möglichkeit hatte, sich die erforderlichen Kenntnisse in zumutbarer Weise ohne nennenswerte Mühe zu beschaffen. Übertragen auf die insolvenzrechtlichen Anforderungen ist zusätzlich zu fordern, dass sich die Umstände dem Gläubiger geradezu aufgedrängt haben. Auf diese Weise soll dem Gläubiger im Einklang mit dem Rechtsgedanken aus § 162 Abs. 1 BGB die sonst bestehende Möglichkeit genommen werden, die Frist missbräuchlich dadurch zu verlängern, dass er die Augen vor einer sich aufdrängenden Kenntnis verschließt (*BGH* NJW 1989, 2323 [2324]; NJW 1993, 648 [653]; NJW 1994, 3092 [3093]). Dabei genügt es, wenn der Antragsteller über die Obliegenheitsverletzung informiert ist, denn auf andere Umstände muss sich seine Kenntnis nach der eindeutigen Formulierung des § 296 Abs. 1 Satz 2 InsO nicht erstrecken.

21 Eine Kenntnis des **Wissensvertreters** steht der Kenntnis des Gläubigers gleich (*Uhlenbruck/Vallender* InsO, 12. Aufl., § 296 Rz. 6; *Andres/Leithaus* InsO, § 296 Rz. 7; vgl. *BGH* NJW 1968, 988; NJW 1989, 2323). Wissensvertreter ist jeder, der nach der Arbeitsorganisation des Geschäftsherrn dazu berufen ist, im Rechtsverkehr als dessen Repräsentant bestimmte Aufgaben in eigener Verantwortung zu erledigen und die dabei angefallenen Informationen zur Kenntnis zu nehmen sowie ggf. weiterzuleiten. Gerade bei Großbanken kann eine solche Wissenszurechnung innerhalb einer Filiale (*BGH* NJW 1984, 1953 [1954]), aber auch zwischen unterschiedlichen Filialen erfolgen, damit der Informationsaustausch nicht auf bestimmte Fragen beschränkt wird, andere wichtige Punkte davon jedoch ausgenommen bleiben (*BGH* NJW 1989, 2879 [2880 f.]; *BGH* NJW 1989, 2881 [2882]; *BGH* NJW 1993, 1066 [1067]; ausf. auch für andere Unternehmen *Canaris* Bankvertragsrecht, 4. Aufl., Rz. 106, 499, 800 f., 810).

22 Von der gesetzlichen Formulierung wird auf die **Kenntnis des Gläubigers** abgestellt. Die Formulierung lässt jedoch offen, ob damit allein der Antragsteller oder ob auch der in seinen Rechten verletzte Gläubiger gemeint ist. Ungeregelt bleibt also, welchen Einfluss das Wissen des Treuhänders und der anderen Gläubiger besitzt. Nach den für den Konkursverwalter aufgestellten Regeln, ist eine Kenntnis des Treuhänders den Gläubigern nicht zuzurechnen (*BGH* BGHZ 55, 307 [312]). Ebenso wenig kann dem Antragsteller der Kenntnisstand der **anderen Gläubiger** nach den Prinzipien über die Wissensvertretung zugerechnet werden. Bei diesen Grundsätzen handelt es sich zwar um den Ausdruck eines allgemeinen Rechtsgedankens, der auf vergleichbare Interessenlagen entsprechend anzuwenden ist. Für die Gemeinschaft der Insolvenzgläubiger ist eine solche Zurechnung jedoch nicht zu legitimieren. Ihr fehlt vor allem eine einheitliche Organisationsstruktur, aus der die Verpflichtung abgeleitet werden könnte, eine Verfügbarkeit des Wissens sicherzustellen. In dieser Situation gerät die Jahresfrist allerdings in die Gefahr, zur Bedeutungslosigkeit abzusinken. Bereits im Vorfeld eines Versagungsverfahrens ließe es sich durch eine Weitergabe der

Informationen steuern, dass der Antrag von einem noch berechtigten Gläubiger gestellt wird. Selbst neben einem wegen des Fristablaufs vom Scheitern bedrohten Versagungsverfahren könnte noch ein anderer, bislang uninformierter Gläubiger einen neuen Versagungsantrag stellen. Eine gläubigerinterne Weitergabe der Informationen ist deshalb jedenfalls dann als rechtsmissbräuchliche Ausnutzung einer formalen Rechtsstellung zu missbilligen, wenn mit ihr die Fristbestimmung umgangen werden soll (vgl. *Ahrens* NZI 2001, 113 [118]; *Braun/Buck* InsO, 3. Aufl., § 296 Rz. 5; **a. A.** *Uhlenbruck/Vallender* InsO, 12. Aufl., § 296 Rz. 6; *Kübler/Prütting-Wenzel* InsO, § 296 Rz. 2; *Preuß* Verbraucherinsolvenzverfahren und Restschuldbefreiung, 2. Aufl., Rz. 298).

Die Ausschlussfrist läuft für jeden Versagungsgrund gesondert (*Uhlenbruck/Vallender* InsO, 12. Aufl., § 296 Rz. 9). Da die Frist dem Rechtsfrieden und dem Vertrauensschutz dient, ist in einem Versagungsverfahren das Nachschieben anderer bereits präkludierter Gründe ausgeschlossen. Eine Wiedereinsetzung in den vorigen Stand ist im Fall einer versäumten Antragsfrist ausgeschlossen. Die Fristberechnung erfolgt gem. den §§ 4 InsO, 222 Abs. 1 ZPO, 187 f. BGB, also nicht nach § 139 Abs. 1 InsO. 23

III. Glaubhaftmachung

Zum gestaffelten Konzept von Obliegenheiten und Versagungsregeln der Schuldbefreiung (dazu o. Rz. 2 ff.) gehören ebenfalls die an den Insolvenzgläubiger im Versagungsverfahren gerichteten beweisrechtlichen Anforderungen. Ein Versagungsantrag ist deshalb nach § 296 Abs. 1 Satz 3 InsO nur zulässig, wenn die **Voraussetzungen der Sätze 1 und 2 dargelegt und glaubhaft** gemacht worden sind, wofür der Gläubiger die Feststellungslast trägt (*BGH* ZInsO 2006, 547 Tz. 5; *Hess* InsO, 2007, § 296 Rz. 23). Davon erfasst werden die Obliegenheitsverletzung, die beeinträchtigte Befriedigung der Insolvenzgläubiger, die Einhaltung der Antragsfrist mit dem Zeitpunkt der Kenntnis sowie das Verschulden. Diese Anforderung dient dem Schutz des Insolvenzgerichts sowie des Schuldners und soll auf Mutmaßungen gestützte Versagungsanträge verhindern. 24

Ohne die **substantiierte Darlegung** und Glaubhaftmachung eines Versagungsgrunds ist der Antrag unzulässig, weil er dann ins Blaue hinein gestellt und auf bloße Vermutungen gestützt ist (*LG Göttingen* ZInsO 2005, 154 [155]). Entbehrlich ist die Glaubhaftmachung nur dann, wenn der schlüssige Sachvortrag des Gläubigers vom Schuldner nicht bestritten wird (*BGH* NZI 2008, 623 Tz. 7). Die maßgebenden Tatsachen sind deswegen nicht notwendig bereits bei der Antragstellung glaubhaft zu machen (*AG Leipzig* ZVI 2004, 758 [759]). Da die Glaubhaftmachung grds. Zulässigkeitsvoraussetzung des Versagungsantrags ist, ein zulässiger Antrag aber nur binnen der Jahresfrist aus § 296 Abs. 1 Satz 2 InsO gestellt werden kann, muss sie vor Ablauf dieser Frist erfolgen. Die Glaubhaftmachung hat grds. bis zum Ende des Schlusstermins oder dem Fristablauf im schriftlichen Verfahren zu geschehen. Eine spätere Nachholung der Glaubhaftmachung ist grds. nicht zulässig (*LG München I* ZInsO 2001, 767; *Haarmeyer/Wutzke/Förster*, Handbuch, Rz. 8/215). Musste der Versagungsgrund nicht glaubhaft gemacht werden, etwa weil der Schuldner nicht im Schlusstermin erschienen ist und den Sachvortrag aus sonstigen Gründen nicht bestritten hat, können das Bestreiten und die Glaubhaftmachung im Rechtsmittelverfahren nachgeholt werden, §§ 4 InsO, 571 ZPO. Die Glaubhaftmachung hat **sämtliche Elemente** von § 296 Abs. 1 Satz 1 HS 1, Satz 2 i. V. m. § 295 InsO zu umfassen (*BGH* ZInsO 2006, 547 Tz. 5). Dabei müssen nach dem Vortrag des Gläubigers die Voraussetzungen des Antragsgrunds wahrscheinlich gegeben sein. Die Beweisführungslast des Gläubigers in diesem Verfahrensstadium richtet sich nach §§ 4 InsO, 294 ZPO (s. FK-InsO/*Schmerbach* § 4 Rz. 17), der Insolvenzgläubiger darf sich also grds. der präsenten Beweismittel bedienen. Für eine von der allgemeinen zivilprozessualen und insolvenzrechtlichen Regelung abweichende Bedeutung gibt es keine Anhaltspunkte (*BGH* BGHZ 156, 139 [142]; *OLG Celle* NZI 2000, 214 [215]). Eine **Beweisaufnahme**, die nicht sofort erfolgen kann, ist **unzulässig**. Als Mittel der Glaubhaftmachung sind eidesstattliche Versicherungen, vom Schuldner abgezeichnete Aktenvermerke (*LG Stuttgart* ZInsO 2001, 134) oder Privatgutachten statthaft. Beispielhaft führt die Begr. zum RegE (BR-Drucks. 1/92 S. 193) eine vom Gläubiger vorgelegte schriftliche Erklärung des Treuhänders an, aus der ersichtlich ist, dass der Schuldner nach Beendigung seines Arbeitsverhältnisses trotz Aufforderung durch den Treuhänder keine Auskunft über seine Bemühungen gegeben hat, einen neuen Arbeitsplatz zu finden. Einzelne Tatsachen substantiiert bezeichnende Erklärungen des Treuhänders können deshalb zur Glaubhaftmachung herangezogen werden, doch ist seine rechtliche Würdigung bedeutungslos. Während einfache Abschriften von Urkunden oder unbeglaubigte Fotokopien früher nicht als Beweismittel, sondern allein dazu dienten, einen Tatsachenvortrag unstreitig zu stellen, hat der *BGH* jetzt auch diese Unterlagen als Beweis- 25 mittel zugelassen (BGHZ 156, 139 [143]). Eine aufgrund richterlicher Prüfung ergangene rechtskräftige Entscheidung, wie ein Strafbefehl, soll i. d. R. zur Glaubhaftmachung des aus ihr ersichtlichen rechtserheblichen Sachverhalts genügen (*BGH* BGHZ 156, 139 [144]). Ausreichend ist die Bezugnahme auf die Tatsachenfeststellung in einem Beschluss, mit dem die Kostenstundung aufgehoben wird (*AG Göttingen* ZInsO 2008, 865 [866]), nicht aber eine unzureichend bestimmte schriftliche Erklärung des Treuhänders (**a. A.** *LG Fulda* ZVI 2006, 597). Zur Glaubhaftmachung bedarf es keines vollen Beweises. Als **Beweismaß** für die glaubhaft zu machende Zulässigkeitsvoraussetzungen genügt die überwiegende Wahrscheinlichkeit, wofür nach der Rechtsprechung des *BGH* zu verlangen ist, dass bei einer umfassenden Würdigung aller Umstände des Einzelfalls mehr für die Erfüllung der Voraussetzungen als dagegen spricht (BGHZ 156, 139 [143]). Dabei sind die für den Gläubiger bestehenden Schwierigkeiten, den Sachverhalt aufzuklären, angemessen zu berücksichtigen (*BGH* ZInsO 2006, 547 Tz. 5). Ein Bestreiten der glaubhaft gemachten Tatsachen erhöht nicht den gesetzlich vorgeschriebenen Grad der richterlichen Überzeugungsbildung. Allerdings kann eine Gegenglaubhaftmachung zur Unzulässigkeit des Antrags führen (MünchKomm-InsO/*Stephan* 2. Aufl., § 296 Rz. 9; *Uhlenbruck/Vallender* InsO, 12. Aufl., § 296 Rz. 12; *Vallender* InVo 1998, 169 [178]; s. a. *OLG Köln* ZIP 1988, 664 [665]).

26 Der Gläubiger hat die Voraussetzungen des § 296 Abs. 1 Satz 1, 2 InsO darzulegen und glaubhaft zu machen. Vom Gläubiger wird dazu eine substantiierte Darstellung verlangt (*AG Duisburg* NZI 2002, 328 [329]). Abweichend von § 290 Abs. 2 InsO muss der Gläubiger nicht nur den **Versagungsgrund**, sondern auch die **sonstigen Antragsvoraussetzungen** glaubhaft machen. Im Einzelnen wird von ihm damit die Glaubhaftmachung der Obliegenheitsverletzung, der **beeinträchtigten Befriedigung** der Insolvenzgläubiger (*BGH* ZInsO 2006, 547 Tz. 5; *LG Hamburg* ZVI 2004, 259 [260]), für die der Antragsteller zumindest nachvollziehbare Gründe vortragen muss (vgl. *Schmerbach* NZI 2005, 521 [526]), und der Einhaltung der Antragsfrist verlangt. Im Hinblick auf die beeinträchtigte Gläubigerbefriedigung kommt eine Rückverlagerung der Darlegungs- und Beweislast auf den Schuldner nach den Grundsätzen der sekundären Behauptungslast schon deswegen nicht in Betracht (**a. A.** HambK-InsO/*Streck* 2. Aufl., § 296 Rz. 7; s. a. unten Rz. 28), weil der Schuldner regelmäßig darüber keine besondere Kenntnis besitzt und ihn auch kein qualifiziertes Verschulden treffen muss. Umstritten ist, ob diese Anforderung das **Verschulden** ebenfalls einschließt, was nach Wortlaut und Sinn, vor allem aber der Gesetzgebungsgeschichte zu bejahen ist (*Braun/Buck* InsO, 3. Aufl., § 296 Rz. 7; MünchKomm-InsO/*Stephan* 2. Aufl., § 296 Rz. 10; *Hess* InsO, 2007, § 296 Rz. 23; *Preuß* Verbraucherinsolvenzverfahren und Restschuldbefreiung, 2. Aufl., Rz. 298; *Smid* Grundzüge des Insolvenzrechts, 4. Aufl., § 31 Rz. 32; **a. A.** *AG Göttingen* NZI 2008, 696; *Uhlenbruck/Vallender* InsO, 12. Aufl., § 296 Rz. 10; *Nerlich/Römermann* InsO, § 296 Rz. 21; HK-InsO/*Landfermann* 4. Aufl., § 296 Rz. 7; HambK-InsO/*Streck* 2. Aufl., § 296 Rz. 8; *Haarmeyer/Wutzke/Förster-Schmerbach* Präsenzkommentar, § 296 Rz. 27; *Graf-Schlicker/Kexel* InsO, § 296 Rz. 7; *Andres/Leithaus* InsO, § 296 Rz. 6; *Haarmeyer/Wutzke/Förster* Handbuch, 3. Aufl., Rz. 8/278; *Prziklang* Verbraucherinsolvenz und Restschuldbefreiung, S. 72 f.). Der BGH verweist in der Entscheidung vom 05. 04. 2006 zum Teil auf die Glaubhaftmachung von Satz 1 und 2, zum Teil aber auch nur auf die Glaubhaftmachung von § 296 Abs. 1 Satz 1 HS 1, Satz 2 InsO (*BGH* ZInsO 2006, 413 Tz. 5), so dass insoweit keine eindeutige Stellungnahme vorliegt. Die Verschuldensregelung mit der Beweislastumkehr wurde erst in § 235 Abs. 1 RefE eingefügt. Gleichzeitig wurde die Stellung sowie die inhaltliche Ausgestaltung der Bestimmung über die Glaubhaftmachung an diesen veränderten Entwurf angepasst und damit zielgerichtet auch auf die Verschuldensvorschrift erstreckt. Auf der verfahrensrechtlichen Ebene wird dabei zwischen der Glaubhaftmachung des Verschuldens und der Beweislastumkehr ein abgestuftes Verhältnis hergestellt. Durch die glaubhaft zu machenden Umstände wird der kaum absehbare Kreis möglicher Vorwürfe eingegrenzt und dem Schuldner ein konkreter Anforderungsrahmen genannt, innerhalb dessen der Schuldner sich zu entlasten hat und die Amtsermittlungspflicht eingreift. Erst bei der Begründetheit geht ein non liquet zu Lasten des Schuldners. So trägt das System von Glaubhaftmachung und Beweislastumkehr für das Verschulden den sorgsam abgewogenen Lasten der Beteiligten Rechnung. Ein Versagungsantrag ist deshalb nur zulässig, sofern auch das Verschulden an der Obliegenheitsverletzung des Schuldners glaubhaft gemacht worden ist.

27 Erst wenn die Zulässigkeit des Versagungsantrags feststeht, weil insbesondere die Erfordernisse aus § 296 Abs. 1 Satz 3 InsO erfüllt sind, ist seine **Begründetheit** zu prüfen (*Bindemann* Handbuch Verbraucherkonkurs, 3. Aufl., Rz. 264). Erforderlich ist zunächst aber insbesondere eine substantiierte Darlegung der Antragsvoraussetzungen (vgl. *AG Duisburg* NZI 2002, 328 [329]). Auch bei § 296 InsO unterliegt dann das weitere Verfahren dem allgemeinen Grundsatz der **Amtsermittlungspflicht** des Insolvenzgerichts nach § 5 Abs. 1 Satz 1 InsO (*BGH* BGHZ 156, 139 [146 f.], zu § 290 InsO; *Uhlenbruck / Vallender* InsO, 12. Aufl., § 296 Rz. 8, 16). Dargelegte und offenkundige Tatsachen sind mit allen Erkenntnis- und Beweismitteln festzustellen, doch ist das Gericht nicht verpflichtet, von sich aus zur Erforschung der Wahrheit tätig zu werden. **Begründet** ist der Versagungsantrag, falls der Insolvenzgläubiger über die vom Schuldner bestrittenen Tatsachen, ausgenommen das Verschulden, den vollen Beweis führt. Die Amtsermittlungspflicht ändert also nichts daran, dass der Gläubiger im Versagungsverfahren die Feststellungslast trägt. Verbleiben Zweifel an dem Bestehen eines Versagungsgrunds, obwohl die nach § 5 Abs. 1 InsO gebotenen Maßnahmen ausgeschöpft sind, ist der Versagungsantrag zurückzuweisen (*BGH* BGHZ 156, 139 [147], zu § 290 InsO).

Das umfassende Modell der zwischen Schuldner und Insolvenzgläubigern **abgestuften Verantwortlichkeiten** wird damit im Detail auch bei der Verteilung der Feststellungslast fortgeführt. Der Schuldner hat weit reichende Obliegenheiten zu erfüllen. Will jedoch ein Gläubiger wegen einer Obliegenheitsverletzung einen Versagungsantrag stellen, so ist dieser nur zulässig, falls die einzelnen Erfordernisse glaubhaft gemacht werden. Sofern der Schuldner die Tatsachen bestreitet, hat der Gläubiger hierüber vollen Beweis zu führen. Ausgenommen davon ist das Verschulden, für das sich der Schuldner nach § 296 Abs. 1 Satz 1 HS 2 InsO entlasten muss. Die Beweisführung wird dem Gläubiger jedoch erleichtert, weil der Schuldner gem. § 296 Abs. 2 Satz 2 InsO über die Erfüllung seiner Obliegenheiten Auskunft erteilen und ihre Richtigkeit auf Antrag eidesstattlich versichern muss. 28

Für die einzelnen Versagungsgründe gilt: Bei **§ 295 Abs. 1 Nr. 1 InsO** genügt nicht ein allgemeiner Hinweis auf eine Pressemitteilung der Bundesagentur für Arbeit zur Lage des regionalen Arbeitsmarkts für eine Glaubhaftmachung unzureichender Bemühungen um einen Arbeitsplatz (*LG Landshut* ZInsO 2007, 615). Erforderlich sind Angaben zur familiären Situation, Ausbildung und Lage am Arbeitsmarkt (*AG Göttingen* NZI 2008, 696). Diese Anforderungen nach §§ 295 Abs. 1 Nr. 1, 196 Abs. 1 Satz 3 InsO entfallen nicht schon deswegen, weil der Schuldner keine Angaben gemacht hat, denn seine unterlassene Mitwirkung ist systematisch in den Verfahrensobliegenheiten aus § 296 Abs. 2 Satz 2 geregelt (**a. A.** *AG Göttingen* NZI 2008, 696). 28 a

Ein Verstoß gegen **§ 295 Abs. 1 Nr. 3 InsO** kann nicht mit Hinweis auf das anwaltliche Schreiben eines Dritten glaubhaft gemacht werden (*LG Aachen* ZVI 2007, 386). 28 b

IV. Anhörung

Über den Versagungsantrag hat das Gericht nach § 296 Abs. 2 Satz 1 InsO den Schuldner, den Treuhänder und alle anderen Insolvenzgläubiger zu hören (*LG Göttingen* NZI 2008, 625). Mit dieser Anhörung wird rechtliches Gehör i. S. v. Art. 103 Abs. 1 GG gewährt und die Auskunftserteilung durch den Schuldner eingeleitet. Beide Elemente, Anhörung und Auskunftserteilung, werden meist ineinander übergehen, sind aber systematisch auch für den Schuldner zu unterscheiden. Nicht erforderlich ist ein mündlicher Termin. Um das Gericht zu entlasten, kann die Anhörung der Verfahrensbeteiligten auch schriftlich erfolgen (Begr. des Rechtsausschusses BT-Drucks. 12/7302 S. 188, zu § 346k; *Uhlenbruck / Vallender* InsO, 12. Aufl., § 296 Rz. 26 f.; KS-InsO/*Schmidt-Räntsch* 2000, S. 1177 Rz. 38). Einen unzulässigen Versagungsantrag kann das Gericht ohne Anhörung des Schuldners verwerfen (*AG Duisburg* NZI 2002, 328 [329]). Die Anhörung eines unbekannt verzogenen Schuldners kann ausnahmsweise unterbleiben (*AG Dresden* ZVI 2007, 331). 29

E. Verfahrensobliegenheiten: Erscheinen, Auskunftserteilung, eidesstattliche Versicherung

Unter der Voraussetzung eines zulässigen Versagungsantrags werden an den Schuldner **drei** zusätzliche **verfahrensbezogenen Obliegenheiten** gerichtet. Auf eine gerichtliche Ladung muss er persönlich erscheinen. Er hat Auskunft über die Erfüllung seiner Obliegenheiten zu erteilen sowie ggf. ihre Richtigkeit an Eides Statt zu versichern, § 296 Abs. 2 Satz 2 und 3 InsO. Kommt der Schuldner diesen Geboten ohne hinreichende Entschuldigung nicht nach, ist ihm die Restschuldbefreiung zu versagen. Da die Gläubiger kaum eigene Kenntnisse darüber besitzen, ob der Schuldner seine Obliegenheiten erfüllt und der Treuhänder lediglich auf besonderen, meist nicht erteilten Auftrag verpflichtet ist, den Schuldner zu überwachen (§ 292 Abs. 2 Satz 1 InsO), ermöglichen es die Verfahrensobliegenheiten, einen Verstoß gegen § 295 InsO zu überprüfen. Die Verfahrensobliegenheiten bestehen deswegen nur **im eingeleiteten, zulässi-** 30 gen **Versagungsverfahren** (vgl. MünchKomm-InsO/*Stephan* 2. Aufl., § 296 Rz. 24; *Uhlenbruck/Vallender* InsO, 12. Aufl., § 296 Rz. 31). Vom Insolvenzgläubiger wird als Antragsteller zunächst verlangt, die umfassenden Voraussetzungen für einen Versagungsgrund darzulegen und glaubhaft zu machen, doch soll der Schuldner ebenfalls zur Aufklärung des Geschehens beitragen. Ist der Versagungsantrag unzulässig, bestehen die Verfahrensobliegenheiten nicht (*AG Göttingen* NZI 2007, 251). Um den Schuldner zur aktiven Mitwirkung auch im Versagungsverfahren zu veranlassen, sind seine verfahrensrechtlichen Obliegenheiten durch die strenge Versagungsfolge aus § 296 Abs. 2 Satz 3 InsO als autonome auf das Versagungsverfahren bezogene zusätzliche Versagungsgründe ausgestaltet. Mit diesen Anforderungen wird allerdings der aus dem Interessenantagonismus der Beteiligten abgeleitete Beibringungsgrundsatz weitgehend aufgegeben. An dessen Stelle tritt hier ein reglementierter Dialog der Beteiligten, über den das Gericht die Regie führt.

31 Mündliche Verhandlungen sind auch für das Versagungsverfahren nicht vorgeschrieben, § 5 Abs. 2 Satz 1 InsO. Vielfach wird aber eine Anhörung des Schuldners in der mündlichen Verhandlung zweckmäßig sein. Deswegen kann das Gericht ein **persönliches Erscheinen** des Schuldners anordnen, § 296 Abs. 2 Satz 3 InsO. Hierbei handelt es sich um keine allgemeine Mitwirkungspflicht, die im Vorfeld eines Versagungsverfahrens eine Aufklärung über eine Obliegenheitsverletzung ermöglicht. Mit der Anordnung des persönlichen Erscheinens wird eine zusätzliche Obliegenheit, keine verfahrensrechtliche Pflicht, begründet. Im Unterschied zu § 141 Abs. 3 Satz 1 ZPO darf bei einem Ausbleiben des Schuldners kein Ordnungsgeld verhängt werden (vgl. *BVerfG* NJW 1998, 892; MünchKomm-ZPO/*Wagner* 3. Aufl., § 141 Rz. 19). Nach Maßgabe von § 141 Abs. 2 ZPO ist der Schuldner von Amts wegen zu laden. Ihm ist die Ladung auch dann selbst mitzuteilen, wenn er einen Verfahrensbevollmächtigten hat, wobei für den Nachweis einer ordnungsgemäßen Ladung regelmäßig eine Zustellung erforderlich sein wird.

32 Bleibt der Schuldner ohne hinreichende Entschuldigung im Termin aus, ist die Restschuldbefreiung zu versagen. Auszurichten sind die Entschuldigungsgründe nicht an dem für versäumte Notfristen geltenden § 233 ZPO, sondern an der – sprachlich nur geringfügig von § 296 Abs. 2 Satz 3 InsO abweichenden – genügenden Entschuldigung gem. § 381 Abs. 1 ZPO. Entschuldbar ist danach (vgl. MünchKomm-ZPO/*Damrau* 3. Aufl., § 381 Rz. 2 ff.) ein Ausbleiben wegen Krankheit oder Unfall und gegebenenfalls wegen eines Urlaubs. Auch eine Unkenntnis der Ladung durch eine längere Abwesenheit vom Wohnort kann einen Entschuldigungsgrund bilden, solange damit noch nicht die Grenze zu einem Wohnsitzwechsel i. S. d. § 295 Abs. 1 Nr. 3 InsO überschritten wird.

33 Ordnet das Gericht ein persönliches Erscheinen des Schuldners an, so hat er in diesem Termin persönlich **Auskunft** über die Erfüllung seiner Obliegenheiten zu erteilen, § 296 Abs. 2 Satz 2 InsO. Im Unterschied zu einer Auskunftserteilung im Vorprüfungsstadium über eine Obliegenheitsverletzung nach § 295 Abs. 1 Nr. 3 InsO (s. *Ahrens* § 295 Rz. 51) kann das Gericht ergänzend gem. § 142 ZPO eine Vorlage von Urkunden anordnen. Sieht jedoch das Gericht von einem mündlichen Termin ab, so hat der Schuldner die unter Fristsetzung eingeforderten Auskünfte schriftlich zu erteilen. Vom Gericht ist darüber zu belehren, zu welchen Folgen eine Verletzung der Auskunftsobliegenheiten führt (MünchKomm-InsO/*Stephan* 2. Aufl., § 296 Rz. 25). Während der Schuldner in der Treuhandzeit, aber außerhalb eines Versagungsverfahrens, dem Insolvenzgericht und dem Treuhänder nur im Rahmen von § 295 Abs. 1 Nr. 3 InsO Auskunft über einen Wohnsitzwechsel, einen Wechsel der Beschäftigungsstelle, seine Erwerbstätigkeit oder seine Bemühungen darum, seine Bezüge und sein Vermögen zu erteilen hat, muss er in dem Versagungsverfahren über die Erfüllung jeder Obliegenheit Auskunft erteilen, auf die der Versagungsantrag gestützt wird. Zu **anderen Obliegenheiten** besteht kein Auskunftserfordernis, da dies sonst das Verfahren in die Nähe der nicht vorgesehen amtswegigen Versagung rücken könnte (MünchKomm-InsO/*Stephan* 2. Aufl., § 296 Rz. 24; a. A. *Uhlenbruck/Vallender* InsO, § 296 Rz. 30; HambK-InsO/*Streck* 2. Aufl., § 296 Rz. 11). Inhaltlich wird sich deshalb die Auskunft des Schuldners an der Aufforderung des Gerichts zu orientieren haben. Je genauer die Anfrage ist, desto detaillierter muss die Antwort des Schuldners ausfallen. Insbesondere kann vom Schuldner verlangt werden, seine Einwände gegen die Darstellung des Gläubigers zu substantiieren und zu begründen. Allerdings wird auch dies nicht schrankenlos gelten können, denn der Umfang wird durch den Zweck der Auskunft (*BGH* BGHZ 126, 109 [116 f.]) sowie den Grundsatz der Zumutbarkeit begrenzt (vgl. *BGH* NJW 1982, 573 [574]).

34 Auf formlosen und nicht zu begründenden Antrag des Insolvenzgläubigers, der das Versagungsverfahren eingeleitet hat, muss der Schuldner schließlich, so die dritte Obliegenheit, die Richtigkeit seiner Auskunft **an Eides Statt versichern**. Andere Gläubiger als der Antragsteller dürfen die eidesstattliche Versicherung nicht verlangen (*Braun/Riggert/Kind* Die Neuregelungen der Insolvenzordnung in der Praxis, 2. Aufl.,

S. 206). Das Verfahren zur Abgabe der eidesstattlichen Versicherung richtet sich nur teilweise nach § 98 InsO. Insbesondere kommt auch eine schriftliche Abgabe in Betracht (*Uhlenbruck/Vallender* InsO, 12. Aufl., § 296 Rz. 34). Die Maßstäbe einer eidesstattlichen Versicherung nach § 807 ZPO (allgemein *Viertelhausen* DGVZ 2001, 36 ff.) können allerdings nicht angelegt werden. Ziel der Auskunftserteilung ist nicht, dem Antragsteller die für eine effektive Haftungsverwirklichung erforderliche Kenntnis über den Vermögensbestand und die Einhaltung der Obliegenheiten durch den Schuldner zu vermitteln. Vielmehr soll in einem prozessförmigen Verfahren unter Berücksichtigung der gegenseitigen Interessen der Beteiligten die Erfüllung der Obliegenheiten überprüft werden. Die eidesstattliche Versicherung ist deswegen nicht in das Schuldnerverzeichnis aufzunehmen (*Gottwald* Zwangsvollstreckung, 5. Aufl., § 915 Rz. 3). Bei einer Verweigerung tritt an die Stelle der in § 98 InsO bei einer Weigerung vorgesehenen Zwangsmittel die spezielle Versagungsfolge gem. § 296 Abs. 2 Satz 3 InsO.

Die Auskunft und ggf. die eidesstattliche Versicherung hat der Schuldner innerhalb einer ihm gesetzten 35 Frist zu erteilen bzw. abzugeben, doch kann er mit einer hinreichenden Entschuldigung (dazu o. Rz. 9) die Folgen dieser Obliegenheitsverletzung ebenfalls abwenden. Nach dem Rechtsgedanken aus § 141 Abs. 3 Satz 3 ZPO wird der Schuldner nicht nur auf die Konsequenzen eines Ausbleibens im Termin (ähnlich *Döbereiner* Restschuldbefreiung, S. 206 f.), sondern auch auf die Folgen eines Verstoßes gegen die anderen Obliegenheiten hinzuweisen sein (*Uhlenbruck/Vallender* InsO, 12. Aufl., § 296 Rz. 29, 33).

Erfüllt der Schuldner eine der drei verfahrensbezogenen Obliegenheiten nicht, erscheint er also trotz An- 36 ordnung nicht oder erteilt er nicht die Auskünfte bzw. versichert er nicht ihre Richtigkeit an Eides Statt, so hat ihm das Gericht die Restschuldbefreiung **von Amts wegen**, also auch ohne Antrag eines Gläubigers, zu versagen (*BGH* NZI 2007, 534 Tz. 6; MünchKomm-InsO/*Stephan* 2. Aufl., § 296 Rz. 30; *Uhlenbruck/Vallender* InsO, 12. Aufl., § 296 Rz. 39). Für die verfahrensbezogenen Obliegenheiten bestehen ebenfalls subjektive Anforderungen für die der Amtsermittlungsgrundsatz gilt. Anders als nach § 296 Abs. 1 InsO gehen Unklarheiten darüber, ob den Schuldner bei Verletzung der verfahrensbezogenen Mitwirkungsobliegenheiten ein Verschulden trifft, nicht zu seinen Lasten (*BGH* NZI 2007, 534 Tz. 6; HambK-InsO/*Streck* § 296 Rz. 17; anders hier in der 4. Aufl.). Die gerichtliche Entscheidung unterliegt den allgemeinen Regeln über die Versagung, unten Rz. 39, also auch der sofortigen Beschwerde.

F. Weiteres Verfahren und gerichtliche Entscheidung

Zuständig für das Versagungsverfahren ist das Insolvenzgericht (§ 296 Abs. 1 InsO), selbst wenn das Ver- 37 fahren über einen anderen Versagungsantrag oder die Erteilung der Restschuldbefreiung beim Rechtsmittelgericht anhängig ist. Aus verfassungsrechtlichen Gründen ist die Entscheidung dem Richter vorbehalten, wenn ein Schuldner die Erteilung der Restschuldbefreiung und ein Gläubiger ihre Versagung nach § 296 InsO beantragt hat, § 18 Abs. 1 Nr. 2 RPflG (*Helwich* MDR 1997, 13; *Haarmeyer/Wutzke/Förster* Handbuch, 3. Aufl., Rz. 8/186). Dies gilt auch, wenn das Gericht auf den Versagungsantrag eines Gläubigers die Restschuldbefreiung wegen Verletzung einer Verfahrensobliegenheit versagt. Die Entscheidung kommt (so die Begr. zum RegE EGInsO BT-Drucks. 12/3803 S. 65) der rechtsprechenden Tätigkeit i. S. v. Art. 92 GG zumindest sehr nahe, da sie in einem kontradiktorischen Verfahren nach Anhörung der Beteiligten ergeht, regelmäßig schwierige Abwägungen und Bewertungen erfordert und tief in die rechtliche Stellung des Schuldners oder des Gläubigers eindringt.

Einen **unzulässigen Versagungsantrag** verwirft das Gericht (*Uhlenbruck/Vallender* InsO, 12. Aufl., 38 § 296 Rz. 45), einen zulässigen, aber unbegründeten Antrag weist das Gericht zurück. Auf den zulässigen und begründeten Antrag eines Insolvenzgläubigers (zur Begriffsbestimmung für das Versagungsverfahren *Ahrens* § 290 Rz. 57) versagt das Gericht die Restschuldbefreiung wegen der gerügten Obliegenheitsverletzung oder von Amts wegen aufgrund einer verletzten Verfahrensobliegenheit. Die Entscheidung ergeht durch Beschluss. Da der Beschluss eine Rechtsmittelfrist in Gang setzt, ist er gem. den §§ 4 InsO, 329 Abs. 2 Satz 2 ZPO zuzustellen, und zwar dem Schuldner, wenn die Restschuldbefreiung versagt wird, sonst dem antragstellenden Gläubiger (vgl. sogleich Rz. 39). Im Übrigen ist der Beschluss den Beteiligten formlos bekannt zu machen (MünchKomm-InsO/*Stephan* 2. Aufl., § 296 Rz. 35). Der Versagungsbeschluss führt zur Kassation der nach § 291 InsO ausgesprochenen Ankündigung der Restschuldbefreiung (*Maier/Krafft* BB 1997, 2173 [2179]). Er bewirkt eine vorzeitige Beendigung der Treuhandzeit mit den in § 299 InsO ausgesprochenen Konsequenzen. Mit der Rechtskraft der Entscheidung endet die Laufzeit der Abtretungserklärung, das Amt des Treuhänders und die Beschränkung der Gläubigerrechte (vgl. *Ahrens*

§ 299 Rz. 10 ff.). Soweit die Forderungen nicht erfüllt sind, leben das unbeschränkte Nachforderungsrecht und die Vollstreckungsmöglichkeiten wieder auf. Pfändungen und Sicherungsabtretungen, die durch die Eröffnung des Insolvenzverfahrens unwirksam bzw. auf zwei Jahre beschränkt wurden, treten dagegen nicht wieder in Kraft (*Hess/Obermüller* Insolvenzplan, Restschuldbefreiung und Verbraucherinsolvenz, 3. Aufl., Rz. 1195; s. a. MünchKomm-InsO/*Stephan* 2. Aufl., § 296 Rz. 47).

39 Wegen der weit reichenden Bedeutung der Entscheidung ist nach den §§ 6 Abs. 1, 296 Abs. 3 Satz 1 InsO die **sofortige Beschwerde** zugelassen (Begr. zu § 245 RegE, BR-Drucks. 1/92 S. 193). Wird dem Versagungsantrag stattgegeben, so steht dem Schuldner das Rechtsmittel zu. Verwirft das Gericht den Antrag als unzulässig oder weist es ihn als unbegründet zurück, ist nach der gesetzlichen Regelung der Antragsteller zur sofortigen Beschwerde berechtigt. Für die Rechtsmittel der sofortigen Beschwerde und der **Rechtsbeschwerde** gelten die §§ 6, 7 InsO sowie die §§ 4 InsO, 567 ff., 574 ff. ZPO n. F. Die rechtskräftige Entscheidung ist durch eine zentrale und länderübergreifende Veröffentlichung im Internet bekannt zu machen, §§ 296 Abs. 3 Satz 2, § 9 Abs. 1 Satz 1 InsO n. F. Eine Veröffentlichung im Bundesanzeiger ist nicht vorgeschrieben. Eine Wiederaufnahme des Verfahrens gem. den §§ 578 ff. ZPO ist grds. statthaft (vgl. *LG Göttingen* ZVI 2007, 85, zu § 298 InsO).

40 Mit den allgemeinen Gebühren für die Durchführung des Insolvenzverfahrens sollen grds. auch die **Kosten** für das Verfahren über die Restschuldbefreiung abgegolten sein, um die gesetzliche Schuldbefreiung mit der Schuldbefreiung aufgrund eines Plans gleichzustellen. Für Gläubigeranträge auf Versagung der Restschuldbefreiung wird aber wegen der zusätzlichen Belastung des Gerichts eine Gebühr verlangt. Kostenschuldner der Gebühr für den Versagungsantrag ist der antragstellende Insolvenzgläubiger, § 23 Abs. 2 GKG, s. a. § 29 Nr. 1 GKG. Die Gebühr für den Versagungsantrag gem. § 296 InsO beträgt EUR 30,–, KV Nr. 2350. Sie entsteht unabhängig davon, ob der Versagungsantrag begründet war oder zurückgewiesen wurde (*LG Göttingen* ZVI 2008, 121). Im Beschwerdeverfahren entsteht eine Gebühr in Höhe von EUR 50,– gem. KV Nr. 2361, falls die Beschwerde verworfen oder zurückgewiesen wird. Zusätzlich sind die Kosten der Veröffentlichung nach § 296 Abs. 3 Satz 2 gem. KV Nr. 9004 zu entrichten. Wird in dem Versagungsverfahren gem. § 296 InsO ein Rechtsanwalt tätig, erhält er die Hälfte der vollen Gebühr, Nr. 3321 VV RVG. Im Beschwerdeverfahren entsteht eine halbe Gebühr, Nr. 3500 und 3513 VV RVG. Der Gegenstandswert der Gebühr ist gem. den §§ 28 Abs. 3, 23 Abs. 3 Satz 2 RVG nach billigem Ermessen aufgrund des wirtschaftlichen Interesse des Gläubigers zu bestimmen. Bei Anträgen gem. den §§ 295 f. InsO bestimmt das *LG Bochum* (ZInsO 2001, 564 [566]) nach der Hälfte des Werts der zur Tabelle angemeldeten Forderungen. Vom *AG Duisburg* (NZI 2002, 619 [620]) wird der Betrag der restlichen Forderung zugrunde gelegt, die dem Antragsteller beim Erfolg seines Antrags erhalten bliebe. Der Gegenstandswert der Gebühr ist gem. den §§ 28 Abs. 3, 23 Abs. 3 Satz 2 RVG nach billigem Ermessen aufgrund des wirtschaftlichen Interesses des Gläubigers zu bestimmen. Mangels greifbarer Schätzungsgrundlagen soll der Wert des Beschwerdeverfahrens EUR 4.000,– betragen (*BGH* ZVI 2003, 91 [92]; *OLG Celle* ZInsO 2002, 32 [33]; *LG Mainz* ZVI 2003, 362 [363]); *Uhlenbruck/Vallender* InsO, 12. Aufl., § 296 Rz. 55).

41 Da die Treuhandperiode und das Versagungsverfahren kostenrechtlich eigenständige Verfahren bilden, ist die **Kostenstundung** hierfür gesondert zu bewilligen. Aufgrund der Bedeutung des Versagungsverfahrens ist bei einer schwierigeren tatsächlichen Situation etwa im Hinblick auf die Entschuldigungsgründe die Erforderlichkeit der Beiordnung eines Anwalts zu bejahen (enger *Bayer* Stundungsmodell der Insolvenzordnung, S. 70 f.). Aufgrund einer versagten Restschuldbefreiung ist das Gericht im Rahmen einer Ermessensentscheidung berechtigt, die Kostenstundung nach § 4 c Nr. 5 InsO aufzuheben (s. *Kohte* § 4 a Rz. 28 ff., 34).

§ 297
Insolvenzstraftaten

(1) Das Insolvenzgericht versagt die Restschuldbefreiung auf Antrag eines Insolvenzgläubigers, wenn der Schuldner in dem Zeitraum zwischen Schlusstermin und Aufhebung des Insolvenzverfahrens oder während der Laufzeit der Abtretungserklärung wegen einer Straftat nach den §§ 283 bis 283 c des Strafgesetzbuchs rechtskräftig verurteilt wird.
(2) § 296 Abs. 1 Satz 2 und 3, Abs. 3 gilt entsprechend.

Insolvenzstraftaten § 297

Inhaltsübersicht: Rz.

A. Normzweck 1
B. Gesetzliche Systematik 2– 3c
   I. Einordnung in die Versagungsregeln 2– 3
   II. Vorwirkung vor Ankündigung der Restschuldbefreiung 3a– 3c
C. Versagungsgrund 4– 5
D. Versagungsverfahren 6–10

Literatur:

Siehe § 286.

A. Normzweck

Mit dieser erst im parlamentarischen Verfahren geschaffenen Vorschrift soll eine denkbare **Lücke ge-** 1 **schlossen** werden, welche die Versagungsregelung des § 290 Abs. 1 Nr. 1 InsO lässt. Da es vorstellbar ist, dass eine rechtskräftige Verurteilung wegen der Insolvenzstraftaten erst nach dem Schlusstermin und der Aufhebung des Insolvenzverfahrens erfolgt, kann aus diesem Grund auch noch während der Treuhandperiode die Restschuldbefreiung versagt werden. Damit soll dem Schuldner die Möglichkeit genommen werden, durch strategisches Verhalten, wie der Einlegung von Rechtsmitteln, eine strafrechtliche Verurteilung hinauszuzögern, um der Folge des § 290 Abs. 1 Nr. 1 InsO zu entgehen (*Uhlenbruck/Vallender* InsO, 12. Aufl., § 297 Rz. 1).

B. Gesetzliche Systematik

I. Einordnung in die Versagungsregeln

Nicht so sehr wegen ihrer wohl eher zu vernachlässigenden praktischen Bedeutung als wegen ihrer **sys-** 2 **tematischen Aussage** erscheint die Vorschrift interessant. Zunächst betont sie die Trennungslinie zwischen den Anforderungen aus dem Insolvenzverfahren, die nach § 290 InsO zur Versagung der Schuldbefreiung führen können, und den Obliegenheiten während der Treuhandphase. Aus diesem Grund unterscheidet die Regelung auch die Verurteilung zwischen dem Schlusstermin und der Aufhebung des Insolvenzverfahrens von denen während der Laufzeit der Abtretungserklärung (dazu sogleich Rz. 3a). Ihre Regelung erscheint überhaupt nur deshalb erforderlich, weil nach dem Schlusstermin die Berufung der Insolvenzgläubiger auf die Verurteilung des Schuldners wegen einer Insolvenzstraftat ausgeschlossen und mit der rechtskräftigen Ankündigung der Restschuldbefreiung gem. den §§ 289 Abs. 1, 291 Abs. 1 InsO die Versagungsgründe des § 290 Abs. 1 InsO präkludiert sind.

Sodann weist die Bestimmung aus, dass die Versagungsgründe aus § 290 Abs. 1 InsO und die Gründe aus 3 § 295 InsO nicht auf dem gleichen Geltungsgrund beruhen. Sonst hätte der an § 290 Abs. 1 Nr. 1 InsO angelehnte Versagungsgrund des § 297 Abs. 1 InsO mit in § 295 InsO geregelt werden können. Zwischen den Obliegenheiten im Verlauf der Treuhandzeit, aber auch den Anforderungen nach § 296 Abs. 2 Satz 2 und 3 InsO während des Versagungsverfahrens, einerseits und den Geboten im Vorfeld der Treuhandperiode andererseits besteht damit ein deutlicher dogmatischer Unterschied, wobei die zeitliche Trennungslinie nur einen äußerlichen Anknüpfungspunkt liefert. Entscheidend ist die unterschiedliche Funktion der Versagungsgründe, denn die Obliegenheiten des § 295 InsO dienen der fortgesetzten Haftungsverwirklichung und damit einer Aufgabe, die § 297 InsO nicht erfüllt. Eine strafrechtliche Verurteilung kann daher nicht als Obliegenheitsverletzung angesehen werden.

II. Vorwirkung vor Ankündigung der Restschuldbefreiung

3 a Auf diese Einordnung der Vorschrift ist besonders hinzuweisen, weil sie nach der Neufassung von § 287 Abs. 2 Satz 1 InsO nicht mehr unmittelbar aus § 297 InsO abzulesen ist. Die **erste Regelungsalternative** von § 297 InsO stellt auf die Verurteilung wegen einer Insolvenzstraftat in der Zeitspanne zwischen dem Schlusstermin und der Aufhebung des Insolvenzverfahrens ab. Mit der **zweiten Regelungsalternative** wird eine Verurteilung während der Laufzeit der Abtretungserklärung erfasst, die nach der ursprünglichen Systematik der InsO den unmittelbar an die erste Regelungsalternative anschließenden Zeitraum nach Aufhebung des Insolvenzverfahrens und damit die Treuhandphase bezeichnete. An dieser systematischen Aussage von § 297 InsO hat auch § 287 Abs. 2 Satz 1 InsO n. F. nichts verändert. § 290 Abs. 1 Nr. 1 InsO erfasst die bis zum Schlusstermin erfolgten Verurteilungen und § 297 InsO regelt in zwei Alternativen die Konsequenzen einer späteren entweder nach dem Schlusstermin oder danach im Anschluss an die Aufhebung des Insolvenzverfahrens während der Dauer des Hauptverfahrens über die Restschuldbefreiung und damit im Verlauf der Treuhandphase erfolgten Verurteilung wegen einer Insolvenzstraftat.

3 b Nach dieser systematischen Interpretation regelt § 297 Abs. 1 2. Alt. InsO mit dem Merkmal der Laufzeit der Abtretungserklärung allein den Verfahrensabschnitt **nach Ankündigung** der Restschuldbefreiung. Der zeitliche Rahmen grenzt den Anwendungsbereich des § 290 Abs. 1 Nr. InsO von § 297 Abs. 1 InsO ab (*Uhlenbruck/Vallender* InsO, 12. Aufl., § 297 Rz. 4; HK-InsO/*Landfermann* 4. Aufl., § 297 Rz. 1; *Braun/Buck* InsO, 3. Aufl., § 297 Rz. 1; *Preuß* Verbraucherinsolvenzverfahren und Restschuldbefreiung, 2. Aufl., Rz. 300). Demgegenüber bezeichnet die Frist für die Abtretungserklärung in § 287 Abs. 2 Satz 1 InsO n. F. die gesamte Dauer der beiden Abschnitte des Restschuldbefreiungsverfahrens (s. *Ahrens* § 287 Rz. 89 a f.). Eine Übertragung dieser Zeitbestimmung aus § 287 Abs. 2 Satz 1 InsO n. F. auf § 297 Abs. 1 InsO führt zu keinen sinnvollen Ergebnissen. Der Versagungstatbestand in § 297 Abs. 1 2. Alt. InsO wäre dann bereits auf das Zulassungsverfahren anzuwenden, obwohl dafür § 290 Abs. 1 Nr. 1 InsO gilt. Entgegen der im Gesetzgebungsverfahren formulierten Vorstellung füllte dann nicht mehr § 297 InsO als ergänzende Vorschrift die von § 290 Abs. 1 Nr. 1 InsO gelassenen Lücken, sondern § 290 Abs. 1 Nr. 1 InsO schlösse die Lücken des § 297 Abs. 1 InsO. Außerdem ginge dann die erste Regelungsalternative von § 297 Abs. 1 InsO vollständig in der zweiten Regelungsalternative auf. Für einen eigenständigen Versagungsgrund bei einer Verurteilung wegen einer Insolvenzstraftat in der Zeitspanne zwischen dem Schlusstermin und der Aufhebung des Insolvenzverfahrens bestünde dann kein Anwendungsbereich, weil er vollständig durch die Laufzeit der Abtretungserklärung in der zweiten Alternative abgedeckt wäre.

3 c Der Begriff der Laufzeit der Abtretungserklärung wird deswegen in den §§ 294 bis 297 InsO in einer anderen Bedeutung verwendet, als sie § 287 Abs. 2 Satz 1 InsO besitzt. In § 287 Abs. 2 Satz 1 InsO ist die Frist des gesamten Restschuldbefreiungsverfahrens gemeint, bestehend aus Zulassungs- und Hauptverfahren. In § 297 InsO sowie den § 294 bis 296 InsO bezeichnet die Laufzeit der Abtretungserklärung die Treuhandphase bis zum Ende der Frist (s. *Ahrens* § 287 Rz. 89 i ff.).

C. Versagungsgrund

4 § 297 Abs. 1 InsO enthält zwei Regelungsalternativen. Ist der Schuldner in dem Zeitraum zwischen Schlusstermin und Aufhebung des Insolvenzverfahrens (**1. Alt.**) oder anschließend nach Ankündigung der Restschuldbefreiung bis zum Ende der Laufzeit der Abtretungserklärung (**2. Alt.**) wegen einer Straftat nach den §§ 283 bis 283 c StGB rechtskräftig verurteilt worden, versagt das Gericht auf Antrag die Restschuldbefreiung. Zur zeitlichen Abgrenzung der Regelungsbereiche vgl. oben Rz. 3 a f. Die sprachliche und systematische Differenzierung der Verurteilungen zwischen dem Schlusstermin und der Aufhebung des Insolvenzverfahrens von den anschließenden bis zum Ende der Laufzeit der Abtretungserklärung bewirkt sachlich keinen Unterschied. Versagungsgrund bildet – unabhängig vom Beginn der Treuhandzeit – eine nach dem Schlusstermin, aber vor dem Ende der Treuhandphase, erfolgte **rechtskräftige strafgerichtliche Verurteilung**. Dem Schlusstermin steht dabei ein Termin zur Verhandlung über eine sofortige Beschwerde gem. § 289 Abs. 2 Satz 1 InsO gleich. Eine vor dem Schlusstermin erfolgte, aber erst später bekannt gewordene rechtskräftige Verurteilung rechtfertigt deswegen keine Versagung der Restschuldbefreiung nach § 297 Abs. 1 InsO (*Döbereiner* JA 1996, 724 [728]; *Uhlenbruck/Vallender* InsO, 12. Aufl., § 297 Rz. 3). Wird der Schuldner erst nach dem Ende der Treuhandzeit rechtskräftig verurteilt, bleibt dies ebenfalls ohne insolvenzrechtliche Konsequenzen, begründet also auch kein Widerrufs-

recht nach § 303 InsO (vgl. Rz. 7). Eine Aussetzung des Versagungsverfahrens bis zum rechtskräftigen Abschluss des Strafverfahrens gem. § 148 ZPO ist unzulässig (**a. A.** *Uhlenbruck/Vallender* InsO, 12. Aufl., § 297 Rz. 5; HK-InsO/*Landfermann* 4. Aufl., § 297 Rz. 5; *Nerlich/Römermann* InsO, § 300 Rz. 4). Dies folgt bereits aus der Unanwendbarkeit von § 148 ZPO im Insolvenzverfahren (*BGH* NZI 2006, 642; NZI 2007, 408 [409]) und der entsprechenden Auslegung im Restschuldbefreiungsverfahren. Außerdem verlangt der Wortlaut von § 297 InsO eine rechtskräftige strafrechtliche Verurteilung bis zum Ende der Laufzeit der Abtretungserklärung. Soweit die Rechtskraft erst nach dem Ende der Laufzeit der Abtretungserklärung eintritt, scheidet eine Aussetzung ohnehin aus. Zuvor ist eine Aussetzung unnötig, weil der Gläubiger den Antrag wiederholen kann und eine Verfahrensvereinfachung durch eine Aussetzung nicht zu erwarten ist. Gegen eine Aussetzung ist die sofortige Beschwerde nach den §§ 4 InsO, 252 ZPO eröffnet.

Die **rechtskräftige Verurteilung** muss wegen einer Insolvenzstraftat nach den §§ 283 bis 283 c StGB 5
erfolgt sein. Andere insolvenzbezogene Straftaten bilden keinen Versagungsgrund. Für die Anwendung von § 290 Abs. 1 Nr. 1 InsO ist durch die Entscheidung des BGH vom 18. 12. 2002 inzwischen klargestellt, dass jede Verurteilung nach den genannten Vorschriften, unabhängig von einem Zusammenhang mit dem Insolvenzverfahren, den Versagungsgrund erfüllt (*BGH* NJW 2003, 974 [975]; ebenso zu § 297 InsO MünchKomm-InsO/*Stephan* 2. Aufl., § 297 Rz. 10; HK-InsO/*Landfermann* 4. Aufl., § 297 Rz. 3). Vor allem die Schutzrichtung der Insolvenzstraftaten und die praktische Handhabung für den Insolvenzrichter sprechen für das vom BGH gefundene Ergebnis, das auf § 297 InsO zu übertragen ist. Ein konkreter Zusammenhang der Straftat mit dem Insolvenzverfahren ist daher nicht zu verlangen (**a. A.** dieser Kommentar bis zur 3. Aufl.). Die zeitliche Grenze für die Berücksichtigung der Straftaten ist zwar ebenso zu ziehen, wie im Rahmen von § 290 Abs. 1 Nr. 1 InsO (s. *Ahrens* § 290 Rz. 15), wird aber keine große Rolle spielen, weil nur Verurteilungen nach dem Schlusstermin erheblich sind. Schließlich muss die Verurteilung vor dem Ende der Laufzeit der Abtretungserklärung rechtskräftig geworden sein. Zu den Anforderungen der Versagung wegen einer Insolvenzstraftat vgl. auch *Ahrens* § 290 Rz. 11 ff.

D. Versagungsverfahren

Die Versagung der Restschuldbefreiung wegen einer Insolvenzstraftat setzt den **Antrag eines Insolvenz-** 6
gläubigers voraus. Der Begriff des Insolvenzgläubigers aus § 297 Abs. 1 InsO stimmt mit dem Begriff aus § 290 Abs. 1 InsO überein (dazu *Ahrens* § 290 Rz. 57 a f.; **a. A.** *Uhlenbruck/Vallender* InsO, 12. Aufl., § 297 Rz. 9). Der Treuhänder ist nicht antragsberechtigt (MünchKomm-InsO/*Stephan* 2. Aufl., § 297 Rz. 3). Auch die Versagung der gesetzlichen Schuldbefreiung nach § 297 Abs. 1 InsO unterliegt also der einseitigen Parteidisposition durch die Gläubiger. Ohne einen Gläubigerantrag darf das Versagungsverfahren nicht durchgeführt, also insbesondere auch nicht von Amts wegen eingeleitet werden (zur Antragsbefugnis *Ahrens* NZI 2001, 113 [117]). Das Insolvenzgericht darf auf dieses Antragsrecht nicht hinweisen (*Uhlenbruck/Vallender* InsO, 12. Aufl., § 297 Rz. 9; vgl. *Ahrens* § 290 Rz. 57 d). Die Dispositionsbefugnis beschränkt sich allerdings auf die Einleitung und vorzeitige Beendigung des Versagungsverfahrens, denn der Umfang der richterlichen Prüfung wird durch den Versagungsgrund bestimmt. Als bestimmender Schriftsatz muss der Versagungsantrag in aller Regel unterschrieben sein (*OLG Köln* NZI 2008, 627).

Für die Durchführung des Versagungsverfahrens ordnet § 297 Abs. 2 InsO eine entsprechende, also keine 7
unmittelbare Geltung von § 296 Abs. 1 Satz 2 und 3, Abs. 3 InsO an. Deshalb muss der Schuldner den Versagungsantrag **binnen eines Jahres** stellen, nachdem ihm eine Verurteilung bekannt geworden ist (§ 296 Abs. 1 Satz 2 InsO). Letztmalig darf der Antrag im Termin zur Entscheidung über die Restschuldbefreiung gem. § 300 Abs. 2 InsO gestellt werden. Dies folgt allerdings nicht aus § 297 Abs. 1 InsO, denn ein Antrag auf Versagung der Restschuldbefreiung kann nach dieser Vorschrift mit einer Verurteilung begründet werden, die in der Zeit nach dem Schlusstermin bis zum Ende der Laufzeit der Abtretungserklärung erfolgt. Geregelt ist damit jedoch nur, welche Umstände einen Versagungsantrag stützen können, nicht jedoch wann der Antrag gestellt werden muss. Auch die Grundsätze über die materielle Rechtskraft allein schließen einen Versagungsantrag nach Erteilung der Restschuldbefreiung noch nicht aus. Jedoch schließt das ab diesem Zeitpunkt geltende Widerrufsrecht aus § 303 Abs. 1 InsO aus systematischen Gründen zunächst die Versagungsmöglichkeit bei Obliegenheitsverletzungen und in der Parallele dazu alle anderen Versagungsrechte aus. Da eine Kenntnis aller Einzelheiten und eine zutreffende rechtliche Würdi-

gung bei vergleichbaren Tatbeständen nicht verlangt wird (vgl. *BGH* NJW 1993, 648 [653]; NJW 1994, 3092 [3093]; NJW 1996, 117 [118]), muss dem Gläubiger die Rechtskraft als solche nicht bekannt gewesen sein (*Uhlenbruck/Vallender* InsO, 12. Aufl., § 297 Rz. 11; *Braun/Buck* InsO, 3. Aufl., § 297 Rz. 3; HambK-InsO/*Streck* 2. Aufl., § 297 Rz. 2). Der Antrag ist schriftlich oder zu Protokoll der Geschäftsstelle eines jeden Amtsgerichts zu stellen (§§ 129 a Abs. 1, 496 ZPO). Der Versagungsantrag ist nur **zulässig**, wenn der Gläubiger die Antragsvoraussetzungen **glaubhaft** gemacht hat, § 296 Abs. 1 Satz 3 InsO (dazu *Ahrens* § 296 Rz. 24 ff.). Glaubhaft zu machen ist, welches Gericht den Schuldner wann verurteilt hat. Dazu müssen die Angaben so genau sein, dass ins Blaue hinein aufgestellte Behauptungen und ins Leere gehende Ermittlungen des Insolvenzgerichts auszuschließen sind (MünchKomm-InsO/*Stephan* 2. Aufl., § 297 Rz. 5). Ohne Angabe eines Aktenzeichens besteht keine Ermittlungspflicht des Insolvenzgerichts (*Uhlenbruck/Vallender* InsO, 12. Aufl., § 297 Rz. 12; **a. A.** *Braun/Buck* InsO, 3. Aufl., § 297 Rz. 3). Eine übergebührliche Belastung des Antragstellers durch ein fehlendes Auskunftsrecht ist nicht zu befürchten, denn die Insolvenzgläubiger werden vielfach als Zeugen etc. vom Verlauf des Strafverfahrens Kenntnis erhalten. Ebenso ist der Zeitpunkt der Kenntnis von der Verurteilung glaubhaft zu machen.

8 Von einer Verweisung auf § 296 Abs. 2 InsO und damit auf die **Anhörungsregeln** sowie die Verfahrensobliegenheiten wurde dagegen abgesehen. Infolge der wenig komplexen Tatsachen- und Rechtslage ist eine Übernahme der verfahrensbezogenen Obliegenheit entbehrlich. Auf eine zumindest schriftliche Anhörung des Schuldners kann jedoch wegen des im Insolvenzverfahren zu gewährenden rechtlichen Gehörs nicht verzichtet werden (MünchKomm-InsO/*Stephan* 2. Aufl., § 297 Rz. 17; einschränkend dagegen die Begr. des Rechtsausschusses zu § 346 l, BT-Drucks. 12/7302 S. 188; *Smid/Krug/Haarmeyer* InsO, § 297 Rz. 3; *Kübler/Prütting-Wenzel* InsO, § 297 Rz. 2).

9 Die **Entscheidung** über den Versagungsantrag erfolgt auch hier durch den Richter, § 18 Abs. 1 Nr. 2 RPflG, weil der Schuldner die Restschuldbefreiung und ein Gläubiger ihre Versagung beantragt hat. Die Entscheidung ergeht durch Beschluss, der den Versagungsantrag als unzulässig oder als unbegründet zurückweist bzw. die Restschuldbefreiung versagt. Für die Anfechtung des Versagungsbeschlusses im Wege der sofortigen Beschwerde und die Bekanntmachung der Entscheidung gilt § 296 Abs. 3 InsO (dazu *Ahrens* § 296 Rz. 39) entsprechend. Der Beschluss führt zur Kassation der nach § 291 InsO ausgesprochenen Ankündigung der Restschuldbefreiung. Er bewirkt eine vorzeitige Beendigung der Treuhandzeit und führt zu den in § 299 InsO ausgesprochenen Konsequenzen. Mit der Rechtskraft der Entscheidung endet die Laufzeit der Abtretungserklärung, das Amt des Treuhänders und die Beschränkung der Gläubigerrechte (vgl. *Ahrens* § 299 Rz. 10 ff.). Soweit die Forderungen nicht erfüllt sind, leben das unbeschränkte Nachforderungsrecht und die Vollstreckungsmöglichkeiten wieder auf. Pfändungen und Sicherungsabtretungen, die durch die Eröffnung des Insolvenzverfahrens unwirksam bzw. auf zwei Jahre beschränkt wurden, treten dagegen nicht wieder in Kraft. Die Folgen der Entscheidung bestimmen sich nach § 299 InsO. Eine Wiederaufnahme des Verfahrens gem. den §§ 578 ff. ZPO ist grds. statthaft (vgl. *LG Göttingen* ZVI 2007, 85, zu § 298 InsO).

10 Mit den allgemeinen Gebühren für die Durchführung des Insolvenzverfahrens soll grds. auch das Verfahren über die Restschuldbefreiung abgegolten sein (dazu *Ahrens* § 296 Rz. 40), doch wird für den Versagungsantrag nach § 297 InsO wegen der zusätzlichen Belastung des Gerichts eine **Gebühr** in Höhe von EUR 30,– nach KV Nr. 2350 erhoben. Sie entsteht unabhängig davon, ob der Versagungsantrag begründet war oder zurückgewiesen wurde (*LG Göttingen* ZVI 2008, 121). Im Beschwerdeverfahren entsteht eine Gebühr in Höhe von EUR 50,– gem. KV Nr. 2361, falls die Beschwerde verworfen oder zurückgewiesen wird. Der Gegenstandswert für das Rechtsbeschwerdeverfahren war früher mangels anderweitiger Anhaltspunkte mit EUR 1.200,– zu bemessen (*BGH* ZVI 2003, 91). Nunmehr ist gem. KV 2364 eine Gebühr von EUR 100,– zu erheben, wenn die Rechtsbeschwerde verworfen oder zurückgewiesen wird. Zusätzlich sind die Kosten der Veröffentlichung nach § 296 Abs. 3 Satz 2 InsO gem. KV Nr. 9004 zu entrichten. Wird in dem Versagungsverfahren gem. § 297 InsO ein **Rechtsanwalt** tätig, erhält er die Hälfte der vollen Gebühr, Nr. 3321 VV RVG. Im Beschwerdeverfahren entsteht eine halbe Gebühr, Nr. 3500 und 3513 VV RVG. Der Gegenstandswert der Gebühr ist gem. den §§ 28 Abs. 3, 23 Abs. 3 Satz 2 RVG nach billigem Ermessen aufgrund des wirtschaftlichen Interesses des Gläubigers zu bestimmen. Mangels greifbarer Schätzungsgrundlagen soll der Wert des Beschwerdeverfahrens EUR 4.000,– betragen (*BGH* ZVI 2003, 91 [92]; *OLG Celle* InsO 2002, 32 [33]; *LG Mainz* ZVI 2003, 362 [363]). Zur Verfahrenskostenstundung s. *Kohte* § 4 a.

§ 298
Deckung der Mindestvergütung des Treuhänders

(1) ¹Das Insolvenzgericht versagt die Restschuldbefreiung auf Antrag des Treuhänders, wenn die an diesen abgeführten Beträge für das vorangegangene Jahr seiner Tätigkeit die Mindestvergütung nicht decken und der Schuldner den fehlenden Betrag nicht einzahlt, obwohl ihn der Treuhänder schriftlich zur Zahlung binnen einer Frist von mindestens zwei Wochen aufgefordert und ihn dabei auf die Möglichkeit der Versagung der Restschuldbefreiung hingewiesen hat. ²Dies gilt nicht, wenn die Kosten des Insolvenzverfahrens nach § 4 a gestundet wurden.
(2) ¹Vor der Entscheidung ist der Schuldner zu hören. ²Die Versagung unterbleibt, wenn der Schuldner binnen zwei Wochen nach Aufforderung durch das Gericht den fehlenden Betrag einzahlt oder ihm dieser entsprechend § 4 a gestundet wird.
(3) § 296 Abs. 3 gilt entsprechend.

Inhaltsübersicht: Rz.

A. Normzweck 1– 1 a
B. Gesetzliche Systematik 2– 7
C. Abs. 1 Antrag des Treuhänders 8–12
D. Abs. 2 Anhörung des Schuldners 13–13 a
E. Verfahrensrechtliches 14

Literatur:

Siehe § 286.

A. Normzweck

Durch § 298 InsO soll erreicht werden, dass die Mindestvergütung des Treuhänders in jedem Fall gedeckt 1
ist, da ihm nicht zugemutet werden kann, über einen längeren Zeitraum ohne Vergütung tätig zu werden (BT-Drucks. 12/2443 S. 193). Diese Mindestvergütung (zur Höhe s. o. *Grote* § 293 Rz. 6 ff.) soll dem Schuldner notfalls aus seinem unpfändbaren Einkommen zugemutet werden können. Durch die **scharfe Sanktionsdrohung** der Versagung der Restschuldbefreiung soll die Zahlung sichergestellt werden.

Der Gesetzgeber ging offenbar davon aus, dass die Vorschrift in der Praxis von geringer Bedeutung ist, da 1 a
die Vergütung im allgemeinen aus den Beträgen gedeckt werden kann, die beim Treuhänder eingehen (BT-Drucks. 12/2443 S. 193), bzw. der Treuhänder bereit ist, das Amt unentgeltlich auszuüben (BT-Drucks. 12/7302 S. 188). Die Einführung der **Kostenstundung** auch für die Treuhändervergütung durch das InsOÄndG 2001 entschärft die Sanktionsdrohung der Versagung der Restschuldbefreiung für mittellose Schuldner, so dass sie in der Praxis derzeit kaum praktische Bedeutung hat.

B. Gesetzliche Systematik

Anders als die §§ 295, 297 InsO wird mit der Versagungssanktion nicht ein »unredliches« Verhalten des 2
Schuldners sanktioniert, das ihn unwürdig erscheinen lässt in den Genuss der Restschuldbefreiung zu kommen, ebenso wenig soll vom Schuldner ein Sonderopfer verlangt werden um das Erreichen der Restschuldbefreiung in sog. Nullfällen zu erschweren. Die harte Sanktionsdrohung soll lediglich den Mindestvergütungsanspruch des Treuhänders sicherstellen.

Die Vorschrift ist während des Gesetzgebungsverfahrens unverändert geblieben, war aber sowohl vor als 3
auch nach der Verabschiedung **Gegenstand heftiger Kritik**. Der Bundesrat hatte in seiner Stellungnahme eine Änderung in eine »Kann-Vorschrift« vorgeschlagen und wollte die Sanktion des § 298 InsO nur dann zulassen, wenn der Schuldner die Mindestvergütung »nicht einzahlt oder glaubhaft macht, dass er hierzu nicht in der Lage ist« (BT-Drucks. 12/2443 S. 257 zu § 246). Denn die stringente Regelung sei nicht geeignet, im Einzelfall zu billigen Ergebnissen zu kommen und dem Grundgedanken des § 850 f.

Abs. 1 ZPO gerecht zu werden (BT-Drucks. 12/2443 S. 258). Die Bundesregierung hat eine Änderung abgelehnt, ohne auf diese Argumentation einzugehen (BT-Drucks. 12/2443 S. 267 zu Nr. 35).

4   Auch in der Literatur ist die Regelung heftig kritisiert worden. *Häsemeyer* (Insolvenzrecht, 1998, Rz. 26.42) hält es für äußerst problematisch, dass die Regelung dazu führen kann, dass ein Schuldner wegen ohne eigenes Verschulden entstehender Arbeitslosigkeit durch ein Versagen der Restschuldbefreiung bestraft wird. *Döbereiner* (Restschuldbefreiung nach der InsO, 1997, S. 213 ff. u. 378) plädiert de lege ferenda für eine Streichung der Vorschrift. *Haarmeyer* (Hdb. zur InsO, Kap. 10 Rz. 80, S. 727) sah durch die Regelung ausgerechnet die **ärmsten Schuldner** gegenüber denjenigen benachteiligt, die sich einen gewissen Vermögensrest bewahren konnten (krit. auch *Hess* InsO, 2. Aufl., § 298 Rz. 5 m. zahlr. weiteren Nachw.). Die Möglichkeit der Beantragung der Stundung der Mindestvergütung, die durch das InsO-ÄndG 2001 eingeführt wurde, entschärft diese Problematik und dürfte auch verfassungsrechtlichen Bedenken die Grundlage entziehen.

5–7 In der Vergangenheit war darüber diskutiert worden, inwieweit die überharte Sanktion des § 298 InsO durch die Gewährung von Prozesskostenhilfe oder einen Eintritt der Sozialhilfeträger gemildert werden konnte (s. hierzu die 3. Aufl. Rz. 5–7 m. zahlr. Nachw.).
Durch die **Einführung des Stundungsmodells** und der Möglichkeit des nicht vermögenden Schuldners, auch die Treuhändervergütung bis zur Erteilung der Restschuldbefreiung zu stunden, ist diese **Diskussion obsolet geworden**. Bedeutung dürfte der § 298 InsO nur noch in den Fällen haben, in denen der Schuldner die Obliegenheit der Antragstellung versäumt und diese auch nach der Anhörung durch das Gericht nach Abs. 2 nicht nachholt.

C. Abs. 1 Antrag des Treuhänders

8   Das Gericht versagt die Restschuldbefreiung auf Antrag des Treuhänders, wenn die Mindestvergütung für das vorangegangene Jahr nicht gedeckt ist. Die Mindestvergütung beträgt nach § 14 InsVV **100 €** pro Jahr. Ist sie durch die beim Treuhänder eingegangenen Beträge nur teilweise gedeckt, so muss der Schuldner den Fehlbetrag nachschießen. Ein Versagungsantrag ist nur berechtigt, wenn beim Treuhänder **im vergangenen Jahr** weniger als **100 €** aufgrund der Abtretung oder aufgrund sonstiger Zahlungen eingegangen sind und die Vergütung für das vergangene Jahr auch nicht durch Zahlungseingänge aus vergangenen Jahren gedeckt ist (vgl. zur Berechnung der Vergütung und zur Verpflichtung des Treuhänders zur Bildung von **Rückstellungen** *Grote* § 293 Rz. 10 b). Versäumt es der Treuhänder über mehrere Jahre, die Mindestvergütung einzufordern, so kann er diese zwar insgesamt vom Schuldner einfordern, der Schuldner kann die Versagung aber durch Zahlung der Mindestvergütung für das **letzte Jahr** abwenden, auch wenn die früheren Rückstände bestehen bleiben.

9   Ob darüber hinaus auch die Auslagen des Treuhänders, die Überwachungsvergütung nach § 292 Abs. 2 InsO und der Motivationsrabatt des Schuldners nach § 292 Abs. 1 Satz 3 InsO gedeckt sind, ist für die Entscheidung nach § 298 InsO ohne Bedeutung.

10 Das vorangegangene Jahr ist das Geschäftsjahr, dass jeweils mit dem Datum der Aufhebung der Restschuldbefreiung bzw. **mit der Übernahme des Amtes durch den Treuhänder beginnt** (*Häsemeyer* a. a. O.; MünchKomm-InsO/*Ehricke* § 298 Rz. 7; *Nerlich/Römermann* InsO, § 298 Rz. 10; **a. A.** *Uhlenbruck/Vallender* InsO, § 298 Rz. 3 der auf den Beschluss zur Ankündigung der Restschuldbefreiung abstellt). Der Treuhänder kann seinen Versagungsantrag nicht auf Fehlbeträge stützen, die länger als ein Jahr zurückliegen (zur Berechnung des Fehlbetrages *Grote* § 293 Rz. 10 ff.). Dies ergibt sich aus dem Wortlaut des Gesetzes und dem Willen des Gesetzgebers, durch die differenziert abgestuften Regelungen der Versagungs- und Widerrufstatbestände einerseits dem Bedürfnis nach einer angemessenen Gläubigerbefriedigung, andererseits aber auch dem Vertrauen des Schuldners in den erfolgreichen Abschluss des Schuldbefreiungsverfahrens Rechnung zu tragen (s. *Ahrens* § 295 Rz. 3). Der Treuhänder hat bis zum **Ende des darauf folgenden Geschäftsjahres** die Möglichkeit, den Versagungsantrag zu stellen. Unterlässt er dies, so kann er seinen Versagungsantrag nicht mehr durchsetzen, wenn im Jahr nach dem Ausfall die Mindestvergütung wieder gedeckt war (so auch *Uhlenbruck/Vallender* InsO, § 298 Rz. 13). Insofern besteht weder ein praktisches Bedürfnis, noch eine Regelungslücke für eine Analogie zu § 296 (so aber *Kübler/Prütting-Wenzel* InsO, § 298 Rz. 3).

10a Die Versagung ist ausgeschlossen, wenn dem Schuldner die Kosten des Insolvenzverfahrens gem. § 4 a InsO **gestundet** wurden. Der Gesetzgeber bezieht sich hierbei allgemein auf die Kosten des Insolvenzverfahrens und differenziert nicht nach den einzelnen Verfahrensabschnitten. Er ging offensichtlich davon aus, dass die Stundung der Kosten für das Restschuldbefreiungsverfahren bei der Entscheidung über die Kostenstundung für das Insolvenzverfahren **regelmäßig mit getroffen** wird (s. hierzu *Kohte* § 4a Rz. 6 ff.). Dies ist konsequent, denn die Bewilligung knüpft an die Vermögenslosigkeit des Schuldners an, die ja zu Beginn des Restschuldbefreiungsverfahrens aufgrund der vollständigen Vermögensverwertung im vorausgegangenen Insolvenzverfahren immanent ist. Der Gesetzgeber ging zwar offensichtlich von einer einheitlichen Kostenstundungsentscheidung für das gesamte Verfahren aus (vgl. die Begr. BT-Drucks. 14/5680 S. 29 zu Nr. 18), in der Praxis werden die Kostenstundungen aber häufig nur für die einzelnen Verfahrensabschnitte bewilligt, so dass nach der Aufhebung des Insolvenzverfahrens ein neuer Stundungsantrag erforderlich ist.

Der Treuhänder muss den Schuldner **schriftlich zur Zahlung aufgefordert** und ihn auf die Möglich- 11 keit der Versagung der Restschuldbefreiung hingewiesen haben. Hierbei muss er ihm eine Frist von **mindestens zwei Wochen** gesetzt haben, die tatsächliche Bemessung der Länge der Frist liegt in seinem Ermessen (so auch MünchKomm-InsO/*Ehricke* § 298 Rz. 17). Die verfrühte Aufforderung ist wirkungslos und setzt keine Frist in Gang (*Nerlich/Römermann* InsO, § 298 Rz. 13; *Uhlenbruck/Vallender* InsO, § 298 Rz. 7). Diese Voraussetzung des Antrags muss der Treuhänder im Versagungsverfahren nachweisen (*Smid/Haarmeyer* InsO, § 298 Rz. 4).

§ 298 InsO verlangt nicht ausdrücklich einen **Hinweis des Treuhänders auf die Möglichkeit des Schuldners zur Stellung eines Stundungsantrages**. Aufgrund der Zielsetzung des InsOÄndG 2001, den vermögenslosen Schuldner vor der harten Sanktion der Versagung nach § 298 InsO zu schützen und seiner Rechtsstellung als doppelseitiger Treuhänder (s. o. *Grote* § 292 Rz. 2) hat er den Schuldner nicht nur auf die Sanktion der Nichtzahlung, sondern auch auf die Stundungsmöglichkeit hinzuweisen (MünchKomm-InsO/*Ehricke* § 298 Rz. 16; ähnlich *Uhlenbruck/Vallender* InsO, § 298 Rz. 3; **a. A.** HambK-InsO/*Streck* § 298 Rz. 4). Bei schuldhafter Versäumnis dieser Hinweispflicht kann dies einen Schadensersatzanspruch des Schuldners gegen den Treuhänder aus § 280 Abs. 1 BGB auslösen (dazu *Grote* § 292 Rz. 29 ff.). Werden die Kosten gestundet, so steht dem Treuhänder ein Sekundäranspruch bzgl. der Treuhändervergütung gegen die Staatskasse zu.

Bei der Entscheidung über den Antrag hat das Gericht die allgemein geltenden Grundsätze der **Verhält-** 12 **nismäßigkeit** zu berücksichtigen. Hierbei kann es zwar nicht die harte, aber insoweit eindeutige Sanktionsregelung des Gesetzgebers in Frage stellen, muss aber der Möglichkeit der Stundung großzügig Vorrang einräumen (s. u. Rz. 13 a)

D. Abs. 2 Anhörung des Schuldners

Der Schuldner ist vor der Entscheidung des Gerichts anzuhören. Hierdurch wird vor einer für den Schuld- 13 ner möglicherweise folgenschweren Entscheidung rechtliches Gehör nach Art. 103 Abs. 1 GG gewährt. Die **Anhörung kann schriftlich oder mündlich** erfolgen (vgl. insoweit die Begr. zur übertragbaren Situation bei § 296 BT-Drucks. 12/7302 S. 188 zu § 346 k). Aus Abs. 2 Satz 2 ergibt sich, dass das Gericht ihn nochmals zur Zahlung aufzufordern hat. Erfolgt die Anhörung mündlich im Termin beim Insolvenzgericht, so kann auch die Zahlungsaufforderung mündlich erfolgen und die Frist beginnt mit dem Tag der Anhörung zu laufen (*Haarmeyer/Wutzke/Förster* Hdb. zur InsO, Kap. 10; *Smid/Haarmeyer* InsO, § 298 Rz. 6). § 298 InsO enthält damit gleich zwei rechtlich unterschiedlich gestaltete Zwei-Wochen-Fristen, die leicht verwechselt werden (so offenbar durch MünchKomm-InsO/*Ehricke* § 298 Rz. 19 mit FN 64; ähnlich *Uhlenbruck/Vallender* InsO, § 298 Rz. 16). Bei einer schriftlichen Anhörung beginnt die Frist mit der Zustellung der Zahlungsaufforderung. Für die Fristberechnung gelten die allgemeinen Regeln (§§ 187 ff. BGB). Die gesetzliche Frist nach Abs. 2 Satz 2 ist keine Notfrist. Eine Wiedereinsetzung in den vorherigen Stand nach § 4 InsO, § 223 ZPO ist daher nicht möglich. Auch eine Verlängerung der Frist durch das Gericht ist nicht möglich (MünchKomm-ZPO/*Feiber* § 224 Rz. 3).

Der Schuldner hat nach der Änderung des Abs. 2 durch das InsOÄndG 2001 auch noch nach der Anhö- 13 a rung durch das Gericht die Möglichkeit, einen Stundungsantrag zu stellen um hierdurch die Versagung abzuwenden. Das Gericht hat ihn aufgrund seiner Fürsorgepflicht im Rahmen der Anhörung auf diese Möglichkeit hinzuweisen (*Uhlenbruck/Vallender* InsO, § 298 Rz. 3 a. E.). Bei der Fristsetzung von zwei Wochen knüpft das Gericht an die Bewilligung der Stundung und nicht an die Antragstellung an. Geht aber innerhalb der Zwei-Wochen-Frist ein **vollständiger und begründeter Stundungsantrag** ein, so treten gem. § 4 a Abs. 3 Satz 1 InsO die Wirkungen der Stundung vorläufig ein, so dass das Insolvenzgericht die Entscheidung über die Versagung erst nach der Rechtskraft der Entscheidung über den Stundungsantrag treffen kann (*Uhlenbruck / Vallender* InsO, § 298 Rz. 2).

E. Verfahrensrechtliches

14 Der Treuhänder hat seinem Versagungsantrag die entsprechenden Unterlagen über die Zahlungen und das Aufforderungsschreiben beizufügen (*Uhlenbruck / Vallender* InsO, § 298 Rz. 13).
Er kann den Antrag bis zur gerichtlichen Entscheidung zurücknehmen, dies ist insbes. zu erwarten, wenn der Schuldner nach Ablauf der vom Gericht gesetzten Frist die Rückstände gezahlt hat. Die Entscheidung über die Versagung trifft nicht der Richter, sondern der Rechtspfleger. § 18 Abs. 1 Nr. 2 RPflG i. V. m. Art. 14 EGInsO dehnt den Richtervorbehalt nicht auf die Entscheidung nach § 298 InsO aus. Diese Regelung ist angesichts der weit reichenden Entscheidung der Versagung der Restschuldbefreiung bedenklich (krit. hierzu *Smid / Haarmeyer* InsO, § 298 Rz. 7). Der Richter hat allerdings die Möglichkeit, das Versagungsverfahren nach § 18 Abs. 2 RPflG an sich zu ziehen. Der Beschluss, der die Restschuldbefreiung versagt, ist nach Abs. 3 i. V. m. § 296 Abs. 3 Satz 2 öffentlich bekannt zu machen. Sowohl der Schuldner als auch der Treuhänder können gegen den Beschluss im Wege der sofortigen Beschwerde vorgehen (vgl. hierzu *Ahrens* § 296 Rz. 39). Wird dem Versagungsantrag stattgegeben, so treten die Wirkungen des § 299 InsO ein (s. *Ahrens* § 299 Rz. 38). Eine Sperrwirkung nach § 290 Abs. 1 Nr. 3 entsteht durch die Versagung nicht, da dort nur auf die §§ 296, 297 InsO Bezug genommen wird. Der Schuldner ist daher nicht gehindert, einen neuen Insolvenzantrag zu stellen (*Uhlenbruck / Vallender* InsO, § 298 Rz. 27).

§ 299
Vorzeitige Beendigung

Wird die Restschuldbefreiung nach §§ 296, 297 oder 298 versagt, so enden die Laufzeit der Abtretungserklärung, das Amt des Treuhänders und die Beschränkung der Rechte der Gläubiger mit der Rechtskraft der Entscheidung.

Inhaltsübersicht: Rz.

- A. Normzweck   1– 3
- B. Gesetzliche Systematik   4– 5b
- C. Vorzeitige Beendigung   6–16
    - I. Gesetzliche Beendigungsgründe   6– 8
    - II. Analoge Anwendung auf andere Beendigungsgründe 9– 9c
    - III. Rechtsfolgen   10–16

Literatur:

Durani Zur Frage der vorzeitigen Beendigung des Restschuldbefreiungsverfahrens analog § 299, ZInsO 2003, 1037; *Erdmann* Vorzeitige Restschuldbefreiung trotz noch offener Massekosten in den Stundungsfällen, ZInsO 2007, 873; *Pape* Vorzeitige Erteilung der Restschuldbefreiung bei fehlenden Forderungsanmeldungen, NZI 2004, 1; *Winter* Die vorzeitige Erteilung der Restschuldbefreiung vor Ablauf der Wohlverhaltenszeit, ZVI 2003, 211; *ders.* Vorzeitige Erteilung der Restschuldbefreiung vor Ablauf der Wohlverhaltenszeit, ZVI 2003, 451; s. a. § 286.

A. Normzweck

1 Mit der Ankündigung der Restschuldbefreiung bestimmt das Gericht einen Treuhänder, auf den es zugleich die pfändbaren Bezüge des Schuldners für die Dauer der Abtretung überleitet, § 291 InsO. Wird dann jedoch die Restschuldbefreiung während des Verfahrens versagt, so müssen diese Anordnungen wie-

Vorzeitige Beendigung § 299

der aufgehoben werden. Die dafür erforderliche Regelung trifft § 299 InsO. Diese Vorschrift hebt also die Entscheidungen aus § 291 InsO auf, weil dessen Voraussetzungen nicht länger Bestand haben.

Ausdrücklich regelt § 299 InsO nur die Wirkungen einer nach den §§ 296, 297 oder 298 InsO versagten Restschuldbefreiung. Welche Konsequenzen eintreten, wenn das gesetzliche Schuldbefreiungsverfahren aus anderen Gründen vorzeitig beendet wird, beantwortet § 299 InsO nicht. Die Bestimmung trifft also lediglich eine sachlich begrenzte Rechtsfolgenanordnung. Sie formuliert dagegen keine allgemeinen Rechtswirkungen eines vorzeitig beendeten Restschuldbefreiungsverfahrens. Ebenso wenig entscheidet die Vorschrift, aus welchen Gründen das Restschuldbefreiungsverfahren vorzeitig beendet werden kann. 2

Dabei ist § 299 InsO auf drei Folgerungen beschränkt. Es endet die Laufzeit der Abtretungserklärung, das Amt des Treuhänders und die Beschränkung der Gläubigerrechte. Andere Wirkungen einer versagten Restschuldbefreiung regelt die Vorschrift nicht unmittelbar, ohne sie jedoch auszuschließen. Über ihren positiven Regelungsgehalt als Rechtsfolgenbestimmung für eine versagte Restschuldbefreiung hinaus kann die Norm außerdem auf andere Beendigungsgründe angewendet werden, sofern ein im Einzelfall übertragbarer Rechtsgedanke zu konstatieren ist. Bei den Anwendungsvoraussetzungen wie auch den Rechtsfolgenbestimmungen weist § 299 InsO damit eher exemplarische als definitive Züge aus. 3

B. Gesetzliche Systematik

Bislang regelte die Vorschrift allein die Wirkungen eines während der Treuhandzeit, d. h. im zweiten Abschnitt nach Ankündigung der Restschuldbefreiung vorzeitig beendeten Schuldbefreiungsverfahrens. 4

Im unmittelbaren Anschluss an die Gründe, aus denen die Restschuldbefreiung im Verlauf der Treuhandzeit versagt werden kann, die in den §§ 296 bis 298 InsO bestimmt sind, ordnet § 299 InsO die Folgen einer solchen Versagung an. Wortlaut und gesetzliche Systematik verbinden die Vorschrift unmittelbar mit diesen Versagungsgründen. Außerdem sind die angeordneten Rechtswirkungen auf solche Konsequenzen beschränkt, die bisher allein im zweiten Verfahrensabschnitt eintreten können, wie etwa eine vorzeitig beendete Laufzeit der Abtretungserklärung. 5

Durch die neue Fassung von § 287 Abs. 2 Satz 1 InsO ergibt sich indessen eine veränderte Rechtslage. Die Dauer der Abtretungserklärung beginnt aufgrund der Neuregelung bereits nach der Eröffnung des Insolvenzverfahrens. Damit ist während des Insolvenzverfahrens und des parallel dazu verlaufenden Zulassungsverfahrens zur Restschuldbefreiung eine Frist in Lauf gesetzt, deren Beendigung außer in den Fällen des regulären Fristablaufs zu bestimmen ist. Obwohl die Zessionswirkungen der Abtretungserklärung erst mit dem Ankündigungsbeschluss des Gerichts nach § 291 InsO in der Treuhandphase eintreten (s. *Ahrens* § 287 Rz. 89 k), kann doch die Laufzeit der Abtretungserklärung bereits zuvor beendet werden. Ein solches vorzeitiges Ende der Laufzeit der Abtretungserklärung ordnet § 299 InsO an. Nach Wortlaut und Teleologie ist diese Vorschrift bereits vom Beginn der Abtretungsdauer anwendbar (MünchKomm-InsO/ *Ehricke* 2. Aufl., § 299 Rz. 1). Soweit die Restschuldbefreiung bereits vor Ankündigung nach § 296 InsO versagt ist, die §§ 297, 298 InsO kommen dafür nicht in Betracht, endet die Laufzeit der Abtretungserklärung. 5 a

Über den Normbereich hinaus wird § 299 InsO entsprechend auf eine Versagung der Restschuldbefreiung nach §§ 289, 290 InsO anzuwenden sein. Auch bei diesen Versagungsfällen besteht ein vergleichbares Bedürfnis dafür, die Laufzeit der Abtretungserklärung zu klären, wie dies durch § 299 InsO erfolgt. Ergänzend bietet § 299 InsO auch eine Entscheidungsgrundlage, wenn das Insolvenzverfahren vor Ankündigung der Restschuldbefreiung mit einer Befriedigung der Gläubiger endet, ohne dass eine Regelung über die Abtretungserklärung erfolgt ist. Bei einer solchen, etwa durch Vergleich möglichen Beendigung kommt die Regelung in § 299 InsO insbesondere als Basis für eine ergänzende Vertragsauslegung in Betracht. 5 b

C. Vorzeitige Beendigung

I. Gesetzliche Beendigungsgründe

§ 299 InsO trifft eine Rechtsfolgenanordnung, falls eine Restschuldbefreiung versagt und damit ein Schuldbefreiungsverfahren vorzeitig beendet worden ist. Aus welchen Gründen jedoch ein Restschuld- 6

§ 299

befreiungsverfahren vorzeitig beendet wird, entscheidet § 299 InsO nicht. Die Vorschrift setzt folglich andere Normen voraus, nach denen das Verfahren vorzeitig zu beenden ist.

7 Ausdrücklich regelt § 299 InsO die verfahrensrechtlichen Konsequenzen einer Versagung der Restschuldbefreiung nach den §§ 296, 297 und 298 InsO. Hat das Insolvenzgericht die Restschuldbefreiung nach diesen Vorschriften versagt, bestimmt § 299 InsO die weiteren Folgen. Durch seine Fixierung auf die §§ 296 ff. InsO bestätigt § 299 InsO zugleich diesen numerus clausus der Versagungsgründe.

8 Der Tod des Schuldners während der Treuhandzeit führt nicht zu einer vorzeitigen Beendigung des Schuldbefreiungsverfahrens (dazu *Ahrens* § 286 Rz. 38 ff.; **a. A.** *Uhlenbruck/Vallender* InsO, 12. Aufl., § 299 Rz. 9; HK-InsO/*Landfermann* 4. Aufl., § 299 Rz. 3; MünchKomm-InsO/*Ehricke* 2. Aufl., § 299 Rz. 16; s. a. BGH NZI 2005, 399 [400] m. Anm. *Ahrens*). Eine Versagung der Restschuldbefreiung nach den §§ 295, 296 InsO ist systematisch unpassend [**a. A.** AG Bielefeld ZVI 2005, 505).

II. Analoge Anwendung auf andere Beendigungsgründe

9 Ob in der Treuhandzeit neben den gesetzlich geregelten noch andere Gründe existieren, die eine Anwendung von § 299 InsO rechtfertigen, ist aus allgemeinen Prinzipien abzuleiten. Im Gesetzgebungsverfahren wurde allerdings für eine Generalklausel die Dauer der Treuhandzeit und damit jede erweiternde Regelung abgelehnt, die eine Entscheidung über die Versagung in das Ermessen des Insolvenzgerichts stellt (Begr. RegE BR-Drucks. 1/92 S. 190). Gegen oder ohne den Willen des Schuldners darf deswegen nach der gerichtlichen Ankündigung die Restschuldbefreiung nur in den gesetzlich enumerierten Tatbeständen versagt werden, die insoweit einen abschließenden Charakter besitzen. Regelungsbedürftig sind insbesondere allgemeine verfahrensrechtliche sowie spezielle haftungsrechtliche Ursachen eines vorzeitig beendeten Verfahrens. Soweit ein entsprechender Wille des Schuldners feststellbar ist, kann die gesetzliche Lücke durch eine entsprechende Anwendung von § 299 InsO geschlossen werden (*BGH* NZI 2005, 399).

9 a Als insolvenzrechtliches Verfahren (s. *Ahrens* § 286 Rz. 24) unterliegt die Treuhandzeit prozessualen Regeln. Der Schuldner ist deswegen nach allgemeinen verfahrensrechtlichen Grundsätzen berechtigt, das Schuldbefreiungsverfahren während der Treuhandphase **freiwillig** vorzeitig zu **beenden**. Dies gilt zunächst für die Rücknahme des Antrags auf Erteilung der Restschuldbefreiung, die der Schuldner grds. auch noch im zweiten Abschnitt des Schuldbefreiungsverfahrens erklären darf (zur Rücknahme des Antrags auf Erteilung der Restschuldbefreiung und dem Widerruf der Abtretungserklärung vgl. *Ahrens* § 287 Rz. 15 ff.). Außerdem kann der Schuldner eine Erledigungserklärung abgeben. In beiden Fällen hat das Gericht die Rechtswirkungen entsprechend § 299 InsO zu bestimmen (*BGH* NZI 2005, 399 m. Anm. *Ahrens* = ZInsO 2005, 597 m. Anm. *Pape*; *Kübler/Prütting-Wenzel* InsO, § 299 Rz. 3; *Uhlenbruck/Vallender* InsO, 12. Aufl., § 299 Rz. 10; MünchKomm-InsO/*Ehricke* 2. Aufl., § 299 Rz. 4; *Preuß* Verbraucherinsolvenzverfahren und Restschuldbefreiung, 2. Aufl., Rz. 295). Eine Rückabtretung der Forderungen auf die laufenden Bezüge oder Freigabeerklärung ist nicht erforderlich (*Uhlenbruck/Vallender* InsO, 12. Aufl., § 299 Rz. 3; *Braun/Buck* InsO, 3. Aufl., § 300 Rz. 5; **a. A.** *Nerlich/Römermann* § 299 Rz. 9; MünchKomm-InsO/*Ehricke* 2. Aufl., § 299 Rz. 13). Als Konsequenz aus dem prozessualen Verständnis der Abtretungserklärung (s. *Ahrens* § 287 Rz. 27 ff.) endet die Abtretungswirkung mit der gerichtlichen Entscheidung, ohne dass es des materiellrechtlichen Umwegs über eine auflösende Bedingung bedarf (s. a. unten Rz. 10 ff.).

9 b Ausnahmsweise kommt eine Erteilung der Restschuldbefreiung vor Ende der Laufzeit der Abtretungserklärung in Betracht. Zunächst betrifft dies die Fälle, in denen **keine Insolvenzforderung** ordnungsgemäß **angemeldet** ist oder von keinem Absonderungsberechtigten die persönliche Forderung oder ihr Ausfall rechtzeitig angemeldet wurde (*BGH* NZI 2005, 399 m. Anm. *Ahrens* = VuR 2005, m. Anm. *Kohte* = ZInsO 2005, 597 m. Anm. *Pape*; LG Frankfurt ZVI 2003, 426; AG Rosenheim ZInsO 2001, 48; AG Frankfurt ZVI 2002, 34 [35]; AG Münster ZVI 2003, 230; MünchKomm-InsO/*Stephan* 2. Aufl., § 287 Rz. 62; MünchKomm-InsO/*Ehricke* 2. Aufl., § 299 Rz. 4 a; Hess InsO, 2007, § 287 Rz. 25; HK-InsO/*Landfermann* 4. Aufl., § 299 Rz. 4; *Haarmeyer/Wutzke/Förster-Schmerbach* Präsenzkommentar, § 291 Rz. 8; *Mohrbutter/Ringstmeier-Pape* 8. Aufl., § 17 Rz. 91; *Lohmann* ZInsO 2000, 445; *Winter* ZVI 2003, 211 [219]; *Pape* NZI 2004, 1 [3 ff.]; *Lessing* EWiR 2001, 1101; **a. A.** LG Traunstein ZInsO 2003, 814; LG Oldenburg ZVI 2004, 55; AG Köln NZI 2002, 218; *Uhlenbruck/Vallender* InsO, 12. Aufl., § 299 Rz. 12; *Kübler/Prütting-Wenzel* § 299 Rz. 3; *Fuchs* ZInsO 2002, 298 [308 f.]; diff. *Durani* ZInsO 2003, 1037 [1038]). Möglich sind auch Fallgestaltungen, in denen der Schuldner die Insolvenzgläubiger nach Ankündigung der Restschuldbefreiung **vollständig befriedigt**, etwa aus einer Erbschaft oder durch Unterstüt-

zung von Familienangehörigen. Eine Ablösung des künftigen Pfändungsbetrags (abl. MünchKomm-InsO/*Ehricke* 2. Aufl., § 299 Rz. 14 f.; *Döbereiner* Restschuldbefreiung, S. 220 f.; *Mohrbutter/Ringstmeier-Pape* 8. Aufl., § 17 Rz. 99) kommt auf Basis einer Einigung mit den Gläubigern in Betracht (*Uhlenbruck/Vallender* InsO, 12. Aufl., § 299 Rz. 11; *Graf-Schlicker/Kexel* InsO, § 299 Rz. 9). Die einseitige vorgezogene Schlusszahlung scheidet dagegen aus, weil nicht vorhersehbar ist, welche Leistungen der Schuldner während der Treuhandperiode zu erbringen hätte. Eine Zustimmungsersetzung analog § 309 InsO scheidet dafür aus. Wie § 308 Abs. 3 Satz 1 InsO belegt, bleiben von einer solchen Einigung, anders als nach § 301 Abs. 1 Satz 2 InsO, die nicht angemeldeten Forderungen unberührt. Auch eine kreditfinanzierte Ablösung ist zulässig (HK-InsO/*Landfermann* 4. Aufl., § 299 Rz. 6). Da hier die Aufgabe der Haftungsverwirklichung durch das Restschuldbefreiungsverfahren obsolet ist, für andere Funktionen aber kein Raum besteht, ist das Verfahren zu beenden. Wie aus den allgemeinen Grundsätzen des Einzel- und Gesamtvollstreckungsrechts abzuleiten ist, müssen aber vor einer Restschuldbefreiung die **Verfahrenskosten** erfüllt sein, vgl. §§ 817 Abs. 4 ZPO, 44 Abs. 1, 109 ZVG, 15 GVKostG, 169 Nr. 2 GVGA, 53 ff., s. a. § 292 Abs. 1 Satz 2 InsO (*BGH* NZI 2005, 399 m. Anm. *Ahrens*; MünchKomm-InsO/*Ehricke* 2. Aufl., § 299 Rz. 4a; HambK-InsO/*Streck* 2. Aufl., § 299 Rz. 3; **a. A.** zur Kostenstundung *Erdmann* ZInsO 2007, 873). Darüber hinaus hat der BGH klargestellt, dass die sonstigen Masseverbindlichkeiten ebenfalls erfüllt sein müssen, was er aus § 292 Abs. 1 InsO herleitet (außerdem *Graf-Schlicker/Kexel* InsO, § 299 Rz. 11). Der Schuldner kann dann zwischen einer Erledigungserklärung und einer vorzeitigen Erteilung der Restschuldbefreiung wählen. Eine Erledigungserklärung führt zwar nicht zu den Wirkungen des § 301 InsO, lässt also insbesondere die unbekannten Forderungen unberührt, schafft aber später auch keinen Versagungsgrund nach § 290 Abs. 1 Nr. 3 InsO (s. *Ahrens* § 290 Rz. 29 Rz. 31). Erklärt der Schuldner nicht ausdrücklich die Erledigung, enthält bereits sein ursprünglicher Antrag regelmäßig das Begehren nach einer sofort erteilten Restschuldbefreiung. In aller Regel ist der Antrag auf eine unbedingte Restschuldbefreiung gerichtet, wie bspw. im Vordruck für das Verbraucherinsolvenzverfahren, und nicht vom Ablauf einer Frist abhängig.

Das Gericht hat sodann analog § 299 InsO (*BGH* NZI 2005, 399 m. Anm. *Ahrens*) die Wirkungen der vorzeitigen Beendigung durch **Beschluss** auszusprechen, der gegenüber den befriedigten Gläubigern deklaratorisch, sonst konstitutiv wirkt (rein konstitutiv: HK-InsO/*Landfermann* 4. Aufl., § 299 Rz. 3; MünchKomm-InsO/*Ehricke* 2. Aufl., § 299 Rz. 6; nur deklaratorisch *Uhlenbruck/Vallender* InsO, 12. Aufl., § 299 Rz. 10; **a. A.** *Nerlich/Römermann* § 299 Rz. 10). Auf diese Entscheidung ist § 300 InsO entsprechend anzuwenden. Die Rechtsfolgen ergeben sich analog § 299 InsO sowie aus § 301 InsO. Mit der rechtskräftigen Entscheidung enden die Laufzeit der Abtretungserklärung, das Amt des Treuhänders sowie die Beschränkung der Gläubigerrechte. Zugleich entfaltet die Restschuldbefreiung die Wirkungen aus § 301 InsO. Auch bei einer vorzeitig erteilten Restschuldbefreiung ist § 290 Abs. 1 Nr. 3 InsO entsprechend anwendbar (s. *Ahrens* § 290 Rz. 29 f.).

9 c

III. Rechtsfolgen

In **drei Gruppen** regelt § 299 InsO die Rechtsfolgen, zu denen eine im zweiten Verfahrensabschnitt versagte Restschuldbefreiung führt. Die regelmäßigen Wirkungen des § 299 InsO treten mit der rechtskräftigen Versagung der Restschuldbefreiung nach den §§ 296, 297 oder 298 InsO ein (*Nerlich/Römermann* InsO, § 299 Rz. 3; *Uhlenbruck/Vallender* InsO, 12. Aufl., § 299 Rz. 2; MünchKomm-InsO/*Ehricke* 2. Aufl., § 299 Rz. 3; *Graf-Schlicker/Kexel* InsO, § 299 Rz. 2). Wird die Restschuldbefreiung nach Maßgabe der §§ 296 bis 298 InsO versagt, so ergeben sich diese Konsequenzen kraft Gesetzes, also ohne gerichtliche Bestimmung. Einer ausdrücklichen Folgenanordnung durch einen Beschluss bedarf es daher nur, wenn § 299 InsO über seinen unmittelbaren Geltungsbereich hinaus etwa auf die Rücknahme oder die Erledigung des Antrags bzw. die vorzeitige Erteilung der Restschuldbefreiung entsprechend angewendet wird (anders *Hess* InsO, 2007, § 299 Rz. 2). Dabei sind die normierten Rechtsfolgen auf die besonderen verfahrensrechtlichen Auswirkungen eines vorzeitig beendeten Schuldbefreiungsverfahrens beschränkt. Andere Folgen, und damit auch die generellen Rechtswirkungen einer Verfahrensbeendigung, regelt die Vorschrift nicht. Diese Konsequenzen ergeben sich aus den allgemeinen Vorschriften.

10

Wird vor der gerichtlichen Ankündigung nach § 291 InsO und damit vor Aufhebung des Insolvenzverfahrens die Restschuldbefreiung nach § 296 InsO versagt, endet allein die **Laufzeit der Abtretungserklärung**. Die beiden anderen Rechtsfolgen, nach denen das Amt des Treuhänders und die Beschränkung der Gläubigerrechte ebenfalls enden, sind unanwendbar. Beendet werden soll nur das Amt des während

10 a

der Treuhandphase gem. den §§ 288, 292 InsO tätigen Treuhänders, der vor dem Beschluss nach § 291 InsO noch nicht bestimmt ist. Auf den während des vereinfachten Insolvenzverfahrens nach § 313 InsO tätigen Treuhänders ist § 299 InsO nicht anwendbar. Ebenso wenig wie § 299 InsO auf diese Rechtsstellung einwirkt, beendet die Vorschrift die Beschränkung der Gläubigerrechte während des Insolvenzverfahrens.

11 Mit der Versagung endet die Laufzeit der Abtretungserklärung. Nach der hier vertretenen prozessualen Theorie der Abtretungserklärung (s. *Ahrens* § 287 Rz. 27 ff.) handelt es sich bei dieser Beendigung um eine konstitutive, die verfahrensrechtliche Überleitung der Forderungen ex nunc abschließende Anordnung. Eine materiellrechtliche Konzeption muss die Regelung dagegen als auflösende Bestimmung i. S. d. § 158 Abs. 2 BGB verstehen. Mit dem Ende der Überleitung wird der Schuldner Inhaber der Forderungen und kann erneut über sie verfügen.

12 Des Weiteren wird das **Amt des** mit der Ankündigung der Restschuldbefreiung bestimmten **Treuhänders** beendet. Seine Verpflichtungen aus § 292 InsO hören damit auf. Insbesondere muss der Treuhänder nicht länger den Schuldner gem. § 292 Abs. 2 InsO überwachen. Tilgungsleistung, die der Treuhänder vor dem Ende der Abtretung erlangt hat, muss er jedoch noch an die Gläubiger sowie nach § 292 Abs. 1 Satz 3 InsO an den Schuldner verteilen (vgl. *Haarmeyer / Wutzke / Förster-Schmerbach* Präsenzkommentar, § 299 Rz. 14). Mit der Beendigung seines Amts muss der Treuhänder gem. § 292 Abs. 3 Satz 1 InsO dem Insolvenzgericht Rechnung legen (MünchKomm-InsO / *Ehricke* 2. Aufl., § 299 Rz. 8). Außerdem ist er nach dem Gedanken aus § 292 Abs. 1 Satz 1 InsO verpflichtet, den (Dritt)Schuldner über das Ende des Forderungsübergangs zu informieren (MünchKomm-InsO / *Ehricke* 2. Aufl., § 299 Rz. 8; *Graf-Schlicker/ Kexel* InsO, § 299 Rz. 4; **a. A.** HambK-InsO / *Streck* 2. Aufl., § 299 Rz. 7). Ein Wahlrecht aufgrund einer Zustimmungsbefugnis, wie in § 409 Abs. 2 BGB angelegt, besteht für den Treuhänder nicht. Solange dem Drittschuldner die vorzeitige Beendigung der Laufzeit der Abtretung nicht durch den Treuhänder angezeigt ist, kann der Dritte nach dem Rechtsgedanken aus § 409 Abs. 1 Satz 1 BGB mit befreiender Wirkung an den Treuhänder leisten. Eine Mitteilung des Schuldners ersetzt diese Anzeige nicht. Werden noch Leistungen an den Treuhänder erbracht, obwohl die Abtretung erloschen ist, hat er sie an den Schuldner als Forderungsinhaber auszuzahlen. Der Treuhänder ist aber berechtigt mit der Forderung auf seine Vergütung gegen den Auszahlungsanspruch aufzurechnen (MünchKomm-InsO / *Ehricke* 2. Aufl., § 299 Rz. 8). Gelangen etwa im Rahmen eines Versagungsantrags nach § 295 Abs. 1 Nr. 2, 3 Abs. 2 InsO noch Beträge in das Treuhandvermögen, hat sie der Treuhänder nach dem Rechtsgedanken aus § 203 Abs. 2 InsO auch nachträglich zu verteilen.

13 Schließlich endet auch die **Beschränkung der Gläubigerrechte** aus § 294 Abs. 1 InsO (s. *Ahrens* § 294 Rz. 18). Das Recht zur Zwangsvollstreckung lebt wieder auf. Die Insolvenzgläubiger dürfen gem. § 201 Abs. 1 InsO ihre nicht befriedigten Forderungen geltend machen, ihr unbeschränktes Nachforderungsrecht lebt wieder auf (Begr. RegE BR-Drucks. 1/92 S. 193; MünchKomm-InsO / *Ehricke* 2. Aufl., § 299 Rz. 9; *Uhlenbruck / Vallender* InsO, 12. Aufl., § 299 Rz. 7). Neben der verfahrensrechtlichen Anordnung trifft § 299 InsO damit auch eine konstitutive haftungsrechtliche Entscheidung, durch die der Schuldner erneut zur vollständigen Erfüllung seiner Verbindlichkeiten herangezogen wird. Vollstreckungstitel für die Forderungen der Gläubiger ist die Tabelle, § 201 Abs. 2 Satz 1 InsO. Im Tabellenauszug sind die Quoten abzusetzen, die aufgrund der Verteilungen während des Insolvenz- und Restschuldbefreiungsverfahrens an den Gläubiger ausgeschüttet wurden (HK-InsO / *Irschlinger* 3. Aufl., § 201 Rz. 8). Auf einen früher erwirkten, sich mit der Eintragung in der Tabelle deckenden Titel darf daneben grds. nicht mehr zurückgegriffen werden. Durch den Auszug aus der Tabelle, aus dem gem. § 201 Abs. 2 InsO die Zwangsvollstreckung betrieben werden kann, wird der frühere Titel aufgezehrt (*BGH* NJW 1998, 2364 [2365]; ZInsO 2006, 704 = EWiR 2006, 539 [*Ahrens*]; s. a. *RG* RGZ 112, 297 [300]; MünchKomm-InsO / *Stephan* 2. Aufl., § 289 Rz. 51; *Fischer* ZInsO 2005, 69; **a. A.** *Gaul* FS Weber, 155 [177 f.]; *Pape* KTS 1992, 185 [188 ff.]; auch *Stein / Jonas / Münzberg* ZPO, 22. Aufl., vor § 704 Rz. 20, die sich für eine Titelwahl aussprechen). Soweit der Schuldner der Feststellung zur Tabelle widersprochen hat und der Widerspruch noch nicht beseitigt ist, kann nicht aus dem Tabellenauszug die Zwangsvollstreckung betrieben werden, §§ 201 Abs. 2 Satz 1 und 2 InsO. Deswegen darf der Gläubiger weiter auf den vorab erwirkten Titel vollstrecken (*BGH* NJW 1998, 2364 [2365]; ZInsO 2006, 704 = EWiR 2006, 539 [*Ahrens*]). Zur privilegierten Vollstreckung aus einem Vollstreckungsbescheid *Ahrens* § 302 Rz. 10 c. Für die Vollstreckungsmaßnahmen gilt wieder der Prioritätsgrundsatz, so dass es zu einem Wettlauf um den besten Rang kommen wird (s. *Ahrens* § 294 Rz. 20). Zu den Rechtsbehelfen gegenüber einer unzulässigerweise verfrüht eingeleiteten Vollstreckungsmaßnahme vgl. *Ahrens* § 294 Rz. 23 ff.

Pfändungen, Sicherungsabtretungen und Verpfändungen, die bereits vor der Eröffnung des Insolvenzverfahrens vorgenommen wurden, werden gem. § 114 Abs. 1 und 3 InsO mit der Eröffnung des Insolvenzverfahrens unwirksam oder sind in ihrer Wirkung auf zwei Jahre beschränkt. Da diese Konsequenz an das Datum der Eröffnung des Insolvenzverfahrens geknüpft ist, endet sie nicht durch eine Versagung der Restschuldbefreiung (*Kübler/Prütting-Wenzel* InsO, § 299 Rz. 3). Die Zwei-Jahres-Frist läuft deshalb weiter. Unwirksame Vollstreckungsmaßnahmen oder Sicherungsrechte bleiben auch nach der Versagung außer Kraft (*Forsblad* Restschuldbefreiung, S. 224; MünchKomm-InsO/*Ehricke* 2. Aufl., § 299 Rz. 10; *Hess/Obermüller* Insolvenzplan, Restschuldbefreiung und Verbraucherinsolvenz, 3. Aufl., Rz. 1195; *Döbereiner* Restschuldbefreiung, S. 215 f.; *Vallender* VuR 1997, 155 [158]; *Wittig* WM 1998, 157 [209, 220]).

Als allgemeine, nicht durch § 299 InsO geregelte Folge, endet zunächst die **Rechtshängigkeit**. Von der Versagung an, ist die Frist des § 290 Abs. 1 Nr. 3 InsO zu berechnen (vgl. *Ahrens* § 290 Rz. 32). Wird die Restschuldbefreiung nach § 298 InsO versagt, greift die Zehn-Jahres-Sperre aus § 290 Abs. 1 Nr. 3 InsO allerdings nicht. Einem neuen Restschuldbefreiungsverfahren steht dann vor allem die tatsächliche Hürde entgegen, ob der Schuldner die Kosten für die dazu notwendige erneute Einleitung eines Insolvenzverfahrens aufbringen kann, vgl. § 289 Abs. 3 InsO.

Außerdem muss das Insolvenzgericht eine **Kostenentscheidung** treffen. Wegen der zusätzlichen Belastung des Gerichts durch Gläubigeranträge auf Versagung der Restschuldbefreiung wird für die Anträge nach den §§ 296 und 297 InsO eine Gebühr in Rechnung gestellt (Begr. zum RegE EGInsO, BT-Drucks. 12/3803 S. 72). Für den Antrag des Treuhänders nach § 298 InsO entsteht diese Gebühr mangels einer gesetzlichen Regelung nicht. Die Gebühr für die Versagungsanträge gem. §§ 296, 297 InsO beträgt EUR 30,–, KV Nr. 2350, im Beschwerdeverfahren EUR 50,– gem. KV 2360. Kostenschuldner ist der antragstellende Insolvenzgläubiger, § 23 Abs. 2 GKG, s. a. § 29 Nr. 1 GKG. Wird in den Versagungsverfahren der §§ 296, 297 InsO nach Ankündigung der Restschuldbefreiung ein Rechtsanwalt tätig, erhält er die Hälfte der vollen Gebühr, Nr. 3321 VV RVG. Mehrere gleichzeitig anhängige Anträge gelten als eine Angelegenheit. Die Gebühr entsteht auch, wenn der Antrag auf Versagung bereits vor Aufhebung des Insolvenzverfahrens gestellt wird, d. h. auch im Versagungsverfahren gem. § 290 InsO. Im Beschwerdeverfahren entsteht eine halbe Gebühr, Nr. 3500 und 3513 VV RVG. Der Gegenstandswert der Gebühr ist gem. den §§ 28 Abs. 3, 23 Abs. 3 Satz 2 RVG nach billigem Ermessen aufgrund des wirtschaftlichen Interesses des Gläubigers zu bestimmen. Bei Anträgen gem. den §§ 295 f. InsO bestimmt das *LG Bochum* (ZInsO 2001, 564 [566]) nach der Hälfte des Werts der zur Tabelle angemeldeten Forderungen.

§ 300
Entscheidung über die Restschuldbefreiung

(1) Ist die Laufzeit der Abtretungserklärung ohne eine vorzeitige Beendigung verstrichen, so entscheidet das Insolvenzgericht nach Anhörung der Insolvenzgläubiger, des Treuhänders und des Schuldners durch Beschluss über die Erteilung der Restschuldbefreiung.
(2) Das Insolvenzgericht versagt die Restschuldbefreiung auf Antrag eines Insolvenzgläubigers, wenn die Voraussetzungen des § 296 Abs. 1 oder 2 Satz 3 oder des § 297 vorliegen, oder auf Antrag des Treuhänders, wenn die Voraussetzungen des § 298 vorliegen.
(3) ¹Der Beschluss ist öffentlich bekanntzumachen. ²Gegen den Beschluss steht dem Schuldner und jedem Insolvenzgläubiger, der bei der Anhörung nach Absatz 1 die Versagung der Restschuldbefreiung beantragt hat, die sofortige Beschwerde zu.

Inhaltsübersicht:	Rz.
A. Normzweck	1
B. Gesetzliche Systematik	2– 3
C. Verfahren nach Ende der Laufzeit der Abtretungserklärung	3a– 5a
I. Fristablauf	3a– 3d
II. Weiteres Verfahren	4– 5a
D. Entscheidung über die Restschuldbefreiung	6–18
I. Versagung der Restschuldbefreiung	6–11

II. Erteilung der Restschuldbefreiung	12–14
III. Rechtsmittel	15–16
IV. Bekanntmachung	17
V. Kosten	18

Literatur:

Heinze Restschuldbefreiung im laufenden Insolvenzverfahren?, ZVI 2008, 416; *Lohmann* Die erste?! Restschuldbefreiung im IK-Verfahren, ZInsO 2000, 445; s. a. § 286.

A. Normzweck

1 Nach dem Ende der grds. sechsjährigen Laufzeit der Abtretungserklärung gem. § 287 Abs. 2 Satz 1 InsO n. F. muss das Insolvenzgericht über die Erteilung der Restschuldbefreiung **entscheiden**. Im Interesse der **Rechtssicherheit** erlangt der Schuldner die Restschuldbefreiung nicht allein mit der Beendigung der Laufzeit der Abtretungserklärung (HK-InsO/*Landfermann* 4. Aufl., § 300 Rz. 1; *Uhlenbruck/Vallender* InsO, § 300 Rz. 1). Bevor das Gericht die Restschuldbefreiung erteilt, hat es die Beteiligten nochmals anzuhören und ihnen Gelegenheit zur Stellungnahme zu geben. Zum letzten Mal können jetzt die Gläubiger und der Treuhänder eine Versagung der Restschuldbefreiung nach den §§ 296, 297 oder 298 InsO beantragen. Wird kein zulässiger sowie begründeter Versagungsantrag gestellt, so ist dem Schuldner die Restschuldbefreiung zu erteilen. Bei dieser Entscheidung besitzt das Gericht keinen Ermessensspielraum. Sobald die gesetzlichen Voraussetzungen erfüllt sind, muss es die Restschuldbefreiung durch einen rechtsgestaltenden Beschluss aussprechen.

B. Gesetzliche Systematik

2 Um die Restschuldbefreiung zu erreichen, muss der Schuldner ein zweistufiges Schuldbefreiungsverfahren absolvieren (s. *Ahrens* § 286 Rz. 20 f.). Am Ende des ersten Abschnitts mit dem Zulassungs- bzw. Vorverfahren entscheidet das Insolvenzgericht gem. § 289 InsO darüber, ob die gesetzliche Schuldbefreiung zu versagen oder ob sie anzukündigen ist. Hat das Gericht die Restschuldbefreiung angekündigt, muss es gem. § 300 InsO nach dem **Ende des zweiten Verfahrensabschnitts** nochmals darüber entscheiden, ob die Schuldbefreiung zu versagen ist oder ob die Restschuldbefreiung erteilt wird. Nachdem die Laufzeit der Abtretungserklärung und damit die Treuhandperiode verstrichen ist, schafft also § 300 InsO eine § 289 InsO entsprechende Entscheidungsregel, die den zweiten Teil des Schuldbefreiungsverfahrens abschließt.

3 Erteilt das Gericht die Restschuldbefreiung, so wird der Schuldner in dem Umfang von seinen nicht erfüllten Verbindlichkeiten befreit, den die §§ 286, 301, 302 InsO bestimmen. Zugleich sind damit die Versagungsgründe aus den §§ 296 bis 298 InsO präkludiert. Ist also das Restschuldbefreiungsverfahren von dem Schuldner erfolgreich beendet worden, können die Gläubiger nur noch binnen Jahresfrist unter den engen Voraussetzungen von § 303 InsO einen Widerruf der Restschuldbefreiung beantragen.

C. Verfahren nach Ende der Laufzeit der Abtretungserklärung

I. Fristablauf

3a Für die Laufzeit der Abtretungserklärung und damit das **Ende der Treuhandperiode** ist zu unterscheiden. Bei einer Zahlungsunfähigkeit des Schuldners vor dem 01. 01. 1997 und einer Eröffnung des Insolvenzverfahrens vor dem 01. 12. 2001 beträgt die Laufzeit der Abtretungserklärung gem. Art. 107 EGInsO fünf Jahre nach der Aufhebung des Insolvenzverfahrens.

Bei einer Zahlungsunfähigkeit ab dem 1. 1. 1997 und einer Eröffnung des Insolvenzverfahrens vor dem   3 b
01. 12. 2001 beträgt die Laufzeit der Abtretungserklärung sieben Jahre nach der Aufhebung des Insolvenzverfahrens, § 287 Abs. 2 Satz 1 InsO a. F. i. V. m. Art. 103 a EGInsO.

Für alle ab dem 01. 12. 2001 eröffneten Insolvenzverfahren beträgt die Laufzeit der Abtretungserklärung   3 c
sechs Jahre nach Eröffnung des Insolvenzverfahrens. Nach der für die Praxis maßgebenden Rechtsprechung des *BGH* (NZI 2004, 452 mit abl. Anm. *Ahrens*) ist die Übergangsvorschrift auf die ab dem
01. 12. 2001 eröffneten Insolvenzverfahren unanwendbar (vgl. *Ahrens* § 287 Rz. 87). Die Zeitspanne
der Abtretungserklärung beginnt mit der Eröffnung des Insolvenzverfahrens, § 287 Abs. 2 Satz 1 InsO
n. F. i. V. m. § 27 Abs. 2 Nr. 3, Abs. 3 InsO, und endet sechs Jahre danach (zur Fristberechnung s. *Ahrens*
§ 287 Rz. 86 d f.). Abweichend von der früheren Rechtslage bestimmt die Laufzeit der Abtretungserklärung nicht mehr allein über die Dauer der Treuhandzeit. Sie regelt nunmehr die gesamte Dauer der aus
den beiden Abschnitten des Zulassungsverfahrens und der Treuhandperiode bestehenden Restschuldbefreiung. Dadurch erhält die **Treuhandzeit** eine **relative Dauer**, die aus der sechsjährigen Frist abzüglich
der Zeit für das parallel zum Zulassungsverfahren durchgeführte Insolvenzverfahren zu errechnen ist. Für
die Verfahrensbeteiligten ist deswegen bereits bei Eröffnung des Insolvenzverfahrens exakt feststellbar,
wann das Restschuldbefreiungsverfahren bei regelmäßigem Verlauf endet.

Ausnahmsweise kann das Verfahren vorzeitig, aber mit einer Entscheidung über die Erteilung der Rest-   3 d
schuldbefreiung beendet werden, sei es weil keine Insolvenzforderung ordnungsgemäß angemeldet ist
oder von keinem Absonderungsberechtigten die persönliche Forderung oder ihr Ausfall rechtzeitig angemeldet wurden, sei es weil alle im Verfahren geltend gemachten Forderungen befriedigt sind (s. *Ahrens*
§ 299 Rz. 9 a). Stets müssen aber auch die Kosten des Insolvenzverfahrens und die sonstigen Masseverbindlichkeiten erfüllt sein (*BGH* NZI 2005, 399 m. Anm. *Ahrens*). Auf Antrag des Schuldners hat das Gericht die Erteilung der Restschuldbefreiung analog § 301 InsO festzustellen. Auf diese Entscheidung ist
§ 300 InsO entsprechend anzuwenden.

II. Weiteres Verfahren

Ist diese auch als Wohlverhaltensperiode bezeichnete Treuhandphase ohne vorzeitige Beendigung verstri-   4
chen, **enden** die **Bindungen des Schuldners**. Mit dem Ende der Treuhandzeit gehen die pfändbaren
Bezüge nicht länger auf den Treuhänder über. Die Wirkungen der Abtretungserklärung enden aufgrund
der befristeten Forderungsübertragung durch das Gericht mit diesem Termin (s. *Ahrens* § 287 Rz. 89 e).
Außerdem muss der Schuldner nicht länger die Obliegenheiten aus § 295 InsO erfüllen. Für diese Wirkungen ist eine gerichtliche Entscheidung nicht erforderlich (*Graf-Schlicker/ Kexel* InsO, § 300 Rz. 7). Anders verhält es sich mit der Restschuldbefreiung. Von seinen nicht erfüllten Verbindlichkeiten wird der
Schuldner mit dem Ablauf der Treuhandzeit noch nicht frei, denn die Restschuldbefreiung muss durch
einen Beschluss des Insolvenzgerichts erteilt werden.

Vor seiner Entscheidung über die Erteilung der Restschuldbefreiung hat das Insolvenzgericht die Insol-   5
venzgläubiger, den Treuhänder sowie den Schuldner anzuhören, § 300 Abs. 1 InsO, um den Beteiligten
rechtliches Gehör i. S. v. Art. 103 Abs. 1 GG zu gewähren. Für diese **Anhörung** schrieb § 248 RegE
einen besonderen Termin vor. Vom Rechtsausschuss des Deutschen Bundestages wurde diese Vorschrift
mit § 249 RegE zur heutigen Regelung in § 300 InsO zusammengefasst. Zur Entlastung der Gerichte
wurde dabei auf einen obligatorischen mündlichen Termin verzichtet, weshalb die Anhörung auch im
schriftlichen Verfahren erfolgen kann (Begr. des Rechtsausschusses BT-Drucks. 12/7302 S. 189, zu
§ 346 o; *Wittig* WM 1998, 157, 209 [216]; MünchKomm-InsO/ *Stephan* 2. Aufl., § 300 Rz. 16; *Nerlich/
Römermann* InsO, § 300 Rz. 6). Eine Anhörung vor dem Ende der Laufzeit der Abtretungserklärung kann
die danach gesetzlich vorgeschriebene Anhörung nicht ersetzen (*Uhlenbruck/ Vallender* InsO, § 300 Rz. 3).
Für die Anhörung ist eine Frist zu bestimmen (*AG Göttingen* NZI 2007, 251). Nach Ablauf ergeht der
Beschluss, mit dem das Insolvenzgericht die Restschuldbefreiung versagt bzw. erteilt. Bei einem Antrag
auf Versagung der Restschuldbefreiung nach § 298 InsO ist allerdings die Frist aus § 298 Abs. 2 Satz 2
InsO zu beachten (unten Rz. 9).

In seltenen Fällen kann die **Frist** der Abtretungserklärung **vor Ankündigung der Restschuldbefrei-   5 a
ung verstrichen** sein (s. *Ahrens* § 287 Rz. 89 f.). Aus den gesetzgeberischen Gründen für die Neufassung
von § 287 Abs. 2 Satz 1 InsO und dem Wortlaut von § 300 Abs. 1 InsO folgt, dass trotzdem die Entscheidung über die Erteilung der Restschuldbefreiung getroffen werden muss. Da in diesen Fällen das Insolvenzverfahren noch nicht aufgehoben ist, muss dort die Schlussverteilung erfolgen und der Schlusstermin

bestimmt werden (zustimmend *LG Dresden* NZI 2008, 508; *Henning* ZInsO 2007, 1253 [1259]). Um die verfahrensmäßige Verbindung zu gewährleisten, hat in diesem Termin die Anhörung nach § 300 Abs. 1 InsO zu erfolgen. Zugleich ist § 300 Abs. 2 InsO dahingehend systematisch zu modifizieren, dass an die Stelle der §§ 296 bis 298 InsO die Versagungsmöglichkeit aus § 290 InsO tritt. Während die Versagungsgründe der §§ 296 bis 298 InsO systematisch unpassend sind, bietet § 290 InsO die geeignete und erforderliche Entscheidungsgrundlage (*Uhlenbruck / Vallender* InsO, § 287 Rz. 49, 300 Rz. 1; *Preuß* Verbraucherinsolvenzverfahren und Restschuldbefreiung, 2. Aufl., Rz. 296). Mit dem Fristablauf endet nicht automatisch der Insolvenzbeschlag. Dies erfordert eine Entscheidung des Insolvenzgerichts, die ausdrücklich in der Aufhebung des Insolvenzverfahrens oder konkludent in der Erteilung der Restschuldbefreiung bestehen kann (*LG Dresden* NZI 2008, 508; **a. A.** *Haarmeyer / Wutzke / Förster-Schmerbach* Präsenzkommentar, § 287 Rz. 19; *Heinze* ZVI 2008, 416 [417]). Nach der Teleologie der Neuregelung des § 287 Abs. 2 Satz 1 InsO, mit der ein zeitlich klar begrenztes Verfahren geschaffen wurde, ist nach dem Ende der Laufzeit der Abtretungserklärung das Insolvenzverfahren aufzuheben (*Hess* InsO, 2007, § 287 Rz. 20). Unterlässt es das Gericht, alsbald nach Ablauf der Abtretungserklärung einen Schlusstermin anzuberaumen, kann es sich gegenüber dem Schuldner haftpflichtig machen.

D. Entscheidung über die Restschuldbefreiung

I. Versagung der Restschuldbefreiung

6   Im Rahmen der von § 300 Abs. 1 InsO vorgeschriebenen Anhörung kann jeder Insolvenzgläubiger und der Treuhänder letztmalig die **Versagung der Restschuldbefreiung** beantragen. Mit dem Ende des Anhörungstermins bzw. der Anhörungsfrist ist der Versagungsantrag präkludiert (MünchKomm-InsO/*Stephan* 2. Aufl., § 300 Rz. 15, 23). Wird kein zulässiger und begründeter Versagungsantrag gestellt, ist dem Schuldner die Restschuldbefreiung durch Beschluss zu erteilen. Von Amts wegen darf die Restschuldbefreiung nicht versagt werden. Ein Versagungsantrag kann auf die gleichen Umstände gestützt werden, mit denen während der Treuhandzeit eine Versagung der Restschuldbefreiung zu begründen ist (*Häsemeyer* Insolvenzrecht, 4. Aufl., Rz. 26.58), denn § 300 Abs. 2 InsO verweist vollständig auf diese Versagungsgründe.

7   Ein Insolvenzgläubiger kann seinen Antrag auf eine **schuldhafte Obliegenheitsverletzung** des Schuldners gem. den §§ 296 Abs. 1 Satz 1, 295 InsO stützen. Der Antrag muss allerdings binnen eines Jahres nach dem Zeitpunkt gestellt werden, in dem die Obliegenheitsverletzung dem Gläubiger bekannt geworden ist, weil § 300 Abs. 2 InsO auch die Regelung des § 296 Abs. 1 Satz 2 InsO übernimmt (vgl. dazu *Ahrens* § 296 Rz. 18 ff.). Da § 296 Abs. 2 Satz 3 InsO ebenfalls anzuwenden ist, kann die Restschuldbefreiung auch wegen der Verletzung einer der dort aufgeführten Verfahrensobliegenheiten zur Auskunftserteilung, Abgabe der eidesstattlichen Versicherung und zum persönlichen Erscheinen versagt werden (vgl. *Ahrens* § 296 Rz. 30 ff.).

8   Außerdem kann die Restschuldbefreiung aufgrund einer rechtskräftigen Verurteilung wegen einer **Insolvenzstraftat** versagt werden, wenn der Versagungsantrag binnen eines Jahres nach Kenntniserlangung von der Verurteilung gestellt worden ist, §§ 300 Abs. 2, 297 Abs. 1 und 2, 296 Abs. 1 Satz 2 InsO.

9   Schließlich kann auch der **Treuhänder** nach dem Ablauf der Treuhandzeit die Versagung der Restschuldbefreiung beantragen, falls die an ihn abgeführten Beträge für das vergangene Jahr seine **Mindestvergütung** nicht decken, obwohl er den Schuldner zur Zahlung binnen einer Frist von mindestens zwei Wochen aufgefordert hat, §§ 300 Abs. 2, 298 Abs. 1 InsO. Einen Versagungsgrund schafft deshalb nur die im vergangenen Jahr nicht gezahlte Mindestvergütung. Ist ein Antrag auf Versagung der Restschuldbefreiung nach § 298 InsO gestellt, kann der Schuldner binnen zwei Wochen nach Aufforderung durch das Gericht den fehlenden Betrag einzahlen oder die Stundung der Treuhänderkosten beantragen, § 298 Abs. 2 Satz 2 InsO. Die Entscheidung nach § 300 InsO darf in diesem Fall erst nach Ablauf der Frist und ggf. der Stundungsentscheidung getroffen werden (vgl. *Grote* § 298 Rz. 13 a; MünchKomm-InsO/*Stephan* 2. Aufl., § 300 Rz. 15).

10 Auch das zu beachtende **Verfahren** ist an den Regeln über die Versagung der Restschuldbefreiung im Verlauf der Treuhandperiode ausgerichtet. Der Antragsteller muss antragsbefugt sein (*Ahrens* NZI 2001, 113 ff.). Ein Versagungsantrag ist außerdem nur zulässig, wenn die Versagungsgründe der §§ 296, 297 InsO glaubhaft gemacht worden sind, denn § 300 Abs. 2 InsO verweist ebenfalls auf die §§ 296 Abs. 1

Satz 3, 297 Abs. 2 InsO, welche die Glaubhaftmachung vorschreiben (*Uhlenbruck/Vallender* InsO, § 300 Rz. 6; *Hess* InsO, 2007, § 300 Rz. 12; *Behr* JurBüro 1998, 513 [524]; vgl. *Scholz* DB 1996, 765 [770]). Insbesondere muss gem. § 296 Abs. 1 Satz 2 InsO der Antrag binnen eines Jahres gestellt worden sein, nachdem die Obliegenheitsverletzung dem Gläubiger bekanntgeworden ist (*AG Göttingen* ZInsO 2006, 384 [385]). Die Entscheidung über den Versagungsantrag ergeht durch Beschluss, § 300 Abs. 1 InsO. Sie ist dann dem Richter vorbehalten, wenn ein Insolvenzgläubiger die Versagung der Restschuldbefreiung beantragt hat, § 18 Abs. 1 Nr. 2 RPflG. Über den Versagungsantrag des Treuhänders entscheidet deswegen grds. der Rechtspfleger.

Die **Folgen** einer gem. § 300 Abs. 2 InsO nach dem Ende der Treuhandzeit versagten Restschuldbefreiung sind aus allgemeinen Grundsätzen zu entwickeln. § 299 InsO, der die Wirkungen eines vorzeitig beendeten Restschuldbefreiungsverfahrens normiert, gilt auch nicht entsprechend. Die Laufzeit der Abtretungserklärung und das Amt des Treuhänders sind beendet. Die Beschränkung der Gläubigerrechte endet nach dem Wortlaut von § 294 Abs. 1 InsO ebenfalls mit der Laufzeit der Abtretungserklärung. Sofern dem Schuldner die Restschuldbefreiung erteilt wird, ist eine einschränkende Auslegung dieser Bestimmung geboten, damit nicht einzelne Gläubiger entgegen der gesetzlichen Zielsetzung nach dem Ende der Treuhandzeit, aber vor Erteilung der Restschuldbefreiung Zwangsvollstreckungsmaßnahmen durchführen (s. *Ahrens* § 294 Rz. 17). Die Beschränkung der Gläubigerrechte muss deswegen bestehen bleiben, solange die Restschuldbefreiung noch erteilt werden kann, also bis zur rechtskräftigen Versagung der Restschuldbefreiung. Erst damit lebt das freie Nachforderungsrecht der Gläubiger wieder auf (*Kübler/Prütting-Wenzel* InsO, § 300 Rz. 2; *Uhlenbruck/Vallender* InsO, § 300 Rz. 23, 26; MünchKomm-InsO/*Stephan* 2. Aufl., § 300 Rz. 7; *Braun/Buck* InsO, 3. Aufl., § 300 Rz. 5). Vollstreckungstitel für ihre Forderungen ist die Tabelle, § 201 Abs. 2 Satz 1 InsO. Auf einen früher erwirkten, sich mit der Eintragung in der Tabelle deckenden Titel darf daneben grds. nicht mehr zurückgegriffen werden. Durch den Auszug aus der Tabelle, aus dem gem. § 201 Abs. 2 InsO die Zwangsvollstreckung betrieben werden kann, wird der frühere Titel aufgezehrt (*BGH* NJW 1998, 2364 [2365]; ZInsO 2006, 704 = EWiR 2006, 539 [*Ahrens*]; s. a. *RG* RGZ 112, 297 [300]; MünchKomm-InsO/*Stephan* InsO, 2. Aufl., § 289 Rz. 51; *Fischer* ZInsO 2005, 69; **a. A.** *Gaul* FS Weber, 155 [177 f.]; *Pape* KTS 1992, 185 [188 ff.]; auch *Stein/Jonas/Münzberg* ZPO, 22. Aufl., vor § 704 Rz. 20, die sich für eine Titelwahl aussprechen). Soweit der Schuldner der Feststellung zur Tabelle widersprochen hat und der Widerspruch noch nicht beseitigt ist, kann nicht aus dem Tabellenauszug die Zwangsvollstreckung betrieben werden, §§ 201 Abs. 2 Satz 1 und 2 InsO. Deswegen darf der Gläubiger weiter aus dem vorab erwirkten Titel vollstrecken (*BGH* NJW 1998, 2364 [2365]; ZInsO 2006, 704 = EWiR 2006, 539 [*Ahrens*]). Zur privilegierten Vollstreckung aus einem Vollstreckungsbescheid *Ahrens* § 302 Rz. 10 c. Ein Fortbestand der Obliegenheiten des Schuldners über die Laufzeit der Abtretungserklärung hinaus widerspricht dem durch die Neufassung von § 287 Abs. 2 Satz 1 InsO zum Ausdruck gebrachten gesetzgeberischen Willen, den Anforderungen an den Schuldner eindeutige zeitliche Grenzen zu setzen. Sonst könnten die Gläubiger durch Versagungsanträge und Rechtsmittel den Umfang der Obliegenheiten beeinflussen (**a. A.** *Heyer* Restschuldbefreiung im Insolvenzverfahren, S. 151).

II. Erteilung der Restschuldbefreiung

Ist die Laufzeit der Abtretungserklärung **ohne vorzeitige Beendigung** verstrichen und bis zum Ende der Anhörungsfrist **kein zulässiger und begründeter Antrag auf Versagung** der Restschuldbefreiung gestellt worden, muss das Insolvenzgericht die Restschuldbefreiung erteilen, ohne dabei einen Ermessensspielraum zu besitzen. Solange kein Antrag auf Versagung der Restschuldbefreiung gestellt wurde, ist es bedeutungslos, ob der Schuldner seine Obliegenheiten erfüllt hat (MünchKomm-InsO/*Stephan* 2. Aufl., § 300 Rz. 29; *Preuß* Verbraucherinsolvenzverfahren und Restschuldbefreiung, 2. Aufl., Rz. 302; *Heyer* Restschuldbefreiung im Insolvenzverfahren, S. 152). In keinem Fall kommt es jedoch darauf an, ob der Schuldner während der Treuhandzeit irgendwelche Tilgungsleistungen zur Befriedigung der Gläubiger erbracht hat, denn er muss keine Mindestquote leisten (*BGH* BGHZ 134, 79 [92]; *Döbereiner* Restschuldbefreiung, S. 225 ff.; *Forsblad* Restschuldbefreiung, S. 252 ff.; *Braun/Uhlenbruck* Unternehmensinsolvenz, S. 697; *Hess/Obermüller* Insolvenzplan, Restschuldbefreiung und Verbraucherinsolvenz, 3. Aufl., Rz. 1197; *Krug* Verbraucherkonkurs, S. 133 f.; *Uhlenbruck/Vallender* InsO, § 300 Rz. 10; *Pech* Die Einbeziehung des Neuerwerbs in die Insolvenzmasse, S. 192 ff.; KS-InsO/*Fuchs* 2000, S. 1679 Rz. 208; *Heyer* JR 1996, 314 [317]; *Gerlinger* ZInsO 2000, 25 [29]; *Wenzel* EWiR 2000, 35; **a. A.** *LG Essen* ZIP 1999,

1180; KS-InsO / *Thomas* 2000, S. 1763). Zwangsvollstreckungsmaßnahmen einzelner Insolvenzgläubiger sind über den unmittelbaren Wortlaut des § 294 Abs. 1 InsO hinaus auch nach dem Ende der Laufzeit der Abtretungserklärung bis zur Erteilung der Restschuldbefreiung unzulässig (*Ahrens* § 294 Rz. 17).

12 a Zur vorzeitigen Erteilung der Restschuldbefreiung vor Ende der Laufzeit der Abtretungserklärung vgl. *Ahrens* § 299 Rz. 9 f.

13 Die Restschuldbefreiung wird durch einen **rechtsgestaltenden Beschluss** des Insolvenzgerichts erteilt, der die Schuld materiell umwandelt und auf diese Weise den Charakter der Leistungspflicht verändert. Aus einer erzwingbaren Verbindlichkeit entsteht so eine Schuld, die zwar immer noch einen Grund für das Behaltendürfen der Leistung bildet, aber für Haupt- und Nebenleistungen nicht mehr durchsetzbar ist. Die umgewandelten Schulden werden als unvollkommene Verbindlichkeiten bezeichnet. Sicherheiten werden nach Maßgabe von § 301 Abs. 2 Satz 1 InsO nicht durch die Restschuldbefreiung berührt.

14 Hat kein Insolvenzgläubiger einen Versagungsantrag gestellt, ist der Rechtspfleger **funktionell zuständig**. Sonst ist die Entscheidung dem Richter vorbehalten, § 18 Abs. 1 Nr. 2, s. a. Abs. 2 RPflG (*AG Göttingen* ZInsO 2006, 384 [385]; *Uhlenbruck / Vallender* InsO, § 300 Rz. 12; *Helwich* MDR 1997, 13 [14]). Die Erteilung der Restschuldbefreiung gehört also auch dann zum Aufgabenkreis des Rechtspflegers, wenn der Treuhänder erfolglos ihre Versagung beantragt hat. Über den Wortlaut von § 294 Abs. 1 InsO hinaus bleibt die Zwangsvollstreckung in der Zeit nach dem Ende der Laufzeit der Abtretungserklärung bis zu der gerichtlichen Entscheidung unzulässig (vgl. *Ahrens* § 294 Rz. 17). Die Wirkungen der Restschuldbefreiung auf die nicht erfüllten Verbindlichkeiten normieren die §§ 286, 301, 302 InsO.

III. Rechtsmittel

15 Wird die Restschuldbefreiung versagt, so steht dem Schuldner gegen diese Entscheidung die **sofortige Beschwerde** zu, §§ 6, 300 Abs. 3 Satz 2 InsO, 567 ZPO. Ebenso ist jedem Insolvenzgläubiger, der bei der Anhörung die Versagung der Restschuldbefreiung erfolglos beantragt hat, die sofortige Beschwerde eröffnet. Die sofortige Beschwerde ist in der Frist von zwei Wochen ab Verkündung, bei nicht verkündeten Beschlüssen ab Zustellung einzulegen, § 6 Abs. 2 InsO. Eine drei Wochen nach Verkündung eingelegte sofortige Beschwerde ist unzulässig (*LG Frankfurt* ZVI 2003, 427). Eine Wiederaufnahme des Verfahrens gem. den §§ 578 ff. ZPO ist grds. statthaft (vgl. *LG Göttingen* ZVI 2007, 85, zu § 298 InsO).

16 Für den Treuhänder ist zwar in § 300 Abs. 3 Satz 2 InsO kein Rechtsbehelf vorgesehen, doch kann er nach § 11 Abs. 1 Satz 2 RPflG die sofortige Erinnerung einlegen, wenn sein Antrag auf Versagung der Restschuldbefreiung abgewiesen wurde.

IV. Bekanntmachung

17 Der Beschluss über die Erteilung bzw. Versagung der Restschuldbefreiung ist öffentlich bekanntzumachen, § 300 Abs. 3 Satz 1 InsO. Dies hat durch eine zentrale und länderübergreifende Veröffentlichung im Internet zu erfolgen, § 9 InsO. Systematisch ist die Bekanntmachung in § 300 Abs. 3 Satz 1 InsO vor den Rechtsbehelfen in § 300 Abs. 3 Satz 2 InsO geregelt. Aufgrund der Parallele zur Ankündigung, Versagung und dem Widerruf der Restschuldbefreiung darf die Bekanntmachung erst nach Rechtskraft des Beschlusses erfolgen (*AG Göttingen* NZI 2007, 251 [252]).

V. Kosten

18 Mit den allgemeinen Gebühren für die Durchführung des Insolvenzverfahrens soll grds. auch die Durchführung der gesetzlichen Schuldbefreiung abgegolten sein. Wegen der zusätzlichen Belastung des Gerichts durch Gläubigeranträge auf Versagung der Restschuldbefreiung wird dafür aber eine **Gebühr** in Rechnung gestellt (Begr. zum RegE EGInsO, BT-Drucks. 12/3803 S. 72). Kostenschuldner ist der antragstellende Insolvenzgläubiger, § 23 Abs. 2 GKG, s. a. § 29 Nr. 1 GKG. Die Gebühr für den Versagungsantrag gem. § 300 InsO beträgt EUR 30,–, KV Nr. 2350. Sie entsteht unabhängig davon, ob der Versagungsantrag begründet war oder zurückgewiesen wurde (*LG Göttingen* ZVI 2008, 121). Im Beschwerdeverfahren entsteht eine Gebühr von EUR 50,– gem. KV Nr. 2360. Hinzu kommen Veröffentlichungskosten der Entscheidungen nach § 300 Abs. 3 Satz 1 InsO gem. KV Nr. 9004. Wird in einem Versagungsverfahren des § 300 InsO nach Ankündigung der Restschuldbefreiung ein **Rechtsanwalt** tätig, erhält er die Hälfte der vollen Gebühr, Nr. 3321 VV RVG. Die Gebühr entsteht auch, wenn der Antrag auf Versagung bereits vor Aufhebung des Insolvenzverfahrens gestellt wird, d. h. auch im Versagungsverfahren gem. § 290 InsO. Im Beschwerdeverfahren entsteht eine halbe Gebühr, Nr. 3500 und 3513 VV RVG. Der Gegenstandswert der Gebühr ist gem. den §§ 28 Abs. 3, 23 Abs. 3 Satz 2 RVG nach billigem Ermessen aufgrund des wirtschaftlichen Interesses des Gläubigers zu bestimmen. Bei Anträgen gem. den §§ 295 f. InsO bestimmt das *LG Bochum* (ZInsO 2001, 564 [566]) nach der Hälfte des Werts der zur Tabelle angemeldeten Forderungen. Das *OLG Celle* geht von einem Regelstreitwert von EUR 4.000,– aus (*OLG Celle* ZVI 2002, 29 [32]). Zur Verfahrenskostenstundung s. *Kohte* § 4 a Rz. 28 ff.

§ 301
Wirkung der Restschuldbefreiung

(1) ¹Wird die Restschuldbefreiung erteilt, so wirkt sie gegen alle Insolvenzgläubiger. ²Dies gilt auch für Gläubiger, die ihre Forderungen nicht angemeldet haben.

(2) ¹Die Rechte der Insolvenzgläubiger gegen Mitschuldner und Bürgen des Schuldners sowie die Rechte dieser Gläubiger aus einer zu ihrer Sicherung eingetragenen Vormerkung oder aus einem Recht, das im Insolvenzverfahren zur abgesonderten Befriedigung berechtigt, werden durch die Restschuldbefreiung nicht berührt. ²Der Schuldner wird jedoch gegenüber dem Mitschuldner, dem Bürgen oder anderen Rückgriffsberechtigten in gleicher Weise befreit wie gegenüber den Insolvenzgläubigern.

(3) Wird ein Gläubiger befriedigt, obwohl er auf Grund der Restschuldbefreiung keine Befriedigung zu beanspruchen hat, so begründet dies keine Pflicht zur Rückgewähr des Erlangten.

Inhaltsübersicht: Rz.

A. Normzweck   1
B. Gesetzliche Systematik   2
C. Schuldbefreiung   3–13
   I. Betroffene Verbindlichkeiten   3– 7
   II. Die Restschuld als unvollkommene Verbindlichkeit   8–13
D. Personal- und Sachsicherungen   14–23
   I. Bestand der Sicherungsrechte   14–18
   II. Ausschluss von Rückgriffsansprüchen   19–23
E. Leistung trotz Restschuldbefreiung   24
F. Nachhaftung   25–30
G. Weitere Gläubigerrechte   31–38
   I. Insolvenzrechtliche Stellung   31–34
   II. Haftung aus § 826 BGB wegen vorsätzlicher sittenwidriger Schädigung 35–38

Literatur:

Fischer Die Wirkungen der Restschuldbefreiung nach der Insolvenzordnung, Rpfleger 2007, 173; *Voigt* Weiter im Schuldturm trotz Restschuldbefreiung? Gedanken zur Auslegung von §§ 286, 301 InsO, ZInsO 2002, 569; *Wissmann* Persönliche Mithaft in der Insolvenz, 2. Aufl. 1998; s. a. § 286.

A. Normzweck

Die Vorschrift regelt die materiellen **Wirkungen** der durch das Gericht erteilten Restschuldbefreiung. **1** Als Vorbild für diese Regelungen dienen § 193 KO und vor allem § 82 VglO. Nach ihrem Muster bezeichnet Abs. 1 den Kreis der von der gesetzlichen Schuldbefreiung betroffenen Insolvenzgläubiger. Entsprechend lässt Abs. 2 die Rechte der Insolvenzgläubiger gegenüber mithaftenden Personen unter Ausschluss der Rückgriffsansprüche gegen den Schuldner sowie die Zugriffsrechte auf dingliche Sicherungen bestehen (Begr. RegE BR-Drucks. 1/92 S. 194). Durch die Regelung in Abs. 3 wird schließlich klargestellt, dass der Gläubiger eine Leistung behalten darf, die der Schuldner nach der Erteilung der Restschuldbefreiung erbringt.

B. Gesetzliche Systematik

2 Neben § 301 InsO regelt auch § 286 InsO die Folgen der Restschuldbefreiung. Während § 301 InsO vor allem die **Auswirkungen** auf die **Insolvenzgläubiger**, auf mithaftende Personen und, bei einer Leistungserbringung, auf den Schuldner normiert, bestimmt § 286 InsO, welche Verbindlichkeiten von der Restschuldbefreiung erfasst werden. Für diese Aufgliederung bestehen allerdings weniger sachliche als vielmehr genetische Erklärungsgründe. § 301 InsO lehnt sich stark an die §§ 193 KO, 82 VglO an und übernimmt weithin deren Regelungsprogramm, indem er die von der Restschuldbefreiung betroffenen Gläubiger und die Auswirkungen auf Sicherungsrechte und auf die Restschuld bezeichnet (dazu MünchKomm-InsO/*Stephan* 2. Aufl., § 301 Rz. 4 f.). Eine entsprechende Anordnung ist außerdem in § 254 InsO für den Insolvenzplan getroffen. Ergänzend dazu regelt die einleitende Bestimmung des § 286 InsO, welche Verbindlichkeiten von der gesetzlichen Schuldbefreiung erfasst werden. Vollständig ist diese Abgrenzung jedoch nicht gelungen, denn der Kreis der betroffenen Insolvenzgläubiger etwa lässt sich gem. § 38 InsO nur über die ihnen zustehenden Vermögensansprüche bezeichnen.

C. Schuldbefreiung

I. Betroffene Verbindlichkeiten

3 Von den Wirkungen der Restschuldbefreiung werden die Vermögensansprüche sämtlicher **Insolvenzgläubiger** gem. § 38 InsO betroffen. Die Restschuldbefreiung erfasst auch Verbindlichkeiten, die verspätet oder nicht angemeldet wurden und sogar die unverschuldet nicht angemeldeten Verbindlichkeiten, § 301 Abs. 1 Satz 1 und 2 InsO (MünchKomm-InsO/*Stephan* 2. Aufl., § 301 Rz. 10; *Kübler/Prütting-Wenzel* InsO, § 301 Rz. 2; *Nerlich/Römermann* InsO, § 301 Rz. 14; HambK-InsO/*Streck* 2. Aufl., § 301 Rz. 2; *Graf-Schlicker/Kexel* InsO, § 301 Rz. 2; *Vallender* ZIP 2000, 1288 [1290]; **a. A.** *Döbereiner* Restschuldbefreiung, S. 242). Mit dieser Regelung wird die **Effektivität der Restschuldbefreiung** gesichert, denn ein Insolvenzgläubiger kann sich ihren Konsequenzen nicht dadurch entziehen, dass er eine Anmeldung seiner Forderung unterlässt. Selbst unbekannte Gläubiger werden diesen Folgen unterworfen (vgl. *Hess* KO, § 193 Rz. 2; *Mohrbutter/Ringstmeier-Pape* 8. Aufl., Kap. 17 Rz. 189). Bei der Frist zur Anmeldung der Forderungen nach § 28 Abs. 1 InsO handelt es sich ebenso wenig wie früher bei § 138 KO (*Kilger/Karsten Schmidt* KO, § 138 Anm. 2) um keine Notfrist. Hat der Gläubiger eine Forderungsanmeldung versäumt, scheidet deswegen eine Wiedereinsetzung in den vorigen Stand gem. § 233 ZPO aus. Da die Anmeldungsfrist auch keine Ausschlussfrist darstellt (vgl. *Kuhn/Uhlenbruck* KO, § 138 Rz. 5), kann die verspätet angemeldete Forderung auch nicht zurückgewiesen werden und ist deshalb nach Maßgabe des § 177 InsO zu berücksichtigen. Wird eine Forderung nach dem Ende der Anmeldungsfrist für die Schlussverteilung angemeldet, §§ 187, 197 InsO, so kann sie zwar noch festgestellt werden, doch nimmt sie an der Schlussverteilung und einer Nachtragsverteilung nicht mehr teil (vgl. *Hess* KO, § 138 Rz. 16). Trotzdem wird sie von den Wirkungen der Restschuldbefreiung erfasst (*Pape* ZIP 1992, 1289 [1290]). Verfassungsrechtliche Bedenken gegenüber einer Befreiung des Schuldners von unverschuldet nicht oder zu spät angemeldeten Forderungen wegen einer möglichen Verletzung des rechtlichen Gehörs gem. Art. 103 Abs. 1 Satz 2 GG aufgrund einer öffentlichen Bekanntmachung des Verfahrens (*Prütting/Stickelbrock* ZVI 2002, 305 [307 f.]) oder wegen einer Verletzung von Art. 14 GG sind im Allgemeinen nicht zu teilen (MünchKomm-InsO/*Stephan* 2. Aufl., § 301 Rz. 10; *Uhlenbruck/Vallender* InsO, § 301 Rz. 3; *Braun/Buck* InsO, 3. Aufl., § 301 Rz. 4; zur Verfassungsmäßigkeit der Restschuldbefreiung *Ahrens* § 286 Rz. 5 a ff.). Ausdrücklich hat das BVerfG im Vergleichsverfahren die **öffentliche Bekanntgabe** einer Entscheidung mit der Wirkung einer Zustellung gebilligt. In Massenverfahren, so das Gericht, in denen der Kreis der Betroffenen groß ist und sich nicht von vornherein übersehen lässt, ist diese Art der Zustellung sachgerecht und verfassungsrechtlich legitimiert (*BVerfGE* 77, 275 [285]). Eine entsprechende Anwendung von § 308 Abs. 3 Satz 1 InsO auf nicht angemeldete Forderungen ist angesichts der eindeu-

tigen Regelung ausgeschlossen, die nicht lückenhaft ist (*Uhlenbruck/Vallender* InsO, § 301 Rz. 5; **a. A.** *Bruckmann* Verbraucherinsolvenz, § 4 Rz. 90).

Die Restschuldbefreiung führt dazu, dass die Insolvenzforderungen gegenüber dem Schuldner prinzipiell nicht mehr durchgesetzt werden können. Sie umfasst grds. alle **Vermögensansprüche** der Insolvenzgläubiger gegen den Schuldner, also sämtliche Ansprüche, die am Insolvenzverfahren teilnehmen konnten, ausgenommen die in § 302 InsO bestimmten Forderungen. Berechtigt ist diese befreiende Wirkung jedoch nur für solche Ansprüche, die als Vermögensansprüche gem. §§ 38 f. InsO überhaupt in dem Insolvenzverfahren zugelassen sind. Dementsprechend betrifft die gesetzliche Schuldbefreiung lediglich solche Ansprüche, die auf Geld gerichtet sind oder nach § 45 InsO in einen Geldanspruch umgewandelt werden können. Erfasst werden die Verbindlichkeiten unabhängig davon, ob sie betagt oder aufschiebend bedingt sind, vgl. §§ 41 f. InsO. Der Schuldner wird deswegen auch von den Ansprüchen aus einer von ihm übernommenen Bürgschaft befreit (*Hess* InsO, 2007, § 301 Rz. 10). Nach § 301 Abs. 1 Satz 2 InsO ist für eine Schuldbefreiung unerheblich, ob ein Anspruch in dem Insolvenzverfahren angemeldet oder ob er nicht angemeldet wurde. Zudem fehlt eine dem Erfüllungsrecht aus § 308 Abs. 3 Satz 1 InsO entsprechende Ausnahmeregelung, die den Schuldner zur Angabe der Verbindlichkeiten anhalten könnte. War ein haftungsbegründender Tatbestand bereits vor Eröffnung des Insolvenzverfahrens verwirklicht, werden auch die erst später entstehenden Schäden von der Restschuldbefreiung erfasst (vgl. *RG* RGZ 87, 82 [84 f.]; *Jaeger/Weber* KO, § 193 Rz. 4). Wird nach Beendigung des Insolvenzverfahrens ein Rechtsstreit, aber kein Feststellungsprozess, über eine Insolvenzforderung geführt, erfasst die Restschuldbefreiung auch die daraus resultierenden Kostenerstattungsansprüche (*Fischer* ZInsO 2005, 69 [71]). Bestätigt wird dieses Ergebnis insbesondere durch die Parallele zu den Sekundäransprüchen.

Laufende Zahlungsansprüche gegen den Schuldner, wie Unterhaltsansprüche und Rentenansprüche, z. B. gem. § 844 Abs. 2 BGB, aus der Zeit **vor Eröffnung** des Insolvenzverfahrens unterfallen als Vermögensansprüche der Restschuldbefreiung (*OLG Stuttgart* ZVI 2002, 115). Dies gilt auch wenn die Unterhaltsansprüche nach den §§ 1607 Abs. 2 Satz 2, 1608 Satz 3, 1615 b BGB, 94 Abs. 3 SGB VIII, 94 SGB XII, 7 UVG oder 37 BAföG auf einen Dritten übergegangen sind. Unterhaltsansprüche und Rentenansprüche aus der Zeit **nach** der **Eröffnung** stellen keine Insolvenzforderungen dar und unterliegen deswegen nicht § 301 InsO. In der Literatur wird allerdings diskutiert, ob Unterhaltsansprüche aus der Zeit nach Eröffnung des Insolvenzverfahrens, die auf öffentliche Stellen übergegangen sind, von der Restschuldbefreiung erfasst werden können (*Balz* BewHi 1989, 103 [117 Fn. 61]). Ein solches Resultat lässt sich jedoch kaum rechtfertigen, solange diese Stellen nicht vollständig in das Insolvenzverfahren integriert sind (*Scholz* ZIP 1988, 1157 [1162]; *Smid* in Leipold (Hrsg.), Insolvenzrecht im Umbruch, S. 139 [146 ff.]; KS-InsO/*Kohte* 2000, S. 781 Rz. 98 ff.). *Kohte* weist deswegen auf das Recht des Schuldners hin, einen Forderungserlass gem. § 76 Abs. 2 SGB IV zu beantragen, über den die Stelle ermessensfehlerfrei zu entscheiden hat (KS-InsO/*Kohte* 2000, S. 781 Rz. 104 f.). Von der Restschuldbefreiung werden auch **Steuerforderungen** erfasst, denn sie begründet keine dem Steuerverfahren nach der AO bzw. der FGO vorbehaltene Entscheidung. Es kommt auch nicht darauf an, ob die Voraussetzungen eines Erlasses oder einer Stundung nach den §§ 227, 222 AO erfüllt sind (*OLG Köln* NZI 2000, 596 f., zu § 309 InsO; MünchKomm-InsO/*Stephan* 2. Aufl., § 301 Rz. 16; HambK-InsO/*Streck* 2. Aufl., § 301 Rz. 6). Zeitlich ist darauf abzustellen, inwieweit der steuerliche Tatbestand vor der Insolvenzeröffnung verwirklicht war (vgl. dazu *BGH* ZInsO 2006, 139 [140]). Aus der gesetzlichen Systematik und speziell Art. 108 Abs. 2 EGInsO folgt, dass einer **Vollstreckungsbeschränkung** nach § **18 Abs. 2 Satz 3 GesO** unterliegende Ansprüche von der Restschuldbefreiung erfasst werden.

Zinsansprüche, die im Verlauf des Insolvenzverfahrens auf Forderungen der Insolvenzgläubiger entstanden sind, werden – im Gegensatz zur früheren Rechtslage nach den §§ 63 Nr. 1 KO, 29 Nr. 1 VglO, anders aber § 226 Abs. 2 Nr. 1 KO – gem. § 39 Abs. 1 Nr. 1 InsO als nachrangige Forderungen in das Insolvenzverfahren einbezogen und sind folglich auch von der Restschuldbefreiung betroffen. Für Zinsansprüche, die erst nach dem Ende des Insolvenzverfahrens während der Treuhandzeit auf solche Forderungen entstanden sind, fehlt dagegen eine gesetzliche Regelung. Als neue Forderungen wären sie nach den allgemeinen Grundsätzen nicht von der Restschuldbefreiung erfasst. Aufgrund der Zielsetzung des Schuldbefreiungsverfahrens, eine umfassende Bereinigung der gegen den Schuldner gerichteten vermögensrechtlichen Verbindlichkeiten zu erreichen, ist die Restschuldbefreiung jedoch ebenfalls auf die im Verlauf der Treuhandphase entstandenen **Zinsen** zu erstrecken (*Döbereiner* Restschuldbefreiung, S. 246 ff.; MünchKomm-InsO/*Stephan* 2. Aufl., § 301 Rz. 13; *Uhlenbruck/Vallender* InsO, § 301 Rz. 8; *Smid/Krug/Haarmeyer* 2. Aufl., § 301 Rz. 4; *Hess* InsO, 2007, § 301 Rz. 7; HK-InsO/*Landfermann*

4. Aufl., § 301 Rz. 4; *Kübler/Prütting-Wenzel* InsO, § 301 Rz. 4; *Nerlich/Römermann* InsO, § 301 Rz. 9; *Fischer* Rpfleger 2007, 173). Mit der Restschuldbefreiung wird die Schuld umgewandelt, womit ihr die Fähigkeit genommen ist, den **Erwerbsgrund** für eine Leistung zu bilden. Ihr fehlt dadurch nicht nur die rechtliche Qualität als Erwerbsgrund für die Hauptleistung, sondern auch für Nebenleistungen und insbesondere für Zinsen. Eine gesetzliche Bestätigung findet diese Teleologie in der von § 83 Abs. 2 VglO für Zinsansprüche beim außergerichtlichen Vergleich geschaffenen Vermutung für einen Erlass (zuvor bereits *RG* RGZ 125, 408 [411]), die unter Hinweis auf den unselbstständigen Charakter der Nebenoder Annexansprüche entsprechend auch auf den Zwangsvergleich herangezogen wird (*Hess* KO, § 193 Rz. 10 ff.; *Kilger/Karsten Schmidt* KO, § 193 Anm. 2 a; außerdem *Jaeger/Weber* KO, § 193 Rz. 9). Nach einer erteilten Restschuldbefreiung und der Umwandlung der Hauptschuld in eine unvollkommene Verbindlichkeit entstehen keine neuen Zinsansprüche, da die Zinsschuld in ihrer Entstehung wie im Weiterbestehen von der Hauptschuld abhängt (*BGH* BGHZ 15, 87 [89]; *Staudinger/Blaschczok* BGB, § 246 Rz. 13 f.; *Soergel/Teichmann* BGB, § 246 Rz. 7 f.). Zinsansprüche gegenüber Bürgen bleiben jedoch nach § 301 Abs. 2 Satz 1 InsO bestehen.

7 **Ausgenommen** von der befreienden Wirkung sind die nicht nach § 174 InsO anmeldefähigen Rechte der Gläubiger (*Smid/Krug/Haarmeyer* § 301 Rz. 5). Dies sind insbesondere die Rechte, die keinen vermögensrechtlichen Charakter haben, also Gestaltungsrechte, wie etwa die bürgerlichrechtliche Anfechtung gem. den §§ 119, 123 BGB, soweit nicht ihr Geltungsgrund entfallen ist (vgl. *Jaeger/Henckel* KO, § 3 Rz. 21; *Hess* InsO, 2007, § 301 Rz. 6) familienrechtliche Ansprüche auf Ehescheidung oder Anerkennung der Vaterschaft (vgl. *Kilger/Karsten Schmidt* KO, § 3 Anm. 2 a); Unterlassungsansprüche (vgl. *RG* RGZ 134, 377 [379]; *Jaeger/Henckel* KO, § 3 Rz. 27); Ansprüche auf Vornahme einer unvertretbaren Handlung (vgl. *OLG Neustadt* NJW 1965, 257; *Kuhn/Uhlenbruck* KO, § 3 Rz. 21 ff.) sowie unvollkommene Verbindlichkeiten, z. B. gem. den §§ 656, 762–765 BGB (vgl. *Jaeger/Henckel* KO, § 3 Rz. 9). Aufgrund der ausdrücklichen gesetzlichen Anordnung sind auch die in § 302 InsO angeführten Verbindlichkeiten aus vorsätzlicher unerlaubter Handlung, aus Geldstrafen und den ihnen gleichgestellten Verbindlichkeiten sowie aus zinslosen Darlehen von der Restschuldbefreiung ausgenommen. **Aussonderungsrechte** bleiben von einer Restschuldbefreiung unberührt, ohne dass für diese selbstverständliche Konsequenz eine positive Bestimmung geschaffen ist. Ausdrücklich werden aber auch die in § 301 Abs. 2 Satz 1 InsO aufgeführten Sicherungsrechte (Rz. 14 ff.) von den Folgen der Restschuldbefreiung ausgenommen (*Marotzke* ZZP 109, 429 [439]; vgl. zusätzlich *Hess* KO, § 3 Rz. 13; *Kuhn/Uhlenbruck* KO, § 3 Rz. 17). Nicht betroffen werden auch die Forderungen der Neugläubiger, also der persönlichen Gläubiger, die erst nach der Eröffnung des Insolvenzverfahrens einen persönlichen Vermögensanspruch gegen den Schuldner erworben haben. **Masseverbindlichkeiten** sind keine Insolvenzforderungen i. S. d. § 38 InsO und werden deshalb nicht von der Restschuldbefreiung erfasst (MünchKomm-InsO/*Stephan* 2. Aufl., § 301 Rz. 8; *Smid/Krug/Haarmeyer* § 301 Rz. 5; *Runkel/Schnurbusch* NZI 2000, 49 [57]; *Mäusezahl* ZVI 2003, 617 [623]; s. a. *Henning* ZInsO 2004, 585 [586]; **a. A.** HK-InsO/*Landfermann* 4. Aufl., § 301 Rz. 11; HambK-InsO/*Streck* 2. Aufl., § 301 Rz. 3). Entscheidungsbedürftig ist allerdings, welche Schulden Masseverbindlichkeiten darstellen. Soweit **Kostenerstattungsansprüche** aus einem Feststellungsprozess Masseverbindlichkeiten darstellen (dazu *Uhlenbruck* InsO, § 183 Rz. 6), unterliegen sie nicht der Restschuldbefreiung (unten Rz. 7). Teilweise wird aber auch eine Restschuldbefreiung angenommen, soweit die zu Masseverbindlichkeiten führenden Rechtshandlungen des Verwalters auf Pflichten beruhen, die ohne Insolvenzverfahren der Schuldner zu erfüllen hätte. Allein bei den ohne Rechtshandlung des Schuldners entstehenden Massekosten und Masseverbindlichkeiten soll eine Restschuldbefreiung ausgeschlossen sein (*Voigt* ZInsO 2002, 569 [572 f.]). Eine Sonderregelung ist im Fall der Kostenstundung bestimmt. Nach § 4 b Abs. 1 InsO i. V. m. § 115 Abs. 1 ZPO ist eine Nachhaftung für maximal 48 Monatsraten angeordnet (s. *Kohte* § 4 b Rz. 9 ff.). Forderungen der **Neugläubiger**, also nach Eröffnung des Insolvenzverfahrens entstandene Verbindlichkeiten, werden nicht von der Restschuldbefreiung erfasst.

II. Die Restschuld als unvollkommene Verbindlichkeit

8 Nach der erteilten Restschuldbefreiung kann die Schuld nicht mehr gegen den Schuldner durchgesetzt werden. Das Gesetz ordnet diese Rechtsfolge nicht in § 301 InsO positiv an, doch resultiert sie aus § 286 InsO. Durch die erteilte Restschuldbefreiung wird die **Schuld materiell umgewandelt** und auf diese Weise der Charakter der Leistungspflicht verändert. Aus einer erzwingbaren Verbindlichkeit entsteht so eine Schuld, die zwar immer noch einen Grund für das Behaltendürfen der Leistung bildet, aber für Haupt- und Nebenleistungen nicht mehr durchsetzbar ist, vgl. *Ahrens* § 286 Rz. 27. Diese nach der Schuldbefreiung noch erfüllbaren, aber nicht mehr erzwingbaren Verbindlichkeiten werden zumeist als **unvollkommene Verbindlichkeiten** bezeichnet (Begr. RegE BR-Drucks. 1/92 S. 194; HambK-InsO/*Streck* 2. Aufl., § 301 Rz. 8; *Forsblad* Restschuldbefreiung, S. 225; *Haarmeyer/Wutzke/Förster* Handbuch, 3. Aufl., Rz. 8/305; *Häsemeyer* Insolvenzrecht, 4. Aufl., Rz. 26.62; *Wenzel* DB 1990, 975 [977]; *Maier/Krafft* BB 1997, 2173 [2180]; *Wittig* WM 1998, 157 [209, 216]; andere sprechen von einer natürlichen Verbindlichkeit oder Naturalobligation *Hess/Obermüller* Insolvenzplan, Restschuldbefreiung und Verbraucherinsolvenz, 3. Aufl., Rz. 1205; *Arnold* DGVZ 1996, 65 [70]; *Döbereiner* KTS 1998, 31).

Bei dieser Folge wird die Übereinstimmung mit den Wirkungen eines gerichtlich bestätigten Vergleichs betont (*Hess/Obermüller* Insolvenzplan, Restschuldbefreiung und Verbraucherinsolvenz, 3. Aufl., Rz. 1205). Für den Erlassvergleich wird davon ausgegangen, dass der erlassene Teil der Forderung als erfüllbare, aber nicht erzwingbare natürliche Verbindlichkeit fortbesteht (*RG* RGZ 160, 134 [138]; *BGH* WM 1968, 39 [40]; BGHZ 118, 70 [76]; *Baur/Stürner* Zwangsvollstreckungs-, Konkurs- und Vergleichsrecht, Bd. II, Rz. 29.1; *Jaeger/Weber* KO, § 193 Rz. 5; *Kuhn/Uhlenbruck* KO, § 193 Rz. 8; *Hess* KO, § 193 Rz. 24; *Bley/Mohrbutter* VglO, § 82 Rz. 16; *Kilger/Karsten Schmidt* VglO, § 82 Anm. 3, KO, § 193 Anm. 4 a). Obwohl sich die Konsequenzen der Restschuldbefreiung an den §§ 193 KO, 82 VglO orientieren, stimmen sie doch nicht vollkommen mit diesen Vorschriften überein. Im Gegensatz zu den Wirkungen eines Zwangsvergleichs (*BGH* BGHZ 31, 174 [180]; BGHZ 57, 78 [84]; *Jaeger/Weber* KO, § 193 Rz. 6), gestattet die Restschuldbefreiung **nicht** die **Neubegründung** akzessorischer Sicherungsrechte für die umgewandelte Schuld. Der Zweck der gesetzlichen Regelung in § 301 InsO besteht darin, einen Rückgriff gegen den Schuldner auszuschließen, der nicht durch eine Bestellung von Sicherheiten umgangen werden darf. Zudem kann in einem Vergleichsschluss auch eine Zinszahlung auf die Schuld seit der Verfahrenseröffnung vereinbart werden, vgl. § 83 Abs. 2 VglO, während mit der Restschuldbefreiung die Grundlage für diese Zinsen entfällt. Gegenüber den kraft Gesetzes festgelegten einheitlichen Rechtsfolgen der Restschuldbefreiung ermöglicht außerdem der auf einer privatautonomen Grundlage beruhende, gerichtlich bestätigte Vergleichsschluss eine flexible Vereinbarung der Wirkungen (*BGH* BGHZ 108, 123 [131]; NJW 1992, 2091 [2092]; 2093 [2095]; *Hess* KO, § 193 Rz. 25). Wegen dieser Unterschiede dürfen die Folgen eines bestätigten Vergleichs nicht ungeprüft auf die Restschuldbefreiung übertragen werden (anders *Balz* BewHi 1989, 103 [112, 119], der uneingeschränkt von den Wirkungen eines solchen Vergleichs ausgeht). **9**

Rechnet ein Insolvenzgläubiger mit einer von der Restschuldbefreiung betroffenen Insolvenzforderung auf, wird zu unterscheiden sein (was *Döbereiner* Restschuldbefreiung, S. 274, übersieht). Durch die Erteilung der Restschuldbefreiung wird die Gegenforderung des Insolvenzgläubigers in eine unvollkommene Verbindlichkeit umgewandelt, mit der er grds. **nicht** mehr **aufrechnen** kann, weil diese Gegenforderung nach den bürgerlich-rechtlichen Regeln gem. § 387 BGB vollwirksam und durchsetzbar sein muss (*BGH* NJW 1981, 1897; *OLG Frankfurt* NJW 1967, 501 [502]; *Staudinger/Gursky* BGB, § 387 Rz. 107; *Soergel/Zeiss* BGB, § 387 Rz. 8; *Gernhuber* Die Erfüllung und ihre Surrogate, 2. Aufl., § 12 IV 1 a; HambK-InsO/*Streck* 2. Aufl., § 301 Rz. 9), ohne dass es noch auf § 390 Satz 1 BGB ankommt. Hat die Aufrechnungslage jedoch bei Eröffnung des Insolvenzverfahrens bestanden, berührt das Verfahren gem. § 94 InsO die erworbene Aufrechnungsbefugnis nicht, die bestehende Aufrechnungslage wird insolvenzrechtlich geschützt. Die gesetzliche Formulierung des § 94 InsO lässt sich unschwer dahingehend auslegen, dass die Aufrechnungslage von den Verfahrenswirkungen unberührt bleibt, also weder durch das Insolvenz- noch durch das Restschuldbefreiungsverfahren einschließlich seiner Folgen aufgehoben wird. Die Aufrechnungsbefugnis vermittelt also eine gesicherte Rechtsstellung, die wie ein Absonderungsrecht die gesetzliche Schuldbefreiung überdauert (zur konkursrechtlichen Aufrechnungslage nach Abschluss eines Zwangsvergleichs *RG* RGZ 80, 407 [409 f.]). Entsteht die Aufrechnungslage während des Verfahrens, besteht eine Aufrechnungsbefugnis über die Restschuldbefreiung hinaus, wenn die Aufrechnungslage nach Maßgabe von § 95 InsO geschützt ist. Zum Verhältnis zwischen dem Vollstreckungsverbot während der Treuhandzeit und dem Aufrechnungsverbot s. *Ahrens* § 294 Rz. 35 a. Tritt indessen die Aufrechnungslage erst nach Erteilung der Restschuldbefreiung ein, weil etwa der Insolvenzgläubiger erst jetzt durch eine Hauptforderung verpflichtet wird, so ist eine Aufrechnung ausgeschlossen (vgl. *RG* RGZ 80, 407 [411]; *Jaeger/Weber* KO, § 193 Rz. 6), da keine gesicherte Aufrechnungslage bestand und seine Gegenforderung nicht mehr durchsetzbar ist. Ebenso wenig kann aufgrund einer unvollkommenen Verbindlichkeit ein Zurückbehaltungsrecht ausgeübt werden (*Staudinger/Selb* BGB, § 273 Rz. 11). **10**

11 Ein vollständiger oder teilweiser **Verzicht** auf die Wirkung des § 301 Abs. 1 InsO ist vor und während der Treuhandperiode unwirksam (zum Verzicht auf die Einleitung des Verfahrens s. *Ahrens* § 287 Rz. 18). Weder darf unabhängig von einem Insolvenzverfahren noch in seinem Vorfeld oder in einem Schuldenbereinigungsplan auf die Rechtsfolge der gesetzlichen Schuldbefreiung verzichtet werden. Dies folgt auch gesamtvollstreckungsrechtlich aus den gleichen Bedenken, die einem vorherigen Verzicht auf den Schutz vor Einzelzwangsvollstreckungen entgegenstehen (*Stein/Jonas-Münzberg* ZPO, vor § 704 Rz. 100; MünchKomm-ZPO/*Gruber* 3. Aufl., § 811 Rz. 13 ff.; *Zöller/Stöber* ZPO, Vor § 704 Rz. 26, § 811 Rz. 10; *Musielak/Becker* ZPO, 6. Aufl., § 811 Rz. 8 f., § 850 Rz. 1; *Rosenberg/Gaul/Schilken* Zwangsvollstreckungsrecht, 11. Aufl., § 33 IV 1). Während der Treuhandzeit ist eine solche Vereinbarung auch wegen des Verbots von Sonderabkommen unzulässig (*Forsblad* Restschuldbefreiung, S. 270 ff.). Nachdem die Restschuldbefreiung erteilt wurde, endet jedoch die Parallele zum Einzelvollstreckungsrecht. Dann kann die Schuld grds. **neu begründet** oder ein konstitutives Schuldanerkenntnis gem. § 781 BGB über sie eingegangen werden (*Uhlenbruck/Vallender* InsO, § 301 Rz. 12; wohl auch *Braun/Buck* InsO, 3. Aufl., § 301 Rz. 10; zum Vergleichsrecht *RG* RGZ 160, 134 [138]). Wird aber das selbstständige Schuldanerkenntnis ohne Gegenleistung erklärt, ist es schenkweise gegeben und bedarf gem. § 518 Abs. 1 Satz 2 BGB der notariellen Beurkundung (*BGH* NJW 1980, 1159 [1159]). Erfolgt das Schuldanerkenntnis für eine Gegenleistung, so darf zwischen beiden kein sittenwidriges Missverhältnis i. S. v. § 138 Abs. 1 BGB bestehen. Zur steuerlichen Behandlung der erteilten Restschuldbefreiung (*Kroschel/Wellisch* DStR 1998, 1661).

12 Die **fehlende Durchsetzbarkeit** der Verbindlichkeit wirkt sich ebenso auf ein späteres Erkenntnis- wie ein Vollstreckungsverfahren aus. Einer zur Tabelle angemeldeten Forderung steht zwar nach Erteilung der Restschuldbefreiung nicht mehr das Vollstreckungsverbot aus § 294 Abs. 1 InsO entgegen, doch entfällt ihre Vollstreckbarkeit aus der Tabelle des § 201 Abs. 2 Satz 1 InsO. Entsprechendes gilt für nicht angemeldete titulierte Forderungen. Einer gesonderten gerichtlichen Feststellung bedarf es wegen der eindeutigen gesetzlichen Regelung nicht (*Arnold* DGVZ 1996, 65 [70 Fn. 13]; HK-InsO/*Landfermann* 4. Aufl., § 301 Rz. 3; **a. A.** MünchKomm-InsO/*Stephan* 2. Aufl., § 301 Rz. 20; *Nerlich/Römermann* InsO, § 301 Rz. 16 f.; KS-InsO/*Fuchs* 2000, S. 1679 Rz. 228 f.; *Fischer* ZInsO 2005, 69 [71]; *ders.* Rpfleger 2007, 173 [175]). Die Zwangsvollstreckung ist deshalb entsprechend § 775 Nr. 1 ZPO einzustellen und eine getroffene Vollstreckungsmaßregel nach § 776 ZPO aufzuheben, weil es sich bei dem Beschluss über die Erteilung der Restschuldbefreiung nach § 300 Abs. 1 InsO um eine vollstreckungshindernde Entscheidung i. S. v. § 775 Nr. 1 ZPO handelt (*Arnold* DGVZ 1996, 65 [70 Fn. 13]; *Uhlenbruck/Vallender* InsO, § 301 Rz. 34; *Vallender* ZIP 2000, 1288 [1290]). Als Rechtsmittel gegen eine Zwangsvollstreckung kann der Schuldner Erinnerung gem. § 766 ZPO einlegen (ebenso HambK-InsO/*Streck* 2. Aufl., § 301 Rz. 10). Demgegenüber verlangt der BGH jetzt eine **Vollstreckungsgegenklage** gem. § 767 ZPO (*BGH* v. 25. 09. 2007 – IX ZB 2005/06; ebenso *Uhlenbruck/Vallender* InsO, § 301 Rz. 34; *Graf-Schlicker/Kexel* InsO, § 301 Rz. 109; *Nerlich/Römermann* InsO, § 301 Rz. 16 f.; *Hess/Obermüller* Insolvenzplan, Restschuldbefreiung und Verbraucherinsolvenz, 3. Aufl., Rz. 1216; *dies.* Die Rechtsstellung der Verfahrensbeteiligten nach der Insolvenzordnung, Rz. 393). Im Allgemeinen ist die vollstreckbare Ausfertigung des Titels herauszugeben, wenn die Forderung nicht mehr durchsetzbar ist (vgl. *Stein/Jonas-Münzberg* ZPO, 22. Aufl., § 724 Rz. 6). Dies wird nach Erteilung der Restschuldbefreiung sowohl für Vollstreckungstitel, die außerhalb des Insolvenzverfahrens erlangt wurden, als auch grds. für die vollstreckbare Ausfertigung des Tabellenauszugs zu gelten haben (*Fischer* ZInsO 2005, 69 [71]). Eine vollstreckbare Ausfertigung des Tabellenauszugs ist deswegen i. d. R. nicht zu erteilen. Ausnahmsweise kommt dies doch in Betracht, wenn etwa die Forderung des Gläubigers als aus vorsätzlich begangener unerlaubter Handlung zur Tabelle festgestellt ist (*AG Göttingen* ZInsO 2008, 1036 [1937]). Hat ein Insolvenzgläubiger seinen Anspruch nicht zur Tabelle angemeldet, so wird er gem. § 301 Abs. 1 Satz 2 InsO von der Schuldbefreiung betroffen und kann nach Erteilung der Restschuldbefreiung keinen Titel erwirken. In Einzelfällen mag zwar einer unvollkommenen Verbindlichkeit bereits die Klagbarkeit fehlen (*BGH* NJW 1980, 390 [391]), doch muss diese Konsequenz nicht notwendig eintreten (*Stein/Jonas-Schumann* ZPO, vor § 253 Rz. 87 ff., 93; *Rosenberg/Schwab/Gottwald* Zivilprozessrecht, 16. Aufl., § 89 Rz. 22 ff.). Einer nicht erfüllten Verbindlichkeit fehlt daher nach Erteilung der Restschuldbefreiung i. d. R. nicht schon die Klagbarkeit, weshalb eine entsprechende Klage nicht unzulässig, sondern unbegründet ist.

13 Werden nach Erteilung der Restschuldbefreiung Gegenstände der Masse ermittelt, ist eine **Nachtragsverteilung** gem. § 203 Abs. 1 Nr. 3 InsO durchzuführen (*Hess/Obermüller* Insolvenzplan, Restschuldbefreiung und Verbraucherinsolvenz, 3. Aufl., Rz. 1219; *dies.* Die Rechtsstellung der Verfahrensbeteiligten nach der Insolvenzordnung, Rz. 394; *Kübler/Prütting-Wenzel* InsO, § 286 Rz. 86), denn von einer Nach-

tragsverteilung wird die mit der Restschuldbefreiung geschaffene Position des Schuldners nicht beeinträchtigt.

D. Personal- und Sachsicherungen

I. Bestand der Sicherungsrechte

Durch die Restschuldbefreiung werden die Rechte der Insolvenzgläubiger gegen Mitschuldner und Bürgen des Schuldners sowie aus Vormerkungen und Absonderungsrechten nicht berührt. Weder die **persönliche Mithaftung** noch die **Sachhaftung** Dritter wird von der Restschuldbefreiung betroffen. § 301 Abs. 2 Satz 1 InsO nimmt, ebenso wie früher die §§ 193 Satz 2 KO, 82 Abs. 2 VglO, Kreditsicherungen von der gesetzlichen Schuldbefreiung aus (*Wittig* WM 1998, 157 [209, 219]), da diese Sicherungen eingeräumt werden, um den Sicherungsnehmer vor einer Zahlungsunfähigkeit des Schuldners zu schützen (vgl. *Bley/Mohrbutter* VglO, § 82 Rz. 20). Diese konstitutive gesetzliche Anordnung gewährleistet, dass die akzessorischen Sicherungsrechte wie die Bürgschaft trotz einer Umwandelung der gesicherten Forderungen in unvollkommene Verbindlichkeiten fortbestehen und schafft damit eine Ausnahme etwa zu § 767 Abs. 1 Satz 1 BGB (vgl. *Gottwald/Eickmann* InsolvenzRHdb, 1. Aufl., § 66 Rz. 88). In der Literatur wird zwar teilweise angenommen, dass bereits der Fortbestand der Hauptschuld in Gestalt einer unvollkommenen Verbindlichkeit als Grundlage einer akzessorischen Kreditsicherheit genügt (*Hess/Obermüller* Insolvenzplan, Restschuldbefreiung und Verbraucherinsolvenz, 2. Aufl., Rz. 1205; s. a. *Wittig* WM 1998, 157 [209, 219]). Für akzessorische Sicherungsrechte bildet jedoch der weitere Bestand der Insolvenzforderungen als unvollkommene Verbindlichkeiten keine hinreichende Basis, denn auch die akzessorische Sicherung wird dadurch in eine unvollkommene Verbindlichkeit umgewandelt (*RG* RGZ 140, 132 [136]; *KG* NJW 1956, 1481 [1482]; *Palandt/Sprau* § 765 Rz. 28; *OLG Düsseldorf* ZIP 1983, 1188 [1189 f.], für die Bürgschaft). § 301 Abs. 2 Satz 1 InsO bildet deswegen, wie auch die §§ 193 Satz 2 KO, 82 Abs. 2 VglO, eine Ausnahmeregelung, welche die Akzessorietät überwindet.

§ 301 Abs. 2 Satz 1 InsO nimmt also nicht bestimmte Verbindlichkeiten gegenüber dem Schuldner von der Restschuldbefreiung aus, sondern regelt, dass die Rechte der Gläubiger gegen Bürgen und Mitschuldner von der gesetzlichen Schuldbefreiung unberührt bleiben. Gegenüber dem **Bürgen** durchbricht die Vorschrift die Regelung der §§ 767, 768 BGB (*Uhlenbruck/Vallender* InsO, § 301 Rz. 16). Da ein Bürge mit der Eröffnung des Insolvenzverfahrens die Einrede der Vorausklage nach § 773 Abs. 1 Nr. 3 BGB verloren hat, kann sich der Gläubiger beim Bürgen Befriedigung verschaffen. Die besondere Lage bei der Angehörigenbürgschaft ist also nicht insolvenzrechtlich, sondern materiellrechtlich über § 138 BGB zu lösen (**a. A.** *Müller* KTS 2000, 57 [59 ff.]; *Kapitza* NZI 2004, 14 [16]). Der Gläubiger kann im vollen Umfang auf den Bürgen zugreifen. Eine **Mitschuld** besteht, wenn mehrere Personen nebeneinander für dieselbe Leistung haften (vgl. dazu *RG* RGZ 139, 48 [50 f.]). Mitschuldner sind die durch Mithaftung oder ein gegenseitiges Rückgriffsrecht verbundenen Personen (*Uhlenbruck/Vallender* InsO, § 301 Rz. 20; MünchKomm-InsO/*Stephan* 2. Aufl., § 301 Rz. 27). Dies trifft auf die echte Gesamtschuld i. S. v. § 421 Satz 1 BGB zu, etwa eine Schuldmitübernahme, bei der ein Gläubiger nach seinem Belieben die Leistung von jedem Gesamtschuldner ganz oder teilweise fordern kann, aber die Leistung nur einmal zu beanspruchen hat (*Palandt/Grüneberg* § 421 Rz. 1; *Staudinger/Kaduk* BGB, 12. Aufl., § 421 Rz. 2 ff.). Eine Mitschuld kann aber auch ohne eine innere Verbundenheit der Verpflichtungen durch einen Garantievertrag (dazu *Staudinger/Horn* BGB, Vorbem. zu §§ 765 ff. Rz. 194 ff.) oder eine harte Patronatserklärung (dazu *Hess* KO, § 193 Rz. 3; *Staudinger/Horn* BGB, Vorbem. zu §§ 765 ff. Rz. 405 ff.; MünchKomm-BGB/*Habersack* Vor § 765 Rz. 45 ff.) begründet sein (*BGH* NJW 1992, 2093 [2095]; *Hess* KO, § 68 Rz. 15; weitere Einzelfälle bei *Kuhn/Uhlenbruck* KO, § 68 Rz. 2 ff.).

Die Bestimmung des § 301 Abs. 2 Satz 1 InsO entspricht damit der Zielsetzung gegenüber einer **Mehrzahl von Haftenden**, das Insolvenzrisiko zugunsten des Gläubigers zu verteilen (vgl. *Selb* Mehrheiten von Gläubigern und Schuldnern, § 5 I 1), die auch in den §§ 43, 44 InsO Ausdruck gefunden hat. Solange die Zahlungen des Schuldners nicht zu einer vollen Befriedigung des Gläubigers geführt haben, kann deshalb der Gläubiger die gesamte restliche Forderung von den Mithaftenden beanspruchen, vgl. §§ 422 Abs. 1 Satz 2, 767 Abs. 1 Satz 1 BGB. Wird über das Vermögen mehrerer Haftender ein Insolvenzverfahren eröffnet, darf der Gläubiger nach dem Grundsatz der Doppelberücksichtigung gem. § 43 InsO in jedem Insolvenz- und auch Restschuldbefreiungsverfahren den gesamten bei Verfahrenseröffnung ausstehenden Betrag geltend machen (vgl. zur konkursrechtlichen Regelung OLG Dresden ZIP 1996, 1190 [1192]; *Kuhn/Uhlenbruck* KO, § 68 Rz. 1). Mit der Erteilung der Restschuldbefreiung wird nur der betroffene Schuldner von seinen nicht erfüllten Verbindlichkeiten befreit. Der Gläubiger fällt deshalb mit seiner Forderung erst dann endgültig aus, wenn sämtlichen Mithaftenden die Restschuldbefreiung erteilt wurde.

17 Nicht von der Restschuldbefreiung erfasst werden auch die **dinglichen Sicherungsrechte** (vgl. zum folgenden *Kuhn/Uhlenbruck* KO, § 193 Rz. 11 ff.). Die Gläubiger können deshalb ihre Rechte aus den noch nicht verwerteten Sicherungen im vollen Umfang wahrnehmen. Denkbar ist dabei, dass der Insolvenzverwalter die Sicherheiten freigegeben hat, weil aus ihnen kein Übererlös für die Masse zu erwarten ist (*Hess/Obermüller* Insolvenzplan, Restschuldbefreiung und Verbraucherinsolvenz, 3. Aufl., Rz. 987; *Wittig* WM 1998, 157, 209 [213]), oder dass der Treuhänder gem. § 313 Abs. 3 InsO nicht zu ihrer Verwertung berechtigt ist. Nach den Grundsätzen der §§ 170, 171 InsO sowie § 10 Abs. 1 Nr. 1 a ZVG wird aber eine entsprechende Kostenbeteiligung zu fordern sein (**a. A.** *Hess/Obermüller* Insolvenzplan, Restschuldbefreiung und Verbraucherinsolvenz, 3. Aufl., Rz. 988). Als Sicherungen nennt § 301 Abs. 2 Satz 1 InsO zunächst die Rechte der Insolvenzgläubiger aus einer zu ihrer Sicherung eingetragenen **Vormerkung** (vgl. *Jaeger/Weber* KO, § 193 Rz. 15). Da gem. § 91 InsO nach Eröffnung des Insolvenzverfahrens grds. keine Rechte an Gegenständen der Insolvenzmasse erworben werden können, muss das Recht regelmäßig schon bei der Verfahrenseröffnung bestanden haben. Nach Eröffnung des Insolvenzverfahrens kann ein Recht jedoch ausnahmsweise unter den Voraussetzungen des § 106 InsO entstehen. Diese Insolvenzfestigkeit erstreckt § 301 Abs. 2 Satz 1 InsO ebenfalls auf die Restschuldbefreiung. Eine Vormerkung gem. § 883 BGB kann nach § 106 Abs. 1 Satz 1 InsO zur Sicherung eines Anspruchs auf Einräumung oder Aufhebung eines Rechts an einem Grundstück des Schuldners oder an einem für den Schuldner eingetragenen Recht oder zur Sicherung eines Anspruchs auf Änderung des Inhalts oder des Rangs eines solchen Rechts eingetragen sein. Eine Vormerkung kann gem. § 106 Abs. 2 InsO auch im Schiffsregister, Schiffsbauregister oder Register für Pfandrechte an Luftfahrzeugen eingetragen werden (zur früheren Rechtslage gem. § 24 KO vgl. *RG* RGZ 78, 71 [75]; *Hess* KO, § 24 Rz. 1 ff.; *Kuhn/Uhlenbruck* KO, § 24 Rz. 2 ff.; *Kilger/Karsten Schmidt* KO, § 24 Anm. 2).

18 Von den Wirkungen der Restschuldbefreiung werden ebenfalls **Absonderungsrechte** ausgenommen. Ein Recht auf abgesonderte Befriedigung kann gem. § 49 InsO an unbeweglichen Gegenständen, für Gläubiger rechtsgeschäftlicher oder gesetzlicher Pfandrechte nach § 50 InsO und für andere Absonderungsberechtigte gem. § 51 InsO bestehen, etwa für Sicherungseigentümer oder für Inhaber sicherungshalber abgetretener Forderungen. Diese Rechte sichern daher ebenfalls vor einer Restschuldbefreiung. Eine Sicherungsübereignung wirkt deswegen bis zur Erfüllung der Sicherungsvereinbarung etwa durch Bezahlung einer Darlehensschuld fort. Persönliche Ansprüche der absonderungsberechtigten Gläubiger, die diese Gläubiger gem. § 52 InsO erheben können, weil sie auf eine abgesonderte Befriedigung verzichtet haben oder bei ihr ausgefallen sind, werden allerdings von der Restschuldbefreiung erfasst. Außerdem können Bezüge aus einem Dienstverhältnis nur in den Grenzen des § 114 Abs. 1 InsO abgetreten werden.

II. Ausschluss von Rückgriffsansprüchen

19 Als weitere Folge der Restschuldbefreiung wird der Schuldner nach § 301 Abs. 2 Satz 2 InsO von **Rückgriffsansprüchen** seiner Mitschuldner, der Bürgen oder anderer Berechtigter befreit. Der Anwendungsbereich dieser Regelung ist allerdings begrenzt, denn wenn die Mithaftung noch vor Abschluss des Restschuldbefreiungsverfahrens erfüllt wird, ist ein Rückgriff des Haftenden bereits durch § 301 Abs. 1 Satz 1 InsO und nicht erst nach Abs. 2 Satz 2 ausgeschlossen.

20 **Befriedigt** ein Mitschuldner oder Bürge die Forderung bereits **vor** der Eröffnung des Insolvenzverfahrens vollständig, so wird er Insolvenzgläubiger und nimmt mit den Rückgriffsansprüchen der §§ 426 Abs. 2 Satz 1, 670, 774 Abs. 1 Satz 1 BGB am Insolvenzverfahren teil (*Jaeger/Henckel* KO, § 3 Rz. 59). Ob die Schuld vollständig erfüllt wurde, richtet sich dabei nach dem Umfang der Mithaftung. Erstreckt sich die Mithaftung nur auf einen Teilbetrag der Schuld, wird durch die Erfüllung dieser Mithaftung die Anwendbarkeit von § 43 InsO ausgeschlossen, etwa bei einer Teilbürgschaft durch die Zahlung der Bürgschaftssumme (zur vergleichbaren Rechtslage nach § 68 KO, vgl. *BGH* BGHZ 92, 374 [379]; *BGH* NJW 1960, 1295 [1296]; *BGH* NJW 1969, 796). Hat der Mitschuldner oder Bürge vor Eröffnung des Insolvenzverfahrens teilweise an den Gläubiger geleistet, so kann er sich mit seinem Teilrückgriffsanspruch neben dem Gläubiger an dem Verfahren beteiligen (vgl. *Häsemeyer* Insolvenzrecht, 4. Aufl., Rz. 17.06; au-

ßerdem *BGH* BGHZ 92, 374 [380]; *Wissmann* Persönliche Mithaft in der Insolvenz, 2. Aufl., Rz. 208 ff.; *Kuhn / Uhlenbruck* KO, § 68 Rz. 4). Außerdem können die Mithaftenden nach § 44 InsO am Insolvenzverfahren teilnehmen, wenn der Gläubiger seine Forderung nicht geltend macht (vgl. *BGH* NJW 1985, 1159 [1160]).

Erfüllt der Mithaftende die Forderung vollständig erst **nach** der Eröffnung des Insolvenzverfahrens, so steht § 43 InsO seiner Teilnahme am Verfahren mit der auf ihn übergegangenen Forderung nicht entgegen (*Häsemeyer* Insolvenzrecht, Rz. 17.07; vgl. auch *BGH* BGHZ 39, 319 [327]; *Staudinger/Horn* BGB, Vorbem zu §§ 765 ff. Rz. 172; zur Rechtslage nach § 33 VglO *BGH* BGHZ 114, 117 [123]). Dies gilt auch, wenn der Gläubiger anfangs eine Mithaftung in größerer Höhe geltend machte, die Höhe jedoch streitig war und die Beteiligten sich nach Verfahrenseröffnung auf einen geringeren Schuldbetrag geeinigt haben (*BGH* ZIP 1997, 372 [373]). Der Mitschuldner oder Bürge muss allerdings grds. seine Forderung rechtzeitig angemeldet haben. Anmeldefähig sind zwar nach § 174 InsO allein die bereits entstandenen Forderungen, doch ist diese Bedingung erfüllt, wenn die Forderung, wie durch die Zahlung eines Bürgen, bei Eröffnung des Insolvenzverfahrens aufschiebend bedingt bestand (vgl. *Kuhn / Uhlenbruck* KO, § 68 Rz. 11; *Wissmann* Persönliche Mithaft in der Insolvenz, 2. Aufl., Rz. 191 ff.). 21

Dementsprechend rückt der Mitschuldner oder Bürge ebenfalls in die Stellung des Gläubigers ein, wenn er die Verpflichtung erst im Verlauf der Treuhandzeit insgesamt erfüllt. In der Treuhandphase fehlt zwar ein konstruktiver gesetzlicher Ansatz, um Forderungen noch nachträglich anzumelden. Bei einer vollständigen Leistung des Mithaftenden ist aber auch der aus § 43 InsO abgeleitete Ausschluss einer Beteiligung nicht länger berechtigt, der vor einer vollständigen Befriedigung des Gläubigers angenommen wird (zur entsprechenden konkursrechtlichen Konsequenz *RG* RGZ 52, 169 [171]; *BGH* BGHZ 27, 51 [54]; NJW 1969, 796; *Hess* KO, § 68 Rz. 7 ff.; *Kuhn / Uhlenbruck* KO, § 68 Rz. 11). Anders als ein Neugläubiger könnte der Mithaftende seine Rückgriffsansprüche gem. § 301 Abs. 2 Satz 2 InsO auch nicht nach einer Erteilung der Restschuldbefreiung durchsetzen. Eine die Verteilungsregeln aufrechterhaltende insolvenzgerechte Gestaltung muss deswegen den Mithaftenden berechtigen, auch während der Treuhandperiode mit der etwa gem. den §§ 426 Abs. 2 Satz 1, 774 Abs. 1 Satz 1 BGB auf ihn übergegangenen Forderung in die Position des Gläubigers einzutreten. Da der Mithaftende in diesen Fällen die Position eines Insolvenzgläubigers einnimmt, wird er an der Verteilung gem. den §§ 187 ff., 292 Abs. 1 Satz 2 InsO beteiligt. Folgerichtig erfasst bereits die Restschuldbefreiung nach § 301 Abs. 1 Satz 1 InsO seine Ansprüche. 22

Der **Rückgriffsausschluss** in § 301 Abs. 2 Satz 2 InsO greift deswegen nur ein, wenn die Mithaftenden bis zum Abschluss des Insolvenz- und Restschuldbefreiungsverfahrens nur einen Teilbetrag auf ihre Haftungssumme leisten oder sogar keine Zahlung erbringen, aber dann nach Erteilung der Restschuldbefreiung leisten. Befriedigen die Mitverpflichteten den Gläubiger bis zum Abschluss des Restschuldbefreiungsverfahrens nur teilweise, so bleiben sie von dem Verfahren ausgeschlossen, vorausgesetzt, sie haben auch vor Eröffnung des Insolvenzverfahrens nicht geleistet. Solange ihre Zahlungen nicht zu einer vollen Befriedigung des Gläubigers geführt haben, nimmt der Gläubiger nach §§ 43, 44 InsO mit der ganzen Forderung, wie sie bei Eröffnung des Insolvenzverfahrens bestanden hat, am Verfahren teil (so zur Rechtslage nach § 68 KO *RG* RGZ 52, 169 [171]; *BGH* BGHZ 27, 51 [54]; *BGH* NJW 1969, 796; *Wissmann* Persönliche Mithaft in der Insolvenz, 2. Aufl., Rz. 213; *Jaeger/Henckel* KO, § 3 Rz. 61; *Kuhn / Uhlenbruck* KO, § 68 Rz. 11; *Hess* KO, § 68 Rz. 3 ff., auch zum Anwendungsbereich). Da in diesen Situationen die Mithaftenden von dem Insolvenz- und Restschuldbefreiungsverfahren ausgeschlossen sind, werden ihre Ansprüche nicht von § 301 Abs. 1 Satz 1 InsO, sondern von § 301 Abs. 2 Satz 2 InsO geregelt. Einem Ausschluss seines Rückgriffsrechts kann ein Mithaftender also nur entgehen, wenn er den Schuldner im Insolvenz- oder Restschuldbefreiungsverfahren vollständig befriedigt, wobei der Wert seines Anspruchs gegen den Schuldner davon abhängt, wie frühzeitig er leistet. Soweit aber der Mithaftende erst nach Abschluss des Schuldbefreiungsverfahrens vollständig leistet, erkennt die gesetzliche Regelung die Entlastung des Schuldners gegenüber seinen Mithaftenden ausdrücklich an. 23

E. Leistung trotz Restschuldbefreiung

Erfüllt der Schuldner oder ein Dritter die Forderung eines Insolvenzgläubigers, obwohl der Gläubiger aufgrund der Restschuldbefreiung keine Befriedigung zu beanspruchen hat, kann der Leistende keinen Rückgewähranspruch erheben. Die unvollkommene Verbindlichkeit bildet den Rechtsgrund der Leis- 24 tung (*Uhlenbruck / Vallender* InsO, § 301 Rz. 29). Die gesetzliche Regelung des § 301 Abs. 3 InsO weicht von § 814 1. Alt. BGB ab, denn sie schließt eine Rückforderung aus, ohne dass der Leistende positive Kenntnis von der Nichtschuld gehabt haben muss.

F. Nachhaftung

25 Mit der Erteilung der Restschuldbefreiung wird der Schuldner von seinen im Insolvenzverfahren nicht erfüllten Vermögensansprüchen befreit. Gegenüber **Neugläubigern** und ihren nach Eröffnung des Insolvenzverfahrens begründeten Verbindlichkeiten haftet der Schuldner uneingeschränkt. Neue Forderungen können auch aus einer im Insolvenz- oder Restschuldbefreiungsverfahren begangenen vorsätzlichen sittenwidrigen Schädigung resultieren (s. *Ahrens* § 303 Rz. 28 ff.). Aber auch gegenüber Ansprüchen, die vor Eröffnung des Insolvenzverfahrens begründet sind, kommt eine Haftung nach Erteilung der Restschuldbefreiung in Betracht. Die gesetzgeberische Intention, dem Schuldner einen neuen Start zu eröffnen, ist damit nur teilweise verwirklicht.

26 Gesetzlich von der Restschuldbefreiung ausgenommen sind die in **§ 302 InsO** aufgeführten Verbindlichkeiten. An erster Stelle ist dabei an die Forderungen aus vorsätzlich begangenen unerlaubten Handlungen zu denken.

27 Größte praktische Bedeutung besitzt die Nachhaftung bei einer **Kostenstundung**. Nach Erteilung der Restschuldbefreiung haftet der Schuldner hier gem. den §§ 4 a f. InsO auf Rückzahlung der gestundeten Beträge (vgl. *Kohte* § 4 b Rz. 2 ff.; *Hulsmann* ZVI 2006, 198 [199 ff.]).

28 Eine weitere Verantwortlichkeit des Schuldners besteht auch für die von der Restschuldbefreiung **unberührten** nicht vermögensrechtlichen **Ansprüche** (oben Rz. 7).

29 **Masseverbindlichkeiten** werden von der Restschuldbefreiung nicht erfasst (oben Rz. 7).

30 Systematisch keine Nachhaftung, eine in ihren Wirkungen ähnliche Folge bildet der bei einer Restschuldbefreiung eines Einzelunternehmers oder persönlich haftenden Gesellschafters entstehende, möglicherweise steuerpflichtige **Gewinn** (*Brand / Klein / Ligges* ZInsO 2005, 978 [980]).

G. Weitere Gläubigerrechte

I. Insolvenzrechtliche Stellung

31 Werden nachträglich, etwa im Zusammenhang mit einem Widerrufsverfahren, Gegenstände entdeckt, die zur Insolvenzmasse bzw. zu dem im Restschuldbefreiungsverfahren zu verteilenden Vermögen gehören, ist über ihre Verwertung zu entscheiden. Eine **Nachtragsverteilung** führt dabei nicht zu einer nachträglichen Haftung, sondern stellt allein eine konsequente Durchführung der bestehenden insolvenzrechtlichen Haftung dar. Sie ist deswegen trotz Restschuldbefreiung zulässig (*Uhlenbruck / Vallender* InsO, § 300 Rz. 29; *Mohrbutter / Ringstmeier-Pape* 8. Aufl., § 17 Rz. 187). Die Nachtragsverteilung ist nach dem Gedanken aus § 203 Abs. 1 InsO durchzuführen (*BGH* ZInsO 2006, 33, zum Verbraucherinsolvenzverfahren).

32 Hat der Schuldner die Erteilung der Restschuldbefreiung missbräuchlich erlangt, ist zwar nach materiellrechtlichen Grundsätzen der Einwand der **unzulässigen Rechtsausübung** aus § 242 BGB wegen einer missbräuchlich erlangten Rechtsposition vorstellbar. Die Rechtskraftregeln und § 303 InsO schließen jedoch den Einwand des Rechtsmissbrauchs aus (HK-InsO / *Landfermann* 4. Aufl., § 303 Rz. 6; **a. A.** *Kübler / Prütting-Wenzel* InsO, § 303 Rz. 3).

33 **Kostenerstattungsansprüche** aus einem Prozess zur **Feststellung** einer Forderung aus vorsätzlich begangener unerlaubter Handlung sind dagegen von der Restschuldbefreiung ausgenommen. Diese Verfahrenskosten entstehen zwar erst zeitlich nach Eröffnung des Insolvenzverfahrens, dennoch folgen sie dem Schicksal der Hauptforderung insoweit, als sie selbst eine Insolvenzforderung bilden (*AG Bremen* NZI 2008, 55 [56]). Bei ihnen hat aber der Schuldner erst durch seinen Widerspruch Anlass zur Klageerhebung gegeben. Da sie während des Insolvenz- und Restschuldbefreiungsverfahrens den Vollstreckungsverboten aus den §§ 89 Abs. 1, 294 Abs. 1 InsO unterliegen, müssen sie jedenfalls nach dem Ende der Treuhandperiode vollstreckt werden können.

Nicht von der Restschuldbefreiung erfasst werden vermögensrechtliche Ansprüche der Neugläubiger   34
(*Hess* InsO, 2007, § 301 Rz. 6).

II. Haftung aus § 826 BGB wegen vorsätzlicher sittenwidriger Schädigung

Hat der Schuldner mit der **Obliegenheitsverletzung** gem. § 295 InsO eine vorsätzliche sittenwidrige   35
Schädigung begangen, kann grds. ein Schadensersatzanspruch aus § 826 BGB bestehen. Darüber hinaus
ist ein Anspruch nicht nur bei einer solchen Obliegenheitsverletzung, sondern auch bei anderen Verstößen im Verlauf des Insolvenz- oder Restschuldbefreiungsverfahrens zu erwägen. Erforderlich ist aber, dass
die Pflicht- bzw. Obliegenheitsverletzungen nach Eröffnung des Insolvenzverfahrens begangen sind. Nur
dann sind sie als Neuforderungen von der Restschuldbefreiung ausgenommen. Im Einzelnen wird angelehnt an die bislang entschiedenen Fallgruppen, in denen die Wertungsverfahrung der Rechtsprechung
und Literatur konkret fassbar wird (*Erman/Schiemann* BGB, 12. Aufl., § 826 Rz. 27), zu differenzieren
sein.

Die Fallgruppe der sittenwidrigen **Ausnutzung unrichtiger Titel** (vgl. nur *BGH* BGHZ 103, 44 [46 f.];   36
NJW 2005, 2991; *Erman/Schiemann* BGB, 12. Aufl., § 826 Rz. 46; *Bamberger/Roth/Spindler* BGB,
2. Aufl., § 826 Rz. 111 f.; *Kohte* NJW 1985, 2217 ff.) ist nicht übertragbar. Sie verlangt einen unrichtigen
Titel, dessen Unrichtigkeit der Inhaber kennt und aus dem die Vollstreckung aufgrund besonderer Um-
stände als sittenwidrig erscheint. Eine Gleichbehandlung der erteilten Restschuldbefreiung mit diesen
Wertungsfaktoren lässt sich indessen nicht begründen, denn die gerichtliche Entscheidung wird nicht
zum Zweck der Zwangsvollstreckung ausgenutzt. Auch die allgemeine Kategorie eines sittenwidrigen
Missbrauchs von Institutionen (dazu *Erman/Schiemann* BGB, 12. Aufl., § 826 Rz. 50 ff.; *Bamberger/
Roth/Spindler* BGB, 2. Aufl., § 826 Rz. 106 ff.) ist nicht auf den Missbrauch des Restschuldbefreiungsverfahrens übertragbar. Soweit diese Fallgruppe mit den Versagungs- und Widerrufsgründen des Restschuldbefreiungsverfahrens konkurriert, verdrängen die spezielleren insolvenzrechtlichen Regeln den allgemeinen zivilrechtlichen Anspruch. Diese Konkurrenz wirkt sich nicht allein bei den zum Widerruf
zugelassenen Obliegenheitsverletzungen, sondern auch bei den nicht widerrufsfähigen sonstigen Umständen der §§ 296 InsO Abs. 2 Satz 2 und 3, 297, 298 InsO aus. Entsprechendes gilt aber auch für die
Versagungsgründe aus § 290 Abs. 1 InsO.

Als vorrangige Fallgruppe kommen sittenwidrige **Täuschungen und Verfälschungen** in Betracht. Täu-   37
schungen bilden ein besonders typisches Mittel sittenwidriger Zielverfolgung, wobei infolge der §§ 4
InsO, 138 ZPO der bewusst unwahre Vortrag im Insolvenzverfahren sittenwidrig sein kann (vgl. *Erman/
Schiemann* BGB, 12. Aufl., § 826 Rz. 36). Exemplarisch ist hier an bewusst unwahre Angaben in Verzeichnissen zu denken, wie die unterlassene Benennung eines Gläubigers (MünchKomm-InsO/*Stephan* § 303
Rz. 10; *Vallender* ZIP 2000, 1288 [1290 f.]). Besonderes Gewicht erhält dabei die Voraussetzung des § 826
BGB, dass der Schaden vom Vorsatz umfasst sein muss (*BGH* NJW 2001, 3187 [3189]). Damit ist dann
auch ein klares Abgrenzungskriterium zu § 303 InsO genannt, bei dem sich der Vorsatz nicht auf die Beeinträchtigung erstrecken muss (s. o. Rz. 9).

Rechtsfolge ist nicht eine Beseitigung der Restschuldbefreiung, sondern ein auf Ersatz des individuell   38
entstandenen, nachgewiesenen Schadens des jeweiligen Gläubigers gerichteter Anspruch, also auf die
dem Gläubiger bei der Verteilung entgangenen Beträge. Für die Schadenshöhe ist von der Vermögenslage
bei Erfüllung der Obliegenheit und nicht bei einer Versagung der Restschuldbefreiung auszugehen (*Vallender* ZIP 2000, 1288 [1291]). Bei einem sittenwidrigen Verstoß gegen die Erwerbsobliegenheit aus § 295
Abs. 1 Nr. 1 InsO ist das erzielbare, pfändbare Einkommen mit der auf den Gläubiger entfallenden Quote
bis zur Erteilung der Restschuldbefreiung anzusetzen.

§ 302
Ausgenommene Forderungen

Von der Erteilung der Restschuldbefreiung werden nicht berührt:
1. Verbindlichkeiten des Schuldners aus einer vorsätzlich begangenen unerlaubten Handlung, sofern der Gläubiger die entsprechende Forderung unter Angabe dieses Rechtsgrundes nach § 174 Abs. 2 angemeldet hatte;
2. Geldstrafen und die diesen in § 39 Abs. 1 Nr. 3 gleichgestellten Verbindlichkeiten des Schuldners;
3. Verbindlichkeiten aus zinslosen Darlehen, die dem Schuldner zur Begleichung der Kosten des Insolvenzverfahrens gewährt wurden.

Inhaltsübersicht:

	Rz.
A. Normzweck	1
B. Gesetzliche Systematik	2– 3 a
C. Bereichsausnahmen	4–16 e
I. Vorsätzlich begangene unerlaubte Handlung	4–14
1. Tatbestand	4– 9
2. Anmeldung	10–14
II. Geldstrafen und gleichgestellte Verbindlichkeiten	15–16
III. Zinslose Darlehen	16 a–16 e
D. Wirkungen	17–20

Literatur:

Brückl Die Forderung aus vorsätzlich begangener unerlaubter Handlung in der Insolvenz des Schuldners, ZInsO 2005, 16; *Eisner* Der isolierte Widerspruch des Schuldners gegen eine Forderung aus unerlaubter Handlung, NZI 2003, 480; *Hattwig* Ungewissheit für Schuldner deliktischer Forderungen – Überlegungen zu § 184 InsO, ZInsO 2004, 636; *Gaul* Die Privilegierung des vorsätzlich geschädigten Deliktsgläubigers in der Insolvenz durch »Restschuldbefreiungsdispens«, GS Heinze, S. 193; *Grote* Verjährung von Forderungen aus vorsätzlich begangenen unerlaubten Handlungen nach rechtskräftigem Vollstreckungsbescheid, ZInsO 2008, 776; *Hattwig/Richter* Die Behandlung von Widersprüchen des Schuldners gegen eine durch Vollstreckungsbescheid titulierte Forderung aus vorsätzlich begangener unerlaubter Handlung, ZVI 2006, 373; *Heinze* Behandlung von Forderungen aus Vorsatzdelikt im Insolvenzverfahren über das Vermögen natürlicher Personen, DZWIR 2002, 369; *Kahlert* Verjährungseinrede gegenüber Klagen auf Feststellung des Haftungsgrundes der vorsätzlichen unerlaubten Handlung, ZInsO 2005, 192; *ders.* Beseitigung des Widerspruchs des Schuldners gegen den Haftungsgrund der vorsätzlichen unerlaubten Handlung im Insolvenzverfahren, ZInsO 2006, 409; *ders.* Nochmals: Zum Widerspruch des Schuldners gegen den Haftungsgrund i. S. d. § 302 Nr. 1 InsO, ZInsO 2007, 927; *Kehe/Meyer/Schmerbach* Anmeldung und Feststellung einer Forderung aus vorsätzlich begangener unerlaubter Handlung, ZInsO 2002, 615, 660; *Mäusezahl* Die unerlaubte Handlung in der Insolvenz der natürlichen Person, ZInsO 2002, 462; *Rinjes* Restschuldbefreiung und Forderungen aus vorsätzlichen unerlaubten Handlungen nach dem InsOÄndG, DZWIR 2002, 415; *Schlie* Die Steuerhinterziehung als Fallstrick der Restschuldbefreiung, ZInsO 2006, 1126; *Schoppe* Nachhaftung für Deliktforderungen im Anschluss an das Restschuldbefreiungsverfahren, ZVI 2004, 377; *Wegener/Koch* Die Anmeldung und Prüfung der zur Insolvenztabelle angemeldeten Forderungen aus unerlaubter Handlung, Insbüro 2004, 216; *Wieser* Anmeldung kommunaler Forderungen aus unerlaubter Handlung zur Insolvenztabelle, KKZ 2002, 253; s. a. § 286.

A. Normzweck

1 Als materielle Grenze der Restschuldbefreiung schließt § 302 InsO für drei Gruppen von Verbindlichkeiten die schuldbefreiende Wirkung der Restschuldbefreiung aus. Ausnahmsweise bleibt für diese Forderungen die insolvenzrechtliche **Nachhaftung** bestehen (weitere Ausnahmen bei *Ahrens* § 301 Rz. 25 ff.). Trotz der erteilten Restschuldbefreiung können die Gläubiger der in § 302 InsO aufgeführten Verbind-

lichkeiten ihr unbegrenztes Nachforderungsrecht aus § 201 Abs. 1 InsO geltend machen. In erster Linie sollen die zivil- und strafrechtlichen Folgen namentlich vorsätzlich begangener Delikte nicht von der Restschuldbefreiung erfasst werden. Deshalb nimmt § 302 InsO in den ersten beiden Ziffern die beiden Gruppen der Verbindlichkeiten aus vorsätzlich begangenen unerlaubten Handlungen sowie der Geldstrafen und gleichgestellter Verbindlichkeiten von der gesetzlichen Schuldbefreiung aus. Schutzwweck von § 302 Nr. 1 InsO ist das von dem **besonderen Unrechtsgehalt** der Forderungen aus vorsätzlich begangenen unerlaubten Handlungen getragene Ausgleichsinteresse (*BGH* NZI 2007, 532 Tz. 9; **a. A.** Münch-Komm-InsO/*Stephan* § 302 Rz. 2). Anders als zum Teil angenommen, handelt es sich jedoch um keine Billigkeitsentscheidung (*BGH* NZI 2007, 532 Tz. 9; HK-InsO/*Landfermann* 4. Aufl., § 302 Rz. 1), sondern eine schadensrechtlichen Vorstellungen folgende Regelung. Bei § 302 Nr. 2 InsO rechtfertigt es der pönale Zweck der Geldstrafen etc., diese von der Restschuldbefreiung auszunehmen. Obwohl Geldstrafen und die gleichgestellten Verbindlichkeiten im Insolvenzverfahren nur nachrangige Forderungen gem. § 39 Abs. 1 Nr. 3 InsO bilden, werden sie aufgrund ihres Strafzwecks gegenüber einer Restschuldbefreiung privilegiert. Eine übereinstimmende Regelung enthält § 225 Abs. 3 InsO. Bis zu ihrer endgültigen Befriedigung oder einer Verjährung nach den §§ 197 Abs. 1 Nr. 5, 212 Abs. 1 Nr. 2 BGB können die Forderungen geltend gemacht werden. Durch das InsOÄndG vom 26. 10. 2001, BGBl. I S. 2710, sind diese beiden Ausnahmen von der Restschuldbefreiung durch einen dritten Tatbestand ergänzt worden. Für Verbindlichkeiten aus zinslosen Darlehen zur Begleichung der Verfahrenskosten ist darin ebenfalls eine **Nachhaftung** begründet worden. Mit der neuen Bereichsausnahme in § 302 Nr. 3 InsO wird eine unentgeltliche Kreditierung der Verfahrenskosten privilegiert. Karitativen und sozialen Einrichtungen, die durch ihre Unterstützungsleistungen dem Schuldner den Zugang zum Verfahren ebnen und dadurch die Staatskasse von möglichen Kostenstundungen entlasten, soll nach einer wirtschaftlichen Erholung des Schuldners eine durchsetzbare Forderung zustehen. Letztlich wird damit auch im Interesse anderer überschuldeter Personen ein Refinanzierungsweg dieser Einrichtungen geschaffen (vgl. BT-Drucks. 14/5680 S. 29). Andere besonders schutzwürdige Forderungen werden dagegen nicht privilegiert, wie etwa Unterhaltsansprüche, für deren Ausnahme von der Schuldbefreiung häufig plädiert worden ist (*Ackmann* Schuldbefreiung durch Konkurs?, S. 106; *Uhlenbruck* FamRZ 1993, 1026 [1029]; *Häsemeyer* FS Henckel, S. 353, 362 Fn. 36, 365; s. a. MünchKomm-InsO/*Stephan* 2. Aufl., § 302 Rz. 4). Die Bereichsausnahmen tragen damit einer besonderen Verantwortlichkeit des Schuldners, nicht aber selbst überragend wichtigen Bedürfnissen der Gläubiger Rechnung.

B. Gesetzliche Systematik

Auf die Bereichsausnahmen des § 302 InsO werden die Wirkungen der Restschuldbefreiung nicht erstreckt. § 302 InsO schafft damit einen rechtshindernden Einwand des Gläubigers. Für die Verbindlichkeiten aus § 302 Nr. 2 und 3 InsO wegen Geldstrafen etc. und zinsloser Darlehen bedarf es dazu keiner gerichtlichen Feststellung. Für die besonders wichtigen Verbindlichkeiten aus vorsätzlich begangenen unerlaubten Handlungen hat das InsOÄndG eine Sonderregelung geschaffen. Um den Streit über den Rechtsgrund nicht in die Zeit nach Erteilung der Restschuldbefreiung zu verlagern, muss nach § 174 Abs. 2 InsO der Insolvenzgläubiger bereits bei der Anmeldung den Forderungsgrund benennen und die Tatsachen für ihre Qualifikation als Verbindlichkeit aus einer vorsätzlich begangenen unerlaubten Handlung anführen. Korrespondierend lässt § 302 Nr. 1 InsO die Nachhaftung nur zu, falls die Forderung unter Angabe ihres Rechtsgrunds angemeldet wurde.

2

In ihren Konsequenzen reicht diese gegenständliche Beschränkung weit über das gesetzliche Schuldbefreiungsverfahren hinaus. Insbesondere ist § 302 InsO bei der Ersetzung der **Zustimmung** zu einem **Schuldenbereinigungsplan** nach § 309 Abs. 1 Nr. 2 InsO zu berücksichtigen. Eine Zustimmungsersetzung kann ausscheiden, soweit eine Forderung aus einer vorsätzlichen unerlaubten Handlung resultiert (vgl. *Grote* § 309 Rz. 25 a; *LG München II* ZInsO 2001, 720 f.; *AG Göttingen* ZInsO 2001, 768; *Schäferhoff* ZInsO 2001, 687 [690]). Dazu muss schlüssig dargelegt werden, dass ein derartiger Anspruch besteht und eine Benachteiligung eintritt (*OLG Dresden* ZInsO 2001, 805 [806]). Zudem muss der Gläubiger auch den subjektiven Tatbestand glaubhaft machen (*LG Göttingen* ZInsO 2001, 859 [860]). Außerdem wird in manchen Fallgestaltungen der Tatbestand der deliktischen Handlung zugleich einen Versagungsgrund i. S. v. § 290 Abs. 1 Nr. 2 InsO bilden. Macht der Gläubiger diesen Versagungsgrund nicht geltend, so dass

3

eine Schuldbefreiung erfolgen kann, ist zwar der Versagungsgrund präkludiert, nicht aber die ihm gegenüber autonome Folgenanordnung des § 302 InsO ausgeschlossen.

3a Mit der neuen Regelung des § 302 Nr. 3 InsO werden zinslose Darlehen privilegiert, die zur Begleichung der Verfahrenskosten gewährt wurden. Auf einem ähnlichen Gedanken beruht auch § 4b Abs. 1 Satz 2 InsO i. V. m. § 115 Abs. 1 ZPO, der eine Nachhaftung des Schuldners im Fall einer Verfahrenskostenstundung begründet. Im Unterschied zu der unbegrenzten Haftung nach § 302 InsO ist allerdings die Nachhaftung für die Kostenstundung einkommensabhängig auf maximal 48 Monatsraten beschränkt. Von den beiden Regelungen des §§ 4b Abs. 1, 302 Nr. 3 InsO wird das Modell der Restschuldbefreiung ein weiteres Stück durchbrochen. Mit jeder zusätzlichen Einschränkung einer vollständigen gesetzlichen Schuldbefreiung wird der wirtschaftliche Neubeginn des Schuldners stärker gefährdet. Dies gilt nicht zuletzt, weil dadurch die Befriedigungsaussichten der Neugläubiger nachhaltig beeinträchtigt werden. Allerdings kann eine **Kostenstundung ausgeschlossen** sein, wenn die wesentlichen am Verfahren teilnehmenden Forderungen gem. § 302 InsO von der Restschuldbefreiung ausgenommen sind (*BGH* ZInsO 2005, 207 [208]; *AG Düsseldorf* NZI 2006, 415; 100 % der Verbindlichkeiten: *AG Marburg* ZVI 2002, 275; 95 %: *AG Siegen* ZInsO 2003, 478; 76 %: *LG Düsseldorf* NZI 2008, 253; 561 Gläubigern mit einem Forderungsvolumen von mehr als EUR 20 Mio.: *AG München* ZVI 2003, 369; außerdem MünchKomm-InsO/*Ganter* 2. Aufl., § 4a Rz. 18; **a. A.** *Jaeger/Eckardt* InsO, § 4a Rz. 36). Abzuwägen ist, ob der Schuldner für die übrigen Verbindlichkeiten Restschuldbefreiung erlangen, dafür aber nicht die Verfahrenskosten aufbringen könnte. Dies hängt vom absoluten wie relativen Betrag der Forderungen ab. Eine Grenze dürfte bei einem Anteil von 75 % liegen.

C. Bereichsausnahmen

I. Vorsätzlich begangene unerlaubte Handlung

1. Tatbestand

4 Durch die Regelung in Nr. 1 werden Verbindlichkeiten aus einer vorsätzlich begangenen unerlaubten Handlung gegenüber der allgemeinen schuldbefreienden Wirkung des § 286 InsO privilegiert. Nach dem InsOÄndG vom 26. 10. 2001, BGBl. I S. 2710, wird zusätzlich verlangt, dass der Gläubiger die entsprechende Forderung unter Angabe dieses Rechtsgrundes nach § 174 Abs. 2 InsO angemeldet hat (Rz. 10 ff.). Der Rechtsbegriff der Forderungen aus **vorsätzlich begangenen unerlaubten Handlungen**, der den Kreis der begünstigten Ansprüche absteckt, wird auch in den §§ 393 BGB, 850f Abs. 2 ZPO verwendet. Beide Normen bevorzugen den Gläubiger derartiger Forderungen. Allerdings wird § 393 BGB von einer ganz anderen Zielsetzung geprägt, denn die Vorschrift soll verhindern, dass der Gläubiger einer nicht beitreibbaren Forderung dem Schuldner bis zur Höhe der Schuld Schaden zufügt. Zugleich soll sie dem Ersatzberechtigten die Möglichkeit bewahren, seine Ansprüche durchzusetzen, ohne sich einen Erfüllungsersatz aufdrängen zu lassen (*Staudinger/Gursky* BGB, § 393 Rz. 1). Nicht übertragen werden kann deswegen die zu § 393 BGB vertretene Ansicht, die den Anwendungsbereich dieser Vorschrift auf Ansprüche erstreckt, die mit einer unerlaubten Handlung eng zusammenhängen (MünchKomm-BGB/*Schlüter* 5. Aufl., § 393 Rz. 3, der sich aber weitgehend auf eine schadensrechtliche Wertung beschränkt). Demgegenüber schafft § 850f Abs. 2 ZPO eine vollstreckungsrechtliche Privilegierung und damit eine in vieler Hinsicht dem § 302 Nr. 1 InsO entsprechende Regelung, an der sich deshalb die Auslegung vor allem zu orientieren hat.

5 Angesichts der engen, auf die besondere Verantwortung für vorsätzliche Delikte abstellenden Zielsetzung des § 302 Nr. 1 InsO muss vom Schuldner der Tatbestand einer unerlaubten Handlung i. S. d. **§§ 823 ff. BGB** verwirklicht worden sein (**a. A.** *Brei* Entschuldung Straffälliger, S. 87). Privilegiert können deshalb etwa Ansprüche aus der vorsätzlichen Verletzung eines absolut geschützten Rechts oder Rechtsguts bzw. Schutzgesetzes, § 823 Abs. 1 und 2 BGB sein. Es genügt freilich nicht, wenn eine vorsätzliche Handlung adäquat kausal einen Schaden herbeigeführt hat. Zusätzlich muss auch die **Schadensfolge vom Vorsatz umfasst** sein. Ein vorsätzlicher Verstoß gegen ein Schutzgesetz begründet deswegen noch nicht die Nachhaftung aus § 302 Nr. 1 InsO, falls der Vorsatz allein auf die Übertretung des Verbots oder die Nichtbefolgung des Gebots gerichtet ist, die Schädigung jedoch allein fahrlässig verursacht wurde (*BGH* NZI 2007, 532 Tz. 10, 15). Keine Nachhaftung begründet die Vorsatz-Fahrlässigkeitskombination des § 315c Abs. 1

Nr. 1 a), Abs. 3 Nr. 1 StGB (*BGH* NZI 2007, 532 Tz. 10 = VuR 2008, 113, m. Anm. *Brei*). Aus der insolvenzrechtlichen Perspektive wichtige Schutzgesetze i. S. d. § 823 Abs. 2 BGB, die bei der gebotenen typisierenden Betrachtung einen **höheren Unrechtsgehalt** im Hinblick auf die Schadensfolge aufweisen (*BGH* NZI 2007, 532 Tz. 16), bilden etwa die Verletzung der Unterhaltspflicht gem. § **170 StGB** (= § 170 b StGB a. F., Schutzgesetz nach *BGH* BGHZ 30, 162 [172]; NJW 1974, 1868), der Raub mit Todesfolge (*BGH* NZI 2007, 532 Tz. 19) und der Betrug nach § **263 StGB** (Schutzgesetz nach *BGH* BGHZ 57, 137 [138]), wobei Tathandlung i. S. d. Betrugstatbestands bei einem Vertragsschluss auch die Täuschung über die unzureichende Leistungsfähigkeit des Schuldners sein kann LK/*Lackner* StGB, § 263 Rz. 214; s. a. *OLG Braunschweig* NJW 1959, 2175 [2176]). Für einen Eingehungsbetrug kann aber aus dem Umstand, dass der Schuldner bei der Warenbestellung zahlungsunfähig war und immer nur liquide Mittel zur Tilgung der ältesten und dringendsten Forderungen hat, noch nicht auf eine Zahlungsunfähigkeit hinsichtlich der konkreten Bestellung geschlossen werden (*Tröndle* StGB, 48. Aufl., § 263 Rz. 2). Ebenso wenig ist damit der erforderliche Vorsatz dargelegt. Als Gegengewicht zu einer möglichen Leistungsunfähigkeit kommt der Art und dem Umfang von Sicherheiten große Bedeutung zu (LK/*Tiedemann* StGB, 11. Aufl., § 263 Rz. 212). Die gesetzliche Schranke des § 114 Abs. 1 InsO darf dabei nicht zu Lasten des Schuldners berücksichtigt werden. Auch der Subventionsbetrug § **264 StGB** (*BGH* BGHZ 106, 204 [207]), der Kapitalanlagebetrug § **264 a StGB** (*BGH* NJW 2000, 3346), § 266 StGB (*LG Potsdam* ZInsO 2006, 615) und das Vorenthalten von Sozialversicherungsbeiträgen gem. § **266 a StGB** (*BGH* ZInsO 2008, 1205; *OLG Celle* ZInsO 2003, 280 [281]; *Jakobi*/*Reufels* BB 2000, 771 [773]; außerdem *BGH* BGHZ 133, 370 [374] = LM 2/1997 § 823 [Be] BGB Nr. 45 m. Anm. *Schiemann*; NJW 2002, 2480; ZIP 2000, 1339 [1340]; NJW 1998, 1306) stellen Verstöße gegen Schutzgesetze dar. Bereits die unterlassene Lohnzahlung kann dabei zum Vorenthalten der Sozialversicherungsbeiträge führen (*BGH* ZInsO 2001, 124 [125]). Kann der Arbeitgeber seine Verbindlichkeit gegenüber dem Träger der Sozialversicherung wegen Zahlungsunfähigkeit nicht erfüllen, liegt der Tatbestand des § 266 a StGB grds. nicht vor (*BGH* BGHZ 134, 304 [307]). Anders verhält es sich jedoch, wenn der Handlungspflichtige zum Fälligkeitstag zahlungsunfähig ist, sein pflichtwidriges Verhalten aber praktisch vorverlagert ist, etwa wenn der Arbeitgeber die Liquiditätsprobleme erkennt und keine Gegenmaßnahmen trifft, um eine Zahlung sicherzustellen (*BGH* NZI 2007, 416 Tz. 17). Die Organisation der Zahlungen kann nur begrenzt delegiert werden (*BGH* ZInsO 2008, 740 Tz. 11; anders *OLG Celle* ZInsO 2006, 1269). Bei Verstößen gegen die Pflicht zur rechtzeitigen Anmeldung eines Insolvenzverfahrens gem. § **92 Abs. 2 AktG** (*BGH* NJW 1979, 1823 [1825 f.]) oder § **64 GmbHG** (*BGH* NJW 1993, 2931) wird ebenfalls ein Schutzgesetz beeinträchtigt. Beim Anspruchsumfang ist nach dem Zeitpunkt zu differenzieren, in dem pflichtgemäß der Insolvenzantrag zu stellen gewesen wäre. War der Gläubiger zu dieser Zeit bereits Inhaber einer Forderung, tritt lediglich ein Quotenschaden ein. Entsteht seine Forderung erst später, ist dem Gläubiger der Ausfallschaden zu ersetzen.

Bei einem gesetzlichen **Forderungsübergang** auf einen Dritten, etwa den Versicherer nach § 67 VVG **5 a** oder den Sozialversicherungsträger gem. § 116 SGB X, bleiben die Rechte und Lasten aus der Privilegierung bestehen (*Kübler*/*Prütting*-*Wenzel* InsO, § 302 Rz. 2; *Uhlenbruck*/*Vallender* InsO, 12. Aufl., § 302 Rz. 9 f.; HambK-InsO/*Streck* 2. Aufl., § 302 Rz. 3; *Forsblad* Restschuldbefreiung und Verbraucherinsolvenz, S. 256 f.). Hat der Dritte seine Forderung gem. § 174 Abs. 2 InsO angemeldet, wird sie von der Restschuldbefreiung ausgenommen.

Ein Vorbehalt ist gegenüber Verbindlichkeiten aus **unerlaubten Handlungen Minderjähriger** zu erwä- **6** gen (**a. A.** *LG Köln* NZI 2005, 406). Bei fahrlässig von Minderjährigen begangenen unerlaubten Handlungen sind existenzgefährdende Schadensersatzforderungen verfassungsrechtlich nicht unbedenklich, wenn zugleich eine Entschädigung des Opfers von dritter Seite gewährleistet ist (*BVerfG* NJW 1998, 3557 [3558]; Vorlagebeschlüsse des *OLG Celle* VersR 1989, 709, m. Anm. *Lorenz*, und des *LG Dessau* NJW-RR 1997, 214; *Rolfs* JZ 1999, 233; MünchKomm-BGB/*Mertens* § 828 Rz. 14; *Kuhlen* JZ 1990, 273; *Canaris* JZ 1990, 679; *Medicus* AcP, 192 (1992), 35 [65 f.]; *Stürner* GS Lüderitz, 789 [791 ff.]; *Simon* AcP 204 (2004), 264 [281 ff.]; s. a. *Erman*/*Schiemann* BGB, 12. Aufl., § 828 Rz. 2). Bedenken gegenüber ruinösen Schadensfolgen bestehen jedoch nicht allein bei fahrlässig begangenen Delikten (auf die das *OLG Celle* VersR 1989, 709 [710], seine Erwägungen ausdrücklich beschränkt; s. a. *Rolfs* JZ 1999, 233 [240]; **a. A.** *Uhlenbruck*/*Vallender* InsO, 12. Aufl., § 302 Rz. 2), sondern auch bei vorsätzlichen Taten (*Canaris* JZ 1987, 993 [1001]; *ders.* JZ 1990, 679 [681]). Mit *Canaris* kann man außerdem fragen, ob Erwachsene in die Überlegungen einzubeziehen sind, doch wiegt gegenüber Minderjährigen die Vernichtung ihrer künftigen Lebensperspektive schwerer. Nach der geltenden Rechtslage kann ausnahmsweise ein auf das Verhältnismäßigkeitsprinzip gestützter Einwand des Rechtsmissbrauchs gem. § 242 BGB erhoben werden, falls die Zumutbarkeit der Schadensersatzleistung abzulehnen ist, doch wird dieser aus der Kontrolle hoheitlicher Maßnahmen entwickelte Maßstab allein in wenigen Einzelfällen bejaht werden können (*BVerfG* NJW 1998, 3557 [3558]; *LG Bremen* NJW-RR 1991, 1432 [1434 f.]; *Canaris* JZ 1987, 993 [1002]; a. A. *Palandt/Heinrichs* § 242 Rz. 54; Vorbem. vor § 249 Rz. 6). Außerdem kann der Schuldner einen Forderungserlass gem. § 76 Abs. 2 SGB IV beantragen, über den ein Sozialversicherungsträger ermessensfehlerfrei entscheiden muss (*BVerfG* NJW 1998, 3557 [3558]; zu den Grenzen *Rolfs* JZ 1999, 233 [235 f.]). In derartigen Fällen steht den Verbindlichkeiten aus vorsätzlich begangenen unerlaubten Handlungen bereits eine materiellrechtliche Einwendung entgegen, welche die Folgen des § 302 Nr. 1 InsO ausschließt. Weitere Restriktionen der Forderungsdurchsetzung können nicht schon mit dem Hinweis auf die Notwendigkeit eines Insolvenz- und Restschuldbefreiungsverfahrens abgelehnt werden (anders *Uhlenbruck/Vallender* InsO, 12. Aufl., § 302 Rz. 2), da die Rechtswirkungen nach Durchführung dieser Verfahren infrage stehen. Unter Abwägung zwischen Gläubigerinteressen und Lebensaussichten ist ggf. im Einzelfall ein an § 765 a ZPO angelehnter spezieller vollstreckungsrechtlicher Schutz zu entwickeln. Zum Verhältnis zwischen insolvenzrechtlichen Haftungs- und materiellen Leistungsgrenzen, *Ahrens* § 286 Rz. 28 a.

7 Von § 302 Nr. 1 InsO **nicht privilegiert**, d. h. von der Restschuldbefreiung erfasst, werden Ansprüche aus **Vertragsverletzungen, Gefährdungshaftungstatbeständen** (*BGH* NZI 2007, 532 Tz. 11) und ungerechtfertigter Bereicherung (zur rechtsähnlichen Vorschrift des § 850 f Abs. 2 ZPO: *Stein/Jonas-Brehm* ZPO, § 850 f Rz. 8; a. A. wohl *Gottwald* Zwangsvollstreckung, § 850 f Rz. 11). **Steuerforderungen** sind nicht privilegiert, weil sie aus dem Gesetz, § 38 AO, und nicht aus vorsätzlicher unerlaubter Handlung resultieren (*BFH* DB 2008, 2345; *AG Göttingen* NZI 2008, 447 [449]; s. FK-InsO/*App* § 89 Rz. 14; MünchKomm-InsO/*Stephan* 2. Aufl., § 302 Rz. 7; *Hess* InsO, 2007, § 302 Rz. 3; HambK-InsO/*Streck* 2. Aufl., § 302 Rz. 4; *Graf-Schlicker/Kexel* InsO, § 301 Rz. 4; *Mohrbutter/Ringstmeier-Pape* 8. Aufl., § 17 Rz. 195; *Heyer* Restschuldbefreiung, S. 158; *App* DStZ 1984, 280 [281]; *Kehe/Meyer/Schmerbach* ZInsO 2002, 615 [616]; *Schlie* ZInsO 2006, 1126 [1128 ff.]). Vollstreckungsrechtlich genügt es ebenfalls nicht, wenn im Fall einer strafbaren Steuerhinterziehung wegen der Steuerforderung die Zwangsvollstreckung betrieben wird (*BAG* NJW 1989, 2148 [2149]), weshalb eine wichtige Parallele besteht. Mit einer Steuerhinterziehung gem. § 370 AO wird auch kein Schutzgesetz i. S. v. § 823 Abs. 2 BGB verletzt (*BFH* NJW 1997, 1725 [1726]; DB 2008, 2345). Auch unabhängig davon scheidet eine Privilegierung dieser Ansprüche aus (*Uhlenbruck/Vallender* InsO, 12. Aufl., § 302 Rz. 12; *Henning* ZInsO 2004, 585 [589]; a. A. *AG Siegen* NZI 2003, 43 [44]; *Andres/Leithaus* InsO, §§ 301, 302 Rz. 6; *Wieser* KKZ 2002, 253 [254]; *Klaproth* ZInsO 2006, 1078 [1079 f.]; s. a. *Schlie* ZInsO 2006, 1126). Nicht zu den privilegierten Verbindlichkeiten gehören Steuersäumniszuschläge nach § 240 AO (*BFH* NJW 1974, 719 [720]; keine nachrangige Insolvenzforderung *BFH* ZVI 2005, 375 f.; *Hess* InsO, 2007, § 302 Rz. 12; die unabhängig davon bei Zahlungsunfähigkeit des Steuerschuldners zur Hälfte zu erlassen sind, *BFH* ZIP 2001, 427 [428]; *FG Düsseldorf* ZVI 2004, 538) und Steueransprüche nach § 14 Abs. 3 1. Alt. UStG (*BFH* DB 1982, 886) sowie Säumniszuschläge gem. § 24 SGB IV (*Hess* InsO, 2007, § 302 Rz. 12; vgl. auch *BSG* ZIP 1988, 984; nachrangige Insolvenzforderungen *BSG* ZInsO 2004, 350 [351]; kein Schutzgesetz *BGH* ZInsO 2008, 1139) bzw. Steueransprüche, die im Zusammenhang mit einer Steuerhinterziehung entstehen (*BFH* DB 2008, 2345 [2346]). Ansprüche eines Sozialversicherungsträgers auf Beitragszahlungen, die in einem Haftungsbescheid festgesetzt sind, bilden keine auf Schadensersatz wegen einer vorsätzlich begangenen unerlaubten Handlung gerichteten Forderungen (*OLG Frankfurt* ZInsO 2005, 714 [715]).

8 **Subjektiv** wird vom Schuldner vorsätzliches Handeln verlangt. Grobe Fahrlässigkeit reicht nicht aus. Wie zumeist genügt auch hier dolus eventualis (vgl. zur Regelung des § 850 f Abs. 2 ZPO *Stein/Jonas-Brehm* ZPO, § 850 f Rz. 8; s. a. MünchKomm-BGB/*Grundmann* 5. Aufl., § 276 Rz. 154; *Soergel/Wolf* BGB, § 276 Rz. 65), der sich nach der gesetzlichen Formulierung einer vorsätzlich begangenen unerlaubten Handlung auf den Haftungs- bzw. den Unrechtstatbestand beziehen muss (vgl. *Deutsch/Ahrens* Deliktsrecht, 4. Aufl., Rz. 117). Im Unterschied dazu muss sich der Vorsatz nach den §§ 826 BGB, 67 Abs. 2 VVG (dazu *BGH* NJW 1962, 41 [42]; *BGH* VersR 1986, 233 [235]), der früheren Regelung in den §§ 636 f., 640 RVO (*BGH* BGHZ 75, 328 [329 ff.]) und dementsprechend jetzt gem. §§ 104 f. SGB VII sowie § 116 Abs. 6 SGB X (*OLG Zweibrücken* NJW-RR 1987, 1174 f.; *Grüner/Dalichau* SGB X, § 116 Anm. VII 1; zur Rechtslage gem. § 1542 RVO *BGH* NJW-RR 1986, 106) auf die Schädigung erstrecken. Als relativer Begriff (*Deutsch/Ahrens* Deliktsrecht, 4. Aufl., Rz. 117) entzieht sich der Vorsatz folglich einer einheitlichen Festlegung. Mit der Begünstigung der Gläubiger gem. § 302 Nr. 1 InsO

soll freilich der gesteigerten Verantwortlichkeit des Schuldners Rechnung getragen werden. Deshalb hat sich im Allgemeinen der **Bezugspunkt** des Vorsatzes aus der jeweiligen Haftungsnorm der unerlaubten Handlungen zu ergeben. Der Vorsatz ist also nicht nach eigenen insolvenzrechtlichen, sondern den materiellrechtlichen Kriterien zu bestimmen. Liegt der Forderung aus vorsätzlich begangener unerlaubter Handlung ein Fall des § 823 Abs. 1 BGB zugrunde, ist dies die Verletzung des absolut geschützten Rechts oder Rechtsguts, bei § 823 Abs. 2 BGB die Verletzung des Schutzgesetzes (*LG Köln* NZI 2005, 406), wobei im Übrigen die strafrechtlichen Kriterien genügen, wenn etwa nach § 226 StGB die Körperverletzung vorsätzlich, aber die schwere Folge nur fahrlässig herbeigeführt sein muss, während für § 826 BGB sich der Vorsatz auf den Schaden beziehen muss (MünchKomm-BGB/*Grundmann* 5. Aufl., § 276 Rz. 153; *Soergel/Wolf* BGB, § 276 Rz. 18 f.), desgleichen bei einer Vorsatzhaftung des Arbeitnehmers aus betrieblich veranlasster Tätigkeit (*BAG* NJW 1968, 717 [718]; *Kohte* Arbeitnehmerhaftung und Arbeitgeberrisiko, S. 117 ff.; *Künzl* in Kasseler Handbuch, 2. Aufl., 2.1 Rz. 254).

Mit dem Rechtsgrund steht noch nicht der **Umfang** fest, in dem der Schuldner von den Verbindlichkeiten aus einer vorsätzlich begangenen unerlaubten Handlung nicht befreit wird. Als Vergleichsmaßstab ist insbesondere auf § 850 f Abs. 2 ZPO abzustellen. Nach diesen Grundsätzen muss der Schuldner **Schmerzensgeldansprüche** erfüllen. Zu den weiterhin zu befriedigenden Verbindlichkeiten gehören auch die Forderungen auf Erstattung von Folgeschäden, wie beispielsweise die Kosten einer **privatrechtlichen Rechtsverfolgung**. Eine Privatperson erhält jedoch keinen Erstattungsanspruch für den Zeitaufwand, den sie benötigt, um die Forderung geltend zu machen (*BGH* BGHZ 66, 112 [114 ff.]). **Anwaltskosten** sind bei der außergerichtlichen Anspruchsverfolgung nur zu erstatten, soweit die Einschaltung eines Anwalts erforderlich war (*OLG Karlsruhe* NJW-RR 1990, 929). Daran fehlt es, falls die Verantwortlichkeit für den Schaden und damit die Haftung von vornherein klar ist und aus Sicht des Geschädigten kein vernünftiger Zweifel daran bestehen kann, dass der Schädiger seiner Ersatzpflicht nachkommen werde (*BGH* BGHZ 127, 348 [351]). **Prozessuale Kostenerstattungsansprüche** sind nicht vom Verschulden, sondern nur von verfahrensrechtlichen Tatbeständen abhängig und werden deshalb von der Restschuldbefreiung erfasst (*Rinjes* DZWIR 2002, 415; **a. A.** *LG Köln* NZI 2005, 406; *Hess* InsO, 2007, § 302 Rz. 4). Kostenerstattungsansprüche aus einem Prozess zur **Feststellung** einer Forderung aus vorsätzlich begangener unerlaubter Handlung sind dagegen von der Restschuldbefreiung ausgenommen. Diese Verfahrenskosten entstehen zwar erst zeitlich nach Eröffnung des Insolvenzverfahrens, dennoch folgen sie dem Schicksal der Hauptforderung insoweit, als sie selbst eine Insolvenzforderung bilden (*AG Bremen* NZI 2008, 55 [56]). Bei ihnen hat aber der Schuldner erst durch seinen Widerspruch Anlass zur Klageerhebung gegeben. Da sie während des Insolvenz- und Restschuldbefreiungsverfahrens den Vollstreckungsverboten aus den §§ 89 Abs. 1, 294 Abs. 1 InsO unterliegen, müssen sie jedenfalls nach dem Ende der Treuhandperiode vollstreckt werden können. Zwangsvollstreckungskosten teilen das Schicksal der Hauptforderung (*Stöber* Forderungspfändung, 14. Aufl., Rz. 1191). Zu den nicht zu ersetzenden Verbindlichkeiten gehören außerdem die Kosten der Gläubiger wegen einer Strafverfolgung des Schuldners (*Brei* Entschuldung Straffälliger, S. 117 ff.; vgl. außerdem *LG Hannover* Rpfleger 1982, 232; *Palandt/Heinrichs*, 67. Aufl., Vorbem. vor § 249 Rz. 90; *Baumbach/Lauterbach/Albers/Hartmann* ZPO, 66. Aufl., § 850 f Rz. 6; *Gottwald/Heilmann/Klopp* InsolvenzRHdb, 1. Aufl., § 20 Rz. 26; **a. A.** MünchKomm-ZPO/*Smid* 3. Aufl., § 850 f Rz. 14; s. a. *KG* Rpfleger 1972, 66). **Zinsforderungen** sind zu erfüllen, soweit sie aus § 849 BGB, nicht aber wenn sie aus Verzug geschuldet sind (Zinsansprüche ablehnend *Zöller/Stöber* ZPO, 26. Aufl., § 850 f Rz. 8; für Verzugsansprüche ebenso MünchKomm-ZPO/*Smid* 3. Aufl., § 850 f Rz. 14).

2. Anmeldung

Trotz der gesetzlichen Schuldbefreiung kann der Gläubiger nach dem Ende des Restschuldbefreiungsverfahrens seine Forderungen gem. § 302 Nr. 1 InsO weiterhin **durchsetzen**. Dazu muss freilich das Vollstreckungsgericht beurteilen können, ob die Verbindlichkeit aus einer vorsätzlich begangenen unerlaubten Handlung resultiert. Prinzipiell muss deshalb die Qualifikation der Verbindlichkeit aus dem Titel ersichtlich, also der Titel auf eine vorsätzliche unerlaubte Handlung des Schuldners ergangen sein, die wenigstens einen der dem Titel unterlegten rechtlichen Gründe bildet und im Titel zum Ausdruck gekommen ist (vgl. MünchKomm-ZPO/*Smid* 3. Aufl., § 850 f Rz. 16). Für die Vollstreckung wegen einer vorsätzlichen unerlaubten Handlung aus der Tabelle, § 201 Abs. 2 InsO, ist deshalb vor allem zu berücksichtigen, ob dieser Schuldgrund in der Tabelle eingetragen wurde oder nicht.

10 a Durch die Novellierung der §§ 174 Abs. 2, 302 Nr. 1 InsO im Rahmen des InsOÄndG vom 26. 10. 2001, BGBl. I S. 2710, ist aus diesem vollstreckungsrechtlichen Erfordernis ein gesetzlicher Imperativ geworden. Mit der neuen Fassung von § 302 Nr. 1 InsO wird verlangt, dass der Gläubiger die Forderung unter Angabe dieses Rechtsgrunds nach § 174 Abs. 2 InsO angemeldet hat. Dementsprechend fordert § 174 Abs. 2 InsO vom Gläubiger, bei der **Forderungsanmeldung** auch die Tatsachen anzugeben, aus denen sich nach Einschätzung des Gläubigers ergibt, dass der Verbindlichkeit eine vorsätzlich begangene unerlaubte Handlung des Schuldners zugrunde liegt. Durch diese beiden aus dem Zusammenhang heraus zu interpretierenden Regelungen soll der Schuldner möglichst frühzeitig über die privilegierten Verbindlichkeiten informiert werden. Weist der Gläubiger bei der Anmeldung seiner Forderung nicht darauf hin, dass sie nach seiner Einschätzung auf einer unerlaubten Handlung beruht, so wird die Forderung von einer Restschuldbefreiung erfasst (BT-Drucks. 14/5680 S. 27). Selbstverständlich gilt dies erst recht, wenn der Gläubiger seine Forderung nicht anmeldet (*Kübler/Prütting-Wenzel* InsO, § 302 Rz. 1 a). Auf diese Weise wird der Schuldner davor geschützt, erst nach dem Ende der Treuhandzeit über die Ausnahme von der Restschuldbefreiung wegen einer Forderung aus einer vorsätzlich begangenen unerlaubten Handlung informiert zu werden (*Uhlenbruck/Vallender* InsO, 12. Aufl., § 302 Rz. 13 f.). Konflikte über die rechtliche Einordnung der Verbindlichkeiten können zwar nicht verhindert, aber möglichst frühzeitig geklärt werden.

10 b Die rechtliche **Qualifikation** als Forderung aus einer vorsätzlich begangenen unerlaubten Handlung muss grds. **bei der Anmeldung** erfolgen. Es genügt, wenn sie in der Anmeldungsfrist nach § 28 Abs. 1 InsO nachgeholt wird. Über diese Frist hinaus ist eine Anmeldung der Forderung noch zulässig, denn § 302 Nr. 1 InsO stellt zwar auf die Anmeldung nach § 174 Abs. 2 InsO ab, doch ist damit nicht notwendig eine fristgerechte Anmeldung verlangt. § 177 Abs. 1 Satz 1, 3 InsO ermöglicht eine **nachträgliche Anmeldung** oder Änderung der Forderungsanmeldung (*Kübler/Prütting-Pape* InsO, § 177 Rz. 8; KS-InsO/*Eckardt* 2000, S. 743 Rz. 29 ff.; MünchKomm-InsO/*Stephan* 2. Aufl., § 302 Rz. 10; **a. A.** *Kübler/Prütting-Wenzel* InsO, § 302 Rz. 1 a). Solange das Verfahren nicht aufgehoben ist, besteht grds. ein Interesse an der Feststellung der Insolvenzforderungen zur Tabelle. Mit der Nachprüfung soll den Interessen des Gläubigers bei nachträglich veränderten Tatumständen Rechnung getragen werden können (vgl. *Kuhn/Uhlenbruck* KO, 11. Aufl., § 139 Rz. 1 c). Ebenso darf allein der Rechtsgrund einer vorsätzlich begangenen unerlaubten Handlung für eine bereits zu Tabelle festgestellte Forderung nachträglich beansprucht und mit einer Änderungsanmeldung gemäß § 177 Abs. 1 Satz 3 InsO in das Insolvenzverfahren eingeführt werden (*BGH* NZI 2008, 250 Tz. 12, Revisionsentscheidung zu *OLG Hamm* ZInsO 2007, 1279; *BGH* NZI 2008, 569 Tz. 13). Auf eine nachträgliche Forderungsanmeldung wird bei einem Widerspruch des Insolvenzverwalters oder eines Gläubigers entweder ein besonderer Prüfungstermin oder eine Prüfung im schriftlichen Verfahren angeordnet, § 177 Abs. 1 Satz 2 InsO. Widerspricht der Schuldner dagegen der Qualifizierung der Forderung aus vorsätzlich begangener unerlaubter Handlung, ist diese Folge nicht vorgesehen, doch kann diese Regelung entsprechend angewendet werden (*AG Hamburg* ZVI 2005, 41 [42]). Soweit dem Schuldner rechtzeitig der Hinweis aus § 175 Abs. 2 InsO auf sein Widerspruchsrecht gegeben werden kann und dieser noch anwaltlichen Rat einholen kann sowie eine Überlegungsfrist besitzt, kann die Prüfung der aus vorsätzlich begangener unerlaubter Handlung qualifizierten Forderung noch im Schlusstermin erfolgen (MünchKomm-InsO/*Stephan* 2. Aufl., § 302 Rz. 10; *Kübler/Prütting-Pape* InsO, § 177 Rz. 4; s. a. *AG Krefeld* ZInsO 2001, 772; **a. A.** *LG Oldenburg* ZVI 2002, 426 [427]). Liegt zwischen dem Ablauf der Anmeldefrist und dem Prüfungstermin nur die vorgeschriebene Mindestfrist von einer Woche (§ 29 Abs. 1 Nr. 2 InsO), kann dem Zweck der Hinweispflicht kaum genügt werden. Gegen eine zeitliche Limitierung der nachträglichen Anmeldung auf einen so frühen Termin, dass dem Schuldner der erforderliche Hinweis gegeben, dieser widersprechen und die Forderung spätestens noch im Schlusstermin geprüft werden kann, bestehen keine Bedenken. Die wesentlich strengere Präklusionsregel des § 14 Abs. 1 Satz 1 GesO (dazu *Haarmeyer/Wutzke/Förster* GesO, 4. Aufl., § 14 Rz. 2) hat das BVerfG als verfassungskonform angesehen (*BVerfG* DB 1995, 1399). Mit der Aufhebung des Insolvenzverfahrens und der Ankündigung der Restschuldbefreiung sind die Rechte des Gläubigers präkludiert (*Grote* ZInsO 2008, 776 [777]).

10 c Die Gesetzesfassung lässt offen, in welcher **Weise** die **Anmeldung** zu erfolgen hat. Nach § 174 Abs. 1 InsO ist die Forderung schriftlich durch den Gläubiger beim Insolvenzverwalter anzumelden. Die neue gesetzliche Fassung verlangt lediglich die Angabe von Tatsachen, also keine Beweismittel, und die Überzeugung des Gläubigers von einer Forderung aus einer vorsätzlich begangenen unerlaubten Handlung. Für den Tatsachenvortrag ist keine schlüssige Darlegung, wie der Rekurs auf die Überzeugung des

Gläubigers belegt, aber eine plausible Darstellung erforderlich (*Henning* ZInsO 2004, 585 [587]; *Gaul* GS Heinze, 193 [199]; *Brückl* ZInsO 2005, 16 [17]), die auch den subjektiven Tatbestand einschließen muss (*Wegener/Koch* Insbüro 2004, 216 [217]). Dafür genügt nicht die unbegründete Behauptung, dass eine Forderung aus einer vorsätzlichen unerlaubten Handlung resultiert (*AG Strausberg* VuR 2005, 33; vgl. *Kehe/Meyer/Schmerbach* ZInsO 2002, 615 [616 f.]). Ggf. hat der Insolvenzverwalter auf eine Ergänzung hinzuwirken (*Rinjes* DZWIR 2002, 415 [416]; *Mäusezahl* ZInsO 2002, 462 [463]). Die Eintragung kann er unter der Voraussetzung eines formellen Fehlers ablehnen (*Henning* ZInsO 2004, 585 [587]). Ist die Forderung möglicherweise verjährt, aber die Einrede der Verjährung nicht erhoben, kann die Forderung nicht als offensichtlich unbegründet behandelt werden. **Urkunden** sollen zwar nach § 174 Abs. 1 Satz 2 InsO beigefügt werden, doch bleibt die Wirksamkeit der Anmeldung unberührt, falls keine Nachweise erfolgen. Ein Vollstreckungstitel muss selbst im Prüfungstermin nicht vorgelegt werden (*BGH* ZInsO 2006, 102 [103]). Da es für den Gläubiger vorteilhaft ist, wenn sich der Rechtsgrund der Forderung aus einer vorsätzlichen unerlaubten Handlung aus einer Urkunde ergibt, sollte er sie im eigenen Interesse einreichen (vgl. *Kübler/Prütting-Pape* InsO, § 174 Rz. 28). Legt der Gläubiger einen Titel vor, aus dessen Tatbestand oder Entscheidungsgründen sich eine entsprechende Tatsachenfeststellung ergibt, genügt diese Bezugnahme. Fehlen im Titel entsprechende tatsächliche Angaben, ist eine zusätzliche plausible Darstellung bei der Anmeldung erforderlich (*Uhlenbruck/Vallender* InsO, 12. Aufl., § 302 Rz. 15; MünchKomm-InsO/*Stephan* 2. Aufl., § 302 Rz. 11), denn anders als im Zwangsvollstreckungsverfahren ist im Insolvenzverfahren die Prüfbarkeit der Forderung nicht beschränkt. Weist ein **Vollstreckungsbescheid** eine Forderung aus vorsätzlich begangener unerlaubter Handlung aus, können mit diesem Titel die Anforderungen aus § 174 Abs. 1, 2 InsO erfüllt werden. Von diesen klar limitierten Anforderungen bei der Forderungsanmeldung sind die viel strengeren Voraussetzungen für ein mögliches Feststellungs- oder Vollstreckungsverfahren zu unterscheiden (s. u. Rz. 11 a ff.), bei denen es viel stärker auf die Qualifikation des Titels ankommt.

Wird eine Forderung aus einer vorsätzlich begangenen unerlaubten Handlung angemeldet, besteht eine **Hinweispflicht** des **Insolvenzgerichts**, das den Schuldner nach § 175 Abs. 2 InsO auf die Rechtsfolgen des § 302 InsO und auf die Möglichkeit eines Widerspruchs hinzuweisen hat. Um dem Schuldner die weit reichenden Folgen bewusst zu machen, muss nach dem ausdrücklichen Willen des Gesetzgebers (BT-Drucks. 14/6468 S. 17 f.; FK-InsO/*Kießner* § 175 Rz. 18) eine individuell auf die einzelne Forderung abgestellte Belehrung durch das Gericht erfolgen. An das Gericht werden erhebliche Anforderungen gestellt, weil die Belehrung nicht pauschal in einem Antragsformular erfolgen darf (BT-Drucks. 14/6468 S. 18; MünchKomm-InsO/*Stephan* 2. Aufl., § 302 Rz. 12; *Uhlenbruck/Vallender* InsO, 12. Aufl., § 302 Rz. 15; *Kehe/Meyer/Schmerbach* ZInsO 2002, 660 [661]; *Heinze* DZWIR 2002, 369 [370]). Da die Anforderungen für das Insolvenzgericht beherrschbar bleiben müssen, kann ein differenzierter formularmäßiger Hinweis genügen, denn eine rechtliche Beratung des Schuldners ist nicht geschuldet (*BGH* NZI 2004, 39 [40]). Eine Belehrung kann erst erfolgen, nachdem das Insolvenzgericht Kenntnis von der qualifizierten Forderungsanmeldung erhalten hat, regelmäßig also erst nach Niederlegung der Tabelle in der Geschäftsstelle des Insolvenzgerichts gem. § 175 Abs. 1 Satz 2 InsO. Die forderungsbezogene Belehrung muss so rechtzeitig erfolgen, dass der Schuldner Rechtsrat einholen und zum Prüfungstermin erscheinen kann (*Rinjes* DZWIR 2002, 415 [418]). Liegt zwischen dem Ablauf der Anmeldefrist und dem Prüfungstermin nur die vorgeschriebene Mindestfrist von einer Woche (§ 29 Abs. 1 Nr. 2 InsO), kann dem Zweck der Hinweispflicht kaum genügt werden (s. a. *Schmerbach* ZVI 2002, 53 [58]; *Kehe/Meyer/Schmerbach* ZInsO 2002, 615 [618]). Wird der Schuldner vor dem Prüfungstermin nur pauschal belehrt und zur Teilnahme aufgefordert oder erfolgt eine hinreichende Belehrung erst im Prüfungstermin bzw. unterbleibt sie vollständig, ist dem Schuldner entsprechend § 186 InsO **Wiedereinsetzung in den vorigen Stand** zu gewähren (*AG Duisburg* NZI 2008, 628 [629]; MünchKomm-InsO/*Stephan* 2. Aufl., § 302 Rz. 14; enger *Uhlenbruck/Vallender* InsO, 12. Aufl., § 302 Rz. 17), wobei die Aufhebung des Insolvenzverfahrens unschädlich ist. Nimmt der Schuldner am Prüfungstermin teil, soll eine Wiedereinsetzung ausscheiden (*AG Göttingen* ZInsO 2004, 516 [517]). Eine äußerste Zeitschranke für den Wiedereinsetzungsantrag stellt die Ausschlussfrist in § 234 Abs. 3 ZPO auf. Mit dem Ablauf von einem Jahr nach dem Prüfungstermin ist ein Wiedereinsetzungsantrag ausgeschlossen (vgl. *Kübler/Prütting-Pape* InsO, § 186 Rz. 4; **a. A.** *AG Duisburg* NZI 2008, 628 [629]). Unter den Voraussetzungen des § 839 Abs. 1 Satz 1 BGB steht dem Schuldner ein Amtshaftungsanspruch zu.

Im Anmeldungsverfahren können Insolvenzverwalter, Insolvenzgläubiger und Schuldner **Widerspruch gegen die Forderung** erheben. Ein nicht beseitigter Widerspruch des Insolvenzverwalters oder eines

Insolvenzgläubigers steht einer Feststellung der Forderung entgegen. Ein **Widerspruch des Schuldners** verhindert zwar nicht die Forderungsfeststellung, wohl aber die Vollstreckung aus dem Tabellenauszug, § 201 Abs. 2 Satz 1, 2 InsO, solange er nicht durch ein Feststellungsurteil beseitigt ist (*BGH* NZI 2004, 39 [40]; NJW 2006, 2922 [2923]; *Graf-Schlicker/Kexel* InsO, § 301 Rz. 6; KS-InsO/*Eckardt* 2000, S. 743 Rz. 28). Der Schuldner kann die Forderung aus den allgemeinen Gründen bestreiten. Er kann sich gegen den Bestand oder die Durchsetzbarkeit der Verbindlichkeit richten, weil die Forderung verjährt ist (*OLG Frankfurt* ZInsO 2005, 714 [715]; da ein Haftungsbescheid des Sozialversicherungsträgers die Verjährung der Forderung aus vorsätzlich begangener unerlaubter Handlung nicht unterbricht *OLG Dresden* ZInsO 2004, 622; dazu *Kahlert* ZInsO 2005, 192; anders *LG Dresden* ZInsO 2004, 988 [990]). Ebenso kann sein Widerspruch die Höhe der Verbindlichkeit betreffen. Meldet ein Gläubiger eine Forderung aus einer vorsätzlich begangenen unerlaubten Handlung an, § 174 Abs. 2 InsO, kann der Schuldner auch **isoliert** dieser Angabe des Haftungsgrundes widersprechen (*BGH* NZI 2007, 39 [40]; 2007, 416 Tz. 10; s. a. NJW 2006, 2922 [2923]; *Kehe/Meyer/Schmerbach* ZInsO 2002, 660 [662]; *Eisner* NZI 2003, 480 [482 ff.]; nach *Mäusezahl* ZInsO 2002, 462 [468], führt dies zum Bestreiten der Forderung; a. A. *Schoppe* ZVI 2004, 377 [380 f.]). Einen solchen **isolierten Widerspruch** gegen die Qualifikation der Verbindlichkeit kann nur der **Schuldner** erheben. Das isolierte Widerspruchsrecht steht nicht dem Insolvenzverwalter zu, dessen Widerspruch anderen Zwecken dient, weil er die Feststellung der Forderung verhindert (*BGH* NZI 2008, 569 Tz. 13, wenn der Bestand der Forderung nicht von der Vorsatztat abhängt; *LG Trier* ZInsO 2006, 216 [217 f.]; MünchKomm-InsO/*Stephan* 2. Aufl., § 302 Rz. 15; a. A. *Schmidt* ZInsO 2006, 523 [525]; *Schmerbach* NZI 2008, 534 [535]). Da allein ein vollstreckbarer Tabellenauszug einen **vor Eröffnung des Insolvenzverfahrens erwirkten Titel** aufzehrt (*BGH* NJW 1998, 2364 [2365]; a. A. *Stein/Jonas-Münzberg* ZPO, 22. Aufl., vor § 704 Rz. 20), kann der Gläubiger, solange der Widerspruch des Schuldners nicht beseitigt ist, auf den älteren Titel zurückgreifen (*BGH* ZInsO 2006, 704 = EWiR 2006, 539 [*Ahrens*]). Widerspricht der Schuldner dem angemeldeten Rechtsgrund nicht, kann er nachträglich nicht mehr, etwa durch eine Vollstreckungsgegenklage gem. § 767 ZPO, geltend machen, die Forderung unterliege der Restschuldbefreiung (*Mohrbutter/Ringstmeier-Pape* 8. Aufl., § 17 Rz. 203).

11 a Hat der Schuldner der angemeldeten Forderung widersprochen, ist eine **titelergänzende Feststellungsklage** zulässig (vgl. *BGH* ZInsO 2006, 704 = EWiR 2006, 539 [*Ahrens*]). Bislang beantwortete die gesetzliche Regelung nicht eindeutig, wer die **Beitreibungslast** trägt. Die neue Regelung in § 184 Abs. 2 Satz 1 InsO gibt hierauf teilweise Antwort. Liegt für die bestrittene Forderung ein Schuldtitel oder ein Endurteil vor, obliegt es dem Schuldner binnen einer Frist von einem Monat ab Prüfungstermin bzw. ab Bestreiten der Forderung im schriftlichen Verfahren, den Widerspruch zu verfolgen. Soweit der Schuldner einer vollstreckbaren Forderung als solches widerspricht, trägt danach er die Beitreibungslast. Dieser Gedanke trägt jedoch nicht, wenn der Schuldtitel in einem Vollstreckungsbescheid besteht, da dieser nur eingeschränkte Wirkungen entfaltet.

11 b Auf den Regelfall des **isolierten Widerspruchs** ist § 184 Abs. 2 Satz 1 InsO nicht unmittelbar anwendbar. Wie bei einem isolierten Vorrechtsstreit nach § 146 Abs. 4 KO (gegen diese Parallele *Gaul* GS Heinze, S. 193, 198 ff.), bei dem eine Forderung nicht nach dem Grund oder der Höhe, sondern wegen eines Vorrechts bestritten wird (*BAG* NJW 1986, 1896; *LAG Hamm* ZIP 1987, 1267 [1269]; *Hess* KO, § 146 Rz. 4; *Kuhn/Uhlenbruck* KO, § 146 Rz. 25), kann dieser **Feststellungsstreit analog § 184 Abs. 2 InsO** über den Rechtsgrund der Forderung aus einer vorsätzlich begangenen unerlaubten Handlung geführt werden (*BGH* ZInsO 2006, 704 = EWiR 2006, 539 [*Ahrens*]; vgl. bereits *BGH* NZI 2004, 39 [40]; außerdem *LG Dresden* ZInsO 2004, 988 [989]; *LG Mühlhausen* ZInsO 2004, 1046; MünchKomm-InsO/*Stephan* 2. Aufl., § 302 Rz. 20; MünchKomm-InsO/*Schumacher* 2. Aufl., § 184 Rz. 8 c; HK-InsO/*Landfermann* 4. Aufl., § 302 Rz. 7; *Gaul* GS Heinze, S. 193, 202, 208 ff.; *Brückl* ZInsO 2005, 16 [18]; *Rinjes* DZWIR 2002, 415 [418]; *Kahlert* ZInsO 2006, 409 [410]; a. A. *Uhlenbruck/Vallender* InsO, 12. Aufl., § 302 Rz. 24; *Graf-Schlicker/Remmert* NZI 2001, 569 [572]). Ein **Rechtsschutzbedürfnis** besteht bereits dann, wenn aufgrund konkreter Anhaltspunkte mit einer Vollstreckungsgegenklage zu rechnen ist (*BGH* BGHZ 98, 127 [128]; NJW 1994, 3225 [3227]), wofür der Widerspruch des Schuldners im Anmeldeverfahren ein ausreichendes Indiz bildet (*BGH* ZInsO 2006, 704 [705] = EWiR 2006, 539 [*Ahrens*]; *OLG Hamm* ZVI 2006, 396 [397]). Im Rahmen der Analogie muss allerdings die besondere Situation bei einem Widerspruch des Schuldners allein gegen den Rechtsgrund einer vorsätzlich begangenen unerlaubten Handlung beachtet werden. Hierbei ist zu unterscheiden.

11 c Ein **Vollstreckungsbescheid** bildet keinen vollstreckbaren Schuldtitel, der die Beitreibungslast dem Schuldner überantworten kann, da aus ihm kein erweiterter Pfändungszugriff eröffnet ist (vgl. *BGH*

BGHZ 152, 166; NJW 2005, 166; *Ahrens* NJW-Spezial 2008, 501). Auf einen isolierten Widerspruch des Schuldners ist auch weiterhin eine ergänzende **Feststellungsklage des Gläubigers** notwendig und zulässig (MünchKomm-InsO/*Schumacher* 2. Aufl., § 184 Rz. 8 c; zur früheren Rechtslage *BGH* ZInsO 2006, 704 = EWiR 2006, 539 [*Ahrens*]; *Kahlert* ZInsO 2006, 409 [410]). Im Rahmen der Begründetheitsprüfung für diese Feststellungsklage ist das Prozessgericht nicht an die Bezeichnung des Schuldgrunds im Vollstreckungsbescheid gebunden (*BGH* ZInsO 2006, 704 [705]; a. A. *OLG Hamm* ZVI 2006, 396 [397]).

Bei anderen **Titeln ohne Schlüssigkeitsprüfung**, wie einem Vergleich, einer vollstreckbaren Urkunde 11 d respektive einem Anerkenntnis- (a. A. *OLG Brandenburg* NZI 2008, 319) bzw. Verzichtsurteil, oder wenn der auf einer materiellen Rechtsanwendung beruhende Titel **keinen qualifizierten Deliktsanspruch ausweist**, ist eine ergänzende Feststellungsklage des Gläubigers erforderlich. § 184 Abs. 2 InsO ist hierauf nicht anwendbar (HambK-InsO/*Streck* 2. Aufl., § 302 Rz. 11; a. A. MünchKomm-InsO/*Schumacher* 2. Aufl., § 184 Rz. 8 c). Dies gilt auch, wenn dem Anspruch ein rechtskräftiges Versäumnisurteil zugrunde liegt, dessen Tenor nicht ausdrücklich einen Anspruch aus vorsätzlich begangener unerlaubter Handlung feststellt (*OLG Koblenz* NZI 2008, 117 [118]). Das Finanzamt kann den Widerspruch des Schuldners gegen den deliktischen Rechtsgrund der Forderung nicht durch einen Feststellungsbescheid gem. § 251 AO beseitigen, da dies dem Erfordernis einer erkenntnisgerichtlichen Prüfung widerspricht (a. A. *AG Hamburg* NZI 2007, 123). Widerspricht der Schuldner einer Forderung, über die ein **auf** einer **Schlüssigkeitsprüfung beruhendes Urteil** vorliegt, das einen Anspruch aus einer vorsätzlich begangenen unerlaubten Handlung ausweist, so trägt er nach dem Gedanken aus § 184 Abs. 2 Satz 1 InsO die Beitreibungslast.

Die **Klagefrist** gilt in den Fällen des § 184 Abs. 1 Satz 1 InsO und ist auch bei einer analogen Anwendung 11 e von § 184 Abs. 2 Satz 1 InsO für die Beitreibungslast heranzuziehen. Offen ist, ob eine selbständige Analogie zu der Klagefrist auch dann möglich ist, wenn die Beitreibungslast nicht entsprechend § 184 Abs. 2 Satz 1 InsO verteilt wird. Da es sich hier um den selbständigen Rechtsgedanken einer Verfahrensbeschleunigung handelt, der über die Verteilung der Beitreibungslast hinaus zu beachten ist, muss die Frist auch in den anderen Konstellationen einer titelergänzenden Feststellungsklage eingehalten werden. Die **Streitwertberechnung** für die Feststellungsklage ist umstritten (Bemessung nach § 182 InsO: *OLG München* ZInsO 2004, 1319; 100 % der Forderung *OLG Hamm* NZI 2007, 249; *LG Mühlhausen* ZInsO 2004, 1046 [1047]; 80 % *OLG Rostock* NZI 2007, 358; 66 % *OLG Celle* NZI 2008, 321; 25 % *OLG Celle* NZI 2007, 473; 20 % *LG Kempten* ZInsO 2006, 888). Im Zeitpunkt der Feststellungsklage ist unsicher, ob es zu einer Restschuldbefreiung kommen wird, bei der sich die Bereichsausnahme nach § 302 Nr. 1 InsO auswirkt, oder ob die Restschuldbefreiung scheitert und der deliktische Gläubiger mit den anderen Insolvenzgläubigern in der Vollstreckung nach den allgemeinen Regeln konkurrieren muss. Deswegen ist ein Abschlag erforderlich (MünchKomm-InsO/*Stephan* 2. Aufl., § 302 Rz. 22 a). Dieser Abschlag ist zu pauschalieren und muss angesichts der kaum prognostizierbaren Entwicklung zumindest den hälftigen Forderungswert betragen.

Erhebt der Schuldner **keinen Widerspruch** gegen die Eintragung einer Forderung aus vorsätzlich began- 12 gener unerlaubter Handlung in die Tabelle, wird die Forderung im Allgemeinen zur Tabelle festgestellt. Bei einer offensichtlich unbegründeten Behauptung darf aber der Rechtsgrund einer Forderung aus einer vorsätzlichen unerlaubten Handlung nicht in die Tabelle eingetragen werden. Meldet der Gläubiger seine Forderung unter Angabe des Anspruchs aus vorsätzlich begangener unerlaubter Handlung an, trägt der Insolvenzverwalter den Schuldgrund aber nicht in die Tabelle ein, kann die Tabelle auch noch nach Aufhebung des Insolvenzverfahrens gem. § 319 ZPO berichtigt werden können (*LG Göttingen* NZI 2003, 383; MünchKomm-InsO/*Hintzen* 2. Aufl., § 178 Rz. 51 f.; KS-InsO/*Eckardt*, 743 Rz. 44; a. A. *Kehe/Meyer/Schmerbach* ZInsO 2002, 660 [664]). An die Eintragung einer Forderung in der Tabelle sind nach § 178 Abs. 3 InsO der Insolvenzverwalter und die Insolvenzgläubiger wie durch ein rechtskräftiges Urteil gebunden (*Uhlenbruck/Vallender* InsO, 12. Aufl., § 302 Rz. 19; vgl. FK-InsO/*Kießner* § 178 Rz. 20 ff.). Allerdings bezieht sich die angeordnete Rechtskraftwirkung nach dem gesetzlichen Wortlaut nur auf Betrag und Rang der festgestellten Forderung, nicht aber auf den Anspruchsgrund. Sinn der angeordneten Rechtskraftwirkung ist, eine Vollstreckungsgrundlage zu schaffen. Zugleich soll aber auch eine bindende Entscheidung zwischen den Parteien ermöglicht werden, der es widerspricht, wenn das Vollstreckungsgericht seine abweichende Würdigung an die Stelle der insolvenzrechtlichen Feststellung setzt. Gegenüber feststellenden Tabelleneintragungen sind deswegen auch im Hinblick auf die Qualifikation der Forderung allein die Rechtsbehelfe zulässig, die das Gesetz allgemein gegen rechtskräftige Urteile gewährt

(*Gottwald/Eickmann* InsolvenzRHdb, 3. Aufl., § 64 Rz. 32). Dazu gehört auch der Anspruch aus § 826 BGB wegen eines Titelmissbrauchs. Hat das Gericht den Schuldner ordnungsgemäß nach § 175 Abs. 2 InsO auf die Rechtsfolgen des § 302 InsO und auf die Möglichkeit des Widerspruchs hingewiesen, schränkt dies die Möglichkeit einer Vollstreckungsgegenklage ein. Der Schuldner kann dann nicht mehr mit dem Einwand gehört werden, die Forderung beruhe nicht auf einer vorsätzlich begangenen unerlaubten Handlung (*Uhlenbruck/Vallender* InsO, 12. Aufl., § 302 Rz. 21; *Vallender* NZI 2001, 561 [568]). Unrichtige Tabelleneintragungen sollen zwar berichtigt werden können (*BGH* JZ 1984, 1025; *Hess* KO, § 145 Rz. 24 ff.; *Kuhn/Uhlenbruck* KO, § 145 Rz. 7 ff.), doch wird kaum eine mit dem wahren Prüfungsergebnis nicht übereinstimmende Tabelleneintragung anzunehmen sein. Bei Zweifeln über den Inhalt oder die Tragweite einer Tabelleneintragung wird aber auch eine titelergänzende Feststellungsklage zugelassen (*RG* RGZ 139, 83 [85]; *BGH* WM 1957, 1225 [1226]; ZIP 1984, 1509 f.; *Hess* KO, § 145 Rz. 22; *Kuhn/Uhlenbruck* KO, § 145 Rz. 3 c; KS-InsO/*Eckardt* 2000, S. 743 Rz. 44, und MünchKomm-InsO/*Stephan* 2. Aufl., § 302 Rz. 17, allgemeine Feststellungsklage).

13 Ist eine Forderung in die Tabelle eingetragen, **fehlt** aber die **Anmeldung und Feststellung** als Verbindlichkeit aus einer vorsätzlich begangenen unerlaubten Handlung in der Tabelle, soll sich der Gläubiger später nicht auf eine Privilegierung seiner Forderung gegenüber der Restschuldbefreiung berufen dürfen (BT-Drucks. 14/5680 S. 28). Nach der rechtskräftigen Feststellung der Forderung kann der Schuldgrund nicht mehr berichtigt werden (*AG Marburg/Lahn* ZInsO 2005, 784; *Rinjes* DZWIR 2002, 415 [416]). Aus der in den neuen Vorschriften der §§ 174 Abs. 2, 302 Nr. 1 InsO zum Ausdruck gekommenen Entscheidung des Gesetzgebers wird abgeleitet, dass eine Verbindlichkeit von der Restschuldbefreiung erfasst wird, falls der Gläubiger den Hinweis auf den Schuldgrund unterlässt (FK-InsO/*Kießner* § 174 Rz. 26; *Leibner* NZI 2001, 574 [577]). Trotz des eindeutigen gesetzgeberischen Willens ist den positivierten Bestimmungen noch nicht mit letzter Sicherheit zu entnehmen, ob ohne Angabe des Schuldgrunds in der Tabelle die schuldbefreiende Wirkung für die Verbindlichkeiten i.S.d § 302 Nr. 1 InsO unabänderlich feststeht (*Vallender* NZI 2001, 561 [568]). Die Antwort ist aus der Aufgabenverteilung zwischen Prozess- bzw. Insolvenz- und Vollstreckungsgericht abzuleiten. Ist im zu vollstreckenden Titel keine hinreichende Anspruchsgrundlage genannt, kann der Gläubiger im Vollstreckungsverfahren ohne Zustimmung des Schuldners nicht mehr nachweisen, dass der Titel auch auf einer vorsätzlich begangenen unerlaubten Handlung beruht (*BGH* BGHZ 152, 166 [169 ff.]; *Ahrens* NJW 2003, 1371). Wie der BGH in seiner Rechtsprechung zum Vollstreckungsbescheid ausgeführt hat, besteht keine Prüfungskompetenz des Vollstreckungsgerichts, die sich auf die materiellrechtliche Qualifikation der Forderung bezieht (*BGH* NJW 2005, 1663). Entsprechendes hat auch für die Tabelleneintragung zu gelten. Fehlt dort die Angabe des qualifizierten Schuldgrunds kann ohne Einwilligung des Schuldners keine nachträgliche Feststellung im Vollstreckungsverfahren erfolgen. Auch eine titelergänzende Feststellungsklage (dazu KS-InsO/*Eckardt* 2000, S. 743 Rz. 44) kann nicht nachträglich die Voraussetzung von § 302 Nr. 1 InsO schaffen, anders wenn ein qualifiziertes Urteil vorliegt (o. Rz. 11).

14 Ergibt sich die Forderung aus einer vorsätzlich begangenen unerlaubte Handlung aus einem **früheren Titel**, **ohne** dass dieser Schuldgrund bei der Forderungsanmeldung **zur Tabelle eingetragen** wurde, kann zur Bestimmung der Tabellenforderung nicht auf den ursprünglichen Titel abgestellt werden (*Uhlenbruck/Vallender* InsO, 12. Aufl., § 302 Rz. 37; a. A. *Graf-Schlicker/Remmert* NZI 2001, 569 [572]; *Riedel* NZI 2002, 414 [415]). Nach dem eindeutigen Wortlaut von § 302 Nr. 1 InsO sind Forderungen aus vorsätzlich begangenen unerlaubten Handlungen nur dann von der Restschuldbefreiung ausgenommen, wenn sie nach § 174 Abs. 2 InsO unter Angabe des Schuldgrunds zur Tabelle angemeldet sind. Es kommt daher nicht darauf an, ob die aufzehrende Wirkung der Tabelle gegenüber älteren Titeln (vgl. Rz. 11) ohne entsprechenden Tabelleneintrag eintreten kann.

II. Geldstrafen und gleichgestellte Verbindlichkeiten

15 Von der Schuldbefreiung schließt § 302 Nr. 2 InsO auch **Geldstrafen**, §§ 40 ff. StGB, und die diesen in § 39 Abs. 1 Nr. 3 InsO gleichgestellten Verbindlichkeiten des Schuldners aus. Diese Regelung entspricht § 225 Abs. 3 InsO. Bei dem Tatbestand der den Geldschulden in **§ 39 Abs. 1 Nr. 3 InsO** gleichgestellten Verbindlichkeiten bleibt allerdings offen, ob er additiv zu verwenden ist, und sämtliche anderen Verbindlichkeiten erfasst, oder ob er qualifikativ einzusetzen ist, um allein bestimmte andere Verbindlichkeiten zu bezeichnen. Aus der Gesetzgebungsgeschichte ist ein gewisser Anhaltspunkt zu gewinnen. In der ursprünglichen Fassung von § 240 Nr. 2 DiskE wurden sämtliche von § 44 Abs. 1 Nr. 3 DiskE, entspre-

chend § 39 Abs. 1 Nr. 3 InsO, erfassten Forderungen aufgezählt. Demgegenüber ist in § 240 Nr. 1 RefE die schließlich als Gesetz verabschiedete Fassung eingeführt worden, ohne dass die Materialien hierfür eine Begründung geben. Zur terminologischen Vereinfachung hätte auch ohne weitere Differenzierung auf § 39 Abs. 1 Nr. 3 InsO verwiesen werden können. Da jedoch kein Grund für eine sachliche Abweichung von der Ursprungsfassung aufgezeigt wird, ist davon auszugehen, dass mit den gleichgestellten Verbindlichkeiten sämtliche in § 39 Abs. 1 Nr. 3 InsO bezeichneten Tatbestände gemeint sind (*Kübler/Prütting-Wenzel* InsO, § 302 Rz. 2 b; *Braun/Buck* InsO, 3. Aufl., § 302 Rz. 7). In § 39 Abs. 1 Nr. 3 InsO ist die Formulierung der §§ 63 Nr. 3 KO, 29 Nr. 3 VglO übernommen worden, so dass auf die Auslegung dieser Vorschriften abgestellt werden kann. Die **Vollstreckung** einer Geldstrafe durch Anordnung und Vollziehung einer **Ersatzfreiheitsstrafe** ist während des Insolvenzverfahrens (*BVerfG* NZI 2006, 711) und der Treuhandperiode zulässig.

Gleichgestellte Verbindlichkeiten sind Geldbußen nach den §§ 17 ff. OWiG, Ordnungsgelder gem. **16** §§ 890 ZPO, 70 StPO, 380 AO und Zwangsgelder, §§ 888 ZPO, 328 f. AO (ähnlich KS-InsO/*Schmidt-Räntsch* 1997, S. 1177 Rz. 43; *Hess/Obermüller* Insolvenzplan, Restschuldbefreiung und Verbraucherinsolvenz, 3. Aufl., Rz. 1056, zum Zwangsgeld nach § 328 AO vgl. FK-InsO/*Schumacher* § 39 Rz. 10). Einbezogen werden ebenfalls auf eine Geldzahlung gerichtete Bewährungsauflagen gem. § 56 b Abs. 2 Nr. 2, 4 StGB (*Ahrens* NZI 2001, 456 [459]; a. A. *Brei*, Entschuldung Straffälliger, S. 139 ff.), mit einer Einstellung der Ermittlungen nach § 153 a StPO verbundene Zahlungsauflagen (*Uhlenbruck/Vallender* InsO, 12. Aufl., § 302 Rz. 26), aber auch die Nebenfolgen einer Straftat, die zu einer Geldzahlung verpflichten, wie etwa die Einziehung des Wertersatzes nach den §§ 74 c StGB, 25 OWiG, die Abführung des Mehrerlöses nach § 8 WiStG, aber auch § 375 AO (vgl. zur konkurs- und vergleichsrechtlichen Regelung *Kuhn/Uhlenbruck* KO, § 63 Rz. 5 f.; *Hess* KO, § 63 Rz. 16 f.; *Kilger/Karsten Schmidt* VglO, § 29 Anm. 4). Zu Steuersäumniszuschlägen o. Rz. 7. Privatrechtliche Vertragsstrafen werden ebenfalls nicht von der Bereichsausnahme erfasst, unterliegen also der Restschuldbefreiung. Keine nachrangigen Forderungen und damit **nicht privilegiert** sind Strafverfolgungskosten, da es sich bei ihnen um eigenständige Aufwendungen für die staatliche Rechtsverfolgung handelt (vgl. *Jaeger/Henckel* InsO, § 38 Rz. 155).

III. Zinslose Darlehen

Mit der durch das InsOÄndG vom 26. 10. 2001 in § 302 InsO eingefügten dritten Bereichsausnahme von **16 a** der Restschuldbefreiung werden Verbindlichkeiten aus zinslosen Darlehen privilegiert, die zur Begleichung der Kosten des Insolvenzverfahrens gewährt wurden. Karitative und soziale Einrichtungen, die den Schuldner bei der Aufbringung der Verfahrenskosten unterstützen, entlasten auch die Staatskasse. Aus diesem öffentlichen Interesse wird ihnen für ihre Verbindlichkeiten ein Nachforderungsrecht gegen den Schuldner eingeräumt. Zugleich weist die Gesetzesbegründung darauf hin, dass die Regelung eng konzipiert und dementsprechend eng ausgelegt werden muss, um unseriösen Geschäftemachern kein neues Betätigungsfeld zu eröffnen (BT-Drucks. 14/5680 S. 29 f.). Für gewerbliche Schuldenregulierer ist der Ausnahmetatbestand nicht bestimmt.

Unter drei Voraussetzungen ist die Bereichsausnahme erfüllt. Dem Schuldner muss ein Darlehen gewährt **16 b** werden, dies hat zinslos zu erfolgen und es muss zweckgebunden geschehen. Als erste Voraussetzung muss dem Schuldner ein **Darlehen** zur Verfügung gestellt worden sein. Unter einem Darlehen sind gem. § 488 BGB die zur wirtschaftlichen Nutzung und Verwertung überlassenen Geldbeträge zu verstehen. Im Gesetz ist hier nicht der offene Kreditbegriff verwendet, wie etwa in § 290 Abs. 1 Nr. 2 InsO (s. *Ahrens* § 290 Rz. 21). Dies und die Zweckbindung der Mittel weist darauf hin, dass es sich um ein Gelddarlehen im engen Sinn handeln muss. Da von der Restschuldbefreiung nur Insolvenzforderungen betroffen werden, muss die Darlehensforderung bei Eröffnung des Insolvenzverfahrens begründet sein (*Kübler/Prütting-Wenzel* InsO, § 302 Rz. 2 c). Wie sich im Umkehrschluss aus den §§ 302 Nr. 1, 174 Abs. 2 InsO ergibt, muss der Anspruchsgrund bei der Anmeldung nicht über die allgemeinen Anforderungen hinaus ausgeführt werden.

Allein **zinslose** Darlehen sind privilegiert. Ein einheitlicher Zinsbegriff besteht nicht (MünchKomm- **16 c** BGB/*Grundmann* 4. Aufl., § 246 Rz. 3). Nach der Definition des BGH ist der Zins eine laufzeitabhängige, gewinn- und umsatzunabhängige Vergütung für die Nutzung eines auf Zeit überlassenen Kapitals (*BGH* NJW 1979, 540 [541]; 805 [806]). Diese Begriffsbildung ist jedoch zu eng, weil von ihr laufzeitunabhängige Bearbeitungs- und Vermittlungsgebühren nicht erfasst werden. Mangels einer verbindlichen Begriffsbildung ist von der Funktion der Zinslosigkeit auszugehen. Nach der Zielsetzung der Regelung sollen die Ansprüche gewerblicher Akteure nicht von den Wirkungen der Restschuldbefreiung ausgenommen werden. Dementsprechend muss jede Form der Vergütung auch für Bearbeitungen etc., insbesondere wenn sie in einen effektiven Jahreszins einzubeziehen ist, als Zins i. S. v. § 302 Nr. 3 InsO anzusehen sein (*Uhlenbruck/Vallender* InsO, 12. Aufl., § 302 Rz. 30; HK-InsO/*Landfermann* 4. Aufl., § 302 Rz. 9). Ist ein Zins ausbedungen, entfällt die Privilegierung insgesamt und nicht nur für den Zins. Bevorrechtigt sind zinslose Darlehen, nicht die Darlehen(svaluta) ohne ihren Zins.

16 d Das Darlehen muss **zweckgebunden** zur Begleichung der Kosten des Insolvenzverfahrens gewährt worden sein (dies betont *Vallender* NZI 2001, 561 [568]). Bei der Auszahlung der Darlehensvaluta muss die Tragung der Verfahrenskosten als ausschließliche Zweckbindung bestanden haben. Am einfachsten wird dem durch eine unmittelbare Zahlung an das Gericht Rechnung getragen. Um die Zweckbindung zu erfüllen ist zu verlangen, dass der Schuldner ein Insolvenz- und Restschuldbefreiungsverfahren vorbereitet. Ein im weiteren Vorfeld der Insolvenz gewährtes und allgemein mit dem Etikett der Zweckbindung versehenes Darlehen genügt nicht. Zweifel gehen dabei zu Lasten des Gläubigers. Ausgeschlossen ist, einer Darlehensforderung nachträglich diese Zweckbindung beizumessen oder eine Verbindlichkeit in eine solche Darlehensforderung umzuwandeln (HambK-InsO/*Streck* 2. Aufl., § 302 Rz. 8).

16 e Mit den Kosten des Insolvenzverfahrens wird der Begriff aus § 4 a Abs. 1 Satz 1, 2 InsO übernommen, der auch die Kosten des Verfahrens über den Schuldenbereinigungsplan und des Verfahrens zur Restschuldbefreiung einschließt (s. *Kohte* § 4 a Rz. 18 ff.). Erfasst werden Gerichtskosten und Auslagen sowie die anwaltlichen Gebühren.

D. Wirkungen

17 Im Insolvenzverfahren und der anschließenden Treuhandzeit gelten für die nach § 302 privilegierten Forderungen keine Besonderheiten. Sie nehmen anteilig an der Verteilung teil und unterliegen dem Vollstreckungsverbot. Für die in § 302 Nr. 2 InsO aufgeführten Geldstrafen und die gleichgestellten Verbindlichkeiten, bei denen es sich um nachrangige Verbindlichkeiten handelt, gilt die Sonderregelung des § 39 InsO (MünchKomm-InsO/*Stephan* 2. Aufl., § 302 Rz. 29). Ist die Restschuldbefreiung erteilt, bleiben die privilegierten Verbindlichkeiten bestehen, soweit sie noch nicht befriedigt sind.

18 Auch die gem. § 302 InsO begünstigten Gläubiger dürfen erst nach der rechtskräftigen Entscheidung über die Restschuldbefreiung gem. § 300 Abs. 2 InsO ihre Forderungen unbeschränkt geltend machen und in das Vermögen des Schuldners vollstrecken (*Kübler/Prütting-Wenzel* InsO, § 302 Rz. 4; *Uhlenbruck/Vallender* InsO, 12. Aufl., § 302 Rz. 35). Ausdrücklich ist den Insolvenzgläubigern und damit auch den privilegierten Gläubigern allerdings nur die **Zwangsvollstreckung** während der Laufzeit der Abtretungserklärung untersagt, § 294 Abs. 1 InsO, womit die Treuhandperiode gemeint ist (s. *Ahrens* § 294 Rz. 4 a). Diese Regelung lässt freilich offen, ab wann die Zwangsvollstreckung erneut zulässig ist. Da der insolvenzrechtliche Gleichbehandlungsgrundsatz bis zur endgültigen Entscheidung über die Restschuldbefreiung fortwirkt, darf aber eine Zulassung der Zwangsvollstreckung zu keinen unterschiedlichen Konsequenzen für die begünstigten und die nicht begünstigten Gläubiger führen. Nicht zuletzt entspricht dies auch den Forderungen der Rechtssicherheit. Zwischen beiden Gläubigergruppen besteht zwar ein Unterschied, weil allein bei den nicht privilegierten Gläubigern unsicher ist, ob sie wieder zur Zwangsvollstreckung zugelassen werden. Wenn ihnen aber nach einer Versagung der Restschuldbefreiung die Vollstreckung gestattet ist, dürfen sie gegenüber den Gläubigern von Verbindlichkeiten aus § 302 InsO nicht benachteiligt werden. Solange noch die Entscheidung darüber aussteht, ob die Restschuldbefreiung erteilt oder ob sie aufgrund der §§ 296 Abs. 1 und 2, 297 Abs. 1, 298 Abs. 1 InsO versagt wird, ist für die nicht begünstigten Gläubiger eine Zwangsvollstreckung ausgeschlossen (s. *Ahrens* § 294 Rz. 16). Um die Gläubiger der von § 302 InsO bezeichneten Verbindlichkeiten nicht zu bevorteilen, ist ihnen deshalb ebenfalls bis zur rechtskräftigen gerichtlichen Entscheidung die Zwangsvollstreckung zu untersagen. Sonst würden die Gläubiger der privilegierten Forderungen in sachlich nicht gerechtfertigter Weise bevorzugt, denn sie können bereits mit dem Ende der Abtretungszeit die Zwangsvollstreckung einleiten, während dies den anderen Gläubigern erst nach einer Versagung gestattet wäre. Für eine derartige Bevorzugung besteht umso weniger Anlass, als den gem. § 302 Nr. 1 InsO geschützten Gläubigern auch eine Vollstreckung nach § 850 f Abs. 2 ZPO vorbehalten ist.

19 Die Vollstreckung erfolgt grds. aus der **Tabelleneintragung**, wofür die allgemeinen Regeln gelten (*Uhlenbruck/Vallender* InsO, 12. Aufl., § 302 Rz. 35; HK-InsO/*Landfermann* 5. Aufl., § 302 Rz. 11). Verbindlichkeiten aus vorsätzlich begangenen unerlaubten Handlungen müssen unter Angabe der Qualifikation zur Tabelle angemeldet und ihnen darf nicht widersprochen sein bzw. der Widerspruch muss durch Feststellungsurteil beseitigt sein. Die Vollstreckungsklausel gem. den §§ 202 Abs. 1 Nr. 1, 4 InsO i. V. m. 724 Abs. 2 ZPO darf vom Urkundsbeamten der Geschäftsstelle des Insolvenzgerichts nach dem Zeitpunkt erteilt werden, mit dem das Insolvenzverfahren aufgehoben wird, steht doch der vollstreckbare Restbetrag erst im Anschluss daran fest (vgl. *Kuhn / Uhlenbruck* KO, § 164 Rz. 3; *Hess* KO, § 164 Rz. 6). Der Antrag kann jedoch bereits vor Aufhebung des Verfahrens gestellt werden (*AG Kaiserslautern* ZIP 1988, 989). Ein **früherer Titel** wird aufgezehrt, soweit darin die titulierte Forderung vollständig am Insolvenzverfahren teilgenommen hat. Dies gilt jedoch nicht, wenn der Schuldner der Feststellung der Forderung zur Tabelle widersprochen hat und der Widerspruch nicht beseitigt wurde, denn dann kann nicht aus dem Tabellenauszug die Zwangsvollstreckung betrieben werden, §§ 201 Abs. 2 Satz 1 und 2 InsO. Insoweit kann der Gläubiger auf den vorab erwirkten Titel zurückgreifen (*BGH* NJW 1998, 2364 [2365]; ZInsO 2006, 704 = EWiR 2006, 539 [*Ahrens*]). Hat eine titulierte Forderung **nicht** am Insolvenzverfahren **teilgenommen**, wird zwar der Titel nicht aufgezehrt. Die Forderung wird aber von der Restschuldbefreiung erfasst, weil die Voraussetzungen von § 302 Nr. 1 InsO nicht erfüllt sind (o. Rz. 14). Da für nachrangige Verbindlichkeiten i. d. R. kein Tabellenauszug erteilt wird, können die Geldstrafen etc. insoweit aus dem ursprünglichen Titel vollstreckt werden (MünchKomm-InsO/*Stephan* 2. Aufl., § 302 Rz. 30, 32). Wird nach Erteilung der Restschuldbefreiung wegen einer gem. § 302 InsO begünstigten Verbindlichkeit **20** ohne eine Anmeldung zur Tabelle die Zwangsvollstreckung betrieben, etwa aus einem früher erwirkten Titel, steht dem Schuldner hiergegen die **Vollstreckungserinnerung** gem. § 766 ZPO zu. Vollstreckt ein Gläubiger eine nicht privilegierte Verbindlichkeit aus der Tabelle, so ist die **Vollstreckungsgegenklage** eröffnet, § 767 ZPO. Wegen sittenwidriger Härten kann Vollstreckungsschutz nach **§ 765 a Abs. 1 ZPO** zu gewähren und die Vollstreckung einzustellen oder zu beschränken sein (*Stein / Jonas-Münzberg* ZPO, § 765 a Rz. 6; MünchKomm-ZPO/*Heßler* 3. Aufl., § 765 a Rz. 26). Unter Berücksichtigung der Schutzbedürfnisse des Gläubigers müssen dafür die besonderen Umstände des Einzelfalls abgewogen werden (*Zöller / Stöber* ZPO, 26. Aufl., § 765 a Rz. 6). Sittenwidrig kann allerdings eine Zwangsvollstreckung betrieben werden, wenn der Gläubiger ohne Erfolgsaussichten mutwillig gegen den Schuldner vorgeht (*Zöller / Stöber* ZPO, 26. Aufl., § 765 a Rz. 9). Mit dieser Begründung darf zwar nicht das Vollstreckungsergebnis vorweggenommen werden. Falls der Schuldner jedoch im Anschluss an ein sein verwertbares Vermögen liquidierendes Insolvenzverfahren während der sechsjährigen Treuhandzeit unter Erfüllung sämtlicher Obliegenheiten keine Leistungen erbringen konnte, seine Auskünfte nach § 296 Abs. 2 Satz 2 InsO ebenfalls kein neues Vermögen ausgewiesen haben und eine wirtschaftliche Änderung nicht abzusehen ist, wird eine Vollstreckung kaum zu billigen sein.

§ 303
Widerruf der Restschuldbefreiung

(1) **Auf Antrag eines Insolvenzgläubigers widerruft das Insolvenzgericht die Erteilung der Restschuldbefreiung, wenn sich nachträglich herausstellt, dass der Schuldner eine seiner Obliegenheiten vorsätzlich verletzt und dadurch die Befriedigung der Insolvenzgläubiger erheblich beeinträchtigt hat.**
(2) **Der Antrag des Gläubigers ist nur zulässig, wenn er innerhalb eines Jahres nach der Rechtskraft der Entscheidung über die Restschuldbefreiung gestellt wird und wenn glaubhaft gemacht wird, dass die Voraussetzungen des Absatzes 1 vorliegen und dass der Gläubiger bis zur Rechtskraft der Entscheidung keine Kenntnis von ihnen hatte.**
(3) [1]**Vor der Entscheidung sind der Schuldner und der Treuhänder zu hören.** [2]**Gegen die Entscheidung steht dem Antragsteller und dem Schuldner die sofortige Beschwerde zu.** [3]**Die Entscheidung, durch welche die Restschuldbefreiung widerrufen wird, ist öffentlich bekanntzumachen.**

§ 303

Inhaltsübersicht: Rz.

- A. Normzweck   1– 3
- B. Gesetzliche Systematik   4– 6
- C. Widerrufsgrund   7–11 a
  - I. Vorsätzliche Obliegenheitsverletzung   8– 9
  - II. Erheblich beeinträchtigte Gläubigerbefriedigung   10
  - III. Nachträgliches Herausstellen   11–11 a
- D. Widerrufsverfahren   12–25
  - I. Grundsätze   12–14
  - II. Zulässigkeit   15–19
  - III. Widerrufsentscheidung   20
  - IV. Entscheidungswirkungen   21–23
  - V. Rechtsmittel sowie Kosten und Gebühren   24–25

Literatur:

App Widerruf der Restschuldbefreiung – Kurzüberblick über Antragsvoraussetzungen für den Gläubiger, MDR 2000, 1226; s. a. § 286.

A. Normzweck

1 Mit der Erteilung der Restschuldbefreiung wird tief in die Rechtsverhältnisse der Beteiligten eingegriffen. Zwischen der inhaltlichen Richtigkeit und der notwendigen Unanfechtbarkeit der Entscheidung über die gesetzliche Schuldbefreiung besteht deshalb ein Spannungsverhältnis, das ebenfalls durch die Widerrufsregelung des § 303 InsO ausgeglichen werden soll. Materiell wird mit der Vorschrift zunächst angestrebt, dass der Schuldner seine Obliegenheiten aus § 295 InsO bis zum Ende der Treuhandzeit konsequent erfüllt. Auf eine nachträglich erkannte Obliegenheitsverletzung kann deshalb auch noch nach Erteilung der gesetzlichen Schuldbefreiung reagiert werden. Zu diesem Zweck muss freilich die **Rechtskraft** der Entscheidung **durchbrochen** werden, mit der die Restschuldbefreiung erteilt worden ist. Ziel des Widerrufsverfahrens ist deshalb die Beseitigung des rechtskräftigen Beschlusses über die Erteilung der Restschuldbefreiung sowie zugleich eine negative Entscheidung über die gesetzliche Schuldbefreiung.

2 Während der auch als Wohlverhaltensperiode bezeichneten Treuhandphase wird der Schuldner unter dem Druck des Versagungsrisikos aus § 296 InsO dazu veranlasst, seine Obliegenheiten einzuhalten. Mit dem bevorstehenden Ende der Treuhandperiode schwächt sich jedoch diese Wirkung ab, je weniger der Schuldner noch die Aufdeckung einer Obliegenheitsverletzung befürchten muss. Obwohl der Schuldner seine Obliegenheiten nicht erfüllt hat, wird er dann möglicherweise von seinen restlichen Schulden gegenüber den Insolvenzgläubigern befreit. Um dem zu begegnen, berechtigt § 303 InsO die Insolvenzgläubiger auch noch nach der Erteilung der Restschuldbefreiung, eine im Verlauf der Treuhandzeit begangene Obliegenheitsverletzung des Schuldners geltend zu machen. Neue Obliegenheiten werden dadurch nicht geschaffen. Es werden auch nicht die Obliegenheiten des Schuldners, sondern allein die aus einer Obliegenheitsverletzung abgeleiteten Rechte der Gläubiger über das Ende der Treuhandzeit erstreckt. Schutzobjekt ist deswegen das subjektive Recht der Insolvenzgläubiger.

3 Da die rechtskräftig erteilte Restschuldbefreiung diese Befugnis der Gläubiger präkludiert, schafft § 303 InsO einen besonderen **Anfechtungsgrund**, mit dem die Rechtskraftwirkung des Beschlusses nach § 300 InsO zu durchbrechen ist (*Uhlenbruck/Vallender* InsO, 12. Aufl., § 303 Rz. 1; zur Rechtskraft von Beschlüssen *Rosenberg/Schwab/Gottwald* Zivilprozessrecht, 16. Aufl., § 151 Rz. 2). Vielleicht kann dieses Widerrufsrecht mit dem in § 20 Abs. 1 EGZPO verwendeten gemeinrechtlichen Begriff als außerordentliches Rechtsmittel gegen die Erteilung der Restschuldbefreiung bezeichnet werden. Systematisch wird mit dem Anfechtungsrecht nur die begrenzte Zielsetzung verfolgt, eine Rüge der Obliegenheitsverletzung nachträglich zuzulassen. Deshalb ist die rechtskräftig erteilte Restschuldbefreiung nur aufzuheben,

wenn zugleich im actus contrarius die Restschuldbefreiung zu versagen ist. Wird die Restschuldbefreiung versagt, so lebt das unbeschränkte Nachforderungsrecht der Gläubiger gem. § 201 Abs. 1 InsO wieder auf.

B. Gesetzliche Systematik

Die Widerrufsregelung des § 303 InsO schließt das **System** ab, mit dem auf Obliegenheitsverletzungen 4 des Schuldners reagiert werden kann. Ein Antrag auf Versagung der Restschuldbefreiung kann nach § 296 Abs. 1 Satz 1 InsO mit Obliegenheitsverletzungen begründet werden, die während der Laufzeit der Abtretungserklärung erfolgt sind. Geregelt ist damit jedoch nur, welche Obliegenheitsverletzungen einen Versagungsantrag stützen können, nicht jedoch bis zu welchem Zeitpunkt der Antrag gestellt werden muss. Auch die Grundsätze über die materielle Rechtskraft allein schließen einen Versagungsantrag nach Erteilung der Restschuldbefreiung noch nicht aus. Als konkurrierende Regelung steht aber das Widerrufsrecht aus § 303 Abs. 1 InsO einem Versagungsantrag entgegen. Nach der Erteilung einer Restschuldbefreiung kann diese Entscheidung (nur) auf einen zulässigen und begründeten Gläubigerantrag hin widerrufen werden. Entsprechend den auch für die Versagungsverfahren geltenden Prinzipien ist ein Widerrufsverfahren von Amts wegen unzulässig. Die rechtskräftige Entscheidung und die ihr vorausgegangene sechsjährige Dauer des Insolvenz- und Restschuldbefreiungsverfahrens, § 287 Abs. 2 Satz 1 InsO, s. a. Art. 107 EGInsO, lassen allerdings einen Widerruf nur in Ausnahmefällen gerechtfertigt erscheinen. Grundsätzlich verlangen der nach den Rechtskraftgrundsätzen angestrebte Rechtsfrieden, die geschützten Interessen des Schuldners und das Vertrauen der neuen Gläubiger in eine erteilte Schuldbefreiung den Fortbestand der Restschuldbefreiung höher als die Korrekturinteressen der Gläubiger zu gewichten, zumal diese bis zur Entscheidung nach § 300 Abs. 1 InsO die Versagung der Restschuldbefreiung verlangen konnten. Soweit § 303 Abs. 1 InsO ausnahmsweise einen Widerruf der Restschuldbefreiung zulässt, handelt es sich vor allem um eine Regelung zur Rechtskraftdurchbrechung, wie vor allem die Jahresfrist nach Rechtskraft der Entscheidung in § 303 Abs. 2 InsO belegt. Sekundär stellt die Regelung aufgrund der subjektiven Anknüpfungspunkte auf einen Eingriff in das nicht schutzwürdige Vertrauen des Schuldners ab (dazu *Braun/Buck* InsO, 3. Aufl., § 303 Rz. 1).

Durch das Erfordernis einer **vorsätzlichen Obliegenheitsverletzung** wird die Widerrufsregelung in 5 die Nähe von § 826 BGB gerückt. Dabei erscheint die Widerrufsregelung als spezialgesetzlich ausgeprägte Form der Reaktion auf einen sittenwidrigen Missbrauch von Institutionen (vgl. MünchKomm-ZPO/ *Braun* 3. Aufl., Vor § 578 Rz. 12; *Rosenberg/Schwab/Gottwald* Zivilprozessrecht, 16. Aufl., § 161 Rz. 9 ff.). Ihr Rechtsschutzziel weist aber die Widerrufsregelung als einen unterschiedlichen Rechtsbehelf aus. Mit der Widerrufsregelung wird keine Beseitigung der durch die Entscheidung verursachten Nachteile verlangt, wie es einer schadensersatzrechtlichen Konstruktion entspricht (vgl. MünchKomm-ZPO/*Braun* 3. Aufl., Vor § 578 Rz. 14). Vielmehr soll die angegriffene Entscheidung aufgehoben werden und damit eine der Wiederaufnahme des Verfahrens entsprechende Wirkung erzielt werden. Auf diese Weise wird der auch gegen Beschlüsse in Konkursverfahren zugelassenen Wiederaufnahme (*OLG Karlsruhe* NJW 1965, 1023 [1024]; *Kuhn/Uhlenbruck* KO, § 72 Rz. 3 d, § 73 Rz. 14; *Zöller/Greger* ZPO, 26. Aufl., Vor § 578 Rz. 14) eine spezielle insolvenzrechtliche Gestalt gegeben.

Obwohl das Rechtsschutzziel auf eine Verwandtschaft der Widerrufsregelung mit den **Wiederaufnah-** 6 **mevorschriften** der §§ 578 ff. ZPO hinweist, sind doch grundlegende Unterschiede zwischen den beiden Arten von Rechtsbehelfen zu berücksichtigen. Mit den Anfechtungsgründen der schweren Prozessverstöße und der gravierenden Unrichtigkeit der Urteilsgrundlagen in den §§ 579 f. ZPO (*Rosenberg/ Schwab/Gottwald* Zivilprozessrecht, 16. Aufl., § 158 Rz. 1 ff.) sind die Obliegenheitsverletzungen nicht ohne weiteres zu vergleichen. Auch kann das mehrstufige Wiederaufnahmeverfahren (*RG* RGZ 75, 53 [56]; *BGH* NJW 1979, 427; *Stein/Jonas/Grunsky* ZPO, vor § 578 Rz. 31, § 590 Rz. 1 ff.; *Rosenberg/ Schwab/Gottwald* Zivilprozessrecht, 16. Aufl., § 160 Rz. 27 ff.; einschränkend MünchKomm-ZPO/ *Braun* 3. Aufl., § 590 Rz. 1), in dem die Stadien einer Zulässigkeit der Wiederaufnahmeklage, einer Begründetheit dieser Klage und einer erneuten Verhandlung über die Hauptsache unterschieden werden, nicht auf das Widerrufsverfahren übertragen werden. Bei dem Verfahren nach § 303 InsO bildet die Verhandlung über den Widerrufsgrund und die negative Entscheidung über die Restschuldbefreiung einen einheitlichen Verfahrensabschnitt, dem nur die Zulässigkeitsprüfung vorgelagert ist. Andere Grundsätze können dagegen übertragen werden, etwa über das zeitlich begrenzte Nachschieben von Anfechtungsgründen (vgl. *RG* RGZ 64, 224 [227]). Eine umfassende analoge Anwendung der Regelungen über die Wiederaufnahme des Verfahrens muss deshalb ausscheiden, doch können einzelne Prinzipien sehr wohl herangezogen werden. Außerdem schärfen die Wiederaufnahmevorschriften den Blick für mögliche Verfahrenskonstellationen, indem sie ein Panorama an Problemlagen und Lösungsvorschlägen offerieren.

C. Widerrufsgrund

7 Verfahrensrechtlich wie sozialpolitisch ist ein Institutionenschutz der erteilten Restschuldbefreiung geboten. Nachdem die Richtigkeit der Entscheidung über die Schuldbefreiung bereits in einem regelmäßigen Rechtsmittelverfahren gem. § 300 Abs. 3 Satz 3 InsO überprüft werden konnte, darf ihre Rechtskraft nur noch ausnahmsweise durchbrochen werden. Unerlässliche Bedingung dafür ist eine Obliegenheitsverletzung durch den Schuldner. Für eine restriktive Handhabung der Widerrufsregelung sorgen aber vor allem die besonderen Voraussetzungen des § 303 Abs. 1 InsO, mit denen die Obliegenheitsverletzung zusätzlich qualifiziert wird. Nach dem Tod des Schuldners ist ein Widerrufsverfahren gegenüber dem Erben zulässig (s. o. *Ahrens* § 286 Rz. 41; *Uhlenbruck/Vallender* InsO, 12. Aufl., § 303 Rz. 3; HK-InsO/*Landfermann* 4. Aufl., § 303 Rz. 4).

I. Vorsätzliche Obliegenheitsverletzung

8 Als erste Voraussetzung muss der Schuldner gegen eine seiner **Obliegenheiten** verstoßen haben. Nach der Zielsetzung von § 303 InsO, der eine korrekte Erfüllung der während der Treuhandphase bestehenden Obliegenheiten gewährleisten soll, sind damit die in **§ 295 InsO** bestimmten Anforderungen gemeint (*Hess/Obermüller* Insolvenzplan, Restschuldbefreiung und Verbraucherinsolvenz, 3. Aufl., Rz. 1208; *Döbereiner* Restschuldbefreiung, S. 259). Die Obliegenheitsverletzung muss nach Ankündigung, aber vor Erteilung der Restschuldbefreiung erfolgt sein. Schon aus diesem Grund legitimiert eine nach dem Ende der Treuhandzeit erfolgte Verurteilung wegen einer Insolvenzstraftat keinen Widerruf der Restschuldbefreiung. Aber auch eine während der Treuhandperiode erfolgte, jedoch erst nachträglich bekannt gewordene strafrechtliche Verurteilung i. S. d. § 297 Abs. 1 InsO rechtfertigt keinen Widerruf, weil es sich dabei um keine Obliegenheitsverletzung handelt (vgl. *Ahrens* § 297 Rz. 3; MünchKomm-InsO/*Stephan* 2. Aufl., § 303 Rz. 12; HK-InsO/*Landfermann* 4. Aufl., § 303 Rz. 2; *Braun/Buck* InsO, 3. Aufl., § 303 Rz. 2; *Andres/Leithaus* InsO, § 303 Rz. 2; *Smid/Krug/Haarmeyer* InsO, § 303 Rz. 3; HambK-InsO/*Streck* 2. Aufl., § 303 Rz. 3). Obwohl es dem Schuldner obliegt, die Mindestvergütung des Treuhänders zu zahlen, schafft ein Verstoß gegen § 298 Abs. 1 InsO keinen Widerrufsgrund (*Kübler/Prütting-Wenzel* InsO, § 303 Rz. 1 a). Auf § 298 Abs. 1 InsO darf allein der Treuhänder einen Versagungsantrag stützen; er ist jedoch nicht berechtigt, einen Widerrufsantrag zu stellen. Im Übrigen ist kaum vorstellbar, dass durch diese unterbliebene Zahlung die Befriedigung der Insolvenzgläubiger erheblich beeinträchtigt worden ist. Nicht so einfach von der Hand zu weisen ist aber, ob ein Verstoß gegen Obliegenheiten aus § 296 Abs. 2 Satz 2 und 3 InsO einen Widerruf gestattet. Systematisch gehören sie ebenfalls zu den im Verlauf der Treuhandzeit aktualisierten Obliegenheiten. Ihr Verfahrensbezug weist jedoch einen entscheidenden Unterschied aus, denn sie dienen nur noch entfernt dem mit der Treuhandzeit verfolgten Ziel einer Haftungsverwirklichung. Dies rechtfertigt es, in einem nachträglich bekannt gewordenen Verstoß gegen § 296 Abs. 2 Satz 2 und 3 InsO keinen Widerrufsgrund zu sehen (*Uhlenbruck/Vallender* InsO, 12. Aufl., § 303 Rz. 2; HambK-InsO/*Streck* 2. Aufl., § 303 Rz. 3).

9 Allein eine **vorsätzliche** Obliegenheitsverletzung erlaubt es, die erteilte Restschuldbefreiung zu widerrufen. Wie zu § 296 Rz. 8 ausgeführt, wird dabei ein Verschulden des Schuldners gegen sich selbst verlangt. Dabei genügt ein bedingter Vorsatz, der die nachteiligen Folgen der Obliegenheitsverletzung nicht umfassen muss. Ein Widerruf ist zulässig, auch wenn der Schuldner nicht an die nachteiligen wirtschaftlichen Folgen der Obliegenheitsverletzung für die Gläubiger gedacht hat (*Uhlenbruck/Vallender* InsO, 12. Aufl., § 303 Rz. 4; MünchKomm-InsO/*Stephan* 2. Aufl., § 303 Rz. 16). Eine Beweislastumkehr, wie sie § 296 Abs. 1 Satz 1 HS 2 InsO normiert, ist nicht vorgesehen. Ein non liquet geht deswegen zu Lasten des Gläubigers. Verfahrensrechtlich werden damit ebenfalls hohe Hürden vor einem Widerruf der erteilten Restschuldbefreiung errichtet.

II. Erheblich beeinträchtigte Gläubigerbefriedigung

Durch die vorsätzliche Obliegenheitsverletzung muss die **Befriedigung** der Insolvenzgläubiger **erheb-** 10
lich beeinträchtigt worden sein. Zwischen der Obliegenheitsverletzung und der beeinträchtigten Gläubigerbefriedigung hat auch hier ein **Kausalzusammenhang** zu bestehen (*Graf-Schlicker/Kexel* InsO, § 303 Rz. 3; vgl. *Ahrens* § 296 Rz. 10). Über die Anforderungen der §§ 290 Abs. 1 Nr. 4, 296 Abs. 1 Satz 1 InsO hinaus, muss freilich eine erhebliche Gläubigerbeeinträchtigung eingetreten sein. Mit dieser Regelung wird die für eine Anfechtungsbefugnis erforderliche Beschwer konkretisiert und auf die Wirkungen des Schuldbefreiungsverfahrens beschränkt. Die Beschwer ist also nicht zu bestimmen, indem die für den Insolvenzgläubiger eintretenden Folgen bei einer Erteilung der Restschuldbefreiung mit der unbeschränkten Vermögenshaftung des Schuldners gem. § 201 Abs. 1 InsO bei einer antragsgemäßen Versagung der Restschuldbefreiung verglichen werden. Die Beschwer ist also nur durch den Vergleich zwischen dem ordnungsgemäß durchgeführten und dem unter einer Obliegenheitsverletzung absolvierten Schuldbefreiungsverfahren zu bemessen. Abweichend von den in vermögensrechtlichen Streitigkeiten vielfach üblichen Wertsummen, ist dabei kein bestimmter Betrag vorgeschrieben. Dies schließt es aus, einen absoluten oder relativen Festbetrag anzusetzen (*Uhlenbruck/Vallender* InsO, § 303 Rz. 6; HambK-InsO/*Streck* 2. Aufl., § 303 Rz. 5; *Graf-Schlicker/Kexel* InsO, § 303 Rz. 4; **a. A.** *Nerlich/Römermann* InsO, § 303 Rz. 5, die von 10% ausgehen, ebenso *Smid/Krug/Haarmeyer* InsO, § 303 Rz. 4, unter zusätzlicher Berücksichtigung des Einzelfalls; sowie *Kübler/Prütting-Wenzel* InsO, § 303 Rz. 2, die 5% ansetzen, ohne für diese Größen besondere, die Rechtskraftdurchbrechung rechtfertigende Gründe anführen zu können). Maßstab muss vielmehr eine Interpretation sein, die dem Ziel des § 303 InsO Rechnung trägt, bei besonders gravierenden Verstößen des Schuldners ausnahmsweise eine Durchbrechung der Rechtskraft zu ermöglichen, wofür insbesondere auf die Umstände des Einzelfalls abzustellen ist (MünchKomm-InsO/*Stephan* 2. Aufl., § 303 Rz. 15; *Uhlenbruck/Vallender* InsO, 12. Aufl., § 303 Rz. 3; *Braun/Buck* InsO, 3. Aufl., § 303 Rz. 4; *Preuß* Verbraucherinsolvenzverfahren und Restschuldbefreiung, 2. Aufl., Rz. 308). Faktoren können etwa die Forderungshöhe, die Befriedigungsquote, die Zahl der Gläubiger oder die Bedeutung der Verbindlichkeit für den Gläubiger sein. So kann bei einer niedrigen Forderung eines institutionellen Gläubigers und wenigen konkurrierenden Insolvenzgläubigern nur bei prozentual großen Einbußen eine erhebliche Beeinträchtigung anzunehmen sein.

III. Nachträgliches Herausstellen

Ein Widerrufsrecht besteht aber nur dann, wenn sich die vorsätzliche, zu einer erheblich beeinträchtigten 11
Gläubigerbefriedigung führende Obliegenheitsverletzung erst **nachträglich** herausstellt. Mit diesem Merkmal wird dem durch die Rechtskraft bewirkten Ausschluss existenter, aber nicht in das Verfahren eingeführter Tatsachen (*Rosenberg/Schwab/Gottwald* Zivilprozessrecht, 16. Aufl., § 154 Rz. 5 ff.) in einer spezifischen Form Rechnung getragen. Hat ein Insolvenzgläubiger erfolglos einen Versagungsantrag gestellt, ist eine nochmalige Geltendmachung der gerügten Obliegenheitsverletzung bereits nach den Rechtskraftgrundsätzen ausgeschlossen. Eine Obliegenheitsverletzung stellt sich nachträglich heraus, wenn sie zwar vor Erteilung der Restschuldbefreiung erfolgt ist, aber erst nach Eintritt der formellen Rechtskraft bekannt wird (MünchKomm-InsO/*Stephan* 2. Aufl., § 303 Rz. 3; *Uhlenbruck/Vallender* InsO, 12. Aufl., § 303 Rz. 2). Die formelle Rechtskraft tritt mit Unanfechtbarkeit der Entscheidung über die Erteilung der Restschuldbefreiung ein. Eine sofortige Beschwerde gegen die Entscheidung nach § 300 Abs. 1 InsO hemmt den Eintritt der Rechtskraft für die gesamte Entscheidung (vgl. *Stein/Jonas-Münzberg* ZPO, § 705 Rz. 2, 8) und schiebt die nach § 303 Abs. 2 InsO maßgebende Widerrufsfrist hinaus. Bei Kenntniserlangung während eines Rechtsmittelverfahrens muss der Insolvenzgläubiger einen Versagungsantrag stellen, um nicht mit seinem Recht präkludiert zu werden. Ist eine sofortige Beschwerde gegen die Erteilung der Restschuldbefreiung nicht statthaft, tritt die Rechtskraft bereits mit Verkündung, Zustellung oder öffentlicher Bekanntmachung ein.

Nach dem Wortlaut von § 303 Abs. 2 InsO ist zwar auf den Kenntnisstand des antragstellenden Gläubigers 11 a
abzustellen, weshalb bei seiner Unkenntnis der **Wissensstand anderer Gläubiger** unschädlich wäre (MünchKomm-InsO/*Stephan* 2. Aufl., § 303 Rz. 14; *Uhlenbruck/Vallender* InsO, 12. Aufl., § 303 Rz. 2; *Döbereiner* Restschuldbefreiung nach der Insolvenzordnung, S. 263 ff.). Eine solche an ein strenges Parteiverfahren erinnernde rigorose Separierung ist im vergemeinschafteten Verfahren über den Widerruf der Restschuldbefreiung schon deswegen unzureichend, weil die Wirkungen alle Gläubiger betreffen. Zu-

dem könnte eine missbräuchliche Umgehung der Vorschrift kaum verhindert werden. Ausschlaggebend muss demgegenüber die Funktion der §§ 303, 295 InsO sein. Soweit die Obliegenheiten dem Schutz kollektiver Interessen dienen, wie etwa die Erwerbsobliegenheiten nach § 295 Abs. 1 Nr. 1, Abs. 2 InsO, steht die Kenntnis eines Gläubigers jedem Widerrufsantrag entgegen. Bei der Verletzung individueller Interessen ist allein der Informationsstand des Antragstellers maßgebend (*Ahrens* NZI 2001, 113 [118]).

D. Widerrufsverfahren

I. Grundsätze

12 Im Widerrufsverfahren werden konstruktive Merkmale des nach § 296 InsO im Verlauf der Treuhandzeit zulässigen Versagungsverfahrens mit Prinzipien des Wiederaufnahmerechts der §§ 578 ff. ZPO verbunden. Vor allem die gesetzlich positivierten Voraussetzungen der Widerrufsregeln, vom Antragserfordernis über die Glaubhaftmachung bis hin zur Anhörung, weisen ihre **Nähe** zu den **Versagungsvorschriften** aus. Mit diesen Regelungen sind zwar einige unabdingbare Eckpunkte des Anfechtungsverfahrens markiert, nicht aber seine inneren Strukturen bestimmt. Seine Zielsetzung weist eine weitgehende Konkordanz mit einer Wiederaufnahme des Verfahrens aus (vgl. o. Rz. 6), deren Grundgedanken auch die Widerrufsvorschriften prägen. Am Modell der Wiederaufnahmevorschriften ist deshalb im Einzelnen, freilich nicht insgesamt, das Widerrufsverfahren zu orientieren.

13 Über den Widerrufsantrag ist in einem **zweistufigen Verfahren** zu entscheiden (ebenso *Andres/Leithaus* InsO, § 303 Rz. 9). In einem ersten Abschnitt ist über die Zulässigkeit des Antrags zu befinden. Ist der Antrag zulässig, so hat das Gericht zu prüfen, ob er begründet ist. Erweist sich der Antrag als begründet, so muss der Beschluss über die Erteilung der Restschuldbefreiung aufgehoben und die Restschuldbefreiung versagt werden. Beide Entscheidungen sind notwendig miteinander zu verbinden. Der frühere Beschluss darf also nicht aufgehoben werden, ohne dass zugleich auch die gesetzliche Schuldbefreiung versagt wird. Eine Dreiteilung des Verfahrens, wie sie für die Wiederaufnahme vertreten wird (*RG* RGZ 75, 53 [56]; *BGH* NJW 1979, 427; *Stein/Jonas-Grunsky* ZPO, vor § 578 Rz. 31, § 590 Rz. 1 ff.; *Rosenberg/Schwab/Gottwald* Zivilprozessrecht, 16. Aufl., § 160 Rz. 27 ff.; einschränkend MünchKomm-ZPO/*Braun* 3. Aufl., § 590 Rz. 1) in Zulässigkeit der Wiederaufnahmeklage, Begründetheit der Wiederaufnahmeklage sowie erneute Verhandlung der Hauptsache, ist dem Widerrufsverfahren fremd.

14 Auch das Widerrufsverfahren unterliegt der Gläubigerautonomie, also einer **einseitigen Parteidisposition**. Das Verfahren darf nur aufgrund eines Gläubigerantrags durchgeführt werden, wie § 303 Abs. 1 InsO ausdrücklich bestimmt. Dabei erstreckt sich die Verfügungsfreiheit der Insolvenzgläubiger auf die Einleitung des Verfahrens sowie den Umfang der richterlichen Prüfung. Der antragstellende Gläubiger entscheidet also auch über den Verfahrensgegenstand. Andere Insolvenzgläubiger können auf den Verfahrensgegenstand allenfalls mittelbar einwirken, indem sie ebenfalls einen Antrag stellen. Dazu ist grds. jeder Insolvenzgläubiger berechtigt, denn mit den Widerrufsregeln soll die Gläubigergemeinschaft geschützt werden. Zu verlangen ist eine Antragsberechtigung, weswegen der Antragsteller die Verletzung kollektiver oder eigener bzw. ihm zur Ausübung übertragener fremder individueller Rechte geltend machen muss (*Ahrens* NZI 2001, 113 [118]). Vom Gericht darf ein Widerrufsverfahren weder angeregt noch eingeleitet oder auf andere Widerrufsgründe erstreckt werden, denn auch bei einer Prüfung von Amts wegen hat das Gericht nicht sich aus zur Erforschung der Wahrheit tätig zu werden (*RG* RGZ 160, 338 [346]).

II. Zulässigkeit

15 Der Widerrufsantrag muss von einem Insolvenzgläubiger (zum übereinstimmenden Begriff des Insolvenzgläubigers im Versagungsverfahren *Ahrens* § 290 Rz. 57 a f.) gestellt werden. Für den Antrag ist keine besondere Form vorgeschrieben, weshalb er schriftlich oder zu Protokoll der Geschäftsstelle gestellt werden kann. Der Antrag ist nur zulässig, wenn er **innerhalb eines Jahres** nach der Rechtskraft der Entscheidung über die Restschuldbefreiung gestellt wird, § 303 Abs. 2 InsO. Andere bereits präkludierte Widerrufsgründe können nach Ablauf der Frist nicht mehr nachgeschoben werden, wie es der Rspr. zu § 586 Abs. 2 Satz 2 ZPO entspricht (vgl. *RG* RGZ 64, 224 [227]; offengelassen in *RG* RGZ 168, 225 [230 f.]; s. a. *Stein/Jonas-Grunsky* ZPO, § 578 Rz. 5; anders MünchKomm-ZPO/*Braun* 3. Aufl., § 586 Rz. 13).

Bei der Jahresfrist handelt es sich um eine Ausschlussfrist. Eine Wiedereinsetzung in den vorigen Stand ist im Fall einer versäumten Antragsfrist ausgeschlossen (MünchKomm-InsO/*Stephan* 2. Aufl., § 303 Rz. 8; *Uhlenbruck/Vallender* InsO, 12. Aufl., § 303 Rz. 9). Die Fristberechnung erfolgt gem. den §§ 4 InsO, 222 Abs. 1 ZPO, 187 f. BGB, also nicht nach § 139 Abs. 1 InsO.

16 Bis zur Rechtskraft der Entscheidung, mit der die Restschuldbefreiung erteilt wurde, darf der Gläubiger von dem Widerrufsgrund **keine Kenntnis** gehabt haben, § 303 Abs. 2 HS 2 InsO. Um die bruchlose Abstimmung mit den Versagungsregeln zu gewährleisten, ist die Kenntniserlangung nach den für § 296 Abs. 1 Satz 2 InsO aufgestellten Maßstäben (dazu s. o. *Ahrens* § 296 Rz. 19 ff.) zu bestimmen. Für den unterschiedlichen Wortlaut einerseits des § 296 Abs. 1 Satz 2 InsO und andererseits des § 303 Abs. 2 InsO sind redaktionelle, nicht jedoch sachliche Gründe ausschlaggebend. Dementsprechend ist eine Kenntnis der rechtsbegründenden Tatsachen genügend, auf deren Grundlage ein Widerrufsantrag mit einigermaßen sicherer Aussicht auf Erfolg gestellt werden kann. Eine zutreffende rechtliche Würdigung ist aber nicht erforderlich. Besaß der Gläubiger vor einer rechtskräftig erteilten Restschuldbefreiung die für einen Versagungsantrag erforderliche Kenntnis und hätte er deswegen einen solchen Antrag stellen können, ist ein Widerrufsantrag ausgeschlossen. Verfügte er nicht über den notwendigen Kenntnisstand, ist ein Widerrufsantrag insoweit begründet. Den maßgebenden Zeitpunkt, auf den für die Kenntniserlangung abzustellen ist, bildet der Eintritt der formellen Rechtskraft der Entscheidung über die Erteilung der Restschuldbefreiung (oben Rz. 11).

17 Als weiteres Zulässigkeitserfordernis verlangt § 303 Abs. 2 InsO vom Antragsteller, die Voraussetzungen des Abs. 1 **glaubhaft** zu machen (zur Glaubhaftmachung vgl. insbesondere *Ahrens* § 296 Rz. 24 ff.). Der Insolvenzgläubiger muss also die durch eine vorsätzliche Obliegenheitsverletzung kausal herbeigeführte erhebliche Beeinträchtigung der Gläubigerbefriedigung aufgrund von Tatsachen glaubhaft machen, die sich erst nachträglich herausgestellt haben. Insbesondere hat er also auch den Vorsatz des Schuldners und den Ursachenzusammenhang zwischen der Obliegenheitsverletzung und der erheblich beeinträchtigten Gläubigerbefriedigung glaubhaft zu machen. Damit nicht genug, muss der Antragsteller ebenfalls glaubhaft machen, dass er bis zur Rechtskraft der Entscheidung über die Erteilung der Restschuldbefreiung von diesen Umständen keine Kenntnis hatte, diese also erst nachträglich erlangt hat (ebenso MünchKomm-InsO/*Stephan* 2. Aufl., § 303 Rz. 5 f.). Zur Glaubhaftmachung darf sich der Gläubiger sämtlicher präsenter Beweismittel bedienen und auch zur Versicherung an Eides statt zugelassen werden, § 294 Abs. 1 ZPO. Zu den Einzelheiten vgl. *Ahrens* § 296 Rz. 25. Macht der Gläubiger diese Voraussetzungen nicht innerhalb der Jahresfrist glaubhaft, ist sein Antrag als unzulässig abzuweisen. Ebenso kann eine Gegenglaubhaftmachung zur Unzulässigkeit des Antrags führen (*Uhlenbruck/Vallender* InsO, 12. Aufl., § 303 Rz. 11).

18 Aufgrund der **Zuständigkeitsbestimmung** in § 303 Abs. 1 InsO ist für die Entscheidung das **Insolvenzgericht** zuständig. Eine dem Rechtsgedanken aus § 584 Abs. 1 ZPO entsprechende Regelung ist für das Widerrufsverfahren nicht ausdrücklich getroffen. Nach § 584 Abs. 1 ZPO ist das Anfechtungsverfahren grds. bei dem Gericht durchzuführen, das die anzufechtende Entscheidung erlassen hat. Im Fall einer Beschwerdeentscheidung über die Erteilung der Restschuldbefreiung müsste dann entsprechend das Widerrufsverfahren vor dem Beschwerdegericht durchgeführt werden. Mit der zivilverfahrensrechtlichen Vorschrift wird aber auch die Zielsetzung verbunden, eine gleichzeitige Verhandlung der Wiederaufnahme in zwei Instanzen zu verhindern (vgl. dazu MünchKomm-ZPO/*Braun* 3. Aufl., § 584 Rz. 1). Da eine derartige Gefahr im Insolvenzverfahren nicht in gleicher Weise besteht, ist eine entsprechende Anwendung von § 584 Abs. 1 ZPO wohl ausgeschlossen. Die Entscheidung über den Widerruf trifft gem. § 18 Abs. 1 Nr. 2 RPflG der Richter.

19 Vor der gerichtlichen Entscheidung über den Widerruf der erteilten Restschuldbefreiung sind der Schuldner und der Treuhänder zu hören, § 303 Abs. 3 Satz 1 InsO. Mit dieser **Anhörung** wird **rechtliches Gehör** i. S. v. Art. 103 Abs. 1 GG gewährt. Über diese Pflicht zur Anhörung hinaus ist das Insolvenzgericht zur weiteren Sachklärung berechtigt, auch die anderen Insolvenzgläubiger zu hören. Abweichend von § 296 Abs. 2 Satz 1 InsO müssen aber die anderen Insolvenzgläubiger nicht gehört werden (KS-InsO/*Vallender* 2000, S. 249 Rz. 92; *Uhlenbruck/Vallender* InsO, 12. Aufl., § 303 Rz. 13). Um das Gericht zu entlasten, kann die Anhörung der Verfahrensbeteiligten auch schriftlich erfolgen (Begr. des Rechtsausschusses BT-Drucks. 12/7302 S. 188, zu § 346 k; KS-InsO/*Schmidt-Räntsch* 1997, S. 1177 Rz. 38).

III. Widerrufsentscheidung

20 Sind die gesetzlichen Voraussetzungen erfüllt, **widerruft** nach der Folgenanordnung des § 303 Abs. 1 InsO das **Insolvenzgericht** die **Erteilung** der Restschuldbefreiung. Damit sind zunächst die materiellrechtlichen Wirkungen einer erteilten Restschuldbefreiung aus § 301 InsO aufgehoben, also die Haftungswirkungen der Schuld wieder hergestellt. Die **Wirkungen** der Restschuldbefreiung entfallen dabei nicht nur gegenüber dem antragenden Gläubiger, wie dies § 89 Abs. 1 VglO vorsieht (vgl. *Kilger/Karsten Schmidt* VglO, § 89 Anm. 3), sondern gegenüber sämtlichen Insolvenzgläubigern (MünchKomm-InsO/ *Stephan* 2. Aufl., § 303 Rz. 35; *Graf-Schlicker/Kexel* InsO, § 303 Rz. 16; *Balz* BewHi 1989, 103 [121]). Ebenso entfallen aber auch die verfahrensrechtlichen Konsequenzen dieser Entscheidung über die Restschuldbefreiung. Dem gesetzlichen Schuldbefreiungsverfahren fehlt dann aber ein Ende, weshalb es weiter vor dem Insolvenzgericht geführt werden müsste. Um das Restschuldbefreiungsverfahren zu einem Abschluss zu führen, ist also die erteilte Restschuldbefreiung zu **widerrufen** und zusätzlich die Schuldbefreiung zu **versagen** (a. A. HK-InsO/ *Landfermann* 4. Aufl., § 303 Rz. 7). Allein diese zweigliedrige Entscheidung über den Widerruf und die Versagung der Restschuldbefreiung entspricht auch den Grundsätzen des § 300 Abs. 2 InsO. Aus § 300 Abs. 2 InsO wird ersichtlich, dass das Restschuldbefreiungsverfahren nach dem Ende der Treuhandzeit nur in zwei Formen endet, entweder durch eine Erteilung oder durch eine Versagung der Schuldbefreiung. Wird die Erteilung widerrufen, muss folglich die Schuldbefreiung versagt werden. Um ein Auseinanderfallen des Verfahrens zu verhindern, sind beide Entscheidungen notwendig gemeinschaftlich zu treffen. Ohne eine Versagung darf die Schuldbefreiung nicht widerrufen werden.

IV. Entscheidungswirkungen

21 Mit dem gebotenen zweiteiligen Beschluss ist allerdings noch nicht bestimmt, zu welchem **Zeitpunkt** die Beschlusswirkungen eintreten. Als Ziel des Widerrufsverfahrens wird eine negative Entscheidung über die Restschuldbefreiung angestrebt. Um diese Entscheidung treffen zu können, ist zunächst die erteilte Restschuldbefreiung mit **Rückwirkung** aufzuheben (*Uhlenbruck/Vallender* InsO, 12. Aufl., § 303 Rz. 21), wie es der Systematik im Wiederaufnahmeverfahren entspricht (*BGH* BGHZ 1, 153 [156]; *BGH* BGHZ 18, 350 [358]; *BGH* NJW 1976, 1590 [1591]; MünchKomm-ZPO/ *Braun* 3. Aufl., Vor § 578 Rz. 4 Fn. 6; *Stein/Jonas-Grunsky* ZPO, vor § 578 Rz. 28; *Rosenberg/Schwab/Gottwald* Zivilprozessrecht, 16. Aufl., § 158 Rz. 4). Ob dieses Ergebnis auch auf einen Vergleich mit den privatrechtlichen Widerrufsrechten gestützt werden kann (wofür sich *Döbereiner* Restschuldbefreiung, S. 266, ausspricht), erscheint zweifelhaft. Allerdings werden auch nach den Widerrufsrechten der §§ 109 Abs. 1 Satz 1, 130 Abs. 1 Satz 1, 178 Satz 1, 790 Satz 1 BGB, 8 Abs. 4 Satz 1 VVG die Rechtsfolgen durch den Widerruf rückwirkend beseitigt (MünchKomm-BGB/ *Geier* 5. Aufl., vor § 346 Rz. 19; außerdem *Staudinger/Kaiser* BGB, Vorbem zu §§ 346 ff. Rz. 119 ff.). Bei ihnen richtet sich der Widerruf jedoch gegen die Folgen einer Willenserklärung, während hier eine gerichtliche Entscheidung durch eine konträre andere gerichtliche Entscheidung aufgehoben wird. Offen bleibt aber, zu welchem Zeitpunkt die Versagung wirkt. Für das Wiederaufnahmeverfahren hat der BGH die Konsequenz gezogen, die rückwirkende Kraft der Entscheidung bedeute, dass vom Zeitpunkt ihres Erlasses ab nunmehr rückwirkend die Verhältnisse so angesehen werden, als ob die aufgehobene Entscheidung niemals bestanden hätte (*BGH* BGHZ 18, 350 [358]). Übertragen auf das Widerrufsverfahren heißt dies, die Versagungswirkung tritt vom Zeitpunkt ihres Erlasses mit Wirkung für die Vergangenheit ein.

22 Diese zeitliche Fixierung wirkt sich vor allem auf die Zulässigkeit von **Zwangsvollstreckungen** aus. Nach der gesetzlichen Formulierung des § 294 Abs. 1 InsO endet zwar das Zwangsvollstreckungsverbot mit Ablauf der sieben- bzw. nach Art. 107 EGInsO fünfjährigen Laufzeit der Abtretungserklärung. Diese gesetzliche Ausdrucksweise steht jedoch nicht mit der Funktion des Schuldbefreiungsverfahrens im Einklang. Das Vollstreckungsverbot endet deshalb, wie zu § 294 Rz. 17 ausgeführt, mit der Erteilung oder Versagung der Restschuldbefreiung. Bis zur Versagung sind Vollstreckungsmaßnahmen (dazu *Ahrens* § 294 Rz. 20 ff.) unzulässig, die deshalb auch nicht während des Widerrufsverfahrens durchgeführt werden dürfen.

23 Mit dem Widerruf und der Versagung der erteilten Restschuldbefreiung lebt das Nachforderungsrecht für alle Insolvenzgläubiger wieder auf. Zwangsvollstreckungen gegen den Schuldner aus der Tabelle sind zulässig, § 201 Abs. 2 InsO. Dazu muss die Forderung festgestellt und der Feststellung nicht vom Schuldner widersprochen oder sein Widerspruch beseitigt worden sein, § 201 Abs. 2 Satz 1, 2 InsO. Auf einen früher erwirkten, sich mit der Eintragung in der Tabelle deckenden Titel darf daneben grds. nicht mehr zurückgegriffen werden. Durch den Auszug aus der Tabelle, aus dem die Zwangsvollstreckung betrieben werden kann, wird der frühere Titel aufgezehrt (*BGH* NJW 1998, 2364 [2365]; ZInsO 2006, 704 = EWiR 2006, 539 [*Ahrens*]; s. a. *RG* RGZ 112, 297 [300]). Als insolvenzrechtliche Neuerung können die seit der Eröffnung des Insolvenzverfahrens laufenden Zinsen als nachrangige Forderungen ebenfalls zur Tabelle festgestellt, § 39 Abs. 1 Nr. 1 InsO, also auch aus der Tabelle vollstreckt werden. Nach bisherigem Recht waren dagegen diese Zinsforderungen von der Geltendmachung in dem gesamtvollstreckungsrechtlichen Verfahren grds. ausgeschlossen, §§ 63 Nr. 1 KO, 29 Nr. 1 VglO, anders § 226 Abs. 2 Nr. 1 KO. Materiell können die Zinsansprüche auch für den Zeitraum zwischen Erteilung und Widerruf sowie Versagung der gesetzlichen Schuldbefreiung geltend gemacht werden, denn durch den Widerruf bleibt der Anspruchsgrund der Zinsforderungen bestehen. Verzugszinsen sind nur zu zahlen, wenn der Verzug vor Erteilung oder nach dem Widerruf der Restschuldbefreiung eingetreten ist (weiter *Uhlenbruck/Vallender* InsO, 12. Aufl., § 303 Rz. 21).

V. Rechtsmittel sowie Kosten und Gebühren

Die Entscheidung ergeht durch Beschluss, gegen den dem Antragsteller und dem Schuldner gem. § 303 Abs. 3 Satz 2 InsO die sofortige Beschwerde zusteht. Wird dem Versagungsantrag stattgegeben, so steht dem Schuldner das Rechtsmittel zu. Lehnt das Gericht den Antrag ab, ist nach der gesetzlichen Regelung der Antragsteller zur sofortigen Beschwerde berechtigt. Für die Rechtsmittel der sofortigen Beschwerde und der sofortigen weiteren Beschwerde gelten die §§ 6, 7 InsO sowie die §§ 4 InsO, 567 ff., 574 ff. ZPO n. F. Die rechtskräftige Entscheidung ist bei einem Widerruf durch eine zentrale und länderübergreifende Veröffentlichung im Internet bekannt zu machen, §§ 303 Abs. 3 Satz 3, 9 InsO (KS-InsO/*Fuchs* 2000, S. 1679 Rz. 224; **a. A.** MünchKomm-InsO/*Stephan* 2. Aufl., § 303 Rz. 34).

24

Mit den allgemeinen **Gebühren** für die Durchführung des Insolvenzverfahrens soll grds. auch die Durchführung der gesetzlichen Schuldbefreiung abgegolten sein, um diese mit der Schuldbefreiung aufgrund eines Plans gleichzustellen. Wegen der zusätzlichen Belastung des Gerichts durch Gläubigeranträge auf Widerruf der Restschuldbefreiung wird dafür aber eine Gebühr in Rechnung gestellt (Begr. zum RegE EGInsO BT-Drucks. 12/3803, S. 72). Kostenschuldner der Gebühr für den Widerrufsantrag ist der antragstellende Insolvenzgläubiger, § 23 Abs. 2 GKG, s. a. § 29 Nr. 1 GKG. Die Gebühr für den Widerrufsantrag gem. § 303 InsO beträgt EUR 30,–, KV Nr. 2350. Sie entsteht unabhängig davon, ob der Versagungsantrag begründet war oder zurückgewiesen wurde (*LG Göttingen* ZVI 2008, 121). Im Beschwerdeverfahren entsteht eine Gebühr in Höhe von EUR 50,– gem. KV Nr. 2361, falls die Beschwerde verworfen oder zurückgewiesen wird. Zusätzlich sind die Kosten der Veröffentlichung nach § 303 Abs. 3 Satz 3 InsO gem. KV Nr. 9004 zu entrichten. Wird in dem Widerrufsverfahren gem. § 303 InsO nach Ankündigung der Restschuldbefreiung ein Rechtsanwalt tätig, erhält er die Hälfte der vollen Gebühr, Nr. 3321 VV RVG. Im Beschwerdeverfahren entsteht eine halbe Gebühr, Nr. 3500 und 3513 VV RVG. Der Gegenstandswert der Gebühr ist gem. den §§ 28 Abs. 3, 23 Abs. 3 Satz 2 RVG nach billigem Ermessen aufgrund des wirtschaftlichen Interesses des Gläubigers zu bestimmen. Bei Anträgen gem. den §§ 295 f. InsO bestimmt das *LG Bochum* (ZInsO 2001, 564 [566]) nach der Hälfte des Werts der zur Tabelle angemeldeten Forderungen. Zur Verfahrenskostenstundung s. o. *Kohte* § 4 a.

25

Neunter Teil
Verbraucherinsolvenzverfahren und sonstige Kleinverfahren

Vorbemerkungen vor §§ 304 ff.

Inhaltsübersicht:

	Rz.
A. Allgemeines	1– 7
B. Verfahrensrechtliche Maßnahmen	8–11 b
C. Öffentliche Gläubiger und Erlass	12–14
D. Typische Regelungen	15–20

Literatur:

Becker Die Beteiligung des Finanzamts am außergerichtlichen Schuldenbereinigungsverfahren DStZ 2001, 381; *ders.* Die Zustimmung des Finanzamts zu außergerichtlichen Schuldenbereinigungsplänen, ZVI 2002, 100; *Beicht* Beratungshilfe bei außergerichtlichem Einigungsversuch durch eine gemeinnützige geeignete Stelle, ZVI 2005, 71; *Bork* Der Vergleich 1988; *Ehricke* Verbraucherinsolvenz und Restschuldbefreiung in den Mitgliedsstaaten der EU, ZVI 2005, 285; *Fuchs/Bayer* Beratungshilfe im außergerichtlichen Teil des Verbraucherinsolvenzverfahrens, Rpfleger 2000, 1 ff.; *Göbel* Ein Jahr Erfahrungen mit dem Verbraucherinsolvenzverfahren, ZInsO 1999, 457; *Heuschneider* Die praktischen Probleme im Verbraucherinsolvenzverfahren und in der Restschuldbefreiung nach der Insolvenzrechtsänderung, 2004; *Illmann* Erste Erfahrungen mit außergerichtlichen Vergleichen im Rahmen des neuen Insolvenzrechts, ZInsO 1999, 146; *Kohler-Gehrig* Außergerichtlicher Vergleich zur Schuldenbereinigung und Sanierung, 1987; *Kohte* Außergerichtliche Verfahren zum Schutz überschuldeter Verbraucher, Festschrift für Remmers, 1995, S. 479; *Kohte/Kemper* Kein Ausweg aus dem Schuldenturm, Blätter der Wohlfahrtspflege 1993, 81; *Künne* Außergerichtliche Vergleichsordnung, 7. Aufl. 1968; *Landmann* Beratungshilfe zur Vorbereitung und Durchführung des außergerichtlichen Einigungsversuchs nach der InsO?, Rpfleger 2000, 196; *Vallender* Erste gerichtliche Erfahrungen mit dem Verbraucherinsolvenzverfahren, ZIP 1999, 125; *ders.* Anwaltliche Gebühren im Verbraucherinsolvenz- und Restschuldbefreiungsverfahren, MDR 1999, 598; *Veit/Reifner* Außergerichtliche Verbraucherinsolvenzverfahren, 1998; *Winter* Einstellung der Zwangsvollstreckung in der außergerichtlichen Schuldenbereinigung, Rpfleger 2002, 119.

A. Allgemeines

Die Konzeption des Restschuldbefreiungsverfahrens im Regierungsentwurf zur Insolvenzordnung stieß **1** in der Literatur und in der Anhörung des Rechtsausschusses im April 1993 auf nachhaltige Kritik (dazu *Haarmeyer* ZIP 1993, 883). Als wesentliche Mängel wurden vor allem hervorgehoben die strikte Verknüpfung der Restschuldbefreiung mit einem Insolvenzverfahren, das am Vorbild der Unternehmensinsolvenz ausgerichtet war; die fehlende Unterstützung der Schuldner in dem komplizierten Verfahren und umgekehrt die zu besorgende Überforderung der Justiz mit Zahl und Art der zu erwartenden Verfahren (dazu ausf. *Döbereiner* Die Restschuldbefreiung nach der Insolvenzordnung, S. 48 ff., 67 ff.; *Kohte* ZIP 1994, 184 [185]).

Im Rechtsausschuss wurden diese Probleme ebenfalls erkannt und diskutiert; sie waren ein Anlass, inso- **2** weit den Regierungsentwurf nachhaltig zu ändern. Auf Vorschlag des Rechtsausschusses wurde mit dem als neunter Teil eingefügten Verbraucherinsolvenzverfahren (§§ 304–314 InsO) ein neuartiger Verfahrenstyp installiert, der sich vom herkömmlichen Insolvenzrecht deutlich unterscheidet. Das Verfahren ist gekennzeichnet durch eine dreistufige Konzeption; auf einen obligatorischen außergerichtlichen Einigungsversuch folgt in der zweiten Stufe ein gerichtliches Schuldenbereinigungsverfahren, das wiederum auf eine vergleichsweise Regelung abzielt. Erst wenn auch dieses Verfahren gescheitert ist, wird das bisher ruhende Insolvenzverfahren wieder aufgenommen und in einer vereinfachten Form, die kostengünstiger als das klassische Insolvenzverfahren sein soll, fortgesetzt. Mit dieser Konzeption zielte der Rechtsausschuss des Bundestages zunächst auf eine Entlastung der Justiz; weiter soll die gestufte Konzeption mit ihrer allmählichen Entwicklung den Beteiligten verdeutlichen, dass es für sie günstiger ist, sich auf der ersten oder zweiten Stufe zu einigen und auf diese Weise individuelle und flexible Lösungen finden zu können (*Pick* NJW 1995, 992 [996]; zur »strukturbildenden Rückwirkung« des Restschuldbefreiungsverfahrens auf das Schuldenbereinigungsverfahren *Hupe* BAG-SB Informationen 1995, 23; HK-InsO/*Landfermann* 4. Aufl. § 305 Rz. 37).

2 a Diese Struktur ist durch die Mechanik der Verfahrenskostenstundung nachhaltig intensiviert worden, denn die in vielen Fällen zu erwartende weitgehende Aufzehrung der Insolvenzmasse durch die nach § 53 InsO vorrangig zu befriedigenden Verfahrenskosten ist ein nachhaltiger Anreiz für ökonomisch kalkulierende Gläubiger, sich rechtzeitig im Rahmen eines außergerichtlichen oder gerichtlichen Schuldenbereinigungsplans zu einigen (s. o. *Kohte* § 4 b Rz. 10; HK-InsO/*Landfermann* 4. Aufl., § 305 Rz. 12 b; vgl. *Kirchhof* ZInsO 2001, 1 [13]).

3 Diese Konzeption enthält neue Elemente, die zu einer sachgerechten Lösung von Verbraucherinsolvenzverfahren beitragen können. Zunächst sind nunmehr im Verfahrensrecht Unternehmens- und Verbraucherinsolvenz deutlich getrennt worden, so dass die speziellen Bedingungen und Anforderungen von Verbraucherinsolvenzverfahren besser erkannt und aufgenommen werden können. Dazu rechne ich den Vorrang außergerichtlicher Einigung und die im Schuldenbereinigungsverfahren enthaltenen Momente einer Kooperation der Beteiligten. Diese zeigen sich z. B. deutlich in den Förder- und Unterstützungspflichten der Gläubiger, die in §§ 305 Abs. 2, 310 InsO normiert sind. Zugleich wird dem Insolvenzgericht eine vergleichsfördernde Rolle zugewiesen, die vor allem in § 307 Abs. 3 InsO zum Ausdruck kommt. Das Gericht kann ernsthafte Verhandlungen über einen Prozessvergleich durch die Einstellung von Zwangsvollstreckungsmaßnahmen (§ 306 Abs. 2 InsO) wirkungsvoll unterstützen.

4 Mit diesen Elementen lässt sich das Verbraucherinsolvenzverfahren dem in den letzten Jahren entwickelten Verbraucherprozessrecht (dazu *H. Koch* Verbraucherprozessrecht, 1990) zuordnen. In dieser Kategorie sind die verfahrensrechtlichen Besonderheiten umschrieben, die zur Realisierung materiellrechtlicher Positionen von Verbrauchern eingesetzt werden sollen. Gerade die Elemente der Förderpflichten sowie einer vorgeschalteten Schlichtung mit den Beteiligten gehören inzwischen zu den festen Kategorien des Verbraucherprozessrechts. Damit wird zugleich das bisherige Leitbild des klassischen Insolvenzgerichts nachhaltig geändert: nicht mehr gerichtsseitige Fürsorge und Ermittlungen, sondern privatautonome Einigung und gerichtliche Förderung solcher Vereinbarungen prägen das Bild.

5 Diese Korrekturen sind zu begrüßen; sie entsprechen in ihrer Zielrichtung den Regelungsstrukturen der Verbraucherinsolvenzverfahren in der Mehrzahl der anderen Nachbarstaaten (dazu ausf. *U. Jahn/A. Sahm* Insolvenzen in Europa, 4. Aufl. 2004; *Ehricke* ZVI 2005, 285 [290]; *Springeneer* VuR 2005, 441; *Hergenröder/Alsmann* ZVI 2007, 337). Allerdings sind im neunten Buch der InsO die erforderlichen Änderungen nicht umfassend und vollständig durchgeführt worden, so dass schwerwiegende Lücken in der Konzeption zu konstatieren sind. Die Realisierung des Beratungsbedarfs, die Sicherung des Existenzminimums sowie einer fairen Kostentragung fehlen. Das Verfahren der Zustimmungsersetzung nach § 309 InsO ist noch zu kompliziert und zu wenig effektiv; das Anpassungsproblem ist ausschließlich der privatautonomen Vereinbarung zugewiesen (dazu ausf. *Kohte* ZIP 1994, 184 [186]; *Döbereiner* a. a. O., S. 89 ff.). Insoweit sind vor allem die Gerichte herausgefordert, die neue Rolle trotz des lückenhaften Instrumentariums wahrnehmen zu können (anschaulich *AG Göttingen* ZIP 1999, 1365).

6 Besonders problematisch ist die Tatsache, dass der Vorrang außergerichtlicher Vergleiche zwar im Gesetz postuliert, jedoch nicht durch eigenständige Instrumente und Regelungen unterstützt worden ist (dazu ausf. *Kohte* FS für Remmers, 1995, S. 479, 488 ff.). Die Beteiligten können nur partiell an die bisherige Praxis der außergerichtlichen Vergleichsordnung (dazu *Künne* Außergerichtliche Vergleichsordnung, 7. Aufl. 1968; *Kohler-Gehrig* Außergerichtlicher Vergleich zur Schuldenbereinigung und Sanierung, 1987) anknüpfen, da diese Ordnung vor allem in der Unternehmensinsolvenz Anwendung findet und die Besonderheiten von Verbraucherinsolvenzverfahren bisher nicht aufgenommen hat. Ein besser geeigneter Orientierungspunkt ist die in den letzten knapp 20 Jahren entwickelte Praxis der Schuldnerberatungsstellen, die in vielfältiger Weise praktikable Regelungen entwickelt hat, die allerdings nicht ausschließlich auf einen Gesamtvergleich, sondern nicht selten auf eine Kette von einzelnen Vergleichen abzielt (dazu *Kohte* a. a. O., S. 479, 490). Weiteres Anschauungsmaterial liefert die Rechtsvergleichung, da in der Mehrzahl unserer Nachbarstaaten gerade außergerichtliche Vereinbarungen eine große Rolle spielen (zum Güteverfahren im französischen Recht *G. Lutz* Verbraucherüberschuldung, 1992, S. 115 ff.; *Forsblad* a. a. O., 1997, S. 176 ff.; *Köhler* Entschuldung und Rehabilitierung vermögensloser Personen im Verbraucherinsolvenzverfahren, 2003, S. 126 ff.; zum individual voluntary agreement im englischen Recht: *J. Schulte* Die europäische Restschuldbefreiung, S. 38 ff.; zum skandinavischen Recht nur *Exner* KTS 1992,

547 ff.; zum niederländischen Recht ausf. *Laroche* Entschuldung natürlicher Personen und Restschuldbefreiung nach deutschem und niederländischem Recht, 2003). Die bisherige Praxis der außergerichtlichen Einigung im neuen Verbraucherinsolvenzverfahren bleibt hinter diesen Anforderungen deutlich zurück (dazu *Göbel* ZInsO 1999, 457).

Außergerichtliche Vereinbarungen können scheitern, wenn einzelne Gläubiger dem Vertragswerk nicht zustimmen und durch Maßnahmen der Zwangsvollstreckung die Erfüllung des Vergleichs gefährden oder gar unmöglich machen (Akkordstörer). Während im gerichtlichen Schuldenbereinigungsverfahren nach § 309 InsO ein Zustimmungsersetzungsverfahren möglich ist, ist dieses Problem im außergerichtlichen Schuldenbereinigungsverfahren nicht geregelt worden. Dies schwächt das Postulat des Vorrangs außergerichtlicher Verfahren. In der bisherigen Gerichtspraxis sind verschiedene Lösungsmöglichkeiten erwogen worden, um das Problem des Akkordstörers lösen zu können. Dabei sind Konstruktionen, die eine gesellschaftsähnliche Verbindung der Gläubiger als rechtlich zu beachtender Interessengemeinschaft postuliert haben (dazu *Mühl* NJW 1956, 401 [403]; *Habscheid* Gedenkschrift für Bruns, 1980, S. 253, 261 f.) zurückgewiesen worden (*BGH* NJW 1992, 967 [968]). Dem ist für den Regelfall zuzustimmen (*Kohte* FS für Remmers, S. 479, 500 f.; dazu auch *Ebenroth/Grashoff* BB 1992, 865 ff.; zu weitergehenden Kooperationspflichten dagegen *Eidenmüller* ZHR 1996, 343 ff.). In der grundlegenden Entscheidung des BGH ist allerdings zutreffend darauf hingewiesen worden, dass das Verhalten eines Akkordstörers rechtsmissbräuchlich sein kann, wenn das Beharren eines einzelnen Gläubigers auf der uneingeschränkten Durchsetzung seiner Forderung eine faire außergerichtliche Sanierung verhindern würde, da Gläubiger durch die Geltendmachung ihrer Rechte dem Schuldner keinen unverhältnismäßig hohen Schaden zufügen dürfen (*BGH* NJW 1992, 967 [970]; *Kohte*, a. a. O., S. 501 ff.; ausdrücklich auch *ArbG Bielefeld* RsDE 27, 1995, 93 [100 f.] m. Anm. *Kohte* a. a. O., S. 52 [62]). Auch bei dieser Fallgruppe kann – ebenso wie bei der treuwidrigen wirtschaftlichen Überforderung (dazu *Kohte* vor § 286 Rz. 16; *Ahrens* § 302 Rz. 6) – § 242 BGB einer weiteren Schuldbeitreibung als materiellrechtliche Einwendung entgegenstehen.

B. Verfahrensrechtliche Maßnahmen

In der konkreten Situation wird der kurzfristig erforderliche Rechtsschutz gegen eine solche Zwangsvollstreckung am ehesten durch § 765 a ZPO mobilisiert werden können (dazu *LG Bochum* MDR 1955, 683; *LG Berlin* DGVZ 1971, 88). Die Norm des § 765 a ZPO ist schließlich auch am ehesten geeignet, kurzfristig erforderliche Moratorien zu ermöglichen, damit Zeit für ungestörte Verhandlungen über einen Schuldenbereinigungsplan oder einzelne Vergleiche verbleibt. Ausdrückliche Regelungen enthält das zum 01. 01. 1999 novellierte Zwangsvollstreckungsrecht in §§ 813 a, 813 b ZPO n. F.; weitergehende Vorschläge (dazu *Kohte* FS für Remmers, S. 479 [496 ff.]; *Veit/Reifner* a. a. O., S. 91 f.) sind bisher noch nicht realisiert worden. Wenn der Vorrang außergerichtlicher Vergleichsverträge jedoch nicht nur auf dem Papier stehen soll, dann werden sowohl richterliche Interventionen nach § 765 a ZPO als auch zusätzliche gesetzliche Klarstellungen und Regelungen des Verfahrens geboten sein.

Als Art. 7 InsOÄndG war eine Ergänzung des § 765 a Abs. 4 vorgesehen, die zur Absicherung eines außergerichtlichen Einigungsversuchs eine zeitweilige Einstellung der Zwangsvollstreckung ermöglichen sollte (BT-Drucks. 14/5680, S. 14 f., 31, 33). Nach der Kritik des Bundesrats, der Verfahrensverzögerungen und organisatorische Belastungen befürchtete (BT-Drucks 14/5680, S. 37 f.), wurde dieser Vorschlag ersatzlos gestrichen (BT-Drucks. 14/5680, S. 41). Die Erfahrungen anderer Länder – z. B. die Bedeutung der interim order in England (dazu nur *Forsblad* S. 101 f.) – wurden offenkundig nicht diskutiert. Damit verbleibt weiterhin die Argumentationslast bei den Gerichten, die in geeigneten Fällen eine einstweilige Einstellung der Zwangsvollstreckung nach § 765 a ZPO verfügen können (dazu nur *AG Elmshorn* NZI 2000, 329 = VuR 2000, 356 m. Anm. *Kohte*; bestätigt durch *LG Itzehoe* VuR 2000, 181; weitere Beispiele bei *Winter* Rpfleger 2002, 119 [120]; vgl. *BGH* VuR 2008, 273 m. Anm. *Kohte*).

Schließlich gehört zu den notwendigen Flankierungen eine realistische Bewertung der anwaltlichen Gebühren beim außergerichtlichen Einigungsversuch (zum bisherigen Recht *Vallender* MDR 1999, 598 ff.; *Limpert* Prozesskostenhilfe im Verbraucherinsolvenzverfahren, Diss. Würzburg 2000, S. 88 ff.). Es war daher geboten, die bisherige völlig unzureichende Gebührenregelung in § 132 Abs. 4 BRAGO durch Art. 4 InsOÄndG nachzubessern, auch wenn die jetzt fixierten Beträge weiterhin als zu gering zu qualifizieren sind (*Schmerbach/Stephan* ZInsO 2000, 541 [544]; BT-Drucks. 14/5680, S. 41).

11 In der amtsgerichtlichen Praxis waren 1999 Tendenzen festzustellen, dass Anträge zur Bewilligung von Beratungshilfe wegen eines angeblichen Vorrangs der Schuldnerberatung zurückgewiesen wurden. Dies war und ist nicht statthaft (*Vallender* a. a. O.; vgl. zur Parallele bei § 121 ZPO *LG Göttingen* ZIP 1999, 1017 LS 2 und grds. *Vallender* Beratungshilfe, 1990, S. 85 ff.; **a. A.** MünchKomm-InsO/*Ott/Vuia* 2008 § 305 Rz. 13 ff.). Teile der amtsgerichtlichen Praxis haben daher bald die spezifische Bedeutung der Beratungshilfe für die Vorbereitung eines Schuldenbereinigungsplans anerkannt (*AG Köln* VuR 2000, 22 m. Anm. *Kohte*; *AG Bochum* Rpfleger 2000, 461; *Schoreit/Dehn* Beratungshilfe, 9. Aufl. 2008, § 1 BerHG Rz. 15; vgl. weiter die Kontroverse *Fuchs/Bayer* Rpfleger 2000, 1 ff. und *Landmann* Rpfleger 2000, 196 ff.).

11 a Mit der Erhöhung der Gebührensätze durch § 132 Abs. 4 BRAGO in der Fassung des InsOÄndG (BGBl. I 2001 S. 2710) sollte die Anwaltschaft für die Beratung und Vertretung überschuldeter Verbraucher motiviert werden (BT-Drucks. 14/5680, S. 41). Diese Zielsetzung ist durch die Übernahme dieser Regelungen in das Vergütungsverzeichnis zum RVG bestätigt worden (*Göttlich/Mümmler* RVG, 2. Aufl. 2006, Beratungshilfe Rz. 7.8). Sie galten als VV Nr. 2601 ff. (BGBl. I 2004 S. 718, 808) und sind nach Art. 5 des KostRModG (BGBl. I 2004 S. 718, 849) seit dem 01. 07. 2006 als VV Nr. 2501 ff. im Vergütungsverzeichnis geregelt. Damit ist verdeutlicht worden, dass der Beratungshilfe eine wichtige Rolle im Vorfeld des Verbraucherinsolvenzverfahrens zukommen soll. Dies ist in der Zwischenzeit auch vom Bundesverfassungsgericht bekräftigt worden (*BVerfG* NJW 2003, 2668 = NZI 2003, 448 [449]).

11 b In der amtsgerichtlichen Praxis findet daher die frühere Ablehnung der Beratungshilfeanträge durch Verweisung der Schuldner auf die Wartelisten der Schuldnerberatung keine sichtbare Zustimmung mehr (*AG Schwerte* VuR 2005, 31 m. Anm. *Kohte/Busch*). Auch in der Literatur wird diese Position jetzt überwiegend geteilt (dazu nur FK-InsO/*Schmerbach* § 13 Rz. 97 f.; *Jaeger/Eckardt* InsO, § 4 a Rz. 66; *Mayer/Kroiß-Pukall* RVG, 2. Aufl., § 44 Rz. 15, 16; **a. A.** MünchKomm-InsO/*Ott/Vuia* 2. Aufl. § 305 Rz. 13 ff.). Inzwischen wird aufgrund der Gleichstellung der Schuldner- und Verbraucherinsolvenzberatung in § 3 Nr. 9 RBerG in der Gerichtspraxis anerkannt, dass auch den anerkannten Beratungsstellen die Finanzierung der Beratungshilfe zukommen muss (*AG Landau* ZVI 2005, 229; vgl. *Beicht* ZVI 2005, 71).

C. Öffentliche Gläubiger und Erlass

12 In aller Regel haben Schuldner keinen Anspruch gegen Gläubiger auf Erlass einer Forderung oder auf Abschluss eines Vergleichsvertrages. Dies gilt jedoch nicht für öffentliche Gläubiger; sowohl nach §§ 163, 227 AO als auch nach § 76 Abs. 2 SGB IV steht Schuldnern gegenüber der Finanzverwaltung sowie gegenüber den Sozialversicherungsträgern ein Anspruch auf Erlass zu, wenn die Realisierung der Forderungen des öffentlichen Gläubigers für den Schuldner »persönlich unbillig« wären. In der bisherigen Judikatur ist eine persönliche Unbilligkeit angenommen worden, wenn der Steuerpflichtige auf den Erlass zur Sicherung seines notwendigen Lebensunterhaltes, zu dem auch eine geeignete Altersversorgung gehören kann, angewiesen war (dazu nur *BFH* BStBl. II 1981, 726 [728]; 1987, 612 [614]). Im Rahmen der früheren Konkursverfahren war ein solcher Erlass regelmäßig abgelehnt worden, da man der Ansicht war, dass dieser Erlass nicht dem Schuldner, sondern nur den anderen Gläubigern zugute komme (*FG Baden-Württemberg* EFG 1978, 4). In der Kommentarliteratur wird dagegen darauf hingewiesen, dass diese Argumentation bei einem Vergleich bei Sanierungsregelungen nicht gelten könne (dazu *Koch/Scholz* AO, 5. Aufl. 1996, § 227 Rz 15; *Tipke/Kruse/Loose* AO, 116. EL, Sep. 2008, § 227 Rz. 90 ff.).

13 Für Schuldner, die ein Schuldenbereinigungsverfahren durchführen wollen, kann es sich daher anbieten, im Vorfeld eines solchen Verfahrens gegenüber öffentlichen Gläubigern unter Darlegung der Rechtslage einen Erlass zu beantragen. Nach der Rechtsprechung besteht, wenn die Voraussetzungen gegeben sind, auf einen solchen Erlass ein Rechtsanspruch (dazu nur *FG Brandenburg* EFG 1995, 1092; *BSG* NJW 1990, 342; *SG Frankfurt* NZA 1987, 328; *BVerwG* NJW 1991, 1073). Damit könnten im Vorfeld bereits schwierige Probleme bereinigt werden. Denkbar ist auch eine Vereinbarung, dass die öffentlichen Gläubiger sich verpflichten, bei einem bestimmten Ergebnis der sonstigen Vergleichsverhandlungen mit den privaten Gläubigern eine vergleichbare Quote zu akzeptieren.

13 a Die Erlasse zur Beteiligung öffentlicher Gläubiger an den außergerichtlichen und gerichtlichen Schuldenbereinigungsverfahren waren zunächst außerordentlich restriktiv formuliert (für die Finanzverwaltung BStBl. 1998 I S. 1500 ff. = ZInsO 1999, 91 ff.; partiell nachgebessert in BStBl. I. 2000 S. 1117; dazu *Becker* DStZ 2001, 381; für die damalige Bundesanstalt für Arbeit ZIP 1999, 1233 [1237 ff.]). Erst mit dem InsO-

ÄndG akzeptierte auch die Finanzverwaltung zumindest im Prinzip die Möglichkeiten der außergerichtlichen und gerichtlichen Schuldenbereinigung. Das Schreiben des BMF vom 11. 01. 2002 (BStBl. I 2002 S. 132 = ZVI 2002, 138 = ZInsO 2002, 271) orientierte sich trotz verschiedener Kritikpunkte (dazu *Becker* ZVI 2002, 100 ff.) im Wesentlichen an der Struktur des Insolvenzrechts, so dass seit diesem Zeitpunkt auch eine Änderung im Zustimmungsverhalten der Finanzämter konstatiert werden konnte.

Im gerichtlichen Schuldenbereinigungsverfahren sind nach zutreffender Ansicht die Finanzbehörden 14 nicht an die engen Voraussetzungen des § 227 AO gebunden (dazu nur *Tipke/Lang* Steuerrecht, 18. Aufl. 2005, § 21 Rz. 375; ausf. *Tipke/Kruse/Loose* AO, 116. EL, Sep. 2008, § 251 Rz. 110, 126, 130; *Frotscher* Besteuerung in der Insolvenz, 5. Aufl. 2000, S. 284 ff.). Folgerichtig geht auch die insolvenzgerichtliche Judikatur davon aus, dass Zustimmungsersetzungsverfahren nach § 309 InsO ausschließlich nach insolvenzrechtlichen Kriterien ohne die Begrenzungen der §§ 227 AO, 76 SGB IV möglich sind (*LG Koblenz* ZInsO 2000, 507; *OLG Zweibrücken* ZInsO 2001, 970; grundlegend *OLG Köln* ZIP 2000, 2263 = VuR 2000, 441 m. Anm. *Kohte*). Angesichts der in § 304 InsO erfolgten Einschränkungen kann es sich anbieten, dass Schuldner zunächst Teilvergleiche mit den Gläubigern schließen, die rechtlich dazu verpflichtet sind.

D. Typische Regelungen

Außergerichtliche Vergleichsverträge setzen voraus, dass die Beteiligten entsprechende Willenserklärungen 15 abgegeben haben; während § 307 Abs. 2 InsO im gerichtlichen Schuldenbereinigungsverfahren das Schweigen des Gläubigers als Einverständnis mit dem Schuldenbereinigungsplan fingiert, setzt das materielle Recht grds. ausdrückliche Willenserklärungen voraus. Nur im Rahmen der tatbestandlichen Voraussetzungen des § 151 BGB kann ein Erlass oder eine Stundung einer Forderung vereinbart werden (dazu die beiden unterschiedlichen Sachverhalte in *BGH* NJW 1990, 1655 und 1656; *Eckardt* BB 1996, 1945 ff.); je höher die Forderung und je geringer die angebotene Abstandssumme ist, desto deutlichere Anforderungen sind an eine eindeutige Verzichtserklärung des Gläubigers zu stellen (*BGH* NJW-RR 1996, 237; 2001, 2324 und 2325; vgl. *OLG Köln* NJW-RR 2000, 1073 und *OLG Koblenz* NJW 2003, 758).

Bei einem Gesamtvergleich ist es möglich, dass das Zustandekommen des Vergleichs unter der aufschie- 16 benden Bedingung der Zustimmung sämtlicher Gläubiger steht (so als Auslegungsregel *Staudinger/Marburger* 13. Aufl. 2002, § 779 BGB Rz. 61; *Bork* Der Vergleich, 1988, S. 309). In solchen Fällen wird allerdings i. d. R. die Zustimmung nur der wesentlichen Gläubiger, nicht jedoch aller Kleingläubiger verlangt (dazu *BGH* WM 1985, 1151 [1152]). Aus diesem Grund entspricht es allerdings der Interessenlage der Beteiligten besser, wenn der Vergleich eindeutig und ohne Bedingung geschlossen wird; die Gläubiger, die eine Gesamtregelung für unverzichtbar halten, müssten sich dann ein Rücktrittsrecht ausdrücklich vorbehalten (so zutreffend *Habscheid* Gedenkschrift für Bruns, 1980, S. 253, 263; vgl. MünchKomm-BGB/*Habersack* 4. Aufl., § 779 Rz. 55). In gleicher Weise sollte die Vereinbarung und Beständigkeit eines Vergleichs nicht von einer schematischen Gleichbehandlung abhängig gemacht werden; zu den Chancen des flexiblen außergerichtlichen Verfahrens gehört es, dass spezielle Regelungen für Kleingläubiger und persönliche Gläubiger getroffen werden können (so bereits *Habscheid* a. a. O., S. 261; ausf. mit Formulierungsvorschlägen *Veit/Reifner* Außergerichtliches Verbraucherinsolvenzverfahren, 1998, S. 76).

Außergerichtliche Erlassvereinbarungen können auch Wirkungen zugunsten anderer Gesamtschuldner 17 entfalten. In der Judikatur wird einem Erlass mit einem Gesamtschuldner eine Wirkung zugunsten anderer Gesamtschuldner zugesprochen, wenn der Erlasspartner im Innenverhältnis zwischen den Gesamtschuldnern allein verpflichtet sein soll, so dass er durch nur eine solche beschränkte Gesamtwirkung endgültig gegen Forderung und Regress abgesichert ist (*OLG Köln* NJW-RR 1992, 1398; zust. *BGH* NJW 2000, 1942 [1943]; vgl. *Staudinger/Noack* § 423 BGB Rz. 24). In der Praxis können solche Vereinbarungen zu einer Freistellung von Ehefrauen und Lebenspartnerinnen führen, die Kreditverpflichtungen der jeweiligen Ehemänner und Partner durch Schuldbeitritt abgesichert hatten (z. B. *OLG Hamm* NJW-RR 1998, 486; *OLG Bremen* NJW-RR 1998, 1745; *LG Stuttgart* NJW-RR 1994, 504; zu Vertragsgestaltungen im Schuldenbereinigungsplanverfahren: *Grote* § 305 Rz. 29 b; *Kohte* § 308 Rz. 2).

In der Gerichtspraxis sind Verfallklauseln in den letzten Jahren in erster Linie am Maßstab des AGBG ge- 18 messen worden, wobei ein Wechsel vom strikten Maßstab des § 11 Nr. 6 AGBG zum flexibleren Maßstab des § 9 AGBG – jetzt § 307 BGB – zu beobachten war (dazu *BGH* NJW 1985, 46 und 1705; *Wolf/Horn/*

Lindacher 4. Aufl. 1999 § 9 AGBG Rz. V 8 ausf. *Reifner* BB 1985, 87 [90]). Auch in den schlichten Fällen des Zahlungsverzuges ist die Auflösung des gesamten Vertrages mit Hilfe des § 323 BGB jetzt an § 307 BGB gemessen (*Palandt/Grüneberg* 67. Aufl. § 307 Rz. 165).

19 Bei außergerichtlichen Vergleichsverhandlungen ist inzwischen zu beobachten, dass nicht wenige Gläubiger z. B. aus dem Bereich des Versandhandels den Verbrauchern vorformulierte Stundungs- und Tilgungsvereinbarungen mit Vorfälligkeitsklauseln stellen, die § 305 BGB unterliegen und durch ihre kurzen Fristen und geringen Verzugsschwellen einer Inhaltskontrolle nicht standhalten dürften (beispielhaft zur Inhaltskontrolle solcher Vereinbarungen das Verbandsklageverfahren *LG Köln* VuR 2000, 232 = WM 2000, 720).

20 Wesentlich striktere Grenzen werden für Verfallklauseln gesetzt, wenn § 498 BGB – früher § 12 VerbrKrG – zur Geltung kommt. Dies kann sich einmal daraus ergeben, dass die zu behandelnden Ausgangsforderungen diesem Gesetz unterliegen und – dem Normalfall entsprechend – eine Novation im Rahmen des Schuldenbereinigungsplans nicht stattfindet (*BGH* WM 1987, 1256). Von wesentlich größerer praktischer Bedeutung ist die neuere Judikatur und Literatur, die den europarechtlich geprägten Rechtsbegriff des Verbraucherkredits in der Variante des entgeltlichen Zahlungsaufschubs nach § 499 Abs. 1 BGB hier ins Spiel bringt. Danach gilt auch eine Stundungsvereinbarung als Verbraucherkredit, wenn Gläubiger sich zusätzliche Zahlungen versprechen lassen, auf die sie keinen Anspruch haben. Eine besonders große Rolle spielen hier Vergleichsgebühren, obgleich Stundungsvereinbarungen in vielen Fällen § 779 BGB nicht zugeordnet werden können (vgl. nur *LG Tübingen* DGVZ 2001, 119 [120]). Bei außergerichtlichen Vergleichsverträgen ist insoweit bei entsprechenden Kostenregelungen regelmäßig zu prüfen, ob ein entgeltlicher Zahlungsaufschub – und damit ein Verbraucherdarlehensvertrag – vereinbart worden ist (dazu *LG Rottweil* NJW 1994, 265; *LG Köln* VuR 2000, 232 [233]; *von Westphalen/Emmerich/von Rottenburg* VerbrKrG, 2. Aufl. 1996, § 1 Rz. 162, 167; MünchKomm-BGB/*Schürnbrand* 5. Aufl. 2008, § 499 Rz. 11; *Bülow* Verbraucherkreditrecht, 6. Aufl. 2006, § 499 BGB Rz. 30; **a. A.** *Staudinger/Kessal-Wulf* 2004, § 499 BGB Rz. 13). Selbst wenn § 499 BGB im Einzelfall nicht anwendbar sein dürfte, müsste angesichts der schwerwiegenden Konsequenzen der Auflösung eines außergerichtlichen Vergleichs das Leitbild des § 498 BGB für diesen Teilbereich eine neue Grenzlinie für die Inhaltskontrolle von Verfallklauseln nach § 307 BGB markieren (vgl. *Erman/Roloff* 12. Aufl. 2008, § 307 BGB Rz. 76; *Prütting/Wegen/Weinreich-K. P. Berger* BGB, 3. Aufl. 2008, § 309 Rz. 32).

Erster Abschnitt
Anwendungsbereich

§ 304
Grundsatz

(1) ¹Ist der Schuldner eine natürliche Person, die keine selbstständige wirtschaftliche Tätigkeit ausübt oder ausgeübt hat, so gelten für das Verfahren die allgemeinen Vorschriften, soweit in diesem Teil nichts anderes bestimmt ist. ²Hat der Schuldner eine selbstständige wirtschaftliche Tätigkeit ausgeübt, so findet Satz 1 Anwendung, wenn seine Vermögensverhältnisse überschaubar sind und gegen ihn keine Forderungen aus Arbeitsverhältnissen bestehen.

(2) Überschaubar sind die Vermögensverhältnisse im Sinne von Absatz 1 Satz 2 nur, wenn der Schuldner zu dem Zeitpunkt, zu dem der Antrag auf Eröffnung des Insolvenzverfahrens gestellt wird, weniger als 20 Gläubiger hat.

Inhaltsübersicht:

	Rz.
A. Normzweck	1– 2
B. Gesetzliche Systematik	3– 4
C. Persönlicher Anwendungsbereich des Verbraucherinsolvenzverfahrens	5–21
I. Schuldner	5– 7
II. Fehlende selbstständige wirtschaftliche Tätigkeit	8– 9
III. Beginn und Ende selbstständiger wirtschaftlicher Tätigkeit	10–13
IV. Zurechnung selbstständiger wirtschaftlicher Tätigkeit?	14–21
1. Personengesellschaftsrecht	15–17
2. Kapitalgesellschaftsrecht	18–21
D. Eingeschränkter Zugang früher selbstständiger Personen	22–47
I. Systematik	22
II. Geringfügige Selbstständigkeit	23–28
III. Überschaubare Vermögensverhältnisse	29–38
IV. Keine Forderungen aus Arbeitsverhältnissen	39–47
E. Verfahrensrechtliches	48–54

Literatur:

Behr Auswirkungen des Insolvenzverfahrens auf die Einzelzwangsvollstreckung, JurBüro 1999, 66 ff.; *Bork* Ex-Unternehmer als Verbraucher?, ZIP 1999, 301 ff.; *Fuchs* Behandlung und Abgrenzung von Insolvenzanträgen nach §§ 304 ff. InsO, ZInsO 1999, 185 ff.; *Heiderhoff* Zum Verbraucherbegriff der EuGVVO und des LugÜ, IPrax 2005, 230 ff.; *Herzog* Die Zusammenhänge von Armut, psychischer Erkrankung und Überschuldung, BtPrax 2008, 7 ff.; *Klaas* Maßgeblicher Zeitpunkt für die Abgrenzung Regelinsolvenzverfahren zum Verbraucherinsolvenzverfahren, ZInsO 1999, 545 ff.; *Kögel* Der Zugang von Unternehmen zum Verbraucherinsolvenzverfahren, DZWIR 1999, 235 ff.; *Kohte* Alte Schulden – neue Verfahren?, ZInsO 2002, 53 ff.; *Ley* Verbraucherinsolvenzverfahren für unter Vormundschaft oder Betreuung stehende Schuldner, ZVI 2003, 101 ff.; *Müller* Der »Verbraucher« in der neuen Insolvenzordnung, NZI 1999, 172 ff.; *Munz* Die Anwendung des Verbraucherinsolvenzverfahrens auf ehemals selbstständige natürliche Personen, ZInsO 2000, 84 ff.; *Schäfer* Das Handelsrechtsreformgesetz nach dem Abschluss des parlamentarischen Verfahrens, DB 1998, 1269 ff.; *Schmidt* HGB-Reform im Regierungsentwurf, ZIP 1997, 909 ff.; *ders.* Das Handelsrechtsreformgesetz, NJW 1998, 2161 ff.; *Senff* Wer ist Verbraucher im internationalen Zivilprozess?, Frankfurt/M., 2001; *Sieg* Kritische Betrachtungen zum Recht der Zwangsvollstreckung in Lebensversicherungsforderungen, in Festschrift für Klingmüller, 1974, S. 447 ff.; *Smid/Rattunde* Der Insolvenzplan, 1998; *Springeneer* Nachbesserungsbedarf bei der Konzeption eines Entschuldungsverfahrens, ZVI 2008, 106 ff.; *Vallender/Fuchs/Rey* Der Ablauf des Verbraucherinsolvenzverfahrens beim Eigenantrag bis zur Eröffnungsentscheidung, NZI 1999, 218 ff.; s. a. § 286.

A. Normzweck

1 Die Vorschrift bestimmt den **persönlichen Anwendungsbereich des Neunten Teils der InsO**. Sie übernahm zwar einzelne Formulierungen aus dem Anwendungsbereich der im Regierungsentwurf vorgeschlagenen Eigenverwaltung ohne Sachwalter bei Kleinverfahren (§ 347 Abs. 2 Nr. 2 EInsO – BT-Drucks. 12/2443 S. 227), löste diese jedoch aus der damaligen reinen insolvenzrechtlichen Sicht und ordnete sie in ein neues, vorwiegend verbraucherrechtlich geprägtes Konzept (dazu *Kohte* vor §§ 304 ff. Rz. 1 ff.). Mit dieser Vorschrift sollte in erster Linie der Kritik Rechnung getragen werden, dass das **allgemeine Insolvenzverfahren auf Unternehmensinsolvenzen, nicht auf** die Bedürfnisse von **Verbraucherinsolvenzen zugeschnitten ist** (so *Schmidt-Räntsch* MDR 1994, 321 [322 f.]). Das neu konzipierte Verbraucherinsolvenzverfahren wurde auch auf Selbstständige angewandt, deren Tätigkeit einen bestimmten Umfang nicht überstieg. Insoweit wurde auf die ersten Vorschläge zur Verbraucherinsolvenz zurückgegriffen, die den Verbrauchern bestimmte Kleinunternehmer gleichgestellt hatten (*Scholz* ZIP 1988, 1157 [1161]).

2 Damit ist neben dem allgemeinen Insolvenzverfahren ein erheblich **abweichendes eigenständiges Verfahren** geschaffen worden, das sich in Struktur und Zielsetzung deutlich unterscheidet (dazu *Arnold* DGVZ 1996, 129). Dieses Verfahren soll einfacher, kostensparender und flexibler einsetzbar sein; es ist stärker mit **außergerichtlichen Einigungsverfahren** verknüpft und zielt bereits vor Eröffnung des Insolvenzverfahrens auf eine endgültige Lösung durch die Annahme eines **Schuldenbereinigungsplans**, der eine angemessene Schuldenbereinigung unter Berücksichtigung sowohl der Gläubigerinteressen als auch der Einkommens- und Familienverhältnisse des Schuldners sicherstellen soll. Dagegen wird im allgemeinen Insolvenzverfahren eine weitgehende Gestaltung erst nach Eröffnung des Verfahrens durch einen vom Gericht zu bestätigenden Insolvenzplan ermöglicht, der für unterschiedliche Gläubigergruppen differenzierende Regelungen ermöglicht, die gerade zur Reorganisation von Unternehmen gedacht sind (dazu *Warrikoff* KTS 1997, 527). Zwischen diesen beiden unterschiedlichen Verfahren steht den Beteiligten **kein Wahlrecht** zu; vielmehr ist für Verbraucher das Verbraucherinsolvenzverfahren zwingend (*Uhlenbruck/Vallender* InsO, § 304 Rz. 26; *Kohte* ZInsO 2002, 53). § 304 InsO bestimmt abschließend den persönlichen Anwendungsbereich dieses Verfahrens.

B. Gesetzliche Systematik

3 Die gesetzliche Systematik des § 304 InsO ist durch das InsOÄndG nachhaltig geändert worden. In der bis zum 30. 11. 2001 geltenden Fassung waren Verbraucher und Unternehmer, die eine geringfügige selbstständige wirtschaftliche Tätigkeit ausübten bzw. ausgeübt hatten, gleichgestellt. Diese umfassende Gleichstellung ist beseitigt worden. Nunmehr geht § 304 Abs. 1 Satz 1 InsO vom allgemeinen Verbraucherbegriff aus, der eine **natürliche Person** beschreibt, die **keine selbstständige wirtschaftliche Tätigkeit** ausübt. Personen, die zum Zeitpunkt der Antragstellung eine selbstständige Tätigkeit ausüben, können danach – unabhängig vom Umfang ihrer unternehmerischen Tätigkeit – generell nicht mehr dem Verbraucherinsolvenzverfahren zugeordnet werden (*BGH* NJW 2003, 591). Diese Entscheidung ist systematisch plausibel, da das Verbraucherinsolvenzverfahren für Sanierungen – auch kleiner – Unternehmen nicht geeignet ist und den Akteuren auch den Weg zur Eigenverwaltung versperrt (dazu *Grote* Rpfleger 2000, 521 [522]; anschaulich der Sachverhalt *OLG Celle* ZInsO 2000, 563).

4 Für Personen, die aktuell keine selbstständige wirtschaftliche Tätigkeit ausüben, jedoch zu einem früheren Zeitpunkt eine solche Tätigkeit ausgeübt haben, wird durch § 304 Abs. 1 Satz 2 InsO der Weg in das Verbraucherinsolvenzverfahren beschränkt. Sie können an diesem Verfahren nur teilnehmen, wenn ihre Vermögensverhältnisse überschaubar sind und keine Forderungen aus Arbeitsverhältnissen bestehen. Die Überschaubarkeit der Vermögensverhältnisse wird durch § 304 Abs. 2 InsO näher definiert. Diese Regelung hat in der Praxis zahlreiche Fragen aufgeworfen, so dass im Vorfeld der nächsten InsO-Novellierung eine Korrektur diskutiert wird (dazu nur *Stephan* NZI 2004, 521 [529]; *I. Pape* NZI 2004, 601 [606]; *Springeneer* ZVI 2008, 106 [111]; MünchKomm-InsO/*Ott/Vuia* 2008, § 304 Rz. 70 ff.).

C. Persönlicher Anwendungsbereich des Verbraucherinsolvenzverfahrens

I. Schuldner

Das Verfahren nach § 304 InsO können **nur natürliche Personen** in Anspruch nehmen. Der Begriff der natürlichen Person ist ebenso wie bei § 286 InsO zu bestimmen (s. *Ahrens* § 286 Rz. 31). Selbstverständlich können daher auch geschäftsunfähige und beschränkt geschäftsfähige Verbraucher das Verfahren nach § 304 InsO nutzen. Das frühere Recht der Entmündigung hatte bei »Verschwendung« in §§ 6, 104 BGB eine rigorose Lösung für Fälle der Verschuldung vorgesehen. Das heutige Betreuungs- und Verbraucherinsolvenzrecht setzt dagegen nicht auf Ausgrenzung, sondern auf (Re-) Integration (vgl. *Kohte* vor § 286 Rz. 32). Gleichwohl kann zur Unterstützung überschuldeter Personen und zur Vermeidung weiterer Verschuldung **Betreuung nach § 1896 BGB** für den Aufgabenkreis Vermögenssorge angeordnet werden. Zu diesem Aufgabenkreis gehört es auch, Bereicherungsansprüche der geschäftsunfähigen betreuten Personen zu realisieren (*OLG München* Rpfleger 2006, 14 [15]). In solchen Fällen dürfte weiter regelmäßig ein **zusätzlicher Einwilligungsvorbehalt** nach § 1903 BGB erforderlich sein (*BayObLG* FamRZ 1997, 902 [904]; BtPrax 2001, 37; *Erman/Roth* 2008, § 1903 BGB Rz. 8). Dagegen ist die zuweilen übliche Formulierung einer Betreuung zur »Schuldenregulierung« nicht sachgerecht, denn zur sachkundigen Vertretung im außergerichtlichen und gerichtlichen Verbraucherinsolvenzverfahren ist der Beistand durch eine Schuldnerberatung bzw. anwaltlicher Beistand geboten; Betreuer sind nicht Schuldnerberater; ebenso sollten regelmäßig Schuldnerberater nicht als Betreuer eingesetzt werden (dazu *Bienwald* BtPrax 2000, 187 [190] und FamRZ 2001, 1246; *Ley* ZVI 2003, 101 [104]). Allerdings kann es zur Pflichtenstellung eines Betreuers gehören, nach der gebotenen Kommunikation mit dem Betreuten ein Verbraucherinsolvenzverfahren mit Restschuldbefreiungsantrag einzuleiten und Restschuldbefreiung zu beantragen (dazu *Ley* a. a. O.; *Grönke/Jäger* ZVI 2005, 290 [298]; eindringlich *Herzog* BtPrax 2008, 7 [10]); MünchKomm-BGB/*Schwab* 2008, § 1896 Rz. 105). Auch für **minderjährige Schuldner** kann die Einleitung eines solchen Verfahrens ungeachtet der Regelung in § 1629 a BGB geboten sein (MünchKomm-InsO/*Stephan* 2008, § 286 Rz. 62).

Weiter verlangt § 304 InsO, dass der Schuldner keine selbstständige wirtschaftliche Tätigkeit ausübt. Diese Definition lehnt sich an den **Verbraucherbegriff** des neueren Verbraucherrechts an, der vor allem auf den neueren **europarechtlichen Regelungen zum Verbrauchervertragsrecht** beruht. Danach wird als Verbraucher eine natürliche Person qualifiziert, die bei Verträgen, die unter die jeweilige Richtlinie fallen, zu einem Zweck handelt, der nicht ihrer gewerblichen oder beruflichen Tätigkeit zugerechnet werden kann (dazu ausf. *Reich/Micklitz* Europäisches Verbraucherrecht, 2003, Rz. 138; MünchKomm-BGB/*Micklitz* 2006, vor §§ 13, 14 Rz. 76 ff.; *Grundmann* Europäisches Schuldvertragsrecht, 1998, S. 260; *EuGH* Slg. 1991, I – 1189 [1211]). Diese Definition ist geeignet, auch für das nationale Recht den Kern eines allgemeinen Verbraucherbegriffs zu umschreiben und ist inzwischen in **§ 13 BGB kodifiziert** worden (*Palandt/Heinrichs* BGB, 67. Aufl., § 13 Rz. 3; MünchKomm-BGB/*Micklitz* 2006, § 13 Rz. 3 ff.). Im **Verbrauchervertragsrecht** ist dieser Verbraucherbegriff in aller Regel rollenbezogen, er bezieht den Verbraucher auf einen ihm gegenüber stehenden Unternehmer, dem gegenüber ein rollenspezifischer Unterlegenheitsschutz erforderlich ist (dazu nur *Teske* in *Magoulas/Simon* Recht und Ökonomie beim Konsumentenschutz und Konsumentenrecht, 1985, S. 15 ff. sowie in ZIP 1986, 624 [631]; *Hommelhoff/Wiedemann* ZIP 1993, 562 [565]; MünchKomm-BGB/*Habersack* 2008, § 491 Rz. 19 f.).

Eine solche Regelungstechnik ist für das Prozessrecht nur in den Fällen sinnvoll, in denen die prozessrechtliche Sonderregelung mit einer spezifischen vertragsrechtlichen Situation verbunden ist (so z. B. § 29 c ZPO für Haustürgeschäfte und § 1031 Abs. 5 ZPO für Schiedsverträge mit Verbrauchern, dazu *Zöller/Geimer* 2007, § 1031 Rz. 35; BGH NJW 2005, 1273 [1275]). Rollenbezogen sind auch die Vorschriften für Verbrauchergeschäfte in Art. 15 ff. EuGVVO, früher 13 ff. EuGVÜ, dazu *EuGH* NJW 1993, 1251 m. Anm. *Koch* IPrax 1995, 71; *EuGH* JZ 1998, 896 m. Anm. *Mankowski*; *EuGH* NJW 2002, 2697 [2698]; *EuGH* NJW 2005, 653 = EuZW 2005, 241 m. Anm. *Reich*; BGH NJW 2003, 426 [427]; *Senff* S. 236 ff.; *Micklitz/Rott* EuZW 2001, 325 [330]; *Heiderhoff* IPrax 2005, 230 [231]; *Rauscher/Staudinger* Europäisches Zivilprozessrecht, 2. Aufl., Art. 15 Brüssel I/VO Rz. 2 f.; *Kropholler* EuGVVO, 8. Aufl., Art. 15 Rz. 6 ff.). Für die Zwecke eines Gesamtvollstreckungsverfahrens ist eine solche rollenbezogene Regelung nicht geeignet, da Gesamtvollstreckung und Restschuldbefreiung sich notwendigerweise nicht auf einzelne Forderungen oder Forderungstypen beschränken können. Es bedarf daher hier nicht des zusätzlichen privaten Zweckbezuges des jeweiligen Vertrages; dieses gerade im AGB-Recht betonte Moment (dazu *Ulmer/Brandner/Hensen* AGB-Recht, 10. Aufl., 2006, § 310 Rz. 58.) ist hier nicht sachgerecht (so auch *Forsblad* S. 198; vgl. *Nerlich/Römermann* InsO, § 304 Rz. 7). Daher orientiert sich § 304 InsO zunächst an der Person des Schuldners (so auch BT-Drucks. 14/5680 S. 13). Das Verbraucherinsolvenzverfahren kann daher auch zur Entschuldung von Forderungen eingesetzt werden, die aus einer früheren unternehmerischen Tätigkeit des Schuldners stammen. In der Normstruktur lehnt sich § 304 InsO an § 38 Abs. 1 ZPO an; diese Norm regelt das Prorogationsverbot ebenfalls ausschließlich **personenbezogen** ohne Anknüpfung an die jeweilige private oder geschäftliche Sphäre (*Häuser* JZ 1980, 760, 761; *Zöller/Vollkommer* ZPO, 2007, § 38 Rz. 19; *Musielak/Heinrich* ZPO, 2008, § 38 Rz. 12). Damit ist hier der Verbraucherbegriff für die spezifisch insolvenzrechtliche Zwecksetzung vereinfacht und typisiert; § 304 InsO erweist sich zugleich als eine Regelung des **Verbraucherprozessrechts** (dazu *Kohte* vor §§ 304 ff. Rz. 5).

II. Fehlende selbstständige wirtschaftliche Tätigkeit

8 Mit dem Merkmal der fehlenden »selbstständigen wirtschaftlichen Tätigkeit« ist ein funktionales Kriterium gewählt worden, das weitgehend an §§ 6 HWiG a. F., 13 BGB anknüpft. Es kommt danach nicht auf die im Handelsrecht weiter übliche Unterscheidung nach dem Gewerbebegriff an, so dass zwischen Kaufleuten und freiberuflich Tätigen insoweit nicht zu differenzieren ist (zur Unternehmereigenschaft eines Zahnarztes *BGH* NJW 2003, 591 [592]; ebenso *Uhlenbruck* ZVI 2002, 49 [50]). Ebenso sind Landwirte unabhängig von der Diskussion um die Gewerblichkeit ihrer Tätigkeit (BGHZ 33, 321) § 304 Abs. 1 Satz 1 InsO nicht unterworfen. Das Merkmal der wirtschaftlichen Tätigkeit orientiert sich an dem Auftreten am Markt, so dass die Verwaltung eigenen Vermögens, wie z. B. die Vermietung einzelner Immobilien (dazu *LG Göttingen* ZVI 2007, 367) oder die Anlage auch größerer Kapitalbeträge (so zu Art. 15 EuGVVO *OLG Hamburg* IPrax 2005, 251) noch keine unternehmerische Tätigkeit bedeuten. Erforderlich ist eine selbstständige Tätigkeit, so dass die wirtschaftliche Tätigkeit in eigenem Namen, für eigene Rechnung und in eigener Verantwortung ausgeübt werden muss (ebenso MünchKomm-InsO/Ott/Vuia § 304 Rz. 50; *Kniesch* Praktische Probleme, S. 46). Somit sind **Arbeitnehmer** und sonstige Beschäftigte, wie z. B. **Beamte** oder Kirchenbedienstete, **dem Verbraucherinsolvenzverfahren zuzuordnen**, sofern sie nicht zusätzliche umfangreiche eigenwirtschaftliche Tätigkeiten ausüben. Der Begriff der Selbstständigkeit hat in diesem Zusammenhang keine genuin arbeitsrechtliche Bedeutung (so auch *OLG Düsseldorf* BB 1999, 1784 und zum Verbraucherkredit: *Staudinger/Kessal-Wulf* § 491 Rz. 37; MünchKomm-BGB/*Habersack* 2008, § 491 Rz. 27), so dass auch Personen, die nach der heute überwiegenden Auslegung des Arbeitnehmerbegriffs nicht als Arbeitnehmer, sondern z. B. als arbeitnehmerähnliche Personen qualifiziert werden, damit insolvenzrechtlich nicht automatisch Selbstständige sind (ebenso methodisch die heutige Auslegung des § 850 Abs. 2 ZPO, dazu *Kohte* § 312 Rz. 32 ff.). Es kommt daher für die Auslegung des § 304 InsO auch nicht unmittelbar auf die aktuelle Diskussion um Selbstständigkeit und Scheinselbstständigkeit im Arbeitsleben an (dazu nur *Reinecke* ZIP 1998, 581 und NZA 1999, 729; *Waßer* AuR 2001, 168; zuletzt *BAG* NZA 2004, 39 und 2007, 321).

9 Erforderlich ist für die **Selbstständigkeit** ein planmäßiges Auftreten am Markt; dies verlangt das **Betreiben eines eigenen Unternehmens**; insoweit entspricht die gesetzliche Terminologie den Definitionen, mit denen im österreichischen Konsumentenschutzgesetz Verbraucher und Unternehmer abgegrenzt werden (*Krejci* KoSchG, 1986, § 1 Rz. 14 ff.; zur Bedeutung des Unternehmensbegriffs vor allem *Preis* ZHR 1994, 567 [592] sowie *Karsten Schmidt* DB 1994, 515 [516]). Daher ist die gelegentliche Nebentätigkeit eines Arbeitnehmers, die noch nicht zu einer eigenen Organisation verdichtet worden ist, keine selbstständige Erwerbstätigkeit (so zu § 6 HWiG *LG Rostock* NJW-RR 1994, 1015); dagegen wird bei gefestigter Organisation auch bei nebenberuflicher Selbstständigkeit das Regelinsolvenzverfahren eröffnet (*AG Hamburg* ZVI 2004, 621 = ZInsO 2004, 1375). Ebenso üben **arbeitnehmerähnliche Personen**, die im Rahmen »freier Mitarbeit« (z. B. im Bereich der Medien) tätig sind, in dieser Rolle **keine selbstständige wirtschaftliche Tätigkeit** aus (dazu nur *Bülow* Verbraucherkreditrecht, 6. Aufl., § 491 Rz. 69; *Staudinger/Kessal-Wulf* 2004, § 491 BGB Rz. 37; *Erman/Saenger* 2008, § 14 Rz. 15; *Uhlenbruck/Vallender* InsO, § 304 Rz. 8; *Kübler/Prütting-Wenzel* InsO, § 304 Rz. 10). Der relativ offene Begriff der arbeitnehmerähnlichen Person kann aber auch Unternehmensinhaber einschließen (z. B. Franchisenehmer und Ein-Firmen-Handelsvertreter; für das Arbeitsgerichtsverfahren vgl. dazu *BAG* NJW 1997, 2973 = BB 1997, 2220; ZIP 1997, 2208). In diesen Fällen kann eine selbstständige wirtschaftliche Tätigkeit vorliegen (so auch *Preis* a. a. O., S. 608).

III. Beginn und Ende selbstständiger wirtschaftlicher Tätigkeit

Im Unterschied zum früheren Recht kommt dem Beginn und Ende selbstständiger wirtschaftlicher Tätigkeit nunmehr eine zentrale Bedeutung zu, da seit 2001 Personen, die eine solche Tätigkeit »ausüben« unabhängig vom Umfang ihrer selbstständigen Tätigkeit grds. dem Regelinsolvenzverfahren zuzuweisen sind. Es ist also bei allen einschlägigen Fällen jeweils festzustellen, ob selbstständige wirtschaftlichen Tätigkeit schon oder noch ausgeübt wird.

Im Handelsrecht wird der Beginn der Kaufmannseigenschaft weit nach vorn verlegt; bereits die ersten am Markt sichtbaren Vorbereitungshandlungen, wie z. B. die Anmietung von Geschäftsräumen und der Abschluss von Arbeitsverträgen, begründen danach die Kaufmannseigenschaft nach § 1 HGB (*BGH* BGHZ 10, 91 [96]; MünchKomm-HGB/*Schmidt* § 1 Rz. 5). Ähnlich wird in der neueren Judikatur der Beginn unternehmerischer Tätigkeit definiert (*BGH* NJW 2005, 1273 und 2008, 435; skeptisch *Stadler* JA 2008, 465 [467]). Dagegen ist im Verbraucherkreditrecht angesichts der Regelung des § 507 BGB als Ausschlusskriterium definiert worden, dass der Kreditnehmer bereits am Markt im Rahmen selbstständiger Erwerbstätigkeit auftritt (*OLG Hamm* NJW 1992, 3179 [3180]; *BGH* NJW 1995, 722 [723]; MünchKomm-BGB/*Habersack* § 507 Rz. 4; ähnlich MünchKomm-BGB/*Micklitz* § 14 Rz. 22; a. A. *Staudinger/Weick* § 13 BGB Rz. 55 ff.; *OLG Rostock* ZVI 2003, 332 [336]; *OLG Düsseldorf* NJW 2004, 3192). Eine eindeutige Klarstellung enthält § 1 Abs. 3 des österreichischen Konsumentenschutzgesetzes, wonach Geschäfte, die vor Aufnahme des Betriebs des Unternehmens nur die Voraussetzungen dafür schaffen sollen, noch keine betriebliche Tätigkeit begründen. Diese Kategorie erscheint auch für § 304 InsO sachgerecht: Insolvenzplan und Eigenverwaltung kommen offenkundig noch nicht in Betracht, wenn ein reorganisationsfähiges Unternehmen noch nicht besteht. Solange der Schuldner noch **Vorbereitungshandlungen** zur Eröffnung des Unternehmens durchführt, die sich noch nicht zu einer betrieblichen Tätigkeit verdichtet haben, liegt noch **keine selbstständige wirtschaftliche Tätigkeit** i. S. d. § 304 InsO vor (vgl. zu einer solchen am Gemeinschaftsrecht orientierten Differenzierung zwischen materiellem und prozessrechtlichem Verbraucherbegriff *Micklitz/Purnahgen* WuB IV A § 14 BGB 1.08).

Wesentlich größere Probleme wirft die Bestimmung des Endes der selbstständigen wirtschaftlichen Tätigkeit auf, da Insolvenzverfahren und wirtschaftlicher Zusammenbruch unternehmerischer Tätigkeit in aller Regel eng verbunden sein dürften. Im Handelsrecht wird auch insoweit die Dauer der Kaufmannseigenschaft weit gezogen; auch im Rahmen von Abwicklungstätigkeiten dauert die Kaufmannseigenschaft noch an und endet erst mit vollständiger Einstellung des Betriebs (*Heymann/Emmerich* HGB, 1995, § 1 Rz. 14). Wiederum darf für die Auslegung des § 304 InsO nicht unkritisch auf die handelsrechtlichen Judikate zurückgegriffen werden. Maßgeblich ist auch hier die Abgrenzung zwischen Insolvenzplan und Verbraucherinsolvenzverfahren. Eine Reorganisation des Unternehmens kommt danach zunächst nicht mehr in Betracht, wenn der bisherige Unternehmensträger den Betrieb übertragen hat und nach § 613 a BGB nicht mehr Unternehmensträger ist (*Bork* ZIP 1999, 301 [304]). Ebenso wird in aller Regel davon auszugehen sein, dass eine selbstständige wirtschaftliche Tätigkeit beendet ist, wenn im Insolvenzverfahren des Unternehmensträgers eine Einstellung mangels Masse nach §§ 26, 207 oder eine Einstellung nach Anzeige der Masseunzulänglichkeit nach § 211 InsO erfolgt.

Schließlich dürften die Fälle nicht selten sein, in denen die wirtschaftliche Tätigkeit ohne Durchführung eines Insolvenzverfahrens beendet worden ist. Hier kann als Parallelnormen auf §§ 183 Abs. 1 Nr. 3 SGB III (früher § 141 b Abs. 3 Nr. 2 AFG), 7 Abs. 1 Satz 3 Nr. 4 BetrAVG zurückgegriffen werden. Die dort vorgenommenen Abgrenzungen zur vollständigen Beendigung der Betriebstätigkeit (Einzelheiten bei *Gagel/Peters-Lange* SGB III, § 183 Rz. 39 ff.; *Niesel/Roeder* SGB III 2007, § 183 Rz. 41 ff.; *Lakies* NZA 2000, 545 [546]) passen auch für § 304 InsO (ebenso *Preuß* Verbraucherinsolvenzverfahren und Restschuldbefreiung, 2. Aufl., Rz. 11); allerdings kann das weitere Merkmal der offensichtlichen Masselosigkeit für § 304 InsO keine Rolle spielen; es kommt vielmehr auf die offensichtliche Reorganisationsunfähigkeit des Unternehmens nach **vollständiger Beendigung der Betriebstätigkeit** an. Ist dieser Zustand nachweislich erreicht, dann gelten auch für den bisherigen Unternehmensinhaber die §§ 305 ff. InsO. Die nach dem bisherigen Recht vom Verbraucherinsolvenzverfahren erfassten Fälle, in denen ein Unternehmer zu einem von § 304 Abs. 2 InsO a. F. erfassten Kleinunternehmer wurde (so *OLG Rostock* NZI 2001, 213 [215]), sind nunmehr dem Regelinsolvenzverfahren zugewiesen (vgl. bereits zum bisherigen Recht *OLG Celle* ZIP 2000, 802 [805]).

IV. Zurechnung selbstständiger wirtschaftlicher Tätigkeit?

14 Das Verbraucherinsolvenzverfahren kann nur von natürlichen Personen betrieben werden; dagegen ist das allgemeine Insolvenzverfahren nach § 11 InsO auch für Gesellschaften ohne Rechtspersönlichkeit eröffnet. Deren Insolvenzverfahren ist von dem Verfahren einer natürlichen Person zu unterscheiden. Daher ist **für Gesellschaften das Verbraucherinsolvenzverfahren generell nicht eröffnet**; die früher zu §§ 1 VerbrKrG, 24 a AGBG und jetzt zu § 13 BGB geführte Diskussion, ob diese Verbraucherschutzregelungen entsprechend auch für eine von natürlichen Personen zu nicht kommerziellen Zwecken gebildete GbR angewandt werden können (vgl. nur MünchKomm-BGB/*Habersack* § 491 Rz. 27 f.; *Ulmer/Brandner/Hensen* AGB-Recht, 2006, § 310 Rz. 57; *Staudinger/Weick* 2004, § 13 BGB Rz. 35; *BGH* NJW 2002, 368), ist daher für § 304 InsO obsolet; angesichts der spezifischen Systematik der InsO ist nicht erkennbar, dass für eine solche Ausdehnung Raum ist (ebenso *Arnold* a. a. O., S. 131 f.; *Kniesch* a. a. O., S. 44; HK-InsO/*Landfermann* § 304 Rz. 3; verfehlt der Bezug von MünchKomm-InsO/*Ott/Vuia* 2008, § 304 Rz. 66 auf die hier nicht passende Entscheidung *BGH* NJW 2002, 368; wie hier auch HambK-InsO/*Streck* § 304 Rz. 3).

1. Personengesellschaftsrecht

15 Im Handelsrecht wird überwiegend die **Kaufmannseigenschaft** nicht nur der Personenhandelsgesellschaft, sondern auch ihren persönlich haftenden Gesellschaftern sowie den nach § 176 HGB haftenden Kommanditisten zuerkannt (*BGH* BGHZ 45, 282 [284]; *OLG Karlsruhe* NJW-RR 1991, 493; *Heymann-Emmerich* § 1 HGB Rz. 15. m. w. N.). In der neueren Literatur wird in wachsendem Umfang diese Position kritisiert; danach soll die Kaufmannseigenschaft allein der Personenhandelsgesellschaft und nicht den Gesellschaftern zustehen (dazu nur in MünchKomm-HGB/*Schmidt* § 1 Rz. 54 m. w. N.). Maßgeblich für diese Kritik sind unterschiedliche gesellschaftsrechtliche Einschätzungen; für die je einzelnen kaufmannsrechtlichen Normen wird insoweit eine analoge Anwendung favorisiert (dazu wiederum in MünchKomm-HGB/*Schmidt* § 1 Rz. 109 ff.). Für die Verbraucherinsolvenz kann somit die Entscheidung nicht aus einem vorgegebenen Kaufmannsbegriff deduziert, sondern nur aus dem Zweck des § 304 InsO entwickelt werden.

16 In der bisherigen prozess- und verbraucherrechtlichen Judikatur und Literatur ist eine solche Gleichstellung der persönlich haftenden Gesellschafter mit der Personenhandelsgesellschaft in zahlreichen Fällen vorgenommen worden. Das Prorogationsverbot nach § 38 Abs. 1 ZPO wird nach fast allgemeiner Auffassung auf den persönlich haftenden Gesellschafter nicht erstreckt (dazu nur *Stein/Jonas-Bork* ZPO, § 38 Rz. 10; *Schlegelberger/Karsten Schmidt* HGB, § 105 Rz. 15; *Staub/Ulmer* HGB, § 105 Rz. 79), da diesem Gesellschafter eine dem Vollkaufmann vergleichbare Kompetenz für solche Vereinbarungen zugesprochen wird. Zum Zweck des effektiven Rechtsschutzes und der engen Verklammerung zwischen Gesellschaft und Gesellschafter wurde der persönlich haftende Gesellschafter in § 2 ArbGG als Arbeitgeber qualifiziert (*BAG* BAGE 32, 187; *Grunsky* FS für Henckel, S. 329 [332]) und die bisherigen Konkursvorrechte der Arbeitnehmer wurden in koordinierter Weise für Gesellschafts- und Gesellschafterkonkurs zur Anwendung gebracht (*BGH* BGHZ 34, 293; *BAG* BAGE 36, 356 und NZA 1994, 275; dazu *Engel* JR 1995, 44; ebenso zu Art. 15 EuGVVO *OLG Nürnberg* IPrax 2005, 248).

17 In Fortentwicklung dieser Judikatur ist nunmehr durch § 93 InsO die Gesellschafterhaftung in den Dienst der Refinanzierung der Masse (dazu *Busch* Der Insolvenzverwalter und die Überwindung der Massearmut, 2005, S. 111 ff.) gestellt worden, so dass auch in der bisher skeptischen Literatur Gesellschafts- und Gesellschafterkonkurs nunmehr als verknüpfte Einheit behandelt werden. Die enge Verknüpfung zwischen Gesellschafts- und Gesellschafterhaftung wird vor allem durch die für den Insolvenzplan geltende Regelung des § 227 Abs. 2 InsO dokumentiert. Danach ist es nicht sachgerecht, solange die Personengesellschaft noch eine selbstständige wirtschaftliche Tätigkeit ausübt, die persönlich haftenden Gesellschafter auf den Weg des Verbraucherinsolvenzverfahrens zu verweisen (vgl. dazu *LG Dresden* ZIP 1996, 1671 [1672] a. E.; *Wenzel* Die »Restschuldbefreiung« in den neuen Bundesländern, 1994, S. 98 ff.). Vielmehr ist ihnen die Tätigkeit der Personengesellschaft zuzurechnen, so dass auch sie eine selbstständige wirtschaftliche Tätigkeit ausüben (*LG Göttingen* ZVI 2002, 205 = ZInsO 2002, 244; *AG Göttingen* ZVI 2002, 25 = VuR 2002, 140; *AG Köln* ZVI 2002, 69). In Übereinstimmung mit der Auslegung des § 38 ZPO ist diese Erstreckung für persönlich haftende Gesellschafter und für Kommanditisten, die nach § 176 HGB haften, zur Geltung zu bringen (so auch *Hess* InsO, 2007, § 304 Rz. 28; *Kübler/Prütting-*

Wenzel InsO, § 304 Rz. 18; HK-InsO/*Landfermann* § 304 Rz. 5; *Uhlenbruck/Vallender* § 304 Rz. 12; *Braun/Buck* 3. Aufl., § 304 Rz. 17; *Kohte* ZInsO 2002, 53 [55]; *Fuchs* ZInsO 2002, 298 [299]). Sie gilt dagegen nicht für sonstige Kommanditisten, selbst wenn deren Haftung nach § 172 HGB wieder aufleben sollte, in vergleichbarer Weise beschränkt haftende Gesellschafter einer GbR sowie für stille Gesellschafter (dazu nur *OLG Karlsruhe* NJW 1991, 2154; vgl. auch MünchKomm-InsO/*Ott/Vuia* § 304 Rz. 55). Persönlich unbeschränkt haftende Gesellschafter – auch einer GbR (dazu jetzt *BGH* NJW 1999, 3483; NJW 2001, 1056) – können daher den Weg des Verbraucherinsolvenzverfahrens erst beschreiten, wenn sie aus der Gesellschaft ausgeschieden sind oder die Gesellschaft endgültig liquidiert ist (vgl. *Fuchs* ZInsO 2002, 298 [299]; *Preuß* 2. Aufl., Rz. 9).

2. Kapitalgesellschaftsrecht

Eindeutig erscheint die Situation im Kapitalgesellschaftsrecht: sowohl Gesellschafter als auch Organmitglieder einer Kapitalgesellschaft können **nicht als Kaufleute** qualifiziert werden (*BGH* BGHZ 104, 95 [98]). Gerade im Verfahrens- und Vollstreckungsrecht wird sorgfältig zwischen Gesellschaft und Gesellschafter unterschieden (*BGH* NJW 1993, 2683 [2684]). Gleichwohl wird in der Literatur (dazu nur *Häsemeyer* InsR, 3. Aufl., Rz. 29.14) der Allein- oder Mehrheitsgesellschafter einer Kapitalgesellschaft den selbstständigen Unternehmern gleichgestellt. Eine solche Zurechnung der selbstständigen wirtschaftlichen Tätigkeit der Gesellschaft zum Gesellschafter erfolgte auch in einem Teil der Judikatur zu §§ 1 VerbrKrG, 6 HWiG, die allerdings nicht personenbezogen – vom Status des Gesellschafters –, sondern forderungsbezogen – sei es von der Hauptschuld, sei es von der Struktur des Bürgschaftsvertrages – argumentieren (dazu nur *EuGH* NJW 1998, 1295 [1296]; *BGH* NJW 1998, 1939 und 2356; zur Kritik *Lorenz* NJW 1998, 2937; anders für den Schuldbeitritt jedoch *BGH* NJW 1996, 2156 [2158] und 2865; NJW 1997, 1443 [1444]). In der Literatur zum Verbraucherkreditrecht werden teilweise noch weiter differenzierende Positionen vertreten (dazu nur MünchKomm-BGB/*Habersack* § 491 Rz. 39 ff.; *Staudinger/Kessal-Wulf* § 491 BGB Rz. 39; *Erman/Klingsporn/Rebmann* § 1 Rz. 42). Für verfahrensrechtliche Zwecke kann eine so intensiv gestaffelte Differenzierung jedoch nicht überzeugen. Sie widerspricht der oben (Rz. 4 f.) erläuterten Normstruktur des § 304 InsO, die person- und nicht forderungsbezogen ist. 18

Eine Differenzierung zwischen unternehmerischen und nichtunternehmerischen Gesellschaftern kennt auch das Recht der eigenkapitalersetzenden Darlehen. Hier ist zu beachten, dass im Recht des Insolvenzplans spezifische Regelungen für die Gläubiger eigenkapitalersetzender Darlehen getroffen sind (§§ 225 Abs. 1, 246 Nr. 2 i. V. m. § 39 Abs. 1 Nr. 5 InsO), die in einem gleichzeitig durchzuführenden Verbraucherinsolvenzverfahren nur schwer sachgerecht beachtet werden könnten. Gleichwohl ist die richterrechtliche Abgrenzung zwischen unternehmerischen und nichtunternehmerischen Gesellschaftern im Recht des Eigenkapitalersatzes so einzelfallbezogen (dazu *Karsten Schmidt* ZIP 1996, 1586 [1588]), dass sie für ein Gesamtvollstreckungsverfahren nicht sinnvoll herangezogen werden kann. Die Neufassung des § 32 a Abs. 3 Satz 2 GmbHG dient der Entfaltung von Gesellschaftern mit kleinen Anteilen (dazu *Seibert* DStR 1997, 35 und GmbHR 1998, 309), so dass sie für die Aufgabe der Zurechnung der Tätigkeit der Gesellschaft zum Gesellschafter nicht herangezogen werden kann. Die klar gefasste Abgrenzung in § 138 Abs. 2 Nr. 1 InsO ist spezifisch auf die Belange der Anfechtung bezogen (s. FK-InsO/*Dauernheim* § 138 Rz. 13; *BGH* NJW 1996, 461) und damit ebenfalls nicht geeignet, unternehmerische und nichtunternehmerische Gesellschafter i. S. d. § 304 InsO abzugrenzen. 19

Ein eher trennscharfes Beispiel für eine Zurechnung selbstständiger Erwerbstätigkeit findet sich in der Judikatur zu **§ 17 Abs. 1 Satz 2 BetrAVG** (so auch jetzt *Häsemeyer* a. a. O., Rz. 29.14; ebenso *Staudinger/Kessal-Wulf* BGB, 2004, § 491 Rz. 39). Diese Schutzregelung wird vom BGH teleologisch auf die Personen konzentriert, die nicht für ihr eigenes Unternehmen tätig sind. Die unternehmerische Tätigkeit einer GmbH wird danach auch wesentlich beteiligten Gesellschafter-Geschäftsführern zugerechnet (*BGH* BGHZ 77, 94 [100]; ZIP 1980, 778). In der neueren Judikatur (*BGH* ZIP 1997, 1351 [1352]) wird eine Präzisierung dieser Rechtsprechung angekündigt, die eine striktere Abgrenzung nur typischerweise unternehmerisch tätiger Personen ermöglichen soll. Insoweit soll eine Beschränkung anhand äußerer zweifelsfrei feststellbarer Kriterien erfolgen, die bei Kapitalgesellschaften sich am Anteilsbesitz orientieren und ausschließlich den Mehrheitsgesellschafter erfassen sollen (*Goette* ZIP 1997, 1317 [1321 f.]; vgl. zuletzt *BGH* WM 2005, 1754 [1757] und *BAG* NZA-RR 2008, 32 [34]). 20

Damit nähert sich der BGH der sozialrechtlichen Judikatur an, die ein Beschäftigungsverhältnis bei unternehmerischer Position eines Gesellschafters verneint. Als relativ feste Grenze ist vor allem die **50%-Be**- 21

teilung markiert (*BSG* BB 1995, 282; NZS 1997, 432; NZS 2000, 147 [149] – ebenso für das Arbeitsrecht *BAG* NJW 1998, 3796 –; zu weiteren Konstellationen *BSG* DB 1992, 1835, [1836] und die Übersichten von *Weber* BB 1987, 408 ff. sowie *Niesel/Brand* SGB III 2007, § 25 Rz. 14 ff.). Zumindest diese Grenze dürfte auf jeden Fall eine klare Zurechnung der Tätigkeit der GmbH zur Person eines solchen Gesellschafters ermöglichen, der damit auf das allgemeine Insolvenzverfahren zu verweisen ist (*Kohte* ZInsO 2002, 53 [56]; Voraufl. § 304 Rz. 21). Diese Position hat sich inzwischen in der Literatur (ebenso jetzt *Hess* InsO, 2007, § 304 Rz. 26; *Uhlenbruck/Vallender* § 304 Rz. 13; MünchKomm-InsO/*Ott/Vuia* 2008, § 304 Rz. 55; *Smid/Haarmeyer* InsO 3. Aufl., § 304 Rz. 12; *Braun/Buck* InsO, § 304 Rz. 17; *Graf-Schlicker/Sabel* InsO, § 304 Rz. 9; HambK-InsO/*Streck* § 304 Rz. 5) und in der Rechtsprechung durchgesetzt (*BGH* NJW 2006, 917; *LG Köln* ZVI 2004, 525 = ZVI 2004, 673; *AG Duisburg* ZVI 2008, 114).

D. Eingeschränkter Zugang früher selbstständiger Personen

I. Systematik

22 Während im früheren Recht die Kleingewerbetreibenden mit den Verbrauchern gleichgestellt und dieser Begriff damit erweitert wurde, wird er jetzt durch § 304 Abs. 1 Satz 2 InsO eingeschränkt. Personen, die aktuell keine selbstständige wirtschaftliche Tätigkeit ausüben, also dem allgemeinen Verbraucherbegriff unterfallen, werden jetzt vom Verbraucherinsolvenzverfahren ausgenommen, wenn sie zu einem früheren Zeitpunkt selbstständig waren (dazu BT-Drucks. 14/5680 S. 30). Andererseits gilt weiter die Erkenntnis über die **Schutzbedürftigkeit von Personen**, die sowohl als frühere Kleinunternehmer als auch in ihrer jetzigen Rolle als Verbraucher, mit »klassischen« Verbrauchern weitgehend vergleichbar sind (*Graf-Schlicker/Remmert* ZInsO 2000, 321 [322]), so dass diese Bereichsausnahme wieder einzuschränken ist und frühere Selbstständigkeit nicht per se zum Regelinsolvenzverfahren führt.

II. Geringfügige Selbstständigkeit

23 Bisher waren den Verbrauchern diejenigen Personen gleichgestellt worden, die eine geringfügige selbstständige wirtschaftliche Tätigkeit ausüben. In der Gesetzesbegründung (BT-Drucks. 12/7302 S. 189) wurden diese Personen als »Kleingewerbetreibende« bezeichnet. Diese Terminologie war ungenau, da § 304 InsO nicht am Gewerbebegriff orientiert ist, sondern auch natürliche Personen einbezogen werden, die eine landwirtschaftliche oder freiberufliche (dazu *BGH* NZI 2003, 389 [391] m. Anm. *Kohte*; vgl. *Uhlenbruck* FS für Henckel, S. 877, 891) Tätigkeit ausüben. Letztlich sollten damit alle Unternehmer erfasst werden, deren Unternehmen einen geringen Umfang hatte (*Scholz* DB 1996, 765). Eine solche Gleichstellung ist auch in der Judikatur des BGH zur Wucherähnlichkeit von Kredit- und Leasingverträgen bei der Bestimmung der personenbezogenen Merkmale wucherähnlicher Rechtsgeschäfte vorgenommen worden (*BGH* NJW 1983, 1420 [1421]; NJW-RR 1989, 1068; NJW 1995, 1019 [1022]). Sie entspricht weiter den rechtstatsächlichen Erkenntnissen, wonach die strukturelle Unterlegenheit der Träger von Kleinunternehmen vor allem gegenüber Kreditgläubigern derjenigen von Verbrauchern wesentlich näher steht als derjenigen vollkaufmännisch organisierter Unternehmen. Folgerichtig war im Regierungsentwurf zur Handelsrechtsreform für den Wegfall der Rechtsfigur des Minderkaufmanns auch auf die Regelung des § 304 InsO Bezug genommen worden (ZIP 1997, 942 [945] = BR-Drucks. 340/97 S. 29).

24 § 304 Abs. 2 InsO a. F. lehnte sich für die Definition der geringfügigen selbstständigen wirtschaftlichen Tätigkeit an die Formulierung der §§ 2, 4 HGB a. F. an (BT-Drucks. 12/7302 S. 190); dies entsprach damaligen Tendenzen in der Literatur zur Abgrenzung des Verbraucherrechts bzw. des Unternehmensrechts (dazu *Preis* a. a. O., S. 608 ff.; *Karsten Schmidt* DB 1994, 515 [517]). Der Ausschluss der Kleinunternehmer aus dem Geltungsbereich des Handelsrechts wird inzwischen nach § 1 Abs. 2 HGB n. F. mit Hilfe dieser Begrifflichkeit durchgeführt (BGBl. 1998 I S. 1474; *Schäfer* DB 1998, 1269 [1270]; *Karsten Schmidt* Handelsrecht, 5. Aufl. 1999, S. 307 ff.).

25 Diese Aufhebung von § 4 HGB gab damit keinen Anlass, die Geringfügigkeit selbstständiger wirtschaftlicher Tätigkeit als Abgrenzungsmerkmal für das Verbraucherinsolvenzverfahren aufzugeben. Auch wenn manchmal Rechtsunsicherheiten bei der Auslegung des handelsrechtlichen Vorbilds beklagt wurden (so z. B. *Graf-Schlicker* WM 2000, 1984 [1985], hatte sich die insolvenzgerichtliche Praxis weitgehend auf grif-

Grundsatz § 304

fige Abgrenzungsmerkmale verständigt. Ausgangspunkt war die Gerichtspraxis zu §§ 2, 4 HGB a. F., die zwar eine Gesamtwürdigung vielfältiger Umstände des Einzelfalls postuliert, letztlich jedoch vor allem die Zahl der Beschäftigten als wichtigstes Kriterium herausgeschält hatte (dazu nur *OLG Frankfurt* BB 1983, 335; *OLG Celle* BB 1983, 659; *Kohte* Betrieb und Unternehmen unter dem Leitbild des Organisationsvertrags, 1987, S. 134 ff.).

In Übereinstimmung mit der hier in den Vorauflagen erarbeiteten Position (s. o. Rz. 8 ff.) war die Zahl von **5 Beschäftigten** in Judikatur (*AG Köln* NZI 1999, 241 [242]; *LG Dessau* DZWIR 2000, 389 [390]) und Literatur (ebenso *Kögel* DZWIR 1999, 235 [238]; *Fuchs* ZInsO 1999, 185 [186]; *Müller* NZI 1999, 172 [174]; *Vallender* DGVZ 2000, 97 [99]; *Leibner* NZI 2001, 574 [576]) zusammen mit typisierten Umsatz- und Gewinndaten zu einer stabilen und klar einschätzbaren **Abgrenzungslinie** entwickelt worden. 26

Gleichwohl ist es systematisch nachvollziehbar, dass das InsOÄndG sich nicht die Position von *Munz* zu eigen gemacht hat, der diejenigen Schuldner vom Verbraucherinsolvenzverfahren ausschließen wollte, die Verbindlichkeiten aus vollkaufmännischer Tätigkeit angehäuft hatten (*Munz* ZInsO 2000, 84 [87]). Dies hätte bedeutet, dass die Insolvenzgerichte bei der Bestimmung der zutreffenden Verfahrensart möglicherweise weit reichende Ermittlungen in die Vergangenheit vorzunehmen hätten, die unter der besonderen Schwierigkeit gestanden hätte, dass gerade beim Scheitern von Selbstständigkeit ein allmähliches Abgleiten von vollkaufmännische in minderkaufmännische Tätigkeit nicht selten ist (dazu nur *Fuchs* ZInsO 1999, 185 [187]). 27

Die Bund-Länder-Arbeitsgruppe **lehnte** daher eine solche **vergangenheitsbezogene Abgrenzung** als geeignetes Instrument **ab**. Sie konnte sich dabei auf die bisherige Judikatur stützen, die mit großer Mehrheit eine vergangenheitsbezogene Abgrenzung abgelehnt hatte, da solche komplexen Ermittlungen für die zügige Entscheidung über die richtige Verfahrensart ungeeignet seien (dazu nur *OLG Schleswig* NZI 2000, 164; *OLG Celle* ZIP 2000, 802; *OLG Naumburg* NZI 2000, 603; *OLG Rostock* NZI 2001, 213; zuletzt *OLG Oldenburg* ZInsO 2001, 560). Damit war es erforderlich, **gegenwartsbezogene Abgrenzungskriterien** zu formulieren, die dann von der Arbeitsgruppe und dem Regierungsentwurf, der sich diese Sichtweise zu eigen gemacht hatte (BT-Drucks. 14/5680 S. 13), in den Merkmalen der überschaubaren Vermögensverhältnisse und des Nichtbestehens von Forderungen aus Arbeitsverhältnissen zum Antragszeitpunkt gefunden wurde. 28

III. Überschaubare Vermögensverhältnisse

Als erste Voraussetzung für die Gleichstellung von früher selbstständig tätigen Personen mit Verbrauchern wird verlangt, dass deren Vermögensverhältnisse überschaubar sind. Damit wird Bezug genommen auf Erfahrungen im bisherigen Verbraucherinsolvenzverfahren. Hier ist es in einzelnen Fällen vorgekommen, dass Verfahren mit mehr als einhundert Gläubigern durchzuführen waren, die – vor allem bei Verwendung komplizierter Formulare – zu hohem Arbeitsaufwand bei absehbarem Scheitern sämtlicher Einigungsbemühungen geführt hatte (beispielhaft der Sachverhalt *LG Frankfurt/O*. ZInsO 2000, 290; *Kirchhof* ZInsO 2001, 1 [11]; *Vallender* NZI 2001, 561 [563]). Solche Verfahren sollen in Zukunft dem Regelinsolvenzverfahren vorbehalten bleiben. 29

Bereits in der früheren Judikatur hatten einige Gerichte diese Zugangsprobleme in der Weise gelöst, dass sie einen – wenn auch beschränkten – Ermessensspielraum bei der Auslegung des § 304 InsO angenommen hatten, so das im Einzelfall für das Verbraucherinsolvenzverfahren ungeeignete Verfahren dem Regelinsolvenzverfahren zugeordnet wurden (*OLG Celle* ZIP 2000, 802; *AG Göttingen* ZInsO 2000, 342). Die Bund-Länder-Arbeitsgruppe hatte diesen methodischen Ansatz nicht aufgegriffen, sondern stattdessen das Bedürfnis nach klaren und **einfach handhabbaren Abgrenzungsmerkmalen** in den Vordergrund gerückt. Trotz beachtlicher Alternativvorschläge (z. B. *Schmerbach/Stephan* ZInsO 2000, 541 [542]) und parlamentarischer Kritik (*von Stetten* BT-Prot. S. 16091 C) liegt dem InsOÄndG eine strikte methodische Fixierung ohne gerichtliche Ermessensspielräume bei der Abgrenzung zugrunde. 30

Als entscheidendes Merkmal wurde die **Zahl der Gläubiger** normiert, da bei einer größeren Zahl von Gläubigern eine außergerichtliche Einigung beziehungsweise ein erfolgreicher Schuldenbereinigungsplan nur selten festzustellen seien (*Graf-Schlicker/Remmert* ZInsO 2000, 321 [322]). In der Literatur ist dieses Abgrenzungsmerkmal kritisiert worden; eine Auswertung der Praxiserfahrungen zeige vielmehr, dass die wichtigsten Vergleichshindernisse den Umfang der angebotenen Zahlungen (flexibler Nullplan) sowie die Rolle der öffentlichen Gläubiger betrafen (so *Goebel* ZInsO 2000, 383 [384]). 31

32 Dieser Kritik ist zuzustimmen (*Kohte* VuR 2000, 447; VuR 2001, 199 f.), sie war jedoch für die Formulierung des § 304 InsO schwer nutzbar zu machen, denn die diesen Hindernissen vordergründig entgegenkommende Statuierung einer Mindestquote bzw. einer Sonderstellung des flexiblen Nullplans wäre legislativ und rechtspolitisch verfehlt gewesen (s. *Grote* § 305 Rz. 29). Ebenso wäre es verfehlt – und war auch von *Goebel* nicht vorgeschlagen –, allein aus der Existenz **öffentlicher Gläubiger** und ihrer bekannten Resistenz gegen Verhandlungen und Vergleichsmöglichkeiten den Schluss zu ziehen, dass in solchen Fällen das Regelinsolvenzverfahren gewählt werden müsste. Das InsOÄndG hat dieses Problem ausgespart, so dass auch diesmal wieder (vgl. *Kohte* ZIP 1994, 184) gesetzlicher Nachbesserungsbedarf zu konstatieren ist.

33 Das damit verbliebene Merkmal der Anzahl von **zwanzig Gläubigern** ist somit nicht allein oder in erster Linie auf empirisch verlässliche Untersuchungen gestützt. Es handelt sich vielmehr um eine **bewusst gegriffene Zahl** (dazu *Hartenbach* BT-Prot. S. 17685 D), mit der die Entscheidung über die jeweilige Verfahrenszuordnung vereinfacht werden soll und die auch von einigen, die dem InsOÄndG zugestimmt haben, mit Skepsis aufgenommen worden ist (*von Stetten* BT-Prot. S. 17681 D) und andere von der Zustimmung abgehalten hat (*Kenzler* a. a. O., S. 17684 D). Der Struktur nach steht eine solche per Gesetz erfolgte Anordnung, bei einer bestimmten gegriffenen Zahl – hier 20 Gläubiger – Unüberschaubarkeit anzunehmen, einer gesetzlichen Vermutung nahe. Für solche Anordnungen ist davon auszugehen, dass sie im Zweifel widerleglich sind (*Stein/Jonas-Leipold* ZPO, § 292 Rz. 5; *MünchKomm-ZPO/Prütting* § 292 Rz. 5). Wortlaut und Systematik legen jedoch näher, dass man einen Auslegungsrechtssatz mit festerer Bindung aufstellen wollte. Angesichts der nicht bestrittenen geringen empirischen Validität der Zahl von 20 Gläubigern kann allerdings in bestimmten Konstellationen eine teleologische Reduktion geboten sein (s. u. Rz. 36).

34 Ausdrücklich ist weiter normiert und in der Praxis anerkannt (dazu nur *BGH* NJW 2003, 591), dass es für die Feststellung dieser Zahl auf den **Zeitpunkt des Insolvenzantrags** ankommt. Damit ist durch das InsOÄndG eine im bisherigen Recht lebhaft diskutierte Frage (dazu nur *Hess/Weis/Wienberg* InsO, § 304 Rz. 20; *Nerlich/Römermann* InsO, § 304 Rz. 12 ff.) in einem für die Praxis besonders einfach handhabbaren Merkmal gebündelt worden, denn es bedarf zur Feststellung weder historischer Ermittlungen über die Entstehung bestimmter Verbindlichkeiten noch einer regelmäßigen Beobachtung des Sachverhaltes bis zum Zeitpunkt der Verfahrenseröffnung. Damit wird wiederum verdeutlicht, dass durch das Änderungsgesetz die Zugangsfragen im Sinne eines einfachen und zügigen Zugangs beantwortet werden sollen.

35 Das Insolvenzgericht kann hinsichtlich der **Zahl der Gläubiger** – nicht der Forderungen (dazu *BGH* NJW 2006, 917 [919]) – von den **Angaben im Forderungsverzeichnis** ausgehen, denn Schuldner werden angesichts der möglichen Nachteile im Rahmen der §§ 309, 290 InsO in aller Regel Gläubiger beziehungsweise Forderungen nur dann nicht in ein Verzeichnis aufnehmen, wenn durchgreifende rechtliche Einwendungen (zum Beispiel Verjährung, Unwirksamkeit eines Vertrages ohne bereicherungsrechtliche Rückabwicklung) vorliegen (dazu auch *Grote* § 305 Rz. 24 b; vgl. der anschauliche Sachverhalt: *BGH* ZInsO 2008, 860 ff.).

36 Nach dem Wortlaut der Norm kommt es nur auf die Zahl, nicht auf die Herkunft der jeweiligen Verbindlichkeiten an. Daher sind Fälle denkbar, in der ein Verbraucher mit 20 Gläubigern aus Verbrauchergeschäften keinen Zugang zum Verbraucherinsolvenzverfahren finden soll, weil er vor zehn oder zwanzig Jahren selbstständig war. Dies wäre eine nachhaltige Ungleichbehandlung gegenüber klassischen Verbrauchern, für die die Grenze der zwanzig Gläubiger nicht gilt. Der sachliche Grund für eine solche unterschiedliche Einstufung gegenüber den anderen Verbraucherschuldnern ist nach den Ausführungen der Regierungsbegründung die spezifische Verschuldungsstruktur früherer Selbstständiger (dazu BT-Drucks. 14/5680 S. 14; *Wimmer* Insolvenzrecht 2000, S. 187). Fehlt es jedoch an einer solchen spezifischen Verschuldungsstruktur, weil **Verbindlichkeiten aus Verbrauchergeschäften dominieren** oder zumindest die Verschuldung prägen, dann ist in solchen Fällen eine teleologische Reduktion des § 304 Abs. 2 InsO geboten. Die auch im Insolvenzrecht bekannte Rechtsfigur der teleologischen Reduktion (zuletzt *BAG* ZIP 2001, 1964 [1966] zu § 55 InsO) ist auch hier anwendbar (ebenso *Nerlich/Römermann* InsO, § 304 Rz. 27; ähnlich wohl *Uhlenbruck/Vallender* InsO, § 304 Rz. 19 a. E.; *Graf-Schlicker/Sabel* InsO, § 304 Rz. 14; **a. A.** *Braun/Buck* InsO 3. Aufl., § 304 Rz. 15; *Kübler/Prütting-Wenzel* InsO, § 304 Rz. 17).

37 Die mangelnde Überschaubarkeit der Vermögensverhältnisse, die den Weg in dem vereinfachten Verbraucherinsolvenzverfahren versperrt, kann sich nicht nur aus der Gläubigerzahl, sondern auch aus anderen Faktoren ergeben. Die Regierungsbegründung nennt dazu das Beispiel **komplizierter Anfechtungs-**

Grundsatz § 304

sachverhalte (BT-Drucks. 14/5680 S. 30). In solchen Fällen wäre tatsächlich ein Regelinsolvenzverfahren mit einem Insolvenzverwalter, dem die Aufgabe der Anfechtung obliegt, die gebotene Verfahrensweise (so auch *Smid/Haarmeyer* InsO, § 304 Rz. 2; *Uhlenbruck/Vallender* InsO, § 304 Rz. 18; HK-InsO/ *Landfermann* § 304 Rz. 8). Da dem Schuldner kein Vorabentscheidungsverfahren über die jeweils zulässige Verfahrensart zusteht, wird – zumindest bis zur Formulierung verlässlicher Fallgruppen durch die Judikatur – zu erwarten sein, dass früher selbstständige Schuldner mit weniger als zwanzig Gläubigern auch bei vom Durchschnitt abweichender Verschuldungsstruktur vorsorglich das außergerichtliche Einigungsverfahren betreiben werden.

In der Literatur ist das Problem diskutiert worden, dass Schuldner mit wenig mehr als zwanzig Gläubigern **38** sich veranlasst sehen können, die Zahl dieser Gläubiger in verschiedener Weise zu reduzieren (*Haarmeyer/ Wutzke/Förster* Handbuch 3. Aufl., Kap. 10 Rz. 36). Es handelt sich insoweit jedoch um einen gewollten und aus der Sicht der Verfahrenseffizienz zu begrüßenden Weg. Die Reduzierung der Gläubigerzahl durch außergerichtliche Teileinigungen ist bereits in der heutigen Praxis der Schuldnerberatung ein wichtiger Weg, um Komplexität zu reduzieren und die Überschaubarkeit der Verschuldung auch für die Schuldner zu verbessern. Das InsOÄndG gibt einen weiteren Impuls für solche Verhandlungen.

IV. Keine Forderungen aus Arbeitsverhältnissen

Als weiteres zwingendes Ausschlusskriterium nennt § 304 Abs. 1 Satz 2 InsO die Existenz von **Forderun- 39 gen aus Arbeitsverhältnissen** zum Zeitpunkt der Antragstellung. Dieses Merkmal ist von der Bund-Länder-Arbeitsgruppe vorgeschlagen worden, weil die Erfahrungen in der Praxis gezeigt hätten, dass zwischen dem für Arbeitnehmer elementaren Insolvenzgeldverfahren nach §§ 183 ff. SGB III und den Modalitäten des außergerichtlichen und gerichtlichen Schuldenbereinigungsverfahrens deutliche Friktionen festzustellen seien. Diese bezogen sich vor allem auf den zeitlichen Ablauf, da Arbeitnehmer wegen der starren 3-Monatsfrist in § 183 SGB III strukturell interessiert sind, außergerichtliche Vergleichsverhandlungen vorzeitig abzukürzen (dazu auch *Graf-Schlicker/Remmert* ZInsO 2000, 321 [322]). In Fällen, in denen eine Betriebseinstellung noch nicht erfolgt ist, sind Arbeitnehmer weiter gehalten, kurzfristig entweder eine Eröffnung des Verfahrens oder eine Eröffnungsablehnung zu erreichen, da nur diese Ereignisse, nicht jedoch ein bestätigter Schuldenbereinigungsplan nach § 308 InsO, als tatbestandliche Voraussetzungen des Insolvenzgelds anerkannt sind (dazu anschaulich *LG Göttingen* Nds. Rpfl. 2001, 231).

Die hier festgestellten Friktionen sind bei noch tätigen Unternehmen real feststellbar; sie tragen allerdings **40** diese zwingende Bereichsausnahme nicht mehr, da nach § 304 InsO das Verbraucherinsolvenzverfahren immer entfällt, wenn der Schuldner noch eine selbstständige wirtschaftliche Tätigkeit ausübt. Ist diese Tätigkeit jedoch – und nur diesen Sachverhalt regelt § 304 Abs. 1 Satz 2 InsO n. F. – eingestellt, so sind die Arbeitsverhältnisse i. d. R. beendet und typischerweise ist das Tatbestandsmerkmal der Betriebseinstellung nach § 183 Abs. 1 Nr. 3 SGB III gegeben, so dass es für das weitere Verfahren keine nennenswerten insolvenzgeldrechtlichen Gründe gibt, die einem Schuldenbereinigungsplanverfahren entgegenstehen. Die Dauer eines außergerichtlichen Schuldenbereinigungsverfahrens ist bei beendeten Arbeitsverhältnissen ebenfalls nicht mehr von wesentlicher Bedeutung, so dass die mangelnde Abstimmung zwischen §§ 183 ff. SGB III und dem Schuldenbereinigungsverfahren allein die starre Abgrenzung des persönlichen Anwendungsbereichs und die damit verbundene Ungleichbehandlung nicht tragen kann.

Die Regierungsbegründung weist hinsichtlich der Forderungen aus Arbeitsverhältnissen weiter darauf **41** hin, dass insoweit die Verschuldungsstruktur der Schuldner derjenigen von Verbrauchern nicht vergleichbar sei und dass Insolvenzplanverfahren besser geeignet seien als die rigiden Anforderungen des Schuldenbereinigungsverfahrens an eine Mehrheitsbildung (BT-Drucks. 14/5680 S. 13 f. skeptisch zur Regelung und Argumentation *Hergenröder* DZWIR 2001, 397 [408]). Wenn man die verschiedenen Planverfahren und die mit ihnen zu erzielenden Vergleichsregelungen analysiert, dann ist bei Forderungen aus Arbeitsverhältnissen als wichtiger Unterschied gegenüber anderen Forderungen zu erkennen, dass die Forderungen aus Arbeitsverhältnissen nicht selten tariflich normierte Forderungen sind, auf welche die **einzelnen Arbeitnehmer nach § 4 Abs. 4 TVG ohne Zustimmung der Tarifvertragsparteien nicht verzichten können**. Eine solche Zustimmung ist gerade bei den Verfahren von Kleingewerbetreibenden nur schwer kurzfristig zu erreichen. Während aber im Insolvenzplanverfahren Arbeitnehmer insoweit nach §§ 222 Abs. 3, 245 InsO gruppenbezogen überstimmt und durch eine gerichtliche Bestätigung in den Vergleich integriert werden können, greift das Zustimmungsersetzungsverfahren nach § 309 InsO in solchen Fällen wesentlich seltener ein. Unter typisierenden Gesichtspunkten ist mit der Bedeutung des § 4 Abs. 4 TVG ein gewisser Sachgrund nachweisbar, der zur Rechtfertigung der Ungleichbehandlung der verschiedenen Schuldnergruppen herangezogen werden könnte.

42 Bereits in der Bund-Länder-Arbeitsgruppe ist weiter das Bedürfnis hervorgehoben worden, diesen Ausschluss auch auf Forderungen der Sozialversicherungsträger und der Finanzverwaltung zu erstrecken sei, ohne dass jedoch dafür eine eigenständige Begründung gegeben wurde (vgl. *Graf-Schlicker* WM 2000, 1984 [1986]). Im Diskussionsentwurf des Justizministeriums ist diese Formulierung ebenfalls ohne nähere Erläuterung aufgegriffen worden (ZIP 2000, 1688 [1690]). Der Regierungsentwurf übernahm diese Passage, ohne dass sie jedoch einen Niederschlag im Gesetzestext fand (BT-Drucks. 14/5680 S. 14). Die Forderung des Bundesrates nach einer ausdrücklichen Normierung dieser Erweiterung (BT-Drucks. 14/5680 S. 38) fand in den Beratungen des Rechtsausschusses keine umfassende Unterstützung (BT-Drucks. 14/6468 S. 18) und wurde daher nicht in den Gesetzestext integriert.

43 Es ist daher nach den allgemeinen Grundsätzen der Gesetzesauslegung zu entscheiden, ob der Rechtsbegriff »Forderungen aus Arbeitsverhältnissen« auch Forderungen der Sozialversicherungsträger und der Finanzverwaltung, vor allem Beitrags- und Steuerforderungen, erfassen kann. Forderungen aus dem Arbeitsverhältnis sind privatrechtliche Forderungen aus der Rechtsbeziehung zwischen Arbeitgeber und Arbeitnehmer (dazu nur *Germelmann/Matthes/Prütting/Müller-Glöge* ArbGG 2008, § 2 Rz. 53 ff.). Selbst wenn als öffentlichrechtliche Vorfrage die Berechtigung des Arbeitgebers zum Lohneinbehalt wegen sozialversicherungsrechtlicher Beitragsforderungen zu klären ist, trennt die arbeitsgerichtliche Judikatur zu § 2 Abs. 1 Nr. 3a ArbGG deutlich zwischen dem privatrechtlichen Streit um die Forderung aus dem Arbeitsverhältnis (*BAG* NZA 1994, 620 [621]) und dem öffentlichrechtlichen Streit, der sich z. B. auf die Höhe der Beiträge beziehen kann. Damit ist die Beitragsforderung, die ein Sozialversicherungsträger gegen den Arbeitgeber geltend macht, bereits nach Wortlaut und Systematik keine Forderung aus dem Arbeitsverhältnis. Auch der Normzweck der Bereichsausnahme (s. o. Rz. 41) ermöglicht keine wortlautübersteigende Gleichstellung dieser Begriffe, denn während die tariflichen Forderungen nach § 4 Abs. 4 TVG Vergleichsverhandlungen im Rahmen eines Schuldenbereinigungsplans erschweren, sind umgekehrt die Sozialversicherungsträger nach der gerade vom Bundesverfassungsgericht betonten grundrechtlichen Untermauerung des öffentlichrechtlichen Anspruchs auf fehlerfreie Ermessensentscheidung über einen Erlass nach § 76 SGB IV (dazu *BVerfG* NJW 1998, 3557 [3558]; vgl. *Ahrens* § 302 Rz. 6) verpflichtet, an Vergleichsverhandlungen konstruktiv teilzunehmen (so auch *LG Köln* ZVI 2002, 320). Grammatische, systematische und teleologische Auslegung kommen damit zum selben Ergebnis: **Forderungen öffentlicher Gläubiger aus Beitrags- und Steuerforderungen**, die durch ein Arbeitsverhältnis veranlasst worden sind, sind **keine Forderungen aus Arbeitsverhältnissen** (ausf. *Kohte* ZInsO 2002, 53 [57]).

43a In der Literatur ist anfangs unter Berufung auf die Gesetzesbegründung nachhaltig für eine weite Auslegung des Begriffs der Forderung aus Arbeitsverhältnissen plädiert worden (so z. B. *Fuchs* NZI 2002, 239 [242]; *Kübler/Prütting-Wenzel* InsO, § 304 Rz. 16). In der amtsgerichtlichen Praxis ist diese Ansicht teilweise aufgegriffen worden (*AG Köln* ZVI 2002, 69; *AG Hamburg* ZVI 2003, 168). Relativ bald ist zunächst für die Beitragsforderungen der Berufsgenossenschaften verneint worden, dass diese als Forderungen aus Arbeitsverhältnissen zu qualifizieren sind (*LG Köln* ZVI 2002, 320 = NZI 2002, 525; *LG Düsseldorf* ZVI 2002, 325 m. Anm. *Kohte*; ebenso HK-InsO/*Landfermann* § 304 Rz. 10; *Nerlich/Römermann* InsO, § 304 Rz. 30; *Braun/Buck* 2. Aufl., § 304 Rz. 16). Dies war nahe liegend, denn diese Forderungen sind ausschließlich vom Unternehmer geschuldete Beiträge, so dass auch in der anfechtungsrechtlichen Judikatur deutlich zwischen den öffentlich-rechtlichen Beitragspflichten der Arbeitgeber und den Forderungen der Arbeitnehmer auf Arbeitsentgelt differenziert wird (*BGH* ZIP 2001, 2235). In vergleichbarer Weise wurde auch entschieden, dass die Winterbauumlage nicht als Forderung aus Arbeitsverhältnissen zu qualifizieren ist (*AG Charlottenburg* ZVI 2003, 362). Dem gegenüber hat inzwischen der BGH unter Rückgriff auf die Entstehungsgeschichte entschieden, dass der Begriff der »Forderung aus Arbeitsverhältnissen« weit auszulegen sei und daher auch sozialrechtliche Beitragsschulden diesem Begriff zuzuordnen seien (*BGH* NJW 2006, 917 [919]; zust. HambK-InsO/*Streck* § 304 Rz. 8.; *Braun/Buck* InsO 3. Aufl., § 304 Rz. 17) .

43b Im Anschluss an diese Judikatur ist inzwischen auch entschieden worden, dass die öffentlich-rechtliche Haftung des Arbeitgebers für Lohnsteuern nicht als Forderung aus Arbeitsverhältnissen qualifiziert werden kann (*LG Düsseldorf* NZI 2004, 160). Dies entspricht wiederum der finanzgerichtlichen Judikatur, die die steuerrechtliche Haftungsschuld des Arbeitgebers ebenfalls als öffentlich-rechtliche Forderung qualifiziert (*BFH* BFH/NV 1996, 281 [282]; 1999, 738 [739]; *Hess. FG* EFG 2005, 331 [332]). Zutreffend hat die insolvenzrechtliche Judikatur inzwischen entschieden, dass der Anspruch auf Lohnsteuererstattung als die Kehrseite des staatlichen Steueranspruchs nicht zu den »Bezügen aus einem Dienstverhältnis« nach § 287 Abs. 2 InsO rechnet (*BGH* ZInsO 2005, 873 [874] = NJW 2005, 2988 [2989]). Es ist sachlich geboten, dass diese rechtssystematisch klare Trennung zwischen öffentlich-rechtlichen Forderungen und privatrechtlichen Ansprüchen bei der Auslegung der Forderungen aus Arbeitsverhältnissen in § 304 Abs. 1 Satz 2 InsO ebenfalls beachtet wird.

In den Beratungen zum InsOÄndG ist vor allem diskutiert worden, ob die nach § 187 SGB III auf die damalige Bundesanstalt für Arbeit übergegangenen Entgeltforderungen weiterhin als Forderungen aus Arbeitsverhältnissen zu qualifizieren sind (dazu nur BT-Drucks. 14/5680 S. 30). Grundsätzlich ist es denkbar, dass bei einer Rechtsnachfolge nach § 412 BGB eine Forderung ihren bisherigen Charakter beibehält, so dass z. B. nach § 3 ArbGG die Arbeitsgerichte weiterhin zuständig sind, wenn die Bundesagentur für Arbeit die auf sie übergegangenen Ansprüche geltend macht (*Hauck/Helml* ArbGG 3. Aufl., § 3 Rz. 5; vgl. dazu auch *LG Halle* DZWIR 2003, 86). Auch der allgemeine Grundsatz der Rechtsnachfolge bedarf jedoch der teleologischen Überprüfung. Zutreffend ist daher zum Beispiel in der Judikatur des *EuGH* (NJW 1993, 1251) der Verbrauchergerichtsstand nach Art. 13 EuGVÜ für Verbraucher im Fall einer Rechtsnachfolge durch ein professionelles Unternehmen verneint worden, da bei einer solchen Rechtsnachfolge die bisherigen Argumente für einen Verbrauchergerichtsstand nicht mehr durchgreifen könnten. Diese Entscheidung ist in der Literatur zustimmend kommentiert worden (*Koch* IPrax 1995, 71; MünchKomm-ZPO/*Gottwald* Art. 13 EuGVÜ Rz. 2; *Senff* Verbraucher, S. 236). Aus ihr wird daher verallgemeinernd geschlossen, dass der Grundsatz der Kontinuität der Rechtsnachfolge zurücktritt, wenn Schutznormen anzuwenden sind, die auf bestimmte Merkmale der Person abstellen (dazu nur Münch-Komm-BGB/*Roth* § 398 Rz. 94). Damit kann allein der Charakter eines Forderungsüberganges noch nicht ausreichen, um auch die übergegangene Forderung weiterhin als Forderung aus einem Arbeitsverhältnis i. S. d. § 304 InsO zu qualifizieren. **44**

Für Ansprüche, die nach § 187 SGB III – bis zum 31. 12. 1998 § 141 m AFG – auf die Bundesagentur für Arbeit übergegangen sind, ist allgemein anerkannt, dass diese sich weit von ihrem arbeitsrechtlichen Ursprung gelöst haben. So sind zum Beispiel tarifliche Ausschlussfristen auf Insolvenzforderungen nicht anwendbar, da insoweit das gerichtliche Insolvenzverfahren den alleinigen Verfahrensrahmen bestimmt (dazu nur *BAG* BB 1985, 1067; *LAG Hamm* NZA-RR 1999, 370; *Wiedemann/Wank/Oetker* § 4 TVG Rz. 762; *Kempen/Zachert* TVG, § 4 Rz. 272; *Lakies* NZA 2001, 521 [524]). Ebenso ist inzwischen allgemein anerkannt, dass die Bundesagentur für Arbeit nicht nur berechtigt, sondern auch nach § 76 SGB IV verpflichtet ist, gegenüber dem Arbeitgeber die Möglichkeiten einer Sanierung und eines Erlasses der Schulden zu prüfen (*SG Frankfurt* NZA 1987, 328; *Gagel* Die Bundesanstalt für Arbeit in der Insolvenzpraxis, 1991, S. 1, 12 f.; *Gagel/Peters-Lange* § 187 SGB III Rz. 17). **45**

Bereits die Erlasse der damaligen Bundesanstalt für Arbeit gingen in ihren Durchführungsanweisungen zum Insolvenzverfahren ebenfalls davon aus, dass im Schuldenbereinigungsverfahren ein **Forderungserlass nach § 76 SGB IV** geboten sein kann (ZIP 1999, 1233 [1238]), ohne dass für tariflich begründete Forderungen eine Ausnahme zu machen sei. Im Gegenteil gehört es gerade zu den Zwecken des gesetzlichen Anspruchsübergangs nach § 187 SGB III, dass von der Bundesagentur, von der man mehr Überblick und Professionalität als vom einzelnen Arbeitnehmer erwartet, im Insolvenzverfahren **eigenständige Vergleichslösungen** gefunden werden. Die mit dem InsOÄndG abgesicherte teleologische Reduktion des § 55 InsO, die Masseforderungen der Arbeitnehmer bei Anspruchsübergang nach § 187 SGB III zu Insolvenzforderungen herunterstuft (BT-Drucks. 14/5680 S. 25; *BAG* ZIP 2001, 1964), damit diese besser in das insolvenzrechtliche System hereinpassen, folgt einer vergleichbaren methodischen und sanierungsorientierten Logik (vgl. *Niesel/Roeder* SGB III, 2007, § 187 Rz. 6). **46**

Damit kann allein der Tatbestand der Rechtsnachfolge nach § 187 SGB III noch nicht dazu führen, dass Forderungen aus einem Arbeitsverhältnis diesen Charakter i. S. d. § 304 Abs. 1 Satz 2 InsO beibehalten. Vielmehr gebieten die systematische und teleologische Auslegung, dass auch die auf die Bundesagentur für Arbeit übergegangenen Insolvenzforderungen insolvenzverfahrensrechtlich nicht mehr als »Forderung aus dem Arbeitsverhältnis« zu qualifizieren sind. **47**

E. Verfahrensrechtliches

48 Das Gesetz regelt nicht ausdrücklich, wie zu verfahren ist, wenn ein Schuldner einen Antrag nach §§ 305 ff. InsO stellt, der nach Auffassung des Gerichts nicht dem Anwendungsbereich nach § 304 InsO zuzuordnen ist oder umgekehrt, wie ein Antrag eines ehemaligen Kleingewerbetreibenden zu behandeln ist, der nicht nach § 305 InsO, sondern allgemein nach § 13 InsO die Eröffnung des Insolvenzverfahrens beantragt hat. Die **beiden Verfahrensarten** des allgemeinen Insolvenzverfahrens und des Verbraucherinsolvenzverfahrens sind so unterschiedlich strukturiert, dass sie **sich gegenseitig ausschließen** (*OLG Köln* ZIP 2000, 1732 [1734]; *OLG Celle* ZIP 2000, 802 [803]). Da das Verbraucherinsolvenzverfahren auch für den persönlichen Anwendungsbereich zwingend vorgegeben ist und den Schuldnern nicht die Wahl der jeweiligen Verfahrensart ermöglicht (*Hess/Weis/Wienberg* InsO, § 305 Rz. 32; *Uhlenbruck/Vallender* InsO, § 304 Rz. 26), müsste bei der Wahl der falschen Verfahrensart der jeweilige Schuldnerantrag jeweils als unzulässig zurückgewiesen werden. Da im Verbraucherinsolvenzverfahren in Übereinstimmung mit der deutlichen Betonung von Verhandlungslösungen eine gerichtliche Vorprüfung nach dem Vorbild des § 231 InsO nicht vorgesehen ist, ist es um so wichtiger, dass zwischen dem Gericht und den anderen Beteiligten zumindest bei Ungewissheit bzw. Streit zwischen den Beteiligten über die richtige Verfahrensart von Anfang an eine intensive Kommunikation über das einzuschlagende Verfahren erfolgt, da viel von der jeweiligen Art der Antragstellung abhängt.

49 Wenn der Schuldner ausschließlich einen Insolvenzantrag stellt, ohne diesen zu **spezifizieren** und auf die Wahl Regel- und Verbraucherinsolvenzverfahren einzugehen, dann kann das Gericht davon ausgehen, dass der Schuldner die **Zuordnung zu dem nach Ansicht des Gerichts zutreffenden Verfahren wünscht** (*Kübler/Prütting-Wenzel* InsO, § 304 Rz. 6; HK-InsO/*Landfermann* § 304 Rz. 11; MünchKomm-InsO/*Schmahl* § 13 Rz. 81; HambK-InsO/*Streck* § 304 Rz. 11; *Kögel* DZWIR 2000, 83 [85]; *Kohte* ZInsO 2002, 53 [58]) und kann dementsprechend verfahren. Da nach der Neufassung des § 304 InsO das Regelinsolvenzverfahren als der Grundfall qualifiziert worden ist (BT-Drucks. 14/5680 S. 14), wird das Gericht ein solches Verfahren eröffnen, sofern nicht hinreichende Anhaltspunkte für ein Verbraucherinsolvenzverfahren bestehen.

50 In aller Regel ergeben sich jedoch aus dem Antrag und den beigefügten Unterlagen des Schuldners sichere Hinweise, welche Verfahrensart er wählt. Diese Entscheidung des Schuldners ist **für das Gericht maßgeblich** und kann ohne weitere Kommunikation nicht uminterpretiert werden (*OLG Schleswig* NZI 2000, 164). Stimmen Schuldner und Gericht überein, so ist wiederum die Eröffnung in der dafür zutreffend gehaltenen Verfahrensart vorzunehmen.

51 Wenn dagegen das Gericht der Ansicht ist, dass die vom Schuldner gewählte Verfahrensart nicht in Betracht kommt, so hat **das Gericht zunächst den Schuldner auf seine Bedenken hinzuweisen** und dem Schuldner Gelegenheit zu weiteren Ausführungen beziehungsweise zur Umstellung des Antrages zu geben (*LG Göttingen* NZI 2001, 218 [219], ZVI 2002, 205 [206] und ZVI 2007, 379 [380]; *LG Mannheim* NZI 2000, 490 [491]; MünchKomm-InsO/*Schmahl* § 13 Rz. 79; *Graf-Schlicker/Sabel* InsO, § 304 Rz. 3). Hält der Schuldner daraufhin an seinem Antrag fest, ohne dem Gericht zusätzliche durchgreifende Argumente zur Stützung seines Antrages liefern zu können, so wird der **Antrag als unzulässig abgewiesen**. Dem Schuldner verbleibt die Beschwerdemöglichkeit nach § 34 InsO (s. o. zum Meinungsstand FK-InsO/*Schmerbach* § 6 Rz. 10 f.).

52 Will der Schuldner an seinem Antrag festhalten, jedoch eine solche Abweisung verhindern, dann ist ihm die Möglichkeit einzuräumen, im Wege des **Hilfsantrages** eine Abgabe in das jeweils andere Verfahren zu erreichen (so auch *Hess/Weis/Wienberg* InsO, § 305 Rz. 32; *Nerlich/Römermann* InsO, § 304 Rz. 39). Eine solche hilfsweise beantragbare Abgabe lässt sich nach meiner Ansicht am besten auf eine analoge Anwendung von § 17a GVG stützen (vgl. *Nerlich/Römermann* InsO, § 304 Rz. 38); dem Antragsprinzip folgen in ähnlicher Weise auch *AG Köln* NZI 1999, 241 und *Vallender/Fuchs/Rey* NZI 1999, 218 [219], die allerdings §§ 4 InsO, 263 ZPO für anwendbar halten (ähnlich *Hess/Weis/Wienberg* InsO, § 305 Rz. 32; *Kübler/Prütting-Wenzel* InsO, § 304 Rz. 7).

53 Für die Zulässigkeit des Rechtswegs enthalten §§ 17a ff. GVG eine detaillierte Regelung zur zügigen Klärung solcher Unsicherheiten. Für die Abgabe zwischen verschiedenen Verfahrensarten innerhalb derselben Gerichtsbarkeit findet sich keine ausdrückliche Regelung; diese wird jedoch herkömmlich von der Gerichtspraxis durch Rechtsanalogie – vor 1990 zu §§ 281 ZPO, 17 GVG, 46 WEG – erschlossen (dazu *BGH* NJW 1980, 2466, [2467]; aus der Arbeitsgerichtsbarkeit *BAG* BAGE 22, 156). Inzwischen werden für solche Fälle §§ 17a ff. GVG entsprechend herangezogen (*BGH* BGHZ 115, 275 [285]; BGHZ 130,

159 [163] = NJW 1995, 2851). Diese Lösung ist sachgerecht (vgl. *Stein/Jonas-Leipold* ZPO, 21. Aufl., § 281 Rz. 72) und wird inzwischen auch bei anderen Verfahren der freiwilligen Gerichtsbarkeit angewandt (*BGH* MDR 1996, 1290 = WM 1996, 1198, [1199]; NJW 1998, 231; NJW-RR 1999, 1007; MünchKomm-ZPO/*M. Wolf* § 17 a GVG Rz. 3). Damit ergibt sich für einen entsprechenden Hilfsantrag eine methodisch einwandfreie Basis.

Von Amts wegen war dagegen ein Verbraucherinsolvenzverfahren nach **Art. 103 a EGInsO** in ein Regelinsolvenzverfahren überzuleiten, wenn es am 01. 12. 2001 anhängig, jedoch noch nicht eröffnet war und die Voraussetzungen des § 304 InsO aufgrund der Neuregelungen nicht mehr vorlagen (*BGH* ZVI 2002, 360 und 374; ZVI 2003, 224 [225]; *Braun/Buck* 2. Aufl., § 304 Rz. 25; *Kübler/Prütting-Wenzel* InsO, § 304 Rz. 31). **54**

Zweiter Abschnitt
Schuldenbereinigungsplan

§ 305
Eröffnungsantrag des Schuldners

(1) Mit dem schriftlich einzureichenden Antrag auf Eröffnung des Insolvenzverfahrens (§ 311) oder unverzüglich nach diesem Antrag hat der Schuldner vorzulegen:
1. eine Bescheinigung, die von einer geeigneten Person oder Stelle ausgestellt ist und aus der sich ergibt, dass eine außergerichtliche Einigung mit den Gläubigern über die Schuldenbereinigung auf der Grundlage eines Plans innerhalb der letzten sechs Monate vor dem Eröffnungsantrag erfolglos versucht worden ist; der Plan ist beizufügen und die wesentlichen Gründe für sein Scheitern sind darzulegen; die Länder können bestimmen, welche Personen oder Stellen als geeignet anzusehen sind;
2. den Antrag auf Erteilung von Restschuldbefreiung (§ 287) oder die Erklärung, dass Restschuldbefreiung nicht beantragt werden soll;
3. ein Verzeichnis des vorhandenen Vermögens und des Einkommens (Vermögensverzeichnis), eine Zusammenfassung des wesentlichen Inhalts dieses Verzeichnisses (Vermögensübersicht), ein Verzeichnis der Gläubiger und ein Verzeichnis der gegen ihn gerichteten Forderungen; den Verzeichnissen und der Vermögensübersicht ist die Erklärung beizufügen, dass die enthaltenen Angaben richtig und vollständig sind;
4. einen Schuldenbereinigungsplan; dieser kann alle Regelungen enthalten, die unter Berücksichtigung der Gläubigerinteressen sowie der Vermögens-, Einkommens- und Familienverhältnisse des Schuldners geeignet sind, zu einer angemessenen Schuldenbereinigung zu führen; in den Plan ist aufzunehmen, ob und inwieweit Bürgschaften, Pfandrechte und andere Sicherheiten der Gläubiger vom Plan berührt werden sollen.

(2) ¹In dem Verzeichnis der Forderungen nach Absatz 1 Nr. 3 kann auch auf beigefügte Forderungsaufstellungen der Gläubiger Bezug genommen werden. ²Auf Aufforderung des Schuldners sind die Gläubiger verpflichtet, auf ihre Kosten dem Schuldner zur Vorbereitung des Forderungsverzeichnisses eine schriftliche Aufstellung ihrer gegen diesen gerichteten Forderungen zu erteilen; insbesondere haben sie ihm die Höhe ihrer Forderungen und deren Aufgliederung in Hauptforderung, Zinsen und Kosten anzugeben. ³Die Aufforderung des Schuldners muss einen Hinweis auf einen bereits bei Gericht eingereichten oder in naher Zukunft beabsichtigten Antrag auf Eröffnung eines Insolvenzverfahrens enthalten.

(3) ¹Hat der Schuldner die in Absatz 1 genannten Erklärungen und Unterlagen nicht vollständig abgegeben, so fordert ihn das Insolvenzgericht auf, das Fehlende unverzüglich zu ergänzen. ²Kommt der Schuldner dieser Aufforderung nicht binnen eines Monats nach, so gilt sein Antrag auf Eröffnung des Insolvenzverfahrens als zurückgenommen. ³Im Falle des § 306 Abs. 3 Satz 3 beträgt die Frist drei Monate.

(4) ¹Der Schuldner kann sich im Verfahren nach diesem Abschnitt vor dem Insolvenzgericht von einer geeigneten Person oder einem Angehörigen einer als geeignet anerkannten Stelle im Sinne des Absatzes 1 Nr. 1 vertreten lassen. ²Für die Vertretung des Gläubigers gilt § 174 Abs. 1 Satz 3 entsprechend.

(5) ¹Das Bundesministerium der Justiz wird ermächtigt, durch Rechtsverordnung mit Zustimmung des Bundesrates zur Vereinfachung des Verbraucherinsolvenzverfahrens für die Beteiligten Formulare für die nach Absatz 1 Nr. 1 bis 4 vorzulegenden Bescheinigungen, Anträge, Verzeichnisse und Pläne einzuführen. ²Soweit nach Satz 1 Formulare eingeführt sind, muss sich der Schuldner ihrer bedienen. ³Für Verfahren bei Gerichten, die die Verfahren maschinell bearbeiten, und für Verfahren bei Gerichten, die die Verfahren nicht maschinell bearbeiten, können unterschiedliche Formulare eingeführt werden.

Inhaltsübersicht:	Rz.
A. Normzweck	1
B. Gesetzliche Systematik	2– 9 a

C.	Pflicht zur Vorlage von Unterlagen (Abs. 1)	10–30
	I.	Bescheinigung über das Scheitern eines außergerichtlichen Einigungsversuchs	11–17
	II.	Antrag auf Erteilung der Restschuldbefreiung	18–20
	III.	Anforderungen an Verzeichnisse	21–26
	IV.	Schuldenbereinigungsplan	27–30
D.	Erstellung der Forderungsverzeichnisse (Abs. 2)	31–35 a
E.	Unvollständige Antragsunterlagen (Abs. 3)	36–51
F.	Gerichtliche Vertretung durch geeignete Stelle (Abs. 4)	52
G.	Formularzwang (Abs. 5)	53–54

Literatur:

Siehe § 286.

A. Normzweck

1 Nach der Konzeption des Rechtsausschusses soll das Schuldenbereinigungsplanverfahren ein Verfahren sein, das den Bedürfnissen von Verbrauchern und Kleingewerbetreibenden angepasst ist und eine übermäßige **Belastung der Gerichte vermeiden** soll (*Pick* a. a. O., S. 997). Dies soll durch zwei Elemente erreicht werden: Zum einen durch einen konsequenten Vorrang gütlicher Einigungen und zum anderen durch ein System von Mitwirkungspflichten, das Gläubiger und Schuldner zu solchen Einigungen motivieren soll (dazu ausf. KS-InsO/*Schmidt-Räntsch* Verbraucherinsolvenzverfahren und Restschuldbefreiung, 1998, S. 1177 Rz. 59 ff.; krit. zum Zwang der Vorlage eines Schuldenbereinigungsplanes *Grote* ZInsO 1999, 383 ff.). Nur wenn das außergerichtliche Einigungsverfahren gescheitert ist, sollen die §§ 305 ff. InsO nunmehr einen Rahmen zur Verfügung stellen, der den Einigungsdruck auf beide Seiten intensiviert (*Pick* a. a. O., S. 998). Kernstück der Normen sollte ursprünglich der **Schuldenbereinigungsplan sein**, der als Instrument die gütliche Einigung zwischen Schuldnern und Gläubigern forcieren sollte (BT-Drucks. 12/7302 S. 190). In der Praxis hat der Schuldenbereinigungsplan in der Masse der Fälle nicht die Bedeutung gewonnen, die ihm zugedacht war. Dies liegt zum einen an dem Zeitfaktor, da sich die Konsequenzen der Restschuldbefreiung und die Attraktivität alternativer Planlösungen erst langsam bei den Gläubigern durchsetzen, aber auch an der geringeren Sicherheit, die ein Schuldenbereinigungsplan dem Schuldner gegenüber der Restschuldbefreiung bietet, da er gegenüber Ausgleichsansprüchen von Mitschuldnern und vor allem vergessenen Gläubigern keine Wirkung entfaltet (vgl. hierzu § 301 InsO).

B. Gesetzliche Systematik

2 Mit dem Schuldenbereinigungsverfahren, das den Charakter eines **Zwischenverfahrens** zwischen Antragstellung und Eröffnung des Insolvenzverfahrens hat (KS-InsO/*Balz* 1997, S. 20 Rz. 59), werden bereits existierende Regelungen des Vergleichsrechts (§§ 1 ff. VglO, 173 ff. KO) zur Abwendung eines Insolvenzverfahrens aufgegriffen, erfahren aber durch die §§ 305 ff. InsO eine spezifische Umgestaltung. Wie im **früheren Vergleichsrecht** (§ 2 Abs. 2 Satz 1 VglO) kann auch im Verbraucherinsolvenzverfahren nur der Schuldner einen Antrag stellen. Ebenso sah der Zwangsvergleich nach der Konkursordnung nur ein Vorschlagsrecht des Schuldners vor, der als verfahrensrechtlicher Antrag gewertet wurde (*Jaeger/Weber* KO, § 173 Rz. 21). Auch die in § 305 InsO normierte Pflicht zur Beibringung spezifischer Unterlagen bei der Antragstellung findet sich in ähnlicher Form bereits in den §§ 3 ff. VglO.

3 Das Vergleichsverfahren nach der VglO und auch der **Zwangsvergleich nach der KO** waren aber formell ausgestaltet, wesentliche Merkmale waren erhebliche richterliche Eingriffsmöglichkeiten. Es sah eine formelle Zulässigkeitsprüfung und eine richterliche Begründetheitsprüfung vor (§§ 175 f. KO, 16 ff. VglO). Ein Vergleich konnte zudem nicht ohne eine konstitutive richterliche Bestätigung (§ 184 KO, § 78 VglO) Rechtswirkungen entfalten. Diese Elemente fehlen jedoch im neu konzipierten Schuldenbereinigungsverfahren, so dass sich bereits aus dem historisch-systematischen Vergleich die Eigenständigkeit des neuen Bereinigungsverfahrens (als »Vermittlungsverfahren« vgl. *Haarmeyer/Wutzke/Förster* Hdb. zur InsO, Kap. 10 Rz. 35) ergibt.

Für eine formelle **Zulässigkeitsprüfung**, die sich am Vorbild der VglO orientiert, ist im Schuldenbereinigungsverfahren nach §§ 305 ff. InsO kein Raum (zu den Kriterien der Zulässigkeitsprüfung *Ahrens* VuR 1999, 130). Dem Gericht ist nach § 305 Abs. 3 InsO ausschließlich eine Prüfung auf quantitative Vollständigkeit der Unterlagen zugewiesen (hierzu s. u. Rz. 13 a), die nicht in einem die Eröffnung ablehnenden Beschluss, sondern ausschließlich in einer Fiktion der Antragsrücknahme endet. Zentrale Aufgabe des Gerichts ist stattdessen eine gegenüber den allgemeinen Zustellungsvorschriften in § 8 InsO stärker formalisierte umfassende Zustellung (§ 307 Abs. 1 Satz 3 InsO). Eine Prüfung der Zulässigkeit und Begründetheit des Eröffnungsantrags ist erst nach dem Scheitern des Zwischenverfahrens im Eröffnungsverfahren nach §§ 311 ff. InsO vorgesehen (ebenso *Wittig* a. a. O., S. 162; *Hess/Obermüller* Insolvenzplan, 1998, Rz. 812; *Henckel* FS für Gaul, S. 199, 203). 4

Anders als in der bisherigen Vergleichsordnung (§§ 17, 18) findet im Verfahren über den Schuldenbereinigungsplan auch **keine Überprüfung der Vergleichswürdigkeit** des Schuldners statt. Zwar sind einzelne Elemente dieser Regelungen in die InsO übernommen worden, allerdings sind sie bewusst nicht als Zulässigkeitsvoraussetzungen für den Schuldenbereinigungsplan, sondern erst im gerichtlichen Verfahren als Zugangshürden zur Treuhandperiode und gerichtlichen Restschuldbefreiung installiert worden (§ 290 InsO). Lösungen zur einvernehmlichen bzw. mehrheitlichen Schuldenbereinigung sollen **unabhängig von Redlichkeits- und Billigkeitserwägungen** zustande kommen (vgl. BT-Drucks. 12/7302 S. 190), so dass das Schuldenbereinigungsverfahren ausdrücklich auch denjenigen offen steht, bei denen nach § 290 InsO eine Restschuldbefreiung ausgeschlossen ist. 5

Diese neue Konzeption zeigt sich auch in der immanenten Systematik der InsO. Im Unterschied zu dem privatautonom strukturierten Schuldenbereinigungsverfahren ist der Insolvenzplan nach §§ 217 ff. InsO an den bisherigen Vorbildern orientiert. So ist nach § 231 InsO eine gerichtliche Vorprüfung vorgesehen. Diese Regelung lehnt sich an § 176 KO an und ist im Zusammenhang mit der richterlichen Bestätigung des Insolvenzplans nach den §§ 248 ff. InsO zu sehen. Diese Vorschriften gelten nach § 312 Abs. 3 InsO aber gerade nicht im Verbraucherinsolvenzverfahren und sind wegen der bewusst unterschiedlichen Ausformung der verschiedenen Planverfahren auch nicht analog anwendbar, so dass eine **richterliche Vorprüfung des Schuldenbereinigungsplans** im Rahmen des § 305 InsO nicht stattfindet (vgl. auch *Wittig* a. a. O., S. 167; *Hess/Obermüller* a. a. O., Rz. 848; *Schiessler* Der Insolvenzplan, 1997, S. 66). 6

Für das gerichtliche Schuldenbereinigungsverfahren gilt **ein anderes Leitbild**: Nicht der bestätigte Vergleich des früheren Zwangsvergleichs, sondern der sehr viel stärker auf die Privatautonomie abzielende **Prozessvergleich** ist das Vorbild, an dem sich der Rechtsausschuss orientiert hat (BT-Drucks. 12/7302 S. 189; *Schmidt-Räntsch* a. a. O., Rz. 62). Durch die Verweisung auf das Vorbild des Prozessvergleichs wird für eine mögliche Unwirksamkeit eines solchen Vergleichs als Bewertungsmaßstab in erster Linie das Bürgerliche Gesetzbuch herangezogen (dazu BT-Drucks. 12/7302 S. 192; *Vallender* DGVZ 1997, 97 [101]; vgl. zu den Auswirkungen u. *Kohte* § 308 Rz. 2 ff.). Aus den allgemeinen Lehren zum Prozessvergleich ergibt sich, dass insoweit dem Gericht keine formelle Antragsprüfung zukommt, da selbst bei unzuständigen Gericht erhobenen, Klagen ein wirksamer Prozessvergleich vereinbart werden kann (*BGH* NJW 1961, 1817 [1818]; *Tempel* Der Prozessvergleich, FS für Schiedermaier, 1976, S. 517, 526). Insoweit ist eher das obligatorische Güteverfahren nach § 54 ArbGG als paralleles Modell heranzuziehen, in dem – wie § 54 Abs. 2 Satz 3 ArbGG zeigt – eine Zuständigkeitsprüfung nicht erfolgt (dazu auch *LAG Bremen* BB 1964, 1125; *Germelmann/Matthes/Prütting* ArbGG, 2004, § 54 Rz. 12) und indem sich in § 54 Abs. 5 Satz 4 ArbGG auch ein Vorbild für die bemerkenswerte Fiktion einer Antragsrücknahme in § 305 Abs. 3 Satz 2 InsO findet. Ebenso wie bei einem Prozessvergleich **kommt dem Insolvenzgericht hier eine Angemessenheitskontrolle nicht zu**. Die Frage der »Angemessenheit« eines Plans kann frühestens in die Entscheidung über die richterliche Zustimmungsersetzung nach § 309 InsO einfließen. Insoweit ist es dem Schuldner unbenommen, seinen Gläubigern einen »Nullplan« zu unterbreiten (*Graf-Schlicker/Sabel* InsO, § 305 Rz. 33). Soweit in der Diskussion über die Möglichkeit eines sog. »Nullplans« die »Zulässigkeit« eines Antrags geprüft wird, dem ein Nullplan als außergerichtlicher Einigungsversuch vorausging oder dem ein gerichtlicher Schuldenbereinigungsplan ohne ein konkretes Zahlungsangebot an die Gläubiger vorgelegt wird (*Heyer* JR 1996, 316; *Arnold* DGVZ 1996, 133; KS-InsO/*Thomas* 1998, S. 1211 Rz. 15; *Haarmeyer/Wutzke/Förster* Hdb. zur InsO, Kap. 10 Rz. 34, so wohl auch MünchKomm-InsO/*Ott/Vuia* § 305 Rz. 67), wird oft nicht deutlich genug zwischen einer 7 formalen Zulässigkeitsprüfung und der Möglichkeit der Zustimmungsersetzung unterschieden (diff. aber *Pape* Rpfleger 1997, 241). **Ausführlich zur Diskussion des Nullplans** *Grote* § 309 Rz. 32 ff.

8 Aus der Systematik wird deutlich, dass der Gesetzgeber die richterlichen Aufgaben im Schuldenbereinigungsverfahren erheblich zurücknehmen und die Entscheidung über Art, Weise und Umstände der Einigung zwischen Schuldner und Gläubigern den Parteien überlassen wollte. Vor allem vor dem Hintergrund der **größtmöglichen Entlastung der Gerichte** als oberstem Ziel der Neukonzeption des Verbraucherinsolvenzverfahrens (BT-Drucks. 12/7302 S. 154) wird der Gedanke der Vertragsfreiheit bewusst und konsequent umgesetzt. Die Beteiligten sollen hinsichtlich der inhaltlichen Gestaltung der Einigung völlig freie Hand haben und jede theoretisch denkbare Möglichkeit der Schuldenbereinigung nutzen können (*Schmidt-Räntsch* MDR 1994, 323 [325]; *Wittig* WM 1998, 157 [164]). Der Schuldenbereinigungsplan soll ohne gerichtliche Prüfung und förmliche Bestätigung zustande kommen (KS-InsO/*Balz* 1997, S. 20 Rz. 59).

Stimmen alle Gläubiger dem Plan des Schuldners zu, so hat das Gericht den Plan nach § 308 InsO zu beschließen, ohne dass von ihm überprüft würde, ob der Inhalt angemessen ist, ein Eröffnungsgrund gegeben ist oder ein Versagungsgrund vorliegt (vgl. hierzu auch *Wittig* WM 1998 157 [160]) und *Kübler/ Prütting-Wenzel* InsO, § 305 Rz. 16).

9 Im Rahmen des § 305 InsO findet daher abgesehen von der Überprüfung der richtigen Verfahrensart gem. § 304 InsO (vgl. dazu *Kohte* § 304 Rz. 26 ff.) nach ganz h. M. nur eine Überprüfung der eingereichten Unterlagen auf Vollständigkeit mit den Rechtsfolgen aus § 305 Abs. 3 InsO statt, **nicht aber eine qualitative Bewertung** (s. u. Rz. 29 ff.; *Heyer* JR 1996, 314 [316]; *Uhlenbruck/Vallender* InsO, § 305 Rz. 117 m. w. N.; **a. A.** MünchKomm-InsO/*Ott/Vuia* § 305 Rz. 81). Der Gesetzgeber hat konsequenterweise die Überprüfung der Ernsthaftigkeit des außergerichtlichen Einigungsversuchs auf die »geeigneten Stellen und Personen« nach § 305 Abs. 1 Nr. 1 InsO ausgelagert. Insoweit ist auch die gerichtliche Überprüfung des Einigungsversuchs dahingehend, ob der Schuldner ein ausreichend hohes Angebot (und keinen Nullplan) vorgelegt hat, von vornherein ausgeschlossen (zur Diskussion des Nullplans s. *Grote* § 309 Rz. 32 ff.).

9a Eine Ausnahme von dem Verzicht auf Inhaltserfordernisse bildet die mit dem InsOÄndG 2001 eingeführte Verpflichtung der bescheinigenden Stelle oder Person, zukünftig in der Bescheinigung die **wesentlichen Gründe** für das Scheitern anzugeben und den **außergerichtlichen Plan beizufügen**. Hierdurch soll dem Gericht die Einschätzung ermöglicht werden, ob die Durchführung des Schuldenbereinigungsplanverfahrens Aussicht auf Erfolg hat. Auch dies berechtigt die Gerichte aber nicht zu einer inhaltlichen Überprüfung der Qualität der Einigungsbemühungen (vgl. zu den Einzelheiten unten Rz. 29 ff.).

C. Pflicht zur Vorlage von Unterlagen (Abs. 1)

10 Bzgl. der allgemeinen Voraussetzungen des Eröffnungsantrags s. FK-InsO/*Schmerbach* § 13. Der Antrag ist schriftlich einzureichen. Abs. 1 ist insoweit durch das EGInsOÄndG geändert worden. Der Gesetzgeber hat kurz vor dem Inkrafttreten des Gesetzes die **Schriftform** eingeführt, um die Amtsgerichte von der Entgegennahme von Anträgen zu Protokoll der Geschäftsstellen (§ 129 a ZPO) zu entlasten. Diese ist auch in Verbraucherinsolvenzverfahren nicht zulässig, der Antrag muss zwingend schriftlich gestellt werden (zur Einreichung per Telefax oder Computerfax *Nerlich/Römermann* InsO, § 305 Rz. 7). Das BMJ hat mittlerweile von seiner Verordnungsermächtigung Gebrauch gemacht und zeitnah zum Inkrafttreten der Änderungen ein **einheitliches Formular** entwickelt, und für die Antragstellung zwingend vorgeschrieben (VbrInsVV v. 17. 02. 2002 BGBl. I S. 703). Der Antrag kann nur von jeweils einer Person gestellt werden; auch Ehegatten müssen getrennte Verfahrensanträge stellen, wenn beide die Zustimmungsersetzung oder die Restschuldbefreiung erlangen wollen.

I. Bescheinigung über das Scheitern eines außergerichtlichen Einigungsversuchs

11 Der Schuldner ist verpflichtet, bei der Antragstellung über die vorgeschriebenen Verzeichnisse hinaus **weitere Unterlagen** vorzulegen oder unverzüglich nachzureichen. Um zu gewährleisten, dass vor der Antragstellung ein ernsthafter außergerichtlicher Einigungsversuch zur Schuldenbereinigung mit den Gläubigern vorgenommen wurde, muss er eine **Bescheinigung einer geeigneten Person oder Stelle**

über das Scheitern eines solchen Einigungsversuchs vorlegen. Denn der Gesetzgeber unterstellt, dass viele Überschuldungssituationen dadurch zustande kommen oder nicht gelöst werden, dass die Schuldner sich nicht ernsthaft um eine Schuldenbereinigung bemühen und erst gar nicht in Kontakt mit ihren Gläubigern treten. Durch die Möglichkeit der gesetzlichen Regelung der Restschuldbefreiung wird zudem die Bereitschaft der Gläubiger zu einer Einigung mit dem Schuldner erhöht (BT-Drucks. 12/7302 S. 189).

Der Einigungsversuch muss **innerhalb der letzten sechs Monate** vor der Antragstellung erfolgt sein. Der zeitliche Zusammenhang ist insbesondere deshalb wichtig, weil der Gesetzgeber erhofft, dass eine Einigung insbesondere aufgrund der ansonsten drohenden gerichtlichen Restschuldbefreiung zustande kommen kann. Maßgeblicher Zeitpunkt für den Beginn der Frist ist die Ausstellung der Bescheinigung. Zum Teil wird die Ansicht vertreten, dass die Sechsmonatsfrist nicht mit der Ausstellung der Bescheinigung, sondern bereits dann beginnt, wenn die letzte Ablehnung des Vorschlags des Schuldners durch einen Gläubiger erfolgt ist (*AG Köln* NZI 2007, 57; *AG Göttingen* NZI 2005, 510 = ZVI 2005, 371). Dies erscheint nicht schlüssig. Die bescheinigende Person oder Stelle hat festzustellen, wann keine Aussicht mehr auf eine außergerichtliche Einigung mit allen Gläubigern besteht. Dies kann bereits aufgrund der endgültigen Ablehnung nur eines Gläubigers der Fall sein, möglicher Weise aber auch erst dann, wenn nach der Analyse der Antworten der Gläubiger und einer weiteren Besprechung mit dem Schuldner keine Aussicht auf eine Erfolg versprechende Nachbesserung des Plans mehr gesehen wird (vgl. zur Fiktion des Scheiterns auch den später eingefügten § 305 a InsO). **12**

In der Literatur ist streitig, ob der außergerichtliche Einigungsversuch **allen Gläubigern zuzustellen** ist (hierzu *Uhlenbruck/Vallender* InsO, § 305 Rz. 4; MünchKomm-InsO/*Ott/Vuia* § 305 Rz. 16). Hierfür spricht, dass im Hinblick auf die erforderliche Einschätzung des Gerichts, ob ein gerichtliches Schuldenbereinigungsplanverfahren durchzuführen ist, Informationen über die Einigungsbereitschaft der Gläubiger wünschenswert sind. Sollte eine Mehrheit – ggf. durch ein Schweigen einzelner Gläubiger – für den Plan zustande kommen können, kann für das Gericht die Durchführung des Schuldenbereinigungsplanverfahrens opportun sein. Entsprechend verlangt das amtliche Formular zur Erstellung der Bescheinigung in der Anlage 2 A entsprechende quotale Angaben zum Ausgang des außergerichtlichen Einigungsversuchs (hierzu auch *AG Köln* ZInsO 2002, 344). Dennoch sollte man keine überspannten Anforderungen an die Pflicht zur Beteiligung aller Gläubiger stellen. Eine Verpflichtung, alle Gläubiger anzuschreiben würde dann zum bloßen Formalismus, wenn aufgrund der Reaktionen eines Teils der Gläubiger und dem Inhalt des Angebots klar ist, dass eine Einigung mit allen Gläubigern und auch eine Zustimmungsersetzung nicht zu erwarten ist. In der Praxis wird ein Schuldenbereinigungsplanverfahren vernünftiger Weise nur dann durchgeführt, wenn der Schuldner dies vorschlägt und auch die Beantragung der Zustimmungsersetzung von ihm zu erwarten ist. Insofern sollte z. B. dann, wenn eine Vielzahl von Gläubigern vorliegt und eine Einigung aussichtslos ist, auch eine Übersendung des außergerichtlichen Einigungsversuchs an einen Teil der Gläubiger als ausreichend angesehen werden. Wenn die wesentlichen Gläubiger den Plan abgelehnt haben, brauchen die Verhandlungen nicht fortgesetzt zu werden (*Graf-Schlicker/Sabel* InsO, § 305 Rz. 16; HambK-InsO//*Streck* § 305 Rz. 16 m. w. N.). Insofern ist auch auf die sehr enge Prüfungskompetenz des Gerichts zu dem Hintergrund der Bescheinigung (s. u. Rz. 13) zu verweisen. **12 a**

An den **Inhalt der Bescheinigung** sind keine zu hohen Anforderungen zu stellen. Formal hat sie allerdings den Anforderungen der Vordruckverordnung zu genügen (s. u. Rz. 13 a). Insbesondere müssen keine Einzelheiten der Verhandlungsentwicklung protokolliert werden (*Hess/Obermüller* a. a. O., Rz. 795). Ebenso wenig müssen die Hauptursachen des Vermögensverfalls oder die Geschichte der Verschuldung dargestellt werden (*Kübler/Prütting-Wenzel* InsO, § 305 Rz. 4 b). Das Gericht hat keine Prüfungskompetenz bzgl. der Qualität des außergerichtlichen Einigungsversuchs (*Schleswig-Holsteinisches OLG* NJW RR 2000, 340 = ZInsO 2000, 170; *Hess/Obermüller* a. a. O., Rz. 772). Insbesondere kann es den Antrag des Schuldners nicht als unzulässig zurückweisen, wenn dem Gericht die durchgeführten Verhandlungen nicht adäquat erscheinen. Der Bescheinigung kommt, da die Länder von ihrer **Ausführungsbefugnis** Gebrauch gemacht haben und die Voraussetzungen für geeignete Personen oder Stellen benennen, die Beweiskraft des § 418 Abs. 1 ZPO zu, da diese Stellen dann mit öffentlichem Glauben versehen sind (vgl. *Krug* Der Verbraucherkonkurs, 1998, S. 108). **13**

Das Gericht überprüft lediglich, ob eine Bescheinigung vorliegt und der Aussteller eine geeignete Person oder Stelle i. S. d. Gesetzes ist. Der Rechtsausschuss wollte mit dieser Regelung eine Entlastung der Gerichte bewirken (BT-Drucks. 12/7302 S. 190), so dass auch diese Bescheinigung – wie § 305 Abs. 3 InsO zeigt – nur darauf zu überprüfen ist, ob sie von ihrem Inhalt her das Scheitern ernsthafter außergerichtlicher Verhandlungen auf der Grundlage eines Plans (zum Plan ausf. *Uhlenbruck/Vallender* InsO, § 305

Rz. 65 ff.) bescheinigt (*Schleswig-Holsteinisches* OLG NJW-RR 2000, 340; *Vallender* ZIP 1999, 125 [127]; *Uhlenbruck/Vallender* InsO, § 305 Rz. 75). Durch die Bestimmung der geeigneten Stellen und Personen hat der Gesetzgeber die Gerichte von einer Prüfung der ernsthaften Durchführung des außergerichtlichen Einigungsversuchs entbunden. Die **Bescheinigung der Person oder Stelle** bietet die Gewähr dafür, dass die bescheinigten Umstände vorliegen (*Vallender* EWiR 1999, 955 [956]). Z. T. wird aber eine Bescheinigung, die den formalen Gesichtspunkten entspricht, aber keine schlüssige Erklärung enthält, als unzureichend i. S. d. § 305 Abs. 1 Nr. 1 InsO angesehen (*BayObLG* NJW 2000, 221 = NZI 1999, 955; *BayObLG* NJW RR 1999 = NZI 1999, 412; krit. hierzu *Vallender* Anm. zu *BayObLG* EWiR § 6 InsO 2/99, 955; zweifelnd auch OLG *Schleswig* a. a. O.). Die Bescheinigung für entbehrlich gehalten, wenn zumindest ein Gläubiger eindeutig und unmissverständlich erklärt, zu einer außergerichtlichen Einigung nicht bereit zu sein (HambK-InsO//*Streck* § 305 Rz. 16 a. E.; *Kübler/Prütting-Wenzel* InsO, § 305 Rz. 6 m. w. N.; krit. hierzu *Nerlich/Römermann* InsO, § 305 Rz. 25; abl. *Uhlenbruck/Vallender* InsO, § 305 Rz. 68).

13 a Die durch das **InsOÄndG 2001** erweiterten Inhaltserfordernisse an die Bescheinigung führen nicht zu einer inhaltlichen Prüfungskompetenz der Gerichte bzgl. des Inhalts des außergerichtlichen Einigungsversuchs (so ausdrücklich auch die Gesetzesbegründung BT-Drucks. 14/5680 S. 30 zu Nr. 22). Die Darstellung der **wesentlichen Gründe des Scheiterns** sollen dem Gericht die Entscheidung darüber erleichtern, ob die Durchführung des Schuldenbereinigungsplanverfahrens Aussicht auf Erfolg verspricht (hierzu *Grote* § 306 Rz. 7 a ff.). Zu der Darstellung gehören regelmäßig sowohl die Angaben der Anzahl der außergerichtlich zustimmenden bzw. ablehnenden Gläubiger als auch die auf diese entfallenden Forderungsanteile an der Gesamtverschuldung. Des weiteren wird für die Einschätzung des Gerichts von Interesse sein, wie viele Gläubiger sich gar nicht gemeldet haben, da dem Schweigen dieser Gläubiger im Schuldenbereinigungsplanverfahren gem. § 307 InsO Zustimmungswirkung zukommen würde. Aber auch weitere Erläuterungen der Gründe, etwa die endgültig ablehnende Haltung einzelner Gläubiger sind anzugeben. Nach dem Gesetz sind nur die Gründe für das Scheitern der außergerichtlichen Einigung zu erörtern, nicht dagegen die Erfolgsaussichten des Schuldenbereinigungsplans. Da die bescheinigende Stelle oder Person aber i. d. R. aufgrund ihrer Kenntnisse und Erfahrung die Erfolgsaussicht eines weiteren Plans und die Zustimmungsbereitschaft der Gläubiger des Schuldners besser einschätzen kann als das Gericht, wird es sachdienlich sein, dass sie ein kurzes Votum bzgl. ihrer Einschätzung der Erfolgsaussicht eines Schuldenbereinigungsplanverfahrens abgibt.

13 b Auch der außergerichtlich den Gläubigern unterbreitete **Plan ist der Bescheinigung beizulegen**. Hieraus kann das Gericht mögliche Änderungen des Schuldenbereinigungsplans gegenüber dem ursprünglichen Vergleichsvorschlag ersehen und somit besser einschätzen, ob z. B. eine Verbesserung des Angebots des Schuldners eine höhere Zustimmungsquote erwarten lässt. Der Plan besteht i. d. R. aus einer Kopie des Angebotes, das den Gläubigern zugesandt wurde. Hieraus ergibt sich i. d. R. auch der Vorschlag zur Gesamtlösung. Anderenfalls ist der Gesamtsanierungsplan kurz schriftlich zu erörtern und der Bescheinigung beizufügen.

14 Das Gesetz selbst nimmt keine Bestimmung der **geeigneten Personen oder Stellen** vor, sondern ermächtigt die Länder, diese Bestimmung durch Ausführungsgesetze vorzunehmen (vgl. aber *VG Mainz* ZVI 2003, 593 und 597). Diese Regelung, die gem. Art. 110 EGInsO bereits 1994 in Kraft getreten ist, soll ermöglichen, den regionalen Besonderheiten wie dem Stand des Ausbaus des Netzes der Schuldnerberatungsstellen Rechnung zu tragen (BT-Drucks. 12/7302 S. 190). Die Landesgesetzgeber haben von ihren Ermächtigungen Gebrauch gemacht, mittlerweile haben alle Landesparlamente **Ausführungsgesetze erlassen** (abgedruckt in NZI 1998, 69 ff. [115 ff.] und NZI 1999, 18 f.; hierzu ausf. *Becker* KTS 2000, 157 ff. und *Uhlenbruck/Vallender* InsO, § 305 Rz. 35 ff.). Die Ausführungsgesetze gehen dabei weitgehend übereinstimmend davon aus, dass zum einen die Angehörigen der rechtsberatenden Berufe (Rechtsanwälte, Notare, Steuerberater) geeignete Personen sind (zur anwaltlichen Tätigkeit im außergerichtlichen Einigungsversuch ausf. *Uhlenbruck/Vallender* InsO, § 305 Rz. 35 ff.; zur Anfechtbarkeit einer Honorarzahlung an den Anwalt in der Krise ausf. *Kirchhof* ZInsO 2005, 350 ff. und *OLG München* ZInsO 2005, 496), und dass sich die bislang bei Wohlfahrtsverbänden, Verbraucherzentralen und Kommunen angesiedelten Schuldnerberatungsstellen als geeignete Stellen anerkennen lassen können (s. dazu ausführl. *Hergenröder* ZVI 2007, 448 ff.). Die Anerkennung wird hierbei an unterschiedliche Voraussetzungen geknüpft, i. d. R. an praktische Erfahrungen in der Schuldnerberatung und an gewisse Berufsausbildungen der Mitarbeiter (vgl. hierzu die Synopse von *Weinhold* in BAG-SB Info Heft 4/98 S. 38, s. auch *Grote* ZInsO 1998, 107 ff.).

Ebenso wenig muss garantiert sein, dass die bescheinigende Stelle die Verhandlungen selbst geführt oder bei der Planerstellung mitgewirkt hat (*Graf-Schlicker/Sabel* InsO, § 305 Rz. 17; HambK-InsO/Streck § 305 Rz. 15; *Stephan* ZInsO 1999, 78; *Uhlenbruck/Vallender* InsO, § 305 Rz. 63; **a. A.** wohl *Wittig* a. a. O., S. 160). Vom Sinn des Gesetzes kann es nicht darauf ankommen, wer die Verhandlungen geführt hat, sondern dass sie ernsthaft geführt worden sind. Einen **Vertretungszwang** für den außergerichtlichen Einigungsversuch sieht § 305 InsO nicht vor. Es dürfte im Gegenteil in den meisten Fällen sinnvoll sein, den Schuldner aktiv in den Entschuldungsprozess mit einzubeziehen und nach seinen Möglichkeiten zumindest einen Teil der Verhandlungen selbst führen zu lassen. Der außergerichtliche Einigungsversuch muss aber mit Unterstützung der geeigneten Person oder Stelle durchgeführt worden sein. Eine isolierte Bescheinigung reicht nicht aus (*AG Hamburg* ZVI 2008, 211). Ziel des außergerichtlichen Einigungsversuchs ist nicht nur eine einmalige Entschuldung zu erreichen, sondern den Schuldnerhaushalt langfristig zu sanieren (vgl. hierzu *Grote/Weinhold* Arbeitshilfe InsO Verbraucher-Zentrale NRW, S. 34 ff.). Die Finanzierung der geeigneten Stellen, insbesondere der Wohlfahrtsverbände ist bisher nicht bundesrechtlich gesichert. Ein Anspruch auf Beratungshilfe wird für diese Stellen generell abgelehnt (*BVerfG* NZI 2007, 181 = NJW 2007, 830 [LS]; *OLG Düsseldorf* ZInsO 2006, 775; dazu *Winter* ZVI 2008, 200 [202]). Für Rechtsanwälte besteht hingegen grundsätzlich Anspruch auf Beratungshilfe, allerdings ist eine Ablehnung der Bewilligung unter Hinweis auf ein für den Schuldner zumutbar erreichbares Angebot der öffentlich geförderten Schuldnerberatungsstellen nicht verfassungswidrig (*BVerfG* ZVI 2006, 438, dazu auch ausf. *Winter* a. a. O., m. zahlr. Nachw. zur Instanzrspr.). Das bedeutet nicht, dass die Auslegung, dem Schuldner für den außergerichtlichen Einigungsversuch generell einen Anspruch auf Beratungshilfe zuzusprechen, verfassungswidrig ist (*AG Stendal* NZI 2007, 1283, *AG Kaiserslautern* ZInsO 2007, 840 [LS]). 15

Unzumutbar und damit verfassungswidrig dürfte ein Verweis auf das Beratungsangebot der öffentlichen Stellen aber dann sein, wenn diese für den Schuldner mit öffentlichen Verkehrsmitteln nur schwer erreichbar sind oder lange Wartezeiten haben (*AG Bad Sobernheim* Rpfleger 2007, 207). Dabei wird man eine längere Wartezeit als die vom Gesetzgeber selbst in § 306 Abs. 1 InsO vorgesehenen drei Monate sicher als unzumutbar ansehen müssen. 15 a

Auch **gewerbliche Schuldenregulierer** werden in einigen Landesausführungsgesetzen als geeignete Stellen zugelassen. Dies ist bedauerlich, da damit einem Missbrauch des Rechtsberatungsgesetzes Tür und Tor geöffnet ist (zur Rechtsberatungsbefugnis gewerblicher Schuldenregulierer nach dem Entwurf des mittlerweile umgesetzten Rechtsdienstleistungsgesetzes ausf. *Springeneer* ZVI 2005, 111). In der Vergangenheit hatten sich gewerbliche Schuldenregulierer vor allem dadurch hervorgetan, überschuldeten Verbrauchern überzogene Gebühren für nutzlose Tätigkeiten abzuverlangen (vgl. hierzu *BGH* NJW 1987, 3003; *AG Cottbus* VuR 1997, 316; *Rudolph* VuR 1996, 327 ff.; *Grote/Wellmann* VuR 2007, 258 ff.). In Zukunft dürfte die Unterscheidung zwischen seriöser und unseriöser Schuldnerberatung noch schwerer werden (s. *Grote* ZInsO 1998, 107 ff.). Ein Unternehmen, dass keine zugelassene Stelle ist und nicht über eine Erlaubnis zur Rechtsberatung verfügt, darf nicht mit dem Angebot »Finanz- und Wirtschaftsberatung zur Entschuldungsmöglichkeit« werben (*OLG Oldenburg* ZVI 2005, 546). Soweit es bei der Anerkennung einer geeigneten Stelle um den Nachweis der erforderlichen Erfahrung in der Schuldnerberatung geht, steht diesem Nachweis eine Tätigkeit bei einer Stelle entgegen, die mehrfach gegen geltendes Recht verstoßen hat (*VG Aachen* ZVI 2005, 264). Der Ausschluss gewerblicher Schuldenregulierer (die nicht unmittelbar gemeinnützige oder mildtätige Zwecke verfolgen) von der Zulassung als geeignete Stellen im Niedersächsischen Ausführungsgesetz ist nicht verfassungswidrig (*VG Hannover* Nds.Rpfleger 2007, 281). Auch der Versuch der Umgehung der Ausführungsgesetze durch ein Tätigwerden einer nicht anerkannten Stelle in Deutschland aus dem benachbarten Ausland heraus (Schulden Hulp Stichting) ist unzulässig (*BGH* NJW 2007, 596 = ZIP 2007, 282). 16

Als weitere Stellen kommen nach der Ansicht des Rechtsausschusses z. B. die **Gütestellen** i. S. d. § 794 Abs. 1 Nr. 1 ZPO sowie die **Schiedsstellen** in Betracht (BT-Drucks. 12/7302, a. a. O.). Es ist jedoch zweifelhaft, ob diese Stellen personell und fachlich dazu in der Lage sind, die außergerichtliche Schuldenbereinigung durchzuführen und insoweit als »geeignet« anzusehen sind (zweifelnd auch KS-InsO/*Beule* 1998, Rz. 55). Bislang sind diese Stellen nicht mit einem entsprechenden Angebot in Erscheinung getreten. Auch der Betreuer eines Schuldners kann als geeignete Person fungieren, ohne dass zwingend von einem Interessenkonflikt auszugehen ist (*LG Verden* ZInsO 2007, 168). 17

II. Antrag auf Erteilung der Restschuldbefreiung

18 Der **Antrag auf Restschuldbefreiung** ist zwingend bereits mit dem Eröffnungsantrag zu stellen. Hierdurch soll frühzeitig Klarheit darüber geschaffen werden, ob der Schuldner nach einem Scheitern des Schuldenbereinigungsplans die gesetzliche Restschuldbefreiung erreichen will. Auch der Antrag eine Schuldners mit nur einen Gläubiger ist zulässig (*Uhlenbruck/Vallender* InsO, § 305 Rz. 29 m. w. N.). Auch dieser Antrag ist schriftlich zu stellen. Ihm ist gem. § 287 Abs. 2 InsO die Abtretungserklärung an den Treuhänder beizufügen.

19 An den **Inhalt des Antrags** sind keine besonderen Voraussetzungen zu knüpfen. Die Formulierung »ich beantrage Restschuldbefreiung« ist schon als ausreichend anzusehen. Der Schuldner kann auch erklären, dass er die Restschuldbefreiung nicht beantragen will. Dieser Halbsatz macht deutlich, dass die Möglichkeit besteht, das Schuldenbereinigungsverfahren zu beschreiten, **ohne die gerichtliche Restschuldbefreiung** anzustreben. Dies soll nach der Beschlussfassung des Rechtsausschusses der Fall sein, wenn der Schuldner die gesetzlichen Voraussetzungen für die Restschuldbefreiung nicht erbringen kann, etwa weil er einen Versagungsgrund nach § 290 InsO erfüllt (BT-Drucks. 12/7302 S. 190). Allerdings wird in einem solchen Fall der Druck auf die Gläubiger, einem Schuldenbereinigungsplan des Schuldners zuzustimmen nicht so groß sein, da er offenbar nicht befürchten muss, seine Restforderung in dem anschließenden gerichtlichen Entschuldungsverfahren ganz oder teilweise zu verlieren. Die Durchführung nur des Schuldenbereinigungsplanverfahrens macht aber insbesondere dann Sinn, wenn sich bei dem außergerichtlichen Einigungsversuch herausgestellt hat, dass die Mehrheit der Gläubiger mit dem Vorschlag des Schuldners einverstanden ist und der Schuldner mit der kostengünstigen Möglichkeit der Zustimmungsersetzung durch das Gericht nach § 309 InsO ans Ziel kommen kann. Entsprechend hat der isolierte Eröffnungsantrag nach § 305 InsO praktisch keine Bedeutung.

20 Erklärt der Schuldner, dass er die Restschuldbefreiung nicht beantragen will, so kann der Antrag jedenfalls nach der Änderung des § 287 Abs. 1 InsO **kaum noch nachgeholt** werden. Auch nach § 287 Abs. 1 InsO soll die Restschuldbefreiung bereits mit dem Eröffnungsantrag erfolgen, spätestens aber nach dem Hinweis nach § 20 Abs. 2 InsO (hierzu s. *Ahrens* § 287 Rz. 6 ff.)

Der Antrag auf Restschuldbefreiung kann aber auch **zurückgenommen** werden (s. *Ahrens* § 287 Rz. 15 ff.). Auch der Eröffnungsantrag nach § 305 InsO, kann vom Schuldner gem. § 13 Abs. 2 InsO bis zur Eröffnung des Insolvenzverfahrens zurückgenommen werden (*Hess/Obermüller* a. a. O., Rz. 856).

III. Anforderungen an Verzeichnisse

21 Der Schuldner hat ein Vermögensverzeichnis, eine Vermögensübersicht, ein Gläubigerverzeichnis und ein Verzeichnis der gegen ihn gerichteten Forderungen vorzulegen. Die letztgenannten können sinnvoller Weise auch miteinander verbunden werden.

22 Die **Verzeichnisse** sind schriftlich zu erstellen (so im Ergebnis für die Verzeichnisse nach § 104 KO wohl auch *Kuhn/Uhlenbruck* § 104 Rz. 2; *Delhaes* Der Insolvenzantrag, 1994, S. 66; *Jaeger/Weber* KO, § 103 Rz. 3).

23 Das **Vermögensverzeichnis** muss eine Aufstellung aller dem Schuldner gehörenden und erkennbar verwertbaren Vermögenswerte beinhalten. Sowohl die KO, als auch die VglO kannten nur die Verpflichtung zur Erstellung von Vermögensübersichten durch den Schuldner. Die exakte Ermittlung des Vermögens oblag dem Verwalter. Im Verbraucherinsolvenzverfahren muss der Schuldner ein ausführliches Verzeichnis über seine Vermögenssituation erstellen (zur durch das InsOÄndG 2001 eingeführten Verpflichtung zur Erstellung einer Vermögensübersicht s. u. Rz. 24 a). Allerdings ist hierbei nicht der strenge Maßstab des § 807 ZPO anzulegen, denn diese Verzeichnisse bereiten primär nicht die Liquidation des Schuldnervermögens vor, sondern informieren die Gläubiger über die Grundlagen des Schuldenbereinigungsplans (s. *Ahrens* § 290 Rz. 53; **a. A.** MünchKomm-InsO/*Ott/Vuia* § 305 Rz. 38). Sie sollen ihnen die Entscheidung darüber ermöglichen, ob sie aufgrund der wirtschaftlichen Situation des Schuldners und angesichts der Alternative der Durchführung des gerichtlichen Entschuldungsverfahrens dem vom Schuldner vorgelegten Plan zustimmen. Keinesfalls soll eine Einzelzwangsvollstreckung ermöglicht werden, diese ist im Gesamtvollstreckungsverfahren vielmehr unbedingt zu vermeiden. Eine Überprüfung des Vermögensverzeichnisses durch das Gericht findet in dieser Verfahrensphase nicht statt, da keine Zulässigkeitsprüfung erfolgt. Im Fall des Scheiterns des Schuldenbereinigungsplans und der anschließenden Eröffnung des In-

solvenzverfahrens stehen dem Treuhänder und dem Insolvenzgericht nach § 97 InsO weitere Auskunftsmöglichkeiten zu.

Das Vermögensverzeichnis muss vollständig alle **pfändbaren Vermögenswerte** des Schuldners umfas- 24
sen. Hierzu gehören Immobilien, Lohn- und Gehaltsansprüche und verwertbares Mobiliar ebenso wie Forderungen aufgrund von Bankguthaben oder Ansprüche aus bestehenden Kapitallebensversicherungen (zur Vermögensverwertung i. E. *Kohte* § 313 Rz. 21 ff.). Fraglich ist, ob der Schuldner auch verpflichtet ist unpfändbare oder nicht verwertbare Vermögensgegenstände anzugeben. Dies wird man wohl bei offensichtlich unpfändbaren Gegenständen (z. B. Wäsche, Hausrat) ablehnen. Ansonsten legen die Gerichte Wert auf umfassende Informationen. Vermögensgegenstände müssen daher auch dann angegeben werden, wenn sie nicht unmittelbar verwertbar sind, weil z. B. Sicherungsrechte bestehen (*BGH* ZVI 2004, 490 = NZI 2004, 633, 634; weitere Einzelheiten bei *Ahrens* § 290 Rz. 54 ff.). Aufzunehmen ist auch der Anspruch auf das Anwaltshonorar des Verfahrensbevollmächtigten des Schuldners (*BGH* 7. 4. 2005 ZVI 2005, 364 = NJW-RR 2005, 990). Die Angaben sind auf dem amtlich vorgeschriebenen Vordruck zu machen (VbrInsVV v. 12. 02. 2002 BGBl. I S. 703).

Nach Ansicht von *Römermann* soll das Verzeichnis nur den **aktuellen Vermögensstand** widerspiegeln und braucht daher keine Angaben über frühere Schenkungen oder Veräußerungen zu enthalten (*Nerlich / Römermann* InsO, § 305 Rz. 31). Die Vollständigkeit der Angabe der verwertbaren Vermögenswerte steht unter der Sanktionsandrohung des § 290 Abs. 1 Nr. 6 InsO (s. *Ahrens* § 290 Rz. 49 ff.), vorsätzliche oder grob fahrlässige Versäumnisse können zu einer Versagung der Restschuldbefreiung führen. Die Erbringung von **Nachweisen** bzgl. der vom Schuldner gemachten Angaben sieht das Gesetz nicht vor. Insofern sind dem Verzeichnis weder Gehaltsbescheinigungen, noch sonstige Urkunden beizufügen, die die Angaben des Schuldners belegen. Soweit der vom BMJ zwingend vorgeschriebene Vordruck solche Nachweise verlangt, ist er von der Ermächtigungsgrundlage nicht gedeckt (s. hierzu auch u. Rz. 50 ff.).

Neben dem Vermögensverzeichnis hat der Schuldner nach dem InsOÄndG 2001 dem Antrag nunmehr 24 a
auch eine **Vermögensübersicht** beizufügen. In dieser soll das Ergebnis des Vermögensverzeichnisses des Schuldners **kurz und übersichtlich** dargestellt werden (BT-Drucks. 14/5680 S. 30 zu Nr. 22). Dazu reicht es aus, dass Angaben über die vorhandenen pfändbaren Einkünfte, sowie über die verwertbaren weiteren Vermögensanteile des Schuldners gemacht werden. Eine Aufzählung einzelner möglicher, aber beim Schuldner nicht vorhandener Vermögenswerte ist dagegen nicht erforderlich. Nur diese Übersicht über die positiven Vermögenswerte wird den Gläubigern zugestellt. Sie soll ihnen auf einen Blick die Einschätzung der aktuellen Vermögenssituation ermöglichen. Um die Zustellung zu erleichtern und Kosten zu senken, wird das ausführlichere Vermögensverzeichnis zukünftig nicht mehr an die Gläubiger versandt (vgl. hierzu *Grote* § 307 Rz. 4). Die Vermögensübersicht darf keine konkreten Angaben enthalten, die den Gläubigern die **Einzelzwangsvollstreckung** auf noch vorhandene Vermögenswerte erleichtern könnten. Dies gilt zum Beispiel für Anschriften von Drittschuldnern, Kontonummern, Versicherungsnummern und ähnliches.

Das vom Schuldner anzufertigende **Forderungsverzeichnis** (zur Verpflichtung der Gläubiger zur Aus- 24 b
kunftserteilung s. u. Rz. 35 a) wird i. d. R. zusammen mit dem Gläubigerverzeichnis(s. u. Rz. 25) erstellt. Hierin sind alle Gläubiger des Schuldners aufzunehmen, die zum Zeitpunkt der Eröffnung einen begründeten Vermögensanspruch gegen den Schuldner haben, auch wenn dieser noch nicht fällig oder gestundet ist (*BGH* ZInsO 2005, 537). Der Schuldner wird die Forderungen im Verzeichnis einheitlich zu einem Stichtag ermitteln, um die Vergleichbarkeit zu gewährleisten (vgl. hierzu *Grote* § 309 Rz. 12). In das Forderungsverzeichnis können auch die zukünftigen **Ausgleichsansprüche von Bürgen** mit aufgenommen werden, die durch eine mögliche spätere Inanspruchnahme des Bürgen entstehen. Im Insolvenzverfahren des Schuldners wird diese durch die spätere Inanspruchnahme des Bürgen aufschiebend bedingte Forderung bei einer Verteilung aber nur berücksichtigt werden, wenn die Forderung des Gläubigers vollständig erfüllt ist (ausf. *Obermüller* NZI 2001, 225 ff.; *Kübler/Prütting-Holzer* InsO, § 44 Rz. 6; *Kuhn/Uhlenbruck* KO, § 67 Rz. 3; *Nerlich/Römermann* InsO, § 44 Rz. 4; *Wissmann* Persönliche Mithaft in der Insolvenz, Rz. 107). Bei Streit zwischen Schuldner und Gläubiger über die Berechtigung und Höhe der Forderungen muss der Schuldner die Forderungen im Hinblick auf die Wirkung des § 308 Abs. 3 InsO nur in der Höhe angeben, in der er sie für gerechtfertigt hält. Bei einer ungerechtfertigten **Kürzung der Forderungen** riskiert er, dass er sich der Möglichkeit der Zustimmungsersetzung im Schuldenbereinigungsplanverfahren begibt. In der Praxis wird er daher die gegen ihn geltend gemachten Forderungen nur bei erheblichen rechtlichen Bedenken kürzen. Die Fiktion des Erlöschens von Teilforderungen des

Gläubigers bei einem Schweigen auf das vom Schuldner vorgelegte Verzeichnis entfaltet ihre Wirkung nur bei einem Zustandekommen des Plans (hierzu u. *Kohte* § 308 Rz. 1).

25 Auch das **Gläubigerverzeichnis** wird nicht inhaltlich überprüft, sondern muss nur Mindestanforderungen genügen. Hierzu reicht eine Aufstellung von Gläubigernamen mit zustellfähigen Adressen. Soweit bekannt, sind auch die Aktenzeichen, sowie die zustellfähigen Anschriften und Aktenzeichen der Gläubigervertreter anzugeben, die den Gläubiger außergerichtlich vertreten haben. Es kann zweckmäßiger Weise mit dem Forderungsverzeichnis verbunden werden.

26 Dem Antrag ist die **Erklärung** beizufügen, dass die Angaben in den Verzeichnissen und der Vermögensübersicht **richtig und vollständig** sind. Eine Versicherung an Eides statt ist nicht vorgesehen, dem Schuldner droht bei grob fahrlässigen unrichtigen oder unvollständigen Angaben die Sanktion der Versagung der Restschuldbefreiung nach § 290 Abs. 1 Nr. 6 InsO.
Zu der Einführung eines Vordruckzwanges vgl. unten Rz. 53 und Anhang IV.

IV. Schuldenbereinigungsplan

27 Der Schuldenbereinigungsplan – vom Rechtsausschuss als Kernstück der vorzulegenden Unterlagen bezeichnet – soll ein weiteres Instrument der gütlichen Einigung zwischen Schuldnern und Gläubigern sein (kritisch dazu *Pape* in: *Hess/Pape* S. 1243; *Kohte* ZIP 1994, 184 ff.). Auch er soll sowohl eine übermäßige **Belastung der Gerichte verhindern**, als auch Instrument der gütlichen Einigung zwischen Schuldnern und Gläubigern sein (BT-Drucks. 12/7302 S. 190). Die Vorlage des Plans ist nach wie vor notwendiges **Antragserfordernis**, und zwar auch dann, wenn die Durchführung des Schuldenbereinigungsplanverfahrens aus der Sicht des Schuldners aussichtslos erscheint und nicht angestrebt wird. Denn die Entscheidung über die Durchführung des Planverfahrens trifft ausschließlich der Richter nach freier Überzeugung (hierzu s. *Grote* § 306 Rz. 7 b), so dass der Plan in jedem Fall vorzulegen ist.

28 Der Inhalt des Plans unterliegt der **Privatautonomie** (*Uhlenbruck/Vallender* InsO, § 305 Rz. 117; *Hess* InsO, 2. Aufl., § 304 Rz. 55; HK-InsO/*Landfermann* § 305 Rz. 24; *Nerlich/Römermann* InsO, § 305 Rz. 38; *Kübler/Prütting-Wenzel* InsO, § 305 Rz. 36; OLG Celle ZInsO 2001, 601 = NZI 2001, 254; s. auch o. Rz. 8 ff.). Die Beteiligten sind bei der Gestaltung grds. frei (BT-Drucks. 12/7302 S. 190; *Hess/Obermüller* a. a. O., Rz. 731). Eine gerichtliche Überprüfung des Planinhalts findet nicht statt, eine materielle Prüfungskompetenz steht dem Gericht nicht zu (so auch *Kübler/Prütting-Wenzel* InsO, § 305 Rz. 37 m. w. N.). Dem Merkmal der »Angemessenheit« der im Plan enthaltenen Regelungen (Nr. 4) kommt dabei keine eigenständige Bedeutung zu (*Nerlich/Römermann* InsO, § 305 Rz. 43; OLG Köln ZIP 1999, 1929). Der Plan wird sich i. d. R. an den Ergebnissen orientieren, die voraussichtlich bei der Durchführung des gerichtlichen Entschuldungsverfahrens entstünden, das ist jedoch keine Bedingung für die Wirksamkeit oder Angemessenheit (zu den Anforderungen öffentlicher Gläubiger an den Inhalt der Pläne vgl. die Anweisungen des *BFA* BStBl. 1998 S. 1497–1499; sowie die Durchführungsanweisungen der *BA* zum Involvenzverfahren, abgedruckt in ZIP 1999, 1233 ff.) Allerdings hätte ein Plan, der einen Gläubiger gegenüber der **fiktiven Durchführung des gerichtlichen Verfahrens** schlechter stellen würde, möglicherweise keine Chance, im Wege der Zustimmungsersetzung zum Erfolg zu kommen (§ 309 Abs. 1 Satz 2 Nr. 2 InsO). Es ist jedoch zu beachten, dass in Kreisen der Kreditwirtschaft bereits offen diskutiert wird, ob es für einen Zessionsgläubiger zweckmäßiger sein könne, den übrigen Gläubigern im Plan eine Beteiligung an den Zessionserlösen zuzugestehen, damit die notwendigen Mehrheiten erzielt werden (dazu *Hess/Obermüller* a. a. O., Rz. 792). Insofern ist für den Schuldner und seine Berater bei der Aufstellung des Plans eine **realistische und durchhaltbare Konzeption**, auf die sich alle Beteiligten verlassen können, wichtiger als eine sklavische Orientierung an § 309 InsO.

28 a In der Praxis haben sich **drei Arten von Plänen** durchgesetzt: Einmalzahlungen, feste Ratenzahlungen und Ratenzahlungen, deren Höhe sich an der jeweiligen Pfändbarkeit des Schuldners orientiert (sog. flexible Pläne). Mehrheitliche Zustimmungen werden dabei insbesondere dann erzielt, wenn den Gläubigern **Einmalzahlungen** angeboten werden können (zur Möglichkeit der Zustimmungsersetzung bei Plänen, die Einmalzahlungen vorsehen OLG Köln NZI 2001, 211 [212]). Die Höhe der Einmalzahlungen bemisst sich dabei oft an den Zahlungen, die bei der Durchführung des Verbraucherinsolvenzverfahrens mit anschließender Restschuldbefreiung zu erwarten wären (hilfreich bei der Ermittlung der Prognosebeträge sind Computerprogramme, so z. B. InsO-Plan 2.0 der Verbraucher-Zentrale NRW). Einmalzahlungen können aber i. d. R. nur dann angeboten werden, wenn der Schuldner von dritter Seite erheblich unterstützt wird, etwa durch die Verwandtschaft oder durch Arbeitgeberdarlehen. Z. T. wird in der Praxis

Eröffnungsantrag des Schuldners § 305

bei angebotenen Einmalzahlungen der finanzmathematische Vorteil der sofortigen Zahlung den im Verfahren sukzessive zu erbringenden Raten mit Hilfe der **Barwertmethode** ermittelt und in Abzug gebracht (hierzu ausf. *Krüger/Reifner* ZInsO 2000, 12 ff.). Bei Zahlungsplänen, die die Zahlung von **Raten in fest vereinbarter Höhe** vorsehen besteht das Risiko, dass sie bei der regelmäßigen langen Laufzeit von vier bis sechs Jahren vom Schuldner nicht eingehalten werden können, wenn sich dessen Familien- oder Erwerbssituation verändert. Feste Raten sind daher wohl nur dann vertretbar, wenn die Laufzeiten relativ kurz und die Zahlungsverpflichtungen nicht zu hoch sind und der Schuldner sich in einer stabilen Erwerbs- und Familiensituation befindet. In den meisten Überschuldungsfällen dürften für Verbraucherschuldner nur **flexible Zahlungspläne** in Frage kommen, die – i. d. R. analog zur Laufzeit des zu erwartenden gerichtlichen Verfahrens – eine Verteilung der jeweils gem. § 850 c ZPO pfändbaren Einkommensbeträge an die Gläubiger vorsehen.

Grundsätzlich lassen sich **verschiedenste Situationen in Plänen** darstellen. Der Kreativität der Beteiligten ist insoweit durch das Gesetz keine Grenzen gesetzt. So kann ein Streit zwischen Schuldner und Gläubiger über die Höhe der Berechtigung in den Plan miteinbezogen werden, indem die Höhe der endgültigen Verteilungsquote vom Ausgang des Streits abhängig gemacht wird. In diesen Fällen bietet sich eine zunächst **vorläufige Verteilung** von Teilbeträgen an die Gläubiger und eine spätere endgültige Verteilung an, wenn die Forderungssituation geklärt ist. Dies gilt auch dann, wenn der Wert eines Absonderungsrechts – etwa bei einer noch nicht verwerteten Immobilie – noch nicht feststeht (Planbeispiel hierzu bei *Grote/Weinhold* Arbeitshilfe InsO Verbraucher-Zentrale NRW, S. 390 ff.). 28 b

In diesen, aber auch in anderen Fällen ist die Einschaltung eines **außergerichtlichen Treuhänders** sinnvoll. Dieser kann, wie der gerichtlich eingesetzte Treuhänder nach § 292 InsO, die Zahlbeträge des Schuldners sammeln, und einmal im Jahr nach dem ausgehandelten Plan eine Ausschüttung an die Gläubiger vornehmen. Dies ist insbesondere bei flexiblen Plänen, die die Verteilung der jeweils pfändbaren Einkünfte des Schuldners vorsehen, sinnvoll. Der Anspruch des außergerichtlichen Treuhänders kann zudem durch die Vereinbarung einer Abtretung der pfändbaren Bezüge des Schuldners gesichert und erleichtert werden. Die Vereinbarung eines Treuhandverhältnisses zur Erfüllung des Plans erleichtert nicht nur dem Schuldner (der ansonsten jeden Monat zahlreiche Überweisungen tätigen müsste) die Einhaltung des Plans, sondern verringert auch den Aufwand der Gläubiger bei der Überwachung des Plans und der Verbuchung der Beträge. Für die **Kostentragung des außergerichtlichen Treuhänders** bietet sich eine Analogie zu § 293 InsO und § 14 InsVV an, so dass der Treuhänder vorab 5% der eingesammelten Beträge erhält und der Schuldner die Zahlung einer Mindestvergütung garantiert (Einzelheiten bei *Grote/Weinhold* a. a. O., S. 347 ff. und 403 ff.). 28 c

In der Regel dürfte für alle Beteiligten ein Plan die bessere und effizientere Lösung gegenüber der Durchführung des gerichtlichen Verfahrens sein (zur Sicherung der Sanierung durch eine Abtretung der Bezüge des Schuldners an einen außergerichtlichen Treuhänder s. *Kohte* § 313 Rz. 10 ff.).

Ausnahmen hiervon sind vor allem die für den Schuldner bestehende Gefahr des Entstehens von **Ausgleichspflichten** – etwa durch die Inanspruchnahme von **Bürgen oder Mitschuldnern**, sowie das Vorhandensein unbekannter Gläubiger. Anders als der Insolvenzplan (vgl. § 254 Abs. 1 und Abs. 2 InsO) befreit der Schuldenbereinigungsplan weder vor später entstehenden Ausgleichspflichten, noch entfaltet er Wirkung gegenüber nicht am Plan beteiligten Gläubigern. Jedenfalls in diesen Fällen dürfte die Durchführung des gerichtlichen Verfahrens mit der insoweit umfassenderen Wirkung des § 301 InsO die geeignetere Lösung zu einer Sanierung des Schuldners sein (zur Möglichkeit der Aufnahme potentieller Ausgleichspflichten in das Forderungsverzeichnis s. o. Rz. 24 b; zu Einzelheiten der Durchführung des außergerichtlichen Einigungsversuchs und der **Gestaltung der Pläne** in verschiedenen Fallgestaltungen ausf. *Grote/Weinhold* Arbeitshilfe InsO Verbraucher-Zentrale NRW, 2001). 28 d

Eine inhaltliche Überprüfung des Inhalts des Plans durch das Gericht findet wegen der oben unter Rz. 13 und 28 ff. aufgezeigten Gesichtspunkte nicht statt. Insofern kann auch ein **Nullplan** nicht als unzulässiger Schuldenbereinigungsplan zurückgewiesen werden (ganz h. M. Meinung, *BayObLG* ZInsO 2000, 161 = NZI 2000, 129 = ZIP 2000, 320; *OLG Köln* ZIP 1999, 1929; *OLG Frankfurt* NZI 2000, 137 = InVo 2000, 271; *Nerlich/Römermann* InsO, § 305 Rz. 37 ff.; HK-InsO/*Landfermann* § 305 Rz. 27 ff.; so auch *Wittig* WM 1998, 157 [160]; *Heyer* JR 1996, 314 ff.; zur Frage der Zustimmungsersetzung beim Nullplan s. u. *Grote* § 309 Rz. 32; *Uhlenbruck/Vallender* InsO, § 305 Rz. 22; *Pape* Rpfleger 1997, 237 [241]; **a. A.** *Kübler/Prütting-Wenzel* InsO, § 305 Rz. 38 mit zahlreichen Nachw.; *ders.* § 286 Rz. 78; MünchKomm-InsO/ *Ott/Vuia* § 305 Rz. 67 ff.). Auch die Finanzbehörden lassen jetzt grds. die Zustimmung zu einem Nullplan zu (s. hierzu die Ausführungen m. w. N. bei *Uhlenbruck/Vallender* InsO, § 305 Rz. 13). Denn die für 29 den Insolvenzplan geltende Zurückweisungsnorm des § 231 InsO gilt hier nach § 312 Abs. 3 InsO bewusst nicht. Der Schuldenbereinigungsplan muss auch **keinen vollstreckbaren Inhalt** haben (*OLG Celle* ZInsO 2000, 601 = NZI 2001, 254; *OLG Köln* ZIP 1999, 1929 [1932] unter Verweis auf *OLG Zweibrücken* FamRZ 1998, 1126). Daraus, dass § 308 InsO den Schuldenbereinigungsplan als Prozessvergleich und damit als Vollstreckungstitel qualifiziert ist nicht abzuleiten, dass der Plan auch einen vollstreckbaren Inhalt haben muss. Vielmehr bedeutet dies lediglich, dass der Plan nur insoweit als Vollstreckungstitel gilt, als er einen vollstreckbaren Inhalt hat (*OLG Celle* a. a. O.; *OLG Köln* a. a. O., m. w. N.) und es insoweit den Beteiligten überlassen bleibt, bei dem Bedürfnis nach einer Vollstreckbarkeit des Plans einen entsprechenden Inhalt festzulegen. Beim Schuldenbereinigungsplan werden die Gläubiger i. d. R. **kein Interesse an der Vollstreckung eines Plans** haben, der ihnen nur einen Bruchteil ihrer Forderungen gewährleistet, sondern werden als Sanktion der Nichterfüllung auf einer Verfallklausel bestehen (zur inhaltlichen Anforderung an eine Verfallklausel s. u. Rz. 30 und *Grote* § 309 Rz. 23 a).

29 a § 305 Abs. 1 Nr. 4 InsO sieht als Inhaltserfordernis aber vor, dass im Plan eine Regelung darüber aufzunehmen ist, **inwieweit Sicherheiten vom Plan beeinträchtigt werden**. Im Plan ist also z. B. zu bezeichnen, inwieweit Bürgschaften, Aus- oder Absonderungsrechte berührt werden bzw. bestehen bleiben. Der Gesetzgeber wollte damit Irrtümer der Beteiligten über die Wirkung des Plans vermeiden (BT-Drucks. 12/7302 S. 191). Enthält der Plan keine Angaben über die Wirkungen auf Sicherheiten, so kann der Antrag vom Gericht mit der Wirkung des Abs. 3 als unvollständig zurückgewiesen werden (HK-InsO/*Landfermann* § 305 Rz. 34). Wird das Fehlen nicht beanstandet und kommt der Plan ohne entsprechende Regelungen zu Stande, so hat das aber weder die Nichtigkeit, noch die Anfechtbarkeit des Plans zur Folge. Es gelten dann ergänzend zum Planinhalt die gesetzlichen Bestimmungen. Das Erlöschen der Hauptforderung bewirkt wegen der Akzessorietät auch das Erlöschen des Anspruchs gegen den Bürgen. Der Verzicht auf die weitere Inanspruchnahme eines durch Schulbeitritt Mitverpflichteten entfaltet dagegen regelmäßig keine Gesamtwirkung (zu den Auslegungsregeln bei Mithaftenden die ausnahmsweise die Gesamtwirkung des Verzichts zur Folge haben s. *Kohte* § 308 Rz. 2). Allerdings wird man eine Vereinbarung, die sich an § 114 Abs. 1 InsO anlehnt und die Zahlung der pfändbaren Einkommensbeträge zunächst an den Abtretungsgläubigern und dann eine Aufteilung an alle Gläubiger vorsieht dahingehend auslegen können, dass mit dem Ende der Bevorzugung im Plan ein Verzicht auf die weitere Verwendung der Sicherheit enthalten ist.

29 b Andererseits besteht bei **Personalsicherheiten** die Möglichkeit, die Sicherungsgeber in den Plan einzubeziehen. Dies wird sich insbesondere bei Bürgschaften und Mitverpflichtungen von Ehepartnern anbieten (zur Mitverpflichtung von Familienangehörigen s. auch *Kohte* Vor §§ 286 ff. Rz. 8 ff. und § 308 Rz. 2). Insoweit kann vereinbart werden, dass nicht nur die Ansprüche gegen den Schuldner, sonder auch gegen den Ehepartner mit der Erfüllung des Plans erlöschen (BT-Drucks. 12/7302 S. 191; zur Aufnahme potentieller Ausgleichsforderungen im Plan s. o. Rz. 28 d). Kommt der Plan dann im Schuldenbereinigungsplanverfahren nicht zu Stande, muss der Ehepartner aber dennoch einen eigenen Antrag nach § 305 InsO (mit einem eigenen Schuldenbereinigungsplan) stellen, um die Restschuldbefreiung zu erreichen.

30 Die Gläubiger werden regelmäßig bei der Plangestaltung auf sog. **Verfallklauseln** bestehen. Zwingend erforderlich sind diese nicht, allerdings könnten fehlende Verfallklauseln einer Zustimmungsersetzung im Weg stehen (dazu unten *Grote* § 309 Rz. 23 a). Die in § 305 Abs. 1 Nr. 4 InsO enthaltenen Hinweise auf mögliche Inhalte des Plans sind **nicht als richterlich überprüfbare** Kriterien zu verstehen, sondern als Leitfaden, der auch für die Gestaltung der außergerichtlichen Schuldenbereinigung als »Gebrauchsanweisung« dienen kann (BT-Drucks. 12/7302 S. 189; *Schmidt-Räntsch* MDR 1994, 324; KS-InsO/*Balz* 2000, S. 20 Rz. 59; zur Frage der richterlichen Überprüfung von Verfallklauseln s. *Kohte* § 308 Rz. 11 ff.).

D. Erstellung der Forderungsverzeichnisse (Abs. 2)

31 Abs. 2 Satz 1 soll dem Schuldner die **Erstellung des Forderungsverzeichnisses** erleichtern, indem er auf die nach Satz 2 vom Gläubiger erstellten Forderungsaufstellungen Bezug nimmt. Dies ist als Klarstellung allgemeiner Regelungen der Bezugnahme zu verstehen (vgl. *Zöller/Greger* § 130 ZPO Rz. 1 a).

32 Abs. 2 Satz 2 soll als **flankierende Regelung** die Vorbereitung des Schuldners für die außergerichtlichen Verhandlung und die Erstellung des Schuldenbereinigungsplans erleichtern. In der Praxis ist dem Schuldner die Art und Höhe seiner Schuld insbesondere wegen der laufenden Verzugszinsen, den auf Gläubiger-

seite entstandenen Kosten der Zwangsvollstreckung und der komplizierten Zahlungsverrechnung nach § 367 BGB oder § 497 BGB i. d. R. nicht bekannt. Er ist daher auf eine **aktuelle Rechnungslegung** durch die Gläubiger angewiesen. Abs. 2 Satz 2 macht deutlich, dass die Gläubiger eine detaillierte Forderungsaufstellung erstellen müssen, die nach Hauptforderung, Zinsen und Kosten differenziert. »Aufstellung« verdeutlicht, dass dem Schuldner nicht lediglich der derzeitige Stand der Forderungen mitgeteilt wird, sondern dass aus einer Aufstellung der Forderungsverlauf erkennbar ist, insbesondere die Verrechnung der geleisteten Zahlungen oder Pfändungsbeträge, die Kosten der einzelnen Zwangsvollstreckungsmaßnahmen in der Vergangenheit und die Entwicklung der Zinsen. Auch die **Methode der Verrechnung** der Forderungen nach § 367 Abs. 1 BGB oder § 497 BGB muss aus der Aufstellung erkennbar sein. Dem Schuldner soll Gelegenheit gegeben werden zu prüfen, ob von ihm geleistete Zahlungen berücksichtigt und richtig verrechnet wurden und die vom Gläubiger geltend gemachten Kosten berechtigt sind. Hierdurch wird erreicht, dass die bei einer späteren Anmeldung der Forderung von den Gläubigern ohnehin vorzunehmende Berechnung der Forderungen) vorverlagert wird (BT-Drucks. 12/7302 S. 191). Darüber hinaus wird die außergerichtliche Einigung gefördert und **Streitigkeiten** bzgl. des Bestandes der Forderungen können frühzeitig geklärt werden.

§ 305 Abs. 2 InsO konkretisiert gesetzlich den auch schon bislang anerkannten **Auskunftsanspruch** des Schuldners aus §§ 242, 810 BGB und bestätigt eine in der Schuldnerberatung bereits weitgehend geübte Praxis der Gläubiger, die auch in ihrem eigenen Interesse dem Schuldner detailliert über die bestehenden Forderungen und deren Zusammensetzung Auskunft erteilen. Nach § 242 BGB besteht ein Anspruch auf Auskunft, wenn eine besondere rechtlichen Beziehung zwischen dem Auskunftsfordernden und dem Inanspruchgenommenen besteht und es das Wesen des Rechtsverhältnisses mit sich bringt, dass der Berechtigte in entschuldbarer Weise über Bestehen und Umfang seiner Rechte im Ungewissen, der Inanspruchgenommene aber in der Lage ist, die verlangte Auskunft unschwer zu erteilen (*BGH* NJW 1980, 263, st. Rspr.; *Soergel/Wolf* § 260 Rz. 23 ff.; im Erg. auch *Staudinger/Jürgen Schmidt* § 242 BGB Rz. 829 f., der den Auskunftsanspruch nicht aus § 242, sondern aus Gewohnheitsrecht ableitet). Dies gilt auch nach der Kündigung des Kredits, wenn sich das Kreditverhältnis in ein Rückgewährschuldverhältnis umgewandelt hat (*Wosnitza* Das Recht auf Auskunft im bankvertraglichen Dauerschuldverhältnis, 1991, S. 121). Da die Gläubiger die Zahlungsentwicklung regelmäßig schriftlich dokumentiert haben, hat der Schuldner darüber hinaus ein **Einsichtsrecht nach § 811 BGB** (*Wosnitza* a. a. O, S. 122). Hierzu gehört auch die Bereitstellung von Ablichtungen der Vertragsunterlagen und bestehender Vollstreckungstitel, wenn diese dem Schuldner nicht mehr zur Verfügung stehen, damit er die Möglichkeit bekommt, die Forderungen rechtlich zu überprüfen. Auch dies ergibt sich bereits aus § 810 und § 242 BGB (*BGH* NJW-RR 1992, 1072; *Staudinger/Marburger* § 810 BGB Rz. 21; *Derleder/Wosnitza* ZIP 1990, 901; so auch *Hess* InsO, 2. Aufl., § 305 Rz. 127).

§ 305 Abs. 2 Satz 2 InsO normiert einen eigenständigen Auskunftsanspruch (*AG Sigmaringen* InVo 2007, 238) und enthält eine Abweichung von der im allgemeinen Auskunftsrecht geltenden **Kostenregelung** nach § 811 Abs. 2 BGB. Nach allgemeinen Regeln ist grds. der Auskunftsersuchende zum Kostenersatz verpflichtet. Dagegen sind die Kosten, die dem Gläubiger im Vorfeld des Schuldenbereinigungsplanverfahrens dadurch entstehen, dass er seiner in § 305 InsO normierten Auskunftspflicht nachkommt und dem Schuldner eine detaillierte Forderungsaufstellung erteilt, nicht ersatzfähig (vgl. zu den Kosten auch *Kohte* § 310 Rz. 2 ff.). Die **Kostenfreiheit** entfällt auch nicht, wenn der Antrag später aus irgendwelchen Gründen nicht gestellt wird (*Nerlich/Römermann* InsO, § 305 Rz. 48; *Hess* InsO, 2. Aufl., § 305 Rz. 128; **a. A.** *Kübler/Prütting-Wenzel* InsO, § 305 Rz. 12). Soweit im Schrifttum die Auffassung vertreten wird, die Gläubiger seien berechtigt, zunächst vom Schuldner Kosten für die Auskunftserteilung zu verlangen, die dem Schuldner bei einem später tatsächlich durchgeführten Schuldenbereinigungsplanverfahren zu erstatten wären, findet diese Auffassung de lege lata im Gesetz keinerlei Stütze. Das Auskunftsverlangen ist unabhängig von den weiteren Dispositionen des Schuldners nach dem insoweit eindeutigen Gesetzeswortlaut kostenlos (vgl. auch *Uhlenbruck/Vallender* InsO, § 305 Rz. 105; *Nerlich/Römermann* InsO, § 305 Rz. 67).

Nach dem Wortlaut von Abs. 2 Satz 3 muss der Schuldner die Gläubiger auf einen bereits gestellten oder **beabsichtigten Insolvenzeröffnungsantrag** hinweisen. Hierdurch sollen die Gläubiger vor wiederholten Aufforderungen des Schuldners geschützt werden, da die Erstellung für sie arbeitsaufwendig ist und sie einen Aufwendungsersatz für ihre Tätigkeit nicht verlangen dürfen (BT-Drucks. 12/7302 S. 191). Die Erreichung dieses Zwecks erscheint fragwürdig (*Hess/Obermüller* a. a. O., Rz. 784). Allein durch einen Hinweis des Schuldners auf ein beabsichtigtes Verfahren werden die Gläubiger nicht vor wiederholten Auskunftsersuchen geschützt. **Grenze** für wiederholte Auskunftsersuchen wird aber das Institut des **Rechtsmissbrauchs** nach § 242 BGB sein (so auch *Wittig* WM 1998, 157 [164]), wenn der Schuldner z. B. innerhalb kurzer Zeitspannen wiederholte Auskunftsersuchen mit dem Hinweis auf ein beabsichtigtes Verbraucherinsolvenzverfahren verbindet, ohne dass das Verfahren tatsächlich betrieben wird. Bei der Frage des rechtsmissbräuchlichen Auskunftsverlangens sind die gesamten Umstände des Einzelfalles zu würdigen (*Palandt/Heinrichs* § 242 Rz. 38). Eine einmalige Wiederholung des Auskunftsersuchens, etwa weil der Schuldner die Voraussetzungen des § 305 Abs. 3 InsO nicht erfüllt hat und einen erneuten Antrag stellen will, wird sicher noch nicht als rechtsmissbräuchlich anzusehen sein.

35 a Bei dem Auskunftsanspruch handelt es sich um einen **materiellrechtlichen Anspruch**, der gerichtlich durchsetzbar ist. Der Schuldner kann den Gläubiger, der die Auskunft verweigert, vor dem Prozessgericht auf Auskunftserteilung **verklagen** (*LG Düsseldorf* v. 26. 07. 2000 – AZ 5 O 302/99, ZInsO 2000, 19 [LS]; zum Streitwert *OLG Frankfurt* OLG Report 2007, 595). Der Schuldner ist aber nicht verpflichtet, den nicht auskunftsbereiten Gläubiger auf Auskunft zu verklagen. Es genügt, wenn er im Forderungsverzeichnis die Forderungshöhe nach seinem Kenntnisstand angibt und auf die nicht erteilte Auskunft hinweist (*Graf-Schlicker/Sabel* InsO, § 305 Rz. 29).

E. Unvollständige Antragsunterlagen (Abs. 3)

36 Die in Abs. 3 enthaltene Regelung dient der **Verfahrensbeschleunigung**. Mit der Fristbestimmung in Satz 2 soll auf ein zügiges Handeln des Schuldners hingewirkt werden (BT-Drucks. 12/7302 S. 191). Insbesondere im Hinblick auf § 306 Abs. 1 Satz 2 InsO, der einen Abschluss des Verfahrens **innerhalb von drei Monaten als Sollvorgabe** postuliert, sollen die zur Verfahrensdurchführung notwendigen Unterlagen möglichst schnell vorliegen. Das Gericht erhält die Möglichkeit, auf eine Vervollständigung der Unterlagen hinzuwirken.

37 Abs. 3 knüpft an Abs. 1 an, wonach der Schuldner zur Vorlage bzw. unverzüglicher Ergänzungen der Unterlagen verpflichtet ist. Die **Prüfungskompetenz** des Gerichts beschränkt sich hierbei lediglich auf eine Überprüfung der **Vollständigkeit der Unterlagen** (*Hess/Obermüller* a. a. O., Rz. 796), eine inhaltliche Überprüfung der vorgelegten Unterlagen findet nicht statt, da in Rahmen des § 305 InsO keine Zulässigkeitsprüfung erfolgt (*OLG Celle* NZI 2001, 254 = ZInsO 2000, 601; *Hess* InsO, 2. Aufl., § 305 Rz. 145; vgl. auch o. Rz. 4 ff.).

38 Es wird lediglich geprüft, ob die vorgelegten Unterlagen überhaupt als solche i. S. d. § 305 Abs. 1 Nr. 1–4 InsO anzusehen sind. So ist die Bescheinigung nach Abs. 1 Nr. 1 InsO daraufhin zu überprüfen, ob sie von einer als geeignet anzusehenden Stelle oder Person stammt, ihrem Inhalt nach als Bescheinigung über das Scheitern eines außergerichtlichen Einigungsversuchs anzusehen ist und eine Unterschrift der autorisierten Person enthält. Dagegen (wird) kann vom Gericht nicht überprüft werden, ob die **Verhandlungen mit den Gläubigern ernsthaft oder zweckdienlich** waren und tatsächlich auf der Grundlage eines Plans erfolgt sind (vgl. o. Rz. 13). Auch bzgl. des Antrags bzw. der negativen Absichtserklärung nach Abs. 1 Nr. 2 wird lediglich eine **formale Prüfung** vorgenommen. Das Vermögensverzeichnis nach Nr. 3 muss grds. eine – positive oder negative – Aufstellung von Vermögenswerten enthalten. Die Vollständigkeit der Angaben wird allerdings nicht überprüft. Unvollständige Angaben des Schuldners werden durch § 290 Abs. 1 Nr. 6 InsO sanktioniert.

39 Der **Schuldenbereinigungsplan** nach Abs. 1 Nr. 4 wird lediglich daraufhin überprüft, ob er überhaupt Vorschläge enthält, die ihrem Inhalt nach zu einer Schuldenbereinigung führen können (vgl. auch den Katalog in § 224 Abs. 1 InsO). Eine weitergehende inhaltliche Überprüfung findet nicht statt (s. o. Rz. 29 m. w. N.).

40 Kommt der Schuldner seiner in Abs. 1 bezeichneten Obliegenheit nicht nach, fordert das Gericht ihn auf, die Unterlagen **unverzüglich zu ergänzen**. Dies geschieht in Form einer richterlichen Verfügung, da das Gesetz an dieser Stelle keinen förmlichen Beschluss vorsieht; hierin ist auf die Rechtsfolgen nach § 305 Abs. 3 Satz 2 InsO hinzuweisen.

41 Das Gesetz sieht vor, dass der Antrag als zurückgenommen gilt, wenn der Schuldner der Aufforderung nicht innerhalb einer Frist von **einem Monat** nachkommt. Durch das InsOÄndG 2001 ist diese Frist für den Fall des Gläubigerantrags auf **drei Monate** verlängert worden. Es handelt sich hierbei um **gesetzliche Ausschlussfristen**. Problematisch wird die Einhaltung der Frist, wenn der Schuldner die vorzulegenden Unterlagen nicht innerhalb der kurzen Zeiträume beschaffen kann. Eine Verlängerung der Frist

nach Abs. 3 ist wegen § 224 Abs. 2 ZPO nicht möglich, da gesetzliche Fristen nur in den vom Gesetz ausdrücklich bestimmten Fällen verlängert werden können (MünchKomm-ZPO/*Feiber* § 224 Rz. 3).

Bei einem **Gläubigerantrag** nach § 306 Abs. 3 InsO ist der Schuldner nunmehr gezwungen, einen eigenen Insolvenzantrag zu stellen, wenn er die Restschuldbefreiung erlangen will. Hierzu gibt das Gericht ihm Gelegenheit, indem es ihn zur Antragstellung auffordern und ihm eine **Frist zur Erklärung** setzen wird. Um Klarheit über die Absicht des Schuldners zu schaffen und den weiteren Gang des Verfahrens zu beschleunigen, wird diese Frist zur Antragstellung nur knapp zu bemessen sein. Es wird dem Schuldner aber auch nach der Gesetzesänderung und der Verlängerung der Antragsergänzungsfrist bei einem Gläubigerantrag auf drei Monate nicht immer möglich sein, innerhalb dieser Fristen eine geeignete Stelle oder Person zu finden, die **zustellfähigen Adressen** seiner Gläubiger zu recherchieren, von ihnen die Forderungsaufstellungen zu erhalten, einen ernsthaften Sanierungsplan auszuarbeiten, hierüber zu verhandeln und die Verzeichnisse zu erstellen, so dass die Gefahr besteht, dass der Schuldnerantrag trotz ernsthafter und redlicher Bemühungen **an den objektiven Fristproblemen scheitert** (hierzu zur alten Rechtslage *Grote* ZInsO 2000, 146 [147]; *Delhaes* ZInsO 2000, 358 [359]) Das hätte für den Schuldner vor allem dann fatale Konsequenzen, wenn das Verfahren über den Gläubigerantrag eröffnet würde und er dann zunächst bis zum Abschluss dieses Verfahrens nicht in der Lage wäre, seiner Restschuldbefreiung näher zu kommen (vgl. hierzu die abzulehnende Entscheidung des *AG Duisburg* ZInsO 2001, 273 f., das in einem Verfahren, das auf Gläubigerantrag hin eröffnet wurde, das Verfahren bei dem Vorhandensein verwertbaren Einkommens sieben Jahre lang geöffnet halten will). **42**

Durch die **Verlängerung der Frist** des Abs. 3 für das Verfahren bei einem Gläubigerantrag ist die Problematik in der Praxis entschärft, aber nicht beseitigt worden. Denn gerade das Bedürfnis des Gesetzgebers, auch bei einem Gläubigerantrag in der Verbraucherinsolvenz der außergerichtlichen Einigung den Vorrang zu geben (dazu BT-Drucks. 14/5680 S. 31 zu Nr. 24), ist mit starren und zu kurz bemessenen Fristen nicht zu erreichen. In der Vorauflage war hierzu herausgearbeitet worden, dass – bei der damals noch durchgängig kürzeren Antragsergänzungsfrist von einem Monat – in Anlehnung an das Vergleichsrecht (dazu nur *Uhlenbruck* KTS 1987, 411 ff.; *Kilger/Karsten Schmidt* § 16 VglO Rz. 5) und nach dem Grundsatz des fairen Verfahrens (dazu (*BVerfG* BVerfGE 46, 325 [334] = NJW 1978, 368; BVerfGE 49, 220 [225]; BVerfGE 51, 150 [156]) das Gericht gehalten ist, dem Schuldner ausreichend Zeit zu lassen, um den außergerichtlichen Einigungsversuch durchzuführen und die erforderlichen Unterlagen beizubringen (für eine Hinauszögerung der Fristsetzung auch *Henckel* FS für Gaul. 1997, S. 199, 202; ähnlich für das Vergleichsrecht *Häsemeyer* Insolvenzrecht, 1992, S. 675 f.). Dies dürfte **auch nach der Änderung** noch in den nicht seltenen Fällen geboten sein, in den bei der Antragstellung eines Gläubigers (z. B. aufgrund der Wartezeiten der örtlichen Beratungsstellen, des besonderen Umfangs der Gläubigerzahl oder der Schwierigkeit der Informationsbeschaffung bei lang zurückliegenden Verschuldungen) absehbar ist, dass ein ernsthafter Einigungsversuch des Schuldners nach § 305 Abs. 1 InsO auch in der Drei-Monatsfrist nicht abzuschließen ist. In diesen Fällen kann die Zielsetzung des Gesetzgebers, außergerichtlichen Einigungen den Vorrang einzuräumen, nur dadurch erreicht werden, dass das Gericht den Zeitpunkt für die Fristsetzung soweit hinauszögert, dass es dem Schuldner auch faktisch möglich ist, den außergerichtlichen Einigungsversuch erfolgreich durchzuführen. Hierzu ist das Gericht nach dem **Grundsatz der fairen Verfahrensführung** verpflichtet. Es wird daher bei einem Gläubigerantrag in Einzelfällen, in dem das nach der bekannten Sachlage oder dem Vortrag des Schuldners erforderlich erscheint, sinnvoll sein, ihm zunächst eine (kurze) Frist zur Antragstellung setzen, und ihm dann einer weitere, ausreichend lange Frist zur Beibringung der Unterlagen setzen. Diese Frist ist so zu bemessen, dass Sie zusammen mit der Ergänzungsfrist des Abs. 3 ausreicht um einen außergerichtlichen Einigungsversuch erfolgreich zu Ende zu bringen. Erst danach wird es den Schuldner zur Ergänzung der fehlenden Unterlagen auffordern und damit die Frist des Abs. 3 in Lauf setzen (s. zur dogmatischen Begründung ausf. die 2. Auflage, Rz. 42–49). **43**

Weggefallen durch InsOÄndG 2001 s. insoweit 2. Aufl. **44–49**

Obwohl gegen die **Fiktion der Rücknahme nach § 305 Abs. 3 InsO** kein Rechtsmittel vorgesehen ist, haben sich Rechtsprechung und Literatur z. T. für eine Beschwerdemöglichkeit des Schuldners gegen die Fiktion der Antragsrücknahme ausgesprochen. **50**

Der BGH hat eine generelle Beschwerdemöglichkeit abgelehnt, auch wenn das Gericht unzulässige formale Anforderungen an die Vorlage der Antragsunterlagen (Anlage 7A; Anforderungen an das Gläubigerverzeichnis) gestellt hatte (*BGH* ZInsO 2003, 1040). Offen gelassen hat der IX. Senat dagegen ausdrücklich, ob ein Beschwerderecht besteht, wenn unzulässige Anforderungen an den Inhalt des Schuldenberei- **50 a** nigungsplans gemacht werden oder dem Schuldner missbräuchliche Auflagen macht (*BGH* ZInsO 2003, 1040 = ZVI 2004, 15 [16]; ZInsO 2005, 537; vgl. zur Problematik auch *LG Köln* NZI 2003, 213 mit Anm. *Sternal* und *Pape* ZInsO 2003, 61 ff.).

Streitig ist, ob eine Beschwerdemöglichkeit dann anzunehmen ist, wenn **inhaltliche Anforderungen an den Schuldenbereinigungsplan** gestellt werden, die vom Schuldner nicht eingehalten werden können und sich für ihn faktisch als endgültige Ablehnung der Antragstellung darstellen. Dies wird insbes. bei der Zurückweisung eines Nullplans als unzulässig anzunehmen sein (umfassend dazu Rz. 50 b). Diese Beschwerdemöglichkeit muss unabhängig davon bestehen, ob das Gericht die Fiktion der Antragsrücknahme durch förmlichen Beschluss oder bloße Mitteilung an den Schuldner ausgesprochen hat (*BGH* ZInsO 2003, 1040 = ZVI 2004, 15 [16]; ausf. *Schmerbach* EWiR 2000, 975 [976]; so auch *Kübler/Prütting-Wenzel* InsO, § 305 Rz. 30 m. w. N.). In der Praxis hat sich dabei der dogmatische Weg der analogen Anwendung des § 34 InsO durchgesetzt (*OLG Köln* ZIP 1999, 1929 = NZI 1999, 494; *BayObLG* ZInsO 2000, 161 = ZIP 2000, 320 = NZI 2000, 161 = NJW-RR 2000, 217; *OLG Celle* ZInsO 2000, 601; ausf. *Ahrens* NZI 2000, 201 [205 f.]; *Kübler/Prütting-Pape* InsO, § 34 Rz. 13 b; FK-InsO/*Schmerbach* § 34 Rz. 10 e; unentschieden *Hess* InsO, 2. Aufl., § 305 Rz. 149 a). Zum Teil wird auch eine Analogie zu § 269 Abs. 3 Satz 5 ZPO befürwortet (so die 2. Aufl. Rz. 50; *OLG Karlsruhe* NZI 2000, 163), eine dritte Auffassung hält eine direkte Anwendbarkeit des § 34 InsO durch eine teleologische Reduktion des § 305 Abs. 3 InsO für gegeben (MünchKomm-InsO/*Schmahl* § 34 Rz. 31).

50 b Ein **allgemeines Beschwerderecht gegen jegliche Ergänzungsaufforderung** wird von der Rspr. dagegen weitgehend abgelehnt (*BGH* ZInsO 2003, 1040; *OLG Köln* ZIP 2000, 1397 = NZI 2000, 317; *OLG Köln* ZIP 2000, 144 = ZInsO 2000, 401; *OLG Frankfurt* NZI 2000, 132; FK-InsO/*Schmerbach* § 34 Rz. 10 h). In der Literatur wird dagegen ein über die Fallgruppe der Zurückweisung von Nullplänen hinausgehendes Beschwerderecht gefordert. *Römermann* leitet aus **Art. 19 Abs. 4 GG** einen grundsätzlichen Anspruch auf Rechtsmittel ab, die seiner Ansicht nach gegen jegliche Ergänzungsaufforderung gem. § 305 Abs. 3 InsO geboten sein muss (*Nerlich/Römermann* InsO, § 305 Rz. 64). Auch *Ahrens* weist darauf hin, dass eine **teleologische Extension** des Anwendungsbereichs des § 34 InsO nicht nur in den Fällen geboten sein muss, in denen das Gericht dem Schuldner durch die Ergänzungsaufforderung unerbringbare Leistungen auferlegt, sondern darüber hinaus zumindest die **Bildung weiterer Fallgruppen** geboten ist, in denen Auflagen des Gerichts der Rechtsbeschwerde des Schuldners zugänglich sein müssen (*Ahrens* NZI 2000, 201 [205 f.]). Ähnlich argumentiert *Pape* und verlangt grds. die Möglichkeit der Beschwerde analog § 34 InsO, wenn das Insolvenzgericht die Antragstellung von Auflagen abhängig macht, die **von den Erfordernissen des § 305 Abs. 1 Nr. 1 bis 4 InsO nicht gedeckt** sind und deren Nichterfüllung damit auch nicht die Rücknahmefiktion des § 305 Abs. 3 InsO auslösen kann (*Kübler/Prütting-Pape* InsO, § 34 Rz. 13 b; *Pape* NJW 2001, 23 [25] m. w. N.; *ders.* FS Uhlenbruck, S. 49 Rz. 72, 73). Dieser Ausweitung der Beschwerdemöglichkeit, ist zuzustimmen, da die Rücknahmefiktion sich nur auf die Prüfung der Vollständigkeit der Unterlagen bezieht und nur insoweit Rechtsschutzmöglichkeiten des Schuldners ausschließt. Der Zugang zu der für den Schuldner eminent wichtigen Möglichkeit der Restschuldbefreiung kann nicht ohne Rechtsschutzmöglichkeiten gegen willkürliche und nicht durch das Gesetz gedeckte Maßnahmen versperrt werden. Eine Beschwerdemöglichkeit muss daher auch dann gegeben sein, **wenn das Gericht unberechtigt inhaltliche Anforderungen an den Schuldenbereinigungsplan** stellt (*LG Potsdam* 15. 11. 2006 – 5 T 710/06; *LG Verden* ZInsO 2006, 168; *LG Oldenburg* NZI 2000, 486; *Kübler/Prütting-Pape* InsO, § 34 Rz. 13 b; offen gelassen in *BGH* ZInsO 2005, 484 [485] und *BGH* ZInsO 2005, 537 [538]; s. a. Rz. 24). Die Aufforderung des Insolvenzgerichts an den Schuldner, die Gläubigerforderungen in der Anlage 6 im amtlichen Vordruck zu individualisieren, soll noch keine unzulässige Aufforderung darstellen (*LG Berlin* ZInsO 2007, 1356).

50 c Inwieweit dem Schuldner bei einem erfolgreichen Beschwerdeverfahren wegen ungerechtfertigter Antragserfordernisse des Gerichts ein **Kostenerstattungsanspruch** gegen die Staatskasse zusteht ist streitig. Das LG Essen hatte dem Schuldner mit Hinweis auf das Rechtsstaats- und Sozialstaatsprinzip einen Kostenerstattungsanspruch zugesprochen (*LG Essen* JurBüro 2000, 158 f. m. zust. Anm. *Schmittmann*; *LG Essen* ZInsO 2000, 47). Das *OLG Köln* hat den Kostenerstattungsanspruch mit Hinweis auf eine fehlende insolvenzspezifische Lösung abgelehnt (JurBüro 2001, 496 f. m. abl. Anm. *Schmittmann*).

51 Die **Antragsrücknahme** beseitigt die Rechtshängigkeit des Antrags (s. a. FK-InsO/*Schmerbach* § 13 Rz. 16 ff.). Auf die Verjährung etwaiger Ansprüche der Gläubiger hat das keine Auswirkung, da die Antragstellung ohnehin keine Hemmung oder den Neubeginn der Verjährung der Ansprüche der Insolvenzgläubiger bewirkt. Erst mit der Anmeldung der Forderung im Insolvenzverfahren wird die Verjährung

nach § 204 Nr. 10 BGB gehemmt. Hatte das Gericht bereits Sicherungsmaßnahmen getroffen, so sind diese von Amts wegen durch Beschluss aufzuheben (*Schmidt-Räntsch* Insolvenzordnung, 1995, § 25 Rz. 1; vgl. auch § 106 Abs. 2 KO der diese Pflicht noch deutlicher formulierte).

F. Gerichtliche Vertretung durch geeignete Stelle (Abs. 4)

Der durch das EGInsOÄndG 1998 neu eingefügte Abs. 4 stellt klar, dass sich der Schuldner im Schuldenbereinigungsplanverfahren **durch einen Vertreter einer als geeignet anerkannten Stelle oder von einer geeigneten Person vertreten lassen kann**. Der in § 157 ZPO formulierte Ausschluss von Nicht-Anwälten von der Verfahrensführung wird für diesen Personenkreis ausdrücklich aufgehoben. Die Änderung soll den Wirkungskreis der anerkannten Schuldnerberatungsstellen erweitern und nicht zuletzt die Justiz und möglicherweise auch die Justizkassen entlasten, da sich hierdurch möglicherweise die Beiordnung von Rechtsanwälten im Schuldenbereinigungsverfahren erübrigt, die ja jetzt bei einem Stundungsantrag gem. § 4 a Abs. 2 InsO ausdrücklich vorgesehen ist. Mit der Einfügung des Abs. 4 korrespondiert die Änderung von Art. 1 Abs. 3 des Rechtsberatungsgesetzes, wodurch den anerkannten Stellen eine ihrer Tätigkeit entsprechende Rechtsbesorgungsbefugnis eingeräumt wird. Damit ist nur die Erlaubnis zur Vertretung im gerichtlichen Verfahren, keineswegs aber die Verpflichtung der geeigneten Stellen hierzu verbunden. Es bleibt den Stellen überlassen, inwieweit sie gerichtliche Vertretung des Schuldners durch die überwiegend pädagogisch ausgebildeten Schuldnerberater als ihre Aufgabe ansehen. Die Vertretungsbefugnis bezieht sich allerdings nur auf das Schuldenbereinigungsplanverfahren. Eine Vertretungsbefugnis einer geeigneten Stelle für das eröffnete Insolvenzverfahren kann hieraus nicht abgeleitet werden.

52

G. Formularzwang (Abs. 5)

§ 305 Abs. 5 InsO beinhaltet eine Verordnungsermächtigung zur Einführung eines Formularzwangs für die Antragstellung und die Vorlage der Verzeichnisse im Verbraucherinsolvenzverfahren. Der Gesetzgeber hat von seiner Ermächtigung Gebrauch gemacht, die Rechtsverordnung ist am 22. 02. 2002 veröffentlicht worden (BGBl. I S. 703) und am 01. 03. 2002 in Kraft getreten (die Verordnung findet sich auf der beiliegenden CD-ROM). Die Formulare sind unter www.bmj.de im Internet abrufbar. Sie sind bei der Antragstellung nach § 305 zwingend zu benutzen, ansonsten kann der Antrag nach § 305 Abs. 3 InsO zurückgewiesen werden.

53

Der Formularzwang bezieht sich nur auf das gerichtliche Verfahren, nicht auf das Außergerichtliche. Die außergerichtlichen Verhandlungen sind formfrei. **Schuldenbereinigungspläne** sind grundsätzlich formularfeindlich, da ein Vordruck die privatautonomen Gestaltungsmöglichkeiten der Parteien unzulässig einengen würde. Für die gerichtlichen Schuldenbereinigungspläne werden in den Formularen **Vorschläge** gemacht, die aber nicht als bindend anzusehen sind. Allerdings gibt es gegen die Zurückweisung des Antrages des Gerichts nach § 305 Abs. 3 InsO nach Ansicht des BGH keinen Rechtsschutz, selbst wenn das Gericht auf der Verwendung der nicht zwingend vorgeschriebenen Anlage 7A besteht (*BGH* ZInsO 2003, 1040; krit. dazu *Pape* ZInsO 2002, 806 und ZInsO 2003, 61).

54

§ 305 a
Scheitern der außergerichtlichen Schuldenbereinigung

Der Versuch, eine außergerichtliche Einigung mit den Gläubigern über die Schuldenbereinigung herbeizuführen, gilt als gescheitert, wenn ein Gläubiger die Zwangsvollstreckung betreibt, nachdem die Verhandlungen über die außergerichtliche Schuldenbereinigung aufgenommen wurden.

Inhaltsübersicht: Rz.

A. Normzweck 1
B. Gesetzliche Systematik 2
C. Fiktion des Scheiterns 3–7

Literatur:

Siehe § 286.

A. Normzweck

1 Die Fiktion des Scheiterns soll die außergerichtliche Verhandlungsphase verkürzen, wenn diese offenbar aussichtslos ist. Gleichzeitig sollen einzelne Gläubiger davon abgehalten werden, in der Phase, in der eine Regelung mit allen Gläubigern angestrebt wird sich noch durch einen Zwangsvollstreckungsversuch einen Vorteil zu verschaffen oder die Ausgangsposition des Schuldners für eine einvernehmliche Entschuldung unnötig zu erschweren (BT-Drucks. 14/5680 S. 15 Nr. 4 der allgemeinen Begründung. Die Gesetzesbegründung nimmt Bezug auf die Verlängerung der Rückschlagsperre im vereinfachten Verfahren auf drei Monate. Die Fiktion des Scheiterns wird als **flankierende Maßnahme** insbesondere für den Fall verstanden, dass sich die außergerichtlichen Verhandlungen über mehrere Monate hinziehen (BT-Drucks. 14/5680 S. 31 zu Nr. 23). Die Norm hat offenbar keinerlei praktische Bedeutung erlangt.

B. Gesetzliche Systematik

2 Die Fiktion des Scheiterns korrespondierte im ursprünglichen Entwurf mit der geplanten Änderung des § 765 a ZPO, der durch die Anfügung des Abs. 4 bereits im außergerichtlichen Verfahren einen gerichtlichen Vollstreckungsschutz für den Schuldner ermöglichen sollte (BT-Drucks. 14/5680 Art. 7). Der Gesetzgeber wollte dadurch der Forderung aus der Praxis der Schuldnerberatung und Teilen der Literatur (vgl. hierzu *Kohte* ZIP 1994, 184) nach einem **Vollstreckungsmoratorium** entgegenkommen. Diese Ausweitung des Vollstreckungsschutzes scheiterte an dem Votum des Bundesrates, der hierdurch eine erhebliche Gerichtsbelastung für die Länder befürchtete (BR-Drucks. 14/01). Losgelöst von dieser flankierenden Maßnahme dürfte die Vorschrift des § 305 a InsO **kaum geeignet** sein, die Problematik der Einzelzwangsvollstreckung während des außergerichtlichen Einigungsversuchs zu lösen.

C. Fiktion des Scheiterns

3 Voraussetzung für das Eingreifen der Fiktion ist, dass bereits **Verhandlungen** mit den Gläubigern **stattgefunden haben**. Die Gesetzesbegründung weist darauf hin, dass der Begriff der Verhandlungen eng auszulegen ist. Die Fiktion soll nicht zu früh greifen und setzt voraus, dass den Gläubigern bereits ein **Plan** mit einem Einigungsvorschlag **übersandt** wurde (BT-Drucks. 14/5680 S. 31 zu Nr. 23). Damit sind nach Ansicht des Gesetzgebers insbesondere die Fälle abgedeckt, in denen der Gläubiger durch die Vorlage des Plans oder entsprechender Anlagen erst Kenntnis von Vermögenswerten erhält. In der Praxis dürfte aber der außergerichtliche Plan des Schuldners i. d. R. keine detaillierten Angaben enthalten, die einen

konkreten Vollstreckungszugriff ermöglichen. Auch nach der bisherigen Rechtslage war die Zeitspanne zwischen der Übersendung des Plans und den ersten Reaktionen der Gläubiger, die eine Einschätzung darüber ermöglichten, ob ein Plan Aussicht auf eine einvernehmliche Einigung hatte oder aufgrund der Ablehnungen einzelner Gläubiger als gescheitert anzusehen war, nicht lang. Insofern dürfte die Fiktion des Scheiterns die Möglichkeit der Antragstellung für den Schuldner nur unwesentlich beschleunigen.

Keine Auswirkungen hat die Vorschrift in den häufig vorkommenden Fallkonstellationen, dass ein Vollstreckungsversuch eines Gläubigers bereits als Reaktion auf die **Anforderung der Forderungsaufstellung** nach § 305 Abs. 2 InsO erfolgt. In diesen Fällen müssen vom Schuldner dennoch zunächst die Forderungshöhen ermittelt, ein Plan erstellt und dieser den Gläubigern zugestellt werden. Weigert sich der vollstreckende Gläubiger dann weiterhin, die Vollstreckungsmaßnahme zurückzunehmen oder die Pfändung ruhend zu stellen, greift die Fiktion des Scheiterns und die Bescheinigung nach § 305 Abs. 1 Nr. 1 InsO kann ausgestellt werden. 4

Dass der Gesetzgeber sein Vorhaben, den Vollstreckungsschutz des § 765 a ZPO in seinem Anwendungsbereich als Standardoption des Schuldners für den Fall der Vollstreckung während des außergerichtlichen Einigungsversuchs auszugestalten nicht umgesetzt hat, schließt seine Anwendung in seinem bestehenden Anwendungsbereich nicht aus. Auch nach dem bestehenden unveränderten Anwendungsbereich, kann der Tatbestand des § 765 a ZPO greifen, wenn sich die Einzelvollstreckung eines Gläubigers während des Versuchs der außergerichtlichen Gesamtregulierung der Schulden eine Härte für den Schuldner bedeutet, die mit den guten Sitten nicht vereinbar ist. Bei der Abwägung von Schuldner- und Gläubigerinteressen (hierzu *Zöller/Stöber* ZPO, 25. Aufl., § 765 a Rz. 6) wird der Gläubiger regelmäßig nicht besonders schutzwürdig sein, wenn er versucht, sich kurz vor der Einleitung des Gesamtvollstreckungsverfahrens noch einen Vorteil gegenüber den anderen Gläubigern zu verschaffen und durch sein Verhalten den vom Gesetzgeber protegierten Versuch der außergerichtlichen Schuldenregulierung gefährdet (*LG Itzehoe* VuR 2001, 187 [188]). 5

Die Fiktion des Scheiterns bedingt nur die Möglichkeit des Abbruchs der Vertragsverhandlungen, ist aber **nicht zwingend** (so auch *Uhlenbruck/Vallender* InsO, § 305 a Rz. 12; *Graf-Schlicker/Sabel* InsO, § 305 a Rz. 5; HambK-InsO/*Streck* § 305 a Rz. 5; **a. A.** *Kübler/Prütting-Wenzel* InsO, § 305 a Rz. 4 ohne nachvollziehbare Begründung; ihm folgend *Nerlich/Römermann* InsO, § 305 a Rz. 14). Der Schuldner hat die Möglichkeit, trotz des Vollstreckungsversuches weiter zu verhandeln und nach einer Einigung mit den Gläubigern zu suchen. In vielen Fällen dürften die Vollstreckungsversuche ohnehin fruchtlos verlaufen, so dass die Einigungschancen auch mit dem vollstreckenden Gläubiger nicht immer aussichtslos sein werden (vgl. hierzu *Grote* ZInsO 2001, 17 [19]). 6

Jeder Vollstreckungsversuch auch nur eines einzelnen Gläubigers berechtigt zum Abbruch der Verhandlungen und zur sofortigen Antragstellung. Diese Rechtsfolge tritt unabhängig von der Frage ein, ob der pfändende Gläubiger Kenntnis von dem Plan hatte (wie hier HambK-InsO/*Streck* § 305 a Rz. 2; **a. A.** MünchKomm-InsO/*Ott/Vuia* § 305 a Rz. 4). Die geeignete Stelle oder Person hat in der Bescheinigung nach § 305 Abs. 1 Nr. 1 InsO auf die Zwangsvollstreckungsmaßnahme **hinzuweisen** (BT-Drucks. 14/5680 S. 31 zu Nr. 23). Nachweise sind nicht erforderlich. 7

§ 306
Ruhen des Verfahrens

(1) ¹Das Verfahren über den Antrag auf Eröffnung des Insolvenzverfahrens ruht bis zur Entscheidung über den Schuldenbereinigungsplan. ²Dieser Zeitraum soll drei Monate nicht überschreiten. ³Das Gericht ordnet nach Anhörung des Schuldners die Fortsetzung des Verfahrens über den Eröffnungsantrag an, wenn nach seiner freien Überzeugung der Schuldenbereinigungsplan voraussichtlich nicht angenommen wird.

(2) ¹Absatz 1 steht der Anordnung von Sicherungsmaßnahmen nicht entgegen. ²Ruht das Verfahren, so hat der Schuldner in der für die Zustellung erforderlichen Zahl Abschriften des Schuldenbereinigungsplans und der Vermögensübersicht innerhalb von zwei Wochen nach Aufforderung durch das Gericht nachzureichen. ³§ 305 Abs. 3 Satz 2 gilt entsprechend.

(3) ¹Beantragt ein Gläubiger die Eröffnung des Verfahrens, so hat das Insolvenzgericht vor der Entscheidung über die Eröffnung dem Schuldner Gelegenheit zu geben, ebenfalls einen An-

trag zu stellen. ²Stellt der Schuldner einen Antrag, so gilt Absatz 1 auch für den Antrag des Gläubigers. ³In diesem Fall hat der Schuldner zunächst eine außergerichtliche Einigung nach § 305 Abs. 1 Nr. 1 zu versuchen.

Inhaltsübersicht: Rz.

A. Normzweck   1
B. Gesetzliche Systematik   2– 3b
C. Ruhen des Verfahrens (Abs. 1)   4– 7
D. Entscheidung über das Schuldenbereinigungsplanverfahren   7a– 7g
E. Anordnung von Sicherungsmaßnahmen (Abs. 2)   8–17
F. Abschriften für die Zustellung   17a–17c
G. Verfahren bei Gläubigerantrag (Abs. 3)   18–23
H. Verfahrensrechtliches   24–25

Literatur:

Siehe § 286.

A. Normzweck

1   Durch § 306 InsO soll der Vorrang der einvernehmlichen Schuldenbereinigung vor dem gerichtlichen Insolvenzverfahren gesichert werden. Auch nach der Einführung des fakultativen Schuldenbereinigungsplanverfahrens durch das InsOÄndG 2001 geht der Gesetzgeber weiterhin davon aus, dass die **Durchführung des Schuldenbereinigungsplanverfahrens der Regelfall** sein wird (BT-Drucks. 14/5680 S. 31 zu Nr. 24). Diese Einschätzung kann als verfehlt angesehen werden, da der gerichtliche Schuldenbereinigungsplan in der Praxis an Bedeutung verloren hat. Von der Eröffnung des Verfahrens wird abgesehen, wenn sich die Beteiligten im Schuldenbereinigungsplanverfahren über eine Schuldenregulierung einig werden bzw. die fehlende Zustimmung einzelner Gläubiger nach § 309 InsO ersetzt werden kann (BT-Drucks. 12/7302 S. 191). Die Vorschrift dient daher auch der Entlastung der Gerichte. Auch durch Abs. 1 Satz 2 soll der zügige Fortgang des Verfahrens gefördert werden. Abs. 2 stellt sicher, dass während der Dauer des Schuldenbereinigungsplanverfahrens trotzdem Maßnahmen zur Sicherung der Masse getroffen werden können. Abs. 3 soll gewährleisten, dass dem Schuldner auch bei einem **Gläubigerantrag** die Chance zur außergerichtlichen Schuldenbereinigung eröffnet wird, und sieht auch dann, wenn der Gläubiger dem Schuldner mit der Antragstellung zuvorkommt, die zwingende Durchführung des außergerichtlichen Einigungsversuchs nach § 305 Abs. 1 Nr. 1 InsO vor, wenn er die Restschuldbefreiung erreichen will.

B. Gesetzliche Systematik

2   § 306 InsO knüpft an Regelungen in der **Vergleichsordnung** an, weist aber wesentliche Unterscheidungsmerkmale auf. Der Schuldenbereinigungsplan kann nur mit einem Antrag auf Eröffnung eines Insolvenzverfahrens vorgelegt werden. In der VglO wurde der Vergleichsantrag nicht von einem gleichzeitigen Konkurseröffnungsantrag abhängig gemacht, vielmehr wurde ein Konkursantrag des Schuldners je nach den Umständen als Anregung für die Durchführung eines Anschlusskonkurses oder als Rücknahme des Vergleichsantrags gewertet (*Bley/Mohrbutter* VglO, § 46 Rz. 2). Ein Schuldnerantrag war in der VglO auch entbehrlich, da die Entscheidung über die Eröffnung eines Anschlusskonkurses im Falle eines Scheiterns des Vergleichsverfahrens von Amts wegen erfolgte (§§ 19, 80, 96 Abs. 5, 101 VglO). Bei einem Zusammentreffen von Vergleichsantrag des Schuldners und Konkursantrag eines Gläubigers sah § 46 VglO, ähnlich wie § 306 Abs. 1 Satz 1 InsO, die Aussetzung der Entscheidung über den Antrag auf Konkurseröffnung bis zur rechtskräftigen Entscheidung über den Vergleichsantrag vor. Da sich Ruhen und Aussetzung in ihren prozessualen Wirkungen nicht unterscheiden (*Baumbach/Hartmann* ZPO, 1998, § 251 Rz. 9; *Rosenberg/Schwab/Gottwald* Zivilprozessrecht, 1993, § 128 III.) ist hier nur eine redaktionelle Ab-

weichung von der VglO vorgenommen worden (zur befristeten Aussetzung des GesO-Verfahrens vgl. § 2 GUG).

Abs. 2 lässt Maßnahmen des Gerichts zur **Sicherung der Masse** nach § 21 InsO zu und knüpft damit an die Regelungen der §§ 12, 13 VglO und § 106 KO an. Die Möglichkeit des Gerichts, Sicherungsmaßnahmen anzuordnen, ist aber in § 21 Abs. 3 InsO erweitert worden. § 13 VglO sah lediglich die einstweilige Einstellung von Zwangsvollstreckungsmaßnahmen vor, diese war auf maximal sechs Wochen befristet. In der KO wurde nach der h. M. aus § 106 nur ein Verwertungsverbot gem. §§ 771, 772 ZPO abgeleitet, so dass Pfändungsmaßnahmen zulässig blieben und Pfändungspfandrechte begründet werden konnten (vgl. *Kuhn/Uhlenbruck* KO, § 106 Rz. 4 b; *Hess* § 196 Rz. 39; *Kilger/Karsten Schmidt* § 106 Anm. 3). Nunmehr steht mit § 21 Abs. 3 InsO explizit ein vielfältigeres Instrumentarium an Sicherungsmaßnahmen zur Verfügung.

Allerdings bleibt die Regelung des § 306 InsO insofern hinter den Vorschriften der VglO zurück, als in § 47 VglO ein gesetzliches **Vollstreckungsverbot** für die Dauer des Vergleichsverfahrens vorgesehen war. Darüber hinaus konnten nach § 48 VglO bereits anhängige Vollstreckungsmaßnahmen einstweilen eingestellt werden. Bereits im Vergleichsverfahren wurde zudem eine Ausdehnung der generellen Vollstreckungssperre auf das Vergleichsantragsverfahren befürwortet (*Bley/Mohrbutter* VglO, §§ 47, 48 Rz. 2; *Künne* DB 1978, 729 [723]). Ein ähnliches Vollstreckungsverbot findet sich in den §§ 88, 89 InsO für das Insolvenzverfahren wieder, nicht aber für das Schuldenbereinigungsplanverfahren. Zwangsvollstreckungsmaßnahmen können zwar auch im Schuldenbereinigungsplanverfahren über §§ 306 Abs. 2, 21 InsO untersagt oder eingestellt werden, dies ist jedoch weniger effektiv und bringt erhebliche Belastungen der Gerichte mit sich.

Abs. 3 weicht in der Systematik von den bisherigen Regeln ab, da die gleichzeitige Stellung des Konkursantrags durch den Schuldner im bisherigen Recht nicht vorgesehen war.

Eine systematische Neugestaltung erfährt Abs. 1 durch die Einführung der **richterlichen Entscheidung über die Durchführung des Schuldenbereinigungsplanverfahrens**. Diese Entscheidungskompetenz ist dem bisherigen Vergleichsrecht fremd. Zwar war dort, wie auch im Verfahren über den Insolvenzplan, die richterliche Eingriffsmöglichkeit deutlich höher als im bisherigen Schuldenbereinigungsplanverfahren (vgl. hierzu §§ 17, 18 VglO und *Grote* § 305 Rz. 5 ff.), eine freie Entscheidungskompetenz des Gerichts über die Durchführung eines Planverfahrens ist jedoch ein Novum im Gesamtvollstreckungsrecht.

Die Pflicht des Verbraucherschuldners zur Durchführung des außergerichtlichen Einigungsversuchs auch bei einem Gläubigerantrag ist ein systematischer Bruch zum Regelinsolvenzverfahren. Während der Schuldner dort, unabhängig von der Frage, auf wessen Betreiben hin die Eröffnung erfolgt ist, einen Restschuldbefreiungsantrag stellen kann, soll ihm das im vereinfachten Verfahren **nur bei einem Eigenantrag** möglich sein (s. u. Rz. 23).

C. Ruhen des Verfahrens (Abs. 1)

Das Ruhen des Verfahrens über den Eröffnungsantrag bewirkt, dass über diesen Antrag **zunächst nicht zu entscheiden ist**. Insofern liegt hier nur eine redaktionelle Abweichung vom Vorbild des § 46 VglO vor. Anders als bei § 251 ZPO tritt die Wirkung des Ruhens nach § 306 InsO kraft Gesetzes ein und bedarf keiner richterlichen Entscheidung (*Ahrens* VuR 1999, 130). Abs. 1 gilt nicht nur für den Eröffnungsantrag des Schuldners, sondern auch für einen zeitlich danach eingehenden Antrag des Gläubigers. Scheitert das Schuldenbereinigungsplanverfahren, so hat das Gericht zunächst über den Antrag des Schuldners zu entscheiden. Wird das Verfahren eröffnet, so wird der Gläubigerantrag gegenstandslos, da auch der Zweck des Gläubigerantrags mit der Eröffnung erreicht ist (*Jauernig* § 83 V 4.). Lehnt das Gericht dagegen den Antrag des Schuldners auf Eröffnung des Insolvenzverfahrens ab, so muss es anschließend noch über den Gläubigerantrag entscheiden, wobei diese Entscheidung durchaus abweichend ausfallen kann (vgl. *Bley/Mohrbutter* VglO, § 46 Rz. 12, 13).

Fristen, die mit der Eröffnung des Verfahrens in Zusammenhang stehen, werden unterbrochen und beginnen nach dem Ende des Ruhenszeitraums von neuem zu laufen (*Rosenberg/Schwab/Gottwald* a. a. O., § 125 IV 1.). Auf die Verjährung von Forderungen hat das allerdings keine Auswirkungen, da eine Verjährungsunterbrechung erst mit der Anmeldung der Forderung eintritt (vgl. *Grote* § 305 Rz. 48). Anders als in § 7 Abs. 2 GUG sieht die InsO auch **keine Hemmung der Verjährung** während des Ruhens vor. Während des Ruhens sind alle nach außen wirkenden Gerichtshandlungen unzulässig, die mit der Entscheidung über den Eröffnungsantrag in Zusammenhang stehen (vgl. *Stein/Jonas-Roth* ZPO, § 249 Rz. 33), insbesondere eine Entscheidung über die Zulässigkeit des Eröffnungsantrags des Schuldners (*Henckel* FS für Gaul, 1997, S. 199 [203]). Es findet keine Zulässigkeitsprüfung statt, so dass auch nicht darüber zu entscheiden ist, ob ein Eröffnungsgrund vorliegt (HK-InsO/*Landfermann* § 306 Rz. 3; KS-InsO/*Fuchs* 2000, S. 1703 Rz. 72; *Uhlenbruck* NZI 2000, 17; *Grote* § 305 Rz. 4; **a. A.** *Uhlenbruck/Vallender* InsO, § 306 Rz. 7). Eine **Entscheidung über einen Prozesskostenhilfeantrag** ist aber im Interesse der Verfahrensbeschleunigung auch während des Ruhens des Antrags möglich (*BGH* NJW 1966, 1126). Eine entgegen § 306 Abs. 1 Satz 1 InsO während des Schuldenbereinigungsplanverfahrens ergehende Entscheidung über den Eröffnungsantrag ist nicht ohne weiteres unwirksam, wohl aber nach § 34 InsO anfechtbar (vgl. *Bley/Mohrbutter* VglO, § 56 Rz. 7).

6 Durch Satz 2 soll der **zügige Fortgang des Verfahrens** gefördert werden (BT-Drucks. 12/7302 S. 191). Aus der Terminologie »soll« und den fehlenden Sanktionen für den Fall der Fristversäumnis ist zu erkennen, dass die Frist des § 306 Abs. 1 Satz 2 InsO **keine Ausschlussfrist** ist. Eine verfahrensrechtliche Sollfrist findet sich auch in § 61 a ArbGG, der eine Frist von zwei Wochen für die Durchführung der Güteverhandlung vorsieht. Eine Sollfrist beinhaltet die Verpflichtung des Gerichts zur Einhaltung, gibt aber auch die Möglichkeit der Abweichung, wenn ein rechtfertigender Grund dafür vorliegt (*Germelmann/Matthes/Prütting* Arbeitsgerichtsgesetz, Kommentar, 2004, § 61 a ArbGG Rz. 11). Der Richter hat kein freies Ermessen, sondern muss die Frist einhalten, soweit das möglich ist (*Grunsky* Arbeitsgerichtsgesetz, Kommentar, 1995, § 61 a ArbGG Rz. 13).

Der Gesetzgeber bringt damit zum Ausdruck, dass ihm an einer zügigen Durchführung des Verfahrens und einer größtmöglichen Entlastung der Gerichte gelegen ist. In der Praxis wird diese Frist in vielen Fällen kaum einzuhalten sein (vgl. hierzu *Kohte* ZIP 1994, 184 [186]; *Jauernig* § 94 III 1. B), so dass sie als **bloße Ordnungsvorschrift** einzustufen ist (HambK-InsO/*Streck* § 206 Rz. 3; HK-InsO/*Landfermann* § 306 Rz. 5; *Arnold* DGVZ 1996, 129 [134]; *Wittig* WM 1998, 157 [163]). Gerade im Hinblick auf eine Vermeidung der Durchführung des gerichtlichen Entschuldungsverfahren und der damit verbundenen Entlastung der Insolvenzgerichte ist auf eine Einigung im Schuldenbereinigungsplanverfahren in besonderem Maße hinzuwirken, ohne dass der Einhaltung der Frist ausschlaggebende Bedeutung zugewiesen werden sollte. Eine Überschreitung der Frist hat auch keine Auswirkungen auf möglicherweise angeordnete Sicherungsmaßnahmen (*Vallender* ZIP 1997, 1993 [2000]).

7 Das Ruhen beginnt mit dem Eingang des Antrags, unabhängig von der Vollständigkeit der einzureichenden Unterlagen (so auch *Bley/Mohrbutter* VglO, § 46 Rz. 5; **a. A.** wohl *Haarmeyer/Wutzke/Förster* Hdb. zur InsO, Kap. 10 Rz. 35). Es endet mit Eintritt der Rechtskraft der Entscheidung über den Schuldenbereinigungsplan.

D. Entscheidung über das Schuldenbereinigungsplanverfahren

7 a Seit der Reform des § 306 InsO durch das InsOÄndG 2001 ist die Durchführung des Schuldenbereinigungsplanverfahrens für den Schuldner nicht mehr obligatorisch, das Gericht entscheidet vielmehr **nach freiem Ermessen** darüber, ob das Schuldenbereinigungsplanverfahren durchgeführt wird oder nicht. Der Gesetzgeber wollte durch die Änderung vermeiden, dass aufwendige Verfahren durchgeführt werden müssen, dessen Scheitern schon von vornherein feststeht und dessen Durchführung reiner Formalismus wäre (BT-Drucks. 14/5680 S. 31 zu Nr. 24). Der Zwang zum Schuldenbereinigungsplan hatte sich in der Praxis bald nach der Einführung als problematisch herausgestellt, da insbesondere bei einer Vielzahl von Gläubigern und bescheidenen Angeboten des Schuldners die zur Zustimmungsersetzung erforderlichen Mehrheiten nicht zu Stande kamen. Zudem erforderte das Gebot der förmlichen Zustellung des Plans mit z. T. überzogenen Anforderungen an den Umfang der zuzustellenden Unterlagen erhebliche Aufwendungen von Schuldner und Gericht (s. hierzu auch *Wimmer* ZInsO 1999, 557 [558]). In der Literatur war daher frühzeitig die Abschaffung des Planzwanges gefordert worden (*Grote* ZInsO 1999, 338 ff.; *Pape* ZIP 1999, 2037 [2034]; *Klass* ZInsO 1999, 620 [622]; *Wehr* ZIP 1999, 2000; *Vallender* DGVZ 2000, 97 [103]; hierzu auch *AG Hamburg* ZIP 2000, 30 und NZI 1999, 419). Als Konsequenz hieraus wurde **die Obligation abgeschafft**, die Durchführung des Planverfahrens aber nicht der Wahl des Schuldners, sondern der Entscheidung des Insolvenzgerichts überlassen (krit. hierzu *Stephan/Schmerbach* ZInsO 2000, 541 [544]; *Grote* Rpfleger 2000, 521 [522]; *Vallender* a. a. O.; *Pape/Pape* ZIP 2000, 1553 [1558]).

Das Gericht entscheidet nach »freier Überzeugung«, darf sich aber nicht von sachfremden Erwägungen **7 b** leiten lassen. Hierbei wird man in Anlehnung an den Begriff der »freien Überzeugung« in § 286 Abs. 1 Satz 1 ZPO verlangen müssen, dass das Gericht die wesentlichen Grundlagen der Entscheidung darlegt, um einer willkürlichen Entscheidung vorzubeugen (vgl. *Zöller/Greger* ZPO, 22. Aufl., § 286 Rz. 1; zur Möglichkeit der Überprüfung vgl. u. Rz. 7 g). Bei der Wahl, ob zunächst das Planverfahren durchgeführt wird oder sofort über den Eröffnungsantrag zu entscheiden ist, muss es ausschließlich auf die Erfolgsaussichten des Planverfahrens abstellen. Das Planverfahren ist durchzuführen, wenn mit einer Annahme des Plans ggf. mit Hilfe der Zustimmungsersetzung zu rechnen ist. Der Inhalt des Plans und der Umfang der Akten sind dagegen keine sachgerechten Kriterien für die Entscheidung. Der Begriff voraussichtlich ist nach der Gesetzesbegründung so zu verstehen, dass nach der Bewertung aller für die **Prognoseentscheidung** relevanten Faktoren die Durchführung des Schuldenbereinigungsplanverfahrens abzulehnen ist, wenn sein Scheitern wahrscheinlicher ist als sein Nichtscheitern (BT-Drucks. 14/5680 S. 31 zu Nr. 24).

Erstes Entscheidungskriterium für die Prognose ist natürlich das Ergebnis des außergerichtlichen Eini- **7 c** gungsversuchs. Aufgrund der nunmehr spezifizierten Bescheinigung nach § 305 Abs. 1 Nr. 1 InsO (s. *Grote* § 305 Rz. 13 a) weiß das Gericht, welcher Teil der Gläubiger dem außergerichtlichen Einigungsvorschlag des Schuldners zugestimmt hat. Wichtig ist aber auch die Anzahl der Gläubiger, die im außergerichtlichen Einigungsversuch geschwiegen haben, denn ein Schweigen auch auf den Schuldenbereinigungsplan würde gem. § 307 Abs. 2 Satz 1 InsO als Zustimmung gewertet. Weiteres Kriterium ist dann die zwischenzeitliche **Änderung des Plans**. In den meisten Fällen werden außergerichtlicher Einigungsversuch und Schuldenbereinigungsplan nicht wesentlich voneinander abweichen, eine Verbesserung oder Verschlechterung des neuen Angebots kann aber erheblichen Einfluss auf die Zustimmungsquote haben. Das Gericht wird bei der zu treffenden Prognose auch berücksichtigen, dass erfahrungsgemäß einem Vorschlag, der durch das Gericht zugestellt wird eine größere Wirkung zukommt und insoweit eine höhere positive Resonanz zu erwarten hat als der Vorschlag, den der Schuldner übermittelt hat. Der Schuldner bringt durch die Antragstellung auch zum Ausdruck, dass er entschlossen ist, bei einem Scheitern des Plans die gerichtliche Entscheidung zu suchen, die durch das neue Stundungsmodell jetzt auch masselosen Schuldnern möglich ist. Auch dies wird sich möglicherweise auf die **Vergleichsbereitschaft** der Gläubiger auswirken. Insofern scheint es nicht von vornherein ausgeschlossen, dass es auch bei Nullplänen zu einer mehrheitlichen Zustimmung kommen kann (skeptisch insoweit *Pape/Pape* ZIP 2000, 1557 [1561]). Ein Planverfahren kann auch deswegen im Interesse der Gläubiger liegen, weil ihnen die Beträge des Schuldners dann ungekürzt zufließen und nicht erst nach Abzug der nicht unerheblichen Verfahrenskosten (dazu *Kirchhof* ZInsO 2001, 1 [13]).

Aber auch das Interesse des Schuldners an einer Regulierung durch einen Schuldenbereinigungsplan wird **7 d** das Gericht bei seiner Entscheidung berücksichtigen. In Verfahren, in denen eine Vielzahl von Gläubigern vorhanden bzw. an liquidierte jur. Personen oder im Ausland zuzustellen ist (hierzu u. *Grote* § 307 Rz. 7), kann sich ein Planverfahren (mit nach wie vor ungeklärtem Ausgang) über Jahre hinziehen und hierdurch die **Aufwand/Nutzen Relation** für die Beteiligten entscheidend mindern. Das gleiche gilt auch dann, wenn der Schuldner ankündigt, keinen Zustimmungsersetzungsantrag stellen zu wollen, weil er auch von einem Zustandekommen des Plans keine dauerhafte Entschuldung verspricht. Dies wird insbesondere der Fall sein, wenn zu vermuten ist, das noch weitere bislang unbekannte Gläubiger (so auch *Graf-Schlicker/Sabel* InsO, § 306 Rz. 15) vorhanden sind (insbesondere bei lang zurückliegenden Gewerbetätigkeiten) die nicht in den Plan einbezogen werden können, da im Schuldenbereinigungsplanverfahren keine dem § 254 Abs. 1 InsO entsprechende Regelung existiert. Es wäre **reiner Formalismus**, einen Plan durchzuführen, bei dem kein Zustimmungsersetzungsantrag gestellt wird (die Gläubiger haben sich mit dieser Option bislang sehr zurückgehalten) oder mit dessen Zustandekommen keine endgültige Schuldenbereinigung für den Schuldner verbunden und in Kürze ein erneuter Antrag zu erwarten ist (im Erg. ähnlich *Kübler/Prütting-Wenzel* InsO, § 306 Rz. 6).

Bei der Ermittlung der für die Prognoseentscheidung relevanten Tatsachen hat das Gericht nur eine einge- **7 e** schränkte Amtsermittlungspflicht (BT-Drucks. 14/5680 S. 31 zu Nr. 24 unter Hinweis auf BT-Drucks. 14/120 S. 14). Es wird sich zunächst an den vom Schuldner vorgelegten Unterlagen orientieren, also am außergerichtlichen Einigungsvorschlag, dem Schuldenbereinigungsplan und der spezifizierten Bescheinigung nach § 305 Abs. Nr. 1 InsO. Des Weiteren ist **zwingend die Anhörung des Schuldners** vorgesehen. Diese wird i. d. R. schriftlich erfolgen (dazu *Grote* § 307 Rz. 2). Bei der Anhörung sollte der Schuldner nicht nur nach Einzelheiten der außergerichtlichen Einigung sondern auch nach seiner Einschätzung zur Erfolgsaussicht des Schuldenbereinigungsplans befragt werden. Er wird i. d. R. mit seiner geeigneten Stelle oder Person aufgrund der bisherigen Verhandlungserfahrungen die Vergleichsbereitschaft der Gläubiger realistisch einschätzen können. Auch eine telefonische Kontaktaufnahme des Gerichts mit einzelnen Gläubigern kann eine sinnvolle Maßnahme zur Klärung der Erfolgsaussichten sein, etwa wenn der Mehrheitsgläubiger telefonisch erklärt, dem Planvorschlag auch zukünftig ablehnend gegenüber zu stehen (hierzu auch *Grote* § 307 Rz. 10).

7 f Eine Einschränkung **der Privatautonomie und der Planhoheit des Schuldners** ist mit der neuen Entscheidungsbefugnis des Gerichts nicht verbunden (hierzu *Grote* § 305 Rz. 7). Den Inhalt des Plans bestimmt weiterhin allein der Schuldner, das Gericht prognostiziert lediglich, ob der vorgelegte Plan eine Aussicht auf Annahme bzw. Zustimmungsersetzung hat. § 307 Abs. 3 InsO, der eine Änderungs- oder Ergänzungsaufforderung des Gerichts vorsieht, findet in dieser Phase noch keine Anwendung. Es ist nach wie vor nicht Aufgabe des Gerichts, Einfluss auf den Inhalt des Plans zu nehmen. Es wird aber sachdienlich sein, dass das Gericht dem Schuldner Gelegenheit zur Änderung des Plans gibt, wenn diese auch eine positive Änderung der Prognoseentscheidung des Gerichts zur Folge hätte.

7 g Die Entscheidung des Gerichts ist regelmäßig **nicht beschwerdefähig**. Die ohnehin nur eingeschränkt mögliche Überprüfbarkeit der Entscheidung daraufhin, ob sich das Gericht von sachfremden Erwägungen hat leiten lassen (hierzu auch Rz. 7 b), scheitert an der fehlenden insolvenzspezifischen Beschwerdemöglichkeit (krit. hierzu *Pape/Pape* ZIP 2000, 1553 [1558]). Dem Schuldner bleibt bei Verletzung eklatanter Verfahrensgrundsätze die Möglichkeit der **Gegenvorstellung** (hierzu *OLG Celle* ZInsO 201, 377; MünchKomm-InsO/*Ganter* § 6 Rz. 71; *Musielak/Ball* ZPO, 4. Aufl., § 567 Rz. 26 ff.). Die Verletzung rechtlichen Gehörs kann neuerdings nach § 321 a ZPO gerügt werden. Diese Vorschrift findet über § 4 InsO auch im Insolvenzverfahren Anwendung (FK-InsO/*Schmerbach* § 6 Rz. 29; dazu auch *Kohte* § 4 d Rz. 19, 20).

E. Anordnung von Sicherungsmaßnahmen (Abs. 2)

8 Der Gesetzgeber stellt klar, dass trotz des Ruhens des Verfahrens Sicherungsmaßnahmen nach § 21 InsO angeordnet werden können (BT-Drucks. 12/7302 S. 191). Hierzu gehören insbesondere ein allgemeines Verfügungsverbot, die Untersagung sowie die einstweilige Einstellung der Zwangsvollstreckung. Das Gericht hat alle Maßnahmen zu treffen, um bis zur Entscheidung über den Eröffnungsantrag eine nachteilige Veränderung der Vermögenslage des Schuldners zu verhüten (vgl. hierzu FK-InsO/*Schmerbach* § 21 Rz. 8 ff.).

9 In Betracht kommt die Sicherung von Vermögenswerten in Form beweglicher Sachen und Forderungen. Eine **einstweilige Einstellung der Zwangsversteigerung bei Immobilien** erfolgt über §§ 30 d, e ZVG ausschließlich durch das Vollstreckungsgericht (KS-InsO/*Gerhardt* 2000, S. 193, 204 Rz. 22). In der Praxis der Verbraucherinsolvenzverfahren wird es häufig jedoch nicht so sehr darum gehen, bestehendes Mobiliarvermögen oder bestehende Forderungen des Schuldners gegen Dritte dem Zugriff einzelner Gläubiger oder der Verfügungsbefugnis des Schuldners zu entziehen. Der überschuldete Verbraucher verfügt häufig nicht mehr über pfändbare Vermögenswerte, so dass die Gefahr der Verschiebung oder Verschleierung vergleichsweise gering ist. Wesentlicher Bestandteil der Masse wird im Verbraucherinsolvenzverfahren vielmehr der pfändbare Anteil des **künftigen Arbeitseinkommens** des Schuldners sein, der durch § 35 InsO – anders als noch in der KO – in die Verwertung einbezogen ist (zur Einbeziehung des Neuerwerbs in der GesO vgl. *Haarmeyer/Wutzke/Förster* GesO, § 1 Rz. 238 ff.).

10 Eine **Untersagung der Zwangsvollstreckung** nach § 21 Abs. 3 InsO kann sich nur auf künftige Zwangsvollstreckungsmaßnahmen beziehen (KS-InsO/*Gerhardt* 2000, S. 204 Rz. 18). Aber auch die Untersagung künftiger Vollstreckungsmaßnahmen birgt die Gefahr, dass die Rechte einzelner Gläubiger beeinträchtigt sind, wenn sie einerseits nicht auf Vermögenswerte des Schuldners zugreifen können, andererseits diese Werte auch nicht für die Masse nutzbar gemacht werden können, nämlich dann, wenn z. B. eine Eröffnung des Verfahrens nicht erfolgt und damit auch keine Verteilung stattfindet (zur Notwendigkeit einer Interessenabwägung bei der Anordnung von Sicherungsmaßnahmen s. auch *Vallender* ZIP 1997, 1993 [1996]). Diese Rechtsfolge hat der Gesetzgeber durch die Neuschaffung des Untersagungstatbestandes wohl in Kauf genommen, in der Literatur ist sie – als effektives Instrument zur Sicherung der Masse – auf Zustimmung gestoßen (vgl. KS-InsO/*Uhlenbruck* 2000, S. 325, 326 Rz. 2 ff.; KS-InsO/*Gerhardt* 2000, S. 202 Rz. 20 ff.). Im Verbraucherinsolvenzverfahren wird das Bedürfnis nach der Sicherung von Massegegenständen nicht so groß sein wie im Regelinsolvenzverfahren. Eine generelle Untersagung von Zwangsvollstreckungsmaßnahmen müsste sinnvollerweise grds. mit einem allgemeinen Verfügungsverbot für den Schuldner gekoppelt werden, was eine Disposition über seine pfändbaren Einkommensanteile, die ja gerade im Schuldenbereinigungsplanverfahren erwünscht ist, zumindest erschwert (zur Auswirkung eines Verfügungsverbotes im Schuldenbereinigungsplanverfahren vgl. *Smid/Haarmeyer* InsO, § 306 Rz. 5). Eine Untersagung von Zwangsvollstreckungsmaßnahmen wird daher vor allem in Betracht kommen, wenn Gläubiger versuchen, den Schuldner mit sinnlosen Zwangsvollstreckungsmaßnahmen unter Druck zu setzen oder **durch Pfändungsmaßnahmen die Existenz des Schuldners gefährdet ist** (ähnlich *Vallender* DGVZ 2000, 97 [104]). Dies kann z. B. bei Lohnpfändungen der Fall sein. Lohnpfändungen berechtigen zwar nur in Ausnahmefällen zur Kündigung des Arbeitsverhältnisses (vgl. hierzu *BAG* NJW 1982, 1062; *LAG Berlin* BB 1979, 272; *Stöber* Rz. 934 m. w. N.) in der Praxis tragen sie aber nicht selten zu einer Kündigung des Arbeitsverhältnisses bei. Da das zukünftige Arbeitseinkommen des Schuldners in der Verbraucherinsolvenz regelmäßig die einzig pfändbare Vermögensposition sein dürfte, sind auch Sicherungsmaßnahmen adäquat und notwendig, die unmittelbar der Existenzsicherung des Schuldners und dem Erhalt seiner Arbeitsmotivation dienen, damit aber mittelbar auch dem Erhalt der Masse bzw. der potentiellen Abtretungsbeträge in der Treuhandphase. Das Gleiche gilt für den Fall einer drohenden **Kontopfändung**, da diese regelmäßig zur Kontokündigung führt und der Schuldner dadurch faktisch der Möglichkeit beraubt wird, sich adäquat am wirtschaftlichen Leben (z. B. durch Gehaltszahlungen auf ein Konto) zu beteiligen; in der zwangsvollstreckungsrechtlichen Literatur wird die Kontopfändung denn auch in erster Linie als Maßnahme gesehen, existenziellen Druck auf den Schuldner auszuüben (hierzu nur *Schmitt* InVO 2001, 311 [314]). Ebenso wird die einstweilige Einstellung und Untersagung der Zwangsvollstreckung aus einem Räumungsurteil für zulässig erachtet (*AG Köln* NZI 1999, 333; *Vallender* DGVZ 2000, 97 [101]). *Vallender* (*Uhlenbruck/Vallender* InsO, § 306 Rz. 44) hält in Ausnahmefällen ein Vollstreckungsverbot auch gegenüber einem absonderungsberechtigten Gläubiger für möglich, wenn z. B. der sicherungsübereignete PKW dringend benötigt wird, um den Arbeitsplatz damit zu erreichen. Zu Sicherungsmaßnahmen gegen die Vollstreckung von Unterhalts- und Deliktsgläubigern sowie von Geldstrafen durch die Staatsanwaltschaft s. ausf. *Uhlenbruck/Vallender* InsO, § 306 Rz. 31.

Häufiger als die Untersagung wird die **einstweilige Einstellung** von Zwangsvollstreckungsmaßnahmen auch während des Schuldenbereinigungsplanverfahrens als probates Mittel zur Massesicherung anzusehen sein, da hierdurch die Pfändungspfandrechte nicht beeinträchtigt werden, wenn das Verfahren später nicht eröffnet wird. Allerdings kommt eine einstweilige Einstellung zur Massesicherung i. d. R. nur dann in Betracht, wenn zumindest die Möglichkeit besteht, die zu sichernden Werte später zur Masse zu ziehen (so auch *Vallender* DGVZ 2000, 97 [104]). Dies ist nach dem durch das InsOÄndG 2001 geänderten § 312 Abs. 1 Satz 2 InsO grds. bei allen Vollstreckungsmaßnahmen der Fall, die innerhalb der letzten drei Monate vor der Antragstellung erfolgt sind. Denn die **Rückschlagsperre** des § 88 InsO bewirkt, dass diese Maßnahmen mit der späteren Eröffnung des Insolvenzverfahrens rückwirkend unwirksam werden und das entstandene Pfändungspfandrecht erlischt (KS-InsO/*Landfermann* 2000, S. 171 Rz. 38; zur ähnlichen Regelung des § 28 VglO *Bley/Mohrbutter* VglO, § 28 Rz. 5 ff.). Lohnpfändungen die in dem Zeitraum von drei Monaten vor der Antragstellung oder danach ausgebracht wurden, sind daher regelmäßig einzustellen (ähnlich *Vallender* DGVZ 2000, 97 [104]). Nach der jüngeren Rspr. des BGH, der bei Vorauspfändungen das Pfändungspfandrecht erst im Zeitpunkt des Entstehens der jeweiligen Forderung als bewirkt ansieht (zuletzt *BGH* ZInsO 2003, 372 m. w. N.) dürfte es auch bei Gehalts- und Kontopfändungen die früher als drei Monate vor dem Insolvenzantrag ausgebracht wurden möglich sein, die gepfändeten Beträge der letzten drei Monate zur Masse zu ziehen. Insofern bietet sich immer eine einstweilige Einstellung der Zwangsvollstreckung an, wenn aufgrund von Lohn- oder Kontopfändungen laufend Beträge abgeführt werden. Eine Anfechtung dieser Vollstreckungshandlungen nach § 131 InsO dürfte mangels Anfechtungsbefugnis des Treuhänders im vereinfachten Verfahren (§ 313 Abs. 2 InsO) in der Praxis dagegen kaum in Frage kommen.

Ob die Erzwingung der **Eidesstattlichen Versicherung** nach § 807 ZPO durch § 21 Abs. 2 Nr. 3 InsO verhindert wird, ist streitig. Zum Teil wird die Abgabe der Eidesstattlichen Versicherung auch bei einer Untersagung bzw. Einstellung der Zwangsvollstreckung befürwortet (*LG Würzburg* NZI 1999, 504; *AG Hamburg* NZI 2006, 646; *AG Rostock* DGVZ 2000, 76 m. abl. Anm. *Seip*; *Vallender* DGVZ 2000, 97 [104]; *ders.* in *Uhlenbruck/Vallender* InsO, § 306 Rz. 43). Dies wird damit begründet, dass die Abgabe der Eidesstattlichen Versicherung die Vermögenslage des Schuldners nicht verschlechtert (*Vallender* DGVZ 2000, 97 [104]). Hierbei wird aber übersehen, dass von der Abgabe der Eidesstattlichen Versicherung zwar keine unmittelbare Vermögensverschlechterung für den Schuldner ausgeht, sie aber erhebliche mittelbare Gefährdungen des aktuellen und zukünftigen Schuldnervermögens mit sich bringt. Sinn der Abgabe der Eidesstattlichen Versicherung ist es, dem Gläubiger **Informationen für Einzelvollstreckungen** zu beschaffen (*BVerfG* NJW 1983, 559; *Zöller/Stöber* ZPO, 22. Aufl., § 807 Rz. 1). Im Gesamtvollstreckungsverfahren macht die Abgabe der e. V. daher keinen Sinn. Die der Erklärung nachfolgenden Einzelzwangsvollstreckungsmaßnahmen könnten dann zwar wiederum nach § 21 Abs. 2 InsO eingestellt werden, hierbei ist aber schon fraglich, ob die Einstellung schnell genug erfolgen kann und somit nicht schon die Gefährdung der Masse vermieden werden sollte. Zudem hätte eine Kontopfändung, selbst wenn die Einstellung rechtzeitig erfolgen würde, in der Praxis für den Schuldner regelmäßig die Kontokündigung zur Folge was seiner Sanierung und den Verdienstmöglichkeiten des Schuldner sicher nicht zuträglich wäre. Die Abgabe der Eidesstattlichen Versicherung hätte zudem durch die Eintragung im Schuldnerverzeichnis und der SCHUFA erhebliche negative Auswirkungen auf den wirtschaftlichen Neuanfang des Schuldners, insbesondere bei einer von ihm angestrebten Selbstständigkeit. Auf der andere Seite ist kein berechtigtes Interesse des Gläubigers an der Abgabe der Eidesstattlichen Versicherung erkennbar. Ein Vollstreckungszugriff müsste im Interesse der Masse ohnehin unterbunden werden. Zudem liegen ihm die Informationen über die Vermögenswerte des Schuldners in Form der Vermögensübersicht vor, bei weiterem Informationsbedarf hat er die Möglichkeit, das Vermögensverzeichnis bei Gericht einzusehen. Insofern ist bzgl. der Abgabe der Eidesstattlichen Versicherung als Maßnahme der Zwangsvollstreckung keine Ausnahme vom Anwendungsbereich des § 21 Abs. 2 Nr. 3 InsO zu machen (so im Ergebnis auch *AG Wilhelmshaven* Nds.Rpflege 2001, 313; *Stein/Jonas/Münzberg* ZPO, 21. Aufl., § 807 Rz. 22; *Baumbach/Lauterbach/Hartmann* ZPO, 59. Aufl., § 807 Rz. 3; ausf. *Viertelhausen* DGVZ 2001, 36 [39]; *Seip* DGVZ 2000, 76; *Kohte* VuR 2000, 352 [353]; FK-InsO/*Schmerbach* § 21 Rz. 208; ausf. auch *Steder* NZI 2000, 456 [459]).

12 Die vor der Rückschlagsperre entstanden Pfändungspfandrechte können aber auch durch eine erfolgreiche **Anfechtung** ihre Wirksamkeit verlieren (vgl. hierzu *Behr* JurBüro 1999, 66 [67]). Pfändungen, die innerhalb der letzten drei Monate vor der Antragstellung ausgebracht wurden, werden regelmäßig anfechtbar sein, so dass auch in diesen Fällen die Möglichkeit besteht, die Vermögenswerte zur Masse zu ziehen.

12 a Eine Pfändung wurde im bisherigen Konkursrecht nach herrschender Meinung als inkongruente Deckung angesehen (*Jauernig* § 81 IV. 2. d; *Jaeger/Henckel* § 30 Rz. 231 ff.; *Kuhn/Uhlenbruck* § 30 Rz. 52 b m. w. N.; **a. A.** bislang *Baur/Stürner* Rz. 19.38). Aus der Gesetzesbegründung ist zu entnehmen, dass auch der InsO-Gesetzgeber Zwangsvollstreckungsmaßnahmen vor der Verfahrenseröffnung als inkongruente Deckung ansieht (BT-Drucks. 12/7302 S. 137; *Landfermann* a. a. O., Rz. 38). Für inkongruente Deckungen sieht § 131 Abs. 1 Nr. 2 InsO eine erleichterte Anfechtungsmöglichkeit vor, bei der eine Kenntnis des Gläubigers von der Zahlungsunfähigkeit nicht erforderlich ist. Auf Grund der Verlängerung der Rückschlagsperre bei einem Eigenantrag des Verbraucherschuldners auf ebenfalls drei Monate vor der Antragstellung und der fehlenden Anfechtungsbefugnis des Treuhänders dürfte die praktische Relevanz der Anfechtungstatbestände in der Verbraucherinsolvenz aber weiter an Bedeutung verlieren.

13 Die einstweilige Einstellung kann mit einem Verfügungsverbot an den Schuldner gekoppelt werden (krit. hierzu *Vallender* InVO, 1998, 169 [173], vgl. zum Verfügungsverbot auch FK-InsO/*Schmerbach* § 21 Rz. 18 ff.). Bei der Einstellung von Entgeltpfändungen kann zur Sicherung der Beträge statt eines Verfügungsverbots dem Drittschuldner auferlegt werden, die pfändbaren Entgeltanteile zu hinterlegen (so *Vallender* ZIP 1997, 1993 [1996]). Aber auch eine **vorläufige Treuhänderschaft** kann angeordnet werden (zust. *Kübler/Prütting-Wenzel* InsO, § 306 Rz. 10; ausf. *Uhlenbruck/Vallender* InsO, § 306 Rz. 46; krit. zur Möglichkeit der vorläufigen Verwaltung im Verbraucherinsolvenzverfahren *Obermüller* in *Hess/Obermüller* a. a. O., Rz. 803 und *Wittig* WM 1998, 157 [163]; HK-InsO/*Landfermann* § 306 Rz. 4). Der vorläufige Treuhänder hat dann allerdings auch im Vorverfahren nur die gem. § 313 Abs. 2 und 3 InsO eingeschränkten Befugnisse. Aufgabe des vorläufigen Treuhänders kann es nicht nur sein, das Vermögen des Schuldners zu verwalten und ggf. seine Geschäftsführung zu übernehmen, sondern auch bei der Ergänzung fehlender Unterlagen oder der Erstellung oder Änderung des Schuldenbereinigungsplans zu helfen, wenn der Schuldner selbst nicht hierzu in der Lage ist. Dies war bereits für den vorläufigen Vergleichsverwalter anerkannt (*Mohrbutter/Mohrbutter* Hdb. d. Insolvenzvw., 1997, Rz. 1218), insbesondere für den Vergleichsverwalter »Kölner Prägung« (vgl. hierzu *Gottwald/Uhlenbruck* Insolvenzrechtshandbuch, 1990, § 72 Rz. 80). Als vorläufige Verwalter kommen wegen der Sachnähe zum Schuldner und der erfolgten Betreuung im außergerichtlichen Verfahren auch die Mitarbeiter öffentlich geförderter Schuldnerberatungsstellen in Betracht, zumal keine Personenidentität zwischen dem vorläufigen Treuhänder und dem späteren Treu-

händer nach § 313 InsO bestehen muss (zur Vergütung des vorläufigen Treuhänders s. *Kohte* § 312 Rz. 73 ff. und *Uhlenbruck/Vallender* InsO, § 306 Rz. 52). Statt der Bestellung eines vorläufigen Treuhänders kann aber auch die Hinterlegung als Maßnahme zur Sicherung von Vermögenswerten in Betracht kommen (*Uhlenbruck/Vallender* InsO, § 306 Rz. 38).

Zulässig sind auch weitere Maßnahmen, die Aufzählung in § 21 Abs. 2 InsO ist nicht enumerativ (»insbesondere«). In Frage kommt in der Verbraucherinsolvenz vor allem der Erlass eines **Verrechnungsverbotes** an das Kreditinstitut bei dem der Schuldner sein Gehaltskonto führt. Hierdurch wird verhindert, dass das Kreditinstitut Zahlungsgutschriften auf dem Konto des Schuldners mit dem Debetsaldo verrechnet und dadurch die Vermögensmasse des Schuldners bzw. sein Existenzminimum und seine Arbeitsmotivation gefährdet ist (vgl. o. Rz. 10; FK-InsO/*Schmerbach* § 21 Rz. 270; ausf. zur Problematik des Girokontos im Insolvenzverfahren *Nobbe* Das Girokonto in der Insolvenz, in *Prütting* Insolvenzrecht, 1997, S. 99). 14

Gegen die Anordnung von Sicherungsmaßnahmen steht dem Schuldner nach dem InsOÄndG 2001 die **Möglichkeit der Beschwerde** zu (§ 21 Abs. 1 Satz 2). Dies wurde vor allem für die Fälle für erforderlich gehalten, in denen dem Schuldner ein Verwaltungs- oder Verfügungsverbot über sein Vermögen auferlegt wird (BT-Drucks. 14/5680 S. 25 zu Nr. 4). In der Verbraucherinsolvenz dürfte die Änderung wenig Auswirkung haben. Ein Beschwerderecht des Schuldners gegen die Ablehnung einer Sicherungsmaßnahme besteht nach wie vor nicht (s. FK-InsO/*Schmerbach* § 21 Rz. 48 ff.). 14 a

Bei einer Änderung der Sachlage sind die Sicherungsmaßnahmen aufzuheben oder anzupassen, wenn das Sicherungsbedürfnis nicht mehr oder nur noch eingeschränkt besteht (*KG* FamRZ 1990, 87; *LG Köln* NJW-RR 1988, 1467 [1468]; *Zöller/Herget* ZPO, § 707 Rz. 10; *Baumbach/Hartmann* a. a. O., § 707 Rz. 21). Kommt es zu einer Einigung im Schuldenbereinigungsplanverfahren, sind die Sicherungsmaßnahmen von Amts wegen aufzuheben. Das Gericht sollte darauf hinwirken, dass die Parteien im Plan auch bestimmen, was mit den hinterlegten bzw. vom vorläufigen Verwalter gesammelten Beträgen geschehen soll. 15

Neben den Sicherungsmöglichkeiten nach § 306 Abs. 2 i. V. m. § 21 InsO stehen Schuldner und Gläubigern auch die allgemeinen **Rechtsbehelfe des Zwangsvollstreckungsrechts** zur Verfügung. So kann der Schuldner während des Ruhenszeitraums einen Antrag nach § 850 f. Abs. 1 ZPO stellen, wenn sein Existenzminimum gefährdet ist, oder nach § 850 i ZPO, wenn die Pfändung einer Abfindung ansteht. Auch die Gläubiger haben während des Ruhens des Antrags weiterhin die Möglichkeit, Anträge etwa nach §§ 850 c Abs. 4, § 850 e oder § 850 d ZPO zu stellen. Zuständig hierfür ist vor der Eröffnung des Insolvenzverfahrens das Vollstreckungsgericht. 16

Beim Vorliegen **vorrangiger Entgeltabtretungen** oder rechtsgeschäftlicher Verpfändungen kann das Insolvenzgericht den Zugriff der Gläubiger nicht durch Sicherungsmaßnahmen analog § 21 InsO verhindern. Das Verwertungsrecht von Absonderungsansprüchen steht, abweichend von § 166 InsO im Verbraucherinsolvenzverfahren gem. § 313 Abs. 3 InsO dem Absonderungsberechtigten zu. 17

F. Abschriften für die Zustellung

Eingeführt durch das InsOÄndG 2001 ist der Schuldner zukünftig verpflichtet, auf Anforderung des Gerichts die für die Zustellung an die Gläubiger erforderlichen **Abschriften** von Vermögensübersicht und Schuldenbereinigungsplan nachzureichen. Die Vorschrift steht in Zusammenhang mit den weiteren Verfahrensvereinfachungen und soll dazu beitragen, die Kosten des Verfahrens, die jetzt durch das Stundungsmodell in nicht unerheblichem Umfang auch auf die Staatskasse zukommen, zu dämpfen (BT-Drucks. 14/5680 S. 31 zu Nr. 24). Zukünftig wird nur noch ein Teil der Verzeichnisse zugestellt und jetzt eindeutig auf einen Kostenvorschuss im Schuldenbereinigungsplanverfahren verzichtet (vgl. hierzu die Änderung des § 68 Abs. 3 GKG durch das InsOÄndG 2001 BT-Drucks. 14/5680 S. 31 Art. 3 unter Verweis auf § 253 Abs. 5 ZPO). 17 a

Da zum Zeitpunkt der Antragstellung noch nicht feststeht, ob das Schuldenbereinigungsplanverfahren durchgeführt wird, sollen die Kopien erst auf Anforderung des Gerichts bereitgestellt werden (BT-Drucks. 14/5680 a. a. O.). Diese Regelung erspart dem Schuldner unnütze Aufwendungen und entspricht einer bereits weit verbreiteten Praxis. Auch bislang war es wegen der unterschiedlichen Anforderungen der Gerichte an die Unterlagen tunlich, nur einen Satz der Verzeichnisse vorzulegen und nach Billigung des Gerichts die entsprechenden Kopien nachzureichen. 17 b

17 c Zur Verfahrensbeschleunigung wird diese Nachforderung mit einer verhältnismäßig kurzen Frist und der **Sanktion der Rücknahmefiktion** des Antrags nach § 305 Abs. 3 InsO gekoppelt. Die Einhaltung der Frist dürfte zwar i. d. R. unproblematisch sein und die Verfahrensbeschleunigung liegt auch im Interesse des Schuldners, die Regelung erscheint aber überzogen, zumal sie den Schuldner dazu zwingt einen erneuten Antrag zu stellen, was für alle Beteiligten nicht zu einer Verringerung der Aufwände führen dürfte. Zu Rechtsmitteln gegen die Rücknahmefiktion s. *Grote* § 305 Rz. 50 a ff.).

G. Verfahren bei Gläubigerantrag (Abs. 3)

18 Ein Gläubigerantrag ist auch im Verbraucherinsolvenzverfahren grds. zulässig. Seine Voraussetzungen richten sich nach den allgemeinen Vorschriften der InsO. Das Gericht prüft von Amts wegen (§ 4 InsO), ob der Gläubiger gem. § 14 InsO sein rechtliches Interesse an der Eröffnung des Insolvenzverfahrens, seine Forderung und den Eröffnungsgrund glaubhaft gemacht hat. Anderenfalls ist der Antrag als unzulässig abzulehnen. Des weiteren überprüft das Gericht, ob der Schuldner die Merkmale des § 304 InsO erfüllt (*Jauernig* § 94 III 2.; ähnlich *Kübler/Prütting-Wenzel* InsO, § 306 Rz. 1 d; *Vallender* ZIP 1999, 125 [130]). Liegen die Voraussetzungen des § 304 InsO nicht vor, so spricht das Gericht von Amts wegen die Unzulässigkeit des Verfahrens aus und verweist analog § 17 a GVG zur zulässigen Verfahrensart des Regelinsolvenzverfahrens (str., wie hier *AG Frankfurt* InVo 1999, 313; **a. A.** *AG Köln* NZI 1999, 241 [242]; *Vallender* DGVZ 2000, 97 [100], die zunächst die zulässige Verfahrensart ermitteln und dem Gläubiger dann Gelegenheit zur Änderung des Antrags geben wollen vgl. hierzu *Kohte* § 304 Rz. 22 ff.).

19–21 Sind die Voraussetzungen des § 304 InsO gegeben, so ist dem Schuldner nach § 306 Abs. 3 InsO Gelegenheit zu geben, einen eigenen Insolvenzantrag zu stellen. Nimmt er die Gelegenheit nicht wahr, so finden der erste und dritte Abschnitt des neunten Teils Anwendung, das Schuldenbereinigungsplanverfahren ist nicht durchzuführen Stellt der Schuldner einen Antrag, so war bislang streitig, inwieweit der Schuldner auch eine Bescheinigung über die Durchführung des **außergerichtlichen Einigungsversuchs** beibringen musste (vgl. hierzu *Kübler/Prütting-Wenzel* InsO, § 306 Rz. 3; *HK-InsO/Landfermann* § 306 Rz. 6; *Hess/Obermüller* Insolvenzplan, 2. Aufl., Rz. 905; *Grote* ZInsO 2000, 147; *KS-InsO/Fuchs* 2000, S. 1730 Rz. 152). Diesem Streit durch die **Gesetzesänderung** beigelegt sein. Durch den eingefügten Abs. 3 Satz 3 wird klargestellt, dass der Schuldner auch bei einem Eigenantrag nach § 306 Abs. 3 InsO zunächst einen **außergerichtlichen Einigungsversuch** durchzuführen hat (zur Einhaltung der auf drei Monate verlängerten Frist für die Beibringung der Unterlagen s. *Grote* § 305 Rz. 43; zur Kritik an dieser nicht erkennbar sinnhaften Regelung *Pape/Pape* ZIP 2000, 1553 [1557]; *Uhlenbruck/Vallender* InsO, § 306 Rz. 71).

22 Stellt der Schuldner keinen Antrag, so wird das vereinfachte Insolvenzverfahren durchgeführt und das Gericht hat über den Eröffnungsantrag des Gläubigers zu entscheiden. Liegt kein ausreichendes Schuldnervermögen vor, um die Kosten des Verfahrens zu decken, so unterbleibt die Abweisung des Antrags nach § 26 Abs. 1 Satz 1 InsO, wenn der Gläubiger oder der Schuldner einen ausreichenden Kostenvorschuss leisten (§ 26 Abs. 1 Satz 2 InsO).

23 Auch der Streit darüber, ob in einem Verbraucherinsolvenzverfahren, das auf einen **Gläubigerantrag** hin eröffnet wurde, ein **Restschuldbefreiungsantrag** des Schuldners möglich ist (dafür *Wittig* WM 1998, 157 [163]; *Smid/Haarmeyer* InsO, § 306 Rz. 8; *Grote* ZInsO 2000, 146 [147]; *Delhaes* ZInsO 2000, 358 [362]; *Kirchhof* ZInsO 1998, 54 [60]; *AG Bielefeld* ZIP 1999, 1180 [1181]; so wohl auch *Henckel* a. a. O., S. 199 [208]; **a. A.** *OLG Köln* ZInsO 2000, 334 [335]; *HK-InsO/Landfermann* § 306 Rz. 7; *Kübler/Prütting-Wenzel* InsO, § 306 Rz. 4 m. w. N.), wurde durch den Gesetzgeber geklärt. Nach der Änderung des Abs. 3 durch das InsOÄndG 2001 soll eine Restschuldbefreiung für den Verbraucherschuldner nur möglich sein, wenn vor der Eröffnung ein vollständiges Schuldenbereinigungsverfahren durchgeführt wurde, unabhängig davon ob zuvor ein Gläubiger die Verfahrenseröffnung beantragt hat (BT-Drucks. 14/5680 S. 31 zu Nr. 24; *BGH* ZInsO 2005, 310). Die Restschuldbefreiung soll nach Auffassung des BGH auch im **Regelinsolvenzverfahren** grds. nur durch einen Eigenantrag erreichbar sein (*BGH* ZVI 2006, 406; ZInsO 2004, 974; dazu *Büttner* ZVI 2007, 229). Darauf hat das Gericht den Schuldner gem. § 20 InsO hinzuweisen (zu den Anforderungen an die Hinweispflicht *BGH* ZInsO 2004, 974). Hat das Gericht den erforderlichen Hinweis zur Erlangung der Restschuldbefreiung aber unvollständig, verspätet oder fehlerhaft abgegeben und ist das Verfahren auf den Gläubigerantrag hin eröffnet worden, so kann der Antrag auf Restschuldbefreiung dann ohne weitere Erfordernisse noch nach dem Ablauf der Frist in dem eröffneten Verfahren nachgeholt werden, da der Entlastungszweck des außergerichtlichen Verfahrens dann nicht mehr erreichbar ist (*BGH* a. a. O.). Hierfür ist dem Schuldner nach Ansicht des BGH eine angemessene richterliche Frist zu setzen (*BGH* ZInsO 2005, 310 [311]; zur Möglichkeit des Schuldners in einem auf Antrag des Gläubigers eröffneten Regelinsolvenzverfahren einen Antrag auf Restschuldbefreiung zu stellen s. *Kübler/Prütting-Pape* InsO, § 20 Rz. 77).

H. Verfahrensrechtliches

Dem Gläubiger steht bei der Ablehnung seines Antrags die **sofortige Beschwerde** zu (§ 34 InsO). Stellt der Schuldner einen Antrag und wird das Verbraucherinsolvenzverfahren eröffnet, steht dem Gläubiger die sofortige Beschwerde zu mit der Begründung, der Schuldner erfülle nicht die Merkmale des § 304 InsO (*Jauernig* § 83 V 4.). Unter den Voraussetzungen des § 7 ist die sofortige weitere Beschwerde zulässig. Wird der Gläubigerantrag mangels Masse abgelehnt, steht auch dem Schuldner wegen der gravierenden Folgen der Abweisung (§ 26 Abs. 2 InsO) das Rechtsmittel der sofortigen Beschwerde zu (§ 34 Abs. 1 InsO). **Gegen die Anordnung von Sicherungsmaßnahmen** nach § 306 Abs. 2 InsO kann der Schuldner nach der Gesetzesreform nunmehr Beschwerde einlegen (s. o. Rz. 14 a). Eine Vollstreckung, die entgegen einem angeordneten Vollstreckungsverbot erfolgt, ist mit der Erinnerung gem. § 766 ZPO angreifbar. Wegen der größeren Sachnähe sollte auch in diesem Fall das Insolvenzgericht analog § 89 Abs. 3 InsO über die Erinnerung entscheiden (*Vallender* ZIP 1997, 1993 [1996]; *ders.* DGVZ 2000, 97 [104]; *Prütting* NZI 2000, 145 [147]; a. A. *AG Köln* NZI 1999, 381). Die Entscheidung des Gerichts, ein Schuldenbereinigungsplanverfahren nicht durchzuführen, ist unanfechtbar (*LG Berlin* ZInsO 2003, 77 = ZVI 2003, 188).

24

25

§ 307
Zustellung an die Gläubiger

(1) ¹Das Insolvenzgericht stellt den vom Schuldner genannten Gläubigern den Schuldenbereinigungsplan sowie die Vermögensübersicht zu und fordert die Gläubiger zugleich auf, binnen einer Notfrist von einem Monat zu den in § 305 Abs. 1 Nr. 3 genannten Verzeichnissen und zu dem Schuldenbereinigungsplan Stellung zu nehmen; die Gläubiger sind darauf hinzuweisen, dass die Verzeichnisse beim Insolvenzgericht zur Einsicht niedergelegt sind. ²Zugleich ist jedem Gläubiger mit ausdrücklichem Hinweis auf die Rechtsfolgen des § 308 Abs. 3 Satz 2 Gelegenheit zu geben, binnen der Frist nach Satz 1 die Angaben über seine Forderungen in dem beim Insolvenzgericht zur Einsicht niedergelegten Forderungsverzeichnis zu überprüfen und erforderlichenfalls zu ergänzen. ³Auf die Zustellung nach Satz 1 ist § 8 Abs. 1 Satz 2, 3, Abs. 2 und 3 nicht anzuwenden.

(2) ¹Geht binnen der Frist nach Absatz 1 Satz 1 bei Gericht die Stellungnahme eines Gläubigers nicht ein, so gilt dies als Einverständnis mit dem Schuldenbereinigungsplan. ²Darauf ist in der Aufforderung hinzuweisen.

(3) ¹Nach Ablauf der Frist nach Absatz 1 Satz 1 ist dem Schuldner Gelegenheit zu geben, den Schuldenbereinigungsplan binnen einer vom Gericht zu bestimmenden Frist zu ändern oder zu ergänzen, wenn dies auf Grund der Stellungnahme eines Gläubigers erforderlich oder zur Förderung einer einverständlichen Schuldenbereinigung sinnvoll erscheint. ²Die Änderungen oder Ergänzungen sind den Gläubigern zuzustellen, soweit dies erforderlich ist. ³Absatz 1 Satz 1, 3 und Absatz 2 gelten entsprechend.

Inhaltsübersicht: Rz.

A. Normzweck	1
B. Gesetzliche Systematik	2
C. Zustellung des Schuldenbereinigungsplans (Abs. 1)	3– 7
D. Schweigen als Zustimmung (Abs. 2)	8– 9
E. Änderungen und Ergänzungen des Plans (Abs. 3)	10–22

§ 307   Verbraucherinsolvenzverfahren und sonstige Kleinverfahren

Literatur:

App Abstimmungsprobleme zwischen Steuerrecht und Insolvenzrecht im gerichtlichen Schuldenbereinigungsplanverfahren, StB 2000, 402 f.; *Sabel* Zustellfragen in der InsO, ZIP 1999, 305; *Vallender* Verbraucherinsolvenz – Gefahrenquelle Planbestätigung, ZInsO 2000, 441; *Vallender/Caliebe* Umfang und Grenzen der Befugnisse der Inkassounternehmen im Schuldenbereinigungsplanverfahren, ZInsO 2000, 301 ff.

A. Normzweck

1 § 307 InsO dient in erster Linie der **zügigen Abwicklung** des Schuldenbereinigungsplanverfahrens. Durch die Möglichkeit der schriftlichen Durchführung des Verfahrens und die kurze Frist zur Stellungnahme von einem Monat, die als Notfrist ausgestaltet ist, soll die Klärung der Frage, ob eine einvernehmliche Schuldenregulierung zwischen Schuldner und Gläubigern möglich ist, zügig erfolgen. Zugleich soll durch die gesetzliche **Fiktion des Schweigens** als Zustimmung und dem Zusammenhang zu § 308 Abs. 3 Satz 2 InsO auf ein aktives Mitwirken der Gläubiger hingewirkt werden (BT-Drucks. 12/7302 S. 191). Abs. 3 gibt dem Gericht die Möglichkeit, auf sinnvolle Änderungen des Plans hinzuwirken und fördert hierdurch die Erfolgsaussichten für eine gütliche Einigung (BT-Drucks. 12/7302 S. 192).

B. Gesetzliche Systematik

2 § 307 InsO ist im bisherigen Vergleichsrecht ohne Vorbild. Das Verfahren kann – anders als nach § 66 ff. VglO, wonach ein persönliches Erscheinen des Schuldners im Termin vorgesehen war – schriftlich durchgeführt werden (BT-Drucks. 12/7302 S. 191).
Abweichend von § 22 Abs. 2 VglO wird nach § 307 InsO nicht nur der Vergleichsvorschlag (Schuldenbereinigungsplan), sondern werden auch die Abschriften der Verzeichnisse an die Gläubiger zugestellt. Diese konnten von den Gläubigern bislang nur bei Gericht eingesehen werden (§ 22 Abs. 3 VglO). Auch die Wertung des Schweigens eines Gläubigers als Zustimmung nach Abs. 2 findet **kein Pendant in der VglO**. Allerdings war auch in der VglO eine Anmeldung der Forderung der Gläubiger wichtig, da der bestätigte Vergleich auch gegenüber den Gläubigern wirkte, die ihre Forderungen nicht angemeldet hatten (§ 88 Abs. 1 VglO, § 193 KO) und sie infolgedessen bei Unterlassen der Anmeldung leer ausgehen konnten (vgl. *Bley/Mohrbutter* VglO, § 82 Rz. 6; vgl. hierzu auch die weitergehende Regelung beim Insolvenzplan § 254 Abs. 1 Satz 3 InsO).

C. Zustellung des Schuldenbereinigungsplans (Abs. 1)

3 Das Verfahren **kann schriftlich durchgeführt** werden (BT-Drucks. 12/7302 S. 191). Dies wird i. d. R. aus Gründen der Verfahrenseffizienz auch zweckmäßig sein. Das Gericht kann zwar auch einen mündlichen Termin anberaumen und gem. § 4 InsO, §§ 273 Abs. 2 Satz 3, 141 ZPO das persönliche Erscheinen der Beteiligten anordnen, allerdings ersetzt das nicht das Erfordernis der **förmlichen Zustellung** des Schuldenbereinigungsplans nach Abs. 1 und etwaiger Ergänzungen des Schuldners nach Abs. 3. Ist der Aufenthaltsort eines Gläubigers nicht bekannt, muss die Zustellung durch öffentliche Bekanntmachung erfolgen (diff. *Uhlenbruck/Vallender* InsO, § 307 Rz. 24 ff.).

4 Das Gericht stellt den Gläubigern **nach der Neuregelung durch das InsOÄndG 2001** die vom Schuldner erstellte Vermögensübersicht und den Schuldenbereinigungsplan zu. Die Verzeichnisse werden dagegen nicht zugestellt, sondern bei Gericht hinterlegt (s. hierzu Rz. 4a). Die Zustellung erfolgt von Amts wegen. Das Gericht hat hierbei zunächst nur eine Weiterleitungsfunktion. Die nach § 305 InsO lediglich auf ihre Vollständigkeit überprüften Unterlagen werden ohne weitere inhaltliche Überprüfung an die vom Schuldner angegebenen Gläubiger zugestellt (zum richtigen Adressaten der Zustellung bei Steuerverbindlichkeiten vgl. *App* StB 2000, 462 f.). Sind die Gläubiger **juristische Personen mit Filialnetz**, so kann sowohl an die Filiale, als auch an die Zentrale wirksam zugestellt werden (*RG* RGZ 109, 265 [267]; *BGH* BGHZ 4, 62 [65]; *AG Leipzig* WM 1998, 812; *Baumbach/Hartmann* ZPO, 1998, § 183 Rz. 13; Münch-

Komm-HGB/*Bokelmann* § 13 Rz. 19; *Uhlenbruck/Vallender* InsO, § 307 Rz. 18; **a. A.** wohl *Wittig* WM 1998, 157 [166]).

Eine **Zustellung an die Vertreter**, die den Schuldner außergerichtlich vertreten haben, ist nur dann zulässig, wenn diese sich im Verfahren als Bevollmächtigte bestellt haben (hierzu KS-*Fuchs* 2000, S. 1705 Rz. 81), oder die Bevollmächtigung für das gerichtliche Verfahren durch den Schuldner nachgewiesen wird (*Uhlenbruck/Vallender* InsO, § 307 Rz. 9 m. w. N.; a. A. *Graf-Schlicker/Sabel* InsO, § 307 Rz. 3).

Etwas anderes gilt dann, wenn der Schuldner außergerichtlich von einem **Inkassobüro** vertreten war und er im Gläubigerverzeichnis das Inkassobüro als Vertreter des Gläubigers angegeben hat. In diesen Fällen soll das Gericht – unabhängig von der Art der Rechtsbeziehungen zwischen Gläubiger und Inkassobüro – **die Unterlagen wirksam an das Inkassobüro zustellen** können (vgl. zu den einzelnen Fallgruppen *Vallender/Caliebe* ZInsO 2001, 301 ff.; so auch *OLG Köln* ZInsO 2001, 85 [86] = NZI 2001, 88). Das Inkassobüro kann aber ohne eine anwaltliche Vertretung dem Schuldenbereinigungsplan nicht wirksam widersprechen. Die Rechtsberatungsbefugnis von Inkassobüros beschränkt sich gem. Art. 21 § 1 Abs. 1 Satz 2 Nr. 5 RBerG auf den außergerichtlichen Forderungseinzug. Insofern wird eine **Erklärung eines Inkassobüros** im Schuldenbereinigungsplanverfahren als **unwirksam** angesehen (*OLG Köln* ZInsO 2000, 85 [86]; *OLG Köln* ZInsO 2001 855 [857]; *Vallender/Caliebe* a. a. O., 303; krit. dazu *Bernet* NZI 2001, 73 ff.) und als Schweigen und damit als Zustimmung gewertet wird. Dies gilt auch dann, wenn das Inkassobüro aufgrund eines Forderungskaufs Vollrechtsinhaber geworden ist (*Vallender/Caliebe* a. a. O., 302 m. w. N.; *Rennen/Caliebe* RBerG, 2. Aufl., § 1 der 5. AVO § 1 Rz. 12; ausf. *Uhlenbruck/Vallender* InsO, § 307 Rz. 48 ff.).). Das OLG Dresden hat die **Forderungsanmeldung** im eröffneten Verfahren durch ein Inkassobüro, dass eine Erlaubnis zum geschäftsmäßigen Einzug fremder Forderungen hat, allerdings zugelassen.

4 a

Problematisch wird die Zustellung in der Praxis, wenn die Person des Gläubigers nicht mehr existiert, also die natürliche Person verstorben ist oder die jur. Person aufgelöst wurde. In beiden Fällen sind die Forderungen aber nicht untergegangen. Ist der Gläubiger mittlerweile verstorben, muss an die Erben zugestellt werden, die jetzt gem. § 1922 BGB Forderungsinhaber sind. Auch wenn eine jur. Person liquidiert ist, hat das keinen Einfluss auf die Existenz der Forderung. So ist z. B. die **liquidierte GmbH**, wenn ihre Forderung nicht abgetreten wurde, nach wie vor Forderungsinhaberin (hierzu ausf. *Uhlenbruck/Vallender* InsO, § 307 Rz. 15). Das OLG Frankfurt verlangt daher, dass zur Zustellung des Schuldenbereinigungsplans zuvor vom Schuldner ein **Nachtragsliquidator** zu bestellen ist, der die Zustellung für die GmbH annimmt und auf den Plan reagiert (*OLG Frankfurt* ZInsO 2000, 565 m. krit. Anm. *Gerlinger* ZInsO 2000, 686; zust. *Uhlenbruck/Vallender* InsO, a. a. O.). Dieses Verfahren ist äußerst aufwendig und scheiterte in der Praxis bereits daran, dass die Kosten für die Bestellung des Liquidators vom Schuldner nicht aufgebracht werden konnten. Diese Zustellkosten dürften zukünftig durch die Stundung gedeckt sein (s. *Kohte* § 4 a Rz. 18 ff.), wobei allerdings die Aussicht auf aufwendige Zustellverfahren im Rahmen der Prüfung nach § 305 Abs. 1 InsO gegen die Durchführung des Schuldenbereinigungsplanverfahren sprechen dürfte (hierzu *Grote* § 306 Rz. 7 ff.; zum Erfordernis der Zustellung ohne Aussicht auf das Zustandekommen eines Plans unten Rz. 7). Eine nicht ordnungsgemäße Zustellung vermag keinerlei Rechtswirkungen i. S. d. § 307 ff. InsO für die Gläubiger zu entfalten.

4 b

Das Gläubiger-, das Forderungs- und das ausführliche Vermögensverzeichnis werden zukünftig nicht mehr zugestellt, sondern bei Gericht **zur Einsicht hinterlegt**. Der Gesetzgeber geht davon aus, dass die Gläubiger mit der Zustellung der Vermögensübersicht und des Schuldenbereinigungsplans i. d. R. über genügend Informationen für seine Entscheidung verfügen (BT-Drucks. 14/5680 S. 32 zu Nr. 25). Das setzt voraus, dass der **Schuldenbereinigungsplan eine Liste der Gläubiger mit ihren Gesamtforderungen** enthält (BT-Drucks. a. a. O.). Der Gesetzgeber geht zu Recht davon aus, dass diese Informationen mühelos im Schuldenbereinigungsplan unterzubringen sind, ein Verweis auf das Gläubiger- bzw. Forderungsverzeichnis ist dann im Plan nicht mehr möglich (krit. dazu *Uhlenbruck/Vallender* InsO, § 307 Rz. 22). Bei weiterem Informationsbedarf soll es dem Gläubiger möglich sein, in der Geschäftsstelle Einsicht in die Verzeichnisse zu nehmen. Dem Gesetzgeber ist insoweit zuzustimmen, dass die nunmehr zugestellten Unterlagen für die Entscheidung der Gläubiger ausreichend sind. Fraglich bleibt, warum dann, wenn die übersandten Unterlagen zur Entscheidung genügen, weitere, umfangreiche Unterlagen erstellt und hinterlegt werden sollen. Der Verweis in der Begründung auf § 22 Abs. 3 VglO vermag nicht zu überzeugen, da nach dem Vergleichsrecht überhaupt keine Unterlagen zugestellt wurden, statt eines Vermögensverzeichnisses nur eine **Vermögensübersicht** erstellt und hinterlegt wurde (§ 4 Abs. 1 Nr. 1 i. V. m. § 5 VglO) und auch keinen großen Anforderungen an das hinterlegte

4 c

Gläubigerverzeichnis gestellt wurden (hierzu *Kilger/Karsten Schmidt* VglO, § 7 Anm. 8). Ein schützenswertes Interesse an Details bzgl. der Vermögenswerte des Schuldners, die dem Gläubiger eine Einzelzwangsvollstreckung ermöglichen, haben sie im Gesamtvollstreckungsverfahren ohnehin nicht (s. *Grote* § 306 Rz. 11 a).

4 d Die Gläubiger haben die Möglichkeit, in die beim Insolvenzgericht hinterlegten Verzeichnisse Einsicht zu nehmen. Für die **Einsichtnahme** gelten über § 4 InsO die Regelungen des § 299 ZPO. Sie haben insbesondere die Möglichkeit, sich **Abschriften** der Verzeichnisse erteilen zu lassen (§ 299 Abs. 1 ZPO). Ein Anspruch auf **Übersendung der Unterlagen** in die Kanzlei besteht nicht (*BGH* NJW 1961, 559; *OLG Brandenburg* OLG-NL 1999, 238; *Musielak/Huber* ZPO, 2. Aufl., § 299 Rz. 2). Ihre Legitimation zur Einsichtnahme können sie durch die Vorlage der Ihnen zugestellten Schriftstücke nachweisen.

5 Das Gericht fordert die Gläubiger auf, **innerhalb einer Frist von einem Monat** zu dem Plan und zu den bei Gericht hinterlegten Verzeichnissen **Stellung zu nehmen**. Die Ausgestaltung dieser Frist als Notfrist bewirkt, dass durch das hiermit verbundene Erfordernis der förmlichen Zustellung Klarheit über den Lauf der Monatsfrist entsteht. Nach Ablauf der Frist wird das Schweigen der Gläubiger unwiderruflich als Zustimmung gewertet. Einwände gegen den Schuldenbereinigungsplan des Schuldners sind präkludiert (*LG Münster* NZI 2002, 616). Durch die Ausgestaltung der Frist als Notfrist wird der Weg für die **Wiedereinsetzung in den vorherigen Stand** (§ 233 ZPO) eröffnet, womit für Konflikte der Fristversäumnis eine eingespielte Lösung zur Verfügung steht (*Schmidt-Räntsch* MDR 1994, 321 [324]; HK-InsO/*Landfermann* § 307 Rz. 7; ausf. *Uhlenbruck/Vallender* InsO, § 307 Rz. 32 ff.). Eine **Verlängerung** der gesetzlichen Frist durch das Gericht ist nicht möglich. Der Gläubiger hat es nicht in der Hand, sich den Wirkungen der §§ 307 ff. InsO durch eine Nichtteilnahme am Verfahren zu entziehen (*OLG Köln* ZInsO 2000, 85 [87]). Wird die Wiedereinsetzung in den vorigen Stand gewährt, wird ein zwischenzeitlich erfolgter Beschluss nach § 308 Abs. 1 InsO, der die Annahme des Schuldenbereinigungsplans feststellt, rückwirkend wirkungslos (*Uhlenbruck/Vallender* InsO, § 307 Rz. 35).

6 Satz 2 ist als zusätzlicher **deklaratorischer Warnhinweis** an die Gläubiger auf die Anerkenntniswirkungen des § 308 Abs. 3 Satz 2 InsO zu verstehen. Es wird zudem eine frühzeitige Klärung des Forderungsbestandes bewirkt, die die spätere Durchführung des Insolvenzverfahrens vereinfacht. (BT-Drucks. 12/7302 S. 191). Streitig ist, ob die Wirkung des § 308 Abs. 3 Satz 2 InsO auch eintritt, wenn **der Hinweis** des Gerichts **unterbleibt** (s. hierzu *Uhlenbruck/Vallender* InsO, § 307 Rz. 36). Jedenfalls entstehen durch das Schweigen oder die Anerkennung der Forderungen für den Fall des Scheiterns des Plans keinerlei Bindungswirkungen für das spätere Insolvenzverfahren (s. *Kohte* § 308). Dort findet ein unabhängiges Anmeldeverfahren statt. Den Gläubigern bleibt es unbenommen, im Insolvenzverfahren eine höhere oder niedrigere Forderung als im Planverfahren anzumelden.

7 Satz 3 stellt klar, dass die **Erleichterungen für Zustellungen**, die nach § 8 InsO für das Regelinsolvenzverfahren gelten, im Verbraucherinsolvenzverfahren keine Anwendung finden. Unzulässig sind insbesondere die Zustellung durch den Insolvenzverwalter und die Zustellung durch Aufgabe zur Post. Bei Personen, deren Aufenthalt unbekannt ist, wird die Zustellung durch **öffentliche Bekanntmachung** (§ 203 ZPO) bewirkt (*AG Saarbrücken* ZInsO 2002, 247; HambK-InsO/*Streck* § 307 Rz. 4). Auch auf eine Beglaubigung der zuzustellenden Schriftstücke kann grds. nicht verzichtet werden (*Hess/Obermüller* Insolvenzplan, 2. Aufl., Rz. 959). Statt einer Beglaubigung durch das Gericht oder den Anwalt des Schuldners kann der Schuldner die Abschriften auch unterschreiben (KS-*Fuchs* 2000, S. 1705 Rz. 78; HK-InsO/*Landfermann* § 307 Rz. 5; enger *Sabel* ZIP 1999, 305 [306]). Das Gesetz sieht vor, dass der Plan und die Vermögensübersicht **allen Gläubigern zuzustellen** sind. In der Literatur wird daraus abgeleitet, dass dies auch dann erforderlich ist, wenn bereits feststeht, dass der Plan **keine Chance mehr auf eine Annahme** oder Zustimmungsersetzung hat (HK-InsO/*Landfermann* § 307 Rz. 5; so auch die 2. Aufl. § 307 Rz. 7). In der Praxis war zum Teil von den Gerichten bei Plänen mit geringer Erfolgsaussicht der Plan zunächst nur an die Mehrheitsgläubiger zugestellt worden und bei deren Ablehnung auf eine weitere Zustellung an die übrigen Gläubiger verzichtet worden (hierzu KS-*Fuchs* 2000, S. 1705 Rz. 80; das *AG Hamburg* ZIP 2000, 32 will **bei Aussichtslosigkeit des Plans** gar ganz auf die Zustellung verzichten). Diese Frage wird in Zukunft von geringerer Bedeutung sein, da in aussichtslosen Fällen nach § 306 Abs. 1 InsO auf die Durchführung des Schuldenbereinigungsplanverfahrens verzichtet werden wird. Bei der Auslegung des § 307 Abs. 1 InsO ist aber zu beachten, dass die förmliche Zustellung an alle Gläubiger zwar notwendige Voraussetzung für ein Zustandekommen des Plans mit allen Gläubigern ist (hierzu auch *Vallender* DGVZ 2000, 97 [103]), dagegen aber keinerlei Rechtswirkungen entfaltet und für das weitere Insolvenzverfahren ohne Bedeutung ist, wenn der Schuldenbereinigungsplan nicht zu

Stande kommt. Es wäre daher **sinnlose Förmelei**, wollte man bei einem Planverfahren, das die Mehrheit der Gläubiger bereits abgelehnt hat und bei dem keine Aussicht auf eine Einigung mehr besteht, an einer wirksamen Zustellung an alle Beteiligten festhalten. Dies würde das Verfahren vor allem in den Fällen unnötig belasten, in denen eine langwierige Zustellung im Ausland (zu den hiermit verbundenen Verfahrensverzögerungen KS-*Beule* 2000, S. 23 und *Vallender* DGVZ 2000, 97 [103]) oder eine öffentliche Zustellung erforderlich ist (hierzu auch *Grote* § 306 Rz. 7 d). In solchen Fällen kann daher auf eine Fortsetzung der Zustellversuche verzichtet werden (**a. A.** wohl *Uhlenbruck / Vallender* InsO, § 307 Rz. 8). Wegen des **Grundsatzes der Verfahrensbeschleunigung** (hierzu *Fuchs* a. a. O.) sollte aber die Zustellung grds. parallel an alle Gläubiger versucht werden.

D. Schweigen als Zustimmung (Abs. 2)

Die Zustimmung erfolgt i. d. R. durch eine ausdrückliche Erklärung. Eine Annahmeerklärung unter Bedingungen (sog. modifizierte Annahme) gilt entsprechend § 150 Abs. 2 BGB als Ablehnung des Angebots (*AG Regensburg* ZInsO 2000, 516). Teilt ein Gläubiger dem Gericht mit, dass er weitere Forderungen gegen den Schuldner hat, so ist darin ein Widerspruch gegen den Plan zu sehen (*BGH* ZInsO 2006, 206 [207]). Steht eine Forderung mehreren Gläubigern zu, so liegt eine Zustimmung gem. § 428 BGB nur dann vor, wenn alle Gläubiger dem Plan zustimmen (*Uhlenbruck / Vallender* InsO, § 308 Rz. 58). Zu Erklärungen von Inkassobüros s. o. Rz. 4 a. Auch nach dem Ablauf der Notfrist des § 307 InsO kann ein Gläubiger noch wirksam dem Plan zustimmen (*BGH* ZInsO 2006, 206 [207]). Die Vorschrift soll keine Zustimmungen ausschließen, sondern hat lediglich den Zweck, schnell festzustellen, ob der Plan zu Stande kommt (*BGH* a.a O.)

8

Abweichend von der allgemeinen Regel, dass **bloßes Schweigen** keine Rechtsfolge in Geltung zu setzen vermag (*Larenz / Wolf* Allgemeiner Teil des Bürgerlichen Rechts, 1997, § 28 Rz. 47) fingiert Abs. 2 auch das Schweigen auf den Vorschlag des Schuldners als Zustimmung. Eine ähnliche Regelung enthält z. B. § 416 Abs. 1 Satz 2 BGB. Es handelt sich hierbei um ein Schweigen mit Erklärungswirkung (*Palandt / Heinrichs* Einf. vor § 116 Rz. 8). Die **Rechtsfolge der Zustimmung** ist allein an die Tatsache geknüpft, dass der Gläubiger nicht auf die Zustellung des Plans reagiert hat. Die Fiktion bewirkt, dass die gesetzliche Entscheidung an die Stelle der fehlenden Parteientscheidung gesetzt wird (*Staudinger / Dilcher* vor §§ 116 ff. Rz. 43). Auch auf diese Rechtsfolge ist in der Aufforderung des Gerichts nach § 307 Abs. 1 InsO hinzuweisen.

8 a

Die Vorschriften über die Geschäftsfähigkeit und über Willensmängel sind beim Schweigen mit Erklärungswirkung nach h. M. dann anwendbar, wenn das Gesetz – wie hier – an das Schweigen eine positive Erklärungswirkung knüpft (*BGH* NJW 1969, 1171; *Krüger-Nieland* in RGRK, vor § 116 Rz. 30 f.; *Larenz / Wolf* a. a. O., § 28 Rz. 56; ausf. *Hanau* AcP 165, 220 [224 ff.] und MünchKomm-BGB/*Kramer* § 119 Rz. 51 ff.).

9

E. Änderungen und Ergänzungen des Plans (Abs. 3)

Auch § 307 Abs. 3 InsO ist unter der Prämisse des Schuldenbereinigungsplanverfahrens zu sehen, dass eine Einigung möglichst **privatautonom** zu Stande kommen soll und die Eingriffs- und Gestaltungsmöglichkeiten des Gerichts begrenzt sind (vgl. *Grote* § 305 Rz. 2 ff.). Aufgabe des Gerichtes ist es lediglich, **einvernehmliche Lösungen zwischen den Parteien zu fördern** und auf Gestaltungsmöglichkeiten hinzuweisen (*BGH* ZInsO 2006, 206 [207]; *Grote* § 305 Rz. 6). Allerdings ist es ihm unbenommen, im Rahmen des Verfahrens auf eine gütliche Verständigung zwischen den Parteien hinzuwirken (*Schmidt-Räntsch* MDR 1994, 321 [325]). Dies kann insbesondere durch Telefonate mit Schuldner und Gläubigern geschehen, um die realen Möglichkeiten und Grenzen der Kompromissbereitschaft zu erforschen.

10

Abs. 3 Satz 1 sieht infolgedessen auch nur vor, dass dem Schuldner **Gelegenheit zu** geben ist, den Schuldenbereinigungsplan zu **ergänzen**. Diese Entscheidung des Gerichts liegt in seinem pflichtgemäßen Ermessen (*Uhlenbruck / Vallender* InsO, § 307 Rz. 68; siehe auch unten Rz. 15). Ein Rechtsmittel des Schuldners gegen die Entscheidung des Gerichts, von einer erneuten Planvorlage abzusehen, besteht nicht (*OLG Köln* NZI 2001, 593 [594]; *Uhlenbruck / Vallender* InsO, § 307 Rz. 71). Ob der Schuldner die Gelegenheit zur erneuten Planvorlage wahrnimmt und sich weiter um eine Einigung bemüht, obliegt allein seiner Ent-

11

scheidung. Er behält das Planinitiativrecht und es besteht keine Möglichkeit des Gerichts oder der Gläubiger, den **Schuldner dazu zu zwingen**, Änderungen oder Ergänzungen am Plan vorzunehmen (*Nerlich/Römermann* InsO, § 307 Rz. 14; *Hess/Obermüller* a. a. O., Rz. 969; **a. A.** *Krug* Verbraucherkonkurs – KTS Schriften zum Insolvenzrecht 7, 1998, 123). Ein solcher Zwang würde dem Wesen einvernehmlicher Regelungen strikt zuwiderlaufen und wohl kaum zu dem gewünschten Ergebnis einer Schuldenregulierung führen. Der Schuldner erhält lediglich die Möglichkeit zur Änderung, nimmt er sie nicht war, erwachsen ihm hieraus keine Sanktionen bzgl. des weiteren Verlaufs des Verfahrens (so wohl auch *Nerlich/Römermann* InsO, § 307 Rz. 16).

12 **Stimmen alle Gläubiger zu**, so ist für eine Ergänzung oder Änderung kein Raum, selbst wenn das Gericht die Vereinbarungen für nicht zweckmäßig erachtet. Das Gericht hat dann die Annahme des Plans nach § 308 Abs. 1 Satz 1 InsO zu beschließen.

13 Ergänzen bedeutet, dass der Schuldner die Möglichkeit erhält, in einem neuen Angebot inhaltlich über das bisherige hinauszugehen. Dies kann nicht nur durch eine Erhöhung des zu zahlenden Betrages beim Liquidationsvergleich oder durch eine Erhöhung der Anzahl oder Höhe der Raten bei einem Ratenvergleich sein. Eine **Ergänzung** kann auch in der Aufnahme zusätzlicher Bestimmungen liegen, wenn etwa der Gläubiger auf die Aufnahme einer Verfallklausel in den Ratenvergleich besteht oder eine Vereinbarung bzgl. der Auswirkungen auf Sicherheiten in den Plan aufgenommen haben will.

Eine **Änderung** ist dagegen der weitere Begriff, der Ergänzungen einschließt, aber nicht nur ein Hinzufügen von Vereinbarungen und eine Erhöhung der Angebote umfasst, sondern jegliche Abweichungen, z. B. auch dem Streichen von Nebenabreden, etwa der Einbeziehung der mithaftenden Ehefrau in den Plan. Auch eine Verringerung der Angebote im Plan kann die Folge der verweigerten Zustimmung der Gläubiger sein. Denn i. d. R. werden die nicht zustimmenden Gläubiger eine Erhöhung der Angebote verlangen. Eine Erhöhung des Gesamtbetrages wird der Schuldner aber nicht immer leisten können, so dass die Erhöhung der Zahlungen an den einen dann zwangsläufig eine Verringerung der Angebote an den anderen zur Folge haben muss. Dies muss jedoch nicht zwangsläufig die Bereitschaft der Gläubiger zur erneuten Zustimmung ausschließen, insbesondere wenn ein rechtfertigender Grund für die Änderung vorliegt, etwa wenn der Schuldner nun eine Abtretung zu Gunsten des widersprechenden Gläubigers berücksichtigt, die ihm vorher nicht bekannt war.

14 Bei der **Änderung** nach Abs. 3 geht es **nur um den Schuldenbereinigungsplan**, nicht auch um das Forderungsverzeichnis. Der Gläubiger wird unter Umständen in seiner Stellungnahme nicht nur eine Änderung des vom Schuldner vorgeschlagenen Schuldenbereinigungsplans vorschlagen, sondern im Hinblick auf Abs. 1 Satz 2 und § 308 Abs. 3 Satz 2 InsO auch eine Ergänzung des Forderungsverzeichnisses des Schuldners verlangen, wenn er der Ansicht ist, dass der Schuldner die Forderungen zu niedrig oder unvollständig angegeben hat. Es besteht aber kein Bedürfnis, den Streit zwischen Schuldner und Gläubiger über die Höhe der Forderung an dieser Stelle auszutragen. Der Schuldner kennt – aus der Forderungsabrechnung des Gläubigers, die dieser ihm nach § 305 Abs. 2 InsO vorgelegt hat – die Höhe der Forderung, die dieser gegen ihn geltend macht. Trägt er eine niedrigere Forderung in das Verzeichnis ein, so besteht ein **offener Dissens** über die Höhe. Die Frage nach der richtigen Höhe ist aber hier nur von mittelbarer Bedeutung. Die **Erlöschensfiktion** tritt nur dann in Kraft, wenn der Plan zu Stande kommt (s. *Kohte* § 308 Rz. 11 ff.). Ein Gläubiger, der seine Forderung im Verzeichnis zu niedrig berücksichtigt findet, wird dem Plan i. d. R. ohnehin nicht zustimmen. Die Frage ist daher eher im Rahmen der Prüfung von § 309 InsO relevant, wenn sie für die Feststellung des Stimmrechts oder die Frage der angemessenen Beteiligung des Gläubigers von Bedeutung sein kann (s. *Grote* § 309 Rz. 9). Praktische Wirkung entfaltet die Vorschrift vor allem in den Fällen, in denen ein Gläubiger **mehrere Forderungen** besitzt und eine davon bislang übersehen hat (zur Geltendmachung mehrerer Forderungen durch ein Inkassobüro s. *Grote* § 309 Rz. 8). Entscheidend für die Prüfung des § 307 InsO ist nur der Inhalt des Schuldenbereinigungsplans. Hält der Schuldner nach der Ergänzung des Verzeichnisses durch den Gläubiger die höhere Forderung für berechtigt, so wird er dies ggf. in einem geänderten Angebot im Schuldenbereinigungsplan berücksichtigen. Anderenfalls bleibt der Dissens bestehen und hindert unter Umständen aufgrund von § 309 Abs. 3 InsO eine Zustimmungsersetzung des Gläubigers.

15 Eine **Gelegenheit zur Änderung** ist zu geben, wenn dies aufgrund der Stellungnahme eines Gläubigers erforderlich oder zur Förderung einer einverständlichen Schuldenbereinigung sinnvoll erscheint. Diese Begriffe sind nicht als Tatbestandsalternativen zu sehen (wie hier *Kübler/Prütting-Wenzel* InsO, § 307 Rz. 12; *Uhlenbruck/Vallender* InsO, § 307 Rz. 17; **a. A.** *OLG Celle* ZInsO 2001, 1062 [1063]; *Smid/Haarmeyer* InsO, § 307 Rz. 8). Denn stimmen einer oder mehrere Gläubiger nicht zu, so sind möglicherweise

sich ergebende Änderungs- oder Ergänzungsmöglichkeiten immer durch die Stellungnahmen (der widersprechenden Gläubiger) initiiert. Andererseits ist keine Änderung oder Ergänzung denkbar, die zwar erforderlich, aber nicht zur Schuldenbereinigung sinnvoll ist. Die Begriffe erforderlich und sinnvoll sind daher kumulativ zu sehen und sollen den Rahmen des richterlichen Ermessens beschreiben, dessen Ausübung zu der Gelegenheit zur Stellungnahme führen kann.

Erforderlich und sinnvoll erscheint eine Gelegenheit zur Änderung dann, wenn nach Ansicht des Gerichtes aufgrund der Beurteilung der vorliegenden Unterlagen und der bisherigen Verhandlungslage eine Änderung durch den Schuldner möglich erscheint, und diese zu einer Einigung (ggf. durch Zustimmungsersetzung) führen kann. Ob dies der Fall ist, hängt sowohl von dem Änderungswillen und der Änderungsmöglichkeit des Schuldners ab, als auch von der Frage, ob die Gläubiger, die bisher nicht zugestimmt haben, sich voraussichtlich mit den geänderten Vorschlägen mehrheitlich einverstanden erklären werden. I. d. R. werden die Gläubiger die Ablehnung mit einem eigenen Regulierungsvorschlag verbinden. Gelegenheit zur Vorlage eines geänderten Plans ist dem Schuldner z. B. dann zu geben, wenn die Zustimmungsersetzung an formalen Gründen scheitert, etwa weil ein im Plan berücksichtigter Gläubiger erklärt, befriedigt zu sein (*LG Heilbronn* ZVI 2003, 163). Das Gericht hat aufgrund der Stellungnahmen der Gläubiger und eigener Mutmaßungen nach pflichtgemäßem Ermessen zu prüfen, aus welchen Gründen die Angebote des Schuldners abgelehnt wurden (*BGH* ZInsO 2006, 206 [208]; *Hess/Obermüller* a. a. O., Rz. 968). Entscheidendes Kriterium wird auch sein, ob die Gläubiger den Plan nur mit knapper Mehrheit abgelehnt haben und wieweit die Vorschläge des Schuldners einerseits und des Gläubigers andererseits auseinander liegen (vgl. hierzu auch die Ausführungen zur Prognoseentscheidung des Gerichts bei *Grote* § 306 Rz. 7 a ff.)

Bei seiner **Entscheidung** muss das Gericht die Wahrscheinlichkeit einer Einigung mit der Pflicht zur zügigen Durchführung des Verfahrens abwägen. Durch eine Veränderung des Plans wird i. d. R. eine erneute Zustellung an die Gläubiger notwendig (s. u. Rz. 19). Andererseits soll das Schuldenbereinigungsplanverfahren ja gerade das kostenintensivere und für alle Beteiligten aufwendigere Insolvenzverfahren vermeiden. Daher ist das Gericht immer dann verpflichtet, dem Schuldner **Gelegenheit** zur Stellungnahme zu geben, wenn das Erreichen einer Einigung mittels einer Änderung des Plans durch den Schuldner nicht ganz aussichtslos erscheint bzw. sogar konkrete Anhaltspunkte dafür bestehen, dass eine Einigung über eine Änderung des Plans erreicht werden könnte (*BGH* ZInsO 2006, 206 [208]). Hierbei wird es unter Umständen sinnvoll sein, wenn der Richter telefonisch mit dem Schuldner und den Gläubigern Kontakt aufnimmt, um die Aussichten auf eine Einigung besser beurteilen zu können. 16

Die **Fristsetzung** nach Abs. 1 liegt nach dem eindeutigen Wortlaut des § 307 Abs. 3 Satz 1 im Ermessen des Gerichts. In der Literatur wird vertreten, dass hier die Regelung des Abs. 1 Satz 1 analog anzuwenden und eine Notfrist von einem Monat zu setzen sei (*Uhlenbruck/Vallender* InsO, § 307 Rz. 73). Für eine solche Analogie fehlt allerdings sowohl das Bedürfnis, als auch eine planwidrige Regelungslücke. Der Gesetzgeber wollte die Fristsetzung des Gerichts an den Schuldner offenbar bewusst flexibel halten. Abs. 1 Satz 1 betrifft zudem nicht die Fristsetzung an den Schuldner sondern an die Gläubiger, so dass für eine Analogie kein Raum ist. Bei der Fristsetzung hat das Gericht das Gebot der Verfahrensbeschleunigung zu beachten, andererseits ist dem Schuldner ausreichend Zeit zu lassen, um einen veränderten Schuldenbereinigungsplan ausarbeiten und vorlegen zu können. Anhaltspunkt hierfür wird die Frist des § 307 Abs. 1 Satz 1 InsO sein. Dies kann im Einzelfall auch eine angemessene Zeitspanne für den Schuldner sein, um einen **neuen Vorschlag** zu entwerfen, da dieser ja möglicherweise auch für alle Gläubiger neue Angebote ausarbeiten muss. Dem Schuldner und seinen Beratern sollte ausreichend Zeit gelassen werden, um mit den Gläubigern ggf. telefonisch Rücksprache zu halten um so die Chance auf ein konsensfähiges Angebot zu erhöhen. 17

Die Frist ist eine **richterliche Frist** und kann gem. § 4 InsO, § 244 Abs. 2 ZPO verlängert werden, wenn der Schuldner erhebliche Gründe für die Notwendigkeit der Verlängerung glaubhaft macht. Hierbei sollte grds. großzügig verfahren werden, wenn die Chance auf eine Einigung und damit erhebliche Entlastung des Gerichts besteht. 18

Die vom Schuldner vorgenommenen **Änderungen des Plans** sind grds. **allen Gläubigern zuzustellen** (vgl. *Arnold* DGVZ 1996, 128 [134]; *Kübler/Prütting-Wenzel* InsO, § 307 Rz. 7). Dies gilt auch dann, wenn nur ein Gläubiger die Zustimmung verweigert hatte und sich die Angebote an die anderen Gläubiger im neuen Plan nicht verändert haben. Denn durch diese Änderung ändert sich die verhältnismäßige Beteiligung der Gläubiger untereinander, die gem. der Wertung des Gesetzgebers nach § 309 Abs. 1 Satz 1 InsO besonderen Schutz genießt. Nach h. M. nimmt ein Gläubiger ein Vergleichsangebot im Zwei- 19 fel unter der Bedingung an, dass auch die anderen Gläubiger zustimmen (vgl. *Bork* Der Vergleich, 1988, S. 309 m. w. N.). Da die einzelnen Gläubiger nicht nur dem konkreten Angebot zugestimmt haben, das sie betrifft, sondern nach den §§ 307, 308 InsO dem Schuldenbereinigungsplan als Ganzes, wird durch jede Änderung die erteilte Zustimmung hinfällig und der neue Plan bedarf der **erneuten Zustimmung** (ähnlich auch *Wittig* WM 1998, 157 [162]). Für die erneute Stellungnahme gilt dann wieder die Notfrist von einem Monat nach Abs. 1 Satz 1 (*Nerlich/Römermann* InsO, § 307 Rz. 22). Eine Neuzustellung des Plans erscheint allenfalls dann entbehrlich, wenn die Veränderung nur einzelne Nebenabreden betrifft – z. B. die Aufnahme einer Verfallklausel – oder die Gläubiger bereits im Vorfeld ihr Einverständnis mit dem geänderten Plan mitgeteilt haben (BT-Drucks. 12/7302 S. 192).

20 Eine **weitere Stellungnahmenrunde** sieht das Gesetz nicht ausdrücklich vor. Sie ist aber auch nicht ausgeschlossen, so dass in Einzelfällen eine weitere Nachbesserung des Plans sinnvoll erscheinen kann, wenn eine Einigung greifbar nahe ist. (*LG Hannover* ZIP 200, 209, HambK-InsO/*Streck* § 307 Rz. 15 m. w. N.; *Uhlenbruck/Vallender* InsO, § 307 Rz. 72). Führt die Nachbesserung durch den Schuldner nicht zur Einigung oder Zustimmungsersetzung nach § 309 Abs. 1 InsO, so ist das Schuldenbereinigungsplanverfahren gescheitert und der Eröffnungsantrag des Schuldner ist von Amts wegen wieder aufzunehmen (§ 311 InsO). Das Gleiche gilt, wenn der Schuldner nicht innerhalb der ihm gesetzten Frist reagiert.

21 Abs. 3 Satz 3 stellt klar, dass die Regeln des Abs. 1 und 2, insbesondere bezüglich der Notfrist und der Wirkung des Schweigens auf den Vorschlag des Schuldners auch für den geänderten Schuldenbereinigungsplan gelten.

22 **Rechtsbehelfe** gegen die Entscheidung des Gerichts nach § 307 InsO sind nicht gegeben (§ 6 InsO).

§ 308
Annahme des Schuldenbereinigungsplans

(1) ¹Hat kein Gläubiger Einwendungen gegen den Schuldenbereinigungsplan erhoben oder wird die Zustimmung nach § 309 ersetzt, so gilt der Schuldenbereinigungsplan als angenommen; das Insolvenzgericht stellt dies durch Beschluss fest. ²Der Schuldenbereinigungsplan hat die Wirkung eines Vergleichs im Sinne des § 794 Abs. 1 Nr. 1 der Zivilprozessordnung. ³Den Gläubigern und dem Schuldner ist eine Ausfertigung des Schuldenbereinigungsplans und des Beschlusses nach Satz 1 zuzustellen.
(2) Die Anträge auf Eröffnung des Insolvenzverfahrens und auf Erteilung von Restschuldbefreiung gelten als zurückgenommen.
(3) ¹Soweit Forderungen in dem Verzeichnis des Schuldners nicht enthalten sind und auch nicht nachträglich bei dem Zustandekommen des Schuldenbereinigungsplans berücksichtigt worden sind, können die Gläubiger von dem Schuldner Erfüllung verlangen. ²Dies gilt nicht, soweit ein Gläubiger die Angaben über seine Forderung in dem beim Insolvenzgericht zur Einsicht niedergelegten Forderungsverzeichnis nicht innerhalb der gesetzten Frist ergänzt hat, obwohl ihm der Schuldenbereinigungsplan übersandt wurde und die Forderung vor dem Ablauf der Frist entstanden war; insoweit erlischt die Forderung.

Inhaltsübersicht:	Rz.
A. Normzweck	1
B. Der Schuldenbereinigungsplan als Prozessvergleich	2–14
I. Die Titelfunktion des Schuldenbereinigungsplans	3– 4
II. Schuldenbereinigungsplan und Drittbeteiligung	5– 6
III. Die Unwirksamkeit des Schuldenbereinigungsplans	7– 8
IV. Die Unwirksamkeit einzelner Bestimmungen	9–14
1. Gesetz- und sittenwidrige Forderungen	9–10
2. Verfall- und Kündigungsklauseln	11–14
C. Die Rolle der außen stehenden Gläubiger	15–18
D. Verfahrensrechtliches	19–23
I. Gerichtliche Feststellung	19–20

| II. Die Geltendmachung der Unwirksamkeit eines Schuldenbereinigungsplans oder einzelner Forderungen | 21–22 |
| III. Die Anpassung des Schuldenbereinigungsplans | 23–24 |

Literatur:

Bonin Der Prozessvergleich, 1957; *Bork* Der Vergleich, 1988; *Theiß* Der Schuldenbereinigungsplan als Vergleich bürgerlichen Rechts, ZInsO 2005, 29 ff.; *Vallender* Das Schicksal nicht berücksichtigter Forderungen im Verbraucherinsolvenz- und Restschuldbefreiungsverfahren, ZIP 2000, 1288 ff.; *ders.* Verbraucherinsolvenz – Gefahrenquelle Planbestätigung, ZInsO 2000, 441 ff.

A. Normzweck

Mit der gerichtlichen Feststellung, dass kein Gläubiger Einwendungen gegen den Schuldenbereinigungsplan erhoben oder die fehlende Zustimmung von Gläubigern nach § 309 InsO (dazu jetzt *BGH* VuR 2008, 393 m. Anm. *Grote*) ersetzt worden ist (zum unpräzisen Sprachgebrauch des Gesetzes an dieser Stelle: *Henckel* FS für Gaul, S. 199 [204]), wird das gerichtliche Schuldenbereinigungsplanverfahren beendet. Die Anträge auf Eröffnung des Insolvenzverfahrens oder Verteilung von Restschuldbefreiung gelten als zurückgenommen. Der Schuldenbereinigungsplan wird vom Gericht den Gläubigern und dem Schuldner zugestellt. § 308 Abs. 1 Satz 2 InsO ordnet ausdrücklich an, dass der auf diese Weise festgestellte Schuldenbereinigungsplan die Funktion eines Prozessvergleichs hat. Man hat damit bewusst nicht auf die Konstruktion des Vergleichs in der VglO und der KO zurückgegriffen, die konstitutiv kraft gerichtlicher Überprüfung und Bestätigung die Verschuldung ordnen, sondern vielmehr den Beteiligten einen größeren Raum für eigene Lösungen eröffnet. Diese Regelung dient einerseits der Entlastung der Gerichte, soll aber andererseits auch das Aushandeln realistischer und sachnaher einzelfallbezogener Lösungen stimulieren. Sie bekräftigt damit den hohen Stellenwert privatautonomer Vereinbarungen zur Schuldenbereinigung und verdeutlicht, dass dieser Vergleich für die Beteiligten der einfachere und für ihre konkreten Belange besser anpassbare Weg ist (dazu *Pick* NJW 1995, 992 [997]). Diese Bedeutung der Kooperation ist im Rahmen der Novellierung noch einmal hervorgehoben worden, indem § 308 Abs. 3 Satz 2 InsO neu gefasst und dadurch die Mitwirkungslast der Gläubiger intensiviert worden ist (BT-Drucks. 14/5680 S. 32; vgl. auch u. Rz. 18). Der Plan kann auch vorsehen, dass ein Pfändungspfandrecht erfasst und damit eine Pfändungsmaßnahme beendet wird (*LG Trier* NZI 2005, 405); falls der Gläubiger gleichwohl weiter vollstreckt, kann der Schuldner sich mit Hilfe der Vollstreckungsgegenklage nach § 767 ZPO zur Wehr setzen (*Hess* InsO, 2007, § 308 Rz. 10).

1

B. Der Schuldenbereinigungsplan als Prozessvergleich

Materiellrechtlich bewirkt ein solcher Vergleich in aller Regel keine Novation, sondern eine Umgestaltung und Modifikation des bisherigen Schuldverhältnisses (*BGH* WM 1987, 1256; jetzt auch *BGH* VuR 2008, 314 [315]; HK-InsO/*Landfermann* § 308 Rz. 7); dabei kann es sich auch um ein gesetzliches Schuldverhältnis handeln, so dass auch der vollständige oder teilweise Erlass einer Steuerschuld unabhängig von den Voraussetzungen nach § 227 AO festgestellt werden kann (*OLG Köln* VuR 2000, 442 [444] = ZIP 2000, 2263 [2264]). Eine Zwangsvollstreckung über die ursprüngliche Forderung, die im Plan reduziert worden ist, ist nicht mehr statthaft (*LG Trier* NZI 2002, 565); daher scheidet insoweit auch eine Aufrechnung aus (*FG Düsseldorf* EFG 2007, 738 [740]). Wenn der Schuldner mit den im Vergleich vereinbarten Pflichten in Verzug geraten sollte, dann führt dies nicht automatisch zu einem Wiederaufleben der alten Forderungen, da § 255 InsO weder direkt noch analog anwendbar ist (HK-InsO/*Landfermann* § 308 Rz. 7; *Nerlich/Römermann* § 308 Rz. 11; *Wittig* WM 1998, 157 [167]; *von Reden* Das besondere Verfahren für Verbraucher, 2000, S. 126 f.; **a. A.** *N. Preuß* Verbraucherinsolvenzverfahren und Restschuldbefreiung, 2. Aufl., Rz. 107). Anderes gilt nur, wenn eine Verfall- oder Kündigungsklausel vereinbart ist (dazu Rz. 11 ff.). Ebenso kann § 254 Abs. 2 InsO weder direkt noch analog angewandt werden, so dass der Erlass gegenüber dem Hauptschuldner unmittelbar auch den Bürgen befreit (*Gottwald/Schmidt-*

2

Räntsch HdbInsR, § 83 Rz. 18; *Hess* InsO, 2007, § 308 Rz. 12; *Maier/Krafft* BB 1997, 2173; *LG Hamburg* NZI 2002, 114; *BGH* NJW 2003, 59 [60]). Die Auswirkungen des Plans auf Gesamtschuldner und das Schicksal von Sicherheiten sind nach § 305 Abs. 1 Nr. 4 InsO im Plan zu regeln. Bei auslegungsbedürftigen Formulierungen wird nach allgemeinen Grundsätzen (s. o. *Kohte* vor § 304 Rz. 17) eine **beschränkte Gesamtwirkung** zumindest gegenüber denjenigen Gesamtschuldnern, die Regressrechte gegenüber dem Ursprungsschuldner haben (dazu nur *OLG Köln* NJW-RR 1992, 1398; vgl. Münch-Komm-BGB/*Bydlinski* § 423 Rz. 3), anzunehmen sein. Der Schuldenbereinigungsplan soll in aller Regel zu einer umfassenden Entschuldung führen, so dass regelmäßig ein Regress durch mithaftende Gesamtschuldner unterbleiben soll. Dies kann, solange diese keine eigenständigen rechtsgeschäftlichen Erklärungen abgeben, nur durch eine Gesamtwirkung des Forderungserlasses erreicht werden (vgl. auch *Staudinger/Noack* 2005, § 423 BGB Rz. 24). Eine andere Bewertung ist möglich, wenn die aufschiebend bedingten, jedoch bereits entstandenen (dazu *BGH* BGHZ 114, 117 [123] = NJW 1991, 1733 [1734]) Ausgleichsforderungen anderer Gesamtschuldner in den Schuldenbereinigungsplan aufgenommen worden sind. Bei streitigen Forderungen ist eine Berücksichtigung im Plan möglich, indem Vollstreckung oder Erlass von einer gerichtlichen oder sonstigen Klärung abhängig gemacht werden. Hat der Schuldner eine von ihm bestrittene Forderung mit dem Wert »Null« im Plan berücksichtigt (vgl. *BGH* ZInsO 2008, 860 [861]), erlischt sie bei Annahme des Plans (*Nerlich/Römermann* InsO, § 305 Rz. 40). Wenn durch den Schuldenbereinigungsplan Unterhaltsansprüche minderjähriger Berechtigter erfasst werden, ist § 1822 Nr. 12 BGB zu beachten, so dass hier ein Vorschlag des Gerichts geboten ist (dazu ausf. KS-InsO/*Kohte* S. 796 f. Rz. 56).

I. Die Titelfunktion des Schuldenbereinigungsplans

3   Der Prozessvergleich ist seiner Rechtsnatur nach sowohl Rechtsgeschäft des Bürgerlichen Rechts als auch Prozesshandlung. Beide Seiten stehen nicht getrennt nebeneinander; vielmehr bildet der Prozessvergleich eine Einheit mit gegenseitiger Abhängigkeit der materiellen Regelungen und prozessualen Wirkungen (*BGH* NJW 1981, 823; NJW 2000, 1942 [1943]; zum Stand der literarischen Diskussion: *G. Wagner* Prozessverträge 1998, S. 44 ff., 514 ff.).

4   Die zentrale prozessuale Wirkung des Prozessvergleichs besteht in der Beendigung des gerichtlichen Verfahrens und der Eröffnung der Zwangsvollstreckung. Der Prozessvergleich ist Vollstreckungstitel nach § 794 Abs. 1 Nr. 1 ZPO; er kann nach § 795 ZPO vollstreckt werden, soweit er einen vollstreckungsfähigen Inhalt hat. Dies setzt voraus, dass hinreichend bestimmte Regelungen vereinbart worden sind (dazu *Stein/Jonas-Münzberg* ZPO, 2002, § 794 Rz. 42). Diese Anforderungen sind bei der Formulierung eines Schuldenbereinigungsplans von Bedeutung; die gerichtlichen Hinweise nach § 307 Abs. 3 InsO können hier fördernd eingreifen. Bei Unklarheiten ist der Prozessvergleich der Auslegung fähig; dabei wird davon ausgegangen, dass die Beteiligten typischerweise vollstreckungsfähige Abreden treffen wollen (*BGH* NJW 1993, 1995; NJW-RR 1995, 1201; *OLG Stuttgart* Rpfleger 1997, 446; *Zöller/Stöber* ZPO, 26. Aufl., § 794 Rz. 14 a). Die Vollstreckbarkeit ist jedoch nur eine mögliche Rechtsfolge des Prozessvergleichs; die Parteien sind nicht verpflichtet, bestimmte und vollstreckbare Forderungen in den Schuldenbereinigungsplan aufzunehmen (so zutreffend *OLG Köln* NZI 1999, 494 [496]; *OLG Celle* ZInsO 2000, 601, [603]; *OLG Naumburg* in *Pape* ZInsO 2001, 25 [32]; *Obermüller/Hess* InsO, Rz. 1001; verfehlt *LG Traunstein* ZInsO 2001, 525 [526]; vgl. *Grote* § 305 Rz. 29). Die Vollstreckung setzt weiter voraus, dass der Urkundsbeamte der Geschäftsstelle die Vollstreckungsklausel erteilt hat (dazu *Vallender* VuR 1997, 43 [46]; HK-InsO/*Landfermann* § 308 Rz. 5; *Braun/Buck* InsO 3. Aufl. § 308 Rz. 6; *Graf-Schlicker/Sabel* InsO, § 308 Rz. 13). Für Einwendungen über die Art und Weise der Zwangsvollstreckung ist in entsprechender Anwendung von § 36 Abs. 4 InsO das Insolvenzgericht zuständig (*BGH* VuR 2008, 314 [315]).

II. Schuldenbereinigungsplan und Drittbeteiligung

5   Die Eignung des Prozessvergleichs als Rechtsform für Schuldenbereinigungspläne zeigt sich auch daran, dass in der bisherigen Praxis des Prozessvergleichs die Frage der Drittbeteiligung in der gerichtlichen Praxis weitgehend geklärt ist. Dritte können nach förmlichem Beitritt ausdrücklich materiell berechtigt werden und damit zugleich auch als Titelgläubiger aus dem Vergleich vollstrecken (dazu nur *Stein/Jonas-Münzberg* ZPO, § 794 Rz. 45 m. w. N.).

Im Schuldenbereinigungsplan wird es jedoch häufiger vorkommen, dass ein Dritter einem Prozessvergleich auf Seiten des Schuldners beitritt und durch einen solchen Schuldbeitritt dem Gläubiger eine weitere Sicherung ermöglicht. In solchen Fällen kann dann auch gegen die beitretende Person, typischerweise Familienangehörige, vollstreckt werden (dazu *BGH* NJW 1983, 1433). In der kostenrechtlichen Praxis wird davon ausgegangen, dass ein weiterer Schuldner, der dem Vergleich beitritt, nicht Kostenerstattungsschuldner wird, so dass die gerichtlichen Kosten ausschließlich bei dem Antragsteller und Hauptschuldner verbleiben (dazu *OLG Köln* Rpfleger 1985, 305).

III. Die Unwirksamkeit des Schuldenbereinigungsplans

Wegen der Rechtsnatur des Schuldenbereinigungsplans kann für die mögliche Unwirksamkeit auf die anerkannten Rechtsfiguren des Bürgerlichen Rechts zurückgegriffen werden. In der Begründung des Rechtsausschusses sah man gerade darin einen wichtigen Vorteil, da dieses bekannte Instrument nicht nur einigen wenigen Insidern des Insolvenzrechts zur Verfügung steht (dazu BT-Drucks. 12/7302 S. 192; *Schmidt-Räntsch* MDR 1994, 321 [324]). Die Materialien verweisen insoweit auf die Möglichkeit der Anfechtung nach § 123 BGB wegen arglistiger Täuschung oder rechtswidriger Drohung (BT-Drucks. a. a. O.). Wiederum ist es möglich, auf die bisherige differenzierte gerichtliche Praxis zurückgreifen zu können, die reiches Anschauungsmaterial liefert (dazu nur *BGH* BGHZ 28, 171; MünchKomm-BGB/*Habersack* § 779 Rz. 90; *Prütting/Wegen/Weinreich-Bröckermann* BGB 3. Aufl. § 779 Rz. 25; *Bork* Der Vergleich, S. 405 f.).

In der bisherigen Gerichtspraxis und Literatur ist weiter ausführlich herausgearbeitet worden, dass bei einer Nichtigkeit gesetz- und sittenwidriger Vereinbarungen danach unterschieden werden muss, ob diese sich auf den gesamten Vertrag oder auf einzelne Abreden beziehen. Für die Beurteilung der Sittenwidrigkeit des gesamten Prozessvergleichs kommt es nicht allein auf das objektive Missverhältnis zwischen der wahren Ausgangslage und den Leistungen an, die eine Partei mit Abschluss des Vergleichs übernommen hat. Dem Charakter eines Vergleichs, mit dem ein gegenseitiges Nachgeben organisiert wird, entspricht es, dass die Einschätzung der Sach- und Rechtslage bei Abschluss des Vergleichs, die die Parteien subjektiv zugrunde gelegt haben, eine wesentliche Rolle spielen muss. Nicht eine abstrakte materielle Rechtslage, sondern die Beweisbarkeit und Durchhaltbarkeit einer Rechtsposition sind für das Maß des jeweiligen Nachgebens und damit auch für das mögliche Missverhältnis eines Prozessvergleichs von wesentlicher Bedeutung (dazu nur *BGH* NJW 1999, 3113; *BAG* NJW 1985, 2661; *Bork* a. a. O., S. 400 f.). Wichtiger als ein nur schwer zu bestimmendes Missverhältnis ist in diesen Fällen die Ausübung unangemessenen Druckes bzw. die Ausnutzung der Unkenntnis und Unerfahrenheit der unterlegenen Seite.

IV. Die Unwirksamkeit einzelner Bestimmungen

1. Gesetz- und sittenwidrige Forderungen

Von der Unwirksamkeit des Gesamtvergleichs, die sich auf eine sittenwidrige Beeinflussung bei dem Prozess des gegenseitigen bzw. eher einseitigen Nachgebens bezieht, müssen die Fälle unterschieden werden, in denen es um die Sittenwidrigkeit des jeweils einzelnen verglichenen Rechtsverhältnisses geht (dazu *Bork* a. a. O., S. 399). Wenn die Parteien sich in der Weise über ein gesetz- oder sittenwidriges Ausgangsgeschäft einigen, dass dieses im Kern wiederholt und bestätigt wird, dann ist eine solche Abrede wiederum sittenwidrig (*BGH* NJW 1982, 1981; dazu *Kohte* JuS 1984, 509 ff.). Soweit also in den Schuldenbereinigungsplan Forderungen aus Kreditverträgen aufgenommen werden, die wegen wucherähnlicher Zinsabreden unwirksam sind, ändert sich diese Rechtslage nicht durch die Aufnahme in den Schuldenbereinigungsplan (zust. *Hess* InsO, 2007, § 308 Rz. 11). Die zugrunde gelegten Forderungen sind weiterhin nichtig, so dass die Schuldner weiterhin die Unwirksamkeit dieser Forderungen einwenden können (dazu u. Rz. 22). Anders ist es allenfalls, wenn ein ernsthafter Streit über die Sittenwidrigkeit eines solchen Kreditvertrages besteht; in einem solchen Fall gelten wieder die allgemeinen Regeln über die Sittenwidrigkeit von Vergleichsverträgen (dazu *BGH* NJW 1963, 1197 [1198]; *Steffen* in RGRK, § 779 BGB Rz. 48). Diese Unwirksamkeit bezieht sich nicht nur auf sittenwidrige Forderungen, sondern auch auf andere Forderungen, bei denen die gesetzlichen Rahmenbedingungen nicht beachtet worden waren. Sowohl die Verletzung von Verbotsgesetzen nach § 134 BGB als auch von Formvorschriften nach § 125 BGB führt dazu, dass die im Vergleich übernommenen Verbindlichkeiten weiterhin durchgreifenden Einwendungen ausgesetzt sind, die durch die schlichte Titulierung im Prozessvergleich nicht abgeschnitten sind. Trotz der Titelfunktion des Schuldenbereinigungsplans können in Übereinstimmung mit der neueren Judikatur (vgl. *AG Düsseldorf* NJW-RR 2001, 913; *BGH* NJW-RR 2004, 778) daher auch z. B. die § 656 BGB unterliegenden Forderungen aus Partnerschaftsvermittlungsverträgen auch nach Aufnahme in einen Plan nicht vollstreckt oder eingeklagt werden.

2. Verfall- und Kündigungsklauseln

11 Von besonderer Bedeutung ist die rechtswirksame Gestaltung von Verfall- bzw. Kündigungsklauseln in Schuldenbereinigungsplänen. Bereits in den Beratungen im Rechtsausschuss spielte dieser Aspekt eine Rolle, weil die Vereinbarung nachhaltiger Verfallklauseln zur sozialen Typik privatvertraglicher Schuldenregulierung gehört. In den Gesetzesberatungen wurde wiederum als Vorteil des Instruments des Prozessvergleichs gesehen, dass die Parteien passende Verfallklauseln vereinbaren können, dass aber »übermäßig harten« Verfallklauseln mit Hilfe der Generalklauseln des Zivilrechts begegnet werden könne (s. *Grote* § 305 Rz. 30 sowie *Gottwald / Schmidt-Räntsch* HdbInsR 3. Aufl. § 83 Rz. 21; *Trendelenburg* Restschuldbefreiung, 2000, S. 158 f.). Ihre weitere Bedeutung liegt darin, dass Gläubiger ohne solche Vereinbarungen bei Verzug des Schuldners mit einzelnen Zahlungspflichten in aller Regel nicht vom bestätigten Plan zurücktreten können (*LG Hechingen* ZInsO 2005, 49; *Uhlenbruck / Vallender* InsO, § 308 Rz. 27; HK-InsO / *Landfermann* 4. Aufl. § 308 Rz. 10; **a. A.** *Theiß* ZInsO 2005, 29; *Kübler / Prütting-Wenzel* § 308 Rz. 6 b), zumal sie insoweit durch die Titulierung im Plan hinreichend geschützt sind.

12 Als Begrenzung solcher Verfallklauseln kommt zunächst die für den außergerichtlichen Vergleich in bestimmten Konstellationen anwendbare Norm des § 498 BGB (dazu *Kohte* vor §§ 304 Rz. 20) in Betracht. Aus § 491 Abs. 3 Nr. 1 BGB ergibt sich, dass diese Normen auch auf Abreden in einem Prozessvergleich Anwendung finden können. Verbraucherdarlehensrecht wird beim Schuldenbereinigungsplan jedoch in aller Regel keine unmittelbare Anwendung finden, da dieser typischerweise keinen entgeltlichen Zahlungsaufschub enthält.

13 Auch eine Inhaltskontrolle nach § 307 BGB wird i. d. R. nicht eingreifen. Im Unterschied zu außergerichtlichen Vergleichshandlungen (dazu *Kohte* vor §§ 304 Rz. 15 ff.) beruht der Schuldenbereinigungsplan regelmäßig auf Formulierungen, die dem Verbraucher zuzurechnen sind, so dass damit bereits die Voraussetzungen des § 305 BGB nicht vorliegen. Wenn allerdings bei den weiteren Nachbesserungen im Rahmen des § 307 InsO einzelne Gläubiger auf der Einbeziehung bestimmter Verfallklauseln bestehen, dann kann im Einzelfall die AGB-Kontrolle nach § 310 Abs. 3 BGB zur Verfügung stehen und den Weg zur Inhaltskontrolle öffnen (dazu *Palandt / Grüneberg* BGB, § 310 Rz. 12).

14 Verfall- bzw. Kündigungsklauseln, die nicht §§ 305 ff. BGB unterfallen, sind anhand der Generalklauseln der §§ 138, 242 BGB zu kontrollieren (vgl. *Nerlich / Römermann* InsO, 2008, § 305 Rz. 49). Angesichts der existenziellen Bedeutung eines Schuldenbereinigungsplans wird in der Literatur § 498 BGB als geeigneter Wertungsmaßstab für die Höhe des Rückstands herangezogen (*Hess* InsO, § 304 Rz. 80); in der Praxis der Schuldnerberatung finden sich Formulierungsbeispiele, die sich an dieser Norm orientieren (z. B. *Verbraucherzentrale Nordrhein-Westfalen* Arbeitshilfe InsO, 2001, S. 392 ff.). Dagegen sind z. B. Verfallklauseln, die einen gesamten Schuldenbereinigungsplan durch einen geringen Verzug zu Fall bringen könnten, angesichts ihrer einschneidenden Konsequenzen regelmäßig mit § 138 BGB nicht vereinbar. Wegen der großen Bedeutung einer vorrangigen Anpassung des Plans – z. B. durch Nachverhandlungen (Arbeitshilfe InsO, S. 318 ff.) – ist zusätzlich eine § 498 Abs. 1 Satz 1 Nr. 2 BGB entsprechende Nachfristsetzung zu vereinbaren, die vor einer Kündigung erfolglos verstrichen sein muss. Zutreffend hat daher das *AG Göttingen* (VuR 2000, 28) die wegen einer solchen Klausel verweigerte Zustimmung einer Gläubigerin zu einem Schuldenbereinigungsplan ersetzt. Ergänzend wird in der Literatur verlangt, dass das Schutzniveau der Verbraucher nicht hinter den zwingenden Schuldnerschutzregelungen zum Insolvenzplan zurückbleiben darf, die in § 255 Abs. 1 Satz 2, Abs. 3 InsO eine unabdingbare, wenigstens zweiwöchige Nachfrist vorschreiben (vgl. *Forsblad* a. a. O., S. 205 f.; *von Reden* a. a. O., S. 98).

C. Die Rolle der außenstehenden Gläubiger

Gläubiger, die im Forderungsverzeichnis nach § 305 Abs. 1 Nr. 3 InsO nicht aufgeführt worden waren, **15** werden nach § 308 Abs. 3 Satz 1 InsO vom Schuldenbereinigungsplan nicht erfasst. Sie können ihre Ursprungsforderungen, sofern sie nicht verjährt oder verwirkt sind, weiterhin gegen den oder die Schuldner geltend machen. Daraus ergibt sich ein hohes Risiko für die jeweiligen Schuldner, die bei dem Auftreten weiterer Gläubiger in die Situation kommen können, dass der Schuldenbereinigungsplan nicht mehr durchhaltbar ist. Es gehört zur Typik der Verbraucherverschuldung, dass bestimmte Altgläubiger sich nur in langen Zeitabständen melden; so dass regelmäßig die Möglichkeit der Verwirkung nach § 242 BGB (vgl. *LG Trier* NJW-RR 1993, 55; *AG Worms* NJW-RR 2001, 415) zu prüfen ist; eine solche Verwirkung kann zumindest den Teil der jeweiligen Forderungen erfassen, der das Niveau des Schuldenbereinigungsplans übersteigt.

Nicht zu den vom Plan ausgenommenen Gläubigern gehören dagegen Unternehmen, die Forderungen **16** von Altgläubigern erworben haben, sofern dieser Forderungskauf den Schuldnern unbekannt geblieben ist. Falls die Schuldner in einem solchen Fall den früheren Gläubiger in das Forderungsverzeichnis aufgenommen haben, muss der Neugläubiger sich das Schweigen bzw. das sonstige Verhalten des Altgläubigers nach § 407 BGB zurechnen lassen (zust. *Kübler/Prütting-Wenzel* InsO, § 308 Rz. 8; *Hess/Weis/Wienberg* InsO, § 308 Rz. 19; *Uhlenbruck/Vallender* InsO, § 308 Rz. 34; *Smid/Haarmeyer* InsO, § 308 Rz. 9).

Die Situation des Schuldenbereinigungsplanverfahrens unterscheidet sich insoweit nachhaltig vom Rest- **17** schuldbefreiungsverfahren (so jetzt auch *BGH* VuR 2006, 406 [407]). In diesem Verfahren werden unbekannte Gläubiger nach § 301 Abs. 1 Satz 2 InsO ebenfalls von der Restschuldbefreiung erfasst (s. *Ahrens* § 301 Rz. 3). Die unterschiedliche Behandlung beruht darauf, dass nur im Verbraucherinsolvenzverfahren und im Restschuldbefreiungsverfahren öffentliche Bekanntmachungen erfolgen, die sich die außenstehenden Gläubiger entgegenhalten lassen müssen.

Gläubiger, denen nach § 307 a. F. InsO ein unvollständiges Forderungsverzeichnis übersandt worden war **18** und die darauf geschwiegen hatten, wurden nicht als außen stehende Gläubiger qualifiziert. Nach § 308 Abs. 3 Satz 2 a. F. InsO erlosch in diesen Fällen die Forderung. Das damit verfolgte Ziel, die Mitwirkung aller Gläubiger am Verhandlungsprozess zu sichern (dazu *Schmidt-Räntsch* MDR 1994, 321 [326]; *OLG Köln* NZI 2001, 88 [90] = NJW-RR 2001, 266 [268]), ist 2001 mit der Novelle bekräftigt und verdeutlicht worden. Da nunmehr den Gläubigern das Forderungsverzeichnis nicht mehr zugestellt wird, sie aber die Höhe der Forderung aus dem Schuldenbereinigungsplan erkennen können, wird von ihnen verlangt, sich aktiv um Einsicht in das Forderungsverzeichnis zu bemühen, und bei Fehlern im Plan Einwendungen zu erheben. Wenn sie dies unterlassen, führt ein solches Schweigen auch weiterhin zum materiellen Rechtsverlust (BT-Drucks. 14/5680 S. 32). Dies gilt auch für die Justiz- oder Finanzverwaltung (dazu *App* StB 2000, 462; anschaulich *LG Berlin* ZInsO 2005, 946), so dass ein nicht bezifferter Hinweis auf noch festzusetzende Kosten oder Steuern nicht geeignet ist, die Rechtsfolge des § 308 Abs. 3 Satz 2 InsO auszuschließen (*AG Mannheim* VuR 2002, 106 m. Anm. *Kohte*; *Braun/Buck* InsO 3. Aufl. § 308 Rz. 14; *Becker* DStZ 2001, 381 [386], zum Justizfiskus als Gläubiger früherer Verfahrenskosten *Zeitler* Rpfleger 2001, 337 [339]). Bereits 1994 hatte der Rechtsausschuss hervorgehoben, dass auch Teilforderungen erlöschen können, zu denen der Gläubiger geschwiegen hat (BT-Drucks. 12/7302 S. 192). In der gerichtlichen Praxis meinte man, darin einen Widerspruch zum Streit über die Höhe einer Forderung nach § 309 Abs. 3 InsO zu sehen (*AG Köln* ZIP 2000, 83 [86]). Dieser Einschränkung ist jedoch nicht zu folgen, denn der Gläubiger hat es in der Hand, bereits im Verfahren nach § 307 InsO auf die fehlende bzw. falsch festgesetzte Teilforderung hinzuweisen (dazu HK-InsO/*Landfermann* § 308 Rz. 10 a; vgl. *LG Göttingen* ZInsO 2002, 41 [42]). Ist eine titulierte Forderung nach § 308 Abs. 3 Satz 2 InsO erloschen, so steht dem Schuldner die Möglichkeit der Vollstreckungsgegenklage offen (*LG Berlin* ZInsO 2005, 946).

D. Verfahrensrechtliches

I. Gerichtliche Feststellung

Wenn Einwendungen nicht erhoben oder während des Zustimmungsersetzungsverfahrens zurückgenom- **19** men (*AG Köln* NZI 2000, 493 = ZInsO 2001, 185) oder ersetzt worden sind, wird der Schuldenbereinigungsplan vom Insolvenzgericht durch Beschluss festgestellt. Es handelt sich insoweit um einen klarstellenden Beschluss; in Übereinstimmung mit der bisherigen Literatur und Judikatur zum Prozessvergleich ist festzuhalten, dass dem Gericht weder eine materiellrechtliche Prüfung noch eine ausdrückliche Bestätigung nach dem Vorbild des § 248 InsO zukommt. Daher ist dieser Beschluss im Regelfall durch Rechtsmittel nicht angreifbar. Es kann daher geboten sein, bei auslegungsbedürftigen Erklärungen bzw. bei der Nichtberücksichtigung von Erklärungen von Inkassounternehmen (*OLG Köln* ZInsO 2001, 85 [87] = NJW-RR 2001, 266 [268]; *AG Köln* NZI 2000, 492; *AG Regensburg* ZInsO 2000, 516; *Vallender/Caliebe* ZInsO 2000, 301 [302]; ebenso *Grote* § 307 Rz. 4 a; *Uhlenbruck/Vallender* InsO, § 307 Rz. 48; **a. A.** *Bernet* NZI 2001, 73) die betroffenen Gläubiger zur Sicherung des rechtlichen Gehörs formlos von der Rechtsauffassung des Gerichts zu unterrichten (vgl. *Vallender* ZInsO 2000, 441 [443]). Wenn ein Gläubiger der Ansicht ist, dass seine Erklärung vom Gericht falsch bewertet worden ist, steht ihm die Möglichkeit der Gegenvorstellung offen (HK-InsO/*Landfermann* § 308 Rz. 2; MünchKomm-InsO/*Ott* § 308 Rz. 7; *LG München I* NZI 2002, 325). Wird nach der gerichtlichen Feststellung des Plans die Zustimmungsersetzung auf die sofortige Beschwerde nach § 309 Abs. 2 Satz 3 InsO aufgehoben, so wird ein vor Rechtskraft des Ersetzungsbeschlusses ergangener feststellender Beschluss in der Gerichtspraxis als gegenstandslos behandelt (*BayObLG* NZI 2001, 145 = DZWIR 2001, 118 m. Anm. *Grote*; ähnlich für eine andere Konstellation *AG Hamburg* NZI 2000, 446). Es ist daher geboten, diesen Beschluss erst nach rechtskräftigem Abschluss des Zustimmungsersetzungsverfahrens zu erlassen (*BayObLG* NZI 2001, 145 [146 f.]).

20 Auch für den Beschluss nach § 308 Abs. 1 InsO gelten die allgemeinen Grundsätze, wonach staatliche Organe erkennbar sittenwidrige Handlungen nicht fördern dürfen, so dass sie aus diesem Grunde selbst ein ausdrückliches Anerkenntnisurteil nach § 307 ZPO nicht erlassen dürfen, wenn der zugrunde liegende Anspruch nach § 138 BGB nichtig ist (dazu nur *OLG Stuttgart* NJW 1985, 2272 [2273]; ebenso *Kohte* NJW 1985, 2217 [2227]; zustimmend Zöller/*Vollkommer* § 307 ZPO Rz. 4 sowie MünchKomm-ZPO/*Musielak* § 307 Rz. 17). Für den Prozessvergleich enthält § 4 BeurkG die am besten passende Wertung, wonach ein Notar Beurkundungen nicht durchführen darf, wenn erkennbar gegen die guten Sitten oder Verbotsgesetze verstoßen werden soll. Diese Grenze ist nach allgemeiner Ansicht auch für das Gericht bei der Mitwirkung an einem Prozessvergleich zu beachten (dazu nur MünchKomm-ZPO/*Wolfsteiner* § 794 Rz. 57; *Krug* Der Verbraucherkonkurs, 1998, S. 128; *Braun/Buck* InsO, 3. Aufl., § 308 Rz. 4; HambK-InsO/*Streck* § 308 Rz. 4). In solchen Fällen ist das Insolvenzgericht verpflichtet, auf die Bedenken gegen die Feststellung einer solchen Forderung hinzuweisen. Werden diese nicht ausgeräumt, kann eine gerichtliche Feststellung nicht erfolgen (ebenso *Smid/Haarmeyer* InsO, § 308 Rz. 7; *Hess* InsO 2007, § 308 Rz. 8; *Preuß* 2. Aufl., Rz. 111; vgl. auch KS-InsO/*Fuchs* 2000, S. 1713 Rz. 106).

II. Die Geltendmachung der Unwirksamkeit eines Schuldenbereinigungsplans oder einzelner Forderungen

21 Nachhaltig umstritten ist die Frage, wie die Unwirksamkeit eines Prozessvergleichs oder einzelner Elemente prozessual geltend gemacht werden kann. In der Mehrzahl der Fälle wird dafür plädiert, diese Unwirksamkeit im alten Verfahren geltend zu machen, das möglicherweise nicht zu einem ordnungsgemäßen Abschluss gekommen ist (dazu nur *BGH* BGHZ 28, 171 [174]). Dies würde im vorliegenden Fall bedeuten, dass – möglicherweise einige Jahre später – das Insolvenzverfahren noch einmal aufzurufen wäre. Für eine differenzierte Lösung ist es jedoch geboten, zunächst das mögliche Rechtsschutzziel zu beachten, das eine Partei mit der Berufung auf die Unwirksamkeit verfolgt (dazu nur Staudinger/*Marburger* BGB, 2002, § 779 Rz. 116), denn nur bei Fortsetzung des ursprünglichen Prozessziels ist der Einwand anderweitiger Rechtshängigkeit begründet und daher das bisherige Verfahren fortzusetzen (so die »maßgebliche« Erwägung in *BGH* NJW 1999, 2903). Soweit ein Gläubiger sich auf die Unwirksamkeit des gesamten Schuldenbereinigungsplans berufen, verfolgt er nicht das Ziel der Schuldenbereinigung, sondern will in aller Regel seine ursprüngliche Forderung wieder durchsetzen können. Dies kann mit Hilfe einer neuen Klage außerhalb eines Schuldenbereinigungsplanverfahrens sicherlich am ehesten und auch prozesswirtschaftlich erfolgen (so auch MünchKomm-InsO/*Ott/Vuia* 2008, § 308 Rz. 8; *Kübler/Prütting-Wenzel* InsO, § 308 Rz. 6 a).

22 Die Schuldner können sich einerseits auf die Unwirksamkeit einzelner Forderungen sowie der vorzeitigen Fälligkeit aufgrund unwirksamer Verfallklauseln berufen; in einem solchen Fall wäre die Vollstreckungsgegenklage, für die hier die Präklusionsnorm des § 767 Abs. 2 ZPO nicht gilt (zum Prozessvergleich *BGH* NJW-RR 1987, 1022; *BAG* DB 1980, 358; *Bonin* S. 112 ff.), die geeignete Klageart (vgl. *Vallender* DVGZ 1997, 97 [101]; jetzt auch *Kübler/Prütting-Wenzel* InsO, § 308 Rz. 6 a; *Hess* InsO 2007,

§ 308 Rz. 18), die nicht selten mit einem Einstellungsantrag nach § 769 ZPO verknüpft werden könnte. Diese Klageform ist ebenfalls geboten, wenn um die Auslegung des Schuldenbereinigungsplans gestritten wird (*BGH* NJW 1977, 583; vgl. *Vallender* VuR 1997, 43 [46]; *Preuß* Rz. 68). In denjenigen Fällen, in denen eine vollständige Unwirksamkeit des Schuldenbereinigungsplans durch den Schuldner reklamiert wird, wird dagegen das ursprüngliche Verfahrensziel fortgesetzt, so dass ihm die Möglichkeit zu geben ist, im alten Verfahren einen wirksamen Schuldenbereinigungsplan erzielen zu können (so auch *Vallender* ZInsO 2000, 441 [443]).

III. Die Anpassung des Schuldenbereinigungsplans

Das Vorbild des Prozessvergleichs ist schließlich hilfreich für die Lösung der praktisch wichtigen Frage nach der Anpassung eines Schuldenbereinigungsplans an veränderte Umstände (dazu bereits *Kemper/Kohte* Blätter der Wohlfahrtspflege 1993, 81 [95 ff.]). In Judikatur und Literatur ist allgemein anerkannt, dass der Prozessvergleich an veränderte Bedingungen angepasst werden kann. Vorrangig sind daher – soweit vereinbart – vertragliche Anpassungsregelungen (*BGH* NJW 1995, 1891 [1892]). Fehlen solche Regelungen, dann erfolgt eine Abänderung nach materiellem Recht zumindest nach den Maßstäben des Wegfalls der Geschäftsgrundlage (dazu nur *BGH* BGHZ 85, 64 [73] = NJW 1983, 228 [230]; NJW 1994, 1530; NJW 2001, 2259 [2260]; MünchKomm-ZPO/ *Gottwald* 3. Aufl., § 323 Rz. 102; MünchKomm-ZPO/ *Wolfsteiner* 3. Aufl., § 794 Rz. 106 ff.; *Staudinger/Marburger* BGB, 2002, § 779 Rz. 119), so dass in schwerwiegenden Fällen eine gerichtliche Abänderung möglich ist (*Vallender* DGVZ 1997, 97 [101]; Kübler/Prütting-Wenzel InsO, § 308 Rz. 6 b; HK-InsO/ *Landfermann* § 308 Rz. 9; HambK-InsO/ *Streck* § 308 Rz. 5). In Übereinstimmung mit diesen allgemeinen Lehren wird auch in der insolvenzrechtlichen Literatur im Anschluss an die Diskussionen im Gesetzgebungsverfahren betont, dass zunächst die Vertragsparteien aufgerufen sind, eigene Kriterien zur Anpassung des Vertrages zu vereinbaren (BT-Drucks. 12/7302 S. 190; *Schumacher* ZEuP 1995, 576 [582]; vgl. *BGH* NJW 2001, 2259 [2260]). So ist es z. B. möglich, vorausschauend Stundungsregelungen für den Fall der Arbeitslosigkeit zu treffen, um auf diese Weise die Funktionsfähigkeit des Schuldenbereinigungsplans abzusichern (dazu *Grote* § 305 Rz. 28 a; vgl. auch *Gottwald/Schmidt-Räntsch* HdbInsR 3. Aufl. § 83 Rz. 20). Wenn solche Regelungen fehlen oder versagen und die Voraussetzungen des Wegfalls der Geschäftsgrundlage gegeben sind, kann eine gerichtliche Anpassung erfolgen.

In der neueren Judikatur und Literatur wird teilweise unter Hinweis auf die Entstehungsgeschichte die Ansicht vertreten, dass jegliche gerichtliche Plananpassung ausgeschlossen sei (*OLG Karlsruhe* NZI 2001, 422 [423]; Nerlich/Römermann InsO, § 308 Rz. 18). 1994 waren im parlamentarischen Verfahren weitreichende Anpassungsklauseln diskutiert und abgelehnt worden, weil nicht eine gerichtliche Vertragshilfe, sondern die privatautonome Vereinbarung von Anpassungsregeln vorrangig sein sollte (BT-Drucks. 12/7302 S. 193); daraus kann nicht geschlossen werden, dass bei Fehlen solcher Anpassungsregeln damit auch die elementaren Grundsätze zum Wegfall der Geschäftsgrundlage nicht gelten sollen (so auch HK-InsO/ *Landfermann* § 308 Rz. 9). Die Verwendung der bekannten Rechtsfigur des Prozessvergleichs soll gerade – soweit eine spezielle Sonderregelung nicht normiert ist – den Rückgriff auf anerkannte allgemeine Rechtsgrundsätze erleichtern (*Gottwald/Schmidt-Räntsch* HdbInsR 3. Aufl. § 83 Rz. 38), zu denen auch die inzwischen in § 313 BGB ausdrücklich geregelte Anpassung nach Störung der Geschäftsgrundlage gehört.

§ 309
Ersetzung der Zustimmung

(1) ¹Hat dem Schuldenbereinigungsplan mehr als die Hälfte der benannten Gläubiger zugestimmt und beträgt die Summe der Ansprüche der zustimmenden Gläubiger mehr als die Hälfte der Summe der Ansprüche der benannten Gläubiger, so ersetzt das Insolvenzgericht auf Antrag eines Gläubigers oder des Schuldners die Einwendungen eines Gläubigers gegen den Schuldenbereinigungsplan durch eine Zustimmung. ²Dies gilt nicht, wenn
1. der Gläubiger, der Einwendungen erhoben hat, im Verhältnis zu den übrigen Gläubigern nicht angemessen beteiligt wird oder

2. dieser Gläubiger durch den Schuldenbereinigungsplan voraussichtlich wirtschaftlich schlechter gestellt wird, als er bei Durchführung des Verfahrens über die Anträge auf Eröffnung des Insolvenzverfahrens und Erteilung von Restschuldbefreiung stünde; hierbei ist im Zweifel zu Grunde zu legen, dass die Einkommens-, Vermögens- und Familienverhältnisse des Schuldners zum Zeitpunkt des Antrags nach Satz 1 während der gesamten Dauer des Verfahrens maßgeblich bleiben.

(2) ¹Vor der Entscheidung ist der Gläubiger zu hören. ²Die Gründe, die gemäß Absatz 1 Satz 2 einer Ersetzung seiner Einwendungen durch eine Zustimmung entgegenstehen, hat er glaubhaft zu machen. ³Gegen den Beschluss steht dem Antragsteller und dem Gläubiger, dessen Zustimmung ersetzt wird, die sofortige Beschwerde zu. ⁴§ 4 a Abs. 2 gilt entsprechend.

(3) Macht ein Gläubiger Tatsachen glaubhaft, aus denen sich ernsthafte Zweifel ergeben, ob eine vom Schuldner angegebene Forderung besteht oder sich auf einen höheren oder niedrigeren Betrag richtet als angegeben, und hängt vom Ausgang des Streits ab, ob der Gläubiger im Verhältnis zu den übrigen Gläubigern angemessen beteiligt wird (Absatz 1 Satz 2 Nr. 1), so kann die Zustimmung dieses Gläubigers nicht ersetzt werden.

Inhaltsübersicht:

	Rz.
A. Normzweck	1
B. Gesetzliche Systematik	2– 4
C. Ersetzung der Zustimmung (Abs. 1)	5–36
I. Struktur der Zustimmungsersetzung	5– 7
II. Mehrheitliche Zustimmung	8–10
III. Unangemessene Beteiligung im Verhältnis zu den übrigen Gläubigern (Nr. 1)	11–20
IV. Wirtschaftliche Schlechterstellung gegenüber Verbraucherinsolvenz- und Restschuldbefreiungsverfahren (Nr. 2)	21–36
1. Hypothetische Berechnung der im Verfahren zu zahlenden Beträge	22–27
2. Berücksichtigung von Zugangshürden zum Verfahren und zur Erlangung der Restschuldbefreiung	28–31 b
3. Zustimmungsersetzung bei Nullplänen	32–36
D. Verfahren bei der Zustimmungsersetzung (Abs. 2)	37
E. Streit über die Höhe der Forderungen (Abs. 3)	38–39 a
F. Verfahrensrechtliches	40–40 a

Literatur:

Siehe § 286.

A. Normzweck

1 Durch die Möglichkeit der Zustimmungsersetzung nach § 309 InsO soll verhindert werden, dass der Schuldenbereinigungsplan an der **obstruktiven Verweigerung** der Zustimmung durch einzelne Gläubiger scheitert (BT-Drucks. 12/7302 S. 192). Allerdings gewährleistet ein Minderheitenschutz, dass die Gläubiger nicht gegen ihren Willen weniger erhalten, als andere, rechtlich gleichgestellte Gläubiger (Abs. 1 Satz 2 Nr. 1) oder schlechter gestellt werden, als sie bei der Durchführung des gerichtlichen Restschuldbefreiungsverfahrens stünden (Abs. 1 Satz 2 Nr. 2).
Durch das Erfordernis der Glaubhaftmachung der Gründe, die einer Zustimmungsersetzung entgegenstehen (Abs. 2) soll verhindert werden, dass das Gericht mit ungerechtfertigten Anträgen von Gläubigern, die eine Zustimmungsersetzung verhindern wollen, belastet wird.
Die Klärung von Streitigkeiten, die die Höhe der bestehenden Forderungen betreffen, wird nicht dem Insolvenzgericht auferlegt um ihm langwierige Prüfungen und Beweisaufnahmen zu ersparen (*Balz/Landfermann* Die neuen Insolvenzgesetze, 1995, S. 434). Der durch das InsOÄndG 2001 an Abs. 2 angefügte Satz 2 soll sicherstellen, das auch der **vermögenslose Schuldner nur im Rahmen seiner finanziellen Möglichkeiten mit den Kosten des Schuldenbereinigungsplanverfahrens belastet wird.**

Ersetzung der Zustimmung § 309

B. Gesetzliche Systematik

Die Zustimmung einzelner Gläubiger kann ersetzt werden, wenn mehr als die Hälfte der Gläubiger und mehr als die Hälfte der Summe Ansprechen der benannten Gläubiger dem Plan zugestimmt hat. Die Regelungen des Vergleichsrechts sahen vor, dass ein Vergleich zustande kommen konnte, wenn 50% der im Termin anwesenden stimmberechtigten Gläubiger und 75% der Gesamtforderungen aller stimmberechtigten Gläubiger dem Vergleich zugestimmt hatten (§ 74 Abs. 1 VglO, § 182 Abs. 1 KO). Nach der VglO war bei einem Vergleich, der den Gläubigern nicht mindestens die Hälfte ihrer Forderungen gewährte, gar eine Zustimmungsquote von 80% der Gesamtforderungen der stimmberechtigten Gläubiger erforderlich (§ 74 Abs. 3 VglO).

Ein Benachteiligungsverbot sahen die §§ 79 Nr. 4 VglO und § 188 Abs. 1 Nr. 2 KO dahingehend vor, dass der Vergleich nicht dem gemeinsamen Interesse der Gläubiger widersprechen durfte. Nach allgemeiner Meinung durfte ein Vergleich – unabhängig von Mehrheiten – insbesondere dann nicht vom Gericht bestätigt werden, wenn der Gläubiger durch den Plan schlechter gestellt wurde, als er ohne Plan stehen würde (*Bley/Mohrbutter* VglO, § 79 Rz. 11; *Kilger/Karsten Schmidt* § 79 Rz. 5; *Kuhn/Uhlenbruck* KO, § 188 Rz. 4).

Auch der Grundsatz der Gleichbehandlung gehörte bislang zu den essentiellen Maximen des Vergleichsrechts. Nach § 181 KO war **im Konkurs** eine strikte Gleichbehandlung vorgeschrieben, die nur durch die Einwilligung aller zurückgesetzter Gläubiger geheilt werden konnte. In der VglO war dieser Grundsatz etwas abgeschwächt, da eine Ungleichbehandlung auch gegen den Willen einer Minderheit zulässig war. Allerdings musste nach § 8 VglO mehr als die Hälfte der Kopfmehrheit und mindestens drei Viertel der Summenmehrheit der zurückgesetzten Gläubiger dem Vorschlag zugestimmt haben.

Die Regelungen zum Insolvenzplan erfordern nach § 244 InsO nur noch eine Mehrheit von mindestens 3 50% der abstimmenden Gläubiger (Kopf- und Summenmehrheit). Das Obstruktionsverbot geht durch § 245 InsO sogar über die Regelung hinaus und lässt das Zustandekommen des Plans unter gewissen Umständen auch dann zu, wenn die nach § 244 InsO erforderlichen Mehrheiten nicht erreicht werden. Auch der Minderheitenschutz wird gesetzlich präzisiert. Nach § 251 Abs. 1 Nr. 2 InsO darf ein Insolvenzplan nicht bestätigt werden, wenn ein Gläubiger hierdurch schlechter gestellt würde, als er ohne Plan stünde.

Im Schuldenbereinigungsplanverfahren kann eine Einigung dagegen nach § 308 InsO nur durch 4 eine Zustimmung aller benannten Gläubiger zustande kommen. Das Obstruktionsverbot des § 309 InsO ist so ausgestaltet, dass die Zustimmung von Gläubigern durch das Gericht ersetzt werden kann, wenn mindestens die Hälfte der Kopf- und Summenmehrheit dem Plan zugestimmt hat. Ein weitergehendes, etwa dem § 245 InsO entsprechendes **Obstruktionsverbot** ist im Schuldenbereinigungsplanverfahren nicht vorgesehen (krit. hierzu *Kohte* ZIP 1994, 184 [186]).

Da eine konstitutive gerichtliche Bestätigung eines einvernehmlichen Plans nicht mehr erforderlich ist (vgl. *Kohte* § 308 Rz. 19), sind der privatautonomen Gestaltung des Schuldenbereinigungsplans nur durch den Minderheitenschutz Grenzen gesetzt. Eine Zustimmungsersetzung kann unabhängig von der Höhe der Mehrheiten nicht erfolgen, wenn der Gläubiger im Verhältnis zu den anderen Gläubigern nicht angemessen beteiligt wird (§ 309 Abs. 1 Satz 2 Nr. 1 InsO). Darüber hinaus ist eine Zustimmungsersetzung auch dann unzulässig, wenn der Gläubiger durch den Plan schlechter gestellt würde, als bei der Durchführung des gerichtlichen Entschuldungsverfahrens (§ 309 Abs. 1 Satz 2 Nr. 2 InsO). Diese Lösung knüpft an die bisher schärfere Ausprägung des **Gleichheitsgrundsatzes** in § 181 KO an und bedeutet eine Verstärkung des Minderheitenschutzes gegenüber § 8 VglO. Auch die **fehlende Zustimmung von Finanzämtern** bei bestehenden Steuerschulden kann durch das Insolvenzgericht ersetzt werden, ohne dass die Voraussetzungen des § 227 AO vorliegen müssen (*OLG Köln* NZI 2000, 596).

C. Ersetzung der Zustimmung (Abs. 1)

I. Struktur der Zustimmungsersetzung

Die Zustimmungsersetzung setzt einen Antrag des Schuldners oder eines Gläubigers voraus. Der Schuld- 5 ner kann den Antrag jederzeit zurücknehmen (*Uhlenbruck/Vallender* InsO, § 309 Rz. 25). Zum Zustandekommen des Plans ist die **Zustimmung aller Gläubiger** erforderlich, die entweder ausdrücklich erklärt, durch Schweigen fingiert oder durch das Gericht ersetzt werden kann (zum etwas unglücklichen Begriff der Zustimmungsersetzung vgl. *Henckel* FS für Gaul, 1997, S. 199, 205). Das Gericht hat auch im Rahmen des § 309 InsO keinen direktiven Einfluss auf den Inhalt des Plans (so auch *Kübler/Prütting-Wenzel* InsO, § 305 Rz. 16; *Nerlich/Römermann* InsO, § 309 Rz. 19). Es muss die Zustimmung ersetzen, wenn die Mehrheit zugestimmt hat und kein Gläubiger Gründe glaubhaft gemacht hat, die nach Abs. 1 Nr. 1 und Nr. 2 oder Abs. 3 gegen eine Zustimmungsersetzung sprechen. Das Gericht prüft nicht selbstständig, ob der **Minderheitenschutz** des Abs. 1 Nr. 1 und 2 gewährleistet ist. Werden von Gläubigern Gründe glaubhaft gemacht, so hat sich das Gericht bei seiner Entscheidung auf die Überprüfung dieser Gründe zu beschränken. Eine **Überprüfung der Ersetzungsvoraussetzungen** von Amts wegen erfolgt nicht (*OLG Köln* NZI 2001, 211; *OLG Celle* ZInsO 2001, 468; *LG Berlin* ZInsO 2001, 856 und ZInsO 2000, 404; HK-InsO/*Landfermann* 2. Aufl., § 309 Rz. 16).

6 Wie bereits oben (s. *Grote* § 305 Rz. 28 ff.) dargestellt, unterliegt der Schuldenbereinigungsplan keinerlei inhaltlichen Mindestanforderungen. Dem Gesetzgeber war, insbesondere aufgrund der unterschiedlichen Lebenssituationen und Bedürfnislagen vor allem auf Seiten der Schuldner in erster Linie wichtig, die Pläne der freien Gestaltung der Parteien zu überlassen und nicht regulierend einzugreifen. **Die Mehrheit der Gläubiger entscheidet, ob der Plan inhaltlich angemessen ist.** Die Minderheit wird zum Plan gezwungen, soweit sie sich nicht auf eine Verletzung des Minderheitenschutzes berufen kann (vgl. auch *AG Göttingen* ZIP 1999, 1365). Eine allgemeine Angemessenheitsprüfung sieht § 309 InsO dagegen nicht vor. Für allgemeine Billigkeitserwägungen gibt es bei der Prüfung der Zustimmungsersetzung nur begrenzten Raum (§ 242 BGB).

7 Bei der Überprüfung der Frage, ob eine Benachteiligung gegenüber den anderen Gläubigern bzw. der Durchführung des gerichtlichen Verfahrens vorliegt (§ 309 Abs. 1 Nr. 1 und 2 InsO) ist **keine mathematische Genauigkeit** erforderlich (BT-Drucks. 12/7302 S. 192; s. auch Rz. 14). In diesem Rahmen besteht ein **begrenzter Beurteilungsspielraum des Gerichts**. Bei der Frage, inwieweit durch eine Zustimmungsersetzung in die geschützten Rechtspositionen der Gläubiger eingegriffen wird, darf aber nicht allein der Forderungsverlust der Gläubiger der Schuldbefreiung des Schuldners gegenübergestellt werden. Es muss die Situation des Gläubigers bei einer unbeschränkt möglichen Zwangsvollstreckung mit dem Schuldenbereinigungsvorschlag verglichen werden. Hier ist aber festzustellen, dass der Eingriff in die Rechtsposition der Gläubiger nicht an dem Nennwert, sondern an der Werthaltigkeit der Forderungen gemessen werden muss. Diese ist oft aber äußerst gering, da die Forderungen mit den Mitteln der Zwangsvollstreckung ohnehin kaum lukrativ zu realisieren wären, da selbst bei einer dreißigjährigen Vollstreckbarkeit die Kosten der Beitreibung und Überwachung so hoch sind, dass die realisierten Forderungsanteile diese oft nicht übersteigen dürfte (vgl. *Balz/Landfermann* a. a. O., S. 403). Auch der Gesetzgeber geht davon aus, dass die Restschuldbefreiung nicht im Gegensatz zum Verfahrensziel der Haftungsverwirklichung steht, sondern im Gegenteil dem Schuldner einen entscheidenden Anreiz dafür bietet, ein Höchstmaß an Gläubigerbefriedigung zu bewirken (allg. Begr. zum RegE BT-Drucks. 12/2443 S. 101; *Balz/Landfermann* a. a. O., S. 47).

II. Mehrheitliche Zustimmung

8 Das **Obstruktionsverbot** im Schuldenbereinigungsplanverfahren wird in § 309 InsO konkretisiert. Nur wenn **sowohl eine Kopf-, als auch eine Summenmehrheit** von über 50% dem Plan des Schuldners zugestimmt haben, kann die fehlende Zustimmung der übrigen Gläubiger ersetzt werden. Eine Zustimmung liegt nicht vor, wenn ein oder mehrere Gläubiger eine Stellungnahme in der Sache abgegeben haben, die nicht eindeutig als Einverständnis mit dem Schuldenbereinigungsplan zu verstehen ist (ausf. *OLG Köln* ZInsO 2001, 855 [856] zur »**Zustimmung unter Vorbehalt**«; zur Unwirksamkeit einer Stellungnahme bei fehlender Rechtsberatungsbefugnis s. *Grote* § 307 Rz. 4 a). Haben Gläubiger während des außergerichtlichen Einigungsversuchs wirksam auf ihre **Forderung verzichtet**, werden sie im Schuldenbereinigungsplanverfahren nicht mehr berücksichtigt (*OLG Karlsruhe* NZI 2000, 375 [376]; *OLG Köln* NZI 2001, 88 [90]). Das Gleiche soll nach Ansicht des BayObLG auch dann gelten, wenn Gläubiger während des Schuldenbereinigungsplanverfahrens auf ihre Forderung verzichtet haben und vom Schuldner in einem neuen Plan nicht mehr benannt werden (*BayObLG* ZInsO 2001, 849 [850]). Etwas anderes gilt aber dann, wenn ein Gläubiger nicht auf die Forderung, sondern auf die Beteiligung am Verfahren verzichtet. In diesem Fall ist er bei der Ermittlung der Mehrheiten als zustimmender Beteiligter zu werten (*OLG Köln* NZI 2001, 88 [90]; *Uhlenbruck/Vallender* InsO, § 309 Rz. 16). Verzichtet ein Gläubiger während des Schuldenbereinigungsplanverfahrens auf seine Forderung, so soll nach Ansicht des *AG Köln*

(Beschl. v. 26. 09. 2007 NZI 2007, 735) eine Zustimmungsersetzung nur bei Vorlage eines korrigierten Plans zu Stande kommen.

Es ist entgegen dem missverständlichen Wortlaut des § 309 InsO auch die Zustimmungsersetzung mehrerer Gläubiger und nicht nur eines Gläubigers möglich, wenn sie die Minderheit bilden (*Hess/Obermüller* a. a. O., Rz. 830; *Kübler/Prütting-Wenzel* InsO, § 309 Rz. 1). Bei einer geraden Anzahl von Gläubigern reicht eine Pattsituation bei der Ermittlung der Kopfmehrheit nicht aus. Hat **ein Gläubiger mehrere Forderungen** gegen den Schuldner, so steht ihm trotzdem nur eine Stimme zu (ausf. *Uhlenbruck/Vallender* InsO, § 309 Rz. 7 ff.; *Schäferhoff* ZInsO 2001, 678 [688]; so auch h. M. zum früheren Vergleichsrecht: *Kilger/Karsten Schmidt* KO, § 182 Rz. 1; *Kuhn/Uhlenbruck* § 182 Rz. 4 a). Auch ein **Inkassounternehmen**, das aufgrund von Inkassozessionen oder Forderungskäufen mit mehreren Forderungen am Verfahren beteiligt ist, hat gleichwohl nur eine Stimme (*OLG Köln* ZInsO 2001, 85 = NZI 2001, 88).

Auch für die Ermittlung der **Summenmehrheit** sind die vom Schuldner im Plan benannten Forderungen maßgebend. Die Forderungen der **gesicherten Gläubiger** sind mit einzubeziehen, allerdings nur in Höhe ihres voraussichtlichen Ausfalls (*BGH* ZInsO 2008, 327 ff. = VuR 2008, 393 m. Anm. *Grote*). Nachrangige Forderungen sind nicht zu berücksichtigen, weil sie auch im Insolvenzverfahren in aller Regel keine Berücksichtigung finden (*BGH* ZInsO 2008, 327 [329]) Im Verbraucherinsolvenzverfahren ist, anders als im bisherigen Vergleichsrecht (§ 71 VglO), keine Regelung für die Situation getroffen, dass zwischen den Beteiligten **Streit über die Höhe der Stimmberechtigung** der Forderungen besteht. Aus der Regelung, dass die Forderungen der »benannten« Gläubiger maßgebend sind, wird deutlich, dass hier die Angaben des Schuldners im Plan berücksichtigt werden sollen. Denn das Prinzip des Schuldenbereinigungsplanverfahrens sieht keine separate Überprüfung der Mehrheitsverhältnisse durch das Gericht vor und unterstellt für seine Entscheidung die Angaben des Schuldners zunächst als wahr (so auch *BGH* ZInsO 2008, 327 ff. = VuR 2008, 393 m. Anm. *Grote*; ausf. *AG Köln* ZIP 2000, 83 [85]; *LG Berlin* ZInsO 2000, 404; *Uhlenbruck/Vallender* InsO, § 309 Rz. 17; *Kübler/Prütting-Wenzel* InsO, § 309 Rz. 1; a. A. *Nerlich/Römermann* InsO, § 309 Rz. 17). Erst durch die Schutzmöglichkeit des Abs. 3 hat ein Minderheitsgläubiger die Möglichkeit, die Angaben des Schuldners in Frage zu stellen oder zu bestreiten. Dies ist aber an die Voraussetzung der **Glaubhaftmachung** geknüpft (so auch *BGH* ZInsO 2004, 1311 [1312], zust. *Pape* EWiR 2005, 125). Hierdurch besteht zwar die Gefahr, dass der unredliche Schuldner durch eine **bewusst niedrige oder auch überhöhte Angabe bestimmter Forderungen** eine Summenmehrheit zu Ungunsten potentiell widersprechender Gläubiger beeinflussen und somit zunächst die Voraussetzung für die richterliche Zustimmungsersetzung schaffen kann. Dann riskiert er aber eine Versagung der Restschuldbefreiung nach § 290 Abs. 1 Nr. 6 InsO. Außerdem sind die Gläubiger durch den Minderheitenschutz nach § 309 Abs. 1 und Abs. 3 InsO vor einer ungerechtfertigten Zustimmungsersetzung geschützt. Denn bei einer falsch angegebenen Forderung sind sie sowohl im Verhältnis zu den übrigen Gläubigern, als auch im Vergleich zu einer Durchführung des gerichtlichen Entschuldungsverfahrens unangemessen beteiligt, so dass eine Zustimmung wegen § 309 Abs. 3 InsO ohnehin nicht möglich ist, wenn der Gläubiger seinen Einwand glaubhaft macht (s. u. Rz. 36, 38; zur Zustimmungsersetzung bei der Angabe fragwürdiger Forderungen s. *OLG Celle* ZInsO 2000, 456). In Ausnahmefällen kann durch eine Fiktion von Forderungen, die zu einer zustimmungsfähigen Mehrheit führen aber weder eine unangemessene Benachteiligung nach § 309 Abs. 1 Nr. 1 noch eine Schlechterstellung nach § 309 Abs. 1 Nr. 2 vorliegen. Das ist zum Beispiel dann der Fall, wenn an die mutmaßlich fingierten Forderungsinhaber keine Zahlungen vorgesehen sind (s. *BGH* ZVI 2004, 490 [748 ff.] = ZInsO 2004, 1311 ff.). Insofern erscheint eine teleologische Erweiterung der Tatbestände des Abs. 3 auch auf den Fall angemessen, in dem durch die zweifelhaften Forderungen überhaupt erst eine Mehrheit zur Zustimmungsersetzung erreicht wird (so im Erg. richtig *BGH* ZVI 2004, 748 [756] = ZInsO 2004, 1311 [1312]). Der Einwand eines Gläubigers, seine Forderung sei bei der Ermittlung der Mehrheitsverhältnisse nicht ausreichend berücksichtigt worden, ist aber generell nur dann beachtlich, wenn diese auch zu einer rechtlichen und/oder wirtschaftlichen Schlechterstellung führt (*BGH* ZInsO 2008, 327 [328]).

Die **Gläubiger sind grds. frei in ihrer Entscheidung**, ob sie dem Plan des Schuldners zustimmen oder nicht. Fraglich ist, ob die Nichtzustimmung eines Gläubigers zu einem vernünftigen Schuldenbereinigungsplan rechtsmissbräuchlich sein kann, mit der Konsequenz, dass die Forderung des obstruktiven Gläubigers bei der Mehrheitsbildung nicht zu berücksichtigen ist (vgl. zum Rechtsmissbrauch des Akkordstörers *Kohte* FS für Remmers, 1995, S. 479, 501; *ders.* Anm. zu ArbG Bielefeld RsDE 27 (1995), S. 52 [62]). Nach den Erfahrungen in der Schuldnerberatung gibt es bei Verbraucherinsolvenzen häufig einen Gläubiger, der mehr als 50% der Forderungssumme auf sich vereint und damit die formale Möglichkeit hat, eine einvernehmliche Schuldenregulierung im Schuldenbereinigungsplanverfahren zu verhindern. Allerdings ist im Schuldenbereinigungsplanverfahren, anders als beim außergerichtlichen Einigungsversuch nach § 305 InsO, zu berücksichtigen, dass der Gesetzgeber mit § 309 InsO eine gesetzliche Regelung für den »Normalfall« obstruktiven Gläubigerverhaltens geschaffen hat. Diese gesetzgeberische Wertung führt zu einer Einengung des richterlichen Anwendungsbereichs des § 242 BGB (vgl. *Palandt/Heinrichs* § 242 Rz. 38). Die Nichtzustimmung eines Gläubigers kann daher nur in Ausnahmefällen als rechtsmissbräuchlich i. S. d. § 242 BGB angesehen werden, etwa wenn hierdurch im konkreten Einzelfall die Grenzen des **Schikaneverbots** überschritten werden (vgl. hierzu die Fallgruppen bei *Soergel/Teichmann* § 242 Rz. 293 ff.). Eine Zustimmungsersetzung kommt nur dann in Betracht, wenn sie dazu führt, dass der Plan mit allen beteiligten Gläubigern zu Stande kommt. Kann die Zustimmung nur eines Gläubigers nicht ersetzt werden, ist das Eröffnungsverfahren fortzusetzen (*BayObLG* NZI 2001, 145).

III. Unangemessene Beteiligung im Verhältnis zu den übrigen Gläubigern (Nr. 1)

11   Eine Zustimmungsersetzung ist ausgeschlossen, wenn der widersprechende Gläubiger im Verhältnis zu den übrigen Gläubigern **nicht angemessen beteiligt** ist. Hierdurch wird der Grundsatz der Gleichbehandlung der Gläubiger als Minderheitenschutz postuliert. Die Regelung orientiert sich in ihren Auswirkungen an § 181 KO, der ebenfalls eine strikte Gleichbehandlung vorschrieb (vgl. *Kuhn/Uhlenbruck* § 181 Rz. 1).

12   Die Regelung des § 309 Abs. 1 Nr. 1 InsO verlangt aber nicht eine absolute Gleichbehandlung der Gläubiger. Sie lässt vielmehr einen **gewissen Spielraum für Gerechtigkeitsüberlegungen außerhalb mathematisch genauer Anteilsberechnung** zu (*OLG Frankfurt* ZInsO 2000, 288 = NZI 2000, 473; *Schmidt-Räntsch* MDR 1994, 321 [325]; BT-Drucks. 12/7302 S. 192). Eine die Zustimmungsersetzung hindernde Ungleichbehandlung ist insbesondere dann nicht gegeben, wenn Differenzen nur durch eine unterschiedliche Entwicklung der Forderungen der Gläubiger während der Einigungsversuche aufgrund unterschiedlicher **Verzugszinssätze** entstanden sind (*LG Berlin* ZInsO 2001, 857 [868]). Es ist zulässig, dass der Schuldner für den Verteilungsschlüssel die jeweiligen Forderungshöhen berücksichtigt, die er zum Zeitpunkt des Einigungsversuchs (**sog. Stichtag**) aufgrund der von den Gläubigern vorgelegten Forderungsaufstellungen ermittelt hat (*Uhlenbruck/Vallender* InsO, § 309 Rz. 19; *AG Regensburg* ZInsO 2000, 516 [517]). Auch die nach diesem Stichtag vom Gläubiger verursachten **Kosten** für Beitreibungsmaßnahmen gegen den Schuldner sind im Regelfall nicht im Plan zu berücksichtigen. Einzelvollstreckungen während der Vorbereitung des Gesamtvollstreckungsverfahrens sind nicht schutzwürdig und rechtfertigen keine Sonderstellung im Planverfahren (vgl. hierzu auch den durch das InsOÄndG 2001 eingefügten § 305 a InsO). Auch eine Verteilung nur nach der Höhe der bestehenden **Hauptforderungen** der Gläubiger wird z. T. für zulässig erachtet (*Hess* InsO, 2. Aufl., § 309 Rz. 17; *Hess/Obermüller* a. a. O., Rz. 831; *AG Göttingen* ZIP 1999, 1365 [1366]). In den Fällen, in denen eine vom Gläubiger glaubhaft gemachte, höhere Forderung als die vom Schuldner Angegebene zu berücksichtigen ist, führen geringe Benachteiligungen noch nicht zu einer Versagung der Zustimmungsersetzung. Für die Bewertung der zu tolerierenden Ungleichbehandlung gibt es allerdings keine festen Grenzwerte, die **Toleranzgrenze** richtet sich nach den Umständen des Einzelfalls. In der Rspr. werden jedenfalls Ungleichbehandlungen, die im Endeffekt weniger als DM 50 (*OLG Celle* ZInsO 2001, 374 [376]; *LG Berlin* ZInsO 2001, 857 [858]) bzw. DM 100 (*AG Hamburg* NZI 2000, 283; *AG Göttingen* DZWIR 2000, 526) effektive Minderzahlung für den Gläubiger ausmachen, als unerheblich angesehen.
Schon im bisherigen Vergleichsrecht war anerkannt, dass nicht auf die inhaltliche Gleichartigkeit des Vergleichs abzustellen ist, sondern auf die **wirtschaftliche Gleichwertigkeit** (*Bley/Mohrbutter* VglO, § 8 Rz. 22). So wurde bislang z. B. die Vorwegbefriedigung von Kleingläubigern, soweit sachlich begründet, nicht beanstandet (*Kilger/Karsten Schmidt* VglO, § 8 Rz. 1, s. auch unten Rz. 18). Als zulässig wurden im Vergleichsrecht bislang auch Regelungen angesehen, die allen Gläubigern bis zu einer bestimmten Forderungshöhe (z. B. 100 €) volle, für die darüber hinaus gehenden Beträge dagegen nur eine anteilige Befriedigung gewährte. Als Anhaltspunkt für die Ausfüllung des Begriffs »**Angemessenheit**« i. S. d. § 309 InsO kann auch die Wertung des § 222 InsO herangezogen werden (so auch *Nerlich/Römermann* InsO, § 309 Rz. 17). Auch wenn sich Insolvenzplan und Schuldenbereinigungsplan strukturell unterscheiden, so fließt der allgemeine Grundsatz des »par conditio creditorum« doch in beide Planverfahren ein und erfährt in § 222 InsO eine spezifischere Ausformung als in § 309 InsO. Nach § 222 Abs. 1 Nr. 1 InsO können Absonderungsberechtigten, nach Abs. 3 auch Kleingläubigern besondere Behandlungen im Plan zu

Teil werden. Auch innerhalb der Gruppen können Untergruppen gebildet werden, die, nach sachgerechten Kriterien eingeteilt, unterschiedliche Behandlung im Plan erfahren können. Insofern ist auch im Schuldenbereinigungsplan eine Ungleichbehandlung dann zulässig, wenn ein sachlicher Grund hierfür besteht, bzw. sich die Gläubiger nicht in der gleichen rechtlichen Position befinden (*Arnold* DGVZ 1996, 129 [135]; *Wittig* WM 1998, 157 [166]; *Krug* Verbraucherkonkurs., KTS 1998, 125). Auch das Angebot von **Einmalzahlungen** an einzelne und Ratenzahlungen an andere Insolvenzgläubiger führt nicht zu einer nach Abs. 1 Nr. 1 relevanten Ungleichbehandlung, wenn die Gläubiger in etwa die gleiche Quote erhalten (*OLG Celle* ZInsO 2001, 374 [376]).

Eine **unterschiedliche rechtliche Position** der Gläubiger kann eine Ungleichbehandlung z. B. dann rechtfertigen, wenn einzelne Gläubiger über **Sicherheiten** verfügen, die im gerichtlichen Entschuldungsverfahren von Bestand sind (*LG Saarbrücken* NZI 2000, 380; *Uhlenbruck/Vallender* InsO, § 309 Rz. 55; HK-InsO/*Landfermann* 2. Aufl., § 309 Rz. 7; *Nerlich/Römermann* InsO, § 309 Rz. 15; *Hess* InsO, 2. Aufl., § 309 Rz. 15). Dies sind im Verbraucherinsolvenzverfahren insbesondere Absonderungsrechte aufgrund von **Grundpfandrechten, abgetretenen Ansprüchen aus Versicherungsverträgen** (hierzu s. *Kohte* § 312 Rz. 55 ff.) sowie das Vorliegen wirksamer **Entgeltabtretungen**, die dem Abtretungsgläubiger nach §§ 50, 114 InsO in den ersten drei Jahren nach Verfahrenseröffnung einen vorrangigen Zugriff auf den Neuerwerb des Schuldners ermöglichen (vgl. auch *Hess/Obermüller* a. a. O., Rz. 831; BT-Drucks. 12/7302 S. 192). Das Vorliegen von wirksamen Entgeltabtretungen (zur Wirksamkeit von vorformulierten **Entgeltabtretungsklauseln** vgl. *BGH* NJW 1989, 2338 ff.; *BGH* 1992, 2627 ff.; *Kohte* ZIP 1988, 1225 ff.; *ders.* BB 1989, 2257 ff.), rechtfertigt somit eine Ungleichbehandlung im Verhältnis zu den übrigen, nicht gesicherten Gläubigern (zur Berechnung der Höhe des gerechtfertigten Vorranges und zur Prognose des zukünftigen Ausfalls s. u. Rz. 24 f.). Eine Nichtberücksichtigung würde den gesicherten Gläubigern dagegen gegenüber der Durchführung des gerichtlichen Entschuldungsverfahrens benachteiligen, so dass in diesem Fall die Zustimmung der gesicherten Gläubiger nach Abs. 1 Nr. 2 nicht ersetzt werden könnte. 13

Allerdings muss hierbei auch die Werthaltigkeit der Sicherheit berücksichtigt werden, die z. B. durch einen **Abtretungsausschluss** beim derzeitigen Arbeitgeber stark eingeschränkt sein kann (*Uhlenbruck/Vallender* InsO, § 309 Rz. 65).

Auf der anderen Seite kann dann, wenn eine unwirksame Entgeltabtretung trotz ihrer Unwirksamkeit bei der Planerstellung berücksichtigt wurde, eine Benachteiligung der übrigen Gläubiger vorliegen, da wegen der Unwirksamkeit der Sicherung kein sachlicher Grund für die Ungleichbehandlung gegeben ist.

Eine Ungleichbehandlung ist auch dann nicht gegeben, wenn einer der Gläubiger **durch einen Dritten**, der ihm als Bürge verpflichtet ist, **vollständig befriedigt** wird (*LG Saarbrücken* NZI 2000, 380) und auf diese Weise eine höhere Quote erhält als die übrigen Gläubiger. 13 a

Besteht zwischen den Beteiligten **Streit über die Wirksamkeit einer Sicherheit** (z. B. einer Abtretungs- oder Bürgschaftserklärung), so ist fraglich, ob das Gericht diese zu prüfen hat, da ansonsten die »Angemessenheit« des Plans nicht abschließend bewertet werden kann. Es handelt sich hierbei nicht um einen Streit über die Höhe der von Schuldner angegebenen Forderung. Dieser Streit soll nach Abs. 3 ausdrücklich nicht vom Insolvenzgericht geklärt werden, um diesem langwierige Prüfungen und Beweisaufnahmen zu ersparen (BT-Drucks. 12/7302 S. 192). Vielmehr geht es hier um die rechtliche Bewertung von Sicherheiten, die zu einer gerechtfertigten Ungleichbehandlung von Gläubigern führen können. Es ist aber zu berücksichtigen, dass der Schuldenbereinigungsplan nach § 305 Abs. 1 Nr. 4 InsO Regelungen enthalten muss, ob und inwieweit Sicherheiten der Gläubiger vom Plan beeinträchtigt sind (hierzu s. *Grote* § 305 Rz. 29 a ff.). Bzgl. der Verwertung von Entgeltabtretungen wird in einem Vergleichsvorschlag gleichzeitig vereinbart werden, dass eine Verwertung der (nach Ansicht des Schuldners unwirksamen) Abtretung ausgeschlossen ist. Enthält ein Vorschlag des Schuldners ausdrücklich oder konkludent eine solche Regelung, so würde eine Zustimmungsersetzung des Gerichts gleichzeitig eine **Entscheidung über die Wirksamkeit der Abtretungserklärung** beinhalten, für die nicht das Insolvenzgericht, sondern das Prozessgericht zuständig ist (str. ausf. hierzu *Grote* Einkommensverwertung, Rz. 64). Eine Zustimmungsersetzung kann daher dann nicht erfolgen, wenn hiermit gleichzeitig eine Entscheidung über die Wirksamkeit von Sicherheiten getroffen würde. Der Rechtsgedanke des § 309 Abs. 3 InsO, der **Streitigkeiten über die Wirksamkeit von Forderungen** von den Insolvenzgerichten fernhalten wollte, ist auf die Situation analog anzuwenden, so dass dann, wenn ein Gläubiger glaubhaft macht, dass ihm ein im Plan nicht berücksichtigtes Sicherungsrecht zusteht, seine Zustimmung nicht ersetzt werden kann (so auch *Kübler/Prütting-Wenzel* InsO, § 309 Rz. 5 a; *LG München I* NZI 2000, 382 [383]). Das LG Köln hält eine Prü- 14 fungskompetenz des Insolvenzgerichts bzgl. der Sicherheiten aber dann für gegeben, wenn die **Rechtslage eindeutig** ist und die der Entscheidung zugrunde zu legenden Tatsachen unstreitig sind (*LG Köln* ZInsO 2000, 676 [677]).

15 Eine Zustimmungsersetzung kann aber erfolgen, wenn der Schuldenbereinigungsplan nach seinem Inhalt keine Auswirkungen auf den Bestand der Sicherheiten haben soll. Die Parteien können den Streit über die Wirksamkeit einer Sicherheit der gerichtlichen Klärung außerhalb des Insolvenzverfahrens überlassen, so dass auch keine Ungleichbehandlung erfolgt, wenn die gesicherten Gläubiger im Plan genauso behandelt werden, wie die ungesicherten. Denn das Recht, seine Sicherheit zu verwerten, wird dann durch den Plan nicht beschnitten. Der Einwand des Gläubigers, er werde durch den Plan nicht angemessen beteiligt, ist dann unbeachtlich.

15 a Es bleibt den Beteiligten überlassen, ob sie den offenen Ausgang des Streits über die Wirksamkeit der Abtretung durch eine **Eventualklausel** in die Vereinbarung mit einbeziehen (diese Möglichkeit wird in der Gesetzesbegründung ausdrücklich erwähnt, BT-Drucks. 12/7302 S. 191 zu § 357 b) oder diesbezüglich keine Vereinbarung im Plan treffen wollen. Die letzte Alternative birgt allerdings das Risiko, dass das Scheitern des Plans vorprogrammiert ist, wenn das Prozessgericht nicht so entscheidet, wie dies im Plan unterstellt wurde. Eine Eventualklausel ist auch sinnvoll, wenn der Ausgang eines **Zwangsversteigerungsverfahrens** ungewiss ist und der Ausfall des absonderungsberechtigten Gläubigers insoweit nicht feststeht (vgl. zur Plangestaltung *Grote* § 305 Rz. 28 a und Arbeitshilfe InsO Verbraucher-Zentrale NRW, S. 390 ff.)

16 Eine Ungleichbehandlung kann auch dann gerechtfertigt sein, wenn die Forderung des im Plan bevorzugt berücksichtigten Gläubigers **nach § 302 InsO nicht von der Restschuldbefreiung erfasst** ist und der Schuldner ihm im Plan zur endgültigen Regulierung der Forderung aus seinem **unpfändbaren Einkommen höhere Beträge** als den übrigen Gläubigern anbietet (*LG München* ZInsO 2001, 720 [721]; HambK-InsO/*Streck* § 309 Rz. 22; missverständlich, aber so wohl auch *Uhlenbruck/Vallender* InsO, § 309 Rz. 67). Denn es entspricht Sinn und Zweck des Schuldenbereinigungsplans, dass der Schuldner um eine endgültige Bereinigung seiner Schuldensituation bemüht ist und daher die Rechtspositionen der Gläubiger berücksichtigt (vgl. zur Berücksichtigung deliktischer Forderungen im Schuldenbereinigungsplan auch Rz. 25 a).

16 a Auch die Klärung der möglicherweise bestehenden Streitfrage, ob eine Forderung nach § 302 InsO von der Restschuldbefreiung befreit ist, kann nicht im Rahmen der Zustimmungsersetzung durch das Insolvenzgericht getroffen werden (zur künftigen Klärung dieser Frage im Anmeldeverfahren s. *Ahrens* § 302 Rz. 2 ff.). Das Insolvenzgericht darf davon ausgehen, dass die Forderung gem. § 302 InsO von der Restschuldbefreiung ausgenommen ist, wenn bereits durch ein rechtskräftiges Urteil eines Zivilgerichts das Vorliegen einer vorsätzlich begangenen unerlaubten Handlung festgestellt wurde (vgl. hierzu *Ahrens* § 302 Rz. 10 ff.).

17 Ein sachlicher Grund für eine Ungleichbehandlung wird in gewissem Rahmen auch für Gläubiger gerechtfertigt sein, wenn deren Befriedigung **für den Schuldner und seine Familie von existentieller Bedeutung** ist. So ist der Schuldner bei einer Nichtzahlung von Rückständen aus Energielieferungsverträgen nach § 33 AVBEltV von einer Stromsperre bedroht, die der Energielieferant unabhängig vom Zwangsvollstreckungsverbot im Insolvenzverfahren vornehmen kann. Es wird dem Schuldner zuzugestehen sein, diesen Gläubiger im Plan mit verhältnismäßig höheren Beträgen zu berücksichtigen, um die für ihn existentiell wichtigen Energielieferungen zu gewährleisten. Die Möglichkeit der **Stromsperre** kommt daher einer besonderen Sicherung eines Gläubigers gleich, so dass auch hier eine rechtliche Situation vorliegt, die eine Ungleichbehandlung rechtfertigt (zust. *Hess* InsO, 2. Aufl., § 309 Rz. 15). Das gleiche gilt auch für die Bevorzugung anderer existentiell wichtiger Gläubiger, etwa des Vermieters beim Bestehen von Mietrückständen, die zur **Wohnraumkündigung** berechtigen würden (a. A. HK-InsO/*Landfermann* § 309 Rz. 9). Denn der Schutz des § 112 InsO, der den Schuldner im eröffneten Verfahren vor einer Mietkündigung wegen alter Mietrückstände bewahrt, besteht im Schuldenbereinigungsplanverfahren nicht.

18 Auch Kleingläubiger können im Plan u. U. gegenüber den anderen Gläubigern privilegiert werden, wenn dies zur Abwicklung des Verfahrens sachlich gerechtfertigt erscheint (*AG Saarbrücken* ZInsO 2002, 340; so auch *Hess* InsO, 2. Aufl., § 309 Rz. 12; **a. A.** *Uhlenbruck/Vallender* InsO, § 309 Rz. 34). Bereits in der Vergleichsordnung war in § 106 die **Bevorzugung von Kleingläubigern** zur erleichterten Verfahrensabwicklung anerkannt (*Kilger/Karsten Schmidt* VglO, § 8 Rz. 1; *Bley/Mohrbutter* VglO, § 106 Rz. 1). In der Gesetzesbegründung zu § 222 Abs. 3 InsO wird die volle Befriedigung von Kleingläubigern bis zu

Ersetzung der Zustimmung § 309

einer bestimmten Höhe ausdrücklich erwähnt (vgl. *Balz/Landfermann* a. a. O., S. 336). Auch im Schuldenbereinigungsplanverfahren kann dies zu u. U. zu einer **Verfahrensvereinfachung** beitragen, wenn eine Vielzahl von Kleingläubigern vorliegt. Der Rechtsgedanke des § 222 InsO ist dann entsprechend anzuwenden (vgl. auch Rz. 12).

Für die Beurteilung der Verhältnismäßigkeit sind die **Angaben des Schuldners** maßgebend. Bei Streit 19 über die Forderungshöhe kann die Zustimmung nicht ersetzt werden, wenn dies für die Frage der Angemessenheit wesentlich ist (Abs. 3, s. u. Rz. 38 ff.). Die Gläubiger müssen – sofern kein sachlicher Grund für die Ungleichbehandlung vorliegt – im Verhältnis gleichmäßig beteiligt werden. Hierbei ist aber **keine mathematische Genauigkeit** erforderlich (vgl. auch Rz. 10). Das Insolvenzgericht hat einen gewissen Ermessensspielraum bei der Bewertung der Angemessenheit (*Schmidt-Räntsch* MDR 1994, 325; *Wittig* WM 1998, 166; für eine engere Auslegung HK-InsO/*Landfermann* 2. Aufl., § 309 Rz. 8). Insbesondere wird es zuzulassen sein, dass vor allem wegen der faktischen Abwicklungsprobleme der Schuldner **die Gläubiger sukzessive befriedigt**. Dass dann einige ihr Geld später bekommen als andere, ohne hierfür einen finanziellen Ausgleich zu erhalten, wird von ihnen hinzunehmen sein, solange sie unter dem Strich die gleiche Gesamtquote bekommen (so auch *OLG Celle* ZInsO 2001, 374 [376] Zur Mischung von Raten- und Einmalzahlungen; vgl. insoweit auch die Begr. zu § 295 Abs. 2 InsO, in der der Gesetzgeber Zahlungsaufschübe bei Selbstständigen zulässt [BR Drucks. 1/92 S. 192 zu § 244]; sowie für das Vergleichsrecht *Kilger/Karsten Schmidt* § 8 VglO 1).

Bei Streit über die Höhe einer Forderung, die Qualifizierung als Forderung aus einer vorsätzlich begangenen unerlaubten Handlung, die Wirksamkeit einer Sicherung oder über andere Tatsachen, die eine »Ungleichbehandlung« rechtfertigen würden, kann gerade **die Ungewissheit über den Ausgang dieses Streits** im Rahmen eines Kompromisses bei der Bemessung der Vergleichsbeträge in gewissem Rahmen erhöhend berücksichtigt werden, ohne dass der Rechtsstreit einer endgültigen Klärung zugeführt wird (*Kirchhof* ZInsO 1998, 58). Insoweit vergrößert sich der allgemeine Entscheidungsspielraum, den das Gericht bei der Beurteilung der Angemessenheit hat (Rz. 6), da der **Streit an sich auch ein sachlicher Grund für eine gewisse Abweichung vom Grundsatz der Gleichbehandlung** der Gläubiger sein kann (vgl. hierzu auch *Hess/Obermüller* a. a. O., Rz. 831). Bei ausgenommenen Forderungen ist bei der Entscheidung über die Zustimmungsersetzung zu berücksichtigen, dass bei einem Scheitern des Entschuldungsverfahrens auch diese Forderungen uneinbringlich sind und der Gläubiger **auch bei der Fortsetzung der Einzelzwangsvollstreckung nicht die volle Forderung** erhalten würde (so auch *Kübler/Prütting-Wenzel* InsO, § 309 Rz. 6 mit Hinweis auf den diesbezüglich großzügigen Entscheidungsspielraum des Gerichts; s. auch Rz. 25). 20

Ein konkurrierender Gläubiger kann sich nur dann gegen die aufgrund des Streits vorgenommene Bevorzugung eines anderen Gläubigers wehren, wenn er gem. § 309 Abs. 3 InsO glaubhaft machen kann, dass die Forderung oder Sicherung tatsächlich nicht in der Höhe besteht, mit der sie im Plan berücksichtigt wurde.

IV. Wirtschaftliche Schlechterstellung gegenüber Verbraucherinsolvenz- und Restschuldbefreiungsverfahren (Nr. 2)

Nr. 2 enthält die gesetzliche Präzisierung der schon bisher im **Vergleichsrecht** geltenden Regelungen 21 zum Minderheitenschutz (vgl. oben Rz. 2), nach der ein Gläubiger nicht zu einem Vergleich gezwungen werden darf, der ihn schlechter stellen würde, als er ohne die Annahme des Plans – nämlich bei der Durchführung des gerichtlichen Entschuldungsverfahrens – voraussichtlich stehen würde. Die Vorschrift ähnelt insoweit dem Obstruktionsverbot im Insolvenzplan in § 254 InsO.

Das Angebot im Plan ist den prognostisch zu erwartenden Beträgen im Verbraucherinsolvenzverfahren mit anschließender Treuhandphase bis zur gesetzlichen Restschuldbefreiung gegenüberzustellen und auf Abweichungen hin zu überprüfen (*Hess* InsO, 2. Aufl., § 309 Rz. 22).

1. Hypothetische Berechnung der im Verfahren zu zahlenden Beträge

Voraussetzung für die **Parallelwertung** nach Nr. 2 ist, dass das Insolvenzgericht sowohl das Ergebnis der 22 Vermögensverwertung während des Insolvenzverfahrens, als auch den Wert des Neuerwerbs während Insolvenzverfahren und Treuhandphase prognostiziert.

Eine Hilfestellung bei der **Ermittlung der potentiell im gerichtlichen Verfahren** an den jeweiligen Gläubiger **auszuschüttenden Beträge** bietet der 2. HS von Nr. 2. Im Zweifel ist davon auszugehen, dass sich die tatsächlichen Verhältnisse des Schuldners nicht verändern. Es sind also die Verhältnisse im Zeitpunkt der Prognoseentscheidung zugrunde zu legen. Dies bedeutet, dass Veränderungen zu berücksichtigen sind, wenn deren Eintritt nach Lage der Dinge konkret absehbar sind (*OLG Frankfurt* ZInsO 2000, 288 [289]; *OLG Karlsruhe* NZI 2001, 433 = ZInsO 2001, 913; *Uhlenbruck / Vallender* InsO, § 309 Rz. 72; *Kübler / Prütting-Wenzel* InsO, § 309 Rz. 9; *HK-InsO / Landfermann* InsO, 2. Aufl., § 309 Rz. 19; *Schmidt-Räntsch* MDR 1994, 321 [325]; *Arnold* DGVZ 1996, 129 [135]). Dies hat der Gesetzgeber durch den Einschub des Wortes »**voraussichtlich**« klargestellt (*Kübler / Prütting-Wenzel* InsO, § 309 Rz. 9 a). Tatsächlich sind viele **Veränderungen** denkbar, die Einfluss auf die Einkommenssituation des Schuldners haben können (z. B. Wegfall der Unterhaltspflicht gegenüber Ehefrau oder Kindern, eine Gehaltserhöhung, die absehbare Aufnahme oder Beendigung des Arbeitsverhältnisses, die Geburt eines Kindes, etc.). Als sicher werden diese absehbaren Veränderungen aber nur selten anzusehen sein, da der tatsächliche Eintritt der Ereignisse zweifelhaft bleibt. Bestehen aber konkrete Anhaltspunkte für wesentliche positive Veränderungen kann es dem Schuldner obliegen, eine Anpassungsklausel in den Plan aufzunehmen, wenn er die Zustimmungsersetzung erreichen will (*OLG Frankfurt* a. a. O.; s. u. Rz. 23). Der Gläubiger muss daher nicht nur die potentielle abstrakte Schlechterstellung, sondern darüber hinaus auch die **Voraussichtlichkeit des Ereignisses vortragen und glaubhaft machen**, dass zu einer konkreten wirtschaftlichen Schlechterstellung für ihn führt (*OLG Frankfurt* a. a. O.; *LG Neubrandenburg* v. 21. 03. 2001 – AZ 4 T 42/01). Je höher nach der allgemeinen Lebenserfahrung die Wahrscheinlichkeit des Eintritts der Veränderung ist, desto geringere Anforderungen wird man an die Glaubhaftmachung der konkreten Anhaltspunkte stellen. Bei dem Vergleich zwischen der Prognose des Plans und der Prognose des Verfahrens müssen aber auch voraussichtlich eintretende Veränderungen bei der Durchführung des Verfahrens (z. B. eine Erhöhung der Pfändungsfreigrenzen, hierzu auch Rz. 23) berücksichtigt werden.

22 a Abs. 1 Nr. 2 stellt auf die Beträge ab, **die der Gläubiger** bei der Durchführung des Verfahrens **erhielte**, und nicht auf die, die der Schuldner bezahlen müsste. Entsprechend sind bei der Ermittlung des Prognosebetrages auch die voraussichtlich entstehenden **Gerichts-, Treuhänder- und Veröffentlichungskosten, sowie der Motivationsrabatt** zu berücksichtigen. Nur der nach deren Abzug verbleibende Betrag fließt an die Gläubiger und ist für den Vergleich mit dem Zahlungsvorschlag des Schuldners maßgebend. Durch die Einführung des Stundungsmodells wird die Berechnung etwas vereinfacht, da zukünftig, mit Ausnahme der Rechtsanwaltskosten, die Kosten des gesamten Verfahrens (also auch die der Treuhandperiode) gedeckt sein müssen, bevor überhaupt Ausschüttungen an die Gläubiger vorgenommen werden können (hierzu *Kohte* § 4 a Rz. 18 ff. und *Grote* § 292 Rz. 9 a). In der Praxis bieten Schuldner i. d. R. Zahlungen ohne die Kürzung um diese Kosten an, so dass sich Abweichungen bei der Ermittlung der Forderungshöhe in vielen Fällen i. S. d. § 309 Abs. 1 Nr. 2 InsO auswirken dürften.

23 Die Aufnahme von **Anpassungsregelungen** ist grds. nicht Bedingung für die Zustimmungsersetzung (*OLG Frankfurt* ZInsO 2000, 288 [289]; *Hess* InsO, 2. Aufl., § 309 Rz. 34 c). Insbesondere Ratenzahlungspläne mit konstanten Leistungen können sowohl im Interesse des Schuldners, als auch im Interesse des Gläubigers liegen. Ein Übereinkommen des Schuldners mit der Mehrheit der Gläubiger, unabhängig von negativen wie positiven Veränderungen konstant hohe Raten zu zahlen, kann durchaus interessengerecht sein. Eine Anpassungsklausel ist aber in Plänen, die keine oder nur geringfügige Zahlungen an die Gläubiger vorsehen, dann die Voraussetzung für eine Zustimmungsersetzung, **wenn gesicherte und konkrete Anhaltspunkte für eine wahrscheinlich eintretende signifikante Änderung der Einkommensverhältnisse** vorhanden sind (*OLG Frankfurt* a. a. O.; ähnlich *AG Göttingen* ZInsO 2000, 628 [LS]). Soweit eine Anpassungsklausel ausnahmsweise erforderlich erscheint, ist fraglich, welche Anforderungen an den Inhalt zu stellen sind. Das LG Göttingen, hat eine Anpassungsklausel, die nur eine Erhöhung der Zahlungen des Schuldners vorsah, wenn eine Einkommenssteigerung von mehr als 10% eintreten sollte, als Schlechterstellung gegenüber dem gerichtlichen Verfahren angesehen (ZInsO 2001, 324). Gegen diese Auffassung bestehen Bedenken. Insbesondere gewerbliche Arbeitnehmer verfügen häufig über monatlich schwankende Einkünfte, eine monatliche Anpassung läge sicher nicht im Interesse der Beteiligten. Geringe Einkommenserhöhungen gleichen in Zeiten mäßiger Tarifabschluss häufig nur die Inflation und das ebenfalls gestiegene Existenzminimum aus (das Gesetz zur Erhöhung der Pfändungsfreigrenzen sieht zukünftig eine jährliche Anpassung der Freibeträge vor (BT-Drucks. 14/6812 zu § 850 c Abs. 2 a). Insofern erscheint eine Planerhöhung (oder auch Verringerung), die **erst ab einer Verände-**

rung von **10%** einsetzt, dann aber die gesamte Erhöhung erfasst, Hinblick auf die Praktikabilität eines Plans und der nicht notwendigen mathematischen Genauigkeit des Angebots als angemessen.

Strittig ist, ob der Plan auch eine **Verfallklausel** oder sog. **Wiederauflebensklausel** enthalten muss, um bei der Zustimmungsersetzung eine Schlechterstellung gegenüber dem gerichtlichen Verfahren zu vermeiden (dafür *LG Köln* NZI 2003, 559; *LG Memmingen* NZI 2000, 235; *Uhlenbruck/Vallender* InsO, § 309 Rz. 77; *Kübler/Prütting-Wenzel* InsO, § 309 Rz. 9; *Nerlich/Römermann* InsO, § 309 Rz. 24; dagegen *LG Hannover* NZI 2004, 389 = ZVI 2005, 49; *AG Bremen* ZVI 2004, 468 = NZI 2004, 277; *AG Bremerhaven* ZVI 2007, 21; *AG Mannheim* v. 14. 04. 2000 – IK 60/99; *AG Ludwigshafen* v. 23. 02. 2000 – 3 b IK 20/99; *Hess* InsO, 2. Aufl., § 309 Rz. 29). Grundsätzlich muss auch die mögliche Nichterfüllung des Plans bei dem anzustellenden Vergleich zwischen Plan und Verfahrensprognose berücksichtigt werden. Bei der Nichterfüllung der Obliegenheiten im gerichtlichen Entschuldungsverfahren leben die ursprünglichen Forderungen gem. § 299 InsO wieder auf. Insofern ist es jedenfalls bei **flexiblen Plänen**, die an die laufende Pfändbarkeit des Schuldners während des Verfahrens anknüpfen, eine Schlechterstellung i. S. d. Abs. 1 Nr. 2, wenn dem Gläubiger bei einer Nichterfüllung des Plans, etwa weil der Schuldner sich weigert, die von ihm im Plan zugesagten Erwerbsobliegenheiten zu erfüllen (hierzu *Kübler/Prütting-Wenzel* InsO, § 309 Rz. 8), keine Möglichkeit der Kündigung oder der Vollstreckung bliebe. Auch bei **festen Plänen** kann es eine Schlechterstellung sein, wenn sich die Ratenzahlungen an den im Verfahren zu erwartenden Beträgen orientieren, aber für den Fall der Nichtzahlung lediglich die Möglichkeit der Vollstreckbarkeit der vereinbarten Teilforderung ermöglichen. An das Merkmal der »**Voraussichtlichkeit**« bzgl. der Nichterfüllung der übernommenen Zahlungs- oder Erwerbsobliegenheiten sind bei langen Planlaufzeiten keine allzu hohen Anforderungen zu stellen (s. auch Rz. 22). **23 a**

Fraglich ist, ob ein Plan nach Abs. 1 Nr. 2 zustimmungsersetzungsfähig ist, der eine sog. »**Teilerlassklausel**« beinhaltet. Eine solche modifizierte Verfallklausel soll gewährleisten, dass bei einem Scheitern des Plans nicht die Gesamtforderungen der Gläubiger wiederaufleben, sondern dem Schuldner für jedes Jahr der Erfüllung des Plans ein Teil der Gesamtforderungen erlassen wird. Auch hierbei ist zu berücksichtigen, dass Planfreiheit herrscht, und Teilerlassklauseln grds. zulässig sind. Bei der Frage der Zustimmungsersetzungsfähigkeit ist zwischen **flexiblen Plänen** und Plänen mit **festen Raten** oder Einmalzahlungen zu differenzieren. Anders als bei festen Zahlungspflichten besteht bei **flexiblen Plänen** wegen der Anknüpfung der Zahlungspflicht des Schuldners an das jeweils pfändbare Einkommen eine sehr viel geringere Gefahr des Scheiterns. Insofern wird die Situation des Restschuldbefreiungsverfahrens widergespiegelt, in dem das Risiko der Arbeitslosigkeit des Schuldners den Gläubigern auferlegt wird. Insofern kann eine Schlechterstellung angenommen werden, wenn im Schuldenbereinigungsplan keine Erwerbsobliegenheit gem. § 205 Abs. 2 InsO vorgesehen ist (*LG Heilbronn* InVo 2002, 414). Im Restschuldbefreiungsverfahren droht dem Schuldner bei einer Nichterfüllung seiner Erwerbsobliegenheiten gem. § 299 InsO das Recht der freien Nachforderung der Gläubiger. Daher wäre es auch eine Schlechterstellung gegenüber der Situation im Verfahren, wenn im Plan als Konsequenz für die Nichteinhaltung übernommener Obliegenheiten das Nachforderungsrecht durch einen Teilerlass begrenzt würde. Anders ist das dagegen bei **festen Ratenzahlungsplänen**, in denen der Schuldner das Risiko der Verschlechterung seiner Einkommensverhältnisse übernimmt und damit eine große Gefahr des Scheiterns besteht. Bei diesen Plänen ist auch eine Teilerlassklausel angemessen, um dem Schuldner für den Fall der Verschlechterung seiner Einkommensverhältnisse statt der Restschuldbefreiung zumindest eine angemessene Ausgangsposition für Nachverhandlungen oder einen späteren erneuten Entschuldungsversuch zu erhalten. Insofern ist eine Teilerlassklausel bei einem Plan mit festen Raten eine Besserstellung des Gläubigers gegenüber dem Verfahren, in dem die Verschlechterung der Einkommenssituation nicht notwendigerweise die Restschuldbefreiung hindert (**a. A.** wohl *LG Göttingen* NZI 2000, 487). **23 b**

Fraglich ist auch, inwieweit eine sog. **Erbschaftsklausel** in einen flexiblen Plan aufzunehmen ist, mit der der Schuldner den Gläubigern in Anlehnung an § 295 Abs. 1 Nr. 2 InsO verspricht, die Hälfte eines während der Planlaufzeit etwa anfallenden Erbes an die Gläubiger zu verteilen. Auch hier wird man von einer potentiellen Schlechterstellung der Gläubiger ausgehen können, wenn **konkrete Anhaltspunkte** dafür bestehen, dass während der potentiellen Laufzeit des Verfahrens ein Erbe zu erwarten ist (*OLG Karlsruhe* NZI 2001, 433 = ZInsO 2001, 913). Die allgemeine Aussicht auf einen nur abstrakt möglichen Erbfall reicht nach Ansicht des OLG Karlsruhe allerdings nicht aus, um eine Schlechterstellung i. S. d. § 309 Abs. 1 Nr. 2 InsO anzunehmen, wenn eine entsprechende Einbeziehungsklausel im Plan fehlt (a. a. O.). **23 c**

Eine Schlechterstellung eines Gläubigers i. S. d. Abs. 1 Nr. 2 gegenüber der Durchführung des Verfahrens liegt nach einer neuen Entscheidung des BGH auch dann vor, wenn im Plan die **Verrechnungsmöglich-** **23 d**

§ 309 *Verbraucherinsolvenzverfahren und sonstige Kleinverfahren*

keit eines Sozialleistungsträgers gem. § 52 SGB I nicht berücksichtigt wird (*BGH* NZI 2008, 479 m. Anm. *Wegener* S. 477). Denn der in § 114 Abs. 2 InsO zugunsten der Sozialleistungsträger vorgesehene Schutz einer Aufrechnungslage umfasst auch den Schutz einer Verrechnungslage nach § 52 SGB I, allerdings nur, wenn die Verrechnungsermächtigung vor der Insolvenzeröffnung erfolgt ist. Davon kann bei der Situation der Zustimmungsersetzung generell ausgegangen werden. Mit dieser Entscheidung hat sich der IX. Senat der Auffassung des *BSG* (10. 12. 2003 ZInsO 2004, 741 = ZIP 2004, 1327) im Wesentlichen angeschlossen und sich gegen die im Insolvenzrecht verbreitete insolvenzrechtliche Rechtsprechung und Literatur gestellt, die eine Gleichstellung von Aufrechnung und Verrechnung abgelehnt hatte (dazu *BayObLG* ZInsO 2001, 619 f.; *OLG Karlsruhe* ZInsO 2001, 913; *LG Göttingen* ZInsO 2001, 324 [325]; *Wenzel* ZInsO 2006, 169 f.;*Uhlenbruck/Vallender* InsO, § 309 Rz. 69; KS-InsO/*Häsemeyer* 2000, S. 655, 656, zum Stand der Diskussion *BGH* NZI 2008, 479). Dies bedeutet, dass eine Zustimmung nicht ersetzt werden kann, wenn die Möglichkeit des Sozialleistungsträgers, mit Rückforderungen anderer Sozialleistungsträger zu verrechnen, in dem Plan nicht berücksichtigt wird. Allerdings ist dieses Vorrecht auch im Plan nur für zwei Jahre ab dem voraussichtlichen Zeitpunkt der Eröffnung zu berücksichtigen, da gem. § 114 Abs. 2 InsO nach dem Ablauf der zwei Jahre die Aufrechnungs- bzw. Verrechnungsmöglichkeit erlischt.

23 e In Rechtsprechung und Literatur war streitig, inwieweit im Plan eine **Aufrechnungsmöglichkeit des Finanzamtes mit Steuererstattungsansprüchen des Schuldners** in der Treuhandperiode zu berücksichtigen ist (**dafür** *LG Hildesheim* ZInsO 2004, 1320 = ZVI 2005, 96; *LG Koblenz* ZInsO 2000, 507; diff. *LG Koblenz* NZI 2004, 679; **dagegen** *LG Kiel* ZVI 2004, 401 [403] mit dem Hinweis auf die Einflussmöglichkeiten des Finanzamtes hinsichtlich der Festsetzung der Vorauszahlungsbeträge; *LG Traunstein* ZVI 2003, 345; *AG Göttingen* ZInsO 2001, 329; *Uhlenbruck/Vallender* InsO, § 309 Rz. 69). Ausgangspunkt für diese Frage ist die zutreffende Auffassung, dass der Einkommensteuererstattungsanspruch des Schuldners, der ihm am Ende des Veranlagungsjahres z. B. wegen besonders hoher Werbungskosten entsteht, nicht von der Abtretung an den Treuhänder nach § 287 Abs. 2 Satz 2 InsO erfasst ist. Durch die Entscheidung des *BGH* v. 21. 7. 2005 – IX ZR 115/04 – dürfte diese Frage nunmehr für die Praxis weitgehend geklärt sein. Denn bei dem Anspruch **handelt es sich nicht um Arbeitseinkommen** des Schuldners oder an deren Stelle tretende Bezüge (*BGH* a. a. O.; *Ahrens* § 287 Rz. 39; *Grote* ZInsO 2001, 452 [453] *Gerigh* ZInsO 2001, 931 [935]; *LG Koblenz* ZInsO 2000, 507; *AG Göttingen* ZInsO 2001, 329; **a. A.** *Kübler/Prütting-Wenzel* InsO, § 287 Rz. 9; *AG Gifhorn* NZI 2001, 491). Daraus, dass der Erstattungsanspruch in der Treuhandperiode nicht von der Haftungsmasse erfasst ist wäre aber eine gerechtfertigte Sonderstellung des Finanzamtes in Form einer Aufrechnungsbefugnis nur dann abzuleiten, wenn man das Vollstreckungsverbot nicht auch als **Aufrechnungsverbot** versteht (abl. zum Vollstreckungsverbot des § 14 KO s. *BGH* NJW 1971, 1563; krit. dazu *Jaeger/Henckel* KO § 14 Rz. 12 m. w. N.; zum Vollstreckungsverbot des § 4 Abs. 2 GesO als Aufrechnungsverbot *BGH* BGHZ 130, 76 [82]). Der IX. Senat hat die Auslegung des § 294 InsO als allgemeines Aufrechnungsverbot abgelehnt (*BGH* ZVI 2005, 437 = BGHZ 163, 391; ihm folgend *BFH* ZVI 2007, 137 = DStRE 2007, 237). Nach dieser Ansicht steht damit dem Finanzamt in der Treuhandperiode die Möglichkeit offen, mit den Steuerverbindlichkeiten des Schuldners gegen evtl. Steuerstattungsansprüche aufzurechnen. Die Auffassung ist vom hier vertretenen Standpunkt aus abzulehnen. In Anbetracht der Zielsetzung der InsO, die den Schuldner in der langen Treuhandperiode vor jeglichem Zugriff der Insolvenzgläubiger schützen will und dem Grundsatz der Gleichbehandlung der Insolvenzgläubiger in der Treuhandperiode der durch § 294 Abs. 2 und § 295 Abs. 1 Nr. 4 InsO eine besondere Ausgestaltung erfahren hat, kann das Vollstreckungsverbot des § 294 Abs. 1 InsO systemgerecht nur auch **als Aufrechnungsverbot verstanden** werden (hierzu ausf. *Grote* ZInsO 2001, 452 [454]). Für die Praxis wird die Entscheidung des IX. Senats wohl Bindungswirkung entfalten, sodass eine Zustimmungsersetzung bei Plänen, die die Aufrechnungsbefugnis des Finanzamts während der Planlaufzeit nicht berücksichtigen, nicht zu erwarten ist.

24 Bei der Berechnung der potentiell im gesetzlichen Entschuldungsverfahren zu erwartenden Beträge ist zwar **keine mathematische Genauigkeit** erforderlich (dazu auch *OLG Frankfurt* NZI 2002, 266 [267]; **a. A.** zur alten Rechtslage *Krug* a. a. O., S. 126 f., der sowohl eine Kapitalisierung der einzelnen Leistungen als auch eine Abzinsung vornehmen will), trotzdem sind vom Gericht nicht unerheblichen Berechnungen anzustellen. Die zu erwartenden Pfändungsbeträge während Verbraucherinsolvenzverfahren und Treuhandphase sind über die gesamte Laufzeit des Verfahrens hin zu ermitteln. Diese Berechnungen sind aber **mit Hilfe von EDV-Programmen** ohne besonderen Aufwand möglich (z. B. InsOPlan 2.0 der Verbraucher-Zentrale NRW). Bei der Simulation des Verfahrensablaufs des gerichtlichen Entschuldungsverfahrens ist auch der nach § 114 Abs. 1 InsO möglicherweise bestehende Vorrang von Entgeltabtretungen oder Aufrechnungsmöglichkeiten des Arbeitgebers zu berücksichtigen (vgl. zur Berechnung auch *Pape* ZInsO 1998, 125 ff.; *Grote* ZInsO 1998, 107 [109]; *ders.* ZInsO 1999, 31 ff.). Werden die Prognosebeträge vom Schuldner in Form einer Einmalzahlung geleistet, ist bei der Vergleichsrechnung nach Abs. 1 Nr. 2 der Zinsvorteil, den der Gläubiger durch die sofortige Zahlung gegenüber der Ratenzahlung hat, in Form einer Abzinsung der Beträge in Ansatz zu bringen (hierzu ausf. *Krüger/Reifner/Jung* ZInsO 2000, 12).

Die Beträge, die der **absonderungsberechtigte Abtretungsgläubiger** aufgrund der Abtretung voraussichtlich erhält, sind von der Summe, mit der er bei der Verteilung im Insolvenzverfahren und der Treuhandphase berücksichtigt wird, in Abzug zu bringen, so dass insoweit **keine Doppelberücksichtigung** erfolgt (vgl. §§ 52, 190 InsO, so auch *BGH* ZInsO 2008, 327 ff.; s. a. oben Rz. 9; Näheres zu der Berücksichtigung des Absonderungsrechts in der Treuhandphase s. *Grote* § 292 Rz. 12; ausf. *Grote* ZInsO 1999, 31 ff.; zur Situation in der VglO aufschlussreich *Bley/Mohrbutter* VglO, § 8 Rz. 30; s. auch *Kohte* § 314 Rz. 22). Auch bei dieser Berechnung muss im Zweifel von konstanten Verhältnissen ausgegangen werden (vgl. Rz. 22).

Eine Schlechterstellung gegenüber der Situation im gerichtlichen Verfahren kann auch dann vorliegen, **25** wenn der Schuldner im Plan Umstände, die dem Gläubiger ein besonderes Befriedigungsrecht gewähren, nicht berücksichtigt. Dies gilt auch für eine rechtliche Schlechterstellung mit wirtschaftlichen Folgen, so wenn dem Gläubiger durch den Planinhalt der Zugriff auf einen Bürgen oder Drittschuldner genommen würde, den er im Verfahren nach § 301 InsO behalten würde (*Graf-Schlicker/Sabel* InsO, § 309 Rz. 27). **Macht der Gläubiger glaubhaft, dass er über eine Abtretung verfügt**, die ihn zur abgesonderten Befriedigung berechtigt oder dass seine Forderung aus einer vorsätzlich begangenen unerlaubten Handlung stammt, so kann die fehlende Zustimmung des Gläubigers gem. § 309 Abs. 1 Nr. 2 InsO regelmäßig nicht ersetzt werden, wenn der Schuldner diese besondere Rechtsstellung im Plan nicht berücksichtigt hat (s. a. Rz. 9 und 24). Denn im gerichtlichen Verfahren würde der Gläubiger nach § 114 Abs. 1 InsO zwei Jahre lang die gesamten pfändbaren Bezüge bekommen und der deliktische Gläubiger könnte gem. § 302 InsO nach erteilter Restschuldbefreiung seine restliche Forderung ungehindert weiter gegen den Schuldner vollstrecken.

In der Praxis wenden sich vor allem Sozialleistungsträger gegen eine Zustimmungsersetzung und berufen **25 a** sich auf eine **vorsätzliche deliktische Haftung des Schuldners** aus § 823 Abs. 2 BGB i. V. m. § 266 a StGB (zu den Voraussetzungen der Haftung zuletzt *BGH*; hierzu auch *Ahrens* § 302 Rz. 4 ff.). Der Einwand eines Gläubigers, der sich auf die Ausnahme von der Restschuldbefreiung nach § 302 InsO beruft ist aber nur dann beachtlich, wenn der Gläubiger nicht nur den objektiven, sondern **auch den subjektiven Tatbestand** der Haftungsnorm schlüssig darlegt und glaubhaft macht (ausf. hierzu *OLG Dresden* ZInsO 2001, 805 [806]; *OLG Celle* ZInsO 2001, 468 [469]; *LG Göttingen* ZInsO 2001, 859; *OLG Zweibrücken* ZInsO 2001, 970 [971]). Der Hinweis auf einen rechtskräftigen Strafbefehl reicht hierzu nicht aus (*OLG Zweibrücken* a. a. O.). Darüber hinaus muss er insbesondere dann, wenn der Schuldner nur über geringe pfändbare Beträge verfügt, die Vollstreckungsmöglichkeiten nach der Beendigung der Restschuldbefreiung **schlüssig darlegen**, die ihm nicht nur rechtlich, sondern auch **wirtschaftlich eine Besserstellung** verschaffen würde (*OLG Dresden*, a. a. O.; zur notwendigen wirtschaftlichen Betrachtungsweise *Kübler/Prütting-Wenzel* InsO, § 309 Rz. 8). Die Nichtberücksichtigung einer Entgeltabtretung in einem Plan ist daher dann unschädlich, wenn die Abtretung des Lohns vertraglich ausgeschlossen ist oder das Einkommen des Schuldners dauerhaft unterhalb der Pfändungsfreigrenze liegt (zum letzteren Fall *AG Nordhorn* ZVI 2007, 70 Verkäuferinnenentgelt 650 €).

Liegen die Voraussetzung einer Ausnahme nach § 302 InsO voraussichtlich vor, muss der Schuldner den privilegierten Deliktgläubiger **nicht zwangsläufig den vollen Betrag** ihrer Forderung anbieten, da eine vollständige Realisierung nach erteilter Restschuldbefreiung i. d. R. unwahrscheinlich wäre. Das Gericht hat hier einen gewissen Ermessensspielraum, ob es den angebotenen Betrag bzw. die angebotene Regelung für ausreichend erachtet (*Kübler/Prütting-Wenzel* InsO, § 309 Rz. 6 a; s. hierzu auch Rz. 20).

Bei der Bewertung des pfändbaren Vermögens des Schuldners kann das Gericht von den Angaben ausgehen, **26** die der Schuldner in seinem Vermögensverzeichnis gemacht hat. Das Gericht wird regelmäßig **weder tatsächlichen Ermittlungen anstellen, noch einen Gutachter beauftragen**, um den Wert des pfändbaren Vermögens des Schuldners zu ermitteln. Nur wenn der Gläubiger glaubhaft macht, dass im Verfahren höhere Ausschüttungen an ihn zu erwarten sind als der Schuldner im Plan berücksichtigt hat, hat das Gericht **nach Lage der Akten** und unter Berücksichtigung der Kosten der Verwertung den Betrag zu ermitteln, der unter Zugrundelegung von Erfahrungswerten voraussichtlich bei der Vermögensverwertung zu erzielen sein wird. Macht der Gläubiger konkrete Tatsachen glaubhaft, die zu einem von den Angaben des Schuldners abweichenden Verwertungsertrag führen, kann seine Zustimmung nicht ersetzt werden.

27 Schwierigkeiten kann auch die Ermittlung des jeweils pfändbaren Einkommens bereiten. Grundsätzlich ist unter Berücksichtigung der Unterhaltsverpflichtungen und der §§ 850 ff. ZPO der nach § 850 c ZPO pfändbare Betrag zu ermitteln. Fraglich ist, ob das Gericht bei der Prognose auch Bewertungen vornehmen kann, die nach der ZPO nur auf Antrag vom Vollstreckungsgericht vorgenommen werden können. In Frage kommen hierbei insbesondere die Gestaltungsmöglichkeiten des Gerichts nach § 850 f, § 850 e und § 850 c Abs. 4 ZPO, die alle einen Antrag des Schuldners oder eines Gläubigers voraussetzen. Durch das **InsOÄndG 2001** ist nunmehr klargestellt, welche dieser Vorschriften im Insolvenzverfahren gelten und dass der Treuhänder statt des Gläubigers antragsberechtigt ist. Nur wenn ein Gläubiger konkrete Tatsachen glaubhaft macht, aufgrund derer ohne Zweifel davon auszugehen ist, dass während der Laufzeit des gerichtlichen Entschuldungsverfahrens eine **Veränderung des pfändbaren Betrages** nach entsprechender Antragstellung erfolgen würde, so muss dies auch bei der Prognoseentscheidung nach § 309 Abs. 1 Nr. 2 InsO berücksichtigt werden. Bestehen dagegen Zweifel darüber, ob ein solcher Antrag erfolgreich gestellt wird, so ist von den Bedingungen zum Zeitpunkt der Antragstellung auszugehen (§ 309 Abs. 1 Nr. 2 InsO).

2. Berücksichtigung von Zugangshürden zum Verfahren und zur Erlangung der Restschuldbefreiung

28 Umstritten ist, inwieweit bei der Prognoseentscheidung nicht nur auf die voraussichtlich bei der Durchführung des gerichtlichen Entschuldungsverfahrens an die Gläubiger fließenden Beträge, sondern darüber hinaus darauf abzustellen ist, **ob der Schuldner aufgrund seiner persönlichen Situation in einem gerichtlichen Verfahren auch tatsächlich Restschuldbefreiung erlangen würde**. So wird vertreten, eine Zustimmung dürfe dann nicht ersetzt werden, wenn der Schuldner die Kosten des Verfahrens nicht aufbringen könne (*Henckel* FS für Gaul, 1997, 199 [204]), ein Insolvenzgrund nicht gegeben sei (*Häsemeyer* Rz. 29.35), oder ein Versagungsgrund vorliege (*Häsemeyer* Rz. 29.35).

Bei der Beurteilung dieser Frage ist einerseits zu berücksichtigen, dass der Gesetzgeber ein einfaches Verfahren mit dem Ziel der Entlastung der Gerichte konstruiert hat, in dem die Prüfungsaufgaben des Gerichts strukturell sehr eingeschränkt sind. Das Modell des Schuldenbereinigungsplanverfahren geht zudem davon aus, dass ein Plan, dem die Mehrheit der Gläubiger zugestimmt hat, auch der Minderheit zugemutet werden kann. Andererseits muss beachtet werden, dass durch die Zustimmungsersetzung ein endgültiger Eingriff in die Vermögensrechte der Gläubiger vorgenommen werden kann, auch wenn die Forderung nicht mehr im vollen Umfang werthaltig ist. Insoweit bedarf es hier einer differenzierenden Betrachtung.

29 In der Literatur wurde vertreten, bei einem **einkommens- und vermögenslosen Schuldner** könne die Zustimmung nicht ersetzt werden, weil er die Kosten nicht werde aufbringen können und ihm daher das Rechtsschutzbedürfnis für einen Insolvenzantrag fehle (so *Henckel* a. a. O.). Dieser Auffassung konnte schon nach altem Recht nicht zugestimmt werden, zumal das kostengünstige Schuldenbereinigungsplanverfahren zudem gerade für »arme« Schuldner die einzige Chance zur Schuldbefreiung gewesen sein dürfte, wenn sie die Kosten nach § 26 InsO für das gerichtliche Entschuldungsverfahren nicht aufbringen konnten. Durch die Einführung des **Stundungsmodells** in §§ 4 a ff. InsO, das auch dem vermögenslosen Schuldner den Zugang zum Verfahren ermöglicht, dürfte dieser Punkt nicht mehr streitig sein.

30 Nach Ansicht von *Häsemeyer* (Rz. 29.35) setzt eine Zustimmungsersetzung auch die **Überprüfung des Vorliegens eines Insolvenzgrundes** (§§ 17, 18 InsO) voraus. Eine andere Ansicht lehnt die Überprüfung des Insolvenzgrundes in dieser Phase ab, da diese nach dem Gesetz nur für die Eröffnung relevant sind und daher im Eröffnungsverfahren erstmals zu prüfen (*Wittig* WM 1998, 157 [160]; *Hess/Obermüller* a. a. O., Rz. 858; differenzierend *Pape* Insolvenzgründe im Verbraucherinsolvenzverfahren, WM 1998, 2125 [2127 ff.]). Bei der Abwägung zwischen möglicherweise beeinträchtigten Gläubigerinteressen und dem Bedürfnis nach einer möglichst weitgehenden Entlastung der Gerichte ist zu beachten, dass ein Eröffnungsgrund eines verschuldeten Antragstellers i. d. R. vorliegen dürfte, da schon die drohende Zahlungsunfähigkeit als (zukünftiger) Eröffnungsgrund ausreicht. Wenn der Schuldner das Vorliegen dieser behauptet, kann eine Zustimmung dann nicht ersetzt werden, wenn der Gläubiger das Fehlen des In-

solvenzgrundes glaubhaft macht, da er dann nach § 309 Abs. 1 Nr. 2 schlechter gestellt würde, als bei der Durchführung des Verfahrens, das der Schuldner dann ja gar nicht zur Eröffnung bringen könnte. In der Praxis dürfte es für die Gläubiger äußerst schwierig sein, diese Behauptung im Wege der erforderlichen Glaubhaftmachung nach Abs. 3 nachzuweisen. Einem unredlichen Schuldner, der ohne das Vorliegen einer drohenden Zahlungsfähigkeit das Verfahren rechtswidrig nutzen will, um sich von seinen Schuldverpflichtungen zu lösen, wird es zudem in der Praxis keine großen Probleme bereiten, seine Zahlungsunfähigkeit herbeizuführen, wenn dieses Voraussetzung für die Planannahme sein sollte. Aufgrund des andererseits bestehenden Interesses des Gesetzgebers an einer größtmöglichen Entlastung der Gerichte ist daher im Zustimmungsersetzungsverfahren keine Überprüfung des Vorliegens eines Eröffnungsgrundes vorzunehmen (so auch *Hess* InsO, 2. Aufl., § 309 Rz. 23).

Grds. zu bejahen ist auch die Frage, ob die Zustimmung zum Schuldenbereinigungsplanverfahren gem. **31** Abs. 1 Nr. 2 zu versagen ist, wenn ein Gläubiger glaubhaft macht, der Schuldner erfülle einen **Versagungsgrund** nach § 290 Abs. 1 InsO (so *OLG Köln* ZInsO 2001, 807 [809]; *OLG Celle* ZInsO 1999, 456 [457]; zur Versagung der Restschuldbefreiung wegen eines Insolvenzdelikts *OLG Celle* ZInsO 2001, 414; *LG Saarbrücken* NZI 2000, 380 [381]; HK-InsO/*Landfermann* 2. Aufl., § 309 Rz. 11; *AG Mönchengladbach* ZInsO 2001, 674 [675]; *Kübler/Prütting-Wenzel* InsO, § 309 Rz. 6; *Häsemeyer* Rz. 29.35; wohl auch *Hess/Obermüller* a. a. O., Rz. 836; **a. A.** *Balz* ZIP 1988, 273 [293], der das Planverfahren explizit als Lösung für die Fälle ansieht, in denen Versagungsgründe den Zugang zum gerichtlichen Verfahren behindern). Ein Gläubiger, der im gerichtlichen Verfahren seine Forderung in voller Höhe behalten würde, weil dem Schuldner aufgrund des Vorliegens von Versagungsgründen der Zugang zur Restschuldbefreiung versperrt ist, wird durch einen Zwangsvergleich mit dem Schuldner, der im regelmäßig nur einen Bruchteil seiner Forderungen gewährt, grds. schlechter gestellt.

Andererseits ist zu bedenken, dass das Schuldenbereinigungsplanverfahren auf **summarische und kur- 31 a sorische Prüfungen** ausgelegt ist, es soll im Schuldenbereinigungsplanverfahren weder der Streit um die Höhe der Forderungen geklärt (s. hierzu Abs. 3) noch sollen in dieser Verfahrensstufe im Detail die weiteren Voraussetzungen des Zugangs zur Restschuldbefreiung geprüft werden. Gesetzliches Leitbild ist noch immer, dass das Verfahren nicht länger als drei Monate dauern soll. Bei der Schaffung des Schuldenbereinigungsplanverfahrens ist der Gesetzgeber, wie sich aus der Begründung ergibt, davon ausgegangen, dass dieses Verfahren insbesondere dann zur Entschuldung geeignet ist, wenn der Schuldner im gerichtlichen Verfahren aufgrund des Vorliegens eines Versagungsgrundes nach § 290 Abs. 1 InsO keine Chance zur Erreichung der Restschuldbefreiung hat (BT-Drucks. 12/7302 S. 190). In anderem Zusammenhang hat der Gesetzgeber die prognostische Überprüfung der Versagungsgründe im kursorischen Verfahren reduziert. Für die Frage der Bewilligung der **Kostenstundung** hat er in § 4 a Abs. 1 InsO die Prüfung der Erfolgsaussicht auf die Versagungsgründe des **§ 290 Nr. 1 und Nr. 3 beschränkt**. Es bietet sich an, diese Wertung für das Zustimmungsersetzungsverfahren zu übernehmen, da die genannten Versagungsgründe leicht nachprüfbar sind und ein Verzicht auf eine Überprüfung der übrigen Versagungsgründe in dieser Verfahrensphase die Gläubigerinteressen nicht wesentlich beeinträchtigen würde. So stellt § 290 Abs. 1 Nr. 5 InsO auf die Verletzung von zukünftigen Pflichten im Insolvenzverfahren ab und ist somit für eine Prüfung in diesem Stadium ungeeignet. Gegen Falschangaben in den Verzeichnissen des Schuldners (Nr. 6) ist der Gläubiger bereits durch § 309 Abs. 3 InsO geschützt. Bei den Versagungsgründen Nr. 2 und Nr. 4 ist zu bedenken, dass zur Überprüfung ihres Vorliegens umfangreiche Recherchen notwendig sein können, die nicht zu dem kursorischen Charakter des Schuldenbereinigungsplanverfahrens passen (so auch die Gesetzesbegründung zur Überprüfung der Stundungswürdigkeit nach § 4 a InsO [BT-Drucks. 14/5680 S. 21 zu Nr. 1], in der vermutet wird, dass Gläubiger sich regelmäßig auf den Standpunkt stellen werden, allein aus dem Eintritt der Insolvenz des Schuldners lasse sich ablesen, dass dieser unangemessene Verbindlichkeiten begründet habe). Bei der Verwirklichung des Versagungsgrundes des § 290 Abs. 1 Nr. 2 InsO ist der Gläubiger in vorsätzlich begangenen Fällen zudem durch § 302 geschützt, auf den sich der Gläubiger auch im Zustimmungsersetzungsverfahren berufen kann (hierzu Rz. 25 a).

Wirbt ein Gläubiger ausdrücklich damit, SCHUFA-freie Kredite anzubieten, so stellt die Nichtangabe bestehender Vorverbindlichkeiten in Höhe von 4.000 DM keinen Versagungsgrund nach § 290 Abs. 1 Nr. 2 InsO dar und dies kann einer Zustimmungsersetzung nicht entgegengehalten werden (*AG Lichtenberg* ZInsO 2004, 629).

Zudem ist zu bedenken, dass die Nr. 2 und 4 mit relativ kurzen Fristen verbunden sind. Selbst das Vorliegen eines Versagungsgrundes würde den drohenden Rechtsverlust des Gläubigers nicht verhindern, sondern nur unwesentlich verzögern. In vielen Fällen könnte bald nach der Verweigerung der Zustimmungsersetzung ein neuer Antrag gestellt werden, der wiederum die Gerichte und die Staatskasse belasten würde. Es bietet sich daher im Interesse eines schnellen, einfachen und kostengünstigen Planverfahrens an, sich bei der Überprüfung des Vorliegens von Versagungsgründen **an der Wertung des § 4 a Abs. 1 InsO zu orientieren**.

31 b Unbeachtlich ist im Zustimmungsersetzungsverfahren der Einwand, der Schuldner werde aufgrund seines bisherigen Verhaltens seine **Obliegenheiten** nach § 295 InsO nicht erfüllen (anders offenbar HambK-InsO/ *Streck* § 309 Rz. 18). Eine Prognose über zukünftiges Verhalten des Schuldners ist in diesem Zusammenhang faktisch unmöglich. Auch wenn der Schuldner sich in der Vergangenheit nicht ausreichend um zumutbare Beschäftigung bemüht hat, rechtfertigt dies nicht die Vermutung dass dies auch in Zukunft so bleiben wird, da zukünftig die Aussicht auf Restschuldbefreiung eine neue Motivation für die Erwerbstätigkeit darstellt, was ja gerade das erklärte Ziel des Entschuldungsverfahren ist. Ob er Erwerbsobliegenheiten hat, hängt ohnehin von dem Inhalt des Plans ab. Werden solche vereinbart, dürfte die Nichteinhaltung zur Kündigungsmöglichkeit des Plans führen.

3. Zustimmungsersetzung bei Nullplänen

32 In Literatur und Rechtsprechung war die Frage ausgiebig diskutiert worden, inwieweit **Nullpläne**, die von einkommens- und vermögenslosen Schuldnern vorgelegt werden und keinerlei Zahlungen zur Tilgung an die Gläubiger vorsehen, als ausreichende Schuldenbereinigungspläne anzusehen sind und inwieweit bei solchen Plänen eine Zustimmungsersetzung ablehnender Gläubiger möglich ist. Zum Teil wurde zu dieser Frage die Auffassung vertreten, Nullpläne seien grds. abzuweisen (*Arnold* DGVZ 1996, 129 [133]; *Henckel* a. a. O.; *Kübler/Prütting-Wenzel* InsO, § 286 Rz. 78; *AG Würzburg* ZInsO 1999, 178 mit abl. Anm. *Grote*; zweifelnd KS-InsO/ *Thomas* Mindestquote als Voraussetzung für die Restschuldbefreiung, 1997, S. 1205 ff.; immer, allerdings ohne jeglichen Anhalt im Gesetz MünchKomm-InsO/ *Ott /Vuia* § 309 Rz. 19 ff.), eine andere Meinung hielt Nullpläne zwar für zulässig, eine Zustimmungsersetzung nach § 309 InsO bei Nullplänen nicht für möglich (*Pape* Rpfleger 1997, 237 [242]), während der überwiegende Teil der Literatur eine Schuldenbereinigung auch im Wege der richterlichen Zustimmungsersetzung auch bei dem Vorliegen von Nullplänen bejaht (*Uhlenbruck/Vallender* InsO, § 309 Rz. 88; *Nerlich/ Römermann* InsO, § 309 Rz. 30; *Bork* ZIP 1998 1209 [1213]; *Heyer* JR 1996, 314 f.; *Henning* InVO 1996, 288 f.; *Vallender* DGVZ 1997, 97 ff.; *Wittig* WM 1998, 157 [164]; *Hess/Obermüller* a. a. O., Rz. 697; *Haarmeyer/Wutzke/Förster* Hdb. zur InsO, Kap. 10 Rz. 34, 40; *Scholz* FLF 1995, 88 ff.; gegen eine Abweisung *LG Essen* ZInsO 1999, 414 f.).

33–36 Nach der **mittlerweile einhelligen Rspr. der Oberlandesgerichte**, die in der Literatur breite Zustimmung gefunden hat, und die **Nullpläne sowohl für zulässig als auch für zustimmungsfähig** erachtet, dürfte diese Streitfrage geklärt sein (*BayObLG* ZInsO 1999, 644 = ZIP 1999, 1926; *BayObLG* ZIP 2000, 320; *OLG Köln* ZIP 1999, 1929; *OLG Frankfurt* ZInsO 2000, 288 = NZI 2000, 473; *OLG Karlsruhe* NZI 2000, 163; *LG Würzburg* ZInsO 1999, 583 m. Anm. *Grote*; *OLG Stuttgart* NZI 2002, 563 = ZInsO 2002, 836; offen gelassen in *BGH* ZInsO 2004, 1311; *Pape* VuR 2000, 13; *Nerlich/Römermann* InsO, § 309 Rz. 25; *Hess* InsO, 2. Aufl., § 309 Rz. 27). Auch der Gesetzgeber hat im InsOÄndG 2001 keine Klarstellung mehr für notwendig erachtet. **Für Nullpläne gelten daher keine anderen Regeln als für andere Planvorschläge des Schuldners.**

D. Verfahren bei der Zustimmungsersetzung (Abs. 2)

37 Satz 1 stellt sicher, dass Gläubigern, deren Zustimmung ersetzt werden soll, vor einer Entscheidung des Gerichts rechtliches Gehör gewährt wird.
Der Gläubiger muss die Gründe, die einer Zustimmung entgegenstehen, glaubhaft machen. **Nur wenn ein Gläubiger Gründe glaubhaft macht** (§§ 4 InsO, 294 ZPO), die der Ersetzung seiner Zustimmung entgegenstehen, **hat sich das Gericht mit diesen Gründen zu befassen** (BT-Drucks. 12/7302 S. 192; *OLG Köln* NZI 2001, 211; *OLG Dresden* ZInsO 2001, 805; *OLG Celle* ZInsO 2001, 468; *BayObLG* ZInsO 2001, 170; *OLG Zweibrücken* ZInsO 2001, 970). Der Gesetzgeber hat damit im Interesse eines zügigen Ablaufs des Verfahrens und einer Entlastung der Gerichte die Voraussetzung der Glaubhaftmachung gezielt als Steuerungsmittel eingesetzt. Der Minderheitenschutz wird damit nicht von Amts wegen be-

rücksichtigt. Soweit in der Literatur vertreten wird, einer Glaubhaftmachung bedürfe es nicht, sofern der Sachverhalt offensichtlich sei oder sich bereits aus dem Vortrag des Schuldners ergebe *Kübler/Prütting-Wenzel* InsO, § 309 Rz. 10) wird insoweit der teleologische Sinn der Glaubhaftmachung verkannt. Will ein Gläubiger, dessen Zustimmung ersetzt werden soll, dieses verhindern, so muss er **als Voraussetzung für die Zulässigkeit** seines Antrags schlüssig vortragen und durch präsente Beweismittel belegen, inwieweit er unangemessen beteiligt bzw. gegenüber dem gerichtlichen Verfahren schlechter gestellt ist (*OLG Köln* a. a. O.; zu den Voraussetzungen der Glaubhaftmachung vgl. auch Rz. 38 und *Ahrens* § 296 Rz. 24–28). Ein Gläubiger, der darlegt, dass die Zustimmungsersetzung zu versagen sei, weil er gegen den Schuldner eine nach § 302 InsO ausgenommene Forderung habe, muss nicht nur den objektiven Tatbestand der unerlaubten Handlung, sondern auch den subjektiven Tatbestand der vorsätzlichen Begehungsweise schlüssig vortragen und glaubhaft machen (*OLG Dresden* a. a. O.; *OLG Celle* a. a. O.). Es wird auch nur die angemessene Beteiligung des Gläubigers geprüft, der Einwendungen erhoben hat (*Kübler/Prütting-Wenzel* InsO, § 309 Rz. 4).

Ist der Antrag glaubhaft gemacht, so ist er zulässig und die Amtsermittlungspflicht des Gerichts setzt ein. Dabei ist das Gericht aber auf diejenigen Gründe beschränkt die glaubhaft gemacht werden und es kann nicht von Amts wegen das Vorliegen weiterer Gründe einfordern (*OLG Köln* ZInsO 2001, 807 [809]; *LG Mönchengladbach* ZInsO 2001, 1115; *Uhlenbruck/Vallender* InsO, § 309 Rz. 31; **a. A.** *Kübler/Prütting-Wenzel* InsO, § 309 Rz. 10).

Wegen der Tragweite der Entscheidung als Eingriff in das Eigentumsrecht des Gläubigers sieht das Gesetz die Möglichkeit der **sofortigen Beschwerde** des Gläubigers gegen den die Zustimmung ersetzenden Beschluss vor. Auch dem Schuldner steht die sofortige Beschwerde gegen den die Zustimmungsersetzung ablehnenden Beschluss vor. Nach Maßgabe des § 7 InsO besteht die Möglichkeit der weiteren Beschwerde.

E. Streit über die Höhe der Forderungen (Abs. 3)

Abs. 3 trifft eine Regelung für die Situation, dass zwischen den Parteien **Streit über die Höhe der bestehenden Forderungen** besteht. Hierdurch soll in erster Linie verhindert werden, dass der Schuldner die Forderung eines Gläubigers zu niedrig ansetzt oder durch fingierte Forderungen von Verwandten oder Freunden den Anteil der übrigen Gläubiger schmälert (*Hess/Obermüller* a. a. O., Rz. 832). Bei Forderungen nahestehender Personen soll der Schuldner verpflichtet sein, nähere Angaben zum Entstehen der Forderungen zu machen (*LG Berlin* ZInsO 2004, 214). Die Norm bietet aber Gläubigern auch die Möglichkeit, **sich gegen möglicherweise ungerechtfertigte Forderungen** unredlicher Gläubiger **zu wehren**, wenn der Schuldner hierzu nicht gewillt oder in der Lage ist. Grundsätzlich soll das Insolvenzgericht bei der Entscheidung über die Ersetzung der Zustimmung **keine langwierigen Prüfungen und Beweisaufnahmen** zur Höhe streitiger Forderungen durchführen müssen (BT-Drucks. 12/7302 S. 192). Insbesondere ist nicht festzustellen, in welcher Höhe die Forderungen tatsächlich bestehen (*Uhlenbruck/Vallender* InsO, § 309 Rz. 98. m. w. N.). Macht der Gläubiger Tatsachen glaubhaft, die beim Gericht zu ernsthaften Zweifeln führen, ob eine vom Schuldner angegebenen Forderungen dem Grunde oder der Höhe nach bestehen, **so kann die Zustimmung nicht ersetzt werden** (*Arnold* DGVZ 1996, 129 [135]; *AG Aschaffenburg* ZInsO 1999, 482). Richtet sich der Streit allerdings nur auf einen geringfügigen Betrag, so ist das Gericht nicht an einer Zustimmung gehindert, da es im Rahmen der »Angemessenheit« einen gewissen Spielraum bei der Bewertung des Plans hat (BT-Drucks. 12/7302 S. 192). 38

Zu den **Voraussetzungen der Glaubhaftmachung** o. *Ahrens* § 296 Rz. 24–28. Ein bloßes Bestreiten der Forderung reicht ebenso wenig wie die bloße Behauptung, dem Gläubiger stehe eine höhere Forderung zu. Es müssen konkrete Tatsachen behauptet und mit entsprechenden Beweismitteln belegt werden. Dazu gehört auch eine plausible und für das Gericht ohne weiteres nachvollziehbare Darlegung der Schlechterstellung (ausf. *Graf-Schlicker/Sabel* InsO, § 309 Rz. 30 ff.). 39

Bei den **Anforderungen an die Glaubhaftmachung** wird unter anderem zu berücksichtigen sein, ob bereits ein rechtskräftiger Titel über die Forderung besteht (analog § 179 Abs. 2 InsO). Gelingt dem Gläubiger die Glaubhaftmachung, so ist sein Antrag zulässig (*Hess/Obermüller* a. a. O., Rz. 833). Der Schuldner hat jedoch zuvor die Möglichkeit der **Gegenglaubhaftmachung**, indem er präsente Beweismittel anbietet. Das Gericht hat dann zunächst zu prüfen, welche der beiden Versionen überwiegend wahrschein- 39 a lich ist (*Uhlenbruck / Vallender* InsO, § 309 Rz. 96; *Hess / Obermüller* a. a. O., Rz. 834; *BGH* VersR 1976, 928).

F. Verfahrensrechtliches

40 Zuständig für die **Entscheidung über die Zustimmung** ist der **Richter** (Art. 14 EGInsO, § 18 Abs. 1 Satz 1 RPflG). Zu weiteren Verfahrensfragen s. o. § 309 Abs. 2 und 3 InsO. Dem Schuldner ist bereits für das Zustimmungsersetzungsverfahren (und nicht erst im Beschwerdeverfahren) im Rahmen der Kostenstundung ein Rechtsanwalt beizuordnen, wenn das Verfahren rechtlich kompliziert wird und einen kontradiktorischen Charakter annimmt (so auch *Graf-Schlicker / Sabel* InsO, § 309 Rz. 39; dazu ausf. oben *Kohte* § 4 a Rz. 36 m. w. N.).

40 a Durch Art 103 a EGInsO wird als maßgeblicher Zeitpunkt für die Anwendbarkeit der Neuregelungen durch das **InsOÄndG 2001** auf die Eröffnung des Verfahrens abgestellt (hierzu *Goebel* ZInsO 2001, 500 ff.). Für Verfahren, die bereits eröffnet sind, soll das alte Recht weiter anwendbar sein. Dies bedeutet im Umkehrschluss, dass auf laufende Verfahren, die sich in der Phase des Schuldenbereinigungsplanverfahrens befinden, die reformierten Regelungen Anwendung finden. Konsequenzen hat das in diesem Verfahrensabschnitt einerseits für die Frage, ob die **Prüfung der Erfolgsaussicht** des Schuldenbereinigungsplans nachzuholen ist (hierzu *Grote* § 306 Rz. 7 a). Andererseits ist fraglich, ob in einem Verfahren, das nach dem neuen § 304 InsO dem Regelinsolvenzverfahren zuzuordnen ist, das Schuldenbereinigungsplanverfahren einzustellen und über die Eröffnung eines Regelinsolvenzverfahrens zu entscheiden ist. Da im Prozessrecht kein **Rückwirkungsverbot** besteht, kann die **Übergangsvorschrift** nur in dem Sinne ausgelegt werden, dass auch bei laufenden Schuldenbereinigungsplanverfahren durch das Gericht die richtige Verfahrensart zu überprüfen und das Ruhen des Eröffnungsverfahrens durch Beschluss zu beenden ist, wenn es sich bei dem Schuldner um einen aktiven Selbstständigen handelt bzw. um einen **ehemalig Selbstständigen** mit mehr als 19 Gläubigern bzw. Verpflichtungen aus Arbeitsverhältnissen (hierzu *Kohte* § 304 Rz. 10 ff.; zum Wechsel der Verfahrensart s. *Grote* § 306 Rz. 25).

§ 310
Kosten

Die Gläubiger haben gegen den Schuldner keinen Anspruch auf Erstattung der Kosten, die ihnen im Zusammenhang mit dem Schuldenbereinigungsplan entstehen.

Inhaltsübersicht: Rz.

A. Normzweck   1
B. Erstattungsansprüche von Gläubigern   2– 6
C. Kostenschutz und Verfahrenskosten   7–17
    I. Kostenrechtliche Regelungen   8–12
    II. Prozesskostenhilfe und Schuldenbereinigungsplanverfahren 13–17
D. Verfahrensrechtliches   18–21

Literatur:

Siehe § 311.

A. Normzweck

1 Der Rechtsausschuss ging 1994 bei den Beratungen zu dieser Norm von der Erfahrung aus, dass bei der Verbraucherverschuldung die Belastung mit Kosten eine beträchtliche Rolle spielt und dass dabei nicht selten auch überhöhte Beträge verlangt werden. Weder im Rahmen der Beratungen zum VerbrKrG noch zur Schuldrechtsmodernisierung war es gelungen, eine umfassende und effektive Regelung zu finden; die Gerichtspraxis zur Tragung von Verzugskosten, vor allem von Inkassokosten, ist uneinheitlich, so dass die hier für den Schuldenbereinigungsplan gefundene generelle Lösung sowohl dem Schuldnerschutz als auch der Verfahrensvereinfachung dient. Als weiterer Zweck wurde in den Beratungen zutreffend hervorgehoben, dass der Ausschluss jeglicher Kostenerstattung für Gläubiger ein Anreiz ist, aktiv an einer zügigen außergerichtlichen Einigung mitzuwirken (*Schmidt-Räntsch* MDR 1994, 321 [324]), so dass diese Regelung das **vergleichsfördernde Konzept** des Rechtsausschusses flankiert und verdeutlicht (so auch HK-InsO/*Landfermann* § 310 Rz. 1).

B. Erstattungsansprüche von Gläubigern

Ein **prozessrechtlicher Kostenerstattungsanspruch** wird im Vermittlungsverfahren zum Schuldenbereinigungsplan i. d. R. bereits aus verfahrensrechtlichen Gründen **ausgeschlossen** sein, denn im deklaratorischen Beschluss nach § 308 InsO erfolgt keine eigenständige Kostenentscheidung. Dagegen ist im kontradiktorischen Zustimmungsersetzungsverfahren eine Kostenentscheidung nach dem insoweit entsprechend anwendbaren § 91 ZPO nicht prinzipiell ausgeschlossen; insoweit kommt der Norm des § 310 InsO eine eigenständige Bedeutung zu. Auch wenn ein Antrag eines Schuldners auf Zustimmungsersetzung scheitert, steht dem beteiligten Gläubiger kein Erstattungsanspruch zu (ebenso HK-InsO/*Landfermann* § 310 Rz. 2; HambK-InsO/*Streck* § 310 Rz. 2; *Uhlenbruck*/*Vallender* InsO, § 310 Rz. 3; **a. A.** *Kübler*/*Prütting-Wenzel* InsO, § 310 Rz. 1). 2

Aus dem umfassenden Normzweck des § 310 InsO folgt, dass der **Ausschluss** der Kostenerstattung sich notwendigerweise sowohl auf eine prozessrechtliche als auch auf eine **materiellrechtliche Kostenerstattung** beziehen muss. Als methodisches Vorbild kann auf die Rechtsprechung des BAG zu § 12a ArbGG hingewiesen werden (dazu nur *BAG* NZA 1992, 1101 m. w. N.). Das Verbot materiellrechtlicher Kostenerstattung gilt nicht nur für Ansprüche auf Schadensersatz, sondern auch für Aufwendungsersatz, z. B. nach § 670 BGB, sowie für entsprechende Entgeltvereinbarungen (*LG Karlsruhe* NZI 2004, 330 [331]). 3

Soweit als Anspruchsgrundlage hier § 286 BGB in Betracht kommt, ist zu beachten, dass das Reichsgericht bereits 1921 entschieden hat, dass Aufwendungen des Gläubigers, die im Zusammenhang mit der Sanierung seines Schuldners entstanden sind, nicht als Verzugsschaden geltend gemacht werden können (*RG* Recht 1921, 400 – Nr. 2566a). In der Literatur wird darauf verwiesen, dass es insoweit an einem adäquaten Kausalzusammenhang fehlt; vorzugswürdig erscheint mir die Erklärung, dass diese Schäden nicht mehr vom Schutzzweck der Norm des § 286 BGB erfasst werden (dazu *Staudinger*/*Löwisch* BGB, 13. Aufl. 2004, § 286 Rz. 184; vgl. *Soergel*/*Wiedemann* BGB, 12. Aufl. 1990, § 286 Rz. 11). Dieser Ausschluss einer materiellrechtlichen Kostenerstattung entspricht im Übrigen auch den Regeln des außergerichtlichen Vergleichs (dazu nur *Künne* Außergerichtliche Vergleichsordnung, 7. Aufl. 1968, S. 460 sowie *Kohte* Vor § 304 Rz. 6), so dass § 310 InsO auch auf die Kosten der außergerichtlichen Einigungsversuche zu erstrecken ist (MünchKomm-InsO/*Ott*/*Vuia* § 310 Rz. 5). 4

Der mit dieser Norm bezweckte **Kostenschutz** verbietet ebenso auch **Entgeltregelungen**, die als **Aufwendungsersatz** klassifiziert sind (ebenso jetzt auch *Uhlenbruck*/*Vallender* InsO, § 310 Rz. 4; *Braun*/*Buck* InsO, 3. Aufl., § 310 Rz. 2). Verdeutlicht wird dies durch die Norm des § 305 Abs. 2 Satz 2 InsO, die die Gläubiger verpflichtet, auf ihre Kosten dem Schuldner zur Vorbereitung eines Schuldenbereinigungsplans die Höhe ihrer Forderungen und deren Aufgliederung in Hauptforderung, Zinsen und Kosten anzugeben (dazu s. *Grote* § 305 Rz. 34). Wiederum hat diese Norm teilweise klarstellende Bedeutung, denn nach der Rspr. des BGH hat der Kunde in direkter oder entsprechender Anwendung von § 666 BGB einen Anspruch auf eine genaue Berechnung von Kapital, Zinsen und Kosten, wenn ihm eine solche Aufschlüsselung – wovon bei Verbrauchern i. d. R. auszugehen ist – allein nicht möglich ist (dazu *BGH* NJW 1985, 2699 [2700]; *BGH* NJW 2001, 1486 = VuR 2001, 180). Insoweit entfällt jegliche Kostenerstattung oder Entgeltforderung (ausf. *Wosnitza* Das Recht auf Auskunft im bankvertraglichen Dauerschuldverhältnis, 1991, S. 134 ff.; *Kohte* JR 1987, 504). Nur soweit diese Voraussetzungen nicht gegeben sind, könnte ergänzend für Vertragsunterlagen eine Entgeltforderung aus einer vertraglichen Vereinbarung oder aus § 811 BGB begründet sein (dazu nur *Staudinger*/*Marburger* BGB, 13. Aufl., § 811 Rz. 3). 5

Im Interesse einer klaren und einfachen Regelung sind im Zusammenhang mit dem Schuldenbereinigungsplan diese Differenzierungen aufgehoben und durch einen eindeutigen und einheitlichen Erstattungsausschluss ersetzt worden. Insoweit liegt eine gesetzlich gebotene Verhaltenspflicht der Gläubiger 6 vor, deren Kosten auch durch vertragliche Vereinbarungen nicht auf die Kunden abgewälzt werden können (dazu als Parallele *BGH* NJW 1997, 2752 [2753]; *BGH* NJW 1999, 2276 [2278]; *OLG Köln* VuR 2001, 292; *OLG Stuttgart* VuR 2004, 146). Die neue Rechtslage wird es den Kreditinstituten nahe legen, ihre bisherigen Entgeltregelungen zu überarbeiten, da eine zu weit gefasste Entgeltregelung, die auch Fälle gesetzlich angeordneter Mitwirkungshandlungen umfasst, angesichts des Verbots der geltungserhaltenden Reduktion nach der ständigen AGB-Rspr. insgesamt unwirksam sein kann (dazu nur *BGH* NJW 2001, 1419 [1421]; *KG* WM 1997, 60).

C. Kostenschutz und Verfahrenskosten

7   Die anteilige Kostentragung durch die Gläubiger war bereits in den ersten Vorschlägen der Literatur zur Schaffung eines Verbraucherinsolvenzverfahrens als notwendiges Element einer Gesamtlösung enthalten, das allerdings nicht isoliert wirken, sondern durch Einschränkungen bei der Verwaltervergütung und eine staatliche Unterstützung durch Insolvenzkostenhilfe komplettiert werden sollte (dazu *Scholz* ZIP 1988, 1157 [1164]). Die neuere Gesetzgebung und Judikatur hat gezeigt, dass inzwischen weitere Regelungen zu den Verfahrenskosten den Zweck des § 310 InsO sinnvoll ergänzen können.

I. Kostenrechtliche Regelungen

8   Bereits in Art. 29 EGInsO (zur Begr. BT-Drucks. 12/3803 S. 72 ff.; 12/7803 S. 110) ist das GKG im Hinblick auf das neue Verfahren geändert worden. Eine weitere Angleichung erfolgte durch das dritte Gesetz zur Änderung des Rechtspflegergesetzes (RPflG) und anderer Gesetze vom 06. 08. 1998 (BGBl. I S. 2030, 2031), das in Art. 2 a das Kostenverzeichnis zum GKG ausführlich an das neue Insolvenzverfahren angepasst hat (dazu BT-Drucks. 13/10871 S. 16). Im Rahmen der InsO-Änderungen 2001 erfolgten weitere Ergänzungen der Kostenvorschriften durch Art. 2 Nr. 7 c des 6. SGGÄndG (BGBl. 2001 I S. 2144, 2154) sowie Art. 3 InsOÄndG 2001 (BGBl. 2001 I S. 2710, 2714). Weitere Änderungen ergaben sich 2004 aus dem Gesetz zur Modernisierung des Kostenrechts (KostRMoG vom 5. 5. 2004 BGBl. I S. 718; dazu *Schmerbach* ZInsO 2003, 882; *Riedel* ZVI 2004, 274).

9   **Im Eröffnungsverfahren** wird die Gebühr KV 2310 für das Verfahren über den Antrag des Schuldners auf Eröffnung des Insolvenzverfahrens erhoben (ausf. dazu s. FK-InsO/*Schmerbach* § 13 Rz. 43 ff.; *Kübler/Prütting-Pape* InsO, § 54 Rz. 8 ff.). Die Gebühr entsteht auch, wenn das Verfahren nach § 306 InsO ruht, in Höhe einer halben Gebühr nach § 34 GKG. Demgegenüber wird nach der Eröffnung für die Durchführung des Insolvenzverfahrens die Gebühr KV 2320 mit wesentlich höheren Kosten erhoben – nämlich das 2,5-fache der einfachen Gebühr. Diese Gebühren werden nach § 58 Abs. 1 GKG n. F. in Abweichung von den bisherigen Regelungen »nach dem Wert der Insolvenzmasse zur Zeit der Beendigung des Verfahrens« berechnet, so dass eine endgültige Abrechnung erst nach dem Ende des Insolvenzverfahrens möglich ist. Gleichwohl wird die Gebühr nach § 6 GKG mit Einreichung des Insolvenzantrags fällig; aus § 10 ff. GKG ergibt sich allerdings, dass das Gericht seine Tätigkeit nicht von einem Vorschuss oder gar einer vollständigen Zahlung abhängig machen darf (dazu zum Konkursrecht schon *Delhaes* KTS 1987, 597 [599]; zum Insolvenzrecht s. FK-InsO/*Schmerbach* § 13 Rz. 43 ff.; MünchKomm-InsO/*Hefermehl*, 2. Aufl., § 54 Rz. 10).

10 Für **Gläubigeranträge** sind die Kosten in den gesonderten Positionen KV 2311 und KV 2330 geregelt. Danach wird im **Eröffnungsverfahren** ebenfalls eine 0,5-Gebühr – jedoch mit einem Mindestbetrag von 150 Euro – und für die Durchführung eine erhöhte Gebühr mit einem 3-fachen Wert der einfachen Gebühr in Rechnung gestellt. Diese bewusst asymmetrische Ausgestaltung des Kostenrechts soll leichtfertige und zur Druckausübung eingesetzte Gläubigeranträge unterbinden. Sie zeigt deutlich, dass die kostenrechtlichen Entscheidungen der sozialpolitischen Zielsetzung des Verfahrens unterzuordnen sind.

11 Weiter werden nach der Bestimmung in KV 9002 als **Auslagen** nach § 9 GKG die Kosten für Zustellungen in voller Höhe mit Durchführung der **Zustellungen** fällig. Nach KV 9002 werden diese Auslagen nur erhoben, soweit in einem Rechtszug Auslagen für mehr als 10 Zustellungen anfallen. Da durch § 307 Abs. 1 Satz 3 InsO aus rechtsstaatlichen Gründen ein relativ teures Zustellungsmodell gewählt worden ist (s. *Grote* § 307 Rz. 7), können vor allem bei Durchführung der wiederholten Zustellung nach § 307 Abs. 3 InsO beachtliche Kosten anfallen, die jedoch durch Einsatz des Internet nach § 9 InsO wesentlich verringert werden können. Nach § 68 Abs. 3 GKG a. F. konnte das Gericht auch insoweit einen

Auslagenvorschuss ansetzen, von dessen Zahlung allerdings wiederum die Zustellungen nicht abhängig gemacht werden dürfen (*Delhaes* a. a. O., S. 597 [607]; vgl. HK-InsO/*Kirchhof* § 5 Rz. 21; Münch-Komm-InsO/*Ganter* 2. Aufl., § 5 Rz. 19; *Smid* InsO, § 5 Rz. 25). In der insolvenzgerichtlichen Praxis war die Durchführung der Zustellungen nach § 307 InsO teilweise von einem Auslagenvorschuss abhängig gemacht worden (*AG Köln* NZI 1999, 83 [85]; *AG Stuttgart* NZI 2000, 386; *Limpert* S. 74). Ein solches Verhalten ist in diesem Kommentar von Anfang an als systemwidrig und zusätzlich auch mit dem in § 306 Abs. 1 Satz 2 InsO dokumentierten Beschleunigungsziel nicht vereinbar qualifiziert worden (ebenso i. E. *AG Kassel* ZInsO 1999, 119; *AG Göttingen* NZI 1999, 124; *AG Kleve* Rpfleger 1999, 346; *Pape/Haarmeyer* ZInsO 1999, 135 [138]; ausf. *Köhler* ZInsO 2001, 743 [746]). Durch Art. 3 Nr. 1 b InsOÄndG ist in § 68 Abs. 3 Satz 2 GKG (jetzt **§ 17 Abs. 4 S. 3 GKG**) die **Möglichkeit des Auslagenvorschusses** im Schuldenbereinigungsplanverfahren ausdrücklich **gestrichen** worden. Diesen Vorschlag hatte bereits die Bund-Länder-Arbeitsgruppe Insolvenzrecht unterbreitet; er war in der Literatur auf Zustimmung gestoßen (*Schmerbach/Stephan* ZInsO 2000, 541 [543]). Der Gesetzentwurf hat diesen Vorschlag aufgegriffen, weil auf diese Weise das Verfahren vereinfacht und die Verfahrenskostenstundung im Schuldenbereinigungsplanverfahren flankiert werden kann (BT-Drucks. 14/5680 S. 33 f.).

Diese gesetzliche Klarstellung ist auch verfahrenswirtschaftlich, denn bereits im bisherigen Schuldenbereinigungsverfahren waren die Beitreibungsmöglichkeiten der Gerichtskasse gering. Hat der Schuldenbereinigungsplan, in dem nach § 305 Abs. 1 Nr. 3 InsO der Kostengläubiger notwendigerweise fehlen wird, Erfolg, so werden die Plangläubiger für mehrere Jahre den Vorrang haben (s. *Kohte* § 4 b Rz. 9). Bei einem Scheitern des Schuldenbereinigungsplans ist davon auszugehen, dass der Schuldner gewisse Schwierigkeiten haben wird, diese Kosten später aufbringen zu können. Der Kostenbeamte hatte daher bereits bisher schon regelmäßig zu prüfen, ob er wegen dauernden Unvermögens des Kostenschuldners zur Zahlung vom Ansatz der Kosten nach § 10 Abs. 1 KostVfg abzusehen hat. Die Regelung in § 17 GKG n. F. sorgt insoweit für Plansicherheit, die gerade in einem solchen Verfahren wichtig ist. **12**

II. Prozesskostenhilfe und Schuldenbereinigungsplanverfahren

Durch das InsOÄndG ist mit der Verfahrenskostenstundung eine ausdrückliche Regelung zur Kostenhilfe im Schuldenbereinigungsplanverfahren getroffen worden. Gleichwohl soll ungeachtet der Übergangsregelung in Art. 103 a EGInsO, durch die nach dem 01. 12. 2001 alle noch offenen Schuldenbereinigungsplanverfahren dem neuen Recht unterliegen (vgl. *BGH* ZVI 2004, 754), ein Überblick zur bisherigen Rechtslage gegeben werden, da dieser auch zur Auslegung des neuen Rechts wichtig ist (s. *Kohte* vor § 4 a Rz. 10) und bei möglichen Änderungen der Regeln zur Verfahrenskostenstundung wichtiges Argumentationsmaterial vermitteln kann. Das Schuldenbereinigungsplanverfahren verlangte bereits nach dem bisherigen Recht eine eigenständige Prüfung der Prozesskostenhilfebewilligung, denn die allgemeine Verweisung in § 4 InsO auf die Vorschriften der ZPO bezog sich auch auf § 119 ZPO, so dass ein etwaiger Prozesskostenhilfebeschluss für die jeweilige – kostenrechtlich verstandene – Instanz zu ergehen hatte. Als legislatorisches Vorbild war insoweit das selbstständige Beweisverfahren nach §§ 485 ff. ZPO, das ebenfalls kostenrechtlich vom Hauptverfahren getrennt ist (vgl. nur *Stein/Jonas-Bork* ZPO, § 119 Rz. 3, 11) und eine eigenständige Prüfung der Erfolgsaussicht verlangt (*OLG Oldenburg* MDR 2002, 910; *LG Dortmund* NJW-RR 2000, 516), heranzuziehen. Die Frage, ob Prozesskostenhilfe zu bewilligen war, konnte somit nicht einheitlich für das gesamte Insolvenzverfahren beantwortet werden (so auch *AG München* ZIP 1998, 2172; *AG Köln* ZIP 1999, 147 [148]; *AG Dortmund* ZInsO 1999, 118 [119]; *AG Göttingen* NZI 1999, 124; *AG Duisburg* ZIP 1999, 1399 [1406]; *LG Göttingen* NJW 1999, 2286; *LG Lüneburg* NJW 1999, 2287; *LG Hamburg* ZIP 1999, 809; *LG Baden-Baden* NZI 1999, 234; *LG Düsseldorf* NZI 1999, 237; *LG Bochum* ZInsO 1999, 360; *LG Mainz* NZI 1999, 368; *LG Koblenz* MDR 2000, 542 = JurBüro 2000, 324; *LG Trier* VuR 2000, 133 = JurBüro 2000, 380; *Pape* ZInsO 1999, 49; *Nerlich/Römermann* vor § 286 Rz. 79; *Zöller/Philippi* ZPO, 27. Aufl., § 119 Rz. 13 a; MünchKomm-ZPO/*Motzer* 3. Aufl., § 114 Rz. 28 ff.; *Musielak/Fischer* ZPO, 6. Aufl., § 114 Rz. 8; **a. A.** *AG Hamburg* ZInsO 1999, 236). Zutreffend war mehrheitlich das **Schuldenbereinigungsplanverfahren** wiederum als ein **kostenrechtlich gesondertes Zwischenverfahren** mit eigenständiger Prüfung der Erfolgsaussicht qualifiziert worden (dazu vor allem *LG Göttingen* ZIP 1999, 890, [891]; *LG Lüneburg* NJW 1999, 2287; *LG Baden-Baden* NZI 1999, 234; *LG Düsseldorf* NZI 1999, 237; *LG Hamburg* ZIP 1999, 809, [812]; *LG Mühlhausen* ZInsO 1999, 649, [651]; *LG Trier* VuR 2000, 133; *LG Koblenz* MDR 2000, 542; ausf. *Limpert* Prozesskostenhilfe im Verbraucherinsolvenzverfahren, S. 119 ff.; **a. A.** *AG Oldenburg* ZInsO 1999, 415 [417]; *AG Würzburg* ZIP 1999, 454 **13**

[456]), so dass **hier ausschließlich Prozesskostenhilfe im Schuldenbereinigungsplanverfahren** nach bisherigem Recht zu erörtern ist (zur Prozesskostenhilfe im Eröffnungs- und im eröffneten Insolvenzverfahren s. *Kohte* § 311 Rz. 5 ff.; zur Bewilligung der Verfahrenskostenstundung nach Verfahrensabschnitten s. *Kohte* § 4 a Rz. 22).

14 Normsystematisch war eine Bewilligung der Prozesskostenhilfe auf die Verweisung in § 4 InsO auf die Regeln der ZPO – und damit grds. auch auf §§ 114 ff. ZPO – zu stützen. Im früheren Konkursrecht war eine vergleichbare Verweisung in § 72 KO enthalten; gleichwohl war in Literatur und Judikatur überwiegend die Bewilligung von Prozesskostenhilfe für den Eigenantrag des Schuldners und sein Verhalten im Eröffnungsverfahren verneint worden (zuletzt *Hess* KO, 6. Aufl. 1998, § 72 Rz. 6). Die dafür genannten Argumente passen für das neu konzipierte Schuldenbereinigungsplanverfahren nicht (so auch *Smid/Haarmeyer* InsO, § 304 Rz. 22 ff.; *Nerlich/Römermann* InsO, vor § 286 Rz. 62).

15 Die bisher behauptete **»passive« Rolle des Schuldners liegt** zumindest dem Konzept des Verbraucherinsolvenzverfahrens **nicht mehr zugrunde**. Vom Schuldner wird erwartet, dass er mit seinem Antrag nach § 305 InsO und den unterschiedlichen Anlagen die Richtung des Verfahrens formuliert. Wenn es zu einer zweiten Zustimmungsrunde nach § 307 Abs. 3 InsO kommt, wird es vor allem ihm obliegen, nach Maßgabe der gerichtlichen Hinweise durch konkrete und konstruktive neue Vorschläge auf die von den Gläubigern geltend gemachten Bedenken einzugehen. Falls schließlich ein kontradiktorisches Verfahren nach § 309 InsO eingeleitet wird, muss der Schuldner hier wie in einem klassischen Streitverfahren agieren (vgl. nur die Rollenverteilung im Zustimmungsersetzungsverfahren nach § 99 Abs. 4 BetrVG).

16 Die umstrittene Frage, ob die in ihrer Struktur an § 107 KO angelehnte Norm des § 26 InsO jegliche Prozesskostenhilfebewilligung ausschließt, ist im Zusammenhang mit den Voraussetzungen der Eröffnung des Verfahrens unten zu erörtern (s. *Kohte* § 311 Rz. 10 ff.). Selbst wer diese hier abgelehnte Ansicht vertrat, konnte daraus keine Argumentation ableiten, dem Schuldner Hilfe im Schuldenbereinigungsplanverfahren zu verweigern, da Prozesskostenhilfe als funktionelles Äquivalent zur Sozialhilfe nicht vom »Alles oder Nichts«-Grundsatz beherrscht wird (*Funke* ZIP 1998, 1708; *Pape/Haarmeyer* ZInsO 1999, 135 [138]; *Limpert* S. 170 ff; **a. A.** *Bork* ZIP 1998, 1209 [1215]; *LG Saarbrücken* ZInsO 1999, 353 [354]).

17 Damit blieb für den ersten Verfahrensabschnitt aus den bisher vorgebrachten Bedenken gegen eine Bewilligung der Prozesskostenhilfe für den Eigenantrag des Schuldners nur die Ausgestaltung des Eröffnungsverfahrens als eines Offizialverfahrens (so zum früheren Konkursrecht *Kuhn/Uhlenbruck* KO, 11. Aufl., § 6 Rz. 31 e; zum Insolvenzrecht dann *Busch/Graf-Schlicker* InVo 1998, 269 [272] und *LG Köln* NZI 1999, 158 m. Hinw. auf die insolvenzgerichtliche Fürsorge). Das Offizialverfahren ist jedoch keine Besonderheit des Insolvenzrechts, sondern in anderen Bereichen der freiwilligen Gerichtsbarkeit, der Verwaltungs- und Sozialgerichtsbarkeit ebenfalls geregelt. In der neueren verfassungsgerichtlichen Judikatur ist mit großem Nachdruck hervorgehoben worden, dass aus dem Charakter der **Offizialmaxime** nicht abgeleitet werden könne, dass einem Verfahrensbeteiligten bei Vorliegen der sonstigen Voraussetzungen Prozesskostenhilfe nicht bewilligt werden könne (dazu *BVerfG* NJW 1997, 2103; zum Insolvenzrecht ausdrücklich bestätigt in NJW 2003, 2668; ebenso *Zöller/Philippi* ZPO, 27. Aufl., § 114 Rz. 18). Aus dem Gebot des rechtlichen Gehörs und des effektiven Rechtsschutzes ergebe sich ein substantieller Anspruch des Bürgers auf eine im Einzelfall möglichst wirksame gerichtliche Kontrolle. Gerade wenn zwischen dem Kenntnisstand und den Fähigkeiten der Prozessparteien ein deutliches Ungleichgewicht bestehe, dürfe der Bürger nicht allein darauf verwiesen werden, dass das Gericht von Amts wegen seine Interessen berücksichtige. Insoweit fordert die Garantie des **effektiven Rechtsschutzes** mehr und anderes als gerichtliche Fürsorge (dazu bereits *Kohte* DB 1981, 1174 [1175] Fn. 8; im Grundsatz zustimmend *Stein/Jonas-Bork* ZPO, 22. Aufl. 2004, vor § 114 Rz. 8; vgl. *Heinze* DZWIR 2000, 183 [187]). Da somit keine Argumente für eine teleologische Reduktion bestehen, war vor Inkrafttreten des InsOÄndG im Schuldenbereinigungsplanverfahren nach dem Wortlaut der §§ 4 InsO, 114 ZPO bei Vorliegen der sonstigen Voraussetzungen **Prozesskostenhilfe zu bewilligen** (so auch *Kübler/Prütting-Pape* InsO, § 13 Rz. 88 ff.; HK-InsO/*Kirchhof* § 4 Rz. 10; MünchKomm-ZPO/*Motzer* 3. Aufl., § 114 Rz. 45; *Nerlich/Römermann* InsO, vor § 286 Rz. 62; *Limpert* a. a. O., S. 161 ff.; **a. A.** MünchKomm-InsO/*Ganter* 1. Aufl., § 4 Rz. 20 m. w. N.; nunmehr MünchKomm-InsO/*Ott/Vuia* 2. Aufl., § 304 Rz. 77 ff.; *Kübler/Prütting-Wenzel* InsO, § 286 Rz. 87; *LG Berlin* NZI 1999, 371; *LG Bad Kreuznach* JurBüro 2000, 384).

D. Verfahrensrechtliches

Der Antrag auf Bewilligung von Prozesskostenhilfe für das Schuldenbereinigungsplanverfahren konnte bereits zusammen mit dem Antrag auf Eröffnungsverfahren nach § 305 InsO gestellt werden. Er war auch dann zu bescheiden, wenn das Verfahren nach § 306 InsO ruhte, da nach allgemeinen Grundsätzen auch bei ruhenden und ausgesetzten Verfahren die Entscheidungen über Prozesskostenhilfe wegen ihrer Bedeutung für den effektiven Rechtsschutz von der Aussetzung nicht erfasst werden (dazu nur *BGH* NJW 1966, 1126; *Stein/Jonas-Roth* ZPO, 22. Aufl. 2004, § 249 Rz. 14). Teilweise wurde die Ansicht vertreten, dass im Schuldenbereinigungsplanverfahren eine hinreichende Erfolgsaussicht nicht überprüft werden könne (*Busch/Graf-Schlicker* InVo 1998, 269 [272]; daher für einen Verzicht auf dieses Merkmal *LG Göttingen* NJW 1999, 2286 [2287]; *AG Göttingen* NZI 1999, 124). Eine solche Reduktion war jedoch nicht erforderlich. 18

Hinreichende Erfolgsaussicht ist nach der verfassungsgerichtlichen Judikatur gegeben, wenn eine vernünftig abwägende Partei ein solches Verfahren betreiben würde (*BVerfG* NJW 1991, 413; Rpfleger 2001, 554; NJW 2003, 576; ähnlich *BGH* NJW 1998, 82). In Verfahren, denen eine Partei nicht ausweichen kann, muss bereits Erfolgsaussicht bejaht werden, wenn die vernünftig abwägende Partei an einem solchen Verfahren teilnimmt (dazu nur am Beispiel des Antragsgegners im Scheidungsverfahren *OLG Bamberg* NJW-RR 1995, 5 [6]; *OLG Stuttgart* NJW 1985, 207; *OLG Jena* FamRZ 1998, 1179; *Zöller/Philippi* ZPO, 27. Aufl., § 114 Rz. 42). In der neueren familiengerichtlichen Praxis ist daher in bestimmten Fällen **Erfolgsaussicht trotz Klageabweisung** bejaht worden, wenn dieses Verfahren die notwendige Voraussetzung für ein zweites Verfahren war, das geeignet war, die Antragsteller zum beabsichtigten Erfolg zu führen (*OLG Braunschweig* FamRZ 1997, 1409; *OLG Celle* FamRZ 1998, 758; *Musielak/Fischer* ZPO, 6. Aufl., § 114 Rz. 27). Ebenso wird im Betreuungsrecht die Erfolgsaussicht ausschließlich aus der existentiellen Bedeutung dieses Verfahrens abgeleitet (*LG Karlsruhe* FamRZ 1999, 1091). 19

Somit war im Schuldenbereinigungsplanverfahren **Erfolgsaussicht** bereits zu bejahen, wenn ein **ordnungsgemäßer Antrag** nach § 305 InsO mit dem Ziel der Restschuldbefreiung vorlag, da dies der einzige rechtliche Weg zur Restschuldbefreiung war (ebenso *Bork* ZIP 1998, 1209 [1211]; *Funke* ZIP 1998, 1708 [1709]; *AG München* ZIP 1998, 2172 [2174]; *AG Oldenburg* ZInsO 1999, 415 [417]; *AG Dortmund* ZInsO 1999, 417 [418]; *AG Offenbach* ZInsO 1999, 296 [298]). Die gegenteilige Ansicht der *LG Lüneburg* (ZIP 1999, 372, [373]), *LG Baden-Baden* NZI 1999, 234, 237 und des *AG Köln* (ZIP 1999, 147 [150] und 245 [246]), wonach die Erfolgsaussicht für das Schuldenbereinigungsverfahren fehle, wenn nicht mit einer Zustimmung der Gläubiger zum Schuldenbereinigungsplan zu rechnen sei, greift zu kurz. Eine vernünftig abwägende Partei wird auch dann das Schuldenbereinigungsverfahren durchführen, wenn eine Mehrheit der Gläubiger für den Plan nicht gefunden werden kann, weil dann das Schuldenbereinigungsverfahren als notwendige Vorstufe für das Verbraucherinsolvenzverfahren fungiert, das allein ihr den Weg zum Verfahren nach §§ 287 ff. InsO öffnen kann. Damit besteht bereits dann hinreichende Erfolgsaussicht, wenn es möglich ist (zu dieser Kategorie generell *BGH* NJW 1994, 1160, [1161]; *Zöller/Philippi* ZPO, § 114 Rz. 19), dass ein solches Verfahren den Schuldner einer fairen Schuldenbereinigung näher bringt (ebenso *Bruns* NJW 1999, 3445 [3449]; *LG Trier* VuR 2000, 133 [134] m. Anm. *Kohte*). 20

Die im Rahmen der Verfahrenskostenstundung gefundenen Regelungen haben diese Rechtsentwicklung aufgegriffen und konkretisiert. § 4 a Abs. 1 Satz 4 InsO normiert die hier vertretene Position, dass bereits das Ziel der Restschuldbefreiung eine hinreichende Erfolgsaussicht vermitteln kann (dazu auch *Kocher* DZWIR 2002, 45 [47]; vgl. auch *BGH* NJW 2004, 3260 [3261] zur Restschuldbefreiung als legitimes Verfahrensziel). Ebenso ist die hier entwickelte Aufteilung der Verfahrensabschnitte mit der Regelung in § 4 a Abs. 3 Satz 2 InsO übernommen worden (dazu auch *BGH* NJW 2002, 3780 [3781]). Wenn man diese Normen wiederum aufheben will (so z. B. *Wiedemann* ZVI 2004, 645 ff.), dann wird selbstverständlich die bis 2001 geführte Diskussion wieder aktualisiert werden müssen, weil das verfassungsrechtliche Gebot, den Rechtsschutz Bemittelter und Unbemittelter weitgehend anzugleichen, weiterhin gilt (so ausdrücklich zur Ausgestaltung der Verfahrenskostenstundung *BVerfG* NJW 2003, 2668). 21

Dritter Abschnitt
Vereinfachtes Insolvenzverfahren

§ 311
Aufnahme des Verfahrens über den Eröffnungsantrag

Werden Einwendungen gegen den Schuldenbereinigungsplan erhoben, die nicht gemäß § 309 durch gerichtliche Zustimmung ersetzt werden, so wird das Verfahren über den Eröffnungsantrag von Amts wegen wieder aufgenommen.

Inhaltsübersicht:	Rz.
A. Normzweck	1
B. Gesetzliche Systematik	2– 3
C. Vorbereitende Maßnahmen	4–33
I. Beschlussfassung über einen Antrag auf Prozesskostenhilfe	10–25
1. Bedeutung der Entstehungsgeschichte	12–13
2. Prozesskostenhilfe und die Systematik der Verbraucherinsolvenz	14–20
3. Prozesskostenhilfe und verfassungskonforme Auslegung	21–25
II. Beschlussfassung zum Kostenvorschuss	26–33
D. Verfahrensrechtliches	34–35

Literatur:

Bork Prozesskostenhilfe für den Schuldner des Insolvenzverfahrens?, ZIP 1998, 1209 ff.; *Bruns* Entschuldung auf Staatskosten, NJW 1999, 3445 ff.; *Busch/Graf-Schlicker* Restschuldbefreiung mit Prozesskostenhilfe?, InVo 1998, 269 ff.; *Funke* Restschuldbefreiung und Prozesskostenhilfe, ZIP 1998, 1708 ff.; *Heinze* Prozesskostenhilfe für den Gemeinschuldner im Insolvenzverfahren, DZWIR 2000, 183 ff.; *Hoffmann* Insolvenzkostenhilfe für Verbraucherinsolvenzverfahren, NZI 1999, 53 ff.; *König* Prozesskostenhilfe im Verbraucherinsolvenzverfahren, NJW 2000, 2485 ff.; *Limpert* Prozesskostenhilfe im Verbraucherinsolvenzverfahren, Diss. Würzburg 2000; *Maier* Insolvenzordnung und Prozesskostenhilfe, Rpfleger 1999, 1 ff.; *Pape/Haarmeyer* Von der legislativen zur judikativen Rechtsetzung?, ZInsO 1999, 135 ff.; *Pape G.* Rechtsprechungsübersicht: Entscheidungen zum Verbraucherinsolvenzverfahren, ZInsO 1999, 602 ff.; *ders.* Zur Prozesskostenhilfebewilligung im Verbraucherinsolvenzverfahren, VuR 2000, 13 ff.; *Pape I.* Zur Finanzierung der Verfahrenskosten im Verbraucherinsolvenzverfahren, NZI 1999, 89 ff.; *Rüntz/Geßler/Wiedemann/Schwörer* Die Kosten des Stundungsmodells, ZVI 2006, 185 ff.; *Ruppe* Die Implementation des insolvenzrechtlichen Restschuldbefreiungsverfahrens, Diss., Halle 2008; *Smid* Prozesskostenhilfe für den Gemeinschuldner im Insolvenzverfahren nach geltendem Recht?, NJW 1994, 2678 ff.; *Stephan* Der vorläufige Treuhänder im Regierungsentwurf zur Entschuldung mittelloser Personen, ZVI 2007, 441 ff.

A. Normzweck

Durch § 306 InsO ist für den Regelfall – Ausnahme ist der sofortige Übergang in das Eröffnungsverfahren 1
nach § 306 Abs. 1 Satz 3 (dazu *Grote* § 306 Rz. 7 a ff.) – angeordnet worden, dass das Verfahren über den Antrag auf Eröffnung des Insolvenzverfahrens bis zu einer Entscheidung über den Schuldenbereinigungsplan ruht. Diese gesetzlich ergangene Anordnung ist nicht kalendermäßig befristet, denn die Fristsetzung in § 306 Abs. 1 Satz 2 InsO kann nur einen allgemeinen Rahmen setzen, von dem abgewichen werden kann (s. *Grote* § 306 Rz. 6). Nach den allgemeinen Vorschriften würde hier nach §§ 4 InsO, 251, 250 ZPO eine Aufnahme des Verfahrens von einem Antrag des Antragstellers abhängig sein. Im Interesse einer Beschleunigung des Verfahrens (so BT-Drucks. 12/7302 S. 193) ist stattdessen angeordnet worden, dass das Gericht das Verfahren von Amts wegen aufzunehmen hat. Nach allgemeinen Grundsätzen (*Thomas/Putzo* ZPO, § 251 Rz. 6) erfolgt die Aufnahme des Verfahrens durch einen Beschluss des Gerichts, der ausdrücklich die Verfahrensfortsetzung anordnet. I. d. R. dürfte dieser Beschluss mit weiteren Hinweisen an den oder die Antragsteller verbunden werden. Der Hinweis in § 306 Abs. 1 Satz 1 InsO, dass das Ruhen des Verfahrens befristet ist »bis zur Entscheidung über den Schuldenbereinigungsplan« ist rechtssyste-

matisch ungenau, da eine solche Entscheidung i. d. R. nicht getroffen wird. Es soll jedoch deutlich machen, dass das Gericht zügig die Aussetzung beenden soll, wenn die Voraussetzungen nicht mehr vorliegen, so dass Normzweck des § 311 InsO die **Verfahrensbeschleunigung** ist (so auch HambK-InsO/ *Nies* § 311 Rz. 1).

B. Gesetzliche Systematik

2   Eine erste Möglichkeit für einen ergibt sich bereits dann, wenn das Insolvenzgericht vom gesetzlich vorgegebenen Regelfall eines gerichtlichen Schuldenbereinigungsplanverfahrens abweichen und auf dieses Verfahren verzichten will, weil nach seiner freien Überzeugung der Schuldenbereinigungsplan voraussichtlich nicht angenommen wird (s. *Grote* § 306 Rz. 7 a). In einem solchen Fall ist der Schuldner anzuhören; wenn das Gericht bei seiner Ansicht bleibt, ist durch **Fortsetzungsbeschluss** anzuordnen, dass das Verfahren über den Eröffnungsantrag fortzusetzen ist (*Uhlenbruck/Vallender* InsO, § 311 Rz. 4).

3   Wenn dagegen den Gläubigern nach § 307 Abs. 1 InsO der Schuldenbereinigungsplan mit Fristsetzung zur Stellungnahme zugestellt worden ist, kann zunächst die Feststellung nach § 308 InsO erfolgen, dass der Schuldenbereinigungsplan mit der erforderlichen Mehrheit angenommen worden ist. Ist dies nicht der Fall, dann kann das Insolvenzgericht nach § 307 Abs. 3 InsO dem Schuldner Gelegenheit geben, den Plan zu ändern oder zu ergänzen. Der Schuldner ist jedoch nicht gehalten, eine solche Möglichkeit zu nutzen (dazu *AG Halle* ZInsO 2001, 185). In einem solchen Fall ist wiederum durch Beschluss die Fortsetzung des Verfahrens anzuordnen (dazu *Smid/Haarmeyer* InsO, § 311 Rz. 3; *Krug* Der Verbraucherkonkurs, S. 124). Wenn dagegen das Insolvenzgericht dem Schuldner eine solche Möglichkeit nach § 307 Abs. 3 InsO nicht einräumen will, dann ist auch darüber durch Beschluss zu entscheiden. Schließlich ist es noch möglich, dass der Zustimmungsersetzungsantrag des Schuldners nach § 309 InsO abgewiesen worden ist; in einem solchen Fall besteht kein Ermessen des Gerichts; der Fortgang des Verfahrens ist durch einfache Verfügung anzuordnen (*Uhlenbruck/Vallender* InsO, § 311 Rz. 3; HK-InsO/*Landferman* § 311 Rz. 1).

C. Vorbereitende Maßnahmen

4   Die »Fortsetzung« des Verfahrens wird sich in der Praxis als »**Einstieg« in das Eröffnungsverfahren** darstellen, denn nach § 306 Abs. 1 InsO ist direkt nach Eingang des Antrags das Ruhen des Verfahrens angeordnet worden. Insoweit unterscheidet sich die verfahrensrechtliche Situation vom früheren Vergleichsverfahren, in dem das Ruhen nach § 46 VglO erst später eintrat, so dass dann nach § 19 VglO in einer Doppelentscheidung das Scheitern des Vergleichsverfahrens und die Eröffnung des Konkursverfahrens zugleich zu beschließen waren (*Bley/Mohrbutter* § 19 Rz. 3). Nunmehr beginnt mit dem Fortsetzungsbeschluss die grundlegende Aufgabe des Gerichts, im Eröffnungsverfahren gem. § 5 InsO von Amts wegen zu ermitteln, ob ein Eröffnungsgrund sowie die sonstigen Eröffnungsvoraussetzungen vorliegen. Bei den Eröffnungsvoraussetzungen dürfte ein Eröffnungsgrund nach §§ 17, 18 InsO (dazu *Kohte* § 312 Rz. 5 ff.) geringere Probleme bereiten, da ein Schuldenbereinigungsplan typischerweise dann scheitern wird, wenn der Schuldner zahlungsunfähig ist. Da die Verfahrenskostenstundung nach § 4 a InsO als subsidiär qualifiziert wird (so BT-Drucks. 14/5680 S. 20; dazu *Kohte* § 4 a Rz. 8), dürfte i. d. R. im Zentrum des Eröffnungsverfahrens weiter die Vorschrift des § 26 Abs. 1 Satz 1 InsO stehen, wonach das Vermögen des Schuldners voraussichtlich ausreichen soll, die Kosten des Verfahrens zu decken (so auch *Maier/Krafft* BB 1997, 2173 [2178]). Dies ist auch verfahrensökonomisch, denn beide Prüfungen sind weitgehend identisch (*BGH* VuR 2005, 269 mit Hinweis auf *Ahrens* NZI 2003, 558).

5   Die Kosten des Verfahrens, die nach § 26 Abs. 1 Satz 1 InsO zu prüfen sind, sind näher in § 54 InsO definiert und umfassen die Gerichtskosten sowie Vergütung und Auslagen des Treuhänders bzw. eines vorläufigen Treuhänders. Eine Deckung der sonstigen Masseverbindlichkeiten nach § 55 InsO – die in der Verbraucherinsolvenz nicht oft anfallen dürften – wird für die Eröffnung des Verfahrens nicht verlangt. Ergibt sich im späteren Verfahren Masseunzulänglichkeit nach § 209 InsO, so führt dies zur Einstellung des Verfahrens nach § 211 InsO, die nach § 291 InsO einem weiteren Restschuldbefreiungsverfahren nicht entgegensteht (dazu *Ahrens* § 289 Rz. 22 ff.).

Mit dieser gesetzgeberischen Entscheidung ist eine in der Literatur (dazu nur *Kuhn / Uhlenbruck* KO, § 107 **6**
Rz. 4) nachhaltig kritisierte Praxis in den früheren Konkursverfahren korrigiert worden, die spürbare
Kostenvorschüsse verlangt hatte. In der ostdeutschen Gerichtspraxis zur GesO sind ebenfalls Verbraucher-
anträge nicht selten an hohen Vorschusslasten gescheitert. Eine wesentliche Ursache dafür waren **routine-
mäßig angeordnete Gutachtenaufträge**, mit denen ein Eröffnungsgrund sowie die Existenz einer kostendeckenden Masse festgestellt werden sollte. Diese Aufträge erwiesen sich nicht selten als verfehlt, da die
Zahlungsunfähigkeit überschuldeter Verbraucher auch ohne betriebswirtschaftlichen Sachverstand hätte
festgestellt werden können; der wesentliche Effekt dieser Gutachtenanordnung bestand dann darin, dass
der angeforderte Kostenvorschuss nicht gezahlt werden konnte und das Verfahren mangels Masse eingestellt wurde (dazu nur *Smid* ZIP 1993, 1037 [1041]). Diese Praxis war bereits im Rahmen der GesO problematisch. Im neuen Umfeld der InsO ist sie nicht mehr akzeptabel (vgl. *Stephan* ZVI 2007, 441 [445]).
Bereits für das allgemeine Insolvenzverfahren wird zutreffend davor gewarnt, standardmäßig Gutachten- **7**
aufträge zu erteilen, die die Kosten des vorläufigen Insolvenzverfahrens in die Höhe treiben und die Gefahr hervorrufen, dass dieses Verfahren scheitert (dazu *Kübler / Prütting-Pape* InsO, § 22 Rz. 63). Im Verbraucherinsolvenzverfahren läuft eine solche Praxis der gesetzlichen Systematik direkt entgegen, denn
das vereinfachte Verfahren ist als kostengünstiges Verfahren konzipiert (so BT-Drucks. 12/7302 S. 193;
HK-InsO / *Landfermann* § 312 Rz. 1). Die umfassenden Unterlagen, die nach § 305 InsO einzureichen
sind, ermöglichen in aller Regel eine unmittelbare Prüfung des Eröffnungsgrundes durch das Insolvenzgericht (ebenso FK-InsO / *Schmerbach* § 21 Rz. 36; *Vallender* ZIP 1999, 125, [130]). Ebenso soll das umfassende Vermögensverzeichnis im Regelfall eine Prüfung der Existenz einer kostendeckenden Masse ermöglichen. Bei Unklarheiten dürfte zunächst eine Ergänzung durch die beratende / bescheinigende geeignete Stelle geboten sein. Weiter ist zu beachten, dass eine **Bestellung eines vorläufigen Treuhänders**
nach §§ 306, 21 InsO im Verbraucherinsolvenzverfahren eine andere Funktion hat. Es geht hier nicht um
betriebswirtschaftliche Prüfungen der Betriebsfortführung, sondern um Hilfen bei der Ergänzung fehlender Unterlagen oder der Erstellung bzw. Änderung des Schuldenbereinigungsplans (s. *Grote* § 306 Rz. 13
mit Hinweis auf den Vergleichsverwalter »Kölner Prägung«; vgl. *Schmidt* ZIP 1999, 915; *Kübler / Prütting-
Wenzel* InsO, § 306 Rz. 10). Daher sollten Gutachten im Vorfeld der Eröffnung nur in Ausnahmefällen in
Betracht kommen, wenn z. B. die Erfolgsaussichten eines Anfechtungsverfahrens zu prüfen sind und die
erforderlichen Tatsachen noch ermittelt werden müssen (ebenso *Uhlenbruck / Vallender* InsO, § 306
Rz. 46); bei der Ermittlung der Voraussetzungen der § 304 Abs. 2 InsO ist – soweit nach der Novellierung
noch erforderlich – kostenschonend zuerst die IHK anzuhören (*Kögel* DZWIR 1999, 235, [239]). In den
anderen Fällen ist davon auszugehen, dass die gesetzliche Neuregelung einer unkritischen Fortsetzung der
bisherigen Gutachtenpraxis zumindest für das Verbraucherinsolvenzverfahren entgegensteht (vgl. auch
Schmerbach / Stephan ZInsO 2000, 541 [543]; *Stephan* ZVI 2007, 441 [445]; zur teilweise abweichenden
Praxis *Holzer* ZVI 2007, 393 [394]; ausf. *Ruppe* Diss., S. 174 ff.).
Aus der oben (s. *Kohte* § 310 Rz. 8 ff.) dargestellten Kostenstruktur ergibt sich, dass zunächst für Eröffnung **8**
und Durchführung des Verbraucherinsolvenzverfahrens insgesamt drei Gebühren – berechnet vom Wert
der Insolvenzmasse zur Zeit der Beendigung des Verfahrens (§ 58 Abs. 1 GKG) – bestimmt werden müssen. Da dieser Betrag endgültig erst nach Abschluss des Verfahrens feststeht, ist im Rahmen des Eröffnungsverfahrens eine Schätzung erforderlich. Für die Aktivmasse sind das verwertbare Vermögen sowie
das der Pfändung unterworfene Einkommen – nicht jedoch wirksam abgetretene Beträge (BT-Drucks.
12/3803 S. 72) – für die Dauer des Verfahrens zusammenzurechnen. Es ist daher sachdienlich, wenn bereits im Schuldnerantrag zur Wertbestimmung nach § 58 GKG Stellung genommen wird; i. d. R. wird es
andernfalls erforderlich sein, dem Schuldner insoweit noch Gelegenheit zur Stellungnahme zu geben.
Ein wichtiger **Kostenblock** ergibt sich aus den Auslagen nach § 17 GKG; neben den bisher entstandenen **9**
Zustellkosten fielen in erster Linie die **Veröffentlichungskosten** ins Gewicht. 1999 hatte man die Kos-
tenbelastung für ein Verbraucherinsolvenzverfahren auf 2000 bis 4000 DM geschätzt (dazu *Henning* InVo
1996, 288 [289], zust. *Vallender* InVo 1998, 169 [172]; vgl. *I. Pape* NZI 1999, 89 [90]; LG Bonn ZIP 2000,
367 [372]; *Graf-Schlicker* FS für Uhlenbruck, S. 573, 578). *Uhlenbruck* hatte daraus frühzeitig den Schluss
gezogen, dass ohne Bewilligung von Prozesskostenhilfe vielen Schuldnern der Zugang zu einem Verbraucherinsolvenzverfahren und zur Restschuldbefreiung verschlossen wäre (*Uhlenbruck* Neues Insolvenzrecht, 1998, S. 155 ff.). Empirische Untersuchungen zeigten, dass in der Gerichtspraxis Mechanismen
zur Kontrolle fehlenden Kostenbewusstseins oft nicht eingreifen, so dass trotz Änderung von § 9 InsO
auch nach 2001 nur eine gewisse Kostendegression zu verzeichnen war (dazu *Rüntz u. a.* ZVI 2006,
185 [188 ff.]) und teilweise weiter beachtliche Kosten anfielen (*Ruppe* Diss., S. 185 ff.). Eine wichtige **Re-**

duzierung der Veröffentlichungskosten ermöglichte 2007 die Änderung des § 9 InsO durch das Vereinfachungsgesetz (*Kübler/Prütting-Prütting* InsO, § 9 Rz. 6). Die Gesetzgebung hatte bereits andere Konsequenzen durch das InsOÄndG gezogen, nachdem sich die »Kostenhürde« als das wichtigste und in jeder Hinsicht kontrovers beurteilte Problem des neuen Insolvenzrechts erwiesen hat. Trotz der Kodifizierung des Modells der Verfahrenskostenstundung nach §§ 4 a ff. InsO soll hier die bis 2001 geltende Rechtslage knapp zusammengefasst werden, da sie nach Art. 103 a EGInsO für einige nach dem bisherigen Recht zu beurteilende Verfahren (*OLG Celle* ZInsO 2001, 799 [801]; *BGH* ZVI 2004, 753) sowie vor allem für die rechtspolitische Diskussion von Bedeutung ist, da bei einer Abschaffung der Verfahrenskostenstundung die Bedeutung von Kostenhürden für den verfassungsrechtlich gebotenen Rechtsschutz in das Gedächtnis zurückgerufen werden müsste.

I. Beschlussfassung über einen Antrag auf Prozesskostenhilfe

10 Im **klassischen Konkursrecht** wurde die Verweisung des § 72 KO auf die Regelungen der ZPO so verstanden, dass der **Gemeinschuldner im Regelfall keinen Anspruch auf Prozesskostenhilfe** nach §§ 114 ff. ZPO haben solle, da das Verfahren der Haftungsverwirklichung diene und seine Rolle mit derjenigen einer typischen Prozesspartei kaum vergleichbar sei (dazu nur *Uhlenbruck* ZIP 1982, 288 [289]); anders für einen Sonderfall *Jaeger/Henckel* § 6 Rz. 107). Für die Anwendung der GesO folgte die Gerichtspraxis dieser Tradition (dazu nur *LG Dresden* ZIP 1996, 1671; ZIP 1997, 207), dagegen wurde in der Literatur mehrheitlich eine Anwendbarkeit der §§ 114 ff. ZPO bejaht, da nunmehr wegen des Vollstreckungsschutzes nach § 18 Abs. 2 Satz 3 GesO eine grundlegende Änderung der Situation eingetreten sei (dazu nur *Smid* NJW 1994, 2678 [2679] m. w. N.). Das *LG Dresden* (a. a. O.) hatte dagegen postuliert, dass der Schuldner die Verfahrenskosten selbst tragen könne, denn andernfalls würde durch eine solche Regelung der »hemmungslose Schuldner« privilegiert.

11 Diese Äußerungen zeigten die emotionale Komponente dieser Rechtsfrage, sie waren jedoch kein geeigneter Beitrag zur Auslegung der GesO (dazu nur *Pape* ZIP 1997, 190 ff.; ebenso *Smid/Haarmeyer* InsO, § 304 Rz. 13); für die Durchführung des Verbraucherinsolvenzverfahrens und das Verfahren zur Restschuldbefreiung nach §§ 286 ff. InsO konnten diese Sentenzen auf keinen Fall übernommen werden, denn man hatte bewusst auf die Würdigkeitsprüfung des früheren Vergleichsverfahrens verzichtet und für Formen als befreiungshindernd klassifizierter Verschuldung enumerativ formulierte Sperren in § 290 InsO geschaffen (s. *Ahrens* § 290 Rz. 5), die mit ihren differenzierten Verfahrensregelungen zur Antragsbefugnis, zur Darlegungs- und Beweislast und zum Rechtsschutz einer so undifferenzierten Argumentation, wie sie vom LG Dresden verwandt worden war, entgegenstehen. Die Tatsache, dass ein Schuldner die Verfahrenskosten nicht aufbringen kann, ist weder ein Beweis noch ein Indiz für »Hemmungslosigkeit«, sondern die rechtstatsächliche Typik des hier geregelten Lebenssachverhaltes.

1. Bedeutung der Entstehungsgeschichte

12 Im Gesetzgebungsverfahren erfolgte – anders als in einigen Nachbarländern (Österreich: *Forsblad* S. 242 m. w. N.; *Koneczny* ZEuP 1995, 589 [591]; *Mohr* ZInsO 1999, 211; Finnland: *Trendelenburg* Restschuldbefreiung, S. 129; Frankreich: *App* DGVZ 1991, 180; *Klopp* KTS 1992, 347 [351]; Dänemark: *Jahn/Sahm* (Hrsg.) Insolvenzen in Europa, 4. Aufl. 2004, S. 41, 62; Schottland: *Forsblad* S. 107; England: *Springeneer* VuR 2005, 441 [444 f.]; *Hergenröder/Alsmann* ZVI 2007, 337 [347]) – eine ausdrückliche Regelung nicht (so auch *Graf-Schlicker/Remmert* ZInsO 2000, 321 [325]). Bereits in der ersten Äußerung des Bundesrates war gebeten worden, im weiteren Gesetzgebungsverfahren zu prüfen, wie sichergestellt werden könne, dass bei natürlichen Personen die Durchführung des Insolvenz- und Restschuldbefreiungsverfahrens nicht am finanziellen Unvermögen des Schuldners zur Aufbringung der Verfahrenskosten scheitern könne (BT-Drucks. 12/2443 S. 255). In der Gegenäußerung der Bundesregierung wurden solche Regelungen für entbehrlich gehalten, da durch das damals geplante verwalterlose Verfahren nach Meinung der Bundesregierung »nur geringe Gerichtskosten« anfielen, die auch ein Schuldner mit sehr niedrigem Einkommen regelmäßig aufbringen könne (BT-Drucks. 12/2443 S. 266). Aus dieser Äußerung meinte *BGH* NJW 2000, 1869 [1871] ableiten zu können, dass die historische Auslegung einer Bewilligung einer Insolvenzkostenhilfe entgegenstehe. Dies ist jedoch historisch unschlüssig, denn im weiteren Gesetzgebungsverfahren wurde die Systematik des Verbraucherinsolvenzverfahrens nachhaltig geändert (dazu *Pape* ZInsO 1999, 117; *Nerlich/Römermann* InsO, vor § 286 Rz. 82; *LG Konstanz* ZIP 1999, 1643 [1645];

LG Koblenz ZInsO 2000, 456; *AG Göttingen* ZInsO 1999, 652 [654]; **a. A.** ohne Diskussion dieser Entwicklung *LG Düsseldorf* NZI 1999, 237 [238]; *LG Berlin* NZI 1999, 371 [372]). Folgerichtig war in der Anhörung der Verbände und Experten nachhaltig auf die Bedeutung der Prozesskostenhilfe hingewiesen worden (dazu *Kohte* ZIP 1994, 184 [186]).

Die oben dargestellte Struktur und Höhe der Kosten macht deutlich, dass das von der Bundesregierung genannte Ziel, wonach auch Schuldner mit »sehr niedrigem Einkommen« nicht an den Verfahrenskosten scheitern dürfen, ohne Bewilligung von Prozesskostenhilfe verfehlt würde. Es ist daher nicht überraschend gewesen, dass bei den weiteren Beratungen der Justizverwaltungen zu möglichen Vorschlägen zur Präzisierung und »Nachbesserung« der InsO ein ausdrücklicher Ausschluss der Prozesskostenhilfe erwogen worden war, der jedoch wegen verfassungsrechtlicher Bedenken verworfen wurde (*Beule* InVo 1997, 197 [203]). Deshalb wird in der Literatur zu Recht der **Entstehungsgeschichte keine entscheidende und abschließende Bedeutung** für die Frage nach der Bewilligungsfähigkeit der Prozesskostenhilfe bei Schuldnerantrag zugebilligt (dazu nur *Forsblad* S. 238; *Prütting* EWiR § 114 ZPO 4/99, 671, 672; *G. Pape* ZInsO 1999, 117; MünchKomm-ZPO/*Wax* 2. Aufl., § 114 Rz. 43; anders *Limpert* Diss., S. 141 ff.; *LG Hamburg* ZIP 1999, 809 [810]; *LG Saarbrücken* ZIP 1999, 975 [976]; *LG Braunschweig* ZIP 1999, 1317 [1318]; anschaulich *Maier* Rpfleger 1999, 1 [4] obgleich er den gesetzgeberischen Willen zur Frage der Prozesskostenhilfe als »halbherzig« und »mehr oder minder klar« einstuft). Diese methodisch zutreffende Einschätzung wird durch die späteren Ausführungen der Protagonisten des Jahres 1994 belegt, die die Geschichte außerordentlich unterschiedlich bewerten: während *Landfermann* (in HK-InsO vor § 304 Rz. 20) einen eindeutigen Willen in der Gesetzgebung gegen Prozesskostenhilfe ausmacht, kamen *Funke* (ZIP 1998, 1708) und *Pick* (NZI 1999, 58 sowie unter Zustimmung der Opposition in der 2. Lesung zum InsOÄndG BT-Prot. 17679 D) zum gegenteiligen Ergebnis. Weitere Akteure haben – historisch wohl am ehesten zutreffend – die Frage der **Prozesskostenhilfe als eine der im Gesetzgebungsverfahren ungelösten Fragen bezeichnet, die von den Gerichten zu beantworten sei** (so deutlich *Leeb* WM 1998, 1575; vgl. die Prognose von *Schumacher* ZEuP 1995, 576 [587]). Bei dieser Aufgabe können die Gerichte – wie sich schon aus den allgemeinen Grundsätzen der Methodenlehre ergibt (*BVerfG* NJW 1981, 39 [42 f.]) – sich nicht vorrangig an subjektiven Erklärungen einzelner Akteure orientieren, sondern haben Wortlaut, Normzusammenhang und Zweck des Gesetzes zu beachten (dazu bereits *RG* RGZ 1, 247 [250]; *J. Vogel*, Juristische Methodik, 1998, S. 128 ff. [132]). Daher kann es nicht überraschen, dass sich von Anfang an ein breites Entscheidungsspektrum entwickelt hat (Überblick bei *G. Pape* DB 1999, 1539 [1544] und ZInsO 1999, 602; *König* NJW 2000, 2485 und *AG Duisburg* ZIP 1999, 1399 [1403]; vgl. auch die Differenzierungen bei HK-InsO/*Landfermann* vor § 304 Rz. 22).

2. Prozesskostenhilfe und die Systematik der Verbraucherinsolvenz

Grundsätzlich ist die Verweisung in § 4 InsO auf die Vorschriften der ZPO umfassend formuliert, so dass von einer Geltung der §§ 114 ff. ZPO auszugehen ist, sofern diese nicht wegen des Zwecks oder der spezifischen Struktur des Insolvenzverfahrens ausgeschlossen ist (ebenso *Smid* GesO, 3. Aufl., § 2 Rz. 101 a. E.). Insofern lag die Argumentationslast bei den Gegnern der Bewilligung der Prozesskostenhilfe (so auch *Kübler/Prütting* InsO, § 4 Rz. 14 a), so dass selbst ein »non liquet« zur Entstehungsgeschichte – anders als ein Teil der bisherigen Judikatur meint (*LG Hamburg* ZIP 1999, 809 [810]; *LG Saarbrücken* ZIP 1999, 975 [976]; *LG Braunschweig* ZIP 1999, 1317 [1318]) – nicht gegen, sondern für die Bewilligung von Prozesskostenhilfe spricht (vgl. auch *Pape* VuR 2000, 13 [16]). Die zum Konkursrecht vertretene Begründung, wonach das Gesamtvollstreckungsverfahren der Haftungsverwirklichung dient und eine aktive Rolle des Gemeinschuldners nicht vorsieht, bedarf notwendigerweise der Korrektur, da nach § 1 InsO nunmehr Haftungsverwirklichung und Restschuldbefreiung als zwei wesentliche Ziele des Insolvenzverfahrens anerkannt sind (dazu auch *Nerlich/Römermann* InsO, vor § 286 Rz. 83; vgl. jetzt *BGH* NJW 2004, 3260 [3261 f.]).

Im vereinfachten Verbraucherinsolvenzverfahren nach §§ 311 ff. InsO ist der Schuldner nicht zu vergleichen mit dem Gemeinschuldner des klassischen Konkursverfahrens, das ausschließlich der Haftungsverwirklichung diente. Nach den vom Rechtsausschuss vorgenommenen nachhaltigen Vereinfachungen wird das Verbraucherinsolvenzverfahren i. d. R. nur dann in überschaubarer Frist zum Schlusstermin geführt werden können, wenn der Schuldner eine aktive Rolle übernimmt. Dies gilt für die schwierige Frage der Abgrenzung zwischen unpfändbarem Vermögen und Insolvenzmasse (dazu *Kohte* § 312 Rz. 18 ff.), für die notwendigen Informationen zur Wahrnehmung von Anfechtungsrechten, die nach

§ 313 InsO als Bestandteil der Insolvenzmasse konzipiert sind (dazu nur *Henckel* FS für Gaul, 1997, S. 199 [211 ff.]), und für die Möglichkeiten der vertraglichen Freigabe sowie schließlich der vereinfachten Verwertung nach § 314 InsO. Der Schuldner wird i. d. R. interessiert sein, das Verfahren zügig zu fördern, da er mit der Aufhebung des Verfahrens das dem Treuhänder übertragene Verwaltungs- und Verfügungsrecht ohne allgemeine Nachhaftung erlangen kann. Somit liegt den §§ 311 ff. InsO ein **anderes Leitbild der Schuldnerrolle** als dem klassischen Konkursverfahren zugrunde, so dass auf die frühere Rspr. zur Verneinung des Armenrechts bzw. der Prozesskostenhilfe (anschaulich die nicht mehr passende Begründung des LG *Traunstein* NJW 1963, 959) nicht mehr zurückgegriffen werden kann (so auch *Krug* Verbraucherkonkurs, 1998, S. 94 ff.; *Nerlich/Römermann* InsO, vor § 286 Rz. 63; *AG Wolfratshausen* InVO 1999, 242 [243]; *König* NJW 2000, 2485 [2486]; **a. A.** *Busch/Graf-Schlicker* InVo 1998, 269).

16 In der Literatur ist als weitere Argumentation gegen eine Verweisung des § 4 InsO auf die §§ 114 ff. ZPO angeführt worden, dass diese Normen keine geeigneten Regelungen für die Übernahme der Vergütung des Treuhänders enthielten. Diese seien von §§ 121, 122 ZPO nicht erfasst; wer hier § 122 ZPO analog anwenden wolle, müsse weiter auch für die Verwaltervergütung ein Erstattungsverfahren in analoger Anwendung der §§ 121 ff. BRAGO schaffen. Da solche Vorkehrungen nicht getroffen seien, könne die Treuhändervergütung nicht aus der Staatskasse ersetzt werden. Dies zeige, dass das PKH-Recht insgesamt für den Antrag des Schuldners auf Eröffnung des Insolvenzverfahrens nicht passe (so *Bork* ZIP 1998, 1209 [1211 ff.]). Dagegen war von einigen Stimmen in Literatur und Judikatur zumindest für die Übernahme der Treuhändervergütung nach § 298 InsO eine entsprechende Anwendung der §§ 114 ff. ZPO als konstruierbar angesehen worden (dazu nur *Smid/Haarmeyer* InsO, § 298 Rz. 4; *AG Göttingen* NZI 1999, 124 [125]; *AG Göttingen* NZI 2000, 34; *AG Hildesheim* NZI 1999, 332; *AG Offenbach* ZInsO 1999, 296 [297]; *AG Duisburg* ZIP 1999, 1399 [1407]; *Bruns* NJW 1999, 3445 [3449]).

17 Angesichts der Lückenhaftigkeit der gesetzlichen Regelung war eine Analogie – auch eine doppelte Analogie sowohl zu § 122 ZPO als auch zu §§ 121 ff. BRAGO – zwar nicht ausgeschlossen, jedoch nicht nahe liegend, denn die Treuhänderkosten werden auch im Text des § 54 InsO deutlich von den Gerichtskosten für das Insolvenzverfahren geschieden (vgl. *I. Pape* NZI 1999, 89 [93]; *LG Oldenburg* ZInsO 1999, 586 [587]; *AG Hamburg* ZInsO 1999, 652; *AG Halle-Saalkreis* DZWIR 2000, 345). Insofern war für ihre Erstattung ein **Rückgriff auf §§ 27 ff., 30 BSHG – jetzt § 73 SGB XII** (dazu *Kohte* vor § 4 a Rz. 14) – näher liegend (dazu *G. Pape* VuR 2000, 13 [22] sowie *Häsemeyer* 3. Aufl., Rz. 29.19 a im Anschluss an *Kohte* ZIP 1994, 184 [186] und FS Remmers, S. 479, 488; ähnlich HK-InsO/*Landfermann* 2. Aufl., § 298 Rz. 1 a. E. und *AG Hamburg* ZInsO 1999, 236 [238]; zur damaligen Sozialhilfepraxis: *Grote* VuR 2000, 3 [6]; *Berlit* info also 2000, 109 [110]). Somit war bis 2001 – anders jetzt nach §§ 4 a, 63 Abs. 2 InsO – davon auszugehen, dass die Tragung der Vergütung des Treuhänders im Verbraucherinsolvenzverfahren ein Problem des Sozialrechts bzw. der Einwerbung von Zuwendungen Dritter war, so dass sich auch aus § 298 InsO kein Argument gegen die Bewilligung von Prozesskostenhilfe ableiten ließ (**a. A.** MünchKomm-InsO/*Ganter* § 4 Rz. 17). Für die Übernahme von Prozesskosten greifen die Regeln des Sozialhilferechts jedoch nicht ein (dazu nur *OVG Hamburg* NJW 1995, 2309), so dass die Verbraucher hinsichtlich der Gerichtskosten nach § 54 Nr. 1 InsO nicht auf das Sozialrecht verwiesen werden können. Für die Gerichtskosten enthielten damit die §§ 114 ff. ZPO die sachnähere Lösung.

18 Somit ergibt sich bereits aus den sozial- und prozessrechtlichen Grundentscheidungen, dass für die von Art. 103 a EGInsO erfassten Altfälle zwischen der Tragung der Verwaltervergütung und der Gerichtskosten zu differenzieren ist. Prozesskostenhilfe erfasst danach die Gerichtskosten, nicht jedoch die Verwaltervergütung. Die von *Bork* (a. a. O., S. 1211) verfochtene Einheitslösung, die aus der fehlenden Übernahme der Verwaltervergütung auf die Nichtübernahme der Gerichtskosten schließt, ist undifferenziert und sachlich nicht überzeugend (so auch *Funke* ZIP 1998, 1708). Vor allem ist sie unvereinbar mit der verfassungsrechtlichen Judikatur (dazu u. Rz. 21 f.), die in solchen Fällen die Frage stellt, inwieweit der Einzelne nachteilige Folgen durch eigenes Verhalten vermeiden kann (*BVerfG* ZIP 1993, 286 [288]). Der Umfang der Tätigkeiten – und damit auch der Vergütung – des Verwalters kann partiell durch die außergerichtliche Vorbereitung, die Qualität eines Schuldenbereinigungsplans und die Sorgfalt eines Vermögensverzeichnisses gemindert werden. Dagegen sind z. B. die Kosten der Veröffentlichungen von den einzelnen Schuldnern nicht beeinflussbar, so dass sie gerade hier besonders auf staatliche Hilfe angewiesen sind (so auch *AG Göttingen* NZI 1999, 124; *AG Duisburg* ZIP 1999, 1399 [1409]). Durch die hier für die InsO 1999 von Anfang an vorgenommene Differenzierung zwischen nicht von der PKH erfassten Treuhänderkosten einerseits und den durch sie deckungsfähigen Gerichtskosten behält die Norm des § 26 InsO weiterhin einen realen Anwendungsbereich, so dass die pauschale Annahme, § 26 InsO stehe generell der Bewilligung der PKH entgegen (so z. B. *LG Baden-Baden* NZI 1999, 234 [235]; *LG Frankenthal* NZI 1999, 274 [275]; *LG Leipzig* InVo 1999, 346 [347]; *LG Lüneburg* NJW 1999, 2287; *Kübler/Prütting-Wenzel* InsO, § 286 Rz. 88 ff.), ins Leere geht (i. E. auch *Bork* ZIP 1998, 1209 [1213]; *Kübler/Prütting* § 4 Rz. 14). Im Übrigen enthält § 26 InsO keine Aussage, wie die Kosten aufgebracht und ob sie durch Sozialhilfe bzw. eine funktionsgleiche staatliche Hilfe realisiert werden (*AG Offenbach* ZInsO 1999, 296 [297]; *König* NJW 2000, 2485 [2486]). Aus der bewusst begrenzten Pflicht des § 298 InsO, 200 DM zu zahlen, konnte nicht ein allgemeiner Grundsatz abgeleitet werden, für möglicherweise mehr als 2.000 DM einstehen zu müssen (*LG Trier* VuR 2000, 133 [138]; *G. Pape/Haarmeyer* ZInsO 1999, 135 [140]; *Limpert* Diss., S. 158 f.). Im Übrigen besteht bei § 298 InsO für die Schuldner die von der Bundesregierung besonders betonte Möglichkeit (BT-Drucks. 12/7302 S. 188) einen Treuhänder zu finden, der unentgeltlich tätig wird. Diese Möglichkeit wird im Gerichtsverfahren nur durch das Institut der Prozesskostenhilfe vermittelt.

Würde man für die Tragung der Gerichtskosten generell und pauschal die Möglichkeit der Prozesskostenhilfe ausscheiden, dann würde für einen beachtlichen Teil der üblichen Klientel der Schuldnerberatungsstellen, die gerade die typischen Verbraucher beraten (dazu ausf. *Kemper/Kohte* Blätter der Wohlfahrtspflege 1993, 81 [83]), das Verbraucherinsolvenzverfahren nicht eröffnet werden, so dass auch eine Restschuldbefreiung nicht in Betracht käme. Es bestünde die Aussicht, dass das Verbraucherinsolvenzverfahren in erster Linie von gescheiterten GmbH-Geschäftsführern und -Gesellschaftern genutzt werden könnte, die bereits nach der Entstehungsgeschichte nicht die wichtigsten Adressaten dieses Verfahrens sein sollten (dazu auch *Uhlenbruck* BB 1998, 2009 [2021] im Anschluss an *Vallender* InVo 1998, 169 [180]). Zusätzlich zur abschließend formulierten Sperre fehlender Redlichkeit nach § 290 InsO würde eine **ungeschriebene und systemwidrige Sperre für besonders arme Schuldner** errichtet (*AG Oldenburg* ZInsO 1999, 415 [416]). Damit würde weiter auch die innere Systematik des Achten und Neunten Teils der InsO aus dem Lot geraten, denn im Gesetzgebungsverfahren wurde als besonderer Vorteil der vom Rechtsausschuss gefundenen Regelungen angesehen, dass damit auf Gläubiger und Schuldner eingewirkt würde, sich frühzeitig zu einigen, da eine solche Einigung für beide Seiten günstiger sei als das folgende Verfahren (dazu nur *Schmidt-Räntsch* MDR 1994, 321 [325]). Diese in sich schlüssige Argumentation müsste jedoch ins Leere gehen, wenn Gläubiger bei der typischen Verbraucherinsolvenz damit rechnen dürften, dass eine Verfahrenseröffnung nach § 312 InsO nicht erfolgen wird. Schließlich würden so die Chancen außergerichtlicher Einigung und einer Einigung im Schuldenbereinigungsplanverfahren nachhaltig geschwächt, da es für die an erster Stelle zugriffsberechtigten Gläubiger kaum eine Motivation gäbe, sich im Vermittlungsverfahren auf einen Vergleich einzulassen (dazu auch *Pape/Haarmeyer* ZInsO 1999, 135 [139]).

Bei einer solchen Auslegung wäre auch schwer verständlich, warum in § 305 Abs. 1 Nr. 1 InsO ein so großes Gewicht auf die »geeigneten Stellen« gelegt worden ist, die in den jeweiligen Landesgesetzen näher konkretisiert worden sind, wenn deren typische Klientel vom späteren Verfahren ausgeschlossen wird. Ebenso wenig ließe sich damit erklären und rechtfertigen, dass die Vergütung der Treuhänder nach § 13 Abs. 1 InsVV bis 2004 auf eine kaum noch hinnehmbare (dazu *BGH* ZVI 2004, 132; NJW 2005, 1508) und auch jetzt sehr knapp (dazu *Keller* ZVI 2004, 569 [573]; vgl. *BGH* NZI 2008, 444) kalkulierte Höhe beschränkt worden ist, wenn zugleich Gerichtskosten und Auslagen in voller Höhe ohne Abstriche den Schuldnern auferlegt würden. Dies wäre ein altfiskalisches Denken, das sowohl mit der differenzierten Auslegung des § 60 KO (*BVerfG* NJW 1993, 2861; *BGH* NJW 1992, 692) als auch mit der neueren Judikatur zum Recht der Prozesskostenhilfe unvereinbar wäre. Der ausführliche Meinungsstreit um die Zumutbarkeit einer Prozesskostenbeteiligung des Fiskus im Rahmen der Entscheidungen nach § 116 ZPO ist vom BGH zutreffend so entschieden worden, dass die öffentliche Hand sich der Kostenbeteiligung an Verfahren im Rahmen eines Konkurses nicht pauschal entziehen könne. Dem Fiskus ist es auch nicht gestattet, sich darauf zu berufen, dass er geeignete Haushaltstitel nicht eingestellt hat, weil es seine Sache ist, insoweit Vorsorge zu treffen (so *BGH* NJW 1998, 1868 = DZWiR 1998, 380 mit Anm. *Smid*; ebenso bereits *OLG Hamm* NJW-RR 1994, 1342; *OLG Köln* MDR 1994, 407; vgl. *Funke* a. a. O., S. 1710; *Musielak/Fischer* ZPO, § 116 Rz. 8).

3. Prozesskostenhilfe und verfassungskonforme Auslegung

Spricht somit bereits die Systematik des Insolvenzrechts dafür, dass zumindest die Gerichtskosten und -auslagen nach § 114 ZPO von der Staatskasse übernommen werden, so wird diese Perspektive durch die Notwendigkeit einer verfassungskonformen Auslegung nachhaltig bestätigt. An erster Stelle verlangt dies die im Rechtsstaatsprinzip wurzelnde **Garantie des effektiven Rechtsschutzes** (dazu *BVerfG* NJW 1997, 2103; NJW 2003, 2668), denn es ist rechtsstaatlich nicht hinnehmbar, dass Verfahrensrechte allein aus wirtschaftlichen Gründen nicht wahrgenommen werden können. Bereits 1979 ist aus dieser in Art. 19 Abs. 4 GG enthaltenen Grundentscheidung abgeleitet worden, dass eine Regelung nicht so gestaltet sein dürfe, dass sie in ihrer tatsächlichen Auswirkung tendenziell dazu führe, diesen Rechtsschutz vornehmlich nach Maßgabe der wirtschaftlichen Leistungsfähigkeit zu eröffnen (*BVerfG* BVerfGE 50, 217 [231] = NJW 1979, 1345 [1346]). Diese rechtsstaatliche Garantie ist – anders als *Bork* meint (a. a. O., S. 1215) – nicht an die Frage geknüpft, ob subjektive Rechte wahrgenommen werden. Vielmehr ist diese rechtsstaatliche Garantie allen Verfahrensbeteiligten zu gewähren, die von einer Entscheidung unmittelbar betroffen sind (beispielhaft für diese rechtsstaatliche Anforderung die Judikatur zur PKH-Gewährung an Äußerungsbefugte im Normenkontrollverfahren *BVerfG* BVerfGE 25, 295 [296]; NJW 1995, 1415). Da die Erlangung der Restschuldbefreiung durch die InsO nicht im Wege der Vertragshilfe, sondern durch ein zwingend vorgeschaltetes Insolvenzverfahren geregelt ist, besteht damit bereits aus dem Grundsatz des effektiven Rechtsschutzes die Notwendigkeit, in dem hier bezeichneten Umfang Prozesskostenhilfe zu gewähren (so auch *Hess/Obermüller* Insolvenzplan, Restschuldbefreiung und Verbraucherinsolvenz, Rz. 767 f.; *Heinze* DZWIR 2000, 183 [187]).

22 Ein Ausschluss armer Verbraucherinsolvenzschuldner von der Möglichkeit der Prozesskostenhilfe ist aber **auch unter dem Gesichtspunkt des Art. 3 GG unwirksam** (dazu *AG Duisburg* ZIP 1999, 1399 [1407 ff.]); obgleich die verfassungsrechtliche Judikatur bei sozialrechtlicher Leistungsgewährung dem Gesetzgeber eine größere Gestaltungsfreiheit zuerkennt, würde ein Totalausschluss selbst an diesen Grenzen scheitern. Anschaulich ist der Vergleich mit der Verfassungswidrigkeit des Ausschlusses des Arbeitsrechts von der Beratungshilfe (*BVerfG* BVerfGE 88, 5 = ZIP 1993, 286; dazu *Kohte* FS für Remmers, 1995, S. 479 [486]). Ein solcher Ausschluss ist daran zu messen, ob sich die Insolvenzschuldner in einer grundlegend anderen Situation als die sonstigen Prozessbeteiligten befinden und ob von ihnen ein Alternativverhalten erwartet werden kann. Den armen Insolvenzschuldnern stehen andere gleichwertige Rechtsschutzmöglichkeiten nicht zur Verfügung; unzulässig wäre es, ihnen bereits die Tatsache der Verschuldung selbst anzulasten. Diese ist vielmehr vom Gesetzgeber als soziales Datum vorausgesetzt worden, auf das mit rechtlichen Mitteln geantwortet werden soll. Es geht also nicht darum, dass die Insolvenzkostenhilfe oder Beratungshilfe als solche von der Verfassung gefordert würde, sondern darum, dass die einmal gewählte rechtliche Lösung auch in sich widerspruchs- und willkürfrei konstruiert und abgegrenzt wird (dazu *BVerfG* NStZ-RR 1997, 69 [70]; *AG Dortmund* ZInsO 1999, 417 [418]; *AG Duisburg* ZIP 1999, 1399 [1410]). Insoweit kann auch auf die reichhaltige verfassungsrechtliche Judikatur zurückgegriffen werden, wonach zwar die Existenz eines Rechtsmittels in aller Regel verfassungsrechtlich nicht gefordert ist, der Zugang zu dem einfachrechtlich geschaffenen Rechtsmittel jedoch nicht unzumutbar erschwert werden darf (dazu nur *BVerfG* NJW 1987, 2067). Gerade im Kostenrecht dürfen Differenzierungen, die den Rechtsschutz der armen Partei gefährden, nicht allein fiskalisch begründet werden (so z. B. *BVerfG* MDR 1999, 1089).

23 Der Unterschied zwischen Prozessschuldnern, für die §§ 114 ff. ZPO unmittelbar gelten, und Insolvenzschuldnern ist nur in der Form des Verfahrens begründet; die je vergleichbare »existenzielle Betroffenheit« (dazu *BGH* NZI 2008, 47 [48] = VuR 2008, 154 m. Anm. *Kohte*) ist von der Gesetzgebung mit einer Kombination verfahrensrechtlicher und materiell-rechtlicher Instrumente beantwortet worden; die Durchführung des Verfahrens darf dann aber nicht davon abhängen, ob liquide Verwandte zu Verfügung stehen (*AG Hechingen* ZIP 1999, 1182).

24 Für den Vergleich von Prozessschuldnern und Verbraucherinsolvenzschuldnern kann vor allem auf die **Judikatur zur Gleichbehandlung mittelloser Mündel bzw. betreuter Personen** mit Prozessschuldnern zurückgegriffen werden. Hier hatte das BVerfG bereits 1980 postuliert, dass das Schutzniveau der Prozesskostenhilfe »erst recht bei der Anordnung und Ausgestaltung von Vormundschaften für Hilfsbedürftige beachtet werden (muss), die für das Mündel im allgemeinen weit folgenschwerer ist als die gerichtliche Geltendmachung einzelner Ansprüche«. Daraus ist abgeleitet worden, dass Mündel und zu betreuende Personen aus finanziellen Gründen keine schlechtere Betreuung als vermögende schutzbedürftige Personen erhalten dürfen (*BVerfG* BVerfGE 54, 251 [271] = NJW 1980, 2179 [2181]). Das BVerfG hatte einen sofort wirksamen Schutz durch verfassungskonforme Auslegung des § 1835 Abs. 3 BGB a. F. sicher gestellt; inzwischen ist diese Bewertung durch die Neufassung der §§ 1836 Abs. 2, 1836 a BGB konkretisiert worden (dazu BT-Drucks. 11/4528 S. 110 ff.; *Staudinger/Engler* 13. Aufl. 1999, § 1836

Rz. 4 f., 46 ff.). Auch die Änderung des Betreuungsrechts 1998 und 2005 hat diese verfassungsrechtliche Bewertung zugrunde gelegt (BT-Drucks. 13/7158 S. 1 f.; *Dodegge* NJW 1998, 3073 [3074]; *Staudinger/Engler* 13. Aufl., §§ 1835 Rz. 49; 1836 Rz. 65; vgl. *BVerfG* FamRZ 2000, 345 und 729 sowie jetzt *Zimmermann* FamRZ 2005, 950; MünchKomm-BGB/*Wagenitz* 5. Aufl., vor § 1835 Rz. 3 ff.).

Geht man davon aus, dass das Verbraucherinsolvenzverfahren und die Restschuldbefreiung als die wesentlichen sozialen Errungenschaften der InsO qualifiziert werden, die für 2 Mio. überschuldete Haushalte erhebliche Bedeutung entfalten sollen (so zutreffend *Wimmer* BB 1998, 386), kann es nicht akzeptabel sein, wenn ein beachtlicher – möglicherweise sogar der größere – Teil der zu schützenden Personengruppe von den Kernelementen des Verfahrens ausschließlich aus finanziellen Gründen ausgeschlossen wird (zur Bedeutung des Justizgewährungsanspruchs für die Auslegung kostenrechtlicher Normen *BVerfG* NJW 1992, 1673; NJW 1997, 312 – ebenso *Kübler/Prütting-Wenzel* InsO § 4 a Rz. 4). Somit ist auch unter dem Gesichtspunkt des Art. 3 GG hier eine verfassungskonforme Auslegung der Gewährung von Verfahrenskostenhilfe erforderlich (so auch *Döbereiner* S. 313 ff.); *AG Dortmund* ZIP 1999, 456 [457]; *AG Offenbach* ZInsO 1999, 296 [297], *G. Pape/Haarmeyer* ZInsO 1999, 135 [139 f.]). Dem nach § 93 d BVerfGG nicht begründeten Beschluss – 1 BvR 564/99 – der 1. Kammer des 1. Senats der *BVerfG* vom 09. 08. 1999 lässt sich wegen des speziellen Maßstabs der grundsätzlichen Bedeutung nach § 93 a BVerfGG keine durchgreifend entgegenstehende Wertung entnehmen (dazu *Ahrens* VuR 1999, 286). Somit waren 2001 auch in dem auf Antrag des Schuldners bisher durchgeführten Verbraucherinsolvenzverfahren die §§ 4 InsO, 114 ff. ZPO anwendbar (i. E. damals auch *Thomas/Putzo* 2001, § 114 BGB Rz. 1; *Musielak/Fischer* 2001, § 114 ZPO Rz. 8; MünchKomm-ZPO/*Wax* 2. Aufl., § 114 Rz. 46 und die Berichte vom Bankrechtstag 1999: *Wunderer* WM 1999, 1489 [1494]; *Pamp* ZBB 1999, 246 [252]). Wenn die Verfahrenskostenstundung zurückgenommen werden sollte, könnte man schwerlich den 2001 erreichten Diskussionsstand negieren. Es wären auch neue Vorlageverfahren zu erwarten, nachdem sich die bisherigen Verfahren des *AG Duisburg* und des *LG Bonn* erledigt haben (NZI 2002, 120).

II. Beschlussfassung zum Kostenvorschuss

In der konkursrechtlichen Gerichtspraxis hatte sich als Verfahren durchgesetzt, dass zumindest bei Gläubigeranträgen eine Abweisung mangels Masse erst erfolgen durfte, wenn das Gericht einen nach § 107 Abs. 1 Satz 2 KO vorzusehenden Kostenvorschuss fixiert, dem Antragsteller eine angemessene Zahlungsfrist eingeräumt hatte und diese erfolglos verstrichen war (dazu nur *Kuhn/Uhlenbruck* KO, § 107 Rz. 6 ff.). Dazu hatte das Gericht auf der Basis der von Amts wegen getroffenen Ermittlungen einen präzisen Betrag festzusetzen, der die Kosten sichern würde. Den Beteiligten stand das Recht zu, diesen Beschluss mit der Beschwerde anzugreifen und vor allem die Höhe des Kostenvorschusses einer genauen Prüfung zu unterziehen (anschaulich *LG Hof* JurBüro 1989, 654). Wurde dagegen der Beschluss zur Festsetzung des Kostenvorschusses rechtskräftig, dann kam diesem Beschluss hinsichtlich seines Entscheidungsgegenstandes Bindungswirkung und materielle Rechtskraft zu (so ausdrücklich *Jaeger/Weber* KO, § 107 Rz. 6), so dass der Antragsteller sich im weiteren Eröffnungsverfahren allenfalls noch auf neue, nach der Rechtskraft des Beschlusses entstandene Tatsachen berufen konnte. In den anderen Fällen war nach Verstreichen der Frist zur Zahlung des Vorschusses der Eröffnungsantrag abzuweisen (*OLG Frankfurt* ZIP 1991, 1153 = KTS 1991, 616). Durch dieses Verfahren wurde den Antragstellern das erforderliche rechtliche Gehör im Eröffnungsverfahren vermittelt, da ihnen auf diese Weise rechtzeitig die **Möglichkeit einer effektiven Einflussnahme auf die Kostenschätzung** des Gerichts gegeben war.

Nach 1990 wurde – vor allem in der Literatur zu § 4 GesO – zunehmend die Ansicht vertreten, dass auch bei einem Antrag des Schuldners in dieser Weise zu verfahren sei. Auch dem Schuldner müsse die Möglichkeit gegeben werden, durch einen Kostenvorschuss die Eröffnung des Verfahrens zu erlangen und zugleich die mit der Ablehnung der Eröffnung verbundene Eintragung in das Schuldnerverzeichnis vermeiden zu können (dazu nur *Smid* GesO, 3. Aufl. 1997, § 4 Rz. 8). Damit wurde an die allgemeine Ansicht zum Vergleichsverfahren angeknüpft, in dem nach § 17 Abs. 1 Nr. 6 VglO ebenfalls vor der Eröffnung zu prüfen war, ob das Vermögen des Schuldners ausreicht, die zu erwartenden Kosten zu decken. Wegen der auch im Gesetz genannten Möglichkeiten eines Kostenvorschusses durfte das Gericht den Vergleichsantrag nicht sofort ablehnen, sondern musste zunächst mittels Zwischenverfügung die Höhe des Vorschusses mitteilen und dem Schuldner die Möglichkeit geben, innerhalb einer bestimmten Frist für Deckung zu sorgen (dazu nur *Bley/Mohrbutter* VglO § 17 Rz. 18).

28 § 26 Abs. 1 Satz 2 InsO hat die Rechtsfigur des Kostenvorschusses ausdrücklich aufgenommen. In den Materialien ist die Übereinstimmung zum bisher geübten Verfahren ausdrücklich hervorgehoben worden (BT-Drucks. 12/2443 S. 118). Gerade im Verbraucherinsolvenzverfahren ist es für den Antragsteller wichtig, rechtzeitig zu wissen, von welchem Kostenumfang das Insolvenzgericht ausgeht, denn es gehört zur Typizität von Verbraucherinsolvenzverfahren, dass ein **Vorschuss durch Dritte** geleistet werden kann – sei es als Hilfe in besonderen Lebenslagen nach § 73 SGB XII – bisher §§ 27, 30 BSHG (dazu *Häsemeyer* Rz. 29.19 a im Anschluss an *Kohte* ZIP 1994, 184 [186]), sei es als karitative Leistung. Die Gesetzessystematik und die Gesetzesbegründung (BT-Drucks. 12/7302 S. 188) gehen davon aus, dass Schuldner aus karitativen oder sozialrechtlichen Zuwendungen Dritter unterstützt werden können.

29 Ein solches Verfahren kann auch nach Inkrafttreten der §§ 4 a ff. InsO geboten sein, obgleich die **Bewilligung der Verfahrenskostenstundung die Anforderung eines Kostenvorschusses ausschließt** (*BGH* ZVI 2006, 285 = VuR 2006, 405). Da die Verfahrenskostenstundung subsidiär eingreifen soll (s. *Kohte* § 4 a Rz. 8), ist auch weiterhin zu prüfen, ob die vorhandene bzw. die in absehbarer Zeit zu erwartende Masse die Kosten decken kann oder ob zumindest durch Leistung eines Vorschusses eine Eröffnung des Verfahrens ohne Verfahrenskostenstundung ermöglicht werden kann.

30 Die Bestimmung der Masse kann im heutigen Insolvenzrecht, in dem der Neuerwerb nach § 35 InsO zur Masse gezogen wird, nicht mehr statisch erfolgen. Vielmehr ist auf einen überschaubaren, »angemessenen Zeitraum« (so *BGH* NZI 2004, 30 = ZVI 2004, 28) abzustellen, innerhalb dessen schuldnerisches Vermögen realisiert werden kann. Angesichts des erklärten Ziels der Insolvenzrechtsreform, eine vermehrte Eröffnung von Verfahren zu erreichen, darf die Prognose des Gerichts nicht zu restriktiv vorgenommen werden (s. FK-InsO/*Schmerbach* § 26 Rz. 15 b). Zutreffend ist daher in der instanzgerichtlichen Praxis ein Zeitraum von mindestens einem halben Jahr als noch vertretbar eingestuft worden (so *LG Kaiserslautern* VuR 2001, 327 mit Anm. *Kohte* = ZInsO 2001, 628; vgl. Kübler/Prütting-Pape InsO, § 26 Rz. 9 e). Dieser Gesichtspunkt ist vor allem im Verbraucherinsolvenzverfahren von großer Bedeutung (dazu ausf. *Köhler* ZInsO 2001, 743 ff.), wenn die Masse in erster Linie durch pfändbares laufendes Arbeits- oder Sozialeinkommen gebildet wird. Daher ist in diesen Verfahren regelmäßig vorzutragen, wie die Masse in den nächsten sechs Monaten, z. B. durch Weihnachtsgeld, angereichert werden kann (daran fehlte es offensichtlich im Verfahren *OLG Köln* ZInsO 2000, 606). Dagegen ist bei einem Stundungsantrag entscheidend, dass die Kosten kurzfristig durch eine Einmalzahlung gedeckt werden können (*BGH* ZVI 2006, 285 = VuR 2006, 405), eine Verweisung auf eine Ratenzahlung oder das laufende Arbeitseinkommen mehrerer Monate ist nicht möglich (s. *Kohte* § 4 a Rz. 10 und FK-InsO/*Schmerbach* § 26 Rz. 15 c). Hier zeigt sich, dass die **Kategorien in §§ 26, 4 a InsO** zwar ähnlich aber nicht deckungsgleich sind (*Ahrens* NZI 2003, 558 [559]; ihm folgend *BGH* ZInsO 2005, 265 m. Anm. *Grote* = VuR 2005, 269 m. Anm. *Kohte*).

31 Spiegelbildlich ist danach die **Prognose der zu erwartenden Kosten** anzustellen. In einem Teil der instanzgerichtlichen Praxis war bis 2001 zu beobachten, dass schematische und überhöhte Kostenforderungen von 5000 bis 6000 DM geltend gemacht wurden, die die von den Schuldnern zu überwindende Kostenhürde unzulässig erhöhten. Bereits vor dem InsOÄndG war in einer Reihe von Verfahren durch die Beschwerdegerichte diese Praxis korrigiert worden (anschaulich *LG Berlin* ZInsO 2001, 718). Auch nach der Einführung der Verfahrenskostenstundung ist weiterhin zumindest dann eine solche präzise Kostenschätzung geboten, wenn der Schuldner dem Gericht das Interesse an einer Vorschussanforderung signalisiert hat (dazu *Vallender* InVo 1998, 4 [6]; *LG Traunstein* NZI 2000, 439).

32 Es muss daher dem Schuldner, der noch keinen Stundungsantrag gestellt hat – soweit erforderlich zusammen mit einem Hinweis auf die Möglichkeit der Verfahrenskostenstundung (s. FK-InsO/*Schmerbach* § 26 Rz. 18) – Gelegenheit gegeben werden, innerhalb eines angemessenen Zeitraums die Unterstützung ihm verbundener Personen, einer öffentlichen Stelle oder eines karitativen Trägers für die Zahlung eines solchen Kostenvorschusses einholen zu können. In jedem Fall bedarf es in Anknüpfung an die bisherige Gerichtspraxis sowohl eines vorherigen Beschlusses zur Höhe eines Kostenvorschusses als auch einer angemessenen Frist, in der der Schuldner entsprechende Initiativen einleiten kann (dazu auch *OLG Köln* ZInsO 2000, 606; MünchKomm-InsO/*Haarmeyer* § 26 Rz. 26; Kübler/Prütting-Pape InsO, § 26 Rz. 11 f; *Nerlich/Römermann-Mönning* InsO, § 26 Rz. 45 ff.). Das Insolvenzgericht ist zu einer solchen Kommunikation (vgl. *BGH* NZI 2004, 255) aufgrund des Gebotes prozessrechtlicher Rücksichtnahme verpflichtet; insoweit kann hier auf die Auslegung des § 17 VglO und die allgemeinen Grundsätze zurückgegriffen werden, die die Judikatur z. B. zu den prozessrechtlichen Konsequenzen des § 554 Abs. 2 Nr. 2 BGB – jetzt § 569 Abs. 3 Nr. 2 BGB – entwickelt hat (vgl. dazu nur *OLG Hamburg* ZMR 1988, 225; Soergel/*Heintzmann* BGB, § 554 Rz. 24); diff. jetzt Schmidt-Futterer/Blank MietR, 8. Aufl., § 569 Rz. 51 ff.).

Falls die Verfahrenskosten weder aus eigenen Kräften noch durch einen Zuschuss aufgebracht werden können, wird dem Schuldner, der keinen Antrag auf Verfahrenskostenstundung gestellt hat oder dessen Antrag abgelehnt worden ist, eine Überlegungsfrist für die Abwägung einzuräumen sein, ob die Eintragung in das Schuldnerverzeichnis nach § 26 Abs. 2 InsO oder eine Rücknahme des Antrags nach § 13 Abs. 2 InsO für ihn eher hinnehmbar ist. In jedem Fall spricht auch dieser Gesichtspunkt bei fehlender Verfahrenskostenstundung für die Fortsetzung der bisherigen Praxis, eine gesonderte und rechtzeitige Anordnung zum Kostenvorschuss zu treffen. 33

D. Verfahrensrechtliches

Die Höhe eines Kostenvorschusses kann von zentraler Bedeutung sein; der Beschluss des Gerichtes zur Höhe des Kostenvorschusses bedarf daher notwendigerweise der Rechtskontrolle. Auf den ersten Blick scheint nach §§ 6, 34 InsO eine Rechtskontrolle erst im Zusammenhang mit der sofortigen Beschwerde gegen die Ablehnung der Eröffnung nach § 34 InsO möglich zu sein, da vorherige Anordnungen nicht als beschwerdefähig ausgestaltet sind (dazu *LG Göttingen* DZWIR 2000, 392; *Hess/Pape* InsO Rz. 183). Daher war zeitweilig erwogen worden, den Beschluss zum Kostenvorschuss der Beschwerde nach § 34 InsO zu unterwerfen, so dass die bisherige Verfahrensverbindung zwischen rechtskräftigem Beschluss zum Kostenvorschuss und Eröffnungsbeschluss übernommen werden könnte (*Häsemeyer* 2. Aufl., Rz. 7.33; vgl. *Smid* InsO, § 26 Rz. 20; ebenso *Haarmeyer/Wutzke/Förster* Hdb. zur InsO, 1997, § 3 Rz. 294, anders die 3. Aufl., § 3 Rz. 531). 34

Näher liegt es, in Übereinstimmung mit einem Teil der neueren Judikatur (so die Verfahren zu § 305 Abs. 3 InsO: *BayObLG* NZI 2000, 129; *OLG Celle* ZIP 2001, 340; *LG Oldenburg* Nds. Rpfl. 2000, 293; *Ahrens* NZI 2000, 201, [206]; *Grote* § 305 Rz. 50 b; offen gelassen in *BGH* ZInsO 2005, 537) § 34 InsO analog anzuwenden, wenn der amtsgerichtliche Kostenvorschuss eindeutig rechtswidrig ist und unmittelbar zur Abweisung mangels Masse führen wird (vgl. die amtsgerichtliche Anordnung in *OLG Köln* ZIP 2000, 548 [549]). Diese Voraussetzungen sind allerdings nicht gegeben, wenn der Schuldner zugleich Verfahrenskostenstundung beantragt hat und erhält, so dass in diesen Fällen die Kostenkontrolle nicht im Rahmen der Vorschussanordnung, sondern der Erinnerung nach § 66 GKG sowie der Beschwerde nach § 63 Abs. 2 InsO erfolgen wird. Wird auch der Antrag auf Verfahrenskostenstundung abgelehnt, so müsste die Bestimmung des Kostenvorschusses als Vorfrage im Beschwerdeverfahren nach § 4 d InsO überprüft werden. Diese verfahrensrechtliche Konstellation zeigt, dass die Einführung der Verfahrenskostenstundung auch diverse weitere Verfahrensprobleme für die Praxis sachgerecht erledigt hat, so dass die geplante ersatzlose Aufhebung auch aus diesem Grund nicht zu empfehlen ist. 35

§ 312
Allgemeine Verfahrensvereinfachungen

(1) ¹Öffentliche Bekanntmachungen erfolgen auszugsweise; § 9 Abs. 2 ist nicht anzuwenden. Bei der Eröffnung des Insolvenzverfahrens wird abweichend von § 29 nur der Prüfungstermin bestimmt. ²Wird das Verfahren auf Antrag des Schuldners eröffnet, so beträgt die in § 88 genannte Frist drei Monate.
(2) Die Vorschriften über den Insolvenzplan (§§ 217 bis 269) und über die Eigenverwaltung (§§ 270 bis 285) sind nicht anzuwenden.

Inhaltsübersicht: Rz.

A. Normzweck   1– 2 d
B. Systematik   3
C. Der Eröffnungsbeschluss   4–17
   I. Der Eröffnungsgrund   5–13
   II. Die Kostendeckung   14–15
   III. Probleme des Gläubigerantrags   16–17
D. Die Bestimmung der Insolvenzmasse   18–66

I. Der Insolvenzbeschlag von Sachen des Schuldners	19–25
1. Aussonderungsrechte	19–21
a) Der Eigentumsvorbehalt	19–20
b) Aussonderungsrechte von Haushaltsangehörigen	21
2. Hausrat	22
3. Zur Erwerbstätigkeit erforderliche Gegenstände	23–25
II. Unterhaltsforderungen	26–30
III. Forderungen aus Erwerbs- und Erwerbsersatzeinkommen	31–54 a
1. Forderungen aus Arbeitsverträgen und gleichgestellten Beschäftigungsverhältnissen	31–37
2. Forderungen aus Sozialleistungsverhältnissen	38–44
3. Die Sicherung des Existenzminimums	45–50
4. Arbeitsentgelt und Eigengeld von Strafgefangenen	51–54 a
V. Forderungen mit Versorgungscharakter	55–66
1. Forderungen aus Versicherungsverträgen	55–62
2. Forderungen aus Sparverträgen	63–66
E. Die Durchführung des vereinfachten Insolvenzverfahrens	67–72
F. Verfahrensrechtliches	73–80

Literatur:

Siehe vor § 286.

A. Normzweck

1 Die Regelung des § 312 InsO dient nach dem Bericht des Rechtsausschusses (BT-Drucks. 12/7302 S. 193) vor allem der Verfahrensvereinfachung und der Entlastung der Gerichte. In der Diskussion um den Regierungsentwurf war nachhaltig die Komplexität des 1992 vorgesehenen einheitlichen Insolvenzverfahrens gerügt worden (dazu nur *Kohte/Kemper* Blätter der Wohlfahrtspflege 1993, 81 ff.; *Döbereiner* Die Restschuldbefreiung nach der Insolvenzordnung, 1997, S. 67 ff. m. w. N.). Die Gesamtheit der Regelungen zum Verbraucherinsolvenzverfahren dokumentieren den Wunsch des Rechtsausschusses, durch eine umfassende **Verfahrensvereinfachung** und die Einführung neuer Verfahrenselemente die Verbraucherinsolvenz praktikabel zu machen.

2 Weiter zeigt vor allem die Regelung des § 312 Abs. 3 InsO, dass grds. zwischen Unternehmens- und Verbraucherinsolvenz zu differenzieren ist (so auch der Rechtsausschuss a. a. O., S. 194). Damit ist ein anderes Element der Kritik am Regierungsentwurf aufgegriffen worden, die an dem im Regierungsentwurf zugrunde gelegten Modell des einheitlichen Insolvenzverfahrens die fehlende Differenzierung zwischen Unternehmens- und Verbraucherinsolvenz gerügt hatte (*Döbereiner* a. a. O., S. 53 ff.). Durch § 312 Abs. 3 InsO wird nunmehr dokumentiert, dass das **Verbraucherinsolvenzverfahren** Teil des sich entwickelnden **Verbraucherprozessrechts** (dazu *Kohte* vor §§ 304 Rz. 5) ist.

2 a Eine weitere Vereinfachung des Verfahrens ist durch das InsOÄndG 2001 erfolgt. Durch Abs. 1 Satz 1 sind die Anforderungen an **Bekanntmachungen** deutlich herabgesetzt worden. In der Bund-Länder-Arbeitsgruppe war unter dem Gesichtspunkt der Vereinfachung des Verfahrens und der Reduzierung der Kosten ausführlich erörtert worden, ob und in welchem Umfang auf Bekanntmachungen verzichtet werden könne (dazu *Graf-Schlicker/Remmert* ZInsO 2000, 321 [324]). Ein vollständiger Verzicht auf öffentliche Bekanntmachungen war zwar erwogen worden, wurde jedoch aus rechtsstaatlichen und praktischen Gründen verworfen. Stattdessen wurde einerseits die Möglichkeit wiederholter Bekanntmachungen (zu den möglichen Gegenständen FK-InsO/*Schmerbach* 4. Aufl., § 9 Rz. 14) im Verbraucherinsolvenzverfahren untersagt; der Umfang der ersten öffentlichen Bekanntmachung wurde begrenzt, so dass sich auch daraus eine gewisse Kostenreduktion ergibt, die bei den Entscheidungen nach §§ 4 a, 311 InsO zu berücksichtigen ist (zu weiteren Einzelheiten u. Rz. 76).

2 b Die von der Bund-Länder-Arbeitsgruppe vorgeschlagene umfassende Nutzung des Internet als Bekanntmachungsmedium (dazu *Graf-Schlicker/Remmert* ZInsO 2000, 321 [324]) ist vom Rechtsausschuss des Bundestages zutreffend an strengere Bedingungen geknüpft worden, die eine Gewährleistung des Datenschutzes sicherstellen sollen (BT-Drucks. 14/6468 S. 17). Mit diesen Einschränkungen wird die Entschließung der Datenschutzbeauftragten des Bundes und der Länder vom 24. 04. 2001 (www.bfd.bund.de) aufgenommen. Diese Einschränkungen sind zur Wahrung von Persönlichkeitsrechten dringend geboten; bereits heute ist die Gerichtspraxis herausgefordert, unzulässige Praktiken der Sammlung und Veröffentlichung von Schuldnernamen und andere Formen öffentlichkeitsbezogener Beitreibung zu unterbinden (zum Schuldnerspiegel im Internet *OLG Rostock* ZIP 2001, 796 = CR 2001, 618; vgl. *LG Leipzig* NJW 1995, 3190; *LG Bonn* NJW-RR 1995, 1515). Die Nutzung des Internet zu Bekanntmachungen in der Insolvenz wurde 2002 durch die Verordnung vom 12. 02. 2002 (BGBl. I S. 677 ff) geregelt (Einzelheiten s. FK-InsO/*Schmerbach* § 9 Rz. 19 ff.). Eine deutliche Vereinfachung der Bekanntmachungen erfolgte 2007 durch die Novellierung des § 9 InsO im Gesetz zur Vereinfachung des Insolvenzverfahrens (*Pape* NZI 2007, 425 [427]). Seit dem 1. 1. 2009 erfolgen Veröffentlichungen nur noch im Internet (vgl. FK-InsO/*Schmerbach* § 9 Rz. 16).

Als weitere Straffung des Verfahrens wurde die Erweiterung der **Rückschlagsperre** nach § 88 InsO durch Art. 1 Nr. 28 InsOÄndG angeordnet (dazu BT-Drucks. 14/5680 S. 32). Nachdem noch in Art. 7 des Regierungsentwurfs zum InsOÄndG ein begrenztes Vollstreckungsverbot während der außergerichtlichen Einigungsverhandlungen vorgeschlagen worden war (dazu *Kohte* vor §§ 304 ff. Rz. 14 und BT-Drucks. 14/5680 S. 34 f.), beschränkte man sich im Gesetzgebungsverfahren mit dem Ziel einer weiteren Verfahrensvereinfachung auf eine erweiterte Anwendung des Instruments der Rückschlagsperre. Dies steht in engem Zusammenhang mit den Instrumenten des Anfechtungsrechts, so dass beide zusammenhängend zu erörtern sind (s. *Kohte* § 313 Rz. 85 ff.). **2 c**

Im Referentenentwurf 2004 ist als weitere Vereinfachung des Verfahrens die Streichung von § 312 Abs. 3 InsO vorgeschlagen worden (ZInsO 2004, 767 [773]). Dieser Vorschlag ist in der Literatur auf Zustimmung gestoßen (z. B. *I. Pape* NZI 2004, 601 [607]). In geeigneten Fällen könnte durchaus vom Instrument der Eigenverwaltung Gebrauch gemacht werden, das in Österreich auch für Verbraucher mit Erfolg genutzt wird. Eine solche gezielte und überlegte Vereinfachung des Verfahrens ist wesentlich sinnvoller als Pläne, mit einem neuartigen systemwidrigen Entschuldungsverfahren wertungswidersprüchliche Verwerfungen hervorzurufen (dazu nur *Kohte* ZVI 2005, 9 [13]; *Schmerbach* ZInsO 2005, 1009 [1012]). Seit 2007 wird die vollständige Aufhebung von § 312 InsO diskutiert (*Pape* NZI 2007, 681 [685]). **2 d**

B. Systematik

Die Vereinfachung soll mit verfahrensrechtlichen Mitteln erreicht werden, indem durch § 312 Abs. 1 InsO der Berichtstermin eliminiert und durch Abs. 2 die Möglichkeit geschaffen worden ist, von einigen verfahrensrechtlichen Anforderungen des allgemeinen Insolvenzverfahrens im Einzelfall abzuweichen. Auf der anderen Seite gelten die allgemeinen Grundsätze des Insolvenzverfahrens auch für das Verbraucherinsolvenzverfahren; spezielle materielle Regelungen sind nicht aufgenommen worden. Es wird sich jedoch zeigen, dass auch für die allgemeinen Bestimmungen des Insolvenzrechts verbraucherspezifische Herausforderungen bestehen und verbraucherspezifische Lösungen gesucht werden müssen. Im folgenden sollen exemplarische Schwerpunkte verbraucherbezogener Probleme dargestellt werden, aus denen sich allerdings ergeben wird, dass die gewünschte Vereinfachung nur teilweise möglich sein wird. **3**

C. Der Eröffnungsbeschluss

Der vom Richter zu erlassende Eröffnungsbeschluss ist für das gesamte weitere Verfahren von grundlegender Bedeutung. Er bewirkt den Verlust der Verwaltungs- und Verfügungsbefugnis des Schuldners über die Insolvenzmasse (§ 80 Abs. 1 InsO) und hindert die Insolvenzgläubiger mit einer Vollstreckungssperre am weiteren hoheitlichen Zugriff (§ 89 InsO); diese Regelung wird flankiert und effektiviert durch die in ihrem zeitlichen Geltungsbereich nunmehr (o. Rz. 2 c) intensivierte Rückschlagsperre nach § 88 InsO sowie durch die Unterbrechung aller die Insolvenzmasse betreffenden Prozesse nach § 240 ZPO ergänzt. Wegen dieser Wirkungen gelten für den **Eröffnungsbeschluss formalisierende und publizitätsfördernde Vorschriften** (dazu *Häsemeyer* InsR, 4. Aufl., Rz. 7.48), die auch im Verbraucherinsolvenzverfahren Anwendung finden. Insoweit kann auf die allgemeinen Ausführungen zu §§ 27 ff. InsO zurückgegriffen werden. **4**

I. Der Eröffnungsgrund

5 Nach § 16 InsO setzt die Eröffnung des Insolvenzverfahrens voraus, dass nach der Überzeugung des Gerichts ein **Eröffnungsgrund** gegeben ist. Die beiden Gründe der **Zahlungsunfähigkeit** nach **§ 17 InsO** und der **drohenden Zahlungsunfähigkeit** nach **§ 18 InsO** gelten auch im Verbraucherinsolvenzverfahren. Dagegen greift der Eröffnungsgrund der Überschuldung nach § 19 InsO nur bei juristischen Personen und diesen in bestimmten Fällen gleichgestellten Gesellschaften ohne Rechtspersönlichkeit (§ 19 Abs. 3 InsO) ein, so dass er im Verbraucherinsolvenzverfahren keine Anwendung finden kann. Die in meisten Fällen gegebene ökonomische Überschuldung der Verbraucher darf nicht mit dem organisationsrechtlichen Begriff der Überschuldung nach § 19 InsO (vgl. dazu vor allem §§ 64 GmbHG, 92 AktG) verwechselt werden.

6 Im bisherigen Recht war nach § 102 KO die Zahlungsunfähigkeit ebenfalls als Eröffnungsgrund anerkannt, jedoch im Gesetz nicht näher definiert, sondern nur durch die Vermutung umschrieben, dass die Zahlungsunfähigkeit insbesondere bei Zahlungseinstellung anzunehmen sei. Dieser Rechtsbegriff war in der Judikatur von großer Bedeutung, da auch die Konkursanfechtung in § 30 KO der Zahlungseinstellung als der stärksten Form der Zahlungsunfähigkeit (so *Smid/Zeuner* GesO, 3. Aufl. 1997, § 10 Rz. 121) eine Schlüsselrolle zugewiesen hatte. Die Definitionen der bisherigen Judikatur zur Zahlungseinstellung entstammen daher auch überwiegend aus Anfechtungsverfahren (dazu nur *BGH* WM 1959, 891; NJW 1962, 102; zuletzt *BGH* NJW 1998, 607; 1999, 645; NJW-RR 2000,1297; NJW 2001, 1650; ZIP 2001, 1155; WM 2001, 2181 [2182] = ZIP 2001, 2097 [2098]).

7 Das neue Insolvenzrecht hat zur erleichterten Anwendung in der Praxis erstmals eine ausdrückliche Definition in § 17 Abs. 2 Satz 1 InsO aufgenommen, die um eine **widerlegliche Vermutung der Zahlungsunfähigkeit** bei **Zahlungseinstellung** ergänzt wird. Im Anfechtungsrecht ist anstelle der Zahlungseinstellung nunmehr die Zahlungsunfähigkeit in § 130 InsO als Zentralbegriff normiert worden (s. FK-InsO/*Dauernheim* § 130 Rz. 36). Diese allgemeine Tendenz, die Eröffnung des Insolvenzverfahrens zu erleichtern (dazu nur HambK-InsO/*Schröder* 2. Aufl., § 17 Rz. 23), zeigt sich auch in der Definition der Zahlungsunfähigkeit, die dadurch charakterisiert ist, dass der Schuldner nicht in der Lage ist, die fälligen Zahlungspflichten zu erfüllen. In der bisherigen Judikatur war verlangt worden, dass ein auf dem Mangel an Zahlungsmitteln beruhendes, voraussichtlich dauerndes Unvermögen vorliegt, die fälligen Geldschulden wenigstens zu einem wesentlichen Teil zu erfüllen (*BGH* NJW 1991, 980 [981]; ausf. FK-InsO/*Schmerbach* § 17 Rz. 4). In der neuen Definition sind bewusst das Merkmal der Dauer und der Wesentlichkeit nicht mehr übernommen worden, um den bisherigen »Einengung« des Rechtsbegriffs der Zahlungsunfähigkeit entgegenzutreten und stattdessen das **Ziel einer rechtzeitigen Verfahrenseröffnung** zu fördern (dazu BT-Drucks. 12/2443 S. 114; zust. jetzt *BGH* ZInsO 2005, 807 = NJW 2005, 3062; im traditionellen Sinn jedoch *BGH* NZI 2007, 579 [580]).

8 Aus unserer Sicht dürfte in der Praxis der Verbraucherinsolvenzverfahren allerdings weniger diese Akzentsetzung bei der Auslegung des § 17 InsO, sondern vielmehr die Konkretisierung der bisher schon bekannten Rechtsbegriffe im Vordergrund stehen. Diese verlangen eine Abgrenzung der Zahlungsunfähigkeit von der Zahlungsunwilligkeit, da bei Streit um Zahlungspflichten nicht das Gesamtvollstreckungsverfahren, sondern das individuelle Erkenntnisverfahren die geeignete Verfahrensart ist. Gerade in verbraucherbezogenen Verschuldungssituationen ist der Streit um die Wirksamkeit von Kreditverträgen, Verzugszinsen, Kostenpauschalen u. a. belastenden Bedingungen nicht selten (dazu *Kohte/Kemper* Blätter der Wohlfahrtspflege 1993, 81 [83]), so dass in allen Fällen, in denen die fehlende Zahlung des Schuldners rechtlich motiviert erscheint, Zahlungsunfähigkeit zu verneinen sein dürfte (dazu auch *Burger/Schellberg* BB 1995, 261 [262]).

9 Fällige Zahlungspflichten, die in § 17 Abs. 2 Satz 1 InsO verlangt werden, liegen nicht mehr vor, wenn die jeweiligen Forderungen gestundet sind (*AG Göttingen* NZI 2001, 606). Hier war in der bisherigen Judikatur unklar, inwieweit nicht nur ausdrückliche, sondern auch konkludente Stundungen berücksichtigt werden können (dazu FK-InsO/*Schmerbach* § 17 Rz. 10 f.; *Burger/Schellberg* BB 1995, 263; zutreffend vorsichtig jetzt *BGH* ZInsO 2008, 378 [380]). Gerade beim **Überziehungskredit**, der für die Verschuldung von Verbrauchern eine wichtige Rolle spielt, ist diese Abgrenzung nur schwer vorzunehmen (dazu bereits *Kilimann* NJW 1990, 1154 [1157]; vgl. allgemein MünchKomm-BGB/*Krüger* 5. Aufl. 2007, § 271 Rz. 21 ff.; *Staudinger/Kessal-Wulf* BGB, 2004, § 493 Rz. 32 ff.). Die bisher in Einzelfällen vertretene Berücksichtigung einer tatsächlichen Stundung (*BGH* NJW 1998, 607) oder Duldung ist mit § 17 InsO nicht mehr vereinbar, so dass eine eindeutige Vereinbarung erforderlich ist, um Zahlungsunfä-

higkeit auszuräumen (so auch *Kübler/Prütting-Pape* InsO, § 17 Rz. 6; *Hess* InsO, 2007, § 17 Rz. 9). In der Praxis dürfte hier die schrittweise Entfaltung des Verbraucherinsolvenzverfahrens zur Klärung und Problemlösung beitragen, denn sowohl im Forderungsverzeichnis als auch im Schuldenbereinigungsplan nach § 305 InsO und die dazu ergehenden Erörterungen mit den Gläubigern wird sich in der Regel klären lassen, ob bestimmte Verbindlichkeiten fällig oder ob sie gestundet sind. Behauptet der Schuldner Zahlungsunfähigkeit, wird es Sache der widersprechenden Gläubiger sein, eine so eindeutige und zeitlich weit reichende rechtsgeschäftliche Stundung anzustreben, dass sowohl § 17 InsO als auch § 18 InsO ausgeräumt sind.

Damit verbleibt als die wichtigste zu klärende Frage, wie die **Zahlungsunfähigkeit** von der **Zahlungs-** 10 **stockung** abgegrenzt werden kann. Nach der Regierungsbegründung sollen Zahlungsschwierigkeiten ohne insolvenzrechtliche Relevanz bleiben, die durch kurzfristige Beschaffung liquider Mittel auflösbar sind (BT-Drucks. 12/2443 S. 114). In der Literatur will man hier die bisherigen Fristen, die zwischen sechs Wochen und drei Monaten variierten, wesentlich verkürzen und Zahlungsstockungen, die länger als zwei bis sechs Wochen dauern, als Zahlungsunfähigkeit klassifizieren (dazu *Burger/Schellberg* a. a. O., S. 263). Für die GmbH-Insolvenz hat die Judikatur unter Rückgriff auf § 64 GmbHG eine Drei-Wochen-Frist als Regelfrist statuiert (*BGH* ZInsO 2005, 807 [808] = NJW 2005, 3062 [3064]). Dies erscheint für den Bereich der Verbraucherinsolvenzverfahren zu eng, denn die vom Senat als zentrales Kriterium herausgestellte Beschaffung von Liquidität durch Kredite ist für Verbraucher i. d. R. komplizierter und langwieriger als für Unternehmen. Maßgeblich sollte für Verbraucher weiter das allgemeine Kriterium der bisherigen Judikatur sein, dass ein Kredit zugesagt oder eine Kreditaussicht »hinreichend konkret« ist (*BGH* NJW 1995, 2103 [2104]). Vor allem ist zu beachten, dass eine wichtige Ursache der Zahlungsstockung – nämlich der fehlende Zufluss liquider Mittel durch den Arbeitgeber – in der wirtschaftlichen Krise des Arbeitgebers nicht kurzfristig behoben werden kann. Es müsste daher für Verbraucher auf die Erfahrungen bei der Beantragung des Insolvenzgeldes und der Vorfinanzierung dieser Sozialleistung nach § 188 SGB III zurückgegriffen werden. Diese bedarf der ausdrücklichen Zustimmung des Arbeitsamtes nach § 188 Abs. 4 SGB III und bezieht sich auf einen Zeitraum bis zu drei Monaten; solange solche Verhandlungen über die Vorfinanzierung von Insolvenzgeld geführt werden, dürften die auf mangelnder Zahlung von Arbeitsentgelt beruhenden Zahlungsschwierigkeiten von Verbrauchern nicht als Zahlungsunfähigkeit eingestuft werden. Dies ist auch bei der sinngemäßen Übertragung der Argumentationsfigur der »geringfügigen Liquiditätslücke« (*BGH* ZInsO 2005, 807 [809] = NJW 2005, 3062 [3065]) auf Verbraucher zu beachten.

Selbst wenn zu einem bestimmten Zeitpunkt Zahlungsunfähigkeit vorgelegen hat, so kann diese doch 11 noch wieder beseitigt werden, indem z. B. der/die Gläubiger mit einem Forderungsverzicht einverstanden ist/sind, eine Stundungsvereinbarung getroffen wird oder ein Zuschuss aus familiären oder karitativen Mitteln gezahlt werden kann. In solchen Fällen kann dann der Eröffnungsgrund der Zahlungsunfähigkeit wieder wegfallen oder – bei Befriedigung eines einzelnen Gläubigers – der Insolvenzantrag in den Grenzen des § 13 Abs. 2 InsO zurückgenommen werden (dazu aus dem bisherigen Recht *LG Köln* ZIP 1980, 34 m. Anm. *Uhlenbruck*; *OLG Koblenz* ZIP 1993, 1604; jetzt zutreffend vorsichtig *AG Hamburg* ZInsO 2008, 52 [53]). Wenn rechtzeitig die sofortige Beschwerde gegen den Eröffnungsbeschluss eingelegt worden war, konnte eine solche Befriedigung auch noch im weiteren Verlauf des Beschwerdeverfahrens Beachtung finden (dazu *OLG Frankfurt* Rpfleger 1977, 412; *OLG Koblenz* a. a. O.; s. u. Rz. 77). Dies wird inzwischen allenfalls noch beim Schuldnerantrag vertreten (*Häsemeyer* InsR, 4. Aufl., Rz. 7, 55), während bei Eröffnung nach Gläubigerantrag eine Beschwerdemöglichkeit des Schuldners wegen zwischenzeitlicher Gläubigerbefriedigung verneint wird (*Kübler/Prütting-Pape* InsO, § 34 Rz. 35; *Jaeger/Schilken* § 34 Rz. 25). Allerdings steht dem Schuldner bei Gläubigerbefriedigung nach Eröffnung auf Gläubigerantrag die Einstellungsmöglichkeit des § 212 InsO zur Verfügung (s. FK-InsO/*Schmerbach* § 34 Rz. 26, ebenso jetzt *BGH* NZI 2006, 693 [695]).

Bei Schuldneranträgen kann als Eröffnungsgrund nunmehr nach § 18 InsO auch die **drohende Zah-** 12 **lungsunfähigkeit** ausreichen. Diese liegt vor, wenn der Schuldner voraussichtlich nicht in der Lage sein wird, die bestehenden Zahlungspflichten im Zeitpunkt der Fälligkeit zu erfüllen. Diese neue Regelung, die einen Rechtsbegriff aus dem Konkursstrafrecht aufgreift, dient – gerade im Zusammenspiel mit der erweiterten Anwendbarkeit von § 88 InsO – ebenfalls der früheren Beantragung und Eröffnung von Insolvenzverfahren (dazu nur *Burger/Schellberg* a. a. O., S. 264; *Schwemer* WM 1999, 1155 [1156]). Sie setzt wiederum bestehende und fällige Verbindlichkeiten voraus, die eine Prognose über die künftige Entwicklung der Finanzlage des Schuldners ermöglichen (dazu ausf. FK-InsO/*Schmerbach* § 18 Rz. 8 ff.; *App* DGVZ 2004, 132).

13 Nach den Erfahrungen der Schuldnerberatung liegt eine **wesentliche Ursache** für Zahlungsschwierigkeiten von Schuldnern im Verlust von **Arbeits- und Sozialeinkommen** durch Kurzarbeit, Krankheit und Arbeitsplatzverlust. Diese Ereignisse sind nur in größeren Betrieben mit längerfristiger Personalplanung prognostizierbar. In Fällen, in denen ein Arbeitsplatzverlust bevorsteht und mit hinreichender Sicherheit erwartet werden kann, dass die Suche nach einem neuen Arbeitsplatz auf große Schwierigkeiten stoßen wird, dürfte eine drohende Zahlungsunfähigkeit vorliegen. Die dagegen in den Materialien hervorgehobenen Fälle, dass zukünftige noch nicht begründete Zahlungspflichten berücksichtigt werden sollen (BT-Drucks. 12/2443 S. 115), dürften im Verbraucherbereich seltener sein. Eine Verschuldungsstruktur, die planmäßig wachsende Ratenzahlungen beinhaltet, ist eher atypisch. Außerdem ist auch hier wieder die Struktur des Verbraucherinsolvenzverfahrens zu berücksichtigen; wenn es dem Schuldner gelungen ist, seinen Zahlungspflichten sowohl während des außergerichtlichen Verfahrens als auch während des Schuldenbereinigungsverfahrens weitgehend zeitgerecht nachzukommen, dann dürften nur wenige Situationen denkbar sein, warum in der Eröffnungsphase eine deutliche Verschlechterung erfolgen sollte. Stattdessen wird man regelmäßig davon ausgehen können, dass bereits im Schuldenbereinigungsverfahren ein beachtlicher Teil der fälligen Verbindlichkeiten nicht mehr erfüllt werden kann, so dass § 17 InsO maßgeblich ist. Stundungen können eine drohende Zahlungsunfähigkeit nur ausräumen, wenn sie – unbeschadet einer Kündigungsmöglichkeit – wenigstens den Zeitraum eines Jahres umfassen.

II. Die Kostendeckung

14 Der Antrag auf Eröffnung des Insolvenzverfahrens ist weiter abzuweisen, wenn das Vermögen des Schuldners voraussichtlich nicht ausreichen wird, um die Kosten des Verfahrens zu decken (§ 26 InsO). Die mit dieser klassischen insolvenzrechtlichen Norm verbundenen Gefahren sind im Gesetzgebungsverfahren ausführlich diskutiert worden. Man versprach sich eine Entschärfung dieser Probleme durch eine Doppelstrategie: Zum einen sollen das Insolvenzverfahren verbilligt und die Kosten nachhaltig gesenkt werden, so dass auf diese Weise eine größere Zahl von Verbrauchern dieses Verfahren nutzen kann. Diese Zielsetzung ist vor allem in der Fassung der InsVV noch einmal verdeutlicht worden. Zum anderen ging man davon aus, dass es den Schuldnern möglich sein werde, familiäre, karitative oder sozialrechtliche Ressourcen nutzen zu können. Der in § 1 Satz 2 InsO ausdrücklich kodifizierte Sanierungszweck verlangt, dass Verfahren nicht voreilig an Kostenhindernissen scheitern dürfen. Es ist daher unverzichtbar, dass das oben (s. *Kohte* § 311 Rz. 25 ff.) dargestellte **Verfahren zum Kostenvorschuss** genau **eingehalten** wird. Es ist sowohl erforderlich, dass die Höhe des Kostenvorschusses einer genauen Überprüfung standhält als auch dem Schuldner eine hinreichende Zeit eingeräumt wird, die karitativen oder sozialrechtlichen Ressourcen, auf die man im Gesetzgebungsverfahren großen Wert gelegt hatte, mobilisieren zu können. Wenn dem Schuldner solche Mittel nicht zur Verfügung gestellt worden sind, ist auf Antrag Verfahrenskostenstundung nach § 4 a InsO zu prüfen. Ist diese bewilligt, darf nach § 26 Abs. 1 Satz 2 InsO eine Abweisung des Schuldnerantrags mangels Masse nicht erfolgen.

15 Eine besondere Bedeutung hat im Verbraucherinsolvenzverfahren die Bestimmung der **Werthaltigkeit der Aktivmasse**. Bereits im bisherigen Konkursrecht war allgemein anerkannt, dass bei der Feststellung der Werthaltigkeit der Masse auch Ansprüche des Gemeinschuldners zu berücksichtigen sind, deren gerichtliche Geltendmachung durch den zukünftigen Verwalter Aussicht auf Erfolg verspricht (so *OLG Karlsruhe* ZIP 1989, 1070; *Kilger/Karsten Schmidt* KO, § 107 Rz. 2; *Hess* KO, § 107 Rz. 1). Zu den relativ eindeutig realisierbaren Ansprüchen gehören z.B. Ansprüche der Masse gegen Vollstreckungsgläubiger, die der Rückschlagsperre nach §§ 88, 114 Abs. 3 Satz 3 InsO unterliegen. Diese Ansprüche sind durch den Treuhänder zu realisieren (*Henckel* FS für Gaul, S. 199 [211]). In der bisherigen konkursrechtlichen Judikatur wurde ein Verfahren auch eröffnet, wenn eine realisierbare Rückforderung mit Hilfe eines aussichtsreichen Anfechtungsprozesses möglich war (dazu nur *OLG Schleswig* ZIP 1996, 1051; *Pape* ZIP 1989, 1029 [1036]). Zu den wesentlichen Anliegen der neuen Insolvenzordnung gehört die Effektivierung des Anfechtungsrechts, mit dessen Hilfe z.B. die Rückschlagsperre nach § 88 InsO durch die Anfechtung nach § 131 Abs. 1 InsO ergänzt wird (s. *Kohte* § 313 Rz. 68 ff.). Daher ist in den Gesetzesmaterialien ausdrücklich die Beachtlichkeit einer Anreicherung der Masse durch Beitreiben von Außenständen und Anfechtungsverfahren hervorgehoben worden (BT-Drucks. 12/2443 S. 117; FK-InsO/*Schmerbach* § 26 Rz. 10 a). Die Berücksichtigung solcher Anfechtungsverfahren ist inzwischen erleichtert wor-

den, da diese durch den Treuhänder sowie durch Gläubiger geführt werden können, die hier nicht für sich, sondern als gesetzliche Prozessstandschafter für die Insolvenzgläubiger handeln (dazu *Häsemeyer* InsR, Rz. 29.53; *Kohte* § 313 Rz. 85 ff.). Deren Untätigkeit darf im Eröffnungsverfahren nicht unterstellt werden; im Übrigen darf der Verbraucherschuldner durch die Vereinfachung des § 313 InsO nicht schlechter gestellt werden als ein Schuldner im allgemeinen Insolvenzverfahren, zu dessen Gunsten ein Insolvenzverwalter Anfechtungsprozesse führt und der im Insolvenzplan auch die Möglichkeiten der Anfechtung zur Geltung bringen kann (dazu nur *Smid / Rattunde* Der Insolvenzplan, 1998, Rz. 276, 303 ff.; *Henckel* FS für Gaul, S. 199 [207 f.]).

III. Probleme des Gläubigerantrags

Eine intensivere Prüfung des Eröffnungsgrundes dürfte vor allem nahe liegen, wenn das Insolvenzverfahren durch einen **Gläubigerantrag nach § 306 InsO** begonnen worden ist und sich kein Schuldenbereinigungsverfahren als Zwischenverfahren nach § 306 Abs. 3 Satz 2 InsO angeschlossen hat. Hier könnten solche Fälle häufiger auftreten, in denen eine Gläubigerforderung ernsthaft und nicht aussichtslos bestritten wird, so dass eine Klärung nicht im Vollstreckungsverfahren, sondern nur im ordentlichen Streitverfahren erfolgen kann und der Antrag auf Eröffnung des Insolvenzverfahrens wegen fehlender Überzeugung des Insolvenzgerichts von der Zahlungsunfähigkeit zurückzuweisen ist (dazu nur *OLG Frankfurt* KTS 1973, 140; *OLG Frankfurt* KTS 1983, 148). In solchen Fällen wird es vor allem fraglich sein, ob ein hinreichendes Rechtsschutzinteresse des Gläubigers für den Insolvenzantrag besteht (dazu ausf. mit zahlreichen Beispielen *Gottwald / Uhlenbruck* Insolvenzrechtshandbuch, 3. Aufl. 2006, § 13 Rz. 4; *Kuhn / Uhlenbruck* KO, § 105 Rz. 6 a); zur Darlegungslast in solchen Fällen *LG Itzehoe* KTS 1989, 730 sowie unten Rz. 74). 16

Für Verbraucherinsolvenzverfahren dürften vor allem die Fallgruppen von Bedeutung sein, in denen Gläubiger mit dem Druck des Insolvenzverfahrens **konkursfremde Zwecke** (dazu jetzt *BGH* ZInsO 2008, 320 [321]) verfolgen und z.B. **Ratenzahlungen** zu erreichen suchen, die ein Schuldner – z. B. wegen rechtlicher Bedenken – bisher nicht zugesagt bzw. erbracht hat (dazu z. B. ausf. *Delhaes* Der Insolvenzantrag, 1994, S. 86 ff.; *AG Burgsteinfurt* MDR 1968, 1020; *LG Augsburg* KTS 1975, 321; *LG Münster* ZIP 1993, 1103). Bereits aus der bisherigen Praxis ist bekannt, dass Konkursanträge als Druckmittel zur Anerkennung erheblicher Gebührenforderungen im Zusammenhang mit der Gewährung von Ratenzahlungen eingesetzt worden sind. In der Gerichtspraxis ist dies als konkursfremder Zweck qualifiziert worden, der zum Fortfall des Rechtsschutzinteresses eines solchen Konkursantrags führte (*AG Holzminden* ZIP 1987, 1272; *AG Hamburg* ZIP 2000, 1019; *LG Meiningen* ZIP 2000, 1451 [1452]; MünchKomm-InsO / *Schmahl* 2. Aufl. 2007, § 14 Rz. 52 ff.; *Kübler / Prütting-Pape* InsO, § 14 Rz. 12; *Uhlenbruck* InsO, § 14 Rz. 5; *Jaeger / Gerhardt* § 14 Rz. 4). Angesichts der Erfahrungen aus der Schuldnerberatung mit verschiedenen Praktiken im Inkassobereich (dazu nur *Bindemann* a. a. O., Rz. 225) ist davon auszugehen, dass diese Fallgruppe von großer Bedeutung sein wird. In den verbraucherrechtlichen Verfahren der letzten 20 Jahre haben sich die Prozessgerichte ein breites Wissen erworben, welche Gläubigergruppen typischerweise rechtlich zweifelhafte Forderungen geltend machen (dazu nur der ausführliche Sachverhalt *KG* WM 1984, 1181); es wird Aufgabe der Insolvenzgerichte und der anderen Verfahrensbeteiligten sein, dieses Wissen auch für Insolvenzverfahren und -gerichte nutzbar zu machen (vgl. FK-InsO / *Schmerbach* § 14 Rz. 40 ff.). 17

D. Die Bestimmung der Insolvenzmasse

Mit der Eröffnung des Insolvenzverfahrens geht das Recht des Schuldners, das zur Insolvenzmasse gehörende Vermögen zu verwalten und darüber zu verfügen, auf den Treuhänder über (§ 80 Abs. 1 InsO). Damit ist die Bestimmung der Insolvenzmasse eine grundlegende Aufgabe nach Eröffnung des Verfahrens. Zur **Insolvenzmasse** gehört nach §§ 35 ff. InsO das **gesamte pfändbare Vermögen des Schuldners**. Im Unterschied zur Regelung der KO und der GesO wird nicht nur das Vermögen erfasst, das dem Schuldner zum Zeitpunkt der Eröffnung des Verfahren gehört, sondern auch der Neuerwerb. Die allgemeinen Grundsätze zur Insolvenzmasse sind oben dargestellt; da sich das Verbraucherinsolvenzverfahren an einen Personenkreis wendet, der bisher nur selten als Gemeinschuldner an einem Konkursverfahren teilgenommen hat, stellen sich zahlreiche praktische Fragen, die in der bisherigen Judikatur und Literatur 18

I. Der Insolvenzbeschlag von Sachen des Schuldners

1. Aussonderungsrechte

a) Der Eigentumsvorbehalt

19 Nicht zur Insolvenzmasse gehören Gegenstände, an denen ein Gläubiger ein dingliches Recht geltend machen kann, das ihn zur Aussonderung nach § 47 InsO berechtigen kann. Insoweit ist die Struktur des § 43 KO im Prinzip übernommen worden. Zu den verbraucherspezifisch wichtigen Aussonderungsberechtigten gehören die durch einen Eigentumsvorbehalt gesicherten Gläubiger – nicht jedoch die Sicherungsnehmer im Rahmen der Sicherungsübereignung oder Sicherungsabtretung, die nur zu einem Absonderungsrecht nach §§ 49 ff. InsO berechtigen (zu dieser Gruppe ausf. *Kohte* § 313 Rz. 43 ff.). Damit betrifft § 47 InsO vor allem die Warenkreditgeber, also z. B. den Verkäufer des klassischen Abzahlungskaufs. Der Treuhänder wird in jedem Einzelfall prüfen müssen, ob die Wahl der Vertragserfüllung nach § 103 InsO wirtschaftlich möglich und vom praktischen Ergebnis her sachdienlich ist. Im allgemeinen Insolvenzrecht wird dem Schuldner und dem Insolvenzverwalter durch § 107 Abs. 2 InsO eine Überlegungsfrist bis zur Durchführung des Berichtstermins mit dem Ziel eingeräumt, das Vermögen im Besitz des Schuldners zunächst zusammenzuhalten, um Fortführungs- und Sanierungschancen zu wahren (BT-Drucks. 12/2443 S. 146; KS-InsO/*Pape* 2000, S. 563 Rz. 50). Diese Regelung kann im Verbraucherinsolvenzverfahren nicht unmittelbar angewandt werden, da ein Berichtstermin nicht stattfindet. Es spricht viel dafür, ähnlich wie bei der Auslegung des strukturell vergleichbaren § 30 d Abs. 1 Nr. 1 ZVG (dazu *Hintzen* Rpfleger 1999, 256 [262]) lückenfüllend auf den Prüfungstermin zurückzugreifen, denn auch dem Schuldner und Treuhänder ist eine gewisse Überlegungsfrist einzuräumen.

20 Eine solche Überlegungsfrist ist jedoch auch im Interesse des Gläubigers geboten. Die **Geltendmachung des Aussonderungsrechts** in der Insolvenz des Verbrauchers wird nach allgemeiner Ansicht der Herausgabeklage gleichgestellt, so dass sie die **Rücktrittsvermutung** des § 503 Abs. 2 BGB **auslöst** (dazu nur *Staudinger/Kessal-Wulf* § 503 BGB Rz. 51; MünchKomm-BGB/*Habersack* 2008 § 503 Rz. 51; vgl. bereits zu § 5 AbzG *Soergel/Hönn* 12. Auflage 1991, § 5 AbzG Rz. 25). Damit entzieht der Gläubiger sich die vertragsrechtliche Grundlage für seine Kaufpreisforderung; das Vertragsverhältnis wird umgestaltet in ein Rückgewährschuldverhältnis mit gegenseitigen Erstattungspflichten, das Zug um Zug abzuwickeln ist. Der Treuhänder ist damit gehalten, diese Rechtslage zu beachten und gegebenenfalls ein zeitweiliges Leistungsverweigerungsrecht gegenüber dem Herausgabeverlangen des dinglichen Gläubigers geltend zu machen. Wegen dieser Verknüpfung des Verfahrensrechts mit dem materiellen Verbraucherschutzrecht ist das Aussonderungsrecht im Verbraucherinsolvenzverfahren nicht einfacher, sondern komplizierter als in der allgemeinen Insolvenz.

b) Aussonderungsrechte von Haushaltsangehörigen

21 Eine weitere wichtige Gruppe von Aussonderungsgläubigern sind **Familienangehörige**, die mit dem Schuldner in einem gemeinsamen Haushalt leben. Nach § 148 Abs. 2 InsO i. V. m. § 739 ZPO orientiert sich die Inbesitznahme der Sachen des Schuldners an dessen Gewahrsam. Dies kann dazu führen, dass Sachen in Besitz genommen werden, die nicht im Eigentum bzw. Alleineigentum des Schuldners, sondern anderer Familienangehöriger stehen. Damit können diese Angehörigen regelmäßig ein Aussonderungsrecht geltend machen; bei Ehegatten und Lebenspartnerschaft – nicht jedoch bei nichtehelicher Lebensgemeinschaft (*Nerlich/Römermann-Andres* InsO, § 47 Rz. 56) – wird nach allgemeiner Ansicht zu deren Lasten die Eigentumsvermutung nach § 1362 BGB angewandt, so dass sie in einem gesonderten Verfahren vor dem Prozessgericht (dazu nur *BGH* NJW 1962, 1392) ihr Eigentum nachweisen müssen (vgl. *Baur/Stürner* 14.36 ff.; *Kübler/Prütting* InsO, § 47 Rz. 12). Dabei wird sich in der Praxis erweisen, dass die bisherige obergerichtliche Judikatur zu § 1357 BGB wenig trennscharf ist und für die konkrete Bestimmung der Eigentumsverhältnisse zwischen Eheleuten wenig Hilfreiches beisteuern kann (dazu nur *BGH* NJW 1991, 2283 = JZ 1992, 217 m. Anm. *Klick*). Wiederum sind gerade im vereinfachten Verfahren besonders

komplexe und noch nicht zufrieden stellend gelöste Rechtsfragen zu beantworten. Ergibt die materiellrechtliche Prüfung, dass ein Gegenstand im Miteigentum beider Ehegatten oder Haushaltsangehörigen steht, so ist nach § 84 Abs. 1 InsO die insoweit bestehende Gemeinschaft zwischen den Berechtigten nach §§ 747 ff. BGB aufzulösen.

2. Hausrat

Nicht zur Insolvenzmasse gehören – wie sich bereits aus § 36 InsO ergibt – die Gegenstände, die unpfändbar sind sowie die Sachen, die zum **gewöhnlichen Haushalt** gehören und nach § 812 ZPO nicht gepfändet werden sollen (zu § 36 Abs. 3 InsO FK-InsO/*Schumacher* § 36 Rz. 6, 8 f.). Diese Pfändungsverbote beruhen teilweise auf den durch diese Gegenstände eng verbundenen personenrechtlichen Elementen, teilweise auf dem sozialstaatlich gebotenen Existenzschutz für die Betroffenen (dazu nur *Häsemeyer* InsR, 4. Aufl., 9.11). Bei der Auslegung dieser Normen ist daher zu beachten, dass sie zur Konkretisierung des sozialstaatlichen Verfassungsgebots dienen (dazu nur *Hess/Weis* InVo 1998, 273 [274]; *BFH* NJW 1990, 1871), das bei der Auslegung der jeweiligen unbestimmten Rechtsbegriffe der verschiedenen Normen zur Unpfändbarkeit (z. B. §§ 811, 850 ZPO) heranzuziehen ist. Dabei ist mit der Literatur davon auszugehen, dass es sich hier nicht um patriarchalische Fürsorge, sondern um die Wahrung existentieller Schutzgebote und die Chance des Schuldners zu eigenen Aktivitäten zur Entschuldung und Sicherung seines Alltags geht (dazu nur *Stein/Jonas-Münzberg* ZPO, 2002, § 811 Rz. 1 ff.). Damit decken sich insoweit die Zielrichtung des Schutzes in der Einzel- und Gesamtvollstreckung (vgl. *Kohte* vor § 286 Rz. 32); gerade der mit dem heutigen Pfändungsschutz verbundene Impuls zur Sicherung eigener Erwerbstätigkeit entspricht weitgehend den Zielen des Verbraucherinsolvenzverfahrens, das gerade in der Treuhandperiode von einer umfassenden Erwerbstätigkeit der jeweiligen Schuldner ausgeht. Dieses Ziel würde konterkariert, wenn der gesamtvollstreckungsrechtliche Zugriff nach § 80 InsO vorhandene Erwerbschancen erstickt oder unterminiert. Die Kommentierung beschränkt sich daher an dieser Stelle auf diejenigen Pfändungsverbote, die zur Sicherung weiterer Erwerbstätigkeit besonders wichtig sind.

3. Zur Erwerbstätigkeit erforderliche Gegenstände

Nicht der Pfändung – und damit auch nicht dem Insolvenzbeschlag – unterliegen diejenigen Gegenstände, die für eine **Aufnahme oder Fortsetzung der Erwerbstätigkeit der Schuldner erforderlich** sind (**§ 811 Abs. 1 Nr. 5 ZPO**). Im Mittelpunkt der praktischen Auseinandersetzungen steht dabei die Frage nach dem **Schicksal eines Pkw** oder vergleichbarer privater Verkehrsmittel. Für alle Schuldner wichtige Entscheidungen ergingen bisher oft in Verfahren von Selbstständigen, die ein kleines Unternehmen betreiben. In der instanzgerichtlichen Judikatur wird z. B. für Handelsvertreter und Bauhandwerker eine solche Unpfändbarkeit bejaht (dazu nur *LG Braunschweig* MDR 1970, 338, *OLG Celle* MDR 1969, 226). Diese Unpfändbarkeit greift auch ein, wenn ein selbstständiges Unternehmen aufgebaut wird und die Schuldner gerade wegen der Anforderungen der Existenzgründung auf die Verfügbarkeit eines PKW angewiesen sind (*AG Ibbenbüren* DGVZ 2001, 30; *LG Stuttgart* DGVZ 2005, 42). In der Rechtsprechung des BGH ist die Unpfändbarkeit eines Leichenwagens bei einem kleinen Bestattungsunternehmen befürwortet worden (*BGH* NJW 1993, 921 [922 f.] = BB 1993, 323 [324]). Der III. Senat hat ausdrücklich darauf hingewiesen, dass einer zu engen Auslegung des § 811 Abs. 1 Nr. 5 ZPO entgegen gewirkt werden müsse. Diese bisher wenig beachtete Entscheidung sollte Richtschnur auch für die insolvenzgerichtliche Praxis sein.

Bei Arbeitnehmern ist eine Pfändung nach § 811 Abs. 1 Nr. 5 ZPO nicht möglich, wenn die Erreichbarkeit des Arbeitsplatzes mit öffentlichen Verkehrsmitteln nicht gewährleistet erscheint. Ebenso wird eine Verweisung auf die Bildung von Fahrgemeinschaften abgelehnt (dazu nur *OLG Hamm* MDR 1984, 855 = DGVZ 1984, 138; *LG Heilbronn* NJW 1988, 148; *LG Rottweil* DGVZ 1993, 57; *AG Waldbröl* DGVZ 1998, 158; dazu auch *Schuschke/Walker* § 811 Rz. 28). Schließlich wird sich für Alleinerziehende die Notwendigkeit eines Pkw auch aus der Kombination von Berufstätigkeit und Kindererziehung ergeben (*LG Tübingen* DGVZ 1992, 137). Zutreffend wird in der Literatur § 811 Abs. 1 Nr. 5 ZPO auch bei einer zeitweiligen Unterbrechung der Erwerbstätigkeit bzw. bei Berufsvorbereitungen und bei Nebenerwerbstätigkeiten, die der Schuldner regelmäßig ausführt (*FG Köln* DGVZ 2001, 10) angewandt. Wenn Schuldner nachhaltig eine neue Arbeit aufnehmen oder erweitern wollen, darf dies nicht am Pfändungszugriff scheitern (dazu nur *AG Neuwied* DGVZ 1998, 174; *Stein/Jonas-Münzberg* a. a. O., § 811 Rz. 48

m. w. N.; ebenso jetzt die Parallelwertung zum Schutz des für die Arbeitsaufnahme wichtigen PKW in § 12 Abs. 3 Nr. 2 SGB II). Ergänzend kann auch bei Behinderten ein PKW nach § 811 Abs. 1 Nr. 12 ZPO geschützt sein (*BGH* VuR 2005, 108 m. Anm. *Beetz*). Im Rahmen des Verbraucherinsolvenzverfahrens darf nie außer acht gelassen werden, dass dieses Verfahren einen neuen Start ermöglichen soll und von den Schuldnern vor allem in der Treuhandperiode zumutbare Erwerbstätigkeit erwartet wird. Es wäre mit diesem Zweck nicht vereinbar, wenn die nach § 148 Abs. 2 InsO zu treffenden gerichtlichen Entscheidungen sich durch unrealistische Verweisungen auf als erreichbar deklarierte öffentliche Verkehrsmittel auszeichnen.

25 In den letzten Jahren wird zunehmend anerkannt, dass Vollstreckungs- und damit auch Insolvenzschutz nach § 811 Abs. 1 Nr. 5 ZPO auch für elementare Einrichtungen zur **modernen Telekommunikation** geboten ist. In der früheren vollstreckungsrechtlichen Judikatur war man hier – wohl in erster Linie aus geringer technischer Kenntnis heraus – außerordentlich zurückhaltend (dazu nur *Roy/Palm* NJW 1995, 690 [696]). Inzwischen wird zunehmend anerkannt, dass sowohl **PC, Notebook und Anrufbeantworter** als auch Faxgerät und Kopierer vor allem bei Selbstständigen erforderlich sein können (vgl. nur *LG Heilbronn* DGVZ 1994, 55; *LG Rottweil* InVo 1999, 27). Maßgeblich für die Entscheidung muss sein, ob dieser Gegenstand unter Berücksichtigung des technischen Fortschritts zur branchenüblichen Ausstattung gehört (so *LG Frankfurt* DGVZ 1990, 58). Methodisch richtungweisend für die künftige Auslegung könnte vor allem die klare Entscheidung des BGH zur Anwendung des § 811 Abs. 1 Nr. 5 ZPO für betriebliche Computer sein (dazu *BGH* NJW 1993, 921 [922] = BB 1993, 323 [324]). Auf dieser Basis könnte in den Verbraucherinsolvenzverfahren auch eine zeitgerechte Konkretisierung des § 811 Abs. 1 Nr. 5 und Nr. 12 ZPO erfolgen (zu weiteren Beispielen vgl. *Musielak/Becker* ZPO, 6. Aufl., § 811 Rz. 20; MünchKomm-ZPO/*Schilken* § 811 Rz. 53; *Beetz* VuR 2005, 110 [111]).

II. Unterhaltsforderungen

26 Der Insolvenzbeschlag umfasst weiter sämtliche pfändbaren Forderungen, so dass für die Abgrenzung der Insolvenzmasse die Systematik der §§ 850 ff. ZPO von grundlegender Bedeutung ist. Dabei sind allerdings die Besonderheiten eines Gesamtvollstreckungsverfahrens zu berücksichtigen. Ist eine Forderung nur zugunsten einzelner Gläubiger oder Zweckbestimmungen pfändbar, kann sie nicht zur Insolvenzmasse gehören, da sie in einem solchen Fall in unzulässiger Weise der Befriedigung sämtlicher Gläubiger dienen würde (dazu allgemein *Jaeger/Henckel* InsO, § 36 Rz. 19; ausf. *Rohleder*, Unterhaltsansprüche in der Insolvenz, 2005, Rz. 61 ff.). Somit bedarf es bei der Anwendung der jeweiligen Pfändungs- bzw. Pfändungsschutzvorschriften regelmäßig einer insolvenzbezogenen Auslegung.

27 Unterhaltsansprüche sind nach § 850 b Abs. 1 Nr. 2 ZPO grds. unpfändbar, können jedoch im Einzelfall nach § 850 b Abs. 2 ZPO durch Beschluss des Vollstreckungsgerichts gepfändet werden, wenn die bisherige Vollstreckung den Gläubiger nicht befriedigt hat und eine solche Pfändung der Billigkeit entspricht. Die Bestimmung der Billigkeit verlangt eine konkrete Abwägung der jeweiligen Gläubiger- und Schuldnerinteressen (*BGH* NJW 1970, 282; MünchKomm-ZPO/*Smid* 2007, § 850 b Rz. 16). Daher fielen nach allgemeiner Ansicht Unterhaltsansprüche des § 850 b ZPO zuzuordnen sind, nicht in die Insolvenzmasse (so zum Konkursrecht *LG Hamburg* VersR 1957, 366; *Kuhn/Uhlenbruck* KO, § 1 Rz. 29; zum bisherigen Insolvenzrecht KS-InsO/*Kohte* 2000, S. 802 Rz. 73 ff.; MünchKomm-InsO/*Lwowski/Peters* 2008 § 35 Rz. 430; *Uhlenbruck* FamRZ 1998, 1473 f.). Folgerichtig ist in der neuen Fassung des § 36 Abs. 1 Satz 2 InsO eine entsprechende Anwendung der §§ 850 b und 850 d ZPO abgelehnt worden, da diese Normen die Pfändbarkeit des Einkommens ausschließlich für einzelne Gläubiger und Gläubigergruppen modifizieren, so dass sie für eine Gesamtvollstreckung nicht geeignet sind (so BT-Drucks. 14/6468 S. 17).

28 An erster Stelle nennt § 850 b Abs. 1 Nr. 2 ZPO **Unterhaltsrenten**, die auf gesetzlicher Vorschrift beruhen, so dass damit die gesetzlichen Unterhaltsansprüche aus Verwandtschaft (§§ 1601 ff., 1615 a ff. BGB), aus bestehender bzw. früherer Ehe (§§ 1361, 1569 ff. BGB) sowie der Betreuungsunterhalt zwischen nicht miteinander verheirateten Eltern nach § 1615 l BGB (dazu *Diederichsen* NJW 1998, 1977 [1980]; *Büttner* FamRZ 2000, 781) erfasst sind. Nach dem Wortlaut des §§ 850 b ZPO werden Unterhaltsansprüche nur geschützt, wenn sie auf gesetzlicher Vorschrift beruhen. Dies bedeutet jedoch nicht, dass sämtliche Unterhaltsverträge unbeachtlich sind; vertraglich festgelegte Unterhaltsforderungen, die den gesetzlichen Anspruch vertraglich regeln und konkretisieren, sind ebenso nur bedingt pfändbar (dazu nur *BGH* NJW 1997, 1441 [1442]; FamRZ 2002, 1179 [1181] = NJW-RR 2002, 1513 [1514] sowie *Stein/Jonas-Brehm*

ZPO, 2004, § 850 b Rz. 11), so dass ausschließlich Unterhaltsansprüche auf freiwilliger vertraglicher Grundlage in die Masse fallen könnten; hier könnte sich allerdings eine Unpfändbarkeit aus § 850 b Abs. 1 Nr. 3 ZPO ergeben.

§ 850 b Abs. 1 Nr. 2 erfasst ausschließlich Unterhaltsrenten, so dass das Schicksal einmaliger Unterhaltsleistungen gesondert zu bestimmen ist. In der vollstreckungsrechtlichen Judikatur wird teilweise eine erweiterte Auslegung des § 850 b ZPO praktiziert (so z. B. *BGH* NJW 1997, 1441; FamRZ 2002, 1179 [1181] = NJW-RR 2002, 1513 [1514]); andere wollen Pfändungsschutz nach § 851 ZPO zur Geltung bringen (so z. B. *BGH* BGHZ 94, 316, [322]). Soweit eine Pfändung solcher Leistungen befürwortet wird, soll diese allerdings nur im Rahmen der Zweckbindung erfolgen (*LG Frankenthal* FamRZ 1989, 1319). Für das Insolvenzrecht bedarf es dazu keiner abschließenden Entscheidung, da nach sämtlichen Positionen ein genereller Gläubigerzugriff, der für ein Gesamtvollstreckungsverfahren typisch ist, abgelehnt wird. Daher fallen auch einmalige Unterhaltsleistungen nicht in die Insolvenzmasse (dazu ausf. KS-InsO/ *Kohte* 2000, S. 803 Rz. 76; ebenso *Uhlenbruck* FamRZ 1998, 1473 [1474] und *Uhlenbruck* InsO, § 35 Rz. 60 sowie *Rohleder* a. a. O., Rz. 70). 29

Nicht von 850 b ZPO erfasst werden Unterhaltsansprüche nach §§ 1360, 1360 a BGB während bestehender Haushaltsgemeinschaft, da sie nicht als Geldrenten geschuldet werden. Sie sind jedoch nach allgemeiner Ansicht wegen ihrer Zweckbindung nach § 851 ZPO generell unpfändbar (MünchKomm-BGB/ *Wacke* 2000, § 1360 Rz. 24 m. w. N.) und können daher nicht in die Insolvenzmasse fallen. Dies muss auch gelten, wenn vergleichbare Unterhaltsansprüche in einer nichtehelichen Lebensgemeinschaft durch Vertrag begründet worden sind. Nicht in die Insolvenzmasse fällt schließlich auch der Taschengeldanspruch, da dieser allenfalls im Rahmen einer individuellen Billigkeitsprüfung (dazu *OLG Köln* FamRZ 1995, 309; *OLG Stuttgart* FamRZ 1997, 1494; *BGH* NJW 1998, 1553 und ausf. NJW 2004, 2450 [2452]) pfändbar ist. 30

III. Forderungen aus Erwerbs- und Erwerbsersatzeinkommen

1. Forderungen aus Arbeitsverträgen und gleichgestellten Beschäftigungsverhältnissen

Arbeitseinkommen, das in Geld zahlbar ist, kann nur nach Maßgabe der §§ 850 a – 850 k ZPO gepfändet werden und somit nur in diesem Umfang in die Insolvenzmasse fallen. Im bisherigen Insolvenzrecht war umstritten, ob, in welcher Weise und in welcher Verfahrensart diese Pfändungsschutzbestimmungen im Insolvenzverfahren zur Anwendung kommen können (dazu nur *Fuchs/Vallender* ZInsO 2001, 681 ff.). Durch Art. I Nr. 6 a ist in § 36 Abs. 1 Satz 2 InsO die entsprechende Anwendung derjenigen Normen angeordnet worden, die die Pfändbarkeit von Arbeitseinkommen für alle Gläubigergruppen erweitern oder beschränken (BT-Drucks. 14/6468 S. 17; *Vallender* NZI 2001, 561 [562]). Zur Entscheidung ist nach § 36 Abs. 4 InsO das Insolvenzgericht zuständig, so dass auch insoweit ein klarer und verlässlicher Rahmen geschaffen ist. 31

Damit gelten auch für das Insolvenzrecht die Regeln über absolute **Unpfändbarkeit nach § 850 a ZPO**, die z. B. Aufwandsentschädigungen (auch bei Ein-Euro-Jobs, so *LG Dresden* Rpfleger 2008, 655), Auslösungsgelder und Erschwerniszulagen sowie Urlaubsgeld (nicht jedoch Urlaubsentgelt; zum Pfändungsschutz der Urlaubsvergütung jetzt *Beetz* ZVI 2008, 244 ff.), Treugelder sowie einen Sockelbetrag von 500 Euro für eine Weihnachtsvergütung umfassen. Folgerichtig gelten auch in der Insolvenz die Pfändungsgrenzen nach § 850 c ZPO, die einkommens- und unterhaltsorientiert sind (dazu FK-InsO/ *Schumacher* § 36 Rz. 15). Für alle Unterhaltsberechtigten, denen der Schuldner aufgrund gesetzlicher Unterhaltspflicht tatsächlich Unterhalt gewährt, sind die in § 850 c Abs. 1 Satz 2 ZPO genannten Freibeträge zur Geltung zu bringen. Für die Berechnung gelten die allgemeinen Grundsätze, die vor allem in der arbeitsgerichtlichen Judikatur herausgearbeitet worden sind. In der betrieblichen und gerichtlichen Praxis wird nicht immer beachtet, dass sich der Unterhaltsanspruch von Kindern regelmäßig gegen beide Eheleute richtet, so dass die Freibeträge bei beiden Elternteile vollständig zu berücksichtigen sind (so *BAG* NJW 1975, 1296); gerade wegen der individuellen Durchführung des Insolvenzverfahrens kann eine anteilige Berücksichtigung von Freibeträgen nicht in Betracht kommen. Schließlich ist durch die Neuregelung des § 36 Abs. 1 Satz 2 InsO auch die bisherige Judikatur zur entsprechenden Anwendung des § 850 g ZPO im Insolvenzverfahren (dazu *OLG Köln* ZInsO 2000, 603) normativ abgesichert worden (FK-InsO/ *Schumacher* § 36 Rz. 19). 32

33 In der maßgeblichen Norm des § 850 Abs. 2 ZPO, deren entsprechende Geltung jetzt in § 36 Abs. 1 Satz 2 InsO ebenfalls angeordnet wurde, wird Arbeitseinkommen unabhängig vom Arbeitsrecht definiert, so dass auch **alle vergleichbaren Beschäftigungsverhältnisse** erfasst sind. Die Pfändungs- und damit auch Insolvenzbeschlagsbeschränkungen des § 850 c ZPO gelten für die laufenden Einkommen von Beamten, Richtern, Soldaten und anderen Beschäftigten in öffentlich-rechtlichen Beschäftigungsverhältnissen (zur Massezugehörigkeit einer ausgezahlten beamtenrechtlichen Beihilfe *BGH* ZInsO 2007, 1348). Ebenso werden auf diese Weise erfasst die Diäten und Aufwandsentschädigungen der Abgeordneten (dazu anschaulich *OLG Düsseldorf* OLGZ 1985, 102) und die Handgelder von Sportlern, auch wenn sie nicht in einem Arbeitsverhältnis zu ihrem Verein stehen (*OLG Düsseldorf* MDR 1953, 559). Ebenso gilt das Entgeltpfändungsrecht nach § 27 HAG auch für in Heimarbeit Beschäftigte nach § 27 HAG (zu den Berechnungsmodalitäten *Klaus Schmidt* HAG, 1998, § 27 Rz. 8) und für andere **arbeitnehmerähnliche Personen** (dazu MünchKomm-ZPO/*Smid* 2008, § 850 Rz. 27; *Stein/Jonas-Brehm* ZPO, 22. Aufl., § 850 Rz. 37 ff.; *Nebe* ZVI 2008, 467).

34 Für die laufenden Einkommen von Personen, die nicht in einem Arbeits- und Beschäftigungsverhältnis stehen, sind nach § 36 Abs. 1 Satz 2 InsO die §§ 850 ff. ZPO ebenfalls entsprechend anzuwenden (s. FK-InsO/*Schumacher* § 36 Rz. 21), denn § 850 Abs. 2 ZPO erweitert den Pfändungsschutz auch auf »sonstige Vergütungen für Dienstleistungen aller Art, die die Erwerbstätigkeit eines Schuldners zumindest zu einem wesentlichen Teil in Anspruch nehmen«. Damit umfasst dieser Schutz sowohl das fortlaufende Monatsentgelt **freier Mitarbeiter** nach § 611 BGB, als auch die Ansprüche des **Handelsvertreters** auf Provision und Fixum (*BAG* NJW 1962, 1221; *BayObLG* NJW 2003, 2181), die Dienstbezüge von Vorstandsmitgliedern einer AG sowie Geschäftsführern einer GmbH (*BGH* NJW 1978, 756; *OLG Rostock* NJW-RR 1995, 173), die einem Versicherungsvertreter gezahlte Garantiesumme während der Aufbauzeit einer Agentur (*LG Berlin* RPfl 1962, 217) sowie die regelmäßigen Zahlungen an einen Kassenarzt (*BGH* JZ 1986, 498 m. Anm. *Brehm*) und an andere freiberufliche Selbstständige wie z. B. Rechtsanwälte und Steuerberater (*Zöller/Stöber* § 850 ZPO Rz. 9). Weitergehend werden auch laufende Vergütungszahlungen aus Werkvertragsrecht bei auf Dauer angelegten Wartungsverträgen (*BAG* BB 1975, 471) oder Leistungen aus Maklerdienstverträgen und regelmäßige Lizenzgebühren eines Produktdesigners (dazu *BGH* ZVI 2004, 243 = FamRZ 2004, 790) erfasst.

35 Der durch § 850 c ZPO vermittelte Schutz vor Pfändung und Insolvenzbeschlag betrifft ausschließlich laufende Arbeitseinkommen, die mit einer gewissen Regelmäßigkeit zur Entstehung gelangen. Vor allem bei Selbstständigen – aber auch im Rahmen flexibler Tätigkeitsverhältnisse – spielen inzwischen einmalige Einkommenselemente eine wesentlich größere Rolle. Private Honorare von Ärzten sowie die üblichen Honorare von Rechtsanwälten und Steuerberatern aus einzelnen Mandaten sowie einmalige Lizenzgebühren (*BGH* ZVI 2004, 243 [245]) aus persönlicher Arbeitsleistung gehören z. B. typischerweise nicht zu den laufenden Einkommen. Hier greift im Recht der Einzelzwangsvollstreckung nach allgemeiner Ansicht nur § 850 i ZPO ein (dazu nur MünchKomm-ZPO/*Smid* 3. Aufl., 2007, § 850 Rz. 28 m. w. N.; *LG Halle* Rpfleger 2001, 439). Für diese antragsbezogene Schutznorm war es bisher umstritten, ob nicht laufend zu zahlende Einkommen und Honorare vollständig der Insolvenzmasse zugeordnet werden konnten (dazu nur *Gottwald/Heilmann/Klopp* Insolvenzrechtshandbuch, § 26 Rz. 21). Diese Streitfrage ist durch *BGH* NJW 1999, 1544 [1547] in der Weise entschieden worden, dass auch solche Honorare – selbst wenn sie aus berufsrechtlichen Gründen nicht abtretbar sind – dem Insolvenzbeschlag unterliegen (dazu auch *Meller-Hanich* KTS 2000, 37, [49 ff.]). Es war daher folgerichtig, dass nunmehr § 36 Abs. 1 Satz 2 InsO auch die entsprechende Anwendbarkeit von § 850 i ZPO anordnet (s. FK-InsO/*Schumacher* § 36 Rz. 21). Damit kann das Insolvenzgericht auch für **freiberuflich Tätige** während des Insolvenzverfahrens eine Sicherung des Existenzminimums durch Freistellung bestimmter Honorare bzw. Honorarteile vom Insolvenzbeschlag gewährleisten. Ebenso kann verhindert werden, dass z. B. Abfindungsansprüche aus Sozialplänen (dazu *BAG* NZA 1992, 384 = AR-Blattei ES 1130 Nr. 70 m. Anm. *Kohte*) oder vergleichbaren arbeitsrechtlichen Vereinbarungen bzw. anderen Rechtspositionen (zum Entlassungsgeld nach § 9 WehrsoldG *LG Rostock* Rpfleger 2001, 439) vollständig in die Insolvenzmasse fallen (s. *Ahrens* § 287 Rz. 65). Zumindest bei Berufsgruppen, die typischerweise einmalige Einkünfte erzielen, wird ein Hinweis auf dieses Antragsrecht nach §§ 4 InsO, 139 ZPO geboten sein (vgl. zur Behandlung der Honoraransprüche einer selbstständigen Psychologin in der Insolvenz *BGH* NZI 2003, 389 [392] m. Anm. *Kohte*).

36 Das Antragsrecht nach §§ 36 Abs. 1 Satz 2 InsO, 850 i ZPO setzt voraus, dass der Vergütungsanspruch durch **persönlich geleistete Arbeiten** oder Dienste erworben worden ist. Damit kann diese Norm für Selbstständige keine umfassende Existenzsicherung ermöglichen. Dies zeigt sich z. B. bei den Betreibern **landwirtschaftlicher Unternehmen**. Nach § 851a ZPO – einer Norm, die für § 850i ZPO Vorbildcharakter hatte (MünchKomm-ZPO/*Smid* 2007, § 851a Rz. 8) – ist Landwirten für ihre Forderungen aus Verkäufen aus landwirtschaftlicher Produktion ein antragsgebundenes Schutzrecht zur Freistellung der für den Lebensunterhalt erforderlichen Beträge eingeräumt. Nach allgemeiner Ansicht war dieser Schutz in der Insolvenz in der Weise zu verwirklichen, dass der **Unterhaltsanspruch des Gemeinschuldners** nach § 129 KO genutzt wurde, um die Beträge, die in der Einzelvollstreckung nach § 851a ZPO hätten freigegeben werden müssen, auf diese Weise durch den Verwalter nach § 129 KO freizugeben (vgl. *Jaeger/Henckel* KO § 1 Rz. 106; KS-InsO/*Kohte* 2000, S. 786 Rz. 20).

Die jetzige Fassung des § 100 InsO legt es nahe, die bisherigen Schutzzwecke, die zu § 129 KO anerkannt worden sind, auch für die Auslegung des § 100 InsO heranzuziehen. Damit können Schuldner bei durch eigene Tätigkeit erwirtschafteten einmaligen Zahlungen, für die kein Vollstreckungsschutz nach §§ 36 Abs. 1 Satz 2 InsO, 850i ZPO besteht, in der Insolvenz Unterhalt erhalten, wenn diese Zahlungen in die Masse fallen. Wird dieser vom Treuhänder verweigert, so hat das vom Schuldner angerufene Insolvenzgericht den Treuhänder im Wege der Aufsicht nach § 58 InsO zur Realisierung dieses Schutzes anzuhalten (vgl. die parallele Bewertung zum Unterhaltsrecht bei KS-InsO/*Kohte* 2000, S. 806 ff. Rz. 88 ff.; ausf. *Rohleder* a. a. O., Rz. 175 ff.; vgl. *Jaeger/Windel* § 100 Rz. 25). 37

2. Forderungen aus Sozialleistungsverhältnissen

Nach der früheren Rechtslage war die Konkursbefangenheit von Sozialleistungsansprüchen schwierig zu beantworten. Einerseits sollten Sozialleistungen seit 1976 durch § 54 SGB I vollstreckungsrechtlich den Arbeitseinkommen angenähert werden, andererseits wurde damals durch eine gesonderte Billigkeitsprüfung und eine Überprüfung am Maßstab des sozialhilferechtlichen Existenzminimums ein spezifisches Zugriffsverfahren im Einzelvollstreckungsrecht durchgeführt. Dessen Übersetzung in das Gesamtvollstreckungsrecht erschien schwierig; der IX. Senat meinte, dass die auch für den Konkursbeschlag erforderliche Billigkeitsprüfung vorher vom Prozessgericht festgestellt werden müsse; dieses Ergebnis sei zwar sachwidrig, weil solche Fragen besser durch das Insolvenzgericht zu beantworten seien, doch wegen der vor 1984 bestehenden Rechtslage unvermeidbar (*BGH* BGHZ 92, 329 [346] = NJW 1985, 976 [978]). In der Literatur überwog die Skepsis (dazu nur *Kuhn/Uhlenbruck* KO, 10. Aufl., § 1 Rz. 32; *Kohte* KTS 1990, 541 [546]), gleichwohl wurde eine abschließende Lösung in Judikatur und Literatur nicht erzielt. 38

Der Verweis in § 36 Abs. 1 Satz 2 InsO auf § 850i Abs. 4 ZPO ordnet auch für die Insolvenz die Geltung der sozialrechtlichen Spezialgesetze an. Das Recht der Einzelvollstreckung bei Sozialleistungsansprüchen hatte durch das 2. SGBÄndG aus dem Jahre 1994 eine nachhaltige Umgestaltung erfahren (zu diesem Gesetz nur *Riedel* NJW 1994, 2812). Es ist daher von der **neu gefassten Systematik des § 54 SGB I** auszugehen (ebenso MünchKomm-InsO/*Peters* § 36 Rz. 57). Die seit 1994 geltende und mit Gesetz vom 05.12. 2006 (BGBl. I S. 2748) geänderte Fassung des § 54 SGB I differenziert zwischen fünf verschiedenen Kategorien von Sozialleistungen, deren Schutz jeweils unterschiedlich ausgestaltet ist: 39
– unpfändbare Dienst- und Sachleistungen (Abs. 1)
– nur für Unterhaltsansprüche pfändbare Geldleistungen für Kinder (Abs. 5)
– nach Billigkeitsprüfung pfändbare Ansprüche auf einmalige Geldleistungen (Abs. 2)
– unpfändbare laufende Leistungen, die besonders schutzwürdigen Zwecken dienen (Abs. 3)
– Ansprüche auf laufende Geldleistungen, die wie Arbeitseinkommen gepfändet werden können (Abs. 4).

Unproblematisch für die Insolvenz sind die **Kindergeldansprüche** nach § 54 Abs. 5 SGB I. Da diese nur für eine privilegierte Gläubigergruppe den Zugriff eröffnen, können sie nach allgemeinen Grundsätzen (dazu bereits oben Rz. 27; vgl. BT-Drucks. 14/6468 S. 17) im Gesamtvollstreckungsverfahren nicht pfändbar sein. Die Sonderregelung in § 76 EStG ist zu beachten. Nach Auszahlung des Kindergeldes auf das Konto des Berechtigten ergibt sich die Unpfändbarkeit aus § 76a EStG. Ebenso sind zum konkursfreien Vermögen die Ansprüche auf Dienst- und Sachleistungen zu rechnen, die der jeweiligen Person in einer sozialen oder gesundheitlichen Notlage dienen und daher nicht in ein Gesamtvollstreckungsverfahren integriert werden können. Dieser Grundsatz gilt auch dann, wenn der Schuldner die Sachleistung selbst erworben hat und dafür eine Kostenerstattung erhalten soll. Die Unpfändbarkeit solcher Erstattungsleistungen ist ausdrücklich in § 51 Abs. 3 BeamtVG kodifiziert, es ist kein sachlicher Grund erkenn- 40

§ 312 *Verbraucherinsolvenzverfahren und sonstige Kleinverfahren*

bar, § 54 SGB I anders auszulegen (so *Mroczynski* SGB I, 3. Aufl., § 54 Rz. 9; **a. A.** GK-SGB I/*v. Maydell* 1997, § 54 Rz. 5). Die in der neuen Sozial- und Gesundheitspolitik geforderte und geförderte Eigeninitiative würde Schaden nehmen, wenn die Betroffenen damit rechnen müssten, dass die Erstattungsleistungen der Gesamtheit ihrer Gläubiger zukommen.

40a Eine spezielle Vorschrift zur Unpfändbarkeit enthielt § 4 Abs. 1 Satz 2 BSHG für Leistungen der Sozialhilfe. Diese Unpfändbarkeit ist jetzt auch in § 17 Abs. 1 Satz 2 SGB XII angeordnet. Im SGB II fehlt dagegen eine solche Vorschrift, ohne dass sich aus der Entstehungsgeschichte eine Begründung ermitteln lässt. In der Literatur wird daher vorgeschlagen, auch für die Leistungen nach dem SGB II das Pfändungsverbot nach § 17 Abs. 1 Satz 2 SGB XII analog anzuwenden (*Eicher/Spellbrink* SGB II, 2. Aufl., § 43 Rz. 8).

41 Für einmalige Geldleistungen ordnet § 54 Abs. 2 SGB I an, dass ein Gläubigerzugriff durch Pfändung nur auf der Grundlage einer umfassenden Billigkeitsentscheidung zulässig ist, bei der besonders die Art des beizutreibenden Anspruchs und die Zweckbestimmung der Geldleistung eine Rolle spielen. Diese Regelung orientiert sich am Vorbild des § 850 b ZPO (so bereits zum früheren Recht BT-Drucks. 11/1004 S. 13; zum jetzigen Recht GK-SGB I/*v. Maydell* § 54 Rz. 13 m. w. N.; LPK-SGB I/*Timme* 2. Aufl., § 312 Rz. 2), so dass die oben zur Billigkeitspfändung im Unterhaltsrecht geltenden Aussagen (dazu o. Rz. 27) hier ebenfalls zutreffen: individuelle Billigkeitsentscheidungen beim Gläubigerzugriff stehen einem gleichberechtigten Gläubigerzugriff im Gesamtvollstreckungsverfahren entgegen. Damit sind z. B. Rentenabfindungen, Bestattungs- und Sterbegelder nicht zur Insolvenzmasse zu ziehen.

42 Eine wesentliche Vereinfachung der Rechtsanwendung ist für laufende Sozialleistungen die klare Normierung **unpfändbarer Sozialleistungen in § 54 Abs. 3 SGB I**. Während vor 1994 hier graduelle Abstufungen nach der Zweckbindung mit unterschiedlichen Fallgruppen erforderlich waren (dazu die Übersicht bei *Kohte* KTS 1990, 541 [552 ff.]), ist jetzt für drei Fallgruppen ein eindeutiges und absolutes Pfändungsverbot statuiert, das nach § 36 Abs. 1 InsO verhindert, dass diese Leistungen in die Insolvenzmasse fallen. Neben dem Erziehungsgeld und bestimmten Ausprägungen des Mutterschaftsgeldes sind dies vor allem die nach § 54 Abs. 3 Nr. 3 SGB I unpfändbaren Geldleistungen, die dafür bestimmt sind, den durch einen Körper- oder Gesundheitsschaden bedingten Mehraufwand auszugleichen. Sie erfassen z. B. die Grundrente und Pflegezulage nach §§ 31, 35 BVG, die auch für Leistungen der Opferentschädigung nach dem OEG gelten. Seit 2007 erstreckt sich der Pfändungsschutz auch auf das Elterngeld. Ebenso erfasst diese Norm Leistungen der begleitenden Hilfe an Schwerbehinderte nach § 33 SGB IX; für die alltägliche Rechtspraxis wird vor allem die auch für die Auslegung hilfreiche Parallele zu § 1610 a BGB zu berücksichtigen sein. Leistungen, die dieser Norm unterfallen, können regelmäßig auch § 54 Abs. 3 Nr. 3 SGB I zugeordnet werden.

43 In § 54 Abs. 3 SGB I a. F. war von den bisher nicht pfändbaren Sozialleistungen (*LG Göttingen* NJW 1988, 2676; *Kohte* a. a. O. [Rz. 38]; 552 Fn. 66) das **Wohngeld** nicht mehr genannt worden. Im Gesetzgebungsverfahren hatte man dies jedoch nicht übersehen; angesichts der strikten Zweckbindung des Wohngeldes, das für Mieter ausschließlich für Leistungen an den Vermieter vorgesehen ist, ist in den Motiven auf § 851 ZPO verwiesen worden (BT-Drucks. 12/5187 S. 47). Der Rechtsausschuss hatte diese Einstufung bei der Beratung des 7. Gesetzes zur Änderung der Pfändungsfreigrenzen nachhaltig bekräftigt (BT-Drucks. 14/7478). Aus dieser Zweckbindung ergab sich hier die Unpfändbarkeit (zust. *Riedel* NJW 1994, 2812 [2813]; *Hornung* Rpfleger 1994, 442 [445]). Soweit in der Literatur und vollstreckungsrechtlichen Judikatur eine unbeschränkte Pfändbarkeit des Wohngeldes befürwortet worden war (dazu *LG Augsburg* JurBüro 1997, 44; *LG Braunschweig* NZM 1999, 96; *LG Leipzig* Rpfleger 2000, 341; *Behr* JurBüro 1996, 234) konnte dieser Sicht nicht gefolgt werden. Eine Integration des Wohngeldes in die Masse würde zu zweckwidrigen Zusatzverteilungen führen, denn bei einem vorzeitigen Insolvenzbeschlag des Wohngeldes müsste dem Schuldner ein höherer Betrag nach § 100 InsO zugewiesen werden, damit die bisherige schuldnerische Wohnung gesichert werden könnte (vgl. dazu auch *Kohte* § 313 Rz. 30 [35]; *Eichner* WM 1999, 260 [262]; *Kohte* FS für Uhlenbruck, 2000, S. 217 [234 ff.]). Seit dem 01. 01. 2005 ist jetzt § 54 Abs. 3 Nr. 2 a SGB I in Kraft, der durch Art. 2 Nr. 6 b des Vierten Gesetzes für moderne Dienstleistungen am Arbeitsmarkt v. 29. 12. 2003 eingeführt wurde (BGBl. I S. 2954 ff.). Wohngeld ist nur noch dann pfändbar und mithin Bestandteil der Insolvenzmasse, wenn die Pfändung der Beitreibung wohnraumbezogener Forderungen i. S. d. §§ 5, 6 WoGG, ab 01. 01. 2009 i. S. d. §§ 9, 10 WoGG (BGBl. 2008 S. 1856), dient; dies gilt vor allem für Miete und Kapitalbelastungen bei Eigenheimen (VuR 2005, 98).

44 Dagegen gilt für die sonstigen laufenden Sozialleistungen, die nicht durch eine so enge Zweckbindung gekennzeichnet sind, dass sie nach § 54 Abs. 4 SGB I in gleicher Weise wie Arbeitseinkommen gepfändet werden können. Damit ist für die quantitativ größte Gruppe der Sozialleistungen – vor allem **Arbeitslosengeld, Alters- und Hinterbliebenenrenten** – die Gleichstellung mit Arbeitseinkommen im Vollstreckungsrecht abgeschlossen, so dass sie dem Insolvenzbeschlag nach § 35 InsO unterliegen (*LG Aschaffenburg* ZInsO 2000, 628; FK-InsO/*Schumacher* § 36 Rz. 23). Für die Treuhandperiode ist durch § 287 Abs. 2 Satz 1 InsO diese Gleichstellung in einer spezifischen Weise bekräftigt worden (s. *Ahrens* § 287 Rz. 68 ff.). Die vorherige Billigkeitsprüfung und Sicherstellung des sozialhilferechtlichen Existenzminimums, die der IX. Senat des BGH 1984 noch dem Prozessgericht zugewiesen hatte, obgleich er rechtspolitisch sie eher dem Insolvenzgericht hätte zuordnen wollen, sind damit vor einer Pfändung bzw. vor einem Insolvenzbeschlag nicht mehr zu prüfen.

3. Die Sicherung des Existenzminimums

Die Billigkeitsprüfung ist bei diesen Sozialleistungsansprüchen nunmehr bewusst und endgültig abgeschafft worden; für die Sicherstellung des sozialhilferechtlichen Existenzminimums ist dagegen in den Materialien 1994 eine prozedurale Antwort gegeben worden: Weiterhin solle das **sozialhilferechtliche Existenzminimum** gesichert werden, doch solle dies nicht durch eine aufwendige und wenig effektive Prüfung vor der Pfändung, sondern auf Antrag des Betroffenen nach § 850 f Abs. 1 a ZPO im Einzelfall erfolgen (BT-Drucks. 12/5187 S. 29; GK-SGB I/*von Maydell* § 54 Rz. 40). Diese Regelung war bereits 1992 für die Pfändung von Arbeitseinkommen eingeführt worden, nachdem in Judikatur und Literatur eine solche Prüfung bereits ohne ausdrückliche Regelung entwickelt worden war (dazu *Kohte* Rpfleger 1990, 9; *LG Hamburg* Rpfleger 1991, 515). Die Materialien zur Novellierung des § 850 f ZPO weisen aus, dass diese Praxis bestätigt und aus verfassungsrechtlichen Gründen gesichert werden sollte, da bei jedem hoheitlichen Zugriff die Sicherstellung des Existenzminimums unverzichtbar sei (BT-Drucks. 12/1754 S. 16 f.; *LG Gießen* RPfl 1996, 118; insoweit zustimmend KS-InsO/*Schmidt-Räntsch* 1997, S. 1183 Rz. 26). 45

Der Unterschied zwischen Einzel- und Gesamtvollstreckungsverfahren rechtfertigt keine prinzipielle Unterscheidung bei der Sicherung des Existenzminimums. Gesetzliche Regelungen müssen die Gewähr dafür bieten, dass das Existenzminimum gegen den hoheitlichen Eingriff gesichert ist (dazu *BVerfG* BVerfGE 87, 234 [259] = NJW 1993, 642 [644]; zuletzt *BVerfG* NJW 1999, 561). Aus diesem Grund hat sich in den letzten Jahren in Judikatur und Literatur die – wenn auch unterschiedlich begründete und damit auch verfahrensrechtlich differierende – Position durchgesetzt, dass auch im eröffneten Verbraucherinsolvenzverfahren das Existenzminimum des Schuldners durch Freistellung der entsprechenden Beträge vom Insolvenzbeschlag gesichert werden müsse (dazu nur *OLG Köln* ZInsO 2000, 499; *OLG Frankfurt* NZI 2000, 531 [533] = DZWIR 2001, 32 m. Anm. *Kohte*; *Grote* Einkommensverwertung, S. 71 ff.; *ders.* ZInsO 2000, 490; *Mäusezahl* ZInsO 2000, 193 [195]; *Hintzen* Rpfleger 2000, 312 [314]; *Stephan* ZInsO 2000, 376 [377]; FK-InsO/*Schumacher* § 36 Rz. 31; MünchKomm-InsO/*Peters* § 36 Rz. 41 f.). 46

Für den Regelfall hat nunmehr § 36 Abs. 1 Satz 2 InsO angeordnet, dass im Verfahren nach § 850 f Abs. 1 durch das Insolvenzgericht eine **Erhöhung des unpfändbaren Betrages** zu entscheiden ist. Vorausgesetzt wird insoweit, dass laufendes Einkommen i. S. d. § 850 ZPO zur Masse fließt, das insoweit durch das Insolvenzgericht freigegeben und dem Schuldner durch Beschluss zugewiesen werden kann. Die gegen eine Sicherung des Existenzminimums im Insolvenzverfahren geäußerten Bedenken bei KS-InsO/*Schmidt-Räntsch* 1997, S. 1183 Rz. 25 ff. und *Döbereiner* a. a. O., S. 186 ff. beriefen sich ausdrücklich auf die Freiwilligkeit der Abtretung und bezogen sich damit ausschließlich auf die Treuhandperiode (dazu *Ahrens* § 287 Rz. 53); sie sind nunmehr durch §§ 36 Abs. 1 Satz 2, 292 Abs. 1 Satz 3 InsO ausgeräumt. 47

Die Bestimmung des Existenzminimums erfolgt mit Hilfe des Sozialhilferechts. Dabei darf nicht nur auf die Regelsätze zurückgegriffen werden. Die inzwischen im Kern gefestigte Judikatur zu § 850 f Abs. 1 a ZPO (zuletzt *OLG Frankfurt* InVo 2001, 103) ist für die Bestimmung des Existenzminimums auch für das Gesamtvollstreckungsverfahren geeignet (z. B. *AG Göttingen* ZInsO 2001, 275 und 815). Sie geht von der **Systematik des Sozialhilferechts** aus, wonach die Regelsätze nur einen Teil des Lebensunterhalts abdecken. Zusätzlich sind die effektiven Kosten für Wohnung und Heizung heranzuziehen sowie eine Pauschale für einmalige Leistungen, die z. B. für Bekleidung und Hausrat unverzichtbar sind. Diese Pauschale wurde bis 2004 in der Mehrzahl der Gerichte in Anlehnung an die Berechnung in *BVerfG* NJW 1992, 3153 [3154] (zuletzt bestätigt in *BVerfG* NJW 1999, 1013 [1016]) mit 20% angesetzt. Schließlich waren noch konkrete Kosten der Erwerbstätigkeit und nach Meinung der Mehrzahl der Vollstreckungsgerichte 48 auch ein allgemeiner Zuschlag für Erwerbstätigkeit, der wiederum in Anlehnung an *BVerfG* NJW 1992, 3153 [3155] (zuletzt bestätigt in *BVerfG* NJW 1999, 561 [562]) mit wenigstens 25% anzusetzen war, zu berücksichtigen (anschaulich dazu *OLG Köln* NJW 1992, 2836; FamRZ 1996, 811; Rpfleger 1999, 548; *BSG* JurBüro 1995, 533; *LG Bochum* Rpfleger 1997, 365; *LG Duisburg* Rpfleger 1998, 355; *OLG Frankfurt* InVo 2001, 103; vgl. auch *Kohte* NJW 1992, 393 [396]; *Musielak/Becker* ZPO, § 850 d Rz. 6).

49 Weitere grundlegende Änderungen bei der Bestimmung des Existenzminimums haben sich durch die Zusammenlegung von Sozial- und Arbeitslosenhilfe zum 01. 01. 2005 ergeben. Seitdem gibt es zwei verschiedene Existenzminima: zum einen das des nichterwerbsfähigen Schuldners nach SGB XII und zum anderen das des erwerbsfähigen Schuldners nach SGB II (vgl. den Wortlaut des § 850 f Abs. 1 lit. a) ZPO).

49 a Für die Bestimmung des Existenzminimums nach SGB II sind folgende Werte zu bestimmen (vgl. hierzu auch die Darstellung bei *Zimmermann/Freemann* ZVI 2008, 374 ff.):
 – Regelleistungen für die Mitglieder der Bedarfsgemeinschaft gem. § 20 SGB II: z. Zt. 351 € für Alleinstehende bzw. Alleinerziehende, 316 € für in Bedarfsgemeinschaften lebende Partner (90%), 281 € für Kinder ab dem Beginn des 14 Lebensjahres (80%) und für Kinder unter 14 Jahre 211 € (60%). Seit 2007 wird hier nicht mehr nach Regionen unterschieden.
 – Sozialgeld für nicht erwerbsfähige Angehörige der Bedarfsgemeinschaft gem. § 28 SGB II (60% der Regelleistung für unter 14-Jährige und 80% für über 14-Jährige).
 – Leistungen für Mehrbedarfe gem. § 21 SGB II (die Aufzählung ist abschließend).
 – Kosten der Unterkunft nach § 22 SGB II (Kaltmiete minus Wohngeld).
 – Nebenkosten inkl. Heizung.
 – Unterhaltsleistungen an gesetzlich Unterhaltsberechtigte außerhalb des Schuldnerhaushalts (in tatsächlicher Höhe, maximal aber in Höhe der entsprechenden Regelleistung).
 – Einkommensabzüge bei jedem nicht selbstständig Erwerbstätigen gem. § 11 Abs. 2 SGB II.
 – Prozentualer Freibetrag für jeden Erwerbstätigen gem. § 30 SGB II (bei Bruttoeinkommen zwischen 101 und 800 € Freibetrag von 20%, bei Bruttomehrverdienst zwischen 801 und 1.200 € oder zwischen 801 und 1.500 €, falls minderjährige Kinder vorhanden sind, 10%).
 – Zum Existenzminimum in nichtehelicher Leistungsgemeinschaft s. *LG Darmstadt* VuR 2008, 396 m. Anm. *Kohte*; vgl. auch *Zimmermann/Zopf* ZVI 2008, 378.
Für die Bestimmung des Existenzminimums nach SGB XII vergleiche die Werte aus der Bescheinigung des »sozialrechtlichen Existenzminimums« nach SGB XII, zu finden auf der Homepage der Schuldnerberatung (www.infodienst-schuldnerberatung.de; vgl. zu diesem Punkt auch *Zimmermann/Freemann* ZVI 2008, 374 [375]).

50 Stellt sich heraus, dass das insolvenzfreie Einkommen des Schuldners nicht geeignet ist, das Existenzminimum zu sichern und erweist sich der Weg nach §§ 36 Abs. 1 Satz 2 InsO, 850 f Abs. 1 ZPO als nicht gangbar, so kann sich der Schuldner nach § 100 InsO an den Treuhänder wenden, damit dieser ihm den »notwendigen Unterhalt« gewährt. Die Regelung des § 100 InsO beruht ebenfalls auf den Beratungen des Rechtsausschusses, der sich bewusst an die bisherige Regelung der §§ 129, 132 InsO angelehnt hat (dazu BT-Drucks. 12/7302 S. 167). Bereits in den Motiven des Jahres 1877 ist jedoch als Aufgabe des § 129 KO formuliert worden, dass der Schuldner nicht der »Armenpflege« anheim fallen solle und dass in solchen Fällen Unterhalt gewährt werden könne. Ihm stünde zwar kein klagbarer Anspruch zu, doch das Konkursgericht könne bei offenbar pflichtwidriger Verweigerung des Unterhalts durch den Verwalter im Wege der Rechtsaufsicht einschreiten (so vor allem *Jaeger/Weber* KO, § 129 Rz. 2). Damit ist ein mit der Systematik des Gesamtvollstreckungsverfahren vereinbarer Weg geschaffen, wie ein Ausgleich zwischen den verschiedenen Interessen gefunden werden kann. Der Treuhänder wird bei der Entscheidung über die Gewährung notwendigen Unterhalts die Rangfolge des § 209 Abs. 1 Nr. 3 InsO zu beachten haben, die den Unterhaltsanspruch hinter den sonstigen Masseverbindlichkeiten, aber vor den Insolvenzforderungen platziert hat. Bei Untätigkeit oder eindeutig pflichtwidriger Ablehnung durch den Treuhänder hat das Insolvenzgericht im Wege der Aufsicht einzuschreiten (KS-InsO/*Kohte* 2000, S. 807 Rz. 90 ff. mit Verweis auf die strukturell ähnliche Rechtsaufsicht nach § 1837 BGB, die ebenfalls gefordert ist, wenn finanzielle Mittel für elementare Schutzbedürfnisse des Mündels nicht zur Verfügung gestellt werden, so *Soergel/Zimmermann* 2000, § 1837 BGB Rz. 7, 11; vgl. auch *OLG Frankfurt* NZI 2000, 531 [533] = DZWIR 2001, 32 [34]; *Rohleder* a. a. O., Rz. 177 ff. sowie jetzt *Jaeger/Windel* § 100 Rz. 18, 25).

4. Arbeitsentgelt und Eigengeld von Strafgefangenen

Das neue Insolvenzrecht ermöglicht die Durchführung eines Verbraucherinsolvenzverfahrens auch für **51** **Strafgefangene** und Drogenabhängige, da gerade in dieser Gruppe Überschuldung nicht selten und eine effektive Entschuldung für einen Neuanfang von großer Bedeutung ist. Hilfen zur Entschuldung gehören daher bereits seit vielen Jahren zum Arbeitsprogramm der Bewährungshilfe und der Sozialarbeit mit Strafgefangenen (vgl. §§ 73, 74 StVollzG). Folgerichtig ist in der Begründung zum Regierungsentwurf zu § 92 EInsO den Bezügen aus einem Dienstverhältnis gleichgestellt worden das Arbeitsentgelt von Strafgefangenen nach § 43 StVollzG (BT-Drucks. 12/2443 S. 136). Damit ist für das Insolvenzrecht die bisher in diesem Rechtsgebiet nicht diskutierte Frage nach der Vollstreckbarkeit der Bezüge bzw. Eigengelder von Strafgefangenen zu klären. Bei der Auslegung ist das Grundsatzurteil *BVerfG* NJW 1998, 3337 = EuGRZ 1998, 518 zu beachten.

Soweit Gefangene das Recht haben, als **Freigänger** in einem freien Beschäftigungsverhältnis mit An- **52** spruch auf auszahlbares **Arbeitsentgelt nach § 39 Abs. 1 StVollzG** tätig zu werden, gelten die allgemeinen Regeln der Pfändung bzw. des Insolvenzbeschlags von Arbeitseinkommen. In der Regel wird aber auch bei freien Beschäftigungsverhältnissen von der Vollzugsbehörde nach § 39 Abs. 3 StVollzG angeordnet, dass das Arbeitsentgelt an die Vollzugsbehörde zu zahlen ist (dazu *Fluhr* NStZ 1994, 115 [116]). In diesen Fällen gilt ebenso wie bei der Beschäftigung mit zugewiesener Arbeit in einem öffentlich-rechtlichen Verhältnis im Vollzug nach § 43 StVollzG, dass den Gefangenen kein Anspruch auf Auszahlung des Arbeitsentgelts an sie selbst, sondern nur ein Anspruch auf Gutschrift auf das bei der Vollzugsbehörde geführte Anderkonto zusteht. Dieser Anspruch auf Gutschrift ist als höchstpersönlicher Anspruch ausgestaltet, der nicht übertragbar ist und daher nach § 851 ZPO der Pfändung nicht unterliegt, so dass er nicht in die Insolvenzmasse fällt.

Aus diesen Gutschriften sowie aus weiteren Zuweisungen hat die Vollzugsbehörde zunächst gem. § 51 **53** StVollzG ein **Überbrückungsgeld** anzusparen, das den notwendigen Unterhalt für eine Übergangszeit nach der Entlassung sicherstellen soll. Dieses Überbrückungsgeld ist nach § 51 Abs. 4 StVollzG unpfändbar und damit ebenfalls nicht Bestandteil der Insolvenzmasse. Weiter steht den Gefangenen ein Anspruch auf Hausgeld zu, dessen Umfang zunächst durch das 4. StVollzGÄndG in § 121 Abs. 5 und im Dezember 2000 durch das 5. StVollzGÄndG in § 199 Abs. 1 neu definiert worden ist. Dieses **Hausgeld** steht dem Gefangen für eigene persönliche Bedürfnisse zur Verfügung und ist daher nach überwiegender Ansicht unpfändbar (*LG Münster* MDR 1992, 521; Rpfleger 2000, 509 = InVo 2001, 69; *OLG Hamm* MDR 2001, 1260; *Thomas/Putzo* ZPO, 29. Aufl. 2008, § 829 Rz. 17). Die auf dem Konto des Strafgefangenen bei der Vollzugsbehörde noch verbleibenden Beträge werden als Eigengeld nach § 52 StVollzG gutgeschrieben. Nach der Judikatur des BGH ist dieses Eigengeld den Regeln über Arbeitseinkommen nicht zuzuordnen, so dass der Anspruch auf Auszahlung des Eigengeldes vollständig abtretbar (*BGH* ZVI 2004, 740) und pfändbar ist und damit vollständig in die Insolvenzmasse fällt (*BGH* NJW 2004, 3714 = ZVI 2004, 735 m. Anm. *Zimmermann*; jetzt auch *LG Koblenz* VuR 2008, 348 [349]; vgl. bereits *OLG Karlsruhe* Rpfleger 1994, 370; *OLG Schleswig* Rpfleger 1995, 29; *LG Detmold* Rpfleger 1999, 34; *LG Lüneburg* Nds. Rpfl. 2001, 20; bisher **a. A.** *LG Arnsberg* Rpfleger 1991, 520; *LG Karlsruhe* NJW-RR 1989, 1536. Zur Situation der Untersuchungsgefangenen: *Stöber* Forderungspfändung, 2005, Rz. 144 a; *Musielak/Becker* ZPO, § 850 Rz. 8 a E.; *LG Frankfurt* Rpfleger 1989, 33).

Nach dem Urteil des BVerfG vom 01. 07. 1998 verlangt das aus Art. 1, 2, 20 GG abzuleitende verfassungs- **54** rechtliche **Resozialisierungsgebot**, dass Arbeit von Strafgefangenen angemessen anerkannt werden muss. Als Anerkennung kommen im Strafvollzug neben oder anstelle eines Lohnes in Geld auch Hilfen zur Schuldentilgung in Betracht (*BVerfG* NJW 1998, 3337 [3338]). Die bisherige überwiegende Ansicht zur vollständigen Pfändbarkeit des Eigengeldes ist damit nur vereinbar, wenn die bereits nach dem jetzigen Recht bestehenden Ermessensmöglichkeiten der Vollzugsbehörde zur Unterstützung von Entschuldungsmaßnahmen genutzt werden. Hierbei ist zu beachten, dass die Höhe des Überbrückungsgeldes im Gesetz nicht fest beziffert worden ist. In Nr. 1 Abs. 2 der seit 2001 geltenden VV zu § 51 StVollzG ist festgelegt worden, dass die Höhe das Vierfache der maßgeblichen sozialhilferechtlichen Regelsätze nicht unterschreiten soll (dazu *Arloth/Lückemann* StVollzG, 2004, § 51 Rz. 4). Der Anstaltsleiter kann jedoch unter Berücksichtigung der Umstände des Einzelfalls einen höheren Betrag festsetzen (dazu *Zimmermann* ZVI 2004, 739; vgl. auch *Stöber* Forderungspfändung, 2005, Rz. 134; *Calliess/Müller-Dietz* StVollzG, 10. Aufl., § 51 Rz. 5; AK-StVollzG/*Däubler/Spaniol* § 51 Rz. 4). Für Gefangene, die in einem freien Beschäftigungsverhältnis stehen, ist für die Höhe des Hausgeldes in § 47 Abs. 2 StVollzG nur festgelegt, dass dieses »angemessen« sein müsse. Die Vollzugsbehörde hat die Höhe in eigener Zuständigkeit festzusetzen, die im gerichtlichen Verfahren nach §§ 109 ff. StVollzG überprüfbar ist. Im Rahmen der Festlegung des Hausgeldes oder gegebenenfalls auch des Überbrückungsgeldes ist, soweit Ermessensspielräume bestehen auf Entschuldungsmöglichkeiten Rücksicht zu nehmen. Sofern es das Arbeitsentgelt des Gefangenen zulässt, ist ihm nach Beginn des außergerichtlichen Schuldenbereinigungsplanverfahrens nach § 305 Abs. 1 Nr. 1 InsO auf seinen Antrag hin ein zusätzlicher Betrag zum Ansparen für Zwecke des Verbraucherinsolvenzverfahrens als Hausgeld gutzuschreiben. Damit beeinflusst trotz der Minimalisierung der verfassungsrechtlichen Vorgaben im 5. StVollzGÄndG (BGBl. I 2000 S. 2043) bereits heute das verfassungsrechtliche Resozialisierungsgebot die Bildung der Insolvenzmasse bei Strafgefangenen.

54 a Zutreffend hat daher der BGH ausdrücklich darauf hingewiesen, dass den Strafgefangenen somit auch der Weg der Entschuldung nach § 286 InsO offen steht (*BGH* NJW 2004, 3714 [3716] = ZVI 2004, 735 [738]). Damit wurde zutreffend die vereinzelt in der instanzgerichtlichen Judikatur geäußerte Meinung, dass Strafgefangenen Verfahrenskostenstundung und Restschuldbefreiung zu versagen seien (*LG Hannover* ZVI 2002, 130 und 2004, 501) zurückgewiesen (ebenso bereits *Riedel* ZVI 2002, 131 und *Kohte* EWiR § 295 InsO 1/02, 491; vgl. MünchKomm-InsO/*Stephan* 2. Aufl. 2008, § 286 Rz. 63).

IV. Forderungen mit Versorgungscharakter

1. Forderungen aus Versicherungsverträgen

55 Von großer praktischer Bedeutung ist weiter die Frage, wann Forderungen mit Versorgungscharakter in die Insolvenzmasse fallen und welche Rechtspositionen Treuhändern und Versicherungsnehmern insoweit zukommen. Ausgangspunkt sind wiederum die differenzierten Regelungen des Rechts der Einzelvollstreckung. Das Recht der freiwilligen Mitgliedschaft in einem Versorgungswerk der Rechtsanwälte ist unpfändbar. Der Treuhänder ist nicht berechtigt, die Mitgliedschaft zu beenden und Erstattung der bisher gezahlten Beiträge zu verlangen (*BGH* ZVI 2008, 60). Nach § 850 Abs. 3 b ZPO sind vollstreckungsrechtlich dem Arbeitseinkommen gleichgestellt Renten, die aufgrund von Versicherungsverträgen gewährt werden, wenn diese Verträge zur Versorgung des Versicherungsnehmers oder seiner unterhaltsberechtigten Angehörigen eingegangen sind. Diese Regelung betrifft nicht die oben (Rz. 39 ff.) dargestellten Renten aus der Sozialversicherung, sondern **Rentenansprüche**, die auf **privatrechtlichen Versicherungsverträgen** beruhen (dazu auch *Ahrens* § 287 Rz. 49). Erfasst sind damit die Tagegelder aus privaten Krankenversicherungen, Ansprüche der betrieblichen Altersversorgung, sofern sie sich nicht gegen den Arbeitgeber, sondern einen Versicherungsträger richten (z. B. die Renten der Versorgungsanstalt des Bundes und der Länder – *BGH* BGHZ 111, 248 [253]) sowie die Forderungen aus privatvertraglichen Lebensversicherungsverträgen, die auf eine fortlaufende Zahlung in Form einer monatlichen Versicherungsrente und auf die Versorgung des Versicherungsnehmers oder seiner unterhaltsberechtigten Angehörigen gerichtet sind (dazu *BFH* NJW 1992, 527; *Gleichenstein* ZVI 2004, 149 [152 f.]; Handbuch Fachanwalt-VersR/*Kirscht* 2004, Kap. 21 Rz. 47). In diesen Fällen bestimmt sich der Insolvenzbeschlag nach § 850 c ZPO; nur die nach der Tabelle zu § 850 c ZPO pfändbaren Beträge gehören zur Insolvenzmasse.

55 a Durch § 850 Abs. 3 b ZPO werden i. d. R. auch die monatlichen Auszahlungsbeträge aus der staatlich geförderten privaten kapitalgedeckten Altersvorsorge – Riester-Rente – (eingeführt mit dem AVmG v. 26. 06. 2001 BGBl. I S. 1310 zum 01. 01. 2002) geschützt. Diese basiert auf einem von der BAFin zertifizierten Altersvorsorgevertrag, der den Kriterien des § 1 Abs. 1 AltZertG (BGBl. I 2001 S. 1310, 1322) entspricht. Dagegen wurden nach der Judikatur monatliche Auszahlungsbeträge aus der Rürup-Rente (eingeführt mit dem AltEinkG v. 05. 07. 2004 BGBl. I S. 1427 zum 01. 01. 2005) nicht geschützt, soweit die Versicherungsnehmer keine Arbeitnehmer waren (vgl. *Thomas/Putzo* ZPO, 29. Aufl. 2008, § 850 Rz. 9). Diese Lücke wurde mit Inkrafttreten des Pfändungsschutzes für Altersrenten gem. § 851 d ZPO geschlossen (dazu BR-Drucks. 618/05 S. 14; *Wimmer* ZInsO 2007, 281; *Hasse* VersR 2007, 870). Private Versicherungsrenten Selbständiger oder Freiberufler, die vor dem 31. 03. 2007 der Pfändung unterlagen, sind nicht unter Vorgriff auf die Wirkungen dieser Norm geschützt (*BGH* ZVI 2008, 14, anders noch *AG Lemgo* ZVI 2007, 183).

55 b In der Ansparphase sind Forderungen oder Eigentumsrechte aus dem Vorsorgevertrag – Riester-Rente – unpfändbar, da sie nicht übertragbar sind (§ 97 EStG i. V. m. § 851 Abs. 1 ZPO). Das geschützte Altersvorsorgevermögen umfasst das in der Ansparphase angesammelte Vermögen (§ 10 a, §§ 79 ff. EStG) ein-

Allgemeine Verfahrensvereinfachungen § 312

schließlich der geförderten laufenden freiwilligen Altersvorsorgebeiträge (§ 82 EStG; *LAG Mainz* VuR 2007, 395 m. Anm. *Busch/Kohte*), seiner Erträge sowie den Anspruch auf die Zulagen (§§ 79, 83 ff. EStG, *Zöller/Stöber* ZPO, 26. Aufl. 2007, § 829 Rz. 33; FK-InsO/*Schumacher* § 36 Rz. 23 d). **Ein vergleichbarer Schutz für die Rürup-Rente wurde im Gesetzgebungsverfahren zum Pfändungsschutz der Altersvorsorge nicht geklärt** (*Thomas/Putzo/Hüßtege* § 851 d ZPO Rz. 3). Für andere Lebensversicherungsverträge ist ein Ansparschutz durch § 851 c Abs. 2 ZPO (FK-InsO/*Schumacher* § 36 Rz. 23 c) sowie durch eine Präzisierung der seit dem 01. 01. 2005 geltenden Norm des § 165 Abs. 3 VVG ab 2009 in § 168 Abs. 3 VVG (s. u. *Kohte* § 313 Rz. 23 b; *Römer* DB 2007, 2523) gewährleistet worden, so dass entsprechende Forderungen nicht in die Insolvenzmasse fallen bzw. nicht verwertet werden können.

Ein weitergehender Pfändungs- und damit auch Insolvenzschutz ergibt sich aus § 850 b Abs. 1 Nr. 1 ZPO. **56** Danach sind Renten, die wegen einer Verletzung des Körpers oder der Gesundheit zu entrichten sind, unpfändbar. Nach der Rechtsprechung des BGH, die auch in der Literatur auf Zustimmung gestoßen ist, gehören dazu auch private Versicherungsverträge, die Personen zum Schutz vor Invalidität abgeschlossen haben. Im Unterschied zu den Lebensversicherungsverträgen, die an eine feste Altersgrenze anknüpfen, sind somit Ansprüche aus Versicherungsverträgen, die einen Schutz gegen **Invalidität** sicherstellen sollen, nur der Billigkeitspfändung nach § 850 b Abs. 2 ZPO unterworfen, so dass sie im Gesamtvollstreckungsverfahren nicht zur Insolvenzmasse gezogen werden können (*BGH* BGHZ 70, 206 = NJW 1978, 950; *Stein/Jonas-Brehm* ZPO, § 850 b Rz. 7). Dasselbe gilt auch für **Berufsunfähigkeitszusatzversicherungen**, die als Geldrenten nach Feststellung einer Berufsunfähigkeit zu zahlen sind. Wenn solche Versicherungsverträge auf privatrechtlicher Grundlage geschlossen sind, unterfallen diese ebenfalls der **Unpfändbarkeit** nach § 850 b Abs. 1 Nr. 1 ZPO und sind daher weder abtretbar noch zur Insolvenzmasse zu ziehen (vgl. *KG* VersR 2003, 490; *OLG Jena* OLGR 2001, 51; *OLG Karlsruhe* OLGR 2002, 114; *AG Köln* JurBüro 2002, 326; *OLG Oldenburg* MDR 1994, 257; zust. *Hülsmann* MDR 1994, 537; *OLG München* VersR 1997, 1520; *Stöber* Forderungspfändung, 2002, Rz. 892; *Thomas/Putzo* § 850 b ZPO Rz. 7; Handbuch Fachanwalt-VersR/*Kirscht* 2004, Kap. 21 Rz. 47). Wenn eine pfändbare Lebensversicherung mit einer unpfändbaren Berufsunfähigkeitszusatzversicherung verknüpft worden ist, dann ist im Insolvenzfall – genau wie in der Pfändungssituation (dazu *OLG Saarbrücken* VersR 1995, 1227 mit Anm. *Hülsmann* VersR 1996, 308) – eine Trennung dieser beiden Verträge vorzunehmen, da sie vollstreckungsrechtlich unterschiedlich zu behandeln sind. Zum Pfändungsschutz eines Erstattungsanspruchs gegen einen privaten Krankenversicherer *BGH* ZVI 2007, 521.

Ebenfalls bedingt unpfändbar und damit nicht vom Insolvenzbeschlag betroffen sind nach § 850 b Abs. 1 **57** Nr. 4 ZPO Ansprüche aus Lebensversicherungen, die nur auf den Todesfall des Versicherungsnehmers abgeschlossen sind (*BVerfG* VuR 2005, 68 = NJW 2004, 2585), wenn die Versicherungssumme 3.579 Euro nicht übersteigt. Die Begrenzung auf 3.579 Euro soll bezwecken, dass die durch den Todesfall verursachten typischen Aufwendungen gedeckt werden sollen; insoweit handelt es sich nicht um eine umfassende Versorgungssicherung. In der Einzelvollstreckung war umstritten, wie zu verfahren ist, wenn einer oder mehrere Versicherungsverträge zusammen die Grenze von 3.579 Euro überschreiten (zum bisherigen Recht *Smid* NJW 1992, 1935); jetzt ist geklärt, dass der Sockelbetrag von 3.579 Euro auf jeden Fall unpfändbar ist (*BGH* FamRZ 2008, 605 = VuR 2008, 316 m. Anm. *Kohte/Beetz*). In der Gesamtvollstreckung sind auch bei vollständigem Insolvenzbeschlag (dafür *Kuhn/Uhlenbruck* KO, § 1 Rz. 71) in der Nachlassinsolvenz die Kosten der Bestattung mit Hilfe dieser Beträge zu decken (vgl. *Hasse* VersR 2005, 15 [18]).

Wenn dagegen mit Eintritt des Versicherungsfalls dem Versicherungsnehmer eine Einmalzahlung zur Altersversorgung zusteht, greift dieser Pfändungsschutz nicht ein (allg. M. s. nur *Stein/Jonas-Brehm* ZPO, **58** § 850 Rz. 48), so dass der gesamte Betrag – falls nicht das **Eintrittsrecht nach § 170 VVG** (s. *Kohte* § 314 Rz. 6 ff.) genutzt wurde – in die Insolvenzmasse fällt (*BFH* NJW 1992, 527). Da diese Beträge jedoch nicht selten der Altersversorgung selbstständig tätiger Personen dienen, die nicht bzw. nicht hinreichend versichert sind, ist in einem solchen Fall das der Masse zugeflossene Kapital zumindest anteilig für den nach § 100 InsO zu beschließenden notwendigen Unterhalt zu verwenden. Als Anhaltspunkt für die hier zu beachtenden Freibeträge ist auf § 12 Abs. 2 Nr. 1 und 3 i. V. m. § 12 Abs. 3 Nr. 6 SGB II zurückzugreifen.

Ansprüche aus dem **Lebensversicherungsvertrag** und vergleichbaren Verträgen mit Versorgungscha- **59** rakter fallen nicht in die Insolvenzmasse, wenn einem Dritten eine unwiderrufliche Bezugsberechtigung vor Eröffnung des Insolvenzverfahrens zugewandt ist (*BGH* NJW 2003, 2679; VersR 1993, 689 = NJW 1993, 1994; *OLG Hamm* VersR 1998, 1494; VersR 1993, 172; BK-InsO/*Schwintowski* § 166 VVG

Rz. 49; *Weyers/Wandt* Versicherungsvertragsrecht, 3. Aufl. 2003, Rz. 840; s. auch *BGH* NJW 2003, 2679; vgl. BGHZ 156, 350; NJW 2005, 2231; zur Anfechtbarkeit einer solchen Bezugsberechtigung *Kohte* § 313 Rz. 77). Die auf diese Weise bezugsberechtigten Personen haben in der Insolvenz des Versicherungsnehmers ein Aussonderungsrecht nach § 47 InsO (s. FK-InsO/*Imberger* § 47 Rz. 40; Münch-Komm-InsO/*Lwowski/Peters* § 35 Rz. 419; s. auch *BGH* NJW 2002, 3253; **a. A.** *BAG* NZA 2007, 1169). Auch bei Lebensversicherungsverträgen, die zum Zweck der betrieblichen Altersversorgung abgeschlossen worden sind (Direktversicherungen i. S. d. § 1 b Abs. 2 Satz 1 BetrAVG), entscheidet die Ausgestaltung des Bezugsrechts über die Massezugehörigkeit der Verträge. Werden die Beiträge zur Direktversicherung durch Entgeltumwandlung finanziert, worauf der Arbeitnehmer einen Rechtsanspruch gem. § 1 a BetrAVG hat, ist der Arbeitgeber verpflichtet, dem Arbeitnehmer mit Beginn der Entgeltumwandlung im Versicherungsvertrag ein unwiderrufliches Bezugsrecht einzuräumen (§ 1 b Abs. 5 Satz 2 BetrAVG). Ist das unwiderrufliche Bezugsrecht mit Vorbehalten der Widerruflichkeit versehen (eingeschränkt unwiderrufliches Bezugsrecht), steht es einem uneingeschränkt unwiderruflichen Bezugsrecht gleich, wenn die Vorbehalte nicht erfüllt sind (MünchKomm-InsO/*Ganter* § 47 Rz. 321; *Westhalle/Mikesch* ZIP 2003, 2054 [2055]). Der bei der arbeitgeberfinanzierten Direktversicherung regelmäßig vereinbarte Vorbehalt der Unverfallbarkeit erlischt mit der Eröffnung des Insolvenzverfahrens über des Vermögens des Arbeitgebers (*BGH* ZInsO 2005, 768).

60 Personen, deren Bezugsberechtigung noch widerruflich ist, erwerben nach § 166 Abs. 2 VVG (jetzt § 159 Abs. 2 VVG n. F.) das Recht auf die Leistung erst mit dem Eintritt des Versicherungsfalls (*BGH* NJW 2005, 2231; BGHZ 156, 350; zum Verhältnis **Zessionar – Bezugsberechtigter** *BGH* NJW 1996, 2230). Ist dieser vor der Insolvenz des Versicherungsnehmers eingetreten, so steht ihnen ebenfalls ein Aussonderungsrecht gemäß § 47 InsO zu. Ist dagegen das Insolvenzverfahren über das Vermögen des Versicherungsnehmers vor dem Versicherungsfall eröffnet worden, so stehen die Ansprüche aus dem Versicherungsvertrag der Masse zu und sind vom Treuhänder zu realisieren (dazu nur *BGH* VersR 1993, 689 = NJW 1993, 1994; zuletzt *BGH* a. a. O.; BK-InsO/*Schwintowski* § 166 VVG Rz. 39). Wählt der Treuhänder allerdings die Erfüllung des Vertrages, ohne sofort die Bezugsberechtigung zu widerrufen und tritt während des Insolvenzverfahrens der Versicherungsfall ein, so steht das Recht auf die Versicherungsleistungen wiederum der bezugsberechtigten Person zu (zu den dabei zu beachtenden konstruktiven Fragen nur *Jaeger/Henckel* KO, § 1 Rz. 50; *Hasse* VersR 2005, 15 [32] m. w. N.). Diese Konstellation dürfte jedoch in der Praxis nicht oft auftreten, denn vor Eintritt des Versicherungsfalls liegt ein beiderseits noch nicht erfülltes Rechtsverhältnis i. S. d. § 103 InsO vor, dessen weiteres Schicksal vom Treuhänder zu entscheiden ist. Die dabei bestehenden rechtlichen Bindungen sind im Zusammenhang mit anderen Verwertungsentscheidungen zu erörtern (dazu *Kohte* § 313 Rz. 21 ff.).

61 In der **Sachversicherung** fallen die Ansprüche aus dem Versicherungsvertrag nach § 17 VVG n. F. nicht in die Insolvenzmasse, soweit sich die Versicherung auf unpfändbare Sachen bezieht (ebenso zu § 15 VVG aF *LG Detmold* Rpfleger 1988, 154). In der Gebäudeversicherung fällt dagegen die Versicherungssumme nach Wiederherstellung des Gebäudes und einer folgenden Insolvenz des Versicherungsnehmers in die Insolvenzmasse (so *BGH* ZIP 1994, 142 [144] = NJW-RR 1994, 343 [344]); die Werkvertragsgläubiger, die das Gebäude erstellen, waren bisher durch das Abtretungsverbot nach § 98 VVG geschützt; wenn sie von dieser Möglichkeit keinen Gebrauch gemacht hatten, teilten sie das Schicksal der anderen Insolvenzgläubiger (*BGH* a. a. O.).

62 In der **Schadensversicherung** hat der Versicherer nach Eintritt des Versicherungsfalls gem. seinem vertraglichen Versprechen den konkret eingetretenen Schaden zu ersetzen. Dieser Befreiungsanspruch wandelt sich mit Eröffnung des Insolvenzverfahrens in einen Zahlungsanspruch (dazu nur *BGH* BGHZ 57, 78 [81] = NJW 1971, 2218; NJW 1994, 49 [50]; MünchKomm-BGB/*Krüger* 5. Aufl. 2007, § 257 Rz. 10). Dieser Anspruch steht grds. der Insolvenzmasse zu; der Versicherer hat die vollständige Leistung an den Treuhänder zu zahlen. Der Schadensersatzgläubiger des insolventen Versicherungsnehmers ist dagegen in der Regel einfacher Insolvenzgläubiger, dem somit nur eine Quote zusteht (vgl. nur zum Schicksal der Honorarforderungen des Rechtsanwalts in der Rechtsschutzversicherung bei Insolvenz des Versicherungsnehmers *Kuhn/Uhlenbruck* KO, § 1 Rz. 38; *Kurzka* VersR 1980, 12 [14]; *Bergmann* VersR 1981, 515; *Harbauer* ARB, 7. Aufl. 2004, § 20 Rz. 12; *OLG Köln* VersR 1998, 1151). Ein weitergehender Schutz steht jedoch den Schadensersatzgläubigern des insolventen Versicherungsnehmers gegenüber der Haftpflichtversicherung zu; nach § 110 VVG n. F. können sie wegen des ihnen gegen den Versicherungsnehmer zustehenden Anspruchs abgesonderte Befriedigung aus der Entschädigungsforderung des Versicherungsnehmers verlangen. Bei der Versicherung für fremde Rechnung (z. B. Unfallversicherung nach

§ 179 Abs. 1 Satz 2 VVG n. F.) fällt der Versicherungsanspruch in der Insolvenz des Versicherungsnehmers zwar in die Insolvenzmasse, ist aber vom Treuhänder dem Versicherten zuzuwenden (*Prölss/Martin* 2004, § 76 VVG Rz. 3).

2. Forderungen aus Sparverträgen

Zu den Verträgen mit Versorgungscharakter, die für Verbraucher i. S. d. § 304 InsO von großer Bedeutung sind, gehören auch **Sparverträge**, die im Rahmen betrieblicher und staatlicher Förderung vereinbart worden sind. Wegen der sozialpolitischen Bedeutung des Rechts der Vermögensbildung ergeben sich hier spezielle Differenzierungen, die in der allgemeinen insolvenzrechtlichen Literatur bisher kaum einen Niederschlag gefunden haben. Die Grenzen des Insolvenzbeschlags lassen sich hier nur genau bestimmen, wenn die verschiedenen Rechtsbeziehungen genau differenziert werden. Darum sind folgende Ebenen zu unterscheiden: 63
– der Anspruch des Arbeitnehmers gegen den Arbeitgeber auf Erbringung vermögenswirksamer Leistungen (§ 2 Abs. 7 5. VermBG);
– die vermögenswirksame Anlage von Teilen des Arbeitslohns auf schriftliches Verlangen des Arbeitnehmers (§ 11 5. VermBG);
– der Anspruch auf die Arbeitnehmer-Sparzulage (§§ 13, 14 5. VermBG);
– der Anspruch auf Auszahlung des mit Hilfe dieser Mittel gebildeten Sparguthabens (§ 8 5. VermBG).
Der Anspruch des Arbeitnehmers gegen den Arbeitgeber auf Erbringung **vermögenswirksamer Leistungen** ist nach § 2 Abs. 7 Satz 2 5. VermBG nicht übertragbar und damit gem. § 851 ZPO nicht pfändbar (dazu nur *Thüsing/Hornung-Draus* 5. VermBG, 1992, § 2 Rz. 290; *Stöber* Forderungspfändung, 2005, Rz. 915 ff.). Ebenso unpfändbar sind die nach § 11 5. VermBG zur vermögenswirksamen Anlage bestimmten Teile des Arbeitseinkommens, hinsichtlich deren der Arbeitnehmer ein schriftliches Verlangen nach § 11 5. VermBG geäußert hat. Nach überwiegender Ansicht ist dieser Schutz nicht auf die staatlichen Förderungsgrenzen beschränkt, so dass diese Norm auch bei weitergehenden tariflichen und betrieblichen Regelungen eingreift (dazu *Stein/Jonas-Brehm* ZPO, § 851 Rz. 10; *Stöber* a. a. O., Rz. 917; *Thüsing/Hornung-Draus* a. a. O., Rz. 291). Aus der Systematik des Insolvenzrechts ergibt sich allerdings, dass das schriftliche Verlangen des Arbeitnehmers nach § 11 Abs. 1 5. VermBG nur vor der Eröffnung des Insolvenzverfahrens erklärt werden kann. Schließlich ist seit der Änderung des Vermögensbildungsrechts im Jahre 1994 (dazu BGBl. I 1994 S. 1630 [1665]) der Anspruch auf die Arbeitnehmer-Sparzulage nach § 13 Abs. 3 Satz 2 5. VermBG nicht mehr übertragbar und pfändbar (dazu nur *OFD Düsseldorf* DB 1995, 299; *Zöller/Stöber* ZPO, 2007, § 851 Rz. 2), so dass er ebenfalls nicht in die Insolvenzmasse fällt. 64
Der Anspruch des Arbeitnehmers gegen das Kreditinstitut, mit dem der Sparvertrag nach § 8 5. VermBG abgeschlossen worden ist, auf **Auszahlung des Sparguthabens** ist dagegen grds. pfändbar und fällt in die Insolvenzmasse. In der Judikatur und Literatur zur Einzelvollstreckung ist jedoch umstritten, ob insoweit der Pfändungsgläubiger auch das Kündigungsrecht und damit einen Anspruch auf vorzeitige und prämienschädliche Auszahlung des angelegten Betrages erwirken kann. Bereits vor 1989 ist zunehmend die Ansicht vertreten worden, dass bei vermögenswirksamen Leistungen die Pfändung nicht zur vorzeitigen Kündigung legitimiert (dazu nur *AG Augsburg* NJW 1977, 1827; *LG Karlsruhe* MDR 1980, 765; *Muth* DB 1979, 1118 sowie 1985, 1831; **a. A.** *LG Bamberg* MDR 1987, 243; *Brych* DB 1974, 2054). Seit 1989 ist das Leitbild des Kündigungsrechts in §§ 8 Abs. 3 i. V. m. § 4 Abs. 4 5. VermBG auf höchstpersönliche Kündigungsgründe beschränkt, so dass – unabhängig von der konkreten Ausgestaltung des Sparvertrages (darauf stellt *Stöber* Forderungspfändung, Rz. 335 ab) – der Pfändungszugriff eine vorzeitige Kündigung nicht mehr legitimieren kann (so auch *Schaub/Koch* Arbeitsrechtshandbuch, 12. Aufl. 2007, § 92 Rz. 42). Diese Wertung ergibt sich aus den gesetzlich angeordneten Zweckbindungen, so dass sie auch für das Gesamtvollstreckungsverfahren maßgeblich ist und den Weg zur Nachtragsverteilung nach § 203 InsO öffnen kann. 65
Eine vergleichbare Zweckbindung, die auch in der Insolvenz zu beachten ist (dazu nur *Jaeger/Henckel* InsO, § 36 Rz. 25; vgl. *Uhlenbruck* InsO, § 36 Rz. 3; *BGH* NJW 2001, 3187 [3190]) ergibt sich aus § 1 des Gesetzes über die **Sicherung von Bauforderungen**. Danach sind die Ansprüche des Schuldners auf Zahlung eines für Bauzwecke gebundenen Darlehens nur für Bauhandwerker, Architekten und vergleichbare Unternehmer pfändbar, so dass sie im Gesamtvollstreckungsverfahren nicht zur Befriedigung der Gesamtheit der Gläubiger verwandt werden dürfen. Dieser Grundsatz gilt auch für Bauspardarlehen aus einem Bausparvertrag, die ebenso zweckgebunden zur Verfügung gestellt werden (dazu *Jaeger/Henckel* 66

InsO, § 36 Rz. 26 mit zusätzlichen Hinweisen zur Zweckbindung von Wohnungsbauprämien). Das vom Schuldner angesammelte Bausparguthaben soll dagegen nicht gegen den Vollstreckungszugriff geschützt sein; selbst die Vereinbarung einer Unpfändbarkeit nach § 5 Abs. 3 Nr. 7 BSpKG kann dem Insolvenzbeschlag nicht entgegenstehen, da sie als vertragliche Zweckbindung nach §§ 399 BGB, 851 Abs. 2 ZPO eingestuft wird. Die Frage nach der vorzeitigen Kündigung solcher Verträge durch den Treuhänder ist damit nicht ein Problem der Bildung der Insolvenzmasse, sondern der angemessenen Verwertung (dazu *Kohte* § 313 Rz. 21 ff.). Dies gilt erst recht für die Forderungen aus allgemeinen Sparverträgen, die wie gewöhnliche Geldforderungen nach § 829 ZPO gepfändet und nach § 835 ZPO in der Einzelvollstreckung verwertet werden können (dazu nur *Schuschke/Walker* 2002, Anh. zu § 829 ZPO Rz. 9). Solche Ansprüche fallen regelmäßig in die Insolvenzmasse; in der Praxis ist allerdings zu beachten, dass nicht selten zugunsten der Kreditinstitute ein formularvertragliches Pfandrecht besteht, das, sofern es wirksam vereinbart worden ist, dem Kreditinstitut die abgesonderte Befriedigung aus diesem Sparguthaben ermöglicht.

E. Die Durchführung des vereinfachten Insolvenzverfahrens

67 Für die weitere Durchführung des eröffneten Verbraucherinsolvenzverfahrens enthält § 312 InsO drei wichtige Vereinfachungen:
– Konzentration der Termine (Abs. 1);
– Möglichkeit des schriftlichen Verfahrens (Abs. 2);
– Ausschluss des Insolvenzplans und der Eigenverwaltung (Abs. 3).
Die letzte Maßnahme bestätigt vor allem die auch dieser Kommentierung zugrunde gelegte prinzipielle Unterscheidung von Unternehmens- und Verbraucherinsolvenzrecht (dazu nur BT-Drucks. 12/7302 S. 193; dazu s. o. Rz. 3).

68 Die zwingend vorgeschriebene **Terminkonzentration** nach **§ 312 Abs. 1 InsO** knüpft an das bisherige Recht sowie an die Normen des allgemeinen Insolvenzverfahrens an. Nach § 110 Abs. 2 KO konnte das Konkursgericht auch nach bisherigem Recht die verschiedenen Termine verbinden, wenn die Konkursmasse von geringerem Betrag oder der Kreis der Konkursgläubiger von geringerem Umfang war. In der bisherigen konkursrechtlichen Praxis haben sich daher bereits die Fallgruppen herausgebildet, in denen Berichts- und Prüfungstermin gut miteinander verknüpft werden konnten (dazu *Kuhn/Uhlenbruck* KO, § 110 Rz. 2; ausf. *Uhlenbruck/Delhaes* Rz. 447 ff.). Sie können daher auch zur Entscheidung über die fakultative Verbindung nach § 29 Abs. 2 InsO nutzbar gemacht werden.

69 Die Terminkonzentration ist in § 312 Abs. 1 InsO – anders als in § 29 Abs. 2 InsO – als zwingende Konzentration vorgegeben. Dies ist folgerichtig, denn die zentralen Aufgaben des Berichtstermins – vor allem die Entscheidungen über die vorläufige Fortführung oder Stilllegung des Schuldnerunternehmens (§ 157 InsO) finden in der Verbraucherinsolvenz in aller Regel nicht statt. Somit ist die vom Gesetz vorgeschriebene Konzentration der Termine plausibel; sie entspricht im Übrigen weitgehend der Terminkonzentration im Vergleichsverfahren auf den Vergleichstermin nach § 66 VglO.

70 Die **Möglichkeit der Anordnung eines schriftlichen Verfahrens** nach § 312 Abs. 2 InsO ist in dieser Form neu. Im klassischen Konkursrecht war ein schriftliches Verfahren oder die Möglichkeit der schriftlichen Zustimmung im Insolvenzverfahren lange Zeit per se ausgeschlossen. Die Beschlüsse der Gläubigerversammlung wurden ausschließlich im jeweiligen Gerichtstermin gefasst; eine schriftliche Zustimmungserklärung abwesender Personen wurde ausdrücklich als in diesem Verfahren nicht statthaft zurückgewiesen (dazu nur *Jaeger/Weber* KO, § 94 Rz. 3). Schriftliche Zustimmungen kannte das bisherige Insolvenzrecht ausschließlich im Vergleichsverfahren infolge der speziellen Regelungen in § 73 VglO. Damit kann sich in der Praxis ein neuer Verfahrenstyp entwickeln, der ausschließlich auf das Verbraucherinsolvenzverfahren zugeschnitten ist.

71 Bei der Entscheidung des Insolvenzgerichts, wann und in welcher Weise das schriftliche Verfahren angeordnet werden kann, können aus dem bisherigen Recht die Kategorien des § 110 Abs. 2 KO herangezogen werden, die offensichtlich als legislatorisches Vorbild dieser Regelung gedient haben. Von großer Bedeutung sind wiederum die Ergebnisse des gescheiterten Schuldenbereinigungsverfahrens. Je genauer in diesem Verfahren bereits die wesentlichen Fragen erörtert worden sind, desto eher kann das Gericht zumindest hinsichtlich des Prüfungstermins von der Möglichkeit des schriftlichen Verfahrens Gebrauch machen. Eine solche Anordnung würde sich vor allem anbieten, wenn bereits im Schuldenbereinigungsver-

fahren über Rechtsgrund und Höhe der Verbindlichkeiten weitgehend Einigkeit erreicht werden konnte, so dass eine nachhaltige Erörterung der einzelnen Forderungen nach § 176 InsO in mündlicher Form nicht erforderlich erscheint. Wenn dagegen der Schuldenbereinigungsplan in erster Linie an rechtlichen Divergenzen über Stand oder Höhe von Forderungen scheiterte, dann dürfte ein schriftliches Verfahren nicht akzeptabel sein. In diesen Fällen wären die Erörterungen im Prüfungstermin die letzte Möglichkeit, ein Feststellungsverfahren nach § 180 InsO zu vermeiden.

Schließlich kann nicht nur der Prüfungstermin, sondern auch der spätere Schlusstermin – wie § 312 **72** Abs. 2 InsO zeigt – im schriftlichen Verfahren erfolgen. Ob eine solche Anordnung sachgemäß ist, wird sich im Verbraucherinsolvenzverfahren in aller Regel noch nicht zum Zeitpunkt des Eröffnungsbeschlusses klären lassen, so dass sich das schriftliche Verfahren vor allem auf den Prüfungstermin beziehen sollte. In jedem Fall ist es erforderlich, dass das Gericht in seiner Anordnung präzise bezeichnet, ob und in welchem Umfang das schriftliche Verfahren durchgeführt werden soll und welche Fristen zu beachten sind. Diese Anordnung ist den Beteiligten bekannt zu geben (*BGH* NZI 2003, 389 [391] m. Anm. *Kohte*).

F. Verfahrensrechtliches

Der Eröffnungsbeschluss mit seinen weit reichenden Wirkungen darf nur ergehen, wenn vorher den Be- **73** teiligten in hinreichender Weise **rechtliches Gehör** gegeben worden ist. Hat der Gläubiger den Antrag gestellt, dann ist – wenn der Antrag zulässig ist – nach § 14 Abs. 2 InsO der Schuldner vom Insolvenzgericht zu hören. Der Gläubiger ist wiederum zu hören, wenn der Schuldner den Eröffnungsgrund oder andere Voraussetzungen des Verfahrens bestreitet (dazu KS-InsO/*Vallender* 2000, S. 275 Rz. 20 ff.). Ebenso ist der Gläubiger zu hören, wenn das Gericht seinen Antrag wegen mangelnder Kostendeckung nach § 26 Abs. 1 Satz 2 InsO abweisen will. In einem solchen Fall hat es dem Antragsteller aufzugeben, binnen einer bestimmten Frist den festgesetzten Vorschuss zu zahlen; damit wird dem Gläubiger gleichzeitig die Möglichkeit gegeben, auf Notwendigkeit und Höhe des Vorschusses einzugehen.

Die **Darlegungslast des Gläubigers** ist in **§ 14 Abs. 1 InsO** erleichtert worden; ihm obliegt es aus- **74** schließlich, seine Forderung und den Eröffnungsgrund glaubhaft zu machen. Ihm stehen dafür die Möglichkeiten des § 294 ZPO zur Verfügung. Die Anforderungen an die Glaubhaftmachung sind erhöht, wenn um die Berechtigung von Forderungen des Gläubigers gestritten wird. Wenn von dieser Frage der Eröffnungsgrund abhängt, weil z. B. bei fehlender Überzeugung des Gerichts vom Bestehen dieser Forderung auch Zahlungsunfähigkeit verneint werden müsste, darf sich das Gericht nicht mit der Glaubhaftmachung begnügen. In solchen Fällen ist ein vollständiger Beweis der Existenz der Forderung erforderlich (dazu nur *LG Itzehoe* KTS 1989, 730; *OLG Frankfurt* KTS 1973, 140; *AG Düsseldorf* KTS 1988, 177; *BGH* NJW-RR 1992, 919; dazu *Pape* NJW 1993, 297 ff.). Wenn in solchen Fällen das Gericht von der Existenz dieser Forderung nicht überzeugt ist, dann darf einem Gläubigerantrag auf Eröffnung des Insolvenzverfahrens nicht stattgegeben werden. In solchen Fällen sind die Beteiligten auf die Klärung vor dem dazu geeigneten Prozessgericht zu verweisen (*AG Göttingen* ZInsO 1998, 143; *Jaeger/Gerhardt* InsO, § 14 Rz. 28; FK-InsO/*Schmerbach* § 14 Rz. 58).

Das rechtliche **Gehör des Schuldners** beim Gläubigerantrag bestimmt sich nach § 14 Abs. 2 InsO; so- **75** fern das Verfahren durch einen Schuldnerantrag eingeleitet ist, sind die anderen Beteiligten im Wege der Amtsermittlung nach § 5 InsO zu hören. Dem Schuldner ist notwendigerweise Gelegenheit zu geben, auf deren Erklärungen zu erwidern (dazu nur KS-InsO/*Vallender* 2000, S. 258 Rz. 26). Vor allem ist es erforderlich, dem Schuldner die Möglichkeit zu geben, zu einem drohenden Abweisungsbeschluss wegen fehlender Kostendeckung rechtzeitig Stellung nehmen zu können – sei es, um die Höhe des Kostenvorschusses zu prüfen, sei es, um die erforderlichen Mittel rechtzeitig mobilisieren zu können (dazu bereits *Kohte* § 311 Rz. 28). Ebenso muss die Möglichkeit bestehen, dass er sich zum Wert der Aktivmasse und zu möglichen Anfechtungsverfahren (o. Rz. 15) äußert (FK-InsO/*Schmerbach* § 26 Rz. 63; Kübler/Prütting-Pape InsO, § 26 Rz. 12).

Nach Eröffnung des Insolvenzverfahrens ist der Eröffnungsbeschluss auch im Verbraucherinsolvenzver- **76** fahren öffentlich bekannt zu machen; die im allgemeinen Insolvenzverfahren wichtigen Registereintragungen werden bei Verbraucherinsolvenzverfahren selten erfolgen; von Bedeutung kann hier vor allem die Eintragung im Grundbuch nach § 32 Abs. 1 InsO sein (dazu nur *Häsemeyer* InsR, 4. Aufl., Rz. 7.54). Durch das InsOÄndG ist jedoch der Umfang der öffentlichen Bekanntmachungen, die nach § 30 InsO zu erfolgen haben, deutlich herabgesetzt worden. **Öffentliche Bekanntmachungen** erfolgen nunmehr ausschließlich in **Auszügen**. Die Gläubiger werden zwar weiterhin auf das Verbraucherinsolvenzverfahren aufmerksam gemacht, eine umfassende Information mit allen Einzelheiten erfolgt jedoch nicht (zur Begründung BT-Drucks. 14/5680 S. 31). Insoweit wird auch in diesem Stadium des Verfahrens auf die eigenständigen Aktivitäten und Bemühungen der Gläubiger gesetzt, die bereits durch das außergerichtliche Verfahren auf den gesamten Sachverhalt aufmerksam gemacht worden sind. Im übrigen ist davon auszugehen, dass Schuldner im Verbraucherinsolvenzverfahren wegen der Gefahr, dass ihnen bei unterlassener Angabe von Gläubigern nach § 290 Abs. 1 Nr. 6 InsO die Restschuldbefreiung versagt wird, in aller Regel die ihnen bekannten Gläubiger angeben, denen der Eröffnungsbeschluss nach § 30 InsO gesondert zugestellt wird.

77 Gegen den Beschluss, durch den das Eröffnungsverfahren abgeschlossen wird, steht als **Rechtsmittel nach § 34 InsO** die **sofortige Beschwerde** zur Verfügung. Die Beschwerdeberechtigung ist differenziert geregelt. Bei Abweisung des Eröffnungsantrages steht immer dem Antragsteller die Beschwerdeberechtigung zu; der Schuldner ist – auch wenn er nicht Antragsteller ist – berechtigt, eine Abweisung mangels Masse nach § 26 InsO mit der sofortigen Beschwerde anzufechten, da diese Abweisung für ihn unmittelbar nachteilige Konsequenzen hat. Schließlich steht dem Schuldner auch das Recht zu, bei Eröffnung des Insolvenzverfahrens mit der sofortigen Beschwerde zu rügen, dass die Voraussetzungen für diesen Beschluss nicht vorgelegen haben.

78 Auf die Beschwerde kann das Insolvenzgericht nach § 6 Abs. 2 Satz 2 InsO den Beschluss abändern und der Beschwerde abhelfen. Will das Insolvenzgericht diesen Weg nicht gehen, dann kann es jedoch – genauso wie das Beschwerdegericht – nach §§ 4 InsO, 572 ZPO die Vollziehung des Eröffnungsbeschlusses aussetzen, wenn nachhaltige Zweifel an der Qualität dieses Beschlusses bestehen. Im weiteren Verfahren können die Beteiligten auch neue Tatsachen vortragen; diese sind bei der Entscheidung über die Beschwerde zu berücksichtigen (dazu nur *LG Itzehoe* KTS 1989, 730 [731]). Somit kann z. B. trotz Abweisung des Eröffnungsantrages wegen fehlender Masse ein Schuldner in der Beschwerdeinstanz die Eröffnung erreichen, wenn nunmehr ein hinreichender Massevorschuss aufgebracht (HK-InsO/*Kirchhof* § 26 Rz. 21) oder ein Forderungsverzicht von Gläubigern in hinreichender Höhe erreicht worden ist (*OLG Koblenz* ZIP 1991, 1604).

79 Die Kosten des Eröffnungsverfahrens ergaben sich aus dem durch Art. 29 EGInsO novellierten § 50 GKG sowie dem mit Gesetz vom 06. 08. 1998 (BGBl. 1998 I S. 2030 [2031]) und dem durch das 6. SGGÄndG (BGBl. 2001 I S. 2144 [2154]) neu gefassten Kostenverzeichnis. Inzwischen ist das an diesem Punkt teilweise geänderte GKG und Kostenverzeichnis vom 05. 05. 2004 (BGBl. I S. 718) maßgeblich. Danach wird deutlich zwischen den Gebühren für den Gläubiger- und den Schuldnerantrag differenziert. Für Gläubiger ist in KV 2311 nunmehr eine Mindestgebühr von 150 Euro festgesetzt worden, die für Gläubiger mit Kleinforderungen die Hemmschwelle, ein so bedeutsames und aufwendiges Insolvenzverfahren in Gang zu setzen, spürbar erhöhen soll (so BT-Drucks. 12/3803 S. 73). Nach § 23 Abs. 1 GKG ist generell der Antragsteller Schuldner der Gebühr für das Verfahren über den Antrag auf Eröffnung des Insolvenzverfahrens; wird der Antrag abgewiesen, so ist der Antragsteller auch Schuldner der in dem Verfahren entstandenen Auslagen. Im bisherigen Konkursrecht war umstritten, ob bei einer Abweisung mangels Masse den Schuldner die Kostenpflicht treffen soll (dazu nur *Kuhn/Uhlenbruck* KO, § 107 Rz. 5 e); im Gesetzgebungsverfahren hatte der Bundesrat eine Klarstellung verlangt, der jedoch die Bundesregierung widersprochen hatte. Nach ihrer Ansicht war bereits mit der Fassung des § 50 GKG a. F. hinreichend deutlich gemacht, dass Kostenschuldner jeweils der Antragsteller ist (BT-Drucks. 12/2443 S. 262; vgl. FK-InsO/*Schmerbach* § 26 Rz. 68 ff.). Eine flexible Kostenentscheidung ist nach §§ 4 InsO, 91 a ZPO möglich, wenn eine **Erledigung der Hauptsache** eintritt. Mit der in Judikatur und Literatur zunehmend vertretenen Auffassung zum Konkursrecht (dazu nur *LG Münster* ZIP 1993, 1103; *Kilger/Karsten Schmidt* KO, § 103 Rz. 2; *Kuhn/Uhlenbruck* KO, § 103 Rz. 3 f.) ist diese Möglichkeit auch für das neue Insolvenzrecht zu bejahen (so auch HK-InsO/*Kirchhof* § 26 Rz. 23; *OLG Celle* NZI 2000, 150; *OLG Köln* NZI 2001, 318; *AG Göttingen* NZI 2001, 385).

80 Die **anwaltlichen Gebühren** im **Verbraucherinsolvenzverfahren** (vgl. FK-InsO/*Schmerbach* § 13 Rz. 70 ff.) sind seit dem 01. 07. 2004 in § 28 RVG differenziert geregelt (§§ 72, 77 BRAGO finden nur noch nach Maßgabe der Übergangsvorschriften §§ 60, 61 RVG Anwendung). Der Gegenstandswert der Gebühren bemisst sich bei der Vertretung des Schuldners nach dem Wert der Insolvenzmasse, mindestens jedoch nach einem Betrag von 4.000 Euro, während bei der Vertretung eines Insolvenzgläubigers die Gebühren nach dem Nennwert der geltend gemachten Forderung bestimmt werden. Für die Vertretung im Eröffnungsverfahren ist dem Schuldneranwalt eine 1,0-Gebühr (VV 3313), dem Gläubigeranwalt eine

0,5-Gebühr (VV 3314) zu entrichten. Im Verfahren über den Schuldenbereinigungsplan wird dagegen die anwaltliche Tätigkeit bei der Vertretung des Schuldners höher bewertet: Hier erhöht sich die Verfahrensgebühr auf 1,5 (VV 3315), während der Rechtsanwalt, der einen Gläubiger auch im Schuldenbereinigungsverfahren vertritt, eine volle Verfahrensgebühr (VV 3316) beanspruchen kann. Damit wird auch im Gebührenrecht dokumentiert, dass ein zentraler Schwerpunkt der Aktivitäten des Schuldners im Eröffnungsverfahren auf die Vereinbarung eines Schuldenbereinigungsplans abzielt und dass eine solche Beratung von großer Bedeutung ist (*Riedel* ZVI 2004, 274 [275]).

§ 313
Treuhänder

(1) ¹Die Aufgaben des Insolvenzverwalters werden von dem Treuhänder (§ 292) wahrgenommen. ²Dieser wird abweichend von § 291 Abs. 2 bereits bei der Eröffnung des Insolvenzverfahrens bestimmt. Die §§ 56 bis 66 gelten entsprechend.
(2) ¹Zur Anfechtung von Rechtshandlungen nach den §§ 129 bis 147 ist nicht der Treuhänder, sondern jeder Insolvenzgläubiger berechtigt. ²Aus dem Erlangten sind dem Gläubiger die ihm entstandenen Kosten vorweg zu erstatten. ³Die Gläubigerversammlung kann den Treuhänder oder einen Gläubiger mit der Anfechtung beauftragen. ⁴Hat die Gläubigerversammlung einen Gläubiger mit der Anfechtung beauftragt, so sind diesem die entstandenen Kosten, soweit sie nicht aus dem Erlangten gedeckt werden können, aus der Insolvenzmasse zu erstatten.
(3) ¹Der Treuhänder ist nicht zur Verwertung von Gegenständen berechtigt, an denen Pfandrechte oder andere Absonderungsrechte bestehen. Das Verwertungsrecht steht dem Gläubiger zu. ²§ 173 Abs. 2 gilt entsprechend.

Inhaltsübersicht:	Rz.
A. Normzweck	1– 4
B. Rechtsstellung und Aufgaben des Treuhänders	5–20
I. Die Bestellung des Treuhänders	6– 9 a
II. Inbesitznahme der Insolvenzmasse	10–13
III. Vorbereitung des Prüfungstermins	14–15
IV. Prozessführung	16–18
V. Unterhaltsgewährung an den Schuldner	19–20
C. Die Verwertung der Masse und Abwicklung der Schuldverträge im Verbraucherinsolvenzverfahren	21–42
I. Allgemeine Grundsätze	21–27
II. Arbeitsverträge in der Verbraucherinsolvenz	28–29
III. Mietverträge in der Verbraucherinsolvenz	30–37
IV. Bankverträge in der Verbraucherinsolvenz	38–42
D. Absonderungsrechte im Verbraucherinsolvenzverfahren	43–66 g
I. Die Abtretung von Ansprüchen auf Arbeitsentgelt und Sozialleistungen	45–63 a
1. Die Abtretung von Ansprüchen auf Arbeitsentgelt	46–53
2. Die Abtretung von Ansprüchen auf Sozialleistungen	54–60
3. Die Abtretung von Ansprüchen aus Versicherungsverträgen	61–63 a
II. Pfandrechte	64
III. Grundpfandrechte	65–66 g
E. Anfechtung im Verbraucherinsolvenzverfahren	67–84
I. Anfechtbare Zwangsvollstreckung	68–72 c
II. Anfechtbare Sicherungen	73–75
III. Anfechtbare Verrechnungen	76–77
IV. Anfechtung und Versicherung	78–79 b
V. Anfechtung und personenbezogene Rechtshandlungen	80–84
F. Verfahrensrechtliches	85–88

Literatur:

Ahrens Insolvenzanfechtung einer erfüllten Bewährungsauflage, NZI 2001, 456 ff.; *Bork* Die Renaissance des § 133 InsO, ZIP 2004, 1684 ff.; *Brömmekamp* Insolvenzrechtliche Anfechtbarkeit einer vom Gemeinschuldner geleisteten Bewährungsauflage, ZIP 2001, 951 ff.; *Delhaes* Zur Kündigung von Wohnraummietverhältnissen durch den Treuhänder im Verbraucherinsolvenzverfahren, Festschrift für Uhlenbruck 2000, S. 585 ff.; *du Carrois* Freigabe von Grundsteuer, ZInsO 2005, 472 ff.; *Eckert* Neues im Insolvenzrecht der Wohnraummiete, NZM 2001, 260 ff.; *Eckardt* Kreditsicherung versus Insolvenzanfechtung, ZIP 1999, 1417 ff.; *Eckert* Die Schuldnerwohnung im Verbraucherinsolvenzverfahren, ZVI 2006, 133 ff.; *Eichner* Wohnraummietverträge in der Verbraucherinsolvenz, WuM 1999, 260 ff.; *Elfring* Drittwirkung der Lebensversicherung, 2003; *ders.* Die Verwertung verpfändeter und abgetretener Lebensversicherungsansprüche in der Insolvenz des Versicherungsnehmers, NJW 2005, 2192 ff.; *Elling* Abtretung von Sozialleistungen, NZS 2000, 281 ff.; *Franken* Mietverhältnisse in der Insolvenz, 2002; *Grote* Einkommensverwertung und Existenzminimum des Schuldners in der Verbraucherinsolvenz, 2000; *ders.* Wohnraummiete und Arbeitseinkommen während des eröffneten Insolvenzverfahrens, NZI 2000, 66 ff.; *Grothe* Die vollstreckungsrechtliche »Rückschlagsperre« des § 88 InsO, KTS 2001, 205 ff.; *Hasse* Zur gesetzlichen Neuregelung der Zwangsvollstreckung in Kapitallebensversicherungen, VersR 2004, 958 ff.; *ders.* Vollstreckung in Kapitallebensversicherungen, VersR 2005, 15 ff.; *ders.* Zur gemischten Lebensversicherung zugunsten Dritter, VersR 2005, 1176 ff.; *Henckel* Verbraucherinsolvenzverfahren, Festschrift für Gaul 1997, S. 199 ff.; *Hintzen* Grundstücksverwertung durch den Treuhänder in der Verbraucherinsolvenz, ZInsO 2004, 713 ff.; *Kayser* Die Lebensversicherung im Spannungsfeld der Interessen von Insolvenzmasse, Bezugsberechtigtem und Sicherungnehmer, ZInsO 2004, 1321 ff.; *Kirchhof* Anfechtungen von Leistungen unter Vollstreckungsdruck, ZInsO 2004, 1168 ff.; *Kohte* Die treuhänderische Abtretung in der Schuldnerberatung – Grundlinien und erste praktische Konsequenzen, RsDE 27 (1995), S. 52 ff.; *ders.* Wohnraummiete und Insolvenz, Festschrift für Uhlenbruck 2000, S. 217 ff.; *Kohte/Busch* Kontenpfändungsschutz in der Insolvenz, ZVI 2006, 142 ff.; *Marotzke* Änderungs- und Ergänzungsbedarf bei § 109 und § 313 InsO, KTS 2001, 67 ff.; *ders.* Die Wohnraummiete in der Insolvenz des Mieters, KTS 1999, 269 ff.; *Paulus/Allgayer* Erwerb durch Zwangsvollstreckung als inkongruente Deckung?, ZInsO 2001, 241 ff.; *Prahl* Eintrittsrecht und Anfechtung bei der Kapitallebensversicherung, VersR 2005, 1036 ff.; *Rohleder* Unterhaltsansprüche in der Insolvenz, 2005; *Schläger* Verbraucherinsolvenz, Restschuldbefreiung und Wohnraummiete, ZMR 1999, 522 ff.; *Schoppmeyer* Besondere und allgemeine Insolvenzanfechtung am Beispiel der Anfechtung von Zwangsvollstreckungshandlungen, NZI 2005, 185 ff.; *Steinicke* Zur Wirkung einer Kündigung durch den Insolvenzverwalter gemäß § 109 Abs. 1 Satz 1 InsO bei Mietermehrheit, ZMR 2001, 160 ff.; *Vallender* Wohnungseigentum in der Insolvenz, NZI 2004, 401 ff.; *Vallender/Dahl* Das Mietverhältnis des Schuldners im Verbraucherinsolvenzverfahren, NZI 2000, 246 ff.; *Wagner* Die Anfechtung im Verbraucherinsolvenzverfahren, ZIP 1999, 689 ff.; *Wimmer* Die Kündigung des Mietvertrages über die vom Schuldner bewohnte Wohnung durch den Insolvenzverwalter/Treuhänder, Festschrift für Uhlenbruck 2000, S. 605 ff.

A. Normzweck

1 Diese durch den Rechtsausschuss eingeführte Regelung führt zu einer wichtigen Konkretisierung des Verbraucherinsolvenzverfahrens: an die Stelle des Insolvenzverwalters tritt ein Treuhänder mit spezifischen Befugnissen, die nach der Vorstellung des Rechtsausschusses auf die besonderen Probleme von Verbraucherinsolvenzverfahren Rücksicht nehmen und vor allem die Gerichte entlasten sollen. Obgleich der Eindruck erweckt wird, dass der Treuhänder im Verbraucherinsolvenzverfahren nur noch einen geringen Aufgabenkreis zu verwalten hat, zeigt sich bei näherer Durchsicht, dass wegen der spezifischen Besonderheiten von Verbraucherinsolvenzverfahren auch die verbleibenden Aufgaben zahlreiche Fragen aufwerfen können.

2 Die wesentlichen hier darzustellenden allgemeinen Aufgaben des Treuhänders sind:
- Übernahme der Insolvenzmasse (§ 148 InsO);
- Aufstellen der Verzeichnisse und der Vermögensübersicht (§§ 151 ff. InsO);
- Vorbereitung des Prüfungstermins und Anmeldung von Forderungen (§§ 174 ff. InsO);
- Unterhaltsleistungen an den Schuldner (§ 100 InsO);
- Aufnahme und Fortsetzung von Prozessen (§§ 85 ff. InsO);
- Verwertung der Masse und Abwicklung vertraglicher Beziehungen (§§ 103 ff., 159 ff. InsO).

3 In der 1994 beschlossenen Fassung der Norm waren wichtige Aufgaben eines Insolvenzverwalters auf die Gläubiger verlagert worden. So wurde diesen die Anfechtung von Rechtshandlungen nach §§ 129–147

InsO übertragen. Dies sollte zu einer Vereinfachung des Verfahrens führen, das dadurch kostengünstig abgewickelt werden könne. Im Übrigen seien bei diesen überschaubaren Verfahren die Gläubiger für diese Aufgabe gut geeignet und hinreichend motiviert (so BT-Drucks. 12/7302 S. 193). Diese Übertragung ist in der Literatur von Anfang an kritisiert worden (dazu nur *Henckel* FS für Gaul, S. 199, 209 ff.; *Wagner* ZIP 1999, 689 [691]). Die Regierungsbegründung zum InsOÄndG hat eingeräumt, dass sich die optimistischen Erwartungen in der Praxis nicht bestätigt hätten (BT-Drucks. 14/5680 S. 33). Daher ist 2001 die Möglichkeit geschaffen worden, einen Gläubiger oder den Treuhänder mit der Anfechtung zu beauftragen (s. u. Rz. 85 ff.). In der Diskussion zur Vereinfachung des Restschuldbefreiungsverfahrens wird eine Stärkung dieses Anfechtungsrechts befürwortet (*Heyer* ZInsO 2005, 1009 [1014]).

Ebenso war 1994 die Verwertung von Gegenständen, an denen ein Absonderungsrecht besteht, ausschließlich den Gläubigern übertragen worden. Dies war damit gerechtfertigt worden, dass die Zuständigkeit des Insolvenzverwalters für die Verwertung im Regelinsolvenzverfahren durch das Ziel der Unternehmenssanierung legitimiert sei, das im Verbraucherinsolvenzverfahren keine Rolle spiele (BT-Drucks. 12/7302 S. 194). Wiederum griff auch diese Einschätzung zu kurz und bedurfte daher der Korrektur. Im Anschluss an Vorschläge in der Literatur (dazu *I. Pape/G. Pape* ZIP 2000, 1553 [1561]) wurde 2001 die Möglichkeit geschaffen, dass unter bestimmten Umständen dem Treuhänder die Verwertungsmöglichkeit zufällt (dazu s. u. Rz. 66 a ff.). 4

B. Rechtsstellung und Aufgaben des Treuhänders

Im Eröffnungsbeschluss des Verbraucherinsolvenzverfahrens wird nicht ein Insolvenzverwalter, sondern ein Treuhänder bestimmt. Diese Terminologie soll deutlich machen, dass dieselbe Person im Insolvenzverfahren sowie in der Treuhandperiode tätig sein kann, so dass auf diese Weise das Verfahren vereinfacht und kostengünstiger abgewickelt werden kann (dazu BT-Drucks. 12/7302 S. 193). Auch wenn diese Identität nicht zwingend vorgeschrieben ist (dazu *Heyer* Verbraucherinsolvenzverfahren und Restschuldbefreiung, 1997, S. 39; *Behr* JurBüro 1998, 517 [520]; *Uhlenbruck/Vallender* § 291 Rz. 12, 313 Rz. 3; jetzt auch *Kübler/Prütting-Wenzel* 2008 § 291 Rz. 3; offen gelassen in BGH ZVI 2004, 129 = ZInsO 2003, 750), dürfte sie praktisch häufig sein. Da der Schuldner in der Treuhandperiode nach § 288 InsO ein eigenständiges Vorschlagsrecht hat, ist ihm auch im Insolvenzverfahren die Möglichkeit zuzubilligen, Vorschläge zu machen, die vom Gericht ernsthaft zu prüfen sind, damit das Vorschlagsrecht nach § 288 InsO nicht leer zu laufen droht (s. *Grote* § 288 Rz. 4 f.; HK-InsO/*Landfermann* 4. Aufl., § 313 Rz. 3; **a. A.** KS-InsO/*Fuchs* 2000, S. 1744 Rz. 186). 5

I. Die Bestellung des Treuhänders

Das Gericht bestimmt den Treuhänder nach §§ 313 Abs. 1 Satz 3, 56 InsO. Durch diese gesetzliche Regelung wird verlangt, dass die Eignung des Treuhänders für den jeweiligen Einzelfall konkret festgestellt wird. Schematische Vereinfachungen – so z. B. die Zusammenarbeit mit wenigen örtlichen Rechtsanwälten, wie sie im Regelinsolvenzverfahren bisher nicht selten üblich ist (*Graeber* Rpfleger 1998, 449 [451]) – sind für das Verbraucherinsolvenzverfahren erst recht eine wenig sachgemäße Restriktion. Vorrangig ist zunächst die Feststellung des mutmaßlichen Umfangs der Aufgaben, die sich in erster Linie aus der bisherigen Aufbereitung des jeweiligen Verfahrens ergibt. Je besser das außergerichtliche und gerichtliche Schuldenbereinigungsverfahren vom Schuldner bzw. den geeigneten Stellen vorbereitet worden ist, desto eher ist es möglich, dass im Verbraucherinsolvenzverfahren nicht ein Rechtsanwalt, sondern eine andere Person (dazu *Grote* § 288 Rz. 7 ff.) als Treuhänder bestellt wird (*Heyer* a. a. O., S. 39; *Behr* a. a. O., S. 520; *N. Preuß* Verbraucherinsolvenzverfahren, 2003 Rz. 169). 6

Der vom Gesetz vorgeschriebene unbestimmte Rechtsbegriff der »Eignung« umfasst nicht nur die fachliche, sondern auch die für diese Aufgabe wichtige persönliche Eignung (vgl. dazu die parallele Bewertung im Betreuungsrecht: *Staudinger/Bienwald* BGB, 13. Aufl. 2006, § 1897 Rz. 12 ff.). Ein wichtiges Element ist die Unabhängigkeit des jeweiligen Treuhänders, die ihm Unbefangenheit und Konfliktfähigkeit gegenüber allen Beteiligten gibt. Dieser Unabhängigkeit kann eine wirtschaftliche Bindung oder Verflechtung entgegenstehen (dazu grundlegend *Pape* ZIP 1993, 737 [738]; ZInsO 2001, 1025 [1026]). Die Position des Insolvenzverwalters/Treuhänders ist nach dem Gesetz dadurch gekennzeichnet, dass eine »mehrseitige Fremdbestimmung« gegenüber Schuldner sowie Insolvenzgläubigern besteht und dass die Aufgabe 7 gerade darin besteht, mit dieser »konstanten Interessenkollision« (dazu nur *Baur/Stürner* Insolvenzrecht, 12. Aufl. 1990, Rz. 10.1) sachgerecht umzugehen (s. FK-InsO/*Kind* § 56 Rz. 32 m. Hinw. auf den Verhaltenskodex NZI 2002, 23; *Nerlich/Römermann* InsO, § 288 Rz. 22). In der Praxis dürften daher für diese Aufgabe weiterhin die rechtsberatenden Berufe dominieren (dazu *Maier/Krafft* BB 1997, 2173 [2176]; sowie *Grote* § 288 Rz. 12).

8 Angesichts der für Verbraucherinsolvenzverfahren generell bestehenden Asymmetrie des wirtschaftlichen und sozialen Sachverhaltes sind vor allem Verflechtungen zwischen Treuhänder und einzelnen Gläubigern zu beachten und zu vermeiden (dazu bereits *Uhlenbruck* KTS 1989, 229 [233 f.]; *Grote* § 288 Rz. 10; zustimmend *Uhlenbruck/Vallender* § 313 Rz. 7). Die Gerichtspraxis hat diese Kriterien aufgegriffen (anschaulich OLG Celle NZI 2001, 551 [553]; zuletzt zu § 288 InsO AG Göttingen VuR 2005, 157 = ZVI 2005, 53; *Grote* § 288 Rz. 10). Soweit etwaige Interessenkollisionen bestehen, sind diese bereits im Bestellungsverfahren anzuzeigen (dazu grds. BGH NJW 1992, 993 [995]; vgl. FK-InsO/*Schmerbach* § 4 Rz. 30). Ein Unterlassen gebotener Informationen kann zur Haftung nach §§ 60 ff. InsO bzw. zur Entlassung nach § 59 InsO führen (OLG Zweibrücken ZInsO 2000, 398).

9 Nach §§ 313 Abs. 1 Satz 3, 57 InsO steht auch im Verbraucherinsolvenzverfahren der Gläubigerversammlung das Recht zu, in der ersten Gläubigerversammlung eine andere Person zu wählen. Das Gericht kann dessen Bestellung jedoch versagen, wenn dieser für die Übernahme des Amtes nicht geeignet ist. Gerade bei einem solchen Vorgehen wird das Gericht genau prüfen müssen, inwieweit organisatorische Verflechtungen oder Abhängigkeiten bestehen, die als Eignungsmangel zu qualifizieren sind (vgl. zur Typisierung solcher organisatorischen Abhängigkeiten die Regelung in § 1897 Abs. 3 BGB – *Staudinger/Bienwald* BGB, 13. Aufl. 2006, § 1897 Rz. 23, 27). I. d. R. wird diese Gläubigerversammlung bereits mit dem Prüfungstermin verknüpft sein, so dass eine Neuwahl regelmäßig zu einer Verzögerung des Verfahrens führen würde und daher nur bei triftigen Gründen akzeptabel wäre.

9 a Das Gericht kann die Bestellung des Treuhänders zeitlich begrenzen auf die Laufzeit des Insolvenzverfahrens. Fehlt eine solche Einschränkung, dann ist im Zweifel davon auszugehen, dass die Bestellung auch für das Restschuldbefreiungsverfahren gelten soll (BGH ZVI 2004, 129 = ZInsO 2003, 750; *Kübler/Prütting-Wenzel* § 291 Rz. 3). Der Treuhänder, der dieses Amt in der zweiten Phase nicht mehr ausüben will, kann jedoch den Antrag auf Entlassung aus dem Amt stellen. In einem solchen Fall kann eine Entlassung aus wichtigem Grund nach §§ 313 Abs. 1 Satz 3, 59 InsO in Betracht kommen (BGH ZVI 2004, 544). Wird in der Treuhandperiode ein neuer Treuhänder bestellt, wird damit konkludent der nach § 313 InsO bestellte Treuhänder entlassen (BGH ZInsO 2007, 1348; s. o. *Grote* § 288 Rz. 5).

II. Inbesitznahme der Insolvenzmasse

10 Mit dem Eröffnungsbeschluss geht die Verwaltungs- und Verfügungsbefugnis des Schuldners nach § 80 InsO auf den Insolvenzverwalter über (dazu nur *Heyer* a. a. O., S. 39). Um diese Befugnis effektiv ausüben zu können, hat der Treuhänder nach § 148 Abs. 1 InsO das gesamte zur Insolvenzmasse gehörende Vermögen sofort in Besitz und Verwaltung zu nehmen. Diese Aufgabe wird ihm dadurch erleichtert, dass der Eröffnungsbeschluss als Titel fungieren kann, so dass auf diese Weise die Zwangsvollstreckung eingeleitet werden kann (§ 148 Abs. 2 InsO). Der Treuhänder kann daher Herausgabe des der Pfändung unterliegenden Vermögens des Schuldners verlangen, so dass auf diese Weise ein neues Besitzrecht begründet werden kann (BGH NJW 2008, 2580 [2581]).

11 Verbrauchertypische Probleme können sich daraus ergeben, dass die Abgrenzung der Insolvenzmasse (dazu bereits *Kohte* § 312 Rz. 18 ff.) in der Praxis oft nicht einfach festzustellen ist. Unter Berücksichtigung des § 36 Abs. 3 InsO, der § 812 ZPO entspricht, sowie des entsprechend heranzuziehenden Rechtsgedankens des § 803 Abs. 2 ZPO wird allerdings bei gebrauchten Gegenständen, deren Verwertung nur geringe Erträge verspricht, eine Inbesitznahme unverhältnismäßig sowie auch unzweckmäßig sein (dazu bereits RG RGZ 94, 55; *Hess/Binz/Wienberg* GesO, 3. Aufl. 1997, § 8 Rz. 40 a; FK-InsO/*Schumacher* § 36 Rz. 38). Dabei wird der Treuhänder nicht in jedem Fall unmittelbaren Besitz begründen. Wenn eine ordnungsgemäße Aufbewahrung der Sachen sichergestellt ist, so sollten diese bereits zur Vermeidung von Lagerkosten, die die Masse belasten würden, in der Wohnung oder anderen Räumen des Schuldners verbleiben und ein Besitzmittlungsverhältnis begründet werden (dazu nur OLG Hamburg ZIP 1996, 386; s. a. FK-InsO/*Wegener* § 148 Rz. 7). Falls dies nicht ausreichend erscheint, kommt als nächste Maßnahme die Siegelung der entsprechenden Gegenstände nach § 150 InsO in Betracht. Eine Begründung unmittelbaren Besitzes wird daher in erster Linie an Urkunden und Dokumenten erfolgen, die für die spätere

Rechtsdurchsetzung bzw. Verwertung von Bedeutung sind, wie z. B. Sparkassenbücher und Versicherungsscheine (dazu MünchKomm-InsO/*Füchsl/Weishäupl* 2. Aufl. 2008, § 148 Rz. 11). Bei einer umsichtigen Vorbereitung des Schuldenbereinigungsverfahrens werden wichtige Urkunden – von den Abtretungserklärungen bis zu den Kreditunterlagen –, soweit sie dem Schuldner zur Verfügung stehen, zusammengefasst und dem Treuhänder zugänglich sein.

Ist der Schuldner nicht freiwillig zur Herausgabe bereit, so kann dies nicht im Wege der Selbsthilfe geschehen; der Treuhänder kann aber auf Grund einer vollstreckbaren Ausfertigung des Eröffnungsbeschlusses kurzfristig die Möglichkeiten der Zwangsvollstreckung aktivieren (*BGH* NZI 2006, 699). Insoweit entspricht diese Regelung den bisherigen einschlägigen Normen der §§ 117 KO, 8 GesO. Leben der Schuldner und sein Ehegatte in einem Haushalt, dann greift hier nach allgemeiner Ansicht § 739 ZPO ein, so dass die Vollstreckung auch gegen den Ehegatten, dessen Miteigentum entweder besteht oder fingiert wird, betrieben werden kann (zu den Besonderheiten bei Räumung einer Wohnung u. Rz. 36). Gegen sonstige Dritte ist der Herausgabeanspruch im Klageweg geltend zu machen. Eine einstweilige Verfügung auf Herausgabe nach §§ 675, 667 BGB (*BGH* NJW 1990, 510) ist in Bezug auf Geschäfts- bzw. Vertragsunterlagen gegen Steuerberater, Rechtsanwälte, Kreditvermittler, denen kein Zurückbehaltungsrecht zusteht, möglich (*OLG Düsseldorf* ZIP 1982, 471; FK-InsO/*Wegener* § 148 Rz. 17). 12

Gegen den Willen des Schuldners kann die Wohnung durch den Gerichtsvollzieher bzw. den Treuhänder zum Zweck der Durchsuchung nicht betreten werden. Insoweit ist – klargestellt durch § 758 a Abs. 1 ZPO n. F. (BT-Drucks. 13/341 S. 16; *Hornung* Rpfleger 1998, 381 [385]) – ein eigenständiger gerichtlicher Beschluss erforderlich, der explizit eine solche Anordnung enthalten muss (so aus der Literatur *Baur/Stürner* Rz. 6.15; *Jauernig/Berger* 22. Aufl. 2007, S. 158; *Häsemeyer* 4. Aufl., Rz. 13.04; vgl. auch MünchKomm-InsO/*Füchsl/Weishäupl* § 148 Rz. 66). Nur so kann der hier zu beachtende Grundrechtsschutz der Schuldner (dazu *BGH* ZVI 2004, 240) auch für diese Konstellation realisiert werden. Die nicht näher spezifizierten Aussagen in der überwiegenden insolvenzrechtlichen Literatur, wonach die Judikatur des Bundesverfassungsgerichts zwar in der Einzelzwangsvollstreckung, nicht jedoch im Rahmen der Gesamtvollstreckung Anwendung finden solle (dazu nur *Hess* KO 6. Aufl., § 117 Rz. 7; vgl. nur *Kübler/Prütting-Holzer* § 148 Rz. 18), vermögen die verfassungsrechtlichen Anforderungen, die zur neuen Fassung des § 758 a Abs. 1 ZPO geführt haben, nicht zu entkräften. Der auf Herausgabe von Sachen nach § 148 Abs. 2 InsO gerichtete Titel entspricht nicht der nur auf Räumung und Herausgabe von Räumen gerichteten Sonderregelung des § 758 a Abs. 2 ZPO (dazu *Musielak/Lackmann* 6. Aufl., § 758 a Rz. 2). 13

III. Vorbereitung des Prüfungstermins

Auf der Grundlage der Übernahme der Insolvenzmasse kann der Treuhänder die Verzeichnisse nach §§ 151 ff. InsO – Verzeichnis der Massegegenstände, Gläubigerverzeichnis und Vermögensübersicht – erstellen. Wenn diese Aufstellungen, die bereits nach § 305 Abs. 1 Nr. 3 InsO vom Schuldner mit dem Eröffnungsantrag vorzulegen waren, mit Sorgfalt erarbeitet sind, wird der Treuhänder zunächst im Wege der Stichprobe klären, welche Validität die Verzeichnisse haben und wie hier zu verfahren ist. 14

Bereits im Vorfeld des Prüfungstermins wird sich der Treuhänder rechtzeitig vorzubereiten haben, ob und in welchem Umfang gegen einzelne Forderungen Widerspruch erhoben werden sollte. Er wird insoweit zu klären haben, aus welchem Grund das Schuldenbereinigungsverfahren gescheitert ist, und ob gläubigerspezifische Kontroversen festzustellen sind bzw. ein Bestreiten durch einzelne Gläubiger im Prüfungstermin zu erwarten ist. Möglicherweise wird auch eine vergleichsweise Klärung im Vorfeld möglich sein, durch die eine Anmeldung bestreitbarer Forderungen vermieden werden kann. 15

IV. Prozessführung

Rechtsstreitigkeiten des Schuldners werden mit Eröffnung des Insolvenzverfahrens nach § 240 ZPO unterbrochen, sofern es sich nicht um persönliche Angelegenheiten – wie z. B. Personenstands-, Scheidungs- oder Strafverfahren handelt (dazu *Smid/Rattunde* § 80 Rz. 58; *Kübler/Prütting-Lüke* InsO, § 85 Rz. 15). In den anderen Fällen wird der Treuhänder prüfen, in welchem Umfang er diese Prozesse aufnimmt und fortsetzt. 16

Daneben kann der Treuhänder gehalten sein, Rechtsstreitigkeiten mit Gläubigern durchzuführen, die sich eines Zugriffsrechts oder eines Vorrechts berühmen, das ihnen von Rechts wegen nicht zusteht. Von besonderer Bedeutung ist hier die rechtliche Prüfung von Entgelt- und/oder Sozialleistungsabtretun- 17 gen, die einer Mobilisierung des Neuerwerbs für die Masse im Wege stehen. Arbeitgeber und Drittschuldner sind hier gehalten, dem Treuhänder die Urkunde, auf die sie sich nach § 409 BGB beziehen, vorzulegen, damit eine eigenständige und sorgfältige Prüfung möglich ist. Angesichts der Schlüsselrolle, die in den meisten Fällen die Abtretung des gesamten pfändbaren Einkommens einnimmt, ist eine eingehende Prüfung der Wirksamkeit solcher Abtretungserklärungen, vor allem der Formularabtretungen, unverzichtbar (dazu u. Rz. 47 ff. sowie *Grote* ZInsO 1999, 31 [33]).

18 In vergleichbarer Weise hat der Treuhänder sich mit den Gläubigern auseinander zu setzen, die sonstige Pfand- oder Absonderungsrechte für sich reklamieren, aus denen sie eine sofortige Verwertung der jeweiligen Gegenstände ableiten. In den anderen Fällen wird es möglich sein, das Ergebnis des Prüfungstermins abzuwarten und auf diese Weise zusätzliche kostenverursachende Verfahren einzudämmen.

V. Unterhaltsgewährung an den Schuldner

19 Gelingt es dem Treuhänder, pfändbares Einkommen oder andere Forderungen zur Masse zu ziehen und zu realisieren, so ist in jedem Fall zu prüfen, ob nach § 100 Abs. 2 InsO dem Schuldner aus diesen Beträgen Zahlungen zum »notwendigen Unterhalt« zu gewähren sind. Grundsätzlich soll der notwendige Unterhalt durch das unpfändbare Einkommen sichergestellt werden, das nach § 35 InsO vom Eröffnungsbeschluss nicht erfasst wird. Wenn das unpfändbare Einkommen hinter dem notwendigen Unterhalt – verstanden als Existenzminimum – zurückbleibt, kann in der Einzelvollstreckung nach § 850 f Abs. 1 ZPO eine entsprechende Erhöhung des unpfändbaren Betrages beantragt werden (dazu *Kohte* NJW 1992, 393 [396]; BT-Drucks. 12/1754 S. 16). Durch das InsOÄndG ist mit der Einfügung von § 36 Abs. 1 Satz 2 InsO diese Norm in Bezug genommen worden. Wenn der Schuldner im Verbraucherinsolvenzverfahren durch die Beschlagnahme des gesamten pfändbaren Einkommens das sozialhilferechtliche Existenzminimum durch Arbeitsentgelt oder Sozialleistung nicht mehr sicherstellen kann, so können Schuldner bzw. Treuhänder nach § 36 Abs. 4 InsO beim Insolvenzgericht die Erhöhung des unpfändbaren Betrags beantragen (zur aktuellen Berechnung *Zimmermann/Freeman* ZVI 2004, 655 ff.; 2005, 401 ff.; 2008, 374 ff.).

19 a In den Fällen, in denen Einkommen i. S. d. § 850 ZPO fehlt, kann die Sicherung des Existenzminimums im Rahmen des Unterhalts aus der Insolvenzmasse erfolgen (KS-InsO/*Kohte* 2000, S. 806 Rz. 88; *Smid* InsO, § 100 Rz. 3; *Nerlich/Römermann* InsO, § 100 Rz. 17; *Veit/Reifner* Außergerichtliches Verbraucherinsolvenzverfahren, 1998, S. 100; vgl. *LSG NRW* VuR 1995, 249). Endgültige Entscheidungen sind dann in der Gläubigerversammlung, die mit dem Prüfungstermin verbunden ist, nach § 100 Abs. 1 InsO zu treffen (dazu *Kohte* § 312 Rz. 37, 47; vgl. *LG Schwerin* ZVI 2003, 291 = ZInsO 2002, 1096). Bei Untätigkeit des Treuhänders bzw. der Gläubigerversammlung ist das Insolvenzgericht im Wege der Rechtsaufsicht nach § 58 InsO (dazu *OLG Frankfurt* DZWIR 2001, 32 m. Anm. *Kohte*) zuständig, den Treuhänder anzuhalten, die erforderlichen Zahlungen an den Schuldner oder dessen Familienangehörige zu veranlassen (KS-InsO/*Kohte* a. a. O., Rz. 92; *Hess* § 100 Rz. 21; MünchKomm-InsO/*Passauer/Stephan* 2. Aufl. 2007, § 100 Rz. 31; ausf. *Rohleder* Unterhaltsansprüche in der Insolvenz, 2005, Rz. 117 ff.), sofern eine Pflicht zur Gewährung von Unterhalt nach § 100 Abs. 2 InsO besteht.

20 Eine weitere wichtige Form der Unterhaltsgewährung nach § 100 InsO kann die Überlassung des bisherigen Wohnraums auf Dauer bzw. für eine Übergangszeit darstellen (*BGH* NJW 1985, 1082 [1083]; MünchKomm-InsO/*Passauer/Stephan* 2. Aufl. 2007, § 100 Rz. 25, 28). Sofern durch die Leistung von Wohngeld oder durch Beiträge von Familienangehörigen oder dritten Personen die Mietkosten vollständig oder weitgehend gesichert werden, kann eine solche Unterhaltsgewährung (dazu *LG Oldenburg* NJW 1967, 785; zuletzt *OLG Nürnberg* ZInsO 2005, 892) geboten sein (dazu unten Rz. 35).

C. Die Verwertung der Masse und Abwicklung der Schuldverträge im Verbraucherinsolvenzverfahren

I. Allgemeine Grundsätze

21 Vor allem obliegt dem Treuhänder nach § 159 InsO die bestmögliche Verwertung der Insolvenzmasse. Er hat diese nach pflichtgemäßem Ermessen durchzuführen und so seinen Beitrag zu leisten, dass dem Schuldner ein »fresh start« ermöglicht wird (dazu nur *Smid* § 60 Rz. 13; FK-InsO/*Kind* § 60 Rz. 8). Daher kommt – unabhängig von den allgemeinen insolvenzrechtlichen Problemen eines solchen Widerrufs

– ein Widerruf von Lastschriften, mit denen Mietzins oder Kosten von Strom- und Wasserrechnungen eingezogen worden ist, regelmäßig nicht in Betracht (*Homann* ZVI 2008, 156 [162]). I. d. R. wird die Verwertung in Form des freihändigen Verkaufs erfolgen. Nach allgemeinem Insolvenzrecht hat der Insolvenzverwalter vor der Vornahme besonders bedeutsamer Rechtshandlungen die Zustimmung des Gläubigerausschusses bzw. der Gläubigerversammlung einzuholen. Die dafür in § 160 Abs. 2 InsO genannten Regelbeispiele werden im vereinfachten Verbraucherinsolvenzverfahren typischerweise nicht aktuell werden. Das mit § 160 Abs. 1 InsO verbundene Erfordernis der Gläubigerversammlung kann dem Ziel der §§ 311 ff. InsO, das Verfahren zu vereinfachen und kostengünstig zu erhalten, nachhaltig zuwiderlaufen. Vom Treuhänder ist daher zu erwarten, dass er im Prüfungstermin von sich aus berichtet, ob besonders bedeutsame Rechtshandlungen geplant sind oder aktuell werden können, damit eine etwaige Entscheidung in dieser Gläubigerversammlung getroffen werden könnte.

Soll die Gläubigerversammlung einen Beschluss nach § 160 InsO fassen, so hat der Treuhänder vorher rechtzeitig den Schuldner nach § 161 InsO zu unterrichten, so dass dieser von seinem Teilnahmerecht an der Versammlung nach § 74 Abs. 1 InsO Gebrauch machen und auf die Beschlussfassung einwirken kann. Die Tatsache, dass im Verbraucherinsolvenzverfahren Beschlüsse nach § 160 InsO selten sein werden, darf jedoch nicht dazu führen, dass der Zweck des § 161 InsO leer läuft. Angesichts des auch auf die Sanierung des Schuldners gerichteten Verfahrenszieles sind zumindest für den Schuldner auch Verwertungsentscheidungen besonders bedeutsam, die eine gesonderte Gläubigerversammlung nicht rechtfertigen. Dazu gehören Entscheidungen zur Verwertung von Gegenständen, die zwar zur Insolvenzmasse rechnen, für eine künftige Erwerbstätigkeit bzw. die künftige Sicherung des Existenzminimums des Schuldners jedoch von besonderer Bedeutung sind. Dazu gehören weiter sämtliche Entscheidungen, die den Wohnraum des Schuldners und seiner Familie betreffen, mögliche Kündigungen und Verwertungen von Versicherungsverträgen oder die Verwertung eines Pkw, der nicht nach § 811 Nr. 5 ZPO geschützt ist. **22**

Angesichts der existenziellen Bedeutung dieser Entscheidungen wäre es unzureichend, den Schuldner ausschließlich auf die Einsichtnahme und Erörterung der Schlussrechnung zu verweisen. In Übereinstimmung mit den bereits in RGZ 98, 302 [306] entwickelten Grundsätzen für eine rechtzeitige Auskunft bei wichtigen Entscheidungen, ist der Schuldner vom Treuhänder rechtzeitig zu informieren. Ihm ist bei den existenziell wichtigen Gegenständen Gelegenheit einzuräumen, auf eine Anordnung nach § 314 InsO hinzuwirken (dazu *Kohte* § 314 Rz. 14 ff.). **23**

Besonders wichtig ist eine solche Information vor möglichen Kündigungen bzw. Verwertungen von Versicherungsverträgen, die der Alterssicherung des Schuldners, seiner Familie oder der Inhaber eines Bezugsrechts dienen. Bereits im Versicherungsrecht wird intensiv diskutiert, ob und wann den Versicherer eine entsprechende Informationspflicht trifft (vgl. *OLG Köln* VersR 1990, 1261 [1264]; *BAG* NJW 1994, 276 [278]); *OLG Düsseldorf* VersR 2003, 627; *BVerfG* NJW 2002, 2164 [2165]). Gerade weil die Rechte aus §§ 34, 170 VVG (dazu *Kohte* § 314 Rz. 6 ff.) fristgebunden sind, ist hier § 161 InsO zur Geltung zu bringen. **23 a**

Sofern kein unwiderrufliches Bezugsrecht vorliegt, fallen regelmäßig die Ansprüche aus einem Lebensversicherungsvertrag in die Insolvenzmasse (dazu *Kohte* § 312 Rz. 55 ff.). In der bisherigen insolvenzgerichtlichen Praxis ist dem Insolvenzverwalter/Treuhänder das Recht eingeräumt worden, den Rückkaufswert zur Masse zu ziehen und zu verwerten, wenn es um eine Versicherung zu Gunsten des Schuldners (*OLG Brandenburg* ZInsO 2003, 221) oder einer widerruflich begünstigten Person (*LG Hamburg* ZInsO 2005, 725) handelt, da der Pfändungsschutz nach § 850 Abs. 3 b ZPO nur die fälligen Rentenleistungen betrifft. Weitergehende Rechte können sich aus dem Pfändungsschutz nach § 851 c ZPO ergeben (dazu *Römer* DB 2007, 2523 [2525]; ausf. FK-InsO/*Schumacher* § 36 Rz. 23 a ff.). Unabhängig davon ist zu beachten, dass inzwischen in § 168 Abs. 3 VVG ein Sockelschutz bei der Kündigung solcher Verträge normiert ist. Dieser Schutz muss in solchen Fällen zur Geltung kommen; dabei ist es nicht entscheidend, wie die in *BGH* NJW 2005, 2231 [2232] offen gelassene Frage entschieden wird, ob der Insolvenzverwalter/Treuhänder ausdrücklich nach § 168 VVG kündigen muss, um den Rückkaufswert zur Masse zu ziehen (so *Elfring* NJW 2005, 2192 [2193]; *Armbrüster/Pilz* KTS 2004, 481 [485]) oder ob eine Erfüllungsablehnung nach § 103 InsO ausreicht (so mit ausführlicher Begründung *Hasse* VersR 2005, 1176 [1187]; vgl. FK-InsO/*Wegener* § 103 Rz. 75). Wenn die vorzeitige Verwertung des Versicherungsvertrags nach § 168 Abs. 3 Satz 1 VVG ausgeschlossen ist, dann kann auch der Rückkaufswert nur ausgeschüttet werden, wenn der Sockel nach § 168 Abs. 3 Satz 2 VVG gesichert ist. Wollte man annehmen, dass die Erfüllungsablehnung in der Lage wäre, den elementaren Sockelschutz des § 168 Abs. 3 Satz 2 VVG **23 b** auszuhebeln, müsste hier – zumindest solange die Prämienzahlung bis zum Ablauf der Kündigungsfrist gesichert ist – unzulässige Rechtsausübung (zur Bedeutung dieser Kategorie generell MünchKomm-InsO/*Huber* 2. Aufl. 2008, § 103 Rz. 203) angenommen werden.

24 Weiter gebietet auch die verfahrensrechtliche Sicherung des Grundrechts des Schuldners nach Art. 14 GG – dazu gehört auch das Besitzrecht des Mieters von Wohnraum (*BVerfG* NJW 1993, 2035) – in bestimmten Fällen eine rechtzeitige Unterrichtung vor einer Verwertung. Zwar gelten die festen Grenzen des Zwangsvollstreckungsrechts nach § 817 a ZPO nicht unmittelbar für Verwertungshandlungen des Treuhänders. Sie entsprechen jedoch dem allgemeinen Grundsatz, dass einem Schuldner im Regelfall die Möglichkeit erhalten bleiben muss, gegenüber einer unverhältnismäßigen Verschleuderung seines Vermögens um Rechtsschutz nachzusuchen (*BVerfG* NJW 1978, 368 [369]; ebenso zum Problem pflichtwidriger Verschleuderung durch Testamentsvollstrecker *BGH* NJW-RR 2001, 1369). Im früheren Konkursrecht ist dieser Grundsatz allerdings im Konkursverfahren nur in modifizierter Form angewandt worden (*BVerfG* NJW 1993, 513): danach wurde innerhalb des Verfahrens dem Schuldner kein eigenständiges Beschwerderecht gegen Verwertungsmaßnahmen zugebilligt, da dieses in ein Gesamtvollstreckungsverfahren schwieriger zu integrieren sei. Der Schuldner sollte im Übrigen durch die Aufsicht des Insolvenzgerichts geschützt werden, das entsprechende Maßnahmen des Verwalters zu beanstanden bzw. zu unterbinden hatte.

25 Bereits nach diesen Kriterien besteht zumindest in den Fällen, in denen der Verkehrswert bei der Verwertung nachhaltig unterschritten wird, eine vorherige Informationspflicht des Treuhänders, denn der Schuldner kann nur durch Maßnahmen der Aufsicht geschützt werden, wenn der Treuhänder wichtige und problematische Entscheidungen vorher angezeigt hat (dazu *BGH* BGHZ 113, 262 [276 ff.] = NJW 1991, 982 [985]). Dies setzt jedoch auch eine Anzeige gegenüber dem Schuldner voraus, der mit dieser sein Recht wahrnehmen kann, entsprechende Maßnahmen der Aufsicht beim Gericht anzuregen (dazu nur *Jaeger/Weber* § 83 Rz. 4; FK-InsO/*Wegener* § 161 Rz. 4; *Uhlenbruck* InsO, § 161 Rz. 2; *Nerlich/Römermann-Balthasar* InsO, § 161 Rz. 6 ff.).

26 Aus dem nunmehr in § 1 InsO erweiterten Verfahrenszweck ist abzuleiten, dass das Ersuchen des Schuldners um eine Maßnahme der Aufsicht nicht nur eine unverbindliche Anregung, sondern ein Antrag ist, der durch Beschluss zu bescheiden und nach § 11 RPflG der Überprüfung im Wege der Erinnerung zugänglich ist. Eine solche Sicherung durch Verfahren ist mit dem Gang eines Insolvenzverfahrens vereinbar, zum anderen aber auch zur Sicherung elementarer Interessen des Schuldners geboten. Zutreffend hat daher *Henckel* im Rahmen der Diskussion zur Insolvenzrechtsreform verlangt, dass Art und Ertrag der Verwertung der Masse nicht nur durch Gläubigerinteressen, sondern auch durch die Wahrung der Belange des Schuldners geprägt sein müssen. Dazu sei es erforderlich und unverzichtbar, dass der Schuldner Rechtsaufsichtsmaßnahmen des Gerichts anregen kann, die einer Verschleuderung seines Vermögens entgegenwirken und dass die Organe, die die Verwertung durchführen, dem Schuldner verantwortlich sind und ihm für Fehlentscheidungen haften (*Henckel* FS für Merz, 1992, S. 197 [207]; vgl. *Häsemeyer* 4. Aufl., Rz. 6.23).

27 Das Verwaltungs- und Verwertungsrecht des Treuhänders bezieht sich nur auf die Insolvenzmasse. Angesichts der engen Verbindung zwischen Person und Vermögen bei Verbrauchern ergeben sich dadurch schwierige Gemengelagen zwischen der Insolvenzmasse, die dem Verwaltungsrecht des Treuhänders untersteht, und dem insolvenzfreien persönlichen Vermögen des Schuldners. Einige exemplarische Schuldverträge sollen daher erläutert werden.

II. Arbeitsverträge in der Verbraucherinsolvenz

28 Verbraucherschuldner schließen Arbeits- und Dienstverträge typischerweise in der Rolle als Arbeitnehmer bzw. Dienstverpflichteter ab, während in der Kommentarliteratur die gegenteilige Situation des Gemeinschuldners in seiner Rolle als Arbeitgeber bisher wesentlich ausführlicher erörtert wird. Nach der Neufassung des § 304 InsO sind Schuldner im vereinfachten Verfahren regelmäßig nicht mehr Arbeitgeber mit eigenem Unternehmen, so dass es hier ausschließlich auf die Arbeitnehmerrolle ankommt.

29 Wenn Verbraucherschuldner sich zur Leistung von Diensten bzw. Arbeit verpflichtet haben, sind die §§ 103 ff. InsO über die Abwicklung schwebender Verträge unanwendbar. Zwar fällt der pfändbare Anspruch auf Arbeitsentgelt in die Insolvenzmasse, doch bleibt die Arbeitskraft selbst ein höchstpersönliches, mit der Person des Schuldners untrennbar verbundenes Gut. Damit kann der Arbeitsvertrag des Schuldners nicht in die Insolvenzmasse fallen, so dass der Treuhänder nach § 80 InsO hier nicht zuständig ist. Der

Schuldner hat als Arbeitnehmer weiter allein das Recht, Arbeitsverträge abzuschließen und zu beenden; Probleme können sich daraus allenfalls nach §§ 290, 296 InsO im Rahmen der Restschuldbefreiung sowie nach § 4 c Nr. 4 InsO im Rahmen der Verfahrenskostenstundung ergeben. Dagegen hat die Anrechnung der Zeit des eröffneten Verfahrens auf die Frist nach § 287 Abs. 2 InsO nicht zu einer zusätzlichen insolvenzrechtlichen Erwerbsobliegenheit geführt (s. *Kohte* § 4 c Rz. 24; *Ahrens* § 287 Rz. 89 o; *AG Köln* ZVI 2004, 261). Das unpfändbare Arbeitseinkommen fällt nicht in die Masse, so dass es nicht dem Treuhänder, sondern dem Arbeitnehmer-Schuldner auszuzahlen ist (*Grote* NZI 2000, 66; *Steder* ZIP 1999, 1874 [1876]; *Vallender* InVo 1999, 334 [339]; **a. A.** *Smid* FS für Rolland, S. 355, 358). Arbeitnehmer sind daher weiter aktiv legitimiert, das unpfändbare Arbeitseinkommen geltend zu machen und einzuklagen (*LAG Düsseldorf* ZVI 2004, 484 = ZInsO 2005, 391; *LAG Kiel* ZVI 2006, 151 = NZA-RR 2006, 309; *Kohte/Busch* ZVI 2006, 142 [143]). Ein solches Verfahren wird nicht nach § 240 ZPO unterbrochen.

III. Mietverträge in der Verbraucherinsolvenz

Zu den wichtigsten Dauerschuldverhältnissen gehören Mietverträge. Hier ist bereits für das Regelinsolvenzverfahren in §§ 108 ff. InsO eine gesonderte und eigenständige Regelung gefunden worden, die insoweit das allgemeine Wahlrecht nach § 103 InsO verdrängt. Grundnorm ist § 108 Abs. 1 InsO, wonach Miet- und Pachtverhältnisse des Schuldners über unbewegliche Gegenstände oder Räume mit Wirkung für die Insolvenzmasse fortbestehen. Im Umkehrschluss ergibt sich daraus, dass Mietverträge über bewegliche Sachen der allgemeinen Norm des § 103 InsO zuzuordnen sind. Bei gemischten Verträgen, die im Schwerpunkt als Mietverträge zu qualifizieren sind (z. B. Betreutes Wohnen, dazu *BGH* WM 2005, 399), gelten die insolvenzrechtlichen Schutzvorschriften für Miet- und Wohnraummietverträge ebenfalls. Auch bei Heimverträgen mit dienstvertraglichem Schwerpunkt (*BGH* NJW 2005, 824 [825]) sind die Schutzvorschriften des Heimrechts (z. B. der heimrechtliche Kündigungsschutz, dazu *BGH* NJW 2005, 147) in der Insolvenz des Schuldners zu beachten. 30

Die neuartige Zuordnung der jeweiligen Dauerschuldverhältnisse zum Schuldner bzw. zum Treuhänder setzt notwendigerweise voraus, dass diese Rechtsverhältnisse zum Zeitpunkt der Eröffnung des Verfahrens noch bestehen. Soweit die Mietparteien den Mietvertrag vorher schon wirksam gekündigt bzw. einvernehmlich aufgehoben haben, stellen sich im Verbraucherinsolvenzverfahren keine zusätzlichen Fragen und Probleme. Der Rückgabeanspruch des Vermieters nach § 985 BGB ist ein Aussonderungsanspruch nach § 47 InsO; insoweit haben sich gegenüber der bisherigen Auslegung des § 43 KO (*BGH* NJW 1994, 3232 = ZIP 1994, 1700) keine Änderungen ergeben (*BGH* NJW 2008, 2580). Der Anspruch des Vermieters auf Herausgabe richtet sich grundsätzlich gegen den Insolvenzverwalter/Treuhänder, es sei denn, dass dieser das Grundstück bzw. die Räume nicht zur Masse gezogen bzw. freigegeben hat. Dagegen wird in der neueren Judikatur der – im Einzelfall möglicherweise weitergehende – vertragliche Rückgewähranspruch nach § 546 BGB als Insolvenzforderung qualifiziert (*BGH* NJW 2001, 2966). Rückständige Ansprüche auf Mietzins sind ebenfalls allgemeine Insolvenzforderungen, die der Vermieter zur Tabelle anzumelden hat. 31

Soweit ein Prozess zwischen Vermieter und Mieter vor Eröffnung des Verfahrens bzw. Bestellung eines vorläufigen Insolvenzverwalters/Treuhänders rechtshängig geworden ist, tritt eine Unterbrechung nach § 240 ZPO ein (*AG Berlin-Charlottenburg* NZM 2005, 618). Eine etwaige Räumungsvollstreckung nach § 885 ZPO unterliegt nicht dem Vollstreckungsverbot des § 89 InsO (HK-InsO/*Eickmann* § 89 Rz. 17; MünchKomm-InsO/*Breuer* 2. Aufl. 2007, § 89 Rz. 32; zum bisherigen Recht nach § 14 KO *LG Hannover* DGVZ 1990, 170), so dass folgerichtig dem Schuldner die Möglichkeit des Vollstreckungsschutzes gegen eine solche Räumung verbleiben muss. 32

Wenn das Mietverhältnis dagegen zum Zeitpunkt der Eröffnung des Insolvenzverfahrens noch ungekündigt besteht, werden die Kündigungsrechte des Vermieters in bewusster Korrektur der bisherigen Regelung in § 19 KO eingeschränkt. Nach § 112 InsO kann der Vermieter ein Mietverhältnis, das der Schuldner als Mieter eingegangen war, nach Stellung des Antrags auf Eröffnung des Insolvenzverfahrens nicht wegen Verzuges mit der Entrichtung des Mietzinses, der in der Zeit vor dem Eröffnungsantrag eingetreten ist, kündigen (*LG Neubrandenburg* WuM 2001, 551). Ebenso ist eine allgemeine Kündigung wegen Verschlechterung der Vermögensverhältnisse des Schuldners ausgeschlossen. Diese Regelung orientiert sich an § 9 Abs. 3 GesO; hier ist die Kündigungsbeschränkung eingeführt worden, um Sanierungsmöglichkeiten des Schuldners flankieren zu können (*Landfermann* ZIP 1991, 826 [828]; BT-Drucks. 12/449 S. 41). Diese Kündigungssperre beginnt bewusst mit dem Zeitpunkt des Eröffnungsantrages und soll in 33 konstruktiver Parallele zu den Sicherungsmöglichkeiten nach § 21 InsO, die nach § 306 InsO bereits während des Schuldenbereinigungsverfahrens gelten, einen wirksamen Schuldnerschutz vermitteln (BT-Drucks. 12/2443 S. 148; *Wimmer* FS für Uhlenbruck, S. 605 [611]). 1994 war man davon ausgegangen, dass die Einstufung des zu zahlenden Mietzinses als Masseschuld nach § 55 InsO den Vermieter absichert, so dass im Lauf des weiteren Verfahrens ein neuer Verzug mit der Zahlung des Mietzinses nicht eintreten soll. Diese Einschätzung war durch Erfahrungen der Unternehmensinsolvenz geprägt; in der Verbraucherinsolvenz können Masseverbindlichkeiten häufig nicht erfüllt werden, so dass diese Lösung regelmäßig zur Masseunzulänglichkeit führen würde (so *Vallender/Dahl* NZI 2000, 246 [249 f.]).

34 In der Literatur wurde daher als Typizität des bisherigen Verbraucherinsolvenzverfahrens beschrieben, dass Schuldner – nicht selten unterstützt durch familienangehörige Mitmieter – den Mietzins aus dem unpfändbaren Arbeitseinkommen, ergänzt um das Wohngeld, zahlen (*Grote* NZI 2000, 66 [67]; *Vallender/Dahl* a. a. O., 248). In einer solchen Konstellation würde die Insolvenzmasse durch den Mietvertrag nicht belastet, so dass der Treuhänder die Mietsache von vornherein nicht zur Masse ziehen und damit auch nicht verwerten könnte (dazu FK-InsO/*Wegener* § 148 Rz. 13), da es sich um einen Vertrag mit »beschlagsfreiem Inhalt« handelt (dazu HK-InsO/*Marotzke* 4. Aufl., § 103 Rz. 14 ff.; ausf. *Marotzke* Gegenseitige Verträge im neuen Insolvenzrecht, 3. Aufl. 2001, Rz. 4, 11 ff.). Zur Klarstellung ist es in einem solchen Fall weiter geboten, dass eine ausdrückliche Erklärung dieser »unechten Freigabe« (vgl. HK-InsO/*Eickmann* 4. Aufl., § 35 Rz. 48) erfolgt, die als einseitige empfangsbedürftige Willenserklärung des Treuhänders dem Schuldner zugehen muss (vgl. BGH NJW 1994, 3232 [3233]). Dies sollte nach den Materialien zu § 112 InsO folgerichtig der Regelfall des Verbraucherinsolvenzverfahrens sein (ebenso i. E. *Schläger* ZMR 1999, 522 [525]). Im übrigen kann eine »echte Freigabe« – wie schon nach dem bisherigen Recht – durch dreiseitige Vereinbarung zwischen Vermieter, Treuhänder und Mieter bewirkt werden (FK-InsO/*Wegener* § 109 Rz. 8; *Uhlenbruck/Vallender* § 313 Rz. 29; MünchKomm-InsO/*Eckert* 2. Aufl. 2008, § 109 Rz. 47; *Eichner* WM 1999, 260, [262]; problematisch dagegen die einseitige Freigabe von »Schrottimmobilien«, dazu *du Carrois* ZInsO 2005, 472).

34 a Wenn die in Rz. 34 genannten Voraussetzungen nicht vorliegen, ist eine sachgerechte und widerspruchsfreie Zuordnung des Wohnraummietvertrags in der Insolvenz nur zu erreichen, wenn spätestens im Laufe des eröffneten Insolvenzverfahrens eine Trennung von zu verwertender Masse und insolvenzfreier Sphäre erfolgt und der Wohnraummietvertrag der insolvenzfreien Sphäre zugeordnet werden kann (*Kohte* FS für Uhlenbruck, S. 217, 237). Die Dringlichkeit dieser Frage wurde seit 1999 durch eine Reihe von Sachverhalten verdeutlicht, in denen jeweils Insolvenzverwalter/Treuhänder die Wohnung des Schuldners kündigten, um die Mietkaution zur Masse zu ziehen; die Schuldner wurden darauf verwiesen, dass es ihre Sache sei, mit ihren unpfändbaren Mitteln eine neue Wohnraumexistenz zu suchen (dazu *Wimmer* FS für Uhlenbruck, S. 605).

34 b Aus der Vielzahl der verschiedenen Möglichkeiten, die zu diesem Thema erörtert wurden, wählte der Regierungsentwurf in Übereinstimmung mit den Beratungen der Bund-Länder-Arbeitsgruppe eine **freigabeähnliche Haftungsbeschränkung**, die dann eingreift, wenn die in Rz. 34 dargestellten Freigabelösungen nicht realisiert worden sind. Danach ist nunmehr der Treuhänder berechtigt und im Regelfall auch gehalten, möglichst schnell die Masse vor weiteren Mietzinsansprüchen freizustellen und dem Schuldner die Wohnung als Lebensmittelpunkt zu sichern (BT-Drucks. 14/5680 S. 16). Die Wirkung dieser kündigungsähnlichen Erklärung sollte erst mit Ablauf der gesetzlichen Kündigungsfrist eintreten (BT-Drucks. 14/5680 S. 27; *Wimmer* a. a. O., S. 605, 614); seit 2007 greift in vielen Fällen die 3-Monats-Frist des § 109 Abs. 1 S. 1 ein (FK-InsO/*Wegener* § 109 Rz. 6, 10 b). Ein weitergehender Schadensersatzanspruch des Vermieters wird als Insolvenzforderung qualifiziert (zum Umfang des Ersatzanspruchs *Marotzke* Gegenseitige Verträge, Rz. 6, 14 ff.).

34 c In der Praxis wird ein Treuhänder regelmäßig direkt nach Eröffnung des Verfahrens eine solche Enthaftung nach § 109 Abs. 1 Satz 2 InsO erklären. Dies wird für Vermieter und Mieter akzeptabel sein, wenn in Zukunft der Mietzins aus dem unpfändbaren Einkommen des Schuldners aufgebracht wird. Dies wird typischerweise voraussetzen, dass auch das Wohngeld ungekürzt für die laufenden Kosten des Mietverhältnisses verwandt wird (vgl. LG Neubrandenburg WuM 2001, 551 [552]). Damit bestätigt sich im Insolvenzverfahren die seit dem 01. 01. 2005 durch die Neufassung des § 54 SGB I erfolgte Klarstellung, dass Wohngeld als zweckgebundene Leistung nur für diejenigen pfändbar ist, die laufende Leistungen für die Wohnung des Schuldners erbringen (vgl. *Ahrens* § 287 Rz. 77 und *Kohte* § 312 Rz. 43; *Stöber* Forderungspfändung, 2005, Rz. 1358). Wenn Wohngeld nicht als allgemeine Gläubigersubvention in die Masse fließt, kann der Schuldner den Vermieter durch eine Abtretung des Wohngeldanspruchs nach § 53 Abs. 2

Nr. 2 SGB I (vgl. *BSG* NZS 2001, 104; *Kohte* a. a. O., S. 217, 234 ff.) absichern und auf diese Weise möglicherweise eine dreiseitige Freigabe vertraglich realisieren.

Wenn eine solche Freigabe der Mietsache nicht erfolgen kann, ist zu prüfen, ob die Überlassung der Mietsache – i. d. R. wird es sich um Wohnraum handeln – als Form der Unterhaltsgewährung nach § 100 InsO in Betracht kommt. Diese Form der Unterhaltsgewährung ist im bisherigen Recht vor allem in solchen Fällen anerkannt worden, in denen weitere Familienangehörige des Schuldners mit diesem die Wohnung nutzten bzw. als weitere Mietvertragspartei beteiligt waren. Bereits nach dem bisherigen Recht konnte bei Insolvenz eines Mieters eine wirksame Kündigung des Vermieters gegen alle Mieter nicht ausgesprochen werden (*BGH* BGHZ 26, 102; *Kuhn/Uhlenbruck* § 19 Rz. 10). Angesichts der neuen Kündigungssperre des § 112 InsO ist für solche Fälle erst recht eine Stabilisierung des Mietverhältnisses anzustreben. Wenn die weiteren Familienangehörigen bereit sind, die Masse gegen Mietzinsansprüche des Vermieters abzusichern bzw. sie freizustellen, ist eine Unterhaltsgewährung geboten (vgl. zum bisherigen Recht *LG Oldenburg* NJW 1967, 785; zum aktuellen Insolvenzrecht MünchKomm-InsO/*Passauer/Stephan* § 100 Rz. 25; *Rohleder* Unterhaltsansprüche in der Insolvenz, 2005, Rz. 114). Bei Divergenzen zwischen Treuhänder bzw. Gläubigerversammlung und Schuldner kann dieser das Insolvenzgericht anrufen, damit dieses im Wege der Aufsicht nach § 58 InsO tätig wird (dazu KS-InsO/*Kohte* 2000, S. 806 Rz. 90; *OLG Frankfurt* DZWIR 2001, 32 m. Anm. *Kohte*; MünchKomm-InsO/*Passauer/Stephan* 2. Aufl. 2007, § 100 Rz. 31; *Rohleder* a. a. O., Rz. 192 ff.). **35**

Wenn ausnahmsweise weder eine Freigabe der Mietsache noch eine weitere Überlassung der Mietsache an den Schuldner in Form der Unterhaltsgewährung erfolgt sind, dann stellt sich trotz der Neuregelung im InsOÄndG für den Treuhänder die Frage, ob eine Kündigung des Mietvertrages nach § 109 InsO zu erfolgen hat, sofern § 109 Abs. 1 Satz 2 InsO n. F. nur als Ausschluss des vorzeitigen Kündigungsrechts, nicht jedoch des allgemeinen Rechts des Treuhänders zur ordentlichen Kündigung verstanden wird (*Eckert* NZM 2001, 260 [262]). Eine solche Kündigungsmöglichkeit weicht jedoch vom Leitbild des InsOÄndG nachhaltig ab und ist deshalb abzulehnen (s. FK-InsO/*Wegener* § 109 Rz. 10 a; HK-InsO/*Marotzke* § 109 Rz. 9; *Kübler/Prütting-Tintelnot* InsO, § 109 Rz. 21; *N. Preuss* Verbraucherinsolvenzverfahren, 2. Aufl., Rz. 179; jetzt vor allem *BGH* NJW 2008, 2580 [2581]). Sofern eine Haftungsbeschränkung nach § 109 Abs. 1 Satz 2 InsO erfolgt bzw. möglich ist, wäre eine solche Kündigung des Insolvenzverwalters im übrigen regelmäßig treuwidrig (*Franken* Mietverhältnisse in der Insolvenz, 2002, Rz. 533; *Eckert* ZVI 2006, 133 [136]; vgl. auch schon *Vallender/Dahl* NZI 2000, 246 [248]). Auf keinen Fall könnte nach einer Erklärung nach § 109 Abs. 1 Satz 2 InsO eine Räumungsvollstreckung auf der Grundlage des Eröffnungsbeschlusses nach § 148 InsO erfolgen (*Uhlenbruck/Vallender* § 313 Rz. 34; *Eckert* NZM 2001, 260 [262]). **35 a**

Damit verbleibt nur ein relativ geringer Anwendungsbereich für Fallgestaltungen, in denen der Treuhänder die Wohnung des Schuldners auch ohne oder gegen dessen Willen in Besitz nehmen kann. In § 167 Abs. 3 EInsO war vorgesehen, dass die Inbesitznahme von Immobilien nur auf Grund einer speziellen richterlichen Anordnung erfolgen dürfe, gegen die dem Schuldner das Rechtsmittel der sofortigen Beschwerde zur Verfügung stehen sollte. Dieses Verfahren beruhte auf der Erkenntnis, dass die schwierige Frage der Räumung nicht durch den Gerichtsvollzieher beurteilt werden könne, sondern einer eigenständigen gerichtlichen Entscheidung bedürfe (BT-Drucks. 12/2443 S. 170). Diese Regelung war folgerichtig und beruhte sowohl auf der Literatur zu § 9 GesO als auch auf der neueren verfassungsrechtlichen Judikatur. Im Gesamtvollstreckungsrecht war aus der Kündigungssperre nach § 9 Abs. 3 GesO abgeleitet worden, dass der Schuldner gegenüber Kündigungen durch den Verwalter ebenfalls eines elementaren Schutzes bedürfe (*Smid* GesO, 3. Aufl. 1996, § 9 Rz. 123; *Hess/Binz/Wienberg* § 9 Rz. 64 mit analoger Anwendung des § 556 a BGB a. F.). In der verfassungsrechtlichen Judikatur ist vor allem am Beispiel der Zwischenmietverträge entschieden worden, dass der Kern des Wohnraumkündigungsschutzes auch dann zur Geltung kommen müsse, wenn die Kündigung nicht vom Vermieter, sondern von einer anderen Person, die vergleichbare Kompetenzen wahrnimmt, ausgeht (*BVerfG* NJW 1991, 2272). Diese Maßstäbe müssen erst recht für ein Verbraucherinsolvenzverfahren gelten, das der Stabilisierung und dem Neuanfang des Schuldners dienen soll, so dass der Treuhänder dem Schuldner rechtzeitig anzeigen muss, ob eine Kündigung in Betracht kommt, damit dieser das Insolvenzgericht einschalten kann (dazu o. Rz. 24 ff.), um im Wege der Rechtsaufsicht prüfen zu lassen, ob das vorrangige Verfahren nach § 109 Abs. 1 Satz 2 InsO oder eine Freigabe realisierbar ist. Bei mehreren Mietern mit gleichrangigem Nutzungsrecht kann schließlich die Kündigung des Treuhänders nur Einzelwirkung nach § 425 Abs. 2 BGB entfalten (so *Kübler/Prütting-Tintelnot* InsO, § 109 Rz. 46; vgl. *Steinicke* ZMR 2001, 160 ff.); im Üb- **36** rigen wäre in jedem Fall ein spezieller Räumungsbefehl gegen jeden Mitmieter erforderlich (s. FK-InsO/ *Wegener* § 148 Rz. 14; *Nerlich/Römermann-Andres* InsO, § 148 Rz. 48). Nachdem inzwischen geklärt ist, dass auch die Räumungsvollstreckung nach § 885 ZPO gegen Mitbesitzer der Wohnung – auch wenn sie nicht als Mieter am Mietvertrag beteiligt sind – nur auf der Basis eines sie konkret benennenden Titels erfolgen darf (*BGH* NJW 2004, 3041; bestätigt durch *BGH* FamRZ 2005, 269), kann auch im Gesamtvollstreckungsverfahren kein geringeres Schutzniveau akzeptiert werden (*LG Trier* ZInsO 2005, 780), so dass nur in relativ atypischen Konstellationen eine einfache Inbesitznahme der Wohnung nach § 148 InsO erfolgen kann.

37 In den Beratungen des Rechtsausschusses war 1994 das eigenständige Verfahren nach § 167 Abs. 3 EInsO gestrichen worden. An der Grundentscheidung für einen richterlichen Titel wurde festgehalten, da nach § 148 Abs. 2 InsO weiter eine vollstreckbare Ausfertigung des Eröffnungsbeschlusses erforderlich sei (BT-Drucks. 12/7302 S. 174). Damit wurde an die bisherige Praxis angeknüpft, die den Konkurseröffnungsbeschluss als hinreichenden Titel für eine Räumung auch von Wohnraum des Schuldners anerkannt hatte (*LG Düsseldorf* KTS 1957, 143; *LG Düsseldorf* KTS 1963, 58; *Kuhn/Uhlenbruck* § 117 Rz. 7). Andererseits sollte der Verzicht auf § 167 Abs. 3 EInsO den damit bezweckten materiellen Schutz nicht verringern, sondern ausschließlich das Verfahren vereinfachen und ein gesondertes Beschwerdeverfahren entbehrlich machen. Somit sind die maßgeblichen Fragen der Art und Weise der Vollstreckung im Erinnerungsverfahren zu prüfen, das nach § 148 Abs. 2 Satz 2 InsO statuiert ist (vgl. *BGH* NZI 2006, 699). Dieses ausdrückliche Verfahren dürfte nunmehr den Vorrang vor den bisherigen Wegen einer lückenschließenden Anwendung der §§ 721 bzw. 765 a ZPO haben (so auch *Nerlich/Römermann-Andres* InsO, § 148 Rz. 46; *Eichner* WM 1999, 260 [262] will dem Schuldner die Wahl zwischen Insolvenz- und Vollstreckungsgericht geben). Auf die Erinnerung des Schuldners ist es damit, sofern die sachlichen Voraussetzungen vorliegen, möglich, sowohl nach § 732 Abs. 2 ZPO während des Erinnerungsverfahrens als auch nach Abschluss durch eine Fristsetzung vor der Fortsetzung der Vollstreckung ein Äquivalent für eine Räumungsfrist zu schaffen. Damit ist allerdings nicht ausgeschlossen, dass im Einzelfall ein Schutz nach § 765 a ZPO möglich ist, den das Insolvenzgericht zu vermitteln hätte (s. FK-InsO/*Wegener* § 148 Rz. 13; *Uhlenbruck* InsO, § 148 Rz. 21).

IV. Bankverträge in der Verbraucherinsolvenz

38 Nach § 115 InsO, der insoweit der bisherigen Regelung des § 23 KO entspricht, erlischt ein vom Schuldner erteilter Auftrag, der sich auf das zur Insolvenzmasse gehörende Vermögen bezieht, durch die Eröffnung des Insolvenzverfahrens. Davon werden sowohl der allgemeine Bankvertrag als auch der Girovertrag, das mit ihm verbundene Kontokorrentverhältnis und ein Scheckvertrag, der dem Kunden das Recht zur Scheckziehung einräumt, betroffen (dazu ausf. *Obermüller* Insolvenzrecht in der Bankpraxis, Rz. 2.53 ff; *Häuser* Bankkonten in der Insolvenz; in: Zweiter Leipziger Insolvenzrechtstag, 2001, S. 7 ff.). Die Bank hat daher für Kontokorrentkonten einen außerordentlichen Saldenabschluss durchzuführen (*BGH* NJW 1991, 1286). Ergibt sich daraus ein Saldo zugunsten der Bank, so ist dieser sofort fällig (§ 41 InsO) und als gewöhnliche Insolvenzforderung von der Bank anzumelden. In der Praxis bestehen allerdings nicht selten Sicherheiten, die von der Bank bei einer solchen Situation verwertet werden können. Gegen eine etwaige Guthabenforderung des Kunden kann die Bank aufrechnen; da die Saldoforderung gleichzeitig mit der Verfahrenseröffnung entsteht, greift das Aufrechnungsverbot des § 96 Nr. 2 InsO hier nicht ein; die Aufrechnung bzw. Verrechnung kann allerdings anfechtbar sein (vgl. *BGH* VersR 1998, 1303 [1305] sowie unten Rz. 75 f.).

39 Wenn das Girokonto als ein Oder-Konto zusammen mit einem Ehegatten oder Lebensgefährten geführt wird, über dessen Vermögen das Insolvenzverfahren nicht eröffnet worden ist, so werden dieser Girovertrag und dieses Kontokorrentverhältnis nicht beendet (*BGH* NJW 1986, 252 = WM 1985, 1059). Dieses Konto gehört nicht zur Insolvenzmasse; die Auseinandersetzung der beiden Kontoinhaber findet nach § 84 InsO außerhalb des Insolvenzverfahrens statt. Zahlungseingänge können einem solchen Konto auch nach Eröffnung eines Insolvenzverfahrens gutgeschrieben und zur Ermäßigung des Saldos verwendet werden (dazu *Obermüller* a. a. O., Rz. 2.68 ff.).

40 Wurde über das Vermögen eines Elternteils ein Konkursverfahren eröffnet, so verlor nach § 1670 BGB dieser Elternteil mit Rechtskraft des Eröffnungsbeschlusses sein Recht zur Vermögensverwaltung für den Minderjährigen. Die Vermögensverwaltung war damit grundsätzlich auf den anderen Elternteil zu übertragen (§ 1680 BGB). Solange diese Entscheidung des Vormundschaftsgerichts noch nicht vorlag,

konnte allerdings auch der andere Teil die Vermögensverwaltung noch nicht ausüben (dazu *Obermüller* a. a. O., Rz. 2.102). Diese Normen, in denen noch das Bild vom schuldhaften und gescheiterten Gemeinschuldner dominiert, sind durch Art. 33 Nr. 28 und 29 EGInsO aufgehoben worden. In den Materialien ist ausdrücklich hervorgehoben worden, dass das neue Insolvenzrecht »in weitem Umfang den Fall berücksichtigt, dass ein redlicher Schuldner ohne vorwerfbares Verhalten insolvent wird«. Da die alte Rechtslage »einen unverschuldet in Not geratenen Elternteil davon abhalten könnte, durch ein Insolvenzverfahren mit anschließender Restschuldbefreiung seine Vermögensverhältnisse wieder in Ordnung zu bringen«, waren diese Normen ersatzlos aufzuheben (so BT-Drucks. 12/3803 S. 79). Es verbleibt damit ausschließlich die einzelfallbezogene Möglichkeit, einem Elternteil die Vermögenssorge wegen konkreter Gefährdung des Mindestvermögens zu entziehen.

Die Eröffnung des Insolvenzverfahrens lässt Giroverträge unberührt, sofern sie sich nicht auf das zur In- **41** solvenzmasse gehörende Vermögen beziehen (s. FK-InsO/*Wegener* § 115 Rz. 6; *Kübler/Prütting/Tintelnot* § 115 Rz. 5; ebenso *Bork* Zahlungsverkehr in der Insolvenz, 2002 Rz. 57). Dieser Grundsatz entspricht der bisherigen Rechtslage zu § 23 KO, so dass an die bisherigen Erkenntnisse angeknüpft werden kann, dass Giroverträge zur Einziehung der unpfändbaren Forderungen des Schuldners weder erlöschen noch dem Verwaltungs- und Verfügungsrecht des Treuhänders zugeordnet werden (dazu *Jaeger/Henckel* § 23 Rz. 37; *Kuhn/Uhlenbruck* § 23 Rz. 4). Wenn ein solches Konto, das regelmäßig auf Guthabenbasis geführt werden dürfte, rechtzeitig vereinbart worden ist, steht die Verwaltungsbefugnis insoweit dem Schuldner weiter zu (dazu nur *Obermüller* a. a. O., Rz. 2.140).

Ein solcher Girovertrag kann auch wegen der Eröffnung des Insolvenzverfahrens nicht gekündigt werden, **42** weil eine solche Maßnahme mit dem Verbot des widersprüchlichen Verhaltens unvereinbar wäre (vgl. auch zum Verbot der Kündigung nach einzelnen Vollstreckungsmaßnahmen AG Düsseldorf NJW-RR 1994, 1329 = VuR 1996, 273). Sofern solche Giroverträge von der Kreditwirtschaft abgelehnt werden, würde sich damit wiederum nachhaltig die Notwendigkeit eines Kontrahierungszwangs zur Vereinbarung eines Girovertrags auf Guthabenbasis ergeben (dazu nur *Günnewig* ZIP 1992, 1670 und zu den allgemeinen Kategorien *Staudinger/Bork* 13. Aufl. 1996, Rz. 22 vor § 145 BGB; *Palandt/Heinrichs* 67. Aufl. 2008, Rz. 10 vor § 145 BGB). Die früher übliche Verweisung derjenigen, die ein eigenes Konto benötigen, auf das Postgirokonto (dazu nur *Simon* ZIP 1987, 1234) geht nach der Neuregelung der Postverfassung ins Leere (dazu nur LG Stuttgart NJW 1996, 3347). Dagegen kann sich aus öffentlichen Erklärungen von Kreditinstituten im Zusammenhang mit der ZKA-Empfehlung »Girokonto für jedermann« auch ein vertraglicher Anspruch auf Vereinbarung eines solchen Kontos ergeben (LG Berlin WM 2003, 1895 = ZVI 2004, 20; LG Bremen ZVI 2005, 424 = VuR 2005, 350 m. Anm. *Kohte*; vgl. OLG Bremen VuR 2006, 161 m. Anm. *Kohte*; *Koch* WM 2006, 2242; LG Berlin VuR 2008, 343, ZVI 2008, 362 m. Anm. *Pieper*; vgl. *Palandt/Sprau* 67. Aufl., § 676 f BGB Rz. 3 und ausf. *Kohte* FS für Derleder, 2005, S. 405 ff.).

D. Absonderungsrechte im Verbraucherinsolvenzverfahren

Zu den grundlegenden Zielen der Insolvenzrechtsreform gehörte die Wiederherstellung der Funktions- **43** fähigkeit des Insolvenzverfahrens. Der in der Literatur beklagte »Konkurs des Konkurses« wurde weitgehend auf die Auflösung des insolvenzrechtlichen Gleichbehandlungsgrundsatzes durch gesetzliche und vertragliche Vorrechte zurückgeführt. Während die gesetzlichen Vorrechte aus §§ 61 KO, 17 GesO ersatzlos gestrichen worden sind, gelang es im Regelinsolvenzverfahren nur in geringem Umfang, die Rechte der Sicherungsgläubiger zurückzudrängen und in das Verfahren zu integrieren (§§ 166 ff. InsO).

Im Rahmen der Umgestaltung und Vereinfachung des Verbraucherinsolvenzverfahrens durch den **44** Rechtsausschuss wurde für das Verbraucherinsolvenzverfahren diese Einbindung der Absonderungsrechte aufgegeben. Die Verwertung dieser Rechte wurde vielmehr den Gläubigern zugewiesen, die nach § 313 Abs. 3 Satz 2 InsO anstelle des Treuhänders zuständig sind, ihre jeweiligen Absonderungsrechte zu realisieren. Soweit sie Befriedigung aus der Insolvenzmasse suchen, müssen sie jedoch die Anforderungen der §§ 190, 52 InsO beachten (dazu *Kohte* § 314 Rz. 21 f.). Da sich die ausschließliche Übertragung der Verwertungsbefugnis auf die Gläubiger nicht bewährt hat (o. Rz. 4), ist durch das InsOÄndG eine zusätzliche Handlungsmöglichkeit des Treuhänders normiert worden (zu den Einzelheiten u. Rz. 66 a ff.). Zunächst sollen die für ein Verbraucherinsolvenzverfahren wichtigen Absonderungsrechte hier kurz erläutert werden.

I. Die Abtretung von Ansprüchen auf Arbeitsentgelt und Sozialleistungen

45 Das wichtigste Absonderungsrecht im Verbraucherinsolvenzverfahren wird durch die Abtretung des Anspruchs auf Arbeitsentgelt bzw. Sozialleistungen vermittelt, da diese Sicherheit bei Verbrauchern sowohl aus persönlichen als auch aus ökonomischen Gründen besonders wichtig ist. Die Schlüsselrolle der Entgeltabtretung wird durch die Sonderregelung des § 114 InsO nachhaltig bekräftigt (dazu *BGH* NJW 2007, 81 [82]; einschränkend für freiberufliche Honorarforderungen *BGH* NJW 2006, 2485), so dass die neuere Gerichtspraxis zutreffend ein Rechtsschutzinteresse des Zedenten zur Feststellung der Unwirksamkeit einer Entgeltabtretung im Vorfeld eines Restschuldbefreiungsverfahrens bejaht (*LG Düsseldorf* VuR 2000, 281 [284]). Damit erlangt die Aufgabe der Rechtskontrolle von Abtretungsvereinbarungen ein besonderes Gewicht, so dass sie regelmäßig in jedem Verbraucherinsolvenzverfahren sorgfältig vorzunehmen ist (dazu *Grote* ZInsO 1999, 31 ff.).

1. Die Abtretung von Ansprüchen auf Arbeitsentgelt

46 In aller Regel werden Abtretungsvereinbarungen als Formularverträge geschlossen, so dass diese Verträge regelmäßig nach §§ 305 ff BGB zu prüfen sind. Eine Einbeziehung kann an § 305 Abs. 2 BGB n. F. – bisher § 2 AGBG – scheitern, wenn die Sicherungsvereinbarung nicht im Formularvertrag selbst, sondern in anderen AGB, auf die nur allgemein verwiesen wird, enthalten ist. Bereits in der älteren Judikatur war das Verbot überraschender Vereinbarungen mobilisiert worden. Für eine so wichtige Vereinbarung wie die Abtretung von Arbeitsentgelt wurde verlangt, dass diese im Vertrag hinreichend deutlich und optisch unübersehbar hervorgehoben wurde (dazu nur *LAG Bremen* BB 1966, 535; *LG Düsseldorf* BB 1967, 118; *LAG Berlin* BB 1968, 84; ausf. *Kohte* ZIP 1988, 1225 [1227 f.]). In der späteren Judikatur wurde die Formularabtretung von Arbeitsentgelt vor allem als überraschend qualifiziert, wenn der zu Grunde liegende Vertrag als klassisches Verbraucherumsatzgeschäft ausgestaltet war. Damit wurden Formularabtretungen in Kaufverträgen (*OLG Hamm* BB 1983, 1304 [1307]), Mietverträgen (*LG Lübeck* NJW 1985, 2958) und Leasingverträgen (*OLG Celle* NJW-RR 1994, 562; *LG Düsseldorf* VuR 2000, 281 = ZInsO 2000, 339) als unwirksam klassifiziert (dazu *Erman / Roloff* BGB, 12. Aufl. 2008, § 307 Rz. 159; *Palandt / Grüneberg* 67. Aufl. 2008, § 305 Rz. 6 f.; *Kohte* BB 1989, 2257). Schließlich wird eine Entgeltabtretung bei Sicherungsgeschäften ebenso bereits als überraschend klassifiziert (zur Bürgschaft nur *SG Düsseldorf* NJW-RR 1989, 756). Auch in Zukunft ist daher bei vorformulierten Entgeltabtretungen regelmäßig die Vereinbarkeit mit § 305 c BGB zu prüfen.

47 In der gefestigten Judikatur des BGH zur Inhaltskontrolle von Formularabtretungen dominiert jedoch zutreffend die Inhaltskontrolle nach § 307 BGB (dazu *BGH* ZIP 2005, 1021 unter Bezugnahme auf die zu § 9 AGBG ergangenen Entscheidungen *BGH* NJW 1989, 2383; 1992, 2626; 1994, 2754). Dies wird in Zukunft noch deutlicher sichtbar werden, denn in der neuen Fassung des § 307 BGB ist das europarechtlich verlangte Transparenzgebot (dazu nur *EuGH* NJW 2001, 2244 = EWS 2001, 484 m. Anm. *Micklitz*) ausdrücklich verdeutlicht worden. Aufgrund des AGB-rechtlichen Transparenzgebots ist es vor allem geboten, dass die jeweilige Sicherungsabrede den Zweck und Umfang der Abtretung sowie die Voraussetzungen der Verwertungsbefugnis eindeutig bezeichnet (*BGH* NJW 1989, 2257 [2258]; MünchKomm-InsO / *Ganter* 2. Aufl. 2007, § 51 Rz. 206; MünchArbR-*Hanau* 2. Aufl., § 73 Rz. 14; *Hess* GK-InsO, § 313 Rz. 44). Damit sind die bis 1989 üblichen Formulierungen der Entgeltabtretungen, in denen diese nur knapp »zur Sicherung« abgetreten wurden, nicht vereinbar (dazu *Kohte* BB 1989, 2257 [2258]).

48 Von größerer Bedeutung ist inzwischen die materielle Inhaltskontrolle, die eine unverhältnismäßige Beschränkung der wirtschaftlichen Bewegungsfreiheit der Kunden verhindern soll (dazu MünchKomm-InsO / *Ganter* 2. Aufl. 2007, § 51 Rz. 208; ausf. *Grote* Einkommensverwertung, Rz. 93 ff.). In der Judikatur der verschiedenen Senate des BGH besteht Übereinstimmung, dass die Abtretung von Arbeitsentgelt für die Verbraucher von existentieller Bedeutung ist, weil die Offenlegung einer Lohn- oder Gehaltsabtretung dem Schuldner kurzfristig den gesamten pfändbaren Teil seines Arbeitseinkommens entzieht und ihm damit in aller Regel die Möglichkeit nimmt, seinen sonstigen laufenden Verpflichtungen weiterhin nachzukommen. Aufgrund der bisherigen Praxis gehen die verschiedenen Senate weiter davon aus, dass eine solche Abtretung die Sicherheit des Arbeitsplatzes gefährden kann (*BGH* NJW 1996, 388 [389]). Auch wenn arbeitsrechtlich eine Kündigung wegen der Offenlegung einer Abtretung in aller Regel sozial ungerechtfertigt ist (dazu nur KR-*Griebeling* 8. Aufl. 2007, § 1 KSchG Rz. 459 ff.), werden solche Kündigungen weiterhin nicht selten ausgesprochen. Für die Inhaltskontrolle ist daher dieses Kündigungsrisiko als typische Folge der Offenlegung einer Abtretung zu berücksichtigen.

In der bisherigen Judikatur ist die unverhältnismäßige Einschränkung der wirtschaftlichen Bewegungsfreiheit der Verbraucher vor allem am Freigabeproblem und an der Ausgestaltung der Verwertungsregelungen gemessen worden. Seit 1989 verlangt die Judikatur des BGH bei Entgeltabtretungen eine ausdrückliche Freigaberegelung, die bereits bei einer Überschreitung der gesicherten Forderung von 10–20% einsetzt. Die Notwendigkeit eines ermessensunabhängigen Freigabeanspruchs wird heute allgemein bereits aus dem fiduziarischen Charakter einer Entgeltabtretung abgeleitet (dazu nur *BGH* NJW 1998, 671). Im kaufmännischen Geschäftsverkehr wird eine ausdrückliche Freigabeerklärung als nicht erforderlich angesehen; die Schwelle des Freigabeanspruchs setzt bei 150% des Nennwertes der jeweiligen Forderung an (*BGH* a. a. O.). Diese Kategorien sind, wovon auch die Judikatur des BGH ausgeht (dazu nur *BGH* NJW 1995, 2219), für Entgeltabtretungen von Verbrauchern nicht geeignet. Für diesen Personenkreis ist eine größere Transparenz erforderlich; im Übrigen ist auch der Schwellenwert für einen typisierten Freigabeanspruch deutlich niedriger anzusetzen, da Einwendungen gegen die Höhe des Arbeitsentgeltes wesentlich seltener als Einwendungen gegen die Höhe von Werklohnforderungen sind und alle Beteiligten in der Insolvenz des Drittschuldners durch das – im Übrigen auch abtretbare – Insolvenzgeld nach §§ 183 ff. SGB III gesichert sind (dazu nur *Wiegand/Brunner* NJW 1995, 2013 [2018]; *Kohte* BB 1989, 2257 [2259]); zu Freigaberegelungen zur Sicherung des Existenzminimums s. u. Rz. 60. **49**

Die bisher größte praktische Relevanz hatte die Inhaltskontrolle hinsichtlich der Verwertungsregelung, die hier von größerer persönlicher Bedeutung als bei der Abtretung im Unternehmenskredit ist (*BGH* NJW 1994, 864 [866]). Die Mehrzahl der älteren Formularabtretungen räumte dem Sicherungsnehmer das Recht ein, nach seinem Ermessen die Abtretung offen zu legen, ohne dass nähere betrags- oder zeitbezogene Schranken gesetzt worden waren. Eine so weitreichende Handlungsbefugnis der Gläubiger in einer den Schuldner so existentiell betreffenden Situation wurde von der Judikatur seit längerer Zeit zutreffend als Verletzung des § 9 AGBG qualifiziert, die zur Unwirksamkeit der gesamten Abtretung führt (*BGH* NJW 1992, 2626; NJW 1995, 2219; *OLG Hamm* NJW-RR 1993, 1325 [1327]; *OLG Nürnberg* NJW-RR 1990, 1461; *Ulmer/Brandner-Hensen* AGB-Recht, 10. Aufl. 2006, Anh. § 310 Rz. 75 b; MünchArbR-*Hanau* 2. Aufl., § 73 Rz. 14; *Grote* a. a. O., Rz. 96). Ausnahmen wurden für Formularabtretungen gemacht, die erfüllungshalber vorgenommen werden, um z. B. eine Vollstreckung aus einem Zahlungstitel abzuwenden (*BGH* NJW 1995, 2289). In ähnlicher Weise wurde bei treuhänderischen Abtretungen § 8 AGBG angewandt (*Kohte* RsDE 27, 52 [60]). Diese bisherige Judikatur zu §§ 8, 9 AGBG ist in Zukunft auch bei der Auslegung von § 307 BGB zu Grunde zu legen (so auch MünchKomm-BGB/*Roth* 2007, § 398 Rz. 15). **50**

Seit der Entscheidung *BGH* NJW 1992, 2626 ist zugleich verdeutlicht worden, dass Transparenz hier allein nicht ausreicht. Verlangt wird daher, dass sich der Schuldner bereits mit einem relevanten Teil seiner Verpflichtungen in Verzug befindet; vorgeschlagen wird dazu mit wenigstens zwei Monatsraten Verzug (dazu nur *Kohte* EWiR 1992, 835). Noch wichtiger ist das Verbot einer sofortigen Offenlegung ohne vorherige Androhung; in der Rspr. des BGH wird, ohne dass die Frage abschließend beantwortet wurde, die Monatsfrist des § 1234 BGB als geeignete Ankündigungsfrist in den Raum gestellt, die dem Schuldner vor einer Offenlegung und Verwertung einzuräumen ist, damit er real Gelegenheiten ergreifen kann, wie er die Offenlegung noch verhindern kann (dazu vor allem *BGH* NJW 1992, 2626 [2627]; *LG Bielefeld* VuR 1999, 151; dazu *Ganter* WM 1998, 2081 [2091], WM 1999, 1741 [1747]; *Elling* NZS 2000, 281 [284]; *Soergel/Habersack* 13. Aufl. 2001, § 1234 Rz. 1). In der instanzgerichtlichen Judikatur wurde vor kurzem versucht, diese Grundsätze mit Hilfe ergänzender Vertragsauslegung zu relativieren (*OLG Köln* WM 2005, 742); dies gab dem BGH Gelegenheit, noch einmal ausdrücklich an der hier referierten Judikatur zu § 9 AGBG auch für die Inhaltskontrolle nach § 307 BGB festzuhalten (*BGH* ZIP 2005, 1021). **51**

Unverhältnismäßig und mit § 307 BGB n. F. – bisher § 9 AGBG – unvereinbar sind ebenso Formularabtretungen, die in Bürgschafts- oder Schuldbeitrittsverträgen enthalten sind. Sie stehen in deutlichem Widerspruch zum Leitbild der Bürgschaft bzw. des Schuldbeitritts, wonach diese verpflichten, eine Hauptschuld persönlich zu sichern, so dass nicht zusätzlich die Stellung einer weiteren Sicherheit verlangt werden kann (dazu *BGH* BGHZ 92, 295 = NJW 1985, 45; *SG Düsseldorf* NJW-RR 1989, 756; *LG Düsseldorf* VuR 2000, 281 [284]; *Staudinger/Horn* 13. Aufl. 1997, Rz. 71 vor § 765 BGB). **52**

Bei nachhaltiger Überschuldung kann ein Abtretungsvertrag, mit dem Ansprüche auf Arbeitsentgelt bzw. Sozialleistungen abgetreten worden sind, regelmäßig nach § 138 BGB unwirksam sein, wenn der Schuld- **53** ner sein letztes pfändbares Vermögen an einen Gläubiger abführt, ohne dass ihm entsprechende neue Mittel zufließen können, und der begünstigte Gläubiger sich zumindest grob fahrlässig über die Erkenntnis hinweggesetzt hat, dass diese Abhängigkeit des Zedenten geeignet ist, gegenwärtige oder künftige Gläubiger über die Kreditwürdigkeit des Schuldners zu täuschen bzw. diesen in nachhaltiger Abhängigkeit zu lassen (dazu nur *BGH* NJW 1995, 1668; *Staudinger/Sack* § 138 Rz. 259 ff.). Unwirksamkeit der Entgeltabtretung kann schließlich auch eintreten, wenn diese eng mit einem Kreditvertrag verbunden ist, der wegen Wucherähnlichkeit sittenwidrig und damit nichtig ist (dazu ausf. *Schmelz* Der Verbraucherkredit, 1989, Rz. 415 ff.; *Meiwes* Probleme des Ratenkreditvertrages, 1988, S. 110 ff.). Schließlich kann sich bei solchen Situationen auch eine Anfechtbarkeit einer Sicherungsabtretung ergeben (*BGH* NJW 1995, 1668 [1671]; s. u. Rz. 72 ff.).

2. Die Abtretung von Ansprüchen auf Sozialleistungen

54 In der Praxis des Verbraucherkredits sind neben der Entgeltabtretung auch Abtretungsverträge für Ansprüche auf Sozialleistungen von großer Bedeutung. Nach § 53 Abs. 3 SGB I können Ansprüche auf laufende Geldleistungen – die Sonderregelungen für einmalige Geldleistungen in § 53 Abs. 2 SGB I können hier außer Betracht bleiben – übertragen werden, soweit sie den für Arbeitseinkommen geltenden unpfändbaren Betrag übersteigen. Dieser Abtretungsvertrag ist als öffentlich-rechtlicher Vertrag zu qualifizieren, da sein Gegenstand Sozialleistungen – also eine Leistung des öffentlichen Rechts – sind (so *BSG* SGb 1994, 80). Damit stellt sich die Frage, ob insoweit auch das Schriftformerfordernis des § 56 SGB X gilt, so dass Formularabtretungen ohne eigenständige Unterschrift unwirksam wären. Eine direkte Anwendung dieser Norm wird im Einklang mit der Judikatur und Literatur zu § 57 VwVfG weitgehend abgelehnt, wegen des vergleichbaren Schutzbedürfnisses (dazu *BVerwG* NJW 1992, 2908) wird jedoch eine entsprechende Anwendung von § 56 SGB X in der Literatur befürwortet (dazu nur *Meyer* SGb 1978, 504 [513]; *Mrozynski* 3. Aufl., SGB I § 53 Rz. 7; *Elling* NZS 2000, 281 [282]; **a. A.** *Hauck/Haines* § 56 SGB X Rz. 3; *Ebsen* SGb 1994, 83).

55 Auf diesen öffentlich-rechtlichen Vertrag sind allerdings die einschlägigen zivilrechtlichen Vorschriften entsprechend anwendbar (dazu bereits *BSG* BSGE 11, 60). Von hoher Bedeutung ist hier der generell für das Abtretungsrecht geltende Bestimmtheitsgrundsatz, denn angesichts der Vielzahl von Sozialleistungen bedarf es insoweit einer präzisen Vereinbarung. In der Rspr. des BSG wird daher zutreffend eine allgemeine Erklärung, wonach ein Schuldner seine »Ansprüche gegenüber dem Arbeitsamt in Höhe der zu gewährenden Leistungen nach dem AFG« abgetreten hat, als unbestimmt und damit unwirksam qualifiziert (*BSG* BSGE 70, 186 [192] unter Bezugnahme auf *Heinze* SGb 1983, 249 [250]; *Kohte* NJW 1992, 393 [394]). Damit dürfte ein Teil der heute üblichen Formularabtretungen als unwirksam zu qualifizieren sein (so *Schuler* SGb 1993, 75 f.; *Elling* NZS 2000, 281 [283]).

56 Von besonderer Bedeutung für die Wirksamkeit der Abtretung von Sozialleistungsansprüchen ist im Verbraucherkredit wiederum die Einbeziehungs- und Inhaltskontrolle nach den Grundsätzen der §§ 305 ff. BGB. An § 305 c BGB können Sicherungsklauseln scheitern, die zwar mit dem Bestimmtheitsgrundsatz vereinbar sind, mit denen jedoch Verbraucher in diesem Vertrag bzw. zu diesem Zeitpunkt nicht zu rechnen brauchten. Dies gilt somit wiederum für die Abtretung von Sozialleistungsansprüchen in Kauf- und Mietverträgen (s. o. Rz. 46) sowie nicht hinreichend deutlich hervorgehobene Formularabtretungen von Sozialleistungen in Kreditverträgen in Westdeutschland vor 1980 und in Ostdeutschland zwischen 1990 und 1992, bevor die Üblichkeit einer solchen Abtretung von Sozialleistungen hinreichend bekannt geworden ist (dazu allgemein *Kohte* BB 1989, 2257 [2258]).

57 Für die Unverhältnismäßigkeit von Formularabtretungen von Sozialleistungen gelten die allgemeinen Regeln der Inhaltskontrolle von Entgeltabtretungsverträgen (dazu o. Rz. 47 ff.). Intensiv erörtert worden ist jedoch vor allem die Sicherung des sozialhilferechtlichen Existenzminimums. Solange eine Pfändung von Sozialleistungen wegen § 54 Abs. 3 Nr. 2 SGB I a. F. das sozialhilferechtliche Existenzminimum nicht erfassen konnte, war der Widerspruch zu einer möglicherweise weitergehenden Formularabtretung evident (dazu nur *Mrozynski* SGb 1989, 374 [381 ff.]). Die Unverhältnismäßigkeit eines solchen Zugriffs ist jedoch auch seit 1994 zu bejahen, denn die seit diesem Zeitpunkt geltende Verweisung in § 54 SGB I auf die Antragsmöglichkeit nach § 850 f ZPO sollte nicht das Schutzniveau verringern, sondern nur ein besser geeignetes Verfahren einführen (dazu nur *Hornung* Rpfleger 1994, 445 [449]).

58 In der Rspr. der Sozialgerichtsbarkeit (dazu schon *Ahrens* § 287 Rz. 85) wurde für solche Fälle teilweise angenommen, dass der Sozialleistungsträger an die Stelle des Vollstreckungsgerichts trete und durch Ver-

waltungsakt den überschießenden Betrag der Abtretung korrigiere und diesen auf das sozialhilferechtliche Existenzminimum beschränken könne (dazu nur *LSG NRW* VuR 1995, 249). Diese Auslegung schließt sich an Judikate einzelner Senate des BSG an, die sowohl die Zusammenrechnungsmöglichkeiten nach § 850 e ZPO bei Einverständnis des Schuldners dem Sozialversicherungsträger zuweisen wollten (dazu nur *BSG* BSGE 61, 274) als auch einen Schutz in analoger Anwendung von § 850 f Abs. 1 a ZPO durch Verwaltungsakt für geboten halten (*BSG* NZS 1996, 142 [144]). Der 4. Senat des BSG hat diese Entscheidungsmöglichkeit nicht den Sozialleistungsträgern, sondern dem Sozialgericht öffnen wollen (dazu *BSG* SGb 1994, 80 [83] mit insoweit krit. Anm. *Ebsen*). Problematisch ist bei diesen Lösungen vor allem, wie dieser Schutz während eines Verbraucherinsolvenzverfahrens mobilisiert werden soll, denn der Schutz nach §§ 36 Abs. 1 Satz 2 InsO, 850 f Abs. 1 a ZPO bezieht sich nicht unmittelbar auf die außerhalb des Verfahrens vereinbarte Abtretung.

Auch wenn keine hoheitliche Lösung in Betracht kommt, besteht weitgehend Einvernehmen, dass dem **59** Zedenten zumindest das Schutzniveau des sozialhilferechtlichen Existenzminimums nach § 850 f ZPO zugute kommen muss (*BSG* BSGE 76, 184 [194]; vgl. *Mroczynski* SGB I, 3. Aufl., § 53 Rz. 42). Geboten ist daher wiederum die Heranziehung vertragsrechtlicher Grundsätze. Aus dem fiduziarischen Charakter der Abtretung ergibt sich ein Übermaßverbot; eine überschießende Rechtsmacht des Zessionars ist durch einen Freigabeanspruch auszugleichen (so zuletzt *BGH* NJW 1998, 671). Dies bedeutet, dass der Zedent vom Zessionar beanspruchen kann, dass dieser die nach § 850 c ZPO pfändbaren Beträge freigibt, soweit er sie zur Sicherung seines sozialhilferechtlichen Existenzminimums benötigt (dazu *Kohte* JR 1992, 88 sowie JR 1998, 88; ebenso *Elling* NZS 2000, 281 [288]). Während der allgemeine Freigabeanspruch im kaufmännischen Rechtsverkehr keiner expliziten Regelung bedarf (*BGH* NJW 1998, 671), erfordert das Transparenzgebot im Verbraucherkredit, dass bei Abtretungen von Sozialleistungen ein solcher Freigabeanspruch ausdrücklich in die Formularabtretung aufgenommen wird. Die Freigabe durch den Sozialversicherungsträger bewirkt, dass die zur Sicherung des Existenzminimums erforderlichen Zahlungen direkt an den Schuldner zu leisten sind und damit nicht der Insolvenzmasse zufließen.

Für Formularabtretungen von Arbeitsentgelt bedarf es schließlich eines vergleichbaren Schutzes. Wie- **60** derum ist der in § 850 f Abs. 1 a ZPO für die Pfändung verankerte, verfassungsrechtlich begründete Schutz sowie der z. B. bei Abfindungen elementare Schutz nach § 850 i ZPO zumindest für Formularabtretungen ebenfalls geboten. Der scheinbar einfache Weg, wonach die Abtretung generell nur den Betrag erfasst, der über dem sozialhilferechtlichen Existenzminimum liegt (so wohl *LG Hannover* WM 1991, 68), dürfte nicht gangbar sein, da i. d. R. eine solche vor allem für den Arbeitgeber schwer erkennbare Grenze der Abtretung mit dem Bestimmtheitsgrundsatz nicht mehr vereinbar sein dürfte (vgl. zu diesem Grundsatz *BGH* NJW 1965, 2197). Da aber andererseits zwischen Zedent und Zessionar diese Existenzsicherung geklärt werden muss (dazu überzeugend *OLG Köln* Rpfleger 1998, 354), ist dies wiederum am ehesten durch die Anerkennung eines Freigabeanspruchs zu gewährleisten (so auch *Grote* Einkommensverwertung und Existenzminimum, Rz. 83 ff.). Dieser Freigabeanspruch ist in Formularabtretungen unverzichtbar und bedarf wegen des Transparenzgebots einer ausdrücklichen Hervorhebung. In der Praxis wird anzunehmen sein, dass die Arbeitsvertragsparteien von der Möglichkeit der Vereinbarung eines Abtretungsverbots nach § 399 BGB Gebrauch machen (dazu MünchArbR–*Hanau* 2. Aufl., § 73 Rz. 9 ff.; *Reifner* VuR 1999, 118 ff.). Da der Entgeltanspruch mit jedem Entgeltzahlungszeitraum neu entsteht, kann auch nach Offenlegung einer Abtretung für die Zukunft ein solches Abtretungsverbot vereinbart werden (*Bengelsdorf* Pfändung und Abtretung von Lohn, 2. Aufl. 2002, Rz. 566; MünchKomm-BGB/*Roth* 5. Aufl. 2007, § 399 Rz. 32; *LAG Düsseldorf* DB 1976, 440). Die Norm des § 287 Abs. 3 InsO, die solchen Abtretungsverboten entgegensteht, gilt erst im Restschuldbefreiungsverfahren und ausschließlich für die Abtretung an den Treuhänder nach § 287 Abs. 2 InsO (dazu s. o. *Ahrens* § 287 Rz. 94 f. sowie *Ahrens* DZWIR 1999, 45 ff.).

3. Die Abtretung von Ansprüchen aus Versicherungsverträgen

In der Praxis des Verbraucherkredits ist in den letzten Jahren zunehmend eine Tendenz zur zusätzlichen **61** Absicherung durch Abtretung von Ansprüchen aus Versicherungsverträgen festzustellen. Es handelt sich dabei nicht um die klassische Restschuldversicherung, die das Risiko betrifft, dass der Kreditnehmer infolge langdauernder Arbeitsunfähigkeit Ratenzahlungen nicht erbringen kann, sondern die Abtretung zusätzlicher Ansprüche aus Lebensversicherungsverträgen. Generell wird in § 13 ALB für eine solche Abtretung Schriftform und Anzeige gegenüber dem Versicherer verlangt. Wenn diese Erfordernisse nicht eingehalten werden, ist die Abtretung absolut unwirksam (*BGH* BGHZ 112, 387 = NJW 1991, 559; *Prölss/Martin-Kollhosser* VVG, 27. Aufl. 2004, ALB 86, § 13 Rz. 59; *Römer/Langheid* 2. Aufl. 2003, VVG, § 159 Rz. 13).

62 Weiter gelten für solche Abtretungserklärungen die allgemeinen Grundsätze des Transparenzgebots, die für alle Sicherungsverträge gelten, so dass eine klare Regelung der zu sichernden Forderungen, des Sicherungsfalls und des Verwertungsverfahrens geboten sind (dazu *AG Hannover* VersR 1996, 616; *Römer/Langheid* VVG, 2. Aufl. 2003, § 159 Rz. 14). Da zumindest in den ersten Jahren der Rückkaufswert einer solchen Lebensversicherung ungünstig ist, bedarf auch hier (zu den sich daraus ergebenden generellen Konsequenzen für das Transparenzgebot *BGH* NJW 2001, 2014 = VuR 2001, 297 m. Anm. *Schwintowski*) der Sicherungsgeber notwendigerweise der vorherigen Ankündigung und einer Frist, mit der die Verwertung abgewendet werden kann, die sich ebenfalls am Leitbild des § 1234 BGB zu orientieren hat. Eine hohe Bedeutung hat das Transparenzgebot schließlich für alle Kombinationsverträge, in denen die Lebensversicherung von vornherein in den Ratenzahlungsplan integriert ist, weil hier vorzeitige Störungen, die im Verbraucherrecht nicht atypisch sind, schwerwiegende Folgen haben können. In der Gerichtspraxis ist dieses Problem bisher unter dem Gesichtspunkt der Aufklärungspflicht erfasst worden; gravierende Formularmängel führen aber auch in diesem Bereich zur Unwirksamkeit nach § 307 BGB (dazu *LG Hanau* WM 1989, 778 [782]; *Kohte* ZBB 1989, 130 [136]). Ebenso begrenzt die Judikatur die mit einer Sicherungsabtretung verbundene Zurücksetzung der Rechtsstellung bezugsberechtigter Dritter (*BGH* NJW 1990, 256; NJW 1996, 2230; WM 2001, 1513; VersR 2002, 218; MünchKomm-InsO/*Ganter* 2. Aufl. 2007, § 51 Rz. 191; *Ganter* WM 1999, 1741 [1749]; *Prölss/Martin-Kollhosser* VVG, 27. Aufl. 2004, ALB 86 § 13 Rz. 52 ff.).

63 Von großer Bedeutung ist die Abtretung von Ansprüchen aus Versicherungsverträgen schließlich im Bereich freiberuflicher Schuldner und Kreditnehmer, da diesen andere Sicherungsmittel oft nicht zur Verfügung stehen. In der Gerichtspraxis wird solchen Abtretungen daher ein größerer Raum gegeben (*BGH* NJW 1995, 2219). Vorausgesetzt wird allerdings, dass den Sicherungsgebern ein hinreichender wirtschaftlicher Bewegungsspielraum eingeräumt wird (*BGH* a. a. O.). Dazu gehört z. B., dass trotz der Sicherungsabtretung solcher Ansprüche weitere Verfügungen, die mit dem Sicherungszweck vereinbar sind, möglich sein müssen (dazu *OLG Hamm* VersR 1994, 1053 m. Anm. *Bayer*; *OLG Hamm* VersR 1997, 1386). Der auf diese Weise für den Sicherungsgeber erforderliche eigene Handlungsspielraum setzt schließlich voraus, dass in den Fällen, in denen der Anspruch aus dem Lebensversicherungsvertrag die einzige oder hauptsächliche Alterssicherung darstellt, zumindest bei rentennahen Jahrgängen eine Grundsicherung frei bleiben bzw. durch Freigabeanspruch garantiert werden muss (zur vergleichbaren Wertung im Arbeitslosenhilferecht *BSG* SGb 1998, 422 m. Anm. *Bieback* und *BSG* SGb 2005, 103; zur Vereinbarung eines Sockelfreibetrags durch Teilabtretung: *Joseph* Lebensversicherung und Abtretung, 1990, S. 75 f.). Zumindest für formularvertragliche Sicherungsabtretungen von Ansprüchen aus Lebensversicherungsverträgen, die der Altersversorgung dienen, ist ein Freigabeanspruch zu verlangen, der den Sockelschutz nach § 168 Abs. 3 VVG zugunsten des Versicherungsnehmers sicherstellt und der in der rechtlichen Konstruktion dem oben (Rz. 59 f.) dargestellten Freigabeanspruch zur Sicherung des Existenzminimums bei der Abtretung von Sozialleistungen und Entgeltansprüchen entspricht.

63 a Bei gemischten Lebensversicherungsverträgen ist es möglich, dass nur Ansprüche auf den Todesfall zur Sicherung abgetreten werden, weil eine solche Sicherung dem Sicherungsnehmer besonders wichtig ist und die steuerschädlichen Wirkungen einer Abtretung von Ansprüchen auf den Erlebensfall vermieden werden sollen. Ob in solchen Fällen ein Absonderungsrecht gem. § 51 Nr. 1 InsO besteht, hängt von der Ausgestaltung der Sicherungsabtretung ab (vgl. *Prölss/Martin-Kollhosser* VVG, § 176 Rz. 12; *OLG Dresden* ZVI 2005, 273; *OLG Celle* VuR 2005, 314; *OLG Brandenburg* DZWIR 2005, 390).

II. Pfandrechte

64 Absonderungsberechtigt sind nach § 50 InsO auch diejenigen Gläubiger, die an einem Gegenstand der Insolvenzmasse ein rechtsgeschäftliches Pfandrecht begründet haben. Zu den in der Praxis wichtige Pfandrechten gehören vor allem die in Nr. 14 der AGB- Banken geregelten Sachverhalte, wonach die Bank ein Pfandrecht an Wertpapieren und Sachen des Kunden sowie ein Pfandrecht an den Ansprüchen, die dem Kunden aus Kontenguthaben zustehen, erwirbt. Eine wirksame Einigung zwischen Kunde und Bank setzt unter anderem voraus, dass diese Bestimmungen wirksam in die jeweiligen Verträge einbezogen worden sind. Nach Nr. 14 Abs. 3 der AGB-Banken, die seit 1993 gelten, werden zweckgebundene

Gelder und Werte des Kunden von diesem Pfandrecht von vornherein nicht erfasst. Insoweit ist die bisherige Judikatur (dazu nur *BGH* NJW 1983, 2701) ausdrücklich aufgenommen worden. Eine solche Zweckbindung kann sich z. B. aus speziellen Bauspargutgaben ergeben. Zu den wichtigen Pfandrechten gehört weiter das Vermieterpfandrecht (*BGH* ZVI 2004, 105 [106] = ZInsO 2004, 151), das nach § 50 Abs. 2 InsO im Insolvenzverfahren nur wegen des Miet- oder Pachtzinses für die letzten zwölf Monate vor der Eröffnung des Verfahrens geltend gemacht werden kann (dazu *Schläger* ZMR 1999, 522 [524]). Damit kann an die bisherige Auslegung des § 49 KO und die damit verbundenen Einschränkungen des Vermieterpfandrechts und der durch dieses Pfandrechts gesicherten Forderungen angeknüpft werden (dazu nur *Uhlenbruck* InsO, § 50 Rz. 24 ff.). Für die Möglichkeiten der Anfechtung nach § 130 InsO gelten auch bei vor 1999 abgeschlossenen Mietverträgen die verschärften Regelungen des neuen Rechts (dazu *Giesen* KTS 1995, 579 [603 f.]).

III. Grundpfandrechte

§ 49 InsO verweist für die Absonderungsrechte an unbeweglichem Vermögen in Übereinstimmung mit 65 § 47 KO auf die Bestimmungen der Einzelzwangsvollstreckung in das unbewegliche Vermögen (§§ 864, 865 ZPO, 10, 20 ff. ZVG). Damit steht vor allem den Gläubigern von Grundpfandrechten ein solches Absonderungsrecht zu (*Häsemeyer* 4. Aufl., Rz. 18.08 ff.; zum bisherigen Recht *Kuhn/Uhlenbruck* § 47 Rz. 11 ff.). Damit finden diese Bestimmungen auch Anwendung, wenn z. B. Wohnungseigentum mit Grundpfandrechten belastet ist.

Nach § 165 InsO darf die Verwertung unbeweglicher Gegenstände auch während des Insolvenzverfahrens 66 im Wege der Zwangsversteigerung oder der Zwangsverwaltung betrieben werden. Durch Art. 20 EGInsO sind allerdings die Einstellungsmöglichkeiten des Vollstreckungsgerichts in § 30 d ZVG n. F. erweitert worden (dazu *Wenzel* NZI 1999, 101; weiterführend vor allem *Hintzen* Rpfleger 1999, 256 [262]). Bereits zur Absicherung des Schuldenbereinigungsplanverfahrens ist eine kurzfristig zu erlassende einstweilige Einstellung möglich und geboten (*Hintzen* ZInsO 1998, 318 [319]). Danach kann sowohl während des Eröffnungsverfahrens als auch während des Insolvenzverfahrens eine einstweilige Einstellung erfolgen, die allerdings nach § 30 e ZVG mit der Auflage versehen wird, dass nach Ablauf einer Schonfrist der vertragliche Zins dem beitreibenden Gläubiger auch während der Einstellung regelmäßig zu zahlen ist (dazu ausf. *Obermüller* a. a. O., Rz. 6.364 ff.). Damit ist gerade für Wohneigentum in der Verbraucherinsolvenz ein Handlungsdruck installiert, der eine zügige Problemlösung erfordert (dazu auch *Evers* ZInsO 1999, 340).

Der Rechtsausschuss hatte 1994 das Verwertungsrecht von Gegenständen, an denen Absonderungsrechte 66 a bestehen, ausschließlich den Gläubigern zugeordnet, da die in der Unternehmensinsolvenz tragenden Sanierungsargumente im Verbraucherinsolvenzverfahren nicht eingreifen würden (o. Rz. 4; vgl. BT-Drucks. 12/7302 S. 194). Damit waren die Ziele der §§ 165 ff. InsO nicht vollständig erfasst, denn die Verwertung durch den Treuhänder konnte und kann auch dem Ziel dienen, einen etwaigen Übererlös zur Masse zu ziehen (dazu bereits *Henckel* FS für Gaul, S. 199, 209). Die Unklarheiten wurden vertieft, als in der Judikatur die Position vertreten wurde, dass dem Gläubiger auf jeden Fall die freihändige Verwertung der Immobilie zustünde (so *LG Hamburg* ZInsO 1999, 659). Damit war die Systematik des Insolvenzverfahrens erst recht verfehlt, denn § 313 InsO hat nicht den Zweck, die allgemeinen Rechte der Gläubiger aus §§ 49 ff. InsO zu erweitern (*LG Kiel* Rpfleger 2004, 730; *Hintzen* ZInsO 2004, 713 [714]; *Alff* Rpfleger 2000, 38; MünchKomm-InsO/*Ganter* 2. Aufl. 2007, § 49 Rz. 85; *Pape* ZInsO 2000, 268 [269]; *Vallender* NZI 2000, 148 [150]).

Wesentlich schwieriger erwies sich nach 1999 die Frage, ob durch § 313 Abs. 3 InsO auch das Recht des 66 b Treuhänders zur freihändigen Verwertung der beweglichen und unbeweglichen Gegenstände mit Absonderungsrechten ausgeschlossen sei. Diese Frage wurde von einer wachsenden Strömung verneint (*Vallender* NZI 2000, 148 [150]; HK-InsO/*Landfermann* § 313 Rz. 17; *Nerlich/Römermann-Becker* InsO, §173 Rz. 19, 32; *Pape* ZInsO 2000, 268 zu *AG Potsdam* ZInsO 2000, 234).

Während die Bund-Länder-Arbeitsgruppe und der Diskussionsentwurf des BMJ diese Frage nicht aufge- 66 c griffen hatten, wurde in der Literatur im Vorfeld der Insolvenzrechtsänderung eine Korrektur von § 313 InsO verlangt. Vorgeschlagen wurde, dem Treuhänder ein Verwertungsrecht zuzusprechen, wenn die Verwertung einen Überschuss für die Masse verspreche (*Pape/Pape* ZIP 2000, 1553 [1561 f.]). Im Regierungsentwurf ist daher die Einführung von § 313 Abs. 3 Satz 3 vorgeschlagen worden, wonach § 173 Abs. 2 InsO entsprechend anzuwenden sei. Auf diese Weise werde angesichts einer bisher zurückhaltenden Rechtsprechung (*AG Leipzig* DZWIR 2000, 216 m. Anm. *Gundlach*) für Rechtssicherheit gesorgt und die Durchführung von Verbraucherinsolvenzverfahren gefördert (BT-Drucks. 14/5680 S. 33). Ohne weitere Einwendungen im Rechtsausschuss und im Bundesrat wurde dieser Vorschlag akzeptiert.

66 d Damit ist dem Treuhänder im Verbraucherinsolvenzverfahren das Recht eröffnet, den absonderungsberechtigten Gläubigern eine Frist zur Verwertung zu setzen. Nach erfolglosem Fristablauf steht dem Treuhänder das Recht zu, die Gegenstände zu verwerten; als Verwertung kommt nach Fristablauf auf jeden Fall das Zwangsversteigerungsverfahren in Betracht; nach allgemeinen Grundsätzen ist jedoch davon auszugehen, dass der Treuhänder, dem auch im Verbraucherinsolvenzverfahren die Rechtsposition des § 80 InsO zusteht, auch eine freihändige Verwertung der Immobilie unter Ablösung der Rechte des Absonderungsberechtigten vornehmen kann (so auch *Hintzen* ZInsO 2004, 713 [714]; *Uhlenbruck/Vallender* § 313 Rz. 11). Teilweise wurde in der Literatur dieses Rechts unter Berufung auf den »klaren Wortlaut« des § 173 InsO nur auf die Verwertung beweglicher Sachen beschränkt (*Braun/Buck* 3. Aufl., § 313 Rz. 28). Dies ist unzutreffend, denn § 313 Abs. 3 S. 3 InsO verweist nur auf § 173 Abs. 2, nicht auf § 173 Abs. 1 InsO und kann daher in Anlehnung an die umfassende Zwecksetzung in der Gesetzesbegründung (BT-Drs. 14/5680, S. 33) mit einer Rechtsfolgenverweisung verglichen werden (im Ergebnis auch HK-InsO/*Landfermann* § 313 Rz. 16; *Hess* InsOÄndG § 313 Rz. 7; *Hintzen* ZInsO 2003, 566 [568]; jetzt auch *Kübler/Prütting-Wenzel* InsO, § 313 Rz. 3 c; *Graf-Schlicker/Fuchs* § 313 Rz. 25; differenzierend *Kesseler* ZInsO 2006, 1029 ff.).

66 e Wenn der Treuhänder die Immobilie verwerten will, dann ist hier die Gläubigerversammlung nach § 160 InsO zu beteiligen, so dass auch der Schuldner nach § 161 InsO rechtzeitig zu informieren ist (o. Rz. 22). Will der Treuhänder bei Wohneigentum, das der Schuldner selbst nutzt, den Eröffnungsbeschluss als Titel zur Räumung nutzen, dann ist zu beachten, dass bei Mitbesitz, z. B. von Familienangehörigen, ein gesonderter Titel gegen diese erforderlich ist (o. Rz. 36; *LG Trier* ZInsO 2005, 780). Das Insolvenzgericht hat in solchen Fällen auch auf eine angemessene Räumungsfrist zu achten; auch hier ist ebenso wie bei der Mietwohnung (o. Rz. 37) im Einzelfall ein Vollstreckungsschutz nach § 765 a ZPO möglich (so auch *Vallender* NZI 2004, 401 [404]; *Lüke* FS Wenzel 2005, 235 [246]). Ebenfalls sind mögliche Veräußerungsbeschränkungen nach § 12 WEG zu beachten (*Vallender* a. a. O.).

66 f Wenn der Treuhänder nach Untätigkeit der absonderungsberechtigten Gläubiger die Verwertung durchführt, gelten die §§ 165 ff. InsO uneingeschränkt auch im vereinfachten Verfahren, so dass den gesicherten Gläubigern auch die Kostenbeteiligung nach §§ 170, 171 InsO, 10 Abs. 1 Nr. 1 a ZVG anzulasten ist (so auch HK-InsO/*Landfermann* § 313 Rz. 14; *Uhlenbruck/Vallender* § 313 Rz. 116; FK-InsO/*Wegener* § 173 Rz. 10).

66 g Eine Beteiligung der Gläubigerversammlung nach § 160 InsO ist ebenfalls erforderlich, wenn der Treuhänder nicht genutztes Wohneigentum, das der Schuldner durch nachteilige Verträge als »Schrottimmobilie« erlangt hat, an den Schuldner freigeben will. Es handelt sich hier um eine atypische Freigabe, die dem Schuldner nachteilig ist, zumal er bei Wohneigentum auch nicht den in der Literatur für solche Fälle empfohlenen Weg des § 928 BGB gehen kann (*du Carrois* ZInsO 2005, 472).

E. Anfechtung im Verbraucherinsolvenzverfahren

67 Zu den wesentlichen Zielen des neuen Insolvenzrechts gehörte die Modernisierung und Verschärfung des Anfechtungsrechts. Im Vorfeld der Reform war bereits kritisiert worden, dass das bisherige Anfechtungsrecht nicht hinreichend in der Lage sei, der Aushöhlung der Masse entgegenzutreten. Nach den Gesetzesmaterialien erwartet man sich von der Neuregelung nunmehr eine wesentlich effektivere und straffere Anwendung des Insolvenzrechts (BT-Drucks. 12/2443 S. 156). Für die Verbraucherinsolvenz ist vor allem von Bedeutung, dass verschiedene Fallgruppen des Anfechtungsrechts, die teilweise im neuen Recht genauer herausgearbeitet worden sind, nicht nur gläubigerschützende Funktionen haben, sondern zugleich auch geeignet sind, zur Bildung bzw. Anreicherung der Masse beizutragen (dazu *Pick* NJW 1995, 992 [995]; *Gerhardt* FS für Brandner, 1996, S. 605 ff.), so dass eine größere Zahl an Verfahren eröffnet werden kann (dazu *Kohte* § 312 Rz. 15). Insofern hat das Anfechtungsrecht in diesem Zusammenhang auch eine verbraucherschützende Wirkung. Gleichwohl ist in der Praxis von diesen Möglichkeiten bisher kaum Gebrauch gemacht worden, so dass die verfahrensrechtlichen Regelungen zur Geltendmachung der Anfechtung durch das InsOÄndG geändert wurden (s. u. Rz. 85 ff.), um das Anfechtungsrecht auch im Verbraucherinsolvenzverfahren effektiv nutzen zu können (BT-Drucks. 14/5680 S. 33). Im Folgenden sollen daher einige Fallgruppen erläutert werden, die bei einer solchen Nutzung des Anfechtungsrechts im Verbraucherinsolvenzverfahren von Bedeutung sein können.

I. Anfechtbare Zwangsvollstreckung

Zwangsvollstreckungshandlungen werden auch nach dem neuen Insolvenzrecht der inkongruenten Deckung nach § 131 InsO zugeordnet, sofern es sich um Rechtshandlungen handelt, die einem Insolvenzgläubiger eine Sicherung oder Befriedigung ermöglicht haben, die er nicht in dieser Weise zu beanspruchen hatte. Aus der klarstellenden Norm des § 141 InsO ergibt sich, dass eine Anfechtung nicht dadurch ausgeschlossen wird, dass für die Rechtshandlung ein vollstreckbarer Schuldtitel erlangt worden war (dazu BT-Drucks. 12/2443 S. 167). Insoweit wurde 1994 bewusst an § 35 KO angeknüpft: diese Norm wurde so verstanden, dass Gläubiger auch auf Grund eines Vollstreckungstitels keinen »Anspruch« auf das jeweilige Pfändungspfandrecht haben (*RG* RGZ 10, 33 [35]; *BGH* BGHZ 34, 254 [258]). Damit ist die bisherige Gerichtspraxis (zuletzt *BGH* NJW 1985, 200; NJW 1991, 980; NJW 1995, 1090; *OLG München* NJW-RR 1996, 1017), die von Literatur mehrheitlich, jedoch nicht einhellig gebilligt worden war, ausdrücklich übernommen worden (dazu nur *von Campe* Insolvenzanfechtung in Deutschland und Frankreich, 1996, S. 110 ff.). Damit ist jede Zwangsvollstreckungshandlung anfechtbar, die im letzten Monat vor dem Antrag auf Eröffnung des Insolvenzverfahrens oder nach diesem Antrag vorgenommen worden ist. Weiter sind auch die Zwangsvollstreckungshandlungen innerhalb des zweiten oder dritten Monats vor dem Eröffnungsantrag anfechtbar, wenn entweder der Schuldner zu diesem Zeitpunkt zahlungsunfähig oder dem Gläubiger zu diesem Zeitpunkt bekannt war, dass diese Vollstreckungshandlung Insolvenzgläubiger benachteiligt (zu dieser Kenntnis nur *AG Duisburg* ZIP 1999, 668; *Paulus/Schröder* WM 1999, 253 [254]).

68

Dieser relativ klar umrissene Anfechtungsgrund ist auch im Verbraucherinsolvenzverfahren von großer Bedeutung für die Sammlung einer hinreichenden Insolvenzmasse und wird vor allem Anwendung finden, wenn Vollstreckungshandlungen namhafte Beträge – z. B. pfändbare Teile des Weihnachtsgeldes, Anspruch auf Auszahlung eines Sparguthabens oder einer gekündigten Versicherung – erbracht haben. Als Prozesshandlungen sind in diesen Fällen sowohl die Vorpfändung als auch die Hauptpfändung anfechtbar, wenn sie dem Vollstreckungsgläubiger eine Sicherung oder Befriedigung gewährt oder ermöglicht hat.

69

Nach 1994 hat die Rspr. des BGH (*BGH* NJW 1997, 3445 [3446]) zur Bestimmung der inkongruenten Deckung die Argumentation von *Henckel* (*Jaeger/Henckel* KO, § 30 Rz. 232 ff.) übernommen, wonach die individuelle Einzelzwangsvollstreckung nicht hinnehmbar ist, wenn infolge der Zahlungsunfähigkeit des Schuldners für die anderen nach dem Prioritätsprinzip zurückgesetzten Gläubiger keine Aussicht mehr besteht, sich aus anderen Vermögensgegenständen des Schuldners volle Deckung zu verschaffen. Insoweit ist die sich aus dem Prioritätsprinzip ergebende Ungleichbehandlung der einzelnen Gläubiger nicht mehr akzeptabel (dazu auch *Smid* GesO, Einl. Rz. 74). Dies ist ein teleologisch wesentlich präziserer Ansatz (dazu *Kirchhof* ZInsO 2004, 1168 [1169]), der sich in der Judikatur des BGH nachhaltig durchgesetzt hat (dazu aus der letzten Zeit *BGH* NJW 2004, 1385; NJW 2004, 1444; NJW 2005, 1121 [1122]; NJW 2006, 1870 [1871]; ZVI 2008, 392; *OLG Hamburg* ZInsO 2005, 657 [658]; *Fischer* NZI 2004, 281 [289]; *Ganter* NZI 2005, 241 [246]). Diese Begründung hat sich auch in der Literatur weitgehend durchgesetzt (dazu nur *Jaeger/Henckel* InsO, § 131 Rz. 50 f.; *Rebmann* Die Anfechtung von Zwangsvollstreckungsmaßnahmen, 2003, S. 53 ff.; *Uhlenbruck/Hirte* § 131 Rz. 20; *Huber* ZInsO 2005, 786; *Schoppmeyer* NZI 2005, 185 [190]; *Kohte* ZVI 2005, 9 [10]) und dient auch als Grundlage der Kommentierung (ebenso FK-InsO/*Dauernheim* § 131 Rz. 24).

70

Diese Entwicklung der Judikatur ist durch die Bestimmungen des InsOÄndG bekräftigt und verdeutlicht worden. Sowohl in der Begründung der Bundesregierung zur Verlängerung der Rückschlagsperre im Verbraucherinsolvenzverfahren (BT-Drucks. 14/5680 S. 33) als auch in der Gegenäußerung des Bundesrats (a. a. O., S. 39) ist im Anschluss an die Judikatur die Vorverlagerung des Grundsatzes der Gleichbehandlung in den Zeitraum der Krise vor der Verfahrenseröffnung (dazu auch LG *Stralsund* ZIP 2001, 2058 [2059]) bestätigt worden. Die verschiedenen Regelungen ergänzen sich insoweit, als die Sicherung in den letzten drei Monaten der Rückschlagsperre nicht standhält, während die erfolgreiche Zwangsvollstreckung in diesem Zeitraum, die zur Befriedigung führt (*Grothe* KTS 2001, 205 [230]), nur nach § 131 InsO anfechtbar ist (BT-Drucks. 14/5680 S. 39). Nachdem bereits in der neueren Rechtsprechung zu § 10 GesO eine nachhaltige Verstärkung des Gebots der Gläubigergleichbehandlung gegenüber individuellen Vollstreckungsmaßnahmen in der Krise erfolgt ist (*BGH* NJW 2000, 1117 [1118] = NZI 2000, 161 [162]),

71

ist nach der Kodifikation dieses Grundsatzes durch das InsOÄndG den Bedenken in der Literatur (*Paulus/ Allgayer* ZInsO 2001, 241 [242]) in jeder Hinsicht der Boden entzogen.

72 Konsequent wird in der neueren Judikatur als anfechtbare Rechtshandlung sowohl die Sachpfändung als auch die Pfändung von Geld qualifiziert. Diese Vollstreckung ist in der Periode unmittelbar vor dem Eröffnungsantrag anfechtbar, weil für die zurückgesetzten Gläubiger keine Aussicht besteht, sich aus anderen Vermögensgegenständen des Schuldners volle Deckung zu verschaffen. Nachteilig für den Vollstreckungsgläubiger fällt vor allem ins Gewicht, dass er diese Ungleichbehandlung durch staatliche Machtmittel erzwungen hat (dazu *BGH* NJW 1997, 3445 [3446]). Daraus ergibt sich, dass jede Form der durch Zwangsvollstreckung erlangten Deckung inkongruent ist (so auch *LG Frankfurt* InVo 2000, 20 [21]; *LG Hamburg* ZIP 2001, 711 [713]; *LG Stralsund* ZIP 2001, 2058; *Häsemeyer* 4. Aufl., Rz. 21.60; HK-InsO/*Kreft* § 131 Rz. 15; *Nerlich/Römermann* InsO, § 131 Rz. 44). Die Kenntnis des Insolvenzgläubigers kann bejaht werden, wenn ihm Tatsachen bekannt sind, aus denen sich zweifelsfrei ergibt, dass der Schuldner in absehbarer Zeit nicht alle Gläubiger befriedigen könne (HK-InsO/*Kreft* § 131 Rz. 22). Wenn der vollstreckende Anfechtungsgegner mit der Möglichkeit gerechnet hat, dass wegen der kritischen Lage des Schuldners andere Gläubiger leer ausgehen, ist die erforderliche Kenntnis zu bejahen (st. Rspr. seit *BGH* NJW 1995, 1090 [1092]).

72 a Die unter Rz. 70 dargestellte Begründung trägt und erfordert die Anfechtbarkeit einer weiteren Fallgruppe: Wenn aufgrund der Androhung der Vollstreckung vom Schuldner geleistet wird, um die Zwangsvollstreckung abzuwenden, ist auch insoweit eine inkongruente Deckung anzunehmen (*BGH* NJW 2002, 2568 [2569]; NJW 2004, 3772 [3774]; *OLG Jena* ZIP 2000, 1734; *OLG München* ZIP 2003, 131; *AG Bonn* ZIP 1999, 976; *Häsemeyer* 4. Aufl., Rz. 21, 60 a. E.; *Jaeger/Henckel* InsO, § 131 Rz. 61; FK-InsO/ *Dauernheim* § 131 Rz. 25; ebenso in der bisherigen Literatur bereits *Kuhn/Uhlenbruck* § 30 Rz. 52 c; **a. A.** *Nerlich/Römermann* InsO, § 131 Rz. 45). In der Literatur wurde zutreffend darauf hingewiesen, dass damit auch aggressive Inkassopraktiken, die in spezifischer Weise mit dem Einsatz staatlicher Machtmittel drohen, mit Hilfe des Anfechtungsrechts eingedämmt werden können (dazu nur *Münzberg* JZ 1998, 310; vgl. *von Campe* a. a. O., S. 112). Konsequent wird eine solche Anfechtung jetzt auch bei Zahlungen im Rahmen des Ratenkasso nach § 806 b ZPO angewandt (*LG Hagen* ZInsO 2005, 49). Ebenso wird sie auch bei Zahlungen in kritischer Zeit zur Geltung gebracht, die unter dem Druck eines drohenden Insolvenzantrags erfolgt sind (*BGH* NJW 2004, 1385; *Fischer* NZI 2008, 588 [593]), da ein solcher Druck keine Durchbrechung des in diesem Zeitraum gebotenen Gleichbehandlungsgrundsatzes rechtfertigt (*Fischer* FS für Kirchhof, 2003, S. 73 ff.; FK-InsO/*Dauernheim* § 131 Rz. 26).

72 b Diese Judikatur beschränkt sich auf Zahlungen in der durch § 131 InsO definierten »kritischen Zeit«. Für Zahlungen in früherer Zeit kann nur eine Anfechtung nach § 133 InsO in Betracht kommen. Eine solche Zahlung ist eine Rechtshandlung des Schuldners, doch ist diese nur anfechtbar, wenn sie mit Benachteiligungsvorsatz erfolgte. Dieser kann allerdings zu bejahen sein, wenn der Schuldner zur Vermeidung einer drohenden Zwangsvollstreckung gezielt an einen Gläubiger leistet, obgleich ihm bekannt ist, dass er nicht mehr alle Gläubiger befriedigen kann (dazu nur *BGH* NJW 2003, 3347 [3349]; NJW 2004, 1385 [1388]; 2004, 3772 [3774]). Im Unterschied zur früheren Rechtslage ist nach § 133 InsO ein unlauteres Zusammenwirken zwischen Gläubiger und Schuldner nicht mehr notwendig zu verlangen (*BGH* NJW 2003, 3560 [3561]). Auch wenn damit die Anfechtung nach § 133 InsO in der Praxis einen deutlich größeren Spielraum erlangt hat, ist dem Insolvenzverwalter/Treuhänder obliegende Nachweis des Benachteiligungsvorsatzes nicht einfach zu führen (*Bork* ZIP 2004, 1684 [1687 ff.]) und wird daher in vielen Verbraucherinsolvenzverfahren ausscheiden (dazu *BGH* KTS 2008, 511 m. Anm. *Kohte*).

72 c Für die Anfechtung nach § 133 InsO ist eine Rechtshandlung des Schuldners erforderlich. Nach intensiver literarischer Diskussion (dazu *Bork* a. a. O., m. w. N.) hat der IX. Senat des BGH am 10. 02. 2005 entschieden, dass Zwangsvollstreckungshandlungen des Gläubigers ohne Beteiligung des Schuldners nicht nach § 133 InsO anfechtbar sind. Eine solche Anfechtung scheidet auch bei Zahlungen des Schuldners aus, die erfolgen, wenn er andrerseits die Vollstreckung der bereits anwesenden Vollstreckungsperson dulden müsste (*BGH* NJW 2005, 1121 [1123]; bestätigt in *BGH* NZI 2008, 180). Mit dieser auch in der Literatur (dazu nur *Schoppmeyer* NZI 2005, 185 [192]; FK-InsO/*Dauernheim* § 133 Rz. 6; *Jaeger/Henckel* InsO, § 133 Rz. 5) gebilligten Position hat der Senat eine folgerichtige Systematik entwickelt.

II. Anfechtbare Sicherungen

Die vertragliche Bestellung einer Sicherheit kann ebenfalls nach § 131 InsO als inkongruente Deckung **73** anfechtbar sein. Aus der Gerichtspraxis sind zunächst diejenigen Fälle zu nennen, in denen der Sicherungsnehmer keinen Anspruch darauf hatte, dass der Sicherungsgeber eine solche Sicherheit stellte. Verlangt wird insoweit, dass ein Anspruch auf die konkrete Sicherheit besteht, so dass die allgemeine Bestimmung nach Art. 13 AGB-Banken, wonach Bankkunden Sicherheiten zu bestellen bzw. zu verstärken haben, hierfür nicht ausreicht (dazu nur *BGH* NJW 1969, 1708 [1718, 1719]; NJW 1999, 645 [646]; *BGH* NZI 2007, 718 m. Anm. *Huber*; *OLG Karlsruhe* WM 2005, 1762 [1763]; vgl. *Beckmann* DB 1991, 584; *Zeuner* in Smid InsO, § 131 Rz. 27; *Eckardt* ZIP 1999, 1417 [1419]). Ebenso ist das Auffüllen nicht voll qualifizierter Sicherheiten durch Abtretung ungesicherter Drittforderungen als inkongruente Deckung zu qualifizieren (*BGH* BGHZ 59, 230 = WM 1972, 1187; dazu auch FK-InsO/*Dauernheim* § 131 Rz. 20). Dagegen wird die Bestellung einer Sicherheit nicht als anfechtbar qualifiziert, wenn sie als »Bargeschäft« nach § 142 InsO gilt (FK-InsO/*Dauernheim* § 131 Rz. 16 a. E.; *BGH* NJW 1977, 718; 1978, 758 [759]; enger jedoch *BGH* NJW 1993, 3267; HK-InsO/*Kreft* § 142 Rz. 9; *Eckardt* ZIP 1999, 1417 [1421 ff.]).

Die besondere Bedeutung des Anfechtungsrechts erschließt sich bei Kreditsicherheiten jedoch erst, wenn **74** deren rechtliche Konstruktion berücksichtigt wird. Die Verpfändung oder Abtretung einer Forderung ist erst dann vollendet und wird erst dann wirksam, wenn nicht nur die Einigung über die Abtretung/Verpfändung, sondern auch die Entstehung der abgetretenen/verpfändeten Forderung erfolgt ist (*BGH* VersR 1997, 625; NJW 1998, 2592 [2597]; *Eckardt* ZIP 1999, 1417 [1425]). Wird eine Forderung aus einem Dauerschuldverhältnis abgetreten, so ist zu beachten, dass diese Forderung jeden Monat neu entsteht (vgl. *BGH* NJW 2006, 2485 [2486]), so dass auch die monatsweise Entstehung der Forderung zu einer monatlich neu entstehenden Abtretung führt; der Zeitfaktor ist für das Anfechtungsrecht von zentraler Bedeutung, weil die im Einzelfall zu treffenden Feststellungen zur Benachteiligungsabsicht einer präzisen zeitlichen Zuordnung bedürfen (*BGH* NJW 1995, 1668 [1671]).

Bei einer Abtretung von Arbeitsentgelt oder Sozialleistungen ergibt sich aus der allgemeinen Struktur solcher Sicherungsgeschäfte, dass diese Abtretung wiederum mit den jeweiligen Abrechnungszeiträumen – **75** im Regelfall also monatlich – neu entsteht bzw. vollendet wird (dazu *BGH* DtZ 1997, 156, [157]). Daraus kann sich wiederum ergeben, dass im Zeitpunkt der endgültigen Wirksamkeit dieser Abtretung eine Handlung innerhalb des zweiten oder dritten Monats vor dem Eröffnungsantrag vorliegt, so dass eine Anfechtung entweder nach § 130 Abs. 1 Nr. 1 oder § 131 Abs. 1 Nr. 2 oder 3 InsO in Betracht kommt. In der bisherigen Judikatur sind Anfechtungen von Arbeitsentgelt z. B. im Zusammenhang mit Umschuldungsvereinbarungen als anfechtbar klassifiziert worden (anschaulich *LG Duisburg* ZIP 1992, 496; *OLG Celle* WM 1982, 941). Angesichts der bisherigen engeren Fassung der Anfechtungsregeln scheiterte eine Anfechtungsklage nicht selten am präzisen Nachweis sämtlicher einzelner Tatbestandsmerkmale (dazu *BGH* NJW 1987, 1268). Nach dem neuen Recht sind jedoch die Möglichkeiten der Anfechtung erweitert; so ist z. B. für die Anfechtung nach § 131 Abs. 1 Nr. 3 InsO ein Nachweis der Benachteiligungsabsicht des Schuldners nicht mehr erforderlich; ausreichend ist insoweit, dass der Zessionar Kenntnis von der Benachteiligung der anderen Gläubiger oder von Umständen, die zwingend auf eine solche Benachteiligung schließen lassen, hat (dazu BT-Drucks. 12/2443 S 159; *Häsemeyer* 4. Aufl., Rz. 21. 64). Daraus ergibt sich, dass z. B. die nicht selten formularmäßig eingesetzten Entgeltabtretungen bei Stundungs- und Umschuldungsvereinbarungen nach der neuen Rechtslage anfechtbar sein können (vgl. auch zu anfechtbaren Sicherungen bei Zahlungsunfähigkeit *BGH* NJW 1993, 1640; NJW 1998, 607 [609] (und bei Umschuldungsvereinbarungen *BGH* NJW-RR 1993, 235 und 238; dazu FK-InsO/*Dauernheim* § 142 Rz. 4; vgl. *Wolf/Horn/Lindacher* AGBG, 1999, § 9 Rz. 120; HambK-InsO/*Nies* § 313 Rz. 4). Die generelle Diskussion um die Anfechtbarkeit der Abtretung des Anspruchs auf Arbeitsentgelt ist noch nicht abgeschlossen (dazu nur *Jaeger/Henckel* InsO, § 129 Rz. 47 zu *BGH* NJW 1987, 1268).

III. Anfechtbare Verrechnungen

Im praktischen Alltag kann von großer Bedeutung sein, dass die Möglichkeiten der Anfechtung und Verrechnung durch die Neufassung des § 96 Nr. 3 InsO eingeschränkt worden sind. Diese Norm knüpft an **76** die konkursrechtliche Judikatur (*BGH* BGHZ 58, 108 [110]) an und verallgemeinert die bisherigen Aussagen der gerichtlichen Praxis. Eine Aufrechnung soll generell nicht zulässig sein, wenn die Aufrechnungslage vor der Verfahrenseröffnung in einer Weise herbeigeführt worden ist, die den Insolvenzverwalter/ Treuhänder gegenüber dem Gläubiger zur Insolvenzanfechtung berechtigt (BT-Drucks. 12/2443 S. 141 f.; allgemein *Gerhardt* FS für Zeuner 1994, S. 353, 362 ff.). Bereits im bisherigen Recht ist in den letzten Jahren die Anfechtbarkeit der Verrechnungen von Zahlungseingängen auf einem debitorischen Konto eines Schuldners thematisiert worden (dazu nur *Canaris* FS 100 Jahre KO, 1977, S. 73, 81; *BGH* VersR 1998, 1303 [1305]; sowie *BGH* NJW 2001, 1650 [1652]). In der Praxis wird es dabei oft darauf ankommen, ob die Bank nach den Absprachen mit dem Kunden bei Überziehung des Kredits jederzeit eine Rückführung verlangen konnte oder ob – zumindest konkludent – eine bestimmte Überziehung akzeptiert worden ist (zur Bedeutung des Bargeschäfts i. S. d. § 142 InsO bei Verrechnungen bereits *BGH* NJW 1999, 3264 [3266]). Inzwischen sind die Voraussetzungen für ein solches Bargeschäft deutlich präzisiert worden, indem genau geprüft wird, ob die Bank einen Anspruch auf Rückführung des Kontokorrentkredits hatte bzw. dem Schuldner eine reale Möglichkeit einräumt, über den Gegenwert eingegangener Zahlungseingänge zu verfügen (*BGH* ZIP 2002, 812 = NJW 2002, 1722; ZIP 2002, 2182 = NJW 2003, 360; ZIP 2004, 1464 = ZVI 2004, 403; *OLG Celle* NZI 2005, 334 [335]; FK-InsO/*Dauernheim* § 130 Rz. 28). Die Kenntnis der Bank nach § 131 Abs. 2 InsO ist bereits dann gegeben, wenn ihr die Überzeugung fehlt, das Vermögen des Schuldners werde zur Befriedigung aller Gläubiger ausreichen (*BGH* ZInsO 2005, 373 [374]).

77 Bei Raten- oder Kontokorrentkrediten wird der Bank i. d. R. kein Recht zustehen, Zahlungen, die nicht zur Tilgung fälliger Forderungen dienten, vollständig oder weitgehend auf das überzogene Konto zu verrechnen (dazu *Nerlich/Römermann* InsO, § 131 Rz. 26, 27; *BGH* WM 1999, 1577 [1578]). Die Fälligkeit der Forderung der Bank lässt sich dann in solchen Fällen nur durch eine Kündigung des Kredits herbeiführen; in der kritischen Situation der letzten drei Monate vor dem Antrag auf Eröffnung des Insolvenzverfahrens kann aber eine solche Kündigung wieder an § 96 Nr. 3 InsO scheitern (dazu *Obermüller* WM 1994, 1829 [1836]). Solche Verrechnungen bedürfen daher in Zukunft einer genaueren Überprüfung (zu den Einzelheiten *Nobbe* Das Girokonto in der Insolvenz, in Prütting (Hrsg.) Insolvenzrecht 1996, S. 99, 122; *Joeres* Zahlungsverkehr in Krise und Insolvenz, in Bork/Kübler (Hrsg.) Insolvenzrecht 2000, S. 99, 117 ff.; *Häuser* a. a. O., S. 7, 17 ff.; *Peschke* Die Insolvenz des Girokontoinhabers, 2005, S. 173 ff., 223 ff.; anschaulich der Sachverhalt *BGH* NJW 2001, 1650 sowie das Verfahren *LG Bochum* ZIP 2001, 87; *OLG Hamm* ZIP 2001, 1683).

IV. Anfechtung und Versicherung

78 Ansprüche aus Lebensversicherungsverträgen und vergleichbaren Verträgen mit Versorgungscharakter fallen nicht in die Insolvenzmasse, wenn einem Dritten vor Eröffnung des Insolvenzverfahrens eine unwiderrufliche Bezugsberechtigung zugewandt worden ist (dazu *Kohte* § 312 Rz. 59). In dieser Zuwendung kann eine Schenkung liegen, die der Anfechtung nach § 134 InsO unterfallen kann (vgl. zur Anfechtung der Abtretung von Lebensversicherungsansprüchen *OLG Köln* NZI 2003, 555). In der bisherigen Judikatur ist eine Schenkungsanfechtung nach § 32 KO abgelehnt worden, sofern von Anfang an der Versicherungsnehmer der begünstigten Person ein unwiderrufliches Bezugsrecht zugewandt hatte (*RG* RGZ 153, 220 [228]; *Kuhn/Uhlenbruck* KO, § 32 Rz. 17 ff.). Die vergleichbare Lösung wurde auch favorisiert, wenn dem Dritten zwar ein widerrufliches Bezugsrecht zugewandt worden war, dieses jedoch vor Eintritt des Versicherungsfalls nicht widerrufen und damit zum Vollrecht erstarkt war (dazu *OLG München* ZIP 1991, 1505). Soweit jedoch noch ein widerrufliches Bezugsrecht vor dem Versicherungsfall besteht, dürfte der Treuhänder nicht selten noch von der Möglichkeit des Widerrufs Gebrauch machen können, so dass sich Probleme des Anfechtungsrechts nur nach dem Versicherungsfall stellen (s. FK-InsO/*Dauernheim* § 134 Rz. 26; ebenso *Hasse* VersR 2005, 15 [32]).

78 a In einem solchen Fall hat der IX. Senat des BGH mit Urteil vom 23. 01. 2003 (*BGH* NJW 2004, 214, dazu auch *Huber* NZI 2004, 81 f; *Elfring* NJW 2004, 483 ff.; *Kayser* ZInsO 2004, 1321 [1324 ff.]) dem Anfechtungsanspruch nach § 134 InsO auf Auszahlung der vom Versicherer geschuldeten Versicherungssumme stattgegeben, weil in dieser Konstellation der Versicherungsfall der nach § 140 InsO maßgebliche Zeitpunkt sei und dieser in der 4-Jahres-Frist nach § 134 Abs. 1 InsO eingetreten sei.

79 Für die Anfechtung bei unwiderruflichem Bezugsrecht wird in Teilen der neueren Literatur die Argumentation der bisherigen Judikatur als zu formalistisch abgelehnt (dazu *Jaeger/Henckel* InsO, § 134 Rz. 51; ebenso zuletzt MünchKomm-InsO/*Kirchhof* 2. Aufl. 2008, § 129 Rz. 52 m. w. N.; BK-InsO/*Schwintowski* § 166 VVG Rz. 41; *Müller-Feldhammer* NZI 2001, 343 [349]; *Prölss/Martin-Kollhosser* VVG,

27. Aufl. 2004, § 13 ALB Rz. 43; *Elfring* Drittwirkungen der Lebensversicherung, 2003, S. 144 ff.). Diese Kritik hat sich jedoch bereits zum früheren Konkursrecht nicht durchsetzen können, da sie den hinter den Konstruktionen der Judikatur stehenden Wertungen nicht gerecht wird (dazu nur *Kilger/K. Schmidt* 17. Aufl., § 32 KO Rz. 9; *RGRK-Ballhaus* § 330 Rz. 7). Die Ersetzung des § 32 KO durch § 134 InsO enthält insoweit keine grundlegend neuen Wertungen (vgl. *Fischer* NZI 2000, 193 [198]); daher wurde bisher überwiegend an der bisherigen Praxis festgehalten (*Uhlenbruck/Hirte* § 134 InsO Rz. 15; *Nerlich/Römermann* § 134 InsO Rz. 31 ff.; MünchKomm-BGB/*Gottwald* 5. Aufl., § 330 Rz. 20).

Das Urteil vom 23. 10. 2003 (*BGH* NJW 2004, 214) verlangt keine prinzipielle Korrektur der bisherigen **79 a** Position, denn es orientiert sich maßgeblich am Gegenstand des Anfechtungsanspruchs. Bei Personen, die durch ein widerrufliches Bezugsrecht begünstigt werden, ist dies nicht das Bezugsrecht, das keine gesicherte Rechtsposition enthält, sondern erst der mit dem Versicherungsfall eintretende Anspruch auf die Auszahlung der Versicherungssumme; daher ist insoweit keine Differenzierung, ob die Begünstigung sogleich mit Vertragsschluss oder zu einem späteren Zeitpunkt erfolgt ist, nicht sachgerecht (vgl. *Hasse* VersR 2005, 15 [31] und wohl auch *Kayser* ZInsO 2004, 1321 [1325]; anders FK-InsO/*Dauernheim* § 134 Rz. 25).

Bei einem unwiderruflichen Bezugsrecht erfolgt der Rechtserwerb der begünstigten Person dagegen so- **79 b** fort (*BGH* NJW 2003, 2679), so dass auch hier auch weiterhin zwischen der Begünstigung bei Abschluss des Versicherungsvertrags und der nachträglichen Begünstigung zu unterscheiden ist. Nur bei der nachträglichen Begünstigung kann der Anspruch auf die Auszahlung der Versicherungssumme anfechtbar sein, wenn diese Begünstigung im 4-Jahres-Zeitraum des § 134 Abs. 1 InsO erfolgt ist. Noch nicht entschieden ist die Frage, ob in den anderen Fällen zumindest die Prämienzahlungen im 4-Jahres-Zeitraum anfechtbar sind (*Huber* NZI 2004, 81). Somit ist für Begünstigte mit einem unwiderruflichen Bezugsrecht genau wie für Begünstigte mit einem widerruflichen Bezugsrecht ein hinreichendes Interesse gegeben, vom Eintrittsrecht nach § 170 VVG Gebrauch zu machen, weil auf diese Weise einer Anfechtung begegnet werden kann (vgl. *Kohte* § 314 Rz. 7; *Prahl* VersR 2005, 1036 ff.; *Hasse* VersR 2005, 1176 [1191]).

V. Anfechtung und personenbezogene Rechtshandlungen

In der Insolvenz natürlicher Personen, die kein Unternehmen betreiben, spielt die Anfechtung unentgelt- **80** licher Leistungen des Schuldners nach § 134 InsO eine besondere Rolle. Mit diesem Begriff ist die frühere Schenkungsanfechtung nach § 32 KO in eine neue Terminologie überführt worden, die die Entwicklung der früheren Rechtsprechung aufnimmt und nachzeichnet (BT-Drucks. 12/2443 S. 160 f.). Entscheidend ist danach, dass der Schuldner einem Empfänger eine Zuwendung erbracht hat, der keine Gegenleistung des Empfängers gegenüber steht, die dieser dem Zuwendenden oder einem Dritten schuldet (dazu zuletzt *BGH* ZIP 2001, 1248 [1249] im Anschluss an *BGH* NJW 1991, 560; NJW 1999, 1549; ZIP 1993, 1170 [1173]). Maßgeblich ist somit die wechselbezügliche Verknüpfung einer Zuwendung und einer Gegenleistung, so dass es an einer Wahlfreiheit des Zuwendenden fehlt (dazu nur *Ahrens* NZI 2001, 456 [458]). Einer solchen Verknüpfung gleichgestellt wird der Sachverhalt, in dem der Schuldner angenommen hat, dass er zur Leistung verpflichtet war (*RG* Gruchot 59, 521 [522]; *BGH* NJW 1978, 1326 [1327]; s. FK-InsO/*Dauernheim* § 134 Rz. 7). Soweit feststeht, dass Leistung und Gegenleistung miteinander verknüpft waren, steht den Beteiligten ein Bewertungsspielraum bei der Bestimmung des Wertes der jeweiligen Leistungen zu (*BGH* ZIP 1993, 1170 [1173]; HK-InsO/*Kreft* § 134 Rz. 10); ggf. kann auch eine gemischte Leistung vorliegen, die teilweise unentgeltlich und nur insoweit anfechtbar ist (*Kübler/Prütting-Bork* InsO, § 134 Rz. 53; *Nerlich/Römermann* InsO, § 134 Rz. 22). Nach diesen Grundsätzen kann die Übertragung eines Vermögensgegenstandes an Verwandte als unentgeltliche Leistung zu qualifizieren sein (so *BGH* NJW 1999, 1549 [1551]).

Ob eine Zuwendung als zweckfrei und freigebig qualifiziert werden kann, wird sich in aller Regel nur **81** unter Berücksichtigung normativer Kriterien und in wirtschaftlicher Betrachtungsweise ermitteln lassen (so zutreffend *Kübler/Prütting-Bork* InsO, § 134 Rz. 37 ff.). Dementsprechend ist bei Zuwendungen unter Familienangehörigen jeweils genau zu prüfen, in welchem Zusammenhang sie stehen und welche Gegenleistungen der Familienangehörige als erbracht hatte. Hier wird der gesellschaftliche Wandel zu berücksichtigen sein; in der früheren Judikatur wurde Mitarbeit von Ehefrauen im Unternehmen des Ehegatten nicht selten als persönlich geschuldete Tätigkeit angesehen, die nicht als Gegenleistung eingestuft werden könne (dazu *BGH* NJW 1978, 1326 [1327]). Eine solche Annahme dürfte inzwischen regelmäßig begründungsbedürftig sein; näher liegen wird es sein, ebenso wie bei Kindern bei einer geldwerten Mitarbeit regelmäßig eine entgeltliche Leistung anzunehmen (vgl. *BGH* FamRZ 1965, 430 [431]; so jetzt auch MünchKomm-BGB/*Gottwald* 2003, § 330 Rz. 20 a. E.). Im Verhältnis zu Kindern wird bei Zuwendungen regelmäßig zu prüfen sein, ob eine typischerweise nicht der Anfechtung unterliegende Ausstattung i. S. d. § 1624 BGB anzunehmen ist (dazu nur *Hess/Weis/Wienberg* § 134 Rz. 48; *Palandt/Diederichsen* 67. Aufl. 2008, § 1624 Rz. 3; vgl. jedoch auch *LG Tübingen* ZInsO 2005, 781).

82 Als unentgeltliche Leistung kann nach allgemeinen Grundsätzen auch das Unterlassen einer Rechtshandlung (§ 129 Abs. 2 InsO), z. B. der Verzicht auf den Widerspruch gegen einen Mahnbescheid oder die Erhebung der Verjährungseinrede qualifiziert werden. Dagegen wird das Unterlassen der Geltendmachung eines Pflichtteilsanspruch in der Judikatur zutreffend nicht als Leistung oder gar als unentgeltliche Zuwendung an die Erben qualifiziert (*BGH* NJW 1997, 2384). Entscheidend ist insoweit die Bewertung, dass wegen der familiären Verbundenheit zwischen dem Erblasser und dem Pflichtteilsberechtigten diesem allein die Entscheidung vorzubehalten ist, ob er seinen Pflichtteilsanspruch gegen den Erben durchsetzen will. Dieses Entscheidungsrecht darf nicht durch Anwendung der Gläubigeranfechtungsvorschriften unterlaufen werden (so zutreffend MünchKomm-ZPO/*Smid* 3. Aufl. 2007, § 852 Rz. 6; *Gerhardt* EWiR 1997, 683; *Braun/de Bra* 2. Aufl., § 134 InsO Rz. 19). Dieses Ergebnis steht in Einklang mit anderen personenbezogenen Rechtshandlungen, vor allem der Ausschlagung einer Erbschaft und eines Vermächtnisses. Beide Handlungen stehen nach § 83 InsO auch nach Eröffnung des Verfahrens ausschließlich dem Schuldner zu; konsequent wird daher auch eine Anfechtbarkeit einer solchen Ausschlagung nach § 134 InsO verneint (s. FK-InsO/*App* § 83 Rz. 8; ebenso MünchKomm-InsO/*Schumann* § 83 Rz. 4, 12; MünchKomm-BGB/*Leipold* § 1942 Rz. 14; *Kübler/Prütting-Lüke* InsO, § 83 Rz. 10; zur fehlenden Obliegenheit, eine Erbschaft in der Treuhandperiode anzunehmen, nur *Döbereiner* Restschuldbefreiung, S. 166 ff.; *Ahrens* § 295 Rz. 36).

83 Der Normzweck des § 134 InsO, freigiebige Handlungen des Schuldners zu Lasten der Insolvenzmasse zu korrigieren (so *Kübler/Prütting-Bork* InsO, § 134 Rz. 2), bewährt sich auch bei der in jüngster Zeit streitigen Frage, ob die Zahlung von Bewährungsauflagen nach § 134 InsO anfechtbar ist (so *Brömmekamp* ZIP 2001, 951). Maßgeblich ist hier wiederum die – in diesem Fall fehlende – reale Wahlfreiheit des Schuldners. Er ist durch staatliche Anordnung verpflichtet worden, eine solche Bewährungsauflage zu erbringen, so dass damit der Normzweck des § 134 InsO nicht eingreifen kann (so *Ahrens* NZI 2001, 456). Dies entspricht der systematischen Differenzierung zwischen unentgeltlicher Leistung in § 39 Abs. 1 Nr. 4 InsO und den Geldstrafen, Geldbußen und Ordnungsgeldern nach § 39 Abs. 1 Nr. 3 InsO. Diesen staatlich angeordneten Zwangsmaßnahmen stehen auch Säumniszuschläge nach § 24 SGB IV gleich (*SG Köln* ZIP 2001, 1162), so dass insoweit dasselbe gilt.

84 Nicht als unentgeltliche Leistung wird schließlich qualifiziert die Übertragung von Vermögensgegenständen an einen Treuhänder, der verpflichtet ist, diese Gegenstände zur gleichmäßigen Schuldenregulierung einzusetzen (so *OLG Karlsruhe* WM 1991, 293 = ZIP 1991, 43; bestätigt durch *BGH* ZIP 1991, 1445; ebenso *Hess* GK-InsO, § 134 Rz. 90). Maßgeblich ist wiederum die Unterordnung unter eine geordnete und regelmäßige Begleichung von Verbindlichkeiten, die zu einer außergerichtlichen Sanierung führen soll (dazu *Kohte* RsDE 27, 1995, S. 52 [61]). Auf dieser Grundlage sind treuhänderische Abtretungen zur Sicherung eines Sanierungsvergleichs bzw. zum Ansparen für einen solchen Vergleich rechtlich zulässig (dazu die Formulierungsbeispiele in Verbraucherzentrale, Arbeitshilfe InsO, 2001, S. 347 ff.).

F. Verfahrensrechtliches

85 Die in der Gesetzgebung als Vereinfachung verstandene Zuweisung des Anfechtungsrechts an die je einzelnen Gläubiger hat insgesamt nicht zu einer Vereinfachung, sondern eher zu einer zunehmenden Komplexität der Rechtslage geführt. Nach der gesetzlichen Regelung steht das Recht, über die Anfechtungsmöglichkeit und den Rückgewähranspruch zu verfügen, nicht dem einzelnen Gläubiger zu (dazu ausf. *Henckel* FS für Gaul, S. 199 [212]). Gläubiger, die nunmehr auf § 313 InsO gestützt, ein gerichtliches Insolvenzverfahren einleiten, führen dieses nur im Wege der Prozessstandschaft durch (*Henckel* a. a. O., S. 214). Damit kann ihnen auch nicht das Recht zustehen, über den Streitgegenstand zu verfügen. In der Literatur wurde daher vorgeschlagen, das Anfechtungsrecht der Gemeinschaft der Gläubiger zuzuordnen, so dass die Gläubigerversammlung sowohl einzelne Gläubiger als auch den Treuhänder mit der Durchsetzung von Anfechtungsansprüchen beauftragen konnte (*Wagner* ZIP 1999, 689 [696 ff.]; vgl. *Kraft* ZInsO 1999, 370 [373]).

Durch Art. 1 Nr. 29 InsOÄndG ist nunmehr der Gläubigerversammlung das Recht zuerkannt worden, **86** den Treuhänder oder einen Gläubiger mit der Anfechtung zu beauftragen (dazu *BGH* NZI 2007, 752). Man erhofft sich davon ein Ende des bisherigen Attentismus und eine effektive Nutzung der mit dem neuen Insolvenzrecht erweiterten Anfechtungsmöglichkeiten (BT-Drucks. 14/5680 S. 33). An erster Stelle wird regelmäßig die Beauftragung des Treuhänders stehen, dessen nach § 13 InsVV zu bemessende Vergütung insoweit angemessen zu erhöhen wäre. Die Gläubigerversammlung wird bei ihrer Beschlussfassung die rechtlichen Chancen und die Möglichkeiten einer wirtschaftlichen Realisierung gegen die sich für die Masse ergebenden Rechtsverfolgungskosten abwägen (dazu *Fuchs* NZI 2001, 15 [18]; *Vallender* NZI 2001, 562 [565]; *Uhlenbruck/Vallender* § 313 Rz. 89). Weiter kann die Gläubigerversammlung einen Gläubiger mit der Realisierung der Anfechtungsklage beauftragen, so dass ihm die Kosten nach § 313 Abs. 2 Satz 3 InsO zu erstatten sind (vgl. *Wagner* ZIP 1999, 689 [696]; *Uhlenbruck/Vallender* § 313 Rz. 82). Falls eine Beschlussfassung unterbleibt oder ein Antrag abgelehnt wird, kann weiterhin jeder einzelne Gläubiger von seiner Anfechtungsbefugnis Gebrauch machen

Bei der Korrektur von Zwangsvollstreckungsmaßnahmen stehen Treuhänder und Gläubiger eng mitei- **87** nander verbundene, jedoch deutlich zu unterscheidende Rechtspositionen zu (vgl. zum früheren Recht *Bley/Mohrbutter* § 28 VglO Rz. 11). Der Treuhänder ist ausschließlich zuständig, die Unwirksamkeit einer Sicherung – nicht jedoch einer Befriedigung – infolge der Rückschlagsperre nach § 88 InsO geltend zu machen. Diese Unwirksamkeit betrifft die Art und Weise der künftigen Zwangsvollstreckung und ist damit nach § 766 ZPO geltend zu machen (dazu *von Campe* a. a. O., S. 113). Diese Aufgabe ist seit 2001 von größerer Bedeutung, da nach Art. 1 Nr. 28 InsOÄndG die Dauer der Rückschlagsperre auf drei Monate erweitert worden ist, um die Gleichbehandlung der Gläubiger in der Krise effektiv realisieren zu können (BT-Drucks. 14/5680 S. 33; skeptisch dazu *Grothe* KTS 2001, 205 [238 f.]) Dagegen kann die Anfechtungsklage nach der Neufassung durch das InsOÄndG sowohl vom Treuhänder als auch von einzelnen Gläubigern erhoben werden. Diese können allerdings hilfsweise auch die Rückschlagsperre geltend machen (*Wagner* ZIP 1999, 689 [694]).

Die Anfechtungsklage ist am zuständigen Prozessgericht – nicht jedoch am Vollstreckungsgericht – zu er- **88** heben. Der Gläubiger/Kläger hat im Anfechtungsverfahren den Gegenstand und die Tatsachen zu bezeichnen, aus denen die Anfechtungsberechtigung hergeleitet wird. Ein pauschaler Vortrag, der nicht erkennen lässt, welche konkrete Rechtshandlung angefochten werden soll, genügt nicht (*BGH* NJW 1992, 624 [626]; NJW 1995, 1668 [1671]; DtZ 1997, 52 [53]; *Uhlenbruck/Vallender* § 313 Rz. 80). Eine konkrete Bezeichnung der Norm, die dem Sachverhalt zuzuordnen ist, ist dagegen nicht erforderlich (*BGH* NJW 1999, 645).

§ 314
Vereinfachte Verteilung

(1) ¹Auf Antrag des Treuhänders ordnet das Insolvenzgericht an, dass von einer Verwertung der Insolvenzmasse ganz oder teilweise abgesehen wird. ²In diesem Fall hat es dem Schuldner zusätzlich aufzugeben, binnen einer vom Gericht festgesetzten Frist an den Treuhänder einen Betrag zu zahlen, der dem Wert der Masse entspricht, die an die Insolvenzgläubiger zu verteilen wäre. ³Von der Anordnung soll abgesehen werden, wenn die Verwertung der Insolvenzmasse insbesondere im Interesse der Gläubiger geboten erscheint.
(2) Vor der Entscheidung sind die Insolvenzgläubiger zu hören.
(3) ¹Die Entscheidung über einen Antrag des Schuldners auf Erteilung von Restschuldbefreiung (§§ 289 bis 291) ist erst nach Ablauf der nach Absatz 1 Satz 2 festgesetzten Frist zu treffen. ²Das Gericht versagt die Restschuldbefreiung auf Antrag eines Insolvenzgläubigers, wenn der nach Absatz 1 Satz 2 zu zahlende Betrag auch nach Ablauf einer weiteren Frist von zwei Wochen, die das Gericht unter Hinweis auf die Möglichkeit der Versagung der Restschuldbefreiung gesetzt hat, nicht gezahlt ist. ³Vor der Entscheidung ist der Schuldner zu hören.

Inhaltsübersicht: Rz.

A. Normzweck   1– 3
B. Systematik   4– 5
C. Einfache Freigabevereinbarungen   6–13
    I. Eintritt in Lebensversicherungsverträge   6– 8
    II. Fiduziarische Freigabevereinbarungen   9–10
    III. Erkaufte Freigabe   11–13
D. Qualifizierte Freigabe   14–16
E. Das Schlussverfahren   17–34
    I. Das Schlussverzeichnis   19–23
    II. Der Schlusstermin   24–29
    III. Schlussverteilung und Aufhebung des Insolvenzverfahrens 30–34
F. Verfahrensrechtliches   35–38

Literatur:

Braun Insolvenzordnung, 3. Aufl. 2007; *Bruck/Möller-Winter* Kommentar zum Versicherungsvertragsgesetz, 8. Aufl. 1988; *Hasse* Zwangsvollstreckung in Kapitallebensversicherungen, VersR 2005, 15; *König* Das Eintrittsrecht in den Lebensversicherungsvertrag im Konkurs des Versicherungsnehmers, NVersZ 2002, 481; *Müller-Feldhammer* Die Lebensversicherung in der Insolvenz des Versprechensempfängers, NZI 2001, 343 [348]; *Prahl* Eintrittsrecht und Anfechtung bei der Kapitallebensversicherung, VersR 2005, 1036 ff.; *Vallender* Die vereinfachte Verteilung im Verbraucherinsolvenzverfahren, NZI 1999, 385).

A. Normzweck

1 Die 1994 in den Beratungen des Rechtsausschusses spät eingefügte Vorschrift soll eine Verfahrensvereinfachung ermöglichen. Wenn der Schuldner in der Lage ist, aus seinem pfändungsfreien Vermögen oder aus Zuwendungen Dritter an den Treuhänder einen bestimmten Betrag zu zahlen, so kann das Gericht anordnen, dass die Verwertung der Masse ganz oder teilweise unterbleibt (BT-Drucks. 12/7302 S. 194). Diese Vereinfachung dient zugleich auch der Verfahrensbeschleunigung, da der leistungsfähige Schuldner kurzfristig den Ablösungsbetrag zahlen kann (so auch *Uhlenbruck/Vallender* InsO, § 314 Rz. 1). Insoweit besteht für ihn ein weiterer Anreiz zur aktiven Mitwirkung, damit zügig der Schlusstermin, die Entscheidung über die Ankündigung der Restschuldbefreiung und die Aufhebung des Verfahrens nach §§ 197, 200 InsO erreicht werden können. In der Diskussion um die weitere Vereinfachung wird daher auch ein Ausbau dieser Norm befürwortet (*Heyer* ZInsO 2005, 1009 [1012]).

2 Die Norm dient jedoch nicht nur der Vereinfachung des Verfahrens; indem sie eine Ablösung der Verwertung durch Zahlung eines Geldbetrags ermöglicht, kann der durch § 36 Abs. 3 InsO in Anlehnung an § 812 ZPO allgemein statuierte Schuldnerschutz vor nachteiliger Verwertung für Verbraucherinsolvenzverfahren flankiert und konkretisiert werden. Es ist daher bereits im Gesetzgebungsverfahren das Ziel hervorgehoben worden, dass mit Hilfe dieser Norm der Schuldner die Verwertung ihm besonders wichtiger Gegenstände verhindern kann (*Schmidt-Räntsch* MDR 1994, 321 [326]; *Smid/Haarmeyer* § 314 Rz. 1).

3 Andererseits schafft dieses Verfahren auch Risiken für den Schuldner, da bei Ausbleiben oder Verzögerung der Zahlung die Versagung der Restschuldbefreiung droht. Falls eine Zahlungsanordnung beantragt wird, deren Betrag vom Schuldner nicht aufzubringen wäre, würden trotz aller bisherigen Bemühungen des Schuldners seine Aussichten auf Restschuldbefreiung kurz vor Ende des Verfahrens scheitern (krit. daher *Hess/Pape* InsO, Rz. 1244; *Forsblad* Restschuldbefreiung und Verbraucherinsolvenz im künftigen deutschen Insolvenzrecht, S. 210).

B. Systematik

Die Norm knüpft an eine Verfahrensweise an, die im früheren Konkursrecht als »erkaufte Freigabe« seit 4
langem bekannt war (dazu nur *Kuhn / Uhlenbruck* KO, § 117 Rz. 11 c; jetzt *Uhlenbruck* InsO, § 35 Rz. 30).
Danach wurde vereinbart, dass der Konkursverwalter gegen Zahlung eines Betrages massezugehörige Gegenstände in das konkursfreie Vermögen des Schuldners überführt. Diese Freigabe, die auf einer Einigung
zwischen Verwalter und Gemeinschuldner beruhte, ist scharf zu trennen von der Herausgabe von Gegenständen, die der Verwalter in Besitz genommen hatte, obgleich sie zum konkursfreien Vermögen des Gemeinschuldners gehörten (zu diesen Differenzierungen FK-InsO / *Schumacher* § 35 Rz. 13 ff.).

Es wäre jedoch ein Fehlverständnis der Norm, wollte man aus § 314 InsO schließen, dass diese Regelung 5
nunmehr die bisherige Praxis von Freigabevereinbarungen zwischen Verwalter und Schuldner ersetzen
oder ablösen sollte. Vielmehr zeigt gerade die in Art. 88 Nr. 5 EGInsO aktualisierte Freigabenorm des
§ 177 VVG (dazu u. Rz. 6 ff.), dass auch weiterhin einfache Freigabevereinbarungen möglich sein sollen.
Die Verwertung nach § 314 InsO stellt sich als eine qualifizierte Freigabe dar (so auch FK-InsO / *Schumacher* § 35 Rz. 17; *Vallender* NZI 1999, 385; *Uhlenbruck / Vallender* InsO, § 314 Rz. 1; *Braun / Buck* InsO,
3. Aufl., § 314 Rz. 7), die das Verfahren zügig abschließen kann, jedoch wegen der Risiken für den Antrag
auf Restschuldbefreiung sowie zur Abwehr kollusiver Praktiken zwischen Treuhänder und Schuldner
(diese befürchtet *Wittig* WM 1998, 157 [160]) an besondere Voraussetzungen geknüpft ist. Zum besseren
systematischen Verständnis sind jedoch zunächst die einfachen Freigabevereinbarungen darzustellen, die
sowohl nach dem bisherigen als auch nach dem künftigen Insolvenzrecht möglich bzw. geboten sind.

C. Einfache Freigabevereinbarungen

I. Eintritt in Lebensversicherungsverträge

In die Insolvenzmasse können auch Ansprüche aus Lebensversicherungsverträgen fallen, deren Verlust 6
den Schuldner besonders hart treffen kann (dazu *Sieg* FS Klingmüller, 1974, S. 447 ff.). Nach Eintritt
des Versicherungsfalles werden die laufenden Versicherungsleistungen gem. § 850 Abs. 3 b ZPO dem Arbeitseinkommen gleichgestellt, so dass auch in der Insolvenz eine gewisse Versorgung weiterhin garantiert
ist (dazu *Kohte* § 312 Rz. 55). Ein vergleichbarer Schutz fehlt jedoch vor Eintritt des Versicherungsfalls, da
die Anwartschaft gegen Zwangsvollstreckung und Insolvenzbeschlag nicht gesichert ist. Auch wenn eine
andere Person als bezugsberechtigt eingesetzt worden ist, ergibt sich – solange diese Berechtigung nicht
uneingeschränkt unwiderruflich erfolgt bzw. geworden ist – keine Versorgungssicherheit, da der Treuhänder die Bezugsberechtigung widerrufen kann (BGH VersR 1993, 689 = NJW 1993, 1994; NJW 2002,
3253 [3254]; NJW 2004, 214 [215]; *Müller-Feldhammer* NZI 2001, 343 [348]; Handbuch Fachanwalt-Kirscht VersR, Kap. 21 Rz. 48; zum eingeschränkt unwiderruflichen Bezugsrecht: BGH ZInsO 2005,
768; *Kayser* ZInsO 2004, 1321 [1323]). Die sich daraus ergebenden Schutzlücken sollen durch das Eintrittsrecht nach § 170 VVG n. F., bisher § 177 VVG gemindert werden (ausführlich: *König* NVersZ 2002, 481).
Danach kann innerhalb eines Monats nach Eröffnung des Insolvenzverfahrens über das Vermögen eines
Versicherungsnehmers der namentlich bezeichnete Bezugsberechtigte oder Ehegatte, Kinder und seit kurzem auch Lebenspartner (BGBl. I 2001 S. 266, 281) des Versicherungsnehmers an dessen Stelle in den
Versicherungsvertrag eintreten. Der Eintritt bedarf der Zustimmung des Versicherungsnehmers – nicht
jedoch des Versicherers (dazu *Römer / Langheid* 2. Aufl., § 177 VVG Rz. 1) oder des Treuhänders (dazu
Bruck / Möller-Winter VVG, Rz. H 184 m. w. N.; *König* NVersZ 2002, 481 [484]; *Hasse* VersR 2005, 15
[33]). Tritt der Bezugsberechtigte oder Angehörige ein, so hat er der Insolvenzmasse den Betrag zu zahlen,
den der Versicherungsnehmer im Fall der Kündigung des Versicherungsvertrages vom Versicherer verlangen kann, so dass eine Freigabe des Versicherungsvertrages aus der Insolvenzmasse erfolgt.

Dieser gesetzlich kodifizierte Anspruch auf Freigabe dient der Sicherung der mit dem Lebensversicherungsvertrag angestrebten Versorgung für den Versicherungsnehmer bzw. die Angehörigen. Dieses Recht 7
gilt daher für sämtliche Lebensversicherungsverträge nach §§ 150 ff. VVG. Es ist nicht davon abhängig,
dass ein Rückkaufswert besteht (so *AG München* VersR 1960, 362; *Bruck / Möller-Winter* Rz. H 176; BK-*Schwintowski* § 177 VVG Rz. 3; *Prahl* VersR 2005, 1036 [1037]), da die eintretende Person zumindest die
Insolvenzmasse von den fälligen und zumindest bis zum Kündigungstermin zu erbringenden Versicherungsprämien freistellt. In der Literatur wird daher auch für die Berufsunfähigkeitsversicherung sowie

die Berufsunfähigkeitszusatzversicherung ein solches Eintrittsrecht anerkannt (dazu *Voit* Berufsunfähigkeitsversicherung, Rz. 589). Ebenso wird anerkannt, dass auch unwiderruflich bezugsberechtigte Personen vom Eintrittsrecht Gebrauch machen können (*Bruck/Möller-Winter* Rz. H 124, 177); zwar fällt in einem solchen Fall der Anspruch aus dem Versicherungsvertrag nicht in die Insolvenzmasse und dem Begünstigten ist die Möglichkeit gegeben, nach § 34 VVG die Prämien mit befreiender Wirkung an den Versicherer zu leisten, doch kann diesen Personen durch eine Anfechtung nach §§ 133, 134 InsO dieses Recht möglicherweise entzogen werden (vgl. *Kohte* § 313 Rz. 79 b). Somit besteht auch für diesen Personenkreis eine Versorgungsunsicherheit, die ihr Eintrittsrecht legitimiert; den Insolvenzgläubigern fügt dies keinen Nachteil zu, da der Rückkaufswert in die Masse fließen muss (ausführlich *Hasse* Interessenkonflikte bei der Lebensversicherung zugunsten Dritter, 1981, S. 197 f. sowie VersR 2005, 15 [36]; *Prahl* VersR 2005, 1036 [1040]). Das Eintrittsrecht nach § 170 VVG geht dem Wahlrecht des Treuhänders gem. § 103 InsO vor (*König* NVersZ 2002, 481 [483]; Versicherungsrechts-Handbuch/*Brömmelmeyer* 2004, § 42 Rz. 147; *Prölss/Martin/Kollhosser* VVG, 27. Aufl. 2004, § 177 Rz. 1).

8 Die Frist für den Eintritt ist knapp bemessen; sie beträgt einen Monat und beginnt nach dem eindeutigen Wortlaut mit der Eröffnung des Insolvenzverfahrens unabhängig vom Zeitpunkt, zu dem die Berechtigten von der Eröffnung Kenntnis erlangen. Angesichts dieser zumindest für rechtlich unerfahrene Personen knappen Frist ist es erforderlich, aber auch ausreichend, dass die eintretende Person und der Schuldner die entsprechenden Erklärungen gegenüber dem Treuhänder in dieser Frist abgeben; der Nachweis über die Zahlung des Rückkaufswerts muss in dieser Frist noch nicht erbracht werden (so *Benkel/Hirschberg* Lebensversicherung, 1990, § 13 ALB Rz. 193; anders *Prölss/Martin/Kollhosser* VVG, § 177 Rz. 5). Dies folgt aus der Systematik des § 170 VVG: die Pflicht, den Rückkaufswert zu vergüten, ist Folge des Eintritts, nicht jedoch dessen Voraussetzung (*AG München* VersR 1960, 362 [363]; BK-*Schwintowski* § 177 VVG Rz. 19). Wenn fristgebundene Rechte von einer zusätzlichen Zahlung abhängig gemacht werden, dann ist es – wie die eng auszulegende Ausnahmevorschrift der bisherigen §§ 506 Abs. 2 BGB, 7 Abs. 3 VerbrKrG zeigt (dazu nur *BGH* NJW 1995, 2290 [2292]; *Staudinger/Kessal-Wulf* VerbrKrG, 2001, § 7 Rz. 52, BGB 2004 § 506 Rz. 15) – erforderlich, dass eine so einschneidende Rechtsfolge ausdrücklich kodifiziert wird. Der Treuhänder, dem der Besitz an der Versicherungspolice zusteht (*LAG Köln* NZA-RR 2003, 550), kann die Aushändigung dieser Urkunde verweigern, solange der erforderliche Betrag noch nicht gezahlt ist. Wenn trotz Mahnung die Zahlung nicht erfolgt, wird der Treuhänder mit Hilfe der Urkunde die Bezugsberechtigung widerrufen bzw. den Versicherungsvertrag kündigen können. In der Regel dürften die Beteiligten jedoch die entsprechenden Erklärungen erst und nur dann abgeben, wenn eine Zahlung des Rückkaufswertes für sie wirtschaftlich sinnvoll ist. Im Interesse der Verfahrensvereinfachung und -beschleunigung wird der Treuhänder bereits von sich aus die Beteiligten auf die Rechte nach § 170 VVG hinweisen, da er anderenfalls auf jeden Fall die Monatsfrist des § 170 VVG abwarten muss, bevor er widerrufen bzw. kündigen kann (dazu ausführlich *Hasse* a. a. O., S. 198; ebenso *Bruck/Möller-Winter* H 198). Eine vorher erfolgte Kündigung durch den Treuhänder wird erst wirksam, wenn die Eintrittsfrist ungenutzt verstrichen ist (*König* NVersZ 2002, 481 [483]; *Jaeger/Henckel* InsO, § 35 Rz. 75; MünchKomm-InsO/*Lwowski/Peters* § 35 Rz. 417); eine vorzeitige Zahlung des Versicherers an den Treuhänder ist gegenüber dem Eintrittsberechtigten unwirksam, so dass der Versicherer berechtigt und verpflichtet ist, die Zahlung vor Ablauf der Eintrittsfrist zu verweigern (*Hasse* VersR 2005, 15 [34]). Im übrigen kann der Treuhänder diese Frist im Einzelfall verlängern, jedoch nicht verkürzen (*Bruck/Möller-Winter* VVG, H 184; BK-*Schwintowski* § 177 VVG Rz. 15; **a. A.** *Prölss/Martin-Kollhosser* VVG, § 177 Rz. 5; *Stegmann/Lind* NVersZ 2002, 193 [196]).

II. Fiduziarische Freigabevereinbarungen

9 Eine vergleichbare Freigabe gegen Entgelt kennt auch das Kreditsicherungsrecht. Wegen des fiduziarischen Charakters der Kreditsicherung ist der Sicherungsnehmer generell gehalten, die Belange des Sicherungsgebers angemessen zu berücksichtigen, so dass das Sicherungsgut möglichst günstig zu verwerten und nicht zu verschleudern ist (*BGH* NJW 1997, 1063 [1064]; *OLG Düsseldorf* BB 1990, 1016; *Kümpel* Bank- und Kapitalmarktrecht, 3. Aufl. 2004, Rz. 2.780). Die Gerichtspraxis hat daraus abgeleitet, dass der Sicherungsnehmer regelmäßig gehalten ist, den Sicherungsgeber rechtzeitig von Art und Weise der Veräußerung sowie dem vorgesehenen Preis zu unterrichten (*BGH* a. a. O.). Nach Möglichkeit ist dem Sicherungsgeber Gelegenheit zu geben, auf die Verwertung Einfluss zu nehmen oder sie in Eigenregie durchzuführen (*LG Frankfurt* WM 1988, 700).

Für absonderungsberechtigte Gläubiger, die nach § 313 Abs. 2 InsO die Verwertung während des Verfahrens selbst durchführen dürfen, gibt § 1234 BGB das gesetzliche Leitbild vor: Danach ist dem Sicherungsgeber der Verkauf vorher anzudrohen und der Geldbetrag zu bezeichnen, wegen dessen die Verwertung stattfinden soll. Die Verwertung selbst darf nicht vor dem Ablauf eines Monats nach der Androhung erfolgen. Mit dieser Norm soll dem Sicherungsgeber die Möglichkeit eingeräumt werden, die drohende Verwertung durch rechtliche Einwendungen oder durch Geltendmachung des Ablösungsrechts nach § 1249 BGB zu verhindern. Die neuere Judikatur sieht dies als ein fundamentales Recht an, so dass in AGB von § 1234 BGB nicht zum Nachteil der Kunden abgewichen werden kann (*BGH* NJW 1992, 2626; ZIP 2005, 1021 [1022]; *Kohte* ZIP 1988, 1225 [1237]; *Soergel/Habersack* 2001, § 1234 Rz. 1; *Staudinger/Wiegand* BGB, 2002, § 1234 Rz. 3; vgl. *Kohte* § 313 Rz. 51). In der neuen Fassung der Nr. 17 der AGB Banken sind die früheren weitreichenden Verwertungsregeln korrigiert worden. Eine Abbedingung von § 1234 BGB findet nicht mehr statt; die Bank verpflichtet sich, bei der Verwertung auf die berechtigten Belange des Kunden oder eines anderen Sicherungsgebers Rücksicht zu nehmen (dazu ausführlich *Kümpel* a. a. O., Rz. 2.766 ff.; *Baumbach/Hopt* HGB, 33. Aufl. 2008, AGB-Banken Nr. 17 Rz. 1 ff.). In der Verbraucherinsolvenz ergibt sich daraus die Notwendigkeit, dem Schuldner eine entsprechende Frist einzuräumen, damit er die Aufbringung der erforderlichen Mittel sicherstellen kann. In den Fällen, in denen der Schuldner das Sicherungsgut – z. B. den Pkw – aus ihm zur Verfügung gestellten Mitteln zum Verkehrswert erwerben will, ist ihm bei der freihändigen Verwertung der Vorzug zu geben und mit ihm der entsprechende Vertrag abzuschließen. 10

III. Erkaufte Freigabe

Aus der Pflicht des Konkursverwalters, die Interessen des Gemeinschuldners angemessen zu berücksichtigen und eine Verschleuderung der Masse zu verhindern, ist bereits in der Judikatur des RG abgeleitet worden, dass einem Angebot des Gemeinschuldners, die Masse oder zumindest einen Gegenstand durch Zahlung abzulösen, nachzugehen ist und ihm die Gelegenheit zu einem konkreten Angebot gegeben werden muss (dazu *RG* KuT 1933, 166; ebenso *RGZ* 152, 125 [127]). Sie ist vom BGH ausdrücklich bestätigt worden (*BGH* ZIP 1985, 423 [425]); in der Literatur wird sie zumindest für die Verwertung einzelner Gegenstände (zu Problemen in der Unternehmensinsolvenz *Merz* KTS 1989, 277 [285 f.]; *Smid* InsO, 2. Aufl., § 60 Rz. 20) auch weiterhin als richtungsweisend eingestuft (dazu nur *K. Schmidt* KO, § 82 Rz. 2; *Baur/Stürner* Rz. 10; *Vallender* ZIP 1997, 345 [347]; *FK-InsO/Kind* § 60 Rz. 7; *Uhlenbruck* InsO, § 60 Rz. 12; *MünchKomm-InsO/Brandes* §§ 60, 61 Rz. 65). In einem Verfahren, das nach § 1 Abs. 2 InsO einen Neuanfang des Schuldners ermöglichen soll, ist ein solcher prozeduraler Verschleuderungsschutz auch durch eine verfassungskonforme Auslegung geboten (vgl. die Parallelwertungen im Recht der Zwangsversteigerung *BVerfGE* 49, 220 [226] = NJW 1979, 534 und *Büchmann* Der Schutz des Schuldners vor Verschleuderung im Zwangsversteigerungsverfahren, 1997, S. 18 ff.; anders unter der alleinigen Perspektive der Haftungsverwirklichung im Konkurs *BVerfG* NJW 1993, 513). 11

Im Verbraucherinsolvenzverfahren hat der Treuhänder somit auch fiduziarische Aufgaben, so dass er daher bereits aus allgemeinen Grundsätzen gehalten ist, auf realistische Vorschläge des Schuldners, einzelne Massegegenstände dem Verkehrswert entsprechend abzulösen, einzugehen. Erforderlich ist dafür eine Regelung der Rechtsbeziehungen zwischen Treuhänder und Schuldner in Bezug auf die Insolvenzmasse (vgl. dazu bereits *RGZ* 94, 55 [56]). Zur systematischen Erfassung ist dabei zu differenzieren. Die in der Judikatur und Literatur in den Mittelpunkt gestellte Freigabe erfolgt durch eine einseitige empfangsbedürftige Willenserklärung des Treuhänders gegenüber dem Schuldner, welche den Willen, die Massezugehörigkeit auf Dauer aufzugeben, bestimmt erkennen lässt (dazu nur *BGHZ* 127, 156 [163] = NJW 1994, 3232 [3233]; *LG Koblenz* ZInsO 2004, 161 [163]). Mit dieser Freigabe wird nicht Eigentum übertragen, sondern vielmehr der Massegegenstand dem Schuldner zur freien Verfügung überlassen. Der Gegenstand wird insolvenzfreies Vermögen des Schuldners, dessen Verfügungsbefugnis wieder auflebt (s. FK-InsO/*Schumacher* § 35 Rz. 19; MünchKomm-InsO/*Lwowski/Peters* § 35 Rz. 103; *Nerlich/Römermann-Andres* InsO, § 36 Rz. 49; ebenso *BGH* a. a. O., S. 167 = NJW 1994, 3232 [3234]; *OLG Naumburg* NZI 2000, 322; *OLG Rostock* NZI 2001, 96; *Mohrbutter/Ringstmeier* Handbuch 8. Aufl. 2007, § 23 Rz. 71). Mit diesem Inhalt bezieht sich die Freigabeerklärung des Treuhänders auf die dingliche Rechtslage (dazu nur *BGH* NJW 1982, 768 [769] = ZIP 1982, 189 [190]). Dieser Erklärung braucht der Schuldner in Abweichung vom Vertragsprinzip im Regelfall nicht zuzustimmen, da das freigegebene Recht dem Schuldner nicht aufgedrängt wird, sondern ihm zusteht (dazu *Häsemeyer* Insolvenzrecht, 4. Aufl., 12

Rz. 13.15; *Uhlenbruck* InsO, § 35 Rz. 23; zu Problemfällen einer atypischen Freigabe *du Carrois* ZInsO 2005, 472; vgl. *Kohte* § 313 Rz. 669).

13 Von dieser Änderung der dinglichen Rechtslage sind die obligatorischen Abreden zwischen den Beteiligten zu unterscheiden. Wenn sich der Schuldner verpflichtet, einen bestimmten Betrag an die Masse abzuführen, dann handelt es sich insoweit um eine schuldrechtliche Abrede, die einer eigenständigen Willenserklärung des Schuldners bedarf (dazu bereits *Weber* JZ 1963, 224). Die erkaufte Freigabe ist daher als Kaufvertrag über ein Recht zu verstehen, durch den sich der Treuhänder als Verkäufer verpflichtet, einen oder mehrere Massegegenstände in das insolvenzfreie Vermögen des Schuldners zu überführen. Die Freigabeerklärung ist in diesen Fällen wiederum das erforderliche – hier auch einseitig wirksame – Verfügungsgeschäft (dazu grundlegend *Jaeger/Weber* KO, § 117 Rz. 18), während das Verpflichtungsgeschäft zwischen Treuhänder und Schuldner selbstverständlich durch zwei übereinstimmende Willenserklärungen zustande kommt (so auch *Kalter* KTS 1975, 215 [219]; ebenso *Vallender* NZI 1999, 385 [386]; *Uhlenbruck/Vallender* InsO, § 314 Rz. 7; *Braun/Buck* InsO, 3. Aufl., § 314 Rz. 12).

D. Qualifizierte Freigabe

14 An diese Form der erkauften Freigabe knüpft die Regelung in § 314 InsO an (dazu auch FK-InsO/*Schumacher* § 35 Rz. 17; *Preuß* Verbraucherinsolvenzverfahren, 2. Aufl., Rz. 196); sie stellt jedoch insoweit eine qualifizierte Form der Freigabe dar, weil bei Nichterfüllung der Käuferpflichten durch den Schuldner eine verfahrensrechtliche Folge, nämlich die Versagung der Restschuldbefreiung, eintritt. Mit dieser harten Sanktion soll der Schuldner motiviert werden, aktiv an der Verwertung mitzuwirken (dazu KS-*Fuchs* S. 1723 Rz. 137); sie dient somit auch der Beschleunigung des Insolvenzverfahrens. In der Literatur wird kritisiert, dass dem Schuldner ohne sein Verschulden die Möglichkeit der Restschuldbefreiung entzogen werden könnte, wenn eine solche Anordnung erfolgt, ohne dass er in der Lage ist, den geforderten Betrag zu zahlen (so z. B. *Ruby* Schuldbefreiung durch absolute Anspruchsverjährung, 1997, S. 54; vgl. *I. Pape* NZI 1999, 89 [92]). Diese Sorge wäre berechtigt und § 314 InsO mit dem Übermaßverbot schwerlich vereinbar, wenn das Gericht ohne oder gar gegen den Willen des Schuldners eine solche Anordnung treffen könnte.

15 Eine solche Auslegung widerspräche jedoch der Entstehungsgeschichte und der systematischen Interpretation. Im Bericht des Rechtsausschusses ist ausgeführt worden, dass die Anordnung nach § 314 InsO erfolgen kann »wenn der Schuldner in der Lage ist, aus seinem pfändungsfreien Vermögen oder aus Zuwendungen Dritter an den Treuhänder einen Betrag zu zahlen« (so BT-Drucks. 12/7302, S. 194; ebenso *Haarmeyer* in Smid InsO, § 314 Rz. 2; MünchKomm-InsO/*Ott/Vuia* § 314 Rz. 5; HK-InsO/*Landfermann* § 314 Rz. 2; *Preuß* Verbraucherinsolvenzverfahren und Restschuldbefreiung, 2. Aufl., Rz. 196; vgl. *Braun/Buck* InsO, 3. Aufl., § 314 Rz. 3). Wollte man – wie es wohl manchen Stimmen in der Literatur vorschwebt – annehmen, dass eine Anordnung ohne vorherige Beteiligung des Schuldners möglich ist, dann bliebe dunkel, wie die vom Rechtsausschuss als Voraussetzung der Anordnung unterstellte Leistungsfähigkeit des Schuldners geklärt würde, zumal in § 314 Abs. 2 InsO keine Anhörung des Schuldners geregelt ist. Diese Voraussetzung darf jedoch i. d. R. unterstellt werden, wenn zwischen Treuhänder und Schuldner eine obligatorische Vereinbarung erzielt worden ist, mit der sich der Schuldner verpflichtet hat, einen bestimmten Betrag innerhalb einer bestimmten Frist zu zahlen (so im Regelfall auch *Kübler/Prütting-Wenzel* InsO, § 314 Rz. 3). Es darf dann davon ausgegangen werden, dass der Schuldner seine Leistungsfähigkeit vorher geklärt hat. Der Rückgriff auf die klaren rechtsgeschäftlichen Strukturen ist damit am besten geeignet, ein widerspruchsfreies System für die qualifizierte Freigabe zu entwerfen.

16 Auf dieser Grundlage ergibt sich nicht nur ein widerspruchsfreies, sondern auch ein praktikables System für die qualifizierte Freigabe. Dem Schuldner ist im Anschluss an die Judikatur des RG (dazu o. Rz. 11) die Gelegenheit für ein Angebot zu einer qualifizierten Freigabevereinbarung zu geben. Er wird im Vorfeld – soweit eine eingehende Beratung sichergestellt ist – klären, in welcher Weise und in welcher Frist Zuwendungen Dritter möglich sind und danach die Vereinbarung mit dem Treuhänder treffen, die hier allerdings unter der Bedingung der gerichtlichen Entscheidung steht. Danach wird der Treuhänder den Antrag nach § 314 Abs. 1 Satz 1 InsO stellen, zu dem die Insolvenzgläubiger nach § 314 Abs. 2 InsO zu hören sind. Das Gericht wird bei der Festsetzung der Zahlungsfrist keine kürzere als die vertraglich vereinbarte Frist setzen; es kann jedoch – wenn das Geschäft z. B. riskant erscheint – eine längere Frist setzen (*Uhlenbruck/Vallender* InsO, § 314 Rz. 22; MünchKomm-InsO/*Ott/Vuia* § 314 Rz. 7) oder bei nachhal-

tigen Zweifeln an der Leistungsfähigkeit des Schuldners den Antrag ablehnen (dazu *Vallender* NZI 1999, 385 [388]; *Uhlenbruck/Vallender* InsO, § 314 Rz. 18). Insoweit dient die Einschaltung des Insolvenzgerichts hier nicht nur den Belangen der Insolvenzgläubiger, sondern auch der Schuldner, die – ein baldiges Ende des Insolvenzverfahrens vor Augen – geneigt sein können, hier leichtfertig riskante Verpflichtungen einzugehen.

E. Das Schlussverfahren

Die Norm des § 314 InsO zeigt, dass das Verbraucherinsolvenzverfahren zügig zu einem Abschluss geführt werden soll. Ein »ewiges« Verbraucherinsolvenzverfahren, das sich daraus ergeben könnte, dass bei pfändbarem und verfügbarem Einkommen jeden Monat neue Beträge der Masse zufließen, soll es nicht geben. Sobald die Gegenstände außerhalb des laufenden Einkommens verwertet und die Verteilungsquoten für die noch vorhandene Masse einschließlich des laufenden pfändbaren Einkommens bestimmt sind, ist die Verwertung der Insolvenzmasse nach § 196 InsO zu beenden. Diese Position ist in dieser Kommentierung aufgrund der systematischen und teleologischen Auslegung des neuen Insolvenzrechts von Anfang an vertreten worden (zustimmend KS-*Fuchs* S. 1725 Rz. 142; *Smid/Haarmeyer* § 314 InsO Rz. 6). Gleichwohl ist es in der instanzgerichtlichen Praxis vereinzelt zu Entscheidungen gekommen, die eine Zustimmung zur Schlussverteilung ablehnten, solange pfändbares Einkommen des Schuldners zur Masse fließt (dazu *AG Düsseldorf* ZInsO 2001, 572 mit abl. Anm. *Haarmeyer*; ähnlich *AG Duisburg* ZInsO 2001, 273; vgl. dazu *Smid* FS für Rolland, 1999, S. 355 [369 f.]). Angesichts der Sinnwidrigkeit dieses Ergebnisse (dazu FK-InsO/*Schumacher* § 35 Rz. 7 b; *Henning* ZInsO 1999, 333) schlug der Diskussionsentwurf zur Novellierung der Insolvenzordnung eine »klarstellende Regelung« (so zutreffend *Pape/Pape* ZIP 2000, 1553 [1561]) vor, wonach die Schlussverteilung zu erfolgen habe, wenn das pfändbare Vermögen des Schuldners »außerhalb des laufenden Einkommens« verteilt sei. Mit dieser Präzisierung in § 196 InsO ist nunmehr auch für die Praxis verdeutlicht, das in einem solchen Fall das Insolvenzverfahren zu einem baldigen Ende gebracht werden soll (BT-Drucks. 14/5680 S. 28; *Pape* ZInsO 2001, 587 [594]; *Uhlenbruck* InsO, § 196 Rz. 3). Das Gericht hat daher in einer solchen Situation zügig auf den Schlusstermin nach § 197 Abs. 1 InsO hinzuwirken (dazu auch *Ahrens* § 286 Rz. 22). Eine wichtige Voraussetzung dafür ist die Aufstellung eines Verteilungsverzeichnisses nach § 188 InsO, das der Treuhänder nach dem Prüftermin – bzw. bei Anordnung schriftlichen Verfahrens nach Ablauf der Frist zur Stellungnahme – aufzustellen hat.

Im allgemeinen Insolvenzverfahren wird ein zügiger Verfahrensablauf in aller Regel dadurch gewährleistet, dass mit der Befriedigung der Insolvenzgläubiger nach dem Prüfungstermin begonnen wird. Nach § 187 Abs. 2 InsO können Verteilungen an die Insolvenzgläubiger stattfinden, sobald hinreichende Barmittel in der Insolvenzmasse vorhanden sind. Nachrangige Insolvenzgläubiger (§ 39 InsO) sollen bei Abschlagsverteilungen allerdings nicht berücksichtigt werden. Notwendige Voraussetzung einer solchen Verteilung ist ein Verzeichnis der zu berücksichtigenden Forderungen, das die Quoten zwischen den einzelnen Gläubigern festlegt (dazu *Häsemeyer* Insolvenzrecht, 4. Aufl., Rz. 7.63). Wegen der großen Bedeutung eines solchen Verzeichnisses ist es auf der Geschäftsstelle des Insolvenzgerichts zur Einsicht der Beteiligten niederzulegen. Die Forderungssumme und der für die Verteilung verfügbare Betrag sind öffentlich bekannt zu machen. Damit entstehen für jede Abschlagsverteilung beachtliche Verfahrenskosten. Bereits nach dem bisherigen Konkursrecht war allgemein anerkannt, dass Abschlagsverteilungen unterbleiben müssen, wenn die Kosten der Verteilung in keinem Verhältnis zu den auszahlbaren Beträgen stehen (dazu nur *Kilger/Karsten Schmidt* KO, § 149 Rz. 1). Dieser Grundsatz hat weiterhin Gültigkeit und wird dazu führen, dass bei Verbraucherinsolvenzverfahren in aller Regel Abschlagsverteilungen nicht vorzunehmen sind (*Bindemann* Handbuch Verbraucherkonkurs, Rz. 198; *Hess* InsO, 2007 § 314 Rz. 11).

I. Das Schlussverzeichnis

Die Schlussverteilung kann erst erfolgen, wenn das Schlussverzeichnis erstellt und zwischen den Beteiligten festgestellt worden ist. Das Schlussverzeichnis ist ebenfalls nach § 188 InsO zur Einsicht auszulegen und in seinen wesentlichen Eckdaten öffentlich bekannt zu machen. Diese Form des rechtlichen Gehörs ist auch im Verbraucherinsolvenzverfahren unverzichtbar, denn dieses Verzeichnis ist von hoher Bedeutung sowohl für den Abschluss des Insolvenzverfahrens als auch für die weitere Verteilung in der Treuhandperiode (dazu *Grote* § 292 Rz. 10 ff.). Da auch der Schlusstermin nach § 197 Abs. 2 InsO öffentlich bekannt zu machen ist, wird es zumindest im Verbraucherinsolvenzverfahren – allein schon aus Kostengründen – regelmäßig zu einer Verknüpfung beider Bekanntmachungen kommen (dazu *Haarmeyer/ Wutzke/Förster* Handbuch, 3. Aufl., Kap. 8 Rz. 58; Kap. 10 Rz. 87).

20 In das Schlussverzeichnis sind die in § 188 InsO vorgesehenen Angaben aufzunehmen. Damit sind in Anlehnung an die bisherige Judikatur und Praxis zu § 151 KO als getrennte Gruppen zu berücksichtigen:
– die festgestellten Forderungen,
– die titulierten Forderungen, die geprüft, aber bestritten sind;
– die übrigen bestrittenen Forderungen, sofern dem Verwalter bei Anfertigung des Verzeichnisses nachgewiesen ist, dass die Feststellung klageweise betrieben wird. Sowohl dieser Nachweis als auch andere Einwendungen sind nach § 189 InsO innerhalb einer Ausschlussfrist von zwei Wochen nach der öffentlichen Bekanntmachung gegenüber dem Insolvenzverwalter geltend zu machen. Wird dieser Nachweis fristgerecht geführt, so ist diese Forderung in das Schlussverzeichnis als bestrittene Forderung, für die ein Anteil nach § 189 Abs. 2 InsO zurückzubehalten ist, aufzunehmen. Die Aufnahme einer solchen Forderung in das Schlussverzeichnis enthält damit jedoch – wie schon nach dem bisherigen Recht (*BAG* AP Nr. 1 zu § 151 KO m. Anm. *Uhlenbruck*) – keine materiellrechtliche Anerkennung der Forderung (so auch *Kübler/Prütting-Holzer* InsO, § 188 Rz. 9; *Uhlenbruck* InsO, § 188 Rz. 7).

21 Eine besondere Rolle spielen die Forderungen der absonderungsberechtigten Gläubiger. Da diese sowohl aus ihrer persönlichen Forderung als auch aus ihrem Absonderungsrecht (z. B. Abtretung oder Sicherungseigentum) vorgehen können, muss eine Doppelberücksichtigung dieser Gläubiger vermieden werden. Da die Verteilungsquoten mit dem Schlussverzeichnis endgültig festgestellt werden müssen, verlangt § 190 InsO in Anlehnung an die bisherigen Regelungen der §§ 153, 156 KO, dass ein Gläubiger, der zur abgesonderten Befriedigung berechtigt ist, nachzuweisen hat, dass und für welchen Betrag er auf abgesonderte Befriedigung verzichtet hat oder bei ihr ausgefallen ist. Nur unter diesen Voraussetzungen kann er bei der Schlussverteilung mit seiner persönlichen Forderung berücksichtigt werden (MünchKomm-InsO/*Ganter* § 52 Rz. 16 ff; *Evers* ZInsO 1999, 340; sowie jetzt die Hinweise in *BGH* NZI 2005, 399 [401] m. Anm. *Ahrens* = ZInsO 2005, 597 [599] m. Anm. *Pape* = VuR 2005, S. 310 [312] m. Anm. *Kohte*). Während nach dem bisherigen Recht diese Obliegenheit erst eingriff, wenn der Gläubiger abgesonderte Befriedigung beansprucht hatte (dazu *BGH* NJW 1994, 2286), ist nunmehr eine solche Erklärung bereits dann erforderlich, wenn ein Gläubiger zur abgesonderten Befriedigung berechtigt ist und die Verwertung des Gegenstandes vornehmen darf (§ 190 Abs. 3 InsO). Da im Verbraucherinsolvenzverfahren nach § 313 Abs. 3 InsO den absonderungsberechtigten Gläubigern eine solche Verwertung gestattet ist, kommt gerade bei diesem Verfahren die Obliegenheit nach §§ 190, 52 InsO in vollem Umfang zur Geltung. Sie spielt in der Praxis vor allem eine große Rolle bei der Entgeltabtretung (dazu *Grote* ZInsO 1999, 31 [33]; HK-InsO/*Landfermann* § 292 Rz. 6).

22 Da sich durch einen Erfolg bei der abgesonderten Befriedigung nachhaltige Änderungen der Verteilungsquoten ergeben können, wird dieser Gläubigergruppe durch §§ 190 Abs. 1, 189 Abs. 1 InsO eine zweiwöchige Ausschlussfrist ab öffentlicher Bekanntmachung gesetzt, in der sie dem Treuhänder nachzuweisen haben, dass und für welchen Betrag sie entweder auf abgesonderte Befriedigung verzichtet haben oder bei ihr ausgefallen sind. Wird dieser Nachweis nicht fristgerecht geführt, so wird die Forderung bei der Verteilung nicht berücksichtigt. Daher werden von den absonderungsberechtigten Gläubigern eine bestimmte Erklärung und ein eindeutiger Nachweis verlangt (dazu ausführlich *Klasmeyer/Elsner* FS für Merz, S. 303, 306 f.; sowie *Grote* § 292 Rz. 12). Die bisherige Judikatur hat zutreffend strikte Anforderungen an diese Gläubigergruppe, die typischerweise geschäftserfahren ist, gestellt und ihnen eine uneingeschränkte Konkursteilnahme mit ihrer persönlichen Forderung nur ermöglicht, wenn sie endgültig und vorbehaltlos auf das Absonderungsrecht verzichtet hat. Fehlte ein solcher Verzicht oder ein klarer Nachweis über den Ausfall im Rahmen der abgesonderten Befriedigung, wurde die persönliche Forderung dieses Gläubigers nicht in das Schlussverzeichnis übernommen (dazu anschaulich *OLG Hamm* ZIP 1994, 1373 [1375]). Diese Grundsätze sind gerade für das Verbraucherinsolvenzverfahren weiter maßgeblich.

23 Auf dieser Grundlage kann nunmehr der Schlusstermin zügig vorbereitet werden. Wegen des besonderen Beschleunigungsziels im Verbraucherinsolvenzverfahren (dazu o. Rz. 1) ist der Treuhänder gehalten, die Arbeit am Schlussverzeichnis und Schlussbericht ohne Verzögerungen durchzuführen. Bereits nach dem bisherigen Recht hatte er auch dann ohne Verzug zur Schlussverteilung zu schreiten, wenn noch Feststellungsprozesse über streitige Gläubigerrechte schwebten (dazu *BAG* AP Nr. 1 zu § 151 KO m. Anm. *Uhlenbruck*). Durch die Regelung des § 189 Abs. 2 InsO ist diese Auslegung bestätigt worden. Danach hat bei

Verzögerungen das Insolvenzgericht im Wege der Aufsicht nach § 58 InsO den Treuhänder dazu anzuhalten, die Arbeiten am Schlussverzeichnis unverzüglich in Angriff zu nehmen. Dies gehört seit langem zu den zentralen Aufgaben der Aufsicht des Insolvenzgerichts (dazu nur *Mohrbutter* KTS 1971, 297; *Jaeger/ Weber* KO, § 161 Rz. 4; MünchKomm-InsO/*Graeber* § 58 Rz. 34 f.; *Uhlenbruck* InsO, § 58 Rz. 6 a. E.).

II. Der Schlusstermin

Zur Vorbereitung der Schlussverteilung hat der Insolvenzverwalter nach § 193 InsO Änderungen des von ihm aufgestellten Verzeichnisses, die sich aus fristgerechten Nachweisen oder Einwendungen der jeweiligen Gläubiger ergeben, innerhalb von drei Tagen nach Ablauf der Ausschlussfrist vorzunehmen. Ebenso dürften Berichtigungen – wie bereits von der überwiegenden Ansicht zu § 157 KO vertreten (*Jaeger/Weber* KO, § 157 Rz. 1) – nur zulässig sein, wenn es sich um offenkundige Irrtümer oder Schreibfehler handelt (*Nerlich/Römermann-Westphal* InsO, § 193 Rz. 8; *Uhlenbruck* InsO, § 193 Rz. 3). Andere Fehler sowie nach Ablauf der Drei-Tages-Frist festgestellte Schreibfehler können durch den Treuhänder nicht mehr berichtigt werden. Die Gläubiger, die die Ausschlussfrist nach §§ 189 Abs. 1, 190 Abs. 1 InsO versäumt haben, sind mit der weiteren Geltendmachung ihrer Forderungen gegenüber der Insolvenzmasse nunmehr ausgeschlossen. Da es sich um eine materiellrechtliche Ausschlussfrist handelt, ist insoweit bei Fristversäumung eine Wiedereinsetzung in den vorigen Stand nach §§ 233 ff. ZPO nicht möglich. Streitigkeiten über die Wahrung der Ausschlussfrist entscheidet das Insolvenzgericht im Zusammenhang mit den im Schlusstermin zu erhebenden Einwendungen nach § 197 InsO (dazu zum bisherigen Recht OLG Köln MDR 1990, 558; ebenso jetzt HK-InsO/*Irschlinger* § 197 Rz. 5; *Uhlenbruck* InsO, § 197 Rz. 7). 24

Das Insolvenzgericht bestimmt den Termin für eine abschließende Gläubigerversammlung, wenn es die Zustimmung zur Schlussverteilung erteilt hat. Im Verbraucherinsolvenzverfahren kann nach § 312 Abs. 2 InsO diese Versammlung auch im schriftlichen Verfahren erfolgen; dies setzt allerdings voraus, dass den Beteiligten klare Fristen gesetzt und beachtet werden, bis zu welchem Termin die jeweiligen Einwendungen erhoben werden können (OLG Celle ZInsO 2001, 757 [759]; LG Göttingen ZInsO 2002, 682 [683]). Wird dagegen eine abschließende Gläubigerversammlung durchgeführt, so sind die Einwendungen im Schlusstermin durch mündliche Erklärung vorzubringen (so zum bisherigen Recht *Jaeger/Weber* KO, § 162 Rz. 4). In diesem Stadium des Verfahrens können nicht mehr materiellrechtliche Einwendungen wie im Prüftermin, sondern nur noch verfahrensbezogene Einwendungen wegen Verletzung der §§ 188 ff. InsO geltend gemacht werden. Daher ist über diese Einwendungen durch sofort im Termin zu verkündenden Beschluss des Insolvenzgerichts zu entscheiden (*Haarmeyer/Wutzke/Förster* Handbuch, 3. Aufl., Kap. 8 Rz. 81; vgl. für eine ähnliche Konstellation LG Göttingen ZInsO 2000, 490). Hat ein Gläubiger versäumt, sich im Termin gegen das Schlussverzeichnis zu wenden, so ist er im Verhältnis zur Insolvenzmasse endgültig mit seiner Forderung ausgeschlossen (so zum bisherigen Recht BGH NJW 1984, 2154 [2155]; zum jetzigen Recht AG Krefeld ZInsO 2001, 772 = NZI 2001, 45). Dies gilt auch dann, wenn ein Gläubiger zwar Einwendungen im Termin erhoben, diese jedoch nicht substantiiert und vollständig vorgetragen hat (so zum Konkursrecht OLG Köln KTS 1989, 447; *Kuhn/Uhlenbruck* KO, § 162 Rz. 4; jetzt *Uhlenbruck* InsO, § 197 Rz. 7). Insoweit gibt es wiederum keine Wiedereinsetzung in den vorigen Stand (*Hess* InsO 2007, § 197 Rz. 13). Die damit verbundene Präklusion soll so sichern, dass das Schlussverzeichnis als »endgültige und unumstößliche« Grundlage der Schlussverteilung fungiert (dazu RGZ 87, 151 [154]; BGH a. a. O.). Sie ist wegen der großen Bedeutung des Schlussverzeichnisses für die Verteilung in der Treuhandperiode nach § 292 InsO gerade im Verbraucherinsolvenzverfahren unverzichtbar. 25

Der Schlusstermin dient weiter der Erörterung der Schlussrechnung des Treuhänders. Dieser hat nach §§ 313 Abs. 1 Satz 3, 66 Abs. 1 InsO bei der Beendigung seines Amtes der Gläubigerversammlung gegenüber Rechnung zu legen. Noch vor Durchführung der Gläubigerversammlung ist diese Schlussrechnung durch das Insolvenzgericht zu prüfen und mit einem Vermerk über die Prüfung zur Einsicht der Beteiligten mindestens eine Woche vor dem Termin der Gläubigerversammlung auszulegen. Die Notwendigkeit einer solchen Rechnungslegung, die im früheren Recht bereits in § 86 KO statuiert worden war, ergibt sich aus der fiduziarischen Funktion des Treuhänders, der daher sowohl den Insolvenzgläubigern als auch dem Schuldner gegenüber Rechenschaft schuldet (dazu allg. *Jaeger/Weber* KO, § 86 Rz. 1 und jetzt *Uhlenbruck* NZI 1999, 289 ff.; *Vallender* InVo 1999, 334 [336]). 26

Aus dieser Funktion ergeben sich auch die Anforderungen an die Schlussrechnung. Sie ist ein Tätigkeitsbericht über die Arbeit des Treuhänders, in dem dieser darlegt, welchen Massebestand er vorgefunden, 27 wie und mit welchem Ergebnis er ihn verwertet und welche Gegenstände er freigegeben hat. Weiter ist auszuführen, welche Aus- und Absonderungsansprüche erhoben und wie diese behandelt wurden; schließlich ist zu berichten, wie er schwebende Rechtsgeschäfte und Prozesse abgewickelt hat (*OLG Nürnberg* KTS 1966, 62 [64]). Eine Schlussbilanz wird im Regelfall als fakultativ angesehen und dürfte bei Verbrauchern typischerweise nicht erforderlich sein. Zum besseren Verständnis der Schlussrechnung ist dagegen regelmäßig ein Schlussbericht erforderlich; dieser Bericht soll helfen, dass die Beteiligten die Arbeit des Treuhänders nachvollziehen können (dazu FK-InsO/*Kießner* § 196 Rz. 9 ff.; *Haarmeyer/Wutzke/Förster* Handbuch, Kap. 8 Rz. 47; MünchKomm-InsO/*Nowak* § 66 Rz. 12). Angesichts der typischerweise fehlenden Rechtskenntnisse der Verbraucherschuldner wird – vor allem, wenn der Schuldner im Verfahren anwaltlich nicht vertreten ist – der Schlussbericht sachdienliche und verständliche Erläuterungen enthalten müssen. In diesem Bericht wird auch darauf einzugehen sein, ob Anteile bei der Verteilung nach § 189 Abs. 2 InsO zurückzubehalten sind oder ob es andere schwerwiegende Gründe gibt, die eine Nachverteilung erforderlich machen (dazu u. Rz. 31).

28 Der Schlusstermin dient weiter der Entscheidung der Gläubiger über die nicht verwertbaren Gegenstände der Insolvenzmasse. Dies sind Gegenstände, die weder § 811 ZPO noch § 36 Abs. 3 InsO unterliegen, sich aber bisher aus wirtschaftlichen oder rechtlichen Gründen als schwer verwertbar erwiesen haben. Bei Forderungen des Schuldners, die in die Insolvenzmasse gefallen sind, kann es sich um wirtschaftlich schwer durchsetzbare Forderungen handeln, weil sich der Drittschuldner möglicherweise in Zahlungsschwierigkeiten befindet. Gerade in Ostdeutschland sind Fälle nicht selten, in denen Rückstände von Arbeitsentgelt aufgelaufen sind, die deutlich über dem vom Insolvenzgeld nach § 183 SGB III gedeckten Rahmen liegen. Ebenso kann es sich um Rückforderungsansprüche aus unwirksamen Verbraucherverträgen handeln, die jedoch wegen schwieriger Beweislage vom Treuhänder nicht prozessual durchgesetzt worden sind. Die Beschlussfassung zu diesem Punkt dient in erster Linie der Entlastung des Treuhänders, der bei ordnungsgemäßer Unterrichtung der Versammlung nach einem solchen Beschluss i. d. R. nicht mehr nach § 60 InsO in Regress genommen werden kann (dazu nur *LG Wiesbaden* MDR 1970, 598). In der bisherigen Praxis wurden solche Gegenstände regelmäßig dem Schuldner zur Verfügung gestellt. Bereits in der Judikatur des Reichsgerichts ist aus dieser Typizität abgeleitet worden, dass das Schweigen einer Gläubigerversammlung nach korrekter Information als konkludente Ermächtigung zur Freigabe durch den Verwalter zu verstehen ist (so schon *RG* JW 1888, 288; ebenso *Jaeger/Weber* KO, § 162 Rz. 6; sowie jetzt *Gottwald/Eickmann* HdbInsR, § 65 Rz. 48; *Kübler/Prütting-Holzer* InsO, § 197 Rz. 14).

29 Im bisherigen Recht waren die im Schlusstermin zu treffenden Entscheidungen oft nicht mehr strittig, so dass es nicht selten vorkam, dass trotz ordnungsgemäßer Bekanntmachung keine oder nur wenige Gläubiger erschienen (dazu *Jaeger/Weber* KO, § 162 Rz. 6; *LG München* KTS 1965, 243 [244]). Dies kann sich im Verbraucherinsolvenzverfahren ändern, da nach § 289 InsO die Insolvenzgläubiger und der Treuhänder im Schlusstermin zu dem Antrag des Schuldners auf Restschuldbefreiung zu hören sind. Im Termin ist dann über diesen Antrag zu entscheiden und durch Beschluss nach § 291 InsO die Restschuldbefreiung anzukündigen, es sei denn, dass Versagungsgründe vorliegen, die Versagung im Schlusstermin von einem Insolvenzgläubiger nach § 290 Abs. 1 InsO beantragt und ein Versagungsgrund glaubhaft gemacht worden ist. Diese Formulierung im Gesetz beruht vor allem auf der Fassung des Referentenentwurfs, der in § 229 ausdrücklich die Notwendigkeit der Einwendung »im Schlusstermin« verankert hatte. Damit wurde an die bisherige Gerichtspraxis (dazu o. Rz. 25; vgl. *BGH* NJW 1984, 2154; *OLG Köln* KTS 1989, 447) angeknüpft, so dass es geboten ist, die auch verfahrensmäßig verknüpften Regelungen in §§ 197, 290 einheitlich auszulegen. In Übereinstimmung mit der Auslegung zu § 162 KO ist es unverzichtbar, dass ein solcher Versagungsantrag wirklich »im Schlusstermin« gestellt worden ist; ein nicht im Termin gestellter und glaubhaft gemachter Antrag nach § 290 InsO ist unbeachtlich (*BGH* NJW 2003, 2167 [2168] = NZI 2003, 389 [390] m. Anm. *Kohte*; HK-InsO/*Landfermann* § 290 Rz. 16). Bei einer Schlussanhörung im schriftlichen Verfahren muss der Antrag zwingend in dem vom Gericht vorgeschriebenen Zeitraum formgerecht gestellt werden (*OLG Celle* ZInsO 2001, 747 [749]; *AG Mönchengladbach* ZInsO 2001, 631; *LG Mönchengladbach* NZI 2004, 514). Frühere Anträge können verfahrensrechtlich nur als Ankündigung eines solchen im Schlusstermin zu stellenden Antrags verstanden werden. Gegen die Versäumung des Versagungsantrags ist eine Wiedereinsetzung in den vorigen Stand nicht möglich (weitere Einzelheiten s. *Ahrens* § 290 Rz. 57 ff.).

III. Schlussverteilung und Aufhebung des Insolvenzverfahrens

Nach § 163 Abs. 1 KO sollte sich die Aufhebung des Konkursverfahrens direkt an den Schlusstermin anschließen; in der Praxis erfolgte jedoch die Aufhebung nicht selten erst nach Durchführung der Schlussverteilung (dazu *Uhlenbruck* ZIP 1993, 241 ff.). Nach dem neuen Recht erfolgt nunmehr eine enge Verknüpfung zwischen Restschuldbefreiungs- und Insolvenzverfahren. Diese verlangt zunächst nach § 289 Abs. 2 Satz 2 InsO, dass die Aufhebung des Insolvenzverfahrens erst nach Rechtskraft des Beschlusses zur Ankündigung der Restschuldbefreiung erfolgt. Dadurch soll die Kontinuität des Vollstreckungsverbots nach §§ 89, 294 InsO gesichert werden (dazu *Ahrens* § 289 Rz. 16). Weiter ordnet § 200 InsO in Abkehr von § 163 KO an, dass die Aufhebung des Insolvenzverfahrens erst nach Durchführung der Schlussverteilung beschlossen werden soll (zur Notwendigkeit einer zügigen Schlusserklärung nach Ablauf der Frist der § 289 Abs. 2 S. 1 InsO *LG Dresden* NZI 2008, 508; *Ahrens* § 300 Rz. 5 a). Damit wurde die Regelung des § 19 Abs. 1 Nr. 1 GesO übernommen, die eine Einstellung der Gesamtvollstreckung erst nach Verteilung des Erlöses und nach Prüfung des Abschlussberichts vorsah. Damit könnte die Gefahr bestehen, dass sich die Aufhebung nachhaltig verzögert, wenn sich z. B. Verteilungsprobleme nach § 189 Abs. 2 InsO ergeben. 30

In der Literatur zu § 19 GesO ist in Anlehnung an einzelne Beschlüsse aus der westdeutschen Gerichtspraxis (anschaulich z. B. *LG Köln* ZIP 1982, 337; vgl. bereits *Kalter* KTS 1975, 215 [218]) eine teleologische Reduktion dieser Norm vorgenommen worden. Zur Sicherung des Schuldnerschutzes ist eine Einstellung des Gesamtvollstreckungsverfahrens zugelassen worden, wenn eine Nachverteilung erforderlich war, die zu einer weiteren Verzögerung des Gesamtvollstreckungsverfahrens geführt hätte (dazu ausführlich *Smid* GesO, 1996, § 19 Rz. 5; zustimmend *Haarmeyer/Wutzke/Förster* GesO, 1997, § 19 Rz. 5; *Hess/Binz/Wienberg* GesO, 1997, § 19 Rz. 6 a). Solche Konstellationen können auch im Verbraucherinsolvenzverfahren auftreten, da z. B. vom Schuldner nach § 178 Abs. 1 Satz 2 InsO zu bestreitende Forderungen für die Situation von Verbrauchern nicht atypisch sind (dazu ausführlich *Kohte/Kemper* Kein Ausweg aus dem Schuldenturm, Blätter der Wohlfahrtspflege, 1993, S. 81, 91). Es ist daher geboten, dass das Gericht in solchen Fällen ohne weitere Verzögerungen die Aufhebung des Verfahrens nach § 200 InsO mit einem Vorbehalt der Nachverteilung beschließt (zustimmend *Hess* § 314 InsO Rz. 11). Dadurch wird zugleich eine begrenzte Abwicklungszuständigkeit des Treuhänders festgelegt (zum bisherigen Recht *BGH* NJW 1982, 1765). 31

Neben einer solchen von vornherein erkennbaren Nachverteilung kann auch im Verbraucherinsolvenzverfahren die Anordnung einer Nachtragsverteilung nach § 203 InsO erforderlich werden, wenn nachträglich die Notwendigkeit einer weiteren Verteilung bekannt wird (*LG Koblenz* ZInsO 2004, 161 [162]; *BGH* NZI 2006, 180). Die Voraussetzungen ergeben sich aus § 203 InsO; dort wird nochmals der Beschleunigungszweck betont, denn die Aufhebung des Verfahrens steht einer Anordnung einer Nachtragsverteilung nicht entgegen. In Verbraucherinsolvenzverfahren wird vor allem § 203 Abs. 3 InsO von Bedeutung sein, weil das Gericht von der Anordnung absehen und den zur Verfügung stehenden Betrag dem Schuldner überlassen kann, wenn dies mit Rücksicht auf die Geringfügigkeit des Betrages angemessen erscheint. Man hat sich insoweit am österreichischen Recht orientiert (BT-Drucks. 12/2443, S. 187; *Kübler/Prütting-Holzer* InsO, § 203 Rz. 15 f.) und zugleich den Schuldnerschutz im Verbraucherinsolvenzverfahren bekräftigt, denn im früheren Konkursverfahren war es teilweise üblich, solche Beträge für den Verwalter als weitere Vergütung festzusetzen (dazu *Kuhn/Uhlenbruck* KO, § 166 Rz. 7 m. w. N; zum Wechsel des Leitbilds jetzt auch *Uhlenbruck* InsO, § 203 Rz. 14 a. E.). 32

Die Aufhebung des Verfahrens erfolgt durch Beschluss, der zusammen mit dem Beschluss über die Ankündigung der Restschuldbefreiung nach § 289 Abs. 2 Satz 3 InsO öffentlich bekannt zu machen ist. Damit wird wiederum die enge Verknüpfung beider Verfahrensformen bestätigt. Erfolgte eine Ankündigung der Restschuldbefreiung, dann schließt sich das Vollstreckungsverbot des § 294 InsO nahtlos an die Regelungen des § 89 InsO an; zugleich ist damit der Beginn der Obliegenheiten nach § 295 InsO markiert (*LG Göttingen* NZI 2004, 596; *BGH* NZI 2004, 635 [636]; ZInsO 2006, 467 [648]; *Ahrens* NZI 2003, 219). 33

Ist dagegen kein Antrag auf Restschuldbefreiung gestellt oder dieser rechtskräftig zurückgewiesen worden, dann können die Insolvenzgläubiger, deren Forderungen festgestellt und vom Schuldner im Prüfungstermin nicht bestritten worden sind, nunmehr nach § 201 Abs. 2 InsO aus der Tabelle – nicht mehr aus ihrem bisherigen Titel – wie aus einem vollstreckbaren Urteil die weitere Zwangsvollstreckung gegen den Schuldner betreiben (*Smid/Haarmeyer* InsO, § 314 Rz. 7). Hatte dagegen der Schuldner im Prüfungstermin nach § 178 Abs. 1 Satz 2 InsO der Feststellung widersprochen, dann ist eine solche Voll- 34 streckung aus der Tabelle nicht möglich. In diesen Fällen hatte der Gläubiger jedoch bereits seit dem Prüfungstermin die Möglichkeit, außerhalb des Gesamtvollstreckungsverfahrens im Erkenntnisverfahren am Prozessgericht einen Titel gegen den Schuldner zu erstreiten, aus dem die individuelle Zwangsvollstreckung außerhalb des Insolvenzverfahrens möglich ist. Insoweit bleibt es für diese Personengruppe letztlich bei der Rechtslage, die sich bisher aus § 164 KO ergeben hatte.

F. Verfahrensrechtliches

35 Die Anordnung nach § 314 Abs. 1 InsO gehört zu den Aufgaben, die nach § 18 RPflG dem Rechtspfleger vorbehalten sind; daher steht gegen dessen Entscheidungen sowohl den Insolvenzgläubigern als auch dem Schuldner der Rechtsbehelf der Erinnerung nach § 11 RPflG zu. Diese können z. B. geltend machen, dass die oben erläuterten verfahrens- und materiellrechtlichen Voraussetzungen einer qualifizierten Freigabe nicht vorliegen (so auch *Vallender* NZI 1999, 385 [388]). Die Erinnerung kann auch darauf beschränkt sein, die Höhe des zu zahlenden Betrags oder die Länge der vom Gericht gesetzten Frist zu beanstanden. Das weitere Verfahren nach § 314 Abs. 3 InsO kann erst fortgesetzt werden, wenn über diese Erinnerung entschieden ist. Wenn der Richter nach § 18 Abs. 2 RPflG über die Anordnung entschieden hat, ist kein Rechtsmittel eröffnet (MünchKomm-InsO/*Ott/Vuia* § 314 Rz. 11).

36 Das Gericht ist zu einer Abänderung oder Aufhebung seiner Entscheidung befugt, wenn diese sich nachträglich als unzweckmäßig erweist (so HK-InsO/*Landfermann* § 314 Rz. 5; *Smid/Haarmeyer* InsO, § 314 Rz. 4; *Preuß* Verbraucherinsolvenzverfahren und Restschuldbefreiung, Rz. 196; *Vallender* NZI 1999, 385 [388]). Eine solche Abänderung wird z. B. in Betracht kommen, wenn der Schuldner den geforderten Betrag nicht zahlt und dem Treuhänder eine Verwertung im Interesse der Masse unschwer möglich ist (dazu KS-*Fuchs* S. 1725 Rz. 141; *Kübler/Prütting-Wenzel* § 314 Rz. 5 a; *Hess* § 314 InsO Rz. 19).

37 Die Entscheidung über die Versagung der Restschuldbefreiung nach § 314 Abs. 3 Satz 2 InsO betrifft einen Sonderfall des § 290 Abs. 1 Nr. 5 InsO (vgl. *Uhlenbruck/Vallender* InsO, § 314 Rz. 34; HambK-InsO/*Nies* § 314 Rz. 6) und ist damit letztlich eine Entscheidung nach § 289 InsO. Die Gründe, die für den Richtervorbehalt nach § 18 Abs. 1 Nr. 2 RPflG im Gesetzgebungsverfahren vorgebracht wurden (BT-Drucks. 12/3803 S. 65), greifen hier ebenfalls ein, so dass für diese Entscheidung der Richter zuständig ist (ebenso *Kübler/Prütting-Wenzel* InsO, § 286 Rz. 99; *Braun/Buck* InsO, 3. Aufl. § 314 Rz. 17; **a. A.** HK-InsO/*Landfermann* § 314 Rz. 7; *Uhlenbruck/Vallender* InsO, § 314 Rz. 35). Dieser wird allerdings nicht von Amts wegen tätig, sondern kann – ebenso wie bei den Versagungsgründen nach §§ 290, 296, 297 InsO – nur tätig werden, wenn ein Insolvenzgläubiger im Schlusstermin einen solchen Antrag gestellt hat (ebenso KS-*Fuchs* S. 1724 Rz. 139; *Kübler/Prütting-Wenzel* InsO, § 314 Rz. 6). Das Insolvenzgericht entscheidet durch Beschluss; dem Schuldner sowie den Insolvenzgläubigern, die einen Versagungsantrag gestellt haben, steht das Rechtsmittel der sofortigen Beschwerde nach § 289 Abs. 2 Satz 1 InsO zu (so auch *Graf-Schlicker/Livonius* Restschuldbefreiung und Verbraucherinsolvenz nach der InsO, Rz. 260). Der Schuldner kann seine Beschwerde auch darauf stützen, dass die Voraussetzungen des § 314 Abs. 1 InsO bei der Verwertungsanordnung nicht beachtet worden sind.

38 Für die sonstigen verfahrensrechtlichen Entscheidungen, die im Schlussverfahren zu treffen sind, ergeben sich für das Verbraucherinsolvenzverfahren weder Abweichungen noch Besonderheiten, so dass insoweit auf die allgemeine Kommentierung verwiesen werden kann.

Anhang

Anhang I
Insolvenzordnung (InsO)

vom 5. 10. 1994 (BGBl I S. 2866),
zuletzt geändert durch das Gesetz zur Modernisierung des GmbH-Rechts und zur Bekämpfung von
Missbräuchen (MoMiG) vom 23. 10. 2008 (BGBl I S. 2026)

Erster Teil Allgemeine Vorschriften
§ 1 Ziele des Insolvenzverfahrens

[1]Das Insolvenzverfahren dient dazu, die Gläubiger eines Schuldners gemeinschaftlich zu befriedigen, indem das Vermögen des Schuldners verwertet und der Erlös verteilt oder in einem Insolvenzplan eine abweichende Regelung insbesondere zum Erhalt des Unternehmens getroffen wird. [2]Dem redlichen Schuldner wird Gelegenheit gegeben, sich von seinen restlichen Verbindlichkeiten zu befreien.

§ 2 Amtsgericht als Insolvenzgericht

(1) Für das Insolvenzverfahren ist das Amtsgericht, in dessen Bezirk ein Landgericht seinen Sitz hat, als Insolvenzgericht für den Bezirk dieses Landgerichts ausschließlich zuständig.
(2) [1]Die Landesregierungen werden ermächtigt, zur sachdienlichen Förderung oder schnelleren Erledigung der Verfahren durch Rechtsverordnung andere oder zusätzliche Amtsgerichte zu Insolvenzgerichten zu bestimmen und die Bezirke der Insolvenzgerichte abweichend festzulegen. [2]Die Landesregierungen können die Ermächtigung auf die Landesjustizverwaltungen übertragen.

§ 3 Örtliche Zuständigkeit

(1) [1]Örtlich zuständig Ist ausschließlich das Insolvenzgericht, in dessen Bezirk der Schuldner seinen allgemeinen Gerichtsstand hat. [2]Liegt der Mittelpunkt einer selbständigen wirtschaftlichen Tätigkeit des Schuldners an einem anderen Ort, so ist ausschließlich das Insolvenzgericht zuständig, in dessen Bezirk dieser Ort liegt.
(2) Sind mehrere Gerichte zuständig, so schließt das Gericht, bei dem zuerst die Eröffnung des Insolvenzverfahrens beantragt worden ist, die übrigen aus.

§ 4 Anwendbarkeit der Zivilprozessordnung

Für das Insolvenzverfahren gelten, soweit dieses Gesetz nichts anderes bestimmt, die Vorschriften der Zivilprozessordnung entsprechend.

§ 4 a Stundung der Kosten des Insolvenzverfahrens

(1) [1]Ist der Schuldner eine natürliche Person und hat er einen Antrag auf Restschuldbefreiung gestellt, so werden ihm auf Antrag die Kosten des Insolvenzverfahrens bis zur Erteilung der Restschuldbefreiung gestundet, soweit sein Vermögen voraussichtlich nicht ausreichen wird, um diese Kosten zu decken. [2]Die Stundung nach Satz 1 umfasst auch die Kosten des Verfahrens über den Schuldenbereinigungsplan und des Verfahrens zur Restschuldbefreiung. [3]Der Schuldner hat dem Antrag eine Erklärung beizufügen, ob einer der Versagungsgründe des § 290 Abs. 1 Nr. 1 und 3 vorliegt. [4]Liegt ein solcher Grund vor, ist eine Stundung ausgeschlossen.
(2) [1]Werden dem Schuldner die Verfahrenskosten gestundet, so wird ihm auf Antrag ein zur Vertretung bereiter Rechtsanwalt seiner Wahl beigeordnet, wenn die Vertretung durch einen Rechtsanwalt trotz der dem Gericht obliegenden Fürsorge erforderlich erscheint. [2]§ 121 Abs. 3 bis 5 der Zivilprozessordnung gilt entsprechend.
(3) [1]Die Stundung bewirkt, dass
1. die Bundes- oder Landeskasse
   a) die rückständigen und die entstehenden Gerichtskosten,
   b) die auf sie übergegangenen Ansprüche des beigeordneten Rechtsanwalts nur nach den Bestimmungen, die das Gericht trifft, gegen den Schuldner geltend machen kann;
2. der beigeordnete Rechtsanwalt Ansprüche auf Vergütung gegen den Schuldner nicht geltend machen kann.
[2]Die Stundung erfolgt für jeden Verfahrensabschnitt besonders. [3]Bis zur Entscheidung über die Stundung treten die in Satz 1 genannten Wirkungen einstweilen ein. [4]§ 4 b Abs. 2 gilt entsprechend.

§ 4 b Rückzahlung und Anpassung der gestundeten Beträge

(1) ¹Ist der Schuldner nach Erteilung der Restschuldbefreiung nicht in der Lage, den gestundeten Betrag aus seinem Einkommen und seinem Vermögen zu zahlen, so kann das Gericht die Stundung verlängern und die zu zahlenden Monatsraten festsetzen. ²§ 115 Abs. 1 und 2 sowie § 120 Abs. 2 der Zivilprozessordnung gelten entsprechend.
(2) ¹Das Gericht kann die Entscheidung über die Stundung und die Monatsraten jederzeit ändern, soweit sich die für sie maßgebenden persönlichen oder wirtschaftlichen Verhältnisse wesentlich geändert haben. ²Der Schuldner ist verpflichtet, dem Gericht eine wesentliche Änderung dieser Verhältnisse unverzüglich anzuzeigen. ³§ 120 Abs. 4 Satz 1 und 2 der Zivilprozessordnung gilt entsprechend. ⁴Eine Änderung zum Nachteil des Schuldners ist ausgeschlossen, wenn seit der Beendigung des Verfahrens 4 Jahre vergangen sind.

§ 4 c Aufhebung der Stundung

Das Gericht kann die Stundung aufheben, wenn
1. der Schuldner vorsätzlich oder grob fahrlässig unrichtige Angaben über Umstände gemacht hat, die für die Eröffnung des Insolvenzverfahrens oder die Stundung maßgebend sind, oder eine vom Gericht verlangte Erklärung über seine Verhältnisse nicht abgegeben hat;
2. die persönlichen oder wirtschaftlichen Voraussetzungen für die Stundung nicht vorgelegen haben; in diesem Fall ist die Aufhebung ausgeschlossen, wenn seit der Beendigung des Verfahrens 4 Jahre vergangen sind;
3. der Schuldner länger als 3 Monate mit der Zahlung einer Monatsrate oder mit der Zahlung eines sonstigen Betrages schuldhaft in Rückstand ist;
4. der Schuldner keine angemessene Erwerbstätigkeit ausübt und, wenn er ohne Beschäftigung ist, sich nicht um eine solche bemüht oder eine zumutbare Tätigkeit ablehnt; § 296 Abs. 2 Satz 2 und 3 gilt entsprechend;
5. die Restschuldbefreiung versagt oder widerrufen wird.

§ 4 d Rechtsmittel

(1) Gegen die Ablehnung der Stundung oder deren Aufhebung sowie gegen die Ablehnung der Beiordnung eines Rechtsanwalts steht dem Schuldner die sofortige Beschwerde zu.
(2) ¹Wird die Stundung bewilligt, so steht der Staatskasse die sofortige Beschwerde zu. ²Diese kann nur darauf gestützt werden, dass nach den persönlichen oder wirtschaftlichen Verhältnissen des Schuldners die Stundung hätte abgelehnt werden müssen.

§ 5 Verfahrensgrundsätze

(1) ¹Das Insolvenzgericht hat von Amts wegen alle Umstände zu ermitteln, die für das Insolvenzverfahren von Bedeutung sind. ²Es kann zu diesem Zweck insbesondere Zeugen und Sachverständige vernehmen.
(2) ¹Sind die Vermögensverhältnisse des Schuldners überschaubar und die Zahl der Gläubiger oder die Höhe der Verbindlichkeiten gering, kann das Insolvenzgericht anordnen, dass das Verfahren oder einzelne seiner Teile schriftlich durchgeführt werden. ²Es kann diese Anordnung jederzeit aufheben oder abändern. ³Die Anordnung, ihre Aufhebung oder Abänderung sind öffentlich bekannt zu machen.
(3) ¹Die Entscheidungen des Gerichts können ohne mündliche Verhandlung ergehen. ²Findet eine mündliche Verhandlung statt, so ist § 227 Abs. 3 Satz 1 der Zivilprozessordnung nicht anzuwenden.
(4) ¹Tabellen und Verzeichnisse können maschinell hergestellt und bearbeitet werden. ²Die Landesregierungen werden ermächtigt, durch Rechtsverordnung nähere Bestimmungen über die Führung der Tabellen und Verzeichnisse, ihre elektronische Einreichung sowie die elektronische Einreichung der dazugehörigen Dokumente und deren Aufbewahrung zu treffen. ³Dabei können sie auch Vorgaben für die Datenformate der elektronischen Einreichung machen. ⁴Die Landesregierungen können die Ermächtigung auf die Landesjustizverwaltungen übertragen.

§ 6 Sofortige Beschwerde

(1) Die Entscheidungen des Insolvenzgerichts unterliegen nur in den Fällen einem Rechtsmittel, in denen dieses Gesetz die sofortige Beschwerde vorsieht.
(2) Die Beschwerdefrist beginnt mit der Verkündung der Entscheidung oder, wenn diese nicht verkündet wird, mit deren Zustellung.
(3) ¹Die Entscheidung über die Beschwerde wird erst mit der Rechtskraft wirksam. ²Das Beschwerdegericht kann jedoch die sofortige Wirksamkeit der Entscheidung anordnen.

§ 7 Rechtsbeschwerde

Gegen die Entscheidung über die sofortige Beschwerde findet die Rechtsbeschwerde statt.

§ 8 Zustellungen

(1) ¹Die Zustellungen erfolgen von Amts wegen, ohne dass es einer Beglaubigung des zuzustellenden Schriftstücks bedarf. ²Sie können dadurch bewirkt werden, dass das Schriftstück unter der Anschrift des Zustellungsadressaten zur Post gegeben wird; § 184 Abs. 2 Satz 1, 2 und 4 der Zivilprozessordnung gilt entsprechend. ³Soll die Zustellung im Inland bewirkt werden, gilt das Schriftstück 3 Tage nach Aufgabe zur Post als zugestellt.
(2) ¹An Personen, deren Aufenthalt unbekannt ist, wird nicht zugestellt. ²Haben sie einen zur Entgegennahme von Zustellungen berechtigten Vertreter, so wird dem Vertreter zugestellt.
(3) ¹Das Insolvenzgericht kann den Insolvenzverwalter beauftragen, die Zustellungen nach Absatz 1 durchzuführen. ²Zur Durchführung der Zustellung und zur Erfassung in den Akten kann er sich Dritter, insbesondere auch eigenen Personals, bedienen. ³Der Insolvenzverwalter hat die von ihm nach § 184 Abs. 2 Satz 4 der Zivilprozessordnung angefertigten Vermerke unverzüglich zu den Gerichtsakten zu reichen.

§ 9 Öffentliche Bekanntmachung

(1) ¹Die öffentliche Bekanntmachung erfolgt durch eine zentrale und länderübergreifende Veröffentlichung im Internet ¹; diese kann auszugsweise geschehen. ²Dabei ist der Schuldner genau zu bezeichnen, insbesondere sind seine Anschrift und sein Geschäftszweig anzugeben. ³Die Bekanntmachung gilt als bewirkt, sobald nach dem Tag der Veröffentlichung 2 weitere Tage verstrichen sind.
(2) ¹Das Insolvenzgericht kann weitere Veröffentlichungen veranlassen, soweit dies landesrechtlich bestimmt ist. ²Das Bundesministerium der Justiz wird ermächtigt, durch Rechtsverordnung mit Zustimmung des Bundesrates die Einzelheiten der zentralen und länderübergreifenden Veröffentlichung im Internet zu regeln. ³Dabei sind insbesondere Löschungsfristen vorzusehen sowie Vorschriften, die sicherstellen, dass die Veröffentlichungen
1. unversehrt, vollständig und aktuell bleiben,
2. jederzeit ihrem Ursprung nach zugeordnet werden können.
3. (weggefallen)
(3) Die öffentliche Bekanntmachung genügt zum Nachweis der Zustellung an alle Beteiligten, auch wenn dieses Gesetz neben ihr eine besondere Zustellung vorschreibt.

§ 10 Anhörung des Schuldners

(1) ¹Soweit in diesem Gesetz eine Anhörung des Schuldners vorgeschrieben ist, kann sie unterbleiben, wenn sich der Schuldner im Ausland aufhält und die Anhörung das Verfahren übermäßig verzögern würde oder wenn der Aufenthalt des Schuldners unbekannt ist. ²In diesem Fall soll ein Vertreter oder Angehöriger des Schuldners gehört werden.
(2) ¹Ist der Schuldner keine natürliche Person, so gilt Absatz 1 entsprechend für die Anhörung von Personen, die zur Vertretung des Schuldners berechtigt oder an ihm beteiligt sind. ²Ist der Schuldner eine juristische Person und hat diese keinen organschaftlichen Vertreter (Führungslosigkeit), so können die an ihm beteiligten Personen gehört werden; Absatz 1 Satz 1 gilt entsprechend.

Zweiter Teil Eröffnung des Insolvenzverfahrens. Erfasstes Vermögen und Verfahrensbeteiligte

Erster Abschnitt Eröffnungsvoraussetzungen und Eröffnungsverfahren

§ 11 Zulässigkeit des Insolvenzverfahrens

(1) ¹Ein Insolvenzverfahren kann über das Vermögen jeder natürlichen und jeder juristischen Person eröffnet werden. ²Der nichtrechtsfähige Verein steht insoweit einer juristischen Person gleich.
(2) Ein Insolvenzverfahren kann ferner eröffnet werden:
1. über das Vermögen einer Gesellschaft ohne Rechtspersönlichkeit (Offene Handelsgesellschaft, Kommanditgesellschaft, Partnerschaftsgesellschaft, Gesellschaft bürgerlichen Rechts, Partenreederei, Europäische wirtschaftliche Interessenvereinigung);
2. nach Maßgabe der §§ 315 bis 334 über einen Nachlass, über das Gesamtgut einer fortgesetzten Gütergemeinschaft oder über das Gesamtgut einer Gütergemeinschaft, das von den Ehegatten gemeinschaftlich verwaltet wird.
(3) Nach Auflösung einer juristischen Person oder einer Gesellschaft ohne Rechtspersönlichkeit ist die Eröffnung des Insolvenzverfahrens zulässig, solange die Verteilung des Vermögens nicht vollzogen ist.

§ 12 Juristische Personen des öffentlichen Rechts

(1) Unzulässig ist das Insolvenzverfahren über das Vermögen
1. des Bundes oder eines Landes;
2. einer juristischen Person des öffentlichen Rechts, die der Aufsicht eines Landes untersteht, wenn das Landesrecht dies bestimmt.
(2) Hat ein Land nach Absatz 1 Nr. 2 das Insolvenzverfahren über das Vermögen einer juristischen Person für unzulässig erklärt, so können im Falle der Zahlungsunfähigkeit oder der Überschuldung dieser juristischen Person deren Arbeitnehmer von dem

Land die Leistungen verlangen, die sie im Falle der Eröffnung eines Insolvenzverfahrens nach den Vorschriften des Dritten Buches Sozialgesetzbuch über das Insolvenzgeld von der Agentur für Arbeit und nach den Vorschriften des Gesetzes zur Verbesserung der betrieblichen Altersversorgung vom Träger der Insolvenzsicherung beanspruchen könnten.

§ 13 Eröffnungsantrag

(1) ¹Das Insolvenzverfahren wird nur auf schriftlichen Antrag eröffnet. ²Antragsberechtigt sind die Gläubiger und der Schuldner.
(2) Der Antrag kann zurückgenommen werden, bis das Insolvenzverfahren eröffnet oder der Antrag rechtskräftig abgewiesen ist.
(3) ¹Das Bundesministerium der Justiz wird ermächtigt, durch Rechtsverordnung mit Zustimmung des Bundesrates für die Antragstellung durch den Schuldner ein Formular einzuführen. ²Soweit nach Satz 1 ein Formular eingeführt ist, muss der Schuldner dieses benutzen.

§ 14 Antrag eines Gläubigers

(1) Der Antrag eines Gläubigers ist zulässig, wenn der Gläubiger ein rechtliches Interesse an der Eröffnung des Insolvenzverfahrens hat und seine Forderung und den Eröffnungsgrund glaubhaft macht.
(2) Ist der Antrag zulässig, so hat das Insolvenzgericht den Schuldner zu hören.

§ 15 Antragsrecht bei juristischen Personen und Gesellschaften ohne Rechtspersönlichkeit

(1) ¹Zum Antrag auf Eröffnung eines Insolvenzverfahrens über das Vermögen einer juristischen Person oder einer Gesellschaft ohne Rechtspersönlichkeit ist außer den Gläubigern jedes Mitglied des Vertretungsorgans, bei einer Gesellschaft ohne Rechtspersönlichkeit oder bei einer Kommanditgesellschaft auf Aktien jeder persönlich haftende Gesellschafter, sowie jeder Abwickler berechtigt. ²Bei einer juristischen Person ist im Fall der Führungslosigkeit auch jeder Gesellschafter, bei einer Aktiengesellschaft oder einer Genossenschaft zudem auch jedes Mitglied des Aufsichtsrats zur Antragstellung berechtigt.
(2) ¹Wird der Antrag nicht von allen Mitgliedern des Vertretungsorgans, allen persönlich haftenden Gesellschaftern, allen Gesellschaftern der juristischen Person, allen Mitgliedern des Aufsichtsrats oder allen Abwicklern gestellt, so ist er zulässig, wenn der Eröffnungsgrund glaubhaft gemacht wird. ²Zusätzlich ist bei Antragstellung durch Gesellschafter einer juristischen Person oder Mitglieder des Aufsichtsrats auch die Führungslosigkeit glaubhaft zu machen. ³Das Insolvenzgericht hat die übrigen Mitglieder des Vertretungsorgans, persönlich haftenden Gesellschafter, Gesellschafter der juristischen Person, Mitglieder des Aufsichtsrats oder Abwickler zu hören.
(3) ¹Ist bei einer Gesellschaft ohne Rechtspersönlichkeit kein persönlich haftender Gesellschafter eine natürliche Person, so gelten die Absätze 1 und 2 entsprechend für die organschaftlichen Vertreter und die Abwickler der zur Vertretung der Gesellschaft ermächtigten Gesellschafter. ²Entsprechendes gilt, wenn sich die Verbindung von Gesellschaften in dieser Art fortsetzt.

§ 15 a Antragspflicht bei juristischen Personen und Gesellschaften ohne Rechtspersönlichkeit

(1) ¹Wird eine juristische Person zahlungsunfähig oder überschuldet, haben die Mitglieder des Vertretungsorgans oder die Abwickler ohne schuldhaftes Zögern, spätestens aber 3 Wochen nach Eintritt der Zahlungsunfähigkeit oder Überschuldung, einen Insolvenzantrag zu stellen. ²Das Gleiche gilt für die organschaftlichen Vertreter der zur Vertretung der Gesellschaft ermächtigten Gesellschafter oder die Abwickler bei einer Gesellschaft ohne Rechtspersönlichkeit, bei der kein persönlich haftender Gesellschafter eine natürliche Person ist; dies gilt nicht, wenn zu den persönlich haftenden Gesellschaftern eine andere Gesellschaft gehört, bei der ein persönlich haftender Gesellschafter eine natürliche Person ist.
(2) Bei einer Gesellschaft im Sinne des Absatzes 1 Satz 2 gilt Absatz 1 sinngemäß, wenn die organschaftlichen Vertreter der zur Vertretung der Gesellschaft ermächtigten Gesellschafter ihrerseits Gesellschaften sind, bei denen kein Gesellschafter eine natürliche Person ist, oder sich die Verbindung von Gesellschaften in dieser Art fortsetzt.
(3) Im Fall der Führungslosigkeit einer Gesellschaft mit beschränkter Haftung ist auch jeder Gesellschafter, im Fall der Führungslosigkeit einer Aktiengesellschaft oder einer Genossenschaft ist auch jedes Mitglied des Aufsichtsrats zur Stellung des Antrags verpflichtet, es sei denn, diese Person hat von der Zahlungsunfähigkeit und der Überschuldung oder der Führungslosigkeit keine Kenntnis.
(4) Mit Freiheitsstrafe bis zu 3 Jahren oder mit Geldstrafe wird bestraft, wer entgegen Absatz 1 Satz 1, auch in Verb. mit Satz 2 oder Absatz 2 oder Absatz 3, einen Insolvenzantrag nicht, nicht richtig oder nicht rechtzeitig stellt.
(5) Handelt der Täter in den Fällen des Absatzes 4 fahrlässig, ist die Strafe Freiheitsstrafe bis zu einem Jahr oder Geldstrafe.

§ 16 Eröffnungsgrund

Die Eröffnung des Insolvenzverfahrens setzt voraus, dass ein Eröffnungsgrund gegeben ist.

§ 17 Zahlungsunfähigkeit

(1) Allgemeiner Eröffnungsgrund ist die Zahlungsunfähigkeit.

(2) ¹Der Schuldner ist zahlungsunfähig, wenn er nicht in der Lage ist, die fälligen Zahlungspflichten zu erfüllen. ²Zahlungsunfähigkeit ist in der Regel anzunehmen, wenn der Schuldner seine Zahlungen eingestellt hat.

§ 18 Drohende Zahlungsunfähigkeit

(1) Beantragt der Schuldner die Eröffnung des Insolvenzverfahrens, so ist auch die drohende Zahlungsunfähigkeit Eröffnungsgrund.
(2) Der Schuldner droht zahlungsunfähig zu werden, wenn er voraussichtlich nicht in der Lage sein wird, die bestehenden Zahlungspflichten im Zeitpunkt der Fälligkeit zu erfüllen.
(3) Wird bei einer juristischen Person oder einer Gesellschaft ohne Rechtspersönlichkeit der Antrag nicht von allen Mitgliedern des Vertretungsorgans, allen persönlich haftenden Gesellschaftern oder allen Abwicklern gestellt, so ist Absatz 1 nur anzuwenden, wenn der oder die Antragsteller zur Vertretung der juristischen Person oder der Gesellschaft berechtigt sind.

§ 19 Überschuldung

(1) Bei einer juristischen Person ist auch die Überschuldung Eröffnungsgrund.
(2) ¹Überschuldung liegt vor, wenn das Vermögen des Schuldners die bestehenden Verbindlichkeiten nicht mehr deckt, es sei denn, die Fortführung des Unternehmens ist nach den Umständen überwiegend wahrscheinlich. ²Forderungen auf Rückgewähr von Gesellschafterdarlehen oder aus Rechtshandlungen, die einem solchen Darlehen wirtschaftlich entsprechen, für die gemäß § 39 Abs. 2 zwischen Gläubiger und Schuldner der Nachrang im Insolvenzverfahren hinter den in § 39 Abs. 1 Nr. 1 bis 5 bezeichneten Forderungen vereinbart worden ist, sind nicht bei den Verbindlichkeiten nach Satz 1 zu berücksichtigen.
(3) ¹Ist bei einer Gesellschaft ohne Rechtspersönlichkeit kein persönlich haftender Gesellschafter eine natürliche Person, so gelten die Absätze 1 und 2 entsprechend. ²Dies gilt nicht, wenn zu den persönlich haftenden Gesellschaftern eine andere Gesellschaft gehört, bei der ein persönlich haftender Gesellschafter eine natürliche Person ist.

§ 20 Auskunfts- und Mitwirkungspflicht im Eröffnungsverfahren. Hinweis auf Restschuldbefreiung

(1) ¹Ist der Antrag zulässig, so hat der Schuldner dem Insolvenzgericht die Auskünfte zu erteilen, die zur Entscheidung über den Antrag erforderlich sind, und es auch sonst bei der Erfüllung seiner Aufgaben zu unterstützen. ²Die §§ 97, 98, 101 Abs. 1 Satz 1, 2, Abs. 2 gelten entsprechend.
(2) Ist der Schuldner eine natürliche Person, so soll er darauf hingewiesen werden, dass er nach Maßgabe der §§ 286 bis 303 Restschuldbefreiung erlangen kann.

§ 21 Anordnung von Sicherungsmaßnahmen

(1) ¹Das Insolvenzgericht hat alle Maßnahmen zu treffen, die erforderlich erscheinen, um bis zur Entscheidung über den Antrag eine den Gläubigern nachteilige Veränderung in der Vermögenslage des Schuldners zu verhüten. ²Gegen die Anordnung der Maßnahme steht dem Schuldner die sofortige Beschwerde zu.
(2) ¹Das Gericht kann insbesondere
1. einen vorläufigen Insolvenzverwalter bestellen, für den § 8 Abs. 3 und die §§ 56, 58 bis 66 entsprechend gelten;
2. dem Schuldner ein allgemeines Verfügungsverbot auferlegen oder anordnen, dass Verfügungen des Schuldners nur mit Zustimmung des vorläufigen Insolvenzverwalters wirksam sind;
3. Maßnahmen der Zwangsvollstreckung gegen den Schuldner untersagen oder einstweilen einstellen, soweit nicht unbewegliche Gegenstände betroffen sind;
4. eine vorläufige Postsperre anordnen, für die die §§ 99, 101 Abs. 1 Satz 1 entsprechend gelten;
5. ¹anordnen, dass Gegenstände, die im Falle der Eröffnung des Verfahrens von § 166 erfasst würden oder deren Aussonderung verlangt werden könnte, vom Gläubiger nicht verwertet oder eingezogen werden dürfen und dass solche Gegenstände zur Fortführung des Unternehmens des Schuldners eingesetzt werden können, soweit sie hierfür von erheblicher Bedeutung sind; § 169 Satz 2 und 3 gilt entsprechend; ein durch die Nutzung eingetretener Wertverlust ist durch laufende Zahlungen an den Gläubiger auszugleichen. ²Die Verpflichtung zu Ausgleichszahlungen besteht nur, soweit der durch die Nutzung entstehende Wertverlust die Sicherung des absonderungsberechtigten Gläubigers beeinträchtigt. ³Zieht der vorläufige Insolvenzverwalter eine zur Sicherung eines Anspruchs abgetretene Forderung anstelle des Gläubigers ein, so gelten die §§ 170, 171 entsprechend.
²Die Anordnung von Sicherungsmaßnahmen berührt nicht die Wirksamkeit von Verfügungen über Finanzsicherheiten nach § 1 Abs. 17 des Kreditwesengesetzes und die Wirksamkeit der Verrechnung von Ansprüchen und Leistungen aus Überweisungs-, Zahlungs- oder Übertragungsverträgen, die in ein System nach § 1 Abs. 16 des Kreditwesengesetzes eingebracht wurden.
(3) ¹Reichen andere Maßnahmen nicht aus, so kann das Gericht den Schuldner zwangsweise vorführen und nach Anhörung in Haft nehmen lassen. ²Ist der Schuldner keine natürliche Person, so gilt entsprechendes für seine organschaftlichen Vertreter. ³Für die Anordnung von Haft gilt § 98 Abs. 3 entsprechend.

§ 22 Rechtsstellung des vorläufigen Insolvenzverwalters

(1) ¹Wird ein vorläufiger Insolvenzverwalter bestellt und dem Schuldner ein allgemeines Verfügungsverbot auferlegt, so geht die Verwaltungs- und Verfügungsbefugnis über das Vermögen des Schuldners auf den vorläufigen Insolvenzverwalter über. ²In diesem Fall hat der vorläufige Insolvenzverwalter:
1. das Vermögen des Schuldners zu sichern und zu erhalten;
2. ein Unternehmen, das der Schuldner betreibt, bis zur Entscheidung über die Eröffnung des Insolvenzverfahrens fortzuführen, soweit nicht das Insolvenzgericht einer Stilllegung zustimmt, um eine erhebliche Verminderung des Vermögens zu vermeiden;
3. zu prüfen, ob das Vermögen des Schuldners die Kosten des Verfahrens decken wird; das Gericht kann ihn zusätzlich beauftragen, als Sachverständiger zu prüfen, ob ein Eröffnungsgrund vorliegt und welche Aussichten für eine Fortführung des Unternehmens des Schuldners bestehen.

(2) ¹Wird ein vorläufiger Insolvenzverwalter bestellt, ohne dass dem Schuldner ein allgemeines Verfügungsverbot auferlegt wird, so bestimmt das Gericht die Pflichten des vorläufigen Insolvenzverwalters. ²Sie dürfen nicht über die Pflichten nach Absatz 1 Satz 2 hinausgehen.

(3) ¹Der vorläufige Insolvenzverwalter ist berechtigt, die Geschäftsräume des Schuldners zu betreten und dort Nachforschungen anzustellen. ²Der Schuldner hat dem vorläufigen Insolvenzverwalter Einsicht in seine Bücher und Geschäftspapiere zu gestatten. ³Er hat ihm alle erforderlichen Auskünfte zu erteilen und ihn bei der Erfüllung seiner Aufgaben zu unterstützen; die §§ 97, 98, 101 Abs. 1 Satz 1, 2, Abs. 2 gelten entsprechend.

§ 23 Bekanntmachung der Verfügungsbeschränkungen

(1) ¹Der Beschluss, durch den eine der in § 21 Abs. 2 Nr. 2 vorgesehenen Verfügungsbeschränkungen angeordnet und ein vorläufiger Insolvenzverwalter bestellt wird, ist öffentlich bekannt zu machen. ²Er ist dem Schuldner, den Personen, die Verpflichtungen gegenüber dem Schuldner haben, und dem vorläufigen Insolvenzverwalter besonders zuzustellen. ³Die Schuldner des Schuldners sind zugleich aufzufordern, nur noch unter Beachtung des Beschlusses zu leisten.

(2) Ist der Schuldner im Handels-, Genossenschafts-, Partnerschafts- oder Vereinsregister eingetragen, so hat die Geschäftsstelle des Insolvenzgerichts dem Registergericht eine Ausfertigung des Beschlusses zu übermitteln.

(3) Für die Eintragung der Verfügungsbeschränkung im Grundbuch, im Schiffsregister, im Schiffsbauregister und im Register über Pfandrechte an Luftfahrzeugen gelten die §§ 32, 33 entsprechend.

§ 24 Wirkungen der Verfügungsbeschränkungen

(1) Bei einem Verstoß gegen eine der in § 21 Abs. 2 Nr. 2 vorgesehenen Verfügungsbeschränkungen gelten die §§ 81, 82 entsprechend.

(2) Ist die Verfügungsbefugnis über das Vermögen des Schuldners auf einen vorläufigen Insolvenzverwalter übergegangen, so gelten für die Aufnahme anhängiger Rechtsstreitigkeiten § 85 Abs. 1 Satz 1 und § 86 entsprechend.

§ 25 Aufhebung der Sicherungsmaßnahmen

(1) Werden die Sicherungsmaßnahmen aufgehoben, so gilt für die Bekanntmachung der Aufhebung einer Verfügungsbeschränkung § 23 entsprechend.

(2) ¹Ist die Verfügungsbefugnis über das Vermögen des Schuldners auf einen vorläufigen Insolvenzverwalter übergegangen, so hat dieser vor der Aufhebung seiner Bestellung aus dem von ihm verwalteten Vermögen die entstandenen Kosten zu berichtigen und die von ihm begründeten Verbindlichkeiten zu erfüllen. ²Gleiches gilt für die Verbindlichkeiten aus einem Dauerschuldverhältnis, soweit der vorläufige Insolvenzverwalter für das von ihm verwaltete Vermögen die Gegenleistung in Anspruch genommen hat.

§ 26 Abweisung mangels Masse

(1) ¹Das Insolvenzgericht weist den Antrag auf Eröffnung des Insolvenzverfahrens ab, wenn das Vermögen des Schuldners voraussichtlich nicht ausreichen wird, um die Kosten des Verfahrens zu decken. ²Die Abweisung unterbleibt, wenn ein ausreichender Geldbetrag vorgeschossen wird oder die Kosten nach § 4a gestundet werden. ³Der Beschluss ist unverzüglich öffentlich bekannt zu machen.

(2) ¹Das Gericht hat die Schuldner, bei denen der Eröffnungsantrag mangels Masse abgewiesen worden ist, in ein Verzeichnis einzutragen (Schuldnerverzeichnis). ²Die Vorschriften über das Schuldnerverzeichnis nach der Zivilprozessordnung gelten entsprechend; jedoch beträgt die Löschungsfrist 5 Jahre.

(3) ¹Wer nach Absatz 1 Satz 2 einen Vorschuss geleistet hat, kann die Erstattung des vorgeschossenen Betrages von jeder Person verlangen, die entgegen den Vorschriften des Insolvenz- oder Gesellschaftsrechts den Antrag auf Eröffnung des Insolvenzverfahrens pflichtwidrig und schuldhaft nicht gestellt hat. ²Ist streitig, ob die Person pflichtwidrig und schuldhaft gehandelt hat, so trifft sie die Beweislast.

§ 27 Eröffnungsbeschluss

(1) ¹Wird das Insolvenzverfahren eröffnet, so ernennt das Insolvenzgericht einen Insolvenzverwalter. ²Die §§ 270, 313 Abs. 1 bleiben unberührt.
(2) Der Eröffnungsbeschluss enthält:
1. Firma oder Namen und Vornamen, Geburtsjahr, Registergericht und Registernummer, unter der der Schuldner in das Handelsregister eingetragen ist, Geschäftszweig oder Beschäftigung, gewerbliche Niederlassung oder Wohnung des Schuldners;
2. Namen und Anschrift des Insolvenzverwalters;
3. die Stunde der Eröffnung;
4. einen Hinweis, ob der Schuldner einen Antrag auf Restschuldbefreiung gestellt hat.
(3) Ist die Stunde der Eröffnung nicht angegeben, so gilt als Zeitpunkt der Eröffnung die Mittagsstunde des Tages, an dem der Beschluss erlassen worden ist.

§ 28 Aufforderungen an die Gläubiger und die Schuldner

(1) ¹Im Eröffnungsbeschluss sind die Gläubiger aufzufordern, ihre Forderungen innerhalb einer bestimmten Frist unter Beachtung des § 174 beim Insolvenzverwalter anzumelden. ²Die Frist ist auf einen Zeitraum von mindestens 2 Wochen und höchstens 3 Monaten festzusetzen.
(2) ¹Im Eröffnungsbeschluss sind die Gläubiger aufzufordern, dem Verwalter unverzüglich mitzuteilen, welche Sicherungsrechte sie an beweglichen Sachen oder an Rechten des Schuldners in Anspruch nehmen. ²Der Gegenstand, an dem das Sicherungsrecht beansprucht wird, die Art und der Entstehungsgrund des Sicherungsrechts sowie die gesicherte Forderung sind zu bezeichnen. ³Wer die Mitteilung schuldhaft unterlässt oder verzögert, haftet für den daraus entstehenden Schaden.
(3) Im Eröffnungsbeschluss sind die Personen, die Verpflichtungen gegenüber dem Schuldner haben, aufzufordern, nicht mehr an den Schuldner zu leisten, sondern an den Verwalter.

§ 29 Terminsbestimmungen

(1) Im Eröffnungsbeschluss bestimmt das Insolvenzgericht Termine für:
1. eine Gläubigerversammlung, in der auf der Grundlage eines Berichts des Insolvenzverwalters über den Fortgang des Insolvenzverfahrens beschlossen wird (Berichtstermin); der Termin soll nicht über 6 Wochen und darf nicht über 3 Monate hinaus angesetzt werden;
2. eine Gläubigerversammlung, in der die angemeldeten Forderungen geprüft werden (Prüfungstermin); der Zeitraum zwischen dem Ablauf der Anmeldefrist und dem Prüfungstermin soll mindestens eine Woche und höchstens 2 Monate betragen.
(2) Die Termine können verbunden werden.

§ 30 Bekanntmachung des Eröffnungsbeschlusses

(1) ¹Die Geschäftsstelle des Insolvenzgerichts hat den Eröffnungsbeschluss sofort öffentlich bekannt zu machen. ²Hat der Schuldner einen Antrag nach § 287 gestellt, ist dies ebenfalls öffentlich bekannt zu machen, sofern kein Hinweis nach § 27 Abs. 2 Nr. 4 erfolgt ist.
(2) Den Gläubigern und Schuldnern des Schuldners und dem Schuldner selbst ist der Beschluss besonders zuzustellen.
(3) (weggefallen)

§ 31 Handels-, Genossenschafts-, Partnerschafts- und Vereinsregister

Ist der Schuldner im Handels-, Genossenschafts-, Partnerschafts- oder Vereinsregister eingetragen, so hat die Geschäftsstelle des Insolvenzgerichts dem Registergericht zu übermitteln:
1. im Falle der Eröffnung des Insolvenzverfahrens eine Ausfertigung des Eröffnungsbeschlusses;
2. im Falle der Abweisung des Eröffnungsantrags mangels Masse eine Ausfertigung des abweisenden Beschlusses, wenn der Schuldner eine juristische Person oder eine Gesellschaft ohne Rechtspersönlichkeit ist, die durch die Abweisung mangels Masse aufgelöst wird.

§ 32 Grundbuch

(1) Die Eröffnung des Insolvenzverfahrens ist in das Grundbuch einzutragen:
1. bei Grundstücken, als deren Eigentümer der Schuldner eingetragen ist;
2. bei den für den Schuldner eingetragenen Rechten an Grundstücken und an eingetragenen Rechten, wenn nach der Art des Rechts und den Umständen zu befürchten ist, dass ohne die Eintragung die Insolvenzgläubiger benachteiligt würden.
(2) ¹Soweit dem Insolvenzgericht solche Grundstücke oder Rechte bekannt sind, hat es das Grundbuchamt von Amts wegen um die Eintragung zu ersuchen. ²Die Eintragung kann auch vom Insolvenzverwalter beim Grundbuchamt beantragt werden.
(3) ¹Werden ein Grundstück oder ein Recht, bei denen die Eröffnung des Verfahrens eingetragen worden ist, vom Verwalter freigegeben oder veräußert, so hat das Insolvenzgericht auf Antrag das Grundbuchamt um Löschung der Eintragung zu ersuchen. ²Die Löschung kann auch vom Verwalter beim Grundbuchamt beantragt werden.

§ 33 Register für Schiffe und Luftfahrzeuge

¹Für die Eintragung der Eröffnung des Insolvenzverfahrens in das Schiffsregister, das Schiffsbauregister und das Register für Pfandrechte an Luftfahrzeugen gilt § 32 entsprechend. ²Dabei treten an die Stelle der Grundstücke die in diese Register eingetragenen Schiffe, Schiffsbauwerke und Luftfahrzeuge, an die Stelle des Grundbuchamts das Registergericht.

§ 34 Rechtsmittel

(1) Wird die Eröffnung des Insolvenzverfahrens abgelehnt, so steht dem Antragsteller und, wenn die Abweisung des Antrags nach § 26 erfolgt, dem Schuldner die sofortige Beschwerde zu.
(2) Wird das Insolvenzverfahren eröffnet, so steht dem Schuldner die sofortige Beschwerde zu.
(3) ¹Sobald eine Entscheidung, die den Eröffnungsbeschluss aufhebt, Rechtskraft erlangt hat, ist die Aufhebung des Verfahrens öffentlich bekannt zu machen. ²§ 200 Abs. 2 Satz 2 gilt entsprechend. ³Die Wirkungen der Rechtshandlungen, die vom Insolvenzverwalter oder ihm gegenüber vorgenommen worden sind, werden durch die Aufhebung nicht berührt.

Zweiter Abschnitt Insolvenzmasse. Einteilung der Gläubiger

§ 35 Begriff der Insolvenzmasse

(1) Das Insolvenzverfahren erfasst das gesamte Vermögen, das dem Schuldner zur Zeit der Eröffnung des Verfahrens gehört und das er während des Verfahrens erlangt (Insolvenzmasse).
(2) ¹Übt der Schuldner eine selbständige Tätigkeit aus oder beabsichtigt er, demnächst eine solche Tätigkeit auszuüben, hat der Insolvenzverwalter ihm gegenüber zu erklären, ob Vermögen aus der selbständigen Tätigkeit zur Insolvenzmasse gehört und ob Ansprüche aus dieser Tätigkeit im Insolvenzverfahren geltend gemacht werden können. ²§ 295 Abs. 2 gilt entsprechend. ³Auf Antrag des Gläubigerausschusses oder, wenn ein solcher nicht bestellt ist, der Gläubigerversammlung ordnet das Insolvenzgericht die Unwirksamkeit der Erklärung an.
(3) ¹Die Erklärung des Insolvenzverwalters ist dem Gericht gegenüber anzuzeigen. ²Das Gericht hat die Erklärung und den Beschluss über ihre Unwirksamkeit öffentlich bekannt zu machen.

§ 36 Unpfändbare Gegenstände

(1) ¹Gegenstände, die nicht der Zwangsvollstreckung unterliegen, gehören nicht zur Insolvenzmasse. ²Die §§ 850, 850 a, 850 c, 850 e, 850 f Abs. 1, §§ 850 g bis 850 i, 851 c und 851 d der Zivilprozessordnung gelten entsprechend.
(2) Zur Insolvenzmasse gehören jedoch
1. die Geschäftsbücher des Schuldners; gesetzliche Pflichten zur Aufbewahrung von Unterlagen bleiben unberührt;
2. die Sachen, die nach § 811 Abs. 1 Nr. 4 und 9 der Zivilprozessordnung nicht der Zwangsvollstreckung unterliegen.
(3) Sachen, die zum gewöhnlichen Hausrat gehören und im Haushalt des Schuldners gebraucht werden, gehören nicht zur Insolvenzmasse, wenn ohne weiteres ersichtlich ist, dass durch ihre Verwertung nur ein Erlös erzielt werden würde, der zu dem Wert außer allem Verhältnis steht.
(4) ¹Für Entscheidungen, ob ein Gegenstand nach den in Absatz 1 Satz 2 genannten Vorschriften der Zwangsvollstreckung unterliegt, ist das Insolvenzgericht zuständig. ²Anstelle eines Gläubigers ist der Insolvenzverwalter antragsberechtigt. ³Für das Eröffnungsverfahren gelten die Sätze 1 und 2 entsprechend.

§ 37 Gesamtgut bei Gütergemeinschaft

(1) ¹Wird bei dem Güterstand der Gütergemeinschaft das Gesamtgut von einem Ehegatten allein verwaltet und über das Vermögen dieses Ehegatten das Insolvenzverfahren eröffnet, so gehört das Gesamtgut zur Insolvenzmasse. ²Eine Auseinandersetzung des Gesamtguts findet nicht statt. ³Durch das Insolvenzverfahren über das Vermögen des anderen Ehegatten wird das Gesamtgut nicht berührt.
(2) Verwalten die Ehegatten das Gesamtgut gemeinschaftlich, so wird das Gesamtgut durch das Insolvenzverfahren über das Vermögen eines Ehegatten nicht berührt.
(3) Absatz 1 ist bei der fortgesetzten Gütergemeinschaft mit der Maßgabe anzuwenden, dass an die Stelle des Ehegatten, der das Gesamtgut allein verwaltet, der überlebende Ehegatte, an die Stelle des anderen Ehegatten die Abkömmlinge treten.

§ 38 Begriff der Insolvenzgläubiger

Die Insolvenzmasse dient zur Befriedigung der persönlichen Gläubiger, die einen zur Zeit der Eröffnung des Insolvenzverfahrens begründeten Vermögensanspruch gegen den Schuldner haben (Insolvenzgläubiger).

§ 39 Nachrangige Insolvenzgläubiger

(1) Im Rang nach den übrigen Forderungen der Insolvenzgläubiger werden in folgender Rangfolge, bei gleichem Rang nach dem Verhältnis ihrer Beträge, berichtigt:
1. die seit der Eröffnung des Insolvenzverfahrens laufenden Zinsen und Säumniszuschläge auf Forderungen der Insolvenzgläubiger;

2. die Kosten, die den einzelnen Insolvenzgläubigern durch ihre Teilnahme am Verfahren erwachsen;
3. Geldstrafen, Geldbußen, Ordnungsgelder und Zwangsgelder sowie solche Nebenfolgen einer Straftat oder Ordnungswidrigkeit, die zu einer Geldzahlung verpflichten;
4. Forderungen auf eine unentgeltliche Leistung des Schuldners;
5. nach Maßgabe der Absätze 4 und 5 Forderungen auf Rückgewähr eines Gesellschafterdarlehens oder Forderungen aus Rechtshandlungen, die einem solchen Darlehen wirtschaftlich entsprechen.

(2) Forderungen, für die zwischen Gläubiger und Schuldner der Nachrang im Insolvenzverfahren vereinbart worden ist, werden im Zweifel nach den in Absatz 1 bezeichneten Forderungen berichtigt.

(3) Die Zinsen der Forderungen nachrangiger Insolvenzgläubiger und die Kosten, die diesen Gläubigern durch ihre Teilnahme am Verfahren entstehen, haben den gleichen Rang wie die Forderungen dieser Gläubiger.

(4) ¹Absatz 1 Nr. 5 gilt für Gesellschaften, die weder eine natürliche Person noch eine Gesellschaft als persönlich haftenden Gesellschafter haben, bei der ein persönlich haftender Gesellschafter eine natürliche Person ist. ²Erwirbt ein Gläubiger bei drohender oder eingetretener Zahlungsunfähigkeit der Gesellschaft oder bei Überschuldung Anteile zum Zweck ihrer Sanierung, führt dies bis zur nachhaltigen Sanierung nicht zur Anwendung von Absatz 1 Nr. 5 auf seine Forderungen aus bestehenden oder neu gewährten Darlehen oder auf Forderungen aus Rechtshandlungen, die einem solchen Darlehen wirtschaftlich entsprechen.

(5) Absatz 1 Nr. 5 gilt nicht für den nicht geschäftsführenden Gesellschafter einer Gesellschaft im Sinne des Absatzes 4 Satz 1, der mit 10 % oder weniger am Haftkapital beteiligt ist.

§ 40 Unterhaltsansprüche

¹Familienrechtliche Unterhaltsansprüche gegen den Schuldner können im Insolvenzverfahren für die Zeit nach der Eröffnung nur geltend gemacht werden, soweit der Schuldner als Erbe des Verpflichteten haftet. ²§ 100 bleibt unberührt.

§ 41 Nicht fällige Forderungen

(1) Nicht fällige Forderungen gelten als fällig.

(2) ¹Sind sie unverzinslich, so sind sie mit dem gesetzlichen Zinssatz abzuzinsen. ²Sie vermindern sich dadurch auf den Betrag, der bei Hinzurechnung der gesetzlichen Zinsen für die Zeit von der Eröffnung des Insolvenzverfahrens bis zur Fälligkeit dem vollen Betrag der Forderung entspricht.

§ 42 Auflösend bedingte Forderungen

Auflösend bedingte Forderungen werden, solange die Bedingung nicht eingetreten ist, im Insolvenzverfahren wie unbedingte Forderungen berücksichtigt.

§ 43 Haftung mehrerer Personen

Ein Gläubiger, dem mehrere Personen für dieselbe Leistung auf das Ganze haften, kann im Insolvenzverfahren gegen jeden Schuldner bis zu seiner vollen Befriedigung den ganzen Betrag geltend machen, den er zur Zeit der Eröffnung des Verfahrens zu fordern hatte.

§ 44 Rechte der Gesamtschuldner und Bürgen

Der Gesamtschuldner und der Bürge können die Forderung, die sie durch eine Befriedigung des Gläubigers künftig gegen den Schuldner erwerben könnten, im Insolvenzverfahren nur dann geltend machen, wenn der Gläubiger seine Forderung nicht geltend macht.

§ 44 a Gesicherte Darlehen

In dem Insolvenzverfahren über das Vermögen einer Gesellschaft kann ein Gläubiger nach Maßgabe des § 39 Abs. 1 Nr. 5 für eine Forderung auf Rückgewähr eines Darlehens oder für eine gleichgestellte Forderung, für die ein Gesellschafter eine Sicherheit bestellt oder für die er sich verbürgt hat, nur anteilsmäßige Befriedigung aus der Insolvenzmasse verlangen, soweit er bei der Inanspruchnahme der Sicherheit oder des Bürgen ausgefallen ist.

§ 45 Umrechnung von Forderungen

¹Forderungen, die nicht auf Geld gerichtet sind oder deren Geldbetrag unbestimmt ist, sind mit dem Wert geltend zu machen, der für die Zeit der Eröffnung des Insolvenzverfahrens geschätzt werden kann. ²Forderungen, die in ausländischer Währung oder in einer Rechnungseinheit ausgedrückt sind, sind nach dem Kurswert, der zur Zeit der Verfahrenseröffnung für den Zahlungsort maßgeblich ist, in inländische Währung umzurechnen.

§ 46 Wiederkehrende Leistungen

¹Forderungen auf wiederkehrende Leistungen, deren Betrag und Dauer bestimmt sind, sind mit dem Betrag geltend zu machen, der sich ergibt, wenn die noch ausstehenden Leistungen unter Abzug des in § 41 bezeichneten Zwischenzinses zusammengerechnet werden. ²Ist die Dauer der Leistungen unbestimmt, so gilt § 45 Satz 1 entsprechend.

§ 47 Aussonderung

¹Wer auf Grund eines dinglichen oder persönlichen Rechts geltend machen kann, dass ein Gegenstand nicht zur Insolvenzmasse gehört, ist kein Insolvenzgläubiger. ²Sein Anspruch auf Aussonderung des Gegenstands bestimmt sich nach den Gesetzen, die außerhalb des Insolvenzverfahrens gelten.

§ 48 Ersatzaussonderung

¹Ist ein Gegenstand, dessen Aussonderung hätte verlangt werden können, vor der Eröffnung des Insolvenzverfahrens vom Schuldner oder nach der Eröffnung vom Insolvenzverwalter unberechtigt veräußert worden, so kann der Aussonderungsberechtigte die Abtretung des Rechts auf die Gegenleistung verlangen, soweit diese noch aussteht. ²Er kann die Gegenleistung aus der Insolvenzmasse verlangen, soweit sie in der Masse unterscheidbar vorhanden ist.

§ 49 Abgesonderte Befriedigung aus unbeweglichen Gegenständen

Gläubiger, denen ein Recht auf Befriedigung aus Gegenständen zusteht, die der Zwangsvollstreckung in das unbewegliche Vermögen unterliegen (unbewegliche Gegenstände), sind nach Maßgabe des Gesetzes über die Zwangsversteigerung und die Zwangsverwaltung zur abgesonderten Befriedigung berechtigt.

§ 50 Abgesonderte Befriedigung der Pfandgläubiger

(1) Gläubiger, die an einem Gegenstand der Insolvenzmasse ein rechtsgeschäftliches Pfandrecht, ein durch Pfändung erlangtes Pfandrecht oder ein gesetzliches Pfandrecht haben, sind nach Maßgabe der §§ 166 bis 173 für Hauptforderung, Zinsen und Kosten zur abgesonderten Befriedigung aus dem Pfandgegenstand berechtigt.
(2) ¹Das gesetzliche Pfandrecht des Vermieters oder Verpächters kann im Insolvenzverfahren wegen der Miete oder Pacht für eine frühere Zeit als die letzten 12 Monate vor der Eröffnung des Verfahrens sowie wegen der Entschädigung, die infolge einer Kündigung des Insolvenzverwalters zu zahlen ist, nicht geltend gemacht werden. ²Das Pfandrecht des Verpächters eines landwirtschaftlichen Grundstücks unterliegt wegen der Pacht nicht dieser Beschränkung.

§ 51 Sonstige Absonderungsberechtigte

Den in § 50 genannten Gläubigern stehen gleich:
1. Gläubiger, denen der Schuldner zur Sicherung eines Anspruchs eine bewegliche Sache übereignet oder ein Recht übertragen hat;
2. Gläubiger, denen ein Zurückbehaltungsrecht an einer Sache zusteht, weil sie etwas zum Nutzen der Sache verwendet haben, soweit ihre Forderung aus der Verwendung den noch vorhandenen Vorteil nicht übersteigt;
3. Gläubiger, denen nach dem Handelsgesetzbuch ein Zurückbehaltungsrecht zusteht;
4. Bund, Länder, Gemeinden und Gemeindeverbände, soweit ihnen zoll- und steuerpflichtige Sachen nach gesetzlichen Vorschriften als Sicherheit für öffentliche Abgaben dienen.

§ 52 Ausfall der Absonderungsberechtigten

¹Gläubiger, die abgesonderte Befriedigung beanspruchen können, sind Insolvenzgläubiger, soweit ihnen der Schuldner auch persönlich haftet. ²Sie sind zur anteilsmäßigen Befriedigung aus der Insolvenzmasse jedoch nur berechtigt, soweit sie auf eine abgesonderte Befriedigung verzichten oder bei ihr ausgefallen sind.

§ 53 Massegläubiger

Aus der Insolvenzmasse sind die Kosten des Insolvenzverfahrens und die sonstigen Masseverbindlichkeiten vorweg zu berichtigen.

§ 54 Kosten des Insolvenzverfahrens

Kosten des Insolvenzverfahrens sind:
1. die Gerichtskosten für das Insolvenzverfahren;
2. die Vergütungen und die Auslagen des vorläufigen Insolvenzverwalters, des Insolvenzverwalters und der Mitglieder des Gläubigerausschusses.

Insolvenzordnung (InsO)

§ 55 Sonstige Masseverbindlichkeiten

(1) Masseverbindlichkeiten sind weiter die Verbindlichkeiten:
1. die durch Handlungen des Insolvenzverwalters oder in anderer Weise durch die Verwaltung, Verwertung und Verteilung der Insolvenzmasse begründet werden, ohne zu den Kosten des Insolvenzverfahrens zu gehören;
2. aus gegenseitigen Verträgen, soweit deren Erfüllung zur Insolvenzmasse verlangt wird oder für die Zeit nach der Eröffnung des Insolvenzverfahrens erfolgen muss;
3. aus einer ungerechtfertigten Bereicherung der Masse.

(2) ¹Verbindlichkeiten, die von einem vorläufigen Insolvenzverwalter begründet worden sind, auf den die Verfügungsbefugnis über das Vermögen des Schuldners übergegangen ist, gelten nach der Eröffnung des Verfahrens als Masseverbindlichkeiten. ²Gleiches gilt für Verbindlichkeiten aus einem Dauerschuldverhältnis, soweit der vorläufige Insolvenzverwalter für das von ihm verwaltete Vermögen die Gegenleistung in Anspruch genommen hat.

(3) ¹Gehen nach Absatz 2 begründete Ansprüche auf Arbeitsentgelt nach § 187 des Dritten Buches Sozialgesetzbuch auf die Bundesagentur für Arbeit über, so kann die Bundesagentur diese nur als Insolvenzgläubiger geltend machen. ²Satz 1 gilt entsprechend für die in § 208 Abs. 1 des Dritten Buches Sozialgesetzbuch bezeichneten Ansprüche, soweit diese gegenüber dem Schuldner bestehen bleiben.

Dritter Abschnitt Insolvenzverwalter. Organe der Gläubiger

§ 56 Bestellung des Insolvenzverwalters

(1) ¹Zum Insolvenzverwalter ist eine für den jeweiligen Einzelfall geeignete, insbesondere geschäftskundige und von den Gläubigern und dem Schuldner unabhängige natürliche Person zu bestellen, die aus dem Kreis aller zur Übernahme von Insolvenzverwaltungen bereiten Personen auszuwählen ist. ²Die Bereitschaft zur Übernahme von Insolvenzverwaltungen kann auf bestimmte Verfahren beschränkt werden.

(2) ¹Der Verwalter erhält eine Urkunde über seine Bestellung. ²Bei Beendigung seines Amtes hat er die Urkunde dem Insolvenzgericht zurückzugeben.

§ 57 Wahl eines anderen Insolvenzverwalters

¹In der 1. Gläubigerversammlung, die auf die Bestellung des Insolvenzverwalters folgt, können die Gläubiger an dessen Stelle eine andere Person wählen. ²Die andere Person ist gewählt, wenn neben der in § 76 Abs. 2 genannten Mehrheit auch die Mehrheit der abstimmenden Gläubiger für sie gestimmt hat. ³Das Gericht kann die Bestellung des Gewählten nur versagen, wenn dieser für die Übernahme des Amtes nicht geeignet ist. ⁴Gegen die Versagung steht jedem Insolvenzgläubiger die sofortige Beschwerde zu.

§ 58 Aufsicht des Insolvenzgerichts

(1) ¹Der Insolvenzverwalter steht unter der Aufsicht des Insolvenzgerichts. ²Das Gericht kann jederzeit einzelne Auskünfte oder einen Bericht über den Sachstand und die Geschäftsführung von ihm verlangen.

(2) ¹Erfüllt der Verwalter seine Pflichten nicht, so kann das Gericht nach vorheriger Androhung Zwangsgeld gegen ihn festsetzen. ²Das einzelne Zwangsgeld darf den Betrag von 25 000 EUR nicht übersteigen. ³Gegen den Beschluss steht dem Verwalter die sofortige Beschwerde zu.

(3) Absatz 2 gilt entsprechend für die Durchsetzung der Herausgabepflichten eines entlassenen Verwalters.

§ 59 Entlassung des Insolvenzverwalters

(1) ¹Das Insolvenzgericht kann den Insolvenzverwalter aus wichtigem Grund aus dem Amt entlassen. ²Die Entlassung kann von Amts wegen oder auf Antrag des Verwalters, des Gläubigerausschusses oder der Gläubigerversammlung erfolgen. ³Vor der Entscheidung des Gerichts ist der Verwalter zu hören.

(2) ¹Gegen die Entlassung steht dem Verwalter die sofortige Beschwerde zu. ²Gegen die Ablehnung des Antrags steht dem Verwalter, dem Gläubigerausschuss oder, wenn die Gläubigerversammlung den Antrag gestellt hat, jedem Insolvenzgläubiger die sofortige Beschwerde zu.

§ 60 Haftung des Insolvenzverwalters

(1) ¹Der Insolvenzverwalter ist allen Beteiligten zum Schadenersatz verpflichtet, wenn er schuldhaft die Pflichten verletzt, die ihm nach diesem Gesetz obliegen. ²Er hat für die Sorgfalt eines ordentlichen und gewissenhaften Insolvenzverwalters einzustehen.

(2) Soweit er zur Erfüllung der ihm als Verwalter obliegenden Pflichten Angestellte des Schuldners im Rahmen ihrer bisherigen Tätigkeit einsetzen muss und diese Angestellten nicht offensichtlich ungeeignet sind, hat der Verwalter ein Verschulden dieser Personen nicht gemäß § 278 des Bürgerlichen Gesetzbuchs zu vertreten, sondern ist nur für deren Überwachung und für Entscheidungen von besonderer Bedeutung verantwortlich.

§ 61 Nichterfüllung von Masseverbindlichkeiten

¹Kann eine Masseverbindlichkeit, die durch eine Rechtshandlung des Insolvenzverwalters begründet worden ist, aus der Insolvenzmasse nicht voll erfüllt werden, so ist der Verwalter dem Massegläubiger zum Schadenersatz verpflichtet. ²Dies gilt nicht, wenn der Verwalter bei der Begründung der Verbindlichkeit nicht erkennen konnte, dass die Masse voraussichtlich zur Erfüllung nicht ausreichen würde.

§ 62 Verjährung

¹Die Verjährung des Anspruchs auf Ersatz des Schadens, der aus einer Pflichtverletzung des Insolvenzverwalters entstanden ist, richtet sich nach den Regelungen über die regelmäßige Verjährung nach dem Bürgerlichen Gesetzbuch. ²Der Anspruch verjährt spätestens in 3 Jahren von der Aufhebung oder der Rechtskraft der Einstellung des Insolvenzverfahrens an. ³Für Pflichtverletzungen, die im Rahmen einer Nachtragsverteilung (§ 203) oder einer Überwachung der Planerfüllung (§ 260) begangen worden sind, gilt Satz 2 mit der Maßgabe, dass an die Stelle der Aufhebung des Insolvenzverfahrens der Vollzug der Nachtragsverteilung oder die Beendigung der Überwachung tritt.

§ 63 Vergütung des Insolvenzverwalters

(1) ¹Der Insolvenzverwalter hat Anspruch auf Vergütung für seine Geschäftsführung und auf Erstattung angemessener Auslagen. ²Der Regelsatz der Vergütung wird nach dem Wert der Insolvenzmasse zur Zeit der Beendigung des Insolvenzverfahrens berechnet. ³Dem Umfang und der Schwierigkeit der Geschäftsführung des Verwalters wird durch Abweichungen vom Regelsatz Rechnung getragen.
(2) Sind die Kosten des Verfahrens nach § 4 a gestundet, steht dem Insolvenzverwalter für seine Vergütung und seine Auslagen ein Anspruch gegen die Staatskasse zu, soweit die Insolvenzmasse dafür nicht ausreicht.

§ 64 Festsetzung durch das Gericht

(1) Das Insolvenzgericht setzt die Vergütung und die zu erstattenden Auslagen des Insolvenzverwalters durch Beschluss fest.
(2) ¹Der Beschluss ist öffentlich bekannt zu machen und dem Verwalter, dem Schuldner und, wenn ein Gläubigerausschuss bestellt ist, den Mitgliedern des Ausschusses besonders zuzustellen. ²Die festgesetzten Beträge sind nicht zu veröffentlichen; in der öffentlichen Bekanntmachung ist darauf hinzuweisen, dass der vollständige Beschluss in der Geschäftsstelle eingesehen werden kann.
(3) ¹Gegen den Beschluss steht dem Verwalter, dem Schuldner und jedem Insolvenzgläubiger die sofortige Beschwerde zu. ²§ 567 Abs. 2 der Zivilprozessordnung gilt entsprechend.

§ 65 Verordnungsermächtigung

Das Bundesministerium der Justiz wird ermächtigt, die Vergütung und die Erstattung der Auslagen des Insolvenzverwalters durch Rechtsverordnung näher zu regeln.

§ 66 Rechnungslegung

(1) Der Insolvenzverwalter hat bei der Beendigung seines Amtes einer Gläubigerversammlung Rechnung zu legen.
(2) ¹Vor der Gläubigerversammlung prüft das Insolvenzgericht die Schlussrechnung des Verwalters. ²Es legt die Schlussrechnung mit den Belegen, mit einem Vermerk über die Prüfung und, wenn ein Gläubigerausschuss bestellt ist, mit dessen Bemerkungen zur Einsicht der Beteiligten aus; es kann dem Gläubigerausschuss für dessen Stellungnahme eine Frist setzen. ³Der Zeitraum zwischen der Auslegung der Unterlagen und dem Termin der Gläubigerversammlung soll mindestens eine Woche betragen.
(3) ¹Die Gläubigerversammlung kann dem Verwalter aufgeben, zu bestimmten Zeitpunkten während des Verfahrens Zwischenrechnung zu legen. ²Die Absätze 1 und 2 gelten entsprechend.

§ 67 Einsetzung des Gläubigerausschusses

(1) Vor der 1. Gläubigerversammlung kann das Insolvenzgericht einen Gläubigerausschuss einsetzen.
(2) ¹Im Gläubigerausschuss sollen die absonderungsberechtigten Gläubiger, die Insolvenzgläubiger mit den höchsten Forderungen und die Kleingläubiger vertreten sein. ²Dem Ausschuss soll ein Vertreter der Arbeitnehmer angehören, wenn diese als Insolvenzgläubiger mit nicht unerheblichen Forderungen beteiligt sind.
(3) Zu Mitgliedern des Gläubigerausschusses können auch Personen bestellt werden, die keine Gläubiger sind.

§ 68 Wahl anderer Mitglieder

(1) ¹Die Gläubigerversammlung beschließt, ob ein Gläubigerausschuss eingesetzt werden soll. ²Hat das Insolvenzgericht bereits einen Gläubigerausschuss eingesetzt, so beschließt sie, ob dieser beibehalten werden soll.
(2) Sie kann vom Insolvenzgericht bestellte Mitglieder abwählen und andere oder zusätzliche Mitglieder des Gläubigerausschusses wählen.

§ 69 Aufgaben des Gläubigerausschusses

¹Die Mitglieder des Gläubigerausschusses haben den Insolvenzverwalter bei seiner Geschäftsführung zu unterstützen und zu überwachen. ²Sie haben sich über den Gang der Geschäfte zu unterrichten sowie die Bücher und Geschäftspapiere einsehen und den Geldverkehr und -bestand prüfen zu lassen.

§ 70 Entlassung

¹Das Insolvenzgericht kann ein Mitglied des Gläubigerausschusses aus wichtigem Grund aus dem Amt entlassen. ²Die Entlassung kann von Amts wegen, auf Antrag des Mitglieds des Gläubigerausschusses oder auf Antrag der Gläubigerversammlung erfolgen. ³Vor der Entscheidung des Gerichts ist das Mitglied des Gläubigerausschusses zu hören; gegen die Entscheidung steht ihm die sofortige Beschwerde zu.

§ 71 Haftung der Mitglieder des Gläubigerausschusses

¹Die Mitglieder des Gläubigerausschusses sind den absonderungsberechtigten Gläubigern und den Insolvenzgläubigern zum Schadenersatz verpflichtet, wenn sie schuldhaft die Pflichten verletzen, die ihnen nach diesem Gesetz obliegen. ²§ 62 gilt entsprechend.

§ 72 Beschlüsse des Gläubigerausschusses

Ein Beschluss des Gläubigerausschusses ist gültig, wenn die Mehrheit der Mitglieder an der Beschlussfassung teilgenommen hat und der Beschluss mit der Mehrheit der abgegebenen Stimmen gefasst worden ist.

§ 73 Vergütung der Mitglieder des Gläubigerausschusses

(1) ¹Die Mitglieder des Gläubigerausschusses haben Anspruch auf Vergütung für ihre Tätigkeit und auf Erstattung angemessener Auslagen. ²Dabei ist dem Zeitaufwand und dem Umfang der Tätigkeit Rechnung zu tragen.
(2) § 63 Abs. 2 sowie die §§ 64 und 65 gelten entsprechend.

§ 74 Einberufung der Gläubigerversammlung

(1) ¹Die Gläubigerversammlung wird vom Insolvenzgericht einberufen. ²Zur Teilnahme an der Versammlung sind alle absonderungsberechtigten Gläubiger, alle Insolvenzgläubiger, der Insolvenzverwalter, die Mitglieder des Gläubigerausschusses und der Schuldner berechtigt.
(2) ¹Die Zeit, der Ort und die Tagesordnung der Gläubigerversammlung sind öffentlich bekannt zu machen. ²Die öffentliche Bekanntmachung kann unterbleiben, wenn in einer Gläubigerversammlung die Verhandlung vertagt wird.

§ 75 Antrag auf Einberufung

(1) Die Gläubigerversammlung ist einzuberufen, wenn dies beantragt wird:
1. vom Insolvenzverwalter;
2. vom Gläubigerausschuss;
3. von mindestens 5 absonderungsberechtigten Gläubigern oder nicht nachrangigen Insolvenzgläubigern, deren Absonderungsrechte und Forderungen nach der Schätzung des Insolvenzgerichts zusammen 1/5 der Summe erreichen, die sich aus dem Wert aller Absonderungsrechte und den Forderungsbeträgen aller nicht nachrangigen Insolvenzgläubiger ergibt;
4. von einem oder mehreren absonderungsberechtigten Gläubigern oder nicht nachrangigen Insolvenzgläubigern, deren Absonderungsrechte und Forderungen nach der Schätzung des Gerichts 2/5 der in Nummer 3 bezeichneten Summe erreichen.

(2) Der Zeitraum zwischen dem Eingang des Antrags und dem Termin der Gläubigerversammlung soll höchstens 3 Wochen betragen.
(3) Wird die Einberufung abgelehnt, so steht dem Antragsteller die sofortige Beschwerde zu.

§ 76 Beschlüsse der Gläubigerversammlung

(1) Die Gläubigerversammlung wird vom Insolvenzgericht geleitet.
(2) Ein Beschluss der Gläubigerversammlung kommt zustande, wenn die Summe der Forderungsbeträge der zustimmenden Gläubiger mehr als die Hälfte der Summe der Forderungsbeträge der abstimmenden Gläubiger beträgt; bei absonderungsberechtigten Gläubigern, denen der Schuldner nicht persönlich haftet, tritt der Wert des Absonderungsrechts an die Stelle des Forderungsbetrags.

§ 77 Feststellung des Stimmrechts

(1) ¹Ein Stimmrecht gewähren die Forderungen, die angemeldet und weder vom Insolvenzverwalter noch von einem stimmberechtigten Gläubiger bestritten worden sind. ²Nachrangige Gläubiger sind nicht stimmberechtigt.

(2) ¹Die Gläubiger, deren Forderungen bestritten werden, sind stimmberechtigt, soweit sich in der Gläubigerversammlung der Verwalter und die erschienenen stimmberechtigten Gläubiger über das Stimmrecht geeinigt haben. ²Kommt es nicht zu einer Einigung, so entscheidet das Insolvenzgericht. ³Es kann seine Entscheidung auf den Antrag des Verwalters oder eines in der Gläubigerversammlung erschienenen Gläubigers ändern.
(3) Absatz 2 gilt entsprechend
1. für die Gläubiger aufschiebend bedingter Forderungen;
2. für die absonderungsberechtigten Gläubiger.

§ 78 Aufhebung eines Beschlusses der Gläubigerversammlung

(1) Widerspricht ein Beschluss der Gläubigerversammlung dem gemeinsamen Interesse der Insolvenzgläubiger, so hat das Insolvenzgericht den Beschluss aufzuheben, wenn ein absonderungsberechtigter Gläubiger, ein nicht nachrangiger Insolvenzgläubiger oder der Insolvenzverwalter dies in der Gläubigerversammlung beantragt.
(2) ¹Die Aufhebung des Beschlusses ist öffentlich bekannt zu machen. ²Gegen die Aufhebung steht jedem absonderungsberechtigten Gläubiger und jedem nicht nachrangigen Insolvenzgläubiger die sofortige Beschwerde zu. ³Gegen die Ablehnung des Antrags auf Aufhebung steht dem Antragsteller die sofortige Beschwerde zu.

§ 79 Unterrichtung der Gläubigerversammlung

¹Die Gläubigerversammlung ist berechtigt, vom Insolvenzverwalter einzelne Auskünfte und einen Bericht über den Sachstand und die Geschäftsführung zu verlangen. ²Ist ein Gläubigerausschuss nicht bestellt, so kann die Gläubigerversammlung den Geldverkehr und -bestand des Verwalters prüfen lassen.

Dritter Teil Wirkungen der Eröffnung des Insolvenzverfahrens
Erster Abschnitt Allgemeine Wirkungen
§ 80 Übergang des Verwaltungs- und Verfügungsrechts

(1) Durch die Eröffnung des Insolvenzverfahrens geht das Recht des Schuldners, das zur Insolvenzmasse gehörende Vermögen zu verwalten und über es zu verfügen, auf den Insolvenzverwalter über.
(2) ¹Ein gegen den Schuldner bestehendes Veräußerungsverbot, das nur den Schutz bestimmter Personen bezweckt (§§ 135, 136 des Bürgerlichen Gesetzbuchs), hat im Verfahren keine Wirkung. ²Die Vorschriften über die Wirkungen einer Pfändung oder einer Beschlagnahme im Wege der Zwangsvollstreckung bleiben unberührt.

§ 81 Verfügungen des Schuldners

(1) ¹Hat der Schuldner nach der Eröffnung des Insolvenzverfahrens über einen Gegenstand der Insolvenzmasse verfügt, so ist diese Verfügung unwirksam. ²Unberührt bleiben die §§ 892, 893 des Bürgerlichen Gesetzbuchs, §§ 16, 17 des Gesetzes über Rechte an eingetragenen Schiffen und §§ 16, 17 des Gesetzes über Rechte an Luftfahrzeugen. ³Dem anderen Teil ist die Gegenleistung aus der Insolvenzmasse zurückzugewähren, soweit die Masse durch sie bereichert ist.
(2) ¹Für eine Verfügung über künftige Forderungen auf Bezüge aus einem Dienstverhältnis des Schuldners oder an deren Stelle tretende laufende Bezüge gilt Absatz 1 auch insoweit, als die Bezüge für die Zeit nach der Beendigung des Insolvenzverfahrens betroffen sind. ²Das Recht des Schuldners zur Abtretung dieser Bezüge an einen Treuhänder mit dem Ziel der gemeinschaftlichen Befriedigung der Insolvenzgläubiger bleibt unberührt.
(3) ¹Hat der Schuldner am Tag der Eröffnung des Verfahrens verfügt, so wird vermutet, dass er nach der Eröffnung verfügt hat. ²Eine Verfügung des Schuldners über Finanzsicherheiten im Sinne des § 1 Abs. 17 des Kreditwesengesetzes nach der Eröffnung ist, unbeschadet der §§ 129 bis 147, wirksam, wenn sie am Tag der Eröffnung erfolgt und der andere Teil nachweist, dass er die Eröffnung des Verfahrens weder kannte noch kennen musste.

§ 82 Leistungen an den Schuldner

¹Ist nach der Eröffnung des Insolvenzverfahrens zur Erfüllung einer Verbindlichkeit an den Schuldner geleistet worden, obwohl die Verbindlichkeit zur Insolvenzmasse zu erfüllen war, so wird der Leistende befreit, wenn er zur Zeit der Leistung die Eröffnung des Verfahrens nicht kannte. ²Hat er vor der öffentlichen Bekanntmachung der Eröffnung geleistet, so wird vermutet, dass er die Eröffnung nicht kannte.

§ 83 Erbschaft. Fortgesetzte Gütergemeinschaft

(1) ¹Ist dem Schuldner vor der Eröffnung des Insolvenzverfahrens eine Erbschaft oder ein Vermächtnis angefallen oder geschieht dies während des Verfahrens, so steht die Annahme oder Ausschlagung nur dem Schuldner zu. ²Gleiches gilt von der Ablehnung der fortgesetzten Gütergemeinschaft.
(2) Ist der Schuldner Vorerbe, so darf der Insolvenzverwalter über die Gegenstände der Erbschaft nicht verfügen, wenn die Verfügung im Falle des Eintritts der Nacherbfolge nach § 2115 des Bürgerlichen Gesetzbuchs dem Nacherben gegenüber unwirksam ist.

§ 84 Auseinandersetzung einer Gesellschaft oder Gemeinschaft

(1) ¹Besteht zwischen dem Schuldner und Dritten eine Gemeinschaft nach Bruchteilen, eine andere Gemeinschaft oder eine Gesellschaft ohne Rechtspersönlichkeit, so erfolgt die Teilung oder sonstige Auseinandersetzung außerhalb des Insolvenzverfahrens. ²Aus dem dabei ermittelten Anteil des Schuldners kann für Ansprüche aus dem Rechtsverhältnis abgesonderte Befriedigung verlangt werden.

(2) ¹Eine Vereinbarung, durch die bei einer Gemeinschaft nach Bruchteilen das Recht, die Aufhebung der Gemeinschaft zu verlangen, für immer oder auf Zeit ausgeschlossen oder eine Kündigungsfrist bestimmt worden ist, hat im Verfahren keine Wirkung. ²Gleiches gilt für eine Anordnung dieses Inhalts, die ein Erblasser für die Gemeinschaft seiner Erben getroffen hat, und für eine entsprechende Vereinbarung der Miterben.

§ 85 Aufnahme von Aktivprozessen

(1) ¹Rechtsstreitigkeiten über das zur Insolvenzmasse gehörende Vermögen, die zur Zeit der Eröffnung des Insolvenzverfahrens für den Schuldner anhängig sind, können in der Lage, in der sie sich befinden, vom Insolvenzverwalter aufgenommen werden. ²Wird die Aufnahme verzögert, so gilt § 239 Abs. 2 bis 4 der Zivilprozessordnung entsprechend.

(2) Lehnt der Verwalter die Aufnahme des Rechtsstreits ab, so können sowohl der Schuldner als auch der Gegner den Rechtsstreit aufnehmen.

§ 86 Aufnahme bestimmter Passivprozesse

(1) Rechtsstreitigkeiten, die zur Zeit der Eröffnung des Insolvenzverfahrens gegen den Schuldner anhängig sind, können sowohl vom Insolvenzverwalter als auch vom Gegner aufgenommen werden, wenn sie betreffen:
1. die Aussonderung eines Gegenstands aus der Insolvenzmasse,
2. die abgesonderte Befriedigung oder
3. eine Masseverbindlichkeit.

(2) Erkennt der Verwalter den Anspruch sofort an, so kann der Gegner einen Anspruch auf Erstattung der Kosten des Rechtsstreits nur als Insolvenzgläubiger geltend machen.

§ 87 Forderungen der Insolvenzgläubiger

Die Insolvenzgläubiger können ihre Forderungen nur nach den Vorschriften über das Insolvenzverfahren verfolgen.

§ 88 Vollstreckung vor Verfahrenseröffnung

Hat ein Insolvenzgläubiger im letzten Monat vor dem Antrag auf Eröffnung des Insolvenzverfahrens oder nach diesem Antrag durch Zwangsvollstreckung eine Sicherung an dem zur Insolvenzmasse gehörenden Vermögen des Schuldners erlangt, so wird diese Sicherung mit der Eröffnung des Verfahrens unwirksam.

§ 89 Vollstreckungsverbot

(1) Zwangsvollstreckungen für einzelne Insolvenzgläubiger sind während der Dauer des Insolvenzverfahrens weder in die Insolvenzmasse noch in das sonstige Vermögen des Schuldners zulässig.

(2) ¹Zwangsvollstreckungen in künftige Forderungen auf Bezüge aus einem Dienstverhältnis des Schuldners oder an deren Stelle tretende laufende Bezüge sind während der Dauer des Verfahrens auch für Gläubiger unzulässig, die keine Insolvenzgläubiger sind. ²Dies gilt nicht für die Zwangsvollstreckung wegen eines Unterhaltsanspruchs oder einer Forderung aus einer vorsätzlichen unerlaubten Handlung in den Teil der Bezüge, der für andere Gläubiger nicht pfändbar ist.

(3) ¹Über Einwendungen, die auf Grund des Absatzes 1 oder 2 gegen die Zulässigkeit einer Zwangsvollstreckung erhoben werden, entscheidet das Insolvenzgericht. ²Das Gericht kann vor der Entscheidung eine einstweilige Anordnung erlassen; es kann insbesondere anordnen, dass die Zwangsvollstreckung gegen oder ohne Sicherheitsleistung einstweilen einzustellen oder nur gegen Sicherheitsleistung fortzusetzen sei.

§ 90 Vollstreckungsverbot bei Masseverbindlichkeiten

(1) Zwangsvollstreckungen wegen Masseverbindlichkeiten, die nicht durch eine Rechtshandlung des Insolvenzverwalters begründet worden sind, sind für die Dauer von 6 Monaten seit der Eröffnung des Insolvenzverfahrens unzulässig.

(2) Nicht als derartige Masseverbindlichkeiten gelten die Verbindlichkeiten:
1. aus einem gegenseitigen Vertrag, dessen Erfüllung der Verwalter gewählt hat;
2. aus einem Dauerschuldverhältnis für die Zeit nach dem 1. Termin, zu dem der Verwalter kündigen konnte;
3. aus einem Dauerschuldverhältnis, soweit der Verwalter für die Insolvenzmasse die Gegenleistung in Anspruch nimmt.

§ 91 Ausschluss sonstigen Rechtserwerbs

(1) Rechte an den Gegenständen der Insolvenzmasse können nach der Eröffnung des Insolvenzverfahrens nicht wirksam erworben werden, auch wenn keine Verfügung des Schuldners und keine Zwangsvollstreckung für einen Insolvenzgläubiger zugrunde liegt.
(2) Unberührt bleiben die §§ 878, 892, 893 des Bürgerlichen Gesetzbuchs, § 3 Abs. 3, §§ 16, 17 des Gesetzes über Rechte an eingetragenen Schiffen und Schiffsbauwerken, § 5 Abs. 3, §§ 16, 17 des Gesetzes über Rechte an Luftfahrzeugen und § 20 Abs. 3 der Schiffahrtsrechtlichen Verteilungsordnung.

§ 92 Gesamtschaden

¹Ansprüche der Insolvenzgläubiger auf Ersatz eines Schadens, den diese Gläubiger gemeinschaftlich durch eine Verminderung des zur Insolvenzmasse gehörenden Vermögens vor oder nach der Eröffnung des Insolvenzverfahrens erlitten haben (Gesamtschaden), können während der Dauer des Insolvenzverfahrens nur vom Insolvenzverwalter geltend gemacht werden. ²Richten sich die Ansprüche gegen den Verwalter, so können sie nur von einem neu bestellten Insolvenzverwalter geltend gemacht werden.

§ 93 Persönliche Haftung der Gesellschafter

Ist das Insolvenzverfahren über das Vermögen einer Gesellschaft ohne Rechtspersönlichkeit oder einer Kommanditgesellschaft auf Aktien eröffnet, so kann die persönliche Haftung eines Gesellschafters für die Verbindlichkeiten der Gesellschaft während der Dauer des Insolvenzverfahrens nur vom Insolvenzverwalter geltend gemacht werden.

§ 94 Erhaltung einer Aufrechnungslage

Ist ein Insolvenzgläubiger zur Zeit der Eröffnung des Insolvenzverfahrens kraft Gesetzes oder auf Grund einer Vereinbarung zur Aufrechnung berechtigt, so wird dieses Recht durch das Verfahren nicht berührt.

§ 95 Eintritt der Aufrechnungslage im Verfahren

(1) ¹Sind zur Zeit der Eröffnung des Insolvenzverfahrens die aufzurechnenden Forderungen oder eine von ihnen noch aufschiebend bedingt oder nicht fällig oder die Forderungen noch nicht auf gleichartige Leistungen gerichtet, so kann die Aufrechnung erst erfolgen, wenn ihre Voraussetzungen eingetreten sind. ²Die §§ 41, 45 sind nicht anzuwenden. ³Die Aufrechnung ist ausgeschlossen, wenn die Forderung, gegen die aufgerechnet werden soll, unbedingt und fällig wird, bevor die Aufrechnung erfolgen kann.
(2) ¹Die Aufrechnung wird nicht dadurch ausgeschlossen, dass die Forderungen auf unterschiedliche Währungen oder Rechnungseinheiten lauten, wenn diese Währungen oder Rechnungseinheiten am Zahlungsort der Forderung, gegen die aufgerechnet wird, frei getauscht werden können. ²Die Umrechnung erfolgt nach dem Kurswert, der für diesen Ort zur Zeit des Zugangs der Aufrechnungserklärung maßgeblich ist.

§ 96 Unzulässigkeit der Aufrechnung

(1) Die Aufrechnung ist unzulässig,
1. wenn ein Insolvenzgläubiger erst nach der Eröffnung des Insolvenzverfahrens etwas zur Insolvenzmasse schuldig geworden ist,
2. wenn ein Insolvenzgläubiger seine Forderung erst nach der Eröffnung des Verfahrens von einem anderen Gläubiger erworben hat,
3. wenn ein Insolvenzgläubiger die Möglichkeit der Aufrechnung durch eine anfechtbare Rechtshandlung erlangt hat,
4. wenn ein Gläubiger, dessen Forderung aus dem freien Vermögen des Schuldners zu erfüllen ist, etwas zur Insolvenzmasse schuldet.
(2) Absatz 1 sowie § 95 Abs. 1 Satz 3 stehen nicht der Verfügung über Finanzsicherheiten im Sinne des § 1 Abs. 17 des Kreditwesengesetzes oder der Verrechnung von Ansprüchen und Leistungen aus Überweisungs-, Zahlungs- oder Übertragungsverträgen entgegen, die in ein System im Sinne des § 1 Abs. 16 des Kreditwesengesetzes eingebracht wurden, das der Ausführung solcher Verträge dient, sofern die Verrechnung spätestens am Tage der Eröffnung des Insolvenzverfahrens erfolgt.

§ 97 Auskunfts- und Mitwirkungspflichten des Schuldners

(1) ¹Der Schuldner ist verpflichtet, dem Insolvenzgericht, dem Insolvenzverwalter, dem Gläubigerausschuss und auf Anordnung des Gerichts der Gläubigerversammlung über alle das Verfahren betreffenden Verhältnisse Auskunft zu geben. ²Er hat auch Tatsachen zu offenbaren, die geeignet sind, eine Verfolgung wegen einer Straftat oder einer Ordnungswidrigkeit herbeizuführen. ³Jedoch darf eine Auskunft, die der Schuldner gemäß seiner Verpflichtung nach Satz 1 erteilt, in einem Strafverfahren oder in einem Verfahren nach dem Gesetz über Ordnungswidrigkeiten gegen den Schuldner oder einen in § 52 Abs. 1 der Strafprozessordnung bezeichneten Angehörigen des Schuldners nur mit Zustimmung des Schuldners verwendet werden.
(2) Der Schuldner hat den Verwalter bei der Erfüllung von dessen Aufgaben zu unterstützen.

(3) ¹Der Schuldner ist verpflichtet, sich auf Anordnung des Gerichts jederzeit zur Verfügung zu stellen, um seine Auskunfts- und Mitwirkungspflichten zu erfüllen. ²Er hat alle Handlungen zu unterlassen, die der Erfüllung dieser Pflichten zuwiderlaufen.

§ 98 Durchsetzung der Pflichten des Schuldners

(1) ¹Wenn es zur Herbeiführung wahrheitsgemäßer Aussagen erforderlich erscheint, ordnet das Insolvenzgericht an, dass der Schuldner zu Protokoll an Eides statt versichert, er habe die von ihm verlangte Auskunft nach bestem Wissen und Gewissen richtig und vollständig erteilt. ²Die §§ 478 bis 480, 483 der Zivilprozessordnung gelten entsprechend.
(2) Das Gericht kann den Schuldner zwangsweise vorführen und nach Anhörung in Haft nehmen lassen,
1. wenn der Schuldner eine Auskunft oder die eidesstattliche Versicherung oder die Mitwirkung bei der Erfüllung der Aufgaben des Insolvenzverwalters verweigert;
2. wenn der Schuldner sich der Erfüllung seiner Auskunfts- und Mitwirkungspflichten entziehen will, insbesondere Anstalten zur Flucht trifft, oder
3. wenn dies zur Vermeidung von Handlungen des Schuldners, die der Erfüllung seiner Auskunfts- und Mitwirkungspflichten zuwiderlaufen, insbesondere zur Sicherung der Insolvenzmasse, erforderlich ist.
(3) ¹Für die Anordnung von Haft gelten die §§ 904 bis 906, 909, 910 und 913 der Zivilprozessordnung entsprechend. ²Der Haftbefehl ist von Amts wegen aufzuheben, sobald die Voraussetzungen für die Anordnung von Haft nicht mehr vorliegen. ³Gegen die Anordnung der Haft und gegen die Abweisung eines Antrags auf Aufhebung des Haftbefehls wegen Wegfalls seiner Voraussetzungen findet die sofortige Beschwerde statt.

§ 99 Postsperre

(1) ¹Soweit dies erforderlich erscheint, um für die Gläubiger nachteilige Rechtshandlungen des Schuldners aufzuklären oder zu verhindern, ordnet das Insolvenzgericht auf Antrag des Insolvenzverwalters oder von Amts wegen durch begründeten Beschluss an, dass die in dem Beschluss bezeichneten Unternehmen bestimmte oder alle Postsendungen für den Schuldner dem Verwalter zuzuleiten haben. ²Die Anordnung ergeht nach Anhörung des Schuldners, sofern dadurch nicht wegen besonderer Umstände des Einzelfalls der Zweck der Anordnung gefährdet wird. ³Unterbleibt die vorherige Anhörung des Schuldners, so ist dies in dem Beschluss gesondert zu begründen und die Anhörung unverzüglich nachzuholen.
(2) ¹Der Verwalter ist berechtigt, die ihm zugeleiteten Sendungen zu öffnen. ²Sendungen, deren Inhalt nicht die Insolvenzmasse betrifft, sind dem Schuldner unverzüglich zuzuleiten. ³Die übrigen Sendungen kann der Schuldner einsehen.
(3) ¹Gegen die Anordnung der Postsperre steht dem Schuldner die sofortige Beschwerde zu. ²Das Gericht hat die Anordnung nach Anhörung des Verwalters aufzuheben, soweit ihre Voraussetzungen fortfallen.

§ 100 Unterhalt aus der Insolvenzmasse

(1) Die Gläubigerversammlung beschließt, ob und in welchem Umfang dem Schuldner und seiner Familie Unterhalt aus der Insolvenzmasse gewährt werden soll.
(2) ¹Bis zur Entscheidung der Gläubigerversammlung kann der Insolvenzverwalter mit Zustimmung des Gläubigerausschusses, wenn ein solcher bestellt ist, dem Schuldner den notwendigen Unterhalt gewähren. ²In gleicher Weise kann den minderjährigen unverheirateten Kindern des Schuldners, seinem Ehegatten, seinem früheren Ehegatten, seinem Lebenspartner, seinem früheren Lebenspartner und dem anderen Elternteil seines Kindes hinsichtlich des Anspruchs nach den §§ 1615 l, 1615 n des Bürgerlichen Gesetzbuchs Unterhalt gewährt werden.

§ 101 Organschaftliche Vertreter. Angestellte

(1) ¹Ist der Schuldner keine natürliche Person, so gelten die §§ 97 bis 99 entsprechend für die Mitglieder des Vertretungs- oder Aufsichtsorgans und die vertretungsberechtigten persönlich haftenden Gesellschafter des Schuldners. ²§ 97 Abs. 1 und § 98 gelten außerdem entsprechend für Personen, die nicht früher als 2 Jahre vor dem Antrag auf Eröffnung des Insolvenzverfahrens aus einer in Satz 1 genannten Stellung ausgeschieden sind; verfügt der Schuldner über keinen Vertreter, gilt dies auch für die Personen, die an ihm beteiligt sind. ³§ 100 gilt entsprechend für die vertretungsberechtigten persönlich haftenden Gesellschafter des Schuldners.
(2) § 97 Abs. 1 Satz 1 gilt entsprechend für Angestellte und frühere Angestellte des Schuldners, sofern diese nicht früher als 2 Jahre vor dem Eröffnungsantrag ausgeschieden sind.
(3) Kommen die in den Absätzen 1 und 2 genannten Personen ihrer Auskunfts- und Mitwirkungspflicht nicht nach, können ihnen im Fall der Abweisung des Antrags auf Eröffnung des Insolvenzverfahrens die Kosten des Verfahrens auferlegt werden.

§ 102 Einschränkung eines Grundrechts

Durch § 21 Abs. 2 Nr. 4 und die §§ 99, 101 Abs. 1 Satz 1 wird das Grundrecht des Briefgeheimnisses sowie des Post- und Fernmeldegeheimnisses (Artikel 10 Grundgesetz) eingeschränkt.

Anhang I *Insolvenzordnung (InsO)*

Zweiter Abschnitt Erfüllung der Rechtsgeschäfte. Mitwirkung des Betriebsrats

§ 103 Wahlrecht des Insolvenzverwalters

(1) Ist ein gegenseitiger Vertrag zur Zeit der Eröffnung des Insolvenzverfahrens vom Schuldner und vom anderen Teil nicht oder nicht vollständig erfüllt, so kann der Insolvenzverwalter anstelle des Schuldners den Vertrag erfüllen und die Erfüllung vom anderen Teil verlangen.

(2) [1]Lehnt der Verwalter die Erfüllung ab, so kann der andere Teil eine Forderung wegen der Nichterfüllung nur als Insolvenzgläubiger geltend machen. [2]Fordert der andere Teil den Verwalter zur Ausübung seines Wahlrechts auf, so hat der Verwalter unverzüglich zu erklären, ob er die Erfüllung verlangen will. [3]Unterlässt er dies, so kann er auf der Erfüllung nicht bestehen.

§ 104 Fixgeschäfte. Finanzleistungen

(1) War die Lieferung von Waren, die einen Markt- oder Börsenpreis haben, genau zu einer festbestimmten Zeit oder innerhalb einer festbestimmten Frist vereinbart und tritt die Zeit oder der Ablauf der Frist erst nach der Eröffnung des Insolvenzverfahrens ein, so kann nicht die Erfüllung verlangt, sondern nur eine Forderung wegen der Nichterfüllung geltend gemacht werden.

(2) [1]War für Finanzleistungen, die einen Markt- oder Börsenpreis haben, eine bestimmte Zeit oder eine bestimmte Frist vereinbart und tritt die Zeit oder der Ablauf der Frist erst nach der Eröffnung des Verfahrens ein, so kann nicht die Erfüllung verlangt, sondern nur eine Forderung wegen der Nichterfüllung geltend gemacht werden. [2]Als Finanzleistungen gelten insbesondere

1. die Lieferung von Edelmetallen,
2. die Lieferung von Wertpapieren oder vergleichbaren Rechten, soweit nicht der Erwerb einer Beteiligung an einem Unternehmen zur Herstellung einer dauernden Verbindung zu diesem Unternehmen beabsichtigt ist,
3. Geldleistungen, die in ausländischer Währung oder in einer Rechnungseinheit zu erbringen sind,
4. Geldleistungen, deren Höhe unmittelbar oder mittelbar durch den Kurs einer ausländischen Währung oder einer Rechnungseinheit, durch den Zinssatz von Forderungen oder durch den Preis anderer Güter oder Leistungen bestimmt wird,
5. Optionen und andere Rechte auf Lieferungen oder Geldleistungen im Sinne der Nummern 1 bis 4,
6. Finanzsicherheiten im Sinne des § 1 Abs. 17 des Kreditwesengesetzes.

[3]Sind Geschäfte über Finanzleistungen in einem Rahmenvertrag zusammengefasst, für den vereinbart ist, dass er bei Vorliegen eines Insolvenzgrundes nur einheitlich beendet werden kann, so gilt die Gesamtheit dieser Geschäfte als ein gegenseitiger Vertrag im Sinne der §§ 103, 104.

(3) [1]Die Forderung wegen der Nichterfüllung richtet sich auf den Unterschied zwischen dem vereinbarten Preis und dem Markt- oder Börsenpreis, der zu einem von den Parteien vereinbarten Zeitpunkt, spätestens jedoch am 5. Werktag nach der Eröffnung des Verfahrens am Erfüllungsort für einen Vertrag mit der vereinbarten Erfüllungszeit maßgeblich ist. [2]Treffen die Parteien keine Vereinbarung, ist der 2. Werktag nach der Eröffnung des Verfahrens maßgebend. [3]Der andere Teil kann eine solche Forderung nur als Insolvenzgläubiger geltend machen.

§ 105 Teilbare Leistungen

[1]Sind die geschuldeten Leistungen teilbar und hat der andere Teil die ihm obliegende Leistung zur Zeit der Eröffnung des Insolvenzverfahrens bereits teilweise erbracht, so ist er mit dem der Teilleistung entsprechenden Betrag seines Anspruchs auf die Gegenleistung Insolvenzgläubiger, auch wenn der Insolvenzverwalter wegen der noch ausstehenden Leistung Erfüllung verlangt. [2]Der andere Teil ist nicht berechtigt, wegen der Nichterfüllung seines Anspruchs auf die Gegenleistung die Rückgabe einer vor der Eröffnung des Verfahrens in das Vermögen des Schuldners übergegangenen Teilleistung aus der Insolvenzmasse zu verlangen.

§ 106 Vormerkung

(1) [1]Ist zur Sicherung eines Anspruchs auf Einräumung oder Aufhebung eines Rechts an einem Grundstück des Schuldners oder an einem für den Schuldner eingetragenen Recht oder zur Sicherung eines Anspruchs auf Änderung des Inhalts oder des Ranges eines solchen Rechts eine Vormerkung im Grundbuch eingetragen, so kann der Gläubiger für seinen Anspruch Befriedigung aus der Insolvenzmasse verlangen. [2]Dies gilt auch, wenn der Schuldner dem Gläubiger gegenüber weitere Verpflichtungen übernommen hat und diese nicht oder nicht vollständig erfüllt sind.

(2) Für eine Vormerkung, die im Schiffsregister, Schiffsbauregister oder Register für Pfandrechte an Luftfahrzeugen eingetragen ist, gilt Absatz 1 entsprechend.

§ 107 Eigentumsvorbehalt

(1) [1]Hat vor der Eröffnung des Insolvenzverfahrens der Schuldner eine bewegliche Sache unter Eigentumsvorbehalt verkauft und dem Käufer den Besitz an der Sache übertragen, so kann der Käufer die Erfüllung des Kaufvertrages verlangen. [2]Dies gilt auch, wenn der Schuldner dem Käufer gegenüber weitere Verpflichtungen übernommen hat und diese nicht oder nicht vollständig erfüllt sind.

(2) [1]Hat vor der Eröffnung des Insolvenzverfahrens der Schuldner eine bewegliche Sache unter Eigentumsvorbehalt gekauft und vom Verkäufer den Besitz an der Sache erlangt, so braucht der Insolvenzverwalter, den der Verkäufer zur Ausübung des

Wahlrechts aufgefordert hat, die Erklärung nach § 103 Abs. 2 Satz 2 erst unverzüglich nach dem Berichtstermin abzugeben. ²Dies gilt nicht, wenn in der Zeit bis zum Berichtstermin eine erhebliche Verminderung des Wertes der Sache zu erwarten ist und der Gläubiger den Verwalter auf diesen Umstand hingewiesen hat.

§ 108 Fortbestehen bestimmter Schuldverhältnisse

(1) ¹Miet- und Pachtverhältnisse des Schuldners über unbewegliche Gegenstände oder Räume sowie Dienstverhältnisse des Schuldners bestehen mit Wirkung für die Insolvenzmasse fort. ²Dies gilt auch für Miet- und Pachtverhältnisse, die der Schuldner als Vermieter oder Verpächter eingegangen war und die sonstige Gegenstände betreffen, die einem Dritten, der ihre Anschaffung oder Herstellung finanziert hat, zur Sicherheit übertragen wurden.
(2) Ein vom Schuldner als Darlehensgeber eingegangenes Darlehensverhältnis besteht mit Wirkung für die Masse fort, soweit dem Darlehensnehmer der geschuldete Gegenstand zur Verfügung gestellt wurde.
(3) Ansprüche für die Zeit vor der Eröffnung des Insolvenzverfahrens kann der andere Teil nur als Insolvenzgläubiger geltend machen.

§ 109 Schuldner als Mieter oder Pächter

(1) ¹Ein Miet- oder Pachtverhältnis über einen unbeweglichen Gegenstand oder über Räume, das der Schuldner als Mieter oder Pächter eingegangen war, kann der Insolvenzverwalter ohne Rücksicht auf die vereinbarte Vertragsdauer oder einen vereinbarten Ausschluss des Rechts zur ordentlichen Kündigung kündigen; die Kündigungsfrist beträgt 3 Monate zum Monatsende, wenn nicht eine kürzere Frist maßgeblich ist. ²Ist Gegenstand des Mietverhältnisses die Wohnung des Schuldners, so tritt an die Stelle der Kündigung das Recht des Insolvenzverwalters zu erklären, dass Ansprüche, die nach Ablauf der in Satz 1 genannten Frist fällig werden, nicht im Insolvenzverfahren geltend gemacht werden können. ³Kündigt der Verwalter nach Satz 1 oder gibt er die Erklärung nach Satz 2 ab, so kann der andere Teil wegen der vorzeitigen Beendigung des Vertragsverhältnisses oder wegen der Folgen der Erklärung als Insolvenzgläubiger Schadensersatz verlangen.
(2) ¹Waren dem Schuldner der unbewegliche Gegenstand oder die Räume zur Zeit der Eröffnung des Verfahrens noch nicht überlassen, so kann sowohl der Verwalter als auch der andere Teil vom Vertrag zurücktreten. ²Tritt der Verwalter zurück, so kann der andere Teil wegen der vorzeitigen Beendigung des Vertragsverhältnisses als Insolvenzgläubiger Schadensersatz verlangen. ³Jeder Teil hat dem anderen auf dessen Verlangen binnen 2 Wochen zu erklären, ob er vom Vertrag zurücktreten will; unterlässt er dies, so verliert er das Rücktrittsrecht.

§ 110 Schuldner als Vermieter oder Verpächter

(1) ¹Hatte der Schuldner als Vermieter oder Verpächter eines unbeweglichen Gegenstands oder von Räumen vor der Eröffnung des Insolvenzverfahrens über die Miet- oder Pachtforderung für die spätere Zeit verfügt, so ist diese Verfügung nur wirksam, soweit sie sich auf die Miete oder Pacht für den zur Zeit der Eröffnung des Verfahrens laufenden Kalendermonat bezieht. ²Ist die Eröffnung nach dem 15. Tag des Monats erfolgt, so ist die Verfügung auch für den folgenden Kalendermonat wirksam.
(2) ¹Eine Verfügung im Sinne des Absatzes 1 ist insbesondere die Einziehung der Miete oder Pacht. ²Einer rechtsgeschäftlichen Verfügung steht eine Verfügung gleich, die im Wege der Zwangsvollstreckung erfolgt.
(3) ¹Der Mieter oder der Pächter kann gegen die Miet- oder Pachtforderung für den in Absatz 1 bezeichneten Zeitraum eine Forderung aufrechnen, die ihm gegen den Schuldner zusteht. ²Die §§ 95 und 96 Nr. 2 bis 4 bleiben unberührt.

§ 111 Veräußerung des Miet- oder Pachtobjekts

¹Veräußert der Insolvenzverwalter einen unbeweglichen Gegenstand oder Räume, die der Schuldner vermietet oder verpachtet hatte, und tritt der Erwerber anstelle des Schuldners in das Miet- oder Pachtverhältnis ein, so kann der Erwerber das Miet- oder Pachtverhältnis unter Einhaltung der gesetzlichen Frist kündigen. ²Die Kündigung kann nur für den 1. Termin erfolgen, für den sie zulässig ist.

§ 112 Kündigungssperre

Ein Miet- oder Pachtverhältnis, das der Schuldner als Mieter oder Pächter eingegangen war, kann der andere Teil nach dem Antrag auf Eröffnung des Insolvenzverfahrens nicht kündigen:
1. wegen eines Verzugs mit der Entrichtung der Miete oder Pacht, der in der Zeit vor dem Eröffnungsantrag eingetreten ist;
2. wegen einer Verschlechterung der Vermögensverhältnisse des Schuldners.

§ 113 Kündigung eines Dienstverhältnisses

¹Ein Dienstverhältnis, bei dem der Schuldner der Dienstberechtigte ist, kann vom Insolvenzverwalter und vom anderen Teil ohne Rücksicht auf eine vereinbarte Vertragsdauer oder einen vereinbarten Ausschluss des Rechts zur ordentlichen Kündigung gekündigt werden. ²Die Kündigungsfrist beträgt 3 Monate zum Monatsende, wenn nicht eine kürzere Frist maßgeblich ist. ³Kündigt der Verwalter, so kann der andere Teil wegen der vorzeitigen Beendigung des Dienstverhältnisses als Insolvenzgläubiger Schadensersatz verlangen.

§ 114 Bezüge aus einem Dienstverhältnis

(1) Hat der Schuldner vor der Eröffnung des Insolvenzverfahrens eine Forderung für die spätere Zeit auf Bezüge aus einem Dienstverhältnis oder an deren Stelle tretende laufende Bezüge abgetreten oder verpfändet, so ist diese Verfügung nur wirksam, soweit sie sich auf die Bezüge für die Zeit vor Ablauf von 2 Jahren nach dem Ende des zur Zeit der Eröffnung des Verfahrens laufenden Kalendermonats bezieht.
(2) ¹Gegen die Forderung auf die Bezüge für den in Absatz 1 bezeichneten Zeitraum kann der Verpflichtete eine Forderung aufrechnen, die ihm gegen den Schuldner zusteht. ²Die §§ 95 und 96 Nr. 2 bis 4 bleiben unberührt.
(3) ¹Ist vor der Eröffnung des Verfahrens im Wege der Zwangsvollstreckung über die Bezüge für die spätere Zeit verfügt worden, so ist diese Verfügung nur wirksam, soweit sie sich auf die Bezüge für den zur Zeit der Eröffnung des Verfahrens laufenden Kalendermonat bezieht. ²Ist die Eröffnung nach dem 15. Tag des Monats erfolgt, so ist die Verfügung auch für den folgenden Kalendermonat wirksam. ³§ 88 bleibt unberührt; § 89 Abs. 2 Satz 2 gilt entsprechend.

§ 115 Erlöschen von Aufträgen

(1) Ein vom Schuldner erteilter Auftrag, der sich auf das zur Insolvenzmasse gehörende Vermögen bezieht, erlischt durch die Eröffnung des Insolvenzverfahrens.
(2) ¹Der Beauftragte hat, wenn mit dem Aufschub Gefahr verbunden ist, die Besorgung des übertragenen Geschäfts fortzusetzen, bis der Insolvenzverwalter anderweitig Fürsorge treffen kann. ²Der Auftrag gilt insoweit als fortbestehend. ³Mit seinen Ersatzansprüchen aus dieser Fortsetzung ist der Beauftragte Massegläubiger.
(3) ¹Solange der Beauftragte die Eröffnung des Verfahrens ohne Verschulden nicht kennt, gilt der Auftrag zu seinen Gunsten als fortbestehend. ²Mit den Ersatzansprüchen aus dieser Fortsetzung ist der Beauftragte Insolvenzgläubiger.

§ 116 Erlöschen von Geschäftsbesorgungsverträgen

¹Hat sich jemand durch einen Dienst- oder Werkvertrag mit dem Schuldner verpflichtet, ein Geschäft für diesen zu besorgen, so gilt § 115 entsprechend. ²Dabei gelten die Vorschriften für die Ersatzansprüche aus der Fortsetzung der Geschäftsbesorgung auch für die Vergütungsansprüche. ³Satz 1 findet keine Anwendung auf Überweisungsverträge sowie auf Zahlungs- und Übertragungsverträge; diese bestehen mit Wirkung für die Masse fort.

§ 117 Erlöschen von Vollmachten

(1) Eine vom Schuldner erteilte Vollmacht, die sich auf das zur Insolvenzmasse gehörende Vermögen bezieht, erlischt durch die Eröffnung des Insolvenzverfahrens.
(2) Soweit ein Auftrag oder ein Geschäftsbesorgungsvertrag nach § 115 Abs. 2 fortbesteht, gilt auch die Vollmacht als fortbestehend.
(3) Solange der Bevollmächtigte die Eröffnung des Verfahrens ohne Verschulden nicht kennt, haftet er nicht nach § 179 des Bürgerlichen Gesetzbuchs.

§ 118 Auflösung von Gesellschaften

¹Wird eine Gesellschaft ohne Rechtspersönlichkeit oder eine Kommanditgesellschaft auf Aktien durch die Eröffnung des Insolvenzverfahrens über das Vermögen eines Gesellschafters aufgelöst, so ist der geschäftsführende Gesellschafter mit den Ansprüchen, die ihm aus der einstweiligen Fortführung eilbedürftiger Geschäfte zustehen, Massegläubiger. ²Mit den Ansprüchen aus der Fortführung der Geschäfte während der Zeit, in der er die Eröffnung des Insolvenzverfahrens ohne sein Verschulden nicht kannte, ist er Insolvenzgläubiger; § 84 Abs. 1 bleibt unberührt.

§ 119 Unwirksamkeit abweichender Vereinbarungen

Vereinbarungen, durch die im Voraus die Anwendung der §§ 103 bis 118 ausgeschlossen oder beschränkt wird, sind unwirksam.

§ 120 Kündigung von Betriebsvereinbarungen

(1) ¹Sind in Betriebsvereinbarungen Leistungen vorgesehen, welche die Insolvenzmasse belasten, so sollen Insolvenzverwalter und Betriebsrat über eine einvernehmliche Herabsetzung der Leistungen beraten. ²Diese Betriebsvereinbarungen können auch dann mit einer Frist von 3 Monaten gekündigt werden, wenn eine längere Frist vereinbart ist.
(2) Unberührt bleibt das Recht, eine Betriebsvereinbarung aus wichtigem Grund ohne Einhaltung einer Kündigungsfrist zu kündigen.

§ 121 Betriebsänderungen und Vermittlungsverfahren

Im Insolvenzverfahren über das Vermögen des Unternehmers gilt § 112 Abs. 2 Satz 1 des Betriebsverfassungsgesetzes mit der Maßgabe, dass dem Verfahren vor der Einigungsstelle nur dann ein Vermittlungsversuch vorangeht, wenn der Insolvenzverwalter und der Betriebsrat gemeinsam um eine solche Vermittlung ersuchen.

§ 122 Gerichtliche Zustimmung zur Durchführung einer Betriebsänderung

(1) ¹Ist eine Betriebsänderung geplant und kommt zwischen Insolvenzverwalter und Betriebsrat der Interessenausgleich nach § 112 des Betriebsverfassungsgesetzes nicht innerhalb von 3 Wochen nach Verhandlungsbeginn oder schriftlicher Aufforderung zur Aufnahme von Verhandlungen zustande, obwohl der Verwalter den Betriebsrat rechtzeitig und umfassend unterrichtet hat, so kann der Verwalter die Zustimmung des Arbeitsgerichts dazu beantragen, dass die Betriebsänderung durchgeführt wird, ohne dass das Verfahren nach § 112 Abs. 2 des Betriebsverfassungsgesetzes vorangegangen ist. ²§ 113 Abs. 3 des Betriebsverfassungsgesetzes ist insoweit nicht anzuwenden. ³Unberührt bleibt das Recht des Verwalters, einen Interessenausgleich nach § 125 zustande zu bringen oder einen Feststellungsantrag nach § 126 zu stellen.
(2) ¹Das Gericht erteilt die Zustimmung, wenn die wirtschaftliche Lage des Unternehmens auch unter Berücksichtigung der sozialen Belange der Arbeitnehmer erfordert, dass die Betriebsänderung ohne vorheriges Verfahren nach § 112 Abs. 2 des Betriebsverfassungsgesetzes durchgeführt wird. ²Die Vorschriften des Arbeitsgerichtsgesetzes über das Beschlussverfahren gelten entsprechend; Beteiligte sind der Insolvenzverwalter und der Betriebsrat. ³Der Antrag ist nach Maßgabe des § 61 a Abs. 3 bis 6 des Arbeitsgerichtsgesetzes vorrangig zu erledigen.
(3) ¹Gegen den Beschluss des Gerichts findet die Beschwerde an das Landesarbeitsgericht nicht statt. ²Die Rechtsbeschwerde an das Bundesarbeitsgericht findet statt, wenn sie in dem Beschluss des Arbeitsgerichts zugelassen wird; § 72 Abs. 2 und 3 des Arbeitsgerichtsgesetzes gilt entsprechend. ³Die Rechtsbeschwerde ist innerhalb eines Monats nach Zustellung der in vollständiger Form abgefassten Entscheidung des Arbeitsgerichts beim Bundesarbeitsgericht einzulegen und zu begründen.

§ 123 Umfang des Sozialplans

(1) In einem Sozialplan, der nach der Eröffnung des Insolvenzverfahrens aufgestellt wird, kann für den Ausgleich oder die Milderung der wirtschaftlichen Nachteile, die den Arbeitnehmern infolge der geplanten Betriebsänderung entstehen, ein Gesamtbetrag von bis zu 2 1/2 Monatsverdiensten (§ 10 Abs. 3 des Kündigungsschutzgesetzes) der von einer Entlassung betroffenen Arbeitnehmer vorgesehen werden.
(2) ¹Die Verbindlichkeiten aus einem solchen Sozialplan sind Masseverbindlichkeiten. ²Jedoch darf, wenn nicht ein Insolvenzplan zustande kommt, für die Berichtigung von Sozialplanforderungen nicht mehr als 1/3 der Masse verwendet werden, die ohne einen Sozialplan für die Verteilung an die Insolvenzgläubiger zur Verfügung stünde. ³Übersteigt der Gesamtbetrag aller Sozialplanforderungen diese Grenze, so sind die einzelnen Forderungen anteilig zu kürzen.
(3) ¹Sooft hinreichende Barmittel in der Masse vorhanden sind, soll der Insolvenzverwalter mit Zustimmung des Insolvenzgerichts Abschlagszahlungen auf die Sozialplanforderungen leisten. ²Eine Zwangsvollstreckung in die Masse wegen einer Sozialplanforderung ist unzulässig.

§ 124 Sozialplan vor Verfahrenseröffnung

(1) Ein Sozialplan, der vor der Eröffnung des Insolvenzverfahrens, jedoch nicht früher als 3 Monate vor dem Eröffnungsantrag aufgestellt worden ist, kann sowohl vom Insolvenzverwalter als auch vom Betriebsrat widerrufen werden.
(2) Wird der Sozialplan widerrufen, so können die Arbeitnehmer, denen Forderungen aus dem Sozialplan zustanden, bei der Aufstellung eines Sozialplans im Insolvenzverfahren berücksichtigt werden.
(3) ¹Leistungen, die ein Arbeitnehmer vor der Eröffnung des Verfahrens auf seine Forderung aus dem widerrufenen Sozialplan erhalten hat, können nicht wegen des Widerrufs zurückgefordert werden. ²Bei der Aufstellung eines neuen Sozialplans sind derartige Leistungen an einen von einer Entlassung betroffenen Arbeitnehmer bei der Berechnung des Gesamtbetrags der Sozialplanforderungen nach § 123 Abs. 1 bis zur Höhe von 2 1/2 Monatsverdiensten abzusetzen.

§ 125 Interessenausgleich und Kündigungsschutz

(1) ¹Ist eine Betriebsänderung (§ 111 des Betriebsverfassungsgesetzes) geplant und kommt zwischen Insolvenzverwalter und Betriebsrat ein Interessenausgleich zustande, in dem die Arbeitnehmer, denen gekündigt werden soll, namentlich bezeichnet sind, so ist § 1 des Kündigungsschutzgesetzes mit folgenden Maßgaben anzuwenden:
1. es wird vermutet, dass die Kündigung der Arbeitsverhältnisse der bezeichneten Arbeitnehmer durch dringende betriebliche Erfordernisse, die einer Weiterbeschäftigung in diesem Betrieb oder einer Weiterbeschäftigung zu unveränderten Arbeitsbedingungen entgegenstehen, bedingt ist;
2. die soziale Auswahl der Arbeitnehmer kann nur im Hinblick auf die Dauer der Betriebszugehörigkeit, das Lebensalter und die Unterhaltspflichten und auch insoweit nur auf grobe Fehlerhaftigkeit nachgeprüft werden; sie ist nicht als grob fehlerhaft anzusehen, wenn eine ausgewogene Personalstruktur erhalten oder geschaffen wird.

²Satz 1 gilt nicht, soweit sich die Sachlage nach Zustandekommen des Interessenausgleichs wesentlich geändert hat.
(2) Der Interessenausgleich nach Absatz 1 ersetzt die Stellungnahme des Betriebsrats nach § 17 Abs. 3 Satz 2 des Kündigungsschutzgesetzes.

§ 126 Beschlussverfahren zum Kündigungsschutz

(1) ¹Hat der Betrieb keinen Betriebsrat oder kommt aus anderen Gründen innerhalb von 3 Wochen nach Verhandlungsbeginn oder schriftlicher Aufforderung zur Aufnahme von Verhandlungen ein Interessenausgleich nach § 125 Abs. 1 nicht zustande,

obwohl der Verwalter den Betriebsrat rechtzeitig und umfassend unterrichtet hat, so kann der Insolvenzverwalter beim Arbeitsgericht beantragen festzustellen, dass die Kündigung der Arbeitsverhältnisse bestimmter, im Antrag bezeichneter Arbeitnehmer durch dringende betriebliche Erfordernisse bedingt und sozial gerechtfertigt ist. ²Die soziale Auswahl der Arbeitnehmer kann nur im Hinblick auf die Dauer der Betriebszugehörigkeit, das Lebensalter und die Unterhaltspflichten nachgeprüft werden.
(2) ¹Die Vorschriften des Arbeitsgerichtsgesetzes über das Beschlussverfahren gelten entsprechend; Beteiligte sind der Insolvenzverwalter, der Betriebsrat und die bezeichneten Arbeitnehmer, soweit sie nicht mit der Beendigung der Arbeitsverhältnisse oder mit den geänderten Arbeitsbedingungen einverstanden sind. ²§ 122 Abs. 2 Satz 3, Abs. 3 gilt entsprechend.
(3) ¹Für die Kosten, die den Beteiligten im Verfahren des ersten Rechtszugs entstehen, gilt § 12a Abs. 1 Satz 1 und 2 des Arbeitsgerichtsgesetzes entsprechend. ²Im Verfahren vor dem Bundesarbeitsgericht gelten die Vorschriften der Zivilprozessordnung über die Erstattung der Kosten des Rechtsstreits entsprechend.

§ 127 Klage des Arbeitnehmers

(1) ¹Kündigt der Insolvenzverwalter einem Arbeitnehmer, der in dem Antrag nach § 126 Abs. 1 bezeichnet ist, und erhebt der Arbeitnehmer Klage auf Feststellung, dass das Arbeitsverhältnis durch die Kündigung nicht aufgelöst oder die Änderung der Arbeitsbedingungen sozial ungerechtfertigt ist, so ist die rechtskräftige Entscheidung im Verfahren nach § 126 für die Parteien bindend. ²Dies gilt nicht, soweit sich die Sachlage nach dem Schluss der letzten mündlichen Verhandlung wesentlich geändert hat.
(2) Hat der Arbeitnehmer schon vor der Rechtskraft der Entscheidung im Verfahren nach § 126 Klage erhoben, so ist die Verhandlung über die Klage auf Antrag des Verwalters bis zu diesem Zeitpunkt auszusetzen.

§ 128 Betriebsveräußerung

(1) ¹Die Anwendung der §§ 125 bis 127 wird nicht dadurch ausgeschlossen, dass die Betriebsänderung, die dem Interessenausgleich oder dem Feststellungsantrag zugrunde liegt, erst nach einer Betriebsveräußerung durchgeführt werden soll. ²An dem Verfahren nach § 126 ist der Erwerber des Betriebs beteiligt.
(2) Im Falle eines Betriebsübergangs erstreckt sich die Vermutung nach § 125 Abs. 1 Satz 1 Nr. 1 oder die gerichtliche Feststellung nach § 126 Abs. 1 Satz 1 auch darauf, dass die Kündigung der Arbeitsverhältnisse nicht wegen des Betriebsübergangs erfolgt.

Dritter Abschnitt Insolvenzanfechtung

§ 129 Grundsatz

(1) Rechtshandlungen, die vor der Eröffnung des Insolvenzverfahrens vorgenommen worden sind und die Insolvenzgläubiger benachteiligen, kann der Insolvenzverwalter nach Maßgabe der §§ 130 bis 146 anfechten.
(2) Eine Unterlassung steht einer Rechtshandlung gleich.

§ 130 Kongruente Deckung

(1) ¹Anfechtbar ist eine Rechtshandlung, die einem Insolvenzgläubiger eine Sicherung oder Befriedigung gewährt oder ermöglicht hat,
1. wenn sie in den letzten 3 Monaten vor dem Antrag auf Eröffnung des Insolvenzverfahrens vorgenommen worden ist, wenn zur Zeit der Handlung der Schuldner zahlungsunfähig war und wenn der Gläubiger zu dieser Zeit die Zahlungsunfähigkeit kannte oder
2. wenn sie nach dem Eröffnungsantrag vorgenommen worden ist und wenn der Gläubiger zur Zeit der Handlung die Zahlungsunfähigkeit oder den Eröffnungsantrag kannte.

²Dies gilt nicht, soweit die Rechtshandlung auf einer Sicherungsvereinbarung beruht, die die Verpflichtung enthält, eine Finanzsicherheit, eine andere oder eine zusätzliche Finanzsicherheit im Sinne des § 1 Abs. 17 des Kreditwesengesetzes zu bestellen, um das in der Sicherungsvereinbarung festgelegte Verhältnis zwischen dem Wert der gesicherten Verbindlichkeiten und dem Wert der geleisteten Sicherheiten wiederherzustellen (Margensicherheit).
(2) Der Kenntnis der Zahlungsunfähigkeit oder des Eröffnungsantrags steht die Kenntnis von Umständen gleich, die zwingend auf die Zahlungsunfähigkeit oder den Eröffnungsantrag schließen lassen.
(3) Gegenüber einer Person, die dem Schuldner zur Zeit der Handlung nahe stand (§ 138), wird vermutet, dass sie die Zahlungsunfähigkeit oder den Eröffnungsantrag kannte.

§ 131 Inkongruente Deckung

(1) Anfechtbar ist eine Rechtshandlung, die einem Insolvenzgläubiger eine Sicherung oder Befriedigung gewährt oder ermöglicht hat, die er nicht oder nicht in der Art oder nicht zu der Zeit zu beanspruchen hatte,
1. wenn die Handlung im letzten Monat vor dem Antrag auf Eröffnung des Insolvenzverfahrens oder nach diesem Antrag vorgenommen worden ist,
2. wenn die Handlung innerhalb des 2. oder 3. Monats vor dem Eröffnungsantrag vorgenommen worden ist und der Schuldner zur Zeit der Handlung zahlungsunfähig war oder

3. wenn die Handlung innerhalb des 2. oder 3. Monats vor dem Eröffnungsantrag vorgenommen worden ist und dem Gläubiger zur Zeit der Handlung bekannt war, dass sie die Insolvenzgläubiger benachteiligte.
(2) ¹Für die Anwendung des Absatzes 1 Nr. 3 steht der Kenntnis der Benachteiligung der Insolvenzgläubiger die Kenntnis von Umständen gleich, die zwingend auf die Benachteiligung schließen lassen. ²Gegenüber einer Person, die dem Schuldner zur Zeit der Handlung nahe stand (§ 138), wird vermutet, dass sie die Benachteiligung der Insolvenzgläubiger kannte.

§ 132 Unmittelbar nachteilige Rechtshandlungen

(1) Anfechtbar ist ein Rechtsgeschäft des Schuldners, das die Insolvenzgläubiger unmittelbar benachteiligt,
1. wenn es in den letzten 3 Monaten vor dem Antrag auf Eröffnung des Insolvenzverfahrens vorgenommen worden ist, wenn zur Zeit des Rechtsgeschäfts der Schuldner zahlungsunfähig war und wenn der andere Teil zu dieser Zeit die Zahlungsunfähigkeit kannte oder
2. wenn es nach dem Eröffnungsantrag vorgenommen worden ist und wenn der andere Teil zur Zeit des Rechtsgeschäfts die Zahlungsunfähigkeit oder den Eröffnungsantrag kannte.
(2) Einem Rechtsgeschäft, das die Insolvenzgläubiger unmittelbar benachteiligt, steht eine andere Rechtshandlung des Schuldners gleich, durch die der Schuldner ein Recht verliert oder nicht mehr geltend machen kann oder durch die ein vermögensrechtlicher Anspruch gegen ihn erhalten oder durchsetzbar wird.
(3) § 130 Abs. 2 und 3 gilt entsprechend.

§ 133 Vorsätzliche Benachteiligung

(1) ¹Anfechtbar ist eine Rechtshandlung, die der Schuldner in den letzten 10 Jahren vor dem Antrag auf Eröffnung des Insolvenzverfahrens oder nach diesem Antrag mit dem Vorsatz, seine Gläubiger zu benachteiligen, vorgenommen hat, wenn der andere Teil zur Zeit der Handlung den Vorsatz des Schuldners kannte. ²Diese Kenntnis wird vermutet, wenn der andere Teil wusste, dass die Zahlungsunfähigkeit des Schuldners drohte und dass die Handlung die Gläubiger benachteiligte.
(2) ¹Anfechtbar ist ein vom Schuldner mit einer nahe stehenden Person (§ 138) geschlossener entgeltlicher Vertrag, durch den die Insolvenzgläubiger unmittelbar benachteiligt werden. ²Die Anfechtung ist ausgeschlossen, wenn der Vertrag früher als 2 Jahre vor dem Eröffnungsantrag geschlossen worden ist oder wenn dem anderen Teil zur Zeit des Vertragsschlusses ein Vorsatz des Schuldners, die Gläubiger zu benachteiligen, nicht bekannt war.

§ 134 Unentgeltliche Leistung

(1) Anfechtbar ist eine unentgeltliche Leistung des Schuldners, es sei denn, sie ist früher als 4 Jahre vor dem Antrag auf Eröffnung des Insolvenzverfahrens vorgenommen worden.
(2) Richtet sich die Leistung auf ein gebräuchliches Gelegenheitsgeschenk geringen Werts, so ist sie nicht anfechtbar.

§ 135 Gesellschafterdarlehen

(1) Anfechtbar ist eine Rechtshandlung, die für die Forderung eines Gesellschafters auf Rückgewähr eines Darlehens im Sinne des § 39 Abs. 1 Nr. 5 oder für eine gleichgestellte Forderung
1. Sicherung gewährt hat, wenn die Handlung in den letzten 10 Jahren vor dem Antrag auf Eröffnung des Insolvenzverfahrens oder nach diesem Antrag vorgenommen worden ist, oder
2. Befriedigung gewährt hat, wenn die Handlung im letzten Jahr vor dem Eröffnungsantrag oder nach diesem Antrag vorgenommen worden ist.
(2) Anfechtbar ist eine Rechtshandlung, mit der eine Gesellschaft einem Dritten für eine Forderung auf Rückgewähr eines Darlehens innerhalb der in Absatz 1 Nr. 2 genannten Fristen Befriedigung gewährt hat, wenn ein Gesellschafter für die Forderung eine Sicherheit bestellt hatte oder als Bürge haftete; dies gilt sinngemäß für Leistungen auf Forderungen, die einem Darlehen wirtschaftlich entsprechen.
(3) ¹Wurde dem Schuldner von einem Gesellschafter ein Gegenstand zum Gebrauch oder zur Ausübung überlassen, so kann der Aussonderungsanspruch während der Dauer des Insolvenzverfahrens, höchstens aber für eine Zeit von einem Jahr ab der Eröffnung des Insolvenzverfahrens nicht geltend gemacht werden, wenn der Gegenstand für die Fortführung des Unternehmens des Schuldners von erheblicher Bedeutung ist. ²Für den Gebrauch oder die Ausübung des Gegenstandes gebührt dem Gesellschafter ein Ausgleich; bei der Berechnung ist der Durchschnitt der im letzten Jahr vor Verfahrenseröffnung geleisteten Vergütung in Ansatz zu bringen, bei kürzerer Dauer der Überlassung ist der Durchschnitt während dieses Zeitraums maßgebend.
(4) § 39 Abs. 4 und 5 gilt entsprechend.

§ 136 Stille Gesellschaft

(1) ¹Anfechtbar ist eine Rechtshandlung, durch die einem stillen Gesellschafter die Einlage ganz oder teilweise zurückgewährt oder sein Anteil an dem entstandenen Verlust ganz oder teilweise erlassen wird, wenn die zugrunde liegende Vereinbarung im letzten Jahr vor dem Antrag auf Eröffnung des Insolvenzverfahrens über das Vermögen des Inhabers des Handelsgeschäfts oder nach diesem Antrag getroffen worden ist. ²Dies gilt auch dann, wenn im Zusammenhang mit der Vereinbarung die stille Gesellschaft aufgelöst worden ist.
(2) Die Anfechtung ist ausgeschlossen, wenn ein Eröffnungsgrund erst nach der Vereinbarung eingetreten ist.

§ 137 Wechsel- und Scheckzahlungen

(1) Wechselzahlungen des Schuldners können nicht auf Grund des § 130 vom Empfänger zurückgefordert werden, wenn nach Wechselrecht der Empfänger bei einer Verweigerung der Annahme der Zahlung den Wechselanspruch gegen andere Wechselverpflichtete verloren hätte.
(2) ¹Die gezahlte Wechselsumme ist jedoch vom letzten Rückgriffsverpflichteten oder, wenn dieser den Wechsel für Rechnung eines Dritten begeben hatte, von dem Dritten zu erstatten, wenn der letzte Rückgriffsverpflichtete oder der Dritte zu der Zeit, als er den Wechsel begab oder begeben ließ, die Zahlungsunfähigkeit des Schuldners oder den Eröffnungsantrag kannte. ²§ 130 Abs. 2 und 3 gilt entsprechend.
(3) Die Absätze 1 und 2 gelten entsprechend für Scheckzahlungen des Schuldners.

§ 138 Nahe stehende Personen

(1) Ist der Schuldner eine natürliche Person, so sind nahe stehende Personen:
1. der Ehegatte des Schuldners, auch wenn die Ehe erst nach der Rechtshandlung geschlossen oder im letzten Jahr vor der Handlung aufgelöst worden ist;
1a. der Lebenspartner des Schuldners, auch wenn die Lebenspartnerschaft erst nach der Rechtshandlung eingegangen oder im letzten Jahr vor der Handlung aufgelöst worden ist;
2. Verwandte des Schuldners oder des in Nummer 1 bezeichneten Ehegatten oder des in Nummer 1 a bezeichneten Lebenspartners in auf- und absteigender Linie und voll- und halbbürtige Geschwister des Schuldners oder des in Nummer 1 bezeichneten Ehegatten oder des in Nummer 1 a bezeichneten Lebenspartners sowie die Ehegatten oder Lebenspartner dieser Personen;
3. Personen, die in häuslicher Gemeinschaft mit dem Schuldner leben oder im letzten Jahr vor der Handlung in häuslicher Gemeinschaft mit dem Schuldner gelebt haben sowie Personen, die sich auf Grund einer dienstvertraglichen Verbindung zum Schuldner über dessen wirtschaftliche Verhältnisse unterrichten können;
4. eine juristische Person oder eine Gesellschaft ohne Rechtspersönlichkeit, wenn der Schuldner oder eine der in den Nummern 1 bis 3 genannten Personen Mitglied des Vertretungs- oder Aufsichtsorgans, persönlich haftender Gesellschafter oder zu mehr als einem Viertel an deren Kapital beteiligt ist oder auf Grund einer vergleichbaren gesellschaftsrechtlichen oder dienstvertraglichen Verbindung die Möglichkeit hat, sich über die wirtschaftlichen Verhältnisse des Schuldners zu unterrichten.
(2) Ist der Schuldner eine juristische Person oder eine Gesellschaft ohne Rechtspersönlichkeit, so sind nahe stehende Personen:
1. die Mitglieder des Vertretungs- oder Aufsichtsorgans und persönlich haftende Gesellschafter des Schuldners sowie Personen, die zu mehr als 1/4 am Kapital des Schuldners beteiligt sind;
2. eine Person oder eine Gesellschaft, die auf Grund einer vergleichbaren gesellschaftsrechtlichen oder dienstvertraglichen Verbindung zum Schuldner die Möglichkeit haben, sich über dessen wirtschaftliche Verhältnisse zu unterrichten;
3. eine Person, die zu einer der in Nummer 1 oder 2 bezeichneten Personen in einer in Absatz 1 bezeichneten persönlichen Verbindung steht; dies gilt nicht, soweit die in Nummer 1 oder 2 bezeichneten Personen kraft Gesetzes in den Angelegenheiten des Schuldners zur Verschwiegenheit verpflichtet sind.

§ 139 Berechnung der Fristen vor dem Eröffnungsantrag

(1) ¹Die in den §§ 88, 130 bis 136 bestimmten Fristen beginnen mit dem Anfang des Tages, der durch seine Zahl dem Tag entspricht, an dem der Antrag auf Eröffnung des Insolvenzverfahrens beim Insolvenzgericht eingegangen ist. ²Fehlt ein solcher Tag, so beginnt die Frist mit dem Anfang des folgenden Tages.
(2) ¹Sind mehrere Eröffnungsanträge gestellt worden, so ist der 1. zulässige und begründete Antrag maßgeblich, auch wenn das Verfahren auf Grund eines späteren Antrags eröffnet worden ist. ²Ein rechtskräftig abgewiesener Antrag wird nur berücksichtigt, wenn er mangels Masse abgewiesen worden ist.

§ 140 Zeitpunkt der Vornahme einer Rechtshandlung

(1) Eine Rechtshandlung gilt als in dem Zeitpunkt vorgenommen, in dem ihre rechtlichen Wirkungen eintreten.
(2) ¹Ist für das Wirksamwerden eines Rechtsgeschäfts eine Eintragung im Grundbuch, im Schiffsregister, im Schiffsbauregister oder im Register für Pfandrechte an Luftfahrzeugen erforderlich, so gilt das Rechtsgeschäft als vorgenommen, sobald die übrigen Voraussetzungen für das Wirksamwerden erfüllt sind, die Willenserklärung des Schuldners für ihn bindend geworden ist und der andere Teil den Antrag auf Eintragung der Rechtsänderung gestellt hat. ²Ist der Antrag auf Eintragung einer Vormerkung zur Sicherung des Anspruchs auf die Rechtsänderung gestellt worden, so gilt Satz 1 mit der Maßgabe, dass dieser Antrag an die Stelle des Antrags auf Eintragung der Rechtsänderung tritt.
(3) Bei einer bedingten oder befristeten Rechtshandlung bleibt der Eintritt der Bedingung oder des Termins außer Betracht.

§ 141 Vollstreckbarer Titel

Die Anfechtung wird nicht dadurch ausgeschlossen, dass für die Rechtshandlung ein vollstreckbarer Schuldtitel erlangt oder dass die Handlung durch Zwangsvollstreckung erwirkt worden ist.

§ 142 Bargeschäft

Eine Leistung des Schuldners, für die unmittelbar eine gleichwertige Gegenleistung in sein Vermögen gelangt, ist nur anfechtbar, wenn die Voraussetzungen des § 133 Abs. 1 gegeben sind.

§ 143 Rechtsfolgen

(1) ¹Was durch die anfechtbare Handlung aus dem Vermögen des Schuldners veräußert, weggegeben oder aufgegeben ist, muss zur Insolvenzmasse zurückgewährt werden. ²Die Vorschriften über die Rechtsfolgen einer ungerechtfertigten Bereicherung, bei der dem Empfänger der Mangel des rechtlichen Grundes bekannt ist, gelten entsprechend.
(2) ¹Der Empfänger einer unentgeltlichen Leistung hat diese nur zurückzugewähren, soweit er durch sie bereichert ist. ²Dies gilt nicht, sobald er weiß oder den Umständen nach wissen muss, dass die unentgeltliche Leistung die Gläubiger benachteiligt.
(3) ¹Im Fall der Anfechtung nach § 135 Abs. 2 hat der Gesellschafter, der die Sicherheit bestellt hatte oder als Bürge haftete, die dem Dritten gewährte Leistung zur Insolvenzmasse zu erstatten. ²Die Verpflichtung besteht nur bis zur Höhe des Betrags, mit dem der Gesellschafter als Bürge haftete oder der dem Wert der von ihm bestellten Sicherheit im Zeitpunkt der Rückgewähr des Darlehens oder der Leistung auf die gleichgestellte Forderung entspricht. ³Der Gesellschafter wird von der Verpflichtung frei, wenn er die Gegenstände, die dem Gläubiger als Sicherheit gedient hatten, der Insolvenzmasse zur Verfügung stellt.

§ 144 Ansprüche des Anfechtungsgegners

(1) Gewährt der Empfänger einer anfechtbaren Leistung das Erlangte zurück, so lebt seine Forderung wieder auf.
(2) ¹Eine Gegenleistung ist aus der Insolvenzmasse zu erstatten, soweit sie in dieser noch unterscheidbar vorhanden ist oder soweit die Masse um ihren Wert bereichert ist. ²Darüber hinaus kann der Empfänger der anfechtbaren Leistung die Forderung auf Rückgewähr der Gegenleistung nur als Insolvenzgläubiger geltend machen.

§ 145 Anfechtung gegen Rechtsnachfolger

(1) Die Anfechtbarkeit kann gegen den Erben oder einen anderen Gesamtrechtsnachfolger des Anfechtungsgegners geltend gemacht werden.
(2) Gegen einen sonstigen Rechtsnachfolger kann die Anfechtbarkeit geltend gemacht werden:
1. wenn dem Rechtsnachfolger zur Zeit seines Erwerbs die Umstände bekannt waren, welche die Anfechtbarkeit des Erwerbs seines Rechtsvorgängers begründen;
2. wenn der Rechtsnachfolger zur Zeit seines Erwerbs zu den Personen gehörte, die dem Schuldner nahe stehen (§ 138), es sei denn, dass ihm zu dieser Zeit die Umstände unbekannt waren, welche die Anfechtbarkeit des Erwerbs seines Rechtsvorgängers begründen;
3. wenn dem Rechtsnachfolger das Erlangte unentgeltlich zugewendet worden ist.

§ 146 Verjährung des Anfechtungsanspruchs

(1) Die Verjährung des Anfechtungsanspruchs richtet sich nach den Regelungen über die regelmäßige Verjährung nach dem Bürgerlichen Gesetzbuch.
(2) Auch wenn der Anfechtungsanspruch verjährt ist, kann der Insolvenzverwalter die Erfüllung einer Leistungspflicht verweigern, die auf einer anfechtbaren Handlung beruht.

§ 147 Rechtshandlungen nach Verfahrenseröffnung

¹Eine Rechtshandlung, die nach der Eröffnung des Insolvenzverfahrens vorgenommen worden ist und die nach § 81 Abs. 3 Satz 2, §§ 892, 893 des Bürgerlichen Gesetzbuchs, §§ 16, 17 des Gesetzes über Rechte an eingetragenen Schiffen und §§ 16, 17 des Gesetzes über Rechte an Luftfahrzeugen wirksam ist, kann nach den Vorschriften angefochten werden, die für die Anfechtung einer vor der Verfahrenseröffnung vorgenommenen Rechtshandlung gelten. ²Satz 1 findet auf die den in § 96 Abs. 2 genannten Ansprüchen und Leistungen zugrunde liegenden Rechtshandlungen mit der Maßgabe Anwendung, dass durch die Anfechtung nicht die Verrechnung einschließlich des Saldenausgleichs rückgängig gemacht wird oder die betreffenden Überweisungs-, Zahlungs- oder Übertragungsverträge unwirksam werden.

Vierter Teil Verwaltung und Verwertung der Insolvenzmasse
Erster Abschnitt Sicherung der Insolvenzmasse
§ 148 Übernahme der Insolvenzmasse

(1) Nach der Eröffnung des Insolvenzverfahrens hat der Insolvenzverwalter das gesamte zur Insolvenzmasse gehörende Vermögen sofort in Besitz und Verwaltung zu nehmen.
(2) ¹Der Verwalter kann auf Grund einer vollstreckbaren Ausfertigung des Eröffnungsbeschlusses die Herausgabe der Sachen, die sich im Gewahrsam des Schuldners befinden, im Wege der Zwangsvollstreckung durchsetzen. ²§ 766 der Zivilprozessordnung gilt mit der Maßgabe, dass an die Stelle des Vollstreckungsgerichts das Insolvenzgericht tritt.

§ 149 Wertgegenstände

(1) ¹Der Gläubigerausschuss kann bestimmen, bei welcher Stelle und zu welchen Bedingungen Geld, Wertpapiere und Kostbarkeiten hinterlegt oder angelegt werden sollen. ²Ist kein Gläubigerausschuss bestellt oder hat der Gläubigerausschuss noch keinen Beschluss gefasst, so kann das Insolvenzgericht entsprechendes anordnen.
(2) Die Gläubigerversammlung kann abweichende Regelungen beschließen.

§ 150 Siegelung

¹Der Insolvenzverwalter kann zur Sicherung der Sachen, die zur Insolvenzmasse gehören, durch den Gerichtsvollzieher oder eine andere dazu gesetzlich ermächtigte Person Siegel anbringen lassen. ²Das Protokoll über eine Siegelung oder Entsiegelung hat der Verwalter auf der Geschäftsstelle zur Einsicht der Beteiligten niederzulegen.

§ 151 Verzeichnis der Massegegenstände

(1) ¹Der Insolvenzverwalter hat ein Verzeichnis der einzelnen Gegenstände der Insolvenzmasse aufzustellen. ²Der Schuldner ist hinzuzuziehen, wenn dies ohne eine nachteilige Verzögerung möglich ist.
(2) ¹Bei jedem Gegenstand ist dessen Wert anzugeben. ²Hängt der Wert davon ab, ob das Unternehmen fortgeführt oder stillgelegt wird, sind beide Werte anzugeben. ³Besonders schwierige Bewertungen können einem Sachverständigen übertragen werden.
(3) ¹Auf Antrag des Verwalters kann das Insolvenzgericht gestatten, dass die Aufstellung des Verzeichnisses unterbleibt; der Antrag ist zu begründen. ²Ist ein Gläubigerausschuss bestellt, so kann der Verwalter den Antrag nur mit Zustimmung des Gläubigerausschusses stellen.

§ 152 Gläubigerverzeichnis

(1) Der Insolvenzverwalter hat ein Verzeichnis aller Gläubiger des Schuldners aufzustellen, die ihm aus den Büchern und Geschäftspapieren des Schuldners, durch sonstige Angaben des Schuldners, durch die Anmeldung ihrer Forderungen oder auf andere Weise bekannt geworden sind.
(2) ¹In dem Verzeichnis sind die absonderungsberechtigten Gläubiger und die einzelnen Rangklassen der nachrangigen Insolvenzgläubiger gesondert aufzuführen. ²Bei jedem Gläubiger sind die Anschrift sowie der Grund und der Betrag seiner Forderung anzugeben. ³Bei den absonderungsberechtigten Gläubigern sind zusätzlich der Gegenstand, an dem das Absonderungsrecht besteht, und die Höhe des mutmaßlichen Ausfalls zu bezeichnen; § 151 Abs. 2 Satz 2 gilt entsprechend.
(3) ¹Weiter ist anzugeben, welche Möglichkeiten der Aufrechnung bestehen. ²Die Höhe der Masseverbindlichkeiten im Falle einer zügigen Verwertung des Vermögens des Schuldners ist zu schätzen.

§ 153 Vermögensübersicht

(1) ¹Der Insolvenzverwalter hat auf den Zeitpunkt der Eröffnung des Insolvenzverfahrens eine geordnete Übersicht aufzustellen, in die Gegenstände der Insolvenzmasse und die Verbindlichkeiten des Schuldners aufgeführt und einander gegenübergestellt werden. ²Für die Bewertung der Gegenstände gilt § 151 Abs. 2 entsprechend, für die Gliederung der Verbindlichkeiten § 152 Abs. 2 Satz 1.
(2) ¹Nach der Aufstellung der Vermögensübersicht kann das Insolvenzgericht auf Antrag des Verwalters oder eines Gläubigers dem Schuldner aufgeben, die Vollständigkeit der Vermögensübersicht eidesstattlich zu versichern. ²Die §§ 98, 101 Abs. 1 Satz 1, 2 gelten entsprechend.

§ 154 Niederlegung in der Geschäftsstelle

Das Verzeichnis der Massegegenstände, das Gläubigerverzeichnis und die Vermögensübersicht sind spätestens eine Woche vor dem Berichtstermin in der Geschäftsstelle zur Einsicht der Beteiligten niederzulegen.

§ 155 Handels- und steuerrechtliche Rechnungslegung

(1) ¹Handels- und steuerrechtliche Pflichten des Schuldners zur Buchführung und zur Rechnungslegung bleiben unberührt. ²In Bezug auf die Insolvenzmasse hat der Insolvenzverwalter diese Pflichten zu erfüllen.
(2) ¹Mit der Eröffnung des Insolvenzverfahrens beginnt ein neues Geschäftsjahr. ²Jedoch wird die Zeit bis zum Berichtstermin in gesetzliche Fristen für die Aufstellung oder die Offenlegung eines Jahresabschlusses nicht eingerechnet.
(3) ¹Für die Bestellung des Abschlussprüfers im Insolvenzverfahren gilt § 318 des Handelsgesetzbuchs mit der Maßgabe, dass die Bestellung ausschließlich durch das Registergericht auf Antrag des Verwalters erfolgt. ²Ist für das Geschäftsjahr vor der Eröffnung des Verfahrens bereits ein Abschlussprüfer bestellt, so wird die Wirksamkeit dieser Bestellung durch die Eröffnung nicht berührt.

Zweiter Abschnitt Entscheidung über die Verwertung

§ 156 Berichtstermin

(1) ¹Im Berichtstermin hat der Insolvenzverwalter über die wirtschaftliche Lage des Schuldners und ihre Ursachen zu berichten. ²Er hat darzulegen, ob Aussichten bestehen, das Unternehmen des Schuldners im Ganzen oder in Teilen zu erhalten, welche Möglichkeiten für einen Insolvenzplan bestehen und welche Auswirkungen jeweils für die Befriedigung der Gläubiger eintreten würden.
(2) ¹Dem Schuldner, dem Gläubigerausschuss, dem Betriebsrat und dem Sprecherausschuss der leitenden Angestellten ist im Berichtstermin Gelegenheit zu geben, zu dem Bericht des Verwalters Stellung zu nehmen. ²Ist der Schuldner Handels- oder Gewerbetreibender oder Landwirt, so kann auch der zuständigen amtlichen Berufsvertretung der Industrie, des Handels, des Handwerks oder der Landwirtschaft im Termin Gelegenheit zur Äußerung gegeben werden.

§ 157 Entscheidung über den Fortgang des Verfahrens

¹Die Gläubigerversammlung beschließt im Berichtstermin, ob das Unternehmen des Schuldners stillgelegt oder vorläufig fortgeführt werden soll. ²Sie kann den Verwalter beauftragen, einen Insolvenzplan auszuarbeiten, und ihm das Ziel des Plans vorgeben. ³Sie kann ihre Entscheidungen in späteren Terminen ändern.

§ 158 Maßnahmen vor der Entscheidung

(1) Will der Insolvenzverwalter vor dem Berichtstermin das Unternehmen des Schuldners stilllegen oder veräußern, so hat er die Zustimmung des Gläubigerausschusses einzuholen, wenn ein solcher bestellt ist.
(2) ¹Vor der Beschlussfassung des Gläubigerausschusses oder, wenn ein solcher nicht bestellt ist, vor der Stilllegung oder Veräußerung des Unternehmens hat der Verwalter den Schuldner zu unterrichten. ²Das Insolvenzgericht untersagt auf Antrag des Schuldners und nach Anhörung des Verwalters die Stilllegung oder Veräußerung, wenn diese ohne eine erhebliche Verminderung der Insolvenzmasse bis zum Berichtstermin aufgeschoben werden kann.

§ 159 Verwertung der Insolvenzmasse

Nach dem Berichtstermin hat der Insolvenzverwalter unverzüglich das zur Insolvenzmasse gehörende Vermögen zu verwerten, soweit die Beschlüsse der Gläubigerversammlung nicht entgegenstehen.

§ 160 Besonders bedeutsame Rechtshandlungen

(1) ¹Der Insolvenzverwalter hat die Zustimmung des Gläubigerausschusses einzuholen, wenn er Rechtshandlungen vornehmen will, die für das Insolvenzverfahren von besonderer Bedeutung sind. ²Ist ein Gläubigerausschuss nicht bestellt, so ist die Zustimmung der Gläubigerversammlung einzuholen. ³Ist die einberufene Gläubigerversammlung beschlussunfähig, gilt die Zustimmung als erteilt; auf diese Folgen sind die Gläubiger bei der Einladung zur Gläubigerversammlung hinzuweisen.
(2) Die Zustimmung nach Absatz 1 ist insbesondere erforderlich,
1. wenn das Unternehmen oder ein Betrieb, das Warenlager im Ganzen, ein unbeweglicher Gegenstand aus freier Hand, die Beteiligung des Schuldners an einem anderen Unternehmen, die der Herstellung einer dauernden Verbindung zu diesem Unternehmen dienen soll, oder das Recht auf den Bezug wiederkehrender Einkünfte veräußert werden soll;
2. wenn ein Darlehen aufgenommen werden soll, das die Insolvenzmasse erheblich belasten würde;
3. wenn ein Rechtsstreit mit erheblichem Streitwert anhängig gemacht oder aufgenommen, die Aufnahme eines solchen Rechtsstreits abgelehnt oder zur Beilegung oder zur Vermeidung eines solchen Rechtsstreits ein Vergleich oder ein Schiedsvertrag geschlossen werden soll.

§ 161 Vorläufige Untersagung der Rechtshandlung

¹In den Fällen des § 160 hat der Insolvenzverwalter vor der Beschlussfassung des Gläubigerausschusses oder der Gläubigerversammlung den Schuldner zu unterrichten, wenn dies ohne nachteilige Verzögerung möglich ist. ²Sofern nicht die Gläubigerversammlung ihre Zustimmung erteilt hat, kann das Insolvenzgericht auf Antrag des Schuldners oder einer in § 75 Abs. 1 Nr. 3

bezeichneten Mehrzahl von Gläubigern und nach Anhörung des Verwalters die Vornahme der Rechtshandlung vorläufig untersagen und eine Gläubigerversammlung einberufen, die über die Vornahme beschließt.

§ 162 Betriebsveräußerung an besonders Interessierte

(1) Die Veräußerung des Unternehmens oder eines Betriebs ist nur mit Zustimmung der Gläubigerversammlung zulässig, wenn der Erwerber oder eine Person, die an seinem Kapital zu mindestens 1/5 beteiligt ist,
1. zu den Personen gehört, die dem Schuldner nahe stehen (§ 138),
2. ein absonderungsberechtigter Gläubiger oder ein nicht nachrangiger Insolvenzgläubiger ist, dessen Absonderungsrechte und Forderungen nach der Schätzung des Insolvenzgerichts zusammen 1/5 der Summe erreichen, die sich aus dem Wert aller Absonderungsrechte und den Forderungsbeträgen aller nicht nachrangigen Insolvenzgläubiger ergibt.

(2) Eine Person ist auch insoweit im Sinne des Absatzes 1 am Erwerber beteiligt, als ein von der Person abhängiges Unternehmen oder ein Dritter für Rechnung der Person oder des abhängigen Unternehmens am Erwerber beteiligt ist.

§ 163 Betriebsveräußerung unter Wert

(1) Auf Antrag des Schuldners oder einer in § 75 Abs. 1 Nr. 3 bezeichneten Mehrzahl von Gläubigern und nach Anhörung des Insolvenzverwalters kann das Insolvenzgericht anordnen, dass die geplante Veräußerung des Unternehmens oder eines Betriebs nur mit Zustimmung der Gläubigerversammlung zulässig ist, wenn der Antragsteller glaubhaft macht, dass eine Veräußerung an einen anderen Erwerber für die Insolvenzmasse günstiger wäre.

(2) Sind dem Antragsteller durch den Antrag Kosten entstanden, so ist er berechtigt, die Erstattung dieser Kosten aus der Insolvenzmasse zu verlangen, sobald die Anordnung des Gerichts ergangen ist.

§ 164 Wirksamkeit der Handlung

Durch einen Verstoß gegen die §§ 160 bis 163 wird die Wirksamkeit der Handlung des Insolvenzverwalters nicht berührt.

Dritter Abschnitt Gegenstände mit Absonderungsrechten

§ 165 Verwertung unbeweglicher Gegenstände

Der Insolvenzverwalter kann beim zuständigen Gericht die Zwangsversteigerung oder die Zwangsverwaltung eines unbeweglichen Gegenstands der Insolvenzmasse betreiben, auch wenn an dem Gegenstand ein Absonderungsrecht besteht.

§ 166 Verwertung beweglicher Gegenstände

(1) Der Insolvenzverwalter darf eine bewegliche Sache, an der ein Absonderungsrecht besteht, freihändig verwerten, wenn er die Sache in seinem Besitz hat.

(2) Der Verwalter darf eine Forderung, die der Schuldner zur Sicherung eines Anspruchs abgetreten hat, einziehen oder in anderer Weise verwerten.

(3) Die Absätze 1 und 2 finden keine Anwendung
1. auf Gegenstände, an denen eine Sicherheit zugunsten des Teilnehmers eines Systems nach § 1 Abs. 16 des Kreditwesengesetzes zur Sicherung seiner Ansprüche aus dem System besteht,
2. auf Gegenstände, an denen eine Sicherheit zugunsten der Zentralbank eines Mitgliedstaats der Europäischen Union oder Vertragsstaats des Europäischen Wirtschaftsraumes oder zugunsten der Europäischen Zentralbank besteht, und
3. auf eine Finanzsicherheit im Sinne des § 1 Abs. 17 des Kreditwesengesetzes.

§ 167 Unterrichtung des Gläubigers

(1) ¹Ist der Insolvenzverwalter nach § 166 Abs. 1 zur Verwertung einer beweglichen Sache berechtigt, so hat er dem absonderungsberechtigten Gläubiger auf dessen Verlangen Auskunft über den Zustand der Sache zu erteilen. ²Anstelle der Auskunft kann er dem Gläubiger gestatten, die Sache zu besichtigen.

(2) ¹Ist der Verwalter nach § 166 Abs. 2 zur Einziehung einer Forderung berechtigt, so hat er dem absonderungsberechtigten Gläubiger auf dessen Verlangen Auskunft über die Forderung zu erteilen. ²Anstelle der Auskunft kann er dem Gläubiger gestatten, Einsicht in die Bücher und Geschäftspapiere des Schuldners zu nehmen.

§ 168 Mitteilung der Veräußerungsabsicht

(1) ¹Bevor der Insolvenzverwalter einen Gegenstand, zu dessen Verwertung er nach § 166 berechtigt ist, an einen Dritten veräußert, hat er dem absonderungsberechtigten Gläubiger mitzuteilen, auf welche Weise der Gegenstand veräußert werden soll. ²Er hat dem Gläubiger Gelegenheit zu geben, binnen einer Woche auf eine andere, für den Gläubiger günstigere Möglichkeit der Verwertung des Gegenstands hinzuweisen.

(2) Erfolgt ein solcher Hinweis innerhalb der Wochenfrist oder rechtzeitig vor der Veräußerung, so hat der Verwalter die vom Gläubiger genannte Verwertungsmöglichkeit wahrzunehmen oder den Gläubiger so zu stellen, wie wenn er sie wahrgenommen hätte.

(3) ¹Die andere Verwertungsmöglichkeit kann auch darin bestehen, dass der Gläubiger den Gegenstand selbst übernimmt. ²Günstiger ist eine Verwertungsmöglichkeit auch dann, wenn Kosten eingespart werden.

§ 169 Schutz des Gläubigers vor einer Verzögerung der Verwertung

¹Solange ein Gegenstand, zu dessen Verwertung der Insolvenzverwalter nach § 166 berechtigt ist, nicht verwertet wird, sind dem Gläubiger vom Berichtstermin an laufend die geschuldeten Zinsen aus der Insolvenzmasse zu zahlen. ²Ist der Gläubiger schon vor der Eröffnung des Insolvenzverfahrens auf Grund einer Anordnung nach § 21 an der Verwertung des Gegenstands gehindert worden, so sind die geschuldeten Zinsen spätestens von dem Zeitpunkt an zu zahlen, der 3 Monate nach dieser Anordnung liegt. ³Die Sätze 1 und 2 gelten nicht, soweit nach der Höhe der Forderung sowie dem Wert und der sonstigen Belastung des Gegenstands nicht mit einer Befriedigung des Gläubigers aus dem Verwertungserlös zu rechnen ist.

§ 170 Verteilung des Erlöses

(1) ¹Nach der Verwertung einer beweglichen Sache oder einer Forderung durch den Insolvenzverwalter sind aus dem Verwertungserlös die Kosten der Feststellung und der Verwertung des Gegenstands vorweg für die Insolvenzmasse zu entnehmen. ²Aus dem verbleibenden Betrag ist unverzüglich der absonderungsberechtigte Gläubiger zu befriedigen.
(2) Überlässt der Insolvenzverwalter einen Gegenstand, zu dessen Verwertung er nach § 166 berechtigt ist, dem Gläubiger zur Verwertung, so hat dieser aus dem von ihm erzielten Verwertungserlös einen Betrag in Höhe der Kosten der Feststellung sowie des Umsatzsteuerbetrages (§ 171 Abs. 2 Satz 3) vorweg an die Masse abzuführen.

§ 171 Berechnung des Kostenbeitrags

(1) ¹Die Kosten der Feststellung umfassen die Kosten der tatsächlichen Feststellung des Gegenstands und der Feststellung der Rechte an diesem. ²Sie sind pauschal mit 4 v. H. des Verwertungserlöses anzusetzen.
(2) ¹Als Kosten der Verwertung sind pauschal 5 v. H. des Verwertungserlöses anzusetzen. ²Lagen die tatsächlich entstandenen, für die Verwertung erforderlichen Kosten erheblich niedriger oder erheblich höher, so sind diese Kosten anzusetzen. ³Führt die Verwertung zu einer Belastung der Masse mit Umsatzsteuer, so ist der Umsatzsteuerbetrag zusätzlich zu der Pauschale nach Satz 1 oder den tatsächlich entstandenen Kosten nach Satz 2 anzusetzen.

§ 172 Sonstige Verwendung beweglicher Sachen

(1) ¹Der Insolvenzverwalter darf eine bewegliche Sache, zu deren Verwertung er berechtigt ist, für die Insolvenzmasse benutzen, wenn er den dadurch entstehenden Wertverlust von der Eröffnung des Insolvenzverfahrens an durch laufende Zahlungen an den Gläubiger ausgleicht. ²Die Verpflichtung zu Ausgleichszahlungen besteht nur, soweit der durch die Nutzung entstehende Wertverlust die Sicherung des absonderungsberechtigten Gläubigers beeinträchtigt.
(2) ¹Der Verwalter darf eine solche Sache verbinden, vermischen und verarbeiten, soweit dadurch die Sicherung des absonderungsberechtigten Gläubigers nicht beeinträchtigt wird. ²Setzt sich das Recht des Gläubigers an einer anderen Sache fort, so hat der Gläubiger die neue Sicherheit insoweit freizugeben, als sie den Wert der bisherigen Sicherheit übersteigt.

§ 173 Verwertung durch den Gläubiger

(1) Soweit der Insolvenzverwalter nicht zur Verwertung einer beweglichen Sache oder einer Forderung berechtigt ist, an denen ein Absonderungsrecht besteht, bleibt das Recht des Gläubigers zur Verwertung unberührt.
(2) ¹Auf Antrag des Verwalters und nach Anhörung des Gläubigers kann das Insolvenzgericht eine Frist bestimmen, innerhalb welcher der Gläubiger den Gegenstand zu verwerten hat. ²Nach Ablauf der Frist ist der Verwalter zur Verwertung berechtigt.

Fünfter Teil Befriedigung der Insolvenzgläubiger. Einstellung des Verfahrens

Erster Abschnitt Feststellung der Forderungen

§ 174 Anmeldung der Forderungen

(1) ¹Die Insolvenzgläubiger haben ihre Forderungen schriftlich beim Insolvenzverwalter anzumelden. ²Der Anmeldung sollen die Urkunden, aus denen sich die Forderung ergibt, in Abdruck beigefügt werden. ³Zur Vertretung des Gläubigers im Verfahren nach diesem Abschnitt sind auch Personen befugt, die Inkassodienstleistungen erbringen (registrierte Personen nach § 10 Abs. 1 Satz 1 Nr. 1 des Rechtsdienstleistungsgesetzes).
(2) Bei der Anmeldung sind der Grund und der Betrag der Forderung anzugeben sowie die Tatsachen, aus denen sich nach Einschätzung des Gläubigers ergibt, dass ihr eine vorsätzlich begangene unerlaubte Handlung des Schuldners zugrunde liegt.
(3) ¹Die Forderungen nachrangiger Gläubiger sind nur anzumelden, soweit das Insolvenzgericht besonders zur Anmeldung dieser Forderungen auffordert. ²Bei der Anmeldung solcher Forderungen ist auf den Nachrang hinzuweisen und die dem Gläubiger zustehende Rangstelle zu bezeichnen.
(4) ¹Die Anmeldung kann durch Übermittlung eines elektronischen Dokuments erfolgen, wenn der Insolvenzverwalter der Übermittlung elektronischer Dokumente ausdrücklich zugestimmt hat. ²In diesem Fall sollen die Urkunden, aus denen sich die Forderung ergibt, unverzüglich nachgereicht werden.

§ 175 Tabelle

(1) ¹Der Insolvenzverwalter hat jede angemeldete Forderung mit den in § 174 Abs. 2 und 3 genannten Angaben in eine Tabelle einzutragen. ²Die Tabelle ist mit den Anmeldungen sowie den beigefügten Urkunden innerhalb des 1. Drittels des Zeitraums, der zwischen dem Ablauf der Anmeldefrist und dem Prüfungstermin liegt, in der Geschäftsstelle des Insolvenzgerichts zur Einsicht der Beteiligten niederzulegen.
(2) Hat ein Gläubiger eine Forderung aus einer vorsätzlich begangenen unerlaubten Handlung angemeldet, so hat das Insolvenzgericht den Schuldner auf die Rechtsfolgen des § 302 und auf die Möglichkeit des Widerspruchs hinzuweisen.

§ 176 Verlauf des Prüfungstermins

¹Im Prüfungstermin werden die angemeldeten Forderungen ihrem Betrag und ihrem Rang nach geprüft. ²Die Forderungen, die vom Insolvenzverwalter, vom Schuldner oder von einem Insolvenzgläubiger bestritten werden, sind einzeln zu erörtern.

§ 177 Nachträgliche Anmeldungen

(1) ¹Im Prüfungstermin sind auch die Forderungen zu prüfen, die nach dem Ablauf der Anmeldefrist angemeldet worden sind. ²Widerspricht jedoch der Insolvenzverwalter oder ein Insolvenzgläubiger dieser Prüfung oder wird eine Forderung erst nach dem Prüfungstermin angemeldet, so hat das Insolvenzgericht auf Kosten des Säumigen entweder einen besonderen Prüfungstermin zu bestimmen oder die Prüfung im schriftlichen Verfahren anzuordnen. ³Für nachträgliche Änderungen der Anmeldung gelten die Sätze 1 und 2 entsprechend.
(2) Hat das Gericht nachrangige Gläubiger nach § 174 Abs. 3 zur Anmeldung ihrer Forderungen aufgefordert und läuft die für diese Anmeldung gesetzte Frist später als eine Woche vor dem Prüfungstermin ab, so ist auf Kosten der Insolvenzmasse entweder ein besonderer Prüfungstermin zu bestimmen oder die Prüfung im schriftlichen Verfahren anzuordnen.
(3) ¹Der besondere Prüfungstermin ist öffentlich bekannt zu machen. ²Zu dem Termin sind die Insolvenzgläubiger, die eine Forderung angemeldet haben, der Verwalter und der Schuldner besonders zu laden. ³§ 74 Abs. 2 Satz 2 gilt entsprechend.

§ 178 Voraussetzungen und Wirkungen der Feststellung

(1) ¹Eine Forderung gilt als festgestellt, soweit gegen sie im Prüfungstermin oder im schriftlichen Verfahren (§ 177) ein Widerspruch weder vom Insolvenzverwalter noch von einem Insolvenzgläubiger erhoben wird oder soweit ein erhobener Widerspruch beseitigt ist. ²Ein Widerspruch des Schuldners steht der Feststellung der Forderung nicht entgegen.
(2) ¹Das Insolvenzgericht trägt für jede angemeldete Forderung in die Tabelle ein, inwieweit die Forderung ihrem Betrag und ihrem Rang nach festgestellt ist oder wer der Feststellung widersprochen hat. ²Auch ein Widerspruch des Schuldners ist einzutragen. ³Auf Wechseln und sonstigen Schuldurkunden ist vom Urkundsbeamten der Geschäftsstelle die Feststellung zu vermerken.
(3) Die Eintragung in die Tabelle wirkt für die festgestellten Forderungen ihrem Betrag und ihrem Rang nach wie ein rechtskräftiges Urteil gegenüber dem Insolvenzverwalter und allen Insolvenzgläubigern.

§ 179 Streitige Forderungen

(1) Ist eine Forderung vom Insolvenzverwalter oder von einem Insolvenzgläubiger bestritten worden, so bleibt es dem Gläubiger überlassen, die Feststellung gegen den Bestreitenden zu betreiben.
(2) Liegt für eine solche Forderung ein vollstreckbarer Schuldtitel oder ein Endurteil vor, so obliegt es dem Bestreitenden, den Widerspruch zu verfolgen.
(3) ¹Das Insolvenzgericht erteilt dem Gläubiger, dessen Forderung bestritten worden ist, einen beglaubigten Auszug aus der Tabelle. ²Im Falle des Absatzes 2 erhält auch der Bestreitende einen solchen Auszug. ³Die Gläubiger, deren Forderungen festgestellt worden sind, werden nicht benachrichtigt; hierauf sollen die Gläubiger vor dem Prüfungstermin hingewiesen werden.

§ 180 Zuständigkeit für die Feststellung

(1) ¹Auf die Feststellung ist im ordentlichen Verfahren Klage zu erheben. ²Für die Klage ist das Amtsgericht ausschließlich zuständig, bei dem das Insolvenzverfahren anhängig ist oder anhängig war. ³Gehört der Streitgegenstand nicht zur Zuständigkeit der Amtsgerichte, so ist das Landgericht ausschließlich zuständig, zu dessen Bezirk das Insolvenzgericht gehört.
(2) War zur Zeit der Eröffnung des Insolvenzverfahrens ein Rechtsstreit über die Forderung anhängig, so ist die Feststellung durch Aufnahme des Rechtsstreits zu betreiben.

§ 181 Umfang der Feststellung

Die Feststellung kann nach Grund, Betrag und Rang der Forderung nur in der Weise begehrt werden, wie die Forderung in der Anmeldung oder im Prüfungstermin bezeichnet worden ist.

§ 182 Streitwert

Der Wert des Streitgegenstands einer Klage auf Feststellung einer Forderung, deren Bestand vom Insolvenzverwalter oder von einem Insolvenzgläubiger bestritten worden ist, bestimmt sich nach dem Betrag, der bei der Verteilung der Insolvenzmasse für die Forderung zu erwarten ist.

§ 183 Wirkung der Entscheidung

(1) Eine rechtskräftige Entscheidung, durch die eine Forderung festgestellt oder ein Widerspruch für begründet erklärt wird, wirkt gegenüber dem Insolvenzverwalter und allen Insolvenzgläubigern.
(2) Der obsiegenden Partei obliegt es, beim Insolvenzgericht die Berichtigung der Tabelle zu beantragen.
(3) Haben nur einzelne Gläubiger, nicht der Verwalter, den Rechtsstreit geführt, so können diese Gläubiger die Erstattung ihrer Kosten aus der Insolvenzmasse insoweit verlangen, als der Masse durch die Entscheidung ein Vorteil erwachsen ist.

§ 184 Klage gegen einen Widerspruch des Schuldners

(1) [1]Hat der Schuldner im Prüfungstermin oder im schriftlichen Verfahren (§ 177) eine Forderung bestritten, so kann der Gläubiger Klage auf Feststellung der Forderung gegen den Schuldner erheben. [2]War zur Zeit der Eröffnung des Insolvenzverfahrens ein Rechtsstreit über die Forderung anhängig, so kann der Gläubiger diesen Rechtsstreit gegen den Schuldner aufnehmen.
(2) [1]Liegt für eine solche Forderung ein vollstreckbarer Schuldtitel oder ein Endurteil vor, so obliegt es dem Schuldner binnen einer Frist von einem Monat, die mit dem Prüfungstermin oder im schriftlichen Verfahren mit dem Bestreiten der Forderung beginnt, den Widerspruch zu verfolgen. [2]Nach fruchtlosem Ablauf dieser Frist gilt ein Widerspruch als nicht erhoben. [3]Das Insolvenzgericht erteilt dem Schuldner und dem Gläubiger, dessen Forderung bestritten worden ist, einen beglaubigten Auszug aus der Tabelle und weist den Schuldner auf die Folgen einer Fristversäumung hin. [4]Der Schuldner hat dem Gericht die Verfolgung des Anspruchs nachzuweisen.

§ 185 Besondere Zuständigkeiten

[1]Ist für die Feststellung einer Forderung der Rechtsweg zum ordentlichen Gericht nicht gegeben, so ist die Feststellung bei dem zuständigen anderen Gericht zu betreiben oder von der zuständigen Verwaltungsbehörde vorzunehmen. [2]§ 180 Abs. 2 und die §§ 181, 183 und 184 gelten entsprechend. [3]Ist die Feststellung bei einem anderen Gericht zu betreiben, so gilt auch § 182 entsprechend.

§ 186 Wiedereinsetzung in den vorigen Stand

(1) [1]Hat der Schuldner den Prüfungstermin versäumt, so hat ihm das Insolvenzgericht auf Antrag die Wiedereinsetzung in den vorigen Stand zu gewähren. [2]§ 51 Abs. 2, § 85 Abs. 2, §§ 233 bis 236 der Zivilprozessordnung gelten entsprechend.
(2) [1]Die den Antrag auf Wiedereinsetzung betreffenden Schriftsätze sind dem Gläubiger zuzustellen, dessen Forderung nachträglich bestritten werden soll. [2]Das Bestreiten in diesen Schriftsätzen steht, wenn die Wiedereinsetzung erteilt wird, dem Bestreiten im Prüfungstermin gleich.

Zweiter Abschnitt Verteilung

§ 187 Befriedigung der Insolvenzgläubiger

(1) Mit der Befriedigung der Insolvenzgläubiger kann erst nach dem allgemeinen Prüfungstermin begonnen werden.
(2) [1]Verteilungen an die Insolvenzgläubiger können stattfinden, sooft hinreichende Barmittel in der Insolvenzmasse vorhanden sind. [2]Nachrangige Insolvenzgläubiger sollen bei Abschlagsverteilungen nicht berücksichtigt werden.
(3) [1]Die Verteilungen werden vom Insolvenzverwalter vorgenommen. [2]Vor jeder Verteilung hat er die Zustimmung des Gläubigerausschusses einzuholen, wenn ein solcher bestellt ist.

§ 188 Verteilungsverzeichnis

[1]Vor einer Verteilung hat der Insolvenzverwalter ein Verzeichnis der Forderungen aufzustellen, die bei der Verteilung zu berücksichtigen sind. [2]Das Verzeichnis ist auf der Geschäftsstelle zur Einsicht der Beteiligten niederzulegen. [3]Der Verwalter zeigt dem Gericht die Summe der Forderungen und den für die Verteilung verfügbaren Betrag aus der Insolvenzmasse an; das Gericht hat die angezeigte Summe der Forderungen und den für die Verteilung verfügbaren Betrag öffentlich bekannt zu machen.

§ 189 Berücksichtigung bestrittener Forderungen

(1) Ein Insolvenzgläubiger, dessen Forderung nicht festgestellt ist und für dessen Forderung ein vollstreckbarer Titel oder ein Endurteil nicht vorliegt, hat spätestens innerhalb einer Ausschlussfrist von 2 Wochen nach der öffentlichen Bekanntmachung dem Insolvenzverwalter nachzuweisen, dass und für welchen Betrag die Feststellungsklage erhoben oder das Verfahren in dem früher anhängigen Rechtsstreit aufgenommen ist.

(2) Wird der Nachweis rechtzeitig geführt, so wird der auf die Forderung entfallende Anteil bei der Verteilung zurückbehalten, solange der Rechtsstreit anhängig ist.
(3) Wird der Nachweis nicht rechtzeitig geführt, so wird die Forderung bei der Verteilung nicht berücksichtigt.

§ 190 Berücksichtigung absonderungsberechtigter Gläubiger

(1) ¹Ein Gläubiger, der zur abgesonderten Befriedigung berechtigt ist, hat spätestens innerhalb der in § 189 Abs. 1 vorgesehenen Ausschlussfrist dem Insolvenzverwalter nachzuweisen, dass und für welchen Betrag er auf abgesonderte Befriedigung verzichtet hat oder bei ihr ausgefallen ist. ²Wird der Nachweis nicht rechtzeitig geführt, so wird die Forderung bei der Verteilung nicht berücksichtigt.
(2) ¹Zur Berücksichtigung bei einer Abschlagsverteilung genügt es, wenn der Gläubiger spätestens innerhalb der Ausschlussfrist dem Verwalter nachweist, dass die Verwertung des Gegenstands betrieben wird, an dem das Absonderungsrecht besteht, und den Betrag des mutmaßlichen Ausfalls glaubhaft macht. ²In diesem Fall wird der auf die Forderung entfallende Anteil bei der Verteilung zurückbehalten. ³Sind die Voraussetzungen des Absatzes 1 bei der Schlussverteilung nicht erfüllt, so wird der zurückbehaltene Anteil für die Schlussverteilung frei.
(3) ¹Ist nur der Verwalter zur Verwertung des Gegenstands berechtigt, an dem das Absonderungsrecht besteht, so sind die Absätze 1 und 2 nicht anzuwenden. ²Bei einer Abschlagsverteilung hat der Verwalter, wenn er den Gegenstand noch nicht verwertet hat, den Ausfall des Gläubigers zu schätzen und den auf die Forderung entfallenden Anteil zurückzubehalten.

§ 191 Berücksichtigung aufschiebend bedingter Forderungen

(1) ¹Eine aufschiebend bedingte Forderung wird bei einer Abschlagsverteilung mit ihrem vollen Betrag berücksichtigt. ²Der auf die Forderung entfallende Anteil wird bei der Verteilung zurückbehalten.
(2) ¹Bei der Schlussverteilung wird eine aufschiebend bedingte Forderung nicht berücksichtigt, wenn die Möglichkeit des Eintritts der Bedingung so fern liegt, dass die Forderung zur Zeit der Verteilung keinen Vermögenswert hat. ²In diesem Fall wird ein gemäß Absatz 1 Satz 2 zurückbehaltener Anteil für die Schlussverteilung frei.

§ 192 Nachträgliche Berücksichtigung

Gläubiger, die bei einer Abschlagsverteilung nicht berücksichtigt worden sind und die Voraussetzungen der §§ 189, 190 nachträglich erfüllen, erhalten bei der folgenden Verteilung aus der restlichen Insolvenzmasse vorab einen Betrag, der sie mit den übrigen Gläubigern gleichstellt.

§ 193 Änderung des Verteilungsverzeichnisses

Der Insolvenzverwalter hat die Änderungen des Verzeichnisses, die auf Grund der §§ 189 bis 192 erforderlich werden, binnen 3 Tagen nach Ablauf der in § 189 Abs. 1 vorgesehenen Ausschlussfrist vorzunehmen.

§ 194 Einwendungen gegen das Verteilungsverzeichnis

(1) Bei einer Abschlagsverteilung sind Einwendungen eines Gläubigers gegen das Verzeichnis bis zum Ablauf einer Woche nach dem Ende der in § 189 Abs. 1 vorgesehenen Ausschlussfrist bei dem Insolvenzgericht zu erheben.
(2) ¹Eine Entscheidung des Gerichts, durch die Einwendungen zurückgewiesen werden, ist dem Gläubiger und dem Insolvenzverwalter zuzustellen. ²Dem Gläubiger steht gegen den Beschluss die sofortige Beschwerde zu.
(3) ¹Eine Entscheidung des Gerichts, durch die eine Berichtigung des Verzeichnisses angeordnet wird, ist dem Gläubiger und dem Verwalter zuzustellen und in der Geschäftsstelle zur Einsicht der Beteiligten niederzulegen. ²Dem Verwalter und den Insolvenzgläubigern steht gegen den Beschluss die sofortige Beschwerde zu. ³Die Beschwerdefrist beginnt mit dem Tag, an dem die Entscheidung niedergelegt worden ist.

§ 195 Festsetzung des Bruchteils

(1) ¹Für eine Abschlagsverteilung bestimmt der Gläubigerausschuss auf Vorschlag des Insolvenzverwalters den zu zahlenden Bruchteil. ²Ist kein Gläubigerausschuss bestellt, so bestimmt der Verwalter den Bruchteil.
(2) Der Verwalter hat den Bruchteil den berücksichtigten Gläubigern mitzuteilen.

§ 196 Schlussverteilung

(1) Die Schlussverteilung erfolgt, sobald die Verwertung der Insolvenzmasse mit Ausnahme eines laufenden Einkommens beendet ist.
(2) Die Schlussverteilung darf nur mit Zustimmung des Insolvenzgerichts vorgenommen werden.

§ 197 Schlusstermin

(1) ¹Bei der Zustimmung zur Schlussverteilung bestimmt das Insolvenzgericht den Termin für eine abschließende Gläubigerversammlung. ²Dieser Termin dient

1. zur Erörterung der Schlussrechnung des Insolvenzverwalters,
2. zur Erhebung von Einwendungen gegen das Schlussverzeichnis und
3. zur Entscheidung der Gläubiger über die nicht verwertbaren Gegenstände der Insolvenzmasse.
(2) Zwischen der öffentlichen Bekanntmachung des Termins und dem Termin soll eine Frist von mindestens einem Monat und höchstens 2 Monaten liegen.
(3) Für die Entscheidung des Gerichts über Einwendungen eines Gläubigers gilt § 194 Abs. 2 und 3 entsprechend.

§ 198 Hinterlegung zurückbehaltener Beträge

Beträge, die bei der Schlussverteilung zurückzubehalten sind, hat der Insolvenzverwalter für Rechnung der Beteiligten bei einer geeigneten Stelle zu hinterlegen.

§ 199 Überschuss bei der Schlussverteilung

¹Können bei der Schlussverteilung die Forderungen aller Insolvenzgläubiger in voller Höhe berichtigt werden, so hat der Insolvenzverwalter einen verbleibenden Überschuss dem Schuldner herauszugeben. ²Ist der Schuldner keine natürliche Person, so hat der Verwalter jeder am Schuldner beteiligten Person den Teil des Überschusses herauszugeben, der ihr bei einer Abwicklung außerhalb des Insolvenzverfahrens zustünde.

§ 200 Aufhebung des Insolvenzverfahrens

(1) Sobald die Schlussverteilung vollzogen ist, beschließt das Insolvenzgericht die Aufhebung des Insolvenzverfahrens.
(2) ¹Der Beschluss und der Grund der Aufhebung sind öffentlich bekannt zu machen. ²Die §§ 31 bis 33 gelten entsprechend.

§ 201 Rechte der Insolvenzgläubiger nach Verfahrensaufhebung

(1) Die Insolvenzgläubiger können nach der Aufhebung des Insolvenzverfahrens ihre restlichen Forderungen gegen den Schuldner unbeschränkt geltend machen.
(2) ¹Die Insolvenzgläubiger, deren Forderungen festgestellt und nicht vom Schuldner im Prüfungstermin bestritten worden sind, können aus der Eintragung in die Tabelle wie aus einem vollstreckbaren Urteil die Zwangsvollstreckung gegen den Schuldner betreiben. ²Einer nicht bestrittenen Forderung steht eine Forderung gleich, bei der ein erhobener Widerspruch beseitigt ist. ³Der Antrag auf Erteilung einer vollstreckbaren Ausfertigung aus der Tabelle kann erst nach Aufhebung des Insolvenzverfahrens gestellt werden.
(3) Die Vorschriften über die Restschuldbefreiung bleiben unberührt.

§ 202 Zuständigkeit bei der Vollstreckung

(1) Im Falle des § 201 ist das Amtsgericht, bei dem das Insolvenzverfahren anhängig ist oder anhängig war, ausschließlich zuständig für Klagen:
1. auf Erteilung der Vollstreckungsklausel;
2. durch die nach der Erteilung der Vollstreckungsklausel bestritten wird, dass die Voraussetzungen für die Erteilung eingetreten waren;
3. durch die Einwendungen geltend gemacht werden, die den Anspruch selbst betreffen.
(2) Gehört der Streitgegenstand nicht zur Zuständigkeit der Amtsgerichte, so ist das Landgericht ausschließlich zuständig, zu dessen Bezirk das Insolvenzgericht gehört.

§ 203 Anordnung der Nachtragsverteilung

(1) Auf Antrag des Insolvenzverwalters oder eines Insolvenzgläubigers oder von Amts wegen ordnet das Insolvenzgericht eine Nachtragsverteilung an, wenn nach dem Schlusstermin
1. zurückbehaltene Beträge für die Verteilung frei werden,
2. Beträge, die aus der Insolvenzmasse gezahlt sind, zurückfließen oder
3. Gegenstände der Masse ermittelt werden.
(2) Die Aufhebung des Verfahrens steht der Anordnung einer Nachtragsverteilung nicht entgegen.
(3) ¹Das Gericht kann von der Anordnung absehen und den zur Verfügung stehenden Betrag oder den ermittelten Gegenstand dem Schuldner überlassen, wenn dies mit Rücksicht auf die Geringfügigkeit des Betrags oder den geringen Wert des Gegenstands und die Kosten einer Nachtragsverteilung angemessen erscheint. ²Es kann die Anordnung davon abhängig machen, dass ein Geldbetrag vorgeschossen wird, der die Kosten der Nachtragsverteilung deckt.

§ 204 Rechtsmittel

(1) ¹Der Beschluss, durch den der Antrag auf Nachtragsverteilung abgelehnt wird, ist dem Antragsteller zuzustellen. ²Gegen den Beschluss steht dem Antragsteller die sofortige Beschwerde zu.

(2) ¹Der Beschluss, durch den eine Nachtragsverteilung angeordnet wird, ist dem Insolvenzverwalter, dem Schuldner und, wenn ein Gläubiger die Verteilung beantragt hatte, diesem Gläubiger zuzustellen. ²Gegen den Beschluss steht dem Schuldner die sofortige Beschwerde zu.

§ 205 Vollzug der Nachtragsverteilung

¹Nach der Anordnung der Nachtragsverteilung hat der Insolvenzverwalter den zur Verfügung stehenden Betrag oder den Erlös aus der Verwertung des ermittelten Gegenstands auf Grund des Schlussverzeichnisses zu verteilen. ²Er hat dem Insolvenzgericht Rechnung zu legen.

§ 206 Ausschluss von Massegläubigern

Massegläubiger, deren Ansprüche dem Insolvenzverwalter
1. bei einer Abschlagsverteilung erst nach der Festsetzung des Bruchteils,
2. bei der Schlussverteilung erst nach der Beendigung des Schlusstermins oder
3. bei einer Nachtragsverteilung erst nach der öffentlichen Bekanntmachung

bekannt geworden sind, können Befriedigung nur aus den Mitteln verlangen, die nach der Verteilung in der Insolvenzmasse verbleiben.

Dritter Abschnitt Einstellung des Verfahrens

§ 207 Einstellung mangels Masse

(1) ¹Stellt sich nach der Eröffnung des Insolvenzverfahrens heraus, dass die Insolvenzmasse nicht ausreicht, um die Kosten des Verfahrens zu decken, so stellt das Insolvenzgericht das Verfahren ein. ²Die Einstellung unterbleibt, wenn ein ausreichender Geldbetrag vorgeschossen wird oder die Kosten nach § 4 a gestundet werden; § 26 Abs. 3 gilt entsprechend.
(2) Vor der Einstellung sind die Gläubigerversammlung, der Insolvenzverwalter und die Massegläubiger zu hören.
(3) ¹Soweit Barmittel in der Masse vorhanden sind, hat der Verwalter vor der Einstellung die Kosten des Verfahrens, von diesen zuerst die Auslagen, nach dem Verhältnis ihrer Beträge zu berichtigen. ²Zur Verwertung von Massegegenständen ist er nicht mehr verpflichtet.

§ 208 Anzeige der Masseunzulänglichkeit

(1) ¹Sind die Kosten des Insolvenzverfahrens gedeckt, reicht die Insolvenzmasse jedoch nicht aus, um die fälligen sonstigen Masseverbindlichkeiten zu erfüllen, so hat der Insolvenzverwalter dem Insolvenzgericht anzuzeigen, dass Masseunzulänglichkeit vorliegt. ²Gleiches gilt, wenn die Masse voraussichtlich nicht ausreichen wird, um die bestehenden sonstigen Masseverbindlichkeiten im Zeitpunkt der Fälligkeit zu erfüllen.
(2) ¹Das Gericht hat die Anzeige der Masseunzulänglichkeit öffentlich bekannt zu machen. ²Den Massegläubigern ist sie besonders zuzustellen.
(3) Die Pflicht des Verwalters zur Verwaltung und zur Verwertung der Masse besteht auch nach der Anzeige der Masseunzulänglichkeit fort.

§ 209 Befriedigung der Massegläubiger

(1) Der Insolvenzverwalter hat die Masseverbindlichkeiten nach folgender Rangordnung zu berichten, bei gleichem Rang nach dem Verhältnis ihrer Beträge:
1. die Kosten des Insolvenzverfahrens;
2. die Masseverbindlichkeiten, die nach der Anzeige der Masseunzulänglichkeit begründet worden sind, ohne zu den Kosten des Verfahrens zu gehören;
3. die übrigen Masseverbindlichkeiten, unter diesen zuletzt der nach den §§ 100, 101 Abs. 1 Satz 3 bewilligte Unterhalt.

(2) Als Masseverbindlichkeiten im Sinne des Absatzes 1 Nr. 2 gelten auch die Verbindlichkeiten
1. aus einem gegenseitigen Vertrag, dessen Erfüllung der Verwalter gewählt hat, nachdem er die Masseunzulänglichkeit angezeigt hatte;
2. aus einem Dauerschuldverhältnis für die Zeit nach dem 1. Termin, zu dem der Verwalter nach der Anzeige der Masseunzulänglichkeit kündigen konnte;
3. aus einem Dauerschuldverhältnis, soweit der Verwalter nach der Anzeige der Masseunzulänglichkeit für die Insolvenzmasse die Gegenleistung in Anspruch genommen hat.

§ 210 Vollstreckungsverbot

Sobald der Insolvenzverwalter die Masseunzulänglichkeit angezeigt hat, ist die Vollstreckung wegen einer Masseverbindlichkeit im Sinne des § 209 Abs. 1 Nr. 3 unzulässig.

§ 211 Einstellung nach Anzeige der Masseunzulänglichkeit

(1) Sobald der Insolvenzverwalter die Insolvenzmasse nach Maßgabe des § 209 verteilt hat, stellt das Insolvenzgericht das Insolvenzverfahren ein.
(2) Der Verwalter hat für seine Tätigkeit nach der Anzeige der Masseunzulänglichkeit gesondert Rechnung zu legen.
(3) ¹Werden nach der Einstellung des Verfahrens Gegenstände der Insolvenzmasse ermittelt, so ordnet das Gericht auf Antrag des Verwalters oder eines Massegläubigers oder von Amts wegen eine Nachtragsverteilung an. ²§ 203 Abs. 3 und die §§ 204 und 205 gelten entsprechend.

§ 212 Einstellung wegen Wegfalls des Eröffnungsgrunds

¹Das Insolvenzverfahren ist auf Antrag des Schuldners einzustellen, wenn gewährleistet ist, dass nach der Einstellung beim Schuldner weder Zahlungsunfähigkeit noch drohende Zahlungsunfähigkeit noch, soweit die Überschuldung Grund für die Eröffnung des Insolvenzverfahrens ist, Überschuldung vorliegt. ²Der Antrag ist nur zulässig, wenn das Fehlen der Eröffnungsgründe glaubhaft gemacht wird.

§ 213 Einstellung mit Zustimmung der Gläubiger

(1) ¹Das Insolvenzverfahren ist auf Antrag des Schuldners einzustellen, wenn er nach Ablauf der Anmeldefrist die Zustimmung aller Insolvenzgläubiger beibringt, die Forderungen angemeldet haben. ²Bei Gläubigern, deren Forderungen vom Schuldner oder vom Insolvenzverwalter bestritten werden, und bei absonderungsberechtigten Gläubigern entscheidet das Insolvenzgericht nach freiem Ermessen, inwieweit es einer Zustimmung dieser Gläubiger oder einer Sicherheitsleistung gegenüber ihnen bedarf.
(2) Das Verfahren kann auf Antrag des Schuldners vor dem Ablauf der Anmeldefrist eingestellt werden, wenn außer den Gläubigern, deren Zustimmung der Schuldner beibringt, andere Gläubiger nicht bekannt sind.

§ 214 Verfahren bei der Einstellung

(1) ¹Der Antrag auf Einstellung des Insolvenzverfahrens nach § 212 oder § 213 ist öffentlich bekannt zu machen. ²Er ist in der Geschäftsstelle zur Einsicht der Beteiligten niederzulegen; im Falle des § 213 sind die zustimmenden Erklärungen der Gläubiger beizufügen. ³Die Insolvenzgläubiger können binnen einer Woche nach der öffentlichen Bekanntmachung schriftlich oder zu Protokoll der Geschäftsstelle Widerspruch gegen den Antrag erheben.
(2) ¹Das Insolvenzgericht beschließt über die Einstellung nach Anhörung des Antragstellers, des Insolvenzverwalters und des Gläubigerausschusses, wenn ein solcher bestellt ist. ²Im Falle eines Widerspruchs ist auch der widersprechende Gläubiger zu hören.
(3) Vor der Einstellung hat der Verwalter die unstreitigen Masseansprüche zu berichtigen und für die streitigen Sicherheit zu leisten.

§ 215 Bekanntmachung und Wirkungen der Einstellung

(1) ¹Der Beschluss, durch den das Insolvenzverfahren nach § 207, 211, 212 oder 213 eingestellt wird, und der Grund der Einstellung sind öffentlich bekannt zu machen. ²Der Schuldner, der Insolvenzverwalter und die Mitglieder des Gläubigerausschusses sind vorab über den Zeitpunkt des Wirksamwerdens der Einstellung (§ 9 Abs. 1 Satz 3) zu unterrichten. ³§ 200 Abs. 2 Satz 2 gilt entsprechend.
(2) ¹Mit der Einstellung des Insolvenzverfahrens erhält der Schuldner das Recht zurück, über die Insolvenzmasse frei zu verfügen. ²Die §§ 201, 202 gelten entsprechend.

§ 216 Rechtsmittel

(1) Wird das Insolvenzverfahren nach § 207, 212 oder 213 eingestellt, so steht jedem Insolvenzgläubiger und, wenn die Einstellung nach § 207 erfolgt, dem Schuldner die sofortige Beschwerde zu.
(2) Wird ein Antrag nach § 212 oder § 213 abgelehnt, so steht dem Schuldner die sofortige Beschwerde zu.

Sechster Teil Insolvenzplan

Erster Abschnitt Aufstellung des Plans

§ 217 Grundsatz

Die Befriedigung der absonderungsberechtigten Gläubiger und der Insolvenzgläubiger, die Verwertung der Insolvenzmasse und deren Verteilung an die Beteiligten sowie die Haftung des Schuldners nach der Beendigung des Insolvenzverfahrens können in einem Insolvenzplan abweichend von den Vorschriften dieses Gesetzes geregelt werden.

§ 218 Vorlage des Insolvenzplans

(1) ¹Zur Vorlage eines Insolvenzplans an das Insolvenzgericht sind der Insolvenzverwalter und der Schuldner berechtigt. ²Die Vorlage durch den Schuldner kann mit dem Antrag auf Eröffnung des Insolvenzverfahrens verbunden werden. ³Ein Plan, der erst nach dem Schlusstermin beim Gericht eingeht, wird nicht berücksichtigt.
(2) Hat die Gläubigerversammlung den Verwalter beauftragt, einen Insolvenzplan auszuarbeiten, so hat der Verwalter den Plan binnen angemessener Frist dem Gericht vorzulegen.
(3) Bei der Aufstellung des Plans durch den Verwalter wirken der Gläubigerausschuss, wenn ein solcher bestellt ist, der Betriebsrat, der Sprecherausschuss der leitenden Angestellten und der Schuldner beratend mit.

§ 219 Gliederung des Plans

¹Der Insolvenzplan besteht aus dem darstellenden Teil und dem gestaltenden Teil. ²Ihm sind die in den §§ 229 und 230 genannten Anlagen beizufügen.

§ 220 Darstellender Teil

(1) Im darstellenden Teil des Insolvenzplans wird beschrieben, welche Maßnahmen nach der Eröffnung des Insolvenzverfahrens getroffen worden sind oder noch getroffen werden sollen, um die Grundlagen für die geplante Gestaltung der Rechte der Beteiligten zu schaffen.
(2) Der darstellende Teil soll alle sonstigen Angaben zu den Grundlagen und den Auswirkungen des Plans enthalten, die für die Entscheidung der Gläubiger über die Zustimmung zum Plan und für dessen gerichtliche Bestätigung erheblich sind.

§ 221 Gestaltender Teil

Im gestaltenden Teil des Insolvenzplans wird festgelegt, wie die Rechtsstellung der Beteiligten durch den Plan geändert werden soll.

§ 222 Bildung von Gruppen

(1) ¹Bei der Festlegung der Rechte der Beteiligten im Insolvenzplan sind Gruppen zu bilden, soweit Gläubiger mit unterschiedlicher Rechtsstellung betroffen sind. ²Es ist zu unterscheiden zwischen
1. den absonderungsberechtigten Gläubigern, wenn durch den Plan in deren Rechte eingegriffen wird;
2. den nicht nachrangigen Insolvenzgläubigern;
3. den einzelnen Rangklassen der nachrangigen Insolvenzgläubiger, soweit deren Forderungen nicht nach § 225 als erlassen gelten sollen.

(2) ¹Aus den Gläubigern mit gleicher Rechtsstellung können Gruppen gebildet werden, in denen Gläubiger mit gleichartigen wirtschaftlichen Interessen zusammengefasst werden. ²Die Gruppen müssen sachgerecht voneinander abgegrenzt werden. ³Die Kriterien für die Abgrenzung sind im Plan anzugeben.
(3) ¹Die Arbeitnehmer sollen eine besondere Gruppe bilden, wenn sie als Insolvenzgläubiger mit nicht unerheblichen Forderungen beteiligt sind. ²Für Kleingläubiger können besondere Gruppen gebildet werden.

§ 223 Rechte der Absonderungsberechtigten

(1) ¹Ist im Insolvenzplan nichts anderes bestimmt, so wird das Recht der absonderungsberechtigten Gläubiger zur Befriedigung aus den Gegenständen, an denen Absonderungsrechte bestehen, vom Plan nicht berührt. ²Eine abweichende Bestimmung ist hinsichtlich der Finanzsicherheiten im Sinne von § 1 Abs. 17 des Kreditwesengesetzes sowie der Sicherheiten ausgeschlossen, die
1. dem Teilnehmer eines Systems nach § 1 Abs. 16 des Kreditwesengesetzes zur Sicherung seiner Ansprüche aus dem System oder
2. der Zentralbank eines Mitgliedstaats der Europäischen Union oder der EZB
gestellt wurden.
(2) Soweit im Plan eine abweichende Regelung getroffen wird, ist im gestaltenden Teil für die absonderungsberechtigten Gläubiger anzugeben, um welchen Bruchteil die Rechte gekürzt, für welchen Zeitraum sie gestundet oder welchen sonstigen Regelungen sie unterworfen werden sollen.

§ 224 Rechte der Insolvenzgläubiger

Für die nicht nachrangigen Gläubiger ist im gestaltenden Teil des Insolvenzplans anzugeben, um welchen Bruchteil die Forderungen gekürzt, für welchen Zeitraum sie gestundet, wie sie gesichert oder welchen sonstigen Regelungen sie unterworfen werden sollen.

§ 225 Rechte der nachrangigen Insolvenzgläubiger

(1) Die Forderungen nachrangiger Insolvenzgläubiger gelten, wenn im Insolvenzplan nichts anderes bestimmt ist, als erlassen.

(2) Soweit im Plan eine abweichende Regelung getroffen wird, sind im gestaltenden Teil für jede Gruppe der nachrangigen Gläubiger die in § 224 vorgeschriebenen Angaben zu machen.
(3) Die Haftung des Schuldners nach der Beendigung des Insolvenzverfahrens für Geldstrafen und die diesen in § 39 Abs. 1 Nr. 3 gleichgestellten Verbindlichkeiten kann durch einen Plan weder ausgeschlossen noch eingeschränkt werden.

§ 226 Gleichbehandlung der Beteiligten

(1) Innerhalb jeder Gruppe sind allen Beteiligten gleiche Rechte anzubieten.
(2) ¹Eine unterschiedliche Behandlung der Beteiligten einer Gruppe ist nur mit Zustimmung aller betroffenen Beteiligten zulässig. ²In diesem Fall ist dem Insolvenzplan die zustimmende Erklärung eines jeden betroffenen Beteiligten beizufügen.
(3) Jedes Abkommen des Insolvenzverwalters, des Schuldners oder anderer Personen mit einzelnen Beteiligten, durch das diesen für ihr Verhalten bei Abstimmungen oder sonst im Zusammenhang mit dem Insolvenzverfahren ein nicht im Plan vorgesehener Vorteil gewährt wird, ist nichtig.

§ 227 Haftung des Schuldners

(1) Ist im Insolvenzplan nichts anderes bestimmt, so wird der Schuldner mit der im gestaltenden Teil vorgesehenen Befriedigung der Insolvenzgläubiger von seinen restlichen Verbindlichkeiten gegenüber diesen Gläubigern befreit.
(2) Ist der Schuldner eine Gesellschaft ohne Rechtspersönlichkeit oder eine Kommanditgesellschaft auf Aktien, so gilt Absatz 1 entsprechend für die persönliche Haftung der Gesellschafter.

§ 228 Änderung sachenrechtlicher Verhältnisse

¹Sollen Rechte an Gegenständen begründet, geändert, übertragen oder aufgehoben werden, so können die erforderlichen Willenserklärungen der Beteiligten in den gestaltenden Teil des Insolvenzplans aufgenommen werden. ²Sind im Grundbuch eingetragene Rechte an einem Grundstück oder an eingetragenen Rechten betroffen, so sind diese Rechte unter Beachtung des § 28 der Grundbuchordnung genau zu bezeichnen. ³Für Rechte, die im Schiffsregister, im Schiffsbauregister oder im Register für Pfandrechte an Luftfahrzeugen eingetragen sind, gilt Satz 2 entsprechend.

§ 229 Vermögensübersicht. Ergebnis- und Finanzplan

¹Sollen die Gläubiger aus den Erträgen des vom Schuldner oder von einem Dritten fortgeführten Unternehmens befriedigt werden, so ist dem Insolvenzplan eine Vermögensübersicht beizufügen, in der die Vermögensgegenstände und die Verbindlichkeiten, die sich bei einem Wirksamwerden des Plans gegenüberstünden, mit ihren Werten aufgeführt werden. ²Ergänzend ist darzustellen, welche Aufwendungen und Erträge für den Zeitraum, während dessen die Gläubiger befriedigt werden sollen, zu erwarten sind und durch welche Abfolge von Einnahmen und Ausgaben die Zahlungsfähigkeit des Unternehmens während dieses Zeitraums gewährleistet werden soll.

§ 230 Weitere Anlagen

(1) ¹Ist im Insolvenzplan vorgesehen, dass der Schuldner sein Unternehmen fortführt, und ist der Schuldner eine natürliche Person, so ist dem Plan die Erklärung des Schuldners beizufügen, dass er zur Fortführung des Unternehmens auf der Grundlage des Plans bereit ist. ²Ist der Schuldner eine Gesellschaft ohne Rechtspersönlichkeit oder eine Kommanditgesellschaft auf Aktien, so ist dem Plan eine entsprechende Erklärung der persönlich haftenden Gesellschafter beizufügen. ³Die Erklärung des Schuldners nach Satz 1 ist nicht erforderlich, wenn dieser selbst den Plan vorlegt.
(2) Sollen Gläubiger Anteils- oder Mitgliedschaftsrechte oder Beteiligungen an einer juristischen Person, einem nichtrechtsfähigen Verein oder einer Gesellschaft ohne Rechtspersönlichkeit übernehmen, so ist dem Plan die zustimmende Erklärung eines jeden dieser Gläubiger beizufügen.
(3) Hat ein Dritter für den Fall der Bestätigung des Plans Verpflichtungen gegenüber den Gläubigern übernommen, so ist dem Plan die Erklärung des Dritten beizufügen.

§ 231 Zurückweisung des Plans

(1) Das Insolvenzgericht weist den Insolvenzplan von Amts wegen zurück,
1. wenn die Vorschriften über das Recht zur Vorlage und den Inhalt des Plans nicht beachtet sind und der Vorlegende den Mangel nicht beheben kann oder innerhalb einer angemessenen, vom Gericht gesetzten Frist nicht behebt,
2. wenn ein vom Schuldner vorgelegter Plan offensichtlich keine Aussicht auf Annahme durch die Gläubiger oder auf Bestätigung durch das Gericht hat oder
3. wenn die Ansprüche, die den Beteiligten nach dem gestaltenden Teil eines vom Schuldner vorgelegten Plans zustehen, offensichtlich nicht erfüllt werden können.
(2) Hatte der Schuldner in dem Insolvenzverfahren bereits einen Plan vorgelegt, der von den Gläubigern abgelehnt, vom Gericht nicht bestätigt oder vom Schuldner nach der öffentlichen Bekanntmachung des Erörterungstermins zurückgezogen worden ist, so hat das Gericht einen neuen Plan des Schuldners zurückzuweisen, wenn der Insolvenzverwalter mit Zustimmung des Gläubigerausschusses, wenn ein solcher bestellt ist, die Zurückweisung beantragt.

(3) Gegen den Beschluss, durch den der Plan zurückgewiesen wird, steht dem Vorlegenden die sofortige Beschwerde zu.

§ 232 Stellungnahmen zum Plan

(1) Wird der Insolvenzplan nicht zurückgewiesen, so leitet das Insolvenzgericht ihn zur Stellungnahme zu:
1. dem Gläubigerausschuß, wenn ein solcher bestellt ist, dem Betriebsrat und dem Sprecherausschuß der leitenden Angestellten;
2. dem Schuldner, wenn der Insolvenzverwalter den Plan vorgelegt hat;
3. dem Verwalter, wenn der Schuldner den Plan vorgelegt hat.

(2) Das Gericht kann auch der für den Schuldner zuständigen amtlichen Berufsvertretung der Industrie, des Handels, des Handwerks oder der Landwirtschaft oder anderen sachkundigen Stellen Gelegenheit zur Äußerung geben.

(3) Das Gericht bestimmt eine Frist für die Abgabe der Stellungnahmen.

§ 233 Aussetzung von Verwertung und Verteilung

¹Soweit die Durchführung eines vorgelegten Insolvenzplans durch die Fortsetzung der Verwertung und Verteilung der Insolvenzmasse gefährdet würde, ordnet das Insolvenzgericht auf Antrag des Schuldners oder des Insolvenzverwalters die Aussetzung der Verwertung und Verteilung an. ²Das Gericht sieht von der Aussetzung ab oder hebt sie auf, soweit mit ihr die Gefahr erheblicher Nachteile für die Masse verbunden ist oder soweit der Verwalter mit Zustimmung des Gläubigerausschusses oder der Gläubigerversammlung die Fortsetzung der Verwertung und Verteilung beantragt.

§ 234 Niederlegung des Plans

Der Insolvenzplan ist mit seinen Anlagen und den eingegangenen Stellungnahmen in der Geschäftsstelle zur Einsicht der Beteiligten niederzulegen.

Zweiter Abschnitt Annahme und Bestätigung des Plans

§ 235 Erörterungs- und Abstimmungstermin

(1) ¹Das Insolvenzgericht bestimmt einen Termin, in dem der Insolvenzplan und das Stimmrecht der Gläubiger erörtert werden und anschließend über den Plan abgestimmt wird (Erörterungs- und Abstimmungstermin). ²Der Termin soll nicht über einen Monat hinaus angesetzt werden.

(2) ¹Der Erörterungs- und Abstimmungstermin ist öffentlich bekannt zu machen. ²Dabei ist darauf hinzuweisen, dass der Plan und die eingegangenen Stellungnahmen in der Geschäftsstelle eingesehen werden können. ³§ 74 Abs. 2 Satz 2 gilt entsprechend.

(3) ¹Die Insolvenzgläubiger, die Forderungen angemeldet haben, die absonderungsberechtigten Gläubiger, der Insolvenzverwalter, der Schuldner, der Betriebsrat und der Sprecherausschuß der leitenden Angestellten sind besonders zu laden. ²Mit der Ladung ist ein Abdruck des Plans oder eine Zusammenfassung seines wesentlichen Inhalts, die der Vorlegende auf Aufforderung einzureichen hat, zu übersenden.

§ 236 Verbindung mit dem Prüfungstermin

¹Der Erörterungs- und Abstimmungstermin darf nicht vor dem Prüfungstermin stattfinden. ²Beide Termine können jedoch verbunden werden.

§ 237 Stimmrecht der Insolvenzgläubiger

(1) ¹Für das Stimmrecht der Insolvenzgläubiger bei der Abstimmung über den Insolvenzplan gilt § 77 Abs. 1 Satz 1, Abs. 2 und 3 Nr. 1 entsprechend. ²Absonderungsberechtigte Gläubiger sind nur insoweit zur Abstimmung als Insolvenzgläubiger berechtigt, als ihnen der Schuldner auch persönlich haftet und sie auf die abgesonderte Befriedigung verzichten oder bei ihr ausfallen; solange der Ausfall nicht feststeht, sind sie mit dem mutmaßlichen Ausfall zu berücksichtigen.

(2) Gläubiger, deren Forderungen durch den Plan nicht beeinträchtigt werden, haben kein Stimmrecht.

§ 238 Stimmrecht der absonderungsberechtigten Gläubiger

(1) ¹Soweit im Insolvenzplan auch die Rechtsstellung absonderungsberechtigter Gläubiger geregelt wird, sind im Termin die Rechte dieser Gläubiger einzeln zu erörtern. ²Ein Stimmrecht gewähren die Absonderungsrechte, die weder vom Insolvenzverwalter noch von einem absonderungsberechtigten Gläubiger noch von einem Insolvenzgläubiger bestritten werden. ³Für das Stimmrecht bei streitigen, aufschiebend bedingten oder nicht fälligen Rechten gelten die §§ 41, 77 Abs. 2, 3 Nr. 1 entsprechend.

(2) § 237 Abs. 2 gilt entsprechend.

Insolvenzordnung (InsO)   **Anhang I**

§ 239 Stimmliste

Der Urkundsbeamte der Geschäftsstelle hält in einem Verzeichnis fest, welche Stimmrechte den Gläubigern nach dem Ergebnis der Erörterung im Termin zustehen.

§ 240 Änderung des Plans

¹Der Vorlegende ist berechtigt, einzelne Regelungen des Insolvenzplans auf Grund der Erörterung im Termin inhaltlich zu ändern. ²Über den geänderten Plan kann noch in demselben Termin abgestimmt werden.

§ 241 Gesonderter Abstimmungstermin

(1) ¹Das Insolvenzgericht kann einen gesonderten Termin zur Abstimmung über den Insolvenzplan bestimmen. ²In diesem Fall soll der Zeitraum zwischen dem Erörterungstermin und dem Abstimmungstermin nicht mehr als einen Monat betragen.
(2) ¹Zum Abstimmungstermin sind die stimmberechtigten Gläubiger und der Schuldner zu laden. ²Im Falle einer Änderung des Plans ist auf die Änderung besonders hinzuweisen.

§ 242 Schriftliche Abstimmung

(1) Ist ein gesonderter Abstimmungstermin bestimmt, so kann das Stimmrecht schriftlich ausgeübt werden.
(2) ¹Das Insolvenzgericht übersendet den stimmberechtigten Gläubigern nach dem Erörterungstermin den Stimmzettel und teilt ihnen dabei ihr Stimmrecht mit. ²Die schriftliche Stimmabgabe wird nur berücksichtigt, wenn sie dem Gericht spätestens am Tag vor dem Abstimmungstermin zugegangen ist; darauf ist bei der Übersendung des Stimmzettels hinzuweisen.

§ 243 Abstimmung in Gruppen

Jede Gruppe der stimmberechtigten Gläubiger stimmt gesondert über den Insolvenzplan ab.

§ 244 Erforderliche Mehrheiten

(1) Zur Annahme des Insolvenzplans durch die Gläubiger ist erforderlich, dass in jeder Gruppe
1. die Mehrheit der abstimmenden Gläubiger dem Plan zustimmt und
2. die Summe der Ansprüche der zustimmenden Gläubiger mehr als die Hälfte der Summe der Ansprüche der abstimmenden Gläubiger beträgt.
(2) ¹Gläubiger, denen ein Recht gemeinschaftlich zusteht oder deren Rechte bis zum Eintritt des Eröffnungsgrunds ein einheitliches Recht gebildet haben, werden bei der Abstimmung als ein Gläubiger gerechnet. ²Entsprechendes gilt, wenn an einem Recht ein Pfandrecht oder ein Nießbrauch besteht.

§ 245 Obstruktionsverbot

(1) Auch wenn die erforderlichen Mehrheiten nicht erreicht worden sind, gilt die Zustimmung einer Abstimmungsgruppe als erteilt, wenn
1. die Gläubiger dieser Gruppe durch den Insolvenzplan voraussichtlich nicht schlechter gestellt werden, als sie ohne einen Plan stünden,
2. die Gläubiger dieser Gruppe angemessen an dem wirtschaftlichen Wert beteiligt werden, der auf der Grundlage des Plans den Beteiligten zufließen soll, und
3. die Mehrheit der abstimmenden Gruppen dem Plan mit den erforderlichen Mehrheiten zugestimmt hat.
(2) Eine angemessene Beteiligung der Gläubiger einer Gruppe im Sinne des Absatzes 1 Nr. 2 liegt vor, wenn nach dem Plan
1. kein anderer Gläubiger wirtschaftliche Werte erhält, die den vollen Betrag seines Anspruchs übersteigen,
2. weder ein Gläubiger, der ohne einen Plan mit Nachrang gegenüber den Gläubigern der Gruppe zu befriedigen wäre, noch der Schuldner oder eine an ihm beteiligte Person einen wirtschaftlichen Wert erhält und
3. kein Gläubiger, der ohne einen Plan gleichrangig mit den Gläubigern der Gruppe zu befriedigen wäre, besser gestellt wird als diese Gläubiger.

§ 246 Zustimmung nachrangiger Insolvenzgläubiger

Für die Annahme des Insolvenzplans durch die nachrangigen Insolvenzgläubiger gelten ergänzend folgende Bestimmungen:
1. Die Zustimmung der Gruppen mit dem Rang des § 39 Abs. 1 Nr. 1 oder 2 gilt als erteilt, wenn die entsprechenden Zins- oder Kostenforderungen im Plan erlassen werden oder nach § 225 Abs. 1 als erlassen gelten und wenn schon die Hauptforderungen der Insolvenzgläubiger nach dem Plan nicht voll berichtigt werden.
2. Die Zustimmung der Gruppen mit einem Rang hinter § 39 Abs. 1 Nr. 3 gilt als erteilt, wenn kein Insolvenzgläubiger durch den Plan besser gestellt wird als die Gläubiger dieser Gruppen.
3. Beteiligt sich kein Gläubiger einer Gruppe an der Abstimmung, so gilt die Zustimmung der Gruppe als erteilt.

§ 247 Zustimmung des Schuldners

(1) Die Zustimmung des Schuldners zum Plan gilt als erteilt, wenn der Schuldner dem Plan nicht spätestens im Abstimmungstermin schriftlich oder zu Protokoll der Geschäftsstelle widerspricht.
(2) Ein Widerspruch ist im Rahmen des Absatzes 1 unbeachtlich, wenn
1. der Schuldner durch den Plan voraussichtlich nicht schlechter gestellt wird, als er ohne einen Plan stünde, und
2. kein Gläubiger einen wirtschaftlichen Wert erhält, der den vollen Betrag seines Anspruchs übersteigt.

§ 248 Gerichtliche Bestätigung

(1) Nach der Annahme des Insolvenzplans durch die Gläubiger (§§ 244 bis 246) und der Zustimmung des Schuldners bedarf der Plan der Bestätigung durch das Insolvenzgericht.
(2) Das Gericht soll vor der Entscheidung über die Bestätigung den Insolvenzverwalter, den Gläubigerausschuss, wenn ein solcher bestellt ist, und den Schuldner hören.

§ 249 Bedingter Plan

¹Ist im Insolvenzplan vorgesehen, dass vor der Bestätigung bestimmte Leistungen erbracht oder andere Maßnahmen verwirklicht werden sollen, so darf der Plan nur bestätigt werden, wenn diese Voraussetzungen erfüllt sind. ²Die Bestätigung ist von Amts wegen zu versagen, wenn die Voraussetzungen auch nach Ablauf einer angemessenen, vom Insolvenzgericht gesetzten Frist nicht erfüllt sind.

§ 250 Verstoß gegen Verfahrensvorschriften

Die Bestätigung ist von Amts wegen zu versagen,
1. wenn die Vorschriften über den Inhalt und die verfahrensmäßige Behandlung des Insolvenzplans sowie über die Annahme durch die Gläubiger und die Zustimmung des Schuldners in einem wesentlichen Punkt nicht beachtet worden sind und der Mangel nicht behoben werden kann oder
2. wenn die Annahme des Plans unlauter, insbesondere durch Begünstigung eines Gläubigers, herbeigeführt worden ist.

§ 251 Minderheitenschutz

(1) Auf Antrag eines Gläubigers ist die Bestätigung des Insolvenzplans zu versagen, wenn der Gläubiger
1. dem Plan spätestens im Abstimmungstermin schriftlich oder zu Protokoll der Geschäftsstelle widersprochen hat und
2. durch den Plan voraussichtlich schlechter gestellt wird, als er ohne einen Plan stünde.
(2) Der Antrag ist nur zulässig, wenn der Gläubiger glaubhaft macht, dass er durch den Plan schlechter gestellt wird.

§ 252 Bekanntgabe der Entscheidung

(1) ¹Der Beschluss, durch den der Insolvenzplan bestätigt oder seine Bestätigung versagt wird, ist im Abstimmungstermin oder in einem alsbald zu bestimmenden besonderen Termin zu verkünden. ²§ 74 Abs. 2 Satz 2 gilt entsprechend.
(2) Wird der Plan bestätigt, so ist den Insolvenzgläubigern, die Forderungen angemeldet haben, und den absonderungsberechtigten Gläubigern unter Hinweis auf die Bestätigung ein Abdruck des Plans oder eine Zusammenfassung seines wesentlichen Inhalts zu übersenden.

§ 253 Rechtsmittel

Gegen den Beschluss, durch den der Insolvenzplan bestätigt oder die Bestätigung versagt wird, steht den Gläubigern und dem Schuldner die sofortige Beschwerde zu.

Dritter Abschnitt Wirkungen des bestätigten Plans. Überwachung der Planerfüllung

§ 254 Allgemeine Wirkungen des Plans

(1) ¹Mit der Rechtskraft der Bestätigung des Insolvenzplans treten die im gestaltenden Teil festgelegten Wirkungen für und gegen alle Beteiligten ein. ²Soweit Rechte an Gegenständen begründet, geändert, übertragen oder aufgehoben oder Geschäftsanteile einer Gesellschaft mit beschränkter Haftung abgetreten werden sollen, gelten die in den Plan aufgenommenen Willenserklärungen der Beteiligten als in der vorgeschriebenen Form abgegeben; entsprechendes gilt für die in den Plan aufgenommenen Verpflichtungserklärungen, die einer Begründung, Änderung, Übertragung oder Aufhebung von Rechten an Gegenständen oder einer Abtretung von Geschäftsanteilen zugrunde liegen. ³Die Sätze 1 und 2 gelten auch für Insolvenzgläubiger, die ihre Forderungen nicht angemeldet haben, und auch für Beteiligte, die dem Plan widersprochen haben.
(2) ¹Die Rechte der Insolvenzgläubiger gegen Mitschuldner und Bürgen des Schuldners sowie die Rechte dieser Gläubiger an Gegenständen, die nicht zur Insolvenzmasse gehören, oder aus einer Vormerkung, die sich auf solche Gegenstände bezieht, werden durch den Plan nicht berührt. ²Der Schuldner wird jedoch durch den Plan gegenüber dem Mitschuldner, dem Bürgen oder anderen Rückgriffsberechtigten in gleicher Weise befreit wie gegenüber dem Gläubiger.

(3) Ist ein Gläubiger weitergehend befriedigt worden, als er nach dem Plan zu beanspruchen hat, so begründet dies keine Pflicht zur Rückgewähr des Erlangten.

§ 255 Wiederauflebensklausel

(1) ¹Sind auf Grund des gestaltenden Teils des Insolvenzplans Forderungen von Insolvenzgläubigern gestundet oder teilweise erlassen worden, so wird die Stundung oder der Erlass für den Gläubiger hinfällig, gegenüber dem der Schuldner mit der Erfüllung des Plans erheblich in Rückstand gerät. ²Ein erheblicher Rückstand ist erst anzunehmen, wenn der Schuldner eine fällige Verbindlichkeit nicht bezahlt hat, obwohl der Gläubiger ihn schriftlich gemahnt und ihm dabei eine mindestens 2-wöchige Nachfrist gesetzt hat.
(2) Wird vor vollständiger Erfüllung des Plans über das Vermögen des Schuldners ein neues Insolvenzverfahren eröffnet, so ist die Stundung oder der Erlass für alle Insolvenzgläubiger hinfällig.
(3) ¹Im Plan kann etwas anderes vorgesehen werden. ²Jedoch kann von Absatz 1 nicht zum Nachteil des Schuldners abgewichen werden.

§ 256 Streitige Forderungen. Ausfallforderungen

(1) ¹Ist eine Forderung im Prüfungstermin bestritten worden oder steht die Höhe der Ausfallforderung eines absonderungsberechtigten Gläubigers noch nicht fest, so ist ein Rückstand mit der Erfüllung des Insolvenzplans im Sinne des § 255 Abs. 1 nicht anzunehmen, wenn der Schuldner die Forderung bis zur endgültigen Feststellung ihrer Höhe in dem Ausmaß berücksichtigt, das der Entscheidung des Insolvenzgerichts über das Stimmrecht des Gläubigers bei der Abstimmung über den Plan entspricht. ²Ist keine Entscheidung über das Stimmrecht getroffen worden, so hat das Gericht auf Antrag des Schuldners oder des Gläubigers nachträglich festzustellen, in welchem Ausmaß der Schuldner vorläufig die Forderung zu berücksichtigen hat.
(2) ¹Ergibt die endgültige Feststellung, dass der Schuldner zu wenig gezahlt hat, so hat er das Fehlende nachzuzahlen. ²Ein erheblicher Rückstand mit der Erfüllung des Plans ist erst anzunehmen, wenn der Schuldner das Fehlende nicht nachzahlt, obwohl der Gläubiger ihn schriftlich gemahnt und ihm dabei eine mindestens 2-wöchige Nachfrist gesetzt hat.
(3) Ergibt die endgültige Feststellung, dass der Schuldner zu viel gezahlt hat, so kann er den Mehrbetrag nur insoweit zurückfordern, als dieser auch den nicht fälligen Teil der Forderung übersteigt, die dem Gläubiger nach dem Insolvenzplan zusteht.

§ 257 Vollstreckung aus dem Plan

(1) ¹Aus dem rechtskräftig bestätigten Insolvenzplan in Verb. mit der Eintragung in die Tabelle können die Insolvenzgläubiger, deren Forderungen festgestellt und nicht vom Schuldner im Prüfungstermin bestritten worden sind, wie aus einem vollstreckbaren Urteil die Zwangsvollstreckung gegen den Schuldner betreiben. ²Einer nicht bestrittenen Forderung steht eine Forderung gleich, bei der ein erhobener Widerspruch beseitigt ist. ³§ 202 gilt entsprechend.
(2) Gleiches gilt für die Zwangsvollstreckung gegen einen Dritten, der durch eine dem Insolvenzgericht eingereichte schriftliche Erklärung für die Erfüllung des Plans neben dem Schuldner ohne Vorbehalt der Einrede der Vorausklage Verpflichtungen übernommen hat.
(3) Macht ein Gläubiger die Rechte geltend, die ihm im Falle eines erheblichen Rückstands des Schuldners mit der Erfüllung des Plans zustehen, so hat er zur Erteilung der Vollstreckungsklausel für diese Rechte und zur Durchführung der Vollstreckung die Mahnung und den Ablauf der Nachfrist glaubhaft zu machen, jedoch keinen weiteren Beweis für den Rückstand des Schuldners zu führen.

§ 258 Aufhebung des Insolvenzverfahrens

(1) Sobald die Bestätigung des Insolvenzplans rechtskräftig ist, beschließt das Insolvenzgericht die Aufhebung des Insolvenzverfahrens.
(2) Vor der Aufhebung hat der Verwalter die unstreitigen Masseansprüche zu berichtigen und für die streitigen Sicherheit zu leisten.
(3) ¹Der Beschluss und der Grund der Aufhebung sind öffentlich bekannt zu machen. ²Der Schuldner, der Insolvenzverwalter und die Mitglieder des Gläubigerausschusses sind vorab über den Zeitpunkt des Wirksamwerdens der Aufhebung (§ 9 Abs. 1 Satz 3) zu unterrichten. ³§ 200 Abs. 2 Satz 2 gilt entsprechend.

§ 259 Wirkungen der Aufhebung

(1) ¹Mit der Aufhebung des Insolvenzverfahrens erlöschen die Ämter des Insolvenzverwalters und der Mitglieder des Gläubigerausschusses. ²Der Schuldner erhält das Recht zurück, über die Insolvenzmasse frei zu verfügen.
(2) Die Vorschriften über die Überwachung der Planerfüllung bleiben unberührt.
(3) ¹Einen anhängigen Rechtsstreit, der die Insolvenzanfechtung zum Gegenstand hat, kann der Verwalter auch nach der Aufhebung des Verfahrens fortführen, wenn dies im gestaltenden Teil des Plans vorgesehen ist. ²In diesem Fall wird der Rechtsstreit für Rechnung des Schuldners geführt, wenn im Plan keine abweichende Regelung getroffen wird.

§ 260 Überwachung der Planerfüllung

(1) Im gestaltenden Teil des Insolvenzplans kann vorgesehen werden, dass die Erfüllung des Plans überwacht wird.
(2) Im Falle des Absatzes 1 wird nach der Aufhebung des Insolvenzverfahrens überwacht, ob die Ansprüche erfüllt werden, die den Gläubigern nach dem gestaltenden Teil gegen den Schuldner zustehen.
(3) Wenn dies im gestaltenden Teil vorgesehen ist, erstreckt sich die Überwachung auf die Erfüllung der Ansprüche, die den Gläubigern nach dem gestaltenden Teil gegen eine juristische Person oder Gesellschaft ohne Rechtspersönlichkeit zustehen, die nach der Eröffnung des Insolvenzverfahrens gegründet worden ist, um das Unternehmen oder einen Betrieb des Schuldners zu übernehmen und weiterzuführen (Übernahmegesellschaft).

§ 261 Aufgaben und Befugnisse des Insolvenzverwalters

(1) ¹Die Überwachung ist Aufgabe des Insolvenzverwalters. ²Die Ämter des Verwalters und der Mitglieder des Gläubigerausschusses und die Aufsicht des Insolvenzgerichts bestehen insoweit fort. ³§ 22 Abs. 3 gilt entsprechend.
(2) ¹Während der Zeit der Überwachung hat der Verwalter dem Gläubigerausschuss, wenn ein solcher bestellt ist, und dem Gericht jährlich über den jeweiligen Stand und die weiteren Aussichten der Erfüllung des Insolvenzplans zu berichten. ²Unberührt bleibt das Recht des Gläubigerausschusses und des Gerichts, jederzeit einzelne Auskünfte oder einen Zwischenbericht zu verlangen.

§ 262 Anzeigepflicht des Insolvenzverwalters

¹Stellt der Insolvenzverwalter fest, dass Ansprüche, deren Erfüllung überwacht wird, nicht erfüllt werden oder nicht erfüllt werden können, so hat er dies unverzüglich dem Gläubigerausschuss und dem Insolvenzgericht anzuzeigen. ²Ist ein Gläubigerausschuss nicht bestellt, so hat der Verwalter an dessen Stelle alle Gläubiger zu unterrichten, denen nach dem gestaltenden Teil des Insolvenzplans Ansprüche gegen den Schuldner oder die Übernahmegesellschaft zustehen.

§ 263 Zustimmungsbedürftige Geschäfte

¹Im gestaltenden Teil des Insolvenzplans kann vorgesehen werden, dass bestimmte Rechtsgeschäfte des Schuldners oder der Übernahmegesellschaft während der Zeit der Überwachung nur wirksam sind, wenn der Insolvenzverwalter ihnen zustimmt. ²§ 81 Abs. 1 und § 82 gelten entsprechend.

§ 264 Kreditrahmen

(1) ¹Im gestaltenden Teil des Insolvenzplans kann vorgesehen werden, dass die Insolvenzgläubiger nachrangig sind gegenüber Gläubigern mit Forderungen aus Darlehen und sonstigen Krediten, die der Schuldner oder die Übernahmegesellschaft während der Zeit der Überwachung aufnimmt oder die ein Massegläubiger in die Zeit der Überwachung hinein stehen lässt. ²In diesem Fall ist zugleich ein Gesamtbetrag für derartige Kredite festzulegen (Kreditrahmen). ³Dieser darf den Wert der Vermögensgegenstände nicht übersteigen, die in der Vermögensübersicht des Plans (§ 229 Satz 1) aufgeführt sind.
(2) Der Nachrang der Insolvenzgläubiger gemäß Absatz 1 besteht nur gegenüber Gläubigern, mit denen vereinbart wird, dass und in welcher Höhe der von ihnen gewährte Kredit nach Hauptforderung, Zinsen und Kosten innerhalb des Kreditrahmens liegt, und gegenüber denen der Insolvenzverwalter diese Vereinbarung schriftlich bestätigt.
(3) § 39 Abs. 1 Nr. 5 bleibt unberührt.

§ 265 Nachrang von Neugläubigern

¹Gegenüber den Gläubigern mit Forderungen aus Krediten, die nach Maßgabe des § 264 aufgenommen oder stehen gelassen werden, sind nachrangig auch die Gläubiger mit sonstigen vertraglichen Ansprüchen, die während der Zeit der Überwachung begründet werden. ²Als solche Ansprüche gelten auch die Ansprüche aus einem vor der Überwachung vertraglich begründeten Dauerschuldverhältnis für die Zeit nach dem 1. Termin, zu dem der Gläubiger nach Beginn der Überwachung kündigen konnte.

§ 266 Berücksichtigung des Nachrangs

(1) Der Nachrang der Insolvenzgläubiger und der in § 265 bezeichneten Gläubiger wird nur in einem Insolvenzverfahren berücksichtigt, das vor der Aufhebung der Überwachung eröffnet wird.
(2) In diesem neuen Insolvenzverfahren gehen diese Gläubiger den übrigen nachrangigen Gläubigern im Range vor.

§ 267 Bekanntmachung der Überwachung

(1) Wird die Erfüllung des Insolvenzplans überwacht, so ist dies zusammen mit dem Beschluss über die Aufhebung des Insolvenzverfahrens öffentlich bekannt zu machen.
(2) Ebenso ist bekannt zu machen:
1. im Falle des § 260 Abs. 3 die Erstreckung der Überwachung auf die Übernahmegesellschaft;
2. im Falle des § 263, welche Rechtsgeschäfte an die Zustimmung des Insolvenzverwalters gebunden werden;

3. im Falle des § 264, in welcher Höhe ein Kreditrahmen vorgesehen ist.
(3) ¹§ 31 gilt entsprechend. ²Soweit im Falle des § 263 das Recht zur Verfügung über ein Grundstück, ein eingetragenes Schiff, Schiffsbauwerk oder Luftfahrzeug, ein Recht an einem solchen Gegenstand oder ein Recht an einem solchen Recht beschränkt wird, gelten die §§ 32 und 33 entsprechend.

§ 268 Aufhebung der Überwachung

(1) Das Insolvenzgericht beschließt die Aufhebung der Überwachung,
1. wenn die Ansprüche, deren Erfüllung überwacht wird, erfüllt sind oder die Erfüllung dieser Ansprüche gewährleistet ist oder
2. wenn seit der Aufhebung des Insolvenzverfahrens 3 Jahre verstrichen sind und kein Antrag auf Eröffnung eines neuen Insolvenzverfahrens vorliegt.
(2) ¹Der Beschluss ist öffentlich bekannt zu machen. ²§ 267 Abs. 3 gilt entsprechend.

§ 269 Kosten der Überwachung

¹Die Kosten der Überwachung trägt der Schuldner. ²Im Falle des § 260 Abs. 3 trägt die Übernahmegesellschaft die durch ihre Überwachung entstehenden Kosten.

Siebter Teil Eigenverwaltung

§ 270 Voraussetzungen

(1) ¹Der Schuldner ist berechtigt, unter der Aufsicht eines Sachwalters die Insolvenzmasse zu verwalten und über sie zu verfügen, wenn das Insolvenzgericht in dem Beschluss über die Eröffnung des Insolvenzverfahrens die Eigenverwaltung anordnet. ²Für das Verfahren gelten die allgemeinen Vorschriften, soweit in diesem Teil nichts anderes bestimmt ist.
(2) Die Anordnung setzt voraus,
1. dass sie vom Schuldner beantragt worden ist,
2. wenn der Eröffnungsantrag von einem Gläubiger gestellt worden ist, dass der Gläubiger dem Antrag des Schuldners zugestimmt hat und
3. dass nach den Umständen zu erwarten ist, dass die Anordnung nicht zu einer Verzögerung des Verfahrens oder zu sonstigen Nachteilen für die Gläubiger führen wird.
(3) ¹Im Falle des Absatzes 1 wird anstelle des Insolvenzverwalters ein Sachwalter bestellt. ²Die Forderungen der Insolvenzgläubiger sind beim Sachwalter anzumelden. ³Die §§ 32 und 33 sind nicht anzuwenden.

§ 271 Nachträgliche Anordnung

¹Hatte das Insolvenzgericht den Antrag des Schuldners auf Eigenverwaltung abgelehnt, beantragt die 1. Gläubigerversammlung jedoch die Eigenverwaltung, so ordnet das Gericht diese an. ²Zum Sachwalter kann der bisherige Insolvenzverwalter bestellt werden.

§ 272 Aufhebung der Anordnung

(1) Das Insolvenzgericht hebt die Anordnung der Eigenverwaltung auf,
1. wenn dies von der Gläubigerversammlung beantragt wird;
2. wenn dies von einem absonderungsberechtigten Gläubiger oder von einem Insolvenzgläubiger beantragt wird und die Voraussetzung des § 270 Abs. 2 Nr. 3 weggefallen ist;
3. wenn dies vom Schuldner beantragt wird.
(2) ¹Der Antrag eines Gläubigers ist nur zulässig, wenn der Wegfall der Voraussetzung glaubhaft gemacht wird. ²Vor der Entscheidung über den Antrag ist der Schuldner zu hören. ³Gegen die Entscheidung steht dem Gläubiger und dem Schuldner die sofortige Beschwerde zu.
(3) Zum Insolvenzverwalter kann der bisherige Sachwalter bestellt werden.

§ 273 Öffentliche Bekanntmachung

Der Beschluss des Insolvenzgerichts, durch den nach der Eröffnung des Insolvenzverfahrens die Eigenverwaltung angeordnet oder die Anordnung aufgehoben wird, ist öffentlich bekannt zu machen.

§ 274 Rechtsstellung des Sachwalters

(1) Für die Bestellung des Sachwalters, für die Aufsicht des Insolvenzgerichts sowie für die Haftung und die Vergütung des Sachwalters gelten § 54 Nr. 2 und die §§ 56 bis 60, 62 bis 65 entsprechend.
(2) ¹Der Sachwalter hat die wirtschaftliche Lage des Schuldners zu prüfen und die Geschäftsführung sowie die Ausgaben für die Lebensführung zu überwachen. ²§ 22 Abs. 3 gilt entsprechend.
(3) ¹Stellt der Sachwalter Umstände fest, die erwarten lassen, dass die Fortsetzung der Eigenverwaltung zu Nachteilen für die Gläubiger führen wird, so hat er dies unverzüglich dem Gläubigerausschuss und dem Insolvenzgericht anzuzeigen. ²Ist ein Gläu-

bigerausschuss nicht bestellt, so hat der Sachwalter an dessen Stelle die Insolvenzgläubiger, die Forderungen angemeldet haben, und die absonderungsberechtigten Gläubiger zu unterrichten.

§ 275 Mitwirkung des Sachwalters

(1) ¹Verbindlichkeiten, die nicht zum gewöhnlichen Geschäftsbetrieb gehören, soll der Schuldner nur mit Zustimmung des Sachwalters eingehen. ²Auch Verbindlichkeiten, die zum gewöhnlichen Geschäftsbetrieb gehören, soll er nicht eingehen, wenn der Sachwalter widerspricht.
(2) Der Sachwalter kann vom Schuldner verlangen, dass alle eingehenden Gelder nur vom Sachwalter entgegengenommen und Zahlungen nur vom Sachwalter geleistet werden.

§ 276 Mitwirkung des Gläubigerausschusses

¹Der Schuldner hat die Zustimmung des Gläubigerausschusses einzuholen, wenn er Rechtshandlungen vornehmen will, die für das Insolvenzverfahren von besonderer Bedeutung sind. ²§ 160 Abs. 1 Satz 2, Abs. 2, § 161 Satz 2 und § 164 gelten entsprechend.

§ 277 Anordnung der Zustimmungsbedürftigkeit

(1) ¹Auf Antrag der Gläubigerversammlung ordnet das Insolvenzgericht an, dass bestimmte Rechtsgeschäfte des Schuldners nur wirksam sind, wenn der Sachwalter ihnen zustimmt. ²§ 81 Abs. 1 Satz 2 und 3 und § 82 gelten entsprechend. ³Stimmt der Sachwalter der Begründung einer Masseverbindlichkeit zu, so gilt § 61 entsprechend.
(2) ¹Die Anordnung kann auch auf den Antrag eines absonderungsberechtigten Gläubigers oder eines Insolvenzgläubigers ergehen, wenn sie unaufschiebbar erforderlich ist, um Nachteile für die Gläubiger zu vermeiden. ²Der Antrag ist nur zulässig, wenn diese Voraussetzung der Anordnung glaubhaft gemacht wird.
(3) ¹Die Anordnung ist öffentlich bekannt zu machen. ²§ 31 gilt entsprechend. ³Soweit das Recht zur Verfügung über ein Grundstück, ein eingetragenes Schiff, Schiffsbauwerk oder Luftfahrzeug, ein Recht an einem solchen Gegenstand oder ein Recht an einem solchen Recht beschränkt wird, gelten die §§ 32 und 33 entsprechend.

§ 278 Mittel zur Lebensführung des Schuldners

(1) Der Schuldner ist berechtigt, für sich und die in § 100 Abs. 2 Satz 2 genannten Familienangehörigen aus der Insolvenzmasse die Mittel zu entnehmen, die unter Berücksichtigung der bisherigen Lebensverhältnisse des Schuldners eine bescheidene Lebensführung gestatten.
(2) Ist der Schuldner keine natürliche Person, so gilt Absatz 1 entsprechend für die vertretungsberechtigten persönlich haftenden Gesellschafter des Schuldners.

§ 279 Gegenseitige Verträge

¹Die Vorschriften über die Erfüllung der Rechtsgeschäfte und die Mitwirkung des Betriebsrats (§§ 103 bis 128) gelten mit der Maßgabe, dass an die Stelle des Insolvenzverwalters der Schuldner tritt. ²Der Schuldner soll seine Rechte nach diesen Vorschriften im Einvernehmen mit dem Sachwalter ausüben. ³Die Rechte nach den §§ 120, 122 und 126 kann er wirksam nur mit Zustimmung des Sachwalters ausüben.

§ 280 Haftung. Insolvenzanfechtung

Nur der Sachwalter kann die Haftung nach den §§ 92 und 93 für die Insolvenzmasse geltend machen und Rechtshandlungen nach den §§ 129 bis 147 anfechten.

§ 281 Unterrichtung der Gläubiger

(1) ¹Das Verzeichnis der Massegegenstände, das Gläubigerverzeichnis und die Vermögensübersicht (§§ 151 bis 153) hat der Schuldner zu erstellen. ²Der Sachwalter hat die Verzeichnisse und die Vermögensübersicht zu prüfen und jeweils schriftlich zu erklären, ob nach dem Ergebnis seiner Prüfung Einwendungen zu erheben sind.
(2) ¹Im Berichtstermin hat der Schuldner den Bericht zu erstatten. ²Der Sachwalter hat zu dem Bericht Stellung zu nehmen.
(3) ¹Zur Rechnungslegung (§§ 66, 155) ist der Schuldner verpflichtet. ²Für die Schlussrechnung des Schuldners gilt Absatz 1 Satz 2 entsprechend.

§ 282 Verwertung von Sicherungsgut

(1) ¹Das Recht des Insolvenzverwalters zur Verwertung von Gegenständen, an denen Absonderungsrechte bestehen, steht dem Schuldner zu. ²Kosten der Feststellung der Gegenstände und der Rechte an diesen werden jedoch nicht erhoben. ³Als Kosten der Verwertung können nur die tatsächlich entstandenen, für die Verwertung erforderlichen Kosten und der Umsatzsteuerbetrag angesetzt werden.
(2) Der Schuldner soll sein Verwertungsrecht im Einvernehmen mit dem Sachwalter ausüben.

§ 283 Befriedigung der Insolvenzgläubiger

(1) ¹Bei der Prüfung der Forderungen können außer den Insolvenzgläubigern der Schuldner und der Sachwalter angemeldete Forderungen bestreiten. ²Eine Forderung, die ein Insolvenzgläubiger, der Schuldner oder der Sachwalter bestritten hat, gilt nicht als festgestellt.
(2) ¹Die Verteilungen werden vom Schuldner vorgenommen. ²Der Sachwalter hat die Verteilungsverzeichnisse zu prüfen und jeweils schriftlich zu erklären, ob nach dem Ergebnis seiner Prüfung Einwendungen zu erheben sind.

§ 284 Insolvenzplan

(1) ¹Ein Auftrag der Gläubigerversammlung zur Ausarbeitung eines Insolvenzplans ist an den Sachwalter oder an den Schuldner zu richten. ²Wird der Auftrag an den Schuldner gerichtet, so wirkt der Sachwalter beratend mit.
(2) Eine Überwachung der Planerfüllung ist Aufgabe des Sachwalters.

§ 285 Masseunzulänglichkeit

Masseunzulänglichkeit ist vom Sachwalter dem Insolvenzgericht anzuzeigen.

Achter Teil Restschuldbefreiung

§ 286 Grundsatz

Ist der Schuldner eine natürliche Person, so wird er nach Maßgabe der §§ 287 bis 303 von den im Insolvenzverfahren nicht erfüllten Verbindlichkeiten gegenüber den Insolvenzgläubigern befreit.

§ 287 Antrag des Schuldners

(1) ¹Die Restschuldbefreiung setzt einen Antrag des Schuldners voraus, der mit seinem Antrag auf Eröffnung des Insolvenzverfahrens verbunden werden soll. ²Wird er nicht mit diesem verbunden, so ist er innerhalb von 2 Wochen nach dem Hinweis gemäß § 20 Abs. 2 zu stellen.
(2) ¹Dem Antrag ist die Erklärung beizufügen, dass der Schuldner seine pfändbaren Forderungen auf Bezüge aus einem Dienstverhältnis oder an deren Stelle tretende laufende Bezüge für die Zeit von 6 Jahren nach der Eröffnung des Insolvenzverfahrens an einen vom Gericht zu bestimmenden Treuhänder abtritt. ²Hatte der Schuldner diese Forderungen bereits vorher an einen Dritten abgetreten oder verpfändet, so ist in der Erklärung darauf hinzuweisen.
(3) Vereinbarungen, die eine Abtretung der Forderungen des Schuldners auf Bezüge aus einem Dienstverhältnis oder an deren Stelle tretende laufende Bezüge ausschließen, von einer Bedingung abhängig machen oder sonst einschränken, sind insoweit unwirksam, als sie die Abtretungserklärung nach Absatz 2 Satz 1 vereiteln oder beeinträchtigen würden.

§ 288 Vorschlagsrecht

Der Schuldner und die Gläubiger können dem Insolvenzgericht als Treuhänder eine für den jeweiligen Einzelfall geeignete natürliche Person vorschlagen.

§ 289 Entscheidung des Insolvenzgerichts

(1) ¹Die Insolvenzgläubiger und der Insolvenzverwalter sind im Schlusstermin zu dem Antrag des Schuldners zu hören. ²Das Insolvenzgericht entscheidet über den Antrag des Schuldners durch Beschluss.
(2) ¹Gegen den Beschluss steht dem Schuldner und jedem Insolvenzgläubiger, der im Schlusstermin die Versagung der Restschuldbefreiung beantragt hat, die sofortige Beschwerde zu. ²Das Insolvenzverfahren wird erst nach Rechtskraft des Beschlusses aufgehoben. ³Der rechtskräftige Beschluss ist zusammen mit dem Beschluss über die Aufhebung des Insolvenzverfahrens öffentlich bekannt zu machen.
(3) ¹Im Falle der Einstellung des Insolvenzverfahrens kann Restschuldbefreiung nur erteilt werden, wenn nach Anzeige der Masseunzulänglichkeit die Insolvenzmasse nach § 209 verteilt worden ist und die Einstellung nach § 211 erfolgt. ²Absatz 2 gilt mit der Maßgabe, dass an die Stelle der Aufhebung des Verfahrens die Einstellung tritt.

§ 290 Versagung der Restschuldbefreiung

(1) In dem Beschluss ist die Restschuldbefreiung zu versagen, wenn dies im Schlusstermin von einem Insolvenzgläubiger beantragt worden ist und wenn
1. der Schuldner wegen einer Straftat nach den §§ 283 bis 283 c StGB rechtskräftig verurteilt worden ist,
2. der Schuldner in den letzten 3 Jahren vor dem Antrag auf Eröffnung des Insolvenzverfahrens oder nach diesem Antrag vorsätzlich oder grob fahrlässig schriftlich unrichtige oder unvollständige Angaben über seine wirtschaftlichen Verhältnisse gemacht hat, um einen Kredit zu erhalten, Leistungen aus öffentlichen Mitteln zu beziehen oder Leistungen an öffentliche Kassen zu vermeiden,

3. in den letzten 10 Jahren vor dem Antrag auf Eröffnung des Insolvenzverfahrens oder nach diesem Antrag dem Schuldner Restschuldbefreiung erteilt oder nach § 296 oder § 297 versagt worden ist,
4. der Schuldner im letzten Jahr vor dem Antrag auf Eröffnung des Insolvenzverfahrens oder nach diesem Antrag vorsätzlich oder grob fahrlässig die Befriedigung der Insolvenzgläubiger dadurch beeinträchtigt hat, dass er unangemessene Verbindlichkeiten begründet oder Vermögen verschwendet oder ohne Aussicht auf eine Besserung seiner wirtschaftlichen Lage die Eröffnung des Insolvenzverfahrens verzögert hat,
5. der Schuldner während des Insolvenzverfahrens Auskunfts- oder Mitwirkungspflichten nach diesem Gesetz vorsätzlich oder grob fahrlässig verletzt hat oder
6. der Schuldner in den nach § 305 Abs. 1 Nr. 3 vorzulegenden Verzeichnissen seines Vermögens und seines Einkommens, seiner Gläubiger und der gegen ihn gerichteten Forderungen vorsätzlich oder grob fahrlässig unrichtige oder unvollständige Angaben gemacht hat.

(2) Der Antrag des Gläubigers ist nur zulässig, wenn ein Versagungsgrund glaubhaft gemacht wird.

§ 291 Ankündigung der Restschuldbefreiung

(1) Sind die Voraussetzungen des § 290 nicht gegeben, so stellt das Gericht in dem Beschluss fest, dass der Schuldner Restschuldbefreiung erlangt, wenn er den Obliegenheiten nach § 295 nachkommt und die Voraussetzungen für eine Versagung nach § 297 oder § 298 nicht vorliegen.

(2) Im gleichen Beschluss bestimmt das Gericht den Treuhänder, auf den die pfändbaren Bezüge des Schuldners nach Maßgabe der Abtretungserklärung (§ 287 Abs. 2) übergehen.

§ 292 Rechtsstellung des Treuhänders

(1) [1]Der Treuhänder hat den zur Zahlung der Bezüge Verpflichteten über die Abtretung zu unterrichten. [2]Er hat die Beträge, die er durch die Abtretung erlangt, und sonstige Leistungen des Schuldners oder Dritter von seinem Vermögen getrennt zu halten und einmal jährlich auf Grund des Schlussverzeichnisses an die Insolvenzgläubiger zu verteilen, sofern die nach § 4 a gestundeten Verfahrenskosten abzüglich der Kosten für die Beiordnung eines Rechtsanwalts berichtigt sind. [3]§ 36 Abs. 1 Satz 2, Abs. 4 gilt entsprechend. [4]Von den Beträgen, die er durch die Abtretung erlangt, und den sonstigen Leistungen hat er an den Schuldner nach Ablauf von 4 Jahren seit der Aufhebung des Insolvenzverfahrens 10 v. H. und nach Ablauf von 5 Jahren seit der Aufhebung 15 v. H. abzuführen. [5]Sind die nach § 4 a gestundeten Verfahrenskosten noch nicht berichtigt, werden Gelder an den Schuldner nur abgeführt, sofern sein Einkommen nicht den sich nach § 115 Abs. 1 der Zivilprozessordnung errechnenden Betrag übersteigt.

(2) [1]Die Gläubigerversammlung kann dem Treuhänder zusätzlich die Aufgabe übertragen, die Erfüllung der Obliegenheiten des Schuldners zu überwachen. [2]In diesem Fall hat der Treuhänder die Gläubiger unverzüglich zu benachrichtigen, wenn er einen Verstoß gegen diese Obliegenheiten feststellt. [3]Der Treuhänder ist nur zur Überwachung verpflichtet, soweit die ihm dafür zustehende zusätzliche Vergütung gedeckt ist oder vorgeschossen wird.

(3) [1]Der Treuhänder hat bei der Beendigung seines Amtes dem Insolvenzgericht Rechnung zu legen. [2]Die §§ 58 und 59 gelten entsprechend, § 59 jedoch mit der Maßgabe, dass die Entlassung von jedem Insolvenzgläubiger beantragt werden kann und dass die sofortige Beschwerde jedem Insolvenzgläubiger zusteht.

§ 293 Vergütung des Treuhänders

(1) [1]Der Treuhänder hat Anspruch auf Vergütung für seine Tätigkeit und auf Erstattung angemessener Auslagen. [2]Dabei ist dem Zeitaufwand des Treuhänders und dem Umfang seiner Tätigkeit Rechnung zu tragen.

(2) § 63 Abs. 2 sowie die §§ 64 und 65 gelten entsprechend.

§ 294 Gleichbehandlung der Gläubiger

(1) Zwangsvollstreckungen für einzelne Insolvenzgläubiger in das Vermögen des Schuldners sind während der Laufzeit der Abtretungserklärung nicht zulässig.

(2) Jedes Abkommen des Schuldners oder anderer Personen mit einzelnen Insolvenzgläubigern, durch das diesen ein Sondervorteil verschafft wird, ist nichtig.

(3) Gegen die Forderung auf die Bezüge, die von der Abtretungserklärung erfasst werden, kann der Verpflichtete eine Forderung gegen den Schuldner nur aufrechnen, soweit er bei einer Fortdauer des Insolvenzverfahrens nach § 114 Abs. 2 zur Aufrechnung berechtigt wäre.

§ 295 Obliegenheiten des Schuldners

(1) Dem Schuldner obliegt es, während der Laufzeit der Abtretungserklärung
1. eine angemessene Erwerbstätigkeit auszuüben und, wenn er ohne Beschäftigung ist, sich um eine solche zu bemühen und keine zumutbare Tätigkeit abzulehnen;
2. Vermögen, das er von Todes wegen oder mit Rücksicht auf ein künftiges Erbrecht erwirbt, zur Hälfte des Wertes an den Treuhänder herauszugeben;

3. jeden Wechsel des Wohnsitzes oder der Beschäftigungsstelle unverzüglich dem Insolvenzgericht und dem Treuhänder anzuzeigen, keine von der Abtretungserklärung erfassten Bezüge und kein von Nummer 2 erfasstes Vermögen zu verheimlichen und dem Gericht und dem Treuhänder auf Verlangen Auskunft über seine Erwerbstätigkeit oder seine Bemühungen um eine solche sowie über seine Bezüge und sein Vermögen zu erteilen;
4. Zahlungen zur Befriedigung der Insolvenzgläubiger nur an den Treuhänder zu leisten und keinem Insolvenzgläubiger einen Sondervorteil zu verschaffen.

(2) Soweit der Schuldner eine selbständige Tätigkeit ausübt, obliegt es ihm, die Insolvenzgläubiger durch Zahlungen an den Treuhänder so zu stellen, wie wenn er ein angemessenes Dienstverhältnis eingegangen wäre.

§ 296 Verstoß gegen Obliegenheiten

(1) ¹Das Insolvenzgericht versagt die Restschuldbefreiung auf Antrag eines Insolvenzgläubigers, wenn der Schuldner während der Laufzeit der Abtretungserklärung eine seiner Obliegenheiten verletzt und dadurch die Befriedigung der Insolvenzgläubiger beeinträchtigt; dies gilt nicht, wenn den Schuldner kein Verschulden trifft. ²Der Antrag kann nur binnen einen Jahres nach dem Zeitpunkt gestellt werden, in dem die Obliegenheitsverletzung dem Gläubiger bekannt geworden ist. ³Er ist nur zulässig, wenn die Voraussetzungen der Sätze 1 und 2 glaubhaft gemacht worden sind.

(2) ¹Vor der Entscheidung über den Antrag sind der Treuhänder, der Schuldner und die Insolvenzgläubiger zu hören. ²Der Schuldner hat über die Erfüllung seiner Obliegenheiten Auskunft zu erteilen und, wenn es der Gläubiger beantragt, die Richtigkeit dieser Auskunft an Eides statt zu versichern. ³Gibt er die Auskunft oder die eidesstattliche Versicherung ohne hinreichende Entschuldigung nicht innerhalb der ihm gesetzten Frist ab oder erscheint er trotz ordnungsgemäßer Ladung ohne hinreichende Entschuldigung nicht zu einem Termin, den das Gericht für die Erteilung der Auskunft oder die eidesstattliche Versicherung anberaumt hat, so ist die Restschuldbefreiung zu versagen.

(3) ¹Gegen die Entscheidung steht dem Antragsteller und dem Schuldner die sofortige Beschwerde zu. ²Die Versagung der Restschuldbefreiung ist öffentlich bekannt zu machen.

§ 297 Insolvenzstraftaten

(1) Das Insolvenzgericht versagt die Restschuldbefreiung auf Antrag eines Insolvenzgläubigers, wenn der Schuldner in dem Zeitraum zwischen Schlusstermin und Aufhebung des Insolvenzverfahrens oder während der Laufzeit der Abtretungserklärung wegen einer Straftat nach den §§ 283 bis 283 c des Strafgesetzbuchs rechtskräftig verurteilt wird.

(2) § 296 Abs. 1 Satz 2 und 3, Abs. 3 gilt entsprechend.

§ 298 Deckung der Mindestvergütung des Treuhänders

(1) ¹Das Insolvenzgericht versagt die Restschuldbefreiung auf Antrag des Treuhänders, wenn die an diesen abgeführten Beträge für das vorangegangene Jahr seiner Tätigkeit die Mindestvergütung nicht decken und der Schuldner den fehlenden Betrag nicht einzahlt, obwohl ihn der Treuhänder schriftlich zur Zahlung binnen einer Frist von mindestens 2 Wochen aufgefordert und ihn dabei auf die Möglichkeit der Versagung der Restschuldbefreiung hingewiesen hat. ²Dies gilt nicht, wenn die Kosten des Insolvenzverfahrens nach § 4 a gestundet wurden.

(2) ¹Vor der Entscheidung ist der Schuldner zu hören. ²Die Versagung unterbleibt, wenn der Schuldner binnen 2 Wochen nach Aufforderung durch das Gericht den fehlenden Betrag einzahlt oder ihm dieser entsprechend § 4 a gestundet wird.

(3) § 296 Abs. 3 gilt entsprechend.

§ 299 Vorzeitige Beendigung

Wird die Restschuldbefreiung nach § 296, 297 oder 298 versagt, so enden die Laufzeit der Abtretungserklärung, das Amt des Treuhänders und die Beschränkung der Rechte der Gläubiger mit der Rechtskraft der Entscheidung.

§ 300 Entscheidung über die Restschuldbefreiung

(1) Ist die Laufzeit der Abtretungserklärung ohne eine vorzeitige Beendigung verstrichen, so entscheidet das Insolvenzgericht nach Anhörung der Insolvenzgläubiger, des Treuhänders und des Schuldners durch Beschluss über die Erteilung der Restschuldbefreiung.

(2) Das Insolvenzgericht versagt die Restschuldbefreiung auf Antrag eines Insolvenzgläubigers, wenn die Voraussetzungen des § 296 Abs. 1 oder 2 Satz 3 oder des § 297 vorliegen, oder auf Antrag des Treuhänders, wenn die Voraussetzungen des § 298 vorliegen.

(3) ¹Der Beschluss ist öffentlich bekannt zu machen. ²Gegen den Beschluss steht dem Schuldner und jedem Insolvenzgläubiger, der bei der Anhörung nach Absatz 1 die Versagung der Restschuldbefreiung beantragt hat, die sofortige Beschwerde zu.

§ 301 Wirkung der Restschuldbefreiung

(1) ¹Wird die Restschuldbefreiung erteilt, so wirkt sie gegen alle Insolvenzgläubiger. ²Dies gilt auch für Gläubiger, die ihre Forderungen nicht angemeldet haben.

(2) ¹Die Rechte der Insolvenzgläubiger gegen Mitschuldner und Bürgen des Schuldners sowie die Rechte dieser Gläubiger aus einer zu ihrer Sicherung eingetragenen Vormerkung oder aus einem Recht, das im Insolvenzverfahren zur abgesonderten Befriedigung berechtigt, werden durch die Restschuldbefreiung nicht berührt. ²Der Schuldner wird jedoch gegenüber dem Mitschuldner, dem Bürgen oder anderen Rückgriffsberechtigten in gleicher Weise befreit wie gegenüber den Insolvenzgläubigern.
(3) Wird ein Gläubiger befriedigt, obwohl er auf Grund der Restschuldbefreiung keine Befriedigung zu beanspruchen hat, so begründet dies keine Pflicht zur Rückgewähr des Erlangten.

§ 302 Ausgenommene Forderungen

Von der Erteilung der Restschuldbefreiung werden nicht berührt:
1. Verbindlichkeiten des Schuldners aus einer vorsätzlich begangenen unerlaubten Handlung, sofern der Gläubiger die entsprechende Forderung unter Angabe dieses Rechtsgrundes nach § 174 Abs. 2 angemeldet hatte;
2. Geldstrafen und die diesen in § 39 Abs. 1 Nr. 3 gleichgestellten Verbindlichkeiten des Schuldners;
3. Verbindlichkeiten aus zinslosen Darlehen, die dem Schuldner zur Begleichung der Kosten des Insolvenzverfahrens gewährt wurden.

§ 303 Widerruf der Restschuldbefreiung

(1) Auf Antrag eines Insolvenzgläubigers widerruft das Insolvenzgericht die Erteilung der Restschuldbefreiung, wenn sich nachträglich herausstellt, dass der Schuldner eine seiner Obliegenheiten vorsätzlich verletzt und dadurch die Befriedigung der Insolvenzgläubiger erheblich beeinträchtigt hat.
(2) Der Antrag des Gläubigers ist nur zulässig, wenn er innerhalb eines Jahres nach der Rechtskraft der Entscheidung über die Restschuldbefreiung gestellt wird und wenn glaubhaft gemacht wird, dass die Voraussetzungen des Absatzes 1 vorliegen und dass der Gläubiger bis zur Rechtskraft der Entscheidung keine Kenntnis von ihnen hatte.
(3) ¹Vor der Entscheidung sind der Schuldner und der Treuhänder zu hören. ²Gegen die Entscheidung steht dem Antragsteller und dem Schuldner die sofortige Beschwerde zu. ³Die Entscheidung, durch welche die Restschuldbefreiung widerrufen wird, ist öffentlich bekannt zu machen.

Neunter Teil Verbraucherinsolvenzverfahren und sonstige Kleinverfahren

Erster Abschnitt Anwendungsbereich

§ 304 Grundsatz

(1) ¹Ist der Schuldner eine natürliche Person, die keine selbständige wirtschaftliche Tätigkeit ausübt oder ausgeübt hat, so gelten für das Verfahren die allgemeinen Vorschriften, soweit in diesem Teil nichts anderes bestimmt ist. ²Hat der Schuldner eine selbständige wirtschaftliche Tätigkeit ausgeübt, so findet Satz 1 Anwendung, wenn seine Vermögensverhältnisse überschaubar sind und gegen ihn keine Forderungen aus Arbeitsverhältnissen bestehen.
(2) Überschaubar sind die Vermögensverhältnisse im Sinne von Absatz 1 Satz 2 nur, wenn der Schuldner zu dem Zeitpunkt, zu dem der Antrag auf Eröffnung des Insolvenzverfahrens gestellt wird, weniger als 20 Gläubiger hat.

Zweiter Abschnitt Schuldenbereinigungsplan

§ 305 Eröffnungsantrag des Schuldners

(1) Mit dem schriftlich einzureichenden Antrag auf Eröffnung des Insolvenzverfahrens (§ 311) oder unverzüglich nach diesem Antrag hat der Schuldner vorzulegen:
1. eine Bescheinigung, die von einer geeigneten Person oder Stelle ausgestellt ist und aus der sich ergibt, dass eine außergerichtliche Einigung mit den Gläubigern über die Schuldenbereinigung auf der Grundlage eines Plans innerhalb der letzten 6 Monate vor dem Eröffnungsantrag erfolglos versucht worden ist, der Plan ist beizufügen und die wesentlichen Gründe für sein Scheitern sind darzulegen; die Länder können bestimmen, welche Personen oder Stellen als geeignet anzusehen sind;
2. den Antrag auf Erteilung von Restschuldbefreiung (§ 287) oder die Erklärung, dass Restschuldbefreiung nicht beantragt werden soll;
3. ein Verzeichnis des vorhandenen Vermögens und des Einkommens (Vermögensverzeichnis), eine Zusammenfassung des wesentlichen Inhalts dieses Verzeichnisses (Vermögensübersicht), ein Verzeichnis der Gläubiger und ein Verzeichnis der gegen ihn gerichteten Forderungen; den Verzeichnissen und der Vermögensübersicht ist die Erklärung beizufügen, dass die enthaltenen Angaben richtig und vollständig sind;
4. einen Schuldenbereinigungsplan; dieser kann alle Regelungen enthalten, die unter Berücksichtigung der Gläubigerinteressen sowie der Vermögens-, Einkommens- und Familienverhältnisse des Schuldners geeignet sind, zu einer angemessenen Schuldenbereinigung zu führen; in den Plan ist aufzunehmen, ob und inwieweit Bürgschaften, Pfandrechte und andere Sicherheiten der Gläubiger vom Plan berührt werden sollen.

(2) ¹In dem Verzeichnis der Forderungen nach Absatz 1 Nr. 3 kann auch auf beigefügte Forderungsaufstellungen der Gläubiger Bezug genommen werden. ²Auf Aufforderung des Schuldners sind die Gläubiger verpflichtet, auf ihre Kosten dem Schuldner zur Vorbereitung des Forderungsverzeichnisses eine schriftliche Aufstellung ihrer gegen diesen gerichteten Forderungen zu er-

teilen; insbesondere haben sie ihm die Höhe ihrer Forderungen und deren Aufgliederung in Hauptforderung, Zinsen und Kosten anzugeben. [3]Die Aufforderung des Schuldners muss einen Hinweis auf einen bereits bei Gericht eingereichten oder in naher Zukunft beabsichtigten Antrag auf Eröffnung eines Insolvenzverfahrens enthalten.

(3) [1]Hat der Schuldner die in Absatz 1 genannten Erklärungen und Unterlagen nicht vollständig abgegeben, so fordert ihn das Insolvenzgericht auf, das Fehlende unverzüglich zu ergänzen. [2]Kommt der Schuldner dieser Aufforderung nicht binnen eines Monats nach, so gilt sein Antrag auf Eröffnung des Insolvenzverfahrens als zurückgenommen. [3]Im Falle des § 306 Abs. 3 Satz 3 beträgt die Frist 3 Monate.

(4) [1]Der Schuldner kann sich im Verfahren nach diesem Abschnitt vor dem Insolvenzgericht von einer geeigneten Person oder einem Angehörigen einer als geeignet anerkannten Stelle im Sinne des Absatzes 1 Nr. 1 vertreten lassen. [2]Für die Vertretung des Gläubigers gilt § 174 Abs. 1 Satz 3 entsprechend.

(5) [1]Das Bundesministerium der Justiz wird ermächtigt, durch Rechtsverordnung mit Zustimmung des Bundesrates zur Vereinfachung des Verbraucherinsolvenzverfahrens für die Beteiligten Formulare für die nach Absatz 1 Nr. 1 bis 4 vorzulegenden Bescheinigungen, Anträge, Verzeichnisse und Pläne einzuführen. [2]Soweit nach Satz 1 Formulare eingeführt sind, muss sich der Schuldner ihrer bedienen. [3]Für Verfahren bei Gerichten, die die Verfahren maschinell bearbeiten, und für Verfahren bei Gerichten, die die Verfahren nicht maschinell bearbeiten, können unterschiedliche Formulare eingeführt werden.

§ 305 a Scheitern der außergerichtlichen Schuldenbereinigung

Der Versuch, eine außergerichtliche Einigung mit den Gläubigern über die Schuldenbereinigung herbeizuführen, gilt als gescheitert, wenn ein Gläubiger die Zwangsvollstreckung betreibt, nachdem die Verhandlungen über die außergerichtliche Schuldenbereinigung aufgenommen wurden.

§ 306 Ruhen des Verfahrens

(1) [1]Das Verfahren über den Antrag auf Eröffnung des Insolvenzverfahrens ruht bis zur Entscheidung über den Schuldenbereinigungsplan. [2]Dieser Zeitraum soll 3 Monate nicht überschreiten. [3]Das Gericht ordnet nach Anhörung des Schuldners die Fortsetzung des Verfahrens über den Eröffnungsantrag an, wenn nach seiner freien Überzeugung der Schuldenbereinigungsplan voraussichtlich nicht angenommen wird.

(2) [1]Absatz 1 steht der Anordnung von Sicherungsmaßnahmen nicht entgegen. [2]Ruht das Verfahren, so hat der Schuldner in der für die Zustellung erforderlichen Zahl Abschriften des Schuldenbereinigungsplans und der Vermögensübersicht innerhalb von 2 Wochen nach Aufforderung durch das Gericht nachzureichen. [3]§ 305 Abs. 3 Satz 2 gilt entsprechend.

(3) [1]Beantragt ein Gläubiger die Eröffnung des Verfahrens, so hat das Insolvenzgericht vor der Entscheidung über die Eröffnung dem Schuldner Gelegenheit zu geben, ebenfalls einen Antrag zu stellen. [2]Stellt der Schuldner einen Antrag, so gilt Absatz 1 auch für den Antrag des Gläubigers. [3]In diesem Fall hat der Schuldner zunächst eine außergerichtliche Einigung nach § 305 Abs. 1 Nr. 1 zu versuchen.

§ 307 Zustellung an die Gläubiger

(1) [1]Das Insolvenzgericht stellt den vom Schuldner genannten Gläubigern den Schuldenbereinigungsplan sowie die Vermögensübersicht zu und fordert die Gläubiger zugleich auf, binnen einer Notfrist von einem Monat zu den in § 305 Abs. 1 Nr. 3 genannten Verzeichnissen und zu dem Schuldenbereinigungsplan Stellung zu nehmen; die Gläubiger sind darauf hinzuweisen, dass die Verzeichnisse beim Insolvenzgericht zur Einsicht niedergelegt sind. [2]Zugleich ist jedem Gläubiger mit ausdrücklichem Hinweis auf die Rechtsfolgen des § 308 Abs. 3 Satz 2 Gelegenheit zu geben, binnen der Frist nach Satz 1 die Angaben über seine Forderungen in dem beim Insolvenzgericht niedergelegten Forderungsverzeichnis zu überprüfen und erforderlichenfalls zu ergänzen. [3]Auf die Zustellung nach Satz 1 ist § 8 Abs. 2, 3, Abs. 2 und 3 nicht anzuwenden.

(2) [1]Geht binnen der Frist nach Absatz 1 Satz 1 bei Gericht die Stellungnahme eines Gläubigers nicht ein, so gilt dies als Einverständnis mit dem Schuldenbereinigungsplan. [2]Darauf ist in der Aufforderung hinzuweisen.

(3) [1]Nach Ablauf der Frist nach Absatz 1 Satz 1 ist dem Schuldner Gelegenheit zu geben, den Schuldenbereinigungsplan binnen einer vom Gericht zu bestimmenden Frist zu ändern oder zu ergänzen, wenn dies auf Grund der Stellungnahme eines Gläubigers erforderlich oder zur Förderung einer einverständlichen Schuldenbereinigung sinnvoll erscheint. [2]Die Änderungen oder Ergänzungen sind den Gläubigern zuzustellen, soweit dies erforderlich ist. [3]Absatz 1 Satz 1, 3 und Absatz 2 gelten entsprechend.

§ 308 Annahme des Schuldenbereinigungsplans

(1) [1]Hat kein Gläubiger Einwendungen gegen den Schuldenbereinigungsplan erhoben oder wird die Zustimmung nach § 309 ersetzt, so gilt der Schuldenbereinigungsplan als angenommen; das Insolvenzgericht stellt dies durch Beschluss fest. [2]Der Schuldenbereinigungsplan hat die Wirkung eines Vergleichs im Sinne des § 794 Abs. 1 Nr. 1 der Zivilprozessordnung. [3]Den Gläubigern und dem Schuldner ist eine Ausfertigung des Schuldenbereinigungsplans und des Beschlusses nach Satz 1 zuzustellen.

(2) Die Anträge auf Eröffnung des Insolvenzverfahrens und auf Erteilung von Restschuldbefreiung gelten als zurückgenommen.

(3) [1]Soweit Forderungen in dem Verzeichnis des Schuldners nicht enthalten sind und auch nicht nachträglich bei dem Zustandekommen des Schuldenbereinigungsplans berücksichtigt worden sind, können die Gläubiger von dem Schuldner Erfüllung verlangen. [2]Dies gilt nicht, soweit ein Gläubiger die Angaben über seine Forderung in dem beim Insolvenzgericht zur Einsicht

niedergelegten Forderungsverzeichnis nicht innerhalb der gesetzten Frist ergänzt hat, obwohl ihm der Schuldenbereinigungsplan übersandt wurde und die Forderung vor dem Ablauf der Frist entstanden war; insoweit erlischt die Forderung.

§ 309 Ersetzung der Zustimmung

(1) ¹Hat dem Schuldenbereinigungsplan mehr als die Hälfte der benannten Gläubiger zugestimmt und beträgt die Summe der Ansprüche der zustimmenden Gläubiger mehr als die Hälfte der Summe der Ansprüche der benannten Gläubiger, so ersetzt das Insolvenzgericht auf Antrag eines Gläubigers oder des Schuldners die Einwendungen eines Gläubigers gegen den Schuldenbereinigungsplan durch eine Zustimmung. ²Dies gilt nicht, wenn
1. der Gläubiger, der Einwendungen erhoben hat, im Verhältnis zu den übrigen Gläubigern nicht angemessen beteiligt wird oder
2. dieser Gläubiger durch den Schuldenbereinigungsplan voraussichtlich wirtschaftlich schlechter gestellt wird, als er bei Durchführung des Verfahrens über die Anträge auf Eröffnung des Insolvenzverfahrens und Erteilung von Restschuldbefreiung stünde; hierbei ist im Zweifel zugrunde zu legen, dass die Einkommens-, Vermögens- und Familienverhältnisse des Schuldners zum Zeitpunkt des Antrags nach Satz 1 während der gesamten Dauer des Verfahrens maßgeblich bleiben.

(2) ¹Vor der Entscheidung ist der Gläubiger zu hören. ²Die Gründe, die gemäß Absatz 1 Satz 2 einer Ersetzung seiner Einwendungen durch eine Zustimmung entgegenstehen, hat er glaubhaft zu machen. ³Gegen den Beschluss steht dem Antragsteller und dem Gläubiger, dessen Zustimmung ersetzt wird, die sofortige Beschwerde zu. ⁴§ 4 a Abs. 2 gilt entsprechend.

(3) Macht ein Gläubiger Tatsachen glaubhaft, aus denen sich ernsthafte Zweifel ergeben, ob eine vom Schuldner angegebene Forderung besteht oder sich auf einen höheren oder niedrigeren Betrag richtet als angegeben, und hängt vom Ausgang des Streits ab, ob der Gläubiger im Verhältnis zu den übrigen Gläubigern angemessen beteiligt wird (Absatz 1 Satz 2 Nr. 1), so kann die Zustimmung dieses Gläubigers nicht ersetzt werden.

§ 310 Kosten

Die Gläubiger haben gegen den Schuldner keinen Anspruch auf Erstattung der Kosten, die ihnen im Zusammenhang mit dem Schuldenbereinigungsplan entstehen.

Dritter Abschnitt Vereinfachtes Insolvenzverfahren

§ 311 Aufnahme des Verfahrens über den Eröffnungsantrag

Werden Einwendungen gegen den Schuldenbereinigungsplan erhoben, die nicht gemäß § 309 durch gerichtliche Zustimmung ersetzt werden, so wird das Verfahren über den Eröffnungsantrag von Amts wegen wieder aufgenommen.

§ 312 Allgemeine Verfahrensvereinfachungen

(1) ¹Öffentliche Bekanntmachungen erfolgen auszugsweise; § 9 Abs. 2 ist nicht anzuwenden. ²Bei der Eröffnung des Insolvenzverfahrens wird abweichend von § 29 nur der Prüfungstermin bestimmt. ³Wird das Verfahren auf Antrag des Schuldners eröffnet, so beträgt die in § 88 genannte Frist 3 Monate.

(2) Die Vorschriften über den Insolvenzplan (§§ 217 bis 269) und über die Eigenverwaltung (§§ 270 bis 285) sind nicht anzuwenden.

§ 313 Treuhänder

(1) ¹Die Aufgaben des Insolvenzverwalters werden von dem Treuhänder (§ 292) wahrgenommen. ²Dieser wird abweichend von § 291 Abs. 2 bereits bei der Eröffnung des Insolvenzverfahrens bestimmt. ³Die §§ 56 bis 66 gelten entsprechend.

(2) ¹Zur Anfechtung von Rechtshandlungen nach den §§ 129 bis 147 ist nicht der Treuhänder, sondern jeder Insolvenzgläubiger berechtigt. ²Aus dem Erlangten sind dem Gläubiger die ihm entstandenen Kosten vorweg zu erstatten. ³Die Gläubigerversammlung kann den Treuhänder oder einen Gläubiger mit der Anfechtung beauftragen. ⁴Hat die Gläubigerversammlung einen Gläubiger mit der Anfechtung beauftragt, so sind diesem die entstandenen Kosten, soweit sie nicht aus dem Erlangten gedeckt werden können, aus der Insolvenzmasse zu erstatten.

(3) ¹Der Treuhänder ist nicht zur Verwertung von Gegenständen berechtigt, an denen Pfandrechte oder andere Absonderungsrechte bestehen. ²Das Verwertungsrecht steht dem Gläubiger zu. ³§ 173 Abs. 2 gilt entsprechend.

§ 314 Vereinfachte Verteilung

(1) ¹Auf Antrag des Treuhänders ordnet das Insolvenzgericht an, dass von einer Verwertung der Insolvenzmasse ganz oder teilweise abgesehen wird. ²In diesem Fall hat es dem Schuldner zusätzlich aufzugeben, binnen einer vom Gericht festgesetzten Frist an den Treuhänder einen Betrag zu zahlen, der dem Wert der Masse entspricht, die an die Insolvenzgläubiger zu verteilen wäre. ³Von der Anordnung soll abgesehen werden, wenn die Verwertung der Insolvenzmasse insbesondere im Interesse der Gläubiger geboten erscheint.

(2) Vor der Entscheidung sind die Insolvenzgläubiger zu hören.

(3) ¹Die Entscheidung über einen Antrag des Schuldners auf Erteilung von Restschuldbefreiung (§§ 289 bis 291) ist erst nach Ablauf der nach Absatz 1 Satz 2 festgesetzten Frist zu treffen. ²Das Gericht versagt die Restschuldbefreiung auf Antrag eines Insolvenzgläubigers, wenn der nach Absatz 1 Satz 2 zu zahlende Betrag auch nach Ablauf einer weiteren Frist von 2 Wochen, die das Gericht unter Hinweis auf die Möglichkeit der Versagung der Restschuldbefreiung gesetzt hat, nicht gezahlt ist. ³Vor der Entscheidung ist der Schuldner zu hören.

Zehnter Teil Besondere Arten des Insolvenzverfahrens

Erster Abschnitt Nachlassinsolvenzverfahren

§ 315 Örtliche Zuständigkeit

¹Für das Insolvenzverfahren über einen Nachlass ist ausschließlich das Insolvenzgericht örtlich zuständig, in dessen Bezirk der Erblasser zur Zeit seines Todes seinen allgemeinen Gerichtsstand hatte. ²Lag der Mittelpunkt einer selbständigen wirtschaftlichen Tätigkeit des Erblassers an einem anderen Ort, so ist ausschließlich das Insolvenzgericht zuständig, in dessen Bezirk dieser Ort liegt.

§ 316 Zulässigkeit der Eröffnung

(1) Die Eröffnung des Insolvenzverfahrens wird nicht dadurch ausgeschlossen, dass der Erbe die Erbschaft noch nicht angenommen hat oder dass er für die Nachlassverbindlichkeiten unbeschränkt haftet.
(2) Sind mehrere Erben vorhanden, so ist die Eröffnung des Verfahrens auch nach der Teilung des Nachlasses zulässig.
(3) Über einen Erbteil findet ein Insolvenzverfahren nicht statt.

§ 317 Antragsberechtigte

(1) Zum Antrag auf Eröffnung des Insolvenzverfahrens über einen Nachlass ist jeder Erbe, der Nachlassverwalter sowie ein anderer Nachlasspfleger, ein Testamentsvollstrecker, dem die Verwaltung des Nachlasses zusteht, und jeder Nachlassgläubiger berechtigt.
(2) ¹Wird der Antrag nicht von allen Erben gestellt, so ist er zulässig, wenn der Eröffnungsgrund glaubhaft gemacht wird. ²Das Insolvenzgericht hat die übrigen Erben zu hören.
(3) Steht die Verwaltung des Nachlasses einem Testamentsvollstrecker zu, so ist, wenn der Erbe die Eröffnung beantragt, der Testamentsvollstrecker, wenn der Testamentsvollstrecker den Antrag stellt, der Erbe zu hören.

§ 318 Antragsrecht beim Gesamtgut

(1) ¹Gehört der Nachlass zum Gesamtgut einer Gütergemeinschaft, so kann sowohl der Ehegatte, der Erbe ist, als auch der Ehegatte, der nicht Erbe ist, aber das Gesamtgut allein oder mit seinem Ehegatten gemeinschaftlich verwaltet, die Eröffnung des Insolvenzverfahrens über den Nachlass beantragen. ²Die Zustimmung des anderen Ehegatten ist nicht erforderlich. ³Die Ehegatten behalten das Antragsrecht, wenn die Gütergemeinschaft endet.
(2) ¹Wird der Antrag nicht von beiden Ehegatten gestellt, so ist er zulässig, wenn der Eröffnungsgrund glaubhaft gemacht wird. ²Das Insolvenzgericht hat den anderen Ehegatten zu hören.
(3) Die Absätze 1 und 2 gelten für Lebenspartner entsprechend.

§ 319 Antragsfrist

Der Antrag eines Nachlassgläubigers auf Eröffnung des Insolvenzverfahrens ist unzulässig, wenn seit der Annahme der Erbschaft 2 Jahre verstrichen sind.

§ 320 Eröffnungsgründe

¹Gründe für die Eröffnung des Insolvenzverfahrens über einen Nachlass sind die Zahlungsunfähigkeit und die Überschuldung. ²Beantragt der Erbe, der Nachlassverwalter oder ein anderer Nachlasspfleger oder ein Testamentsvollstrecker die Eröffnung des Verfahrens, so ist auch die drohende Zahlungsunfähigkeit Eröffnungsgrund.

§ 321 Zwangsvollstreckung nach Erbfall

Maßnahmen der Zwangsvollstreckung in den Nachlass, die nach dem Eintritt des Erbfalls erfolgt sind, gewähren kein Recht zur abgesonderten Befriedigung.

§ 322 Anfechtbare Rechtshandlungen des Erben

Hat der Erbe vor der Eröffnung des Insolvenzverfahrens aus dem Nachlass Pflichtteilsansprüche, Vermächtnisse oder Auflagen erfüllt, so ist diese Rechtshandlung in gleicher Weise anfechtbar wie eine unentgeltliche Leistung des Erben.

§ 323 Aufwendungen des Erben

Dem Erben steht wegen der Aufwendungen, die ihm nach den §§ 1978, 1979 des Bürgerlichen Gesetzbuchs aus dem Nachlass zu ersetzen sind, ein Zurückbehaltungsrecht nicht zu.

§ 324 Masseverbindlichkeiten

(1) Masseverbindlichkeiten sind außer den in den §§ 54, 55 bezeichneten Verbindlichkeiten:
1. die Aufwendungen, die dem Erben nach den §§ 1978, 1979 des Bürgerlichen Gesetzbuchs aus dem Nachlass zu ersetzen sind;
2. die Kosten der Beerdigung des Erblassers;
3. die im Falle der Todeserklärung des Erblassers dem Nachlass zur Last fallenden Kosten des Verfahrens;
4. die Kosten der Eröffnung einer Verfügung des Erblassers von Todes wegen, der gerichtlichen Sicherung des Nachlasses, einer Nachlasspflegschaft, des Aufgebots der Nachlassgläubiger und der Inventarerrichtung;
5. die Verbindlichkeiten aus den von einem Nachlasspfleger oder einem Testamentsvollstrecker vorgenommenen Rechtsgeschäften;
6. die Verbindlichkeiten, die für den Erben gegenüber einem Nachlasspfleger, einem Testamentsvollstrecker oder einem Erben, der die Erbschaft ausgeschlagen hat, aus der Geschäftsführung dieser Personen entstanden sind, soweit die Nachlassgläubiger verpflichtet wären, wenn die bezeichneten Personen die Geschäfte für sie zu besorgen gehabt hätten.

(2) Im Falle der Masseunzulänglichkeit haben die in Absatz 1 bezeichneten Verbindlichkeiten den Rang des § 209 Abs. 1 Nr. 3.

§ 325 Nachlassverbindlichkeiten

Im Insolvenzverfahren über einen Nachlass können nur die Nachlassverbindlichkeiten geltend gemacht werden.

§ 326 Ansprüche des Erben

(1) Der Erbe kann die ihm gegen den Erblasser zustehenden Ansprüche geltend machen.
(2) Hat der Erbe eine Nachlassverbindlichkeit erfüllt, so tritt er, soweit nicht die Erfüllung nach § 1979 des Bürgerlichen Gesetzbuchs als für Rechnung des Nachlasses erfolgt gilt, an die Stelle des Gläubigers, es sei denn, dass er für die Nachlassverbindlichkeiten unbeschränkt haftet.
(3) Haftet der Erbe einem einzelnen Gläubiger gegenüber unbeschränkt, so kann er dessen Forderung für den Fall geltend machen, dass der Gläubiger sie nicht geltend macht.

§ 327 Nachrangige Verbindlichkeiten

(1) Im Rang nach den in § 39 bezeichneten Verbindlichkeiten und in folgender Rangfolge, bei gleichem Rang nach dem Verhältnis ihrer Beträge, werden erfüllt:
1. die Verbindlichkeiten gegenüber Pflichtteilsberechtigten;
2. die Verbindlichkeiten aus den vom Erblasser angeordneten Vermächtnissen und Auflagen.
3. (weggefallen)

(2) ¹Ein Vermächtnis, durch welches das Recht des Bedachten auf den Pflichtteil nach § 2307 des Bürgerlichen Gesetzbuchs ausgeschlossen wird, steht, soweit es den Pflichtteil nicht übersteigt, im Rang den Pflichtteilsrechten gleich. ²Hat der Erblasser durch Verfügung von Todes wegen angeordnet, dass ein Vermächtnis oder eine Auflage vor einem anderen Vermächtnis oder einer anderen Auflage erfüllt werden soll, so hat das Vermächtnis oder die Auflage den Vorrang.

(3) ¹Eine Verbindlichkeit, deren Gläubiger im Wege des Aufgebotsverfahrens ausgeschlossen ist oder nach § 1974 des Bürgerlichen Gesetzbuchs einem ausgeschlossenen Gläubiger gleichsteht, wird erst nach den in § 39 bezeichneten Verbindlichkeiten und, soweit sie zu den in Absatz 1 bezeichneten Verbindlichkeiten gehört, erst nach den Verbindlichkeiten erfüllt, mit denen sie ohne die Beschränkung gleichen Rang hätte. ²Im Übrigen wird durch die Beschränkungen an der Rangordnung nichts geändert.

§ 328 Zurückgewährte Gegenstände

(1) Was infolge der Anfechtung einer vom Erblasser oder ihm gegenüber vorgenommenen Rechtshandlung zur Insolvenzmasse zurückgewährt wird, darf nicht zur Erfüllung der in § 327 Abs. 1 bezeichneten Verbindlichkeiten verwendet werden.
(2) Was der Erbe auf Grund der §§ 1978 bis 1980 des Bürgerlichen Gesetzbuchs zur Masse zu ersetzen hat, kann von den Gläubigern, die im Wege des Aufgebotsverfahrens ausgeschlossen sind oder nach § 1974 des Bürgerlichen Gesetzbuchs einem ausgeschlossenen Gläubiger gleichstehen, nur insoweit beansprucht werden, als der Erbe auch nach den Vorschriften über die Herausgabe einer ungerechtfertigten Bereicherung ersatzpflichtig wäre.

§ 329 Nacherbfolge

Die §§ 323, 324 Abs. 1 Nr. 1 und § 326 Abs. 2, 3 gelten für den Vorerben auch nach dem Eintritt der Nacherbfolge.

§ 330 Erbschaftskauf

(1) Hat der Erbe die Erbschaft verkauft, so tritt für das Insolvenzverfahren der Käufer an seine Stelle.
(2) ¹Der Erbe ist wegen einer Nachlassverbindlichkeit, die im Verhältnis zwischen ihm und dem Käufer diesem zur Last fällt, wie ein Nachlassgläubiger zum Antrag auf Eröffnung des Verfahrens berechtigt. ²Das gleiche Recht steht ihm auch wegen einer anderen Nachlassverbindlichkeit zu, es sei denn, dass er unbeschränkt haftet oder dass eine Nachlassverwaltung angeordnet ist. ³Die §§ 323, 324 Abs. 1 Nr. 1 und § 326 gelten für den Erben auch nach dem Verkauf der Erbschaft.
(3) Die Absätze 1 und 2 gelten entsprechend für den Fall, dass jemand eine durch Vertrag erworbene Erbschaft verkauft oder sich in sonstiger Weise zur Veräußerung einer ihm angefallenen oder anderweitig von ihm erworbenen Erbschaft verpflichtet hat.

§ 331 Gleichzeitige Insolvenz des Erben

(1) Im Insolvenzverfahren über das Vermögen des Erben gelten, wenn auch über den Nachlass das Insolvenzverfahren eröffnet oder wenn eine Nachlassverwaltung angeordnet ist, die §§ 52, 190, 192, 198, 237 Abs. 1 Satz 2 entsprechend für Nachlassgläubiger, denen gegenüber der Erbe unbeschränkt haftet.
(2) Gleiches gilt, wenn ein Ehegatte der Erbe ist und der Nachlass zum Gesamtgut gehört, das vom anderen Ehegatten allein verwaltet wird, auch im Insolvenzverfahren über das Vermögen des anderen Ehegatten und, wenn das Gesamtgut von den Ehegatten gemeinschaftlich verwaltet wird, auch im Insolvenzverfahren über das Gesamtgut und im Insolvenzverfahren über das sonstige Vermögen des Ehegatten, der nicht Erbe ist.

Zweiter Abschnitt Insolvenzverfahren über das Gesamtgut einer fortgesetzten Gütergemeinschaft

§ 332 Verweisung auf das Nachlassinsolvenzverfahren

(1) Im Falle der fortgesetzten Gütergemeinschaft gelten die §§ 315 bis 331 entsprechend für das Insolvenzverfahren über das Gesamtgut.
(2) Insolvenzgläubiger sind nur die Gläubiger, deren Forderungen schon zur Zeit des Eintritts der fortgesetzten Gütergemeinschaft als Gesamtgutsverbindlichkeiten bestanden.
(3) ¹Die anteilsberechtigten Abkömmlinge sind nicht berechtigt, die Eröffnung des Verfahrens zu beantragen. ²Sie sind jedoch vom Insolvenzgericht zu einem Eröffnungsantrag zu hören.

Dritter Abschnitt Insolvenzverfahren über das gemeinschaftlich verwaltete Gesamtgut einer Gütergemeinschaft

§ 333 Antragsrecht. Eröffnungsgründe

(1) Zum Antrag auf Eröffnung des Insolvenzverfahrens über das Gesamtgut einer Gütergemeinschaft, das von den Ehegatten gemeinschaftlich verwaltet wird, ist jeder Gläubiger berechtigt, der die Erfüllung einer Verbindlichkeit aus dem Gesamtgut verlangen kann.
(2) ¹Antragsberechtigt ist auch jeder Ehegatte. ²Wird der Antrag nicht von beiden Ehegatten gestellt, so ist er zulässig, wenn die Zahlungsunfähigkeit des Gesamtguts glaubhaft gemacht wird; das Insolvenzgericht hat den anderen Ehegatten zu hören. ³Wird der Antrag von beiden Ehegatten gestellt, so ist auch die drohende Zahlungsunfähigkeit Eröffnungsgrund.

§ 334 Persönliche Haftung der Ehegatten

(1) Die persönliche Haftung der Ehegatten für die Verbindlichkeiten, deren Erfüllung aus dem Gesamtgut verlangt werden kann, kann während der Dauer des Insolvenzverfahrens nur vom Insolvenzverwalter oder vom Sachwalter geltend gemacht werden.
(2) Im Falle eines Insolvenzplans gilt für die persönliche Haftung der Ehegatten § 227 Abs. 1 entsprechend.

Elfter Teil Internationales Insolvenzrecht

Erster Abschnitt Allgemeine Vorschriften

§ 335 Grundsatz

Das Insolvenzverfahren und seine Wirkungen unterliegen, soweit nichts anderes bestimmt ist, dem Recht des Staats, in dem das Verfahren eröffnet worden ist.

§ 336 Vertrag über einen unbeweglichen Gegenstand

¹Die Wirkungen des Insolvenzverfahrens auf einen Vertrag, der ein dingliches Recht an einem unbeweglichen Gegenstand oder ein Recht zur Nutzung eines unbeweglichen Gegenstandes betrifft, unterliegen dem Recht des Staats, in dem der Gegenstand belegen ist. ²Bei einem im Schiffsregister, Schiffsbauregister oder Register für Pfandrechte an Luftfahrzeugen eingetragenen Gegenstand ist das Recht des Staats maßgebend, unter dessen Aufsicht das Register geführt wird.

§ 337 Arbeitsverhältnis

Die Wirkungen des Insolvenzverfahrens auf ein Arbeitsverhältnis unterliegen dem Recht, das nach dem Einführungsgesetz zum Bürgerlichen Gesetzbuche für das Arbeitsverhältnis maßgebend ist.

§ 338 Aufrechnung

Das Recht eines Insolvenzgläubigers zur Aufrechnung wird von der Eröffnung des Insolvenzverfahrens nicht berührt, wenn er nach dem für die Forderung des Schuldners maßgebenden Recht zur Zeit der Eröffnung des Insolvenzverfahrens zur Aufrechnung berechtigt ist.

§ 339 Insolvenzanfechtung

Eine Rechtshandlung kann angefochten werden, wenn die Voraussetzungen der Insolvenzanfechtung nach dem Recht des Staats der Verfahrenseröffnung erfüllt sind, es sei denn, der Anfechtungsgegner weist nach, dass für die Rechtshandlung das Recht eines anderen Staats maßgebend und die Rechtshandlung nach diesem Recht in keiner Weise angreifbar ist.

§ 340 Organisierte Märkte. Pensionsgeschäfte

(1) Die Wirkungen des Insolvenzverfahrens auf die Rechte und Pflichten der Teilnehmer an einem organisierten Markt nach § 2 Abs. 5 des Wertpapierhandelsgesetzes unterliegen dem Recht des Staats, das für diesen Markt gilt.
(2) Die Wirkungen des Insolvenzverfahrens auf Pensionsgeschäfte im Sinne des § 340 b des Handelsgesetzbuchs sowie auf Schuldumwandlungsverträge und Aufrechnungsvereinbarungen unterliegen dem Recht des Staats, das für diese Verträge maßgebend ist.
(3) Für die Teilnehmer an einem System im Sinne von § 1 Abs. 16 des Kreditwesengesetzes gilt Absatz 1 entsprechend.

§ 341 Ausübung von Gläubigerrechten

(1) Jeder Gläubiger kann seine Forderungen im Hauptinsolvenzverfahren und in jedem Sekundärinsolvenzverfahren anmelden.
(2) [1]Der Insolvenzverwalter ist berechtigt, eine in dem Verfahren, für das er bestellt ist, angemeldete Forderung in einem anderen Insolvenzverfahren über das Vermögen des Schuldners anzumelden. [2]Das Recht des Gläubigers, die Anmeldung abzulehnen oder zurückzunehmen, bleibt unberührt.
(3) Der Verwalter gilt als bevollmächtigt, das Stimmrecht aus einer Forderung, die in dem Verfahren, für das er bestellt ist, angemeldet worden ist, in einem anderen Insolvenzverfahren über das Vermögen des Schuldners auszuüben, sofern der Gläubiger keine anderweitige Bestimmung trifft.

§ 342 Herausgabepflicht. Anrechnung

(1) [1]Erlangt ein Insolvenzgläubiger durch Zwangsvollstreckung, durch eine Leistung des Schuldners oder in sonstiger Weise etwas auf Kosten der Insolvenzmasse aus dem Vermögen, das nicht im Staat der Verfahrenseröffnung belegen ist, so hat er das Erlangte dem Insolvenzverwalter herauszugeben. [2]Die Vorschriften über die Rechtsfolgen einer ungerechtfertigten Bereicherung gelten entsprechend.
(2) [1]Der Insolvenzgläubiger darf behalten, was er in einem Insolvenzverfahren erlangt hat, das in einem anderen Staat eröffnet worden ist. [2]Er wird jedoch bei den Verteilungen erst berücksichtigt, wenn die übrigen Gläubiger mit ihm gleichgestellt sind.
(3) Der Insolvenzgläubiger hat auf Verlangen des Insolvenzverwalters Auskunft über das Erlangte zu geben.

Zweiter Abschnitt Ausländisches Insolvenzverfahren

§ 343 Anerkennung

(1) [1]Die Eröffnung eines ausländischen Insolvenzverfahrens wird anerkannt. [2]Dies gilt nicht,
1. wenn die Gerichte des Staats der Verfahrenseröffnung nach deutschem Recht nicht zuständig sind;
2. soweit die Anerkennung zu einem Ergebnis führt, das mit wesentlichen Grundsätzen des deutschen Rechts offensichtlich unvereinbar ist, insbesondere soweit sie mit den Grundrechten unvereinbar ist.

(2) Absatz 1 gilt entsprechend für Sicherungsmaßnahmen, die nach dem Antrag auf Eröffnung des Insolvenzverfahrens getroffen werden, sowie für Entscheidungen, die zur Durchführung oder Beendigung des anerkannten Insolvenzverfahrens ergangen sind.

§ 344 Sicherungsmaßnahmen

(1) Wurde im Ausland vor Eröffnung eines Hauptinsolvenzverfahrens ein vorläufiger Verwalter bestellt, so kann auf seinen Antrag das zuständige Insolvenzgericht die Maßnahmen nach § 21 anordnen, die zur Sicherung des von einem inländischen Sekundärinsolvenzverfahren erfassten Vermögens erforderlich erscheinen.
(2) Gegen den Beschluss steht auch dem vorläufigen Verwalter die sofortige Beschwerde zu.

Insolvenzordnung (InsO)

§ 345 Öffentliche Bekanntmachung

(1) ¹Sind die Voraussetzungen für die Anerkennung der Verfahrenseröffnung gegeben, so hat das Insolvenzgericht auf Antrag des ausländischen Insolvenzverwalters den wesentlichen Inhalt der Entscheidung über die Verfahrenseröffnung und der Entscheidung über die Bestellung des Insolvenzverwalters im Inland bekannt zu machen. ²§ 9 Abs. 1 und 2 und § 30 Abs. 1 Satz 1 gelten entsprechend. ³Ist die Eröffnung des Insolvenzverfahrens bekannt gemacht worden, so ist die Beendigung in gleicher Weise bekannt zu machen.
(2) ¹Hat der Schuldner im Inland eine Niederlassung, so erfolgt die öffentliche Bekanntmachung von Amts wegen. ²Der Insolvenzverwalter oder ein ständiger Vertreter nach § 13e Abs. 2 Satz 5 Nr. 3 des Handelsgesetzbuchs unterrichtet das nach § 348 Abs. 1 zuständige Insolvenzgericht.
(3) ¹Der Antrag ist nur zulässig, wenn glaubhaft gemacht wird, dass die tatsächlichen Voraussetzungen für die Anerkennung der Verfahrenseröffnung vorliegen. ²Dem Verwalter ist eine Ausfertigung des Beschlusses, durch den die Bekanntmachung angeordnet wird, zu erteilen. ³Gegen die Entscheidung des Insolvenzgerichts, mit der die öffentliche Bekanntmachung abgelehnt wird, steht dem ausländischen Verwalter die sofortige Beschwerde zu.

§ 346 Grundbuch

(1) Wird durch die Verfahrenseröffnung oder durch Anordnung von Sicherungsmaßnahmen nach § 343 Abs. 2 oder § 344 Abs. 1 die Verfügungsbefugnis des Schuldners eingeschränkt, so hat das Insolvenzgericht auf Antrag des ausländischen Insolvenzverwalters das Grundbuchamt zu ersuchen, die Eröffnung des Insolvenzverfahrens und die Art der Einschränkung der Verfügungsbefugnis des Schuldners in das Grundbuch einzutragen:
1. bei Grundstücken, als deren Eigentümer der Schuldner eingetragen ist;
2. bei den für den Schuldner eingetragenen Rechten an Grundstücken und an eingetragenen Rechten, wenn nach der Art des Rechts und den Umständen zu befürchten ist, dass ohne die Eintragung die Insolvenzgläubiger benachteiligt würden.

(2) ¹Der Antrag nach Absatz 1 ist nur zulässig, wenn glaubhaft gemacht wird, dass die tatsächlichen Voraussetzungen für die Anerkennung der Verfahrenseröffnung vorliegen. ²Gegen die Entscheidung des Insolvenzgerichts steht dem ausländischen Verwalter die sofortige Beschwerde zu. ³Für die Löschung der Eintragung gilt § 32 Abs. 3 Satz 1 entsprechend.
(3) Für die Eintragung der Verfahrenseröffnung in das Schiffsregister, das Schiffsbauregister und das Register für Pfandrechte an Luftfahrzeugen gelten die Absätze 1 und 2 entsprechend.

§ 347 Nachweis der Verwalterbestellung. Unterrichtung des Gerichts

(1) ¹Der ausländische Insolvenzverwalter weist seine Bestellung durch eine beglaubigte Abschrift der Entscheidung, durch die er bestellt worden ist, oder durch eine andere von der zuständigen Stelle ausgestellte Bescheinigung nach. ²Das Insolvenzgericht kann eine Übersetzung verlangen, die von einer hierzu im Staat der Verfahrenseröffnung befugten Person zu beglaubigen ist.
(2) Der ausländische Insolvenzverwalter, der einen Antrag nach den §§ 344 bis 346 gestellt hat, unterrichtet das Insolvenzgericht über alle wesentlichen Änderungen in dem ausländischen Verfahren und über alle ihm bekannten weiteren ausländischen Insolvenzverfahren über das Vermögen des Schuldners.

§ 348 Zuständiges Insolvenzgericht

(1) ¹Für die Entscheidungen nach den §§ 344 bis 346 ist ausschließlich das Insolvenzgericht zuständig, in dessen Bezirk die Niederlassung oder, wenn eine Niederlassung fehlt, Vermögen des Schuldners belegen ist. ²§ 3 Abs. 2 gilt entsprechend.
(2) ¹Die Landesregierungen werden ermächtigt, zur sachdienlichen Förderung oder schnelleren Erledigung der Verfahren durch Rechtsverordnung die Entscheidungen nach den §§ 344 bis 346 für die Bezirke mehrerer Insolvenzgerichte einem von diesen zuzuweisen. ²Die Landesregierungen können die Ermächtigungen auf die Landesjustizverwaltungen übertragen.
(3) ¹Die Länder können vereinbaren, dass die Entscheidungen nach den §§ 344 bis 346 für mehrere Länder den Gerichten eines Landes zugewiesen werden. ²Geht ein Antrag nach den §§ 344 bis 346 bei einem unzuständigen Gericht ein, so leitet dieses den Antrag unverzüglich an das zuständige Gericht weiter und unterrichtet hierüber den Antragsteller.

§ 349 Verfügungen über unbewegliche Gegenstände

(1) Hat der Schuldner über einen Gegenstand der Insolvenzmasse, der im Inland im Grundbuch, Schiffsregister, Schiffsbauregister oder Register für Pfandrechte an Luftfahrzeugen eingetragen ist, oder über ein Recht an einem solchen Gegenstand verfügt, so sind die §§ 878, 892, 893 des Bürgerlichen Gesetzbuchs, § 3 Abs. 3, §§ 16, 17 des Gesetzes über Rechte an eingetragenen Schiffen und § 5 Abs. 3, §§ 16, 17 des Gesetzes über Rechte an Luftfahrzeugen anzuwenden.
(2) Ist zur Sicherung eines Anspruchs im Inland eine Vormerkung im Grundbuch, Schiffsregister, Schiffsbauregister oder Register für Pfandrechte an Luftfahrzeugen eingetragen, so bleibt § 106 unberührt.

§ 350 Leistung an den Schuldner

¹Ist im Inland zur Erfüllung einer Verbindlichkeit an den Schuldner geleistet worden, obwohl die Verbindlichkeit zur Insolvenzmasse des ausländischen Insolvenzverfahrens zu erfüllen war, so wird der Leistende befreit, wenn er zur Zeit der Leistung die

Eröffnung des Verfahrens nicht kannte. ²Hat er vor der öffentlichen Bekanntmachung nach § 345 geleistet, so wird vermutet, dass er die Eröffnung nicht kannte.

§ 351 Dingliche Rechte

(1) Das Recht eines Dritten an einem Gegenstand der Insolvenzmasse, der zur Zeit der Eröffnung des ausländischen Insolvenzverfahrens im Inland belegen war, und das nach inländischem Recht einen Anspruch auf Aussonderung oder auf abgesonderte Befriedigung gewährt, wird von der Eröffnung des ausländischen Insolvenzverfahrens nicht berührt.
(2) Die Wirkungen des ausländischen Insolvenzverfahrens auf Rechte des Schuldners an unbeweglichen Gegenständen, die im Inland belegen sind, bestimmen sich, unbeschadet des § 336 Satz 2, nach deutschem Recht.

§ 352 Unterbrechung und Aufnahme eines Rechtsstreits

(1) ¹Durch die Eröffnung des ausländischen Insolvenzverfahrens wird ein Rechtsstreit unterbrochen, der zur Zeit der Eröffnung anhängig ist und die Insolvenzmasse betrifft. ²Die Unterbrechung dauert an, bis der Rechtsstreit von einer Person aufgenommen wird, die nach dem Recht des Staats der Verfahrenseröffnung zur Fortführung des Rechtsstreits berechtigt ist, oder bis das Insolvenzverfahren beendet ist.
(2) Absatz 1 gilt entsprechend, wenn die Verwaltungs- und Verfügungsbefugnis über das Vermögen des Schuldners durch die Anordnung von Sicherungsmaßnahmen nach § 343 Abs. 2 auf einen vorläufigen Insolvenzverwalter übergeht.

§ 353 Vollstreckbarkeit ausländischer Entscheidungen

(1) ¹Aus einer Entscheidung, die in dem ausländischen Insolvenzverfahren ergeht, findet die Zwangsvollstreckung nur statt, wenn ihre Zulässigkeit durch ein Vollstreckungsurteil ausgesprochen ist. ²§ 722 Abs. 2 und § 723 Abs. 1 der Zivilprozessordnung gelten entsprechend.
(2) Für die in § 343 Abs. 2 genannten Sicherungsmaßnahmen gilt Absatz 1 entsprechend.

Dritter Abschnitt Partikularverfahren über das Inlandsvermögen

§ 354 Voraussetzungen des Partikularverfahrens

(1) Ist die Zuständigkeit eines deutschen Gerichts zur Eröffnung eines Insolvenzverfahrens über das gesamte Vermögen des Schuldners nicht gegeben, hat der Schuldner jedoch im Inland eine Niederlassung oder sonstiges Vermögen, so ist auf Antrag eines Gläubigers ein besonderes Insolvenzverfahren über das inländische Vermögen des Schuldners (Partikularverfahren) zulässig.
(2) ¹Hat der Schuldner im Inland keine Niederlassung, so ist der Antrag eines Gläubigers auf Eröffnung eines Partikularverfahrens nur zulässig, wenn dieser ein besonderes Interesse an der Eröffnung des Verfahrens hat, insbesondere, wenn er in einem ausländischen Verfahren voraussichtlich erheblich schlechter stehen wird als in einem inländischen Verfahren. ²Das besondere Interesse ist vom Antragsteller glaubhaft zu machen.
(3) ¹Für das Verfahren ist ausschließlich das Insolvenzgericht zuständig, in dessen Bezirk die Niederlassung oder, wenn eine Niederlassung fehlt, Vermögen des Schuldners belegen ist. ²§ 3 Abs. 2 gilt entsprechend.

§ 355 Restschuldbefreiung. Insolvenzplan

(1) Im Partikularverfahren sind die Vorschriften über die Restschuldbefreiung nicht anzuwenden.
(2) Ein Insolvenzplan, in dem eine Stundung, ein Erlass oder sonstige Einschränkungen der Rechte der Gläubiger vorgesehen sind, kann in diesem Verfahren nur bestätigt werden, wenn alle betroffenen Gläubiger dem Plan zugestimmt haben.

§ 356 Sekundärinsolvenzverfahren

(1) ¹Die Anerkennung eines ausländischen Hauptinsolvenzverfahrens schließt ein Sekundärinsolvenzverfahren über das inländische Vermögen nicht aus. ²Für das Sekundärinsolvenzverfahren gelten ergänzend die §§ 357 und 358.
(2) Zum Antrag auf Eröffnung des Sekundärinsolvenzverfahrens ist auch der ausländische Insolvenzverwalter berechtigt.
(3) Das Verfahren wird eröffnet, ohne dass ein Eröffnungsgrund festgestellt werden muss.

§ 357 Zusammenarbeit der Insolvenzverwalter

(1) ¹Der Insolvenzverwalter hat dem ausländischen Verwalter unverzüglich alle Umstände mitzuteilen, die für die Durchführung des ausländischen Verfahrens Bedeutung haben können. ²Er hat dem ausländischen Verwalter Gelegenheit zu geben, Vorschläge für die Verwertung oder sonstige Verwendung des inländischen Vermögens zu unterbreiten.
(2) Der ausländische Verwalter ist berechtigt, an den Gläubigerversammlungen teilzunehmen.
(3) ¹Ein Insolvenzplan ist dem ausländischen Verwalter zur Stellungnahme zuzuleiten. ²Der ausländische Verwalter ist berechtigt, selbst einen Plan vorzulegen. ³§ 218 Abs. 1 Satz 2 und 3 gilt entsprechend.

§ 358 Überschuss bei der Schlussverteilung

Können bei der Schlussverteilung im Sekundärinsolvenzverfahren alle Forderungen in voller Höhe berichtigt werden, so hat der Insolvenzverwalter einen verbleibenden Überschuss dem ausländischen Verwalter des Hauptinsolvenzverfahrens herauszugeben.

Zwölfter Teil Inkrafttreten

§ 359 (gegenstandslos)

Anhang II
Zivilprozessordnung

in der Fassung der Bekanntmachung vom 5. Dezember 2005
(BGBl. I S. 3202; 2006 I S. 431; 2007 I S. 1781)
zuletzt geändert durch Artikel 29 des Gesetzes vom 17. Dezember 2008 (BGBl. I S. 2586)
– Auszug –

§ 850 Pfändungsschutz für Arbeitseinkommen

(1) Arbeitseinkommen, das in Geld zahlbar ist, kann nur nach Maßgabe der §§ 850 a bis 850 i gepfändet werden.
(2) Arbeitseinkommen im Sinne dieser Vorschrift sind die Dienst- und Versorgungsbezüge der Beamten, Arbeits- und Dienstlöhne, Ruhegelder und ähnliche nach dem einstweiligen oder dauernden Ausscheiden aus dem Dienst- oder Arbeitsverhältnis gewährte fortlaufende Einkünfte, ferner Hinterbliebenenbezüge sowie sonstige Vergütungen für Dienstleistungen aller Art, die die Erwerbstätigkeit des Schuldners vollständig oder zu einem wesentlichen Teil in Anspruch nehmen.
(3) Arbeitseinkommen sind auch die folgenden Bezüge, soweit sie in Geld zahlbar sind:
a) Bezüge, die ein Arbeitnehmer zum Ausgleich für Wettbewerbsbeschränkungen für die Zeit nach Beendigung seines Dienstverhältnisses beanspruchen kann;
b) Renten, die auf Grund von Versicherungsverträgen gewährt werden, wenn diese Verträge zur Versorgung des Versicherungsnehmers oder seiner unterhaltsberechtigten Angehörigen eingegangen sind.
(4) Die Pfändung des in Geld zahlbaren Arbeitseinkommens erfasst alle Vergütungen, die dem Schuldner aus der Arbeits- oder Dienstleistung zustehen, ohne Rücksicht auf ihre Benennung oder Berechnungsart.

§ 850 a Unpfändbare Bezüge

Unpfändbar sind
1. zur Hälfte die für die Leistung von Mehrarbeitsstunden gezahlten Teile des Arbeitseinkommens;
2. die für die Dauer eines Urlaubs über das Arbeitseinkommen hinaus gewährten Bezüge, Zuwendungen aus Anlass eines besonderen Betriebsereignisses und Treugelder, soweit sie den Rahmen des Üblichen nicht übersteigen;
3. Aufwandsentschädigungen, Auslösungsgelder und sonstige soziale Zulagen für auswärtige Beschäftigungen, das Entgelt für selbstgestelltes Arbeitsmaterial, Gefahrenzulagen sowie Schmutz- und Erschwerniszulagen, soweit diese Bezüge den Rahmen des Üblichen nicht übersteigen;
4. Weihnachtsvergütungen bis zum Betrag der Hälfte des monatlichen Arbeitseinkommens, höchstens aber bis zum Betrag von 500 Euro;
5. Heirats- und Geburtsbeihilfen, sofern die Vollstreckung wegen anderer als der aus Anlass der Heirat oder der Geburt entstandenen Ansprüche betrieben wird;
6. Erziehungsgelder, Studienbeihilfen und ähnliche Bezüge;
7. Sterbe- und Gnadenbezüge aus Arbeits- oder Dienstverhältnissen;
8. Blindenzulagen.

§ 850 b Bedingt pfändbare Bezüge

(1) Unpfändbar sind ferner
1. Renten, die wegen einer Verletzung des Körpers oder der Gesundheit zu entrichten sind;
2. Unterhaltsrenten, die auf gesetzlicher Vorschrift beruhen, sowie die wegen Entziehung einer solchen Forderung zu entrichtenden Renten;
3. fortlaufende Einkünfte, die ein Schuldner aus Stiftungen oder sonst auf Grund der Fürsorge und Freigebigkeit eines Dritten oder auf Grund eines Altenteils oder Auszugsvertrags bezieht;
4. Bezüge aus Witwen-, Waisen-, Hilfs- und Krankenkassen, die ausschließlich oder zu einem wesentlichen Teil zu Unterstützungszwecken gewährt werden, ferner Ansprüche aus Lebensversicherungen, die nur auf den Todesfall des Versicherungsnehmers abgeschlossen sind, wenn die Versicherungssumme 3.579 Euro nicht übersteigt.
(2) Diese Bezüge können nach den für Arbeitseinkommen geltenden Vorschriften gepfändet werden, wenn die Vollstreckung in das sonstige bewegliche Vermögen des Schuldners zu einer vollständigen Befriedigung des Gläubigers nicht geführt hat oder voraussichtlich nicht führen wird und wenn nach den Umständen des Falles, insbesondere nach der Art des beizutreibenden Anspruchs und der Höhe der Bezüge, die Pfändung der Billigkeit entspricht.
(3) Das Vollstreckungsgericht soll vor seiner Entscheidung die Beteiligten hören.

Anhang II *Zivilprozessordnung (Auszug)*

§ 850 c Pfändungsgrenzen für Arbeitseinkommen

(1) Arbeitseinkommen ist unpfändbar, wenn es, je nach dem Zeitraum, für den es gezahlt wird, nicht mehr als
- 930 Euro [1] monatlich,
- 217,50 Euro [2] wöchentlich oder
- 43,50 Euro [3] täglich,

beträgt. Gewährt der Schuldner auf Grund einer gesetzlichen Verpflichtung seinem Ehegatten, einem früheren Ehegatten, seinem Lebenspartner, einem früheren Lebenspartner oder einem Verwandten oder nach §§ 1615 l, 1615 n des Bürgerlichen Gesetzbuchs einem Elternteil Unterhalt, so erhöht sich der Betrag, bis zu dessen Höhe Arbeitseinkommen unpfändbar ist, auf bis zu
- 2.060 Euro [4] monatlich,
- 478,50 Euro [5] wöchentlich oder
- 96,50 Euro [6] täglich,

und zwar um
- 350 Euro [7] monatlich,
- 81 Euro [8] wöchentlich oder
- 17 Euro [9] täglich,

für die erste Person, der Unterhalt gewährt wird, und um je
- 195 Euro [10] monatlich,
- 45 Euro [11] wöchentlich oder
- 9 Euro [12] täglich

für die zweite bis fünfte Person.

(2) Übersteigt das Arbeitseinkommen den Betrag, bis zu dessen Höhe es je nach der Zahl der Personen, denen der Schuldner Unterhalt gewährt, nach Absatz 1 unpfändbar ist, so ist es hinsichtlich des überschießenden Betrages zu einem Teil unpfändbar, und zwar in Höhe von drei Zehnteln, wenn der Schuldner keiner der in Absatz 1 genannten Personen Unterhalt gewährt, zwei weiteren Zehnteln für die erste Person, der Unterhalt gewährt wird, und je einem weiteren Zehntel für die zweite bis fünfte Person. Der Teil des Arbeitseinkommens, der 2.851 Euro [13] monatlich (658 Euro [14] wöchentlich, 131,58 Euro [15] täglich) übersteigt, bleibt bei der Berechnung des unpfändbaren Betrages unberücksichtigt.

(2 a) Die unpfändbaren Beträge nach Absatz 1 und Absatz 2 Satz 2 ändern sich jeweils zum 1. Juli eines jeden zweiten Jahres, erstmalig zum 1. Juli 2003, entsprechend der im Vergleich zum jeweiligen Vorjahreszeitraum sich ergebenden prozentualen Entwicklung des Grundfreibetrages nach § 32 a Abs. 1 Nr. 1 des Einkommensteuergesetzes; der Berechnung ist die am 1. Januar des jeweiligen Jahres geltende Fassung des § 32 a Abs. 1 Nr. 1 des Einkommensteuergesetzes zugrunde zu legen. Das Bundesministerium der Justiz gibt die maßgebenden Beträge rechtzeitig im Bundesgesetzblatt bekannt.

(3) Bei der Berechnung des nach Absatz 2 pfändbaren Teils des Arbeitseinkommens ist das Arbeitseinkommen, gegebenenfalls nach Abzug des nach Absatz 2 Satz 2 pfändbaren Betrages, wie aus der Tabelle ersichtlich, die diesem Gesetz als Anlage beigefügt ist, nach unten abzurunden, und zwar bei Auszahlung für Monate auf einen durch 10 Euro, bei Auszahlung für Wochen auf einen durch 2,50 Euro oder bei Auszahlung für Tage auf einen durch 50 Cent teilbaren Betrag. Im Pfändungsbeschluss genügt die Bezugnahme auf die Tabelle.

(4) Hat eine Person, welcher der Schuldner auf Grund gesetzlicher Verpflichtung Unterhalt gewährt, eigene Einkünfte, so kann das Vollstreckungsgericht auf Antrag des Gläubigers nach billigem Ermessen bestimmen, dass diese Person bei der Berechnung des unpfändbaren Teils des Arbeitseinkommens ganz oder teilweise unberücksichtigt bleibt; soll die Person nur teilweise berücksichtigt werden, so ist Absatz 3 Satz 2 nicht anzuwenden.

—

Die unpfändbaren Beträge nach Absatz 1 und Absatz 2 Satz 2 sind durch Bekanntmachung zu § 850 c der Zivilprozessordnung (Pfändungsfreigrenzenbekanntmachung 2005) vom 25. Februar 2005 (BGBl. I S. 493) geändert worden:
[1] 985,15 Euro; [2] 226,72 Euro; [3] 45,34 Euro; [4] 2.182,15 Euro; [5] 502,20 Euro; [6] 100,44 Euro; [7] 370,76 Euro; [8] 85,32 Euro; [9] 17,06 Euro; [10] 206,56 Euro; [11] 47,54 Euro; [12] 9,51 Euro; [13] 3.020,06 Euro; [14] 695,03 Euro; [15] 139,01 Euro.
Gem. Bek. v. 15. 5. 2009 BGBl. I S. 1141 bleiben die unpfändbaren Beträge für den Zeitraum vom 1. 7. 2009 bis zum 30. 6. 2011 unverändert.

§ 850 d Pfändbarkeit bei Unterhaltsansprüchen

(1) Wegen der Unterhaltsansprüche, die kraft Gesetzes einem Verwandten, dem Ehegatten, einem früheren Ehegatten, dem Lebenspartner, einem früheren Lebenspartner oder nach §§ 1615 l, 1615 n des Bürgerlichen Gesetzbuchs einem Elternteil zustehen, sind das Arbeitseinkommen und die in § 850 a Nr. 1, 2 und 4 genannten Bezüge ohne die in § 850 c bezeichneten Beschränkungen pfändbar. Dem Schuldner ist jedoch so viel zu belassen, als er für seinen notwendigen Unterhalt und zur Erfüllung seiner laufenden gesetzlichen Unterhaltspflichten gegenüber den dem Gläubiger vorgehenden Berechtigten oder zur gleichmäßigen Befriedigung der dem Gläubiger gleichstehenden Berechtigten bedarf; von den in § 850 a Nr. 1, 2 und 4 genannten Bezügen hat ihm mindestens die Hälfte des nach § 850 a unpfändbaren Betrages zu verbleiben. Der dem Schuldner hiernach verbleibende Teil seines Arbeitseinkommens darf den Betrag nicht übersteigen, der ihm nach den Vorschriften des § 850 c gegenüber nicht bevorrechtigten Gläubigern zu verbleiben hätte. Für die Pfändung wegen der Rückstände, die länger

als ein Jahr vor dem Antrag auf Erlass des Pfändungsbeschlusses fällig geworden sind, gelten die Vorschriften dieses Absatzes insoweit nicht, als nach Lage der Verhältnisse nicht anzunehmen ist, dass der Schuldner sich seiner Zahlungspflicht absichtlich entzogen hat.

(2) Mehrere nach Absatz 1 Berechtigte sind mit ihren Ansprüchen in der Reihenfolge nach § 1609 des Bürgerlichen Gesetzbuchs und § 16 des Lebenspartnerschaftsgesetzes zu berücksichtigen, wobei mehrere gleich nahe Berechtigte untereinander den gleichen Rang haben.

(3) Bei der Vollstreckung wegen der in Absatz 1 bezeichneten Ansprüche sowie wegen der aus Anlass einer Verletzung des Körpers oder der Gesundheit zu zahlenden Renten kann zugleich mit der Pfändung wegen fälliger Ansprüche auch künftig fällig werdendes Arbeitseinkommen wegen der dann jeweils fällig werdenden Ansprüche gepfändet und überwiesen werden.

§ 850 e Berechnung des pfändbaren Arbeitseinkommens

Für die Berechnung des pfändbaren Arbeitseinkommens gilt Folgendes:
1. Nicht mitzurechnen sind die nach § 850 a der Pfändung entzogenen Bezüge, ferner Beträge, die unmittelbar auf Grund steuerrechtlicher oder sozialrechtlicher Vorschriften zur Erfüllung gesetzlicher Verpflichtungen des Schuldners abzuführen sind. Diesen Beträgen stehen gleich die auf den Auszahlungszeitraum entfallenden Beträge, die der Schuldner
    a) nach den Vorschriften der Sozialversicherungsgesetze zur Weiterversicherung entrichtet oder
    b) an eine Ersatzkasse oder an ein Unternehmen der privaten Krankenversicherung leistet, soweit sie den Rahmen des Üblichen nicht übersteigen.
2. Mehrere Arbeitseinkommen sind auf Antrag vom Vollstreckungsgericht bei der Pfändung zusammenzurechnen. Der unpfändbare Grundbetrag ist in erster Linie dem Arbeitseinkommen zu entnehmen, das die wesentliche Grundlage der Lebenshaltung des Schuldners bildet.
2 a. Mit Arbeitseinkommen sind auf Antrag auch Ansprüche auf laufende Geldleistungen nach dem Sozialgesetzbuch zusammenzurechnen, soweit diese der Pfändung unterworfen sind. Der unpfändbare Grundbetrag ist, soweit die Pfändung nicht wegen gesetzlicher Unterhaltsansprüche erfolgt, in erster Linie den laufenden Geldleistungen nach dem Sozialgesetzbuch zu entnehmen. Ansprüche auf Geldleistungen für Kinder dürfen mit Arbeitseinkommen nur zusammengerechnet werden, soweit sie nach § 76 des Einkommensteuergesetzes oder nach § 54 Abs. 5 des Ersten Buches Sozialgesetzbuch gepfändet werden können.
3. Erhält der Schuldner neben seinem in Geld zahlbaren Einkommen auch Naturalleistungen, so sind Geld- und Naturalleistungen zusammenzurechnen. In diesem Fall ist der in Geld zahlbare Betrag insoweit pfändbar, als der nach § 850 c unpfändbare Teil des Gesamteinkommens durch den Wert der dem Schuldner verbleibenden Naturalleistungen gedeckt ist.
4. Trifft eine Pfändung, eine Abtretung oder eine sonstige Verfügung wegen eines der in § 850 d bezeichneten Ansprüche mit einer Pfändung wegen eines sonstigen Anspruchs zusammen, so sind auf die Unterhaltsansprüche zunächst die gemäß § 850 d der Pfändung in erweitertem Umfang unterliegenden Teile des Arbeitseinkommens zu verrechnen. Die Verrechnung nimmt auf Antrag eines Beteiligten das Vollstreckungsgericht vor. Der Drittschuldner kann, solange ihm eine Entscheidung des Vollstreckungsgerichts nicht zugestellt ist, nach dem Inhalt der ihm bekannten Pfändungsbeschlüsse, Abtretungen und sonstigen Verfügungen mit befreiender Wirkung leisten.

§ 850 f Änderung des unpfändbaren Betrages

(1) Das Vollstreckungsgericht kann dem Schuldner auf Antrag von dem nach den Bestimmungen der §§ 850 c, 850 d und 850 i pfändbaren Teil seines Arbeitseinkommens einen Teil belassen, wenn
a) der Schuldner nachweist, dass bei Anwendung der Pfändungsfreigrenzen entsprechend der Anlage zu diesem Gesetz (zu § 850 c) der notwendige Lebensunterhalt im Sinne des Dritten und Elften Kapitels des Zwölften Buches Sozialgesetzbuch oder nach Kapitel 3 Abschnitt 2 des Zweiten Buches Sozialgesetzbuch für sich und für die Personen, denen er Unterhalt zu gewähren hat, nicht gedeckt ist,
b) besondere Bedürfnisse des Schuldners aus persönlichen oder beruflichen Gründen oder
c) der besondere Umfang der gesetzlichen Unterhaltspflichten des Schuldners, insbesondere die Zahl der Unterhaltsberechtigten, dies erfordern und überwiegende Belange des Gläubigers nicht entgegenstehen.

(2) Wird die Zwangsvollstreckung wegen einer Forderung aus einer vorsätzlich begangenen unerlaubten Handlung betrieben, so kann das Vollstreckungsgericht auf Antrag des Gläubigers den pfändbaren Teil des Arbeitseinkommens ohne Rücksicht auf die in § 850 c vorgesehenen Beschränkungen bestimmen; dem Schuldner ist jedoch so viel zu belassen, wie er für seinen notwendigen Unterhalt und zur Erfüllung seiner laufenden gesetzlichen Unterhaltspflichten bedarf.

(3) Wird die Zwangsvollstreckung wegen anderer als der in Absatz 2 und in § 850 d bezeichneten Forderungen betrieben, so kann das Vollstreckungsgericht in den Fällen, in denen sich das Arbeitseinkommen des Schuldners auf mehr als monatlich 2.815 Euro [1] (wöchentlich 641 Euro [2], täglich 123,50 Euro [3]) beläuft, über die Beträge hinaus, die nach § 850 c pfändbar wären, auf Antrag des Gläubigers die Pfändbarkeit unter Berücksichtigung der Belange des Gläubigers und des Schuldners nach freiem Ermessen festsetzen. Dem Schuldner ist jedoch mindestens so viel zu belassen, wie sich bei einem Arbeitseinkommen von mo-

natlich 2.815 Euro ¹⁾ (wöchentlich 641 Euro ²⁾, täglich 123,50 Euro ³⁾) aus § 850 c ergeben würde. Die Beträge nach den Sätzen 1 und 2 werden entsprechend der in § 850 c Abs. 2 a getroffenen Regelung jeweils zum 1. Juli eines jeden zweiten Jahres, erstmalig zum 1. Juli 2003, geändert.
—

Die Beträge haben sich infolge der Bekanntmachung zu § 850 c der Zivilprozessordnung (Pfändungsfreigrenzenbekanntmachung 2005) vom 25. Februar 2005 (BGBl. I S. 493) geändert: ¹⁾ 2.985 Euro; ²⁾ 678,70 Euro; ³⁾ 131,25 Euro.

§ 850 g Änderung der Unpfändbarkeitsvoraussetzungen

Ändern sich die Voraussetzungen für die Bemessung des unpfändbaren Teils des Arbeitseinkommens, so hat das Vollstreckungsgericht auf Antrag des Schuldners oder des Gläubigers den Pfändungsbeschluss entsprechend zu ändern. Antragsberechtigt ist auch ein Dritter, dem der Schuldner kraft Gesetzes Unterhalt zu gewähren hat. Der Drittschuldner kann nach dem Inhalt des früheren Pfändungsbeschlusses mit befreiender Wirkung leisten, bis ihm der Änderungsbeschluss zugestellt wird.

§ 850 h Verschleiertes Arbeitseinkommen

(1) Hat sich der Empfänger der vom Schuldner geleisteten Arbeiten oder Dienste verpflichtet, Leistungen an einen Dritten zu bewirken, die nach Lage der Verhältnisse ganz oder teilweise eine Vergütung für die Leistung des Schuldners darstellen, so kann der Anspruch des Drittberechtigten insoweit auf Grund des Schuldtitels gegen den Schuldner gepfändet werden, wie wenn der Anspruch dem Schuldner zustände. Die Pfändung des Vergütungsanspruchs des Schuldners umfasst ohne weiteres den Anspruch des Drittberechtigten. Der Pfändungsbeschluss ist dem Drittberechtigten ebenso wie dem Schuldner zuzustellen.
(2) Leistet der Schuldner einem Dritten in einem ständigen Verhältnis Arbeiten oder Dienste, die nach Art und Umfang üblicherweise vergütet werden, unentgeltlich oder gegen eine unverhältnismäßig geringe Vergütung, so gilt im Verhältnis des Gläubigers zu dem Empfänger der Arbeits- und Dienstleistungen eine angemessene Vergütung als geschuldet. Bei der Prüfung, ob diese Voraussetzungen vorliegen, sowie bei der Bemessung der Vergütung ist auf alle Umstände des Einzelfalles, insbesondere die Art der Arbeits- und Dienstleistung, die verwandtschaftlichen oder sonstigen Beziehungen zwischen dem Dienstberechtigten und dem Dienstverpflichteten und die wirtschaftliche Leistungsfähigkeit des Dienstberechtigten Rücksicht zu nehmen.

§ 850 i Pfändungsschutz bei sonstigen Vergütungen

(1) Ist eine nicht wiederkehrend zahlbare Vergütung für persönlich geleistete Arbeiten oder Dienste gepfändet, so hat das Gericht dem Schuldner auf Antrag so viel zu belassen, als er während eines angemessenen Zeitraums für seinen notwendigen Unterhalt und den seines Ehegatten, eines früheren Ehegatten, seines Lebenspartners, eines früheren Lebenspartners, seiner unterhaltsberechtigten Verwandten oder eines Elternteils nach §§ 1615 l, 1615 n des Bürgerlichen Gesetzbuchs bedarf. Bei der Entscheidung sind die wirtschaftlichen Verhältnisse des Schuldners, insbesondere seine sonstigen Verdienstmöglichkeiten, frei zu würdigen. Dem Schuldner ist nicht mehr zu belassen, als ihm nach freier Schätzung des Gerichts verbleiben würde, wenn sein Arbeitseinkommen aus laufendem Arbeits- oder Dienstlohn bestände. Der Antrag des Schuldners ist insoweit abzulehnen, als überwiegende Belange des Gläubigers entgegenstehen.
(2) Die Vorschriften des Absatzes 1 gelten entsprechend für Vergütungen, die für die Gewährung von Wohngelegenheit oder eine sonstige Sachbenutzung geschuldet werden, wenn die Vergütung zu einem nicht unwesentlichen Teil als Entgelt für neben der Sachbenutzung gewährte Dienstleistungen anzusehen ist.
(3) Die Vorschriften des § 27 des Heimarbeitsgesetzes vom 14. März 1951 (BGBl. I S. 191) bleiben unberührt.
(4) Die Bestimmungen der Versicherungs-, Versorgungs- und sonstigen gesetzlichen Vorschriften über die Pfändung von Ansprüchen bestimmter Art bleiben unberührt.

§ 850 k Pfändungsschutz für Kontoguthaben aus Arbeitseinkommen

(1) Werden wiederkehrende Einkünfte der in den §§ 850 bis 850 b oder § 851 c bezeichneten Art auf das Konto des Schuldners bei einem Geldinstitut überwiesen, so ist eine Pfändung des Guthabens auf Antrag des Schuldners vom Vollstreckungsgericht insoweit aufzuheben, als das Guthaben dem der Pfändung nicht unterworfenen Teil der Einkünfte für die Zeit von der Pfändung bis zu dem nächsten Zahlungstermin entspricht.
(2) Das Vollstreckungsgericht hebt die Pfändung des Guthabens für den Teil vorab auf, dessen der Schuldner bis zum nächsten Zahlungstermin dringend bedarf, um seinen notwendigen Unterhalt zu bestreiten und seine laufenden gesetzlichen Unterhaltspflichten gegenüber den dem Gläubiger vorgehenden Berechtigten zu erfüllen oder die dem Gläubiger gleichstehenden Unterhaltsberechtigten gleichmäßig zu befriedigen. Der vorab freigegebene Teil des Guthabens darf den Betrag nicht übersteigen, der dem Schuldner voraussichtlich nach Absatz 1 zu belassen ist. Der Schuldner hat glaubhaft zu machen, dass wiederkehrende Einkünfte der in den §§ 850 bis 850 b oder § 851 c bezeichneten Art auf das Konto überwiesen worden sind und dass die Voraussetzungen des Satzes 1 vorliegen. Die Anhörung des Gläubigers unterbleibt, wenn der damit verbundene Aufschub dem Schuldner nicht zuzumuten ist.
(3) Im Übrigen ist das Vollstreckungsgericht befugt, die in § 732 Abs. 2 bezeichneten Anordnungen zu erlassen.

Zivilprozessordnung (Auszug)

§ 851 Nicht übertragbare Forderungen

(1) Eine Forderung ist in Ermangelung besonderer Vorschriften der Pfändung nur insoweit unterworfen, als sie übertragbar ist.
(2) Eine nach § 399 des Bürgerlichen Gesetzbuchs nicht übertragbare Forderung kann insoweit gepfändet und zur Einziehung überwiesen werden, als der geschuldete Gegenstand der Pfändung unterworfen ist.

§ 851a Pfändungsschutz für Landwirte

(1) Die Pfändung von Forderungen, die einem die Landwirtschaft betreibenden Schuldner aus dem Verkauf von landwirtschaftlichen Erzeugnissen zustehen, ist auf seinen Antrag vom Vollstreckungsgericht insoweit aufzuheben, als die Einkünfte zum Unterhalt des Schuldners, seiner Familie und seiner Arbeitnehmer oder zur Aufrechterhaltung einer geordneten Wirtschaftsführung unentbehrlich sind.
(2) Die Pfändung soll unterbleiben, wenn offenkundig ist, dass die Voraussetzungen für die Aufhebung der Zwangsvollstreckung nach Absatz 1 vorliegen.

§ 851b Pfändungsschutz bei Miet- und Pachtzinsen

(1) Die Pfändung von Miete und Pacht ist auf Antrag des Schuldners vom Vollstreckungsgericht insoweit aufzuheben, als diese Einkünfte für den Schuldner zur laufenden Unterhaltung des Grundstücks, zur Vornahme notwendiger Instandsetzungsarbeiten und zur Befriedigung von Ansprüchen unentbehrlich sind, die bei einer Zwangsvollstreckung in das Grundstück dem Anspruch des Gläubigers nach § 10 des Gesetzes über die Zwangsversteigerung und die Zwangsverwaltung vorgehen würden. Das Gleiche gilt von der Pfändung von Barmitteln und Guthaben, die aus Miet- oder Pachtzahlungen herrühren und zu den in Satz 1 bezeichneten Zwecken unentbehrlich sind.
(2) Die Vorschriften des § 813b Abs. 2, 3 und Abs. 5 Satz 1 und 2 gelten entsprechend. Die Pfändung soll unterbleiben, wenn offenkundig ist, dass die Voraussetzungen für die Aufhebung der Zwangsvollstreckung nach Absatz 1 vorliegen.

§ 851c Pfändungsschutz bei Altersrenten

(1) Ansprüche auf Leistungen, die auf Grund von Verträgen gewährt werden, dürfen nur wie Arbeitseinkommen gepfändet werden, wenn
1. die Leistung in regelmäßigen Zeitabständen lebenslang und nicht vor Vollendung des 60. Lebensjahres oder nur bei Eintritt der Berufsunfähigkeit gewährt wird,
2. über die Ansprüche aus dem Vertrag nicht verfügt werden darf,
3. die Bestimmung von Dritten mit Ausnahme von Hinterbliebenen als Berechtigte ausgeschlossen ist und
4. die Zahlung einer Kapitalleistung, ausgenommen eine Zahlung für den Todesfall, nicht vereinbart wurde.
(2) Um dem Schuldner den Aufbau einer angemessenen Alterssicherung zu ermöglichen, kann er unter Berücksichtigung der Entwicklung auf dem Kapitalmarkt, des Sterblichkeitsrisikos und der Höhe der Pfändungsfreigrenze, nach seinem Lebensalter gestaffelt, jährlich einen bestimmten Betrag unpfändbar auf der Grundlage eines in Absatz 1 bezeichneten Vertrags bis zu einer Gesamtsumme von 238.000 Euro ansammeln. Der Schuldner darf vom 18. bis zum vollendeten 29. Lebensjahr 2.000 Euro, vom 30. bis zum vollendeten 39. Lebensjahr 4.000 Euro, vom 40. bis zum vollendeten 47. Lebensjahr 4.500 Euro, vom 48. bis zum vollendeten 53. Lebensjahr 6.000 Euro, vom 54. bis zum vollendeten 59. Lebensjahr 8.000 Euro und vom 60. bis zum vollendeten 65. Lebensjahr 9.000 Euro jährlich ansammeln. Übersteigt der Rückkaufwert der Alterssicherung den unpfändbaren Betrag, sind drei Zehntel des überschießenden Betrags unpfändbar. Satz 3 gilt nicht für den Teil des Rückkaufwerts, der den dreifachen Wert des in Satz 1 genannten Betrags übersteigt.
(3) § 850e Nr. 2 und 2a gilt entsprechend.

§ 851d Pfändungsschutz bei steuerlich gefördertem Altersvorsorgevermögen

Monatliche Leistungen in Form einer lebenslangen Rente oder monatlicher Ratenzahlungen im Rahmen eines Auszahlungsplans nach § 1 Abs. 1 Satz 1 Nr. 4 des Altersvorsorgeverträge-Zertifizierungsgesetzes aus steuerlich gefördertem Altersvorsorgevermögen sind wie Arbeitseinkommen pfändbar.

§ 852 Beschränkt pfändbare Forderungen

(1) Der Pflichtteilsanspruch ist der Pfändung nur unterworfen, wenn er durch Vertrag anerkannt oder rechtshängig geworden ist.
(2) Das Gleiche gilt für den nach § 528 des Bürgerlichen Gesetzbuchs dem Schenker zustehenden Anspruch auf Herausgabe des Geschenkes sowie für den Anspruch eines Ehegatten auf den Ausgleich des Zugewinns.

Anhang III
Pfändungsfreigrenzen

(gültig bis 30.6.2011*)

EURO		Pfändbarer Betrag bei Unterhaltspflicht für ... Person(en)					
Nettolohn	monatlich	0	1	2	3	4	5 und mehr
Bis	989,99 €	0,00 €	0,00 €	0,00 €	0,00 €	0,00 €	0,00 €
990,00 €	999,99 €	3,40 €	0,00 €	0,00 €	0,00 €	0,00 €	0,00 €
1.000,00 €	1.009,99 €	10,40 €	0,00 €	0,00 €	0,00 €	0,00 €	0,00 €
1.010,00 €	1.019,99 €	17,40 €	0,00 €	0,00 €	0,00 €	0,00 €	0,00 €
1.020,00 €	1.029,99 €	24,40 €	0,00 €	0,00 €	0,00 €	0,00 €	0,00 €
1.030,00 €	1.039,99 €	31,40 €	0,00 €	0,00 €	0,00 €	0,00 €	0,00 €
1.040,00 €	1.049,99 €	38,40 €	0,00 €	0,00 €	0,00 €	0,00 €	0,00 €
1.050,00 €	1.059,99 €	45,40 €	0,00 €	0,00 €	0,00 €	0,00 €	0,00 €
1.060,00 €	1.069,99 €	52,40 €	0,00 €	0,00 €	0,00 €	0,00 €	0,00 €
1.070,00 €	1.079,99 €	59,40 €	0,00 €	0,00 €	0,00 €	0,00 €	0,00 €
1.080,00 €	1.089,99 €	66,40 €	0,00 €	0,00 €	0,00 €	0,00 €	0,00 €
1.090,00 €	1.099,99 €	73,40 €	0,00 €	0,00 €	0,00 €	0,00 €	0,00 €
1.100,00 €	1.109,99 €	80,40 €	0,00 €	0,00 €	0,00 €	0,00 €	0,00 €
1.110,00 €	1.119,99 €	87,40 €	0,00 €	0,00 €	0,00 €	0,00 €	0,00 €
1.120,00 €	1.129,99 €	94,40 €	0,00 €	0,00 €	0,00 €	0,00 €	0,00 €
1.130,00 €	1.139,99 €	101,40 €	0,00 €	0,00 €	0,00 €	0,00 €	0,00 €
1.140,00 €	1.149,99 €	108,40 €	0,00 €	0,00 €	0,00 €	0,00 €	0,00 €
1.150,00 €	1.159,99 €	115,40 €	0,00 €	0,00 €	0,00 €	0,00 €	0,00 €
1.160,00 €	1.169,99 €	122,40 €	0,00 €	0,00 €	0,00 €	0,00 €	0,00 €
1.170,00 €	1.179,99 €	129,40 €	0,00 €	0,00 €	0,00 €	0,00 €	0,00 €
1.180,00 €	1.189,99 €	136,40 €	0,00 €	0,00 €	0,00 €	0,00 €	0,00 €
1.190,00 €	1.199,99 €	143,40 €	0,00 €	0,00 €	0,00 €	0,00 €	0,00 €
1.200,00 €	1.209,99 €	150,40 €	0,00 €	0,00 €	0,00 €	0,00 €	0,00 €
1.210,00 €	1.219,99 €	157,40 €	0,00 €	0,00 €	0,00 €	0,00 €	0,00 €
1.220,00 €	1.229,99 €	164,40 €	0,00 €	0,00 €	0,00 €	0,00 €	0,00 €
1.230,00 €	1.239,99 €	171,40 €	0,00 €	0,00 €	0,00 €	0,00 €	0,00 €
1.240,00 €	1.249,99 €	178,40 €	0,00 €	0,00 €	0,00 €	0,00 €	0,00 €
1.250,00 €	1.259,99 €	185,40 €	0,00 €	0,00 €	0,00 €	0,00 €	0,00 €
1.260,00 €	1.269,99 €	192,40 €	0,00 €	0,00 €	0,00 €	0,00 €	0,00 €
1.270,00 €	1.279,99 €	199,40 €	0,00 €	0,00 €	0,00 €	0,00 €	0,00 €
1.280,00 €	1.289,99 €	206,40 €	0,00 €	0,00 €	0,00 €	0,00 €	0,00 €
1.290,00 €	1.299,99 €	213,40 €	0,00 €	0,00 €	0,00 €	0,00 €	0,00 €
1.300,00 €	1.309,99 €	220,40 €	0,00 €	0,00 €	0,00 €	0,00 €	0,00 €

Anhang III *Pfändungsfreigrenzen*

EURO		Pfändbarer Betrag bei Unterhaltspflicht für ... Person(en)					
Nettolohn	monatlich	0	1	2	3	4	5 und mehr
1.310,00 €	1.319,99 €	227,40 €	0,00 €	0,00 €	0,00 €	0,00 €	0,00 €
1.320,00 €	1.329,99 €	234,40 €	0,00 €	0,00 €	0,00 €	0,00 €	0,00 €
1.330,00 €	1.339,99 €	241,40 €	0,00 €	0,00 €	0,00 €	0,00 €	0,00 €
1.340,00 €	1.349,99 €	248,40 €	0,00 €	0,00 €	0,00 €	0,00 €	0,00 €
1.350,00 €	1.359,99 €	255,40 €	0,00 €	0,00 €	0,00 €	0,00 €	0,00 €
1.360,00 €	1.369,99 €	262,40 €	2,05 €	0,00 €	0,00 €	0,00 €	0,00 €
1.370,00 €	1.379,99 €	269,40 €	7,05 €	0,00 €	0,00 €	0,00 €	0,00 €
1.380,00 €	1.389,99 €	276,40 €	12,05 €	0,00 €	0,00 €	0,00 €	0,00 €
1.390,00 €	1.399,99 €	283,40 €	17,05 €	0,00 €	0,00 €	0,00 €	0,00 €
1.400,00 €	1.409,99 €	290,40 €	22,05 €	0,00 €	0,00 €	0,00 €	0,00 €
1.410,00 €	1.419,99 €	297,40 €	27,05 €	0,00 €	0,00 €	0,00 €	0,00 €
1.420,00 €	1.429,99 €	304,40 €	32,05 €	0,00 €	0,00 €	0,00 €	0,00 €
1.430,00 €	1.439,99 €	311,40 €	37,05 €	0,00 €	0,00 €	0,00 €	0,00 €
1.440,00 €	1.449,99 €	318,40 €	42,05 €	0,00 €	0,00 €	0,00 €	0,00 €
1.450,00 €	1.459,99 €	325,40 €	47,05 €	0,00 €	0,00 €	0,00 €	0,00 €
1.460,00 €	1.469,99 €	332,40 €	52,05 €	0,00 €	0,00 €	0,00 €	0,00 €
1.470,00 €	1.479,99 €	339,40 €	57,05 €	0,00 €	0,00 €	0,00 €	0,00 €
1.480,00 €	1.489,99 €	346,40 €	62,05 €	0,00 €	0,00 €	0,00 €	0,00 €
1.490,00 €	1.499,99 €	353,40 €	67,05 €	0,00 €	0,00 €	0,00 €	0,00 €
1.500,00 €	1.509,99 €	360,40 €	72,05 €	0,00 €	0,00 €	0,00 €	0,00 €
1.510,00 €	1.519,99 €	367,40 €	77,05 €	0,00 €	0,00 €	0,00 €	0,00 €
1.520,00 €	1.529,99 €	374,40 €	82,05 €	0,00 €	0,00 €	0,00 €	0,00 €
1.530,00 €	1.539,99 €	381,40 €	87,05 €	0,00 €	0,00 €	0,00 €	0,00 €
1.540,00 €	1.549,99 €	388,40 €	92,05 €	0,00 €	0,00 €	0,00 €	0,00 €
1.550,00 €	1.559,99 €	395,40 €	97,05 €	0,00 €	0,00 €	0,00 €	0,00 €
1.560,00 €	1.569,99 €	402,40 €	102,05 €	0,00 €	0,00 €	0,00 €	0,00 €
1.570,00 €	1.579,99 €	409,40 €	107,05 €	3,01 €	0,00 €	0,00 €	0,00 €
1.580,00 €	1.589,99 €	416,40 €	112,05€	7,01 €	0,00 €	0,00 €	0,00 €
1.590,00 €	1.599,99 €	423,40 €	117,05€	11,01 €	0,00 €	0,00 €	0,00 €
1.600,00 €	1.609,99 €	430,40 €	122,05 €	15,01 €	0,00 €	0,00 €	0,00 €
1.610,00 €	1.619,99 €	437,40 €	127,05 €	19,01 €	0,00 €	0,00 €	0,00 €
1.620,00 €	1.629,99 €	444,40 €	132,05 €	23,01 €	0,00 €	0,00 €	0,00 €
1.630,00 €	1.639,99 €	451,40 €	137,05 €	27,01 €	0,00 €	0,00 €	0,00 €
1.640,00 €	1.649,99 €	458,40 €	142,05 €	31,01 €	0,00 €	0,00 €	0,00 €
1.650,00 €	1.659,99 €	465,40 €	147,05 €	35,01 €	0,00 €	0,00 €	0,00 €
1.660,00 €	1.669,99 €	472,40 €	152,05 €	39,01 €	0,00 €	0,00 €	0,00 €
1.670,00 €	1.679,99 €	479,40 €	157,05 €	43,01 €	0,00 €	0,00 €	0,00 €

Pfändungsfreigrenzen **Anhang III**

EURO		Pfändbarer Betrag bei Unterhaltspflicht für ... Person(en)					
Nettolohn	monatlich	0	1	2	3	4	5 und mehr
1.680,00 €	1.689,99 €	486,40 €	162,05 €	47,01 €	0,00 €	0,00 €	0,00 €
1.690,00 €	1.699,99 €	493,40 €	167,05 €	51,01 €	0,00 €	0,00 €	0,00 €
1.700,00 €	1.709,99 €	500,40 €	172,05 €	55,01 €	0,00 €	0,00 €	0,00 €
1,710,00 €	1.719,99 €	507,40 €	177,05 €	59,01 €	0,00 €	0,00 €	0,00 €
1.720,00 €	1.729,99 €	514,40 €	182,05 €	63,01 €	0,00 €	0,00 €	0,00 €
1.730,00 €	1.739,99 €	521,40 €	187,05 €	67,01 €	0,00 €	0,00 €	0,00 €
1.740,00 €	1.749,99 €	528,40 €	192,05 €	71,01 €	0,00 €	0,00 €	0,00 €
1.750,00 €	1.759,99 €	535,40 €	197,05 €	75,01 €	0,00 €	0,00 €	0,00 €
1.760,00 €	1.769,99 €	542,40 €	202,05 €	79,01 €	0,00 €	0,00 €	0,00 €
1.770,00 €	1.779,99 €	549,40 €	207,05 €	83,01 €	0,29 €	0,00 €	0,00 €
1.780,00 €	1.789,99 €	556,40 €	212,05 €	87,01 €	3,29 €	0,00 €	0,00 €
1.790,00 €	1,799,99 €	563,40 €	217,05 €	91,01 €	6,29 €	0,00 €	0,00 €
1.800,00 €	1.809,99 €	570,40 €	222,05 €	95,01 €	9,29 €	0,00 €	0,00 €
1.810,00 €	1.819,99€	577,40 €	227,05 €	99,01 €	12,29 €	0,00 €	0,00 €
1.820,00 €	1.829,99 €	584,40 €	232,05 €	103,01 €	15,29 €	0,00 €	0,00 €
1.830,00 €	1.839,99 €	591,40 €	237,05 €	107,01 €	18,29 €	0,00 €	0,00 €
1.840,00 €	1.849,99 €	598,40 €	242,05 €	111,01 €	21,29 €	0,00 €	0,00 €
1.850,00 €	1.859,99 €	605,40 €	247,05 €	115,01 €	24,29 €	0,00 €	0,00 €
1.860,00 €	1.869,99 €	612,40 €	252,05 €	119,01 €	27,29 €	0,00 €	0,00 €
1.870,00 €	1.879,99 €	619,40 €	257,05 €	123,01 €	30,29 €	0,00 €	0,00 €
1.880,00 €	1.889,99 €	626,40 €	262,05 €	127,01 €	33,29 €	0,00 €	0,00 €
1.890,00 €	1.899,99 €	633,40 €	267,05 €	131,01 €	36,29 €	0,00 €	0,00 €
1.900,00 €	1.909,99 €	640,40 €	272,05 €	135,01 €	39,29 €	0,00 €	0,00 €
1,910,00 €	1.919,99 €	647,40 €	277,05 €	139,01 €	42,29 €	0,00 €	0,00 €
1.920,00 €	1.929,99 €	654,40 €	282,05 €	143,01 €	45,29 €	0,00 €	0,00 €
1.930,00 €	1.939,99 €	661,40 €	287,05 €	147,01 €	48,29 €	0,00 €	0,00 €
1.940,00 €	1.949,99 €	668,40 €	292,05 €	151,01 €	51,29 €	0,00 €	0,00 €
1.950,00 €	1.959,99 €	675,40 €	297,05 €	155,01 €	54,29 €	0,00 €	0,00 €
1.960,00 €	1.969,99 €	682,40 €	302,05 €	159,01 €	57,29 €	0,00 €	0,00 €
1.970,00 €	1.979,99 €	689,40 €	307,05 €	163,01 €	60,29 €	0,00 €	0,00 €
1.980,00 €	1.989,99 €	696,40 €	312,05 €	167,01 €	63,29 €	0,88 €	0,00 €
1.990,00 €	1.999,99 €	703,40 €	317,05 €	171,01 €	66,29 €	2,88 €	0,00 €
2.000,00 €	2.009,99 €	710,40 €	322,05 €	175,01 €	69,29 €	4,88 €	0,00 €
2.010,00 €	2.019,99 €	717,40 €	327,05 €	179,01 €	72,29 €	6,88 €	0,00 €
2.020,00 €	2.029,99 €	724,40 €	332,05 €	183,01 €	75,29 €	8,88 €	0,00 €
2.030,00 €	2.039,99 €	731,40 €	337,05 €	187,01 €	78,29 €	10,88 €	0,00 €
2.040,00 €	2.049,99 €	738,40 €	342,05 €	191,01 €	81,29 €	12,88 €	0,00 €

Anhang III

Pfändungsfreigrenzen

EURO		Pfändbarer Betrag bei Unterhaltspflicht für ... Person(en)					
Nettolohn	monatlich	0	1	2	3	4	5 und mehr
2.050,00 €	2.059,99 €	745,40 €	347,05 €	195,01 €	84,29 €	14,88 €	0,00 €
2.060,00 €	2.069,99 €	752,40 €	352,05 €	199,01 €	87,29 €	16,88 €	0,00 €
2.070,00 €	2.079,99 €	759,40 €	357,05 €	203,01 €	90,29 €	18,88 €	0,00 €
2.080,00 €	2.089,99 €	766,40 €	362,05 €	207,01 €	93,29 €	20,88 €	0,00 €
2.090,00 €	2.099,99 €	773,40 €	367,05 €	211,01 €	96,29 €	22,88 €	0,00 €
2.100,00 €	2.109,99 €	780,40 €	372,05 €	215,01 €	99,29 €	24,88 €	0,00 €
2.110,00 €	2.119,99 €	787,40 €	377,05 €	219,01 €	102,29 €	26,88 €	0,00 €
2.120,00 €	2.129,99 €	794,40 €	382,05 €	223,01 €	105,29 €	28,88 €	0,00 €
2.130,00 €	2.139,99 €	801,40 €	387,05 €	227,01 €	108,29 €	30,88 €	0,00 €
2.140,00 €	2.149,99 €	808,40 €	392,05 €	231,01 €	111,29 €	32,88 €	0,00 €
2.150,00 €	2.159,99 €	815,40 €	397,05 €	235,01 €	114,29 €	34,88 €	0,00 €
2.160,00 €	2.169,99 €	822,40 €	402,05 €	239,01 €	117,29 €	36,88 €	0,00 €
2.170,00 €	2.179,99 €	829,40 €	407,05 €	243,01 €	120,29 €	38,88 €	0,00 €
2.180,00 €	2.189,99 €	836,40 €	412,05 €	247,01 €	123,29 €	40,88 €	0,00 €
2.190,00 €	2.199,99 €	843,40 €	417,05 €	251,01 €	126,29 €	42,88 €	0,79 €
2.200,00 €	2.209,99 €	850,40 €	422,05 €	255,01 €	129,29 €	44,88 €	1,79 €
2.210,00 €	2.219,99 €	857,40 €	427,05 €	259,01 €	132,29 €	46,88 €	2,79 €
2.220,00 €	2.229,99 €	864,40 €	432,05 €	263,01 €	135,29 €	48,88 €	3,79 €
2.230,00 €	2.239,99 €	871,40 €	437,05 €	267,01 €	138,29 €	50,88 €	4,79 €
2.240,00 €	2.249,99 €	878,40 €	442,05 €	271,01 €	141,29 €	52,88 €	5,79 €
2.250,00 €	2.259,99 €	885,40 €	447,05 €	275,01 €	144,29 €	54,88 €	6,79 €
2.260,00 €	2.269,99 €	892,40 €	452,05 €	279,01 €	147,29 €	56,88 €	7,79 €
2.270,00 €	2.279,99 €	899,40 €	457,05 €	283,01 €	150,29 €	58,88 €	8,79 €
2.280,00 €	2.289,99 €	906,40 €	462,05 €	287,01 €	153,29 €	60,88 €	9,79 €
2.290,00 €	2.299,99 €	913,40 €	467,05 €	291,01 €	156,29 €	62,88 €	10,79 €
2.300,00 €	2.309,99 €	920,40 €	472,05 €	295,01 €	159,29 €	64,88 €	11,79 €
2.310,00 €	2.319,99 €	927,40 €	477,05 €	299,01 €	162,29 €	66,88 €	12,79 €
2.320,00 €	2.329,99 €	934,40 €	482,05 €	303,01 €	165,29 €	68,88 €	13,79 €
2.330,00 €	2.339,99 €	941,40 €	487,05 €	307,01 €	168,29 €	70,88 €	14,79 €
2.340,00 €	2.349,99 €	948,40 €	492,05 €	311,01 €	171,29 €	72,88 €	15,79 €
2.350,00 €	2.359,99 €	955,40 €	497,05 €	315,01 €	174,29 €	74,88 €	16,79 €
2.360,00 €	2.369,99 €	962,40 €	502,05 €	319,01 €	177,29 €	76,88 €	17,79 €
2.370,00 €	2.379,99 €	969,40 €	507,05 €	323,01 €	180,29 €	78,88 €	18,79 €
2.380,00 €	2.389,99 €	976,40 €	512,05 €	327,01 €	183,29 €	80,88 €	19,79 €
2.390,00 €	2.399,99 €	983,40 €	517,05 €	331,01 €	186,29 €	82,88 €	20,79 €
2.400,00 €	2.409,99 €	990,40 €	522,05 €	335,01 €	189,29 €	84,88 €	21,79 €
2.410,00 €	2.419,99 €	997,40 €	527,05 €	339,01 €	192,29 €	86,88 €	22,79 €

Pfändungsfreigrenzen **Anhang III**

EURO		Pfändbarer Betrag bei Unterhaltspflicht für ... Person(en)					
Nettolohn	monatlich	0	1	2	3	4	5 und mehr
2.420,00 €	2.429,99 €	1.004,40 €	532,05 €	343,01 €	195,29 €	88,88 €	23,79 €
2.430,00 €	2.439,99 €	1.011,40 €	537,05 €	347,01 €	198,29 €	90,88 €	24,79 €
2.440,00 €	2.449,99 €	1.018,40 €	542,05 €	351,01 €	201,29 €	92,88 €	25,79 €
2.450,00 €	2.459,99 €	1.025,40 €	547,05 €	355,01 €	204,29 €	94,88 €	26,79 €
2.460,00 €	2.469,99 €	1.032,40 €	552,05 €	359,01 €	207,29 €	96,88 €	27,79 €
2.470,00 €	2.479,99 €	1.039,40 €	557,05 €	363,01 €	210,29 €	98,88 €	28,79 €
2.480,00 €	2.489,99 €	1.046,40 €	562,05 €	367,01 €	213,29 €	100,88 €	29,79 €
2.490,00 €	2.499,99 €	1.053,40 €	567,05 €	371,01 €	216,29 €	102,88 €	30,79 €
2.500,00 €	2.509,99 €	1.060,40 €	572,05 €	375,01 €	219,29 €	104,88 €	31,79 €
2.510,00 €	2.519,99 €	1.067,40 €	577,05 €	379,01 €	222,29 €	106,88 €	32,79 €
2.520,00 €	2.529,99 €	1.074,40 €	582,05 €	383,01 €	225,29 €	108,88 €	33,79 €
2.530,00 €	2.539,99 €	1.081,40 €	587,05 €	387,01 €	228,29 €	110,88 €	34,79 €
2.540,00 €	2.549,99 €	1.088,40 €	592,05 €	391,01 €	231,29 €	112,88 €	35,79 €
2.550,00 €	2.559,99 €	1.095,40 €	597,05 €	395,01 €	234,29 €	114,88 €	36,79 €
2.560,00 €	2.569,99 €	1.102,40 €	602,05 €	399,01 €	237,29 €	116,88 €	37,79 €
2.570,00 €	2.579,99 €	1.109,40 €	607,05 €	403,01 €	240,29 €	118,88 €	38,79 €
2.580,00 €	2.589,99 €	1.116,40 €	612,05 €	407,01 €	243,29 €	120,88 €	39,79 €
2.590,00 €	2.599,99 €	1.123,40 €	617,05 €	411,01 €	246,29 €	122,88 €	40,79 €
2.600,00 €	2.609,99 €	1.130,40 €	622,05 €	415,01 €	249,29 €	124,88 €	41,79 €
2.610,00 €	2.619,99 €	1.137,40 €	627,05 €	419,01 €	252,29 €	126,88 €	42,79 €
2.620,00 €	2.629,99 €	1.144,40 €	632,05 €	423,01 €	255,29 €	128,88 €	43,79 €
2.630,00 €	2.639,99 €	1.151,40 €	637,05 €	427,01 €	258,29 €	130,88 €	44,79 €
2.640,00 €	2.649,99 €	1.158,40 €	642,05 €	431,01 €	261,29 €	132,88 €	45,79 €
2.650,00 €	2.659,99 €	1.165,40 €	647,05 €	435,01 €	264,29 €	134,88 €	46,79 €
2.660,00 €	2.669,99 €	1.172,40 €	652,05 €	439,01 €	267,29 €	136,88 €	47,79 €
2.670,00 €	2.679,99 €	1.179,40 €	657,05 €	443,01 €	270,29 €	138,88 €	48,79 €
2.680,00 €	2.689,99 €	1.186,40 €	662,05 €	447,01 €	273,29 €	140,88 €	49,79 €
2.690,00 €	2.699,99 €	1.193,40 €	667,05 €	451,01 €	276,29 €	142,88 €	50,79 €
2.700,00 €	2.709,99 €	1.200,40 €	672,05 €	455,01 €	279,29 €	144,88 €	51,79 €
2.710,00 €	2.719,99 €	1.207,40 €	677,05 €	459,01 €	282,29 €	146,88 €	52,79 €
2.720,00 €	2.729,99 €	1.214,40 €	682,05 €	463,01 €	285,29 €	148,88 €	53,79 €
2.730,00 €	2.739,99 €	1.221,40 €	687,05 €	467,01 €	288,29 €	150,88 €	54,79 €
2.740,00 €	2.749,99 €	1.228,40 €	692,05 €	471,01 €	291,29 €	152,88 €	55,79 €
2.750,00 €	2.759,99 €	1.235,40 €	697,05 €	475,01 €	294,29 €	154,88 €	56,79 €
2.760,00 €	2.769,99 €	1.242,40 €	702,05 €	479,01 €	297,29 €	156,88 €	57,79 €
2.770,00 €	2.779,99 €	1.249,40 €	707,05 €	483,01 €	300,29 €	158,88 €	58,79 €
2.780,00 €	2.789,99 €	1.256,40 €	712,05 €	487,01 €	303,29 €	160,88 €	59,79 €

Anhang III *Pfändungsfreigrenzen*

EURO		Pfändbarer Betrag bei Unterhaltspflicht für ... Person(en)					
Nettolohn	monatlich	0	1	2	3	4	5 und mehr
2.790,00 €	2.799,99 €	1.263,40 €	717,05 €	491,01 €	306,29 €	162,88 €	60,79 €
2.800,00 €	2.809,99 €	1.270,40 €	722,05 €	495,01 €	309,29 €	164,88 €	61,79 €
2.810,00 €	2.819,99 €	1.277,40 €	727,05 €	499,01 €	312,29 €	166,88 €	62,79 €
2.820,00 €	2.829,99 €	1.284,40 €	732,05 €	503,01 €	315,29 €	168,88 €	63,79 €
2.830,00 €	2.839,99 €	1.291,40 €	737,05 €	507,01 €	318,29 €	170,88 €	64,79 €
2.840,00 €	2.849,99 €	1.298,40 €	742,05 €	511,01 €	321,29 €	172,88 €	65,79 €
2.850,00 €	2.859,99 €	1.305,40 €	747,05 €	515,01 €	324,29 €	174,88 €	66,79 €
2.860,00 €	2.869,99 €	1.312,40 €	752,05 €	519,01 €	327,29 €	176,88 €	67,79 €
2.870,00 €	2.879,99 €	1.319,40 €	757,05 €	523,01 €	330,29 €	178,88 €	68,79 €
2.880,00 €	2.889,99 €	1.326,40 €	762,05 €	527,01 €	333,29 €	180,88 €	69,79 €
2.890,00 €	2.899,99 €	1.333,40 €	767,05 €	531,01 €	336,29 €	182,88 €	70,79 €
2.900,00 €	2.909,99 €	1.340,40 €	772,05 €	535,01 €	339,29 €	184,88 €	71,79 €
2.910,00 €	2.919,99 €	1.347,40 €	777,05 €	539,01 €	342,29 €	186,88 €	72,79 €
2.920,00 €	2.929,99 €	1.354,40 €	782,05 €	543,01 €	345,29 €	188,88 €	73,79 €
2.930,00 €	2.939,99 €	1.361,40 €	787,05 €	547,01 €	348,29 €	190,88 €	74,79 €
2.940,00 €	2.949,99 €	1.368,40 €	792,05 €	551,01 €	351,29 €	192,88 €	75,79 €
2.950,00 €	2.959,99 €	1.375,40 €	797,05 €	555,01 €	354,29 €	194,88 €	76,79 €
2.960,00 €	2.969,99 €	1.382,40 €	802,05 €	559,01 €	357,29 €	196,88 €	77,79 €
2.970,00 €	2.979,99 €	1.389,40 €	807,05 €	563,01 €	360,29 €	198,88 €	78,79 €
2.980,00 €	2.989,99 €	1.396,40 €	812,05 €	567,01 €	363,29 €	200,88 €	79,79 €
2.990,00 €	2.999,99 €	1.403,40 €	817,05 €	571,01 €	366,29 €	202,88 €	80,79 €
3.000,00 €	3.009,99 €	1.410,40 €	822,05 €	575,01 €	369,29 €	204,88 €	81,79 €
3.010,00 €	3.019,99 €	1.417,40 €	827,05 €	579,01 €	372,29 €	206,88 €	82,79 €
3.020,00 €	3.020,06 €	1.424,40 €	832,05 €	583,01 €	375,29 €	208,88 €	83,79 €
Der Mehrbetrag über 3.020,06 € ist voll pfändbar							

* Pfändungsfreibeträge nach der Pfändungsfreigrenzenbekanntmachung 2005 v. 25. 2. 2005 (BGBl. I S. 493). Sie gelten unverändert seit dem 1. 7. 2005 bis zum 30. 6. 2011 (vgl. Pfändungsfreigrenzenbekanntmachung 2007 v. 22. 1. 2007, BGBl. I S. 64, Pfändungsfreigrenzenbekanntmachung 2009 v. 15. 5. 2009, BGBl. I S. 1141). Aufgrund der Änderungen des Steuerfreibetrags gem § 32 a I Nr 1 EStG werden die Pfändungsfreibeträge zum 1. 7. 2011 angepasst.

Stichwortverzeichnis

(Fundstellendefinition: § 306 17 a = § 306 InsO Rz. 17 a)

A

Abschriften § 306 17 a
Absonderungsberechtigte Gläubiger § 314 21
Absonderungsberechtigter § 314 21
Absonderungsrecht § 292 11; § 301 18; § 313 44, 65
- Abtretung § 313 61
- Abtretung des Arbeitsentgelts § 313 45
- Abtretungsverträge § 313 54
- Ausfall § 292 13
- Doppelberücksichtigung § 292 12
- Grundpfandrechte § 313 65
- Nachweis § 292 13
- Pfandrecht § 313 64
- Sozialleistungen § 313 54
- Versicherungsverträge § 313 61
- Verteilungsschlüssel § 292 12

Abtretung § 294 22
Abtretungserklärung § 287 28, 32, 89 e; § 291 11; § 300 4
- Frist § 289 15 a
- Laufzeit § 300 1
- pfändbare Forderungen auf Arbeitseinkommen § 287 33
- prozessuale Theorie § 287 27

Abtretungsschutz § 287 52
Abzutretende Forderungen § 287 34
- Abtretungsschutz § 287 81
- Arbeitnehmer-Sparzulage § 287 45
- Arbeitseinkommen § 287 39
- Arbeitsförderung § 287 72
- Arbeitskampfunterstützung § 287 45
- Ausbildungsförderung § 287 71
- beschränkt und bedingt pfändbare Forderungen § 287 55
- Dienst- und Versorgungsbezüge der Beamten § 287 43
- Einkünfte arbeitnehmerähnlicher Personen § 287 51
- Einkünfte aus unselbständiger Tätigkeit § 287 42
- Einkünfte selbstständig tätiger Schuldner § 287 50
- Entschädigungen wegen Gesundheitsschäden § 287 74
- Erziehungsgeld § 287 78
- Karenzzahlungen § 287 48
- Kindergeld § 287 45, § 287 79
- Leistungen der gesetzlichen Rentenversicherung § 287 76
- Leistungen für behinderte Menschen § 287 73
- Lohn- oder Einkommensteuererstattungen § 287 44
- Sozialhilfe § 287 80
- Trinkgelder § 287 45
- Versorgungsrenten § 287 49

Altfallregelung § 289 15, 17 a
Amtsermittlungspflicht § 290 63 d, 64
Anfechtungsklage § 313 88
Anfechtungsrecht § 313 67
- Androhung der Vollstreckung § 313 72 a
- Bargeschäft § 313 73
- Bewährungsauflagen § 313 83
- drohender Insolvenzantrag § 313 72 a
- Gläubigerversammlung § 313 86
- Lebensversicherungsverträge § 313 78
- Pfändung von Geld § 313 72
- Prozessstandschaft § 313 85
- Schenkungsanfechtung § 313 80
- Sicherheiten § 313 73
- Treuhänder § 313 87
- unentgeltliche Leistung § 313 80
- unwiderrufliches Bezugsrecht § 313 79
- Verrechnung § 313 76
- Versicherungsverträge § 313 78
- Zwangsvollstreckung § 313 68
- Zwangsvollstreckungshandlung § 313 68

Anhörung § 289 4, 14; § 296 29, 31; § 300 5
Ankündigung der Restschuldbefreiung § 291 68; § 295 9; § 296 38; § 297 9; § 299 4
Anmeldeverfahren § 292 10
Anmeldung § 302 10, 10 b
- Verbindlichkeit aus einer vorsätzlich begangenen unerlaubten Handlung § 302 10

Anordnung eines schriftlichen Verfahrens § 312 70
Anpassungsregelungen § 309 23
Antrag auf Eröffnung des Insolvenzverfahrens § 286 42
Antragsberechtigte § 290 27
Antragsrücknahme § 305 51
- Aufforderung § 305 41
- Beschwerde § 305 50
- Frist § 305 41
- Gläubigerantrag § 305 42 f.
- Verfahrensführung § 305 43
- Verlängerung der Frist § 305 43

Antragsunterlagen
- Inhalt § 305 38
- Prüfungskompetenz § 305 37
- unvollständige § 305 36
- Vollständigkeit § 305 38

Anwaltliche Gebühren, Verbraucherinsolvenzverfahren § 312 80
Arbeitgeber § 313 28
Arbeitnehmer § 313 28
Arbeitseinkommen § 312 31
Arbeitsvertrag § 312 31; § 313 29
Außergerichtlicher Einigungsversuch § 305 11; § 305 a 2
Aufhebung des Insolvenzverfahrens § 291 3, 10
Aufklärungspflicht § 290 52
Aufrechnung § 294 35 a
- Aufrechnungslage § 294 36
- Gegenforderung § 294 39
- Hauptforderung § 294 36
- Zeitraum § 294 43

Aufrechnungsbefugnis § 294 35; § 301 10
Aufrechnungslage § 301 10
Aufwendungsersatz § 310 5
Auskunftserteilung § 295 51
Auskunftspflicht § 290 44

Stichwortverzeichnis

Auslagen § 311 9
− nach § 63 GKG § 311 9
Aussonderungsrechte § 312 19
− Eigentumsvorbehalt § 312 19
− Haushaltsangehörige § 312 21

B

Baufinanzierungen Vor §§ 286 ff. 4
Beeinträchtigte Gläubigerbefriedigung § 303 10
Befriedigungsaussicht § 290 7
− der Neugläubiger § 302 3 a
Bekanntmachung § 289 18; § 297 9; § 300 17
Beratungshilfe
− Finanzierung **Vor** §§ 304 ff. 11 b
− Verbraucherinsolvenzverfahren **Vor** §§ 304 ff. 11 a
Berichtstermin § 312 3
Berufsunfähigkeitsversicherung § 314 7
Beschwerde § 306 24
Betreute § 286 31
Betreuung Vor §§ 286 ff. 9; § 304 5
Bewährungsauflagen § 302 16
Beweislastumkehr § 290 64; § 296 9
Bezüge aus einem Dienstverhältnis, abzutretende Forderungen § 287 34
Blankozession § 287 24
Bürgschaft Vor §§ 286 ff. 11 f.

D

Dänemark Vor §§ 286 ff. 25
Darlehen § 302 16 b
Dauer der Abtretungserklärung § 299 5 a
DDR Vor §§ 286 ff. 2
Dienstbezüge § 287 35
Drittwiderspruchsklage § 294 11, 13
Drogenabhängige § 312 51

E

Eidesstattliche Versicherung § 290 18; § 306 11 a
Eigentumsvorbehalt § 312 19
Einstellung zur Massesicherung § 306 11
Einwilligungsvorbehalt § 304 5
Elterngeld § 287 75, 78
Energielieferungsverträge § 309 17
Entgeltabtretung § 314 21
− Präklusion § 314 25
Entmündigung § 304 5
Erbschaft § 292 9
Ergänzungsaufforderung, Beschwerde § 305 50 b
Erinnerung § 294 24
Erlassvereinbarungen Vor §§ 304 ff. 17
Eröffnungsbeschluss § 312 4
Eröffnungsgrund § 312 5
Ersetzung der Zustimmung § 295 7 b;
 § 302 3
Erteilung der Restschuldbefreiung § 294 19

Erwerbsobliegenheit § 295 10 f.
− Altersteilzeit § 295 21
− andere Erwerbstätigkeit § 295 22
− Arbeitsuche § 295 28
− Aufhebungsvertrag § 295 19
− Bemühungen bei Beschäftigungslosigkeit § 295 26
− Eigenkündigung § 295 20
− Kinderbetreuung § 295 29, 35
− Mehrarbeit § 295 21
− Nichtablehnung zumutbarer Tätigkeit § 295 30
− ordentliche Kündigung § 295 17
− selbstständige Tätigkeit § 295 61
− Teilzeitbeschäftigung § 295 14, 25
− Vermutung § 295 22
− zumutbare Beschäftigung § 295 23
− zumutbare Tätigkeit § 295 31
− Zumutbarkeitsregelung § 295 32
Europäisches Verbraucherrecht § 304 6
Existenzminimum § 287 61; § 312 45;
 § 313 59

F

Familienangehörige § 312 21
Feststellungslast § 290 57 c
Fiktion des Scheiterns § 305 a 1
− Vollstreckungsversuch § 305 a 4
Forderungsanmeldung § 302 10 a
− zur Tabelle § 302 14
Forderungsaufstellung § 305 31
− Auskunftspflicht § 305 34
− Vertragsunterlagen § 305 33
− Vollstreckungstitel § 305 33
Forderungserlass § 302 6
− nach § 76 SGB IV § 304 46
Forderungskauf § 308 16
Forderungsübergang, gestaltende Gerichtsentscheidung § 287 29
Forderungsverzeichnis § 305 24 b; § 307 4 c
− Änderung § 307 15
− Ergänzung § 307 14
Formularabtretung § 313 46, 54
− Bürgschafts- oder Schuldbeitrittsverträge § 313 52
− Inhaltskontrolle § 313 48
− Transparenzgebot § 313 47
− Verwertungsregelung § 313 50
Frankreich Vor §§ 286 ff. 22
Freies Nachforderungsrecht § 286 2
Freigabe § 314 4
− atypische § 313 66 g
− erkaufte § 314 4, 11
− fiduziarische Freigabevereinbarungen § 314 9
− Freigabeerklärung § 314 12
− qualifizierte § 314 14 f.
Fristberechnung § 292 9

G

Gebühren § 312 80
Geeignete Stelle § 305 14
– gerichtliche Vertretung § 305 52
– gewerblicher Schuldenregulierer § 305 16
Geldbußen § 302 16
Geldstrafen § 295 59 a; § 302 15 f.
Gerichtliche Ankündigung § 299 9
Gerichtskosten
– Antrag des Schuldners § 310 9
– Auslagen § 310 11
– Auslagenvorschuss § 310 11
– Eröffnungsverfahren § 310 9
– Gläubigeranträge § 310 10
Gesetzliche Schuldenbereinigung § 286 14
– Mehrheitskonsens § 286 14
Girovertrag § 313 38
– Girokonto für jedermann § 313 42
– Oder-Konto § 313 39
Glaubhaftmachung § 296 9, 24; § 303 17
Gläubigerantrag § 306 18
Gläubigerbefriedigung § 287 4
Gläubiger bestrittener Forderungen § 290 57 c
Gläubigerrechte, Beschränkung § 300 11
Gläubigerversammlung § 292 17; § 293 11; § 313 22, 86
– Auslagen § 292 18
– Auswahl der Person § 292 17
– Systematik § 292 17
Gläubigerverzeichnis § 305 25; § 307 4 c
Gleichgestellte Verbindlichkeiten § 302 15
Großbritannien Vor §§ 286 ff. 22
– Discharge Vor §§ 286 ff. 22
– interim order Vor §§ 286 ff. 22
Grobe Fahrlässigkeit § 290 26
Grundpfandrecht § 313 65
Gutachten § 311 7

H

Haft § 295 14 a
Haftungsbeschränkung Minderjähriger § 286 31
Haftungsfunktion des Vermögens § 286 25
Haftungsverwirklichung § 286 26
– im Restschuldbefreiungsverfahren § 295 1
Haftungszugriff § 295 38 a
Hauptverfahren § 289 1, 8; § 291 1
Hausrat § 312 22
Herauszugebender Vermögenserwerb § 295 36
Hinweispflicht des Insolvenzgerichts § 302 10 d

I

Inhaltskontrolle § 313 47
Inkassounternehmen § 308 19
Insolvenzantrag § 304 48
– Hilfsantrag § 304 52
– spezifischer § 304 49
– unzulässiger § 304 51

Insolvenzbeschlag des Neuerwerbs § 291 10
Insolvenzgericht § 303 18
Insolvenzgläubiger § 290 57 a
Insolvenzmasse § 312 18; § 313 10
– Arbeitseinkommen § 312 31
– Arbeitslosengeld § 312 44
– Bauforderungen § 312 66
– Berufsunfähigkeitszusatzversicherungen § 312 56
– Durchsuchung § 313 13
– Eigengeld nach § 52 StVollzG § 312 53
– Gebäudeversicherung § 312 61
– Hausrat § 312 22
– Kindergeldansprüche § 312 40
– Lebensversicherung auf den Todesfall § 312 57
– PC § 312 25
– Pkw § 312 23
– Renten § 312 55
– Sachversicherung § 312 61
– Schadensversicherung § 312 62
– Sozialhilfe § 312 40 a
– Sozialleistungsansprüche § 312 38
– Sparverträge § 312 63
– Unterhaltsforderungen § 312 26
– Vergütungen für Dienstleistungen § 312 34
– vermögenswirksame Leistungen § 312 64
– Wohngeld § 312 43
– Wohnung § 313 13
– Wohnungsdurchsuchung § 313 13
Insolvenzplanverfahren § 4 a 35
Insolvenzstraftat § 290 11; § 300 8; § 303 8
– Tilgungsfrist § 290 15
Insolvenzverfahren, Aufhebung § 289 15 c, 16; § 290 59
Insolvenzzweck § 286 4
Institut der Restschuldbefreiung § 286 2
Isolierter Vorrechtsstreit § 302 11 b

K

Konsumentenverhalten Vor §§ 286 ff. 2
Kosten § 300 18; § 303 25; § 312 14
– Widerrufsverfahren § 303 25
Kostenentscheidung § 299 16
Kostenerstattungsanspruch § 305 50 c; § 310 2
Kostenstundung § 290 9 b
Kostenvorschuss § 311 6, 26
– Beschluss mit Beschwerde angreifen § 311 26
– Kostenschätzung § 311 31
– Rechtsfigur des ~ § 311 28
Kredit § 290 21
Kreditinstitute § 310 6
– Entgeltregelung § 310 6
Kreditkarten Vor §§ 286 ff. 2

L

Laufzeit
– Beginn § 292 3 a
– der Abtretungserklärung § 291 12; § 294 4 a; § 295 6; § 296 7; § 297 3 b f.

543

Stichwortverzeichnis

– Befristung § 287 89 c
Lebensversicherung § 314 6
– Bezugsberechtigte § 314 6
Lebensversicherungsverträge § 314 6
– Eintrittsrecht nach § 177 VVG § 314 6

M

Massegläubiger § 294 14
Masseunzulänglichkeit § 289 3; § 292 10
Mieter § 313 32
Mietvertrag § 313 30 f.
– Enthaftung § 313 34 c
– Kündigungsrechte des Vermieters § 313 33
– mehrere Mieter § 313 36
– Räumung § 313 37
– unechte Freigabe § 313 34
Minderjährige § 286 31; § 302 6; § 313 40
Mindestvergütung des Treuhänders § 303 8
Missbrauchstatbestand § 290 6, 29
Mitarbeitspflicht § 290 46 a
Mitwirkungspflicht § 290 46, 52
Motivationsrabatt § 292 15, 15 b; § 294 12
– Auszahlung § 292 15
– Einkommensprüfung § 292 15 b
– Normzweck § 292 15
– Raten § 292 15 c
– Rechtsanwaltskosten § 292 15 b
– Umfang § 292 15
– Verfahrenskosten § 292 15 a
– Vergleichsbetrag § 292 15 c

N

Nachhaftung § 301 25; § 302 1
Nachträgliche Anmeldung § 302 10 b
Nachtragsverteilung § 301 31; § 314 32
Nachverteilung § 314 31
Natürliche Person § 286 29
Neuerwerb § 294 8, 13
Neugläubiger § 294 9
Niederlande Vor §§ 286 ff. 26

O

Obliegenheit § 286 7, 41; § 295 8
– Auskunft erteilen § 296 33
– eidesstattliche Versicherung § 296 34
– Erwerb von Todes wegen § 295 38
– keine Vorausübertragung § 295 42
– künftiges Erbrecht § 295 39
– persönliches Erscheinen § 296 31
– Sondervorteile § 295 53
– Unterrichtungen § 295 43
– verfahrensbezogene § 296 30
– zur Einleitung eines Restschuldbefreiungsverfahrens § 287 13 a

Obliegenheitsverletzung § 294 26; § 295 55; § 296 4, 6, 12; § 300 7; § 303 1, 4, 6, 10
– beeinträchtigte Befriedigung § 296 10
– Kausalzusammenhang § 296 10
– Nachzahlung § 296 14
– Teilzeitbeschäftigung § 296 13
– Wesentlichkeitsgrenze § 296 15
Obliegenheitsverstoß § 295 14 b
Öffentliche Bekanntmachungen § 312 76
Ordnungsgelder § 302 16
Österreich Vor §§ 286 ff. 28

P

Persönliche Unbilligkeit Vor §§ 304 ff. 12
Pfandrecht § 313 64
Pfändungen § 289 9; § 299 14
Pfändungs- und Überweisungsbeschlüsse § 294 24
Pfändungsvorrecht § 294 11
Präklusion § 314 25
Praktische Konkordanz § 286 6
Privilegierung der Forderung § 302 13
Prozesskostenhilfe § 298 5, 7; § 311 10, 18
– Geltung der §§ 114 ff. ZPO § 311 14
– gemäß § 116 ZPO § 311 20
– Gerichtskosten § 311 18
– hinreichende Erfolgsaussicht § 310 19
– im Rahmen eines Konkurses § 311 20
– Kostenbeteiligung an Verfahren § 311 20
– nicht pauschal entziehen § 311 20
– öffentliche Hand § 311 20
– Offizialmaxime § 310 17
– Schuldenbereinigungsplanverfahren § 310 13
– Systematik der Verbraucherinsolvenz § 311 14
– verfassungskonforme Auslegung § 311 21
– Verweisung in § 4 InsO § 311 14
Prozesskostenvorschuss § 4 a 10 a
– Auskunft des Schuldners § 4 a 41 a
– Ehegatte § 4 a 10 b
– Kinder § 4 a 10 d
– Lebenspartner § 4 a 10 b

R

Rechnungslegung § 292 24
Rechtlich Betreute § 286 31
Rechtliches Gehör § 289 4; § 297 8; § 303 19
Rechtshängigkeit § 299 15
Rechtskräftige Verurteilung § 297 5
Rechtskraftwirkung § 303 3
Rechtspfleger § 294 23
Rechtspflegererinnerung § 294 23
Redlichkeit § 290 3
Redlichkeitsvermutung § 290 4
Reform des Entschuldungsverfahrens § 286 15 a
Regel-Ausnahme-Verhältnis § 295 5
Restschuldbefreiung § 286 2, 55; § 301 1; § 303 1; § 305 18
– Absonderungsrechte § 287 90; § 301 18

- Abtretung der pfändbaren Bezüge § 287 3
- Abtretungserklärung § 287 1, 5, 19; § 291 10
- – als besondere Prozessvoraussetzung § 287 19
- – als Prozesshandlung § 287 27
- Abtretungsschutz § 287 52
- Abtretungsverbot § 287 94
- Abtretungsvertrag § 287 23
- abzutretende Forderungen § 287 34
- Altfälle § 287 87
- Angehörige § 286 33
- Ankündigung § 289 2, 10; § 290 59; § 291 4; § 299 1
- Ankündigungsbeschluss § 287 89; § 291 7
- Annahmeerklärung § 287 25
- Antrag § 286 18, 42; § 305 18
- – des Schuldners § 287 1
- Antragsfrist § 287 10; § 296 18
- Arbeitslose § 286 30
- ausgenommene Forderungen § 302 38
- Auslandsbezug § 286 57
- Auszubildende § 286 30
- beeinträchtigte Gläubigerbefriedigung § 303 10
- befristete Erinnerung § 287 67 a
- Belehrung § 287 10
- Bereichsausnahmen § 302 2
- Beschluss § 289 10
- beschränkt Geschäftsfähige § 286 31
- bevorrechtigte Gläubiger § 286 54 a
- Bürge § 301 15
- Dauer der Abtretungserklärung § 287 89 a
- dingliche Sicherungsrechte § 301 17
- Einzelkaufleute § 286 30
- Ermessensspielraum § 289 10
- fehlende Durchsetzbarkeit § 301 12
- Folgen § 301 2
- Forderungsabtretung § 287 19
- Form der Antragstellung § 287 1
- Freiberufler § 286 30
- fresh start § 286 3
- Gebühr § 303 25
- Geldleistungen § 287 69
- Geldstrafen § 301 7
- – und gleichgestellte Verbindlichkeiten § 302 1
- Geschäftsführer einer Gesellschaft § 286 30
- Geschäftsunfähige § 286 31
- Gestaltungsrechte § 301 7
- Gläubigerantrag § 287 6 a
- Gläubigerautonomie § 286 14
- Gläubigerbefriedigung § 286 6
- gleichgestellte Forderungen § 287 68
- Hauptverfahren § 287 89 m
- Hausfrauen § 286 30
- Hinweis § 287 12
- Hinweispflicht § 287 1
- im Konkurs- und Gesamtvollstreckungsverfahren § 286 55
- Inhalts- und Schrankenbestimmung des Eigentums § 286 5 e
- Insolvenzantrag § 287 7
- Insolvenzeröffnungsantrag ohne Restschuldbefreiungsantrag § 287 11
- Insolvenzfähigkeit § 286 31
- Insolvenzgläubiger § 301 3
- insolvenzrechtliche Haftungs- und materielle Leistungsgrenzen § 286 28 a
- Insolvenzstraftaten § 290 10
- insolvenzverfahrensrechtliches Institut § 286 15
- kontradiktorisches Verfahren § 296 17
- Kosten § 289 19
- Landwirte § 286 30
- Laufzeit der Abtretungserklärung § 287 88; § 299 3
- Leistung trotz Restschuldbefreiung § 301 24 f.
- Massegläubiger § 286 30
- materiell- und verfahrensrechtliches Institut § 286 1
- materielle Veränderung der Schuld § 286 27
- materiellrechtliche Folge § 286 4
- materiellrechtliche Theorie der Abtretung § 287 23
- Minderjährige § 286 31; § 302 6
- Mitschuldner § 301 15
- natürliche Personen § 286 5, 18, 29; § 287 8
- Neugläubiger § 286 54 a
- Normenkontrollverfahren § 286 5 b
- Obliegenheitsverletzung § 286 24; § 303 5, 8
- Parteifähigkeit § 287 8
- persönlich haftende Gesellschafter § 286 30
- persönliche Mithaftung § 301 14
- Pfändungsgrenzen § 287 57
- Pfändungsschutzvorschriften § 287 53
- Privilegierung § 302 4
- Rechtsschutzbedürfnis § 287 14
- Rentner § 286 30
- Rückgriffsansprüche § 301 19
- Rückgriffsausschluss § 301 23
- Rücknahme des Antrags § 286 15 c
- Sachentscheidungsvoraussetzung § 287 6 a
- Sachhaftung § 301 14
- Schuldnerantrag § 287 6 a
- Schuldnerautonomie § 286 14
- selbstständiger Schuldner § 287 20
- Sicherungsrechte § 301 7, 14
- sofortige Beschwerde § 287 67 a
- Sozialleistungsempfänger § 286 30
- Straf- oder Untersuchungshäftlinge § 286 32
- Strafgefangene § 287 46
- Studierende § 286 30
- subjektives Recht § 286 4; § 291 6; § 303 2
- Tod des Schuldners § 286 35
- unerlaubte Handlung § 302 5
- Unterhaltsansprüche § 301 4
- Unterlassungsansprüche § 301 7
- unvollkommene Verbindlichkeiten § 301 8
- unzutreffende Angaben § 290 16
- Verbindlichkeiten aus vorsätzlich begangenen unerlaubten Handlungen § 302 4
- Verfügungsverbot § 287 89 k
- Vermögensansprüche § 301 4
- Versagung § 289 2, 7; § 290 30; § 299 11; § 300 6
- Versagungsantrag § 296 16; § 299 12
- Versagungsgründe § 290 4; § 291 5
- Verzicht § 287 18; § 301 11
- Vorausabtretung § 287 38, 70
- vorherige Abtretungen § 287 90
- Widerruf der Abtretungserklärung § 299 9 a

545

Stichwortverzeichnis

- Widerrufsantrag § 303 15
- Widerrufsentscheidung § 303 19
- Widerrufsverfahren § 303 12
- Wiederaufnahmeverfahren § 303 6
- wiederholter Antrag § 287 18 a
- Wirkung der Abtretungserklärung § 287 89 i
- Zinsansprüche § 301 6
- Zugang der Abtretungserklärung § 287 24
- Zulassungsverfahren § 287 5, 89 b
- Zuständigkeit des Insolvenzgerichts § 287 67

Restschuldbefreiungsantrag § 287 10 a
- Belehrung § 287 11 d
- elektronische Übermittlungsformen § 287 8
- Prozesshandlung § 287 15
- Rücknahme § 287 15
- Unzulässigkeit § 289 6

Restschuldbefreiungsverfahren § 291 8
- analoge Anwendung von § 299 § 299 9
- Ankündigungsbeschluss § 291 6
- Aufrechnungsbefugnis § 294 35
- Aufrechnungsbeschränkungen § 294 3
- Aufrechnungslage § 294 3
- Aufrechnungsverbote § 294 40
- Ausfallforderungen § 287 93
- Beschränkung der Gläubigerrechte § 294 4; § 299 13
- Dauerrechtsverhältnis § 286 24
- dynamisches Verfahren § 286 22
- Erben § 286 40
- förmliches Restschuldbefreiungsverfahren § 286 21
- freiwillige Gerichtsbarkeit § 286 11
- Gebühren § 286 50
- Gegenstandswert § 286 50; § 289 19; § 290 66; § 297 10
- gesetzliche Beendigungsgründe § 299 6
- Gläubigergleichbehandlung § 294 32
- Haftungsmasse § 294 32
- Hauptverfahren § 286 21
- Insolvenzverfahren § 286 19
- Kosten § 286 50
- Kostenbeitrag § 287 91
- Nachlassinsolvenzverfahren § 286 38
- Neugläubiger § 294 10
- Obliegenheiten § 286 41
- Obliegenheitsverletzung § 294 32
- Obliegenheit zur Einleitung eines § 287 13 a
- Prozessfähigkeit § 287 8
- rechtliches Gehör § 287 21
- Rechtspfleger § 286 52
- Rechtsschutzbedürfnis § 287 14
- selbstständiges Verfahren § 286 18
- Sonderabkommen § 294 4
- Sonderleistungen § 294 2, 26
- Sondervorteile § 294 26, 31
- Streitgenossenschaft § 286 33, 43
- Treuhandperiode § 286 24, 47
- Treuhandphase § 286 21, 24; § 295 2
- Treuhandzeit § 286 21, 38
- verfahrensbezogene Obliegenheiten § 291 6
- Verfahrenskostenstundung § 286 45
- Versagung § 286 52
- Versagungsregelung § 295 2
- Vertragshilfeverfahren § 286 12

- Vollstreckungsverbot § 294 5
- vorzeitige Beendigung des § 286 39; § 299 6
- vorzeitige Kündigung § 299 1
- Zugangsverfahren § 286 37
- Zulassungsverfahren § 286 20
- Zwangsvergleich § 286 13
- Zwangsvollstreckung § 294 6
- Zwangsvollstreckungsverbot § 294 4 a
- zwei Verfahrensteile § 286 20

Riester-Rente § 312 55 a
Rückgriffsansprüche § 301 19
Rückschlagsperre § 306 11 f.; § 313 87
- Pfändungspfandrechte § 306 11

Ruhen des Verfahrens
- Gläubigerantrag § 306 4
- Schuldenbereinigungsplanverfahren § 306 4
- Zulässigkeit § 306 5

Rürup-Rente § 312 55 b

S

Schlussanhörung § 290 60
Schlussbericht § 314 27
Schlusstermin § 289 4, 7, 12; § 290 58; § 314 17, 30
- Schlussrechnung § 314 26
- Versagungsantrag § 314 29

Schlussverteilung § 314 17, 30
Schlussverzeichnis § 292 10; § 314 19
- Einwendungen § 314 24
- Präklusion § 314 25

Schrottimmobilie § 313 66 g
Schuldbeitritt Vor §§ 286 ff. 11
- Sittenwidrigkeit Vor §§ 286 ff. 12

Schulden
- Ostdeutschland Vor §§ 286 ff. 2
- Versandhäuser Vor §§ 286 ff. 2

Schuldenbereinigungsplan § 305 27; § 307 11; § 308 2; § 309 1; § 311 1, 3
- Abtretung § 305 28 c
- als Vollstreckungstitel § 305 29
- Änderungen § 307 10
- Angemessenheit § 305 28
- Anpassung § 308 23
- Arten von Plänen § 305 28 a
- außenstehende Gläubiger § 308 15
- außergerichtlicher Treuhänder § 305 28 c
- Ausgleichsforderungen § 305 29 b
- Barwertmethode § 305 28 a
- Bürgen § 305 28 d
- Bürgschaften § 305 29 b
- Drittbeteiligung § 308 5
- Einmalzahlungen § 305 28 a
- Ergänzungen § 307 10
- Erhöhung der Zahlungen § 307 13
- flexible Pläne § 305 28 a
- Fortsetzungsbeschluss § 311 2
- gerichtliche Feststellung § 308 19
- Gesamtschuldner § 308 2
- Inhalte § 305 30
- inhaltliche Überprüfung § 305 29

- Inhaltserfordernis § 305 29 a
- Kostentragung § 305 28 c
- Mitverpflichtungen § 305 29 b
- Nullplan § 305 29
- Prozessvergleich § 308 2
- Sicherheiten § 305 29 a
- sittenwidrige Forderungen § 308 9
- Sittenwidrigkeit des gesamten Plans § 308 8
- Titelfunktion § 308 3
- Unwirksamkeit § 308 7
- Verfallklauseln § 305 30; § 308 11
- Verteilungsquote § 305 28 b
- Vollstreckbarkeit § 305 29; § 308 4
- Vollstreckungsgegenklage § 308 22
- Vorlage § 305 27
- vorläufige Verteilung § 305 28 b
- Wegfall der Geschäftsgrundlage § 308 24
- Wirksamkeit § 305 28
- Zustellung § 307 3

Schuldenbereinigungsplanverfahren § 4 a 31; § 305 1; § 306 1, 17 b; § 307 7; § 309 31 a
- Amtsermittlungspflicht § 306 7 e
- Angemessenheitskontrolle § 305 7
- Begründetheitsprüfung § 305 3
- Durchführung § 306 7 b
- Einschätzung zur Erfolgsaussicht § 306 7 e
- Erfolgsaussicht § 306 7 b
- Eröffnungsantrag § 305 10
- Fiktion der Antragsrücknahme § 305 4
- Gegenvorstellung § 306 7 g
- gerichtliche Prüfung § 305 8
- Kopien § 306 17 b
- Mindestquote § 309 32
- Nullpläne § 309 32
- öffentliche Gläubiger Vor §§ 304 ff. 12
- öffentliche Zustellung § 307 7
- Planhoheit des Schuldners § 306 7 f
- Privatautonomie § 305 7
- Prognoseentscheidung § 306 7 e
- Schweigen als Zustimmung § 307 8
- spezifizierte Bescheinigung § 306 7 c
- Vergleichswürdigkeit § 305 5
- Versagungsgrund § 309 31
- Vertragsfreiheit § 305 8
- Verzeichnisse § 306 17 a
- Zulässigkeitsprüfung § 305 3
- Zustimmungsersetzungsantrag § 306 7 d
- Zwangsvollstreckungsmaßnahmen § 306 3

Schuldner
- Anhörung § 298 13
- redlicher § 290 2

Schweigen als Zustimmung § 307 8
Schweiz Vor §§ 286 ff. 27
Selbstständige Tätigkeit § 295 61, 64
- Zahlungshöhe § 295 64

SGB III § 287 72
Sicherungsabtretung § 289 9; § 290 55; § 299 14
Sicherungsmaßnahmen § 306 3, 14 a
- Arbeitseinkommen § 306 9
- Beschwerde § 306 14 a, 25
- eidesstattliche Versicherung § 306 11 a

- Entgeltabtretungen § 306 17
- Existenzsicherung § 306 10
- Kontopfändung § 306 10
- Lohnpfändungen § 306 10
- Pfändungsmaßnahmen § 306 10
- Schuldenbereinigungsplanverfahren § 306 10
- Untersagung künftiger Vollstreckungsmaßnahmen § 306 10

Sicherungsrechte § 301 14
Skandinavien Vor §§ 286 ff. 25
Sofortige Beschwerde § 289 17; § 290 65; § 297 9; § 300 15; § 311 34
Sonderabkommen § 294 2, 26
- Bürgen § 294 30
- Mitschuldner § 294 30
- Obliegenheitsverletzung § 294 26
- Parteien § 294 30
- spätester Termin § 294 29
- Treuhandperiode § 294 28
- Zeitpunkt § 294 28

Sonderleistungen § 294 2
Sondervorteil § 294 31; § 295 53, 58
- Geldstrafen § 295 59 a
- Zahlungsgebot § 295 54

Sozialleistungen § 287 36; § 312 38
- Erstattung § 290 22

Sperrwirkung § 290 31
Steuersäumniszuschläge § 302 7
Strafe § 295 14 a
Strafgefangene § 312 51
Streitgenossenschaft § 286 15 c, 43
Streitwertberechnung § 302 11 e
Stromsperre § 309 17
Stundung § 4 c 3
- Änderung der ~ § 4 b 13
- Prozesskostenhilfe § 4 a 1
- Rechtsfolgen § 4 a 18
- Verfahrenskosten § 4 a 1
- Verhältnisse § 4 b 13
- Voraussetzung § 4 a 6
- weitere § 4 b 5

Stundungsmodell § 292 9 a
Subjektives Recht § 286 4

T

Terminkonzentration § 312 68
Titelergänzende Feststellungsklage § 302 12
Titelmissbrauch § 302 12
Tod des Schuldners § 286 34; § 299 8
Treuhänder § 288 2; § 291 8; § 292 6 f., 24; § 294 13; § 313 5, 87
- Abschlagsausschüttungen § 292 14
- Absonderungsrechte § 292 7
- Aufgaben § 313 1
- Aufgabenbereich § 292 2
- Aufsicht § 292 26
- Aufsichtsmaßnahmen § 292 28
- Aufwendungen § 293 16
- Auskünfte § 292 6, 26

547

Stichwortverzeichnis

- Auslagenerstattung § 293 15
- Bankvertrag § 313 38
- Befangenheit § 313 8
- Bestellung § 292 8
- doppelseitiger ~ § 292 2
- Durchsuchung § 313 13
- Eignung § 313 6
- Entlassung § 292 27
- fehlerhafte Überwachung § 292 35
- geeignete Person § 288 8
- Geschäftsbesorgungsverhältnis § 292 31
- Gläubigerstellung § 292 6
- Herausgabe § 313 12
- Inbesitznahme § 313 11
- Kontoführung § 292 14
- Kostenaufbringung § 292 8
- Kostenvorschuss § 292 7
- Mietverträge § 313 30
- Mindestvergütung § 298 1
- Motivationsrabatt § 298 9
- notwendige Auslagen § 292 6
- Partei kraft Amtes § 292 8
- Pflichten § 292 4
- Prozessführung § 313 16
- Prozesskostenhilfe § 292 8
- Rechnungslegung § 292 24
- Rechtsmittel § 292 36
- Rechtsstellung § 292 2
- Rechtsverfolgungskosten § 292 6
- Restschuldbefreiungsverfahren § 313 9 a
- Sachstandsberichte § 292 26
- Sekundäranspruch § 293 20
- Selbsthilfe § 313 12
- Siegelung § 313 11
- Überwachung § 292 6
- Überwachungsvergütung § 298 9
- Umfang der Pfändbarkeit § 292 6 a
- Umsatzsteuer § 293 15
- Unterhaltsgewährung § 313 19
- Verflechtungen § 313 8
- Vergütung § 293 2
- Verschuldensmaßstab § 292 33
- Verwertung § 313 21, 66 b
- Vorschlagsrecht § 288 2
- Vorschuss § 293 18

Treuhändervergütung § 311 16
Treuhandperiode § 286 21; § 292 9 a
- Quote § 292 11
- Rechtsanwaltskosten § 292 9 a
- Veränderung der Forderungsanteile § 292 11
- Verfahrenskosten § 292 9 a
- Verteilungsschlüssel § 292 10

Treuhandphase § 294 28
Treuhandzeit § 286 21, 27; § 291 12; § 296 6; § 297 3; § 299 4
- Beginn der Treuhandzeit § 286 22
- relative Dauer § 300 3 c

U

Überschaubare Vermögensverhältnisse § 304 29
- auf die Bundesanstalt für Arbeit übergegangene Entgeltforderungen § 304 44
- Forderungen aus Arbeitsverhältnissen § 304 39
- Forderungen der Sozialversicherungsträger und der Finanzämter § 304 42
- komplizierte Anfechtungssachverhalte § 304 37
- tariflich normierte Forderungen § 304 41
- teleologische Reduktion § 304 36
- Zahl von Gläubigern § 304 31
- Zeitpunkt des Insolvenzantrags § 304 34

Überschuldung
- Arbeitslosigkeit Vor §§ 286 ff. 8
- Ausweg Vor §§ 286 ff. 8
- Bürgschaft Vor §§ 286 ff. 12
- Energieschulden Vor §§ 286 ff. 7
- Familien Vor §§ 286 ff. 8
- Folgen Vor §§ 286 ff. 7
- Kinder Vor §§ 286 ff. 8
- Kündigung des Arbeitsverhältnisses Vor §§ 286 ff. 7
- Mittelstand Vor §§ 286 ff. 6
- Schuldbeitritt Vor §§ 286 ff. 12
- Schwarzarbeit Vor §§ 286 ff. 7
- Ursachen Vor §§ 286 ff. 3

Überwachung des Schuldners § 292 17
- Pfändbarkeit § 292 17

Überwachungsauftrag § 292 18
- Arbeitsplatz § 292 20
- Obliegenheitspflichten § 292 22
- Regress § 292 22
- Unterrichtung der Gläubiger § 292 20

Unbegrenztes Nachforderungsrecht § 302 1
Unbeschränktes Nachforderungsrecht § 286 19; § 303 3
Ungleichbehandlung, Eventualklausel § 309 15 a
Unrichtige Tabelleneintragungen § 302 12
Unterhalt § 313 19
- Gewährung aus der Insolvenzmasse § 313 19 a
- im Restschuldbefreiungsverfahren § 286 49
- Wohnraum § 313 20

Unterhaltsansprüche § 301 5; § 312 27
Unterrichtungen § 295 43
- Auskunft erteilen § 295 51
- Bezüge verheimlichen § 295 49
- Erwerbstätigkeit § 295 52
- nicht selbständig § 295 43
- selbstständig § 295 43
- Vermögen verheimlichen § 295 50
- Vermögensverzeichnis § 295 52
- Wechsel der Beschäftigungsstelle § 295 48
- Wechsel des Wohnsitzes § 295 45

Unvollkommene Verbindlichkeit § 301 8
Unvollständiges Forderungsverzeichnis § 308 18
Unzutreffende Angaben § 290 17
- Steuererklärung § 290 19, 27 b

USA Vor §§ 286 ff. 19

V

Verbindlichkeiten aus vorsätzlich begangener unerlaubter Handlung § 302 4
- Anwaltskosten § 302 9
- Form der Anmeldung § 302 10 c
- zu befriedigende Verbindlichkeiten § 302 9
- Zwangsvollstreckungskosten § 302 9

Verbot von Einzelzwangsvollstreckungen § 294 1

Verbraucherbegriff § 304 3, 6
- Arbeitnehmer § 304 8
- arbeitnehmerähnliche Personen § 304 9
- geringfügige selbstständige wirtschaftliche Tätigkeit § 304 23
- Gesellschaften § 304 14
- Gesellschafter-Geschäftsführer § 304 20
- personenbezogen § 304 7
- persönlich haftende Gesellschafter § 304 16
- rollenbezogen § 304 6
- vollständige Beendigung der Betriebstätigkeit § 304 13
- Vorbereitungshandlungen zur Eröffnung des Unternehmens § 304 11

Verbraucherinsolvenzverfahren § 304 48
- Absonderungsrecht § 313 45
- Abtretungsvereinbarungen § 313 46
- Arbeitsentgelt § 313 45
- Beschwerde § 312 77
- Darlegungslast § 312 74
- dreistufige Konzeption Vor §§ 304 ff. 2
- Eröffnungsbeschluss § 312 76
- Eröffnungsgrund § 312 5
- Gebühren § 312 80
- Grundpfandrecht § 313 65
- konkursfremde Zwecke § 312 17
- Kosten § 312 15, 79
- Kostenvorschuss § 311 26
- Pfandrecht § 313 64
- Prozesskostenhilfe § 311 14
- Sozialleistungen § 313 45, 54
- Terminkonzentration § 312 68
- Versicherungsverträge § 313 61
- zwingend § 304 48

Verbraucherkredit Vor §§ 304 ff. 20

Verbraucherverschuldung Vor §§ 286 ff. 2

Verfahrenskosten § 4 b 2

Verfahrenskostenstundung § 4 d 1; § 286 46; § 302 3 a; Vor §§ 304 ff. 2 a
- Abänderungsverfahren § 4 b 19
- Ablehnung der Beiordnung eines Rechtsanwaltes § 4 d 12 f.
- angemessene Erwerbstätigkeit § 4 c 24 f.
- Antrag § 4 a 41
- Aufhebung § 4 c 3; § 4 d 10 f.
- Aufhebungsgründe § 4 c 5 f.
- Beschwerde § 4 d 3
- Beschwerdebefugnis der Staatskasse § 4 d 16
- Beschwerdemöglichkeiten des Schuldners § 4 d 6 f.
- Beschwerdeverfahren § 4 d 23 f.
- fehlende Voraussetzungen § 4 c 16 f.
- Prozesskostenhilfe § 4 a 1
- Rechtsfolgen § 4 a 18
- schuldhafter Zahlungsrückstand § 4 c 20 f.
- Verfahrenskosten § 4 a 1
- Verfahrensrechtliches § 4 c 31
- Verletzung von Mitteilungspflichten § 4 c 5 f.
- Versagung der Restschuldbefreiung § 4 c 28 f.
- Voraussetzung § 4 a 6

Verfahrensvereinfachung § 312 1
- Verbraucherinsolvenzverfahren § 312 1

Verfallklauseln Vor §§ 304 ff. 20

Verfassungsmäßigkeit der Restschuldbefreiung § 286 5 a

Verfügungsverbot § 306 13

Vergleichsverhandlungen Vor §§ 304 ff. 19

Vergleichsverträge Vor §§ 304 ff. 15

Vergütung § 4 a 20; § 293 1
- Bemessungsgrundlage § 293 6
- Berechnung § 293 8
- Festsetzung § 293 21
- Höchstgrenze § 293 13
- Kostenumfang § 293 13
- Mindestvergütung § 293 10, § 298 1
- Stundensatz § 293 12
- Stundungsmodell § 293 5 a
- Treuhänder § 293 1
- Überwachung § 293 11
- Verzicht § 293 9
- Vorschuss § 293 18

Verjährungshemmung § 286 15 d

Verjährungslösung Vor §§ 286 ff. 36

Verletzung des rechtlichen Gehörs § 286 5 f

Vermieter § 313 31

Vermögenshaftung § 286 25

Vermögensübersicht § 305 24 a

Vermögensverschwendung § 290 36

Vermögensverzeichnis § 305 24; § 307 4 c
- Einsichtnahme § 307 4 d
- Stellungnahme § 307 4 d

Verpfändung § 289 9; § 299 14

Verrechnungsverbot § 306 14

Versagung der Restschuldbefreiung § 291 13; § 294 18; § 295 5; § 296 3
- Antrag § 300 12
- Gebühren § 296 40
- Obliegenheiten § 295 8
- Schuldbefreiung § 303 20
- sofortige Beschwerde § 296 39

Versagungsantrag § 290 57; § 296 16; § 297 7; § 298 10; § 300 1
- besonderer Rechtsbehelf § 296 1
- Glaubhaftmachung § 286 15 c
- Schlusstermin § 290 58
- Wissensvertreter § 296 21
- Zulässigkeit § 297 7

Versagungsgrund § 290 10, 61 a; § 295 3; § 300 9
- Altersteilzeit § 295 21
- angemessene Erwerbstätigkeit § 295 10 f.
- Antrag § 290 27, 41
- Aufhebungsvertrag § 295 19
- Auskunft erteilen § 295 51
- beeinträchtigte Befriedigung § 296 10
- Beendigung der Erwerbstätigkeit § 295 15

Stichwortverzeichnis

- begründeter § 290 64
- Bemühungen bei Beschäftigungslosigkeit § 295 26
- Beweislastumkehr § 296 9
- Bezüge, verheimlichte § 295 49
- Eigenkündigung § 295 20
- Erwerb von Todes wegen § 295 38
- Erwerbsobliegenheit § 295 7 c, 10, 16
- Erwerbstätigkeit § 295 52
- Frist § 290 25
- frühere Restschuldbefreiungsverfahren § 290 28
- Glaubhaftmachung § 290 61 c; § 296 9, 24 f.
- grob fahrlässiger § 290 55
- grobe Fahrlässigkeit § 290 26
- Kausalzusammenhang § 290 39; § 295 7; § 296 10
- Kenntnis § 296 20
- Mehrarbeit § 295 21
- Mitwirkungspflicht § 290 43
- Nichtablehnung zumutbarer Tätigkeit § 295 30
- Obliegenheiten § 295 8
- ordentliche Kündigung § 295 17
- schriftliche Angaben § 290 62 a
- selbstständige Tätigkeit § 295 61
- Sondervorteile § 295 53
- Teilzeitbeschäftigung § 295 14, 25
- unangemessene Verbindlichkeiten § 290 34
- Unterrichtungen § 295 43
- unzutreffende Angaben § 290 51
- unzutreffende Verzeichnisse § 290 49
- Vermögen § 295 50
- Vermögensverzeichnisse § 295 52
- Verringerung der Insolvenzmasse § 290 33
- verschuldete Obliegenheitsverletzung § 296 8
- vorsätzlicher § 290 55
- Vorwirkung § 290 9 a; § 295 7 a
- Wahl der Steuerklasse § 295 14 c
- Wechsel der Beschäftigungsstelle § 295 48
- Wesentlichkeit § 295 7
- Wesentlichkeitsgrenze § 290 38, 47
- Zulässigkeit § 290 64
- zumutbare Tätigkeit § 295 10, 31
- Zumutbarkeitsregelung § 295 32

Versagungsregeln der §§ 295 ff. § 286 19
Versagungsverfahren § 296 16
- Anhörung § 296 29
- Antragsfrist § 296 18
- Auskunft § 296 33
- Ausschlussfrist § 296 19
- besonderer Rechtsbehelf § 296 1
- eidesstattliche Versicherung § 296 34
- Enumerationsprinzip § 295 5
- kontradiktorisches Verfahren § 296 17
- persönliches Erscheinen § 296 31
- verfahrensbezogene Obliegenheiten § 296 30
- verfahrensbezogene Verhaltensanforderungen § 295 6
- Versagungsantrag § 296 16

Verschleiertes Arbeitseinkommen § 295 14 b
Verschleuderungsschutz § 314 11
Verschulden § 296 8
Verschuldete Obliegenheitsverletzung § 296 8
Verschuldung Vor §§ 286 ff. 2
Versicherung § 313 78

Versicherungsverträge § 312 55
Verstoß gegen Obliegenheiten § 296 67
Verteilung der Beträge § 292 9
Verteilungsverzeichnis § 314 17
Vertragsfreiheit Vor §§ 286 ff. 33
Vertragshilfeverfahren Vor §§ 286 ff. 24
Vertrauensverfahren
- Obliegenheitsverletzungen § 295 4
- Vertrauensschutzprinzip § 295 3

Verurteilung wegen Insolvenzstraftat § 297 1, 3 a
Verwertung der Insolvenzmasse § 313 21
- Gläubigerversammlung § 313 22
- Lebensversicherungsvertrag § 313 23 b
- Rechtsaufsicht § 313 26

Vollstreckungsgegenklage § 302 12, 20
Vollstreckungsklausel § 302 19
Vollstreckungsschutz § 286 17
Vollstreckungsverbot § 294 1
- absonderungsberechtigte Gläubiger § 294 15
- aussonderungsberechtigte Gläubiger § 294 15
- Ende § 294 17
- künftige Lohnansprüche § 294 11
- Laufzeit der Abtretungserklärung § 294 17
- Maßnahmen der Zwangsvollstreckung § 294 20
- Neugläubiger § 294 10
- pfändbares Vermögen § 294 8
- Treuhandperiode § 294 16
- Unterlassungsansprüche § 294 8
- Zwangsvollstreckungsmaßnahmen § 294 20

Vorsatz § 302 5, 8
Vorsätzliche Obliegenheitsverletzung § 303 9
Vorsätzliche sittenwidrige Schädigung § 301 35
Vorschlagsrecht § 288 1, 4
- Treuhandphase § 288 4

W

Widerruf
- Gründe § 290 59
- Restschuldbefreiung § 294 19; § 303 4
- Widerrufsregelung § 303 4

Widerrufsverfahren § 303 1, 12
- zweistufiges Verfahren § 303 13

Widerspruch § 290 57 c; § 302 11
Wiederaufnahme des Verfahrens § 303 5
Wiedereinsetzung in den vorigen Stand § 301 3; § 302 10 d
Wirkung der Restschuldbefreiung § 301 1
Wirtschaftliche Schlechterstellung § 309 21
Wirtschaftliche Verhältnisse § 290 20
Wohngeld § 287 77
Wohnraumkündigung § 309 17
Würdigkeitsprüfung § 290 3

Z

Zahlungseinstellung § 312 7
Zahlungsunfähigkeit § 312 6
Ziel der Restschuldbefreiung § 286 7

Ziel des Insolvenzverfahrens § 286 6
Zielsetzung einer Schuldbefreiung § 286 26
Zins § 302 16 c
Zinsbegriff § 302 16 c
Zinslose Darlehen § 302 16 a
Zulassungsverfahren § 286 20; § 289 1, 15; § 291 1, 3
Zustellung § 307 4
- Beglaubigung § 307 7
- Verbraucherinsolvenzverfahren § 307 7

Zustimmungsersetzung § 290 9 a; § 309 1, 23
- Absonderungsberechtigte § 309 12
- Angemessenheit § 309 12
- Anpassungsklausel § 309 23
- Beurteilungsspielraum § 309 7
- deliktische Haftung § 309 25 a
- Einkommenserhöhungen § 309 23
- Einmalzahlungen § 309 23 b
- Entgeltabtretungsklauseln § 309 13
- Erbschaftsklausel § 309 23 c
- Finanzämter § 309 4
- Glaubhaftmachung § 309 37
- Inkassounternehmen § 309 8
- Kopfmehrheit § 309 8
- Kosten § 309 28
- mehrere Forderungen § 309 8
- Minderheitenschutz § 309 5
- Mindestanforderungen § 309 6
- Pfändungsfreigrenzen § 309 23
- Schlechterstellung § 309 23 a
- Sicherheiten § 309 13
- Stichtag § 309 12
- Stimmberechtigung § 309 9
- Summenmehrheit § 309 9
- Teilerlassklausel § 309 23 b
- unangemessene Beteiligung § 309 11
- unerlaubte Handlung § 309 37
- Ungleichbehandlung § 309 12
- Unwirksamkeit § 309 8
- Verfallklausel § 309 23 b
- Verzicht auf Forderung § 309 8
- Zulässigkeit § 309 37
- Zustimmung unter Vorbehalt § 309 8

Zwangsgelder § 302 16
Zwangsvergleich § 301 9
Zwangsvollstreckungsmaßnahmen Vor §§ 286 ff. 6; § 294 20
- erste Vollstreckungshandlung § 294 20
- Klauselerteilungsverfahren § 294 20
- vollstreckbare Ausfertigung der Tabelle § 294 20

Zwangsvollstreckungsverbot § 303 22
Zweiter Insolvenzantrag § 287 18 a
Zweiter Restschuldbefreiungsantrag § 287 18 c